ISBN 978-0-267-36344-5
PIBN 10993011

Stenographischer Bericht

über

die Verhandlungen

der

deutschen constituirenden Nationalversammlung

zu

Frankfurt am Main.

Herausgegeben

auf Beschluß der Nationalversammlung durch die Redactions-Commission und in deren Auftrag

von

Professor **Franz Wigard.**

Siebenter Band. Nr. 156 — 181.

Seite 4779 bis 5566.

Frankfurt am Main.

Gedruckt bei Johann David Sauerländer.

1849.

Inhaltsverzeichniß des siebenten Bandes.

Siebentes Abonnement.

Das Abonnement für 100 Bogen beträgt fl. 1. 12 kr. oder 20 Ngr. Alle Postämter nehmen Bestellungen an.

Stenographischer Bericht

über die

Verhandlungen der deutschen constituirenden National-Versammlung zu Frankfurt a. M.

Nro. 156. | Sonnabend den 20. Januar 1849. | VII. 1.

Hundert fünf und fünfzigste Sitzung.

(Sitzungslocal: Paulskirche.)

Freitag den 19. Januar 1849. (Vormittags 9 Uhr.)

Präsident: Eduard Simson von Königsberg.

Inhalt: Verlesung des Protocolls. — Austrittsanzeige des Abgeordneten v. Doblhoff. — Flottenbeiträge. — Interpellation des Abgeordneten Schulz von Weilburg an das Reichsministerium, den Schutz der Auswanderung betreffend. — Fortsetzung der Berathung über den Abschnitt des Entwurfs der Reichsverfassung: „Das Reichsoberhaupt und der Reichsrath." Artikel I. §§ 1 und 1a — Eingänge.

Präsident: Die Sitzung ist eröffnet. Ich ersuche den Herrn Schriftführer, das Protocoll der gestrigen Sitzung zu verlesen. (Schriftführer Jucho verliest dasselbe.) Ich frage, ob Reclamation gegen das Protocoll ist? (Niemand meldet sich.) Es ist keine Reclamation; das Protocoll ist genehmigt. — Ich bitte die Herren, ihre Plätze einzunehmen. — Ich habe der Versammlung eine Austrittserklärung mitzutheilen: Der Abgeordnete für den Wahlbezirk Baden bei Wien, Joseph Freiherr v. Doblhoff, hat sein Mandat niedergelegt. Seine Erklärung geht an das Ministerium des Innern. — Ich bringe drei Flottenbeiträge zur Kenntniß der Versammlung: 50 Rthlr. zweite Sendung des constitutionellen Clubs zu Sangerhausen, übergeben von dem Abgeordneten Schwetschke; 24 Rthlr. Beitrag des Abgeordneten Schwetschke vom 18. Mai 1848 bis 18. Januar 1849, à Monat 3 Rthlr.; 40 fl. Beitrag von der Frau Generalin v. Bojanowski zu Adamsdorf, übergeben von dem Abgeordneten Pfeiffer. Wir haben diese Beiträge mit Dank empfangen, und überweisen sie dem Reichsminister der Finanzen. — Eine gestern eingegangene Interpellation des Herrn Abgeordneten Friedrich Wilhelm Schulz von Weilburg kommt zur Verlesung.

Schulz von Weilburg.

„In Erwägung, daß ein lang gehegter, heißer Wunsch des deutschen Volks endlich im § 6 der Grundrechte seinen Ausdruck dahin gefunden, daß „die Auswanderung unter dem Schutze und der Fürsorge des Reichs steht;"

in Erwägung, daß aus vielen Ursachen die Auswanderung in diesem Frühjahr eine sehr umfangreiche sein wird;

in Erwägung endlich, daß das Reich nicht nur in Veröffentlichung der Grundrechte, sondern auch in deren Erfüllung und Verwirklichung den Einzelstaaten vorangehen soll, stellt der Unterzeichnete an das Reichsministerium die Frage:

„Welche Maßregeln und Einleitungen dasselbe bereits getroffen, oder noch zu treffen gedenkt, um den Auswandernden den Schutz und die Fürsorge des Reiches angedeihen zu lassen?"

Präsident: Ich hoffe, im Laufe der Sitzung zu erfahren, wann diese Interpellation beantwortet werden wird. — Wir gehen zur Tagesordnung über. Tagesordnung ist: die Fortsetzung der Berathung des vom Verfassungs-Ausschusse vorgelegten Entwurfs: „Das Reichsoberhaupt," Artikel I. § 1 und 1a. Ich verlese zuvörderst ein neues Unteramendement, das eben vorgelegt worden ist. Unteramendement zu dem Verbesserungs-Antrag des Abgeordneten v. Rotenhan, überreicht von den Abgeordneten Osterrath, Arndts und mehreren Anderen:

§ 1 möge lauten:

„Die Regierungsgewalt im deutschen Reiche wird im Namen des deutschen Bundesstaats durch ein Reichsdirectorium ausgeübt."

§ 2 möge lauten:

„Das Reichsdirectorium besteht aus dem Kaiser von Oesterreich, den Königen von Preußen, Bayern, Sachsen, Hannover und Würtemberg und einem von den Regierungen der übrigen Einzelstaaten zu wählenden Fürsten."

§ 4 möge lauten:

„An der Spitze des Reichsdirectoriums stehen abwechselnd von vier zu vier Jahren die Regenten der beiden Einzelstaaten, welche die größte Volkszahl haben."

In § 5 möge nach den Worten: „und empfängt die fremden Gesandten," beigefügt werden: „Derselbe verkündet und vollzieht die Reichsgesetze; er ernennt die Reichsbeamten."

Unterzeichnet von: Osterrath, Jürgens, Weber von

Neuburg, Schädler, Kerer, Schlüter, Edel, R. Vogel, Arndts, Kahlert, Lienbacher, Kleinschrod, Ignaz v. Kürsinger, Fritsch, Eckart von Lohr, Reichensperger, Fr. Göbel, Graf, v. Möring, Tappehorn, Hermann, Müller, Deymann.

Auf der Liste der Redner steht für die heutige Sitzung obenan Herr Zimmermann von Stuttgart.

Zimmermann von Stuttgart: Meine Herren! Ich bedauere zuerst, daß ich den Unterstaatssecretär Herrn Bassermann nicht gegenwärtig auf der Ministerbank sehe. (Auf der Linken: Laut! Laut!) — Meine Herren! Wenn ich heute weniger stark sprechen würde, als sonst, so bitte ich, Rücksicht zu nehmen; ich bin noch nicht gesund, sondern seit lange, wie Sie wissen, kränklich gewesen. — Ich bedaure, daß Herr Bassermann nicht gegenwärtig ist, denn ich hätte ihm einen Dank abzustatten, einen Dank für das Todtenopfer, das er meinem unvergeßlichen Freunde, dem Liebling des deutschen Volkes, Robert Blum, auf dieser Tribüne angezündet hat, denn seine Notiz über die Reichstagszeitung konnte doch wahrlich zunächst nichts Anderes heißen, als daß auch in dieser von ihm begründeten Zeitschrift der Geist und die Wirksamkeit des Todten unersetzlich sind, wie sie unersetzlich sind diesem Hause, unersetzlich dem ganzen deutschen Vaterlande. — Meine Herren! Ich gehe nun zur Sache über. Wir sind endlich in acht Monaten an Dem angelangt, was gewisse Seiten die Spitze unseres staatlichen Baues nennen. Das ist nun aber gerade der Fehler, daß wir erst nach acht Monaten da angelangt sind; vor acht Monaten wäre dieses die einfachste Sache von der Welt gewesen. Sie haben schon von vielen Rednern auf dieser Tribüne das Theoretische und das Praktische über monarchische und republikanische Zuspitzung und was zwischen beiden inneliegt, absprechen hören. Was ich von der Sache denke, das werde ich Ihnen, soweit es theoretisch ist, nicht entwickeln; meine theoretische Ansicht wird doch vielleicht leise durchschimmern durch das Thatsächliche, auf das ich mich beschränke. Vornherein aber, meine Herren, weil vielleicht Mancher mich für einen eingefleischten Republikaner hält, dessen Urtheil befangen sein dürfte, glaube ich, versichern zu müssen, daß ich nie an eine allein seligmachende Staatsform geglaubt habe, und noch heute nicht glaube; ich bin der Ansicht, es gibt keine Art des Regierens, an welche die Freiheit der Völker, das Wohl der Menschheit absolut, schlechtweg gebunden wäre. — Bei Anwendung von Staatsformen, meine Herren, auf die unmittelbare Gegenwart kommt es mir darauf an, daß das thatsächlich erhobene Bedürfniß des Volkes und die daraus von selbst hervorgehenden Wünsche des Volkes zunächst berücksichtigt werden, so zwar, daß augenblicklichen Vortheilen nie eine ganze Zukunft eines Volkes aufgeopfert werden darf. Weg mit der Politik, die wegen augenblicklicher Vortheile, die wegen Einschüchterungen und Verlegenheiten des Augenblicks eine große Zukunft der Nation preisgeben wollte, eine Zukunft, die, wenn man ihr nicht vorgreift, wenn man sie reifen läßt, auch nicht ein Glied des großen Vaterlandes aus dem Einheitsverband zurücklassen wird. Die materiellen Verhältnisse, meine Herren, sind gegenwärtig so bestellt, daß die Vollendung unseres Werkes, — so möchte ich sagen, nicht Spitze, — daß die Vollendung unseres Werkes wenigstens nicht so schwer lastend auf das Volk fallen darf, daß es das Volk vollends zusammendrückt. Die Mehrheit des Volkes, ja das Volk überhaupt, meine Herren, bekümmert sich wenig oder gar nicht um Staatsformen; wer das Volk am Wenigsten belastet, das ist sein Mann, und besonders die Mehrheit der Bourgeoisie hält sich eben an den baaren Vortheil und Gewinn des Augenblicks; wer ihr ihr Leben angenehm macht, ihren Erwerb, ihr Eigenthum, ihre Vergnügungen am Meisten fördert und sichert, und sie dabei am Wenigsten kostet, der ist der Mann der Bourgeoisie. Dem huldigt sie, und jede Staatsform, die dieß thut, der zollt sie Liebe und Treue, soweit sie lieben und treu sein kann. Ob Sie zum Vollzieher des höchsten Willens Einen setzen, der einen grauen Filzhut, wie in Nord-Amerika, oder einen goldenen Reif auf dem Haupte trägt, wie in England, ob Sie ihn einen Präsidenten heißen, einen Statthalter oder Kaiser, wenn nur die Nation sich thatsächlich selbst regiert, und nur der Gewählte bloß den Namen trägt, — darum, meine Herren, möchte ich nicht lange streiten; ich gestehe offen, zwischen einem aufrichtigen, ungefälschten Parlamente, wie ich es mir denke, wenn England durch und durch reformirt sein wird, und zwischen einer Republik im eigentlichsten Sinne des Wortes drehe ich nicht viel die Hand um. Sie sehen, daß ich sogar auf einen deutschen Kaiser mit mir parlamentiren ließe, aber natürlich nur auf einen *demokratischen* Kaiser. Ich sollte das zwar nicht sagen, Herr Wernher von Nierstein würde vielleicht Gelegenheit nehmen, daraus wieder zu folgern, wie dieß gestern geschah, als ob wir unserer eigenen Sache nicht recht vertrauen könnten. Das lasse ich dahingestellt sein, ob ich meiner Sache vertraue; Das aber kann ich nachträglich versichern, daß ich auf meinem Posten bleiben werde, daß ich so viel Vertrauen habe, daß ich nicht bloß vorerst nicht gehe, sondern daß ich sogar weiß, daß die Sache, die dem Volke am Zuträglichsten ist, soweit es die Staatsform betrifft, am Ende auch siegen wird. Aber, meine Herren, wenn ich von einem demokratischen Kaiser spreche, auf welchen ich mit mir parlamentiren ließe, so verstehe ich darunter nicht einen Kaiser, wie ihn Ihr Ausschuß verlangt. Ihr Ausschuß-Kaiser ist kein demokratischer Kaiser, das ist entweder ein absolutistischer, oder ein constitutioneller. Den Constitutionalismus, meine Herren, habe ich seit lange nicht wohl leiden mögen, und mein Freund Schütz hat Ihnen früher angedeutet, daß auch ein gewisser Kaiser dort hinten in Rußland diesen Constitutionalismus nicht sehr hoch achtet. (Heiterkeit auf der Rechten und im Centrum.) Ich habe lebhaft bedauert, daß auf dieser Tribüne hier nicht wirklich die ganzen Worte vorgetragen wurden, welche Kaiser Nicolaus darüber ausgesprochen hat. Was sagt Nicolaus? Die Regierung eines constitutionellen Staates ist eine Regierung des Trugs, der Lüge, der Einschüchterung, der Bestechung, der Verfälschung, Stimmen zu erkaufen, die Ueberzeugung und die Gewissen zu bestechen, die Einen zu verführen, um die Andern zu betrügen. (Auf der Linken: Sehr gut!) Meine Herren! Nicht, weil ein Kaiser das gesagt hat, glaube ich, daß es wahr ist, sondern weil meine eigenen Wahrnehmungen mit dieser kaiserlichen Aeußerung ziemlich zusammenstimmen. Meine Herren! Ihr Ausschuß-Kaiser, den ich hin und her betrachtet habe, — und es kostete Mühe, sich herauszufinden aus allen diesen großen und schönen Gedanken, mit welchen diese Kaiseridee in die Welt tritt, — Ihr Ausschuß-Kaiser ist nach meinem Dafürhalten nicht an der Zeit, er ist, wie ein früherer Redner, wenn ich nicht irre Herr Reichensperger, ihn genannt hat, eine unzeitige Geburt. Er ist aber auch nicht zeitgemäß; warum? Sehen Sie, ein neues Kaiserthum, meine Herren, kostet viel neues Geld, und was ist der Fehler hier? Wir haben noch nicht viel dafür gesorgt, daß das Volk, welches zu den alten Auflagen schwere neue aufnehmen soll, auch neue Einkommensquellen bekommen hat, und doch las ich bei dem Jesuiten Mariana in meiner Jugend, daß, wenn man neue Auflagen auf das Volk legen will, man vorher dafür sorgen muß, dem Manne des Ackerbaues eine doppelte Erndte zu schaffen und dem Gewerbsmann einen doppelten Verdienst. Ferner, meine Herren, will die Nation einen Fortschritt haben. Glauben Sie wohl, die Nation werde darin einen Fortschritt finden, in diesem neu eingebrachten mittelalterlichen Kaiserthum mit dem 34sten unverantwortlichen Monarchen zu den 33 vorhandenen hinzu? Ich glaube es nicht. Ferner, meine Herren, das alte Princip, das alte monarchische Princip, das absolutistische, hat sich überlebt. Aber das neue, constitutionell-monarchische, das Sie einführen wollen mit diesem Kaiserthum, hat wenigstens da, worauf man hinauswill, nämlich in Preußen, noch keine Probe von sich gegeben, welche dem Volke großes Vertrauen einflößte. Meine Herren! Aus diesen Gründen ist Ihr Ausschuß-Kaiserthum auch nicht durchführbar. Machen Sie einmal aufs Papier einen Kaiser, wie er im Ausschuß gemeint ist. Glauben Sie wohl, das deutsche Volk werde ihn so annehmen, daß es Ihnen denselben mit allen seinen Mitteln durchsetzen, durchführen hilft? Ich kann Sie versichern, meine Herren, in ganz Süddeutschland wird die Mehrheit des Volkes, wie in Sachsen, den Kaiser nicht durchführen wollen. Versuchen Sie es einmal, — (Eine Stimme im Centrum: Im Großherzogthum Baden!) in Baden rufen Sie mir zu. Ich glaube, auch nicht in Baden. Seine königliche Hoheit der Großherzog hat sich zwar dafür ausgesprochen und auch die Kammer in ihrer Mehrheit, allein dieselbe Kammer hat auch in den Märztagen ausdrücklich kein Vertrauensvotum für ihre Zusammensetzung vom Volk erhalten. Versuchen Sie es einmal, sagte ich vorhin, meine Herren, ob das Volk in die Waffen treten wird, ob es Steuern bewilligen und zahlen wird, um einem Fürsten die beschlossene Kaiserkrone auf das Haupt zu leimen. Meine Herren! Womit wollen Sie es durchführen, womit anders, als mit Bürgerkrieg, wenn Sie es durchführen wollen. Es ist gewiß nicht anders möglich. Wenn aber das Volk sein Blut vergießen soll, muß es um einen höheren Zweck sein, als bloß um den Luxus einer Kaiserkrönung. Wenn das Aergste, was ich kenne, auf Deutschland's Erde vorkommen soll, wenn der Bürger gegen die Mitbürger unter die Waffen treten soll und fechten, ja dann versichere ich Sie, wird das Volk, soweit ich es kenne, sein Blut vergießen, aber nicht um der Kaiserkrone willen, sondern um das Brautkleid der Republik darin zu färben. Meine Herren! Das Jahr 1815 war die glorreiche Zeit Preußens. Damals wäre ein Kaiserthum Preußens national gewesen, volksthümlich im höchsten Grad. Damals griff Preußen nicht nach der deutschen Krone. Dann kam das Jahr 1817, und was vom Jahre 1817, von der bekannten Demagogenhetze an bis zum Jahre 1830 an absolutistischen Reactionen in Preußen geschehen ist, ich will davon schweigen. Die Folge war, daß im Jahre 1830, als ein berühmter süddeutscher Schriftsteller die Idee der preußischen Hegemonie aufbrachte, er nirgends so ganz damit durchgefallen ist, als in ganz Süddeutschland. Vor sieben Jahren, meine Herren, ja nach sieben Jahren der Regierung des jetzigen Königs, noch in den ersten Märztagen wäre ein Kaiserthum Preußens wieder möglich gewesen. Warum es jetzt nicht mehr, jetzt in dem Augenblicke, so, wie die Dinge jetzt liegen, möglich ist, meine Herren, Sie können es sich selber sagen. Alle Welt weiß, was in Preußen geschehen ist, was jetzt noch dort geschieht. Ich beklage es für Preußen, ich beklage es für den König von Preußen, und beklage es für die sonst möglicher gewesene deutsche Einheit. Ich selbst, meine Herren, hoffte und wünschte in den ersten Märztagen noch, daß der König von Preußen an die Spitze von Deutschland träte, daß er der politische Führer der Nation werde, aber nicht der Führer der bald beginnenden Reaction, sondern der Vorkämpfer des Fortschrittes und der Freiheit. Ganz Deutschland in einen goldenen Reif gefaßt, ist ein schöner Gegenstand der Bewerbung, aber kein Freier komme darum zu werben ohne Lorbeeren, und diese sind zu verdienen auf dem Felde des Kampfes für die Volksfreiheit, und nicht gegen die Volksfreiheit. Freilich es gibt Leute, welche sagen, es sei ja Alles schon abgemacht. Das preußische Kaiserthum liege da als ein von der Geschichte fertig gemachter Welttheil, wir haben nichts zu thun, als das Werk der Geschichte anzuerkennen. Nur Schade, meine Herren, daß der große Historiker, der uns diesen großen Gedanken sagt, eben Derjenige und eben Derselbe ist, der uns auch Wilhelm den Oranier als den Stifter der englischen Freiheit vorphantasirte, und doch weiß Jeder, der die englische Geschichte aus den Quellen kennt, daß jener Wilhelm einer der ersten Absolutisten war, so gut wie Einer, daß ihm selbst die Bill der Rechte in einem mehrjährigen Kampfe abgezwungen, abgetrotzt werden mußte, ungeachtet er diese Rechte als Bedingung der Thronbesteigung vor der Thronbesteigung angenommen hatte. Dieser große Historiker, Herr Dahlmann, wenn Sie es nicht wissen sollten (Heiterkeit), wird mich vielleicht, wie er alle Die genannt hat, die nicht seiner Einsicht sind, einen „langsamen" Kopf nennen. (Heiterkeit auf der Linken.) Meine Herren! Ich will lieber einen langsamen Kopf, als einen rückwärtsgewandten, verkehrten, zwischen meinen Schultern tragen. (Große Heiterkeit auf der Linken.) Ich will lieber mißliebig reden, als wider das Gewissen; ich will lieber für die Wahrhaftigkeit, die ich für meine Pflicht halte in Volkssachen noch viel mehr, als in anderen, alle Aussicht mir abschneiden, als durch das Irrlicht eines schimmernden Glückes, einer brillanten Ehre, mich bei Seite führen zu lassen. Die langsamen Köpfe, sagt man, werde der nahe Krieg belehren. Der Krieg werde zeigen, daß Preußen unumgänglich nothwendig sei, und zwar als ein preußisches Kaiserreich. (Oh!) Meine Herren! Der Krieg komme, und ich versichere Sie, das preußische Volk wird aufstehen wie ein Mann in der Stunde der auswärtigen Gefahr, wie es aufgestanden ist in jenen schweren Tagen, als es die Unabhängigkeit von Deutschland so glorreich verfochten hat. Es hat damals nichts dazu gebraucht, das preußische Volk, als deutsches Blut in den Adern, deutsche Ehre, deutsche Tapferkeit. Mit diesen Mitteln hat es ohne eine Kaiserkrone damals ausgereicht, und es wird auch damit ausreichen, wenn es zum Kampfe mit dem Westen oder Nordosten kommt. Ja, meine Herren, ich bin überzeugt, eins, fest verbunden in Gesinnung und Handlungsweise wird das preußische Volk dastehen neben und mit den anderen deutschen Volksstämmen; an die Einheit des preußischen Volkes mit allen anderen deutschen Volksstämmen glaube ich fest. Aller Enden und Ecken Deutschland's schlagen sich die Herzen des deutschen Volkes deutsch entgegen und zusammen. Der Satz, daß der nahe Krieg die langsamen Köpfe belehren werde, beruht auf der Voraussetzung, daß durch das preußische Kaiserthum die Einheit Deutschland's befestigt werde. Meine Herren! Um die Einheit meines zerstückelten, verrissenen Vaterlandes gebe ich viel, kein Preis wäre mir dafür zu hoch und zu kostspielig, einen ausgenommen, den Preis der Freiheit; aber vor mir haben schon mehrere Redner auf dieser Tribüne genug nachgewiesen und schlagend nachgewiesen, daß nicht die Einheit die Folge davon sein werde, in dem Augenblicke wenigstens nicht, wie die Dinge jetzt stehen; sondern daß Schwäche statt der Stärke, Zwietracht statt der Einigkeit in der Stunde der Gefahr dasein würde. Auch für die Reste, die man in Deutschland noch einigen will und zusammenfassen unter der neugeschaffenen Kaiserkrone nach der beabsichtigten Ausscheidung Oesterreich's, auch für diese Reste will ich keine Maschinen-Einheit, keine Casernen-Disciplin der Nation. Meine Herren! Solche augenblickliche Einheitsmacher kommen mir vor, wie wenn ein Goldschmied einen Ring für einen Riesen machen sollte; das Gold ist vorhanden, aber noch nicht ganz zur Verfügung gestellt; die Edelsteine sind da, aber sie sind noch nicht alle in seine Hand gegeben, und doch treibt ihn die Ungeduld, den Ring fertig zu machen; er macht einen Ring für einen Zwerg. Meine Herren! Was halten Sie von einem solchen Künstler in Gold? Ich wenigstens halte davon, daß ich bei ihm mir keinen Ring bestellen würde. (Heiterkeit.) Meine Herren! Wir stehen im Augenblicke so, daß nicht die Annahme, sondern die Verwerfung des neuen Kaiserthums national und volksthümlich ist; und zwar erlauben Sie mir, einen Punkt hier in den Vordergrund zu stellen, der nach dem erhabenen Schwung und der vielen Romantik und Schwärmerei, die andere Redner daran gehängt haben, der prosaischste sein wird; erlauben Sie mir, daß ich den Geldpunkt in den Vordergrund stelle. Das neue Kaiserthum wird von dem Volke betrachtet als ein jetzt neben den anderen Ausgaben zu kostspieliges Kunstwerk, das Volk hält es für einen Luxusartikel. Ich habe die Ehre, in meinem Wahlbezirke auch die freundliche Stadt Hall zu haben, einst des deutschen Reiches freie Stadt viele Jahrhunderte lang. Als vor viertehalbhundert Jahren Kaiser Friedrich III. längere Zeit bei den Haller Bürgern geherbergt hatte, und ihn diese zur Stadt hinausführten, den Berg hinan, schlug er die Hände über den Kopf zusammen, als er das Gespann vorn am Wagen sah: Heilige Mutter Gottes, rief er aus, hier zu Lande führt man das heilige römische Reich mit Kühen um. Sie sehen, meine Herren, daß in jener Gegend schon seit alter Zeit die Vorliebe für eine kostspielige Majestät des Kaiserthums etwas gedämpft ist. (Große Heiterkeit.) Gegen das preußische Kaiserthum insbesondere, meine Herren ist gegenwärtig, im Augenblicke, das Volk auch darum besonders, weil der König von Preußen mit seinem Ministerium Brandenburg durch neulichst bekannt gewordene Grundsätze und Maßnahmen die Sympathieen des Volkes ganz vor den Kopf gestoßen hat. (Auf der Linken: Sehr wahr! Widerspruch auf der Rechten.) Es ist möglich, daß anderswo die Sympathieen des Volkes nicht vor den Kopf gestoßen worden sind, ob sie aber überall so mächtig sind, will ich dahin gestellt sein lassen. Meine Herren! Das Volk, ich versichere Sie in allem Ernste, ich sage hier nicht meine persönliche Ansicht, sondern die, welche ich in meiner Heimath bei meiner neulichen Anwesenheit vor einigen Wochen allerwärts gehört, das Volk fürchtet Gefahr von dem preußischen Kaiserthum für seine Freiheit und seine materiellen Interessen, wie die Dinge jetzt liegen. Die Freiheit ist dem Volke der Zweck, die Einheit gilt ihm nur als Mittel, die Freiheit ihm zu sichern gegen alle Welt. Das Volk fürchtet in allem Ernste, der neue Kaiser könnte vielleicht ein Feind der Freiheit werden. Wäre denn das unmöglich, meine Herren? Wie, wenn Preußen mit der Kaiserkrone, mit der neu hergeputzten Kaiserkrone geschmückt, das österreichische Kunststück nachmachen wollte? Oesterreich mit der Metternich'schen Politik hat bis in die Märztage Deutschland beherrscht, und in unerträglicher Abhängigkeit Deutschland's Fürsten und das deutsche Volk gehalten; wodurch? durch seine Verbindung mit dem absolutistischen Rußland. Wie? meine Herren, wenn ich ferner sagte, die alte heilige Schaar des absolutistischen Systems ist noch nicht ausgestorben. Sie hat früher gerade dieses System als den letzten Anker der gesellschaftlichen Ordnung in Europa gepriesen, als letzte Schutzwehr der civilisirten Welt gegen den Einbruch der neuen Barbaren, der Demokraten; und diese alte heilige Schaar des absolutistischen Systems, ist sie todt oder lebt sie nicht vielmehr noch überall? Alle Räder an der Staatsmaschine, alle Schrauben werden gebildet durch diese alte heilige Schaar. Man spricht, meine Herren, und das wäre ein Grund, wirklich der ernstesten Ueberlegung werth, man spricht von der Nothwendigkeit eines Aneinanderschließens, ohne von rechts oder links, von einer Partei diesseits oder jenseits, zu sprechen; man spricht von diesem Aneinanderschließen deßwegen, weil sonst die einzige Stunde, in der etwas geschehen könnte, vorübergehen möchte. Ich glaube aber nicht, daß es solche Schicksalsstunden für die Völker gibt, im Gegentheil, wenn etwas sich im Augenblicke nicht ganz und vollkommen machen läßt, wartet man zu, bis die rechte Stunde kommt, wo man es vollkommen machen kann. Und dann möchte ich doch einwenden: Wie? jetzt sollen die Linken vergessen, daß sie links sind, und sollen mit den Rechten gehen in einer Maßregel, die so entscheidend ist für unsere Grundsätze, so entscheidend nachwirken muß für die Volksfreiheit? Wir sollen uns anschließen an die Anderen in einer Maßregel, an Diejenigen, die bisher in allen Grundsätzen fast gerade ins Entgegengesetzte von uns bei Seite gegangen sind? Es ist dieses fast zu viel gefordert. Meine Herren! Ihr Kaiserthum, wie es der Ausschuß haben will, erscheint nach alledem so ziemlich unpraktisch für den Augenblick, wie die Dinge jetzt liegen. Ich halte mich gänzlich an die Wirklichkeit, es sind noch viele Hindernisse da. Die alten Baulichkeiten sind ja noch alle da, und der neue Bau will einen hübschen Raum haben. Nur die natürliche Entwickelung der Dinge, nur die Ereignisse werden diese Hindernisse beseitigen. Meine Herren! Nur die Ereignisse werden die staatlichen Veränderungen schaffen, die Halt und Dauer haben, nicht aber gelehrte Ausbrütungen, auch nicht unsere Beschlüsse, wenn sie nicht volksthümlich, nicht national sind. Meine Herren! Sie werden mit Recht endlich fragen, was ich beizubringen hätte als Spitze für den Ausbau. Ich gestehe Ihnen, daß Gleichnisse und Bilder in der Politik nicht meine Liebhaberei sind, ich mache nicht einmal mit abstracten Begriffen gern die Sachen ab, ich halte mich an die Thatsachen und an die prosaische Wirklichkeit. Gerade daß man immer von der Spitze spricht, gerade an dieser Spitze hat sich mancher Kopf verrannt; ich könnte zwar das Bild, welches Herr Schüler von Jena brauchte, wohl als ein schönes annehmen, obgleich es Herr Bassermann in ein heiteres Licht zu setzen suchte. und zwar durch das allerneueste Gleichniß, das er beibrachte, durch ein nie dagewesenes, durch den Kölner Dom. (Heiterkeit auf der Linken.) Meine Herren! Ich kann Sie versichern, daß das Kölner-Domdach des Herrn Bassermann mir nicht gefällt. ich finde es für das Volk zu schwerlastend, denn das Volk hat nicht die Säulen, die der Kölner Dom hat, und nicht die Grundmauern. Wenn ich sagen wollte, ich wollte einen Bau ohne Spitze und ohne Dach, so würde Herr Bassermann mich nicht für ganz klug halten, und doch ist es so. Denn, meine Herren, jene unsterblichen Bauten, in welchen die freiesten Männer der alten Welt ihre Volksversammlungen hielten, die Amphitheater zu Athen und Olympia, hatten auch kein Dach, als das Himmelsgewölbe des freien Griechenlandes, und wenn man den alten Sagen trauen darf, befanden die Griechen sich sehr wohl in diesen Bauten republikanischer Freiheit...

Reichsminister v. Gagern (vom Platze): Mit Sclaverei zur Unterlage!

Zimmermann: Mit Sclaverei zur Unterlage, sagte der Herr Präsident des Reichsministeriums; wohl meine Herren, ich habe die Slaverei des alten Griechenlandes, und namentlich der Athener auch studiert, und habe gefunden, daß Millionen unserer armen, hablosen Landsleute glücklich sich fühlen würden in einem Zustande, wie ihn die Sclaven, das heißt die nichtfreien Bürger Athens hatten. (Auf der Rechten: Oh! Oh!) Ja, meine Herren, es ist so, was das Materielle, und was den Unterricht betrifft, den die freien Bürger Griechenland's ihren Sclaven angedeihen ließen; Sie scheinen vergessen zu haben, daß die berühmtesten griechischen Philosophen theilweise Sclaven waren, und als Sclaven ihre geistige Bildung erhielten... (Eine Stimme aus dem rechten Centrum: Nun, so führen Sie die Sclaverei wieder ein!) Sie ist schon da, meine Herren; Sie sagen, ich soll sie wieder einführen; was schon da ist, braucht man nicht erst wieder einzuführen. (Heiterkeit auf der Linken.) Meine Herren! Ich gehe wieder zur Sache über. Ich wünsche als höchsten Willen in unserem neuen Staatsbau einfach Das wieder, was ich vor acht Monaten gewünscht habe: der höchste Wille unseres Staatsbaues soll das deutsche Parlament sein, und ein von diesem gewählter Präsident. Man könnte mir wohl, und Sie werden es thun, entgegenhalten: glaubt denn dieser Mensch, eine solche Anstalt bedürfe einer nicht stärkeren Regierungsgewalt, als eines Präsidenten, gestützt auf die Nationalversammlung, auf das deutsche Parlament? Meine Herren! Ueber die Stärke und Schwäche einer solchen Staatsform läßt sich hin- und herstreiten, man muß aber vorher feststellen, welches Parlament es sein soll, auf das sich dieser Präsident stützen soll, — ich meine ein deutsches Parlament, welches wirklich der unverfälschte Aussprecher und Träger des Nationalvertrauens, des Nationalwillens ist; ein Parlament dieser Art wird die öffentliche Meinung und ihre ganze Stärke selbst für sich haben, und der Präsident, der sich darauf stützt, wird kein ohnmächtiger Schatten sein, sondern die gehörige Macht mit dem gehörigen Nachdrucke haben. Meine Herren! Vor acht Monaten, in den ersten Tagen, als wir hierher kamen, sprach ich in einer Versammlung meiner politischen Freunde es gleich aus: Wenn ihr nicht fünfhunderttausend Nationalgarden hinter euch in die Waffen treten laßt, werdet ihr keine großen Dinge thun; die Volksbewaffnung im weitesten Sinne muß durch ganz Deutschland augenblicklich vorgenommen werden; wenn ihr die Nation in den Waffen hinter euch habt, werdet ihr eure Beschlüsse durchführen, ja Niemand wird euch dahin bringen, daß ihr die Gewalt der Waffen anzuwenden braucht. Das ist nicht geschehen, meine Herren, und als es nicht geschah, als ich sah, daß in dieser Versammlung nicht sofort die allgemeine Volksbewaffnung vor sich ging, war ich überzeugt, daß wir in die Lage kommen würden, in der wir jetzt uns befinden, daß wir vor Hindernissen anlangen würden, an denen wir die Stirne einrennen, wenn wir sie nicht bei Seite liegen lassen, und uns daneben herummachen; daß wir dahin kommen würden, wo wir jetzt sind, nämlich, daß wir am Berge stehen würden. (Heiterkeit.) Meine Herren! Ich mache nicht gern Vorwürfe, allein Herr Bassermann hat herausgefordert, und wenn herausgefordert wird, muß man doch wohl auch antworten. Herr Bassermann hat gesagt, wir, die Linken, müßten doch wohl nicht so tief wurzeln im deutschen Volke, als wir gern glauben machen möchten, und er hat dafür die Reichstagszeitung angeführt, und zwar namentlich den schlagenden Punkt, daß sie um 150 oder 200 Abonnenten abgenommen hat... (Zuruf von der Rechten: 400!) 400, nun das ist noch ärger, denn die Notiz ist nicht richtig. Meine Herren! Bei dieser Gelegenheit muß ich von vornherein bemerken, daß es auch nicht richtig ist, wenn Herr Bassermann gesagt hat, die linke Seite dieses Hauses habe die Reichstagszeitung refüsirt; nein, meine Herren, wir haben nur erklärt, sie sei nicht das Organ der linken Seite dieses Hauses, wir haben überhaupt kein einzelnes Organ für die ganze Partei und ihre Fractionen; alle freisinnigen Zeitungen sind unser Organ, alle volksthümlichen Zeitschriften sind unser Organ. (Beifall auf der Linken.) Dann muß ich doch auf die Bemerkung des Herrn Bassermann etwas Neues ihm sagen; er hat ausdrücklich angeführt dafür, daß die rechte Seite dieses Hauses die überwiegende Mehrheit der Nation für sich habe, die große Zunahme ihrer Zeitschriften. Es wurde mir gestern schon eine Angabe mitgetheilt, für deren Richtigkeit eingestanden werden will, nämlich, daß Herrn Bassermann's eigene Zeitung, die deutsche, im neuen Jahre 1200 Abonnenten verloren hat; und dabei, meine Herren, daß das Parlament, das jetzige, in seiner ganzen Zusammensetzung überhaupt nach Herrn Bassermann's Behauptung immer tiefer und tiefer in das Vertrauen sich eingesenkt haben soll, dabei ist mir noch eine zweite Notiz geworden, nämlich, daß die stenographischen Berichte von 15,000 Abonnenten auf 10,000 herabgesunken sind. (Heiterkeit auf der Linken. Stimmen im rechten Centrum: Daran sind die Interpellationen schuld.) Das ist nur eine statistische Notiz gewesen. — Meine Herren! Ich eile zum Schluß. Ich habe vorhin erklärt, daß ich als Vollendung unseres staatlichen Baues mir nichts als im Augenblick praktisch und möglich denke, als das deutsche Parlament als höchsten Willen, und einen von ihm gewählten Präsidenten. Ein berühmter Staatsmann sagt: „Wenn auch die physische, die Militärmacht noch so gering wäre, die öffentliche Meinung, die eine Regierung für sich hat, wird diese kleine Militärmacht verhundertfachen." Wir können das Vertrauen der Nation im höchsten Maaße zurückgewinnen, wenn wir diejenige Staatsform schaffen, die, wie die Dinge jetzt liegen, dem Bedürfniß und den Wünschen der Nation am Meisten paßt und zusagt. Schaffen wir eine solche, meine Herren, und Sie werden sehen, daß die Unterlage der öffentlichen Meinung nicht bloß stark stützt, sondern daß auch die Waffenmacht verhundertfacht wird durch die öffentliche Meinung. Sie müssen daher darauf sehen, daß die Staatsform, die Sie als Spitze auf den Bau bringen wollen, eine nicht kostspielige, eine nicht schwer lastende sei, und diese Art republikanische Spitze ist entschieden, — das wird mir Niemand wohl widersprechen, — die wohlfeilste, ja, meine Herren, die einzig wohlfeile. (Widerspruch auf der Rechten.) Herr v. Vincke und viele Andere dieser Herren widersprechen mir. — Meine Herren! Ich führe Ihnen eine Autorität entgegen. (Eine Stimme von der Rechten: Die amerikanische Staatsschuld!) Was die Sachen des Regierens, soweit sie das Wohlfeile betreffen, angeht, darüber dürfte wohl ein König, und ein lebender König am Besten urtheilen können. Meine Herren! Als in den Märztagen ein geistvoller König freiwillig vom Throne stieg, da sagte er in der Ansprache an das bayerische Volk: „Ich steige vom Throne herab, und bin mit den Staatsgeldern umgegangen, als wäre ich eines Freistaats Beamter gewesen." (Heiterkeit, Widerspruch auf der Rechten.) Meine Herren! Es handelt sich nur von dem Urtheil des Königs, ich will für das Thatsächliche nicht stehen; das überlasse ich den bayerischen Ständen. (Heiterkeit.) Meine Herren! In diesen Worten eines geistvollen Königs liegt doch wohl das Urtheil, daß fast nur in einer Republik, in einem Freistaate es eine natürliche Sache sei, uneigennützig mit Staatsgeldern umzugehen. (Gelächter auf der Rechten.) Meine Herren! Für diese republikanische Spitze wird auch wohl das linke Rheinufer sein, trotz der Versicherung des Herrn Wernher von Nierstein, die er gestern hier gab. Soweit ich das linke Rheinufer kenne, ist dort das Volk auch dafür, daß die Spitze auch wohlfeil werde, daß es dem Volke wohl darunter werde, ohne daß sein Schweiß, sein Mark und Blut ihm ausgesaugt werde. (Oho! auf der Rechten; Beifall auf der Linken.) Es sind noch nicht drei Wochen, da sprach ich einen Mann aus dem Volke, und er sagte mir: „Ich versichere Sie, Manchen von uns ist fast nichts mehr geblieben, als die Ehre und die Seele, und wenn der Presser Seelen zu Geld machen könnte, so hätte er auch diese schon Manchen herausgepreßt." Meine Herren! Es ist eine Thatsache, daß Millionen Deutscher die Steuern, die alten Auflagen nicht zahlen konnten in den letzten Jahren; wie wollen Sie, wo die alten Auflagen nicht bezahlt werden können, es möglich machen, daß die neuen Auflagen, ein Budget von 100 Millionen und mehr (Oho! auf der Rechten), zu den alten Auflagen hinzubezahlt werden sollen? Es ist eine Unmöglichkeit. Nein, meine Herren, ein Kaiserbudget von so und so vielen Millionen weiter zu den drei und dreißig andern Budgets ist eine Unmöglichkeit. (Heiterkeit auf der Rechten.) Machen Sie reinen Boden, meine Herren, und das Volk wird für einen Kaiser stimmen, und wird auch das größte Budget tragen können; aber drei und dreißig alte Budgets, und dazu noch ein vier und dreißigstes neues kaiserliches — nein! meine Herren. Meine Herren! „Wenn die Auflagen zu groß werden," sagt der Jesuit Mariana (Gelächter auf der Rechten), — ich liebe diesen Schriftsteller, weil er geistreich und scharfsinnig ist, und weil er die Menschen kennt, und die Thatsachen, — „wenn die alten Auflagen nicht mehr gezahlt werden können," sagt Mariana, „und es kommen neue dazu; dann steht eine Revolution in Aussicht." (Eine Stimme auf der Rechten: Sehr geistreich!) Man kann verschiedenen Urtheils sein über Das, was Geist und geistreich ist; die Thatsachen haben für mich, und wie Sie sehen, auch für den Jesuiten Mariana, am Meisten politischen Geist. (Gelächter auf der Rechten und im Centrum.) Sie thun mir große Ehre an, wenn Sie mich mit diesem scharfsinnigen Geist auf Eine Stufe stellen, meine Herren, Sie glauben nicht, daß eine Revolution kommen könnte? (Stimmen auf der Rechten: O ja!). Ich glaube daran, meine Herren. Wir mühen uns ab, eine neue monarchische Form zu schaffen, und ein großer Staatsmann, der noch nicht lange todt ist, hat ein Wort gesprochen, dessen Sie vielleicht sich auch erinnern werden. Meine Herren! Es ist auf dieser Tribüne wiederholt gesagt worden, man sei kein Prophet. Meine Herren! Wenn ich auch ein Prophet wäre, würde ich es doch nicht sagen, weil kein Prophet in seinem Vaterlande etwas gilt. (Heiterkeit.) Ich führe Ihnen deßhalb einen nichtdeutschen Propheten an, einen der berühmtesten Staatsmänner dieses Jahrhunderts, der sein Lebenlang nicht bloß auf der rechten Seite saß, sondern auf der äußersten Rechten, einen Staatsmann, den ich dennoch sehr liebe. (Heiterkeit.) Chateaubriand hat 1836 gesagt das prophetische Wort: „Die älteste und echteste Monarchie der Welt, die Mutter aller europäischen Monarchieen, die Krone Frankreich wird fallen und zu Grabe gehen, und nachsterben werden bald der Mutter ihre Töchter, alle Monarchieen Europa's." Meine Herren! Er gibt auch die Gründe an, die ihn zu dieser Ansicht bringen. Der erste Grund, den er anführt, ist der, daß er überall, selbst in England, die Bildung und auch die materiellen Verhältnisse dahin gekommen sehe, daß die Monarchie wenigstens in eine republikanische Form werde übergehen müssen. Der zweite Grund ist der, daß sich das alte monarchische Princip überlebt und selbst gerichtet habe. Der dritte Grund, den ich nicht vertreten will, ist der, es scheine selbst die Natur mit der Monarchie zu Ende eilen zu wollen. (Heiterkeit auf der Rechten.) „Denn," meine Herren, sagt er, „der Stoff selbst scheint ihr auszugehen, aus dem sie sonst große Fürsten machte." (Heiterkeit.) Meine Herren! Mögen Sie von diesem Worte Chateaubriand's halten, was Sie wollen, leugnen können Sie nicht, daß der erste Theil der Prophezeihung in Erfüllung gegangen ist. Der zweite Theil der Prophezeihung wird unter einer Bedingung nicht in Erfüllung gehen, wenn nämlich die Monarchie demokratisch wird, wenn sie in eine republikanische Form übergeht. Es scheint zwar jetzt, meine Herren, das Gegentheil auf dem Boden der Wirklichkeit vorzuliegen. Meine Herren! Bei politischen Dingen muß man nicht bloß sehen, was unmittelbar vor unseren Füßen liegt. Auf dieß muß man allerdings zunächst sehen. Man muß auch etwas darüber hinaus, oder, wie es Herr Bassermann nennt, drei Schritte weiter vorwärts sehen, und da werden Sie wohl nicht leugnen können, daß die Dinge nicht so ungünstig für Das liegen, was ich vorhin sagte. Die Freiheit, meine Herren, wohl, sie hat ihre Judasse, sie hat ihre sehr abgeneigten, ihre sehr mächtigen Feinde, ja, sie hat in den letzten Zeiten auch Freunde gehabt, die durch Uebertreibung, Ungeschicklichkeit, Fanatismus und Allerlei ihr mehr geschadet haben, als ihre Feinde. (Stimmen: Sehr gut!) Aber trotz der Verräther, trotz der schädlichen Freunde und der mächtigen Feinde wird die wahre Freiheit, die volksgemäße, dennoch zuletzt auch ihren Tempel auf einen Felsen gründen, den weder Kartätschen, noch hundertfache Intriguen, noch die Pforten der Hölle überwältigen werden. Die Politiker sitzen, und spinnen ihre Gespinnste, und ich leugne Ihnen nicht, auch für mein Auge ist der Himmel der März-Tage vom vorigen Jahre etwas trübe verhängt im Augenblicke. Aber die Sterne gehen oben ihre gemessenen Bahnen, und Der sie regiert, dessen Arm wird zu rechter Zeit herunterlangen, und die kleinen Gespinnste der Menschen durchreißen. Die Politiker können einen neuen Kaisermantel wärken, sie können sogar wieder den alten Absolutismus hineinwärken. Aber, meine Herren, der Geist, der am Webstuhle der Zeit sitzt, webt auch ein Gewebe, ein anderes, wie es des Unendlichen würdig ist, ein Gewebe für die Idee, die im Schooße der Zeit empfangen ist, und wenn sie reif dafür ist, auch zur Welt kommen wird; ein Kleid, das neugeborne Kind darein zu kleiden, das lang erwartete, das der Heiland des deutschen Volks werden soll, und dem als Siegel der Herrschaft die Natur den Genius mitgegeben hat. Meine Herren! Ich fürchte sehr, wenn Sie einen unvolksthümlichen Kaiser machen, dann dürfte dieser Kaiser der Vorläufer dieses neuen Volksheilandes sein. Und dieser Vorläufer dürfte mit Blut und Feuer taufen. Meine Herren! Selbst dasjenige Volk, das so oft von dieser (auf die Rechte deutend) Seite des Hauses als in politischen Dingen maßgebend auf dieser Tribüne angeführt worden ist, selbst das englische Volk hat gewisse Ansichten über die Entwickelung unserer nächsten Zukunft ausgesprochen; eine berühmte englische Zeitschrift hat zu Anfang dieses Monats die Worte gebracht: „Die Deutschen haben eine Revolution nöthig, sie haben ein Recht zu dieser Revolution, und die Deutschen werden es nicht dulden, daß man sie um eine Revolution betrügt." So sprechen die praktischen Engländer. Meine Herren! Ich will keine Revolution, soweit ich sie wünschen kann, herbeiführen, eine friedliche Entwickelung der Dinge wäre mir auch das Liebste; aber ich sah große Staatsveränderungen, was die Staats-Formen betrifft, nirgends anders vor sich gehen, als in Folge großer Revolutionen, oder in Folge großer Kriege. In Folge dieser politischen Ereignisse wird es auch auf dem deutschen Boden so werden, daß die Hindernisse in der kürzesten Zeit vielleicht von selbst entweder fallen und schwinden, oder sich leicht werden beseitigen lassen. Dann, meine Herren, wird die Einheit möglich sein, die allgemeine, in der allgemeinen Freiheit. Vieles wird fallen müssen, was jetzt noch glänzend dasteht, und was seine Wurmstichigkeit nur hinter blendendem Firniß bis jetzt noch versteckt; Vieles wird fortmüssen, was jetzt noch lastet und drückt; und die Geschichte wird mit unerbittlichem Fuße über viele stolze Hügel hinweggehen, und sie ebnen, und sie werden vergessen werden. Aber dann, meine Herren, wird das deutsche Volk, das **eine** freie deutsche Volk, wallfahrten zu einer einsamen Stelle im Sande der Brigittenau (auf der Rechten: Oh! Lebhafter Beifall auf der Linken), wo eines der edelsten deutschen Herzen verblutet hat. (Lebhafter Beifall auf der Linken.) Ja, meine Herren, die Sühne dieses ungerecht vergossenen Blutes kann keine andere, keine würdigere sein, als die allgemeine Freiheit auf deutscher Erde. — Meine Herren! Ich bin zu Ende. Schaffen Sie etwas, was dem Volke, was den Umständen, was den Dingen, wie sie liegen, gemäß ist. Thun Sie keinen Griff jetzt, im Augenblicke, jetzt, nach einem erblichen Kaiser, keinen Griff nach einem Wahlkaiser, — es wäre unpraktisch, gefährlich, kostspielig, unvolksthümlich, es wäre also ein vielfacher Mißgriff in dieser Zeit der schweren Noth. (Lebhafter Beifall auf der Linken.)

Präsident: Ich habe Ihnen zuvörderst noch einen neu eingegangenen Verbesserungs-Antrag zu verlesen, gestellt von den Herren **Haubenschmidt**, **Schauß**, **Reitmayer**, **Schubert** von Würzburg, v. **Arneth**, **Weiß**, **Kagerbauer**, **Reindl**, **Pötzl** und v. **Nagel**:

„An die Stelle der ersten sieben Paragraphen des Ausschuß-Antrags mögen die nachfolgenden Paragraphen 1 — 9 incl. treten:

§ 1. Die Regierungsgewalt im deutschen Reiche wird im Namen des deutschen Bundesstaats geübt von einem Reichsdirectorium.

§ 2. Dasselbe besteht aus den Regenten von Oesterreich, — im Falle und so lange Oesterreich in den Bundesstaat nicht eintreten sollte, übt der König von Preußen die Reichsstatthalterschaft, — Preußen, Bayern, Sachsen, Hannover und Würtemberg.

§ 3. Die Mitglieder des Reichsdirectoriums können durch Stellvertreter handeln.

§ 4. An der Spitze des Reichsdirectoriums steht von 6 zu 6 Jahren abwechselnd der Regent von Oesterreich und der Regent von Preußen als Reichs-Statthalter.

§ 5. Der Reichsstatthalter führt den Vorsitz und die Geschäftsleitung im Reichsdirectorium, er übt die völkerrechtliche Vertretung des deutschen Reichs und der einzelnen deutschen Staaten aus, er ernennt die Reichsgesandten und empfängt die fremden Gesandten, er ernennt die Consuln und führt den diplomatischen Verkehr. Er ernennt die Reichsminister und andere Reichsbeamten. Er ernennt die Oberfeldherren und verfügt über die bewaffnete Macht Deutschland's im Kriege. Er verkündet die Reichsgesetze und erläßt die zur Vollziehung derselben nothwendigen Verordnungen im Namen des Directoriums. In Strafsachen, welche zur Zuständigkeit des Reichsgerichts gehören, hat er das Recht der Begnadigung und Strafmilderung. (resp. weiter wie § 13 des Ausschuß-Antrags.)

§ 6. Der Reichsstatthalter ist in Ausübung aller andern der Reichsregierung verfassungsmäßig zustehenden Regierungsrechte an die Zustimmung des Reichsdirectoriums gebunden.

§ 7. Das Reichsdirectorium faßt seine Beschlüsse durch Stimmenmehrheit. Weder die Abwesenheit einzelner Mitglieder desselben oder deren Stellvertreter, noch der Mangel an Instruction für Letztere kann eine Beschlußfassung hindern. Wenn Stimmen-Mehrheit im Reichsdirectorium nicht erzielt wird, oder sämmtliche Beisitzer abwesend sind, entscheidet der Reichsstatthalter.

§ 8. Das Reichsdirectorium ist unverantwortlich. Es übt die ihm übertragene Gewalt durch verantwortliche Minister.

§ 9. Der Reichsstatthalter wird während der Dauer des Reichstags am Sitze der Reichsregierung residiren. So oft er sich nicht am Sitze derselben befindet, muß einer der Reichsminister in seiner unmittelbaren Umgebung sein. Den Sitz der Reichs-Regierung bestimmt ein Reichsgesetz."

Und nun folgen die späteren Paragraphen, die ich vorläufig noch nicht verlese. — Und noch ein Verbesserungs-Antrag des Abgeordneten J. **Förster** zu § 1 und § 1a:

„In Erwägung, daß gegenwärtig die Verhältnisse und Meinungen bezüglich der Reichsoberhauptsfrage in Deutschland so liegen, daß durch die bestimmte Entscheidung der letzteren für eine unbegrenzte Dauer das gewisse Verlangen des deutschen Volkes nach einer innigen Vereinigung aller zum deutschen Reiche gehörigen Stämme zu einem großen Staatskörper vereitelt, dadurch der Saamen des Unwillens und der Zwietracht — statt der Eintracht — ausgestreut werden würde;

in Erwägung, daß es daher, um dem gewissen Uebel vorzubeugen, nothwendig erscheint, vorerst einen Zwischenzustand zu schaffen, in dem sich die neuen Verhältnisse mehr an- und in einander fügen lernen;

in Erwägung ferner, daß die Aufstellung eines Oberhaupts als unbedingte Nothwendigkeit sich darstellt, somit darüber zur Tagesordnung nicht übergegangen werden kann (Antrag v. Linde), daß weiter die Dauer von nur Einem Jahr für den geforderten Zwischenzustand als zu dem vorgesteckten Zwecke führend, für nicht genügend erachtet werden muß (Amendement von Schulz):

beschließt die Nationalversammlung:

1) die Bestimmungen hinsichtlich des Reichsoberhaupts sind nur für 6 Jahre, beziehungsweise für die Dauer der ersten Regierung giltig;

2) am Tage des Ablaufs dieser Zeit oder vier Wochen nach der früher schon eingetretenen Erledigung der Regierungsgewalt tritt eine von dem gesammten deutschen Volke gewählte Nationalversammlung zusammen, um nach Durchsicht der Verfassung die Oberhauptsfrage definitiv für alle Zukunft zu entscheiden."

Dann, meine Herren, ist mir ein Antrag auf Schluß der Debatte mit mehr als zwanzig Unterschriften überreicht, den ich somit zur Abstimmung zu bringen habe, unterzeichnet von den Herren H. Simon, v. Rappard, Fallmerayer, und mehr als zwanzig Anderen. Ich bitte, die Plätze einzunehmen, damit ich abstimmen lassen kann. — Es ist noch ein Amendement, das ich vor dem Schlusse verlese, zu dem Verbesserungs-Antrag des Herrn Welcker übergeben worden:

„Statt der Worte: „von 6 zu 6 Jahren," zu setzen: „von 3 zu 3 Jahren,"

unterzeichnet von **Kollaczek**. Ich bemerke, meine Herren, daß mehrere Vorbehalte der namentlichen Abstimmung bereits eingereicht sind. — **Also, diejenigen Herren, welche die Discussion über Art. 1. § 1 des vom Verfas-**

sungs-Ausschuß vorgelegten Entwurfes: „Das Reichsoberhaupt," versteht sich, vorbehaltlich der Schlußrede des Berichterstatters, geschlossen wissen wollen, ersuche ich, sich zu erheben. (Mitglieder auf verschiedenen Seiten erheben sich.) Der Schluß der Debatte ist nicht beliebt. — Herr Mittermaier hat das Wort! — Meine Herren! Ich lese Ihnen noch einen Verbesserungs-Antrag vor, den Sie aber vermuthlich gedruckt schon Alle in Händen haben werden, gestellt von dem Herrn Abgeordneten Wuttke aus Sachsen:

„In Erwägung, daß die Vollmacht der hohen National-Versammlung, wie ausgedehnt sie auch ist, doch nicht so weit reichen kann, unabänderliche Beschlüsse zu fassen,

daß alle Bestimmungen der Verfassung und der Grundrechte durch den selbstherrlichen Willen des deutschen Volkes, sobald er sich verändern sollte, umgewandelt werden können, daher auch die Form der Spitze bei dem Abgange gewählter Reichsoberhäupter,

hingegen durch Annahme eines Erbkaiserthums ein unabänderlicher Beschluß gefaßt werden würde, der für alle nachfolgenden Geschlechter bis zum Erlöschen des gewählten Hauses verbindlich sein und ihre Selbstherrlichkeit verkürzen soll,

folglich der Beschluß, die Würde des Reichsoberhauptes einer Familie vererblich zu übertragen, eine Ueberschreitung der Machtvollkommenheit der hohen Nationalversammlung sein würde,

gleichwohl das Minderheits-Erachten I von Dahlmann und Genossen zu § 1a des Entwurfes, das Reichsoberhaupt betreffend, die hohe Nationalversammlung auffordert, ein Erbkaiserthum zu begründen:

halte ich es für Pflicht, dawider, daß dieser Vorschlag der Minderheit des Ausschusses zur Abstimmung gebracht werde, Verwahrung auszusprechen, indem ich an einer Abstimmung über dasselbe Antheil zu nehmen mich nicht für befugt erachte und erkläre, daß im Falle die Mehrheit ein Erbkaiserthum annehmen sollte, ich diesen Beschluß, insoweit er die Erblichkeit ausspricht, als unverbindlich für die Zukunft ansehen muß.

Frankfurt a. M. im Januar 1849. Dr Heinrich Wuttke, Abgeordneter aus Sachsen."

Diese Erklärung ist lediglich zu Protocoll zu nehmen. Darf ich Sie, Herr Mittermaier, jetzt ersuchen, das Wort zu nehmen?

Mittermaier von Heidelberg: Zum ersten Male, meine Herren, hat eine große politische Versammlung die Aufgabe, darüber zu berathen, wie in einem Bundesstaate, der aus Monarchieen besteht, die oberste Gewalt gebildet werden soll. Als im Februar v. J. die Motion Bassermann's in der badischen Kammer mit allgemeinem Jubel aufgenommen wurde, da brachte sie im Volke Das zum Bewußtsein, was bisher in ihm nur geschlummert hatte. Ein Gefühl war es, das in Deutschland überall laut wurde. Die allgemeine Stimme sprach aus: Es ist ein trauriger, beklagenswerther Zustand in Deutschland, es muß anders werden, es muß eine große Umgestaltung unserer Verfassung werden. In fünf langen Sitzungen hatten wir in der Commission der badischen Kammer Bassermann's Motion berathen, und das Ergebniß der Berathung, in der wir eine vollständige Skizze vorlegten, war die künftige Verfassung Deutschland's durch das Organ. Berichterstatter war Welcker. Wir müssen, wie er sagte, uns an die genauen, und am Besten in Nord-Amerika ausgeprägten Formen halten. Schon früher hatte ich mich oft gefragt, ist es denn möglich, einen Bundesstaat, aus Monarchieen gegründet, zu formen? Ich hatte mich an einen Mann gewendet, dessen Name Ihnen Allen heilig und theuer ist; es ist Livingston, er, der lange Zeit Gesandter in Paris war, Minister in Nord-Amerika, Verfasser eines berühmten Gesetzbuches. Kurz vor seinem Tode bekam ich von ihm die Antwort, von der ich folgenden Auszug nur gebe: „Ja, ein Bundesstaat in Ihrem Vaterlande ist möglich, und wird bestehen unter folgenden Bedingungen, wenn die Fürsten, die an der Spitze der Staaten stehen, ihre rein fürstlichen Interessen zu opfern wissen, wenn sie sich nur mit den Interessen ihres Landes innig verbinden, wenn die deutschen Völkerstämme Das lernen, was die amerikanischen Staaten haben, das Verhältniß der einzelnen Regierungen, und das Verhältniß des Congresses so zu regeln, wie es in Amerika ist, und wo die Gesammt-Interessen es fordern, das Einzelinteresse zu opfern. Wenn in Ihrem deutschen Volke sich ein Gefühl ausspricht, nämlich das stolze Gefühl, Bürger Deutschland's zu sein, wenn Sie von Amerika lernen, daß die Minderheit der Mehrheit sich zu unterwerfen hat, und wenn Sie vor Allem die Gesetzesherrschaft, die Achtung vor derselben lernen, wie wir sie in Amerika haben, wenn endlich der Fürst, den Sie als Oberhaupt berufen wollen, Das fühlt, daß er der Erste unter den Gleichen sein müsse, daß er seine übertragene Gewalt nicht gebrauchen dürfe, um seine Macht im Einzelstaate zu vergrößern. Fehlen diese Bedingungen, so erhalten Sie in Ihrem Deutschland einen Einheitsstaat, wo nicht, so gehen Sie dem Verfalle Ihres Vaterlandes entgegen." Jene Worte haben mir oft vorgeschwebt. Der Ausdruck: „Bundesstaat" ging durch Deutschland seit dem März, und es ist das Wort nicht eine Erfindung der Professoren, wie gestern gesagt wurde, sondern ein Wort, das einer der größten praktischen Staatsmänner zuerst in Deutschland gebraucht hat. Fragen Sie das Volk, was es mit dem Bundesstaate will? Ich weiß es, das Volk will, daß Deutschland ein Staat werde, so groß und mächtig, wie Frankreich oder England ist; es will, daß durch die Gemeinsamkeit der Interessen die Scheidelinien falle, die die einzelnen Staaten in ihrer Entwickelung hinderten; es will, daß Deutschland einig, mächtig werde, und das heißt, das Volk will einen Bundesstaat. Es ist merkwürdig, daß in Bezug auf die Gestaltung, und namentlich die Gründung der obersten Gewalt seit März bis jetzt so große Veränderung vorging. Die Commission in der badischen Kammer selbst hatte damals nichts Anderes vorschlagen können, als ein Oberhaupt, das auf drei Jahre gewählt wird. In der badischen Kammer war keine andere Stimme. So stand es damals, wie bei Ihrem Examen, das wir Ende Mai in Ihren Abtheilungen bestehen mußten, als wir für den Verfassungs-Ausschuß gewählt wurden. Da, meine Herren, gestehe ich auch, ich habe mir damals auch vorgestellt, es wäre möglich, wie wir in der badischen Kammer es dachten, ein solches Oberhaupt für gewisse Zeit an die Spitze stellen zu können. Warum ist es anders geworden? Die Stimmung ist nicht mehr im deutschen Volke. Wir hatten bei der Volkserhebung damals vielleicht zuviel unserer Macht getraut, und hatten geglaubt, daß jene Begeisterung fortbestehen würde. Wir haben auch vor Allem unsere Feinde gering geachtet, und haben geglaubt, durch das Zauberwort, wenn es von uns ausgeht, herrschen zu können, so daß die Spitze eine weniger starke executive Gewalt sein könnte. Die Zeit ist anders geworden, die Noth hat sich vermehrt, der Verkehr wurde gelähmt. Die Mittel der Belebung desselben fehlten. Die äußeren Feinde mehrten sich. Ueberall meint das Volk: Was nützen alle politischen Umgestaltungen, selbst die schönsten, wenn wir verarmen? Da kam das Gefühl: Wir müssen mächtig werden. Daran reihte sich das Gefühl;

Wir müssen eine Form schaffen, die im Auslande geachtet wird, eine Form, die Ehrfurcht einflößt, und das Vertrauen gründet, Vertrauen zur Stetigkeit. So, meine Herren, entstand die Umwandlung der Ansichten, und ich will gern zugeben, daß es oft wie bei einem Kranken war, der auf seinem Schmerzenslager sich herumwälzt, und der jede Arznei einnimmt, wenn er nur einige Hoffnung hat, daß sie ihn heile. So entstand der Glaube: Ein erbliches Oberhaupt muß an die Spitze Deutschland's kommen, weil sonst nicht darauf zu rechnen ist, daß Vertrauen in Deutschland entstehe, weil nicht die Belebung des Verkehrs anders möglich ist. Ueberall ist aber auch die Ueberzeugung da, daß für das materielle Wohl etwas geschehen muß, und es fragt sich nun, — wir dürfen uns nicht irre machen lassen, — was ist zu thun, damit dieser Bundesstaat eine Spitze erhalte, ein Oberhaupt bekomme, welches jenen Bedürfnissen entspricht? Ich bin überzeugt, es bedarf hierzu einer einheitlichen Spitze, daher ich denn auch alle die Gründe, welche gegen das Directorium angeführt worden sind, billigen muß. Ich glaube nicht, daß wir weise handeln würden, wenn wir ein solches Directorium einführen wollten; theoretisch läßt sich dasselbe sehr wohl denken, allein es würde uns keine Achtung im Auslande, keine Macht und kein Vertrauen verschaffen, und es läßt sich nie denken, daß durch dasselbe der Verkehr dauernd erhoben würde. Aber bedarf eines erblichen Oberhauptes? Ist die Erblichkeit mit dem Wesen des Bundesstaates verträglich? Ist diese Erblichkeit jetzt im Jahre 1849 bei dieser ersten Lesung auszusprechen? Nur Weniges, was ich aus dem Wesen des Bundesstaates folgere, erlauben Sie mir als verneinende Antwort auf jene Fragen zu sagen. Mir scheint, die Herren, welche für die Erblichkeit sprechen, verwechseln den Einheits-Staat und den Bundesstaat. Ich halte dafür, daß zwischen beiden ein himmelweiter Unterschied liegt. Ich bin überzeugt, wir kommen im Laufe der Zeit zum Einheitsstaate oder, wenn Gott will, zum Bundesstaate selbst mit einem erblichen Oberhaupte, sobald nur die einzelnen Staaten sich recht ineinander hineingelebt haben, sobald nur das Mißtrauen verschwunden ist, sobald nur die Ueberzeugung im Volke Wurzel faßt, daß jene Erblichkeit ohne Gefahr wirklich durchgeführt werden könne. Die Macht eines Fürsten im Einheitsstaate ist von der eines solchen im Bundesstaate weit verschieden. Es ist hier der Regent, welcher in der constitutionellen Monarchie die Acte der Regierung ausübt; es gibt in Bezug auf diese eine solche Fülle von Einzelheiten, welche ihm eine große Gewalt geben müssen, und es ist gerade hier nothwendig, daß in den Regierungsgeschäften auch nicht einen Augenblick lang Stockungen eintreten. Im Bundesstaate herrscht die Gleichberechtigung Aller; Sie haben die Masse aller einzelnen Staaten in deren Repräsentanten an der Spitze; ein Jeder ist auf die gleiche Weise berechtigt, und das Oberhaupt ist nur der Erste unter den Gleichen; jeder Einzelne kann hier fordern, daß die oberste Gewalt die Grenzen ihres Gebietes nicht überschreite. Die Gleichberechtigung der Bundesglieder ist Hauptsache. Die Gewalt muß daher beschränkt sein, und nur dieß eben gibt Vertrauen. Der Bundesstaat führt zunächst zum Princip der Wahl. Sobald die Berechtigten wissen, Jener ist an die Spitze gelangt durch unser Vertrauen, er ist durch uns gewählt, dann hat er auch die moralische Macht. Wenn Sie ihm diese nicht geben, so dürfen Sie nicht darauf rechnen, daß er irgend etwas durchsetzen kann. Wir werden in Deutschland zum Einheitsstaate kommen. Aber dieser bedarf erst noch einer andern bedeutenderen Entwickelung. Ich wünschte, es möchte sich Jeder die Worte vergegenwärtigen, welche am 18. October v. J. Bechard in der französischen Nationalversammlung in Bezug auf die Centralisation sprach, wie er unter Anderm sagte: „In diesem Centralisationsgeiste ist die Grundurquelle ewiger Unzufriedenheit und die Ursache, warum wir endlich zum Communismus gelangen, denn die Ideen, welche in diesem spuken, sind zum großen Theile Folgen der Centralisation.“ Wenn wir dazu kommen, daß sich das volksthümliche Element in allen Kreisen ausbildet, wenn das Bedürfniß sich zeigt, daß der Bundesstaat nicht ausreicht, dann werden wir auch zur Gestaltung eines Einheitsstaates gelangen können, wahrscheinlich freilich erst dann, wenn wir noch durch eine große Schule von Leiden gegangen sind. Mir scheint es aber nicht gutgethan, die Erblichkeit jetzt auszusprechen, und dieß vornehmlich deßhalb, weil wir mit einer großen Frage in der Schwebe sind. Wir wissen nicht, welche Folgen der Beschluß vom Sonnabend haben wird; wir hoffen, daß Oesterreich eintreten werde, wir wünschen es. In dem Augenblicke aber, wo Sie das Wort „erblich“ ausgesprochen haben, fürchte ich, haben Sie die Brücke zum Eintritt Oesterreich's abgebrochen, Sie haben eine Verstimmung herbeigeführt, und zwar nicht bloß bei den Oesterreichern, sondern auch bei anderen Staaten. Es wird die Zeit kommen, wo wir anders berathen, anders abstimmen werden. In dem Augenblicke, wo Sie die Erblichkeit einführen, haben Sie auch die Gewalt dieses Oberhaupts gelähmt und untergraben; es wird Verstimmungen und ununterbrochenes Widerstreben hervorrufen, und zwar nicht von den Fürsten allein, sondern auch vom Volke. Es kommt, meine Herren, nicht darauf an, was ist, sondern was man glaubt; wenn Sie den Fürsten eines Staates mit der erblichen Würde an die Spitze gestellt haben, daß dann auch das Volk dieses Staates für immer das Erste sein soll. Es ist auf dieser Tribüne auch von Verstimmungen confessioneller Art zwischen dem Norden und Süden gesprochen worden; ich hätte gewünscht, man möchte dieß nie gethan haben. (Von vielen Seiten lebhafte Beistimmung.) Diese Verstimmungen sind nicht allgemein im Volke, namentlich nicht in dem, welches hier so oft erwähnt worden ist, im altbayerischen Volke. In diesem liegt diese Verstimmung durchaus nicht, es gab aber Leute, welche sie künstlich hervorzurufen wußten und es noch versuchen, besonders war es jene Zeitschrift, welche in der Zeit von 1815 bis 1819 alle Mittel aufbot, um das bayerische Volk gegen den Norden zu hetzen und zu reizen. Das bayerische Volk, meine Herren, ist so deutsch, wie irgend eins. Das bayerische Volk, gemüthlich, poetisch, beharrlich, tapfer, das liebt seine deutschen Brüder; lassen Sie sich nicht irre machen durch einen Zug im Charakter des Bayern, durch den Zug eines gewissen gutmüthigen Scherzes, den er leicht über Andere hat, die einen anderen Dialect, eine andere Sprache sprechen, er neckt und scherzt darüber, aber im Herzen liebt er sie. Meine Herren! In den Jahren, wo wir so viel von Frankreich bekommen haben, wo Manche glaubten, Bayerns Größe hänge von Frankreich's Größe ab, wo unsere Heere gegen Deutschland kämpften, glauben Sie, meine Herren, damals lebte noch immer in Bayern ein deutsches Gefühl, und jener 12. October des Jahres 1813, als der Vertrag von Ried unterzeichnet war, war ein Tag der Freude, weil man fühlte, deutsch wieder zu sein. Nun soll, wie man behauptet, dieses Gefühl unterdrückt sein, aber ich erkläre Ihnen das Gegentheil, indem ich gegen diese Ansicht von den Verstimmungen, die im Volke herrschen sollen, protestire; Particularismus und Liebe zur Heimath, Liebe zum angestammten Boden, der theuer ist durch eine Masse von Erinnerungen, grenzen nahe aneinander, der Particularismus ist aber nur eine vereinzelnt vorkommende Entartung dieses nationalen Gefühles, jenes Gefühles der Liebe zur Heimath; lassen Sie sich nicht irre machen, Bayern wird sich so gern, wie die anderen Stämme des Südens an die deutsche Sache anschließen. Was die Unterwerfung unter ein Oberhaupt betrifft, ich weiß es, und mögen Einzelne dagegen sprechen, mögen sie Verstimmungen aufrufen, sie liegen nicht im Volke. Ich habe in meinem Minoritäts-Berichte dafür gesprochen, daß Sie ein lebenslängliches Oberhaupt ernennen und wählen sollen. Man hat gesagt, dergleichen Vorschläge sind feig, sie sind halb, sie sind unpraktisch. Feig, meine Herren, würde es sein, wenn man die bessere Ueberzeugung verleugnet, nein, ich habe die Ueberzeugung, es ist jetzt auf keinen Fall noch Zeit zur Erblichkeit; man hat gesagt, es sei unhistorisch, denn eine Wahlmonarchie sei ein Widerspruch, es müsse eine Erbmonarchie sein; ich leugne das, die Geschichte lehrt, daß überall allmählich erst dann, wenn einem Fürsten eines Hauses eine Gewalt übertragen war, derselbe entweder dann nur sich und seine Nachkommen im Besitze zu erhalten wußte, oder, daß man bei der Wahl von dem liebgewordenen Hause nicht mehr abgegangen ist, und dann verwandelt sich, was factisch zuerst vorkommt, rechtlich in die Erbmonarchie. Wenn Sie mir sagen, Wahl- und Erbmonarchie sind ein Widerspruch, so möchte ich Sie bitten, die Art. 60, 61 und 83 der belgischen Verfassung zu durchgehen, daß da ausdrücklich nur von einer Art der Erblichkeit und davon die Rede ist, daß die Nationalversammlung, der Senat und das Repräsentantenhaus, ihre Zustimmung in gewissen Fällen geben müssen. Sie reden von der Wahlmonarchie und ihren Gefahren; meine Herren, ich frage Sie nun, wollen Sie das, was da vorhanden war, wo ein kleines Collegium sich um die Gewalt streitet, jeden Augenblick bereit, dieselbe auszudehnen, wo das Collegium durch Wahlcapitulationen sich sein Recht zu sichern sucht, ich frage Sie, ob das für die Verhältnisse paßt, wenn eine Nationalversammlung, ein Staatenhaus und ein Volkshaus mit einander wählen, soll hier auch jene Corruption eintreten? Ich glaube es nicht; diese Wahl soll nicht nach meinem Vorschlage auf eine kurze Zeit geschehen, sondern daß der Herrscher auf Lebenszeit ernannt werde, nur dieß paßt für die jetzigen Verhältnisse. Die Gründe liegen in meinem Berichte. Ich kann mir allerdings wohl eine Bedingung denken, unter der die Erblichkeit von Vielen, Vielen die jetzt dagegen sprechen, angenommen würde; aber sie ist in ferne Aussicht gestellt. Trete man hervor und spreche davon, daß es möglich ist, erkläre man, was man mit dem Aufgehen Preußens in Deutschland will, und zeige man, daß dann ein Deutschland werde; dann, meine Herren, ist die Lage der Dinge für die Abstimmung vielleicht eine andere. Wir, meine Herren, können nur Formen schaffen, den Geist, der sie belebt, können wir freilich nicht ins Leben rufen, aber Eines können wir wirken, wir können Formen schaffen, die den Bedürfnissen des Moments entsprechen, die nicht von vornherein Zwietracht erregen, und das Gegentheil bewirken von Dem, was man beabsichtigt; wir können Eines aber auch thun, vorleuchtend selbst durch unser Beispiel wirken bei unsern Mitbürgern, daß alle Zerwürfnisse, confessionelle und geographische, ausgeglichen werden, und daß wir nur das stolze Gefühl im Volke recht begründen, Brüder und Genossen des einen großen Vaterlandes zu sein. (Bravo!)

Präsident: Es liegen drei Anträge auf Schluß der Verhandlung vor: Von Herrn Schoder, Heinrich Simon und 20 Anderen, von Herrn Kühl und 20 Anderen, von Herrn Schrader und 20 Anderen. Ich bringe den Schluß zur Abstimmung. Diejenigen Herren, die die Discussion über Art. I. § 1 des von dem Verfassungs-Ausschusse vorgelegten Entwurfes „das Reichs-Oberhaupt" geschlossen wissen wollen, ersuche ich, sich zu erheben. (Mitglieder auf allen Seiten erheben sich.) Der Schluß ist angenommen. Der Herr Berichterstatter hat das Wort!

Beseler von Greifswald: Meine Herren! Als vor sieben Monaten uns die Aufgabe gestellt war, eine provisorische Centralgewalt für Deutschland zu errichten, da ist schon in diesem Hause weitläufig und sehr eingehend über die Frage verhandelt worden, die uns auch jetzt beschäftigt. Die verschiedenen Ansichten über die richtige Form, die zu wählen sei, wogten herüber und hinüber, bald war es die Monas, wie man es damals nannte, bald die Trias, die die größten Erfolge für sich zu haben schien, aber nach langer, gründlicher Erwägung entschied man sich mit großer Mehrheit dafür, daß die höchste Regierungsgewalt in Deutschland eine einheitliche sein solle, und als es sich fragte, wer denn diese Gewalt übernehmen solle, da haben 450 Stimmen aus allen Parteien und aus allen Volksstämmen denjenigen Mann gerufen, den man für den besten hielt, um Deutschland zu regieren. Meine Herren! Es war damals eine Jugendfrische in der Versammlung, eine Unbefangenheit der Ansichten, ein deutscher Sinn, wie wir ihn nicht genug loben können, jetzt, meine Herren, beschäftigt uns dieselbe Frage, und in noch ernsterer Gestalt wieder; wir sollen zur Lösung kommen, wie denn die definitive Gewalt in Deutschland constituirt sein solle. Ist noch dieselbe Jugendfrische hier, dieselbe Unbefangenheit? Meine Herren! Es ist Manches vorgekommen in den letzten Tagen, was den Vaterlandsfreund gewiß nicht erfreuen kann. Wir haben hier böse Worte gehört. Es sind confessionelle Beziehungen hineingezogen worden; es haben sich die verschiedenen Neigungen und Interessen der Stämme, es haben sich particularistische Bestrebungen geltend gemacht, es ist überhaupt Manches vorgekommen, was die Haltung dieser Versammlung nicht mehr so hoch und frei erscheinen läßt, wie früher. Meine Herren! Die Wege, die mir von Einigen, welche hier gesprochen, vorgezeichnet sind, ich werde sie nicht betreten. Ich werde nicht eingehen auf eine solche Auffassung der großen vaterländischen Sache, durch welche sie nur leiden kann, durch welche das Ansehen dieser Versammlung nur leiden kann. Ich möchte die Sache rein halten von allen Nebenrücksichten und Nebenzwecken. Ich möchte die Sache auffassen als Dasjenige, was sie ist, als die große deutsche Frage. Dann aber, meine Herren, werde ich auch nicht hinübergreifen dürfen in solche Verhältnisse, die nicht unmittelbar mit der Verfassungsfrage verbunden sind, die wenigstens deren Lösung nicht bedingen. Wir haben es hier zunächst nur mit der Form zu thun, und wenn diese auch ohne die thatsächlichen Verhältnisse nicht allein entscheidet: sie ist doch etwas Großes, und die Regierungsform, die wir zu bestimmen haben, ist es hier zunächst, um was es sich handelt. — Ich werde mich bei dieser Erörterung aber strenge halten an den Inhalt des ersten Paragraphen, indem ich vertheidige, was der Verfassungs-Ausschuß in seiner Majorität Ihnen vorschlägt. Ueber die weitere Bestimmung, über die Frage, ob erblich oder nicht erblich, über die Titelfrage ist hier nicht der Ort der Rede. Wenn aber die Sache so aufgefaßt wird, so scheint sich der Antrag, den der Abgeordnete v. Linde gestellt hat, zur Annahme zu empfehlen, der aber in Folge eines Druckfehlers, der sich eingeschlichen, vielfach ist mißverstanden worden. Herr v. Linde hat nicht beantragt über die ganze Frage zur Tagesordnung überzugehen, sondern über diejenigen Bestimmungen und Anträge, die sich auf die erste Einführung, auf die Gestaltung der höchsten Gewalt beziehen. Das sind Fragen, die zum Theil von den Umständen abhängen, worüber wir nichts bestimmen können, Fragen von untergeordneter Bedeutung, Vollzugsfragen. Ich glaube nicht, daß wir gut daran thun, sie in die eigentliche Entscheidung der Hauptsache hineinzuziehen. Darum empfehle ich Ihnen den Antrag des Herrn v. Linde, daß man über die Ausführung der angenommenen Verfassungsform sich die Beschlußnahme vorbehalte und über Das, was in dieser Beziehung vorgeschlagen ist, vorläufig zur motivirten Tagesordnung übergehe. Nur über die Hauptsache haben wir zunächst zu entscheiden. Ohne mich nun einzulassen in eine Kritik aller einzelnen Anträge, die gestellt worden sind, und die sich zum Theil wenig von einander unterscheiden, beschränke ich mich bloß darauf, die wichtigsten hervorzuheben und zu erörtern. — Es ist zunächst das Directorium, welches uns beschäftigt; dieß ist von der Minorität des Ausschusses und von dem Abgeordneten v. Rotenhan beantragt worden; außerdem liegen noch mehrere andere Vorschläge vor, die nur in Nebenpunkten von dem Antrag des Herrn v. Rotenhan sich unterscheiden. Meine Herren! Das Directorium, ist uns gesagt worden, sollen wir nicht verwechseln mit dem Bundestag, mit diesem hat es nichts gemein, es ist eine Verleumdung des Antrags, wenn man ihn damit vergleicht. Ich finde aber keinen so wesentlichen Unterschied, es sei denn, daß man ihn darin suche, daß man die kleineren Staaten hinausschiebt, und nur die größeren an die Spitze stellen will. Freilich wird gesagt, die Mitglieder sollen nicht nach Instructionen stimmen, allein das ist eine Bestimmung, deren Aufrechthaltung Niemand überwachen kann. Wenn die Fürsten durch Bevollmächtigte sich vertreten lassen, und das ist gestattet und wird wohl die Regel sein; dann werden auch die Vertreter, wenn sie es auch nicht sagen, doch nach Instructionen stimmen, die sie erhalten haben. Der Abgeordnete v. Rotenhan sagt ehrlich und offen, das Directorium ist der Bevollmächtigte der deutschen Regierungen. Wenn dem aber also ist, so bekommen wir keine selbstständige Regierungsgewalt, die in sich ihren Schwerpunkt findet; sondern eine Regierungsgewalt, die bloß den Collectivwillen der einzelnen Regierungen darstellt. Was an formeller Geschäftsleitung dem Einen im Directorium überlassen wird, das, meine Herren, trifft nicht das Wesen der Sache, sondern dient bloß, die Ausführung des Antrags zu erleichtern. Was aber, abgesehen davon, daß ich in einem solchen Directorium keine selbstständige Bundesregierung erkennen kann, was, — sage ich, — dagegen zu sprechen scheint, ist namentlich Dieses. Es wird dadurch alles Mögliche hervorgerufen, was an Intriguen, Particularismus, Egoismus in den einzelnen deutschen Regierungen liegen kann, und das Alles bekommt seine selbstständige Vertretung, gewissermaßen seine Berechtigung. Ich sehe nicht ein, wie es möglich ist, damit für eine große Nation eine oberste Gewalt zu begründen, die sie befriedigt. Es kommt aber auch noch ein anderer Umstand in Betracht. Während man in der Verwaltung der neueren Zeit die collegialische Organisation der Behörden wegen des schleppenden Ganges und des Mangels an Energie, welcher damit verbunden, zurückweist, will man sie hier an der Spitze des deutschen Bundesstaates wieder aufnehmen. Wir sollen diese schlechte Form wieder hervorrufen, wo es sich darum handelt, einer großen Nation ihre Stelle in der Weltgeschichte zu bereiten. Meine Herren! Täuschen Sie sich nicht, nehmen Sie das Directorium, wodurch sich vielleicht Viele befriedigt fühlen außer diesem Hause, so schaffen Sie keine Form, die dem deutschen Bundesstaate angemessen ist, Sie werden darin eine Spitze finden, die für den Unterbau nicht geeignet ist. Sie legen damit in die Verfassung, die Sie gründen, das Bedürfniß, die Verfassung an ihrer Spitze wieder umzuändern; Sie begründen dadurch einen Zustand, der nothwendig dahin führen muß, daß Alles sich gegen diese Form andrängt, und sie am Ende über den Haufen wirft, oder eine Energielosigkeit, die den Bau zerstört, wodurch, was in der Verfassung gegründet ist, wieder aufgerieben oder abgeschwächt wird. Wenn Sie den deutschen Bundesstaat vollenden wollen nach allen Theilen, dann dürfen Sie diese Form nicht wählen. — Meine Herren! Ich glaube nicht, daß Sie diese Form wählen dürfen, aber freilich noch undenkbarer als das Directorium erscheint mir der Turnus, welchen gestern der Abgeordnete Herr Welcker empfohlen hat. Soweit ich es beurtheilen kann, finde ich nichts darin, als ein fortgesetztes Reichsvicariat, wo der Fürst, welcher das Reich verwaltet, sich die kurze Zeit zum Nutzen machte, um Vortheile daraus zu ziehen. Das Reichs-Vicariat hatte nicht viel zu bedeuten, man mußte sich begnügen, ein wenig Gunst und Gnade zu finden. Wir wollen aber den Bundesstaat ernstlich nehmen, ihm eine Bedeutung beilegen. Was wird nun die Folge sein, wenn Sie alle sechs Jahre Preußen, und alle sechs Jahre Oesterreich an die Spitze stellen? Es wird keines von Beiden geneigt sein, seine Macht aufzuopfern, geneigt sein, wenn die sechs Jahre der Herrschaft genossen sind, sechs Jahre zu dienen. Jeder ist darauf hingewiesen, die sechs Jahre für sich zu benutzen, in den sechs Jahren für sich zu sorgen, und wehe dann dem Bundesstaat, wehe Deutschland! (Stimmen im Centrum: Sehr wahr!) Meine Herren! Vielleicht hat man gedacht, Oesterreich ist doch eine große Macht, und der Kaiserstaat soll bewahrt bleiben. Oesterreich wird sich schon erhalten; aber wie steht es dann mit Preußen? Glauben Sie, wenn Preußen sechs Jahre an der Spitze des Bundesstaates mit einer großen Hausmacht ausgerüstet gestanden ist, es wird geneigt sein, in eine dienende Stellung zu treten (Hört!), und nachdem es sechs Jahre geherrscht hat, sich aller derjenigen Attribute und Ehren zu entkleiden, welche eine Großmacht zieren? Meine Herren! Wenn Gleichheit besteht unter Allen, dann wird Preußen die Stelle einnehmen, die ihm gebührt; wenn man aber eine Verfassung anlegt, um hier eine große Ehre zu geben, und dort eine große Erniedrigung zu bereiten, dann wäre es gegen die Natur der menschlichen Dinge, und gegen alle Erfahrung, wenn man die sechs Jahre nicht auszubeuten trachtete, damit man später um so fester auf seinen eigenen Füßen stehe. Und wenn jeder einzelne Preuße es anders wollte, er könnte doch nicht anders. — Ich komme nun, meine Herren, zur republikanischen Präsidentur, einer Form der Regierung, die von vielen Mitgliedern gewünscht, vielleicht von wenigen für möglich gehalten wird. Meine Herren! Wenn wir die Monarchen zusammenbinden sollen zu einem Bundesstaate, und dann eine Form der Regierung an die Spitze stellen wollen, welche den Regierungsformen der einzelnen Staaten ganz und gar nicht entspricht, sollte das die passendste Art sein, um einen dauerhaften Bau zu begründen? würde das eine harmonische Gliederung geben, wenn Ungleichartiges nebeneinander gestellt, und übereinander geschichtet wird? Ich glaube nicht, daß, wenn wir in Deutschland etwas Gemeinsames herstellen wollen, die republikanische Regierung es ist, welche vom Volke gewünscht und gewollt wird. Meine Herren! Man hat uns häufig gesagt es sei anders; ich will nicht in weitläufige Erörterungen mich einlassen, aber nur auf eine Thatsache gestatten Sie mir hinzuweisen. Als wir Alle gespannten Sinnes unsere Augen hinwendeten nach Berlin, wo in aller Bitterkeit ein Kampf ausgebrochen war, der die Krone ernstlich zu bedrohen schien; meine Herren, als die Krone ans Volk appellirte und 83 Bataillone Landwehr unter die Waffen rief, da sind diese 83 Bataillone vollständig zusammengetreten, und haben sich auf die Seite der Krone gestellt. Seitdem dieß geschehen, sage ich, Deutschland will die Monarchie. (Auf der Rechten: Hört! Hört! Auf der Linken ironischer Zuruf: Gut bewiesen, vortrefflich!) Meine Herren! Ich will nicht weiter eingehen auf diese Fragen, welche bereits gelöst sind. Wahrlich! Monarchen, die noch auf dem Throne sitzen, unter einen Mann zu stellen, der bloß durch die Wahl auf wenige Jahre mit Macht bekleidet ist, das scheint mir nicht möglich, nicht durchführbar. Ich leugne es nicht, wenn Sie in einer großen Zeit einen großen Mann haben, und ihn an die Spitze der Nation stellen, so wird er seine Autorität behaupten können; aber wir dürfen nicht Institutionen bilden für große Zeiten und für große Männer. So lange nicht, wie in Nord-Amerika, der republikanische Geist Alles durchdrungen hat, und so lange nicht jedes Mittelglied des Staatenbaues republikanisch ist, darf es auch die Spitze nicht sein. Daher, meine Herren, bin ich für eine einheitliche, monarchische Regierungsform, für die, welche der Verfassungs-Ausschuß im § 1 empfohlen hat. — Meine Herren! Es soll aber nach unserem Vorschlage ein regierender Fürst sein, dem die oberste Gewalt übertragen wird; und wer denkt nicht, wenn dieser Vorschlag so gefaßt wird, an einen regierenden Fürsten von großer Macht? Welche Dynastie es ist, welche Diejenigen wollen, die für Erblichkeit sind, welchen regierenden Fürst Diejenigen wollen, die für das Wahlreich sind, das braucht hier nicht erörtert zu werden. Sie wissen, daß nach meiner Ueberzeugung es die Krone Preußen ist, der das Reichsregiment übertragen werden muß; aber hierauf einzugehen, und Einwendungen zurückzuweisen, die hiergegen erhoben worden sind, das ist nicht eine Sache, um die es sich jetzt handelt. Es muß, meine Herren, eine Krone sein, welche der Reichs-Regierung eine wirkliche Macht zubringt. Daß dieses nöthig ist, bedarf keines Beweises, und wenn man es nicht aus allgemeinen Regeln entnehmen könnte, so hat es die neueste Erfahrung gezeigt, daß die Centralgewalt Macht haben muß, wenn überhaupt das deutsche Wesen in die Blüthe kommen soll. Aber freilich, es werden viele Einwendungen erhoben von dieser und jener Seite. Haben wir doch erst heute gehört, daß die großen Fürsten es hauptsächlich sind, welche den Plan so schwierig machen. Jetzt aber handeln wir nicht von der Kaiserwürde, und selbst wenn diese beliebt wird, so wäre es möglich, eine Civilliste zu entbehren, falls man kein Bedenken tragen sollte, Einem Volksstamme die Ehre zu überlassen, für die Ausstattung des Reichsoberhauptes zu sorgen. Meine Herren! Die wohlfeile Regierungsform, ist sie immer die beste? Und die republikanische, ist sie immer die wohlfeilste? Fragen Sie unsere Nachbarn in Frankreich, wie viel sie die Republik gekostet hat! (Auf der Rechten und im Centrum: Hört! Hört!) Meine Herren! Als Franz II. die deutsche Kaiserkrone niederlegte, beliefen sich seine Einkünfte Summa Summarum, einschließlich den Judenschutz, auf nicht völlige 14,000 Gulden. Meine Herren! „Es ist dem deutschen Reiche sehr theuer geworden, daß ihm seine Kaiser so wohlfeil waren." (Auf der Rechten: Sehr wahr! Beifall.) Jedenfalls ist dieses nicht der Punkt, der da wesentlich ist, und ich meine, wenn es sich darum handelt, für 33 Millionen ein Oberhaupt zu finden, — und das hier so angespottete Klein-Deutschland hat doch 33 Millionen Deutscher (Bravo auf der Rechten); — wenn es sich handelt um ein Oberhaupt von 33 Millionen Deutscher, dann, meine Herren, sollte man es dem Volke nicht so vorstellen, als ob sein letztes Mark und Blut ausgepreßt würde.

L. **Nauwerck** (vom Platze): Ist schon geschehen.

Beseler: Sollen etwa nur die Schwaben in Hall die Civilliste bezahlen? Ich glaube, auf die kommt eine so kleine Summe, daß dieses kein Grund ist, warum ihnen das Kaiserthum unangenehm erscheint. Aber das ist nicht das Wesentliche, meine Herren, das Wesentliche besteht darin, daß wir eine Regierungsform schaffen, die zum Glücke und Heile Deutschland's führt. Und will denn das Volk nicht diese Form? Man hat gesagt: Nein. Meine Herren! Woher dann die vielen Adressen, die uns von allen Seiten zugehen? Meine Herren! Es sind sehr ehrbare Männer, die diese Adressen geschickt haben, und nicht bei Seite zu weisen. Woher kommt es, daß die Fürsten, welche doch hierbei selbst die größten Opfer bringen müssen, sich dafür erklärten? Haben es nicht die Großherzöge gethan? Die von Baden, Oldenburg, Mecklenburg, Darmstadt, Weimar mit den thüringischen Herzogen? Haben nicht in vielen Staaten die Kammern sich so erklärt, welche gerade die Volksvertretung in sich schließen, und in welchen der legale Ausdruck des Landeswillens zu erkennen ist? Meine Herren! Komme es von Oben oder von Unten, wo sich die Bereitwilligkeit zeigt zu Opfern, wo sich die Bereitwilligkeit zeigt, sich dem Ganzen hinzugeben, da sei Ehre und Preis, aber kein Spott (lebhafter Beifall auf der Rechten und im Centrum), kein Spott, und namentlich sollte kein Spott hier von der Tribüne laut geworden sein aus dem Munde eines Regierungsbevollmächtigten, dessen Fürst sich in dieser Weise zu edlen Opfern bereit erklärt hat (wiederholter lebhafter Beifall im Centrum und auf der Rechten), von dem Mitgliede einer Kammer, welche sich in ähnlicher Weise ausgesprochen hat. Es kann sein, daß nicht allenthalben eine gleiche Neigung für eine solche Ausbildung der obersten Gewalt in Deutschland sich findet. Manches wird die Zeit noch vermitteln und versöhnen; aber in vielen Gegenden ist sie tief in das Volk eingedrungen, darauf verlassen Sie sich, und in Norddeutschland, woher ich genauere Nachricht habe, weiß man, was daran liegt, daß eine solche energische Gewalt geschaffen werde, und dieser niedersächsische Volksstamm gibt Das, was er einmal erfaßt hat, nicht so leicht wieder auf. Das sind keine dynastischen Interessen, die in Braunschweig, Oldenburg, Hannover, Schleswig-Holstein, Mecklenburg sich geltend machen, ebensowenig wie in Preußen, dem man dieses vorzuwerfen nur zu leicht bereit ist. Sie wollen eine starke Gewalt in Deutschland, weil sie nur so Deutschland glücklich wissen, nur so sich in Deutschland glücklich fühlen. (Beifall auf der Rechten.) Aber, sagt man, welche Gefahr! wer bürgt uns, wenn wir eine solche kräftige Regierung schaffen, eine solche einheitliche Gewalt über Deutschland setzen, daß nicht unsere Freiheit bedroht wird, daß sie nicht ganz verloren geht? Nun, meine Herren, wenn bei der Verfassung, die wir gründen, bei den Grundrechten, welche wir von hier haben ausgehen lassen, bei der ganzen Umgestaltung des deutschen Volkes die Freiheit bedroht wird durch ein monarchisches Oberhaupt, dann, meine Herren, ist Deutschland der Freiheit nicht werth (lebhafter Beifall auf der Rechten und im Centrum); dann mag es die Sclavenknute küssen, aber es darf nicht sagen, daß es aus einer Nation von Freien bestehe! (Große Unruhe auf der Linken.) Meine Herren! Diese Unterbrechungen widerlegen mich nicht; Das, was ich hier spreche, fühlt Jedermann im Volke, und wenn die Männer im Volke treu zusammenhalten und ehrlich die Freiheit wollen, und des Vaterlandes Größe durch die Freiheit, dann kann kein Monarch der Erde sie nehmen. (Wiederholter Beifall auf der Rechten und im Centrum; Unruhe auf der Linken.)

Präsident: Meine Herren! Lassen Sie doch den Berichterstatter zu Ende reden.

Beseler: Ich sage, es kommt darauf an, daß wir die Form finden, welche uns die Einheit der Gewalt gibt und die Macht der Vollziehung; daß dafür eine Form gefunden werde, welche den deutschen Verhältnissen angemessen ist. Nehmen Sie die Form, die Ihnen von Ihrem Ausschuß geboten wird. Was auch gegen dieselbe Form gesagt wird, ich glaube, für die anderen kann nichts gesagt werden. (Lebhafter Beifall auf der Rechten und im Centrum.)

Präsident: Meine Herren! Die Discussion über § 1 ist geschlossen, und wir gehen zur Abstimmung über. Unter Vorbehalt der namentlichen Abstimmung, die noch näher bestimmt werden wird, will ich zuvörderst bemerken, welche von den überhaupt vorliegenden Verbesserungs-Anträgen meines Erachtens in die gegenwärtige Abstimmung hineingehören; ich bitte, mich dabei zu controliren. Außer dem Ausschuß-Antrag und den demselben zugefügten zwei Minoritäts-Erachten sind unter gegenwärtiger Abstimmung folgende Anträge zu begreifen: Antrag des Freiherrn v. Rotenhan, der besonders gedruckt ist; Antrag des Herrn Strache, unter den weiteren Verbesserungs-Anträgen als Nr. 2 gedruckt; Antrag des Herrn Welcker, unter den letzten Verbesserungs-Anträgen unter Nr. 1; der noch nicht gedruckte Antrag des Herrn Jürgens; der noch nicht gedruckte Antrag des Herrn Haubenschmied und Genossen; der ungedruckte Antrag des Herrn Kollaczek; der Antrag des Herrn v. Dieskau, unter Nr. 1 der Verbesserungs-Anträge; das Unteramendement des Herrn Eisenstuck, Nr. 1 unter den weiteren Verbesserungs-Anträgen; der Antrag des Herrn Dham, Nr. 2 der Verbesserungs-Anträge; Antrag des Herrn Spatz, Nr. 7 der Verbesserungs-Anträge; Antrag des Herrn Zöllner, Nr. 4 der weiteren Verbesserungs-Anträge; Antrag des Herrn Junkmann, Nr. 2 der zuletzt gedruckten Verbesserungs-Anträge, und endlich ein noch ungedruckter präjudizieller Antrag des Herrn Förster. — Es versteht sich, daß die nicht mit 20 Unterschriften versehenen Anträge noch vorerst unterstützt werden müssen; — Dagegen scheinen mir die Anträge der Herren v. Linde, Höfken und v. Mayfeldt nicht zum Inhalte des § 1, sondern zu § 1a, oder zur Frage nach der Art der ersten Wahl zu gehören; sie dürfen also nicht zur gegenwärtigen Abstimmung gezogen werden. — Ich werde nun die Unterstützungsfrage stellen, soweit sie nöthig ist; zuerst den Antrag des Herrn Dham, Nr. 2 der Verbesserungs-Anträge. Ich will ihn verlesen:

> „Im Angesichte der Gefahr, welche die Einheit des Vaterlandes bedroht, und in Erwägung, daß durch die Volksrepräsentation im Volks- und Staatenhause die Nachtheile und Mängel der früheren Reichsverfassung mit dem Wahlsystem beseitigt werden, beantrage ich:

1) „Die Wahl des Kaisers geschieht auf Lebenszeit.
2) „Die Wahl des Kaisers erfolgt in der Weise, daß die sämmtlichen regierenden deutschen Fürsten zusammentreten, und aus ihrer Mitte den Kaiser wählen.
3) „Für die erste Wahl sind nur wählbar die Regenten von Preußen, Oesterreich, Bayern, Sachsen, Hannover und Würtemberg."

Findet dieser Antrag, von welchem Nr. 3 unter dem gegenwärtigen Paragraphen zur Sprache kommt, Unterstützung? Ich ersuche die Herren, welche den Antrag des Herrn Dham unterstützen wollen, aufzustehen. (Es erheben sich nur Wenige.) Er hat keine Unterstützung gefunden. — Ich gehe zum Antrage der Herren Strache und Rapp über:

> § 1. „An der Spitze des deutschen Reiches steht ein Reichsdirectorium von drei Gliedern, dessen eines der Kaiser von Oesterreich, dessen zweites der König von Preußen ist; das dritte wird aus der Zahl der andern deutschen Fürsten je auf sechs Jahre gewählt.
>
> § 1a. Die erste Wahl wird von der constituirenden Nationalversammlung, die spätern von dem Volks- und Staatenhause in gemeinsamer Sitzung nach absoluter Majorität vorgenommen."

Findet dieser Antrag Unterstützung? Diejenigen Herren, welche ihn unterstützen wollen, bitte ich, sich zu erheben. (Es erheben sich nur Wenige.) Der Antrag ist ohne Unterstützung geblieben. — Wir kommen zum Antrag des Abgeordneten Junkmann, von welchem hierher nur die erste Nummer gehört.

1) „Das Oberhaupt des Reiches der deutschen Gesammtnation ist ein Kaiser aus den regierenden Fürstenhäusern auf Lebenszeit gewählt."

Ich frage, ob dieser Antrag Unterstützung findet? (Es erhebt sich nicht die genügende Zahl.) Der Antrag findet keine Unterstützung. — Der präjudizielle Antrag des Herrn Förster, den ich heute schon einmal verlesen habe. Ich werde die Erwägungsgründe auslassen und nur den Antrag selbst zu Unterstützung bringen. Er lautet:

1) „Die Bestimmungen hinsichtlich des Reichsoberhaupts sind nur für sechs Jahre, beziehungsweise für die Dauer der ersten Regierung giltig.
2) „Am Tage des Ablaufs dieser Zeit oder vier Wochen nach der früher schon eingetretenen Erledigung der Regierungsgewalt tritt eine von dem gesammten deutschen Volke gewählte Nationalversammlung zusammen, um nach Durchsicht der Verfassung die Oberhaupts-Frage definitiv für alle Zukunft zu entscheiden."

Diejenigen Herren, welche diesen Antrag unterstützen wollen, bitte ich, sich zu erheben. (Es erheben sich nur Wenige.) Auch dieser Antrag ist ohne Unterstützung geblieben. — Das Amendement des Herrn Kollaczek zu dem Verbesserungs-Antrag des Herrn Welcker wird, wie ich eben höre, zurückgenommen. — Ich komme nun zu dem Antrage des Herrn Haubenschmied, den ich vorhin bereits verlesen habe. Ich frage, ob dieser Antrag des Herrn Haubenschmied und Genossen Unterstützung findet? (Es erhebt sich die genügende Anzahl.) Er ist hinreichend unterstützt. — Mein Vorschlag für die Abstimmung ist nun folgender: Nachdem der präjudizielle Antrag des Herrn Förster in Folge mangelnder Unterstützung nicht mehr zur Abstimmung gebracht werden kann, glaube ich mit denjenigen Anträgen anfangen zu müssen, die die Ausübung der Regierungsgewalt im Reiche, respective die Würde des Reichsoberhauptes, nicht auf eine einzelne Person, sondern auf eine Mehrzahl übertragen wollen, und von da übergehen zu müssen auf die Anträge, die diese Regierungs-Gewalt respective Würde auf ein einzelnes Individuum übertragen wollen. Wenn Das gutgeheißen wird, meine Herren, so wäre die Unterabtheilung, die ich vorschlage, folgende: Ich würde unter den Anträgen, die die Regierungsgewalt nicht in Eine Hand legen wollen, mit denjenigen beginnen, die die größte Zahl dazu verschlagen, sechs Fürsten, das heißt, ich würde beginnen mit dem Antrage des Herrn v. Rotenhan übergehen zum Antrag des Herrn Jürgens und Genossen darauf folgen lassen das eben verlesene Amendement von Haubenschmied, dann mich wenden zu dem zweiten Minoritäts-Erachten, welches fünf regierende Fürsten vorschlägt, und in dieser Abtheilung schließen mit dem Vorschlag des Herrn

Welcker, welcher gleichzeitig zwei Fürsten an die Spitze der Reichsregierung stellen will. — Unter der Rubrik derjenigen Anträge, welche die Regierungsgewalt in Eine Hand gelegt wissen wollen, würde ich anfangen mit dem ersten Minoritäts-Erachten, dann übergehen zum Vorschlag des Herrn Spatz (§ 1 und 3), drittens folgen lassen den Vorschlag des Herrn v. Dieskau, erst ohne den Zusatz des Herrn Eisenstuck, dann mit diesem Zusatze, daran anschließen fünftens den § 1 des Ausschuß-Antrages, und schließen mit dem Vorschlag des Herrn Zöllner. — Es wird mir dagegen bemerkt, meine Herren, wenn ich die Aeußerung richtig verstanden habe, daß der Vorschlag des Herrn Welcker nicht in die erste, sondern in die zweite Abtheilung gehöre; ich glaube aber Recht zu haben, wenn ich ihn in die erste Abtheilung nehme, denn es heißt darin: „Die höchste Regierungsgewalt wird den Regenten derjenigen zwei Einzelstaaten, welche die größte Volkszahl haben, in der Art gemeinschaftlich übertragen ꝛc.;" ich glaube also, daß dieß der Antrag ist, der am Schluß der ersten Reihe vor Anfang der zweiten kommt. — Meine Herren! Es wird mir außerdem bemerkt, und Das ist gewiß richtig, daß ich versäumt habe, den Antrag des Herrn Zöllner zur Unterstützung zu bringen. Ich thue dieß nunmehr nachträglich. Der Antrag lautet:

> „Die Ausübung der Regierungsgewalt im deutschen Bundesstaate wird den regierenden Fürsten nachstehender Theile dieses Bundesstaates:
> a) des Königreichs Preußen,
> b) der gesammten Provinzen Deutsch-Oesterreich's,
> wechselsweise, und zwar auf Lebenszeit, übertragen.

Die zwei anderen Paragraphen darf ich wohl weglassen. Diejenigen Herren, welche diesen Antrag unterstützen wollen, bitte ich, aufzustehen. (Es erheben sich nur Wenige.) Der Antrag ist nicht unterstützt. Ich frage nun, meine Herren, ob gegen meine Abstimmungsweise Widerspruch ist, und bitte, sich zu dem Behufe um das Wort zu melden.

v. Schmerling von Wien: Ich würde den Antrag stellen, daß die Fragestellung umgedreht werde, und daß Dasjenige, was der Herr Präsident zuletzt zur Abstimmung bringen will, zuerst zur Abstimmung kommen möge. Ich halte Das für einen ganz logischen Vorgang, weil ohne Zweifel die Idee der Einheit das Präziseste ist, und, wenn diese Idee angenommen wird, nach allen Abstufungen, unter denen sie proponirt ist, alle anderen Anträge, die ohne Zweifel complicirter sind, von selbst wegfallen.

v. Maifeld von Wien: Ich glaube, daß der Antrag des Herrn v. Linde, welcher bezüglich aller Anträge, die auf die definitive Feststellung der Würde eines Reichsoberhauptes gestellt sind, zur motivirten Tagesordnung übergehen will, und daß mein Antrag „das deutsche Volk durch Abstimmung darüber zu befragen, ob an die Spitze des Bundesstaates ein Kaiser, d. h. eine monarchische Spitze kommen soll," zuerst kommen müssen, weil sie gewissermaßen präjudizieller Natur sind. Ich mache mir keine Illusion darüber, daß beide Anträge durchfallen, allein wenn der § 1 angenommen wird, so hat mein Antrag, wenn er zur Abstimmung kommen sollte, keinen Sinn und Zweck, er muß also, nach meiner Idee, vor allen übrigen zur Abstimmung kommen.

Ahrens von Salzgitter: Meine Herren! Ich glaube, der Antrag des Herrn Präsidenten ist nicht nur durch die früheren Vorgänge gerechtfertigt, sondern ich glaube, wir Alle und das deutsche Volk haben ein Interesse daran, die hauptsächlichsten verschiedenen Ansichten, welche in der Nationalversammlung hinsichtlich der Oberhauptsfrage vorhanden sind, kennen zu lernen, und daher wünsche ich, daß man sich mit dem vom Herrn Präsidenten gemachten Vorschlag einverstanden erklärt.

v. Dieskau von Plauen: Der von mir gestellte Antrag wird jedenfalls vor dem Minoritäts-Erachten 1, und vor dem Antrage des Herrn Spatz zur Abstimmung zu bringen sein, weil er weiter geht, als die eben genannten Anträge, indem ich unter Anderm will, daß der Präsident auf drei Jahre und zwar vom Volke gewählt werde. Dadurch, glaube ich, ist der Vorrang meines Antrags in der Abstimmung motivirt.

Präsident: Meine Herren! Was den Grund des Herrn v. Schmerling angeht, so glaube ich behufs der Widerlegung desselben mich auf Das berufen zu dürfen, was Herr Ahrens gesagt hat; ich glaube, daß es wirklich wünschenswerth ist, jedem Mitgliede der Versammlung Gelegenheit zu geben, nicht nur Das auszusprechen, was es nicht will, sondern auch, was es will. Was den Vorschlag des Herrn v. Mayfeld angeht, so bemerke ich, daß derselbe den Antrag des Herrn v. Linde in Folge eines eingeschlichenen bereits gestern berührten Druckfehlers mißverstanden hat; hinter den Worten: „definitive Feststellung" ist in dem gedruckten Antrage zu inseriren: „eine Maßnahme für die erste Uebertragung;" d. h. also, es bezieht sich der v. Linde'sche Antrag auf eine Frage, die uns heute gar nicht beschäftigt, auf das Wie? der ersten Uebertragung der Würde des Reichsoberhauptes; und der Antrag des Herrn v. Mayfeld selbst scheint mir nach seiner Wortfassung unter die Frage zu gehören, ob an die Spitze des deutschen Bundesstaates ein Kaiser gestellt werden soll, oder nicht, eine Frage, die nicht bei dem § 1, sondern bei § 2 zu Erörterung kommt. — Bezüglich der Bemerkung des Herrn v. Dieskau ist richtig, daß er in seinem Antrage hinzufügt: „von dem Volke auf die Dauer von drei Jahren," allein ich glaube, Herr v. Dieskau muß es sich gefallen lassen, daß der Rest seines Antrages zur Abstimmung komme; denn die Frage über die Bestellung des Reichsoberhauptes soll heute nicht erörtert werden; dieses aber vorausgesetzt, geht der Antrag des Herrn Spatz dem des Herrn v. Dieskau voraus, weil Herr Spatz jeden volljährigen Deutschen, Herr v. Dieskau aber erst jeden dreißigjährigen wählbar macht. Ich glaube also, meine Herren, Sie sollten mich trotz dieser Einreden, wenn nicht neue kommen, autorisiren, bei meinem Vorschlage zu bleiben.

Gombart von München: Es sind hier zwei verschiedene Systeme, die unserer Abstimmung zu Grunde liegen: Der eine Theil von uns will eine Einheit, der andere eine Mehrheit; was die Einheit anbelangt, so theilt sich dieselbe in verschiedene Ansichten, — Kaiser auf Lebenszeit, erblich, oder auf Zeit, — die anderen Parteien, welche an die Spitze einen Präsidenten oder ein Directorium wollen, wollen die Vielheit; also zwei Systeme sind es, die sich scheiden, und ich glaube, der einzige feste Grund ist, daß wir mit der festesten Basis, mit der Einheit, anfangen, und dann zur Vielheit übergehen.

Präsident: Ich glaube, Herr Gombart hat übersehen, daß die Frage über die Dauer der Würde des Reichsoberhauptes heute gar nicht zur Abstimmung kommt, sondern zu § 1 a gehört, der noch nicht berathen ist.

v. Schmerling von Wien: Ich habe mir nur über die von dem Herrn Präsidenten gegen meinen Antrag gemachte Einwendung die Bemerkung erlauben wollen: Ich erkenne ganz, daß es wünschenswerth sei für das deutsche Volk und das Gewissen jedes Einzelnen, daß bei allen Gelegenheiten die Meinung des Einzelnen erkannt werde; allein, meine Herren, dieses System haben wir bei den früheren Verhandlungen und Abstimmungen nie befolgt, sondern, im Gegentheile, im Interesse der Beschleunigung unserer Geschäfte beinahe immer zur Aufgabe gemacht, Dasjenige zunächst zur Abstimmung zu bringen, was total entscheidend ist, und eine spätere Abstimmung überflüssig gemacht hat. Namentlich beziehe ich mich auf den Gang der Abstimmung in der österreichischen Frage, wo man für richtig erkannt hat, daß, wenn das Minoritäts-Erachten angenommen wird, alle anderen Abstimmungen von selbst hinwegfallen. Hätte man auch damals Werth darauf gelegt, die Meinung eines jeden Einzelnen über jeden einzelnen Antrag zu erkennen, so hätte man auch alle übrigen Anträge zuerst zur Abstimmung bringen, und mit dem Minoritäts-Erachten schließen müssen. Das aber, glaube ich, ist bis jetzt die Absicht des Hauses nicht gewesen, daß alle möglichen Anträge zur Abstimmung gebracht werden, sondern man wollte vor Allem das Entschiedenste zur Sprache bringen, und wird es erzielt, daß die Anträge von selbst wegfallen, so ist meiner Meinung nach in der Hauptsache das Entschiedenste geschehen.

Präsident: Mein Antrag war auch in der österreichischen Frage, den umgekehrten Weg zu gehen.

v. Dieskau von Plauen: Ich finde durch die Erklärung des Herrn Präsidenten meine Ansicht nicht widerlegt. Mein Antrag, und das scheint mir ein Hauptpunkt, geht insbesondere auch dahin, daß derselbe ein Reichsoberhaupt überhaupt nicht will, sondern die ausübende Gewalt in die Hände eines Präsidenten zu legen beabsichtigt, und dann, daß der Präsident vom Volke gewählt werde. Es kommt weniger auf das Alter des zu Wählenden, als darauf an, von wem der Präsident gewählt werden soll.

Präsident: Herr v. Dieskau hat in seinem Antrage die §§ 1 und 1 a. zusammengefaßt; dafür bin ich bei der Abstimmung nicht verantwortlich. Ich kann nur den hierher gehörigen Theil des v. Dieskau'schen Antrages hier zur Abstimmung bringen, und muß Herrn v. Dieskau überlassen, daß er den anderen Theil zu § 1 a. resp. § 2 wiederhole.

v. Vincke von Hagen: Ich wollte mich nur gegen die Ansicht der verehrten Mitglieder für München und für Stadt Sulz erklären. Was zunächst das verehrte letzte Mitglied bemerkt hat, so würde seine Bemerkung, daß die Frage durch die von ihm vorgeschlagene Abstimmungsart vereinfacht und erledigt würde, nur dann richtig sein, wenn nicht über die einzelnen verschiedenen Anträge, sondern wenn über das Princip, ob Einer oder Mehrere regieren sollen, abgestimmt würde. Wenn mit der Frage, ob Einer, d. h. gleichviel, ob Kaiser oder Präsident, begonnen würde, so wäre ich mit der Abstimmung einverstanden. Ganz dasselbe Resultat würde aber erreicht, wenn man mit dem entgegengesetzten Principe anfinge, d. h. mit den verschiedenen Minoritäts-Erachten, welche eine Mehrheitsregierung vorschlagen. — Was ferner das verehrte Mitglied aus München bemerkt hat, daß das Stärkste zuerst zur Sprache kommen müßte, so scheint mir gerade die Vielheit das Stärkste zu sein. Denn wenn das deutsche Volk sechs Herren haben soll, so ist das wahrhaftig viel stärker, als wenn es nur Einen erhält. (Große Heiterkeit.)

Präsident: Ist der Antrag des Herrn Schneer auf namentliche Abstimmung über alle Fragen unterstützt? (Mitglieder auf allen Seiten erheben sich.) Der Vorbehalt des Herrn Schneer gilt unbedenklich auch für Herrn Schüler. — Also, meine Herren, wir beginnen mit der Abstimmung über den Verbesserungs-Antrag des Abgeordneten v. Rotenhan, den ich jetzt noch einmal verlesen will:

§ 1. „Die Regierungsgewalt im deutschen Reiche steht den Regierungen der Staaten, welche den deutschen Bundesstaat bilden, zu; sie wird auf Auftrag derselben im Namen des deutschen Bundesstaates geübt von einem Reichsdirectorium.

§ 2. „Das Reichsdirectorium besteht aus dem Kaiser von Oesterreich, den Königen von Preußen, Bayern, Sachsen, Hannover und Würtemberg.

§ 3. „Die Mitglieder des Reichsdirectoriums können sich durch ihnen verantwortliche Bevollmächtigte, welche sie jederzeit zurückzuberufen berechtigt sind, vertreten lassen.

§ 4. „An der Spitze des Reichsdirectoriums steht von 4 zu 4 Jahren abwechselnd der Kaiser von Oesterreich und der König von Preußen als **Reichsvorstand**.

§ 5. „Der Reichsvorstand führt den Vorsitz und die Geschäftsleitung in dem Reichsdirectorium. Er übt die Repräsentation im Innern des Bundesstaates und gegen das Ausland, beglaubigt die eigenen und empfängt die fremden Gesandten. Der Reichsvorstand ist in Ausübung aller der Reichsregierung verfassungsmäßig zustehenden Regierungsrechte an die Zustimmung des Directoriums gebunden. In dem Reichsdirectorium werden die Beschlüsse durch Stimmenmehrheit gefaßt.

„Weder die Abwesenheit einzelner Mitglieder des Reichsdirectoriums oder ihrer Vertreter, noch der Mangel an Instruction für die letzteren darf eine Beschlußfassung hindern.

„Wenn eine Stimmenmehrheit in dem Reichs-Directorium nicht erzielt wird, entscheidet der Reichs-Vorstand.

§ 6. „Alle Erlasse des Reichsdirectoriums werden in dessen Namen von dem Reichsvorstande vollzogen."

Meine Herren! Ich werde eben darauf aufmerksam gemacht, was mir entgangen ist, daß in dem Unteramendement der Herren Jürgens, Osterrath u. s. w. zu dem eben verlesenen Amendement des Herrn v. Rotenhan noch ein siebenter Fürst vorgeschlagen ist; es heißt darin:

„Dem Kaiser von Oesterreich, den Königen von Preußen, Bayern, Sachsen, Hannover und Würtemberg, und einem von den Regierungen der übrigen Einzelstaaten zu wählenden Fürsten."

Die Herren Antragsteller sind aber damit einverstanden, daß dafür bei der Abstimmung ein Vorbehalt offen behalten werde, als Zusatz zu dem betreffenden § 2 ff. des v. Rotenhan'schen Amendements.

Arndts von München: Meine Herren! Diese Unteramendements, die von Herrn Jürgens, mir und Anderen gestellt worden sind, beziehen sich auf mehrere Paragraphen des Verbesserungsantrags des Herrn von Rothenhan und wir müssen, indem wir allerdings es für zweckmäßig erachten, daß der Verbesserungsantrag des Herrn von Rothenhan im Ganzen zur Abstimmung gebracht werde, den Vorbehalt uns ausbedingen, daß diese Unteramendements nachher noch besonders zur Abstimmung gebracht werden. Sie beziehen sich auf Nr. 1, 2, 4 und 5 des Verbesserungsantrages des Abg. v. Rotenhan, und wir bitten den Herrn Präsidenten, bevor er den Antrag des Herrn v. Rotenhan im Ganzen zur Abstimmung bringt, diese Unteramendements noch einmal zu verlesen, und den Vorbehalt der nachherigen Abstimmung auszusprechen, für den Fall, daß der Verbesserungsantrag des Herrn v. Rotenhan im Ganzen angenommen wird.

Präsident: Damit werden die Herren einverstanden sein. Ich werde die Amendements noch einmal verlesen:

„§ 1 möge lauten:

„Die Regierungsgewalt im deutschen Reiche wird im Namen des deutschen Bundesstaates durch ein Reichsdirectorium ausgeübt."

§ 2 möge lauten:

„Das Reichsdirectorium besteht aus dem Kaiser von Oesterreich, den Königen von Preußen, Bayern, Sachsen, Hannover und Würtemberg und einem von den Regierungen der übrigen Einzelstaaten zu wählenden Fürsten."

§ 4 möge lauten:

„An der Spitze des Reichsdirectoriums stehen abwechselnd von 4 zu 4 Jahren die Regenten der beiden Einzelstaaten, welche die größte Volkszahl haben."

In § 5 möge nach den Worten „und empfängt die fremden Gesandten" beigefügt werden:

„Derselbe verkündet und vollzieht die Reichsgesetze; er ernennt die Reichsbeamten." —

Ich behalte also bei der Abstimmung über den Verbesserungsantrag des Herrn v. Rotenhan, die damit compatibeln Theile des Unteramendements der Herren Jürgens, Osterrath und Genossen vor. Diejenigen, welche dem Verbesserungsantrage des Herrn v. Rotenhan ihre Zustimmung geben wollen, werden ersucht, bei dem Namensaufrufe mit **„Ja"**, die das nicht wollen, mit **„Nein"** zu antworten. Ich bitte den Herrn Schriftführer mit der namentlichen Abstimmung zu beginnen:

Bei dem hierauf erfolgenden Namensaufruf antworteten mit **Ja:**

Achleitner aus Ried, v. Aichelburg aus Villach, Arndts aus München, Arneth aus Wien, Benedict aus Wien, v. Bothmer aus Carow, Burkart aus Bamberg, Buß aus Freiburg, Coronini-Cronberg (Graf) aus Görz, Cucumus aus München, Detmold aus Hannover, Deymann aus Meppen, Döllinger aus München, Eckart aus Lohr, Edel aus Würzburg, Edlauer aus Gratz, Egger aus Wien, Eisenmann aus Nürnberg, Englmayr aus Enns (Oberösterreich), Friedrich aus Bamberg, Fritsch aus Ried, Fügerl aus Korneuburg, Göbel aus Jägerndorf, Gombart aus München, Grundner aus Ingolstadt, Haubenschmied aus Passau, Hillebrand aus Pöls, Huber aus Linz, Jürgens aus Stadtoldendorf, Kagerbauer aus Linz, Kahlert aus Leobschütz, Kerer aus Innsbruck, Kirchgeßner aus Würzburg, Kleinschrod aus München, Knarr aus Steiermark, Knoodt aus Bonn, Künsberg aus Ansbach, v. Kürsinger (Ignatz) aus Salzburg, v. Kürsinger (Karl) aus Tamsweg, v. Lassaulx aus München, Lausch aus Troppau, Lienbacher aus Goldegg, Mally aus Steyermark, Maly aus Wien, von Mayfeld aus Wien, Möller aus Reichenberg, von Möring aus Wien, v. Mühlfeld aus Wien, Müller aus Würzburg, Münch aus Wetzlar, Mulley aus Weitenstein, v. Nagel aus Oberviechtach, Neubauer aus Wien, Neumayr aus München, Obermüller aus Passau, Osterrath aus Danzig, Paur aus Augsburg, Peter aus Bruneck, Pfeiffer aus Adamsdorf, Phillips aus München, Pieringer aus Kremsmünster, Polatzek aus Weiskirch, von Pretis aus Hamburg, Quesar aus Prag, Rapp aus Wien, Reichensperger ans Trier, Reindl aus Orth, Reisinger aus Freistadt, Reitmayr aus Regensburg, Renger aus böhmisch Kamnitz, Riegler aus mährisch Budwitz, v. Rotenhan aus München, Schädler aus Vaduz, Schauß aus München, Schiedermayer aus Vöcklabruck, v. Schmerling aus Wien, Schmidt (Joseph) aus Linz, Schreiner aus Gratz (Steyermark), v. Schrenk aus München, Schubert aus Würzburg, Schulz aus Darmstadt, Sepp aus München, Somaruga aus Wien, Streffleur aus Wien, v. Stremayr aus Gratz, Stülz aus St. Florian, Tappehorn ans Oldenburg, von Unterrichter aus Klagenfurt, Vogel aus Dillingen, Weber aus Neuburg, Weber aus Meran, Weiß aus Salzburg, Welcker aus Frankfurt, v. Wulffen aus Passau, v. Würth aus Wien.

Mit **Nein** antworteten:

Ahrens aus Salzgitter, Ambrosch aus Breslau, v. Amstetter aus Breslau, Anders aus Goldberg, Anderson aus Frankfurt a. d. O., Anz aus Marienwerder, Arndt aus Born, Barth aus Kaufbeuern, Bassermann aus Mannheim, Bauer aus Bamberg, Bauernschmidt aus Wien, v. Baumbach-Kirchheim aus Cassel, Becker aus Gotha, Becker aus Trier, v. Beckerath aus Crefeld, Berger aus Wien, Bernhardi aus Cassel, Beseler aus Greifswald, Beseler (H. W. aus Schleswig, Biedermann aus Leipzig, Blömer aus Aachen, Blumröder (Gustav) aus Kirchenlamitz, Boch-Buschmann aus Siebenbrunnen, Bock aus Preußisch-Minden, Böcking aus Trarbach, Böcler aus Schwerin, Boczek aus Mähren, v. Boddien aus Pleß, Bogen aus Michelstadt, Bouvier (Cajetan) aus Steyermark, Braun aus Cöslin, Brescius aus Züllichau, Bresgen aus Ahrweiler, v. Breuning aus Aachen, Breusing aus Osnabrück, Briegleb aus Coburg, Brons aus Emden, Bürgers aus Cöln, v. Buttel aus Oldenburg, Carl aus Berlin, Caspers aus Coblenz, Claussen aus Kiel, Clemens aus Bonn, Cnyrim aus Frankfurt a. M., Cramer aus Cöthen, Cropp aus Oldenburg, Culmann aus Zweibrücken, Dahlmann aus Bonn, Damm aus Tauberbischoffsheim, Dammers aus Nienburg, Deecke aus Lübeck, Deetz aus Wittenberg, Degenkolb aus Eulenburg, Deiters aus Bonn, Demel aus Teschen, Dham aus Schmalenberg, v. Dieskau aus Plauen, Dietsch aus Annaberg, Drechsler aus Rostok, Dröge aus Bremen, Droysen aus Kiel, Dunker aus Halle, Ebmeier aus Paderborn, Eckert aus Bromberg, Ehrlich aus Murzynek, Eisenstuck aus Chemnitz, Emmerling aus Darmstadt, v. Ende aus Waldenburg, Engel aus Pinneberg, Engel aus Culm, Esmarch aus Schleswig, Evertsbusch aus Altena, Falk aus Ottolangendorf, Fallati aus Tübingen, Fallmerayer aus München, Federer aus Stuttgart, Fehrenbach aus Säckingen, Fetzer aus Stuttgart, Fischer (Gustav) aus Jena, v, Flottwell aus Münster, Förster aus Hünfeld, Franke (Karl) aus Rendsburg, Freese aus Stargard, Freudentheil aus Stade, Frisch aus Stuttgart, Fritsche aus Roda, Fröbel aus Berlin, v. Gagern aus Wiesbaden, Gebhard aus Würzburg, Geigel aus München, Gerlach aus Tilsit, Gersdorf aus Tuetz, Gevekoht aus Bremen, Gfrörer aus Freiburg, Giesebrecht aus Stettin, Giskra aus Wien, v. Gladis aus Wohlau, Göden aus

Krotoschyn, Godeffroy aus Hamburg, Goltz aus Brieg, von der Goltz (Graf) aus Czarnikau, Graf aus München, Gravell aus Frankfurt a. d. O., Gravenhorst aus Lüneburg, Gritzner aus Wien, Groß aus Leer, Groß aus Prag, Grubert aus Breslau, Grüel aus Burg, Grumbrecht aus Lüneburg, Gülich aus Schleswig, Günther aus Leipzig, Gulden aus Zweibrücken, Gysae (Wilhelm) aus Strehlow, Hagen (K.) aus Heidelberg, Haggenmüller aus Kempten, Hahn aus Guttstatt, Hallbauer aus Meissen, Hartmann aus Leitmeritz, v. Hartmann aus Münster, Haßler aus Ulm, Haupt aus Wismar, Haym aus Halle, Hedrich aus Prag, Hehner aus Wiesbaden, Heimbrod aus Sorau, Heisterbergk aus Rochlitz, Heldmann aus Selters, v. Hennig aus Dempowalonka, Hensel I aus Camenz, Hentges aus Heilbronn, Hergenhahn aus Wiesbaden, Herzog aus Ebermannstadt, Heubner aus Zwickau, Hildebrand aus Marburg, Hirschberg aus Sondershausen, Höfken aus Hattingen, Hoffmann aus Ludwigsburg, Hofmann aus Friedberg, Hollandt aus Braunschweig, Houben aus Meurs, Huck aus Ulm, Hugo aus Göttingen, Jacobi aus Hersfeld, Jahn aus Freiburg a. d. U., Johannes aus Meiningen, Jopp aus Enzersdorf, Jordan aus Berlin, Jordan aus Gollnow, Jordan aus Frankfurt a. M., Jucho aus Frankfurt a. M., Junghanns aus Mosbach. v. Keller (Graf) aus Erfurt, v. Kalckstein aus Wogau, Kerst aus Birnbaum, v. Keudell aus Berlin, Kierulff aus Rostock, Köhler aus Seehausen, Kohlparzer aus Neuhaus, Kollaczek aus österreich. Schlesien, Kosmann aus Stettin, v. Köstritz aus Elberfeld, Kotschy aus Ustron in Mährisch-Schlesien, Krafft aus Nürnberg, Kratz aus Wintershagen, Kudlich aus Schloß Dietach, Künzel aus Wolka, Kuhnt aus Bunzlau, Kutzen aus Breslau, Lang aus Verden, Langbein aus Wurzen, Langerfeldt aus Wolfenbüttel, Laschan aus Villach, Laube aus Leipzig, Laudien aus Königsberg, Lette aus Berlin, Leue aus Cöln, Leverkus aus Lennep, Liebmann aus Perleberg, Lodemann aus Lüneburg, Löschnigg aus Klagenfurt, Loew aus Magdeburg, Löw aus Posen, Löwe (Wilhelm) aus Calbe, Mann aus Rostock, Makowiczka aus Krakau, v. Maltzahn aus Küstrin, Mammen aus Plauen, Marcks aus Duisburg, Marcus aus Bartenstein, Mareck aus Gratz (Steyermark), Martens aus Danzig, Martiny aus Friedland, v. Massow aus Carlsberg, Mathy aus Carlsruhe, Mayer aus Ottobeuern, Merck aus Hamburg, Metzke aus Sagan, Mevissen aus Cöln, Meyer aus Liegnitz, Michelsen aus Jena, Minkus aus Marienfeld, Mittermaier aus Heidelberg, Mölling aus Oldenburg, Mohl (Moritz) aus Stuttgart, Mohl (Robert) aus Heidelberg, Müller aus Meiningen, Munchen aus Luxemburg, Nägele aus Murrhardt, Naumann aus Frankfurt a. d. O., Nauwerck aus Berlin, v. Neitschütz aus Königsberg, Nerreter aus Fraustadt, Neugebauer aus Lubitz, Nicol aus Hannover, Nizze aus Stralsund, Nöthig aus Weißholz, Oertel aus Mittelwalde, Ostendorf aus Soest, Ottow aus Labiau, Overweg aus Haus Ruhr, Pannier aus Zerbst, Pattai aus Steyermark, Paur aus Neisse, Pfahler aus Tettnang, Pinckert aus Zeitz, Plaß aus Stade, Plathner aus Halberstadt, Plehn aus Marienburg, Pözl aus München, Presting aus Memel, Quante aus Ullstadt, von Quintus-Icilius aus Fallingbostel, v. Radowitz aus Rüthen, Rahm aus Stettin, Rättig aus Potsdam, Rank aus Wien, v. Rappard aus Glambek, von Raumer aus Berlin, v. Raumer aus Dinkelsbühl, Raus aus Wolframitz, Raveaux aus Cöln, von Reden aus Berlin, Reh aus Darmstadt, Reichenbach (Graf) aus Domeßko, Reinstein aus Naumburg, Reitter aus Prag, Rheinwald aus Bern, Richter aus Danzig, Riehl aus Zwettl, Riesser aus Hamburg, Röben aus Dornum, Röder aus Neustettin, Rödinger aus Stuttgart, Rösler aus Oels, Rößler aus Wien, Rothe aus Berlin, Roßmäßler aus Tharand bei Dresden, Rüder aus Oldenburg, Rümelin aus Nürtingen, von Sänger aus Grabow, v. Saltzwedell aus Gumbinnen, von Saucken-Tarputschen aus Angerburg, Scharre aus Strehla, Scheller aus Frankfurt a. d. O., Schenk aus Dillenburg, Schepp aus Wiesbaden, Schick aus Weißensee, Schierenberg aus Detmold, Schirmeister aus Insterburg, v. Schleussing aus Rastenburg, Schlöffel aus Halbendorf, v. Schlotheim aus Wollstein, Schlutter aus Poris, Schmidt (Ernst Friedrich Franz) aus Löwenberg, Schmidt (Adolph) aus Berlin, Schmitt aus Kaiserslautern, Schneer aus Breslau, Schoder aus Stuttgart, Scholten aus Ward, Scholz aus Neisse, Schorn aus Essen, Schott aus Stuttgart, Schrader aus Brandenburg, Schreiber aus Bielefeld, Schubert (Friedrich Wilhelm) aus Königsberg, Schüler aus Jena, Schüler (Friedrich) aus Zweibrücken, Schütz aus Mainz, Schultze aus Potsdam, Schulz (Friedrich) aus Weilburg, Schwarz aus Halle, Schwarzenberg (Philipp) aus Cassel, Schwetschke aus Halle, v. Selchow aus Rettkewitz, Sellmer aus Landsberg a. d. W., Servais aus Luxemburg, Siehr aus Gumbinnen, Simon (Heinrich) aus Breslau, Simon (Ludwig) aus Trier, Simon (Max) aus Breslau, Simson aus Stargard, von Soiron aus Mannheim, Spatz aus Frankenthal, Sprengel aus Waren, Stahl aus Erlangen, Starck aus Krumau, Stavenhagen aus Berlin, Stenzel aus Breslau, Stieber aus Budissin, Sturm aus Sorau, Tafel aus Stuttgart, Tafel (Franz) aus Zweibrücken, Tannen aus Zilenzig, Teichert aus Berlin, Tellkampf aus Breslau, v. Thielau aus Braunschweig, Thöl aus Rostock, Titus aus Bamberg, Trabert aus Rausche, Trampusch aus Wien, v. Treskow aus Grocholin, Uhland aus Tübingen, Veit aus Berlin, Venedey aus Cöln, Versen aus Nieheim, v. Vincke aus Hagen, Vischer aus Tübingen, Vogel aus Guben, Vonbun aus Feldkirch, Wachsmuth aus Hannover, Wagner aus Steyr, Waitz aus Göttingen, Waldburg-Zeil-Trauchburg (Fürst) aus Stuttgart, Waldmann aus Heiligenstadt, Walter aus Neustadt, Weckbecker aus Aachen, Wedekind aus Bruchhausen, v. Wedemeyer aus Schönrade, v. Wegnern aus Lyk, Weißenborn aus Eisenach, Welcker aus Frankfurt, Werner aus Oberkirch, Wernher aus Nierstein, Werthmüller aus Fulda, Wichmann aus Stendal, Wiebker aus Uckermünde, Wiedenmann aus Düsseldorf, Wiesner aus Wien, Wiest aus Tübingen, Wiethaus (J.) aus Gummersbach, Wigard aus Dresden, Winter aus Liebenburg, Wurm aus Hamburg, Würth aus Sigmaringen, Wuttke aus Leipzig, Zachariä aus Bernburg, Zachariä aus Göttingen, Zell aus Trier, Zeltner aus Nürnberg, v. Zerzog aus Regensburg, Ziegert aus Preuß. Minden, Zimmermann (Professor) aus Stuttgart, Zimmermann aus Spandow, Zittel aus Bahlingen, Zitz aus Mainz, Zöllner aus Chemnitz.

Der Abstimmung enthielten sich:

Pringinger aus St. Pölten, Werner aus St. Pölten, v. Wydenbrugk aus Weimar.

Abwesend waren:

A. mit Entschuldigung:

v. Andrian aus Wien, Aulike aus Berlin, Backhaus aus Jena, v. Bally aus Beuthen, Baur aus Hechingen, Beidtel aus Brünn, v. Beisler aus München, Bergmüller aus Mauerkirchen, Brentano aus Bruchsal, Cetto aus Trier, Christ aus Bruchsal, Christmann aus Dürkheim, Czoernig aus Wien, Esterle aus Cavalese, Fuchs aus Breslau, v. Gagern aus Darmstadt, Giech (Graf) aus Thurnau, v. Hagenow aus Langenfelde, Heckscher aus Hamburg, Helbing aus Emmendingen, v. Hermann aus München, Höchsmann au Wien, Jeiteles aus Olmütz, v. Itzstein aus Mannheim, Käfferlein aus Baireuth, Kaiser (Ignatz) aus Wien, v. Ketteler aus Hopsten, Koch aus Leipzig, Kolb aus Speyer, Kuenzer aus Constanz, Levisohn aus Grünberg, Küntzel aus Hildesheim, Mandrella aus Ujest, Mez aus Freiburg, Mohr aus Oberingelheim, Müller aus Damm (bei Aschaffenburg), Murschel aus Stuttgart, v. Neuwall aus Brünn, Peter aus Constanz, Raffl aus Neustadtl in Böhmen, Reinhard aus Boytzenburg, Richter aus Achern, Römer aus Stuttgart, v. Rönne aus Berlin, Sachs aus Mannheim, Schaffrath aus Neustadt, Scheliessnigg aus Klagenfurt, Schlörr aus der Oberpfalz, Schuler aus Innsbruck, Schultze aus Liebau, Stedmann aus Besselich, Stöcker aus Langenfeld, Thinnes aus Eichstädt, Tomaschek aus Iglau, v. Trützschler aus Dresden, Viebig aus Posen, Wernich aus Elbing, Wesendonck aus Düsseldorf.

B. ohne Entschuldigung:

Archer aus Rein, Bonardy aus Greiz, Braun aus Bonn, Cornelius aus Braunsberg, Deym (Graf) aus Prag, Gottschalk aus Schopfheim, Gspan aus Innsbruck, Hayden aus Dorf bei Schlierbach, Herzig aus Wien, Heubner aus Freiberg, Hensoner aus Saarlouis, Hönniger aus Rudolstadt, Hoffbauer aus Nordhausen, Junkmann aus Münster, v. Linde aus Mainz, Marsilli aus Roveredo, v. Mayern aus Wien, Melly aus Wien, Neumann aus Wien, Reichard aus Speyer, Rühl aus Hanau, v. Scherpenzeel aus Baarlo, Schlüter aus Paderborn, Schneider aus Wien, Schoenmackers aus Beck, Schrott aus Wien, Schwerin (Graf) aus Pommern, Siemens aus Hannover, Stein aus Görz, Stockinger aus Frankenthal, Strache aus Rumburg, Umbscheiden aus Dahn, Vogt aus Gießen, Wippermann aus Cassel, Wolf aus St. Georgen, Zum Sande aus Lingen.

Präsident: Das Resultat der Abstimmung, meine Herren, ist folgendes: Der Verbesserungs-Antrag des Herrn v. Rotenhan ist mit 361 gegen 97 Stimmen verworfen; 3 Mitglieder haben sich der Abstimmung überhaupt enthalten. — Ich bringe jetzt die beiden Zusätze zur Abstimmung. (Stimmen aus dem Centrum: Diese fallen!) Das wäre nicht so unbedenklich; doch erklären sich eben die Herren Antragsteller damit einverstanden, daß die beantragte Fassung der §§ 2 u. 4, welche nach dem Amendement der Herren Jürgens, Arndts und Genossen Platz greifen sollte, mit der gegenwärtigen Abstimmung erledigt sei. Ist Herr Haubenschmied nicht im Hause? (Stimmen: Nein!) Ich verlese zuvörderst eine Erklärung des Herrn v. Wydenbrugk über die eben vorgenommene Abstimmung; sie lautet so:

„Ich habe mich der Abstimmung deshalb enthalten, weil ich bei der gegenwärtigen ersten Lesung der Oberhauptsfrage die nothwendigen factischen Unterlagen für die Abstimmung nur in so weit für aufgeklärt ansehe, um mich definitiv gegen ein erbliches Kaiserthum aussprechen zu können, während ich, um mich einer der andern vorgeschlagenen Formen anschließen zu können, die Acten noch nicht für spruchreif halte. Dieser Gesichtspunkt wird auch bei den folgenden Abstimmungen maßgebend für mich sein."

(Auf der Rechten: Ah!) Ich bringe jetzt den Antrag der Herren Haubenschmied, Neumayr und Genossen zur Abstimmung. Zunächst frage ich, ob auch dafür die namentliche Abstimmung verlangt wird? (Von mehreren Seiten: Nein!) Die Antragsteller ziehen die namentliche Abstimmung bei diesem Antrage zurück; es wird daher durch Aufstehen und Sitzenbleiben abgestimmt werden. (Zuruf: Lesen!) Ich werde ihn lesen, wenn die Herren erst sitzen. Ich verlese also den Antrag noch einmal:

§ 1. Die Regierungsgewalt im deutschen Reiche wird im Namen des deutschen Bundesstaates geübt von einem Reichsdirectorium.

§ 2. Dasselbe besteht aus den Regenten von Oesterreich,*) Preußen, Bayern, Sachsen, Hannover und Würtemberg.

§ 3. Die Mitglieder des Reichsdirectoriums können durch Stellvertreter handeln.

§ 4. An der Spitze des Reichsdirectoriums steht von 6 zu 6 Jahren abwechselnd der Regent von Oesterreich und der Regent von Preußen als Reichsstatthalter.

§ 5. Der Reichsstatthalter führt den Vorsitz und die Geschäftsleitung im Reichsdirectorium, er übt die völkerrechtliche Vertretung des deutschen Reichs und der einzelnen deutschen Staaten aus; er ernennt die Reichsgesandten und empfängt die fremden Gesandten; er ernennt die Consuln und führt den diplomatischen Verkehr.

Er ernennt die Reichsminister und anderen Reichsbeamten.

Er ernennt die Oberfeldherren und verfügt über die bewaffnete Macht Deutschlands im Kriege.

---

*) Im Falle und so lange Oesterreich in den Bundesstaat nicht eintreten sollte, übt der König von Preußen die Reichsstatthalterschaft.

Er verkündet die Reichsgesetze und erläßt die zur Vollziehung derselben nothwendigen Verordnungen im Namen des Directoriums.

In Strafsachen, welche zur Zuständigkeit des Reichsgerichtes gehören, hat er das Recht der Begnadigung und Strafmilderung (1c. wie § 13 des Ausschußantrages).

§ 6. Der Reichsstatthalter ist in Ausübung aller andern der Reichsregierung verfassungsmäßig zustehenden Regierungsrechte an die Zustimmung des Reichsdirectoriums gebunden.

§ 7. Das Reichsdirectorium faßt seine Beschlüsse durch Stimmenmehrheit.

Weder die Abwesenheit einzelner Mitglieder desselben oder deren Stellvertreter, noch der Mangel an Instruction für Letztere kann eine Beschlußfassung hindern.

Wenn Stimmenmehrheit im Reichsdirectorium nicht erzielt wird oder sämmtliche Beisitzer abwesend sind, entscheidet der Reichsstatthalter.

§ 8. Das Reichsdirectorium ist unverantwortlich.

Es übt die ihm übertragene Gewalt durch verantwortliche Minister.

§ 9. Der Reichsstatthalter wird während der Dauer des Reichstages am Sitze der Reichsregierung residiren.

Sooft er sich nicht am Sitze derselben befindet, muß einer der Reichsminister in seiner unmittelbaren Umgebung sein.

Den Sitz der Reichsregierung bestimmt ein Reichsgesetz.

Diejenigen Herren, welche diesem Antrag ihre Zustimmung geben wollen, ersuche ich, sich zu erheben. (Mitglieder auf verschiedenen Seiten erheben sich.) Der Antrag ist abgelehnt. Ich gehe jetzt auf das zweite Minoritätserachten über, welches dahin lautet:

„An der Spitze des deutschen Reiches steht ein Reichsdirectorium von fünf Gliedern, deren eines der Kaiser von Oesterreich, das zweite der König von Preußen, das dritte der König von Bayern ernennt. Das Ernennungsrecht des vierten Mitgliedes steht den Königen von Hannover, Sachsen und Würtemberg und dem Großherzog von Baden zu. Das fünfte Glied wird von den übrigen regierenden Fürsten und den vier freien Städten ernannt.

Der Vorsitz im Reichsdirectorium wechselt zwischen Oesterreich und Preußen alle zwei Jahre.

Die Beschlüsse des Reichsdirectoriums werden durch Stimmenmehrheit gefaßt. Bei Stimmengleichheit entscheidet die Stimme des Präsidenten. Weder die Abwesenheit eines Mitgliedes noch die Berufung auf den Mangel einer Instruction verhindert die Beschlußfassung.

Das Directorium ist für seine Regierungshandlungen unverantwortlich und übt die Regierungsrechte durch verantwortliche Minister aus."

Ist hierfür die namentliche Abstimmung verlangt? (Mehrere Stimmen: Nein!)

Schreiner von Grätz: Meine Herren! Ich nehme den Antrag auf Abstimmung durch Namensaufruf wieder auf. (Stimmen von der Rechten: Ist der Antrag unterstützt?)

Präsident: Dann muß ich diese Wiederaufnahme wenigstens unterstützen lassen (Stimmen auf der Rechten: Ja wohl!): Ich bitte die Herren, die Plätze einzunehmen, da ich sonst außer Stande bin, das Resultat der Abstimmung zu übersehen. Diejenigen Herren, welche den Antrag auf Abstimmung über das Minoritätserachten durch Namensaufruf unterstützen wollen, ersuche ich, sich zu erheben. (Nur wenige Mitglieder erheben sich.) Der Antrag ist bei weitem nicht durch 50 Mitglieder unterstützt. Es wird also durch Aufstehen und Sitzenbleiben abgestimmt werden. Diejenigen, welche das zweite Minoritätserachten annehmen wollen, bitte ich, aufzustehen. (Mitglieder auf verschiedenen Seiten erheben sich.) Das zweite Minoritätserachten ist verworfen. — Ich komme jetzt zum Antrage des Herrn Welcker, welcher so lautet:

„Die höchste Regierungsgewalt wird den Regenten derjenigen zwei Einzelstaaten, welche die größte Volkszahl haben, in der Art gemeinschaftlich übertragen, daß die Ausübung derselben von sechs zu sechs Jahren unter ihnen wechsle, und daß für Verhinderungsfälle jeder von ihnen als Stellvertreter des Andern Reichsverweser sei."

Ist für diesen Antrag die namentliche Abstimmung vorbehalten? (Mehrere Stimmen: Nein!)

Schneer von Breslau (vom Platze aus): Ja wohl! Das ist ein neues System, ich bitte um namentliche Abstimmung darüber. (Von mehreren Seiten: Oh! Keinen Namensaufruf!)

Präsident: Wenn Herr Schneer dabei beharrt, so muß es bei der namentlichen Abstimmung bewenden. Der Antrag der Herren Schüler und Schneer auf namentliche Abstimmung über alle Anträge hat eine so zahlreiche Unterstützung gefunden, daß, wenn einer der beiden Herren darauf besteht, ich sie vornehmen muß. Ich lasse also namentlich abstimmen. (Von vielen Seiten: Oh! oh!) Ja meine Herren, das geht nicht anders! Diejenigen Herren, welche dem Antrag des Herrn Welcker zustimmen wollen, ersuche ich, beim Aufrufe ihres Namens mit Ja, die ihm nicht beitreten wollen, mit Nein zu antworten.

Bei dem hierauf erfolgenden Namensaufruf antworteten mit Ja:

Achleitner aus Ried, Arndts aus München, Arneth aus Wien, Blömer aus Aachen, v. Bothmer aus Carow, Buß aus Freiburg, Coronini-Cronberg (Graf) aus Görz, Deymann aus Meppen, Döllinger aus München, Eckart aus Lohr, Edel aus Würzburg, Eblauer aus Gratz, Eisenmann aus Nürnberg, Fallmerayer aus München, Friedrich aus Bamberg, Fritsch aus Ried, Fügerl aus Korneuburg, Gebhard aus Würzburg, Göbel aus Jägerndorf, Graf aus München, Grundner aus Ingolstadt, v. Hartmann aus Münster, Haubenschmied aus Passau, Hillebrand aus Pöls, Huber aus Linz, Hugo aus Göttingen, Jürgens aus Stadtoldendorf, Kagerbauer aus Linz, Kerer aus Innsbruck, Kleinschrod aus München, Knarr aus Steyermark, Knoodt aus Bonn, v. Kürsinger (Ignaz) aus Salzburg, v. Kürsinger (Karl) aus Tamsweg, Lasshan aus Villach, Lienbacher a. Goldegg, Mally aus Steyermark, Maly aus Wien, v. Mayfeld aus Wien, Melly aus Wien, v. Möring aus Wien, Müller aus Würzburg, v. Nagel aus Oberviechtach, Neubauer aus Wien, Neumayr aus München, Obermüller aus Passau, Osterrath aus Danzig, Prüer aus Bruneck, Pfeiffer aus Adamsdorf, Vieringer aus Kremsmünster, Polatzek aus Weißkirch, v. Pretis aus Hamburg, Quante aus Ullstadt, Reichensperger aus Trier, Reindl aus Orth, Renger aus böhmisch Kamnitz, Riegler aus mährisch Budwitz, Riehl aus Zwettl, Schädler aus Vaduz, Schiedermayer aus Vöcklabruck, Schlüter aus Paderborn, Schmidt (Joseph) aus Linz, Schulz aus Darmstadt, Somaruga aus Wien, Streffleur aus Wien, Stülz aus St. Florian, Tappehorn aus Oldenburg, Vogel aus Dillingen, Vonbun aus Feldkirch, Wagner aus Steyr, Weber aus Neuburg, Weber aus Meran, Weißbecker aus Aachen, v. Wedemeyer aus Schönrade, Weiß aus Salzburg, Welcker aus Frankfurt, Winter aus Liebenburg, v. Wulffen aus Passau, v. Würth aus Wien, Zum Sande aus Lingen.

Mit Nein antworteten:

Ahrens aus Salzgitter, v. Aichelburg aus Villach, Ambrosch aus Breslau, v. Amstetter aus Breslau, Anders aus Goldberg, Anderson aus Frankfurt a. d. O., Anz aus Marienwerder, Arndt aus Bonn, Barth aus Kaufbeuren, Bassermann aus Mannheim, Bauer aus Bamberg, Bauernschmid aus Wien, v. Baumbach-Kirchheim aus Cassel, Becker aus Gotha, Becker aus Trier, v. Beckerath aus Crefeld, Benedict aus Wien, Berger aus Wien, Bernhardi aus Kassel, Beseler aus Greifswald, Beseler (H. W.) aus Schleswig, Biedermann aus Leipzig, Boch-Buschmann aus Siebenbrunnen, Blumröder (Gustav) aus Kirchenlamitz, Bock aus Preußisch-Minden, Böcking aus Trarbach, Böcler aus Schwerin, Boczek aus Mähren, v. Boddien aus Pleß, Bogen aus Michelstadt, Bonardy aus Greiz, Braun aus Cöslin, Brescius aus Züllichau, Bresgen aus Ahrweiler, v. Breuning aus Aachen, Breusing aus Osnabrück, Briegleb aus Coburg, Brons aus Emden, Bürgers aus Köln, Burkart aus Bamberg, v. Buttel aus Oldenburg, Carl aus Berlin, Caspers aus Coblenz, Claussen aus Kiel, Clemens aus Bonn, Cnyrim aus Frankfurt am Main, Cramer aus Cöthen, Cucumus aus München, Culmann aus Zweibrücken, Dahlmann aus Bonn, Damm aus Tauberbischoffsheim, Dammers aus Nienburg, Decke aus Lübeck, Deetz aus Wittenberg, Degenkolb aus Eulenburg, Deiters aus Bonn, Demel aus Teschen, Detmold aus Hannover, Deym (Graf) aus Prag, Dham aus Schmalenberg, v. Dieskau aus Plauen, Dietsch aus Annaberg, Drechsler aus Rostock, Dröge aus Bremen, Droysen aus Kiel, Dunker aus Halle, Ebmeier aus Paderborn, Eckert aus Bromberg, Egger aus Wien, Ehrlich aus Murzynek, Eisenstuck aus Chemnitz, Emmerling aus Darmstadt, v. Ende aus Waldenburg, Engel aus Pinneberg, Engel aus Culm, Englmayr aus Enns (Oberösterreich), Esmarch aus Schleswig, Evertsbusch aus Altena, Falk aus Ottolangendorf, Fallati aus Tübingen, Federer aus Stuttgart, Fehrenbach aus Säckingen, Fetzer aus Stuttgart, Fischer (Gustav) aus Jena, Flottwell aus Münster, Förster aus Hünfeld, Francke (Karl) aus Rendsburg, Freese aus Stargard, Freudentheil aus Stade, Frisch aus Stuttgart, Fritsch aus Ried, Fröbel aus Berlin, v. Gagern aus Darmstadt, v. Gagern aus Wiesbaden, Geigel aus München, Gerlach aus Tilsit, Gersdorf aus Tuch, Gevekoht aus Bremen, Gfrörer aus Freiburg, Giesebrecht aus Stettin, Giskra aus Wien, v. Gladis aus Wohlau, Göden aus Krotoszyn, Godeffroy aus Hamburg, Goltz aus Brieg, von der Goltz (Graf) aus Czarnikau, Gombart aus München, Gräwell aus Frankfurt a. d. O., Gravenhorst aus Lüneburg, Gritzner aus Wien, Groß aus Leer, Groß aus Prag, Grubert aus Breslau, Grüel aus Burg, Grumbrecht aus Lüneberg, Gülich aus Schleswig, Günther aus Leipzig, Gulden aus Zweibrücken, Gysae (Wilhelm) aus Strehlow, Hagen (K.) aus Heidelberg, Haggenmüller aus Kempten, Hahn aus Guttstatt, Hallbauer aus Meissen, Hartmann aus Leitmeritz, Haßler aus Ulm, Haupt aus Wismar, Hayden aus Dorff bei Schlierbach, Haym aus Halle, Hedrich aus Prag, Hehner aus Wiesbaden, Heimbrod aus Sohrau, Heldmann aus Selters, v. Hennig aus Dempowalonka, Hensel I. aus Camenz, Hentges aus Heilbronn, Hergenhahn aus Wiesbaden, Herzog aus Ebermannstadt, Heusner aus Saarlouis, Hildebrand aus Marburg, Hirschberg aus Sondershausen, Höfken aus Hattingen, Hoffbauer aus Nordhausen, Hoffmann aus Ludwigsburg, Hofmann aus Friedberg, Hollandt aus Braunschweig, Houben aus Meurs, Hück aus Ulm, Jacobi aus Hersfeld, Jahn aus Freiburg an der Unstrut, Johannes aus Meiningen, Jordan aus Berlin, Jordan aus Gollnow, Jordan aus Frankfurt a. M., Jucho aus Frankfurt a. M., Junghanns aus Mosbach, Kahlert aus Leobschütz, v. Kalkstein aus Wogau, v. Keller (Graf) aus Erfurt, Kerst aus Birnbaum, v. Keudell aus Berlin, Kierulff aus Rostock, Kirchgeßner aus Würzburg, Köhler aus Seehausen, Kohlparzer aus Neuhaus, Kollaczek aus österr. Schlesien, Kosmann aus Stettin, v. Kösteritz aus Elberfeld, Kotschy aus Ustron in Mährisch Schlesien, Krafft aus Nürnberg, Kratz aus Wintershagen, Kudlich aus Schloß Dietach, Küntzel aus Wolka, Kuhnt aus Bunzlau, Kutzen aus Breslau, Lang aus Verden, Langbein aus Wurzen, Langerfeldt aus Wolfenbüttel, v. Lassaulx aus München, Laube aus Leipzig, Laudien aus Königsberg, Lausch aus Troppau, Lette aus Berlin, Leue aus Cöln, Leverkus aus Lennep, Liebmann aus Perleberg, Loew aus Magdeburg, Lodemann aus Lüneburg, Löw aus Posen, Löwe (Wilhelm) aus Calbe, Makowiczka aus Krakau, v. Maltzahn aus Küstrin, Mammen aus Plauen, Mann aus Rostock, Marcks aus Duisburg, Marcus aus Bartenstein, Mareck aus Gratz (Steyermark), Martens aus Danzig, Martiny aus Friedland, v. Massow aus Carlsberg, Mathy aus Carlsruhe, Mayer aus Ottobeuern, Merck aus Hamburg, Metzke aus Sagan, Mevissen aus Cöln, Meyer aus Liegnitz, Michelsen aus Jena, Minkus aus Marienfeld, Mittermaier aus Heidelberg, Mölling aus Oldenburg, Mohl (Moritz) aus Stuttgart, Mohl (Robert) aus Heidelberg, v. Mühlfeld aus Wien, Müller aus Meiningen, Munchen aus Luxemburg, Nau-

[illegible] aus [illegible], Nägele aus Murrhardt, Naumann aus Frankfurt a. d. O., Nauwerck aus Berlin, v. Neitzschütz aus Königsberg, Nerreter aus Fraustadt, Nicol aus Hannover, Nizze aus Stralsund, Nöthig aus Weißholz, Oertel aus Mittelwalde, Ostendorf aus Soest, Ottow aus Labiau, Overweg aus Haus Ruhr, Pannier aus Zerbst, Pattai aus Steyermark, Payer aus Augsburg, Paur aus Neisse, Pfahler aus Tettnang, Phillips aus München, Pinckert aus Zeitz, Platz aus Stade, Plathner aus Halberstadt, Plehn aus Marienburg, Pözl aus München, Presting aus Memel, Quesar aus Prag, v. Quintus-Icilius aus Fallingbostel, v. Radowitz aus Rüthen, Rahm aus Stettin, Rättig aus Potsdam, Rank aus Wien, v. Rappard aus Glambek, v. Raumer aus Berlin, v. Raumer aus Dinkelsbühl, Raus aus Wolframitz, v. Reden aus Berlin, Reh aus Darmstadt, Reinstein aus Naumburg, Reitmayer aus Regensburg, Rheinwald aus Bern, Richter aus Danzig, Riesser aus Hamburg, Röben aus Dornum, Röder aus Neustettin, Rödinger aus Stuttgart, Rössler aus Oels, Rößler aus Wien, Rothe aus Berlin, Roßmäßler aus Tharand bei Dresden, v. Rotenhan aus München, Rüder aus Oldenburg, Rümelin aus Nürtingen, v. Sänger aus Grabow, v. Salzwedell aus Gumbinnen, v. Saucken-Tarputschen aus Angerburg, Scharre aus Strehla, Schauß aus München, Scheller aus Frankfurt a. d. O., Schenk aus Dillenburg, Schepp aus Wiesbaden, Schick aus Weißensee, Schierenberg aus Detmold, Schirmeister aus Insterburg, v. Schleussing aus Rastenburg, Schlöffel aus Halbendorf, v. Schlotheim aus Wollstein, Schlutter aus Poris, v. Schmerling aus Wien, Schmidt (Ernst Friedrich Franz) aus Löwenberg, Schmidt (Adolf) aus Berlin, Schmitt aus Kaiserslautern, Schneer aus Breslau, Schneider aus Wien, Schoder aus Stuttgart, Scholten aus Ward, Scholz aus Neisse, Schorn aus Essen, Schott aus Stuttgart, Schrader aus Brandenburg, Schreiber aus Bielefeld, Schreiner aus Gratz (Steyermark), v. Schrenk aus München, Schubert (Friedrich Wilhelm) aus Königsberg, Schüler aus Jena, Schüler (Friedrich) aus Zweibrücken, Schultze aus Potsdam, Schulz (Friedrich) aus Weilburg, Schütz aus Mainz, Schwarz aus Halle, Schwarzenberg (Philipp) aus Cassel, Schwerin (Graf) aus Pommern, Schwetschke aus Halle, v. Selchow aus Rettkewitz, Sellmer aus Landsberg a. d. W., Sepp aus München, Servais aus Luxemburg, Siehr aus Gumbinnen, Simon (Max) aus Breslau, Simon (Heinrich) aus Breslau, Simon (Ludwig) aus Trier, Simson aus Stargard, v. Soiron aus Mannheim, Spatz aus Frankenthal, Sprengel aus Waren, Stahl aus Erlangen, Stark aus Krumau, Stavenhagen aus Berlin, Stenzel aus Breslau, Stieber aus Budissin, v. Stremayr aus Gratz, Sturm aus Sorau, Tafel aus Stuttgart, Tafel (Franz) aus Zweibrücken, Tannen aus Zilenzig, Teichert aus Berlin, Tellkampf aus Breslau, v. Thielau aus Braunschweig, Thöl aus Rostock, Titus aus Bamberg, Teubert aus Rauschke, v. Treskow aus Grocholin, [illegible] aus [illegible], Welcker aus Berlin, Veit aus Berlin, Versen aus Nieheim, v. Vincke aus Hagen, Vischer aus Tübingen, Vogel aus Guben, Vogt aus Gießen, Wachsmuth aus Hannover, Waitz aus Göttingen, Waldburg-Zeil-Trauchburg (Fürst) aus Stuttgart, Waldmann aus Heiligenstadt, Walter aus Neustadt, Wedekind aus Bruchhausen, v. Wegnern aus Lyk, Weißenborn aus Eisenach, Welter aus Tünsdorf, Wernher aus Oberkirch, Wernher aus Nierstein, Werthmüller aus Fulda, Wichmann aus Stendal, Widenmann aus Düsseldorf, Wiebker aus Uckermünde, Wiesner aus Wien, Wiest aus Tübingen, Wiethaus (J.) aus Gummersbach, Wigard aus Dresden, Wurm aus Hamburg, Würth aus Sigmaringen, Wuttke aus Leipzig, Zachariä aus Bernburg, Zachariä aus Göttingen, Zeltner aus Nürnberg, v. Zerzog aus Regensburg, Ziegert aus Preußisch-Minden, Zimmermann (Professor) aus Stuttgart, Zimmermann aus Spandow, Zittel aus Bahlingen, Zitz aus Mainz, Zöllner aus Chemnitz.

Der Abstimmung enthielten sich:

Prinzinger aus St. Pölten, v. Unterrichter aus Klagenfurt, Werner aus St. Pölten.

Abwesend waren:

A. mit Entschuldigung:

v. Andrian aus Wien, Anlike aus Berlin, Bauhaus aus Jena, v. Bally aus Beuthen, Bauer aus Hechingen, Beidtel aus Brünn, v. Beisler aus München, Bergmüller aus Mauerkirchen, Brentano aus Bruchsal, Cetto aus Trier, Christ aus Bruchsal, Christmann aus Dürkheim, Czernig aus Wien, Eisenstuck a. Cavalese, Fuchs a. Breslau, Giech (Graf) a. Thurnau, v. Hagenow aus Langenfelde, Heckscher aus Hamburg, Helbing aus Emmendingen, v. Hermann aus München, Höchsmann aus Wien, Jeitteles aus Olmütz, v. Itzstein aus Mannheim, Käfferlein aus Baireuth, Kaiser (Ignatz) aus Wien, v. Ketteler aus Hopsten, Koch aus Leipzig, Kolb aus Speyer, Kuenzer aus Constanz, Levysohn aus Grünberg, Löwe aus Hildesheim, Marcheseti aus Triest, Mez aus Freiburg, Mohr aus Oberingelheim, Müller aus Damm (bei Aschaffenburg), Murschel aus Stuttgart, v. Neuwall aus Brünn, Peter aus Constanz, Rassl aus Neustadtl in Böhmen, Reinhard aus Boytzenburg, Richter aus Achern, Römer aus Stuttgart, v. Rönne aus Berlin, Sachs aus Mannheim, Schaffrath aus Neustadt, Scheliessnigg aus Klagenfurt, Schlörr aus der Oberpfalz, Schuler aus Innsbruck, Schultze aus Liebau, Stedmann aus Besselich, Stöcker aus Langenfeld, Thinnes aus Eichstädt, Tomaschek aus Iglau, v. Trützschler aus Dresden, Viebig aus Posen, Wesendonck aus Düsseldorf.

B. ohne Entschuldigung:

Archer a. Rein, Boutber (Cajetan) a. Steyermark, Braun aus Bonn, Cornelius aus Braunsberg, Cropp aus Oldenburg, Gottschalk aus Schopfheim, Gspan aus Innsbruck, Helfferich aus Kolditz, Herzig aus Wien, Hückner aus Nollberg, Heubner aus [illegible], Hönniger aus Rudolstadt, Jopp aus Enzersdorf, Jünkmann aus Münster, Kinsberg aus Ansbach, v. Linde aus Mainz, Löschnigg aus Klagenfurt, Marsilli aus Roveredo, v. Mayern aus Wien, Möller aus Reichenberg, Münch aus Wetzlar, Neugebauer aus Liebitz, Neumann aus Wien, Rapp aus Wien, Raveaux aus Cöln, Reichard aus Speyer, Reichenbach (Graf) aus Domeßko, Reisinger aus Freistadt, Reitter aus Prag, Rühl aus Hanau, v. Scherpenzeel aus Baarlo, Schoenmaekers aus Beck, Schrott aus Wien, Schubert aus Würzburg, Siemens aus Hannover, Stein aus Görz, Stockinger aus Frankenthal, Strache aus Rumburg, Trampusch aus Wien, Umbscheiden aus Dahn, Wippermann aus Cassel, Wolf aus St. Georgen, v. Wydenbrugk aus Weimar, Zell aus Trier.

Präsident: Der Antrag des Herrn Welcker ist mit 377 gegen 80 Stimmen abgelehnt; drei Mitglieder haben sich der Abstimmung enthalten. — Ich gehe jetzt auf das erste Minoritäts-Erachten über, welches von Herrn **Schüler, Heinrich Simon** und **Wigard** gestellt ist. Es lautet:

„Die Ausübung der Regierungsgewalt wird einem Reichsoberhaupt übertragen. Wählbar ist jeder Deutsche."

Hier besteht der Antrag auf namentliche Abstimmung. (Mehrere Abgeordnete verlangen den Anfang des Namensaufrufes nach verschiedenen Buchstaben.) Es werden für den Anfang der namentlichen Abstimmung sämmtliche Buchstaben des Alphabets empfohlen. Ich kann also nichts anderes thun, als die Abstimmung mit A anfangen zu lassen. Diejenigen Herren, welche dem eben verlesenen ersten Minoritätserachten zustimmen, wollen beim Namensaufruf mit Ja, und Diejenigen, die ihm nicht beistimmen, mit Nein antworten.

Bei dem hierauf erfolgenden Namensaufruf antworteten mit Ja:

Bauernschmid aus Wien, Berger aus Wien, Blumröder (Gustav) aus Kirchenlamitz, Boczek aus Mähren, Bögen aus Michelstadt, Caspers aus Coblenz, Culmann aus Zweibrücken, Damm aus Tauberbischoffsheim, Demel aus Teschen, v. Dieskau aus Plauen, Dietsch aus Annaberg, Eisenstuck aus Chemnitz, Engel aus Pinneberg, Fallmerayer aus München, Federer aus Stuttgart, Fehrenbach aus Säckingen, Fetzer aus Stuttgart, Förster aus Hünfeld, Freese aus Stargard, Freudentheil aus Stade, Frisch aus Stuttgart, Fritzsche aus Roda, Fröbel aus Reuß, Geigel aus München, Gerlach aus Tilsit, Giskra aus Wien, Goltz aus Brieg, Gritzner aus Wien, Groß aus Prag, Grubert aus Breslau, Günther aus Leipzig, Gulden aus Zweibrücken, Hagen (K.) aus Heidelberg, Haggenmüller aus Kempten, Hallbauer aus Meißen, Hartmann aus Leitmeritz, Hedrich aus Prag, Hehner aus Wiesbaden, Heisterbergk aus Rochlitz, Heldmann aus Selters, Hensel I. aus Camenz, Hentges aus Heilbronn, Heubner aus Zwickau, Hoffbauer aus Nordhausen, Huber aus Linz, Jopp aus Enzersdorf, Junghanns aus Mosbach, Kohlparzer aus Neuhaus, Kollaczek aus österr. Schlesien, Kudlich aus Schloß Dietach, Langbein aus Wurzen, Löschnigg aus Klagenfurth, Löwe (Wilhelm) aus Calbe, Makowiczka aus Krakau, Mammen aus Plauen, Marek aus Graz (Steyermark), Martiny aus Friedland, Mayer aus Ottobeuern, v. Mayfeld aus Wien, Meyer aus Liegnitz, Minkus aus Marienfeld, Mölling aus Oldenburg, Mohr aus Oberingelheim, Nägele aus Murrhardt, Nauwerck aus Berlin, Neugebauer aus Liebitz, Nicol aus Hannover, Pattai aus Steyermark, Paur aus Neisse, Pfahler aus Tettnang, Rank aus Wien, v. Rappard aus Glambek, Raus aus Wolframitz, Raveaux aus Cöln, Reichenbach (Graf) aus Domeßko, Reinstein aus Naumburg, Reitter aus Prag, Rheinwald aus Bern, Riehl aus Zwettl, Rödinger aus Stuttgart, Rösler aus Oels, Roßmäßler aus Tharand bei Dresden, Scharre aus Strehla, Schlöffel aus Halbendorf, Schlutter aus Poris, Schmidt (Ernst Friedrich Franz) aus Löwenberg, Schmitt aus Kaiserslautern, Schneider aus Wien, Schoder aus Stuttgart, Schott aus Stuttgart, Schüler aus Jena, Schüler (Friedrich) aus Zweibrücken, Schütz aus Mainz, Schulz (Friedrich) aus Weilburg, Schulz aus Darmstadt, Schwarzenberg (Philipp) aus Cassel, Simon (Max) aus Breslau, Simon (Heinrich) aus Breslau, Simon (Ludwig) aus Trier, Spatz aus Frankenthal, Stark aus Krumau, Strache aus Rumburg, Tafel aus Stuttgart, Tafel (Franz) aus Zweibrücken, Trabert aus Rausche, Uhland aus Tübingen, v. Unterrichter aus Klagenfurt, Venedey aus Köln, Vischer aus Tübingen, Vogel aus Guben, Vogt aus Gießen, Wagner aus Steyr, Welter aus Tünsdorf, Werner aus Oberkirch, Wiesner aus Wien, Wigard aus Dresden, Würth aus Sigmaringen, Wutke aus Leipzig, Zimmermann (Professor) aus Stuttgart, Zimmermann aus Spandow, Zitz aus Mainz.

Mit Nein stimmten:

Achleitner aus Ried, Ahrens aus Salzgitter, v. Aichelburg aus Villach, Ambrosch aus Breslau, v. Amstetter aus Breslau, Anders aus Goldberg, Anderson aus Frankfurt a. d. O., Anz aus Marienwerder, Arndt aus Bonn, Arndts aus München, Arneth aus Wien, Barth aus Kaufbeuren, Bassermann aus Mannheim, Bauer aus Bamberg, v. Baumbach-Kirchheim aus Cassel, Becker aus Gotha, Becker aus Trier, v. Beckerath aus Crefeld, Benedict aus Wien, Bernhardi aus Cassel, Beseler aus Greifswald, Beseler aus Schleswig, Biedermann aus Leipzig, Blömer aus Aachen, Boch-Buschmann aus Siebenbrunnen, Bock aus Preußisch-Minden, Böcking aus Trarbach, Böcler aus Schwerin, v. Boddien aus Pleß, Bonardy aus Greiz, v. Bothmer aus Carow, Braun aus Cöslin, Brescius aus Züllichau, Bresgen aus Ahrweiler, v. Breuning aus Aachen, Breusing aus Osnabrück, Briegleb aus Coburg, Brons aus Emden, Bürgers aus Cöln, Burkart aus Bamberg, Buß aus Freiburg, v. Buttel aus Oldenburg, Carl aus Berlin, Claussen aus Kiel, Clemens aus Bonn, Cnyrim aus Frankfurt am Main, Coronini-Cronberg (Graf) aus Görz, Cramer aus Cöthen, Cucumus aus München,

Dahlmann aus Bonn, Dammers aus Nienburg, Deete aus Lübeck, Deiters aus Bonn, Degenkolb aus Eilenburg, Detmold aus Hannover, Deym (Graf) aus Prag, Deymann aus Meppen, Dham aus Schmalenberg, Döllinger aus München, Drechsler aus Rostock, Dröge aus Bremen, Droysen aus Kiel, Duncker aus Halle, Ebmeier aus Paderborn, Eckart aus Lohr, Eckert aus Bromberg, Edel aus Würzburg, Edlauer aus Gratz, Egger aus Wien, Ehrlich aus Murzynek, Eisenmann aus Nürnberg, Emmerling aus Darmstadt, v. Ende aus Waldenburg, Engel aus Culm, Englmayr aus Enns (Oberösterreich), Esmarch aus Schleswig, Evertsbusch aus Altena, Falk aus Ottolangendorf, Fallati aus Tübingen, Fischer (Gustav) aus Jena, v. Flottwell aus Münster, Francke (Carl) aus Rendsburg, Friedrich aus Bamberg, Fügerl aus Korneuburg, Gebhardt aus Würzburg, Gersdorf aus Tuch, Gfrörer aus Freiburg, Giesebrecht aus Stettin, v. Gladis aus Wohlau, Godeffroy aus Hamburg, Göden aus Krotoszyn, von der Goltz (Graf) aus Czarnikau, Gombart aus München, Graf aus München, Grävell aus Frankfurt a. d. O., Gravenhorst aus Lüneburg, Groß aus Leer, Gruel aus Burg, Grumbrecht aus Lüneburg, Grundner aus Ingolstadt, Gülich aus Schleswig, Gysae (Wilhelm) aus Strehlow, Hahn aus Guttstadt, v. Hartmann aus Münster, Haubenschmied aus Passau, Haupt aus Wismar, Hayden aus Dorff bei Schlierbach, Haym aus Halle, Heimbrod aus Sorau, v. Hennig aus Dempowalonka, Hergenhahn aus Wiesbaden, Herzog aus Ebermannstadt, Heubner aus Saarlouis, Hillebrand aus Pölz, Hirschberg aus Sondershausen, Höfken aus Hattingen, Hoffmann aus Ludwigsburg, Hofmann aus Friedberg, Hollandt aus Braunschweig, Houben aus Meurs, Huber aus Linz, Huck aus Ulm, Hugo aus Göttingen, Jacobi aus Hersfeld, Jahn aus Freiburg an der Unstrutt, Johannes aus Meiningen, Jordan aus Berlin, Jordan aus Gollnow, Jordan aus Marburg, Jucho aus Frankfurt am Main, Junkmann aus Münster, Jürgens aus Stadtoldendorf, Kagerbauer aus Linz, Kahlert aus Leobschütz, v. Kalckstein aus Wogau, v. Keller (Graf) aus Erfurt, Kerer aus Innsbruck, Kerst aus Birnbaum, v. Keudell aus Berlin, Kierulff aus Rostock, Kirchgeßner aus Würzburg, Kleinschrod aus München, Knarr aus Steyermark, Knoodt aus Bonn, Kösteritz aus Elberfeld, Kosmann aus Stettin, Kotschy aus Ustron in Mährisch-Schlesien, Kraft aus Nürnberg, Kratz aus Wintershagen, Künsberg aus Ansbach, Küntzel aus Wolka, v. Kürsinger (Ignatz) aus Salzburg, v. Kürsinger (Carl) aus Tamsweg, Kuhnt aus Bunzlau, Kutzen aus Breslau, Lang aus Verden, Langerfeldt aus Wolfenbüttel, Laschan aus Villach, v. Lassaulx aus München, Laube aus Leipzig, Laudien aus Königsberg, Lausch aus Troppau, Lette aus Berlin, Leue aus Cöln, v. Leverkus aus Lennep, Lienbacher aus Goldegg, Lindner aus Seifenegg, Löwemann aus Lüneburg, Loew aus Magdeburg, Löschnigg aus Klagenfurt, Löw aus Posen, Lüntzel aus Hildesheim, Mally aus Steyermark, Maly aus Wien, v. Maltzahn aus Küstrin, Mann aus Rostock, Marcks aus Duisburg, Marcus aus Bartenstein, Martens aus Danzig, v. Massow aus Carlsberg, Mathy aus Carlsruhe, Meske aus Sagan, Mevissen aus Cöln, Michelsen aus Jena, Mittermaier aus Heidelberg, Möller aus Reichenberg, v. Möring aus Wien, Mohl (Moritz) aus Stuttgart, Mohl (Robert) aus Heidelberg, v. Mühlfeld aus Wien, Müller aus Sonneberg, Müller aus Würzburg, Münch aus Wetzlar, Munchen aus Luxemburg, Mulley aus Weitenstein, v. Nagel aus Oberviechtach, Naumann aus Frankfurt a. d. O., Neitschütz aus Königsberg, Nerreter aus Fraustadt, Neubauer aus Wien, Neumayr aus München, Nizze aus Stralsund, Nöthig aus Weißholz, Obermüller aus Passau, Oertel aus Mittelwalde, Ostendorf aus Soest, Osterrath aus Danzig, Ottow aus Labiau, Overweg aus Haus Ruhr, Pannier aus Zerbst, Paur aus Augsburg, Peter aus Bruneck, Pfeiffer aus Adamsdorf, Phillips aus München, Pieringer aus Kremsmünster, Pinckert aus Zeitz, Plaß aus Stade, Plathner aus Halberstadt, Plehn aus Marienburg, Pözl aus München, Polatzek aus Brünn, Presting aus Memel, v. Prettis aus Hamburg, Prinzinger aus St. Pölten, Quante aus Ullstadt, Quesar aus Gratz, v. Quintus-Icilius aus Fallingbostel, Rättig aus Potsdam, Rahm aus Stettin, Rapp aus Wien, v. Raumer aus Berlin, v. Raumer aus Dinkelsbühl, v. Reden aus Berlin, Reh aus Darmstadt, Reindl aus Orth, Reisinger aus Freistadt, Reitmayr aus Regensburg, Renger aus böhmisch Kamnitz, Richter aus Danzig, Riegler aus mährisch Budwitz, Riesser aus Hamburg, Röben aus Dornum, Röder aus Neustettin, Rothe aus Berlin, v. Rotenhan aus München, Rüder aus Oldenburg, Rümelin aus Nürtingen, v. Sänger aus Grabow, v. Saltzwedell a. Gumbinnen, v. Saucken-Tarputschen a. Angerburg, Schädler a. Vaduz, Schauß a. München, Scheller aus Frankfurt a. d. O., Schenk aus Dillenburg, Schepp aus Wiesbaden, Schick aus Weißensee, Schiedermayer aus Vöcklabruck, Schierenberg aus Detmold, Schirmeister aus Insterburg, v. Schleussing aus Rastenburg, v. Schlotheim aus Wollstein, Schlüter aus Paderborn, v. Schmerling aus Wien, Schmidt (Adolph) aus Berlin, Schmidt (Joseph) aus Linz, Schneer aus Breslau, Scholten aus Ward, Scholz aus Neisse, Schrader aus Brandenburg, Schreiber aus Bielefeld, Schreiner aus Gratz (Steyermark), von Schrenk aus München, Schubert (Friedrich Wilhelm) aus Königsberg, Schubert aus Würzburg, Schultze aus Potsdam, Schwarz aus Halle, Schwerin (Graf) aus Preußen, Schwetschke aus Halle, von Selchow aus Rettkewitz, Sellmer aus Landsberg a. d. W., Sepp aus München, Servais aus Luxemburg, Siehr aus Gumbinnen, Siemens aus Hannover, Simson aus Stargard, v. Soiron aus Mannheim, Somaruga aus Wien, Sprengel aus Waren, Stahl aus Erlangen, Stavenhagen aus Berlin, Stenzel aus Breslau, Stieber aus Budissin, Streffleur aus Wien, v. Stremayr aus Graz, Stülz aus St.

Florian, Tannen aus Zlenzig, Tappehorn aus Oldenburg, Teichert aus Berlin, Tellkampf aus Breslau, v. Thielau aus Braunschweig, Thöl aus Rostock, Titus aus Bamberg, v. Treskow aus Grocholin, Veit aus Berlin, Versen aus Nieheim, v. Vincke aus Hagen, Vogel aus Dillingen, Vonbun aus Feldkirch, Wachsmuth aus Hannover, Waitz aus Göttingen, Waldburg-Zeil-Trauchburg (Fürst) aus Stuttgart, Waldmann aus Heiligenstadt, Walter aus Neustadt, Weber aus Neuburg, Weber aus Meran, Wedekind aus Bruchhausen, v. Wedemeyer aus Schönrade, Weiß aus Salzburg, Weißenborn aus Eisenach, Werner aus St. Pölten, Wernher aus Nierstein, Werthmüller aus Fulda, Wichmann aus Stendal, Wiebker aus Uckermünde, Wiedenmann aus Düsseldorf, Wiest aus Tübingen, Wiethaus (J.) aus Gummersbach, Winter aus Liebenburg, von Wulffen aus Passau, Wurm aus Hamburg, Zachariä aus Bernburg, Zachariä aus Göttingen, Zell aus Trier, Zeltner aus Nürnberg, v. Zerzog aus Regensburg, Ziegert aus preuß. Minden, Zittel aus Bahlingen, Zöllner aus Chemnitz, Zum Sande aus Lingen.

Abwesend waren:

A. mit Entschuldigung:

v. Andrian aus Wien, Aulike aus Berlin, Backhaus aus Jena, v. Bally aus Beuthen, Baur aus Hechingen, Beidtel aus Brünn, v. Beisler aus München, Bergmüller aus Mauerkirchen, Brentano aus Bruchsal, Cetto aus Trier, Christ aus Bruchsal, Christmann a. Dürkheim, Czoernig aus Wien, Esterle aus Cavalese, Fuchs aus Breslau, v. Gagern aus Darmstadt, von Gagern aus Wiesbaden, v. Giech aus Thurnau, v. Hagenow aus Langenfelde, Heckscher aus Hamburg, Helbing aus Emmendingen, v. Hermann aus München, Höchsmann aus Wien, Jeitteles aus Olmütz, v. Itzstein aus Mannheim, Käfferlein aus Baireuth, Kaiser (Ignaz) aus Wien, v. Ketteler aus Hopsten, Koch aus Leipzig, Kolb aus Speyer, Kuenzer aus Constanz, Levysohn aus Grünberg, Mandrella aus Ujest, Mez aus Freiburg, Müller aus Damm (bei Aschaffenburg), Murschel aus Stuttgart, v. Neuwall aus Brünn, Peter aus Constanz, Raßl aus Neustadtl in Böhmen, Reinhard aus Boytzenburg, Richter aus Achern, Römer aus Stuttgart, v. Rönne aus Berlin, Sachs aus Mannheim, Schaffrath aus Neustadt, Schleißnigg aus Klagenfurt, Schlörr aus der Oberpfalz, Schuler aus Innsbruck, Schultze aus Liebau, Stedmann aus Besselich, Stöcker aus Langenfeld, Thinnes aus Eichstätt, Tomaschek aus Iglau, v. Trützschler aus Dresden, Viebig aus Posen, Wernich aus Elbing, Wesendonck aus Düsseldorf.

B. Ohne Entschuldigung:

Archer aus Wien, Bouvier (Cajetan) aus Steyermark, Braun aus Bonn, Cornelius aus Braunsberg, Cropp aus Oldenburg, Fritsch aus Ried, Gevekoht aus Bremen, Göbel aus Jägerndorf, Gottschalk aus Schopfheim, Gspan aus Innsbruck, Haßler aus Ulm, Heide aus Ratibor, Herzig aus Wien, Heubner aus Freiberg, Hildebrand aus Marburg, Hönniger aus Rudolstadt, Köhler aus Seehausen, Liebmann aus Perleberg, v. Linde aus Mainz, Marsilli aus Roveredo, v. Mayern aus Wien, Melly aus Wien, Merck aus Hamburg, Neumann aus Wien, Ostermünchner aus Griesbach, v. Radowitz aus Rüthen, Reichard aus Speyer, Reichensperger a. Trier, Rösler a. Wien, Rühl a. Hanau, v. Scherpenzeel a. Baarlo, [illegible] aus Beck, Schorn aus Essen, Schrott a. Wien, Stein a. Görz, Stockinger aus Frankenthal, Stolle aus Holzminden, Sturm aus Sorau, Trampusch aus Wien, Umbscheiden aus Dahn, Weckbecker aus Aachen, v. Wegnern aus Lyk, Welcker aus Frankfurt, Wippermann aus Cassel, Wolf aus St. Georgen, von Würth aus Wien, v. Wydenbrugk aus Weimar.

Präsident: Das erste Minoritätserachten ist mit 339 gegen 122 Stimmen verworfen. — Ich gehe zum Antrag des Abgeordneten Spatz über. Ich bitte die Herren, die Plätze einzunehmen. § 1 und § 3 lauten:

„Die höchste Gewalt im Reiche steht dem gesammten deutschen Volke zu. Sie wird ausgeübt durch einen Reichsstatthalter. § 3. Wählbar ist jeder volljährige Deutsche."

Herr Abgeordneter Schüler von Jena hat seinen Antrag auf namentliche Abstimmung zurückgenommen, daher bringe ich den Antrag zur Abstimmung durch Aufstehen und Sitzenbleiben. Diejenigen Herren, welche den eben verlesenen Antrag des Abgeordneten Spatz annehmen wollen, ersuche ich, sich zu erheben. (Mitglieder auf der Linken erheben sich.) Der Antrag ist nicht angenommen. — Wir gehen zum Antrag des Abgeordneten von Dieskau über, unter Weglassung der Worte, über die wir uns verständigt haben, welche ihrem Inhalte nach zu § 1 a gehören. Der Antrag lautet:

„Die ausübende Gewalt des deutschen Reichs wird einem verantwortlichen Präsidenten übertragen. Es wird dem Präsidenten ein Vicepräsident beigegeben. Wählbar ist jeder Deutsche, der das dreißigste Jahr zurückgelegt hat."

Auch für diesen Antrag hat der Herr Abgeordnete Schüler die namentliche Abstimmung fallen lassen. Ich bringe den Antrag durch Aufstehen und Sitzenbleiben zur Abstimmung. Diejenigen Herren, welche den eben verlesenen Antrag des Abgeordneten von Dieskau annehmen wollen, ersuche ich, sich zu erheben. (Mitglieder auf der Linken erheben sich.) Der Antrag ist nicht angenommen. Hiernach scheint der Zusatz vom Herrn Abgeordneten Eisenstuck erledigt. Zuruf: Ja!) Wir kommen noch auf den Ausschußantrag § 1, der also lautet:

„Die Würde des Reichsoberhauptes wird einem der regierenden deutschen Fürsten übertragen."

Wollen wir diesen § 1 zur namentlichen Abstimmung bringen? (Zuruf: Ja!) Ich lasse darüber namentlich abstimmen. Diejenigen Herren, welche den § 1 in der vom Verfassungsausschuß vorgeschlagenen, so eben von mir verlesenen Fassung annehmen wollen, ersuche ich, beim Aufruf des Namens mit „Ja", diejenigen, welche den Paragraphen so nicht annehmen wollen, mit „Nein" zu antworten.

Bei dem hierauf erfolgenden Namensaufruf antworteten mit Ja:

Ahrens aus Salzgitter, Ambrosch aus Breslau, v. Amstetter aus Breslau, Anders aus Goldberg, Anderson aus Frankfurt a. d. O., Anz aus Marienwerder, Arndt aus Bonn, Barth aus Kaufbeuren, Bauer aus Bamberg, Bassermann aus Mannheim, von Baumbach-Kirchheim aus Cassel, Becker aus Gotha, Becker aus Trier, von Beckerath aus Crefeld, Bernhardi aus Cassel, Beseler aus Greifswald, Beseler aus Schleswig, Biedermann aus Leipzig, Blömer aus Aachen, Bock aus Preußisch-Minden, Boch-Buschmann aus Siebenbrunnen, Böcking aus Trarbach, Böcler aus Schwerin, v. Boddien aus Pleß, Bonardy aus Greiz, Braun aus Cöslin, Brescius aus Züllichau, Bresgen aus Ahrweiler, v. Breuning aus Aachen, Breusing aus Osnabrück, Briegleb aus Coburg, Brons aus Emden, Bürgers aus Cöln, Burkart aus Bamberg, Buß aus Freiburg, von Buttel aus Oldenburg, Carl aus Berlin, Cetto aus Frankfurt am Main, Cramer aus Cöthen, Dahlmann aus Bonn, Dammers aus Nienburg, Deeke aus Lübeck, Dertz aus Wittenberg, Degenkolb aus Eilenburg, Deiters aus Bonn, Drechsler aus Rostock, Dröge aus Bremen, Droysen aus Kiel, Duncker aus Halle, Edmeier aus Paderborn, Eckert aus Bromberg, Ehrlich aus Murzynek, Emmerling aus Darmstadt, v. Ende aus Waldenburg, Engel aus Culm, Esmarch aus Schleswig, Evertsbusch aus Altona, Falk aus Ottolangendorf, Fallati aus Tübingen, Fallmerayer aus München, Federer aus Stuttgart, Fischer (Gustav) aus Jena, v. Flottwell aus Münster, Francke (Karl) aus Rendsburg, Freese aus Stargard, Freudentheil aus Stade, v. Gagern aus Darmstadt, v. Gagern aus Wiesbaden, Geigel aus München, Gerlach aus Tilsit, Gevekoth aus Bremen, Giesebrecht aus Stettin, v. Gladis aus Wohlau, Göden aus Krotoszyn, Godeffroy aus Hamburg, Goltz aus Brieg, von der Goltz (Graf) aus Czarnikau, Grävell aus Frankfurt a. d. O., Gravenhorst aus Lüneburg, Groß aus Leer, Groß aus Prag, Grüel aus Burg, Grumbrecht aus Lüneburg, Gülich aus Schleswig, Gysae (Wilhelm) aus Strehlow, Hahn aus Guttstatt, v. Hartmann aus Münster, Haßler aus Ulm, Haupt a. Wismar, Hayden aus Dorf bei Schlierbach, Haym aus Halle, Heide aus Ratibor, v. Hennig aus Dempowalonka, Heusner aus Saarlouis, Hergenhahn aus Wiesbaden, Herzog aus Ebermannstadt, Hirschberg aus Sondershausen, Höfken a. Hattingen, Hofmann a. Friedberg, Hollandt a. Braunschweig, Houben a. Meurs, Jacobi a. Hersfeld, Jahn a. Freiburg an der Unstrutt, Johannes aus Meiningen, Jordan aus Berlin, Jordan aus Gollnow, Jordan aus Marburg, Jucho aus Frankfurt am Main, Kahlert aus Leobschütz, v. Kalkstein aus Wegau, v. Keller (Graf) aus Erfurt, v. Keudell aus Berlin, v. Ketteler aus Hopsten, Kierulff aus Rostock, Kosmann aus Stettin, Kösteritz aus Elberfeld, Kraft aus Nürnberg, Kratz aus Wintershagen, Künzel aus Wolka, Kuhnt aus Bunzlau, Kutzen aus Breslau, Lang aus Verden, Langerfeldt aus Wolfenbüttel, Laube aus Leipzig, Laudien aus Königsberg, Leite aus Berlin, Leue aus Cöln, Leverkus aus Oldenburg, Liebmann aus Perleberg, Löw aus Magdeburg, Lodemann aus Lüneburg, Löw aus Posen, Löwe (Wilhelm) aus Calbe, Lüntzel aus Hildesheim, Makowiczka aus Krakau, v. Maltzahn aus Küstrin, Mann aus Rostock, Marcks aus Duisburg, Marcus aus Bartenstein, Martens aus Danzig, v. Massow aus Carlsberg, Mathy aus Carlsruhe, Merck aus Hamburg, Metzke aus Sagan, Mevissen aus Cöln, Michelsen aus Jena, Mittermaier aus Heidelberg, Mohl (Moritz) aus Stuttgart, Mohl (Robert) aus Heidelberg, Müller aus Sonneberg, Münch aus Wetzlar, München aus Luxemburg, Naumann aus Frankfurt a. d. O., Neitschütz aus Königsberg, Nerreter aus Fraustadt, Nicol aus Hannover, Nizze aus Stralsund, Nöthig aus Weißholz, Oertel aus Mittelwalde, Ostendorf aus Soest, Osterrath aus Danzig, Ottow aus Labiau, Overweg aus Haus Ruhr, Pannier aus Zerbst, Paur aus Neisse, Pfeiffer aus Adamsdorf, Pinckert aus Zeitz, Plaß aus Stade, Plathner aus Halberstadt, Plehn aus Marienburg, Pözl aus München, Presting aus Memel, Quante aus Ullstadt, v. Radowitz aus Rüthen, Rahm aus Stettin, Rättig aus Potsdam, v. Raumer aus Berlin, v. Raumer aus Dinkelsbühl, v. Reden aus Berlin, Reh a. Darmstadt, Richter aus Danzig, Riesser aus Hamburg, Röben aus Dornum, Röder von Neustettin, Rößler aus Wien, Rothe aus Berlin, Rüder aus Oldenburg, Rümelin aus Nürtingen, v. Sänger aus Grabow, von Saltzwedell aus Gumbinnen, von Saucken-Tarputschen aus Angerburg, Scheller aus Frankfurt an der Oder, Schenk aus Dillenburg, Schepp aus Wiesbaden, Schick aus Weißensee, Schierenberg aus Detmold, Schirmeister aus Insterburg, von Schleussing aus Rastenburg, von Schlotheim aus Wollstein, Schlüter aus Paderborn, Schmidt (Adolph) aus Berlin, Schneer aus Breslau, Scholten aus Ward, Scholz aus Neisse, Schorn aus Essen, Schrader aus Brandenburg, Schreiber aus Bielefeld, Schubert (Friedrich Wilhelm) aus Königsberg, Schultze aus Potsdam, Schwarz aus Halle, Schwerin (Graf) aus Pommern, Schwetschke aus Halle, v. Selchow aus Rettkewitz, Sellmer aus Landsberg a. d. W., Servais aus Luxemburg, Siehr aus Gumbinnen, Simson aus Stargard, v. Soiron aus Mannheim, Sprengel aus Waren, Stahl aus Erlangen, Stavenhagen aus Berlin, Stenzel aus Breslau, Stieber aus Budissin, Streffleur aus Wien, Sturm aus Sorau, Tannen aus Zilenzig, Teichert aus Berlin, Tellkampf aus Breslau, Thöl aus Rostock, v. Thielau a. Braunschweig, v. Treskow aus Grocholin, Veit aus Berlin, Versen aus Nieheim, v. Vincke aus Hagen, Wachsmuth aus Hannover, Waitz a. Göttingen, Waldmann aus Heiligenstadt, Walter a. Neustadt, Wedekind aus Bruchhausen, v. Wedemeyer aus Schönrade, v. Wegnern aus Lyk, Weißenborn aus Eisenach, Wernher aus Nierstein, Werthmüller aus Fulda, Wichmann aus Stendal, Widenmann aus Düsseldorf, Wiebker aus Uckermünde, Wiethaus (J.) aus Gummersbach, Winter ler aus Liebenburg, Wurm aus Hamburg, Zachariä aus Bernburg, Zachariä aus Göttingen, Zell aus Trier, Zeltner aus Nürnberg, v. Zerzog aus Regensburg, Ziegert aus preußisch Minden, Zittel aus Bahlingen, Zöllner aus Chemnitz.

Mit Nein stimmten:

Achleitner aus Ried, v. Aichelburg aus Villach, Arndts aus München, Arneth aus Wien, Bauernschmied aus Wien, Benedict aus München, Berger aus Wien, Blumröder (Gustav) aus Kirchenlamitz, Boczek aus Mähren, Bogen aus Michelstadt, v. Bothmer aus Carow, Buß aus Freiburg, Caspers aus Coblenz, Claussen aus Kiel. Clemens aus Bonn, Coronini-Cronberg (Graf) aus Görz, Copp aus Oldenburg, Cucumus aus München, Culmann aus Zweibrücken, Damm aus Tauberbischoffsheim, Demel aus Teschen, Detmold aus Hannover, Deymann aus Meppen, v. Dieskau aus Plauen, Dietsch aus Annaberg, Döllinger aus München, Eckart aus Lohr, Edel aus Würzburg, Edlauer aus Gratz, Egger aus Wien, Eisenmann aus Nürnberg, Eisenstuck aus Chemnitz, Engel aus Pinneberg, Englmayr aus Enns (Oberösterreich), Fehrenbach aus Säckingen, Fetzer aus Stuttgart, Förster aus Hünfeld, Friedrich aus Bamberg, Frisch aus Stuttgart, Fritsch aus Ried, Fröbel aus Reuß, Fügerl aus Korneuburg, Gebhard aus Würzburg, Gförer aus Freiburg, Giskra aus Wien, Göbel aus Jägerndorf, Gombart aus München, Graf aus München, Gritzner aus Wien, Grubert aus Breslau, Grundner aus Ingolstadt, Günther aus Leipzig, Gulden aus Zweibrücken, Hagen (K.) aus Heidelberg, Haggenmüller aus Kempten, Hallbauer aus Meissen, Hartmann aus Leitmeritz, Haubenschmied aus Passau, Hedrich aus Prag, Hehner aus Wiesbaden, Heisterbergk aus Rochlitz, Heldmann aus Selters, Hensel I aus Camenz, Hentges aus Heilbronn, Heubner aus Zwickau, Hildebrand aus Marburg, Hillebrand aus Pöls, Hoffbauer aus Nordhausen, Hoffmann aus Ludwigsburg, Huber aus Linz, Huck aus Ulm, Hugo aus Göttingen, Jopp aus Enzersdorf, Junghanns aus Mosbach, Jürgens aus Stadtoldendorf, Kagerbauer aus Linz, Kerer aus Innsbruck, Kirchgeßner aus Würzburg, Kleinschrod aus München, Knarr aus Steyermark, Kohlparzer aus Neuhaus, Kollaczek aus Oesterr.-Schlesien, Kotschy aus Ustron in Mährisch-Schlesien, Kudlich aus Schloß Dietach, Künsberg aus Ansbach, v. Kürsinger (Ignatz) aus Salzburg, v. Kürsinger (Carl) aus Tamsweg, Langbein aus Wurzen, Laschan aus Villach, v. Lassaulx aus München, Lausch aus Troppau, Lienbacher aus Goldegg, Lindner aus Seisenegg, Löschnigg aus Klagenfurt, Mally aus Steyermark, Maly aus Wien, Mammen aus Plauen, Mareck aus Gratz (Steyermark), Martiny aus Friedland, Mayer aus Ottobeuern, v. Mayfeld aus Wien, Melly aus Wien, Meyer aus Liegnitz, Minkus aus Marienfeld, Möller aus Reichenberg, Mölling aus Oldenburg, v. Möring aus Wien, Mohr aus Oberingelheim, v. Mühlfeld aus Wien, Müller aus Würzburg, Mulley aus [illegible], v. Nagel aus Oberviechtach, Nägele aus Murrhardt, Nauwerck aus Berlin, Neubauer aus Wien, Neugebauer aus Luditz, Neumayr aus München, Obermüller aus Passau, Pattai aus Steyermark, Paur aus Augsburg, Peter aus Bruneck, Pfahler aus Tettnang, Phillips aus München, Pieringer aus Kremsmünster, Polaczek aus Brünn, Quesar aus Gratz, Rank aus Wien, Rapp aus Wien, v. Rappard aus Glambek, Raus aus Wolframitz, Raveaux aus Cöln, Reichenbach (Graf) aus Domeßko, Reichensperger aus Trier, Reindl aus Orth, Reinstein aus Naumburg, Reisinger aus Freistadt, Reitmayr aus Regensburg, Reitter aus Prag, Renger aus Böhmisch-Kamnitz, Rheinwald aus Bern, Riegler aus Mährisch-Budwitz, Riehl aus Zwettl. Rödinger aus Stuttgart. Rösler aus Oels. Roßmäßler aus Tharand bei Dresden, v. Rotenhan aus München, Schädler aus Vaduz, Scharre aus Strehla, Schauß aus München. Schiedermayer aus Vöcklabruck, Schlöffel aus Halbendorf, Schlutter aus Poris, v. Schmerling aus Wien, Schmidt (Ernst Friedrich Franz) aus Löwenberg, Schmidt (Joseph) aus Linz, Schmitt aus Kaiserslautern, Schneider aus Wien, Schoder aus Stuttgart, Schott aus Stuttgart, Schreiner aus Gratz (Steyermark), v. Schrenk aus München, Schubert aus Würzburg, Schüler aus Jena, Schüler (Fr.) aus Zweibrücken, Schulz aus Darmstadt, Schütz aus Mainz, Schwarzenberg (Philipp) aus Cassel, Sepp aus München, Siemens aus Hannover, Simon (Max) aus Breslau, Simon (Heinrich) aus Breslau, Simon (Ludwig) aus Trier, Somaruga aus Wien, Stark aus Krummau, Spatz aus Frankenthal, Stracke aus Rumburg, Streffleur aus Wien, v. Stremayr aus Gratz, Stülz aus St. Florian, Tafel aus Stuttgart, Tafel (Franz) aus Zweibrücken, Tappehorn aus Oldenburg, Titus aus Bamberg, Trabert aus Rausche, Trampusch aus Wien, Uhland aus Tübingen, v. Unterrichter aus Klagenfurt, Venedey aus Cöln, Vischer aus Tübingen, Vogel aus Guben, Vogel aus Guben, Vogel aus Dillingen, Vogt aus Gießen, Vonbun aus Feldkirch, Waldburg-Zeil-Trauchburg (Fürst) aus Stuttgart, Weber aus Neuburg, Weber aus Meran, Weckbecker aus Aachen, Weiß aus Salzburg, Welter aus Tünsdorf, Werner aus Oberkirch, Werner aus St. Pölten, Wiesner aus Wien, Wiest aus Tübingen, Wigard aus Dresden, v. Wulffen aus Passau, v. Würth aus Wien, Würth aus Sigmaringen, Zimmermann (Professor) aus Stuttgart, Zimmermann aus Spandow, Zitz aus Mainz, Zum Sande aus Lingen.

Der Abstimmung enthielten sich:

v. Pretis aus Hamburg, Prinzinger aus St. Pölten, Wagner aus Steyr.

Abwesend waren:

A. **mit** Entschuldigung:

v. Andrian aus Wien, Aulike aus Berlin, Backhaus aus Jena, v. Bally aus Beuthen, Baur aus Hechingen, Beidtel aus Brünn, v. Beisler aus München, Bergmüller aus Mauerkirchen, Bren-

aus Bruchsal, Cetto aus Trier, Christ aus Bruchsal, Christmann aus Dürkheim, Czoernig aus Wien, Esterle aus Cavalese, Fuchs aus Breslau, Giech aus Thurnau, v. Hagenow a. Langenfelde, Heckscher aus Hamburg, Helbing aus Emmendingen, v. Hermann aus München, Höchsmann aus Wien, Jeitteles aus Olmütz, v. Itzstein aus Mannheim, Küfferlein aus Baireuth, Kaiser (Ignatz) aus Wien, v. Ketteler aus Hopsten, Koch aus Leipzig, Kolb aus Speyer, Kuenzer aus Constanz, Levysohn aus Grünberg, Mandrella aus Ujest, Mez aus Freiburg, Müller aus Damm (bei Aschaffenburg), Murschel aus Stuttgart, v. Neuwall aus Brünn, Peter aus Constanz, Rassl aus Neustadtl in Böhmen, Reinhard aus Boytzenburg, Richter aus Achern, Römer aus Stuttgart, v. Rönne aus Berlin, Sachs aus Mannheim, Schaffrath aus Neustadt, Scheliessnigg aus Klagenfurt, Schlörr aus der Oberpfalz, Schuler aus Innsbruck, Schultze aus Liebau, Stedmann aus Besselich, Stöcker aus Langenfeld, Thinnes aus Eichstätt, Tomaschek aus Iglau, v. Trützschler aus Dresden, Viebig aus Posen, Wernich aus Elbing, Wesendonck aus Düsseldorf.

B. ohne Entschuldigung:

Archer aus Rein, Bouvier (Cajetan) aus Steyermark, Braun aus Bonn, Cornelius aus Braunsberg, Deym (Graf) aus Prag, Dham aus Schmalenberg, Fritzsche aus Rode, Gottschalk aus Schopfheim, Gspan aus Innsbruck, Heimbrod aus Sohrau, Herzig aus Wien, Heubner aus Freiberg, Hönniger aus Rudolstadt, Junkmann aus Münster, Knoodt aus Bonn, Köhler aus Seehausen, von Linde aus Mainz, Marsilli aus Roveredo, von Mayern aus Wien, Neumann aus Wien, Ostermünchner aus Griesbach, Reichard aus Speyer, Rühl aus Hanau, v. Scherpenzeel aus Baarlo, Schoenmackers aus Beck, Schrott aus Wien, Schulz (Friedrich) aus Weilburg, Stein aus Görz, Stockinger aus Frankenthal, Stolle aus Holzminden, Umbscheiden aus Dahn, Welcker aus Frankfurt, Wippermann aus Cassel, Wolff aus St. Georgen, Wuttke aus Leipzig, v. Wydenbrugk aus Weimar.

Präsident: Das Resultat der Abstimmung ist dieß: der Antrag des Ausschusses ist mit 258 gegen 211 Stimmen angenommen. (Stürmischer, anhaltender Beifall auf der Rechten und im Centrum; — Zischen auf der Linken.) Drei Mitglieder haben nicht mitgestimmt. — Ich habe folgende Erklärungen zu verlesen, welche auf die eben gehabte Abstimmung Bezug haben. Herr Hallbauer aus Meißen gibt folgende Erklärung zu Protokoll:

„Ich habe für das Minoritätserachten Nr. I und gegen § 1 gestimmt mit Rücksicht auf die in meiner gestern vertheilten Druckschrift entwickelten Gründe."

Fürst Waldburg-Zeil und Andere erklären:

„Die Unterzeichneten erklären, daß sie aus dem Grunde der noch nicht entschiedenen Stellung Oesterreichs bei allen, das Reichsoberhaupt betreffenden Vorschlägen zu § 1 gerecht mit „Nein" gestimmt haben. — Waldburg-Zeil, Huck, Gfrörer, Wiest, Sepp, Weckbeker (für letztern gilt obiges Motiv nur in Bezug auf die letzte Abstimmung)".

Ich frage die Versammlung, meine Herren, ob sie morgen Sitzung halten will? (Viele Stimmen: Nein! — andere: Ja!) Meine Herren! Ich habe Ja und Nein gehört; wir wollen darüber abstimmen. Diejenigen Herren, welche die nächste Sitzung der Nationalversammlung auf morgen anberaumt wissen wollen, bitte ich, sich zu erheben. (Mitglieder auf verschiedenen Seiten erheben sich.) Die nächste Sitzung findet nächsten Montag statt. — Meine Herren! Ich will noch Ausschußeinladungen verkündigen: der Prioritäts- und Petitionsausschuß versammelt sich morgen Vormittag um 11 Uhr; der Verfassungsausschuß morgen Vormittag um 10 Uhr; Tagesordnung ist: Berathung über § 6 des Artikels: Garantie der Verfassung. Der volkswirthschaftliche Ausschuß versammelt sich morgen Vormittag um 10 Uhr; die heute früh anberaumte Sitzung des volkswirthschaftlichen Ausschusses fällt weg. — Auf die Tagesordnung für Montag setze ich: die Ergänzungswahl zweier Mitglieder in den Ausschuß für Wehrangelegenheiten und die Berathung über Art. I § 1 a und eventuell § 2 des Entwurfes vom Reichsoberhaupt. — Die heutige Sitzung ist geschlossen.

(Schluß der Sitzung $3\frac{1}{4}$ Uhr.)

Verzeichniß der weiteren Eingänge

vom 16. Januar.

Petitionen.

1. (6281) Eingabe der Mälzer- und Brauer-Gilde zu Groß-Glogau in Niederschlesien, das Brauerei-Gewerbe betreffend, übergeben vom Abgeordneten Eisenstuck. (An den Ausschuß für Volkswirthschaft.)

2. (6282) Petition der Stadt Salzungen (im Herzogthum Meiningen), um Modification des vorliegenden Heimathgesetzes, übergeben von dem Abgeordneten Johannes. (An den Ausschuß für Volkswirthschaft.)

3. (6283) Adresse von Bürgern zu Bergzabern, Oberottenbach und des Volksvereins zu Ingenheim (in der rheinischen Pfalz), gegen Aufhebung der dort bestehenden Gewerbefreiheit, übergeben durch den Abgeordneten Umbscheiden. (An den Ausschuß für Volkswirthschaft.)

5. (6285) Eingabe mehrerer Grundbesitzer zu Veckerhagen, die schiffbaren Ströme, in specie den Weserstrom betreffend, übergeben vom Abgeordneten Ph. Schwarzenberg. (An den Ausschuß für Volkswirthschaft.)

kévereins
zu H ... ausgear-
beitet ... Abgeord-
neten ... Nicol.
(An

7. (6287) Petition des Gutsbesitzers und Premierlieutenant a. D. Roszkiewicz zu Wyganow um Zuschlagung seines, im Großherzogthum Posen, im Krotoszyner Kreise gelegenen Gutes zu Wyganow zu Deutschland. (An den Prioritäts- und Petitions-Ausschuß.)

8. (6288) Abschrift eines von dem constitutionellen Bürgervereine zu Coswig an das Reichsministerium des Innern eingegebenen Protests gegen die Vereinigung Anhalt-Bernburgs mit Anhalt Dessau, übergeben von dem Abgeordneten Zachariä aus Bernburg. (An den Prioritäts- und Petitions-Ausschuß.)

9. (6289) Eingabe des Vereins für Freiheit und Ordnung zu München gegen die Abtrennung Oesterreichs von Deutschland, übergeben durch den Abgeordneten Hermann. (An den Prioritäts- und Petitions-Ausschuß.)

10. (6290) Mißtrauens-Adresse von dem politischen Vereine zu Frauenstein (im Königreich Sachsen.) (An den Prioritäts- und Petitions-Ausschuß.)

11. (6291) Petition der Bürger der Stadt Gengenbach um Erneuerung der Nationalversammlung durch directe Neuwahlen vor der zweiten Lesung der Verfassung, übergeben durch den Abgeordneten Werner von Oberkirch. (An den Prioritäts- und Petitions-Ausschuß.)

12. (6292) Petition der Bürger der Stadt Gengenbach um Untersagung der vom badischen Ministerium ausgeschriebenen außerordentlichen Conscription, übergeben durch den Abgeordneten Werner von Oberkirch. (An den Prioritäts- und Petitions-Ausschuß.)

13. (6293) Der Abgeordnete Francke übergibt:

a) Eine Erklärung mit 323 Unterschriften von der Insel Sylt.

b) Eine gleiche mit 200 Unterschriften aus dem Flecken Hoyer.

c) Vier gleiche mit 690 Unterschriften aus der Karrharde.

d) Zwei gleiche mit 34 Unterschriften aus den Kirchspielen Abild und Bülderup; in dänischer Sprache.

e) Eine gleiche mit 211 Unterschriften aus der Stadt Husum.

f) Eine Adresse des Magistrats und der Deputirten der Stadt Husum,

sämmtlich für die Einverleibung des Herzogthums Schleswig in das deutsche Reich.

14. (6294) Eingabe des Joh. Wilhelm Müller zu Saalfeld, verschiedene politische Wünsche enthaltend. (An den Prioritäts- und Petitions-Ausschuß.)

15. (6295) Petition der Gemeinde Eckartsbrunn (Baden), die Aufhebung der Conscription allgemein, dann insbesondere jene von 1824 bis 1827 betreffend, übergeben durch den Abgeordneten Brentano. (An den Prioritäts- und Petitions-Ausschuß.)

16. (6296) Petition derselben Gemeinde, die Abschaffung von Feudallasten betreffend, übergeben durch denselben. (An den Prioritäts- und Petitions-Ausschuß.)

17. (6297) Sieben Adressen aus Mecklenburg, enthaltend den Ausdruck des Vertrauens zur deutschen Reichsversammlung, übergeben von dem Abgeordneten Böcler. (An den Prioritäts- und Petitions-Ausschuß.)

Berichtigungen.

Nr. 148. Seite 4511 Spalte 2 Zeile 16 v. o. lies: um Stellung Preußens an die Spitze von Deutschland statt: um schleunige Vollendung des Verfassungswerks.
" 150. " 4544 " 2 " 26 v. u. " Ostreich statt: Oesterreich.
" 152. " 4635 " 2 " 26 v. u. " bevorwortet statt: beantwortet.
" 152. " 4637 " 2 " 10 v. u. " fast statt: sonst.
" 152. " 4639 " 1 " 23 v. u. " an statt: von.
" 152. " 4639 " 1 " 18 v. u. " Weimar statt: Oesterreich.
" 152. " 4639 " 2 " 28 v. o. " den König statt: die Könige.
" 152. " 4640 " 2 " 29 v. o. " uns gesagt statt: ausgesagt.
" 152. " 4641 " 2 " 8 v. u. " hier uns statt: hieraus.
" 152. " 4642 " 2 " 5 v. o. " während statt: welches.
" 152. " 4643 " 1 " 3 v. o. " Hohenelb statt: Hohenalb
" 152. " 4643 " 1 " 29 v. o. " ministerielle statt: industrielle.
" 152. " 4643 " 2 " 6 v. o. " wirklich statt: wörtlich.
" 152. " 4643 " 2 " 8 v. o. " vernehmen statt: vornehmen.
" 152. " 4644 " 1 " 17 v. u. " Dynastieen statt: Dynastie.
" 152. " 4669 " 2 " 14 v. u. " v. Wulffen statt: v. Buttel.
" 152. " 4669 " 1 " 21 v. u. ist der Name „v. Würth" zu streichen.

Nach den stenographischen Niederschriften hat in der Rede des Abgeordneten v. Wydenbrugk nach den Worten: „von früheren einzelnen Schwankungen" (Nr. 151. Seite 4598 Spalte 2 Zeile 19 v. o.) folgender Zwischenvorfall stattgefunden:

(Mehrere Stimmen: Gerade aus!)

v. Wydenbrugk: Entschuldigen Sie, wenn ich nicht so laut spreche; ich bin .... (Eine Stimme: nur gerade aus, nicht so weit links!) Ich werde mich bemühen möglichst rechts zu sein (Große Heiterkeit).

Die Redactions-Commission und in deren Auftrag Abgeordneter Professor Wigard.

Druck von Joh. David Sauerländer in Frankfurt a. M.

Stenographischer Bericht

über die

Verhandlungen der deutschen constituirenden National-Versammlung zu Frankfurt a. M.

Nro. 157. Dienstag den 23. Januar 1849. VII. 2.

Hundert und sechs und fünfzigste Sitzung.

(Sitzungslocal: Paulskirche.)

Montag den 22. Januar 1849. (Vormittags 9 Uhr.)

Vorsitzender: Eduard **Simson** von Königsberg.

Inhalt: Verlesung und Berichtigung des Protokolls. — Austrittsanzeige der Abg. Murschel und v. Ketteler. — Vertheilung neu eingetretener Mitglieder in die Abtheilungen. — Flottenbeiträge. — Anzeige des Berichts des Ausschusses für Wehrangelegenheiten über den Antrag des Abg. Werner von Oberkirch, die Ergänzung des großherzoglich badischen Armeecorps betr. — Ergänzungswahl in den Ausschuß für Wehrangelegenheiten. — Fortsetzung der Berathung über den Abschnitt des Entwurfs der Reichsverfassung: „das Reichsoberhaupt und der Reichsrath", Art. I, § 1 a. — Interpellation des Abg. Rösler von Oels an den Gesetzgebungsausschuß, die authentische Uebersetzung der von der Nationalversammlung oder der Centralgewalt an das Volk ergehenden Ansprachen und Gesetze betr. — Eingänge.

Präsident: Die Sitzung ist eröffnet. Der Herr Schriftführer wird das Protokoll der vorigen Sitzung verlesen. (Schriftführer Riehl verliest das Protokoll.) Ich frage, ob Reclamation gegen das Protokoll ist?

Arndts von München: Das Protokoll besagt, der Antrag des Herrn v. Rotenhan sei mit 361 gegen 97 Stimmen verworfen worden; der Herr Präsident hat dieß allerdings auch so verkündigt, es ist aber unrichtig, denn der Abgeordnete Graf aus München ist in der Majorität aufgezählt, hat aber für diesen Antrag gestimmt. Es muß also das Stimmverhältniß so berichtigt werden, daß es heißt 360 gegen 98 Stimmen. Das Protokoll sagt ferner, der § 1 des vom Verfassungsausschusses vorgelegten Entwurfes sei mit 258 gegen 211 Stimmen angenommen worden; das ist ebenfalls unrichtig. (Stimmen: Hört! Hört!) Es beträgt nämlich 1) die Minorität nach richtiger Zählung nicht 211, sondern 212, sowie es in den stenographischen Berichten mitgetheilt wird. Es ist 2) in der Majorität aufgeführt worden v. Ketteler aus Hopsten; dieser befindet sich aber in Urlaub und wird gleich nachher unter den mit Entschuldigung Abwesenden aufgezählt. Es ist 3) in der Majorität Heide aus Ratibor aufgeführt; dieser ist aber ausgetreten laut Verkündung des Herrn Präsidenten in der 151. Sitzung. Es werden 4) die beiden Abgeordneten Buß aus Freiburg und Streffleur aus Wien zugleich in der Majorität und in der Minorität aufgezählt. Beide haben aber nur mit der Minorität gestimmt. Endlich werden die beiden Abgeordneten Quante aus Würzburg und Geigel aus München ebenfalls irrthümlicher Weise in der Majorität aufgeführt; sie haben aber beide mit der Minorität gestimmt. Diesem nach stellt sich das Stimmenverhältniß in Beziehung auf § 1 des Entwurfs vielmehr folgendermaßen heraus: der § 1 ist angenommen mit 252 gegen 214 Stimmen. Die Majorität beträgt nicht 47, sondern nur 38. Zum Beweis kann ich mich freilich nur auf die stenographischen Berichte berufen, weil wir keine andere Documente haben, als die Richtigkeit der Angaben über die Resultate der Abstimmung zu controliren. Ich bitte den Herrn Präsidenten, diese Fehler constatiren und darnach das Protokoll berichtigen zu lassen.

Präsident: Herr Kerst verlangt das Wort.

Kerst von Meseritz: Ich will dem, was der verehrte Vorredner erwähnt, noch hinzufügen, daß ich so eben die Liste in die Hand genommen und gefunden habe, daß mein Name in der ganzen Liste gar nicht vorkommt, und doch habe ich, wie das hier wohl ziemlich bekannt sein dürfte, für das Erachten der Majorität in § 1 gestimmt.

Buß von Freiburg: Wie Sie gehört haben, meine Herren, bin ich bei dem Hauptantrag als Stimmender mit der Majorität und mit der Minorität aufgeführt, ich habe mit der Minorität gestimmt, höchst wahrscheinlich aber haben diejenigen, welche die Namen aufgeschrieben, in das Herz mir hineingeblickt. (Unruhe.)

Präsident: Herr Schriftführer Riehl wird über diesen Hergang Auskunft geben.

Riehl von Zwettl: Meine Herren! Ich konnte in das Protokoll natürlich nur das Resultat der Abstimmung, wie es verkündet ist, aufnehmen, verkündet wurde das Stimmenverhältniß 258 gegen 211, wie es in meinem Protokolle aufgenommen ist. Im Abdrucke der Namen in den stenographischen Berichten können allerdings Irrthümer vorkommen; der Abdruck dieser Namenlisten wird von den Schriftführern nicht überwacht. Ich habe selbst beim Namensaufruf mit aufgezeichnet und nach meinem Verzeichniß ist das Stimmenverhältniß allerdings 211 zu 258. Der Abdruck der Listen geschah nach der Liste des Herrn von Maltzahn. In wiefern darin Irrthümer vorkommen, wird sich aufklären; die Originallisten werden herbeigeschafft und verglichen werden.

Wigard von Dresden: Ich kann nur wiederholen, was ich bei Reclamationen in Bezug auf frühere Abstimmungen schon mehrmals bemerkt habe, daß die Redaction sich bei der Aufführung der Abstimmenden nach den Listen richtet, welche von den Secretären angefertigt und die im Original an die Redactionsgehülfen abgegeben werden. Es kann also nicht an der Redaction der Fehler liegen, und wenn in den Listen der Secretäre Fehler vorkommen sollten, so kann man auch diesen bei dem großen Geräusche in der Versammlung, bei den lauten Privatgesprächen während den Abstimmungen und bei den, von dem einen und andern Abgeordneten zu leise ausgesprochenen Ja oder Nein keine Schuld beimessen.

Waitz von Göttingen: Ich möchte mir nur eine Bemerkung erlauben. Ich habe bei dem Verlesen der Namen die Stimmen der Majorität nachgeschrieben und keinen einzigen von denen, die eben verkündet sind, unter die Majorität gerechnet, und ich bin zu demselben Resultate gelangt, wie das Protoll der Secretäre.

Fritsch aus Ried: Ich habe wahrgenommen, daß bei den Abstimmungen mit außerordentlicher Schnelligkeit vorgegangen worden ist, namentlich bei der Abstimmung Derjenigen, welche später auf die Tribüne gegangen sind; es wurde ein Name nach dem andern so rasch genannt, daß nach meiner Ueberzeugung die Secretäre dieselben nicht richtig aufnehmen konnten. Es ist daher zu wünschen, daß bei künftigen Abstimmungen langsamer und ruhiger vorgegangen werde, dann werden auch diese Irrthümer vermieden und die Mitglieder in den Stand gesetzt werden, die Abstimmungen controliren zu können.

Präsident: Es ist klar, daß die vorgekommenen Irrthümer, wenn dergleichen vorgekommen sind, zurechtgestellt werden müssen; zur Last fallen können sie Niemand. Ich knüpfe aber daran die Bitte, bei künftigen Abstimmungen die Ruhe im Hause auf alle Weise auf echt erhalten zu wollen, weil sonst dergleichen Irrthümer schlechthin unvermeidlich sind. Wenn keine weitere Reclamation gegen das Protokoll erhoben wird, so erkläre ich es hiermit für genehmigt. — Ich habe zwei Austrittserklärungen zur Kenntniß der Versammlung zu bringen, Herr Murschel, Abgeordneter des zweiten Wahlbezirks des Schwarzwaldkreises, und Herr v. Ketteler, Abgeordneter aus dem preußischen Westphalen, haben ihre Mandate niedergelegt. Die beiden Erklärungen gehen an das Reichsministerium des Innern zur weiteren Veranlassung. — Die seit dem 15 d. M. neu eingetretenen drei Mitglieder habe ich nach dem Bedürfniß der Abtheilungen in folgender Weise in dieselben eingereiht: Fritzsche aus Roda für Sonnenkalb aus Altenburg in die 9. Abtheilung, v. Thielau aus Braunschweig für Stolle aus Holzminden in die 12. Abtheilung, Lindner aus Seisenegg (Unterösterreich) für Gründlinger aus Wolfpassing in die 13. Abtheilung. — Die Zahl der Mitglieder in den einzelnen Abtheilungen beträgt gegenwärtig mit Ausschluß obiger neu hinzutretender 39 Mitglieder in der 5. Abtheilung, 38 Mitglieder in der 2., 4., 7., 8. Abtheilung, 37 Mitglieder in der 1., 3., 6., 10, 11., 12., 13., 14. und 15. Abtheilung, 36 Mitglieder in der 9. Abtheilung; Summa des gegenwärtigen Personalstandes der Reichsversammlung: 563 Mitglieder. — Der Abgeordnete von Linz in Oberösterreich, Herr Kagerbauer, überreicht einen ihm von den oberösterreichischen Ständen eingesendeten Beitrag für die deutsche Flotte mit 1459 fl. Conventionsmünze oder 1750 fl. 48 kr. Reichswährung, nebst dem dießfälligen Aufruf und dem Begleitungsschreiben. Wir empfangen den Beitrag mit Dank und weisen ihn an das Reichsministerium der Finanzen. — Herr Schultze von Potsdam hat einen Bericht, Namens des Ausschusses für Wehrangelegenheiten, anzuzeigen. Ich gebe ihm dazu das Wort.

Schultze von Potsdam: Meine Herren! Ich rufe Ihnen in Ihr Gedächtniß zurück, daß der Herr Abgeordnete Werner von Oberkirch in der Sitzung vom 15. v. M. einen dringlichen Antrag einbrachte, nach welchem von Ihnen verlangt wurde, daß die badische Regierung zur Zurücknahme oder wenigstens zur Sistirung der außerordentlichen Conscription veranlaßt werde, die sie eingeleitet hat, um dem Beschlusse dieser Versammlung vom 15. Juli v. J., wegen Vermehrung der Wehrkräfte zu genügen. Sie haben, meine Herren, die Dringlichkeit damals nicht anerkannt. Der Antrag ist an den Ausschuß für Wehrangelegenheiten gebracht, und bildet den Gegenstand des Berichts, den ich Ihnen hiermit anzuzeigen die Ehre habe. Später sind noch mehrere Petitionen über denselben Gegenstand eingekommen von den Gemeinden Appenweier, Urloffen, Windschläg, Griesheim, Bohlsbach, Bühl, Offenburg, Scherzheim, Rheinbischoffsheim, Lichtenau, Helmlingen und Grauelsbach, überhaupt mit 479 Unterschriften. Alle diese Petitionen sind von dem Antragsteller, Herrn Werner aus Oberkirch, eingereicht worden. Sie haben außerdem auch noch das miteinander gemein, daß sie wörtlich gleichlautend sind, jedoch mit der Maßgabe, daß die ersteren sechs nur den Werner'schen Antrag ohne Motive enthalten und ihn zu dem ihrigen machen, während die übrigen in unter sich ganz gleichen Worten noch Motive hinzufügen, die dem Antrag des Abgeordneten Werner ganz entsprechen, und nicht mehr und nicht weniger enthalten, wenn man nicht etwa die in der Natur der Sache liegende Last für das Land aus dieser außerordentlichen Conscription als einen solchen besonderen Grund gelten lassen will. Der Ausschuß hat kein Bedenken gefunden, diese Petitionen gleichzeitig mit dem Antrag zur Erledigung zu bringen. Bei der Erwägung der Sache hat sich der Ausschuß zunächst die Frage vorgelegt, ob die hohe Versammlung auch zur begehrten Entscheidung competent sei, und er hat diese Frage mit Nein beantwortet. Es handelt sich nicht von einer Beschwerde gegen einen Beschluß dieser Versammlung oder von einer Beschwerde gegen die Ausführung eines Beschlusses durch die Centralgewalt, sondern es handelt sich von der Beschwerde gegen die Ausführung eines an sich nicht angegriffenen Beschlusses Seitens einer Einzelregierung. Gegen eine solche Beschwerde würde aber zunächst bei dieser Regierung selbst, dann bei der Landesvertretung, und demnächst erst bei der Centralgewalt und dieser hohen Versammlung Remedur nachzusuchen gewesen sein. Nichts desto weniger hat der Ausschuß sich auf eine nähere Prüfung in der Sache selbst eingelassen. Er hat indessen gefunden, daß die Motive den gestellten Antrag nicht rechtfertigen. Sie werden die Gründe, welche den Ausschuß geleitet haben, in dem Bericht, der gedruckt in Ihre Hände gelangen wird, entwickelt finden. Ich beschränke mich darauf, die Versammlung vorläufig zu benachrichtigen, daß der Ausschuß den Antrag auf Uebergang zur Tagesordnung gestellt hat.

Präsident: Der Bericht wird gedruckt und auf eine künftige Tagesordnung gesetzt werden. — Wir könnten jetzt zur Tagesordnung übergehen. Vorher aber hat Herr Moriz Mohl das Wort zu einer Ordnungsfrage verlangt.

Moriz Mohl von Stuttgart: Meine Herren! Nach früheren Vorgängen erlaube ich mir ein Wort zu einer Ordnungsfrage. Wie ich höre, hat eine bedeutende Fraction der Versammlung zum Voraus beschlossen, über diesen Gegenstand nach kurzer Discussion das Wort abzuschneiden. Man will die Frage mit einem Bajonnettangriff wegnehmen. (Bewegung) Meine Herren! Ich appellire an Ihre Loyalität. Ich glaube, wenn es sich um die Geschicke von Deutschland handelt, daß es wohl der Mühe werth ist, den Gegenstand zu erschöpfen, und ich ersuche Sie, diesem vorläufigen Beschlusse keine Folge zu geben.

Präsident: Auf der Tagesordnung steht zunächst die Ergänzungswahl zweier Mitglieder in den Ausschuß für Wehrangelegenheiten. Die gedruckten Zettel sind in Ihren Händen. Ich ersuche Sie, dieselben mit den Namen der zu ernennenden Mitglieder zu versehen. Ich werde die Stimmzettel sofort einsammeln lassen. (Die Stimmzettel werden eingesammelt.) — Ich frage, meine Herren, ob alle Stimmzettel eingegeben sind, und ersuche dann die Herren, ihre Plätze einzunehmen. — Wir gehen zur zweiten Nummer der Tagesordnung über. Als Nummer 2 steht auf der Tagesordnung: „Berathung des vom Verfassungsausschusse vorgelegten Entwurfs: „das Reichsoberhaupt, der Reichsrath," und zwar über Artikel I § 1a. Zu diesem Paragraph ist folgender Verbesserungsantrag seit der letzten Sitzung eingegangen: Eventueller Antrag des Herrn Abgeordneten Neugebauer zu dem Entwurf des Verfassungsausschusses § 1a, das Reichsoberhaupt betreffend:

> „Für den Fall, wenn die sämmtlichen Minoritätserachten des Verfassungsausschusses in § 1a, nämlich die Erblichkeit und die Wahl des Reichsoberhauptes auf Lebenszeit, dann auf zwölf und sechs Jahre verworfen werden sollten, stelle ich folgenden eventuellen Antrag:
>
> Die Wahl des Reichsoberhauptes geschieht auf drei Jahre und wird das erste Mal durch die constituirende Nationalversammlung und später in gemeinschaftlicher Sitzung des Volkshauses und des Staatenhauses vorgenommen. Absolute Stimmenmehrheit ist erforderlich.
>
> Unterstützt von: Künßberg, Huber, v. Grundner, v. Unterrichter, Neumayer, Haggenmüller, Geigel, Scholten, Weiß, Kagerbauer, Lienbacher, Rank, Riehl, Rheinwald, Kudlich, Demel, Kirchgeßner, Stark, Dham, Wagner, Schiedermayer."

Ich habe zunächst, wenn auch nur der Form wegen, zu fragen, ob die Versammlung in eine Discussion über § 1a eintreten will. In Betreff dieser Frage verlangt Herr Phillips das Wort.

Phillips von München: Ich glaube, daß diese Frage nicht mehr gestellt werden kann, weil neulich in der Versammlung beschlossen worden ist, daß über die Paragraphen, welche auf der Tagesordnung standen, die Discussion zugelassen werde. Das ist damals geschehen.

Präsident: Das ist so nicht richtig. Ich habe damals sogar, wie mir vorgeworfen ist, versäumt, diese Frage zu stellen, und habe übrigens auch heute gesagt, daß ich lediglich der Form wegen die Frage stelle. Diejenigen Herren also, welche auf die Discussion über § 1a nicht verzichten wollen, bitte ich, sich zu erheben. (Mitglieder auf verschiedenen Seiten erheben sich.) Die Discussion ist zugelassen. Die Rednerliste habe ich neulich schon verlesen. Bei den beträchtlichen Veränderungen, die sie inzwischen durch Tausch erfahren hat, verlese ich sie jedoch noch einmal. Es haben sich gemeldet: gegen den Inhalt des § 1a: die Herren Ahrens, Uhland, Fröbel, Edel, Phillips, Huck, v. Rotenhan, Siemens, von Hermann, Hehner, Rödinger, Heisterbergk, von Schrenck, von Linde, von Dieskau, Arndts von München, Wigard, Naumerck, Gombart, von Grundner und Knoodt; auf der Seite für sind eingeschrieben: Beda Weber, Rümelin, Dahlmann, v. Vincke, Schubert von Königsberg, v. Raumer von Berlin, Moriz Mohl, v. Hergenhahn, Jordan von Berlin, v. Soiron, Scheller, Grävell, Langerfeldt, Bernhardi, Rizy, Carl, Wernher von Nierstein, Liebmann, Kerst, Tellkampf, Schreiner, Gravenhorst, Döllinger und Buß. — Wir gehen nun zur Berathung selbst über und ich gebe zuerst Herrn Ahrens das Wort.

Ahrens von Salzgitter: Meine Herren! Ich ergreife das Wort, um das in Gemeinschaft mit anderen Collegen des Ausschusses von mir gestellte Minoritätserachten zu begründen, worin im Gegensatz zu der Erblichkeit das Princip der Wahl auf 6 Jahre beantragt ist. Meine Herren! Eine jede politische Schöpfung, soll sie nicht eine Mißgeburt sein, muß von dem Geiste hervorgerufen und belebt sein, welcher sich in der vorhergehenden politischen Entwickelung und Bewegung des Volkes kund gegeben hat. Aus dem Schooße der Nation, aus ihren inneren wirklich ausgesprochenen, nicht ihr angedichteten, Bedürfnissen muß jede Staats- und Regierungsform erstehen, und dann wird der Geist, der sie geschaffen, sie auch erhalten, und wenn es nothwendig ist, in eine andere Form unbilden und überleiten. Wenn ich von diesem Gesichtspunkte aus die vorliegende Oberhauptsfrage betrachte, so muß ich zuerst denjenigen entgegentreten, welche darin die höchste Befriedigung der früheren deutschen politischen Bewegung sehen. Die Idee eines einzigen erblichen Oberhauptes ist dem deutschen Volke fremd gewesen. Der Geist der neuen Bewegung hatte sich in zwei Richtungen und in zwei Schichten des Volks, wenn auch verschieden, doch in gemeinsamem Rufe ausgesprochen, in dem Rufe nach Freiheit in der Religion, der Literatur, der Presse, des Vereinsrechts, in dem Rufe nach Befreiung von den Ueberresten des Feudalismus, von dem Polizeistaate, von dem Uebermuthe der Aristokratie und des Beamtenthums, und die Idee eines deutschen Parlamentes als des Wächters und Hortes der Freiheit, die dem deutschen Volke werden müsse, war auch verschieden ausgesprochen worden, und ich darf es sagen, war auch von mir vor 18 Jahren in meiner ersten Jugendschrift als eine Nothwendigkeit dargestellt worden, aber die Idee eines Kaisers, namentlich eines Erbkaisers, war immer als ein Traum der Jugend, und zwar einer ins Mittelalter durch falsche Führer zurückgeleiteten Jugend angesehen worden, und in der That ich gestehe, ich kann die jetzt auftauchende Kaiseridee nur als eine Ironie des Absolutismus betrachten, welche in die neue Zeit hinüberspielt, und die freie Bewegung, den Volksgeist zu bemmen sucht. (Stimmen auf der Linken: Sehr gut!) Meine Herren! Es ist dieß die falsche Macht der Vergangenheit, zu der diejenigen greifen, welche zu der neuen im deutschen Parlamente sich erhebenden Macht kein Herz, kein rechtes Vertrauen fassen können, (Stimmen auf der Linken: Sehr gut!), und dennoch ist das Parlament in jedem constitutionellen Staate die Stütze und der Träger der executiven Gewalt, welche nur das Zünglein sein kann in der Waage, welche je nach dem Gewichte der verschiedenen Interessen und Bedürfnisse des Volks, nach den im Parlamente vorwaltenden Richtungen, sich nach dieser oder jener Seite neigen muß. Daher ist es auch ein Irrthum, in der Oberhauptsfrage allein die hauptsächlichste Frage der Macht zu erblicken und in der Erblichkeit die wesentliche Bedingung der kräftigen Handhabung der inneren und äußeren Politik zu sehen. Meine Herren! Die Politik, wenn sie keine Hauspolitik, keine dynastische Politik ist, wenn sie eine nationale sein soll, muß ihre Richtung durch das Parlament erhalten, und in dieser Hinsicht hat der Herr Abgeordnete Welcker einige treffende Worte gesagt, und in der That ein Engländer und Jeder, der in einem constitutionellen Staate länger gelebt hat, kann in dem Vielen, was in Deutschland in der letzten Zeit geredet und geschrieben worden ist, nur den Beweis erkennen, wie unklar noch die practische Auffassung des wirklich constitutionellen Systems in Deutschland ist. Das Parlament ist das wesentliche Moment, ja das einzige sichere, untrügliche Kennzeichen des Ver-

desstaates. Gerade der Bundesstaat unterscheidet sich vom Staatenbunde dadurch, daß, während im Staatenbund nur die Regierungen als solche — seien es monarchische oder republikanische — durch, mit Instructionen versehene Abgesandte vertreten ist, im Bundesstaate aber das Volk durch selbstgewählte Abgeordnete vertreten wird. Die Formen des Bundesstaates in Bezug auf die executive Gewalt sind, wenn auch nicht unwichtig, doch nicht die Hauptsache, als welche man sie hier immer hat darstellen wollen. Aber die Macht des Parlaments, obgleich sie die lebensfähigste ist und hoffentlich allein von Geschlecht zu Geschlecht im deutschen Volk vererbt werden wird, diese Macht ist noch jung und der Kräftigung bedürftig, und aus diesem Grunde würde es unpolitisch und für die Freiheit gefahrdrohend sein, wenn sie gleich von vornherein durch eine dynastische Macht überwuchtet werden sollte, welche durch das erbliche Kaiserthum hereinzubrechen droht. (Stimmen auf der Linken: Sehr gut!) Meine Herren! Die wahre politische Weisheit verlangt, daß das Parlament sich erst kräftige, daß dieses junge Kind des deutschen politischen Geistes nicht gleich einer alten Macht vermählt oder preisgegeben werde, von der es nicht als gleichberechtigt, als ebenbürtig anerkannt werden wird, denn gerade die Erblichkeit ist, wie Herr Biedermann sich sehr richtig ausdrückte, ein Princip, welches auf sich selbst sich stützt, und in sich den Ursprung findet; aber gerade aus diesem Grunde paßt die Erblichkeit nicht von vornherein für die neue Ordnung, die da kommen soll. (Stimmen auf der Linken: Sehr wahr!) Meine Herren! Herr Bassermann hat auf Belgien hingewiesen und gezeigt, daß dort ein erblicher Fürst erwählt wurde, aber, meine Herren, in Belgien war es freie Wahl der Nation, und der König Leopold kam nicht mit einer großen Hausmacht, und ich bin überzeugt, wäre das der Fall, und wäre König Leopold nicht so lange Zeit in England gewesen, hätte er dort nicht das innere Triebwerk des wahren Constitutionalismus gesehen, die Entwickelung in Belgien, welche auch großen Anfechtungen von Seiten der Anpreiser der Regierungsmacht ausgesetzt gewesen ist, würde nicht so glücklich gewesen sein. (Stimmen auf der Linken: Sehr gut!) In Bezug auf die Befürchtungen für die Freiheit hat der geehrte Herr Berichterstatter am vorigen Sonnabend geäußert, daß, wenn das deutsche Volk sich unter einem solchen Oberhaupte die Freiheit nehmen lasse, es der Freiheit nicht würdig sei. Meine Herren! Das ist ein hartes Wort, aber ich glaube selbst nicht in der Anschauungsweise des geehrten Berichterstatters gerechtfertigt, denn gerade Herr Beseler hat diese Versammlung oft gewarnt, die Dosis der Freiheit nicht zu stark zu geben. Nun, meine Herren, gibt es nicht auch eine zu starke Dosis der Macht, besonders für das deutsche Volk, welches kaum erst der Unterdrückung sich entwindet, (Stimmen auf der Linken: Sehr wahr!) und ist die Erblichkeit nicht die stärkste Dosis, die man einem Volke zumuthen kann? (Bravo auf der Linken.) Meine Herren! Ich will nicht die Gründe weiter entwickeln, welche gegen ein erbliches Kaiserthum sprechen, ich will nicht zeigen, daß das Erbkaiserthum dem Begriffe eines Bundesstaates, eines aus gleichberechtigten Gliedern bestehenden Bundesstaates schnurstracks zuwiderläuft; ich will nicht darlegen, wie man dabei nur die Absicht haben kann, den Bundesstaat in einen Einheitsstaat umzuschaffen, und wie man den einzelnen Monarchien die Schwindsucht bereitet, bei welcher das Volk selbst Schaden an Leib und Seele leiden kann. Ich kann überhaupt diese Kaiserwürde nur als ein Erzeugniß einer fieberhaften Aufregung betrachten, (Stimmen auf der Linken: Hört! — Unruhe auf der Rechten) welche dadurch entstanden ist, daß das Gefühl der früheren politischen Ohnmacht, in welcher Deutschland gelegen hat, plötzlich durch den großen revolutionären Aufschwung überkraftet worden ist. — Meine Herren, ich sehe in der Wahl allein die zweckmäßigste Anbahnung der neuen freiheitlichen Ordnung und die Bedingung der Eintracht, der Ruhe, des Friedens in Deutschland. Ich will hier nicht die Einwendungen widerlegen, welche gewöhnlich dagegen gemacht werden. Herr Waitz hat schon in der schriftlichen Begründung seines Minoritätserachtens gezeigt, wie diese Einwendungen einer alten politischen Ordnung entnommen sind, welche von der neuen, die wir schaffen wollen, gänzlich verschieden ist. Aber was mich hauptsächlich für die Wahl bestimmt, liegt darin, daß dieses Princip allein diejenige Elasticität, diejenige Biegsamkeit hat, deren wir bei unsern Zuständen durchaus noch bedürfen. Meine Herren, bei unbefangener Auffassung unserer politischen und nationalen Verhältnisse habe ich nicht die Ueberzeugung gewinnen können, daß wir jetzt schon eine definitive, die Zukunft mit Beschlag belegende Verfassung schaffen können; ich glaube, wir müssen die Zukunft offen lassen, Eventualitäten Raum geben, die sich aus unsern Zuständen entwickeln können (Stimmen auf der Linken: Sehr gut), und wenn nach einer sechsjährigen Regierung, mit einem Fürsten an der Spitze, Volk und Parlament hinreichende Erfahrungen gemacht haben werden, dann wird sich klar herausstellen, in welcher Form und Weise das Oberhaupt am besten zu bestellen sei; dann wird auch deutlicher werden, ob das Oberhaupt vielleicht auf längere Zeit bestellt werden könne, oder, wenn es dann die Nation wirklich wollte, selbst erblich; aber dann würde ein Beschluß gefaßt, nicht in einem Uebermaße des schon so oft getäuschten Vertrauens, sondern die Nation könnte nach deutlicher Einsicht die Leitung ihrer Geschicke in die besten Hände niederlegen. Meine Herren, ich achte stets den klar ausgesprochenen Willen einer Nation. Man sagt, des Menschen Wille ist sein Himmelreich — freilich auch oft seine Hölle — so ist es auch mit dem Willen einer Nation. Die Nation kann irren; aber es ist oft nothwendig, daß sie eine Schule selbstgemachter Erfahrungen durchgehe. Jetzt spricht sich offenbar ein Theil der Nation besonders im Norden dahin aus, daß Preußen an die Spitze gestellt werde, und ich würde selbst eventuell dafür stimmen; ein andrer Theil hat aber ebenfalls entschiedene Antipathien dagegen geäußert; nun glaube ich aber ist es die Aufgabe der Vertreter der gesammten deutschen Nation, hier nicht in schroffer Form die beiden Theile noch mehr zu trennen, sondern es ist ihre Aufgabe, durch möglichste Verständigung und Ausgleichung hier nicht die Zwietracht, sondern die Einheit herbeizuführen. Wollte hier jeder Theil auf seiner schroffen ausschließlichen Ansicht bestehen, so könnte hier nimmer die Einigung herbeigeführt werden. Aus diesem Grunde glaube ich auch, daß es für diejenigen, welche für die Erblichkeit sich aussprechen wollen, eine nationale Pflicht ist, hier von diesem schroffen Principe abzugehen, sich für die Wahl zu entscheiden und das Uebrige weiterer Entwickelung zu überlassen. Dieses sind, meine Herren, die hauptsächlichsten politischen Gründe, welche mich für das Princip der Wahl bestimmt haben. — Aber, meine Herren, die Oberhauptsfrage ist nicht bloß eine politische, sie ist vor Allem eine n a t i o n a l e Frage. Sie kann nur mit Rücksicht auf Oesterreich entschieden werden, und gerade dieser Gesichtspunkt hat mich besonders bei der Stellung des Minoritätserachtens geleitet, und Sie werden mir daher erlauben, daß ich die Hauptpunkte kurz entwickle. Meine Herren, ich habe die Ueberzeugung, daß Oesterreich in den deutschen Bundesstaat eintreten, und doch als Gesammtstaat, freilich nicht als Einheitsstaat, an welchen keine gesunde Politik glauben wird, aber wohl als Föderativstaat bestehen kann. Meine Herren! Wer den Gang der Entwicklung, die Macht der ineinübergreifenden politischen und nationalen Interessen in Oesterreich verfolgt, der sollte wohl zu der Ueberzeugung gelangen, daß der große Völkerproceß, der jetzt in Oesterreich vor sich geht, nicht ein Proceß der Auflösung, sondern ein Proceß der Umbildung und des näheren Aneinanderschmiegens der Völker, der Durchführung gleichartigerer Institutionen ist, und wer hier nach einer einseitigen Nationalitätstheorie den großen österreichischen Körper, der sich noch in seiner ganzen Lebendigkeit fühlt, zerlegen wollte, der sollte wohl billig mit seiner anatomischen Kunst bis zum natürlichen Tode warten, und nicht vorher die auseinandergezerrten Glieder nach allen vier Winden zerstreuen wollen. Meine Herren! Oesterreich ist ein großer Völkerorganismus, in welchem, wenn man Italien ausnimmt, worauf es zum großen Theil für die Zukunft wohl wird verzichten müssen, die verschiedenen Volksstämme nicht bloß äußerlich aneinandergelegt sind, sondern sich einander durchwachsen und sich durchadern. Ebenso wie im menschlichen Körper die Hauptnerven sich in ihren Ausläufen vereinigen in einen Nerven-Complex, so werden auch in Oesterreich der germanische, der slavische, der ungarische Stamm ganz eindegriffen, in ihren Ausläufen verbunden. In diesem Complex bildet der deutsche Stamm den Hauptstamm, und dieser wird seine volle Thätigkeit erst dann entwickeln können, wenn er mit Deutschland auf das innigste unter einer gemeinsamen Verfassung vereinigt ist, und dann kann er überall das Streben nach Vervollkommnung wecken, welches dem germanischen Stamm eigen ist. Aber, meine Herren, deßhalb darf Oesterreich nicht ausscheiden; dieses Ausscheiden würde unvermeidlich die Versetzung des Schwerpunktes nach der slavischen Seite zur Folge haben, und der germanische Stamm würde uns immer mehr entfremdet und vielleicht unwiderbringlich dem Slaventhum überantwortet werden, und die große Mission, welche Herr v. Gagern selbst so glänzend geschildert, und an welche auch ich als an eine wahrhaft providentielle glaube, könnte nicht vollführt werden; denn die Ansicht, nach welcher ein inniges Verhältniß durch eine Unionsacte geschlossen werden sollte, beruht nach meiner Ueberzeugung, bei aller Achtung vor dem staatsmännischen Blick des geehrten Herrn Ministerpräsidenten, auf einer Verkennung der großen Umgestaltung, die in Oesterreich jetzt vor sich geht, und einer irrigen Auffassung der Stellung, in welche nothwendig das germanische Element in dieser freien Bewegung zu den übrigen Stämmen versetzt werden wird. Meine Herren, in einem absoluten Staate, wo, wie früher in Oesterreich, jede politische und nationale Bewegung unterdrückt wird, da können die verschiedenen Volksstämme Jahrhunderte lang ohne Gefahr für ihre Nationalität bestehen; aber wenn einmal eine freie Bewegung sich entwickelt, dann tritt ein Reiben und ein Kampf der Kräfte untereinander ein; aber dann kommt auch das dynamische Gesetz zur Anwendung, nach welchem die stärkere Kraft die schwächere besiegt und beherrscht, und wenn man von Gleichberechtigung der Nationen spricht, so verhält es sich mit diesem Princip wie mit dem der Gleichheit vor dem Gesetze, welche auch die materielle und geistige Ueberlegenheit und deren Folgen nicht ausschließt, und es verhält sich damit wie mit dem Princip der freien Concurrenz, welches auch die industriellen Kräfte weckt, aber wodurch das materielle und geistige Capital ein Uebergewicht über das schwächere nothwendig erhält. Gerade je größer und stärker jetzt die nationale Bewegung der übrigen besonders slavischen Stämme in Oesterreich ist, um so inniger muß jetzt Deutsch-Oesterreich mit dem Gesammtvaterlande verbunden bleiben, um hier die Stütze, den nothwendigen Rückhalt zu finden. Es ist daher eine große Illusion, zu glauben, daß selbst das staatenbundliche Verhältniß, wie es früher bestand, ausreiche. Wird Deutsch-Oesterreich aus dem Bundesstaate ausgeschieden, so wird es unvermeidlich dem slavischen und magyarischen Stamme überliefert werden. Und, meine Herren, erlauben Sie mir hinzuzufügen: die Gefahr des Unterliegens wird durch eine Eigenthümlichkeit des deutschen Charakters vergrößert; der deutsche Charakter hat eine große Elasticität oder Biegsamkeit, aber leider beugt er sich auch zu sehr der Uebermacht sowohl im Innern als nach Außen, und Jeder, der längere Zeit in der Fremde gelebt hat, wird, wenn er deutschen Sinn bewahrt, mit Schmerz die Wahrnehmung gemacht haben, wie leicht der Deutsche sich französirt und anglisirt, wie selbst die Kinder von deutschen Eltern nicht mehr ihre Muttersprache verstehen. Nun, meine Herren, wird Oesterreich von uns ausgeschieden, zieht Deutschland aus, so zieht Rußland ein, und Oesterreich wird unvermeidlich dem russischen Einflusse zur Beute gegeben werden; und anstatt, daß der germanische Stamm eine große Mission nach Osten vollführte, könnte der slavische Stamm durch Rußland eine ganz andere Mission nach Westen vollführen und Deutschland noch von einer anderen Seite bedrohen; daher, meine Herren, sollen in dem Osten, wo so viele kleine slavische Stämme auf eine so merkwürdige Weise sich von Rußland abneigen und nach dem deutschen Wien ihre Blicke richten, wo ein germanischer Vorposten in Siebenbürgen so weit vorgeschoben ist, den die große deutsche Nation vielleicht in glücklichem, freilich nur nach Jahrhunderten zu bemessenden, Marsche einholen kann, sollen in diesen Donauländern unsere großen materiellen und politischen Culturinteressen gewahrt werden, so muß Oesterreich auf das Innigste mit uns verbunden werden, damit die deutsche Strömung fortwährend hinüber geleitet werden könne, aber es muß volklich und staatlich mit uns verbunden bleiben, Deutsch-Oesterreich muß stets im Parlamente vertreten sein, denn die Abgeordneten bilden gewissermaßen die Nerven, die geistigen politischen Fäden, wodurch die verschiedenen deutschen Stämme mit einander zusammengehalten werden. (Zustimmung auf der Linken.) Meine Herren, ich glaube nun, Deutsch-Oesterreich kann und wird in den Bundesstaat eintreten, es muß nur dieses wichtige und allerdings schwierige Verhältniß nicht durch abgränzende Bestimmungen, sondern durch überleitende Modificationen geordnet werden, es müssen für Oesterreich einzelne Ausnahmen in Bezug auf das Heerwesen, die Verwendung des Heeres und das Gesandtschaftswesen eintreten, und diese Ausnahmen zerstören durchaus nicht den Bundesstaat, sie sind nur nicht ganz verträglich mit der sehr schroffen Form, welche man hier hat aufstellen wollen, oder mit dem Zwitterding zwischen dem Bundesstaat und dem Einheitsstaate, den man schaffen will. (Zustimmung auf der Linken.) Meine Herren, ich habe mich auch sorgfältig mit dieser Frage beschäftigt, und bin zu demselben Resultate gekommen, welches mehrere Oesterreicher, die Herren Fritsch, Unterrichter und v. Somaruga ausgesprochen haben, und in dieser Hinsicht kann ich die Ansicht des geehrten Herrn Ministerpräsidenten nicht theilen, daß jeder Oesterreicher eine andere Ansicht habe; ich habe im Gegentheil gefunden, daß diese Oesterreicher in den Hauptpunkten miteinander übereinstimmen. (Stimmen auf der Linken: Sehr gut!) Meine Herren! Oesterreich kann und wird auf diese Weise in den Bundesstaat eintreten, aber es ist zugleich erforderlich, daß es nicht von vorneherein in der Oberhauptsfrage auf eine schroffe Weise verletzt werde, es muß ihm wenigstens die Aussicht bleiben, selbst einmal an die Spitze zu kommen, wenn einmal seine inneren Verhältnisse wieder geordnet sind. Es ist deßwegen erforderlich, daß wir eine kurze, und zwar mit der Periode des Staatenhauses übereinstimmende Zeit von sechs Jahren bestimmen. Freilich legt auch das dynastische Interesse Schwierigkeiten in den

Weg, das Haus Oesterreich will nicht Deutsch-Oesterreich einem Erbkaiserthum unterwerfen, weil es glaubt, damit Land und Leute an Preußen abzutreten, aber in Preußen und bei vielen Preußisch-Gesinnten herrscht dieselbe Ansicht des Patrimonialstaates, indem man dem Hause Oesterreich in seinem Rechte, seinem Eigenthume keinen Abbruch thun will und deßwegen auf die Ausscheidung Oesterreichs dringt. Diese Ansicht hat freilich an sich keine Berechtigung, aber soll sie einmal berücksichtigt werden, so will ich sie lieber berücksichtigen, auf daß Oesterreich bleibe, als daß es ausgeschieden werde. Und, meine Herren, Oesterreich kann eintreten, wenn man auf eine schonende Weise dieses für Deutschland so bedeutungsvolle Verhältniß ordnet. Ist einmal Deutsch-Oesterreich mit uns während sechs Jahre unter einer gemeinsamen Verfassung, unter gemeinsamem Parlament verbunden, hat es die Wohlthaten davon erfahren, dann wird die Attractionskraft zu Deutschland so stark sein, daß selbst an der Spitze, wenn es nothwendig ist, ein schwereres Gewicht ertragen werden könnte. Auf diese Weise kann das Verbleiben Oesterreichs im Bundesstaate bei schonender Berücksichtigung der Verhältnisse geordnet werden, während bei der Ueberstürzung, durch die Schaffung eines Erbkaiserthums Alles auf das Spiel gesetzt, der Saame der Zwietracht in Deutschland ausgestreut, Ruhe und Friede überall bedroht wird; verfährt man im Gegentheil politisch mit wahrer staatsmännischer Umsicht, so kann eine der größten, ich möchte sagen erhabensten Aufgaben gelöst werden, die je einer Nation gestellt worden sind, es kann eine Verbindung geschaffen werden zwischen zwei großen Staats-Compleren von mehr als 70 Millionen Einwohnern, die wie zwei große Kreise durch 14 Millionen gemeinsamer Angehöriger sich decken und in einander greifen und eine gemeinsame Bahn der Entwicklung verfolgen. Es können in der Mitte Europa's zwei große Reiche erstehen, die als ein schöner Doppelstern am europäischen Himmel glänzen und in geordneter Freiheit Licht und Leben weit um sich verbreiten. — Meine Herren, ich schließe mit einer historischen Bemerkung. Auf dem Wiener Congresse ließ Ludwig XVIII durch Talleyrand erklären, daß er den Thron Frankreichs mit Ehren nur dann besteigen, Ruhe im Innern und Frieden nach Außen bewahren könne, wenn der Elsaß, welcher 200 Jahre lang mit Frankreich vereint gewesen sei, mit ihm vereint bleibe, — ich hoffe, daß der deutsche Fürst, welchem man die Würde des Reichsoberhauptes antragen wird, im Angesichte von Deutschland erklären wird, daß die tausendjährige Verbindung Deutsch-Oesterreichs mit Deutschland unversehrt erhalten, und das deutsche Reich nicht zerstückelt werde. (Lebhaftes Bravo und Beifall auf der Linken und im linken Centrum.)

Beda Weber von Meran: Meine Herren! meine Vorredner haben in dieser Angelegenheit de omni re scibili et de quibusdam aliis gesprochen; Sie werden mir daher auch erlauben, daß ich mich des breiteren über diese Frage auslasse, und da muß ich zuvörderst dem Herrn Ministerpräsidenten meinen aufrichtigen Dank öffentlich erstatten, daß er so aufrichtig und ehrlich uns entgegengekommen ist; er hat endlich den Schleier hinweggezogen, wo man uns die Verfassung leise und vorsichtig auf eine Weise eingerichtet hat, daß Oesterreich nothwendigerweise davon ausgeschlossen werden muß. Ich danke dem Ministerpräsidenten für diese Offenheit. Jetzt liegt das Verfassungswerk erst in seiner Klarheit vor uns da, es ist ein trinum perfectum, der regierende Fürst, der erbliche Fürst und der erbliche preußische Kaiser liegen in der Verfassung beschlossen, und das sind die Hauptlebenspunkte, um die sich die Verfassung bewegt, und fast hat es mir scheinen wollen, wir seien nur hier zusammen gekommen, um diesen preußischen Erbkaiser zu machen und unsere übrigen Arbeiten wären ziemlich zwecklos. Ich habe daher an meinen Vorrednern vorzüglich die Gründe geprüft, welche sie vorbrachten, um den preußischen Erbkaiser Oesterreich gegenüber zu begründen, und da muß ich sagen, ich habe nicht viel mehr daraus gelernt, als daß man Oesterreich gerade deßhalb nicht in Deutschland haben will, weil man eben einen preußischen Erbkaiser will. Sie werden es mir daher nicht übel nehmen, wenn ich besonders auf die Rede des Herrn Unterstaatssecretärs Bassermann eingehe, denn er ist ja der getreue Eckart vor dem Venusberge der ministeriellen Zukunft. (Große Heiterkeit und lebhafter Beifall auf der Linken.) Der Herr Ministerpräsident hat Herrn Bassermann als Freund scharf und ausdrücklich betont. Seine Rede ist gestern oder vorgestern öffentlich zu unserer Beherzigung in die Häuser geschickt worden, (Heiterkeit und lebhafter Beifall auf der Linken) und ich habe folglich das Recht, seine Rede einer Kritik zu unterziehen. Herr Bassermann beruft sich, um einen preußischen Erbkaiser möglich zu machen, auf die Sympathien des Volks, welche in Süddeutschland für denselben herrschen sollen. Es war mir lieb, daß Herr Bassermann, den die Sympathien des Volks großgezogen und zum Unterstaatssecretär gemacht haben, sich auf die Sympathien des Volks beruft. Aber einen Beweis hat er dafür nicht geliefert. Er beruft sich auf die Sympathien der Fürsten der deutschen kleinen Staaten und beschuldigt uns, wir schöben den deutschen Fürsten ordinäre Motive unter bei ihren Erklärungen für Preußen. Und da muß ich aufrichtig gestehen, in der Geschichte der kleinen deutschen Staaten habe ich nicht gefunden, daß die Sympathien des Volks bisher mit denen der Fürsten gegangen sind, und gerade, weil die Sympathien der Fürsten in den kleinen Staaten Deutschlands für den preußischen Erbkaiser sind, werden die Sympathien des Volks nicht dafür sprechen. (Bravo auf der Linken und dem Centrum.) Das war hier bisher der Gang der Sympathien in deutschen Sachen, und ich glaube nicht, daß er bei dieser Frage eine Aenderung erleiden wird. Herr Bassermann hat sich zweitens berufen auf die vielen Adressen der Vereine, welche uns aus allen Gegenden zugekommen zu Gunsten des preußischen Erbkaisers. Ich weiß wirklich nicht recht, wie Herr Bassermann jetzt dazu kommt, sich auf diese Adressen zu berufen; denn Sie erinnern sich noch der Rede, die er hier gehalten hat vor nicht gar langer Zeit. Damals hat er den Adressen gegen die Verlegung der Nationalversammlung von Berlin nach Brandenburg und gegen die Vorzeichen der Octroyirung der Verfassung nicht viel Autorität beigelegt. (Heiterkeit und Bravo auf der Linken.) Warum stellt er diesen Ausdruck der Vereine jetzt als einen Hauptbeweis hin für Preußens Erblichkeit im Besitz der deutschen Kaiserkrone? Ich finde darin keinen Zusammenhang mit seinen früheren Grundsätzen. Herr Bassermann hat uns mit seinem Freunde Herrn Beseler schon oft gesagt, wir müssen jetzt etwas Großes machen. Meine Herren, wir sind daran, etwas sehr Kleines zu machen. (Bravo auf der Linken.) Der Einheitsstaat ist viel zu klein, das deutsche Oesterreich kommt ja nicht hinein, das halbe Deutschland soll es sein. (Stürmischer Beifall auf der Linken und auf andern Seiten.) Unsere Devise aber ist: Das ganze Deutschland muß es sein! Und daher stimme ich gegen den preußischen Erbkaiser. (Bravo auf der Linken und im Centrum.) Ich gestehe aufrichtig: warum der Herr Ministerpräsident und Herr Bassermann selbst für dieses Klein-Deutschland so sehr eingenommen sind, haben sie nach meiner Meinung in der Kleinstaaterei ihrer Jugend und ihres Lebens gelernt. (Bravo und Heiterkeit auf der Linken.) Denn dieses Kleindeutschland, für das man uns jetzt begeistern will, was ist es eigentlich Anderes, als eine Pridomäne der Nord- und Ostseestädte und des Freihandels von Hamburg, wenn es wirklich zu Stande kommt? Denn der Süden, der Osten und Westen desselben ist dann von Staaten umgeben, die, wenn sie auch nur neutral bleiben, für Kleindeutschland sehr gefährlich werden können; der einzige Zug des deutschen Lebens geht in diesem Falle nach Norden, und ob Oesterreich unter den ihm gewährten Bedingungen den Zug umwenden wird und kann auf eigene Kosten, nachdem das Gefühl der Verschmähung im Herzen brennt, ist mir wenigstens sehr zweifelhaft. Noch etwas Anderes hat mich in der Rede des Herrn Bassermann gewaltig angesprochen. Er hat nämlich die linke Seite dieses Hauses verdächtigt — ich sage nicht absichtlich, aber auf meinem Sitze hat es mir wenigstens so geklungen — er hat der linken Seite vorgeworfen, sie suche hier aus allen Kräften zu verhindern, daß die deutsche Einheit zu Stande komme. Meine Herren, er hätte sagen sollen, daß eine preußische Einheit herauskomme. (Lebhafter Beifall auf der Linken.) Und dieser Ton ist mir bloß deßwegen sehr merkwürdig, weil er in gleicher Art gepfiffen hat durch die Zeitungen von Frankfurt, und Herr Bassermann hat von den Artikeln dieser Frankfurter Zeitungen nichts gelernt, aber die Artikel könnten von ihm und seinen Paladinen gelernt haben. Ich weise diese Verdächtigung nicht bloß von der Linken, sondern von hundert Männern, die fest und unabhängig stehen in der Stunde der Versuchung, wo Andere abgefallen sind, von Männern, die sonst allezeit einen andern Weg, als die Linke, gehen, im Namen meines Volkes feierlich zurück. (Lebhafter Beifall auf der Linken.) Es hat weiter geheißen: Der preußische Kaiser sei bloß deßwegen so nothwendig für uns, oder, wie gestern die Zeitung gesagt, eine politische Nothwendigkeit, weil die österreichische Monarchie ohnehin zerfallen müsse; sie könne sich nicht als Gesammtmonarchie constituiren. So heißt es ungefähr in der Rede des Herrn Unterstaatssecretär Bassermann. Aber wenn der scharfbetonte Freund des Herrn Ministerpräsidenten, der mit Oesterreich unterhandeln will, diese Hoffnung ausspricht, so frage ich Sie, ob er damit bei Oesterreich guten Eindruck machen kann, da der erste Ausspruch dieser Art wie ein brennender Hauch durch Oesterreich ging, und die größte Indignation erweckte. Das zweite Aussprechen dieser Hoffnung wird dieselbe Wirkung machen, und die Unterhandlungen mit Oesterreich nicht befördern. Es machte auf mich einen peinlichen Eindruck, daß das Gesicht des Ministerpräsidenten bei dieser Stelle der Bassermann'schen Rede so ruhig und heiter geblieben ist. (Stimmen auf der Rechten: Ah! ah! Lebhafter Beifall auf der Linken.)

Präsident: Wollen die Herren nicht Ihre Plätze einnehmen.

Beda Weber: Freilich hat Herr Bassermann ein großes Thor offen gelassen, durch welches die Oesterreicher eingehen können, einmal in gesegneten Zeiten, wenn es Kleindeutschland gefällig sein wird. Meine Herren! Ob Oesterreich eingehen wird durch dieses Thor, durch dieses Bassermann'sche Thor (Heiterkeit in der Versammlung), bezweifle ich. Ich gestehe aufrichtig, ich wünsche es sehr, daß Oesterreich zur Vereinigung mit Deutschland durch dieses Thor eingehe; aber ich glaube nicht, daß es eingehen wird. Es wird sich bald zeigen in Kleindeutschland, daß sich die außerordentlichen Hoffnungen, die Ihnen auf Seiten der ministeriellen Anträge und von Seiten des Verfassungsausschusses gestellt worden sind, nicht alle erfüllen werden, und das Bassermann'sche Thor möchte leicht die Aufschrift bekommen: Per me si va alla citta dolente, per me si va alla perduta gente! (Stimmen: Deutsch! Heiterkeit und Bravo auf der Linken.) Oesterreich könnte keine Lust haben, alle Folgen zu übernehmen, in die sich Kleindeutschland durch sein Ausscheiden von Oesterreich verwickeln wird. Dann hat Herr Unterstaatssecretär Bassermann dabei Etwas übersehen — Dichtern kann das wohl begegnen mit ihrer beweglichen Phantasie, aber Staatsmänner sollten es nicht — durch dieses von Herrn Bassermann offen gelassene Thor könnte leicht Kleindeutschland herausgehen und sich mit seinen österreichischen Brüdern vereinigen trotz des Verfassungsausschusses, und dann wäre alle Vermittlung des Ministeriums überflüssig. (Große Heiterkeit und Bravo auf der Linken.) Um uns weiter das preußische Erbkaiserthum annehmbar zu machen, hat uns auch Herr Dahlmann in der bekannten Neujahrsgabe einen neuen Grund gebracht, um uns durch die Franzosenfurcht in dasselbe hineinzuschrecken, oder eigentlich uns Oesterreicher herauszuschrecken aus Deutschland; er meint, vorzüglich deßwegen müsse das preußische Erbkaiserthum an die Spitze von Deutschland treten, um den Franzosen am Rheine zu begegnen. Darüber wundere ich mich sehr, denn Sie werden sich, meine Herren, erinnern, daß der Herr Professor Dahlmann bei der schleswig-holstein'schen Frage die vereinigten Drohungen der Franzosen, der Russen, der Dänen, der Engländer und Schweden nicht gefürchtet und eine Ministerkrisis herbeigeführt hat, die uns viel Zeit, aber auch viel von unserem Ruhme genommen hat. (Bravo auf der Linken.) Diese jetzige Furcht widerspricht seinem ehemaligen Muthe, denn das dürfen wir uns nicht verhehlen: wenn Oesterreich von Kleindeutschland getrennt, auch nur neutral sich verhält, so steht es mit den deutschen Siegen am Rhein sehr zweifelhaft. Ich habe keinen Zweifel an der preußischen Tapferkeit, ich ehre hoch alle Tapferkeit deutscher Männer, aber die deutsche Tapferkeit wird nur siegen, wenn alle Deutsche vereint ausziehen, und nur so ist es möglich, alle unsere Feinde zu Schanden zu machen. (Stimmen auf der Rechten: Der siebenjährige Krieg!) Man wird zwar keine Niederlagen erleiden, wie in den Schlachten von Jena und Auerstädt, aber auch keine Schlacht schlagen, wie die von Leipzig. (Lebhafter Beifall auf der Linken.) — Ein weiterer Lobredner des erblichen preußischen Kaisers ist auch unser ehrenwerther Freund und Nachbar, Herr Professor Stahl aus Würzburg, (Zuruf: Aus Erlangen!) oder ja, aus Erlangen; und es ist mir außerordentlich unangenehm, daß dieser Herr Professor auch Tyrol auf eine Weise berührt hat, die mich tief geschmerzt hat. Ich muß den Herrn Präsidenten ersuchen, daß er mir erlaubt, die betreffende Stelle aus dem stenographischen Berichte vorzulesen, denn ich habe wirklich — meinen eigenen Augen nicht getraut, als ich diese Stelle in seiner Rede las — da ich unglücklicherweise bei derselben in der Versammlung nicht gegenwärtig war. — In dieser Rede des Herrn Professor Stahl heißt es: „Man (die Ultramontanen) sagt nicht, daß Oesterreich im Jahre 1847 die Getreideeinfuhr nach Tyrol nicht gelitten hat, und daß es lieber das Leben seiner Tyroler dem größten Elend überlassen hat; daß es unbarmherziger gewesen, als die Zollwächter, die manchen armen Tyroler mit einem Sack Getreide hinübermarschiren ließen, um sie nicht verhungern zu lassen." Das sind Ausdrücke des Herrn Professors, der sich zur Bethätigung seiner Kenntnisse von Bayern und Tyrol auf sein bayerisches Blut beruft, aber bayerisches Blut und seine Geburt in München haben ihn dießmal schlecht inspirirt. (Lebhafter, anhaltender Beifall auf mehreren Seiten.) Meine Herren! Die Thatsache ist folgende: Oesterreich verbot die Getreideausfuhr aus Böhmen, weil dort große Noth herrschte, vielleicht war es eine verfehlte Maßregel, — indessen, das kümmert mich wenig — Bayern antwortete darauf mit dem Verbote aller Einfuhr von irgend welchem Getreide in die österreichischen Staaten. Wenn also auf irgend Jemand eine Schuld fällt, so möchte sie auf Bayern fallen,

(Bewegung) wenigstens war die Maßregel, die man in Bayern aussprach, nicht adäquat. Wenn man ferner sagt: Oesterreich habe die Einfuhr verboten, der Herr Professor Stahl sagt so, so ist das eine offenbare Unwahrheit und ein großer Widersinn, und wer über Tyrol reden will, muß sich durch solche Unwahrheiten, durch Verdrehung offenkundiger Thatsachen nicht selbst lächerlich machen. Und wie konnten wir uns das Getreide, das wir brauchen, selbst verbieten? auch hat unsere Regierung nie dergleichen unsinnige Verordnungen gegeben. Es ist schon öfter der Fall vorgekommen, meine Herren, daß von dieser Seite (links deutend) über Tyrol gesprochen worden ist auf eine Art und Weise, die mich und mein Volk tief verletzten. Es haben dieß die Herren Vogt und Giskra gethan, aber ich habe diesen Männern nie geantwortet, denn ich betrachte sie als begeisterte Seelen, denen man nicht alle Ausdrücke übel nehmen muß im Flusse der begeisterten Rede (Große anhaltende Heiterkeit auf allen Seiten), aber der nüchterne Professor von Erlangen soll sich besser in Acht nehmen, wenn er über Tyrol reden will. Besonders aber und am meisten sonderbar ist es mit vorgekommen, daß derselbe sich auf die barmherzigen Zollwächter beruft; meine Herren, lassen wir diese Zollwächter, sonst möchte man an die barmherzigen Schwestern im Don Quixotte des Cervantes denken, die alle gutmüthig sind, wie Ihnen sattsam bekannt ist! (Große Heiterkeit in der Versammlung.) Und hier, meine Herren, werden Sie es mir nicht übel nehmen, wenn ich einen Handschuh aufnehme, der uns seit vielen Tagen in diesem Hause von der ministeriellen Partei und auch in den Zeitungen vor die Füße geworfen worden ist. Es ist dieß die confessionelle Frage. Noch gestern hat eine Zeitung ausgesprochen, daß der Ultramontanismus die confessionelle Frage zu der seinigen gemacht habe. Ich muß dagegen feierlich protestiren, ich und meine Freunde verschmähen es, auf das confessionelle Gebiet zu treten. Deutschland hat Land und Leute genug durch den confessionellen Hader verloren — es ist Zeit, einmal damit aufzuhören. (Vielseitiges Bravo.) Und wenn ich mich nun aussprechen soll, so spreche ich meinen innersten Herzensgedanken weiter dahin aus: die katholischen Deutschen rechnen weder auf einen katholischen Kaiser von Oesterreich, noch auf einen protestantischen Kaiser von Berlin, sie wurzeln jetzt im freien Volksthume, und was Anderen erlaubt ist, nehmen sie auch in Anspruch. (Lebhaftes Bravo auf der Linken. — Stimmen auf der Rechten: Ganz recht; das wollen wir ja auch!) Religion und Kirche brauchen den Dynastien nicht mehr zu dienen als Mittel, die ich nicht weiter bezeichnen will. Denn die Logik des verehrten Mitgliedes von Leipzig, des Herrn Biedermann, ist doch eine ganz wunderbare, die er vorgebracht hat! Er sagte nämlich: „Die Protestanten können sich dem katholischen Kaiser und die Katholiken können sich dem protestantischen Kaiser nicht unterwerfen, also" — so schließt der Herr Professor Biedermann — „müssen wir preußisch werden, nicht österreichisch." (Große Heiterkeit auf der Linken und dem Centrum.) Das scheint mir nicht logisch. Der Rath des Herrn General v. Radowitz ist wohl der beste, der da sagt: Wir sollten uns über die Parteien stellen; und es geziemt dieß zu thun auch Niemand besser als den Katholiken in Deutschland. Die Katholiken in Deutschland haben auch keinen Drang, irgend etwas den Protestanten zu verkümmern, wie auch nicht die Protestanten irgend etwas den Katholiken verkümmern dürfen. (Bravo auf mehreren Seiten.) Ich erinnere Sie hier an ein Beispiel: es gibt im Süden Wassermädchen, die 2 Eimer, den einen vorne, den anderen hinten an einer schwankenden Stange auf den Schultern tragen, aber die Arme helfen nichts dabei, denn sie stemmen dieselben ziemlich in die Seite, und so gehen sie des Weges und verschütten weder vom protestantischen, noch vom katholischen Eimer etwas. (Lebhafter Beifall und Heiterkeit auf allen Seiten.) Und wenn Sie wissen wollen, wer dieses Wassermädchen ist: die deutsche Volkssouveränetät ist es! (Große Heiterkeit und lebhaftes Bravo auf der Linken.) Die wird uns beistehen, daß wir Alle friedlich nebeneinander leben können, und uns einander nichts verkümmern lassen. Das aber muß ich aufrichtig sagen und der Herr Unterstaatssecretär Bassermann wird es auch nicht übel nehmen: wenn für zukünftige Fälle die Katholiken sich einmal bei den Protestanten Raths erholen werden, so ist Bassermann gewiß nicht der erste. (Heiterkeit auf der Linken.) Zuletzt noch ein Wort gegen die Welt voll Teufel, mit welcher uns Herr Professor Beseler in das preußische Kaiserthum hinein zu scheuchen versucht hat. Dem Herrn Professor von Greifswald ist es Ernst gewesen mit der Sache, und deßhalb hat er ein Kirchenlied angestimmt, und da Herr Giskra mir einstens die Kunstfertigkeit zugeschrieben hat, Teufel auszutreiben, so hätte ich große Lust, davon Gebrauch zu machen und sie heute aus diesem Hause zu vertreiben. (Große Heiterkeit auf allen Seiten. Anhaltender lebhafter Beifall auf der Linken.) Diese Welt voll Teufel des Herrn Professor von Greifswald sind aber nur diejenigen Männer, welche nicht preußisch werden wollen (Bravo auf der Linken, Stimmen daselbst: Sehr gut!), diejenigen, welche gegen das preußische Erbkaiserthum stimmen (Beistimmung auf der Linken), und diese, meine Herren, sind jetzt vielleicht in kleiner Minderheit, sie werden aber einst, ich hoffe es zu Gott, in der Majorität sein, und dann wird ihnen der Wille des deutschen Volkes unbedingt entgegen kommen, welcher nicht aussondern will, sondern sich Alles assimiliren, und allen Nationen, die uns angreifen wollen, die Spitze bieten Dann werden wir kampfbereit darunter sein, denn die Zeit geht schnell, und dann können, dann werden wir singen: „Und wenn die Welt voll Professoren wäre, ein einiges, großes, ein ganzes Deutschland muß es sein!" (Große Heiterkeit, stürmischer, anhaltender Beifall auf der Linken, dem Centrum und der Gallerie.) Ich rathe Ihnen daher von meinem Standpunkte aus, daß Sie sich vor einem preußischen Erbkaiser sorgfältig hüten. Ich würde, wenn es für den gegenwärtigen Augenblick möglich wäre, — das verhehle ich nicht — für einen österreichischen Erbkaiser stimmen; (Auf der Rechten: Ah so!) da dieß aber vor der Hand unmöglich ist, so will ich dessenungeachtet keinen preußischen Erbkaiser, ich will vielmehr einen, den das ganze Deutschland dazu macht, einen Kaiser der Urwahl, und wenn das nicht möglich, dann will ich einen Präsidenten! (Bewegung auf der Rechten. Lebhafter Beifall auf der Linken und im linken Centrum.)

Präsident: Meine Herren! Ich glaube, ich sollte jetzt einen der Redner, welche auf der Seite „für" eingeschrieben sind, sprechen lassen, da wir soeben zwei Redner „gegen" nacheinander gehört haben. (Von allen Seiten Beistimmung.) Herr Rümelin! Ich bitte die Herren wiederholt, ihre Plätze einnehmen zu wollen.

Rümelin von Nürtingen: Meine Herren! Ich bekenne mich offen zu denjenigen, welche den Eintritt Oesterreichs in den deutschen Bundesstaat, wie wir ihn nöthig haben, für unmöglich, welche die Lösung unserer Aufgabe nur in der Gründung von zwei selbstständig neben einander stehenden, durch Sympathien, Interessen und unauflösliche Verträge an einander gebundene Bundesstaaten für erreichbar halten. Ich will in dem engeren deutschen Bundesstaate, den wir hier zu gründen berufen sind, den König von Preußen als erblichen König der Deutschen. Die allgemeinen politischen Gründe für diese Ansicht hier zu entwickeln, unterlasse ich, ich will dieses einflußreicheren und beredteren Stimmen dieses Hauses überlassen, die es nach mir thun werden oder vor mir gethan haben. Ich habe in dieser Frage nur das Wort erbeten, weil ich einer von den wenigen Süddeutschen bin, welche entschieden auf dieser Seite stehen, und weil ich wünschte, daß auch aus meinem engeren Vaterlande ein Zeugniß dafür abgelegt würde, daß es auch dort nicht an solchen fehlt, die sich in das Unvermeidliche fügen, die bereit sind, mancherlei Sympathien und Interessen um den Preis eines großen Vaterlandes hinzugeben. (Bravo auf der Rechten.) Ich bedauere, daß es einem andern Manne aus meinem Vaterlande nicht gegönnt ist, dieses Zeugniß hier abzulegen, daß Paul Pfizer verhindert ist, in diesen Tagen auf dieser Tribüne zu stehen, (Stimmen auf der Rechten: Hört! hört!) und für eine Idee zu sprechen, welche er ein Recht hat, sein Eigenthum zu nennen und worin er schon vor Jahren mit staatsmännischer Voraussicht die künftige Form der deutschen Einigung gefunden hat. (Bravo.) Allein so sehr wir alle ihn hier vermissen, so wünschte ich doch nicht, daß gar keine Stimme aus meiner Heimath in diesem Sinne sich vernehmen ließe. Es ist gegenüber einer bestimmten, so schwierigen Frage, wie die über das Oberhaupt, schwer, von einer öffentlichen Meinung zu sprechen, zumal in einem Lande, wo das politische Urtheil sich selbst noch erst aus einer trüben und verworrenen Gährung herauszuarbeiten hat; ich weiß sehr wohl, daß auch bei uns die demokratischen Vereine gegen jede monarchische Spitze sind, ich weiß und begreife es vollkommen, daß diejenigen Theile von Würtemberg, welche in den letzten Kriegsjahren mit uns verbunden wurden und bis heute noch nicht recht zu einem Ganzen zusammengewachsen sind, theils im Hinblick auf geschichtliche Erinnerungen, theils aus confessionellen Rücksichten nicht für ein preußisches Kaiserthum sein können, ich muthe es ihnen auch nicht im allermindesten zu. Ich gebe ferner zu, daß, wenn es uns gelingen sollte, diesen Plan durchzuführen, er bei uns nicht mit Jubel begrüßt werden dürfte, daß das Volk lange Zeit dazu brauchen würde, ehe es sich hineinfinden könnte; ich muß aber auch die Ueberzeugung aussprechen, daß diese Idee in unserem Lande bei ihrer Ausführung wenigstens nicht auf wesentliche und unübersteigliche Hindernisse stoßen und daß das Urtheil des Volkes vorzüglich von der Stellung abhängen wird, die die Regierung gegenüber dieser Frage einnehmen wird. Die Männer, die an der Spitze unserer Landesverwaltung stehen, genießen ein solches Vertrauen beim Volke, daß es ihnen glauben wird, wenn sie ihnen sagen, dieses Opfer sei ein nothwendiges für die Einheit des Ganzen. Meine Herren! Wir Bewohner des südwestlichen Deutschlands befinden uns dieser Oberhauptsfrage gegenüber in einer eigenthümlichen und peinlichen Stellung. Es hat Niemand, kein deutscher Stamm ein größeres Interesse an der deutschen Einheit, als wir; aber keiner hat auch das so schwer zu empfinden, wenn Deutschland entweder nicht einig, oder kein Ganzes werden wird. Wir Schwaben haben den Fluch der Zerstückelung und Schwäche Deutschlands schwerer getragen, als irgend ein anderes Volk. Wir, deren Herzöge einst des Reiches Fahne trugen und vorangegangen bei den Römerzügen, wir sind im letzten Jahrhundert zu Söldlingen herabgesunken und zu jener verrätherischen Politik genöthigt worden, die dem Glücke des Siegers zu folgen hat, wir haben das zweideutige Lob, auf allen Schlachtfeldern Europa's für oder gegen alle großen Armeen des Festlandes gekämpft zu haben. Es hat uns bei allen diesen Kämpfen niemals an Muth und Tapferkeit gefehlt, aber niemals haben wir für ein Vaterland gekämpft. Und wenn es sich heute wiederholt, wenn heute die Franzosen über den Oberrhein kommen, so haben wir abermals nur die traurige Wahl, ob wir unser Land allen Drangsalen des Kriegs, aller Willkür eines übermüthigen Feindes hingeben, oder ob wir Verräther werden wollen am deutschen Volke. Ich weiß gewiß, daß unser Volk und daß der Fürst, der an der Spitze desselben steht, keinen Augenblick im Zweifel sein wird, welche Wahl sie zu treffen hätten; aber traurig ist es, wenn ein braves und tapferes Volk keine Wahl hat, als eine solche. Das können Sie also glauben, uns ist es Ernst damit, daß es ein starkes Deutschland gebe. Wir sind zu jedem Opfer bereit. Wir treten nicht mit Ansprüchen auf eine selbstständige Stellung, wie unsere östlichen Nachbarn, auf; wir stehen zurück; wir sind die Flehenden, die Hülfe heischen bei den mächtigen Freunden. Allein das ist wahr, wenn man nun dem Süddeutschen sagt, die deutsche Einheit sei ein preußisches Erbkaiserthum, so ist das eine harte Lehre. Wer mag sie hören? Sie können sich darüber nicht wundern; es ist auch für den Vorurtheilslosesten bei uns, gleichsam als wenn man ihn unter ein Sturzbad kalten Wassers stellte. Es benimmt einem Anfangs den Athem, und man braucht einige Zeit, bis man sich daran gewöhnt hat und wohl dabei fühlt. Ich bin daher mit demjenigen, was mein Landsmann M. Mohl vor kurzem in Beziehung auf die Stellung der süddeutschen Staaten zur Oberhauptsfrage gesagt hat, in vielem einverstanden, besonders in dem, was er über die Sympathien und Stimmungen des Volkes gesagt hat. Dagegen bin ich nicht einverstanden, wenn er uns bewiesen hat, daß es so sehr gegen die Interessen dieser süddeutschen Staaten sei, in ein solches deutsches Reich einzutreten. Der erste und größte Grund, den er geltend gemacht hat, sind unsere materiellen Interessen. Ich stehe in dieser Beziehung ganz auf dem Standpunkte eines Süddeutschen, und fühle mich verpflichtet, die Interessen meiner Wähler und meines Landes hierin nach ihrem ganzen Umfange zu wahren. Die Norddeutschen, die Herren vom Freihandelsverein, kennen unser Land nicht. Sie sehen nur die schönen rebenbekränzten Berge und die anmuthigen Thäler, aber sie wissen nicht, daß um diese Berge und in diesen Thälern ein verarmendes Volk wohnt, für das der Boden nicht mehr ausreicht, der es zu ernähren hat. Sie wissen nicht, daß in diesen Thälern viel tausend arbeitslose und fleißige Hände sind, die nichts weiter verlangen, als daß sie wenigstens an den Hemden und Kleidern, die sie auf dem Leibe tragen, den Lohn der Arbeit selber verdienen. Da sprechen Sie von künstlicher unnatürlicher Industrie, die wir auf Kosten Anderer gründen wollen, während wir nur das Natürliche und Nothwendige fordern. Wir wollen nur eine kurze vorübergehende mäßige Nachhülfe, damit unserm Volke neue Erwerbszweige geschaffen werden; wir wollen, wenn einmal die Maschinen viele Gewerbe zu Grunde richten, daß es wenigstens die eigenen Maschinen seien, die dieß thun. Allein so sehr ich in Beziehung auf das Materielle dieser Frage auf süddeutscher Seite stehe, so kann ich doch nicht einsehen, inwiefern hierin ein Grund gegen die Gründung eines starken Deutschlands liegen solle. Man befürchtet, wir Süddeutsche seien in diesem neuen Deutschland in der Minorität. Ich glaube das nicht. Herr Stahl hat uns schon bewiesen, daß es sich hier überhaupt nicht um einen Gegensatz von Nord und Süden handle. Ich glaube vielmehr, daß diejenigen Theile von Deutschland, in welchen eine kräftige Unterstützung der vaterländischen Arbeit ein unabweisbares Bedürfniß geworden ist, auch ohne Oesterreich einen größeren Theil von Deutschland ausmachen, als diejenigen, in welchen es nicht der Fall ist. Allein selbst wenn wir die Majorität haben, so verlange ich nicht, daß diese Frage einfach durch eine Majorität, die sich für das eine Extrem entscheidet, mag auch der andere Theil darüber zu Grunde gehen, abgemacht werde. Es ist eine Sache, wo zwei verschiedene Interessen einander gegenüber stehen und wir haben hier den ersten Beweis zu liefern, daß wir im Stande sind, uns zu verständigen und zu einigen über verschiedene Interessen. Eine solche Verständigung wird erreicht werden, sobald einmal alle Interessen sich hören lassen können, sobald die Fragen nicht im Allgemeinen, sondern im Einzelnen besprochen werden, sobald die Entscheidung nicht mehr vom Zustandekommen eines einstimmigen Beschlusses von einem Dutzend einzelner Regierungen abhängt, sondern von den Beschlüssen eines Reichstags, von den Vertretern der ganzen Nation. Die Frage über die Verhältnisse zu Oesterreich in Beziehung auf Zoll und Handel bleibt jedenfalls eine Sache für sich, die von Unterhandlungen abhängt; mag es nun mit der deutschen Verfassung werden wie es will. Ob wir mit Oesterreich ein Zoll- und Handelsgebiet bilden werden, was ich so sehnlich wünsche, als irgend Jemand, und wann das hängt nicht von der heutigen Abstimmung ab, sondern davon, was die Interessen beider Länder gebieten, denn diese sind mächtiger, als alle politischen Rücksichten des Augenblicks. Wenn ich aber auch zugebe, daß ein Zustandekommen einer solchen Zollunion durch unsere Entscheidung verzögert werden könnte, so kann ich von ein paar Monaten oder Jahren, um welche ein für uns günstiger Handelsvertrag früher oder später in's Leben tritt, die Auferstehung eines starken Deutschlands niemals abhängig machen. Der andere Punkt, in Beziehung auf welchen uns bewiesen werden will, daß es gegen das Interesse der südwestlichen Staaten sei, mit Norddeutschland inniger zusammenhängen, als mit Oesterreich, ist der militärisch-politische. Man sagt uns, bei unserer Lage zwischen Frankreich und Oesterreich sei Oesterreich unser natürlicher Beschützer, wir seien nur dann gesichert, wenn wir mit Oesterreich im innigsten und nächsten Bunde stehen. Ich will Sie hier nicht an die Kriegsgeschichte erinnern und mich nicht auf ein Gebiet verirren, auf dem ich nicht zu Hause bin, allein das scheint mir auf der Hand zu liegen, daß ein Land, dessen Beschützer hundert Stunden hinter ihm liegen, schlecht beschützt ist, daß ein Land schlecht beschützt ist, wenn es nothwendig der Tummelplatz der feindlichen Heere, der Sitz des Krieges sein wird, (Stimmen: Sehr richtig!) und in welcher Weise Oesterreich unser Land ansieht, davon möchte ich aus der jüngsten Zeit noch einen Beweis anführen und an eine alte Sünde des deutschen Bundes erinnern. Man hat von deutschem Geld, nachdem es lange im Kasten gelegen ist, und ich weiß nicht, wem Zinsen getragen hat, nicht eine deutsche Festung an die schwache Grenze Deutschlands, sondern an die Ostgrenze unseres Landes eine bayerische und österreichische Festung gebaut. (Stimmen: Hört!) Man hat unsere Länder dadurch zum Voraus als eine Beute bezeichnet, die man dem vordringenden Feinde hinwirft und überläßt. (Stimmen: Hört!) Wir können nur recht geschützt werden dadurch, daß wir mit einem starken Norddeutschland verbunden sind; wir werden am besten dadurch geschützt sein, daß am mittleren Rheine Norddeutschland eine ebenso starke und drohende Stellung an der schwachen Seite Frankreichs hat, wie Frankreich am Oberrhein gegen die schwachen Seiten von Deutschland; (Stimmen auf der Rechten: Sehr gut!) wir sind viel sicherer, wenn in erster Linie Norddeutschland für uns einzustehen hat, denn der Schutz Oesterreichs bleibt uns unter allen Umständen, weil es im Interesse von Oesterreich liegt, daß kein neuer Rheinbund an seinen Grenzen entstehe. (Stimmen auf der Rechten: Sehr richtig!) Wenn wir mit einem starken Norddeutschland verbunden sind, so wird der Kriegsschauplatz zwischen dem mittleren Rheine und der Maas sein, und ein Krieg zwischen Oesterreich und Frankreich wird entweder in Deutschland gar nicht geführt werden können, oder es wird zugleich ein Krieg gegen Deutschland sein. Dieser Bund macht nicht nur uns sicher, sondern er schützt und stärkt zugleich Oesterreich; Oesterreich ist um Vieles kräftiger, wenn es diese Vorlande nicht mehr zu schützen hat, wenn ein starkes Deutschland zwischen ihm und Frankreich steht, es kann dann um viel so stärker nach anderen Richtungen hin wirken, in welchen es seine geschichtliche Aufgabe hat und in denen es bisher so wenig gethan hat. In Beziehung auf diese zwei wichtigsten Punkte bin ich also mit denjenigen meiner Landsleute nicht einverstanden, welche uns von einem Interesse des südwestlichen Deutschlands gegen eine solche Gestaltung der deutschen Verfassung reden; allein selbst wenn diese Gründe nicht richtig wären, selbst auf die Gefahr aller dieser traurigen Möglichkeiten hin würde ich dennoch sagen, wir wollen lieber auf einem verlassenen, preisgegebenen Vorposten eines deutschen Reiches stehen, wir wollen lieber die Stiefsöhne eines deutschen Vaterlandes sein, als gar kein Vaterland haben. (Bravo auf der rechten und im rechten Centrum.) Herr Welcker hat diesen Ausdruck hart, übertrieben und ungerecht gefunden, wenn man auf der anderen Seite gar nichts sehe; allein ich kann es nicht anders ansehen, und ich möchte Ihnen die Worte wiederholen, die Herr Dahlmann bei anderer Gelegenheit in Beziehung auf verschiedene Anträge über das Suspensivveto gebraucht hat, alle diese Anträge sind gleichviel werth, ich will Niemand zu nahe treten, aber sie sind alle gar nichts werth. (Bravo auf der Rechten.) Es handelt sich bei Allen darum, ob Sie einen Bundesstaat mit zwei Großmächten machen wollen, von denen die eine noch eine Stellung außerhalb Deutschland hat; wenn Sie zwei Großmächte haben, so haben Sie auch 30 kleine Staaten, das hängt aufs Innigste zusammen. (Stimmen auf der Rechten: Sehr gut.) Die beiden Großmächte werden entweder mit einander gehen und auf die kleinen drücken, und sie werden dieß besonders dann thun, wenn es sich darum handelt, die politische Entwickelung zu retardiren, oder sie werden nicht zusammengehen (und das wird in allen großen politischen Fragen sein), dann werden sie sich gegenseitig neutralisiren und gegen einander intriguiren, und die Folge wird sein, daß es weder vor unserem Volke, noch in den Augen des Auslandes ein großes Deutschland geben wird. (Bravo auf der Rechten und im rechten Centrum.) Dem können Sie nicht entgehen; mag Herr Welcker sagen, was er will, ich kann es nicht anders nennen, als es sind alle die großen Gebrechen des alten Bundestages. (Stimmen auf der Rechten: Sehr richtig.) Man beruft sich auf das Parlament, allein das Parlament kann gegen solche unnatürliche Verhältnisse nicht aufkommen, es wird entweder ganz ohnmächtig oder der Heerd und Tummelplatz aller dieser Intriguen sein, das Parlament wird nichts beschließen können, was entweder Preußen oder Oesterreich nicht will, und dann — Herr Welcker hat es zwar eine Kinderei genannt, wenn man einen Werth darauf legen wolle, daß Oesterreich neben seiner Stellung im deutschen Bunde auch noch Gesandte für Ungarn u. s. w. habe, daß es eine einheitliche, geschlossene Armee halte 2c., allein, meine Herren, eben in diesen Kindereien liegt das Wesen der Sache (Stimmen auf der Rechten: Sehr gut), und wenn in Petersburg, London und Paris neben dem deutschen Gesandten ein Gesandter für Ungarn ist, so wird man wohl wissen, daß hinter diesem Gesandten die 600,000 österreichischen Bajonette stehen. Die Folge würde dann sein, daß Preußen seine europäische Stellung aufgibt, nur eine Stellung in Deutschland hat, und hier seinen gesetzmäßigen Dritteleinfluß ausübt, während Oesterreich innerhalb Deutschland ganz dieselbe Berechtigung mit Preußen, es daneben aber seine europäische Stellung beibehält. Sie mögen über das

Machtgefühl und Machtverhältniß der beiden Staaten urtheilen, wie Sie wollen, in ein solches Verhältniß wird Preußen niemals eintreten, und Niemand, der die Geschichte kennt, wird das erwarten und Preußen zumuthen. (Stimmen auf der Rechten: Sehr gut.) Die Gegner unserer Ansicht sind in Einem sehr stark, nämlich darin, uns die Mängel unseres Planes vorzuführen, sie können das und machen auch redlichen Gebrauch davon, sie können alles Das, was uns das Herz schwer gemacht hat, bis wir zu diesem Entschluß kamen, wieder an uns vorüberführen, sie können die Wunde jeden Tag wieder aufreißen, und ich meinerseits gestehe Ihnen, daß, so oft Sie mir die Worte zurufen: das ganze Deutschland soll es sein, wenn ich auch Alles weiß, was sich gegen diesen Vorwurf einer Theilung sagen läßt, es mich doch jedesmal wieder trifft; Sie können unsere Sache schlecht machen, Eines aber können Sie nicht, Sie sind nicht im Stande, ihr etwas Größeres, etwas gleich Großes, ja sie sind nicht im Stande, ihr nur irgend Etwas entgegenzustellen, was dem Auslande und dem Volke gegenüber einen kleinen Grad von Verständlichkeit, von Lebensfähigkeit hat. (Lebhaftes Bravo auf der Rechten und im rechten Centrum.) Unser Gedanke ist offen und klar, seine Mängel liegen zu Tage, Niemand kann sie verdecken; aber es ist ein klarer, scharf durchschneidender Gedanke, der Einheit und der Macht, und er ist allem dem Halben und Verworrenen, das Sie ihm gegenüberstellen, weit überlegen. Ich gebe nicht zu, daß man das eine Zerstückelung, eine Theilung von Deutschland nennen darf, was gegenüber den früheren Zuständen nur eine noch unvollkommne, nicht für Alle gleichmäßige, aber jedenfalls weit größere Einigung von Deutschland ist. Allein selbst wenn Sie Recht hätten, wenn es eine Verstümmlung von Deutschland wäre, so sage ich Ihnen, ich würde mir lieber einen Arm abhauen lassen und einarmig durch die Welt gehen, als zwei gesunde Arme haben, wovon der eine auch noch einer zweiten Person angewachsen ist, die das gleiche Recht hätte, sich desselben zu bedienen, wie ich. Es ist dieß keine Theilung, keine Trennung. Ich sehe das Verhältniß so an, wie es bei den alten Römern und Griechen war; wenn da ein Theil der Bürger auszog, um eine Colonie zu gründen und die Macht des Mutterlandes zu verstärken, so nahmen sie das Feuer von den Altären der heimischen Tempel mit. Sie blieben auch in der Ferne in dem gemeinsamen Bande der Liebe und der Sprache, der Erinnerungen und Stammverwandtschaft, und diese Colonie, von der hier die Rede ist, meine Herren, sie ist nicht ferne, es liegt kein Ocean dazwischen, sie ist nicht abhängig von uns, sondern ist stark und mächtig wie wir, und es sind alle Bedingungen da, die eine einige, dauernde Verbindung möglich machen. (Bravo auf der Rechten und im rechten Centrum.) Man hat viel von Klein-Deutschland und Groß-Deutschland gesprochen und gesucht, das kleine Deutschland recht klein zu machen. Ich weiß nicht, ich habe nicht gehört, daß man da, woher diese Namen überhaupt kommen, das kleine Griechenland, daß man Athen, Sparta, Corinth und Argos jemals herabgesetzt hätte gegen das große Griechenland in Italien. (Beifall im rechten Centrum.) Sie reizen nur mit Ihrem großen Deutschland und spiegeln uns einen Traum von einem einheitlichen unermeßlichen Coloß von 70 Millionen vor, der zu gründen sei. Ich muß gegenüber von solchen Unmöglichkeiten sagen, mir ist dies Klein-Deutschland, von dem Sie so verächtlich reden, immer noch lieber als gar keines. (Stimmen im rechten Centrum: Sehr gut!) Man sagt ferner, diese Union mit Oesterreich werde nicht zu Stande kommen. Wie man denn denken könne, daß Oesterreich sich werde aus Deutschland herausdrängen lassen; ja man führt uns alle Schrecken des Bürgerkriegs vor, der an einen solchen Beschluß sich hängen werde. Ich kann das nicht glauben und unter den vielen Gründen, aus denen ich denke, daß kein Bürgerkrieg entstehen wird, möchte ich nur einen hervorheben. Das österreichische Ministerium hat in dem Programm von Kremsier eine offene und ehrliche staatsmännische Ansicht ausgesprochen, und wer über den Sinn derselben irgend noch im Zweifel war, den hat gewiß die Note über das Consulatwesen vollends überzeugt. Das Ministerium hat nach der Ankunft des Herrn v. Schmerling eine andere Ansicht über die Sache gewonnen. Ich weiß nicht, was Herr v. Schmerling dem österreichischen Ministerium gesagt und gerathen hat, aber wenn es sich nun herausstellen sollte, daß der Rath, den Herr Schmerling dem Ministerium gegeben hat, doch nicht Stich hält gegen die Ansicht, die das Ministerium bis zum 27. December gehabt, glauben Sie oder haben Sie jemals gehört, daß Jemand deßhalb das Schwert gezogen hat, weil man ihn überzeugt, seine frühere Ansicht sei doch die richtige, und der davon abweichende Rath doch ein irriger gewesen? So hoch man auch die Ansichten des Herrn v. Schmerling stellen mag, einen Bürgerkrieg und eine Theilung Deutschlands in zwei feindliche Lager wird sie nicht veranlassen. Man schreckt uns ferner mit einem Krieg und sagt in demselben Athemzug, wenn Oesterreich von Deutschland getrennt werde, entstehe ein slavisches Reich, was ich nie glaube. Glauben Sie, daß die Slaven darum einen Krieg anfangen würden, um in einen deutschen Bundesstaat aufgenommen zu werden, daß sie das Schwert ziehen, damit Wien aufhöre, der Centralpunkt ihrer Politik zu werden. Eben so groß sind aber die Gründe von unserer Seite, die das Zustandekommen einer solchen Union wahrscheinlich machen. Preußen hat sich geschichtlich im Gegensatz zu Oesterreich entwickelt. Aber das hat gerade dann ein Ende gefunden, wenn es mit dem übrigen Deutschland zusammenwächst und in ihm aufgeht. Deutschland wird kein Preußen sein und wir acht Millionen Süddeutsche sind gerade eine Bürgschaft für Oesterreich, daß keine preußische antiösterreichische Politik in dem neuen Deutschland jemals gelten wird. Schon in Preußen selbst hat das eigentliche Preußenthum kaum eine Mehrheit; wie soll es sie haben im übrigen Deutschland, wo das Gewicht aller kleinen Staaten dazu kommt, die zusammen größer sind, als Preußen selbst. Wenn man ferner sagt, Oesterreich werde dann auf Deutschland keinen Einfluß mehr haben, so muß ich Ihnen gestehen, ich fürchte eher, daß der Einfluß Oesterreichs zu groß als zu klein sein wird. — Was zum Schluß die Erblichkeit betrifft, so möchte ich dafür nur einen Grund anführen, der für mich ein entscheidender ist. Wir wollen einen preußischen Erbkönig darum, weil wir nicht preußisch werden wollen. Wir wollen uns ganz hingeben, aber wir verlangen das Gleiche auch von Preußen. Wir verlangen, daß es seinen staatlichen Organismus als ein fügsames Glied in die deutsche Verfassung einreihe, daß es uns in Berlin nicht als den Doppelgänger eines Reichstags hinstelle, daß es nicht die Stellung und Gliederung einer Großmacht fortbehalte, daß der Unterschied unter den deutschen Staaten kein anderer werde, als der zwischen mittelbaren und unmittelbaren Reichslanden. Diese Forderung können wir aber nur dann stellen, wenn die Verbindung keine zeitliche, sondern eine unauflösliche ist. Wir können nicht erwarten, daß Preußen, wenn es nach sechs Jahren wieder abzutreten hat, seine gesammte Staatsverfassung so lange suspendire. Es muß bleiben, was es ist, und wir kommen aus dem Gegensatz von großen und kleinen Staaten nie heraus, denn, wenn Preußen seine selbstständige Stellung behält, so werden es die Anderen auch ihm. Ein vollkommenes Zusammenwachsen ist nur unter dieser einen Bedingung möglich, von der ich gesprochen habe. Man sagt ferner, man könne für keine Erblichkeit stimmen, so lange das Verhältniß zu Oesterreich im Unklaren sei. Meine Herren, das ist ein fehlerhafter Zirkel in der Logik; ich sage Ihnen, das Verhältniß Oesterreichs wird auf die Minute hin so lange im Unklaren bleiben, als Sie darüber im Unklaren sind, und es wird klar werden in dem Augenblick, wo Sie ein klares Wort gesprochen haben werden. Man ist in Olmütz und Wien nicht im Unklaren. Man wird dort die Verfassung machen, wie man sie in Oesterreich bedarf, wie sie für den Zusammenhalt des großen Ländercomplexes unentbehrlich ist. Unser Ministerium soll unterhandeln und hat die Grundlagen der Verfassung nicht, auf die hin es unterhandeln soll. Freilich, wenn Sie gar keinen Bundesstaat machen, dann kann Oesterreich wohl eintreten, dann wird Alles anders: aber Sie müssen von Ihrer Seite das entscheidende Wort sprechen, und die schwierige Frage lösen und das Weitere wird folgen. Ich gebe zu, die Erblichkeit ist ein großer und kühner Gedanke, (Heiterkeit auf der Linken) es ist ein kühner Griff wie keiner; es wird etwas hingestellt, was den Ausgangs- und Zielpunkt der künftigen Geschichte Deutschlands bezeichnen wird. Allein alles Andere, was Sie dieser Erblichkeit gegenüberstellen, sind lauter Provisoria, (Stimmen auf der Linken: Sehr wahr, sehr gut!) bei allem Anderen, was Sie machen, schieben Sie die Entscheidung der Zukunft zu. Das deutsche Volk hat uns aber berufen, daß wir eine Verfassung und nicht die Ereignisse machen. Es wird zwar geschehen, was wir wollen, wenn Sie es auch nicht beschließen, ich möchte aber um unseres Namens in der Weltgeschichte willen, daß wir die Sache machten. (Beifall auf der Rechten). Sie schieben die Sache der Zukunft zu; unser Wahlspruch ist umgekehrt. Nicht die Zukunft soll die Verfassung Deutschlands, sondern unsere Verfassung soll die Zukunft machen. (Lebhaftes Bravo und Beifallklatschen auf der Rechten und im rechten Centrum)

Uhland von Tübingen: Meine Herren! Ich erkläre mich für periodische Wahl des Reichsoberhauptes durch die Volksvertretung. In voriger Sitzung habe ich, ohne Aussicht auf Erfolg, für den weitesten Kreis der Wählbarkeit gestimmt und folgerichtig auch gegen denjenigen Paragraph des Entwurfes, vermöge dessen nur regierende Fürsten zu dieser Würde berufen werden können. Nachdem der Beschluß gefaßt worden ist, wie er lautet, bleibt mir übrig, für Anträge zu stimmen, welche gegen die Erblichkeit und eben damit gegen die Bevorrechtigung eines einzelnen Staates und Stammes, sowie gegen den Ausschluß Oesterreichs gerichtet sind, vor allem für das vierte Erachten, die Wahl auf sechs Jahre. Ich werde Sie mit keiner langen Rede hinhalten, mein Vorhaben ist einzig, jetzt, da wir vor dem Schlußsteine des Verfassungswerkes stehen, an den Grund desselben, an unseren eigenen Ursprung zu erinnern, dessen Gedächtniß mir nicht überall mehr lebendig zu sein scheint. Es ist in diesen Tagen wiederholt von Jugendträumen gesprochen worden, ich gestehe meinestheils, es verfolgt mich noch immer ein Traum, der Frühlingstraum des Jahres 1848. Die von einem Theile des Ausschusses angetragene Erblichkeit und die damit zusammenhängende Unverantwortlichkeit ist eine Anwendung der Grundsätze des in den deutschen Einzelstaaten durchgeführten Systemes der constitutionellen Monarchie auf die neu zu gründende Würde des Reichsoberhauptes. Ich will die Verdienste dieser Staatsform nicht herabsetzen, ihre geschichtlichen Leistungen und ihre Nützlichkeit für die Gegenwart, aber ich kann auch eine Schattenseite derselben nicht unberührt lassen, die ich gerade da erblicke, wo die reine Lehre den Lichtpunkt derselben findet. Der unverantwortliche, erbliche Monarch ist ein personificirter Begriff der einheitlichen und stätigen Staatsgewalt, ein allegorisches Wesen, eine Fiction des Regierens, keine natürliche Wahrheit. Da er nicht vermöge seiner persönlichen Eigenschaften, sondern durch das Erbfolgerecht zur Gewalt berufen ist, so müssen für den rechten Gebrauch dieser Gewalt verantwortliche Räthe einstehen. Unter dieser Bevormundung kann ein selbstständiger Charakter schwer gedeihen, und wenn solche Charaktere sich fühlen, wenn sie aus der lästigen Stellung eines lebenden Gemäldes hervorsprechen wollen, so kommen sie mit dem constitutionellen Rahmen im Widerstoß. Das System der constitutionellen Monarchie hat sich in England geschichtlich herangebildet, hat von da aus weitere Pflanzungen gegründet und ist sodann von der Doctrin als das einzig richtige für alle Zeit festgestellt worden. Ursprünglich deutsch ist diese Staatsform nicht. Die deutschen Wahlkönige, erblich so lange das Geschlecht tüchtig war, fallen nicht unter dieselbe. Es waren in langer Reihe Männer von Fleisch und Bein, kernhafte Gestalten, mit leuchtenden Augen, thatkräftig im Guten und Schlimmen. Der Mißstand, den ich berühre, hat sich in der obschwebenden Verhandlung auf eine merkwürdige Weise hervorgestellt. Ein Redner hat angeführt, daß der König von Sachsen durch sein verantwortliches Ministerium behindert sei, seine ursprüngliche und auch jetzt nicht zu bezweifelnde deutsche Gesinnung zu Gunsten einer preußisch-deutschen Erbmonarchie wirksam zu machen. Also diejenige Form, durch welche ein Regent gehindert ist, seine hochherzigen Entschließungen auszuführen, eben diese Form wird uns jetzt als die für ganz Deutschland angemessene dringend empfohlen, von demselben Redner lebhaft angerühmt. Eine mächtige Volkserhebung muß sich aus ihrem eigenen Geiste die ihr angemessene Form schaffen. Wenn neulich behauptet worden ist, es sei ein Widerspruch, die Monarchie in den Zweigen zu erhalten, und im Gipfel zu entbehren, so glaube ich, diesem Widerspruch einen andern entgegenhalten zu können. Ist denn unsere politische Neugestaltung von der monarchischen, dynastischen, aristokratischen Seite des bisherigen deutschen Staatslebens ausgegangen? Nein! unbestritten von der demokratischen. Die Wurzel also ist eine demokratische, der Gipfel aber schießt nicht von den Zweigen, sondern aus der Wurzel empor. (Bravo auf der Linken und dem linken Centrum.) Das wäre dem natürlichen Wachsthum der neu erstehenden deutschen Eiche nicht gemäß, wenn wir ihrem Gipfel ein Brutnest erblicher Reichsadler aufpflanzen wollten. (Bravo auf der Linken und dem linken Centrum.) Wollte man, der Systematik wegen, verlangen, daß der einzelne Theil mit dem Ganzen durchaus übereinstimmen müsse, was ich nicht für nöthig halte, so würde daraus nicht folgen, daß das Neue sich dem Alten fügen müsse, vielmehr umgekehrt. Ich bin aber auch der Meinung, daß die Staatsformen oft in der Wirklichkeit nicht so weit auseinander liegen, als in der Theorie und im Feldgeschrei des Tages. (Eine Stimme auf der Linken: Sehr wahr!) So werden durch die Aufhebung der politischen Standesvorrechte und durch Einführung freisinniger Wahlgesetze die Verfassungen der einzelnen deutschen Staaten den demokratischen Anforderungen der Neuzeit näher rücken. Ich sprach, wie gesagt, nicht *gegen* den Fortbestand der constitutionell-monarchischen Verfassungen, aber davon bin ich nicht überzeugt, daß diese Staatsform mit ihren herkömmlichen Regeln für eine gänzlich neue, umfassende Schöpfung, für die Verfassung des deutschen Gesammtvaterlandes, triebkräftig und maßgebend sein könne. (Stimmen auf der Linken: Sehr wahr!) Ich gestehe, einmal geträumt zu haben, daß der großartige Aufschwung der deutschen Nation auch bedeutende politische Charaktere hervorrufen werde, und daß hinfort nur die Hervorragendsten an der Spitze des deutschen Gesammtstaates stehen werden. Dieß ist nur möglich durch Wahl, nicht durch Erbgang. Hier war freies Feld, hier war offene Bahn für wahrhaft kühne [illegible], und ich glaube, daß das deutsche Volk für solche Gedanken empfänglich ist. (Bravo auf der Linken.) Man wendet wohl ein: was vermag ein einzelner Mann ohne Hausmacht, ohne dynastischen Glanz? Aber, meine Herren, in jener Zeit, als wir noch im deutschen Volk einen volleren Rückhalt hatten, als die Staatsmänner noch nicht darauf verzichten mußten, Volksmänner zu sein, wenn wir damals einen Mann gewählt hätten, einen solchen, der in der ganzen Größe bürgerlicher Einfachheit durch den Adel freier Gesinnung auch die rohe Gewalt zu bändigen, die verwilderte Leidenschaft in die rechte Strömung zu lenken verstanden hätte, gewiß, einem solchen wäre das gesammte deutsche Volk eine Hausmacht gewesen. (Bravo auf der Linken.) Ein Hauch jenes ursprünglichen Geistes gab sich noch kund in dem Beschlusse der Volksvertretung, lediglich aus der ihr vom Volke verliehenen Macht einen Reichsverweser zu wählen. Ein Fürst wurde gewählt, nicht weil, sondern obgleich er ein Fürst war. Beigefügt war aber die Unverantwortlichkeit, und somit bereits in die constitutionelle Dichtung eingelenkt. Besonders in Folge dieser Verbindung habe ich nicht für einen Fürsten gestimmt; ich sah schon den doctrinären Erbkaiser auftauchen (Bravo auf der Linken), dessen Widersacher ich war, als er noch bei den Siebzehnern in den Windeln lag, (Heiterkeit und Bravo auf der Linken, Linken und im linken Centrum) und der mir auch nicht lieber geworden ist, nachdem er ernstliche Versuche macht, auf den deutschen Thronsessel zu klettern. (Heiterkeit und Bravo auf der Linken und dem linken Centrum.) Seit jener Wahl ist die Stimmung weiter zurückgegangen, und der neueste Beschluß beschränkt die Wahl auf die regierenden Fürsten. Diese Beschränkung kann allerdings auch so gefaßt werden, daß die regierenden Fürsten eben vermöge ihres Regentenberufes, nicht in ihrer dynastischen Eigenschaft, zum Oberhaupt würden gelangen können; denn andere Mitglieder der dynastischen Geschlechter sind ausgeschlossen. Das Wahlrecht in sich ist noch vorhanden, aber allerdings der Kreis der zu Wählenden um Vieles verengt. Es ist auch die periodische Wahl diejenige, wodurch der äußerste Particularismus noch beseitigt werden kann, der Particularismus, durch welchen ein Fürstenhaus und ein Einzelstaat als Volk Gottes für immer über die andern gestellt wird, welche eben damit, wie der Herr Berichterstatter sich glücklich ausgedrückt hat, in das Verhältniß des Dienens treten würden. Die einmalige Wahl, vermöge welcher das zum erstenmal gewählte Oberhaupt die Würde vererben würde, diese erste Wahl ist ein letzter Wille, ein besonders feierlicher Verzicht auf das Wahlrecht. Ich hoffe, meine Herren, Sie werden diesen Verzicht nicht aussprechen; er steht im Widerspruch mit dem Geiste, durch den Sie hierher gerufen sind. (Bravo auf der Linken.) Die Revolution und ein Erbkaiser — das ist ein Jüngling mit grauen Haaren. (Lebhaftes Bravo auf der Linken und dem linken Centrum.) Ich lege noch meine Hand auf die alte offene Wunde, den Ausschluß Oesterreichs. Ausschluß, das ist doch das aufrichtige Wort; denn, wenn ein preußisches Erbkaiserthum ohne Oesterreich beschlossen wird, so ist nicht abzusehen, wie irgend einmal noch Oesterreich zu Deutschland treten werde. (Bravo auf der Linken.) Auch hier glaube ich an die erste Zeit erinnern zu müssen. Als man Schleswig erobern wollte, wer hätte da gedacht, daß man Oesterreich preisgeben würde? (Bravo auf der Linken.) Als die österreichischen Abgesandten mit den deutschen Fahnen und mit den Waffen des Freiheitskampfes in die Versammlung des Fünfziger-Ausschusses eingezogen und mit lautem Jubel begrüßt wurden, wer hätte da geträumt, daß vor Jahresablauf die österreichischen Abgeordneten ohne Sang und Klang aus den Thoren der Paulskirche abziehen sollten? Die deutsche Einheit soll geschaffen werden; diese Einheit ist aber nicht eine Ziffer; sonst könnte man fort und fort den Reichsapfel abschälen, bis zuletzt Deutschland in Lichtenstein aufginge. (Heiterkeit und Bravo auf der Linken.) Eine wahre Einigung muß alle deutschen Ländergebiete zusammenfassen. Das ist eine stümperhafte Einheit, die ein Drittheil der deutschen Länder außerhalb der Einigung läßt. Daß es schwierig ist, Oesterreich mit dem übrigen Deutschland zu vereinigen, wissen wir Alle; aber es scheint, Manche nehmen es auch zu leicht, auf Oesterreich zu verzichten. (Zustimmung auf der Linken.) Manchmal, wenn in diesem Saale österreichische Abgeordnete sprachen, und wenn sie gar nicht in meinem Sinne redeten, war mir doch, als ob ich eine Stimme von den Tyrolerbergen vernähme, oder das adriatische Meer rauschen hörte. (Lebhaftes Bravo auf der Linken und dem linken Centrum.) Wie verengt sich unser Gesichtskreis, wenn Oesterreich von uns ausgeschieden ist! Die westlichen Hochgebirge weichen zurück, die volle und breite Donau spiegelt nicht mehr deutsche Ufer. Es genügt nicht, staatsmännische Pläne auszusinnen und abzumessen, man muß sich in die Anschauung, in das Land selbst versetzen, man muß sich vergegenwärtigen die reiche Lebensfülle Deutsch-Oesterreichs. Welche Einbuße wir an Macht, an Gebiet, an Volkszahl erleiden würden, das ist hinreichend erörtert; ich füge nur eines bei: Deutschland würde ärmer um alle die Kraft des Geistes und Gemüthes, die in einer deutschen Bevölkerung von acht Millionen lebendig ist. Ich glaube, meine Herren, daß, wenn wir mit einem Bundesstaat ohne Oesterreich nach Hause kommen, unser Werk nicht überall wird gelobt werden; ich glaube dieses namentlich von dem südlichen Deutschland sagen zu können, wo zwischen der dortigen Bevölkerung und der österreichischen eine nahe Verwandtschaft der Naturanlagen und der geschichtlichen Erinnerungen obwaltet. Schonen Sie, meine Herren, das Volksgefühl! Ich werde gegen meinen Landsmann, der vor mir gesprochen hat, keinen Bürgerkrieg führen, aber ich glaube doch sagen zu können, daß auch meine Gesinnung in dieser Beziehung nicht in der Luft hängt. Wir wollen, meine Herren — gestatten Sie zum letztenmal! — einen Dombau; wenn unsere alten Meister ihre riesenhaften Münster aufführten, der Vollendung des kühnen Werkes ungewiß, so bauten sie den einen Thurm und für den andern legten sie den Sockel, — der Thurm Preußen ragt hoch auf, wahren wir die Stelle für den Thurm Oesterreich! (Bravo auf der Linken und dem Centrum.) Der Thurmspitzen haben wir freilich eine große Zahl, ich will mich anders fassen. Mitten in der Zerrissenheit dieser Versammlung war mir das ein erhebendes Gefühl, daß, so sehr wir uns oft gegeneinander aufbäumten, wir dennoch durch das nicht mehr zu brechende, im Volksbewußtsein gefestigte Gebot der deutschen Einheit wie mit eisernen Banden zusammengeschmiedet sind; trennen Sie Oesterreich ab, so ist das Band zerschlagen. Zum Schlusse, meine Herren, verwerfen Sie die Erblichkeit, schaffen Sie keinen herrschenden Einzelstaat, stoßen Sie Oesterreich nicht ab, retten Sie das Wahlrecht, dieses kostbare Volksrecht, dieses letzte fortwirkende Wahrzeichen des volksmäßigen Ursprungs der neuen Gewalt. Glauben Sie, meine Herren, es wird kein Haupt über Deutschland leuchten, das nicht mit einem vollen Tropfen demokratischen Oeles gesalbt ist! (Lebhaftes Bravo und Beifallklatschen auf der Linken und dem linken Centrum.)

Dahlmann von Bonn: Meine Herren! Ich werde darnach trachten, mich der ernsten und würdigen Haltung meiner beiden letzten Vorredner anzuschließen, keineswegs aber dem wieder lebendig gewordenen Vater Abraham a Santa Clara nacheifern (Beifall auf der Rechten und im rechten Centrum), welcher von dieser Tribüne einen tief ernsten

Gegenstand mit mannigfaltigen Spitzen überschüttet hat. Meine Herren! Sie haben in Ihrer letzten Abstimmung die Würde des Reichsoberhauptes einem der regierenden deutschen Fürsten übertragen, und eben damit die Grenze bezeichnet, in welcher sich die heutige Discussion zu halten hätte, wiewohl zu meinem Bedauern, und nicht allein zu *meinem* Bedauern sich mehrere der Herren Vorredner keineswegs innerhalb dieser Grenzen gehalten haben. Ich habe mit neun Gesinnungsgenossen im Verfassungs-Ausschuß ein Minoritäts-Erachten aufgestellt, welches also lautet:

„Diese Würde ist erblich in dem Hause des Fürsten, dem sie übertragen worden; sie vererbt im Mannsstamme nach dem Rechte der Erstgeburt."

Dieß Minoritäts-Erachten zu vertheidigen, zu rechtfertigen, bin ich hierher getreten, wiewohl ich Ihnen gestehe, daß das Geschäft, welches ich übernommen habe, mir nicht unähnlich dem Geschäfte zu sein scheint (viele Stimmen: Laut!), als hätte ich es übernommen, eine Lobrede auf das Einmaleins zu halten. (Stimmen auf der Linken: Oh! Oh!) Denn gerade wie es mit dem Einmaleins bewandt ist .... (Unruhe.)

Präsident: Meine Herren! Ich bitte um Ruhe.

Dahlmann: .... daß sich diesem gar nichts besonders Scharfsinniges, oder gar Liebenswürdiges nachsagen ließe, sondern immer nur einfach soviel, es sei richtig damit, es lasse sich dem nicht widersprechen, es sei gar nicht auszukommen in Haus und Hof ohne das Einmaleins; gerade ebenso ist es im Staatswesen mit dem Erbrechte beschaffen, welches ich hier zu vertheidigen übernommen habe. Da läßt sich freilich auseinandersetzen, vor welchen Uebeln das Erbrecht uns bewahrt, wie es bewahrt vor den mannigfachen und schwer empfundenen Uebeln der Wahlberechtigung, wie es bewahrt vor den Uebeln des Zwischenreiches, u. s. w. Aber am Ende kehrt es doch immer auf das Allereinfachste zurück, und wir müssen zugestehen, daß gerade da das Erb-Recht sich am Unliebenswürdigsten beweist, wo es am Meisten staatsmännisch auftritt, indem es nämlich in seiner vollkommenen Ausbildung auf höchst ungalante Weise alle Frauen ausschließt von dem Throne, so lange noch Einer vom Mannsstamme vorhanden ist, indem es alle Jüngeren ausschließt, alle jüngeren Prinzen, so lange noch ein Aelterer da ist, indem es endlich keinem Prinzen einen Theil am Genusse der Herrschaft vergönnt, bis die Reihe an ihn gekommen ist, überhaupt aber jedem Erbberechtigten nur das Ganze des Staates übrig läßt, indem es ihn jedes Anrechts an einen Staatstheil beraubt. Und dennoch hat dieses System der Erbherrschaft (Zuruf: Laut!) neben so vielen Herbigkeiten auch seine zarte und in das innere Wesen der Menschheit dringende Seite. Nachdem es vor allen Dingen den Staat sicher gestellt hat, denn der Staat muß in alle Wege die Hauptsache bleiben, führt es in das Staatswesen die Wärme der Familie ein, indem es die Herrschaft an *ein* regierendes Haupt knüpft. Ich weiß gar wohl, meine Herren .... (Zuruf: Laut! — Große Unruhe.)

Präsident: Ich bitte um Ruhe, meine Herren! Wollen die Herren nicht die Güte haben, ihre Plätze einzunehmen? (Wiederholte Unruhe.) Wenn die Herren nur die Gänge verlassen und ihre Plätze einnehmen wollten, so würden sie den Redner vollkommen verstehen können.

Dahlmann: Ich weiß gar wohl, meine Herren, daß ich hiermit, wenn ich das Lob der Erbherrschaft rede, eine Saite anschlage, die in den Augen Vieler von Ihnen längst zersprungen ist. Das aber hindert mich auf keine Weise. Erlauben Sie, daß ich eine einfache Thatsache schlicht erzähle, wie sich zu Ende des Jahres 1813 in Mittel-Deutschland begab. Damals war der erste Strahl der Hoffnung nach Deutschland gedrungen, daß wir wohl des fremden Regiments erledigt werden möchten. Da fanden sich in Mittel-Deutschland Volksversammlungen vornehmlich von Landleuten und Bauern zusammen. Man beredete sich, wie es zunächst werden solle. Darin waren Alle einig, die Fremden müßten vertrieben werden, aber solle man den alten Fürsten wieder aufnehmen, das war die Frage. Es begab sich, daß auch in einem Lande, ich will es lieber nicht nennen, wo der alte Fürst keineswegs gelobt und sonderlich geliebt war; — man wußte ihm Manches, was nicht zum Frieden diente, nachzureden — in der Schenke eines Dorfes, diese Sache verhandelt ward. Viel war hin- und hergesprochen worden; das Nein schien zu überwiegen. Da erhob sich unter den Vielen ein Greis, der bisher nicht gesprochen hatte, und rief: „Wahr ist's, ein alter Esel," so drückte er sich aus, „ein alter Esel ist er, aber auf den Thron seiner Väter soll er doch wieder." (Starkes Gelächter und Bravo und Beifallklatschen auf der Linken.) Sie lachen darüber, meine Herren, und ich sah dieß so ziemlich voraus, und ich selbst habe wohl darüber gelacht. Dennoch aber sehe ich in dieser einfachen Geschichte noch etwas Tieferes. Ich sehe doch darin das Gewicht eines erblichen Fürstenhauses, wie dieses die Schwächen, die Fehler, selbst die Laster des einzelnen Individuums im Volksglauben zu überbieten vermag. (Unruhe.) Ein Haus gilt mehr, als ein Individuum. Ja, meine Herren, nehmen Sie den Völkern, nehmen Sie dem Volksleben seine tieferen Anhänglichkeiten, die sich wohl beobachten, aber keineswegs willkürlich modeln lassen; ich gehe weiter, nehmen Sie selbst den Einzelnen ihre edleren Täuschungen, so nehmen Sie das Leben selbst, sie tödten das Leben ab; Sie verwandeln damit in eine Wahrheit den melancholischen Ausspruch eines großen Dichters, der in der Wiege des Menschen nur den umgekehrten Sarg erblickt, und selbst Ihr Freiheitsjubel, von solchen Täuschungen, — nennen Sie es immer so, — nicht getragen, verwandelt sich in eine leere Chimäre. Allein ich verlasse immerhin den allgemeinen Standpunkt, um auf Das, was dem Vaterland jetzt noth thut, einzugehen. Sie haben durch Ihre letzte Abstimmung ein Reichsoberhaupt genehmigt, welches genommen wird aus der Zahl der in Deutschland regierenden Fürsten, und haben damit zuvörderst der Einheit ihre billige Ehre gegeben, demnächst aber auch anerkannt, daß diese Einheit mit einer gewissen Machtausstattung versehen sein müsse, welche sie zur Herrschaft hinzubringt. Das war ein wichtiger Schritt zum Heile. *Denn in der Einheit Deutschland's ist die Zukunft Deutschland's enthalten.* Meine Herren! Ich weiß gar wohl, daß ich in Deutschland verschrieen bin als ein arger Unitarier, als entschlossener Einheitsmann. Darf ich Ihnen sagen, wie ich Das geworden bin? Ganz gewiß nicht aus Theorieen der Schule, die man mir vielleicht sonst zutrauen möchte. — Ich bin Das geworden, was ich in dieser Hinsicht bin, durch eine Reihe bitterer vaterländischer Erfahrungen in einem langen Leben. (Stimmen auf der Rechten: Hört!) Meine Herren! Ich bin geboren in einem nördlichen Winkel Deutschland's, an der Ostsee, in der Stadt Wismar. Diese ward vor nun 200 Jahren durch den westphälischen Frieden ausgeschnitten aus dem Lande Mecklenburg, und mit einer Zugabe von ein paar Quadratmeilen der Krone Schweden übergeben. Seitdem sank die frühere Blüthe der Stadt. Die Krone Schweden benutzte Wismar, um ihre Hochverräther, Staatsverschwörer und vornehmen Verbrecher, woran sie nie Mangel hatte, dahin zu entsenden. Aus Mecklenburg liefen die armen leibeignen Bauern hin, um dort ihre Zuflucht zu finden vor der Tyrannei ihrer Gutsherren. Dennoch mußten sie einem Cartell mit der Krone Schweden gemäß wieder mitgetheilt werden. Wie manche Aufstände habe ich als Knabe erlebt, wenn mitleidige Bürger vergeblich jene armen Bauern zu schützen trachteten; wie oft habe ich von meinem Vater gehört: „Kein Heil für uns, als in der Wiedervereinigung mit Mecklenburg." Als ich ein Knabe war, fing jene bonapartische Siegesperiode an. Davon ward bei uns vernommen, wie von Vorgängen in einem anderen Welttheile. Höchstens, daß zu der Zeit, wo das deutsche Blut in Strömen floß, sich einmal der Sorgeruf kund gab: „Wenn nur nicht der Krieg bis hierher vorwärts bringt!" Nachgehends, als ich zum Jünglinge erwachsen, schlangen sich die Bande der napoleonischen Herrschaft schon fester und fester um das arme Vaterland. Meine Herren! Das war keine leichte Zeit für einen jungen vaterlandslosen und doch deutschen Mann, der doch einige Kraft in sich fühlte, seinen ersten Anker in der menschlichen Gesellschaft auszuwerfen in dieser Periode des allgemeinen Mißmuthes, des allgemeinen Verstummens, der allgemeinen dumpfen Bekümmerniß. Hierauf endlich jener Rettungsstrahl, jener Anfang der Erhebung in den Jahren 1812 und 1813. Wie sehr wünschte jeder Jüngling, wie sehr wünschte auch ich mein Blut daran wagen zu dürfen, daß Deutschland befreit würde! Ich war zu der Zeit an der Universität Kiel Professor, Dänemark aber stand mit Napoleon im Bunde; durch diese unglückselige Zertrennung Deutschland's war ich, wie mancher Andere, mit mir von dem Kampfe für das deutsche Vaterland ausgeschlossen. Jeder Schleswig-Holsteiner, der das gethan hätte, würde von seiner Regierung als Hochverräther bezeichnet worden sein. Nun die Zeit, die darauf folgte, die Zeit der schrecklichen Enttäuschung aller wahren Vaterlandsfreunde! Ich will sie nicht erneuen die Schmerzen, will nicht kommen auf die schleswig-holstein'sche Sache, der ich solange mein Dasein gewidmet; ich will nicht der hannover'schen Sache erwähnen, die mir so tief in das Herz gedrungen ist. Aber glauben Sie, meine Herren, daß der Mann, der das Alles erlebt, der so viele Erfahrungen unseres vaterländischen Lebens durchgemacht hat, daß der weiß, wie tief die Übel in Deutschland wurzeln, weiß, was zu heilen ist, und daß wir die rechte Zeit der Heilung nicht dürfen vorübergehen lassen. (Bewegung. Bravo auf der Rechten und dem rechten Centrum.) Aus diesen schweren Lebensjahren habe ich die Erfahrung geschöpft, daß wir vor allen Dingen einer einheitlichen Gewalt bedürfen, einer Einheit, der das Ganze des Vaterlandes Eins und Alles ist. Alles, was ich früher in Deutschland erblickte, alle jene sogenannten kleinen Ganzen, die waren nur dazu da, um das große deutsche Ganze gründlich todtzuschlagen. Uns thut ein Herrscherhaus noth, welches gänzlich sich unserem Deutschland widmet, gänzlich in Deutschland lebt und in nichts Anderem. Ein solches Herrscherhaus kann Oesterreich uns nicht sein, es kann es nicht, denn es hängen diesem Oesterreich, bei all seinem verdienten Ruhme, zu viele außerdeutsche Sorgen an. Oesterreich krankt an seiner Stärke ebenso sehr, wie andere Staaten an ihrer Schwäche. Die schwersten Sorgen Oesterreich's werden erst dann beginnen, wenn es den langen Lauf seiner Siege vollendet hat. Oesterreich kann uns, wie die Dinge gegenwärtig stehen, nicht vollständig angehören, es kann es nicht. Jene von Ihnen beschlossene Unterhandlung mit Oesterreich, sie kann ein Großes leisten, denn ein Großes ist schon enthalten in der glimpflichen Verständigung zweier so nah verwandter Mächte miteinander; aber ich bezweifle, daß sie zu einem praktischen Ziele wird führen können in einer langen Dauer der Zeiten. An den Hohenzollern Preußens können wir ein solches Herrscherhaus nicht nur haben, sondern mit dem schlechtesten und dem besten Willen kann es kein Sterblicher dahin bringen, daß wir es nicht an ihm hätten. Es ist gar keine Zukunft für Deutschland möglich ohne Preußen. Hier kommt es also durchaus nicht darauf an, eine Wahl zu treffen, sondern lediglich uns dieses Hauses von Anfang an dergestalt zu versichern (Gelächter auf der Linken; Stimmen auf der Rechten: Ruhe!), daß wir die Gewißheit haben, es widme sich gänzlich dem deutschen Vaterlande, alle seine Kraft und Sorge, nicht bloß als Nebengeschäft. Das ist aber keineswegs so leicht, wie Viele unter uns glauben wollen. Nicht wenige und einflußreiche und in ihrer Art auch hochverdiente Männer in Preußen sind der Meinung, daß Preußen durchaus nicht wohlthue, seine sichere Größe, seinen festen Bestand an eine unsichere deutsche Zukunft zu geben; viele solche Männer sind der Meinung, Deutschland als Ganzes sei einmal dem politischen Elende geweiht, es sei einmal, wie ein alter Dichter sagt: „unglückselig von Natur," Preußen dürfe das Opfer seines sicheren Daseins nicht für eine ungewisse deutsche Zukunft bringen. Diese Männer vergessen dabei freilich etwas Großes, sie vergessen, daß die Grundlage, auf welche der große Kurfürst und Friedrich II. bauten, daß diese Grundlage, namentlich die der absoluten Herrschaft, für immer verschwunden ist (Beifall auf mehreren Seiten); sie vergessen, daß damals, als Preußen so tief gesunken war, Deutschland mit ihm sank; sie vergessen, daß damals, als Preußen wieder erstand und herrlich erstand, Deutschland mit ihm erstand, und daß beide Größen nicht ohne einander wieder erstanden wären. (Bravo auf mehreren Seiten. Stimmen: Sehr gut!) Ich will meine Meinung unbekümmert sagen, wie übel sie auch von verschiedenen Seiten aufgenommen werde. Ihr dämpfet das Feuer der Anarchie in Deutschland nicht, Ihr dämpft dieses zerstörende Feuer weder in den kleinen Staaten, noch in den mittleren, noch in den großen, endlich und in dem größten der rein deutschen Staaten, als nur auf einem Wege, und auf dem Wege, daß Ihr eine kraftvolle Einheit einsetzet, und durch diese Einheit die Bahn für die deutsche Volkskraft eröffnet, die zur Macht führt. Die Bahn der Macht ist die einzige, die den gährenden Freiheitstrieb befriedigen und sättigen wird, der sich bisher selbst nicht erkannt hat. Denn es ist nicht bloß die Freiheit, die er meint, es ist zur größeren Hälfte die Macht, die ihm bisher versagte, nach der es ihn gelüstet. Deutschland muß als solches endlich in die Reihe der politischen Großmächte des Welttheils eintreten. Das kann nur durch Preußen geschehen, und weder Preußen kann ohne Deutschland, noch Deutschland ohne Preußen genesen. Und so komme ich denn doch am Ende wieder auf Das, was ich das Einmaleins nannte, zurück. Denn das ist denn doch wohl ein ganz Einfaches, daß eine Macht, wie Preußen, nicht auf die Probe berufen werden kann. Man kann einen Theil seines Wesens allenfalls hingeben an ein anderes, man kann allenfalls mithelfen zur Herrschaft, man kann das politische [illegible] einer Triade oder eines Turnus mitaufputzen helfen; allein sein ganzes Wesen, das gibt man nicht für 6, 9 oder 12 Jahre hin, sein ganzes Wesen gibt man nur hin, um in ein höheres Wesen für alle Dauer der Zeiten überzugehen. (Bravo auf der Rechten.) Meine Herren! Ich verdamme Niemandes (Bravo auf der Rechten) Abstimmung; allein, was mich persönlich angeht, ich würde glauben, gebrochen zu haben mit Allem, was mir vaterländisch theuer und heilig ist, gebrochen zu haben mit meinem Vaterlande, wenn ich anders meine Stimme abgäbe, als für die Einheit Deutschland's (Beifall auf der Rechten), für die erbliche Krone meines deutschen Vaterlandes. (Bravo auf der Rechten; Zischen auf der Linken.) So bin ich gesonnen und werde so gesinnt nen bleiben, und bis an mein Ende den Glauben festhalten, daß eine unbegreifliche Barmherzigkeit des Himmels uns vielgeprüften Deutschen endlich die Rettungsbahn eröffnet hat, die wir einschlagen müssen, wenn wir das Heil unseres Vaterlandes finden wollen. (Lebhaftes Bravo und Beifallklatschen auf der Rechten; Zischen auf der Linken.)

Präsident: Ich wiederhole, meine Herren, die Bitte, Ihre Plätze einzunehmen und die Gänge des Hauses frei zu lassen. Herr Fröbel!

Fröbel von Reuß: Meine Herren! Als wir neulich die Debatte über die österreichische Frage und über das Programm des neuen Ministerpräsidenten begannen, sagte mir ein Freund: „Der Ministerpräsident wird eine Majorität von 45 Stimmen erhalten.“ Wir haben drei volle Tage über die Frage gesprochen, und der Ministerpräsident hat eine Majorität von 47 Stimmen erhalten. Sie sehen, meine Herren, die ganze Anstrengung des Hauses durch drei volle Tage hat das vorausgesehene Resultat nur um zwei Stimmen verändern können, und vielleicht hat mein Freund sogar um diese zwei Stimmen sich nur verzählt gehabt. Ich will mich jetzt über die lähmende Wirkung dieser Thatsache hinwegzusetzen suchen, und will sehen, ob auch ich von meinem Standpunkt etwas zur Lösung der Frage, welche uns jetzt beschäftigt, beitragen kann. Ich gehe von folgendem Standpunkt aus: Ich denke, wie die Herren im Centrum, daß der Staat ein Organismus ist, und daß deßhalb, wenn er neu entstehen soll, die wesentlichen Bedingungen seines Lebens und seiner Entwickelung von Anfang an in ihm enthalten sein müssen; daß in demselben sich später kein wesentliches Lebensprincip geltend machen kann, welches nicht bei der Entstehung, bei der Grundlegung desselben von Anfang an vorhanden gewesen ist. Ich denke nun, es sind zwei große Momente, welche überhaupt die Politik bewegen. Das eine sind die factischen Verhältnisse, die große Thatsachen, welche wir anerkennen müssen, weil wir sie nicht ändern können; das zweite die Principien, welche für uns die Zukunft enthalten, auf welche wir hinarbeiten. Wir werden also bei dem Werke, welches wir jetzt vorhaben, auf diese beiden Momente Rücksicht nehmen müssen, und jede Partei wird sie aus ihrem Standpunkt aufzufassen suchen. Das erste große Moment, das der thatsächlichen Verhältnisse, ist vorzugsweise von Rednern der rechten Seite und des Centrums aufgegriffen worden, wie dieß in der Natur der Parteien liegt. Solange die rechte Seite der Wächter der Interessen ist, solange muß die linke der Wächter der Principien sein. Die Staatsmänner in der Mitte, oder die Herren, welche sich für Staatsmänner halten, und sich als die Wächter der Weisheit betrachten (Heiterkeit auf der Linken), suchen Principien und Thatsachen miteinander in Verbindung zu setzen, und wir könnten damit zufrieden sein, wenn sie nur nicht allzu häufig ihre Thatsachen für Principien und ihre Principien für Thatsachen ausgäben. (Stimmen auf der Linken: Sehr gut! — Heiterkeit.) Ich habe mich bei den Thatsachen hauptsächlich auf den geographischen Standpunkt gestellt. Ich glaube, ein Staat kann klein anfangen und kann sich vergrößern; er kann dieses aber nur unter einer Bedingung, wenn er sich den Centralpunkt wählt, von welchem aus seine Macht, seine Souveränität sich, wie die Kreise, die ein in das Wasser gefallener Stein beschreibt, ausbreiten kann. Wenn zu diesem Mittelpunkte ein Punkt gewählt wird, der auf der Seite des gegebenen Raumes liegt, so ist es nicht möglich, daß ungestört sich jene Kreise beschreiben, in welchen die wirkende Kraft sich ausbreitet. Ein Gebilde, welches durch einen solchen falschen Anfangspunkt hervorgebracht wird, kann nur Das werden, was der Naturforscher eine Afterbildung nennen würde, weil die Möglichkeit der Entwickelung einer harmonischen Bildung nicht gegeben ist. Ich sehe nun für uns, für Deutschland, wie für Europa, als den wahren politischen Mittelpunkt, den Kern zu einer großartigen Neubildung, wie ich anderwärts schon ausgesprochen habe, Oesterreich, und ganz speciell dessen Hauptstadt Wien an. Ich bin so sehr dieser Meinung, daß ich, so sehr ich ein unverbesserlicher Republikaner bin, im Verhältniß zu dieser Frage die Frage der Staatsform für eine secundäre halte. Wenn man machen könnte, daß die Centralgewalt, welche Form sie auch haben möge, ihren Sitz in Wien bekäme, so würde ich von dem Augenblicke an diesen Theil der Frage für glücklich entschieden halten, und das Andere für sicher nachkommend betrachten. Ich glaube, daß, wenn die uns von der ministeriellen Partei vorgeschlagene Bildung zu Stande kommt, wir nicht etwa nur das sogenannte Kleindeutschland und Oesterreich nebeneinander erhalten haben, sondern daß wir unvermeidlich einer Dreitheilung entgegen gehen, in welcher sich die drei großen Typen des deutschen Volkes, die ich zu erkennen glaube, geltend machen werden. Ich glaube, wir werden dann einen nordöstlichen, einen südöstlichen und einen südwestlichen erhalten. Doch ebenso wesentlich ist die Frage des politischen Gedankens, des Princips, welches wir von Anfang an in unser Gebilde legen wollen. Herr Welcker hat zwar den Wunsch ausgedrückt, daß in diesem Hause von den Principien gar nicht die Rede sein möchte, und ich sehe wohl ein, daß die Principien, während sie die Grundsätze sind, gleichzeitig auch die Anfangsgründe sind. Ich muß aber sagen, daß es nicht meine Schuld ist, wenn wir uns hier noch mit den Anfangsgründen zu beschäftigen haben. Auch mein berühmter Herr Vorredner hat, indem er uns soviel vom Einmaleins gesprochen, sich mit den Anfangsgründen beschäftigt. Ich möchte nun hauptsächlich dafür sprechen, daß wir eine Form wählen, welche die Bedingung einer demokratischen Entwickelung ohne gewaltsamen Bruch der Entwickelungsreihe möglich macht. Wäre ich aus Liebhaberei ein Revolutionär, so würde ich es gern sehen, wenn eine Bildung geschaffen würde, durch die es sicher zum Bruche kommen müßte. Ich würde es auch gern sehen, wenn die Gegner meiner Partei sich täuschen über die relative Stärke der Parteien; denn diese Täuschung unserer Gegner wäre Das, was uns desto leichter den Sieg verschaffen würde. Ich glaube aber nicht, daß es im Vortheil des deutschen Volkes ist, einen solchen Gang der Entwickelung zu befördern. Ich spreche daher gegen dieselbe. Ich bin der Meinung, daß die Demokratie auf dem gegenwärtigen Standpunkte der europäischen Geschichte eine Unvermeidlichkeit geworden ist. Sie mag nun dem Einen gefallen, dem Andern mißfallen, das hat keinen Einfluß auf die Frage. Ich urtheile darin, wie Tocqueville in seinem Werke über die amerikanische Demokratie. Wohin die demokratische Bewegung führen wird, das können wir nicht genau wissen. Wir können die Staatsform nicht bestimmt bezeichnen, bei der wir mit ihr anlangen werden; daß sie aber in der politischen Ausbildung unserer Völker zur alleinigen Herrschaft kommen wird, davon bin ich überzeugt. Ich will mich indessen nicht auf eine Autorität stützen. Ich finde die Hauptbedingung der Demokratie in einer religiösen Veränderung, die mit der europäischen Welt in der letzten Zeit vorgegangen ist. Ich finde, sie ist der Uebergang vom Glauben an die Autorität zum absoluten Unglauben in Bezug auf die Autorität, der Uebergang vom Standpunkte des Gehorsams gegen die Autorität auf den Standpunkt der freien Selbstbestimmung der Menschen. Da ich nun diesen Uebergang in allen Beurtheilungen des Lebens finde, da ich finde, daß, wir mögen hinsehen, wohin wir wollen, diese Veränderung sich zeigt, so glaube ich auch an den Sieg dieser Richtung, an den Sieg einer gewissermaßen ganz neuen oder wenigstens in vieler Beziehung neuen sittlichen Auffassung der gesellschaftlichen Verhältnisse. (Stimmen auf der Linken: Sehr wahr!) Meine Herren! Erlauben Sie mir, daß ich mich hier in dieser Verbindung über die Republik ausspreche. Mein Vorredner hat zwar bemerkt, daß hier schon von dem Paragraphen, welcher uns nach Annahme von § 1 zunächst vorliegt, abgeschweift worden sei, und ich würde danach schon jetzt einen Fehler begangen haben; ich bin indessen nicht dieser Meinung. Ich sehe im § 1, den wir angenommen haben, gar keine wesentliche Entscheidung; ich sehe darin nur die fälschlich zum Princip gemachte Anerkennung eines bloß thatsächlichen Verhältnisses; ich glaube, wenn wir die Republik beschlossen hätten, d. h. das Wenige von Republik, was sich in einem Präsidenten darstellt, so würde die Wahl eines Präsidenten doch höchst wahrscheinlich auf einen deutschen Fürsten gefallen sein, aus Betrachtungen, die eben aus unseren thatsächlichen Zuständen würden hergeleitet worden sein. Nun, was da thatsächlich eingetreten sein würde, das haben Sie in der Verfassung mit Unrecht als ein Princip ausgesprochen. Ich glaube aber, es ist sehr unwichtig, daß wir Das gethan haben, um so unwichtiger, als dieser Paragraph geradezu den Grundrechten, die wir ebenfalls angenommen haben, widerspricht. Wir haben in den Grundrechten, § 7, die Bestimmung angenommen, daß jedes Amt für jeden dazu Befähigten zugänglich ist, wir haben in den Grundrechten die Bestimmung angenommen, daß alle Vorrechte und bevorrechteten Stände abgeschafft sind. Meine Herren! Was will nun der § 1 heißen? Sie haben etwas beschlossen, was nach den Grundrechten nicht giltig ist. Es wird zwar der Beschluß über den § 1 jetzt die Oberhand behalten über die Grundrechte, es wird aber später der § 7 der Grundrechte die Oberhand behalten über den § 1. Sie haben freilich ein Auskunftsmittel gefunden. Sie haben den Begriff der Würde hereingemischt, von dem in den Grundrechten nicht die Rede ist; der § 1 spricht von der Würde des Reichsoberhauptes. Die Würde nun ist freilich kein bloßes Amt, allein dieser Einwand zerfällt doch in sich selbst. Die Würde scheint mir nichts Anderes zu sein, als ein Amt, welches nicht bloß eine Pflicht, sondern auch ein Recht ist. Ein solches Recht auf ein Amt ist aber ein Vorrecht, und die Vorrechte eben haben Sie in den Grundrechten abgeschafft. Die Grundrechte lassen den Begriff der Würde gar nicht mehr zu, wie denn dieser Begriff dem politischen Aberglauben und nicht der politischen Vernunft angehört. Weil also der § 1 in principieller Rücksicht wenig oder nichts sagt, steht die ganze Debatte noch offen, wie vor der Annahme des § 1. Es handelt sich überhaupt immer zuerst darum, wer wählt, nicht wer gewählt wird. Die Fürsten haben in den alten Bundestag auch nicht Fürsten geschickt, sondern Männer, wie sie dieselben am Besten brauchen konnten, und doch war es der Grundsatz der Fürsten-Souveränität und nicht der Volkssouveränität, welcher damals galt, weil die Fürsten es waren, die das Amt zu besetzen hatten. So ist es auch jetzt. Wenn das Volk sich einen Fürsten setzt, so sind wir auf dem Standpunkte der Demokratie, und wenn umgekehrt die Fürsten einen Plebejer einsetzten, so wären wir immer auf dem Standpunkte der Fürstensouveränität. Ich komme also zurück auf die Frage der Republik, über die ich einige Worte sagen wollte. Ich habe sehr lange in einer Republik gelebt und kenne die Mängel dieser Staatsform aus Erfahrung vielleicht besser, als irgend ein Mitglied dieser Versammlung. Ich habe in der Republik manche Unannehmlichkeiten gehabt, und es ist gewiß keine schlechte Seite des republikanischen Lebens vorhanden, die mich nicht persönlich berührt hätte. Ich bin auch nicht gerade der Meinung, daß die Republik der einzige politische Weg des Heiles sei. Ich glaube aber, daß der Begriff, welchen wir mit dem Worte verbinden, zuerst genauer bestimmt werden muß, ehe man sich verständigen kann. Ich glaube, es gibt eine Republik, welche nichts Anderes ist, als einer der Wege der politischen Cultur. Ich glaube, daß die Monarchie *einen* Hauptweg bezeichnet, die Aristokratie einen *andern*, und die Demokratie, wie sie sich geschichtlich dargestellt hat, einen *dritten*. Jeder dieser Wege mag seine Vorzüge, mag seine Nachtheile haben, und jedenfalls sind alle drei einseitig. Das Ziel der Entwickelung aber ist ein Staat, den wir *abermals* die Republik nennen müssen, und *diese* Republik, welche nicht den Maßstab einer geschichtlichen Form an sich legen läßt, ist die, welche ich für die unvermeidliche halte. Ich bin der Meinung, daß das deutsche Volk aus der Bahn seiner politischen Ausbildung nicht seitwärts auszulenken braucht, sondern auf derselben nur fortschreiten soll. Aber dieser Weg führt nach meiner Meinung *ebenfalls* in die Republik. Es handelt sich bei der Frage über die Monarchie und Republik oder bei der Frage der Demokratie eben um jene tiefere sittliche Auffassung des gesellschaftlichen Lebens, — Autorität oder freie Selbstbestimmung. Der Glaube an die Autorität leitet die Gewalt im Staate von einer übermenschlichen Quelle ab; sobald dieser Glaube gesunken ist, ist alles Uebrige gegeben. Ist das Volk sich klar darüber, daß die Gewalt aus seinem eigenen Willen entsprungen ist, so können Sie die alten Zustände nicht wieder herstellen, in welchen die Autorität durch Gottes Gnade in den Händen der Fürsten war. Die Ansicht über die Quelle der Souveränität entscheidet über den Sitz derselben. Die Gnade läßt sich auf die Fürsten herab, der verständige Wille bleibt bei dem Volke, wo er von Anfang gewesen ist, und im Parlamente führen die Gnade und der Verstand miteinander Krieg. So haben wir drei Möglichkeiten für den Sitz der Souveränität, und drei Formen für die Natur derselben: die Souveränität der Fürsten, die Souveränität des Volkes und die Souveränität der Parlamente. Nach diesen drei Grundsätzen theilen sich auch die Anträge, welche uns zur Beurtheilung vorliegen. Es handelt sich hierbei um das Princip der Erblichkeit, und diesem gegenüber um die näheren Bestimmungen der Wahl. Wir haben neben der Erblichkeit Anträge, welche das Oberhaupt des Reichs ernannt wissen wollen durch die Fürsten. Da stehen wir eben auf dem Standpunkte der Fürstensouveränität. Wir haben Anträge, nach welchen das Reichsoberhaupt durch das Parlament ernannt werden soll, das ist der zweite Hauptstandpunkt, der der Parlamentssouveränität, und dann Anträge, wonach die Wahl durch das Volk stattfinden soll, das ist der dritte Hauptstandpunkt, der der Volkssouveränität. Was nun diese einzelnen Anträge betrifft, so spreche ich zuerst überhaupt gegen den Grundsatz der Erblichkeit, ferner gegen das Princip der Lebensdauer, sodann gegen das einer so langen Amtsdauer, daß dadurch das Verhältniß sich thatsächlich dem der Lebenslänglichkeit und Erblichkeit nähert, und in Beziehung auf die Wahlart für die durch das Volk selbst, durch die Urversammlung. Die Geschichte der Demokratie, meine Herren, ist im Wesentlichen die der Theilung der Staatsgewalten. Wo mehrere Staatsgewalten vereinigt sind, ist ein Stück Souveränität, und wo dieses in einer Behörde zu finden ist, da ist es dem Volke entrissen. Sie, meine Herren, haben entschieden, daß das Oberhaupt nur ein Suspensivveto haben soll, also keinen Theil an der Gesetzgebung, denn das Suspensivveto ist nur ein nothwendiges Recht der ausübenden Gewalt, die in gewissen Fällen allein wissen kann, ob ein Gesetz, das an sich gut sein mag, für den Augenblick zulässig ist, oder nicht. Sie haben damit dem Reichsoberhaupt kein Gesetzgebungsrecht eingeräumt. Seien Sie consequent, meine Herren, und bringen Sie nicht eine andere Vermischung der Gewalten hervor, die eben so nachtheilig ist, wie jene, welche bei der ausübenden Gewalt stattgefunden haben würde, wenn Sie ihr das absolute Veto gegeben hätten. Legen Sie nicht umgekehrt der gesetzgebenden Gewalt die vollziehende mit in die Hände, was der Fall sein würde, wenn Sie die Wahl des Oberhauptes dem Reichstage übertragen, wie es von Männern gewünscht wird, die sonst meiner politischen Ansicht sehr nahe stehen, denn es würde damit der Uebelstand eintreten, daß der Reichstag in sich die Gesetzgebung, und wenigstens die Initiative zu der ausübenden Gewalt vereint, denn die Wahl ist das Wesentliche. Kann das Parlament die ausübende Gewalt ernennen, so ist es die ausübende Gewalt selbst. Es ist der Fehler der Monarchie, daß sie nur mit der vollziehenden Gewalt regieren will; es ist der Fehler einer falschen Demokratie, daß sie mit der Gesetzgebung regieren will, und es gibt Staatsformen, welche es versucht haben, mit der richterlichen Gewalt zu regieren. Diese drei Fehler sind gleich nachtheilig. Ich bin daher gegen die Wahl durch das Parlament, und für die Wahl durch das Volk selbst. Ich freue mich, daß ich mit einem Vorredner, der im Uebrigen einen ganz anderen Standpunkt einnimmt, als ich, in dieser Grundansicht zusammengetroffen bin. Ich möchte Ihnen aber auch die praktischen Vortheile dieser Wahlart vorführen. Sie, meine Herren von der Rechten, sind überzeugt, wie Sie kürzlich uns auf verschiedene Weise zu erkennen gegeben haben, daß unsere Meinung, wir wären im Volke in der Majorität, eine Täuschung sei. Ich bin zwar darüber besonderer Meinung. Ich glaube nicht, daß wir eine Majorität haben, ich glaube aber auch nicht, daß Sie sie haben. Ich bin der Meinung, daß die politischen Parteien nie das ganze Volk ausmachen. Ich kenne zwei Parteien, die vor der Masse des Volkes miteinander um die Leitung der Dinge kämpfen, und die das Volk, je nachdem sie ihr Princip und ihre praktischen Vorschläge dem Volke mehr oder minder vortheilhaft darstellen können, für sich zu gewinnen suchen. Ich glaube, Sie könnten sich täuschen, wenn Sie aus der Ueberzeugung, daß wir nicht die Majorität seien, den Schluß ziehen wollten, daß Sie die Majorität seien. Aber, meine Herren, ich nehme an, daß Sie, indem Sie sich auf die Majorität stützen, vollkommen ehrlich sind. Sie wollen wirklich Das, was, wie Sie glauben, die Majorität des deutschen Volkes wünscht. Nun, aus dem Streit darüber, wer die Majorität hat, geht ein großer Theil des Unbehagens und der Anarchie hervor, die Sie beklagen. Ich dächte, Sie könnten den Muth haben, den Versuch zu machen, das Volk selbst entscheiden zu lassen, was es vorzieht. Und bedenken Sie gegen uns, was dabei zu Ihren Gunsten spricht. Es gehört viel dazu, ehe ein bloßer Privatmann in einem so großen Volke wie das deutsche, zu einer so großen Popularität zu kommen weiß, wie ein Fürst, der sie aus den früheren Zeiten herüber gerettet haben mag. Machen Sie den Versuch. Es ist wahrscheinlicher, daß er zu Ihren Gunsten, als zu den unserigen ausfällt. Meine Herren! Wenn Sie aber thatsächlich gewinnen würden, so gewönnen wir principiell. Sie hätten in der Wirklichkeit erreicht, was Sie wünschen, und wir hätten das Princip der Volkssouveränität gerettet, das uns das Wesentliche ist. Eins müßte ich bedauern, die Entscheidung des Volks für die Erblichkeit; aber wenn das Volk sie wollte, ich würde mich bis auf einen gewissen Grad ebenfalls zufrieden geben; denn wenn das Volk jetzt das Recht hätte, sich für dieselbe zu entscheiden, so hätte es auch das Recht, sie später wieder zu verwerfen. Dieß würde aber nicht ohne Erschütterungen vor sich gehen, und ich wünsche nicht, daß unsere künftige Entwickelung so gewaltsam vor sich gehe. Ich würde nicht wünschen, daß das Volk, wie von einem meiner Vorredner gesagt worden ist, seinen letzten Willen aufsetze, obschon ich weiß, daß es ihn später wieder annulliren könnte. Das, meine Herren, ist wesentlich der Gedankengang, der mich bei dieser Frage bestimmt. Ich glaube, die Erblichkeit, wenn sie beschlossen würde, wäre die baldige Wiederholung der Revolution, worin ich umgekehrter Meinung bin, wie mein Vorredner, der darin die Sicherung der Ruhe erblickt. Ich glaube, die Wahl auf Lebenszeit kommt Dem sehr nahe, und hat noch andere Nachtheile, die ich nicht zu besprechen brauche, weil sie schon besprochen worden sind. Die Wahl auf eine sehr lange Zeit z. B. auf 12 Jahre, nähert sich diesem sehr, und die Nachtheile sind beinahe dieselben. Die Wahl durch den Reichstag hat den Nachtheil, daß sie dem Volke die Souveränität entwindet, und sie in die Hände der Gesetzgebung legt, der sie nicht gebührt. Nach diesem Allem entscheide ich mich für die kürzeste Periode, und für die Wahl durch das Volk selbst. (Bravo auf der Linken.)

v. **Vincke** von Hagen: Ich kann mir nicht versagen, zunächst meine Freude darüber nachträglich auszudrücken, daß die Systeme des Laubdaches und Pickenicks gefallen sind, und ich wünsche allen anderen Systemen, die im Wesentlichen darauf hinauslaufen, dieselben Schicksale mit Ausnahme der Erblichkeit, für die ich stimme. Was den Turnus betrifft, so ist er schon von dieser Seite aus (zur Linken) richtig charakterisirt worden. Das verehrte Mitglied von Jena hat ihn mit einer Anarchie *nacheinander*, das Directorium mit einer Anarchie *nebeneinander* bezeichnet. Er würde zu weiter nichts führen, wenn man vom Standpunkte der Gerechtigkeit ausgeht, als daß die kleineren Staaten ausgeschlossen werden durch die größeren, und Das ist ungerecht; daß ferner die berechtigten kleinen Staaten, sobald die Reihe sie trifft, niemals stark sind den größeren gegenüber; daß eine dauernde Politik niemals eintritt, weil sie untergeht im Wechsel, weil jeder Staat bei Eintritt des Turnus seine Hauspolitik fortsetzen würde. Was namentlich das Reichsinteresse betrifft, so wird das Reich vollständig ausgebeutet werden. Ich wüßte das Verhältniß nur auf doppelte Weise in einem Gleichnisse zu bezeichnen. Will man das Reich als *Subject* annehmen, so würde ich in dem Verhältnisse nur einen *Wandeltisch* sehen nach Art der Schullehrer, wo das Reich von dem einen zu dem anderen Fürsten zu Gaste geht; und wenn Sie es als *Object* auffassen, — und so würde es wohl meist sich gestalten, — so würde es etwa ein ähnliches Verhältniß sein, wie es in meinem engeren Vaterlande, in dem Lande Siegen, besteht, wo man die Hütten auf die Weise benutzt, daß Hundert und Zweihundert daran betheiligt sind, und Jeder einen Tag die Hütte betreibt, und ohne Rücksicht auf das Gesammtinteresse so viel Nutzen, als möglich, für seine beschränkte Zeit daraus zieht. — Ich glaube, das *Wahlreich*, es mag auf Lebenszeit oder gar nur auf kürzere Zeit beschränkt sein, ist nicht viel besser in Bezug auf die eben geschilderten Nachtheile des Turnus. Dagegen treten aber noch mehrere neue Nachtheile hinzu, und das sind, ich kann mich da wiederum auf eine Autorität von dieser Seite (zur linken Seite gewendet), auf das Mitglied von Jena, berufen, das sind namentlich *Intriguen*, die von jeder Wahl unzertrennlich sind, und ferner bei *bestrittenen* Wahlen als nothwendige Folge — *Anarchie*, bei *unbestrittenen* dagegen Schwäche der Regierung in Folge von Verbindlichkeiten, die entweder eingegangen wurden, um die eigene Wahl zu vermitteln, oder solchen, die im Laufe der Regierung eingegangen werden, um dem nächsten natürlichen Erben die Nachfolge zu sichern. Wir haben als traurige Belege für diese Bemerkungen die Erfahrungen aus der Geschichte unseres eigenen Vaterlandes und aus der Geschichte von Polen. Man hat gesagt, unser Vaterland könnte nicht zum Beispiele dienen, es wären nur sieben Kurfürsten wahlberechtigt gewesen; so hätten natürlich die dynastischen Interessen sich geltend gemacht, und der Kaiser habe das Interesse bald dieses, bald jenes Kurfürsten begünstigen müssen. Man hat in Bezug auf Polen bemerkt, dort habe ja nur die Aristokratie gewählt, und wir bewegten uns auf der ächten breiten demokratischen Grundlage. Was nun den Gegensatz von Aristokratie und Demokratie betrifft, so glaube ich, die Demokraten werden doch immer Menschen bleiben, so gut wie die Aristokraten, und wenn ich mit vielen Rednern, die vor mir gesprochen haben, es für unzweifelhaft halte, daß schmutzige Bestechungen mit Geld und individuellen Vortheilen bei dieser hohen Versammlung und bei allen, die ihr nachfolgen, nicht Platz greifen werden, so gibt es doch eine andere Art, ich kann sie auch nicht anders nennen als Corruption, die in allen Parlamenten der Welt üblich ist, und bis jetzt nicht als unehrenhaft bekrittelt wurde, das ist die *Begünstigung der localen und particulären Interessen*. Es würde jedem Candidaten nicht schwer halten, bald dieses, bald jenes Interesse vorzuspiegeln, was er künftig begünstigen würde, und sich dadurch eine Partei zu gewinnen. Wir haben solcher Interessen in Deutschland sehr viele, wie diese Versammlung uns wieder gezeigt hat. Der Eine hat von dem Gegensatze des Freihandels zum Schutzzolle gesprochen, der Andere vom Gegensatze Süddeutschland's und Norddeutschland's, der Dritte von der Antipathie gegen die preußische Hegemonie, der Vierte von der Antipathie des Katholicismus gegen den Protestantismus. Solange wir so große, so verschiedenartige Interessen in Deutschland haben, und es möglich ist, für solche Partei-Interessen Boden zu gewinnen, wird es auch den Fürsten leicht sein, im Interesse dieser oder jener Partei Stimmen zu erlangen, — und *diese* Corruption ist es, welche ich für die gefährlichste halte, und die ich ausgeschlossen wünschen möchte, wenn es sich handelt um einen großen politischen Act, um die Begründung unserer politischen Zukunft. (Hört!) Man glaubt, und das ist das eigentliche Hauptargument Aller, welche eine Wahlmonarchie wünschen, sie würde doch wenigstens das Resultat haben, daß der *Beste* gewählt würde. Sie mögen es paradox nennen, aber ich bin der Ansicht, daß in der Regel gerade der *Schlechteste* gewählt würde, und wenn Sie mich nach Beweisen fragen, so liegen die Erfahrungen uns wahrlich sehr nahe. Wir brauchen nur über den Rhein zu schauen, hinüber nach Frankreich: weßhalb ist dort Louis Napoleon gewählt worden? Man könnte es für Vorliebe der Franzosen für die Erblichkeit und den Glanz seines Namens halten, und der Grund mag für Manchen gegolten haben, wie uns die Blätter berichten. Aber was die großen politischen Parteien betrifft, so sind Alle, die ihnen näher gestanden haben, darüber einig, daß er eigentlich nicht gewählt wurde, weil man *ihn* gewollt hat, sondern weil Jeder *etwas Anderes* gewollt hat; weil man aber glaubte, daß die Zeit noch nicht gekommen sei, dieß Andere ins Leben zu rufen; ungefähr, wie die Herren hier (zur Linken) glauben, es sei noch nicht die Zeit für die Republik gekommen (Zuruf auf der Linken: O ja!); — ich komme darauf später zurück. — Die Anhänger von Louis Philipp, die Anhänger der Bourbonen, die Anhänger der Republik, Jeder dachte: während der Regierung eines so schwachen, unbedeutenden Menschen, wie Louis Napoleon, wird es einem Jeden möglich sein, für seine Principien zu wühlen. Sie haben gedacht: „Wenn er nach vier Jahren abtritt, werden wir auf dem Platze erscheinen, wir werden ihn während der Zeit consumiren, und was liegt an einem Menschen, wenn wir inzwischen die Zeit ausbeuten können zu Gunsten unseres Princips?" So würde es ungefähr auch bei unserer Wahl gehen; man würde nicht einen Fürsten an die Spitze stellen, der mit Macht und Kraft eingriffe in die Leitung des Staatswesens, sondern Einen, der die Interessen der einzelnen Parteien begünstigte, oder der allen Parteien genügenden Spielraum ließe für ihre Interessen. Ich kann daher auch nicht einsehen, wie von den Vertheidigern der Minoritäts-Erachten gesagt werden kann: durch die Wahl würde ein edler Wetteifer unter den Fürsten hervorgerufen werden, um, Jeder in seinem Einzelstaate gut zu regieren; denn sie werden sich bald überzeugen, daß eben nicht das gute Regieren es sei, das sie empfiehlt. Ebensowenig wird die Anhänglichkeit des Volkes, das Vertrauen zu dem Manne seiner Wahl eintreten können, denn man wird einsehen, daß nicht Regierungstüchtigkeit das Kriterium war, welches den Fürsten an die Spitze berief. Ich bin überzeugt: das Ende eines solchen Streites der Meinungen wird beständiger Unfrieden im Lande sein; die geschlagenen Wahlcandidaten werden nicht ablassen, den Streit fortzusetzen, statt sich dem Gesetze zu fügen, und jemehr Sie das monarchische Princip in die Verfassung eingeführt haben, — und das haben Sie durch Ihren letzten Beschluß, — um so lebhafter wird das dynastische Interesse der einzelnen Fürsten sich geltend machen, und namentlich Dem entgegenwirken, der an der Spitze steht, um bei der nächsten Wahl den vielleicht günstigeren Moment zu benutzen, und selbst an die Spitze zu gelangen. Auf diese Weise, — während wir die Eintracht wollen, werden wir die Zwietracht systematisch organisirt haben. Wenn ich Dem noch etwas hinzufügen dürfte, so würde ich ein Hauptbedenken noch darin suchen, daß doch ohne Zweifel der Monarch an die Spitze berufen ist, um die Verfassung zu schirmen und zu bewahren; daß Sie diesem aber gerade durch Ihre Verfassung mit Nothwendigkeit das entgegengesetzte Princip einimpfen würden — hinzuarbeiten auf Zerstörung der Verfassung, die Sie gegründet haben; denn jeder Monarch, der Söhne hat, wird darauf hinwirken, die Wahlmonarchie in eine Erbmonarchie zu verwandeln. Sie werden also in ihm den geschworensten, den entschiedensten Gegner der Verfassung finden, welcher alle Hebel zu ihrem Sturze in Bewegung setzen wird. (Zuruf von der linken Seite: Sehr wahr!) Wie ein solches gespaltenes und zersplittertes Reich Achtung in Europa gewinnen kann in dem Augenblicke, wo wir nach Jahrhunderten der Versäumnisse dem deutschen Namen wieder Achtung erwerben wollen, und die Stellung, die uns gebührt, in Europa wieder gewinnen, das werden Sie sich selbst beantworten. Und während der darniederliegende Credit, während Handel und Verkehr alle Stabilität und Dauer verlangen, wie da bei einem solchen System des Schwankens die Wunden vernarben können im Vaterlande, die in langer Zeit Ungewißheit und Meinungsverschiedenheit geschlagen haben, das brauche ich Ihnen ebenfalls nicht zu sagen. Ich füge nur hinzu, daß bei den verschiedenen Anträgen, welche das Wahlreich betreffen, alle Nachtheile um so schlimmer sich gestalten, *je kürzer* die Wahlperiode ist; dagegen je länger dieselbe ist, jemehr sie sich der Erblichkeit annähert, desto größer wird die Stetigkeit der Regierung, desto größer das Vertrauen im Inland, desto größer das Ansehen der deutschen Regierung in Europa sein. — Komme ich nun auf die- Erblichkeit, auf das System, für welches ich mich erkläre, so finde ich statt der geschilderten Nachtheile überall die entgegengesetzten Vortheile. Ich finde darin das Interesse der Stetigkeit auf das Vollständigste gewahrt; ich finde, daß Ruhe und Ordnung verbürgt ist, und weil die Regierung auf Dauer Anspruch macht, sie nicht bloß vorübergehend, sondern dauernde Achtung im Auslande findet. Sie wird sich die Achtung und Folgsamkeit der Fürsten erwerben, die ihr untergeordnet sind. Sie kann aber diese Achtung nie besitzen, solange diese Fürsten denken: es ist ja nur für einige Zeit; das Oberhaupt wird dann wechseln, und dann ist es Zeit für uns, vielleicht dieselbe Stellung zu gewinnen. Sie werden es endlich nicht erreichen, außer bei dem Erbreich, daß der Fürst, der an die Spitze berufen wird, sein Haus-Interesse mit den deutschen Interessen identificirt; denn er hat dann kein anderes Interesse zu verfolgen, als das deutsche; er hat kein Interesse, seine Hausmacht zu vergrößern; denn das Höchste, was sein Ehrgeiz erwarten kann, wird ihm durch die Kaiserkrone geboten, während im Wahlreiche der Inhaber der Krone aus doppelten Rücksichten dazu aufgefordert wird: einmal, um durch eine möglichst kräftige Hausmacht Ansprüche auf die Candidatur bei Wiederholung der Wahl sich zu erwerben; dann aber auch, weil, wenn dieses fehlschlagen sollte, er mindestens im eigenen Interesse die Zeit seiner Regierung möglichst ausgebeutet haben wird. Dürfte ich noch ein bedeutendes Zeugniß anführen, so wäre es das eines Gegners von dieser Seite (zur Linken). Das verehrliche Mitglied von Jena hat uns sehr richtig gesagt: „Ein persönlicher, sichtbarer, bleibender Repräsentant der Staatsidee und der Volkseinheit, dessen Würde von Geschlecht zu Geschlecht sich forterbt, gibt einen Mittelpunkt, an welchen der sinnliche Mensch sich leichter anklammert, als an die abstracte Idee." — Ich gehe über auf die Gegengründe, welche gegen das Princip der Erblichkeit geltend gemacht worden sind. (Eine Stimme von der Linken: Schluß!) Sie werden sich noch eine lange Zeit gedulden müssen. (Heiterkeit und Zuruf von der linken Seite: Wir haben nicht gerufen!) Ich übergehe die Gründe, welche aus der *Civilliste* hervorgenommen sind, weil ich der Ansicht bin, daß, sobald wir uns für eine *monarchische* Spitze einmal entschieden haben, — gleichviel von welcher *Dauer*, — auch eine Civilliste eintreten muß. Ich übergehe die nähere Beleuchtung aber auch aus dem Grunde, weil ich sie für durchaus unpraktisch halte. Wenn man uns immer wieder von der Kostspieligkeit einer monarchischen Regierung spricht, so kann ich Sie nur wiederholt bitten, einen Blick auf unsere Nachbarn über dem Rheine zu werfen. Der Erfolg einer zehnmonatlichen republikanischen Regierung hat ihnen ein Deficit von der Hälfte des jährlichen Budgets gebracht, eine Finanzverwirrung, wie sie in Europa noch nicht dagewesen ist. Wenn das für die Wohlfeilheit der republikanischen Regierung spricht, so haben Sie freilich Recht; solange Sie aber diese Thatsache nicht widerlegen, können solche Gründe in der That nicht hierher gehören. — Man hat ferner, — und das ist der Punkt, an welchem das Princip der Erblichkeit vielleicht am verwundbarsten ist, — auf die Möglichkeit schwacher Fürsten hingewiesen; man hat gesagt, es wäre möglich, daß ein geistig und körperlich unfähiger Fürst an die Spitze trete. Ich kann hier meine Gegengründe wiederum zu meiner Freude von einem Gegner entlehnen. Ein verehrter Abgeordneter aus Baden hat mit großer Lebhaftigkeit im entgegengesetzten Sinne gesprochen. Er hat uns gesagt, daß wir aus dem Beispiele England's lernen könnten, daß ja nicht der König es wäre, welcher dort die Regierungsgrundsätze bestimme; sondern, daß das Parlament regiere, welches, so groß der Wechsel der Ministerien, zwischen Whigs und Tories auch gewesen sei, immer eine consequent englische Politik verfolgt habe. Ich gebe zu, daß dieses der Einfluß des englischen Parlaments war, und gerade dort hat die Bedeutung der constitutionellen Monarchie in ihrer Größe sich gezeigt. Wir erinnern uns, daß Georg III. geisteskrank war, so daß er das Parlament mit „Mylords und Wasserschnepfen" anredete, und deßhalb unter Curatel gestellt werden mußte; und selbst solche Zustände haben den Constitutionalismus nicht zu Falle bringen können, und noch heute singt der Engländer mit Begeisterung sein: „God save the King." Ueberhaupt verwechseln hier die Gegner die Lage der Dinge Warum? Weil der Vortheil der Erblichkeit vielmehr ein *negativer* als ein *positiver* ist. Er ist ein negativer, insofern sie alle Gefahren, von denen ich vorhin sprach, welche von den anderen Systemen unzertrennlich sind, vermeidet und ausschließt; weil sie ferner dem vernünftigen Volkswillen volle Gelegenheit gibt, sich auf eine gesetzliche und ordnungsmäßige Weise geltend zu machen. Wenn Sie Ihr System (auf der linken Seite) auf die vorzüglichen Seiten der menschlichen Natur bauen, auf die Voraussetzung, daß in dem Wahlreiche der Beste berufen wird, so ist dieses geradezu unpraktisch. Sie müssen bei Ihrem Systeme vielmehr die möglichen Gefahren berücksichtigen; Sie müssen es auf die *Schwächen* der menschlichen Natur bauen, und das System so einrichten, daß diese Schwächen nicht die Oberhand gewinnen können, und darum schaffen Sie eine Erblichkeit, welche den unedlen Intriguen und Cabalen, — dem niederen Ehrgeize der Einzelnen auf immer einen Damm entgegensetzt. Ich berufe mich hier umsomehr auf das verehrliche Mitglied aus Baden, da er für das constitutionelle System nicht so parteilich eingenommen zu sein scheint, was schon daraus hervorgeht, daß er eine ganze Kammer, weil sie eine andere Weltanschauung als die seinige hat, deßhalb auf dem Kopfe gehen ließ. — Wenn endlich von jener Seite (links deutend) als Gegengrund von dem Mitgliede von Salzgitter angeführt worden ist, daß man gerade das beweglichste Princip schaffen müsse, so bin ich entgegengesetzter Ansicht. Gerade weil die Erblichkeit nichts Bewegliches ist, sondern die Stabilität an der Spitze hat, und durch die Stabilität, die sie der Spitze verleiht, jeder politischen Ansicht es möglich macht, sich so beweglich als möglich in den gesetzlichen Schranken zu bewegen; gerade deßhalb bin ich für die Erblichkeit. — Man hat uns nun zunächst wieder von dem Standpunkte der Principien bekämpfen wollen, welche wir bisher in die Verfassung aufgenommen haben. Man hat gesagt, die Erblichkeit widerstreite dem Begriffe des *Bundesstaats*. Das ist sogar von Rednern jener Seite des Hauses (zur Linken) geäußert worden; wir haben diese Argumente von Rednern *der* Seite des Hauses hören müssen, die sonst nicht so gern den Standpunkt der Professoren einnehmen. Ich sollte doch sagen, dieses wäre wesentlich ein Einwand von dem Standpunkte der *Theorie* aus, von Solchen, welche so die Theorie durch die Theorie bekämpfen wollen. Ich meine aber, hier hätte schon ein sehr verehrter Redner, der gerade für die Lebenslänglichkeit des Königthums sich ausgesprochen hat, der Referent einer der Minoritäten, durch seine amerikanischen Verbindungen gerade die besten Gründe dagegen angeführt. Er hat uns gesagt, ein verstorbener Freund von ihm, der früher in Paris Gesandter war, hätte als nothwendige Bedingung einer gedeihlichen Entwickelung unserer Verfassung die Nachfolge des Beispiels von Nord-Amerika empfohlen; wenn ich recht verstanden habe, so hat dieser Freund gesagt: Die Fürsten müßten ihre *rein fürstlichen Interessen opfern*, und Das, meine ich, ihnen sie eben dadurch, daß sie sich einem *Oberhaupte* unterordnen sollen. Er hat uns ferner gesagt: Das Oberhaupt, — und nach der ganzen Zusammenstellung des Briefes habe ich es so verstanden, als ob auch dieser Amerikaner darunter ein *erbliches* Oberhaupt sich gedacht hätte; doch lasse ich das dahingestellt sein; aber er deutet doch immer darauf hin, — das Oberhaupt müßte die Gewalt *nicht mißbrauchen, um die Macht in seinem Einzelstaate zu vergrößern.* Ich sage: Wann befindet sich das Oberhaupt am meisten in der Lage, die Macht in seinem Einzelstaate zu vergrößern? — Doch dann, wenn Sie ihn nur *lebenslänglich* an die Spitze stellen, und wenn seine Familie gar keine Garantieen dafür hat, an die Spitze später wieder berufen zu werden, dann hat er alles Interesse dabei, das der Egoismus an die Hand geben kann, sich in seiner Hausmacht auszubreiten, und es kann selbst gerade ein patriotisches Interesse ihn dazu treiben: wenn er nämlich glaubt, seine Dynastie sei am Besten berufen, die Geschicke des Vaterlandes zu fördern. Er wird dann alle Mittel anwenden, um seine Dynastie in diese Lage zu versetzen. Dagegen aber hat er diese Motive nicht, wenn Sie ihn *erblich* berufen, wenn jeder Grund des Egoismus, der ihn zu solchen Handlungen treibt, für ihn wegfällt. Also gerade diese amerikanische Autorität bestärkt mich in meinem Satze. — Man hat uns ferner hingewiesen auf die *Gleichheit vor dem Gesetze*, und wenn Sie aus diesem Princip etwas ableiten wollten für Ihren Satz, so müssen Sie annehmen, daß auch Niemand ein *Amt* bekleiden dürfe, weil der Beamte eine andere Stellung hat, als Derjenige, der ihm untergeordnet ist. Ebenso wenig aber, als Sie die Unterordnung eines Amtes über die Aemter, die ihm untergeordnet sind, ausschließen können von dem Standpunkt der Gleichheit vor dem Gesetze und vom Standpunkt der Gleichberechtigung der einzelnen Staaten im Bundesstaate, ebenso wenig werden Sie nun den Kaiser, oder wenn Sie ihn so nennen wollen, den Oberkönig deßhalb nicht annehmen wollen, weil er eine andere Stellung hat, wie die übrigen Fürsten. Ich denke, die Gleichheit vor dem Gesetze, die doch nur eine ideale ist, ist nur so zu verstehen, daß Jeder Anspruch auf gleiche Behandlung vor dem Richter, nicht daß er auch dieselbe Lebensstellung haben soll. — Man hat ferner gesagt: die kleinen Staaten würden wesentlich *mediatisirt* werden. Der Begriff des Mediatisirens ist sehr vieldeutig; wenn aber eine solche Mediatisation eintreten sollte, so wird sie ganz gewiß nicht dadurch eintreten, daß Sie einen Fürsten an die Spitze Ihres Systems stellen; sondern sie wird durch das System des *Bundesstaats* selbst eintreten dadurch, daß Sie überhaupt eine Centralgewalt geschaffen haben, welche einzelne Thätigkeiten der einzelnen Staaten in sich aufnimmt, und sie statt ihrer von Reichswegen ausübt. Das *System* hat dann in diesem Sinne alle anderen Fürsten mediatisirt, aber nicht Derjenige, den Sie als Träger des Systems, als eine Personification des Systems an die Spitze stellen. Ich glaube außerdem, es ist das Umgekehrte der Fall, als in dem einen Minoritäts-Erachten unterstellt wird; ich glaube, daß der erbliche Fürst die anderen einzelnen Fürsten weit *schonender* behandeln wird, als Derjenige, der nur auf Lebenszeit gewählt ist, weil der erbliche Fürst auch nicht das leiseste Interesse dabei hat, die Einzelfürsten zu drücken. Es sichert ihm die Dauer seiner Würde vor jeder Nothwendigkeit, sie nicht schonend zu behandeln, während ein Fürst auf Lebenszeit, der alle mögliche Opposition von Unten zu erwarten hat, ein dringendes Motiv haben kann, ihnen gegenüber die Geduld zu verlieren. — Man hat ferner zum Beweise, — und ich muß bemerken, es hat mich in diesem Falle überrascht, da ich ihn nicht gewohnt bin von jener Seite (zur Linken) — auf die *Geschichte* sich berufen. Man hat gesagt, es wäre dieß eine Unform, die die Geschichte noch nicht gekannt hätte. — Ich glaube, es sind schon viele Formen von jener Seite (der Linken) vorgeschlagen worden, wofür die Geschichte kein Beispiel hatte. (Heiterkeit.) Ich hätte nicht geglaubt, daß dieser Einwand uns entgegentreten würde. Man hat sich dann sogar, um Das weiter zu belegen, auf die Geschichte des *Bundestags* berufen; die Gewalt des Bundestags, sagt man, hätte sich nur auf die *Fürsten* gestützt und nicht auf das *Volk*. Ich meine, die Gewalt, die wir schaffen sollen, stützt sich eben nicht auf die Fürsten; im Gegentheil, die Fürsten werden nur ein Interesse dabei haben, ihr von dem Standpunkte des Particularismus entgegenzutreten; wenn sie eine Grundlage hat; — und ich denke, sie wird eine feste Grundlage haben, — so wird es ja eben die breite Grundlage sein, die Sie wollen. Man hat gesagt, es wären 34 Gewichte bereits da, und es wäre unsinnig, ein 35stes Gewicht in dieselbe Wagschaale zu legen; man müßte umgekehrt ein Gegengewicht schaffen. Gerade den Satz wende ich vollständig auf mich an. Es ist uns dafür zur Unterstützung angeführt worden, es komme nicht auf Gleichförmigkeit an, es wäre eben nur ein Gegengewicht nöthig. Aber eben deßhalb, weil 34 einzelne Pfundsteine in einer Wagschaale sich befinden, ist es nothwendig, daß ein 34 Pfundstein in die andere gelegt wird, damit er ein Gleichgewicht bildet. Den Standpunkt des Particularismus, das dynastische Interesse können Sie nicht von Ihrem Principe aus bekämpfen; nur *homöopathisch* können Sie es bekämpfen. Sie müssen ein mächtiges Kaiserthum ihm entgegenstellen, das im Stande ist, die Intriguen des Particularismus zu durchkreuzen, und zu contrepariren. Man hat gesagt, auf diese Weise würde dem Fürsteninteresse doch nur ein neuer Zuwachs geschaffen werden gegen das Volksinteresse; das Fürsteninteresse sei schon von Hause aus verbündet, aber das Volksinteresse sei in 34 Theile gespalten, während auf demselben Staate der 34fache Druck der verbündeten Fürsten laste. Ich meine, meine Herren, die Geschichte der letzten zehn Monate, die wir gemeinschaftlich durchgemacht haben, seit dem März, liefert für diesen Satz wenigstens keinen Beweis. Zu allen Zeiten, wo wir seitdem Unruhen in Deutschland gehabt haben, Bewegungen vom Standpunkte des Volksinteresses aus, finden wir dieselben Schaaren mit allen Kriterien der Märzerrungenschaften im Aeußern auf allen diesen Schlachtfeldern; von Wien sind sie nach Berlin und von da nach Frankfurt u. s. f. überall hingezogen; die Hilfstruppen haben sich überall gefunden. — Ich meine auch, an *Organisation* hat es der Demokratie eben nicht gefehlt. (Widerspruch von der Linken.) Ich mache ihr übrigens keinen Vorwurf deßhalb; ich denke nur, wir haben eine vollständige Organisation der demokratischen Vereine in Deutschland, und ich frage Sie am Ende, wenn Das noch nicht genug war, wofür haben Sie denn den Märzverein geschaffen? (Große Heiterkeit und Bravo auf der Linken. Vogt vom Platze aus: Um die Demokratie zu organisiren!) Ich glaube also, mit einer Monarchen-Conföderation brauchen wir uns vorläufig nicht zu ängstigen; Sie haben Mittel genug in Händen und sie auch reichlich in Anwendung gebracht, um einer Monarchen-Conföderation auf das Wirksamste entgegenzutreten. Ich gehe aber noch weiter, meine Herren. Da Sie mir die Ehre erzeigen, mir Theilnahme zu beweisen (Heiterkeit auf der Linken), so erlaube ich mir, Ihnen zu beweisen, daß die erbliche Monarchie sogar in Ihrem eigenen demokratischen Interesse liegt. (Heiterkeit und Bravo auf der Linken.) Ich gehe nicht weiter, als Einer von dieser Seite (von der Linken), der neulich sogar sich verpflichtet hielt, aus dem Standpunkte der Unparteilichkeit für uns Anträge zu stellen; so weit gehe ich nicht; aber da unsere Interessen zufällig Hand in Hand gehen, so werden Sie mir, glaube ich, erlauben, die Gründe aus Ihrem Standpunkte anzuführen, die Sie zu einer Allianz bestimmen sollten. (Heiterkeit und Beifall auf der Linken.) Ich gehe davon aus, und die Herren werden damit einverstanden sein, daß die Republik vor der Hand nicht möglich ist, und ich glaube, daß ich dafür noch besonders mich berufen könnte auf das Zeugniß des Redners vor mir, welchen ich als die reinste Verkörperung des demokratischen Princips anzusehen mir erlaube, und der meine Annahme bestätigt hat; derselbe hat nämlich zugegeben, daß keine Partei, wenn auch nicht die unsrige, doch auch nicht die Ihrige (der Linken) die Majorität hätte, und Sie erlauben mir, dieses classische Zeugniß für mich in Anspruch zu nehmen. Ich bin der Ansicht, daß gerade, um in Ihrem Systeme fort zu operiren, Sie nichts besser gebrauchen können, als eine dauerhafte Spitze; denn gerade das System der häufig wechselnden Wahl, wofür Deutschland in dem Augenblicke noch nicht reif ist, wird jedesmal die Anarchie herbeiführen und mit dieser Anarchie, — daß der Sinn für Gesetzlichkeit in Deutschland nicht allzuweit entwickelt ist, werden Sie zugeben, — werden alle gesetzlosen Elemente und alle Elemente, welche der jetzigen Ordnung entgegenstreben, sich verbinden, es werden in natürlicher Gegenwirkung, — wie sich in den neun letzten Monaten gezeigt hat, — die besitzende Klasse und alle Diejenigen, denen an Gesetz und Ordnung gelegen ist, auf die entgegengesetzte Seite sich werfen und sich verbinden mit Dem, was an Macht den einzelnen Fürsten geblieben ist, und mit diesen vereinigt losschlagen; vorläufig werden Sie dagegen nicht stark genug sein, Sie werden auf diesem Wege allenfalls nur eine Militärdictatur herbeiführen können. Wandeln Sie dagegen ganz ruhig mit uns denselben Weg, dann werden wir uns auf dem Schlachtfelde begegnen, das der Redner vor mir angedeutet hat, — ob dann das republikanische Princip, wie er glaubt, oder ob das monarchische Princip siegen wird im Laufe der Geschichte, wird die Folge lehren, aber wir haben dann wenigstens gleiche Sonne und gleichen Wind, während, wenn Sie auf Ihrem Standpunkte fortfahren, Sie für die nächste Zukunft und jedenfalls auf lange Jahre unterliegen werden. Ich traue Ihnen nun viele Consequenz zu, aber auch vielen politischen Sinn; ich glaube, daß Sie die Mittel für den Zweck, den Sie wollen, recht wohl zu wählen wissen; ich glaube aber nicht, daß Sie aus purer theoretischer Consequenz die Anarchie organisiren und das Vaterland dadurch in lange Leiden stürzen wollen, um etliche Säze Ihres Princips auf dem Papiere gerettet zu sehen. Ich glaube, daß Sie so viel Geduld haben werden, das Princip ins Leben zu führen, wenn es an der Zeit ist. Wenn Sie mir dann endlich sagen, wie das verehrte Mitglied aus Heidelberg gesagt hat: „Ja, mein Gott, wenn wir die Erblichkeit einmal in die Verfassung eingeführt haben, können wir Sie nicht anders los werden, als auf dem Wege der Revolution," so hat mich dieß von diesem Standpunkte allerdings überrascht, da man hier sonst für die Revolution nicht so unempfänglich ist, und einer Ihrer geistvollsten Wortführer, das verehrte Mitglied für Gießen, wiederholt uns gesagt hat, daß die Revolution eigentlich die natürliche Entwickelung wäre (Heiterkeit); aber selbst wenn andere Mitglieder Ihrer Seite, wie ich jetzt höre, anderer Ansicht sein sollten, so kann ich jene Schlußfolge doch nicht zugeben; denn ich behaupte, wir haben bereits, wenigstens wie die Verfassung jetzt vorliegt, ein ganz gesetzliches Mittel, ohne Revolution zu jenem Ziele zu gelangen. Ich billige das Mittel nicht; ich habe aus Leibeskräften dagegen mich gestemmt; aber wenn es denn einmal sein soll, so haben Sie ja mit dem Suspensiv-Veto Alles in der Hand; — dekretiren Sie dreimal hintereinander, daß die Republik sein soll, der König kann dann nicht mehr opponiren, der Kaiser auch nicht, die Sache hört auf! (Heiterkeit.) — Ich stehe übrigens in dieser Ansicht nicht allein, es sind Mitglieder auf jener Seite (zur Rechten), die freilich einen ganz anderen politischen Standpunkt haben; diese haben uns Das bestätigt, und ich berufe mich auf ihr Zeugniß. Es hat uns ein Mitglied, das man irrthümlich einen Bayern genannt, und daraus eine lange Geschichte von Bruderzwist abgeleitet hat, — ich kann Ihnen übrigens im Vertrauen sagen, er ist nicht aus München, er ist aus Elbing in Preußen (Heiterkeit), dieses verehrte Mitglied, — ich will in diesem Augenblicke sagen, dieses Mitglied aus München, — hat uns also gesagt: „wäre ich ein verkappter Republikaner, ich würde für die Erblichkeit stimmen." Ich habe die Thatsache nicht zu untersuchen: was von dem Mitgliede verkappt und nicht verkappt ist, das geht mich nichts an; ich könnte sonst sagen, das Kaiserthum der Peterskirche, für das das geehrte Mitglied sich im Gegensatze zu dem Kaiserthum der Paulskirche erklärt hat, hat schon öfters Bündnisse eingegangen mit dem revolutionären Princip; ich könnte anführen, daß selbst das verehrte Mitglied aus Tyrol, das vorhin ganz liebenswürdig zu jener Seite (zur Linken) herangekommen ist, die Volkssouveränität in der Gestalt eines Wasser-Mädchens vorläufig bei Ihnen eingeführt hat. (Außerordentliche Heiterkeit.) Ich komme daher nur ganz einfach zum Schlusse, daß, wenn Sie auch mir nicht glauben, Sie doch Denen glauben werden, die in diesem Augenblicke Ihre Alliirten sind. (Mehrfacher Zuruf von der Linken: Nein, ebensowenig!) — Ich komme jetzt auf den Punkt, den sehr viele Redner als den eigentlichen Kern der Frage bezeichnet haben. Es ist uns wiederholt gesagt worden, es handle sich eigentlich um gar nichts Anderes, als Preußen an die Spitze zu bringen. — Ich bedauere bei dieser Gelegenheit, so sehr es mir leid thut, wenn Jemand eine Rede, die er halten will, nicht halten kann, daß wir viele Reden, die meiner Ansicht nach für die österreichische Frage vorbereitet waren, erst jetzt gehört haben. (Außerordentliche Heiterkeit.) Ich habe mich ausführlich neulich über die österreichische Frage geäußert, so daß es mir nicht einfällt, auf dasselbe Feld zurückzukehren, und alle die Gründe zu wiederholen, die damals angeführt wurden. Ich freue mich immerhin, daß das verehrte Mitglied aus Baden wenigstens mit Nutzen als Reichscommissär gereist ist, und uns doch zwei wichtige Erfahrungen von Oesterreich mitgebracht hat; einmal die, woran ich freilich bisher nicht gezweifelt habe, daß dieselbe Logik in Süddeutschland und Norddeutschland herrscht; dann, daß die österreichischen Minister nicht halb verrückt, sondern sehr gescheidte Männer wären, womit ich ebenfalls ganz einverstanden bin. Etwas wesentlich Neues habe ich sonst nicht gehört; sondern nur dieselben Gründe und dieselben Widerholungen alter Redensarten, die wir bereits von verschiedenen Seiten zur Genüge gehört hatten. (Heiterkeit.) Was aber meinen Standpunkt in der heutigen Frage betrifft, so kann ich dem verehrten Mitgliede aus Schleswig, das ich sonst hoch verehre, nicht beipflichten; für mich ist der Standpunkt nicht ein ausschließlich preußischer; wenn ich für das Princip der Erblichkeit bin, so bin ich dafür, weil ich es für das beste für unser Vaterland in jeder Beziehung halte, und ich kenne Mitglieder aus Oesterreich, die im Siebenzehner-Ausschusse waren, und für die Erblichkeit gestimmt haben, in der festen Ueberzeugung, daß gerade Preußen an die

Spitze kommen müsse; ich sage Das, was ich von einem dieser Mitglieder selbst gehört habe, und ich kann diesen unparteiischen Standpunkt nicht hoch genug anschlagen. Ich, meine Herren, habe stets auf diesem Standpunkte mich befunden, es gab eine Zeit im Frühjahre, und ehe wir hier zusammentraten, wo ich nach meiner individuellen Ansicht als das Wünschenswertheste ansah, einen österreichischen Prinzen an die Spitze zu stellen. — Aber ich meine, in der heutigen Discussion wäre die Frage, ob wir für Oesterreich oder Preußen uns zu entscheiden haben, jedenfalls anticipirt. Ich sage offen und ehrlich, wie ich es bei vielen früheren Gelegenheiten gethan habe, daß, wenn Oesterreich die Bedingungen erfüllt, in Deutschland eintreten zu können, ich es jedenfalls weit lieber sehen würde, wenn das Haus Oesterreich als erbliche Kaiserfamilie an die Spitze kommen, und Preußen sich ihm unterordnen würde, als wenn Ihre Trias, oder Ihr Directorium und aller andere Kohl eintreten sollte. (Beifall.) Ich bin überzeugt, daß Viele meiner Landsleute, — von Vielen weiß ich es persönlich, von Anderen habe ich die Ueberzeugung, — dieselbe Ansicht haben. Ich halte die Sache nicht für ein dynastisches oder particularistisches Interesse, ich halte die Frage für eine rein deutsche, und ich glaube, der Vertreter jedes deutschen Volksstammes soll nur für die Einheit des Vaterlandes hier wirken. (Beifall.) Ich habe bei meinem ersten Vortrage hier in der Versammlung unsere Misere mir näher zu bezeichnen erlaubt, und von vierunddreißig Nationen gesprochen; damals hat man mich verlacht, als ich sagte, unsere Aufgabe sei wesentlich die, dieser Misère ein Ende zu machen; jetzt, wo wir nach acht Monaten fast am Ende unserer Aufgabe uns befinden, bin ich mir bewußt, treu geblieben zu sein; ich höre aber jetzt viele Stimmen in diesem Hause, die eben nichts Anderes wollen, als die 34 Nationen. (Großer Beifall.) Ich sage also, diese Frage wird später zur Entscheidung kommen. Aber, meine Herren, ich kann diese Frage nicht verlassen, ohne die Einwürfe, die namentlich gegen ein an die Spitze Stellen Preußens hier erhoben worden sind, wenigstens kurz zu berühren. Man hat uns wiederholt gesagt, — das verehrte Mitglied aus Jena, meine ich, war es, — es handele sich wesentlich nur um eine Hegemonie. Es scheint, als ob der Begriff Hegemonie anders von Einem, als von dem Andern ausgelegt würde. Ich nenne mit dem Herrn Ministerpräsidenten Hegemonie, wenn, wie in Athen und Sparta, — denn von dort datirt sich dieser Begriff, — ein Staat über die andern eine Obergewalt übt. Von alledem sehe ich für unsern Fall gar nichts in Preußen. Es würde keine Obergewalt üben; dem muß ich auf das Entschiedenste widersprechen. Ich bitte, mir nur zu sagen, worin sich diese Herrschaft manifestiren sollte. Wir sind hier in der Paulskirche zu gleichen Rechten beisammen, und werden es auch im künftigen Volkshause sein, und im Staatenhause werden ja die anderen Staaten verhältnißmäßig weit stärker vertreten sein, als Preußen; — lediglich die Dynastie Preußens würde an die Spitze von Deutschland kommen. Wenn man aber sagen wollte: Ihr wollt aber doch Preußen berufen, weil Preußen mächtig ist, so gebe ich Das vollständig zu, sage aber, daß der Grund für die Berufung ein weit mehr negativer, als positiver ist. Darum will man Preußen an die Spitze, weil man sich überzeugt, daß, wenn man von Oesterreich absieht, — und Das ist ja bei allen diesen Reden supponirt worden, — es ganz unpraktisch ist, einen andern Stamm zu berufen, weil wir der möglichen Opposition, nicht der Dynastie, die sich immer für Deutschland geopfert hat, sondern des Stammes, gegen die Berufung eines minder mächtigen Stammes, anders als auf diese Weise nicht würden entgegentreten können. Es würde sich denn doch vielleicht eine Opposition von 16 Millionen gegen 3 Millionen, oder am Ende auch einige Hunderttausende geltend machen. Insoweit ist der Grund vielmehr ein negativer, als positiver. Was aber das Positive betrifft, so schätze ich es immer nicht gering, daß wir ein vortreffliches Heer besitzen, das nicht, wie man gesagt hat, die anderen Stämme beschützen, das aber den Kern der großen deutschen Kriegsmacht bilden soll. Wir können doch nichts dafür, daß in anderen Staaten Deutschland's das Heerwesen nicht so gut organisirt ist, daß jene Staaten die Zeit nicht besser genutzt haben, daß bereits seit 1808 unsere Regierung Hand angelegt hat, um eine neue Zeit heraufzuführen, daß wir Ihre Grundrechte im Wesentlichen bereits seit 40 Jahren besitzen (Bravo!), daß wir ganz anders vorgearbeitet haben, wenn es einmal sich um Vergleichungen handelt, — ich mache keinem Stamme einen Vorwurf, sondern nur Metternich und Denen, die sonst dort an der Spitze standen, — daß wir ganz anders vorgearbeitet haben, als Oesterreich; daß wir längst eine Städteordnung, eine Heerverfassung haben, die Keinen ausschließt, — Gewerbe-Freiheit, — daß wir bereits wenigstens die Grundlage einer Zollvereinigung mit Deutschland gelegt haben, — das Alles ist doch nicht unsere Schuld. Wollen Sie sich dann dahin wenden, wo noch gar keine Grundlagen für die künftige Schöpfung gelegt sind, oder dahin, wo bereits ein guter Grund in vielen Dingen gelegt worden ist? — Man ist ferner auf einen Punkt gekommen, den ich ungern, und darum nur mit ein paar Worten berühre: nämlich den religiösen Standpunkt. Ich glaube mit dem verehrten Mitglied aus der Rheinprovinz, daß die Religion der Grundpfeiler sein soll jeder staatlichen Ordnung, d. h. das religiöse Gefühl, wie es Jedem innewohnen soll; aber ich bin nicht der Ansicht, daß bestimmte Confessionen vorzugsweise zu Grundpfeilern geeignet seien, sondern ich meine, daß gerade der Standpunkt des Christenthums uns vor allen Anderen Duldung gebietet; und ich freue mich, daß, wie es scheint, endlich diesem Grundsatz im 19. Jahrhundert Bahn gebrochen wird, und daß wir ihn auch in unsere Grundrechte aufgenommen haben. Das verehrte Mitglied von Kaufbeuern hat die Gründe der Gegner übrigens schon so abgefertigt, daß wenig zu sagen übrig bleibt. Ich frage daher nur, ob die Sache sich etwa anders gestalten würde, wenn der König von Preußen, wozu er doch berechtigt bliebe, seine Confession änderte? Würde dann nicht mancher Katholik von dieser Ansicht abgehen? Und hier stimme ich zufällig einmal mit dem Mitgliede aus Tyrol überein, der da meinte, der Katholicismus hätte eine so festbegründete Stellung im Innern des Staates, und ich darf wohl hinzufügen, auch außerhalb desselben, daß er Beeinträchtigungen nicht zu scheuen habe. Ich räume dem Katholicismus den Vorzug dieser geschlossenen Stellung ein. Wenn daher irgend eine Confession Angriffe des Staates zu scheuen hätte, so könnte es vielmehr nur der Protestantismus sein, der noch nicht auf einen solchen streng organisirten Standpunkt gekommen ist. — Ich komme zu der Zollfrage, die man auch hineingezogen hat. Das verehrte Mitglied aus Sachsen, das sich in dieser Frage mit besonderem Glücke versucht hat, wird es mir verzeihen, wenn ich es unternehme, als Laie mit dem schlichten Geschäftsmann eine Lanze zu brechen. Es haben sich ja schon die Standpunkte so wunderlich verschoben, daß der Präsident des Verfassungs-Ausschusses seinem Collegen aus dem volkswirthschaftlichen, Enthusiasmus, und umgekehrt der Andere ihm Vorliebe für die materiellen Interessen vorwirft. (Heiterkeit.) Ich will diesen Streit nicht weiter ausspinnen. Was aber zunächst die

Frage der Dauer der Regierung betrifft, so bin ich der Ansicht des Mitgliedes von Erlangen, das uns sagte, daß man in Nord-Amerika für die handelspolitischen Interessen mit Recht beklage, daß die Regierung nur von so kurzer Dauer sei. Ich denke mir, worauf jeder Kaufmann vor Allem das meiste Gewicht legt, ist doch die Garantie, die Sicherheit einiger Dauer für seine Unternehmungen; es ist dasselbe, was die Männer der Schutzzölle bisher immer verlangt haben. Sie wünschen aus guten Gründen, daß die Zölle mindestens für einen Zeitraum von etwa zwölf Jahren festbestimmt sind, und nicht der Aenderung, am Schlusse jeder dreijährigen Tarifsperiode unterliegen, dafür könnte ich Ihnen zahllose Eingaben citiren, denn es sind solcher gar viele durch meine amtlichen Finger gelaufen. — Die allererste Consequenz des Schutzzoll-Systems ist doch wohl die, daß man irgend eine Sicherung dafür habe, daß das in einem beschützten Geschäftszweige angelegte Capital wirklich mit Nutzen angelegt sei, und nicht Capitalien, welche in der Hoffnung verwendet wurden, daß ein bestimmtes, heute geltendes Zollsystem auch von Bestande sei, gänzlich vernichtet werden, wenn später ein entgegengesetztes System, das System der Beweglichkeit, das uns das Mitglied von Chemnitz so warm empfohlen hat, an die Stelle tritt. — In Nord-Amerika ist der Präsident häufig in der Lage, von der Tariffrage, der Frage über das umlaufende Medium, und von anderen Fragen des Handels und Verkehrs Notiz nehmen zu müssen, und gerade aus diesen Fragen bildet sich ein Operationsplan für die Candidaturen zur Präsidentschaft, und Sie mögen nun den Einfluß des Präsidenten so niedrig anschlagen als Sie wollen, — und sein Einfluß ist in Amerika eben kein geringer nach meiner Meinung, — so werden Sie mir zugeben, daß es nicht wünschenswerth ist, daß eine Sache von der höchsten politischen Wichtigkeit, die Frage von der Festigkeit des ganzen Staatsgebäudes, am Ende zu einer Frage über den Kattun gemacht werde. Wenn man sich hier auf Nord-Amerika bezogen, wenn das verehrte Mitglied die Nord-Amerikaner mit Recht als eine kluge, umsichtige, weise Nation, als das erste Handelsvolk der Erde bezeichnet hat, so will ich ihm doch beiläufig zu bemerken geben, daß eben das System, das er bekämpft, das der bloßen Finanzzölle, nicht der Schutzzölle, in Nord-Amerika jetzt gerade herrschend geworden ist. Ich darf mir wohl erlauben, ihm zwei ganz kurze Sätze entgegenzuführen, welche der nordamerikanische Staatssecretär des Schatzes, der diesem Systeme zuerst 1845 Bahn gebrochen hat, als Fundamentalsätze der nordamerikanischen Politik aussprach: „Die Gesetzgebung für einzelne Stände ist gegen die Lehre von den gleichen Rechten, widerspricht dem Geiste unserer freien Institutionen, und kann, wie von Vielen befürchtet wird, eine andere Art Form für privilegirte Kasten, unter dem Namen „Schutz" statt „Privilegium" werden, welches hier nicht durch Rang und Titel angedeutet wird, sondern durch Gewinn mit Dividenden, die zum Nutzen einiger Wenigen, der Mehrzahl durch auferlegte Steuern entrissen werden." (Bravo!) Das ist das System des nordamerikanischen Staatssecretärs des Schatzes. Und wenn man uns hier immer gesagt hat: „Wir haben die materiellen Interessen versäumt, ja! wir haben die Interessen der arbeitenden Klasse vernachlässigt, weil wir nicht unbedingt für Schutzzölle gewesen sind," so erlaube ich mir, diesen Phrasen einen Satz desselben Staatssecretärs entgegenzuhalten, wo er sagt: „Wenn die Zahl der Fabriken nicht groß ist, so ist die Macht des Systems, den Arbeitslohn zu reguliren, unbedeutend; sobald aber der Gewinn des in Fabriken angelegten Capitals durch den Schutzzoll vermehrt wird, so entsteht eine entsprechende Zunahme der Macht, bis die Controle eines solchen Capitals über den Arbeitslohn unwiderstehlich wird... Aber die Regierung stellt sich durch Schutzzölle auf die Seite des Fabrik-Systems, und beendet so, indem sie dessen Reichthum und Macht vermehrt, sehr bald zu seinen Gunsten den Kampf zwischen Menschen und Geld, zwischen Capital und Arbeit... Der Schutzzoll ist eine die Gewinnserhöhung des Capitals angehende Frage. Dieses ist sein Zweck, nicht aber die Vermehrung des Arbeitslohnes, welcher jenem Gewinn Abbruch thun würde." Das sind die Ansichten und Erfahrungen nordamerikanischer Staatsmänner, und wenn man sich einmal auf die Autoritäten fremder Ansichten beruft, so sollte man doch wenigstens nicht die Autoritäten anziehen, die gerade das Entgegengesetzte beweisen. — Um mich zu belehren, hat das geehrte Mitglied auch auf die Stimmung in meinem Wahlkreise hingewiesen. Ich spreche nicht gern von meiner Person; wenn man aber von den Ansichten und von der Stimmung in meinem Wahlkreise spricht, und man mich mit denselben gewissermaßen in Widerspruch zu bringen gesucht hat, so erlaube ich mir, darauf zu bemerken, daß ich die fünf Wochen vor der Wahl in meinem Wahlkreise nicht anwesend gewesen, und daß ich weder mündlich noch durch ein schriftliches Wort auf meine Wahl hingewirkt, noch mir durch Freunde in dem Wahlkreise Vorschub geleistet worden ist, den ich die letzten zehn Jahre verwaltet habe, und daß ich dann in diesem und dem angrenzenden Kreise gewählt worden bin, und daß ich auch nie ein Programm oder irgend sonstige Verpflichtung einzugehen veranlaßt gewesen bin, wozu ich mich auch nie verstehen würde; ich stimme daher hier ganz unabhängig von irgendwelcher Ansicht meiner Committenten. Was nun diesen meinen ehemaligen Kreis anbetrifft, so ist er allerdings wesentlich ein fabricirender. (Heiterkeit.) Wenn man sich dort jetzt für den Grundsatz des Schutzzolles erklärt hat, so erklärt sich das von selbst. Als zuerst die Agitation wegen der Eisenzölle sich erhob, hatten unsere Fabrikanten mehrere hundert Thaler zusammengeschossen, und dafür einen Vertreter nach Berlin geschickt, um die Schutzzölle auf Eisen zu bekämpfen, weil sie ihre Eisenindustrie zu vernichten drohten, insofern bei uns das Eisen zu Waaren verarbeitet und diese über die See nach Westindien u. s. w. exportirt wurden. Und ich habe mich an diesem Kampfe lebhaft betheiligt. Als aber alle Bemühungen als vergeblich sich herausstellten, und das erwähnte System ungeachtet des Widerstrebens durchgedrungen war, so haben sie jetzt nicht mehr gegen den Strom schwimmen wollen, und durch Beantragung von Rückzöllen und Ausfuhrprämien den Nachtheil wenigstens wieder zu beseitigen gesucht, den ihnen dieses System gebracht hat. Das kommt also dabei heraus, wenn man, mag man nun für oder gegen Schutzzölle sein, aus allen Schichten der Bevölkerung die Quellen für seine Behauptungen zusammensucht. (Große Heiterkeit auf der Rechten und in den Centren.) Was ferner die Vorwürfe gegen das Verfahren Preußens im Zollvereine betrifft, so sind das nur Wiederholungen von Zeitungsartikeln, die wir ja Alle schon genugsam gelesen haben. (Heiterkeit auf der Rechten.) Wenn man von einer Verbrüderung Preußens mit England räsonnirt, so vergißt man, daß dasselbe Räsonnement bei dem holländischen Handelsvertrage stattgefunden hat. Den Vertrag mit Holland kann ich handelspolitisch nicht für richtig halten, aber gewiß wurde er doch nicht im Interesse der englischen Handelspolitik geschlossen. Man hat uns gesagt, daß aber doch Das, was man auf der Zollconferenz zu Stuttgart besprochen, zuerst in englischen Zeitungen gestanden, und man hat daraus für den Unwerth deutscher Interessen Folgerungen gezogen; nun ebenso gut könnte man auch daraus Folgerungen ziehen, daß der englische Gesandte damals ein großes Diner hat geben wollen, wozu alle Zollvereinsbevollmächtigte eingeladen wurden, daß aber der preußische Bevollmächtigte es hintertrieb. — Sie sehen, mit solchen Sätzen beweisen Sie Nichts, das ist nicht einmal Speck, mit dem man Mäuse fängt. (Große Heiterkeit in der ganzen Versammlung.) Die von dem verehrten Mitgliede angeregte Frage von den Schutzzöllen sehe ich ungefähr wie die Frage von der besten Staatsverfassung an, auch in der Handelspolitik schlägt man nicht Alles über einen Leisten; man richtet sich nach gegebenen Verhältnissen. Ich habe keineswegs gesagt, daß ich entschieden für Schutzzölle oder für Freihandel wäre; sondern ich habe gesagt: daß im Vergleiche zu einem mächtigen und einigen Deutschland die Schutzzölle ein wahrer Pappenstiel seien, und der Ansicht bin ich noch. — Ich sagte: Trachtet zuerst nach einem kräftigen und einigen Deutschland, so wird Euch das Andere Alles zufallen. (Lebhaftes Bravo.) Das verehrte Mitglied von Chemnitz aber übersetzt Das in seine Sprache: Trachtet zuerst nach Schutzzöllen, so wird Euch das Andere Alles zufallen. (Heiterkeit und Gelächter.) Ich habe nicht gesagt, man würde die Interessen Süddeutschland's preisgeben, wenn man ganz Deutschland einigte; sondern ich habe gesagt: wenn man die Union mit Oesterreich zu Stande brächte, so würde Das eine Lebensfrage von ganz Süddeutschland sein. Die ganze commercielle Zukunft von Süddeutschland hänge von einer möglichst innigen Handelsverbindung mit Oesterreich ab, die aber auch durch einen Zollverein, nicht bloß durch eine staatliche Einigung erreicht werden könne. Wenn man mich citirt, so bitte ich, mich wenigstens richtig zu citiren. — Was die Stimmung des preußischen Volksstammes über diese materiellen Fragen betrifft, so werden Sie dieselbe doch nicht aus der Ansicht eines vorübergehenden Ministeriums beurtheilen. So ist mit den Schutzzöllen verbündet die Stimmung der Bevölkerung in den Rheinprovinzen, sie ist es in einem großen Theile von Westphalen und in einem großen Theile von Schlesien und von Sachsen; und Sie haben auf dieser (der rechten) Seite des Hauses Verbündete des Schutzzollsystems, wie auf der anderen (der linken) Seite in dem verehrten Mitgliede für Calbe der Freihandel einen warmen und beredten Fürsprecher zählt. Wie verschieden man von dem Systeme des Zollvereins denkt, das geht aus der Rede des verehrten Mitgliedes für Schaumburg-Lippe hervor. Er will das jetzige preußische Zollsystem als ein Schutzzollsystem betrachtet wissen. Es folgt daraus ganz einfach, daß der Begriff von Schutzzöllen ein durchaus relativer ist, je nach der Verschiedenheit des Standpunktes. Jetzt wenigstens haben wir einen Mann an der Spitze des Handelsministeriums in Preußen, der, soweit ich ihn kenne, seit Jahren der consequenteste Schutzzöllner ist, und ich glaube, mit ihm würde selbst das verehrte Mitglied aus Chemnitz außerordentlich zufrieden sein. (Große allseitige Heiterkeit.) Ich denke, meine Herren, wir mischen doch nicht solche Stimmungen in die große Frage, die vorübergehend sind, wie die Luft. Diese Fragen werden ja zunächst von dem Volks- und von dem Staatenhause entschieden, in welchen die an die Spitze berufene Dynastie am Wenigsten darauf einwirken kann, wenn sie eben keine Sonderstellung mehr einnimmt, sondern an die Spitze des ganzen großen Vaterlandes sich gestellt sieht. Ich hoffe, Sie beurtheilen Alle diese Frage nicht von preußischem oder österreichischem Standpunkte. — Ich wiederhole: ich würde gern für Oesterreich stimmen, wenn ich gewiß die Möglichkeit erkennen würde, daß es keine anderen Interessen mehr zu vertreten hat, als rein deutsche. Ich habe hier kein anderes Interesse, als die Zukunft Deutschland's. (Allseitiger lebhafter Beifall.) Ich glaube aber, wenn die Geschichte unsere Namen aufzeichnet, woran man uns hier oft erinnert hat, so wird man hoffentlich unsere Namen alle auf die Seite Derjenigen stellen, welche ein einiges Deutschland wollten. (Lebhafter Beifall auf der Rechten und in den Centren.) Die Namen der Gegner aber wird man in allen Winkeln Deutschland's suchen müssen: da, wo man die Republik will, und nur jetzt noch nicht ausführen kann, da, wo man die katholische Kirche gefährdet glaubt und man für einen erblichen Kaiser nicht stimmt, weil unser König einmal das Unglück hat, Protestant zu sein, und da, wo man nur deßhalb nicht für den Erbkaiser ist, weil es nicht der österreichische ist; zu einer solchen Ansicht werden wir Preußen uns niemals herablassen. (Stürmisches Bravo und anhaltendes Händeklatschen in der ganzen Versammlung.)

Präsident: Ich bitte einen Augenblick um Ruhe, damit ich mich verständlich machen kann. Es liegt mir ein Antrag auf Vertagung der Debatte bis morgen vor. (Stimmen im Centrum: Schluß!) Eben erhalte ich noch einen Antrag auf Schluß. (Stimmen auf der Rechten: Kein Schluß!) Meine Herren! Wollen Sie nicht erst Ihre Plätze einnehmen? Es ist doch jetzt die Abstimmung nöthig, und wie soll ich, wenn Sie sich nicht setzen, das Resultat derselben erkennen? Ich muß wohl erst den Antrag auf Schluß zur Abstimmung bringen, da er der weitergehende ist. (Widerspruch.) Das Haus wird sich ja darüber entscheiden, darum bitte ich nochmals, die Plätze einzunehmen. Also diejenigen Herren, welche die Discussion über den § 1a nicht bloß vertagt, sondern geschlossen wissen wollen, ersuche ich, sich zu erheben. (Mitglieder auf verschiedenen Seiten erheben sich.) Ich muß um die Gegenprobe bitten. Diejenigen Herren, welche die Debatte über § 1a nicht geschlossen wissen wollen, ersuche ich aufzustehen. (Es erheben sich Mitglieder auf verschiedenen Seiten des Hauses.) Meine Herren, das Büreau ist über das Ergebniß der Abstimmung zweifelhaft; ich schlage Ihnen deßhalb vor, den Schluß dadurch für abgelehnt zu betrachten. (Stimmen auf der Rechten und im rechten Centrum: Ja! Ja wohl! Auf der Linken: Nein!) Jetzt, meine Herren, bringe ich den Antrag auf Vertagung zur Abstimmung, ich bitte also, Ihre Plätze einzunehmen. Diejenigen Herren, welche die Discussion über den § 1a für die heutige Sitzung abgebrochen und auf die nächste vertagt wissen wollen, ersuche ich, sich zu erheben. (Mitglieder auf allen Seiten, besonders auf der rechten Seite erheben sich.) Die Vertagung ist angenommen. (Unruhe.) — Meine Herren! Ich muß noch für einige Augenblicke um Ruhe bitten. Ich bitte Sie, Ihre Plätze einzunehmen; wir haben noch einige kleine Angelegenheiten zu erledigen. Herr Rösler von Oels hat das Wort verlangt zu einer Interpellation des Gesetzgebungs-Ausschusses. Ich gebe ihm dazu das Wort.

Rösler von Oels: Ich habe am 27. December einen Antrag eingegeben, welcher seiner Natur nach auf eine oder die andere Weise erledigt sein muß, bevor die Sitzungen des Parlaments geschlossen sind; er betrifft die authentische Uebersetzung der von der Nationalversammlung oder der Central-Gewalt an das Volk ergehenden Ansprachen und Gesetze. Dieser Antrag ist dem gesetzgebenden Ausschusse überwiesen worden; ich interpellire daher denselben, ob er in diesen vier Wochen Zeit gefunden hat, Bericht zu erstatten?

Präsident: Herr Mittermaier wird darauf, im Namen des Ausschusses, antworten.

Mittermaier von Heidelberg: Der Gegenstand ist im Gesetzgebungs-Auschusse berathen, und jeden Augen-

[illegible] könnte darüber Bericht erstattet werden. Ich glaube [illegible], daß, da eine so wichtige Frage vorliegt, es nicht nothwendig sei, jetzt Bericht zu erstatten. Sobald die Frage erledigt ist, die uns jetzt beschäftigt, bin ich bereit, den Bericht zu erstatten.

Präsident: Ich zeige Ihnen ferner an: Es ist für nothwendig erachtet worden, die sämmtlichen Eintrittskarten zu erneuern. Die Karten für die Abgeordneten werden denselben in ihrer Wohnung eingehändig werden; die Eintrittskarten für die diplomatische Tribüne, für die Damen, für die Berichterstatter können vom 24. bis 26. d. M. in dem Zimmer Nr. 3 des Sarasin'schen Hauses Nachmittags zwischen 4 bis 5 Uhr von den Berechtigten eingetauscht werden. — Herr Plathner hat den schriftlichen Wunsch ausgesprochen, seiner Stellung im Büreau enthoben zu werden. Da er das Secretariat über drei Monate bekleidet hat, so steht ihm dieser Antrag nach der Geschäftsordnung zu. Ich setze also auf die nächste Tages-Ordnung: Die Ersatzwahl eines Schriftführers an die Stelle des austretenden Herrn Plathner. — An Einladungen der Ausschüsse und Abtheilungen habe ich anzuzeigen: Der volkswirthschaftliche Ausschuß wird aufgefordert, heute um 5½, der Verfassungs-Ausschuß, heute um 6 Uhr sich zu versammeln; die Mitglieder der zweiten Abtheilung werden ersucht, nach der Sitzung bei der Tribüne sich zu versammeln; ebenso ersuche ich die Mitglieder des Büreaus, gleich nach der Sitzung hier bei dem Büreau zusammenzukommen. — Die nächste Sitzung beraume ich auf morgen um 9 Uhr an. Die Tages-Ordnung ist: Die Ersatzwahl für den aus dem Büreau ausgeschiedenen Herrn Plathner; demnächst Fortsetzung der Berathung über § 1a und 2 des vorgelegten Entwurfs. — Die heutige Sitzung ist geschlossen.

(Schluß der Sitzung 2¾ Uhr.)

Verzeichniß der Eingänge

vom 18. Januar 1849.

Petitionen.

1. (6298) Petition vieler Bürger zu Wildburghausen um definitive Uebertragung der Centralgewalt an die Krone Preußen, übergeben durch den Abgeordneten Johannes. (An den Verfassungs-Ausschuß.)

2. (6299) Petition des Werra-Rhön-Volksvereins, d. d. Tiefenort und Lengsfeld den 11. Januar 1849, für Uebertragung der erblichen Oberhauptswürde an die Krone Preußen, übergeben durch den Abgeordneten Weißenborn. (An den Verfassungs-Ausschuß.)

3. (6300) Eingabe der Abgeordnetenversammlung des Herzogthums Gotha, den Wunsch ausdrückend, „den Staat Preußen ausschließlich an die Spitze der neu zu begründenden deutschen Bundesverfassung, und zwar so schnell als möglich zu stellen." (An den Verfassungs-Ausschuß.)

4. (6301) Eingabe des deutschen Vereins zu Dresden für die Oberleitung des Gesammtstaates durch die Krone Preußen. (An den Verfassungs-Ausschuß.)

5. (6302) Adresse des demokratischen Vereins zu Fulda gegen ein erbliches oder lebenslängliches Kaiserthum, überreicht durch den Abgeordneten Mar Simon. (An den Verfassungs-Ausschuß.)

6. (6303) Adresse des Vaterlandsvereins zu Hof gegen einen deutschen Kaiser überhaupt, besonders aber gegen einen erblichen; übergeben vom Abgeordneten Blumröder. (An den Verfassungs-Ausschuß.)

7. (6304) Eilf weitere Adressen aus Oberösterreich gegen die §§ 2 und 3 des Verfassungsentwurfs vom Reiche und der Reichsgewalt, und zwar aus der Stadt Freistadt, Stadt Grein und Umgegend, Markt Leonfelden, Markt Neufelden, Peilstein, Bezirk Riedegg, Schwarzenberg und Weinberg, übergeben durch den Abgeordneten Kagerbauer. (An den Verfassungs-Ausschuß.)

8. (6305) Eingabe von vielen Universitäts-Angehörigen und Bürgern der Stadt Tübingen um Uebertragung der deutschen Kaiserwürde an Preußen, übergeben durch den Abgeordneten Rümelin. (An den Verfassungs-Ausschuß.)

9. (6306) Petition von Bürgern zu Neunheim, bei Ellwangen, für Uebertragung der deutschen Kaiserwürde an das Haus Oesterreich, übergeben durch den Abgeordneten Huck. (An den Verfassungs-Ausschuß.)

10. (6307) Eingabe gleichen Betreffs, von Bürgern zu Kolbingen, eingereicht durch den Abgeordneten Rheinwald. (An den Verfassungs-Ausschuß.)

11. (6308) Petition der Bürger zu Hanau, gegen einen Kaiser, übergeben durch den Abgeordneten Rühl. (An den Verfassungs-Ausschuß.)

12. (6309) Eingabe des Magistrats und Bürger-Vorsteher-Colegii zu Hameln, die Regulirung der Verhältnisse der Weser betreffend, überreicht vom Abgeordneten Nicol. (An den Ausschuß für die Volkswirthschaft.)

13. (6310) Eingabe von K. K. Kohl, Director der vereinten Weser-Dampfschiffahrt zu Hameln, die schiffbaren Flüsse und besonders die Weser, Werra und Fulda betreffend, übergeben durch Denselben. (An den Ausschuß für die Volkswirthschaft.)

14. (6311) Petition der Metallhandwerker des Kreises Schmalkalden um Schutz ihrer Gewerbthätigkeit durch entsprechende Erhöhung des Eingangszolles auf ausländische Eisen- und Stahlwaaren aller Art, übergeben durch den Abgeordneten Bernhardi. (An den Ausschuß für die Volkswirthschaft.)

15. (6312) Eingabe der würtembergischen Kammer der Abgeordneten zu Stuttgart gegen den Entwurf zu einem Zolltarif für das vereinte Deutschland, welcher von den Abgeordneten norddeutscher Handels- und vereinsländischer Meßplätze ausgearbeitet ist. (An den Ausschuß für die Volkswirthschaft.)

16. (6313) Eingabe gleichen Betreffs von der Handels-Kammer zu Erfurt, übergeben durch den Abgeordneten Keller. (An den Ausschuß für die Volkswirthschaft.)

17. (6314) Gleiche Eingabe der Gemeinde Sandhofen. (An den Ausschuß für die Volkswirthschaft.)

18. (6315) Gleiche Eingabe des Bürgervereins zu Wiesloch. (An den Ausschuß für die Volkswirthschaft.)

19. (6316) Gleiche Eingabe von Einwohnern zu Goldlauter, übergeben durch den Abgeordneten Keller. (An den Ausschuß für die Volkswirthschaft.)

20. (6317) Gleiche Eingabe von Bürgern zu Ilvesheim, übergeben durch den Abgeordneten Werner von Oberkirch. (An den Ausschuß für die Volkswirthschaft.)

21. (6318) Gleiche Eingabe von Bürgern zu Ellwangen, übergeben durch den Abgeordneten Huck. (An den Ausschuß für die Volkswirthschaft.)

22. (6319) Der Abgeordnete Zell übergibt folgende Petitionen:

a) 16 Petitionen von 34 Ortschaften an der Mosel, als: Bernkastel, Cues, Croev, Uerzig, Kniesheim, Wehlen, Liefer, Cyten, Maring, Noviand, Thron, Niederemmel, Neumagen, Zittenheim, Zeltingen, Mülheim, Burgen, Veldenz, Winterich, Filzen, Dusemond, Andel und Graach, den Schutzzoll für Weine betreffend; und

b) 47 Petitionen von Ortschaften der Mosel, der Eifel und dem Hundsrücken, betreffend den Schutz der vaterländischen Arbeit. (An den Ausschuß für die Volkswirthschaft.)

23. (6320) Neun Petitionen um Schutz der National-Arbeit und baldigen Erlaß einer gesetzkräftigen allgemeinen Gewerbeordnung, und zwar: a) von den Webermeistern zu Elberfeld; b) den Webern zu Hilden; c) der industriellen Arbeiter zu Velbert; d) der Webermeister von Wald; e) der Webermeister von Haan; f) der Webermeister von Nevigas; g) der industriellen Arbeiter von Langenberg; h) der Weber- und anderer Handwerkmeister zu Wülfrath; i) der industriellen Arbeiter zu Hattingen, sämmtlich übergeben vom Abgeordneten v. Köſteritz. (An den Ausschuß für die Volkswirthschaft.)

24. (6321) Petitionen um Schutz des vaterländischen Weinbaues, und zwar: von Cruſt, Masselweiß, Capellen, Koblenz, Engers und Bendorf. (An den Ausschuß für die Volkswirthschaft.)

25. (6322) Petitionen gegen den von Abgeordneten norddeutscher Handels- und vereinsländischer Meßplätze ausgearbeiteten Entwurf zu einem Zolltarif für das vereinte Deutschland, und zwar: aus der Stadt Suhl, Heinrichs, Vesser, Hirschbach und Heidersbach, übergeben durch den Abgeordneten Keller. (An den Ausschuß für die Volkswirthschaft.)

26. (6323) Petitionen um Schutz und Förderung der vaterländischen Arbeit aus Walldüren, Zell a. H., Hoppterzell, Zizenhausen, Lippfingen, Mahlspüren, Keithusbach, Camberg, Wolfenhausen, Greweweisbach, Eltville, Kassel, Wiesbaden, Mölsheim und Bieber, eingesandt von dem Ausschusse des allgemeinen deutschen Vereins zum Schutz der vaterländischen Arbeit. (An den Ausschuß für die Volkswirthschaft.)

27. (6324) Petition der Gemeinde Halver gegen Aufhebung des Schutzzolles. (An den Ausschuß für die Volkswirthschaft.)

28. (6325) Petition der Tabaksproducenten der Gemeinde Boehl bei Speyer, gegen den von Abgeordneten norddeutscher Handels- und vereinsländischer Meßplätze ausgearbeiteten Entwurf zu einem Zolltarif für das vereinte Deutschland. (An den Ausschuß für die Volkswirthschaft.)

29. (6326) Eingabe des vaterländischen Vereins zu Rastatt, die Regelung der Zollverhältnisse betreffend, übergeben durch den Abgeordneten Mittermaier. (An den Ausschuß für die Volkswirthschaft.)

30. (6327) Eingabe des vaterländischen Vereins zu Hannover, das Heimathsgesetz betreffend. (An den Ausschuß für die Volkswirthschaft.)

31. (6328) Petition der Bürgerschaft der Stadt Deidesheim in Rheinbayern, den künftigen Zolltarif Deutschland's, namentlich die Zollansätze auf französische Weine betreffend. (An den Ausschuß für die Volkswirthschaft.)

32. (6329) Der engere Ausschuß des Congresses deutscher Landwirthe zu Frankfurt am Main übergibt die von dem Congresse der Abgeordneten der landwirthschaftlichen Vereine von ganz Deutschland gefaßten Beschlüsse über die Steuergesetzgebung. (An den Ausschuß für die Volkswirthschaft.)

33. (6330) Petition der Gemeinde Rhodt gegen Erniedrigung der Zollsätze auf ausländische Weine, übergeben durch den Abgeordneten Cullmann. (An den Ausschuß für die Volkswirthschaft.)

34. (6331) Gleiche Petition der Gemeinde Gräfenhausen in der Pfalz, übergeben durch Denselben. (An den Ausschuß für die Volkswirthschaft.)

35. (6332) Gleiche Eingaben der Gemeinden Ingenheim, Heidesheim, Budenheim, Bubenheim, Niederingelheim, Wackernheim, Großwinternheim, Elsheim und Jugenheim, übergeben durch den Abgeordneten Schütz. (An den Ausschuß für die Volkswirthschaft.)

36. (6333) Petition um Schutz der nationalen Arbeit von Einwohnern zu Kemel. (An den Ausschuß für die Volkswirthschaft.)

37. (6334) Gleiche Petition von Bürgern zu Oehringen (Würtemberg), übergeben durch den Abgeordneten Rödinger. (An den Ausschuß für die Volkswirthschaft.)

38. (6335) Petition der Stadt Lauffen für die in Frankfurt entworfene und in Eßlingen verbesserte Gewerbeordnung. (An den Ausschuß für die Volkswirthschaft.)

39. (6336) Petition der Handwerker zu Schorndorf gegen Gewerbefreiheit, übergeben durch den Abgeordneten Tafel von Stuttgart. (An den Ausschuß für die Volkswirthschaft.)

40. (6337) Petition der Gemeinde Laudenbach (Baden) gegen die vorgeschlagene Herabsetzung des Eingangzolles auf Wein und Tabak. (An den Ausschuß für die Volkswirthschaft.)

41. (6338) Petition des Arbeitervereins zu Scharfenstein um Schutz der deutschen Arbeit. (An den Ausschuß für die Volkswirthschaft.

42. (6339) 27 Petitionen um Schutz und Förderung der vaterländischen Arbeit, von Bacharach, Oberdiebach, Mausach, Gaubischofsheim, Oestrich, Randersacker, Würzburg, Bretzenheim, Darmstadt, Pforzheim, Wallmerod, Langenschwalbach, Lüdscheidt, Katzenellnbogen, Lemmel, Heppert, Ruhrort, Sauerschwabenheim rc., — eingesandt von dem Ausschusse des allgemeinen deutschen Vereins zum Schutz der vaterländischen Arbeit zu Frankfurt a. M. (An den Ausschuß für die Volkswirthschaft.)

43. (6340) Petition der Gemeinde Mellernich um Schutz des vaterländischen Weinbaues. (An den Ausschuß für die Volkswirthschaft.)

44. (6341) Petition gleichen Betreffs von 405 Weingärtnern zu Vachingen, Eberdingen, Unterrixingen, Mühlhausen, Kleinsachsenheim, Großsachsenheim, eingesandt von dem engeren Ausschusse des Congresses deutscher Landwirthe zu Frankfurt a. M. (An den Ausschuß für die Volkswirthschaft.)

45. (6342) Adresse mit 11,600 Unterschriften von Weinbergsbesitzern aus Würzburg und Umgegend, gegen die Herabsetzung der Eingangszölle für fremde Weine in Deutschland, eingereicht von dem engeren Ausschusse des Congresses deutscher Landwirthe zu Frankfurt a. M. (An den Ausschuß für die Volkswirthschaft.)

46. (6343) Petition der Gemeinde Bittelbrunn, die Abschaffung der Feudallasten betreffend. (An den Prioritäts- und Petitions-Ausschuß.)

47. (6344) Sechs gleiche Petitionen aus Seppenhofen, Gutmendingen, Geisingen, Wantenbach und Unterbaldingen, übergeben durch den Abgeordneten Brentano. (An den Prioritäts- und Petitions-Ausschuß.)

48. (6345) Neun gleiche Petitionen aus Riedböhringen, Göschweiler, Unadingen, Pfohren, Behla, Neuenburg, Hüfingen, Heidenhofen und Allmendshofen, übergeben durch den Abgeordneten Werner von Oberkirch. (An den Prioritäts- und Petitions-Ausschuß.)

49. (6346) Petition von Bürgern zu Kork, die außerordentliche Conscription in Baden betreffend. (An den Prioritäts- und Petitions-Ausschuß.)

50. (6347) Gleiche Eingabe von der Gemeinde Altenheim, übergeben durch den Abgeordneten Werner von Oberkirch. (An den Prioritäts- und Petitions-Ausschuß.)

51. (6348) Gleiche Eingabe von der Gemeinde Wolfach, übergeben durch Denselben. (An den Prioritäts- und Petitions-Ausschuß.)

52. (6349) Gleiche Eingabe von Bettelbrunn. (An den Prioritäts- und Petitions-Ausschuß.)

53. (6350) Zehn gleiche Eingaben von Hüfingen, Riedböhringen, Bräunlingen, Gößchweiler, Unadingen, Pfohren, Behla, Neuenburg und Heidenhofen, übergeben durch den Abgeordneten Werner von Oberkirch. (An den Prioritäts- und Petitions-Ausschuß.)

54. (6351) Acht gleiche Petitionen von Wartenberg, Geisingen, Unterbaldingen, Aulfingen, Gutmendingen, Obermettingen, Seppenhofen und Engen, überreicht durch den Abgeordneten Brentano. (An den Prioritäts- und Petitions-Ausschuß.)

55. (6352) Petition des Schneidergesellen Karl Seuffert aus Sorna, dermalen zu Zeitz, seine Niederlassung zu Zeitz betreffend, übergeben durch den Abgeordneten Pinckert. (An den Prioritäts- und Petitions-Ausschuß.)

56. (6353) Petition des Waffenschmiedgehilfen N. Forster von Böberach, Landgerichts Vichtag, um Rücksendung der bei einem früheren von ihm eingereichten Gesuche befindlich gewesenen drei Anlagen. (An den Prioritäts- und Petitions-Ausschuß.)

57. (6354) Petition der Mitglieder der evangelisch-lutherischen Pfarrei Kerkhofen in Bayern, Religionsunterricht in den Confessionsschulen betreffend. (An den Prioritäts- und Petitions-Auschuß.)

58. (6355) Eingabe des Obergerichts-Anwalts Greinelsen zu Kassel, verschiedene Wünsche enthaltend. (An den Prioritäts- und Petitions-Ausschuß.)

59. (6356) Petition der Urwähler und Wahlmänner der Kreise Kreuznach und St. Goar (Rheinpreußen) um Einberufung des Ersatzmannes für den Abgeordneten Stedmann. (An den Legitimations-Ausschuß.)

60. (6357) Petition des Volksvereins zu Beverkesa im Hannöver'schen, um baldige Herstellung der deutschen Flotte. (An den Marine-Ausschuß.)

Die Redactions-Commission und in deren Auftrag Abgeordneter Professor Wigard.

Druck von Joh. David Sauerländer in Frankfurt a. M.

Stenographischer Bericht

über die

Verhandlungen der deutschen constituirenden National-Versammlung zu Frankfurt a. M.

Nro. 158. Mittwoch den 24. Januar 1849. VII. 2.

Hundert und sieben und fünfzigste Sitzung.

(Sitzungslocal: Paulskirche.)

Dienstag den 23. Januar 1849. (Vormittags 9 Uhr)

Vorsitzender: Eduard **Simson** von Königsberg.

Inhalt: Verlesung des Protokolls. — Ergebniß der Ergänzungswahl in den Ausschuß für die Wehrangelegenheiten. — Interpellation des Abg. Schlutter an das Reichsministerium, die Beschränkung des Vereins- und Versammlungsrechts in Sachsen-Altenburg betr. — Schreiben des Reichsministeriums der Justiz in Betreff der Beantwortung der vorstehend genannten Interpellation. — Wahl eines Schriftführers. — Fortsetzung der Berathung über den Abschnitt des Entwurfs der Reichsverfassung: „das Reichsoberhaupt und der Reichstag", Art. 1, § 1 a. — Interpellation des Abg. Künßberg in Betreff seines Antrags auf Ernennung eines Ausschusses zur Revision des von dem Verfassungsausschuß vorgelegten Entwurfs der Reichsverfassung. — Anzeige des Berichts des Ausschusses für Gesetzgebung über den Antrag des Abg. Röster von Oels auf Veranstaltung einer authentischen Uebersetzung aller von der Nationalversammlung und der Centralgewalt ergehenden Ansprachen und Gesetze.

Präsident: Die Sitzung ist eröffnet. Ich ersuche den Herrn Schriftführer, das Protokoll der gestrigen Sitzung zu verlesen. (Schriftführer Fetzer verliest das Protokoll.) Ich frage, ob Reclamation gegen das Protokoll ist? (Niemand erhebt sich.) Das Protokoll ist genehmigt. — Ich ersuche die Herren, ihre Plätze einzunehmen. — Ich bringe das Resultat der gestern vorgenommenen Ergänzungswahl des Ausschusses für die Wehrangelegenheiten zu Ihrer Kenntniß. Unter den sechs vorgeschlagenen Candidaten hat Herr v. Baumbach 165 Stimmen, Herr v. Keudell 145 Stimmen erhalten; darauf folgen: Herr Dretz mit 83 Stimmen, Graf Deym mit 67, Herr Langerfeld mit 37, Herr v. Schlotheim mit 21 Stimmen. Die Herren v. **Baumbach** und v. **Keudell** sind demnach in den Wehrausschuß gewählt. — Eine Interpellation des Herrn Abgeordneten **Schlutter** an das Reichsministerium der Justiz kommt heute zur Verlesung.

Schlutter von Poris:

„Interpellation an den Herrn Reichsminister der Justiz.

Auf eine Beschwerde des Advokaten Dölitzsch in Altenburg wegen der polizeilichen Ueberwachung des dortigen Märzvereins hat die herzogliche sachsen-altenburgische Landesregierung vom 11. Januar folgende Verfügung erlassen:

„Der Reichsministerialerlaß vom 3. October vorigen Jahres verpflichtet die Regierungen der deutschen Einzelstaaten im Allgemeinen zur Ueberwachung der Thätigkeit der politischen Vereine. Derselbe ist bis jetzt nicht zurückgenommen oder irgend beschränkt worden. Diese Ueberwachung bedingt die persönliche Theilnahme von Polizeibeamten an den Vereinsversammlungen, daher hat die polizeiliche Ueberwachung des unlängst gebildeten Märzvereins, sowie aller übrigen ähnlichen Vereine in der seitherigen Weise unverändert fortzubestehen. —" R. Tep. A. Nr. III. Januar 1849.

Am 17. Januar, also an dem Tage, wo die gesetzliche Kraft der deutschen Grundrechte begann, haben sich in Folge dieser Verfügung Unterbeamte der Polizei in der Versammlung des Altenburger Märzvereins eingefunden und sich trotz der Aufforderung des Vorstandes geweigert, sich wieder zu entfernen. Die Versammlung ist deßhalb geschlossen worden.

Diesen Thatsachen gegenüber frage ich den Herrn Reichsminister der Justiz:

Welche Schritte gedenkt derselbe zu thun, um zu verhüten, daß durch derartige Mißverständnisse seines Erlasses vom 3. October vorigen Jahres dem deutschen Volke das durch § 30 der Grundrechte verbürgte freie Vereinsrecht verkümmert werde?"

Präsident: Der Herr Reichsjustizminister antwortet mir auf die Mittheilung dieser Interpellation in folgendem Schreiben:

„Herr Präsident! — Ich beehre mich, Sie zu benachrichtigen, daß ich die mir heute zugestellte Interpellation des Herrn Abgeordneten Schlutter über Beeinträchtigung des Vereinsrechts im Herzogthum Sachsen-Altenburg dem in Thüringen befindlichen Reichscommissär zur beschleunigten Berichterstattung habe zugehen lassen. Sobald diese eingekommen sein wird, werde ich nicht verfehlen, die Reichsversammlung in Kenntniß zu setzen von den etwa für nöthig erachteten Maßregeln; den Tag dieser Mittheilung aber bitte ich dann bezeichnen zu dürfen, wenn eine in die Sache eingehende Antwort möglich geworden ist. — Frankfurt am Main, den 22. Januar 1849. — Der Reichsjustizminister: (gez.) Rob. **Mohl**."

Wir gehen zur Tagesordnung über. Auf der Tagesordnung steht unter Nr. 1: **Ersatzwahl eines Schriftführers** an die Stelle des austretenden Herrn Plathner; ich lasse diese Wahl jetzt vornehmen, indem ich die Herren ersuche, den Namen des Candidaten auf einen Zettel zu schreiben, den Sie an Herrn Plathners Stelle zum Schriftführer wollen. (Die Wahlzettel werden eingesammelt.) Ich frage, ob alle Stimmzettel bereits abgegeben sind? (Zustimmung.) — Dann gehen wir zur zweiten Nummer der Tagesordnung über, diese ist: **Fortsetzung der Berathung des vom Verfassungsausschusse vorgelegten Entwurfs „das Reichsoberhaupt"**, und zwar über Artikel I. § 1 a und eventuell § 2. — In der heutigen Verhandlung hat zuerst das Wort Herr Edel.

Edel von Würzburg: Meine Herren! Wir haben unserem Werke die Krone aufzusetzen, wir haben das Haupt für Deutschland zu begründen; es hängt von Ihnen ab, ob Sie sich jetzt durch die Politik des Kopfes oder durch die Politik des Körpers bestimmen lassen wollen. Die Politik des Kopfes ist in der Vergangenheit für Deutschland vielfach verderblich gewesen, denn wo zu viel Kopf oder zu viele Köpfe sind, da wird der Kopf für den Körper zu schwer; Sie haben jetzt zu entscheiden, ob wir das Haupt so machen sollen, wie es für den Körper paßt, wie er nun einmal nach unserer Nationalität und nach der Geschichte vorhanden ist, oder ob wir den Körper zustutzen sollen, um demselben ein ideales Haupt anzupassen. Unsere Gelehrten und Staatskünstler haben die Entdeckung gemacht, daß in der deutschen Einheit zwei Großmächte nebeneinander nicht Raum hätten und sie haben sich die Frage leicht beantwortet, welche von unseren beiden Großmächten auszuscheiden habe; zuerst hat man gesagt, Oesterreich will ja nicht, dann sagte man, Oesterreich kann nicht, und es ist nur noch ein Schritt zu dem: Oesterreich darf nicht, weil wir es nicht brauchen können. (Zuruf: Sehr gut!), indeß ich hoffe, Oesterreich wird wollen, es wird können und es wird sagen, das dürfen darf mir Niemand verwehren; ich hoffe, Oesterreich wird die Opfer bringen, die es der deutschen Einheit schuldig ist, Deutschland wird diese Opfer anerkennen und, so weit es nöthig ist, entgegenkommen. Fast alle Redner sind bei der Oberhauptsfrage auf die österreichische Frage zurückgekommen, es ist das ganz natürlich, denn beide Fragen hängen so wesentlich zusammen, daß man eigentlich die eine nicht ohne die andere entscheiden kann; nach meiner Ansicht würde die Entscheidung ganz anders ausfallen, wenn wir des Beitritts Oesterreichs unter allen Umständen gewiß wären, sowie sie anders ausfallen würde, wenn wir des Ausscheidens Oesterreichs unbedingt gewiß wären. Deßhalb sind in dieser Beziehung die Acten noch nicht so geschlossen, daß wir jetzt unser letztes Wort in der Sache sprechen könnten. Bleibt Oesterreich in Deutschland, dann, meine Herren, — ich sage es Ihnen offen — dann schwindet der größte Theil meiner Bedenken gegen das erbliche Kaiserthum; mag sich die erbliche Kaiserwürde in den Händen Oesterreichs oder Preußens befinden, es ist die Politik Deutschlands als eines Bundesstaats gewahrt gegen die Uebergriffe der einen Großmacht durch das Dasein der andern Großmacht. Ist der Zutritt Oesterreichs noch zweifelhaft, dann dürfen wir nach meiner Ueberzeugung nichts thun, was diesen Zutritt erschweren, was ihn in irgend einer Weise unmöglich machen könnte. Wäre aber der Austritt Oesterreichs gewiß, wäre es sicher, daß wir uns mit dem kleinen Deutschland ohne Oesterreich begnügen könnten, dann wäre die erbliche Kaiserwürde in den Händen Preußens das Gefährlichste; denn dann würden wir unaufhaltsam auf den Centralstaat lossteuern; wir würden die Einzelstaaten dem Verderben preis geben und das, was wir doch schirmen wollten, die Eigenthümlichkeit der einzelnen Stämme geradezu vernichten. Meine Herren, die Anhänger des erblichen Kaiserthums sind im Ganzen auch dieselben, die den Austritt Oesterreichs wo nicht wünschen, doch ihn nicht für ein großes Unglück ansehen. Die Hauptgründe, die sie für ihre Meinung anführen, sind immer und immer die Einheit, die Größe, die Macht und die Unabhängigkeit Deutschlands. Sie sind der Ansicht, diese Einheit könne nicht begründet werden, wenn wir nicht einen Großstaat an die Einheitsinteressen anknüpfen, wenn wir ihn nicht in Deutschland aufgehen lassen und seine Hausmacht gewissermaßen als das Anlagecapital der deutschen Einheit betrachten. Wir, meine Herren, auf der andern Seite des Hauses, die wir in dieser Beziehung eine verschiedene Richtung einschlagen, wir wünschen die Macht, wir wünschen die Unabhängigkeit, die Größe Deutschlands ebenso, wie Sie, trotz des veränderten Sprachgebrauches, der sich in neuester Zeit eingestellt hat; denn in neuester Zeit nennt man diejenigen, welche an dem Märzprogramm der deutschen Nation festhalten, die das ganze Deutschland, nicht nur ein halbes Deutschland wollen und Alles thun wollen, um Oesterreich zu erhalten, einseitige Particularisten, Ultramontanen und Männer der Alles negirenden Linken, — die aber, die für ein Kleindeutschland begeistert sind, das sind die wahren Freunde der deutschen Einheit und Größe; das sind die wahren Patrioten. Wir, meine Herren, wir wünschen, daß Deutschland stark, daß Deutschland einig sei und eben deßwegen müssen wir ein Mittel von uns stoßen, das nach unserer Ueberzeugung die Einheit, die Stärke Deutschlands vernichtet, statt sie zu kräftigen. So weit die Geschichte reicht, sind Staatstheilungen nie Völkern und Staaten zuträglich gewesen. So wenig das Römerreich eine Spaltung in ein West- und ein Ostreich vertragen konnte, so wenig kann das Germanenreich zweien Reichen Stoff geben, einem westgermanischen und einem ostgermanischen Reiche. Das ostgermanische Reich wird in kurzer Zeit ein slavisches Reich sein, nicht mehr ein deutsches, und in einem Jahrhundert wird unsere Sprache an der Donau in ähnlicher Lage sich finden, wie jetzt am Rhein, im Elsaß. Das westgermanische Reich allein wäre nicht im Stande, den vereinten Angriffen des slavischen Ostens, des romanischen Südens und Westens und des scandinavischen Nordens zu widerstehen, wiewohl ihm Herr Beseler 33 Millionen Männer gibt, während es doch auch hier Weiber und Kinder geben wird, so wird es dennoch diesen Angriffen nicht gewachsen sein, wenn es nicht Oesterreich zur Vormauer hat. Blicken Sie, meine Herren, auf die Karte unseres Vaterlandes, betrachten Sie die Form, die Figur, die die Natur dem Lande gegeben, das unsere Vorfahren seit 1000 Jahren erobert, behauptet und sich angeeignet haben. Es erhebt sich im Norden an der Nord- und Ostsee, stützt sich im Süden auf die Alpen und setzt seinen Fuß auf das adriatische Meer. So ist es ein starkes kräftiges Reich der Mitte, das eine große Zukunft hat. Nehmen Sie ihm die Stütze der Alpen, nehmen Sie ihm das adriatische Meer und es ist eins dieser Länder, die ohne Hoffnung auf große Zukunft am Meisten den Angriffen von allen Seiten ausgesetzt sind. Wenn Sie die deutsche Naturfeste Tyrol, den Schlüssel zu Deutschland und Italien, als natürliches Vertheidigungsmittel nicht mehr besitzen, und wenn Sie ersetzen wollten, was Sie Deutschland an natürlicher Vertheidigungskraft entziehen, müßten Sie ungeheuere Heere halten und damit die Kraft des Volkes beständig aufzehren. (Stimmen auf der Linken: Sehr gut!) Meine Herren, Diejenigen unter Ihnen, die mit so viel Beifall für eine jede Scholle in Schleswig Deutschlands Gut und Blut und Ehre einsetzen, schlagen Sie unsere feste Grenzburg im Süden nicht geringer an und schätzen Sie die Millionen Seelen und hunderte Quadratmeilen Oesterreichs nicht geringer. Aber, meine Herren, es wird uns auch gesagt, nach dem Ausscheiden Oesterreichs könne man Oesterreich wenigstens im bisherigen Bundesverhältnisse behalten, könne eine engere Union mit ihm eingehen, die es noch fester an uns heranziehe und mit unseren Verhältnissen bleibend verknüpfe. Das erscheint mir wie eine jener Selbsttäuschungen, die man sich selbst einredet, wenn man die traurige Wahrheit sich verhüllen will. Wie kann man Oesterreich zumuthen, fortan im Bundesverhältnisse zu bleiben, wie kann man ihm zumuthen, Bundespflichten zu erfüllen, wenn man ihm die Bundesrechte entzieht, wenn man Oesterreich den Antheil, den es bisher an der Regierung Deutschlands gehabt, nehmen will? Jeder Vertrag zwischen Einzelnen, so wie zwischen Völkern, ist in der Art gegenseitig, daß, wenn der eine Contrahent den Vertrag nicht erfüllt, der andere Contrahent nicht gehalten ist, ihn seinerseits zu erfüllen. Was die künftige Union betrifft, so ist dieß ein Punkt, in dem ich mit Herrn Dahlmann vollkommen einverstanden bin. Ich bin derselben Ansicht, dieser Gegenstand werde auf lange Zeit hinaus ohne practisches Resultat sein. Auf welche Grundlagen hin wollen wir diese Union schließen, wo wollen wir in Oesterreich Sympathien dafür finden? Wollen wir sie bei den Deutschen finden, wenn sie mit blutendem Herzen aus der Paulskirche und aus dem deutschen Bundesstaate hinausgeschieden sind? Die werden den Staub von ihren Füßen schütteln und Ihnen den Rücken wenden, wie Sie denselben den Rücken gewandt. (Einzelne Stimmen: Sehr gut!) Wollen Sie Sympathien bei den Slaven suchen? Die werden darüber triumphiren, aber Ihnen keine Concessionen machen, wie Sie sie wünschen und brauchen, daß sie mit ihren Heeren für Deutschland ins Feld rücken, daß sie Ihnen ihre Märkte eröffnen. Möchten Sie doch bei dieser Angelegenheit Dasjenige beherzigen, was unsere guten Freunde in Europa außerhalb Deutschland zu der Sache sagen. Unsere guten Freunde, die Engländer, die überhäufen bereits in ihren öffentlichen Blättern unser Reichsministerium, und die Mäßigkeit unserer Versammlung mit den größten Lobsprüchen. Machen Sie nur ein kleines Deutschland ohne Oesterreich und vielleicht auch ohne Bayern, und Sie werden sich der fortgesetzten Lobsprüche der englischen Staatsmänner und öffentlichen Blätter erfreuen, und die französische Presse wird sich in gleicher Weise aussprechen. Oh, vertrauen Sie auf das Lob dieses Englands, das durch seine Staatsmänner und Staatsökonomen auf das Bündigste beweist, daß die Handelsfreiheit allein glückbringend für alle Staaten sei, das aber zugleich ausspricht, daß es trotz der Schutzzölle zu einer ungeheuren Handelsmacht gelangt sei und daß es sich leider noch immer in der unangenehmen Lage befinde, noch nicht seine alte schlechte Handelspolitik verlassen zu können. Machen Sie aus Deutschland was Sie wollen, Sie werden den Beifall Englands finden, nur machen Sie in Verbindung mit Oesterreich keine Handelsmacht erster Größe, die auch England Besorgniß einflößt, die nicht nur die Nord- und Ostsee für sich hat, sondern auch den Weg durch das schwarze Meer in den Orient und den Weg in das mittelländische Meer besitzt. Ein anderer Grund, den ich zuweilen für das preußische Erbkaiserthum gehört habe, und der zugleich für das Ohr der kleinen Fürsten bestimmt ist, ist der, die einzelnen Staaten und Dynastien könnten sich des Einbruchs der Anarchie nicht mehr erwehren, wenn sie sich nicht an das starke Preußen anschließen würden. Man malt den Teufel der Anarchie recht schwarz, vielleicht recht roth an die Wand, um auf diese Weise ängstliche Gemüther zu gewinnen. (Stimmen: Sehr gut!) Meine Herren! Wenn es solche hülfsbedürftige kleine Staaten gibt, die nicht durch eigene Lebenskraft sich gegen die Anarchie zu behaupten vermögen, so thun sie am besten, sie fallen nicht auseinander, sondern zusammen in größere Ganze nach ihrer Stammesnatur, so daß wenigstens achtbare Particularitäten daraus entstehen. Mit solchen hülfsbedürftigen Kleinen habe ich kein Erbarmen. Was soll aber das Schicksal dieser hülfsbedürftigen Staaten sein, wenn sie sich unter die Flügel des preußischen Adlers begeben? Nun wahrhaftig! das liegt für jeden Hellsehenden auf flacher Hand: sie werden unter den Flügeln des Adlers gesammelt werden, wie die Küchlein unter den Flügeln der Henne (Heiterkeit) und dann werden dieselben vielleicht in einem ganzen oder halben Menschenalter ganz in dieselbe Lage kommen und eben so viel im deutschen Reiche zu befehlen haben, wie diejenigen, welche 1806 mediatisirt worden sind. Meine Herren, jede Hegemonie ist nach dem Zeugnisse der Geschichte verderblich, die Hegemonie erzeugt Uebermuth des bevorzugten Stammes, Unmuth bei den Unterdrückten und entweder Abschüttelung des Joches oder völlige Unterdrückung. Das ist die Geschichte der Hegemonie von Sparta und Athen, das ist die Geschichte der Hegemonie von Rom über den Völkerbund der Latiner. Man hat gestern gesagt: es handle sich eigentlich nicht um die Hegemonie Preußens, sondern es handle sich nur darum, das regierende Stammhaus von Preußen an die Spitze von Deutschland zu stellen. Allein, meine Herren, ich frage Sie: erklären Sie nicht Alle, die Sie für das preußische Erbkaiserthum stimmen, die Frage als Machtfrage?! Wollen Sie den König von Preußen an die Spitze von Deutschland stellen deßwegen, weil er Friedrich Wilhelm heißt und seine Vorfahren eine Burg Hohenzollern in Schwaben besessen? — deßwegen doch wohl nicht, sondern weil die ganze Macht Preußens hinter ihm steht, weil er zugleich der Regent Preußens ist. Was ist das anderes, als Hegemonie? Sie geben die Reichsgewalt nicht der Familie, sondern der Krone, dem Lande Preußen! Meine Herren, wollen Sie wirklich den Centralstaat, o! so machen Sie ihn lieber bald und ersparen Sie dem deutschen Vaterlande Zuckungen, die vielleicht blutige Zuckungen sein können. Nach dem Ausscheiden Oesterreichs aus Deutschland, meine Herren, wäre Süddeutschland aus allen Zweigen der Gewalt verdrängt, wäre überall in eine absolute Minorität gestellt. Es würde sich dann besser befinden als Provinz eines größeren Staates, als in dem Complexe von einzelnen Staaten, die sich auf dem Wege der Opposition ihre Rechte erringen müssen. Die Interessen entlegener Provinzen werden in größeren Staaten aus eigenem Interesse geschont, mit Einzelstaaten, denen man gegenübersteht und welche ihre Interessen im Oppositionswege verfechten, hat man kein Erbarmen. (Bewegung.) Ich gebe zu, daß das nicht mit Ihrem Willen geschehen wird, aber es wird gegen Ihren Willen geschehen, durch die Macht der Verhältnisse wird es so werden. In Herrschafts- und Machtfragen wird man sich mit den kleineren Einzelstaaten Norddeutschlands vielleicht einigen können, in Interessenfragen wird dieß aber nie der Fall sein; denn in Interessenfragen haben die Völkerschaften wie die Staaten keine Barmherzigkeit und keine Großmuth gegen einander. Meine Ueberzeugung geht daher dahin: diese Frage ist für Süddeutschland eine Existenzfrage. Ich habe die Ueberzeugung, daß wir ohne Oesterreich unter dem preußischen Erbkaiserthum verloren sind. Es hat uns zwar die Großmuth des Ausschusses ein Auskunftsmittel dargeboten, es soll nämlich eine Vermehrung der Stimmenzahl im Staatenhause zum Besten Süddeutschlands künftig vorgeschlagen werden. Meine Herren! Dieses Auskunftsmittel erscheint mir wahrhaftig als ein homöopathisches Mittel! denn es wird dann der norddeutschen Majorität, die dann noch immer auf drei Viertheile der Stimmen rechnen kann, immer nur eine Minorität entgegenstehen, die dann höchstens zehn oder zwölf Stimmen mehr zählt. Meine Herren! Wir sind hierher gekommen, um mit gleicher Liebe für den Norden und Süden ohne Rücksicht auf Bevorzugung des einen oder des anderen Theiles unser Werk zu gründen. Schließen Sie Ihre Augen nicht vor den Gegensätzen, die wirklich bestehen, legen Sie nicht die Centralgewalt für immer und für ewig auf die eine Seite der Gegensätze, so daß die andere Seite sich ewig beeinträchtigt glaubt, selbst wenn dieß nur ein irriger Glaube sein sollte. Kommen Sie bis zur künftigen Lösung der Sache auf ein Mittleres zusammen, mit dem sich alle Interessen verständigen können! Nach meiner innigen Ueberzeugung würde das erbliche Kaiserthum jetzt nicht die Einigung bringen, sondern den Unfrieden und den Zwist zwischen den einzelnen Stämmen und zwischen den Regenten und der gegenwärtigen Versammlung. Wir hätten einen neuen Zankapfel in Deutschland hineingeworfen, und wir könnten nicht wissen, welche Früchte dieß in Zukunft tragen wird. Wäre es möglich, daß die Macht dieses Kaisers sich aufrecht erhielte? — Nur durch Belagerungszustand dürfte dieselbe in einem großen Theile von Deutschland aufrecht erhalten werden können. (Auf der Linken: Sehr wahr!) Und was hätten Sie dann für die Kräftigung der Einheit Deutschlands dadurch gewonnen? (Auf der Linken: Sehr richtig!) Meine Herren! Ist es denn so ganz sicher, daß Sie Preußen wirklich den großen Vortheil zuwenden, den Sie (nach der Rechten gewendet) vielleicht beabsichtigen?! (Lebhafte Bewegung auf der Rechten; Stimmen daselbst: Im Gegentheil!) Ich frage: ist es sicher, daß Preußen dasjenige wirklich gewinnt, was man sich darunter denken könnte. (Widerspruch auf der Rechten.) Ich will nicht von Ihnen glauben — (Fortwährende Bewegung auf der Rechten.)

Präsident: Meine Herren! Ich bitte um Ruhe: der Redner hat ja nicht gefragt, um eine Antwort von Ihnen zu bekommen.

Edel: Meine Herren! Sie (zur Rechten gewendet) werden mich nicht irre machen — lassen Sie mich sprechen, wie mir es ums Herz ist. Ich will nur einfach die Frage untersuchen: ob es wahrscheinlich, daß Preußen, wenn es die erbliche Kaiserkrone erhalten sollte, darunter mehr Vortheile oder Nachtheile finden könnte? Sie wollen Preußen eine ehrenvolle, eine in der Geschichte der Jahrhunderte glänzende Krone nehmen, Sie wollen sie zerbröckeln und Sie wollen demselben dafür eine andere Krone geben, eine Krone vom heutigen Datum, deren Zukunft und Glanz ungewiß ist; eine Krone, die nicht mit dem Zujauchzen und dem Segen aller deutschen Völker bekleidet ist?! Diese Krone, meine Herren, hat vielleicht die Kraft, den Glanz der noch vorhandenen Monarchien niederzudrücken, — ob sie aber die Macht haben wird, sich selbst jenen Glanz zu geben, das ist eine Frage, die heute noch Niemand beantworten kann. Sie wollen, daß Preußen ganz in Deutschland aufgehe. Bedenken Sie auch, welche Folgen das hat, namentlich in Beziehung auf die Particulargesetzgebung? denn dann muß die Reichsgesetzgebung so umfassend werden, daß sie für Preußen zugleich auch Particulargesetzgebung wird, hieraus folgt, daß die Particulargesetzgebung auch in den übrigen Ländern schweigt und daß diese mit Nothwendigkeit in die preußische Gesetzgebungseinheit eingehen. — Ich gehe nun zu einem andern Gegenstande über. Ich habe Aeußerungen eines Vorredners zu beleuchten, welche auf einer Seite des Hauses mit vielem Beifalle vernommen worden sind, und die man seitdem sehr häufig anführen hört. Dieser Vorredner hat sich angeblich auf den bayerischen Particularstandpunkt gestellt und hat die Aussagen anderer Abgeordneten aus Bayern aus dem Grunde verworfen, weil Letztere nicht in Bayern geboren. Ich will die besondere Qualification des Abgeordneten Stahl zur Vertretung des bayerischen Stammes, wegen des Blutes, welches in seinen Adern fließt, nicht untersuchen; (Auf der Rechten einige Stimmen: Ah!) allein das werden Sie mir erlauben, daß ich mich vor Ihnen legitimire, im Namen Bayerns sprechen zu dürfen. Ich bin auch in Bayern geboren, nicht in München, sondern in Unterfranken; meine beste Legitimation aber liegt darin, daß mich das bayerische Volk siebenmal nach Frankfurt gewählt hat, und zwar nicht allein in Unterfranken, sondern auch in Oberbayern, Niederbayern und Schwaben und Neuburg. Ich kann dem Abgeordneten Stahl nur das sagen, daß seine Beobachtungen über die Ansichten des bayerischen Volkes unrichtig sind, und daß er die Gefühle, welche in der großen Majorität des bayerischen Volkes jetzt herrschen, nicht mitempfunden hat. Wenn ein andererer Abgeordneter, welcher ebenfalls aus Bayern gebürtig ist, wenn Herr Mittermaier die Ansichten des Herrn Stahl im Ganzen unterstützt, wenn er erklärt hat, daß in Bayern zwischen dem Norden und Süden keine Spannung bestehe, und daß sie da, wo man sie etwa finde, nur eine künstliche sei, so muß ich gestehen, daß mir daraus hervorgeht, daß er entweder lange nicht in Bayern gewesen ist oder daß er die Dinge zu rosenfarben angesehen hat. (Von einigen Seiten Beistimmung und Heiterkeit.) Erlauben Sie, daß ich über die wahre Stimmung Bayerns, wie sie auch von mehreren Seiten dieses Hauses benutzt werden wird, Aufschluß gebe. In Bezug auf zwei Fragen, nämlich das entschiedene Verbleiben Oesterreichs bei Deutschland, sowie auf die entschiedene Abneigung gegen das preußische Erbkaiserthum besteht in Bayern vom Palast bis zur Hütte unter der großen Majorität der Bewohner beinahe nur eine Meinung. (Stimmen auf der Linken: Sehr wahr!) Die Kreise, in welchen die vom Herrn Abgeordneten Stahl vertretene Meinung herrschen könnte, sind sehr dünn gesäet. Es besteht diesseits und jenseits der Donau kein Unterschied der Meinung hierin; wie die Altbayern, so denken auch die Schwaben, wie diese die Franken in der großen Mehrzahl, und es sitzen Abgeordnete derselben in ihrer Mitte, welche dieß bestätigen. Auf gleiche Weise sind bezüglich des Ausscheidens Oesterreichs, sowie bezüglich der Abneigung gegen das preußische Erbkaiserthum auch unsere Brüder in der Pfalz gesinnt; für das Eine sind sie zu deutsch, für das Andere zu demokratisch. (Lebhaftes Bravo auf der Linken.) Meine Herren! Ich kann Ihnen das, was ich sage, nicht bloß als Behauptung aufstellen, ich kann auch Beweise dafür aufführen. Es hat sich in der bayerischen Presse, deren Organe doch sehr verschiedener Parteirichtung angehören, noch keins gegen Oesterreich und für das preußische Erbkaiserthum ausgesprochen, wohl aber haben sich Viele im entgegengesetzten Sinne geäußert. Ich kann Ihnen in dieser Beziehung, wenn Sie wollen, Stimmen der Presse nicht bloß aus Altbayern, sondern auch aus Franken und aus einer protestantischen Stadt, aus Nürnberg, vorzeigen, welche dagegen die entschiedenste Abneigung kundgeben, welche sogar von den Ständen die Vorlage eines Gesetzentwurfs verlangen, der den Beitritt Bayerns von dem Beitritt Oesterreichs abhängig macht. Ich sehe das als ein Zeichen der Zeit an, daß solche Meinungen in der fränkischen Presse verhandelt werden. Ebenso hat sich von den politischen Vereinen in Bayern, welche sehr verschiedener Richtung sind, noch keiner im preußischen Sinne ausgesprochen; ich kann Ihnen ferner betheuern: als man im Monat März 1848 ein preußisches Kaiserthum in Berlin improvisiren zu wollen schien, da hat dieses Schattenspiel von einem Ende Bayerns bis zum andern die größte Entrüstung hervorgerufen; und wenn Sie jetzt ein solches Stück auf's Neue aufführen wollen, so wird man es in Bayern überall als ein Trauerspiel ansehen, welches mit dem Morde der deutschen Einheit und Macht endet! Glauben Sie nicht, daß Bayerns Gesinnung in dieser Beziehung eine unnatürliche sei. Wir sind von Lindau bis nach Passau und von Passau bis nach der sächsischen Grenze von der österreichischen Grenze umstrickt, der größte Theil unseres Gebiets ist von Oesterreich eingeklammert, und unsere künftige Lebenskraft, unsere socialen und merkantilen Verhältnisse sind dadurch bedingt, daß wir mit Oesterreich in ein näheres Verhältniß treten, nicht aber in ein entfernteres. Wenn Sie einen Schnitt an einem lebendigen Körper vornehmen, so fühlt derjenige Theil den Schmerz und die Blutung am stärksten, an welchem er unmittelbar gemacht wird, und in dieser Lage befindet sich Bayern. Ich wiederhole es, das Verbleiben Oesterreichs bei Deutschland ist unsere Existenzfrage, es ist davon unser Wohlstand und die Sicherheit unserer Grenzen abhängig. Ich wünschte, Sie möchten die Grenzen Bayerns näher in's Auge fassen, ich wünschte, Sie kennten unsere Südgrenze, dann würden Sie sich überzeugen, daß alle vertheidigungsfähigen Pässe in Tyrol liegen, daß von dort aus ein Heer ohne großen Aufenthalt in das Herz Deutschlands gelangen kann; wir stehen offen und vertheidigungsunfähig da. (Stimmen auf der Linken: Sehr wahr!) Unter diesen Umständen ist es wirklich wunderbar, wie man das Gefühl, welches in Bayern herrscht, als ein durch künstliche Aufregung hervorgebrachtes schildern kann. Der Herr Abgeordnete Mittermaier hat uns eine Quelle derselben genannt, es ist der unglückselige „Rheinische Merkur"; allein derselbe existirt schon seit dreißig Jahren nicht mehr, und Bayern hat leider so wenig gelehrte Leute, daß es jetzt nicht sehr Viele gibt, die von der Existenz dieses Blattes noch etwas wissen. (Heiterkeit auf auf der Linken.) Man hat auch angeführt, daß die confessionellen Verhältnisse, dann aber auch die Gewerbefreiheit benützt würde, um den Haß der Bayern aufzuregen. Daß, meine Herren, die hier gefaßten Beschlüsse in Bezug auf das Gewerbewesen in Bayern Verstimmung hervorgerufen haben, ist wahr, diese war aber schon lange zuvor vorhanden, ehe die Oberhauptsfrage verhandelt wurde; ob sie bleiben wird, das hängt von der Beschaffenheit des zu erlassenden Reichsgesetzes ab, welches die Gewerbsverhältnisse feststellen wird. Was aber die religiösen Verhältnisse betrifft, so kann ich versichern, daß sie nicht der Art sind, um über ganz Bayern eine Verstimmung verbreiten zu können. Es gibt wenig Organe der Tagespresse, welche sich auf das kirchlich-politische Gebiet erstrecken und eine religiöse Färbung an sich tragen; diese confessionellen Blätter haben geringe Verbreitung. Was von allen Parteiorganen in allen Blättern angenommen ist, das kann nicht allein dieser Quelle entstammen. Wie sollten denn solche gewerbsmonopolistische und confessionelle Darstellungen dieselben Ansichten in der Pfalz hervorgerufen haben, welche nur Freunde der Gewerbsfreiheit enthält und zum größten Theil Protestanten zu Bewohnern zählt. Wie könnte eine Volksstimmung so allgemein werden, wenn sie ein Machwerk künstlicher Bewegung wäre? Ich gebe gern zu, es sind confessionelle Aufregungen möglich, aber diese kommen nicht allein aus der bayerischen Presse. Wenn manche Artikel der preußischen Presse, namentlich der Berliner Presse, in Bayern gelesen werden, wenn solche Artikel, wie ich einen in der Vossischen Zeitung kürzlich las, nach Bayern kommen, wo man gerade sagte, das preußische Kaiserthum habe den Zweck, den preußisch-protestantischen Geist in ganz Deutschland zur Herrschaft zu bringen; wenn man dieß mit den empörendsten Schmähungen gegen den bayerischen Volksstamm würzt, dann wirkt ein solcher Artikel weit mehr, als wenn die bayerische Presse Jahre lang gesprochen. Auch in anderer Beziehung wird jetzt allerdings unendlich viel gewirkt, um die Volksstimmung zu gewinnen. Wir sehen, wie der größte Theil der Presse belebt ist, um den preußischen Erbkaiser nach allen Seiten mundgerecht zu machen, um ihm den Thron zu bereiten. Wir sehen, wie die preußisch-gesinnten und reichsministeriellen Artikel sich in der Presse begegnen. Diese ungeheuere Action wird eine Reaction hervorrufen; denn jede Wirkung hat eine Gegenwirkung zur Folge. Ob sie aber im Sinne des Abgeordneten Stahl ausfallen wird, das steht zu erwarten. Ich habe noch einen Gegenstand zu beleuchten, der für mich ein Gegenstand hoher Verwunderung war, nämlich die Gründe, welche für das preußische Erbkaiserthum vom Standpunkte der Handelspolitik aus geltend gemacht worden sind. Herr Stahl scheint der Ansicht zu sein, als sei eine stetige Handelspolitik nur bei einem Staate möglich, der eine erbliche Regierung habe. Ich, meine Herren, obschon ich nicht Mitglied des volkswirthschaftlichen Ausschusses bin, ich bin der Ansicht, daß die Stetigkeit eines Handelssystems nur dann ein Vorzug sei, wenn das System wirklich gut ist, daß aber die Stetigkeit eines schlechten Handelssystems das Volk bodenlos ruinirt, wie wir in Portugal und Spanien gesehen. (Mehrere Stimmen auf der Linken: Sehr wahr!) Ich bin der Ansicht, daß ein gutes Handelssystem sich nur bei jenem Volke entwickeln kann, wo auf demokratischer Grundlage das Selbstgefühl der Betheiligten sich äußern darf, weil nur diese am besten wissen, wo der Schuh drückt. (Auf der Linken: Sehr gut!) Deßhalb meine ich, daß der Staat die beste Handelspolitik hat, wo die gewerbliche und commercielle Intelligenz der Betheiligten auf demokratischer Grundlage am besten entwickelt und vertreten ist. Zur Zeit des Mittelalters, wo die erblichen Fürsten von Handelspolitik noch nichts verstanden, als den Handel durch Zölle und Monopole zu lähmen, wo war damals eine bessere Handelspolitik, als in den italienischen Freistaaten, in den Hansestädten, in den vereinigten Niederlanden, die noch keine erblichen Regenten hatten! (Auf der Linken: Sehr gut!) Ich wünsche wirklich, daß wir von dem bedauerten Nordamerika nur einen Theil seiner commerciellen Intelligenz und Bedeutung besäßen. Wir könnten uns vorläufig damit zufrieden geben. Uebrigens ist es möglich, daß die Amerikaner — sie sind ein sehr praktisches Volk, — sich durch Herrn Stahl überzeugen lassen, es sei zu ihrer Glückseligkeit weiter nichts nothwendig, als ein erblicher Kaiser mit einem stabilen Handelssysteme in der Tasche; vielleicht verschreiben Sie sich dem unsrigen. (Auf der Linken: Sehr gut!) Ich habe gegen Herrn Stahl noch ein letztes Wort zu sprechen. Er hat die Geschichte des bayerischen Volksstammes als eine unbedeutende behandelt! Meine Herren! In dieser Beziehung hat er die Sympathien fast eines jeden Bayern verletzt. Der Bayer liebt seine Vorfahren, er hält seine Geschichte für eine rühmliche. Bayern hat das Schicksal Deutschlands als ächter deutscher Stamm in gutem und schlechtem Sinne getheilt. Sie finden Beispiele von Großthaten, von Aufopferung, Beispiele von Patriotismus und Tapferkeit, an denen sich die Enkel noch spiegeln können. In den Kämpfen gegen die Ungarn, wo Bayern die letzten Stöße der Völkerwanderung ausgehalten, wie in der Schlacht von Ampfing bei Mühldorf, wo Bayern um die Kaiserkrone gestritten, wie in der Hanauer Schlacht, hat der Stamm der Bayern keinem andern deutschen Stamme in der Tapferkeit nachgestanden. Eine Lehre können wir aber aus der bayerischen Geschichte gründlich schöpfen, das ist, daß alle Staatstheilungen absolut gefährlich sind. Wer kann sagen, was aus der Geschichte Deutschlands geworden wäre, wäre Bayern nicht das Opfer dieser Staatstheilungen geworden. Die

Staatsklugheit der Hohenstaufen hat Bayern zuerst zu schwächen gesucht. Der Hohenstaufe Friedrich Barbarossa hat die Ostmarken — das heutige Deutsch-Oesterreich — von Bayern getrennt, und nie mehr sind diese Lande zusammengekommen. Ja, nach Jahrhunderten haben sich dieselben der Wiedervereinigung auf das Entschiedenste mit blutigen Kämpfen gewehrt. Die gebliebenen Stammlande wurden zerrissen durch die Theilung ihrer Länderherren, und dieß ist Schuld, warum Bayern das nicht geworden, wozu es die Natur seines Landes und die Kraft seines Kernvolkes befähigt hatte. Deßhalb machen Sie es heute nicht an Deutschland, wie es an Bayern gemacht worden ist. Herr Stahl hat in Bezug auf Oesterreich Alles mitgetheilt, was man in Bayern Oesterreich gegenüber Nachtheiliges sagen kann. Es ist richtig, meine Herren, Bayern hat Oesterreich gegenüber lang um seine Existenz gestritten, Bayern, fast schon von seinen Fürsten verlassen, hat sich gegen Oesterreich mit dem Schlachtenruf erhoben: lieber bayerisch sterben, als kaiserlich verderben! Bayern hat noch 1809 gegen Oesterreich gekämpft, aber alle diese Thaten und Unthaten der Vergangenheit und der Fürstenpolitik haben keine Mißstimmung zwischen dem bayerischen und österreichischen Volksstamme nach sich gelassen. Der Bayer fühlt sich bei dem Oesterreicher heute noch heimisch, fühlt sich mit ihm stammverwandt. (Auf der Linken: Sehr wahr!) Sie fühlen sich als Glieder einer Familie, und alle Spur von nationaler Abweichung ist seit den neuesten Erhebungen für die Freiheit verschwunden. Meine Herren! Bayern hat sich Jahrhunderte lang gegen die Umarmung Oesterreichs gewahrt, es wird sich gegen jede andere Umarmung verwahren, wenn es ihm eine particularistische erscheint. In Deutschland will es aufgehen, aber so lange es noch der Meinung ist, daß man einen Particularismus gegen einen andern vertauschen solle, wird es sich das nicht gefallen lassen wollen. Meine Herren! Umfassen Sie alle deutschen Volksstämme mit gleicher Liebe, richten Sie kein Götzenbild auf, das eine Scheidewand in Deutschland aufstellt, das Deutschland zersplittert, gehen Sie auf keine Begründung des Reichsregiments ein, welche alle übrigen deutschen Stämme bleibend und für immer von der Theilnahme an der Reichsregierung ausschließt, erhalten Sie jetzt dem Volke sein uraltes Recht der Wahl, und stimmen Sie für eine Wahlperiode, die dieses Wahlrecht nicht zu selten wieder eintreten läßt. (Bravo auf der Linken und im Centrum.)

Grumbrecht von Lüneburg: Meine Herren! Sie werden es nach der Reihenfolge der Redner, in die ich jetzt eintrete, gerechtfertigt finden, daß ich auf einem ganz anderen Standpunkte stehe, als der Abgeordnete Edel; ich muß namentlich ganz feierlich erklären, daß ich hier nicht, wie der Abgeordnete Edel im Namen **Bayerns**, im Namen **Hannovers** spreche, ich spreche im Namen **Deutschlands** (Lebhaftes Bravo!), das ist der einzige Standpunkt, den Jeder einzunehmen hat, der hier zu sprechen berufen ist. (Bravo!) Ich glaube kaum, daß es möglich ist, mehr vom particularistischen Standpunkte zu reden, als soeben von Herrn Edel geschehen ist. Hat er doch das Blut und die Abstammung angerufen, daß er als **Bayer** zu sprechen legitimirt sei; hat er doch seinen Landsmann Stahl, weil er anders abstimmen wird, als er, hinsichtlich seiner **Abstammung** angegriffen. Dann hat er sich auf Zeitungsnachrichten berufen; ich will ihm dorthin nicht folgen, aber so weit mir die Zeitungen bekannt sind, gibt es für die auswärtigen Blätter nichts Schrecklicheres und Widerwärtigeres, als ein einiges Deutschland unter einem erblichen Oberhaupte. Das ist nach meiner Ueberzeugung die Ansicht aller englischen und französischen Blätter; wenn Herr Edel sich für das Gegentheil auf Zeitungsnachrichten berufen hat, so weiß **ich** nicht, wo er diese gefunden. — Aus dem Vielen, was Herr Edel vorgebracht hat, will ich für jetzt und für den Anfang — ich komme vielleicht auf Anderes später zurück — nur das erörtern, was die Basis bildet, von der er ausgeht, daß wir nämlich Oesterreich ausscheiden **wollen**. Es ist freilich von dieser Stelle vielfach dagegen protestirt worden, indessen gegen Idiosynkrasien hilft das leider nichts. (Auf der Linken: Oh! oh!) Ich werde das beweisen, meine Herren. Der Herr Ministerpräsident hat zu wiederholtenmalen ausgesprochen, daß seine entschiedene Ansicht dahin gehe, das Band mit Oesterreich **nicht zu lösen**, sondern noch fester zu knüpfen. (Gelächter auf der Linken.) Nun ist freilich behauptet, daß das unmöglich sei, und ich würde vielleicht diese angebliche Unmöglichkeit nicht für möglich halten, wenn ich nicht dafür ein Zeugniß hätte, das Sie unbedingt für gültig anerkennen werden. Ich erlaube mir, das Minoritätserachten zu verlesen, welches zu dem § 2 des Entwurfes über die Reichsgewalt von den Herren Mühlfeld, Detmold, Rotenhan und Lassaulx als Zusatzantrag eingebracht ist; ich glaube, daß diese Herren die Vertreter aller der Richtungen sind, die aufs Entschiedenste gegen ein erbliches Kaiserthum sind. Die Herren haben folgendes Minoritätserachten eingebracht: „Insofern die eigenthümlichen Verhältnisse Oesterreichs die Ausführung dieses § 2 und der daraus abgeleiteten Paragraphen hinsichtlich desselben nicht zulassen ...." (Hört! hört!) **Die** Herren haben also damals, wo wir und Sie noch aufrichtig hofften, schon vorausgesehen, daß Oesterreich nicht eintreten werde. (Unruhe in der Versammlung.) „.... so soll die angestrebte Einheit und Macht Deutschlands im größtmöglichen Maße durch den innigsten Anschluß Oesterreichs an Deutschland" — hier werden also beide als **zwei besondere** Staaten vorausgesetzt — „im Wege des **völkerrechtlichen** Bündnisses zwischen der **Reichsgewalt** und der **österreichischen Regierung** erzielt werden." (Unterbrechung.) Ist das nicht deutlich gesprochen? Ist darin nicht das Programm unseres Ministeriums enthalten? (Widerspruch auf der Linken.) Widerlegen Sie mich nachher, unterbrechen Sie mich aber nicht!

Präsident: Mit diesen vielfachen Unterbrechungen kommen wir nicht von der Stelle. Ich bitte doch, meine Herren, Ruhe zu halten.

Grumbrecht: Ich sage nun, meine Herren, wenn Jemand im Stande ist, mir den Unterschied dieses Minoritätserachtens von dem Programm unseres Ministerpräsidenten nachzuweisen — abgesehen davon, daß die Umstände sich noch ungünstiger für die Herren gestaltet haben — dann will ich gern glauben, daß es unmöglich sein wird, ein Unionsverhältniß zwischen Oesterreich und Deutschland zu Stande zu bringen; bis dahin muß ich aber behaupten, daß diese Herren es damals für möglich gehalten haben und daß es also doch nicht so unmöglich sein kann. (Unruhe. Stimmen: Hört! hört!) — Wenn ich nun die Reden durchgehe, die hier gegen das erbliche Oberhaupt gehalten sind, so muß ich meinerseits bekennen, daß die meisten Reden ihrer **Tendenz** nach eigentlich für die Ansicht waren, die ich vertrete, d. h. für das erste Minoritätserachten. Ich will nur Einiges aus einigen Reden anführen, die das genügend beweisen werden. Wenn z. B. Herr Beda Weber sagt, „ich will ein österreichisches Erbkaiserthum, wenn ich das aber nicht bekomme, so will ich den Präsidenten" — so sagt er damit, ich will am liebsten ein Erbkaiserthum, er müßte also consequenter Weise für ein solches stimmen, wenn es ihm um das Princip zu thun wäre, so aber will er in zweiter Linie den Präsidenten, und das heißt doch wohl nur

Nichts wollen. Das kann ich nimmer consequent finden. (Stimmen auf der Rechten und im Centrum: Sehr gut.) Namentlich aber ist es *eine* Rede, die mich in meiner Ansicht bestärkt hat, es ist die geistreiche Rede von Herrn v. Lassaulx, der ich, abgesehen von einigen Motiven und einer scholastischen, ja fast mechanischen Auffassung der Geschichte sehr großen Beifall gezollt habe, er schloß mit den Worten: „schaffen Sie vor Allem eine *Macht!* Daraus nun zu folgern, schaffen Sie ein Bundesdirectorium, nach der Theorie und aller Erfahrung die schwächste aller Regierungsformen, das ist für meine Logik zu stark; ich sehe wohl, daß Herr Lassaulx ein Directorium *wünscht*, daß er es aber nach seinen Vordersätzen *logischer Weise fordern* konnte, begreife ich nimmer. Aus dem Schlußsatze des Herrn Lassaulx, „schaffen Sie Macht“, würde ich unbedingt die Folgerung ziehen: also schaffen Sie ein erbliches Oberhaupt, und zwar in der Person des mächtigsten deutschen Fürsten. Ich spreche das offen aus, und setze dabei voraus, daß Oesterreich in irgend eine Verfassung, die nur wie ein Bundesstaat aussieht, nicht eintreten kann. Meine Herren, ich *kann* nicht glauben, daß Oesterreich den *Kern* seines Staates, Deutsch-Oesterreich, auch nur zum kleinsten Theile einer Centralregierung zu überlassen im Stande ist, ich sage, ich kann es nicht glauben; ich würde aber trotzdem, daß ich überzeugt wäre, wir machten es ebenso wie der Fuhrmann, der mit vier Pferden besser zu fahren meinte, als mit zwei, und nun von den vier Pferden zwei vor und zwei hinter dem Wagen anspannte, unbedingt für eine solche Verfassungsform sein, die uns Oesterreich sichert, wenn ich dieß durch die Wahl einer Verfassungsform erreichen könnte. Ich verkenne keineswegs die großen Nachtheile, die es hat, wenn sich das übrige Deutschland fester zusammenfügt und Oesterreich in einem weiteren Verhältniß zu Deutschland steht. Ich sehe aber keinen andern Ausweg aus unserer jetzigen gänzlichen Zersplitterung, als wenn wir vorläufig Deutschland ohne Oesterreich unter einem erblichen Oberhaupte und zwar in der Person des Königs von Preußen vereinigen. Meine Herren! Wir können uns glücklich preisen, daß Preußen nur *beinahe* eine europäische Großmacht ist, ich sage beinahe, denn wäre es *ganz* eine Großmacht, so würden es die Preußen wie viele Oesterreicher machen. Ich hasse das Preußenthum, ich hasse das Oesterreicherthum, aber ich erkenne die Berechtigung dazu an, ich weiß, was es heißt, einem großen Staate mit einer langen Geschichte anzugehören, an dem man ein ganz anderes Interesse haben kann, als wir an den Duodezstaaten, in denen wir leben. Wir haben nie gefühlt, was es heißt, nach Außen mächtig und so dazustehen, daß man sich im Auslande mit Stolz als den Angehörigen seines Staats nennen kann. Daher erkenne ich es als ein Glück an, daß Preußen nur *beinahe* eine europäische Großmacht ist, denn wäre es wirklich eine, so zweifle ich sehr daran, daß es in unsere Bundesverfassung eintreten würde, ebenso, wie man uns sagt, daß es Oesterreich nicht thun werde, selbst wenn man ihm die Kaiserkrone biete. Es hat ein Redner auf dieser Tribüne neulich unser armes Vaterland auf eine Weise eingetheilt, die Ihre Heiterkeit erregte; die Sache ist aber nicht so lächerlich, wir haben leider heute und seit 14 Tagen zur Genüge erfahren, daß die Eintheilung noch nicht einmal vollständig ist, wir müssen neben Preußen und Oesterreich als *selbstständige Größen* in Deutschland auch noch Bayern nennen. (Bravo.) Ich glaubte kaum, daß die Angehörigen eines Staats, der allerdings etwas besser gestanden hat, als z. B. Hannover, — der Staat Bayern hat nämlich die Wahl gehabt, ob er Preußen oder Oesterreich *gehorchen* wollte —, ein solches Verhältniß so angenehm hätten finden können, daß man eben so fortzuexistiren wünschte. — Nun hat man zu meinem großen Erstaunen von norddeutschen Interessen gesprochen, welche wir verfolgen. Ich habe schon erklärt, daß ich nicht als Hannoveraner rede. Thäte ich dieß, so würde ich vom Standpunkte der *materiellen* Verhältnisse, im Interesse meiner Heimath *gegen* die deutsche Einheit sprechen müssen. Glauben Sie nicht, meine Herren, daß wir in den norddeutschen Staaten von einer Verbindung mit den süddeutschen Staaten für jetzt irgend Vortheile haben. Glauben Sie, daß wir das Gegentheil recht gut wissen. Ich mache nur auf einen Gegenstand aufmerksam, nämlich auf unsere Außzölle. Man erklärt diese zwar für einen Raub, allein das ist gleich, wir haben sie einmal gehabt und der Verlust ist selbst mit der billigen Ausgleichung immer bitter. Ferner muß ich darauf aufmerksam machen, daß wir fast nur Rohstoffe produciren, die uns abgeholt werden, weil man sie nicht entbehren kann. Wir sind, was Fabrikate anlangt, fast nur *Käufer*. Ich habe nun noch nie gehört, daß sich die Käufer Mühe zu geben hätten, um irgendwo Etwas kaufen zu können, im Gegentheile sind es die Verkäufer, welche Käufer suchen. Also haben die fabrikreichen Süddeutschlands allerdings ein Interesse, unseren Markt zu gewinnen und wir werden, wenn dieß geschehen, die uns nöthigen Fabrikate nur *theuerer* zu bezahlen haben, als wir sie sonst vom Auslande beziehen könnten. Ich protestire daher dagegen, daß wir eine *wirkliche* deutsche Einheit aus *Interesse* wollen und daß die süddeutschen Staaten *uns* durch die Verbindung mit uns ein *Opfer* bringen. Noch mehr aber, als der eben gerügte Vorwurf, hat es mich geschmerzt von einer „Professoren-“ oder von einer „preußischen“ Intrigue sprechen hören zu müssen. Ich erkläre auf das Bestimmteste, daß ich weder von dem Einen, noch von dem Anderen etwas bemerkt habe und daß ich durchaus nicht daran glaube. Die Professoren, welche für ein Erbkaiserthum sich erklärt, haben diese ihre Meinung immer offen ausgesprochen. Es liegt dieselbe schon klar in dem Siebenzehner-Entwurf vor und es sollen damals Männer zugestimmt haben, die jetzt entschieden dagegen sind. (Heiterkeit auf der Linken.) Was sodann die Preußen betrifft, so will ich gestehen, daß ich nie recht daran *geglaubt*, daß Oesterreich in den *Bundesstaat* eintreten könnte. Unter dieser offen als wahrscheinlich eintretend hingestellten Voraussetzung habe ich immer meine Meinung dahin ausgesprochen, daß der König von Preußen als *erbliches* Oberhaupt an die Spitze zu stellen und dieß *unbedingt* unser ultimum refugium sei. Und da muß ich nun gestehen, daß ich vielen Widerspruch von Seite der spezifisch gesinnten Preußen gefunden habe. Allerdings schienen einige Preußen dieß in ihrem Herzen zu wünschen, allein das waren solche, die ich als *Deutsche* kennen gelernt habe und keineswegs die für so genannte spezifisch geltende Preußen. Wir verdanken es wahrlich einem Manne, dem auch Sie (zur Linken) Ihre Hochachtung zollen — einem Manne, der etwas weiter sieht und nicht verkennt, daß Preußen *beinahe* eine Großmacht ist — wenn diejenigen Abgeordneten aus Preußen, welche dem spezifischen Preußenthume ergeben sind, jetzt *dafür* stimmten, daß der König von Preußen als erbliches Oberhaupt an die Spitze des Bundesstaats Deutschland gestellt werde. Von einer Intrigue kann ich also in dieser Hinsicht keine Spur finden. Ich behaupte, daß die bedeutende Unterstützung, welche das Minoritäts-Erachten I gefunden, allein aus der veränderten Stimmung des Volkes zu erklären ist. Meine Herren, das Volk kann sich an eine *Idee* nicht lange halten. Es muß diese Idee verkörpert haben und gleichwie wir wahrgenommen haben, daß dem Erzherzog Johann zugejubelt wurde, als er zum

Reichsverweser ernannt war, — im Norden wahrlich nicht wegen seiner Achtung fordernden Persönlichkeit, die dort ganz unbekannt war, sondern weil er die Idee der Einheit repräsentirte — eben so sehen wir, daß man jetzt einen Kaiser wünscht, um dadurch die Idee der Einheit verkörpern zu können. Als ich vor mehreren Monaten in meiner Heimath war, so hörte ich in vielen Kreisen, wenn auch mehr in den höheren büreaukratischen, als in denen des Volkes entschiedenen Widerspruch, ja sogar Abscheu gegen ein preußisch-deutsches Kaiserthum, welches ich als das wahrscheinliche letzte refugium in Aussicht stellte. Als ich aber vor einigen Wochen wieder dahin kam, so hörte ich, was Sie auch in den Adressen, die aus Hannover kamen, lesen können: wir protestiren zwar gegen das Preußenthum und gegen jede Sympathie für Preußen, aber es geht nicht anders, wir müssen den König von Preußen doch an die Spitze stellen. (Heiterkeit.) Ich habe damit nur sagen wollen, daß man nicht von einer Intrigue sprechen darf, sondern, daß auf den Grund der veränderten Stimmung des Volkes jener Gedanke sich Bahn gebrochen hat, und ich glaube diese Stimmung wird sich so manifestiren, daß man ihr nachgeben muß, man mag wollen oder nicht. Meine Herren, ich bin der festen Ueberzeugung, daß wir uns für die Erblichkeit des Oberhauptes entscheiden müssen und zwar aus allen Standpunkten, die man sich denken kann, vor Allem aber im Interesse der Einheit. Meine Herren, machen Sie sich keine Illusionen. Entscheiden Sie sich für einen Wahlkaiser, so erhalten Sie einen König von Preußen als Oberhaupt und keinen König der Deutschen. Es wird nicht die Frankfurter Nationalversammlung sein, welche die Politik Deutschlands bestimmt, sondern die Versammlung in Berlin. Nehmen Sie aber dem Staate Preußen das Band der Dynastie, das ihn allein zusammenhält, thun sie dieß dadurch, daß sie die Dynastie durch Erblichkeit an Deutschland festanknüpfen, so werden Sie verhindern, daß wir preußisch werden. Es liegt sonst im Laufe der Ereignisse, daß die nord- und mitteldeutschen Staaten, deren Selbstständigkeit für die Zukunft ohne einen festen Bundesstaat schon aus finanziellen Gründen unmöglich ist, preußisch werden, und dann werden Sie das dreitheilige Deutschland haben, das Sie jetzt in Folge unseres Vorschlages fürchten. Meine Herren, auch aus einem anderen Grunde, nämlich aus dem, daß ein nicht erbliches Oberhaupt zu viele Rücksicht auf den eigenen Staat nehmen wird, muß ich Ihnen die Erblichkeit empfehlen. Wenn Sie ein Wahlreich schaffen, so wird ferner das gewählte Oberhaupt seine Vettern um so zärtlicher behandeln, je kürzer er in der Regierung bleiben wird, weil jene doch bei der neuen Wahl auch ein Wort mitzusprechen haben werden, kurz, ein Wahlkaiser scheint mir so schlecht, daß ich lieber noch ein Directorium nehmen würde. Meine Herren, indem wir die Erblichkeit des Oberhauptes aussprechen, bedenken Sie wohl, daß wir dadurch nicht allein Deutschland ein starkes Oberhaupt geben, sondern daß wir auch die 16 Millionen Preußen zu wirklichen Deutschen machen. Dann, meine Herren, halte ich eine starke Gewalt an der Spitze zur Begründung der deutschen Einheit für absolut nothwendig, um den Widerstand der Einzelstaaten zu beseitigen und der Centralgewalt Gehorsam zu verschaffen. Sehen Sie nach Amerika, wo unter den günstigsten Verhältnissen die Centralregierung lange Jahre zu kämpfen hatte, um sich Gehorsam zu verschaffen, wo die einzelnen Staaten, welche durch die Nothwendigkeit zum Mittelpunkte getrieben wurden, Jahre lang der Regierung Widerstand leisteten, und dann fragen Sie sich, ob Sie anders, als mit dem stärksten Oberhaupte ein einiges Deutschland erhalten werden. Aber ich halte ein erbliches Oberhaupt nicht allein nothwendig zur Begründung der Einheit Deutschlands, ich halte es für ebenso nothwendig im Interesse der Freiheit und des wahren Glückes des Vaterlandes. Ein begeisterter Dichter hat uns gestern das constitutionell-monarchische System als illusorisch dargestellt, und ich verkenne nicht, daß dieß System viel Täuschendes haben kann. Ich lasse mich in dieser Ansicht auch nicht irre machen durch das Beispiel von England, denn es paßt durchaus nicht, weil die englische Verfassung so rein historisch aufgewachsen ist, daß man sie auf andere Verhältnisse nicht anwenden kann. Aber, meine Herren, wir haben ein anderes Beispiel für die Wahrheit der constitutionellen Monarchie, das ist Belgien. Das gibt uns den Beweis, daß wirklich eine constitutionell-monarchische Form zur Wahrheit werden kann, denn es hat unter den heftigsten Stürmen die Freiheit unter der Monarchie behauptet, und weßhalb? Weil es nicht einen angestammten, sondern einen gewählten Monarchen hat. Wenn wir aber den König von Preußen an die Spitze Deutschlands stellen, so ist er auch ein gewählter Herrscher; die Verhältnisse sind dann ganz dieselben. Der künftige König von Deutschland ist in Rücksicht auf die Freiheit nichts als ein erblicher Präsident, und nach Außen ist er ein König, ein gewiß sehr wünschenswerthes Verhältniß. Meine Herren! Der Herr Abgeordnete aus Hagen hat schon darauf hingewiesen, daß derjenige, der einmal einen Präsidenten nicht durchsetzen könne, für ein erbliches Oberhaupt stimmen müsse. Meine Herren! Sie werden mir zugeben, daß, wenn überhaupt in der nächsten Zeit die republikanischen Bestrebungen mehr Boden gewinnen, dieses doch nicht gleichmäßig in ganz Deutschland der Fall sein wird. Wir sehen das schon jetzt. Es werden einzelne Volksstämme vielleicht bald republikanisirt sein, es werden aber sehr viele Jahre hingehen, bis z. B. Hannover republikanisirt ist. (Eine Stimme auf der Linken: Leider!) Sie mögen sagen „leider," ich könnte es von meinem Standpunkte aus auch sagen; ich will es aber wegen einer möglichen Mißdeutung, die mit wenigen Worten nicht zu heben ist, nicht sagen. (Heiterkeit.) Ich will nur die Thatsachen anführen, daß die republikanischen Bestrebungen in Deutschland nicht gleichmäßig durchdringen, nicht überall dieselbe Kraft haben werden. Meine Herren, könnten Sie die einzelnen republikanischen Bestrebungen zurückhalten, könnten Sie eine Explosion verhindern, wie Sie es nicht können, wie Sie es am 18. September auch nicht gekonnt haben, obgleich ich vollkommen anerkenne, daß von dieser Seite des Hauses (sich zur Linken wendend) dermalen viel geschehen ist, um den Aufstand zu verhindern, so würde sich die Sache endlich mit einem Male entscheiden. Da eben einzelne Aufstände vorkommen und besiegt werden, so ist damit der Sieg Ihrer Idee immer weiter hinausgerückt, denn es ist die natürliche Folge der Niederlage, daß die geschlagene Partei bedeutend an Kraft verliert. Also, meine Herren, wenn Sie auf diese Weise die republikanischen Bestrebungen gegen die einzelnen Staaten richten und nicht gegen die Spitze Deutschlands, so werden Sie einzelne republikanische Aufstände, aber nie die Republik haben, und selbst diejenigen, welche auf dem republikanischen Standpunkte nicht stehen, müssen diesen Grund anerkennen, denn sie müssen wünschen, daß die Republik, wenn sie einmal die Verfassung der Zukunft ist, auf einem möglichst unblutigen Wege eingeführt werde. Meine Herren, es sprechen viele Gründe für die Erblichkeit des Oberhauptes; die Einwendungen dagegen finde ich aber sehr schwach. Man drohte uns zuerst mit Bürgerkrieg. Nun, meine Herren, das will ich zugestehen, unter einem Directorium oder einem Präsidenten können wir auf die größte Einigkeit der Regierung rechnen; wir haben das schon beim Bundestage gesehen, lesen Sie die Protokolle, Sie finden immer einstimmige Beschlüsse, — aber worin wird die Uebereinstimmung der Regierungen bestehen? darin, daß Keiner der Centralgewalt gehorcht, und so werden Sie wohl Einigkeit, aber nimmer Einheit haben, sobald Sie nicht ein kräftiges Oberhaupt an die Spitze stellen. Ein anderer Einwand hat mehr Schein für sich, aber nur für ein kurzsichtiges Auge, das ist der, daß der Bundesstaat gefährdet werde. Ich bin der Ansicht, daß der Streit, was Bundesstaat, was Einheitsstaat sei, etwas unpraktisch ist, weil die Begriffe nicht fest bestimmt sind; aber ich will annehmen, daß der Staat, den wir schaffen, ein Bundesstaat sei, dann sagen die Gegner, diesen Bundesstaat könnt ihr bei einem erblichen Oberhaupt nicht erhalten; aber ich glaube eben, daß, wenn wir ein erbliches Oberhaupt an die Spitze bringen, der Bundesstaat am gesichertsten ist, denn sobald wir den Drang des Volkes nach Einheit durch ein unglückliches Mittelding von Gesammtstaat nur aufgestachelt und nicht befriedigt haben, so werden sich die fraglichen Bestrebungen gegen die einzelnen Staaten und Fürsten, als die Hindernisse der Einheit richten, und der gänzliche Sturz der Einzelstaaten, sowie ein vollkommener Einheitsstaat werden die nothwendige Folge sein. — Ein fernerer Einwand geht dahin, daß man den Eintritt Oesterreichs offen lassen müsse. Nun, meine Herren, ich bin nicht der Meinung, daß der Eintritt von Deutsch-Oesterreich in das von uns aufgebaute Haus unserer Verfassung davon abhängt, ob die Spitze golden oder silbern, gelb oder weiß sei. Das scheint mir sehr gleichgültig und namentlich von dem Standpunkte der Herren dort (links). Sie müssen zugeben, daß es gleich ist, ob ein Hohenzollern oder ein Habsburg an die Spitze kommt; die Thüre bleibt offen für immer und die Spitze wird nicht den Eintritt Oesterreichs hindern. — Ein anderer Einwand, meine Herren, hat für mich, ich gestehe es, etwas Heiteres; der Einwurf, welcher in dem vom Abgeordneten von Leipzig vorgelesenen Protest vorkommt, daß wir nämlich nicht berechtigt seien, eine monarchische Spitze zu schaffen. Für dieſe Behauptung sehe ich nun gar keinen Grund; wir sind ermächtigt, die Verfassung Deutschlands zu gründen von Staatsbürgern, die hauptsächlich nur die constitutionelle Monarchie kennen. Ich glaube sogar, daß die meisten politischen Glaubensbekenntnisse der hiesigen Abgeordneten so lauten, wie das, welches neulich von der Tribüne vorgelesen wurde. Wenige sind es wohl, die sich nicht haben verpflichten müssen, der constitutionellen Monarchie treu zu bleiben, (Stimmen von der Linken: Wir nicht!) und nun sollen wir diese Verfassungsform nicht schaffen dürfen. Rein vom philosophischen Standpunkte aus kann man dahin kommen, daß man nichts bestimmen dürfe, man kann auch jede Freiheitstrafe ungerechtfertigt finden, aber vom politischen Standpunkte — und den sollten wir hier doch einnehmen — müssen wir doch jene Berechtigung haben, so lange die constitutionelle Monarchie, bei der die Erblichkeit ja charakteristisch ist, zu den üblichen Verfassungsformen gehört. — Endlich gibt es noch einen Grund, der uns für einen Wahlkaiser oder ein Bundesdirectorium — meiner Ansicht nach eines so schlecht wie das andere — angeführt wird, daß wir nämlich eine Ueberleitung nöthig haben. Wir sollen also ein Provisorium schaffen. Ich dächte, meine Herren, wir hätten an unserem Provisorium genug gehabt und klar gesehen, wohin solche provisorische Zustände führen. Ich glaube nicht, daß der schlechte Erfolg allein an der Leitung des Provisoriums liegt. Ich glaube vielmehr, daß das Provisorium um deßwillen zu keinem rechten Resultate geführt hat, weil unsere einzelnen Staatsregierungen zu mächtig geblieben sind, weil sie, namentlich die beiden größten, nicht gezwungen werden konnten, der Centralgewalt das zu übertragen, was ihr nach dem Gesetze an Gewalt gebührte; und ich glaube, Sie werden auch Preußen jetzt nicht zwingen, Alles der Centralgewalt zu übertragen, wenn Sie nicht den König von Preußen als erblichen Monarchen an die Spitze stellen. Denken Sie an die Vergangenheit! Hat uns die preußische Nationalversammlung unterstützt in unseren Bestrebungen, Preußen uns und unserer Centralgewalt zu unterwerfen? Sind trotz der vielen Interpellationen in dieser Richtung und mit diesem Zwecke Interpellationen vorgekommen? (Eine Stimme von der Linken: Jacoby!) Eine mag es gewesen sein, eine Schwalbe macht aber noch keinen Sommer. — Ich erinnere mich aber nicht, auch nur eine gelesen zu haben, und daher seien Sie überzeugt, daß ein Aufgehen Preußens in Deutschland nicht anders möglich ist, als wenn wir ihm die Dynastie nehmen und selbige mit Deutschland erblich verbinden. Ich, meine Herren, muß Ihnen gestehen, ich habe geglaubt, es hätte andere Mittel gegeben, das Aufgehen Preußens und Oesterreichs in Deutschland zu erreichen. Ich habe geglaubt, daß die Revolution mächtig genug gewesen sein würde, um diese großen Staatskörper zu zerschlagen; ich habe deßhalb für alle Anträge gestimmt, welche darauf hinausgingen. Ich habe gehofft, auf diese Weise diese Staatenkörper vernichten zu können. Meine Herren, die Majorität dieses Hauses hat damals anders beschlossen; ich habe dieß namentlich in der preußischen Frage schmerzlich empfunden, kann mir aber nicht verhehlen, wenn ich aufrichtig bin, wenigstens nicht nach den Erfahrungen der letzten Zeit, nach der Aufnahme, welche die geschenkte Verfassung in Preußen gefunden; ich kann mir, sage ich, nicht verhehlen, daß die Majorität dieser Versammlung die Kraft des Volkes richtiger geschätzt hat, daß wir und daß ich jetzt sehr zweifelhaft geworden bin, ob die von uns beantragten Mittel zum Ziele geführt hätten. Aber, meine Herren, wenn ich sehe, daß die Mittel, die angewendet sind, nicht zum Ziele geführt haben, soll ich dann nicht das wählen, was übrig bleibt? Ich würde nie die Verantwortung übernehmen, ein Mittel zurückzuweisen, welches zum Ziele führt, wenn es mir auch nicht zusagt. (Auf der Rechten: Bravo!) Meine Herren! (zur Linken gewendet) Sie verwerfen das Mittel mit der Hülfe derer, die ganz andere Zwecke verfolgen, als Sie, die durchaus nicht das wollen, was Sie wollen. (Einige Stimmen von der Linken: Das geht uns nichts an!) Das geht Sie freilich nichts an, sollte Sie aber doch gegen die Verwerfung des Mittels argwöhnisch machen. Ich von meinem Standpunkte, der ich früher meist oder fast immer mit Ihnen (zur Linken gewendet) gestimmt habe, kann mich nicht so entschließen. Mir steht das Ziel höher, als ein einzelnes, mir nicht angenehmes Mittel. Ich schließe daher mit den Worten: Wollen Sie, meine Herren, die Macht Deutschlands nach Außen durch die Einheit, wollen Sie die Freiheit im Innern, so stimmen Sie für ein erbliches Oberhaupt. (Auf der Rechten und im Centrum lebhafter anhaltender Beifall.)

Präsident: Meine Herren! Es liegt ein schriftlicher Antrag auf Schluß der Discussion vor. Ich werde den Schluß zur Abstimmung bringen. Diejenigen Herren, welche die Discussion über den § 1a des von dem Verfassungsausschusse vorgelegten Entwurfes „das Reichsoberhaupt“ geschlossen wissen wollen, ersuche ich, sich zu erheben. (Mitglieder auf verschiedenen Seiten erheben sich.) Der Schluß ist angenommen. — Ich bitte die Herren dringend, ihre Plätze einzunehmen. — Ich frage zuvörderst, ob für die verschiedenen Minoritätserachten, da für § 1a kein Majoritätserachten vorhanden ist, die Berichterstatter gehört werden wollen? (Zuruf von verschiedenen Seiten: Nein!) Für die Minoritätserachten 1 und 3 wird eben der Verzicht ausgesprochen; geschieht das auch für 2 und 4? (Zuruf: Ja!) Dann ist die Discussion über § 1a geschlossen. — Ich bemerke, daß die namentliche Abstimmung über sämmtliche vorliegende Anträge von Herrn Fetzer, Schubert von Königsberg und Arndts aus München vorbehalten ist. — In Erwägung, daß wir solchergestalt eine große Reihe namentlicher Abstimmungen haben, theile ich Ihnen das inzwischen von dem Büreau ermittelte Resultat, die heutige Wahl eines Schriftführers an die Stelle des Herrn Plathner mit, damit derselbe gleich in das Büreau eintreten kann. Von 283 Stimmen haben 135 Herrn Martens aus Danzig ihre Stimme gegeben. Dann folgt Herr Rösler von Oels mit 58, Wagner aus Steier mit 32, Haubenschmied mit 19, Gravenhorst mit 9, v. Schrenk mit 6, Drechsler mit 5, Scharre mit 4, Wesendonck mit 2, Quante mit 2, v. Vincke mit 2 Stimmen. Neun Herren haben jeder eine Stimme erhalten. Herr Martens aus Danzig ist also an die Stelle des Herrn Plathner zum Schriftführer gewählt, und ich ersuche ihn, seine Stelle im Büreau einzunehmen. — Ich bringe nun zuvörderst diejenigen Anträge, für welche die Unterstützungsfrage noch nicht gestellt ist, zur Unterstützung, insofern nicht die Antragsteller erklären sollten — was bei einigen Anträgen der Fall sein dürfte —, daß sie dieselben durch die neuliche Abstimmung erledigt finden. Von dem Antrage des Herrn Strache und Rapp dürfte dieses der zweite Satz sein — ich bitte wiederholt, die Plätze einzunehmen; wir verlieren mit diesen Aufforderungen sehr viel Zeit. — Dann kommt der Antrag des Herrn Schulz von Darmstadt, von dem ich die Erwägungsgründe weglassen werde, Sie haben ihn gedruckt in Händen. Die Conclusionen sind:

1) „die erste Ernennung des Oberhauptes erfolgt nur für ein Jahr;
2) die Wahl geschieht, nach näherer Bestimmung eines Reichsgesetzes, unmittelbar vom Volke in den Versammlungen der Urwähler und im ganzen Umfange des durch § 1 „vom Reich" bestimmten Reichsgebiets;
3) die Nationalversammlung behält es sich selbst, oder einem späteren Reichstage vor — sobald die thatsächlichen politischen Zustände Deutschlands und Europas den Zeitpunkt dafür als günstig erscheinen lassen — die zur Erledigung der Oberhauptsfrage weiter erforderlichen Einleitungen und Bestimmungen zu treffen."

Schulz von Darmstadt: Ich bitte den Antrag bei der Unterstützungsfrage zu trennen.

Präsident: Dafür ist kein Grund vorhanden. — Diejenigen Herren, die den so eben verlesenen Antrag des Herrn Schulz von Darmstadt unterstützen wollen, ersuche ich, sich zu erheben. (Mitglieder auf der Linken erheben sich.) Er ist hinreichend unterstützt. — Der Antrag des Herrn Zöllner... (Zuruf: wird zurückgezogen!) — Der Antrag des Herrn Dham, Nr. 2 der gedruckten Verbesserungsanträge, lautet:

„1) Die Wahl des Kaisers geschieht auf Lebenszeit;
2) Die Wahl des Kaisers erfolgt in der Weise, daß die sämmtlichen regierenden deutschen Fürsten zusammentreten, und aus ihrer Mitte den Kaiser wählen;
3) für die erste Wahl sind nur wählbar, die Regenten von Preußen, Oesterreich, Bayern, Sachsen, Hannover und Würtemberg."

Diejenigen Herren, welche den Antrag des Herrn Dham unterstützen wollen, ersuche ich, sich zu erheben. (Nur Wenige erheben sich.) Er ist ohne Unterstützung geblieben. — Der präjudicielle Antrag des Herrn v. Linde (Nr. 2 der gedruckten Verbesserungsanträge); ich verlese ihn unter Verbesserung des Druckfehlers, der sich darin eingeschlichen hat:

„Die Nationalversammlung möge beschließen, bezüglich aller Anträge, welche auf die definitive Feststellung einer Maßnahme für die erste Uebertragung der Würde eines Reichsoberhauptes gestellt worden sind, bei der Berathung der Verfassung und zur Zeit zur motivirten Tagesordnung überzugehen."

Findet dieser Antrag des Herrn v. Linde Unterstützung? Ich ersuche diejenigen Herren, die ihn unterstützen wollen, sich zu erheben. (Mitglieder auf der Rechten erheben sich.) Er ist unterstützt. — Der Antrag des Abgeordneten Liebmann sub Nr. 4 der gedruckten Verbesserungsanträge, in welchem auch ein Druckfehler sich vorfindet, es soll nämlich statt „eines Mannsstammes" heißen „seines Mannsstammes", so daß der Antrag lautet:

„Die Wahl dieses Hauses erfolgt durch die verfassunggebende Reichsversammlung; und nach dem Erlöschen seines Mannsstammes anderweit durch das Volkshaus und Staatenhaus in gemeinschaftlicher Sitzung."

Findet dieser Antrag des Herrn Liebmann Unterstützung? Ich ersuche diejenigen Herren, die denselben unterstützen wollen, sich zu erheben. (Nur Wenige erheben sich.) Er ist nicht hinreichend unterstützt. — Antrag des Abgeordneten Höfken zu dem ersten Minoritätserachten § 1a . . . (Zuruf: wird zurückgezogen.) — Eventueller Antrag desselben Abgeordneten:

„Sollte sich für keines der Minoritätserachten des § 1a eine Mehrheit in der Reichsversammlung herausstellen, so beantrage ich:

Die Reichsversammlung wolle beschließen, es sei den Urwählern des deutschen Volkes binnen der kürzesten Frist die Frage zur Entscheidung vorzulegen: „ob ein Erbkaiser oder ein Wahlkaiser dem deutschen Bundesstaate vorgesetzt werden solle.""

Findet der Antrag des Herrn Höfken Unterstützung? Die ihn unterstützen wollen, bitte ich, aufzustehen. (Mitglieder auf der Linken erheben sich.) Er ist hinreichend unterstützt. — Verbesserungsantrag des Abgeordneten v. Mayfeld sub Nr. 8 der gedruckten Anträge:

„Die Männer des deutschen Volkes durch Abstimmung darüber zu befragen, ob an die Spitze des Bundesstaates ein Kaiser soll gestellt werden oder nicht."

Diejenigen Herren, die diesen Antrag des Herrn v. Mayfeld unterstützen wollen, ersuche ich, sich zu erheben. (Mitglieder auf der Linken erheben sich.) Er hat die hinreichende Unterstützung gefunden. — Meine Herren, ich lege Ihnen jetzt meinen Vorschlag wegen der Abstimmung zur Prüfung vor. Ich glaube, es sind drei Punkte, über welche die Versammlung heute Beschluß zu fassen haben wird: 1) über die Frage nach der Dauer der Uebertragung der Würde eines Reichsoberhauptes, resp. der Regierungsgewalt im Reiche, 2) die Methode der Wahl und 3) eine Separatbestimmung, die nur in dem dritten Minoritätserachten als § 5 vorkommt: „nach dem Regierungsantritt werden jederzeit beide Häuser neu gewählt." — Was den ersten Punkt betrifft, die Dauer der Uebertragung der Würde des Reichsoberhauptes resp. der Regierungsgewalt im Reiche, so mache ich zuförderst bemerklich, daß ein präjudicieller Antrag in diesem Betrachte meines Erachtens nicht vorliegt; denn der eventuelle Antrag des Herrn Höfken, der so aufgefaßt werden könnte, soll — nach dem Willen des Antragstellers selbst — erst nach Verwerfung aller Minoritätserachten an die Reihe kommen und der von mir zuletzt verlesene Antrag des Herrn

v. Mayfeld bezieht sich nach meiner Auffassung auf den § 2, — ich weiß nicht, ob der Herr Antragsteller damit einverstanden ist?

v. Mayfeld (vom Platze): Ich bin damit einverstanden.

Präsident: Wir haben es also, meine Herren, nur mit definitiven Anträgen zu thun, und diese liegen, wie Sie wissen, zwischen dem Vorschlage von Einem Jahre bis zur Erblichkeit. Mein Vorschlag ist dieser: zu beginnen mit dem Amendement Schulz — Nr. 3 der weiteren Verbesserungs-Anträge — fortzufahren mit der ersten Hälfte des Amendements Neugebauer: „Die Wahl des Reichsoberhauptes geschieht auf drei Jahre;" dann folgen zu lassen drittens das vierte Minoritätserachten zu § 1 und das Amendement Spatz § 2 Satz 1, viertens das Minoritätserachten 3 § 1, fünftens das Minoritätserachten 2 § 1, sechstens das Minoritätserachten 1 § 1 a und siebentens den eventuellen Höfken'schen Antrag. — Was demnächst die Art der Wahl betrifft, so liegt hier allerdings der schon hinreichend unterstützte präjudicielle Antrag des Herrn von Linde vor, mit dem also begonnen werden muß. Die definitiven Anträge, meine Herren, verstehe ich in dem Zusammenhange, in dem sie gestellt sind, so daß, je nachdem bei Nr. 1 ein Jahr, drei Jahre, sechs Jahre, zwölf Jahre, Lebenszeit oder Erblichkeit als Dauer der Würde des Reichsoberhauptes angenommen wird, dem entsprechend auch die vorgeschlagenen Wahlmethoden angenommen werden müßten; falls ein Jahr angenommen würde, der Vorschlag von Schulz; falls drei Jahre, die zweite Hälfte des Neugebauer'schen Antrags, falls sechs Jahre, das Minoritätserachten Nr. 4 § 2—5, oder § 2 des Amendement Spatz, falls zwölf Jahre, das Minoritätserachten 3 § 2—4; falls Lebenszeit, das Minoritätserachten 2 § 2. Dann würde noch übrig bleiben die Bestimmung des Minoritätserachtens 3 § 5, von dem ich schon vorher bemerkt habe, daß nach meiner Auffassung dasselbe unter keine der bisherigen Kategorien sich subsumiren lasse.

Welcker von Heidelberg: Meine Herren! Ich muß mich gegen den gemachten Vorschlag erklären, in Beziehung auf die Dauer anzufangen mit einem Jahr und zu schließen mit der Erblichkeit. Ich mache gerade den umgekehrten Vorschlag; ich schlage vor, mit der Erblichkeit anzufangen, mit der Lebenslänglichkeit fortzufahren und so bis zu einem Jahr herunterzugehen. Dafür spricht nicht bloß der bekannte Grundsatz, daß man die am weitestgehenden Vorschläge zuerst nimmt: hier ist von der Dauer die Rede; die längste Dauer ist die Erblichkeit, — aber es ist ein ganz anderer Grund, der hier durchschlägt. Es handelt sich bei dieser Frage keineswegs bloß um die Dauer, sondern es ist ein völliger Gegensatz zwischen zwei Hauptgrundsätzen, ein generischer Gegensatz. (Zustimmung von der Linken.) Wir haben beschlossen: die sämmtlichen regierenden deutschen Fürsten sind berechtigt oder die Candidaten für die Oberhauptswürde. Die Erblichkeit schließt für alle Zeiten alle anderen aus, jede Art von anderer Wahl läßt den andern Fürstenhäuptern noch die Aussicht, Theil zu nehmen an der Regierung früher oder später. Die Erblichkeit ist ein totaler Gegensatz gegen die andern Bestimmungen und, meine Herren, der letzte und schlagendste Grund für diese Art der Abstimmung ist der, ein redliches und ehrliches Resultat zu erzielen. (Bravo auf der Linken und auf andern Seite des Hauses.) Wenn Sie die sämmtlichen andern Vorschläge über eine kürzere Dauer voranziehen lassen wollen, so müssen Sie sie erst zusammenfassen unter einen gemeinschaftlichen Character, der der entgegengesetzte ist von dem der Erblichkeit; Sie müssen sagen: Wollt Ihr eine erbliche, oder wenn Sie lieber wollen: Wollt Ihr keine erbliche Regierung? Wenn Sie das nicht thun, so ist es ganz natürlich: Die Anhänger der verschiedenen nicht erblichen Regierung würden sich vertheilen in die verschiedenen Vorschläge; der Eine zieht das vor, der Andere zieht jenes vor und es wird vielleicht eine Schein-Majorität für die Erblichkeit herauskommen, um doch Etwas zu haben, die keine wahre Majorität ist. Meine Herren, wir haben lange ehrlich gestritten um diese große Frage. Ich fordere von den Freunden der Erblichkeit zumal, daß sie diese Sache rein und klar in das deutsche Volk heraustreten lassen, nicht mit dem Makel behaftet, daß hier eine Majorität sei, die keine wahre Majorität ist. (Lebhafter Beifall von der Linken und von andern Seiten des Hauses.)

Wigard von Dresden: Ich muß mich in demselben Sinne erklären, wie der Redner vor mir, und ich habe deßhalb diesem Antrage nichts beizusetzen; aber in Bezug auf den Antrag des Herrn Neugebauer glaube ich verlangen zu dürfen, daß dieser Antrag, als der letzte von allen zur Abstimmung gebracht werde, und zwar deßhalb, weil der Antragsteller ausdrücklich bei Uebergabe dieses Antrags zu erkennen gegeben hat, wie er auch selbst anders abstimmen zu können wünschte, und nur für den Fall, daß ein Resultat durchaus nicht erzielt werde, durch einen oder den andern der übrigen Anträge eventuell diesen Antrag eingebracht haben wolle. Demnach glaube ich, würde diesem Antrag Gewalt angethan werden, wenn man ihn bereits früher zur Abstimmung brächte. Er ist als ein eventueller von dem Antragsteller eingebracht worden, und nur für den Fall, wenn kein Resultat erzielt wird, und der Antragsteller muß das Recht haben, zu verlangen, daß sein Antrag so behandelt werde, wie er wirklich gemacht worden ist. (Zustimmung auf der Linken.)

Präsident: Meine Herren! Die Discussion über die Hauptfrage wird natürlich zu Ende geführt werden. Ueber diese Zwischenbemerkung des Herrn Wigard wegen des Neugebauer'schen Antrags glaube ich aber hier schon einen Zusatz machen zu dürfen. Es ist richtig, wie ich auch vorgelesen habe, und wie es gedruckt ist; der Antragsteller hat gesagt: „für den Fall, wenn sämmtliche Minoritätserachten des Verfassungsausschusses in § 1 a, nämlich die Erblichkeit und Wahl des Reichsoberhauptes auf Lebenszeit, dann auf 12 und 6 Jahre verworfen werden sollten, stelle ich folgenden eventuellen Antrag u. s. w." Ich glaube aber nicht, daß auf diese Weise ein Antragsteller die Reihenfolge der Abstimmung *selbst* bestimmen kann. Sie können sich sehr leicht davon überzeugen, daß dieses in der That nicht möglich ist. Denken Sie, jeder von den Antragstellern hätte einen Zusatz der vorgelesenen Art gemacht, so würde gar kein Antrag zur Abstimmung gebracht werden können, und was in einem solchen Fall nicht für *Jeden* möglich ist, das muß begreiflicherweise für Niemand möglich sein. (Zustimmung.)

Rödinger von Stuttgart: Ich will bloß den Antrag des Herrn Welcker mit einer Hinweisung auf die Uebung dieses Hauses unterstützen. Daß das von ihm geltend gemachte Princip das richtige ist, bedarf keiner weiteren Nachweisung. Der Redner hat dieses klar ausgeführt; wir haben aber auch den Gang, den er in seinem Antrag geltend macht, in der bisherigen Uebung constant festgehalten. Namentlich mache ich das Haus darauf aufmerksam, daß diese Uebung gehandhabt wurde bei der wichtigen Frage über das Veto nach langer Discussion, und ich bitte darum, diese Uebung auch hier in dieser wichtigen Frage beizubehalten.

Plathner von Halberstadt: Meine Herren! Nachdem wir in neuester Zeit diese sehr wunderbare Allianz eines

Theiles dieses Hauses . . . (Unterbrechung und große Unruhe auf der Linken; — Ruf: Fragestellung!)

Präsident: Ich bitte um Ruhe, meine Herren!

Plathner: Ich werde rein von der Fragestellung sprechen, und ich glaube, wenn ich nicht so unmittelbar unterbrochen worden wäre, daß sowohl die hohe Versammlung, als der Herr Präsident sich überzeugt haben würden, daß ich einzig und allein über die Fragestellung sprechen wollte; ich wollte nämlich nur bemerklich machen, daß ein Theil dieser Seite des Hauses (der Rechten) jetzt übereinstimmt mit dieser Seite des Hauses (der Linken). Es wird nämlich sowohl von Herrn Welcker, als von dieser Seite des Hauses (zur Linken) für die vorliegende Frage in gleicher Weise der Grundsatz geltend gemacht, es müßte über das Weitestgehende zuerst abgestimmt werden. Nun gebe ich zu, daß über das Weiteste zuerst abgestimmt werden müsse. Es ist uns aber hundertmal von dieser Seite gesagt worden, das sei das Weitestgehende, was dem Volke das weiteste Recht läßt, und dem Volke wird das weiteste Recht, das heißt der weiteste Spielraum gelassen, wenn wir einen Kaiser nur für ein Jahr wählen und dagegen das engste, wenn wir einen erblichen Kaiser wählen. Deßhalb sage auch ich, weil wir immer über das Weiteste zuerst abgestimmt, müssen wir auch jetzt zuerst darüber abstimmen, ob ein einjähriger Kaiser gewählt wird. Das zweite ist: Herr Welcker hat uns gesagt: es ist ein Gegensatz zwischen der Erblichkeit und Nichterblichkeit. Das wird Jeder zugeben, daß es ein Gegensatz ist. Es frägt sich aber, ob das Andere nicht auch einen Gegensatz enthält? Man könnte auch einen Gegensatz finden zwischen lebenslänglich und nicht lebenslänglich. Das reicht hier gar nicht aus. Nach dem Principe können wir gar nicht verfahren. Herr Welcker hat selber gesagt: „die Ansichten über diese Gegensätze zur Erblichkeit würden so unvereinbar sein, daß sie sich nicht auf eine Ansicht concentriren würden.“ Das ist doch ein deutlicher Beweis, daß dieß auch Gegensätze sind. Dann will Herr Welcker, es soll ein redliches ehrliches Resultat zu Wege gebracht werden. Meine Herren! Dann wird ein redliches Resultat zu Stande kommen, wenn einem Jeden die Möglichkeit gegeben wird, für das zu stimmen, wofür er eventuell stimmen kann, wenn seine Hauptansicht verworfen wird. (Bravo auf der Rechten.) Ich glaube aber nicht, daß man uns, die wir für die Erblichkeit stimmen wollen, zumuthen kann, eventuell für einen nichterblichen Kaiser zu stimmen. (Unruhe.) Aber wenn Sie für einen einjährigen Kaiser gestimmt haben, dann können Sie wohl noch erwägen, ob Sie einen sechsjährigen Kaiser annehmen wollen, und wer einen sechsjährigen Kaiser will, oder einen zwölfjährigen, kann auch allenfalls bis zu einem lebenslänglichen vorgehen. (Unruhe.) Lassen Sie mich doch aussprechen!

Präsident: Meine Herren, ich bitte um Ruhe. Wir bringen auf diesem Wege die Discussion nicht zu Ende.

Plathner: Wer einen lebenslänglichen Kaiser wollte und abvotirt wird, kann im Nothfalle auch einem erblichen Kaiser seine Stimme geben.

Präsident: Wollen die Herren nicht erst Ihre Plätze einnehmen?

Rösler von Oels: Ich acceptire zuerst dankbar, was Herr Plathner gesagt, daß das Erbkaiserthum den Rechten des Volkes am meisten schädlich sei. (Unruhe.) So ähnlich war es.

Präsident: Herr Rösler, das gehört nicht zur Fragestellung.

Rösler: Um auf die Fragestellung einzugehen, so befindet sich Herr Plathner in zwei Fällen offenbar im Irrthum. Er sagte uns: Es sei eben so gut ein Gegensatz in den Principien zwischen der Lebenslänglichkeit und sechs Jahren als zwischen sechs Jahren und drei Jahren. Davon kann nicht die Rede sein, das Hauptprincip ist Erblichkeit oder Wahlreich, und dieß Princip muß offenbar zuerst entschieden werden, ehe man sich über einen Modus einigt. Herr Plathner aber dreht die Sache, und zwar, wie ich glaube, ganz irrthümlich herum. Wer einen Wahlkaiser will, kann von drei Jahren auf sechs Jahre, möglicherweise auf zwölf Jahre, ja sogar auf Lebenszeit, übergehen, wiewohl Letzteres nicht Viele thun werden, wie ich glaube. Aber auf einen Erbkaiser, meine ich, kann es sich nicht versteigen. Also, das Princip muß sofort entschieden werden mit der ersten Abstimmung. Wenn es ausgemacht ist, Erbkaiser oder Wahlkaiser, so wiegt das eine Princip vor, und dann hat man ein reines redliches Resultat, und es steht Allen frei genug, wenn sie wollen, mitzustimmen, und durch das Gewicht ihrer Stimme das festzustellen, was dem Erbkaiser am nächsten kommt, oder auf der andern Seite durch das Gewicht ihrer Stimme zu verhindern, daß ein solcher Beschluß zu Stande komme. Wir von dieser Seite befinden uns nicht in dieser Lage, wir können nicht denselben Schritt gehen, weil wir nach unserem Principe nicht Alle bis zur Lebenszeit mitgehen können. Wir sind Alle vollständig auf reinem Boden, wenn mit dem Erbkaiser angefangen wird.

Präsident: Herr Eisenstuck!

Eisenstuck von Chemnitz (vom Platze aus): Ich verzichte!

Präsident: Herr v. Vincke!

v. Vincke von Hagen: Auf den letzten Gang der Argumentation des verehrten letzten Mitgliedes und seiner Vorgänger kann ich mich gar nicht einlassen. Sie werden mir zugeben, wie Jemand stimmen will, ob er eventuell durch die ganze Scala vom einjährigen bis zum erblichen Kaiser oder umgekehrt vom erblich bis zum einjährigen übergeht, das ist individuelle Ansicht, und es kann wenigstens im Augenblicke nicht ermittelt werden, wie flexibel die einzelnen Mitglieder darin sind. Ich behaupte also dem verehrten Mitgliede aus Baden und seinen Nachfolgern gegenüber, daß die Sache ebenso rein sich herausstellt, wenn von der Erblichkeit, als wenn von der andern Seite angefangen wird; das ist für das eine und das andere Princip genau dasselbe. Es kommt hier lediglich darauf an, was der hergebrachte Gebrauch im Hause ist, und da hat man, so viel ich mich erinnere, und dafür könnte ich Ihnen viele bekannte Beispiele anführen, immer nur zwei Principien befolgt. Es war dieß einmal das, daß mit der Abstimmung angefangen wurde, die die **Freiheit am meisten beschränkt**, und zum Andern, daß man mit der Abstimmung begann, die sich am weitesten von dem Bestehenden entfernte. Beide Principien sprechen gleichmäßig dafür, daß wir das System des Herrn Präsidenten befolgen. (Unruhe.) Ich bin nicht mit einem meiner Vorgänger einverstanden, daß das Erblichkeitsprincip der Volksfreiheit am ungünstigsten sei. Ich habe aus vielen Gründen — und sonst viele Redner haben dasselbe verfochten — die entschiedene Ansicht, und die größten Staatsmänner und Geschichtschreiber sind seit Jahrhunderten der Ansicht, daß das Princip der Erblichkeit der Volksfreiheit gerade am günstigsten sei. (Bravo auf der Rechten.) Wir müssen also nach der stets geübten Praxis mit dem beginnen, was dem Princip der Freiheit am meisten entgegensteht. Das ist das System der Anarchie. (Bravo, Unruhe.) Wir haben dieses Princip, daß mit dem der Freiheit am weitesten entgegenstehenden begonnen werden solle, bei vielen Fragen unter Andern noch neuerlich bei der Abstimmung über das Staatenhaus unter dem Beifalle aller Theile des Hauses befolgt. Es hat sich also das verehrte Mitglied aus Würtemberg mit seinem eigenen Waffen geschlagen; denn ebenso hatten wir es mit dem absoluten Veto gemacht und bei der Abstimmung zuerst begonnen mit dem, was sich der Erblichkeit am meisten accomodirt. (Heiterkeit und Beifall auf der Linken. Zuruf von der Linken: Das wollen wir ja!)

Präsident: Ich bitte um Ruhe. Sie werden später Ihre Gedanken äußern können. Ich bitte Herrn v. Vincke fortzufahren.

v. Vincke: Wir haben endlich bei andern Veranlassungen das Princip zuerst an die Spitze gestellt, was sich von dem Bestehenden am Weitesten entfernt, und Sie werden mir zugeben, daß, da wir im größten Theile von Deutschland die Erblichkeit an der Spitze stehen sehen, wir mit dem entgegengesetzten Principe mit der Nichterblichkeit beginnen müssen.

Präsident: Herr Arndts hat das Wort. (Ruf nach Schluß.) Meine Herren! Ich denke, Sie lassen zu, daß man sich über diese Fragestellung vollständig ausspreche. (Allseitige Zustimmung.)

Arndts von München: Ich muß mich ebenfalls für den von Welcker gestellten Antrag und durchaus gegen den Vorschlag des Herrn Präsidenten erklären, und finde die zur Rechtfertigung des letzten von den zwei Rednern vor mir angeführten Gründe durchaus nicht überzeugend, vielmehr bestätigen sie noch mehr das, was Herr Welcker gesagt hat. Vorerst, was die Uebung des Hauses betrifft, so ist bekannt, daß wir regelmäßig mit dem Antrage angefangen haben, der am Weitesten geht. Herr v. Vincke hat soeben dieses „am Weitesten Gehen" in doppelter Weise zu erklären gesucht. Einmal, sagt er, man könne unter dem, was am Weitesten geht, dasjenige verstehen, was am Weitesten sich von den bestehenden Zuständen entfernt, es sei dieß aber offenbar die Erblichkeit des künftigen Oberhauptes von Deutschland nicht, sondern diese stehe den bestehenden Zuständen deßwegen am nächsten, weil in den Einzelstaaten wir bis jetzt die erbliche Monarchie gehabt haben. Meine Herren! Ich kann in dieser Art den Vorschlag zu vertheidigen, nichts Anderes erkennen, als pure Sophistik, (Auf der Rechten: O! oh! Bravo auf der Linken), denn offenbar entfernt sich die Erblichkeit des Oberhaupts am Weitesten von den bisherigen Zuständen. Wenn Sie den bisherigen Zustand nehmen, so war es ein Bund der Einzelstaaten, es war also ein Bund erblicher Monarchien, es war, wie man sich ausdrücken kann, und wie dieß schon öfter ausgedrückt worden ist, das gemeinsame Band, oder das Gemeinsame der Bundesgewalt eine republikanische Institution oder eine dem Republikanismus genäherte Institution, insofern sie ein Collegium der regierenden Fürsten bildete; und wollen Sie als bestehenden Zustand den gegenwärtig bestehenden provisorischen Zustand nehmen? — nun so brauche ich nicht zu beweisen, daß davon das Princip der Erblichkeit am Weitesten entfernt ist. Was aber das Andere betrifft, was man unter dem Princhpe des „am Weitesten Gehen" hier verstehen will, nämlich was am meisten die Volksfreiheit einerseits begünstige, oder andererseits beschränke, so muß ich aufrichtig gestehen, daß ich aus den Reden der beiden letzten Redner nicht habe klug werden können; ob sie aus diesem Gesichtspunkte annehmen, daß die Frage über die Erblichkeit voran oder ans Ende gestellt werden müsse? Ich habe das nicht richtig auffassen können! Außerdem muß ich aber noch besonders auf die Zweckmäßigkeit der Abstimmung, auf die Natur der Sache Gewicht legen. Ich behaupte: es ist die von dem Herrn Präsidenten vorgeschlagene Folge der Fragestellung der Natur der Sache und der einfachen Logik geradezu zuwider. Meine Herren, wer für einen erblichen Kaiser stimme und dieses sein Princip nicht zum Siege bringen kann, wird er, wie Herr Plathner behauptet hat, sich in der Unmöglichkeit befinden, für einen lebenslänglichen Kaiser zu stimmen? (Bravo auf der Linken. Stimmen auf der Rechten und im Centrum: Gewiß!) Sind denn diejenigen Herren, die einen erblichen Kaiser wollen, so verrannt in ihr Princip, daß sie, wenn sie (auf der Rechten: Oh! oh!) den erblichen Kaiser nicht bekommen können, lieber gar keinen Kaiser wollen?! (Unruhe auf der Rechten und im Centrum. Eine Stimme von der Rechten! Ja! den alten Bundestag lieber, aber nicht.... Unruhe.) — Unterbrechen Sie mich nicht, antworten Sie nachher von der Tribüne aus dagegen. — Aber das Princip des Wahlkaisers auf der einen Seite und das Princip des erblichen Kaisers auf der anderen Seite bilden einen so entschiedenen Gegensatz, daß derjenige, welcher für einen Wahlkaiser gestimmt ist und sich zunächst veranlaßt findet, für einen auf 4 oder 6 Jahre gewählten Kaiser zu stimmen, daß dieser sich, wenn er überhaupt consequent sein will, für den erblichen Kaiser gar nicht bestimmen lassen kann. Endlich und zuletzt muß ich noch etwas bemerken, was ebenfalls die Uebung des Hauses noch betrifft. Wir haben bisher in allen Fällen, wo es darauf ankam, Zahlengruppen zusammenzustellen, die Fragstellung so vorgenommen, daß allemal die Zahl zunächst zur Abstimmung gebracht wurde, oder die Zeitdauer, will ich sagen, zur Abstimmung gebracht worden ist, für welche präsumtiv die Wenigsten sich erklären. (Auf der Rechten: Oh! oh!) und daß man so fortschreitet zur Abstimmung über diejenigen Zahlen, auf welche sich.... (Ruf von der Rechten und aus den Centren: Schluß!)

Präsident: Lassen Sie das „Schluß"-Rufen und hören Sie den Redner zu Ende.

Arndts: ... eventuell die Meisten vereinigen können. Jetzt werden Sie mir einräumen: wer für einen lebenslanglichen Kaiser stimmt und findet, daß er den lebenslänglichen Kaiser nicht durchbringen kann, der muß zunächst consequent für den zwölfjährigen Kaiser stimmen, (Widerspruch auf der Rechten) wenn der zwölfjährige proponirt wäre; und wer den zwölfjährigen nicht durchbringen kann, der muß für den sechsjährigen stimmen; (Unruhe; Stimmen auf der Linken und im Centrum: Vom „Muß" ist keine Rede!) Wenn Sie sagen: er muß nicht dafür stimmen, so müssen sie doch zugeben und behaupte ich: er kann dafür ohne Inconsequenz stimmen! denn wenn er den zwölfjährigen Kaiser nicht bekommen kann, so kann er den sechsjährigen doch immer noch sich gefallen lassen. Dagegen, wenn das Verhältniß umgekehrt wird, muß er gegen den sechsjährigen stimmen, weil er noch hoffen darf, daß der zwölfjährige beziehungsweise der lebenslängliche angenommen werde. So ist es auch bisher immer gehalten. Ich muß daher wiederholt aussprechen, daß ich für die von dem Herrn Präsidenten vorgeschlagene Fragestellung sachliche Gründe, innere Gründe keinen einzigen, auch nur scheinbaren entdecken kann. (Unruhe.)

Präsident: Herr Reichensperger hat das Wort! (Ruf nach Schluß) Meine Herren, ich bitte: das „Schluß"-Rufen ist ja wider Ihre eigenen Beschlüsse und kann mich also nicht bestimmen. Wenn Sie einen Antrag auf Schluß machen wollen, so müssen Sie denselben schriftlich einreichen.

Reichensperger aus Cöln: Meine Herren, ich dächte, wir sollten doch wenigstens den Schein der Consequenz retten; wir treten aber auch diesen Schein mit Füßen, wenn wir auf denjenigen Antrag eingehen wollten, welchen das ehrenwerthe Mitglied für Hagen vertheidigt hat. Die Wände umher hallen noch von dem Grundsatze wieder, daß der am weitesten gehende, daß der stärkste Antrag immer zuerst zur Abstimmung kommen soll. Nun aber, glaube ich, daß alle Dialektik, die wir so sehr am genannten Deputirten zu bewundern gewohnt sind, (Ruf der Rechten: Oh! oh!) doch nicht hinreicht, um Sie zu überzeugen, daß hier eine Wahlzeit von zwei, drei, sechs oder zwölf Jahren weiter geht, als eine Wahl in perpetuum für alle Nachkommen. Mich dünkt, es ist das so einfach, daß, wenn man viel darüber redet, man Gefahr läuft, die Sache nur verwickelter zu machen; aus einer solchen Verwirrung aber wird die Wahrheit am wenigsten hervorgehen. Ich glaube aber auch, daß der geehrte Abgeordnete von Hagen, dem gegenüber in die Schranken zu treten in der Regel eine sehr schwierige Aufgabe ist, den Widerspruch dießmal sehr leicht gemacht hat, indem er sich selbst geschlagen hat. Er sagte nämlich, daß wir bei einer früheren Abstimmung das absolute Veto vorangestellt hätten und daß dieses der Erblichkeit am nächsten käme. Ich bin mit dem Vordersatze ganz einverstanden, es ergibt sich aber, glaube ich, für unsere Frage ein anderer Nachsatz daraus, als der, welchen der Abgeordnete für Hagen daran geknüpft hat, nämlich der gerade entgegengesetzte. Endlich halte ich noch dafür, daß der Herr Vorredner so wie einige andere sehr Unrecht daran gethan haben, diese rein formelle Frage in das Materielle herüber zu ziehen; namentlich hat der Herr Abgeordnete für Hagen sehr mit Unrecht uns entgegen geworfen, eine Wahl auf zwölf Jahre oder auf noch kürzere Zeit werde in Deutschland die Anarchie hervorrufen, oder hege das Princip der Anarchie in sich. Wenn das wahr wäre, so brauchten wir uns nicht länger herumzustreiten; denn wir bedürften weder der Fragestellung noch der Abstimmung insofern, als wir wohl Alle darin einig sind, daß wir keine Anarchie wollen und nur über die Mittel, derselben vorzubeugen, verschieden denken; ein solcher Vorwurf und solche Argumente hätten auf diese Stelle wahrlich nicht hingehört! (Beistimmung von verschiedenen Seiten. Große Unruhe. Ruf nach Schluß.)

Präsident: Meine Herren! Es sind noch neun Redner angemeldet, deren Namen ich Ihnen nennen möchte; dann aber werde ich den Antrag auf Schluß, welcher mir jetzt schriftlich zu Händen gekommen ist, zur Abstimmung bringen. (Stimmen auf der Rechten: Parität der Redner!) Ich werde darauf aufmerksam gemacht, daß zwischen den Rednern, welche für und gegen gesprochen haben, bis daher keine Parität bestanden habe; ich möchte daher die Herren, welche mir den Antrag auf Schluß überreicht haben, fragen, ob sie nicht noch wenigstens Einen Redner hören wollen? (Viele Stimmen von verschiedenen Seiten: Nein! nein!) So bringe ich den Antrag zur Abstimmung. (Große Unruhe.) Wollen Sie nicht Ihre Plätze einnehmen? Wenn Sie in den Gängen stehen bleiben, kann und wird nicht abgestimmt werden. Diejenigen Herren, welche die uns jetzt beschäftigende Discussion über die Reihenfolge der Abstimmung geschlossen wissen wollen, ersuche ich, sich zu erheben. (Mitglieder auf verschiedenen Seiten erheben sich.) Der Schluß ist angenommen. Ich will, meine Herren, zur Vertheidigung meines Projectes nur wenige Worte sagen. (Eine Stimme aus dem Centrum: Es ist ja Schluß angenommen!) Ja, freilich; aber mir wird wohl noch das Wort zustehen; ich bin in diesem Falle der Antragsteller. (Von vielen Seiten: Ja wohl! Gewiß!) Zuvörderst, meine Herren, lehne ich die Andeutungen, die in wiederholten Aeußerungen gefallen sind, auf welchem Wege man ein reines und redliches Resultat zum Vorschein zu bringen habe, von mir ab. Ich bin mir bewußt, daß ich lediglich die Aufgabe im Auge habe, die meines Amtes ist, den wirklichen Willen dieser Versammlung zu ermitteln. Ich lehne in demselben Sinne von mir ab, wenn man mir zumuthet, zu erwägen, welche Anträge präsumtiv auf eine Minderheit oder Majorität zu rechnen haben möchten. Das ist eine Betrachtung, die mich nichts angeht. Ich könnte mir also nur den Vorwurf gefallen lassen, daß mein Vorschlag gegen die einfachsten Principien der Logik verstoße; denn an dem wäre ich unschuldig. In der Sache selbst bin ich von einer sehr einfachen Argumentation ausgegangen. Ich habe versucht, mich in die Seele eines abstimmenden Mitgliedes zu versetzen, und mich gefragt: wie würde ich der Reihe nach stimmen können? Dabei bin ich von dem Gedanken geleitet worden, daß, wenn in diesem Augenblicke ohne Zweifel die Constituirung des Reichs in unseren Händen liegt, jedes Mitglied geneigt sein müsse, von dieser constituirenden Gewalt erst das Minimum und dann, wenn es mit seinem Gewissen dieß vereinbar finde, mehr abzutreten. Das ist, wovon ich ausging; das ist der Sinn, in dem ich die Fragestellung proponirt habe. Indessen es ist Streit darüber in der Versammlung. Die Versammlung wird also selbst darüber entscheiden. Ich bitte die Herren ihre Plätze einzunehmen. Diejenigen Herren, die die Abstimmung über die uns zuerst beschäftigende Frage — Dauer der Uebertragung der Würde des Reichsoberhauptes resp. der Regierungsgewalt im Reiche — nach dem von dem Vorsitzenden vorgelegten Projekte in der Art geleitet wissen wollen, daß von dem Vorschlage auf 1 Jahr begonnen zu 3, 6, 12 Jahren, Lebenszeit und zu allerletzt zur Erblichkeit übergegangen werde, bitte ich, sich zu erheben. (Mitglieder auf verschiedenen Seiten erheben sich.) Bitte die Herren sich niederzulassen. Ich werde die Gegenprobe machen. Diejenigen Herren, welche die Abstimmung über die Dauer der Uebertragung der Regierungsgewalt im Reiche nicht in der von dem Vorsitzenden vorgeschlagenen Weise, sondern so angeordnet wissen wollen, daß mit der Abstimmung über die Erblichkeit begonnen, dann erforderlichen Falles von der Lebenszeit zu 12, 6, 3 und 1 Jahr hinabgegangen werde, ersuche ich, sich zu erheben. (Mitglieder auf verschiedenen Seiten erheben sich.) Meine Herren! Das Büreau ist zweifelhaft. Wir werden durch Zettel abstimmen müssen. Also diejenigen Herren, die nach dem Vorschlage des Vorsitzenden die Abstimmung in der Art geleitet wissen wollen, daß mit dem Antrage auf einjährige Dauer begonnen, dann durch alle Mittelstufen fortgegangen, mit der Erblichkeit aber geschlossen werde, ersuche ich, den weißen Stimmzettel mit „Ja", diejenigen Herren, welche das nicht wollen, den farbigen mit „Nein" mit ihrer Unterschrift zu versehen. (Mehrere Stimmen: Frage wiederholen! nicht verstanden!) Ich soll die Frage wiederholen. (Die Frage wird wiederholt. Die Stimmzettel werden eingesammelt.) Ich frage, ob die Stimmzettel bereits eingesendet sind? (Von mehreren Seiten: Nein!) — (Nach einigen Augenblicken:) Ich frage, ob noch Stimmzettel rückständig sind? (Niemand meldet sich. Die Zählung der Stimmzettel erfolgt durch die Schriftführer.)

Die Zählung der Stimmzettel ergab folgendes Resultat: Mit Ja stimmten:

v. Amstetter aus Breslau, Anders aus Goldberg, Anz aus Marienwerder, Arndt aus Bonn, Bachhaus aus Jena, Barth aus Kaufbeuren, Bassermann aus Mannheim, Bauer aus Bamberg, v. Baumbach-Kirchheim aus Kassel, v. Beckerath aus Crefeld, Bernhardi aus Kassel, Beseler aus Greifswald, Beseler (H. W.) aus Schleswig, Biedermann aus Leipzig, Bock-Buschmann aus Siedenbrunnen, Bock aus Preußisch-Minden, Böcler aus Schwerin, Braun aus Cöslin, Brescius aus Züllichau, v. Breuning aus Aachen, Breusing aus Osnabrück, Briegleb aus Koburg, Brons aus Emden, Bürgers aus Köln, v. Buttel aus Oldenburg, Carl aus Berlin, Cnyrim aus Frankfurt am Main, Cramer aus Köthen, Dahlmann aus Bonn, Dammers aus Nienburg, Deete aus Lübeck, Deetz aus Wittenberg, Degenkolb aus Eilenburg, Deiters aus Bonn, Dröge aus Bremen, Droysen aus Kiel, Duncker aus Halle, Ehmeier aus Paderborn, Ehrlich aus Murzynek, Emmerling aus Darmstadt, v. Ende aus Waldenburg, Engel aus Culm, Esmarch aus Schleswig, Evertsbusch aus Altena, Falk aus Ottolangendorf, Fallati aus Tübingen, Fischer (Gustav) aus Jena, Flottwell aus Münster, Francke (Karl) aus Rendsburg, Freudentheil aus Stade, v. Gagern aus Darmstadt, v. Gagern aus Wiesbaden, Gebhard aus Würzburg, v. Gersdorf aus Tuetz, Gevekoht aus Bremen, v. Giech (Graf) aus Thurnau, Giesebrecht aus Stettin, Godeffroy aus Hamburg, Göden aus Krotoszyn, von der Goltz (Graf) aus Czarnikau, Grävell aus Frankfurt an der Oder, Gravenhorst aus Lüneburg, Groß aus Leer, Gruel aus Burg, Grumbrecht aus Lüneburg, Gysae (Wilhelm) aus Strehlow, Hahn aus Guttstatt, v. Hartmann aus Münster, Haupt aus Wismar, Haym aus Halle, Heimbrod aus Sorau, v. Hennig aus Dempowalonka, Hergenhahn aus Wiesbaden, Herzog aus Ebermannstadt, Heubner aus Saarlouis, Hirschberg aus Sondershausen, Höfken aus Hattingen, Hofmann aus Friedberg, Hollandt aus Braunschweig, Houben aus Meurs, Jacobi aus Hersfeld, Jahn aus Freiburg an der Unstrut, Johannes aus Meiningen, Jordan aus Berlin, Jordan aus Gollnow, Jordan aus Frankfurt a. M., Jucho aus Frankfurt am Main, Kahlert aus Leobschütz, v. Keller (Graf) aus Erfurt, v. Kalckstein aus Wogau, Kerst aus Birnbaum, v. Keudell aus Berlin, Kierulff aus Rostock, Koch aus Leipzig, Kosmann aus Stettin, v. Kösteritz aus Elberfeld, Krafft aus Nürnberg, Kratz aus Wintershagen, Künzel aus Wolka, Kuhnt aus Bunzlau, Kutzen aus Breslau, Lang aus Verden, Langerfeldt aus Wolfenbüttel, Laube aus Leipzig, Laudien aus Königsberg, Lette aus Berlin, Leverkus aus Lennep, Liebmann aus Perleberg, Lodemann aus Lüneburg, Löw aus Magdeburg, Löw aus Posen, v. Maltzahn aus Küstrin, Mann aus Rostock, Marcks aus Duisburg, Marcus aus Bartenstein, Martens aus Danzig, v. Massow aus Karlsberg, Mathy aus Karlsruhe, Merck aus Hamburg, Metzke aus Sagan, Mevissen aus Köln, Michelsen aus Jena, Mohl (Robert) aus Heidelberg, Müller aus Sonnenberg, Munchen aus Luxemburg, Naumann aus Frankfurt an der Oder, Nerreter aus Fraustadt, Nizze aus Stralsund, Nöthig aus Weißholz, Oertel aus Mittelwalde, Ostendorf aus Soest, Ottow aus Labiau, Overweg aus Haus Ruhr, Pannier aus Zerbst, Pinckert aus Zeitz, Plaß aus Stade, Plathner aus Halberstadt, Plehn aus Marienburg, Presting aus Memel, v. Quintus-Icilius aus Fallingbostel, v. Radowitz aus Rüthen, Rahm aus Stettin, Rättig aus Potsdam, v. Raumer aus Berlin, v. Raumer aus Dinkelsbühl, Richter aus Danzig, Riesser aus Hamburg, Röben aus Dornum, Röder aus Neustettin, Rößler aus Wien, Rothe aus Berlin, Rüder aus Oldenburg, Rümelin aus Nürtingen, v. Sänger aus Grabow, v. Saltzwedell aus Gumbinnen, v. Saucken-Tarputschen aus Angerburg, Scheller aus Frankfurt an der Oder, Schepp aus Wiesbaden, Schick aus Weißensee, Schierenberg aus Detmold, Schirmeister aus Insterburg, v. Schleussing aus Rastenburg, Schneer aus Breslau, Scholten aus Ward, Scholz aus Neisse, Schrader aus Brandenburg, Schreiber aus Bielefeld, Schubert (Friedrich Wilhelm) aus Königsberg, Schultze aus Potsdam, Schwarz aus Halle, Schwerin (Graf) aus Pommern, Schwetschke aus Halle, v. Selchow aus Rettkewitz, Sellmer aus Landsberg a. d. W., Servais aus Luxemburg, Siehr aus Gumbinnen, Siemens aus Hannover, Simson aus Stargard, v. Soiron aus Mannheim, Sprengel aus Waren, Stahl aus Erlangen, Stavenhagen aus Berlin, Stenzel aus Breslau, Stieber aus Budissin, Sturm aus Sorau, Tannen aus Zielenzig, Teichert aus Berlin, Tellkampf aus Breslau, v. Thielau aus Braunschweig, Tödt aus Rostock, v. Treskow aus Grocholin, Veit aus Berlin, Versen aus Nieheim, v. Vincke aus Hagen, Wachsmuth aus Hannover, Waitz aus Göttingen, Waldmann aus Heiligenstadt, Walter aus Neustadt, v. Wedemeyer aus Schönrade, v. Wegnern aus Lyk, Weißenborn aus Eisenach, Wernher aus Nierstein, Wernich aus Elbing, Werthmüller aus Fulda, Wichmann aus Stendal, Wiebker aus Uckermünde, Wiedenmann aus Düsseldorf, Wiethaus (J.) aus Gummersbach, Wurm aus Hamburg, Zachariä aus Bernburg, Zachariä aus Göttingen, Zeltner aus Nürnberg, v. Zerzog aus Regensburg, Ziegert aus Preußisch-Minden, Zittel aus Bahlingen, Zöllner aus Chemnitz.

Mit Nein stimmten:

Achleitner aus Ried, Ahrens aus Salzgitter, v. Aichelburg aus Villach, Arndts aus München, Arneth aus Wien, Becker aus Trier, Beidtel aus Brünn, Benedict aus Wien, Berger aus Wien, Blömer aus Aachen, Blumröder (Gustav) aus Kirchenlamitz, Böcking aus Trarbach, Boczek aus Mähren, Bogen aus Michelstadt, Bonardy aus Greiz, v. Bothmer aus Carow, Braun aus Bonn, Bresgen aus Ahrweiler, Burkart aus Bamberg, Buß aus Freiburg im Breisgau, Caspers aus Koblenz, Christmann aus Dürkheim, Claussen aus Kiel, Clemens aus Bonn, Cornelius aus Braunsberg, Coronini-Cronberg (Graf) aus Görz, Cropp aus Oldenburg, Cucumus aus München, Culmann aus Zweibrücken, Damm aus Tauberbischofsheim, Demel aus Teschen, Detmold aus Hannover, Deymann aus Meppen, Dham aus Schmalenberg, v. Dieskau aus Plauen, Dietsch aus Annaberg, Döllinger aus München, Drechsler aus Rostock, Eckart aus Lohr, Eckert aus Bromberg, Edel aus Würzburg, Edlauer aus Gratz, Egger aus Wien,

Eisenmann aus Nürnberg, Eisenstuck aus Chemnitz, Engel aus Pinneberg, Englmayr aus Enns (Oberösterreich), Fallmerayer aus München, Federer aus Stuttgart, Fehrenbach aus Säckingen, Fetzer aus Stuttgart, Förster aus Hünfeld, Freese aus Stargard, Friederich aus Bamberg, Frisch aus Stuttgart, Fritsch aus Ried, Fritzsche aus Roda, Fröbel aus Reuß, Fügerl aus Korneuburg, Geigel aus München, Gerlach aus Tilsit, Giskra aus Wien, v. Gladis aus Wohlau, Göbel aus Jägerndorf, Golz aus Brieg, Gombart aus München, Gottschalk aus Schopfheim, Graf aus München, Gritzner aus Wien, Groß aus Prag, Grubert aus Breslau, v. Grundner aus Ingolstadt, Gülich aus Schleswig, Günther aus Leipzig, Gulden aus Zweibrücken, Hagen (K.) aus Heidelberg, Haggenmüller aus Kempten, Hallbauer aus Meißen, Hartmann aus Leitmeritz, Haßler aus Ulm, Haubenschmied aus Passau, Hayden aus Dorff bei Schlierbach, Hehner aus Wiesbaden, Heisterbergk aus Rochlitz, Heldmann aus Selters, Hensel aus Camenz, Hentges aus Heilbronn, Heubner aus Zwickau, Hildebrand aus Marburg, Hillebrand aus Völs, Hoffbauer aus Nordhausen, Hoffmann aus Ludwigsburg, Huber aus Linz, Huck aus Ulm, Hugo aus Göttingen, Jopp aus Enzersdorf, Junghanns aus Mosbach, Junkmann aus Münster, Jürgens aus Stadtoldendorf, Kagerbauer aus Linz, Kerer aus Innsbruck, Kirchgeßner aus Würzburg, Kleinschrod aus München, Knarr aus Steyermark, Knoodt aus Bonn, Köhler aus Seehausen, Kohlparzer aus Neuhaus, Kollaczek aus österr. Schlesien, Kotschy aus Ustron in Mährisch-Schlesien, Kudlich aus Schloß Dietach, Künßberg aus Ansbach, v. Kürsinger (Ignatz) aus Salzburg, v. Kürsinger (Karl) aus Tamsweg, Langbein aus Wurzen, Laschan aus Villach, v. Lassaulx aus München, Lausch aus Troppau, Lienbacher aus Goldegg, Lindner aus Seisenegg, Löschnigg aus Klagenfurt, Löwe (Wilhelm) aus Calbe, Makowiczka aus Krakau, Mally aus Steyermark, Maly aus Wien, Mammen aus Plauen, Mareck aus Gratz (Steyermark), Marsilli aus Roveredo, Martiny aus Friedland, Mayer aus Ottobeuern, v. Mayfeld aus Wien, Melly aus Wien, Meyer aus Liegnitz, Mez aus Freiburg, Minkus aus Marienfeld, Mittermaier aus Heidelberg, Möller aus Reichenberg, Mölling aus Oldenburg, v. Möring aus Wien, Mohl (Moriz) aus Stuttgart, Mohr aus Oberingelheim, v. Mühlfeld aus Wien, Müller aus Würzburg, Münch aus Wetzlar, Mulley aus Weitenstein, v. Nagel aus Oberviechtach, Nägele aus Murrhardt, Nauwerck aus Berlin, v. Neitschütz aus Königsberg, Neubauer aus Wien, Neugebauer aus Luditz, Neumayr aus München, Nicol aus Hannover, Obermüller aus Passau, Osterrath aus Danzig, Pattay aus Steyermark, Paur aus Augsburg, Paur aus Neisse, Petzer aus Bruneck, Pfahler aus Tettnang, Pfeiffer aus Adamsdorf, Phillips aus München, Pieringer aus Kremsmünster, Pözl aus München, Polatzek aus Weißkirch, v. Pretis aus Hamburg, Prinzinger aus St. Pölten, Quante aus Ullstadt, Quesar aus Prag, Rank aus Wien, Rapp aus Wien, v. Rappard aus Glambek, Raus aus Wolframitz, Reh aus Darmstadt, Reichard aus Speyer, Reichensperger aus Trier, Reindl aus Orth, Reinhard aus Boytzenburg, Reinstein aus Naumburg, Reisinger aus Freistadt, Reitmayr aus Regensburg, Reitter aus Prag, Renger aus Böhmisch-Kamnitz, Rheinwald aus Bern, Riegler aus Mährisch-Budwitz, Riehl aus Zwettl, Rödinger aus Stuttgart, Römer aus Stuttgart, Rösler aus Oels, Roßmäßler aus Tharand, Rühl aus Hanau, Sachs aus Mannheim, Schädler aus Vaduz, Scharre aus Strehla, Schauß aus München, Schenk aus Dillenburg, Schiedermayer aus Vöcklabruck, Schlöffel aus Halbendorf, Schlutter aus Poris, Schlüter aus Paderborn, v. Schmerling aus Wien, Schmidt (Ernst Friedr. Fr.) aus Löwenberg, Schmidt (Ad.) aus Berlin, Schmidt (Jos.) aus Linz, Schmitt aus Kaiserslautern, Schneider aus Wien, Schoder aus Stuttgart, Schorn aus Essen, Schott aus Stuttgart, Schreiner aus Gratz (Steyermark), v. Schrenk aus München, Schubert aus Würzburg, Schüler aus Jena, Schüler (Friedr.) aus Zweibrücken, Schulz (Friedrich) aus Weilburg, Schulz aus Darmstadt, Schütz aus Mainz, Schwarzenberg aus Kassel, Sepp aus München, Simon (Max) aus Breslau, Simon (Heinrich) aus Breslau, Simon (Ludwig) aus Trier, Spatz aus Frankenthal, Stark aus Krumau, Stein aus Görz, Strache aus Rumburg, Streffleur aus Wien, v. Stremayr aus Gratz, Stülz aus St. Florian, Tafel aus Stuttgart, Tafel (Franz) aus Zweibrücken, Tappehorn aus Oldenburg, Titus aus Bamberg, Trabert aus Rausche, Trampusch aus Wien, Uhland aus Tübingen, Umbscheiden aus Dahn, v. Unterrichter aus Klagenfurt, Venedey aus Köln, Vischer aus Tübingen, Vogel aus Guben, Vogel aus Dillingen, Vogt aus Gießen, Vonbun aus Feldkirch, Wagner aus Steyr, Waldburg-Zeil-Trauchburg (Fürst) aus Stuttgart, Weber aus Neuburg, Weber aus Meran, Wedekind aus Bruchhausen, Weiß aus Salzburg, Welcker aus Aachen, Welcker aus Heidelberg, Welter aus Tünsdorf, Werner aus St. Pölten, Wiesner aus Wien, Wiest aus Tübingen, Wigard aus Dresden, Winter aus Liebenburg, v. Wulffen aus Passau, Wuttke aus Leipzig, Würth aus Sigmaringen, v. Würth aus Wien, v. Wydenbrugk aus Weimar, Zell aus Trier, Zimmermann aus Stuttgart, Zitz aus Mainz, Zum Sande aus Lingen.

Präsident: Ich bitte die Herren, Ihre Plätze einzunehmen. Das Resultat der Abstimmung ist folgendes: Der Vorschlag bei der Abstimmung, mit Einem Jahre zu beginnen, und bis zur Erblichkeit aufzusteigen, ist mit 270 gegen 216 Stimmen verworfen. — Wir werden jetzt den umgekehrten Weg gehen, und mit der Erblichkeit beginnen. (Bewegung.) Ich bitte um Ruhe, meine Herren, und daß Sie jetzt die Plätze wieder einnehmen. — Wir beginnen also mit dem Minoritäts-Erachten I, gehen über zum Minoritäts-Erachten II. § 1, von diesem Minoritäts-Erachten zum Minoritäts-Erachten III. § 1, von diesem zum Minoritäts-Erachten IV; kommen dann auf das Amendement des Herrn Neugebauer, endlich auf das des Herrn Schulz, und haben dann noch den eventuellen Höfken'schen Antrag bei diesem ersten Theile unserer Abstimmung übrig. Dagegen glaube ich keinen Widerspruch gehört zu haben. Nun bitte ich die Herren, welche die namentliche Abstimmung vorbehalten haben, die Anträge zu bezeichnen, für welche sie die namentliche Abstimmung wollen.

Fetzer von Stuttgart: Ich behalte mir vor, nachdem die Fragestellung vorgelegt sein wird . . . (Viele Stimmen: Sie ist schon vorgelegt.) Ich verlange also über alle Anträge namentliche Abstimmung.

Präsident: Findet dieser Antrag, die namentliche Abstimmung eventuell für alle Anträge vorzubehalten, Unterstützung? (Viele Mitglieder auf verschiedenen Seiten erheben sich.) Er ist hinreichend unterstützt. Sie werden einverstanden sein, meine Herren, der Vorbehalt, welchen Herr Fetzer gemacht hat, gilt auch für die anderen Herren? — Wir beginnen mit dem Minoritäts-Erachten I. § 1a, welches dahin lautet:

„Zwischen den § 1 und 2 möge folgender Satz eingeschaltet werden:

§. Diese Würde ist erblich im Hause des Fürsten, dem sie übertragen worden; sie vererbt im Manns-Stamme nach dem Rechte der Erstgeburt."

Diejenigen Herren, die das Minoritäts-Erachten Nr. I zum Beschluß des Hauses erheben wollen, werden die Güte haben, beim Namensaufruf mit Ja, Diejenigen, die ihm nicht beistimmen, mit Nein zu antworten. Der Namensaufruf beginnt mit dem Buchstaben A. Ich bitte, die Plätze einzunehmen.

Bei dem hierauf erfolgten Namensaufruf stimmten mit Ja:

Ambrosch aus Breslau, v. Amstetter aus Breslau, Anders aus Goldberg, Anderson aus Frankfurt a. d. O., Anz aus Marienwerder, Arndt aus Bonn, Backhaus aus Jena, Barth aus Kaufbeuren, Bassermann aus Mannheim, Bauer aus Bamberg, v. Baumbach-Kirchheim aus Kassel, Becker aus Gotha, v. Beckerath aus Crefeld, Bernhardi aus Kassel, Beseler aus Greifswald, Beseler (H. W.) aus Schleswig, Biedermann aus Leipzig, Bock-Buschmann aus Siebenbrunnen, Bock aus Preußisch-Minden, Böcler aus Schwerin, v. Boddien aus Pleß, Braun aus Cöslin, Brescius aus Züllichau, v. Breuning aus Aachen, Breusing aus Osnabrück, Briegleb aus Koburg, Brons aus Emden, Bürgers aus Köln, v. Buttel aus Oldenburg, Carl aus Berlin, Cnyrim aus Frankfurt am Main, Cramer aus Cöthen, Dahlmann aus Bonn, Dammers aus Nienburg, Deeke aus Lübeck, Deetz aus Wittenberg, Degenkolb aus Eilenburg, Deiters aus Bonn, Dröge aus Bremen, Droysen aus Kiel, Duncker aus Halle, Edmeier aus Paderborn, Eckert aus Bromberg, Ehrlich aus Murzynek, Emmerling aus Darmstadt, v. Ende aus Waldenburg, Engel aus Culm, Esmarch aus Schleswig, Evertsbusch aus Altena, Falk aus Ottolangendorf, Fallati aus Tübingen, Fischer (Gustav) aus Jena, Flottwell aus Münster, Francke (Karl) aus Rendsburg, v. Gagern aus Darmstadt, v. Gagern aus Wiesbaden, v. Gersdorf aus Tuetz, Gevekoht aus Bremen, Giesebrecht aus Stettin, v. Gladis aus Wohlau, Godeffroy aus Hamburg, Göden aus Krotoszyn, von den Goltz (Graf) aus Czarnikau, Grävell aus Frankfurt a. d. O., Gravenhorst aus Lüneburg, Groß aus Leer, Grüel aus Burg, Grumbrecht aus Lüneburg, Gysae (Wilhelm) aus Strehlow, Hahn aus Guttstatt, v. Hartmann aus Münster, Haupt aus Wismar, Haym aus Halle, Heimbrod aus Sorau, v. Hennig aus Dempowalonka, Hergenhahn aus Wiesbaden, Herzog aus Ebermannstadt, Heusner aus Saarlouis, Höfken aus Hattingen, Hollandt aus Braunschweig, Houben aus Meurs, Jacobi aus Hersfeld, Jahn aus Freiburg an der Unstrut, Johannes aus Meiningen, Jordan aus Berlin, Jordan aus Gollnow, Jordan aus Frankfurt a. M., Jucho aus Frankfurt a. M., v. Kalkstein aus Wogau, v. Keller (Graf) aus Erfurt, Kerst aus Birnbaum, v. Keudell aus Berlin, Kierulff aus Rostock, Koch aus Leipzig, Kosmann aus Stettin, v. Köstertz aus Elberfeld, Kratz aus Wintershagen, Küntzel aus Wolka, Kuhnt aus Bunzlau, Kutzen aus Breslau, Lang aus Verden, Langerfeldt aus Wolfenbüttel, Laudien aus Königsberg, Lette aus Berlin, Leverkus aus Lennep, Liebmann aus Perleberg, Lodemann aus Lüneburg, Löw aus Magdeburg, Löw aus Posen, Löwe (Wilhelm) aus Calbe, v. Maltzahn aus Küstrin, Mann aus Rostock, Marcks aus Duisburg, Marcus aus Bartenstein, Martens aus Danzig, v. Massow aus Karlsberg, Mathy aus Karlsruhe, Merck aus Hamburg, Metzke aus Sagan, Mevissen aus Köln, Michelsen aus Jena, Mohl (Moriz) aus Stuttgart, Mohl (Robert) aus Heidelberg, Müller aus Sonnenberg, Munchen aus Luxemburg, Naumann aus Frankfurt a. d O., v. Neitschütz aus Königsberg, Nerreter aus Fraustadt, Nizze aus Stralsund, Nöthig aus Weißholz, Oertel aus Mittelwalde, Ostendorf aus Soest, Ottow aus Labiau, Overweg aus Haus Ruhr, Pannier aus Zerbst, Pinckert aus Zeitz, Plaß aus Stade, Plathner aus Halberstadt, Plehn aus Marienburg, Presting aus Memel, v. Quintus-Icilius aus Fallingbostel, v. Radowitz aus Rüthen, Rahm aus Stettin, Rättig aus Potsdam, v. Raumer aus Berlin, v. Raumer aus Dinkelsbühl, Richter aus Danzig, Riesser aus Hamburg, Röben aus Dornum, Röder aus Neustettin, Rothe aus Berlin, Rüder aus Oldenburg, Rümelin aus Nürtingen, v. Sänger aus Grabow, v. Saltzwedell aus Gumbinnen, v. Saucken-Tarputschen aus Angerburg, Scheller aus Frankfurt a. d. O., Schepp aus Wiesbaden, Schick aus Weißensee, Schierenberg aus Detmold, Schirmeister aus Insterburg, v. Schleussing aus Rastenburg, Schlüter aus Paderborn, Schneer aus Breslau, Scholten aus Ward, Scholz aus Neisse, Schrader aus Brandenburg, Schreiber ais Bielefeld, Schubert (Friedrich Wilhelm) aus Königsberg, Schultze aus Potsdam, Schwarz aus Halle, Schwerin (Graf) aus Pommern, Schwetschke aus Halle, v. Selchow aus Rettkewitz, Sellmer aus Landsberg an der Warte, Servais aus Luremburg, Siehr aus Gumbinnen, Simson aus Stargard, v. Soiron aus Mannheim, Sprengel aus Waren, Stahl aus Erlangen, Stavenhagen aus Berlin, Stenzel aus Breslau, Sturm aus

Sorau, Tannen aus Zielenzig, Teichert aus Berlin, Tellkampf aus Breslau, v. Thielau aus Braunschweig, Thöl aus Rostock, v. Treskow aus Grocholin, Veit aus Berlin, Versen aus Nieheim, v. Vincke aus Hagen, Wachsmuth aus Hannover, Waldmann aus Heiligenstadt, Walter aus Neustadt, v. Wedemeyer aus Schönrade, v. Wegnern aus Lyk, Weißenborn aus Eisenach, Wernher aus Nierstein, Wernich aus Elbing, Werthmüller aus Fulda, Wichmann aus Stendal, Wiedenmann aus Düsseldorf, Wiebker aus Uckermünde, Wiethaus (J.) aus Gummersbach, Wurm aus Hamburg, Zachariä aus Bernburg, v. Zerzog aus Regensburg, Ziegert aus Preußisch-Minden, Zittel aus Bahlingen.

Mit Nein stimmten:

Achleitner aus Ried, Ahrens aus Salzgitter, v. Aichelburg aus Villach, Arndts aus München, Arneth aus Wien, Becker aus Trier, Beidtel aus Brünn, Benedict aus Wien, Berger aus Wien, Blumröder (Gustav) aus Kirchenlamitz, Böcking aus Trarbach, Boczek aus Mähren, Bogen aus Michelstadt, Bonardy aus Greiz, v. Bothmer aus Carow, Braun aus Bonn, Bresgen aus Ahrweiler, Burkart aus Bamberg, Buß aus Freiburg, Caspers aus Koblenz, Christmann aus Dürkheim, Claussen aus Kiel, Clemens aus Bonn, Coronini-Cronberg (Graf) aus Görz, Cropp aus Oldenburg, Cucumus aus München, Culmann aus Zweibrücken, Damm aus Tauberbischoffsheim, Demel aus Teschen, Detmold aus Hannover, Deymann aus Meppen, Dham aus Schmalenberg, v. Dieskau aus Plauen, Dietsch aus Annaberg, Döllinger aus München, Drechsler aus Rostock, Eckart aus Lohr, Edel aus Würzburg, Edlauer aus Gratz, Egger aus Wien, Eisenmann aus Nürnberg, Eisenstuck aus Chemnitz, Engel aus Pinneberg, Englmayr aus Enns (Oberösterreich), Fallmerayer aus München, Federer aus Stuttgart, Fehrenbach aus Säckingen, Fetzer aus Stuttgart, Förster aus Hünfeld, Freese aus Stargard, Freudentheil aus Stade, Friederich aus Bamberg, Frisch aus Stuttgart, Fritsch aus Ried, Fritzsche aus Roda, Fröbel aus Reuß, Fügerl aus Korneuburg, Gebhard aus Würzburg, Geigel aus München, Gerlach aus Tilsit, v. Giech (Graf) aus Thurnau, Giskra aus Wien, Göbel aus Jägerndorf, Golz aus Brieg, Gombart aus München, Gottschalk aus Schopfheim, Graf aus München, Gritzner aus Wien, Groß aus Prag, Grubert aus Breslau, v. Grundner aus Ingolstadt, Gülich aus Schleswig, Günther aus Leipzig, Gulden aus Zweibrücken, Hagen (K.) aus Heidelberg, Haggenmüller aus Kempten, Hallbauer aus Meißen, Hartmann aus Leitmeritz, Haßler aus Ulm, Haubenschmied aus Passau, Hedrich aus Prag, Hehner aus Wiesbaden, Heisterbergk aus Rochlitz, Heldmann aus Selters, Hensel aus Camenz, Hentges aus Heilbronn, Heubner aus Zwickau, Hildebrand aus Marburg, Hillebrand aus Pöls, Hoffbauer aus Nordhausen, Hoffmann aus Ludwigsburg, Hofmann aus Friedberg, Huber aus Linz, Huck aus Ulm, Hugo aus Göttingen, Jopp aus Enzersdorf, Junghanns aus Mosbach, Junkmann aus Münster, Jürgens aus Stadtoldendorf, Kagerbauer aus Linz, Kerer aus Innsbruck, Kirchgeßner aus Würzburg, Kleinschrod aus München, Knarr aus Steyermark, Knoodt aus Bonn, Köhler aus Seehausen, Kohlparzer aus Neuhaus, Kollaczek aus österr. Schlesien, Kotschy aus Ustron in mährisch Schlesien, Krafft aus Nürnberg, Kublich aus Schloß Dietach, Künßberg aus Ansbach, v. Kürsinger (Ign.) aus Salzburg, v. Kürsinger (K.) aus Tamsweg, Langbein aus Wurzen, Laschan aus Villach, v. Lassaulx aus München, Lausch aus Troppau, Lienbacher aus Goldegg, Lindner aus Seifenegg, Löschnigg aus Klagenfurt, Makowiczka aus Krakau, Mally aus Steyermark, Maly aus Wien, Mammen aus Plauen, Mareck aus Gratz (Steyermark), Marsilli aus Roveredo, Martiny aus Friedland, Mayer aus Ottobeuern, v. Mayfeld aus Wien, Melly aus Wien, Meyer aus Liegnitz, Merz aus Freiburg, Minkus aus Marienfeld, Mittermaier aus Heidelberg, Möller aus Reichenberg, Mölling aus Oldenburg, v. Möring aus Wien, Mohr aus Oberingelheim, v. Mühlfeld aus Wien, Müller aus Würzburg, Münch aus Wetzlar, Mulley aus Weitenstein, v. Nagel aus Oberviechtach, Nägele aus Murrhardt, Nauwerck aus Berlin, Neubauer aus Wien, Neugebauer aus Luditz, Neumayr aus München, Nicol aus Hannover, Obermüller aus Passau, Osterrath aus Danzig, Pattay aus Steyermark, Paur aus Augsburg, Paur aus Neisse, Peter aus Bruneck, Pfahler aus Tettnang, Pfeiffer aus Adamsdorf, Phillips aus München, Pieringer aus Kremsmünster, Pözl aus München, Polatzek aus Weißkirch, v. Pretis, aus Hamburg, Prinzinger aus St. Pölten, Quante aus Ullstadt, Quesar aus Prag, Rank aus Wien, Rapp aus Wien, v. Rappard aus Glambek, Raus aus Wolframitz, Reh aus Darmstadt, Reichensperger aus Trier, Reindl aus Orth, Reinhard aus Boitzenburg, Reinstein aus Naumburg, Reisinger aus Freistadt, Reitmayr aus Regensburg, Reitter aus Prag, Renger aus böhmisch Kamnitz, Rheinwald aus Bern, Riegler aus mährisch Budwitz, Riehl aus Zwettl, Rödinger aus Stuttgart, Römer aus Stuttgart, Rösler aus Oels, Roßmäßler aus Tharand, v. Rotenhan aus München, Rühl aus Hanau, Sachs aus Mannheim, Schädler aus Vaduz, Scharre aus Strehla, Schauß aus München, Schenk aus Dillenburg, Schiedermayer aus Vöcklabruck, Schlöffel aus Halbendorf, Schlutter aus Poris, v. Schmerling aus Wien, Schmidt (Ernst Friedrich Franz) aus Löwenberg, Schmidt (Adolph) aus Berlin, Schmidt (Joseph) aus Linz, Schmitt aus Kaiserslautern, Schneider aus Wien, Schoder aus Stuttgart, Schorn aus Essen, Schott aus Stuttgart, Schreiner aus Gratz (Steyermark), v. Schrenk aus München, Schubert aus Würzburg, Schüler aus Jena, Schüler (Friedrich) aus Zweibrücken, Schulz (Friedrich) aus Weilburg, Schulz aus Darmstadt, Schütz aus Mainz, Schwarzenberg aus Kassel, Sepp aus München, Simon (Max) aus Breslau, Simon (Heinrich) aus Breslau, Simon (Ludwig) aus Trier, Spatz aus Frankenthal, Stieber aus Budissin, Strache aus Rumburg, Streffleur aus Wien, v. Stremayr aus Gratz,

Stülz aus St. Florian, Tafel aus Stuttgart, Tafel (Franz) aus Zweibrücken, Tappehorn aus Oldenburg, Titus aus Bamberg, Trabert aus Rausche, Trampusch aus Wien, Uhland aus Tübingen, Umbscheiden aus Dahn, v. Unterrichter aus Klagenfurt, Venedey aus Köln, Vischer aus Tübingen, Vogel aus Guben, Vogel aus Dillingen, Vogt aus Gießen, Vonbun aus Feldkirch, Wagner aus Steyr, Waldburg-Zeil-Trauchburg (Fürst) aus Stuttgart, Weber aus Neuburg, Weber aus Meran, Wedekind aus Bruchhausen, Weiß aus Salzburg, Welcker aus Frankfurt, Welter aus Tünsdorf, Werner aus St. Pölten, Wiesner aus Wien, Wiest aus Tübingen, Wigard aus Dresden, Winter aus Liebenburg, v. Wulffen aus Passau, Würth aus Sigmaringen, v. Würth aus Wien, v. Wydenbrugk aus Weimar, Zell aus Trier, Zeltner aus Nürnberg, Zimmermann aus Stuttgart, Zitz aus Mainz, Zöllner aus Chemnitz, Zum Sande aus Lingen.

Der Abstimmung enthielten sich:

Blömer aus Aachen, Cornelius aus Braunsberg, Hayden aus Dorff bei Schlierbach, Hirschberg aus Sondershausen, Rößler aus Wien, Stein aus Görz, Waitz aus Göttingen, Welbeker aus Aachen, Wuttke aus Leipzig, Zachariä aus Göttingen.

Abwesend waren:

A. Mit Entschuldigung:

v. Andrian aus Wien, Archer aus Rein, Aulike aus Berlin, v. Bally aus Beuthen, Baur aus Hechingen, v. Beisler aus München, Bergmüller aus Mauerkirchen, Brentano aus Bruchsal, Cetto aus Trier, Christ aus Bruchsal, Czoernig aus Wien, Esterle aus Cavalese, Fuchs aus Breslau, Gspan aus Innsbruck, v. Hagenow aus Langenfelde, Heckscher aus Hamburg, Helbing aus Emmendingen, v. Hermann aus München, Herzig aus Wien, Heubner aus Freiberg, Höcksmann aus Wien, Jeitteles aus Olmütz, v. Itzstein aus Mannheim, Käfferlein aus Baireuth, Kaiser (Ignatz) aus Wien, Kolb aus Speyer, Kuenzer aus Constanz, Leue aus Köln, Levysohn aus Grünberg, v. Linde aus Mainz, Lüntzel aus Hildesheim, Mandrella aus Ujest, Müller aus Damm, Neumann aus Wien, v. Neuwall aus Brünn, Peter aus Constanz, Raffl aus Neustadtl in Böhmen, Raveaux aus Köln, v. Reden aus Berlin, Richter aus Achern, v. Rönne aus Berlin, Schaffrath aus Neustadt, Schelleßnigg aus Klagenfurt, Schlörr aus der Oberpfalz, v. Schlotheim aus Wollstein, Schönmäckers aus Beck, Schuler aus Innsbruck, Schultze aus Liebau, Stedmann aus Besselich, Stöcker aus Langenfeld, Stokinger aus Frankenthal, Thinnes aus Eichstätt, Tomaschek aus Iglau, v. Trützschler aus Dresden, Viebig aus Posen, Wesendonck aus Düsseldorf, Zimmermann aus Spandow.

B. Ohne Entschuldigung:

Bauernschmid aus Wien, Pouvier (Cajetan) aus Steyermark, Deym (Graf) aus Prag, Gfrörer aus Freiburg, Hönniger aus Rudolstadt, Kablert aus Leobschütz, Laube aus Leipzig, v. Mayern aus Wien, Reichard aus Speyer, Reichenbach (Graf) aus Domeczko, v. Scherpenzeel aus Baarlo, Schrott aus Wien, Siemens aus Hannover, v. Somaruga aus Wien, Werner aus Oberkirch, Wippermann aus Kassel.

Präsident: Das erste zu § 1 a gestellte Minoritäts-Erachten ist mit 263 Stimmen gegen 211 Stimmen verworfen. (Beifall auf der Linken und auf der Galerie.) Ich verbitte mir alle Zeichen des Beifalls oder des Mißfallens von Seiten der Galerie! Der Abstimmung haben sich zehn Mitglieder enthalten. Es sind über diese Abstimmung acht Erklärungen zu Protocoll gegeben worden. — Von Herrn **Wedekind**:

„Obwohl im Principe für einen erblichen Kaiser, habe ich doch, um Oesterreich nicht vollends aus Deutschland auszuschließen, dermalen gegen die Erblichkeit stimmen müssen. Frankfurt am Main, den 23. Januar 1849. — Wedekind."

Erklärung des Herrn Abgeordneten **Zachariä** von Göttingen:

„Ich habe mich der Abstimmung über das erste Minoritäts-Erachten zu § 1 a enthalten müssen, weil ich nur eventuell für die Erblichkeit stimmen konnte, bei der von der Versammlung beliebten Reihenfolge der Abstimmung aber nicht meiner Ansicht entsprechend, abzustimmen im Stande war. — Zachariä von Göttingen."

Erklärung der Herren **Hofmann** von Friedberg und **Münch** von Wetzlar:

„Unsere heutige Abstimmung ist zunächst durch die Erwägung bestimmt worden, daß Oesterreich's Verhältniß zum deutschen Bundesstaate definitiv noch nicht festgestellt ist. Wir erklären dieß zu Protocoll, um eine spätere etwa abweichende Abstimmung nicht auffallend erscheinen zu lassen. — Hofmann von Friedberg. Münch von Wetzlar."

Erklärung des Herrn **Hayden**:

„Der Unterfertigte hat sich der Abstimmung über die Erblichkeit des Reichsoberhaupts enthalten, da er die Ueberzeugung hegt, daß diese so hochwichtige Frage mit Erfolg erst dann gelöst werden kann, sobald die zweite Lesung der Verfassung des zu schaffenden Bundesstaates beendet, und die Unterhandlungen mit Oesterreich klar gemacht haben werden, in welches Verhältniß Oesterreich zu dem zu schaffenden deutschen Bundesstaate treten werde. — Hayden."

Erklärung des Herrn **Cornelius**:

„Der Unterzeichnete glaubte sich der Abstimmung über § 1. und § 1 a des Abschnitts des Verfassungs-Entwurfs über das Reichsoberhaupt enthalten zu müssen, da er nicht mit Sicherheit zu beurtheilen vermag, ob die Errichtung eines erblichen Kaiserthums, wofür er sich eventuell entscheiden würde, für jetzt ohne Zerreißung des Vaterlandes möglich ist. — C. A. Cornelius."

Herr **Welbeker**, Abgeordneter für den zehnten rheinpreußischen Wahlbezirk, gibt folgende Erklärung ab:

„In Erwägung, daß das Reichsministerium die Ermächtigung nachgesucht und erhalten hat, mit Oesterreich Unterhandlungen anzuknüpfen, daß diese Unterhandlungen vor Allem den Zweck haben sollen, ein Verständniß herbeizuführen über die Bedingungen, unter welchen die deutsch-österreichischen Gebietstheile in den hierorts zu errichtenden Bundesstaat eintreten können;

daß diese Unterhandlungen zur Zeit noch schwebend sind, die Frage also auch noch unentschieden ist, ob der deutsche Bundesstaat die vorgedachten österreichischen Gebiete in sich schließen wird, oder ob er derselben verlustig gehen soll;

in Erwägung hiernach aber, was die **Erblichkeit** der einem der regierenden deutschen Fürsten zu übertragenden Würde des Reichsoberhauptes anbetrifft, daß diese Frage einer verschiedenen Beurtheilung unterliegt, je nachdem Oesterreich in den deutschen Bundesstaat eintreten wird, oder nicht, indem ersten Falles **beide** Großmächte, Oesterreich und Preußen, neben einander stehen, und nicht erwartet werden kann, daß die Eine der Anderen auf die Dauer sich unterordnen werde, während letzteren Falles bei Denen wenigstens, welche sonst dem monarchischen Principe huldigen, es allerdings keinem Bedenken unterliegen mag, die alsdann stärkste Macht Deutschland's zum Reichsoberhaupte zu erheben, und diese Würde in dem Hause des Erwählten für **erblich** zu erklären;

halte ich es der Erledigung der mit Oesterreich angeknüpften Unterhandlungen nicht an der Zeit, über die Frage, ob die Würde des Reichsoberhauptes erblich sein solle, eine Entscheidung zu treffen, und enthalte mich daher der Abstimmung. Frankfurt a. M., den 23. Jan 1849. — Welbeker, Abgeordneter für den zehnten rheinpreußischen Wahlbezirk Cochem, Mayen, Adenau und St Goar."

(Während des Vorlesens der Erklärung, Ruf nach Schluß.)

Vogt von Gießen (vom Platze aus): Wir protestiren dagegen, daß der Präsident verurtheilt ist, Abhandlungen zu verlesen!

Präsident: Der Präsident thut es auch nicht zu seinem Vergnügen!

Erklärung der Herren **Blömer** und **Kahlert**:

„Die Unterzeichneten haben sich der Abstimmung über die Erblichkeit des künftigen Reichsoberhauptes enthalten müssen, da sie sich zur Zeit, wo über das Nebeneinanderstehen Oesterreich's und Preußens in dem zu errichtenden Bundes-Staate, oder über das Nichteintreten Oesterreich's in diesen Staat noch nicht entschieden ist, vielmehr darüber zwischen Oesterreich und dem Reichsministerium gerade jetzt erst verhandelt wird, außer Stand sehen, das Wohl oder Weh zu ermessen, welches die Anwendung des Erblichkeitsprincips für das Vaterland herbeiführen muß. — Frankfurt a. M., den 23. Januar 1849. — Blömer, Abgeordneter für den rheinischen Wahlkreis Montjoie, Malmedy und Schleiden; Kahlert."

Endlich Erklärung des Herrn Moriz **Mohl**:

„Der Unterzeichnete erklärt, daß er für die Erblichkeit der Würde eines Reichsoberhauptes bei der heutigen ersten Lesung nur unter der Voraussetzung gestimmt hat:

1) daß Oesterreich zum Mindesten mit seinen bisher zum deutschen Bunde gehörig gewesenen Provinzen Mitglied des deutschen Bundesstaates sein, und

2) daß der Kaiser von Oesterreich zum erblichen Oberhaupte des Reiches gewählt werde.

Sollten diese Voraussetzungen bei der zweiten Lesung nicht vollkommen gesichert erscheinen, so erklärt der Unterzeichnete zum Voraus, daß er alsdann **gegen** die Erblichkeit stimmen wird, da nach seiner Ansicht die Wahl irgend eines anderen deutschen Fürsten zum erblichen Reichsoberhaupte die Theilnahme Oesterreich's am Bundesstaate verhindern, und somit eine Theilung Deutschland's bleibend hervorbringen, ja die Gefahr noch traurigerer politischer Verwickelungen zur Folge haben würde, und da auch aus anderen Gründen im wohlverstandenen Interesse Deutschland's nur der mächtigste deutsche Fürst, mithin nur der Kaiser von Oesterreich, bleibend an der Spitze des deutschen Bundesstaates stehen kann. — Frankfurt am Main, den 23. Januar 1849. (gez.) Moriz Mohl."

Eine weitere Erklärung, die ich eben noch dazu erhalte, lautet:

„Der Unterzeichnete schließt sich der Erklärung des Abgeordneten Hofmann von Friedberg an, und ersucht, seine Erklärung dem Protocoll beifügen zu wollen. — Frankfurt a. M., den 23. Januar 1849. Hirschberg."

Wir gehen jetzt zur Abstimmung über das zweite Minoritäts-Erachten zu § 1 a. über, d. h. über die Worte:

„Die Wahl des Kaisers geschieht auf Lebenszeit."

(Mehrere Stimmen von der linken Seite: Soll heißen: „Reichsoberhaupt.") Nein! Der Antrag muß so zur Abstimmung gebracht werden, wie er erhoben ist. Ich habe nicht das Recht, ihn zu ändern, und nach dem Schluß der Debatte darf dieß Niemand. — Besteht für diesen Paragraph auch der Antrag auf namentliche Abstimmung? (Von vielen Seiten: Ja!) Also wir werden über die Worte: „Die Wahl des Kaisers geschieht ... (Widerspruch von der Linken: „Reichsoberhaupt.") Ich wiederhole, meine Herren, ich muß den Antrag so zur Abstimmung bringen, wie er erhoben und bis zum Schluß der Debatte nicht geändert worden ist. Wir werden durch Namens-Aufruf über den Satz: „Die Wahl des Kaisers geschieht auf Lebenszeit" abstimmen. **Diejenigen Herren, welche diesem Satz, wie ich ihn verlesen habe, ihre Zustimmung geben wollen, werden bei dem Namens-Aufruf mit Ja, die anderen mit Nein antworten.** Da möglicher Weise noch eine Reihe von namentlichen Abstimmungen übrig ist, so werde ich mit Ihrer Genehmignug die gegenwärtige mit dem Buchstaben A anfangen. Ich bitte die Herren dringend, Ihre Plätze einzunehmen, und den Herrn Schriftführer, anzufangen.

Bei dem hierauf erfolgenden Namensaufruf antworteten mit Ja:

Bauer aus Bamberg, Becker aus Trier, Böcking aus Trarbach, Bonardy aus Greiz, Breusing aus Osnabrück, Burkart aus Bamberg, Dham aus Schmalenberg, Drechsler aus Rostock, Gebhard aus Würzburg, v. Giech (Graf) aus Thurnau, Gülich aus Schleswig, Haßler aus Ulm, Heimbrod aus Sorau, Heusner aus Saarlouis, Hoffmann aus Ludwigsburg, Hofmann aus Friedberg, Hollandt aus Braunschweig, Jordan aus Berlin, Kahlert aus Leobschütz, Krafft aus Nürnberg, Kuhnt aus Bunzlau, Lang aus Verden, Mittermaier aus Heidelberg, Münch aus Wetzlar, v. Nagel aus Oberviechtach, Osterrath aus Danzig, Pözl aus München, v. Pretis aus Hamburg, Prinzinger aus St. Pölten, v. Radowitz aus Rüthen, Röben aus Dornum, Stieber aus Budissin, Wedekind aus Bruchhausen, Weißenborn aus Eisenach, Wiest aus Tübingen, Zachariä aus Göttingen, Zeltner aus Nürnberg, Ziegert aus Preußisch-Minden, Zöllner aus Chemnitz.

Mit Nein stimmten:

Achleitner aus Ried, Ahrens aus Salzgitter, v. Aichelburg aus Villach, v. Amstetter aus Breslau, Anders aus Goldberg, Anderson aus Frankfurt a. d. O., Anz aus Marienwerder, Arndt aus Bonn, Arndts aus München, Arneth aus

Wien, Backhaus aus Jena, Barth aus Kaufbeuren, Bassermann aus Mannheim, v. Baumbach-Kirchheim aus Kassel, Becker aus Gotha, v. Beckerath aus Crefeld, Beidtel aus Brünn, Benedict aus Wien, Berger aus Wien, Bernhardi aus Kassel, Beseler aus Greifswald, Beseler (H. W.) aus Schleswig, Biedermann aus Leipzig, Blömer aus Aachen, Blumröder (Gustav) aus Kirchenlamitz, Boch-Buschmann aus Siebenbrunnen, Bock aus Preußisch-Minden, Böcler aus Schwerin, Boczek aus Mähren, v. Boddien aus Pleß, Bogen aus Michelstadt, Braun aus Bonn, Braun aus Cöslin, Brescius aus Züllichau, Bresgen aus Ahrweiler, v. Breuning aus Aachen, Briegleb aus Koburg, Brons aus Emden, Bürgers aus Köln, Buß aus Freiburg im Breisgau, v. Buttel aus Oldenburg, Carl aus Berlin, Caspers aus Koblenz, Christmann aus Dürkheim, Claussen aus Kiel, Clemens aus Bonn, Cnyrim aus Frankfurt a. M., Cramer aus Köthen, Cropp aus Oldenburg, Cucumus aus München, Culmann aus Zweibrücken, Dahlmann aus Bonn, Damm aus Tauberbischoffsheim, Dammers aus Nienburg, Deeke aus Lübeck, Degenkolb aus Eilenburg, Deiters aus Bonn, Demel aus Teschen, Deymann aus Meppen, v. Dieskau aus Plauen, Dietsch aus Annaberg, Döllinger aus München, Dröge aus Bremen, Droysen aus Kiel, Duncker aus Halle, Ebmeier aus Paderborn, Eckart aus Lohr, Eckert aus Bromberg, Edel aus Würzburg, Edlauer aus Gratz, Egger aus Wien, Ehrlich aus Murzynek, Eisenmann aus Nürnberg, Eisenstuck aus Chemnitz, Emmerling aus Darmstadt, v. Ende aus Waldenburg, Engel aus Pinneberg, Engel aus Culm, Englmayr aus Enns (Ober-Oesterreich), Esmarch aus Schleswig, Evertsbusch aus Altena, Falk aus Ottolangendorf, Fallati aus Tübingen, Fallmerayer aus München, Federer aus Stuttgart, Fehrenbach aus Säckingen, Fetzer aus Stuttgart, Fischer (Gustav) aus Jena, Flottwell aus Münster, Förster aus Hünfeld, Francke (Karl) aus Rendsburg, Freese aus Stargard, Freudentheil aus Stade, Friederich aus Bamberg, Frisch aus Stuttgart, Fritsch aus Ried, Fritzsche aus Roda, Fröbel aus Reuß, Fügerl aus Korneuburg, v. Gagern aus Darmstadt, v. Gagern aus Wiesbaden, Geigel aus München, Gerlach aus Tilsit, v. Gersdorf aus Tuetz, Gevekoht aus Bremen, Giesebrecht aus Stettin, Giskra aus Wien, v. Gladis aus Wohlau, Göbel aus Jägerndorf, Godeffroy aus Hamburg, Gödden aus Krotoszyn, Goltz aus Brieg, von der Goltz (Graf) aus Czarnikau, Gombart aus München, Gottschalk aus Schopfheim, Graf aus München, Grävell aus Frankfurt a. d. O., Gravenhorst aus Lüneburg, Gritzner aus Wien, Groß aus Leer, Groß aus Prag, Grubert aus Breslau, Grüel aus Burg, Grumbrecht aus Lüneburg, v Grundner aus Ingolstadt, Günther aus Leipzig, Gulden aus Zweibrücken, Gysae (Wilhelm) aus Strehlow, Hagen (K.) aus Heidelberg, Haggenmüller aus Kempten, Hahn aus Guttstatt, Hallbauer aus Meißen, Hartmann aus Leitmeritz, v. Hartmann aus Münster, Haubenschmied aus Passau, Haupt aus Wismar; Heym aus Halle, Heinrich aus Prag, Hehner aus Wiesbaden, Heisterbergk aus Rochlitz, Heldmann aus Selters, v. Hennig aus Dempowalonka, Hensel I. aus Camenz, Hentges aus Heilbronn, Hergenhahn aus Wiesbaden, Herzog aus Ebermannstadt, Heubner aus Zwickau, Hildebrand aus Marburg, Hillebrand aus Wöls, Hirschberg aus Sondershausen, Höfken aus Hattingen, Hoffbauer aus Nordhausen, Houben aus Meurs, Huber aus Linz, Huck aus Ulm, Hugo aus Göttingen, Jacobi aus Hersfeld, Jahn aus Freiburg an der Unstrut, Johannes aus Meiningen, Jopp aus Enzersdorf, Jordan aus Gollnow, Jordan aus Frankfurt a. M., Jucho aus Frankfurt a. M., Junghanns aus Mosbach, Kagerbauer aus Linz, v. Kalckstein aus Wogau, Kerer aus Innsbruck, Kerst aus Birnbaum, v. Keudell aus Berlin, Kierulff aus Rostock, Kirchgeßner aus Würzburg, Kleinschrod aus München, Knarr aus Steyermark, Köhler aus Seehausen, Koch aus Leipzig, Kohlparzer aus Neuhaus, Kollaczek aus Oesterreichisch-Schlesien, Kosmann aus Stettin, v. Kösteritz aus Elberfeld, Kotschy aus Ustron in Mährisch-Schlesien, Kratz aus Wintershagen, Kudlich aus Schloß Dietach, Künßberg aus Ansbach, Küntzel aus Wolka, v. Kürsinger (Ignatz) aus Salzburg, v. Kürsinger (Karl) aus Tamsweg, Kutzen aus Breslau, Langbein aus Wurzen, Langerfeldt aus Wolfenbüttel, v. Lassaulx aus München, Laube aus Leipzig, Laudien aus Königsberg, Lausch aus Troppau, Lette aus Berlin, Leverkus aus Lennep, Liebmann aus Perleberg, Lienbacher aus Goldegg, Lindner aus Seisenegg, Lodemann aus Lüneburg, Löschnigg aus Klagenfurt, Löw aus Magdeburg, Löw aus Posen, Löwe (Wilhelm) aus Calbe, Makowiczka aus Krakau, Mally aus Steyermark, Maly aus Wien, v. Maltzahn aus Küstrin, Mammen aus Plauen, Mann aus Rostock, Marcks aus Duisburg, Marcus aus Bartenstein, Mareck aus Gratz (Steyermark), Marsilli aus Roveredo, Martens aus Danzig, Martiny aus Friedland, v. Massow aus Karlsberg, Mathy aus Karlsruhe, Mayer aus Ottobeuern, v. Mayfeld aus Wien, Merck aus Hamburg, Metzke aus Sagan, Mevissen aus Köln, Meyer aus Liegnitz, Mez aus Freiburg, Michelsen aus Jena, Möller aus Reichenberg, Mölling aus Oldenburg, v. Möring aus Wien, Mohl (Moriz) aus Stuttgart, Mohl (Robert) aus Heidelberg, v. Mühlfeld aus Wien, Müller aus Sonnenberg, Müller aus Würzburg, Mulley aus Weitenstein, Munchen aus Luxemburg, Nägele aus Murrhardt, Naumann aus Frankfurt a. d. O., Nauwerck aus Berlin, v. Neitschütz aus Königsberg, Nerreter aus Fraustadt, Neubauer aus Wien, Neugebauer aus Luditz, Neumayr aus München, Nicol aus Hannover, Nizze aus Stralsund, Nöthig aus Weißholz, Obermüller aus Passau, Oertel aus Mittelwalde, Ostendorf aus Soest, Ottow aus Labiau, Overweg aus Haus Ruhr, Pannier aus Zerbst, Pattay aus Steyermark, Paur aus Augsburg, Paur aus Neisse, Peter aus Bruneck, Pfahler aus Tettnang, Phillips aus München, Pieringer aus Kremsmünster, Pinckert aus Zeitz,

Plaß aus Stade, Plathner aus Halberstadt, Plehn aus Marienburg, Polatschek aus Weißkirch, Pressing aus Memel, Quante aus Ullstadt, Quesar aus Prag, v. Quintus-Icilius aus Fallingbostel, Rahm aus Stettin, Rättig aus Potsdam, Rank aus Wien, Rapp aus Wien, v. Raumer aus Berlin, v. Raumer aus Dinkelsbühl, Reh aus Darmstadt, Reichensperger aus Trier, Reindl aus Orth, Reinhard aus Boitzenburg, Reinstein aus Naumburg, Reisinger aus Freistadt, Reitmayr aus Regensburg, Reitter aus Prag, Renger aus Böhmisch-Kamnitz, Rheinwald aus Bern, Richter aus Danzig, Riegler aus Mährisch-Budwitz, Riehl aus Zwettl, Röder aus Neustettin, Rödinger aus Stuttgart, Römer aus Stuttgart, Rösler aus Oels, Rothe aus Berlin, Roßmäßler aus Tharand, v. Rotenhan aus München, Rühl aus Hanau, Rümelin aus Nürtingen, v. Sänger aus Grabow, v. Salzwedell aus Gumbinnen, v. Saucken-Tarputschen aus Angerburg, Schädler aus Vaduz, Scharre aus Strehla, Schauß aus München, Schenk aus Dillenburg, Schepp aus Wiesbaden, Schick aus Weißensee, Schiedermayer aus Vöcklabruck, Schierenberg aus Detmold, Schirmeister aus Insterburg, v. Schleussing aus Rastenburg, Schlöffel aus Halbendorf, Schlutter aus Poris, Schlüter aus Paderborn, v. Schmerling aus Wien, Schmidt (Adolph) aus Berlin, Schmidt (Joseph) aus Linz, Schmitt aus Kaiserslautern, Schneer aus Breslau, Schneider aus Wien, Scholten aus Ward, Scholz aus Neisse, Schorn aus Essen, Schott aus Stuttgart, Schrader aus Brandenburg, Schreiber aus Bielefeld, Schreiner aus Grätz (Steyermark), v. Schrenk aus München, Schubert (Friedrich Wilhelm) aus Königsberg, Schubert aus Würzburg, Schüler aus Jena, Schüler (Friedrich) aus Zweibrücken, Schultze aus Potsdam, Schulz (Friedrich) aus Weilburg, Schulz aus Darmstadt, Schütz aus Mainz, Schwarz aus Halle, Schwarzenberg aus Kassel, Schwerin (Graf) aus Pommern, Schwetschke aus Halle, v. Selchow aus Rettkewitz, Sellmer aus Landsberg a. d. W., Sepp aus München, Sehr aus Gumbinnen, Simon (Max) aus Breslau, Simon (Ludwig) aus Trier, Simson aus Stargard, v. Soiron aus Mannheim, Spatz aus Frankenthal, Sprengel aus Waren, Stahl aus Erlangen, Stavenhagen aus Berlin, Stenzel aus Breslau, Strache aus Rumburg, Streffleur aus Wien, v. Stremayr aus Grätz, Stülz aus St. Florian, Sturm aus Sorau, Tafel aus Stuttgart, Tafel (Franz) aus Zweibrücken, Tannen aus Zielenzig, Tappehorn aus Oldenburg, v. Thielau aus Braunschweig, Thöl aus Rostock, Titus aus Bamberg, Trabert aus Rausche, Trampusch aus Wien, v. Treskow aus Grocholin, Uhland aus Tübingen, Umbscheiden aus Dahn, v. Unterrichter aus Klagenfurt, Veit aus Berlin, Versen aus Nieheim, v. Vincke aus Hagen, Vischer aus Tübingen, Vogel aus Guben, Vogel aus Dillingen, Vonbun aus Feldkirch, Wachsmuth aus Hannover, Wagner aus Steyr, Waitz aus Göttingen, Waldburg-Zeil-Trauchburg (Fürst) aus Stuttgart, Waldmann aus Heiligenstadt, Walter aus Neustadt, Weber aus Neuburg, Weber aus Meran, v. Wedemeyer aus Schönrade, v. Wegnern aus Lyk, Weiß aus Salzburg, Welcker aus Frankfurt a. M., Werner aus St. Pölten, Wernher aus Nierstein, Wernich aus Elbing, Werthmüller aus Fulda, Wichmann aus Stendal, Widenmann aus Düsseldorf, Wiebker aus Uckermünde, Wiesner aus Wien, Wiethaus (J.) aus Gummersbach, Wigard aus Dresden, Winter aus Liebenburg, v. Wulffen aus Passau, Wurm aus Hamburg, Wuttke aus Leipzig, Würth aus Sigmaringen, v. Würth aus Wien, Zachariä aus Bernburg, Zell aus Trier, v. Zerzog aus Regensburg, Zimmermann aus Stuttgart, Zittel aus Bahlingen, Zitz aus Mainz, Zum Sande aus Lingen.

Der Abstimmung enthielt sich:

Scheller aus Frankfurt a. d. O.

Abwesend waren:

A. Mit Entschuldigung:

Ambrosch aus Breslau, v. Andrian aus Wien, Archer aus Rein, Aulike aus Berlin, v. Bally aus Beuthen, Baur aus Hechingen, v. Beisler aus München, Bergmüller aus Mauerkirchen, Brentano aus Bruchsal, Cetto aus Trier, Christ aus Bruchsal, Czoernig aus Wien, Deetz aus Wittenberg, Esterle aus Cavalese, Fuchs aus Breslau, Gspan aus Innsbruck, v. Hagenow aus Langenfelde, Heckscher aus Hamburg, Helbing aus Emmendingen, v. Hermann aus München, Herzig aus Wien, Heubner aus Freiberg, Höchsmann aus Wien, Jeitteles aus Olmütz, v. Itzstein aus Mannheim, Käfferlein aus Baireuth, Kaiser (Ignatz) aus Wien, Kolb aus Speyer, Kuenzer aus Constanz, Leue aus Köln, Levysohn aus Grünberg, v. Linde aus Mainz, Lüntzel aus Hildesheim, Mandrella aus Ujest, Mohr aus Ober-Ingelheim, Müller aus Damm, Neumann aus Wien, v. Neuwall aus Brünn, Peter aus Constanz, Raßl aus Neustadtl in Böhmen, Raveaux aus Köln, v. Reden aus Berlin, Richter aus Achern, v. Rönne aus Berlin, Schaffrath aus Neustadt, Scheliessnigg aus Klagenfurt, Schlörr aus der Oberpfalz, v. Schlotheim aus Wollstein, Schönmäckers aus Beck, Schuler aus Innsbruck, Schultze aus Liebau, Stedmann aus Besselich, Stöcker aus Langenfeld, Stockinger aus Frankenthal, Thinnes aus Eichstätt, Tomaschek aus Iglau, v. Trützschler aus Dresden, Viebig aus Posen, Wesendonck aus Düsseldorf, Zimmermann aus Spandow.

B. Ohne Entschuldigung:

Bauernschmid aus Wien, Barvier (Cajetan) aus Steyermark, v. Bothmer aus Carow, Cornelius aus Braunsberg, Coronini-Cronberg (Graf) aus Görz, Detmold aus Hannover, Deym (Graf) aus Prag, Gfrörer aus Freiburg, Hayden aus Dorff bei Schlierbach, Hönniger aus Rudolstadt, Junkmann aus Münster, Jürgens aus Stadtoldendorf, v. Keller (Graf) aus Erfurt,

Knoodt aus Bonn, Laschan aus Villach, v. Mayern aus Wien, Melly aus Wien, Minkus aus Marienfeld, Pfeiffer aus Adamsdorf, v. Rappard aus Glambek, Raus aus Wolframitz, Reichard aus Speyer, Reichenbach (Graf) aus Domeßko, Rößler aus Wien, Rüder aus Oldenburg, Sachs aus Mannheim, v. Scherpenzeel aus Baarlo, Schmidt (Ernst Friedrich Franz) aus Löwenberg, Schober aus Stuttgart, Schrott aus Wien, Servais aus Luxemburg, Siemens aus Hannover, Simon (Heinrich) aus Breslau, v. Somaruga aus Wien, Stark aus Krumau, Stein aus Görz, Teichert aus Berlin, Tellkampf aus Breslau, Venedey aus Köln, Vogt aus Gießen, Wekbeker aus Aachen, Welter aus Tünsdorf, Werner aus Oberkirch, Wippermann aus Kassel, v. Wydenbrugk aus Weimar.

Präsident: Der erste Satz des zweiten Minoritäts-Erachtens: „Die Wahl des Kaisers geschieht auf Lebenszeit," ist mit 413 gegen 39 Stimmen verworfen. Wir gehen zum dritten Minoritäts-Erachten, § 1, über, das dahin lautet:

„Dieselbe wird jedesmal auf zwölf Jahre einem der Regenten von Preußen, Oesterreich, Bayern, Sachsen, Hannover und Würtemberg übertragen."

Besteht auch dafür der Antrag auf namentliche Abstimmung? (Viele Stimmen: Ja! Andere: Nein!) Wir werden namentlich abstimmen. Diejenigen Herren, die den eben verlesenen Satz annehmen wollen, ersuche ich, beim Aufruf ihres Namens mit Ja, die, welche ihn verwerfen, mit Nein zu antworten. (Eine Stimme: Der Satz muß getrennt werden.) Dieß ist nach dem Schluß der Discussion über die Fragestellung nicht mehr zulässig. — Wir beginnen mit dem Namensaufruf.

Bei dem hierauf erfolgenden Namensaufruf stimmten mit Ja:

Becker aus Trier, Böcking aus Trarbach, Breusing aus Osnabrück, Dham aus Schmalenberg, Gebhard aus Würzburg, Haubenschmied aus Passau, Jürgens aus Stadtoldendorf, Neugebauer aus Luditz, Schmidt (Adolph) aus Berlin, Schorn aus Essen, Tellkampf aus Breslau, Waitz aus Göttingen, Wuttke aus Leipzig, Zell aus Trier.

Mit Nein stimmten.

Achleitner aus Ried, Ahrens aus Salzgitter, v. Aichelburg aus Villach, Anders aus Goldberg, Anderson aus Frankfurt a. d. O., Anz aus Marienwerder, Arndt aus Bonn, Arndts aus München, Arneth aus Wien, Backhaus aus Jena, Barth aus Kaufbeuren, Bassermann aus Mannheim, Bauer aus Bamberg, v. Baumbach-Kirchheim aus Kassel, Becker aus Gotha, v. Beckerath aus Crefeld, Beidtel aus Brünn, Benedict aus Wien, Berger aus Wien, Bernhardi aus Kassel, Beseler aus Greifswald, Beseler (H. W.) aus Schleswig, Biedermann aus Leipzig, Blumröder (Gustav) aus Kirchenlamitz, Boch-Buschmann aus Siebenbrunnen, Bock aus Preußisch-Minden, Böcler aus Mähren, Bogen aus Michelstadt, Bonardy aus Greiz, v. Bothmer aus Carow, Braun aus Bonn, Braun aus Cöslin, Brescius aus Züllichau, v. Breuning aus Aachen, Briegleb aus Koburg, Brons aus Emden, Burgers aus Köln, Burkart aus Bamberg, Buß aus Freiburg, v. Buttel aus Oldenburg, Carl aus Berlin, Caspers aus Koblenz, Christmann aus Dürkheim, Claussen aus Kiel, Clemens aus Bonn, Cnyrim aus Frankfurt am Main, Coronini-Cronberg (Graf) aus Görz, Cramer aus Cöthen, Cucumus aus München, Cullmann aus Zweibrücken, Dahlmann aus Bonn, Damm aus Tauberbischoffsheim, Dammers aus Nienburg, Deeke aus Lübeck, Deetz aus Wittenberg, Degenkolb aus Eilenburg, Deiters aus Bonn, Demel aus Teschen, Deymann aus Meppen, v. Dieskau aus Plauen, Dietsch aus Annaberg, Döllinger aus München, Drechsler aus Rostock, Dröge aus Bremen, Droysen aus Kiel, Duncker aus Halle, Ebmeier aus Paderborn, Eckart aus Lohr, Eckert aus Bromberg, Edel aus Würzburg, Edlauer aus Gratz, Egger aus Wien, Ehrlich aus Murzynek, Eisenmann aus Nürnberg, Eisenstuck aus Chemnitz, Emmerling aus Darmstadt, v. Ende aus Waldenburg, Engel aus Pinneberg, Engel aus Culm, Englmayr aus Enns (Oberösterreich), Esmarch aus Schleswig, Evertsbusch aus Altena, Falk aus Ottolangendorf, Fallati aus Tübingen, Fallmerayer aus München, Federer aus Stuttgart, Fehrenbach aus Säckingen, Fetzer aus Stuttgart, Fischer (Gustav) aus Jena, Flottwell aus Münster, Förster aus Hünfeld, Francke (Karl) aus Rendsburg, Freese aus Stargard, Freudentheil aus Stade, Friederich aus Bamberg, Frisch aus Stuttgart, Fritsch aus Ried, Fritzsche aus Roda, Fröbel aus Reuß, Fügerl aus Korneuburg, v. Gagern aus Wiesbaden, Geigel aus München, Gerlach aus Tilsit, v. Gersdorf aus Tuetz, Gevekoht aus Bremen, v. Giech (Graf) aus Thurnau, Giesebrecht aus Stettin, Giskra aus Wien, v. Gladis aus Wohlau, Göbel aus Jägerndorf, Godeffroy aus Hamburg, Göden aus Krotoszyn, Goltz aus Brieg, von der Goltz (Graf) aus Czarnikau, Gombart aus München, Gottschalk aus Schopfheim, Graf aus München, Grävell aus Frankfurt a. d. O., Gravenhorst aus Lüneburg, Gritzner aus Wien, Groß aus Leer, Groß aus Prag, Grubert aus Breslau, Grüel aus Burg, Grumbrecht aus Lüneburg, v. Grundner aus Ingolstadt, Gülich aus Schleswig, Günther aus Leipzig, Gulden aus Zweibrücken, Gysae (Wilhelm) aus Strehlow, Hagen (K.) aus Heidelberg, Haggenmüller aus Kempten, Hahn aus Guttstatt, Hallbauer aus Meißen, Hartmann aus Leitmeritz, v. Hartmann aus Münster, Haßler aus Ulm, Hayden aus Dorff bei Schlierbach, Haym aus Halle, Hehner aus Wiesbaden, Heimbrod aus Sorau, Heisterbergk aus Rochlitz, Heldmann aus Selters, v. Hennig aus Dempowalonka, Hensel aus Camenz, Hentges aus Heilbronn, Hergenhahn aus Wiesbaden, Herzog aus Ebermannstadt, Heubner aus Zwickau, Heusner aus Saarlouis, Hildebrand aus Marburg, Hillebrand aus Pöls, Hirschberg aus Sondershausen,

Höfken aus Hattingen, Hoffbauer aus Nordhausen, Hoffmann aus Ludwigsburg, Hofmann aus Friedberg, Hollandt aus Braunschweig, Houben aus Meurs, Huber aus Linz, Huck aus Ulm, Hugo aus Göttingen, Jacobi aus Hersfeld, Jahn aus Freiburg an der Unstrutt, Johannes aus Meiningen, Jopp aus Enzersdorf, Jordan aus Berlin, Jordan aus Gollnow, Jordan aus Frankfurt am Main, Jucho aus Frankfurt am Main, Junghanns aus Mosbach, Junkmann aus Münster, Kagerbauer aus Linz, Kahlert aus Leobschütz, v. Keller (Graf) aus Erfurt, v. Kalkstein aus Wogau, Kerer aus Innsbruck, Kerst aus Birnbaum, v. Keudell aus Berlin, Kierulff aus Rostock, Kirchgeßner aus Würzburg, Kleinschrod aus München, Knarr aus Steyermark, Koch aus Leipzig, Köhler aus Seehausen, Kohlparzer aus Neuhaus, Kollaczek aus österreichisch Schlesien, Kosmann aus Stettin, v. Kösteritz aus Elberfeld, Kotschy aus Ustron in Mährisch-Schlesien, Krafft aus Nürnberg, Kratz aus Wintershagen, Kudlich aus Schloß Dietach, Künßberg aus Ansbach, Künzel aus Wolka, v. Kürsinger (Ignatz) aus Salzburg, v. Kürsinger (Karl) aus Tamsweg, Kuhnt aus Bunzlau, Kutzen aus Breslau, Lang aus Verden, Langbein aus Wurzen, Langerfeldt aus Wolfenbüttel, v. Lassaulx aus München, Laube aus Leipzig, Laudien aus Königsberg, Lausch aus Troppau, Lette aus Berlin, Liebmann aus Perleberg, Lienbacher aus Goldegg, Lindner aus Seisenegg, Lodemann aus Lüneburg, Löschnigg aus Klagenfurt, Löw aus Magdeburg, Löw aus Posen, Makowiczka aus Krakau, Mally aus Steyermark, Maly aus Wien, v. Maltzahn aus Küstrin, Mammen aus Plauen, Mann aus Rostock, Marcks aus Duisburg, Marcus aus Bartenstein, Mareck aus Gratz (Steyermark), Marsilli aus Roveredo, Martens aus Danzig, Martiny aus Friedland, v. Massow aus Karlsberg, Mathy aus Karlsruhe, Mayer aus Ottobeuern, v. Mayfeld aus Wien, Melly aus Wien, Merke aus Sagan, Mevissen aus Köln, Meyer aus Liegnitz, Mez aus Freiburg, Michelsen aus Jena, Minkus aus Marienfeld, Möller aus Reichenberg, Mölling aus Oldenburg, v. Möring aus Wien, Mohl (Moritz) aus Stuttgart, Mohl (Robert) aus Heidelberg, Mohr aus Oberingelheim, v. Mühlfeld aus Wien, Müller aus Sonnenberg, Müller aus Würzburg, Münch aus Wetzlar, München aus Luxemburg, Mulley aus Weitenstein, v. Nagel aus Oberviechtach, Nägele aus Murrhardt, Naumann aus Frankfurt an der Oder, Nauwerck aus Berlin, v. Neitschütz aus Königsberg, Nerreter aus Fraustadt, Neubauer aus Wien, Neumayr aus München, Nicol aus Hannover, Nizze aus Stralsund, Nöthig aus Weißholz, Obermüller aus Passau, Oertel aus Mittelwalde, Ostendorf aus Soest, Osterrath aus Danzig, Ottow aus Labiau, Overweg aus Haus Ruhr, Pannier aus Zerbst, Pattay aus Steyermark, Paur aus Augsburg, Paur aus Neisse, Peter aus Bruneck, Pfahler aus Tettnang, Pfeiffer aus Adamsdorf, Phillips aus München, Pieringer aus Kremsmünster, Pinckert aus Zeitz, Plaß aus Stade, Plathner aus Halberstadt, Plehn aus Marienburg, Pögl aus München, Polaczek aus Weißkirch, Presting aus Memel, v. Preis aus Hamburg, Quante aus Ullstadt, Quesar aus Prag, v. Quintus-Icilius aus Fallingbostel, Rahm aus Stettin, Rank aus Wien, Rapp aus Wien, v. Rappard aus Glambek, v. Raumer aus Berlin, v. Raumer aus Dinkelsbühl, Raus aus Wolframitz, Reh aus Darmstadt, Reichensperger aus Trier, Reindl aus Orth, Reinhard aus Boytzenburg, Reinstein aus Naumburg, Reissinger aus Freistadt, Reitmayr aus Regensburg, Renger aus Böhmisch-Kamnitz, Rheinwald aus Bern, Richter aus Danzig, Riegler aus Mährisch-Budwitz, Riehl aus Zwettl, Riesser aus Hamburg, Röben aus Dornum, Röder aus Neustettin, Rödinger aus Stuttgart, Römer aus Stuttgart, Rösler aus Oels, Rößler aus Wien, Rothe aus Berlin, Roßmäßler aus Tharand, v. Rotenhan aus München, Rüder aus Oldenburg, Rühl aus Hanau, Rümelin aus Nürtingen, Sachs aus Mannheim, v. Sänger aus Grabow, v. Saltzwedell aus Gumbinnen, v. Saucken-Tarputschen aus Angerburg, Schädler aus Vaduz, Scharre aus Strehla, Schauß aus München, Scheller aus Frankfurt an der Oder, Schenk aus Dillenburg, Schepp aus Wiesbaden, Schick aus Weißensee, Schiedermayer aus Vöcklabruck, Schierenberg aus Detmold, Schirmeister aus Insterburg, v. Schleussing aus Rastenburg, Schlöffel aus Halbendorf, Schlutter aus Poris, Schlüter aus Paderborn, v. Schmerling aus Wien, Schmidt (Ernst Friedrich Franz) aus Löwenberg, Schmidt (Joseph) aus Linz, Schmitt aus Kaiserslautern, Schneer aus Breslau, Schneider aus Wien, Schoder aus Stuttgart, Scholten aus Ward, Scholz aus Neisse, Schott aus Stuttgart, Schrader aus Brandenburg, Schreiber aus Bielefeld, Schreiner aus Gratz (Steyermark), v. Schrenk aus München, Schubert (Friedrich Wilhelm) aus Königsberg, Schubert aus Würzburg, Schüler aus Jena, Schüler (Friedrich) aus Zweibrücken, Schultze aus Potsdam, Schulz (Friedrich) aus Weilburg, Schulz aus Darmstadt, Schütz aus Mainz, Schwarz aus Halle, Schwarzenberg aus Kassel, Schwerin (Graf) aus Pommern, Schwetschke aus Halle, v. Selchow aus Rettkewitz, Sellmer aus Landsberg an der Warthe, Sepp aus München, Siehr aus Gumbinnen, Siemens aus Hannover, Simon (Max) aus Breslau, Simon (Heinrich) aus Breslau, Simon (Ludwig) aus Trier, Simson aus Stargard, v. Soiron aus Mannheim, Spatz aus Frankenthal, Sprengel aus Waren, Stahl aus Erlangen, Stark aus Krumau, v. Stavenhagen aus Berlin, Stenzel aus Breslau, Strache aus Rumburg, Streffleur aus Wien, v. Stremayr aus Gratz, Sturm aus Sorau, Tafel aus Stuttgart, Tafel (Franz) aus Zweibrücken, Tannen aus Zielenzig, Tappehorn aus Oldenburg, Teichert aus Berlin, v. Thielau aus Braunschweig, Thöl aus Rostock, Titus aus Bamberg, Trabert aus Rausche, Trampusch aus Wien, v. Treskow aus Grocholin, Uhland aus Tübingen, Umbscheiden aus Dahn, v. Unterrichter aus Klagenfurt, Venedey aus Köln, Versen aus Nieheim, v. Vincke aus Hagen, Vischer aus Tübingen, Vogel aus Guhen, Vogel aus Dillingen, Vogt aus Gießen, Wanhun aus Feldkirch, Wachsmuth aus Hannover, Waldburg-Zeil-Trauchburg (Fürst) aus Stuttgart, Waldmann aus Heiligenstadt, Walter aus Neustadt, Weber aus Neuburg, Weber aus Meran, v. Wedemeyer aus Schönrade, v. Wegnern aus Lyk, Weiß aus Salzburg, Weißenborn aus Eisenach, Welcker aus Frankfurt, Welter aus Tünsdorf, Werner aus St. Pölten, Wernher aus Nierstein, Wernich aus Elbing, Werthmüller aus Fulda, Wichmann aus Stendal, Wiebker aus Uckermünde, Widenmann aus Düsseldorf, Wiesner aus Wien, Wiest aus Tübingen, Wiethaus (J.) aus Gummersbach, Wigard aus Dresden, Winter aus Liebenburg, v. Wulffen aus Passau, Wurm aus Hamburg, Würth aus Sigmaringen, v. Würth aus Wien, Zachariä aus Bernburg, Zeltner aus Nürnberg, v. Zerzog aus Regensburg, Ziegert aus Preuß. Minden, Zimmermann aus Stuttgart, Zittel aus Bahlingen, Zitz aus Mainz, Zöllner aus Chemnitz, Zum Sande aus Lingen.

Abwesend waren:

A. Mit Entschuldigung:

Ambrosch aus Breslau, v. Andrian aus Wien, Archer aus Rein, Aulike aus Berlin, v. Bally aus Beuthen, Baur aus Hechingen, v. Beisler aus München, Bergmüller aus Mauerkirchen, Brentano aus Bruchsal, Cetto aus Trier, Christ aus Bruchsal, Czoernig aus Wien, Esterle aus Cavalese, Fuchs aus Breslau, v. Gagern aus Darmstadt, Gspan aus Innsbruck, v. Hagenow aus Langenfelde, Heckscher aus Hamburg, Helbing aus Emmendingen, v. Hermann aus München, Herzig aus Wien, Heubner aus Freiberg, Höchsmann aus Wien, Jeitteles aus Olmütz, v. Itzstein aus Mannheim, Käfferlein aus Baireuth, Kaiser (Ignatz) aus Wien, Kolb aus Speyer, Kuenzer aus Constanz, Leue aus Köln, Levysohn aus Grünberg, v. Linde aus Mainz, Lüntzel aus Hildesheim, Mandrella aus Ujest, Müller aus Damm, Neumann aus Wien, v. Neuwall aus Brünn, Peter aus Constanz, Rapp aus Neustadtl in Böhmen, Raveaux aus Köln, v. Reden aus Berlin, Richter aus Achern, v. Rönne aus Berlin, Schaffrath aus Neustadt, Scheliessnigg aus Klagenfurt, Schlörr aus der Oberpfalz, v. Schlotheim aus Wollstein, Schönmäckers aus Beck, Schuler aus Innsbruck, Schultze aus Liebau, Stedmann aus Besselich, Stöcker aus Langenfeld, Stokinger aus Frankenthal, Thinnes aus Eichstätt, Tomaschek aus Iglau, v. Trützschler aus Dresden, Wiebig aus Posen, Wesendonck aus Düsseldorf, Zimmermann aus Spandow.

B. Ohne Entschuldigung:

v. Amstetter aus Breslau, Bauernschmid aus Wien, Blömer aus Aachen, Böcler aus Schwerin, v. Boddien aus Pleß, Bouvier (Cajetan) aus Steyermark, Bresgen aus Ahrweiler, Cornelius aus Braunsberg, Cropp aus Oldenburg, Detmold aus Hannover, Deym (Graf) aus Prag, Gfrörer aus Freiburg, Haupt aus Wismar, Hedrich aus Prag, Hönninger aus Rudolstadt, Knoodt aus Bonn, Laschan aus Villach, Leverkus aus Oldenburg, Löwe (Wilhelm) aus Calbe, v. Mayern aus Wien, Merck aus Hamburg, Mittermaier aus Heidelberg, Prinzinger aus St. Pölten, v. Radowitz aus Rüthen, Rättig aus Potsdam, Reichard aus Speyer, Reichenbach (Graf) aus Domeßko, Reitter aus Prag, v. Scherpenzeel aus Baarlo, Schrott aus Wien, Servais aus Luxemburg, v. Somaruga aus Wien, Stein aus Görz, Stieber aus Budissin, Stülz aus St. Florian, Veit aus Berlin, Wagner aus Steyr, Wedekind aus Bruchhausen, Welbeker aus Aachen, Werner aus Oberkirch, v. Wydenbrugk aus Weimar, Zachariä aus Göttingen.

Präsident: Der § 1 des dritten Minoritäts-Erachtens: „Dieselbe wird jedesmal auf zwölf Jahre einem der Regenten von Preußen, Oesterreich, Bayern, Sachsen, Hannover und Würtemberg übertragen," ist mit 442 gegen 14 Stimmen verworfen. (Allgemeine Heiterkeit.) — Wir gehen, meine Herren, über zu dem ersten Satze des vierten Minoritäts-Erachtens, der also lautet:

„Das Reichsoberhaupt wird auf sechs Jahre gewählt."

Diejenigen Herren, die diesen Satz des vierten Minoritäts-Erachtens annehmen wollen, bitte ich, bei dem Namensaufrufe mit Ja zu antworten, Diejenigen, die ihn nicht annehmen wollen, mit Nein. Der Namensaufruf beginnt mit dem Buchstaben D. (Unruhe.) Ich bitte dringend um Ruhe.

Bei dem hierauf erfolgenden Namensaufruf antworteten mit Ja:

Achleitner aus Ried, Ahrens aus Salzgitter, v. Aichelburg aus Villach, Arndts aus München, Becker aus Trier, Beidtel aus Brünn, Berger aus Wien, Blumröder (Gustav) aus Kirchenlamitz, Böcking aus Trarbach, Boczek aus Mähren, Bogen aus Michelstadt, v. Bothmer aus Carow, Braun aus Bonn, Bresgen aus Ahrweiler, Caspers aus Koblenz, Christmann aus Dürkheim, Claussen aus Kiel, Clemens aus Bonn, Cropp aus Oldenburg, Cullmann aus Zweibrücken, Demel aus Teschen, Deymann aus Meppen, Dham aus Schmalenberg, Drechsler aus Rostock, Eckart aus Lohr, Eckert aus Bromberg, Edel aus Würzburg, Eisenmann aus Nürnberg, Eisenstuck aus Chemnitz, Engel aus Pinneberg, Englmayr aus Enns (Oberösterreich), Fallmerayer aus München, Federer aus Stuttgart, Fehrenbach aus Säckingen, Fetzer aus Stuttgart, Förster aus Hünfeld, Freese aus Stargard, Freudentheil aus Stade, Friederich aus Bamberg, Frisch aus Stuttgart, Fritsch aus Ried, Fritzsche aus Roda, Fröbel aus Reuß, Geigel aus München, Gerlach aus Tilsit, Giskra aus Wien, Göbel aus Jägerndorf, Goltz aus Brieg, Gottschalk aus Schopfheim, Graf aus München, Groß aus Prag, Grubert aus Breslau, v. Grundner aus Ingolstadt, Günther aus Leipzig, Gulden aus

Zweibrücken, Hagen (K.) aus Heidelberg, Haggenmüller aus Kempten, Hallbauer aus Meißen, Hartmann aus Leitmeritz, Haßler aus Ulm, Haubenschmied aus Passau, Hehner aus Wiesbaden, Heisterbergk aus Rochlitz, Heldmann aus Selters, Henkel I. aus Camenz, Hentges aus Heilbronn, Heubner aus Zwickau, Hildebrand aus Marburg, Hillebrand aus Pöls, Hoffbauer aus Nordhausen, Huber aus Linz, Huck aus Ulm, Hugo aus Göttingen, Jopp aus Enzersdorf, Juchs aus Frankfurt am Main, Jungbanns aus Mosbach, Junkmann aus Münster, Jürgens aus Stadtoldendorf, Kagerbauer aus Linz, Kerer aus Innsbruck, Kirchgeßner aus Würzburg, Kleinschrod aus München, Knarr aus Steyermark, Knoodt aus Bonn, Köhler aus Seehausen, Kolbparzer aus Neuhaus, Kollaczek aus östr. Schlesien, Kotschy aus Ustron in Mährisch-Schlesien, Kudlich aus Schloß Dietach, Kunßberg aus Ansbach, v. Kürsinger (Ignaz) aus Salzburg, v. Kürsinger (Karl) aus Tamsweg, Langbein aus Wurzen, Lienbacher aus Goldegg, Lindner aus Seisenegg, Löschnigg aus Klagenfurt, Löwe (Wilhelm) aus Calbe, Makowiczka aus Krakau, Mally aus Steyermark, Maly aus Wien, Mammen aus Plauen, Mareck aus Gratz (Steyermark), Marsilli aus Roveredo, Mayer aus Ottobeuern, Melly aus Wien, Mez aus Freiburg, Minkus aus Marienfeld, Möller aus Reichenberg, Mölling aus Oldenburg, Mohl (Moritz) aus Stuttgart, Müller aus Würzburg, Mulley aus Weitenstein, Nägele aus Murrhardt, Nauwerck aus Berlin, Neugebauer aus Ludiz, Nicol aus Hannover, Ostendorf aus Danzig, Pattay aus Steyermark, Paur aus Neisse, Petzer aus Bruneck, Pfahler aus Tettnang, Pfeiffer aus Adamsdorf, Pieringer aus Kremsmünster, Polaczek aus Weißkirch, Rank aus Wien, Rapp aus Wien, v. Rappard aus Glambek, Raus aus Wolframitz, Reh aus Darmstadt, Reichensperger aus Trier, Reindl aus Orth, Reinhard aus Boytzenburg, Reinstein aus Naumburg, Reisinger aus Freistadt, Reitmayr aus Regensburg, Reitter aus Prag, Renger aus böhmisch Kamnitz, Rheinwald aus Bern, Riegler aus mährisch Budwitz, Riehl aus Zwettl, Rödinger aus Stuttgart, Römer aus Stuttgart, Rösler aus Oels, Roßmäßler aus Tharand, Sachs aus Mannheim, Schädler aus Vaduz, Scharre aus Strehla, Schenk aus Dillenburg, Schiedermayer aus Vöcklabruck, Schlutter aus Poris, Schmidt (Ernst Friedrich Franz) aus Löwenberg, Schmidt (Joseph) aus Linz, Schmitt aus Kaiserslautern, Schneider aus Wien, Schoder aus Stuttgart, Schorn aus Essen, Schott aus Stuttgart, Schüler aus Jena, Schulz (Friedrich) aus Weilburg, Schwarzenberg aus Kassel, Simon (Max) aus Breslau, Simon (Heinrich) aus Breslau, Simon (Ludwig) aus Trier, Spatz aus Frankenthal, Stark aus Krumau, Strache aus Rumburg, Streffleur aus Wien, v. Stremayr aus Gratz, Stulz aus St. Florian, Tafel aus Stuttgart, Tafel (Franz) aus Zweibrücken, Tappehorn aus Oldenburg, Trabert aus Rausche, Trampusch aus Wien, Uhland aus Tübingen, Venedey aus Köln, Vischer aus Tübingen, Vogel aus Guben, Vogel aus Dillingen, Vogt aus Gießen, Wagner aus Steyr, Waldburg-Zeil-Trauchburg (Fürst) aus Stuttgart, Weber aus Neuburg, Weiß aus Salzburg, Welcker aus Frankfurt a. M., Welter aus Tünsdorf, Werner aus St. Pölten, Wiesner aus Wien, Wigard aus Dresden, v. Wulffen aus Passau, Wuttke aus Leipzig, Würth aus Sigmaringen, v. Würth aus Wien, Zell aus Trier, Zimmermann (Professor) aus Stuttgart, Zum Sande aus Lingen.

Mit Nein stimmten:

Ambrosch aus Breslau, Anders aus Goldberg, Anderson aus Frankfurt a. d. O., Anz aus Marienwerder, Arndt aus Bonn, Backhaus aus Jena, Barth aus Kaufbeuern, Bassermann aus Mannheim, Bauer aus Bamberg, v. Baumbach-Kirchheim aus Kassel, Becker aus Gotha, v. Beckerath aus Crefeld, Benedict aus Wien, Bernhardi aus Kassel, Beseler aus Greifswald, Beseler (H. W.) aus Schleswig, Biedermann aus Leipzig, Bock-Buschmann aus Siebenbrunnen, Bock aus Preußisch-Minden, Böcler aus Schwerin, Braun aus Cöslin, Brescius aus Züllichau, v. Breuning aus Aachen, Breusing aus Osnabrück, Briegleb aus Koburg, Brons aus Emden, Bürgers aus Köln, Buß aus Freiburg im Breisgau, v. Buttel aus Oldenburg, Carl aus Berlin, Cnyrim aus Frankfurt am Main, Cramer aus Köthen, Cucumus aus München, Dahlmann aus Bonn, Damm aus Tauberbischofsheim, Dammers aus Nienburg, Deeke aus Lübeck, Deetz aus Wittenberg, Degenkolb aus Eilenburg, Deiters aus Bonn, v. Dieskau aus Plauen, Dietsch aus Annaberg, Döllinger aus München, Dröge aus Bremen, Droysen aus Kiel, Duncker aus Halle, Ebmeier aus Paderborn, Edlauer aus Gratz, Egger aus Wien, Ehrlich aus Murzynek, Emmerling aus Darmstadt, v. Ende aus Waldenburg, Engel aus Culm, Esmarch aus Schleswig, Evertsbusch aus Altena, Falk aus Ottolangendorf, Fallati aus Tübingen, Fischer (Gustav) aus Jena, Flottwell aus Münster, Francke (Karl) aus Rendsburg, Fügerl aus Korneuburg, v. Gagern aus Wiesbaden, Gebhard aus Würzburg, v. Gersdorf aus Tuez, Gevekoht aus Bremen, v. Giech (Graf) aus Thurnau, Giesebrecht aus Stettin, Godeffroy aus Hamburg, Göden aus Krotoszyn, von der Goltz (Graf) aus Czarnikau, Gombart aus München, Gräbell aus Frankfurt a. d. O., Gravenhorst aus Lüneburg, Gritzner aus Wien, Groß aus Leer, Grüel aus Burg, Grumbrecht aus Lüneburg, Gülich aus Schleswig, Gysae (Wilhelm) aus Strehlow, Hahn aus Guttstatt, v. Hartmann aus Münster, Haupt aus Wismar, Hayden aus Dorff bei Schlierbach, Haym aus Halle, Hedrich aus Prag, Heimbrod aus Sorau, v. Hennig aus Dempowalonka, Hergenhahn aus Wiesbaden, Herzog aus Ebermannstadt, Heusner aus Saarlouis, Hirschberg aus Sondershausen, Höfken aus Hattingen, Hoffmann aus Ludwigsburg, Hofmann aus Friedberg, Hollandt aus Braunschweig, Houben aus Meurs, Jacobi aus Hersfeld, Jahn aus Freiburg an der Unstrut, Johannes aus [illegible], Jordan aus Berlin, Jordan aus [illegible], Jordan aus Frankfurt a. M., Kahlert aus Leobschütz, v. Kalkstein aus Wogau, v. Keller (Graf) aus Erfurt, Kerst aus Birnbaum, Knoodt aus Berlin, Kierulff aus Rostock, Koch aus Leipzig, Kosmann aus Stettin, v. Köster aus Elberfeld, Krafft aus Nürnberg, v. Kratz aus Wintershagen, Künzel aus Wolka, Kuhnt aus Bunzlau, Kutzen aus Breslau, Lang aus Verden, Langerfeldt aus Wolfenbüttel, v. Lassaulx aus München, Laube aus Leipzig, Laudien aus Königsberg, Lausch aus Troppau, Lette aus Berlin, Leverkus aus Lennep, Liebmann aus Perleberg, Lodemann aus Lüneburg, Löw aus Magdeburg, Löw aus Posen, v. Maltzahn aus Küstrin, Mann aus Rostock, Marcks aus Duisburg, Marcus aus Bartenstein, Martens aus Danzig, Martiny aus Friedland, v. Massow aus Karlsberg, Mathy aus Karlsruhe, Merck aus Hamburg, Metzke aus Sagan, Mevissen aus Köln, Meyer aus Liegnitz, Michelsen aus Jena, v. Mühlfeld aus Wien, Mohl (Robert) aus Heidelberg, v. Mühlfeld aus Wien, Müller aus Sonnenberg, Münch aus Wetzlar, München aus Luxemburg, v. Nagel aus Oberviechtach, Naumann aus Frankfurt a. d. O., v. Neitschütz aus Königsberg, Nerreter aus Fraustadt, Neubauer aus Wien, Nizze aus Stralsund, Nöthig aus Weißholz, Obermüller aus Passau, Oertel aus Mittelwalde, Ostendorf aus Soest, Ottow aus Labiau, Overweg aus Haus Ruhr, Pannier aus Zerbst, Paur aus Augsburg, Phillips aus München, Pinckert aus Zeitz, Plaß aus Stade, Plathner aus Halberstadt, Plehn aus Marienburg, Pözl aus München, Presting aus Memel, Quante aus Ullstadt, Quintus Icilius aus Fallingbostel, v. Quintus aus [illegible], Rahm aus Stettin, Rättig aus Potsdam, v. Raumer aus Berlin, v. Raumer aus Dinkelsbühl, Richter aus Danzig, Riesser aus Hamburg, Röben aus Dornum, Röder aus Neustettin, Rößler aus Wien, Rothe aus Berlin, v. Rotenhan aus München, Rüder aus Oldenburg, Rühl aus Hanau, Rümelin aus Nürtingen, v. Sänger aus Grabow, v. Salzwedell aus Gumbinnen, v. Saucken-Tarputschen aus Angerburg, Schauß aus München, Scheller aus Frankf. a. d. O., Schepp aus Wiesbaden, Schick aus Weißensee, Schierenberg aus Detmold, Schirmeister aus Insterburg, v. Schleussing aus Rastenburg, Schlöffel aus Halbendorf, Schlüter aus Paderborn, Schneer aus Breslau, Scholten aus Ward, Scholz aus Neisse, Schrader aus Brandenburg, Schreiber aus Bielefeld, v. Schrenk aus München, Schubert (Friedrich Wilhelm) aus Königsberg, Schubert aus Würzburg, Schüler (Friedrich) aus Zweibrücken, Schultze aus Potsdam, Schütz aus Mainz, Schwarz aus Halle, Schwerin (Graf) aus Pommern, Schwetschke aus Halle, v. Selchow aus Rettkewitz, Sellmer aus Landsberg a. d. W., Sepp aus München, Sthr aus Gumbinnen, Siemens aus Hannover, Simson aus Stargard, v. Soiron aus Mannheim, Sprengel aus Waren, Stahl aus Erlangen, Stavenhagen aus Berlin, [illegible] aus [illegible], [illegible] aus Budissin, Sturm aus Sorau, Tannen aus Zielenzig, Teichert aus Berlin, Tellkampf aus Breslau, v. Thielau aus Braunschweig, Thöl aus Rostock, Titus aus Bamberg, v. Treskow aus Grocholin, Umbscheiden aus Dahn, v. Unterrichter aus Klagenfurt, Veit aus Berlin, Versen aus Nieheim, v. Vincke aus Hagen, Wachsmuth aus Hannover, Waitz aus Göttingen, Waldmann aus Heiligenstadt, Walter aus Neustadt, Wedekind aus Bruchhausen, v. Wedemeyer aus Schönrade, v. Wegnern aus Lyk, Weissenborn aus Eisenach, Wernher aus Nierstein, Wernich aus Elbing, Werthmüller aus Fulda, Wichmann aus Stendal, Widenmann aus Düsseldorf, Wiebker aus Uckermünde, Wiest aus Tübingen, Wiethaus (J.) aus Gummersbach, Winter aus Liebenburg, Wurm aus Hamburg, Zachariä aus Bernburg, Zachariä aus Göttingen, Zeltner aus Nürnberg, v. Zerzog aus Regensburg, Ziegert aus preuß. Minden, Zittel aus Bahlingen, Zitz aus Mainz, Zöllner aus Chemnitz.

Der Abstimmung enthielt sich:

Schütz aus Darmstadt.

Abwesend waren:

A. Mit Entschuldigung:

v. Andrian aus Wien, Archer aus Rein, Anlike aus Berlin, v. Bally aus Beuthen, Baur aus Hechingen, v. Beisler aus München, Bergmüller aus Mauerkirchen, v. Beppien aus Pleß, Brentano aus Bruchsal, Cetto aus Trier, Christ aus Bruchsal, Czoernig aus Wien, Esterle aus Cavalese, Fuchs aus Breslau, v. Gagern aus Darmstadt, Giskra aus Innsbruck, v. Hagenow aus Langenfelde, Heckscher aus Hamburg, Helbing aus Emmendingen, v. Hermann aus München, Herzig aus Wien, Heubner aus Freiberg, Höchsmann aus Wien, Jeitteles aus Olmütz, v. Itzstein aus Mannheim, Käfferlein aus Baireuth, Kaiser (Ignaz) aus Wien, Kolb aus Speyer, Kuenzer aus Konstanz, Leue aus Köln, Levysohn aus Grünberg, v. Linde aus Mainz, Lüntzel aus Hildesheim, Mandrella aus Ujest, Mohr aus Oberingelheim, Müller aus Damm, Neumann aus Wien, v. Neuwall aus Brünn, Peter aus Constanz, Raßl aus Neustadtl in Böhmen, Raveaux aus Köln, v. Reden aus Berlin, Richter aus Achern, v. Rönne aus Berlin, Schaffrath aus Neustadt, Scheliessnigg aus Klagenfurt, Schlörr aus der Oberpfalz, v. Schlotheim aus Wollstein, Schoenmäckers aus Beck, Schuler aus Innsbruck, Schultze aus Liebau, Stedmann aus Besselich, Stöcker aus Langenfeld, Stoßinger aus Frankenthal, Thinnes aus Eichstätt, Tomaschek aus Iglau, v. Trützschler aus Dresden, Viebig aus Posen, Wesendonck aus Düsseldorf, Zimmermann aus Spandow.

B. Ohne Entschuldigung:

v. Aichelburg aus Villach, v. Amstetter aus Breslau, Arneth aus Wien, Bauernschmid aus Wien, Blömer aus Aachen, Bonardy aus Greiz, Boczek (Kajetan) aus Mähren,

mark, Burkart aus Bamberg, Cornelius aus Braunsberg, Coronini-Cronberg (Graf) aus Görz, Detmold aus Hannover, Deym (Graf) aus Prag, Gfrörer aus Freiburg, v. Gladis aus Wohlau, Hönniger aus Rudolstadt, Laschan aus Villach, v. Mayern aus Wien, v. Mayfeld aus Wien, Mittermaier aus Heidelberg, Neumayr aus München, v. Pretis aus Hamburg, Prinzinger aus St. Pölten, v. Radowitz aus Rüthen, Reichard aus Speyer, Reichenbach (Graf) aus Dometzko, v. Scherpenzeel aus Baarlo, v. Schmerling aus Wien, Schmidt (Adolph) aus Berlin, Schreiner aus Graz (Steyermark), Schrott aus Wien, Servais aus Luxemburg, Simson aus Königsberg, v. Somaruga aus Wien, Stein aus Görz, Vonbun aus Feldkirch, Weber aus Meran, Welcker aus Aachen, Werner aus Oberkirch, Wippermann aus Kassel, v. Wydenbrugk aus Weimar.

Präsident: Der § 1 des vierten Minoritäts-Erachtens: „Das Reichsoberhaupt wird auf sechs Jahre gewählt," ist mit 264 gegen 196 Stimmen verworfen. — Wir gehen jetzt also, meine Herren, zum Antrage des Herrn Neugebauer über. Ich habe aber vorher vier zu Protocoll gegebene Erklärungen zu verlesen. Die erste ist von Herrn v. Möring, Eckart, Benedict, v. Mühlfeld, Schreiner und Quesar &c.:

„Die Gefertigten erklären, daß sie — ohne Rücksicht darauf, welchen Umfang der deutsche Bundesstaat haben werde — bloß in consequenter Festhaltung an jener principiellen Ansicht, die sie bestimmte, gegen das einheitliche Oberhaupt und für das Directorium zu stimmen, auch nun gegen alle jene Zusatz-Anträge ad § 1 gestimmt haben, welche über die Berufungsart und Dauer des, von ihnen nicht gewollten, einheitlichen Oberhauptes gestellt worden sind. — Egger. Benedict. v. Mühlfeld. Schreiner. Quesar. Gombart. Phillips. Fügerl. v. Möring."

Die zweite Erklärung von den Herren Arndts, Graf und Genossen lautet so:

„Die Unterzeichneten erklären hierdurch, daß sie, obgleich sie gegen § 1 des Entwurfs gestimmt haben, doch jetzt, nachdem einmal die Mehrheit der Nationalversammlung dafür sich entschieden hat, für ein auf sechs Jahre zu wählendes Reichs-Oberhaupt ihre Stimmen abgegeben haben, damit überhaupt ein Beschluß zu Stande kommen, und der angenommene § 1 nicht bedeutungsleer stehen bleiben möchte, ohne jedoch überhaupt ihrer künftigen Abstimmung bei der zweiten Lesung dadurch präjudiciren zu wollen. — Arndts. Graf. Eckart von Lohr. Stülz. Kerer. Reichensperger. Deymann. Braun. v. Würth von Wien. Kleinschrod. Tappehorn. Edel. Lienbacher. v. Wulffen."

Es folgt noch eine Erklärung von den Herren Eckert von Bromberg und Jucho:

„Die Unterzeichneten erklären, daß sie nur deßhalb für ein sechsjähriges Wahloberhaupt gestimmt haben, weil sie es für nachtheilig halten, wenn die Nationalversammlung zu gar keinem Beschluß kommen könnte. — Frankfurt a. M., den 23. Januar 1849. — Eckert von Bromberg. Jucho."

Die letzte Erklärung der Herren Hoffbauer, Günther und Genossen lautet:

„Die Unterzeichneten fanden in der dem Volkswillen von 6 zu 6 Jahren vorbehaltenen Wahl eines mit bloßem Suspensivveto bekleideten Reichsoberhauptes, trotz der die Grundsätze der Democratie allerdings verletzenden Verpflichtung, dieses Reichsoberhaupt der Reihe der regierenden Fürsten zu entnehmen, dennoch soviel für die Souveränität des Volkes gerettet, um durch ihre für eine solche Wahl abgegebenen Stimmen dem Erfolge entgegenzustreben, daß die Versammlung sich zu gar keinem Beschlusse einige, und dadurch die Octroyirung gewissermaßen selbst über sich herabbeschwöre. — Frankfurt am Main, den 23. Januar 1849. Ludwig Simon von Trier. Würth von Sigmaringen. Fehrenbach. Zimmermann von Stuttgart. Grubert. Julius Fröbel. Reinhard. Cullmann. Hagen. Schlutter. Berger. Waldburg-Zeil-Trauchburg. Reinstein. Moriz Hartmann. Hoffbauer. Günther. Langbein. Schmitt von Kaiserslautern." (Auf der Rechten: Hört! Hört!)

Mit der eben erfolgten Abstimmung über das vierte Minoritäts-Erachten § 1 ist der damit übereinstimmende erste Satz des § 2 von dem Amendement des Herrn Spatz erledigt. — Das Amendement des Herrn Neugebauer, welches ich jetzt zur Abstimmung bringe, lautet so:

„Die Wahl des Reichsoberhauptes geschieht auf drei Jahre."

Diejenigen Herren, welche diesen Satz annehmen wollen, ersuche ich, bei dem Namensaufrufe mit Ja, Diejenigen, welche ihn verwerfen wollen, mit Nein zu antworten. Die Abstimmung beginnt mit dem Buchstaben E.

Bei dem hierauf erfolgten Namensaufruf stimmten mit Ja:

v. Aichelburg aus Villach, Berger aus Wien, Blumröder (Gustav) aus Kirchenlamitz, Bogen aus Michelstadt, Caspers aus Koblenz, Claussen aus Kiel, Cullmann aus Zweibrücken, Demel aus Teschen, Edel aus Würzburg, Eisenmann aus Nürnberg, Eisenstuck aus Chemnitz, Engel aus Pinneberg, Englmayr aus Enns (Oberösterreich), Fallmerayer aus München, Fehrenbach aus Säckingen, Fetzer aus Stuttgart, Förster aus Hünfeld, Freese aus Stargard, Friederich aus Bamberg, Frisch aus Stuttgart, Fritsch aus Ried, Fröbel aus Reuß, Geigel aus München, Gerlach aus Tilsit, Göbel aus Jägerndorf, Groß aus Prag, Grubert aus Breslau, Gulden aus Zweibrücken, Hagen (K.) aus Heidelberg, Haggenmüller aus Kempten, Hartmann aus Leitmeritz, Hedrich aus Prag, Hehner aus Wiesbaden, Heisterbergk aus Rochlitz, Heldmann aus Selters, Hensel aus Camenz, Hentges aus Heilbronn, Heubner aus Zwickau, Hoffbauer aus Nordhausen, Huber aus Linz, Huck aus Ulm, Jopp aus Enzersdorf, Junghanns aus Mosbach, Kagerbauer aus Linz, Kirchgeßner aus Würzburg, Köhler aus Seehausen, Kohlparzer aus Neuhaus, Kollaczek aus österr. Schlesien, Kotschy aus Ustron in Mährisch-Schlesien, Kudlich aus Schloß Dietach, Künsberg aus Ansbach, Langbein aus Wurzen, Lienbacher aus Goldegg, Lindner aus Seisenegg, Löschnigg aus Klagenfurt, Makowiczka aus Krakau, Mammen aus Plauen, Mareck aus Graz (Steyermark), Marsilli aus Roveredo, v. Mayfeld aus Wien, Melly aus Wien, Meyer aus Liegnitz, Minkus aus Marienfeld, Möller aus Reichenberg, Mölling aus Olden-

lung, Mohl (Moritz) aus Stuttgart, Müller aus Sonnenberg, Mulley aus Weitenstein, Nägele aus Murrhardt, Nauwerck aus Berlin, Neugebauer aus Ludiz, Pattay aus Steyermark, Paur aus Neisse, Peter aus Bruneck, Pfahler aus Tettnang, Pieringer aus Kremsmünster, Polatzek aus Weißkirch, Rank aus Wien, Rapp aus Wien, v. Rappard aus Glambek, Reinhard aus Boytzenburg, Reinstein aus Naumburg, Rheinwald aus Bern, Riehl aus Zwettl, Rödinger aus Stuttgart, Rösler aus Oels, Roßmäßler aus Tharand, Sachs aus Mannheim, Scharre aus Strehla, Schiedermayer aus Vöcklabruck, Schlutter aus Poris, Schmitt aus Kaiserslautern, Schoder aus Stuttgart, Schott aus Stuttgart, Schüler aus Jena, Schulz (Friedrich) aus Weilburg, Schwarzenberg aus Kassel, Simon (Max) aus Breslau, Simon (Ludwig) aus Trier, Spatz aus Frankenthal, Stark aus Krumau, Strache aus Rumburg, v. Stremayr aus Gratz, Tafel aus Stuttgart, Tafel (Franz) aus Zweibrücken, Uhland aus Tübingen, Venedey aus Köln, Vischer aus Tübingen, Vogt aus Gießen, Wagner aus Steyr, Waldburg-Zeil-Trauchburg (Fürst) aus Stuttgart, Weiß aus Salzburg, Welter aus Tünsdorf, Werner aus St. Pölten, Wiesner aus Wien, Wigard aus Dresden, Wuttke aus Leipzig, Würth aus Sigmaringen, Zimmermann aus Stuttgart.

Mit Nein stimmten:

Achleitner aus Ried, Ahrens aus Salzgitter, Ambrosch aus Breslau, v. Amstetter aus Breslau, Anders aus Goldberg, Anderson aus Frankfurt a. d. O., Arndt aus Bonn, Arneth aus Wien, Bachhaus aus Jena, Barth aus Kaufbeuern, Bassermann aus Mannheim, Bauer aus Bamberg, v. Baumbach-Kirchheim aus Kassel, Becker aus Gotha, v. Beckerath aus Crefeld, Beidtel aus Brünn, Benedict aus Wien, Bernhardi aus Kassel, Beseler aus Greifswald, Beseler (H. W.) aus Schleswig, Biedermann aus Leipzig, Boch-Buschmann aus Siebenbrunnen, Bock aus Preußisch-Minden, Böcking aus Trarbach, Böcler aus Schwerin, Bonardy aus Greiz, Braun aus Bonn, Braun aus Cöslin, Bresgen aus Ahrweiler, v. Breuning aus Aachen, Breusing aus Osnabrück, Briegleb aus Koburg, Brons aus Emden, Bürgers aus Köln, Burkart aus Bamberg, Buß aus Freiburg im Breisgau, v. Buttel aus Oldenburg, Carl aus Berlin, Clemens aus Bonn, Cnyrim aus Frankfurt am Main, Cramer aus Cöthen, Cucumus aus München, Dahlmann aus Bonn, Damm aus Tauberbischoffsheim, Dammers aus Nienburg, Deecke aus Lübeck, Deetz aus Wittenberg, Degenkolb aus Eilenburg, Dham aus Schmalenberg, v. Dieskau aus Plauen, Dietsch aus Annaberg, Döllinger aus München, Dröge aus Bremen, Droysen aus Kiel, Duncker aus Halle, Ebmeier aus Paderborn, Eckart aus Lohr, Eckert aus Bromberg, Edlauer aus Gratz, Egger aus Wien, Emmerling aus Darmstadt, v. Ende aus Waldenburg, Engel aus Culm, Esmarch aus Schleswig, Evertsbusch aus Altena, Falk aus Ottolangendorf, Fallati aus Tübingen, Federer aus Stuttgart, Fischer (Gustav) aus Jena, Flottwell aus Münster, Francke (Karl) aus Rendsburg, Freudentheil aus Stade, Fritsche aus Roda, Fügerl aus Korneuburg, v. Gagern aus Wiesbaden, Gebhard aus Würzburg, v. Gersdorf aus Tuez, Gevekoht aus Bremen, v. Giech (Graf) aus Thurnau, Giesebrecht aus Stettin, v. Gladis aus Wohlau, Godeffroy aus Hamburg, Göden aus Krotoszyn, von der Goltz (Graf) aus Czarnikau, Gombart aus München, Gottschalk aus Schopfheim, Graf aus München, Grävell aus Frankfurt a. d. O., Gravenhorst aus Lüneburg, Gritzner aus Wien, Groß aus Leer, Grüel aus Burg, Grumbrecht aus Lüneburg, Gülich aus Schleswig, Hahn aus Guttstatt, Hallbauer aus Meißen, v. Hartmann aus Münster, Haßler aus Ulm, Haubenschmied aus Passau, Haupt aus Wismar, Hayden aus Dorff bei Schlierbach, Haym aus Halle, Heimbrod aus Sorau, v. Hennig aus Dempowalonka, Hergenhahn aus Wiesbaden, Herzog aus Ebermannstadt, Heubner aus Saarlouis, Hillebrand aus Pöls, Hirschberg aus Sondershausen, Höfken aus Hattingen, Hoffmann aus Ludwigsburg, Hofmann aus Friedberg, Hollandt aus Braunschweig, Houben aus Meurs, Hugo aus Göttingen, Jacobi aus Hersfeld, Jahn aus Freiburg an der Unstrut, Johannes aus Meiningen, Jordan aus Berlin, Jordan aus Gollnow, Jordan aus Frankfurt a. M., Jucho aus Frankfurt a. M., Junkmann aus Münster, Kahlert aus Leobschütz, v. Kalkstein aus Wogau, v. Keller (Graf) aus Erfurt, Kerer aus Innsbruck, Kerst aus Birnbaum, v. Keudell aus Berlin, Kierulff aus Rostock, Kleinschrod aus München, Knarr aus Steyermark, Knoodt aus Bonn, Koch aus Leipzig, Kosmann aus Stettin, v. Kösteritz aus Elberfeld, Krafft aus Nürnberg, Kratz aus Wintershagen, Küntzel aus Wolka, v. Kürsinger (Ignatz) aus Salzburg, v. Kürsinger (Karl) aus Tamsweg, Kuhnt aus Bunzlau, Kutzen aus Breslau, Lang aus Verden, Langerfeldt aus Wolfenbüttel, v. Lassaulx aus München, Laube aus Leipzig, Laudien aus Königsberg, Lausch aus Troppau, Lette aus Berlin, Leverkus aus Lennep, Liebmann aus Perleberg, Lodemann aus Lüneburg, Löw aus Magdeburg, Löw aus Posen, Mally aus Steyermark, Maly aus Wien, v. Maltzahn aus Küstrin, Mann aus Rostock, Marcks aus Duisburg, Marcus aus Bartenstein, Martens aus Danzig, Martiny aus Friedland, v. Massow aus Karlsberg, Mathy aus Karlsruhe, Merck aus Hamburg, Metzke aus Sagan, Mevissen aus Köln, Michelsen aus Jena, Mohl (Robert) aus Heidelberg, v. Mühlfeld aus Wien, Müller aus Würzburg, Münch aus Wetzlar, Munchen aus Luxemburg, v. Nagel aus Oberviechtach, Naumann aus Frankfurt an der Oder, v. Neitschütz aus Königsberg, Nerreter aus Fraustadt, Neubauer aus Wien, Nicol aus Hannover, Nizze aus Stralsund, Nöthig aus Weißholz, Obermüller aus Passau, Oertel aus Mittelwalde, Ostendorf aus Soest, Ottow aus Labiau, Overweg aus Haus Ruhr, Pannier aus Zerbst, Paur aus Augsburg, Phillips aus München,

Pinckert aus Zeitz, Plaß aus Stade, Plathner aus Halberstadt, Plehn aus Marienburg, Pözl aus München, Presting aus Memel, v. Pretis aus Hamburg, Prinzinger aus St. Pölten, Quante aus Ullstadt, Quesar aus Prag, v. Quintus-Icilius aus Fallingbostel, Rahm aus Stettin, Rättig aus Potsdam, v. Raumer aus Berlin, v. Raumer aus Dinkelsbühl, Reichensperger aus Trier, Reindl aus Orth, Reitmayr aus Regensburg, Richter aus Danzig, Riegler aus mährisch Budwitz, Riesser aus Hamburg, Röben aus Dornum, Röder aus Neustettin, Römer aus Stuttgart, Rößler aus Wien, Rothe aus Berlin, v. Rotenhan aus München, Rüder aus Oldenburg, Rühl aus Hanau, Rümelin aus Nürtingen, v. Sänger aus Grabow, v. Salzwedell aus Gumbinnen, v. Saucken-Tarputschen aus Angerburg, Schädler aus Vaduz, Schauß aus München, Scheller aus Frankfurt an der Oder, Schenk aus Dillenburg, Schepp aus Wiesbaden, Schick aus Weißensee, Schirmeister aus Insterburg, v. Schleussing aus Rastenburg, Schlöffel aus Halbendorf, Schlüter aus Paderborn, Schmidt (Adolph) aus Berlin, Schneer aus Breslau, Scholz aus Neisse, Schorn aus Essen, Schrader aus Brandenburg, Schreiber aus Bielefeld, Schreiner aus Grätz (Steyermark), v. Schrenk aus München, Schubert (Friedrich Wilhelm) aus Königsberg, Schubert aus Würzburg, Schüler (Friedrich) aus Zweibrücken, Schütz aus Mainz, Schwarz aus Halle, Schwerin (Graf) aus Pommern, Schwetschke aus Halle, v. Selchow aus Rettkewitz, Sellmer aus Landsberg an der Warth, Sepp aus München, Siehr aus Gumbinnen, Siemens aus Hannover, Simson aus Stargard, v. Soiron aus Mannheim, Sprengel aus Waren, Stahl aus Erlangen, Stavenhagen aus Berlin, Stenzel aus Breslau, Stieber aus Budissin, Stülz aus St. Florian, Sturm aus Sorau, Tannen aus Zielenzig, Teichert aus Berlin, Tellkampf aus Breslau, Thöl aus Rostock, Titus aus Bamberg, v. Treskow aus Grocholin, Umbscheiden aus Dahn, Veit aus Berlin, Versen aus Nieheim, v. Vincke aus Hagen, Vogel aus Dillingen, Wachsmuth aus Hannover, Waitz aus Göttingen, Waldmann aus Heiligenstadt, Walter aus Neustadt, Weber aus Meran, Wedekind aus Bruchhausen, v. Wedemeyer aus Schönrade, v. Wegnern aus Lyk, Weißenborn aus Eisenach, Werner aus Nierstein, Wernich aus Elbing, Werthmüller aus Fulda, Wichmann aus Stendal, Widenmann aus Düsseldorf, Wieker aus Uckermünde, Wiest aus Tübingen, Wiethaus (J.) aus Gummersbach, Winter aus Liebenburg, v. Wulffen aus Passau, Wurm aus Hamburg, v. Würth aus Wien, Zachariä aus Bernburg, Zachariä aus Göttingen, Zeltner aus Nürnberg, v. Zenetti aus Regensburg, Ziegert aus preußisch Minden, Zittel aus Bahlingen, Zitz aus Mainz, Zöllner aus Chemnitz.

Abwesend waren:

A. Mit Entschuldigung:

v. Andrian aus Wien, Achen aus Rein, Aulike aus Münster, v. Bally aus Beuthen, Baur aus Hechingen, v. Beisler aus München, Bergmüller aus Mauerkirchen, v. Boddien aus Pleß, Brentano aus Bruchsal, Catto aus Trier, Christ aus Bruchsal, Czörnig aus Wien, Esterle aus Cavalese, Fuchs aus Breslau, v. Gagern aus Darmstadt, Gspan aus Innsbruck, v. Hagenow aus Langenfelde, Heckscher aus Hamburg, Helbing aus Emmendingen, v. Hermann aus München, Herzig aus Wien, Heubner aus Freiberg, Höchsmann aus Wien, Jeitteles aus Olmütz, v. Itzstein aus Mannheim, Käfferlein aus Baireuth, Kaiser (Ignaz) aus Wien, Kolb aus Speyer, Kuenzer aus Constanz, Leue aus Köln, Levysohn aus Grünberg, v. Linde aus Mainz, Lüntzel aus Hildesheim, Mandrella aus Ujest, Mohr aus Oberingelheim, Müller aus Damm, Neumann aus Wien, v. Neuwall aus Brünn, Peter aus Constanz, Raffl aus Neustadtl in Böhmen, Raveaux aus Köln, v. Reden aus Berlin, Richter aus Achern, v. Rönne aus Berlin, Schaffrath aus Neustadt, Scheliessnigg aus Klagenfurt, Schüler aus der Oberpfalz, v. Schlotheim aus Wollstein, Schönmäckers aus Beck, Schuler aus Innsbruck, Schultze aus Liebau, Stedmann aus Besselich, Stöcker aus Langenfeld, Stokinger aus Frankenthal, Thinnes aus Eichstätt, Tomaschek aus Iglau, v. Trützschler aus Dresden, Viebig aus Posen, Wesendonck aus Düsseldorf, Zimmermann aus Spandow.

B. Ohne Entschuldigung:

Arndts aus Marienwerder, Arndts aus München, Bauernschmid aus Wien, Becker aus Trier, Blömer aus Aachen, Borzek aus Mähren, v. Bothmer aus Carow, Bouvier (Cajetan) aus Steyermark, Brescius aus Züllichau, Cornelius aus Braunsberg, Coronini-Cronberg (Graf) aus Görz, Detmold aus Hannover, Deiters aus Bonn, Deym (Graf) aus Prag, Deymann aus Meppen, Drechsler aus Rostock, Gfrörer aus Freiburg, Giskra aus Wien, Gritz aus Brieg, v. Grundner aus Ingolstadt, Günther aus Leipzig, Hönniger aus Rudolstadt, Jürgens aus Stadtoldendorf, Kaschün aus Villach, Löwe (Wilhelm) aus Calbe, Mayer aus Ottobeuern, v. Mayern aus Wien, Mez aus Freiburg, Mittermaier aus Heidelberg, v. Mühlfeld aus Wien, Neumayr aus München, Osterrath aus Danzig, Pfeiffer aus Adamsdorf, v. Radowitz aus Rüthen, Rank aus Wolframitz, Reh aus Darmstadt, Reichard aus Speyer, Reichenbach (Graf) aus Domeßko, Reisinger aus Freistadt, Reitter aus Prag, Renger aus böhmisch Kamnitz, v. Scherpenzeel aus Baarlo, Schierenberg aus Detmold, v. Schmerling aus Wien, Schmidt (Ernst Friedrich Franz) aus Löwenberg, Schmidt (Joseph) aus Linz, Schneider aus Wien, Scholten aus Ward, Schrott aus Wien, Schulze aus Potsdam, Schenck aus Darmstadt, Servais aus Luxemburg, Simon (Heinrich) aus Breslau, Simson aus Königsberg, v. Somaruga aus Wien, Stein aus Görz, Streffleur aus Wien, Tappehorn aus Oldenburg, v. Thielau aus Braunschweig, Trabert aus Rauschenberg, Trampusch aus Wien, v. Unterrichter aus Klagenfurt, Vogel aus Guben, Vonbun aus Feldkirch, Weber aus Neuburg, Welcker aus

Cassel, Winter aus Frankfurt, Werner aus Oberkirch, Wippermann aus Kassel, Wydenbrugk aus Weimar, Zell aus Trier, Zum Sande aus Lingen.

Präsident: Der Antrag des Herrn Neugebauer: „die Wahl des Reichsoberhauptes geschieht auf drei Jahre," ist mit 305 gegen 120 Stimmen abgelehnt. Es bleibt also der letzte Vorschlag übrig, der des Herrn Schulz.

Schulz von Darmstadt: Da unter vorliegenden Umständen kein Beschluß der beste Beschluß sein dürfte, so ziehe ich meinen Antrag zurück. (Bravo!)

Präsident: Wir kommen jetzt, nachdem Herr Schulz seinen Antrag zurückgezogen hat, auf den eventuellen Antrag des Herrn Höfken:

„Die Reichsversammlung wolle beschließen, es sei den Urwählern des deutschen Volkes binnen der kürzesten Frist die Frage zur Entscheidung vorzulegen: „Ob ein Erbkaiser oder ein Wahlkaiser dem deutschen Bundesstaate vorgesetzt werden solle.""

Besteht auch für diesen Antrag der Antrag auf namentliche Abstimmung? (Mehrere Stimmen: Ja! Andere: Nein!) Er wird aufrecht erhalten; wir schreiten somit zur namentlichen Abstimmung. (Große Unruhe in der Versammlung. Viele Stimmen: Der Antrag des Herrn Höfken ist zurückgezogen.) Herr Höfken hat nur seinen principalen Antrag unter Nr. 5 zurückgezogen, von dem unter Nr 6 weiß ich es nicht. Ist Herr Höfken im Hause? (Stimmen: Nein!) Wir gehen also zur namentlichen Abstimmung über den eventuellen Antrag des Herrn Höfken über. Diejenigen Herren, welche den eventuellen Antrag des Herrn Höfken, den ich soeben verlesen habe, annehmen wollen, fordere ich auf, bei Aufruf ihres Namens mit Ja zu antworten, die den Antrag ablehnen wollen, mit Nein. (Viele Stimmen: Zurückziehen!)

Höfken von Hattingen: Ich erkläre, daß ich diesen eventuellen Antrag hiermit zurückziehe.

Präsident: Hiermit wird unsere heutige Abstimmung beendigt sein; denn die Wahlart kann ich nicht zur Abstimmung bringen, nachdem die sämmtlichen Minoritäts-Erachten in ihren Vordersätzen gefallen sind. Meines Erachtens, meine Herren, müßte jetzt unsere Discussion — in der nächsten Sitzung versteht sich — zu § 2 übergehen; indessen hat Herr Schoder über diese Frage das Wort verlangt, ich gebe ihm das Wort.

Schoder von Stuttgart: Nachdem der Antrag auf ein auf sechs Jahre zu wählendes Oberhaupt in Folge einer heute wunderbarer Weise ersichtlich gewordenen Coalition zwischen der erbkaiserlichen Partei, einem Theile der äußersten Linken, einem Theile der specifisch linken und ultramontanen Partei durchgefallen ist (Heiterkeit in der Versammlung), stelle ich den Antrag, daß nunmehr dieser Gegenstand an den Verfassungs-Ausschuß zurückgegeben werde, um über eine neue Vorlage zu berathen. (Widerspruch auf der Rechten.)

Beseler von Greifswald: Meine Herren! Der Verfassungs-Ausschuß hatte den vorliegenden Entwurf bis zu Ende berathen, ohne daß über den Gegenstand, der heute zur Abstimmung gekommen ist, in seiner Mitte ein bestimmter Ausschuß-Beschluß erzielt werden konnte; er hat es gethan, obgleich er nicht einmal den § 1, den wir angenommen haben, in der Präcision vor sich hatte, wie ihn dieses Haus gegenwärtig hat. Wenn wir nun nicht noch die zweite Lesung vor uns hätten, so würde allerdings nöthig sein, daß man sich um Mittel umsähe, was einen bestimmten Inhalt für diesen Punkt zu finden sei, bei welcher Berathung des Entwurfes kein sich an § 1 anschloß. Es kommt aber außerdem noch in Betracht, daß ein Zurückgehen an einen Ausschuß, bei der Stimmung des Hauses und des Ausschusses in der nächsten Zeit schwerlich von Erfolg sein würde; daher glaube ich, daß wir einfach auf § 2 übergehen, und den Entwurf für die erste Lesung zu Ende berathen.

Vogt von Gießen: Meine Herren! Ich bin ungefähr derselben Ansicht, wie mein Vorredner, obschon aus anderen Gründen; denn meines Erachtens ist heute allerdings ein positives Resultat erzielt worden; es ist das Resultat erzielt worden, daß das künftige Reichsoberhaupt nicht auf eine bestimmte Reihe von Jahren gewählt werden soll, auch nicht, daß es erblich ist, sondern auf Kündigung (Heiterkeit), wie das in allen Fällen stattfindet, wo ein Amt übertragen ist, ohne daß bestimmt sei, auf welche Zeit es übertragen ist; wir können also ganz ruhig in unserer Berathung fortfahren. (Heiterkeit und Beifall.)

Künßberg von Ansbach: Meine Herren! Gestern vor acht Tagen habe ich, wie Sie sich erinnern werden, einen Antrag gestellt, welcher dahin ging, daß eine Commission zu Revision der Verfassungs-Vorarbeiten erwählt, und daß bis dahin die Berathungen über die Verfassung suspendirt werden. Es ist jener Antrag von dem Herrn Präsidenten einem Ausschusse zugewiesen worden, ich weiß selbst nicht genau, welchem, aber mit der Empfehlung möglichster Beschleunigung. Es sind seitdem acht bis neun Tage verflossen, und ich wünsche also von dem Ausschusse, dem jener Antrag zugewiesen worden ist, vor Allem zu erfahren, bis wann sein Vortrag vertheilt werden wird, und für den Fall, daß bald Vortrag erstattet werden kann, wollte ich jetzt den Antrag gestellt haben, die Berathung des Verfassungswerkes einstweilen bis dahin zu sistiren. (Widerspruch auf der Rechten.)

Wigard von Dresden: Ich muß den Antrag des Abgeordneten Schoder unterstützen, und zwar auf den Grund derjenigen Vorgänge, die wir im Verfassungs-Ausschuß erlebt haben. Es ist eigentlich gegenwärtig eine Bestimmung darüber nicht getroffen, ob ein Directorium, oder eine einheitliche Spitze (Im Centrum: Oh! Oh!) das Reichsoberhaupt bilden soll. Denn ist auch vorläufig § 1 nach dem Entwurfe der Majorität des Verfassungs-Ausschusses angenommen, und wäre darnach anzunehmen, daß man auf ein Directorium nicht zurückkommen könne, so ist doch die Bestimmung des § 1 durch die Verwerfung aller Vorschläge unter § 1a so illusorisch gemacht und gleichsam ohne Bedeutung, daß es sich wohl fragen kann, ob man nicht doch bei der zweiten Lesung auf den Vorschlag bezüglich des Directoriums zurückkommen müsse. Alle folgenden Paragraphen setzen aber die einheitliche Spitze voraus, und die eine Klasse von Vorschlägen basirt auf der Idee der Wahl, die anderen auf der der Erblichkeit, so daß es mir weder in der einen, noch in der anderen Beziehung thunlich erscheint, über Sätze abzustimmen, welche eine Prämisse voraussetzen, die doch gar nicht vorhanden ist. Die Folge also wird sein, daß die eine oder andere Seite des Hauses captivirt werden wird. Ich glaube, daß wir nicht weiter fortberathen sollten, sondern besser thun würden, wenn wir die Sache noch einmal an den Verfassungs-Ausschuß verwiesen.

Moriz Mohl von Stuttgart: Meine Herren! Es war vorauszusehen, und ich glaube, die ganze Versammlung hat es vorausgesehen, daß unsere heutige Abstimmung kein Resultat haben wird und keines haben kann, und zwar aus dem Grunde, weil, solange die Unterhandlung mit Oesterreich, die sich das Ministerium vorbehalten hat, nicht geführt worden ist, und ein Resultat nicht vorliegt, solange überhaupt über diesen Gegenstand vernünftigerweise nichts beschlossen werden kann. Ich halte es darum für begründet, wenn Herr Beseler darauf angetragen hat, daß wir mit der Berathung fortfahren, weil dann in der Zwischenzeit ein Resultat sich ergeben wird, und wir, wenn die Verhandlung mit Oesterreich vorgelegt wird, dann erst wissen werden, von welchem Deutschland die Rede sein wird.

Hartmann von Leitmeritz: Ich glaube, daß wir mit der Berathung des Entwurfs fortfahren sollen, und daß wir, — ich gehe weiter, als Herr Künßberg, — einen neuen Ausschuß niedersetzen, der über die Oberhauptsfrage einen neuen Entwurf vorlegt. Nach dem Bekenntniß des Herrn Beseler sehen wir, daß der bisherige Ausschuß uns nichts weiter vorlegen könnte.

Präsident: Die Discussion ist zu Ende. Ich weiß nicht, ob es einer Abstimmung bedarf. (Viele Stimmen: Nein! Nein!) Ich glaube, die Gründe sind klar, die uns für den Fortgang der Berathung über das vorgelegte Project vorliegen, und da der Ausschuß selbst diesen Fortgang vorgeschlagen hat, glaube ich nicht, daß die Versammlung das Recht hat, einen Strich durch seine Arbeit zu machen. Wir werden also die Fortsetzung der Berathung über § 2 und folgende vornehmen. Ich habe nur zu fragen, ob morgen Sitzung sein soll? (Einige Stimmen: Ja! Andere: Nein!) Ich höre Nein und Ja; Sie müssen demnach abstimmen. Ich bitte, die Plätze einzunehmen und sich niederzulassen, damit ich das Resultat der Abstimmung übersehen kann. Diejenigen Herren, welche die nächste Sitzung auf Morgen, Mittwoch, Vormittag 9 Uhr, anberaumt wissen wollen, belieben, sich zu erheben. (Die Minderheit erhebt sich.) Die nächste Sitzung wird kommenden Donnerstag stattfinden. — Ich verlese noch eine Erklärung des Herrn Quante über seine heutige Abstimmung. Auch habe ich noch einige Anzeigen zu machen.

Die Erklärung des Herrn Quante lautet:

„Der Unterzeichnete hat gegen sämmtliche Anträge zu § 1 a in heutiger Sitzung gestimmt, weil er der Ueberzeugung ist, daß vor näherer Feststellung des Verhältnisses zu Oesterreich dieser Gegenstand zum Beschlusse nicht reif sei. — Quante."

Namens des Herrn Abgeordneten Mittermaier zeige ich einen Bericht des Gesetzgebungs-Ausschusses über den Antrag des Abgeordneten Rösler von Oels und Consorten, die authentische Uebersetzung der Reichsgesetze betreffend, an. Der Antrag des Ausschusses lautet, über den gestellten Antrag zur Tagesordnung überzugehen. Ich werde den Bericht drucken lassen und auf eine künftige Tagesordnung setzen. — Der Prioritäts- und Petitions-Ausschuß versammelt sich morgen Abend um ½ 6 Uhr, der volkswirthschaftliche Ausschuß morgen früh ½ 10 Uhr, der Verfassungs-Ausschuß morgen Vormittag 10 Uhr. Die Tagesordnung des Verfassungs-Ausschusses wird sein: § 6 des Artikels: „Die Gewähr der Verfassung," und die Redaction des Abschnittes vom Reichsgericht zur zweiten Lesung. — Die Tagesordnung der nächsten Sitzung der Reichsversammlung für den Donnerstag habe ich bereits verkündigt. — Die heutige Sitzung ist geschlossen.

(Schluß der Sitzung gegen 5 Uhr.)

Redactions-Commission und in deren Auftrag Abgeordneter Professor Wigard.

Druck von Joh. David Sauerländer in Frankfurt a. M.

Stenographischer Bericht

über die

Verhandlungen der deutschen constituirenden National-Versammlung zu Frankfurt a. M.

Nro. 159. Freitag den 26. Januar 1849. VII. 4.

Hundert und acht und fünfzigste Sitzung.

(Sitzungslocal: Paulskirche.)

Donnerstag den 25. Januar 1849. (Vormittags 9 Uhr.)

Präsident: Eduard **Simson** von Königsberg.

Inhalt: Verlesung und Genehmigung des Protokolls. — Austrittsanzeige der Abg. Aulike, v. Hagenow, Jeitteles, Schelleßnigg. — Anzeige der Ersatzwahl für den Abg. Behr. — Verweisung neu eingetretener Mitglieder in die Abtheilungen. — Marinebeiträge. — Schreiben des Reichs-Justizministeriums, das Ersuchen des königlich preußischen Inquisitoriats Grün·erg um Genehmigung der Einleitung einer Untersuchung gegen den Abg. Levysohn als Redacteur des Grünberger Wochenblatts wegen Beleidigung durch Pasquill betr. — Bericht des Prioritäts- und Petitionsausschusses über die erfolgte Abgabe von Eingängen. — Interpellation des Abg. Würth an den Prioritäts- und Petitionsausschuß, seinen Antrag hinsichtlich der militärischen Besetzung Sigmaringens betr. — Fortsetzung der Berathung über den Abschnitt der Reichsverfassung: „das Reichsoberhaupt und der Reichsrath". — Urlaubsgesuche. — Eingänge.

Präsident: Die Sitzung ist eröffnet. Ich ersuche den Herrn Protokollführer, das Protokoll der vorigen Sitzung zu verlesen. (Schriftführer Koch verliest dasselbe.) Ich frage, ob Reclamation gegen das Protokoll ist? (Niemand reclamirt.) Es ist keine Reclamation; das Protokoll ist genehmigt. — Ich bitte die Herren, ihre Plätze einzunehmen. — Ich habe vier Austrittserklärungen zur Kenntniß der Versammlung zu bringen. Herr Aulike, Herr v. Hagenow, Herr Ludwig Jeitteles und Herr Jacob Schelleßnigg haben ihr Mandat niedergelegt. Diese vier Erklärungen gehen an das Reichsministerium des Innern zu weiterer Veranlassung. — An die Stelle des aus der Reichsversammlung ausgetretenen Abgeordneten Behr von Bamberg ist Herr Mertel von Kronach gewählt, und bereits zum Eintritt in die Versammlung aufgefordert worden. — Die beiden seit vorgestern neu eingetretenen Mitglieder, die Herren Mathies aus Greifswald, Stellvertreter des Herrn v. Hagenow, und Franz Seraf Hofer aus Pfarrkirchen, Stellvertreter für Herrn Ostermünchner, habe ich nach dem Bedürfniß der Abtheilungen, den letzteren in die sechste, den ersteren in die elfte Abtheilung eingereiht, und ich ersuche nun die Herren an den Arbeiten dieser Abtheilungen Theil zu nehmen. — Ich habe drei neue Beiträge für die deutsche Kriegsflotte anzuzeigen: 75 fl., Beitrag aus den Orten Sonnenberg, Heinersdorf und Hämmern im Meiningen'schen Oberlande, übergeben vom Abgeordneten Müller aus Sonnenberg; 10 fl., vierter Ertrag einer Sechser-Sammlung in einer Donnerstaggesellschaft, übergeben vom Abgeordneten Jucho; 40 Stück Louisd'or und 2 Rthlr. 2 gGr. 4 Pfennige, Sammlung in den Hannöver'schen Aemtern Schambeck und Osterholz, überreicht durch den Abgeordneten Dröge. (Bravo.) Wir sprechen unsern Dank für diese Beiträge aus, und verweisen sie an das Reichsministerium der Finanzen. — Der Reichsjustizminister überreicht dem Präsidium ein Schreiben des preußischen Inquisitoriats zu Grünberg vom 16. des Monats, in welchem die Erlaubniß zur Eröffnung einer Untersuchung gegen den Abgeordneten Levysohn, als Redacteur des Grünberger Wochenblatts, wegen Beleidigung durch Pasquill, nachgesucht wird. Die Eingabe geht an den betreffenden Ausschuß. — Der Prioritäts- und Petitionsausschuß hat ein neues Verzeichniß von Eingaben dem Präsidium übergeben, welche von ihm an bereits bestehende Ausschüsse verwiesen worden sind. Ich lasse dasselbe als Beilage zum heutigen Protokolle drucken.

(Die Redaction läßt dasselbe hier folgen:

„Der Prioritäts- und Petitionsausschuß hat über nachstehende Eingaben beschlossen wie folgt:

I an den Verfassungsausschuß zu überweisen:
Nr. 4949, Nr. 3437, Nr. 4254, Nr. 4253, Nr. 5242.

II an den volkswirthschaftlichen Ausschuß:
Nr. 5148 und Nr. 5276.

III an den völkerrechtlichen Ausschuß:
Nr. 5147.

IV an den Finanzausschuß:
Nr. 5146.

V an den Ausschuß (s. g. Biedermann'schen) zur Beurtheilung des Verhältnisses der Centralgewalt und der Reichsversammlung zu den Einzelstaaten:
Nr. 5131 und

VI zu den Acten, den Rühl'schen Antrag wegen der Neuwahlen betreffend, zu nehmen:
Nr. 4373 und Nr. 4836, und eine Petition der Volksversammlung zu Halle ohne Nummer vom 1. October 1848.

Das Präsidium wird gehorsamst ersucht, mit den oben bezeichneten hierneben erfolgenden Eingaben den Beschlüssen gemäß zu verfahren. Frankfurt a. M., den 24. Januar 1849. Der Prioritäts- und Petitionsausschuß. Rödinger. A. Grumbrecht, Schriftführer.")

Präsident: Herr Würth von Sigmaringen hat das Wort verlangt zur Interpellation eines Ausschusses.

Würth von Sigmaringen: An den Petitions- und Prioritätsausschuß richte ich meine Interpellation. (Zuruf: Gerade aus!) Ich habe wegen der andauernden Besetzung Sigmaringens durch Reichstruppen und behufs unverweilter Zurückziehung derselben vor einigen Wochen einen dringlichen Antrag in dieses Haus gebracht, welcher Antrag jedoch an den Ausschuß verwiesen wurde, nachdem man die Dringlichkeit nicht anerkannt und mir zu deren Begründung nicht einmal das Wort gegeben hatte. Wenn ich mich nun an den Ausschuß wende, so berechtigt mich nicht hierzu so fast der Ablauf der Zeit, als das Vorliegen anderer erheblicher Umstände. Schon in den ausführlichen Motiven des kaum gedachten Antrags wurde nachgewiesen, daß . . .

Präsident: Herr Würth! Ich glaube, ich kann diese Anfrage gleich beantworten und damit die Discussion erledigen. Ich habe diesen Morgen eine Anzeige des Prioritäts- und Petitionsausschusses bekommen, wodurch der Antrag an das Präsidium zurückgegeben wird mit dem Bemerken, daß der Ausschuß den Antrag für dringlich hält. Ich habe ihn daher zur Ergänzung der Tagesordnungsliste dem Secretariat übergeben, und werde ihn auf die Tagesordnung der nächsten Sitzung setzen, in der wir uns nicht mit der Verfassung beschäftigen. — Hiernach, meine Herren, gehen wir zur Tagesordnung über. Auf der Tagesordnung steht die Fortsetzung der Berathung des vom Verfassungsausschusse vorgelegten Entwurfs: „Das Reichsoberhaupt und der Reichsrath", und zwar über § 2 und folgende. Zu § 2 liegt außer dem Majoritäts- und Minoritätserachten des Ausschusses ein Antrag des Herrn Mayfeld vor (Nr. 8 der gedruckten Verbesserungsanträge), welcher aus drei Erwägungsgründen dahin gerichtet ist, die Männer des deutschen Volks durch Abstimmung darüber zu befragen, ob an die Spitze des deutschen Bundesstaats ein Kaiser solle gestellt werden oder nicht. Außerdem sind mir heute schriftlich übergeben folgende zwei Anträge; der erste überschrieben: „Präjudizieller Antrag des Abgeordneten Grundner von Ingolstadt:

„In Erwägung, daß über § 1a des vorliegenden Entwurfes in der Sitzung vom 23. d. M. kein Beschluß zu Stande gekommen, mithin auch noch kein Reichsoberhaupt in einer bestimmten Beschaffenheit, nämlich, ob erblich, lebenslänglich oder von periodischer Dauer geschaffen ist, und der Titel „Kaiser" nicht für jedes Reichsoberhaupt nach den verschiedenen Vorschlägen passend zu sein scheint, wolle die hohe Nationalversammlung beschließen:

„daß der 2 des Reichsoberhauptes, als mit dem § 1a im wesentlichen Zusammenhange stehend, der zweiten Berathung vorzubehalten sei, und daß mit der heutigen Berathung sogleich auf den § 3 übergegangen, demzufolge aber auch vor der Hand bei allen späteren Paragraphen statt des Titels „Kaiser" — „Reichsoberhaupt" gesetzt werde."

Unterstützt von: Jürgens, Deymann, Zum Sande, Neumayr, Eckart aus Lohr, Lienbacher, Weber aus Neuburg, Göbel, Reichensperger, Stülz, Fritsch, R. Vogel, Künßberg, Osterrath, Graf, Edel, Arndts, M. Mohl, Kleinschrod, Junkmann."

Ein zweiter Antrag ist der des Herrn Paur aus Reisse:

„Unterzeichnete beantragen für § 2 folgende Fassung:

„Das Reichsoberhaupt führt den Titel: „Reichsregent." Paur von Reisse. Wagner. Vogel von Guben. Claussen. Schulz aus Weilburg. Hehner. Marowiczka."

In diesem Augenblick kommt mir noch ein Antrag von Herrn Sepp zu:

„In Erwägung,

1) daß Deutschland unter seinen regierenden Fürsten bereits einen Kaiser zählt, dem Niemand die Kaiserkrone abzunehmen gedenken wird,
2) daß nicht zwei Kaiser neben einander in Deutschland bestehen können, mit anderen Worten: kein anderweitiger deutscher Fürst als Bundeshaupt unter dem Titel Kaiser aufkommen mag, ohne daß dieses Verlangen zum Ausschlusse Oesterreichs und vielleicht zum Bürgerkriege, sodann zu Conflicten mit den auswärtigen Großmächten, und überhaupt zur Entwerthung und Herabwürdigung des früher ausschließlichen Kaisernamens führen müßte,

beschließt die Nationalversammlung, um ihren Mitgliedern bei der Abstimmung nicht fortgesetzt Gewalt anzuthun:

„diesem Paragraphen keine andere Bedeutung unterzulegen, als daß die Kaiserkrone vom Hause Habsburg wieder auf das ganze deutsche Reich übertragen werde,

für den Fall aber, daß Oesterreich nicht als integrirender Theil im neuen Bundesstaate zu bleiben vermöchte, ihm keine Anwendung zu geben."

Ueber den präjudiciellen Antrag des Herrn v. Grundner hat sich — und zwar zur Vertheidigung desselben — Herr Arndts von München gemeldet. Zu dem § 2, an den unsere Berathung zunächst zu gehen hätte, vorausgesetzt, daß das Haus überhaupt die Discussion beschließen würde, haben sich gemeldet; für denselben: Jahn, Michelsen, Arndt, Zachariä aus Göttingen und Schubert aus Königsberg. — Gegen den Paragraphen: Künßberg, Arndts, Buß, Paur aus Reisse. — Auch liegt eventuell ein Antrag auf namentliche Abstimmung über das Majoritäts- und Minoritätserachten bei diesem Paragraphen vor. Ehe ich die Frage stelle, ob auf die Discussion überhaupt verzichtet wird, bemerke ich Ihnen, daß der Herr Schriftführer, welcher bei der letzten Sitzung die Rednerliste über den § 2 aufgenommen hat, mir eben anzeigt, daß unter den Rednern „gegen" vor Herrn Buß bereits Herr Döllinger eingeschrieben war, so daß die Rednerliste „gegen" jetzt folgende wäre: Künßberg, Arndts, Döllinger, Buß, Paur. Ehe ich die Frage stelle, ob die Versammlung überhaupt in die Discussion über den § 2 eintreten will, glaube ich den präjudiciellen Antrag des Herrn v. Grundner seiner ersten Hälfte nach zur Sprache bringen zu müssen. Diese erste Hälfte lautet dahin: „daß der § 2 als mit dem § 1a wesentlich zusammenhängend für die zweite Berathung vorzubehalten sei und mit der heutigen Berathung sogleich zu § 3 überzugehen sei. Nähme die Versammlung diesen Antrag an, so könnte ich die angedeutete Frage über den § 2 gar nicht stellen. Dieser Antrag des Herrn v. Grundner ist bereits hinreichend unterstützt; Herr Arndts aus München hat für den Antrag des Herrn v. Grundner das Wort verlangt, Herr Arndts hat das Wort. (Widerspruch im rechten Centrum.) Meine Herren! Ich habe die Sache so angesehen: Die Erörterung des von Grundner'schen Antrags ist gar keine Discussion über die Sache selbst, sondern eine präjudicielle, durch deren Erledigung die Frage über die Discussion erst möglich wird.

Siemens (vom Platze): Ich bitte dagegen ums Wort!

Präsident: Sie wollen gegen diese Auffassung sprechen? Sie haben das Wort!

Siemens von Hannover: Aus dem, was der Herr Präsident vorgetragen hat, folgt nur, daß über diesen Antrag vor allen anderen abgestimmt werden muß; die Frage über die Discussion muß vorher gestellt werden. Der in Frage stehende Antrag ist an sich klar; man kann sich also auch entscheiden, ob man darüber discutiren will oder nicht

Präsident: Ueber eben dieselbe Frage hat jetzt Herr Arndts das Wort!

Arndts von München: Meine Herren! Ich bitte zu bemerken, daß der Antrag darauf gerichtet ist, die Berathung selbst gänzlich abzuschneiden, und daher ist er also selbst für die Berathung präjudiciell. Ich glaube, es wäre zweckmäßig, da über vorher abzustimmen. (Zustimmung auf der Linken und im linken Centrum.)

Präsident: Meine Herren! Die Frage, die durch den Antrag des Herrn Abgeordneten v. Grundner angeregt worden ist, ist meines Erachtens eine reine Frage über die Geschäftsbehandlung und nichts weiter; denn der Antrag, den ich verlesen habe, geht lediglich dahin: den § 2 von der heutigen Discussion und Abstimmung auszuschließen, d. h. die Tagesordnung in diesem Betracht zu modificiren. Ich kann also wirklich nicht übersehen, warum dem Herrn Arndts nicht das Wort gegeben werden sollte, um den Antrag des Herrn v. Grundner zu vertheidigen. Die Auffassung einiger Herren, die mir darin widersprechen, das pro oder contra des Antrages liege so klar vor Augen, daß gar kein Grund zur Discussion vorhanden sei, kann mich nicht bestimmen, das Wort zu verweigern. Ich gebe Herrn Arndts das Wort.

Arndts: Durch den Beschluß der hohen Versammlung über § 1 ist zwar vorläufig im Allgemeinen ausgesprochen worden, daß die Würde des Reichs-Oberhauptes einem der regierenden Fürsten Deutschlands übertragen werden soll; durch die Erfolglosigkeit der Abstimmung über § 1a ist aber der Inhalt dieses angenommenen § 1 in der That wieder ganz in Frage gestellt. (Widerspruch und Oh! oh! im Centrum.) Als ich neulich von dieser Tribüne herab bemerkte, diejenigen, welche ein erbliches Kaiserthum wollten, müßten oder könnten doch wenigstens consequent, wenn sie dieses nicht erreichten, für ein lebenslängliches oder für ein zwölfjähriges Oberhaupt und so weiter stimmen, — da wurde mir aus dem Centrum entgegengerufen: „Nein! dann wollen wir lieber einen Staatenbund oder einen Bundestag!" (Bewegung.) Nach der jetzt von gewisser Seite in Schwung gebrachten, meines Erachtens aber freilich die Begriffe verwirrenden Terminologie denke ich mir, daß man damit habe ein Reichsdirectorium bezeichnen wollen, (Unruhe auf der Rechten) und es würde also, nach diesen Aeußerungen wenigstens, (fortwährende Bewegung auf der Rechten) es würde also nach diesen Aeußerungen noch die Möglichkeit gegeben sein, daß selbst die ansehnliche Minorität, welche neulich für die Erblichkeit gestimmt hat, eventuell in Zukunft, wenn diese durchaus nicht zu erreichen wäre, noch zu uns herübertreten könnte, (in den Centren Gelächter und Oh!) die wir von Anfang an principaliter in Reichsdirectorium wollten. Es ist also jetzt vorläufig der § 1 völlig wieder in Frage gestellt. (Auf der Rechten: Nein! nein!) Wenn wir nun aber auch, ich gebe es zu, in Folge dieser Abstimmung über § 1 getrennt von § 1a — eine Trennung, die eigentlich gar nicht hätte stattfinden sollen (Stimmen auf der Rechten: Oh!) — uns einstweilen an den angenommenen § 1 gebunden halten, so fehlt es uns doch vorerst noch an jeder näheren Bestimmung für dieses einheitliche Oberhaupt. Logisch müssen wir jetzt noch die Möglichkeit statuiren, daß die Uebertragung der Würde des Reichsoberhauptes auf die allerkürzeste Frist eingeschränkt werden könne. (Von einigen Stimmen, besonders auf der Rechten, Widerspruch.) Die Majorität dieser Versammlung hat die Dauer dieser Uebertragung der Würde des Reichsoberhauptes von der Lebenslänglichkeit an bis auf Ein Jahr herab verworfen. Wenn darin überhaupt eine logische Operation zu finden wäre, so würde man als das Wahrscheinliche annehmen müssen, daß wir noch unter Ein Jahr herabgehen wollten! (Von vielen Stimmen: Oh! Unruhe auf der Rechten.)

Präsident: Ich bitte um Ruhe, meine Herren!

Arndts: Wir könnten am Ende dahin kommen, daß wir die Function des Oberhauptes, wie die Römer die Gewalt ihres interrex auf fünf Tage beschränkten, wenn wir ihn nicht gar, wie Herr Vogt neulich gesagt hat, auf Kündigung anstellen. (Im rechten Centrum: Zur Sache! Zur Sache!) Ich bin bei der Sache. (Auf der Rechten und im Centrum: Nein, eben nicht!) Nun wird aber wohl Jedermann zugeben, daß man bei dieser Lage der Sache, bei dieser völligen Unbestimmtheit (im Centrum: Oh!) jetzt darüber, welche Benennung man dem Reichsoberhaupte beilegen soll, keinen Beschluß fassen kann. Ich fürchte, meine Herren — von dem Standpunkte aus, welchen ich vertrete, kommt nichts darauf an — ich fürchte sehr, die hohe Versammlung möchte sich lächerlich machen (von mehreren Seiten: Oh! Oh!), wenn sie unter solchen Umständen dem Oberhaupte den Titel „Kaiser" beilegt. Meine Herren, eine Zeitung, welche man allgemein als ministerielles Organ bezeichnet (im Centrum: Nein, Nein! Schluß! Schluß!), eine Zeitung, welche allgemein für das Organ des Reichsministeriums erklärt wird, hat neulich den § 1, falls man nicht zu § 1a einen Beschluß erziele, einem Messer ohne Klinge verglichen, an welchem der Stiel fehlt. (Unruhe.) Meine Herren, wenn nun etwa eine ehrbare Zunft der Messerschmiede (auf der Rechten: Oh! Oh! Im Centrum: Zur Sache! Auf der Linken Heiterkeit.)

Präsident: Meine Herren! Die Unterbrechungen verlängern den Vortrag immer mehr; haben Sie die Güte, den Redner zu Ende zu hören, ich habe ihm das Wort gegeben und werde ihn dabei erhalten. Fahren Sie fort, Herr Arndts!

Arndts: Ich sage: Wenn nun etwa eine ehrbare Zunft der Messerschmiede sich zu einer ernsthaften Berathung versammeln wollte darüber, ob man ein Messer ohne Klinge, an welchem das Heft fehlt, ein Federmesser, Rasiermesser (von mehreren Seiten: Oh! Unruhe) oder wie sonst nennen solle, würden Sie das nicht lächerlich finden? (Auf der Linken Heiterkeit. Auf der Rechten: Oh!) Ich empfehle Ihnen daher den § 2 von der Tagesordnung einstweilen völlig zu streichen, sowie in den folgenden Paragraphen statt des Wortes „Kaiser" den früher schon öfter gebrauchten Ausdruck: „Reichsoberhaupt" zu setzen und so die Discussion über den § 2 gänzlich abzuschneiden. Mit einem Worte, ich empfehle Ihnen den Antrag, welchen Herr v. Grundner gestellt hat. — (Mehrere Stimmen: Schluß!)

Waitz von Göttingen: Meine Herren! Mehrere Mitglieder dieses Hauses scheinen sich in der letzten Zeit außerordentlich viel mit Logik zu beschäftigen; ich weiß nicht, ob dieß deßhalb geschieht, weil sie sich wieder beim Anfange der Philosophie befinden, während wir hier dem Schlusse unseres Werkes entgegeneilen. (Auf einigen Seiten Heiterkeit.) Bleiben wir aber, meine Herren, bei der Logik stehen, so folgt aus § 1, daß ein Oberhaupt da ist und zwar ein einheitliches, monarchisches. Alles aber, was auf der Welt ist, muß einen Namen haben und deßhalb müssen wir darüber beschließen, wie dieses Oberhaupt heißen soll. (Von einigen Seiten: Oh!) Der letzte Redner hat gesagt, § 1 habe seinen Inhalt dadurch verloren, daß wir über § 1 zu keinem Beschlusse gelangt sind; ich fürchte aber gerade, er hat für viele Mitglieder dieses Hauses gar zu viel Inhalt, sie möchten daher, daß derselbe sich wieder verflüchtige und als eine Seifenblase aufgehe. (Auf der Rechten und im Centrum: Bravo! Sehr gut.) Wir werden aber daran festhalten, und eine Majorität, die nicht so klein ist, wie Herr Arndts neulich gesagt, hat diesen Inhalt beschlossen, und ich denke, sie wird sich ihn nicht wieder entwenden lassen. Meine Herren, wir haben dem deutschen Volke nicht Alles geben können, was wir von verschiedenen Standpunkten aus gewünscht haben; aber etwas haben wir ihm gegeben. Es klingt vielleicht jetzt noch theoretisch, mehr ideal; wir müssen es heute verkörpern, zur Wirklichkeit machen. Denn das ist meine Meinung allerdings, das Volk will nicht bloß allgemeine Begriffe, es will concrete, faßliche Verhältnisse, und eben deßhalb bin ich der Ansicht, daß wie die Logik uns nöthigt, jetzt auf den Namen überzugehen, so auch die Rücksicht auf die praktischen Verhältnisse uns bewegen muß, unmittelbar zu beschließen, wie das Oberhaupt heißen soll. Deßhalb empfehle ich Ihnen, den Antrag des Herrn Arndts pure zu verwerfen.

Präsident: Herr Beseler! (Ruf nach Schluß von beiden Seiten.)

Beseler (vom Platze): Ich verzichte!

Präsident: Ich muß den Antrag des Herrn v. Grundner natürlich zuerst zur Abstimmung bringen. Ich bitte die Herren also, ihre Plätze einzunehmen. Ich bringe den Antrag des Herrn v. Grundner zur Abstimmung. **Diejenigen Herren, welche den § 2 des Abschnitts vom Reichsoberhaupt, als mit dem § 1a im wesentlichen Zusammenhange stehend, der zweiten Berathung vorbehalten, und mit der heutigen Berathung sogleich auf den § 3 übergehen wollen, ersuche ich, sich zu erheben.** (Die Minderheit erhebt sich.) **Der Antrag des Herrn v. Grundner ist verworfen.** — Ich muß nun zunächst eine ebenmäßig präjudicielle Frage, bei der natürlich die, ob darüber discutirt werden solle, mit in Betracht kommt, auf den Antrag des Herrn v. Mayfeld anregen. Ich frage also zuvörderst, ob die Versammlung in die Discussion über § 2 einzutreten gedenkt? **Diejenigen Herren, welche auf die Discussion über § 2 des vorliegenden Entwurfs nicht verzichten wollen, ersuche ich, sich zu erheben.** (Wenige Mitglieder erheben sich.) **Die Discussion ist abgelehnt.** Damit fällt auch der Antrag des Herrn v. Mayfeld, da derselbe nicht die schriftliche Unterstützung von zwanzig Mitgliedern gefunden hat, und ebenso die Anträge der Herren Paur (aus Neisse) und Sepp aus demselben Grunde. Ich werde nach Maßgabe der neulich beliebten Abstimmungsweise, wenn dagegen kein Widerspruch erhoben wird, mit der Abstimmung folgendermaßen vorschreiten. Ich beginne mit dem § 2, gehe über zum Minoritätserachten: „Das Reichsoberhaupt führt den Titel „Reichsstatthalter", dann zur zweiten Hälfte des Antrags des Herrn v. Grundner, wornach bei allen spätern Paragraphen statt des Titels „Kaiser" „Reichsoberhaupt" gesetzt werden soll. Ueber die beiden Anträge des Verfassungs-Ausschusses, der Majorität und Minorität, ist namentliche Abstimmung vorbehalten. Ich frage zuvörderst, **ob dieser Antrag unterstützt wird?** (Es erhebt sich auf beiden Seiten des Hauses eine genügende Anzahl.) Der Antrag hat hinreichende Unterstützung auf beiden Seiten des Hauses gefunden. Wir beginnen also mit der Abstimmung über den Antrag der **Majorität des Verfassungsausschusses:**

„Das Reichsoberhaupt führt den Titel: „Kaiser der Deutschen."

Ich werde den Namensaufruf mit dem Buchstaben F anfangen lassen. Ich bitte dringend um Ruhe, damit nicht wieder Irrthümer in der Abstimmung, wie neulich, vorkommen. **Diejenigen Herren, die den Antrag der Majorität des Verfassungs-Ausschusses: „Das Reichsoberhaupt führt den Titel: „Kaiser der Deutschen", annehmen wollen, fordere ich auf, bei Aufruf ihres Namens mit Ja, die ihn nicht annehmen wollen, mit Nein zu antworten.**

Bei dem hierauf erfolgenden Namensaufruf antworteten mit Ja:

v. Amstetter aus Breslau, Anders aus Goldberg, Anz aus Marienwerder, Arndt aus Bonn, Barth aus Kaufbeuren, Bassermann aus Mannheim, Bauer aus Bamberg, v. Baumbach-Kirchheim aus Kassel, Becker aus Gotha, Becker aus Trier, v. Beckerath aus Crefeld, Bernhardi aus Kassel, Beseler aus Greifswald, Beseler (H. W.) aus Schleswig, Biedermann aus Leipzig, Blömer aus Aachen, Boch-Buschmann aus Siebenbrunnen, Bock aus Preußisch-Minden, Böcking aus Trarbach, Böcler aus Schwerin, Bonardy aus Greiz, Braun aus Cöslin, Brescius aus Züllichau, von Breuning aus Aachen, Breusing aus Osnabrück, Briegleb aus Coburg, Brons aus Emden, Bürgers aus Köln, Carl aus Berlin, Cnyrim aus Frankfurt am Main, Cramer aus Cöthen, Dahlmann aus Bonn, Dammers aus Nienburg, Decke aus Lübeck, Deetz aus Wittenberg, Degenkolb aus Eulenburg, Deiters aus Bonn, Drechsler aus Rostock, Dröge aus Bremen, Droysen aus Kiel, Dunker aus Halle, Edmaier aus Paderborn, Eckert aus Bromberg, Ehrlich aus Murzynek, Emmerling aus Darmstadt, v. Ende aus Waldenburg, Engel aus Culm, Esmarch aus Schleswig, Evertsbusch aus Altena, Falk aus Ottolangendorf, Fallati aus Tübingen, Federer aus Stuttgart, Fischer (Gustav) aus Jena, v. Flottwell aus Münster, Francke (Karl) aus Rendsburg, v. Gagern aus Wiesbaden, Gebhard aus Würzburg, v. Gersdorf aus Tuz, Gevekoht aus Bremen, v. Giech (Graf) aus Thurnau, Giesebrecht aus Stettin, v. Gladis aus Wohlau, Godeffroy aus Hamburg, Göden aus Krotoszyn, von der Goltz (Graf) aus Czarnikau, Gottschalk aus Schopfheim, Grävell aus Frankfurt an der Oder, Gravenhorst aus Lüneburg, Groß aus Leer, Grüel aus Burg, Grumbrecht aus Lüneburg, Gülich aus Schleswig, Gysae (Wilhelm) aus Strehlow, Hahn aus Guttstadt, von Hartmann aus Münster, Haym aus Halle, Heimbrod aus Sorau, v. Hennig aus Dempowalonka, Herzog aus Ebermannstadt, Heubner aus Saarlouis, Höfken aus Hattingen, Hofmann aus Friedberg, Hollandt aus Braunschweig, Houben aus Meurs, Jacobi aus Hersfeld, Jahn aus Freiburg an der Unstrutt, Johannes aus Meiningen, Jordan aus Berlin, Jordan aus Gollnow, Jordan aus Frankfurt am Main, Jucho aus Frankfurt am Main, Kahlert aus Leobschütz, v. Keller (Graf) aus Erfurt, Kerst aus Birnbaum, von Keudell aus Berlin, Kierulff aus Rostock, Koch aus Leipzig. Kosmann aus Stettin, v. Kösteritz aus Elberfeld, Krafft aus Nürnberg, Kratz aus Wintershagen, Kuhnt aus Bunzlau, Kutzen aus Breslau, Lang aus Verden, Langerfeldt aus Wolfenbüttel, Laube aus Leipzig, Laudien aus Königsberg, Lette aus Berlin, Leverkus aus Lennep, Liebmann aus Perleberg, Lodemann aus Lüneburg, Löw aus Magdeburg, Löw aus Posen, v. Maltzahn aus Küstrin, Mann aus Rostock, Marcks aus Duisburg, Marcus aus Bartenstein, Martens aus Danzig, Matthies aus Greifswald, v. Massow aus Carlsberg, Mathy aus Carlsruhe, Merck aus Hamburg, Metzke aus Sagan, Michelsen aus Jena, Mohl (Robert) aus Heidelberg, Münch aus Wetzlar, München aus Luxemburg, Nerreter aus Fraustadt, Nicol aus Hannover, Nizze aus Stralsund, Nöthig aus Weißholz, Oertel aus Mittelwalde, Ostendorf aus Soest, Osterrath aus Danzig, Ottow aus Labiau, Pannier aus Zerbst, Pinckert aus Zeitz, Plaß aus Stade, Plathner aus Halberstadt, Plehn aus Marienburg, Pötzl aus München, v. Quintus-Icilius aus Fallingbostel, v. Radowitz aus Rüthen, Rahm aus Stettin, Rättig aus Potsdam, v. Raumer aus Berlin, v. Raumer aus Dinkelsbühl, Renger aus Böhmisch-Kamnitz, Richter aus Danzig, Riesser aus Hamburg, Röben aus Dornum, Röder aus Neustettin, Rößler aus Wien, Rüder aus Oldenburg, Rümelin aus Nürtingen, v. Sänger aus Grabow, v. Salzwedell aus Gumbinnen, v. Saucken-Tarputschen aus Angerburg, Schick aus Weißensee, Schierenberg aus Detmold, Schirmeister aus Insterburg, v. Schleussing aus Rastenburg, Schlüter aus Paderborn, Schneer aus Breslau, Scholten aus Ward, Scholz aus Neisse, Schrader aus Brandenburg, Schreiber aus Bielefeld, Schubert (Friedrich Wilhelm) aus Königsberg, Schultze aus Potsdam, Schwarz aus Halle, Schwerin (Graf) aus Preußen, Schwetschke aus Halle, v. Selchow aus Rettkewitz, Sellmer aus Landsberg a. d. W., Servais aus Luxemburg, Siehr aus Gumbinnen, Simson aus Stargard, v. Soiron aus Mannheim, Sprengel aus Waren, Stahl aus Erlangen, Stavenhagen aus Berlin, Stenzel aus Breslau, Sturm aus Sorau, Tannen aus Zilenzig, Teichert aus Berlin, Tellkampf aus Breslau, v. Thielau aus Braunschweig, Thöl aus Rostock, Vett aus Berlin, Versen aus Nieheim, v. Vincke aus Hagen, Waitz aus Göttingen, Waldmann aus Heiligenstadt, Walter aus Neustadt, v. Wedemeyer aus Schönrade, v. Wegnern aus Lyk, Weißenborn aus Eisenach, Wernher aus Nierstein, Wernich aus Elbing, Werthmüller aus Fulda, Wichmann aus Stendal, Widenmann aus Düsseldorf, Wiebker aus Uckermünde, Wiest aus Tübingen, Wiethaus (J.) aus Gummersbach, Wurm aus Hamburg, Zachariä aus Bernburg, Zachariä aus Göttingen, Zeltner aus Nürnberg, v. Zerzog aus Regensburg, Ziegert aus Preußisch-Minden, Zittel aus Bahlingen, Zöllner aus Chemnitz.

Mit Nein antworteten:

Ahrens aus Salzgitter, v. Aichelburg aus Villach, Arndts aus München, Beidtel aus Brünn, Berger aus Wien, Blumröder (Gustav) aus Kirchenlamitz, Bogen aus Michelstadt, v. Bothmer aus Carow, Braun aus Bonn, Bresgen aus Ahrweiler, Burkart aus Bamberg, Buß aus Freiburg, Caspers aus Coblenz, Christmann aus Dürkheim, Claussen aus Kiel, Clemens aus Bonn, Cucumus aus München, Culmann aus Zweibrücken, Damm aus Tauberbischoffsheim, Deymann aus Meppen, von Dieskau aus Plauen, Dietsch aus Annaberg, Döllinger aus München, Eckart aus Lohr, Edel aus Würzburg, Edlauer aus Gratz, Egger aus Wien, Eisenmann aus Nürnberg, Eisenstuck aus Chemnitz, Engel aus Pinneberg, Englmayr aus Enns (Oberösterreich), Fallmerayer aus München, Fehrenbach aus Säckingen, Fetzer aus Stuttgart, Förster aus Hünfeld, Freese aus Stargard, Freudentheil aus Stade, Friederich aus Bamberg, Frisch aus Stuttgart, Fritsch aus Ried, Fritzsche aus Roda, Fröbel aus Reuß, Fügerl aus Korneuburg, Geigel aus München, Gerlach aus Tilsit, Gfrörer aus Freiburg, Göbel aus Jägerndorf, Goltz aus Brieg, Gombart aus München, Graf aus München, Gritzner aus Wien, Groß aus Prag, Grubert aus Breslau, v. Grundner aus Ingolstadt, Günther aus Leipzig, Gulden aus Zweibrücken, Hagen (K.) aus Heidelberg, Haggenmüller aus Kempten, Hallbauer aus Meissen, Hartmann aus Leitmeritz, Haßler aus Ulm, Haubenschmied aus Passau, Hebner aus Wiesbaden, Heisterbergk aus Rochlitz, Heldmann aus Selters, Hensel I aus Camenz, Hentges aus Heilbronn, Heubner aus Zwickau, Hildebrand aus Marburg, Hillebrand aus Böls, Hofer aus Pfarrkirchen, Hoffbauer aus Nordhausen, Hoffmann aus Ludwigsburg, Huber aus Linz, Huck aus Ulm, Hugo aus Göttingen, Jopp aus Enzersdorf, Junghanns aus Mosbach, Kagerbauer aus Linz, Kirchgeßner aus Würzburg, Kleinschrod aus München, Knarr aus Steyermark, Knoodt aus Bonn, Köhler aus Seehausen, Kollaczek aus österreichisch Schlesien, Kotschy aus Ustron in Mährisch-Schlesien, Kudlich aus Schloß Dietach, Künsberg aus Ansbach, von Kürsinger (Ignatz) aus Salzburg, von Kürsinger (Karl) aus Tamsweg, Langbein aus Wurzen, Laschan aus Villach, von Lassaulx aus München, Lausch aus Troppau, Lienbacher aus Goldegg, Lindner aus Seifenegg, Makowiczka aus Krakau, Mally aus Steyermark, Mammen aus Plauen, Mandrella aus Ujest, Mareck aus Gratz (Steyermark), Marsilli aus Roveredo, Mayer aus Ottobeuern, v. Mayfeld aus Wien, Meyer aus Liegnitz, Minkus aus Marienfeld, Möller aus Reichenberg, Mölling aus Oldenburg, v. Möring aus Wien, Mohl (Moritz) aus Stuttgart, v. Mühlfeld aus Wien, Mulley aus Weitenstein, v. Nagel aus Oberviechtach, Nägele aus Murrhardt, Nauwerck aus Berlin, Neubauer aus Wien, Neugebauer aus Luditz, Neumayr aus München, Obermüller aus Passau, Pattai aus Steyermark, Paur aus Augsburg,

Baur aus Neisse, Pfahler aus Tettnang, Pfeiffer aus Adamsdorf, Phillips aus München, Pieringer aus Kremsmünster, Polatzek aus Weißkirch, Rank aus Wien, v. Rappard aus Glambek, Raus aus Wolframitz, Reh aus Darmstadt, Reichensperger aus Trier, Reindl aus Orth, Reinhard aus Boyzenburg, Reinstein aus Naumburg, Reisinger aus Freistadt, Reitmayr aus Regensburg, Rheinwald aus Bern, Riegler aus Mährisch-Budwitz, Rödinger aus Stuttgart, Römer aus Stuttgart, Rösler aus Oels, Roßmäßler aus Tharand, Rühl aus Hanau, Schädler aus Vaduz, Scharre aus Strehla, Schauß aus München, Schenk aus Dillenburg, Schiedermayer aus Vöcklabruck, Schlöffel aus Halbendorf, Schlutter aus Poris, Schmidt (Ernst Friedrich Franz) aus Löwenberg, Schmidt (Joseph) aus Linz, Schmitt aus Kaiserslautern, Schneider aus Wien, Schober aus Stuttgart, Schorn aus Essen, Schott aus Stuttgart, Schreiner aus Gratz (Steyermark), v. Schrenk aus München, Schubert aus Würzburg, Schüler aus Jena, Schulz (Friedrich) aus Weilburg, Schulz aus Darmstadt, Schütz aus Mainz, Schwarzenberg aus Cassel, Sepp aus München, Simon (Max) aus Breslau, Simon (Heinrich) aus Breslau, Spatz aus Frankenthal, Stark aus Krumau, Stieber aus Budissin, Strache aus Rumburg, Streffleur aus Wien, Stülz aus St. Florian, Tafel aus Stuttgart, Tafel (Franz) aus Zweibrücken, Tappehorn aus Oldenburg, Titus aus Bamberg, Trabert aus Rausche, Trampusch aus Wien, Uhland aus Tübingen, Umbscheiden aus Dhan, v. Unterrichter aus Klagenfurt, Venedey aus Cöln, Vischer aus Tübingen, Vogel aus Guben, Vogel aus Dillingen, Vogt aus Gießen, Wagner aus Steyr, Waldburg-Zeil-Trauchburg (Fürst) aus Stuttgart, Weber aus Neuburg, Weber aus Meran, Weiß aus Salzburg, Welbeker aus Aachen, Werner aus St. Pölten, Wiesner aus Wien, Wigard aus Dresden, Winter aus Liebenburg, v. Wulffen aus Passau, Würth aus Sigmaringen, Zell aus Trier, Zimmermann (Professor) aus Stuttgart, Zitz aus Mainz, Zum Sande aus Lingen.

Der Abstimmung enthielt sich:

Arneth aus Wien.

Abwesend waren:

A. mit Entschuldigung:

Ambrosch aus Breslau, v. Andrian aus Wien, Archer aus Rein, v. Bally aus Beuthen, Baur aus Hechingen, v. Beisler aus München, Bergmüller aus Mauerkirchen, v. Bodrien aus Pleß, Brentano aus Bruchsal, Cetto aus Trier, Christ aus Bruchsal, Czoernig aus Wien, Esterle aus Cavalese, Fuchs aus Breslau, v. Gagern aus Darmstadt, Giskra aus Wien, Gspan aus Innsbruck, Heckscher aus Hamburg, Helbing aus Emmendingen, v. Hermann aus München, Herzig aus Wien, Heubner aus Freiberg, Höchsmann aus Wien, v. Itzstein aus Mannheim, Käfferlein aus Baireuth, Kaiser (Ignatz) aus Wien, Kolb aus Speyer, Kuenzer aus Constanz, Leue aus Köln, Levysohn aus Grünberg, von Linde aus Mainz, Löntzel aus Hildesheim, Mevissen aus Cöln, Metz aus Freiburg, Mittermaier aus Heidelberg, Mohr aus Oberingelheim, Müller aus Damm, Neumann aus Wien, v. Neuwall aus Brünn, Overweg aus Haus Ruhr, Peter aus Constanz, Raffl aus Neustadtl in Böhmen, Raveaux aus Cöln, v. Reden aus Berlin, Richter aus Achern, v. Rönne aus Berlin, Sachs aus Mannheim, Schaffrath aus Neustadt, Scheller aus Frankfurt a. d. O., Schlörr aus der Oberpfalz, v. Schlotheim aus Wollstein, v. Schmerling aus Wien, Schoenmaeckers aus Beck, Schüler (Friedr.) aus Zweibrücken, Schuler aus Innsbruck, Schultze aus Liebau, Stedmann aus Besselich, Stöcker aus Langenfeld, Stockinger aus Frankenthal, Thinnes aus Eichstädt, Tomaschek aus Iglau, v. Trützschler aus Dresden, Viebig aus Posen, Wesendonck aus Düsseldorf, Zimmermann aus Spandow.

B. ohne Entschuldigung:

Ackleitner aus Ried, Anderson aus Frankfurt an der Oder, Backhaus aus Jena, Bauernschmid aus Wien, Benedict aus Wien, Boczek aus Mähren, Bouvier (Cajetan) aus Steyermark, von Buttel aus Oldenburg, Cornelius aus Braunsberg, Coronini-Cronberg (Graf) aus Görz, Cropp aus Oldenburg, Deml aus Teschen, Detmold aus Hannover, Deym (Graf) aus Prag, Dham aus Schmalenberg, Haupt aus Wismar, Hayden aus Dorff bei Schlierbach, Hebrich aus Prag, Hergenhahn aus Wiesbaden, Hirschberg aus Sondershausen, Hönniger aus Rudolstadt, Junkmann aus Münster, Jürgens aus Stadtoldendorf, v. Kalkstein aus Wogau, Kerer aus Innsbruck, Kohlparzer aus Neuhaus, Küntzel aus Wolka, Löschnigg aus Klagenfurt, Löwe aus Calwe, Maly aus Wien, Martiny aus Friedland, von Mayern aus Wien, Melly aus Wien, Müller aus Sonnenberg, Müller aus Würzburg, Naumann aus Frankfurt an der Oder, v. Neitschütz aus Königsberg, Peter aus Bruneck, Presting aus Memel, v. Pretis aus Hamburg, Prinzinger aus St. Pölten, Quante aus Ullstadt, Quesar aus Prag, Rapp aus Wien, Reichard aus Speyer, Reichenbach (Graf) aus Domeßko, Reitter aus Prag, Riehl aus Zwettl, Rothe aus Berlin, v. Rotenhan aus München, Schepp aus Wiesbaden, v. Scherpenzeel aus Baarlo, Schmidt (Adolph) aus Berlin, Schrott aus Wien, Siemens aus Hannover, Simon (Ludwig) aus Trier, v. Somaruga aus Wien, Stein aus Görz, v. Stremayr aus Gratz, v. Treskow aus Grocholin, Vonbun aus Feldkirch, Wachsmuth aus Hannover, Wedekind aus Bruchhausen, Welcker aus Frankfurt, Welter aus Tünsdorf, Werner aus Oberkirch, Wippermann aus Cassel, Wuttke aus Leipzig, v. Würth aus Wien, v. Wydenbrugk aus Weimar.

Präsident: Der § 2: „Das Reichsoberhaupt führt den Titel: Kaiser der Deutschen" ist mit 214 gegen 205 Stimmen angenommen. (Bewegung. Heiterkeit auf der Linken.) Damit, meine Herren, sind die anderen Anträge zu diesem Paragraphen erledigt. Herr v. Mayfeld will wegen seines nicht zur Abstimmung gekommenen Antrags eine Reclamation machen.

v. Mayfeld von Wien: Sie haben sich zwar mit der ungeheueren Majorität von neun Stimmen ... (Große Aufregung auf der Rechten und im Centrum. Stimmen: Zur Ordnung!) für einen deutschen Kaiser erklärt, folglich kommen die übrigen Anträge nicht mehr zur Abstimmung. Ich will nur ein Geschäftsordnungsbedenken in Anregung bringen. Der Herr Präsident hat erklärt, daß mein Antrag, weil er nicht zwanzig Unterschriften habe, nicht mehr zur Abstimmung kommen könne, nachdem auf die Discussion über den § 2 verzichtet worden ist. Der Herr Präsident hat dieß aus dem Beschlusse der Nationalversammlung vom 11. September gefolgert, wo es heißt, daß, wenn die Discussion abgelehnt ist, Anträge, die nicht mindestens von zwanzig Mitgliedern gestellt sind, nicht zur Abstimmung kommen. Auf meinen Antrag wurde aber in der letzten Sitzung die Unterstützungsfrage gestellt, und es sind mehr als zwanzig aufgestanden. Ich glaube nun, es ist ganz eins, ob zwanzig Mitglieder durch ihre Unterschrift oder durch Aufstehen ihre Zustimmung zu einem Antrage erklären. Ich wollte nur dieses Geschäftsordnungsbedenken in Anregung bringen und ersuche Herrn Schneer um die Erläuterung. (Gelächter auf der Linken. Lärm auf der Rechten.)

Präsident: Ich bitte um Ruhe, meine Herren; ich werde die Erläuterung darüber geben. Es ist ganz richtig, daß der Antrag des Herrn v. Mayfeld in der vorletzten Sitzung zur Unterstützung gebracht worden ist und die hinreichende Unterstützung gefunden hat; hiernach aber war, wie Sie sich erinnern werden, Herr v. Mayfeld mit mir darüber einverstanden, daß sein Antrag gar nicht mehr zu dem Paragraphen, der uns neulich beschäftigte, gehöre, sondern zu dem, der heute zur Abstimmung gekommen ist. Nun sagt der Beschluß, auf den Herr v. Mayfeld selbst sich bezieht, ausdrücklich, daß, wenn die Versammlung auf die Discussion, wie heute geschehen, verzichtet, nach den Ausschußanträgen die von mindestens 20 Mitgliedern gestellten Verbesserungsanträge zur Abstimmung gebracht werden sollen. Meines Erachtens mußte also Herr v. Mayfeld, sobald der Antrag von ihm selbst als zu § 2 gehörig bezeichnet war, für die heutige Erörterung eventuell für 20 Unterschriften sorgen, widrigenfalls er es mir unmöglich machte, diesen Antrag zur Abstimmung zu bringen. Ich glaube, das ist im Sinne der Geschäftsordnung und bedarf keiner weiteren Erörterung. (Allseitige Zustimmung.) — Wir gehen also zu § 3 über. Zu diesem Paragraphen liegen vor: der Antrag des Herrn v. Rotenhan, von dem ich freilich nicht weiß, ob er ihn zu diesem Paragraphen aufrecht erhalten will:

> „Der Reichsvorstand wird während der Dauer des Reichstages in der Regel am Sitze der Reichsregierung residiren. So oft sich derselbe nicht am Sitze der Reichsregierung befindet, muß einer der Reichsminister in seiner unmittelbaren Umgebung sein.
>
> Die Bestimmungen über den Sitz der Reichsregierung werden einem Reichsgesetze vorbehalten."

Mir scheint, der Paragraph ist durch die bisherige Abstimmung erledigt (Viele Stimmen: Ja wohl!) Demnächst kommt der Antrag des Herrn Buß:

> „Die Residenz des Reichsoberhaupts darf nicht außerhalb des Reiches sein. Während der Dauer des Reichstages wird der Kaiser an dessen Sitz residiren.
>
> So oft sich das Reichsoberhaupt nicht am Sitze der Reichsregierung befindet, muß einer der Reichsminister in seiner unmittelbaren Umgebung sein.
>
> Die Bestimmungen über den Sitz der Reichsregierung werden einem Reichsgesetz vorbehalten."

Endlich ein Antrag des Herrn Würth von Sigmaringen:

> „Erwägend, daß der Reichsstatthalter — der Präsident des Bundesstaats — nicht nur das Organ, sondern selbst als die Seele, als der leitende Gedanke der Reichsregierung zu betrachten ist, diese Stellung aber die ununterbrochene Präsenz am Sitze der Reichsregierung erfordert, beantrage ich, an Stelle des § 3 folgenden Paragraphen aufzunehmen:
>
> „Der Reichsstatthalter residirt am Sitze der Reichsregierung."

Diesen letzten Antrag glaube ich dahin verstehen zu müssen, daß die übrigen Sätze, außer dem ersten, des Verfassungsentwurfes gestrichen werden.

Würth (vom Platze): Ja wohl!

Präsident: Es haben sich nur zwei Redner zu § 3 gemeldet, Arndt für, gegen denselben Buß. Ich habe zuerst zu fragen, ob die Versammlung überhaupt in die Discussion über den § 3 eintreten will. Diejenigen Herren, welche darauf nicht verzichten wollen, ersuche ich, sich zu erheben. (Nur wenige Mitglieder erheben sich.) Die Discussion ist abgelehnt. Damit fallen die Anträge des Herrn Würth und Buß von selbst fort, weil sie keine weitere Unterstützung haben, und ich bringe nun den § 3 des Verfassungsausschusses zur Abstimmung:

> „Die Residenz des Kaisers ist am Sitze der Reichsregierung. Wenigstens während der Dauer des Reichstages wird der Kaiser dort bleibend residiren.
>
> So oft sich der Kaiser nicht am Sitze der Reichsregierung befindet, muß einer der Reichsminister in seiner unmittelbaren Umgebung sein.
>
> Die Bestimmungen über den Sitz der Reichsregierung werden einem Reichsgesetz vorbehalten."

Diejenigen Herren, die den eben verlesenen Paragraphen annehmen wollen, ersuche ich, sich zu erheben. (Die Mehrheit erhebt sich.) Der § 3 ist angenommen. — Wir gehen zu § 4, zu welchem außer dem Antrage der Majorität:

> „Der Kaiser bezieht eine Civilliste, welche der Reichstag festsetzt."

und dem Minoritätserachten:

> „Der Reichsstatthalter bezieht einen Gehalt, welchen ein Reichsgesetz feststellen wird."

nur noch der Vorschlag des Herrn Buß vorliegt, den Paragraphen zu streichen. Wir sind darüber einig, meine Herren, daß das kein eigentlicher Antrag ist, sondern nur der Vorschlag, dem Antrage nicht zuzustimmen. (Allseitige Zustimmung.) An Rednern haben sich gemeldet: gegen den Paragraphen Herr Buß, für denselben die Herren Zachariä aus Göttingen und Degenkolb. — Ich frage, ob die Versammlung überhaupt auf die Discussion über diesen Paragraphen eingehen will? Diejenigen Herren, die auf die Discussion über § 4 des vorliegenden Entwurfs nicht verzichten wollen, ersuche ich, sich zu erheben. (Die erforderliche Anzahl erhebt sich.) Das Büreau schätzt die Zahl der Herren, die sich erhoben haben, auf mehr als hundert; die Discussion ist somit zugelassen. Herr Buß hat das Wort.

Buß von Freiburg: Meine Herren! Ich habe den Antrag gestellt, diesen Paragraphen zu streichen, und zwar aus dem Grunde, weil ich glaube, daß diejenigen Fürsten, welche ein Anrecht haben, durch ihre ganze Stellung an die Spitze der Nation berufen zu werden, auf die Civilliste gerne verzichten werden, und daß wir darum diese Erwartung zum Voraus aussprechen, daß wir über die Civilliste keine Bestimmung aufnehmen. Ich glaube, daß der Fürst, der die deutsche Nation zu führen hat, eine große moralische Macht haben muß, damit er denjenigen Bedürfnissen, die in der Nation zur Zeit noch ungeordnet liegen, die Gewährung leisten könne. Wenn daher die Selbstständigkeit dieses Fürsten auf irgend eine Weise von uns unterstützt werden kann, so sollte das geschehen. Ich glaube, daß es für die Selbstständigkeit der Fürsten auch vor dem März 1848 gut gewesen wäre, wenn sie, statt sich Civillisten auszahlen zu lassen und dadurch gewissermaßen den Gehalt eines Beamten anzunehmen, von ihren eigenen Gütern gelebt hätten. Es würde dieß gewiß ihre Macht gesteigert haben. (Unruhe im Centrum: Hört! hört!) Es läßt sich auch gar nicht läugnen, daß in neuester Zeit namentlich gegen diese Civillisten eine Mißstimmung im Volke sich erhoben hat Ich glaube zwar, nicht mit Recht, aber wenn eine solche Mißstimmung besteht, so haben wir sie, wie ich glaube, hier zu beachten. Es wird wohl an die Spitze der deutschen Nation ein Fürst kommen, der von Haus aus eine so große Macht besitzt, daß er einer solchen Civilliste nicht bedarf. Bei diesem Anlaß drängt es mich aber, offen zu sagen, wie es mit dem Reichsoberhaupt steht, über welches unsere Abstimmungen ergehen, damit wir aus einer falschen Stellung oder aus einer Verkennung, die jetzt über diesem Hause schwebt, herauskommen. Es stellt sich hier nämlich die merkwürdige Erscheinung dar, daß Männer, die offenbar einen Kaiser an die Spitze von Deutschland gestellt wissen wollen, gegen den Kaiser gestimmt haben. (Im Centrum: Hört! hört!) Wenigstens ich gehöre zu denselben. (Gelächter im Centrum und Unruhe.) Meine Herren! Seien Sie ganz ruhig, ich werde offen die Sache darlegen. Es ist ein ganz offenes Geheimniß, bei Vielen wenigstens. Wir wollen, ein großer Theil wenigstens will einen Kaiser, aber der eine Theil will den Kaiser von Oesterreich als deutschen Kaiser, und der andere Theil will den König von Preußen. Es ist Pflicht, daß man sich endlich über diese Verschleierungen ausspreche. (Stimmen im Centrum: Zur Sache.)

Präsident: Meine Herren! Ich bitte um Ruhe, ich kann sonst den Redner nicht mehr vernehmen. (Stimmen: Zur Sache!)

Buß: Ich bin bei der Sache. (Mehrere Stimmen: Nein!) Darum, weil, wenn ein mächtiger Fürst an die Spitze gestellt wird, er der Civilliste entbehren kann, und weil, wenn ein Nichtmächtiger hingestellt wird, er derselben nicht entbehren kann. Allein trotz Ihres Dranges zur Sache muß ich sagen, warum wir gegenwärtig gegen den Kaiser stimmen. (Ruf im Centrum und auf der Rechten: Zur Sache! zur Sache!)

Präsident: Unterbrechen Sie doch nicht immer den Redner!

Buß: Ich berühre freilich eine wunde Seite, aber Wahrheit ist Pflicht. Wir, ich und viele meiner politischen Freunde, stimmen jetzt gegen den Kaiser aus dem Grunde, weil wir die Entscheidung nicht überrumpelt haben wollen, weil wir einer ruhigen, loyalen Unterhandlung, gebaut auf die wahren Interessen der Nation, Raum und Zeit geben wollen. Das ist unser Grund. (Stimmen im Centrum: Hört! hört!) Wir stimmten ferner gegen den Kaiser darum, weil wir überzeugt sind, daß mit der Offenheit, die einer Nationalversammlung gebührt, und mit der Redlichkeit, die sie sich zur Pflicht machen soll, gewiß die Art des Behaltens Oesterreichs, im neuen Bundesstaat zu einem rascheren Abschluß gebracht werden kann, als vielleicht mancher von Ihnen erwartet. Wir müssen aber auch darum der ruhigen Verhandlung mit der österreichischen Regierung Raum geben und der Möglichkeit, daß Oesterreich an die Spitze gestellt werde, damit auch der öffentlichen Meinung über die Wahl des Kaisers, die in einem großen Theile der deutschen Nation jetzt erst sich ausspricht, Rechnung getragen werden kann. Ich werde die Gründe, wie und warum sie sich jetzt erst äußert, auseinandersetzen. (Große Unruhe im Centrum. Ruf daselbst nach Schluß.) Ganz kurz, meine Herren .....

Präsident: Der Redner wird sich an den § 4 halten; ich bitte ihn sprechen zu lassen.

Buß: Ich halte mich darum an § 4, weil ich die Ueberzeugung ausspreche, daß, wenn Oesterreich oder Preußen an die Spitze kommt, auf die Bewilligung der kaiserlichen Civilliste verzichtet werden wird. Schon durch die Nachweisung dieses Zusammenhanges glaube ich, meine Herren, zu beweisen, daß ich bei der Sache bin. (Zuruf von der Linken: Ja wohl!) Gerade also aus der Opferwilligkeit, welche Oesterreich stets und zumal in der letzten Zeit des Reichs bewährt hat, und aus dessen stets bethätigter Liebe zur deutschen Nation und aus der Liebe, welche Preußen bewähren wird, schließe ich, daß, wenn Oesterreich oder Preußen an die Spitze der Nation gestellt werden wird, dann die Civilliste nicht werde verlangt werden. Aus demselben Grund muß ich aber neben und nach der reichlichen Empfehlung, wie sie hier für Preußen eingelegt worden, auch noch, wenn gleich viel kürzer, die Gründe für Oesterreich auseinandersetzen. Man hat sich berufen und beruft sich täglich auf die öffentliche Meinung in der deutschen Nation. Allein kaum regt sie sich, man lasse ihr doch Zeit, sie wird sich aussprechen. Man beruft sich aber namentlich auf die Nichtäußerung des Willens des österreichischen Volkes, seinen Monarchen an die Spitze gestellt zu wissen. Ich kann Ihnen von dieser Stimmung des österreichischen Volkes etwas erzählen. (Zuruf: Gehört nicht zur Sache!)

Präsident: Das ist nicht der Inhalt des Paragraphen, halten Sie sich an den Inhalt desselben in seinem Zusammenhange.

Buß: Ich glaube der Zusammenhang ist nachgewiesen. (Zuruf von der Rechten: Nein! Von der Linken: Ja!) Wenn Sie das nicht glauben, muß ich eben die Tribüne verlassen; aber bei der Theilung des Hauses will ich dessen Meinung wissen.

Präsident: Ich setze voraus, daß der Redner die Aufgabe, zu der er das Wort erhalten hat, den § 4 oder vielmehr dessen von ihm beantragte Weglassung im Auge behalten werde: widrigenfalls ich ihm das Wort entziehen müßte.

Buß: Ich muß mir das zuletzt gefallen lassen, aber ich glaube, in den letzten Tagen wurde bei dem § 2 ein Nachtrag, wie ich ihn eben beabsichtige, ganz ruhig zugelassen. (Zuruf von der Linken: Sehr richtig!) Was dem Einen recht ist, ist dem Andern billig. Diejenigen, welche für Oesterreich als deutsche Kaisermacht ihre Stimmen erheben, haben sie erst in der neuern Zeit erhoben, während die entgegengesetzten Stimmen sich schon seit Monaten geäußert haben, es ist daher nöthig, daß wir über diese wichtige Frage volle Klarheit erhalten. Ich sage Ihnen, das österreichische Volk von Bregenz an im weiten Länderzug, den ich jüngst bereist, bis an die sächsische Grenze, will in großer Uebereinstimmung, daß sein Monarch an die Spitze Deutschlands gestellt werde. (Gelächter auf der Rechten.) Sie lachen, und doch ist es so. Sie werden es erfahren. Es wird Ihnen eben bei Beurtheilung der Stimmung des österreichischen Volkes gehen, wie es Ihnen mit der Voraussetzung der Stimmung der österreichischen Regierung gegangen ist, man wird zuerst sagen, Oesterreich will nicht; dann: Oesterreich kann nicht; jetzt: Oesterreich darf nicht. Nun, das österreichische Volk wird sein Wollen, sein Können, sein Dürfen schon aussprechen, und ich denke, wir werden noch Gelegenheit haben, diese Stimmung des österreichischen Volkes hier in zahlreichen Petitionen zu vernehmen. Wir werden auch hoffentlich Gelegenheit haben, da die Verhandlungen sich verzögern werden, die wahre, unverfängliche Stimmung des deutschen Volkes außer Oesterreich zu vernehmen. Allein wir haben noch einen andern Grund, warum wir wünschen, daß Oesterreich an die Spitze gestellt werde — und dann, damit ich bei der Sache bin, auf seine Civilliste verzichte. (Auf der Rechten große Heiterkeit.) Das ist der über der Stimmung der Völker stehende Grund der Gerechtigkeit. Ich habe vor wenigen Tagen von der rechten Seite und dem rechten Centrum mit außerordentlichem Eifer für die Erblichkeit der deutschen Kaiserwürde sprechen hören. Wenn man nun dort von der Erblichkeit sprach, und namentlich die Pietät für die herrschende Familie als ihren Grund angenommen hat, so glaube ich, sollte man doch auch für eine gewisse, wenn auch nicht juristische, doch moralische und historische Erblichkeit Sinn haben. Oesterreich hat Jahrhunderte lang in Ehren und in Würde an der Spitze Deutschlands gestanden und die Niederlegung der Kaiserkrone Oesterreichs im Jahre 1806 war für die Nation nicht rechtsverbindlich, etwas bloß Thatsächliches (Zuruf von der Rechten: Zur Sache!); es gehört dazu, weil Oesterreich ohne Civilliste die Kaiserkrone getragen. (Große Heiterkeit.) Wenn Sie es erlauben, so werde ich das Refrain von der Civilliste zu jedem Satze setzen. (Wiederholte Heiterkeit.)

Präsident: Wollen Sie fortfahren.

Buß: Es muß zuerst ruhig sein. — Wie man nun in anderer Beziehung die Zeit zwischen dem Jahre 1806 und dem Jahre 1848 ganz mit Grund aus der deutschen Geschichte schneiden möchte, und mit Recht, so meine ich, sollten wir es praktisch mit der kaiserlosen Zeit machen, nämlich ich meine, wir sollten demjenigen Haus, welches bis zum Jahre 1806 in Würden und Ehren diese Krone (ohne Civilliste) getragen, dieselbe wiedergeben, oder eigentlich, wir sollten die Kaiserwürde in ihm erneuern. (Zuruf: Zur Sache!) Nun, meine Herren, es scheint, daß man immer noch nicht glaubt, daß ich bei der Sache bin, von der ich doch rede. (Große Heiterkeit.)

Präsident: Herr Buß, Sie werden dem Hause den Zusammenhang Ihres Vortrags mit der Sache zu erklären haben.

Buß: Da will ich einfach erklären, deutlicher als ich es Ihnen gemacht habe, kann ich es wahrhaftig nicht machen (Heiterkeit), und ich erkläre weiter ganz offen, daß wenn das Haus für diese Darlegung die gehörige Stimmung nicht hat (Zuruf von der Rechten: Nein!), so werde ich mich mit voller Ehrfurcht vor der Versammlung, die nun einmal einen Kaiser mit einer Civilliste zu wollen scheint, dem Wunsche der Mehrheit unterwerfen. Ich werde abtreten, aber zu gleicher Zeit verlangen, daß dann Kenntniß von dieser Stimmung gewisser Seiten dieses Hauses genommen werde. (Zuruf von der Linken: Sehr gut!) Vordersamst wünsche ich aber, daß das Haus ausspreche, ob ich bei der Sache bin oder nicht. (Große Heiterkeit.)

Präsident: Es kann nicht zweifelhaft sein, daß über die Frage, ob ein Redner bei der Sache ist oder nicht, eine Abstimmung nicht stattfinden kann. Sie müßten keinen Präsidenten wollen, wenn Sie ihm diese Entscheidung nicht überlassen wollten. So schwer es mir persönlich sein wird, Herrn Buß das Wort zu entziehen, wenn er über eine an sich wohl der Erörterung sehr werthe Sache bei einem § spricht, wozu sie nicht gehört, so werde ich es in Ausübung meines Amtes doch thun, wenn Sie — Herr Buß — nicht endlich auf den Inhalt des § 4 eingehen wollen.

Buß: Da muß ich eben auf das weitere Wort verzichten. (Heiterkeit in der Versammlung. Lebhafter Beifall auf der Linken.)

Zachariä von Göttingen: Meine Herren, wenn das so fortgehen sollte, daß bei jedem § der Verfassung nicht gehaltene österreichische Reden nachgebracht werden (Zuruf von der Linken: Zur Sache!)

Präsident: Die Discussion geht nicht mit dem Ernste weiter, wie man es wünschen muß.

Zachariä: so weiß ich nicht, wohin uns ein solches Verfahren bringen soll. Meine Herren, ich gehöre nicht zu denjenigen, welche bei dieser Gelegenheit etwa auf das auram popularem captare lossteuern möchten, ich gehöre nicht zu denjenigen, welche für eine Sache stimmen oder nicht stimmen, je nachdem sie kaiserlich österreichisch sind oder nicht. (Stimmen von der Linken: Zur Sache!) Ich glaube, meine Herren, daß wir nicht hierher berufen sind, um eine Verfassung.... (Unruhe auf der Linken.)

Präsident: Man kann nicht wissen, wohin der Redner die Sache führt, lassen Sie den Satz beenden.

Zachariä: für Oesterreich oder Preußen zu machen. (Zuruf von der Linken: Zur Sache! im rechten Centrum: Civilliste!)

Präsident: Meine Herren, es handelt sich hier um den ersten Satz des Redners; Sie haben andere Redner ausführlicher gehört, um den Zusammenhang nachzuweisen; ich bitte um Ruhe, ich kann sonst mein Amt nicht ausüben.

Zachariä: Wenn Sie mich nicht reden lassen wollen, so werde ich auch auf das Wort verzichten und aufhören.

Präsident: Fahren Sie nur fort.

Zachariä: Ich habe vorhin gesagt, und gerade in Beziehung auf die Civilliste sage ich es, daß wir nicht hierher gerufen sind, um für Oesterreich oder Preußen eine Verfassung zu machen, sondern für Deutschland (Auf der Linken: Ah! Ah!), und wer diese Tribüne betritt, sollte doch diesen Standpunkt festhalten. Meine Herren, es ist schon Vieles gerade über die Civilliste in diesem Hause gesprochen worden, und ich glaube manchmal sehr uncivillistisch. (Auf der Linken: Bravo und Heiterkeit. Zuruf: Noch einmal!) Die Frage ist hier die, ob es für die deutsche Verfassung nothwendig und nützlich sei, daß wir eine Bestimmung machen, wie sie im § 4 des Entwurfes, wie er vom Verfassungsausschuß vorgelegt ist, vorgeschlagen wird, und ich glaube, wir müssen uns dafür entscheiden. Man könnte zunächst dagegen anführen, daß es dem Volke unangenehm sein werde, von einer Civilliste zu hören, und daß das künftige Reichsoberhaupt auch etwas kosten werde. Nun, meine Herren, wenn wir von Nichts reden sollen, was dem Volke nicht ganz angenehm ist, dann würden wir hier über viele Sachen schweigen müssen und namentlich dürfte keine Ständeversammlung von Steuern sprechen, denn diese sind größtentheils dem Volke unangenehm. Es ist auch hier darauf Bezug genommen worden, daß die deutsche Regierung so wohlfeil als möglich eingerichtet werden müsse, und daß man sich deßhalb gegen eine Civilliste zu erklären habe. Meine Meinung ist, daß, wie überall die wohlfeilste Waare die schlechteste ist, so dieses auch von den Regierungen gilt; es wird übrigens, wir mögen in dem einen oder andern Sinne eine Regierung constituiren, in jedem Falle eine Ausstattung desjenigen Subjectes, welches an die Spitze gestellt wird, nicht entbehrt werden können, denn wir können ihm nicht zumuthen, daß es alles, was für das Reich in Betreff seiner Thätigkeit nothwendig ist, auf seine Kosten bestreiten soll, und wenn wir ihm keine Civilliste aussetzen wollten, so würde am Ende zu dem alten System der Naturallieferungen zurückgekehrt werden müssen, und dann würden vielleicht für etwaige Reisen die Spanndienste und die Kühe von Schwäbisch-Hall wieder zu Ehren und in Vorschein kommen. (Zuruf auf der Linken: Das war gut benützt, sehr gut!) Es freut mich daß Sie es finden. — Man hat gemeint, wenn man einen recht mächtigen oder den mächtigsten an die Spitze stelle, so brauche man keine Civilliste. Ich glaube, es mag ein Mächtiger oder Nichtmächtiger an die Spitze kommen, es ist gleich nothwendig, daß wir eine Civilliste bestimmen, daß wir wenigstens aussprechen, daß das Reichsoberhaupt eine Civilliste haben soll, ja ich glaube sogar, das deutsche Volk darf sich dieses Recht nicht nehmen lassen, das Reichsoberhaupt auszustatten; das Reich würde bei der Unterlassung, wie ich glaube, mehr leiden, als bei einer etwa materiellen Ersparniß gewinnen. Die frühere deutsche kaiserliche Gewalt hat dadurch nichts gewonnen, daß die Einkünfte des Kaisers bis auf ein erbärmliches Quantum herabgesunken waren, und ich glaube auch, das künftige Reichsoberhaupt würde um so mehr an Ansehen und Achtung verlieren, als bei allen constitutionellen Staaten, bei allen Staaten in Europa, die Ausstattung des Reichsoberhauptes als eine sich von selbst verstehende Sache betrachtet wird, und ich meine endlich, daß, wer auch dazu berufen wird, nicht darauf verzichten dürfe, weil auf dasjenige, was im öffentlichen Interesse der Unabhängigkeit und Würde des Reichsoberhauptes festgestellt werden muß, nicht verzichtet werden kann, und wenn etwa Einer, der auf die Kaiserwürde aspirirte, wenn der im Voraus auf die Civilliste verzichten wollte, so würde das einem Bestechungsversuche ziemlich ähnlich sehen.

Präsident: Es liegt ein schriftlicher Antrag auf Schluß von den Herren Sellmer und mehr als zwanzig anderen. Diejenigen Herren, welche die Discussion über § 4 des vorliegenden Entwurfs geschlossen wissen wollen, ersuche ich, sich zu erheben. (Die Mehrheit erhebt sich.) Der Schluß ist angenommen. Ich frage, ob der Herr Berichterstatter des Ausschusses das Wort nehmen will?

Beseler von Greifswald (vom Platze): Ich verzichte.

Präsident: Ich bringe also, meine Herren, zuerst den Antrag der Majorität des Ausschusses und für den Fall, daß dieser verworfen wird, den Antrag der Minorität zur Abstimmung, in dem natürlich statt „Reichsstatthalter“ nun „Kaiser“ gesetzt werden muß.

Beseler: Ich glaube nicht, daß nach Schluß der Discussion noch eine Aenderung eines Antrags zulässig ist. Ich glaube, daß das Minoritätserachten unverändert bleiben muß.

Präsident: Ich halte diese Bemerkung nicht für richtig. Ich glaube, es ist dieses eine Frage, in der ich mitsprechen darf. Nachdem im § 2 die Bezeichnung des Reichsoberhauptes ein für allemal beschlossen ist, muß jeder Antragsteller sich gefallen lassen, daß die Bezeichnung, welche die Versammlung adoptirt hat, in seinen Antrag aufgenommen werde. (Zustimmung.)

Beseler: Ich wollte nur bemerken, daß es im Zusammenhang wohl nicht angemessen ist zu sagen: „Der Kaiser bezieht einen Gehalt.“

Präsident: Meine Herren! Ich bringe zuvörderst den Antrag der Majorität zur Abstimmung:

„Der Kaiser bezieht eine Civilliste, welche der Reichstag festsetzt.“

und für den Fall, daß das verworfen werden sollte, den der Minorität:

„Der Kaiser bezieht einen Gehalt, welchen ein Reichsgesetz feststellen wird.“

Diejenigen Herren, welche dem Antrag der Majorität des Ausschusses, der also lautet:

„Der Kaiser bezieht eine Civilliste, welche der Reichstag festsetzt.“

zustimmen wollen, ersuche ich, sich zu erheben. (Die Mehrheit erhebt sich.) Der Antrag ist angenommen und damit das Minoritätserachten erledigt. — Wir gehen zu § 5 über. (Mehrere Stimmen: Steht nicht auf der Tagesordnung, Vertagen!) Es wird mir eben entgegengerufen, dieser Paragraph stünde nicht auf der Tagesordnung und das ist eine Behauptung, die ich an sich anerkennen muß, denn es heißt, ich muß wohl sagen leider! auf der gedruckten Tagesordnung: Art. I § 2 und die folgenden, während ich neulich ausdrücklich verkündet habe, § 2 und die folgenden. (Mehrere Stimmen: Es kommt nicht auf die gedruckte Tagesordnung an! Fortfahren!) Wir wollen indessen nachsehen, meine Herren, wie es im Protokoll verzeichnet ist. Im Protokoll heißt es: „§ 2 und die folgenden der Verfassung und dem Reichsoberhaupt.“; das ist offenbar das Maßgebende und nicht die gedruckte Tagesordnung; wir gehen also zu § 5 über. — Zu § 5 liegt außer dem Majoritätserachten:

„Die Person des Kaisers ist unverletzlich.

Der Kaiser übt die ihm übertragene Gewalt durch verantwortliche von ihm ernannte Minister aus.“

und den beiden Minoritätserachten:

„Der Reichsstatthalter hat die oberste Leitung der Regierung.“

„Der Reichsstatthalter ist für seine Regierungshandlungen nicht verantwortlich; er übt die ihm übertragene Gewalt durch verantwortliche von ihm ernannte Minister.“

nur ein Verbesserungsantrag von Herrn **Würth** von Sigmaringen vor:

„An Stelle dieses Paragraphen beantrage ich folgende Bestimmung aufzunehmen:

„Der Reichsstatthalter ist für seine Regierungshandlungen verantwortlich.“

Unterstützt von: Zimmermann von Stuttgart, Fehrenbach, Culmann, Hartmann, Schlutter, R. Schmidt, Fröbel, Hagen, Zitz, Titus, Damm, Wiesner, Kolaczek, Stark, v. Dieskau, Schmidt aus Löwenberg, Reinhard, Meyer von Liegnitz, Schütz, Grißner.“

Als Redner haben sich für den Paragraphen die Herren Bernhardi und Rizzi gemeldet; gegen denselben bisher Niemand. Ich frage zuerst, ob überhaupt auf die Discussion über den gedachten Paragraphen eingegangen werden soll? Diejenigen Herren, welche auf die Discussion über den vorliegenden § 5 nicht verzichten wollen, ersuche ich, aufzustehen. (Es erheben sich nur Wenige.) Die Discussion ist abgelehnt. Ich habe also nach Maßgabe der neulich beliebten Reihenfolge der Abstimmung zuvörderst den Antrag der Majorität, demnächst das erste, dann das zweite Minoritätserachten und endlich den eben verlesenen Antrag des Herrn Würth zur Abstimmung zu bringen, der mehr als zwanzig Unterschriften hat. Der § 5 in der Fassung, die ihm die Majorität des Ausschusses gegeben hat, lautet:

„Die Person des Kaisers ist unverletzlich.

Der Kaiser übt die ihm übertragene Gewalt durch verantwortliche von ihm ernannte Minister aus."

(Einige Stimmen: Trennen!) Ich meine, die beiden Sätze gehören zusammen und müssen zusammen angenommen oder verworfen werden. Diejenigen Herren, welche den § 5 in der eben verlesenen Fassung annehmen wollen, bitte ich, sich zu erheben. (Die Mehrzahl erhebt sich.) Der § 5 ist angenommen und damit die Minoritätserachten, sowie das Amendement Würth erledigt. — Für den § 6 liegt vor der Antrag der Majorität:

„Alle Regierungshandlungen des Kaisers bedürfen zu ihrer Gültigkeit der Gegenzeichnung von wenigstens einem der Reichsminister, welcher dadurch die Verantwortung übernimmt."

und ein Minoritätserachten:

„Für die Gültigkeit einer jeden vom Reichsstatthalter ausgehenden Regierungshandlung bedarf es der Gegenzeichnung wenigstens eines der Reichsminister."

Außerdem aber kein anderer schriftlicher Antrag; auch haben sich keine Redner für oder gegen diesen Antrag einschreiben lassen. Ich frage, ob auf die Discussion über diesen Paragraphen eingegangen wird? Wer auf die Discussion nicht verzichten will, der möge sich erheben. (Es erhebt sich fast Niemand.) Die Discussion ist abgelehnt. — Ich bringe zuerst den Antrag der Majorität, dann den Antrag der Minorität zur Abstimmung. Diejenigen Herren, welche dem Antrag der Majorität:

„Alle Regierungshandlungen des Kaisers bedürfen zu ihrer Gültigkeit der Gegenzeichnung von wenigstens einem der Reichsminister, welcher dadurch die Verantwortung übernimmt."

zustimmen wollen, bitte ich, sich zu erheben. (Die Mehrzahl erhebt sich.) Der Antrag der Majorität ist angenommen und damit das Minoritätserachten erledigt. — Zu § 7 liegt ebenmäßig nur der Minoritäts-Antrag und ein Minoritätserachten vor; Redner haben sich über diesen Paragraphen nicht einschreiben lassen. Ich stelle die Frage, ob auf die Discussion eingegangen wird. Diejenigen Herren, welche auf die Discussion nicht verzichten wollen, bitte ich, sich zu erheben. (Es erhebt sich fast Niemand.) Die Discussion ist abgelehnt. — Ich bringe erst den Antrag der Majorität, eventuell das Minoritätserachten:

„Die Reichsregierung übt die völkerrechtliche Vertretung Deutschlands aus, sie stellt die Reichsgesandten und Consuln an und führt den diplomatischen Verkehr."

zur Abstimmung. Diejenigen Herren, welche dem Vorschlag der Majorität:

„Der Kaiser übt die völkerrechtliche Vertretung des deutschen Reichs und der einzelnen deutschen Staaten aus. Er stellt die Reichsgesandten und die Consuln an und führt den diplomatischen Verkehr."

ihre Zustimmung geben wollen, bitte ich, aufzustehen. (Die Mehrzahl erhebt sich.) Der Antrag ist angenommen. Meine Herren, zu § 8 liegt wieder nur der Majoritätsantrag und ein Minoritätserachten vor. Sie lauten:

„Der Kaiser erklärt Krieg und schließt Frieden."

„Minoritätserachten. Der Reichsregierung steht in Uebereinstimmung mit dem Reichstage das Recht des Kriegs und Friedens zu."

Es haben sich aber zu diesem Paragraphen sechs Redner gemeldet. Gegen den Paragraphen die Herren Culmann, Moriz Mohl und Raumer; für den Paragraphen die Herren Wurm, v. Saucken-Tarputschen, Schubert von Königsberg; auch hat Herr Rösler von Oels die namentliche Abstimmung über diesen Paragraphen vorbehalten. Ich frage zuvörderst, ob auf die Discussion über den § 8 eingegangen werden soll. Diejenigen Herren, welche auf die Discussion über § 8 nicht verzichten wollen, bitte ich, sich zu erheben. (Die linke Seite erhebt sich.) Es sind mehr als 100 Mitglieder aufgestanden. Herr Culmann hat das Wort.

Culmann von Zweibrücken: Nach meiner politischen Ueberzeugung steht nur dem Volkshause das Recht des Kriegs und Friedens zu, weil jeder Krieg nur mit den Kräften des Volkes geführt wird, nur zu dessen wahrem Wohl und Besten geführt werden soll; das Volk allein aber durch die Organe seiner Vertreter nur richtig seine Bedürfnisse, seine Interessen, seine Kräfte erkennt, und überall keines Vormunds bedürftig ist. Von der Anerkennung dieses Rechtes in solcher Ausdehnung kann aber heute, meine Herren, keine Rede sein. Sie haben Ihrem Verfassungswerke nicht die demokratische, sondern die monarchische Unterlage gegeben; ich kann also nur das beschränkte Recht, das der einfachen Theilnahme der Volksvertretung an dem Kriegs- und Friedensschlusse vertheidigen. Zwei Fragen drängen sich mir dabei zur Beantwortung auf, einmal: Steht denn nach dem constitutionellen Principe, vorausgesetzt, daß dasselbe richtig und scharf aufgefaßt wird, der Volksvertretung wirklich das Recht der Theilnahme an dem Kriegs- oder Friedensschlusse zu? Sodann: Ist es zweckmäßig, ja praktisch nothwendig, daß dieses Recht in das Verfassungswerk aufgenommen, darin ausgesprochen werde? Sie, meine Herren, wollen keine constitutionelle Monarchie nach dem Zuschnitte der octroyirten Verfassung, welche dem Volke nur den Schein eines Rechts gewährt, dagegen die Realität der Staatsgewalt in den Händen des Monarchen beläßt; Sie wollen keinen Absolutismus, der sich nur hinter constitutionellen Formen versteckt; Sie wollen, und dessen bin ich fest überzeugt, die constitutionelle Monarchie als eine praktische Wahrheit; Sie wollen eine aufrichtige, eine wirkliche Theilung der höchsten Staatsgewalt zwischen dem Monarchen und dem Volk; Sie wollen darum namentlich, daß die wichtigsten, inhaltsschwersten Acte der Staatsgewalt gemeinschaftlich durch den Monarchen und mit der Volksvertretung berathen und beschlossen werden; — nun, sage ich aber, gibt es in dem ganzen Inbegriffe aller Rechte der Staatsgewalt kein wichtigeres, als das Recht über Krieg und Frieden; es gibt keinen Beschluß, der inhaltsschwerer ist, tiefer in das Leben des Volkes, in dessen Rechtsverhältnisse eingreift und diese erschüttert, als gerade der Kriegs- und Friedensbeschluß. Dieser Beschluß, meine Herren, ist wichtiger, als jeder Act der gesetzgebenden Gewalt, als jeder Act auf dem Gebiete der Steuerbewilligung, als jeder Act der richterlichen, wie der administrativen Gewalt; durch alle diese Acte der gesetzgebenden und der vollziehenden Gewalt werden nur die Rechtsverhältnisse der Staatsbürger unter einander und dem Staate selbst gegenüber regulirt und bestimmt, der Kriegs- und Friedensbeschluß aber stellt die Gesammtheit des Rechtszustandes, selbst die Existenz des Staates qua solchen in Frage. Alle Bürger werden durch den Kriegsbeschluß mit einer nicht vorauszusehenden Masse Lasten jeder Art beschwert; die Freiheit, das Leben, das Eigenthum, das Vermögen jedes Bürgers wird dadurch bedroht, der Staat selbst kann in Folge des Kriegs- und Friedensbeschlusses zerstückelt, in seiner Existenz selbst bedroht werden. Und wie, meine Herren, Sie verlangen den Beirath, die Mitwirkung der Volksvertretung, wenn es sich davon handelt, auf dem

Gebiete der Gesetzgebung nur einfache Rechtsverhältnisse unter den Bürgern zu ändern; Sie verlangen diesen Beirath, diese Mitwirkung, wenn es sich davon handelt, auch nur die unbedeutendste Steuerauflage zu decretiren, und Sie sollen bei einem Beschlusse, der alle Güter des Bürgers, materielle, wie moralische, der die Existenz des Staates in Frage stellt, die Mitwirkung der Volksvertretung ausschließen wollen! Ich sage, solch' ein Beschluß, meine Herren, würde eine Verletzung, selbst des constitutionellen Systems enthalten, das Sie ja Ihrerseits selbst vertheidigen. Ich finde es natürlich, daß in den Zeiten der Leibeigenschaft und der Hörigkeit, als der Monarch noch als Eigenthümer von Land und Leuten betrachtet wurde, und später noch, als der Grundsatz galt: l'état c'est moi, dem Monarchen das ausschließliche Recht des Krieges und Friedens beigemessen wurde, weil nach den Begriffen der damaligen Zeit der Monarch nur sein Eigenthum, nicht das eines Fremden in das gefährliche Kriegsspiel eingesetzt hatte; ich finde es auch begreiflich, daß selbst in den neueren octroyirten Verfassungen dem Fürsten dieses Recht allein reservirt wird, weil der wesentliche Charakter jeder dieser octroyirten Verfassung darin besteht, daß dem Volke bloß der Schein, dem Monarchen aber die Realität der Staatsgewalt verbleibt, und deßwegen auch das wichtigste Recht, welches überhaupt in dem Begriffe der Staatsgewalt enthalten ist. Das aber, meine Herren, kann ich nicht begreifen, wie im Jahre 1849, nach der Märzrevolution, von der Majorität Ihres Ausschusses Ihnen der Vorschlag gemacht werden mochte, daß Sie das Recht des Kriegs und Friedens als ausschließliches Kronprivilegium bezeichnen sollen. (Bravo auf der Linken.) Das kann ich nicht begreifen, daß man Ihnen, die Sie berufen sind, dem deutschen Volke die Verfassung zu geben, alle Institute der Gewähr und Sicherstellung seiner wohlerworbenen Rechte zu schaffen, zumuthet, diesem Volke geradezu diese Gewähr und Sicherstellung durch eine derartige Bestimmung zu entziehen, und daß Sie durch eine solche Verfügung selbst die höchsten Güter der Bürger den dynastischen Interessen, der dynastischen Willkür preisgeben wollen. Sie, meine Herren, haben im vorigen Sommer ... (Einige Stimmen: Laut! Andere: Ruhe!)

Präsident: Ich bitte um Ruhe, meine Herren!

Culmann: Sie haben vorigen Sommer noch die provisorische Centralgewalt, welche Sie damals schufen, ebenso auf monarchischen Grundlagen errichtet, wie Sie heute die definitive Centralgewalt errichten wollen. In Ihrem Gesetze vom 28. Juni haben Sie ausdrücklich selbst noch die Mitwirkung der Volksvertretung an der Kriegs- und Friedensfrage als ein dem Volke zustehendes Recht vindicirt (von der Linken: Hört!), und heute, meine Herren, soll dieses nämliche Recht zu einem Privilegium der Krone umgewandelt werden. (Unruhe.)

Präsident: Ich bitte um Ruhe!

Culmann: Welches Ereigniß ist denn seit dieser Zeit eingetreten, das eine solche Begriffsverwirrung, oder eine solche Begriffsentwirrung nach sich gezogen hätte? Dasjenige, was damals Wahrheit war, glaube ich, wird heute ebenfalls noch Wahrheit bleiben. Ich höre häufig den Einwand, das Recht des Volkes, bei der Kriegs- und Friedensfrage mitzuwirken, sei zwar unbestreitbar, allein es sei ihm Genüge geschehen dadurch, daß dem Volke das Recht der Steuerbewilligung zustehe, durch dessen Gebrauch es eine gehörige Einwirkung auf die Kriegs- und Friedensfrage ausüben könne. Es ist dieß, meine Herren, das Raisonnement derjenigen Constitutionellen, welche die sämmtlichen Rechte des Volkes in der Staatsverfassung auf das Steuerbewilligungsrecht reducirt wissen wollen, es ist dieß das Raisonnement des Constitutionalismus vom 3. Februar 1847, der im consequenten Verfolge, dann wenn die Volksvertreter wirklich einmal Gebrauch von der ihnen zustehenden Steuerverweigerung machen, solche als Anarchisten bezeichnet, und ins Gefängniß wirft. (Unruhe.) Die Theorie selbst aber, meine Herren, obgleich fein und abgeglättet, ist doch ebenso vag wie albern. Die große Kriegsfrage, sage ich, wenn sie einmal bejahend entschieden wurde, der Krieg begonnen worden ist, wird nimmermehr durch die secundäre Steuerverweigerung dominirt. Sind die feindlichen Heere, meine Herren, im Vortheile, dann wird kein Steuerverweigerungsbeschluß denselben Einhalt thun. Ein Steuerverweigerungsbeschluß hätte nur einen schimpflichen, schmählichen Frieden in diesem Falle zur Folge, und dazu reicht nie eine Volksvertretung die Hand. Sind die eignen Heere aber im Vortheile, dann gibt es auch keine patriotische Volksvertretung, welche durch einen Steuerverweigerungsbeschluß ihrer Regierung den Verfolg dieser errungenen Vortheile unmöglich macht. (Einzelne Stimmen: Sehr richtig!) Ich sage darum, das Steuerverweigerungsrecht ist ohne allen praktischen Einfluß auf die Kriegsfrage, dem Volke aber steht unter allen Bedingungen das Recht zu, bei diesen Fragen mitzuwirken. Es muß also durch eine bestimmte Verfügung in der Constitution dieses Recht ausgesprochen und anerkannt werden. Ich sage aber auch, meine Herren, es ist praktisch zweckmäßig, es ist nothwendig, daß dieses Recht förmlich in dem Verfassungs-Werke niedergelegt wird. Gewöhnlich sagt man, der Gang der diplomatischen Verhandlungen dürfe nicht durch die Discussionen in den Kammern gestört werden, der Krieg könne häufig selbst so dringend sein, daß keine Zeit mehr vorhanden sei, die Volksvertreter herbeizurufen. Es handelt sich entweder von einem Offensiv- oder Defensivkriege. Wird das Land unvorhergesehener Weise, was jedoch selten der Fall sein wird, vom Feinde überfallen, dann steht, wie dem Präsidenten in Frankreich, ebenso auch dem Reichsoberhaupte nicht bloß das Recht zu, sondern es liegt ihm selbst die Verpflichtung ob, die Reichsgrenzen zu schützen. In einem solchen Falle ist von einer Kriegserklärung, von einem Kriegsbeschlusse überall keine Rede. Die Frage hat also nur ihre Bedeutung bei einem Offensivkriege. Dieser aber wird von einem Lande, von der Regierung, die demselben vorsteht, immer in weiter Ferne vorausgesehen; die Gewitterwolken, welche ihn in sich bergen, steigen nur langsam auf. Die Reichsregierung hat also Zeit genug, lange vorher, ehe sie zu dem Entschlusse eines Krieges gelangt, den Reichstag um sich zu versammeln. Ist sie aber zu diesem Entschlusse definitiv gekommen (Stimmen: Laut! Andere; Ruhe!), dann, sage ich, lege sie alle diplomatischen Noten .... (Unruhe.)

Präsident: Ich bitte um Ruhe, meine Herren! der Redner spricht laut genug, wenn das Haus ruhig ist. (Heiterkeit.)

Culmann: Ich sage also, meine Herren, ist die Reichsregierung definitiv bei ihrem Entschlusse der Kriegserklärung angelangt, dann lege sie dem Reichstage alle von ihr gepflogenen diplomatischen Noten vor. Diese diplomatischen Noten sollen dann zum Gegenstand der Discussion, der Verhandlungen im Reichstage erhoben werden. Sie sollen als Material dafür dienen, um zu untersuchen, ob der zu beginnende Krieg rechtmäßig, ob er nothwendig ist, oder nicht. Durch diese Vorlage der diplomatischen Noten zur Discussion über die Rechtmäßigkeit und Nothwendigkeit des zu unternehmenden Kriegs wird der vorher schon längst abgebrochene diplomatische Gang nicht gestört. Dagegen aber, meine Herren, wird durch dieses Verfahren ein unberechenbarer Vortheil selbst erzielt. Durch die öffentliche Discussion über die Rechtmäßigkeit und Nothwendigkeit des zu beginnenden Krieges," durch den darauf erfolgten Beschluß des Reichstags, dadurch wird die Masse des Volkes seinerseits von dieser Nothwendigkeit, von diesem Rechte überzeugt; die Masse des Volkes wird dann für den Krieg begeistert, sie wird zu allen Aufopferungen fähig gemacht, und zum Voraus haben Sie dadurch schon das günstige Resultat des zu beginnenden Krieges gesichert. Blicken Sie, meine Herren, in dieser Beziehung auf die Verhandlungen, welche in der französischen gesetzgebenden Versammlung vom Jahre 1792 vor dem Beginne des Krieges gepflogen worden sind, auf die gleichartigen Verhandlungen, wie sie so häufig selbst im im Convente vorkamen; fassen Sie den ungeheuren Eindruck ins Auge, der durch diese Discussion bei dem französischen Volke damals hervorgerufen wurde; fassen Sie die glänzenden Resultate ins Auge, welche diesem Enthusiasmus auf den Schlachtfeldern folgten! Meine Geburtsstadt, meine Herren, hatte noch zu Alt-Frankreich gehört, sie wurde erst nach der zweiten Invasion im Jahre 1815 nebst der Festung Landau mit Deutschland vereinigt. Meine Eltern haben alle Phasen der französischen Revolution in Frankreich selbst durchlebt. Ich weiß von ihnen, meine Herren, als im Jahre 1793 der inhaltsschwere Beschluß des Convents: „das Vaterland ist in Gefahr," gefaßt wurde, als durch die Clubs, welche damals in jeder Gemeinde existirten, dieser Beschluß sammt den Motiven und den begeisternden Reden, welche darüber gehalten worden sind, allen Schichten des Volkes mitgetheilt wurden, ich sage: ich weiß von meinen Eltern, daß damals in meiner kleinen Geburtsstadt, die nur 2000 Einwohner zählte, an einem Tage sich nicht weniger als achtzig Freiwillige unter die Fahnen reihen ließen, von welchen später nur noch ein Einziger, und dieser selbst verstümmelt zurückkam. Seien Sie versichert, die heutige Generation ist noch dieselbe aufopferungsfähige, wie dieß die Generation jener Zeit gewesen ist. Ich sage Ihnen darum, meine Herren, erheben Sie die Kriegs- und Friedensfrage zum Gegenstande der Verhandlung der Volks-Vertreter, und Sie haben dadurch in Verbindung mit dem Associationsrechte und dem normalen Leben der Volksvereine Ihr Vaterland unüberwindlich gemacht. Doch dieß ist nur unter der Bedingung möglich, daß jeder Krieg, welcher begonnen wird, auch ein gerechter, ein nationaler sein muß, daß er nicht ausschließlich im dynastischen Interesse begonnen werden darf, sondern nur die Rechte und die Freiheit des Volkes zum Ziele haben muß. Dieß führt mich nun zu dem Satze, daß das Recht der Mitwirkung der Volksvertretung bei der Kriegsfrage eine Nothwendigkeit, der Ausspruch, die Anerkennung dieses Rechtes sogar eine Pflicht dieser Versammlung ist. Solange, meine Herren, das Recht des Krieges und des Friedens ein ausschließliches Attribut des Monarchen ist, so besteht immerhin die Gefahr, daß diese schwere Waffe nur zum Vortheile des dynastischen Interesses und selbst gegen das wahre Wohl und Beste des Volkes gebraucht werde. Das nach dem absolutistischen Staatsrechte dem Monarchen ausschließlich zugewiesene Recht der Krieges und des Friedens geht Hand in Hand mit dem Legitimitäts-Princip, mit der Coalition aller dynastischen Interessen, mit dem Schutz- und Trutzbündniß derselben, wie dieß die Erfahrung bewiesen hat. Es ist nur die Stütze und der Träger dieses Legitimitätsprincips. Wo nur immer in irgend einem Winkel von Europa in Folge der heranschwellenden Macht der Demokratie ein Kronrecht beeinträchtigt wurde, da mußte stets gemäß der dynastischen Coalition diese Beeinträchtigung durch Intervention und Waffengewalt beseitigt werden. Damit dieß möglich sei, mußte in allen Constitutionen den Monarchen das ausschließliche Recht des Krieges und des Friedens zugewiesen sein. Dieß, meine Herren, ist der Ursprung, die wahre Wurzel dieses ausschließlichen Rechtes über Krieg und Frieden, wie es dem Monarchen bisher zugetheilt worden ist. Ich stelle aber nun, meine Herren, folgendes Dilemma: Entweder ist, was unsere Vertrauensmänner mit soviel Zuversicht behaupten, in der Märzrevolution das Legitimitätsprincip, jene Coalition der fürstlichen Interessen untergegangen, und wir haben jetzt das constitutionelle Eldorado zu erwarten, das Regiment von Ministern, die nur aus der Majorität der Volksvertretung hervorgegangen sind, — dann, sage ich, existirt überall kein Grund, kein Motiv, um den Monarchen jenes ausschließliche Recht des Kriegs und Friedens zu belassen; Minister und Majoritäten in den Kammern werden dann in schönster Harmonie die Kriegs- und Friedens-Frage miteinander debattiren. Nachtheile können hieraus nicht entstehen, und ich muß daher die Ueberzeugung hegen, daß diejenigen Mitglieder des Hauses, welche dieses Vertrauen hegen, ebenfalls für das Minoritäts-Erachten stimmen werden. Oder aber, meine Herren, es ist die Macht des Legitimitäts-Princips durch die Märzrevolution noch nicht gebrochen, es existirt noch der Wille, dasselbe in seiner früheren Herrlichkeit herzustellen, und die erschreckten dynastischen Interessen schaaren sich Angesichts der gemeinschaftlichen Gefahr nur noch um so enger aneinander. Sollen, frage ich nun, unter dieser Voraussetzung den Fürsten die Mittel wieder in die Hände gegeben werden, nicht bloß die demokratische Freiheit, welche wir wollen, sondern auch die constitutionelle Freiheit, welche Sie (zur Rechten) begehren, ausrotten zu können? (Auf der Linken und im linken Centrum: Hört!) Dieses kann nicht sein, meine Herren, und darum werden Sie selbst im wohlverstandenen Interesse Ihres eigenen Princips gegen den Antrag der Majorität des Ausschusses stimmen. Was wäre, meine Herren, auch die Folge, wenn dieser Antrag der Majorität von Ihnen zum Beschlusse erhoben würde? Legen Sie das Recht des Kriegs und Friedens wieder ausschließlich in die Hände des Monarchen, dann können Sie versichert sein, daß, wie früher, so auch später, die ungerechtesten, freiheitsfeindlichsten Kriege geführt werden! Die deutschen Waffen, die deutsche Macht werden, wie früher, so auch jetzt, zur Niederdrückung fremder Völker verwendet, durch deutschen Hufschlag wird, wo die Saat der Freiheit aufkeimt, solche wieder niedergestampft, und dadurch nur die Knechtschaft unseres eigenen Vaterlandes vorbereitet. Dann, meine Herren, haben Sie die Repetition der Coalition von Pillnitz, der Congresse von Verona und Laibach, die fortgesetzten Interventionen in den italienischen Angelegenheiten zu erwarten. Der große Feldherr unseres Jahrhunderts erklärte noch in seinem Exile: Ehe fünfzig Jahre vergehen, ist Europa entweder kosakisch, oder republikanisch. (Auf der Rechten: Ah!) Es scheint fast, meine Herren, wir stehen am Vorabende desjenigen Zeitabschnittes, welcher die Erfüllung dieser Prophezeihung mit sich führt. (Stimmen: Oh! So?) Mächtig steht heute noch das Legitimitätsprincip in dem Czaarenthum von Petersburg verkörpert da. (Auf der Linken: Bravo! Sehr gut!) Seien Sie versichert, meine Herren, manche erschreckte dynastische Interessen werden Angesichts der drohenden Gefahr sich um dieses Czaarenthum herumschaaren, und Sie haben vielleicht in kurzer Zeit zu erwarten, daß von dort aus der Kreuzzug gegen den Occident beginnt. Ich bitte Sie daher, tragen Sie nicht durch Ihre Beschlüsse dazu bei, daß die schwere Macht unseres Vaterlandes in die Wagschaale des Kosakenthums fällt (lebhaftes Bravo auf der Linken), und wir uns dadurch den Verwünschungen der Nachwelt preisgeben. (Beistimmung auf der Linken.) Ich, meine Herren, verlange nicht das Unmögliche, nicht, daß Sie dem Volkshause allein das Recht des Kriegs und Friedens beilegen, daß Sie also der Demokratie diese mächtige Waffe schon jetzt in die Hände geben; Das aber verlange ich, daß Sie an Ihren eigenen Schutz denken, an den Schutz Ihrer eigenen constitutionellen Freiheit, und daher diese große Macht nicht ausschließlich in die Hände des Absolutismus legen. (Auf der Linken lebhafter Bravoruf und Beifallklatschen.)

W u r m von Hamburg: Meine Herren! Ich weiß nicht, ob der Redner, welcher eben hier gestanden hat, die englische Verfassung für eine octroyirte, oder für eine absolutistische, oder für eine mit dem constitutionellen Principe ganz unverträgliche hält; ich weiß auch nicht, ob er die norwegische oder belgische Verfassung für octroyirt ansieht; noch weiß ich, ob er in Bezug auf die neue niederländische Verfassung, welche doch wenigstens das Verdienst hat, daß sie nach dem März vorigen Jahres, und in Folge der Märzbewegung entstanden ist, vielleicht dieselbe Ansicht hegt. Wie gesagt, ich weiß nicht, ob der Redner vor mir diese Ansichten hat, denn er hat sich darüber nicht geäußert; aber das weiß ich, und das wissen mit mir wohl die Meisten, welche sich um diese Sache etwas bekümmert haben, daß sämmtliche eben von mir angeführte Verfassungen das Recht des Krieges und Friedens der Krone ausschließlich übertragen. Man kann sich in großartiger Unbefangenheit wohl über dergleichen hinwegsetzen, aber es ist darum doch so, und ich bin der Meinung, das wollen wir noch riskiren, daß man uns für eben solche Lastthiere hält, wie die Engländer, daß man uns für ebenso unfähig zum constitutionellen Leben, in Bezug auf öffentliche Dinge für ebenso unmündig hält, wie z. B. die Belgier oder die Norweger es sein mögen. (Auf der Linken: Oh!) Nun, das ist Geschmacksache (auf der Linken: Jawohl! Auf der Rechten Heiterkeit), und als solche eine Sache der persönlichen Freiheit. Ich für meine Person aber würde alle Phrasen des vorigen Redners darum geben, wenn ich mit Einemmale in Deutschland den politischen Zustand herstellen könnte, dessen sich die von mir genannten Völker schon seit langer Zeit erfreut haben. (Auf der Rechten: Bravo!) Nun erlauben Sie mir aber, zu sagen, daß Dasjenige, was ich angeführt habe, noch nicht den Beweis dafür enthält, daß es wirklich so sein muß. Der vorige Redner hat uns auch an etwas erinnert, was wir nicht bei Seite legen, sondern wohl beachten wollen; er hat mit großer Wahrheit gesagt, — und dießmal bin ich mit seinen historischen Notizen ganz einverstanden, und es freut mich, es sein zu können, — daß wir am 28. Juni 1848 eine provisorische Centralgewalt geschaffen, für Krieg und Frieden aber, sowie überhaupt für Verträge mit auswärtigen Mächten das Einverständniß dieser Versammlung vorbehalten haben. Das ist sehr wahr, und wenn es sich heute darum handelte, so würde ich auch wieder ganz, wie damals, für jenen Beschluß stimmen, denn ich meine, wir haben damit vollkommen Recht gethan. Nun aber muß ich Sie auf den großen Unterschied zwischen damals und jetzt aufmerksam machen. Damals wußten wir, daß während der Dauer der provisorischen Centralgewalt auch die Nationalversammlung fortdauern und hier bleiben würde; man konnte uns also in jedem einzelnen Falle zu Rathe ziehen, und ich bin noch heute der Meinung, es wäre ein wahrer Luxus der Entsagung gewesen, wenn wir damals gesagt hätten: „Man kann uns allerdings fragen, aber wir wollen nichts damit zu thun haben, wollen einer provisorischen Centralgewalt gegenüber auf jede Mitwirkung verzichten.“ Dieses Vorübergehende, dieses Provisorische des bisherigen Zustandes bringe ich allerdings in Anschlag, und ich komme darauf zurück. Vorerst nur einige wenige Bemerkungen, die aus der Natur der Sache selbst fließen. Wenn alle die Verfassungen, die ich genannt habe, unbedenklich der Krone das Recht des Krieges und Friedens anheimgeben, so müssen Gründe dafür vorhanden sein. Zu diesen Gründen gehört, was die Kriegserklärung anlangt, daß, wie die Erfahrung zeigt, eine große zahlreiche Versammlung viel leichter zu einem übereilten Beschlusse sich hinreißen läßt, daß der Sturm der Leidenschaften das Staatsschiff unaufhaltsam weiter treibt, während eine kleine Anzahl von verantwortlichen Räthen der Regierung viel reiflicher überlegen wird, ob es Recht, ob es erlaubt, ob es zweckmäßig ist, und ob das Volk es gutheißen wird. Dieß Argument ist nicht m e i n Argument, es ist das Argument von Mirabeau, der selbst die Erfahrung gemacht hatte, daß durch die Macht der Rede die Herzen der Menschen wie Wasserbäche zu lenken sind. Es ist Mirabeau, der im Laufe jener denkwürdigen Woche, welche die erste französische Nationalversammlung dem Gegenstande gewidmet, — denn der Redner vor mir ist nicht der Erste, der der Welt seine Gedanken darüber dargelegt, — es ist Mirabeau, der in einer Rede, die die Sache entschied, diesen moralischen Grund hervorgehoben hat. Ich glaube, die spätere Erfahrung bestätigt es, eine große zahlreiche Versammlung wird möglicherweise eingreifende Beschlüsse sehr rasch fassen. Es ist, wie wir Alle wissen, sehr schwer zu widerstehen, es besteht ein magnetischer Rapport zwischen Nachbar und Nachbar, zwischen einer Bank und der andern; bei großartigen Entschließungen mag Niemand gern zurückbleiben. Aber wenn es sich darum handelt, die Mittel zu verwilligen zur Fortsetzung eines solchen Krieges, dann ist eine solche Versammlung nicht immer zu Hause; die Steuern mag man nicht gern erhöhen, also geht es an ein Schuldenmachen, und werden manchmal horrende Staatsschulden daraus. Die Hauptsache aber: Sie nehmen alle und jede Verantwortlichkeit hinweg, wenn Sie einer so zahlreichen Versammlung ohne Weiteres das Recht des Kriegs einräumen. Wenn es Ihnen wirklich um das Volk zu thun ist, wenn es Ihnen, wie ich nicht zweifle, ein Ernst ist mit der Theorie, welche das Urtheil über uns, seine Vertreter, stellt, so nehmen Sie nicht in Ihre Hand dieses ungeheure Recht. Die Verantwortlichkeit, die Sie dem Volke gegenüber haben, das ist eine rein illusorische, verglichen mit der Verantwortlichkeit welche die wenigen Räthe der Krone haben für Dasjenige, was sie gerathen oder mißrathen haben. Ich bin demnach dafür, daß dergleichen nicht durch Leidenschaft, sondern nach reiflicher Ueberlegung und unter Verantwortlichkeit der dabei Betheiligten entschieden werde. (Auf der Rechten: Sehr gut!) Was den Frieden anlangt, so ist es wohl kaum nothwendig, daran zu erinnern, daß es Fälle gibt, wo es wünschenswerth ist, den Augenblick einer Unterhandlung wahrnehmen zu können, die günstige Conjunctur nicht vorübergehen zu lassen. Mag immerhin der Vertrag Bedingungen enthalten, die der Berathung der Volksvertreter unterliegen, von entscheidender Wichtigkeit kann es dennoch sein, daß die Unterzeichnung zur rechten Zeit geschehe. Soll erst der Reichstag berufen werden, so kann es leicht sich zutragen, daß der günstige Augenblick versäumt wird. Das sind zwei Gründe, die ich Ihnen für viele andere geben will, aus welchen eine Unzuträglichkeit hervorgeht, wenn neben der Regierung zugleich der Volksvertretung das Recht des Kriegs und Friedens übertragen wird. Nun entsteht aber die Frage, ob die Uebel nicht noch größer sind, wenn Sie ausschließlich in die Hand der verantwortlichen Räthe der Regierung dieses Recht legen. Meine Herren! Ich habe das schon zugegeben für den Fall einer bloß provisorischen Regierungsgewalt, und bin noch immer der Meinung, daß wir damals recht thaten, uns die Mitwirkung vorzubehalten. Noch mehr: wenn ich mich erinnere, daß es noch zweifelhaft scheinen kann, ob die Oberhauptswürde in Deutschland sich vererben, oder ob sie jedesmal nur auf Zeit, oder wie es neulich witzig gesagt worden, auf Kündigung übertragen werden soll, so gestehe ich, daß mir Bedenklichkeiten aufsteigen. Wenn Sie nur auf Zeit die oberste Regierungsgewalt übertragen, dann fürchte ich, Sie gehen zu weit, wenn Sie ohne Weiteres das Recht des Kriegs oder Friedens in die Hand dieser Regierungsgewalt legen. Ich denke dabei weniger an jenes Argument eines amerikanischen Staatsmannes, der da meint, dem Erbkönig Großbritanniens, welcher mit den Staatsinteressen sich gänzlich identificire, sei das Recht des Krieges und Friedens ungefährlicher anzuvertrauen, als einem wechselnden, anderen Interessen vielleicht nicht unzugänglichen republikanischen Präsidenten. Ich, meine Herren, ich scheue vielmehr den regierenden Fürsten, wenn die Oberhauptswürde ihm nur auf Zeit verliehen werden sollte. Wenn Sie einem regierenden Fürsten auf kurze Zeit dieses Recht übertragen, so ist es sehr möglich, daß ihm das Interesse des vor und nachher von ihm regierten Einzelstaates näher liegt, als das allgemeine, das dynastische näher als das nationale; und das muß ich gestehen, wenn ich nicht entschlossen wäre, wie ich bei der ersten Lesung auch gethan, für ein erbliches Oberhaupt zu stimmen, ich würde mir zwei- und dreimal überlegen, was ich in Bezug auf das Recht von Krieg und Frieden zugeben könnte. (Auf der Linken: Hört! Hört!) Aber nachdem ich dieß aufrichtig ausgesprochen habe, so erlauben Sie mir nun, daß ich wieder auf Dasjenige zurückkomme, was alle Erfahrung zeigt, daß nämlich bei der Uebertragung an eine Regierung, die sich mit den Gesammtinteressen des Reiches identificiren kann, keine Gefahr gelaufen wird. Meine Herren! Ich wäre wohl begierig, wie einer der Herren von dieser Seite (zur Linken gewendet) als Minister es angreifen wollte, wenn er einen Krieg angefangen hätte, den Krieg fortzuführen, wenn dieß Haus es nicht will. — Ich kann nur soviel sagen, ein englischer Minister vermöchte das nicht. Ich will gern glauben, daß die Herren auf dieser Seite (zur Linken) Dinge möglich machen können, welche den englischen Ministern unmöglich sind, aber ich möchte wissen, wie? (Große Unruhe auf der Linken.) Wenn Sie mich erst hören, und nachher schreien, so wird es richtiger sein. Erlauben Sie mir, meine Herren, daß ich Ihnen zwei Beispiele aus der Geschichte anführe. Einmal das Beispiel von Pitt, der es nicht wagte, den Krieg gegen Frankreich zu erklären, bis er sich vorher mit den angesehensten Bürgern London's, denen man den Puls zuvörderst gefühlt, darüber verständigt hatte. Das war Pitt auf der Höhe seiner Macht. Ich erinnere Sie weiter daran, daß im dritten Jahrzehnt des vorigen Jahrhunderts ein anderer Minister, — es war Sir Robert Walpole, — endlich durch die öffentliche Stimme gezwungen worden ist, und gegen seine eigene bessere Ueberzeugung sich treiben und drängen ließ, einen ungerechten Krieg gegen Spanien zu beginnen. Er konnte nicht widerstehen, weil das Volk es wollte, und er Minister bleiben wollte, weil er ein kluger Kopf, aber ein schwacher Charakter war. Diese beiden Beispiele, selbst bei einer Verfassung, wo die Regierung der Form nach allein zu entscheiden hat, beweisen, daß die Regierung nicht in ihrem Interesse, und nicht nach Willkür entscheiden kann, und dieß wird, wo das constitutionelle System eine Wahrheit ist, auch in dieser Beziehung sich als eine Wahrheit erweisen. Soviel in Beziehung auf Krieg, und nur einige Worte in Beziehung auf Frieden. Ich meine, meine Herren, wir sind nicht blöde gewesen, als es sich darum handelte, die Fälle aufzuzählen, in welchen Staatsverträge mit Auswärtigen nur durch die Ratification dieses Hauses Gesetzeskraft erhalten sollen. Ich glaube selbst, wenn wir weniger in die Verfassung gesetzt hätten, als wir es gethan haben, daß auch hier der constitutionelle Grundsatz im Allgemeinen entscheidend sein würde. Sobald nämlich ein Staatsvertrag irgend etwas enthält, was, um ins Leben zu treten, eine Mitwirkung der Gesetzgebung nach der Verfassung voraussetzt, so muß wenigstens dieser Theil des Staatsvertrags erst der Volksvertretung vorgelegt werden. So ist es in England, ungeachtet es nirgends ausdrücklich geschrieben steht. Ist es doch bekannt genug, daß zur Zeit des Utrechter Friedens ein Handelsvertrag mit Frankreich nicht vollständig ins Leben treten konnte, weil das Parlament mehrere der betreffenden Clauseln durchfallen ließ. Wir haben selbst erlebt, daß die englische Regierung mit Oesterreich einen Handels- und Schifffahrtsvertrag geschlossen hatte, und daß ein österreichisches Schiff, das darauf gestützt, unter gewissen Bedingungen glaubte, in einem englischen Hafen frei verkehren zu dürfen, in die Kette gelegt ward. Die Bedingungen liefen der Schifffahrtsacte zuwider, es bedurfte mithin eines Gesetzes, um sie ins Leben treten zu lassen. Denn die Krone Großbritanniens kann wohl Verträge mit Auswärtigen abschließen, aber sie kann nicht der Verfassung derogiren. Das, meine Herren, sind einfache und praktische Beispiele; wenn Sie sich daran erinnern wollen, so wird es Ihnen gehen, wie mir; Sie werden es immerhin riskiren wollen, daß solche Reden gegen uns gehalten werden. Es werden auch Diejenigen nicht als die schlechtesten Freunde des Vaterlandes erkannt werden, die durch die Erfahrung und durch die Geschichte sich belehren lassen, mögen Andere, so fröhlich und so unbekümmert es ihnen beliebt, darauf herabsehen. (Bravo auf der Rechten und im rechten Centrum.)

Präsident: Es liegt hier ein schriftlicher Antrag auf Schluß vor von den Herren v. Breuning, Siemens, Schierenberg und Anderen; ich bringe ihn zur Abstimmung. Diejenigen Herren, die die Discussion über § 8 des vorliegenden Entwurfs geschlossen wissen wollen, ersuche ich, sich zu erheben. (Die Mehrheit erhebt sich.) Der Schluß ist angenommen. Der Herr Berichterstatter des Verfassungs-Ausschusses hat das Wort.

Beseler von Greifswald: Meine Herren! Der Redner, der zuletzt sprach, hat mir wenig zu sagen übrig gelassen. Aber aus demselben Gesichtspunkte möchte ich mehr, als er gethan hat, darauf aufmerksam machen, daß die Frage, die wir zu entscheiden haben, mehr eine Frage der Macht, als der Freiheit ist. Meine Herren! Wenn wir eine Diplomatie haben wollen, die im Stande ist, unsere nationalen Interessen dem Auslande gegenüber zu vertreten, dann, meine Herren, lassen wir sie wenigstens so ausrüsten, daß sie mit gleichen Waffen gegen das Ausland kämpfen kann. Das ist nur der Fall, wenn es dem Ausland wohl bekannt ist, daß den Erklärungen der Minister nicht bloß ihre Ansichten, die nachher wieder umgeworfen werden können, zu Grunde liegen, sondern daß sie die Macht der Entschließung, die Macht der That haben. Hüten wir uns wohl, daß wir der Energie des Regiments nichts vergeben. Wir sind in gefährlicher Lage, besonders im Verhältniß zu fremden Mächten, die ihre öffentliche Gewalt concentrirt haben, die in jeder Weise über Das, was zu Gebote steht, verfügen können. Ich erinnere Sie daran, daß Demosthenes den Athenienfern Vorwürfe machte ... (Lärm auf der Linken.) Meine Herren! Lassen Sie den Demosthenes in Ehren, — daß er also den Atheniensern Vorwürfe machte, wie sie ihre Politik auf offenem Markte trieben, während Philippus im Cabinette sitze und Entwürfe aussinne, um sie zur Unterwerfung zu bringen. Meine Herren! Lassen Sie uns nicht die Rolle der Athenienser übernehmen! Bedenken Sie, was für einen Eindruck es in Europa machte, als in England Canning an die Spitze der Geschäfte getreten war, und die Interessen England's in Portugal auf dem Spiele standen. Es mußte gehandelt werden. Eines Morgens schickte er die Regimenter nach Portsmouth, um sie nach Lissabon einzuschiffen, und erklärte Abends im Parlamente, daß es geschehen sei. Damit hatte England den Fehdehandschuh hingeworfen, aber es hatte seine Interessen gerettet. Wollen Sie einen Gegensatz, dann, meine Herren, studiren Sie die Geschichte des heiligen römischen Reichs deutscher Nation vom 16. Jahrhundert bis zum Jahr 1806. Meine Herren! Der Reichstag hatte das Recht, über Krieg und Frieden zu beschließen; aber Sie wissen auch, was die deutschen Reichskriege zu bedeuten hatten. Meine Herren! Es ist eine Frage der Macht, wie ich oben bemerkt habe, worüber wir zu entscheiden haben. Wenn wir unter der Zustimmung der Nation beschlössen, eine republikanische Regierung an die Spitze Deutschland's zu stellen, ich würde sagen, geben Sie ihr Macht, damit sie Deutschland würdig vertreten kann, denn Deutschland, meine Herren, über Alles. (Lebhaftes Bravo auf der Rechten und im Centrum.)

Präsident: Es ist die namentliche Abstimmung durch den Abgeordneten Rösler von Oels vorbehalten. Ich frage, ob dieser Antrag Unterstützung findet. (Es erheben sich mehr als 50 Mitglieder.) Der Antrag ist gehörig unterstützt. Ich bringe zuvörderst den Antrag der Majorität des Ausschusses, und für den Fall, daß er verworfen werden sollte, das Minoritäts-Erachten zur Abstimmung. Diejenigen Herren, die den Antrag der Majorität des Ausschusses:

„Der Kaiser erklärt Krieg und schließt Frieden,"

annehmen wollen, ersuche ich, bei dem Aufrufe ihres Namens mit Ja, und die Andern, die ihm nicht beitreten wollen, mit Nein zu antworten. Der Namensaufruf beginnt mit dem Buchstaben H.

Bei dem nunmehr erfolgenden Namensaufruf antworteten mit Ja:

Ahrens aus Salzgitter, v. Aichelburg aus Villach, Ambrosch aus Breslau, v. Amstetter aus Breslau, Anders aus Goldberg, Anderson aus Frankfurt an d. O., v. Andrian aus Wien, Anz aus Marienwerder, Arndt aus Bonn, Arneth aus Wien, Backhaus aus Jena, Barth aus Kaufbeuern, Bassermann aus Mannheim, Bauer aus Bamberg, v. Baumbach-Kirchheim aus Kassel, Becker aus Gotha, Becker aus Trier, v. Beckerath aus Crefeld, Bernhardi aus Kassel, Beseler aus Greifswald, Beseler (H. W.) aus Schleswig, Biedermann aus Leipzig, Blömer aus Aachen, Boch-Buschmann aus Siebenbrunnen, Bock aus Preußisch-Minden, Böcking aus Trarbach, Böcler aus Schwerin, v. Boddien aus Pleß, Bonardy aus Greiz, v. Bothmer aus Carow, Braun aus Bonn, Braun aus Cöslin, Brescius aus Züllichau, v. Breuning aus Aachen, Breusing aus Osnabrück, Briegleb aus Koburg, Brons aus Emden, Bürgers aus Köln, Burkart aus Bamberg, Carl aus Berlin, Clemens aus Bonn, Cnyrim aus Frankfurt a. M., Cornelius aus Braunsberg, Cramer aus Köthen, Dahlmann aus Bonn, Dammers aus Nienburg, Deecke aus Lübeck, Deetz aus Wittenburg, Degenkolb aus Eilenburg, Deiters aus Bonn, Döllinger aus München, Dröge aus Bremen, Droysen aus Kiel, Duncker aus Halle, Edmeier aus Paderborn, Edlauer aus Gratz, Egger aus Wien, Ehrlich aus Murzynek, Emmerling aus Darmstadt, v. Ende aus Waldenburg, Engel aus Culm, Esmarch aus Schleswig, Evertsbusch aus Altena, Falk aus Ottolangendorf, Fallati aus Tübingen, Federer aus Stuttgart, Fischer (Gustav) aus Jena, Flottwell aus Münster, Francke (Karl) aus Rendsburg, Freudentheil aus Stade, Friederich aus Bamberg, Fritsch aus Ried, Fritzsche aus Roda, v. Gagern aus Wiesbaden, Gebhard aus Würzburg, v. Gersdorf aus Tuetz, Gevekoht aus Bremen, Gfrörer aus Freiburg, v. Giech (Graf) aus Thurnau, Giesebrecht aus Stettin, Godeffroy aus Hamburg, Göden aus Krotoszyn, von der Goltz (Graf) aus Czarnikau, Gombart aus München, Gottschalk aus Schopfheim, Grävell aus Frankfurt an der Oder, Gravenhorst aus Lüneburg, Groß aus Leer, Grüel aus Burg, Grumbrecht aus Lüneburg, v. Grundner aus Ingolstadt, Gülich aus Schleswig, Gysae (Wilhelm) aus Strehlow, Hahn aus Guttstatt, Hallbauer aus Meißen, v. Hartmann aus Münster, Haßler aus Ulm, Haubenschmied aus Passau, Hayden aus Dorff bei Schlierbach, Haym aus Halle, Heimbrod aus Sorau, v. Hennig aus Dempowalonka, Herzog aus Ebermannstadt, Heusner aus Saarlouis, Hillebrand aus Pöls, Hirschberg aus Sondershausen, Hoffmann aus Ludwigsburg, Hofmann aus Friedberg, Hollandt aus Braunschweig, Houben aus Meurs, Hugo aus Göttingen, Jacobi aus Hersfeld, Jahn aus Freiburg an der Unstrut, Johannes aus Meiningen, Jordan aus Berlin, Jordan aus Gollnow, Jucho aus Frankfurt am Main, Junkmann aus Münster, Jürgens aus Stadtoldendorf, Kahlert aus Leobschütz, v. Keller (Graf) aus Erfurt, Kerst aus Birnbaum, v. Keudell aus Berlin, Kierulff aus Rostock, Kirchgeßner aus Würzburg, Kleinschrod aus München, Knarr aus Steyermark, Knoodt aus Bonn, Koch aus Leipzig, Kosmann aus Stettin, v. Kösteritz aus Elberfeld, Krafft aus Nürnberg, Kratz aus Wintershagen, Kuhnt aus Bunzlau, Kutzen aus Breslau, Lang aus Verden, Langerfeldt aus Wolfenbüttel, v. Lassaulx aus München, Laube aus Leipzig, Laudien aus Königsberg, Lausch aus Troppau, Lette aus Berlin, Leverkus aus Lennep, Lienbacher aus Goldegg, Lodemann aus Lüneburg, Löw aus Posen, Mally aus Steyermark, v. Maltzahn aus Küstrin, Mann aus Rostock, Marcks aus Duisburg, Marcus aus Bartenstein, Martens aus Danzig, v. Massow aus Karlsberg, Mathy aus Karlsruhe, Matthies aus Greifswald, Merck aus Hamburg, Metzke aus Sagan, Michelsen aus Jena, Mohl (Robert) aus Heidelberg, v. Mühlfeld aus Wien, Müller aus Sonnenberg, Münch aus Wetzlar, Mulley aus Weitenstein, v. Nagel aus Oberviechtach, v. Neitschütz aus Königsberg, Nerreter aus Fraustadt,

Neubauer aus Wien, Nicol aus Hannover, Nizze aus Stralsund, Nöthig aus Weißholz, Obermüller aus Passau, Oertel aus Mittelwalde, Ostendorf aus Soest, Osterrath aus Danzig, Ottow aus Labiau, Pannier aus Zerbst, Paur aus Augsburg, Pfeiffer aus Adamsdorf, Phillips aus München, Pieringer aus Kremsmünster, Plaß aus Stade, Plathner aus Halberstadt, Plehn aus Marienburg, Pözl aus München, v. Pretis aus Hamburg, Quante aus Ullstadt, v. Quintus-Icilius aus Fallingbostel, v. Radowitz aus Rüthen, Rahm aus Stettin, v. Raumer aus Berlin, v. Raumer aus Dinkelsbühl, Reichensperger aus Trier, Reindl aus Orth, Reisinger aus Freistadt, Reitmayr aus Regensburg, Renger aus böhmisch Kamnitz, Richter aus Danzig, Riegler aus mährisch Budwitz, Riesser aus Hamburg, Röben aus Dornum, Röder aus Neustettin, Römer, aus Stuttgart, Rößler aus Wien, Rüder aus Oldenburg, v. Sänger aus Grabow, v. Saltzwedell aus Gumbinnen, v. Saucken-Tarputschen aus Angerburg, Schädler aus Vaduz, Schauß aus München, Schenk aus Dillenburg, Schick aus Weißensee, Schierenberg aus Detmold, Schirmeister aus Insterburg, v. Schleusing aus Rastenburg, Schlüter aus Paderborn, Schmidt (Joseph) aus Linz, Schneer aus Breslau, Scholten aus Ward, Scholz aus Neisse, Schorn aus Essen, Schrader aus Brandenburg, Schreiber aus Bielefeld, Schreiner aus Gratz (Steyermark), v. Schrenk aus München, Schubert (Friedrich Wilhelm) aus Königsberg, Schubert aus Würzburg, Schultze aus Potsdam, Schwarz aus Halle, Schwerin (Graf) aus Pommern, Schwetschke aus Halle, v. Selchow aus Rettkewitz, Sellmer aus Landsberg a. d. W., Sepp aus München, Servais aus Luxemburg, Siehr aus Gumbinnen, Siemens aus Hannover, Simson aus Stargard, v. Soiron aus Mannheim, Sprengel aus Waren, Stahl aus Erlangen, Stavenhagen aus Berlin, Stenzel aus Breslau, Stieber aus Budissin, Streffleur aus Wien, Tannen aus Zielenzig, Teichert aus Berlin, Tellkampf aus Breslau, v. Thielau aus Braunschweig, v. Treskow aus Grocholin, v. Unterrichter aus Klagenfurt, Veit aus Berlin, Versen aus Nieheim, v. Vincke aus Hagen, Vogel aus Dillingen, Wachsmuth aus Hannover, Waitz aus Göttingen, Waldmann aus Heiligenstadt, Walter aus Neustadt, Wedekind aus Bruchhausen, v. Wedemeyer aus Schönrade, v. Wegnern aus Lyk, Weißenborn aus Eisenach, Wekbeker aus Aachen, Werner aus St. Pölten, Wernher aus Nierstein, Wernich aus Elbing, Wichmann aus Stendal, Widenmann aus Düsseldorf, Wiebker aus Uckermünde, Wiest aus Tübingen, Wiethaus (J.) aus Gummersbach, v. Wulffen aus Passau, Wurm aus Hamburg, Zachariä aus Bernburg, Zachariä aus Göttingen, Zell aus Trier, Zeltner aus Nürnberg, v. Zerzog aus Regensburg, Zittel aus Bahlingen, Zöllner aus Chemnitz.

Mit Nein stimmten:

Beidtel aus Brünn, Berger aus Wien, Blumröder (Gustav) aus Kirchenlamitz, Boczek aus Mähren, Bogen aus Michelstadt, Bresgen aus Ahrweiler, Caspers aus Koblenz, Christmann aus Dürkheim, Claussen aus Kiel, Cucumus aus München, Culmann aus Zweibrücken, Damm aus Tauberbischoffsheim, v. Dieskau aus Plauen, Dietsch aus Annaberg, Drechsler aus Rostock, Eckart aus Lohr, Edel aus Würzburg, Eisenmann aus Nürnberg, Eisenstuck aus Chemnitz, Engel aus Pinneberg, Englmayr aus Enns (Oberösterreich), Fallmerayer aus München, Fehrenbach aus Säckingen, Fetzer aus Stuttgart, Förster aus Hünfeld, Freese aus Stargard, Frisch aus Stuttgart, Fröbel aus Reuß, Geigel aus München, Gerlach aus Tilsit, Giskra aus Wien, v. Gladis aus Wohlau, Göbel aus Jägerndorf, Goltz aus Brieg, Graf aus München, Groß aus Prag, Grubert aus Breslau, Günther aus Leipzig, Gulden aus Zweibrücken, Hagen (K.) aus Heidelberg, Haggenmüller aus Kempten, Hartmann aus Leitmeritz, Hedrich a. Prag, Hehner aus Wiesbaden, Heisterbergk aus Rochlitz, Heldmann aus Selters, Hensel aus Camenz, Hentges aus Heilbronn, Heubner aus Zwickau, Hildebrand aus Marburg, Hofer aus Pfarrkirchen, Hoffbauer aus Nordhausen, Huber aus Linz, Jopp aus Enzersdorf, Jungbanns aus Mosbach, Kagerbauer aus Linz, Köhler aus Seehausen, Kollaczek aus österr. Schlesien, Kotschy aus Ustron in Mährisch-Schlesien, Kudlich aus Schloß Dietach, Künßberg aus Ansbach, v. Kürsinger (Ignatz) aus Salzburg, v. Kürsinger (Karl) aus Tamsweg, Langbein aus Wurzen, Liebmann aus Perleberg, Lindner aus Seisenegg, Löwe (Wilhelm) aus Calbe, Makowiczka aus Krakau, Mammen aus Plauen, Mandrella aus Ujest, Mareck aus Gratz (Steyermark), Marsilli aus Roveredo, Mayer aus Ottobeuern, v. Mayfeld aus Wien, Meyer aus Liegnitz, Minkus aus Marienfeld, Möller aus Reichenberg, Mölling aus Oldenburg, Mohl (Moriz) aus Stuttgart, Müller aus Würzburg, Nägele aus Murrhardt, Nauwerck aus Berlin, Neugebauer aus Luditz, Neumayr aus München, Pattay aus Steyermark, Paur aus Neisse, Pfahler aus Tettnang, Rank aus Wien, v. Rappard aus Glambek, Raus aus Wolframitz, Reinhard aus Boytzenburg, Reinstein aus Naumburg, Reitter aus Prag, Rheinwald aus Bern, Rödinger aus Stuttgart, Roßmäßler aus Tharand, Rühl aus Hanau, Scharre aus Strehla, Schiedermayer aus Vöcklabruck, Schlöffel aus Halbendorf, Schlutter aus Poris, Schmidt (Ernst Friedrich Franz) aus Löwenberg, Schmitt aus Kaiserslautern, Schneider aus Wien, Schoder aus Stuttgart, Schott aus Stuttgart, Schüler aus Jena, Schulz (Friedrich) aus Weilburg, Schulz aus Darmstadt, Schütz aus Mainz, Schwarzenberg aus Kassel, Simon (Max) aus Breslau, Simon (Heinrich) aus Breslau, Simon (Ludwig) aus Trier, Spatz aus Frankenthal, Stark aus Krumau, Strache aus Rumburg, Tafel aus Stuttgart, Tafel (Franz) aus Zweibrücken, Titus aus Bamberg, Trabert aus Rausche, Uhland aus Tübingen, Umbscheiden aus Dahn, Vischer aus Tübingen, Vogel aus Guben, Vogt aus Gießen, Vonbun aus Feldkirch, Wagner aus Steyr, Weber aus Neuburg, Weber aus Meran, Weiß aus Salzburg, Wiesner aus Wien, Wigard aus Dresden, Würth aus Sigmaringen, Ziegert aus Preußisch Minden, Zimmermann aus Stuttgart, Zitz aus Mainz.

Der Abstimmung enthielten sich:

Arndts aus München, Fügerl aus Korneuburg, Polatzek aus Weiskirch.

Abwesend waren:

A. Mit Entschuldigung:

Archer aus Rein, v. Bally aus Beuthen, Baur aus Hechingen, v. Beisler aus München, Bergmüller aus Mauerkirchen, Brentano aus Bruchsal, Cetto aus Trier, Christ aus Bruchsal, Czoernig aus Wien, Esterle aus Cavalese, Fuchs aus Breslau, v. Gagern aus Darmstadt, Gspan a. Innsbruck, Heckscher aus Hamburg, Helbing aus Emmendingen, v. Hermann aus München, Herzig aus Wien, Heubner aus Freiberg, Höchsmann aus Wien, v. Itzstein aus Mannheim, Käfferlein aus Baireuth, Kaiser (Ignatz) aus Wien, Kolb aus Speyer, Kuenzer aus Constanz, Leue aus Köln, Levysohn aus Grünberg, v. Linde aus Mainz, Löwel aus Hildesheim, Mevissen aus Köln, Mez aus Freiburg, Mittermaier aus Heidelberg, v. Möring aus Wien, Mohr aus Oberingelheim, Müller aus Damm, Neumann aus Wien, v. Neuwall aus Brünn, Overweg aus Haus Ruhr, Peter aus Constanz, Rassl aus Neustadtl in Böhmen, Raveaux aus Köln, v. Reden aus Berlin, Richter aus Achern, v. Rönne aus Berlin, Sachs aus Mannheim, Schaffrath aus Neustadt, Scheller aus Frankfurt a. d. O., Schlörr aus der Oberpfalz, v. Schlotheim aus Wollstein, v. Schmerling aus Wien, Schönmäckers aus Beck, Schüler (Friedrich) aus Zweibrücken, Schuler aus Innsbruck, Schultze aus Liebau, Stedmann aus Besselich, Stöcker aus Langenfeld, Stokinger aus Frankenthal, Thinnes aus Eichstätt, Tomaschek aus Iglau, v. Trützschler aus Dresden, Viebig aus Posen, Wesendonck aus Düsseldorf, Zimmermann aus Spandow.

B. Ohne Entschuldigung:

Achleitner aus Ried, Bauernschmid aus Wien, Benedict aus Wien, Bouvier (Cajetan) aus Steyermark, Buß aus Freiburg im Breisgau, v. Buttel aus Oldenburg, Coronini - Cronberg (Graf) aus Görz, Cropp aus Oldenburg, Demel aus Teschen, Detmold aus Hannover, Deym (Graf) aus Prag, Deymann aus Meppen, Dham aus Schmalenberg, Eckert aus Bromberg, Gritzner aus Wien, Haupt aus Wismar, Hergenhahn aus Wiesbaden, Höfken aus Hattingen, Hönniger aus Rudolstadt, Huck aus Ulm, Jordan aus Frankfurt am Main, v. Kalkstein aus Wogau, Kerer aus Innsbruck, Kohlparzer aus Neuhaus, Künzel aus Wolka, Laschan aus Villach, Lischnigg aus Klagenfurt, Löw aus Magdeburg, Maly aus Wien, Martiny aus Friedland, v. Mayern aus Wien, Melly aus Wien, Munchen aus Luxemburg, Naumann aus Frankfurt an der Oder, Petzer aus Bruneck, Pinckert aus Zeitz, Presting aus Memel, Prinzinger aus St. Pölten, Quesar aus Prag, Rättig aus Potsdam, Rapp aus Wien, Reh aus Darmstadt, Reichard aus Speyer, Reichenbach (Graf) aus Domeßko, Riehl aus Zwettl, Rösler aus Oels, Rothe aus Berlin, v. Rotenhan aus München, Rümelin aus Nürtingen, Schepp aus Wiesbaden, v. Scherpenzeel aus Baarlo, Schmidt (Adolph) aus Berlin, Schrott aus Wien, v. Somaruga aus Wien, Stein aus Görz, v. Stremayr aus Graz, Stülz aus St. Florian, Sturm aus Sorau, Tappehorn aus Oldenburg, Thöl aus Rostock, Trampusch aus Wien, Venedey aus Köln, Waldburg - Zeil - Trauchburg (Fürst) aus Stuttgart, Welcker aus Frankfurt, Welter aus Tünsdorf, Werner aus Oberkirch, Werthmüller aus Fulda, Winter aus Liebenburg, Wippermann aus Kassel, Wuttke aus Leipzig, v. Würth aus Wien, v. Wydenbrugk aus Weimar, Zum Sande aus Lingen.

Präsident: Der Antrag des Ausschusses über den § 8: „Der Kaiser erklärt Krieg und schließt Frieden," ist mit 262 gegen 136 Stimmen angenommen. — Wir gehen zu § 9 über. (Stimmen im Centrum: Vertagung!) Bei § 9 liegt außer dem Antrag des Ausschusses und dem Minoritäts-Erachten:

> „Sie schließt, ebenfalls in Uebereinstimmung mit dem Reichstage, Bündnisse und Verträge mit auswärtigen Mächten,"

nur ein Verbesserungs-Antrag des Abgeordneten Reisinger vor, nämlich zu § 9 den Zusatz zu machen, den ich jetzt verlese:

> „Hat ein deutscher Gebietstheil mit nichtdeutschen Landen dasselbe Staatsoberhaupt, so übt dieses das souveräne Recht der völkerrechtlichen Vertretung, des Krieges und Friedens, der Bündnisse und Verträge nur zu Gunsten der nichtdeutschen Lande aus."

Zu diesem Paragraphen haben sich zwei Redner einschreiben lassen, Moriz Mohl gegen, und Siemens für denselben. Meine Herren, ich frage, ob auf die Discussion des Paragraphen überhaupt eingegangen werden soll, und bitte die Herren, zu diesem Behufe die Plätze einzunehmen. Diejenigen Herren, welche auf die Discussion über den vorliegenden § 9 nicht verzichten wollen, ersuche ich, sich zu erheben. (Niemand erhebt sich.) Die Discussion ist abgelehnt, und damit auch der Antrag des Herrn Abgeordneten Reisinger, dem es an allen übrigen Unterschriften fehlt. Ich bringe also zunächst den Antrag der Majorität zur Abstimmung, eventuell das Minoritäts-Erachten. Diejenigen Herren, welche den Antrag des Ausschusses in § 9:

> „Der Kaiser schließt die Bündnisse und Verträge mit den auswärtigen Mächten ab, und zwar unter Mitwirkung des Reichstags, insoweit diese verfassungsmäßig vorbehalten ist,"

annehmen wollen, ersuche ich, sich zu erheben. (Die

Rechte und beide Centren erheben sich.) Der § 9 ist angenommen, und damit das Minoritäts-Erachten erledigt. — Ich gehe zu § 10 über, zu welchem keine Verbesserungs-Anträge vorliegen. Ich frage, ob über diesen § 10 discutirt wird? Diejenigen Herren, welche auf eine Discussion über § 10 des vorliegenden Entwurfes nicht verzichten wollen, ersuche ich, sich zu erheben. (Es erhebt sich Niemand.) Die Discussion ist abgelehnt. Ich bringe nun § 10 zur Abstimmung, eventuell das Minoritäts-Erachten:

„Alle Verträge nicht rein privatrechtlichen Inhalts, welche deutsche Regierungen unter sich oder mit auswärtigen Regierungen abschließen, sind der Reichs-Regierung zur Kenntnißnahme, und insofern das Reichsinteresse dabei betheiligt ist, zur Bestätigung vorzulegen."

Diejenigen Herren, welche den Antrag der Majorität zu § 10:

„Alle Verträge nicht rein privatrechtlichen Inhalts, welche deutsche Regierungen unter sich oder mit auswärtigen Regierungen abschließen, sind dem Kaiser zur Kenntnißnahme, und insofern das Reichsinteresse dabei betheiligt ist, zur Bestätigung vorzulegen,"

annehmen wollen, ersuche ich, sich zu erheben. (Die Rechte und die Centren erheben sich.) Der § 10 ist angenommen, und somit das Minoritäts-Erachten erledigt. — Auch zu § 11, meine Herren, liegt kein Verbesserungs-Antrag und keine Anmeldung von Rednern vor. Ich frage, meine Herren, ob über § 11 discutirt werden soll? Diejenigen Herren, welche auf die Discussion nicht verzichten wollen, ersuche ich, sich zu erheben. (Niemand erhebt sich.) Es wird also keine Discussion über § 11 statthaben. Ich bringe nun den § 11 zur Abstimmung. Diejenigen Herren, welche den Antrag des Ausschusses zu § 11:

„Der Kaiser beruft und schließt den Reichstag; er hat das Recht, das Volkshaus aufzulösen,"

annehmen wollen, ersuche ich, aufzustehen. (Die Rechte und die Centren erheben sich.) Der § 11 ist in dieser Fassung angenommen. — Auch bei § 12 liegt weder ein Verbesserungs-Antrag, noch eine Anmeldung von Rednern vor. Ich lege nun die Frage vor, ob die Discussion verlangt wird? Diejenigen, welche auf die Discussion über § 12 nicht verzichten wollen, ersuche ich, sich zu erheben. (Es erhebt sich Niemand.) Die Discussion ist abgelehnt. Ich beginne die Abstimmung mit dem Antrage des § 12, und dann gehe ich über zu den beiden Minoritäts-Erachten:

„Die Reichsregierung führt die Reichstagsbeschlüsse aus. Stehen nach ihrer Ansicht der Ausführung eines Reichstagsbeschlusses Bedenken entgegen, so sendet die Reichsregierung den Beschluß mit Angabe der Einwendungen an das Haus, von welchem der Beschluß an die Regierung gelangt war. Diese Zurücksendung muß binnen dreißig Tagen, von dem Tage der Uebersendung an gerechnet, erfolgen. Jedes Haus muß den gefaßten Beschluß einer nochmaligen Berathung und Schlußfassung unterwerfen. Wenn in jedem Hause bei einer Gegenwart von wenigstens der Hälfte der Mitglieder zwei Drittel der Stimmen sich für den Beschluß erklären, so gelangt der Beschluß an das Reichsoberhaupt, und muß von diesem als Reichsgesetz verkündet werden."

Und:

„Die Reichsregierung verkündet die vom Reichstage beschlossenen Gesetze, und erläßt die zur Vollziehung derselben nöthigen Verordnungen."

Diejenigen, welche die Fassung der Majorität:

„Der Kaiser hat das Recht des Gesetzvorschlages. Er übt die gesetzgebende Gewalt in Gemeinschaft mit dem Reichstage unter den verfassungsmäßigen Beschränkungen aus. Er verkündigt die Reichsgesetze, und erläßt die zur Vollziehung derselben nöthigen Verordnungen,"

annehmen wollen, bitte ich, sich zu erheben. (Die Rechte und die Centren erheben sich.) Der § 12 ist angenommen, und damit sind die beiden Minoritäts-Erachten erledigt. — Bei § 13 liegt zwar kein Verbesserungs-Antrag vor, es haben sich aber zwei Redner für diesen Paragraphen einschreiben lassen: Langerfeldt und Salzwedell. Ich frage, ob auf eine Discussion über den vorliegenden Paragraphen eingegangen werden soll? Diejenigen Herren, welche auf eine Discussion über § 13 nicht verzichten wollen, ersuche ich, sich zu erheben. (Niemand erhebt sich.) Die Discussion ist abgelehnt. Ich bringe nun § 13, eventuell beide Minoritäts-Erachten zur Abstimmung:

„Recht der Begnadigung. Eine Amnestirung, sowie das Verbot der Einleitung oder Fortsetzung einzelner Untersuchungen kann das Reichsoberhaupt (oder Kaiser) nur mit Zustimmung des Reichstages erlassen." (Zell, H. Simon. Wigard. Gülich. Schreiner.)

Im § 13 möge es statt „der Amnestirung" heißen: „Der Amnestirung bereits verurtheilter, nicht der noch zur Untersuchung zu ziehenden Verbrecher." (Scheller. Mittermaier. Wigard.)

Der § 13 lautet nach der Majorität:

„In Strafsachen, welche zur Zuständigkeit des Reichsgerichts gehören, hat der Kaiser das Recht der Begnadigung und Strafmilderung, sowie der Amnestirung. Das Verbot der Einleitung oder Fortsetzung einer einzelnen Untersuchung kann der Kaiser nur mit Zustimmung des Reichstages erlassen.

Zu Gunsten eines wegen seiner Amtshandlungen verurtheilten Reichsministers kann der Kaiser das Recht der Begnadigung und Strafmilderung nur dann ausüben, wenn dasjenige Haus, von welchem die Anklage ausgegangen ist, darauf anträgt. Zu Gunsten von Landesministern steht ihm ein solches Recht nicht zu."

Diejenigen Herren, welche die eben verlesene Fassung des § 13 annehmen wollen, ersuche ich, sich zu erheben. (Die Rechte und ein Theil der Centren erhebt sich.) Ich werde die Gegenprobe machen. Diejenigen Herren, welche die eben verlesene Fassung des § 13 nicht annehmen wollen, ersuche ich, sich zu erheben. (Auf der Linken und im linken Centrum erhebt man sich.) Der § 13 ist in der verlesenen Fassung angenommen. — Bei § 14 liegt weder ein Verbesserungs-Antrag, noch eine Meldung von Rednern vor. Ich frage, meine Herren, ob über § 14 eine Discussion stattfinden soll? Diejenigen Herren, welche auf eine Discussion über § 14 nicht verzichten wollen, ersuche ich, sich zu erheben. (Es erhebt sich Niemand.) Die Discussion ist abgelehnt. Ich bringe nun § 14 in der Fassung des Ausschusses zur Abstimmung. Diejenigen Herren, welche den § 14:

„Dem Kaiser liegt die Wahrung des Reichsfriedens ob,"

annehmen wollen, ersuche ich, sich zu erheben. (Die Rechte und beide Centren erheben sich.) § 14 ist angenommen. — Zu § 15 liegt ein Verbesserungs-Antrag des Herrn Reisinger vor, der dahin geht, zu § 15 folgenden Zusatz zu beschließen:

„Dem Kaiser von Oesterreich verbleibt, unbeschadet der militärischen deutschen Reichspflicht, die freie Verfügung über die Heeresmacht des deutsch-österreichischen Gebietstheiles zur Aufrechthaltung der Ordnung und Integrität der nichtdeutschen Lande. Dasselbe Recht steht dem Könige von Preußen in Bezug auf den polnischen Theil Polens zu. Ein Reichsgesetz bestimmt den Umfang und die Modalitäten dieses Rechtes." (Heiterkeit.)

Redner haben sich zu diesem Paragraphen nicht gemeldet. Ich bringe also zuvörderst die Frage zur Abstimmung, ob über § 15 discutirt werden soll. Diejenigen Herren, welche auf die Discussion des § 15 nicht verzichten wollen, ersuche ich, sich zu erheben. (Niemand erhebt sich.) Die Discussion ist abgelehnt, und damit auch der Antrag des Herrn Reisinger. Ich bringe also den § 15, und im Falle der Verwerfung, das erste Minoritäts-Erachten zur Abstimmung:

„Die Reichsregierung hat die Verfügung über die bewaffnete Macht,"

und demnächst das als zweites Minoritäts-Erachten vorgeschlagene Inserendum mit der Modification, daß es statt „Reichsregierung" heißen muß:

„Der Kaiser stellt die Reichsbeamten an, soweit nicht durch ein Reichsgesetz die Mitwirkung des Reichstags vorgeschrieben ist."

Ich bringe also den § 15, wie ihn die Majorität des Ausschusses festgesetzt hat, zur Abstimmung:

„Der Kaiser hat die Verfügung über die bewaffnete Macht."

Diejenigen Herren, welche diesen Satz annehmen wollen, ersuche ich, sich zu erheben. (Die Rechte und die Centren erheben sich.) Der § 15 ist angenommen, und damit das erste Minoritätserachten erledigt. — Ich bringe das zweite Minoritätserachten zur Abstimmung, das jetzt lautet, wie folgt:

„Der Kaiser stellt die Reichsbeamten an, soweit nicht durch ein Reichsgesetz die Mitwirkung des Reichstags vorgeschrieben ist."

Diejenigen Herren, welche diesen Vorschlag der Herren Schüler von Jena, H. Simon, Reh, Wigard, Ahrens annehmen wollen, ersuche ich, sich zu erheben. (Die linke Seite erhebt sich.) Der Antrag ist abgelehnt. — Wir kommen endlich zu § 16, zu welchem weder ein Verbesserungs-Antrag vorliegt, noch Redner angemeldet sind. Ich frage, ob über diesen Paragraph discutirt werden soll? Diejenigen Herren, welche auf die Discussion des § 16 nicht verzichten wollen, bitte ich, sich zu erheben. (Niemand erhebt sich.) Die Discussion ist abgelehnt. Ich bringe den § 16 erst in der Fassung der Majorität, und dann in der der Minorität:

„Die Reichsregierung übt das Recht der Oberaufsicht beziehungsweise der Verwaltung hinsichtlich derjenigen Anstalten und Einrichtungen aus, welche der Reichsgewalt übertragen sind,"

zur Abstimmung. § 16 lautet nach der Majorität:

„Ueberhaupt hat der Kaiser die Regierungsgewalt in allen Angelegenheiten des Reichs nach Maßgabe der Reichsverfassung. Ihm stehen als Träger dieser Gewalt diejenigen Rechte und Befugnisse zu, welche in der Reichsverfassung der Reichsgewalt beigelegt und dem Reichstage nicht zugewiesen sind.

Diejenigen Herren, welche den § 16 in dieser Fassung annehmen wollen, ersuche ich, sich zu erheben. (Die rechte Seite und die beiden Centren erheben sich.) § 16 ist angenommen, und damit das Minoritäts-Erachten beseitigt. (Ruf nach Vertagung.) Meine Herren! Die §§ 2 bis 16 einschließlich vom Abschnitte: „Das Reichsoberhaupt," sind hiernach durchgehends in der Fassung angenommen, wie sie Ihnen die Majorität des Ausschusses vorgeschlagen hat. Die heutige Tagesordnung wäre hiermit erschöpft. — Herr Vicepräsident Kirchgeßner wird Ihnen einige Urlaubsgesuche vortragen.

Vicepräsident Kirchgeßner: Meine Herren! Es liegen sechszehn Urlaubsgesuche vor, für welche die Majorität des Büreau begutachten zu sollen geglaubt hat. Sie sind folgende: Helbing auf 14 Tage; Levysohn auf 3 Wochen; Schönmäckers auf 14 Tage; Wernich auf 14 Tage; Schüler von Zweibrücken auf 4 Wochen; v. Reden auf 4 Wochen; Leue auf 3 Wochen; Fuchs auf 14 Tage; Thinnes auf 4 Wochen; Herzig auf 4 Wochen; Hoffmann von Ludwigsburg auf 14 Tage; Schmidt von Berlin auf 14 Tage; Höchsmann auf 20 Tage; Käfferlein auf 8 Tage; v. Kalkstein auf 3 Wochen; Scheller auf 14 Tage.

Präsident: Meine Herren! Wenn kein Widerspruch erfolgt, so sehe ich die Gesuche als genehmigt an. (Es erfolgt keine Einwendung.) — Die Mitglieder der 13. Abtheilung werden gebeten, gleich nach der Sitzung sich in der Nähe der Tribüne zu versammeln. — Der Verfassungs-Ausschuß wird heute Abend $5^1/_2$ Uhr, der Prioritäts- und Petitions-Ausschuß ebenfalls um $5^1/_2$ Uhr, der volkswirthschaftliche Ausschuß um 6 Uhr eingeladen. — Die nächste Sitzung ist morgen, Freitag, um 9 Uhr; Tagesordnung: Der Abschnitt des Verfassungs-Ausschusses: „Der Reichsrath," mit seinen sämmtlichen sechs Paragraphen. Ich würde auch den heute besprochenen Antrag des Herrn v. Würth auf die Tagesordnung gestellt haben, wenn nicht Herr v. Würth dessen Umarbeitung übernommen hätte. — Die heutige Sitzung ist geschlossen.

(Schluß der Sitzung 2 Uhr.)

Verzeichniß der Eingänge

vom 23. Januar 1849.

Petitionen.

1. (6358) Eingabe des constitutionellen Vereins in Rostock für die Wahl des Königs von Preußen zum deutschen Kaiser, eingereicht durch den Abgeordneten Tiedt von Rostock. (An den Verfassungs-Ausschuß.)

2. (6359) Eingabe gleichen Betreffs von der freundschaftlichen Versammlung der Bürger des Mittelstandes zu Hamburg, übergeben durch den Abgeordneten Godeffroy. (An den Verfassungs-Ausschuß.)

3. (6360) Eingabe gleichen Betreffs von vielen Bürgern zu Lübeck, übergeben durch den Abgeordneten Deeke. (An den Verfassungs-Ausschuß.)

4. (6361) Eingabe gleichen Betreffs von Bürgern und Einwohnern der Stadt Schleswig. (An den Verfassungs-Ausschuß.)

5. (6362) Eingabe gleichen Betreffs von dem Bürger-Vereine zu Gera. (An den Verfassungs-Ausschuß.)

6. (6363) Eingabe gleichen Betreffs von den Bürgern zu Großlöbichau, Bürgel und Lobeda. (An den Verfassungs-Ausschuß.)

7. (6364) Eingabe gleichen Betreffs von den Bürgern zu Pößneck im Herzogthum Sachsen-Meiningen. (An den Verfassungs-Ausschuß.)

8. (6365) Eingabe gleichen Betreffs von dem Bürger-Vereine der Stadt Königsee und Umgegend. (An den Verfassungs-Ausschuß.)

9. (6366) Eingabe gleichen Betreffs von dem constitutionellen Preußenvereine zu Wesel. (An den Verfassungs-Ausschuß.)

10. (6367) Eingabe gleichen Betreffs von dem Bürger-Vereine der Stadt Bromberg, überreicht durch den Abgeordneten Eckert. (An den Verfassungs-Ausschuß.)

11. (6368) Eingabe gleichen Betreffs von dem vaterländischen Vereine zu Dannenberg, überreicht durch den Abgeordneten Grumbrecht. (An den Verfassungs-Ausschuß.)

12. (6369) Eingabe gleichen Betreffs von dem deutschen Verein zu Elsterberg. (An den Verfassungs-Ausschuß.)

13. (6370) Eingabe von Bürgern zu Rothenbach (Würtemberg) für die Wahl des österreichischen Kaiserhauses zum Oberhaupte von Deutschland, übergeben durch den Abgeordneten Huck. (An den Verfassungs-Ausschuß.)

14. (6371) Gleiche Eingabe von Bürgern zu Aulendorf (Würtemberg). (An den Verfassungs-Ausschuß.)

15. (6372) Gleiche Eingabe von der Gemeinde St. Christina. (An den Verfassungs-Ausschuß.)

16. (6373) Gleiche Eingabe von Bürgern zu Waldstetten (Würtemberg.) (An den Verfassungs-Ausschuß.)

17. (6374) Gleiche Eingabe von Bürgern zu Hemmerdorf, übergeben durch den Abgeordneten Uhland. (An den Verfassungs-Ausschuß.)

18. (6375) Gleiche Eingabe von Bürgern zu Hirrlingen, übergeben durch Denselben. (An den Verfassungs-Ausschuß.)

19 (6376) Gleiche Eingabe von Bürgern zu Hailfingen, übergeben durch Denselben. (An den Verfassungs-Ausschuß.)

20. (6377) Gleiche Eingabe von Bürgern zu Hirschau, übergeben durch Denselben. (An den Verfassungs-Ausschuß.)

21. (6378) Gleiche Eingabe von vielen Bürgern zu Rottenburg am Neckar, übergeben durch Denselben. (An den Verfassungs-Ausschuß.)

22. (6379) Gleiche Eingabe von Bürgern zu Weiler, übergeben durch Denselben. (An den Verfassungs-Ausschuß.)

23. (6380) Gleiche Eingabe von Bürgern zu Rottweil. (An den Verfassungs-Ausschuß.)

24. (6381) Gleiche Eingabe von Bürgern zu Jaxtberg (Würtemberg). (An den Verfassungs-Ausschuß.)

25. (6382) Gleiche Eingabe von dem constitutionell-monarchischen Verein zu Augsburg. (An den Verfassungs-Ausschuß.)

26. (6383) Gleiche Eingabe von Einwohnern zu Rippissen. (An den Verfassungs-Ausschuß.)

27. (6384) Gleiche Eingabe von den Gemeinden Leinzell, Göppingen und Horn. (An den Verfassungs-Ausschuß.)

28. (6385) Protestation der Vaterlandsvereine zu Oederan, Görbersdorf, Memmendorf, Schönerstadt, Thiemendorf, Falkenau und Breitenau gegen die Wahl eines deutschen Kaisers, überreicht vom Abgeordneten L. Simon von Trier. (An den Verfassungs-Ausschuß.)

29. (6386) Protestation von Bürgern zu Froßburg gegen Einsetzung einer unverantwortlichen, definitiven Centralgewalt an die Spitze von Deutschland, übergeben durch den Abgeordneten Heisterbergk. (An den Verfassungs-Ausschuß.)

30. (6387) Eingabe von B. Hundeshagen zu Bonn, die Reichsoberhauptsfrage betreffend. (An den Verfassungs-Ausschuß.)

31. (6388) Zwei Petitionen von 147 Wahlmännern und Wählern des Wahlbezirks Gmunden in Oberösterreich, Zustimmung zu den §§ 2 und 3 der Reichsverfassung ausdrückend, überreicht durch den Abgeordneten Bauernschmid. (An den Verfassungs-Ausschuß.)

32. (6389) Eingabe des Volksvereins zu Kaiserslautern, die Reichsoberhaupsfrage betreffend, übergeben durch den Abgeordneten Schmitt von Kaiserslautern. (An den Verfassungs-Ausschuß.)

33. (6390) Adresse von Bewohnern der Stadt Schwanenstadt, des Wahlbezirks Vöcklabruck, namentlich der Pfarreien Frankenmarkt, Vöndorf, Frankenburg, Fornach, Zell am Attersee, Nußdorf, Ottnang (in Oesterreich), Zustimmung zu den §§ 2 und 3 der Reichsverfassung, sowie Tadel gegen jene achtzig österreichischen Abgeordneten aussprechend, welche gegen diese Paragraphen durch ein Programm sich ausgesprochen haben, übergeben durch den Abgeordneten Schiedermayer. (An den Verfassungs-Ausschuß.)

34. (6391) Eingabe des Vororts des nationalen Vereins für Deutschland, d. d. Kassel am 19. Januar 1849, für erbliche Uebertragung der deutschen Reichsgewalt an die Krone Preußen. (An den Verfassungs-Ausschuß.)

35. (6392) Eingabe von Bürgern zu Hannover, das Reichswahlgesetz betreffend. (An den Verfassungs-Ausschuß.)

36. (6393) Petitionen um Schutz und Förderung der vaterländischen Arbeit aus Köngernheim, Hahnheim, Zornheim, Budenheim, Pfitzligheim, Hochheim, Osthofen, Heßloch, Aesheim, Marburg, Schönau, Rehe, Homberg, Frohnhausen, Ludwigshütte, Wallau, Biedenkopf, Hatzfeld, Hadamar u. s. w., — sämmtlich überreicht von dem Ausschusse des allgemeinen deutschen Vereins zum Schutz der vaterländischen Arbeit zu Frankfurt am Main. (An den Ausschuß für die Volkswirthschaft.)

37. (6394) Petition der Gemeinde Boll, die Verwerfung des Zolltarif-Entwurfs der sogenannten Freihandels-Männer und die gesetzliche Sicherung des Schutzes deutscher Arbeit betreffend, — eingereicht durch den Abgeordneten v. Itzstein. (An den Ausschuß für die Volkswirthschaft.)

38. (6395) Petitionen, den Schutz der nationalen Arbeit und Production betreffend, von den Gemeinden St. Goarshausen, Wettmich, Ehrenthal, Kestert, Rettersheim, Lipporn, Strüth, Patersberg und Reichenberg (sämmtlich im Nassauischen gelegen). (An den Ausschuß für die Volkswirthschaft.)

39. (6396) Eingabe des industriellen Central-Vereins, d. d. Elberfeld den 14. Januar 1849, die gewerbliche Frage betreffend, überreicht durch den Abgeordneten Eisenstuck. (An den Ausschuß für die Volkswirthschaft.)

40. (6397) Petitionen um Schutz des vaterländischen Weinbaues aus Clotter, Lag, Linz a. R., Linzerhausen, Leubsdorf, Ockenfels, Casbach, Ohlenberg, Rech, Alteneje, Lauch, Brohl a. R., Creuzberg, Rheineck, Niederbreisig und Oberbreisig. (An den Ausschuß für die Volkswirthschaft.)

41. (6398) Eingabe des Vorstands der Kaufmanns-Compagnie zu Wismar, mittelst deren derselbe einen Entwurf zu einem Zolltarif für das vereinte Deutschland vorlegt. (An den Ausschuß für die Volkswirthschaft.)

42. (6399) Eingabe der großherzoglich badischen landwirthschaftlichen Unterrheinkreisstelle zu Wertheim, den der Reichsversammlung vorgelegten Entwurf zu einem Zolltarif für das vereinte Deutschland betreffend. (An den Ausschuß für die Volkswirthschaft.)

43. (6400) Eingabe gleichen Betreffs, von dem Stadtrathe und Bürger-Ausschusse zu Eßlingen. (An den Ausschuß für die Volkswirthschaft.

44. (6401) Eingabe gleichen Betreffs von dem industriellen Zweigverein des Thüringer Zollgebietes zu Gotha, überreicht durch den Abgeordneten Becker. (An den Ausschuß für die Volkswirthschaft.)

45. (6402) Eingabe des Comité's des Industrievereins für Wahrung der Montaninteressen zu Klagenfurt, mittelst deren dasselbe 600 Exemplare der bezüglich auf die Industrieen der beiden Metalle: Eisen und Blei abgegebenen detaillirten Darstellungen übersendet. (An den Ausschuß für die Volkswirthschaft.)

46. (6403) Petition der Bürger zu Winningen an der Mosel, um Schutz des vaterländischen Weinbaues. (An den Ausschuß für die Volkswirthschaft.)

47. (6404) Petition der Webermeister aus Gräfrath, Kreises Solingen, um Schutz der Nationalarbeit und baldigen Erlaß einer allgemeinen Gewerbeordnung, übergeben durch den Abgeordneten Arndt. (An den Ausschuß für die Volkswirthschaft.)

48. (6405) Protestation des Bürgervereins, Innungs- und Gesellenvereins zu Gotha und des Innungsvereins zu Ohrdruff gegen Einführung der Gewerbefreiheit und des Freihandelssystems, übergeben durch den Abgeordneten Becker von Gotha. (An den Ausschuß für die Volkswirthschaft.)

49. (6406) Zehn Petitionen, gegen Herabsetzung des Zolles auf ausländische Weine, aus Oppenheim, Schwabsburg, Mommenheim, Selzen, Wintersheim, Waldhilbersheim, Weinetsheim, Eimsheim und Lorzweiler, — sämmtlich im Canton Oppenheim, Provinz Rheinhessen, gelegen, — übergeben durch den Abgeordneten Wernher von Nierstein. (An den Ausschuß für die Volkswirthschaft.)

50. (6407) Petitionen, die Herstellung der deutschen Zoll- und Handelseinheit betreffend, aus Zwickau und Königstein. (An den Ausschuß für die Volkswirthschaft.)

51. (6408) Petition der Gemeinde Lewkow-Hauland, Kreises Adelnau, um Einverleibung in den deutschen Bund. (An den Prioritäts- und Petitions-Ausschuß.)

52. (6409) Eingabe des Bürgervereins zu Worms, die Einführung der dem deutschen Volke verbrieften Grundrechte in allen deutschen Staaten betreffend. (An den Prioritäts- und Petitions-Ausschuß.)

53. (6410) Dank- und Vertrauens-Adresse des Schullehrervereins zu Weißenburg. (An den Prioritäts- und Petitions-Ausschuß.)

54. (6411) Eingabe des Börsenvereins der deutschen Buchhändler zu Leipzig, die Rechtsverhältnisse der Literatur und des Buchhandels betreffend. (An den Prioritäts- und Petitions-Ausschuß.)

55. (6412) Abgeordneter Francke übergibt:

a) eine Adresse aus dem siebenten Wahldistrict des Herzogthums Schleswig,

b) sieben Adressen aus dem Amte Tondern, mit 640 Unterschriften,

sämmtlich für die Einverleibung des Herzogthums Schleswig in das deutsche Reich. (An den Prioritäts- und Petitions-Ausschuß.)

56. (6413) Eingabe des Comité's für die Vereinigung Anhalt's zu Einem Staate, zu Bernburg, mittelst deren dasselbe weitere Unterschriften zu der Petition um Vereinigung der Anhalt'schen Lande zu Einem Staate übersendet, überreicht durch den Abgeordneten Wedekind. (An den Prioritäts- und Petitions-Ausschuß.)

57. (6414) Eingabe der Bürger und Einwohner der Stadt Friedrichsstadt an der Eider, die Unzertrennlichkeit Schleswig-Holstein's betreffend. (An den Prioritäts- und Petitions-Ausschuß.)

58. (6415) Petition der Gemeinde Elptenfelde um baldige Vereinigung Anhalt-Bernburg's mit Dessau. (An den Prioritäts- und Petitions-Ausschuß.)

59. (6416) Sieben Adressen aus der Stadt Flensburg, betreffend die Einverleibung des Herzogthums Schleswig in das deutsche Reich, übergeben durch den Abgeordneten Francke. (An den Prioritäts- und Petitions-Ausschuß.)

60. (6417) Eingabe des Comité's für die Vereinigung Anhalt-Bernburg's, mittelst deren dasselbe die weiteren und letzten Unterschriften aus den entfernteren Gemeinden des Landes zu der Petition um Vereinigung der Anhalt'schen Lande zu Einem Staate übersendet. (An den Prioritäts- und Petitions-Ausschuß.)

Die Redactions-Commission und in deren Auftrag Abgeordneter Professor Wigard.

Druck von Joh. David Sauerländer in Frankfurt a. M.

Stenographischer Bericht

über die

Verhandlungen der deutschen constituirenden National-Versammlung zu Frankfurt a. M.

Nro. 160. Sonnabend den 27. Januar 1849. VII. 5.

Hundert und neun und fünfzigste Sitzung.

(Sitzungslocal: Paulskirche.)

Freitag den 26. Januar 1849. (Vormittags 9 Uhr.)

Präsident: Eduard Simson von Königsberg.

Inhalt: Verlesung des Protokolls. — Austrittsanzeige der Abg. Hentges und Haupt. — Antrag des Prioritäts- und Petitionsausschusses, Berichterstattung der Ausschüsse an die Nationalversammlung über den Inhalt der in ihr Ressort gehörigen und zu ihnen gelangten Petitionen betr. — Interpellation des Abg. Künßberg in Betreff seines Antrags auf Ernennung eines Ausschusses zur Revision des von dem Verfassungsausschuß vorgelegten Entwurfs der Reichsverfassung. — Berathung des vom Verfassungsausschusse vorgelegten Entwurfs: „der Reichsrath", Art. I, § 1—6. — Dringlicher Antrag des Abg. Ludwig Simon, die Aufhebung der gegen den Abg. Temme verhängten Haft betr. — Eingänge.

Präsident: Die Sitzung ist eröffnet. Ich ersuche den Herrn Protokollführer, das **Protokoll** der vorigen Sitzung zu verlesen. (Schriftführer Biedermann verliest dasselbe.) Ich frage, ob Reclamation gegen das Protokoll ist? (Es meldet sich Niemand.) Es ist keine Reclamation, das Protokoll ist **genehmigt**. — Ich bitte die Herren, ihre Plätze einzunehmen. — Der Abgeordnete, Herr Ludwig Hentges, Abgeordneter des achten würtembergischen Wahlbezirks Heilbronn-Neckarsulm zeigt für den ersten Februar seinen **Austritt** aus der Reichsversammlung an; die Erklärung geht an das Reichsministerium des Innern. — Der Abgeordnete Moritz Stöcker aus Langenfeld hatte am 21. December einen vierwöchentlichen oder einmonatlichen Urlaub verlangt und von der Nationalversammlung bewilligt erhalten; dieser Urlaub lief am 21. Januar ab. Inzwischen meldet sich hier in Frankfurt unter Production eines Rescripts der Regierungsbehörde von Mittelfranken der rechtskundige Bürgermeister von Erlangen, Herr Dr. Friederich Lammers, mit dem Bemerken, daß er durch Rescript des Staatsministeriums des Innern aufgefordert worden sei, sich als Vertreter des Herrn Stöcker an seine Stelle in die Paulskirche zu begeben. Ich bringe dieß zur Kenntniß der Versammlung in der Voraussetzung, daß sie genehmigen wird, wenn das Büreau bei dieser Lage der Dinge den sofortigen Eintritt des Herrn Lammers nicht genehmigen zu dürfen glaubt, da es von Herrn Stöcker selbst durchaus noch keine Mittheilung hat, daß er sein Mandat niedergelegt habe, und durch die Ueberschreitung des Urlaubs sich nur veranlaßt sehen kann, denselben zum Wiedereintritt in die Versammlung unter der geschäftsmäßigen Commination aufzufordern. Ich habe geglaubt, der Versammlung von diesem Vorgange Kenntniß geben zu müssen. — Herr Wurm hat das Wort verlangt für einen dringlichen **Bericht** des **Prioritäts- und Petitionsausschusses**.

Wurm von Hamburg: An Ihren Prioritäts- und Petitionsausschuß sind in den letzten Tagen eine Reihe von Eingaben gelangt, welche sich auf die Oberhauptsfrage beziehen. Sie sind, wie das in der Gewohnheit liegt, an den Verfassungsausschuß hinübergegeben worden, in dessen Händen ohne allen Zweifel sich bereits eine noch größere Anzahl von ähnlichen Eingaben befinden wird. Bei diesem Anlaß hat sich Ihr Ausschuß dahin vereinigt, in diese Versammlung den **Antrag** zu bringen, daß die verschiedenen Ausschüsse beauftragt werden möchten, der sämmtlichen vom Prioritätsausschusse oder vom Präsidium unmittelbar an sie überwiesenen Petitionen in ihren Berichten Erwähnung zu thun, und dadurch zugleich den Inhalt derselben zur Kenntniß dieses hohen Hauses zu bringen. Zur Begründung dieses Antrages wird es höchstens nur weniger Worte bedürfen, und auch diese, denke ich, werden nicht erforderlich sein; es hat vielmehr der Ausschuß geglaubt, daß es genügen wird, darauf zu verweisen, mit welchem Danke ähnliche von Herrn Lette für den volkswirthschaftlichen Ausschuß in Bezug auf sämmtliche, die Aufhebung der Feudallasten betreffenden Eingaben erstattete Berichte von der Versammlung entgegengenommen worden sind. Ich habe also im Namen des Petitionsausschusses jenen Antrag zu wiederholen und Sie zu ersuchen, daß der Zeitersparniß wegen in die Verhandlung darüber sogleich möge eingetreten werden.

Präsident: Ich muß zuvörderst fragen, ob die Versammlung den so eben gestellten Antrag für dringlich erkennt? Nur in dieser Voraussetzung könnte in die Discussion darüber eingetreten werden. Es wird also zunächst darüber abzustimmen sein. **Diejenigen Herren, welche den durch Herrn Wurm so eben erhobenen Antrag des Prioritäts- und Petitionsausschusses: „Die übrigen Ausschüsse dazu anzuweisen, daß sie der Reichsversammlung über den Inhalt der in ihr Ressort gehörigen und zu ihnen gelangten Petitionen Bericht erstatten," für dringlich erachten wollen,**

bitte ich, sich zu erheben. (Mitglieder auf allen Seiten erheben sich.) Die Dringlichkeit ist erkannt. Herr Waitz hat das Wort.

Waitz von Göttingen: Meine Herren! Es bezieht sich dieser Antrag, wie Herr Wurm gesagt hat, zunächst auf den Verfassungsausschuß. Ueber die Lage der Dinge in diesem Ausschusse hat schon früher einmal Herr Scheller an dieser Stelle Bericht erstattet; derselbe ist jetzt nicht anwesend, sonst würde ich ihm gern das Wort in dieser Angelegenheit überlassen haben. Es sind uns, wenn ich nicht irre, wenigstens drei Tausend Petitionen des verschiedenartigsten Inhalts überwiesen und dieselben sind eben Herrn Scheller zur Registrirung und Ordnung übergeben wurden. Derselbe hat auch fortwährend Verzeichnisse darüber drucken lassen, die eine ganze Reihe von Bogen ausfüllen. Wenn Sie aber vom Ausschusse noch etwas Weiteres verlangen, so muthen Sie ihm eine beinahe unmögliche, wenigstens höchst mißliche Arbeit zu. Ich glaube behaupten zu dürfen, daß der Verfassungsausschuß fortwährend sehr fleißig gearbeitet hat, nichts destoweniger können wir mit den Arbeiten der Versammlung jetzt kaum Schritt halten, wie Sie dieß z. B. heute bemerken werden, indem noch kein neuer Abschnitt der Verfassung sich in Ihren Händen befindet, wenn dieß auch, wie ich bei dieser Gelegenheit erklären will, morgen der Fall sein wird. Soll aber der Ausschuß über alle an ihn gelangten Anträge und Petitionen ausführliche Nachricht geben, ihren Inhalt weitläufig ausziehen und mittheilen, wie dieß in sehr dankenswerther Weise Herr Lette beim volkswirthschaftlichen Ausschuß gethan hat, so würden Tage und Wochen mehr erforderlich sein, um diese Berichte in Ihre Hände zu liefern. Ich meines Orts glaube, daß das Fortschreiten der Arbeiten viel wichtiger ist, als die Kenntnißnahme dieser Petitionen, und trage deßhalb darauf an, daß Sie dem Antrage des Herrn Wurm oder vielmehr des Petitionsausschusses keine Folge geben, sich vielmehr mit den Verzeichnissen begnügen, welche Sie bisher bekommen haben und die Sie auch ferner erhalten werden.

Eisenstuck von Chemnitz: Der Ausschuß, dem ich zu präsidiren die Ehre habe, ist in einer ähnlichen Lage. Es sind über einzelne Fragen eine Unmasse von Petitionen ihm überwiesen, die speciell noch nicht zur Kenntniß dieser hohen Versammlung kommen konnten. Wir haben im Ausschusse aber anders verfahren zu müssen geglaubt, als Herr Waitz vorschlägt. Wir haben uns verpflichtet gehalten, über die Massen von Petitionen, insofern sie sich auf einen wichtigen Gegenstand concentriren, soweit Referat zu erstatten, als nothwendig ist, um der Versammlung die Richtung und Meinung der Volksstimme, die sich über diese Frage ausgesprochen, zur Kenntniß zu bringen. In der Gewerbsfrage z. B. ist bereits ein umfänglicher Bericht bei uns vorbereitet, der in jeder Richtung die ausgesprochenen Ansichten beleuchtet. Sie werden dasselbe zu thun haben in Bezug auf die Tarif-Frage. Ich glaube, daß es denen gegenüber, die uns gesendet haben, eine unbestreitbare Pflicht ist, derartige Berichte zu geben, und ich ersuche Sie, Ihre Zustimmung dem Antrage des Hrn. Wurm zu geben.

Biedermann von Leipzig: Ich möchte für den Fall, daß Sie die Gründe des Herrn Waitz als dringend anerkennen sollten, mir wenigstens den eventuellen Antrag erlauben, daß diejenigen Petitionen und sonstigen Eingaben, die sich auf die noch nicht verhandelten oder den zur zweiten Verhandlung gestellten Theil der Verfassung beziehen, wie nämlich auf das Oberhaupt und die Reichsgewalt, daß diese Petitionen in ihrer Gesammtheit zusammengestellt und theils in Bezug auf die Anzahl ihrer Unterschriften und die Orte, woher sie kommen, theils auf das Wesentliche ihres Inhalts charakterisirt werden. Das ist eine fast nur mechanische Arbeit, diese kann unter Aufsicht eines Mitgliedes des Ausschusses vom Canzleipersonale vorgenommen werden, und das würde eine sehr zweckmäßige Uebersicht geben.

Goltz von Brieg: Im Namen des Ausschusses erlaube ich mir zu erklären, daß keineswegs die Absicht des Petitionsausschusses dahin ging, daß alle die Eingaben, welche einlaufen, in großer Ausführlichkeit dargelegt werden. Der Petitionsausschuß thut das allerdings mit den Eingaben, die an ihn gelangen, aber er ist der Ansicht, daß sowohl die Versammlung als die Einzelnen das Recht haben, zu verlangen, daß die Versammlung in Kenntniß von den Eingaben gesetzt werde, und daß die Petenten einen Ausweis hierüber erlangen. Es wird allemal angezeigt, daß die Eingaben dem Petitionsausschuß abgegeben sind; wenn sie aber den einzelnen Abtheilungen überwiesen worden sind, verschwinden sie ganz, und die Bittsteller und Antragsteller wissen nicht, was weiter mit ihnen geschehen ist oder ob sie bei den Vorlagen berücksichtigt sind. Es läßt sich bei den Texten und Gründen leicht machen, und die Arbeit wird dadurch nicht sehr vermindert werden, — daß in Anmerkungen oder Nachträgen der Eingaben die nöthige Erwähnung geschieht.

Präsident: Ich will zur Berichtigung des Herrn Goltz bemerken, daß, wenn Eingaben von dem Petitionsausschuß an andere Ausschüsse verwiesen werden, dieß allerdings durch den Druck bekannt gemacht wird, also auch zur Kenntniß der Versammlung und der betreffenden Petenten kommt. Herr Lette hat das Wort.

Lette von Berlin: Ich will nur ein Wort für den Antrag sagen. Sie wissen, es sind eine Menge Petitionen eingegangen, man erwartet Abhülfe dieser Beschwerden von diesem Hause. Eine solche Abhülfe kann nicht durch directe Maßregeln geschehen, sondern nur dadurch, daß gewisse allgemeine Grundsätze aufgestellt werden, wie dieß durch die Grundrechte und sonst schon geschehen ist. Es dient demnächst zur Beruhigung der Bittsteller, wenn sie den Zusammenhang dieser allgemeinen Grundsätze mit ihren Beschwerden, und wie diese allgemeinen Grundsätze zur Erledigung dieser letzteren führen werden, klar dargestellt sehen; im Interesse der Bittsteller würde ich es deßhalb für wünschenswerth halten, daß die Versammlung auf den Antrag eingehe.

Beseler von Greifswald: Das Verzeichniß der Petitionen, die bis jetzt schon ihrem Gegenstande nach erledigt sind, scheint mir genügend für dasjenige, was der Ausschuß bezweckt, und eine Arbeit rückwärts würde allerdings den Verfassungsausschuß sehr in Anspruch nehmen. In Beziehung auf den Antrag des Herrn Biedermann würde kein Hinderniß sein, dem Wunsche Folge zu geben, und der Verfassungsausschuß wird dafür Mittel und Wege finden, den Wunsch zu erfüllen.

Präsident: Ich bringe hiernach zuerst den Antrag des Prioritäts- und Petitionsausschusses, der sich auf die sämmtlichen bestehenden Ausschüsse bezieht, und falls der verworfen werden sollte, den eventuellen Antrag des Herrn Biedermann zur Abstimmung. Diejenigen Herren, die nach dem Antrag des Prioritäts- und Petitionsausschusses wollen, daß die sämmtlichen bestehenden Ausschüsse beauftragt werden, die ihnen, sei es von dem Petitionsausschusse, sei es von dem Directorium der Nationalversammlung unmittelbar, zugewiesenen Petitionen in ihren Berichten zu erwähnen, und dadurch der Versammlung Kenntniß zu geben, ersuche ich, aufzustehen.

(Mitglieder auf allen Seiten erheben sich.) Der Antrag des Petitionsausschusses ist angenommen, und damit der eventuelle des Herr Biedermann erledigt. — Ich erhalte eben noch eine Austrittsanzeige des Herrn Haupt, Abgeordneten des zweiten Mecklenburg-Schwerin'schen Wahlbezirks, der mit dem heutigen Tage sein Mandat niedergelegt hat. Ich lasse auch diese Anzeige an das Reichsministerium des Innern gehen. — Herr Künßberg hat vor der Tagesordnung das Wort zur Interpellation eines Ausschusses verlangt, ich gebe ihm das Wort.

Künßberg von Ansbach: Meine Herren! Die Interpallation, welche ich gegen den Schluß der Sitzung vom vorigen Dienstag gestellt habe, hat bis jetzt eine Beantwortung nicht zur Folge gehabt. Es bezog sich diese Interpellation, wie Sie wissen, auf den Antrag, den ich am 15. d. M. gestellt habe, und welcher die Wahl eines Verfassungs-Revisions-Ausschusses bezweckt. Es ist wohl einleuchtend, daß, wenn dieser Antrag irgend einen Erfolg haben soll, der Bericht hierüber früher erstattet werden muß, als bis zur zweiten Lesung der verschiedenen Abschnitte des Verfassungsentwurfes geschritten wird. Ich erlaube mir nun an das geehrte Präsidium die Anfrage, welchem Ausschusse mein Antrag zugewiesen worden ist, und sodann wollte ich bitten, es möchte von Seite des Präsidiums an diesen Ausschuß die Aufforderung erlassen werden, die Vorlage des Berichts so viel als möglich zu beschleunigen.

v. Soiron von Mannheim: Der Antrag ist an den Petitionsausschuß und von diesem an den Verfassungsausschuß gegangen, er wird in der Sitzung heute Abend erledigt werden.

Künßberg: Meine Herren! So eben vernehme ich, daß mein Antrag dem Verfassungsausschusse.... (Stimmen: dem Petitionsausschusse!) zunächst allerdings dem Petitionsausschusse mitgetheilt worden ist, aber jetzt will der Verfassungsausschuß darüber Bericht erstatten. Ich glaube nicht, daß dieß der rechte Ausschuß ist, welcher über einen Antrag, der die Revision seiner Arbeiten bezweckt, berichten kann. Ich bitte daher die hohe Versammlung, zu beschließen, daß der Antrag dem Petitionsausschusse wieder zurückzuweisen und von diesem ein Bericht über das Materielle desselben zu erstatten sei. (Heiterkeit.)

v. Soiron: Ich unterstütze diesen Antrag und bin der Ueberzeugung, daß vom Verfassungsausschuß nur ein ähnlicher Antrag gestellt werden könnte.

Präsident: Wir sollten also abwarten, was der Verfassungsausschuß darüber berichten wird. (Mehrere Stimmen: Wir könnten gleich abstimmen.) Man verlangt, gleich über die Frage abzustimmen. Aber, meine Herren, Sie können doch nicht beschließen, wie der Verfassungsausschuß beschließen soll, Sie müssen doch die Sache den geschäftsordnungsmäßigen Weg gehen lassen, es wäre denn, daß Sie gleich jetzt den Petitionsausschuß dazu autorisiren wollten, in die Materie der Sache einzugehen. Ist dagegen Widerspruch? (Es erfolgt keiner.) Dann ist die Angelegenheit damit erledigt. — Wir gehen zur Tagesordnung über. Auf der Tagesordnung steht die Berathung des von dem Verfassungsausschusse vorgelegten Entwurfs „der Reichsrath", Art. I § 1—6. Es ist nur Ein Antrag zu diesen sechs Paragraphen des Entwurfs vorgelegt, den ich jetzt verlese. Der Antrag ist gestellt von den Herren Arndts und Genossen, und lautet:

„Die Unterzeichneten beantragen zu § 1:

1) Den ersten Satz des § 1 unverändert anzunehmen;

2) anstatt des zweiten Satzes zu setzen, wie im Minoritätserachten:

Preußen, Oesterreich, Bayern, Sachsen, Hannover, Würtemberg und Baden ernennen dazu je 1 Mitglied, das achte die drei Hessen, das neunte Nassau, Luxemburg, Limburg und Braunschweig, das zehnte Schleswig Holstein, Lauenburg, beide Mecklenburg und Oldenburg, das elfte die thüringischen Fürstenthümer, Anhalt, die beiden Lippe, Waldeck (Hohenzollern, Lichtenstein), das zwölfte die vier freien Städte.

3) Der dritte Satz bleibt wie im Entwurf.

Zugleich wird getrennte Abstimmung über die drei Sätze beantragt."

Unterstützt von: Graf, Edel, Deymann, Lienbacher, Zum Sande, R. Vogel, Stülz, Eckert aus Loh-, Künßberg, Welcker, Obermüller, Polatzek, Kagerbauer, Braun, Kleinschrod, Tappehorn, v. Nagel.

Redner haben sich sowohl für eine etwa von der Versammlung zu beliebende allgemeine als für die besondere Debatte einschreiben lassen. Bei der allgemeinen Debatte gegen den Entwurf: die Herren Schütz, Buß, Eisenstuck, Rauwerck, Wedekind, v. Mühlfeld, Arndts, Heisterbergk und Schüler von Jena. Bei der allgemeinen Debatte für den Entwurf: die Herren Jahn, Welcker, Lette und Zachariä von Göttingen. Für die besondere Discussion gegen die §§ 1, 2, 3, 4, 5 u. 6 die Herren: Schütz, Buß, Eisenstuck, Rauwerck, Wedekind — mit dem Zusatz-Paragraph 1 eventuell, — Heisterbergk und Schüler von Jena. Für die besondere Discussion für die §§ 1, 4, 5 u. 6 Herr Jahn, für die §§ 1 u. 5 Herr Welcker, und für die §§ 1—6 Herr Lette. Bevor ich die Frage stelle, ob überhaupt in die Discussion über das vorliegende Capitel eingegangen werden soll, gebe ich Herrn Eisenstuck zu einer präjudiciellen Frage das Wort.

Eisenstuck von Chemnitz: Ich wollte nur ganz einfach bemerken: es ist ein präjudicieller Minoritätsantrag gestellt, der darauf geht, daß der ganze Reichsrath beseitigt werden möge. Ich glaube deßhalb, daß es wohl zweckmäßig wäre, zunächst eine Debatte über diese präjudicielle Frage, die zugleich eine allgemeine Debatte ist, eintreten zu lassen.

Beseler von Greifswald: Ich unterstütze ganz den Antrag des Herrn Eisenstuck, ich sehe aber darin nur eine Befürwortung der allgemeinen Debatte.

Präsident: Ich werde also zuvörderst fragen, ob auf die Debatte überhaupt verzichtet werden soll, und falls nicht verzichtet werden sollte, werde ich dann weiter fragen, ob eine allgemeine Debatte stattfinden soll oder nicht. Diejenigen Herren, welche auf die Debatte über das vorliegende Stück „der Reichstag" nicht verzichten wollen, ersuche ich, sich zu erheben. (Mitglieder auf allen Seiten erheben sich.) Die Discussion ist zugelassen. Diejenigen Herren, welche wollen, daß mit einer allgemeinen Discussion über die sämmtlichen Paragraphen des Artikels begonnen werde, bitte ich, aufzustehen. (Mitglieder auf allen Seiten erheben sich.) Ich gebe zuerst Herrn Schütz das Wort.

Schütz von Mainz: Meine Herren, indem ich das Wort verlange gegen den Reichsrath, bin ich nicht gesonnen, die Zwecklosigkeit dieses Instituts in Beziehung auf die Gesetzgebung Ihnen nachzuweisen. Das Minoritätserachten Ihres Ausschusses, der auf die vollkommene Weglassung der §§ 1—6 anträgt, hat diese Zwecklosigkeit so klar, so entschieden nachgewiesen, daß ich es wenigstens nicht versuchen will, noch etwas hinzuzufügen. Ich werde den Gegenstand bloß von dem politischen Standpunkte aus betrachten und untersuchen, ob dieses neue Institut nicht gleichfalls dazu dienen soll, in der neu zu errichtenden Verfassung das monarchische Princip gegen das demokratische, das volksthümliche Element zu unterstützen und zu kräftigen. Sie haben, meine Herren, in der letzten Woche bereits das Embryo des zukünftigen Oberhauptes in die Verfassung, in die Wiege der Zukunft Deutschlands niedergelegt; Sie haben es gestern getauft. Aber Sie haben in die Wiege Waffen genug gelegt, daß das Oberhaupt, wenn es einst besteht, kräftig genug auftreten kann gegen die Volksfreiheit. Sie haben dem Oberhaupte das Suspensiv-Veto gegeben, Sie haben an seine Seite ein Staatenhaus gestellt, Sie haben ihm das Recht eingeräumt, über Krieg und Frieden zu beschließen, Sie haben ihm noch das weit größere Recht gegeben, den Reichstag zu berufen und zu schließen, das Volkshaus aufzulösen, ohne irgend eine Maßregel anzuknüpfen, die uns sichern muß, daß das Reichsoberhaupt verpflichtet sei, den Reichstag binnen kurzer Zeit wieder zu berufen. Daraus geht hervor, daß das Reichsoberhaupt bis jetzt nur zu mächtig geschaffen wurde. Heute nun kommen wir an den letzten Punkt der zu schaffenden Gesetze für das Reichsoberhaupt. Sie wollen ihm einen Reichsrath beigeben. Allerdings könnte man sagen, daß dieser Reichsrath, wie er vorgeschlagen ist, von sehr unschuldiger Natur sei. Man könnte sagen, der ganze Artikel enthält nichts Anderes, als: der Reichstag ißt und trinkt zu Frankfurt und unterhält sich dann und wann über die Politik. Denn nach dem Antrag soll er nichts anders thun, als etwa zu gebende Gesetze zu begutachten. Ich frage Sie aber, hat man wirklich im Sinn, einen Reichsrath einzusetzen, der keine höhere Bedeutung, nicht einen größeren politischen Einfluß ausüben soll? Das Minoritätserachten, welches diesen Artikel verwirft, hat diese Besorgniß gleichfalls ausgesprochen. Es ist demnach, wie das Minoritätserachten es schon ausspricht, vorauszusetzen, daß in der Entwickelung unserer Einrichtungen man in dem Reichsrath künftig ein Mittel suchen wird, das monarchische Princip auf Kosten des demokratischen zu kräftigen. Man könnte aber behaupten, der Reichsrath habe keinen andern Zweck, als den einzelnen Staaten eine größere Garantie zu geben in der Entwickelung unserer neuen Verfassung. Aber von welcher Seite geht diese Garantie aus, für wen wird sie gegeben? sie wird sicher nicht den einzelnen Volksstämmen zugestanden sondern sie wird den einzelnen Monarchen, den einzelnen deutschen Fürsten gegeben. Es wird in diesem Reichsrathe wieder ein Collegium fürstlicher Interessen, fürstlicher Bedürfnisse und Zwecke bestehen. Und fügen Sie zu dem Allen noch, was bereits in der Verfassung zu Gunsten des monarchischen Princips niedergelegt ist, hinzu, so werden Sie auch finden, daß die Wagschaale ungleich ist, daß das monarchische Princip unendlich das demokratische überwiegt. Mögen Sie immerhin glauben, daß die wahre Staatsform der Demokratie noch nicht möglich ist; ich nehme an, daß es Ihre reinste Ueberzeugung ist, daß die republikanische Form noch nicht möglich sei, — dann werden Sie doch zugeben müssen, daß der demokratische Geist in die neue Welt eingetreten ist, daß er wie ein Strom durch Deutschland dahin fließt, wie der Rhein von den Alpen herab. Nun aber werfen Sie ihm zu so vielen Hindernissen noch ein neues entgegen; Sie setzen seinem Lauf einen neuen Damm entgegen; Sie werden dessen Strömung zwar aufhalten, aber nicht hindern können, daß der Strom mit unwiderstehlicher Gewalt den Damm durchbricht und Alles verwüstet, was Sie gegen ihn aufgebaut haben. Meine Herren! Ich will annehmen, daß alle Diejenigen, welche das constitutionelle System vertheidigen, welche in demselben die alleinige Zukunft der Entwickelung Deutschlands erblicken, sämmtlich das wahre reine constitutionelle System wollen. Ich will nicht untersuchen, ob es nicht Leute geben könnte, die das constitutionelle System nur insofern annehmen, als es ein neues Gehäuse, eine neue Hülle für die absolute Monarchie sein soll. Wollen Sie aber das wahre constitutionelle System, so müssen Sie zugeben, daß die fürstliche Gewalt, das monarchische Princip nur die Spitze sein kann. Die Spitze darf dann nicht mit solchem Gewicht auf der Grundlage lasten, daß diese unthätig, bedeutungslos wird. Das Wort „monarchische Constitution, constitutionelle Monarchie auf der breitesten Basis" ist in unserem deutschen Vaterlande seit der Märzrevolution so oft ausgesprochen und wiederholt worden; soll aber diese breiteste Basis nichts anderes sein, als die allerbreiteste Grundlage, die man einem Gebäude unterlegt, die aber nicht Theil nehmen kann am Leben, im Gebäude. Sollte das Volk nur dazu bestimmt sein, daß es das ganze Gebäude zu tragen hat, ohne seinen Willen geltend machen zu können? Wenn Sie dieses nicht wollen, indem sie das constitutionelle System annehmen, so dürfen Sie dem monarchischen Princip keine größere Macht geben, als Sie ihm bereits gegeben haben. Ich glaube, wenn Sie richtig untersuchen, so werden Sie auf die früheren Beschlüsse wieder zurückkommen und das monarchische Princip mit weniger Macht hinstellen, als es bereits dasteht. Thun Sie das aber nicht, so werden Sie in Deutschland einen Kampf hervorrufen, der auch in andern Ländern durchgeführt wurde. Diejenigen, welche heute das constitutionelle System und namentlich das monarchische Princip zu entwickeln und zu kräftigen suchen, scheinen der Ueberzeugung zu sein, daß die constitutionelle Monarchie der Welt des Eldorado eröffnen würde. Wir haben in der Discussion der vorigen Woche gehört, daß der Herr Unterstaatssecretär Bassermann seine Vertheidigung der constitutionellen Monarchie dadurch unterstützt und diese Staatsform dadurch dem Volke annehmbar machen wollte, daß er auf England, Frankreich und Belgien hinwies. Er hat uns gesagt: Die Geschichte zeigt von der constitutionellen Monarchie die schönsten Früchte auf, und diese schönsten Früchte findet er zunächst in Frankreich, denn er sagte: Frankreich hat seit dem Jahre 1789 die dreiundzwanzigste Verfassung, und warum? Herr Bassermann fand die Ursache dieses Unglücks darin, daß Frankreich keine constitutionelle Monarchie gehabt hätte. Ich glaube, der Herr Unterstaatssecretär hätte auf das Gegentheil schließen müssen. Frankreich hatte diesen dreiundzwanzigfachen Verfassungswechsel, weil unter diesen dreiundzwanzig Verfassungen viele constitutionelle Verfassungen waren. Die Constitution, welche aus der Revolution von 1789 hervorging, war eine constitutionelle Verfassung; im Jahre 1791 lebte die constitutionelle Verfassung in Frankreich, und warum wurde Frankreich nicht glücklich? Weil das monarchische Princip mit dem demokratischen Element, das in der Constitution niedergelegt war, nicht zufrieden war, weil es gegen dasselbe kämpfte, weil es suchte, die Monarchie in der That und die constitutionelle Monarchie nur im Scheine noch bestehen zu lassen. Die Constitution, welche Ludwig XVIII nach seiner Rückkehr gab, war sie nicht eine constitutionell-monarchische und warum kamen die Tage vom Jahre 1830? Weil das monarchische Princip nicht mit der constitutionellen Form sich einigen wollte, und weil das demokratische Element sich nicht in der constitutionellen Monarchie entwickeln konnte. Deßwegen wurde sie vom Strome der Demokratie im Jahre 1830 hinweggespühlt und deßwegen glaube ich, hätte der Herr Unterstaatssecretär Bassermann auf andere Schlüsse kommen sollen: Frankreich wurde trotz seiner 23 Regierungen nicht glücklich, weil von diesen 23 Regierungen fast alle gerade einen

Kampf des monarchischen Princips gegen das demokratische hervorriefen. Allerdings könnte der Herr Unterstaatssecretär einwenden: Frankreich habe auch republikanische Formen gehabt, und auch dieses System machte das Land nicht glücklicher. Aber warum? Weil wir im Kampfe leben, weil die beiden Principien einander widersprechen und stets und immer mit neuer Heftigkeit sich widerstreben. Hätten wir diesen Kampf durchlebt, und aus unserer Gesellschaft die Trümmer dieser monarchischen Vergangenheit hinweggespült, dann glaube ich, daß der Strom der Demokratie sich nicht mehr schäumend, und nicht stürmisch durch die Welt hinwälzen würde, sondern daß er ruhig und eben auf seinem Rücken das Glück der Völker trüge, während er jetzt gezwungen ist, in seinem Flusse an den Trümmern der Vergangenheit sich schäumend zu brechen. Dürfte ich den Herrn Unterstaatssecretär nicht auch fragen: war denn die Charte veritée, war die Constitution von Louis Philipp nicht auch eine monarchisch-constitutionelle Regierungsform, und warum wurde Frankreich nicht glücklich? Weil Louis Philipp, der aus den Barrikaden hervorgegangen war, doch nicht vergessen konnte, daß er ein Abkömmling einer monarchischen Familie ist. Daher kommt der Kampf Louis Philipp's gegen das demokratische Element in Frankreich, die Ursache der Februar-Revolution. Wenn Sie aber jetzt auf Frankreich hinweisen und sagen, Frankreich ist nicht glücklich geworden durch die Republik, so werde ich Ihnen erwidern: Warum ist es nicht glücklich geworden? Weil die Republik 18 Jahre zu spät kam; weil sie im Jahre 1830 durch den Einfluß derjenigen, welche Louis Philipp auf den Thron setzen wollten, vereitelt wurde. Damals handelte es sich bloß um politische Fragen, und Sie werden mir zugeben, daß damals die socialen Elemente, die heute eine neue Revolution beginnen, in Frankreich nicht vorhanden waren, daß man damals mit Leichtigkeit eine republikanische Regierungsform eingeführt hätte, weil es sich nur darum handelte, eine neue Staatsform einzuführen. Wäre das geschehen, so hätten alle demokratischen Bedürfnisse ihre Lösung gefunden, um auf gesetzlichem Wege sich in der Staatsform geltend zu machen, und statt des langen Kampfes des monarchischen Princips gegen die Demokratie hätten sie vom Jahr 1830 bis 1848 eine ruhige demokratische Entwickelung gehabt. Ich glaube also, daß der Herr Unterstaatssecretär Bassermann sich nicht auf das Beispiel von Frankreich berufen kann, um die Güte des constitutionellen Systems beweisen zu können. Er beruft sich auch auf England und sagt: England habe noch seine alte Verfassung, und England sei doch auch eine constitutionelle Monarchie rc." Ja, meine Herren, wenn England wirklich als constitutionelle Monarchie angeführt werden könnte, so könnte diese Berufung des Herrn Bassermann noch irgend ein Gewicht haben, aber untersuchen Sie England; ist es wirklich, was wir heute constitutionelle Monarchie nennen, glauben Sie, daß in England das Princip der Demokratie bereits in das Staatsleben aufgenommen ist; finden Sie nicht vielmehr, daß die englische Verfassung nichts anderes ist, als eine freisinnige Entwickelung der Aristokratie? Es ist in dieser Verfassung nur ein Element und dieses ist von oben bis unten vertreten; die Harmonie, die zwischen dem Monarchen, dem Ober- und dem Unterhause herrschen kann, kommt daher, weil alle Drei mit wenigen Ausnahmen dasselbe Interesse vertreten. Deßwegen haben Sie in dieser Form noch nicht den Kampf des demokratischen Princips mit dem monarchischen. Nehmen Sie an, daß die Chartisten in England einst in die Staatsform aufgenommen werden, ihre Vertreter in dem Unterhause haben, und dann können Sie überzeugt sein, wird der Kampf zwischen dem monarchischen und demokratischen Princip auch da beginnen; dann erst kann man England im Vergleiche zu Deutschland als Beispiel einer constitutionellen Monarchie anführen. Gewiß aber werden Sie mir zugeben, daß es eine Unmöglichkeit ist, wie Herr Bassermann wünscht, aus Deutschland eine constitutionelle Monarchie nach der Form Englands zu machen. Wollten Sie das, so müßten Sie vor Allem den größten Theil der Grundrechte aufheben, und dem Adel die Bedeutung wieder geben, die er noch in England hat. Darum dürfen wir uns nicht täuschen lassen, indem wir auf England hinblicken, sondern uns fragen, wie kann die constitutionelle Monarchie in Deutschland, wenn man sie in ihrer Wahrheit will, eingeführt werden. Gewiß nicht dadurch, daß man dem natürlichen Kampfe des monarchischen Principes gegen die Demokratie noch neue, künstliche Elemente in der Staatsform hinzufügt. Herr Bassermann hat sich ferner ... (Stimmen auf der Rechten und dem rechten Centrum: Zur Sache!) Ich glaube, ich bin bei der Sache. (Viele Stimmen auf der Rechten und dem rechten Centrum: Nein! nein! — Große Unruhe. — Stimmen auf der Linken: Ruhe!)

Präsident: Meine Herren! Ich bitte um Ruhe.

Schütz: Wir sind heute am letzten Punkt des constitutionellen Systems, es fragt sich, ob der Reichsrath in diesem Systeme am Platz ist. Man hat das ganze System dadurch unterstützt, daß man immer die constitutionelle Monarchie als die schönste, nöthigste und nützlichste Staatsform hinstellte, und wenn ich irgend einen Redner aus der Versammlung anführe, glaube ich das Recht zu haben, und wenn ich den Herrn Unterstaatssecretär anführe, so thue ich es, weil ich glaube, daß seine Worte durch seine Stellung für Manche einen größeren Einfluß haben können; ich glaube also, daß ich nicht von der Sache abgegangen bin. (Eine Stimme aus dem Centrum: Die Republik werden wir doch nicht einführen!) Beruft sich aber Herr Bassermann auf Belgien, so wünsche ich, daß ihm und Allen, welche Belgien als Beispiel anführen wollen, die Gelegenheit gegeben würde, sich dort Jahre lang aufzuhalten, wie diese Gelegenheit mir und Anderen wurde. Sie würden dann finden, daß trotz der demokratischen Verfassung Belgiens von 1831 bis 1846 der heftigste Kampf zwischen dem demokratischen Princip und dem monarchischen herrschte; Sie könnten sich dann durch eigene Anschauung überzeugen, daß in Belgien das monarchische Princip ebenfalls dahin strebte, seine Bedeutung zu vergrößern, und daß es in einem Institute, dem Senate, das Mittel fand, gegen die Wünsche und Bedürfnisse der Nation zu handeln; Sie würden dann erfahren, daß dieser Senat im Jahre 1841 beitrug, ein volksthümliches Ministerium, das in der Kammer die Majorität hatte, zu stürzen. Meine Herren, man sollte sich nicht auf das Ausland berufen, wenn man es nur aus Blättern kennt, welche von ihren Ländern so sprechen, wie die Oberpost-Amts-Zeitung von unsern Angelegenheiten. (Heiterkeit.) Ich glaube, wenn überhaupt die constitutionelle Staatsform in Deutschland von Nutzen sein kann, so ist dieß nur dadurch möglich, daß sie nie das demokratische Element in seiner Entwicklung beschränkt. Geben Sie dem demokratischen Element allen Spielraum, so verhindern Sie vielleicht den Zusammenstoß mit dem monarchischen; thun Sie es aber nicht, so können wir, die wir die constitutionelle Staatsform nicht wünschen, ruhig der Arbeit der Revolution zusehen; sie wird sich von selbst machen. Wir haben dann nichts dazu beizutragen: der demokratische Strom, den Sie aufhalten wollen, wird Ihr Werk hinwegreißen. (Beifall auf der Linken.)

Jahn von Freiburg an der Unstrutt: Sehr geehrte Versammlung! Nicht auf fremde Staaten und fremde Völker will ich Rücksicht nehmen, nicht, was ich aus alten und neuen Büchern hätte zusammenlesen können, vortragen, sondern ich halte mich rein an Deutschland. Wir bestehen bekanntlich aus vielen größeren, kleineren und mittleren Staaten, es ist keine Macht, die sie zusammerzwingen kann, daß eine Einheit daraus entstehe, weder eine staatliche noch eine volkliche. Wir haben das in den letzten Reden so viel gehört, daß in Deutschland nichts hängt, als ein Sonderzopf. Wie fangen wir es aber an, daß wir ihn wegbringen, daß wir ihn auskämmen? Er ist schon so viel ausgekämmt worden, aber er wächst immer wieder, es ist ein wahrer Weichselzopf. (Heiterkeit.) Wir müssen Schutz dagegen haben. Wir wollen uns betrachten als eine Gesellschaft von Actieninhabern, diese kommen zusammen, und da ist ausgemacht worden, daß derjenige, welcher viel Actien hat, auch viele Stimmen haben solle, und so haben wir das Staaten- und Volkshaus begründet, und das ist recht und löblich. Aber jetzt fehlt noch etwas, ich will es geradezu sagen, daß die dynastischen Interessen vertreten werden; denn sonst werden sie im Geheimen vertreten, sie sollen aber öffentlich vertreten werden, damit sie keinen Schaden thun. Wir haben ein Zwittergeschöpf, — ich meine nicht die ehrenwerthen Männer, sondern die Vollmacht, — es sind die Vertrauensmänner. Hier sitzen sie auch als Abgeordnete. Nun treten sie hier auf die Tribüne und sprechen; allein man weiß nicht, sprechen sie als Abgeordnete oder als Bevollmächtigte. (Zuruf: Sehr gut!) Wir wollen aber Ordnung haben. Laßt sämmtliche Dynastien ihre Vertreter haben, sie können in einem Collegium zusammen sein, da sind sie nicht schädlich. Diplomatie wird aber bleiben bis ans Ende der Tage, so lange Staaten und Völker miteinander verkehren müssen. Es soll nicht sein, was der preußische General von Hübnerbein 1814 vor der Eroberung von Mainz sagte. Er ließ seinen Spion herein kommen und sagte: „Lassen Sie mir den Diplomat herein kommen, und bemerkte: ein Spion ist ein Diplomat ohne das Prädicat Excellenz." (Heiterkeit.) Gegen das Minoritätserachten bin ich gradezu, das ist gar nichts, das ist wie im Sprüchwort: „Wasch mir den Buckel und mach' mir ihn ja nicht naß!" Wie sollen die Staaten von Anhalt zusammen wählen mit den thüringischen Staaten? Jeder Staat muß vertreten sein. Wir haben noch jetzt das Beispiel, daß die Staaten Bernburg und Cöthen-Dessau mit einander im Streite sind, sie schicken Deputationen hin und her nach Frankfurt und können sich nicht vertragen. Jede Dynastie muß daher vertreten werden im Reichsrath, aber öffentlich, nicht geheim und heimlich. Als Collegium kommen die Gesandten mit dem Reichsministerium zusammen und sagen, was sie wollen, da können sie nicht schädlich werden. Wir sind noch ein junges Volk im staatlichen Leben, wenn wir auch noch so alt geworden sind und lange gelebt haben. Die einzelnen Staaten sollen sich Rath beim Reichsministerium erholen, und dieses bei jenen. Schädlich kann es durchaus nicht sein, es ist nützlich, sogar nothwendig. Wie wollen Sie z. B. zwingen, daß Hannover dem deutschen Bunde beitrete, oder dem neuen deutschen Reich? Das kann so gut ein Staat sein, wie Portugal, und sogar der Fürst von Kniphausen, wenn er noch da wäre, könnte eben so gut einen europäischen Staat machen, aber kein Binnenland. Wenn Sie Deutschland fest und mächtig wollen und die dynastischen Sondergelüste geschwächt, so stimmen Sie für den Reichsrath, die Leute werden sich zufrieden geben; dann haben Sie offene Leute und das gibt Schutz und Stärke. Denken Sie sich, wir wären in Worms zu Luthers Zeit und Kaiser Karl wäre da mit allen Fürsten und Herren, da kamen die Herren selbst, später schickten sie ihre Gesandten, und dadurch ist der Reichsrath schlecht geworden; da sie einmal die Gewohnheit haben, daß Bevollmächtigte gesandt werden, so lassen sie solche offen auftreten, nicht heimlich, denn der schlimmste Wühler von Allen ist der diplomatische Wühler, — stimmen Sie für den Reichsrath! (Heiterkeit und Beifall.)

Buß von Freiburg: Ich werde für den Strich des ganzen Artikels IV stimmen, nicht als wenn ich die Interessen und die Beweggründe, auf welchen der Entwurf der Majorität des Verfassungsausschusses gebaut ist, nicht anerkennte, allein ich glaube, daß die Sorge für diese Interessen, das heißt die Sorge für den gesunden Particularismus nicht in einem besonderen Reichsrathe niederzulegen ist, sondern in die Construction des Staatenhauses. Wenn Sie das Staatenhaus, was ich sicher hoffe, bei der zweiten Lesung einer Aenderung unterwerfen, d. h. wenn Sie in dasselbe die großen Interessen der Nation legen, nämlich die Interessen des Landbaues, der Fabrikation und der Gewerbe, des Handels und der Wissenschaft — die Kirche will ich ausgeschlossen wissen, — wenn Sie diese hineinlegen, so sorgen Sie dann für den gesunden Particularismus und für diejenigen Interessen, welche, wenn die Regierungen ihre Pflicht thun wollen, auch zu gleicher Zeit die der Regierungen sind, aber einen besonderen Reichsrath zu bilden, halte ich für unzweckmäßig; auch läßt sich nicht leugnen, ist die Competenz desselben so unbestimmt gegeben, daß dieser Körper mit kluger Benutzung der Umstände sie sehr leicht erweitern könnte, wenn auch nicht auf dem Wege des Gesetzes, doch auf dem Wege der Sitte und des Geschäftsgebrauchs. Man sagt nun, daß vorzugsweise für eine den Interessen des Volkes entsprechende *Gesetzgebung* der Reichsrath nothwendig ist, damit nämlich die einzelnen Regierungen die Interessen, die sie in Bezug auf ihre Besonderheit haben, hier geltend machen können; die Motive der Vertheidiger des einen Minoritätserachtens haben aber sehr gut nachgewiesen, daß in solchen allgemeinen Collegien die specifischen Kenntnisse der Interessen nicht zu Hause sind; da muß man Sachverständige aus dem Volke nehmen, man muß um die wirklichen Interessen im Volke nachfragen in sogenannten Enquêten, in Folge der Ermächtigung der Reichsregierung, Commissionen zu berufen aus Sachverständigen, in Folge der Ermächtigung des Reichsministeriums, Zeugen aus allen deutschen Landen zu vernehmen. Auf diesem Wege nun glaube ich, ist viel besser gesorgt für diejenigen Rücksichten, welche die Gesetzgebung beleben müssen, wenn sie die wahren Interessen der Nation treffen sollen; allein mit Recht hat man entgegnet, daß nicht bloß zum Zwecke der Gesetzgebung, sondern auch zu Maßregeln der *Vollziehung* ein solcher Reichsrath nothwendig ist. Meine Herren! Es gibt Gesetze, die aus einem einzigen Artikel bestehen, z. B. in dem Land NN. soll von der Grenze N. bis zur Grenze N. eine Eisenbahn angelegt werden; allein die Frage, welchen Zug soll die Bahn nehmen, um dabei die Interessen des ganzen Landes, der einzelnen Provinzen und Ortschaften zu wahren, diese Frage, offenbar die der Vollziehung, ist ungeheuer wichtig, sie erfordert die genauesten speciellen Kenntnisse; dafür haben Sie nun nicht gesorgt in Ihrem Staatenhaus; Sie sagen, Sie sorgen deßwegen nicht dafür, weil die *Theilung der Gewalten* darunter leiden würde, wenn Sie einem Theile der Legislatur auch zu gleicher Zeit die Theilnahme an der Executive gewähren würden. Meine Herren! Die Nordamerikaner haben das besser verstanden, sie haben einem bloßen Schulbegriffe zu lieb nicht dieses ungeheuere Interesse bei der Vollziehung, die Stimmung des Volkes in der Theilnahme des Staatenhauses davon zu hören, aufgeopfert, sie haben gesagt: wir wollen die allerwichtigsten Vollzugsmaßregeln zu gleicher Zeit dem Senate vorlegen, und zwar nicht bloß der Entscheidung der einfachen Mehrheit, sondern von zwei Drittheilen. Meine Herren! Ich glaube, daß Sie bei der zweiten Lesung der Verfassung, das, was Sie erreichen wollten, durch den Reichsrath, durch eine neue Gliederung des Staatenhauses zu erwirken. Ich erachte den im Plan liegenden Reichsrath als einen Hemmschuh für das Gute, aber als keinen für das Schlimme. Es ist jedenfalls für eine in die deutsche Verfassung zu gliedernde Anstalt schon verhängnißvoll, daß sie nur bisweilen wirken solle, und selbst von ihren Vertheidigern als unschuldig erklärt wird. Aber abgesehen von den erwähnten Uebelständen Ihres Reichsraths stört derselbe die Einfachheit der ganzen Structur der Reichsverfassung; es ist gewiß nothwendig, daß wir in dieser Verfassung, welche nicht in allen Theilen, glauben Sie mir, auf den Willen des Volkes gebaut ist, die willige Zustimmung des Volkes dafür gewinnen. Legen Sie einen zu verwickelten Bau an, so findet sich das Volk nicht zurecht darin, und doch ist es nothwendig, daß das Volk sich rasch in das Haus hineinfinde, in welchem es, hoffe ich, Jahrhunderte glücklich wohnen soll. Meine Herren! Man hat so oft und bis zum Ueberdruß gesprochen in diesem Hause: wir wollen einen Dom bauen in unserer Verfassung; die alten Meister haben ihre Dome gebaut auf die einfachsten Grundlagen, sie haben es der Nachwelt überlassen, den Zopf daran zu hängen — wir wollen nicht schon im Anfang eine solche Verwickelung herbeiführen, ich wünsche, daß Sie auf den einfachsten Grundlagen diesen Bau aufführen; nur wünsche ich, daß Sie Luftlöcher anbringen, damit die freie Stimme der Nation dort hineinklingen, die belebende Luft des Volks einströmen könne. (Beifall auf der Linken.)

Welcker von Frankfurt: Meine Herren! Lassen Sie uns bei einer praktischen Frage den nächsten Gegenstand ins Auge fassen, worauf sich die gesetzliche Theorie beziehen soll. Wir haben mit einem Bundesstaate zu thun, daher weise ich ab alle die Einwürfe, die man gegen das Institut aus der Natur des einzelnen Staates vernimmt. Ich weiß wohl, daß man in den Einzelstaaten nicht bloß für, sondern auch Vieles gegen einen Staatsrath sprach, dennoch haben die Franzosen jetzt in ihrer neuen Verfassung ebenfalls wieder einen Staatsrath angenommen und ihm einen großen Wirkungskreis zugeschrieben. Bei einem Bundesstaat, meine Herren, kommt Alles darauf an, daß Sie die verschiedenen Theile desselben in eine freiwillige Vereinigung bringen. Da, wo Sie den Centralstaat haben, da ist überall das einfache durchgreifende Zwangsmittel viel wirksamer als in einem Bundesstaate. Wenn Sie, meine Herren, im Bundesstaate nicht immer bloß von oft ungeeignetem mechanischem Zwange ausgehen, sondern darauf hinwirken wollen, daß sich organisch und frei und gerne die verschiedenen, etwas getrennteren Theile zum Ganzen vereinigen, so werden Sie auch in die Organisation solche Mittelglieder legen, die zu dieser Vereinigung hinführen; das ist eben ein solcher Staatsrath. — Man betrachtet ihn als schädlich; ja, meine Herren, ich glaube zwei Parteien müssen den Reichsrath nicht besonders lieben: die Unitarier und die absoluten einheitlichen Republikaner; dennoch, meine Herren, wünschte ich, daß diese beiden sich die Frage vorlegten, ob es der rechte Weg wäre, wenn sie ihre Republik und ihre reine Centralmonarchie nicht durchsetzen können, daß sie das Gebäude, welches wir jetzt vorerst bauen, unterminiren, untergraben, in eine Desorganisation hineinführen, die uns einen inneren Krieg macht, wo dann vielleicht manches Andere herauskommen könnte, als der Einheitsstaat, und die allgemeine Republik. Der Monarchie hat der erste Redner den Reichsrath für förderlich gehalten, der Demokratie gefährlich. Ich weiß nicht, ob er sich klar gedacht hat, was er bei dieser Furcht aussprach; gesagt hat er es wenigstens nicht, was hier zu unterscheiden ist. Der Monarchie des Reiches, der Kaisergewalt, von der er gesprochen hat, die so ungeheure Rechte hat, das Recht der Auflösung, das Recht über Krieg und Frieden, das Recht der Staatsverträge &c., dieser Monarchie ist der Reichsrath nicht eben förderlich; er kann zwar, da ich auch der Ueberzeugung bin, daß der Reichsrath der Natur der Sache nach nur ein begutachtendes Votum hat, nur einen moralischen Einfluß ausüben; er ist allerdings kein absolutes Hemmniß gegen eine despotische Tendenz des Kaisers und seines Ministeriums; aber es ist doch ein moralisches Gegengewicht, das die Repräsentanten, der sämmtlichen Bundesstaaten bei einem gefährlichen System, bei gefährlichen Plänen ausüben können, zumal wenn das Parlament abwesend ist. Sein Gutachten soll der Reichsrath diesen gefährlichen Wegen entgegensetzen. Der Demokratie ist dieser Reichsrath, meine ich, gar nicht gefährlich: die Demokratie in einem Bundesstaat fordert, daß auch die demokratischen Elemente in den einzelnen Staaten einige Geltung erhalten, weil sie besondere Interessen in Bayern, Preußen, Hannover haben. Wenn z. B. davon die Rede ist, das Geld auszugeben für große Unternehmungen, Kanäle, Eisenbahnen u. s. w., wenn davon die Rede ist, Krieg oder Frieden zu machen, so ist es wohl der Mühe werth, daß man die Interessen der Bürger, von deren Geld bezahlt wird, mit deren Blut der Krieg geführt wird, vertreten lasse; also absolut gegen die Demokratie ist diese Einrichtung nicht; ist aber, wie der Redner gesagt hat, die Demokratie ein so gewaltiger Alpenstrom in unsern gegenwärtigen Zeiten, dann ist es ja zu fürchten, daß, wenn wir eine nicht rein demokratische Verfassung gemacht haben, diese Alles überfluthet; so lassen Sie also noch den kleinen moralischen Damm einer Berathung des gesammten Vaterlandes und seiner Interessen von dem Standpunkte der einzelnen Bundesglieder zu, und es wird nicht zu befürchten sein, daß diese allmächtige Demokratie, dieser Alpenstrom aufgehalten oder wegen entgegenstehenden Felsen zerstörend werde, durch das Gutachten des Reichsraths. Dagegen gestehe ich allerdings, ist der Reichsrath in einer gewissen Weise fürstlich und monarchisch, obwohl der Fürst in dem Bundesstaat zunächst nicht sein dynastisches Interesse vertritt, wenn er ein würdiger Fürst ist, sondern das Wohl des ihm anvertrauten Stammes und in Beziehung auf diese Vorstände der einzelnen Staaten, die bei uns Monarchen sind, ist allerdings der Reichsrath einigermaßen förderlich und günstig dem fürstlich-monarchischen Ansehen; er gibt den Fürsten zwar keine gefährliche Gewalt, aber er vergrößert ihr moralisches Ansehen, da sie allein durch den Reichsrath ein Wort in den allgemeinen Angelegenheiten des Vaterlandes erhalten. Meine Herren! Ich glaube aber, daß, wenn Sie wirklich ein dauerhaftes solides Gebäude aufrichten wollen, wenn Sie die Interessen der einzelnen Fürsten und ihrer Volksstämme durch ein gleich friedliches Verhalten vereinigen wollen, für die Gesammtaufgabe Sie dieselben nicht feindselig verfolgen, nicht ihnen Mißtrauen entgegensetzen, dieselben nicht ausschließen dürfen. Ich gestehe, wenn ich so gehört und gelesen habe, die Vertheidigung des monarchischen Princips, daß das in der constitutionellen Form in unserm Bundesstaate stattfinden soll, wenn ich die wahrhaft vortreffliche Ausführung namentlich Dahlmann's in seiner Vorrede zu dem Entwurf der Siebenzehner, wenn ich seine in dieser Beziehung vortreffliche Rede gehört habe, so ist mir immer ganz wunderlich zu Muth gewesen. Hier vernahm ich, daß man ein Gewicht legt auf das alte historische Band zwischen dem Volke und seinen alten Fürstengeschlechtern; den Wittelsbachern, den Zähringern, auf die natürliche Lebenswärme, mit welcher die treue Anhänglichkeit und Pietät für den Erbfürsten den Staat durchdringe. Ich habe mich gewundert, wenn ich von der heiligen Achtung dieser alten ins Leben gewachsenen Pietät und Liebe gehört habe, wenn ich von der Wärme gehört habe, die durch diese Anhänglichkeit an die erblichen Fürsten das Staatsleben durchdringen soll, wenn man bei unserm Verfassungswerk das monarchische Element, diese alte Liebe und Treue, wo sie verwachsen, mit dem historischen Leben besteht, durchaus mit Füßen tritt, ja man ihm nicht einmal das Recht einer Stimme da gibt, wo es sich um gemeinschaftliche Angelegenheiten handelt, und daß man Alles concentriren will auf diese neue Schöpfung, die neue Kaiserkrone, das Werk unserer Hände, die aber in dem Sinne von Seiten des monarchischen Pincips, wie es da aufgefaßt wird, noch gar nicht die alte Liebe, Treue und Pietät hat und haben kann. Es wird in dieser Beziehung gehen, wie es bei den ächten Aristokraten geht gegenüber dem neugebackenen Adel. Auf diesen halten sie nichts, und das Alte, wenn es zerstört ist und täglich herabgewürdigt und mit Füßen getreten wird, auf das wird auch nichts mehr gehalten. Es ist das der allerrepublikanischste, der demokratischste Weg, um das monarchische Princip zu zerstören. Wer das monarchische Princip zerstören will, der mag da, wo es sich darum handelt, diese Fürsten als Vertreter ihrer Stämme in gemeinschaftlichen Angelegenheiten auch ein Wort mitreden lassen, dieselben ausschließen; wer aber das monarchische Princip wahrhaft liebt, der muß diese moralische Achtung der Fürsten und Vorstände der einzelnen Volksstämme schonen und pflegen. Ich glaube, der Verfassungsausschuß hat dieß mit im Auge gehabt und er hat wohl daran gethan, denn ich glaube, so lange diese Monarchien in Deutschland bestehen, müssen wir eine freiwillige Einigung im gemeinschaftlichen Werke wünschen. Dann wird es Kraft haben. Sie werden mir aber auch zugeben, daß es wirklich nicht so unnöthig ist, daß der Reichsrath die geringen Functionen erhalte, denn ich zweifle daran, ob Herrn Buß's Vorschlag angenommen werden wird, daß das ganze Capitel vom Staatenhaus geändert werde. Wenn das wäre, dann ließe sich davon sprechen, aber es ließe sich auch erst fragen, ob eine solche Aenderung des Staatenhauses wünschenswerth sei. In Amerika, meine Herren, hat das Staatenhaus die Functionen, die man hier dem Reichsrath beilegt. Aber es hat sie mit absolut entscheidender Gewalt, bei Krieg und Frieden, bei Staatsverträgen, bei Anstellung der Gesandten und der wichtigsten Beamten der Republik. Dort ist das Staatenhaus der Repräsentant der Einzelstaaten und mit entscheidender Stimme. Meine Herren, so ist es nicht bei uns. In Beziehung auf die Vollziehungsgewalt hat unser Staatenhaus gar keine Rechte, nicht einmal das Recht eines Rathes, und ich glaube, es waren wichtige Gründe da, dem Staatenhause nicht die Befugnisse zu geben, die es in Amerika sonst hat. Diese Gründe beruhen hauptsächlich darin, daß unsere Staaten ein zu großes Mißverhältniß in der Größe haben. In Amerika hat jeder Staat, klein oder groß, zwei Repräsentanten im Senat und zwei Repräsentanten werden für jede Sitzung ernannt. Dort, meine Herren, war dieß möglich. Bei uns wird es unmöglich sein, einem Hohenzollern-Sigmaringen, Lichtenstein eben so viele Stimmen im Staatenhause oder etwa nur eine zu geben und ebenso Oesterreich und Preußen nur eine. Man mußte daher eine ganz andere Combination des Staatenhauses wählen. Man machte aus dem Staatenhause eine Art Oberhaus, ganz anders wie in dem Bundesstaate, eine Art Oberhaus im Sinne der Einzelstaaten. Man ließ zwar wählen mit Rücksicht auf die Größe der einzelnen Mitglieder. Aber diese Mitglieder treten in der Zahl eines großen Körpers zusammen. Diese Mitglieder sind durchaus nicht mehr abhängig von den Instructionen der einzelnen Staaten, keine Vertreter der Regierungen. Diese Mitglieder sind, da die Kammer nicht auflösbar ist, durchaus von dem Interesse der Einzelstaaten nicht die vollständig treuen Repräsentanten, sondern der Gesammtinteressen des Vaterlandes. So ähnlich, nur nicht vielleicht ganz in der Ausdehnung wie beim Volkshause, ist das Staatenhaus organisirt. Also hier müssen Sie, wenn Sie den großen Aufgaben, den großen Forderungen Rechnung tragen wollen, wenn Sie der Staatsweisheit der Nordamerikaner Rechnung tragen wollen, als Supplement des Staatenhauses den Reichsrath annehmen, wenn Sie nicht ein Mittelglied im Körper fehlen lassen wollen. Ich bin übrigens ganz der Ansicht, die Herr Jahn hier ausgesprochen hat. Die Geschäftsträger der einzelnen Regierungen bei der Centralgewalt können der Natur der Sache nach nie fehlen, sie müssen und werden da sein. Sie werden aber als Vertreter ihrer Höfe sich Einfluß verschaffen, sie werden Intriguen anspinnen. Es wird nicht so sein, als wenn in Gegenwart des Reichsministeriums eine offene Berathschlagung collegialisch stattfände. Das ist der Segen des Collegiums, daß es die reinen Einzelintressen unterordnet unter das Gesammtwohl, sie ausgleicht mit demselben. Der Segen des Collegiums ist der Gemeingeist. Wenn aber die Bevollmächtigten hier oder dort auf den Minister bloß allein und geheim wirken, so ist es eine große Verkehrtheit Das bedarf wohl, meine Herren, keiner Ausführung weiter. Wenn Sie bedenken, welche große Verschiedenheit der Interessen der Staaten hier in Betracht kommen können, werden Sie einräumen, daß es gut ist, daß diese Staaten vor dem Beschlusse gehört werden. Wenn Sie nachher gehört werden, wenn Proteste einlaufen, wenn sich dann die Schwierigkeit zeigt, in wiefern eine Maßregel für Bayern verderblich, wenn auch für die Anderen gut ist, dann gibt es Mißstimmung hier und dort, und es kann nicht mehr geholfen werden. Meine Herren, wollen Sie die Natur des Bundesstaates, so organisiren Sie den Bundesstaat naturgemäß; machen Sie einen wahren freien Organismus daraus, damit Sie nicht mit mechanischen Mitteln diese oder jene Bewegung hervorbringen müssen, damit Sie nicht durch Zangen ersetzen müssen, was Sie nicht durch organische Gliederbewegung hervorbringen können. Und dazu, um einen gesunden organischen Bundesstaat zu machen, müssen Sie den Reichsrath haben. Er ist zwar nicht etwas so ganz Außerordentliches, materiell Entschiedenes, aber doch ein sehr beruhigendes, versöhnendes, kräftigendes, wohlthätiges Verhältniß. Zu fürchten haben Sie ihn ohnedem nicht, da er bloß gutachtlichen Rath zu ertheilen hat. Wer den Körper desorganisiren will, wer daran arbeitet, daß die Fürsten zu Grunde gehen sollen, wer daran arbeitet, daß ein wahrer Einheitsstaat entsteht, wer daran arbeitet, daß Deutschland eine untheilbare Republik wird, braucht sich an dem Reichsrathe nicht zu erfreuen, er muß nur bedenken, ob er auf diese Weise desorganisirend sein Werk beginnen soll. Ich stimme für den Reichsrath.

Präsident: Es ist ein Antrag auf Schluß gestellt worden. Ehe ich ihn aber zur Abstimmung bringe, zeige ich an, daß Herr Schüler aus Jena für das Minoritätserachten der Herren Simon, Wigard u. s. w wegen Wegfalls des ersten Artikels die Abstimmung durch Namensaufruf sich vorbehalten, — demnächst, daß Herr Wigard einen Antrag erhoben hat, den ich als eine Formulirung des Minoritätserachtens ansehe:

„Der Unterzeichnete beantragt:

„Die Nationalversammlung wolle beschließen, das von der Mehrheit des Verfassungsausschusses vorgeschlagene Institut eines Reichsrathes in das Verfassungswerk nicht aufzunehmen."

Den Antrag auf Schluß haben Göden u. s. w., im Ganzen mehr als zwanzig Mitglieder, erhoben. Ich bringe ihn also zur Abstimmung und bitte die Herren, die Plätze einzunehmen.

Diejenigen Herren, die die allgemeine Debatte über das vorliegende Capitel des Entwurfs „der Reichsrath“ geschlossen wissen wollen, ersuche ich, sich zu erheben. (Mitglieder auf allen Seiten erheben sich.) Der Schluß der allgemeinen Debatte ist angenommen. Mir scheint, meine Herren, daß, bevor wir zur besonderen Debatte übergehen, dieser präjudicielle Antrag zur Abstimmung gebracht werden muß. Herr Beseler hat noch das Wort als Berichterstatter.

Beseler von Greifswald: Meine Herren! Der Standpunkt, von dem aus der Verfassungsausschuß den Antrag gestellt hat, ein Institut, wie es im Reichsrathe vorliegt, einzuführen, ist schon von dem letzten Redner bezeichnet worden. Es ist der Bundesstaat, der uns diese Einrichtung zu erfordern schien. Der Verfassungsausschuß hat allerdings, meine Herren, in der Vorlage, die er gemacht hat, darauf gehalten, daß, soweit überhaupt die Einheit der Nation im Bundesstaat vertreten sein soll, auch die Institutionen demgemäß geordnet werden, daß wir in allgemeinen Angelegenheiten eine gemeinsame einheitliche Regierung erhalten und daß auch die Volksvertretung in diesem Sinne ihre Ausbildung finde. Zugleich haben wir im Staatenhause diejenige Institution geschaffen, welche nicht dazu verpflichtet ist, das Allgemeine und nur das gemeinsame Interesse im Auge zu haben, sondern auch das Interesse der Einzelstaaten unmittelbar bei der Reichsgewalt zur Geltung zu bringen. Aber, meine Herren, es bleibt hier noch ein Umstand zu erwägen: das Staatenhaus hat keinen Antheil an der Executivgewalt. Allerdings ist diese Frage vielfach erörtert worden, ob es nicht möglich, ob es nicht nöthig sei, wenigstens nach gewissen Richtungen hin; wir haben aber geglaubt, dieß nicht vorschlagen zu können, um nicht die Energie der Regierung zu beeinträchtigen und die Nationalversammlung ist uns darin beigetreten. Wenn wir aber in dieser Weise etwas aufgegeben haben, was andere Bundesstaaten für nothwendig hielten, so schien es uns doch wünschenswerth, daß die Regierungen der einzelnen Staaten bei der Reichsgewalt in irgend einer Weise ihre Vertretung finden. Es wird aber durchaus nothwendig sein, daß eine solche Vertretung der einzelnen Staaten bei der Reichsgewalt so geordnet und eingerichtet sei, daß dadurch das Interesse der Gesammtheit nicht verletzt werde. Demnach haben wir, meine Herren, im Reichsrathe, ich kann wohl sagen: ein bescheidenes Institut Ihnen vorgelegt, allein es ist doch immer Etwas, es wird zur Beruhigung dienen und, wie ich glaube, wird es auch in der Wirkung seinen Nutzen tragen. Ich muß aber doch gegen die Behauptung die Einwendung erheben, daß im Reichsrathe ein Institut für die dynastischen Interessen geschaffen sei. Meine Herren, darauf kommt es nicht an, nicht die dynastischen Interessen zu vertreten, sondern die Regierungen der Einzelstaaten, wie sie nach dem constitutionellen Principe gestellt sind; also, daß von verantwortlichen Ministern sie auch hier geleitet werden. Ich glaube, daß darauf besonderer Nachdruck gelegt werden muß, und ich halte mich auch für verpflichtet, dieß zu thun, da der Gegensatz besonders lebendig hervorgehoben worden ist. Allerdings werden die dynastischen Interessen Vortheil davon ziehen, aber nur mittelbar, insofern dadurch das Ansehen der einzelnen Regierungen gehoben wird. Soviel nun, meine Herren, steht wohl fest, daß, wenn wir eine Reichsgewalt haben, die einzelnen Regierungen auch die Gelegenheit haben müssen, mit derselben im unmittelbaren dauernden Verkehre zu bleiben, und so werden auch die Bevollmächtigten der einzelnen Regierungen sich am Sitze der Reichsregierung aufhalten. Da fragt es sich nun, ob es passend ist, diese Bevollmächtigten collegialisch zu verbinden. Diese collegialische Verbindung hat nun die Majorität des Ausschusses für wünschenswerth gehalten. Namentlich wird dadurch die Gelegenheit gegeben, daß die Reichsregierung sich in einem stetigen und geregelten Geschäftsverkehre mit den Einzelstaaten befinde, ohne daß durchweg mit den Einzelstaaten verhandelt werden muß. Dadurch wird auch der Reichsregierung die Möglichkeit gegeben, an den Berathungen der Bevollmächtigten der Einzelregierungen Theil zu nehmen, die nie werden verhindert werden können und dürfen, die aber einen, das gemeinsame Interesse schädlichen Einfluß ausüben können, wenn nicht die Reichsregierung durch die Reichsminister oder deren Commissäre daran Theil zu nehmen Gelegenheit hat. Dieß Verhältniß, meine Herren, wird dadurch noch mehr, wie ich glaube, befürwortet, daß die Majorität eines solchen Collegiums schon eine Entscheidung abgeben kann; daß schon, wenn die Majorität der Bevollmächtigten sich für eine Maßregel ausspricht, dann auch die Reichsregierung dadurch ihren Zweck erreichen und namentlich den moralischen Anhalt gewinnen kann, der eben für sie wünschenswerth ist, um eine solche Maßregel durchzusetzen. Allerdings aber, wenn es sich hier um eine nothwendige Zustimmung der Bevollmächtigten handelte, wenn dadurch eine Betheiligung an der Executivgewalt ausgesprochen wäre, dann würde die Sache sich ganz anders stellen, dann würde auch die Majorität des Verfassungsausschusses nicht dafür gewesen sein. Dann, meine Herren, es mag dieser Majorität des Verfassungsausschusses von der einen Seite der Vorwurf gemacht werden, daß sie zu wenig nivellirt habe, von der anderen Seite, daß sie, ich glaube, man sagte, eine curiose Schule bilde, daß sie die Bedürfnisse und die Neigungen der einzelnen Volksstämme nicht genügend befördere: das darf diese Majorität wohl von sich rühmen, daß sie stets bemüht gewesen ist, nur solche Institutionen vorzuschlagen, welche sie im Gesammtinteresse für nothwendig gehalten, und daß sie, wenn es sich um die große Sache der Nation handelt, sich nicht gescheut hat, Sonderinteressen zu opfern. Meine Herren! wir haben ja auch in neuester Zeit gesehen, daß man diesem Verlangen, für das Ganze Einzelnes zu opfern, bereitwilligst entgegengekommen ist. — Man hat aber den Vorschlag gemacht, dem Reichsrathe auch das Recht zu geben, daß seine Stimme nicht bloß bei Berathung der Gesetzentwürfe, sondern auch vor der Anordnung wichtiger Regierungsmaßregeln gehört werden müsse. Dieß hat aber die Majorität des Ausschusses nicht angenommen, denn dadurch würden unter Umständen Hemmnisse und Hindernisse für die vollziehende Gewalt bereitet werden. Daß aber die vollziehende Gewalt verpflichtet wird, für Gesetzentwürfe das Gutachten des Reichsrathes einzuholen, kann nur für die bessere, gründlichere und umsichtigere Entwerfung der Gesetze förderlich sein. Man hat aber diesen Reichsrath mit dem Staatsrath verwechselt, indem man in der Institution des Bundesstaates eine consultative Behörde des Einheitsstaates wiederzufinden glaubte. In diesem Sinne hat man gesagt, daß wenn man einen Reichsrath wolle, derselbe auch Mitglieder haben müsse, bei denen in allen technischen Fragen die nöthige Sachkenntniß zu erwarten sei; aber, meine Herren, indem wir die Einzelregierungen eine solche Betheiligung bei der Gesetzgebung ausüben lassen, geben wir den Bevollmächtigten derselben zugleich die Veranlassung, daß sie sich wieder mit Sachverständigen versehen und die erforderlichen Mittheilungen verschaffen, welche nöthig sind, damit sie der Reichsregierung ihre Unterstützung gewähren. Es ist also dadurch behufs der besseren Ausarbeitung der Gesetz-Entwürfe für die Herbeischaffung des Materials und für die gehörige Berücksichtigung der besonderen Verhältnisse in den Einzelstaaten Sorge getragen. Ich glaube also, daß für diesen

Punkt die Nützlichkeit eines Reichsrathes vollkommen gerechtfertigt ist, und darin eine höhere Institution liegt, als in einem bloßen Staatsrath, der seine technischen Gutachten abgibt. In andern Fällen ist nur die Reichsregierung befugt, das Gutachten des Reichsrathes einzuholen; derselbe kann aber nicht verlangen, daß er gehört werde. Darin, meine Herren, liegt doch gewiß keine Gefahr, denn die Reichsregierung wird doch nur dann erst fragen, wenn es ihr angemessen und zweckmäßig erscheint. Diese Institution hat allerdings etwas Elastisches an sich, das Bedürfniß der weitern Ausbildung wird sich vielleicht später zeigen, aber, meine Herren, auf welche Weise diese Ausbildung geschehen soll, das liegt immer in den Händen der Reichsregierung, welche doch ihre eigne Macht nicht schwächen und in Gefahr bringen wird. Sind doch auch selbst dann, wenn die Reichsregierung mit dem Particularismus zusammenhalten wollte, die gesetzlichen Stützen der Verfassung da: der Reichstag, das Reichsgericht, die öffentliche Meinung mit ihren großen Werkzeugen würden nicht ruhig bleiben und verfassungsmäßig berechtigt sein, sich dagegen zu erheben. Verfolgen wir nicht mit Argwohn, der nicht begründet ist, eine Institution, welche der Bundesstaat aus Rücksicht für die Einzelstaaten erheischt. Darüber darf wohl kein Zweifel sein, daß der Reichsrath das Mäßigste ist, was in dieser Beziehung geboten werden und was der gemeinsamen Regierung den Einzelstaaten gegenüber auferlegt werden kann. Der Reichsrath darf wohl als eine Institution der Versöhnung bezeichnet werden und indem das Princip der Einheit und des nationalen Bedürfnisses vollkommen gewahrt wird, ist das richtige Maß bei der Berücksichtigung der Einzelstaaten nicht überschritten. Verwerfen Sie daher nicht die Institution des Reichsrathes, welche sich an das ganze Verfassungswerk, wie es bereits berathen ist, anschließt, und welche einen Ersatz dafür bildet, daß das Staatenhaus von der Executivgewalt durchaus ferngehalten wird.

Präsident: Ich bringe zuvörderst den Antrag des Herrn Wigard zur Unterstützung. Herr Schüler verlangt das Wort als Berichterstatter der Minorität. (Stimmen auf der Rechten: Das geht nicht! Hinter dem Berichterstatter der Majorität darf für die Minorität nicht mehr gesprochen werden!) Streng genommen hätte er das Wort allerdings früher verlangen sollen. (Stimmen im rechten Centrum: Schluß! andere auf der Linken: Reden!) Ich will bemerken, daß sich Herr Schüler sowohl für die allgemeine, als für die besondere Discussion als Redner hat einschreiben lassen; in diesem Sinne hat er vermuthlich versäumt, was allerdings hätte geschehen müssen, das Wort vor dem Berichterstatter der Majorität zu nehmen. Ich habe ihm nun einmal das Wort gegeben und bitte Sie, meine Herren, ihn dabei zu erhalten. (Stimmen auf der Rechten: Für dießmal, aber ohne Präjudiz!) Versteht sich, ohne Präjudiz.

Schüler von Jena: Will man eine Idee oder ein Institut recht gründlich ruiniren, so muß man sie bis zum Exceß übertreiben, der Rückschlag in das Gegentheil ist dann um so sicherer. Sowie die Erfahrung aller Zeiten das zeigt, so beweist dieß auch die neueste deutsche Geschichte. Die Revolution vom März des vorigen Jahres wäre nicht in diesem Maße erfolgt, wenn der geistige Druck nicht so übertrieben gewesen wäre, wenn er nicht so lange und so schwer auf Deutschland gelastet hätte; und auf der andern Seite hätte das demokratische Princip keinen ärgeren Schaden erleiden können, als durch die Excesse und Uebertreibungen im badischen Oberlande, diese haben ihm mehr geschadet, als alle die Anfeindungen in den glänzenden Reden, welche mit der Ober-Postamtszeitung so freigebig gratis vertheilt würden. (Heiterkeit auf der Linken und im Centrum.) Von diesem Satze ausgehend glaube ich, könnte der Volkseinheit und Volksfreiheit kein größerer Dienst erzeigt werden, als wenn dieser Verfassungsabschnitt so angenommen würde, wie der Verfassungsausschuß vorgeschlagen hat; es ist dieß ein wahrer Exceß des dynastischen und particularistischen Princips. Ich bin zwar von den entschiedenen Republikanern in keiner Weise beauftragt worden, dem Verfassungsausschuß für diesen Abschnitt ihren Dank auszusprechen, allein ich glaube, sie hätten alle Ursache dazu, denn es könnte ihrem Principe kein wirksamerer Vorschub geleistet werden, als durch das Institut des Reichsraths. Aus diesem Grunde würden sie wohl auch für denselben stimmen, wenn sie nicht stets davon ausgegangen wären, das, was sie für schlecht halten, jeder Zeit offen zu bekämpfen und ihre Gegner nicht hinterlistig ins Verderben zu locken. (Beistimmung auf der Linken.) Es ist wirklich von vielen Nichtmitgliedern unserer Versammlung in allem Ernste der Rath gegeben worden, man solle, da bereits so viel verloren sei, das Verfassungswerk so schlecht als möglich machen, je verhaßter dem Volke, desto besser, (auf der Rechten: Hört!) es würde sich dann um so weniger halten können. Es versteht sich von selbst und ich brauche das wohl kaum zu erklären, daß wir auf einen solchen Vorschlag niemals eingehen werden, wir werden vielmehr nach wie vor nach bester Ueberzeugung an dem Verfassungswerk mitarbeiten, und so viel an uns ist, die Mängel aus demselben zu entfernen und hierdurch zu dessen Haltbarkeit beizutragen suchen. So müssen wir denn auch gegen das Institut des Reichsrathes sprechen. Dieser Reichsrath ist nicht allein ein neues Rad in der ohnehin so schwerfälligen Maschine, welches darauf berechnet zu sein scheint, diese Maschine noch schwerfälliger zu machen, als sie schon ist, sondern er ist auch viel schlimmer als ein gewöhnlicher Staatsrath, denn er ist der eigentliche Repräsentant des dynastischen und particularistischen Interesses. Wir haben nun schon, um die Interessen der Einzelstaaten zu vertreten, das Staatenhaus geschaffen, und vielen schien schon das eine dem Particularismus gegenüber der Volkseinheit gemachte allzu große Concession. Allein die Mitglieder des Staatenhauses sollen ernannt werden nicht bloß durch die Regierungen, sondern auch durch die Ständeversammlungen, es repräsentirt also mehr die Staaten selbst, als die Regierungen und Dynastien. Nun hat man noch einen Reichsrath darüber setzen wollen, welcher die Regierungen, die Dynastien repräsentiren soll, welcher also den dynastischen, also den *eigentlichen* Particularismus, den gefährlichsten von allen, vertreten soll. Der Herr Berichterstatter hat zwar darauf hinzuweisen gesucht, man müsse zwischen den Dynastien und den Regierungen unterscheiden, allein man kann auch heute noch sagen, nicht nur: die Dynastien sind die Regierungen, sondern sogar: Die Dynastie, das ist der Staat. Es ist eine eigene Erscheinung, daß gerade diejenigen, welche von der starken Einheit Deutschlands und von der Nothwendigkeit einer starken Regierung am meisten sprechen, gerade die sind, welche dem dynastischen Particularismus und der Macht der Einzelstaaten die meisten Concessionen machen. Dadurch schwächen Sie aber die Centralregierung gerade am meisten. Nicht den Einzelndynastien gegenüber, sondern den Volksrechten gegenüber wollen Sie die Centralregierung stark machen. Wir dagegen wollen, daß die Centralregierung stark ist dem Particularismus gegenüber, allein wir wollen auch der Volksfreiheit die nöthigen Garantien geben, und es ist eine eigene Begriffsverwechselung, daß man von jener Seite stets die Freiheitsbestrebungen unserer Partei Particularismus, und die Einheitsbestrebungen Centralisation nennt, so daß man uns in einem

lichen Particularismus und Centralisation verwirft, da wir doch weder das Eine noch das Andere wollen, das System unserer Gegenpartei dagegen an allen Mängeln sowohl des Particularismus als auch der Centralisation leidet. Dieser dynastische Particularismus soll durch Diplomaten vertreten werden. Herr Jahn hat uns gesagt: die Diplomaten seien die schlimmsten Wühler, und das ist ganz gewiß, sie sind die gefährlichsten; er hat aber gemeint, man müsse doch für das Institut stimmen, es sei besser, dieses diplomatische Wühlen offen zu organisiren, als daß man sie heimlich wühlen lasse. Allein wenn man auch das heimliche Treiben der Diplomaten nicht ganz verhindern kann, so wollen wir doch gewiß dieses Institut nicht offen sanctioniren; wir wollen den Landesverrath nicht zu einem gesetzlichen Institut machen. (Stimmen a. d. L.: Sehr gut.) Es wird uns zwar entgegengehalten, die diplomatischen Vertreter der Dynastien sollten keine entscheidende, sondern bloß berathende Stimme haben, allein das ist offenbar eine Täuschung. Nicht die Form macht es, sondern die Sache. Wer die Gewalt hat, hat thatsächlich die Entscheidung, wenn er auch nicht rechtlich die entscheidende Stimme hat. Wir haben in einzelnen Dynastien das Militär gelassen; wir haben die Reichsgewalt auch in finanzieller Beziehung von den Einzelregierungen abhängig gemacht. Sie haben also thatsächlich die Gewalt noch in der Hand, von Ihrer Zustimmung wird thatsächlich das abhängen, was die Reichsgewalt zu thun hat und was sie thun kann. Es wird allerdings ein Unterschied sein, ob die preußische Regierung an die Spitze gestellt wird, oder etwa die Regierung von Hessen-Homburg; denn wird Preußen an die Spitze gestellt, so wird der Widerspruch von Hessen-Homburg wohl nicht viel beachtet werden. Dann wäre das ganze Institut ziemlich gleichgültig, und die Herren werden, wie vorhin gesagt wurde, nicht viel mehr zu thun haben, als zu essen und zu trinken. Würde aber ein minder mächtiger Staat an die Spitze gestellt, so würde er abhängig sein von der größeren Regierung. Wir bringen uns also durch dieses System allenthalben in die Lage, an die Spitze der Verfassung das Princip der Gewalt stellen zu müssen und nicht das Princip des Rechts. Sie stellen dadurch eine Verfassung her, durch welche dem künftigen Reichsoberhaupt die Macht und die Gelegenheit gegeben wird, die Freiheit des Reichs niederzuhalten mittelst der Hausmacht, und die Freiheit des eignen Landes, Preußens, zu unterdrücken mittelst der Macht des Reichs. Ich stimme gegen das Institut des Reichsraths, weil es ein Ausfluß ist des ganzen verderblichen Systems, was Sie bisher eingeschlagen haben. (Lebhaftes Bravo auf der Linken.)

Präsident: Ich bringe nunmehr, meine Herren, den einzigen für die Discussion vorliegenden Antrag des Herrn **Wigard** zur Abstimmung; den Antrag der Minorität kann ich nach der bisherigen Praxis für keinen Antrag halten. **Findet der Antrag des Herrn Wigard Unterstützung?** (Es erheben sich Mitglieder auf mehreren Seiten.) **Der Antrag ist hinreichend unterstützt.** Herr Schüler von Jena hat die namentliche Abstimmung sich vorbehalten. Ich frage, **ob dieser Antrag auf namentliche Abstimmung unterstützt wird?** (Es erheben sich viele Mitglieder.) Er ist hinreichend unterstützt. **Ich ersuche also diejenigen Herren, die dem Antrage des Herrn Wigard:**

„Der Unterzeichnete beantragt:

Die Nationalversammlung wolle beschließen, das von der Mehrheit des Verfassungsausschusses vorgeschlagene Institut eines Reichsraths in das Verfassungswerk nicht aufzunehmen."

zustimmen wollen, beim Aufruf ihres Namens mit Ja, die ihn ablehnen wollen, mit Nein zu antworten. Der Namensaufruf beginnt mit dem Buchstaben A.

Bei dem hierauf erfolgenden Namensaufruf antworteten mit Ja:

Ahrens aus Salzgitter, v. Aichelburg aus Villach, Anderson aus Frankfurt a. d. O., Arneth aus Wien, Bachaus aus Jena, Becker aus Trier, Biedermann aus Leipzig, Blumröder (Gustav) aus Kirchenlamitz, Böcking aus Trarbach, Böcler aus Schwerin, Bogen aus Michelstadt, Bonardy aus Greiz, Borsgen aus Ahrweiler, Buß aus Freiburg, Caspers aus Coblenz, Christmann aus Dürkheim, Claussen aus Kiel, Cnyrim aus Frankfurt am Main, Coronini-Cronberg (Graf) aus Görz, Cramer aus Cöthen, Culmann aus Zweibrücken, Damm aus Tauberbischoffsheim, Deiters aus Bonn, Dham aus Schmalenberg, v. Dieskau aus Plauen, Dietsch aus Annaberg, Drecheler aus Rostock, Eckert aus Bromberg, Eisenmann aus Nürnberg, Eisenstuck aus Chemnitz, Engel aus Pinneberg, Englmayr aus Enns (Oberösterreich), Fallmerayer aus München, Federer aus Stuttgart, Fehrenbach aus Säckingen, Fetzer aus Stuttgart, Förster aus Hünfeld, Freese aus Stargard, Freudentheil aus Stade, Frisch aus Stuttgart, Fritzsche aus Roda, Fröbel aus Reuß, Fügerl aus Korneuburg, Geigel aus München, Gerlach aus Tilsit, Gfrörer aus Freiburg, Giskra aus Wien, v. Gladis aus Wohlau, Golz aus Brieg, Gottschalk aus Schopfheim, Gravenhorst aus Lüneburg, Gritzner aus Wien, Groß aus Prag, Grubert aus Breslau, v. Grundner aus Ingolstadt, Günther aus Leipzig, Gulden aus Zweibrücken, Hagen (K.) aus Heidelberg, Haggenmüller aus Kempten, Hallbauer aus Meißen, Hartmann aus Leitmeritz, Haßler aus Ulm, Heckscher aus Hamburg, Hedrich aus Prag, Hehner aus Wiesbaden, Heisterbergk aus Rochlitz, Heldmann aus Selters, Hensel I aus Camenz, Hentges aus Heilbronn, Heubner aus Zwickau, Heusner aus Saarlouis, Hirschberg aus Sondershausen, Hofer aus Pfarrkirchen, Hoffbauer aus Nordhausen, Hoffmann aus Ludwigsburg, Hofmann aus Friedberg, Hollandt aus Braunschweig, Huber aus Linz, Huck aus Ulm, Johannes aus Meiningen, Jopp aus Enzersdorf, Jucho aus Frankfurt am Main, Kierulff aus Rostock, Kirchgeßner aus Würzburg, Knarr aus Steyermark, Köhler aus Seehausen, Koch aus Leipzig, Kohlparzer aus Neuhaus, Kollaczek aus österr. Schlesien, Kotschy aus Ustron in Mährisch-Schlesien, Kudlich aus Schloß Dietach, Kublt aus Bunzlau, Langbein aus Wurzen, Laschan aus Villach, Lausch aus Troppau, Lehmann aus Perleberg, Lindner aus Seisenegg, Lowemann aus Lüneburg, Löwe (Wilhelm) aus Calbe, Makowiczka aus Krakau, Mally aus Steyermark, Mammen aus Plauen, Mandrella aus Ujest, Mareck aus Gratz (Steyermark), Marsilli aus Roveredo, Mayer aus Ottobeuern, v. Mayfeld aus Wien, Melly aus Wien, Meyer aus Liegnitz, Minkus aus Marienfeld, Möller aus Reichenberg, Mölling aus Oldenburg, Mohl (Moriz) aus

Stuttgart, v. Mühlfeld aus Wien, Mulley aus Weitenstein, Nägele aus Murrhardt, Nauwerck aus Berlin, v. Neitschütz aus Königsberg, Neugebauer aus Ludiz, Nicol aus Hannover, Ostendorf aus Soest, Pattai aus Steyermark, Paur aus Neisse, Peter aus Bruneck, Pfahler aus Tettnang, Pfeiffer aus Adamsdorf, Pinckert aus Zeitz, Plaß aus Stade, Polaczek aus Weißkirch, Rank aus Wien, v. Rappard aus Glambek, v. Raumer aus Berlin, Raus aus Wolframitz, Reinhard aus Boytzenburg, Reinstein aus Naumburg, Reitter aus Prag, Rheinwald aus Bern, Riehl aus Zwettl, Röben aus Dornum, Rödinger aus Stuttgart, Römer aus Stuttgart, Rösler aus Oels, Rößler aus Wien, Roßmäßler aus Tharand, Rühl aus Hanau, Schädler aus Vaduz, Scharre aus Strehla, Schauß aus München, Schenk aus Dillenburg, Schiedermayer aus Vöcklabruck, Schlöffel aus Halbendorf, Schlutter aus Poris, Schmitt aus Kaiserslautern, Schneider aus Wien, Schober aus Stuttgart, Schorn aus Essen, Schott aus Stuttgart, Schubert aus Würzburg, Schüler aus Jena, Schulz (Friedrich) aus Weilburg, Schulz aus Darmstadt, Schütz aus Mainz, Schwarzenberg aus Cassel, Simon (Heinrich) aus Breslau, Simon (Ludwig) aus Trier, Spatz aus Frankenthal, Stark aus Krumau, Strache aus Rumburg, v. Stremayr aus Gratz, Tafel aus Stuttgart, Tafel (Franz) aus Zweibrücken, Titus aus Bamberg, Trabert aus Rausche, Uhland aus Tübingen, Umbscheiden aus Dahn, v. Unterrichter aus Klagenfurt, Venedey aus Cöln, Vischer aus Tübingen, Vogel aus Guben, Vogt aus Gießen, Vonbun aus Feldkirch, Wagner aus Steyr, Waldburg-Zeil-Trauchburg (Fürst) aus Stuttgart, Weber aus Neuburg, Weber aus Meran, Wedekind aus Bruchhausen, Weiß aus Salzburg Weißenborn aus Eisenach, Welter aus Tünsdorf, Werthmüller aus Fulda, Wiesner aus Wien, Wiest aus Tübingen, Wigard aus Dresden, Wurm aus Hamburg, Wuttke aus Leipzig, Wü th aus S gmaringen, Zell aus Trier, Ziegert aus Pre ßi ch-Minden, Zimmermann (Professor) aus Stuttgart, Zöllner aus Chem itz.

Mit Nein antworteteten:

v. Amstetter aus Breslau, Anders aus Goldberg, Anz aus Marienwerder, Arndt aus Bonn, Arndts aus München, Barth aus Kaufbeuren, Bassermann aus Mannheim, Bauer aus Bamberg, v. Baumbach-Kirchheim aus Cassel, Becker aus Gotha, Bernhardi aus Cassel, Beseler aus Greifswald, Beseler (H. W.) aus Schleswig, Blömer aus Aachen, Boch-Buschmann aus Siebenbrunnen, Bock aus Preußi ch-Minden, v. Boddien aus Pleß, Braun aus Bonn, Braun aus Cöslin, Brescius aus Züllichau, v. Breuning aus Aachen, Breusing aus Osnabrück, Bürgers aus Köln, Burkhart aus Bamberg, v. Buttel aus Oldenburg, Carl aus Berlin, Clemens aus Bonn, Cornelius aus Braunsberg, Dahlmann aus Bonn, Dammers aus Nienburg, Deeke aus Lübeck, Degenkolb aus Eulenburg, Detmold aus Hannover, Deymann aus Meppen, Droysen aus Kiel, Dunker aus Halle, Emmeler aus Paderborn, Eckart aus Lohr, Edel aus Würzburg, Edlauer aus Gratz, Ehrlich aus Murzynek, Emmerling aus Darmstadt, Engel aus Culm, Esmarch aus Schleswig, Evertsbusch aus Altena, Falk aus Ottolangendorf, Fischer (Gustav) aus Jena, v. Flottwell aus Münster, Francke (Karl) aus Rendsburg, Friederich aus Bamberg, Fritsch aus Ried, v. Gagern aus Wiesbaden, Gebhard aus Würzburg, v. Gersdorf aus Tuch, Gevekoht aus Bremen, v. Giech (Graf) aus Thurnau, Giesebrecht aus Stettin, Göbel aus Jägerndorf, Godeffroy aus Hamburg, Göden aus Krotoszyn, von der Goltz (Graf) aus Czarnikau, Gombart aus München, Graf aus München, Grävell aus Frankfurt a. d. O., Groß aus Leer, Gräel aus Burg, Gülich aus Schleswig, Gysae (Wilhelm) aus Strehlow, Hahn aus Guttstatt, v. Hartmann aus Münster, Haubenschmied aus Passau, Hayden aus Dorff bei Schlierbach, Haym aus Halle, Heimbrod aus Sohrau, v. Hennig aus Dempowalonka, Herzog aus Ebermannstadt, Höften aus Hattingen, Houben aus Meurs, Hugo aus Göttingen, Jacobi aus Hersfeld, Jahn aus Freiburg an der Unstrutt, Jordan aus Gollnow, Jordan aus Frankfurt a. M., Kagerbauer aus Linz, Kahlert aus Leobschütz, v. Keller (Graf) aus Erfurt, Kerer aus Innsbruck, v. Keudell aus Berlin, Kleinschrod aus München, Knoodt aus Bonn, Kosmann aus Stettin, v. Kösteritz aus Elberfeld, Krafft aus Nürnberg, Kratz aus Wintershagen, Kuntzel aus Wolka, v. Kürsinger (Ignatz) aus Salzburg, v. Kürsinger (Karl) aus Tamsweg, Kutzen aus Breslau, Lang aus Verden, Langerfeldt aus Wolfenbüttel, v. Lassaulx aus München, Laube aus Leipzig, Laudien aus Königsberg, Litte aus Berlin, Leverkus aus Lennep, Lienbacher aus Goldegg, Löw aus Posen, v. Maltzahn aus Küstrin, Mann aus Rostock, Marcks aus Duisburg, Marcus aus Bartenstein, Martens aus Danzig, v. Massow aus Carlsberg, Matthies aus Greifswald, Merck aus Hamburg, Metzke aus Sagan, Michelsen aus Jena, Münch aus Wetzlar, Munchen aus Luxemburg, v. Nagel aus Oberviechtach, Naumann aus Frankfurt a. d. O., Nerreter aus Fraustadt, Neumayr aus München, Nizze aus Stralsund, Nöthig aus Weißholz, Obermüller aus Passau, Ortel aus Mittelwalde, Osterrath aus Danzig, Ottow aus Labiau, Pannier aus Zerbst, Paur aus Augsburg, Phillips aus München, Pieringer aus Kremsmünster, Plathner aus Halberstadt, Plehn aus Marienburg, Pötzl aus München, Quante aus Ullstadt, v. Quintus-Icilius aus Fallingbostel, v. Radowitz aus Rüthen, Rahm aus Stettin, Rättig aus Potsdam, v. Raumer aus Dinkelsbühl, Reichensperger aus Trier, Reindl aus Orth, Reitmayr aus Regensburg, Renger aus böhmisch Chamnitz, Richter aus Danzig, Riesser aus Hamburg, Röder aus Neustettin, Rüder aus Oldenburg, v. Sänger aus Grabow, v. Saltzwedell aus Gumbinnen, v. Saucken-Tarputschen aus Angerburg, Schick aus Weißensee, Schirmeister aus Insterburg, v. Schleussing aus Rastenburg, Schlüter aus Paderborn, Schmidt (Joseph) aus Linz, Scholten aus Wurd, Scholz aus Neisse, Schrader aus Brandenburg, Schreiber aus Bielefeld, v. Schrenk aus München, Schubert (Friedrich Wilhelm) aus Königsberg, Schultze aus Potsdam, Schwarz aus Halle, Schwerin (Graf) aus Pommern, Schwetschke aus Halle, v. Selchow aus Rettkewitz, Sellmer aus Landsberg a. d. W., Sepp aus München, Servais aus Luxemburg, Stehr aus Gumbinnen, Siemens aus Hannover, Simson aus Stargard, v. Soiron aus Mannheim, Sprengel aus Waren, Stahl aus Erlangen, Stavenhagen aus Berlin, Stenzel aus Breslau, Stieber aus Budissin, Stülz aus St. Florian, Sturm aus Sorau, Tannen aus Zilenzig, Tappehorn aus Oldenburg, Teichert aus Berlin, Tellkampf aus Breslau, v. Thielau aus Braunschweig, Thöl aus Rostock, v. Treskow aus Grocholin, Veit aus Berlin, Versen aus Nieheim, v. Vincke aus Hagen, Vogel aus Dillingen, Waitz aus Göttingen, Waldmann aus Heiligenstadt, Walter aus Neustadt, v. Wegnern aus Lyk, Weckbecker aus Aachen, Welcker aus Frankfurt, Wernher aus Nierstein, Wernich aus Elbing, Widenmann aus Düsseldorf, Wiebker aus Uckermünde, Winter aus Liebenburg, v. Wulffen aus Passau, Zachariä aus Bernburg, Zachariä aus Göttingen, Zeltner aus Nürnberg, v. Zerzog aus Regensburg, Zum Sande aus Lingen.

Abwesend waren:

A. mit Entschuldigung:

Ambrosch aus Breslau, v. Andrian aus Wien, Archer aus Rein, v. Bally aus Beuthen, Baur aus Hechingen, v. Beckerath aus Crefeld, v. Beisler aus München, Bergmüller aus Mauerkirchen, Boczek aus Mähren, Brentano aus Bruchsal, Cetto aus Trier, Christ aus Bruchsal, Czoernig aus Wien, Deetz aus Wittenberg, Esterle aus Cavalese, Fallati aus Tübingen, Fuchs aus Breslau, v. Gagern aus Darmstadt, Grumbrecht aus Lüneburg, Gspan aus Innsbruck, Helbing aus Emmendingen, Hergenhahn aus Wiesbaden, v. Hermann aus München, Herzig aus Wien, Heubner aus Freiberg, Höchsmann aus Wien, Jordan aus Berlin, v. Itzstein aus Mannheim, Käfferlein aus Baireuth, Kaiser (Ignatz) aus Wien, v. Kalkstein aus Wogau, Kerst aus Birnbaum, Kolb aus Speyer, Kuenzer aus Constanz, Leue aus Köln, Levysohn aus Grünberg, v. Linde aus Mainz, Lüntzel aus Hildesheim, Mathy aus Carlsruhe, Mevissen aus Cöln, Metz aus Freiburg, Mittermaier aus Heidelberg, v. Möring aus Wien, Mohl (Robert) aus Heidelberg, Mohr aus Oberingelheim, Müller aus Damm, Müller aus Würzburg, Neumann aus Wien, v. Neuwall aus Brünn, Overweg aus Haus Ruhr, Peter aus Constanz, Presting aus Memel, v. Pretis aus Hamburg, Rapp aus Neustadtl in Böhmen, Raveaux aus Cöln, v. Reden aus Berlin, Richter aus Achern, v. Rönne aus Berlin, Rothe aus Berlin, Rümelin aus Nürtingen, Sachs aus Mannheim, Schaffrath aus Neustadt, Scheller aus Frankfurt a. d. O., Schlörr aus der Oberpfalz, v. Schlotheim aus Wollstein, v. Schmerling aus Wien, Scholtmackers aus Beck, Schüler (Friedrich) aus Zweibrücken, Schuler aus Innsbruck, Schultze aus Liebau, Stedmann aus Besselich, Stöcker aus Langenfeld, Stockinger aus Frankenthal, Thinnes aus Eichstätt, Tomaschek aus Iglau, v. Trützschler aus Dresden, Viebig aus Posen, v. Wedemeyer aus Schönrade, Werner aus St. Pölten, Wesendonck aus Düsseldorf, Zimmermann aus Spandow, Zitz aus Mainz.

B. ohne Entschuldigung:

Achleitner aus Ried, Bauernschmid aus Wien, Beidtel aus Brünn, Berger aus Wien, Bouvier (Cajetan) aus Steyermark, von Bothmer aus Carow, Briegleb aus Coburg, Brons aus Emden, Cropp aus Oldenburg, Cucumus aus München, Demel aus Teschen, Deym (Graf) aus Prag, Döllinger aus München, Dröge aus Bremen, Egger aus Wien, v. Ende aus Waldenburg, Glax aus Gumpendorf, Hildebrand aus Marburg, Hillebrand aus Pöls, Hönniger aus Rudolstadt, Junghanns aus Mosbach, Junkmann aus Münster, Jürgens aus Stadtoldendorf, Künßberg aus Ansbach, Löschnigg aus Klagenfurt, Löw aus Magdeburg, Maly aus Wien, Marciny aus Friedland, v. Mayern aus Wien, Müller aus Sonnenberg, Neubauer aus Wien, Prinzinger aus St. Pölten, Quesar aus Prag, Rapp aus Wien, Reh aus Darmstadt, Reichard aus Speyer, Reichenbach (Graf) aus Dometzko, Reisinger aus Freistadt, Riegler aus mährisch Budwitz, Schepp aus Wiesbaden, v. Scherpenzeel aus Baarlo, Schierenberg aus Detmold, Schmidt (Ernst Friedrich Franz) aus Löwenberg, Schmidt (Adolph) aus Berlin, Schneer aus Breslau, Schreiner aus Gratz (Steyermark), Schrott aus Wien, Simon (Max) aus Breslau, v. Somaruga aus Wien, Stein aus Görz, Streffleur aus Wien, Trampusch aus Wien, Wachsmuth aus Hannover, Werner aus Oberkirch, Wichmann aus Stendal, Wiethaus (J.) aus Gummersbach, Wippermann aus Cassel, v. Würth aus Wien, v. Wydenbrugk aus Weimar, Zittel aus Bahlingen.

Präsident: Der Antrag des Herrn Wigard ist mit 211 gegen 200 Stimmen verworfen worden. — Wir gehen zu den einzelnen Paragraphen des Entwurfs über. — Ich habe zuvörderst eine Erklärung zu verlesen, die sich auf die vorgekommene Abstimmung bezieht. Sie lautet also:

„Die Unterzeichneten erklären, daß sie für das Institut des Reichstages nur unter der Voraussetzung gestimmt haben, daß bei der zweiten Lesung die Erblichkeit des Reichsoberhauptes zum Beschluß erhoben werde. — Frankfurt am Main, den 26. Januar 1849. — Sprengel, Widenmann, Pannier, Hans v. Raumer, Stengel, Barth, Wilhelm Wernher, Sellmer, v. Baumbach-Kirchheim, Emmerling, Grüel, Lang, Tellkampf, Mann, Sturm, Dammers, Riesser, Jordan von Gollnow, Nöthig, Nerreter, Groß von Leer, Droysen, Falk, Höfken, Godeffroy, Plathner.*) — (Heiterkeit in der Versammlung.)

*) Anmerkung der Redaction. Einige Namen waren im Original so unleserlich geschrieben, daß sie hier nicht mitgetheilt werden können.

Inzwischen, meine Herren, sind auch zwei Verbesserungs-Anträge zu dem § 1 eingegangen. — Die Herren Jucho und Genossen beantragen:

„Für den Fall, daß das von H. Simon und Genossen gestellte Minoritätsgutachten, in welchem sich gegen das Institut des Reichsraths erklärt wird, verworfen werden sollte, stelle ich zu § 1 folgenden Verbesserungs-Antrag:

In dem zweiten Satze des § 1 mögen die Worte: „Mit Ausnahme der vier freien Städte, welche gemeinsam ein Mitglied senden," wegfallen, so daß der Satz also heißt:

„Jeder im Staatenhause vertretene Staat oder Staatenverband ernennt dazu ein Mitglied."

Unterstützt von: Eckert, Heckscher, Gevekoht, Merck, Gustav Godeffroy, Siemens, Wurm, Riesser, Deeke, H. v. Raumer, Stenzel.

Damit stimmt der Antrag des Herrn Mann und Genossen durchaus überein, der so lautet;

„Absatz 2 möge so lauten:

Jeder im Staatenhause vertretene Staat oder Staatenverband ernennt dazu ein Mitglied."

Unterstützt von: Merck, G. Godeffroy, Heckscher, Wurm, Riesser, Stenzel, Sprengel, Rößler von Wien, Wernher von Nierstein, Stahl, Reitmayr, Pözl, v. Raumer, A. Hollandt, Breusing, Herzog, Drechsler.

Ich darf wohl annehmen, daß von der eventuellen Rednerliste, die für die specielle Discussion dazu entworfen worden war, auf der einen Seite die Herren Schütz und Buß, und auf der anderen Seite die Herren Jahn und Welcker fortfallen; alsdann hätte Herr Eisenstuck das Wort. (Stimmen: Die Frage auf die specielle Discussion ist noch nicht gestellt.) Die Discussion ist zugelassen. (Stimmen: Bloß die allgemeine.) Wollen Sie mir erlauben, darauf zu antworten? Ich habe die Frage gestellt, ob auf die Discussion überhaupt verzichtet werden solle; diese Frage wurde verneint. Dann habe ich die zweite Frage gestellt, ob der besonderen Discussion eine allgemeine vorausgehen solle, und diese ist bejaht worden; also muß ich annehmen, daß Sie auch eine besondere Discussion wollen, übrigens brauchen ja die Redner nur auf das Wort zu verzichten, oder es müßte ein Schluß-Antrag eingebracht werden, der der Discussion ein Ende machte.

Eisenstuck von Chemnitz: Da der Zweck der allgemeinen Debatte durch die Abstimmung erreicht worden ist, so verzichte ich auf das Wort. (Die übrigen Redner verzichten gleichfalls.)

Präsident: Ich darf also wohl von sämmtlichen Rednern annehmen, daß sie verzichten; somit bringe ich zuerst den ersten Satz des § 1 zur Abstimmung; demnächst den zweiten Satz, sowie ihn der Ausschuß formulirt hat; eventuell, falls dieser Satz verworfen würde, denselben Satz mit Weglassung der Schlußworte: „Mit Ausnahme der vier freien Städte, welche gemeinsam ein Mitglied senden," (worauf die Anträge der Herren Jucho und Sprengel gehen); falls die beiden Sätze in der einen oder anderen Weise nicht angenommen würden, das Minoritäts-Erachten; endlich den Schlußsatz des § 1. — Zuerst also den ersten Satz. — Herr Wurm verlangt das Wort über die Art der Abstimmung; ich gebe ihm das Wort.

Wurm von Hamburg: Es wird vielleicht einfacher sein den zweiten Absatz zu trennen, und zuerst abzustimmen über den Satz: „Jeder im Staatenhaus vertretene Staat oder Staatenverband ernennt dazu ein Mitglied," und dann über den zweiten Satz abzustimmen. Damit werden die gestellten Anträge am Besten sich erledigen.

Präsident: Es kommt auf Eines heraus. Es scheint mir nur bedenklich, wenn man erst einmal den Satz angenommen hat: „Jeder im Staatenhaus vertretene Staat oder Staatenverband ernennt ein Mitglied," dann die vier freien Städte durch eine zweite Abstimmung möglicherweise auszuschließen. Es ist aber gleichgiltig. Der Wille der Versammlung wird auf die eine wie auf die andere Weise ermittelt werden. Also der erste Satz des § 1 kommt zur Abstimmung:

„Der Reichsrath besteht aus Bevollmächtigten der deutschen Staaten."

Diejenigen Herren, welche diesen Satz annehmen wollen, belieben, sich zu erheben. (Mitglieder auf der Rechten und im Centrum erheben sich.) Der erste Satz des § 1 ist angenommen. — Ich bringe jetzt die erste Hälfte des zweiten Satzes zur Abstimmung, mit dem Vorbehalt, die zweite Hälfte desselben zur Abstimmung zu bringen, wenn die erste angenommen werden sollte. Diejenigen Herren, welche die erste Hälfte des zweiten Alinea:

„Jeder im Staatenhaus vertretene Staat oder Staatenverband ernennt dazu ein Mitglied,"

vorbehaltlich einer ferneren Abstimmung über die Schlußworte desselben Alinea's annehmen wollen, belieben, sich zu erheben. (Ein Theil der Mitglieder erhebt sich. Die Abstimmung ist zweifelhaft.) Wir müssen die Gegenprobe anstellen. Diejenigen Herren, die die erste Hälfte des zweiten Alinea, lautend:

„Jeder im Staatenhaus vertretene Staat oder Staatenverband ernennt dazu ein Mitglied,"

vorbehaltlich einer ferneren Abstimmung über die Schlußworte desselben Alinea's nicht annehmen wollen, fordere ich auf, sich zu erheben. (Die Abstimmung ist abermals zweifelhaft.) Meine Herren! Das Büreau ist zweifelhaft; wir müssen durch Stimmzettel abstimmen. Ich werde die Frage wiederholen. Diejenigen Herren, welche die erste Hälfte des zweiten Alinea zu § 1: „Jeder im Staatenhaus vertretene Staat oder Staatenverband ernennt dazu ein Mitglied," vorbehaltlich einer ferneren Abstimmung uber die Schlußworte in demselben Alinea annehmen wollen, fordere ich auf, den weißen Stimmzettel mit „Ja," und Diejenigen, welche sie nicht annehmen wollen, den farbigen mit „Nein" bezeichneten Zettel mit ihrer Namensunterschrift zu versehen. (Die Stimmzettel werden eingesammelt.)

Nach der Zählung des Secretariats stimmten mit Ja:

v. Amstetter aus Breslau, Anders aus Goldberg, Anz aus Marienwerder, Arndt aus Bonn, Arneth aus Wien, Barth aus Kaufbeuern, Bassermann aus Mannheim, Bauer aus Bamberg, v. Baumbach-Kirchheim aus Kassel, Becker aus Gotha, Bernhardi aus Kassel, Beseler aus Greifswald, Beseler (H. W.) aus Schleswig, Biedermann aus Leipzig, Blömer aus Aachen, Bock-Buschmann aus Siebenbrunnen, Bock aus Preußisch-Minden, Böcler aus Schwerin, v. Boddien aus Pleß, Braun aus Cöslin, Brescius aus Züllichau, v. Breuning aus Aachen, Breusing aus Osnabrück, Brons aus Emden, Bürgers aus

Köln, Burkart aus Bamberg, v. Buttel aus Oldenburg, Dahlmann aus Bonn, Dammers aus Nienburg, Deeke aus Lübeck, Degenkolb aus Eilenburg, Deiters aus Bonn, Detmold aus Hannover, Droysen aus Kiel, Duncker aus Halle, Ebmeier aus Paderborn, Edlauer aus Gratz, Ehrlich aus Murzynek, Emmerling aus Darmstadt, v. Ende aus Waldenburg, Engel aus Culm, Esmarch aus Schleswig, Evertsbusch aus Altena, Falk aus Ottolangendorf, Fischer (Gustav) aus Jena, Flottwell aus Münster, Francke (Karl) aus Rendsburg, v. Gagern aus Wiesbaden, Gebhard aus Würzburg, v. Gersdorf aus Tuetz, Gevekoht aus Bremen, v. Giech (Graf) aus Thurnau, Giesebrecht aus Stettin, Godeffroy aus Hamburg, Göden aus Krotoszyn, von der Goltz (Graf) aus Czarnikau, Gombart aus München, Groß aus Leer, Grüel aus Burg, Gülich aus Schleswig, Gysae (Wilhelm) aus Strehlow, Hahn aus Guttstatt, v. Hartmann aus Münster, Haubenschmied aus Passau, Haym aus Halle, Heimbrod aus Sorau, v. Hennig aus Dempowalonka, Herzog aus Ebermannstadt, Heusner aus Saarlouis, Hofmann aus Friedberg, Hollandt aus Braunschweig, Houben aus Meurs, Jahn aus Freiburg an der Unstrut, Jordan aus Gollnow, Jordan aus Frankfurt a. M., Kahlert aus Leobschütz, v. Keller (Graf) aus Erfurt, v. Keudell aus Berlin, Koch aus Leipzig, Kosmann aus Stettin, v. Kösteritz aus Elberfeld, Krafft aus Nürnberg, Kratz aus Wintershagen, Künßberg aus Ansbach, Küntzel aus Wolka, Kutzen aus Breslau, Lang aus Verden, Langerfeldt aus Wolfenbüttel, Laube aus Leipzig, Landien aus Königsberg, Lette aus Berlin, Leverkus aus Lennep, Lodemann aus Lüneburg, Löw aus Posen, v. Maltzahn aus Küstrin, Mann aus Rostock, Marcks aus Duisburg, Marcus aus Bartenstein, Martens aus Danzig, v. Massow aus Karlsberg, Matthies aus Greifswald, Merck aus Hamburg, Metzke aus Sagan, Michelsen aus Jena, Munchen aus Luxemburg, Naumann aus Frankfurt a. d. O., Nerreter aus Fraustadt, Nizze aus Stralsund, Nöthig aus Weißholz, Oertel aus Mittelwalde, Ottow aus Labiau, Pannier aus Zerbst, Paur aus Augsburg, Plathner aus Halberstadt, Plehn aus Marienburg, v. Quintus-Icilius aus Fallingbostel, Rahm aus Stettin, Rättig aus Potsdam, v. Raumer aus Dinkelsbühl, Reitmayr aus Regensburg, Richter aus Danzig, Rieffer aus Hamburg, Röben aus Dornum, Röder aus Neustettin, Rößler aus Wien, Rüder aus Oldenburg, v. Saltzwedell aus Gumbinnen, v. Saucken-Tarputschen aus Angerburg, Schauß aus München, Schick aus Weißensee, Schirmeister aus Insterburg, v. Schleusing aus Rastenburg, Schlüter aus Paderborn, Scholten aus Ward, Scholz aus Neisse, Schrader aus Brandenburg, Schreiber aus Bielefeld, v. Schrenk aus München, Schubert (Friedrich Wilhelm) aus Königsberg, Schultze aus Potsdam, Schwarz aus Halle, Schwerin (Graf) aus Pommern, Schwetschke aus Halle, v. Selchow aus Rettkewitz, Sellmer aus Landsberg a. d. W., Sepp aus München, Siehr aus Gumbinnen, v. Soiron aus Mannheim, Sprengel aus Waren, Stahl aus Erlangen, Stavenhagen aus Berlin, Stenzel aus Breslau, Stieber aus Budissin, Sturm aus Sorau, Tannen aus Zielenzig, Tappehorn aus Oldenburg, Teichert aus Berlin, Tellkampf aus Breslau, v. Thielau aus Braunschweig, Thöl aus Rostock, v Treskow aus Grocholin, v. Vincke aus Hagen, Waldmann aus Heiligenstadt, Walter aus Neustadt, v. Wegnern aus Lyk, Wernher aus Nierstein, Wernich aus Elbing, Widenmann aus Düsseldorf, Wiebker aus Uckermünde, Winter aus Liebenburg, Wurm aus Hamburg, Zachariä aus Bernburg, Zachariä aus Göttingen, Zeltner aus Nürnberg, v. Zerzog aus Regensburg.

Mit Nein stimmten:

Ahrens aus Salzgitter, v. Aichelburg aus Villach, Anderson aus Frankfurt a. d. O., Arndts aus München, Backhaus aus Jena, Berger aus Wien, Blumröder (Gustav) aus Kirchenlamitz, Böcking aus Trarbach, Bogen aus Michelstadt, Bonardy aus Greiz, Braun aus Bonn, Bresgen aus Ahrweiler, Buß aus Freiburg im Breisgau, Caspers aus Koblenz, Christmann aus Dürkheim, Claussen aus Kiel, Cnyrim aus Frankfurt am Main, Cornelius aus Braunsberg, Coronini-Cronberg (Graf) aus Görz, Culmann aus Zweibrücken, Damm aus Tauberbischoffsheim, Deymann aus Meppen, Dham aus Schmalenberg, v. Dieskau aus Plauen, Dietsch aus Annaberg, Eckart aus Lohr, Eckert aus Bromberg, Edel aus Würzburg, Eisenmann aus Nürnberg, Eisenstuck aus Chemnitz, Engel aus Pinneberg, Englmayr aus Enns (Oberösterreich), Fallmerayer aus München, Federer aus Stuttgart, Fehrenbach aus Säckingen, Fetzer aus Stuttgart, Förster aus Hünfeld, Freese aus Stargard, Freudentheil aus Stade, Friederich aus Bamberg, Frisch aus Stuttgart, Fritsch aus Ried, Fritzsche aus Roda, Fröbel aus Reuß, Fügerl aus Korneuburg, Gerlach aus Tilsit, Gfrörer aus Freiburg, Giskra aus Wien, v. Gladis aus Wohlau, Göbel aus Jägerndorf, Goltz aus Brieg, Gottschalk aus Schopfheim, Graf aus München, Grävell aus Frankfurt a. d. O., Gravenhorst aus Lüneburg, Gritzner aus Wien, Groß aus Prag, Grubert aus Breslau, v. Grundner aus Ingolstadt, Günther aus Leipzig, Gulden aus Zweibrücken, Hagen (K.) aus Heidelberg, Haggenmüller aus Kempten, Hallbauer aus Meißen, Hartmann aus Leitmeritz, Haßler aus Ulm, Hayden aus Dorff bei Schlierbach, Heckscher aus Hamburg, Hedrich aus Prag, Hehner aus Wiesbaden, Heisterbergk aus Rochlitz, Heldmann aus Selters, Hensel I. aus Camenz, Heniges aus Heilbronn, Heubner aus Zwickau, Hirschberg aus Sondershausen, Hofer aus Pfarrkirchen, Hoffbauer aus Nordhausen, Huber aus Linz, Huck aus Ulm, Jacobi aus Hersfeld, Johannes aus Meiningen, Jopp aus Enzersdorf, Jucho aus Frankfurt am Main, Junghanns aus Mosbach, Kagerbauer aus Linz, Kerer aus Innsbruck, Kierulff aus Rostock, Kirchgeßner aus Würzburg, Kleinschrod aus München, Knarr aus Steyermark, Köhler aus Seehausen, Kohlparzer aus Neuhaus, Kollaczek aus österr. Schlesien, Kotschy aus Ustron in Mährisch-Schlesien, Kudlich aus Schloß Dietach, v. Kürsinger (Ignaz) aus Salzburg, v. Kürsinger (Karl) aus Tamsweg, Kuhnt aus Bunzlau, Langbein aus Wurzen, Laschan aus Villach, v. Lassaulx aus München, Liebmann aus Perleberg, Lienbacher aus Goldegg, Lindner aus Seisenegg, Löwe (Wilhelm) aus Calbe, Makowiczka aus Krakau, Mally aus Steyermark, Mammen aus Plauen, Mandrella aus Ujest, Mareck aus Gratz (Steyermark), Marsilli aus Roveredo, Mayer aus Ottobeuern, v. Mayfeld aus Wien, Melly aus Wien, Minkus aus Marienfeld, Möller aus Reichenberg, Mölling aus Oldenburg, Mohl (Moriz) aus Stuttgart, v. Mühlfeld aus Wien, Müller aus Sonnenberg, Münch aus Wetzlar, Mulley aus Weitenstein, v. Nagel aus Oberviechtach, Nägele aus Murrhardt, Nauwerck aus Berlin, v. Neitschütz aus Königsberg, Neugebauer aus Ludiz, Neumayr aus München, Nicol aus Hannover, Obermüller aus Passau, Ostendorf aus Soest, Osterrath aus Danzig, Pattay aus Steyermark, Paur aus Neisse, Petzer aus Bruneck, Pfahler aus Tettnang, Pfeiffer aus Adamsdorf, Phillips aus München, Pieringer aus Kremsmünster, Pinckert aus Zeitz, Plaß aus Stade, Polatzek aus Weißkirch, Quesar aus Prag, Rank aus Wien, v. Rappard aus Glambek, Raus aus Wolframitz, Reichensperger aus Trier, Reindl aus Orth, Reinhard aus Boytzenburg, Reinstein aus Naumburg, Reitter aus Prag, Renger aus böhmisch Kamnitz, Rheinwald aus Bern, Riehl aus Zwettl, Rödinger aus Stuttgart, Römer aus Stuttgart, Rösler aus Oels, Roßmäßler aus Tharand, Rühl aus Hanau, Schädler aus Baduz, Scharre aus Strehla, Schenk aus Dillenburg, Schiedermayer aus Vöcklabruck, Schlöffel aus Halbendorf, Schlutter aus Poris, Schmidt (Ernst Friedrich Franz) aus Löwenburg, Schmidt (Joseph) aus Linz, Schmitt aus Kaiserslautern, Schneider aus Wien, Schoder aus Stuttgart, Schott aus Stuttgart, Schreiner aus Gratz (Steyermark), Schüler aus Jena, Schulz (Fr.) aus Weilburg, Schulz aus Darmstadt, Schütz aus Mainz, Schwarzenberg aus Kassel, Siemens aus Hannover, Simon (Heinrich) aus Breslau, Simon (Ludwig) aus Trier, Spatz aus Frankenthal, Stark aus Krumau, Strache aus Rumburg, Streffleur aus Wien, v. Stremayr aus Gratz, Stülz aus St. Florian, Tafel aus Stuttgart, Tafel (Franz) aus Zweibrücken, Titus aus Bamberg, Trabert aus Rausche, Uhland aus Tübingen, Umbscheiden aus Dahn, v. Unterrichter aus Klagenfurt, Venedey aus Köln, Vischer aus Tübingen, Vogel aus Guben, Vogel aus Dillingen, Vogt aus Gießen, Vonbun aus Feldkirch, Wagner aus Steyr, Waldburg-Zeil-Trauchburg (Fürst) aus Stuttgart, Weber aus Neuburg, Weber aus Meran, Wedekind aus Bruchhausen, Weiß aus Salzburg, Weißenborn aus Eisenach, Wekbeker aus Aachen, Welcker ans Frankfurt a. M., Welter aus Tünsdorf, Werthmüller aus Fulda, Wiesner aus Wien, Wiest aus Tübingen, Wigard aus Dresden, v. Wulffen aus Passau, Würth aus Sigmaringen, Ziegert aus preuß. Minden, Zimmermann aus Stuttgart, Zöllner aus Chemnitz, Zum Sande aus Lingen.

Präsident: Das Resultat der Abstimmung ist dieß: Der Satz: „Jeder im Staatenhause vertretene Staat oder Staatenverband ernennt dazu ein Mitglied," ist mit 220 gegen 175 Stimmen verworfen. Damit, meine Herren, ist die zweite Hälfte desselben Satzes von selbst gefallen. (Heiterkeit und Bewegung.) Meine Herren! Ich bitte, Ihre Plätze einzunehmen, damit die Abstimmung weiter vor sich gehen kann. An die Stelle des zweiten Alinea dieses Paragraphen, wie ihn der Verfassungs-Ausschuß formulirt hat, habe ich jetzt zur Abstimmung zu bringen das Minoritäts-Erachten oder den damit fast buchstäblich gleichlautenden Verbesserungs-Antrag der Herren Arndts, Graf, Edel u. s. w. Die beiden Fassungen unterscheiden sich nur dadurch, daß die Eingangsworte des Minoritäts-Erachtens: „Der Reichsrath besteht aus 12 Mitgliedern," in den Verbesserungs-Antrag nicht mit übernommen sind. Ich werde diesen Verbesserungs-Antrag zur Abstimmung bringen, da er sich an den angenommenen ersten Satz des § 1 bequemer anschließt, als das Minoritäts-Erachten. Darf ich die Herren nicht bitten, ihre Plätze einzunehmen? Diejenigen Herren, die den Antrag der Herren Arndts, Graf, Edel und Genossen, so lautend:

1) „Den ersten Satz des § 1 unverändert anzunehmen;
2) „Anstatt des zweiten Satzes zu setzen, wie im Minoritäts-Erachten: Preußen, Oesterreich, Bayern, Sachsen, Hannover, Würtemberg und Baden ernennen dazu je ein Mitglied, das achte die drei Hessen, das neunte Nassau, Luxemburg, Limburg und Braunschweig, das zehnte Schleswig-Holstein, Lauenburg, beide Mecklenburg und Oldenburg, das eilfte die thüringischen Fürstenthümer, Anhalt, die beiden Lippe, Waldeck (Hohenzollern, Lichtenstein), das zwölfte die vier freien Städte.
3) „Der dritte Satz bleibe wie im Entwurf.

„Zugleich wird getrennte Abstimmung über die drei Sätze beantragt."

zum Beschlusse der Versammlung erheben wollen, ersuche ich, aufzustehen. (Mitglieder auf der Rechten und im Centrum erheben sich.) Die Abstimmung ist zweifelhaft. Ich will die Gegenprobe machen. Ich bitte die Herren, sich niederzulassen. Diejenigen Herren, die den eben verlesenen Antrag nicht annehmen wollen, ersuche ich, aufzustehen. (Mitglieder auf der Linken und im linken Centrum erheben sich.) Meine Herren! Die Abstimmung ist wiederum zweifelhaft. Wir müssen wieder durch Zettel abstimmen. Ich werde die Frage wiederholen: Diejenigen Herren, welche den eben verlesenen Antrag annehmen wollen, ersuche ich, die weißen Zettel mit „Ja," Diejenigen, welche ihn nicht annehmen wollen, die farbigen Zettel mit „Nein" mit ihrem Namen zu bezeichnen.

Bei der Zählung durch das Secretariat antworteten mit **Ja:**

v. Amstetter aus Breslau, Anders aus Goldberg, Anz aus Marienwerder, Arndt aus Bonn, Arndts aus München, Arneth aus Wien, Barth aus Kaufbeuern, Bassermann aus Mannheim, Bauer aus Bamberg, v. Baumbach-Kirchheim aus Kassel, Bernhardi aus Kassel, Beseler aus Greifswald, Beseler (H. W.) aus Schleswig, Blömer aus Aachen, Bock aus Preußisch-Minden, Böcler aus Schwerin, v. Boddien aus Pleß, Braun aus Bonn, Braun aus Cöslin, Brescius aus Züllichau, v. Breuning aus Aachen, Breusing aus Osnabrück, Brons aus Emden, Bürgers aus Köln, Burkart aus Bamberg, Buß aus Freiburg im Breisgau, v. Buttel aus Oldenburg, Carl aus Berlin, Clemens aus Bonn, Cornelius aus Braunsberg, Coronini-Cronberg (Graf) aus Görz, Cucumus aus München, Deetz aus Wittenberg, Deiters aus Bonn, Detmold aus Hannover, Deymann aus Meppen, Droysen aus Kiel, Duncker aus Halle, Edmeier aus Paderborn, Eckart aus Lohr, Eckert aus Bromberg, Edel aus Würzburg, Edlauer aus Gratz, Ehrlich aus Murzynek, Emmerling aus Darmstadt, v. Ende aus Waldenburg, Engel aus Culm, Esmarch aus Schleswig, Evertsbusch aus Altena, Falk aus Ottolangendorf, Fischer (Gustav) aus Jena, Flottwell aus Münster, Friedrich aus Bamberg, Fritsch aus Ried, v. Gagern aus Wiesbaden, Gebhard aus Würzburg, v. Gersdorf aus Tuetz, Gevekoht aus Bremen, v. Giech (Graf) aus Thurnau, Göbel aus Jägerndorf, von der Goltz (Graf) aus Czarnikau, Gombart aus München, Graf aus München, Grävell aus Frankfurt a. d. O., Grüel aus Burg, v. Grundner aus Ingolstadt, Gysae (Wilhelm) aus Strehlow, v. Hartmann aus Münster, Haubenschmied aus Passau, Hayden aus Dorff bei Schlierbach, Haym aus Halle, Heimbrod aus Sorau, v. Hennig aus Dempowalonka, Herzog aus Ebermannstadt, Heusner aus Saarlouis, Hofer aus Pfarrkirchen, Houben aus Meurs, Hugo aus Göttingen, Jacobi aus Hersfeld, Jahn aus Freiburg an der Unstrut, Jordan aus Gollnow, Junkmann aus Münster, Kagerbauer aus Linz, Kahlert aus Leobschütz, v. Keller (Graf) aus Erfurt, Kerer aus Innsbruck, v. Keudell aus Berlin, Kleinschrod aus München, Knoodt aus Brünn, Kosmann aus Stettin, v. Kösteritz aus Elberfeld, Krafft aus Nürnberg, Kratz aus Wintershagen, Künßberg aus Ansbach, v. Kürsinger (Ignatz) aus Salzburg, v. Kürsinger (Karl) aus Tamsweg, Kutzen aus Breslau, Langerfeldt aus Wolfenbüttel, v. Lassaulx aus München, Laube aus Leipzig, Laudien aus Königsberg, Lette aus Berlin, Leverkus aus Lennep, Lienbacher aus Goldegg, Löw aus Posen, v. Maltzahn aus Küstrin, Mann aus Rostock, Marcks aus Duisburg, Marcus aus Bartenstein, Martens aus Danzig, v. Massow aus Karlsberg, Matthies aus Greifswald, Metzke aus Sagan, Michelsen aus Jena, Mohl (Moriz) aus Stuttgart, Mohl (Robert) aus Heidelberg, Münch aus Wetzlar, v. Nagel aus Oberviechtach, Naumann aus Frankfurt an der Oder, Nerreter aus Fraustadt, Neumayr aus München, Nizze aus Stralsund, Nöthig aus Weißholz, Obermüller aus Passau, Oertel aus Mittelwalde, Ostendorf aus Danzig, Oltow aus Labiau, Paur aus Augsburg, Phillips aus München, Pieringer aus Kremsmünster, Plathner aus Halberstadt, Plehn aus Marienburg, Pötzl aus München, Polatzek aus Weißkirch, Quante aus Ullstadt, Rahm aus Stettin, Rättig aus Potsdam, v. Raumer aus Dinkelsbühl, Reichensperger aus Trier, Reindl aus Orth, Reitmayr aus Regensburg, Renger aus böhmisch Kamnitz, Richter aus Danzig, Riesser aus Hamburg, Röben aus Dornum, Röder aus Neustettin, Rößler aus Wien, Rüder aus Oldenburg, v. Saltzwedell aus Gumbinnen, Schick aus Weißensee, Schirmeister aus Insterburg, v. Schleussing aus Rastenburg, Schlüter aus Paderborn, Schmidt (Joseph) aus Linz, Scholten aus Ward, Scholz aus Neisse, Schrader aus Brandenburg, Schreiber aus Bielefeld, v. Schrenk aus München, Schubert (Friedrich Wilhelm) aus Königsberg, Schultze aus Potsdam, Schwarz aus Halle, Schwerin (Graf) aus Pommern, Schwetschke aus Halle, v. Selchow aus Rettkewitz, Sellmer aus Landsberg an der Warthe, Sepp aus München, Siehr aus Gumbinnen, v. Soiron aus Mannheim, Sprengel aus Waren, Stahl aus Erlangen, Stavenhagen aus Berlin, Stenzel aus Breslau, Stieber aus Budissin, Streffleur aus Wien, Stülz aus St. Florian, Sturm aus Sorau, Tannen aus Zielenzig, Tappehorn aus Oldenburg, Teichert aus Berlin, Tellkampf aus Breslau, Thöl aus Rostock, v. Treskow aus Grocholin, v. Unterrichter aus Klagenfurt, v. Vincke aus Hagen, Vogel aus Dillingen, Waitz aus Göttingen, Waldmann aus Heiligenstadt, Walter aus Neustadt, Weber aus Neuburg, v. Wegnern aus Lyk, Wekbeker aus Aachen, Welcker aus Frankfurt, Wernher aus Nierstein, Wichmann aus Stendal, Widenmann aus Düsseldorf, Wiebker aus Uckermünde, Winter aus Liebenburg, v. Wulffen aus Passau, Zachariä aus Bernburg, Zachariä aus Göttingen, Zeltner aus Nürnberg, Zöllner aus Chemnitz, Zum Sande aus Lingen.

Mit Nein stimmten:

v. Aichelburg aus Villach, Anderson aus Frankfurt a. d. O., Backhaus aus Jena, Becker aus Gotha, Beidtel aus Brünn, Berger aus Wien, Biedermann aus Leipzig, Blumröder (Gustav) aus Kirchenlamitz, Boch-Buschmann aus Siebenbrunnen, Böcking aus Trarbach, Bogen aus Michelstadt, Bonardy aus Greiz, Bresgen aus Ahrweiler, Caspers aus Koblenz, Christmann aus Dürkheim, Claussen aus Kiel, Cnyrim aus Frankfurt am Main, Cramer aus Cöthen, Culmann aus Zweibrücken, Dahlmann aus Bonn, Damm aus Tauberbischoffsheim, Dammers aus Nienburg, Deeke aus Lübek, Dham aus Schmalenberg, v. Dieskau aus Plauen, Dietsch aus Annaberg, Drechsler aus Rostock, Eisenmann aus Nürnberg, Eisenstuck aus Chemnitz, Engel aus Pinneberg, Englmayr aus Enns (Oberösterreich), Fallmerayer aus München, Federer aus Stuttgart, Fehrenbach aus Säckingen, Fetzer aus Stuttgart, Förster aus Hünfeld, Francke (Karl) aus Rendsburg, Freese aus Stargard, Freudentheil aus Stade, Frisch aus Stuttgart, Fritzsche aus Roda, Fröbel aus Reuß, Fügerl aus Korneuburg, Geigel aus München, Gerlach aus Tilsit, Gfrörer aus Freiburg, Giesebrecht aus Stettin, Giskra aus Wien, v. Gladis aus Wohlau, Goltz aus Brieg, Gottschalk aus Schopfheim, Gravenhorst aus Lüneburg, Gritzner aus Wien, Groß aus Leer, Groß aus Prag, Grubert aus Breslau, Gülich aus Schleswig, Günther aus Leipzig, Gulden aus Zweibrücken, Hagen (K.) aus Heidelberg, Haggenmüller aus Kempten, Hahn aus Guttstatt, Hallbauer aus Meißen, Hartmann aus Leitmeritz, Haßler aus Ulm, Heckscher aus Hamburg, Hedrich aus Prag, Hehner aus Wiesbaden, Heisterbergk aus Rochlitz, Heldmann aus Selters, Hensel aus Camenz, Hentges aus Heilbronn, Heubner aus Zwickau, Hirschberg aus Sondershausen, Höfken aus Hattingen, Hoffbauer aus Nordhausen, Hoffmann aus Ludwigsburg, Hofmann aus Friedberg, Hollandt aus Braunschweig, Huber aus Linz, Huck aus Ulm, Johannes aus Meiningen, Jopp aus Enzersdorf, Jordan aus Frankfurt am Main, Jucho aus Frankfurt am Main, Junghanns aus Mosbach, Kierulff aus Rostock, Kirchgeßner aus Würzburg, Knarr aus Steyermark, Köhler aus Seehausen, Kohlparzer aus Neuhaus, Kollaczek aus österr. Schlesien, Kotschy aus Ustron in Mährisch-Schlesien, Kudlich aus Schloß Dietach, Kuhnt aus Bunzlau, Lang aus Verden, Langbein aus Wurzen, Laschan aus Villach, Liebmann aus Perleberg, Lindner aus Seisenegg, Lodemann aus Lüneburg, Löwe (Wilhelm) aus Calbe, Makowiczka aus Krakau, Maly aus Steyermark, Mammen aus Plauen, Mandrella aus Ujest, Mareck aus Gratz (Steyermark), Marsilli aus Roveredo, Mayer aus Ottobeuern, v. Mayfeld aus Wien, Meviy aus Wien, Meyer aus Liegnitz, Minkus aus Marienfeld, Mölling aus Reichenberg, Mölling aus Oldenburg, v. Mühlfeld aus Wien, Müller aus Sonnenberg, Mulley aus Weitenstein, Munchen aus Luxemburg, Nägele aus Murrhardt, Nauwerck aus Berlin, v. Neitschütz aus Königsberg, Neugebauer aus Ludit, Nicol aus Hannover, Ostendorf aus Soest, Pannier aus Zerbst, Pattay aus Steyermark, Paur aus Neisse, Petzer aus Bruneck, Pfahler aus Tettnang, Pfeiffer aus Adamsdorf, Pinckert aus Zeitz, Platz aus Stade, Quetar aus Prag, v. Quintus-Icilius aus Fallingbostel, Rank aus Wien, v. Rappard aus Glambek, v. Raumer aus Berlin, Raus aus Wolframitz, Reinhard aus Boytzenburg, Reinstein aus Naumburg, Reitter aus Prag, Rheinwald aus Bern, Riehl aus Zwettl, Rödinger aus Stuttgart, Römer aus Stuttgart, Rösler aus Oels, Roßmäßler aus Tharand, Rühl aus Hanau, v. Saucken-Tarputschen aus Angerburg, Schädler aus Vaduz, Scharre aus Strehla, Schauß aus München, Schenk aus Dillenburg, Schiedermayer aus Vöcklabruck, Schlöffel aus Halbendorf, Schlutter aus Poris, Schmidt (Ernst Friedrich Franz) aus Löwenberg, Schmitt aus Kaiserslautern, Schneider aus Wien, Schoder aus Stuttgart, Schorn aus Essen, Schott aus Stuttgart, Schreiner aus Gratz (Steyermark), Schubert aus Würzburg, Schüler aus Jena, Schulz (Friedrich) aus Weilburg, Schulz aus Darmstadt, Schütz aus Mainz, Schwarzenberg aus Kassel, Servais aus Luxemburg, Siemens aus Hannover, Simon (Heinrich) aus Breslau, Spatz aus Frankenthal, Stark aus Krumau, Strache aus Rumburg, v. Stremayr aus Gratz, Tafel aus Stuttgart, Tafel (Franz) aus Zweibrücken, v. Thielau aus Braunschweig, Titus aus Bamberg, Trabert aus Rausche, Uhland aus Tübingen, Umbscheiden aus Dahn, Venedey aus Köln, Vischer aus Tübingen, Vogel aus Guben, Vogt aus Gießen, Vonbun aus Feldkirch, Wagner aus Steyr, Waldburg-Zeil-Trauchburg (Fürst) aus Stuttgart, Weber aus Meran, Wedekind aus Bruchhausen, Weiß aus Salzburg, Weißenborn aus Eisenach, Welter aus Tünsdorf, Wernich aus Elbing, Werthmüller aus Fulda, Wiesner aus Wien, Wiest aus Tübingen, Wigard aus Dresden, Würth aus Sigmaringen, v. Zerzog aus Regensburg, Ziegert aus Preußisch-Minden, Zimmermann aus Stuttgart.

Präsident: Der Antrag des Herrn Arndts und Genossen ist mit 206 gegen 204 Stimmen verworfen. — Ich muß nun, meine Herren, den dritten Satz des Paragraphen zur Abstimmung bringen, aber wohl unter Weglassung der beiden Schlußworte: „Staatenverbände," die jetzt keinen rechten Sinn mehr haben dürften.

Beseler von Greifswald: Es scheint mir diese Weglassung nicht nothwendig. Wollte man diese beiden Schlußworte weglassen, so würde es wohl soviel heißen: „Jeder einzelne Staat hat nothwendig Mitglieder in den Reichsrath zu schicken;" bleiben aber die Worte: „Und Staatenverbände," so würde das soviel heißen: daß die nähere Bestimmung über die Zahl vorbehalten bleibt; daß also hier immer noch eine verfassungsmäßige Beschränkung möglich ist, und daher glaube ich, daß der ganze Absatz zur Abstimmung kommen kann.

Präsident: Es scheint mir das richtig zu sein, und dabei noch den Vorzug zu haben, daß keine Aenderung in der Vorlage gemacht zu werden braucht. Ich bringe den dritten Absatz des §1 zur Abstimmung:

„Die Ernennung der Mitglieder des Reichsrathes geschieht durch die Regierungen der betreffenden Staaten und Staatenverbände."

Diejenigen Herren, welche diesen dritten Absatz annehmen wollen, ersuche ich, sich zu erheben. (Mitglieder auf der Rechten und im Centrum erheben sich.) Der dritte Absatz des §1 ist angenommen. (Große Unruhe auf der Linken. Einzelne Stimmen daselbst: Es war zweifelhaft! Zettelabstimmung!) Niemand hat dagegen zu protestiren, wenn der Vorsitzende in Ausübung der Geschäftsordnung seine persönliche gewissenhafte Ueberzeugung ausspricht. (Wiederholte Unruhe auf der Linken.) — Ich gehe zu §2 über. (Neuerdings große Unruhe auf der Linken. Ruf: Zettelabstimmung!) Niemand, sage ich, hat mir darüber eine Vorschrift zu machen, wenn ich eine Abstimmung für unzweifelhaft zu halten habe; ich habe das mit meinem Gewissen zu verantworten. (Stimmen auf der Linken: Wir können nicht mehr mitstimmen!) Das steht Ihnen zu; mir aber kommt zu, das Gesetz und die Ordnung aufrecht zu erhalten. — Ich gehe zur Abstimmung über § 2 über; derselbe lautet:

„Der Reichsrath bildet ein begutachtendes Collegium. Derselbe tritt am Sitze der Reichsregierung zusammen.

„Den Vorsitz im Reichsrathe führt der Bevollmächtigte des größten deutschen Staates, dessen Regent nicht das Reichsoberhaupt ist."

Diejenigen Herren, die diesen Satz annehmen wollen, ersuche ich, sich zu erheben. (Mitglieder auf der Rechten und im Centrum erheben sich.) Ich werde hier die Gegenprobe veranlassen. Diejenigen Herren, die den eben verlesenen § 2 des Entwurfes nicht annehmen wollen, ersuche ich, sich zu erheben. (Mitglieder auf der Linken und dem linken Centrum erheben sich.) Der § 2 ist angenommen. — Ich gehe zu § 3 über. Derselbe lautet:

„Die Beschlüsse des Reichsrathes werden durch Stimmenmehrheit gefaßt."

Diejenigen Herren, die diesen § 3 annehmen wollen, ersuche ich, sich zu erheben. (Mitglieder auf der Rechten und im Centrum erheben sich.) Der § 3 ist angenommen. — Ich gehe zu § 4 über:

„Die Reichsminister sind berechtigt den Sitzungen des Reichsrathes beizuwohnen, oder sich in denselben durch Commissarien vertreten zu lassen."

Diejenigen Herren, welche diesen § 4 annehmen wollen, ersuche ich, sich zu erheben. (Mitglieder auf der Rechten und im Centrum erheben sich.) Der § 4 ist angenommen. — Der § 5 lautet:

„Dem Reichsrath sind die Gesetzentwürfe, welche die Reichsregierung bei dem Reichstage einbringen will, zur Begutachtung vorzulegen. Der Reichsrath hat sein Gutachten binnen einer jedesmal von der Reichsregierung zu bestimmenden Frist zu erstatten. Wird diese Frist nicht eingehalten, so ist die Reichsregierung hierdurch an dem Einbringen des Gesetzentwurfs bei dem Reichstag nicht behindert."

Ich bringe diesen Paragraph zur Abstimmung, vorbehaltlich der ferneren Abstimmung über den in dem Minoritäts-Erachten vorgeschlagenen Zusatz. Diejenigen Herren, die den eben verlesenen § 5 vorbehaltlich der Abstimmung über den in dem Minoritäts-Erachten enthaltenen Zusatz annehmen wollen, ersuche ich, sich zu erheben. (Mitglieder auf der Rechten und im Centrum erheben sich.) Der § 5 ist angenommen. — Ich gehe zu dem Minoritäts-Erachten über; das Minoritäts-Erachten lautet:

„Bei Krieg und Frieden, bei Verträgen mit auswärtigen Mächten, ingleichem wenn das Reich die Anlage von Festungen, Eisenbahnen, Landstraßen und Canälen unternimmt, ist die Reichsregierung verpflichtet, das Gutachten des Reichsraths einzuziehen."

Diejenigen Herren, die diesen Zusatz zu dem angenommenen § 5 beschließen wollen, ersuche ich, aufzustehen. (Sehr wenige Mitglieder auf der Rechten erheben sich.) Das Minoritäts-Erachten ist abgelehnt. — Ich gehe zu § 6 über:

„Die Reichsregierung ist befugt, in allen Fällen, in welchen es ihr angemessen erscheint, das Gutachten des Reichsrathes einzuziehen."

Diejenigen Herren, die diesen eben von mir verlesenen § 6 annehmen wollen, ersuche ich, sich zu erheben. (Mitglieder auf der Rechten und im Centrum erheben sich.) § 6 ist angenommen. (Unruhe.) — Meine Herren! Ich bitte, ruhig zu bleiben, wir haben noch mehrere Verhandlungen nach dieser Abstimmung, und zum Theil erhebliche. — Der Artikel vom Reichsrathe ist hiernach überall nach den Vorschlägen des Verfassungs-Ausschusses mit Ausnahme des zweiten Alinea in § 1 angenommen, welches letztere gänzlich abgelehnt worden ist. — Herr L. Simon von Trier bittet für den Fall, daß morgen keine Sitzung stattfände, die Dringlichkeit zweier Anträge noch heute begründen zu dürfen. Herr Simon wird damit einverstanden sein, daß ich jetzt diese Anträge zur Sprache bringe, obwohl darüber noch nicht beschlossen worden ist, ob morgen Sitzung sein soll, oder nicht. (Zustimmung von L. Simon.) Der erste Antrag, der principaliter zur Verhandlung käme, lautet so:

„In Erwägung, das es in der Notorietät beruht:

1) daß der Oberlandesgerichts-Director Temme wegen Betheiligung an den zur Durchführung der Steuerverweigerung ergriffenen Maßregeln in Münster zur Untersuchung und Haft gezogen worden ist;

2) daß derselbe bald darauf (am 8. Januar), von dem 35sten rheinpreußischen Wahlbezirke zu Neuß an die Stelle des ausgeschiedenen Dr. Dieringer zur deutschen Nationalversammlung als Abgeordneter gewählt worden ist (siehe auch beigefugtes Schreiben im Namen der Wahlmänner d. d. Jüchen den 9. Januar);

in Erwägung, das nach Art. 3. des Reichsgesetzes vom 30. September v. J. der Reichsversammlung die Befugniß zusteht, die Aufhebung einer vor der Wahl eines ihrer Mitglieder gegen dasselbe verfügten Haft oder Untersuchung bis zum Schlusse ihrer Sitzungen anzuordnen;

in Erwägung, daß die bloße Frage nach Aufhebung der Haft ohne übrige Behinderung der Untersuchung lediglich nach dem Gesichtspunkte zu entscheiden ist, ob für die Anwesenheit und politische Wirksamkeit des Verhafteten in der Nationalversammlung erheblichere Gründe sprechen, als für die Befürchtung einer möglichen Flucht oder Collusion Seitens des Verhafteten;

daß nun der Gesichtspunkt der nothwendigen Anwesenheit aller Abgeordneten zur deutschen National-Versammlung im gegenwärtigen Augenblicke den Gesichtspunkt einer möglichen Flucht oder Collusion Seitens des Abgeordneten Temme nach dessen Leben und bisherigem Verhalten bei Weitem überwiegt;

in Erwägung daß zwar jede stattgefundene Wahl der geschäftsordnungsmäßigen Prüfung zu unterwerfen, nach § 7 der Geschäftsordnung aber selbst jeder „Angefochtene bis zur definitiven Entscheidung über die Giltigkeit seiner Wahl berechtigt ist, an den Verhandlungen der Nationalversammlung Theil zu nehmen;"

daß diesem nach, auch ohne Vorlage der Untersuchungs- und Wahlacten zum Mindesten über die bloße Beseitigung des factischen Hindernisses der Haft füglich schon jetzt entschieden werden kann, um den Abgeordneten Temme in dieselbe Lage zu versetzen, in welcher sich jeder andere Abgeordnete befinden würde, — vorbehaltlich der Entscheidung über die Fortsetzung der Untersuchung und definitive Giltigkeit der Wahl auf Grund der eingeforderten Acten;

aus diesen Gründen verfügt die Nationalversammlung die Aufhebung der gegen den Abgeordneten Temme verhängten Haft, und beauftragt den Herrn Reichsjustizminister mit den zur schleunigen Ausführung dieses Beschlusses erforderlichen Maßregeln."

Unterstützt von: Rösler von Oels, Moritz Hartmann, Schütz, Ziegert, Mareck, Dr. Raus, Hoffbauer, Schlutter, Fehrenbach, Würth von Sigmaringen."

Meine Herren! Ich habe zuvörderst die Frage zu stellen, ob die Versammlung den Antrag des Herrn Ludwig Simon von Trier, den ich eben verlesen habe, für dringlich erkennt. Diejenigen Herren, die diesen Antrag für dringlich erkennen, ersuche ich, sich zu erheben. (Mitglieder auf der Linken und im Centrum erheben sich.) — Ich bitte um Ruhe, meine Herren! — Es ist die Majorität. Der Antrag ist für dringlich erkannt. Ich frage, ob Jemand das Wort verlangt außer dem Herrn Antragsteller?

Simon von Trier: Meine Herren! Die Bedenken, welche gegen die Aufhebung der Haft des Abgeordneten Temme erhoben werden, beruhen hauptsächlich darin, daß man sagt, wir könnten ohne Vorlage der Wahl- und Untersuchungs-Acten nicht entscheiden. Was nun die Wahlacten anbetrifft, so verfügt der § 7 der Geschäftsordnung, „daß jeder Abgeordnete bis zur definitiven Entscheidung über die Giltigkeit seiner Wahl berechtigt sei, an den Verhandlungen der Nationalversammlung Theil zu nehmen." Der Abgeordnete Temme ist also durch seine Wahl im Allgemeinen berechtigt, an den Verhandlungen der Nationalversammlung Theil zu nehmen, da wohl Niemand bestreiten wird, daß diese Wahl überhaupt stattgefunden habe. (Unruhe.)

Präsident: Ich bitte um Ruhe!

Simon: Durch alle öffentlichen Blätter ist die Nachricht gegangen, daß der Abgeordnete Temme in Neuß gewählt worden, und es hat sich in ganz Preußen, insbesondere in den officiellen Organen, nicht eine einzige Stimme dawider erhoben. Ich lege Ihnen überdieß ein Schreiben eines Wahlmanns in Jüchen vor, welcher im Namen der Wahlmänner sich an meinen Freund Wesendonck gewendet hat.

Präsident: Die Versammlung wird nichts gegen die Verlesung haben.

Simon: Darin heißt es unter Anderem:

„Die Majorität der Versammlung glaubte vorläufig in dieser Sache nichts weiter thun zu können, als Temme selbst und Sie, verehrter Mann, von der auf ihn gefallenen Wahl in Kenntniß zu setzen.

Sie hegte die volle Zuversicht, daß Sie auf Grund des Gesetzes der verfassunggebenden Versammlung vom 30. September v. J. alle gesetzlichen Schritte zur Befreiung und Einberufung Temme's thun werden, und in dieser Beziehung nur Ihren Anträgen mit Vertrauen entgegenzusehen.

Der Unterzeichnete, welcher zum Gegenwärtigen beauftragt wurde, beehrt sich demnach, die Wahl des Herrn Temme zum Abgeordneten Ihnen hiermit anzuzeigen, und bittet Sie, Namens des größten Theiles der Wahlmänner, für die schleunige Entlassung Temme's aus der Haft und seine Einberufung nach Frankfurt alle Mittel geneigtest ergreifen zu wollen."

Das Schreiben ist unterfertigt von einem Wahlmanne Namens Boner. Meine Herren! Es findet sich auch wohl in unserer Mitte Niemand vor, der die Thatsache der Wahl des Abgeordneten Temme, welche in voller Notorietät beruht, bestritte. Es steht also im Allgemeinen fest, daß der Abgeordnete Temme gewählt worden ist. Derselbe würde, wenn er sich auf freiem Fuße befände, in der Lage sein, mit seiner Legitimation dahier zu erscheinen, auf diese Legitimation hin vorläufig zugelassen zu werden, und somit mit voller Berechtigung an den Verhandlungen der Nationalversammlung so lange Theil zu nehmen, bis über die stattgefundene Wahl definitiv entschieden, und in den Wahlacten der Grund eines Ausschlusses gefunden worden wäre. Der Abgeordnete Temme befindet sich hier aber, vermöge der eingetretenen Haft, nicht in der Lage, von dem ihm zustehenden provisorischen Rechte Gebrauch zu machen, und ich ersuche Sie, dieses factische Hinderniß zu beseitigen. Sie sind dazu der Wahlacten nicht bedürftig. Ebenso können Sie aber, nach meiner Meinung, auch die Untersuchungsacten entbehren. Wenn es sich um die Frage handelte, ob die Untersuchung ihren Fortgang haben solle, so müßten Ihnen allerdings die Untersuchungs-Acten vorliegen. Die Haft aber hat in der Criminalprocedur bloß zwei Motive, das erste, daß der Verhaftete nicht entfliehe; das zweite, daß er die Untersuchung nicht durch Collusion verdunkele. Es fragt sich nun, ist der Gesichtspunkt der nothwendigen Anwesenheit des Abgeordneten Temme in unserer Mitte überwiegend über den einer möglichen Flucht oder Collusion seinerseits, und da bitte ich Sie, diese Frage einmal aufrichtig ins Auge zu fassen. Sie werden mir alsdann gewiß zugestehen, daß nach dem bisherigen Leben und Verhalten des Abgeordneten Temme der Gesichtspunkt einer möglichen Flucht oder Collusion von der Nothwendigkeit seiner Anwesenheit in dieser Versammlung bedeutend überwogen wird. Ich habe darum das Ansuchen an Sie gestellt, ohne Vorlage der Wahl- und Untersuchungs-Acten die Aufhebung der Haft des Herrn Temme verfügen, und dadurch denselben in die factische Lage versetzen zu wollen, in welcher sich ein jeder andere Abgeordnete befinden würde, — vorbehaltlich der Entscheidung über die definitive Giltigkeit der Wahl und die Fortstellung der Untersuchung auf Grund der später eintreffenden Acten. Ich glaube, meine Herren, Sie werden dadurch auch der wahren Stimmung des preußischen Volks Genüge leisten. Sie haben in der Verhandlung über den Antrag des Abgeordneten Wesendonck den dem preußischen Volke verheißenen Rechtsschutz unter Berufung auf angeblich thatsächliche Stimmungen desselben nicht gewährt. Meine Herren! Sehen Sie sich die gegenwärtigen Wahlen an, und Sie werden finden, daß Ihre Voraussetzung thatsächlich der Regierung zugewandter Stimmungen wohl nicht die richtige gewesen ist. (Stimmen von der Rechten: Ah! Ah!) Ich weiß allerdings, daß es sich gegenwärtig bloß von den Wahlen zur zweiten Kammer handelt, welche von dem gesammten Volke ohne Unterschied des Standes und Vermögens vorgenommen worden sind. Gerade darnach beurtheilt sich aber die wahre Volksstimmung am Richtigsten. (Stimmen von der Rechten: Ah!) Ich bitte Sie, meine Herren, tragen Sie auch einmal dieser wahrhaften Stimmung des Volks durch Aufhebung der Haft des Abgeordneten Temme Rechnung!

Präsident: Herr Bassermann verlangt das Wort, um über die Lage der Sache Namens des Ministeriums Aufschluß zu geben.

Unterstaatssecretär Bassermann: Ich glaube, nur einfach mittheilen zu sollen, daß auf Anregung des Reichsministeriums bei dem preußischen Bevollmächtigten, welche sofort nach dem hier gestellten Antrage geschehen, der preußische

Bevollmächtigte dem Reichsministerium schon vor mehreren Tagen erwiedert hat: Er habe bereits die Beschleunigung der Einsendung der betreffenden Wahlacten und anderer Acten veranlaßt, so daß ich wenigstens glaube, wir können stündlich der Ankunft derselben entgegensehen.

Präsident: Herr Beseler von Greifswald hat das Wort.

Beseler von Greifswald: Meine Herren! Ich glaube, es sind im ganzen Hause Wenige, die nicht peinlich berührt worden sind durch die gerichtlichen Maßregeln, welche gegen einzelne Mitglieder der früheren preußischen Nationalversammlung ergriffen worden sind. (Stimmen auf der linken Seite: Sehr wahr!) Meine Herren! Namentlich glaube ich auch, daß die Verhaftung des Abgeordneten Temme einen peinlichen Eindruck gemacht hat (Stimmen auf der Linken: Sehr wahr!), und ich bin überzeugt, daß zu Dem, was von diesem Hause geschehen kann, um einem solchen Verfahren entgegenzutreten, und auch geschehen wird, alle Theile des Hauses das Ihrige beitragen werden, soweit es die Lage der Sache gestattet und möglich macht. Es fragt sich also bloß, ob die gegenwärtige Lage der Sache eine solche ist, daß man auf den Antrag des Herrn Simon von Trier eingehen kann, oder nicht? Soweit ich dieß übersehe und dieß juristisch beurtheile, kann ich nicht der Meinung sein, daß jetzt von hieraus sofort eine Verfügung erlassen werde, wodurch die Befreiung des Abgeordneten Temme veranlaßt wird. (Stimmen auf der Linken: Ah!) Ich will davon absehen, daß ich mich an die Form stoße, wenn gesagt wird, die Nationalversammlung möge das Justizministerium beauftragen, so etwas zu veranlassen. Ich weiß nicht, ob es richtig ist, daß das Reichsministerium gewissermaßen als eine vollziehende Behörde anzusehen sei, welche die Aufträge der Nationalversammlung auszuführen habe; ich glaube nicht, meine Herren, daß die Reichsregierung in diesem Sinne als bloße vollziehende Behörde zu betrachten, und daß eine solche Auffassung der Würde der Reichsregierung angemessen sei. Indeß diese Ansicht ist nicht die für mich entscheidende, sondern es ist ein anderer Umstand, der mich veranlaßt, jetzt gegen den Antrag des Herrn Simon von Trier aufzutreten. Ich gehe auf das Nähere ein. Herr Simon hat gesagt: „Die Wahl des Herrn Temme sei notorisch; und wenn Herr Temme nun, ohne daß er gehindert wäre, hierher gekommen, und mit seiner Legitimation hier erschienen sei, so würde er vorläufig zugelassen werden, und berechtigt sein, solange an unseren Verhandlungen Theil zu nehmen, bis über seine Wahl definitiv entschieden sei." Meine Herren! Die Wahl des Herrn Temme scheint allerdings notorisch zu sein; daß sie vorgenommen worden ist, kann man annehmen. Das aber fragt sich, und das wenigstens will ich zu bedenken geben, — obgleich ich nicht sage, daß hierauf gerade Gewicht zu legen, — ob denn Herr Temme mit solchen Legitimationen hier angekommen wäre, mit denen er sich den Zutritt im Hause verschafft hätte? (Stimmen auf der Linken: Ah!) Meine Herren! Es ist nicht so anzusehen, als sei auf eine vermuthete Legitimation hin der vorläufige Eintritt sofort zuläßig; es mag wahrscheinlich sein, daß Herr Temme vorläufig zugelassen worden wäre; aber als ein wirkliches Mitglied würde er nicht anzusehen sein, solange nicht wenigstens seine Legitimationskarte für ihn als ein wirkliches Mitglied ausgefertigt ist. Solange aber Herr Temme nicht Mitglied dieser Versammlung, können wir ihn nicht als solches behandeln, wir können für ihn nicht Dasjenige thun, was wir für ein wirkliches Mitglied der Versammlung zu thun im Stande sind. Wir können also bloß dahin streben, daß er in die Lage gesetzt werde, ein Mitglied dieser Versammlung zu werden. Was übrigens die Wahl selbst betrifft, so mache ich darauf aufmerksam, daß dieselbe mit geringer Majorität, mit 43 gegen 40 Stimmen, vollzogen worden ist, und daß daher möglicherweise Anfechtungen stattfinden können. Das bloße Schreiben eines Wahlmannes ist jedenfalls eine bloß factische Mittheilung, die nicht im Mindesten juristisch die Lage verändert. Der Hauptpunkt aber für mich und die nächste Veranlassung, daß ich gegen den Antrag des Herrn Simon von Trier spreche, ist die, daß wir hier, wenigstens soweit die Sache uns vorliegt, es nicht irgend mit einer Handlung einer Regierungsbehörde zu thun haben, sondern daß wir nahe daran sind, uns in directen Gegensatz mit einer Gerichtsbehörde zu setzen. Soviel ich weiß, bestätigt es sich, daß durch eine Gerichtsbehörde die Verhaftung des Herrn Temme angeordnet ist. Es ist möglich, daß etwas Menschliches dabei vorgefallen, daß die Gerichtsbehörde nicht richtig gehandelt hat, darüber wage ich gar kein Urtheil. Wenn eine Gerichtsbehörde in ihrem amtlichen Wirkungskreise, vermöge ihrer Befugnisse etwas gethan hat, nehme ich, bis das Gegentheil klar vorliegt, an, daß sie etwas gethan hat, was sie zu rechtfertigen wissen wird. Ich meine daher, daß Sie hier mit größter Vorsicht zu Werke gehen müssen. Es hat nun aber die Gerichtsbehörde die Verhaftung ausgesprochen; wollen Sie daher so ohne Weiteres, ohne nur die Acten gesehen zu haben, sagen, Jener solle freigelassen werden, die Gerichtsbehörde habe Unrecht gehandelt? (Stimmen auf der Linken: Ja!) Sie, meine Herren, wollen es vielleicht, aber ich für meinen Theil könnte mich dazu nimmermehr verstehen. Es gibt nun, hat Herr Simon gesagt, zwei Gründe für die Verhaftung, der eine ist die Besorgniß vor Collusion, der andere die Besorgniß vor Entweichung. Das sind allerdings die allgemeinen Gründe. Wie aber können wir ohne nähere, ohne genaueste Kenntniß von jenen Vorgängen, ohne Kenntniß der Acten wissen, daß hier nicht Gründe vorhanden sind, eine Collusion zu befürchten, wenn wir auch wohl überzeugt sein können, daß Herr Temme nicht entweichen wird? Wenn aber die Nothwendigkeit, in dieser Versammlung anwesend zu sein, gegen die Befürchtungen der Collusion oder der Entweichung in die Wagschaale gelegt wird, und jene diese überwiegen soll, so scheint mir das rein sophistisch zu sein. Es ist allerdings höchst wünschenswerth, daß kein Mitglied hier fehle; wenn Sie aber sehen, wie vielen Mitgliedern hier täglich Urlaub ertheilt wird, wie Viele außerdem die Sitzungen versäumen, ohne daß deßhalb in unserem Geschäftsgange eine wesentliche Störung herbeigeführt wird, so werden Sie wohl zugestehen, daß eine unbedingte Nothwendigkeit der Anwesenheit dieses Mitgliedes nicht vorliegt. Wenn ich nun die ganze Angelegenheit vom politischen, wie vom streng rechtlichen Standpunkte aus betrachte, so kann ich nur wünschen, daß Alles, was zur Entscheidung derselben dienen kann, sobald als möglich, und mit all dem Gerechtigkeitssinn und der Unparteilichkeit geschehe, die dieser Versammlung gebühren. Daß wir aber einen solchen Beschluß fassen sollen, wie er uns vorgeschlagen ist, ehe wir im Stande sind, ein Urtheil abzugeben, welches gegen Anfechtungen gesichert ist, und uns vor dem Vorwurfe bewahrt, daß wir übereilt und unbesonnen gehandelt hätten, dafür kann ich nicht stimmen. Daher schlage ich vor, das Reichsministerium möge die Sache in die Hände nehmen, und es uns durch Herbeischaffung der Acten möglich machen, daß uns ein gründliches Urtheil möglich wird, daß wir aber über den Antrag des Herrn Simon zur motivirten Tagesordnung übergehen.

Vogt von Gießen: Meine Herren! Herr Beseler hat vor einer Uebereilung gewarnt, ich glaube, daß dieß von uns wohl nicht zu befürchten ist. Stellen wir uns die Sachlage klar vor, meine Herren. Die Verfolgungen gegen Temme und seine Meinungsgenossen sind zum Theil wenigstens hervorgerufen durch die jetzige preußische Regierung. (Unruhe auf der Rechten.) Die Wahl des Herrn Temme ist geschehen, sie ist notorisch. Wenn auch die Majorität für Temme eine geringe war, wie Herr Beseler behauptet, so ist doch die Wahl an sich bis jetzt nicht angefochten, und das Quantum der Majorität hat auf die Giltigkeit der Wahl gar keinen Einfluß. Temme hat über das Ergebniß dieser Wahl noch keine Legitimation erhalten, diese müßte ihm von der preußischen Regierung ausgestellt werden. Diese Legitimation ist auch noch nicht hierher eingesendet. Es folgt daraus, meine Herren, daß, wenn von hier aus nichts geschieht, die ganze Sache in der Hand der Regierung bleibt, welche Herrn Temme solange in den gegenwärtigen Verhältnissen, das heißt im Zuchthause, lassen kann, bis sie seine Legitimation hierher zu schicken für gut findet. (Unruhe.) Ich erinnere Sie, meine Herren, an andere ähnliche Fälle. Es wurde in diesem Hause der Eintritt des Abgeordneten Peter beanstandet. Wir haben lange vergeblich Anträge auf Anträge wiederholt, daß die Legitimation über diese Wahl zur Prüfung von der badischen Regierung hierher eingesendet werden möge, damit der Abgeordnete Peter eintreten könne. Es wurde aber die Hinsendung unter allen erdenklichen Vorwänden verzögert. Der Abgeordnete Peter hatte keine vorläufige Legitimation, auf welche hin er eintreten konnte, die Regierung gab sie nicht. Wie ist nun die Sachlage hier? Die preußische Regierung muß die Legitimation einsenden, und wenn wir nicht darauf dringen, nicht mit aller Macht darauf dringen, so bleibt Temme im Zuchthause. Das ist das einfache Resultat, und wenn wir keine Mittel haben sollten, es dahin zu bringen, daß die zu Abgeordneten Gewählten mit vorläufiger Legitimation hier eintreten, so geben Sie jeder Regierung die sichere Handhabe, den Eintritt eines jeden Abgeordneten, sofern er ihr nicht genehm ist, zu verhindern. Hält sie einen Abgeordneten für mißliebig, so schickt sie ihm die Wahllegitimation nicht, und der Abgeordnete kann nicht eintreten; denn nach der Argumentation des Herrn Beseler müssen wir geduldig warten, bis die Regierung die Legitimation gibt. Das ist der Standpunkt der Sache, und deßhalb muß etwas geschehen, und zwar nicht bloß dasjenige Mögliche, was Herr Beseler meint. Man sagt aber, man stelle sich dadurch in directen Gegensatz zu den Gerichtsbehörden, und das solle man nicht thun. Meine Herren! In directen Gegensatz zu den Gerichtsbehörden kommen wir jedesmal, wenn wir zu beschließen haben, ob eine Untersuchung genehmigt werden soll, oder nicht; dann sind wir schon im Gegensatze zum Gericht, das die Untersuchung beantragt. Wir können nun diesen Gegensatz dadurch aufheben, daß wir den Fortgang der Untersuchung bewilligen, wir können ihn aber auch aufrecht erhalten, indem wir die Fortstellung der Untersuchung nicht genehmigen, wenn uns der Gegenstand der Untersuchung zu gering erscheint. Noch erinnere ich Sie daran, daß wir uns schon im Gegensatze zu den Gerichtsbehörden befunden haben, indem das Frankfurter Appellationsgericht auf Verhaftung von Abgeordneten antrug, wir aber diese nicht, sondern nur die Fortsetzung der Untersuchung genehmigten. Haben wir nun dadurch, daß wir uns zu der Gerichtsbehörde in einen solchen Gegensatz stellten, etwa deren Ansehen geschwächt? Durchaus nicht. Denn wir haben nicht gegen einen Urtheilsspruch das Wort erhoben, sondern nur gegen eine Maßregel des Gerichts, und eine solche kann von jenem irrthümlich aufgefaßt sein, von uns aber abgeändert werden, während wir gegen einen Urtheilsspruch nichts zu sagen haben. Das ist der Stand der Sache. Wenn wir also die Aufhebung der Haft verfügen, so haben wir uns zum Gerichte nicht in einen solchen Gegensatz gesetzt, welcher es etwa in seinem Ansehen oder seinem Urtheile irgend benachtheiligen könnte, sondern wir haben eine Maßregel, die uns unbegründet erscheint, damit aufgehoben, und deßhalb müssen wir es thun.

Präsident: Herr Simon von Trier will noch einen Zusatz zu seiner vorigen Ausführung machen.

Simon von Trier: Meine Herren! Auf die Aeußerung des Herrn Bassermann, daß bereits Schritte zur Erlangung der Acten geschehen seien, erlaube ich mir, zu bemerken, daß mein Antrag gerade von der Voraussetzung ausgeht, daß wir der Untersuchungs- und Wahlacten nicht bedürftig, daß also die Schritte, welche bereits geschehen sind, oder noch geschehen könnten, überflüssig seien. Wenn ich mir aber über die verzögerte Einsendung noch ein Wort erlauben darf, so muß ich Sie doch darauf aufmerksam machen, daß die Wahl bereits vor mehreren Wochen, und zwar am 8. Januar stattgefunden hat, daß die Acten von dem Wahlcommissär sofort von Neuß durch Vermittelung des Oberpräsidiums zu Koblenz nach Frankfurt a. M. zu befördern waren, und daß die seitdem verstrichenen achtzehn Tage, während welcher Temme im Zuchthause saß, für pflichtgetreue Behörden zu dieser Uebersendung wahrlich hingereicht hätten. Ich komme aber darauf zurück, daß wir der Acten gar nicht bedürftig sind, und die dagegen vorgebrachten Einwendungen scheinen mir meine Behauptung durchaus nicht geschlagen zu haben. Es ist von Herrn Beseler gesagt worden, es müsse die Legitimation vorliegen. Wenn der Abgeordnete Temme nicht factisch daran gehindert wäre, so würde er mit der von dem Wahlcommissarius auszufertigenden Legitimation dahier erschienen sein, und dieselbe vorgelegt haben. Es ist die Frage, ob der Wahlcommissär dem Abgeordneten Temme diese Legitimation im Zuchthause zugestellt hat. Hätte er ihm dieselbe zugestellt, befände ich mich in deren Besitz, und könnte ich Ihnen dieselbe vorlegen, dann wäre die Einwendung Herrn Beseler's beseitigt. Ich glaube aber, daß wir dieser Legitimation gar nicht bedürfen. Wenn Sie das Gesetz über den Schutz der Abgeordneten ansehen, so werden Sie den demselben zu Grunde liegenden Zweck nicht verkennen, daß Abgeordnete, welche durch auswärtige Hindernisse in Erfüllung ihrer politischen Pflichten ohne erheblichen Grund gehindert werden, direct von hier aus in Schutz genommen werden sollen, und wenn es in der Rechtswissenschaft überhaupt einen Begriff der Notorietät gibt, dann bitte ich Sie, sich dieses Begriffes in gegenwärtiger Sache zu bedienen, um den Abgeordneten Temme in die Lage zu versetzen, den Wahl-Bezirk Neuß dahier pflichtschuldig zu vertreten. Wir werden dadurch mit dem Gericht in Münster keineswegs in Widerspruch gerathen; denn das Gericht hat die Haft angeordnet, ehe Temme gewählt war. Sie haben die Haft gegen mich und meine beiden Collegen abgewiesen, obgleich das Frankfurter Gericht diese Verhaftung nach unserer Wahl gegen uns beantragt hatte. Dadurch haben Sie sich allerdings mit den Ansichten des Frankfurter Gerichtes in Widerspruch gesetzt. Die Sache Temme's liegt aber ganz anders. Der Abgeordnete Temme war noch nicht gewählt, als die Verhaftung verfügt wurde, und das Gericht zu Münster wird umsoweniger Anstand finden, unserer Verfügung nachzukommen, als das Gesetz über den Schutz der Abgeordneten in der preußischen Gesetzsammlung publicirt ist.

Präsident: Ich nehme an, daß die Herren Rösler, Zimmermann (von Stuttgart), Schoder und Ziegert für den Antrag des Herrn Simon von Trier, die Herren Grävell, Graf Schwerin und Langerfeldt gegen den Antrag sprechen wollen. — Der Herr Reichsjustizminister hat das Wort außer der Reihe verlangt.

Reichsminister R. v. Mohl: Ich schließe mich Dem vollkommen an, was Herr Beseler sagte Auch ich beklage lebhaft die politischen Untersuchungen, die in neuerer Zeit in Preußen vorgenommen worden sind. Allein ich glaube, wir müssen die politischen Sympathieen und Antipathieen nicht auf die Justiz und auf die Geschäftsformen übertragen. Es liegt der Fall vor, daß ein zum Abgeordneten Gewählter in diesem Augenblick in Haft ist. Sie können beschließen, ihn einzuberufen. Aber Sie müssen doch erst untersuchen; Sie müssen sich erst die Acten vorlegen lassen. Ich gebe zu, daß das Haus, wenn ihm die Acten verweigert werden würden, vorfahren kann; ich gebe sogar zu, daß es geschehen kann, wenn auch nur ungebührlich lange gezögert wird. Allein ich glaube, daß es seit der Wahl Temme's noch nicht so lange her ist, um so auffallende Schritte zu thun; ich glaube, daß Sie sich der Möglichkeit noch nicht aussetzen dürfen, zu urtheilen, ohne die Sachlage zu kennen. Sie werden doch nicht leugnen wollen, daß wenigstens möglicherweise die Sache sich anders verhält, als wir jetzt annehmen. Meine Meinung geht dahin, daß die Versammlung den Beschluß fasse, die Einberufung des Herrn Temme ohne Untersuchung und ohne Vorlage der Acten heute noch nicht auszusprechen. (Ruf nach Schluß.)

Präsident: Herr Grävell! (Wiederholter Ruf nach Schluß.) Ich muß den Redner sprechen lassen; ich hatte ihm das Wort bereits gegeben.

Grävell von Frankfurt a. d. O.: Nachdem schon in der vorigen Woche die Thatsache hier aufgeklärt worden ist, daß ein Flügel eines Gebäudes, in dessen Hauptkörper sich das Zuchthaus befindet, in Münster zum Inquisitoriats-Gefängniß eingerichtet ist, und Herr Temme darin in Haft sitzt, so halte ich es für eine Böswilligkeit, daß man hier von Zuchthaus immer wieder redet. (Unruhe und Stimmen: Zur Ordnung!)

Präsident: Diesen Ausdruck kann ich nicht ohne Rüge hingehen lassen.

Grävell: Es ist kein Zuchthaus, sondern ein Gefängniß, in dem Herr Temme sich befindet. Demnächst habe ich nur an einige kurze Sachen zu erinnern, die in der Hitze des Gefechts entgangen zu sein scheinen. Es ist eine alte Regel, daß Niemand urtheilen soll, ohne beide Parteien gehört zu haben. Es ist aber noch Niemand aufgetreten, der behaupten kann, Dieß sei wahr, und Dieß nicht wahr. Ich meine, man müsse sich doch von der Sache erst unterrichten. Man hat sich auf Notorietät berufen. So viel ich gelernt habe, heißt notorisch Das, was dem Richter aus eigener Wissenschaft bekannt ist. Nun aber, wenn wir uns als Richter getiren wollten, so ist doch Niemanden notorisch bekannt, ob diese Notorietät giltig ist. Ich glaube also, wenn wir uns nicht lächerlich machen wollen (Stimmen auf der Linken: Oh! Oh!), so müssen wir erst die Acten abwarten, und uns zu unterrichten suchen.

Präsident: Es liegen nunmehr zwei Anträge auf Schluß vor von beiden Seiten des Hauses. Ich bringe den Schluß zur Abstimmung, und bitte die Herren, vorher ihre Plätze einzunehmen. Diejenigen Herren, welche den Schluß der Discussion über den vorliegenden Antrag des Herrn Ludwig Simon von Trier annehmen wollen, ersuche ich, sich zu erheben. (Mitglieder auf allen Seiten erheben sich.) Der Schluß ist angenommen. — Wir haben drei Anträge zur Abstimmung zu bringen. Ich glaube, meine Herren, wir müssen in folgender Weise abstimmen, erst über die Tagesordnung des Herrn Beseler, dann über den Antrag des Herrn Simon von Trier, zuletzt über den des Herr Robert Mohl. Ich gebe Herrn Simon als Antragsteller noch das Wort.

Simon von Trier: Ich habe vorhin die gemachte Einwendung übersehen, daß mein Antrag eine verletzende Form habe, insofern er das Ministerium „beauftragt" wissen wolle. Ich bin bereit, das Wort „beauftragen" fallen zu lassen, und dafür das Wort „ersuchen" zu setzen. Sodann wollte ich auf die Bemerkung des Herrn Beseler ... (Stimmen auf der Rechten: Schluß!)

Präsident: Der Herr Antragsteller hat auch nach dem Schluß das Wort; sprechen Sie weiter, Herr Simon!

Simon von Trier: Ich habe das Wort nicht zur Fragestellung, sondern als Antragsteller erhalten. Sodann also wollte ich auf die Bemerkung des Herrn Beseler, daß der Abgeordnete mit seiner Legitimation hier eingetreten sein müsse, mich noch auf den Wortlaut des Reichsgesetzes selbst beziehen, welches im Art. I sagt:

„Ein Abgeordneter zur verfassunggebenden Reichsversammlung darf vom Augenblick der auf ihn gefallenen Wahl an, — ein Stellvertreter von dem Augenblick an, wo das Mandat seines Vorgängers erlischt, — während der Dauer der Sitzungen ohne Zustimmung der Reichsversammlung weder verhaftet, noch in strafrechtliche Untersuchung gezogen werden, mit alleiniger Ausnahme der Ergreifung auf frischer That."

Der Art. III, welcher von der Aufhebung einer vor der Wahl bereits angeordneten Haft spricht, lautet sodann:

„Dieselbe Befugniß steht der Reichsversammlung in Betreff einer Verhaftung oder Untersuchung zu, welche über einen Abgeordneten zur Zeit seiner Wahl bereits verhängt gewesen ist."

Nach dem klaren Wortlaut des Gesetzes kommt es also keineswegs auf den Augenblick der Anwesenheit am Ort der Reichsversammlung, sondern auf den Augenblick der Wahl an. Es ist sogar möglich, daß Sie der preußischen Regierung durch Aufhebung der Haft einen Gefallen thun. Denn diese ist nicht befugt, wenn sie es auch wollte, die Haft aufzuheben, und der von Berlin aus datirte Artikel der Ober-Postamtszeitung, welcher den Widerruf der Freilassung bringt, spricht geradezu aus, daß die preußische Regierung zu dieser Aufhebung gar nicht berechtigt sei, vielmehr die Entscheidung lediglich der Nationalversammlung anheimgestellt lassen müsse.

Präsident: Ich nehme, wenn kein Widerspruch ist, in der von mir vorgeschlagenen Art die Abstimmung vor, erst über den Antrag auf Tagesordnung, dann über den Antrag des Herrn Ludwig Simon von Trier, und schließlich über den des Herrn Robert Mohl. Ist dagegen Widerspruch? (Es erhebt sich Niemand.) Der Antrag des Herrn Beseler geht also dahin:

> „Der Unterzeichnete beantragt: Die Nationalversammlung wolle beschließen, indem sie das Reichs-Ministerium ersucht, die Einforderung der die Wahl und die Verhaftung des Herrn Temme betreffenden Acten möglichst zu beschleunigen, über den Antrag des Herrn L. Simon zur motivirten Tagesordnung überzugehen."

Diejenigen Herren, die dem eben verlesenen Antrage des Herrn Beseler zustimmen wollen, ersuche ich, sich zu erheben. (Wenige Mitglieder erheben sich.) Die Tagesordnung ist abgelehnt. — Ich bringe den Antrag des Herrn Ludwig Simon zur Abstimmung. (Stimmen auf der Rechten: Nein!) Das kann doch wohl nicht mehr zweifelhaft sein, nachdem man über die Reihenfolge der Abstimmung übereingekommen ist. Der Antrag geht dahin:

„Die Nationalversammlung verfügt die Aufhebung der gegen den Abgeordneten Temme verhängten Haft, und beauftragt den Herrn Reichsjustiz-Minister mit den zur schleunigen Ausführung dieses Beschlusses erforderlichen Maßregeln."

Simon (vom Platze): Ich habe statt des Wortes „beauftragen" „ersuchen" gesetzt.

Präsident: Diese Aenderung ist nach dem Schlusse eingebracht, auch schwerlich so wesentlich, daß ein besonderes Gewicht darauf gelegt werden könnte. Diejenigen Herren also, die dem Antrage des Herrn Ludwig Simon, der so lautet:

„Die Nationalversammlung verfügt die Aufhebung der gegen den Abgeordneten Temme verhängten Haft, und beauftragt den Herrn Reichsjustiz-Minister mit den zur schleunigen Ausführung dieses Beschlusses erforderlichen Maßregeln,"

zustimmen wollen, ersuche ich, sich zu erheben. (Mitglieder auf der Linken und im linken Centrum erheben sich.) Auch dieser Antrag ist abgelehnt. — Ich bringe also endlich den Antrag des Herrn Robert Mohl zur Abstimmung:

„Die Versammlung beschließt:

Das Reichsministerium zu ersuchen, eine dringende Aufforderung zur Einsendung sämmtlicher auf die Wahl des Abgeordneten Temme bezüglichen Acten an die preußische Regierung ergehen zu lassen."

(Mehrere Stimmen: „Und Untersuchungsacten!") Ich habe daran nichts zu ändern; das wissen Sie so gut, wie ich. Diejenigen Herren, die diesem Antrage des Herrn Robert Mohl zustimmen wollen, ersuche ich, sich zu erheben. (Mitglieder auf mehreren Seiten erheben sich.) Der Antrag ist angenommen, und damit dieser Gegenstand erledigt. — (Unruhe in der Versammlung.) Ich bitte um Ruhe, meine Herren, wir sind noch nicht zu Ende. Es fragt sich zuvörderst, ob wir morgen Sitzung halten wollen. (Stimmen von verschiedenen Seiten des Hauses: Nein!) Darüber, was eventuell auf die Tagesordnung der nächsten Sitzung zu setzen wäre, hat Herr Waitz im Namen des Verfassungs-Ausschusses eine Mittheilung machen wollen; ich gebe ihm das Wort hierzu.

Waitz von Göttingen: Meine Herren! Ich habe das Wort eigentlich nur erbeten für den Fall, daß Sie morgen keine Sitzung beschließen; wenn morgen Sitzung wäre, so würde ich die Ehre haben können, Ihnen die Vollendung eines neues Abschnittes anzukündigen, heute darf ich es nicht thun, weil der Bericht erst heute Abend verlesen werden soll, er wird aber jedenfalls im Laufe des morgenden Tages gedruckt in Ihre Hände kommen, und es dürfte deßhalb kein Hinderniß sein, ihn am Montag auf die Tagesordnung zu setzen.

Fetzer von Stuttgart: Ich möchte bloß den Wunsch aussprechen, daß der noch ausstehende Theil der Grundrechte, nachdem das Verfassungswerk soweit gediehen ist, gleichfalls auf die Tagesordnung gesetzt werden möchte.

Vogt von Gießen: Nicht minder wichtig, meine Herren, erscheint das Heimathsgesetz, welches drängt, da an vielen Orten darüber Beschwerden einlaufen. Sodann aber möchte ich mich dagegen verwahren, daß ein künftiger Bericht für die Sitzung vom Montag auf die Tagesordnung gesetzt werde, und zwar über eine so wichtige Sache, wie die, welche die Gewähr der Verfassung betrifft. Ohne Gewähr der Verfassung existirt diese so gut wie gar nicht, und wenn wir nicht einmal die Zeit haben sollen, Wort für Wort, und Satz für Satz diesen Artikel zu prüfen, unsere Amendements vorzubereiten und einzubringen, so wüßte ich nicht, was es noch geben sollte, worüber man nicht mit einem Satz hinausspringen könnte.

Pinckert von Zeitz: Ich wollte bitten, daß die hohe Nationalversammlung beschließen möge, daß das Heimathsgesetz auch baldigst auf die Tagesordnung gesetzt werde. Ich habe mehrere Beschwerden darüber bekommen, und schon zum Theil überreicht, wonach Ausweisungen aus verschiedenen Städten stattgefunden haben, und deutsche Staatsbürger auf die verschiedenartigste Weise behandelt wurden. Mir scheint das Heimathsgesetz ein Ausführungsgesetz der Grundrechte zu sein. Es ist früher schon beschlossen worden, daß dieses Gesetz und die Gewerbeordnung möglicherweise bis zur zweiten Lesung der Grundrechte zur Entscheidung kommen möchte. Ich wiederhole daher meine Bitte.

Präsident: Sie haben die Anträge über die Tages-Ordnung gehört. Ich meines Theils könnte eventuell eine Reihe von verhältnißmäßig geringfügigen Gegenständen für die Tagesordnung vorschlagen. Sie müssen aber zuerst darüber beschließen, ob morgen Sitzung sein soll. Erhebt sich Niemand dafür, daß morgen die nächste Sitzung stattfinde? (Niemand meldet sich zum Wort.) Ich werde also die nächste Sitzung auf Montag anberaumen. Man hat Bedenken darüber geäußert, auf den Vorschlag des Abgeordneten Waitz einzugehen, nämlich den Bericht über die Gewähr der Verfassung auf die Tagesordnung zu setzen.

Vogt (vom Platz): Der Bericht muß erstattet und vier und zwanzig Stunden in den Händen der Mitglieder sein.

Präsident: Das ist richtig, wir sind aber auch in ähnlicher Weise neulich so verfahren bei dem Bericht über die österreichischen Angelegenheiten Andererseits sehe ich auch nicht ein, warum der in Rede stehende Bericht schon Montag zur Erörterung kommen müßte. Ihn über Dienstag hinauszuschieben, ist freilich kein Grund vorhanden, und da somit an dem Montage nur Ein Tag übrig bliebe für die Grundrechte oder das Heimathsgesetz, so erlauben Sie mir wohl, eine Reihe der von mir schon bezeichneten Gegenstände, die zum Theil alt sind, theilweise auch schon auf früheren Tagesordnungen gestanden haben, ohne ihre Erledigung zu finden, auf die Tagesordnung zu setzen. Es sind deren zwölf oder vierzehn, — ich erinnere mich der Zahl im Augenblicke nicht genau. Ich meine, die Discussion über die Grundrechte oder das Heimathsrecht für Einen Tag anzusetzen, das würde sich in keiner Weise empfehlen. Ich werde also in der Art mit der Tagesordnung verfahren, wie ich angedeutet habe. — Der Ausschuß für Geschäftsordnung versammelt sich Sonntag (am 28sten) um 11 Uhr; der Marine-Ausschuß heute Abend 5 Uhr; der Verfassungs-Ausschuß heute ½6 Uhr; der volkswirthschaftliche Ausschuß morgen Vormittag ½10 Uhr; der Prioritäts- und Petitions-Ausschuß morgen um 10 Uhr. — Die Gegenstände der Tagesordnung für die nächste Sitzung sind also: 1) Berathung über den Bericht des Abgeordneten Zachariä von Göttingen, über den Antrag des Abgeordneten Schüler von Jena, die diplomatischen Verbindungen Deutschland's und der deutschen Staaten betreffend. 2) Berathung über den Bericht des Abgeordneten Osterrath, die Verhältnisse der arbeitenden Klassen betreffend. 3) Berathung über den Bericht des Abgeordneten Wurm, die Errichtung von deutschen Consulaten betreffend. 4) Berathung über den Bericht des Abgeordneten Jordan von Berlin, Namens des Marine-Ausschusses, betreffend die Ausführung des Beschlusses der Reichsversammlung vom 14. Juni 1848. 5) Berathung über den Bericht des Abgeordneten Lette, Namens des volkswirthschaftlichen Ausschusses über die demselben bis jetzt zugegangenen Petitionen wegen Aufhebung der Feudallasten. 6) Berathung über den Bericht des Prioritäts- und Petitions-Ausschusses über den Antrag des Abgeordneten Jahn auf Veranlassung einer Untersuchung gegen Mitglieder der constituirenden Nationalversammlung. (Berichterstatter Wachsmuth.) 7) Berathung über den Bericht des internationalen Ausschusses über den Antrag des Abgeordneten Jucho und Genossen, den diplomatischen Verkehr mit Rußland betreffend. (Berichterstatter Zachariä.) 8) Berathung über den Bericht des völkerrechtlichen Ausschusses über den Antrag des Abgeordneten Schulz von Weilburg und Genossen, die Niedersetzung eines besonderen Ausschusses zur Berathung der Donaufrage. (Berichterstatter Höfken.) 9) Berathung über den Bericht des Abgeordneten Gustav Fischer Namens des Ausschusses für Geschäftsordnung, über den Antrag des Abgeordneten Eisenstuck, die Begründung der zum Verfassungsentwurfe gestellten Verbesserungs-Anträge betreffend. 10) Berathung über den vom Abgeordneten Michelsen Namens des Gesetzgebungs-Ausschusses erstatteten Bericht über den Antrag des Abgeordneten Jucho auf Erlassung eines Reichsgesetzes zur Ausführung des Grundsatzes über Eingehung der Ehe durch einen Civilact. 11) Berathung über den vom Abgeordneten Rödinger Namens des Prioritäts- und Petitions-Ausschusses erstatteten vierten Bericht über verschiedene, an die Reichsversammlung gelangte Eingaben. 12) Berathung des vom Abgeordneten Martens erstatteten Berichts über die von dem königlich preußischen Stadtgerichte zu Rosenberg beantragte Zustimmung zur Einleitung einer strafrechtlichen Untersuchung wegen Hochverraths gegen den Abgeordneten zur deutschen Reichsversammlung, Herrn Minkus. 13) Berathung des vom Abgeordneten Lette Namens des volkswirthschaftlichen Ausschusses erstatteten Berichts über die Anträge mehrerer Abgeordneten, die Aufhebung oder Ablösung der auf den Bergbau ruhenden Zehnt- und anderer Abgaben und Lasten betreffend. 14) Berathung des vom Abgeordneten Schultze von Potsdam Namens des Ausschusses für Wehr-Angelegenheiten erstatteten Berichts, a) über die unter Nr. 3552 vorliegende Petition des Göttinger Bürgervereins vom 27. September 1848 wegen Vermehrung der deutschen Kriegsmacht mittelst Volksbewaffnung, b) über den Antrag des Abgeordneten Werner von Oberkirch, in Betreff der Ergänzung des großherzoglich badischen Armeecorps Nr. 550, und über verschiedene, den gleichen Gegenstand betreffende Petitionen Nr. 5500. 15) Berathung des vom Abgeordneten Mittermaier Namens des Gesetzgebungs-Ausschusses erstatteten Berichts über den Antrag des Abgeordneten Rösler von Oels und Genossen, die authentische Uebersetzung der Reichsgesetze betreffend. — Die heutige Sitzung ist geschlossen.

(Schluß der Sitzung 2 Uhr.)

Verzeichniß der Eingänge

vom 24. Januar.

Petitionen.

1. (6418) Beitritt der Bürger und Einwohner der Stadt Camburg zu der Erklärung des constitutionellen Vereins in Jena für die Erhebung Preußens zum erblichen Oberhaupte Deutschland's, übergeben durch den Abgeordneten Michelsen. (An den Verfassungs-Ausschuß.)

2. (6419) Eingabe gleichen Betreffs, aus Sonneberg, Oberlind, Unterlind, Steinhyde, Judenbach, Ansbach und Hüttensteinach, sämmtlich im Meiningen'schen Oberlande, übergeben durch den Abgeordneten Müller von Sonnenberg. (An den Verfassungs-Ausschuß.)

3. (6420) Eingabe gleichen Betreffs, von dem Bürger-Verein zu Kahla an der Saale in Thüringen. (An den Verfassungs-Ausschuß.)

4. (6421) Eingabe gleichen Betreffs, von dem constitutionellen Verein zu Wesel. (An den Verfassungs-Ausschuß.)

5. (6422) Eingabe gleichen Betreffs, von dem politischen Vereine zu Weimar. (An den Verfassungs-Ausschuß.)

6. (6423) 450 Exemplare einer Adresse gleichen Betreffs, von dem Vorort des nationalen Vereins für Deutschland, zu Kassel. (An den Verfassungs-Ausschuß.)

7. (6424) Eingabe gleichen Betreffs, von dem constitutionellen Bürgerverein zu Stade, eingereicht vom Abgeordneten Freudentheil. (An den Verfassungs-Ausschuß.)

8. (6425) Eingabe gleichen Betreffs, von Bürgern zu Eisfeld, Herzogthum Meiningen, übergeben durch den Abgeordneten Müller von Sonnenberg. (An den Verfassungs-Ausschuß.)

9. (6426) Eingabe gleichen Betreffs aus Lauscha, Ernstthal, Igelshieb und Steinach (im Meiningen'schen Oberlande), übergeben durch Denselben. (An den Verfassungs-Ausschuß.)

10. (6427) Adresse des neuen Bürgervereins zu Gotha, welcher seine Ueberzeugung dahin ausspricht, daß nur ein erblicher Schirmherr des deutschen Reiches, nur Preußens König das deutsche Vaterland zu lebenskräftiger Einheit führen und dem Reiche die gebührende Würde nach Innen und Außen erringen könne, — übergeben von dem Abgeordneten Becker von Gotha. (An den Verfassungs-Ausschuß.)

11. (6428) Petition von sechs Bürgern zu Münster um Uebertragung der Reichsoberhauptswürde an den Kaiser von Oesterreich. (An den Verfassungs-Ausschuß.)

12. (6429) Petition gleichen Betreffs von der katholischen Gemeinde Dettingen (Würtemberg), übergeben von dem Abgeordneten Uhland. (An den Verfassungs-Ausschuß.)

13. (6430) Gleiche Petition der Gemeinde Lautern (Würtemberg). (An den Verfassungs-Ausschuß.)

14. (6431) Gleiche Petition von dem Pfarrorte Böhringen. (An den Verfassungs-Ausschuß.)

15. (6432) Gleiche Petition von dem Bürgervereine zu Neuhausen bei Stuttgart, übergeben von dem Abgeordneten Wurm. (An den Verfassungs-Ausschuß.)

16. (6433) Gleiche Petition von der Gemeinde Ertingen (Würtemberg). (An den Verfassungs-Ausschuß.)

17. (6434) Gleiche Petition von der Gemeinde Geislingen (Würtemberg), übergeben von dem Abgeordneten Huck. (An den Verfassungs-Ausschuß.)

18. (6435) Gleiche Petition von der Gemeinde Jaxtzell (Würtemberg), übergeben von Demselben. (An den Verfassungs-Ausschuß.)

19. (6436) Gleiche Petition von der Gemeinde Eigenzell (Würtemberg), übergeben von Demselben. (An den Verfassungs-Ausschuß.)

20. (6437) Gleiche Petition von dem Volksvereine zu Lauchheim (Würtemberg), übergeben von Demselben. (An den Verfassungs-Ausschuß.)

21. (6438) Gleiche Petition der Bürger von Schönenberg (Würtemberg), übergeben von Demselben. (An den Verfassungs-Ausschuß.)

22. (6439) Gleiche Petition der Bürger von Zöbingen (Würtenberg), übergeben von Demselben. (An den Verfassungs-Ausschuß.)

23. (6440) Gleiche Petition der Gemeinde Poltringen, übergeben von dem Abgeordneten Fallati. (An den Verfassungs-Ausschuß.)

24. (6441) Gleiche Petition der Gemeinde Donaurieden. (An den Verfassungs-Ausschuß.)

25. (6442) Petition gegen die Einsetzung eines erblichen, unverantwortlichen Oberhauptes in Deutschland mit dem Titel „deutscher Kaiser," von den Gemeinden Kreischa, Lungwitz, Maxen, Quohren, Kleincarsdorf und Lockwitz, eingereicht von dem Abgeordneten Roßmäßler. (An den Verfassungs-Ausschuß.)

26. (6443) Petitionen gegen Lostrennung Deutsch-Oesterreich's von Deutschland, sowie gegen Creirung eines deutschen Kaisers, von den Gemeinden Einselthum, Dielkirchen, Mannweiler, Marienthal, Orbis, Rockenhausen, Albisheim, Steckweiler und Stetten, sämmtlich in der Pfalz, übergeben von dem Abgeordneten Reichard. (An den Verfassungs-Ausschuß.)

27. (6444) Petition der Bürger von Rohrbach gegen die Errichtung eines deutschen Kaiserthums, übergeben durch den Abgeordneten Umbscheiden. (An den Verfassungs-Ausschuß.)

28. (6445) Protestation der Gemeinde Billigheim gegen jedes deutsche Erb- oder Wahl-Kaiserthum, übergeben durch Denselben. (An den Verfassungs-Ausschuß.)

29. (6446) Petition des Volksvereins und der Bürgerschaft von Rheinzabern in Rheinbayern für Gewerbefreiheit, übergeben durch den Abgeordneten Umbscheiden. (An den Ausschuß für die Volkswirthschaft.)

30. (6447) Zustimmung der Bürgerschaft von Billigheim, in Rheinbayern, zur Adresse von Bergzabern für Gewerbefreiheit, übergeben durch Denselben. (An den Ausschuß für die Volkswirthschaft.)

31. (6448) Deßgleichen der Bürgerschaft von Rohrbach in Rheinbayern, übergeben durch Denselben. (An den Ausschuß für die Volkswirthschaft.)

32. (6449) Drei Petitionen um Schutz der vaterländischen Industrie, und zwar: a) des landwirthschaftlichen und Gewerbevereins für den Kreis Meschede; b) von 84 Industriellen und Ackerbautreibenden aus Eslohe und Umgegend in Westphalen; und c) von 45 Eingesessenen aus der Ruhr- und Wennegegend in Westphalen, übergeben durch den Abgeordneten Overweg. (An den Ausschuß für die Volkswirthschaft.)

33. (6450) Eingabe des constitutionellen Bürgervereins in Stade, den vorgelegten Entwurf des Heimathgesetzes betreffend, eingereicht durch den Abgeordneten Freudentheil. (An den Ausschuß für die Volkswirthschaft.)

34. (6451) Eingabe des Heinrich Albrecht Ludwig Müller zu Louisenthal-Burbach bei Saarbrücken, königlich preußischer Bauinspector und Premierlieutenant a. D., offerirt bedingungsweise ein von ihm entdecktes Mittel, durch welches dem deutschen Nationalvermögen jährlich mehrere Millionen Thaler erhalten, und viele Tausend Arbeiter Beschäftigung finden können x. (An den Ausschuß für die Volkswirthschaft.)

35. (6452) Petition der Eingesessenen und Fabrikanten der Stadt Gronau, Kreises Ahaus, um Schutz der National-Industrie und Einführung eines angemessenen Schutzzolles. (An den Ausschuß für die Volkswirthschaft.)

36. (6453) Petition der Bürger zu Lampertheim um Beibehaltung des bisher in Bezug auf amerikanische Tabake bestandenen Zolltarifs. (An den Ausschuß für die Volkswirthschaft.)

37. (6454) Petition von Hilchenbach im Kreise Siegen gegen Einführung des Freihandels-Systems. (An den Ausschuß für die Volkswirthschaft.)

38. (6455) Gleiche Petition von Ewattingen. (An den Ausschuß für die Volkswirthschaft.)

39. (6456) Gleiche Petition von Pößneck (Herzogthum Sachsen-Meiningen). (An den Ausschuß für die Volkswirthschaft.)

40. (6457) Sechs Petitionen zum Schutze des vaterländischen Weinbaues von Berkuich, Lutzerath, Ellenz, Poltersdorf, Ediger, Bremm und Eller, überreicht durch den Abgeordneten Wekbeker. (An den Ausschuß für die Volkswirthschaft.)

41. (6458) Vier Petitionen zum Schutze des vaterländischen Weinbaues aus Burgen, Alken, Niederfell und Oberfell. (An den Ausschuß für die Volkswirthschaft.)

42. (6459) Petitionen, den Schutz der nationalen Arbeit betreffend, von Büchenbeuren, Sohren, Panzweiler, Blankenrath, Haserich, Altlei, Mastershausen und Sosberg, übergeben durch den Abgeordneten Böcking. (An den Ausschuß für die Volkswirthschaft.)

43. (6460) 63 Petitionen, Schutz und Förderung der vaterländischen Arbeit betreffend, von Weilburg, Nassau, Wiedselters, Breitenau, Braubach, Boring, Caub, Hasloch, Langenwinkel, Lorch, Oestrich, Mittelheim, Eltville, Erbach, Geisenheim, Rüdesheim, Weyer, Hirschhausen, Kirschofen, Obersbach, Ahausen, Drommershausen, Wetzlar, Löhnbergerhütte, Ortenberg, Hartmannshain, Elz, Wietkirchen, Hadamar, Dietz, Heistenbach u. s. w., — sämmtlich eingesandt von dem Ausschusse des allgemeinen deutschen Vereins zum Schutze der vaterländischen Arbeit zu Frankfurt a. M. (An den Ausschuß für die Volkswirthschaft.)

44. (6461) Eingabe von Bürgern zu Apenrade, die Tendenzen Oesterreich's Deutschland gegenüber betreffend. (An den Prioritäts- und Petitions-Ausschuß.)

45. (6462) Petitionen aus Münchingen, Lausheim und Ewattingen (Baden), die Aufhebung der außerordentlichen Conscription in Baden betreffend. (An den Prioritäts- und Petitions-Ausschuß.)

46. (6463) Eingabe der Landtags-Abgeordneten für das Fürstenthum Schwarzburg-Rudolstadt, zu Rudolstadt, die Interpretation des § 35, Nr. 1 der Grundrechte betreffend. (An den Prioritäts- und Petitions-Ausschuß.)

Berichtigungen.

Nr. 152. S. 4665. Sp. 1 Z. 39 v. o. ist einzuschalten: Barth.
„ 154. „ 4744. „ 2 „ 16 v. u. l. Strache aus Rumburg, statt Strache aus Strehla.
„ 155. „ 4755. „ 1 „ 30 v. o. l. noch berichten statt noch nicht berichten.
„ 156. „ 4805. „ 1 „ 18 v. u. l. 254 gegen 214 statt 258 gegen 211.
„ 157. „ 4825. „ 1 „ 30 v. o. l. Verhandlung statt Versammlung.
„ „ „ 4827. „ 1 „ 30 v. o. l. Ueberordnung statt Unterordnung.
„ „ „ „ „ 2 „ 31 v. o. l. contrequarriren statt contrepariren.
„ „ „ 4829. „ 1 „ 26 v. o. l. Mission statt Misere.
„ „ „ „ „ 1 „ 31 v. o. l. bewußt, mir treu statt bewußt, treu.
„ „ „ 4830. „ 2 „ 24 v. u. l. werden statt wurden.
„ „ „ „ „ 2 „ 1 v. u. l. Verrath statt Unwerth.
„ „ „ 4831. „ 1 „ 4 v. u. l. zunächst statt gewiß.
„ „ „ 4832. „ 1 „ 19 v. u. l. Hildburghausen statt Wildburghausen.
„ 158. „ 4865. „ 1 „ 14 v. u. l. specifisch österreichischen statt specifisch linken.
Bei der Abstimmung über die Frage Nr. 156. S. 4794 Sp. 1 Z. 22 v. o. stimmte Graf von München mit Ja.
„ „ „ „ „ „ „ „ „ „ „ 1 „ 22 v. o. „ Heusner von Saarlouis mit Nein.
„ „ „ „ „ „ „ „ „ 4800 „ 1 „ 24 v. o. „ Claussen von Kiel mit Ja.
„ „ „ „ „ „ „ „ „ „ „ 1 „ „ v. o. „ Titus von Bamberg mit Ja.

Bei der Abstimmung über den Antrag des Verfassungs-Ausschusses: „Die Würde des Reichsoberhaupts wird einem der regierenden deutschen Fürsten übertragen.“ (Nr. 156 S. 4802. Sp. 2. Z. 10 v. u.) stimmten:

Buß von Freiburg mit Nein;
Geigel von München mit Nein;
Quante von Ullstadt mit Nein;
Streffleur von Wien mit Nein;
Kerst von Birnbaum mit Ja;
Heimbrod von Sorau mit Ja.
Heide von Ratibor war mit Entschuldigung abwesend.
v. Ketteler von Hopsten war mit Entschuldigung abwesend.

In den Sitzungen vom 19. bis 27. Januar war Gottschalk von Schopfheim mit Entschuldigung abwesend.

Redactions-Commission und in deren Auftrag Abgeordneter Professor Wigard.

Druck von Joh. David Sauerländer in Frankfurt a. M.

Stenographischer Bericht

über die

Verhandlungen der deutschen constituirenden National-Versammlung zu Frankfurt a. M.

Nro. 161. Dienstag den 30. Januar 1849. **VII. 6.**

Hundert und sechszigste Sitzung.

(Sitzungslocal: Paulskirche.)

Montag den 29. Januar 1849. (Vormittags 9 Uhr.)

Vorsitzender: theils Eduard **Simson**; theils Vicepräsident **Kirchgeßner**.

Inhalt: Verlesung des Protocolls. — Austrittsanzeige des Abgeordneten Lang. — Mittheilung betreffend die Niederlegung des Mandats Seitens des Abgeordneten Evans. — Flottenbeiträge. — Anzeige des Berichts des Verfassungs-Ausschusses über die Gewähr der Reichsverfassung. — Anzeige des Berichts des Verfassungs-Ausschusses über den Antrag des Abgeordneten Arndts, betreffend die Mittheilung des Entwurfs der Reichsverfassung an sämmtliche deutsche Staatsregierungen mit der Aufforderung, ihre Erklärungen darüber baldigst abzugeben. — Anzeige des Berichts des völkerrechtlichen Ausschusses über die definitive Feststellung der Demarcationslinie in Posen. — Anzeige eines Berichts des Prioritäts- und Petitions-Ausschusses über mehrere Petitionen in Betreff der Auflösung der demokratischen Vereine in Baden, Würtemberg und Bayern. — Bericht des Prioritäts- und Petitions-Ausschusses über erfolgte Abgabe von Eingängen an andere Ausschüsse. — Vorschlag zur Ergänzungswahl in den Ausschuß für Geschäftsordnung. — Berathung des vom Abgeordneten Zachariä von Göttingen erstatteten Berichts, über den Antrag des Abgeordneten Schüler von Jena, die diplomatischen Verbindungen Deutschland's und der deutschen Staaten betreffend. — Berathung des vom Abgeordneten Osterrath erstatteten Berichts, die Verhältnisse der arbeitenden Klassen betreffend. — Berathung des vom Abgeordneten Lette Namens des volkswirthschaftlichen Ausschusses erstatteten Berichts, über die demselben bis jetzt zugegangenen Petitionen wegen Aufhebung der Feudallasten. — Berathung des vom Abgeordneten Wachsmuth Namens des Prioritäts- und Petitions-Ausschusses erstatteten Berichts über den Antrag des Abgeordneten Jahn auf Veranlassung einer Untersuchung gegen Mitglieder der constituirenden Nationalversammlung. — Berathung des vom Abgeordneten Zachariä von Göttingen Namens des internationalen Ausschusses erstatteten Berichts, über den Antrag des Abgeordneten Jucho und Genossen, den diplomatischen Verkehr mit Rußland betreffend. — Berathung des vom Abgeordneten Höfken Namens des völkerrechtlichen Ausschusses erstatteten Berichts, über den Antrag des Abgeordneten Schulz von Weilburg und Genossen, die Niedersetzung eines besondern Ausschusses zur Berathung der Donaufrage. — Berathung des vom Abgeordneten Gustav Fischer Namens des Ausschusses für Geschäftsordnung erstatteten Berichts, über den Antrag des Abgeordneten Eisenstuck, die Begründung der zum Verfassungs-Entwurfe gestellten Verbesserungs-Anträge betreffend. — Berathung des vom Abgeordneten Michelsen Namens des Gesetzgebungs-Ausschusses erstatteten Berichts, über den Antrag des Abgeordneten Jucho auf Erlassung eines Reichsgesetzes zur Ausführung des Grundsatzes über Eingehung der Ehe durch einen Civilact. — Berathung des vom Abgeordneten Rödinger Namens des Prioritäts- und Petitions-Ausschusses erstatteten vierten Berichts, über verschiedene an die Reichsversammlung gelangte Eingaben. — Berathung des vom Abgeordneten Martens erstatteten Berichts, über die von dem königlich preußischen Stadtgerichte zu Rosenberg beantragte Zustimmung zur Einleitung einer strafrechtlichen Untersuchung wegen Hochverraths gegen den Abgeordneten zur deutschen Reichsversammlung, Herrn Minkus. — Berathung des vom Abgeordneten Lette Namens des volkswirthschaftlichen Ausschusses erstatteten Berichts, über die Anträge mehrerer Abgeordneten, die Aufhebung oder Ablösung der auf dem Bergbau ruhenden Zehnt- und andern Abgaben und Lasten betreffend. — Berathung der vom Abgeordneten Schultze von Potsdam Namens des Ausschusses für Wehrangelegenheiten erstatteten Berichte: a) über die unter Nr. 3582 vorliegende Petition des Göttinger Bürgervereins vom 27. September 1848, wegen Vermehrung der deutschen Kriegsmacht vermittelst Volksbewaffnung; b) über den Antrag des Abgeordneten Werner von Oberkirch in Betreff der Ergänzung des großherzoglich badischen Armeecorps, Nr. 550 und über verschiedene den gleichen Gegenstand betreffende Petitionen Nr. 5500. — Berathung des vom Abgeordneten Mittermaier Namens des Gesetzgebungs-Ausschusses erstatteten Berichts, über den Antrag des Abgeordneten Rösler und Genossen, die authentische Uebersetzung der Reichsgesetze betreffend. — Berathung über den Antrag des Abgeordneten Würth von Sigmaringen, auf ungesäumte Zurückziehung der noch im Fürstenthum Sigmaringen befindlichen Reichstruppen.

Präsident: Die Sitzung ist eröffnet. Der Herr Schriftführer wird das Protocoll der vorigen Sitzung verlesen. (Schriftführer Martens verliest dasselbe.) Ich frage, ob Reclamation gegen das Protocoll ist? (Niemand reclamirt.) Es ist keine Reclamation; das Protocoll ist genehmigt. — Ich habe eine **Austrittserklärung** zur Kenntniß der Versammlung zu bringen: Herr **Lang**, Abgeordneter des siebzehnten hannoverschen Wahlbezirks, legt mit dem letzten dieses Monats sein Mandat nieder. Diese Erklärung geht an das Reichsministerium des Innern. — Nach einer Mittheilung desselben Reichsministeriums hat der Spinnereibesitzer Herr **Eli Evans** zu Siebenhöfen auf die an ihn ergangene Aufforderung zum Eintritt in die Reichsversammlung, von der ich der Versammlung bereits früher Kenntniß gegeben habe, die Niederlegung seines Mandats ausgesprochen. Es wird demzufolge von Seiten der königlich sächsischen Regierung eine Ergänzungswahl für den fünfzehnten voigtländischen Bezirk angeordnet werden. — An **Flottenbeiträgen** habe ich anzuzeigen: 33 Rthlr. von Bewohnern zu Grimma, im Königreich Sachsen, beigesteuert, eingeschickt vom deutschen Verein daselbst; 23 fl. 50 kr. bestehend in 18 fl. 50 kr., Beiträge aus dem königlich bayerischen Landgerichte Norheim, und in 5 fl. von dem Arbeitervereine in Augsburg, eingeschickt vom Magistrat der Stadt Augsburg; 11 Rthlr. 16 gr. Beitrag des Kriegervereins zu Ballenstädt; 34 Rthlr. 7 Sgr. 10 Pf. Sammlung des deutschen Vereins zu Kieritsch, direct an das Finanzministerium eingeschickt; 7 Rthlr. 12½ gr. Sammlung in dem Dorfe Olpendorf, Amts Lauenstein im Königreich Hannover, ebenfalls direct an das Finanz-Ministerium eingeschickt; 606 fl. Beiträge von Bürgern und Studirenden der Universitätsstadt Erlangen, übergeben vom Abgeordneten Dammers (Bravo!); 2350 fl. Beiträge aus der Stadt Heidelberg (Bravo!) und zwar bestehend in: 300 fl. aus der Kasse der dortigen Handelsinnung, 800 fl. von einem Vereine von Frauen und Jungfrauen zusammengebracht, theils durch Aufstellung von Sammelbüchsen in Familien, theils durch den Verkauf eingelieferter Gaben von Meistens weiblichen Händen; 1250 fl. wurden durch die Sammlung von Haus zu Haus zusammengebracht, wobei eine Anzahl achtbarer Bürger in den verschiedenen Stadtbezirken die Sammler unterstützten, eingeschickt im Namen und Auftrag der Unternehmer der Sammlung, von Herrn Dr. K. H. Rau in Heidelberg. Wir sprechen für alle diese Gaben unsern Dank aus und überweisen dieselben, insofern sie nicht schon in den Händen des Reichs-Ministeriums der Finanzen sind, an das genannte Reichsministerium. — Herr Waitz hat im Namen des Verfassungs-Ausschusses einen Bericht anzuzeigen.

Waitz von Göttingen: Nur um der formellen Ordnung zu genügen, meine Herren, zeige ich den Bericht über das letzte Kapitel des Verfassungswerks, über die Gewähr der Reichsverfassung an, welcher sich bereits seit gestern gedruckt in Ihren Händen befindet.

Präsident: Der Bericht ist bereits gedruckt und in Ihren Händen. — Herr Briegleb hat das Wort, um einen Bericht desselben Ausschusses anzuzeigen.

Briegleb von Koburg: Der Abgeordnete Herr Arndts von München hat den Antrag gestellt:

> „Die hohe Nationalversammlung wolle die Regierung des Reichsverwesers veranlassen, daß sie die in erster Lesung angenommenen Entwürfe über „das „Reich, die „Reichsgewalt" und das „Reichsgericht," sämmtlichen deutschen Staatsregierungen officiell mittheile und zu möglichst schleuniger Einreichung ihrer Erklärungen darüber auffordere."

Der Verfassungs-Ausschuß schlägt vor, die Versammlung wolle über diesen Antrag zur Tagesordnung übergehen. Der Bericht ist bereits zum Druck übergeben.

Präsident: Ich werde den Bericht auf eine künftige Tagesordnung setzen. — Herr Schubert von Königsberg hat einen Bericht Namens des internationalen Ausschusses anzuzeigen.

Schubert von Königsberg: Meine Herren! Ich habe für den völkerrechtlichen Ausschuß einen Bericht über die nunmehr festgestellte Demarcationslinie in der Provinz Posen anzuzeigen. Sie werden sich erinnern, meine Herren (Zuruf: Laut!), daß nach einer dreitägigen Debatte vom 24. bis 26. Juli die hohe Versammlung am 27. Juli zwei Beschlüsse faßte, die in Bezug auf diese Demarcationslinie als Grundlage dienen müssen. Der erste Beschluß war, daß über die Aufnahme einzelner Theile des Großherzogthums Posen die beiden Beschlüsse des deutschen Bundes vom 22. April und vom 2. Mai volle Anerkennung fanden, und der zweite Beschluß war der, daß vorläufig die Demarcationslinie des General v. Pfuel vom 4. Juni festgehalten werden solle, daß aber die letzte Entscheidung über die festzustellende Demarcationslinie nach dem Ergebniß weiterer, von der Centralgewalt zu veranstaltenden Erhebungen den Beschlüssen der Nationalversammlung vorbehalten bleibe. Die Pfuel'sche Demarcationslinie hatte inzwischen drei Theile der Kreise Fraustadt, Kröben und Krotoschin abgetrennt und dem polnischen Antheile zugelegt, welche nach dem Beschlusse der hohen National-Versammlung vom 27. Juli als Bestätigung der früheren Bundesbeschlüsse Deutschland einverleibt werden sollten. Es war ferner eine große Masse von Reclamationen eingelaufen, sie mehrten sich in den Monaten Juli, August und September, konnten aber von preußischer Seite nicht berücksichtigt werden, weil alle Acten in Bezug auf diese Angelegenheit in Frankfurt lagen. Ueberdieß hatte die Pfuel'sche Demarcationslinie nicht für einen militärisch sicheren Rayon der Festung Posen gesorgt, und gerade Dieses veranlaßte überall große Ausstellungen und den allgemeinen Wunsch, diese nothwendige militärische Position nach den neuen Ermittelungen zweckmäßiger sicher zu stellen. Endlich war noch eine Menge Reclamationen der deutschen Grundbesitzer, die ganz in der Nähe der Demarcationslinie, aber auf der Ostseite derselben, also im polnischen Theile, wohnen, von General v. Pfuel nicht berücksichtigt worden. Zur Ausführung des Beschlusses der Nationalversammlung ernannte die provisorische Centralgewalt im October den großherzoglich hessischen Generalmajor v. Schäfer-Bernstein zum Reichscommissär. Dieser ging am 10. November von Frankfurt ab, um an Ort und Stelle in dem Großherzogthum Posen die nöthigen Ermittelungen zu machen. Er gelangte am 11. November in Berlin an, und gibt in den fünf Berichten, die mir vorgelegen haben, die vollste Anerkennung den preußischen Central- wie Provinzialbehörden für das Entgegenkommen und Unterstützen jeder Art, die sie ihm bei Ausführung eines in Folge des Beschlusses der Nationalversammlung von der provisorischen Centralgewalt anvertrauten Auftrages zu Theil werden ließen. Er erhielt in Berlin das nöthige Material, um wenigstens auf Grundlage desselben sein Unternehmen einleiten zu können. Darauf reiste er nach Posen, bildete eine Commission aus den Landesbehörden, und hielt seine Thüre Tag und stündlich, wie er sagt, offen für alle Reclamanten, die ihre Angelegenheiten persönlich bei ihm unterstützen wollten, und nachdem er die nöthigen Vorarbeiten getroffen, reiste er über Schrimm durch den demarcirten Theil von Posen nach Bromberg. Auch hier hat er auf dieselbe Weise, wie in Posen, nach Ermittelung der Reclamationen, nach Berichtigung derselben durch die Landesbehörden, und nach der nothwendigen Ausgleichung mit den Reclamationen benachbarter Grundbesitzer, die Grundlage seiner Arbeiten gemacht. Am 28. November war er mit denselben fertig, und kehrte nach Berlin zurück, um hier die nöthigen Vorlagen, die genau verzeichneten Demarcationskarten dem preußischen Staatsministerium vorzulegen. Das preußische Staatsministerium hat in dem Protocoll vom 5. December, unterzeichnet vom 12. December, die Erklärung abgegeben, daß gegen die von dem Reichscommissär festgestellte Demarcationslinie von seiner Seite nichts zu erinnern wäre. Eine gleiche Erklärung ist von Seiten der provisorischen Centralgewalt in dem Anschreiben des Reichs-Ministers des Innern an das Präsidium der hohen National-Versammlung vom 30. December erfolgt. Der internationale Ausschuß hat die Gründe des sachkundigen Reichscommissärs geprüft, und dieselben nach genauer Erwägung für begründet anerkennen müssen. Es kommt daher zu folgendem Antrage:

> „Die hohe Nationalversammlung wolle die vorbehaltene Genehmigung zu der im Auftrage der provisorischen Centralgewalt vom Reichscommissär

„Schärft-Bernstein festgestellten Demarcations-Linie auf Grund des Beschlusses vom 27. Juli vorigen Jahres ertheilen."

(Auf der Rechten: Bravo!) Von den elf anwesenden Mitgliedern des Ausschusses haben zehn Mitglieder einstimmig sich für diesen Antrag erklärt. Das elfte Mitglied hat sich seines Votums enthalten. — Meine Herren! Da die Demarcationslinie, und nothwendig die genaue Rechtfertigung von Seiten des sachkundigen Commissärs Ihnen vorliegen muß, so schlage ich Ihnen vor, daß neben dem Ausschußbericht zugleich die vom Reichscommissär vorgelegte Denkschrift, die etwa anderthalb Bogen ausfüllen wird, gedruckt und mit einer Uebersichtskarte der Demarcation vertheilt werde. Ich bemerke, in Verbindung mit diesem Antrage des internationalen Ausschusses, daß uns nachträglich eine vom 9. Januar datirte, unmittelbar an die hohe Nationalversammlung gerichtete Reclamation des Gutsbesitzers Roszkiewicz eingegangen ist, welcher gleichfalls die Aufnahme seines Gutes Wiganow in den deutschen Antheil reclamirt; und es steht zu erwarten, daß außerdem noch andere Reclamationen eingehen dürften. Der völkerrechtliche Ausschuß hat aber dafür gehalten, daß die hohe Nationalversammlung auf solche einzelne verspätete Anträge unmittelbar nicht eingehen könne, ebensowenig als sie die einmal festgestellte Demarcationslinie auf die Reclamation einzelner Besitzer verändern dürfte. Der Ausschuß beantragt demnach:

„Die hohe Nationalversammlung möge die gedachte Eingabe des Roszkiewicz zur weiteren Prüfung und geeigneter Begutachtung an das Reichsministerium des Innern überweisen."

Präsident: Ich werde diesen Bericht des internationalen und völkerrechtlichen Ausschusses drucken lassen, und auf eine baldige Tagesordnung setzen. — Herr v. Buttel hat Namens des **Prioritäts- und Petitions-Ausschusses** einen Bericht zu erstatten.

v. Buttel von Oldenburg: Meine Herren! Im verwichenen Sommer ist eine Reihe von Petitionen und Beschwerden eingegangen, welche sich auf die Aufhebung der demokratischen Vereine in den Staaten Baden, Württemberg und Bayern beziehen. Bereits Anfangs November ist diese Angelegenheit von dem Berichterstatter bei dem Ausschusse begutachtet, dann aber noch zuvor ein Umlauf der Acten bei den Mitgliedern beliebt worden, besonders, um über thatsächliche Verhältnisse und die einschlagenden Gesetze einzeln noch nähere Erkundigung einzuziehen. Darüber ist die Publication der Grundrechte erfolgt. Der Ausschuß hält nun dafür, daß dadurch, indem namentlich das Vereins- und Versammlungsrecht durch die Grundrechte fest geordnet worden ist, der Gegenstand im Wesentlichen seine Erledigung gefunden habe, und es daher jetzt nicht mehr erforderlich sei, die angefangene Prüfung über den ursprünglichen Grund oder Ungrund der Beschwerden vollends bis zu Ende fortzuführen. Vielmehr scheint es, daß aus dem angegebenen Grunde gegenwärtig über sämmtliche Petitionen und Beschwerden zur motivirten Tagesordnung werde übergegangen werden können. Dieß ist der Antrag Ihres Ausschusses, [illegible] dem Präsidenten hiermit übergebe.

Präsident: Dieser Bericht wird gedruckt, und auf eine der nächsten Tagesordnungen gesetzt werden. — Herr [illegible] [illegible] des Ausschusses [illegible] Begutachtung [illegible] und Constanz einen Bericht [illegible] ([illegible] im Centrum: Herr [illegible]) [illegible] lege ich die Anzeige auf, eine der [illegible] — Der Prioritäts- und Petitions-[illegible] Petitionen und

Anzeigen vorgelegt, die von ihm an bestehende Ausschüsse oder an das Präsidium der Nationalversammlung oder an das Reichsministerium des Innern verwiesen worden sind; ich lasse diese Anzeigen als Beilagen zum heutigen Protocoll drucken. —

(Die Redaction läßt diese beiden Berichte hier folgen:

Der Petitions- und Prioritäts-Ausschuß hat in seiner Sitzung vom 25. Januar folgende Beschlüsse gefaßt:

I. An den Verfassungs-Ausschuß zu verweisen:
die Nummern 5214. 5239 und 5238.

II. An das Reichsministerium des Innern zu verweisen:
die Nummer 5088, eine Eingabe des Stadtverordneten-Collegiums in Lemgo, enthaltend die Erklärung, daß eine Mediatisation des lippeschen Fürstenhauses dem lippeschen Volke von großem Vortheile sein würde, zugleich aber einen Protest gegen eine Einverleibung des Fürstenthums in Hessen oder Hannover.

Das Präsidium wird ersucht, gefälligst mit den anbeifolgenden erwähnten Eingaben den Beschlüssen des Petitions-Ausschusses gemäß zu verfahren. — Frankfurt a. M., den 25. Januar 1849. — Der Petitions- und Prioritäts-Ausschuß."

„Der Prioritäts- und Petitions-Ausschuß hat über nachstehende Petitionen und Anträge folgenden Beschluß gefaßt:

I. An den Verfassungs-Ausschuß zu verweisen:
die Nummern 5543. 5107. 5393. 5061. 5060.

II. An den völkerrechtlichen Ausschuß zu verweisen:
die Nummer 5468. 4899.

III. An den Wehr-Ausschuß:
die Nummer 5328 zu verweisen.

IV. An den Marine-Ausschuß:
die Nummer 541. (Antrag des Abgeordneten Kohlparzer) und:

V. an den Gesetzgebungs-Ausschuß:
die Nummer 561. (Antrag des Abgeordneten Roßmäßler) zu verweisen.

VI. An das Präsidium zu verweisen:
die Nummern 5129. 4518. 4517. 4716. 4713. 4712. 4871. 4872. 4873. 4874. 4875. 4984 und 4985
um zu den Acten des Rühl'schen Antrags genommen zu werden.

Das Präsidium wird ersucht, mit den anbeifolgenden Eingaben den Beschlüssen gemäß zu verfahren. — Frankfurt am Main, den 24. Januar 1849.")

Präsident: Der **Ausschuß für die Geschäfts-Ordnung** übergibt folgende Liste von Wahlcandidaten, die er an die Stelle der ausgetretenen Herren v. Zenetti und Murschel vorschlägt: **Christmann** von Dürkheim; **Frisch** von Stuttgart; Graf **Giech** von Thurnau; **Helmbrod** von Sorau; v. **Selchow** von Rettkewitz und **Spatz** von Frankenthal. Ich lasse diese Wahlliste drucken, und werde die Wahl auf eine der nächsten Tagesordnungen setzen. — Damit gehen wir zur heutigen **Tagesordnung** über. (Der zweite Vicepräsident, Herr Kirchgeßner, übernimmt den Vorsitz.)

Vicepräsident Kirchgeßner: Meine Herren! Der erste Gegenstand der Tagesordnung ist die **Berathung** des vom Abgeordneten Zachariä von Göttingen erstatteten Berichts über den Antrag des Abgeordneten Schüler von Jena, die diplomatischen

[illegible]

(Die Redaction läßt diesen Bericht hier folgen:

In der 40. öffentlichen Sitzung der deutschen Reichsversammlung vom 17. Juli 1848 hat der Abgeordnete Schüler von Jena einen von einer Mehrzahl von Abgeordneten unterstützten Antrag dahin gestellt:

Die provisorische Centralgewalt hat durch ihr Ministerium

1) anzuordnen und zu bewirken, daß die Regierungen der einzelnen deutschen Staaten mit dem Zeitpunkte, wo die Centralgewalt ihre Gesandten und Consuln an die auswärtigen Staaten ernannt und abgeordnet haben wird, spätestens aber bis Ende August dieses Jahres, den gesandtschaftlichen Verkehr mit dem Auslande und unter sich abzubrechen, und ihre Gesandten und Consuln zurückzuberufen haben;

2) die außerdeutschen Staaten zu ersuchen, ihre Gesandten bei den einzelnen deutschen Staaten zurückzuziehen, und sie fortan lediglich bei der Centralgewalt Deutschland's zu beglaubigen.

Der Antrag ist auf die Erwägung gegründet, daß, nachdem die provisorische Centralgewalt Deutschland's zufolge des Gesetzes vom 28. Juni dieses Jahres die völkerrechtliche Vertretung Deutschland's auszuüben habe, von ihr die Anknüpfung diplomatischer Verbindungen mit dem Auslande bestimmt zu erwarten sei, daß aber ein gesandtschaftlicher Verkehr der einzelnen deutschen Staaten mit dem Auslande neben der völkerrechtlichen Vertretung Deutschland's durch die Central-Gewalt dem Principe der Einheit Deutschland's entgegen sei und nur zu Verwickelungen, zu Uneinigkeit, zu Schwächung des Ansehens der Gesammtheit, zu Durchkreuzung der Schritte der Centralgewalt führen könne, — und daß endlich der gesandtschaftliche Verkehr der einzelnen deutschen Staaten untereinander unnöthig, unpassend und dem Wesen eines Bundesstaats unangemessen sei. — Dem Gegenstande nach verwandt ist diesem Antrage des Abgeordneten Schüler von Jena eine bereits in der 33. Sitzung vom 4. Juli dieses Jahres eingebrachte Petition des constitutionellen Clubs zur Wahrung der Volksinteressen zu Oels, deren Petitum sich der Abgeordnete Rößler von Oels als Antrag angeeignet hat. Die Bitte der Eingabe ist darauf gerichtet, „die Nationalversammlung möge gleich nach Erschaffung der Centralgewalt feierlichst aussprechen, daß die Souveränität der einzelnen Staaten in allen äußeren Verhältnissen der Centralgewalt gegenüber sofort aufhöre." — Was nun die Beurtheilung dieser Anträge betrifft, so ist auch der Ausschuß der Ansicht, daß, nachdem Deutschland aus einem Staatenbund in einen Bundesstaat übergegangen ist, und in der provisorischen Centralgewalt eine für alle gemeinsamen Angelegenheiten der deutschen Nation bestellte Regierung erhalten hat, welcher in dem Gesetze vom 28. Juni die völkerrechtliche Vertretung Deutschland's ausdrücklich überwiesen worden ist, die Ausübung des activen und passiven Gesandtschaftsrechts durch die einzelnen deutschen Staaten in der bisherigen Weise nicht fortdauern könne. Denn gerade darin wird hauptsächlich das Wesen eines Bundesstaates im Gegensatz zum bloßen Staatenbunde gefunden werden müssen, daß der Bundesstaat, obwohl er eine Mehrzahl von, in ihrer Sphäre selbstständigen, Regierungsgewalten umschließt, doch nach Außen hin als ein staatsrechtliches Ganzes, als ein Staat sich darstellt, und demgemäß einen Separatverkehr jener Regierungsgewalten mit außerdeutschen Staaten nicht gestatten kann. Dieß erkennt auch z. B. die Verfassung der nordamerikanischen Freistaaten (Art. 1. § 10) auf das Bestimmteste an, und ein Gleiches gilt im Ganzen, freilich in der dem Begriff des Bundesstaates noch nicht entsprechenden schweizerischen Eidgenossenschaft. — In Betreff des gesandtschaftlichen Verkehrs der einzelnen deutschen Staaten untereinander aber wird man zugeben müssen, daß die Fortdauer solcher Gesandtschaften jedenfalls eine unnöthige, das Land nur mit einer nutzlosen Ausgabe belastende Einrichtung ist, welche sich jetzt als um so überflüssiger darstellen möchte, als durch die bei der Centralgewalt nach Art. 14. des Gesetzes vom 28. Juni zu beglaubigenden Bevollmächtigten der einzelnen deutschen Staaten die für die besonderen Verhältnisse etwa noch nothwendige diplomatische Verbindung vermittelt werden kann. — Der völkerrechtliche Ausschuß ist aber dessen ungeachtet der Ansicht, daß die Reichsversammlung gegenwärtig noch keinen Beschluß fassen könne, wodurch der Centralgewalt für die allerdings nothwendige Ausführung der dargelegten Grundsätze eine unbedingt bindende Vorschrift ertheilt würde. Denn obwohl darin nur eine nähere Feststellung des Artikels 14 des Gesetzes vom 18. Juni, nicht aber ein Eingriff in die der Centralgewalt durch jenes Gesetz überwiesene Sphäre gefunden werden könnte, so muß es doch besonders bedenklich erscheinen, schon jetzt, bevor das Verhältniß aller (auch nicht rein deutschen) Bundesstaaten zu Deutschland ins Klare gesetzt ist, eine bestimmte Zeitfrist für die Verwirklichung alles Dessen vorzuschreiben, was durch den Art. 14 des Gesetzes vom 28. Juni für die Verfassung Deutschland's begründet ist. Es kann nicht der Wille der Reichsversammlung sein, durch ihre Beschlüsse der Centralgewalt noch mehr Schwierigkeiten zu bereiten, als ohnedieß schon in den gegebenen Verhältnissen liegen. Die Reichsversammlung wird sich vielmehr vorläufig der Erwartung hingeben dürfen, daß die Centralgewalt auch in den angeregten Beziehungen ihre Rechte wahren, der Erfüllung ihrer Pflichten eingedenk sein und nichts versäumen werde, um eine dem jetzigen staatsrechtlichen Verhältniß Deutschland's entsprechende Regelung des diplomatischen Verkehrs Deutschland's und der einzelnen deutschen Staaten herbeizuführen. Der völkerrechtliche Ausschuß glaubt daher keinen anderen, als folgenden Antrag stellen zu können:

„Die deutsche Nationalversammlung beschließt, daß der Antrag des Abgeordneten Schüler von Jena (Beilage No. II zum Protokoll der vierzigsten öffentlichen Sitzung vom 17. Juli 1848) der Centralgewalt zur förderlichsten Berücksichtigung zu überweisen sei.")

Vicepräsident Kirchgeßner: Ein Verbesserungs-Antrag hierzu liegt nicht vor, als Redner hat sich nur allein und zwar für den Antrag gemeldet: Herr Buß. Ich ertheile ihm das Wort.

Buß von Freiburg: Meine Herren! Nur einige Worte zur Unterstützung des Antrages des völkerrechtlichen Ausschusses. Es ist gar kein Zweifel, daß der Antrag des Herrn Schüler sich ebensosehr aus der Natur des neugeschaffenen Bundesstaates, als im Interesse der Einheit, und im Interesse der Wohlfeilheit des Regierens empfiehlt; allein das läßt sich doch nicht läugnen, wie das auch im Ausschuß-Berichte ausgesprochen worden ist, daß das Ziel der Vereinfachung der völkerrechtlichen Vertretung Deutschland's nur langsam erreicht werden kann, deßwegen, weil die langher begründeten besonderen Verhältnisse der deutschen Staaten den diplomatischen Verkehr unter sich, einmal aber mit dem Ausland nicht so plötzlich abbrechen lassen. Ich glaube aber, daß nicht bloß in der vorübergehenden Stellung der provisorischen Centralgewalt diese Änderung auf Schwierigkeiten stößt, wie der Ausschuß-Bericht annimmt. Nein, — ich gehe noch weiter: auch dann, wenn das Reichsoberhaupt definitiv eingesetzt sein wird, werden an der allerdings anzustrebenden Norm, wie sie Herr Schüler beantragt hat, noch Modificationen gemacht werden müssen; denn bei der diplomatischen Vertretung kommt es eben nicht bloß auf die Stimmung der absendenden Staaten an, sondern auch auf die der beschickten Staaten. Ich will hier nur an ein Beispiel erinnern. Es wird sich vielleicht wegen bald eintretender politischer Ereignisse in den unteren Donaugegenden die Gründung einer Gesandtschaftsstelle in Constantinopel, als für das deutsche Reich angezeigt, darstellen. Glauben Sie mir aber, daß, wenn die Reichsgewalt einen Gesandten dorthin schickt, er sehr wenig Geltung haben wird, deßwegen, weil die Türken, ein überhaupt stationäres Volk, nicht im Stande sind, der raschen Entwickelung zu folgen, welche den schnell eingetretenen Umschwung in der Politik Deutschland's begleitet. Die Pforte bestimmt aber das Ansehen der bei ihr beglaubigten Gesandten nach der Stufe der Macht der sie sendenden Staaten. Wenn daher dort die Vertretung Deutschland's dem österreichischen Gesandten überlassen wird, so dürfen Sie versichert sein, daß die Internunciatur das Ansehen, welches sie durch eine mehrhundertjährige Thätigkeit auch zum Nutzen Deutschland's errungen hat, durchgreifen lassen kann und wird. Dafür müßte dann aber gesorgt werden, daß ein solcher Staat, der im Namen des Reiches die Vertretung desselben bei einer auswärtigen Macht übernimmt, dabei nicht seinen Particularinteressen diene. Das wird aber schon dadurch verhütet werden können, daß man in solchem Falle der stellvertretenden Regierung zur Pflicht mache, der Reichsregierung vorgängige Vorlage zu machen, und jedenfalls nachträglich Rechenschaft zu legen, welche dann entweder in einer geheimen Sitzung zur Berathung kommt, oder wenn es das Interesse fordert, in öffentlicher Sitzung. Ich glaube daher, daß das von Herrn Schüler angegebene Ziel allerdings möglichst angestrebt werden solle; aber bei unseren dermaligen und bei unseren fortbestehenden Zuständen wird es sich nicht ganz erreichen lassen. Ich glaube, daß man sich hierbei Unregelmäßigkeiten gefallen lassen kann, wenn nur das Interesse des Reichs selbst dadurch gefördert wird, sei es auch auf Kosten von Schulbegriffen.

Vicepräsident Kirchgeßner: Wir kommen nun zur Abstimmung. Der Herr Berichterstatter hat jedoch vorher das Wort.

Schubert von Königsberg: Nur wenige Worte, als Vertreter des Berichterstatters. Ich halte überhaupt diesen Bericht, da er erst heute zur Debatte kommt, für verspätet; denn er ist bereits vor vier Monaten erstattet. Jetzt aber, meine Herren, ist diese Sache bereits geregelt, wie dieß aus den hierher gehörigen Beschlüssen des Kapitels der Verfassung über das Reichsoberhaupt hervorgeht. Nur eine Bemerkung gegen den Vorschlag des vorigen Redners. Wenn er in der jetzigen Zeit die Macht der Pforte gerade so behandeln will, wie im vorigen Jahrhundert, oder in den ersten zehn und zwanzig Jahren dieses Jahrhunderts, so, glaube ich, befindet er sich im Irrthum. Ebensowenig theile ich seinen Zweifel über die Stellung eines Reichsgesandten in der Türkei; denn ich hege die volle Ueberzeugung, daß die Macht des Reichs, wenn wir es vollständig begründet haben, auf diplomatischem Wege auch die volle Anerkennung in Constantinopel finden werde. Endlich, glaube ich, wird die hohe Versammlung dem vorigen Redner auch darin nicht beistimmen können, daß nicht das gesammte diplomatische Wesen, sowie die Ernennung der Gesandten und Consuln von der Reichsgewalt ausschließlich abhängen sollte. Denn daß der Gesandte eines Einzelstaates als solcher wegen seiner größeren Autorität, wie der Vorredner meinte, den gesammten Bundesstaat zweckmäßiger vertreten sollte, dürfte in dieser hohen Versammlung wohl wenig Beifall finden. Ueberdieß glaube ich, daß dieser Vorschlag keineswegs den Antrag des Herrn Schüler tangirt, und ebensowenig den Bericht des völkerrechtlichen Ausschusses. Ich glaube, daß es auch heute noch an der Zeit ist, dem Antrage des Ausschusses, den er am 24. August gestellt hat, nachzufolgen und den Schüler'schen Bericht zur fördersamsten Berücksichtigung der Centralgewalt zu überweisen.

Vicepräsident Kirchgeßner: Der vorliegende Antrag des Ausschusses lautet:

„Die deutsche Nationalversammlung beschließt, daß der Antrag des Abgeordneten Schüler von Jena (Beilage Nr. II zum Protocoll der 40. öffentlichen Sitzung vom 17. Juli 1848) der Centralgewalt zur fördersamsten Berücksichtigung zu überweisen sei."

Diejenigen Herren, welche für diesen Antrag des Ausschusses stimmen, ersuche ich, sich zu erheben. (Mitglieder auf allen Seiten des Hauses erheben sich.) Der Ausschuß-Antrag ist angenommen. — Den zweiten Gegenstand der Tagesordnung bildet die Berathung des vom Abgeordneten Osterrath Namens des Ausschusses für Volkswirthschaft erstatteten Berichts über einen Antrag von Arbeitern zu Reichenbach, die Verhältnisse der arbeitenden Klassen betreffend.

(Die Redaction läßt diesen Bericht hier folgen:

Eine Anzahl Eingesessener aus Reichenbach in der Pfalz hat im Monat Mai v. J. unter der Ueberschrift: „Wünsche und Anträge vom Volk an das deutsche Parlament zu Frankfurt am Main," eine Petition eingereicht, deren Artikel 16, lautend:

„Vorsorge für Beschäftigung und Verdienst der armen Leute (Arbeiterklasse);

keine Minderversteigerungen von Straßen-, Eisenbahn-, Brücken- und Kanal-Bauten mehr; vielmehr sollen solche unter der Leitung von Districts- und Sections-Aufsehern unmittelbar durch die Arbeiterklasse in Ausführung kommen,"

dem Ausschusse für Volkswirthschaft zur Berichterstattung zugefertigt ist.

Der Ausschuß war zweifelhaft, ob dieser Antrag nicht eigentlich an die einzelnen Landesregierungen zu richten gewesen, und um so mehr, als einige Regierungen, namentlich Preußen und Sachsen, bereits zu Gunsten der bei Bauten der bezeichneten Art beschäftigten Arbeiter Gesetze erlassen haben. — In Berücksichtigung jedoch, daß der Antrag sich nicht auf das Verhältniß der Arbeiter in einem bestimmten Staate, sondern in ganz Deutschland bezieht, daß die Arbeiterfrage für ganz Deutschland sehr wichtig ist, und daß sie eine Hauptaufgabe für den Ausschuß für Volkswirthschaft bildet, daß endlich jede sich darbietende Gelegenheit benutzt werden muß, um die sehr auseinandergehenden Ansichten in dieser Frage durch Darlegung des wahren Sachverhaltes zu vereinigen, die unrichtigen zu berichtigen, ist der Ausschuß der Ansicht gewesen, daß der hohen Nationalversammlung zur Beschlußnahme über das Materielle des Antrags Bericht zu erstatten sei. — Die Tagelöhners-Arbeiten, die hier allein gemeint sein können, sind bei Ausführungen der bezeichneten Art sehr mannichfaltig und kommen theils schon bei der Anlieferung und Bearbeitung der Materialien (Holz, Metall, Steine u. s. w.), theils bei den handwerksmäßigen Arbeiten, theils als reine Tagelöhner-Arbeiten (Erdarbeit, Wasserbewältigung und dergl.) vor. — Die Art und Weise, wie Bauten der Art zur Ausführung kommen, ist ebenfalls sehr mannichfaltig; der Bau kann im Ganzen oder in Sectionen an Hauptunternehmer, die Anlieferung der Materialien, die handwerkmäßigen Arbeiten oder ähnliche Theile der Bauausführung, können für sich aus gethan werden, und alles Dieses kann geschehen entweder durch Verding aus freier Hand, oder durch öffentliches Ausgebot an die Mindestfordernden. In allen Fällen werden bei der Ausführung die Arbeiter (Tagelöhner) entweder gegen Tagelohn, oder nach Accordsätzen abgelohnt. — Hält man zunächst Letzteres fest, so entsteht die Frage: Ob es für den Arbeiter vortheilhafter ist in Tagelohn, oder gegen Accordsätze zu arbeiten? — Im Allgemeinen muß Letzteres als vortheilhafter anerkannt werden; hierdurch allein wird der Arbeiter in Stand gesetzt, durch Fleiß und Umsicht sich ein höheres Verdienst, als der gewöhnliche Tagelohn zu verschaffen; sehr oft haben Arbeiter durch Accordsätze statt eines Tagelohns von vielleicht 15 Sgr. ein Verdienst von 1 Thlr. bis 1 Thlr. 8 Sgr. — Es ist zwar nicht in Abrede zu stellen, daß der Tagelöhner bisweilen, namentlich bei Erdarbeiten, den Umfang der Arbeit nicht zu würdigen versteht, ja, daß von seiner Unkenntniß bisweilen ein unerlaubter Nutzen gezogen ist. Allein diesem kann die Reichsgewalt nicht entgegentreten, ohne in den Fehler des Zuvielregierens, ohne in eine Bevormundung des Arbeitens zu verfallen, und abgesehen davon, daß sich dieses mit der anzustrebenden freien Bewegung nicht verträgt, würde der Fleißige und Umsichtige, der sich im Stande fühlt, im Accord mehr zu verdienen, als im Tagelohn, sehr leicht dadurch gegen die Anderen zurückgesetzt werden. Den Arbeiter kann nur seine eigene Aufmerksamkeit gegen derartige Täuschungen bewahren, und thut dieses auch in der Regel, denn sehr oft arbeitet er, wenn er den Umfang der Arbeit nicht zu würdigen versteht, zuerst eine Zeitlang im Tagelohn, ehe er die Accordsätze vereinbart.

Steht nun hiernach fest, daß alle Arbeiten, die im Accord verrichtet werden können, dem Arbeiter ein größeres Verdienst, als der gewöhnliche Tagelohn, zu gewähren im Stande, mithin für ihn vortheilhafter sind, so entsteht die zweite Frage: Ob in Bezug auf diese und auf diejenigen Arbeiten, die nur im Tagelohn verrichtet werden können, der Arbeiter nachtheiliger gestellt ist, wenn er sie vom Bauherrn selbst, oder von einem Unternehmer übernimmt? — Es könnte zwar den Anschein gewinnen, als ob der Unternehmer, der einen Gewinn bei der Ausführung sucht, eher geneigt sei, den Arbeiter, wie man sagt, zu drücken, als der Bauherr. Allein dieses ist nur anscheinend so, denn in der Wirklichkeit besteht dasselbe Wechselverhältniß, dieselbe Abhängigkeit zwischen den Arbeitern und dem Bauherrn, oder dessen Districts- und Sectionsaufsehern, als zwischen den Arbeitern und dem Unternehmer; auch die Districts- und Sectionsaufseher suchen mit den Sätzen, die im Anschlage für den Bau ausgeworfen sind, auszureichen, oder gegen dieselben zu ersparen, und scheinen Nutzen zu schaffen; daher sind die vorgekommenen Klagen der Arbeiter ebenso oft gegen die Aufseher des Bauherrn, als gegen die Hauptunternehmer gerichtet gewesen. — In manchen Fällen können Bauten der bezeichneten Art auch gegen Rechnung ausgeführt werden, namentlich dann, wenn sie nur in Angriff genommen sind, um Arbeiter zu beschäftigen, wie z. B. der Bau mehrerer Chausseen und jetzt der Nothstandsbahn in Preußen. Hier spricht [illegible] [illegible]

von einer [illegible] nicht die Rede sein [illegible]. Dagegen kommen andere Fälle vor, wo öffentliche Anstalten oder Actiengesellschaften genöthigt sind, die Bauten an den Mindestfordernden zu verdingen; dieses ist nämlich der einzige Weg der Oeffentlichkeit, der einzige Weg, der die so oft vorkommenden Verdächtigungen wegen Begünstigung einzelner Meister und Arbeiter ausschließt, der sicherste Weg, um bei freier Concurrenz den wahren Preis festzustellen. In diesen Fällen die Bauherren in der freien Wahl der Ausführungsart zu beschränken, würde eine nicht zu rechtfertigende Maßregel sein, um so weniger zu rechtfertigen, als, wie gezeigt, der Arbeiter dadurch gegen seinen Arbeit-Geber nicht nachtheiliger gestellt wird. — Der Ausschuß beantragt daher aus diesen Gründen:

„Ueber den Antrag der oben gedachten Arbeiter zur Tagesordnung überzugehen.“

Vicepräsident Kirchgeßner: Ein Antrag liegt hierzu nicht vor. Der Antrag des Ausschusses geht dahin, über den Antrag zur Tagesordnung überzugehen. Noch wird mir ein früherer Antrag des Abgeordneten Schwarzenberg aus Kassel des Inhalts zugestellt:

„Hoher Nationalversammlung erlaube ich mir, die beiliegenden Programme

a) des hiesigen Arbeitercongresses,

b) einer Minorität des hiesigen Gewerbecongresses,

welche mir zur Uebergabe an hohe Versammlung behändigt wurden, zu überreichen.

Wegen der großen und unverkennbaren Wichtigkeit der in diesen Programmen zur Verbesserung und Ordnung der socialen Zustände vorgeschlagenen umfassenden Maßregeln, beantrage ich zugleich:

„Hohe Nationalversammlung möge die beiden Programme der Arbeiter- und Gewerbe-Congresse dem volkswirthschaftlichen Ausschusse übergeben und denselben beauftragen, die angebotenen Vorlagen, welche die Ausführbarkeit der vorgeschlagenen Maßregeln beweisen sollen, von den erwähnten Congressen entgegenzunehmen, — diese Vorlagen einer genauen Prüfung zu unterwerfen, — und hoher Versammlung darüber möglichst bald zu berichten.“

Unterstützt von: C. Bernhardi. Bachhaus. J. Förster. Golz. L. Hentges von Heilbronn. Hofmann. F. L. Jahn. Mammen. Mathäy. Ostrich.“

Ueber diesen Gegenstand hat sich nur ein Redner gemeldet, und zwar Herr Buß.

Buß (vom Platze): Ich verzichte aufs Wort.

Vicepräsident Kirchgeßner: Herr Buß verzichtet aufs Wort. Wir können somit zur Abstimmung schreiten, und zwar, wie nicht zu bezweifeln sein wird, zuvörderst über den Antrag des Ausschusses, sodann, wenn dieser nicht angenommen werden sollte, über den verlesenen Antrag des Herrn Schwarzenberg; und wenn hiergegen kein Widerspruch ist, so ersuche ich diejenigen Herren, welche für den Antrag des Ausschusses stimmen, sich zu erheben. (Mitglieder auf verschiedenen Seiten erheben sich.) Der Ausschuß-Antrag ist angenommen. — Der [illegible] Gegenstand der Tagesordnung ist die Berathung des vom Abgeordneten [illegible] Namens des volkswirthschaftlichen Ausschusses erstatteten Berichtes über [illegible] [illegible] [illegible]

(Die [illegible] folgen:)

In den, in dem [illegible] Berichte des Volkswirthschafts-Ausschusses vom 28. September (besonders abgedruckt und vertheilt, auch in Nr. 91. IV. A der stenographischen Berichte aufgenommen), und in dem wegen Aufhebung der Jagd erstatteten Berichte (Nr. 86, Sitzung vom 28. September) ausführlich erörterten Petitionen wegen der Feudallasten sind noch folgende hinzugekommen.

1) Der Angesessenen zu Langenhennersdorf und Bahra bei Pirna (Nr. 83, Prot. vom 31. August).

2) Der Angesessenen aus 29 Dorfschaften des sächsischen Voigtlandes (Nr. 86, Prot. vom 26. September).

3) Der Angesessenen der Dorfschaften Toberlitz und [illegible] aus Sachsen (Nr. 90, Prot. vom 3. October).

4) Der Bewohner zu [illegible] und der Landbesitzer zu [illegible] (Nr. 76, Sitzung vom 12. September) aus Sachsen-[illegible], die Erstern haben unter Anderm bei Kauf- und bei Collateral-Erbschaftsfällen ein Lehngeld von 15 Procent zu entrichten. Da die Petitionen ad 1, 2, 3, 4 mit den unter A. 1 — 6 §. 4 des Gutachtens vom 28. September erwähnten durchweg übereinstimmen, so darf auf die Ausführung in diesem Gutachten §. 12, 13, 15 — 19 lediglich Bezug genommen werden.

5) Die Mitglieder des landwirthschaftlichen Vereins im vormaligen Fürstenthum Hohenlohe im Würtembergischen (Nr. 88, Sitzung vom 29. September) mit dem Antrage: alle noch bestehenden sogenannten Feudal-Abgaben aufzuheben, und zwar soweit sie öffentlicher Natur sind, unentgeltlich, soweit sie privatrechtlicher oder zweifelhafter Natur sind, gegen billige, durch die Regierungen der deutschen Staaten festzusetzende Entschädigung. Zugleich wird verlangt, daß die deutsche Central-Gewalt in allen deutschen Staaten auf Staatskosten allgemeine Untersuchungen über die Natur jener Abgaben zum Zweck der den einzelnen Staaten vorzubehaltenden Feststellung der nähern Modalitäten ihrer Aufhebung bewirke.

Jenem Hauptantrage wird durch den inzwischen erfolgten Beschluß der hohen Nationalversammlung entsprochen, wodurch der Vorschlag des Volkswirthschafts-Ausschusses angenommen worden ist, mit welchem jener Antrag im Princip und im Wesentlichen selbst in der Fassung übereinstimmt. — Die außerdem beantragte Untersuchung über die Natur der verschiedenen Abgaben gehört dagegen zum Wirkungskreise der Landes-Regierungen als Vorbereitung der Behufs Anwendung der Grundrechte auf die besondern Territorial-Verhältnisse zu erwartenden Particulargesetze.

6) Des Volksraths zu Waldkappel — Kurhessen — im Auftrage einer daselbst am 9. September abgehaltenen Volks-Versammlung (Nr. 83, Sitzung vom 22. September) mit dem Antrage, die Real- und Feudallasten, namentlich auch die Grundzinsen und Lehengelder (Lehnpfennigsgelder), sowie die auf fremden Grundstücken haftenden Jagdgerechtsame ohne Entschädigung aufzuheben. — Die Beschwerde trifft auch das neueste hessische Ablösungsgesetz vom 26. August d. J., wonach — wie die Petition bemerkt, — die ohnehin größtentheils unrechtmäßig entstandenen, oder auf persönlicher Subjection beruhenden Reallasten zum zwanzigfachen Betrage der jährlichen Leistung, das Lehngeld aber mit $1/_{[illegible]}$ desselben abgelöst werden sollen, während doch Verkäufe an Fremde oft in einem Jahrhundert nicht vorgekommen seien; überdieß werde vom Ablösungscapitum kein Interusurium abgezogen, die Verpflichteten würden zur Ablösung gezwungen, und die Hilfe der Landes-Creditcasse sei unbedeutend. Die Zinsen der, nach dem neuen Jagdablösungsgesetz von den Gemeinden mit 2 Sgr. pro Acker [illegible] Entschädigungssummen betrügen oft mehr als die jährlichen Pachtsummen.

Was diese Petition betrifft, so sind in dem der hohen Versammlung unterm 2. October, Nr. 90 der stenographischen Berichte, vorgetragenen, in Nr. 91 abgedruckten zusätzlichen Berichte des Ausschusses vom 28. September und hierauf in den über den Gegenstand gepflogenen Verhandlungen der hohen Versammlung selbst die Motive vollständig erörtert, aus welchen die „unzweifelhaft auf Grund und Boden haftenden Abgaben und Leistungen" von der unentgeltlichen Aufhebung ausgenommen, die Bestimmungen über die Ablösungsmodalitäten aber zunächst der Particulargesetzgebung überlassen werden mußten. Dagegen sind die während der Wirksamkeit der Nationalversammlung in einzelnen Staaten erlassenen Gesetze über Gegenstände und Bestimmungen, welche einen Theil der allgemeinen deutschen Verfassung und Grundrechte bilden, sobald letztere publicirt worden, nach Maßgabe derselben, einer Revision und Abänderung, zunächst durch die Autoritäten jener Einzelstaaten, zu unterwerfen; zufolge dessen wird auch die Beschwerde wegen der Jagdablösung ihre Erledigung erhalten.

7) Der sieben Landgemeinden Langenfeldt, [illegible] u. s. w. in Mittelfranken, Königreich Bayern (Nr. 58, Sitzung vom 10. August), übergeben von dem Abgeordneten Erbhardt von Fürth, mit der Bitte, in die Grundrechte über Aufhebung und Ablösung der grund- und schutzherrlichen Befugnisse auch die Bestimmung ausdrücklich aufzunehmen, daß das Todfallhandlehen ohne Entschädigung aufgehoben sein soll; dasselbe, bemerken sie, betrage 5, $6^{2}/_{3}$, 10, sogar bis 15 Procent vom Schätzungswerthe der Güter oder walzenden Grundstücke der Pflichtigen, ohne Abzug der Schulden; neben diesem Handlohn (Laudemium, Lehnwaare) in Sterbfällen bestehe noch ein demselben in der Regel gleichkommendes Handlehn in allen Veränderungsfällen unter Lebenden, Besitz-, Anstand-, Handlehn. Jenes erscheine als eine mißbräuchliche Ausdehnung guts- und schutzherrlicher Rechte, als Ausfluß der Leibhörigkeit, müsse deßhalb von den ablösbaren Befugnissen ausscheiden. Das bayerische Gesetz über Aufhebung und Ablösung von Grundlasten vom 4. Juni c. hebt allerdings das Mortuarium (Besthaupt), sowie alle rein persönlichen, nicht auf Grund und Boden haftenden Abgaben ohne Entschädigung auf; hätte das Sterbhandlehen, da es vom Gutswerthe, ohne Abzug der Schulden, bezahlt wird, die Natur eines als Reallast zu beurtheilenden Laudemiums, so würde dessen Entschädigung, wie für Besitzveränderungs-Abgaben, die auf dem Grundstücke haften, überhaupt nach dem Art. 15 des angeführten Gesetzes zu einem sehr mäßigen Satze erfolgen müssen. Indeß wird es der Particulargesetzgebung offen bleiben, zu bestimmen, ob die Lehnseigenschaft der Abgabe, oder eine mißbräuchliche Ausdehnung vorwalte. Es kann im Allgemeinen auch hierbei nur auf das Gutachten des volkswirthschaftlichen Ausschusses, und auf die Verhandlungen und Beschlüsse der hohen Versammlung über §§ 27 ff. der Grundrechte verwiesen werden. Dasselbe gilt hinsichtlich folgender Petitionen:

c. Wegen Aufhebung des Jagdrechts auf fremdem Grund und Boden.

8) Der Bürgerversammlung zu Calbe, Nr. 91, Sitzung vom 5. October.

9) Der Volksversammlung zu Mücheln (Nr. 91, deßgleichen).

10) Der Gemeinde Elbenau (deßgleichen).

11) Der Gemeinde [illegible] (deßgleichen).

ad 8—11 vom Abgeordneten Löwe von Calbe übergeben.

b. Wegen Aufhebung der Feudallasten.

12) Der Volksversammlung zu Mühlheim.

13) Der Bürgerversammlung zu Calbe.

ad 12 und 13 desgleichen vom Abgeordneten Löwe überreicht.

14) Der Gemeinde Donnerau, Waldenburger Kreises in Schlesien (Nr. 78, Sitzung vom 11. September) mit den Anträgen: das Laudemium und die Markgroschen ohne Entschädigung aufzuheben, ferner sie von der Entrichtung des Jagd-, Spinn-, Klöber-, Bretz-, Fuhr-, Hofwachen-, Musketier-, Hühner-, Holzschlagegeldes, sowie der unentgeltlichen Leistung von Hand- und Spinndiensten zu befreien; sodann die gutsherrlichen Zinsen nach Verhältniß des Grundbesitzes der Pflichtigen unter diesen zu repartiren, das Ablösungscapital auf die Staatskasse zu übernehmen, endlich Jedem, auch dem bürgerlichen Besitzer, die Jagd auf dem eigenen Grund und Boden zu überlassen, sowie den Fischfang auf den innerhalb der bäuerlichen Grundstücke befindlichen Flüssen.

15) Der Gemeinde Kallmerode bei Heiligenstadt (Nr. 67, Sitzung vom 28. August), überreicht vom Abgeordneten Waldmann, um gänzliche Befreiung solcher armen Gemeinden, welche von ihrem unfruchtbaren Grund und Boden keinen oder nur geringen Nutzen hätten, von allen Lehngeldern, baaren Gefällen, Fruchtzinsen.

16) Der Gemeinde Neukirchen im Kreise Solingen (Nr. 65, Sitzung vom 24. August), um Aufhebung der Jagd-, wie der Zehntgerechtigkeit ohne Entgelt, letztere unter Wegfall der Gegenleistungen des Zehntherrn.

Der Zehnte, unter der fränkischen Herrschaft zur Unterhaltung der Geistlichkeit größtentheils mit Gewalt eingeführt, sei, — führen sie aus, — in die Hände der Rittergutsbesitzer, der Klöster und dann der Regierungen gekommen, während die wesentlichen Gegenleistungen aufgehört hätten, auch der Zehntacker mit Grundsteuer belegt sei. Zur Vermeidung von Beeinträchtigungen einzelner Privaten werden einige Ablösungsmodalitäten vorgeschlagen.

17) Der Vorsteher der Gemeinden der Kirchspiele Feldkirchen, Niederbieber und Altwied im Kreise Neuwied (68. Sitzung vom 29. August), überreicht durch den Abgeordneten Knoodt, mit dem Antrage, die Ablösung der Zehnten zu einem möglichst niedrigen Procentsatze und unter Erleichterung durch Hülfskassen, eventuell selbst unter Beihilfe des Staats für ärmere Pflichtige auszusprechen; dasselbe auch hinsichtlich der National- und Grundzinsen eintreten zu lassen.

Soweit die aus Preußen eingegangenen Petitionen zu 14—17 nicht bereits ihre Erledigung durch die über §§ 27 und folgende der Grundrechte gefaßten Beschlüsse der hohen Versammlung gefunden haben, oder wie Nr. 15 der besonderen Berücksichtigung der Landesregierung anheimfallen, werden sie von der in der Landesversammlung zu Berlin bevorstehenden Berathung über Ergänzung der Ablösungsverordnungen in Preußen mitbegriffen. (Vergl. den gutachtlichen Bericht vom 25. September a. S. 15.)

18) Der Gemeinden Lomnitz und Frankenberg, Waldenburger Kreises, Provinz Schlesien (Nr. 77, Sitzung vom 14. September), nach einem gedruckten Formular, mit dem Antrage, die Einziehung sämmtlicher von den Rusticalbesitzern an die Dominien zu leistenden Abgaben jeder Art so lange zu suspendiren, bis das in Aussicht stehende Gesetz über die Entlastung des bäuerlichen Grundeigenthums publicirt sein wird, ferner: „die Gerichte anzuweisen, alle in dieser Angelegenheit schwebenden Prozesse und Subhastationen bis zur Publication jenes Gesetzes auszusetzen," — wie es scheint, für die zur Vereinbarung der preußischen Verfassung berufenen Landesversammlung zu Berlin bestimmt, durch deren Verhandlungen über denselben Gegenstand diese Petition ihre Erledigung erhalten hat.

Der Ausschuß beantragt in Betreff obiger Petitionen, mit Rücksicht auf die bereits stattgehabte Berathung über die einschlagenden Bestimmungen der Grundrechte

„den Uebergang zur Tagesordnung.")

Vicepräsident Kirchgeßner: Auch hier ist nach dem in Ihren Händen befindlichen Berichte des Ausschusses Uebergang zur Tagesordnung beantragt. Ein Redner hat sich nicht gemeldet. Ich schreite sofort zur Abstimmung, und stelle an die hohe Versammlung die Bitte, es mögen diejenigen Herren, welche für den Antrag des Ausschusses stimmen, sich erheben. (Mitglieder auf verschiedenen Seiten erheben sich.) Der Antrag ist angenommen. — Der vierte Gegenstand unserer Tagesordnung ist die Berathung des vom Abgeordneten Wachsmuth Namens des Prioritäts- und Petitions-Ausschusses erstatteten Berichtes über den Antrag des Abgeordneten Jahn, auf Veranlassung einer Untersuchung gegen Mitglieder der constituirenden National-Versammlung.

(Die Redaction läßt diesen Bericht hier folgen:

Der Abgeordnete Jahn hat in der 89sten Sitzung der hohen Nationalversammlung vom 2. October d. J. an das Reichsministerium folgende Fragen gestellt:

„Ob die Gesellschaft des deutschen Hofes vor dem Ausbruche des Aufruhrs pflichtmäßig angezeigt, daß die Empörer und Hochverräther mit ihr in Unterhandlung gestanden und ihr Anträge gemacht?

Warum der Belagerungszustand nicht gebührend gehandhabt werde, wozu namentlich ein Einschreiten gegen die zügellose Presse gehöre, die, wie die Reichstagszeitung, den letzten Aufruhr in Schutz nehme."

Nachdem der Reichsminister des Innern erwiedert hatte:

„Auf die erste Frage des Herrn Jahn muß ich mit einem bestimmten „Nein" antworten. Auf die zweite, welche die Aufrechthaltung des Belagerungs-Zustandes betrifft, muß ich erwiedern, daß die Justiz thätig sein wird, alle Schuldigen zu ermitteln und zu bestrafen, und daß wir das volle Vertrauen haben, die Justiz werde ihre Pflicht vollständig erfüllen;"

stellte der Abgeordnete Jahn sofort folgenden Antrag:

„In Erwägung, daß nicht nur einzelne Mitglieder des Verfassungs-Reichstages, sondern [illegible] Druckschrifte nicht nur durch das allgemeine Gerücht und die Zeitungen des Inlandes und Auslandes der Theilnahme [illegible] letzten Aufruhrs beschuldigt werden;

„In Erwägung, daß die Mitglieder [illegible] theils vor und während des Aufruhrs mit [illegible] in [illegible] Verbindung gestanden, [illegible] die [illegible] [illegible] gel."

in Bewegung [illegible] Mitglieder dem Aufruhr Vorschub geleistet worden, und noch jetzt das Unternehmen vertheidigt und beschönigt werde;

„beschließt die hohe verfassunggebende Versammlung, die sämmtlichen Mitglieder der sogenannten Linken zur Untersuchung ziehen zu lassen, sie bis zu ausgemachter Sache aus der Versammlung zu entfernen, und ihre Stellvertreter einzuberufen.“

Auf den ersten Blick stellt sich der Antrag als nicht logisch schlüssig dar. Während in der ersten Perikope von „zwei ganzen Bruchtheilen“ der Nationalversammlung, in den beiden anderen von „Mitgliedern dieser Bruchtheile“ ohne alle nähere Angabe, was unter den „Bruchtheilen“ verstanden sein solle, die Rede ist, ist eine Untersuchung gegen „die sämmtlichen Mitglieder der sogenannten Linken“ beantragt. — Abgesehen von der Unschlüssigkeit, erscheint der Antrag in allen seinen Theilen unstatthaft. Die beantragte Untersuchung kann nur vor die zuständigen Gerichte gehören, und wenn das Absehen des Antragstellers darauf gerichtet sein sollte, daß eine gerichtliche Untersuchung von dieser hohen Versammlung veranlaßt werde, so würde auch dieses offenbar ganz außer deren Wirkungskreise liegen. Selbst durch die Einleitung einer Untersuchung würde der Antrag auf einstweilige Entfernung der betheiligten Abgeordneten aus dieser hohen Versammlung nicht gerechtfertigt, und eine Einberufung der Stellvertreter für die Dauer der Untersuchung nicht statthaft werden. — Auch läßt sich nicht verkennen, daß der Antrag seiner Form und seinem Inhalte nach ungehörig sei; in ersterer Beziehung bedarf es nur einer Hinweisung darauf, daß so vage aufgestellte, nicht näher begründete, und zum Theil auf Folgerungen des Antragstellers beruhende Sätze nicht geeignet sind, einen Antrag zu motiviren, dessen Zulassung durch die hohe Versammlung für diese und einzelne Mitglieder unabsehbare Folgen haben könnte. Die Ungehörigkeit des Antrags in seinem Inhalte liegt insbesondere darin, daß Behauptungen darin positiv aufgestellt worden sind, deren Richtigkeit erst durch die beantragte Untersuchung ermittelt werden müßte, und welche vorher in solcher Weise aufzustellen, die Befugniß mangelt. — Der Ausschuß stellt hiernach den Antrag:

„Die hohe Versammlung wolle beschließen, daß über den Antrag des Abgeordneten Jahn in Betracht dessen Unschlüssigkeit und Unstatthaftigkeit, sowie dessen Ungehörigkeit nach Form und Inhalt zur motivirten Tagesordnung überzugehen sei.“)

Vicepräsident Kirchgeßner: Herr Jahn hat schriftlich die Zurücknahme seines Antrags angezeigt, und wenn Herr Jahn hier anwesend ist, so ersuche ich ihn, dieses von der Tribüne aus zu erklären. — Da Herr Jahn nicht gegenwärtig ist, so können wir von der schriftlichen Anzeige nicht wohl Gebrauch machen, und ich glaube somit, daß, da der Redner sich nicht gemeldet hat, wir zur Abstimmung über den Antrag des Ausschusses übergehen sollen. — Es wird aber der Zweifel erhoben, ob in Folge der schriftlichen Anzeige über Zurücknahme des Antrags noch zur Abstimmung geschritten werden solle. Herr v. Vincke bittet ums Wort.

v. Vincke von Hagen: Ich bin der Ansicht, daß, wie jeder Antrag schriftlich gestellt, er auch schriftlich zurückgenommen werden kann; und wenn er schriftlich zurückgenommen wird, so existirt er nicht mehr.

Wigard von Dresden: Wenn über einen Antrag ein Bericht vorliegt, so glaube ich, daß er in diesem Stadium [illegible] so ist er Eigenthum der Versammlung geworden, und es muß darüber abgestimmt werden.

Wachsmuth von Hannover: Das eben Gesagte, der Antrag sei in solchem Falle Eigenthum der Versammlung geworden, würde doch nur beweisen, daß irgend ein Mitglied berechtigt sei, den Antrag, den der Antragsteller hat fallen lassen, wieder aufzunehmen.

Vicepräsident Kirchgeßner: Durch die eben geäußerten, entgegengesetzten Ansichten sind wir zur Entscheidung darüber veranlaßt, ob eine Zurücknahme des Antrages von Erfolg sein kann; wir werden also förmlich darüber abzustimmen haben. Ich ersuche nun Diejenigen, welche in Folge der schriftlich erklärten Zurücknahme des von Herrn Jahn gestellten Antrages die Sache auf sich beruhen lassen wollen, sich zu erheben. (Mitglieder auf der Rechten und im Centrum erheben sich.) Die Zurücknahme ist genehmigt. — Einen weiteren Gegenstand unserer Berathung bildet der vom Abgeordneten Zachariä Namens des internationalen Ausschusses erstattete Bericht über den Antrag des Abgeordneten Fuchs und Genossen: den diplomatischen Verkehr mit Rußland betreffend. Der Bericht ist in Ihren Händen.

(Die Redaction läßt diesen Bericht hier folgen:

Der Abgeordnete Dr. Fuchs von Frankfurt hat in der [illegible] öffentlichen Sitzung vom [illegible] October 1848, im Verein mit 19 anderen Abgeordneten den Antrag gestellt:

„Die hohe Reichsversammlung wolle das Reichsministerium auffordern, mit Rußland sofort in diplomatischen Verkehr zu treten, in ähnlicher Weise, wie mit England und Frankreich, wohin außerordentliche Gesandte der Centralgewalt geschickt worden sind.“

Da indeß angenommen werden darf, daß 1) die Centralgewalt nicht ohne bestimmende Gründe bis jetzt die Absendung eines Gesandten an den Petersburger Hof unterlassen haben werde, da 2) der Ausschuß, mit der Nationalversammlung, die besonderen politischen Beziehungen der deutschen Centralgewalt zum russischen Cabinet zu übersehen nicht im Stande ist, und demgemäß 3) eine an das Reichsministerium zu erlassende Aufforderung, mit Rußland sofort in diplomatischen Verkehr zu treten, — abgesehen von dem in einer solchen Aufforderung liegenden Eingriff in die der Centralgewalt durch das Gesetz vom 28. Juni 1848 überwiesene Sphäre der executiven Gewalt, — als ganz ungeeignet erscheinen muß, — so trägt der internationale Ausschuß darauf an:

„Daß unter Überweisung des Antrags des Dr. Fuchs und Genossen an das Reichsministerium zur geeigneten Berücksichtigung zur Tagesordnung übergegangen werde.“)

Vicepräsident Kirchgeßner: Herr Fuchs hat sich zum Worte gemeldet; ich ertheile ihm das Wort.

Fuchs von Frankfurt: [illegible] nur einige Worte, meine Herren! Am 1. September vorigen Jahres sagte uns der damalige Minister des Äußeren, Herr Heckscher, daß in Beziehung auf die Sendung eines Bevollmächtigten nach Petersburg die gehörigen Einleitungen getroffen seien. Seit jener Zeit haben wir aber über die Stellung Deutschlands zu Rußland, über die Stellung der Centralgewalt zu jenem Cabinet auch nicht das Mindeste vernommen, und eine

Interpellation, welche in diesem Betreff Anfangs October von mir gestellt wurde, blieb ohne Antwort; wenigstens ohne eine solche Antwort, die auch nur den entferntesten Aufschluß gegeben hätte. Ich frage Sie nun, meine Herren, die Vertreter welches großen Volkes würden es dulden, — ich frage Sie, würde es das Parlament England's, oder die Nationalversammlung Frankreich's sich gefallen lassen, daß man sie über die Verhältnisse zu einem der mächtigsten Staaten Europa's so ganz außer Kenntniß ließe? Und haben wir in Rußland denn gar keine Interessen, welche der Vertretung bedürfen? Ich erinnere Sie, meine Herren, daran, daß unsere deutschen Landsleute, welche in Rußland sehr zahlreich sind, dort allen Schutzes, wenigstens alles deutschen Schutzes entbehren, sie sind an den Schutz der einzelnen deutschen Regierungen gewiesen. Ich erinnere Sie ferner daran, daß die deutschen Interessen in den so wichtigen Ländern der unteren Donau völlig ungewahrt und unvertreten sind; ich erinnere Sie daran, daß wir außer Stande sind, Handels-Verträge mit Rußland abzuschließen, so lange wir zu ihm in keinem diplomatischen Verhältnisse stehen; ich erinnere Sie endlich daran, daß, falls — was ja doch wahrlich sehr möglich ist — wir mit Rußland in Feindseligkeiten gerathen, in Krieg verwickelt werden sollten, daß wir dann ganz in dieselbe Lage kämen, in welcher wir uns Dänemark gegenüber vor dem Malmöer Vertrage befanden. Rußland würde dann gerade so, wie es Dänemark gethan, jede Waffenstillstands- und Friedens-Verhandlung mit unserer Centralgewalt ablehnen, aus dem ganz einfachen Grunde, weil es für Rußland gar keine deutsche Centralgewalt geben würde, und wir wären am Ende, ebenso wie beim Malmöer Vertrage genöthigt, eine der deutschen Großmächte für uns agiren und verhandeln zu lassen, müßten uns aber auch die Nachtheile solcher Verhandlungen, welche Dritte für uns führen, gefallen lassen. Diese Erwägungen nun bewogen mich den in Rede stehenden Antrag zu stellen; es war aber keineswegs meine Absicht die, wie der Ausschuß meint, die Centralgewalt zu nöthigen, nun ohne Weiteres in Verhandlungen mit Rußland einzutreten: denn ich weiß recht wohl, daß wir das aus vielfachen Gründen nicht können; mein Antrag bezweckte vielmehr, daß uns das, was uns gebührt, zu Theil würde, nämlich Aufschluß über die Sachlage. Darum kann ich aber auch meinen Antrag, wenigstens den Zweck meines Antrages, jetzt nicht fallen lassen. Da ich aber bekennen muß, daß ich in den gegenwärtigen Minister des Aeußeren vollkommenes Vertrauen setze, so habe ich mich in diesem Vertrauen bewogen gefunden, meinen Antrag etwas anders zu formuliren. Ich beantrage nämlich nicht, wie der Ausschuß, die Tagesordnung, aber die motivirte, und zwar folgendermaßen:

„Die hohe Reichsversammlung wolle im Vertrauen, daß das Reichsministerium über die Stellung des deutschen Reichs zu Rußland diejenigen Aufschlüsse ertheilen werde, welche das Interesse Deutschland's öffentlich zu geben erlaubt, zur motivirten Tagesordnung übergehen."

Vicepräsident Kirchgeßner: Es hat sich weiter kein Redner gemeldet; ich ertheile daher dem Herrn Berichterstatter das Wort.

Schubert von Königsberg: Herr Jucho hat soeben seinen Antrag anders gestellt, als er früher dem völkerrechtlichen Ausschusse zur Begutachtung übergeben worden ist. Der frühere Antrag verlangte, daß die hohe Reichsversammlung das Reichsministerium auffordern sollte, mit Rußland sofort in diplomatischen Verkehr zu treten, in ähnlicher Weise, wie mit England und Frankreich, wohin von der Central-Gewalt Gesandte geschickt sind. Meine Herren! Ich darf wohl hier nicht weiter erörtern, daß ein diplomatischer Verkehr nicht einseitig angebahnt werden kann; wie daß hier auch die andere Seite gehört werden muß; ich glaube aber auch nicht, daß es jetzt an der Zeit sein dürfte, hier in der Paulskirche weiter zu erörtern, aus welchen Gründen das Reichsministerium veranlaßt worden ist, auch bis jetzt noch keinen Gesandten an das Petersburger Cabinet abzusenden. Es ist indeß in Bezug auf den diplomatischen Verkehr unzweifelhaft, daß es vor allen Dingen darauf ankommt, unsern deutschen Bundesstaat erst politisch fest zu gestalten, bevor derselbe auf unbedingte Anerkennung der übrigen Staaten Europa's fest rechnen darf, bevor er, wenn er sie verlangt, dieselbe durchzusetzen und zu erzwingen die nöthige Kraft in sich hinlänglich besitzt. Wir sind nun aber fast zu dem Zielpunkt unseres Strebens gelangt; wir leben der Hoffnung, jetzt in kurzer Zeit den Bundesstaat fest in sich begründet zu haben. Ich glaube daher, daß man den früheren Antrag durchaus lediglich dem Reichsministerium in der ursprünglichen Form zur geeigneten Berücksichtigung zur gehörigen Zeit überweisen muß, und daß wir demnach jetzt nach dem Antrage des Ausschusses zur Tagesordnung übergehen müssen. Wenn aber heute Herr Jucho seinen Antrag anders motivirt, und zugleich eine Art von indirecter Interpellation an das Reichsministerium des Auswärtigen gerichtet hat, um bei dieser Gelegenheit überhaupt über das Verhältniß Rußland's zu Deutschland in der Paulskirche nähere Nachrichten zu erhalten, so stelle ich anheim, daß wir auch auf seinen heute gestellten Antrag eingehen, ohne ihn weiter dem Ausschusse zur Begutachtung zu überweisen, und zur motivirten Tagesordnung übergehen können.

Vicepräsident Kirchgeßner: Der Antrag des Herrn Jucho geht dahin:

„Ich beantrage:

„Die hohe Reichsversammlung wolle im Vertrauen, daß das Reichsministerium über die Stellung des deutschen Reiches zu Rußland diejenigen Aufschlüsse ertheilen werde, welche das Interesse Deutschland's öffentlich zu geben erlaubt, zur motivirten Tagesordnung übergehen."

Ohne Zweifel wird der Antrag des Ausschusses, welcher auf einfache Tagesordnung geht, in erster Linie zur Abstimmung kommen müssen.

Jucho von Frankfurt a. M.: So, wie ich Herrn Schubert verstanden habe, hat sich der Ausschuß meinem Antrag angeschlossen.

Schubert von Königsberg: Davon, meine Herren, kann natürlich nicht die Rede sein, denn ich vertrete hier den Ausschuß nicht in der Art, daß ich, gleich darauf zu antworten, befugt sein könnte. Da der Antrag soeben erst gestellt worden ist, sich aber dem Wesen nach gar nicht von dem früheren unterscheidet, so glaube ich, daß die Nationalversammlung denselben sofort in Berathung nehmen, und darüber Beschluß fassen dürfte; aber im Namen des Ausschusses kann ich mich mit dem Antrage nicht einverstanden erklären, sondern nur für meine Person als Berichterstatter.

Vicepräsident Kirchgeßner: Diese Erklärung wird genügen, um den etwaigen Zweifel zu beseitigen. Wir kommen zunächst zur Abstimmung über den Ausschuß-Antrag, welcher auf einfache Tagesordnung lautet. Ich ersuche diejenigen Herren, welche dem Ausschuß-Antrag auf einfache Tagesordnung zustimmen wollen, sich zu erheben. (Mitglieder auf verschiedenen Seiten erheben sich.) Der Ausschuß-Antrag ist angenommen. Den folgenden Gegenstand der Tagesordnung bildet die Berathung des vom Abgeordneten Höfken, Namens des völkerrechtlichen Ausschusses erstatteten Berichts über den Antrag des Abgeordneten Schulz von Weilburg und Genossen, die Niedersetzung eines besonderen Ausschusses zur Berathung der Donaufrage betreffend.

(Die Redaction läßt diesen Bericht hier folgen:

„Der Herr Abgeordnete Schulz und Genossen haben in der 100sten öffentlichen Sitzung vom 31. October v. J. einen Antrag gestellt, der dem Ausschusse für internationale Angelegenheiten überwiesen worden ist, folgenden Inhalts:

> In Erwägung, daß die Wallachei und Moldau durch einen besonderen Bevollmächtigten, der bereits seit längerer Zeit dahier auf einen Erfolg seiner Bemühungen harrt, die schützende Vermittelung Deutschland's nachgesucht haben;
>
> in Erwägung, daß es zu den ersten Pflichten der Centralgewalt gehöre, den Donauländern ihre Aufmerksamkeit zuzuwenden, und dadurch eine für Deutschland unendlich wichtige und bisher unverantwortlich vernachlässigte Aufgabe in ihr Bereich zu ziehen;
>
> in Erwägung, daß es sich um nichts Geringeres handle, als dem deutschen Handel und der deutschen Auswanderung schon in alter Zeit betretene Wege wieder zu gewinnen, und unter Abwehr der drohend anwachsenden Uebergriffe Rußland's dem erneuten Deutschland innigere Beziehungen zum Orient zu sichern;
>
> in Erwägung, daß das Aufstreben der Ostromanen zur Freiheit dieser Forderung der neuen Stellung Deutschland's entgegenkomme, zugleich aber die gewaltsame Unterdrückung dieser Erhebung das Bedürfniß eines Schutzes verdopple;
>
> in Erwägung endlich, daß Deutschland in Verfolgung dieser Aufgabe der Unterstützung der Pforte versichert sein könne, beschließt die National-Versammlung:
>
> einen Ausschuß zur Berathung der Donaufrage in ihrem ganzen Umfange und zur Einbringung geeigneter Vorschläge niederzusetzen.

Der völkerrechtliche Ausschuß verkennt in keiner Weise, so wenig in politischer, als in commercieller Beziehung, die Bedeutung und Tragweite der im obigen Antrage beregten Donaufrage, und rechnet es mit zu den Obliegenheiten der deutschen Centralgewalt, den Donauländern ihre volle Aufmerksamkeit zuzuwenden; wie denn auch der Herr Reichsminister des Auswärtigen bereits ausdrücklich angekündigt hat, daß er sich mit dieser wichtigen Aufgabe beschäftige, — einer Aufgabe, die leider bisher für Deutschland nur zu sehr vernachlässigt worden ist. — Indem der Ausschuß aber mit den Motiven der Herren Antragsteller im Wesentlichen übereinstimmt, kann er jedoch deren Antrag auf Niedersetzung eines besonderen „Ausschusses zur Berathung der Donaufrage in ihrem ganzen Umfange und zur Einbringung geeigneter Vorschläge" bei der hohen Nationalversammlung nicht befürworten. Er sieht nicht ab, wie die Bildung einer neuen Commission die Lösung einer Frage fördern könne, deren Hauptschwierigkeiten zur Zeit außer dem unmittelbaren Bereiche der Nationalversammlung liegen. Wenn Ihr Ausschuß sich [illegible] Behandlung mancher in die Donaupolitik einschlagenden Fragen sattsam überzeugen mußte, so haben sich jene Schwierigkeiten seitdem durch die neuen Verwickelungen im näheren und ferneren Südosten noch bedeutend vermehrt.

Gewiß, Deutschland hat an der Donau eine kräftige Politik zu verfolgen, und diese kann und wird hoffentlich auch bald um so mächtiger und wohlthätiger wirken, als wir dort, wie im ganzen Orient, nur die Sache der Gerechtigkeit, der Gesittung und der Freiheit der Völker zu vertreten haben. Die großen Lebensinteressen auch der Donaulande werden sich mit der Zeit geltend machen; die Aufgabe eines Ausschusses aber kann es nicht sein, am Wenigsten Angesichts der schwankenden Ereignisse, diesen Zeitpunkt für jene Völker durch Maßregeln, die er, fern von jenem Schauplatze, der Nationalversammlung vorschlägt, beschleunigen zu wollen. — Aus diesen Gründen beantragt der völkerrechtliche Ausschuß, die Nationalversammlung möge beschließen:

> „Dem Antrage auf Niedersetzung eines besonderen Ausschusses zur Berathung der Donaufrage sei zur Zeit keine Folge zu geben; es seien vielmehr die darauf bezüglichen Anträge und sonstigen Eingänge, wie bisher geschehen, an den völkerrechtlichen Ausschuß zu verweisen.")

Vicepräsident Kirchgeßner: Es liegt hierzu ein Antrag des Herrn Schulz von Weilburg und mehr als zwanzig Genossen vor. Herr Schulz hat das Wort verlangt, ich gebe ihm das Wort.

Schulz von Weilburg: Meine Herren! Ich habe im Herbst des verflossenen Jahres in einer noch thatenmuthigeren Zeit den Antrag auf Niedersetzung einer Commission für die Donaufrage gestellt, welcher nun nach einem Vierteljahre zur Berathung kommt, in einem Augenblick, wo das nahe Ende dieser Versammlung wahrscheinlich ist, wo Viele schon mit einem Fuße außerhalb der Paulskirche stehen, und auf die Ständeversammlungen der Einzelstaaten ihr Augenmerk gerichtet haben, oder mit ihren Gedanken einem anderen Ziele zusteuern. Es ist daher ein höchst ungünstiger Augenblick für die Berathung dieses Gegenstandes. Zwar hat der völkerrechtliche Ausschuß, sowie das Reichsministerium des Auswärtigen in seiner Antwort auf meine Interpellation die hohe Wichtigkeit und Bedeutung dieser Frage anerkannt, es ist aber bis jetzt nichts geschehen, um die Interessen Deutschland's in dieser hochwichtigen Angelegenheit zu wahren. Dieß war der Grund, weßhalb ich auf eine besondere Commission antrug, welche weiter gar nichts zu thun hätte, als sich mit diesem umfangreichen, schwierigen Gegenstande zu beschäftigen. So gut wie der Rhein und andere Ströme eine besondere Commission verdienen, ebenso gut auch die Donau, diese Hauptpulsader Europa's, diese große Verbindungs- und Verkehrsstraße mit dem Orient, diese bedeutendste Wasserstraße Europa's, welche diesen Welttheil in eine nördliche und südliche Hälfte scheidet, dieser Strom, von dessen Besitz es abhängt, ob in Europa die germanische, oder slavische Welt vorherrschen soll. Viel haben wir versäumt an seinem unteren Gestade. Während wir uns mit inneren [illegible] beschäftigen, machen die Russen die größten Fortschritte daselbst. Während sie uns durch kluge [illegible], durch unermüdliches Wühlen in den verwandten Slavenstämmen viel Boden abgewonnen haben, während der Slaven-Ruf immer lauter von den Karpathen bis tief ins illyrische Dreieck hinein ertönt, während sie die griechische Kirche zu einem furchtbaren Werkzeug gegen uns rüsten, und die Mündung unserer Donau versanden lassen und sogenannte Quarantänestellen an ihrer Mündung bauen: da ist das deutsche Volk sorglos, da sind wir in Kleinstaaterei versunken, da hat das Wiener Cabinet eine unbegreifliche Politik verfolgt, welche erst im Laufe des vorigen Jahres eine so traurige Aufhellung gefunden hat. Ich trug auf Niedersetzung einer besondern Commission an, die die Regelung dieses Flusses, sowie die Auswanderungs-Angelegenheit, die Handels-Verhältnisse, sowie die diplomatischen Beziehungen zu und zu den Donauländern in Berathung ziehen sollte. Eine solche Commission hätte genug zu thun gehabt mit diesen verschiedenen Seiten der Thätigkeit, welche wir längst dort hätten entwickeln sollen, mit der Regulirung des Flußbettes, der zweckmäßigen Anlegung der Eisenbahnen, der Hafenplätze, der Chausseen &c. Sie sollte die verkehrten Wasserbauten verhindern, über welche von einsichtigen Männern geklagt wird, sie sollte, wie dieß die Natur eines solchen Stromes verlangt, Alles im Großen und im Zusammenhang behandeln. Es haben vielleicht Viele von Ihnen im verflossenen Herbst den trefflichen, für diese Sache begeisterten Mann, den Freiherrn von Forgatsch, kennen gelernt; er ist aber wieder weggegangen, ohne daß er mit seinen Vorschlägen hier Eingang gefunden hätte. Wohl hätte es uns geziemt, in dem Jahr unserer Erhebung etwas Großes zu thun. Alle Welt hatte hohe Vorstellungen von uns, nur wir dachten bescheiden von unserer Aufgabe und unsern Kräften. Und wer könnte an der Wichtigkeit der Auswanderungsfrage in die Donauländer zweifeln? Ich freue mich, daß der österreichische Bevollmächtigte bei der Reichsgewalt diesen Gegenstand in die Hand genommen hat, er hat damit den glücklichsten Griff seines Lebens gethan. Auch der deutsche Nationalverein für Auswanderung, welcher gestern hier versammelt war, hat diesem Gegenstand seine volle Theilnahme zugewendet. Die süddeutschen Auswanderungsvereine werden sich in den nächsten Tagen in einer Zuschrift an den österreichischen Bevollmächtigten wenden, und ihm ihre Zustimmung ausdrücken. Jeder sieht ein, daß die Auswanderung die Donau hinunter sowohl zum persönlichen Vortheil des Auswandernden, als zum Nutzen des Mutterlandes gereicht. Die Donaugegenden sind nahe gelegen und fruchtbar, wie nur die amerikanischen Gefilde es sein können. Zugleich erfüllen hier die Auswanderer eine nationale Mission. Deutschland würde, sowie Nord-Amerika, hier seine Grenzen unmittelbar erweitern, würde an kriegerischer Macht und gewerblicher Blüthe unendlich gewinnen. Oesterreich muß durch das deutsche Element gestärkt und zusammengebunden werden. Nachdem es durch die letzten Weltgeschicke allzusehr aus Deutschland nach Osten zurückgewichen ist, müssen wir Deutschland, müssen wir deutschen Geist aufs Neue in dasselbe hineintragen. Wir erfüllen zugleich eine culturhistorische Aufgabe im Interesse der Menschheit durch Belebung der schlummernden Länder im Osten. Durch unsere Colonisationskraft, unsern städtischen Gemeingeist sind wir zu derselben Mission, wie einst die Griechen im Orient, berufen. Schon haben wir anderthalb Millionen Brüder in Ungarn und Siebenbürgen, die wir unterstützen müssen durch neue Einwanderung, freilich begleitet von einer großen, wehrhaften Politik. Wollten wir unsere Brüder und Söhne in diese Gegenden ohne diese große, schützende Politik schicken, dann wäre es ein wahrer Verrath an denselben. In den Donaufürstenthümern wohnen schon viele deutsche Handwerker, und große Land-Güter wären zur Parcellirung leicht anzukaufen. In Bessarabien und Südrußland überhaupt sind bereits viele Deutsche angesiedelt, weil sie eine fremde Macht dahin berufen hat. Jenseit des Kaukasus wohnen Deutsche, wo sie für uns ein verlorener Posten sind. Nur da, wo sie für unsere Handels-Verhältnisse am Wichtigsten wären: am südlichen Ufer des schwarzen Meeres, in den Gefilden von Trebisonde, von wo die Handelswege in das Innere von Asien führen, haben wir noch keine Niederlassung gegründet. Für alle diese Fragen hätte ich einen besonderen Ausschuß gewünscht. Und wieviel ist noch für den Donauhandel zu thun und zu untersuchen! Die Hindernisse des Verkehrs müßten beseitigt werden, welche durch die russischen Intriguen und engherzigen Zunftgeist dem herrlichen Strome angelegt werden. Wir sind nicht genug darauf bedacht, unseren Gewerben und unserer Industrie die alten Handelswege wieder zu eröffnen. Oesterreich, besonders sein trefflicher Lloyd, hat in dieser Beziehung bereits viel gethan; aber Oesterreich kann das Nöthige nicht allein ausführen, Deutschland muß mächtig hinter ihm stehen. Im Osten haben wir einen Vorsprung vor England, da können wir ihm die Märkte abgewinnen, während es nach Westen die günstigere Stellung einnimmt. Das ewige Rufen nach Ruhe und Ordnung nützt unserem Verkehr, unserem Wohlstand auf die Dauer nichts; wir müssen handeln, schaffen, wirken, wir müssen uns die Schätze dieser Welt durch unermüdliche Thätigkeit gewinnen, wir müssen unsere eigene nationale Arbeit schützen und auf jede Weise fördern. Der vierte Punkt betrifft die diplomatischen Verhältnisse. Hätte Deutschland, als die ungarischen Gesandten im Frühjahre des abgelaufenen Jahres hier erschienen, das große Gewicht seines moralischen Einflusses in die Wagschaale geworfen, es hätte Vieles, was geschehen ist, und was wir tief beklagen müssen, vermieden werden können. (Eine Stimme auf der Linken: Jawohl!) Der Gesandte für die ostromanischen Fürstenthümer dahier hat uns entwickelt, wie sein Volk von den Russen mißhandelt wird, wie die Verträge von diesen Eindringlingen mit Füßen getreten werden. Das romanische Volk hoffte bei seiner glorreichen Erhebung im letzten Jahre von dem deutschen Volk Unterstützung, weil es glaubte, daß dieses dieselben Interessen gegen die nordische Großmacht habe, daß Deutschland gern die Hand bieten werde, eine reiche Welt von Lebenskeimen entwickeln zu helfen; allein der Gesandte mußte ohne Trost von hier wieder nach Hause gehen, um das Elend und die Unterdrückung in seinem Heimathland anzusehen, welche wir, so zu sagen, vor unserer Thüre dulden. Jeder Deutsche muß mit Scham erfüllt werden, wenn er erwägt, daß man von Deutschland so viel erwartet hat, und daß fast nichts davon in Erfüllung gegangen. Ich glaube, daß wir als eine Nation von 40 Millionen anders auftreten und anders handeln konnten. Ich bin der Ansicht, daß die Donaufrage die Hauptfrage unserer Zukunft ist. Es ist die russische, es ist die orientalische Frage. Manche in dieser Versammlung hegen zwar die Ansicht, und noch heute Morgen ist sie geäußert worden, wir könnten in dem provisorischen Zustande nicht handeln. Aber ich sage: Hätten wir gleich im Anfang unseres Provisoriums auf die rechte Weise gehandelt, es stände jetzt besser um die deutsche Einheit; wir hätten die Fürsten und Stämme daran gewöhnt, einem großen gesammten nationalen Volkswillen zu folgen und in ihm aufzugehen. Wenn wir aber dem kleinen Dänemark weichen, was sollen wir Rußland gegenüber thun? Diese Donaufrage ist aber die eigentliche russische Frage, und von ihr hängt die Zukunft unseres Vaterlandes ab. Es ist dieß aber nicht bloß eine Frage der äußeren, sondern auch der inneren Politik, denn damit wir die Donaufrage lösen können, muß eben Wien eine deutsche Stadt bleiben, dieses Wien, im Herzen Europa's gelegen, an der Mitte des Donaustroms, zwischen dem adriatischen Meer und der Ostsee, zwischen dem deutschen und schwarzen Meer, diese Staats, von welchen die östlichen Länder deutschen Einfluß zu empfangen gewohnt sind. Oesterreich ist durch seine Weltstellung berufen, unser Führer nach dem Orient zu sein, mit uns das Großdeutschland wieder zu beleben, welchem sich auch die abtrünnigen Gauen am Quell und an der Mündung des Rheins gern wieder anschließen werden, während Kleindeutschland in das Schlepptau England's fallen müßte, so daß sich ihm so leicht Niemand verbinden möchte. Eine große äußere Politik, welche die Franzosen la haute politique nennen, sollten wir einschlagen; denn wer bürgt uns dafür, daß das Provisorium nicht noch geraume Zeit dauert, und daß nicht unsere wichtigsten Interessen für alle Zeiten gefährdet werden, während wir uns hier um Verfassungsparagraphen herumstreiten? Eine große äußere Politik wird den Kampf unserer Parteien veredeln, wird uns auch innerlich erst gesund machen. — Ich komme zum Schluß, ich verzichte bei der gegenwärtigen Sachlage auf eine besondere Commission, und schließe mich dem Antrag des Ausschusses an, welcher die Sache selbst in die Hand nehmen will. Ich habe Vertrauen zu dem Ausschuß, denn es sind Männer in demselben, die schon vor dem März sich mit diesem Gegenstande beschäftigt haben, namentlich gebührt diese Anerkennung dem heutigen Berichterstatter desselben. In Deutschland waren immer Patrioten, welche die Sache in das Werk setzen wollten, allein es fehlte stets an dem letzten entschiedenen Willen. Ich erlaube mir meinen, der Sachlage gemäß veränderten Antrag zu verlesen, und dem Ausschuß zu baldiger Berichterstattung zu empfehlen:

„In Erwägung, daß für deutsche Auswanderer Ungarn und die Donaufürstenthümer die nächsten, die bei Weitem am Wohlfeilsten zu erreichenden, sowie höchst fruchtbare und in jeder Hinsicht günstige Ansiedlungspunkte darbieten;

in Erwägung, daß die Deutschen, welche sich im Osten ansiedeln, erfahrungsmäßig im Vergleich mit den nach Westen ausgewanderten weniger in fremden Nationalitäten untergehen, sondern im Gegentheil deutsche Volksthümlichkeit bewahren und deutschen Geist verbreiten;

in Erwägung, daß die Armenpflege bedeutendere Summen wegnimmt, als eine Ansiedelung der Verarmten in so günstig gelegenen Ländern, wo die Auswanderer nicht allein ihr persönliches Wohl gesichert fänden, sondern zugleich im nationalen Interesse ihres Mutterlandes angesiedelt würden;

in Erwägung, daß die deutsche Reichsgewalt im europäischen Interesse durch mächtige Ansiedelungen an der untern Donau, und eine Politik, welche die Magyaren, sowie die zur Freiheit und volksthümlichen Selbstständigkeit aufstrebenden Ostromanen und Südslaven in jeder Weise zu unterstützen und zu fördern, und dadurch von dem Bündniß mit den Nordslaven abzuziehen sucht, — am Nachhaltigsten und Sichersten eine glückliche Lösung der orientalischen Frage, welche für Deutschland eine Lebensfrage ist, herbeiführen hilft;

in Erwägung, daß die Donaufürstenthümer durch ihren Bevollmächtigten dahier den Wunsch einer näheren völkerrechtlichen Verbindung mit Deutschland haben aussprechen lassen, wobei sich auch eine große Geneigtheit zeigte, deutsche Einwanderer aufzunehmen;

in Erwägung, daß die österreichische Presse, sowie die österreichische Regierung einer deutschen Einwanderung in Ungarn immer mehr ihre Aufmerksamkeit zuwenden;

in Erwägung, daß, obwohl das Verhältniß Oesterreich's zu dem zu errichtenden deutschen Bundesstaate noch nicht erledigt ist, gerade hier einer der Punkte vorliegt, in welchem die innige Gemeinschaft der Interessen einleuchtet;

in Erwägung endlich, daß von Deutschland aus schnell und kräftig eingegriffen werden muß, wenn die gegenwärtige Lage der Dinge in Ungarn und den ostromanischen Fürstenthümern nicht einzig und allein zum Vortheil Rußland's, welches seit Jahrzehnten kein Mittel scheut, um seine Zwecke in diesen Gegenden zu erreichen, ausgebeutet werden soll,

stellt der Unterzeichnete mit seinen politischen Freunden den Antrag:

„Die deutsche Reichsgewalt möge bei der österreichischen Regierung, sowie durch eigne Gesandte in den Donaufürstenthümern und in Constantinopel mit aller Kraft dahin wirken,

daß, sobald als möglich durch eine gesicherte Rechtsgrundlage in Ungarn der geeignete Boden für deutsche Einwanderung geschaffen werde, und in den ostromanischen Donaufürstenthümern die deutsche Politik endlich diejenige Thätigkeit entwickele, welche mindestens durch obengenannten Zweck gebieterisch gefordert wird."

Frankfurt am Main, den 29. Januar 1849. S. Schulz von Weilburg. Möller. Ed. Simon. Neugebauer. Mammen. F. Römer. Riehl von Zwettl. Fetzer. Vischer von Tübingen. Wagner. Fallmerayer von München. Blumröder. Haggenmüller. Haßler. Schott. Schoder. Vogel von Guben. Fritsch. Pfahler. Tafel von Stuttgart. Rödinger. Huber. Schüler. Makowiczka. Reißinger."

Ich bitte den Ausschuß, diese Angelegenheit, für welche er sich selbst schon wegen ihrer Wichtigkeit ausgesprochen hat, möglichst zu fördern. Meine Herren! Wenn wir nicht nach Osten hin eine tüchtige Politik befolgen, werden wir ein Kleindeutschland sein und bleiben; mit einer tüchtigen östlichen Politik aber ein Weltreich ersten Ranges werden. Wir müssen den russischen Umtrieben einmal ein entschiedenes „quousque tandem" entgegenrufen. Ich will nicht den Krieg muthwillig herbeiwünschen, aber ein Kampf, wie ihn eine gütige Vorsehung den Hellenen in den Perserkriegen zu Theil werden ließ, würde auch für Deutschland eine Wohlthat sein. Zögern wird ohnehin diesem Feinde gegenüber zu nichts führen, welcher uns immer mehr umgarnt, und uns das Thor zum Morgenlande zu verschließen sucht. Durch diesen Kampf und Gegensatz zum Osten würden wir auch innerlich erst recht frei werden. Darum den Blick gegen Osten gerichtet! Wiedergeborene Völker bedürfen der Feuertaufe. (Beifall auf der Linken.)

Vicepräsident Kirchgeßner: Der Herr Antragsteller Schulz hat, wie wir vernommen, einen Antrag an den Ausschuß gerichtet. Allein der Schluß seines schriftlichen Antrags scheint mir mit seinen mündlichen Aeußerungen in Widerspruch zu stehen, und ich möchte den Herrn Antragsteller bitten, die Erklärung zu geben, ob er von einer Beschlußnahme, wie der schriftliche Antrag, abgehe, und nur an den Ausschuß die Bitte richte?

Schulz von Weilburg: Ich verzichte, wie gesagt, auf meinen ursprünglichen Antrag, indem ich mich dem Antrag des Ausschusses anschließe. Nur empfehle ich mein Amendement demselben.

Osterrath von Danzig: Ich habe mir das Wort erbeten zu einer thatsächlichen Bemerkung. Es liegt ein Antrag wegen Auswanderung in die Moldau und Walachei dem volkswirthschaftlichen Ausschusse zur Begutachtung vor. Es haben sich einige Deutsche hierher gewandt und gebeten, daß man die Auswanderung befördern möge. Sie haben Contracte von mehreren Bojaren über die Bedingungen, unter welchen deutsche Ansiedler angenommen werden, eingereicht. Der volkswirthschaftliche Ausschuß wird sehr bald diesen Antrag in Berathung nehmen, und um so mehr kann ich den

Antrag des Abwarts vor mir unterstützt, daß Sie den eben vorgebrachten Antrag diesem Ausschusse zuweisen.

Vicepräsident Kirchgeßner: Es hat sich kein weiterer Redner gemeldet; ich weiß nicht, ob der Herr Berichterstatter das Wort nehmen will? (Zuruf: Nein!) Nach der letzten Erklärung des Antragstellers kann es keinem Zweifel unterliegen, daß über den gestellten Antrag keine Abstimmung stattfindet; er ist nur dem Ausschusse empfohlen, der seiner Pflicht nachkommen wird. Wir schreiten nun zur Abstimmung über den Ausschuß-Antrag, der, wie mir scheint, in geänderter Fassung nur einen Antrag auf Tagesordnung enthält. Er lautet:

> „Dem Antrage auf Niedersetzung eines besondern Ausschusses zur Berathung der Donaufrage sei zur Zeit keine Folge zu geben; es seien vielmehr die darauf bezüglichen Anträge und sonstigen Eingänge, wie bisher geschehen, an den völkerrechtlichen Ausschuß zu verweisen."

Ich ersuche diejenigen Herren, welche mit dem Ausschuß-Antrag übereinstimmen, sich zu erheben. (Mitglieder auf verschiedenen Seiten erheben sich.) Der Ausschuß-Antrag ist angenommen. — Ein weiterer Gegenstand der Tagesordnung ist die „Berathung des von dem Abgeordneten Gustav Fischer Namens des Ausschusses für Geschäftsordnung erstatteten Berichts über den Antrag des Abgeordneten Eisenstuck, die Begründung der zum Verfassungs-Entwurfe gestellten Verbesserungs-Anträge betreffend." Der Ausschußbericht ist in Ihren Händen.

(Die Redaction läßt diesen Bericht hier folgen:

In der Sitzung vom 2. November wurde dem Ausschuß für Geschäftsordnung folgender, von dem Abgeordneten Eisenstuck und 52 Genossen gestellter, Antrag zur schleunigen Berichterstattung überwiesen:

„In Erwägung:

1) daß bei dem allseitigen Wunsche der Versammlung, das Verfassungswerk möglichst bald zu vollenden, der Schluß der Debatte über die einzelnen Paragraphen oft ohne alle Erschöpfung des Gegenstandes ausgesprochen wird;
2) daß in Folge dessen namentlich die bei Beginn und im Laufe der Debatte eingereichten Anträge oft nicht einmal zur Begründung gelangen, wodurch ihr Zweck und Sinn häufig ganz unverstanden bleibt;
3) daß durch ein solches Verfahren eine gefährliche Ueberstürzung der wichtigsten Fragen an die Stelle der früheren Verzögerung treten kann;

beschließt die Nationalversammlung:

> „vor Schluß der Debatte über die einzelnen Paragraphen der Verfassung ist stets Einem der Unterzeichner solcher Anträge, welche von mindestens 20 Mitgliedern übergeben sind, das Wort zu einer kurzen Begründung des Antrages zu ertheilen."

Ob der Schluß der Debatte über einzelne Paragraphen des Verfassungsentwurfes schon oft ohne alle Erschöpfung des Gegenstandes ausgesprochen worden sei, darüber hat Ihr Ausschuß nicht zu entscheiden. Gesetzt aber auch, es wäre geschehen, so vermöchte das von dem Abgeordneten Eisenstuck vorgeschlagene Mittel übereilte Beschlüsse nicht zu verhüten; denn hat die Versammlung den Schluß der Verhandlung bereits angenommen, also erklärt, daß sie den Gegenstand für hinreichend aufgeklärt hält, so wird sie der nun noch erfolgenden Begründung einzelner Verbesserungs-Anträge schwerlich einen bedeutenden Grad von Aufmerksamkeit widmen. In der Gewissenhaftigkeit der Versammlung liegt der einzig sichere Schutz gegen eine gefährliche Ueberstürzung der wichtigsten Fragen. — Durch die zweimalige Berathung und Abstimmung über den Verfassungsentwurf ist übereilten Beschlüssen vorgebeugt, soweit es durch formelle Bestimmungen geschehen kann. — Wer die Besorgniß hegt, daß der Sinn und Zweck seines Verbesserungs-Antrages nicht gehörig verstanden werden möchte, der kann für den Fall, daß er nicht zum Worte kommen sollte, eine schriftliche Begründung beifügen, die, zur rechten Zeit dem Präsidium übergeben, durch den Druck zur Kenntniß der Versammlung gelangt. Was aber die erst im Laufe der Verhandlung eingebrachten Verbesserungs-Anträge betrifft, so ist Ihr Ausschuß der Meinung, daß sie nicht zu begünstigen sind. Solche improvisirte Anträge erscheinen nicht selten bedenklich, zumal wenn sie Bestandtheile einer Verfassungsurkunde werden sollen. Da der Verfassungsentwurf sich mehrere Wochen vor dem Beginn der Berathung in den Händen aller Mitglieder befand, so hat Jeder hinreichende Zeit gehabt, die von ihm für zweckmäßig erachteten Verbesserungs-Anträge zu stellen. — In Widerspruch mit § 38 der Geschäftsordnung soll nach dem vorliegenden Antrage die Begründung gewisser Verbesserungs-Anträge selbst dann noch gestattet sein, wenn die Verhandlung über den betreffenden Paragraphen geschlossen ist. Sind, wie es häufig geschieht, mehrere Verbesserungs-Anträge zu einem Paragraphen des Verfassungsentwurfes gestellt worden, so könnte die Versammlung genöthigt werden, noch eine ganze Reihe von Rednern anzuhören, ehe der Berichterstatter der Ausschüsse zum Worte kommt. Die Beschränkung, daß nur solche Verbesserungs-Anträge, die von mindestens 20 Mitgliedern unterschrieben sind, das erwähnte Vorrecht haben sollen, schützt nicht genügend gegen das angedeutete Uebel; denn gegenseitige kleine Gefälligkeiten, wie die Mitunterschrift von Anträgen, pflegen im parlamentarischen Leben vorzukommen. Ja, es wäre wenigstens denkbar, daß nur deßhalb Verbesserungs-Anträge gestellt würden, damit der Redner einer bestimmten Partei sicher zum Worte käme. Jedenfalls aber könnte der vorstehende Antrag, wenn er zum Beschluß erhoben würde, zur Verzögerung des Verfassungswerkes beitragen. — Aus diesen Gründen beantragt Ihr Ausschuß einstimmig:

> „Ueber den Antrag des Abgeordneten Eisenstuck zur Tagesordnung überzugehen.")

Vicepräsident Kirchgeßner: Ein Redner hat sich zu diesem Gegenstand nicht gemeldet, sowie auch kein Verbesserungs-Antrag vorliegt. Wir können über den Ausschuß-Antrag gleich zur Abstimmung schreiten, und ich ersuche diejenigen Herren, welche mit dem Ausschuß-Antrage zur Tagesordnung überzugehen einverstanden sind, sich zu erheben. (Mitglieder auf verschiedenen Seiten erheben sich.) Der Ausschuß-Antrag ist angenommen. — Wir kommen zum achten Gegenstande der Tagesordnung zur Berathung des vom Abgeordneten Michelsen, Namens des Gesetzgebungs-Ausschusses erstatteten Berichts, über den Antrag des Abgeordneten Jucho auf Erlassung eines Reichsgesetzes zur Ausführung des Grundsatzes über Eingehung der Ehe durch einen Civilact.

(Die Redaction läßt diesen Bericht hier folgen:

In der 95. Sitzung der Nationalversammlung vom 12. October v. J. wurde von dem Abgeordneten Jucho ein Antrag gestellt und dem Ausschusse für Gesetzgebung und Rechtspflege zur Begutachtung überwiesen, welcher folgendermaßen lautet:

„Hohe Reichsversammlung wolle ein Gesetz erlassen, durch welches über die Form des Civilacts, über die Weise der Führung der Civilstandsregister und über die Behörden, vor welchen die Civilehe abzuschließen ist, und welche die Civilstandsregister zu führen haben, die erforderlichen Vorschriften gegeben werden."

In der schriftlichen Motivirung dieses Antrages wird namentlich angeführt:

1) es sei wünschenswerth, daß das Institut der Civilehe, nachdem es in die Grundrechte aufgenommen worden, auch mit deren Publication ins Leben trete;
2) dieses sei aber nur dann möglich, wenn die Form des Civilacts und die Führung der Civilstandsregister, sowie die Behörden gesetzlich bestimmt würden, vor welchen die Civilehe abzuschließen sei, und welchen die Führung der Civilstandsregister obliege;
3) es erscheine aber nicht angemessen, der Gesetzgebung der Einzelstaaten es zu überlassen, Bestimmungen hierüber zu treffen.

Allein der Gesetzgebungs-Ausschuß hat diesen Motiven und Ansichten des Herrn Antragstellers keineswegs beizustimmen vermocht, ist vielmehr des Erachtens, daß für eine ausnahmsweise sofort zu bewerkstelligende Durchführung des Grundsatzes über die Eingehung der Ehe durch Vollziehung des Civilactes und die bezügliche Führung der Standesbücher, wie derselbe in den nunmehr publicirten Grundrechten des deutschen Volks §§ 20 und 21 sanctionirt ist, keine besondere Gründe vorliegen. Es handelt sich hier von einem Gegenstande, welcher nach Art. 3 des Einführungsgesetzes der Grundrechte der Abänderung oder Ergänzung der Landesgesetzgebungen anheimfällt, und der, theils mit der Gesetzgebung über das Eherecht in nothwendigem Zusammenhange stehend, theils in die Organisation des Beamtenwesens und der öffentlichen Verwaltung eingreifend, schon deßhalb der Legislatur der Einzel-Staaten anheimfallen muß, weil es durchaus unthunlich sein würde, ohne Weiteres durch ein allgemeines Reichsgesetz zu bestimmen, welche bürgerliche Behörden in den einzelnen deutschen Ländern künftig in der besagten Beziehung als Civilstandsbeamten zweckmäßig zu fungiren haben sollen — Demnach beantragt der Gesetzgebungs-Ausschuß:

„über den vorstehenden Antrag des Abgeordneten Jucho zur Tagesordnung überzugehen.")

Vicepräsident Kirchgeßner: Es hat sich über diesen Gegenstand zum Wort gemeldet Herr Buß. Der Ausschuß-Antrag geht dahin, über den vorstehenden Antrag des Herrn Abgeordneten Jucho zur Tagesordnung überzugehen. Es liegt ein Verbesserungs-Antrag des Herrn Abgeordneten [illegible] von Ulm vor, der Ihnen im Druck behändigt ist, welcher dahin geht:

„In Erwägung:

1) daß eine gemeinsame Reichsgesetzgebung für alle deutschen Einzelstaaten das sicherste Band zur Gründung einer wirklichen Einheit ist; in Erwägung:
2) daß bei neuen Einrichtungen, als welche die bürgerliche Ehe fast für ganz Deutschland zu bezeichnen ist, am Wenigsten Hindernisse und Schwierigkeiten in den Einzelstaaten vorhanden sein können; in Erwägung endlich,
3) daß Schwierigkeiten überhaupt für die Reichsgesetzgebung keinen Anhaltungsgrund zu durchgreifenden Anordnungen abgeben können, beantrage ich,

den Gesetzgebungs-Ausschuß zu beauftragen, in kurzer Frist einen Entwurf über die Form der Eingehung der bürgerlichen Ehe, über die Führung der Civilstandsregister, und die Bestimmung der Behörden, welchen solche obliegt, vorzulegen."

Unterstützt von: Rödinger. Nägele. Tafel von Stuttgart. Engel aus Holstein. Rösler von Oels. Förster. Schott. Frisch. Jucho. Waldburg-Zeil. Vischer. Zimmermann von Stuttgart. Rheinwald. Haßler. Pfahler. Schoder. Welter. Gerlach. Römer. Vogel von Guben. Gfrörer.

Buß von Freiburg (Heiterkeit, als er die Tribüne betritt): So viele vorgängige Freundlichkeit muß ich erwiedern, und das durch Kürze; daher nur einige Worte. Es haben mehrere süddeutsche Landsleute zu dem Berichte des Gesetzgebungs-Ausschusses über den Antrag des Abgeordneten Jucho auf Erlassung eines Reichsgesetzes zur Ausführung des Grundsatzes über Eingehung der bürgerlichen Ehe, den Verbesserungs-Antrag gestellt: „Den Gesetzgebungs-Ausschuß zu beauftragen, in kurzer Frist einen Entwurf über die Form der Eingehung der bürgerlichen Ehe, über die Führung der Civilstandsregister und die Bestimmung der Behörden, welchen solche obliegt, vorzulegen." Man sollte darnach glauben, in Süddeutschland sei ein ungeheuerer Drang nach dieser Civilehe. Ich kann Ihnen aber sagen, daß im Volke das Gegentheil besteht; es wird sich die bürgerliche Ehe schwerlich gefallen lassen. Es versteht sich übrigens von selbst, daß nach dem angenommenen Beschlusse über das Verhältniß der Kirche zum Staat die Civilehe eine logische Nothwendigkeit geworden ist, aber sie verletzt die kirchlichen Ueberzeugungen und die allmächtige Sitte des Volks, und deßwegen sollte in der gegenwärtigen Zeit mit der Einführung derselben nicht geeilt werden; aber auch aus dem weitern Grunde nicht, weil in den meisten Staaten, namentlich in Süddeutschland, gegenwärtig bedeutende Reformen vorgehen, sowohl in der Organisation der Gerichtsbehörden, als in der Organisation der Verwaltungsstellen. Was nun die Behörden, welche bei der Civilehe zu wirken haben, betrifft, namentlich die, welche die Civilstandsregister zu führen haben, so bestehen bekanntlich zwei Systeme; nach dem einen sollen hier die richterlichen Beamten, nach dem andern die Verwaltungsbeamten thätig sein. Darnach wird es zweckmäßig sein, mit der Einführung der die bürgerliche Ehe umgebenden organischen Gesetzgebung vor der Hand zu warten, bis diese Reorganisation der Justiz- und Verwaltungsbehörden vollendet ist. Gerade aber auch, weil hier eine Gesetzgebung geändert werden soll, welche über ein Jahrtausend bestanden hat, zudem die Gesetzgebung über eine Anstalt, welche tief in der Religion und in der Sittlichkeit wurzelt, und schon dadurch der gesetzgeberischen Wandelbarkeit mehr entzogen ist, wo also in die neuen Begriffe das Volk nicht rasch übergeführt werden kann, glaube ich, sollten wir hier vorsichtig und zaudernd verfahren. Auch ist es kein Gegenstand, welcher, als zur Macht des zu gründenden Reichs beitragend, der Eile bedarf; es ist vordersamst auch gar kein Gegenstand, der in die erste Reihe der in Deutschland zu gründenden bürgerlich-rechtlichen Einheit fällt; wohl aber stößt die Umbildung der Gesetzgebung über die Ehe, welche über ein Jahrtausend bestanden, sich also in den ganzen [illegible] der Nation [illegible] und tief eingewurzelt, auf viel größere Schwierigkeiten, als die Antragsteller meinen. Ueberhaupt, glaube ich, hätten wir mit der Einführung derjenigen Grundrechte, welche volksthümlich sind, beginnen, um in deren Geleite dann diejenigen, welche nicht volksbeliebt sind, nach und nach der willigen Aufnahme des Volks näher zu bringen, bis die öffentliche Meinung für sie umgestimmt ist. Aus diesem Grund unterstütze ich den Antrag auf Tagesordnung.

Huck von Ulm: Meine Herren! Ich glaube, es handelt sich hier wenig um die Dringlichkeit oder Nichtdringlichkeit der Einrichtung der bürgerlichen Ehe; denn da einmal beschlossen ist, daß die Grundrechte publicirt werden und zur Verwirklichung kommen sollen, so muß die Civilehe zur Einrichtung gebracht werden. Ich habe einen besonderen Grund, warum ich darauf antrage, daß die Civilehe von hier aus geordnet werden sollte. Der Vorredner hat gesagt, es seien Schwierigkeiten darin, daß wir mit der Organisation beginnen sollen. Meine Herren! Das ist gerade der Grund, warum ich verlange und wünsche, daß die bürgerliche Ehe von hier aus geordnet werden möge. Es ist die bürgerliche Ehe fast in ganz Deutschland, wenige Gegenden abgerechnet, eine neue Einrichtung. Gerade bei solchen Einrichtungen, die nicht durchgreifend eingeführt sind, wo die Behörden nicht bestellt, die Register noch nicht von gewissen Behörden gefertigt worden sind, gerade bei solchen ist es Zeit, eine allgemeine Einrichtung zu treffen, damit sie in ganz Deutschland verbreitet werde; gerade jetzt können Hindernisse nicht so bedeutend sein, wie in der Zukunft. Dann, meine Herren, habe ich noch weiter zu bemerken: Der Civilact soll jetzt in der Hauptsache im bürgerlichen Leben Das ersetzen, was bisher die Einsegnung in kirchlichen Dingen gethan hat; die Einsegnung aber war bei allen Confessionen an eine gleiche Form gebunden. Diese Form hat sich nicht nur über Deutschland, sondern über die ganze Erde verbreitet, und bei dieser Einrichtung der üblichen Gleichförmigkeit ist meiner Ueberzeugung nach nothwendig, daß man auch hinsichtlich des Civilactes eine gleiche Form beobachtet, weil diese das Wesen besser sichert und schirmt. Ich will noch auf einige allgemeine Gesichtspunkte eingehen. Ich glaube, meine Herren, wenn wir anfangen, nach der Weise unseres alten Bundestages abzulehnen, so sind wir auf dem Wege, welcher uns früher in Einzelnheit und Verderben gestürzt hat. Der Herr Abgeordnete Buß hat gesagt, man fange an mit der Organisation; ja, meine Herren, ich muß sagen, man fängt an in allen kleinen Staaten zu organisiren, zu großem Bedauern, so hat man in Baden, in Nassau, in Hessen u. s. w. zu organisiren angefangen. Statt durch ein gemeinsames Band einen tiefen Grund zu legen, von dem man ausgehen soll, wird hier in allen kleinen Staaten organisirt, und etwas Anderes gemacht, und wenn es anders gemacht ist, werden wir Berichte bekommen, wie heute, wo es heißt, daß es in Baden, Hessen, Nassau so viele tausend Gulden gekostet hat, und man habe es in Nassau wieder anders gemacht, und wenn von hier etwas geschehen soll, so werden Schwierigkeiten und Hindernisse eintreten. Ich glaube, meine Herren, wir sind auf einem verkehrten Wege, wenn wir nicht haben wollen, daß die Gesetzgebung von uns in die Hände genommen werde. Die Schwierigkeiten drohen gerade bei denjenigen Instituten, die noch nicht vorhanden sind, die noch nicht groß und bedeutend sind. Wir sollten anfangen, durch eine gemeinsame Gesetzgebung zu organisiren. Ich habe ein Beispiel anzuführen: Haben wir nicht Muth gefaßt bei den Spielbanken, haben wir nicht gesagt: es ist etwas, was ausgerottet werden muß; wir haben nicht nach Schwierigkeiten gefragt, man hat anerkannt: Diese Sachen dürfen nicht bestehen, sie sind zum Schaden von Deutschland, wir wollen sie abschaffen. Es muß ein gemeinsames Band von hier aus gelegt werden. Sie haben sich viel Mühe gegeben mit der Kaiserfrage, weil man für nothwendig hielt, Deutschland durch ein gemeinsames Band zu umschlingen, wodurch man es zusammenhält. Meine Herren! Diese Reden haben auf mich den Eindruck gemacht, als ob man glaube, wenn der Kaiser geschaffen sei, dann würden die Früchte der Einheit vom Baume zu erndten sein. Ich glaube Das nicht, wir stehen nicht an dem Zeitpunkte der Erndte, sondern der Zeit der Aussaat, und die Aussaat muß in einer gemeinsamen Gesetzgebung, gemeinsamen Verwaltung, in gemeinsamen, durchgreifenden, allgemeinen Einrichtungen in Deutschland gefunden werden. Dort ist das Samenkorn der Gemeinsamkeit und Einheit in den Boden zu säen, und, meine Herren, versäumen Sie den rechten Zeitpunkt nicht, um das Samenkorn in den Boden zu legen, und fangen wir nicht an, bei Instituten, wo kein Hinderniß da ist, diese auf den Particularismus zu verweisen.

Lette von Berlin: Meine Herren! Nur einige Worte zum Beweise, daß dieser Antrag zu den fast unausführbaren gehört. Dessen Ausführung hängt zusammen mit unserer Gemeindeverfassung in den verschiedenen deutschen Ländern. Bisher war die Trauung mit dem vorhergehenden Aufgebote nöthig; jetzt, nachdem Sie ausgesprochen haben, es soll die Ehe mittelst Civilacts geschlossen werden, muß ein Civilstands-Beamter bestellt werden, von dem die Ehe, wie bis jetzt durch einen Kirchenbeamten, abgeschlossen wird; außerdem muß eine Proclamation vorausgehen, nicht mehr in der Kirche, sondern in der Gemeinde, und also am Gemeindehause ausgehängt werden. Die Ausführung des Grundsatzes der Civilehe bedarf somit weniger Modalitäten. Es kommt nur darauf an, die Beamten, vor denen die Ehe geschlossen werden soll, zu bezeichnen. Das werden aber nicht überall dieselben sein können. In Städten werden es die Magistrate, auf dem Lande die Bürgermeister, und in größeren Bürgermeistereien vielleicht die Gemeindevorstände, in anderen Landestheilen die Landräthe oder Richter sein müssen. Es hängt dieß von der nicht überall gleichen Gemeinde- und Landes-Verfassung ab. Ich sehe daher überhaupt nicht ein, weßhalb in dieser Beziehung eine allgemeine Gesetzgebung erforderlich ist, um eine Einheit in den verfassungsmäßigen Rechten herzustellen. Man kann es füglich den Particulargesetzgebungen überlassen, diejenigen Behörden, welche zur Schließung der Civilehe nothwendig sind, zu bezeichnen. Demnächst bedarf es nur eines Formulares, man braucht nur ein Schema, um den Act einzutragen. Wie dieß angeordnet wird, ist gleichgiltig. Man muß nicht auf solche untergeordnete Gegenstände einen Accent legen; dieser Accent der Einheit gehört den großen, wichtigen Verfassungsfragen an.

Vicepräsident Kirchgeßner: Eine weitere Anmeldung liegt nicht vor; der Herr Berichterstatter Michelsen hat das Wort.

Michelsen von Jena: Meine Herren! Es ist von den Rednern vor mir von einer Civilehe, die wir einführen wollen, gesprochen worden. Es ist das aber ein Irrthum; eine Civilehe existirt gar nicht, es ist vielmehr nur davon die Rede, einen Civilact zur Begründung der Ehe einzuführen. (Heiterkeit auf der Linken.) Da aber die Ehe und das Eherecht übrigens dasselbe bleibt, so sind die Bedingungen des Civilacts als des Abschlusses der Ehe vom Particularrecht abhängig. Es ist nicht möglich, eine allgemeine Reichsgesetzgebung darüber zu geben, ohne zugleich Bestimmungen zu treffen über die Ehehindernisse und die Eheverbote, über das Aufgebot der Ehe, über die Einsprüche wider die Ehe, und was weiter damit zusammenhängt. — Könnte also eine allgemeine Gesetzgebung nicht aufgestellt werden ohne Abänderung dieser ganzen Partie in den Particularrechten: so wäre eine neue Gesetzgebung über das Eherecht überhaupt nöthig. Das wird die hohe Versammlung aber nicht wollen, daß wir hier ein neues Eherecht geben, wie es nothwendig wäre für ein solches Gesetz, welches nach Antrag der Gegner des Ausschusses erlassen werden soll. Es hat der Ausschuß auch nicht gesprochen von der Schwierigkeit, sondern von der Unausführbarkeit der Sache, wie es im Berichte ausdrücklich hervorgehoben ist. Die Sache ist nicht bloß schwierig, sondern vielmehr unthunlich und unausführbar, und zwar deßhalb schon, weil es unmöglich ist, von hier aus zu bestimmen, welche bürgerliche Beamten, dem Zwecke und der Sache gemäß, als Civilstandsbeamten fungiren sollen. Es handelt sich nicht bloß von der Form der Heirathsurkunden, sondern auch von den Bedingungen und Voraussetzungen derselben, die vorhergehen müssen, und die Förmlichkeit des Civilactes selbst setzt voraus, wie namentlich auch nach französischem Recht der Fall ist, daß die Eheschließenden bekannt gemacht werden mit den Rechten und Pflichten der Ehe. Woraus sollen sie nun hiermit bekannt gemacht werden? — Wiederum nur aus den Particularrechten. Ich behaupte also, es ist unmöglich, ohne eine ganz neue Gesetzgebung vorläufig ein solches Reichsgesetz zu erlassen, wie es gewünscht wird, und ich bitte daher, dem Antrage des Ausschusses beizustimmen, den entgegenstehenden Antrag dagegen zu verwerfen.

Vicepräsident Kirchgeßner: Während ein Antrag des Ausschusses auf Tagesordnung geht, geht ein Antrag des Herrn Huck von Ulm dahin:

„Den Gesetzgebungs-Ausschuß zu beauftragen, in kurzer Frist einen Entwurf über die Form der Eingehung der bürgerlichen Ehe, über die Führung der Civilstandsregister, und die Bestimmung der Behörden, welchen solche obliegt, vorzulegen."

Der Antrag auf Tagesordnung kommt ohne Zweifel in erster Linie zur Abstimmung. Ich ersuche die Herren, welche mit dem Antrag des Ausschusses auf Tagesordnung stimmen, sich zu erheben. (Mitglieder auf der Rechten und im Centrum erheben sich.) Der Ausschuß-Antrag ist angenommen. — Einen weiteren Gegenstand der Tagesordnung bildet die Berathung des vom Abgeordneten Rödinger Namens des Prioritäts- und Petitions-Ausschusses erstatteten vierten Berichts über verschiedene an die Reichs-Versammlung gelangte Eingaben. Der Bericht ist in Ihren Händen.

(Die Redaction läßt diesen Bericht hier folgen:

Seit dem in der Sitzung vom 28. November durch den Abgeordneten Marcks erstatteten Berichte ist bei dem Petitions-Ausschusse wieder eine Reihe verschiedener Eingaben eingelaufen, und bei diesem Ausschuß zum Vortrag gekommen, welche keine besonderen Bitten enthalten, sondern mehr nur ein allgemeiner Ausdruck der Gesinnung der Einsender sind, und daher, wie in den früheren Berichten, der Nationalversammlung nur als bloße Ansprachen, aber als Stimmen aus dem Volke, zur Kenntniß gebracht werden müssen.

1) Ueber die Mainzer Angelegenheit.

26 gedruckte gleichlautende Eingaben an die National-Versammlung aus der Stadt Tuez, Märkisch-Friedland, aus dem Schlochauer Kreise u. s. w., worin die Unterzeichner der Versammlung ihren Dank dahin ausdrücken, daß sie den Antrag, ein Urtheil über das Benehmen der preußischen Truppen zu fällen, zurückgewiesen hat. Uebergeben den 23. September. (Diarium Nr. 3306.)

2) Ueber das Attentat vom 18. September und den Waffenstillstand von Malmö.

Eine Eingabe der Wahlmänner und Urwähler des Wahlkreises von Ratibor, in vielen gleichlautenden gedruckten Exemplaren und mit vielen Unterschriften versehen, worin die Einsender verlangen, daß die näheren Umstände dieser scheußlichen Ermordung aufs Genaueste untersucht, und die Schuldigen, seien es auch Mitglieder des hohen Parlaments, bestraft werden, und daß die hohe Versammlung einen anderen Ort in Deutschland zu ihrem Sitz wähle, vom 25. September. (Nr. 3892.)

Eine Eingabe aus Teklenburg vom 12. October in derselben Richtung. (Nr. 4093.)

Von Haltern, im October, wörtlich gleichlautend mit derselben. (Nr. 4092.)

Von der Kreisstadt Recklinghausen, ebenso, vom 10. October. (Nr. 4091.)

Von Warstein im Herzogthum Westphalen, ebenso, im October. (Nr. 3959.)

Von Burgsteinfurt, vom 8. October, deßgleichen. (Nr. 3928.)

Von Bevergern, im Kreise Teklenburg, vom 10. October, deßgleichen. (Nr. 3827.)

Von den Wählern und Wahlmännern der Stadt- und Landgemeinde Oelde in Westphalen, im October, deßgleichen. (Nr. 3898.)

Von dem Vorstand des Kriegervereins des Tragauer Kreises, vom 12. October, in derselben Richtung. (Nr. 4250.)

Von Arnsberg, Anschluß an die Adresse der Münsterschen Wahlmänner, vom 8. October. (Nr. 3899.)

Von den Mitgliedern des Reformvereins und anderen Einwohnern von Friedland, in Mecklenburg-Strelitz, vom 2. October, den Abschen vor den Ereignissen vom 18. September ausdrückend. (Nr. 3818.)

Von Offenbach a. M., in derselben Richtung, vom 23. September. (Nr. 3309.)

Von dem Vorstande des Volksvereins für die obere Wetterau, Hungen den 11. October, wörtlich gleichlautend mit der obigen. (Nr. 3826.)

Von Brilor in Westphalen vom 27. Sept. (Nr. 3369.)

Vom Verein für verfassungsmäßiges Königthum in Tilsit, 8. October. (Nr. 3808.)

Von dem Kreis-Ausschuß der demokratischen Vereine in der Provinz Sachsen, Halle, 22. September. (Nr. 3370.)

Vom Comite des patriotischen Vereins zu Neukamm, 13. October. (Nr. 3977.)

Vom patriotischen Verein in Meppen, 9. October. (Nr. 3814.)

Vom Vorstand des freisinnig-politischen Vereins in Düren, 21. September. (Nr. 3338.)

Vom patriotischen Verein zu Bayreuth, worin zugleich die Hoffnung und Erwartung auf schleunige Begründung der deutschen Einheit und Freiheit ausgedrückt wird, 21. September. (Nr. 3337.)

Vom Verein für Freiheit, Gesetz und Ordnung zu Weilburg a. d. Lahn, 21. September, ebenso. (Nr. 3367.)

Vom constitutionellen Verein in Halberstadt, 22. September, ebenso. (Nr. 3371.)

Vom Vorstand des Bürgervereins in Oldesloe in Holstein, 7. October, ebenso. (Nr. 3786.)

Von Dühmen, 1. October, deßgleichen. (Nr. 3787.)

Vom Vorstand des constitutionellen Vereins in Königsberg, 12. October, ebenso. (Nr. 3898.)

Vom politischen Club in Elberfeld, 21. September, ebenso. (Nr. 3340.)

Vom deutschen Verein in Plauen, 23. September, ebenso. (Nr. 3336.)

Vom Volksverein zu Mittelwalde, 24. September, ebenso. (Nr. 3820.)

Vom Vorstand des deutschen Volksvereins in Oldenburg, 14. October, ebenso. (Nr. 4050.)

Vom Volksverein zu Bitterfeld mit gleichzeitigem Ausdruck des Bedauerns über den Waffenstillstand von Malmö, 21. September. (Nr. 3823.)

Von der Bürgerversammlung in Calbe a. d. S., deßgleichen, mit der Aufforderung, gleich Denjenigen, welche sich gegen die Nationalversammlung erhoben haben, auch alle Reactions- und Sondergelüste niederzuschlagen, 18. September. (Nr. 3815.)

Von dem Vorstand des Volksvereins von Salzgitter, Mißbilligung des Attentats und gleichzeitige Mißbilligung des Waffenstillstands mit der Hindeutung, daß, wenn die Versammlung in ihrer bisherigen Weise fortfahre, sie die einzige Basis ihrer Macht, die Sympathie des deutschen Volkes, verlieren und die Besorgniß begründet sein möchte, es werde das deutsche Volk in seinem Drange nach Einheit zu den verzweifeltsten Mitteln greifen, 15. October. (Nr. 3935.)

Von dem Vorstand des deutschen Vereins in Münster, in ähnlichem Sinne und mit den Schlußworten: „Wir hoffen vor Allem, daß Sie erkennen werden, daß Sie das neue, selbstständige, völlig unabhängige Organ des deutschen Volkes sind, berufen, uns zur wahren, vollen Einheit, zur Freiheit und zur Größe zu führen," 6. October. (Nr. 3817.)

Von dem Bürgerverein zu Kassel in gleicher Richtung und mit der Aufforderung, das deutsche Verfassungswerk zur Sicherung der Einheit und Freiheit der deutschen Nation baldigst zu vollenden, wegen Vollziehung des Gesetzes vom 28. Juni und des Reichskriegsministerialerlasses vom 12. Juni das Geeignete zu beschließen u. s. w., mit den Schlußworten: „Wir haben nichts mehr hinzuzufügen, als daß das große, das geliebte Vaterland durch die Energie seiner Vertreter von dem schmählichen Verderben gerettet werden möge," 21. September. (Nr. 3341.)

Von Dieburg, im Großherzogthum Hessen: Zustimmung zum Waffenstillstand, und der Haltung der Majorität, indem dabei, abgesehen von politischer Meinung, einzig und allein nur die Ehre Deutschland's, dem Auslande gegenüber, ins Auge zu fassen sei, 9. September. (Nr. 3375.)

Vom Bürgerverein zu Tauberbischofsheim, 14. October, worin der Anklage, welche in der Eingabe von Ratibor gegen die linke Seite des Parlaments enthalten ist, entgegengetreten wird: „Die schauderhafte That, welche an Fürst Lichnowsky begangen worden, hat allerdings ihre intellectuelle Urheberschaft; aber nicht Die sind es, welche von dem Dasein der Sünde sprachen, sondern Jene, welche die Sünde begangen haben. Die Sünde war es, welche den gerechten Zorn des betrogenen Volks in einer unbewachten Stunde zur Wuth stachelte. Jene Sünder sind es hiernach, welche diese That auf ihrem Gewissen tragen, nicht Die, welche sie gewürdigt haben. Hat der Märzmonat nicht bewiesen, daß nur die linke Seite die Vermittlerin des Volks und der Regierung ist? Wären die Throne Deutschland's fast bis zur ledigen Thatsache herabgesunken, die sich nur noch durch Bajonnette zu stützen weiß, wenn man der linken Seite das Ohr geliehen, die Rechte von sich gestoßen, und Das nur theilweise freiwillig gegeben hätte, was man der Gewalt concediren, und daneben noch die moralische Macht zum Opfer geben mußte? Das Verhältniß ist heute noch dasselbe. Es hat sich in vergrößertem Maßstab in der Paulskirche concentrirt. Ein Theil umklammert krampfhaft den Augenblick, um bei der ersten Gelegenheit rückwärts zu schreiten, und liebäugelt vertrauensvoll mit dem Blinken der Bajonnette. Die andere Seite, beseelt von dem Rechte der Menschheit, von der Wahrhaftigkeit des Volkslebens und der Aufgabe der Zeit, strebt vergebens voran, und unbeachtet ertönt ihre Stimme, die aber um so mächtiger widerhallt in den Herzen des Volks." (3848.)

3) Zutrauens-Adressen.

Von der Hauptversammlung der Deutschen und ihnen gleichgesinnten Vereine von Leipzig, Dresden, Gera u. s. w., 15. und 16. October. Sie spricht, gegenüber von den Bemühungen, das Ansehen der Reichsversammlung zu untergraben, ihr Vertrauen zur Reichsversammlung aus, und ist überzeugt, daß sich hierin der bei Weitem größte Theil der Nation mit ihr vereinigt, sie glaubt fest, daß sich die Versammlung, vom Volke zur Wahrung seiner heiligsten Güter berufen, durch die Ränke volksfeindlicher Parteien nicht beirren lassen, sondern nur um so festeren Schrittes auf der eingeschlagenen Bahn fortschreiten, und die Aufgabe dem Ziele, einem freien einigen Deutschland, zuführen werde (4086).

Von dem Vorstande des constitutionellen Vereins zu Bielefeld, 2. November. Die Eingabe verwirft die seit einiger Zeit hervorgetretenen Bestrebungen der sogenannten demokratischen Partei, um den herrlichen Bau der Freiheit und Einheit unseres deutschen Vaterlandes, welcher in der Paulskirche aufgerichtet wird, zu untergraben. Sie spricht das unbedingte und volle Vertrauen zu der Versammlung der deutschen Volksvertreter und die feierliche Erklärung aus, daß nur ihre Beschlüsse als der Ausdruck des deutschen Volkswillens anerkannt werden sollen (4160).

4) Mißtrauens-Adressen.

Eine Eingabe der Volksversammlung in der Wenzeslaikirche zu Wurzen, vom 22. October, erklärt dem Parlamente, daß die Mitglieder, welche auf der rechten Seite des Hauses ihren Platz haben, durch ihre Abstimmung die Souveränität des Volkes verletzt, und daher sein Vertrauen verscherzt haben; dagegen fühlt sie sich bewogen, denjenigen Männern, welche auf der linken Seite des Parlaments sitzen, ihre volle Anerkennung auszusprechen, und fordert dieselben auf, auf dem betretenen Weg unerschütterlich fortzufahren (4049).

Eine Eingabe der verschiedenen in Frankenthal bestehenden Vereine vom 19. September spricht sich in ähnlichem Sinne aus. Namentlich habe die rechte Seite des Parlaments durch den von ihr durchgesetzten Beschluß über Ratification des Malmöer Waffenstillstandes die Rechte und die Ehre des deutschen Volkes verrathen (3374).

Der Volksverein zu Pulsnitz erklärt in einer Eingabe vom 24. October, daß die Männer, welche das Volk erwählt habe, um auf den Grundsätzen der Volkssouveränität, der Freiheit und Gleichheit, die politische Einheit zu gründen, mit Ausnahme der linken Seite, das Vertrauen getäuscht hätten, und ihre Stellung jetzt mißbrauchen, um dem deutschen Volke seine in den Märztagen [illegible] errungenen Rechte zu verkümmern (4323).

Vom demokratischen Vereine zu Minden in gleichem Sinne, 19. September (3373).

Vom Volksverein in Deidesheim, 26. November, in ähnlichem Sinne. Während man den hier und da aus dem Volk auftauchenden Erscheinungen der Gesetzlosigkeit entschieden entgegengetreten, habe man der Gesetzlosigkeit von Oben nichts entgegengesetzt. Dann werden die Ereignisse in Wien und Berlin in starken Farben dargestellt, und hierauf fortgefahren: „Stellt sich die Centralgewalt und die National-Versammlung nicht offen, ehrlich und entschieden auf die Seite des Volkes, dann ist es um das schwache Vertrauen, das sie noch im Volke besitzt, für immer geschehen, dann hat das Volk keine Centralgewalt und keine Nationalversammlung mehr, dann ist es wahrlich an der Zeit, daß das Volk seine Vertreter zurückberufe, um auf anderem Wege Das zu erringen, was es von der Nationalversammlung und der Centralgewalt für immer gesichert glaubte. Wir haben geredet. Gott erhalte und schütze das Vaterland!" (4839.)

Vom Volksvereine zu Edenkoben in gleichem Sinne, 26. November (4838).

Vom constitutionellen Verein in Gütersbach, 16. October, in ähnlichem Sinne. Die Adresse verlangt, daß die Excesse in der Bewegung der neuern Zeit nicht nach den alten Gesetzen beurtheilt werden; sie reclamirt das Recht des Volkes auf die freieste und strengste Kritik seiner Vertreter und fordert den Schutz der über die Verfassungen der einzelnen Länder berathenden constituirenden Landtage. Sie hofft, die Reichsversammlung werde, wenn sie statt durch Connivenz und schwache Vermittelung, mit Entschiedenheit bei der Begründung der Einheit und Freiheit auftrete, in der Begeisterung des Volks einen mächtigen Beistand wider allen Gegenkampf der Anarchie und Reaction finden. (3887.)

Von dem deutschen Volksverein in Breslau, 1. October: „In Euere Hände," heißt es hier, „legte das deutsche Volk die ganze Fülle seiner Macht, vor der die sträubenden Scepter seiner Fürsten, der kleinliche Widerstand und die Eifersucht seiner Stämme in Nichts zerfallen sollte. Habt Ihr diese Macht benutzt? Wir dürfen das Gefühl nicht unterdrücken, welches die Besten der Nation beherrscht, daß das Gefühl, in welches die Geschichte ihre großartige Saat gepflanzt hat, zu klein und zu schwach war, um die neue deutsche Eiche zu tragen. Ihr habt Euch nicht immer auf der Höhe der Aufgabe erhalten, zu der ihr berufen seid; Ihr habt es nicht immer verstanden, durch großartige Entschlüsse die Thatkraft und Begeisterung des Volks, die Euch entgegen zitterte, zu entfesseln und zu lenken; Ihr seid vor den allerdings vorhandenen Schwierigkeiten zu oft zurückgebebt, habt mehr den Fehlern und Schwächen des Volks, als seinen Tugenden und seiner Größe Rechnung getragen." (Nr. 3822.)

Vom vaterländischen Verein in Darmstadt, 13. October; Klage über die von der Centralgewalt bewiesene Schwäche und die Forderung, daß die Vertretung Deutschland's, sowie die Bildung, Unterhaltung und Leitung der gesammten bewaffneten Land- und Seemacht der Centralgewalt ungesäumt übertragen, und daß alle Maßregeln zu Begründung einer wahren deutschen Einheit alsbald und rücksichtslos durchgeführt werden. (3943.)

Protest mehrerer Vereine zu Nürnberg, Erlangen, Fürth, Bamberg u. s. w. gegen die Verbote der demokratischen Vereine in Baden, Württemberg und Bayern, mit der Hinweisung auf die ungeheure Verantwortlichkeit der Versammlung, wenn sie ein zur Freiheit erwachtes Volk aufs Neue zur Sclaverei verdamme. „Wir beschwören Euch, beurtheilt nicht das deutsche Volk nach den Reactionären, Apostaten und Jesuiten, von denen sich eine Mehrheit am Gängelband leiten läßt, sondern wißt, daß das deutsche Volk wirklich erwacht ist und von seinen Vertretern Rechenschaft fordern wird für mißbrauchtes Vertrauen." 27. August (3264).

5. Einzelne Gegenstände.

Vom Verein des deutschen Hauses zu Wien, 1. September. Dank für die Anerkennung der Tapferkeit des italienischen Heeres und für den Beschluß, sich bei der Vermittelung des Streites zu betheiligen (2783).

Von [illegible], 28. August. Protestation gegen die Äußerung des Abgeordneten Ruge in der italienischen Angelegenheit (2785).

Vom schlesischen constitutionellen Centralverein, 11. October, Aufforderung an jeden Abgeordneten, auf Mißtrauensadressen, sie kommen von welcher Partei es sei, nicht die geringste Rücksicht zu nehmen (4161).

Vom allgemeinen Landwehrverein für Breslau und Schlesien, 25. October. Protestation gegen das Gesetz zum Schutze der Versammlung, indem eine den wahren Willen des Volkes, und nicht bloß das Interesse der europäischen Camarillen, vertretende Nationalversammlung keines anderen Schutzes bedürfe, als das Vertrauen und die Liebe des Volkes, eine Versammlung aber, die einer solch unvolksthümlichen Schutzmauer bedürfe, um ihre gegen den Willen des Volkes und dessen Freiheit und Recht gefaßten Beschlüsse durchzuführen, an sich selbst und an dem Volke ein nie zu tilgendes Unrecht begehe (3886).

Vom Ausschuß des Landwehr-Vereins in Striegau, 18. October; eine mit der vorigen wörtlich gleichlautende Protestation (4163).

Vom deutschen Vaterlandsverein in Hainichen, 5. November. Anschluß an die Eingabe des deutschen Vaterlandsvereins im Odeon zu Leipzig (4249).

Von vielen Hoya'schen Bauern, November 1848. Danksagung für die Aufhebung des Jagdrechts und der Jagdfrohnden. „Das Volk kennt seine wahren Vertreter vor den Mächtigen der Erde, es findet sie und wendet sich von den Lauen und Furchtsamen, Jenen aber gibt es Dank und Ehre. Nein, das Volk ist nicht undankbar, wenn sich ein echter Mann findet, der kühn hundertjährigen Druck, schwer getragenes Unrecht bekämpft, und im Siegesmuthe usurpirte, verjährte Jagdbriefe mit kräftigen Worten vernichtet" (4319).

Vom Volksverein in Harburg, 24. November, die Bitte enthaltend, daß beschlossen werden möge, daß Mitglieder der Versammlung, welche ein Amt von der Centralgewalt annehmen, sich einer neuen Wahl zu unterwerfen hätten, und solche, die ein Staatsamt bei einer Einzelregierung annehmen, als auf ihr Mandat verzichtend anzusehen seien (4852).

Von Wahlmännern zu Harburg, 23. August, welche sich gegen den Widerstand ihrer Regierung gegen die Centralgewalt aussprechen, und als deutsche Männer erklären, daß sie Hannovers Wohlergehen als unzertrennlich von dem des Gesammt-Vaterlandes ansehen.

Von Dr. Martano in Hannover, im Auftrag vieler unglücklichen Familien Dank für den Beschluß in Betreff der westphälischen Staatsschuld, 1. December (4837).

Karl Müller in Warmbrunn übergibt ein Gedicht zur Fortsetzung des Arndt'schen Liedes, 10. October (3849).

Der Antrag des Ausschusses geht, wie bei den früheren Berichten über die eingelaufenen Ansprachen, einfach dahin:

„Die Reichsversammlung wolle diese Eingaben ohne weitere Beschlußfassung zu den Acten nehmen.“)

Vicepräsident Kirchgeßner: Der Antrag des Ausschusses geht dahin: „Die hohe Reichsversammlung wolle diese Eingaben ohne weitere Beschlußfassung zu den Acten nehmen.“ Es hat sich kein Redner über diesen Gegenstand gemeldet, und wenn nicht etwa der Herr Berichterstatter noch sprechen will, —

[illegible] (vom Platze): Ich verzichte!

Vicepräsident Kirchgeßner: So gehen wir hiermit zur Abstimmung über, und ich ersuche diejenigen Herren, welche mit dem Ausschusse dahin stimmen, die Reichsversammlung wolle diese Eingaben ohne weitere Beschlußfassung zu den Acten nehmen, sich zu erheben. (Mitglieder auf allen Seiten erheben sich.) Der Antrag des Ausschusses ist angenommen. — Unter Nr. 10 der Tagesordnung befindet sich die Berathung des vom Abgeordneten Martens erstatteten Berichts über die von dem königlich preußischen Stadtgerichte zu Rosenberg beantragte Zustimmung zur Einleitung einer strafrechtlichen Untersuchung wegen Hochverraths gegen den Abgeordneten zur deutschen Reichsversammlung, Herrn Minkus.

(Die Redaction läßt diesen Bericht hier folgen:

„Auf die von der königlich preußischen Regierung zu Oppeln bei dem Stadtgerichte zu Rosenberg angebrachte Denunciation hat sich das genannte Gericht dafür entschieden, gegen den Abgeordneten zur hiesigen deutschen Nationalversammlung, Herrn Minkus, die Untersuchung wegen Hochverraths einzuleiten, und hat das Stadtgericht zu Rosenberg demgemäß und unter Beachtung des Reichsgesetzes vom 30. September 1848 (Reichs-Gesetz-Blatt Nr. 2) bei der deutschen Nationalversammlung darauf angetragen:

Die Genehmigung zur Einleitung der Untersuchung zu ertheilen.

Die Denunciation und der Beschluß des Gerichts zu Rosenberg wegen Einleitung der Untersuchung gründen sich auf vier angeblich von Herrn Minkus geschriebene Briefe: d. d. Frankfurt am Main, 16. Juni 1848, gerichtet an Herrn [illegible] zu Marienfeld, d. d. Frankfurt am Main 19. Juli, 14. September und 14. September 1848, gerichtet an die Gemeinden seines Wahlbezirks, und auf ein bedrucktes Blättchen, welche Schriftstücke der Regierung zu Oppeln eingereicht waren, und dem an die Nationalversammlung gelangten Berichte des Rosenberger Gerichts beiliegen. — Von den erwähnten vier Briefen sind jedoch der Brief vom 19. Juli 1848 und das eine Schreiben vom 14. September 1848 nur simple Abschriften, was nicht nur die Vergleichung der Handschrift dieser Schriftstücke unter sich und mit den andern beiden Briefen, die man für Originalschreiben halten muß, auf den ersten Blick ergibt, sondern auch ausdrücklich angegeben ist, indem auf dem Briefe vom 19. Juli 1848 zu Anfange des Blattes die Worte stehen: wörtliche Abschrift; und in dem Schreiben vom 14. September 1848 am Schlusse die Worte beigefügt sind: „für die Richtigkeit der Abschrift bürgt v. Blacha.“ — Ob die Originalien dieser Abschriften noch vorhanden sind, und wo dieselben wirklich sich befinden, ist nicht angegeben; jene beiden Schriften aber müssen, weil sie eben nur simple Abschriften sind, bei der Beurtheilung der vorliegenden Sache völlig unberücksichtigt bleiben. Uebrigens mag hier beiläufig erwähnt werden, daß sie erhebliche Data zur Begründung der Anklage nicht enthalten, und daß es deshalb nicht darauf ankomme, die Originalien zu fordern. — Demnach können hier nur die beiden andern Briefe vom 16. Juni und 14. September 1848, welche Originalbriefe zu sein scheinen, sowie das gedruckte Blättchen maßgebend sein.

Jene beiden Briefe enthalten folgende Stellen:

a. der Brief vom 16. Juni 1848.

„— — sie haben in der Zeittung gelesen das es hier in der Pauls Kirche eine linke und eine recht Giebt, die rechte will Monarchie und die Linke wünscht republick unter welche ich auch gehöre den das sind Volks Männer, wir sind in 15 Abtheilungen eingetheilt, da kommen diese zusammen, ihr Vorsteher wird Presibent in der Sizung genannt, da wird berathen und dem Herrn beauftragt der spricht, wir haben in unser Abtheilung dichtige Männer, sind sie so gut und erklären sie das dem Volke, den hier soll sehr viel vor das Volk gethan werden, wir wollen das der Landtag in Berlin aufgehoben werden soll, geschieht das so werde ich hier auftreten und werde hier unsre gerechts same wahrnehmen, seid vergnügt den es wird beßer aber alle großen kommen fort, mein Bruder hat mir geschrieben das euch der Herr von Blacha nichts geben will, macht es so wie die Leute hier laßt sensen machen den Man hat aufgebracht das uns Rusland Krieg erklärt hat, furchtet euch nicht, laßt euch nur Waffen machen den wir kommen mit die franzosen, den die Fürsten wollen von Rusland gerettet werden, aber es ist alle, die großen sind fort, hier heißt es bei uns der gewesene König von Preussen ein freies Deutschland, nur furchtet euch nicht, hüttet wo ihr wolt, der Adel ist ein Dreck die müßen alle unter die Bank, das kan man ihn sagen, ich übersende ihnen etwas davon, nur heben sie mir die Papiere alle gut auf. — —

— — hier sind 4 Bischöffe und viele Geistlichen, aber die Leutte sizen da und sprechen nichts, mag doch das Marienfelder Volk an den Fürst Bischoff Schreiben warum er nicht spricht, kommt nicht einmal in die Abtheilung und Sizung soll Volksvertreter sein Schön meine Herren macht dichtige Koncepte, und wen ich Schreibe, da muß ihr alle, die beiden Kreise die ich hier vertrete nehmlich die Demokraten und nicht die Aristokraten alle schnel an mich schreiben, nur tretet auf und fürchtet euch nicht, die Tage wollen sie hier die Fürsten weg jagen, ich übersende ihnen auch etwas von der linken seite, was wir im Sinne haben, wir haben aber noch nicht die Majorität erlangt, es fehlen uns noch 75 Selen oder Stimmen, und wen wir nur erst die Majorität erreicht haben dan geht es besser, nur erklären sie das dem volke, Es sind hier große Volksmänner wir wollen republick und nicht kaiserreich, hier ist alles in bewegung die Bauern laßen sensen machen, die Bürger sind bewafnet, denn es wird vielleicht sehr Schlimm. wen nur unser Militär nicht zu schlecht handelte wen republick wird so müßen die großen alle fort, — — — — schreiben sie mir auch, es kostet kein Post-Porto, und macht recht lerm, fürchtet euch nicht mehr, hüttet auf dem Teiche immer fort, und recht zu alle Tage, und meine [illegible] auch, es wird zugehauen, ich kann das Concept nicht ins reine Schreiben ich habe keine zeit, ich muß in meine Abtheilung, der Gedanke ist da, und so wie ihr denkt so handelt, ich auch und ihr auch nur seid aufrichtig gegen einander den die Schurken mußen fort, die werden sterben, solte das vorkommen daß für den Prinz von Preußen Stimmen gesamlet werden so macht was ihr wolt, nur bedauert nicht,“ —

Am Schlusse dieses Briefes und nach der Unterschrift stehen noch die Worte:

„erklären sie den leuten nicht was republick ist“

auch ist zu bemerken, daß in dem Briefe selbst das Wort Republik, so oft es vorkommt, durchstrichen ist, jedoch so, daß man dem unerachtet dasselbe sehr wohl lesen kann. —

b. Der Brief vom 14. September 1848 enthält folgende Stelle:

„— — — theuren freunde so wie auch feinde, reicht einer dem andern die bruder hand, ich ruffe euch aus der fern zu, ich ruffe euch den eine Wolke voller ungluck schwebt über uns, es ist möglich wir sehn uns nicht mehr wieder ich mache mir aber nichts daraus, Gott sorgt für mich und er wird auch in der ferne sorge, ich habe mein Leben hier aufs spiel gesetzt sieg ich heute oder Morgen nicht so siegt meine Asche im Grabe steht fest und laßt euch nicht mehr unterdrucken, die Tirannen sind in ganz Deutschland bekannt.“ —

Die Aechtheit dieser Briefe vorausgesetzt, so ergiebt sich aus selbigen, daß der Briefsteller ein Anhänger der Republik ist, deren Einführung in Deutschland wünscht oder erwartet und die Aufhebung der damals (Juni 1848) in Berlin tagenden Reichsversammlung gewollt hat, ja man kann mit Rücksicht auf die hiesigen Septemberereignisse sogar der Vermuthung Raum geben, daß Herr Minkus die betrübenden Vorfälle des 18. September 1848 am hiesigen Ort vorhergesehen habe, und am 14. September 1848 entschlossen gewesen sei, sich dabei thätig zu betheiligen, denn es heißt:

„ich habe mein Leben hier auf's Spiel gesetzt. Sieg ich heute oder morgen nicht, so siegt meine Asche im Grabe“

jedoch gibt keine einzelne Stelle einen genügenden Anhalt für die Annahme:

daß Herr Minkus eine gewaltsame Umwälzung der Verfassung des Preußischen Staats oder ein Unternehmen gegen das Leben oder die Freiheit des Königs von Preußen beabsichtigt habe, ihn also den Vorwurf des Hochverraths treffe.

Zwar sagt das Gericht zu Rosenberg in seinem Berichte vom 30. October 1848:

„daß in Rosenberg und in mehreren andern Kreisen (Oberschlesiens) die üblen Folgen sich notorisch herausgestellt durch tumultuarische Auftritte, durch gänzliche Versagung in der Erhebung der öffentlichen Lasten, der Dienstleistung der Robotpflichtigen, der Zahlung des Grundzinses, ja selbst der contractlich feststehenden Pachtgelder und durch unbeschränkte Ausübung der Waldservituten sogar von denen, die solche seit vielen Jahren auf Grund der Reluition als nicht zuständig nicht mehr ausgeübt x.“

Indessen fehlt jeder Beweis dafür, daß diese gesetz- und rechtswidrigen Erscheinungen durch die Briefe des Herrn Minkus“ beabsichtigt oder herbeigeführt sind, und kann demnach — die Richtigkeit der Angaben des Gerichts zugegeben — hieraus kein nachtheiliger Schluß wegen des dem Herrn Minkus zur Last gelegten Verbrechens gegen diesen nach Lage der Sache gemacht werden. — Anders verhält es sich mit der Druckschrift, welche dem Berichte des Gerichts beiliegt, die die Ueberschrift führt:

„der deutsche Bauer und die deutschen Fürsten.“

und jeder Unterschrift entbehrt. —

Dieses Blatt ist seinem ganzen Inhalte nach ein höchst verwerfliches, und der Verfasser, wie derjenige, der diese Schrift in böser Absicht verbreitet hat, wird den Vorwurf des versuchten Hochverraths nicht von sich ablehnen können. Es steht indessen nicht fest:

daß Herr Minkus jenes Blatt an die Empfänger seiner Briefe eingesendet habe,

noch daß — wenn dieses erwiesen würde — Herr Minkus dasselbe versandt habe, als den Ausdruck seiner Gesinnung und in der Absicht, die Empfänger für die darin ausgesprochenen Ansichten zu gewinnen und zu den Handlungen zu veranlassen, welche jenes Blatt empfiehlt.

Denn wenn gleich der (Original-) Brief vom 14. September 1848 der Beilage von Placaten gedenkt, so läßt sich daraus noch nicht folgern, daß dieses von beiden Seiten bedruckte Blatt darunter gewesen, oder irgend eine böse Absicht bei der etwa erfolgten Zusendung obgewaltet habe.

Die betreffende Stelle lautet nämlich in ihrem Zusammenhange so:

„— — — Mein Bruder hat mir geschrieben, daß er*) euch die Hutung ausreden thut und hat euch auf dem Teichen verboten, zu hütten; geht alle hin und fragt ihn ernsthaft: was er denn eigentlich will? Wie kann er sich unterstehen und uns unsere Hutung wegnehmen, unser Recht, was Friedrich der Große uns erkauft hat, er soll euch sofort das eurige geben, — ich kenne euren Sinn nicht, ich übersende euch Plakaten, die hier in Frankfurt an allen Ecken, so auch an der Paulskirche heute angeschlagen sind; ich wünschte herzlich, wenn ich einen einzigen Menschen im Kreise von Bauern hätte, der den Sinn hätte, denn ich habe, an den ich alle wochen Schreiben könnte, ich habe aber keinen —“

Nach dem, was bis jetzt in den eingesandten Acten vorliegt, kann deßhalb der Ausschuß eine genügende Veranlassung zur Einleitung der Untersuchung wegen Hochverraths gegen Herrn Minkus nicht finden, und daher nicht zugeben, daß dieser durch das einzuleitende Verfahren in der Erfüllung seiner Pflicht als Volksvertreter gestört oder beschränkt werde, was bei der örtlichen Entfernung des Gerichts von Frankfurt a. M. unausbleiblich sein würde.

Demgemäß beantragt der Ausschuß:

„Die hohe Nationalversammlung wolle die nachgesuchte Genehmigung zur Einleitung der Untersuchung wegen Hochverraths gegen den Abgeordneten Herrn Minkus nicht ertheilen.“)

Vicepräsident Kirchgeßner: Es liegt ein Verbesserungsantrag von dem Herrn Hallbauer [?] und Genossen vor des Inhalts:

„In Erwägung,

1) daß der Requisition des königlich preußischen Stadtgerichts Rosenberg Untersuchungs-Akten nicht beiliegen, und

2) nach der Beschaffenheit der Requisition eine Würdigung der der Anschuldigung zu Grunde gelegten Thatsachen nicht mit Sicherheit vorgenommen werden kann,

beschließt die Nationalversammlung:

die nachgesuchte Genehmigung zur Einleitung der Untersuchung wegen Hochverraths gegen den Abgeordneten Herrn Minkus zur Zeit nicht zu ertheilen.

Unterstützt von: Schreiber, Lette, Plathner, Stimbrod [?], Schrader, v. Thielau, Bernhardi, Wiente [?], Wais [?], Paulcius [?], Bürgers, Giehr.“

Herr [illegible] hat das Wort.

*) Der Vater.

Haubenschmied von Passau: Meine Herren, Sie haben bereits vernommen, daß meine Absicht nicht ist, dem Schlußantrag des Ausschusses entgegenzutreten; vielmehr habe auch ich den Antrag gestellt, es solle die Bewilligung zur Einleitung der Untersuchung gegen Herrn Minkus nicht ertheilt werden. Ich weiche nur in Beziehung auf die Motive vom Ausschußantrag ab; der Ausschuß stützt seinen Antrag auf juristische Erwägungen über Schuld oder Nichtschuld des Herrn Minkus; dieses entspricht aber nicht der bisherigen Uebung des Hauses. In ähnlichen Fällen wurde bisher lediglich erwogen, ob wirklich die Anschuldigung irgend eines Abgeordneten sich auf juristische Gründe und Erwägungen stützt, oder ob Anhaltspunkte darüber vorliegen, daß ein Tendenzproceß beabsichtigt werde. Nach meiner Meinung muß auch im gegenwärtigen Falle lediglich diese Richtung eingeschlagen werden. Zu dieser Erwägung und Untersuchung liefert nun, wie mir scheint, die Requisition des Stadtgerichts Rosenberg nicht hinlängliche Anhaltspunkte. Zunächst bilden den Anschuldigungsgrund vier Briefe des Herrn Minkus, wovon einer an eine Privatperson und zwei an die Gemeinden des Wahlbezirkes des Herrn Minkus gerichtet sind. Zwei dieser Briefe liegen lediglich in Abschrift vor und der Ausschuß geht von der Ansicht aus, daß aus dem Grunde, weil sie nicht in Urschrift vorhanden sind, gar kein Gewicht darauf zu legen sei. Ich kann mich mit dieser Ansicht nicht befreunden. Die Erwägung, ob und welche Beweiskraft Urkunden, welche lediglich in Abschrift vorliegen, beizulegen sei, gebührt, meiner Meinung nach, ausschließlich den Gerichten. Wir haben, wie mir scheint, lediglich den Inhalt dieser Briefe zu berücksichtigen. Was diesen Inhalt betrifft, so fordert Herr Minkus in einem derselben unter Andern die Gemeinden seines Wahlbezirkes auf, alle Tage Streu zu rechen, auf dem Teiche täglich zu hüten und endlich, wo er von den volksfreundlichen Unternehmungen und Bestrebungen seiner Partei spricht, erzählt er, daß sie hier die Fürsten wegjagen wollten. (Eine Stimme auf der Linken: Bravo! — Allgemeine Heiterkeit.) Er fordert dabei die Gemeinden seines Wahlbezirkes auf, sich nicht zu fürchten und sich mit Waffen zu versehen. In dem, was eine eigentliche Aufforderung in diesen Briefen enthält, finde ich durchaus keine Anreizung zum Hochverrath, und was lediglich in den Briefen Erzählung ist, kann nach meiner Ansicht eine solche Aufforderung um so weniger enthalten. Das Inquisitoriat in Rosenberg stützt seinen Antrag nun darauf, daß thatsächlich aus den Briefen des Herrn Abgeordneten Minkus Auflehnung, Widersetzlichkeiten und tumultuarische Auftritte hervorgegangen seien. Der Ausschuß ist der Ansicht, daß der Causalverband zwischen den Briefen des Herrn Minkus und jenen widersetzlichen Auftritten und Tumulten nicht nachgewiesen sei. Die Prüfung des Beweises hierfür ist nun; nach meiner Ansicht, wieder nicht Sache des Hauses, sondern ausschließlich Sache des Gerichtes; es ist aber in der Requisition des Inquisitoriats zu Rosenberg selbst gar nicht angegeben, worauf es selbst die Gründe stützt, die einen Causalverband bedingen sollen. Es gibt selbst das Inquisitoriat nicht an, aus welchem Grunde und auf welche Weise gerade diese Briefe des Herrn Minkus diese tumultuarischen Auftritte veranlaßt haben sollen. Der Inhalt dieser Briefe gibt dafür keinen hinlänglichen Anhaltspunkt. Es ist zwar nach meiner Meinung nicht zu bezweifeln, daß solche Briefe eines deutschen Abgeordneten im deutschen Volke allenthalben einiges Aufsehen und zwar sowohl nach Inhalt als nach Form erregen werden (Heiterkeit), aber daß gerade solche Briefe die Bevölkerung eines Wahlbezirkes zu Aufstand und Tumulten verleiten könnten, das kann ich von dem Wahlbezirke des Herrn Minkus nicht glauben. (Heiterkeit.) Einen weiteren Anschuldigungsgrund bildet ein Placat, welches nach Ansicht des Ausschusses wirklich hochverrätherischen Inhalts sein soll. (Eine Stimme von der Linken: Nicht lesen!) Ich lese nicht; ich habe mir nur einige Notizen gemacht, aus welchen ich meinem Gedächtnisse zu Hülfe komme, damit ich nichts vergesse. — Hier scheint mir der Ausschuß nicht den richtigen Gesichtspunkt gefaßt zu haben, indem er sagt, daß nicht erwiesen sei, daß Herr Minkus wirklich dieses Placat an seinen Wahlbezirk gesendet hat und in welcher Absicht er dieß gethan hat; ein Beweis ist nach meiner Meinung hier dem Hause nicht vorzulegen, und der Beweis ist lediglich von dem Gerichte zu prüfen; wir hier aber haben, wie bereits erwähnt, zu prüfen, ob Rechtsgründe zur Einleitung einer Untersuchung vorliegen, oder ob ein Tendenzproceß beabsichtigt scheint. Es ist nun zu erwägen, daß in der Requisition des Inquisitoriats Rosenberg gar nicht erwähnt ist, ob Herr Minkus dieses Placat an seinen Wahlbezirk gesendet hat, denn es heißt in den Briefen des Herrn Minkus, „er sende hier mehrere Placate an seinen Wahlbezirk;" es geht aber aus den mitgetheilten Schriftstücken nicht hervor, ob dieses Placat unter denjenigen war, die Herr Minkus in seinen Wahlbezirk gesendet hat, sondern das Placat liegt lediglich der Requisition bei, ohne daß etwas darüber in der Requisition bemerkt ist; dieß ist meiner Meinung nach ein Mangel der Requisition, über den wir nicht hinaus können. Ich bin weit entfernt, meine Herren, zu glauben, daß das Inquisitoriat Rosenberg einen Tendenzproceß beabsichtigt hat, wir haben aber keine Anhaltspunkte dafür, zu prüfen, ob das der Fall gewesen sei oder nicht. Aus diesem Grunde empfehle ich Ihnen den Antrag, den ich mit mehreren Freunden gestellt habe, und der lediglich in den Motiven von dem Ausschußantrage abweicht.

Rösler von Oels: Meine Herren! Wenn ich das Wort ergreife, so geschieht es mehr wegen einiger Punkte, auf welche der Vorredner angespielt hat, und die der Erläuterung bedürfen, als daß ich gerade seine Gründe für so wichtig hielte, daß sie nicht von dem Berichterstatter selbst mit leichter Mühe widerlegt werden könnten. Ich spreche für meinen Freund Minkus, welcher ein polnischer Bauer ist und als schlesischer Bauer in einem fast rein polnischen Bezirke gewählt selbst nicht gut im Stande sein dürfte, hier von der Tribüne sich in fließendem Deutsch auszudrücken, da es ihm seinem Stande und seiner Erziehung nach nicht so gut im Leben geworden ist, um fließend Deutsch zu sprechen und zu schreiben, — und wenn, meine Herren, Sie darüber sich wundern, daß der Wahlbezirk doch einen solchen Mann geschickt hat, so können Sie daraus schließen, daß der Mann doch noch etwas Anderes für seinen Wahlbezirk Empfehlenswerthes gehabt haben muß, als das fließend Deutschschreiben und Sprechen, und auf der anderen Seite, daß unter denen, die gut und fließend Deutsch in jenen Kreisen schreiben und sprechen, doch kein einziger gewesen sein muß, der das Vertrauen des Volkes mehr genossen hat als dieser. (Heiterkeit.) Was nun die von dem Herrn Vorredner angeführten Gründe betrifft, so glaube ich, daß er sich im Irrthum befindet, wenn er sagt, daß der Ausschuß hier und die Nationalversammlung gar nichts von der formellen Gültigkeit der vorgelegten Urkunden u. s. w. zu prüfen habe; das Gericht hätte doch wenigstens können die Abschriften beglaubigen, das Gericht ist aber, wie schon früher aus der Anzeige des Herrn Präsidenten hervorging, als er von der Requisition sprach, mit solcher Formlosigkeit der Nationalversammlung gegenüber zu Werke gegangen, daß ich, wenn ich einen Verbesserungsantrag stellen wollte, beantragen würde, den Antrag des Gerichts, weil er in keiner Weise formell und materiell geziemend gestellt ist, an dasselbe zurückgehen zu lassen, denn ich finde es unziemlich, daß das Gericht erstens, wie der Herr Präsident erzählte, sein Schreiben nicht einmal mit seinem amtlichen Siegel versehen, daß es zweitens bei der Requisition nicht einmal die Abschriften beglaubigt und drittens sich nicht die Mühe gegeben hat, seine Anschuldigungen nachzuweisen, — die Lücken, die da im Beweise der Anschuldigung liegen, hat der Vorredner selbst zugegeben. Was das Weitere betrifft, so bin ich allerdings der Ansicht, daß hier ein Tendenzproceß vorliegt, und meine speciellere Kenntniß von den Vorgängen in jener Gegend weist mich um so mehr darauf hin, als in diesem Augenblicke jener Kreis sich im Belagerungszustande befindet, — mir als Preußen thut es leid, es sagen zu müssen: die Unabhängigkeit unseres Richterstandes ist sehr erschüttert worden; es ist keine Seite dieses Hauses, die das leugnen wird. (Stimmen auf der Rechten: Oh ja!) Endlich möchte ich noch auf einen Grund im Ausschußberichte aufmerksam machen, den ich bestreiten muß. Der Ausschußbericht findet, daß, wenn Jemand das in Frage stehende Placat: „Der deutsche Hunger und die deutschen Fürsten," verbreitet hätte, er den Vorwurf des Hochverraths nicht würde von sich abwälzen können. Meine Herren, damit kommen wir wieder zurück auf die alten Geschichten, daß man deßhalb, weil man ein verbotenes Buch einem Anderen mittheilt, Hochverräther wird; wollen wir wieder dahin kommen, wie in Marburg geschehen ist gegen einen hiesigen Abgeordneten, daß ihm der Schlüssel aus der Westentasche von dem Polizeidiener genommen wurde, um im Schranke nachzusuchen, ob er wirklich ein verbotenes Buch gehabt habe? Wenn noch die drakonischen Gesetze des alten Polizeistaates bestehen, wollen auch wir ihnen unsere Sanction geben und ein solches Verfahren gut heißen? Es werden Wenige unter uns sein, die nicht in ihrem Leben ein verbotenes Buch einem Andern geliehen hätten, und es sitzen auf dieser Seite (zur Rechten hinzeigend) des Hauses sehr Viele, die noch vor nicht einem vollen Jahre selbst zu den verbotenen Ideen gehört haben. Ich wünschte nur, daß nicht in diesem Hause der Grundsatz anerkannt werde, daß das Mittheilen verbotener Bücher an Andere ein Criminalverbrechen sei. Man möge daher dahin wirken, daß solche barbarische Gesetze abgeschafft werden, und wenn dieß nicht sofort geschehen kann, möge man sich wenigstens hüten, sie von hier aus anzuerkennen.

Vicepräsident Kirchgeßner: Herr Simon von Trier! (Zuruf: Ich verzichte auf das Wort.) Es ist kein weiterer Redner eingezeichnet.

Martens von Danzig: Wenn das der Nationalversammlung vorbehaltene oder beigelegte Recht die Genehmigung zur Einleitung einer Untersuchung gegen ein Mitglied unserer Versammlung zu ertheilen oder zu verweigern, ein wirkliches Recht und von Bedeutung sein soll, so muß die Nationalversammlung die jedesmalige Anklage und den Antrag, der hier eingebracht wird, gehörig prüfen, um sich darnach die Frage zu stellen, ob die betreffende Person verdächtig sei, das bezeichnete Verbrechen begangen zu haben. Nur darauf ganz allein kann die Prüfung der Versammlung gehen. Wir dürfen diese Grenze nicht überschreiten, dürfen nicht berathen und entscheiden, ob ein anderes Vergehen, als das vom Gericht bezeichnete vorliege, oder ob die Anklage unvollständig sei, und dürfen wir demnach nicht die Advocaten des requirirenden Gerichts machen, sondern wir müssen nach Lage der Acten die Sache nehmen und darnach urtheilen. Diese Ansicht folgt folgerichtig aus dem Gesetze vom 30. September v. J. und dieser Ansicht ist der Ausschuß auch gefolgt bei Beurtheilung der vorliegenden Sache. Herr Haubenschmied hat eine andere Ansicht hiergegen geltend machen wollen, insofern als er sagt: „Wir wollen zur Zeit die Genehmigung nicht ertheilen", was so viel heißt: wenn die Sache anders läge, so würde die Genehmigung ertheilt werden. Indessen bei diesem Verfahren würden wir unseren Standpunkt aufgeben und den des Richters einnehmen, den Herr Haubenschmied vermieden wissen will; und dieser Vorbehalt ist um so weniger erforderlich, als es sich von selbst versteht, daß, wenn andere Thatsachen, wenn andere Beweismittel ermittelt und anderweitig beigebracht werden, dann eine neue Berathung auf einen erneuten Antrag eintreten muß. Der Verbesserungsantrag ist also ganz überflüssig, weil wir die Sache nur zu nehmen haben, wie sie liegt. Damit wäre das, was ich zur Vertheidigung des Ausschußantrages zu sagen hätte, erledigt. Ich habe aber noch zweierlei auf die Angriffe des Herrn Rösler zu entgegnen. Derselbe macht dem Gerichte zu Rosenberg den Vorwurf, daß dasselbe mit Sorglosigkeit verfahren sei, insofern das Amtssiegel bei dem Berichte fehlte. Das ist zwar richtig, aber darum noch kein Versehen. Bei den preußischen Gerichten wird das Siegel auf das Couvert gedrückt und war auch hier wahrscheinlich dem Couvert beigefügt. Das Couvert war aber in der Registratur fortgeworfen worden, und so fehlte die Beglaubigung. Bei preußischen Gerichten würde dieses Verfahren nicht vorfallen. Obgleich wir nun die Ueberzeugung hatten, daß das Schreiben von dem Gerichte zu Rosenberg ausgegangen war, so haben wir doch zu größerer Sicherheit das Gericht aufgefordert, es möge sein Amtssiegel beisetzen, was denn auch nachträglich geschehen ist, eine Form, die uns nur zu größerer Vergewisserung nöthig schien, aber nach preußischen Gesetzen nicht nothwendig ist. Ferner sagt Herr Rösler: „das Vertrauen des Volks zum preußischen Richterstande sei erschüttert worden." Ich bin nun nicht preußischer Richter, sondern preußischer Rechtsanwalt. Aber diesen Vorwurf kann ich nicht auf dem preußischen Richterstande haften lassen. Ich halte dafür, daß das Vertrauen zu diesem hoch achtbaren Stande nach wie vor noch im preußischen Volke fest wurzelt. (Stimmen auf der Rechten: Bravo! — auf der Linken: Nein! — Unruhe.)

Vicepräsident Kirchgeßner: Meine Herren, das bildet doch nicht den Gegenstand der Debatte. Herr Martens, ich bitte, fortzufahren.

Martens: Damit will ich schließen, und Sie nur noch bitten, den Antrag des Herrn Haubenschmied zu verwerfen, den Ausschuß-Antrag zu genehmigen und diesem Ihre Zustimmung zu ertheilen.

Vicepräsident Kirchgeßner: Darf ich die Herren ersuchen, Ihre Plätze einzunehmen. Der Ausschuß-Antrag geht dahin:

„Die hohe Nationalversammlung wolle die nachgesuchte Genehmigung zur Einleitung der Untersuchung wegen Hochverraths gegen den Abgeordneten Herrn Minkus nicht ertheilen."

Der Antrag des Herrn Haubenschmied und Genossen, den ich bereits zu verlesen die Ehre gehabt habe, geht dahin, aus den angeführten Motiven:

„Es möge die Nationalversammlung beschließen, die nachgesuchte Genehmigung zur Einleitung der Untersuchung wegen Hochverraths gegen den Abgeordneten Herrn Minkus zur Zeit nicht zu ertheilen."

Der Unterschied ist somit im dispositiven Theile. (Zuruf: Ist der Haubenschmied'sche Antrag unterstützt?) — Ich bitte, nicht zu unterbrechen — und bildet eine Species, muß also vorhersamst zur Abstimmung gebracht werden; wenn hiergegen kein Widerspruch erhoben wird, richte ich die Frage an die Versammlung...... Es wird mir eben bemerkt, meine Herren, ich habe übersehen, ob der Antrag hinreichend unterstützt sei. Es sind nicht 20 Unterschriften. (Zuruf: Laut!) Er ist unterstützt von

Herrn Lette, Plathner, Schrader, v. Wulffen, Wernherdt, Quante, Walz, Brestius, Bürgers, Siehr. Ich muß fragen, ob dieser Antrag unterstützt wird? (Mitglieder auf der Rechten und im Centrum erheben sich.) Er ist hinreichend unterstützt. Ich wiederhole somit die Frage, ob der Antrag des Herrn Haubenschmied, den zu verlesen ich die Ehre hatte, die Genehmigung der hohen Versammlung erhalte. Wer für den Antrag des Herrn Haubenschmied stimmen will, den ersuche ich, sich zu erheben. (Mitglieder auf der Rechten und im Centrum erheben sich.) Das ist die Minorität. Wir kommen somit zur Abstimmung über den Ausschuß-Antrag, der dahin geht:

„Die hohe Nationalversammlung wolle die nachgesuchte Genehmigung zur Einleitung der Untersuchung wegen Hochverraths gegen den Abgeordneten Herrn Minkus nicht ertheilen."

Ich ersuche nun Diejenigen, welche nach dem Ausschuß-Antrage die Genehmigung nicht ertheilen wollen, sich zu erheben. (Mitglieder auf der Linken und im Centrum erheben sich.) Der Ausschuß-Antrag ist genehmigt. — Wir kommen zur Berathung des vom Abgeordneten Lette, Namens des volkswirthschaftlichen Ausschusses erstatteten Berichts, über die Anträge mehrerer Abgeordneten, die Aufhebung oder Ablösung der auf dem Bergbau ruhenden Zehnt- und anderen Abgaben und Lasten betreffend.

(Die Redaction läßt den Bericht hier folgen:

„Der Beschluß der hohen Nationalversammlung vom 16. December v. J. hatte die Anträge mehrerer Abgeordneten über obigen Gegenstand der Begutachtung des volkswirthschaftlichen Ausschusses überwiesen. Das Ergebniß dieser Berathung ist bereits in der Sitzung vom 19. December v. J. durch den Berichterstatter mündlich vorgetragen. Die Anträge waren zu denjenigen Paragraphen der Grundrechte gestellt, die von der Aufhebung, beziehungsweise Ablösung der aus dem guts- und schutzherrlichen Verbande fließenden, oder auf Grund und Boden haftenden Abgaben und Leistungen, insbesondere der Zehnten handeln, und lauten dahin:

1) des Abgeordneten Höfken und Genossen:

„Die auf dem Bergbau ruhenden guts- und grundherrlichen Bergbaulasten sind ebenfalls ablösbar, insofern nicht durch die Gesetzgebung ihre unentgeltliche Aufhebung begründet ist.

Die landesherrlichen Bergbaulasten sind ohne Entschädigung aufzuheben. Es bleibt indeß den Einzelstaaten überlassen, zur Deckung der wegen der nothwendigen Oberaufsicht entstehenden Verwaltungskosten eine billige Abgabe vom Bergbau zu erheben, die jedoch fünf Procent des Reinertrags nicht übersteigen darf.

Die allgemeinen Bestimmungen über den Bergbau sollen in einer deutschen Bergordnung durch ein Reichsgesetz festgestellt werden."

2) des als Amendement zu obigem gestellten Antrages des Abgeordneten Moriz Mohl:

„Die auf dem Bergbau ruhenden guts- und grundherrlichen Bergbaukosten sind ebenfalls ablösbar, insofern die Landesgesetzgebung ihre unentgeltliche Aufhebung nicht für begründet erkennt.

Die landesherrlichen Bergbaulasten sind ohne Entschädigung aufgehoben.

Mit diesen Lasten, soweit sie unentgeltlich aufgehoben werden, fallen auch die Gegenleistungen weg."

3) des Abgeordneten Müller aus Damm:

„Alle auf dem Bergbau ruhenden guts-, grund- und landesherrlichen Bergbaulasten, Zehnten, Quatembergeld u. s. w. sind ablösbar. Die Feststellung der Normen für die Ablösung bleibt der Landesgesetzgebung vorbehalten."

Von obigen Anträgen sind inzwischen in der Sitzung vom 19. December v. J. die zu 2 und 3 der Abgeordneten Moriz Mohl und Müller, desgleichen der dritte Absatz des Höfken'schen Antrages zu 1 zurückgenommen, andere von der hohen Nationalversammlung abgelehnt, namentlich die beiden ersten Absätze des Höfken'schen Antrages, so wie ein bereits im volkswirthschaftlichen Ausschusse gestellter Antrag des Abgeordneten v. Reden, dahin lautend:

„Alle auf dem Rohertrage des Bergbaues ruhenden Lasten sind, wo deren unentgeltliche Aufhebung nicht zulässig oder deren Ablösung nicht ausführbar ist, — in eine Abgabe vom Reinertrage zu verwandeln. Die Ausführung dieser Bestimmung bleibt der Staatsgesetzgebung überlassen."

Für die Ablehnung der vorstehend ausgeführten Anträge hat sich der volkswirthschaftliche Ausschuß, übereinstimmend mit dem Verfassungsausschuß, (vergl. Seite 16 der Vorlage des letzteren für die zweite Lesung der Grundrechte) mit überwiegender Majorität entschieden. Dieß nicht allein deshalb, weil jene Anträge nicht alle Arten von Bergbaulasten erschöpften, z. B. nicht die Abgaben an Kirchen, Schulen, Armenanstalten, Knappschaften mit umfaßten, (vergl. z. B. § 134 Tit. 16 Thl. II des allgemeinen preußischen Landrechts), oder weil es nicht rathsam erschien, solche oder ähnliche specielle Bestimmungen über einen zwar wichtigen, immerhin aber einzelnen Gegenstand der Staatswirthschaft in die Grundrechte mit aufzunehmen, sondern insbesondere auch deßwegen, weil im Allgemeinen die Bergbaulasten, zufolge ihrer Herleitung aus einem althergebrachten Staatshoheitsrechte und ihrer damit gleichzeitig verbundenen Natur als Steuern und öffentliche Lasten, — die doch bei einer unentgeltlich, nur zum Vortheil einiger Staatsangehörigen erfolgenden Aufhebung, wiederum anderweit durch Besteuerung der übrigen Staatsangehörigen gedeckt werden müßten, — wie zufolge des Erwerbs- und Besitzverhältnisses der Besteuerten und der Beschaffenheit des belasteten Gegenstandes, in die Classe derjenigen Leistungen, Zehnt- und sonstigen Abgaben gar nicht hineingehörten, welche aus der Guts- und Grundherrlichkeit entsprungen, oder aus anderen Rechtstiteln auf den Grundstücken der Pflichtigen hafteten, (vergl. §§ 33 und 34 der obengedachten Vorlage, jetzt §§ 35 und 36 des Reichsgesetzes vom 27. December v. J.) da vielmehr der Eigenthümer des Grund und Bodens, außer einer fortlaufenden Entschädigung für dessen dem Bergbau dienende Oberfläche, in der Regel keinen, oder doch nur einen geringen Antheil von den Erzeugnissen des Bergbaues bezieht, — (vergl. z. B. §§ 113, 117 Tit. 16 Th. II des allgem. preußischen Landrechts) — da ferner die Berechnung einer Ablösungsrente, wie deren Capitalisirung mit Rücksicht auf die, ihrem Umfange nach, oft nicht ermeßbaren verborgenen Naturschätze, meist unausführbar sein würde.

Dagegen stellt Ihr Ausschuß den Antrag:

„in den, das Reich und die Rechte der Reichsgewalt behandelnden Theil der Verfassung, Abschnitt II, geeigneten Orts die Bestimmung aufzunehmen:

„„Der Reichsgewalt steht das Recht der Gesetzgebung über das Bergwesen zu.""

Dadurch wird der Reichsgewalt die Facultät vorbehalten in Betreff dieses, für die Volkswirthschaft des gesammten Vaterlandes so außerordentlich wichtigen Gegenstandes; im Interesse des höheren Aufschwunges und der freieren Bewegung dieser für den Wohlstand, wie für die Unabhängigkeit der Nation so einflußreichen Industrie, zur Beseitigung der ihrer kräftigeren Entwickelung entgegenstehenden Hindernisse und zur vollständigen Ausbeutung der reichen Naturschätze des ganzen deutschen Gebietes, die erforderlichen allgemeinen Gesetzesnormen aufzustellen, so weit sie in Zukunft von den Particulargesetzgebungen verabsäumt werden möchten; ohne dabei andererseits der nächsten Fürsorge und Thätigkeit dieser Letzteren vorzugreifen. Demnächst ist aber der Ausschuß zu jenem Vorschlage: — Dem Reiche das Recht zur Gesetzgebung über das Bergbauwesen in der Verfassungsurkunde ausdrücklich beizulegen, — noch durch folgende Beweggründe bestimmt worden:

Die ausschließliche Befugniß, die in der Erde verborgenen Naturschätze, gewisse Fossilien zu graben, aus welchen Metalle, insbesondere die edeln, so wie Halbmetalle gewonnen werden können, ist stets, nach uralten, im Wesentlichen schon im zwölften Jahrhundert entschiedenen Herkommen als ein Recht der königlichen Gewalt, als Reichssache, betrachtet, nur nachher einzelnen Reichsständen durch besondere Privilegien verliehen und im vierzehnten Jahrhundert — durch die goldene Bulle — als Vorrecht der Kurfürsten anerkannt, späterhin als ein Zubehör der Landeshoheit beansprucht. Wo jetzt das Bergwerksregal von Privaten ausgeübt wird, gründet sich diese Ausübung auf ältere Staatsverträge zwischen Ständen und Landesherren, oder, bei Freigebung des Bergbaues, in jedem einzelnen Falle auf besondere Concessionen, für deren Ertheilung man inzwischen nur allgemeine Regeln aufstellte. Diese zur Ausübung des Bergbaues zu erlangende Befugniß, — durch Schürfen, Muthen und Beleihung, — ist vom Besitz des Grund und Bodens in der Regel völlig unabhängig. — Zu diesen Bestimmungsgründen für ein Recht der Reichsgewalt zum Erlaß einheitlicher und übereinstimmender allgemeiner Normen über das Bergbauwesen kommt die gegenwärtig bestehende Verschiedenheit vieler, dem Bergbaubetriebe ungünstiger Particulargesetze, für deren durchgreifende, möglichst gleichmäßige Reform nur die Reichsgesetzgebung eine nothwendige Bürgschaft gewährt. Dergleichen Verschiedenheit waltet nicht nur in den einzelnen deutschen Staaten, sondern wiederum in den einzelnen Provinzen und Theilen derselben, nach älteren Territorial- und Provinzialgesetzen und Gewohnheiten, sowohl hinsichtlich der Gegenstande ob, welche zum Bergwerksregale gehören, als hinsichtlich der Art und Weise der oft sehr mannigfaltigen und drückenden Belastung, ferner des Systems der Besteuerung durch den Staatszehnten, — je nach dem Roh- oder dem Reinertrage, der Ausbeute- oder selbst der Zubuß-Zechen, — endlich der in den einzelnen Staaten oft ausgedehnten und schon deßhalb hemmenden und kostspieligen Beaufsichtigung des von Privatpersonen unternommenen Bergbaues durch Behörden. — Beispielsweise ist, so weit dieserhalb Information zu erlangen gewesen, in obiger Beziehung anzuführen: In Oesterreich ist bei der, wenigstens nach gemeinem Landesrecht, als Regel geltenden Regalität aller Erzeugnisse des Bergbaues, der Zehnt, ohne Abzug von Berg- und Hüttenkosten zu entrichten, ohne Unterschied, ob die Producte sofort verkäuflich, oder erst nach Bearbeitung zu verwerthen sind. Man hat dort wegen der Lästigkeit der Abgabe zu vergleichsweisen Reluitungen oder Pauschsätzen hin und wieder seine Zuflucht genommen. — In Preußen — mit Ausschluß des unter dem code civil stehenden linken Rheinufers, — wo, nach dem allgemeinen preußischen Landrecht, die sämmtlichen zum Bergwerksregale gehörigen Metalle, Mineralien, Salze und Inflammabilien die Regel bilden, — beiläufig indeß die allgemeine Revision des Bergbaurechtes bereits im Werke ist, — concurrirt der Staat nach Verhältniß seines Zehnten nur bei solchen metallischen und mineralischen Werken, deren Producte durch Feuer, oder andere Zurichtung erst verkäuflich gemacht werden müssen, zu den Poch-, Wasch-, Hütten- und sonstigen Zubereitungskosten. Während auf dem linken preußischen Rheinufer nach einem Gesetze vom 21. April 1810 eine Abgabe vom Reinertrage besteht, etwa zu fünf Procent, bestehen in den benachbarten preußischen Landestheilen des rechten Rheinufers Zehnten vom Rohertrag, und, neben Beiträgen zur Knappschaftscasse, Freikux-, Meß-, Geding-, Stufen-, Rezeß-Geldern, welche Lasten etwa $13^{4}/_{10}$ Procent der Bruttoeinnahme betragen, daher doppelt schwer auf die Zubuße-Gruben drücken. Hingegen wird nach dem preußischen Recht auf sechs Jahren Zehntbefreiung gewährt. — Aehnliche Bestimmungen wie in Preußen wegen Abzugs des Zehnten vom Rohertrage gelten auch in Bayern. — In Sachsen, wo die Gesetzgebung über das Bergbauwesen vorzugsweise ausgebildet ist, wird gleichwohl der Zehnt von allen Metallen und Mineralien, welche durch Bergwerksbetrieb gewonnen werden, ohne Abzug der Berg- und Hüttenkosten gegeben; doch ist die sogenannte Naturalstürzung der Zehnten fast durchgängig aufgehoben, auch von gewissen Bergwerkserzeugnissen nur der halbe Zehnt zu entrichten. — In Hannover besteht zwar im Allgemeinen, nach Gesetzen und Observanzen, die Regaleigenschaft der Metallförderung; hinsichtlich des Salzes jedoch nur in einigen Provinzen, hinsichtlich der Stein- und Braunkohlen gar nicht mehr. Die zwar grundsätzlich vom Bruttoertrage zu entrichtende Zehntabgabe wird indessen nur von wenigen Gruben, fast von keiner vollständig gefordert, weil nur ein geringer Theil derselben in Ausbeute ist, und man nur von diesen die volle Abgabe zu erheben pflegt. — Außer dem Zehnten, der hiernach in der Regel noch vom Rohertrage entrichtet werden muß, drücken in den verschiedenen einzelnen Staaten eine Menge anderer, unter den verschiedensten Namen und zu den verschiedensten Zwecken vorkommender Abgaben auf den Bergwerksbetrieb. — In Betracht nun der Verschiedenheit dieser Verhältnisse erschien es einerseits um so nothwendiger, das Recht zur Aufstellung allgemeiner Normen über das Bergwerkswesen der Reichsgewalt vorzubehalten, andererseits aber auch keineswegs angemessen, derselben diese Gesetzgebung ausschließlich und vorzugsweise zu überweisen, etwa wie das Zollwesen, den Handel und die Schifffahrt, oder aber schon jetzt wegen specieller Gegenstände, wie wegen Aufhebung der Zehnten mit oder ohne Entschädigung, wegen Änderung des Abgabensystems und anderer, vereinzelte Bestimmungen in die Verfassung aufzunehmen.")

Vicepräsident Kirchgeßner: Es liegen zwei Verbesserungsanträge vor. Der erste vom Herrn Abgeordneten Schorn und Genossen gestellt:

„Es wird folgender Zusatz zum Antrage des volkswirthschaftlichen Ausschusses — Nr. 11 der heutigen Tagesordnung — gewünscht:

„Es soll eine allgemeine deutsche Bergordnung eingeführt werden."

Unterstützt durch: Bresgen, Böcking, Weißenborn, Möller, Strache, Liebmann, Groß, Heubner, Göden, Neugebauer, Beker von Trier, Müller von Sonneberg, Makowiczka, Backhaus, Eisenstuck, Kunth, Ph. Schwarzenberg, Höfken, Huck."

Ein zweiter Verbesserungsantrag des Inhalts:

„In Erwägung, daß es nicht als sachgemäß erscheint, einzelne Bestimmungen, deren Aufnahme in die Verfassung Deutschlands in Vorschlag gebracht wird, einer selbstständigen Verhandlung und Beschlußfassung außer Zusammenhang mit der Berathung über den Verfassungsentwurf zu unterstellen, beantragen die Unterzeichneten:

„Die Nationalversammlung wolle beschließen, den Bericht des volkswirthschaftlichen Ausschusses über die Anträge mehrerer Abgeordneten, die Aufhebung oder Ablösung der auf dem Bergbau ruhenden Zehent- und anderen Abgaben und Lasten betreffend, zur geeigneten Prüfung und Berücksichtigung an den Verfassungsausschuß zu überweisen."

Unterzeichnet von: v. Schrenk, Deetz, v. Boddien, v. Vincke, v. Wulffen, Detmold, Carl, v. Selchow, v. Nagel, Schultze von Potsdam, Merck, Kutzen, Naumann, Grävell, Oertel, Blömer, Obermüller, v. Treskow, Gersdorff."

Ein weiterer Antrag, gestellt vom Abgeordneten **Osterrath**, dahin lautend:

„In Erwägung:

daß der Antrag des volkswirthschaftlichen Ausschusses nur ein verschiebender ist, indem er sich über die Aufhebung der auf dem Bergbau haftenden Lasten selbst noch nicht ausspricht;

daß die Gesetzgebung über den Bergbau mit dem Bergregal im innigsten Zusammenhange steht, letzteres aber, als ein Ausfluß der Landeshoheit, nicht den Einzelstaaten entzogen und der Reichsgewalt übertragen werden kann;

daß die in den Grundrechten festgestellten Grundsätze über eine freiere Bewegung überhaupt und über die Befreiung des Grund und Bodens von den darauf ruhenden Lasten insbesondere auch ohne specielle Veranlassung von hier aus zu einer Prüfung der Berggesetzgebung in den Einzelstaaten führen werden;

daß die Berggesetzgebung in einzelnen Ländern sich schon durch eine besondere Fürsorge für die arbeitende Klasse — Knappschaftscassen und dergleichen — auszeichnet, und es daher um so mehr bedenklich erscheinen muß, der Reichsgewalt die Gesetzgebung über den so tief in örtliche Verhältnisse eingreifenden Bergbau zu überweisen, wird darauf angetragen:

principaliter:

„über den Bericht des volkswirthschaftlichen Ausschusses zur motivirten Tagesordnung überzugehen",

eventualiter:

„den Bericht ohne Beschlußfassung über den Antrag dem Verfassungsausschuß zur nochmaligen Erwägung bei der Redaction des die Reichsgewalt betreffenden Abschnitts der Verfassung zur zweiten Lesung zuzustellen."

Unterstützt durch: Graf, Eckart aus Lohr, Künßberg, Schlüter, Scholten, Deymann, Jürgens, Münch, Hugo, v. Grundner, Kerer, Stülz."

Zum Wort über diesen Gegenstand haben sich gemeldet, und zwar gegen den Ausschußantrag, Herr Osterrath.

Osterrath von Danzig (vom Platze): Ich verzichte! (Bravo!)

Vicepräsident Kirchgeßner: Ein zweiter Redner, Herr Schorn! (Zuruf: Verzichten!)

Lette von Berlin: Ich glaube, meine Herren, es wird zur Abkürzung der Sache dienen, wenn Sie mir von vornherein das Wort erlauben. Der Antrag des Ausschusses betrifft einen Gegenstand, welcher in die Verfassung gehört und einen Theil des Abschnitts vom Reiche und der Reichsgewalt bilden soll.

Vicepräsident Kirchgeßner: Herr Lette, ich kann Ihnen das Wort nicht ertheilen; als Berichterstatter haben Sie es am Schlusse. (Zuruf: Am Anfang und zum Schlusse!) Da muß ich an die Versammlung die Frage richten, ob sie dagegen nichts zu erinnern hat? (Zuruf: Auch am Anfange!)

Lette: Meine Herren! Ich halte es meinerseits und nach Rücksprache mit mehreren Collegen aus dem volkswirthschaftlichen Ausschusse halten es auch diese für angemessen, daß der vorliegende Ausschußbericht dem Verfassungsausschusse zur Berücksichtigung bei der weiteren Redaction und der zweiten Lesung des betreffenden Abschnittes der Verfassung übergeben werde. Sollte der Verfassungsausschuß, wie ich nicht glaube, sich mit dem volkswirthschaftlichen Ausschusse und dessen Anträge nicht einverstanden erklären, so wird alsdann der Antrag des volkswirthschaftlichen Ausschusses seiner Zeit neben dem des Verfassungsausschusses berathen werden, wie es bisher immer geschehen ist. Jetzt scheint nicht der geeignete Zeitpunkt zu sein zur Berathung eines Theiles der Verfassung. Sollte auf die materielle Discussion eingegangen werden, so würde ich mir als Berichterstatter am Schlusse das Wort vorbehalten.

Schorn von Essen: Meine Herren! Auch ich habe mich gewundert, auf der heutigen Tagesordnung die Berathung über diesen Bericht zu finden; sie ist entweder verspätet oder zu frühzeitig. Sie mußte entweder damals bei Discussion der Grundrechte erfolgen, als der Höfken'sche Antrag auf Aufhebung der Bergbaulasten gestellt wurde, welcher durchgefallen ist, oder sie ist zu frühzeitig und sie muß erfolgen bei der demnächstigen zweiten Lesung des betreffenden Theiles der Verfassung. Bestimmt die Versammlung, daß nach dem Antrag des Herrn Lette für heute keine Discussion stattfinden soll, so bin ich damit einverstanden, im entgegengesetzten Falle möchte ich mir das Wort erbitten, da der Gegenstand sehr wichtig und bisher sehr wenig behandelt worden ist.

Vicepräsident Kirchgeßner: Da der Herr Berichterstatter das Wort nicht mehr ergreifen wird, so können wir wohl zur Abstimmung schreiten. Es liegen vier Anträge vor: Erstens der Verbesserungsantrag des Herrn **Osterrath** und Genossen, zweitens der Verbesserungsantrag des Herrn **Deetz, v. Boddien** und Genossen. Der erste Verbesserungsantrag des Herrn Osterrath entbehrt noch der erforderlichen Anzahl von Unterschriften, ich muß daher vorerst die Unterstützungsfrage erheben. (Eine Stimme: Zuerst muß der präjudicielle Antrag des Herrn Lette zur Abstimmung kommen!) Der liegt nicht vor.

Lette von Berlin: Es wird keinem Zweifel unterliegen, daß ich mich den Anträgen von Deetz oder Osterrath anschließe, welche auf Ueberweisung an den Verfassungsausschuß gehen.

Schorn: Dagegen muß ich mich verwahren, daß der Antrag nochmals an den Verfassungsausschuß zurückgewiesen wird, denn wenn Sie sich erinnern, hat damals Herr Waitz im Namen des Verfassungsausschusses am 19. December erklärt, daß der Verfassungsausschuß sich nicht damit befassen werde, und Herr Waitz beantragte, daß er als besonderer Gesetzvorschlag möchte eingebracht werden. Der Verfassungs-Ausschuß hat also die Sache abgelehnt und in Folge davon habe ich beantragt, daß sie dem volkswirthschaftlichen Ausschuß, wie geschehen, überwiesen werde. Wir können nicht rückwärts greifen und nachmals die Prüfung dem Verfassungs-Ausschuß anheim geben.

Vicepräsident Kirchgeßner: Der principale Antrag der Herren Graf, Eckart und Genossen, der dahin geht:

> „Ueber den Bericht des volkswirthschaftlichen Ausschusses zur motivirten Tagesordnung überzugehen."

kommt wohl in die erste Linie zur Abstimmung; indessen dieser Antrag bedarf der Unterstützung; ich muß daher fragen: ob dieser Antrag Unterstützung findet? (Wenige Mitglieder erheben sich.) Er ist nicht unterstützt. Ich muß auch zugleich über den eventuellen Antrag des Herrn Graf dieselbe Frage stellen, welcher dahin geht:

> „Den Bericht ohne Beschlußfassung über den Antrag dem Verfassungsausschuß zur nochmaligen Erwägung bei der Redaction des die Reichsgewalt betreffenden Abschnitts der Verfassung zur zweiten Lesung zuzustellen."

Ich frage, ob dieser Antrag Unterstützung findet? (Die erforderliche Anzahl erhebt sich.) Er ist hinreichend unterstützt. Mit diesem eventuellen Antrage stimmt auch der Antrag der Herren Deetz, v. Boddien und Genossen im Wesentlichen überein. (Zuruf: Es ist derselbe!) Wenn diese zwei Anträge die Genehmigung der hohen Versammlung nicht finden sollten, so würden wir zum Antrage des Ausschusses gelangen. In der dritten Linie würde dann der Antrag des Herrn Schorn und Genossen kommen, des Inhalts:

> „Es soll eine allgemeine deutsche Bergordnung eingeführt werden."

Wenn gegen diese Reihenfolge ein Widerspruch nicht erhoben wird . . . Herr Schorn hat das Wort!

Schorn: Mein Antrag kann jetzt nicht zur Abstimmung kommen. Wenn über denselben, der dahin geht: „es soll eine allgemeine deutsche Bergordnung eingeführt werden", jetzt abgestimmt werden soll, so muß ich mir zuvor das Wort erbitten, da die Bergbauverhältnisse wenig bekannt sind. Herr Lette hat den präjudiciellen Antrag gestellt, meinen Antrag jetzt nicht zu berathen, sondern ihn dem Verfassungsausschusse zur Beachtung bei der zweiten Lesung des Capitels „Reich und Reichsgewalt" zu übergeben. Damit bin ich einverstanden, und erbitte mir dann seiner Zeit darüber das Wort; wenn aber heute über meinen Antrag abgestimmt werden soll, so erbitte ich mir auch heute zur Begründung desselben das Wort. Ich ersuche den Herrn Präsidenten, die Frage zur Abstimmung zu bringen: ob jetzt über meinen Antrag discutirt werden solle, oder bei der zweiten Lesung des Capitels vom „Reich und Reichsgewalt".

v. Vincke von Hagen: Mir scheint, daß der Antrag, im Einklange mit den Ansichten des letzten verehrten Redners, schon darum an den Verfassungsausschuß überwiesen werden muß, um bei der zweiten Lesung des Capitels vom „Reiche und Reichsgewalt" mitberücksichtigt zu werden; keineswegs aber, wie supponirt worden ist, um ein selbstständiges Gutachten des Verfassungsausschusses an die Versammlung darüber zu erlangen, was ja bereits der volkswirthschaftliche Ausschuß erstattet hat, sondern um ihn, wie alle sonstigen Anträge des volkswirthschaftlichen Ausschusses, für die zweite Lesung zu benutzen. — Erlauben Sie mir die Bemerkung, daß eigentlich gar kein Antrag mehr vorliegt; in den Motiven des Ausschusses ist historisch erörtert, daß alle früheren Anträge dieser Art bereits von der hohen Versammlung abgelehnt worden sind; und es ist hier vielmehr, wie früher zur ersten Lesung der Verfassung ex officio ein neuer Antrag von Seiten des volkswirthschaftlichen Ausschusses gestellt worden. Dieser Antrag kann aber vernünftigerweise nur bei der zweiten Lesung erwogen werden; wenn heute dennoch der Antrag des volkswirthschaftlichen Ausschusses angenommen würde, so würde das weiter nichts heißen, als: wir haben heute diesen Antrag zum ersten Male verlesen, und verweisen ihn, wie die früheren Anträge, an den Verfassungsausschuß zur Vorbereitung für die zweite Lesung. Also weiß ich nicht, was es helfen soll, wenn wir heute über den Antrag des volkswirthschaftlichen Ausschusses berathen und beschließen, da er dennoch zur zweiten Lesung des Capitels vom „Reiche und Reichsgewalt" wieder vorgelegt werden muß.

Lette von Berlin: Meine Herren! Das Sachverhältniß ist Folgendes: Man hatte früher darauf angetragen, gewisse Bestimmungen über das Bergregal, über dessen Ablösung, Aufhebung oder Fixation in den Abschnitt über die Grundrechte aufzunehmen. Dieß wurde von der hohen Versammlung abgelehnt. Der volkswirthschaftliche Ausschuß hatte in Folge Ihres Auftrages darüber Berathung gehalten, und sich ebenfalls gegen die Aufnahme in die Grundrechte entschieden. Nur hierüber hatte sich der Verfassungsausschuß früher erklärt, keineswegs schon über den gegenwärtigen Antrag des volkswirthschaftlichen Ausschusses. Mein Antrag geht jetzt dahin, über diesen Vorschlag jetzt nicht in Berathung einzugehen, sondern denselben dem Verfassungsausschuß zur Beachtung bei der neuen Redaction und zweiten Lesung des Capitels vom „Reiche und Reichsgewalt" zu übergeben. Mit der Annahme dieses Antrages würden die Anträge des Herrn Schorn, sowie der übrigen Herren sich erledigen. (Ruf nach Schluß.)

Vicepräsident Kirchgeßner: Ein Schlußantrag ist noch nicht überreicht. Herr Beseler hat das Wort! (Beseler verzichtet.) — Somit kommen wir zur Abstimmung. — Wie ich bereits zu erwähnen die Ehre hatte, meine Herren, kann es wohl keinem Zweifel unterliegen, daß die beiden Anträge des Herrn Schorn, Eckhardt und Genossen, welche suspensiver Richtung sind, weil sie den Gegenstand an den Verfassungsausschuß vorerst noch überwiesen wissen wollen, in erster Reihenlinie zur Abstimmung kommen müssen. Dann kommt der Antrag von Deetz, v. Boddien, v. Schrenk und Genossen. Es ist wohl einerlei, welchen von beiden Anträgen ich zuerst zur Abstimmung bringe. (Es erfolgt kein Widerspruch.) Der Antrag geht dahin:

> „Die Nationalversammlung wolle beschließen, den Bericht des volkswirthschaftlichen Ausschusses über die Anträge mehrerer Abgeordneten, die Aufhebung oder Ablösung der auf dem Bergbau ruhenden Zehnt- und anderen Abgaben und Lasten betreffend, zur geeigneten Prüfung und Berücksichtigung an den Verfassungsausschuß zu überweisen."

Ich ersuche diejenigen Herren, welche diesem Antrage beistimmen wollen, sich zu erheben. (Mitglieder auf verschiedenen Seiten erheben sich.) Der Antrag ist genehmigt, und hiermit sind die übrigen Anträge erledigt. — Ein weiterer Gegenstand der Tagesordnung ist: Die Berathung der vom Abgeordneten Schultze aus Potsdam, Namens des Ausschusses für Wehrangelegenheiten erstatteten Berichte über die unter Nro. 3552 vorliegende Petition der Göttinger Bürgerversammlung vom 27. September 1848, wegen Vermehrung der deutschen Kriegsmacht, vermittelst Volksbewaffnung; und über den Antrag des Abgeordneten Werner aus Oberkirch, in Betreff der Ergänzung des großherzoglich badischen Armeecorps, Nro. 550 und über verschiedene den gleichen Gegenstand betreffende Petitionen Nro. 5500.

(Die Redaction läßt diese Berichte hier folgen:

Bericht

des Ausschusses für Wehrangelegenheiten über die unter Nro. 3552 vorliegende Petition der Göttinger Bürgerversammlung vom 27. November 1848, wegen Vermehrung der deutschen Kriegsmacht vermittelst der Volksbewaffnung.

Berichterstatter: Abgeordneter Schultze aus Potsdam.

„Die vorliegende, angeblich im Namen und Auftrage der Göttinger Bürgerversammlung von deren Präsidium und Ausschuß eingereichte Petition vom 27. September 1848 erkennt die Nothwendigkeit der von der hohen Reichsversammlung in ihrer 39. Sitzung vom 15. Juli 1848 beschlossenen Vermehrung der deutschen Kriegsmacht an, sie ist aber mit der Ausführung dieses Beschlusses durch Vermehrung der stehenden Heere nicht einverstanden, verlangt vielmehr,

„daß es den Regierungen der Einzelstaaten zum Gesetz gemacht werde, die Vermehrung der Streitmacht nicht durch Vergrößerung der stehenden Heere, sondern durch Kräftigung und Erweiterung einer freien Volkswehr schleunigst zu bewirken."

Das Verlangen wird zu begründen versucht durch die dem Volke aus der Vermehrung der stehenden Heere theils durch Entziehung brauchbarer Arbeitskräfte, theils durch die damit verbundenen Kosten erwachsenden Lasten, und durch die mit der Vermehrung der stehenden Heere, die überdieß die tapferen Söhne des Volkes ihrer Bürgerpflicht entfremdeten, wachsende Gefahr für die Entwickelung und den Fortbestand der Freiheit. Es wird auch die Besorgniß ausgesprochen, daß Parteiwuth oder Verrath die dem Volke vorenthaltenen Waffen eigenmächtig zum Umsturze der Freiheit wie in jeder gesetzlichen Ordnung ergreifen würden. — Der Ausschuß für Wehrangelegenheiten findet in dem Vortrage keine Gründe, welche bei der dem Beschlusse vom 15. Juli 1848 vorangegangenen Berathung nicht schon geeignete Berücksichtigung erfahren hätten, und sieht sich deßhalb nicht veranlaßt, in diesem Beschlusse oder dessen Ausführung irgend eine Aenderung zu beantragen; er glaubt ferner voraussetzen zu dürfen, daß die in der Petition enthaltenen Wünsche über die Bildung einer freien Volkswehr, bei der Berathung über den in der 85. Sitzung vom 25. September 1848 angemeldeten, mit einem gutachtlichen Berichte bereits gedruckt vorliegenden Entwurfe eines Gesetzes über die deutsche Wehrverfassung, nach dessen § 20 die Bestimmungen über die Zusammensetzung der Bürgerwehr, ihre Uebungen u. s. w. der Gesetzgebung der Einzelstaaten überlassen bleiben sollen, — die gebührende Erwägung finden werden, und beantragt deßhalb bei der hohen Reichsversammlung:

„über die vorliegende Petition zur Tagesordnung überzugehen."

Bericht

des Ausschusses für Wehrangelegenheiten über den Antrag des Abgeordneten Werner aus Oberkirch, in Betreff der Ergänzung des großherzoglich badischen Armeecorps, Nro. 550, und über die den gleichen Gegenstand betreffenden Petitionen aus Appenweier, Urloffen, Windschläg, Griesheim, Bohlsbach, Bühl, Offenburg, Scherzheim, Rheinbischoffsheim, Lichtenau, Helmedingen und Grauelsbauen, Nro. 5500.

Berichterstatter: Abgeordneter Schultze aus Potsdam.

„Der Abgeordnete Werner von Oberkirch stellte in der 136. Sitzung der hohen Reichsversammlung vom 15. December 1848 den durch 15 andere Abgeordnete, von welchen jedoch nur 4 seinem engeren Vaterlande, dem Großherzogthum Baden angehören, unterstützten dringlichen Antrag:

Die Nationalversammlung beschließt:

„Das Kriegsministerium wird veranlaßt, die Zurücknahme mindestens den einstweiligen Einhalt mit dem Vollzug der Verfügung vom 25. November 1848, die Ergänzung des großherzoglichen — (badischen) — Armeecorps betreffend, zu bewirken.

Eventuell:

das badische Ministerium zu bestimmen, anstatt jener Aushebung die Organisirung und Mobilmachung des ersten Aufgebotes der Bürgerwehr anzuordnen."

Nachdem die begehrte Dringlichkeit nicht anerkannt worden, ist der Antrag im gewöhnlichen Geschäftsgange an den Ausschuß für Wehrangelegenheiten gelangt, und bildet den Gegenstand des gegenwärtigen Berichtes. Er ist hervorgerufen durch die in dem 87. Stücke des großherzoglich badischen Regierungsblattes abgedruckte Verfügung des Ministerii des Innern vom 25. November 1848, welche in Folge des von der hohen Reichsversammlung in der 39. Sitzung vom 15. Juli 1848 gefaßten Beschlusses über die Vermehrung der deutschen Wehrkräfte, die nöthigen Anordnungen zur Ergänzung des großherzoglichen Armeecorps in Gemäßheit des badischen Conscriptionsgesetzes vom 14. Mai 1825 erläßt. — Der Antragsteller sucht den Antrag näher zu begründen, indem er die Befugniß der badischen Regierung zu der angeordneten Maßregel bestreitet:

1) weil das Gesetz eine solche außerordentliche Conscription auf den nicht vorliegenden Fall eines Krieges beschränke;

2) weil nach der Erklärung des Reichskriegsministers vom 21. August 1848 nur erst einleitende Anordnungen zur Ausführung des Beschlusses vom 15. Juli 1848 getroffen, dagegen eine allgemeine, alle deutsche Einzelstaaten umfassende Verfügung noch nicht promulgirt sei;

3) weil ferner nach dem Beschlusse vom 15. Juli 1848 zum Grunde liegenden Zusatz 2 zu dem Berichte des Wehrausschusses vom 15. Juli 1848 keineswegs eine Vermehrung des eigentlichen stehenden Heeres beabsichtigt sei, vielmehr die Vermehrung des Contingentes ohne alle Einschränkung durch Vermehrung der Landwehr erfolgen könne, und deßhalb, in Berücksichtigung des badischen Bürgerwehrgesetzes vom 1. April 1848, die Organisirung und Mobilmachung der Altersclassen vom 18 bis 30. Jahre der Bürgerwehr, dem Beschlusse vom 15. Juli 1848 genügen werde;

4) endlich, weil die angegriffene Verfügung nur die nach dem badischen Conscriptionsgesetze Pflichtigen — zu denen die standesherrlichen Familien nicht gehören — aufrufe, während der Beschluß vom 15. Juli 1848 die fragliche Aushebung mit Wegfall aller und jeder in einem Einzelstaate bisher stattgehabten Exemtionen vorgenommen wissen wolle.

Später sind durch den Antragsteller Petitionen aus Appenweier, Urloffen, Windschläg, Griesheim, Bohlsbach, Bühl, Offenburg, Scherzheim, Rheinbischoffsheim, Lichtenau, Helmlingen und Grauelsbauen, theils mit den Unterschriften der Gemeinderäthe und Bürgerausschüsse, theils ohne nähere Bezeichnung, überhaupt aber mit 479 Namensunterschriften versehen, vorgelegt, von denen die ersten 6 sich einfach, ohne Motivirung nur dem Antrage anschließen, während die übrigen in unter sich gleichen Worten die von dem Antragsteller geltend gemachten Gründe ebenfalls, und außerdem nur noch die für das Land aus der außerordentlichen Conscription erwachsenden Lasten hervorheben. — Der Ausschuß hat keinen Anstand gefunden, diese Petitionen gleichzeitig zur Erledigung zu bringen. —

Bevor jedoch der Ausschuß auf eine nähere materielle Prüfung eingegangen, hat er sich auf eine formelle Prüfung, in Beziehung auf die Competenz der hohen Reichsversammlung einlassen zu müssen geglaubt und dabei zu erwägen gehabt, daß die Beschwerde nicht gerichtet ist gegen einen Beschluß der hohen Reichsversammlung, auch nicht gegen die Ausführung eines solchen Beschlusses durch die provisorische Centralgewalt, sondern gegen die Ausführung eines an sich nicht angegriffenen Beschlusses der Reichsversammlung durch die Regierung eines Einzelstaates; ferner, daß die Beschwerde von Personen ausgeht, die ihrer Eigenschaft als Abgeordnete zur Reichsversammlung ungeachtet, hier nur als Private betrachtet werden können, von denen sogar nur fünf dem badischen Staate angehören, und daß auch von diesen fünf kein einziger eine Verletzung durch die angegriffene Verfügung für sich behauptet hat, gegen welche Verletzung zunächst immer bei der badischen Regierung selbst, resp. bei der Ständeversammlung, und dann erst bei der hohen Reichsversammlung Abhülfe nachzusuchen gewesen sein würde. — Nach diesen Erwägungen ist der Ausschuß zu der Ansicht gelangt, daß die Reichsversammlung in der Sache nicht competent sei, und sich deßhalb weiter nicht damit zu befassen habe; er hat sich indessen, falls dieser Ansicht nicht beigetreten werden sollte, auf eine nähere Prüfung der Sache selbst eingelassen und hier gefunden, daß der oben zu 1 hervorgehobene Grund nicht stichhaltig ist, denn das badische Conscriptionsgesetz vom 14. Mai 1825 läßt eine außerordentliche Conscription, wie sie hier allerdings vorliegt, zwar nur im Falle eines Krieges zu, es sagt aber nirgends, daß der Krieg bereits wirklich ausgebrochen sein müsse, um seine Anwendung zu begründen, vielmehr kann diese Bestimmung der Natur der Sache nach und wann sie in den meisten Fällen nicht illusorisch sein soll, nur so gedeutet werden, daß sie schon in Erwartung eines Krieges volle Anwendung findet, wie denn auch der § 41 der Regierung für den Fall eines zu befürchtenden Krieges ausdrücklich zu hierauf bezüglichen, das Wandern und Reisen der Conscriptionspflichtigen betreffenden Maßregeln autorisirt. Das Urtheil darüber, ob ein Krieg zu befürchten sei, und so der Kriegsfall des Gesetzes vorliege, kann übrigens nur der Regierung zustehen, und die Richtigkeit dieses Urtheiles wird in dem vorliegenden Falle um so weniger in Frage gestellt werden können, als der Beschluß vom 15. Juli 1848 überhaupt nur seinen Grund in bevorstehenden Kriegen hat. Wenn aber auch noch irgend Zweifel hierbei verbleiben sollten, so wird doch Niemand in Abrede stellen wollen, daß das Großherzogthum Baden als ein Theil des deutschen Bundes bei dem Erlasse der angegriffenen Verfügung sich im Kriege mit Dänemark befand, wie dieß auch heute noch der Fall ist, und daß außerdem schon der Beschluß der hohen Reichsversammlung vom 15. Juli 1848, die nach dem badischen Gesetze etwa fehlenden Bedingungen einer außerordentlichen Conscription zu ergänzen und zu ersetzen geeignet ist. — Nicht gewichtiger erscheint der oben zu 2 hervorgehobene Grund. Durch den Beschluß vom 15. Juli 1848 ist die provisorische Centralgewalt ermächtigt worden, die von dem Wehrausschusse beantragte Vermehrung der deutschen Streitmacht nach dem Satze von zwei Procent der jetzigen Bevölkerung in Ausführung zu bringen, und der Reichskriegsminister hat in der 63. Sitzung vom 21. August 1848 angezeigt, daß er der Verwirklichung dieses Beschlusses durch einleitende Anordnungen näher getreten sei, dabei jedoch den verschiedenen Bundesstaaten die Wahl der zweckmäßigsten Mittel und Wege, das vorgesteckte Ziel mit den geringsten Anstrengungen zu erreichen, freigestellt habe. Es kann hiernach die Befugniß der Einzelregierungen zu Maßregeln, welche die Ausführung des Beschlusses vom 15. Juli 1848 bezwecken, nicht in Zweifel gezogen werden. — Wenn ferner zu 3 behauptet worden, daß die Organisirung und Mobilmachung der Altersklassen vom 18. bis 30. Lebensjahre der Bürgerwehr in Gemäßheit des Bürgerwehrgesetzes vom 1. April 1848 den Anforderungen der Centralgewalt genügt haben würde, weil nach dem Antrage des Wehrausschusses es nur darauf ankomme, eine für den Krieg hinlänglich geübte Wehrkraft zu haben und nicht eine Vermehrung des eigentlich stehenden Heeres beabsichtigt werden und deßhalb unbedenklich die verlangte Vermehrung des Contingentes in den einzelnen Staaten, in Vermehrung dieser Landwehr erfolgen könne, so ist zunächst nicht nachzuweisen, daß die Regierung den so angedeuteten Weg hätte verfolgen müssen, und nicht auch den von ihr eingeschlagenen hätte verfolgen können. Aber abgesehen hiervon zeigt sich die Behauptung ganz unbegründet, denn nach Artikel 55 des erwähnten Gesetzes können die Wehrmannschaften überhaupt nur durch einen Act der Gesetzgebung und nur für eine bestimmte Zeit zum Kriegsdienste herangezogen werden; und nach Artikel 52 kann das zu den ausgedehntesten Leistungen verpflichtete erste Aufgebot der Bürgerwehr immer nur zur Vertheidigung des Landes innerhalb dessen Grenzen verwendet werden, während hier doch ohne Frage eine auch außerhalb der Landesgrenzen verwendbare Kriegsmacht erfordert wird. Es würde demnach die verlangte Organisation der Bürgerwehr dem Zwecke an sich nicht entsprechen, so daß zur Extrahirung des erforderlichen Actes der Gesetzgebung, der überdieß leicht unverhältnißmäßig viel Zeit erfordern könnte, kein Grund vorhanden war. — Das in andern Staaten gebräuchliche Landwehrsystem besteht in dem Großherzogthum Baden nicht, es können daher die von dem Ausschusse angedeuteten Vortheile des Systems dem Großherzogthume nicht zu Gute kommen. Sie sind in dem vorliegenden Falle allerdings sehr erheblich, insofern als es nur auf die Beschaffung der geforderten Zahl kriegsgeübter Mannschaften ankommt und diese Zahl in der Landwehr ohne Zweifel sich mehr als ausreichend vorfindet, so daß der Beschluß vom 15. Juli 1848 von den das Landwehrsystem befolgenden Staaten schon im Voraus erfüllt war. Uebrigens beabsichtigt die badische Regierung, um die Belästigung der außerordentlichen Conscription möglichst zu mildern, daß die in Folge derselben ausgehobenen Rekruten bei der Infanterie nur während sechs Wochen, bei der Cavallerie aber während drei Monaten eingeübt werden, sie setzt also für den vorliegenden Fall eine so kurze Uebungszeit fest, wie sie die Regel des zu erwartenden Wehrgesetzes schwerlich für genügend erachten wird. — Wenn endlich zu 4 über die Nichtbeachtung der aufgehobenen Exemtionen Beschwerde geführt wird, so ist auf den Antrag des Abgeordneten Riesser allerdings beschlossen worden, daß die stattfindende Aushebung nach dem Grundsatze einer allgemeinen für Alle gleichen Wehrpflicht und mit Wegfall aller und jeder in dem einen oder dem andern Staate bisher stattgehabten Exemtionen geschehen solle. Es hat aber mit diesem Beschlusse offenbar nur gesagt werden sollen, daß solche in den Einzelstaaten bestehenden Exemtionen, deren Beseitigung in der Befugniß des Einzelstaates selbst liegt, nicht berücksichtigt werden sollen, und unter dieser Annahme hat die badische Regierung dem Beschlusse Genüge geleistet, da die Aushebung nach dem badischen Conscriptionsgesetze erfolgt ist, das eine für Alle gleiche Wehrpflicht annimmt und nur in der Ausführung dieser Pflicht Modificationen zuläßt, wie sie sich in anderen Staaten nicht überall finden, die aber hier nicht weiter in Betracht kommen können. Dieß erkennt der Antragsteller selbst dadurch an, daß er nur die Nichtheranziehung der standesherrlichen Familien bei der in Rede stehenden Conscription ausdrücklich

hervorgeht. Hinsichtlich dieser konnte aber die badische Regierung in dem Beschlusse vom 15. Juli 1848 eine Aufhebung des Artikels 14 der Bundesacte offenbar nicht finden, sie blieb vielmehr verpflichtet, die in dem § 1. des badischen Conscriptionsgesetzes vom 14. Mai 1825 aus der Bundesacte übergegangene Befreiung des Standesherren und ihrer Familien von der Verpflichtung zum Kriegsdienste zu beachten, und sie hat alles gethan, was billigerweise von ihr erwartet werden kann, wenn sie in der angegriffenen Verfügung vom 25. November 1848 ausdrücklich darauf aufmerksam macht, daß die Aufhebung der Einstellung nach den vorläufigen Beschlüssen der deutschen Nationalversammlung, sowie nach einem den Ständen bereits vorgelegten Gesetzentwurfe, in naher Aussicht steht Ob hierin der § 7 der inzwischen festgestellten Grundrechte des deutschen Volkes, nach welchem die Wehrpflicht für Alle gleich ist, eine Aenderung begründet, kann hier unerörtert bleiben, da zur Zeit des Erlasses der angegriffenen Verfügung und des dagegen gerichteten Angriffes, diese Grundrechte noch nicht bestanden und auch dieselben, wegen der durch sie bedingten Aenderungen der badischen Verfassung, vor ihrer Durchführung im Großherzogthum Baden einer Vorlage an die Stände bedürfen werden. — Der badischen Regierung ist hiernach kein Vorwurf zu machen, es muß vielmehr anerkannt werden, daß sie sich streng innerhalb der Grenzen des Gesetzes, das namentlich auch eine Zuziehung der Stände bei einer solchen außerordentlichen Conscription nicht verlangt, gehalten hat, und der Ausschuß nimmt deßhalb keinen Anstand in Vorschlag zu bringen:

„daß die hohe Reichsversammlung über die vorliegenden Anträge und Petitionen zur Tagesordnung übergehen wolle.")

Vicepräsident Kirchgeßner: Der Bericht des Ausschusses schließt mit dem Antrage: „über die vorliegende Petition zur Tagesordnung überzugehen." Ein Verbesserungsantrag liegt nicht vor, — so eben aber wird mir ein solcher überreicht, des Inhalts:

Verbesserungs-Antrag
des Abgeordneten Bischer zu den Anträgen der beiden Berichte des Wehrausschusses (12, a b)

„In Erwägung, daß der am 15. Juli 1848 zum Beschluß erhobene Antrag des Wehrausschusses also lautet:

Eine hohe Nationalversammlung wolle beschließen, die einzelnen deutschen Regierungen einladen zu lassen:

1) So schnell als möglich die Vorbereitungen zu einer allgemeinen Volksbewaffnung vornehmen zu lassen, deren Grundzüge die in Arbeit begriffene allgemeine Wehrverfassung demnächst enthalten wird;

2) in Betracht, daß diese allgemeine Volksbewaffnung so schnell und genügend, als die Verhältnisse es erheischen, nicht wird ins Leben treten können, als ersten Bann dieser Volkswehr die oben verlangte Zahl von 340,000 Mann des baldigsten in folgender Maßgabe in bereiten Stand bringen zu lassen: — die verlangte Verstärkung von 340,000 Mann, nach Maßgabe der Bevölkerung auf die einzelnen deutschen Staaten repartirt, wird durch die betreffenden Regierungen sofort auf gesetzlichem Wege zur Aushebung designirt — ohne einstweilen wirklich ausgehoben zu werden — rc.; diese so designirten Mannschaften werden, ohne sie dadurch in ihrer bürgerlichen Beschäftigung zu behindern, in den einzelnen Gemeinden und Bezirken, soweit als thunlich in freien Stunden in tactischen Bewegungen kriegsmäßig geübt; es wird sofort durch die unter den Waffen befindlichen Bundestruppen die Bildung einer hinreichenden Anzahl kleiner Cadres vorbereitet, welche bei Ausbruch eines Krieges der eben bezeichneten, neu auszuhebenden Volkswehr von 340 000 Mann als Anhaltspunkt in fernerer Formation dienen u. s. w."

In Erwägung, daß diesem Beschlusse das Gesuch der Göttinger Bürgerversammlung vom 27. September 1848 im Wesentlichen nicht widerspricht, indem die durch denselben gebotene Verstärkung des Bundesheeres zwar in Betreff der Aushebung in der bisherigen Weise des stehenden Heeres bewerkstelligt werden soll, durch die Art ihrer Einübung aber wirklich als Anfang einer allgemeinen Volkswehr gestempelt wird;

in Erwägung, daß die Verfügung der badischen Regierung vom 25. November 1848 mit jenem Beschlusse nicht im Einklang steht, wenn sie beabsichtigt, die ausgehobene Mannschaft zum Zwecke der Einübung in die Garnisonen einzuberufen, daß überhaupt jede Verfügung deutscher Regierungen, welche zur Ausbildung dieser Mannschaft das Mittel der Präsenz ergreift, dem klaren Buchstaben und Sinn jenes Beschlusses zuwiderhandelt;

in Erwägung, daß es eben die Präsenz ist, welche diese neue Rüstung dem Volke zur fast unerträglichen Last macht —:

Aus diesen Gründen wolle die Reichsversammlung beschließen:

„aus Anlaß der Petition der Göttinger Bürgerversammlung vom 27. September 1848 und des auf mehrere Petitionen gestützten Antrags des Abgeordneten Werner aus Oberkirch auf den klaren Wortlaut ihres Beschlusses vom 15. Juli 1848 hinzuweisen, wonach die Einübung der zur Verstärkung des Bundescontingents ausgehobenen Mannschaft in den einzelnen Bezirken und Gemeinden geschehen soll, also die Präsenz ausgeschlossen ist, und durch das Reichsministerium zu bewirken, daß die einzelnen Regierungen Deutschlands keine von diesem Beschlusse abweichende Form zur Anwendung bringen.

Unterstützt von: Fetzer, Fehrenbach, Fallmerayer, Nägele, Kudlich, Pfahler, Huber, Huck, Schulz von Darmstadt, Groß von Prag, Schulz von Weilburg, Schüler, Zimmermann von Stuttgart, Würth von Sigmaringen, Schott, Böcking, Rödinger, Vogel von Guben, Schober, Freese, Tafel von Stuttgart."

Zum Wort über diesen Gegenstand hat sich gemeldet gegen den Ausschußantrag Herr Fehrenbach.

Fehrenbach von Säckingen: Da der Antragsteller der Abgeordnete Werner heute dahier nicht anwesend ist, so stelle ich an das hohe Haus den Antrag, für heute von der Verhandlung über diesen Gegenstand Umgang zu nehmen und ihn auf eine der nächsten Tagesordnungen zu setzen.

Vicepräsident Kirchgeßner: Ich muß wohl zuvörderst den Suspensivantrag, welcher eben mündlich gestellt wurde, zur Unterstützung bringen. Es ist vom Abgeordneten Fehrenbach der Antrag gestellt, es möge dieser Gegenstand, weil der ursprüngliche Antragsteller nicht gegenwärtig sei, auf eine andere Tagesordnung gesetzt werden. Ich möchte darüber Herrn Fehrenbach zur Erklärung auffordern, ob der Antrag auf den ganzen Gegenstand oder nur auf einen Theil gerichtet ist.

Fehrenbach (vom Platze): Ich nehme meinen Antrag zurück.

Vicepräsident Kirchgeßner: Herr Würth bittet ums Wort.

Würth von Sigmaringen: Meine Herren! Wenn dieser Gegenstand jetzt zur Verhandlung kommt, so ist kaum anzunehmen, daß die Tagesordnung erschöpft werden wird. Es steht aber auf der Tagesordnung noch ein dringlicher Antrag, betreffend die ungesäumte Zurückziehung der noch im Fürstenthum Sigmaringen befindlichen Reichstruppen. Deßhalb bitte ich, diesen von ihrem Ausschusse als dringlich erkannten Antrag jetzt gleich in Berathung zu ziehen.

Vicepräsident Kirchgeßner: Herr Buß hat das Wort. (Von mehreren Seiten: Oh! oh!) Ich bitte, die Plätze einzunehmen. Herr Buß verzichtet auf das Wort.

Schultze von Potsdam: Ich will Ihre Zeit nicht lange in Anspruch nehmen. Ich erlaube mir nur eine kurze factische Bemerkung vorzutragen, nämlich die: daß in Folge des Beschlusses vom 15. Juli v. J. und der darauf bezüglichen Aufforderung der Centralgewalt vom 12. August v. J. die badische Regierung der dortigen Ständeversammlung einen Gesetzentwurf vorgelegt hat, um die hier beschlossene Vermehrung der Heeresmacht bis zu 2 pCt. der jetzigen Bevölkerung zu erreichen. Dieser Gesetzentwurf ist in der zweiten Kammer zur Berathung gekommen und bereits am 16. dieses Monats genehmigt worden. Ich weiß nicht, ob der Entwurf schon in der ersten Kammer Genehmigung erhalten hat.

Vicepräsident Kirchgeßner: Der vorliegende Gegenstand der Tagesordnung umfaßt zwei Unterabtheilungen a und b In beiden Beziehungen ist vom Ausschusse der Antrag zum Uebergang auf Tagesordnung gestellt; indessen wir können wohl nicht anders als einzeln über die Anträge die Abstimmung beginnen. Es wird keinem Zweifel unterliegen, daß der Antrag des Ausschusses zuerst zur Abstimmung kommen muß. Ich stelle an die hohe Versammlung die Frage, ob sie mit dem Antrage des Ausschusses:

„über die unter Nr. 3552 vorliegende Petition der Göttinger Bürgerversammlung vom 27. Sept. 1848, wegen Vermehrung der deutschen Kriegsmacht vermittelst der Volksbewaffnung, zur Tagesordnung überzugehen."

einverstanden ist. Diejenigen Herren, die für den Ausschußantrag stimmen wollen, ersuche ich, sich zu erheben. (Mitglieder auf verschiedenen Seiten erheben sich.) Der Ausschußantrag ist angenommen. Der weitere Antrag des Ausschusses auf Tagesordnung ist bezüglich des Antrags des Herrn Werner. Ich richte an die hohe Versammlung die Frage, ob auch hier mit dem Ausschußantrage zur Tagesordnung übergegangen werden soll. Wer dieses will, beliebe sich zu erheben. (Mitglieder auf verschiedenen Seiten erheben sich.) Der Antrag des Ausschusses ist angenommen. Es wird mir soeben von Herrn Vischer aus Tübingen bemerkt, daß dessen von ihm und mehreren Genossen gestellter Antrag als Zusatz erscheinen könne, allein nachdem über den Hauptgegenstand Tagesordnung beliebt worden ist, so scheint mir wenigstens ein Zusatz als Annexum nicht bestehen zu können. Herr Vischer bittet um das Wort.

Vischer von Tübingen: Meine Herren! Dieser Antrag hat gar keinen andern Inhalt, als daß er an den Wortlaut Ihres Beschlusses vom 15. Juli erinnert, wonach es ausdrücklich heißt, daß in den Einzelstaaten eine Erleichterung dadurch ausgeführt werden solle, daß die neuausgehobenen Mannschaften nicht zur Präsenz berufen, sondern in ihren Bezirken eingeübt werden. Dieß ist wörtlich Ihr Beschluß. Nun geht aus den Petitionen hervor, daß die Einzelstaaten ein Conscriptionsgesetz einführen. Dieß ist gegen unsern Beschluß, und wir sind veranlaßt, auf den klaren Wortlaut unseres Beschlusses zurückzuweisen. Wir können also zur Tagesordnung übergehen; aber wir können erklären, es solle nicht in Vergessenheit kommen, in welcher Form die Einberufung der Mannschaften zur Ausbildung bewirkt werden soll. Meine Herren! Ich will Sie nicht hinhalten, aber erlauben Sie mir nur noch ein Wort. Wir sind nicht so abgeneigt jeder durchgeführten Disciplin, daß wir meinen, die Präsenz sei unnöthig; aber wir meinen, damit solle jetzt nicht angefangen werden.

Drechsler von Rostock: Herr Vischer hat selbst gesagt, daß sein Antrag neben der Tagesordnung, die soeben beschlossen wurde, bestehen kann. Damit hat er selbst behauptet, daß dieser Antrag ein selbstständiger ist, denn sonst weiß ich nicht, wie ein Antrag noch Bestand haben könnte. Da aber ein selbstständiger Antrag nach der Geschäftsordnung erst an den Ausschuß gehen muß, so wäre wohl der Vischer'sche Antrag an den Ausschuß für Wehrangelegenheit zu verweisen.

Schultze von Potsdam: Ich bin der Ansicht, daß wir uns, nachdem ein Beschluß durch die Abstimmung erreicht ist, nicht auf weitere Debatte einlassen können, und schließe mich dem vorigen Redner unbedingt an. Ich muß aber darauf aufmerksam machen, daß der Beschluß vom 15. Juli wörtlich so lautet:

„Den Bericht des Ausschusses für die Wehrangelegenheiten vom 1. Juli d. J. und den Zusatz dazu vom 13. Juli d. J. der provisorischen Centralgewalt zu überweisen und diese zu ermächtigen, die in jenem Berichte und Zusatz dazu beantragte Vermehrung der deutschen Streitmacht nach dem Satze von zwei Procent der jetzigen Bevölkerung in Ausführung zu bringen."

Danach ist die Centralgewalt ganz einfach ermächtigt worden, die Heeresmacht bis zu zwei Procent der jetzigen Bevölkerung zu vermehren, und es ist darüber, wie das geschehen soll, keine weitere Vorschrift ertheilt worden. Die Bestimmung, daß die Mannschaften durchaus in ihren Wohnsitzen geübt werden sollen, existirt nicht, und man kann der badischen Regierung über die von ihr getroffenen Anordnungen keine Vorwürfe machen, um so weniger, als sie jede mögliche Rücksicht nehmen will, wie sie dieß ausdrücklich ausgesprochen hat, wenn sie für die Infanterie eine sechswöchentliche und für die Cavallerie eine dreimonatliche Uebungszeit festgesetzt, die Zeit also so kurz bestimmt hat, wie sie das zu erwartende Wehrgesetz schwerlich für ausreichend erachten wird.

Vischer von Tübingen: Ich ziehe meinen Antrag für jetzt zurück und werde ihn später als einen selbstständigen einbringen.

Vicepräsident Kirchgeßner: Wir kommen jetzt zum dreizehnten Gegenstande der Tagesordnung: **Berathung des vom Abgeordneten Mittermaier Namens des Gesetzgebungs-Ausschusses erstatteten Berichts, über den Antrag des Abgeordneten Rösler und Genossen, die authentische Uebersetzung der Reichsgesetze betreffend.**

(Die Redaction läßt diesen Bericht hier folgen:

„Die Abgeordneten **Rösler** von Oels und Genossen brachten am 23. December 1848 einen Antrag vor, daß die Nationalversammlung beschließen wolle, das Reichsministerium aufzufordern, für authentische Uebersetzung der bis jetzt erlassenen oder noch zu erlassenden Reichsgesetze und sonstigen von dem Reiche ausgehenden Veröffentlichungen, vorläufig in das Polnische, Czechische, Illyrische, Dänische und Italienische, und für geeignete Veröffentlichung dieser Uebersetzung in den betreffenden Landestheilen auf verfassungsmäßigem Wege bald

Sorge zu tragen. — Dieser Antrag wurde bereits in dem Gesetzgebungsausschusse, bei Berathung des Entwurfs über Verkündigung der Reichsgesetze von einem Mitgliede des Ausschusses gestellt, von dem Ausschusse geprüft, aber nicht genehmigt. Man verkannte nicht, daß die Beobachtung der Gesetze nur dann gesichert ist, wenn sämmtlichen Angehörigen des Reichs jedes Gesetz auch in ihrer Landessprache zur Kenntniß gebracht wird, man erwog, daß die Nationalversammlung selbst in ihrem Beschlusse vom 31. Mai v. J. das Recht anerkannt hat, welches die nicht-deutschen Volksstämme auf deutschem Bundesboden haben, in Hinsicht auch auf die innere Verwaltung und Rechtspflege sich der Gleichberechtigung ihrer Sprache, so weit deren Gebiete reichen, zu bedienen; allein dennoch konnte der Ausschuß keine genügenden Gründe finden, darauf anzutragen, daß für authentische Uebersetzung aller Reichsgesetze durch das Reichsministerium gesorgt werde. Man mußte erwägen, daß es schon schwierig ist, für manche Gegenden zu bestimmen, welche Schriftsprache dort üblich ist, daß nicht selten die allgemein unter dem Volke in einer Gegend vorkommende Sprache doch nicht die Schriftsprache ist, daß in Deutschland so viele Abstufungen der verschiedenen Sprachen vorkommen, daß dadurch noch lange nicht genügend für das Volksbedürfniß gesorgt wäre, wenn nur die Uebersetzung in den vom Antragsteller bezeichneten Sprachen geschehen würde, z. B. wenn man an die Bewohner Istriens sich erinnert. — Durch die Annahme des Antrags würden bedeutende Kosten veranlaßt werden, wenn bei dem Ministerium so viele beeidigte Uebersetzer angestellt werden müßten, als in Deutschland verschiedene Sprachen gesprochen werden. Selbst die Schwierigkeiten, sich die geeigneten Uebersetzer für manche Sprache, z. B. das Illyrische, hier zu verschaffen, ist nicht unbeachtet zu lassen. Jeder weiß aber auch, wie mißlich es ist, — die gerichtlichen Verhandlungen, in denen man sich der Uebersetzer bedienen muß, beweisen dieß zur Genüge — Bürgschaften zu erhalten, daß die Uebersetzung völlig treu gemacht wurde. Da es hier auf amtliche, also auch nach ihrer Treue von der öffentlichen Behörde verbürgte Uebersetzung ankommen würde, so bedürfte es wieder einer Ueberwachung der Uebersetzer, — was neue Schwierigkeiten herbeiführen würde. — Der Ausschuß ist überzeugt, daß die Nationalversammlung weit besser es jeder einzelnen Regierung überlassen kann, für die geeigneten Uebersetzungen der Reichsgesetze im Interesse der verschiedenen Staatsangehörigen Sorge zu tragen, so weit das Bedürfniß darauf führt. So gut z. B. die österreichische Regierung ihre eigenen Verordnungen zur Kenntniß der Staatsbürger, welche verschiedene Sprachen reden, auf geeignete Weise bringt, eben so gut kann sie, welcher die Möglichkeit, treue Uebersetzungen veranstalten zu lassen, leicht gegeben ist, es mit den Reichsgesetzen halten. Indem der Ausschuß darauf rechnet, daß jede Regierung das von selbst veranstalten wird, trägt er darauf an, daß die Nationalversammlung über den gestellten Antrag zur Tagesordnung übergehen wolle.")

Vicepräsident Kirchgeßner: Ein Verbesserungsantrag hierzu liegt bis jetzt nicht vor. Herr Rösler hat das Wort.

Rösler von Oels: Meine Herren! Es war noch eine schöne Zeit in unserer Versammlung, als wir am 31. Mai auf den Antrag des Abgeordneten Mareck den Beschluß faßten: Das fortan einige und große Deutschland ist stark genug, um den in seinem Schooße lebenden anderSredenden Stämmen alle die Rechte gewähren zu können, welche sie nach ihrer besonderen Sprache und Nationalität in Anspruch nehmen können. Damals glaubten wir freilich selbst noch bei weitem freier und mächtiger zu sein, als es sich nachher gefunden hat; doch sind wir damals eine Verpflichtung eingegangen, und so lange wir wenigstens noch so bestehen, wie wir eben bestehen, müssen wir auch dieser Verpflichtung nachkommen. Mein Antrag ist nur aus dem Bewußtsein hervorgegangen, daß wir unserer Verpflichtung gegen anderSredende Stämme nicht nachkommen, wenn wir die Gesetze und Proclamationen, welche wir beschließen — wenigstens haben wir einmal den Beschluß gefaßt, eine Proclamation an das Volk zu erlassen, wiewohl die Ausführung dieses Beschlusses später unterblieb — sowie die Ansprachen der Reichsregierung bloß den deutschen Länder zugänglich machen, den anderSredenden Stämmen aber es überlassen, auf welche Weise sie zur Kenntniß jener kommen wollen. Darum habe ich beantragt:

> „daß die Nationalversammlung beschließen wolle, das Reichsministerium aufzufordern, für authentische Uebersetzung der bis jetzt erlassenen oder noch zu erlassenden Reichsgesetze und sonstigen von dem Reiche ausgebenden Veröffentlichungen, vorläufig in das Polnische, Czechische, Illyrische, Dänische und Italienische, und für geeignete Veröffentlichung dieser Uebersetzung in den betreffenden Landestheilen auf verfassungsmäßigem Wege bald Sorge zu tragen",

und die Mehrzahl derjenigen, welche diesen Antrag unterstützt haben, besteht gerade aus Abgeordneten solcher Landestheile, in denen anderSredende Stämme wohnen. Ich sollte glauben, daß schon darin ein kleiner Beweis für das vorhandene Bedürfniß liegen würde. Als ich aber den Antrag zuerst mündlich hier stellte, erhob sich auch ein Vertreter anderSredender Stämme mit großer Erbitterung und meinte, wenn die Versammlung auf meinen Antrag einginge, so würde sie sich am Ende gar zu einem Convente gestalten. Es machte mir das damals einigen Spaß, denn das Wort Convent hat überhaupt bei uns schon eine große Rolle gespielt; oft diente es als Vogelscheuche, ein anderes Mal aber nahm man es übel, als gesagt wurde, diese Versammlung hier sei kein Convent und werde nie ein Convent sein. Wie aber eine solche Ansicht hier Platz ergreifen konnte, war mir schon damals unbegreiflich, weil ja der Antrag eben so sehr im Interesse jener Stämme, als in dem unserigen lag. Dem Einwurfe, daß wir durch einen solchen Beschluß in die Verwaltung des Reichsministeriums eingriffen, muß ich ebenfalls von vorne herein begegnen, denn wir sprechen ja nur aus, daß alle Stämme ein Recht darauf haben sollen, unsere Gesetze, Beschlüsse u. s. w. in ihrer Sprache zu vernehmen; die Ausführung haben wir aber lediglich dem Reichsministerium zu überlassen. Der Gesetzgebungsausschuß ist nun zwar nicht hierauf, aber sehr speciell auf meinen Antrag eingegangen, und dieß mit einer Genauigkeit, welche ich sehr bewundert habe, die ich sogar mit einem anderen Ausdrucke, als Genauigkeit, bezeichnen und Kleinlichkeit nennen möchte. Denn bei einer Reichsregierung über 45 Millionen Menschen die Kosten in Anschlag zu bringen, welche schwerlich zehntausend Gulden übersteigen würden, wenn man sonst nur die Nothwendigkeit oder Zweckmäßigkeit anerkennt, oder wohl gar eine Schwierigkeit im Mangel an Uebersetzern zu finden und dieß in einem Lande, welches die meisten wissenschaftlichen Kräfte der Erde in sich vereinigt, das kommt mir doch gar zu genau oder noch mehr als zu genau vor. Ich muß aber auf die vom Ausschusse entwickelten Gründe noch etwas näher eingehen. Er sagt, es würde schon schwierig sein für manche Gegenden zu bestimmen, welche Schriftsprache dort üblich sei. Wenn wir zu Beurtheilung dessen hier in der Nationalversammlung eine Einrichtung beschließen wollten, so würde das für uns ohne Vorlage allerdings einige Schwierigkeit haben, für das Reichsministerium werden aber außerordentlich wenige vorhanden sein; denn die jetzt bestehenden Regierungen, mit welchen jenes sich ins Vernehmen zu setzen hätte, wissen das sehr genau und sorgen zum Theil sehr gut dafür, und wenn Sie z. B. durch Böhmen gehen, so finden Sie Gegenden, in denen die öffentlichen Bekanntmachungen in deutscher wie in czechischer Sprache, rein deutsche dagegen, wo sie nur in deutscher Sprache erlassen werden. Eine jede Landesregierung kennt die Sprache ihrer Volksstämme vollständig. Wenn der Ausschuß meint, daß es in Deutschland so viele Abstufungen der verschiedenen Sprachen gäbe, so kann er nur die slavischen Stämme im Auge gehabt haben. Der Wälsche aber in Luxemburg versteht die französische Schriftsprache ebenso gut, wie der in Paris. Es ist bekannt genug, daß der Welschtyroler ganz gut italienisch schreibt und spricht. Und dasselbe läßt sich, wenn auch nicht in demselben Maße, auf die Südslaven anwenden, denn sie haben sich bereits eine Schriftsprache geschaffen, so daß eine solche für bestimmte Bezirke als gültig betrachtet werden kann. Ein anderer Ausspruch des Ausschusses ist mir noch wunderbarer vorgekommen. Er erkennt nämlich an, daß es hier auf authentische, also auf nach ihrer Treue von der öffentlichen Behörde verbürgte Uebersetzungen ankommen würde; weil es nun aber schwierig sei, daß hier für diese Uebersetzungen geschickte Männer gefunden würden, und daß man hier für diese Uebersetzer auch wieder geschickte Controleure finde: so verzichtet der Ausschuß lieber ganz darauf, dem Reichsministerium diese Schwierigkeit aufzubürden, überläßt vielmehr die ganze Angelegenheit mit Vertrauen den einzelnen Staatsregierungen. Ich sage, mich wundert das lebhaft; denn eine authentische Uebersetzung kann nur von dem ausgehen, von dem die Urkunde ausgeht, und die österreichische oder die luxemburgische Regierung kann keine authentische Uebersetzung der Reichsgesetze veranstalten, das widerspricht dem Begriffe authentisch. Wenn nun endlich der Ausschuß meint, die Sache sei der Schwierigkeit wegen weit besser jeder einzelnen Regierung zu überlassen, so ist nichts wunderbarer, als daß er darauf rechnet, daß jede einzelne Regierung das von selbst veranstalten werde. Meine Herren! Wenn wir nach acht Monaten bitterer Enttäuschung von so vielen Seiten her jetzt noch darauf rechnen, daß jede einzelne Regierung das von selbst thun werde, was für die allgemeine deutsche Einheit gut, nothwendig und nützlich ist, nun, meine Herren, wenn Sie mit dem Ausschusse darauf vertrauen, daß jede einzelne Regierung von selbst veranstalten werde, was für die Einheit Deutschlands gut ist, dann mögen Sie über meinen Antrag zur Tagesordnung übergehen; ich habe dann nichts weiter dagegen zu bemerken.

v. Brenning von Aachen: Meine Herren! Obgleich Mitglied des Gesetzgebungsausschusses, war ich bei Berathung dieses Gegenstandes wegen Krankheit nicht anwesend. Ich sehe mich aber, da der Herr Berichterstatter, wie ich sehe, nicht anwesend ist, veranlaßt, obgleich ich alle im Berichte angeführten Gründe nicht adoptiren kann, Mehreres, was Herr Rösler vorgebracht hat, als nicht richtig zu widerlegen, und das Angemessene des Ausschußantrags hier kurz nachzuweisen. Herr Rösler will nach seinem Antrage, daß authentische Uebersetzungen der hier beschlossenen Gesetze gemacht werden sollen. Was sollen aber authentische Uebersetzungen? Soll der französische, dänische, polnische, czechische Text dasselbe Gewicht haben als der deutsche? Das ist nicht möglich; der deutsche Text muß der Urtext sein; die Uebersetzungen sollen nur zur Erleichterung des Gebrauchs der Reichsgesetze in den anders redenden Landestheilen dienen, keineswegs aber gleich entscheidende Bedeutung mit dem deutschen Urtexte haben. Denn dieses würde unvermeidlich zu Widersprüchen und Verwirrungen führen. Das ist auch von der Nationalversammlung bei der Berathung des Gesetzes über die Publication der Reichsgesetze anerkannt und angenommen worden, und schon aus diesem Grunde ist dem Antrage des Herrn Rösler nicht stattzugeben. Es könnten also nur derartige Uebersetzungen, wie ich sie eben bezeichnet habe, von der Reichsregierung gemacht werden, dieß kann aber eben so gut von den einzelnen Regierungen geschehen, welche für ihre nicht deutsch redenden Landestheile Uebersetzer und alle zur örtlichen Publication erforderlichen Hülfsmittel und Anstalten in ihren Ministerien und Büreaux bereits haben. Zudem würden bedeutende Kosten nothwendig werden, um hier dergleichen Einrichtungen neu zu treffen, und ich frage Herrn Rösler, ob man mit 10,000 fl. ausreichen würde. Vielleicht würden 15—20 000 fl. erforderlich werden, welche wohl rein weg verschwendet wären, weil dem Zwecke genügende Anstalten schon vorhanden sind. Ich glaube, diese Ausgaben können wir dem Volke sehr gut ersparen, besonders da ein Vortheil daraus nicht erwachsen würde. Es ist zwar in dieser Beziehung hervorgehoben worden, daß die Publication der Reichsgesetze durch die von Herrn Rösler beantragten Uebersetzungen erleichtert würde. Ich glaube aber nicht, daß diejenigen Regierungen, die dieß bisher unterlassen haben — ich weise namentlich auf Oesterreich — dadurch geneigter gemacht würden, die Publication zu veranstalten. Denn nicht die etwaige Schwierigkeit solcher Uebersetzungen war es, was diese Regierungen bestimmte, die örtliche Veröffentlichung der Reichsgesetze bisher nicht vorzunehmen. Ich glaube daher, daß Sie aus den bei der Berathung über die Publication der Reichsgesetze erwogenen und aus den von mir jetzt entwickelten Gründen dem Antrage des Ausschusses sich anschließen werden.

Vicepräsident Kirchgeßner: Herr Rösler bemerkt eben, daß er seinen ursprünglichen Antrag aufrecht erhalten wissen wolle, es wird somit, insofern der Uebergang zur Tagesordnung nicht beliebt werden sollte, der Antrag des Herrn Rösler zur Abstimmung kommen. Ein Verbesserungsantrag liegt nicht vor, ich erhebe somit die Frage an die hohe Versammlung, ob sie nach dem Antrage des Ausschusses über den Antrag des Abgeordneten Rösler, die authentische Uebersetzung der Reichsgesetze betreffend, zur Tagesordnung übergehen will. Wer diese will, beliebe sich zu erheben. (Mitglieder auf der Rechten und im Centrum erheben sich.) Die Tagesordnung ist angenommen. — Den letzten Gegenstand der heutigen Tagesordnung bildet die Berathung über den Antrag des Abgeordneten Würth aus Sigmaringen, auf ungesäumte Zurückziehung der noch im Fürstenthum Sigmaringen befindlichen Reichstruppen. Der Antrag des Abgeordneten Würth, der als ein dringlicher bezeichnet war, ist des Inhalts:

„In Erwägung, daß das Fürstenthum Sigmaringen schon seit Monaten mit Reichstruppen besetzt ist;

daß diese Besetzung den belasteten Gemeinden um so härter fällt und um so beschwerlicher wird, als früher keine und in jüngster Zeit nur eine ganz ungenügende Vergütigung an die Quartierträger geleistet wurde;

daß Grund zu einer derartigen Maßregel nie vorgelegen ist, und heute noch weniger vorliegt, und

daß endlich alle bisherigen Schritte, welche dagegen unternommen wurden, fruchtlos geblieben, und mit grundlosen Einwendungen zurückgewiesen worden sind,

stelle ich an die hohe Nationalversammlung den Antrag, zu beschließen:

die noch im Fürstenthum Sigmaringen befindlichen Reichstruppen seien ungesäumt zurückzuberufen."

Wie der hohen Versammlung aus der Sitzung vom 26. Januar bereits bekannt ist, hat der Petitionsausschuß diesen Antrag als einen dringlichen bezeichnet, ohne ihn einem besondern Ausschusse zu überweisen; es ist somit auch ein Ausschußbericht natürlich nicht vorhanden; Herr Würth hat hierüber um das Wort gebeten. (Mehrere Stimmen: Die Unterstützungsfrage!) Es wird eben bemerkt, als bedürfe ein solcher Antrag, der von dem Petitionsausschusse an das Präsidium übergeben ist, noch einer besondern Unterstützung. Nach den Erfahrungen, die mir auf die Erkundigungen darüber geworden sind, ist der Usus dahin gerichtet, daß in Fällen, wo der Ausschuß die Dringlichkeit eines Antrags begutachtet hat, es einer besondern Unterstützung nicht mehr bedürfe.

Würth von Sigmaringen: Ich bemerke nur, meine Herren, daß der Antrag auf der Tagesordnung steht, und daß darüber nicht mehr gestritten werden kann, ob er zur Berathung komme oder nicht.

v. Vincke von Hagen: Wir haben nur zwei Formen der Berathung: entweder wird ein Antrag dem Ausschusse überwiesen, von welchem sodann Bericht erstattet wird, der vierundzwanzig Stunden vor der Berathung in unseren Händen sein muß; der Fall liegt heute nicht vor; oder der zweite Fall: von der Versammlung wird ein Antrag für dringlich erkannt; der Fall liegt auch noch nicht vor; es muß also zuerst darüber abgestimmt werden, ob die Versammlung den Antrag überhaupt für dringlich anerkennt.

Goltz von Brieg: Ich will hinzufügen, daß es auch noch einen dritten Fall gibt, das ist der, den wir am letzten Freitag gehabt haben, daß der Prioritäts- und Petitionsausschuß einen Antrag, weil er ihn für sehr dringlich hält, ohne schriftlichen Bericht erstattet zu haben, auf die einfachste Weise vor das Haus bringt, daß das Haus alsdann darauf eingeht und beschließt, und es ist kein Grund, warum wir nicht auf diesen Antrag eingehen sollen.

Riesser von Hamburg: Ich kann mich auch mit der Meinung des Herrn v. Vincke nicht einverstanden erklären. Wir befinden uns in dem Falle, daß wir auf eine Bestimmung der Geschäftsordnung, die bisher selten oder nie zur Anwendung gekommen ist, zurückkommen müssen. Ich bin nun der Meinung, daß der Prioritätsausschuß sie richtig angewendet hat. Der betreffende Passus der Geschäftsordnung lautet so:

> „§ 29. Ein selbstständiger Antrag ist bei dem Secretariate schriftlich einzugeben und wird auf dessen Veranstaltung so schleunig als möglich gedruckt und unter die Mitglieder der Versammlung vertheilt. Der Antrag wird vom Vorsitzenden in der Sitzung des folgenden Tages verkündet und, insofern er in den Geschäftskreis eines bereits bestehenden Ausschusses fällt, ohne Weiteres an diesen gewiesen. Anträge anderer Art werden in der Reihenfolge ihrer Einbringung möglichst kurz begründet. Hierauf wird, ohne Zulassung einer Debatte, die Unterstützungsfrage gestellt. Ein Antrag, welcher nicht von wenigstens 20 Mitgliedern unterstützt ist, wird ganz zurückgelegt."

Zwischen dem Wortlaut dieser Vorschrift und der dem Prioritätsausschuß zugewiesenen Thätigkeit ist, wie mir scheint, ein gewisser Widerspruch vorhanden. Es sind nun bisher Anträge, die nicht für dringlich erkannt worden waren, niemals anders als nach vorangegangenem Bericht eines Ausschusses zur Begründung und Berathung gelangt. Im gegenwärtigen Fall ist in Ermangelung eines Ausschusses die Berathung des Antrags auf Grund der Geschäftsordnung auf die Tagesordnung gesetzt. Von der Verweisung an einen Ausschuß — die nach unserer gewöhnlichen Praxis der Gegensatz der Dringlichkeitserklärung ist — kann bei dieser Sachlage nicht mehr die Rede sein. Da nun die Bedingung des § 31 der Geschäftsordnung — die Vertheilung im Druck seit 24 Stunden — erfüllt ist, so scheint mir der sofortigen Berathung nichts im Wege zu stehen und eine Dringlichkeitserklärung nicht nöthig zu sein.

Siemens von Hannover: Ich muß dieser Ansicht durchaus beitreten. Jedes Mitglied muß das Recht haben, diejenigen Gegenstände zur Sprache zu bringen, die es für das Volkswohl erheblich hält. Nun ist der Prioritätsausschuß blos erwählt, um die Reihenfolge der Anträge für die Tagesordnung zu bestimmen. Dieser Antrag ist also nicht in dem Sinne wie sonst als dringlich empfohlen, sondern er soll eben die Priorität in der Verhandlung haben. Er ist deßhalb auf die Tagesordnung gesetzt und muß discutirt werden.

Rösler von Oels: Um die Ansicht des Herrn v. Vincke zu widerlegen, erlaube ich mir zu bemerken, daß am 24. Mai v. J. ausweislich der stenographischen Berichte der Präsident an die Versammlung die Frage gestellt hat: „Diejenigen, welche wollen, daß die Commission für die Begutachtung der Priorität der Anträge und Petitionen nicht bloß diese Begutachtung vornehmen, sondern — vorbehaltlich der Consultation der Nationalversammlung durch den Präsidenten — auch über die Priorität entscheidend beschließen soll, bitte ich aufzustehen. Die Mehrzahl der Mitglieder erhebt sich."

Vicepräsident Kirchgeßner: Der Gegenstand ist auf die Tagesordnung gesetzt, und daß er zur Verhandlung kommen soll, dagegen ward kein Widerspruch erhoben. Ich glaube daher, indem ich mich den vorgetragenen Gründen anschließe, es muß zur Berathung des Gegenstandes übergegangen werden. Uebrigens glaube ich, kann von der Bestimmung nicht Umgang genommen werden, daß der Antrag derjenigen Unterstützung bedürfe, die für alle Anträge nöthig ist. Ich erhebe darum an die Versammlung die Frage, ob der Antrag Unterstützung findet? (Es erhebt sich die hinlängliche Anzahl.) Der Antrag ist unterstützt.

Stavenhagen von Berlin: Meine Herren! Es thut mir leid, daß mir das Wort nicht früher verliehen worden ist. Ich würde wahrscheinlich die Debatte durch die Erklärung beseitigt haben, die ich ermächtigt bin, Namens des Herrn Reichskriegsministers abzugeben, nämlich die Erklärung, daß in diesem Augenblicke keine Reichstruppen mehr in dem Fürstenthume Sigmaringen sind. (Allgemeine Heiterkeit.) Das Obercommando des siebenten und achten Armeecorps hat bereits am 24. d. M. den Befehl erhalten, die noch im Fürstenthum Sigmaringen in der letzten Zeit gestandenen zwei Compagnien württembergischer Truppen, die überhaupt nur 300 Mann betrugen (Heiterkeit auf der Rechten), aus dem Fürstenthum Sigmaringen herauszuziehen. Die Gründe, warum die Räumung des Fürstenthums nicht schon früher erfolgt ist, erlaube ich mir ganz kurz noch dahin anzugeben, daß erst bis zum Ende des vorigen Monats hinsichtlich derjenigen Soldaten und Unteroffiziere des fürstlich sigmaringischen Contingents, die an den politischen Bewegungen mehr oder minder Theil genommen haben, in Folge deren das Contingent sich aufgelöst hatte, die Untersuchung und Bestrafung der Schuldigen erfolgt ist. Als nun am 19. d. M. von der fürstlich sigmaringischen Regierung die Anzeige erstattet war, nicht nur, daß die Bestrafung erfolgt sei, sondern daß sie auch die erforderliche Kraft zu haben glaube, um Ordnung und Gesetz im Fürstenthum Sigmaringen aufrecht zu erhalten, — dieses Schreiben ging am 22. beim Ministerium ein — da ist am

24. an das Obercommando der Befehl ergangen, das Fürstenthum von den Truppen räumen zu lassen.

Würth von Sigmaringen (Im Centrum Ruf nach Schluß): Nur wenige Worte, meine Herren. — Wenn die Reichstruppen endlich zurückgezogen sind, so ist dieß gut, aber es ist nicht gut, daß sie jetzt erst zurückgezogen worden sind, daß drei bis vier Monate lang einem armen kleinen Lande, welches den erforderlichen Staatsaufwand kaum aufzubringen im Stande ist, welches unter den vielen anderen Abgaben fast erdrückt wird, ohne allen Grund 2 bis 3000 Mann Truppen aufgehalst worden sind. Es waren nicht bloß einige Hundert, sondern es waren so Viele, daß einzelne Bürger von Sigmaringen über 4 Wochen lang täglich 30 bis 40 Mann zu verpflegen hatten, (Von der Linken: Hört!) Ich frage, ist Das nicht unerhört! ist es nicht unverantwortlich, daß man ohne allen Grund .... (Unruhe auf der Rechten, Ruf nach Schluß.) Sie werden dadurch, daß Sie meine Stimme ersticken, den Nothschrei und den großen Unwillen des Volkes nicht unterdrücken. Ich kann Sie versichern, daß die Art und Weise, wie das Ministerium die Polizei im Reiche übt, einen solchen Unwillen und eine solche Mißstimmung im Volke hervorgerufen hat, daß man sich nach dem schrecklichsten aller Schrecken, nach dem Bundestage zurücksehnt. Sie können daraus wohl am besten entnehmen, daß das Vertrauen in die wirkliche Ordnung der Dinge klein, das Mißtrauen aber groß sein muß. Ich will die Debatte nicht weiter ausdehnen, es ist geschehen, was ich bezweckte, die Truppen sind zurückgezogen. Ich kann die Sache nicht mehr ändern; das Volk ist einmal durch diese grundlose Bedrückung enorm belastet worden: es ist geschehen und eine Genugthuung wird nicht zu erwarten sein, wie denn überhaupt von dieser Versammlung noch wenig für das Volk gethan worden ist. (Unruhe auf der Rechten.)

Vicepräsident Kirchgeßner: Ich muß den Abgeordneten Herrn Würth fragen, ob er den Antrag zurücknehmen will.

Würth: Unter der Voraussetzung, daß die Reichstruppen wirklich zurückgezogen worden sind, nehme ich meinen Antrag zurück.

Vicepräsident Kirchgeßner: Ich nehme an, daß mit dieser bedingten Zurücknahme jedenfalls die Erledigung constatirt ist. — Die Reihenfolge der Gegenstände, welche die heutige Tagesordnung bildeten, ist erschöpft. Auf die nächste Tagesordnung wird die Berathung über den weiteren Theil der Verfassung „die Gewähr der Verfassung" gesetzt werden; ferner Ergänzungswahl in den Ausschuß für Geschäftsordnung. — Ich habe noch einige Verkündungen zu machen: der Verfassungsausschuß versammelt sich heute Abend 5 Uhr; der volkswirthschaftliche Ausschuß heute Abend 5 Uhr. — Die heutige Sitzung ist geschlossen. Die morgige ist auf 9 Uhr angesetzt.

(Schluß der Sitzung um 1 Uhr.)

Die Redactions-Commission und in deren Auftrag Abgeordneter Professor **Wigard**.

Druck von Joh. David Sauerländer in Frankfurt a. M.

Stenographischer Bericht

über die

Verhandlungen der deutschen constituirenden National-Versammlung zu Frankfurt a. M.

Nro. 163. Mittwoch den 31. Januar 1849. VII. 7.

Hundert ein und sechszigste Sitzung.

(Sitzungslocal: Paulskirche.)

Dienstag den 30. Januar. (Vormittags 9 Uhr.)

Präsident: Eduard Simson von Königsberg.

Verlesung und Genehmigung des Protocolls. — Anzeige des Präsidiums, die Wahl des Abgeordneten Temme betreffend. — Interpellation des Abgeordneten Fehrenbach, die Einquartirungen im Großherzogthum Baden betreffend. — Flottenbeiträge. — Berichts-Anzeige des Ausschusses für Begutachtung der Wahlen in Thiengen und Constanz, die Wahl im Wahlbezirk Thiengen betreffend. — Ersatzwahl in den Ausschuß für Geschäfts-Ordnung. — Berathung über den Entwurf des Verfassungs-Ausschusses: „Gewähr der Reichsverfassung" (§§ 1—5). — Eingänge.

Präsident: Meine Herren! Die Sitzung ist eröffnet; der Herr Schriftführer wird das Protocoll der vorigen Sitzung verlesen. (Schriftführer Martens verliest dasselbe.) Ich frage, ob Reclamation gegen das Protocoll ist? (Niemand reclamirt.) Es ist keine Reclamation, das Protocoll ist genehmigt. — Meine Herren! Mit Bezug auf den Beschluß der Nationalversammlung vom letzten Freitag, die Wahl des Oberlandesgerichts-Directors Temme zu Münster für die Nationalversammlung betreffend, zeige ich an, daß mit einem Schreiben des königlich preußischen Bevollmächtigten bei der Centralgewalt vom 27. d. Mts. das Wahlprotocoll und die Erklärung, daß Herr Temme die auf ihn im fünf und dreißigsten Wahlbezirke gefallene Wahl zum Abgeordneten der deutschen Nationalversammlung angenommen hat, bereits eingekommen sind, und der Eingang der anderweitigen Acten demnächst zu erwarten steht. — Es ist eine Interpellation des Herrn Fehrenbach zu verlesen.

Fehrenbach von Säckingen: Sie lautet:

„In Erwägung, daß:

1) der beklagenswerthe Aufstand in Baden schon vor Monaten gänzlich unterdrückt worden, und ein neuer solcher zur Zeit nicht zu befürchten ist;

2) dessenungeachtet immer noch eine bedeutende Anzahl nichtbadischer Truppen, als Reichstruppen, nämlich zwei Batterieen Artillerie, ein Reiterregiment, und drei Bataillone Infanterie im badischen Gebiete stationirt sind;

3) die Unterhaltung dieser Truppen eine große Last für die Reichskasse sowohl, als auch für die so lange Belasteten Quartierträger verursacht;

4) es unbillig wäre, die Bewohner der an die Schweiz angrenzenden badischen Landestheile noch länger durch sogenannte „[illegible]" für ihre republikanische Gesinnung zu bestrafen,

stelle ich an den Reichskriegsminister die Anfrage:

„Auf welchem Grunde, und auf wie lange noch Reichstruppen in das Großherzogthum Baden verlegt bleiben sollen?"

Präsident: Es wird wohl im Laufe der Sitzung die Anzeige erfolgen, wann diese Interpellation beantwortet werden wird. — Ich habe zwei Flottenbeiträge zur Kenntniß der Versammlung zu bringen: 10 fl. 30 kr., gesammelt vom Stadtrath Breithaupt in Zwickau, übergeben vom Abgeordneten Dietsch; 48 Thlr. 1 Sgr. 9 Pf., Ertrag eines von dem Männergesang-Verein zu Neiße in Schlesien veranstalteten Concerts, übergeben vom Abgeordneten Scholz, die wir unter Aussprechung unseres Dankes an das Reichsministerium der Finanzen überweisen. — Herr Reichensperger hat einen Bericht des Ausschusses zur Begutachtung der Wahlen von Thiengen und Constanz anzuzeigen.

Reichensperger von Köln: Der Ausschuß zur Begutachtung der Wahlen in den badischen Bezirken Thiengen und Constanz hat in Bezug auf die Wiedererwählung des Dr. Friedrich Hecker von Mannheim einen Bericht erstattet, der gedruckt in Ihre Hände kommen wird. Der Antrag des Ausschusses geht dahin:

„Es glaubt der Ausschuß sich darauf beschränken zu müssen, einer hohen Reichsversammlung, wie vorstehend geschehen, Mittheilung von der Lage der Sache zu machen, und beantragt, die Zuschrift des großherzoglich badischen Bevollmächtigten, d. d. 14. November 1848, zu den Acten zu nehmen, ohne ihr, zur Zeit wenigstens, weitere Folge zu geben."

Präsident: Ich lasse den Bericht drucken, und auf eine künftige Tagesordnung setzen. — Wir gehen zur heutigen Tagesordnung über; auf derselben steht unter Nr. 1: Ersatzwahl zweier Mitglieder in den Ausschuß für Geschäftsordnung. Die gedruckten Wahlzettel sind in Ihren Händen; ich lasse sie einsammeln. (Die Einsammlung der Wahlzettel erfolgt.) Ich frage, ob alle Stimmzettel abgegeben sind? Das Ergebniß der Wahl wird inzwischen durch das Büreau ermittelt werden. — Wir gehen zu Nr. 2 der Tages-Ordnung über: Berathung des vom Verfassungs-

Ausschusse vorgelegten Entwurfs: „Gewähr der Reichsverfassung.“

(Die Redaction läßt den Entwurf nebst Bericht hier folgen:

A.

Entwurf.

Gewähr der Reichsverfassung.

Artikel I.

§ 1.

Bei jedem Regierungswechsel tritt der Reichstag, falls er nicht schon versammelt ist, ohne Berufung zusammen, in der Art, wie er das letzte Mal zusammengesetzt war. Der Kaiser, welcher die Regierung antritt, leistet vor den zu einer Sitzung vereinigten beiden Häusern des Reichstags einen Eid auf die Reichsverfassung.

Der Eid lautet: „Ich schwöre, das Reich und die Rechte des deutschen Volkes zu schirmen, die Reichsverfassung aufrecht zu erhalten, und sie gewissenhaft zu vollziehen. So wahr mir Gott helfe!“

Erst nach geleistetem Eide ist der Kaiser berechtigt, Regierungshandlungen vorzunehmen.

Minoritäts-Erachten I: Statt des ersten Satzes dieses Paragraphen möge folgende Bestimmung aufgenommen werden:

Am vierzehnten Tage nach jedem Regierungswechsel, den Tag des Regierungswechsels miteingerechnet, tritt der Reichstag, falls er nicht schon versammelt ist, ohne Berufung in der Art zusammen, wie er das letzte Mal versammelt gewesen ist. Vor dem versammelten Reichstage leistet der Kaiser beim Antritt seiner Regierung einen Eid auf die Reichsverfassung.

(Scheller; Schreiner ev.; Wigard ev.)

Minoritäts-Erachten II: Diesem Paragraphen werde folgender Zusatz beigegeben:

Von dem Eintritt des Regierungswechsels bis zur Eidesleistung des neuen Kaisers tritt das gesammte Reichsministerium als Reichsregentschaft ein, wenn eine solche nicht bereits bestellt worden ist.

(Scheller; Mittermaier; Reh; Schreiner ev.; Wigard ev.; Jürgens; Ahrens; H. Simon ev.; Deiters.)

§ 2.

Die Reichsbeamten haben beim Antritt ihres Amtes einen Eid auf die Reichsverfassung zu leisten. Das Nähere bestimmt die Dienstpragmatik des Reichs.

§ 3.

Die Verpflichtung auf die Reichsverfassung wird in den Einzelstaaten mit der Verpflichtung auf die Landesverfassung verbunden, und dieser vorangesetzt.

Artikel II.

§ 4.

Keine Bestimmung in der Verfassung oder in den Gesetzen eines Einzelstaates darf mit der Reichsverfassung in Widerspruch stehen.

§ 5.

Eine Aenderung der Regierungsform in einem Einzelstaate kann nur mit Zustimmung der Reichsgewalt erfolgen. Diese Zustimmung muß in den für Aenderungen der Reichsverfassung vorgeschriebenen Formen (§ 6) gegeben werden.

Minoritäts-Erachten I:

Dieser Paragraph würde zu streichen sein, da der vorliegende Abschnitt nicht von der Gewähr der Verfassung der einzelnen Staaten, sondern von der Reichs-Verfassung handelt.

(Wigard; Ahrens; H. Simon; Gülich; Schüler von Jena.)

Minoritäts-Erachten II: Zusatz als besonderer Paragraph:

Ueber die Verantwortlichkeit der Reichsminister wird ein besonderes Reichsgesetz erlassen.

(Wigard; Ahrens; Schüler; Schreiner; Römer.)

Artikel III.

§ 6.

Abänderungen in der Reichsverfassung können nur durch einen Beschluß beider Häuser und mit Zustimmung des Reichs-Oberhaupts erfolgen.

Zu einem solchen Beschluß bedarf es in jedem der beiden Häuser:

1) der Anwesenheit von wenigstens zwei Dritteln der Mitglieder;
2) zweier Abstimmungen, zwischen welchen ein Zeitraum von wenigstens acht Tagen liegen muß;
3) einer Stimmenmehrheit von wenigstens zwei Dritteln der anwesenden Mitglieder bei jeder der beiden Abstimmungen.

Minoritäts-Erachten: Diesem Paragraph möge folgende Fassung gegeben werden:

Zu Abänderungen in der Reichsverfassung bedarf es:

1) 2) 3) (wie im § 6).
4) der Zustimmung des Reichsoberhauptes unter den in dem § 19 des Reichstages festgestellten Beschränkungen.

(Zell; H. Simon; Mittermaier; Wigard; Reh; Schüler; Gülich; Römer; Schreiner.)

Artikel IV.

§ 7.

Im Fall des Kriegs oder Aufruhrs können die Bestimmungen der Grundrechte über Verhaftung, Haussuchung und Versammlungsrecht von der Reichsregierung oder der Regierung eines Einzelstaates für einzelne Bezirke zeitweise außer Kraft gesetzt werden; jedoch nur unter folgenden Bedingungen:

1) die Verfügung muß in jedem einzelnen Fall von dem Gesammtministerium des Reichs oder Einzelstaates ausgehen;
2) das Ministerium des Reiches hat die Zustimmung des Reichstages, das Ministerium des Einzelstaates die des Landtages, wenn dieselben zur Zeit versammelt sind, sofort einzuholen. Wenn dieselben nicht versammelt sind, so darf die Verfügung nicht länger als vierzehn Tage dauern, ohne daß dieselben zusammenberufen, und die getroffenen Maßregeln zu ihrer Genehmigung vorgelegt werden.

Weitere Bestimmungen bleiben einem Reichsgesetz vorbehalten.

Für die Verkündigung des Belagerungszustandes in Festungen bleiben die bestehenden gesetzlichen Vorschriften in Kraft.

Minoritäts-Erachten I: Diesem Paragraph möge folgende Fassung gegeben werden:

Im Falle des Krieges oder Aufruhrs können die Bestimmungen der Grundrechte über Verhaftung, Haussuchung und Versammlungsrecht nur von dem Gesammt-Ministerium des Reiches oder des Einzelstaates für einzelne Bezirke zeitweise außer Kraft gesetzt werden. In einem solchen Fall ist die Zustimmung des Reichstages oder gesetzgebenden Körpers des Einzelstaates ohne Verzug einzuholen. Erfolgt diese Zustimmung nicht, so ist die verhängte Maßregel aufzuheben.

Weitere Bestimmungen bleiben einem Reichsgesetze vorbehalten.

Für die Verkündigung des Belagerungszustandes in Festungen bleiben bis zur Erlassung dieses Gesetzes die bestehenden gesetzlichen Vorschriften in Kraft.

(H. Simon; Zell; Wigard; Schüler; Gülich; Römer; Tellkampf; Riesser; Ahrens; Mittermaier; Schreiner.)

Minoritäts-Erachten II. Zusatz [illegible]:

Bei dringender Gefahr im Falle eines Krieges oder Aufruhrs, wenn die regelmäßige Wirksamkeit der obrigkeitlichen Gewalten oder der Gerichte thatsächlich gehemmt ist, darf das Kriegsrecht für bestimmte Bezirke verkündigt werden.

Die Verkündigung des Kriegsrechts geht von dem Gesammtministerium des Reichs oder des Einzelstaates aus. Sie bedarf der Genehmigung des Reichstags, beziehungsweise Landtags.

Ist der Reichstag, beziehungsweise Landtag nicht versammelt, so muß die Berufung desselben zu sofortigem Zusammentreten zugleich mit der Verkündigung des Kriegsrechts erfolgen.

Die Verkündigung des Kriegsrechts gewährt der in dem betreffenden Bezirke fungirenden höchsten Militärbehörde innerhalb dieses Bezirkes:

1) die gesammte Executivgewalt;
2) das Recht, den gesetzlichen Gerichtsstand zu bestimmen;
3) das Recht, den Gerichten die Befugniß, Todesurtheile zu fällen, einzuräumen;
4) das Recht, die Bestimmungen der Grundrechte über Verhaftung, Haussuchung und Versammlungsrecht außer Kraft zu setzen.

Die Dauer des kriegsrechtlichen Zustandes hängt von den, durch den Reichstag, beziehungsweise Landtag, genehmigten Bestimmungen der Reichs- oder Landes-Regierung ab.

Bestimmungen über die Formen der Verkündigung des Kriegsrechts und über das gerichtliche Verfahren bleiben der Reichsgesetzgebung vorbehalten. Bis zum Erlaß dieses Gesetzes bleiben die geltenden Vorschriften in Kraft.

([illegible]; v. Soiron; Briegleb; Droysen; Waitz; Dahlmann; Deiters; Jürgens.)

II.

Bericht

des Verfassungs-Ausschusses über den Abschnitt der Reichsverfassung:

Die Gewähr der Verfassung.

(Berichterstatter: Abgeordneter Waitz.)

Der Verfassungs-Ausschuß hat in dem letzten Abschnitte der Verfassung, den er der Versammlung vorlegt, mehrere Gegenstände von hoher Wichtigkeit zu behandeln gehabt, welche bei dem ersten Anblicke kaum mit einander verwandt erscheinen, welche aber, wenn auch von sehr verschiedenen Seiten her, auf dasselbe Ziel hinlaufen, indem sie alle, wie die Ueberschrift des Abschnittes es bezeichnet, die Gewähr der Reichsverfassung betreffen. Welche Verpflichtungen Diejenigen zu übernehmen haben, welche die Reichsverfassung zu handhaben und auszuführen, oder unter ihr zu leben berufen sind; wie die Verfassungen und Gesetze der Einzel-Staaten sich zu der Reichsverfassung verhalten, und welche Garantieen gegeben sind, daß jene nicht in eine feindliche Richtung gegen diese treten können; weiter, unter welchen Bedingungen allein die Reichsverfassung abgeändert werden kann; endlich wann und unter welchen Voraussetzungen einzelne Bestimmungen derselben suspendirt werden dürfen: das sind die Punkte, auf welche es hier wesentlich ankam, und deren Festsetzung die Gewähr bieten soll, daß von keiner Seite her der Bau der Verfassung leicht gefährdet oder erschüttert werden könne. — Mehr freilich, als alle Bestimmungen, die wir hier aufnehmen können, müssen die Beschaffenheit des Werkes selbst, die Uebereinstimmung mit den Forderungen der Nation, wenn sie erreicht sein wird, und der gesetzliche Sinn des ganzen Volkes die Bürgschaft geben, daß Das, was urkundlich niedergeschrieben ist, auch zu rechtem Leben und zu kräftiger Entwickelung gelange. Alle Schutzmauern, welche um eine Verfassung aufgerichtet werden, sind ein schlechter Nothbehelf, wenn die Verfassung selbst des inneren Haltes ermangelt. Der Baum ist nicht durch künstliche Stützen zu halten, wenn er seine Wurzeln nicht tief in den Boden geschlagen hat. Aber für die ersten Jahre einer Pflanzung sind diese gleichwohl selten zu entbehren, und auch später macht sich das Bedürfniß manchmal geltend, wenn entweder zu heftige Stürme sich erheben, oder wenn die eigene Last die Aeste und Zweige herabzudrücken droht. Es ist jedenfalls wünschenswerth, daß auf die verschiedenen Vorkommnisse, welche eintreten können, im Voraus Bedacht genommen sei, daß namentlich die Möglichkeit bleibe, was als verfassungsmäßig festgesetzt ist, wenn es Noth thut, auch auf verfassungsmäßigem Wege abzuändern, umzugestalten, oder doch zeitweise außer Wirksamkeit zu setzen. Eine rechtzeitige und passende Anwendung der hierzu gegebenen Ermächtigung dürfte der Verfassung oft mehr nützen, und ihr längere Dauer versprechen, als alle Maßregeln, welche die unmittelbare und strenge Aufrechthaltung und Ausübung derselben zu sichern bestimmt sind. Doch dürfen auch diese nicht fehlen. Sie haben vielmehr gerade in dem ersten Artikel ihren Platz gefunden.

Artikel I. §§ 1—3.

Das Reichsoberhaupt, die Reichsbeamten, die sämmtlichen Angehörigen des Reichs sollen auf die Reichsverfassung eidlich verpflichtet werden. — Von besonderer Wichtigkeit ist der Eid des Reichsoberhauptes. Derselbe soll [illegible] dem versammelten Reichstag erfolgen, der sich deßhalb, sobald der Wechsel der Regierung eintritt, ohne besonders berufen zu sein, versammelt. Einen bestimmten Zeitpunkt hierfür festzusetzen, wie von einer Minorität vorgeschlagen wird, schien bedenklich, auch deßhalb, weil noch keineswegs feststeht, ob der Wechsel in der Person des Oberhauptes regelmäßig nach Ablauf bestimmter Jahre eintritt, und also im Voraus mit Sicherheit bekannt sein kann, oder ob derselbe nur durch den Tod (beziehungsweise die Entsagung) des Reichsoberhauptes herbeigeführt wird. Es ist aber gesagt, der Reichstag solle so zusammentreten, wie er das letzte Mal zusammengesetzt gewesen ist; wenn also eine Auflösung stattgefunden hat, oder das Mandat der auf bestimmte Zeit gewählten Abgeordneten abgelaufen ist, kommt gleichwohl für diesen Zweck die alte Versammlung noch einmal zusammen, und die Consequenz erfordert, daß dieß selbst dann geschehe, wenn inzwischen neue Wahlen oder neue Ernennungen zum Staatenhause stattgefunden haben. In diesem Falle dürfte natürlich kein anderes Geschäft von dem Reichstag vorgenommen werden, während sonst zu erwarten steht, daß der Wechsel der Regierung auch zur Behandlung anderer Gegenstände den Anlaß bieten wird. — Und weil dieß sogar die Regel sein wird, schien es unbedenklich, den in dem Umfange des deutschen Reiches allerdings mit gewissen Schwierigkeiten oder Umständen verbundenen Zusammentritt des Reichstages eben bei dieser Gelegenheit zu fordern. — In der Formel des Eides sind neben der Schirmung des Reiches und der Reichs-Verfassung noch besonders die Rechte des Volkes hervorgehoben; bei der Verfassung sind die Erhaltung und Vollziehung derselben getrennt aufgeführt, damit die Summe der kaiserlichen Wirksamkeit nach allen Seiten hin vollständig bezeichnet werde.

Der Ausschuß war auch in der Mehrheit der Ansicht, daß es auszusprechen sei, der Kaiser habe vor der Leistung des Eides keine Regierungshandlungen auszuüben. Allerdings wurde dagegen eingewandt, daß die Frage sich kaum jetzt schon erledigen lasse, da es nicht feststehe, ob der Kaiser jedesmal durch Wahl berufen, oder durch das Recht der Erblichkeit bestimmt werde; in dem einen Falle werde man leichter eine solche Bestimmung treffen können, als in dem anderen; wenn der nächste Erbe folge, sei es nicht passend, ihn bis zu der Zusammenkunft des Reichstags und der Ableistung des Eides von jeder, auch der geringfügigsten Thätigkeit auszuschließen; die Verantwortlichkeit der Minister biete hinreichende Garantieen gegen einen Mißbrauch, während man doch dem constitutionellen Principe nach ihnen nicht die alleinige Ausübung der Regierungsgewalt auch nur für kurze Zeit überlassen könne. Ein Antrag, der das Letztere geradezu aussprechen wollte, fand auch nicht die Mehrheit im Ausschusse; dieser war vielmehr der Ansicht, daß die Frage über eine zeitweise Ausübung der dem Reichsoberhaupt zustehenden Rechte, über eine Stellvertretung, Regentschaft oder dergleichen erst dann behandelt und erledigt werden könne, wenn es entschieden sei, wie dasselbe berufen werde. Davon wohl zu trennen aber schien der Grundsatz, daß das Oberhaupt den Verfassungseid zu leisten habe, ehe es die Regierung selbst antrete; nur hierin fand die Mehrheit eine völlige Sicherung der Verfassung gegen den möglichen Mißbrauch einer factischen Gewalt. Die Grundsätze älterer Verfassungen stehen damit auch wohl in Einklang.

Eine eidliche Verpflichtung der Reichsbeamten auf die Reichsverfassung wurde im Allgemeinen als nöthig anerkannt; aber die Art derselben, die Zeit der Ableistung und die Bestimmung darüber, ob Alle, die im Dienste des Reiches stehen, der Verpflichtung gleichmäßig unterworfen sein sollen, blieb der Dienstpragmatik (Reichsgewalt § 61) vorbehalten. Es wird hier namentlich in Betracht kommen, wie sich der besondere Eid des Beamten zu der allgemeinen Verpflichtung aller Reichsangehörigen zu verhalten hat. Jeder Deutsche soll nicht bloß die Verfassung des Einzelstaats, dem er angehört, als ihn betreffend ansehen, sondern das Bewußtsein, daß er zugleich das Glied eines größeren Ganzen, der Bürger eines großen deutschen Reiches ist, soll überall möglichst lebendig erhalten werden; und ein wirksames Mittel dazu schien es zu sein, wenn der Verpflichtung auf die Verfassung der einzelnen Staaten, wie und wo diese vorgeschrieben ist, die auf die Reichsverfassung angereiht oder vielmehr vorangestellt werde. Ebenso ist in den Fahneneid des Heeres die Verpflichtung gegen das Reichsoberhaupt und die Reichsverfassung an erster Stelle aufzunehmen. (Reichsgewalt § 15.)

Artikel II. §§ 4 und 5.

Ein Conflict zwischen der Verfassung eines Einzelstaates und der des Reiches darf niemals eintreten; beide sollen in Zukunft ihre gesonderte Sphäre haben; wenn sie sich in einzelnen Punkten berühren, so darf es nur in der Weise geschehen, daß sie organisch ineinandergreifen und sich gegenseitig ergänzen. Auch aus diesem Grunde wird der zweifache Eid nicht allein unbedenklich, sondern geradezu nothwendig sein. Da aber dieß Ineinanderleben des Reichs und der Staaten nicht ohne bedeutende Umwandlungen in den bestehenden Verhältnissen eintreten kann, und vollständig wohl erst nach längerer Zeit stattfinden wird, so war es nothwendig, ausdrücklich und bestimmt auszusprechen, was sich eigentlich von selbst versteht: daß keine Bestimmung in der Verfassung oder den Gesetzen des Einzelstaates mit der Reichs-Verfassung in Widerspruch stehen darf, daß diese also für jene maßgebend sein muß, und, wie sie in den jetzt bestehenden Constitutionen diejenigen Aenderungen nöthig macht, welche zur vollen Einstimmung erforderlich sind, für die Zukunft alles Das im Voraus für ungiltig erklärt, was ihr zuwider etwa beliebt werden möchte. Es ist dieß die Festhaltung und Ausdehnung des in der achten Sitzung auf den Antrag des Abgeordneten Werner gefaßten Beschlusses, dessen Geltung, wenn er damals schon nothwendig erschien, offenbar nach der Vollendung des Verfassungswerkes in noch weit höherem Grade geboten ist.

Zu viel umfassenderen und schwierigeren Erörterungen gab der Inhalt des § 5 dem Ausschusse Anlaß. Es war die Frage, welche hier zur Entscheidung stand: In wie weit das Reich ein Interesse und ein Recht der Mitwirkung bei den Verfassungsänderungen der Einzelstaaten habe, ob namentlich ein Wechsel in der Regierungsform, ein Uebergang etwa aus der monarchischen in die republikanische Staatsform, überhaupt oder doch ohne Zustimmung der Reichsgewalt erfolgen könne. Während Einige entschieden der Ansicht waren, daß die für das Reich beschlossene constitutionell-monarchische Verfassung nothwendig den Bestand derselben Staatsordnung in den Einzelstaaten fordere, und daß diese, wie sie jetzt mit Ausnahme der vier freien Städte allgemein herrschend ist, auch ausdrücklich und für die Zukunft von Reichswegen zu garantiren sei: machten Andere gerade im Gegentheil geltend, daß es den Einzelstaaten durchaus überlassen bleiben müsse, sich diejenige Verfassung zu geben, welche ihren Bedürfnissen entspreche, und daß das Interesse des Reiches genügend durch den vorangehenden, vorher erläuterten Paragraphen gewährt sei. Wenn aber dabei die Souveränität des Volkes besonders berücksichtigt werden sollte, so wurde entgegnet, daß diese [illegible] im Ganzen, [illegible] ausgeschieden werden könne, daß es aber für die Gesammtheit nicht gleichgültig sei, ob z. B. in den kleineren Territorien auf Wegen dieser oder jener Art eine Staatsform begründet werde, die in schroffem Gegensatze zu der allgemeinen Ordnung der Dinge stehe. Auch das Beispiel Amerika's und der Schweiz kommt hier in Betracht: wenn diese republikanischen Bundesstaaten nur Republiken in ihrer Mitte dulden wollen, so kann es wohl gerechtfertigt erscheinen, wenn auch der neu zu gründende monarchische Bundesstaat Deutschland daran festhält, daß, abgesehen von den historisch wohlbegründeten Verhältnissen der freien Städte, nur die ihm homogene Staatsform in allen seinen Gliedern herrschend bleibt. Die frühere Stellung des monarchischen Neuenburg zu den übrigen Kantonen der Schweiz, selbst das Nebeneinanderbestehen constitutionell- und absolut-monarchischer Verfassungen im deutschen Bunde hat große Uebelstände mit sich geführt; wenn dort jetzt die Herrschaft eines Monarchen hat weichen müssen, so muß dieß Deutschland auffordern, auch in seiner Mitte für die Zukunft überall eine möglichst gleichmäßige Ausbildung der politischen Verhältnisse zu erstreben. Hierin recht eigentlich ist eine Gewähr der Reichsverfassung zu finden.

Der Ausschuß einigte sich übrigens, eine Fassung zu wählen, die nicht ausdrücklich die monarchische Staatsform sanctionirt; es sollte nicht der möglichen Umbildung der Theile, wie des Ganzen, mit schroffen Worten entgegengetreten werden. Der beabsichtigte Zweck wird erreicht, wenn es heißt, daß eine Veränderung der Regierungsform in einem Einzelstaate nur mit Zustimmung der Reichsgewalt erfolgen soll, und daß diese nur auf dem Wege gegeben werden kann, auf dem in der Reichsverfassung selbst Abänderungen möglich sind. Es kann kein Theil dem Ganzen feindlich entgegentreten; das Reich, ohne die Verfassung oder auch nur den Bestand aller Einzelstaaten zu garantiren, hat das Recht, Alles abzuwehren, was ihm gefährlich oder nachtheilig werden könnte. Sollte die Entwickelung des politischen Lebens in neue Bahnen hinüberführen: die Verfassung des Reichs will dem nicht für alle Zukunft vorgreifen; aber dafür ist gesorgt, daß man ihr nicht in einzelnen Gegenden auf directem oder indirectem Wege Abbruch thun, daß man nicht aus particularen Interessen und Meinungen die Einheit Deutschland's gefährden könne. Nur eine Minorität beharrt darauf, daß diese Bestimmung ganz wegbleiben solle.

Artikel III. § 6.

Die Bedingungen, unter denen die Reichsverfassung selbst geändert werden kann, durften nicht zu leicht gemacht, aber ebenso wenig durften sie unnöthig erschwert werden. Es ist schon gesagt, daß eine gewisse Biegsamkeit einer Verfassung das beste Mittel sei, um sie von gewaltsamen Erschütterungen zu bewahren und ihr ein kräftiges Leben zu sichern. Es kann außerdem nicht verkannt werden, daß die Aufgabe, welche im Verfassungswerk zu lösen war, ihre ganz besonderen Schwierigkeiten hatte, und es darf nicht erwartet werden, daß überall, in allen Einzelheiten das Rechte getroffen, das für eine längere Dauer Genügende festgesetzt worden ist. Erst die Erfahrung wird lehren können, wo nachgeholfen, ergänzt, abgeändert werden muß; und wenn es auch nicht zweckmäßig ist, für eine bestimmte Zeit ausdrücklich eine Revision des ganzen Werkes anzuordnen, so wird es doch kaum ausbleiben, daß einzelne Theile auch schon nach kürzerer Zeit einer Umgestaltung zu unterliegen haben. Um dieß nicht zu erschweren, ist ein Vorschlag von der Hand gewiesen, welcher wollte, daß der Reichstag nicht bloß in zwei verschiedenen Sitzungsperioden, sondern erst nach einer vollständigen Erneuerung zum zweiten Male über Verfassungsänderungen abstimmen sollte. Wenn aber das Recht hierzu einer und derselben Versammlung eingeräumt wurde, so war es allerdings nothwendig, eine Gewähr dagegen zu geben, daß nicht eine kleine, vielleicht zufällige Majorität den Bau der Verfassung leichter Hand umwerfen könne. Die vorgeschlagenen Bestimmungen, Anwesenheit von zwei Dritteln der Mitglieder und wieder Mehrheit von zwei Dritteln der Anwesenden, sodann eine doppelte Abstimmung nicht unmittelbar nach einander, diese Bestimmungen werden das rechte Maaß nach beiden Seiten hin halten. Zu dem gleichmäßigen Beschluß beider Häuser muß die Zustimmung des Oberhaupts hinzutreten. Wenn auch die Versammlung bei ihrem Beschluß wegen des Suspensiv-Veto stehen bleiben sollte, hier kann kein Raum für dasselbe sein. Wollte man, wie eine Minorität vorschlägt, auch hier auf dasselbe eingehen, so würde man consequenter Weise dahin gelangen, daß der Reichstag durch dreimaligen Beschluß das Oberhaupt selbst gänzlich entfernen, das eine Organ der Verfassung also vollständig beseitigen könnte. Und wenn sich dieß vielleicht einen Augenblick deshalb empfiehlt, weil es das Mittel sei, um jede gewaltsame Revolution zu vermeiden, so wird sich bei näherer Betrachtung doch ergeben, daß es nur dahin wirken könnte, um dem Oberhaupt eine Stellung zu geben, in der ihm und mit ihm dem Reiche, dem es vorsteht, die wahre Kraft und Würde abgeht; ja es möchte, wenn je eine Möglichkeit, wie sie vorher angedeutet wurde, eintreten sollte, diese Bestimmung nur dazu führen, daß die Revolution von Oben statt von Unten begonnen, und auf diese Weise doch Alles in Frage gestellt würde. Dagegen wird eine Gefahr für die Zustände des Reichs oder Volks in der Aufrechthaltung dieses Rechtes nimmermehr gefunden werden können. Sollte der Kaiser in einem seltenen Falle dazu gelangen, einer von beiden Häusern in der vorgeschriebenen Weise beschlossenen Verfassungsänderung die Einwilligung zu versagen, so könnte es höchstens das Interesse der Einheit gegenüber dem Particularismus der Stämme sein, welches er verträte.

Artikel IV. § 7.

Nicht ohne eigenthümliche Schwierigkeiten ist der Gegenstand, welchen dieser Paragraph behandelt. Ein reiches Maaß wichtiger Freiheiten ist dem deutschen Volk durch die Grundrechte, welche einen wesentlichen Theil der Verfassung bilden, gegeben worden. Jeder wird den Wunsch hegen, daß die Gabe unverkümmert und ungeschmälert für alle Zukunft bleiben möge; fast Jeder wird aber auch zuzugeben geneigt sein, daß Zeiten kommen und Umstände eintreten können, wo vielleicht das Ganze gefährdet ist, wenn nicht ein Theil davon einer weisen Beschränkung unterworfen wird. Der Krieg zunächst begründet Ausnahmen in fast allen Verhältnissen des Lebens, und es erscheint unmöglich, unter der Herrschaft der Waffen die ganze Freiheit und das ganze Recht des Friedens aufrecht zu erhalten. Der Zeit des Krieges aber ist die des Aufruhrs gleichzustellen, wenn die eigenen Bewohner des Landes sich gegen die rechtmäßigen Gewalten mit bewaffneter Hand erheben; und damit die Herrschaft des Gesetzes, ja den Bestand des Staates selbst gefährden. Alle Völker der Erde, auch die, welche sich der freiesten Verfassung erfreuten, haben es für nöthig erachtet, für solche Verhältnisse Ausnahmsmaßregeln zuzulassen, und ihr Bemühen ist nur dahin gerichtet gewesen, auch hier noch verfassungsmäßige Garantieen gegen einen möglichen Mißbrauch der Gewalt aufzustellen. Dasselbe war für die deutschen Verhältnisse nothwendig.

Aber die Schwierigkeiten waren hier ungleich größer, als anderswo. Die Freiheiten sind dem Volke schnell nach langer Entbehrung gegeben; es wird eine Zeit dauern, bis es sich in dieselben so hineinlebt, daß die gewaltsamen Krisen und Erschütterungen von Oben und Unten aufhören, und einer ruhigen Bewegung in den neu eröffneten Bahnen Raum machen. Auch das Reich und die Einzelstaaten haben sich erst in ihrer Competenz bestimmt auseinander zu setzen. Wenn die Reichsgewalt berufen ist, das ganze deutsche Volk in dem Genusse der ihm durch die Grundrechte gewährten Freiheiten zu schützen (Reichsgewalt § 52), so scheint ihr eben damit auch die Verpflichtung gegeben, dem Mißbrauch derselben zu wehren, und die Einzelstaaten gegen einen solchen zu vertheidigen. Gleichwohl wird man die Sorge hierfür nicht dem Reiche allein überlassen, den Einzelstaaten die Berechtigung nicht absprechen können, im Falle des Krieges oder Aufruhrs auch selbst diejenigen Maßregeln zu ergreifen, welche zu ihrem Schutze, zu ihrer Erhaltung nothwendig sind. — In mancher Beziehung wäre es wünschenswerth gewesen, wenn man Alles, was hier in Frage kommt, der ausführlichen Behandlung eines künftigen Reichsgesetzes hätte vorbehalten können. Theils aber war es nothwendig, auch für die nächste Zeit gewisse Anhaltspunkte zu haben, theils schien es unumgänglich, gerade in der Verfassung wenigstens die Hauptsache festzustellen, welche Grundrechte denn unter solchen Verhältnissen zeitweise außer Kraft gesetzt werden können, und welche Garantieen dabei zum Schutze der Freiheit bestehen sollen.

Es sind die Bestimmungen über Verhaftung, Haussuchung und Versammlungsrecht, deren Suspension zugelassen wird; das Vereinsrecht ist nicht ausgeführt, theils weil es bedenklich schien, dieß in seinem ganzen Umfange einer solchen Beschränkung zu unterwerfen, theils aber, und hauptsächlich weil man meinte, daß eine gefährliche Thätigkeit der Vereine und Clubs in solchen Zeitläuften hauptsächlich nur in ihren Zusammenkünften entwickelt werde, die bereits unter die Rubrik der Versammlungen fallen. Eine Suspension der Preßfreiheit ist, wenn sie sonst etwa von Einigen zugelassen wäre, durch § 13 der Grundrechte verwehrt; über das Placatenwesen war hier nicht der Ort, Bestimmungen zu treffen. — Wenn aber eine Minorität will, daß eine zeitweise Beschränkung dieser Rechte jedesmal nur durch ein Gesetz, sei es des Reichs oder des Einzelstaates, geschehen könne, so hat die Mehrheit des Ausschusses sich diese Auffassung nicht aneignen können. Sie ließ sich vielmehr von der Ansicht leiten, daß es Fälle gebe, wo die Eile erforderlich und allein heilsam sei, und daß es oftmals der wahren Freiheit nur zur Sicherung gereiche, wenn durch eine kurze Suspension einzelner Rechte an einzelnen Orten einem Aufruhr jeder Vorschub abgeschnitten, und die Möglichkeit schneller Unterdrückung gefährlicher anarchischer Bewegungen gegeben werde. Wenn eine solche Maßregel in einer einzelnen Stadt oder Gegend nothwendig wird, so scheint darin auch noch kein hinreichender Grund zu liegen, um den deutschen Reichstag, oder die gesetzgebenden Körper z. B. eines größeren Staates zusammenzurufen. Und sollte diese Berufung der Verfügung jedesmal sogar vorangehen müssen, so würde in vielen Fällen der Zweck vollständig vereitelt werden. Auf der andern Seite darf aber auch der Willkür, und selbst der Verantwortlichkeit eines Ministeriums nicht zu viel überlassen bleiben. Darum ist bestimmt, daß, wenn der Reichstag, beziehungsweise der Landtag des Einzelstaates versammelt ist, ihm die Verfügung zur Genehmigung vorzulegen ist. Im entgegengesetzten Fall soll das Gesammtministerium das Recht haben, vierzehn Tage lang eine solche Maßregel auf seine Verantwortlichkeit zu verhängen. Eine solche Frist wird in der Regel ausreichen, um augenblicklichen Gefahren zu begegnen. Hierüber hinaus aber darf ein Ausnahmezustand nicht fortdauern. Ist daher eine aufrührerische Bewegung von solcher Bedeutung, daß eine längere Dauer nothwendig erscheint, so mögen der Reichstag, oder die Kammern zusammenkommen und über die Sache entscheiden. — Nachdem dieses festgesetzt ist, kann ein weiteres Detail einem künftigen Reichsgesetz vorbehalten bleiben.

Hinzuzufügen aber war, daß für die Verkündigung des Belagerungszustandes in Festungen die bestehenden gesetzlichen Vorschriften in Kraft bleiben sollen. Die Sache gehört hierher, da damit regelmäßig die Beschränkung nicht bloß der vorhergenannten, sondern auch noch anderer Rechte verbunden zu sein pflegt. Die besondere Wichtigkeit der Festungen erfordert, daß ihrer Sicherheit jede andere Rücksicht nachgestellt werde, daß namentlich der Commandant die Befugniß habe, alle diejenigen Anordnungen zu treffen, die er dazu für nothwendig hält. Die Gesetzgebung wird allerdings Anlaß nehmen müssen, die älteren Kriegsgesetze hier einer Revision zu unterwerfen, und mit den Verhältnissen der Gegenwart möglichst in Einklang zu bringen; an dieser Stelle mußten sie aber in ihrer Giltigkeit anerkannt und geschützt werden.

Ein Theil des Ausschusses ist der Ueberzeugung, daß Fälle eintreten können, wo selbst eine Suspension der vorher aufgeführten Rechte nicht genügt. Wenn das Vaterland sich wahrhaft in Gefahr befindet, wenn es die Rettung des Staates aus drohendem Verderben gilt, dann sind auch außerordentliche Maßregeln an ihrem Platze. Und es scheint zu wünschen, daß sich diese dann nicht bloß durch die Gewalt der Thatsachen Raum verschaffen, sondern daß auch für solche Fälle die Verfassung selbst Vorsorge getroffen hat. Mehrere deutsche und außerdeutsche Staaten kennen die Verkündigung des Kriegsrechts als ein Mittel, das Recht dadurch zu schützen, daß man zeitweise der gewöhnlichen Anwendung desselben entsagt. Die civile Gewalt wird dann mit der militärischen verbunden, die Gerichtsbarkeit der Militärgerichte über ihre sonstige Competenz ausgedehnt; nach § 9 der Grundrechte wird hier auch in Zukunft die Todesstrafe Platz greifen können. Wenn im Ausschuß vorgeschlagen wurde, die Zulässigkeit dieses Kriegsrechtes in bestimmten Fällen unter besonderen Garantieen auszusprechen, so war am Wenigsten die Absicht, den Mißbrauch zu sanctioniren, der in neuester Zeit mit der Ausdehnung des Belagerungszustandes und der Anwendung des Standrechts getrieben worden ist; es schien vielmehr nur im Interesse der Freiheit und Humanität zu sein, wenn gerade hierfür besondere Bedingungen erfordert würden: der Reichstag oder die gesetzgebenden Körper des Einzelstaates, wenn sie versammelt sind, sollen ihre Zustimmung im Voraus geben, und wenn sie gerade keine Sitzungen halten, so soll ihre sofortige Einberufung erfolgen. Dem entgegen aber wurde behauptet, daß die vorher getroffenen Bestimmungen vollkommen genügten, um Recht und Gesetz unter allen Umständen aufrecht zu erhalten, daß man weitere Beschränkungen der Grundrechte nicht zugeben könne, namentlich keine Uebertragung der Gerichtsbarkeit über andere, als Militärpersonen, an die Militärgerichte, daß außerdem der Begriff und der Umfang des Kriegsrechtes ein zu unbestimmter, in verschiedenen Staaten zu verschiedener sei, als daß man hier darauf eingehen könne. Die entgegengesetzten Ansichten blieben mit gleichen Stimmen sich gegenüber, und ein Vorschlag, der die Verkündigung des Kriegsrechts betrifft, ist nur als Minoritäts-Gutachten beigefügt worden.

Es sind im Ausschuß noch einige andere Vorschläge gemacht, in deren Annahme Einzelne aus welchen [illegible] der [illegible] wollten. Doch haben sie den Beifall der [illegible] nicht erhalten.

Nach verschiedenen Seiten hin, nach Oben und Unten, gegen die Einzelstaaten und gegen übereilte Beschlüsse der Reichsgewalten selbst, ist versucht worden, durch die vorliegenden Paragraphen die Reichsverfassung sicher zu stellen. [illegible] wird Jeder hoffen, daß diese selten in die Nothwendigkeit gesetzt werde, der dargebotenen Schutzen sich zu bedienen. Wenn sie die Aufgabe hat, dem deutschen Volke Freiheit und Einheit zu geben, so sind diese, wenn sie gewonnen werden, sicherlich selbst wieder die beste Gewähr der Verfassung.)

Präsident: Zu den sieben Paragraphen dieses Entwurfs sind bis jetzt folgende Verbesserungs-Anträge eingegangen. Zu Art. I ein Antrag des Herrn **Spatz**:

„In Erwägung, daß die Bestimmung, es solle der Reichstag nach jedem Regierungswechsel in der Art zusammentreten, wie er das letztemal zusammengesetzt war, die Consequenz hat, daß selbst dann, wenn die Wirkungsperiode bestimmter Mitglieder des Volkshauses abgelaufen ist, und schon neue Mitglieder zum nächsten Reichstage gewählt sind, nicht diese neuen, sondern die alten Mitglieder sich wieder zu versammeln hätten;

in Erwägung, daß eine solche Zusammensetzung des Reichstags, wie sie nur für den bestimmten Zweck der Eidesabnahme des Reichsoberhauptes vorgeschrieben ist, den Reichstag für alle andern Geschäfte, die eine andere Zusammensetzung vorschreiben, gänzlich incompetent machen würde;

in Erwägung, daß es aber höchst wichtig ist, daß der nach einem Regierungswechsel zum ersten Mal zusammentretende Reichstag für alle Angelegenheiten competent sei;

aus diesen Gründen schlagen wir folgende Fassung des Art. I. § 1 Absatz 1 vor:

„Bei jedem Regierungswechsel tritt der Reichstag, falls er nicht schon versammelt ist, ohne Berufung zusammen, in der Art, wie dessen Zusammensetzung nach der letzt vorhergegangenen Wahl sich ergibt."

Unterstützt von: Tafel von Zweibrücken; Blumröder; Fehrenbach; Frisch; Haggenmüller; Pattai; K. Vogt; Fetzer; Nägele; Geigel; Kudlich; Mandrella; Lindner; Eisenstuck; Langbein; Minkus; Tafel von Stuttgart; Rheinwald; J. Förster; Mammen von Plauen; Schüler von Jena; G. Gulden; Fr. Wigard; E. A. Roßmäßler.

Präsident: Zu § 5. Art. II liegt vor ein Antrag des Herrn **Ph. Schwarzenberg**:

„Ich beantrage, dem § 5 folgende Fassung zu geben:

Eine Änderung der Regierungsform und der Verfassung eines Einzelstaates kann zu jeder Zeit durch dessen gesetzgebende Gewalt im verfassungsmäßigen Wege vorgenommen werden, insoweit dadurch die Reichsverfassung nicht verletzt wird."

Unterstützt von: Schoder; v. Maysfeld; Melly; Gerlach; Franke; Claussen; Engel; Haggenmüller; Geigel; Max Simon; Schott; v. Rappard; Dietsch; Blumröder; Schulz von Weilburg; Fischer; Kunth; Wagner; Riehl; Reitter.

Zu eben diesem § 5 liegt noch ein weiterer Antrag des Herrn **Spatz** vor:

„Für den Fall, daß nicht die Streichung des ganzen § 5 beliebt werden sollte, schlagen wir für den zweiten Absatz desselben folgende Fassung vor:

„Diese Zustimmung kann nur dann versagt werden, wenn die neue Regierungsform im Widerspruche mit der Reichsverfassung steht."

Unterstützt von: Eisenstuck; Tafel von Zweibrücken; Frisch; Nägele; Gulden; Nauwerck; Kudlich; Lindner; Mandrella; Minkus; Mammen; Wigard; Fetzer; Schüler von Jena; Förster; Tafel von Stuttgart; Vogt; Fehrenbach; Blumröder; Haggenmüller; Geigel.

Zu § 6 liegt vor ein Amendement des Herrn **v. Vincke**, zu setzen:

Statt: zweier Abstimmungen, zwischen welchen ein Zeitraum von wenigstens acht Tagen liegen muß:

„Zweier Abstimmungen in zwei verschiedenen Sitzungsperioden."

Unterstützt von: Naumann; Grävell; Schultze von Potsdam; Gombart; v. Wegnern; Flottwell; Oertel; v. Selchow; v. Radowitz; Carl; Hayden; Tannen; Gersdorf; Kutzen; v. Schrenk; v. Nagel; Merck; v. Wulffen; Obermüller.

Endlich ist zu § 7 ein Verbesserungsantrag von **Spatz** und Anderen gestellt:

„In Erwägung, daß der Ausdruck „Aufruhr" vielfacher Deutung fähig ist, und nicht bloß einen ernstlichen bewaffneten Aufstand, sondern auch eine unbedeutende tumultuarische Zusammenrottung bezeichnet;

in Erwägung, daß aber die zeitweise Aufhebung staatsbürgerlicher Rechte ein so wichtiger Act ist, daß nur in den äußersten Fällen davon Gebrauch gemacht werden darf;

aus diesen Gründen

wolle im § 7 und eventuell in den betreffenden Minoritäts-Erachten und Verbesserungs-Anträgen statt der Worte: „im Falle des Krieges oder Aufruhrs können außer Kraft gesetzt werden," folgende Worte gesetzt werden: „Im Falle des Krieges **oder bewaffneten Aufruhrs zum Zwecke des Umsturzes der Reichs- oder Staatsverfassung**, können außer Kraft gesetzt werden."

Unterstützt durch: Tafel von Zweibrücken; Vogt; Blumröder; Schwarzenberg; Haggenmüller; Zimmermann von Stuttgart; Frisch; Nägele; Tafel von Stuttgart; Schott; Vogel von Guben; Trabert; Fetzer; Wigard event.; Eisenstuck event.; Roßmäßler; Schmitt von Kaiserslautern; Mölling; Bogen; Schüler.

Als Redner haben sich gemeldet für eine etwa zu beliebende **allgemeine** Discussion über den ganzen Entwurf, und zwar **gegen** denselben, die Herren: Mölling; Schüler; Hagen. **Für** den Entwurf die Herren: Tellkampf; Buß. (Allenthalben: Oh!) Demnächst bei den einzelnen Paragraphen, **gegen** § 1: Herr Mölling. **Für** § 1: Herr v. Schrenk. **Gegen** § 2: Herr Mölling. **Gegen** § 4: die Herren: Schüler; Buß. (Allenthalben wiederholtes Oh! Oh!) **Gegen** § 5 die Herren: Schüler; Hagen; Wigard; Schwarzenberg; Vogt und Nauwerck. **Für** § 5 die Herren: v. Soiron; Buß (allseitiges gesteigertes Ah! Oh! Heiterkeit auf der Linken); Bassermann; Gombart; Wiedenmann. **Gegen** § 6 die Herren: Mölling (auf der Rechten: Oh!); Schüler; Hagen. **Für** den § 6 die Herren: Plathner; v. Vincke. **Gegen** §§ 7 und 7a die Herren: Tellkampf; Max Simon; Hagen; Wigard; Vogt. **Für** die §§ 7 und 7a: Herr v. Vincke. — Ich erhalte soeben noch einen Ver-

[illegible] Antrag ist [illegible] Abgeordneten [illegible] Bregen [illegible] Der § 5 soll so lauten:

„Eine Aenderung der Regierungsform in einem Einzelstaate kann nur mit Zustimmung des Reichstages erfolgen."

Unterstützt von: Mikowicka; Groß von Prag; Döring; Strache; Wuttke; Weißenborn; Backhaus; Müller von Sonnenberg; Platz; Höfken; Giremayr; Feltsche; Pfeiffer; Pinckert; Kropp; Kuntz event.; Ziegert event.; Neugebauer event.; Huber event.

Endlich zeige ich an, daß die namentliche Abstimmung durch Aufruf über die §§ 5, 6 (Zuruf von der Linken: Und § 7!) und 7 vorbehalten ist. — Ich habe zuvörderst zu fragen, ob die Versammlung überhaupt in die Discussion über die vorliegenden Paragraphen eintreten will, und werde dann fragen, ob eine allgemeine Discussion vor der besonderen Discussion beliebt wird. (Berichterstatter Waitz spricht mit dem Präsidenten.) Es wird mir der Vorschlag gemacht, meine Herren, die Frage jetzt nur auf die Zulässigkeit der allgemeinen Discussion zu stellen; demnächst aber die Frage, ob Discussion über dieselben eintreten soll, auf die einzelnen Paragraphen zu richten. (Es erfolgt kein Widerspruch.) Ich frage also zuvörderst wegen der allgemeinen Discussion. Diejenigen Herren, welche auf eine allgemeine, die sämmtlichen Paragraphen des vorliegenden Entwurfes umfassende Discussion nicht verzichten wollen, ersuche ich, sich zu erheben. (Ein Theil der Linken erhebt sich.) Die allgemeine Discussion ist abgelehnt. — Ich richte also die Frage auf Art. I. § 1. Diejenigen Herren, die auf die Discussion über den Art. I. § 1 des vorliegenden Entwurfes nicht verzichten wollen, ersuche ich, sich zu erheben. (Auf allen Seiten erheben sich Mitglieder.) Die Discussion ist [illegible]. Das Wort hat zuerst Herr Mölling.

Mölling von Jever in Oldenburg: Meine Herren! Ich muß mich gegen die in den §§ 1 und 2 verlangten Eide erklären. Ich glaube wohl, daß mir das Haus gestatten wird, beide Paragraphen und die Betrachtung darüber zusammenzufassen, weil sie ganz durchweg einen integrirenden Gegenstand bilden. Unverkennbar arbeiten die Gesetzgebungen aller deutschen Staaten schon lange auf die Verminderung der Eide hin, mancher prozessualische Eid ist abgeschafft; die Eide im Criminalverfahren sind seltener geworden, an die Stelle der feierlichen Betheuerung ist vielfach eine bloße Versicherung an Eidesstatt getreten. Wohin deutet das, meine Herren? — Daß eine Zeit bevorsteht, welche vielleicht ganz und gar den Eid abschafft. Mehr und mehr wächst sie mit ihren veränderten Religionsbegriffen darüber hinaus, und nagt an seiner Heiligkeit und Würde. Kaum möchte sich der Eid an und für sich [illegible], weil er auf dem durch keinen Vernunft begründeten Mißtrauen beruht, der Schwörende werde [illegible], was jeder Redliche ohne Eid thun muß, die Wahrheit sagen, und das Rechte thun. Gleichwohl würde ich nicht der Zeit vorgreifend, wagen, auf völlige Abschaffung des Eides anzutragen. Ich muß mich aber entschieden gegen alle Verfassungs-, Amts- und Diensteide erklären, weil ich sie unmoralisch, unwürdig, gefährlich und nutzlos halte. Ich sage: unmoralisch, weil sie nicht aus der freien Ueberzeugung des Schwörenden hervorgehen, weil sie durch einen Zwang, wenn auch durch einen indirecten und moralischen bedingt sind. Der Fürst [illegible] bei dem Antritt seiner Regierung den Eid leisten, das Reich und die Rechte des Volkes zu schirmen, die Verfassung [illegible] aufrecht zu erhalten, und sie gewissenhaft zu vollziehen. Er wird den Eid leisten, auch wenn er den Rechten des Volkes nicht hold, auch wenn er der Verfassung abgeneigt ist. Er wird ihn leisten, weil er nur die Wahl hat, durch ihn zur Regierung zu gelangen, oder ohne denselben darauf zu verzichten. Der Beamte steht in denselben Verhältnisse; er wird, wenn er Scrupel gegen den Eid hat, ihn dennoch leisten, weil er ein Amt vielleicht mit reichem Einkommen gewinnt, weil dadurch sich ihm eine glänzende Laufbahn eröffnet. Das ist der Zwang, der zum Eide verführt, der ihn unmoralisch macht. Er ist auch unwürdig. Die ihn schwören sollen, sind in der Wissenschaft erzogen und gebildet, sie sind sich mehr wie Andere ihrer Pflicht bewußt. Die Wissenschaft sagt ihnen, daß sie dem Lande, dem Volke, dem Staate dienen sollen in der Freiheit ihres durch die Wissenschaft entfesselten Geistes. Ist der Zwang des Eides damit vereinbar, daß das Gesetz auch nur ahnen lasse, der Schwörende werde ohne den Eid weniger geneigt sein, seine Pflicht zu erfüllen? — Oder er bedürfe desselben gleichsam als einer Stütze, um sich seiner Pflicht treu zu erhalten? Das ist ein unwürdiges Mißtrauen. Der Fürst, der die Regierung antritt, der Beamte, der das Amt übernimmt, leistet dadurch stillschweigend die Versicherung, seinem Amte treu zu sein. Diese Versicherung gilt mir mehr, als der Eid; sie ist das freie Wort des freien Mannes, dessen Glaube nicht gekränkt werden darf. Es ist auch gefährlich, weil er sich, wie jeder Versprechungseid, auf ein Gebiet hinüberwagt, das jedem menschlichen Auge verborgen ist; auf das Gebiet der Zukunft. Der Eid zieht um den Schwörenden eine feststehende Schranke, die Zeit geht mit ihren rollenden Wogen darüber hinweg; sie verändert, sie erweitert den Wirkungskreis der Verfassung, sie bringt Verhältnisse und Umstände, die in Conflict mit der Verfassung treten, auch wenn der geschriebene Buchstabe noch fortbesteht. Ich selbst habe einen Diensteid geleistet, etwa in folgender Weise: Daß ich meinem Fürsten treu und gehorsam sein, daß ich sein und seines Hauses Beste nach allen Kräften wahrnehmen, und mein Amt treu und gewissenhaft verwalten wollte. Aber nur zu oft trat das Beste des Volkes in Conflict mit dem Besten des Fürsten, und mein Amt nöthigte mich, dieses gegen jenes zu vertreten. Ich habe es gethan. Ich habe nicht über meinen Eid gegrübelt. Wenn ich es gethan, wie hätte ich den Conflict zwischen ihm und meiner Amtspflicht ausgleichen können? Der Eid bietet auch leicht einen Vorwand, um den Fortschritt der Zeit zu hemmen. Ich habe schon gesagt, daß die Zeit fortschreitet, daß sie die Verfassung durchlöchern kann. Der Fürst, der Beamte, der den Eid geleistet hat, und dem der Fortschritt nicht genehm ist, kann sich auf den Eid stützen, um den Fortschritt zu hemmen. Endlich halte ich den Eid für eine leere Formalität, also nutzlos. Der Präsident, der Vicepräsident und die Secretäre sind nicht auf ihr Amt, auf die Geschäftsordnung, auf die Protokollführung, vereidet; aber wer von uns zweifelt, daß sie auch ohne den Eid ihr Amt mit eben derselben Treue wahrnehmen, als wenn sie den Eid geleistet hätten? Der Amtseid ist ein Ausfluß der unbeschränkten Gewalt, die durch jedes Mittel ihre Diener an sich zu knüpfen sucht. Wir aber wollen, meine ich, ein Staatsgebäude gründen, das auf Freiheit ruht. Der freie Staat aber wird nur Diener wollen, die ihm in der Freiheit ihrer Ueberzeugung dienen, nicht in der Knechtschaft des Eideszwangs.

v. Schrenk von München: Ich will mich nicht, meine Herren, gleich dem Vorredner, auf Untersuchung der Frage einlassen, inwiefern es zweckmäßig, oder nicht [illegible], die Eide zu vermehren, aber zu vermindern, [illegible] solche eine Bedeutung haben. Ich gehe nämlich von der Ueberzeugung aus, daß ein großer Theil des Volkes noch nicht dahin gekommen ist, den Eid als eine unwesentliche Form zu betrachten; und glaube, daß dieser eine Beruhigung darin finden wird, wenn das Reichsoberhaupt die Aufrechthaltung der Reichsverfassung eidlich bekräftigt. Deßhalb dürfte meines Erachtens die von dem Verfassungs-Ausschusse vorgeschlagene dießfällige Bestimmung anzunehmen sein. Der Grund, aus welchem ich mir dennoch das Wort erbeten habe, ist aber auch nur der, daß ich darzulegen wünsche, aus welchen Rücksichten ich und meine Gesinnungsgenossen dem §. 1 in seiner ursprünglichen Fassung zustimmen werden, dagegen aber glauben, dem Minoritäts-Erachten II nicht beitreten zu können. Es ist nämlich augenfällig, daß nach dem Vorschlage des Verfassungs-Ausschusses bei jedem Regierungs-Wechsel eine kurze Zeit eintreten wird, in welcher eine Art Zwischenregierung Platz greifen muß; denn das zur Regierung berufene Oberhaupt soll vor der Eidesleistung nicht ermächtigt sein, Regierungshandlungen vorzunehmen; die Eidesleistung selbst aber ist bedingt durch vorgängigen Zusammentritt des Reichstages. Es liegt in der Natur der Sache, daß für die Zwischenzeit von dem Regierungsantritte bis zur Eidesleistung des neuen Reichsoberhaupts Vorsorge getroffen werden müsse, und diese wird ganz sachgemäß in der Art eintreten können, daß dem bestehenden verantwortlichen Ministerium einstweilen die Leitung der Regierungsgeschäfte übertragen wird. Die Fortführung der laufenden Geschäfte durch das verantwortliche Ministerium versteht sich indessen nach unserem Dafürhalten eigentlich schon von selbst, und wir finden Bedenken nur darin, daß nach dem Vorschlage des Minoritäts-Erachtens das Reichsministerium in der Eigenschaft einer Reichsregentschaft die Regierungsgeschäfte übernehmen soll. Der Ausdruck „Regentschaft" scheint uns hier nicht zu passen; denn eine Regentschaft, welche nur dann zu bestellen ist, wenn ein Reichsoberhaupt auf längere Zeit verhindert ist, die Regierung zu besorgen, tritt ganz an die Stelle des Oberhauptes selbst; sie ist daher ebenso, wie das Staatsoberhaupt, unverletzlich und übt ihre Regierungsrechte durch ein verantwortliches Ministerium aus. Wenn nun das Reichsministerium als Reichsregentschaft in Wirksamkeit treten sollte, so würde es die Stellung des Oberhauptes in Bezug auf dessen Unverantwortlichkeit einzunehmen, gleichzeitig würde es aber auch die Leitung der Geschäfte als verantwortliches Ministerium zu besorgen haben. Dadurch würde es nun offenbar in eine zweiseitige Stellung gerathen, welche weder den Regierungsgeschäften förderlich, noch in anderer Weise irgendwie angemessen wäre. Wenn wir hiernach auch Dem vollkommen beistimmen würden, daß in die Reichsverfassung eine Bestimmung aufgenommen werde, wonach die verantwortlichen Minister in dieser ihrer Eigenschaft die Leitung der laufenden Geschäfte nach eingetretenem Wechsel in der Person des Reichsoberhauptes bis zur Leistung des Eides auf die Verfassung von Seite des neuen Oberhauptes fortzubesorgen hätten, so glauben wir doch dem Minoritäts-Vorschlag in seiner derzeitigen Fassung nicht beitreten zu können, sind vielmehr der Meinung, daß die Fortführung der Geschäfte durch die Minister, als sich von selbst verstehend, betrachtet werden könne, und stimmen deßhalb für die unbedingte Annahme des §. 4 des Entwurfes in der vom Verfassungs-Ausschuß beantragten Fassung.

Präsident: Es hat sich für diesen Paragraphen kein Redner weiter einschreiben lassen, Herr Waitz hat als Berichterstatter das Wort.

Waitz von Göttingen: Der §. 4 leidet an einer gewissen Unbestimmtheit, er [illegible] ist das in der Natur der Sache begründet, denn der Ausschuß wußte damals nicht, und die Versammlung weiß es auch heute noch nicht, wie das Oberhaupt bestellt wird, und wie das eine dem andern succedirt. Daraus ergibt sich, daß wir nicht mit Bestimmtheit festsetzen können, wann der Reichstag zusammentritt, und was vorzunehmen ist für ein etwa eintretendes Interregnum. Die Minorität des Verfassungs-Ausschusses hat allerdings diese Lücken ausfüllen zu müssen geglaubt, sie hat aber dadurch der Entscheidung der Versammlung selbst vorgegriffen, und ich halte es schon deßhalb nicht für gut, darauf einzugehen. Namentlich aber ist, wie Sie sehen, jetzt schon eine Zeit von 14 Tagen festgesetzt, innerhalb welcher sich der Reichstag versammeln soll. Würde eine periodische Wahl beliebt, so würde man im Voraus wissen, wann der Wechsel eintritt, und dann bedürfte es der Frist ebenso wenig, als der Bestimmung, daß das Ministerium in der Zwischenzeit die Geschäfte führen soll. Gegen das zweite Minoritäts-Erachten hat auch schon Herr v. Schrenk Gründe angeführt, welche mir durchaus zutreffend erscheinen. Ich glaube freilich, daß einige der Unterzeichner desselben nicht den Sinn damit verbunden haben, der offenbar darin enthalten ist; sie haben eigentlich wohl nur gemeint, daß das Ministerium als solches die Geschäfte fortführen soll; in dem Antrage aber heißt es sehr deutlich, daß es als Reichsregentschaft eintreten soll. Dann aber müßte dasselbe auch erst beeidigt werden. Es träte hier dasselbe Erforderniß ein, wie für das künftige Reichsoberhaupt; man würde dem Reichsministerium diesen Eid ebenso wenig schenken können, als dem Kaiser selbst. Was die von Herrn Mölling über den Eid angestellten Erörterungen betrifft, so lasse ich mich darauf weiter nicht ein. Mir scheint, sie hätten etwa in die Verhandlung über die Grundrechte hineingepaßt, wenn es sich hier darum gehandelt hätte, den Eid abzuschaffen. Das aber wollen wir nicht, wir haben vielmehr bereits angenommen, daß auch die Abgeordneten einen Eid zu leisten haben, und aus diesem Grunde werden wir den Eid auch für das Reichsoberhaupt und die Reichsbeamten beibehalten. — Schließlich erwähne ich den Antrag des Herrn Spatz; die Motive desselben sind dem Wahlgesetz entlehnt, wo ich geglaubt habe, ausdrücklich darauf aufmerksam machen zu müssen. Ich bin aber doch nicht der Meinung, daß dieser Antrag die Uebelstände beseitigt, denn nach demselben würde doch ein aufgelöster Reichstag gar nicht mehr zusammenkommen können. Eben um diesen Uebelstand zu vermeiden, haben wir diese Fassung gewählt, selbst auf die Gefahr hin, daß sich einmal der alte Reichstag wieder einfindet, der keine anderen Geschäfte machen kann, als die Beeidigung. Ich empfehle Ihnen also, bei der im Entwurfe gegebenen Fassung stehen zu bleiben, und die Ausfüllung der vorhandenen Lücken der zweiten Lesung zu überlassen.

Präsident: Die Debatte ist geschlossen, wir gehen zur Abstimmung über. Ich möchte dabei in folgender Weise verfahren: Zuerst würde ich von dem ersten Paragraphen das erste Alinea:

> „Bei jedem Regierungswechsel tritt der Reichstag, falls er nicht schon versammelt ist, ohne Berufung zusammen,"

zur Abstimmung bringen. Würde dieses verworfen, so käme der entsprechende Theil des ersten Minoritäts-Erachtens zur Abstimmung, ich meine folgende Worte:

> „Am vierzehnten Tage nach einem Regierungs-Wechsel, den Tag des Regierungswechsels mit [illegible]

[illegible] tritt der Reichstag, falls er nicht schon versammelt ist, ohne Berufung zusammen."

Dann würde ich übergehen zur zweiten Hälfte des ersten Punktes im ersten Alinea des Ausschuß-Antrages:

„In der Art, wie er das letzte Mal zusammengesetzt war."

Würde das abgelehnt, so käme das Amendement des Herrn Spatz zur Abstimmung. Dann kommen wir zum zweiten Punkte des ersten Alinea; dann zum dritten, und endlich zum zweiten Minoritäts-Erachten. Wenn dagegen kein Widerspruch erhoben wird, so werde ich in dieser Weise verfahren. (Es erfolgt kein Widerspruch.) Diejenigen Herren also, welche den Eingang des § 1 des Art. I:

„Bei jedem Regierungswechsel tritt der Reichstag, falls er nicht schon versammelt ist, ohne Berufung zusammen,"

annehmen wollen, ersuche ich, aufzustehen. (Die Rechte und der größte Theil des Centrums erheben sich.) Der Satz ist angenommen, und damit das erste Minoritäts-Erachten erledigt. Diejenigen Herren, welche zu dem eben angenommenen Satze nach dem Antrage des Ausschusses noch folgenden Satz annehmen wollen: „In der Art, wie er das letzte Mal zusammengesetzt war," bitte ich, aufzustehen. (Die Rechte und der größte Theil des Centrums erheben sich.) Auch dieser Theil des ersten Punktes ist angenommen, und damit das Amendement des Herrn Spatz und Genossen erledigt. — Ich gehe nun zum zweiten Punkte des ersten Alinea über. Diejenigen Herren, welche nach dem Antrage des Ausschusses beschließen wollen:

„Der Kaiser, welcher die Regierung antritt, leistet vor den zu einer Sitzung vereinigten beiden Häusern des Reichstags einen Eid auf die Reichsverfassung,"

wollen sich erheben. (Die Mehrheit erhebt sich.) Der Antrag ist angenommen. — Wir gehen nun zum zweiten Alinea des § 1 über. Diejenigen Herren, welche dem Satze:

„Der Eid lautet: Ich schwöre, das Reich und die Rechte des deutschen Volkes zu schirmen, die Reichsverfassung aufrecht zu erhalten, und sie gewissenhaft zu vollziehen. So wahr mir Gott helfe!"

zustimmen wollen, ersuche ich, aufzustehen. (Die Centren und die Rechte erheben sich.) Der Antrag ist angenommen. — Das dritte Alinea lautet:

„Erst nach geleistetem Eide ist der Kaiser berechtigt, Regierungshandlungen vorzunehmen."

Diejenigen Herren, die dieses Alinea annehmen wollen, ersuche ich, sich zu erheben. (Die Mehrheit erhebt sich.) Der Antrag ist angenommen. — Ich bringe endlich das zweite Minoritäts-Erachten zur Abstimmung, es lautet:

„Von dem Eintritt des Regierungswechsels bis zur Eidesleistung des neuen Kaisers tritt das gesammte Reichsministerium als Reichsregentschaft ein, wenn eine solche nicht bereits bestellt worden ist."

Diejenigen Herren, die diesem zweiten Minoritäts-Erachten zustimmen wollen, ersuche ich, aufzustehen. (Die Minderheit erhebt sich.) Das zweite Minoritäts-Erachten ist abgelehnt; somit ist der Art. I. § 1 genau nach dem Antrage des Verfassungs-Ausschusses angenommen. — Zu § 2 haben sich, in Betracht, daß [illegible] hat, keine Redner gemeldet. Ich frage, ob das noch geschieht, und ob der Herr Berichterstatter das Wort nehmen will? (Niemand meldet sich.) Ich bringe also den § 2 zur Abstimmung. Der § 2 lautet:

„Die Reichsbeamten haben beim Antritt ihres Amtes einen Eid auf die Reichsverfassung zu leisten. Das Nähere bestimmt die Dienstpragmatik des Reichs."

Diejenigen Herren, welche den § 2 des Verfassungs-Entwurfs annehmen wollen, ersuche ich aufzustehen. (Die Mehrheit, vorzüglich Mitglieder der Rechten und der Centren erheben sich.) Der Antrag ist angenommen. — Zu § 3 haben sich ebenfalls keine Redner gemeldet. Ich frage, ob das noch geschieht, oder ob der Herr Berichterstatter des Ausschusses über den Paragraphen nachsprechen will? (Niemand meldet sich zum Wort.) Ich bringe also den § 3 zur Abstimmung, er lautet:

„Die Verpflichtung auf die Reichsverfassung wird in den Einzelstaaten mit der Verpflichtung auf die Landesverfassung verbunden, und dieser vorangesetzt."

Diejenigen Herren, die den § 3 des Entwurfs annehmen wollen, ersuche ich, sich zu erheben. (Die Mehrheit erhebt sich.) Der § 3 ist angenommen, und damit der Art. I in der Fassung, die ihm der Verfassungs-Ausschuß gegeben hat. — Bevor ich auf Art. II. § 4 die Discussionsfrage stelle, zeige ich an, daß zu § 7 zwei neue Amendements eingegangen sind, die ich zu seiner Zeit verlesen werde. — Ich stelle nun über § 4 die Frage, ob darüber discutirt werden soll? Diejenigen Herren, die auf die Discussion über Art. II. § 4 nicht verzichten wollen, ersuche ich, sich zu erheben. (Es erheben sich mehr als 100 Mitglieder.) Die Discussion ist zugelassen. Herr Schüler von Jena hat das Wort.

Schüler von Jena (vom Platze): Ich werde über § 5 sprechen.

Präsident: Herr Buß hat das Wort. (Unruhe. Stimmen: Oh!)

Buß von Freiburg: Ich muß zuerst danken für die freiwillige bereite Theilnahme, die bei der Besteigung der Tribüne von der Rechten und dem rechten Centrum mir in neuester Zeit gewährt wird, und ich werde den Zuruf, der mir beim Vorübergehen zu Theil geworden: Kurz! kurz! wie immer, befolgen. — Zu § 4 muß ich eine Aenderung vorschlagen. Derselbe lautet nach der Fassung des Verfassungs-Ausschusses: „Keine Bestimmung in der Verfassung oder in den Gesetzen eines Einzelstaates darf mit der Reichsverfassung im Widerspruch stehen." Ich glaube, daß diese Fassung nicht genügt, weil sie nicht alles Das erschöpft, was zu erschöpfen ist. Ganz gewiß werden wir bei der Führung des gegenwärtigen Baues der Verfassung nicht alle die Eventualitäten berücksichtigen können, welche die Verfassung in der Zukunft wird berücksichtigen müssen. Und es ist unverkennbar, daß bei keinem Bundesstaat der Vergangenheit und der Gegenwart der Gegensatz zwischen der zu gründenden Einheit und den schon bestehenden Sonderinteressen so stark ausgeprägt ist, wie dieß bei uns in Deutschland der Fall ist. Wenn daher irgendwo eine Gewähr der Verfassung gegeben werden muß, so muß es gegen die vorauszusehenden Conflicte zwischen der Regierung des Reichs und den Regierungen der Einzelstaaten geschehen. Da liegt unsere Wunde. Wenn wir nun bei der gegenwärtigen Begrenzung der Verfassung alle diese Eventualitäten gewiß nicht in Erwägung ziehen können, weil wir sie ohnehin nicht alle voraussehen, so lassen sich doch bestimmte Klassen von Fällen mit Bestimmtheit voraus erkennen, und in diesen [illegible] ist aus einer Verfassung hervorgegangen, die man bloß gar zu häufig hier angerufen hat, und mehr, als wir [illegible] ist; ich meine nämlich die Bundesverfassung Nord-Amerika's. Diese hat für solche Reibungen sattsam Fürsorge getroffen. Dort ist nicht bloß berücksichtigt, daß keine Bestimmung gegeben werden darf, die der Bundesverfassung widerspricht, sondern es ist zugleich auch der Fall vorausgesehen, daß die Gesetze der Einzelstaaten den Gesetzen der Union widersprechen können; denn man wird ja später Gelegenheit genug haben, Reichsgesetze zu geben, und gegenüber diesen Reichsgesetzen werden sich in den Gesetzgebungen der Einzelstaaten Bestimmungen genug finden, welche Anlaß zu Conflicten zwischen beiden geben. Wenn nun diese einzelnen Staatengesetze nichts enthielten, was gegen die Verfassung des Reichs wäre, so wäre, meine Herren, Ihren Vorschriften schon genügt, und doch hätten wir, wenn sie Bestimmungen enthielten, die gegen die Reichsgesetze wären, ganz denselben Conflict zwischen dem Reich und den Einzelstaaten. Ebenso wird man später von Reichswegen viele Verträge mit auswärtigen Staaten schließen müssen, Verträge, welche Aenderungen solcher Bestimmungen zur nothwendigen Folge haben müssen, die in den Gesetzgebungen der Einzelstaaten bestehen; solche Bestimmungen der Staatengesetze dürfen nun durchaus den Reichsverträgen nicht widerstreiten. So lassen sich diese beiderlei Fälle von Conflicten zwischen den Einzelstaaten und zwischen der Einheit des Reichs schon jetzt voraussehen. Darum, glaube ich, sollte man die Fassung aus der Unions-Urkunde von Nord-Amerika gerade herüber nehmen mit einigen Wortänderungen, und so sollte der § 4 gefaßt werden in folgender Art: „Keine Bestimmung in der Verfassung oder in den Gesetzen eines Einzelstaates darf mit der Reichsverfassung" — jetzt soll hinzugefügt werden: „oder den Reichsgesetzen, oder mit den unter der Autorität des Reichs abgeschlossenen Verträgen in Widerspruch stehen." Der doppelten Gliederung nach der Fassung des Ausschusses, nämlich „der Verfassung und den Gesetzen des Einzelstaates" müssen, neben der Verfassung des Reichs, auch die Gesetze des Reichs und die diesen gleichzustellenden Verträge des Reichs entgegengestellt werden. Ich glaube, daß diese meine Fassung sich unter unseren Verhältnissen ebenso sehr empfiehlt, wie die ähnliche unter denen der nordamerikanischen Union. Es waltet hier gar kein rationaler Unterschied. Dabei sollte aber auch die Suprematie der Verfassung, der Gesetze, der Verträge des Reichs nach ihren praktischen Folgen in der Fassung mehr ausgeprägt werden, wie dieß der §. 2 des Art. 6 der Bundesverfassung der Vereinigten Staaten thut, der so lautet: „Diese Verfassung und die Gesetze der Vereinigten Staaten, welche in Folge derselben werden gemacht werden, und alle geschlossenen Verträge oder die, welche werden geschlossen werden unter der Autorität der Vereinigten Staaten, sollen das oberste Gesetz des Landes sein, und die Richter in jedem Staate sollen dadurch gebunden sein; was darüber auch in der Verfassung oder in den Gesetzen irgend eines Staates dawider lautet." Ich erachte übrigens das [illegible] [illegible] erreicht durch die Aenderung, die ich beantrage. Ich glaube aber, daß bei dem mächtigen Vorwiegen des Particularismus in Deutschland wir jede Gelegenheit ergreifen sollten, um schon in der Verfassungsurkunde des Reichs denselben entgegenzutreten; denn dort muß der größte Schutz hingelegt werden, wo die größte Gefahr uns droht. Diese [illegible] kommt bei uns nicht von der Einheit, die in [illegible] den [illegible] Geschichte vorgewiegt hat, wohl aber von dem Sonderinteresse der einzelnen Staaten, die sich jetzt schon wieder ungebührlich regen. — Nun hätte ich das Wort noch für den § 5. Da dieser aber zur Zeit noch nicht zur Berathung ausgesetzt ist, so werde ich mir das Wort vorbehalten, und ebenso kurz dort sprechen, wie ich jetzt gesprochen habe.

Präsident: Da keine weiteren Redner eingeschrieben sind, so frage ich den Herrn Berichterstatter, ob er das Wort nehmen will?

Waitz von Göttingen: Meine Herren! Nur einige Worte. Der Gegenstand ist im Ausschuß erwogen worden. Wir sind auch einmal nahe daran gewesen, zu sagen: „Mit der Reichsverfassung und den Reichsgesetzen," wir haben aber doch wieder die Sache fallen lassen, und zwar einstimmig, abgesehen von anderen Gründen schon deshalb, weil wir glaubten, daß, wenn die Reichsgesetze reichsgemäß erlassen sind, diese einen integrirenden Theil des Verfassungswesens bildeten, weil wir auch der Meinung waren, daß die Anführung von Specialitäten doch nur dahin führen könne, daß nicht alle Eventualitäten erschöpft seien. Darum wollten wir den Grundsatz in der Reichsverfassung in der möglichsten Allgemeinheit hinstellen. Auf das Princip, das wir schon früher angenommen haben, kommt es hier an. Ich glaube, wir thun am Besten, bei der Fassung des Entwurfs zu bleiben.

Präsident: Ich will vor der Abstimmung den Antrag des Abgeordneten Buß nochmals mittheilen. Er geht dahin, in §. 4 des Verfassungs-Ausschusses hinter den Worten: „mit der Reichsverfassung" und vor den Worten: „in Widerspruch stehen," Folgendes zu inseriren:

„oder den Reichsgesetzen, oder den unter der Autorität des Reichs abgeschlossenen Verträgen."

Ich frage, ob dieser Antrag des Abgeordneten Buß Unterstützung findet? Diejenigen Herren, die ihn unterstützen wollen, ersuche ich, aufzustehen. (Die hinlängliche Anzahl erhebt sich.) Er ist hinreichend unterstützt. — Ich darf wohl den § 4 in der Fassung, die der Ausschuß beantragt, mit dem Vorbehalt der Abstimmung über das Buß'sche Amendement zur Abstimmung bringen. Diejenigen Herren, welche dem § 4:

„Keine Bestimmung in der Verfassung oder in den Gesetzen eines Einzelstaats darf mit der Reichsverfassung in Widerspruch stehen,"

zustimmen wollen, fordere ich auf, sich zu erheben. (Die Mehrheit der Versammlung erhebt sich.) Der Antrag ist angenommen. — Ich bringe den Verbesserungs-Antrag des Abgeordneten Buß zur Abstimmung. Diejenigen Herren, die nach dem Vorschlage des Abgeordneten Buß zwischen die Worte: „Mit der Reichsverfassung" und „im Widerspruch stehen," des angenommenen § 4 inseriren wollen: „Oder den Reichsgesetzen, oder den unter der Autorität des Reichs abgeschlossenen Verträgen," bitte ich, sich zu erheben. (Die Abstimmung ist zweifelhaft.) Wir wollen die Gegenprobe machen. Diejenigen Herren, welche zwischen die Worte: „Mit der Reichsverfassung," und „in Widerspruch stehen," des angenommenen § 4 nicht — nach dem Antrage des Abgeordneten Buß — die Worte inseriren wollen: „Oder den Reichsgesetzen, oder den unter der Autorität des Reichs abgeschlossenen Verträgen," ersuche ich, aufzustehen. (Die Abstimmung ist abermals zweifelhaft.) Das Bureau zweifelt; wir müssen durch Zettel abstimmen. Diejenigen Herren, welche dem Antrage des Abgeordneten Buß, zwischen die Worte: „Mit der Reichsverfassung," und „im Widerspruch stehen," zu inseriren: „Oder den Reichsgesetzen, oder den unter der Autorität des Reichs abgeschlossenen Verträgen, zustimmen wollen, werden den weißen Zettel, Diejenigen, welche ihm nicht zustimmen wollen, den farbigen mit Ihrer Namensunterschrift versehen.

Nach der Zählung des Secretariats stimmten mit Ja:

Achleitner aus Ried, Ahrens aus Salzgitter, v. Aichelburg aus Villach, v. Amstetter aus Breslau, Anderson aus Frankfurt a. d. O., Becker aus Trier, Beidtel aus Brünn, Berger aus Wien, Blumröder (Gustav) aus Kirchenlamitz, Bogen aus Michelstadt, Bonardy aus Greiz, Braun aus Bonn, Bresgen aus Ahrweiler, Breusing aus Osnabrück, Bürgers aus Köln, Buß aus Freiburg im Breisgau, v. Buttel aus Oldenburg, Christmann aus Dürkheim, Coronini-Cronberg (Graf) aus Görz, Cramer aus Köthen, Cropp aus Oldenburg, Cucumus aus München, Damm aus Tauberbischofsheim, v. Dieskau aus Plauen, Dietsch aus Annaberg, Drechsler aus Rostock, Eckert aus Bromberg, Eisenstuck aus Chemnitz, Engel aus Pinneberg, Englmayr aus Enns (Oberösterreich), Fallmerayer aus München, Fehrenbach aus Säckingen, Fischer (Gustav) aus Jena, Förster aus Hünfeld, Freese aus Stargard, Frisch aus Stuttgart, Fritsche aus Roda, Fröbel aus Reuß, Fügerl aus Korneuburg, Geigel aus München, Gerlach aus Tilsit, Gfrörer aus Freiburg, Giskra aus Wien, v. Gladis aus Wohlau, Göbel aus Jägerndorf, Golz aus Brieg, von der Goltz (Graf) aus Czarnikau, Gottschalk aus Schopfheim, Gritzner aus Wien, Groß aus Prag, Grubert aus Breslau, v. Grundner aus Ingolstadt, Gülich aus Schleswig, Günther aus Leipzig, Gulden aus Zweibrücken, Hagen (K.) aus Heidelberg, Haggenmüller aus Kempten, Hartmann aus Leitmeritz, Hayden aus Dorff bei Schlierbach, Hehner aus Wiesbaden, Heldmann aus Selters, Heubner aus Zwickau, Heusner aus Saarlouis, Hildebrand aus Marburg, Hönniger aus Rudolstadt, Hofer aus Pfarrkirchen, Hoffbauer aus Nordhausen, Hoffmann aus Ludwigsburg, Houben aus Meurs, Huber aus Linz, Jacobi aus Hersfeld, Johannes aus Meiningen, Jopp aus Enzersdorf, Jucho aus Frankfurt am Main, Kagerbauer aus Linz, Kahlert aus Leobschütz, Kierulff aus Rostock, Kirchgeßner aus Würzburg, Knarr aus Steyermark, Knoodt aus Bonn, Köhler aus Seehausen, Kolaczek aus österr. Schlesien, Kotschy aus Ustron in Mährisch-Schlesien, Kudlich aus Schloß Dietach, Langbein aus Wurzen, Lausch aus Troppau, Leite aus Berlin, Liebmann aus Perleberg, Lienbacher aus Goldegg, Lindner aus Seifenegg, Löschnigg aus Klagenfurt, Löw aus Posen, Makowiczka aus Krakau, Mally aus Steyermark, Maly aus Wien, Mammen aus Plauen, Mandrella aus Ujest, Marcus aus Bartenstein, Marek aus Graz (Steyermark), Martiny aus Friedland, Mayer aus Ottobeuern, v. Mayfeld aus Wien, Meyer aus Liegnitz, Minkus aus Marienfeld, Möller aus Reichenberg, Mölling aus Oldenburg, Mohl (Moriz) aus Stuttgart, Mohl (Robert) aus Heidelberg, Mohr aus Oberingelheim, Müller aus Sonnenberg, Müller aus Würzburg, Nägele aus Murrhardt, Nauwerck aus Berlin, Neubauer aus Wien, Neugebauer aus Luditz, Nicol aus Hannover, Osterrath aus Danzig, Pattay aus Steyermark, Paur aus Neiße, Pfahler aus Tettnang, Pieringer aus Kremsmünster, Pinckert aus Zeitz, Plaß aus Stade, Polaczek aus Weißkirch, v. Pretis aus Hamburg, Prinzinger aus St. Pölten, Rättig aus Potsdam, Rank aus Wien, Rapp aus Wien, v. Rappard aus Glambek, Raus aus Wolframitz, Reichard aus Speyer, Reindl aus Orth, Reinhard aus Boytzenburg, Reisinger aus Freistadt, Reitter aus Prag, Rheinwald aus Bern, Riegler aus mährisch Budwitz, Rödinger aus Stuttgart, Römer aus Stuttgart, Roßmäßler aus Tharand, Schädler aus Vaduz, Scharre aus Strehla, Schauß aus München, Schenk aus Dillenburg, Schick aus Weißensee, Schlöffel aus Halbendorf, Schlutter aus Poris, Schlüter aus Paderborn, Schmidt (Ernst Friedrich Franz) aus Löwenberg, Schmitt aus Kaiserslautern, Schneider aus Wien, Scholten aus Ward, Schorn aus Essen, Schott aus Stuttgart, Schüler aus Jena, Schulz (Friedrich) aus Weilburg, Schütz aus Mainz, Schwarzenberg aus Kassel, Sepp aus München, Simon (Max) aus Breslau, Spatz aus Frankenthal, Stieber aus Budissin, Stracho aus Rumburg, v. Stremayr aus Grätz, Tafel aus Stuttgart, Teppehorn aus Oldenburg, Tellkampf aus Breslau, Titus aus Bamberg, Trabert aus Rausche, Uhland aus Tübingen, v. Unterrichter aus Klagenfurt, Viebig aus Posen, Vogel aus Guben, Vogt aus Gießen, Wagner aus Steyr, Waldburg-Zeil-Trauchburg (Fürst) aus Stuttgart, Walter aus Neustadt, Weber aus Meran, Wedekind aus Bruchhausen, Weiß aus Salzburg, Welter aus Tünsdorf, Werner aus St. Pölten, Werthmüller aus Fulda, Wiesner aus Wien, Wiest aus Tübingen, Wigard aus Dresden, Wuttke aus Leipzig, Zachariä aus Bernburg, Zachariä aus Göttingen, Ziegert aus preußisch Minden, Zimmermann aus Stuttgart, Zitz aus Mainz.

Mit Nein stimmten:

Anders aus Goldberg, Anz aus Marienwerder, Arndt aus Bonn, Arndts aus München, Arneth aus Wien, Backhaus aus Jena, Barth aus Kaufbeuren, Bassermann aus Mannheim, Bauer aus Bamberg, v. Baumbach-Kirchheim aus Kassel, Becker aus Gotha, v. Beckerath aus Crefeld, Bernhardi aus Kassel, Beseler aus Greifswald, Biedermann aus Leipzig, Bock-Buschmann aus Siebenbrunnen, Bock aus Preußisch-Minden, Böcking aus Trarbach, Böcler aus Schwerin, Braun aus Cöslin, Brescius aus Züllichau, v. Breuning aus Aachen, Briegleb aus Koburg, Burkart aus Bamberg, Carl aus Berlin, Cornelius aus Braunsberg, Dahlmann aus Bonn, Dammers aus Nienburg, Deeke aus Lübeck, Degenkolb aus Eilenburg, Deiters aus Bonn, Deymann aus Meppen, Döllinger aus München, Droysen aus [illegible]) Duncker aus Halle, Ebmeier aus Paderborn, Eckart aus Lohr, Edel aus Würzburg, Ehrlich aus Murzynek, Emmerling aus Darmstadt, v. Ende aus Waldenburg, Engel aus Culm, Esmarch aus Schleswig, Evertsbusch aus Altena, Falk aus Ottolangendorf, Fallati aus Tübingen, Federer aus Stuttgart, Fetzer aus Stuttgart, Flottwell aus Münster, Francke (Karl) aus Rendsburg, Friederich aus Bamberg, Gebhard aus Würzburg, v. Gersdorf aus Tuſz, Gevekoht aus Bremen, v. Giech (Graf) aus Thurnau, Giesebrecht aus Stettin, Glax aus Gumpendorf, Godeffroy aus Hamburg, Göden aus Krotoszyn, Gombart aus München, Graf aus München, Grävell aus Frankfurt a. d. O., Groß aus Leer, Grumbrecht aus Lüneburg, Gysae (Wilhelm) aus Strehlow, Hahn aus Guttstadt, Hallbauer aus Meißen, v. Hartmann aus Münster, Haubenschmied aus Passau, Haym aus Halle, Heimbrod aus Sorau, v. Hennig aus Dempowalonka, Herzog aus Ebermannstadt, Höfken aus Hattingen, Hofmann aus Friedberg, Hollandt aus Braunschweig, Hugo aus Göttingen, Jahn aus Freiburg an der Unstrut, Jordan aus Berlin, Jordan aus Gollnow, Jordan aus Frankfurt a. M., Jürgens aus Stadtoldendorf, v. Keller (Graf) aus Erfurt, Kerer aus Innsbruck, v. Kendell aus Berlin, Kleinschrod aus München, Kohlparzer aus Neuhaus, Kosmann aus Stettin, v. Köstritz aus Elberfeldt, Krafft aus Nürnberg, Kratz aus Wintershagen, Künßberg aus Ansbach, Künzel aus Wolka, Kuhnt aus Bunzlau, Kutzen aus Breslau, Langerfeldt aus Wolfenbüttel, v. Lassaulx aus München, Leverkus aus Lennep, v. Maltzahn aus Küstrin, Mann aus Rostock, Marcks aus Duisburg, Martens aus Danzig, v. Massow aus Karlsberg, Mathy aus Karlsruhe, Matthies aus Greifswald, Melly aus Wien, Merck aus Hamburg, Metzke aus Sagan, Michelsen aus Jena, Mertel aus Kronach, Münch aus Wetzlar, Mulley aus Weitenstein, Munchen aus Luxemburg, v. Nagel aus Oberviechtach, Naumann aus Frankfurt a. d. O., Nerreter aus Fraustadt, Neumayr aus München, Nizze aus Stralsund, Nöthig aus Weißholz, Obermüller aus Passau, Oertel aus Mittelwalde, Ostendorf aus Soest, Ottow aus Labiau, Paur aus Augsburg, Phillips aus München, Plathner aus Halberstadt, Plehn aus Marienburg, Pöhl aus München, Quante aus Ullstadt, Quesar aus Prag, v. Quintus-Icilius aus Fallingbostel, v. Radowitz aus Rüthen, Rahm aus Stettin, Raßl aus Neustadtl in Böhmen, v. Raumer aus Berlin, v. Raumer aus Dinkelsbühl, Reh aus Darmstadt, Reichensperger aus Trier, Reinstein aus Naumburg, Reitmayr aus Regensburg, Richter aus Danzig, Riehl aus Zwettl, Riesser aus Hamburg, Röben aus Dornum, Röder aus Neustettin, Rößler aus Wien, Rüder aus Oldenburg, Rümelin aus Nürtingen, v. Sänger aus Grabow, v. Salzwedell aus Gumbinnen, v. Saucken-Tarputschen aus Angerburg, Schepp aus Wiesbaden, Schierenberg aus Detmold, Schirmeister aus Insterburg, v. Schleussing aus Rastenburg, Schnee aus Breslau, Schober aus Stuttgart, Scholz aus Neisse, Schrader aus Brandenburg, Schreiber aus Bielefeld, [illegible] ([illegible]), v. Schrenk aus München, Schubert (Friedrich Wilhelm) aus Königsberg, Schubert aus Würzburg, Schulze aus Potsdam, Schwarz aus Halle, Schwetschke aus Halle, v. Selchow aus Rettkewitz, Sellmer aus Landsberg a. d. W., Servais aus Luxemburg, Siehr aus Gumbinnen, Siemens aus Hannover, Simson aus Stargard, v. Soiron aus Mannheim, Sprengel aus Waren, Stahl aus Erlangen, Stavenhagen aus Berlin, Stenzel aus Breslau, Stülz aus St. Florian, Sturm aus Sorau, Tafel (Franz) aus Zweibrücken, Tannen aus Zielenzig, Teichert aus Berlin, v. Thielau aus Braunschweig, Thöl aus Rostock, v. Treskow aus Grocholin, Versen aus Nieheim, v. Vincke aus Hagen, Vischer aus Tübingen, Vogel aus Dillingen, Waitz aus Göttingen, Waldmann aus Heiligenstadt, Weber aus Neuburg, v. Wegnern aus Lyk, Weißenborn aus Eisenach, Wernher aus Nierstein, Wernich aus Elbing, Wichmann aus Stendal, Widenmann aus Düsseldorf, Wiebker aus Uckermünde, Wiethaus (J.) aus Gummersbach, Wurm aus Hamburg, Zeltner aus Nürnberg, v. Zerzog aus Regensburg, Zöllner aus Chemnitz, Zum Sande aus Lingen.

Präsident: Der Antrag des Herrn Abgeordneten Buß, im §. 4 die [illegible] erwähnten Worte zu inseriren, ist mit [illegible] gegen [illegible] Stimmen abgelehnt. — Ich gehe also zu §. 5 über, und bitte die Herren, Ihre Plätze einzunehmen. Ich habe zuerst die Frage auf Zulässigkeit der Discussion zu stellen. Diejenigen Herren, welche auf die Discussion über §. 5 nicht verzichten wollen, ersuche ich, sich zu erheben. (Auf der Linken erhebt sich die erforderliche Anzahl.) Die Discussion ist zugelassen. Herr Schüler von Jena hat das Wort.

Schüler von Jena: Bis jetzt hat man in allen Ländern und in allen Verfassungen [illegible] für nöthig befunden, die Veränderung der Verfassung nicht an eine erschwerende Form zu knüpfen, als die Veränderung der übrigen Gesetzgebung, und gewiß mit allem Rechte. Die Verfassung ist das Knochengerüste eines Staatenlebens; ihre Veränderung zieht die wichtigsten Folgen nach sich, und es sind Erschwerungen nothwendig, daß nicht blendende Einfälle und Leidenschaften des Augenblicks Veränderungen herbeiführen, welche heillose Verwirrung und unabsehbares Unheil nach sich ziehen könnten. Allein wenn man das auf der einen Seite anerkennen muß, muß man auf der anderen Seite sich in Acht nehmen, die staatliche Fortbildung nicht allzusehr durch gesetzliche Formen zu erschweren, oder sie gar unmöglich zu machen zu suchen; denn wenn eine Umänderung der Verfassung nothwendig und zeitgemäß geworden ist, so tritt sie doch mit Ueberwindung aller Hemmnisse ins Leben, und ihr Gang ist um so zerstörender, je hartnäckiger die Hindernisse sind, welche ihr in den Weg treten. Ich gehöre zu Denen, welche, wie mein Freund, der Abgeordnete Zimmermann, sich ausdrücklich an keine alleinseligmachende Verfassungsform glauben. Jede Zeit hat ihr eigenes Bedürfniß, jede Zeit hat ihr eigenes Recht, jede Zeit will von ihrem eigenen Geiste regiert sein, und dem Geiste, welcher die Zeit regiert, muß auch die Form der Staatsverfassung entsprechen. Nähme der Gang der staatlichen Fortentwickelung seine Richtung nach dem Monarchenthum hin, so würde die sorgfältigste Verclausulirung einer Republik die [illegible] Monarchie (nicht constitutionellen Formen) nimmt aber, wie es nach allen Zeichen der Zeit und dem Gange der Weltereignisse scheint, in der Zeit ihre Richtung nach der Demokratie hin, so wird es unsere Aufgabe sein, die friedliche Fortentwickelung und gesetzliche Weiterbildung anzubahnen, denn nur dadurch, daß man der gesetzlichen Entwickelung Raum gibt, verhütet man den gewaltsamen Umsturz. Wollte man dagegen den stürmenden Wogen der Demokratie einen unübersteiglichen, starren monarchischen Damm entgegenstellen, so würde man ihr zürnendes Toben hervorrufen, und sie würden mit der Monarchie auch zugleich die Monarchen verschlingen. — Diese Betrachtungen treten uns entgegen, wenn wir den vorliegenden Entwurf betrachten. Er hat im § 5 Bestimmungen, welche die Veränderungen der Verfassungen in den Einzelstaaten erschweren sollen, und im § 6 Bestimmungen, welche die Veränderungen in der Reichs-Verfassung erschweren sollen. Im § 5 wird vorgeschlagen, daß die Veränderungen in der Verfassung der Einzelstaaten nur mit Zustimmung der Reichsgewalt erfolgen sollen, und diese Zustimmung soll in denselben Formen gegeben werden, in welchen auch die Veränderungen der Reichsverfassung selbst vorgenommen werden sollen. Es würde, da nach § 6 die Zustimmung des Kaisers zu einer Veränderung in der Reichs-Verfassung nothwendig sein soll, diese Zustimmung auch zu jeder Veränderung der Regierungsform eines Einzelstaats erfordert werden; es würde also der Kaiser ein absolutes Veto haben in Bezug auf Veränderungen in den einzelnen Landesverfassungen, es würde keine Veränderung in den Landesverfassungen eintreten können, zu der der Kaiser seine Zustimmung nicht gäbe. — Dieser § 5 scheint schon formell nicht hieher zu gehören, da dieser Verfassungsabschnitt von der Gewähr der Reichsverfassung, und nicht von der Gewähr der Verfassungen der einzelnen Länder handelt. Auch sind die Verfassungen der einzelnen Länder und ihre Abänderung rein innere Angelegenheiten derselben. Es wird uns von dieser Seite (der rechten) des Hauses häufig genug angerathen, wir sollten uns nicht in die inneren Angelegenheiten der einzelnen Länder mischen, und ich glaube, das wird nicht nur gelten, wenn von den Rechten der Monarchen die Rede ist, sondern auch, wenn es sich um die Freiheiten des Volkes handelt. Nur wenn der Reichsfriede bedroht wird, hat das Reich ein Interesse, gegen Verfassungsänderungen einzuschreiten; das wird der Fall sein, wenn die Verfassung auf gewaltsamem und ungesetzmäßigem Weg, von Unten oder von Oben, umgestoßen werden soll, keineswegs aber ist das Reich berechtigt oder interessirt, einzuschreiten, wenn die Verfassung im gesetz- und verfassungsmäßigen Wege umgeschaffen wird. Jene Garantie gegen den gewaltsamen Umsturz betrifft bloß die Form der Verfassungsänderung, sie ist keine Garantie der materiellen Verfassung der einzelnen Länder; eine solche Garantie gehört weder zur Competenz, noch zur Aufgabe der Nationalversammlung oder der Reichsgewalt. — Ich liebe es, jeder Frage den verhüllten Mantel abzuziehen, und ihr gerade ins Gesicht zu sehen. Was ist wohl der Zweck des § 6? Will der Verfassungs-Ausschuß verhindern, daß die vier freien Städte sich in Monarchieen umwandeln? Ich glaube kaum, daß das der Zweck ist, sondern der eigentliche Zweck scheint der zu sein, man will die Monarchieen hindern, sich in Republiken umzugestalten. (Heiterkeit auf der linken Seite.) Der Bericht des Ausschusses drückt das deutlich genug aus. Das absolute Veto des Kaisers soll die Assecuranz-Anstalt werden für das fernere Fortbestehen der Einzeln-Dynastieen. Der Kaiser, welcher ohnehin in das dynastische Gewebe verstrickt ist, wird ein Interesse haben, die einzelnen Dynastieen aufrecht zu erhalten. Als eine Vormauer gegen die heranströmenden Wogen der Demokratie, sie sollen sich an den einzelnen Dynastieen brechen, damit sie nicht mit aller Wucht gegen das Kaiserthum anströmen. Darum wollen auch die einzelnen Dynastieen einen mit einer Hausmacht versehenen Kaiser. Nachdem man uns nun früher gesagt hat: weil die einzelnen Staaten monarchisch sind, erfordert die Harmonie des Baues, daß wir auch eine monarchische Spitze haben; so sagt man uns jetzt umgekehrt: weil wir eine monarchische Spitze beschlossen haben, so erfordert die Gleichförmigkeit und Harmonie des Baues, daß auch in den einzelnen Staaten die Monarchie erhalten werde. (Zuruf von der Linken: Sehr gut!) Ob wohl diese Herren dieselbe Gleichförmigkeits-Consequenz ziehen würden, wenn eine republikanische Spitze beschlossen worden wäre? — Ich sehe nicht ein, aus welchem Grunde eine solche Uebereinstimmung zwischen der Verfassung der einzelnen Länder unter sich und mit der Verfassung des Reiches überhaupt nothwendig sein soll, warum nicht die einzelnen Theile anders constituirt sein können, als das Ganze. Man müßte ja auch sonst consequent weiter schließen: weil das Reich ein monarchisches Oberhaupt hat, weil die einzelnen Staaten monarchische Oberhäupter haben, müssen auch die Provinzen, und selbst die einzelnen Gemeinden besondere monarchische Oberhäupter haben. — Die vier freien Städte Deutschland's haben lange neben Monarchieen bestanden, und bestehen noch neben ihnen ohne die geringsten Störungen. — Wenn der Verfassungs-Ausschuß in seinem Berichte sagt, selbst das Nebeneinanderbestehen absolut-monarchischer und constitutionell-monarchischer Staaten hätte große Uebelstände mit sich geführt, so wundert mich darin nichts weiter, als das Wörtchen: „selbst," welches der Verfassungs-Ausschuß gebraucht hat. Mit diesem Wörtchen „selbst" drückt er aus, daß zwischen constitutioneller Monarchie und absoluter Monarchie eine größere Verwandtschaft besteht, als zwischen der Republik und der constitutionellen Monarchie. Ich, meines Theils, glaube aber, eine constitutionelle Monarchie, in welcher Constitution eine Wahrheit ist, ist auch eine Republik, und die constitutionelle Monarchie sollte der Republik näher stehen, als der absoluten Monarchie. Allerdings führt das Nebeneinanderbestehen freier und nichtfreier Staaten zu großen Uebelständen; denn die Freiheit macht ihrer Natur nach Propaganda, und ein nichtfreier Staat kann die Freiheit neben sich nicht bestehen lassen; allein Sie, meine Herren (zur Rechten), werden doch nicht behaupten wollen, daß die künftigen constitutionellen Monarchieen Deutschland's zu den nichtfreien Staaten zu rechnen seien? — Man beruft sich ferner auf die republikanischen Bundesstaaten. Der Bericht des Verfassungs-Ausschusses sagt: Die Schweiz und die Vereinigten Staaten von Nord-Amerika duldeten, der Gleichförmigkeit wegen, und um die Einheit nicht zu zerstören, keinen monarchischen Einzelstaat in ihrer Mitte. Darin liegt allerdings etwas Wahres; allein ich leugne durchaus den Rückschluß, den man auf unseren monarchischen Bundesstaat ziehen könnte. Die Republik in den einzelnen Staaten ist für den Bundesstaat das Geschmeidige, das Fügsame, Das, was sich am leichtesten organisch mit dem Ganzen verbindet und demselben sich anschließt, um zwar seine innere Freiheit zu behaupten, nicht aber sich als selbstständige Macht geltend zu machen sucht. Der monarchische Einzelstaat dagegen ist dem Ganzen gegenüber spröd und ungefügig, er sucht sich nach Innen zu consolidiren, nach Außen abzuschließen, sich nach Außen als selbstständige Macht geltend zu machen, seine Besitzungen zu vergrößern, Alles zu größerem Ruhme des Herrscherhauses. Die republikanischen Kantone in der Eidgenossenschaft sind deßhalb die [illegible], sondern immer nur die monarchische Form über die Schweiz; ein aus Monarchieen bestehender gemeinschaftlicher [illegible] gehört daher bis jetzt noch zu den ungelösten Problemen. Die Schweiz und die Vereinigten Staaten von Nord-Amerika haben daher vollkommen Recht, wenn sie in ihrer Mitte keine monarchischen Einzelstaaten dulden wollen, weil diese selbst die Einheit stören würden; allein wir hätten Unrecht, wenn wir sagen wollten, wir wollen keine Republik in dem Gesammtstaate dulden, weil dieselbe die Einheit stören würde. Wenn daher auch das Reich die einzelnen Monarchieen nicht aufzuheben hat, so hat es doch keineswegs ein Interesse dabei, zum Schutze der Einheit des Ganzen die einzelnen Monarchieen zu gewährleisten, und die friedliche Umgestaltung derselben in Republiken zu verhindern. Man sagt aber ferner, wenn man Das gestatten wollte, so würden die republikanischen Wühlereien kein Ende nehmen; jede neue Republik würde ein neuer Herd sein, von welchem aus Feuer in die umliegenden Monarchieen verbreitet werden würde; die Monarchie würde dagegen auf keine Weise sich halten können. Diejenigen aber, welche das wirklich sagen, sollten bedenken, welches Zeugniß sie dadurch gegen die Sache der Monarchie ablegen. Ich bin der festen Ueberzeugung, der Ueberzeugung, die in allen Wechselfällen uns aufrecht erhalten und uns Trost geben muß, der Ueberzeugung, daß der Wille des gesunden Theils des Volkes sich immer nur dahin richtet, wo die Vernunft, wo die Wahrheit, wo das Recht ist. Das Volk ist zwar nicht geeignet, kleine Zweckmäßigkeitsfragen zu entscheiden; allein sein Wille im Ganzen und Großen, soweit er sich auf die untersten Grundlagen des Staatslebens bezieht, trifft das Richtige und Wahre mit sicherem Tacte, sicherer als aller Verstand der Verständigen und aller Witz der Klugen. Das Gegentheil zu behaupten, wäre eine wahre Gotteslästerung; denn es wäre eine Lästerung der Volksstimme, und die Stimme des Volkes ist die Stimme Gottes. Da nun die Herren von der rechten Seite des Hauses nothwendig davon ausgehen, daß die constitutionell-monarchische Staatsform die einzig vernünftige, wahre und richtige ist, so müssen sie auch annehmen, daß das Volk künftig für die monarchische Staatsform schwärmen und Propaganda machen wird, daß aber die republikanischen Wühler niemals einen fruchtbaren Boden in constitutionell-monarchischen Staaten finden werden. Gestatten Sie daher, daß die einzelnen Staaten sich selbst ihre Verfassung frei geben und abändern können; so wird der Erfolg nothwendig der sein, nach Ihrem eigenen Standpunkte, daß die vier freien Städte sich beeilen werden, sich in Monarchieen umzuwandeln, und dann wird ja die Gleichförmigkeit in Deutschland hergestellt sein. Das Volk wird gewiß immer die Staatsform vorziehen, bei welcher es sich am Besten befindet, welche für sein Wohl und seine Freiheit am Gedeihlichsten ist. Glauben Sie also, daß in der constitutionellen Monarchie das Volk sich am Besten befindet, und es wird nie nach einer anderen Staatsform sich sehnen. Nehmen Sie das aber nicht an, glauben Sie, daß die constitutionelle Monarchie gegen die Republik sich nicht halten kann, daß sie umgestürzt werden wird, daß das Volk eine Republik verlangen werde, so sprechen Sie der Monarchie selbst das Urtheil. Es gibt wirklich nichts, was gegen die Monarchie einen solchen Verdacht erwecken muß, als diese Furcht vor den republikanischen Wühlereien. Haben es denn die freien Städte Deutschland's, hat es die Schweiz, hat es Nord-Amerika noch für nothwendig gefunden, Maßregeln zu ergreifen gegen monarchische Wühlereien? (Heiterkeit.) Hat denn [illegible] bei den schweizerischen Requisitionen an die badischen Behörden erlassen müssen, daß man die geflüchteten monarchischen [illegible] von den Grenzen entferne? Hat die Schweiz welche (Ruf auf der Rechten) [illegible] Oder gibt es vielleicht keine monarchischen Wühler; oder glaubt es vielleicht mit Recht, daß sie in Republiken keinen fruchtbaren Boden finden?

Wigard (vom Platze): Frankreich!

Schüler: Sind Sie daher Ihrer Sache so gewiß, daß die constitutionell-monarchische Form die allein heilsame ist, so brauchen Sie gegen die republikanischen Bestrebungen keine Vorkehrungen zu treffen, wo nicht, so überlassen Sie der Zeit und dem Weltgeiste die Entscheidung. Geben Sie jedem einzelnen deutschen Staate anheim, seine Verfassung selbst abzuändern. Binden Sie ihn nicht unabänderlich an die Einwilligung des Kaisers. Ueberlassen wir den einzelnen Staaten, die Formen festzustellen, in denen sie ihre Verfassungen umändern können, sichern wir in dieser Beziehung eher dem Volke ein bestimmtes Maaß von Rechten zu, als daß wir alle staatliche Fortbildung und Entwickelung an die Zustimmung des Kaisers, oder an andere allzu erschwerende Formen binden. Die Minorität des Ausschusses hat darauf angetragen, daß der § 5 gestrichen werde, und ich empfehle Ihnen die Annahme dieses Minoritäts-Erachtens. (Beifall auf der Linken.)

v. Soiron von Mannheim: Meine Herren! Wir haben immer anerkannt, daß es in Deutschland keine 38 Nationalitäten gibt, sondern nur ein großes deutsches Volk; wenn es aber keine 38 Nationalitäten gibt, so kann es auch keine 38 Volkssouveränitäten geben, und wenn 38 Volkssouveränitäten undenkbar sind, so kann auch nicht aus jeder der 38 nicht vorhandenen Volkssouveränitäten das Recht hervorgehen, die Staatsform für die 38 Staaten selbst zu bestimmen (Auf der Linken: Hört! Hört!), wenigstens nicht ohne die Zustimmung der ganzen Nation, welche die alleinige Trägerin der Volkssouveränität ist. (Zustimmung auf der Rechten u. im Centrum.) Somit rechtfertigt sich der Vorschlag des Verfassungs-Ausschusses schon aus ganz richtigen Rechtsgrundsätzen. Man könnte übrigens davon absehen, wenn nicht eine politische Nothwendigkeit ebenfalls zu dem nämlichen Satze führen würde: Der Bundesstaat kann nur bestehen, wenn seine einzelnen Glieder, wenn die einzelnen Volksstämme sich immer mehr einigen; einer solchen Einigung widerspricht es aber, wenn durchaus verschiedene, einander entgegenstehende Staatsformen in dem nämlichen Bundesstaate bestehen. Man verweist uns hier auf die bereits bestehenden freien Städte. Meine Herren! Die freien Städte sind keine Staaten, die für sich dem Ganzen gegenüber eine große Bedeutung haben, deßhalb wird diese Anomalie auch nicht von schlimmen Folgen sein; wenn aber entgegenstehende Staatsformen in größerem Maaße in Deutschland aufkommen würden, so würde sich Deutschland in zwei politische Lager spalten, und damit wäre die Einheit, welche wir durch den Bundesstaat gründen wollen, aufgegeben. Es hat ja schon in dem viel laxeren Verbande des Staatenbundes so schlimme Folgen gehabt, daß die einzelnen Staaten verschiedene Staatsformen hatten, daß es absolute und constitutionelle Staaten gegeben hat, — wie viel mehr wäre das Nämliche zu befürchten, wenn wir in unserem neu zu begründenden Bundesstaate es jedem einzelnen Staate überlassen wollten, sich seine Form beliebig ohne den Willen der Nation zu verändern. Aus diesem Grunde haben die freien Völker der Schweiz und von Nord-Amerika noch viel strengere Bestimmungen in ihre Verfassung aufgenommen, um, solange ihre Vereinigung besteht, festzuhalten, daß die nämliche Staatsform die Staatsform aller Einzelstaaten sein muß. Man hat uns hiergegen eingewendet, im § 5 sei ein unerlaubtes Zurückdrängen des Volkswillens ausgesprochen, es dürften die einzelnen Staaten gar nicht daran denken, ihre Verfassungsform zu ändern, wenn es auch noch so nothwendig sei. — Meine Herren! Dieses unbedingte Zurückdrängen wird nur solange bestehen, als nicht in der ganzen Nation, oder doch ihrer großen Mehrheit, die Nothwendigkeit einer Veränderung hinsichtlich der politischen Staatsform anerkannt wird: wenn dieses Anerkenntniß einmal in der großen Mehrheit des Volkes vorhanden sein wird, dann wird man auch den § 5 der Reichsverfassung in den Formen aufheben, in welchen man die Reichsverfassung abändern kann, und dann wird eine allgemeine Veränderung der Staatsform Deutschland zum Heile gereichen, während die Abänderungen in einzelnen Staaten nur zum Unheile des Vaterlandes gereichen könnten. (Beifall auf der Rechten und im Centrum.)

Hagen von Heidelberg: Meine Herren! Herr Schüler hat Ihnen bereits im Wesentlichen die Gründe angeführt, welche gegen die Fassung des § 5 des Entwurfs sprechen, ich begnüge mich daher, nur Weniges insbesondere gegen den Redner hinzuzufügen, der eben vor mir die Tribüne verlassen hat. Ich muß gestehen, es ist mir sehr auffallend gewesen, daß dieser Redner gegen die Möglichkeit der Einführung der republikanischen Staatsform für Deutschland sich erklärt hat, welcher im Anfange der Bewegung seit dem März vorigen Jahres entschieden sich dahin ausgesprochen hat, daß es lediglich von den Völkern abhängt, ob sie die bisherigen Dynastien bestehen lassen wollen oder nicht... (Auf der Linken: Hört! Hört! Auf der Rechten: Nein, vom ganzen Volke! Eine Stimme im rechten Centrum: Kaiserlicher Schriftsteller!) Meine Herren, die Fassung des § 5 spricht, wie schon erwähnt worden ist, gegen die Volkssouveränetät, ein Princip, welches Sie öfter denn einmal als dasjenige anerkannt haben, auf dem Sie selbst stehen. Es ist zwar von dem Redner vor mir erklärt worden, daß die deutsche Volkssouveränetät nicht darin bestehen könne, daß die einzelnen Stämme in ihren eigenen Verhältnissen diese Souveränetät ausüben, sondern nur die ganze Nation könne dieselbe ausüben. Das ist aber eine ganz eigenthümliche Auffassung des Bundesstaates, meine Herren, denn wenn Sie nach Amerika gehen oder in die Schweiz, so werden Sie finden, daß das Princip der Volkssouveränetät den einzelnen Staaten eben so gewährleistet ist, wie der ganzen Nation als solcher. Wenn nun gesagt worden ist, daß eine politische Nothwendigkeit dahin dränge, die Möglichkeit des Uebergangs in die republikanische Staatsform irgend eines Einzelstaates, wenn auch nur auf eine gewisse Zeit hin, zu beseitigen, so muß ich gestehen, ich kann eine derartige politische Nothwendigkeit nicht einsehen. Meine Herren, dem Bundesstaat, den wir gründen wollen, was kann denn diesem insbesondere schädlich sein? Doch wohl nur das, was entweder gegen seine Freiheit, oder das, was gegen seine Einheit ist? Nun, meine Herren, glauben Sie denn, daß eine republikanische Staatsform der Freiheit gefährlich sein wird? Ich glaube nicht, daß Sie dieses annehmen ... (Mehrere Stimmen im rechten Centrum: Oh ja!) oder glauben Sie, daß eine republikanische Staatsform der Einheit widerstreben würde? Eben so wenig, denn Herr Schüler hat Ihnen schon auseinandergesetzt, daß in der Monarchie, wo das dynastische Interesse vorherrscht, eine gewisse Sprödigkeit besteht, während gerade in der Republik, wo dieses dynastische Interesse fehlt, ein viel leichteres Einleben in die Einheit stattfinden kann und wird. Aber selbst von Ihrem Standpunkte aus müssen Sie dafür sein, daß der Republik die Möglichkeit gegeben würde, in die That überzugehen. Sie, meine Herren, sind keine Anhänger der Republik, das ist bekannt, im Gegentheile, Sie sind Anhänger der Monarchie, ich glaube im Allgemeinen, der constitutionellen Monarchie, und zwar deßhalb, weil Sie die Ueberzeugung hegen, entweder, daß diese Staatsform an sich die beste ist, oder daß die republikanische Staatsform wenigstens nicht für Deutschland passe, und daß es ein Unglück wirklich für die ganze Nation wäre, wenn sie eingeführt würde. Meine Herren! Sie sagen, daß die republikanische Staatsform etwas Unpraktisches wäre für Deutschland. Wir, wir der andern Seite, sagen, es sei dieß nicht der Fall. Es kann noch nichts darüber bestimmt werden. Meine Herren, denn wir haben, abgesehen von den vier freien Städten, in Deutschland, wenigstens in der letzten Zeit, noch keine republikanische Staatsform gehabt. Aber, meine Herren, wenn Sie Ihrer Sache so sicher sind, daß das republikanische Wesen nicht für Deutschland passe, daß es etwas Unpraktisches sei, durch und durch nicht auszuführen, warum wollen Sie nicht einmal einen Versuch machen? (Heiterkeit.) Warum wollen Sie nicht bei einigen kleinen Fürstenthümern das zugestehen? Meine Herren, wenn in der That die Unausführbarkeit und Unzulänglichkeit der Republik für Deutschland so außer allem Zweifel stände, so müßte ja eine Erfahrung in diesem Sinne gerade für Sie sprechen, und Sie können dann den Republikanern, die sich immer noch nicht davon überzeugen wollen, entgegenhalten: „hier seht ihr in der That, hier hat ja die Erfahrung gezeigt, daß die republikanische Staatsform unpraktisch ist für Deutschland. Warum wollt ihr denn immer darauf bestehen?" Meine Herren, Sie könnten mir nun freilich entgegnen, es sei durch § 5 keineswegs durchaus die Möglichkeit aufgehoben worden, daß die einzelnen Staaten in eine republikanische Staatsform hinüber gehen können. Es sei diese Möglichkeit nur an gewisse Bedingungen geknüpft. Aber, meine Herren, wenn Sie in diese Bedingungen näher eingehen, so werden Sie finden, es heißt nichts anders, als: die republikanische Staatsform darf nicht eingeführt werden; denn diese Bedingungen bestehen in Folgendem: es müssen $^2/_3$ vom Staatenhause und Volkshause beisammen sein. Von diesen $^2/_3$ müssen wiederum $^2/_3$ der Anwesenden dafür stimmen, und endlich haben Sie dann noch ein absolutes Veto des Kaisers als nothwendig hinzugefügt. Nun, meine Herren, setze ich den Fall, daß das Volkshaus dafür wäre, sogar das nöthige $^2/_3$, so wird doch das Staatenhaus nimmermehr dafür sein, wegen seiner eigenthümlichen Zusammensetzung. Denn, Sie wissen wohl, ein Theil, die Hälfte des Staatenhauses, besteht aus denen, welche die Landstände der einzelnen Länder geschickt haben. Die andere Hälfte besteht aus den Abgesandten der Regierungen. Nun werden nimmermehr diese letzteren dafür sein, daß die dynastischen Interessen in Frage gestellt werden; nun und nimmermehr werden die Abgesandten der Regierungen dafür stimmen, daß in irgend einem Staate die monarchische Staatsform aufgehoben werden dürfe. Indem Sie nun aber dieses $^2/_3$ des Staatenhauses als nothwendiges Erforderniß aussprechen, haben Sie den ganzen Schwerpunkt der Möglichkeit der Einführung der republikanischen Staatsform in dynastische Hände niedergelegt, d. h. mit andern Worten unmöglich gemacht, daß auf dem Wege der Gesetzgebung die Einführung der republikanischen Staatsform erfolge. Zu Allem haben Sie vollends das absolute Veto des Kaisers gesetzt, und wie vorhin schon bemerkt worden, es ist nicht anzunehmen, daß derjenige, der selbst den Dynasten angehört, jemals seine Zustimmung zu einer Aenderung der Verfassung zu Gunsten der Republik ertheilen werde. Aus allen diesen Gründen, meine Herren, muß ich mich also entschieden gegen § 5 erklären und für das Amendement des Herrn Spatz.

Buß von Freiburg: Ich werde für § 5 stimmen; ich liebe die rechte Seite (Zuruf: Sind auch!), nur ruhig! ich will ja die Wahrheit aussprechen. (Unruhe.) Die rechte Seite und diese

rechte Centrum wegen aber gegen den § 5 stimmen müssen. (Widerspruch.) Nun, ich will Ihnen das beweisen. Das ist der Fehler, daß wir bei dem Bau der Reichsverfassung immer nur die einzelnen Baustücke, nicht aber das Zusammengreifen derselben zu einem Ganzen im Auge haben. Und doch muß man alle Theile der Verfassung zusammenhalten, um sich auch zu überzeugen, ob sie sich zusammen fügen. Sonst geht es uns wie einem Baumeister, der da würde die einen Seiten des Hauses bauen ohne Rücksicht auf die andern, und am Ende fügten sie sich nicht zu- und ineinander. So haben Sie, meine Herren, in einem Theile der Verfassung, der von dem Reich und der Reichsgewalt handelt, § 6 bestimmt: „Die einzelnen deutschen Staaten behalten ihre Selbstständigkeit, so weit dieselbe nicht durch die Reichsverfassung beschränkt ist; sie haben alle staatlichen Hoheiten und Rechte, soweit diese nicht der Reichsgewalt ausdrücklich übertragen sind." Schon dieser Satz allein sprengt den tiefsten Riß in die Grundfesten Ihres Baues. Sie sehen, er paßt durchaus nicht zum Bundesstaat, sondern nur zum Staatenbunde. Es ist schon viel in diesem Haus vom Bundesstaat und Staatenbund gesprochen worden, nur zu viel; nur so viel ist klar: nur die Art der Vertheilung der Bundesregierungsgewalt an die beiden Träger der Verbündung, nämlich an die Bundeseinheit oder die Gliederstaaten bestimmt den Unterschied zwischen beiden Bundesformen. Der praktische Unterschied zwischen Staatenbund und Bundesstaat besteht sonach darin, daß die Hauptmasse der Gewalt beim Staatenbund in die einzelnen Gliederstaaten gelegt wird, und beim Bundesstaat in das Centrum. Wo also die Gewalt der Gliederstaaten vorwaltet, die nur eine bestimmte Masse ihrer Regierungsgewalten an die Centralbehörde abgeben, hingegen den unerschöpflichen Inbegriff der Staatsgewalt sich vorbehalten, da entsteht der Staatenbund. Umgekehrt entsteht dort, wo die Centralgewalt vorwiegt, und die Gliederstaaten unter Schwächung ihrer Regierungsgewalt in vollständigere Abhängigkeit von der Bundeseinheit gestellt werden, entsteht der Bundesstaat. Davon ist die praktische Folge: ob ein gewisses Recht der Regierung des Bundes oder der des Gliederstaates zustehe, muß beim Staatenbunde vermuthet werden für die Regierung des einzelnen Staates und bei dem Bundesstaat für die Centralgewalt. Wenn nun dieß der Fall ist, so muß ich offen gestehen, daß, nachdem der § 6 von der Reichsgewalt durch die Versammlung angenommen worden ist, dieser § 6 weit mehr für das Recht der Einzelstaaten, ihre Regierungsform ohne Zustimmung der Reichsgewalt zu ändern, spricht, als für die entgegengesetzte Annahme. Denn nach dem § 6 ist eben das Hauptgewicht auf die Selbstbewegung und Autonomie der einzelnen Staaten gelegt, und man sollte daher diese möglich frei schalten lassen: ich meine nach Ihrer Ansicht, meine Herren, des Verfassungsausschusses und der ihm treu folgenden Mehrheit; ganz anders muß ich aber stimmen, der ich die möglich stärkste Einheit, also den Bundesstaat wirklich wünsche. Wenn Sie also, meine Herren, in Beziehung auf die Verfassung statt Ihres Bundesstaats nur einen centralisirteren Staatenbund in Ihrer Verfassung zu Stand gebracht, so arg Sie übrigens die Regierungsgewalt der Einzelstaaten gefesselt haben, so müssen Sie aus demselben Grund auch bei der Verfassungsänderung die freie Bewegung der Einzelstaaten gestatten. Dadurch werden Sie allerdings etwas republikanisch im Bundessinn; allein das stimmt aber auch mit andern Annahmen überein, die auf jener Seite gang und gäbe sind, z. B. mit der der Volkssouveränetät, die, so viel ich weiß, auch auf der äußersten Rechten hier stets anerkannt worden ist. Ich für meine Person werde mich bemühen, für die deutsche Nation alles mögliche Gute zu erringen, nur die Volkssouveränetät nicht, eben weil sie nicht zu Recht besteht, und weil sie thatsächlich unmöglich ist. Zwar hat ein Redner vor mir, Herr von Sotron, einen ganz eigenthümlichen Begriff von der Volkssouveränetät aufgestellt. Er hat gesagt, das Ganze, die deutsche Nation, habe die Souveränetät, aber die einzelnen Theile, die im Ganzen sind, so die einzelnen Staaten, haben sie nicht. Eine sonderbare Anschauung. Wenn das Ganze Souveränetät hat, müssen doch auch die einzelnen Theile, welche das Ganze bilden, die Souveränetät haben. Und sind die einzelnen Staaten nicht auch Ganze? (Heiterkeit auf der Rechten. Zustimmung auf der Linken.) Das ist doch ganz folgerichtig. Leugnen Sie das nicht, meine Herren. Nach der Anschauung von der Volkssouveränetät, wie sie in diesem Hause angenommen worden ist, geht sie von der Annahme der Souveränetät der Einzel-Persönlichkeit aus. Wenn also 40 Millionen Souveränetät haben, so muß eine Million sie auch haben. (Unruhe.) Sogar Einer nimmt daran Theil; das ist und bleibt folgerichtig, das ist ja eben Ihre Auffassung von der Volkssouveränetät, die aber unhaltbar ist. (Unruhe.)

Präsident: Ich bitte um Ruhe, meine Herren!

Buß: Nun muß ich noch ferner zur Unterstützung meines Raths an den Verfassungsausschuß und die ihm folgende Mehrheit zur Einhaltung der Folgerichtigkeit hinzufügen, daß auch die Vereinbarung der Verfassung zwischen der Nationalversammlung und den deutschen Regierungen von dem größeren Theile jener Seite abgelehnt worden ist. Wenn Sie nun abgelehnt wird von Ihnen, den Vertretern der Nation, bei dem Bau der Verfassung des Reichs, warum soll sie nach Ihrem Standpunkt nicht auch abgelehnt werden dürfen von dem Volk eines einzelnen Staats bei einer beliebten Abänderung der Verfassung dieses Einzelstaates? Sie sehen also, meine Herren, die logische Consequenz (Unruhe) und noch mehr als die logische Consequenz, sogar eine sachliche, sollte Sie, die Mehrheit dahin bringen, den § 5 zu verwerfen. Geht man aber, wie ich es thue, von einem Bundesstaate aus, und will man dem gemäß das Hauptgewicht ins Centrum legen, so muß man § 5 annehmen. Von ihrem Standpunkte begehen Sie aber, meine Herren, nicht bloß eine Sünde gegen die Logik, sondern aus dem Widerspruche zwischen ihrem angeblichen Willen, einen Bundesstaat zu schaffen, und zwischen Ihrer Zulassung von ganz bedeutenden Folgerungen aus dem Wesen des Staatenbunds erwachsen ungeheure practische Nachtheile. Wie gezeigt, wird beim Staatenbund ein Zweifel für die Einzelstaaten, bei dem Bundesstaat für die Centralgewalt vermuthet; begegnen nun in der Verfassung derselben Föderation Merkmale des Bundesstaats und des Staatenbundes neben einander, so wird die Verwirrung unvermeidlich, und diese sollte um so mehr verhütet werden, als Bestimmungen über die Präsumtionen in Betreff der nicht ausdrücklichen Gewalten in dem bisherigen Theile der Reichsverfassung, namentlich in dem Verfassungstheile über die Reichsgewalt nicht angenommen worden sind, da der § 6 daselbst nur von den der Reichsgewalt ausdrücklich übertragenen Rechten der Einzelstaaten spricht. Die nordamerikanische Verfassung ist auch darin viel weiter gegangen und, wie wir in der Erfahrung sehen, mit großer Klugheit; die Vereinigten Staaten haben nämlich noch weitere Bestimmungen angenommen, so die, daß der Congreß auch das Recht haben soll, Gesetze zu erlassen, welche nothwendig sind zur Ausführung der ausdrücklich verliehenen Gewalten. So haben sie auch die stillschweigend verliehenen Gewalten bestimmt. Das haben Sie, meine Herren, aber nicht gethan. Je nachdem nun auf die Centralgewalt das Gewicht gelegt wird, oder auf die einzelnen Staaten: es wird an Con-

stichen nicht fehlen, zu deren Verhütung eine bestimmtere Fassung gegeben werden sollte, was aber nicht hieher gehört, sondern bei der zweiten Lesung des Theils der Verfassung, der von der Reichsgewalt handelt, geschehen muß. Nach meiner Ueberzeugung ist nach allem der § 5 nur haltbar, wenn von einem Bundesstaat im eigentlichen Sinne die Rede ist, nicht aber bei dem Staatenbund; denn gerade, weil der Bundesstaat einheitlicher, gedrungener ist, so müssen seine Gliederstaaten eine geschlossenere organische Gleichartigkeit haben, die aber von einer mechanischen Gleichheit und Einerleiheit weit entfernt ist; so lange eine Hauptart der Regierungsform in einem solchen Bund durchherrscht, erträgt er auch anders geartete Staatsformen in untergeordneter Zahl und Geltung. Ich komme auf den Satz zurück, von dem ich ausgegangen: Es müssen diejenigen, welche für den Bundesstaat in Deutschland sind, den § 5 annehmen; diejenigen, welche gegen den Bundesstaat sind, müssen ihn aber folgerichtig verwerfen.

Wigard von Dresden: Es ist mir, meine Herren, und einigen meiner politischen Freunde, die in meiner Nähe sitzen, über den Eingang der Rede des Herrn v. Soiron ganz schauerlich zu Muthe geworden. (Zuruf von der Rechten: Oh! Oh!) Ich werde sogleich die Gründe dafür angeben. Er will nämlich keine Volkssouveränetät anerkennen, als die alleinige der Gesammtheit des deutschen Volkes, und sagt, daß es durchaus nicht möglich sei, neben dieser noch in den Einzelstaaten Volkssouveränetäten anzuerkennen. Ich erwarte nur, Herr v. Soiron werde in seiner Ansicht consequent sein, und wenn er die Volkssouveränetäten der Einzelstaaten nicht anerkennen will, auch die der Fürsten nicht anerkennen. Somit hat er einen wahrhaft revolutionären Ausspruch gethan, indem er auf nichts geringeres hinauskommt, als diese 34, oder wie viele Fürsten es gegenwärtig sind — es ist schwer, die augenblickliche Zahl unserer Fürsten genau im Kopfe zu haben — ebenfalls ihrer Souveränetät zu berauben, (Zuruf von der Rechten: Oh!) was von jener Seite des Hauses gar nicht erwartet worden ist. Das ist allerdings, meine Herren, der natürliche und einfache Schluß seiner Rede. Ich bin nun entgegengesetzter Ansicht und zwar auf Grund der Verfassungsbestimmungen, die wir über das Reich bei § 6 getroffen haben. Dort wurde ausdrücklich festgesetzt, daß die einzelnen Staaten ihre Selbstständigkeit behalten sollen und hinzugefügt: „Sie behalten alle staatlichen Hoheiten und Rechte, insoweit sie nicht dem Reiche ausdrücklich übertragen werden." Ich frage Sie, meine Herren, was diese Bestimmung für einen Sinn haben, was namentlich die staatliche Hoheit bezeichnen soll, wenn damit nicht die Souveränetät der einzelnen Staaten bezeichnet werden wollte? In dieser Bestimmung, meine Herren, liegt auch offenbar zugleich das Recht der Selbstbestimmung eines jeden einzelnen Staates bezüglich seiner innern staatlichen Einrichtungen. Dieses Recht des Einzelstaates liegt auch ebenso im Begriffe eines Bundesstaates, und wir wollen ja keinen einheitlichen Staat begründen, wie gerade von unseren Gegnern so oft geltend gemacht worden ist. Was die andern Gründe für den von uns gestellten Antrag, diesen Paragraph zu streichen, anlangt, so enthalte ich mich, wie ich bisher gethan, jeder Wiederholung derselben; sie sind bereits vom Abgeordneten Schüler und nachfolgenden Rednern entwickelt und namentlich auch der Grund hervorgehoben worden, daß dieser Paragraph gar nicht in diesen Abschnitt gehöre, wo es sich nach seiner Ueberschrift von den Garantien der Reichsverfassung und nicht von der Verfassung der einzelnen Staaten handelt, wohin auch die Bestimmung über die Regierungsform gehört. — Ich erlaube mir jetzt noch einige Worte über unser zweites Minoritätserachten. Allerdings kann man einwenden, daß dieses Minoritätserachten hier nicht an seinem Platze stehe; ich mache aber darauf aufmerksam, daß wir es als einen besonderen Paragraphen in Vorschlag gebracht haben und der Redaction gern überlassen werden, an welchem Orte dieses Abschnittes es zweckmäßig einzuschalten sei; aber wir halten den Paragraphen in diesen Abschnitt gehörend, weil der Inhalt desselben eben eine Garantie der Verfassung gewähren soll, da ich nicht wüßte, worauf sich die Verantwortlichkeit der Minister mehr beziehen soll, als auf Gewährleistung der Verfassung. Ja, ich war allerdings der Ansicht, daß, um eine Vollständigkeit dieses Abschnittes zu erzielen, noch mehrere andere Bestimmungen hierher aufzunehmen seien, und hatte in dieser Beziehung noch mehrere Anträge im Ausschusse gestellt, so namentlich auch den, daß hier eine Verweisung auf das Reichsgericht und auf die Fälle, in welchen es bezüglich auf die Gewährleistung der Reichsverfassung einzutreten habe, stattfinden müsse. Es sind jedoch diesen übrigen Anträgen meine Freunde mir nicht beigetreten, indem sie meinten, solche Anträge seien gelehrten Männern der andern Seite des Hauses zu überlassen, welche schon selbst für die Systematik dieses Abschnittes sorgen würden, und so habe ich weitere Anträge nicht gestellt; aber diesen Paragraphen, welcher in dem Minoritätserachten unter II beantragt ist, halte ich für so wichtig, daß wenigstens er in diesen Abschnitt aufgenommen werden sollte.

Gombart von München: Meine Herren! Das Minoritätserachten hat auf den ersten Anblick wirklich den Schein für sich, als ob die Garantie sich nur auf die einzelnen Staaten sich bezöge. Wäre das Ganze nur ein Conglomerat von Einzelstaaten, ohne allen inneren Zusammenhang, dann würde die Bemerkung des Minoritätserachtens richtig sein. Aber, meine Herren, wir wollen einen Bau aufführen eines großen zusammengesetzten Gebäudes; dieser ganze Bau besteht aus einzelnen Theilen, welche wie große Quadersteine sich ineinander fügen. Aus diesem Bau kann man nicht den einen Stein herausreißen und ein beliebiges anderes Material dafür hineinsetzen, ohne die Festigkeit zu gefährden. Wollten wir, wie Herr Schüler, an die Spitze bloß ein Laubdach stellen, wenn bei einem solchen auch ein oder der andere Baum wegfällt, hätte es freilich nicht viel zu sagen. Wir aber, meine Herren, gedenken ein festes Gebäude aufzuführen und bei einem solchen wird es einem einzelnen Bewohner niemals erlaubt sein, seinen Antheil nach Belieben umzuändern. Gehört ein großes solides Gebäude einer Gemeinschaft, so ist es dem Bewohner eines einzelnen Zimmers niemals gestattet, statt des großen Quadersteines ein leichteres Holzwerk einzufügen. Soll etwas Wesentliches auch nur an einem einzelnen Theile geändert werden, dann muß es die Gesammtheit genehmigen. Also ist es auch bei unserem auf monarchische Pfeiler gegründeten deutschen Staatsgebäude. Wenn Sie auf dieser (zur Linken gewandt) Seite die Republik einführen, und Sie, auf der andern Seite, die Monarchie erhalten wollen, dann ist keine Uebereinstimmung im Ganzen möglich. Aber die Herren von der Linken verlieren deßhalb durchaus noch nicht die Hoffnung, eine Republik im Ganzen ins Leben rufen zu können. (Zustimmung auf der Linken.) Diese Hoffnung ist Ihnen (zur Linken gewandt) durchaus nicht abgeschnitten. (Hört! Hört! auf der Linken.) Sie hegen ja große Hoffnung, Propaganda zu machen und versichern uns immer, daß die Republik das siegende Element sein werde! Daher kann man gar nicht einsehen, wie Sie (zur Linken gewandt) der Nothwendigkeit der Zustimmung des Ganzen widersprechen wollen. Ich würde Ihnen deßhalb rathen, diesen Entwurf, so wie er ist, anzunehmen, denn er ist Ihnen (zur Linken gewandt) offenbar günstig, da Sie bei den Hoffnungen, die Sie hegen, voraussetzen müssen, daß der ganze Staat von republikanischem Hauche durchdrungen werde. Wenn Sie (zur Linken gewandt) aber meinen, der Kaiser würde ihnen entgegenstehen, so möchte ich dem entgegensetzen, daß das „Kaiserthum" noch nicht geboren ist. (Allenthalben Bewegung.) Das zeigt die neuliche ganze Abstimmung. Aber auch den Kaiser vorausgesetzt, so wird, wenn dem Volke, dem ganzen Volke, die eigentliche Souveränetät innewohnt, die Regierung doch immer nur dasjenige thun können, was die Gesammtheit haben will. Darum können es denn beide Theile auf diesen wirklichen Gesammtwillen ankommen lassen. Herr Buß hat zuvor erwähnt, der Einzelstaat sei auch vollkommen souverän, und damit hat er den Einzelstaaten gleichsam einen Mikrokosmus zugestanden. Wenn wir aber einmal den Organismus eines Bundesstaates annehmen, so müssen wir auch zugestehen, daß Arm und Fuß nichts thun dürfen, was dem Kopf entgegen wäre; das Leben muß ein harmonisches sein, und der einzelne Fuß ist niemals das Ganze. — Herr Wigard hat eingewendet: „daß die Selbstständigkeit der Staaten ausdrücklich garantirt und mit dieser Garantie auch zugestanden sei, daß jeder Einzelstaat beliebig Veränderungen in der Regierungsform vornehmen könne." Meine Herren, wir werden uns zu einem ganzen Bundesstaate vereinbaren, oder, wie Sie (zum Centrum gewandt) lieber hören, „verständigen" über diese Einheit! Ich meines Theils halte es, im Vorbeigehen gesagt, für einerlei, ob zwei Personen sich vereinbaren oder verständigen, (allseitige Heiterkeit) — denn ein Sylbenstecher bin ich mein Leben lang nicht gewesen. (Allseitige Heiterkeit.) Aber ich tröste mich, daß es auch praktisch auf Eins herauskommen werde. Wenn wir uns aber einmal vereinbart oder verständigt haben, dann hat jeder Einzelstaat seine Selbstständigkeit so weit aufgegeben, daß er sie in den vorausbestimmten Fällen dem Ganzen unterwirft, und dann darf ohne Zustimmung des Ganzen nichts geändert werden, so weit es der Gesammtheit schaden könnte. Aus diesem Grunde ermahne ich Sie, meine Herren, das Minoritätserachten zu verwerfen und den Ausschußantrag anzunehmen.

Schwarzenberg von Cassel: Meine Herren! Nachdem schon mehrere Redner über diesen einfachen Gegenstand gesprochen haben, habe ich nur noch wenige Worte beizufügen. Ich habe mich vergebens bemüht, in dem Ausschußberichte stichhaltige Gründe für den § 5 aufzufinden, und eben so scheint es mir, daß keiner der vorherigen Redner, die den Paragraphen vertheidigt haben, im Stande waren, Gründe geltend zu machen, die haltbar sind. Man könnte die Ansicht haben, daß es für die Verhältnisse Deutschlands nothwendig sei, überhaupt die monarchische Regierungsform aufrecht zu erhalten und dieser Paragraph hat einzig und allein die Tendenz, die bestehenden Zustände zu sichern, und die monarchische Form in den Einzelstaaten zu garantiren. Aber diese Ansicht ist durch die Verhältnisse in Schleswig-Holstein widerlegt, wo man gesehen hat, daß das deutsche Volk sehr wohl eine Regierung ohne Fürsten ertragen kann. Man könnte ferner behaupten: es vertrüge sich nicht mit der Ordnung, die überall herrschen muß, wenn einige Staaten eine andere Regierungsform hätten, als andere derselben. Diese Behauptung ist schon durch Herrn Schüler widerlegt worden. Wenn man dieselbe gelten lassen wollte, so müßte man consequenterweise nothwendig auch in den vier deutschen Republiken die monarchische Regierungsform einführen. Man verwickelt sich also in Widersprüche. (Unruhe auf der Rechten.) Wenn man fernerhin annehmen wollte, man müßte durch diese Bestimmung die Centralgewalt des Reiches sichern und stärken, so glaube ich, daß dieser Zweck schon hinreichend durch den § 4 erreicht worden. Dann aber ist es meiner Ansicht nach unmöglich, durch die Befestigung der monarchischen Gewalten der Centralregierung eine Kräftigung zu geben. Meine Herren, Jahrhunderte lang haben die monarchischen Gewalten der Einzelstaaten die Einheit und die Kraft des deutschen Reiches untergraben; sie waren allein die Ursache von dem Verfalle Deutschlands, und da Niemand bestreiten wird, daß dieselben Ursachen überall und zu allen Zeiten auch dieselben Wirkungen hervorbringen, so liegt es klar am Tage, daß die Centralgewalt nur dadurch gestärkt werden kann, daß man die monarchischen Gewalten der Einzelstaaten schwächt. Man spricht hier vom Erhalten der Monarchien, während man sie doch vernichtet! Durch die Verfassung selbst sind sie vernichtet, denn durch den § 57 des Kapitels von der Reichsgewalt sind derselben so ausgedehnte Befugnisse zugewiesen worden, daß der Bestand der monarchischen Gewalten der Einzelstaaten gar nicht mehr damit zu vereinigen ist. Die Monarchien sind durch unsere ganze Verfassung factisch vernichtet und man will nicht mehr das Wesen der Monarchie, sondern nur den Schein derselben in den Einzelstaaten aufrecht erhalten. Vielleicht ist der Gedanke im Hintergrunde, daß einzelne deutsche Fürsten, wenn ihnen auf diese Weise durch die Reichsverfassung eine Garantie des Fortbestehens ihrer Macht gegeben würde, sich leichter der Verfassung unterordnen würden. Aber auch dieß scheint mir eine Täuschung zu sein. Diejenigen Opfer, die von den Fürsten verlangt werden, werden sie bringen, wenn sie es für die Wohlfahrt Deutschlands nothwendig halten und so viel Patriotismus haben für das Vaterland, ihre Rechte aufzugeben. Aber durch einen solchen Paragraphen wird man sie nicht geneigt machen, Opfer zu bringen; sie sehen wohl, daß durch die Reichsverfassung ihre Macht nicht geschützt, sondern vernichtet wird, und werden sich durch diesen Paragraphen darüber nicht täuschen lassen. Aus diesen Gründen empfehle ich Ihnen die Verwerfung des Ausschußantrags.

Präsident: Herr Bassermann hat das Wort!

Bassermann von Mannheim: Herr Schüler meint, dieser Paragraph gehöre nicht hierher, hier handle es sich bloß von der Reichsverfassung, nur diese sei zu erwähnen, und um die Verfassung der Einzelstaaten habe man sich hier bei diesem Abschnitte über die „Gewähr der Reichsverfassung" nicht zu kümmern. Ich brauche kaum zu erwähnen, was ja namentlich bei der Discussion über das Oberhaupt reichlich ausgeführt worden, daß das Ganze ein organisches, zusammenhängendes Gebäude sein solle. Man hat ja damals ausführlich erörtert, daß auf monarchischer Grundlage, die Deutschland habe, nur eine monarchische Spitze passe; daß also die Basis und der Gipfel in Harmonie stehen müsse. Nun frage ich, ob bei solch' bestehender Ueberzeugung von der Nothwendigkeit harmonischen Zusammenhangs rathsam ist, eine Bestimmung aufzunehmen, welche die Basis allmählich abbröckeln könnte, während wir gerade jetzt im Begriff sind, das Gebäude erst aufzuführen? Wenn Herr Schüler uns die republikanische Verfassung dadurch empfiehlt, daß er sagt, sie sei die richtige für den Bundesstaat, sie sei gefügig und geschmeidig, so möchte ich doch an die neuesten Beispiele in Deutschland, an die Beschlüsse der sächsischen Kammer erinnern. (Stimmen auf der Linken: Oh! Oh!) Ich werde doch an eine Thatsache erinnern dürfen. (Eine Stimme auf der Linken: es hindert Sie Niemand daran!) Ich habe von siebenzehn deutschen Fürsten die Erklärung gelesen, daß sie sich den künftigen Bestimmungen der deutschen Verfassung fügen werden. Wir haben aber von der sächsischen Kammer, die, wie ich glaube, vielmehr der republikanischen Gesinnung sich nähert, als der entgegengesetzten, eine Erklärung vernommen und Beschlüsse gelesen, welche unbedingt widersprochen der wichtigsten Bestimmung, die wir hier in diesem Hause über Deutschlands Verfassung abgefaßt haben. Es heißt dort ausdrücklich, das sächsische Volk habe Widerwillen gegen eine Bestimmung, die hier getroffen wurde, und ein Antrag, welcher sogar darauf ging, zum Widerstande gegen die Einführung jener Bestimmung, also der deutschen Verfassung, aufzufordern, fiel nur mit einer Mehrheit von zwei Stimmen. Ich habe starken Grund zu vermuthen, daß diejenigen, welche dazu mitwirkten, daß dieser undeutsche Antrag nicht zum Beschlusse erhoben wurde, mehr zum monarchischen als republikanischen Principe neigen. Ich glaube mich darin nicht zu irren. Wenigstens derjenige, von dem dieser Antrag ausging, hat die Sympathien von der linken Seite dieses Hauses. Wenn der Abgeordnete Schüler sagt, wir sollten deswegen den § 5 streichen, weil ja der Wille des Volkes immer nur die Vernunft und das Rechte treffen könne, so möchte ich mich auf sein eigenes Argument berufen. Denn da der Volkswille in der künftigen Reichsversammlung vertreten sein wird, so wird die Vernunft durch deren Willen zur Geltung kommen, und damit wird sich Herr Schüler begnügen müssen. (Bravo auf der Rechten und im Centrum.) Wenn er uns auf § 6 hinweist, welcher allerdings zu solcher Abänderung auch die Zustimmung des Staatenhauses und des Oberhauptes verlangt, so erlaube ich mir zu erinnern, daß im Staatenhause ja die eine Hälfte abermals von dem Volke gewählt sein wird, und die andere Hälfte von den Ministerien der Einzelstaaten, welche aus den Mehrheiten von deren Kammern hervorgehen, also aus dem souveränen Willen dieser Einzelstaaten, welchen Sie ja eine so unbedingte Macht geben wollen. Aber, meine Herren, wenn das Volkshaus und Staatenhaus gleichlautende Beschlüsse faßt, und das Oberhaupt wäre im Stande, dagegen sein Veto einzulegen, wenn dieß ein einzelner Mann gegenüber einer ganzen Nation könnte, dann wäre die Demokratie der furchtbare Strom nicht, wie ihn Herr Schüler geschildert, sondern ein Bächlein, welches aufzuhalten kein großes Verbrechen wäre. (Stimmen auf der Rechten: Sehr gut!) Wenn Herr Schüler meint, man stelle der Monarchie ein schlechtes Zeugniß aus, wenn man glaube, sie durch einen solchen Paragraphen gegen die Einführung der Republik schützen zu müssen, die Republik dagegen hätte nie solche Vorsichtsmaßregeln gegen die Monarchie gebraucht, so kann ich diesen Ausspruch Angesichts der Geschichte nicht begreifen. Wenn Herr Schüler an die Jahre 92 und 93 zurückdenkt, so frage ich ihn, warum denn die französische Republik gegen den Royalismus damals so furchtbare Mittel in Anwendung brachte? Warum die Noyaden, wozu ganze Armeen in der Vendée? Jeder, der des Royalismus auch nur verdächtig war, konnte, wie bekannt, sogleich vor das Revolutionstribunal gestellt werden. Sie wissen ja auch, daß dieser Tage in der Republik Schweiz ein kleiner monarchischer Aufstand in Neuenburg erfolgt ist, und hört man nicht in Frankreich laut die Furcht äußern, die Auflösung der Nationalversammlung werde dem Royalismus Vortheil leisten?! Es ist diese Bestimmung, meine Herren, gleichmäßig nach beiden Seiten. Trauen Sie doch nicht allzu sehr dem augenblicklichen Schwunge, der nach Ihrer Meinung jetzt in dem Volke ist; es wird ja derselbe so oft mit einem dahin rollenden Strome, mit umschlagenden Wellen von dieser Seite (zur Linken gewandt) verglichen, und bedenken Sie deßhalb, daß dieser Strom auch einmal etwas anderes mit sich führen kann. Es könnte wohl der Fall sein, daß sich in den Gemüthern des Volks einmal eine Sehnsucht nach größerer Ruhe und nach einer Regierungsform bildete, die auch uns nicht recht wäre, und auch gegen diese Seite wollen wir dann Schutz haben. Es könnte sein, daß man einmal entgegengesetzte Putsche aufführen wollte. Wir wollen mit einem Worte eine gewisse Gleichmäßigkeit in den Zuständen des Vaterlandes herbeiführen. (Stimmen auf der Rechten: Hört! hört!) Für diese Gleichmäßigkeit hätte ich gerade von dieser (der Linken) Seite die Unterstützung erwartet; denn diese Seite geht ja stets darauf aus, Alles gleich und eben zu machen. Es würde eine große Verschiedenheit und Unebenheit sein, wenn in Deutschland z. B. neben einer Republik Sachsen ein constitutionell stark-monarchisches Bayern stünde, und sofort. Im Interesse der von dieser (der linken) Seite immer so sehr empfohlenen Gleichheit müssen Sie also selbst für § 5 stimmen. (Heiterkeit auf der Linken.) Wenn der Herr Professor Hagen . . . (Stimmen auf der Linken: Abgeordneter!) Die Titel sind ja nur abgeschafft, sofern sie das Amt nicht mehr bezeichnen! (Große Heiterkeit auf der Rechten und im Centrum.)

Präsident: Ich bitte um Ruhe!

Bassermann: Also der Abgeordnete Hagen hat dem Abgeordneten v. Soiron eine Art Vorwurf darüber gemacht, daß Letzterer jetzt für § 5 stimme, während er doch früher ausgesprochen haben soll, die Dynastien könnten nur so lange bestehen, als der Wille des Volkes es erlaube. Ich glaube, der Abgeordnete von Soiron spricht das auch noch heute aus, dennn gerade, da der Wille des deutschen Volkes sich hier in dieser Versammlung ausspricht und diese sich für das Bestehen der Dynastien erklärt hat, so hat sich dadurch auch das Volk für das Bestehen derselben ausgesprochen und nicht bloß diese Versammlung, sondern ja auch die einzelnen Bewegungen im März sind, wie dieß schon so oft ausgesprochen worden ist, vor den Thronen stehen geblieben. (Beistimmung auf der Rechten.) Allein am wenigsten hätte ich von diesem Redner gerade jenen Vorwurf erwartet, da er im April für den Kaiser sprach und ich glaube auch dafür geschrieben hat, während er jetzt dagegen stimmt. (Stimmen auf der Rechten und im Centrum: Hört! hört!) Wenn er dem ohngeachtet fragt, warum man nicht mit Einführung der Republik den Versuch machen soll, so muß man diese Frage nicht an uns richten, sondern an diejenigen, welche sich die Führer der republikanischen Partei nennen, man muß diese Frage an das Volk richten, welches sich seinerseits wiederum fragt, ob man mit solchen Republikanern einen Versuch auch wagen darf. (Bravo und Heiterkett auf der Rechten.) Doch ich brauche das nicht weiter auszuführen; überhaupt führt man Staatsformen nicht zur Probe ein, und ich begreife nicht, wie gar ein Professor der Geschichte uns einen solchen Rath geben mag. Aber, meine Herren, wir wollen von diesen Einzelheiten abgehen und den Standpunkt zu gewinnen suchen, rücksichtlich dessen, wie ich glaube, alle Seiten, alle Patrioten übereinstimmen müssen. Ich habe kürzlich in einem Organe, welches, ich glaube irrthümlich, vermeint, der österreichischen Partei zu helfen, — denn ich halte dafür, es schadet ihr nur, — ich habe, sage ich, darin gelesen, wie es eine Art Triumphgeschrei darüber erhebt, daß ja dieses Preußen jenem Oesterreich gegenüber jetzt so schwach, dagegen Oesterreich wieder so stark und kräftig geworden sei. In Preußen seien die Wahlen so demokratisch ausgefallen, daß man voraussehen könne, Preußen, anstatt sich an die Spitze von Deutschland stellen zu können, werde bald die Hülfe Oesterreichs in Anspruch nehmen müssen. Das hat mich, wenn es so ist, zu eigenen Betrachtungen geführt. Woher käme dann die plötzliche Schwäche Preußens? Sie könnte ja nur von den demokratischen, mit anderen Worten von den republikanischen Wahlen kommen. (Auf der Linken: Oh! Unruhe.) Ich bitte, mich aussprechen zu lassen. Woher käme dann die Stärke

Oesterreichs? Käme sie daher vielleicht, daß der Reichstag dort an Geltung gewonnen, oder daß die Freiheit Fortschritte gemacht? Ich glaube die Stärke könnte nur datiren von den Siegen jener Feldherren, welche man uns neulich empfohlen. Und, meine Herren, es ist etwas Wahres daran, daß ein Verhältniß stattfindet zwischen einem gewissen Maß von Freiheit und einem gewissen Maß von Stärke des Staates als solchem. Ich glaube nicht, daß Napoleon seine Siege erfochten hätte, wenn er hätte eine Verfassung beobachten müssen, wie Sie sich wünschen. (Zuruf von der Linken: Seine schönsten Siege hat er als Consul erfochten!) Ich komme darauf, sein Sie nur ruhig. Ich glaube nicht, daß die Republiken Venedig und Genua zu ihrer Zeit so mächtig und groß in allen Meeren geworden, wäre nicht ihre Verfassung eine solche gewesen, welche gerade diese Concentration der Regierungsgewalt begünstigte, mit anderen Worten, welche in gewissem Sinne sehr unfrei war. Ich glaube nicht, daß England so mächtig wäre, als es jetzt ist, wenn nicht sein Parlament zur Freiheit, wie man sie hier versteht, in ähnlichem Verhältnisse stünde, wie der römische Senat zum römischen Volke. Es kann dieses Verhältniß allerdings auch in ein entgegengesetztes umschlagen, es kann ein Mißverhältniß daraus entstehen. Es kann wiederum das zu geringe Maß von Freiheit den Staat schwächen, wie man an Oesterreich unter Metternich gesehen hat. Es ist ganz schwach geworden, weil es durchaus absolutistisch war. Spanien ist durchaus schwach und elend geworden unter seinem Ferdinand VII. Aber umgekehrt ist es eben so wahr, daß über ein gewisses Maß von Freiheit hinaus, nur Schwäche die Folge für die Gesammtheit ist. Es ist bekannt, und keiner, der die Geschichte aufmerksam liest, wird es leugnen, daß zwischen der unbedingten Freiheit und der Macht des Staates nach Außen ein gewisses Verhältniß stattfindet. (Im Centrum: Sehr gut!) Und ich glaube, wir sollten es auf unsere Beschlüsse nicht allzu nachtheilig einwirken lassen, daß wir bis daher keine Macht nach Außen besaßen, und sollten nicht ausschließlich für dasjenige sorgen, was für unsere subjective, persönliche Freiheit wünschenswerth ist. Wir müssen uns endlich daran gewöhnen, die Verhältnisse nach Außen und die Zukunft unseres Vaterlandes ins Auge zu fassen. (Auf der Rechten und im Centrum: Sehr gut!) Die Franzosen sind in diesem Stücke viel praktischer. Ich will nicht Alles empfehlen, was die Franzosen schon gethan haben, (große Heiterkeit auf der Linken), ich will z. B. nicht empfehlen, daß wir, wie die Regierung der französischen Republik vorschlägt, alle Clubbs verbieten. (Auf der Rechten und im Centrum: Sehr gut!) Ich denke, meine Herren, die constitutionell-monarchische Regierungsform ist stärker als die Republik, und hält die Clubbs aus. (Lebhaftes Bravo auf der Rechten und im Centrum.) Aber, meine Herren, den großen Vorzug hat Frankreich vor uns voraus, daß es ein Einheitsstaat ist. Wir kennen zwar die Nachtheile, welche dieser unitarische Staat wegen seiner Einförmigkeit herbeiführt, aber vom Gesichtspunkte der Macht allein aus betrachtet ist es für Frankreich ein großer Vorzug, daß es auf seiner Oberfläche eine solche Gleichförmigkeit aufzuweisen hat. Wir können dieß nicht und wollen es auch nicht erreichen, weil wir die Form des Bundesstaats für wohlthätiger halten; wir dürfen aber im Interesse der Macht auch das Maß der Mannichfaltigkeit ebensowenig wie das der individuellen Willkür überschreiten. (Auf der Rechten und im Centrum lebhaftes Bravo.) Also von diesen beiden Gesichtspunkten aus, glaube ich, sorgen wir für die künftige Macht und das Ansehen Deutschlands nach Außen, wenn wir den § 5 annehmen; er geht bei weitem nicht so weit, als die schweizerische und nordamerikanische Verfassung; er gestattet, daß, wenn der Gesammtwille eine Aenderung der Regierungsform als heilsam ansieht, diese Regierungsform sich auch ändere. Und nun bleibt mir somit zum Schlusse nichts übrig, als wiederholt auszusprechen, daß wir auch in diesem Punkte nicht dem Gefährlichsten Vorschub leisten sollen, was uns gerade jetzt in dem schwierigen Momente, in dem letzten entscheidenden Augenblicke, wo wir die deutsche Verfassung zu gründen haben, am hinderlichsten entgegentritt, ich meine diese Sonderinteressen, die Sondergelüste und Sondersouveränetäten. So wie uns die Sonderinteressen der Dynastien gefährlich waren, so könnten uns jetzt die Sonderinteressen der einzelnen Kammern gefährlich sein, gegen beide haben wir uns im Interesse Deutschlands zu verwahren. Ich hoffe, die Mehrheit wird sich wieder getreu bleiben, indem sie diesen Paragraphen annimmt. (Lebhaftes Bravo auf der Rechten und in den Centren.)

Präsident: Zuvörderst hat Herr Hagen zu einer persönlichen Bemerkung um das Wort gebeten. (Stimmen auf der Rechten: Oh! oh!) Es wird darüber abgestimmt werden. Diejenigen Herren, die dem Herrn Hagen das Wort zu einer persönlichen Bemerkung außer der Reihe der Redner verstatten wollen, ersuche ich, sich zu erheben. (Die Mehrheit erhebt sich.) Herr Hagen hat das Wort.

Hagen von Heidelberg: Erlauben Sie mir nur zwei Worte. Herr Bassermann hat vorhin erklärt, ich hätte mich im April v. J. in einer Schrift für einen Kaiser ausgesprochen. Damit verhält es sich folgendermaßen: Ich habe in jener Schrift einen Präsidenten verlangt, der auf vier Jahre von dem Volkshause gewählt werden solle und habe neben dieses Wort „Präsident“ zweimal das Wort „Kaiser“ eingeschlossen, im Falle etwa dieser Name beliebt werden sollte; aber sonst steht durch die ganze Schrift der Name „Präsident“. Ferner steht in dieser Schrift kein Wort davon, daß der Präsident unverantwortlich sein solle. (Lebhaftes Bravo auf der Linken.)

Präsident: Es liegt ein schriftlicher Antrag auf Schluß der Debatte vor, von den Herren v. Raumer, v. Breuning und Andern, im Ganzen zweiundzwanzig; ich muß ihn also zur Abstimmung bringen und zu diesem Behufe die Herren auffordern, ihre Plätze einzunehmen. (Unruhe in der Versammlung.) Ich werde so lange mit der Abstimmung warten, bis die Herren ihre Plätze eingenommen haben. In diesem Augenblicke bekomme ich noch einen Verbesserungsantrag auf Streichung der Worte in § 5: „Diese Zustimmung muß in den für Aenderungen der Reichsverfassung vorgeschriebenen Formen gegeben werden“, und somit auf getrennte Abstimmung des Paragraphen von Rümelin und Andern. Herr Rößler erinnert wegen der namentlichen Abstimmung daran, daß diese von beiden Seiten des Hauses vorbehalten ist. Nun ersuche ich diejenigen Herren, die die Discussion über den vorliegenden § 5 des Art. II geschlossen wünschen, sich zu erheben. (Die Mehrzahl erhebt sich.) Der Schluß ist angenommen. Herr Waitz hat als Berichterstatter das Wort.

Waitz von Göttingen: Meine Herren! Ich halte den Paragraphen, über den Sie gleich abstimmen sollen, für einen der wichtigsten in der Verfassung, für einen so wichtigen, daß auch wohl noch eine ausführlichere Erörterung des Gegenstandes zulässig gewesen wäre. Wir haben auch die Bedeutung dieses Paragraphen in keiner Weise verkannt und zurückgestellt, und ich glaube kaum, daß es nöthig war, wenn Herr Schüler erst auf den eigentlichen Sinn desselben aufmerksam machen wollte. Ich bin mir wenigstens bewußt, in den Motiven recht eigentlich das hervorgehoben zu haben, worauf es besonders hier ankam. Dagegen scheint mir allerdings, als wenn das Minoritätserachten, ich weiß nicht, ob durch Irrthum oder aus andern Gründen dem Paragraphen eine Wendung geben will, die er in der That nicht hat, indem das Minoritätserachten und auch Herr Schüler in einem Theil seiner Rede thut, als wenn es sich nur von Verfassungsänderungen in den einzelnen Staaten handle, und diese an und für sich sehr unschuldigen Verfassungsänderungen doch unmöglich die besondere Theilnahme der Reichsgewalt in Anspruch nehmen könnten. Meine Herren! Zunächst handelt es sich gar nicht von bloßen Aenderungen der Verfassung; ich muß dagegen entschieden protestiren; es handelt sich nur von einer Veränderung der Regierungsform, und ich glaube, das ist ein bedeutender Unterschied. Es fällt uns nicht ein, daß jede Modification, z. B. in der Volksvertretung, ob eine oder zwei Kammern sein sollen und dergl. der Genehmigung der Reichsgewalt unterstellt werden soll; es handelt sich hier nur von den Fällen, wenn die ganze Staatsform und Staatsordnung in den Einzelstaaten eine andere wird, als sie gewesen ist. So wie ein solcher Fall eintritt, erwächst er nothwendig zur Competenz der Reichsgewalt, gerade wie wir sie für unsern künftigen Bundesstaat festgestellt haben. Ich will mich nicht in lange Erörterungen über das einlassen, was Herr Buß und Herr Schwarzenberg uns vorgetragen haben. Herr Buß sagt, wir haben keinen Bundesstaat geschaffen, es sei alles noch beim alten Staatenbunde geblieben; Herr Schwarzenberg meint, wir hätten ihm so viel vindicirt, daß den Einzelstaaten nichts übrig geblieben wäre. Ich denke, die Wahrheit wird auch hier ziemlich in der Mitte liegen, wir werden ziemlich das Rechte und Nöthige hingestellt haben, aber auch nicht gerade mehr als das. Wir haben den Einzelstaaten das gelassen, was wir nicht ausdrücklich für das Reich in Anspruch nehmen; diesen Punkt aber vindiciren wir für das Reich und lassen ihn den einzelnen Staaten nicht, und ich glaube wir thun recht daran. Denn, wenn unser ganzes Werk einen Werth, eine Bedeutung hat, so kommt es hauptsächlich darauf an, daß ein organischer Zusammenhang zwischen dem Bundesstaat und den Einzelstaaten besteht, daß die Verfassung des Bundesstaats nicht wie ein leeres Gehäuse über diese hingestülpt ist, unter dem sich dieselben bewegen und gestalten können, wie es ihnen beliebt, daß vielmehr ihr Leben mit dem Leben des Bundesstaates in nothwendigem Zusammenhange steht, und von diesem seine Form und seine Richtung empfängt. Meine Herren, dieser Grundsatz ist es auch, den die großen republikanischen Vorbilder, die wir bei unserem monarchischen Bundesstaat, so viel es möglich war, vor Augen gehabt haben, aufstellen: es solle keine andere Verfassung innerhalb desselben herrschen, als die, welcher die Gesammtheit zustimmt. Es ist nicht die Gefügigkeit der republikanischen Staatsform für die Einheit, wie Herr Schüler sagt, sondern die nothwendige Verbindung zwischen dem Gliede und dem Ganzen, was in der Schweiz und in Amerika dahin geführt hat, jede andere Regierungsform auszuschließen. Meine Herren, im alten deutschen Reich war es anders, da bestand eine bunte Mannichfaltigkeit republikanischer, aristokratischer und monarchischer Staatsformen unter dem Kaiser. Ich denke nicht, daß wir diese Buntscheckigkeit nachahmen sollen; ich meine, wir haben hinreichende Erfahrungen gemacht, daß diese Inconsequenz zwischen den verschiedenen Theilen nicht zum Wohle des Vaterlandes gereicht habe. Meine Herren, ich bin auch der Ansicht, daß es nicht genügt, was man so oft gesagt hat, wenn der Einzelstaat seine Pflichten erfülle, wenn er das thue, was der Bundesstaat von ihm verlange. Es ist dies eine Redensart, die uns bei den Debatten, die in der neuesten Zeit obgeschwebt haben, wiederholt entgegen getragen worden ist: wenn der Einzelstaat nur seine Bundespflichten erfülle, könnten wir nichts weiter verlangen. Dasselbe wird uns heute proponirt und zwar von dieser Seite (der Linken). Meine Herren, mir scheint dieß eine bloß äußerliche Auffassung der Sache zu sein. Die Einzelstaaten haben noch ganz Anderes zu thun, als gewissen Bundespflichten zu genügen. Sie haben mit dem Ganzen zu leben, dasselbe zu tragen und stützen. Es ist keine bloß zufällige Vereinigung von Staaten, die den Bundesstaat ausmacht, sondern dieser besteht nur in einem festen und organischen Zusammenhang derselben. Stellen sich die Einzelstaaten in einen Gegensatz zu demselben, sei es durch die Staatsform, die sie annehmen, sei es durch eine Verbindung mit andern Ländern und Gebieten, so ist eine bloß äußerliche Erfüllung der sogenannten Pflichten ein schlechter Ersatz. — Ich glaube auch, meine Herren, daß eine Bestimmung, wie der Ausschuß sie Ihnen vorgeschlagen hat, sehr heilsam für die Zukunft, namentlich für die nächste Zukunft wirken wird, daß sie, ich spreche es offen aus, gewissen Bestrebungen und Bemühungen einen Damm entgegensetzen wird. Das, meine Herren, halte ich für förderlich einmal im Interesse der Einheit, worauf bereits Andere hingewiesen haben, aber auch förderlich im Interesse der Freiheit. Denn ich bin der Meinung, daß nichts mehr der wahren Freiheit Abbruch thue, als ein ewiges Schwanken über die Form, in welche sich die Freiheit kleiden soll. Meine Herren, mir scheint, daß unter jeder Regierungsform eine starke, vollkommene Freiheit wohnen kann. Herr Bassermann hat bereits daran erinnert, wie die republikanische Regierung in Frankreich Anträge gestellt hat, wie sie jetzt keine monarchische Regierung Deutschlands machen würde, wie wir sie auch nicht als Ausnahmemaßregel im § 7 proponiren. Ich glaube, daß Viele in diesem Saale zu der Ueberzeugung gekommen sind, daß in der neuesten Zeit nichts mehr der Freiheit geschadet hat, als das Schreien nach Republik. Meine Herren, ich bin viel zu sehr Doctrinär, wie man mir dieß schon oft vorgeworfen hat, ich bin viel zu sehr ein Freund der Geschichte, als daß ich die republikanische Regierungsform an sich verwerfen oder mißachten könnte. Aber ich behalte mir auch ein offenes historisches Urtheil vor über das, was mir als republikanische Staatsform entgegen getragen wird. Ich spreche es aus, daß das, was wir in Europa neuerdings als republikanisch kennen gelernt haben, bei uns und jenseits des Rheins durchaus nicht als ein Zustand strotzender Gesundheit und Kraft, sondern als ein Symptom von Krankheit und Auflösung erscheinen muß, und wenn man ein solches Krankheitssymptom an einzelnen unserer Glieder hervorrufen will, so haben wir gewiß allen Grund, uns dessen zu erwehren. Meine Herren, wir wollen nicht allein keine Probe machen von einer Republik in Hohenzollern-Sigmaringen oder in einem andern kleinen Staat, wo es sein kann, sondern ich glaube, wenn sich in irgend einem Theile Deutschlands eine Winkel-Republik organisiren wollte, wir hätten allen Grund, die Wunde auszubrennen, damit sich die Krankheit nicht weiter verbreite. (Stürmisches Bravo im Centrum.) — Meine Herren, auf die Reden von Volkssouveränetät habe ich nie viel gegeben. Darauf allerdings viel, daß das Volk empfange und sich erhalte, was ihm wohl thut. Ich bin der Meinung, daß das deutsche Volk jetzt viel zu sehr von dem lebendigen Triebe nach Einheit ergriffen ist, als daß es nicht einsehen sollte, was der Gesammtheit nicht zum Frommen, sondern nur zum Nachtheil gereicht. Ich glaube, daß alle wahren Patrioten, sie mögen principiell welche Regierungsform immer für die Beste halten, darnach streben müssen, dasjenige ins Leben zu rufen, was für das Vaterland im Ganzen heilsam ist. Darauf müssen Sie, wie der Abgeordnete v. Soiron sagt, Ihr Streben hinrichten. Kann einmal ganz Deutschland in eine republikanische Regierungsform sich fügen — meine Herren, ich glaube, es wird Jahrhunderte dauern, ehe es dazu kommt — aber kann es der Fall sein, nun dann werden wir uns alle unterordnen; aber daß der einzelne Theil diesen Weg für sich gehe, das wird Niemand in diesem Saale dauernd als wohlthätig oder auch nur möglich betrachten. Ich freue mich, den Aeußerungen, welche aus Sachsen her angeführt worden sind, die Worte eines verehrten Mitgliedes aus Würtemberg entgegenstellen zu können: er kenne keine Souveränetät des würtembergischen Volkes, ein Ausspruch, welcher lebhaften Anklang in ganz Deutschland gefunden hat. — Meine Herren, ein Redner hat vor einigen Tagen gesagt, die Sympathien des Volkes wendeten sich ab von uns, von unserem Einheits-Werke und es suche, wie es in den einzelnen Staaten die Freiheit gründen könne. Ich will nicht wiederholen, was öfters schon ausgesprochen ist, die Freiheit würde einen schlechten Grund und Boden in Deutschland haben, wenn die Einheit nicht zu Stande komme. Ich will aber sagen, daß ich die Hoffnung, ja die beste Ueberzeugung hege, die ein großer Theil des Volkes von diesen sogenannten Bestrebungen nach Freiheit eng und sehnsüchtig zu uns hinblickt, die wir ihm die Freiheit geben sollen. Gründen Sie, meine Herren, diese Einheit, dann werden Sie auch der Freiheit den festen Grund gelegt haben. (Stürmisches anhaltendes Bravo in den Centren und auf der Rechten.)

Präsident: Die Discussion über den Paragraphen ist geschlossen. Wir gehen zur Abstimmung über. Ich schlage folgenden Gang der Abstimmung vor. Ich möchte zuerst zur Abstimmung bringen den Satz des Ausschuß-Antrages:

„Eine Aenderung der Regierungsform in einem Einzelstaat kann nur mit Zustimmung der Reichsgewalt erfolgen".

Falls dieser verworfen würde, käme der Verbesserungsantrag des Herrn Bresgen:

„Eine Aenderung der Regierungsform in einem Einzelstaate kann nur mit Zustimmung des Reichstages erfolgen".

Falls Beides verworfen würde, käme das Amendement der Herren Schwarzenberg und Genossen:

„Eine Aenderung der Regierungsform und der Verfassung eines Einzelstaates kann zu jeder Zeit durch dessen gesetzgebende Gewalt im verfassungsmäßigen Wege vorgenommen werden, in so weit dadurch die Reichsverfassung nicht verletzt wird".

Wird dieses Amendement der Herren Schwarzenberg und Genossen angenommen, so ist damit die zweite Hälfte des Ausschußantrages beseitigt. Würde dagegen einer der beiden zuerst zur Abstimmung zu bringenden Punkte, also die erste Hälfte des Ausschußantrages oder das Amendement Bresgen angenommen, so würde dann der zweite Satz des Ausschußantrages zur Abstimmung kommen:

„Diese Zustimmung muß in den für Aenderungen der Reichsverfassung vorgeschriebenen Formen (§ 6) gegeben werden".

Findet dieser Satz die Zustimmung des Hauses nicht, so kommt das Amendement Spatz zu diesem zweiten Satze:

„Diese Zustimmung kann nur dann versagt werden, wenn die neue Regierungsform im Widerspruche mit der Reichsverfassung steht".

Endlich kommt das zweite Minoritätserachten, der darin projectirte Zusatz zu dem Paragraphen, zur Abstimmung. Wenn gegen diese Reihenfolge der Abstimmung kein Widerspruch ist, so werde ich die Herren, welche die namentliche Abstimmung im Allgemeinen beantragt haben, ersuchen, wenn sie unterstützt ist, ihre Anträge näher zu präcisiren. Ich frage, ob gegen meine Reihenfolge ein Bedenken erhoben wird? (Niemand reclamirt.) Es wird keines erhoben. Ich bringe den Antrag auf namentliche Abstimmung zur Unterstützung. Er ist von beiden Seiten des Hauses erhoben, von Herrn Schirmeister und von Herrn Vogt. Findet der Antrag auf Abstimmung durch Namensaufruf Unterstützung? (Viele Mitglieder auf beiden Seiten des Hauses erheben sich.) Er ist sehr unterstützt. Darf ich die Herren bitten, die Sätze, worüber sie namentlich abgestimmt haben wollen, zu bestimmen.

Schirmeister von Insterburg: Für beide Sätze des § 5 nach dem Antrage des Verfassungsausschusses verlange ich namentliche Abstimmung.

Wigard (vom Platze): Vogt wird sich dieser Erklärung anschließen.

Präsident: Wir beginnen also mit der Abstimmung und zwar durch Namensaufruf über die Worte:

„Eine Aenderung der Regierungsform in einem Einzelstaate kann nur mit Zustimmung der Reichsgewalt erfolgen."

Diejenigen Herren, welche den Satz annehmen wollen, werden bei dem Aufruf mit **Ja**, die ihn ablehnen wollen, mit **Nein** antworten.

Bei dem nunmehr erfolgenden Namensaufruf antworteten mit Ja:

Achleitner aus Ried, v. Amstetter aus Breslau, Anders aus Goldberg, Anderson aus Frankfurt a. d. O. Anz aus Marienwerder, Arndt aus Bonn. Arndts aus München, Arneth aus Wien, Backhaus aus Jena, Barth aus Kaufbeuren, Bassermann aus Mannheim, Bauer aus Bamberg, v. Baumbach-Kirchheim aus Cassel, Becker aus Gotha, Becker aus Trier, v. Beckerath aus Crefeld, Bernhardi aus Cassel, Beseler aus Greifswald, Beseler (H. W.) aus Schleswig, Blömer aus Aachen, Boch-Buschmann aus Siebenbrunnen, Bock aus Preußisch-Minden, Böcking aus Trarbach, Böcler aus Schwerin, v. Boddien aus Pleß, Bonardy aus Greiz, Braun aus Bonn, Braun aus Cöslin, Brescius aus Züllichau, v. Breuning aus Aachen, Breusing aus Osnabrück, Briegleb aus Coburg, Bürgers aus Cöln, Burkard aus Bamberg, Buß aus Freiburg, v. Buttel aus Oldenburg, Carl aus Berlin, Cornelius aus Braunsberg, Coronini-Cronberg (Graf) aus Görz, Cramer aus Cöthen, Cucumus aus München, Dahlmann aus Bonn, Dammers aus Nienburg, Decke aus Lübeck, Deetz aus Wittenberg, Degenkolb aus Eulenburg, Deiters aus Bonn, Deym (Graf) aus Prag, Deymann aus Meppen, Döllinger aus München, Droysen aus Kiel, Dunker aus Halle, Ebmeier aus Paderborn, Eckart aus Lohr, Eckert aus Bromberg, Edlauer aus Gratz, Ehrlich aus Murzynek, Emmerling aus Darmstadt, v. Ende aus Waldenburg, Engel aus Culm, Englmayr aus Enns (Oberösterreich), Esmarch aus Schleswig, Evertsbusch aus Altena, Falk aus Ottolangendorf, Fallati aus Tübingen, Federer aus Stuttgart, Fischer (Gustav) aus Jena, v. Flottwell aus Münster, Francke (Karl) aus Rendsburg, Friederich aus Bamberg, Fritzsche aus Roda, Fügerl aus Korneuburg, v. Gagern aus Wiesbaden, Gebhard aus Würzburg, v. Gersdorf aus Aach, Gevekoht aus Bremen, Gfrörer aus Freiburg, v. Gleich (Graf) aus Thurnau, Giesebrecht aus Stettin, v. Gladis aus Wohlau, Göbel aus Jägerndorf, Godeffroy aus Hamburg, Göden aus Krotoszyn, von der Goltz (Graf) aus Czarnikau, Gombart aus München, Gottschalk aus Schopfheim, Graf aus München, Grävell aus Frankfurt a. d. O., Groß aus Leer, Groß aus Prag, Grüel aus Burg, Grumbrecht aus Lüneburg, v. Grundner aus Ingolstadt, Gysae (Wilhelm) aus Strehlow, Hahn aus Guttstatt, Hallbauer aus Meißen, v. Hartmann aus Münster, Haubenschmied aus Passau, Haym aus Halle, Helmbreh aus Sohrau, v. Hennig aus Dempowalonka, Herzog aus Ebermannstadt, Heusner aus Saarlouis, Hillebrand aus Pöls, Höfken aus Hattingen, Hoffmann aus Ludwigsburg, Hofmann aus Friedberg, Hollandt aus Braunschweig, Houben aus Meurs, Huck aus Ulm, Hugo aus Göttingen, Hofer aus Pfarrkirchen, Jacobi aus Hersfeld, Jahn aus Freiburg an der Unstrutt, Johannes aus Meiningen, Jordan aus Berlin, Jordan aus Gollnow, Jordan aus Frankfurt a. M., Jucho aus Frankfurt a. M., Junkmann aus Münster, Jürgens aus Stadtoldendorf, Kagerbauer aus Linz, Kahlert aus Leobschütz, v. Kaiserfeld aus Birkfeld, v. Keller (Graf) aus Erfurt, Kerer aus Innsbruck, Kerst aus Birnbaum, v. Keudell aus Berlin, Kierulff aus Rostock, Kirchgeßner aus Würzburg, Kleinschrod aus München, Knarr aus Steyermark, Knoodt aus Bonn, Kosmann aus Stettin, v. Kösteritz aus Elberfeld, Krafft aus Nürnberg, Kratz aus Wintershagen, Künzel aus Wolka, Kuhnt aus Bunzlau, Kutzen aus Breslau, Langerfeldt aus Wolfenbüttel, v. Lassaulx aus München, Laube aus Leipzig, Laudien aus Königsberg, Lausch aus Troppau, Leite aus Berlin, Leverkus aus Lennep, Liebmann aus Perleberg, Lienbacher aus Goldegg, Löschnigg aus Klagenfurt, Löw aus Posen, Mally aus Steyermark, v. Maltzahn aus Küstrin, Mann aus Rostock, Marcks aus Duisburg, Marcus aus Bartenstein, Martens aus Danzig, v. Massow aus Carlsberg, Matthies aus Greifswald, Mathy aus Carlsruhe, Merck aus Hamburg, Mitzke aus Sagan, Michelsen aus Jena, Mohl (Robert) aus Heidelberg, Müller aus Würzburg, Münch aus Wetzlar, München aus Luxemburg, v. Nagel aus Oberviechtach, Naumann aus Frankfurt a. d. O., Nerreter aus Fraustadt, Neubauer aus Wien, Neumayr aus München, Nizze aus Stralsund, Nöthig aus Weißholz, Obermüller aus Passau, Oertel aus Mittelwalde, Ostendorf aus Soest, Osterrath aus Danzig, Ottow aus Labiau, Pannier a. Zerbst, Paur a. Augsburg, Pfeiffer aus Adamsdorf, Phillips aus München, Pieringer aus Kremsmünster, Pinckert aus Zeitz, Plaß aus Stade, Plathner aus Halberstadt, Plehn aus Marienburg, Pözl aus München, v. Pretis aus Hamburg, Prinzinger aus St. Pölten, Quante aus Ullstadt, Quesar aus Prag, v. Quintus-Icilius a. Fallingbostel, v. Radowitz aus Rüthen, Rahm aus Stettin, Rättig aus Potsdam, Raffl aus Neustadtl in Böhmen, v. Raumer aus Berlin, v. Raumer aus Dinkelsbühl, Reh aus Darmstadt, Reichensperger aus Trier, Reindl aus Orth, Reisinger aus Freistadt, Reitmayr aus Regensburg, Richter aus Danzig, Riehl aus Graz, Riegler aus mährisch Budwitz, Riesser aus Hamburg, Röben aus Dornum, Röder aus Neustettin, Rößler aus Wien, Rüder aus Oldenburg, Rümelin aus Nürtingen, v. Sänger aus Grabow, v. Saltzwedell aus Gumbinnen, v. Saucken-Tarputschen aus Angerburg, Schauß aus München, Schepp aus Wiesbaden, Schick aus Weißensee, Schierenberg aus Detmold, Schirmeister aus Insterburg, v. Schleussing aus Rastenburg, Schlüter aus Paderborn, Schneer aus Breslau, Scholten aus Ward, Scholz aus Neisse, Schorn aus Essen, Schrader aus Brandenburg, Schreiber aus Bielefeld, Schreiner aus Graz (Steyermark), v. Schrenk aus München, Schubert (Friedrich Wilhelm) aus Königsberg, Schubert aus Würzburg, Schultze aus Potsdam, Schwarz aus Halle, Schwetschke aus Halle, v. Selchow aus Rettkewitz, Sellmer aus Landsberg a. d. W., Sepp aus München, Siehr aus Gumbinnen, Siemers aus Hannover, Simson aus Stargard, v. Soiron aus Mannheim, Sprengel aus Waren, Stahl aus Erlangen, Stavenhagen aus Berlin, Stenzel aus Breslau, Stieber aus Budissin, Streffleur aus Wien, v. Stremayr aus Graz, Stülz aus St. Florian, Sturm aus Sorau, Tannen von Zilenzig, Tappehorn aus Oldenburg, Teichert aus Berlin, Tellkampf aus Breslau, v. Thielau aus Braunschweig, Thöl aus Rostock, v. Treskow aus Grocholin, v. Unterrichter aus Klagenfurt, Veit aus Berlin, Venedey aus Köln, Versen aus Nieheim, Viebig aus Posen, v. Vincke aus Hagen, Vogel aus Dillingen, Vonbun aus Feldkirch, Waitz aus Göttingen, Waldmann aus Heiligenstadt, Walter aus Neustadt, Weber aus Neuburg, Weber aus Meran, v. Wegnern aus Lyk, Weiß aus Salzburg, Weißenborn a. Eisenach, Wekbeker aus Aachen, Welcker aus Frankfurt, Werner aus St. Pölten, Wernher aus Nierstein, Wernich aus Elbing, Wichmann aus Stendal, Wiebker aus Uckermünde, Wiedenmann aus Düsseldorf, Wiethaus (J.) aus Gummersbach, v. Wulffen aus Passau, Wuttke aus Leipzig, Zachariä aus Bernburg, Zachariä aus Göttingen, Zell aus Trier, Zeltner aus Nürnberg, v. Zerzog aus Regensburg, Zöllner aus Chemnitz, Zum Sande aus Lingen.

Mit Nein antworteten:

v. Aichelburg aus Villach, Beidtel aus Brünn, Berger aus Wien, Biedermann aus Leipzig, Blumröder (Gustav) aus Kirchenlamitz, Boczek aus Mähren, Bogen aus Michelstadt, Christmann aus Dürkheim, Claussen aus Kiel, Cropp aus Oldenburg, Damm aus Tauberbischoffsheim, v. Dieskau aus Plauen, Dietsch aus Annaberg, Edel aus Würzburg, Eisenmann aus Nürnberg, Eisenstuck aus Chemnitz, Engel aus Pinneberg, Esterle aus Cavalese, Fallmerayer aus München, Fehrenbach aus Säckingen, Fetzer aus Stuttgart, Förster aus Hünfeld, Freese aus Stargard, Frisch aus Stuttgart, Fröbel aus Reuß, Geigel aus München, Gerlach aus Tilsit, Golz aus Brieg, Gravenhorst aus Lüneburg, Gritzner aus Wien, Grubert aus Breslau, Gülich aus Schlesweg, Günther aus Leipzig, Gulden aus Zweibrücken, Hagen (K.) aus Heidelberg, Haggenmüller aus Kempten, Hartmann aus Leitmeritz, Haßler aus Ulm, Hayden aus Dorff bei Schlierbach, Hedrich aus Prag, Hehner aus Wiesbaden, Heisterbergk aus Rochlitz, Heldmann aus Selters, Hensel I aus Camenz, Heubner aus Zwickau, Hildebrand aus Marburg, Hönniger aus Rudolstadt, Hoffbauer aus Nordhausen, Huber aus Linz, Jopp aus Enzersdorf, Köhler aus Seehausen, Kohlparzer aus Neuhaus, Kollaczek aus österr. Schlesien, Kotschy aus Ustron in Mährisch-Schlesien, Kudlich aus Schloß Dietach, Künßberg aus Ansbach, Langbein aus Wurzen, Laschan aus Villach, Lindner aus Seifenegg, Löwe (W.) aus Calbe, Maly aus Wien, Mammen aus Plauen, Mandrella aus Ujest, Marek aus Gratz (Steyermark), Marsilli aus Roveredo, Martiny aus Friedland, Mayer aus Ottobeuern, v. Mayfeld aus Wien, Melly aus Wien, Meyer aus Liegnitz, Minkus aus Marienfeld, Möller aus Reichenberg, Mölling aus Oldenburg, Mohl (Moriz) aus Stuttgart, Müller aus Sonnenberg, Mulley aus Weitenstein, Nägele aus Murrhardt, Nauwerck aus Berlin, Nicol aus Hannover, Pattai aus Steyermark, Paur aus Neisse, Pfahler aus Tettnang, Polatzek aus Weißkirch, Rank aus Wien, Rapp aus Wien, v. Rappard aus Glambek, Raus aus Wolframitz, Reichard aus Speyer, Reinhard aus Boytzenburg, Reinstein aus Naumburg, Reitter aus Prag, Rheinwald aus Bern, Riehl aus Zwettl, Rödinger aus Stuttgart, Römer aus Stuttgart, Rösler aus Oels, Roßmäßler aus Tharand, Schädler aus Vaduz, Scharre aus Strehla, Schenk aus Dillenburg, Schlöffel aus Halbendorf, Schlutter aus Poris, Schmidt (Ernst Friedrich Franz) aus Löwenberg, Schmitt aus Kaiserslautern, Schneider aus Wien, Schoder aus Stuttgart, Schott aus Stuttgart, Schüler aus Jena, Schulz (Friedrich) aus Weilburg, Schütz aus Mainz, Schwarzenberg aus Kassel, Simon (Max) aus Breslau, Simon (Heinrich) aus Breslau, Simon (Ludwig) aus Trier, Spatz aus Frankenthal, Strache aus Rumburg, Tafel aus Stuttgart, Tafel (Franz) aus Zweibrücken, Titus aus Bamberg, Trabert aus Rausche, Trampusch aus Wien, Uhland aus Tübingen, Umbscheiden aus Dahn, Vischer aus Tübingen, Vogel aus Guben, Vogt aus Gießen, Wagner aus Steyr, Waldburg-Zeil-Trauchburg (Fürst) aus Stuttgart, Wedekind aus Bruchhausen, Welter aus Tünsdorf, Werthmüller aus Fulda, Wiesner aus Wien, Wiest aus Tübingen, Wigard aus Dresden, Wurm aus Hamburg, Zimmermann (Professor) aus Stuttgart, Zitz aus Mainz.

Abwesend waren:

A. mit Entschuldigung:

Ambrosch aus Breslau, v. Andrian aus Wien, Archer aus Rein, v. Bally aus Beuthen, Bauernschmid aus Wien, Baur aus Hechingen, v. Beisler aus München, Bergmüller aus Mauerkirchen, Brentano aus Bruchsal, Brons aus Emden, Cetto aus Trier, Christ auch Bruchsal, Clemens aus Bonn, Czoernig aus Wien, Dröge aus Bremen, Freudentheil aus Stade, Fuchs aus Breslau, v. Gagern aus Darmstadt, Giskra aus Wien, Gspan aus Innsbruck, Heckscher aus Hamburg, Helbing aus Emmendingen, v. Hermann aus München, Herzig aus Wien, Heubner aus Freiberg, Hirschberg aus Sondershausen, Höchsmann aus Wien, v. Itzstein aus Mannheim, Junghanns aub Mosbach, Käfferlein a. Baireuth, Kaiser (Ignatz) a. Wien, Koch a. Leipzig, Kolb a. Speyer, Kuenzer a. Constanz, Leue a. Cöln, Levysohn a. Grünberg, v. Linde a. Mainz, Mevissen aus Köln, Metz aus Freiburg, Mittermaier aus Heidelberg, v. Möring aus Wien, Mohr aus Oberingelheim, Müller aus Damm, Neumann aus Wien, v. Neuwall aus Brünn, Overweg aus Haus Ruhr, Peter aus Constanz, Presting aus Memel, Raveaux aus Köln, v. Reden aus Berlin, Reichenbach (Graf) aus Domeßko, Richter aus Achern, v. Rönne aus Berlin, Rothe aus Berlin, Sachs aus Mannheim, Schaffrath aus Neustadt, Scheller aus Frankfurt a. d. O., Schlörr aus der Oberpfalz, v. Schlotheim aus Wollstein, Schoenmaekers aus Beck, Schrott aus Wien, Schüler (Friedrich) aus Zweibrücken, Schuler aus Innsbruck, Schultze aus Liebau, Schwerin (Graf) aus Preußen, Stedmann aus Besselich, Stöcker aus Langenfeld, Stockinger aus Frankenthal, Thinnes aus Eichstätt, Tomaschek aus Iglau, v. Trützschler aus Dresden, Wachsmuth aus Hannover, v. Wedemeyer aus Schönrade, Wesendonck aus Düsseldorf, Würth aus Sigmaringen, v. Wydenbrugk aus Weimar, Zimmermann aus Spandow, Zittel aus Bahlingen.

B. ohne Entschuldigung:

Ahrens aus Salzgitter, Benedict aus Wien, Bouvier (Cajetan) aus Steyermark, v. Bothmer aus Carow, Bresgen aus Ahrweiler, Caspers aus Coblenz, Cnyrim aus Frankfurt a. M., Culmann aus Zweibrücken, Demel aus Teschen, Detmold aus Hannover, Dham aus Schmalenberg, Drechsler aus Rostock, Egger aus Wien, Fritsch aus Ried, Glax aus Gumpendorf, Hergenhahn aus Wiesbaden, von Kalkstein aus Wogau, von Kürsinger (Ignatz) aus Salzburg, von Kürsinger (Karl) aus Tamsweg, Lodemann aus Lüneburg, Löw aus Magdeburg, Lüntzel aus Hildesheim, Makowiczka aus Krakau, v. Mayern aus Wien, Mertel a. Kronach, v. Mühlfeld a. Wien, v. Neitschütz a. Königsberg, Neugebauer a. Luditz, Petzer a. Bruneck, Renger aus böhmisch Kamnitz, v. Rotenhan aus München, Rühl aus Hanau, v. Scherpenzeel aus Baarlo, Schiedermayer aus Vöcklabruck, v. Schmerling aus Wien, Schmidt (Adolph) aus Berlin, Schmidt (Joseph) aus Linz, Schulz aus Darmstadt, Servais aus Luxemburg, v. Somaruga aus Wien, Stark aus Krumau, Stein aus Görz, Werner aus Oberkirch, Winter aus Liebenburg, Wippermann aus Kassel, v. Würth aus Wien, Ziegert aus Preuß. Minden.

Präsident: Der erste Satz des § 5: „Eine Aenderung der Regierungsform in einem Einzelstaate kann nur mit Zustimmung der Reichsgewalt erfolgen," ist mit 294 gegen 137 Stimmen angenommen worden. Dadurch sind die Amendements Bresgen und Schwarzenberg erledigt und wir gehen zur namentlichen Abstimmung über den zweiten Satz des Verfassungsausschusses:

„Diese Zustimmung muß in den für Aenderungen der Reichsverfassung vorgeschriebenen Formen gegeben werden."

Die Herren, welche diesem Satze ihre Zustimmung geben wollen, ersuche ich, bei dem Aufruf ihres Namens mit Ja, die den Satz ablehnen wollen, mit Nein zu antworten.

Bei dem hierauf erfolgenden Namensaufruf antworteten mit Ja:

Achleitner aus Ried, v. Amstetter aus Breslau, Anders aus Goldberg, Anz aus Marienwerder, Arndt aus Bonn, Arndts aus München, Arneth aus Wien, Bassermann aus Mannheim, Bauer aus Bamberg, v. Baumbach-Kirchheim aus Cassel, Becker aus Gotha, v. Beckerath aus Crefeld, Bernhardi aus Cassel, Beseler aus Greifswald, Beseler (H. W.) aus Schleswig, Blömer aus Aachen, Boch-Buschmann aus Siebenbrunnen, Bock aus Preußisch-Minden, v. Boddien aus Pleß, Bonardy aus Greiz, Braun aus Bonn, Braun aus Coslin, Brescius aus Züllichau, Briegleb aus Coburg, Bürgers aus Cöln, Burkart aus Bamberg, Buß aus Freiburg, v. Buttel aus Oldenburg, Carl aus Berlin, Coronini-Cronberg (Graf) aus Görz, Cucumus aus München, Dahlmann aus Bonn, Dammers aus Nienburg, Deete aus Lübeck, Deetz aus Wittenberg, Degenkolb aus Eulenburg, Deiters aus Bonn, Deym (Graf) aus Prag, Deymann aus Meppen, Döllinger aus München, Droysen aus Kiel, Dunker aus Halle, Edmeier aus Paderborn, Eckart aus Lohr, Edel aus Würzburg, Edlauer aus Gratz, Ehrlich aus Murzynek, Emmerling aus Darmstadt, v. Ende aus Waldenburg, Engel aus Culm, Esmarch aus Schleswig, Evertsbusch aus Altena, Falk aus Ottolangendorf, Fischer (Gustav) aus Jena, v. Flottwell aus Münster, Francke (Carl) aus Rendsburg, Friederich aus Bamberg, Fügerl aus Korneuburg, v. Gagern aus Wiesbaden, Gebhard aus Würzburg, v. Gersdorf aus Tuez, Gevekoht aus Bremen, v. Giech (Graf) aus Thurnau, Giesebrecht aus Stettin, Göbel aus Jägerndorf, Goden aus Krotoszyn, von der Goltz (Graf) aus Czarnikau, Gombart aus München, Graf aus München, Grävell aus Frankfurt a. d. O., Groß aus Leer, Grüel aus Burg, Grumbrecht aus Lüneburg, v. Grundner aus Ingolstadt, Gysae (Wilhelm) aus Strehlow, Hahn aus Guttstatt, v. Hartmann aus Münster, Haubenschmied aus Passau, Haym aus Halle, Heimbrod aus Sohrau, v. Hennig aus Dempowalonka, Herzog aus Ebermannstadt, Hofer aus Pfarrkirchen, Hoffmann aus Ludwigsburg, Hofmann aus Friedberg, Houben aus Meurs, Huck aus Ulm, Hugo aus Göttingen, Jacobi aus Hersfeld, Jahn aus Freiburg an der Unstrut, Johannes aus Meiningen, Jordan aus Berlin, Jordan aus Gollnow, Jordan aus Frankfurt am Main, Junkmann aus Münster, Jürgens aus Stadtoldendorf, Kahlert aus Leobschütz, v. Keller (Graf) aus Erfurt, Kerer aus Innsbruck, Kerst aus Birnbaum, v. Keudell aus Berlin, Kleinschrod aus München, Knoodt aus Bonn, Kosmann aus Stettin, v. Kösteritz aus Elberfeld, Krafft aus Nürnberg, Kratz aus Wintershagen, Künzel aus Wolka, v. Kürsinger (Carl) aus Tamsweg, Kutzen aus Breslau, Langerfeldt aus Wolfenbüttel, von Lassaulx aus München, Laube aus Leipzig, Laudien aus Königsberg, Lette aus Berlin, Leverkus aus Lennep, Lienbacher aus Goldegg, Löw aus Posen, v. Maltzahn aus Küstrin, Marcks aus Duisburg, Marcus aus Bartenstein, Martens aus Danzig, v. Massow aus Carlsberg, Matthies aus Greifswald, Mathy aus Carlsruhe, Merck aus Hamburg, Metzke aus Sagan, Michelsen aus Jena, Mohl (Robert) aus Heidelberg, Müller aus Würzburg, Münch aus Wetzlar, München aus Luxemburg, v. Nagel aus Oberviechtach, Naumann aus Frankfurt a. d. O., Nerreter aus Fraustadt, Neubauer aus Wien, v. Neumayr aus München, Nizze aus Stralsund, Nöthig aus Weißholz, Obermüller aus Passau, Oertel aus Mittelwalde, Osterrath aus Danzig, Ottow aus Labiau, Pannier aus Zerbst, Paur aus Augsburg, Pfeiffer aus Adamsdorf, Phillips aus München, Pieringer aus Kremsmünster, Plathner aus Halberstadt, Plehn aus Marienburg, Pözl aus München, Prinzinger aus St. Pölten, Quante aus Ullstadt, Quesar aus Prag, v. Quintus-Icilius aus Fallingbostel, v. Radowitz aus Rüthen, Rahm aus Stettin, Rättig aus Potsdam, Rassl aus Neustädtl in Böhmen, v. Raumer a. Berlin, v. Raumer aus Dinkelsbühl, Reichensperger aus Trier, Reindl aus Orth, Reitmayr aus Regensburg, Richter aus Danzig, Riegler aus mährisch Budwitz, Riedl aus Gratz, Röben aus Dornum, Röder aus Neustettin, Rüder aus Oldenburg, v. Sänger aus Grabow, von Saltzwedell aus Gumbinnen, v. Saucken-Tarputschen aus Angerburg, Schauß aus München, Schepp aus Wiesbaden, Schick aus Weißensee, Schirmeister aus Insterburg, v. Schleussing aus Rastenburg, Schlüter aus Paderborn, v. Schmerling aus Wien, Schneer aus Breslau, Scholten aus Ward, Scholz aus Neisse, Schrader aus Brandenburg, Schreiber aus Bielefeld, Schreiner aus Gratz (Steyermark), v. Schrenk aus München, Schubert (Friedrich Wilhelm) aus Königsberg, Schultze aus Potsdam, Schwarz aus Halle, Schwetschke aus Halle, v. Selchow aus Rettkewitz, Sellmer aus Landsberg a. d. W., Sepp aus München, Servais aus Luxemburg, Siehr aus Gumbinnen, Simson aus Stargard, v. Soiron aus Mannheim, Stahl aus Erlangen, Stavenhagen aus Berlin, Stenzel aus Breslau, Stieber aus Budissin, [illegible] aus Wien, Stülz aus St. Florian, Sturm aus Sorau, Tannen aus Zilenzig, Tappehorn aus Oldenburg, Teichert aus Berlin, v. Thielau aus Braunschweig, Thöl aus Rostock, v. Treskow aus Grocholin, Veit aus Berlin, Versen aus Nieheim, Viebig aus Posen, v. Vincke aus Hagen, Vogel aus Dillingen, Vonbun aus Feldkirch, Waitz aus Göttingen, Waldmann aus Heiligenstadt, Walter aus Neustadt, Weber aus Neuburg, Weber aus Meran, v. Wegnern aus Lyk, Welbeker aus Aachen, Welcker aus Frankfurt a. M., Wernher aus Nierstein, Wernich aus Elbing, Wichmann aus Stendal, Wiebker aus Uckermünde, Wiedenmann aus Düsseldorf, v. Wulffen aus Passau, Zachariä aus Bernburg, Zachariä aus Göttingen, Zeltner aus Nürnberg, v. Zerzog aus Regensburg, Zöllner aus Chemnitz, Zum Sande aus Lingen.

Mit Nein antworteten:

Ahrens aus Salzgitter, v. Aichelburg aus Villach, Anderson aus Frankfurt a. d. O., Backhaus aus Jena, Barth aus Kaufbeuren, Becker aus Trier, Beidtel aus Brünn, Berger aus Wien, Biedermann aus Leipzig, Blumröder (Gustav) aus Kirchenlamitz, Böcking aus Trarbach, Böcler aus Schwerin, Boczek aus Mähren, Bogen aus Michelstadt, Bresgen aus Ahrweiler, v. Breuning aus Aachen, Christmann aus Dürkheim, Claussen aus Kiel, Cnyrim aus Frankfurt am Main, Cornelius aus Braunsberg, Cramer aus Cöthen, Cropp aus Oldenburg, Damm aus Tauberbischoffsheim, von Dieskau aus Plauen, Dietsch aus Annaberg, Drechsler aus Rostock, Eckert aus Bromberg, Eisenmann aus Nürnberg, Eisenstuck aus Chemnitz, Engel aus Pinneberg, Englmayr aus Enns (Oberösterreich), Esterle aus Cavalese, Fallmerayer aus München, Federer aus Stuttgart, Fehrenbach aus Säckingen, Fetzer aus Stuttgart, Förster aus Hünfeld, Freese aus Stargard, Frisch aus Stuttgart, Fritzsche aus Roda, Fröbel aus Reuß, Geigel aus München, Gerlach aus Tilsit, Gfrörer aus Freiburg, Giskra aus Wien, v. Gladis aus Wohlau, Goltz aus Brieg, Gravenhorst aus Lüneburg, Gritzner aus Wien, Groß aus Prag, Grubert aus Breslau, Gülich aus Schleswig, Günther aus Leipzig, Gulden aus Zweibrücken, Hagen (K.) aus Heidelberg, Haggenmüller aus Kempten, Hallbauer aus Meissen, Hartmann aus Leitmeritz, Haßler aus Ulm, Hedrich aus Prag, Hehner aus Wiesbaden, Heisterbergk aus Rochlitz, Heldmann aus Selters, Hensel I aus Camenz, Heubner aus Zwickau, Heusner aus Saarlouis, Hildebrand aus Marburg, Höfken aus Hattingen, Hönniger aus Rudolstadt, Hoffbauer aus Nordhausen, Huber aus Linz, Jopp aus Enzersdorf, Jucho aus Frankfurt am Main, Kagerbauer aus Linz, Kierulff aus Rostock, Kirchgeßner aus Würzburg, Knarr aus Steyermark, Köhler aus Seehausen, Kohlparzer aus Neuhaus, Kollaczek aus österr. Schlesien, Kotschy aus Ustron in Mährisch-Schlesien, Kudlich aus Schloß Dietach, Künßberg aus Ansbach, Kuhnt aus Bunzlau, Langbein aus Wurzen, Laschan aus Villach, Liebmann aus Perleberg, Lindner aus Seifenegg, Löschnigg aus Klagenfurt, Löwe (Wilh.) aus Calbe, Makowiczka aus Krakau, Mally aus Steyermark, Maly aus Wien, Mammen aus Plauen, Mandella aus Ujest, Mann aus Rostock, Mareck aus Gratz (Steyermark), Marsilli aus Roveredo, Martiny aus Friedland, Mayer aus Ottobeuern, v. Mayfeld aus Wien, Melly aus Wien, Meyer aus Liegnitz, Minkus aus Marienfeld, Möller aus Reichenberg, Mölling aus Oldenburg, Mohl (Moriz) aus Stuttgart, Müller aus Sonnenberg, Mulley aus Weitenstein, Nägele aus Murrhardt, Nauwerck aus Berlin, Nicol aus Hannover, Ostendorf aus Soest, Pattai aus Steyermark, Paur aus Neisse, Pfahler aus Tettnang, Pinckert aus Zeitz, Plaß aus Stade, Polatzek aus Weißkirch, von Pretis aus Hamburg, Rank aus Wien, Rapp aus Wien, v. Rappard aus Glambek, Raus aus Wolframitz, Reh aus Darmstadt, Reichard aus Speyer, Reinhard aus Boytzenburg, Reinstein aus Naumburg, Reisinger aus Freistadt, Reitter aus Prag, Rheinwald aus Bern, Riehl aus Zwettl, Rödinger aus Stuttgart, Römer aus Stuttgart, Rösler aus Oels, Rößler aus Wien, Roßmäßler a. Tharand, Schädler aus Vaduz, Scharre aus Strehla, Schenk aus Dillenburg, Schlöffel aus Halbendorf, Schlutter aus Poris, Schmidt (Ernst Friedrich Franz) aus Löwenberg, Schmitt aus Kaiserslautern, Schneider aus Wien, Schoder aus Stuttgart, Schorn aus Essen, Schott aus Stuttgart, Schubert aus Würzburg, Schüler aus Jena, Schulz (Friedrich) aus Weilburg, Schütz aus Mainz, Schwarzenberg aus Cassel, Siemens aus Hannover, Simon (Max) aus Breslau, Simon (Heinrich) aus Breslau, Simon (Ludwig) aus Trier, Spatz aus Frankenthal, Sprengel aus Waren, Strache aus Rumburg, v. Stremayr aus Gratz, Tafel aus Stuttgart, Tafel (Franz) aus Zweibrücken, Titus aus Bamberg, Trabert aus Rausche, Trampusch aus Wien, Uhland aus Tübingen, Umbscheiden aus Dahn, v. Unterrichter aus Klagenfurt, Vischer aus Tübingen, Vogel aus Guben, Vogt aus Gießen, Wagner aus Steyr, Waldburg-Zeil-Trauchburg (Fürst) aus Stuttgart, Wedekind aus Bruchhausen, Weiß aus Salzburg, Weißenborn aus Eisenach, Welter aus Tünsdorf, Werner aus St. Pölten, Werthmüller aus Fulda, Wiesner a. Wien, Wiest aus Tübingen, Wiethaus (J.) aus Gummersbach, Wigard aus Dresden, Würm a Hamburg, Wittke aus Leipzig, Zell aus Trier, Zimmermann (Professor) aus Stuttgart, Zitz aus Mainz.

Der Abstimmung enthielt sich:

Breusing aus Osnabrück.

Abwesend waren:

A. mit Entschuldigung:

Ambrosch aus Breslau, v. Andrian aus Wien, Archer aus Rein, v. Bally aus Beuthen, Bauernschmid aus Wien, Baur aus Hechingen, v. Beisler aus München, Bergmüller aus Mauerkirchen, Brentano aus Bruchsal, Brons aus Emden, Cetto aus Trier, Christ aus Bruchsal, Clemens aus Bonn, Czoernig aus Wien, Dröge aus Bremen, Fallati aus Tübingen, Freudentheil aus Stade, Fuchs aus Breslau, v. Gagern aus Darmstadt, Gspan aus Innsbruck, Heckscher aus Hamburg,

Helbing aus Emmendingen, von Hermann aus München, Herzig aus Wien, Heubner aus Freiberg, Hirschberg aus Sondershausen, Höchsmann aus Wien, v. Itzstein aus Mannheim, Junghanns aus Mosbach, Käfferlein aus Baireuth, Kaiser (Ignatz) aus Wien, Koch aus Leipzig, Kolb aus Speyer, Kuenzer aus Constanz, Leue aus Cöln, Levysohn aus Grünberg, von Linde aus Mainz, Mevissen aus Cöln, Metz aus Freiburg, Mittermaier aus Heidelberg, von Möring aus Wien, Mohr aus Oberingelheim, Müller aus Damm, Neumann aus Wien, von Neuwall aus Brünn, Overweg aus Haus Ruhr, Peter aus Constanz, Presting aus Memel, Ravequx aus Cöln, v. Reden aus Berlin, Reichenbach (Graf) aus Domeßko, Richter a. Achern, v. Rönne a. Berlin, Rothe a. Berlin, Rümelin aus Nürtingen, Sachs aus Mannheim, Schaffrath aus Neustadt, Scheller aus Frankfurt a. d. O., Schlörr aus der Oberpfalz, v. Schlotheim aus Wollstein, Schoenmackers aus Beck, Schrott aus Wien, Schüler (Friedrich) aus Zweibrücken, Schuler aus Innsbruck, Schultze aus Liebau, Schwerin (Graf) aus Pommern, Stedmann aus Besselich, Stöcker aus Langenfeld, Stockinger aus Frankenthal, Thinnes aus Eichstätt, Tomaschek aus Iglau, v. Trützschler a. Dresden, Wachsmuth aus Hannover, v. Wedemeyer aus Schönrade, Wesendonck aus Düsseldorf, Würth aus Sigmaringen, a. Wydenbrugk aus Weimar, Zimmermann aus Spandow, Zittel aus Bahlingen.

B. ohne Entschuldigung:

Benedict aus Wien, Bouvier (Cajetan) aus Steyermark, v. Bothmer aus Carow, Caspers aus Coblenz, Culmann aus Zweibrücken, Demel aus Teschen, Detmold aus Hannover, Dham aus Schmalenberg, Egger aus Wien, Fritsch aus Ried, Glax aus Gumpendorf, Godeffroy aus Hamburg, Gottschalk aus Schopfheim, Haupt aus Wismar, Hayden aus Dorff bei Schlierbach, Hergenhahn aus Wiesbaden, Hillebrand aus Pöls, Hollandt aus Braunschweig, v. Kaiserfeld aus Birkfeld, v. Kalkstein aus Wogau, v. Kürsinger (Ignatz) aus Salzburg, Lausch aus Troppau, Lodemann aus Lüneburg, Löw aus Magdeburg, Lüntzel aus Hildesheim, v. Mayern aus Wien, v. Mühlfeld aus Wien, Mertel aus Kronach, v. Neitschütz aus Königsberg, Neugebauer aus Ludiß, Pitzer aus Bruneck, Renger aus böhmisch Kamnitz, v. Rotenhan aus München, Rühl aus Hanau, v. Scherpenzeel a. Baarlo, Schiedermayer aus Vöcklabruck, Schierenberg aus Detmold, Schmidt (Adolph) aus Berlin, Schmidt (Joseph) aus Linz, Schulz aus Darmstadt, v. Somaruga aus Wien, Stark aus Krumau, Stein aus Görz, Tellkampf aus Breslau, Venedey aus Cöln, Werner aus Oberkirch, Winter aus Liebenburg, Wippermann aus Cassel, v. Würth aus Wien, Ziegert aus preußisch Minden.

Präsident: Der zweite Satz des vom Verfassungsausschuß vorgeschlagenen § 5 ist mit 237 gegen 189 Stimmen angenommen und damit das eventuelle Amendement des Herrn Spatz erledigt, so daß also jetzt nur noch die Abstimmung über das zweite Minoritätserachten übrig bleibt. Ich bitte die Herren, Ihre Plätze einzunehmen. (Stimmen: Vertagen, vertagen!) Ich werde nach dieser Abstimmung auf die Vertagung kommen. (Unruhe.) Ich bitte die Herren, Ihre Plätze einzunehmen, damit wir diese eine Abstimmung noch erledigen können. Also, meine Herren, ich bringe das Minoritätserachten Nr. 2 zur Abstimmung. Namentliche Abstimmung ist dafür nicht beantragt. (Stimmen: Nein!) Um so dringender muß ich bitten, Ihre Plätze einzunehmen. (Viele Stimmen: Setzen!) Das zweite Minoritätserachten schlägt folgenden Zusatz zu § 5 als besonderen Paragraphen vor:

„Ueber die Verantwortlichkeit der Reichsminister wird ein besonderes Reichsgesetz erlassen."

Diejenigen Herren, die diesen Zusatz zu § 5 annehmen wollen, ersuche ich, aufzustehen. (Die Mehrzahl erhebt sich) Der Zusatz ist angenommen. (Unruhe.) Ich sage, der Zusatz ist angenommen. Ich schlage vor, meine Herren, hier für heute die Discussion abzubrechen. (Zustimmung auf allen Seiten.) Ich habe aber noch ein paar Mittheilungen zu machen, die ich anzuhören bitte. In den Ausschuß für Geschäftsordnung sind Graf Giech mit 181 und Herr Heimbrod mit 149 Stimmen gewählt. Nächst ihnen haben Herr Frisch 92, Herr Spatz 86, Herr Christmann 50 und Herr v. Selchow 18 Stimmen erhalten. — Ich schlage vor, die nächste Sitzung Donnerstag zu halten. (Fast allgemeine Zustimmung. Widerspruch von einzelnen Stimmen.) Ich bitte, wenn Jemand etwas dagegen hat, es hier in Nähe zu sagen, ich kann es sonst nicht hören. (Niemand reclamirt weiter.) Ich setze auf die Tagesordnung: die Fortsetzung der heutigen Berathung, also die Discussion der §§ 6, 7 und 7 a des vorliegenden Entwurfs, und zeige an, daß der Verfassungs-Ausschuß und der volkswirthschaftliche beide auf heute ½6 Uhr, die Herren vom Büreau zu einer sehr wichtigen Sitzung auf Morgen 12 Uhr eingeladen werden. Die heutige Sitzung ist geschlossen.

(Schluß der Sitzung 2½ Uhr.)

Verzeichniß der Eingänge

vom 26. Januar.

Petitionen.

1. (6464) Eingabe des deutsch-constitutionellen Vereins für Freiheit, Gesetz und Ordnung zu Dietz an der Lahn für Uebertragung der erblichen deutschen Kaiserwürde an den König von Preußen. (An den Verfassungs-Ausschuß.)

2. (6465) Gleiche Eingabe der Bürger zu Lich (Großherzogthum Hessen), übergeben durch den Abgeordneten Hofmann aus Friedberg. (An den Verfassungs-Ausschuß.)

3. (6466) Gleiche Eingabe von Bürgern zu Leer, übergeben durch den Abgeordneten Groß. (An den Verfassungs-Ausschuß.)

4. (6467) Gleiche Eingabe von dem Bürgervereine in Cannstatt, übergeben durch den Abgeordneten Schott. (An den Verfassungs-Ausschuß.)

5. (6468) Gleiche Eingabe des Volksvereins zu Minden (Hannover). (An den Verfassungs-Ausschuß.)

[illegible] ([illegible]) Gleiche Eingabe von Bürgern zu Saalfeld (Sachsen-Meiningen). (An den Verfassungs-Ausschuß.)

7. (6470) Petition zu Gunsten der Wahl Oesterreichs zum Reichsoberhaupte von Deutschland, von Bürgern zu Drakenstein. (An den Verfassungs-Ausschuß.)

8. (6471) Gleiche Eingabe von den Bürgern zu Schwalldorf, übergeben durch den Abgeordneten Uhland. (An den Verfassungs-Ausschuß.)

9. (6472) Gleiche Eingabe der Stadt Rottweil, übergeben durch den Abgeordneten Rheinwald. (An den Verfassungs-Ausschuß.)

10. (6473) Gleiche Eingabe von Neufra, eingereicht durch denselben. (An den Verfassungs-Ausschuß.)

11. (6474) Gleiche Eingabe von Hausen ob Rottweil, eingereicht durch denselben. (An den Verfassungs-Ausschuß.)

12. (6475) Gleiche Eingabe von Wellendingen, eingereicht durch denselben. (An den Verfassungs-Ausschuß.)

13. (6476) Gleiche Eingabe von Ellwangen. (An den Verfassungs-Ausschuß.)

14. (6477) Neun gleiche Eingaben aus Beresfelden, Neuses, Igersheim, Harthausen, Wöffelstetten, Dembach, Mergentheim, Apfelbach und Stuppach, übergeben durch den Abgeordneten R. Mohl. (An den Verfassungs-Ausschuß.)

15. (6478) Gleiche Eingabe von Bürgern der Pfarrei Wersbach, übergeben vom Abgeordneten Huck. (An den Verfassungs-Ausschuß.)

16. (6479) Gleiche Eingabe von Pfahlheim, übergeben durch denselben. (An den Verfassungs-Ausschuß.)

17. (6480) Gleiche Eingabe der Kreisstadt Ellwangen, übergeben durch denselben. (An den Verfassungs-Ausschuß.)

18. (6481) Gleiche Eingabe von Dorfmerkingen, übergeben durch denselben. (An den Verfassungs-Ausschuß.)

19. (6482) Gleiche Eingabe der Oberamtsstadt Neresheim, übergeben durch denselben. (An den Verfassungs-Ausschuß.)

20. ([illegible]) Gleiche Eingabe von Großkuchen, übergeben durch denselben. (An den Verfassungs-Ausschuß.)

21. (6484) Gleiche Eingabe von Schrezheim, übergeben durch denselben. (An den Verfassungs-Ausschuß.)

22. (6485) Gleiche Eingabe von Röhlingen, übergeben durch denselben. (An den Verfassungs-Ausschuß.)

23. (6486) Gleiche Eingabe von Neuler, übergeben durch denselben. (An den Verfassungs-Ausschuß.)

24. (6487) Gleiche Eingabe von Bürgern der Gemeinden Trugenhofen, Ballmertshofen, Demingen, Dunstelkingen, Eglingen, Göffingen, Frickingen (Würtemberg), übergeben durch denselben. (An den Verfassungs-Ausschuß.)

25. (6488) Gleiche Eingabe von dem Volksvereine zu Dischingen, Neresheim-Ellwangen. (An den Verfassungs-Ausschuß.)

26. (6489) Gleiche Eingabe von Berg (Würtemberg). (An den Verfassungs-Ausschuß.)

[illegible] ([illegible]) Gleiche Eingabe von Immenried (Würtemberg). (An den Verfassungs-Ausschuß.)

[illegible] ([illegible]) Gleiche Eingabe von Diepoldsried (Würtemberg). (An den Verfassungs-Ausschuß.)

29. (6492) Gleiche Eingabe von Frommenhausen (Würtemberg), übergeben vom Abgeordneten Uhland. (An den Verfassungs-Ausschuß.)

30. (6493) Gleiche Eingabe der Bürger der Gemeinde Pfärrich-Amtzell. (An den Verfassungs-Ausschuß.)

31. (6494) Eingabe von 110 Bürgern zu Wangen im Allgäu (Würtemberg), die österreichische Frage betreffend. (An den Verfassungs-Ausschuß.)

32. (6495) Protest der Bürger zu Grünmettstetten (Würtemberg) gegen einen deutschen Kaiser aus dem preußischen Regentenhause, überreicht durch den Abgeordneten Eisenmann. (An den Verfassungs-Ausschuß.)

33. (6496) Eingabe des Bürgerwehr-Vereins zu Hildesheim, die Kaiserwahl und die Veröffentlichung der Reichsgesetze betreffend. (An den Verfassungs-Ausschuß.)

34. (6497) Eingabe des Vaterlandsvereins zu Langefeld bei Marienberg (Königreich Sachsen) gegen ein unverantwortliches, erbliches Reichsoberhaupt. (An den Verfassungs-Ausschuß.)

35. (6498) Eingabe des Stadtrathes und der Gemeindevertreter zu Zeulenroda, die Reichsoberhauptsfrage, sowie die gewünschte Abänderung des Reichswappens betreffend, überreicht von dem Abgeordneten Bonardy. (An den Verfassungs-Ausschuß.)

36. (6499) Protestation der Bürgerschaft zu Sontheim gegen eine Theilung Deutschlands durch den Ausschluß Oesterreichs aus dem deutschen Bundesstaat und gegen ein preußisches Kaiserthum. (An den Verfassungs-Ausschuß.)

37. (6500) Adresse von vielen Urwählern des siebzehnten österreichischen Wahlbezirks ob der Enns, den Wunsch ausdrückend, mit Deutschland in keine Sonder-, sondern bundesstaatliche Verbindung zu treten, übergeben durch den Abgeordneten Linnbacher. (An den Verfassungs-Ausschuß.)

38. (6501) Eingabe von Philipp Friedrich zu Frankfurt, die zu gründende Regierungsform Deutschlands betreffend. (An den Verfassungs-Ausschuß.)

39. (6502) Petition von Bürgern zu Berg gegen die Trennung Oesterreichs von Deutschland und für Uebertragung der deutschen Kaiserwürde an das österreichische Kaiserhaus. (An den Verfassungs-Ausschuß.)

40. (6503) Petition des deutschen Vaterlandsvereins zu Wurzen gegen ein erbliches Kaiserthum. (An den Verfassungs-Ausschuß.)

41. (6504) Gleiche Petition des Vaterlandsvereins zu Trebelshain. (An den Verfassungs-Ausschuß.)

42. (6505) Petition des Volksvereins zu Gmünd gegen einen Erbkaiser und für einen aus Urwahlen des deutschen Volkes hervorgegangenen Präsidenten, übergeben durch den Abgeordneten Tafel aus Stuttgart. (An den Verfassungs-Ausschuß.)

43. (6506) Eingabe des vaterländischen Vereins zu Lörrach, die Reichsoberhauptsfrage betreffend, übergeben durch den Abgeordneten Gottschalk. (An den Verfassungs-Ausschuß.)

44. (6507) Eingabe gleichen Betreffs von Bürgern zu Heilbronn. (An den Verfassungsausschuß.)

45. (6508) Eingabe des Arbeitervereins zu Celle, das Reichswahlgesetz betreffend. (An den Verfassungsausschuß.)

46 (6509) Zwölf Petitionen um Schutz der vaterländischen Arbeit von Oberfalkerm, Eßlingen, Niedersonnefeld, Basselstein, Gegendorf, Altwies, Niederbieber, Sommersdorf, Neuwied, Heddesdorf, Ochenberg, Ohlenfeld, Rosbach, Allendorf, Bielenbach rc., — eingesandt von dem allgemeinen deutschen Vereine zum Schutze der vaterländischen Arbeit zu Frankfurt a. M. (An den volkswirthschaftlichen Ausschuß.)

47. (6510) Petitionen gegen Gewerbefreiheit und für den von dem Handwerker- und Gewerbe-Congreß zu Frankfurt a. M. ausgearbeiteten, in einer Handwerkerversammlung zu Eßlingen revidirten Entwurf einer allgemeinen Gewerbeordnung von Plieningen, Tübingen, Eßlingen, Heilbronn, Kirchheim, Mergelstetten, Giengen, Heidenheim, Göppingen, Reutlingen und Backnang. (An den volkswirthschaftlichen Ausschuß.)

48. (6511) Petition der Gemeinde Gescher (Westphalen) gegen Einführung des Freihandels-Systems und für Einführung eines angemessenen Schutzzolles. (An den volkswirthschaftlichen Ausschuß.)

49. (6512) Protestation des Gewerbe- und Gesellen-Vereins zu Sondershausen gegen die Einführung der Gewerbefreiheit und des sogenannten Freihandelssystems, übergeben durch den Abgeordneten Hirschberg. (An den volkswirthschaftlichen Ausschuß.)

50. (6513) Petition des „Vereins mit Gott, für König und Vaterland" zu Schildesche, Kreises Bielefeld, um genügenden Zollschutz der dortigen Leinenfabrikation, übergeben durch den Abgeordneten Schreiber. (An den volkswirthschaftlichen Ausschuß.)

51. (6514) Petition von den Bürgern zu Bleicherode gegen den von den Freihändlern aufgestellten Zolltarif und für Einführung eines angemessenen Schutzzolles. (An den volkswirthschaftlichen Ausschuß.)

52. (6515) Petition der Gemeinden Sponk und Steffort (Baden), die Abänderung des Zolltarifs betreffend. (An den volkswirthschaftlichen Ausschuß.)

53. (6516) Broschüre „Einige Beobachtungen und Erfahrungen über die Quelle der zunehmenden Armuth bei den Landbewohnern" von Dr. C. F. Riecke, Regimentsarzt im königlich preußischen Cadetten-Corps zu Potsdam, übergeben durch den Abgeordneten Roßmäßler. (An den volkswirthschaftlichen Ausschuß.)

54. (6517) Petition der Gemeinde Arzheim, in der Pfalz, gegen Herabsetzung des Zolles auf ausländische Weine, übergeben durch den Abgeordneten Culmann. (An den volkswirthschaftlichen Ausschuß.)

55. (6518) Petition von Bürgern der Stadt Landau, in der Pfalz, um Aufrechthaltung des Zollschutzes gegen ausländische Natur- und Industrierzeugnisse, übergeben durch denselben. (An den volkswirthschaftlichen Ausschuß.)

56. (6519) Petition der Gemeinde Altenkirchen und Breitenbach, in der bayrischen Rheinpfalz, um Gewerbefreiheit, übergeben von dem Abgeordneten Gulden. (An den volkswirthschaftlichen Ausschuß.)

57. (6520) Petition um unbeschränkte Gewerbefreiheit von der Gemeinde Waldmohr in der bayerischen Rheinpfalz, übergeben durch den Abgeordneten Gulden. (An den volkswirthschaftlichen Ausschuß.)

58. (6521) Gleiche Petitionen von Wollmesheim, Knöringen, Impflingen, Essingen, Wilgartswiesen und Rumweiler, in der Pfalz, übergeben durch den Abgeordneten Culmann. (An den volkswirthschaftlichen Ausschuß.)

59. (6522) Gleiche Petition von Mutterstadt (bayrische Rheinpfalz), übergeben von dem Abgeordneten Spatz. (An den volkswirthschaftlichen Ausschuß.)

60. (6523) Gleiche Petition von Rheingönheim (bayr. Rheinpfalz), übergeben durch denselben. (An den volkswirthschaftlichen Ausschuß.)

61. (6524) Gleiche Petition des Arbeitervereins zu Speyer, übergeben durch den Abgeordneten Kolb. (An den volkswirthschaftlichen Ausschuß.)

62. (6525) Zwei Petitionen, um Schutz des vaterländischen Weinbaues und der Arbeit, übergeben durch den Abgeordneten Welcker. (An den volkswirthschaftlichen Ausschuß.)

63. (6526) Petitionen, um Schutz des vaterländischen Weinbaues von den Gemeinden Westum, Coisdorf und Pommern. (An den volkswirthschaftlichen Ausschuß.)

64. (6527) Petition, um Schutz der deutschen Arbeit von dem Handwerkervereine zu Hoerde (Westphalen). (An den volkswirtschaftlichen Ausschuß.)

65. (6528) Kritik der von der Kaufmannscompagnie zu Rostock eingereichten Petition, betreffend die Zoll- und Freihandels-Frage der nordischen Landestheile in Bezug zu dem übrigen Deutschland, von dem Kaufmann M. Liebmann zu Penzlin in Mecklenburg-Schwerin. (An den volkswirthschaftlichen Ausschuß.)

66. (6529) Petition aus dem Oberamte Backnang (Würtemberg), die gewerbliche Frage betreffend. (An den volkswirthschaftlichen Ausschuß.)

67. (6530) Petition vieler Fabrikanten zu Cronenberg, Kreises Elberfeld, betreffend die Zeichen an Eisen- und Stahlwaaren. (An den volkswirthschaftlichen Ausschuß.)

68. (6531) Bemerkungen über die Zeichen an Eisen- und Stahlwaaren von E. Langenberg, Lehrer zu Cronenberg, Kreises Elberfeld. (An den volkswirthschaftlichen Ausschuß.)

69. (6532) Petitionen gegen die Herabsetzung des Weinzolles aus den Gemeinden Aurich, Ensingen, Enzweihingen, Großglattbach, Hohenhaslach, Horrheim, Illingen, Kleinsachsenheim, Nußdorf, Oberriexingen, Rieth, Sersheim, Untermberg, Weissach — im Königreiche Würtemberg, — eingesandt von dem engeren Ausschusse des Congresses deutscher Landwirthe zu Frankfurt a. M. (An den volkswirthschaftlichen Ausschuß.)

70. (6533) Petition mehrerer Gewerke der Stadt Gmünd (Würtemberg) um Ertheilung einer Gewerbeordnung und um Bewilligung genügenden Zollschutzes. (An den volkswirthschaftlichen Ausschuß.)

71. (6534) Petition der Gemeinden Wehingen, Mahlstetten, Bubsheim und Böttingen (Würtemberg), die gewerbliche Frage betreffend, eingereicht durch den Abgeordneten Rheinwald. (An den volkswirthschaftlichen Ausschuß.)

72. (6535) Gleiche Petition von Spaichingen und Aldingen, eingereicht durch denselben. (An den volkswirthschaftlichen Ausschuß.)

73. (6536) Acht Petitionen, den Schutz der nationalen Arbeit betreffend, aus Bärbach, Klingenbach, Weidenstadt, Wiesenbach, Unterkochen, Duisbach, Stachelbach, Erbach, Nievern, Camberg, Ems, Dornholzhausen, Oberschledern, Waldbreitbach, Hochscheid, Ansbach, Obernfeldern, Hornhausen, Ahlbach ꝛc., eingesandt von dem Ausschusse des allgemeinen deutschen Vereins zum Schutze der vaterländischen Arbeit zu Frankfurt a. M. (An den volkswirthschaftlichen Ausschuß.)

74. (6537) Dank- und Vertrauensadresse an die Nationalversammlung von dem Lehrervereine zu Wetter (Kurhessen). (An den Prioritäts- und Petitions-Ausschuß.)

75. (6538) Eingabe deutscher, ehemals reichsständiger Familien, d. d. München den 18 Januar 1849, einzelne in die Grundrechte des deutschen Volkes aufgenommene Beschlüsse betreffend. (An den Prioritäts- und Petitions-Ausschuß.)

76. (6539) Adresse aus Anhalt-Dessau und Cöthen, betreffend die Vereinigung der drei Anhalt'schen Herzogthümer, übergeben durch den Abgeordneten Cramer. (An den Prioritäts- und Petitions-Ausschuß.)

77. (6540) Petition der Gemeinde Sunthausen um Aufhebung der Conscription in Baden. (An den Prioritäts- und Petitions-Ausschuß.)

78. (6541) Gleiche Petition der Gemeinde Ippingen (Baden). (An den Prioritäts- und Petitions-Ausschuß.)

79. (6542) Petition der Gemeinde Sunthausen, die Abschaffung der Feudallasten betreffend. (An den Prioritäts- und Petitions-Ausschuß.)

80. (6543) Gleiche Petition der Gemeinde Ippingen. (An den Prioritäts- und Petitions-Ausschuß.)

81. (6544) Petition des Joachim Rasch zu Penzlin, Justizverweigerung betreffend. (An den Prioritäts- und Petitions-Ausschuß.)

82. (6545) Petition mehrerer Gutsbesitzer zu Posen um Verbindung der Güter Ptawie, Babin, Zabikowo, Ptaczki, Sniecisko, Trzeszki und Chwałkowo mit dem deutschen Antheile. (An den Ausschuß für internationale Angelegenheiten.)

Die Redactions-Commission und in deren Auftrag Abgeordneter Professor Wigard.

Druck von Joh. David Sauerländer in Frankfurt a. M.

Stenographischer Bericht

über die

Verhandlungen der deutschen constituirenden National-Versammlung zu Frankfurt a. M.

Nro. 163. Sonnabend den 3. Februar 1849. VII. 8.

Hundert zwei und sechszigste Sitzung.

(Sitzungslocal: Paulskirche.)

Donnerstag den 1. Februar 1849. (Vormittags 9 Uhr.)

Vorsitzender: theils Eduard Simson; theils Vicepräsident Kirchgeßner.

Inhalt: Verlesung des Protocolls. — Austrittsanzeige des Abgeordneten Stöcker. — Vertheilung von eingetretenen Abgeordneten in die Abtheilungen. — Vorschlag zur Ergänzungswahl in den volkswirthschaftlichen Ausschuß. — Berichtigung der namentlichen Abstimmung bei der Frage über das Reichsoberhaupt. — Dringlicher Antrag des Abgeordneten Pfeiffer, die Ausnahmszustände in der Stadt Berlin und deren nächsten Umgebung betreffend. — Fortsetzung der Berathung des vom Verfassungs-Ausschusse vorgelegten Entwurfs: „Gewähr der Reichsverfassung," und zwar über §§ 6, 7 und 7 a.

Präsident: Die Sitzung ist eröffnet; ich ersuche den Herrn Schriftführer das Protocoll der letzten Sitzung zu verlesen. (Schriftführer v. Maltzahn verliest dasselbe.) Ich frage, ob Reclamation gegen das Protocoll ist? (Es meldet sich Niemand.) Es ist keine Reclamation; das Protocoll ist genehmigt. — Herr Moritz Stöcker von Langenfeld, Abgeordneter des Wahlbezirks Erlangen, hat jetzt seinen Austritt aus der Nationalversammlung angezeigt. Ich habe schon neulich deßhalb eine vorläufige Notiz an die Versammlung gelangen lassen. Es wird nun Herr Lammers die durch den Austritt des Herrn Stöcker leer gewordene Stelle in der Versammlung einnehmen können. — Die seit dem 25. v. M. neu eingetretenen Abgeordneten habe ich nach dem Bedürfniß der Abtheilungen folgendergestalt in dieselben eingereiht: Herrn Clar von Gumpendorf, Stellvertreter für Herrn Carajan, und Herrn Mertel von Kronach (Bayern), Stellvertreter für Herrn Behr von Bamberg in die dritte; Herrn v. Kaiserfeld von Birkfeld (Steyermark), Stellvertreter für Herrn Potpeschnigg von Graz und Herrn Riehl von Graz, Stellvertreter für Herrn Wolf von St. Georgen in die zehnte; Herrn Pfeuffer von Landshut, Stellvertreter für Herrn v. Zenetti von Landshut, in die dreizehnte Abtheilung. Ich fordere die gedachten fünf Herren auf, in Zukunft an den Arbeiten der betreffenden Abtheilungen Theil zu nehmen. — Der Vorsitzende des volkswirthschaftlichen Ausschusses zeigt an, daß an die Stelle des Abgeordneten Stolle von Holzminden, welcher sein Mandat niedergelegt hat, und Mitglied des volkswirthschaftlichen Ausschusses gewesen ist, die Abgeordneten Christ von Bruchsal, v. Jetzog von Regensburg und Overweg von Haus Ruhr durch absolute Majorität vom Ausschusse als Candidaten für die Neuwahl präsentirt werden. Ich lasse diese Liste drucken, und setze die Wahl auf die nächste Tagesordnung. — Sie erinnern sich, meine Herren, — darf ich nicht wiederholentlich bitten, Ihre Plätze einzunehmen? — Sie erinnern sich, daß bei der Abstimmung vom 19. Januar über den von dem Verfassungs-Ausschuß vorgelegten Entwurf: „Die Würde des Reichsoberhauptes wird einem der regierenden deutschen Fürsten übertragen," das Resultat dieser Abstimmung vom Vorsitzenden dahin verkündigt wurde, der Antrag des Ausschusses sei mit 258 gegen 211 Stimmen angenommen worden. So ist es auch in den stenographischen Berichten gedruckt. In der Sitzung vom Montag, den 22. Januar, reclamirte Herr Arndts von München gegen dieses Resultat der Abstimmung, als gegen ein unrichtiges. Seine dießfällige Reclamation findet sich ebenfalls gedruckt in den stenographischen Berichten. Es schloß mit der Behauptung, das Verhältniß der Stimmen sei nicht 258 gegen 211, sondern 253 gegen 214 gewesen. Diese Differenz ist von uns zum Gegenstande näherer Untersuchung gemacht worden, nachdem ein Theil der vorgekommenen Fehler am Schluß des stenographischen Berichts Nr. 160. über die Sitzung vom Freitag den 20. Januar bereits seine Correctur gefunden hatte. Das Resultat dieser Ermittelung, mit dem Herrn Arndts selbst vollkommen einverstanden ist, geht nun dahin, daß es bei der Zahl der Majorität — 258 bleibt, und daß nur die Minorität statt auf 211, auf 212 angegeben werden muß. (Stimmen: Hört!) Ich muß, meine Herren, nicht zur Rechtfertigung für mich, der ich ja nichts zu thun habe, als die mir von den Herren Schriftführern übergebenen Resultate zu verkündigen, als vielmehr zur Rechtfertigung der Herren Schriftführer Riehl und v. Maltzahn, die bei der in Rede stehenden Abstimmung in Function waren, Ihnen das mit einigen Worten näher mittheilen. Die

Herren Buß und Strehleur stehen bei der in Rede stehenden Abstimmung unter Ja und Nein, in der Liste des Stimmführers stehen sie richtig Boyse mit Nein; die Herren Heide und v. Ketteler stehen unter Ja aufgeführt, während sie abwesend, [illegible] Fehler in den Listen die Herren Heimbrod und Kerst, welche Beide mit Ja gestimmt haben. Der Fehler ist hier wieder nur in den gedruckten Listen; er entstand dadurch, daß das zu den zwei Namen Heide und v. Ketteler von den Herren Schriftführern gemachte Zeichen, deren Namen unmittelbar in der Liste auf die beiden erstgenannten folgen, auf die Namen Heimbrod und Kerst bezogen wurde. Dann folgen die Herren Gebhardt, Geigel und v. Gersdorf, von denen Herr Geigel mit Ja gestimmt hat, die Herren Gebhardt und v. Gersdorf mit Ja. Zwei Ja und ein Nein sind auch wirklich in der Originalliste aufgeführt; nur sind die Zeichen auch hier um eine Zeile verrückt, also das Abstimmungsresultat auch dadurch nicht alterirt. Endlich hat Herr Quante mit Nein, und Herr v. Quintus mit Ja gestimmt. Dieses Eine Nein ist das irrthümlich weggelassene, von dem ich bereits gesprochen habe; so daß also das wirkliche Resultat nicht eine Majorität von 259 gegen 211, sondern eine Majorität von 258 gegen 212 ist. — Es ist mir, meine Herren, eben ein dringlicher Antrag des Herrn Pfeiffer von Neumark, die Ausnahmszustände der Stadt Berlin und deren nächster Umgegend betreffend, übergeben worden; ich verlese den Antrag, und bitte die Herren, ihre Plätze einzunehmen. Er lautet:

„In Erwägung:

1) daß die seit längerer Zeit in Berlin herrschenden Ausnahmszustände, soweit sie die Freiheit der Person, die Preßfreiheit, das Versammlungs- und Vereinsrecht beschränken, mit den §§ 8, 10, 11, 12, 13, 29, 30, 42 der seit dem 16. Januar in Preußen geltenden Grundrechte des deutschen Volks in Widerspruch stehen;

2) in fernerer Erwägung: daß die Centralgewalt berechtigt und verpflichtet ist, das ganze deutsche Volk in dem Genusse der durch die Grundrechte gewährten Freiheiten zu schützen, außerdem aber dem preußischen Volk von der hohen Versammlung ausdrücklich der Schutz seiner Freiheiten und Rechte gegen jeden Versuch einer Beeinträchtigung durch Beschluß vom 20. November verheißen wurde,

beschließt die Nationalversammlung:

Die provisorische Centralgewalt wird ersucht, bei der königlich preußischen Regierung auf die schleunige Aufhebung der in Berlin und Umgebung bestehenden Ausnahmszustände, soweit diese den Grundrechten des deutschen Volkes widersprechen, hinzuwirken."

Ich habe zuvörderst zu fragen, ob die Versammlung die Dringlichkeit des eben verlesenen Antrags erkennen, und Herrn Pfeiffer das Wort zur Motivirung desselben verstatten will? Diejenigen Herren, welche Herrn Pfeiffer das Wort zur Motivirung der Dringlichkeit des vorliegenden Antrags verstatten, und den Antrag somit als dringlich erkennen wollen, ersuche ich, sich zu erheben. (Mitglieder auf der Linken und dem linken Centrum erheben sich.) Ich kann Herrn Pfeiffer das Wort zur Motivirung seines Antrags nicht geben; derselbe geht also zur gewöhnlichen geschäftlichen Berichterstattung an den betreffenden Ausschuß. — Wir gehen, meine Herren, zur Tagesordnung über, zur Fortsetzung der Berathung des vom Verfassungs-Ausschusse vorgelegten Entwurfs: „die Gewähr der Reichsverfassung," und [illegible] §§ 6, 7 [illegible]. Ich habe zuvörderst eine Erklärung des Abgeordneten Rämer über seine Abstimmung zu § 5 zu verlesen, so lautend:

„Indem ich dem Minoritäts-Erachten auf Weglassung des ganzen Paragraphen zustimme, geschieht dieß nicht deßhalb, weil ich mit dem Inhalte des Paragraphen nicht einverstanden bin, sondern deßhalb, weil ich glaube, daß der Paragraph keinen nothwendigen Theil einer Gewähr der Reichsverfassung bildet.

Dem sogenannten Verbesserungs-Antrage von Schwarzenberg und Genossen kann ich meine Zustimmung deßhalb nicht ertheilen, weil derselbe mit dem von der deutschen National-Versammlung aufgestellten Grundsatze der National-Souveränität in Conflict gerathen kann, und weil er der Entwickelung einer festen Einheit Deutschland's entgegentritt."

Vorstehender Erklärung ist Herr Haßler schriftlich beigetreten. — Zu § 6, meine Herren, der uns zunächst beschäftigen wird, ist eben folgender Verbesserungs-Antrag des Abgeordneten v. Dieskau und etwa 20 Anderer überreicht worden:

„Abänderungen und Verbesserungen der Reichsverfassung können von jedem Mitgliede des Reichstags beantragt werden. Sie erfolgen durch einen Beschluß beider Häuser, welche zu diesem Behufe zu einer constituirenden Versammlung zusammentreten.

Die von wenigstens der Hälfte der gesetzlichen Anzahl der Mitglieder dieser Versammlung beschlossenen Abänderungen und Verbesserungen gelten als Theile der Verfassung."

Unterstützt von: A. Röhl von Hanau; Wächter; Kuenzer; Franz Stark; Zimmermann von Stuttgart; Reichard von Speyer; R. Titus; Tafel von Zweibrücken; Martiny; Hellerbergk; F. A. Roßmäßler; Hagen; Fröbel; Wiesner; Mammen; Haßbauer; Scharre; Fehrenbach; Kollaczek; Würth von Sigmaringen.

Zum § 7 sind ebenfalls zwei neue Verbesserungs-Anträge eingegangen, die ich aber erst verlesen will, wenn wir zu § 7 gelangen. Die zu § 6 eingeschriebenen Redner habe ich neulich bereits verlesen. Gegen hatten die Herren Mölling, Schüler und Hagen, für denselben die Herren Plathner und v. Vincke das Wort verlangt. — Ich habe zu fragen, ob die Versammlung überhaupt auf eine Discussion über den § 6 eintreten will; ich werde darüber abstimmen lassen. Diejenigen Herren, die auf die Discussion über den § 6 des vorliegenden Entwurfs nicht verzichten wollen, ersuche ich, sich zu erheben. (Mitglieder auf allen Seiten erheben sich.) Die Discussion ist zugelassen. Herr Mölling hat das Wort.

Mölling von Jever: Meine Herren! Gewiß ist es Manchem von Ihnen beim Lesen dieses Paragraphen ergangen, wie mir. Gewiß hat wohl Mancher von Ihnen sich staunend gefragt, wie ist es möglich, daß das unbedingte Veto, das ein Beschluß, den diese Versammlung eben erst verworfen hat, von Neuem ins Leben zurückgerufen wird? Daß es gerade da wieder hergestellt werden soll, wo es am Bedenklichsten und am Gefährlichsten erscheint? Ich will nicht wiederholen, was in der früheren Verhandlung dafür und dawider zur Genüge gesagt ist, nicht, daß mir das Veto mit der Volks-Souveränität, wie sie der Geist unserer Zeit verlangt, in einem unvereinbaren Widerspruch zu stehen scheint; ich möchte nur fragen, wie ist es gekommen, daß die Völker der deutschen Staaten auf das Recht und auf die Freiheit so lange haben verzichten müssen, die sie nach dem Stande ihrer Bildung und Cultur zu fordern schon längst berechtigt waren? — Weil das Veto ihrer Fürsten ihnen entgegenstand. Wie ist es gekomnen, daß sie bisher mit ihren alten, abgenutzten und baufälligen Verfassungen sich haben begnügen müssen, daß sie erst im Wege der Revolution sich neue und zeitgemäßere haben erkämpfen müssen? — Weil sie dazu durch das Veto ihrer Fürsten gezwungen wurden. Daß die Zeit Aenderungen der Verfassung nothwendig machen wird, bedarf keiner Begründung. Daß diese Aenderungen auf Erweiterung der Macht des Volks, mithin auf die Beschränkung der Macht des Oberhauptes gerichtet sein werden, ist wahrscheinlich. Daß eine Zeit kommen werde, in welcher die Völker lieber durch ihres Gleichen sich regieren lassen wollen, als durch fürstliche und erbliche Oberhäupter, das liegt wenigstens im Reich der Möglichkeit. Und daß in allen diesen Fällen das Oberhaupt am Meisten geneigt sein werde, von dem Veto Gebrauch zu machen, ist durch die menschliche Natur begründet. Meine Herren! Was ist aber da das Veto Anderes, als der Machtspruch einer Partei im eigenen Interesse? Wenn wir es in den Fällen verworfen haben, wo kein nahes, wenigstens kein unmittelbares Interesse des Oberhaupts betheiligt war, wie läßt es sich rechtfertigen, daß wir es ihm da verleihen, wo das Oberhaupt gewissermaßen Richter in eigener Sache ist, wo es dadurch die Macht erhält, jedem Fortschritt der Verfassung einen Riegel vorzuschieben? Wir Alle, gewiß mit wenigen Ausnahmen, sind einig, daß der Wille des Volks mehr gilt, als der Wille des Oberhauptes. Viele von uns glauben aber, daß der Wille des Oberhauptes sichtbar und äußerlich die letzte Entscheidung haben müsse, weil es sonst kein Oberhaupt sei, weil es sonst in den Augen der Welt und des Volks schwach und machtlos erscheine. Sie meinen, daß der Wille des Volks durch das freie Vereinsrecht, durch die freie Presse, durch die öffentliche Meinung, durch alle unsere freien Institutionen siegen werde und müsse. Meine Herren! Wenn das wahr ist, wenn wir also im Princip einig sind, ist es da nicht eine Unwahrheit, daß wir das Gegentheil davon gesetzlich feststellen? Ist es nicht unserer aufgeklärten Zeit, die überall nach Wahrheit ringt, würdiger, daß wir das wahre Recht auch zum wahren Gesetz erheben? Der Entwurf sagt, daß zu einer Aenderung in der Reichsverfassung der Beschluß beider Häuser erforderlich sei, daß von sämmtlichen Mitgliedern wenigstens zwei Drittel anwesend sein, und daß von den Anwesenden eine Majorität von wenigstens zwei Drittel den Beschluß fassen, daß zwei Abstimmungen geschehen, und daß zwischen beiden Abstimmungen ein Zwischenraum von wenigstens acht Tagen liegen müsse. Meine Herren! Wenn solchergestalt ein Beschluß gefaßt ist, wenn das Reichsoberhaupt den Beschluß mit seinen Einwendungen an die Häuser zurück gelangen läßt, wenn beider Häuser Einwendens ungeachtet auf dem ersten Reichstage, dann auf dem zweiten und endlich auf dem dritten auf diesem Beschlusse beharren, ist da eine Uebereilung oder eine Ueberstürzung auch nur möglich?! Hat nicht die Presse Raum und Zeit zu der umfangreichsten Beleuchtung, das Urtheil zu der besonnensten Prüfung, die öffentliche Meinung sich zu bilden und festzustellen? Wahrlich, da ist das Nachgeben des Oberhauptes keine Schwäche, keine Ohnmacht, sondern da ist das Nachgeben, wie ein berühmter Staatsmann sagt, nur das Unterwerfen des schlechteren Willens unter den besseren Willen. Das unbedingte Veto, das den Beschluß vernichtet, vielleicht durch Eigennutz, durch Herrschaft und Persönlichkeit dictirt, wird den Drang wecken, das Veto selbst zu vernichten. Es wird die Saat zu neuen Kämpfen ausstreuen. Das aufschiebende Veto ist dagegen die Brücke, die zur Verständigung führt, die einerseits vor Uebereilung und vor Ueberstürzung bewahrt, und andererseits das wirkliche Recht in gesetzliche Formen und Begriffe kleidet. Es leitet die Souveränität des Volkes in ihre naturgemäßen Schranken. Die deutschen Ständekammern, wo sie constituirend waren, haben fast überall das unbedingte Veto verworfen. Die öffentliche Meinung erklärt sich entschieden dagegen. Diejenigen, die es aus den Trümmern des Absolutismus wieder aufbauen, erheben dadurch das Recht der Revolution zum Gesetz. Denn der Wille des Volks, der ohne das Veto sich sein Recht in Ruhe und Ordnung verschafft, wird nun gezwungen, wider dieß naturwidrige Bollwerk zu stürmen, und seien Sie versichert, er wird dagegen Sturm laufen, bis es zertrümmert zu seinen Füßen liegt. Eine gute und vernünftige Verfassung wird gegen solche Fälle eine gesetzliche Vorsorge treffen. Sie wird dem Strome der Volksbewegung die Kanäle graben, in denen er, ruhig fließend, den Völkern gestattet, in natur- und zeitgemäßer Fortentwickelung sich die Formen und Verhältnisse ihrer Verfassungen zu bilden und festzustellen, wie sie der Zeit und ihren Bedürfnissen entsprechen. Das unbedingte Veto ist der Damm, der diesen ruhigen Fluß hemmt und aufhält. Meine Herren! Geben Sie dem Kaiser, was des Kaisers ist, geben Sie aber auch dem Volke, was des Volkes ist. Es hat Ihnen seine Souveränität anvertraut. Sie sind ihm die Zurückerstattung schuldig. Verkümmern, vernichten Sie ihm dieselbe nicht durch das unbedingte Veto des Reichsoberhauptes. Geben Sie dem Volke die Souveränität zurück, nicht scheinbar, nicht verkürzt, sondern wahr und ganz; denn nur dadurch lösen Sie ihr Wort und Ihre Verpflichtung.

Plathner von Halberstadt: Meine Herren! Ich theile nicht das Staunen, mit welchem der Redner vor mir die Tribüne bestiegen hat, ich bin im Gegentheil der Ansicht, nachdem Sie am 14. December beschlossen haben, daß bei den Erlassen von Reichsgesetzen das Reichsoberhaupt nur ein Suspensiv-Veto habe, daß gerade wegen dieses Beschlusses es eine unbedingte Nothwendigkeit sei, daß Sie heute beschließen, eine Abänderung der Verfassung darf nur mit Zustimmung des Reichsoberhauptes erfolgen, und ich glaube, daß ich eher eine Veranlassung habe, mich nach einer andern Seite hin zu verwundern. Als nämlich der Abgeordnete für Hagen von der Erblichkeit der Kaiserwürde sprach, versuchte er dieselbe auch dieser Seite des Hauses annehmbar zu machen. Er meinte dabei, Sie können darauf eingehen, denn nach Beschluß vom 14. December braucht der Reichstag nur dreimal zu beschließen, es solle Republik sein, und dann werde Republik werden. Ich sage, ich habe mich über diesen Ausspruch gewundert, denn ich bin überzeugt, daß in diesem Hause Niemand besser weiß, als gerade der Abgeordnete für Hagen, daß ein unendlicher Unterschied ist zwischen dem Erlaß eines Reichsgesetzes und einer Abänderung der Verfassung, und ich glaube, daß er heute noch diesen Unterschied gründlich und überzeugend auseinander setzen wird. — Ich will mich darauf beschränken, nachzuweisen, warum eine Aenderung der Verfassung nur mit Zustimmung des Reichsoberhauptes erfolgen darf. Ich kann mir sehr gut vorstellen, daß es Einem zweifelhaft erscheinen kann, ob für eine constitutionelle Monarchie ein absolutes Veto bei dem Erlasse von Reichsgesetzen nothwendig ist, oder ob der Begriff einer constitutionellen Monarchie noch gewahrt ist, wenn man dem Reichsoberhaupte nur ein Suspensiv-Veto einräumt. Ich für meine Person glaube allerdings, daß auch dann noch eine constitutionelle Monarchie vorhanden ist, und ich beziehe mich darauf, daß in Norwegen nur ein Suspensiv-Veto besteht, und Norwegen selbst sich doch für eine constitutionelle Monarchie hält. Es ist mir noch viel erklärlicher, wenn es sich um Schaffung einer neuen Gewalt handelt, wo der Ge-

Gesichtspunkt nicht in Betracht kommt, daß eine bestehende Gewalt schon ein absolutes Veto hat, daß in einem solchen Falle die Frage zur Sprache kommen kann und muß, ob diesem Oberhaupte ein absolutes oder Suspensiv-Veto beigelegt werden soll. Ich bin ferner der Ansicht, daß ein sehr großer Unterschied ist zwischen einem Oberhaupte in einer gewöhnlichen constitutionellen Monarchie, und zwischen einem Oberhaupte im Bundesstaate; denn dem constitutionellen Monarchen in einer gewöhnlichen constitutionellen Monarchie steht nur gegenüber die Vertretung des Volkes, im Bundesstaate aber steht außer der Vertretung des Volkes noch die Vertretung sämmtlicher Einzelnstaaten ihm gegenüber, und ich glaube, daß die hohe Versammlung gerade von diesem Gesichtspunkte aus geleitet wurde, als sie beschloß, es solle bei Erlaß von Reichs-Gesetzen dem Reichsoberhaupte nur ein Suspensiv-Veto beigelegt werden. Weniger begreiflich ist mir aber, wie man behaupten kann, man wolle eine constitutionelle Staatsform schaffen, wenn man bei Abänderung der Verfassung dem Reichs-Oberhaupte nur ein Suspensiv-Veto beilegt. Meine Herren! Wenn Sie die Vorschrift, wie sie das Minoritäts-Erachten vorschlägt, annehmen, so schaffen Sie nach meiner Ueberzeugung eine Republik mit einem constitutionell-monarchischen Mantel, denn, dann ist nicht bloß die Wirksamkeit des Reichs-Oberhauptes im einzelnen Falle abhängig gemacht von anderen Gewalten, sondern die ganze Existenz des Reichsoberhauptes hängt ab von der Willkür zweier anderen Gewalten. — In einem Punkte, glaube ich, wird das ganze Haus einig sein, nämlich darin, daß eine Verfassungs-Abänderung nur unter bedeutend schwerern Formen erfolgen dürfe, als der Erlaß eines Reichsgesetzes. Selbst das Minoritäts-Erachten hat die Nr. 1, 2 und 3 des Majoritäts-Erachtens aufgenommen, und nur bezüglich des Reichsoberhauptes will es demselben nur dieselbe Gewalt geben, welche ihm von der Versammlung für den Erlaß von Gesetzen eingeräumt worden ist. Ich erlaube mir hervorzuheben, daß dieß eine Neuerung wäre, wie sie bisher noch nicht in der Welt bestanden hat. Ueberall, wo ein constitutionelles Oberhaupt ist, ist die Abänderung der Verfassung unbedingt an seine Zustimmung gebunden. Man ist in den meisten Verfassungen noch weiter gegangen, man hat principielle Abänderungen der Regierungsform in vielen Verfassungen gänzlich untersagt. So haben Sie in Nord-Amerika ausdrücklich die republikanische Staatsform garantirt, und nur Modificationen und Zusätze sind überhaupt verfassungsmäßig zulässig. In Belgien muß die Zustimmung des Königs zu jeder Veränderung der Verfassung hinzutreten, und in Norwegen, welches so häufig als Muster angeführt wird, weil der König nur ein Suspensiv-Veto hat, ist die erbliche Monarchie ganz bestimmt garantirt, denn trotz dem, daß es heißt, der König hat nur ein Suspensiv-Veto, ist außerdem bestimmt: „Doch muß eine Aenderung der Verfassung niemals den Principien dieses Grundgesetzes widerstreiten, sondern nur Modificationen betreffen, die den Geist dieser Verfassung nicht ändern.“ Es kann also kein Zweifel sein, daß Norwegen, welches doch so oft als Beispiel angeführt wird, eine weitergehende Bestimmung enthält, als der Majoritäts-Vorschlag, denn in Norwegen ist geradezu untersagt, die constitutionell-monarchische Verfassung zu ändern; bei uns aber wird vorgeschlagen, mit Zustimmung aller Gewalten kann die Verfassung geändert werden . . .

Vogt (vom Platze): Haben wir denn schon diese Verfassungsform?

Plathner: Es wird gesagt, wir haben sie nicht; gut, wir haben die Verfassung noch nicht, aber unzweideutig ausgesprochen haben wir durch viele Beschlüsse, daß wir sie haben wollen, und ich denke, daß wir sie auch haben werden. Ich will nun näher eingehen auf die Gründe, welche man anführt gegen das unbedingte Veto bei Abänderung der Verfassung. Zunächst glaube ich, ist wohl Jedermann einig, daß die Unwandelbarkeit der Verfassung die erste Bedingung jeder gedeihlichen Entwickelung des staatlichen Lebens ist, denn wenn die Verfassung nicht fest ist, wird man immer an der Verfassung rütteln, nicht aber an eine organische Weiterbildung derselben denken; das ist aber gerade Das, was uns am Nothwendigsten ist. Wir haben noch Vieles zu thun. Wenn wir auch die Grundrechte publicirten, und eine Verfassung machen, so ist doch noch das Wenigste gethan, wir haben damit nur den Grund gelegt, und von diesem Grunde aus sollen wir erst alle Gestaltungen des Lebens organisiren, denn diese sind noch in gar vielen Beziehungen unvollendet. Man sagt freilich, eine solche Bestimmung, wie sie im Minoritäts-Erachten enthalten ist, liege im Interesse der ruhigen Entfaltung der staatlichen Zustände. Ich bin aber der entgegengesetzten Ansicht, ich glaube, eine solche Bestimmung liegt im Interesse der Anarchie und des Particularismus, denn es liegt in der Natur der Dinge, daß eine starke einheitliche Macht an der Spitze allen diesen Sonderbestrebungen des Individuums und des Einzelstaaten verhaßt ist; es liegt in der Natur der Dinge, daß diese Mächte dagegen anstreben, und wenn wir in die Verfassung einen Paragraphen hineinschreiben: „unter den Bedingungen könnt ihr durch euren Beschluß das Reichsoberhaupt los werden,“ so ist es natürlich, daß diese Mächte in beständiger Wirksamkeit bleiben, und beständig dahin streben werden, das Oberhaupt zu beseitigen. Und nun wollen wir doch Alle an der Spitze des Bundesstaates eine starke Macht und zwar insbesondere stark dem Auslande gegenüber; wie aber bei dieser beständigen fieberhaften Aufregung eine Kraft nach Außen möglich wäre, ist mir wenigstens nicht begreiflich. Dann meint man, man wolle durch derartige Bestimmungen für die Zukunft Revolutionen verhindern. Diese Furcht vor Revolutionen, die uns so häufig vorgehalten wird, ich kann sie in der That nicht recht begreifen. Die Revolutionen werden immer kommen, und nur dann kommen, wenn vorher eine tiefe Zerrüttung socialer Zustände vorhanden war; aber am Wenigsten werden Sie Revolutionen dadurch verhindern, daß Sie einen einzelnen Paragraphen in die Verfassung aufnehmen. Auch scheint es mir sehr unpraktisch, immer an die Revolution zu denken, die möglicherweise in Zukunft kommen könnte. Es scheint mir denn doch praktischer, wenn wir uns bestreben, aus dem revolutionären Zustand, in dem wir sind, heraus zu kommen, und das wird geschehen, wenn wir eine feste, unwandelbare Verfassung schaffen, die nicht schon den Keim der Zerstörung in sich trägt. Und wenn wir aufrichtig sein wollen, was ist der ganze Sinn des Minoritäts-Erachtens? Man will damit eine Brücke zur Republik bauen, damit man gelegentlich einmal ohne Unbequemlichkeit aus der constitutionellen Monarchie in die Republik hinüberwandern könne . . .

Esfenstuck (vom Platze): Sehr wahr! Wir wollen keine Barricaden, sondern eine friedliche Brücke. (Mehrere von der linken Seite: Ja wohl!)

Plathner: Ich sehe aus Ihrer Zustimmung, daß ich Ihren Sinn getroffen habe, bin aber der Ansicht, wir überlassen der Zukunft, sich die Republik zu verschaffen, wenn sie dieselbe will, und warten ab, ob die Zukunft Republik will. Will die Zukunft die Republik, dann wird sie sich dieselbe wohl zu schaffen wissen; aber daß wir, die wir keine Republik wollen, sondern eine constitutionell-monarchische Staatsform, daß wir der Republik Concessionen machen sollen, dafür sehr schlagenden Grund, die Minorität wird durch die Majorität abgestimmt; aber nun zu verlangen, wir sollten sie in dieser Weise unterstützen, ist ein Bischen auffällig. Und wenn Sie noch immer der Ansicht sind, daß man in Deutschland eine Vorliebe für die republikanische Staatsform habe, so haben wir in neuester Zeit in Deutschland ein Beispiel, welches eine solche Ansicht gründlich widerlegt. Es ist in Preußen der Fall vorgekommen, daß die Landesvertreter durch Militärgewalt von Ort zu Ort gescheucht worden sind. Meine Herren! Das war natürlich, daß das preußische Volk unendlich Partei nahm für seine Vertreter. Meine Herren! Dieser Enthusiasmus für die preußische Nationalversammlung, wissen Sie, wie lange er gedauert hat? Mit dem Momente hat er aufgehört, wo das preußische Volk zu dem Glauben kam, seine Vertreter wollten die Republik. (Unterbrechung und Widerspruch auf der Linken.) Sie wenden ein, er hätte bis jetzt gedauert, das ist eine unrichtige Auffassung der Sachverhältnisse. Er war mit dem Momente verschwunden, und wenn er wieder gekommen ist, so haben dieses die späteren Maßregeln veranlaßt. — Ich will Ihnen endlich noch zwei sehr praktische Gründe anführen, welche meiner Ansicht nach zu der Ueberzeugung führen müssen, daß wir nur für das Minoritäts-Erachten stimmen können. Wir wollen eine starke, kräftige Gewalt an der Spitze schaffen, und doch wird uns vorgeschlagen, wir sollen nicht bloß die Wirksamkeit der Gewalt für einzelne Fälle beschränken, sondern die ganze Existenz dieser Gewalt in die Hände einer anderen übergeben. Wissen Sie die Folge davon? Weil diese Gewalt nicht verfassungsmäßig garantirt ist, wird sie sich ihre Existenz thatsächlich sichern, und ich fürchte, wir werden nicht die Brücke zur Republik, sondern zum Despotismus und zur Militärherrschaft bauen. Der letzte Grund ist dieser: der wahre Sinn des Minoritäts-Erachtens besteht darin, daß wir einen Fürsten auf Kündigung annehmen, denn es brauchen nur die beiden Häuser dreimal zu beschließen, es soll kein Fürst mehr sein, wir wollen Republik haben, so ist der Kündigungsbeschluß fertig. (Eine Stimme auf der Linken: Ja, das versteht sich.)

Präsident: Ich bitte um Ruhe!

Plathner: Ich frage Sie, meine Herren, glauben Sie wirklich, daß ein regierender deutscher Fürst die Kaiser-Würde auf Kündigung annehmen würde, wie Herr Vogt neulich spöttisch gesagt hat? (Eine Stimme auf der Linken: Er soll es auch nicht!) Ich will nur folgern, daß diejenigen Herren, welche dafür gestimmt haben, daß die Kaiserwürde einem Fürsten übertragen werden soll, unbedingt gegen das Minoritäts-Erachten stimmen müssen. (Beifall auf der Rechten und im Centrum.)

Präsident: Herr Schüler und Hagen, welche gegen den Paragraphen eingeschrieben waren, haben auf das Wort verzichtet; es ist nun Herr v. Vincke an der Reihe.

v. Vincke von Hagen: Ich habe umsomehr auf dem Worte beharren müssen, als es sich für unsere Ansicht nicht allein um das absolute Veto, sondern außerdem um ein [illegible] Amendement handelt. Ich glaube, wenn es das Wichtigste gilt, die Erhaltung unserer Verfassung, welche Dauer haben soll für Jahrhunderte, so müssen wir auch alle Abänderungen dieser Verfassung möglichst erschweren. Wir müssen nicht dem Vorwurfe Raum geben, als ob wir selbst an der Existenz der Verfassung zweifelten. In allen Verfassungen der Welt, soweit sie mir bekannt sind, ist es nun eine Hauptbestimmung, daß keine Aenderung eintreten kann auf Grund eines Beschlusses einer einzigen Legislaturperiode. Es werden immer wenigstens die Beschlüsse von zwei Legislaturperioden erfordert. Man hat mit Recht eine solche Bestimmung überall aufgenommen, weil man dem vorübergehenden Eifer, der Uebereilung des [illegible] einer [illegible] vorbeugen wollte. Es hat der Verfassungs-Ausschuß nun zwar vorgeschlagen, daß der Beschluß beider Häuser nach acht Tagen wiederholt werden muß. Eine solche Bestimmung kann mir aber nicht genügen. Selbst für die einfachsten Gesetze bestehen ja ähnliche Vorschriften in den meisten Staaten. Es kann dort kein Beschluß gefaßt werden, als nach dreimaliger Verlesung. In England kann die [illegible] Privatbill nicht anders ins Leben treten, als nach [illegible] Lesung, und in der Regel liegt ein größerer Zeitraum als der von acht Tagen in der Mitte. Würden wir zweckmäßig handeln, würden wir endlich einmal aus der Zeit der dringlichen Anträge herauskommen, so würden wir ähnliche Bestimmungen in unsere Geschäftsordnung einführen. Solche Bestimmungen können aber keine ausreichende [illegible] sein da, wo es sich um das Wichtigste, um die Abänderung der Verfassung selbst handelt. Wir haben selbst einmal erlebt, daß das Ministerium in zehn Minuten ein Gesetz in [illegible] Stelle concipiren, wenn ich nicht irre, [illegible] auf einen Reinzettel niederschreiben, und doch zur Annahme in der Versammlung gelangen lassen konnte. Ich glaube aber, eine solche Erscheinung bleibt stets ein [illegible]. (Heiterkeit in der Versammlung.) Wenn wir unserer Verfassung die allergewöhnlichste Schutzwehr [illegible] Veränderungen geben wollen, so müssen wir festsetzen, daß dieselben in zwei Legislaturperioden votirt werden müssen, was bloß nicht in einem Zeitraume von nur acht Tagen geschehen kann; denn in acht Tagen werden in manchen Fällen die stenographischen Berichte in Frankfurt kaum erst ausgegeben, geschweige im ganzen Reiche bekannt werden. Wie können Sie es nun für möglich halten, daß in acht Tagen die öffentliche Meinung, der doch gerade diese Herren (zur Linken gewandt) möglichst viel Raum verschaffen wollen, sich geltend machen kann? Sie müssen dem Volke doch wenigstens Gelegenheit geben, seine Vertreter zu controliren, und wenn es mit ihnen nicht einverstanden ist, denselben auf so [illegible] Weise seine Meinung zu erkennen zu geben, daß übereilte Beschlüsse wieder zurückgenommen werden können. — Ich halte also dafür, daß mindestens die Wiederholung eines Beschlusses in der zweiten Legislaturperiode unerläßlich ist, um eine solche Aenderung ins Leben treten zu lassen; ich halte es für um so nothwendiger, als der Verfassungs-Ausschuß zwar hier ein anderes, ein stärkeres Zahlenverhältniß für die Beschlußfähigkeit der Versammlung aufgestellt hat, aber dadurch doch immer noch nicht dafür gesorgt ist, daß selbst nur die Majorität in jedem einzelnen Hause zu einem Beschlusse sich einigen müsse. Es ist gesagt, es sollen zwei Drittheile der Mitglieder anwesend, und von diesen zwei Drittheilen wieder zwei Drittheile nothwendig sein, um einen Beschluß zu fassen. Zwei Drittheile von zwei Drittheilen sind aber, wenn ich richtig rechnen gelernt habe, vier Neuntheile der Versammlung; also nicht einmal die absolute Majorität sämmtlicher Stimmberechtigter würde genügen, um so wichtige Verfassungsänderungen zu votiren. Es könnte durch Verhältnisse, deren wir in diesem Augenblick eine Menge kennen, durch Umstände, die eine Menge ehrenwerther Mitglieder ihrer Heimath zugeführt haben, ein bedeutender Theil der Mitglieder abwesend sein, und es würde möglich sein, daß vier Neuntheile über Verfassungsänderungen beschließen, während fünf Neuntheile, also sogar die absolute Majorität der Vertreter des Volkes entgegengesetzter Ansicht wären. Daß so etwas gar vom Standpunkt der Volks-Souveränität gerechtfertigt werden kann, vermag ich nicht zu begreifen. Auch aus diesem Grunde halte ich es um so noth-

[illegible]iger, daß den übrigen Mitgliedern Gelegenheit gegeben werde, in einem fernern Stadium auf die Abstimmung einzuwirken. — Ich komme auf einen andern Punkt, der von dieser Seite des Hauses (von der Linken) wiederholt angefochten worden ist, nämlich auf das absolute Veto. Ich habe schon bei der ersten Discussion — ich will die Gründe nicht wiederholen, — mich dafür ausgesprochen, daß ich das absolute Veto schon im Begriff der Monarchie für begründet halte. Der Begriff „Monarchie" kommt doch immer darauf wesentlich hinaus, daß der Monarch eine selbstständige Gewalt im Staate sein solle, und wenn Sie diese Selbstständigkeit ihm nehmen, so kann ich nur darauf zurückkommen, haben Sie eine Republik geschaffen und keine Monarchie, und wenn Sie Das wollen, so seien Sie doch wenigstens ehrlich und offen, und schaffen Sie nicht ein Spiel für Kinder, welches nicht Das ist, wie Sie es nennen. Wenn Sie die Monarchie erhalten wollen, so berauben Sie dieselbe nicht geradezu ihres wesentlichsten Attributes, der Macht, des Rechtes, welches schon so viele Staatsmänner als unerläßlich anerkannt haben. Schon Mirabeau hat gesagt: „Die höchste Gewalt zwingen, heißt sich an ihre Stelle setzen," und: „Der Inhaber der Macht des ganzen französischen Reiches kann nicht entwaffnet werden ohne die größte Gefahr." Man hat zwar das Zeugniß Mirabeau's in dieser Beziehung verdächtigt; das geehrte Mitglied für Rastatt und Baden hat gesagt: Mirabeau wäre in der letzten Zeit mit im Interesse der Dynastie gewesen. Als Mirabeau jene Rede hielt, war es der erste September, und es ist bekannt, daß er erst am Ende des Jahres und im Januar des nächsten Jahres, erst nachdem er sah, daß die Revolution auf diese Weise nicht mehr fortgehen könne, sich in Unterhandlungen mit Ludwig XVI. eingelassen hat. Wenn Sie übrigens deshalb auf die Gründe eines ausgezeichneten Mannes nichts geben wollen, weil er später in ein anderes politisches Lager übergegangen ist, so möchte wohl manche Autorität ihren Glanz verlieren, die wir hier anziehen hören. (Heiterkeit. Stimmen auf der Linken: Sehr wahr!) — Ich behaupte, daß die Erniedrigung der höchsten Gewalt im Staate nothwendig dazu führen muß, den Staat selbst umzustürzen. Es hat dieses nicht bloß Mirabeau behauptet, es hat dieses auch unter Anderen ein Mann behauptet, dessen ungeschwächte und ungefärbte Freiheitsliebe noch von keiner Partei angezweifelt worden ist: Benjamin Constant. In den neuesten Tagen noch, nachdem längst unsere neuliche Debatte ausgespielt hatte, hat sich zu ähnlichen Grundsätzen ein Mann bekannt, der die französische Geschichte, und insbesondere die ganze Revolution gewiß hinlänglich kennt, um ein gediegenes Urtheil darüber zu besitzen; nämlich Guizot. Man könnte mir zwar einwerfen, auch dieser beweise nichts; denn Guizot's System wäre gestürzt. Solange aber nicht das neue System, welches an Guizot's Stelle getreten, mindestens die Probe von 18 Jahren ausgehalten hat, ein System, welches nach einem halben Jahre auf allen Seiten bereits zu wanken anfängt, so lange wird dieser Einwand mich wohl nicht schlagen. Guizot nun sagt: „Man sucht heute die Garantie gegen Excesse der Gewalten in ihrer Schwäche. Man fürchtet alle Gewalten. Man ermuntert sie, eine nach der anderen, aus Furcht, die Freiheit zu zerstören. Man irrt gewaltig. Eine schwache Gewalt ist entweder zum Tode, oder zur Usurpation verdammt." — So würden auch Sie für Ihre Monarchie keine andere Gewalt haben, und nichts Anderes herbeiführen mit Ihrem Suspensivveto, als Anarchie; oder wenn die Monarchie diese Erniedrigung ihrer Gewalt nicht länger ertragen kann, Usurpation und Tyrannei. Auch hierfür besitzen wir genügende Beispiele in der Geschichte. Schon Mirabeau hat sich zum Beweise auf Schweden berufen, wo der Reichstag die königliche Gewalt so unterdrückte, daß, im Interesse der Volksfreiheit, um der Oligarchie des Reichstags ein Ende zu machen, dem König nichts Anderes übrig blieb, als wieder ganz die Zügel der Regierung in die Hände zu nehmen, und im Interesse der Volksfreiheiten, welche die Vertreter des Volkes verrathen hatten, die Alleinherrschaft an ihre Stelle zu setzen. — Gerade bei Verfassungsveränderungen, hat der erste Redner auf der Tribüne gesagt, wäre das absolute Veto am Wenigsten erforderlich. — Ich behaupte, gerade bei Verfassungsveränderungen, wo es sich um die wichtigsten Interessen des Staates handelt, ist das absolute Veto am Allernothwendigsten. Ich glaube allerdings, daß der letzte Redner mit der Besorgniß, daß ich zu lebhafte Sympathieen für diese Seite des Hauses (zur Linken) haben möchte, etwas zu central gewesen ist (Heiterkeit); er hat diese Besorgniß etwas zu früh ausgedrückt. Wenn er die Gefälligkeit gehabt hätte, meiner neulichen Rede nachzufolgen, oder die stenographischen Berichte nachzulesen, so würde er finden, daß ich schon damals gesagt habe, ich, von meinem Standpunkte, hätte mich auf das Allerentschiedenste der Einführung des Suspensivveto's widersetzt, ich könne aber nicht begreifen, wie man von jener Seite des Hauses (der Linken) für die Annahme desselben gewirkt habe, und dennoch dort behaupten wolle, man könne die Erblichkeit nicht anders los werden, als im Wege der Revolution; und ich muß wiederholt bekennen, daß ich an der Consequenz dieser Seite des Hauses (der Linken) in den letzten Wochen etwas zweifelhaft geworden bin. — Von den vielfachen Eigenschaften, die wir an jener Seite des Hauses (zur Linken gewandt) kennen, ist mir die Consequenz bisher immer die schätzbarste gewesen, und ich habe dies auch wiederholt ausgesprochen; wenn ich aber höre, daß ein verehrtes Mitglied von dieser Seite (der Linken) uns sagt: Wir können die Erblichkeit nicht brauchen, und dann: Wir können die Erblichkeit nicht anders los werden, als auf dem Wege der Revolution, so begreife ich nicht, wie man bei dem Besitze des Suspensiv-Veto solche Besorgnisse überhaupt hegen kann. Wenn nun aber gar ein anderes Mitglied des Hauses, welches früher sich gegen das absolute Veto erklärt hat, das verehrte Mitglied für Gießen, sagt, aus naturwissenschaftlichen Gründen, die er sich vorbehalte, nächstens einmal auseinanderzusetzen, — es thut mir leid, daß ich dieselben noch nicht gehört habe, denn in dieser Schule hätten wir Vieles lernen können, — aus naturwissenschaftlichen Gründen sei die Revolution die naturgemäße Entwickelung; außerdem habe er aber auch gar keine Vorliebe für unsere Verfassung; es sei ihm gleichgültig, ob dieselbe bestehe oder nicht bestehe, nun so möchte ich, aus diesen beiden Gründen würde das Mitglied für Gießen nicht nur naturgemäß finden, sondern sogar gern sehen, wenn wir nach und nach eine Revolution nach der anderen machten. (Heiterkeit und Beifall auf der Linken.) — Ich freue mich über diese Zustimmung; denn ich schließe daraus, daß ich mich nicht geirrt habe. (Heiterkeit auf der Linken.) — Ich frage nun: Wenn das absolute Veto die Revolution fördern soll, wenn man die Revolution als die naturgemäße Entwickelung der Menschheit betrachtet, warum opponirt man so sehr dagegen, eine Verfassung zu schaffen, die gerade nach den Ansichten jener Mitglieder nothwendig die gewünschte Revolution zur Folge haben muß; warum hat man eine Zärtlichkeit für uns, die wir gar nicht in Anspruch genommen haben? (Heiterkeit.) Warum warnt man uns, wir möchten keine Verfassung machen, die eine Revolution zur Folge haben kann? (Heiterkeit.) Wenn man eine Revolution will, warum stimmt man dann so? Sie sind doch sonst so consequent; — warum stimmen Sie so sehr gegen das absolute Veto, wenn Sie glauken, daß das absolute Veto einer Revolution Vorschub leisten solle, daß auch Sie noch consequent! (Unruhe auf der Linken. Stimmen: Wir wollen keine Revolution! Andere: Wir wollen keine unnöthige Revolution!) — Ich bin der Ansicht, daß wir keiner Revolution bedürfen, daß man nicht immer Mittel, die man doch nur als die letzte Arznei für den kranken Körper, als eine Art Moschuspulver bezeichnen kann, wie die Revolution, so leichtfertig ins Spiel bringen, und sie hier ausgeben sollte, als ob es unser tägliches Brod wäre. Das ist meine Ansicht von der Revolution, und wenn die öffentliche Meinung wirklich die Macht ist, wofür wir sie halten, so wird ihre Wirksamkeit sich auch geltend machen in der Verfassung, und wird Sie schützen davor, eine Revolution nothwendig zu finden, und wenn Sie der öffentlichen Meinung, wie Sie es gethan haben und täglich thun, auf den Thron verholfen haben in Europa, so haben wir keine Revolution zu scheuen, aber auch wahrlich nicht, daß das absolute Veto im Stande sein wird, der öffentlichen Meinung, wenn sie eine wahrhafte Gewalt geworden ist, einen wirksamen Damm entgegen zu setzen, und Sie haben daher keine Ursache, gegen das absolute Veto zu stimmen. Ich behaupte, daß gerade bei Verfassungsfragen das absolute Veto nothwendig ist. Gerade Sie (zur Linken) sprechen es uns täglich aus, wir würden die Republik erhalten. Ich habe diese Ansicht schon so oft bekämpft, daß ich es nicht noch einmal unternehmen würde; aber wenn man tagtäglich die Republik als Panacee aller Uebel anpreisen hört, glaube ich doch, neue Veranlassung zu haben, dieß System zu bekämpfen. Ich glaube, solange wir in Europa fast nur Monarchieen haben, solange in der großen Mehrzahl des Volkes die Liebe zur Monarchie und dem angestammten Fürsten noch nicht erloschen ist . . . (Gelächter auf der Linken.) Es kann sein, meine Herren, daß Sie mit dem Volke so wenig bekannt sind, daß Sie auch diese Ansicht nicht kennen . . . (Heiterkeit auf der Linken. Zustimmung auf der Rechten.) Ich sage, solange die angestammte Liebe zu den Fürstenhäusern den größten Theil des Volkes belebt . . . (Gelächter auf der Linken. — Zur Linken:) Es kann sein, daß sie in einzelnen Ihrer Duodezstaaten nicht mehr so fest ist, aber solange in den großen deutschen Staaten die Liebe zur Monarchie fest begründet ist (Zustimmung auf der Rechten), solange es Leute gibt, und das thut die große Mehrzahl Urtheilsfähiger im Volke, die in der Monarchie den sichersten Damm gegen Gesetzlosigkeit finden, der der Herrschaft des Gesetzes die wirksamste Geltung verschafft; solange es sociale Fragen gibt, die nicht allein auf dem Wege der Gesetzgebung gelöst werden können; solange wir keine Colonieen besitzen, wohin wir alle socialen Elemente, die in dem Vaterlande keinen Raum finden, hinsenden können, wie die Amerikaner in den Westen; solange Sie auf der einen Seite von Rußland, auf der anderen von Frankreich begrenzt sind; solange Rußland seine Heere, und England seine Flotten hat: müssen Sie eine starke Regierung, eine starke Monarchie an der Spitze von Deutschland haben; und wenn Sie diese haben müssen, — nun ich möchte kein Prophet sein; aber ich glaube doch, diese Zustände werden noch lange bestehen; nun, wenn dieß auch Ihre Ansicht ist, von den Zuständen, wie ich sie geschildert habe, — so wird die Regierungsform selbst in Jahrhunderten noch nicht geändert werden. Wenn das auch Ihre Anschauung ist, so muß ich es wahrhaft thöricht finden, wenn Sie, um die Möglichkeit der Republik nach Jahrhunderten auf eine leichtere Weise ins Leben zu führen, das absolute Veto in die Gesetzgebung einführen wollen; das käme mir ungefähr so vor, als ob man, wie es in manchen Ländern, z. B. in England, Rechtens ist, weil man nur auf 99 Jahre Besitzer eines Grundstückes werden kann, darum die Häuser auch nur auf diesen kurzen Zeitraum einrichtet, und sie deßhalb nur von Backsteinen und Holz, statt von Quadern, errichtet, damit sie nicht dem Eigenthümer von Grund und Boden in solider Gestalt zum Opfer werden. Setzen wir uns nicht in ähnlicher Weise dem Vorwurfe aus vor ganz Europa, daß wir gezweifelt haben an der Dauer, an der Festigkeit unseres Baues, daß wir von vornherein ein Loch hineingebohrt haben, um das Haus zu unterminiren, weil wir selbst geglaubt haben, daß das Gebäude keinen Bestand hätte? Ich denke, da wir die Monarchie eingeführt haben in der Verfassung, daß wir darum auch berufen sind, sie auszubauen, und nach allen Seiten mit Stützen und Strebepfeilern zu umgeben, nicht sie zu untergraben. „Spartam nactus es, hanc exorna!“ sollte unser Wahlspruch sein. — Was also die Brücke zur Republik betrifft, so bin ich der Ansicht, daß auch in einem Jahrhundert die öffentliche Meinung sich darüber nicht geändert haben wird, und den besten Beweis gegen diese Verfassung haben wir eben in dem Beispiele des Nachbarlandes: Während man dort anfängt einzusehen, daß Frankreich nur durch die Monarchie bestehen kann, nachdem man erst vor Kurzem so traurige Erfahrungen vor Augen gehabt hat, wird man in Deutschland, denke ich, doch auch klug werden, und nicht nach einer Verfassung sich sehnen, die alle Spuren der Gebrechlichkeit in sich trägt. Sollte ich aber irren, sollten Sie (zur Linken) Recht behalten, sollte die Gesinnung der großen Mehrheit des Volkes republikanisch werden; sollte überhaupt eine Aenderung der Regierungsform in der öffentlichen Meinung nothwendig erscheinen, und die ungeheure Mehrheit consequent sich dafür aussprechen, so bin ich der Ansicht, daß die öffentliche Meinung allein hinreichende Macht haben wird, ihren Zweck zu erreichen, und daß nicht das Wort eines Fürsten ihr einen Damm wird entgegenstellen können. Was soll das absolute Veto für ein Hinderniß sein für die öffentliche Meinung? — Sie sagen: wir werden mit dem suspensiven Veto Dasselbe erreichen. Gewiß nicht. — Sie werden dagegen das absolute gerade viel seltener gebrauchen. Warum? Weil das absolute Veto immer im Hintergrunde steht, weil die geringeren constitutionellen Mittel, die man anwendet, die Auflösung der Kammern, und viele andere genügend sind, solange man weiß, daß im Nothfalle der starke Damm des absoluten Veto's dahinter steht. Ich betrachte das absolute Veto als die ultima ratio des Monarchen, ungefähr wie die Steuerverweigerung die ultima ratio der Volksvertreter ist. — Auch die Anwendung der Steuerverweigerung ist, wie Sie zugeben werden, nur äußerst selten in der Geschichte, — würden Sie dieselbe aber darum aufgeben wollen, etwa deßhalb, weil man in den meisten Fällen auf die wirkliche Anwendung verzichtete, um nicht den Staat dadurch aus den Fugen zu reißen? Nein. Sie werden sagen: wir können diese äußerste Schutzwehr gegen Uebereilungen des Ministeriums und der höchsten Gewalt für den Nothfall nicht entbehren. Nun! Die Verfassung bedarf in gleicher Weise auch eines Dammes gegen Uebereilungen der repräsentativen Körper, wenn er auch in Jahrhunderten vielleicht nicht angewendet wird. Der Despotismus der repräsentativen Körper ist eben der allerschlimmste. Auch dafür haben Sie einen hinreichenden Beweis in der englischen Geschichte. Es ist bekannt, daß unter Karl I. das Parlament am Ende alle Gewalt im Staate und selbst die ganze Executivgewalt in sich vereinigte; und um einem solchen Aeußersten in gesetzlichem Wege zuvorzukommen, deßhalb brauchen wir gerade das absolute Veto. — Wenn das verehrte Mitglied aus Rastatt und Baden uns früher gesagt hat, daß seine englischen Correspondenten die Anwendung des absoluten Veto nicht für zweckmäßig hielten, erstens weil es die Monarchie schwächen würde, und zweitens weil es noch viel gelindere Mittel gäbe, um denselben Zweck zu erreichen, so frage ich, warum erreicht man dort mit den gelinderen Mitteln diesen Zweck? Weil die Engländer sich nicht einer solchen äußersten Calamität aussetzen wollen, und weil sie von vornherein wissen, daß, wenn ein Uebel besorgt wird, dessen Verhinderung die Anwendung des absoluten Veto's zur Folge haben müßte, alle Gewalten sich Concessionen machen werden, um eine solche Collision zu vermeiden, und weil die Engländer überhaupt so klug sind, nicht immer den Staat gewissermaßen auf die Spitze des Messers zu stellen. Ich wiederhole: ich will das absolute Veto, weil darin ebenso ein Schutz für die Freiheit, als für die königliche Macht liegt; weil für meinen Geschmack eine Macht des Convents nicht besser ist, als die Macht Ludwig's XIV., wenn er sagt: l'état c'est moi! Eine einzige Gewalt im Staate, wenn sie allmächtig ist, komme sie nun von Unten oder von Oben, führt zu dem schrankenlosesten Despotismus. Ich will einen ausreichenden Schutz für die Freiheit; aber zu einer Zeit, wo tagtäglich neue Erscheinungen und Hirngespinnste uns Zeugniß geben von der Uebereilung repräsentativer Versammlungen, kann ich gegen solche Uebereilungen in den Beschlüssen von zwei Versammlungen in dem Zeitraume von kurzen acht Tagen keinen genügenden Schutz finden; ich finde ihn weit mehr in der besonnenen Erwägung weniger Männer des Ministeriums und in der moralischen Verantwortlichkeit des Monarchen, der nicht bloß für sich, sondern für alle künftigen Geschlechter zu sorgen hat, — am Allernothwendigsten gerade im Bundesstaat. — Sie haben gesagt, das Staatenhaus liefert die Garantieen; das Staatenhaus hat ja conservative Elemente. Diesen Satz muß ich auf das Entschiedenste bestreiten; ich behaupte, daß eben in dem Bundesstaate die Einführung des absoluten Veto's am Nothwendigsten ist, da im Staatenhause vielmehr nur eine *andere Art* Widerstand gegen die höchste Gewalt stattfindet, als im Volkshause. Denn das Volkshaus wird wesentlich dahin wirken, die individuelle Freiheit, die Macht der *Demokratie*, wenn Sie mir diesen Ausdruck gestatten wollen, auszudehnen gegen das Oberhaupt; das Staatenhaus aber wird die Macht des *Particularismus* gegen das Oberhaupt geltend machen, und dann ist es doch immerhin möglich, daß es einzelne Punkte gibt, wobei diese beiden verschiedenen Widerstandskräfte sich vereinigen. Es fällt mir da gerade ein Beispiel ein. Einer der wichtigsten Verwaltungszweige, auf dessen wirksamer Gestaltung die ganze Macht und Zukunft unseres Bundesstaates in Europa beruhen wird, ist gewiß die Armee. Wir haben über die zweckmäßige Gestaltung der Armee von mehreren Seiten ganz verschiedene Ansichten gehört. Sie können gerade sowohl im Interesse der vermeintlichen Volksfreiheit dafür sein, daß die Armee nicht zu sehr vermehrt und ausgedehnt werde, um dem Oberhaupte keine zu große Gewalt zur Disposition zu stellen; aber auch ebenso vom Standpunkte des Particularismus kommen Sie zu demselben Resultate: einmal, um dem Oberhaupte keine zu große Gewalt gegen die Regierungen der Einzelstaaten einzuräumen, andererseits, um die Einzelstaaten nicht zu sehr durch finanzielle Lasten zu beschweren. Sie würden also, wenn gegen die Verminderung der Armee das absolute Veto zu interveniren wäre, sowohl vom particularistischen, als vom demokratischen Princip aus das Oberhaupt des Bundesstaates in die Lage bringen, vom Veto Gebrauch zu machen; und solcher Allianzen zwischen zwei feindseligen Principien lassen sich ja noch mehrere denken. Je disparater eben die widerstrebenden Kräfte sind, und je mehr sie rütteln an der Spitze, mit welcher größeren Gewalt wollen Sie das Oberhaupt ausstatten, und sowie ich deßhalb entschieden für die Erblichkeit des Oberhauptes gestimmt habe, ebenso entschieden bin ich für das absolute Veto. — Denn es soll das Fideicommiß der Verfassung, das wir ungeschmälert unseren Nachkommen überliefern wollen, gegen vorübergehende Anfeindungen; es soll sie gegen vorübergehende Leidenschaften schützen, kommen sie aus diesem Lager, oder aus jenem. Gerade der Monarch hat ja das größte Interesse dabei; — denn ich kann mich immer noch nicht von der Hoffnung trennen, daß wir ein erbliches Oberhaupt haben werden, möge es kommen aus Oesterreich oder aus Preußen. Nun das erbliche Oberhaupt wird schon im Interesse seiner Familie dafür sorgen, daß er seinen Nachkommen die Gewalt, welche er besitzt, auch erhalte, und daß er ihnen die auch für die Freiheit nothwendige Ausstattung seiner Gewalt ungeschwächt überliefere. Wenn wir eine Verfassung bauen wollen, werden wir sie doch nicht hinstellen als ein Kinderspiel, sondern als eine Verfassung für künftige Jahrhunderte, und wenn Sie Ihre Verfassung bauen, treiben Sie darum kein Spiel mit monarchischen Formen! (Lebhaftes Bravo auf der Rechten.)

Präsident: Herr Vogt!

Vogt von Gießen: Meine Herren! Ich beabsichtigte nicht, in dieser Frage das Wort zu ergreifen, da aber Herr v. Vincke wiederholt auf Aeußerungen zurückgekommen ist, die ich gethan habe, und dieselben, wie ich Ihnen beweisen werde, nicht ganz verstanden hat, so sehe ich mich genöthigt, Einiges darauf zu erwiedern. Herr v. Vincke sagte: wir auf dieser Seite des Hauses (auf der Linken), wir wollten die Revolution; Herr v. Vincke stützt diese Behauptung auf eine Aeußerung von mir, worin ich gesagt habe, ich betrachte die Revolution als eine Naturnothwendigkeit, als das Gesetz der politischen Entwickelung, als das Gesetz des politischen Fortschritts. Allerdings, meine Herren, es ist wahr, es gibt in der Natur, und deßhalb auch in politischen Verhältnissen, meiner Ueberzeugung nach, keine andere Entwickelung, als durch Revolution. Es gibt keine fortschreitende Entwickelung stabiler Zustände; es gibt keine ruhige, gesetzmäßige Entwickelung in der Natur. Ein gewisser Zustand, aus Revolution hervorgegangen, bleibt und setzt sich eine geraume Zeit hindurch fort, bis er am Marasmus seines eigenen Wesens zu Grunde geht, und dann muß dieser Zustand durch eine neue Revolution geläutert und umgeschaffen werden. Das ist das Gesetz der Natur, und das ist auch das Gesetz des politischen Fortschritts. Allein, meine Herren, es ist ein Anderes damit, daß man die Nothwendigkeit der Revolution fühlt, oder ob man sie in jedem Augenblicke will. Man kann davon überzeugt sein, daß die Luft auf den Antillen von Zeit zu Zeit einer Reinigung bedarf durch ungeheuern Sturm, durch einen jener Wirbelwinde, die Alles vor sich niederwerfen. Aber man braucht einen solchen Sturm deßhalb gerade nicht herbeizuwünschen. Wenn aber die Verhältnisse so geworden sind, daß er kommen muß, so kann man ihn benutzen, ohne ihn deßhalb gewünscht zu haben. Meine Herren! Der Abgeordnete von Hagen hat uns gesagt, wir auf der Linken müßten aus Pessimismus für das absolute Veto und alle die Einrichtungen stimmen, für die er ebenfalls stimmt, er aus dem Grunde, weil er glaube, daß sie zum Heile führten, wir deßhalb, weil sie zur Revolution führten. Meine Herren! Wir haben stets hier die Rolle des treuen Warners vor der Revolution übernommen; wir haben gesagt, wenn man diese oder jene Bestimmungen trifft, so wird und muß nothwendig eine neue Revolution kommen, weil die jetzige um ihre Früchte gebracht wird. Wir haben Euch gesagt: wenn Ihr das Haus für längere Zeit bewahren wollt, das Ihr zu bauen im Begriffe steht, so kann es nicht in den starren Formen, die für Jahrhunderte gelten sollen, sondern kann es in leicht beweglichen, elastischen Formen, die sich dem Geiste der Zeiten anschließen können. (Unruhe und Unterbrechung auf der Rechten; Stimmen daselbst: Lauchbach! — Beifall auf der Linken und Stimmen: Sehr wahr!) Meine Herren, ich finde wirklich eine große Selbstüberschätzung darin, behaupten zu wollen, daß man überhaupt eine Verfassungsform für Jahrhunderte bauen könne. (Bravo von der Linken.) Ich finde eine große Verkennung der Entwickelungsfähigkeit des menschlichen Geistes und des Geistes unseres Volks in der Behauptung, daß man eine Verfassungsform machen wolle, die stabil und dauernd sein soll. (Stimmen von der Linken: Sehr gut!) Wahrlich, meine Herren, ich finde eine große Selbstüberschätzung darin, in solchen Zeiten wie die unsrige, wo die Revolution kaum angefangen hat, eine Form finden zu wollen, die nur für ein Jahrhundert, geschweige denn für mehrere Jahrhunderte dauern soll. (Stimmen von der Linken: Sehr gut!) Aber, meine Herren, ich erkenne auch in diesem Verhalten eine Naturnothwendigkeit. Ich erkenne darin den geistigen Fluch, der auf den Verblendeten lastet, daß sie gerade für Das arbeiten müssen, was sie nicht wollen, nämlich für die Revolution. (Beifall und Heiterkeit.) Die wälzen in eitler Mühe den Stein, die da glauben, durch starre Formen den Volksgeist bannen zu können, die glauben, die Revolution ausmerzen und ausschließen zu können für zukünftige Zeiten. Meine Herren! Die Revolution kommt nicht von selbst, man macht sie nicht künstlich; — sie muß einen Grund haben, und dieser wird stets von ihren Gegnern geliefert. Das Bächlein der Demokratie, von welchem Herr Bassermann neulich so geringschätzig sprach, überfluthet nicht, wenn ihm kein Damm quer in den Weg gelegt wird. Allein wenn solche Dämme in die Quere gezogen werden, dann schwillt der Bach, er wird ein See, überschwemmt Alles nah und fern und endlich, wenn seine Kraft geschwollen ist, durchbricht er den Damm und überfluthet das niedere Land. Und Ihr, die Ihr den Geist habt bannen wollen, Ihr wißt nicht, daß er die enge Flasche zersprengen kann, die Ihr ihm als Gefängniß anweist. Ja, meine Herren von der rechten Seite, das ist ja gerade Eure Arbeit. (Heiterkeit auf der Rechten, Bravo auf der Linken.) Dahin geht ja gerade Euer Mühen, diese enge Flasche machen zu wollen, in die Ihr den brausenden Geist mit Champagnerpfropfen, mit Banden und Drähten des absoluten Veto's bannen wollt. Und diesen Geist in seiner engen Flasche setzt Ihr nicht in den Eiskeller ruhiger Jahre, nein, in die heiße Temperatur der jetzigen Zustände, in die Fiebergluth unserer Zeit! Und Ihr glaubt, Euer Draht würde halten! (Stürmisches Bravo auf der Linken.)

Präsident: Meine Herren! Herr v. Vincke hat das Wort zu einer persönlichen Bemerkung verlangt. Ich frage, ob die Versammlung dem Herrn v. Vincke das Wort hierzu geben will? (Zustimmung von allen Seiten. v. Vincke betritt die Tribüne. Vereinzelter Widerspruch im Centrum.) Erlauben Sie, Herr v. Vincke, es ist doch Widerspruch dagegen! Diejenigen Herren, welche dem Herrn v. Vincke das Wort zu einer persönlichen Bemerkung geben wollen, ersuche ich, sich zu erheben. (Mitglieder auf allen Seiten erheben sich.) Herr v. Vincke hat das Wort.

v. Vincke: Ich möchte mir nicht gern, selbst von einem politischen Gegner, den Vorwurf machen lassen, daß ich irgendwie seiner Gesinnung zu nahe getreten wäre. Das verehrte Mitglied von Gießen hat aber behauptet, ich hätte gesagt, die Herren (zur Linken) hätten aus Pessimismus für uns stimmen sollen. Das Wort „Pessimismus“ habe ich aber nicht gebraucht; im Gegentheil, ich erkenne ganz die Berechtigung des Standpunktes an, den das verehrte Mitglied für sich vindicirt hat. Er hat gesagt: „Im Interesse Ihres eigenen Verfassungswerkes, an dem ich und meine Freunde, ich gestehe es, sehr wenig Theil gehabt haben werden, — denn bei den meisten Paragraphen habe ich dagegen gestimmt, und es wird mir wenig darauf ankommen, ob es erhalten wird, oder nicht, ich werde darüber nicht sehr viel Kummer empfinden; im Gegentheil!“ rc. — Ich muß demnach der Ansicht sein, daß das verehrte Mitglied gerade vom Standpunkte seines Princips aus gern mitwirken wird, daß unsere Verfassung nicht ins Leben tritt, daß er darüber keinen Kummer empfinden wird, im Gegentheile! also doch Freude, daß er nicht aus Pessimismus, sondern aus innerer, offener Ueberzeugung Alles thun wird, um unsere Verfassung zu ruiniren. (Heiterkeit. Beifall auf der Rechten.)

Präsident: Die Discussion über § 6 ist, nach Erschöpfung der Rednerliste, geschlossen. Ich frage, ob einer der Herren, welche das Minoritäts-Erachten unterzeichnet haben, als Berichterstatter für das Minoritäts-Erachten zu sprechen beabsichtigt? (Es meldet sich Niemand.) Der Berichterstatter der Majorität hat auch verzichtet. Ich muß noch bemerken, daß Herr Fröbel, während der letzte Redner sprach, ein Unteramendement zu dem Amendement des Herrn v. Dieskau eingereicht hat, das ich vergessen habe, im Augenblick zu verlesen. Es lautet:

„Nach den Worten:

„beschlossene Abänderungen und Verbesserungen“

möge es heißen:

„werden dem Volke in den Urversammlungen zur Abstimmung vorgelegt, und gelten, nach Annahme, als Theil der Verfassung.“

Herr Schüler hat die namentliche Abstimmung vorbehalten. Das ist schon früher geschehen, und hat die hinreichende Unterstützung der Versammlung. (Widerspruch.) Ich höre, die namentliche Abstimmung ist für diesen Paragraphen noch nicht unterstützt, ich werde also das Abstimmungsproject vorlegen, nachdem ich zuvörderst das Sousamendement des Herrn Fröbel zur Unterstützung gebracht habe. Ich frage, ob der Antrag des Herrn Fröbel unterstützt wird? Diejenigen Herren, welche den Antrag unterstützen wollen, ersuche ich, sich zu erheben. (Mitglieder auf der Linken und dem linken Centrum erheben sich.) Er ist hinreichend unterstützt. — Ich schlage folgenden Gang bei der Abstimmung vor. Ich möchte zuerst zur Abstimmung bringen das Alinea des Verfassungs-Ausschusses: „Abänderungen in der Reichsverfassung können nur durch einen Beschluß beider Häuser und mit Zustimmung des Reichsoberhauptes erfolgen.“ Falls dieser Satz abgelehnt wird, den Antrag des Herrn v. Dieskau in seiner ersten Hälfte. „Abänderungen und Verbesserungen der Reichsverfassung können von jedem Mitgliede des Reichstags beantragt werden. Sie erfolgen durch einen Beschluß beider Häuser, welche zu diesem Behufe zu einer constituirenden Versammlung zusammentreten.“ Dann würde ich, falls dieser zweite Vorschlag des Herrn v. Dieskau abgelehnt, und dagegen der erste des Ausschusses angenommen wäre, zur zweiten Hälfte des Ausschuß-Antrages übergehen, und abstimmen lassen über die Worte: „Zu einem solchen Beschluß bedarf es in jedem der beiden Häuser der Anwesenheit von wenigstens zwei Drittheilen der Mitglieder;“ dann würden folgen die Worte: „zweier Abstimmungen, zwischen welchen ein Zeitraum von wenigstens acht Tagen liegen muß.“ Falls diese zweite Nummer verworfen würde, käme das Amendement des Herrn v. Vincke an die Reihe, welches lautet:

Statt: „zweier Abstimmungen, zwischen welchen ein Zeitraum von wenigstens acht Tagen liegen muß,"

„zweier Abstimmungen in zwei verschiedenen Sitzungsperioden."

Unterstützt von: Gombart; v. Selchow; Tannen; Nagel; Naumann; v. Wegnern; v. Radowitz; Gersdorf; Merck; Obermüller; Grävell; Flottwell; H. C. Carl; Kutzen; v. Wulffen; Schultze von Potsdam; Oertel; Schrenk; Metzke.

Dann würde drittens der Satz folgen: „Einer Stimmenmehrheit von wenigstens zwei Drittheilen der anwesenden Mitglieder bei jeder der beiden Abstimmungen." Und viertens der im Minoritäts-Erachten vorgeschlagene Zusatz: „Der Zustimmung des Reichsoberhauptes unter den in dem § 19 des Reichstags festgestellten Beschränkungen." Ich verstehe das Minoritäts-Erachten, trotzdem daß sein Eingang lautet: „Diesem Paragraphen möge folgende Fassung gegeben werden," dahin, der zweiten Hälfte dieses Paragraphen möge folgende Fassung gegeben werden. Es wird sich wohl Einer der Herren, die das Minoritäts-Erachten unterzeichnet haben, darüber aussprechen; ich möchte mir die Bemerkung erlauben, daß das Minoritäts-Erachten ohne die erste Hälfte des § 6, wie sie der Ausschuß vorgeschlagen hat, gar nicht verständlich ist.

Wigard von Dresden: Das Minoritäts-Erachten ist allerdings nicht ganz richtig gestellt. Es basirt darauf, daß die Worte: „Und mit Zustimmung des Reichsoberhauptes" beim ersten Satze wegfallen, und dann als vierter Satz gesagt wird: „Der Zustimmung des Reichsoberhauptes unter den in dem § 19 des Reichstages festgestellten Beschränkungen."

Präsident: Also sollte das Erachten so heißen: „Zu Abänderungen in der Reichsverfassung bedarf es eines Beschlusses beider Häuser." Aber, meine Herren, das kann ich jetzt nach dem Schlusse nicht mehr zulassen. Wenn aber das Minoritäts-Erachten so erhalten werden sollte, wie es dasteht, so kann es erst zur Abstimmung kommen, wenn das Majoritäts-Erachten verworfen wäre; ich würde übergehen zum zweiten Satz des Herrn v. Dieskau, und eventuell, wenn die in diesem Antrage beliebte Fassung verworfen würde, zum Antrage des Herrn Ardbel.

v. Vincke von Hagen: Ich habe gegen die Fragestellung sonst nichts; nur glaube ich, daß bei Nr. 2 das Amendement, welches meine Freunde und ich gestellt haben, die Priorität haben muß, weil es weiter geht, weil es eine größere Beschränkung der Freiheit enthält, nach dem Ausdrucke, der einmal hier beliebt worden ist, als die Bestimmungen des Ausschusses.

Waitz von Göttingen: Meine Herren! Das Bedenken mit dem Minoritäts-Erachten erledigt sich leicht; ich kann sagen, es schließt sich an eine frühere Redaction dieses Paragraphen an, es wird aber auch so keine Schwierigkeit bei der Abstimmung machen. Wird der erste Satz, wie er hier lautet, angenommen, so ist Nr. 4 des Minoritäts-Erachtens erledigt. (Widerspruch.) Ganz gewiß! In dem ersten Satze liegt das absolute Veto. Meine Herren! Wenn das angenommen wird, so kann das suspensive Veto nicht nachträglich angenommen werden; darüber kann kein Zweifel sein. (Allseitige Zustimmung.)

Präsident: Sind Sie damit einverstanden, meine Herren? (Stimmen: Ja! Ja!)

Waitz: Wird dagegen der erste Satz verworfen, so wird am Besten zur Fassung des Minoritäts-Erachtens überzugehen, und dann die Punkte 1, 2, 3 und 4 nacheinander zur Abstimmung zu bringen sein. — In dem andern Punkte aber bin ich der Ansicht des Herrn v. Vincke, daß nämlich bei Nummer 2 zuerst der weitergehende Antrag zur Abstimmung kommen muß, und dann erst der Antrag des Ausschusses.

Präsident: Gegen den Vorschlag des Herrn v. Vincke finde ich nichts zu erinnern. Wenn kein weiterer Widerspruch ist, so werde ich bei Nummer 2 das Amendement von v. Vincke hinter Nummer 1 zuerst zur Abstimmung bringen, und dann erst Nummer 2 des Ausschuß-Antrages. Herr Moriz Mohl hat das Wort.

Moriz Mohl: Meine Herren! Es scheint mir das Zweckmäßigste zu sein, jeden der Vorschläge als ein ganzes System zur Abstimmung zu bringen. (Stimmen von der Rechten: Nein! Nein!) Würde z. B. das Minoritäts-Erachten verworfen, dann würde ich, und würden wahrscheinlich Alle, die für das Minoritäts-Erachten waren, alles Andere verwerfen; dann würde es bei Abänderungen der Verfassung wie bei Abänderung anderer Gesetze sein, d. h. es würde jedenfalls nur das beschränkte Veto dabei stattfinden. Nur dadurch, daß jedes Princip für sich abgesondert zur Abstimmung kommt, kann ein reines Resultat erzielt werden.

Präsident: Meine Herren! Dieß widerstreitet der bisherigen Uebung des Hauses durchaus; wir haben bereits früher uns darüber vereinigt, daß man durch das sogenannte Nach-Systemen-Abstimmen zu gar keinem Resultate kommt. — Herr Plathner!

Plathner (vom Platze): Ich verzichte!

Präsident: Wir gehen also zuvörderst zur Abstimmung über den ersten Satz des Ausschuß-Antrages über, d. h. die Worte:

„Abänderungen in der Reichsverfassung können nur durch einen Beschluß beider Häuser und mit Zustimmung des Reichsoberhauptes erfolgen."

Die Abstimmung erfolgt durch Namensaufruf. Diejenigen Herren, die den eben verlesenen Satz des Ausschuß-Antrages annehmen wollen, werden bei dem Namensaufrufe mit Ja, diejenigen Herren, welche den Satz nicht annehmen, mit Nein antworten. Die Abstimmung beginnt mit dem Buchstaben L.

Bei dem hierauf erfolgenden Namensaufruf antworteten mit **Ja:**

Achleitner aus Ried, v. Aichelburg aus Villach, v. Amstetter aus Breslau, Anders aus Goldberg, Anz aus Marienwerder, Arndt aus Bonn, Arndts aus München, Arneth aus Wien, Barth aus Kaufbeuren, Bassermann aus Mannheim, Bauer aus Bamberg, v. Baumbach-Kirchheim aus Kassel, Becker aus Gotha, v. Beckerath aus Crefeld, Benedict aus Wien, Bernhardi aus Kassel, Beseler aus Greifswald, Biedermann a. Leipzig, Blömer a. Aachen, Boch-Buschmann a. Siebenbrunnen, Bock a. Preußisch-Minden, Böcler aus Schwerin, v. Boddien aus Pleß, Bonardy aus Greiz, Braun aus Bonn, Braun aus Cöslin, Brescius aus Züllichau, v. Breuning aus Aachen, Briegleb aus Koburg, Bürgers aus Köln, Burkart aus Bamberg, Buß aus Freiburg im Breisgau, v. Buttel aus Oldenburg, Carl aus Berlin, Cornelius aus Brauns-

Coronini-Cronberg (Graf) aus Görz, Dahlmann aus Bonn, Deete aus Lübeck, Deetz aus Wittenberg, Degenkolb aus Eilenburg, Deiters aus Bonn, Deym (Graf) aus Prag, Deymann aus Meppen, Döllinger aus München, Droysen aus Kiel, Duncker aus Halle, Ebmeier aus Paderborn, Eckert aus Lohr, Edel aus Würzburg, Edlauer aus Gratz, Egger aus Wien, Ehrlich aus Murzynek, Emmerling aus Darmstadt, v. Ende aus Waldenburg, Engel aus Culm, Esmarch aus Schleswig, Evertsbusch aus Altena, Falk aus Ottolangendorf, Fischer (Gustav) aus Jena, Flottwell aus Münster, Francke (Karl) aus Rendsburg, Friederich aus Bamberg, Fritsch aus Ried, Fügerl aus Korneuburg, v. Gagern aus Wiesbaden, Gebhard aus Würzburg, v. Gersdorf aus Tuetz, Gevekoht aus Bremen, Gfrörer aus Freiburg, v. Giech (Graf) aus Thurnau, Giesebrecht aus Stettin, Glax aus Gumpendorf, Godeffroy aus Hamburg, Göden aus Krotoszyn, von der Goltz (Graf) aus Czarnikau, Gombart aus München, Graf aus München, Grävell aus Frankfurt a. d. O., Groß aus Leer, v. Grundner aus Ingolstadt, Gysae (Wilhelm) aus Strehlow, Hahn aus Guttstadt, v. Hartmann aus Münster, Haubenschmied aus Passau, Hayden aus Dorff bei Schlierbach, Haym aus Halle, Heimbrod aus Sorau, v. Hennig aus Dempowalonka, Herzog aus Ebermannstadt, Heusner aus Saarlouis, Hillebrand aus Pöls, Hofer aus Pfarrkirchen, Houben aus Meurs, Hugo aus Göttingen, Jacobi aus Hersfeld, Jahn aus Freiburg an der Unstrut, Johannes aus Meiningen, Jordan aus Berlin, Jordan aus Gollnow, Jordan aus Frankfurt a. M., Junkmann aus Münster, Jürgens aus Stadtoldendorf, Kagerbauer aus Linz, Kahlert aus Leobschütz, v. Keller (Graf) aus Erfurt, Kerer aus Innsbruck, Kerst aus Birnbaum, v. Keudell aus Berlin, Knoodt aus Bonn, Kosmann aus Stettin, v. Kösteritz aus Elberfeld, Krafft aus Nürnberg, Kratz aus Wintershagen, Küntzel aus Wolka, v. Kürsinger (Ignatz) aus Salzburg, v. Kürsinger (Karl) aus Tamsweg, Lammers aus Erlangen, Langerfeldt aus Wolfenbüttel, v. Lassaulx aus München, Laube aus Leipzig, Lette aus Berlin, Lienbacher aus Goldegg, Lodemann aus Lüneburg, Löw aus Magdeburg, Löw aus Posen, v. Maltzahn aus Küstrin, Mann aus Rostock, Marcks aus Duisburg, Marcus aus Bartenstein, Martens aus Danzig, v. Massow aus Karlsberg, Mathy aus Karlsruhe, Matthies aus Greifswald, Merck aus Hamburg, Metzke aus Sagan, Michelsen aus Jena, Mohl (Robert) aus Heidelberg, v. Mühlfeld aus Wien, Müller aus Würzburg, Münch aus Wetzlar, Munchen aus Luxemburg, v. Nagel aus Oberviechtach, Naumann aus Frankfurt an der Oder, Nerreter aus Fraustadt, Neubauer aus Wien, Neumayr aus München, Nizze aus Stralsund, Nöthig aus Weißholz, Obermüller aus Passau, Oertel aus Mittelwalde, Ostendorf aus Soest, Osterrath aus Danzig, Ottow aus Labiau, Pannier aus Zerbst, Paur aus Augsburg, Pfeiffer aus Adamsdorf, Pfeufer aus Landshut, Phillips aus München, Pieringer aus Kremsmünster, Plaß aus Stade, Plathner aus Halberstadt, Plehn aus Marienburg, Pözl aus München, Polatzek aus Weißkirch, v. Pretis aus Hamburg, Quante aus Ullstadt, Quesar aus Prag, v. Quintus-Icilius aus Fallingbostel, v. Radowitz aus Rüthen, Rahm aus Stettin, Rättig aus Potsdam, v. Raumer aus Berlin, v. Raumer aus Dinkelsbühl, Reichensperger aus Trier, Reindl aus Orth, Reitmayr aus Regensburg, Renger aus Böhmisch-Kamnitz, Richter aus Danzig, Riedl aus Gratz, Riegler aus Mährisch-Budwitz, Riesser aus Hamburg, Röder aus Neustettin, Rößler aus Wien, v. Rotenhan aus München, Rüder aus Oldenburg, Rümelin aus Nürtingen, v. Sänger aus Grabow, v. Saltzwedell aus Gumbinnen, v. Saucken-Tarputschen aus Angerburg, Schauß aus München, Schepp aus Wiesbaden, Schick aus Weißensee, Schierenberg aus Detmold, Schirmeister aus Insterburg, v. Schleussing aus Rastenburg, Schlüter aus Paderborn, v. Schmerling aus Wien, Schmidt (Joseph) aus Linz, Scholten aus Ward, Scholz aus Neisse, Schrader aus Brandenburg, Schreiber aus Bielefeld, v. Schrenk aus München, Schubert (Friedrich Wilhelm) aus Königsberg, Schubert aus Würzburg, Schultze aus Potsdam, Schwarz aus Halle, Schwetschke aus Halle, v. Selchow aus Rettkewitz, Sellmer aus Landsberg an der Warthe, Sepp aus München, Siehr aus Gumbinnen, Siemens aus Hannover, Simson aus Stargard, v. Soiron aus Mannheim, Sprengel aus Waren, Stahl aus Erlangen, v. Stavenhagen aus Berlin, Stenzel aus Breslau, Stieber aus Budissin, Stülz aus St. Florian, Sturm aus Sorau, Tannen aus Zielenzig, Tappehorn aus Oldenburg, Teichert aus Berlin, Tellkampf aus Breslau, v. Thielau aus Braunschweig, Thöl aus Rostock, v. Treskow aus Grocholin, Veit aus Berlin, Versen aus Nieheim, Viebig aus Posen, v. Vincke aus Hagen, Vogel aus Dillingen, Vonbun aus Feldkirch, Waitz aus Göttingen, Waldmann aus Heiligenstadt, Walter aus Neustadt, Weber aus Neuburg, Weber aus Meran, Wedekind aus Bruchhausen, v. Wegnern aus Lyk, Weiß aus Salzburg, Wekbeker aus Aachen, Werner aus St. Pölten, Wernher aus Nierstein, Wernich aus Elbing, Widenmann aus Düsseldorf, Wiebker aus Uckermünde, Wiest aus Tübingen, Wiethaus (J.) aus Gummersbach, Winter aus Liebenburg, v. Wulffen aus Passau, Zachariä aus Bernburg, Zachariä aus Göttingen, Zeltner aus Nürnberg, v. Zerzog aus Regensburg, Zum Sande aus Lingen.

Mit Nein antworteten:

Ahrens aus Salzgitter, Anderson aus Frankfurt a. d. O., Backhaus aus Jena, Becker aus Trier, Beidtel aus Brünn, Berger aus Wien, Blumröder (Gustav) aus Kirchenlamitz, Böcking aus Trarbach, Boczek aus Mähren, Bogen aus Michelstadt, Bresgen aus Ahrweiler, Breusing aus Osnabrück, Claussen aus Kiel, Cnyrim aus Frankfurt a. M., Cramer aus Köthen, Cropp aus Oldenburg, Cucumus aus München, Culmann aus Zweibrücken, Damm aus Tauberbischofsheim, Dham aus Schmalenberg, v. Dieskau aus Plauen, Dietsch aus Annaberg, Drechsler aus Rostock, Eckert aus Bromberg, Eisenmann aus Nürnberg, Eisenstuck aus Chemnitz, Engel aus Pinneberg, Englmayr aus Enns (Oberösterreich), Esterle aus Cavalese, Fallmerayer aus München, Federer aus Stuttgart, Fehrenbach aus Säckingen, Fetzer aus Stuttgart, Freese aus Stargard, Frisch aus Stuttgart, Fritzsche aus Roda, Fröbel aus Reuß, Geigel aus München, Gerlach aus Tilsit, Giskra aus Wien, Göbel aus Jägerndorf, Goltz aus Brieg, Gottschalk aus Schopfheim, Gravenhorst aus Lüneburg, Gritzner aus Wien, Groß aus Prag, Grubert aus Breslau, Grüel aus Burg, Grumbrecht aus Lüneburg, Güllich aus Schleswig, Günther aus Leipzig, Gulden aus Zweibrücken, Hagen (K.) aus Heidelberg, Haggenmüller aus Kempten, Hallbauer aus Meißen, Hartmann aus Leitmeritz, Haßler aus Ulm, Hehner aus Wiesbaden, Heisterbergk aus Rochlitz, Heldmann aus Selters, Hensel aus Camenz, Heubner aus Zwickau, Hildebrand aus Marburg, Hönniger aus Rudolstadt, Hoffbauer aus Nordhausen, Hofmann aus Friedberg, Hollandt aus Braunschweig, Huber aus Linz, Huck aus Ulm, Jopp aus Enzersdorf, v. Itzstein aus Mannheim, Jucho aus Frankfurt a. M., Käfferlein aus Baireuth, v. Kaiserfeld aus Birkfeld, Kirchgeßner aus Würzburg, Knarr aus Steyermark, Köhler aus Seehausen, Kohlparzer aus Neuhaus, Kollaczek aus Oesterreichisch-Schlesien, Kotschy aus Ustron in Mährisch-Schlesien, Kudlich aus Schloß Dietach, Kuenzer aus Constanz, Künßberg aus Ansbach, Kuhnt aus Bunzlau, Langbein aus Wurzen, Laschan aus Villach, Laudien aus Königsberg, Lausch aus Troppau, Liebmann aus Perleberg, Lindner aus Seisenegg, Löschnigg aus Klagenfurt, Löwe (Wilhelm) aus Calbe, Makowiczka aus Krakau, Mally aus Steyermark, Maly aus Wien, Mammen aus Plauen, Mandrella aus Ujest, Mareck aus Gratz (Steyermark), Marsilli aus Roveredo, Martiny aus Friedland, Mayer aus Ottobeuern, v. Mayfeld aus Wien, Melly aus Wien, Mertel aus Kronach, Meyer aus Liegnitz, Minkus aus Marienfeld, Mittermaier aus Heidelberg, Möller aus Reichenberg, Mölling aus Oldenburg, v. Möring aus Wien, Mohl (Moriz) aus Stuttgart, Müller aus Sonnenberg, Mulley aus Weitenstein, Nägele aus Murrhardt, Nauwerck aus Berlin, v. Neitschütz aus Königsberg, Neugebauer aus Ludiz, Nicol aus Hannover, Pattay aus Steyermark, Paur aus Neisse, Petzer aus Bruneck, Pfahler aus Tettnang, Pinckert aus Zeitz, Prinzinger aus St. Pölten, Rank aus Wien, Rapp aus Wien, v. Rappard aus Glambek, Raffl aus Neustadtl in Böhmen, Raus aus Wolframitz, Reh aus Darmstadt, Reichard aus Speyer, Reinhard aus Boytzenburg, Reinstein aus Naumburg, Reisinger aus Freistadt, Reitter aus Prag, Rheinwald aus Bern, Riehl aus Zwettl, Röben aus Dornum, Rödinger aus Stuttgart, Römer aus Stuttgart, Rösler aus Oels, Roßmäßler aus Tharand, Rühl aus Hanau, Sachs aus Mannheim, [illegible], Scharre aus Strehla, Schenk aus Dillenburg, Schiedermayer aus Vöcklabruck, Schlöffel aus Halbendorf, Schlüter aus Paris, Schmidt (Ernst Friedrich Franz) aus Löwenberg, Schmitt aus Kaiserslautern, Schneider aus Wien, Schoder aus Stuttgart, Schorn aus Essen, Schott aus Stuttgart, Schreiner aus Gratz (Steyermark), Schüler aus Jena, Schulz (Friedrich) aus Weilburg, Schulz aus Darmstadt, Schütz aus Mainz, Schwarzenberg aus Kassel, Simon (Heinrich) aus Breslau, Simon (Ludwig) aus Trier, Spatz aus Frankenthal, Stark aus Krumau, Strache aus Rumburg, v. Stremayr aus Gratz, Tafel aus Stuttgart, Tafel (Franz) aus Zweibrücken, Titus aus Bamberg, Trabert aus Rausche, Uhland aus Tübingen, Umbscheiden aus Dahn, v. Unterrichter aus Klagenfurt, Venedey aus Köln, Vischer aus Tübingen, Vogel aus Guben, Vogt aus Gießen, Wagner aus Steyr, Waldburg-Zeil-Trauchburg (Fürst) aus Stuttgart, Weißenborn aus Eisenach, Welter aus Tünsdorf, Werthmüller aus Fulda, Wichmann aus Stendal, Wiesner aus Wien, Wigard aus Dresden, Wurm aus Hamburg, Wuttke aus Leipzig, Würth aus Sigmaringen, v. Wydenbrugk aus Weimar, Zell aus Trier, Ziegert aus Preußisch-Minden, Zimmermann aus Stuttgart, Zitz aus Mainz, Zöllner aus Chemnitz.

Abwesend waren:

A. Mit Entschuldigung:

Ambrosch aus Breslau, v. Andrian aus Wien, Archer aus Rein, v. Bally aus Beuthen, Bauernschmid aus Wien, Baur aus Hechingen, v. Beisler aus München, Bergmüller aus Mauerkirchen, Beseler (H. W.) aus Schleswig, Brentano aus Bruchsal, Brons aus Emden, Cetto aus Trier, Christ aus Bruchsal, Christmann aus Dürkheim, Clemens aus Bonn, Czoernig aus Wien, Detmold aus Hannover, Dröge aus Bremen, Fallati aus Tübingen, Förster aus Hünfeld, Freudentheil aus Stade, Fuchs aus Breslau, v. Gagern aus Darmstadt, Gspan aus Innsbruck, Heckscher aus Hamburg, Helbing aus Emmendingen, v. Hermann aus München, Herzig aus Wien, Heubner aus Freiberg, Hirschberg aus Sondershausen, Höchsmann aus Wien, Junghanns aus Mosbach, Kaiser (Ignatz) aus Wien, Koch aus Leipzig, Kolb aus Speyer, Kutzen aus Breslau, Leue aus Köln, Levysohn aus Grünberg, v. Linde aus Mainz, Lüntzel aus Hildesheim, Mevissen aus Köln, Mez aus Freiburg, Mohr aus Oberingelheim, Müller aus Damm, Neumann aus Wien, v. Neuwall aus Brünn, Overweg aus Haus Ruhr, Peter aus Constanz, Presting aus Memel, Raveaux aus Köln, v. Reden aus Berlin, Reichenbach (Graf) aus Domeszko, Richter aus Achern, v. Rönne aus Berlin, Rothe aus Berlin, Schaffrath aus Neustadt, Scheller aus Frankfurt an der Oder, [illegible] aus der Oberpfalz, v. Schlotheim aus Wollstein, Schneer aus Breslau, Schönmäckers aus Beck, Schrott aus Wien, Schüler (Friedrich) aus Zweibrücken, Schuler aus Inns-

[illegible] (Graf) aus Pommern, [illegible] Stockinger aus [illegible]; Thinnes aus Eichstätt, Tomaschek aus Iglau, v. Trützschler aus Dresden, Wachsmuth aus Hannover, v. Wedemeyer aus Schönrade, Wesendonck aus Düsseldorf, Würth aus Wien, Zimmermann aus Spandow, Zittel aus Bahlingen.

B. Ohne Entschuldigung:

v. Buttaier aus Cavois, Bonhier (Cajetan) aus [illegible], Caspers aus Koblenz, Dammers aus Nienburg, Demel aus Teschen, v. Gladis aus Wohlau, Haupt aus Wismar, Hedrich aus Prag, Hergenhahn aus Wiesbaden, Höfken aus Hattingen, Hoffmann aus Ludwigsburg, v. Kalkstein aus Wogau, Kierulff aus Rostock, Kleinschrod aus München, Leverkus aus Lennep, v. Mayern aus Wien, v. Scherpenzeel aus Baarlo, Schmidt (Adolph) aus Berlin, Servais aus Luxemburg, Simon (Max) aus Breslau, v. Somaruga aus Wien, Stein aus Görz, Strefflear aus Wien, Trampusch aus Wien, Welcker aus Heidelberg, Werner aus Oberkirch, Wippermann aus Kassel.

Präsident: Meine Herren! Der erste Satz des Ausschuß-Antrages: „Abänderungen in der Reichsverfassung können nur durch einen Beschluß beider Häuser und mit Zustimmung des Reichsoberhauptes erfolgen," ist mit 259 gegen 196 Stimmen angenommen, und damit das Minoritäts-Erachten, wie wir übereingekommen sind, sowie der Antrag des Herrn v. Dieskau erledigt. — Ich gehe zur Abstimmung über den zweiten Theil des Ausschuß-Antrags über. Es ist hier (auf der Rechten) auf die namentliche Abstimmung verzichtet. Ich weiß nicht, ob Herr Schüler auch von dieser Seite (der Linken) den Antrag fallen lassen will?

Schüler (vom Platze): Ich lasse meinen Antrag fallen!

Präsident: Und ob ohne Namensaufruf über die folgenden Sätze abgestimmt werden soll? (Stimmen: Jawohl!) Ich bitte die Herren, Ihre Plätze einzunehmen, damit wir weiter abstimmen können. Ich bringe jetzt folgenden Satz zur Abstimmung:

„Zu einem solchen Beschlusse bedarf es in jedem der beiden Häuser der Anwesenheit von wenigstens zwei Dritteln der Mitglieder."

Diejenigen Herren, welche die Fortsetzung des ersten angenommenen Alinea des § 7 annehmen wollen, bitte ich, sich zu erheben. (Mitglieder auf der Rechten und im Centrum erheben sich.) Der Satz ist angenommen. — Ich bringe jetzt das Amendement des Herrn v. Vincke zur Abstimmung:

Statt: „zweier Abstimmungen, zwischen welchen ein Zeitraum von wenigstens acht Tagen liegen muß," „zweier Abstimmungen in zwei verschiedenen Sitzungs-Perioden."

Diejenigen Herren, die diesen Antrag annehmen wollen, ersuche ich, aufzustehen. (Mitglieder auf der Rechten und im Centrum erheben sich.) Wir wollen die Gegenprobe machen. Diejenigen Herren, die den Antrag des Herrn v. Vincke nicht annehmen wollen, ersuche ich, sich zu erheben. (Mitglieder auf der Linken und im Centrum erheben sich.) Der Antrag ist verworfen. — Ich bringe also den Antrag des Ausschusses zur Abstimmung. Diejenigen Herren, welche die zweite Nummer des vorliegenden Satzes nach dem Antrage des Ausschusses: „zweier Abstimmungen, zwischen welchen ein Zeitraum von wenigstens acht Tagen liegen muß," so gefaßt wissen wollen, ersuche ich, sich zu erheben. (Mitglieder auf der Rechten und im Centrum erheben sich.) Der Antrag ist angenommen. — Wir gehen zur dritten Nummer über. Diejenigen Herren, welche den Satz: „Einer Stimmenmehrheit von wenigstens zwei Dritteln der anwesenden Mitglieder bei jeder der beiden Abstimmungen," annehmen wollen, bitte ich, sich zu erheben. (Mitglieder auf der Rechten und im Centrum erheben sich.) Der Antrag ist angenommen. Der § 6 ist angenommen nach dem Vorschlage des Verfassungs-Ausschusses. — Wir gehen zu Artikel IV. § 7 über. Sie haben den Artikel IV. § 7, sowie drei Verbesserungs-Anträge gedruckt in Händen.

(Die Redaction läßt dieselben hier folgen:

Verbesserungs-Anträge

zu dem vom Verfassungs-Ausschusse vorgelegten Entwurf „Gewähr der Reichsverfassung."

Des Abgeordneten Wigard:

§ 7. Kein Ort oder Bezirk in Deutschland darf in Veranlassung eines Aufruhrs in Belagerungszustand versetzt, Niemand außer Militärpersonen dem Kriegsgericht beziehentlich Standrecht unterworfen werden; keine Beschränkung, Suspendirung oder Aufhebung der Grundrechte des deutschen Volkes darf in solchem Falle eintreten.

Die Anwendung der bewaffneten Macht zur Unterdrückung eines bewaffneten Aufruhrs darf nur auf Anordnung der betreffenden Civilbehörde und unter deren Verantwortlichkeit erfolgen, und nicht weiter ausgedehnt werden, als die Unterdrückung des betreffenden Aufruhrs erfordert.

Ein Reichsgesetz wird die Fälle und Formen bestimmen, wann und wie die bewaffnete Macht gegen Aufruhr einzuschreiten hat.

§ 8. Für den Fall des Krieges können nach Maßgabe der näheren Vorschriften durch ein Reichsgesetz die Bestimmungen über Haussuchung und Versammlungsrecht, wie solche in den Grundrechten des deutschen Volkes enthalten sind, für einen Ort oder Bezirk theilweise außer Kraft gesetzt werden.

Unterstützt von: Vogt; Rheinwald; Frisch; Schulz von Weilburg; Nauwerck; Vischer; Mandrella; Kollaczek; Roßmäßler; Zimmermann von Stuttgart; Rödinger; Schott; Tafel; Hagen; Eisenstuck; Schütz; Spatz; Heubner; Tafel von Zweibrücken; Langbein; Scharre; Schüler.

Des Abgeordneten Max Simon:

Eventueller Zusatz zu § 7 und zum Minoritäts-Erachten I.

1) Für den Fall, daß § 7 angenommen wird, beantragen wir zu Nr. 2 folgenden Zusatz:

„Die Einberufung muß in diesem Falle sofort geschehen, so daß der Zusammentritt spätestens am 21sten Tage, von Verkündung der Ausnahmsmaßregeln an gerechnet, stattfindet, widrigenfalls derselbe ohne Berufung erfolgt."

2) Für den Fall, daß das Minoritäts-Erachten I angenommen wird, beantragen wir folgenden hinter den Worten

„ohne Verzug einzuholen"

einzuschaltenden Zusatz:

„Sind dieselben nicht versammelt, so müssen sie sofort einberufen werden, so daß der Zusammentritt spätestens am 21sten Tage, von Verkündung der Ausnahmsmaßregeln an gerechnet, stattfindet, widrigenfalls derselbe ohne Berufung erfolgt."

Unterstützt von: Schoder; Venedey; Hildebrand; Eckert; Mayfeld; Melly; Mayer von Ottobeuern; Rappard; Haggenmüller; Vogel von Guben; Blumröder; Geigel; Schulz von Weilburg; Hehner; Schwarzenberg; Gerlach; Reitter; Schott; Freese.

Des Abgeordneten Spatz und Genossen:

Zu § 7.

In Erwägung, daß der Ausdruck „Aufruhr" vielfacher Deutung fähig ist, und nicht bloß einen ernstlichen bewaffneten Aufstand, sondern auch eine unbedeutende tumultuarische Zusammenrottung bezeichnet;

in Erwägung, daß aber die zeitweise Aufhebung staatsbürgerlicher Rechte ein so wichtiger Act ist, daß nur in den äußersten Fällen davon Gebrauch gemacht werden darf:

aus diesen Gründen wollen in § 7 und eventuell in den betreffenden Minoritäts-Erachten und Verbesserungs-Anträgen statt der Worte:

„Im Falle des Kriegs oder Aufruhrs können außer Kraft gesetzt werden"

folgende Worte gesetzt werden:

„Im Falle des Kriegs oder bewaffneten Aufruhrs zum Zwecke des Umsturzes der Reichs- oder Staatsverfassung können außer Kraft gesetzt werden."

Unterstützt von: Vogt; Blumröder; Haggenmüller; Frisch; Tafel von Stuttgart; Wigard event.; Eisenstuck event.; Roßmäßler; Schmitt von Kaiserslautern; Mölling; Bogen; Schüler; Tafel von Zweibrücken; Schwarzenberg; Zimmermann von Stuttgart; Nägele; Schott; Vogel von Guben; Trabert; Fetzer.)

Präsident: Herr Reh bemerkt, daß er beim Beginne der Berathung über Art. IV. § 7 im Verfassungs-Ausschusse dem ersten Minoritäts-Erachten beigetreten ist, und sein Name nur deßhalb in dem gedruckten Entwurfe nicht genannt worden, weil er bei Unterzeichnung des Minoritäts-Erachtens zufällig nicht anwesend gewesen ist. — An neuen Verbesserungs-Anträgen habe ich folgende vier zu verlesen:

1) Den Antrag des Herrn v. Schmerling und Genossen:

„Der § 7 soll lauten:

„Bei dringender Gefahr im Fall eines Krieges oder Aufruhrs, wenn die regelmäßige Wirksamkeit der obrigkeitlichen Gewalten oder der Gerichte thatsächlich gehemmt ist, darf das Kriegsrecht für bestimmte Bezirke verkündet werden.

„Die Verkündigung des Kriegsrechtes gewährt der in dem betreffenden Bezirke fungirenden höchsten Militärbehörde innerhalb dieses Bezirkes:

1) „die gesammte Executivgewalt;
2) „das Recht, den gesetzlichen Gerichtsstand zu bestimmen;
3) „das Recht, den Gerichten die Befugniß, Todesurtheile zu fällen, einzuräumen;
4) „das Recht, die Bestimmungen der Grundrechte über Verhaftung, Haussuchung, freie Presse, Vereins- und Versammlungsrecht außer Kraft zu setzen.

„Bestimmungen über die Formen der Verkündigung des Kriegsrechtes und über das gerichtliche Verfahren bleiben der Reichsgesetzgebung vorbehalten. Bis zum Erlaß dieser Gesetze bleiben die geltenden Vorschriften in Kraft."

Unterstützt von: Fritsch; Deymann; Braun; Tappehorn; Arndts; Kleinbacher; Coronini-Cronberg; Polatzek; Hermann Müller; Stülz; Kerer; Grundner; Weiß; Reichensperger; Osterrath; Karl v. Kürsinger; Ignatz v. Kürsinger; Joh. Hildebrand; Duckar; Reindl; v. Möring; v. Mühlfeld; Phyn; Anton Moser; Weber; Göbel; Kagerbauer.

Ferner den Verbesserungs-Antrag des Abgeordneten Würth von Sigmaringen:

„Zu § 7 soll folgender Zusatz gemacht werden:

„Den Regierungen solcher Einzelstaaten, die weniger als 100,000 Einwohner zählen, steht eine solche Verfügung anders nicht zu, als nach voraus eingeholter und erwirkter Genehmigung des Landtages."

Das dritte Amendement ist gestellt von v. Vincke und Genossen:

„Statt der vom Ausschusse vorgeschlagenen Fassung:

„Im Falle des Krieges oder Aufruhrs können die Bestimmungen der Grundrechte über Verhaftung, Haussuchung, Preßfreiheit, Vereins- und Versammlungsrecht von der Reichsregierung oder der Regierung eines Einzelstaates für einzelne Bezirke zeitweise, unter Verantwortlichkeit des betreffenden Gesammt-Ministeriums gegen den Reichstag, beziehungsweise Landtag, außer Kraft gesetzt werden.

„Weitere Bestimmungen bleiben einem Reichsgesetze vorbehalten. Für die Verkündigung des Belagerungs-Zustandes in Festungen bleiben die bestehenden gesetzlichen Vorschriften in Kraft."

Unterstützt von: Naumann; Tannen; v. Wulffen; Flottwell; Schultze von Potsdam; Ortlik; Gombart; Blömer; v. Rotenhan; Obermüller; Gersdorf; Grävell; v. Selchow; Schrenk; v. Wegnern; v. Nagel; v. Treskow; Egger; Arnois; Hayden; v. Mühlfeld; Neubauer; v. Radowitz.

Endlich den Antrag des Herrn v. Thielau und Genossen. Anstatt des Minoritäts-Erachtens II. Zusatz § 7a schlägt dieser folgende Fassung vor:

„Bei dringender Gefahr im Falle eines Krieges oder Aufruhrs, wenn die regelmäßige Wirksamkeit der obrigkeitlichen Gewalten oder der Gerichte thatsächlich gehemmt ist, darf von dem Gesammtministerio des Reichs oder des Einzelstaates außer den im § 7 gestatteten Maßregeln, das Kriegsrecht für bestimmte Bezirke mit der Wirkung angekündigt werden, daß die in den Bestimmungen der Grundrechte § 9 und § 43 über die Zulässigkeit der Todesstrafe und der Militärgerichtsbarkeit vorgesehenen Ausnahmen eintreten. Sowohl die Verkündigung, als die Dauer des Kriegsrechts bedarf der Genehmigung des Reichs-

[illegible]tags, beziehungsweise Landtags. Ist der Reichstag oder Landtag nicht versammelt, so muß die Berufung desselben zum sofortigen Zusammentreten zugleich mit der Verkündigung des Kriegsrechts erfolgen.

Die näheren Bestimmungen über das Kriegsrecht werden der Reichsgesetzgebung vorbehalten. Bis zum Erlaß dieser Gesetze bleiben die geltenden Vorschriften in Kraft."

Unterstützt von: Richter von Danzig; v. Kösteritz; Lette; Kratz; Matthies; v. Ende; Duncker; Wassow; Kosmann; Bernhardi; Wernher; Schreiber; Jahn; Plathner; Langerfeldt; Fischer; Haubenschmied; Becker von Gotha; Gysae; Eversbusch; Rizzi; Zachariä von Göttingen.

Zu §§ 7 und 7a sind folgende Redner eingeschrieben: gegen die Paragraphen die Herren Tellkampf, H. Simon, Schoder, Vogt, Wigard, Hagen, Nauwerck und Würth von Sigmaringen; für die beiden Paragraphen die Herren Schneer, v. Schmerling, v. Vincke, Mittermaier, Zachariä von Göttingen, Bassermann. Ich habe zunächst zu fragen, ob die Versammlung in Discussion über diese Paragraphen eintreten will? Diejenigen Herren, welche auf die Discussion über §§ 7 und 7a nicht verzichten wollen, ersuche ich, sich zu erheben. (Mitglieder auf allen Seiten erheben sich.) Die Discussion ist zugelassen. Herr Tellkampf hat das Wort.

Tellkampf von Breslau: Meine Herren! Ich wünsche das erste Minoritäts-Erachten zu Ihrer Annahme zu empfehlen. Dasselbe unterscheidet sich durch drei Bestimmungen vom § 7. Dieser gestattet, daß die fragliche Ausnahmsverfügung vierzehn Tage lang in Kraft sein darf, ohne daß die Genehmigung des betreffenden gesetzgebenden Körpers einzuziehen sei. Das erste Minoritäts-Erachten verlangt eine sofortige Einholung der Genehmigung des betreffenden Landtages oder Reichstages, damit letztere nicht ein bis zwei Monate hinausgeschoben werde. Es erscheint außerdem rathsam, daß die fragliche Verfügung, welche einige der wichtigsten Rechte betrifft, nicht bei jedem lokalen Tumulte, sondern nur bei einem nach der Ansicht des Gesammtministeriums gefährlichen Aufruhr erlassen werde. Eine zweite Bestimmung des ersten Minoritäts-Erachtens ist die: „Erfolgt diese Zustimmung nicht, so ist die verhängte Maßregel aufzuheben." Eine solche Bestimmung findet sich aber im § 7 nicht, und es möchte jedenfalls rathsam sein, daß sie abgesondert auch beim § 7 zur Abstimmung käme. Die dritte Bestimmung ist die, daß in Bezug auf die Festungen ein Reichsgesetz erlassen werden soll. Durch dieses letztere sollen die älteren Kriegsgesetze einer Revision unterworfen werden. Ich brauche, meine Herren, wohl nur an die traurigen Vorgänge des letzten Jahres in Schweidnitz zu erinnern, um eine solche Revision als gerechtfertigt erscheinen zu lassen. — Ich wende mich nun gegen das zweite Minoritäts-Erachten. Der Herr Berichterstatter hat in seinen Motiven gesagt, daß selbst die Völker, welche sich der freiesten Verfassung erfreuen, es für nöthig erkannt haben, daß im Falle des Krieges oder des Aufruhrs Ausnahmsmaßregeln stattfinden können, und ihr Bemühen nur dahin gerichtet gewesen sei, auch hier verfassungsmäßige Garantieen gegen einen möglichen Mißbrauch der Gewalt zu finden. Dieß ist allerdings der Fall. Es fragt sich aber, ob die im zweiten Minoritäts-Erachten vorgeschlagenen Maßregeln Empfehlung verdienen? Wie mir scheint, sind es diejenigen, welche in Frankreich üblich sind; ich halte aber dafür, daß sie nicht allein die Freiheit des Volkes, sondern auch die Sicherheit des Staates in Frage stellen; und aus diesen beiden Gründen erkläre ich mich dagegen. Es ist unbestreitbar, daß der bewaffnete Aufruhr mit Kraft und Energie unterdrückt werden muß; aber ebenso gewiß ist, daß, sobald der Aufruhr unterdrückt ist, ein weises Maßhalten nöthig ist, damit man die Billigung aller verständigen Staatsbürger für sich und zur Stütze habe. Nach diesem Minoritäts-Erachten aber soll die Executivgewalt in die Hände der Militärbehörde übergehen, und es sollen auch noch nach Unterdrückung des Aufruhrs Ausnahmsgerichte und Standrecht eintreten können. Geschieht aber dieß, erfolgen dann noch standrechtliche Urtheile und Hinrichtungen, so ergreift Besorgniß, Mitleid und Entrüstung alle Gemüther, es schlägt dann die öffentliche Meinung sehr leicht um gegen die Regierung, und das Staatsschiff bleibt in ewigen Schwankungen. Man betrachtet dann Diejenigen, welche dem standrechtlichen Urtheile zum Opfer fallen, als Märtyrer; und Märtyrer haben bekanntlich die meisten Proselyten gemacht. Es spricht gegen das zweite Minoritäts-Erachten noch ein anderes Bedenken; es soll nach demselben das Kriegsrecht auf Orte und Bezirke während langer Dauer in Anwendung kommen können; dieß ist für die öffentliche Stimmung nicht minder gefährlich. Um einen solchen Kriegszustand aufrecht zu erhalten, sind Maßregeln nöthig, welche mit einer Unzahl kleiner Neckereien verbunden sind; und nichts ist auf die Dauer lästiger, als gerade diese. Denn sollen die Menschen sich frei fühlen, so lasse man sie in gleichgiltigen Dingen thun, was sie wollen, dann werden sie um so eher in wichtigen Sachen freudig geneigt sein, dem Staate Dienste zu leisten. Das größte Bedenken gegen das zweite Minoritäts-Erachten liegt aber darin, daß der Begriff und Umfang des Kriegsrechts ein zu unbestimmter ist, und daß, falls nach dem zweiten Minoritäts-Erachten die executive und richterliche Gewalt in einer Militärbehörde vereinigt werden soll, hiermit Militärdespotismus geschaffen würde. Denn bekanntlich erzeugt die Vereinigung der ausübenden und richterlichen Gewalt in einer Behörde stets Despotismus. Wenn aber gegen Aufrührer nach Kriegsrecht standrechtliche Hinrichtungen verhängt werden, so ist jenes Verfahren jedenfalls ein weit strengeres, als dasjenige, welches man gegen Feinde beobachtet; denn gefangene oder besiegte Feinde pflegt man nicht hinterher zu erschießen. Diese Erwägungen machten mich abgeneigt, dem zweiten Minoritäts-Erachten beizutreten. Ich hatte deßhalb im Verfassungs-Ausschusse ein Amendement gestellt, behielt es mir aber zu § 53 vor. Es lautet:

„Ein militärisches Einschreiten gegen Aufruhr ist nur zulässig, nachdem die bürgerliche Obrigkeit dazu die Einstimmung gegeben und die Aufruhracte verlesen hat. Die militärischen Maßregeln dürfen nicht weiter als auf Unterdrückung des Aufruhrs ausgedehnt werden."

Ich finde nun, daß in dem zweiten Theil des Antrags, welchen Herr Wigard gestellt hat: „Die Anwendung der bewaffneten Macht zur Unterdrückung eines bewaffneten Aufruhrs darf nur auf Anordnung der betreffenden Civilbehörde erfolgen, und nicht weiter ausgedehnt werden, als die Unterdrückung des betreffenden Aufruhrs erfordert. Ein Reichsgesetz wird die Fälle und Formen bestimmen, wann und wie die bewaffnete Macht gegen Aufruhr einzuschreiten hat;" — im Wesentlichen derselbe Gedanke enthalten ist, und Das veranlaßt mich, darüber noch einige Worte zu sagen. Man scheint nämlich die in dem zweiten Minoritäts-Gutachten vorgeschlagenen Maßregeln deßhalb für nöthig zu halten, weil man bisher in

Deutschland den Mißgriff gemacht hat, daß man glaubte, man könnte mit der Bürgerwehr allein die Ordnung aufrecht erhalten; man überzeugte sich später, daß Das nicht möglich war, und nun glaubte man, man müsse sofort zum Aeußersten schreiten. Ich bin aber der Meinung, daß es einen Mittelweg giebt. Ich setze voraus, daß die Bürgerwehr bestehe, und daß nebenbei durch Verlesung der Aufruhracte der Zeitpunkt bestimmt werde, wann das Militär im Falle eines bewaffneten Aufruhrs einschreiten könne. Hat man diese Bestimmung, so steht hinter der Bürgerwehr immer in letzter Instanz die Militärgewalt, und die wird dann durchaus genügen, um die bürgerliche Ordnung aufrecht zu erhalten. Ich lege aber sehr viel Werth auf diese Formalität, daß, ehe eine Anwendung der Militärgewalt zulässig sei, die betreffende Civilbehörde zustimmen und die Aufruhracte verlesen werden müsse. Es ist nämlich damit nach dem Begriff des Rechtsstaates die feste Grenze zwischen der Wirksamkeit der Civilbehörden und dem möglichen Einschreiten des Militärs bezeichnet. Es stehen durch Beobachtung dieser Form einestheils die Bürger sicherer, denn alle Diejenigen, welche keinen Theil an dem Aufruhre nehmen wollen, können sich zeitig entfernen, und anderntheils ist das Militär, falls es einschreiten muß, günstiger gestellt, indem es dann nur seine Schuldigkeit gethan hat, und dasselbe kein Vorwurf treffen kann. Freilich würde ein Officier, welcher ohne Verlesen der Aufruhracte Befehl zum Einschreiten gäbe, der strengsten Strafe verfallen. Ich bin nun der Meinung, daß, wenn man das Minoritäts-Gutachten Nr. 2 annähme, sich dahinter die Feigheit mancher Bürger oder Behörden bequem verstecken könnte, indem man das Militär stets in allen schwierigen Fällen allein und mit unbedingter Vollmacht handeln ließe; ich bin aber auch der Meinung, daß ein Volk, welches frei sein will, nothwendigerweise sich mit anstrengen muß, und nicht allein seinen Schutz der bewaffneten Macht überlasse. Wer frei sein will, muß auch den Muth haben, die Freiheit und gesetzliche Ordnung kräftig zu schützen.

Schneer von Breslau: Meine Herren! Es handelt sich zunächst hier um Ausnahmsgesetze, und es ist die Frage aufzuwerfen, ob man Ausnahmsgesetze überhaupt haben will, oder nicht? Darin sind alle Vorschläge einverstanden, daß für den Fall des Kriegs Ausnahmsgesetze gemacht werden müssen; der eine Vorschlag nur will für den Fall des Aufruhrs kein Ausnahmsgesetz haben, nämlich der von Herrn Wigard; Herr Spatz und seine Genossen wollen die Ausnahmsgesetze nur für den Fall haben, daß der Aufruhr bewaffnet ist, und den Umsturz der Verfassung zum Zwecke hat. Die anderen Vorschläge begnügen sich mit der gewöhnlichen Qualification des Aufruhrs. Die Voraussetzungen, meine Herren, unter denen die Ausnahmsgesetze hier in Vorschlag gebracht worden, sind, wie mir scheint, bei beiden Parteien gleich falsch. Die Rechte nimmt an, daß sie immer auf der rechten Seite sitzen werde, und daß die Regierung das Maaß der nöthigen Freiheit nicht beschränken werde; die Linke glaubt, daß sie ebenso immer auf der linken Seite sitzen dürfte, und ich glaube, es könnte einmal die Zeit kommen, wo das Verhältniß nicht mehr stattfände, sondern wo sie, selbst zur Herrschaft gelangt, ausrufen möchte: „O Augenblick! o weile, du bist so schön;“ und in solchem Falle wird es Ihnen vielleicht auch recht sein, daß der Teufel der Anarchie Sie nicht weiter treibt. Wenn man die Crawall-Souveränität, wie sie von der einen Seite hier genannt worden ist, nicht haben will, wenn man ferner dem ehrenwerthen Abgeordneten nicht folgen kann, der, wie es scheint, zur allgemeinen Freude sehr oft diese Tribüne besteigt, und der einmal hier die Souveränität bis auf die einzelnen Individuen verfolgt wissen wollte, so, glaube ich, muß man die Herrschaft der Majoritäten in jedem Falle zur Geltung gelangt wünschen, und Schutzmittel haben, daß nicht die Minorität ihren Sonderwillen der Majorität aufdringe. (Unterbrechung auf der Linken.) Diese Fälle sind nicht so sehr selten, z. B. jetzt in Frankreich. Die Majorität von 7 Millionen hat gewählt, und der Minorität gefällt diese Wahl nicht; gegen dergleichen Uebergriffe müssen Vorkehrungen getroffen werden. Es ist sicher, die Regierung muß stark sein und die Möglichkeit haben, die ihr gestellte Aufgabe zu erfüllen; sie muß aber auch vor ihrer eigenen Willkür behütet werden; die Freiheit des Volkes muß mächtig genug sein, um sich selbst zu genügen, und sich vor der auflehnenden Frechheit behütet zu sehen. Gehen wir von solchen Gesichtspunkten aus, und haben wir dabei den sehr wahren Spruch eines der größten Männer in Deutschland vor Augen, daß es in der Natur der Kräfte liegt, daß sie geübt werden, und in der Natur der Gewalt, daß sie sich auszudehnen suche, so scheint es nothwendig, bei den Vorkehrungen, die getroffen werden müssen gegen anarchische Bestrebungen, solche Anordnungen zu treffen, die das Maaß der Nothwendigkeit nicht überschreiten. Dieß scheint mir durchaus in Dem gefunden zu sein, was Ihnen die Majorität des Verfassungs-Ausschusses vorgeschlagen hat. Für diesen Antrag spreche ich, und namentlich spreche ich gegen das Minoritäts-Erachten Nr. 2. Die Differenz der verschiedenen Vorschläge läßt sich in Folgendem zusammenfassen. Das Majoritäts-Erachten gibt dem Ministerium die Kraft, auf 14 Tage Ausnahmsgesetze zu machen; das Ministerium kann selbstständig diese Ausnahmsgesetze verfügen, und sollten sie länger dauern müssen, so bedarf es dazu der Zustimmung der Vertreter des Landes. Das Minoritäts-Erachten Nr. 1 verlangt die sofortige Einberufung der Kammern, gleich bei Anordnung der Ausnahms-Maßregel. Damit steht im Zusammenhange der Zusatz von Herrn Max Simon, der die Zusammenberufung der Stände dahin definirt wissen will, daß die Zusammenberufung so geschähe, daß der Zusammentritt spätestens am 21sten Tage, von der Verkündigung der Ausnahmsregel an gerechnet, stattfinden soll. Der Antrag von Herrn Wigard schließt, wie gesagt, die Ausnahmsregel für den Fall aus, daß ein bewaffneter Aufruhr dasei; und will sie bloß auf den Fall des Krieges angewendet wissen. Aber namentlich will er auch da im Falle eines Krieges keine Ausnahme von der Regel der Verhaftung. Herr Spatz und Genossen haben eine Qualification zur Norm hingestellt, von welcher es schwierig sein dürfte, sie praktisch anzuwenden, weil, wenn der bewaffnete Haufe anrückt, man den Beweis schwer wird stellen können, ob der Haufe die Verfassung umstürzen will, oder nicht, und weil Zeugenvernehmungen vor der Fronte kaum zulässig und kaum möglich sein möchten; so wird ein praktischer Gebrauch kaum möglich sein. Das Minoritäts-Erachten 2 will der Militärbehörde die ganze Executivgewalt übertragen, es will ihr auch den Gerichtsstand zu bestimmen überlassen, und den Gerichten die Befugniß einräumen, Todesurtheile zu fällen. Was die 14tägige Dauer des Minoritäts-Erachtens betrifft, welche die Minister selbstständig verschieben können, so hat dieß besonders den praktischen Nutzen, daß in entfernten Landestheilen, die von Truppen entblößt sind, vielleicht mit einer kleinen Mannschaft durch Anordnung der Ausnahmsmaßregeln so lange die Ordnung erhalten werden kann, bis größere Truppenmassen anrücken, und dann von selbst der Aufruhr gestillt ist. Sollte eine solche Maßregel längere Dauer fordern, dann ist die Zustimmung der Landesvertretung erforderlich. Hiermit im Widerspruch will das Minoritäts-Erachten Nr. 2 das Kriegsrecht oder das Nothrecht stabiliren.

es will das Kriegsrecht eingeleitet wissen, und es dürfte doch ziemlich gefährlich sein, die Soldaten oder das Militär überhaupt, das eben von der Blutarbeit zurückkommt und seine Feinde sich gegenüber vor Gericht gestellt sieht, als Richter zu ernennen. Das ist aber beim Kriegsgericht der Fall. Ich will nicht geradezu das Wort adoptiren, aber es scheint mir nicht unanwendbar auf den Fall. Einer meiner Freunde nannte das Minoritäts-Erachten Nr. 2 einen paragraphirten Windischgrätz. (Stimmen auf der Linken: Sehr gut!) Das Kriegsrecht ist ein Nothrecht . . . .

Waitz (vom Platze): Wenn Oesterreich solche Bestimmungen gehabt hätte, wäre Windischgrätz nicht gekommen.

Schneer: Es wird soeben bemerkt, daß, wenn Oesterreich solche Bestimmungen gehabt hätte, Fürst Windischgrätz nicht gekommen wäre. Ich will den Herrn Abgeordneten aus Schleswig-Holstein fragen, ob, wenn Schleswig-Holstein solche Bestimmungen gehabt hätte, eine provisorische Regierung nicht eingesetzt worden wäre?

Eisenmann (vom Platze): Bravo, Herr Schneer!

Schneer: Das Kriegsrecht ist ein Nothrecht. Ein Nothrecht läßt sich auf den allgemeinen Satz reduciren: „Noth kennt kein Gebot!" Wenn es nothwendig sein wird, solche Gesetze in Anwendung zu bringen, dann werden sie praktisch in Anwendung gebracht werden müssen, ob sie in der Verfassung stehen, oder nicht. Wenn der Feind vor der Thüre steht, läßt sich nicht mit gewöhnlichen Maßregeln auskommen. Das sieht Jedermann ein, und wenn in Friedenszeiten es nöthig wird, zur Unterdrückung von Aufruhr Ausnahmen eintreten zu lassen, dann, glaube ich, ist es besser, daß die Minister nicht das Recht haben, verfassungsmäßig auf dem Wege einzuschreiten und alle möglichen Grundrechte aufzuheben, als daß ihnen das Recht eingeräumt wird, wie es eben vorgeschlagen ist. Denn in solchem Falle, wenn sie das Recht verfassungsmäßig nicht haben, und später vor die Kammer treten sollen, um sich eine Indemnitätsbill geben zu lassen, werden sie sich weit mehr in Acht nehmen, als wenn sie ein verfassungsmäßiges Recht haben, und nachher durch allerlei Interpellationen in eine viel bequemere Lage versetzt werden, und Solche auch finden, die ihnen am Ende das Recht einräumen. Sollte das Majoritäts-Erachten nicht angenommen werden, dann ziehe ich das Amendement von Herrn Max Simon dem Minoritäts-Erachten Nr. 1 noch vor, wenn man auf dessen Principien überhaupt eingehen will, was ich übrigens durchaus nicht billigen möchte, denn in dem Amendement des Herrn Simon ist der ein und zwanzigste Tag von Verkündigung der Ausnahmsmaßregel an gerechnet, als Termin bestimmt. Es ist dieses präciser, als das Minoritäts-Erachten, wodurch die Möglichkeit gegeben ist, die Sache in die Länge zu ziehen. Ich halte die sofortige Einberufung der Stände nicht für nützlich, weil es sehr viele Fälle geben kann, in welchen bei einer vorübergehenden leichten Anwendung derjenigen Ausnahms-Maßregeln man ohne die Zusammenberufung fortkommen kann. Denken Sie sich den Fall, daß z. B. in Ostpreußen, in einem kleinen Ort vielleicht momentan auf 3 oder 4 Tage eine solche Maßregel nothwendig werden sollte, und darum sollte aus allen Gauen Deutschland's, oder wenigstens des preußischen Staates, die Zusammenberufung der Landstände gleich nothwendig werden. Ehe sie zusammenkommen, ist die Sache abgemacht, und eine Gewähr für die Freiheit wird es immer sein, daß die zusammentretenden Kammern von den Ministern Rechenschaft zu fordern haben. Vergleiche ich endlich das Minoritäts-Erachten Nr. 2, von welchem sich mir die anderen Anträge in demselben Sinne nicht zu weit zu entfernen scheinen, mit den Grundrechten und den darin gewährten Freiheiten für das Volk, so scheint mir beinahe das darauf angewendet werden zu können, was von dem Almosen gesagt ist: „Wenn du ein Almosen gibst, so soll die Linke nicht wissen, was die Rechte thut." (Heiterkeit auf der Linken; Mehrfaches Bravo.)

Heinrich Simon von Breslau: Meine Herren! Ich spreche für das erste Minoritäts-Erachten, und somit gegen § 7 des Verfassungs-Ausschuß-Antrags und gegen das Minoritäts-Erachten Nr. 2. Ich habe zunächst einige Worte vorauszuschicken über das Verhältniß des ersten Minoritäts-Antrags zu dem § 7, da in dem Berichte des Verfassungs-Ausschusses dieses Verhältniß irrthümlich aufgefaßt ist. Der Herr Berichterstatter sagt, die Minorität wolle, daß eine zeitweise Beschränkung der betreffenden Grundrechte über Verhaftung, Haussuchung und Versammlungsrecht jedesmal nur durch ein Gesetz geschehen könne; die Majorität sei deßhalb anderer Ansicht, weil es Fälle gebe, wo Eile nöthig sei, und weil, wenn in solchen Fällen die Berufung der gesetzgebenden Körper vorangehen müsse, leicht die betreffende Maßregel viel zu spät kommen, der Zweck vereitelt werden würde. Meine Herren! Die Minorität, — und ich bemerke, daß § 7 nur mit der Mehrheit von einer Stimme angenommen worden ist, — die Minorität ist allerdings der Ansicht, daß ein Gesetz unter allen Umständen nur durch ein Gesetz wieder aufgehoben werden könne, daß daher auch die Aufhebung einzelner Bestimmungen der Grundrechte nur durch ein Gesetz erfolgen könne; aber nirgends ist von der Minorität behauptet worden, und das Minoritäts-Erachten enthält hiervon kein Wort, daß ein solches Gesetz vorangehen müsse, was natürlich unter Umständen eine Unmöglichkeit wäre; vielmehr erkennt das Minoritäts-Erachten vollständig an, daß Fälle eintreten können, wo die Executiv-Behörde zum sofortigen Handeln durch die Ereignisse gezwungen sei. Wir verlangen aber, daß der Fall alsdann unter allen Umständen und sofort den gesetzgebenden Körpern zur Entscheidung vorgelegt werde, und daß es dem Ministerium nicht überlassen bleibe, auf eigene Hand für irgend welche Zeit definitiv Grundrechte außer Wirksamkeit zu setzen. Sie sehen, meine Herren, daß der angeführte Hauptgrund gegen das Minoritäts-Erachten, wie unter Umständen Eile nothwendig sei, das Minoritäts-Erachten auf keine Weise trifft. Es ist in der Berichterstattung noch ein zweiter und letzter Grund gegen das Minoritäts-Erachten, also dafür, daß ein Ministerium Gesetze auf eigene Hand für einige Zeit aufheben dürfe, angeführt, und es ist dieß derselbe, welchen der Redner vor mir so sehr hervorgehoben hat: daß es nicht möglich sei, wenn die Maßregel wegen einer einzelnen Stadt nothwendig werde, wie der Vorredner bemerkte, wenn in irgend einer Stadt Ostpreußens unruhige Bewegungen, Aufruhr ausbrechen, daß aus diesem Grunde sofort die deutsche Nationalversammlung oder die Kammern von Preußen einberufen werden können. In dieser Argumentation ist aber eine Kleinigkeit übersehen. Wir sind nämlich der Ansicht, daß in solchen Fällen, wenn an einem einzelnen Ort isolirt derartige Bewegungen ausbrechen, das deutsche Reichsministerium oder das preußische Ministerium sich nicht einfallen lassen solle, deßhalb die deutschen Grundrechte zu suspendiren. Es ist allerdings die alte Regierungsfaçon, in solchen Fällen gleich zu den äußersten Mitteln zu greifen, und die Achtung vor dem Gesetze aus den Augen zu setzen; diese alte Regierungsfaçon wollen wir aber eben abgeschafft wissen. Wenn in einer einzelnen Stadt isolirt Auflehnung gegen die Regierungsgewalt stattfindet, so bedenken Sie, daß, wenn dieses z. B. in einem ostpreußischen Städtchen geschieht, dem preußischen Staat die Kräfte übrig bleiben, die ihm sofort 16 Millionen gewähren, und als Reserve die Kräfte der baierischen Bundes-Staaten, um diese Unruhen mit Hülfe der gewöhnlichen Gesetze zu dämpfen, die, wie Ihnen bekannt, gerade in dieser Richtung in allen deutschen Ländern sehr umfassend sind. Das ist ein schlechtes Regiment, das bei solcher Machtfülle sofort das Gesetz selbst antastet durch eine Art Aufruhr von Oben; denn darauf läuft in der Wirkung die Aufhebung der Gesetze hinaus. Wenn aber die Unruhen nicht isolirt sind, wenn sie in einem Bezirk oder in mehreren Bezirken ausbrechen, so ist das ein genügendes Symptom einer schweren Krankheit des Staates, und in diesem Falle ist es das beste Mittel, den Arzt, die Volksvertretung zu berufen. (Zuruf von der Linken: Sehr gut!); in diesem Falle wird es sich, denke ich, lohnen, die Kammern zu versammeln. — Sie sehen, meine Herren, daß der Antrag des Verfassungs-Ausschusses, nach welchem das Ministerium in einzelnen Fällen auf Zeit Grundrechte des deutschen Volkes ohne nachfolgendes Gesetz beseitigen kann, daß dieser Antrag, wenn ich so sagen darf, vollkommen nackt dasteht, nämlich ohne Gründe. — Lassen Sie uns aber, nachdem ich gezeigt, daß eine praktische Nothwendigkeit für einen solchen Satz nicht vorhanden ist, die Gefahr erwägen, die in seinem Principe liegt. Meine Herren! ich kenne eine Hauptkrankheit, an der wir in Deutschland laboriren, gleichzeitig die Wurzel und die Frucht der meisten unserer Uebel, das ist der Mangel an tiefgehender Achtung vor Recht und Gesetz, Mangel an Achtung oben sowohl bei den Gewalthabern, als beim Volk, und ein Ausfluß dieses Mangels an Achtung ist die vorgeschlagene Bestimmung des §7. (Stimmen: Hört!) Der Ursachen dieser tiefen Krankheit sind freilich viele. Wo sollte die Achtung bei dem Volke herkommen? wir hatten ja größtentheils gar keine wirklichen Gesetze. Wie sollte, wenn ein Einzelner seinen Willen einem ganzen Volke aufdrängt, wie sollte das Volk vernünftigerweise Achtung vor einer solchen Willkür deßhalb haben, weil sie in die Gesetzsammlung einregistrirt ist? Ein Gesetz ist nur Das, was von dem ungehemmt ausgesprochenen Gesammtwillen entsprungen ist; dem hat sich der Einzelne schlechthin zu unterwerfen, und dieser Gesammtwille wird Jedem, der das Herz und den Verstand am rechten Flecke hat, heilig sein. Aber wie ganz anders waren unsere bisherigen Gesetze, wie entstanden sie? Schon ihre Unmasse mußte die Respectlosigkeit gegen sie herbeiführen. Ich glaube, meine Herren, eine solche Gesetzmacherei, wie sie in Deutschland herrscht, ist wohl noch gar nicht dagewesen, solange die Erde steht. (Zuruf von der Linken: Sehr richtig!) Allerdings haben die Juristen schon zu Justinian's Zeiten geklagt, daß die Gesetze multorum camelorum onus seien, daß sie ganze Kameel-Ladungen ausmachten. Aber, meine Herren, das ist gar nichts gegen unsere Gesetze, denn wenn unsere deutschen Gesetze einmal sämmtlich transportirt werden sollten, sämmtliche Kameele Deutschland's reichten dazu nicht hin. (Allgemeine Heiterkeit.) Ich hatte die Ansicht, daß in meinem lieben Preußen das Aeußerste erreicht sei, indem dort die Gesetzsammlung jährlich einen hübschen Quartband füllt; da kam ich aber hier in die Bibliothek des Bundestages, in jenen großen Sessionssaal, von wo Deutschland dreißig Jahre lang so glücklich regiert wurde; seine Wände sind bis Oben mit Büchern gefüllt, und die ganze Bibliothek enthält nichts, als die Gesetzbücher und Gesetzessammlungen der acht und dreißig deutschen Staaten. Meine Herren! Ich kann Ihnen die Versicherung geben, daß Preußen, was Gesetzesmacherei anlangt, nach diesen vollgiltigen Zeugnissen nichts mehr und nichts weniger ist, als ein in keiner Weise sich hervorthuender Bruder unter acht und dreißig, würdig in derselben Richtung vorschreitenden Geschwistern. (Heiterkeit.) Staaten, so groß, wie ein einzelner Regierungsbezirk Preußens, ja, nicht größer als ein einzelner preußischer landräthlicher Kreis, machen jährlich regelmäßig ihren Gesetzband. (Heiterkeit.) Ja, meine Herren, das wäre allerdings in seiner Art komisch, läge nur nicht gleichzeitig ein so verzweifelter Ernst darin. Ich wenigstens sah in diesen Gesetzesbänden, ohne hineingeblickt zu haben, daß jeder Gedanke in Deutschland mit Gesetzen umpanzert ist, ich sah darin die ganze jämmerliche Bevormundungsanstalt, die man bis jetzt Staat genannt. Wie konnte der Deutsche bei solchen Erzeugnissen, durch die so häufig der hohe, edle Begriff „Gesetz" geschändet wurde, wie konnte er von der Heiligkeit solcher Willeleien durchdrungen sein? Das ist der eine Grund, der die Achtung vor dem Gesetze in Deutschland abgestumpft hat; es kommt freilich ein zweiter noch bedeutenderer hinzu. Ganz gemäß dieser Entstehung des Gesetzes war denn auch die Achtung desselben von oben. Man mußte nach dem früheren Verfahren der Machthaber auf den Gedanken kommen, daß die Gesetze bloß für das Volk, nicht für die Regierungen da seien. Allerdings, bei gleichgültigen Gegenständen wurde streng auf Heilighaltung der Gesetze gedrungen; wenn aber das Interesse der Regenten ins Spiel kam, da war es etwas, was als Wunder gepriesen wurde, wenn die Gesetze geachtet wurden. Der Umstand, daß man von der Mühle in Sanssouci seit zwei Generationen erzählt, ist wohl ein schlagender Beweis für die Lage dieser ehemaligen Zustände; das Natürliche betrachtete man als das Außerordentliche. Selbst in dem in dieser Beziehung verhältnißmäßig hochstehenden Preußen wurde in politischen Prozessen das Recht gebeugt, selbst in Civilrechtsstreitigkeiten von hoher Bedeutung, z. B. wo Verträge mit auswärtigen Mächten mit ins Spiel kamen, ist es geschehen, — und es ist erst im Jahre 1840 durch den jetzigen König dieser Unfug beseitiget worden, — daß in solchen Fällen die Auslegung solcher Verträge durch das Ministerium der auswärtigen Angelegenheiten dem Richter vorgeschrieben wurde, und ich wiederhole, es sah dabei in Preußen noch vortrefflich gegen andere Staaten aus, denn, meine Herren, ich greife preußische Zustände, die schlecht sind, an, weil sie schlecht sind, aber ich weiß sehr gut, daß die Zustände in den andern deutschen Ländern in mannigfacher Beziehung noch viel schlechter gewesen, als in Preußen. — Was konnte unter derartigen Verhältnissen, die durch Jahrhunderte gegangen, nun der Erfolg sein? Die Respectlosigkeit gegen Recht und Gesetz hatte oben angefangen und hörte unten auf. Diese Achtungslosigkeit ist, ich wiederhole es, die chronische Krankheit, an der wir siechen; unser Blut empört sich nicht, wenn wir Unrecht sehen; wie oft ist es mir durch Mark und Bein gegangen, wenn schreiendes Unrecht durch Deutschland ging, und die Leute dann sagten: Ja, das ist sehr Unrecht! und damit war die Sache abgethan. So tief ging die Entrüstung nicht, um auch zur Abwehr zu führen. — Nun, meine Herren, lassen Sie mich aus diesen bisherigen Vordersätzen den Schlußsatz ziehen. Gesetze sind dazu da, daß sie gehalten werden, nicht dazu, daß sie gebrochen werden; die innerste Natur eines Gesetzes, besteht in seiner Ausnahmlosigkeit. Sind es aber vollends die Grundrechte des deutschen Volkes, seine Fundamentalgesetze, von denen die Rede, dann, meine Herren, darf kein Jota derselben aufgehoben werden, wenn nicht die letzte Nothwendigkeit zu dieser Aufhebung führt und diese Nothwendigkeit muß durch ein Gesetz festgestellt, die betreffende Suspension durch ein Gesetz bestätiget werden. Der Gedanke des Verfassungsausschusses ist daher recht eigentlich noch ein Ausläufer der alten Schule, ein [illegible] aus der alten vergangenen Zeit, (Zuruf von der Linken: Sehr gut!) der Gedanke, die Welt wird nicht aus den Angeln gehen, wenn auch auf kurze Zeit einige wenige Grundrechte ohne ein Gesetz suspendirt werden. Meine Herren, wir sind anderer Ansicht: **Soll das Volk Achtung vor den Gesetzen haben, so muß vor allen Dingen der Gesetzgeber selbst Achtung vor den Gesetzen haben.** (Bravo auf der Linken.) Diese Achtung würden wir aber nicht zeigen, wenn wir dem Vorschlage des Verfassungsausschusses beistimmten, denn es ist klar wie die Sonne, daß ein Gesetz nur durch ein Gesetz wieder aufgehoben werden kann und daß dieß von der Executivbehörde auf eigene Hand definitiv weder auf vierzehn Tage, noch auf einen Tag geschehen kann, daß mithin, wenn die Maßregel für den Moment geboten wird, dieselbe sofort den gesetzgebenden Körpern zur Genehmigung oder Verwerfung vorzulegen ist. Ich beantrage die Verwerfung des § 7, und die Annahme des Minoritätserachtens I mit dem Zusatzantrag des Herrn Max Simon und Genossen. Dieser Antrag, welcher lautet: „Sind dieselben — nämlich die Stände — nicht versammelt, so müssen sie sofort einberufen werden, so daß der Zusammentritt spätestens am 21. Tage, von Verkündung der Ausnahmsmaßregeln an gerechnet, stattfindet, widrigenfalls derselbe ohne Berufung erfolgt", — scheint sich mir von selbst zu empfehlen, weil es ohne diesen Zusatz in den Händen der Regierung liegt, die Zusammenberufung der Stände factisch nach Belieben hinauszuschieben. — Ich wende mich nun noch mit wenigen Worten zu dem Minoritätserachten II. Ich kann in dieser Richtung um so kürzer sein, als Alles das, was ich gegen § 7 gesagt habe, seine wesentliche Anwendung auch auf das zweite Minoritätserachten findet. Der § 7 bestimmt für den Fall des **Aufruhrs** und **Krieges**; das Minoritätserachten II bestimmt gleichfalls für den Fall des Aufruhrs und Krieges. Welches ist das Verhältniß dieser beiden Fälle zu einander? Der § 7 bestimmt für die Fälle des Aufruhrs und Krieges **schlechthin**; im Minoritätserachten II dagegen werden noch „**dringende Gefahr**" hinzugesetzt und die thatsächliche Hemmung der regelmäßigen Wirksamkeit der obrigkeitlichen Gewalt oder der Gerichte. Es tritt auf den ersten Blick entgegen, daß das Verhältniß dieser beiden Fälle zu einander nicht klar sei. Meine Herren, wird denn in Folge des Krieges und Aufruhrs nicht immer eine dringende Gefahr vorhanden sein? Würde man, insofern in dem einzelnen Falle **nicht** dringende Gefahr wäre, die deutschen Grundrechte in diesem Falle suspendiren? Ich glaube, in so unbestimmter Weise und in so unbestimmten Ausdrücken darf man sich, wo von den heiligsten Rechten des Bürgers die Rede, nicht bewegen; das ist nicht die Sprache des Gesetzgebers, noch die Sprache für eine deutsche Verfassung. Eben so unbestimmt und vag ist das zweite Kriterium: „die thatsächliche Hemmung der regelmäßigen Wirksamkeit der obrigkeitlichen Gewalten oder der Gerichte". Was ist der Sinn der Worte: „Thatsächlich und Regelmäßig"? Sind sie, wie es **mir** scheint, vollkommen überflüssig oder haben sie eine **besondere** Bedeutung, und in diesem Falle welche? Ich wiederhole, in so unbestimmter Sprache können wir nicht die Aufhebung der ersten Bürgerrechte decretiren. — Für den Fall nun, daß Aufruhr und Krieg mit diesen unbestimmten Neben-Kriterien eintritt, soll nach dem zweiten Minoritätserachten über den ganzen Bezirk der **Belagerungszustand** verfügt werden. Es ist allerdings im Minoritätserachten das Wort „Belagerungszustand" vermieden, man hat es nicht officiell in die Errungenschaften mit aufnehmen wollen, aber nach der anmuthigen Beschreibung, die von dem **Kriegsrechte** gemacht ist, — denn so wird es genannt, — daß dieses Kriegsrecht nichts anderes als ein ganz gesunder Belagerungszustand. (Heiterkeit.) Die Beschreibung dieses Kriegsrechts wird in dem Minoritätserachten detaillirt gegeben; ich kann aber auch hier nicht einverstanden mit der Fassung. Ich nehme an, daß man kürzer und bündiger den Sinn des zweiten Minoritätserachtens in folgender Weise fassen könnte: Ist der Belagerungszustand ausgesprochen, so hat die höchste Militärperson das Recht, in dem betreffenden Districte zu machen, was sie will. (Stimmen auf der Linken: Sehr gut!) Allenfalls würde man größerer Deutlichkeit wegen noch vorschlagen können, als Beispiele für ein zweckmäßiges Verhalten des betreffenden Generals, denselben hinzuweisen auf Wien, Mailand, Lemberg, ganz Gallizien, Ungarn, auf Berlin, Erfurt und so weiter. (Stimmen auf der Linken: Sehr gut!) Meine Herren, ich will Ihnen sagen, was Sie thäten, wenn Sie das zweite Minoritätserachten annähmen: Sie würden den von der Geschichte bereits gerichteten **Scandal** der letzten Monate **zum Gesetz** erheben. (Lebhafter Beifall auf der Linken und im linken Centrum.)

v. Schmerling von Wien: Meine Herren! Ich spreche allerdings von dem Belagerungszustand (Heiterkeit auf der Linken), und ich spreche dieses sogleich aus, damit diejenigen von Anwesenden, die nur bei der früheren Rede zugegen waren, wissen, daß es sich nicht darum handelt, eine Geschichte der Gesetzgebung von Deutschland in den letzten dreißig Jahren vorzutragen. Ich spreche es unumwunden aus, daß ich vom Belagerungszustand spreche. (Wiederholte Heiterkeit auf der Linken.) Denn das, was ich mir erlaubt habe zu beantragen, nämlich eine Modification des Minoritätserachtens Nr. 2, ist allerdings dasjenige, was man mit dem kurzen Wort „Belagerungs- oder Kriegszustand" zu bezeichnen pflegt. Ich glaube aber doch, meine Herren, in der Lage zu sein, diese, wenn auch etwas bedeutende exceptionelle Maßregel als eine unsern Verhältnissen angemessene zu bezeichnen. (Unruhe auf der Linken.) Wir haben, meine Herren, man mag von manchen Seiten des Volkes immerhin das Geschenk als ein verkümmertes erklären, denn doch in unsern Grundrechten dem deutschen Volk ein sehr bedeutendes Geschenk der Freiheit gegeben, so bedeutend, daß wir nur sehr wünschen mögen, es möge nicht zu beträchtlich ausgefallen sein. Wenn wir auf der einen Seite, wenigstens nach meiner innern Ueberzeugung, ein sehr bedeutendes Geschenk der Freiheit gegeben (Unruhe auf der Linken), wenn wir die Freiheit, die bisher verkümmert und geknechtet war, dem Volke gegeben, so müssen wir, soll nicht das Gleichgewicht in jedem Staate verringert werden, dieser Freiheit auch eine angemessene Macht entgegensetzen. Bisher, meine Herren, waren die Verhältnisse in Deutschland die, daß die Macht bedeutend, die Freiheit beinahe null war; lassen wir uns nicht verleiten, dem entgegengesetzten Extrem zu sehr zu huldigen und nur die Freiheit zu schaffen, aber jede Macht herabzudrücken (Bravo auf der Rechten, Unruhe auf der Linken); wir werden, wenn wir diese beiden Potenzen eines gesunden Staatsorganismus: Freiheit des Volkes und Macht der Regierung, nicht in ein Gleichgewicht setzen, einen Kampf hervorrufen, der zum Nachtheil der Freiheit ausschlagen wird, dessen bin ich gewiß. Wenn ich daher einer kräftigen Macht der Regierung das Wort spreche, so geschieht es im wohlverstandenen Interesse der wahren Freiheit. (Unruhe auf der Linken; Stimmen daselbst: Wie unter Metternich!) Wenn Sie, meine Herren, gleich die ersten Worte des von mir vorgeschlagenen Gesetzesparagraphen würdigen, so werden Sie sehen, daß es sich nicht um gewöhnliche Zustände handelt. Ich setze voraus, daß das Kriegsrecht erst dann eintreten dürfe, wenn für den Fall eines Krieges oder Aufruhrs bereits brin-

[illegible] ist, und wenn diese Gefahr so dringend ist, daß die regelmäßige Wirksamkeit der obrigkeitlichen Gewalten oder Gerichte thatsächlich gehemmt ist. Wenn das der Fall ist, meine Herren, dann ist in der That volle Gesetzlosigkeit eingetreten und daß dieser in jeder Weise begegnet werden muß, darüber, meine Herren, darf es diejenigen, die wollen, daß ein geregelter Zustand im Staate bestehe, kaum zweifelhaft sein. Ich lasse aus dem Minoritätserachten und auch aus dem Antrag der Majorität die vorläufige Zustimmung des Reichs- oder Landtages weg; ich lasse sogar das weg, daß diese exceptionelle Maßregel nur von dem Gesammtministerio getroffen werden könne. Ich bitte Sie, meine Herren, darin nicht einen Angriff auf die Freiheit zu erblicken (Stimmen auf der Linken: Nein! nein!), sondern ein Gebot der Nothwendigkeit, wenn überhaupt diese Maßregel angewendet werden soll. (Stimmen auf der Linken: ja freilich! ja wohl!)

Präsident: Ich bitte keine Unterbrechung!

v. Schmerling: Ich wage es, meine Herren, mich zu denjenigen zu bekennen, die vor einer exceptionellen Maßregel und vor einer strengen Maßregel, mag sie momentan auch als sehr verletzend erscheinen, nicht zurückbeben, weil ich glaube, daß damit einem größeren Uebel wirksam gesteuert werden kann, und ich bin sogar der Meinung, und spreche es unverholen aus, daß einige wenige Opfer, die zur rechten Zeit als Sühne den Gesetzen fallen ...

Roßmäßler (vom Platze): Es ist mir als Oesterreicher gelungen, ...!

v. Schmerling: Ein bedeutendes Blutvergießen in den allermeisten Fällen verhindert haben. (Unruhe auf der Linken; Stimmen daselbst: Metternich'sche Politik!) Das ist gar keine Metternich'sche Politik; denn ich wüßte nicht, daß unter Metternich je der Belagerungszustand verhängt worden wäre. (Heiterkeit auf der Rechten. — Unruhe auf der Linken; Stimmen daselbst: Noch schlimmer als Metternich'sche Politik!) Ich glaube daher, meine Herren, daß gerade, um mit einer exceptionellen raschen Maßregel größerem Urtheile vorzubeugen, es auch der einzelnen Executivbehörde überlassen sein muß, sie ins Leben treten zu lassen, und daß gerade dann ein Aufruhr wirksam und rasch unterdrückt werden kann, wenn man sofort, wie die gewöhnlichen gesetzlichen Gewalten gelähmt sind, zu diesen außerordentlichen Verfügungen seine Zuflucht nehmen darf. Eine solche Maßregel würde aber durchaus nicht eintreten können, wenn — besonders in größeren Staaten tritt das sehr grell hervor, — erst die Genehmigung des Gesammtministeriums eingeholt werden müßte, noch weniger aber könnte ich es billigen, daß eine legislative Gewalt von vornherein berufen werde, sich an einer Executivmaßregel zu betheiligen. Es ist, meine Herren, in constitutionellen Staaten ja ohnehin eine längst anerkannte Thatsache, daß bei jeder Maßregel, die entweder von dem Gesammtministerium oder von einem untergeordneten Organe ins Leben gerufen wird, dieselben stets für alle Folgen den versammelten Vertretern des Volkes verantwortlich bleiben. Es wird daher jede solche Maßregel ihre gerechte Kritik von den versammelten Vertretern erfahren; allein vornherein sie abhängig machen von ihrer Zustimmung, heißt vornherein erklären, daß die Maßregel nicht mit Erfolg ins Leben treten wird. Nun, wenn Sie vorläufig erst von dem Reichstag die Zustimmung erbitten, einige verdächtige Leute zu verhaften, oder einen Club aufzuheben, so werden wahrscheinlich in Folge der öffentlichen Debatte die Leute Wind bekommen und bei Zeiten sich aus dem Staube machen. (Heiterkeit und Beifall auf der Rechten.) Man hat ferner gegen dieses Minoritätsgutachten, welches ich im Wesentlichen in meinem Antrage aufgenommen habe, geltend gemacht, daß man nach dem Aufruhr erst eigentlich die kräftigen Maßregeln eintreten lasse. Meine Herren! Wie jede Maßregel, so ist auch der Belagerungszustand sehr leicht zu mißbrauchen, das wird Niemand läugnen; wenn es daher geschieht, daß man auch nach einem gestillten Aufruhr von der erlangten Gewalt Mißbrauch macht, so spricht das nicht an und für sich gegen die Maßregel. Wenn eine Verantwortlichkeit besteht und zur Wahrheit wird, so wird auch bei dieser Maßregel das gehörige Maß beobachtet werden. Man hat geltend gemacht, daß es dringend nothwendig sei, diesen Paragraphen deßhalb wegzulassen, weil in anderen constitutionellen Staaten vor Allem erst nach der Aufruhracte vorgegangen werden müsse. Diese Einwendung, meine Herren, kann ich im Allgemeinen gegen den von mir gestellten Antrag nicht gelten lassen, weil am Schlusse des Antrags ausdrücklich die Worte hinzugesetzt sind: „Bestimmungen über die Formen der Verkündigung des Kriegsrechtes bleiben der Reichsgesetzgebung vorbehalten," und es ist hierin ganz deutlich hingewiesen, daß allerdings auch ein Aufruhrgesetz und eine sogenannte Aufruhracte von Seite der Gesetzgebung erlassen werden muß. Einige Redner haben darauf Gewicht gelegt, daß wenn § 7 im Allgemeinen angenommen werde, dazu eine Art von Freibrief den vollziehenden Räthen der Krone ertheilt werde, den Belagerungszustand eintreten oder die Grundrechte aufheben zu lassen, und, hat man beigefügt, sei die Nothwendigkeit dringend, so werde die Noth Aufforderung geben, von selbst zu außerordentlichen Mitteln zu schreiten. Wenn Sie, meine Herren, darin eine Garantie für die Volksrechte finden, so kann ich diese Ansicht durchaus nicht theilen, ich finde sogar darin eine größere Garantie, wenn man von vornenherein bestimmt, es dürfen Ausnahmsmaßregeln eintreten, aber nur unter gewissen Grenzen, als wenn man es allein der Willkühr der vollziehenden Behörde überließe, für außerordentliche Fälle zu außerordentlichen Mitteln zu greifen, denn dann sind weder die Grenzen noch das Maß der Mittel bestimmt und dann eröffnen Sie in der That der Willkühr Thür und Thor. (Zustimmung auf der Rechten und im rechten Centrum.) Ich verkenne nicht, meine Herren, daß eine Gewähr der Volksrechte darin liege, wenn von Seiten der Volksvertreter die Zustimmung zu solchen Maßregeln gegeben werden müßte, aber eine nicht geringere Gewähr liegt auch darin, daß Sie das Recht haben, nachher diejenigen zur Verantwortung zu ziehen, die diese Maßregeln ergriffen haben; die Kammern werden keineswegs unterlassen, auch wenn die Bedingung ihrer Zustimmung nicht besteht, Falls sie glauben, daß die Maßregeln nicht gerechtfertigt sind, das Ministerium sofort darüber zur Verantwortung zu ziehen. Wenn Sie darauf Werth legen, es müßten sofort die Kammern einberufen werden, so muß ich doch auf der andern Seite bekennen, daß mir in der That hier der Aufwand in sehr vielen Fällen ein zu bedeutender zu sein scheint, eigens die gesammten Volksvertreter zusammenzuberufen, weil vielleicht in einem kleinen Bezirke durch wenige Tage die Grundrechte und nur einige dieser Grundrechte suspendirt worden. Sie sind so sehr bemüht, meine Herren, die Lasten des Volkes, auch was die Abgaben betrifft, herabzusetzen, und auf der andern Seite werden Sie es vielleicht möglich machen, daß man alle vier Wochen einen außerordentlichen Reichsrath mit einem Aufwande von einer halben Million Thaler zusammenberuft, von dem man von vornherein weiß, daß er diese Maßregel als eine zweckmäßige billigen wird. Endlich, meine Herren, glaube ich, daß es nur als eine Wahrheit in der Verfassung hinzustellen ist, wenn man die Folgen des Belagerungszustandes ganz präcis und deutlich ersichtlich macht, und wenn man am Ende sogar vor dem nicht zurückbebt, was hier der Fall ist, daß man das Recht den Gerichten einräumt, Todesurtheile zu fällen.

bei der Verhandlung über die Todesstrafe haben Sie im Allgemeinen dahin sich ausgesprochen, daß dieselbe als eine Maßregel, die der Humanität nicht entspricht, abzuschaffen sei. Sie haben aber damals die Ausnahme hingestellt, daß für den Fall des Kriegsrechtes die Todesstrafe Platz greife. Wenn daher diese Bestimmung ausdrücklich aufgenommen wird, so ist es nur consequent den früheren Beschlüssen, und es ist eine aufrichtige Bestimmung, die hingestellt wird, um das Volk, was denn doch der Fall sein soll, hier vor der Strenge der exceptionellen Maßregel zu warnen. Ich stimme daher dafür, daß das Minoritätserachten mit der von mir beantragten Modification zum Gesetz erhoben werde, und ich erkläre wiederholt, daß darin, daß man für außerordentliche Fälle außerordentliche Mittel anzuwenden gestattet, auch eine Gewähr der wahren Freiheit liege, weil die Freiheit nicht allein von oben, weil sie auch von unten gefährdet werden kann. (Lebhafter Beifall auf der Rechten und im Centrum; heftiges Zischen auf der Linken.)

Vicepräsident Kirchgeßner: Das Wort hätte nach der Reihenfolge der eingeschriebenen Redner Herr Hagen, derselbe hat es aber an Herrn Vogt abgetreten.

Vogt von Gießen: Meine Herren! Herr Schneer schloß seine Rede damit, daß er sagte, die Linke solle nicht wissen, was die Rechte thue, — ich meine, wir erführen täglich zu unserm Schaden, was die Rechte thue. (Große Heiterkeit in der Versammlung; Bravo auf der Linken.) Ich will indeß nicht weiter auf die Widerlegung des vorigen Redners eingehen, sondern sogleich auf die Sache selbst: Ich werde für das Minoritätserachten 1 mit dem Zusatze des Herrn Spatz und Genossen und ebenso des Herrn Max Simon und Genossen sprechen. — Man hat sich daran gestoßen, daß ein sofortiges Zustimmen der gesetzgebenden Körper zu exceptionellen Maßregeln verlangt wird, — welche hier sonderbarer Weise als Gewähr für die Verfassung beantragt werden, obgleich sie eigentlich eine Nichtgewähr derselben sind, — und der Redner vor mir hat gesagt, es sei dieß eine Executivmaßregel, um die sich eigentlich die gesetzgebenden Körper durchaus nicht zu kümmern hätten. Meine Herren, ich glaubte, Jemanden, der in den höchsten Stellen des Staates gewesen ist, sollte es nicht unbekannt sein, daß es einen Unterschied gibt zwischen Executivmaßregeln, welche die Gesetze ausführen, und zwischen Executivmaßregeln, welche die Gesetze aufheben. Jede Maßregel der letzteren Art ist ein Eingriff in das Recht der Gesetzgebung. (Bravo auf der Linken.) Wahrlich, wenn die gesetzgebenden Körper sich nicht um solche Executivmaßregeln zu bekümmern hätten, welche gegebene Gesetze außer Kraft setzen, dann möchte ich doch wissen, wo ein Damm gegen den Absolutismus zu finden wäre, ich möchte dann wissen, wozu gesetzgebende Körper überhaupt da seien? Vielleicht nur, um Gesetze zu machen, damit sie durch Executivmaßregeln aufgehoben werden können, nur um Gesetze zu schreiben, damit man sie übertritt? Man hat uns gesagt, meine Herren, die Zusammenberufung der gesetzgebenden Körper sei etwas Bedenkliches. Warum denn, meine Herren? Herr Bassermann hat Ihnen ja neulich gesagt, daß in der zukünftigen Reichsversammlung der Volkswille durchaus würde vertreten sein, daß in diesem gesetzgebenden Körper auch deßhalb die wahre Vernunft sich Platz machen werde. Nun, meine Herren, dann kann auch die Zustimmung des gesetzgebenden Körpers nichts Bedenkliches enthalten, und ich sehe nicht ein, warum man dieselbe ausschließen will. Allein auch abgesehen davon, möchte es doch sein Bedenken dabei haben, ob wirklich der gesetzgebende Körper des Reiches den Volkswillen wahrhaft vertreten wird. Denn wenn das wahr ist, was uns gesagt worden ist vom zukünftigen Wahlgesetze, meine Herren, so finde ich durchaus nicht, daß das Volk darin vertreten sei, ich finde, daß ein großer Theil des Volks, und ein Theil des Volks, der je länger je mehr sein Wort mitspricht in politischen Angelegenheiten, in dem zukünftigen Volkshause nicht vertreten sein wird. Man hat uns gesagt, meine Herren, es seien in den freisinnigsten Verfassungen Bestimmungen über diesen Belagerungszustand enthalten, über eine Erfindung, die man merkwürdigerweise trotz alles Teutonismus und Germanismus, dessen man sich von gewisser Seite her befleißt, von drüben über den Rhein herüber geholt hat. Es zeigt diese Erfahrung wenigstens, daß auch die Herren auf dieser Seite (zur Rechten gewandt) dem Guten, was sie über dem Rheine finden, gerade nicht abhold zu sein scheinen. (Heiterkeit auf der Linken.) Aber, meine Herren, ich muß denn doch bestreiten, daß in den Verfassungen freisinniger Völker sich solche Bestimmungen, wie die unsrige, vorfinden. Man hat wiederholt hingewiesen auf den Belagerungszustand in Paris, meine Herren, und man hat dabei ganz und gar vergessen, daß die französische Verfassung den Belagerungszustand nur in Festungen kennt, einzig und allein in Festungen, und daß er in Paris nur deßwegen verkündet werden konnte, weil Louis Philipp, der wahre Vertreter des Scheinconstitutionalismus, Paris in eine Festung umwandelte. (Heiterkeit auf der Linken.) Man hat vergessen, daß im Jahre 1832, als in jenem gewaltigen Aufstande, in jener furchtbaren Schlacht, die Louis Philipp in der rue Transnonain den Republikanern lieferte, der Belagerungszustand ausgesprochen und Ausnahmemaßregeln vorgenommen werden sollten, der Cassationshof von Paris die Ausnahmegerichte und die von ihnen gefällten Urtheilssprüche cassirte, weil die Regierung nicht das Recht habe, irgendwo einen Belagerungszustand auszusprechen, es sei denn in Festungen. (Stimmen auf der Linken: Bravo! hört!) — Freilich, meine Herren, hat man uns neulich darauf aufmerksam gemacht, daß man in einer Republik, wie Frankreich, jetzt die gänzliche Aufhebung der Clubs in der Nationalversammlung beantragt habe, und daß man das wohl nicht thun würde in einer constitutionellen Monarchie, wie man sie hier gründen will, und die man nur mit einem Belagerungszustande in gesetzlichen Formen ausstatten möge. Meine Herren, derselbe, der uns die Schließung der Clubs hier nicht anempfehlen wollte, und der daraus den Schluß zog, daß das constitutionell-monarchische Deutschland stärker sei, als die Republik, derselbe empfahl uns vor einiger Zeit diese Maßregel, wenn ich nicht irre, in einer Uebersetzung eines Aufsatzes von Michel Chevalier.

Bassermann (vom Platze): Nein!

Vogt: Das wäre ein Irrthum? Derselbe verbreitete doch diese Schrift, worin es hieß: „die Existenz von Clubs wäre mit dem Fortbestande einer jeden Regierung ganz unverträglich", und da er das Fortbestehen der Regierung, in der er so glücklich wirkt, wünschen wird, so sehe ich nicht ein, warum er mir jetzt ein Dementi gibt. (Unterbrechung auf der Rechten.)

Vicepräsident Kirchgeßner: Ich bitte, keine Unterbrechung!

Vogt: Meine Herren! Ich denke, die Quelle des Clubverbotes in Frankreich kennen wir jetzt hinlänglich, und wissen, welche Aufregung sein Vorschlag hervorgebracht. Wir wissen, daß die Republik an der Schwelle einer Revolution steht, weil man dies Verbot eingebracht hat. Nun möchte ich fragen, wer hat denn dieses Clubverbot eingebracht? Sind es die Republikaner gewesen? War es Ledru-Rollin, oder war es Odilon Barrot, der verkappte Monarchist, um der Republik den Todesstoß zu versetzen? — (Zuruf von der Linken: Sehr gut!) Meine Herren! Ich habe manchen Umwälzungen in der Schweiz beigewohnt (Heiterkeit in der Versammlung), allein ich habe niemals etwas von einem Belagerungszustande daselbst gehört. Zur Zeit des Sonderbundkrieges war kein Belagerungszustand ausgesprochen, keine Ausnahmemaßregel ergriffen, keine Aufhebung der Preßfreiheit, nichts der Art, und doch hatte man die Hyder der inneren Anarchie zu bekämpfen, die aus den umliegenden Monarchien mit Geld, Leuten, Plänen und Zustimmungen aus allen Kräften unterstützt wurde. Die Regierung von Neuenburg, von der man uns erzählte, daß sie sich gegen einen republikanischen Aufstand (Zuruf: monarchischen!) habe vertheidigen müssen, hat ebenfalls nicht nöthig gehabt, deßhalb den Belagerungszustand zu verkünden. Wir haben nicht gehört, daß man nur irgendwie zu Ausnahmemaßregeln geschritten sei, und dennoch war ein Mitglied der höchsten ausübenden Behörde, man könnte sagen des Neuenburger Staatsministeriums von dem aufständischen monarchischen Pöbel übel mißhandelt worden. Trotzdem hat man an einen Ausnahmezustand, an einen Belagerungszustand nicht gedacht. Warum? Weil man wußte, daß trotz der Sympathien, die Preußen bei der besitzenden und höheren Classe hat, die sich mit einem preußischen Sternchen im Knopfloche gefällt, dennoch die Monarchie in Neuenburg nicht gegen die Republik werde aufkommen können, und die Sympathien nicht habe, die man ihr dort andichten wollte. Meine Herren! Auch in der nordamerikanischen Verfassung habe ich von ähnlichen Bestimmungen durchaus nichts gefunden, ich habe noch niemals gehört, daß man in Nordamerika irgendwo den Belagerungszustand verkündet hätte. Dagegen haben wir allerdings erfahren müssen, daß in Monarchien der Belagerungszustand an der Tagesordnung ist, und ich habe mir daraus die Lehre gezogen, daß da, wo die republikanischen Staatsform wirklich in das Blut und Leben des Volks eingedrungen ist, man keine Ausnahmemaßregeln brauche in keiner Weise, und daß wir uns bestreben müßten, diese republikanische Gesinnungen einzuführen, damit wir solche Ausnahmemaßregeln nicht bedürfen. (Zuruf von der Linken: Sehr gut! Heiterkeit in der Versammlung.) Man wird mir, meine Herren, hier freilich wieder Frankreich entgegenhalten, allein diejenigen, die Frankreich für eine Republik halten im wahren Sinne des Worts, die täuschen sich. (Heiterkeit in der Versammlung.) Sie werden sich wohl erinnern, welche Ansicht ich schon im Beginne unserer Sitzungen hierüber geäußert habe, und ich muß denjenigen eine sehr geringe und oberflächliche Kenntniß der französischen Zustände zuschreiben, die da glauben, daß damit, daß man ein Oberhaupt weggeworfen hat, um ein anderes zu wählen, dort die Republik eingeführt sei. In Frankreich, meine Herren, wird sie noch manche Phase durchmachen müssen, bis sie wirklich bestehen kann. (Zuruf: Sehr richtig!) Sie werden sich ohne Zweifel darüber freuen, denn, wenn ich nicht irre, hat man gerade von dieser Seite (zur Rechten gewandt) von republikanischen Tugenden und Gesinnungen und von Anerkennung derselben gesprochen, während ich noch niemals von monarchischen Tugenden habe sprechen hören. (Zuruf von der Linken: Sehr gut! Stimmen auf der Rechten: Oh ja!) Meine Herren! Ich habe aus der Betrachtung dieser Umstände gerade den Satz geschöpft, daß die freieste Staatsform einer Kräftigung und eines Schutzes durch ungesetzliche Maßregeln und Ausnahmemaßregeln durchaus nicht bedürfe, daß dagegen nur da solche Maßregeln nöthig sind, wo man eben eine Verfassung zu stützen hat, die nicht auf der Freiheit beruht. — Wenn ich nun die einzelnen Vorschläge der Ausschusses und der Minoritäten durchgehe, so vermisse ich eine wesentliche Bestimmung, nämlich eine Bestimmung darüber, was dann die Reichsgewalt zu thun habe, wenn das Ministerium oder die Executive eines Einzelstaates auch gegen die hier gefaßte Bestimmung handelt, und mit Gewalt gegen den Willen seiner Volksvertretung einen Ausnahmezustand durchsetzt. Sie werden mir sagen, es sei unmöglich, daß eine Executivgewalt künftighin der Volksvertretung in dieser Weise sich gegenüberstelle, es sei unmöglich, daß ein Ministerium mit Mißachtung bestehender Gesetze die Volksvertretung ignorire, sie gänzlich aufhebe und Ausnahmemaßregeln im ausgedehnten Maße eintreten lasse. Herr Bassermann hat ausgesagt, die Regierungen würden künftig immer von den Majoritäten der Kammern abhängen und es würde deßhalb eine solche Maßregel durchaus nicht möglich sein; aber, meine Herren, die Betrachtung der gegenwärtigen Zustände sollte lehren, daß gerade das constitutionelle System überall faul und morsch ist. Nach den vorhandenen constitutionellen Begriffen in den Köpfen der Machthaber ist es durchaus nicht mehr möglich, mit den Majoritäten der gesetzgebenden Körper zu regieren, und zwar deßwegen, weil diese Machthaber sich den Majoritäten nicht fügen wollen. Sehen Sie doch hin, meine Herren, nach Frankreich. Dort bereitet sich ein Conflict zwischen dem Ministerium und der Majorität der Nationalversammlung vor. Die Majorität der Nationalversammlung hat sich in einer Abstimmung gegen das Ministerium erklärt, — dieses letztere bleibt, indem es erklärt, die Majorität der Nationalversammlung repräsentire nicht die Mehrheit der Nation; es kann vielleicht Blut fließen; von dem Rechte wird vielleicht das Appell an die Gewalt stattfinden. Sehen Sie hin nach Oesterreich: der Reichstag zu Kremsier hat sich gegen das Ministerium Stadion-Schwarzenberg erklärt, — das Ministerium bleibt. Sehen Sie nach Preußen: die Nationalversammlung hat sich gegen das Ministerium Brandenburg ausgesprochen; was that das Ministerium? — Es schickt die Nationalversammlung nach Hause und octroyirt eine Verfassung. Kurz, Sie hängen an dem Principe, daß mit den Majoritäten der gesetzgebenden Körper regiert werden soll, wenigstens muß das jeder aufrichtige Constitutionelle wollen, und wenn Sie das nicht wollen, wenn Sie den Grundsatz nicht durchführen, daß die Ministerien den Majoritäten unterworfen sein müssen, so sind Sie Absolutisten, die mit den Minoritäten regieren wollen; aber schauen Sie sich um, wie Ihr constitutionelles Princip durchgeführt wird. Ueberall regiert die Minorität; überall spricht sich die Majorität in der gesetzgebenden Versammlung gegen das System der regierenden Gewalten aus; und nirgends achtet man diese Aussprüche. Und Sie wollen noch in Ihrer künftigen Reichsverfassung, die ja Jahrhunderte dauern soll (Heiterkeit auf der Linken), Bestimmungen treffen, welche solches Verhalten festhalten und möglich machen sollen für ewige Zeiten! — Der Ausschuß spricht freilich, meine Herren, von Rettung in drohender Gefahr; er spricht von Augenblicken, in welchen nur eine gewaltsame That den Staat retten könne. Wahrlich, wir haben bis jetzt von solchen rettenden Thaten genug gehört, und wir haben gesehen, welchen Geschmack sie beim Volke gefunden haben; ich glaube, daß die letzte rettende That, die uns so sehr angepriesen wurde, jetzt von der Majorität des preußischen Volks hinlänglich durch die stattgefundenen Wahlen gerichtet worden ist. (Unruhe und Zuruf von der Rechten: Abwarten!) Sie rufen mir zu: warten Sie nur ab! Meine Herren! Ich habe noch niemals zu frühe gefrohlockt, denn ich weiß sehr wohl, welche Mittel einer Regierung zu Gebote stehen, um auf eine kleine Masse von Wahlmännern mit allen möglichen Intriguen einzuwirken...... (Stürmisches Bravo auf der Linken), um sie zu corrumpiren; man kann erwarten, daß eine Regierung, die wider Recht und Gesetz eine rettende That nicht scheut, auch die niedrigsten Mittel nicht scheut, um die..... (Stürmisches Bravo auf der Linken; — große Unruhe auf der Rechten; — Stimmen daselbst:

Zur Ordnung!) Ich habe dies System der Corruption . . . (Fortwährender Tumult und Ruf auf der Rechten: Zur Ordnung! — Vogt spricht fort während fortwährenden Tumultes.) Ich habe dieses System der Corruption aus eigener Erfahrung kennen gelernt; ich habe gesehen, wie sich dieses Gift unter der Regierung von Guizot, den man vorhin lobte, bis in die letzten Adern eines großen Staatskörpers einfiltrirte . . . (Fortwährender großer Tumult auf der Rechten, und Stimmen daselbst: Zur Ordnung!)

v. Vincke (vom Platze): So lange wir hier versammelt sind, ist so etwas noch nicht vorgekommen!

Vicepräsident Kirchgeßner: Ich glaube nicht, daß es der Versammlung zusteht, das Präsidium zum Ordnungsruf aufzufordern; es liegt in der Pflicht des Präsidiums. (Große Unruhe.) Ich bitte Herrn Vogt fortzufahren. (Wiederholte große Unruhe.) Ich muß bitten, die Ruhe zu beobachten und ersuche den Redner fortzufahren.

v. Vincke (vom Platze): Herr Vogt wird selbst einsehen, daß er zu weit gegangen ist!

Vogt: Ich werde kein Wort zurücknehmen von dem, was ich gesagt habe.

v. Vincke (vom Platze): Ich bitte, zur Ordnung zu rufen. (Stürmischer Ruf auf der Rechten: Zur Ordnung!)

Vicepräsident Kirchgeßner: Meine Herren, ich glaube meine Pflicht gethan zu haben, wenn ich Ihnen erklärte, daß der Ordnungsruf lediglich Sache des Präsidiums sei. Ich glaube mich nicht berechtigt, einen Ordnungsruf ergehen zu lassen da von dem Redner lediglich seine subjective Ansicht ausgesprochen ward, und hiermit glaube ich, ist die Sache erledigt. (Fortwährender heftiger Tumult.)

v. Vincke (vom Platze): Ein absolutes Veto steht dem Präsidenten nicht zu; er hat wenigstens die Verweigerung des Ordnungsrufs zu motiviren.

Vicepräsident Kirchgeßner: Die Beschwerde steht Ihnen offen.

Schneer (vom Platze): Sie wird schon gemacht. (Unruhe.)

Vicepräsident Kirchgeßner: Ich bitte, nicht zu unterbrechen. Was von der einen Seite gilt, muß auch von der andern gelten.

Vogt: Meine Herren, die Vorschläge des Ausschusses sind nichts Anderes als eine Sanctionirung des unbedingtesten Absolutismus für eine gewisse Zeit. Ein Redner vor mir hat gesagt, und mehrere werden wahrscheinlich noch diese jetzt beliebte Zeitphrase wiederholen, es sei dies eine Frage der Macht. Sowie wir gehört haben, daß gar manche Verfassungsbestimmungen, wie das absolute Veto, Fragen der Macht seien, so hat man behauptet, es sei der Belagerungszustand und das Aussprechen eines solchen Zustandes, eine Frage der Macht und eine Regierung könne nicht mächtig sein, ohne solche Mittel in Händen zu haben. Meine Herren, es ist das immer wieder die alte Verwechslung, die man zwischen der Gewalt nach Innen und der Macht nach Außen macht. Man glaubt noch immer, daß eine Regierung, je mehr Gewalt sie in den Händen habe, um gegen das Gesetz im Innern zu handeln, daß eine solche Regierung auch um so mehr Macht habe, nach Außen kräftig aufzutreten. (Stimmen auf der Linken: Sehr gut!) Man verwechselt gerade diese ungesetzliche Ausübung der Gewalt nach Innen mit der gesetzlichen Ausübung der Macht nach Außen. Herr v. Schmerling hat uns vorhin gesagt, es bestehe „ein ebenmäßiges Wechsel-Verhältniß zwischen der Macht der Regierung und der Freiheit des Volkes" — ein Thema, welches Herr Bassermann vor einigen Tagen uns ebenfalls entwickelt hat. Die Uebereinstimmung dieser beiden Herren ist erfreulich. (Heiterkeit im Centrum.) Der Eine hat „Beispiele" dafür angeführt, um dieß Verhältniß klar zu machen, der Andere hat nur seine apodictische Behauptung dafür hingestellt. (Stimmen auf der Linken: Sehr gut!) Herr Bassermann sagte uns neulich: „Napoleon würde schwerlich als Kaiser seine Siege erfochten haben, wenn er einen gesetzgebenden Körper hinter sich gehabt hätte und durch eine Verfassung beengt gewesen wäre." So viel ich weiß, meine Herren, glänzte der Stern Napoleons im hellsten Lichte, als er republikanischer Feldherr in Oberitalien, (Heiterkeit und Stimmen auf der Linken und im Centrum: Sehr gut! — Bewegung auf der Rechten) und als er erster Consul war, wo er ebenfalls eine Verfassung hinter sich hatte. — Und als er unumschränkter Kaiser wurde, da verblich der Stern allmählich und er wurde gestürzt, weil er unumschränkter Kaiser, weil er absoluter Kaiser war. (Bewegung auf der Rechten — Stimmen auf der Linken: Sehr wahr!) Deßhalb hielt ihn das Volk nicht mehr, was ihn in den früheren Kriegen unterstützt hatte, deßhalb fand er keine Macht mehr nach Außen, weil er die absolute Gewalt nach Innen mißbraucht und die Freiheit des Volkes unterdrückt hatte. Und um ihn zu stürzen, wen rief man auf? Rief man etwa die absolute Gewalt? Man rief die Freiheit durch die Proclamation von Kalisch, die man nachher nicht hielt! Wo war im Jahre 1813 die Macht und der Sieg, auf Seite des Absolutismus, oder auf Seite der Freiheit? (Stimmen im Centrum: Hört! — Bravo auf der Linken.) Meine Herren, ich glaubte auch, die Staaten des Alterthums, das mächtige Rom sei erst zerfallen durch den Absolutismus, und sei groß gewesen durch die Freiheit! Ich ziehe mir daraus den Schluß, daß ein Volk d[illegible]mächtiger sei, je freier es ist. Freilich ein solches freies [illegible] hat die Macht nicht, die man der absolutistischen Gewalt geben kann, nämlich die Macht: Eroberungskriege nach Außen, gegen die Freiheit anderer Völker zu führen, allein es hat die ungeheure Macht, sich zu vertheidigen gegen die Angriffe von Außen; es hat die Macht in sich, sein Theuerstes, die Freiheit zu schirmen und zu retten. Diese Macht wollen wir der Regierung geben, nicht aber die Gewalt des Absolutismus zu Eroberungskriegen. Wir wollen jene Macht, welche auf der Kräftigung des Gesetzes im Innern und auf dem wahren Bürgerstolze beruht, und diese Macht kann nur durch die Handhabung des Gesetzes im Inneren gegründet werden. (Bravo auf der Linken.) — Meine Herren! ich muß noch gegen einzelne Bestimmungen in den Minoritäts- und Ausschußanträgen ankämpfen, und zwar namentlich gegen diejenigen, in Betreff deren Herr Spatz seinen Antrag gestellt hat, den wir unterstützt haben. Wir sagen: „Im Falle des Krieges oder bewaffneten Aufruhrs zum Zwecke des Umsturzes der Reichs- oder Staatsverfassung." Es ist dieß eine Erklärung des Wortes „Aufruhr." Herr Schneer hat freilich gesagt: „Es möchte schwierig sein, gerade in dem Momente zu entscheiden, wohin denn der Aufruhr gehe?" Das mag in einzelnen Fällen allerdings schwierig sein, meine Herren, allein für denjenigen, der weiß, wie eine Regierungsgewalt Aufruhr macht, und wie man möglichenfalls bewaffneten Aufruhr macht, für diesen ist die genauere Bestimmung des Wortes „Aufruhr" nothwendig. (Stimmen auf der Rechten: Sehr gut! Bravo und Heiterkeit auf der Linken.) Meine Herren! Consigniren Sie (zur Rechten gewandt) während acht Tagen das Militär in seine Casernen, geben Sie demselben allerlei Tractätlein aus geheimen Oberhofbuchdruckereien zu lesen, wie etwa das Schriftchen: „Gegen Democraten helfen nur Soldaten", und wenden Sie noch andere Einflüsse an, geben Sie nach Aufhebung der Consignirung einen vollständigen Wochenlohn und noch einige Tage Feldzulage, und Sie haben einen bewaffneten Aufruhr, Wenn sie nur irgend wollen, und können Ausnahmemaßregeln einführen, wie es Ihnen nur belieben kann. Die Gelegenheit dazu macht sich sehr leicht. (Bravo auf der Linken.) Dann wird mit der Waffe in der Hand irgend eine demokratische Wirthschaft gestürmt, dann werden die Säbel gezogen gegen irgend eine Versammlung, die ruhig berathschlagt, und dieselbe auseinandergetrieben. Der Executivgewalt steht die augenblickliche Deutung eines solchen Vorfalls zu; sie erklärt, es ist Aufruhr gewesen und verkündet deßhalb die Ausnahmegesetze. (Stimmen auf der Linken: Sehr gut!) Meine Herren! Wir haben die Beispiele vor Augen, daß solche Machinationen geübt worden sind. Ich bitte Sie nur zu bedenken, daß im Falle Aufruhres von unten ebenfalls die Executivbehörde die Auslegung desselben hat, daß aber, wenn die ausübende Behörde gerne Ausnahmezustände eintreten lassen möchte, während ihr doch kein Grund dazu von anderer Seite gegeben wird, daß sie dann bei so ungenügenden Bestimmungen Mittel genug in der Hand hat, um Etwas, was man Aufruhr nennt, anzustiften und dann darauf die Ausnahmezustände zu gründen. — Vornehmlich aber, meine Herren, muß ich mich gegen das Minoritätserachten II erheben und gegen die Modification desselben, die von Herrn Schmerling und Genossen vorgeschlagen worden ist. Wahrlich, meine Herren, wie man Angesichts des frischen Blutes, das noch in der Brigittenau raucht (Stimmen auf der Rechten: Oh! Oh! — Unruhe auf der Linken; Stimmen daselbst: Pfui!), solche Vorschläge machen kann, ist mir unbegreiflich! Man will hier dem Militär in solchen Fällen Alles, die gesammte Executivgewalt, richterliche Gewalt, das unumschränkte Recht über Leben und Tod übertragen. Das ist ein Blutgesetz, wie noch keins geschrieben worden ist, und da die Worte daneben stehen „bei dringender Gefahr", so ist nicht einmal der Ausbruch eines Aufruhrs irgend nöthig, um ein solches Blutgesetz zu verhängen; diesen Worten zu Folge können solche Maßregeln ergriffen werden nach freier Willkür, bei jeder Gelegenheit, denn wem steht wieder die Kenntnißnahme zu, ob dringende Gefahr vorliege oder nicht? — Niemand Anderem als der Executivgewalt; nur diese urtheilt, ob nach ihrem Ermessen dringende Gefahr da ist oder nicht. Dies ist zumal der Fall bei dem Verbesserungsantrage des Herrn v. Schmerling, welcher alle und jede Berechtigung der gesetzgebenden Behörde, sogar die Kritik derselben nach geschehener That ausschließt. Denn dasjenige, was Herr v. Schmerling vorhin gesagt hat: der gesetzgebende Körper werde das Ministerium schon zur nachträglichen Verantwortung ziehen bei solcher Gelegenheit, das ist eine leere, nichtssagende, hohle Phrase und weiter gar nichts. Das Ministerium würde sagen: Ihr habt nicht ausdrücklich die Befugniß erhalten, Maßregeln dieser Art zu kritisiren. — Man hat uns ferner gesagt, der Gesetzlosigkeit müsse auf alle und jede Weise entgegengetreten werden, also wahrscheinlich auch durch Herbeiführung eines völlig gesetzlosen Zustandes, wie dieser ist, der im Minoritätserachten II angedroht wird. Auch der Ausschußbericht sagt, man müsse das Recht dadurch beschützen, daß man es aufhöbe. Diese Ansicht des Ausschusses sollte man doch irgend Jemandem mit gesundem Menschenverstande vorlegen; er wird nicht begreifen können, wie man das Recht dadurch wahrt, daß man es aufhebt und seine Nicht-Existenz beschließt.

Waitz (vom Platze): Zeitweise!

Vogt: Sie können das nachher sagen; Sie haben das letzte Wort. — Auch sogar aus dem Grunde hat Herr v. Schmerling für die absolute Befugniß der Executivgewalt zu solchen Maßregeln und gegen die Zusammenberufung der gesetzgebenden Behörde gesprochen, weil das die Lasten des Volkes in vorkommenden Fällen vergrößern könne. Einen solchen Grund aus solchem Munde hätte ich nicht erwartet. Ich kenne ihn nicht. Wenn es gilt, die Rechte des Volks zu vertreten und sicher zu stellen vor der Gewalt, dann ist mir kein materielles Opfer zu theuer. Es sind ferner Anträge gemacht worden, wobei namentlich der Preßfreiheit Erwähnung gethan wird. Der Antrag des Herrn v. Schmerling will die Aufhebung der Preßfreiheit in vorkommenden Fällen. Wir haben in den Grundrechten heilig und theuer dem deutschen Volke die Preßfreiheit garantirt und ausgesprochen, daß sie unter keiner Bedingung beschränkt, suspendirt oder aufgehoben werden könne. Es ist dieß eine Bestimmung eines Theiles unserer Verfassung; als Theil der Verfassung stehen die Grundrechte da, und in demselben Augenblicke, wo man hierher kommt und uns sagt, die Verfassung müsse Garantien der Beständigkeit haben und dürfe nicht den Launen einseitiger Beschlüsse unterworfen sein, in demselben Augenblicke muthet man uns zu, einen Beschluß zu fassen, der eine Bestimmung, welche schon feierlichst publicirt ist, wieder aufhebt! Es würde mir nicht schwer sein, zu beweisen, daß ein solcher Antrag nicht gestellt werden kann und darf. Allein ich will eine solche Beweisführung übergehen. Ich erkläre mich für das Minoritätserachten I. Ich muß gestehen, es ist mir so schon zu viel. (Stimmen auf der Linken: Jawohl!) Wenn ein ganzes Volk, sein gesetzgebender Körper, mit der Executivgewalt im Einverständnisse fühlt, daß eine That geschehen muß, die nöthigenfalls mit den gewöhnlichen Gesetzen im Widerspruch steht, dann kann allenfalls eine kräftige Behörde in den äußersten Fällen der Noth dem herrschenden Gesetze entgegentreten, und nachher vor das Volk und seine Vertreter treten und sagen: Wir haben gefehlt gegen das Gesetz, aber wir mußten es thun. Billigt nachträglich, was wir gethan; wo nicht, so gestehen wir ein, daß wir Strafe verdienen. Allein eine solche Bestimmung in die Verfassung aufzunehmen, finde ich sehr unklug; denn dadurch wird dann die Ausnahme zu einer Art Regel gemacht, dadurch kann das Ministerium, in der Hoffnung, daß es durch den gesetzgebenden Körper eine Zustimmung erhalte, bei den kleinsten Gelegenheiten Ausnahmezustände verhängen, es wird verleitet zu dem unwürdigen Spiel, das wir jetzt an manchen Orten sehen. Bedenken Sie nur einmal, wie man die Bestimmung des Ausschusses ausbeuten kann, wonach die Verfügung des Ausnahmezustandes ohne Mitwirkung der gesetzgebenden Körper vierzehn Tage dauern darf! Meine Herren! Damit kann man jede freie Wahl zu einem gesetzgebenden Körper zunichte machen und zu seinen Gunsten lenken. Man ordnet die Wahl zu verschiedenen Zeiten in verschiedenen Wahlbezirken an, und verordnet die Belagerungszustände zur Zeit, wo die Wahlen vorgehen sollen. (Stimmen auf der Linken: Sehr gut!) Sie sagen, das kann nicht geschehen; das seien Befürchtungen, von denen man gar nicht sprechen solle. Ich glaube, man hätte in unsern Zeiten noch von manchen Dingen zu sprechen. Ich rufe Ihnen zu: trauen wir in keinem Falle den Regierungen, denn sie wollen alle ihre Macht vergrößern auf Kosten der Freiheit des Volkes. (Stürmisches Bravo und Beifallklatschen auf der Linken.)

Vicepräsident Kirchgeßner: Es liegt ein Antrag auf Schluß der Discussion vor, unterstützt von mehr als zwanzig Unterschriften, sodann ein Antrag auf namentliche Abstimmung von H. Simon. Ich muß zuerst den Schlußantrag zur Abstimmung bringen, und ersuche diejenigen Herren, welche den Schluß der Discussion wollen, sich zu erheben. (Mitglieder auf verschiedenen Seiten erheben sich.) **Der Schluß ist abgelehnt.** Herr v. Vincke hat das Wort.

v. Vincke von Hagen: Trotz der Warnung, womit der geehrte Redner, der vor mir auf der Tribüne stand, seinen Vortrag geschlossen hat, man solle den Regierungen keine Macht geben, weil sie dieselbe benutzen könnten auf Kosten des Volkes, bin ich doch der Ansicht, daß wenn Sie eine Regierung schaffen, Sie ihr vor Allem Macht geben müssen. Wenn sie keine Macht hat, so wird es mit einem Worte überhaupt keine Regierung sein. Ich habe für diesen Satz Ihnen vorhin schon Beweisstellen angeführt, die ich nicht wiederholen will. Die besten Argumente kann ich zu meiner Freude auch hier von meinen Gegnern entlehnen. Das verehrte Mitglied für Magdeburg hat uns gesagt, daß Mangel an Achtung vor dem Gesetze einer der charakteristischen Züge unserer Zeit sei. Ich nehme Akt von diesem Zugeständnisse; ich habe dieß immer behauptet; aber bis heute ist es von jener Seite (zur Linken gewendet) stets bestritten worden. Nun, die Regierung soll ja eben dem Gesetze Achtung verschaffen. Es ist für die vorliegende Frage gleich, ob dieser Mangel an Achtung vor dem Gesetz auf dem Wege entstanden ist, wie ihn das verehrte Mitglied für Magdeburg angegeben hat. (Unterbrechung auf der Linken.) Ich bitte, mich nicht zu unterbrechen!

Vogt (vom Platze): Sie haben sich selbst Unterbrechungen erlaubt!

v. Vincke: Die Unterbrechungen des verehrten Mitgliedes für Gießen betreffend, so sind sie nicht von mir allein, sondern von der Majorität der Versammlung ausgegangen, aber vom Präsidium leider nicht beachtet worden. (Unruhe auf der Linken.) Ich habe mich nur einfach gegen den mir individuell gemachten Vorwurf verwahren wollen. — Wenn indeß ein Symptom dieser Gesetzlosigkeit darin gefunden wurde, daß das deutsche Volk aus Entrüstung über die bestehenden Zustände früher nicht dahin geführt sei, sich selbst andere Abhülfe zu verschaffen, als auf dem gesetzlichen Wege, so finde ich vielmehr darin einen Beweis eines Restes von Achtung vor dem Gesetze, und ich freue mich darüber. Auch hat es mich einigermaßen überrascht, daß gerade das genannte Mitglied den Mangel an Achtung vor dem Gesetze so sehr beklagt, da, wenn ich nicht ganz irre, er zu denjenigen gehörte, welche neulich dafür stimmten, daß ein zum Abgeordneten Gewählter, der sich gegenwärtig in Haft befindet, ohne weiteres, und ohne daß man für nöthig hielt, auch nur einmal die Acten einzusehen, hierher einberufen werde. Ich habe geglaubt, der beste Beweis von Achtung vor dem Gesetze sei doch wohl der, daß man auch den andern Theil hört, und deßhalb begreife ich nicht, wie man einen solchen Antrag unterstützen kann, ohne sich zuvor durch Einsicht der Acten wenigstens von der Sachlage unterrichtet zu haben. (Heinrich Simon vom Platze: Gerade, weil ich Achtung vor dem Gesetze habe, habe ich in dieser Weise gestimmt! — Stimmen auf der Linken: Zur Sache! Unruhe daselbst; Zuruf aus dem rechten Centrum: Ruhe! Ruhe!)

v. Vincke: Ich bitte, unterbrechen Sie mich doch nicht!

Vicepräsident Kirchgeßner: Meine Herren! Ich bitte nicht durch Zurufe zur Ruhe die Ordnung des Hauses selbst zu stören, es ist das meine Sache, Ruhe und Ordnung aufrecht zu erhalten.

v. Vincke: Man hat gesagt, es sei doch wunderbar, daß wir, die wir die Verfassung machen und Gesetze geben, auch noch ein Gesetz schaffen wollten, welches die executive Gewalt autorisire, diese Gesetze wieder aufzuheben. Ich bemerke dagegen, daß, wenn wir in diesem Augenblicke damit beschäftigt sind, ein Gesetz zu geben, welches ein anderes von uns gemachtes unter gewissen Verhältnissen in heilsamer Weise beschränken soll, wir denn doch dazu, eben insofern wir selbst die Gesetzgeber sind, die vollste Befugniß haben, und daß, wenn wir der [illegible] Grenzen für sich [illegible] legale [illegible] Gewalt [illegible] der Executivgewalt allein überlassen [illegible] aber die [illegible] Erhaltung des Staates zu wachen und in dringenden Fällen die erforderlichen Mittel zu seiner Erhaltung zu ergreifen, so wäre sie ja dann eben ohne alle gesetzliche [illegible]. Wollte man in Ausnahmen von dem Gesetze gleich eine Aufhebung des Gesetzes finden, so müßte man ja auch das Recht der Nothwehr leugnen, was jeder Jurist anerkennen wird, und überhaupt alle Gesetze abschaffen, die eben nur eine Ausnahme von der Regel enthalten. Ich erachte es vielmehr für durchaus nothwendig, daß der Executivgewalt für extreme Fälle auch extreme Befugnisse anvertraut werden, sobald die Existenz des Staates in Frage gestellt wird. Ich halte das für um so nothwendiger, weil, wie uns zugegeben ist, der Mangel an Achtung vor dem Gesetze nun einmal das charakteristische Kennzeichen unserer Zeit ist. — Das erste Minoritätserachten schlägt Ihnen nun aber vor, daß im Falle der Suspension jener Bestimmungen der Grundrechte die Zustimmung des Reichstages oder gesetzgebenden Körpers des Einzelstaates ohne Verzug eingeholt werden solle. Dann ist aber hinzugefügt: „Erfolgt diese Zustimmung nicht, so ist die verhängte Maßregel aufzuheben;“ das heißt mit einem Worte: Was geschehen ist, soll wieder rückgängig gemacht werden. Ich brauche wohl nicht erst zu beweisen, daß diese Bestimmung in vielen Fällen zu Absurditäten führen muß; eins aber gebe ich Ihnen beispielsweise doch zu bedenken: Sobald ein Krieg begonnen ist, ist es eine der ersten Folgen des Kriegsrechts, daß man einen aufgefangenen Spion hängt. Würde nun zu jener Maßregel die Zustimmung nachträglich nicht gegeben, so wüßte ich wahrlich nicht, wie Sie eigentlich jene verhängte Maßregel zurücknehmen, wie Sie den gehängten Spion etwa wieder ins Leben zurückrufen wollten. Es werden auf ähnliche Weise eine große Menge von Maßregeln eintreten müssen, die man nachher nicht wieder abändern kann, wenn sie überhaupt von Hause aus Kraft und Wirksamkeit äußern sollen. — Ich gehe aber noch weiter und stimme nicht bloß gegen dieß Minoritätserachten, sondern auch gegen den Ausschußantrag selbst, welcher ebenfalls unter Umständen eine vorherige Zustimmung des Reichstags für nothwendig hält. Ich bin hierin mit dem Abgeordneten für Gießen ganz einverstanden und meine, daß diese Bestimmung, wonach die Suspension nicht länger als vierzehn Tage dauern soll, ohne daß die Einberufung der Reichsversammlung erfolgt, überhaupt ganz willkürlich gegriffen ist. Ich kann hierin eine hinreichende Schutzwehr nicht finden; denn man kann sich viele Fälle denken, in denen es unmöglich ist, die Zusammenberufung auch nur in vierzehn Tagen zu bewerkstelligen. Ich verweise z. B. nur auf die jüngsten Aufstände in Baden. Es wäre damals wahrscheinlich unmöglich gewesen, die Mitglieder der dortigen Kammer überhaupt zusammenzuberufen; wie hätte man also exceptionelle Maßregeln ausführen können? Hätte nicht jedes Mitglied sich z. B. mit Fug und Recht darauf berufen können, daß es durch den Aufstand in seinem Wohnorte gehindert worden sei, in die Ständeversammlung zu kommen? Wenn ich nun denselben Fall auf unsere Versammlung anwende, so wollen wir doch jedenfalls, daß bei solchen Beschlußnahmen alle Provinzen des Reiches vertreten seien, vor Allem die, deren Interessen bei der Frage zunächst betheiligt sind; wie aber können wir, wenn der Westen oder Osten Deutschlands mit Krieg überzogen wird und vom Feinde überschwemmt ist, verlangen, daß die Vertreter der vom Feinde besetzten Provinzen zur Reichsversammlung kommen? Sie haben der Executivgewalt die Macht gegeben, Krieg zu erklären und Frieden zu schließen und wollen nun die unmittelbaren Folgen der Ausübung dieses Rechts erst von der Zustimmung der Vertreter jener Provinzen abhängig machen, welche mit Krieg überzogen sind? Ich gedenke hier, und solche Fälle sind sehr häufig denkbar, unwillkürlich des Jahres 1806, in welchem fast ganz Preußen vom Feinde eingenommen und nur ein kleiner Winkel von Ostpreußen noch in der Gewalt der Regierung war. Wenn wir nun damals Stände gehabt und man den preußischen Reichstag hätte zusammentreten lassen wollen, so hätten dieser Aufforderung eben nur die Vertreter jenes verschonten Theils, sonst aber Niemand Folge leisten können. Man muß aber hier doch solche Bestimmungen treffen, welche auf alle möglichen Fälle Rücksicht nehmen. Es sind ja eben die hier vorgeschlagenen Maßregeln auf Zustände berechnet, in denen die Ausübung der ordentlichen regelmäßigen Gewalten gehemmt ist und wenn Sie dem beistimmen, so tritt auch die nothwendige Folge ein, daß das gewöhnliche Räderwerk des Staates für solche außerordentliche Fälle nicht paßt. — Ich habe aber dem Ausschußgutachten noch andere Vorwürfe zu machen, daß nämlich außer der Aufnahme von Bestimmungen, welche auszuführen der Natur der Sache nach unmöglich ist, wiederum andere Bestimmungen ausgelassen sind, welche ich für unbedingt nöthig halte, nämlich die Suspension der Preßfreiheit und des Vereinsrechtes. Ich glaube, daß namentlich bei unseren jetzigen Zuständen die Preßfreiheit in solchen Fällen noch weit gefährlicher wirken würde, als das Versammlungsrecht. Bei Volksversammlungen, mögen sie nun so besucht sein, wie die auf der Pfingstweide oder von geringerer Bedeutung sein, ist Das, was dort gesprochen und verhandelt wird, von wesentlicher Einwirkung und hat directen Einfluß nur auf Diejenigen, welche an jenen Versammlungen Theil genommen haben; die andern werden nur durch Hörensagen einen indirecten Eindruck davon verspüren. Die Macht der Presse aber ist Jedem zugänglich, so daß man ihre Producte mit Bequemlichkeit im Bette lesen kann. Die Wirkung der Versammlungen beschränkt sich nur auf einen gewissen Kreis und ist vorübergehend, während die Druckschrift, das Placat fortwirkt, und jeden Tag von Neuem gelesen werden kann, wie wir von diesem Allem ja tausende von Beispielen in den letzten zehn Monaten erlebt haben. Wenn Sie etwa England dagegen anführen und sagen wollten, daß man dort zwar die Habeas-corpus-Acte, nicht aber die Preßfreiheit zu suspendiren pflege, so liegt die einfache Erklärung davon darin, daß in England der Stachel der Preßfreiheit, nachdem sie mehrere Jahrhunderte lang in unbeschränkter Ausübung gewesen, längst abgestumpft ist, daß sich dort das Volk längst gewöhnt hat aus den Journalen und Schriften sich das Dienliche herauszunehmen und über den übrigen Theil zu lachen. Auf dem Standpunkte befinden wir uns aber nicht, und es wäre ein wahres Wunder, wenn wir solche Riesenschritte in der politischen Erziehung in zehn Monaten machten und das lernten, wozu andere Völker Jahrhunderte gebrauchten. Die Ausübung der Preßfreiheit ist, wie ich wiederhole, weit gefährlicher als die des Versammlungsrechts. Ich bin einmal der Ansicht, daß wir Ausnahmegesetze nicht entbehren können, und halte daher die Anwendung dieser Ausnahmegesetze auf die Preßfreiheit für weit nothwendiger, als auf das Versammlungsrecht. (Unruhe auf der Linken.)

H. Simon (vom Platze): Aber die Achtung vor dem von uns verkündeten Gesetze über die Preßfreiheit?!

v. Vincke: Man sagt, daß die Suspension der Preßfreiheit in den Grundrechten untersagt wäre, und daß die Schaffung von Ausnahmegesetzen für die Presse also im Widerspruch mit den Grundrechten stehe. Ich sage Ihnen, wir hätten der Natur der Sache nach bei jedem Paragraphen der Grundrechte mit demselben Rechte hinzusetzen können: „die Suspension dieses Grundrechtes ist untersagt“, denn das versteht sich eigentlich von selbst; es muß die Suspension untersagt seyn, so lange Sie nicht ein besonderes Gesetz votiren, welches die Behörde autorisirt, Ausnahmen von dem Gesetze zu machen. Es handelt sich aber ja heute gerade darum, ein solches Ausnahmegesetz für gewisse Fälle zu schaffen, und das ist gerade der Gegenstand der Berathung. Schaffen Sie einmal ein Ausnahmegesetz in Betreff des Versammlungsrechtes, so werden Sie auch mit demselben Rechte ein Ausnahmsgesetz für die Preßfreiheit schaffen können. Es wäre überhaupt doch wunderbar, wenn die Versammlung, welche vor ein paar Monaten einen Beschluß gefaßt hat, von dem sie sich überzeugt, daß er nicht unbedingt zweckmäßig ist, nicht befugt sein sollte, ihr eigenes Werk zu verbessern. Das wäre ein Beschluß, welcher der Versammlung eine Unfehlbarkeit beilegte, die ich wenigstens noch nie für die hohe Versammlung in Anspruch genommen habe. — Ebenso verhält es sich mit dem Vereinsrecht. Es wird hier zwar eingewendet, die Suspension dieses Rechtes sei schon in der Suspension des Versammlungsrechts enthalten, weil kein Verein irgend eine Wirksamkeit ausüben könnte, wenn er nicht befugt wäre, sich zu versammeln. Ich glaube, die Herren von dieser Seite (zur Linken gewendet) würden diesen Einwand nicht adoptiren, und zwischen Vereins- und Versammlungsrecht denn doch wohl unterscheiden. Ich glaube, man hat sich zu bemühen, wenn man Gesetze, namentlich solche Ausnahmegesetze macht, vor allen Dingen klar zu sprechen, und da meine ich, daß Versammlungsrecht der weitere Begriff, daß darunter das Vereinsrecht allerdings begriffen, daß es aber eben eine bestimmte Species des Versammlungsrechtes ist. Es charakterisirt den Verein, daß er bestimmte Statuten hat, aus bestimmten Mitgliedern besteht und zu bestimmten Zeiten zusammenkommt; während die Versammlung improvisirt ist und Jeder Theil nehmen kann. Daß solche Vereine weit bedenklicher sein werden, weil sie mit consequent ausgebildeten Organen handeln und einen consequenten Plan verfolgen, wie dieß bei einer Versammlung nicht der Fall ist, wird gewiß Jeder zugeben, und wenn Sie daher ein Gesetz machen und sagen: das Versammlunsrecht ist suspendirt, so wird nach allen Rechtsbegriffen der Welt dieß Generalgesetz dem Specialgesetze nicht derogiren. Um also die Sache klar zu machen, müssen Sie, wenn Sie den Zweck wollen, auch die Mittel wollen und das Vereinsrecht für den gegebenen Fall nicht für zulässig erklären. — Daß man dazu kommen kann, auch die Vereine aufzuheben, das beweist eben das Beispiel von Frankreich. Das verehrte Mitglied von Gießen hat zwar gesagt, der bloße Versuch, die Clubs aufzuheben, hätte außerordentliche Sensation in der französischen Nationalversammlung veranlaßt; und von wem sei auch dieser Versuch ausgegangen? von Odilon Barrot, also von einem Reactionär. Ich gebe das zu; aber was folgt daraus? Haben wir nicht gerade von einem consequenten Republikaner, von Cavaignac, den ersten Angriff auf das Vereinsrecht erfahren, hat nicht die große Majorität der Nationalversammlung, dieser Vertretung einer Republik, die in den großen Zeiten der Februar- und Märztage aus der breitesten Grundlage hervorgegangen ist, hat nicht dieselbe Versammlung jenen Antrag gut geheißen? Kommen Sie uns doch nicht mit Beweisen aus Ihrer Republik, die gerade gegen Sie beweisen! Ich lasse mir für unsere Seite gerne die Bemerkung gefallen, daß wir uns an bestimmten Schulbegriffen

nicht suchen, sondern das Gute da nehmen, wo es zu finden ist; aber ich meine, gerade aus Frankreich könnten Sie die besten Beweise für das Gegentheil Ihrer Behauptung entlehnen. Sie haben gesagt, der Belagerungszustand sei in Paris nur darum erklärt, weil es eine Festung sei. Sie werden sich aber doch erinnern, daß im Frühjahr auch in Rouen der Belagerungszustand erklärt wurde, obwohl es nur ein offener Ort ist, daß man zu den Zeiten Ihres vielgepriesenen Convents Lyon und Nantes, ein paar ganz offene Städte, in Belagerungszustand erklärt hat und Commissäre mit unbedingten Vollmachten hat herumreisen lassen, mit der Befugniß, alle Gesetze aufzuheben, Alles zu füsiliren, zu guillotiniren, zu ersäufen, und wie die Todesstrafen alle weiter heißen. (Große Heiterkeit auf der Rechten und im rechten Centrum.) Sie wollen mit Englands Beispiel nicht zufrieden sein, wo die Minister sich befugt halten, die Habeas-corpus-Acte zu suspendiren und mit ihrem Kopfe dem Parlamente für die Ueberschreitung des Gesetzes haften? So lange Sie keine Minister haben, die gesonnen sind, mit Ihrem Kopfe für ihr Amt einzustehen, werden Sie nie eine starke Regierung haben. Sie verwerfen das Beispiel Englands, weil es eben nur eine Monarchie ist. Sie berufen sich auf Rom; sie sagen, dort habe doch die Freiheit noch Etwas gegolten. Was hat denn das freie Rom so groß gemacht: vor allem Andern jenes welthistorische Wort: videant consules, ne quid res publica detrimenti capiat. Die Consuln haben diese Gewalt, wenn es galt, nicht etwa vom Volke überkommen, sie wurde ihnen beigelegt vom Senate. Wenn Sie historische Beweise für sich anführen wollen, so studiren Sie vorerst die Geschichte. (Eine Stimme auf der Linken vom Platz: Wir kennen sie, aber Sie scheinen sie schlecht studirt zu haben, Herr v. Vincke!) Ich bin kein specifischer Freund des Professorenthums, was Sie so oft anfechten, aber den Vorzug hat es doch unstreitig, daß es historische Anschauungen in diese Versammlung hineingebracht hat. Die Herren, die sich auf die Geschichte berufen, ohne sie zu kennen, sollten von den Professoren doch das wenigstens gelernt haben. (Lebhaftes Bravo auf der Rechten.) Gerade weil Sie eine gesetzliche Macht geschaffen haben, werden hinführo die Minoritäten nicht mehr herrschen, und es ist ein eigenthümlicher Vorwurf, wenn Sie jetzt eine deutsche Regierung verdächtigen, eben weil sie an das Volk, also doch wohl nicht an die Minorität appellirt hat. Auf die anderen Verdächtigungen einzugehen, die gegen jene Regierung hier vorgebracht worden sind, halte ich unter meiner Würde. — Wohl! Sie sind berufen, eine Regierung für Deutschland zu begründen. Erfüllen Sie Ihren Beruf. Schaffen Sie entweder gar keine oder schaffen Sie eine starke Regierung. (Große Heiterkeit auf der Linken; lebhaftes Bravo und Beifallklatschen auf der Rechten und im rechten Centrum.)

Vicepräsident Kirchgeßner: Es liegt ein Antrag vor auf den Schluß und ein Antrag auf Vertagung der Discussion. Beide Anträge sind mit mehr als zwanzig Unterschriften belegt. Bevor jedoch der Antrag auf den Schluß, der jedenfalls in erster Linie zur Abstimmung kommen muß, zur Abstimmung kommen kann, muß ich noch einen Verbesserungs-Antrag, der eben eingereicht wurde, Ihnen zur Kunde geben. Dieser Verbesserungs-Antrag zu § 7 des Entwurfs über Gewähr der Verfassung ist von Herrn Widemann und Genossen und lautet:

> „Im Fall des Kriegs oder Aufruhrs können die Bestimmungen der Grundrechte über Verhaftung, Haussuchung, Vereins- und Versammlungsrecht von der Reichsregierung oder der Regierung eines Einzelstaates für einzelne Bezirke zeitweise, unter Verantwortlichkeit des betreffenden Gesammtministeriums gegen den Reichstag beziehungsweise Landtag, außer Kraft gesetzt werden."

Unterstützt von: Fallati, Pannier, Wernher, Riesser, Schierenberg, Emmerling, Pretis, Falk, Baumbach, Höfken, Göden, Baur, Rümelin, Franke, Laube, Böcler, Barth, Stahl, Mann, Burkart, Zerzog, Stenzel, Godeffroy.

Ich muß vor Allem den Antrag auf den Schluß der Discussion zur Abstimmung bringen. Er ist von Tafel aus Stuttgart und mehr als zwanzig Andern gestellt. Ich ersuche diejenigen Herren, die für den Schluß der Debatte stimmen, sich zu erheben. (Mitglieder auf verschiedenen Seiten erheben sich.) Der Schluß der Debatte ist angenommen! (Präsident Simson übernimmt den Vorsitz.)

Präsident: Ich möchte Ihnen vorschlagen, meine Herren, für die nächste Sitzung, welche wir auf den Sonnabend ansetzen müssen, weil auf den morgenden Tag ein Feiertag fällt, — die Schlußreden der Berichterstatter und die Abstimmung vorzubehalten, damit ich, obwohl ich glaube, daß die Abstimmung eine einfache ist, in den Stand gesetzt werde, die heute eingegangenen fünf Verbesserungsanträge gedruckt in Ihre Hände gelangen zu lassen. Wenn dagegen kein Widerspruch ist, so setze ich hiemit die nächste Sitzung auf Sonnabend 9 Uhr an und stelle auf die Tagesordnung die Schlußreden der Berichterstatter und die Abstimmung über die § 7 und 7 a; die Wahl der drei Präsidenten der Nationalversammlung und die Ergänzungswahl für den volkswirthschaftlichen Ausschuß. — Ich lade, meine Herren, nach dem Auftrage der Vorsitzenden, den Verfassungsausschuß auf heute Abend 6 Uhr, den volkswirthschaftlichen Ausschuß auf halb 6 Uhr, den Prioritäts- und Petitionsausschuß ebenfalls auf halb 6 Uhr ein. — Ich zeige an, daß die Interpellation des Herrn Fehrenbach über das Zurückziehen der Reichstruppen aus dem Großherzogthum Baden von dem Herrn Reichskriegsminister in der Sitzung vom Montag beantwortet werden wird. — Die heutige Sitzung ist geschlossen.

(Schluß der Sitzung halb 3 Uhr.)

Die Redactions-Commission und in deren Auftrag Abgeordneter Professor Wigard.

Druck von Joh. David Sauerländer in Frankfurt a. M.

Stenographischer Bericht

über die

Verhandlungen der deutschen constituirenden National-Versammlung zu Frankfurt a. M.

Nro. 164. Montag den 5. Februar 1849. VII. 9.

Hundert drei und sechszigste Sitzung.

(Sitzungslocal: Paulskirche.)

Sonnabend den 3. Februar. (Vormittags 9 Uhr.)

Präsident: Eduard Simson von Königsberg.

Inhalt: Verlesung und Berichtigung des Protocolls. — Berathung des Berichts des Centrallegitimations-Ausschusses über die Eingabe des Vorstandes des constitutionellen Clubs zu Mühlhausen, betreffend die Einberufung des Stellvertreters des Abgeordneten v. Könne, oder Veranstaltung einer Neuwahl. — Anzeige des Berichts des Prioritäts- und Petitions-Ausschusses über einen Antrag des Abgeordneten Künßberg, die weitere Behandlung des Verfassungswerks betreffend. — Anzeige des Berichts des Ausschusses für Geschäftsordnung über einen Antrag des Abgeordneten Wesendonck, die Ergänzung der Ausschüsse betreffend. — Flottenbeiträge. — Vertheilung neu eingetretener Mitglieder in die Abtheilungen. — Interpellation des Abgeordneten Martiny an das Reichsministerium in Betreff einer das Vereins- und Versammlungsrecht beschränkenden Verfügung der königlich preußischen Regierung zu Minden. — Interpellation des Abgeordneten Würth von Sigmaringen, die Zurückziehung der Reichstruppen aus dem Fürstenthum Hohenzollern-Sigmaringen betreffend. — Schlußvortrag der Berichterstatter und Abstimmung über den vom Verfassungs-Ausschuß vorgelegten Entwurf „Gewähr der Reichsverfassung“ (§§ 7 und 7 a.)

Präsident: Die Sitzung ist eröffnet. Der Herr Schriftführer wird die Güte haben, das Protocoll der vorigen Sitzung zu verlesen. (Schriftführer Jucho verliest dasselbe.) Ich frage, ob Reclamation gegen das Protocoll ist?

Venedey von Köln: Meine Herren! Ich trage darauf an, daß die Rede des Herrn v. Schmerling, die er in der letzten Sitzung gehalten hat, zu Protocoll gegeben werde nach der von Herrn v. Schmerling selbst wahrscheinlich vorgenommenen Verbesserung. Meine Gründe sind dafür folgende: Sie werden sich entsinnen, daß vor einiger Zeit ein Abgeordneter der deutschen Reichsversammlung erschossen worden ist; als er erschossen wurde, war Herr v. Schmerling Minister des deutschen Reichs; er hat in seiner letzten Rede das System, nach welchem der Reichsabgeordnete erschossen worden ist, hier vertheidigt; ich glaube, daß eine solche Rede zu den Actenstücken gehört. (Im rechten Centrum: Oho!) Ich habe noch andere Gründe, warum ich wünsche, daß diese Rede nicht wie eine gewöhnliche behandelt werde. Die Theorie, eine Verfassung zu gewähren, indem man dafür sorgt, daß sie von Zeit zu Zeit mit Füßen getreten werden kann, mag für Professoren theoretisch ganz unschuldig sein, für Staatsmänner aber ist es etwas Anderes, und da Herr v. Schmerling Staatsmann ist, glaube ich, daß seine Ansicht mehr maßgebend sein muß, als die Ansichten unserer theoretischen Professoren. (Mehrfacher Zuruf von der Rechten und dem Centrum: Das ist ja keine Reclamation!) Es ist ein Antrag zu Protocoll, Sie können darauf antworten, wenn Ihnen Das nicht behagt. — Ein anderer Grund, warum ich wünsche, daß dieses Actenstück nicht verloren gehe, ist der: Wenn ein solches System, wie das, welches Ihr Ausschuß vorschlägt, und dem Herr v. Schmerling die wahre innere Bedeutung gegeben hat, erst einmal angenommen ist, dann weiß kein Mensch, wohin es in seinen Folgen geht; ich aber von meinem Standpunkte, der keine blutige Revolution will, wünsche, daß man wisse, wer das System vorgeschlagen hat, und daß es in den actenmäßigen Protocollen der Nationalversammlung stehe. Man hat in der letzten Verhandlung die Geschichte sehr oft angeführt, und es wurde nur Eins vergessen, daß die blutigen Hinrichtungen von 1793 in großer Mehrzahl nach Gesetzen gemacht worden sind, die zwischen 1789 und 1791 publicirt wurden.... (Mehrfacher Zuruf: Das gehört ja nicht zur Sache, Das ist keine Reclamation.)

Präsident: Der Antrag ist als Reclamation gegen das Protocoll erhoben; dagegen läßt sich nichts sagen.

Venedey: Ich vertheidige meinen Antrag. Ich halte die Sache für bedeutend, und irre mich vielleicht darin; ich habe mich aber ein paar Mal nicht geirrt über Sachen, die später geschehen sind. — Wenn man hier den Convent sehr oft angegriffen hat, so hat man Recht, sobald man die Ausnahmsgerichte, die er einsetzte oder zuließ, im Auge hat; das Schlechteste, was der Convent gethan hat, machen Sie nach, wenn Sie Ausnahmsgerichte und unter diesen die Hinrichtung von besiegten Feinden dictiren.... (Mehrfacher Zuruf: Das gehört nicht zur Sache! Keine Rede halten!)

Präsident: Herr Venedey! Sie haben das Wort bloß zu dem Antrag gegen das Protocoll, zu etwas Weiterem habe ich Ihnen das Wort nicht gegeben.

Venedey: Ich begründe vollkommen meinen Antrag, er geht dahin, daß das Actenstück zu den Acten gelegt werde. — Ich habe übrigens nur noch ein Wort hinzuzusetzen; man hat auch hier die englische Geschichte angeführt und gezeigt, wie die Engländer eine Suspendirung der gesetzlichen Grundrechte zulassen. Meine Herren! Sie lassen sie zu, aber seit Jahrhunderten wurden sie in England selbst kaum je aufgehoben, die Ausnahmsgesetze würden bleibend nur geltend gemacht für Irland. (Vielfacher Ruf: Das ist keine Reclamation, das gehört nicht hieher.)

Präsident: Herr Venedey! Das ist Discussion über die Sache selbst.

Venedey: Ich will Ihnen sagen, warum es zur Sache gehört. Ich wünsche, daß das Actenstück, das am Klarsten zeigt, wie Deutschland in Zukunft von Zeit zu Zeit irländisch, — das heißt wie ein besiegtes und erobertes Volk — regiert werden kann, und nachdem zum Voraus ein Abgeordneter der Reichsversammlung hingerichtet wurde, zu den Acten gelegt werde, und deßhalb habe ich den Antrag gestellt.

Präsident: Meine Herren! Ich bitte zuvörderst, Ihre Plätze einzunehmen. Darüber werden wir sicherlich Alle einverstanden sein, daß bisher ein Antrag, wie der gegenwärtige, eine bestimmte Rede aus substanziellen Gründen zu Protocoll zu nehmen, noch nicht erhoben, und am Allerwenigsten von der Versammlung genehmigt worden ist; demungeachtet glaube ich, daß Herr Venedey formell im Rechte war, wenn er seinen Antrag als Reclamation gegen das Protocoll bezeichnete, und ich habe ihm deßhalb das Wort gegeben; in dem Sinne aber, wie bisher von Seiten des Präsidiums solche Reclamationen kurzweg genehmigt wurden, kann der vorliegende Antrag offenbar nicht genehmigt werden; nur die Versammlung kann es, ich nicht; ich werde daher darüber ohne Weiteres abstimmen lassen. Ich bitte, Ihre Plätze einzunehmen. Diejenigen Herren, die wollen, daß der von Herrn Venedey erhobenen Reclamation gegen das verlesene Protocoll durch nachträgliche Insertirung der von Herrn v. Schmerling über [illegible] gehaltenen Rede stattgegeben werde, ersuche ich, sich zu erheben. (Mitglieder auf der Linken erheben sich.) Ich kann der Reclamation des Herrn Venedey nicht stattgeben. — Herr Sellmer hat einen Bericht Namens des Centrallegitimations-Ausschusses anzuzeigen. — Meine Herren! Ich muß um Ruhe bitten, sonst kann der Redner sich nicht verständlich machen.

Sellmer von Landsberg a. d. Warthe: Meine Herren! Ich habe die Ehre, abermals in Reichsermissions-Angelegenheiten vor Sie zu treten. Der Abgeordnete Herr v. Rönne, gewählt im 21. preußischen Wahlbezirke, hat von Seiten der deutschen Centralgewalt einen Gesandtschaftsposten, und zwar einen ständigen, bei den nordamerikanischen Freistaaten übernommen. Er ist nach dem Orte seiner Bestimmung abgereist, ohne bei der Nationalversammlung um Urlaub nachgesucht, oder einen solchen erhalten zu haben. Inzwischen ist eine Reclamation aus seinem Wahlbezirke eingetroffen, wonach verlangt wird, daß der Stellvertreter des Abgeordneten v. Rönne einberufen, oder eine Neuwahl angeordnet werde, sich darauf stützend, daß die Reclamanten wünschen, in der Nationalversammlung bei gegenwärtigen Verhandlungen vertreten zu sein. Der Centrallegitimations-Ausschuß hat diese Reclamation in Erwägung gezogen, und einen Beschluß gefaßt, den ich die Ehre habe, der Versammlung vorzulesen, und der dahin lautet:

„Die hohe Nationalversammlung wolle den Abgeordneten des 21. preußischen und zwar sächsischen Wahlbezirks v. Rönne, aus derselben für ausgeschieden erachten, und das Reichsministerium des Innern auffordern, für die Einberufung seines erwählten Stellvertreters schleunigst Sorge zu tragen."

Präsident: Ich möchte anheimstellen, daß wir über diesen Antrag gleich zum Beschlusse kämen. Es scheint mir in keiner Beziehung ein Bedenken dagegen zu sein. Der Antrag lautet ...

Sellmer: Der Bericht lautet folgendermaßen: (Zuruf: Antrag! Antrag!)

Präsident: Ich meine auch, meine Herren, daß es bei den ganz feststehenden und bekannten thatsächlichen Verhältnissen einer näheren Motivirung des Antrags des Ausschusses nicht bedürfen wird.

(Die Redaction läßt den Bericht hier folgen:

Bericht

des Centrallegitimations-Ausschusses auf die Reclamation des Vorstandes des constitutionellen Clubs zu Mühlhausen in Thüringen vom 6. November 1848, betreffend „die Ausschließung des Abgeordneten v. Rönne aus der constituirenden deutschen Nationalversammlung, und Einberufung seines Stellvertreters, oder Anordnung einer Neuwahl."

(Berichterstatter: Abgeordneter Sellmer.)

"Der Handelspräsident v. Rönne ist erwählter Abgeordneter des ein und zwanzigsten preußischen, und zwar Provinz sächsischen Wahlbezirks. Bis zum 16. October pr. ist derselbe auch als Mitglied der constituirenden deutschen Nationalversammlung in der letzteren anwesend gewesen, hat aber dann das von der provisorischen deutschen Centralgewalt ihm angetragene Amt eines ständigen Gesandten bei den nordamerikanischen Freistaaten angenommen, und sich sofort nach jenem Ort seiner Bestimmung verfügt. Von dieser seiner Abreise hat v. Rönne das Präsidium der Nationalversammlung nur mündlich in Kenntniß gesetzt, auch hat derselbe bei der Nationalversammlung selbst keinen Urlaub nachgesucht und erhalten. — Gegenwärtig erhebt ein Theil der v. Rönne'schen Urwähler — der Vorstand des constitutionellen Clubs zu Mühlhausen in Thüringen — dagegen Reclamation; derselbe beschwert sich, durch die Abwesenheit des v. Rönne in der Nationalversammlung nicht vertreten zu sein, und trägt an:

„Den erwählten Stellvertreter desselben einzuberufen, oder aber eine Neuwahl zu veranlassen."

Der Antrag erscheint dem Centrallegitimations-Ausschuß begründet. — Zwar schließt die Uebernahme eines Amtes bei der provisorischen Centralgewalt Seitens eines Abgeordneten, wie die hohe Versammlung in einem früheren Beschlusse anerkannt, das Recht des Letzteren, noch ferner Mitglied dieser Versammlung zu sein, nicht aus; allein der angeregte Beschluß kann selbstredend doch immer nur auf solche Aemter gedeutet werden, mit deren Uebernahme der Abgeordnete nicht dauernd an der Ausübung seiner Pflicht als solcher behindert ist. Im entgegengesetzten Falle stehen ihm die Bestimmungen des § 9 der Geschäftsordnung entgegen, wonach:

„bei dauernden Verhinderungen eines Abgeordneten an den Berathungen in der Nationalversammlung Theil zu nehmen, dieser entweder durch eine Neuwahl, oder durch den bereits für diesen Fall erwählten Stellvertreter zu ersetzen ist."

Daß nun die Uebernahme eines Gesandtschaftspostens bei den nordamerikanischen Freistaaten, und die Uebersiedelung dorthin, als eine solche im § 9 der Geschäftsordnung bezeichnete „dauernde" Verhinderung zu erachten, wird keines besonderen Nachweises bedürfen; zweifelhaft dagegen könnte es erscheinen, ob die nach § 9 der Geschäftsordnung daraus herzuleitende Folge jetzt schon Platz greifen dürfe, während doch der allegirte Paragraph disponirt:

„daß nur dann ein Ersatz des Erwählten eintreten solle, falls derselbe nach seiner eigenen Erklärung behindert ist, dauernd an den Versammlungen rc. Theil zu nehmen."

Eine solche Erklärung hat der Abgeordnete v. Rönne zwar nicht abgegeben, vielmehr nur, wie auch Eingangs erwähnt, dem Präsidenten der Nationalversammlung mündlich die Annahme des ihm übertragenen Amtes und die beabsichtigte Reise nach dem Ort seiner Bestimmung angezeigt; allein wenn einerseits die gegenwärtige Stellung des v. Rönne in der That jene fragliche dauernde Behinderung unmittelbar zur Folge hat, so ist zum Anderen der Ausschuß, und gewiß mit Recht, der Ansicht, daß die Angabe des factischen Grundes zu dieser dauernden Behinderung Seitens des Behinderten der ausdrücklichen Erklärung des Letzteren über die nothwendig daraus herzunehmende Folgerung gleich zu achten sei. — Es hat sich aber auch dem Ausschusse bei seiner gepflogenen Berathung noch ein zweites Bedenken, und zwar dahin aufgeworfen:

„Ob nicht zunächst, und bevor die Ausschließung des v. Rönne aus der Nationalversammlung auszusprechen, der Letztere zur Rückkehr in dieselbe binnen einer ihm zu stellenden Frist, und unter Androhung des Ausschlusses im Weigerungsfalle, aufzufordern?"

Jedoch selbst dieser Einwand dürfte nicht durchgreifend erscheinen, wenn man daran festhält, einmal, daß die Uebersendung jenes Aufforderungsschreibens an v. Rönne, und die ihm etwa zu stellende Frist, möglicherweise die Zeit in Anspruch nehmen dürfte, welche überhaupt noch dem Zusammensein der Nationalversammlung zugemessen, und also dadurch der gewünschte Zweck der Reclamanten vereitelt würde, dann aber auch, und dieß dürfte der entscheidendere Grund sein, daß v. Rönne als Mitglied der Nationalversammlung mit den Vorschriften derselben bekannt sein, und also wissen muß, daß eine dauernde Behinderung, in seiner Person an den Sitzungen Theil zu nehmen, auch seine Ausschließung aus der Nationalversammlung zur unmittelbaren Folge habe, und daß, wenn er nichtsdestoweniger, und ohne einen Urlaub dazu nachgesucht zu haben, den Hinderungsgrund selbst herbeigeführt hat und fortbestehen läßt, er dadurch seinen Austritt aus der Nationalversammlung anerkannt und stillschweigend erklärt hat. — Daß endlich bei dem alternativ gestellten Antrag der Reclamanten: auf Einberufung des v. Rönne'schen Stellvertreters, oder Anordnung einer Neuwahl, der Ausschuß sich für den ersteren entscheiden mußte, folgt unbestritten aus dem Beschlusse der hohen Versammlung vom 11. Decbr. pr., wonach keine Neuwahl, sondern die Einberufung des erwählten Stellvertreters erfolgen soll. — Der Ausschuß stellt aus diesen Gründen den Antrag:

„Die hohe Nationalversammlung wolle den Abgeordneten des ein und zwanzigsten preußischen, und zwar Provinz sächsischen Wahlbezirks, v. Rönne, aus derselben für ausgeschieden erachten, und das Reichs-Ministerium des Innern auffordern, für die Einberufung seines erwählten Stellvertreters schleunigst Sorge zu tragen." — Frankfurt am Main, den 28. Januar 1849.)

Präsident: Ich möchte bitten, mir zu erlauben, daß ich den Antrag gleich zur Abstimmung bringe. Der Antrag geht dahin:

„Die hohe Nationalversammlung wolle den Abgeordneten des 21. preußischen, und zwar Provinz sächsischen Wahlbezirkes v. Rönne aus derselben für ausgeschieden erachten, und das Reichsministerium des Innern auffordern, für die Einberufung seines erwählten Stellvertreters schleunigst Sorge zu tragen."

Diejenigen Herren, die diesem Antrag ihre Zustimmung geben wollen, ersuche ich, sich zu erheben. (Die Mehrzahl erhebt sich.) Der Antrag ist angenommen. — Herr Uhland hat einen Bericht für den Prioritäts- und Petitions-Ausschuß zur Anzeige zu bringen.

Uhland von Tübingen: Ich habe von Seiten des Prioritäts- und Petitions-Ausschusses einen Bericht zur Anzeige zu bringen über den Antrag des Herrn Abgeordneten Künßberg, die weitere Behandlung des Verfassungswerkes betreffend. Der Ausschuß trägt darauf an, daß dem Antrage des Herrn Künßberg keine Folge gegeben werden möge.

Präsident: Ich lasse den Bericht drucken und auf eine künftige Tagesordnung setzen. — Herr Fischer hat einen Bericht des Ausschusses für die Geschäftsordnung zur Anzeige zu bringen.

Fischer von Jena: Meine Herren! In der Sitzung vom 15. September vorigen Jahres wurde ein Antrag des Herrn Abgeordneten Wesendonck dem Ausschusse für Geschäftsordnung zur Begutachtung überwiesen. Der Antrag lautet:

„Die Ergänzung der Ausschüsse soll in Zukunft durch Wahl der Nationalversammlung erfolgen. Ueber Diejenigen, welche bei dieser Wahl wenigstens 100 Stimmen erhalten, entscheidet das Loos."

Der Ausschuß empfiehlt Ihnen, über diesen Antrag zur Tagesordnung überzugehen. Die Gründe dafür enthält der Bericht, den ich hiermit anzuzeigen die Ehre habe.

Präsident: Auch dieser Bericht wird gedruckt und auf eine künftige Tagesordnung gesetzt werden. — Herr Hofmann von Friedberg überreicht 81 Gulden als Beitrag zur deutschen Flotte, gesammelt im Bürgerverein zu Friedberg im Großherzogthum Hessen. Wir empfangen diesen Beitrag mit Dank, und überweisen ihn an das Reichsministerium der Finanzen. — Die in den letzten Tagen eingetretenen Herren Lammers von Erlangen (für Herrn Bocker von Langenfeld) und v. Borries von Carthaus (Stellvertreter für Herrn v. Platen von Neustadt) habe ich nach dem Bedürfnisse der Abtheilungen Beide in die 9. Abtheilung gewiesen. Ich gebe davon der Versammlung und den genannten Herren Kenntniß. — Eine Interpellation des Herrn Martiny kommt heute zur Verlesung.

Martiny von Friedland: Interpellation an den Herrn Reichsminister des Innern: „Eine preußische Provinzial-Verwaltungsbehörde, die königliche Regierung zu Minden, hat in einem an sämmtliche Landräthe ihres Bezirkes gerichteten Erlasse vom 18. Januar d. J., welcher in dem dieser Interpellation beigefügten Extrablatte der westphälischen Zeitung vollständig enthalten ist, ihre Unterbehörden angewiesen:

„Zusammenkünften, in welchen im Namen des Volkes oder einer Gemeinde Beschlüsse gefaßt, oder Wünsche ausgedrückt werden, nicht ruhig zuzusehen, und gegen dergleichen Ungehörigkeiten nöthigenfalls mit Nachdruck und Strenge unter Anwendung der gesetzlichen Executivmittel einzuschreiten."

Indem ich das Reichsministerium von diesem Erlasse in Kenntniß setze, und in der Erwägung, daß dem gesammten deutschen Volke durch die seit dem 18. Januar d. J. auch in Preußen geltenden Grundrechte das freie Versammlungs-

und Vereinsrecht gewährleistet ist, daß ferner die Reichs-Gewalt verfassungsmäßig und in Bezug auf Preußen nach dem Beschlusse vom 20. November v. J. über die Aufrechthaltung der Rechte und Freiheiten des Volkes zu wachen hat, und daß endlich jene Verfügung der Regierung zu Minden in deren Verwaltungsbezirke das Versammlungsrecht zu vereiteln bestimmt ist, bitte ich den Herrn Reichsminister des Innern, Auskunft ertheilen zu wollen,

„was derselbe dem gedachten Erlasse gegenüber zu thun geneigt ist?"

Präsident: Der Herr Reichsminister des Innern wird auf diese Interpellation am nächsten Montage antworten. — Eine zweite Interpellation des Herrn Würth von Sigmaringen kommt zur Verlesung.

Würth von Sigmaringen: Eine Interpellation an den Herrn Reichskriegsminister .... (Heiterkeit auf der Rechten) „die Zurückziehung der Reichstruppen aus Siegmaringen betreffend." (Heiterkeit auf der Rechten. Stimmen auf der Linken: Hört!) Es ist zu bedauern, daß ich diesen Gegenstand .... (Unruhe.)

Präsident: Haben Sie die Güte, Herr Würth, die Interpellation selbst zu verlesen. Ich bitte um Ruhe, meine Herren!

Würth: „erwägend, daß mein Antrag auf ungesäumte Zurückziehung der noch im Fürstenthum Sigmaringen befindlichen Reichstruppen von dem Prioritäts- und Petitions-Ausschuß für dringlich erklärt, und deßhalb ohne Erstattung eines Ausschuß-Berichtes auf die Tagesordnung der 161. öffentlichen Sitzung der hohen Nationalversammlung gesetzt wurde;

erwägend, daß unmittelbar vor der beabsichtigten Entwickelung und Ausführung dieses Antrags der Kriegsminister durch einen Bevollmächtigten erklären ließ, daß keine Reichs-Truppen mehr im Fürstenthum sich befänden, und daß solche auf Veranlassung der Sigmaringer Regierung bereits zurückgezogen worden seien;

erwägend, daß ich den Antrag nur in der Voraussetzung der wirklich erfolgten gänzlichen Zurückziehung dieser Truppen zurückgenommen habe und zurücknehmen konnte, und weiter erwägend,

daß der deßfalls in diesem Hause abgegebenen Erklärung des Kriegsministers resp. seines Bevollmächtigten ein Zweifel nicht entgegengesetzt werden durfte,

stelle ich an den Reichskriegsminister die Frage:

„Ob sein Bevollmächtigter wirklich dahin instruirt werden wollte, die kaum gedachte Erklärung abzugeben, und ob die neuesten, bisher ohne Widerlegung gebliebenen Zeitungsnachrichten, daß fortan die gleiche Zahl von Reichstruppen im Fürstenthum sich befänden, der Wahrheit nicht entsprechen?"

Ich sehe mich zu dieser Fragestellung um so mehr veranlaßt, als eine mir heute, jedoch nur indirect zugegangene Privatmittheilung die Zeitungsberichte unterstützt, und die eröffnete Erklärung, als befänden sich keine Reichstruppen mehr im Fürstenthum Sigmaringen, als unrichtig darstellt — Ich habe nachträglich noch zu bemerken, daß mir gestern ein Schreiben des Bürgermeisteramts Sigmaringen vom 31. v. M. zugekommen ist, wornach die Truppen keineswegs zurückgezogen worden sind, und von dem nahen Abmarsche derselben noch gar nichts verlautet. (Auf der Linken: Hört! Auf der Rechten: Zur Sache!) Herr Stavenhagen, der Namens des Kriegsministers am 29. dss. M., also zwei Tage früher schon von dieser Tribüne aus erklärte, und damit der Entwickelung meines Antrages auf alsbaldige Zurückziehung der Reichs-Truppen aus dem Fürstenthume Sigmaringen entgegentrat, daß keine Truppen mehr dort sich befänden, und daß dieselben auf Veranlassung der fürstl. Sigmaringischen Regierung bereits zurückgezogen worden seien, Herr Stavenhagen scheint hierbei in einem sonderbaren Irrthume verirrt zu haben, und Sie, meine Herren! (zur Rechten gewendet) Sie scheinen damals zu früh gelacht zu haben! — Ich werde, bevor ich weitere Schritte thue, die Antwort des interpellirten Ministers abwarten.

Präsident: Der Herr Kriegsminister wird nach seiner Anzeige auf diese Interpellation am Montage antworten. — Wir gehen, meine Herren, zur Tagesordnung über. Auf der Tagesordnung steht zuerst: Schlußvortrag der Berichterstatter, und Abstimmung über §7 und 7a des Entwurfs, Gewähr der Reichsverfassung. — Für das Minoritäts-Erachten des Ausschusses hat Herr Mittermaier das Wort.

Mittermaier von Heidelberg: Wenn ich für das erste Minoritäts-Erachten zu §7 das Wort ergreife, so geschieht es, um Ihnen zu zeigen, daß wir Alle der Regierung die Vollmacht geben wollten, die sie braucht, um außerordentlichen Angriffen auch mit außerordentlichen Mitteln zu begegnen, und daß wir uns dabei ein Vorbild wählten, gegen das Sie nichts einwenden können. Es mußte bei der Berathung über die Gewähr der Verfassung vor Allem die Frage entstehen, ob wir jene Einrichtungen, die unter dem Namen Belagerungszustand, Kriegsrecht, Standrecht bekannt sind, einführen wollten; wir mußten erwägen, daß alle diese Einrichtungen, Namen, die früher nie vorgekommen sind in Deutschland, nur ein Vermächtniß der Napoleonischen Zeit sind. Zum ersten Mal am 10. Fructidor des Jahres V. der Republik wurde in Frankreich nach einem Gesetz auch eine Nichtfestung, ein freier Platz, in Belagerungszustand gesetzt. Mannigfache spätere Gesetze dehnten dieses Gesetz aus; in ein vollständiges System wurde diese Sache gebracht durch Napoleon, durch das bekannte Decret vom Jahre 1811. Dieses Decret besteht noch und gilt auch in Belgien ebenso. Als Paris in Belagerungszustand gesetzt wurde, nicht weil es Festung war, entstand die Frage, in welchem Umfange das Decret von 1811 noch anwendbar wäre; der Cassationshof entschied, nicht, wie behauptet worden ist, er vernichtete den Belagerungszustand, sondern er erklärte nur die Theile des Decrets als verfassungswidrig, in welchem ausgesprochen wird, daß vor ein Ausnahmegericht Bürger gestellt werden sollen, nur dieser Theil sollte nicht weiter bestehen, weil die Bestimmung der Verfassungsurkunde, welche ausspricht: „daß Niemand seinem ordentlichen Richter entzogen werden soll," widerspricht. Weiter hat der Cassationshof sich nie erklärt. Ganz im ähnlichen Sinne sind Entscheidungen in Belgien ergangen. Wir können von Dem, was in einer nichtconstitutionellen Zeit galt, in Zeiten der Willkürherrschaft, wohl keine Anwendung machen auf unsere Verhältnisse, wo das constitutionelle Leben zur Wahrheit werden soll; wir mußten uns an die Länder wenden, in welchen die Regierung Kraft hat, in welchen aber auch die Freiheit wahrhaft geschützt ist. Wir mußten fragen: wie ist es in Amerika, wie in England? Vergessen Sie nicht, daß bei den Berathungen über die amerikanische Verfassung einer der größten Staatsmänner, Jefferson, ausdrücklich gesagt hat: „Eine weise Regierung eines freien Staates bedarf nie der Suspension der Habeas-corpus-Acte," dennoch ging ein Artikel über in die Congreß-Acte: „Im Falle des feindlichen Einfalls, und im Falle der Rebellion ist die Habeas-corpus-Acte zu suspendiren." Fragen Sie, ob schon Gebrauch davon gemacht worden ist seit dem Jahre 1787, so sage ich: „Nein!" Einmal im Jahre 1807 hatte der Senat darauf den Antrag ungenommen in dem bekannten Falle des Obersten Burr wegen Conspiration; das Haus der Repräsentanten verwarf jenen Antrag, und nie ist davon Gebrauch gemacht worden. In England gilt der Grundsatz: es gibt keinen Belagerungszustand, kein Kriegsrecht, aber es gilt die Maßregel der Suspension der Habeas-corpus-Acte. Es kann jedoch nach englischem Rechte nur durch ein Gesetz, also durch Zustimmung beider Kammern die Habeas-corpus-Acte suspendirt werden. Das neueste Beispiel des Gebrauchs ist von 1848 vom August wegen Irland's. Sie kennen den Zustand Irland's, Sie wissen, welcher Geist der Empörung sich dort verbreitet hat, und da hat das Parlament eine Acte erlassen auf den Antrag eines Mitglieds, die Habeas-corpus-Acte zu suspendiren. Es würde interessant sein, wenn Sie die Acte selbst einem Blick unterwürfen und sich überzeugten, welche Gewalt darin dem Lord-Lieutenant und Gouverneur gegeben ist; diese Gewalt wollen wir auch der Regierung geben, und ich will Ihnen einfach zeigen, meine Herren, welche Ansicht die Männer, die den Minoritäts-Antrag unterzeichnet haben, geleitet hat. Wir setzten voraus, daß in Deutschland überall ein sogenanntes Aufruhrgesetz ergehen würde, nach welchem der Grundsatz festgestellt wird, daß, sobald die Aufruhracte verkündigt ist, gegen Empörer mit der ganzen Waffengewalt, wenn die Militärbehörde von der zuständigen Civilbehörde aufgerufen ist, eingeschritten werden kann. Hier ist der Fall der Gewalt, hier hat Niemand sich zu beklagen, er hat Gewalt gegen das Vaterland gebraucht und die Gewalt gegen sich aufgerufen, und die außerordentliche Gewalt, die er braucht, rechtfertigt die außerordentlichen Mittel der Vertheidigung gegen den Feind der Ordnung. — Diese Befugniß muß überall gegeben werden, und es bedarf nur einer Aufruhrsacte, wie sie England hat, einer Aufruhrs-Acte, die genau die Bedingungen und die Form bezeichnet; geben Sie diese, dann wird es in den meisten Fällen nicht nothwendig sein, zu anderen Maßregeln zu greifen. Wir haben durch unser Minoritäts-Erachten aussprechen wollen, daß die Habeas-corpus-Acte, und zwar gewisse Rechte derselben und für gewisse Zeit, außer Wirksamkeit gesetzt werden könne. Die Gesetze zum Schutze, die Rechte, die wir allein außer Wirksamkeit setzen wollten, sind das Recht wegen der Verhaftung, das Recht wegen Haussuchung, das Recht wegen der Versammlung. Wir hatten die Preßfreiheit nicht suspendiren lassen, weil es nicht nothwendig ist, weil es auch in den aufgeregtesten Zeiten in England nicht geschieht, weil dieß auch bereits bei uns entschieden ist, indem ausdrücklich über die Preßfreiheit gesagt ist, sie könne nie suspendirt werden, und weil der auf die Suspension der Preßfreiheit gerichtete Antrag verworfen wurde, weil aber auch kein Bedürfniß dazu da ist. Wenn Sie der Regierung eine außerordentliche Macht in Bezug auf Verhaftungsrecht geben, so ist die bürgerliche Gesellschaft auch gegen die Gefahren der Presse geschützt; geben Sie der Regierung unnöthige Macht, dann, meine Herren, haben Sie wahre Gefahr hervorgerufen. Das Vereins-Recht aber wollten wir nicht beschränken, weil die Vereine nur durch ihre Versammlungen selbst gefährlich werden können. Hier schützt aber die Suspension des Versammlungsrechts. Folgen Sie auch hier wieder dem Beispiele Englands, geben Sie darüber Bestimmungen, in welchen Fällen und welche Vereine strafbar sind, wenden Sie diese Bestimmungen mit Nachdruck an, und Sie haben alle Sicherheit; wollen Sie aber weiter gehen, und wollen Sie auch von dem Grundsatze abweichen, daß keine Ausnahmsgerichte gegeben werden sollen, wollen Sie auch die Bestimmung, daß Niemand seinem gesetzlichen Richter entzogen werden soll, außer Wirksamkeit setzen, dann erklären wir: Nein! Das darf nicht geschehen, weil auch hier wieder kein Bedürfniß vorhanden ist. In jenem Augenblicke, wo Sie von dem Satze: „Niemand kann seinem Richter entzogen werden," abweichen, zerstören Sie in dem Volke den Rechtssinn, in diesem Augenblicke zerstören Sie die letzte Stütze des Vertrauens. Sie werden aber auch ewig den Glauben verbreiten, daß, wenn Commissionen niedergesetzt werden, man nur Diejenigen zu Mitgliedern derselben wählt, von deren Willfährigkeit zum Verurtheilen man im Voraus überzeugt sein könnte. Sie werden, meine Herren, in dem Augenblicke, wo Sie Ausnahmsgerichte niedersetzen, auch die Folge haben, daß man die von den Ausnahmsgerichten Verurtheilten als die Märtyrer und die Opfer der Tyrannei betrachtet. (Hört! Hört!) Meine Herren! In dem Augenblicke, wo das Bild des blutenden Egmont vor Ihren Blicken steht, steigt auch der blutige Schatten des Herzogs von Alba vor Ihrem Geiste auf; in dem Augenblicke, wo Sie an Hofer und an seine Hinrichtung in Mantua denken, — es könnte ein Mann in dieser Versammlung Ihnen darüber Schauererregendes erzählen, — da steigen auch die Schatten Derer auf, die auf eine schmähliche und eine scheußliche Weise dazu mitgewirkt haben; dieser Mann, der da hingerichtet worden, fiel als ein Opfer der Tyrannei. Thun Sie das nicht, geben Sie keinem Ausnahmsgerichte Raum! Ich habe mich genau erkundigt: in England wird auch der schwerste Verbrecher nur durch Geschworne abgeurtheilt. Gemäß dem Art. 542 der französischen Strafproceßordnung, wie in England die Bestimmung auf ähnliche Weise gilt, hat der oberste Gerichtshof das Recht, wenn in dem einen Departement, in der einen Grafschaft die Sicherheit dermaßen gefährdet ist, daß man nicht erwarten kann, daß die Geschwornen ihre Pflicht thun, weil sie bedroht sind, das Urtheilsprechen in ein anderes Departement, in eine andere Grafschaft zu verweisen, steht eine solche Bestimmung in jeder Proceßordnung, dann haben Sie keine weitere Gefahr. Nie aber werden wir zustimmen, daß Kriegsgerichte aufgerufen werden, diesen muß nothwendig der Stab gebrochen werden. Sorgen Sie in der Strafproceß-Ordnung für eine zweckmäßige Anordnung des Gerichtsstandes, aber führen Sie keine Militärgerichte ein! Sie können niemals erwarten, daß die noch so tapferen und ehrenwerthen Kriegsmänner, wenn sie von dem Kampfe kommen, erbittert von dem Kampfe, in welchem sie Unbilden und vielfache Entbehrungen erduldeten, erbittert vielleicht über den Verlust ihrer Kameraden, die sie beklagen und betrauern, — (Hört! Hört!) — Sie können nie erwarten, daß diese Männer besonnene, gehörig abwägende und unparteiische Richter sind. Sie können nie den Glauben im Volke verbreiten, daß dieser Mann, der gewohnt ist, dem Gebote, dem Winke seines Feldherrn, der ausgezeichnet vor ihm steht, zu gehorchen, von dem er weiß, daß er die ganze Partei haßt, daß dieser Mann ein Richter sein kann. Meine Herren! Alle Gesetze aller Völker verlangen unbefangene Richter, sie bestimmen, daß der Angeklagte den Richter, den er für befangen und feindlich gegen sich gesinnt hält, recusiren darf, und Sie wollen, wenn sie Kriegsgerichte hier urtheilen lassen, dem Angeklagten diese Befugniß rauben, so daß er diesen parteiischen Richter nicht beseitigen kann, und sich diesem unterwerfen muß? Glauben Sie nicht, daß Sie Vertrauen schaffen, wenn Sie irgend etwas der Art aussprechen. — Meine Herren! Wir haben den Satz aufgestellt: Es muß, wenn die Suspension von dem Ministerium ausgesprochen ist, ohne Verzug die Zusammenberufung der Kammern geschehen, weil ohne ihre Zustimmung die verhängte Maßregel aufzuheben ist. In England kann nur durch ein Gesetz die Suspension verfügt werden. Nie kann ein Minister sich dort durch eine Indemnitätsbill helfen, nur die gesetzgebende Gewalt kann die Suspension der Gesetze aussprechen. „Dieß ist im englischen Staatsrecht anerkannt, weil sonst alle Heiligkeit der Gesetze aufhört. Und nun, meine Herren, wir haben der Regierung im Interesse der wahren Freiheit viel größere Macht gegeben, als die englische hat, indem wir nicht einmal verlangten, daß nur durch die Gesetzgebung, wie in England, diese Habeas-corpus-Acte aufgehoben werden darf. Wir erklären zwar, daß der Grundsatz wie in England aufgestellt werde, aber wir erkannten, daß die Regierung in die Lage kommen kann, schleunig einzugreifen. Wir sagten aber: „Ohne Verzug" muß die gesetzgebende Versammlung einberufen werden. Wir haben das Wort „ohne Verzug" gewählt, weil wir hoffen, daß dann die Regierung in minder bedenklichen Fällen diese Maßregel nicht anordnen wird, wir haben aber der Regierung darin Freiheit lassen wollen, die Regierung wird bei Verzögerung sich vor den Kammern rechtfertigen; ob Verzug da war, wird dann die gesetzgebende Versammlung prüfen. So war es auch in Baden: als am 23. April v. J. der Einfall von Hecker eine solche Uebermacht und Gefahr angenommen hatte, hat sich die Regierung genöthigt gesehen, den sogenannten Kriegsstand zu erklären, und ein provisorisches Gesetz zu erlassen. — Wir waren damals gerade wegen der Oster-Ferien beurlaubt, aber sogleich erfolgte an demselben 23sten die Aufforderung an den Präsidenten, ungesäumt die Kammer zusammenzurufen, und wir kamen zusammen, und das provisorische Gesetz wurde vorgelegt. Dieses Gesetz wurde berathen, und dieses Gesetz, welches aus der Berathung der Kammern hervorgegangen ist, verdient wohl Beachtung. Sagen Sie: „ohne Verzug," so haben Sie der Regierung die Möglichkeit des Eingreifens im Falle des Bedürfnisses, sowie den gesetzgebenden Factoren die Freiheit gegeben, zu prüfen, ob die Regierung ihre Pflicht gethan hat. In diesem Sinn ist der Minoritäts-Antrag zu nehmen. Wir haben das Wort: „Aufruhr" gewählt, Andere: „bewaffneter Aufruhr;" wir würden den letzteren Ausdruck nehmen, wenn er ein in der Gesetzgebung gangbarer technischer Ausdruck wäre. Wir in Baden haben den Ausdruck: „hochverrätherischer Aufruhr," welchen Ausdruck ich mehr vorziehen würde, da er auch dem amerikanischen Worte rebellion und der irländischen Acte entspricht. Ich trage aber dennoch nicht darauf an, diesen Ausdruck zu wählen, da es überall den gesetzgebenden Körpern überlassen bleibt, ob die Größe und Stärke, Richtung und Dauer des Aufruhrs die Maßregel der Suspension der Habeas-corpus-Acte rechtfertigen könne. — Nie, meine Herren, könnte ich aber dem zweiten Minoritäts-Antrage zustimmen. Ich bitte Sie, abgesehen von der Gefahr, welche durch das Recht des Befehlshabers dem gesetzlichen Gerichtsstande durch Militär-, also Kriegsgerichte entstehen würde, sehen Sie sich Nr. 1 an, nach welcher die gesammte Executivgewalt dem Militärbefehlshaber übertragen werden soll! Meine Herren! Was heißt gesammte Executivgewalt? Gesammte Executivgewalt heißt die gesammte Regierungsgewalt. Der König von Belgien hat nach der Verfassungsurkunde die gesammte Executivgewalt, d. h. die gesammte Regierungs-Gewalt; diese Gewalt kann er Niemanden übertragen. Er, der Regent ist es, der mit verantwortlichen Ministern Alles zur Ausführung bringt; er kann aber nicht die ganze furchtbare Macht in die Hände des Einzelnen legen, unbeschränkt dem Militärcommandanten überlassen, er kann ihm nicht das Recht einräumen, den Kriegsgerichten das Recht zu geben, Todesurtheile zu fällen. Dadurch machen Sie den Befehlshaber zum Gesetzgeber. Entweder ist im Gesetze gesagt, daß der Fall todeswürdig ist, dann darf das Gericht ohne besondere Ermächtigung die Todesstrafe erkennen, oder es ist im Gesetze gesagt, daß er nicht todeswürdig ist, dann darf der Befehlshaber nicht sagen, daß die Handlung doch todeswürdig sei, denn sonst machen Sie ihn zum obersten, mächtigsten Gesetzgeber. Wir bedürfen nur der Suspension der Habeas-corpus-Acte, wie es Ihnen vorgeschlagen wird, und wir bedürfen keines Belagerungszustandes, keines Kriegsrechtes. Lassen Sie mich mit dem Wort eines großen Staatsmannes schließen, — der leider zu früh in Griechenland, in fremder Erde, als Minister gestorben ist, — des edlen Rudhart von Bayern. Im Jahr 1831 wurde der bayerischen Kammer ein Gesetz über Standrecht vorgelegt; Rudhart war damals Berichterstatter. Seine Worte sind denkwürdig. Vergönnen Sie mir vorerst noch ein Wort. Ich habe in diesen Tagen, meine Herren, oft gehört, Noth habe kein Gebot. Sie rechtfertigen diese außerordentlichen Maßregeln durch Nothwehr? Die Nothwehr aber bezieht sich nur darauf, abzuwehren den drohenden Angriff, und sich zu vertheidigen. Aber die Nothwehr gibt kein Strafrecht. Habe ich einen Feind, der mich angreift, so darf ich das Aeußerste thun. Ich darf jedes Mittel gebrauchen, das nothwendig ist, um den Angriff abzuwehren. Ist die Abwehr gelungen, ist der angreifende Feind entwaffnet und unschädlich, so wird kein Privatmann das Recht haben, dann seinen Feind, wenn er entwaffnet vor ihm liegt, zu tödten und zu sagen, ich habe ein Strafrecht geübt. Der Staat, als moralische Person, hat keine größeren Rechte, als der Einzelne hat. Eine solche Tödtung heißt: Rache; es ist kein Act der Nothwehr mehr, sondern der Rache. Rudhart, durch Wissenschaft, wie durch Staatsweisheit und hohes Rednertalent ausgezeichnet, schloß seinen Bericht an die Kammer mit den Worten: „Müßt Ihr Waffengewalt gebrauchen, so vertheidigt Euch auf das Aeußerste gegen den Feind, der die bürgerliche Ordnung stört; wendet die kräftigsten Maßregeln an, um eures Sieges gewiß zu sein; aber heuchelt nicht eine friedliche Untersuchung unter der Maske der Justiz. Schlagt euren bewaffneten Feind im offnen Kampfe mit der bewaffneten Macht nieder und rettet den Staat; aber mordet nicht mit einem Federzuge wieder unter der Maske der Justiz, unter der Form eines richterlichen Urtheils den Unbewaffneten." (Anhaltender lebhafter Beifall auf der Linken.)

Waitz von Göttingen: Meine Herren! Ich habe die Aufgabe, mit einigen Worten den Standpunkt des Ausschusses auch bei diesem Paragraphen zu vertreten. Ich bedauere, hier weder so staatspraktisch, noch so rechtstheoretisch sein zu können, wie einige Redner vor mir auf diesem Platze. Ich werde eingedenk sein, daß es sich darum handelt, eine Verfassungsbestimmung zu treffen, welche im Einklang stehen soll mit den neuen Zuständen, in die wir eintreten, und die wir weder von ihrer günstigen, noch ungünstigen Seite ausschließlich hier auffassen dürfen, und wenn ich dabei etwas sagen sollte, was den Herren auf dieser Seite (zur Linken gewendet) mißfällt, so acceptire ich bestens die Indemnitätsbill, welche Herr Venedey mir im Voraus gegeben hat. Zunächst aber, meine Herren, glaube ich, darauf aufmerksam machen zu müssen, daß der § 7 des Ausschusses und 7 a der Minorität des Ausschusses keineswegs einen und denselben Gegenstand behandeln, und daß man nicht wohlthut, sie ohne Weiteres zusammenzuwerfen, daß namentlich Herr Vogt keineswegs, wie mich dünkt, recht gehabt hat, wenn er bei § 7 immer von Belagerungszustand und seinen Schrecken geredet hat, obschon ihm Herr v. Schmerling dazu einigermaßen Anlaß gegeben, da er seinen Antrag an die Stelle von § 7 setzen will, ein Vorschlag, den ich für unzweckmäßig halten muß, da es mir nothwendig erscheint, diese beiden Punkte auseinanderzuhalten. Im § X wird vorgeschlagen, das Recht zur Suspension der Habeas-corpus-Acte und des Versammlungsrechtes zu geben. Das erste wenigstens, meine Herren, ist auch den freiesten Völkern, wie Sie eben gehört haben, den Engländern und Amerikanern, keineswegs unbekannt. Es ist überall als durchaus nothwendig geboten erschienen, und es erklären sich auch die Anträge fast alle hierfür, die Anträge von Herrn v. Vincke bis zu Herrn Heinrich Simon hin. Allein darin ist ein Unterschied, unter welcher Modalität diese Suspension stattfinden soll, ob Alles auf die Verantwortlichkeit des Ministeriums zu schieben ist, oder ob nur eine zeitweise Suspension diesem überlassen bleiben darf, oder ob das Ministerium sofort die gesetzgebenden Körper einzuberufen hat, um ihre Genehmigung einzuholen. So weit, meine Herren, ist kein Antrag gegangen, daß die vorausgehende Zustimmung des Reichstags, resp des Landtags erfordert werde. Herr Mittermaier hat hierauf mit vollkommenem Recht aufmerksam gemacht, und Herr Simon hat in der letzten Sitzung dem Berichte vorgeworfen, daß das Minoritäts-Erachten in dieser Beziehung unter einen falschen Gesichtspunkt gestellt sei. Meine Herren! Ich muß dieß theilweis zugeben; es erklärt sich daraus, daß im Ausschusse weitergehende Anträge gestellt waren und ich bei der Entwerfung des Berichts die Fassung nicht vor mir hatte. Aber, meine Herren, indem die Unterzeichner des Minoritäts-Erachtens davon abgehen, daß im Voraus die Zustimmung der gesetzgebenden Körper eingeholt werden soll, indem sie also nicht darauf dringen, daß die Suspension durch ein förmliches Gesetz erlassen werde, geben sie den principiellen Unterschied vollständig auf. Alles, was Herr Simon gegen den Ausschuß-Antrag gesagt hat, das trifft seinen Antrag auch, nur die vorgängige Zustimmung wahrt den Standpunkt, welchen Herr Simon gewahrt wissen will. Ob mit der Suspension die Einberufung der Stände nothwendig verbunden ist, oder ob das Ministerium die Verantwortung auf kürzere oder längere Zeit selbst übernimmt, das ist kein principieller Gegensatz mehr, sondern nur eine Frage der Zweckmäßigkeit. Der Antrag des Herrn v. Vincke, dem sich Herr Widenmann in diesem Punkte angeschlossen hat, will, daß die betreffenden Bestimmungen zeitweise außer Kraft gesetzt werden können, daß aber auch für den Fall der längeren Dauer das betreffende Gesammtministerium die ganze Verantwortlichkeit dafür zu übernehmen habe, während der Ausschuß die Verhängung jener Maßregel, ohne daß der gesetzgebende Körper berufen werde, nur auf vierzehn Tage gestattet. Meine Herren! Ich kann den Anträgen, welche hiervon abweichen, meine Zustimmung nicht geben, und glaube auch nicht, daß der Ausschuß sich irgendwie dafür erklären würde. Denn nach der Ansicht der Majorität liegt die Gefahr bei diesen Maßregeln nicht darin, daß sie einmal angewendet werden, wenn die Noth es gebietet, sondern darin, daß sie zu lange ausgedehnt werden, daß sie nicht mehr Ausnahme sind, sondern zur Regel übergehen, daß sie nicht mehr gebraucht werden bloß da, wo es die äußerste Noth gebietet, sondern daß man sie anwendet, um überhaupt die Ruhe aufrecht zu erhalten und zu befestigen, oder andere Uebelstände zu beseitigen. Das aber ist es, was diese Maßregeln in der neuesten Zeit so unpopulär gemacht hat. Das ist es, wogegen von allen Seiten her die gerechtesten Klagen erhoben worden sind, und wogegen eben eine Schutzwehr gegeben werden muß. Eine vierzehntägige Suspension jener Rechte ist gewiß ein Uebelstand, aber jedenfalls ein geringerer, als das Uebel, gegen welches sie gerichtet ist; und ich glaube, die Frist wird ausreichen, um wenigstens partielle Bewegungen zu unterdrücken, und die Ruhe wiederherzustellen. Die meisten Fälle, welche in der letzten Zeit vorgekommen sind, waren der Art, daß innerhalb vierzehn Tagen Ordnung und Ruhe wiederhergestellt sein konnten, und auch in der That wiederhergestellt waren. Wenn aber ernstere Unruhen einen größeren Theil des Landes ergreifen, dann ist der Staat wahrhaft in Gefahr, und dann sage ich mit Herrn Simon, daß die Stände sofort zusammenberufen werden sollen; dann ist es an der Zeit, daß der executiven Gewalt die gesetzgebenden Körper zur Seite stehen. Wenn aber der Herr v. Vincke auf den Fall des Krieges hingewiesen und die Unmöglichkeit behauptet hat, dann die gesetzgebenden Körper zu versammeln, so sage ich dagegen, daß der Krieg hier wenig in Betracht kommen kann. Im Kriege gebieten die Waffen, und da wird wenig mit der Suspension des einen oder anderen Rechts gethan, besonders deßhalb, weil diese Rechte ja nicht den Feinden, sondern den Bürgern von den gesetzgebenden Gewalten verbrieft sind. Dieß ist zugleich der Grund, warum ich mich mit dem Antrage des Herrn Wigard am Wenigsten einverstanden erklären kann, welcher die Außerkraftsetzung der Bestimmungen über Haussuchung und Versammlungsrecht nur auf den Fall des Krieges beschränkt. Ich glaube, im Kriege können wir diese Ermächtigung viel eher entbehren, als im Falle eines inneren Aufruhrs. Auf der anderen Seite kann aber der Ausschuß der Meinung auch nicht sein, daß es zweckmäßig wäre, jene Frist von vierzehn Tagen ganz fallen zu lassen, und mit der Minorität für jeden einzelnen Fall die sofortige unmittelbare Berufung der Kammern zu verlangen. Ich wiederhole, jenes Princip, daß nur eigene Gesetze diese Rechte suspendiren können, wahren wir auch in diesem Falle nicht. Es ist also nur eine Frage der Zweckmäßigkeit, welche vorliegt. Auch wir wollen, daß von diesem Rechte kein zu häufiger Gebrauch gemacht wird. Aber, meine Herren, ich erachte es für ein geringeres Unglück, wenn in einzelnen Districten die Habeas-corpus-Acte, und das Versammlungsrecht auf vierzehn Tage suspendirt sind, als wenn dem Aufruhr Vorschub geschieht, und derselbe mit Aufgebot aller Mittel unterdrückt werden muß, so daß zahlreiche Menschenleben das Opfer ihres Widerstandes werden. Nicht darin liegt die Gefahr, daß auf gesetzliche Weise die Gesetze zeitweise außer Kraft treten, sondern daß die Gesetzlosigkeit so um sich greift, daß ihr kein Damm mehr entgegensteht, daß alle Bande der Ordnung und Sitte gelöst werden, wie wir ja im Laufe der letzten Zeit zahlreiche Beispiele gesehen haben. — Meine Herren! Es sind noch weitergehende Anträge gestellt worden; man hat Suspension der Preßfreiheit und des Vereinsrechtes beantragt. Ich bin dagegen gewesen, daß in dem Paragraphen der Grundrechte über die Presse das Wort „suspendirt“ aufgenommen werde. Ich bin noch der Meinung, daß äußerste Fälle eintreten können, in welchen die Suspension der Preßfreiheit allerdings nöthig wird; ich halte dafür, daß dieß gerade im Falle des Krieges geschehen kann, damit nicht etwa ein verrätherischer Einwohner dem Feinde die Nachrichten zuträgt, welche diesem nützlich, dem Vaterlande aber verderblich sind. Es sind ähnliche Fälle in Amerika vorgekommen, und dort hat dann gegolten, was wir hier so oft anführen hören, daß Noth kein Gebot kenne. Ich glaube ferner, daß in Zeiten großer Aufregung durch Flugblätter eine Brandfackel unter die Menge geschleudert werden kann, und dieß Grund sein kann, dem entgegenzutreten. Es hat aber die Versammlung beschlossen, die Preßfreiheit solle nicht suspendirt werden, und dazu kann ich meine Stimme nimmer leihen, daß wir einen solchen Beschluß nachträglich in solcher Weise wieder aufheben, daß wir einen Paragraphen, der das Suspendiren verbietet, selbst wieder suspendiren. (Bravo auf der Linken.) Das Vereins-

[illegible] ebenfalls angeführt worden. Hierfür bin ich auch gewesen, aber ich glaube, daß in der Suspension des Versammlungsrechts überhaupt das Nothwendigste und Wichtigste gegeben ist, wie dieß Herr Mittermaier bereits ausgeführt hat, daß, wenn die Versammlungen der Vereine verboten werden können, die unmittelbare und dringende Gefahr beseitigt ist. Ich glaube, außerdem, daß Repressiv-Maßregeln gegen Vereine, welche [illegible] Zwecke verfolgen, einen hinreichenden Schutz gewähren. Mir scheint auch, daß die Vereine bis dahin noch nicht so gefährlich geworden sind, wie man oft glauben macht; es haben mich wenigstens z. B. jene großen Versammlungen der demokratischen Vereine in Berlin vor ihrer Wirksamkeit noch nicht so gar erschrecken lassen. Ich bekenne daher bei der Ansicht, daß es das Richtige ist, was der Ausschuß Ihnen vorgeschlagen hat, daß aber auch von diesem nicht abgegangen werden darf. — Meine Herren! Es sind Ihnen einige weitere Vorschläge in § 7a gemacht, welche die Majorität des Ausschusses nicht gefunden haben; ich habe deßhalb auch als Berichterstatter des Ausschusses weder die Verpflichtung, noch das Recht, dieselben hier ausführlich zu vertheidigen; doch werden Sie mir ein paar Bemerkungen gestatten. Zunächst erkläre ich, daß ich dem Minoritäts-Erachten den Antrag des Herrn v. Thielau und Genossen vorziehe, weil er einfacher und klarer ist, daß ich mich aber entschieden gegen den Antrag des Herrn v. Schmerling und Genossen erklären muß. Mögen Sie nun aber den v. Thielau'schen, oder mögen Sie den Antrag der Minorität ins Auge fassen, ich glaube nimmermehr, daß Sie mit Herrn Schneer sagen könnten, wir hätten den Windischgrätz paragraphirt, oder wir hätten, wie Herr Simon sich auszudrücken beliebte, den Scandal der letzten Zeit sanctionirt. Meine Herren! Wir haben für diesen Fall gerade Dasjenige vorgeschlagen, was dem Herrn Simon für seine Suspension der Grundrechte genügend erscheint, wir haben vorgeschlagen, daß in diesem Fall jedesmal und sofort die Einberufung der Kammern erfolgen soll. Wir haben auch einen Versuch gemacht, und der v. Thielau'sche Antrag baut darauf weiter, den Umfang und die Bedeutung des Kriegsrechts zu bestimmen, und der letzte zeigt Ihnen, daß diese Bestimmung keineswegs und so sehr mit den Grundrechten im Widerspruch steht. Nur in außerordentlichen Fällen, meine Herren, wollen wir zu diesen äußersten Maßregeln greifen, nur, wenn die Gefahr für die Existenz der Ordnung, ja des Staates selbst bis auf den höchsten Punkt gestiegen ist. Wenn für solche Fälle nichts bestimmt ist, dann wird allerdings die Gewalt der Umstände sich Raum verschaffen. Ich aber werde dieser so wenig als möglich das Wort reden, ich werde immer der Meinung sein, daß bis auf den letzten Augenblick hin in der Verfassung Vorsorge getroffen sein soll, daß niemals die Ausnahmsmaßregeln über Dasjenige hinauszugehen haben, was die Gesetzgebung, die Verfassung als zulässig erklärt haben. Ich bin noch der Meinung, daß es eine Maßregel sei, das Recht zu schützen, wenn man zeitweise der gewöhnlichen Anwendung des Rechts entsagt, Worte, die Herr Vogt in einer fast unbegreiflichen Weise zu entstellen beliebt hat. Es kann uns recht lieb sein, wenn von dieser Seite des Hauses das formelle Recht und Gesetz jetzt in Anspruch genommen und vertheidigt wird; aber, meine Herren, wenn Sie einen Buchstaben des Gesetzes festhalten wollen, so glaube ich, wird man mit Grund von Ihnen verlangen, daß Sie auch das ganze Alphabet aufrecht erhalten. Meine Herren! Ich weiß, daß Thaten mehr sind, als Worte, und ich weiß, daß die Revolution der Dämme nicht achtet, die man gegen sie aufrichtet; ich weiß aber auch, daß eine Revolution selten, ja niemals unmittelbar Dasjenige erreicht und festhält, wohin sie zunächst gerichtet zu sein scheint. Meine Herren! Eine Revolution ist wie eine große Ueberschwemmung, die bald gewaltsame Zerstörungen rings um sich anrichtet, bald aber auch den Boden befruchtet, auf den sie fällt; immer aber verlaufen ihre Wässer, und es kommt nur darauf an, welche Frucht auf dem gedüngten Boden erwächst. Ich weiß, daß Vielen das nicht genügt, was wir aus der Revolution errungen haben; ich weiß auch, daß Andere die Furcht hegen, daß wir das nicht festhalten können, was gewonnen ist. Meine Herren! Ich theile diese Besorgniß in mancher Beziehung; ich glaube allerdings, daß wir nicht ohne Kampf und Mühe das aufrecht erhalten werden, was wir hier niedergeschrieben haben. Ich denke an das Schicksal der magna charta in England; wie oft sie verbrieft, und wie oft sie wieder gebrochen wurde, und wie mancher Kampf für sie geführt worden ist, bis sie zur sicheren Grundlage der Freiheit für die englische Nation geworden ist. Meine Herren! Sollten wir nach langer Entbehrung so leichten Kaufes die Freiheit gewonnen haben? Oder sollen wir glauben, daß wir solche Engel wären, möchte ich sagen, daß wir unter dem Scheine dieser neuen Freiheit ein so unschuldiges und paradiesisches Leben führen können? Ich bin nimmermehr dieser Ansicht; ich glaube, es wird noch manche harte Kämpfe kosten, bis alles Das fest gewurzelt ist, was wir hier festgesetzt haben. Bald die eine, bald die andere Richtung wird obsiegen, und vielleicht erst nach langem Zwiespalt wird eine feste Grundlage gewonnen werden. Meine Herren! In diesen Kämpfen wird man sehr geneigt sein, Maßregeln an die Stelle des Rechts zu setzen. Maßregeln sind es, welche von den extremen Parteien angewendet werden, auch von denen, welche sich gegen den Buchstaben des Rechts sträuben. Aber ich glaube, daß die Freiheit zuletzt obsiegen wird, und Sie werden ihr nicht den schlechtesten Dienst erweisen, wenn Sie diese Vorschläge auf das letzte Blatt der Verfassung einschreiben.

Präsident: Die Discussion über § 7 und 7a ist geschlossen; wir gehen zur Abstimmung über. Ich erinnere, daß die namentliche Abstimmung auch für diese beiden Paragraphen vorbehalten ist, und stelle die Unterstützungsfrage. (Es erhebt sich die erforderliche Anzahl Mitglieder.) Der Antrag ist hinreichend unterstützt. — Im Auftrag des Herrn Widenmann theile ich mit, daß sich hinter dem gedruckten Verbesserungs-Antrag des genannten Abgeordneten und seiner Genossen irrthümlich die Unterschrift Riesser statt Rößler von Wien befindet. — Zur Unterstützung habe ich nur Einen von den vorliegenden Anträgen zu bringen, des Herrn Würth von Sigmaringen. Ich verstehe ihn als Zusatz zu Nr. 1 des § 7.

Würth (vom Platze): Ich nehme den Antrag zurück.

Präsident: Herr Würth von Sigmaringen nimmt seinen Antrag zurück. — Mein Vorschlag für die Abstimmung ist folgender: Darüber kann zunächst kein Zweifel sein, daß die §§ 7 und 7a in der Abstimmung getrennt werden müssen, obschon der Antrag des Herrn v. Schmerling eigentlich dahin gerichtet ist, sein Amendement statt beider Paragraphen anzunehmen. — Zu § 7, meine Herren, gehören nun folgende Anträge, und wie mir scheint, in folgender Ordnung. Ich würde beginnen mit dem Antrage des Herrn v. Vincke, als dem weitest gehenden. Falls der verworfen wird, folgt der Antrag von Widenmann und Genossen Nr. 5 der gedruckten Anträge. Darauf, wenn auch dieser abgelehnt würde, käme der Antrag des Ausschusses mit dem Vorbehalt einer ferneren Abstimmung über den von Herrn Max Simon eventuell zu § 7. Nr. 2 proponirten Zusatz. Würde auch dieser Antrag nicht angenommen, so müßte der Ausschuß-Antrag mit dem Amendement des Herrn Spatz — Nr. 4 der gedruckten Verbesserungs-Anträge — folgen, welches, wie Sie sich erinnern, das Wort „Aufruhr“ näher charakterisirt. Darauf würde folgen das erste Minoritäts-Erachten und eventuell der auch dazu projectirte Zusatz des Herrn Max Simon. Endlich der am wenigsten weit gehende Antrag des Herrn Wigard und Genossen. — Bei § 7 a würde die Ordnung die sein müssen, daß begonnen würde mit dem Antrag des Herrn v. Schmerling. Darauf folgte das zweite Minoritäts-Erachten, § 7 a. Zuletzt würde abgestimmt werden über den Antrag des Herrn v. Thielau und Genossen, — Nr. 9 der gedruckten Anträge. — Ist Einwand gegen diesen Abstimmungsplan? In diesem Falle bitte ich, sich zu erklären.

Rösler von Oels: Ich glaube, das Amendement des Herrn Spatz kann als ein rein definirender Antrag als zu den verschiedenen Anträgen gestellt, betrachtet werden, so daß, wenn ein Antrag principiell angenommen ist, nur noch nachträglich über die Definition nach dem Spatz'schen Antrag abgestimmt wird.

Präsident: Ich frage, ob sonst noch Reclamationen gegen die Abstimmung sind? (Es meldet sich Niemand.) Dann will ich auf die Bemerkung des Herrn Rösler antworten, daß ich derselben nicht beipflichten kann. Gesetzt, die Versammlung beschlösse: „Im Falle des Kriegs oder Aufruhrs,“ so würde damit die Restriction des Herrn Spatz:

„Im Falle des Kriegs oder bewaffneten Aufruhrs zum Zwecke des Umsturzes der Reichs- oder Staats-Verfassung,“

meiner Meinung nach abgelehnt sein. — Das majus würde das minus in diesem Sinne ausschließen. Ich glaube nicht, daß die Versammlung sich nach solcher Abstimmung noch herbeilassen könnte, den Fall ex post zu beschränken, wie der Abgeordnete Spatz beantragt hat. — Wenn nun diese Abstimmungsreihe angenommen ist, so bitte ich die Herren, welche die namentliche Abstimmung beantragt haben, einerseits Herrn Schirmeister, andererseits Herrn Schüler von Jena anzugeben, für welche Anträge sie die namentliche Abstimmung vorbehalten. Vor der Hand wird für alle Anträge die namentliche Abstimmung vorbehalten. — Die erste Abstimmung, meine Herren, geht also auf das Amendement des Herrn v. **Vincke**, Nr. 7 der gedruckten Anträge, wonach der Paragraph so lauten würde:

„Im Falle des Krieges oder Aufruhrs können die Bestimmungen der Grundrechte über Verhaftung, Haussuchung, Preßfreiheit, Vereins- und Versammlungsrecht von der Reichsregierung oder der Regierung eines Einzelstaates für einzelne Bezirke zeitweise, unter Verantwortlichkeit des betreffenden Gesammt-Ministeriums gegen den Reichstag, beziehungsweise Landtag, außer Kraft gesetzt werden. Weitere Bestimmungen bleiben einem Reichsgesetze vorbehalten. Für die Verkündigung des Belagerungszustandes in Festungen bleiben die bestehenden gesetzlichen Vorschriften in Kraft.“

Wird über diesen Antrag die Abstimmung durch Namensaufruf verlangt? (Einige Stimmen: Nein!) Ich bitte Herrn Schüler um seine Erklärung.

Schüler (vom Platze): Nein!

Präsident: Der Antrag auf namentliche Abstimmung ist hierfür von beiden Seiten zurückgenommen. Die Abstimmung erfolgt also durch Aufstehen und Sitzenbleiben. Ich bitte die Herren, Ihre Plätze einzunehmen. — Diejenigen Herren, welche den eben verlesenen Antrag des Herrn v. Vincke und Genossen annehmen wollen, ersuche ich, sich zu erheben. (Mitglieder auf der Rechten und im Centrum erheben sich.) Der Antrag ist abgelehnt. — Ich gehe zu dem Antrag des Herrn Widenmann und Genossen über, welcher lautet:

„Im Fall des Kriegs oder Aufruhrs können die Bestimmungen der Grundrechte über Verhaftung, Haussuchung, Vereins- und Versammlungsrecht von der Reichsregierung oder der Regierung eines Einzelstaates für einzelne Bezirke zeitweise, unter Verantwortlichkeit des betreffenden Gesammtministeriums gegen den Reichstag, beziehungsweise Landtag, außer Kraft gesetzt werden.“

Für dieses Amendement besteht der Antrag auf namentliche Abstimmung. Es wird also durch Namensaufruf abgestimmt werden. Diejenigen Herren, die dem eben verlesenen Antrage des Herrn Widenmann und Genossen zustimmen wollen, ersuche ich, bei dem Aufruf Ihres Namens mit Ja, die Anderen, die ihm nicht zustimmen wollen, mit Nein zu antworten. Der Namensaufruf beginnt mit dem Buchstaben A.

Bei dem hierauf erfolgenden Namensaufruf stimmten mit Ja:

Achleitner aus Ried, v. Aichelburg aus Villach, Ambrosch aus Breslau, v. Amstetter aus Breslau, Anz aus Marienwerder, Arndt aus Bonn, Arndts aus München, Arneth aus Wien, Barth aus Kaufbeuren, Bassermann aus Mannheim, v. Baumbach-Kirchheim aus Kassel, v. Beckerath aus Crefeld, Benedict aus Wien, Bernhardi aus Kassel, Blömer aus Aachen, Böcler aus Schwerin, v. Boddien aus Pleß, v. Berries aus Carthaus, Braun aus Bonn, Brescius aus Züllichau, Briegleb aus Koburg, Bürgers aus Köln, Burkart aus Bamberg, Carl aus Berlin, Cornelius aus Braunsberg, Coronini-Cronberg (Graf) aus Görz, Decke aus Lübeck, Deetz aus Wittenberg, Deym (Graf) aus Prag, Deymann aus Meppen, Döllinger aus München, Duncker aus Halle, Ebmeier aus Paderborn, Eckart aus Lohr, Edel aus Würzburg, Edlauer aus Graz, Egger aus Wien, Emmerling aus Darmstadt, v. Ende aus Waldenburg, Engel aus Culm, Esmarch aus Schleswig, Evertsbusch aus Altena, Falk aus Ottolangendorf, Fallati aus Tübingen, Flottwell aus Münster, Francke (Karl) aus Rendsburg, Friederich aus Bamberg, Fritsch aus Ried, Fügerl aus Korneuburg, v. Gagern aus Darmstadt, v. Gagern aus Wiesbaden, v. Gersdorf aus Tucz, Gfrörer aus Freiburg, v. Giech (Graf) aus Thurnau, Giesebrecht aus Stettin, Glax aus Wien, Göbel aus Jägerndorf, Godeffroy aus Hamburg, von der Goltz (Graf) aus Czarnikau, Gombart aus München, Graf aus München, Grävell aus Frankfurt a. d. O., v. Grundner aus Ingolstadt, Gysae (Wilhelm) aus Strehlow, v. Hartmann aus Münster, Haubenschmied aus Passau, Hayden aus Dorff bei Schlierbach, Haym aus Halle, Herzog aus Ebermannstadt, Hofer aus Pfarrkirchen, Houben aus Meurs, Hugo aus Göttingen, Jahn aus Freiburg an der Unstrut, Junkmann aus Münster, Jürgens aus [illegible], Kagerbauer aus Linz, Kahlert aus Leobschütz, v. Kaisersfeld aus Birkfeld, v. Keller (Graf) aus Erfurt, Kerer aus Innsbruck, Kerst aus Birnbaum, Kleinschrod aus München, Knoodt aus Bonn, v. Köstertz aus Elberfeld, Kratz aus Wintershagen, v. Kürsinger (Ignaz) aus Salzburg, v. Kürsinger (Karl) aus Tamsweg, Kutzen aus Breslau, Langerfeldt aus Wolfenbüttel, v. Lassaulx aus München, Laube aus Leipzig, Lette aus Berlin, Lienbacher aus Goldegg, Lindner aus Seisenegg, Lodemann aus Lüneburg, Löw aus Magdeburg, Löw aus Posen, Mann aus Rostock, Marcks aus Duisburg, Martens aus Danzig, v. Massow aus Karlsberg, Mathy aus Karlsruhe, Merk aus Hamburg, Metzke aus Sagan, Michelsen aus Jena, v. Möring aus Wien, Mohl (Robert) aus Heidelberg, v. Mühlfeld aus Wien, Müller aus Würzburg, Münch aus Wetzlar, v. Nagel aus Oberviechtach, Naumann aus Frankfurt a. d. O., Neubauer aus Wien, Neumayr aus München, Nizze aus Stralsund, Obermüller aus Passau, Oertel aus Mittelwalde, Osterrath aus Danzig, Pannier aus Zerbst, Paur aus Augsburg, Phillips aus München, Pieringer aus Kremsmünster, Plehn aus Marienburg, Pözl aus München, Polaczek aus Weißkirch, v. Preis aus Hamburg, Quante aus Ullstadt, Quesar aus Prag, v. Radowitz aus Rüthen, Rahm aus Stettin, v. Raumer aus Berlin, Reichensperger aus Trier, Reitmayr aus Regensburg, Richter aus Danzig, Riedl aus Graz, Riegler aus mährisch Budwitz, Rößler aus Wien, v. Rotenhan aus München, Rümelin aus Nürtingen, v. Sänger aus Grabow, Schauß aus München, Schierenberg aus Detmold, Schirmeister aus Insterburg, v. Schleussing aus Rastenburg, Schlüter aus Paderborn, v. Schmerling aus Wien, Scholten aus Ward, Scholz aus Neisse, Schrader aus Brandenburg, Schreiber aus Bielefeld, v. Schrenk aus München, Schubert (Friedrich Wilhelm) aus Königsberg, Schubert aus Würzburg, Schultze aus Potsdam, Schwarz aus Halle, Schwetschke aus Halle, v. Selchow aus Rettkewitz, Sellmer aus Landsberg a. d. W., Siehr aus Gumbinnen, Simson aus Stargard, Stahl aus Erlangen, Stavenhagen aus Berlin, Stenzel aus Breslau, Stieber aus Budissin, Streffleur aus Wien, Stülz aus St. Florian, Tannen aus Zielenzig, Tappehorn aus Oldenburg, v. Thielau aus Braunschweig, Thöl aus Rostock, v. Treskow aus Grocholin, Veit aus Berlin, v. Vincke aus Hagen, Vogel aus Dillingen, Waldmann aus Heiligenstadt, Weber aus Neuburg, Weber aus Meran, v. Wegnern aus Lyk, Weiß aus Salzburg, Welcker aus Aachen, Wernich aus Elbing, Wichmann aus Stendal, Widenmann aus Düsseldorf, Wiebker aus Uckermünde, Wiethaus (J.) aus Gummersbach, v. Wulffen aus Passau, Zachariä aus Göttingen, Zum Sande aus Lingen.

Mit Nein stimmten:

Ahrens aus Salzgitter, Anders aus Goldberg, Anderson aus Frankfurt a. d. O., Backhaus aus Jena, Bauer aus Bamberg, Becker aus Gotha, Becker aus Trier, Beidtel aus Brünn, Berger aus Wien, Beseler aus Greifswald, Blumröder (Gustav) aus Kirchenlamitz, Bock-Buschmann aus Siebenbrunnen, Bock aus Preußisch-Minden, Boczek aus Mähren, Bogen aus Michelstadt, Bonardy aus Greiz, v. Breuning aus Aachen, Breusing aus Osnabrück, v. Buttel aus Oldenburg, Claussen aus Kiel, Cropp aus Oldenburg, Cucumus aus München, Culmann aus Zweibrücken, Dahlmann aus Bonn, Damm aus Tauberbischofsheim, Dammers aus Nienburg, Degenkolb aus Eilenburg, Deiters aus Bonn, Dham aus Schmalenberg, v. Dieskau aus Plauen, Dietsch aus Annaberg, Drechsler aus Rostock, Droysen aus Kiel, Eckert aus Bromberg, Ehrlich aus Murzynek, Eisenmann aus Nürnberg, Eisenstuck aus Chemnitz, Engel aus Pinneberg, Englmayr aus Enns (Oberösterreich), Esterle aus Cavalese, Fallmerayer aus München, Federer aus Stuttgart, Fehrenbach aus Säckingen, Fetzer aus Stuttgart, Fischer (Gustav) aus Jena, Freese aus Stargard, Frisch aus Stuttgart, Fritzsche aus Roda, Fröbel aus Reuß, Gebhard aus Würzburg, Geigel aus München, Gerlach aus Tilsit, Gevekoht aus Bremen, Giskra aus Wien, v. Gladis aus Wohlau, Golz aus Brieg, Gottschalk aus Schopfheim, Gravenhorst aus Lüneburg, Gritzner aus Wien, Groß aus Leer, Groß aus Prag, Grubert aus Breslau, Grumbrecht aus Lüneburg, Gülich aus Schleswig, Günther aus Leipzig, Gulden aus Zweibrücken, Hagen (K.) aus Heidelberg, Haggenmüller aus Kempten, Hahn aus Guttstatt, Hallbauer aus Meißen, Haßler aus Ulm, Hedrich aus Prag, Hehner aus Wiesbaden, Helmbrod aus Sorau, Heisterbergk aus Rochlitz, v. Hennig aus Dempowalonka, Hensel aus Camenz, Heubner aus Zwickau, Heusner aus Saarlouis, Hildebrand aus Marburg, Höfken aus Hattingen, Hönniger aus Rudolstadt, Hoffbauer aus Nordhausen, Hofmann aus Friedberg, Hollandt aus Braunschweig, Huber aus Linz, Huck aus Ulm, Johannes aus Meiningen, Jopp aus Enzersdorf, Jordan aus Berlin, Jordan aus Frankfurt a. M., v. Itzstein aus Mannheim, Jucho aus Frankfurt a. M., Käfferlein aus Baireuth, v. Keudell aus Berlin, Kierulff aus Rostock, Kirchgeßner aus Würzburg, Knarr aus Steyermark, Köhler aus Seehausen, Koch aus Leipzig, Kohlparzer aus Neuhaus, Kollaczek aus österreichisch Schlesien, Kosmann aus Stettin, Kotschy aus Ustron in Mährisch-Schlesien, Krafft aus Nürnberg, Kublich aus Schloß Dietach, Kuenzer aus Konstanz, Künßberg aus Ansbach, Küntzel aus Wolka, Kuhnt aus Bunzlau, Lammers aus Erlangen, Langbein aus Wurzen, Laschan aus Villach, Laudien aus Königsberg, Lausch aus Troppau, Liebmann aus Perleberg, Löschnigg aus Klagenfurt, Löwe (Wilhelm) aus Calbe, Lüntzel aus Hildesheim, Makowiczka aus Krakau, Mally aus Steyermark, Maly aus Wien, v. Maltzahn aus Küstrin, Mammen aus Plauen, Mandrella aus Ujest, Marcus aus Bartenstein, Mareck aus Graz (Steyermark),

Marsilli aus Roveredo, Martiny aus Friedland, Mathies aus Greifswald, Meyer aus Ottobeuern, Melly aus Wien, Merkel aus Kronach, Meyer aus Liegnitz, Minkus aus Marienfeld, Mittermaier aus Heidelberg, Möller aus Reichenberg, Mölling aus Oldenburg, Mohl (Moriz) aus Stuttgart, Müller aus Sonnenberg, Mulley aus Weitenstein, Munchen aus Luxemburg, Nägele aus Murrhardt, Nauwerck aus Berlin, v. Neitschütz aus Königsberg, Nerreter aus Fraustadt, Neugebauer aus Ludiz, Nicol aus Hannover, Röthig aus Weißholz, Ostendorf aus Soest, Ottow aus Labiau, Pattay aus Steyermark, Paur aus Neisse, Peter aus Bruneck, Pfahler aus Tettnang, Pfeiffer aus Adamsdorf, Pfeuffer aus Landshut, Pinckert aus Zeitz, Plaß aus Stade, Plathner aus Halberstadt, Prinzinger aus St. Pölten, v. Quintus-Icilius aus Fallingbostel, Rättig aus Potsdam, Rank aus Wien, Rapp aus Wien, v. Rappard aus Glambek, Raffl aus Neustadtl in Böhmen, v. Raumer aus Dinkelsbühl, Raus aus Wolframitz, Reichard aus Speyer, Reindl aus Orth, Reinhard aus Boytzenburg, Reinstein aus Naumburg, Reisinger aus Freistadt, Reitter aus Prag, Renger aus böhmisch Kamnitz, Rheinwald aus Bern, Riehl aus Zwettl, Riesser aus Hamburg, Röben aus Dornum, Röder aus Neustettin, Rödinger aus Stuttgart, Rösler aus Oels, Roßmäßler aus Tharand, Rüder aus Oldenburg, Rühl aus Hanau, Sachs aus Mannheim, v. Saucken-Tarputschen aus Angerburg, Schädler aus Vaduz, Scharre aus Strehla, Schenk aus Dillenburg, Schepp aus Wiesbaden, Schick aus Weißensee, Schiedermayer aus Vöcklabruck, Schlöffel aus Halbendorf, Schlutter aus Poris, Schmidt (Ernst Friedrich Franz) aus Löwenberg, Schmidt (Joseph) aus Linz, Schmitt aus Kaiserslautern, Schneer aus Breslau, Schneider aus Wien, Schober aus Stuttgart, Schorn aus Essen, Schott aus Stuttgart, Schreiner aus Graz (Steyermark), Schüler aus Jena, Schulz (Friedrich) aus Weilburg, Schulz aus Darmstadt, Schütz aus Mainz, Schwarzenberg aus Kassel, Servais aus Luxemburg, Siemens aus Hannover, Simon (Heinrich) aus Breslau, Simon (Ludwig) aus Trier, v. Soiron aus Mannheim, Spatz aus Frankenthal, Stark aus Krumau, Strache aus Rumburg, v. Stremayr aus Graz, Sturm aus Sorau, Tafel aus Stuttgart, Tafel (Franz) aus Zweibrücken, Teichert aus Berlin, Tellkampf aus Breslau, Titus aus Bamberg, Trabert aus Rausche, Trampusch aus Wien, Uhland aus Tübingen, Umbscheiden aus Dahn, v. Unterrichter aus Klagenfurt, Venedey aus Köln, Versen aus Nieheim, Viebig aus Posen, Vischer aus Tübingen, Vogel aus Guben, Vogt aus Gießen, Vonbun aus Feldkirch, Wagner aus Steyr, Waitz aus Göttingen, Waldburg-Zeil-Trauchburg (Fürst) aus Stuttgart, Walter aus Neustadt, Wedekind aus Bruchhausen, Weißenborn aus Eisenach, Welter aus Tünsdorf, Werner aus St. Pölten, Werthmüller aus Fulda, Wiesner aus Wien, Wiest aus Tübingen, Wigard aus Dresden, Winter aus Liebenburg, Wurm aus Hamburg, Wuttke aus Leipzig, Würth aus Sigmaringen, v. Wydenbrugk aus [illegible], Zachariä aus Bernburg, Zell aus Trier, Zeltner aus Nürnberg, Ziegert aus Preuß.-Minden, Zimmermann aus Stuttgart, Zöllner aus Chemnitz.

Abwesend waren:

A. Mit Entschuldigung:

v. Andrian aus Wien, Archer aus Rein, v. Bally aus Beuthen, Bauernschmid aus Wien, Baur aus Hechingen, v. Beisler aus München, Bergmüller aus Mauerkirchen, Beseler (H. W.) aus Schleswig, Biedermann aus Leipzig, Brentano aus Bruchsal, Brons aus Emden, Cetto aus Trier, Christ aus Bruchsal, Christmann aus Dürkheim, Clemens aus Bonn, Cnyrim aus Frankfurt a. M., Czoernig aus Wien, Demel aus Teschen, Detmold aus Hannover, Dröge aus Bremen, Förster aus Hünfeld, Freudentheil aus Stade, Fuchs aus Breslau, Gspan aus Innsbruck, Heckscher aus Hamburg, Helbing aus Emmendingen, Heldmann aus Selters, v. Hermann aus München, Herzig aus Wien, Heubner aus Freiberg, Hirschberg aus Sondershausen, Höchsmann aus Wien, Jordan aus Gollnow, Junghanns aus Mosbach, Kaiser (Ignaz) aus Wien, v. Kalkstein aus Wogau, Kolb aus Speyer, Leue aus Köln, Levysohn aus Grünberg, v. Linde aus Mainz, Mevissen aus Köln, Mez aus Freiburg, Mohr aus Oberingelheim, Müller aus Damm, Neumann aus Wien, v. Neuwall aus Brünn, Overweg aus Haus Ruhr, Peter aus Constanz, Presting aus Memel, Raveaux aus Köln, v. Reden aus Berlin, Reh aus Darmstadt, Reichenbach (Graf) aus Domeßko, Richter aus Achern, Römer aus Stuttgart, Rothe aus Berlin, Schaffrath aus Neustadt, Scheller aus Frankfurt a. d. O., Schlörr aus der Oberpfalz, v. Schlotheim aus Wollstein, Schönmäckers aus Beck, Schrott aus Wien, Schüler (Friedr.) aus Zweibrücken, Schuler aus Innsbruck, Schultze aus Liebau, Schwerin (Graf) aus Pommern, Sepp aus München, Stedmann aus Besselich, Stokinger aus Frankenthal, Thinnes aus Eichstätt, Tomaschek aus Iglau, v. Trützschler aus Dresden, Wachsmuth aus Hannover, v. Wedemeyer aus Schönrade, Welcker aus Frankfurt a. M., Wernher aus Nierstein, Wesendonck aus Düsseldorf, Wippermann aus Kassel, v. Würth aus Wien, Zimmermann aus Spandow, Zittel aus Bahlingen, Zitz aus Mainz.

B. Ohne Entschuldigung:

Bouvier (Cajetan) aus Steyermark, v. Bothmer aus Carow, Braun aus Cöslin, Bresgen aus Ahrweiler, Buß aus Freiburg, Caspers aus Koblenz, Cramer aus Köthen, Göden aus Krotoszyn, Grüel aus Burg, Hartmann aus Leitmeritz, Hergenhahn aus Wiesbaden, Hillebrand aus Bölz, Hoffmann aus Ludwigsburg, Jacobi aus Hersfeld, Leverkus aus Lennep, v. Mayern aus Wien, v. Mayfeld aus Wien, v. Saltzwedell aus Gumbinnen, v. Scherpenzeel aus Baarlo, Schmidt (Adolph) aus Berlin, Simon (Max) aus Breslau, Somaruga aus Wien, [illegible] aus [illegible], Stein aus Görz, Werner aus Oberkirch, Herzog aus Regensburg.

Präsident: Der Antrag des Abgeordneten Wiesner und Genossen ist mit 261 gegen 188 Stimmen verworfen worden. — Ich gehe zum Ausschuß-Antrage über unter Vorbehalt einer ferneren Abstimmung über den eventuell zu demselben vorgeschlagenen Zusatz des Herrn Max Simon. Diejenigen, welche dem Antrage des Ausschusses in § 7, vorbehaltlich einer ferneren Abstimmung über den zu Nr. 2 von Herrn Max Simon und Genossen projectirten Zusatz, zustimmen wollen, werden beim Aufruf ihres Namens mit **Ja**, die den Antrag des Ausschusses ablehnen wollen, mit **Nein** antworten.

Bei dem hierauf erfolgenden Namensaufruf antworteten mit **Ja**:

Achleitner aus Ried, v. Aichelburg aus Villach, Ambrosch aus Breslau, v. Amstetter aus Breslau, Anders aus Goldberg, v. Andrian aus Wien, Anz aus Marienwerder, Arndt aus Bonn, Arndts aus München, Arneth aus Wien, Barth aus Kaufbeuren, Bassermann aus Mannheim, Bauer aus Bamberg, v. Baumbach-Kirchheim aus Cassel, Becker aus Gotha, v. Beckerath aus Crefeld, Benedict aus Wien, Bernhardi aus Cassel, Beseler aus Greifswald, Blömer aus Aachen, Boch-Buschmann aus Siebenbrunnen, Bock aus Preußisch-Minden, v. Boddien aus Pleß, Böcler aus Schwerin, v. Borries aus Carthaus, Braun aus Bonn, Braun aus Cöslin, Brescius aus Züllichau, Briegleb aus Coburg, Bürgers aus Cöln, Burkart aus Bamberg, Buß aus Freiburg, v. Buttel aus Oldenburg, Carl aus Berlin, Coronini-Cronberg (Graf) aus Görz, Dahlmann aus Bonn, Dammers aus Nienburg, Deeke aus Lübeck, Deetz aus Wittenberg, Degenkolb aus Eulenburg, Deiters aus Bonn, Deymann aus Meppen, Droysen aus Kiel, Dunker aus Halle, Edmeier aus Paderborn, Eckart aus Lohr, Edel aus Würzburg, Edlauer aus Gratz, Egger aus Wien, Ehrlich aus Murzynnek, Emmerling aus Darmstadt, v. Ende aus Waldenburg, Engel aus Culm, Esmarch aus Schleswig, Evertsbusch aus Altena, Falk aus Ottolangendorf, Fallati aus Tübingen, Fischer (Gustav) aus Jena, von Flottwell aus Münster, Francke (Carl) aus Rendsburg, Friederich aus Bamberg, Fritsch aus Ried, Fügerl aus Korneuburg, v. Gagern aus Darmstadt, v. Gagern aus Wiesbaden, Gebhard aus Würzburg, v. Gersdorf aus Tuch, Gevekoht aus Bremen, v. Giech (Graf) aus Thurnau, Giesebrecht aus Stettin, Glax aus Wien, Göbel aus Jägerndorf, Godeffroy aus Hamburg, Göden aus Krotoszyn, von der Golz (Graf) aus Czarnikau, Gombart aus München, Graf aus München, Groß aus Leer, v. Grundner aus Ingolstadt, Gysae (Wilhelm) aus Strehlow, Hahn aus Guttstatt, v. Hartmann aus Münster, Haubenschmied aus Passau, Haym aus Halle, Heimbrod aus Sorau, v. Hennig aus Dempowalonka, Herzog aus Ebermannstadt, Hofsen aus Markirchen, Hollandt aus Braunschweig, Houben aus Meurs, Hugo aus Göttingen, Jahn aus Freiburg an der Unstrut, Jordan aus Berlin, Jordan aus Frankfurt a. M., Junkmann aus Münster, Jürgens aus Stadtoldendorf, Kahlert aus Leobschütz, von Kaiserfeld aus Birkfeld, von Keller (Graf) aus Erfurt, Kerer aus Innsbruck, Kerst aus Birnbaum, von Keudell aus Berlin, Kierulff aus Rostock, Kleinschrod aus München, Knoodt aus Bonn, Kosmann aus Stettin, v. Köstritz aus Elberfeld, Krafft aus Nürnberg, Kratz aus Wintershagen, Küntzel aus Wolka, von Kürsinger (Ignaz) aus Salzburg, von Kürsinger (Carl) aus Tamsweg, Kutzen aus Breslau, Lammers aus Erlangen, Langerfeldt aus Wolfenbüttel, von Lassaulx aus München, Laube aus Leipzig, Laudien aus Königsberg, Lette aus Berlin, Lindner aus Seifenegg, Lodemann aus Lüneburg, Löw aus Magdeburg, Löw aus Posen, Lüntzel aus Hildesheim, v. Maltzahn aus Küstrin, Mann aus Rostock, Marcks aus Duisburg, Marcus aus Bartenstein, Martens aus Danzig, v. Massow aus Carlsberg, Matthies aus Greifswald, Mathy aus Carlsruhe, Metzke aus Sagan, Michelsen aus Jena, v. Möring aus Wien, Mohl (Robert) aus Heidelberg, v. Mühlfeld aus Wien, Müller aus Würzburg, Münch aus Wetzlar, v. Nagel aus Oberviechtach, Naumann aus Frankfurt an der Oder, v. Neitschütz aus Königsberg, Nerreter aus Fraustadt, Neubauer aus Wien, Neumayr aus München, Nizze aus Stralsund, Nöthig aus Weißholz, Obermüller aus Passau, Oertel aus Mittelwalde, Osterrath aus Danzig, Ottow aus Labiau, Pannier aus Zerbst, Paur aus Augsburg, Pfeuffer aus Landshut, Phillips aus München, Pieringer aus Kremsmünster, Plathner aus Halberstadt, Plehn aus Marienburg, Pötzl aus München, Polatzek aus Weißkirch, v. Pretis aus Hamburg, Prinzinger aus St. Pölten, Quante aus Ullstadt, Quesar aus Prag, v. Radowitz aus Rüthen, Rahm aus Stettin, v. Raumer aus Berlin, Reitmayr aus Regensburg, Renger aus böhmisch Kamnitz, Richter aus Danzig, Riedl aus Gratz, Riegler aus mährisch Budwitz, Röber aus Neustettin, Rößler aus Wien, v. Rotenhan aus München, Rüder aus Oldenburg, Rümelin aus Nürtingen, v. Sänger aus Grabow, v. Saltzwedell aus Gumbinnen, v. Saucken-Tarputschen aus Angerburg, Schauß aus München, Schepp aus Wiesbaden, Schick aus Weißensee, Schierenberg aus Detmold, Schirmeister aus Insterburg, von Schleussing aus Rastenburg, Schlüter aus Paderborn, v. Schmerling aus Wien, Schmidt (Joseph) aus Linz, Schneer aus Breslau, Scholten aus Ward, Scholz aus Neisse, Schrader aus Brandenburg, Schreiber aus Bielefeld, v. Schrenk aus München, Schubert (Friedrich Wilhelm) aus Königsberg, Schultze aus Potsdam, Schwarz aus Halle, Schwetschke aus Halle, v. Selchow aus Rettkewitz, Sellmer aus Landsberg a. d. W., Servais aus Luxemburg, Siehr aus Gumbinnen, Simson aus Stargard, v. Soiron aus Mannheim, Sprengel aus Waren, Stahl aus Erlangen, Stavenhagen aus Berlin, Stenzel aus Breslau, Stieber aus

Budissin, Stölzl aus St. Florian, Sturm aus Sorau, Tannen aus Zilenzig, Tappehorn aus Oldenburg, Teichert aus Berlin, v. Thielau aus Braunschweig, Thöl aus Rostock, v. Treskow aus Grocholin, Veit aus Berlin, Versen aus Nieheim, Vogel aus Dillingen, Vonbun aus Feldkirch, Waitz aus Göttingen, Waldmann aus Heiligenstadt, Walter aus Neustadt, Weber aus Neuburg, Weber aus Meran, v. Wegnern aus Lyk, Welcker aus Aachen, Werner aus St. Pölten, Wernich aus Elbing, Wichmann aus Stendal, Wiebker aus Uckermünde, Widenmann aus Düsseldorf, Wiethaus (J.) aus Gummersbach, Winter aus Liebenburg, v. Wulffen aus Passau, Zachariä aus Bernburg, Zachariä aus Göttingen, Zeltner aus Nürnberg, Zöllner aus Chemnitz, Zum Sande aus Lingen.

Mit Nein antworteten:

Ahrens aus Salzgitter, Anderson aus Frankfurt a. d. O., Backhaus aus Jena, Becker aus Trier, Beidtel aus Brünn, Berger aus Wien, Blumröder (Gustav) aus Kirchenlamitz, Böcking aus Trarbach, Boczek aus Mähren, Bogen aus Michelstadt, Bonardy aus Greiz, von Breuning aus Aachen, Breusing aus Osnabrück, Claussen aus Kiel, Cropp aus Oldenburg, Cucumus aus München, Culmann aus Zweibrücken, Damm aus Tauberbischofsheim, Dham aus Schmalenberg, v. Dieskau aus Plauen, Dietsch aus Annaberg, Drechsler aus Rostock, Eckert aus Bromberg, Eisenmann aus Nürnberg, Eisenstuck aus Chemnitz, Engel aus Pinneberg, Englmayr aus Enns (Ober-Oesterreich), Esterle aus Cavalese, Fallmerayer aus München, Federer aus Stuttgart, Fehrenbach aus Säckingen, Fetzer aus Stuttgart, Freese aus Stargard, Frisch aus Stuttgart, Fritsche aus Roda, Fröbel aus Reuß, Geigel aus München, Gerlach aus Tilsit, Gfrörer aus Freiburg, Giskra aus Wien, v. Gladis aus Wohlau, Goltz aus Brieg, Gottschalk aus Schopfheim, Gravenhorst aus Lüneburg, Gritzner aus Wien, Groß aus Prag, Grubert aus Breslau, Grumbrecht aus Lüneburg, Gülich aus Schleswig, Günther aus Leipzig, Gulden aus Zweibrücken, Hagen (K.) aus Heidelberg, Haggenmüller aus Kempten, Hallbauer aus Meissen, Haßler aus Ulm, Hayden aus Dorff bei Schlierbach, Hedrich aus Prag, Hehner aus Wiesbaden, Heisterbergk aus Rochlitz, Hensel aus Camenz, Heubner aus Zwickau, Heusner aus Saarlouis, Hildebrand aus Marburg, Höfken aus Hattingen, Hönniger aus Rudolstadt, Hoffbauer aus Nordhausen, Hofmann aus Friedberg, Huber aus Linz, Huck aus Ulm, Johannes aus Meiningen, Jopp aus Enzersdorf, v. Itzstein aus Mannheim, Jucho aus Frankfurt a. M., Käfferlein aus Baireuth, Kagerbauer aus Linz, Kirchgeßner aus Würzburg, Knarr aus Steyermark, Köhler aus Seehausen, Koch aus Leipzig, Kohlparzer aus Neuhaus, Kollaczek aus Oesterr.-Schlesien, Kotschy aus Ustron in Mährisch-Schlesien, Kudlich aus Schloß Dietach, Kuenzer aus Constanz, Künßberg aus Ansbach, Kuhnt aus Bunzlau, Langbein aus Wurzen, Laschan aus Villach, Lausch aus Troppau, Liebmann aus Perleberg, Lienbacher aus Goldegg, Löschnigg aus Klagenfurt, Löwe (Wilh.) aus Calbe, Makowiczka aus Krakau, Mally aus Steyermark, Ma[illegible] aus Wien, Mammen aus Plauen, Mandrella aus Ujest, Mareck aus Gratz (Steyermark), Marsilli aus Roveredo, Martiny aus Friedland, Mayer aus Ottobeuern, Mayfeld aus Wien, Merkel aus Kronach, Meyer aus Liegnitz, Mintus aus Marienfeld, Mittermaier aus Heidelberg, Möller aus Reichenberg, Mölling aus Oldenburg, Mohl (Moritz) aus Stuttgart, Müller aus Sonnenberg, München aus Luxemburg, Mulley aus Weitenstein, Nägele aus Murrhardt, Nauwerck aus Berlin, Neugebauer aus Luditz, Nicol aus Hannover, Ostendorf aus Soest, Pattai aus Steyermark, Paur aus Neisse, Peter aus Bruneck, Pfahler aus Tettnang, Pfeiffer aus Adamsdorf, Pinckert aus Zeitz, Plaß aus Stade, Rättig aus Potsdam, Rank aus Wien, Rapp aus Wien, v. Rappard aus Glambek, Raßl aus Neustadtl in Böhmen, v. Raumer aus Dinkelsbühl, Raus aus Wolframitz, Reichard aus Speyer, Reindl aus Orth, Reinhard aus Boitzenburg, Reinstein aus Naumburg, Reisinger aus Freistadt, Reitter aus Prag, Rheinwald aus Bern, Riehl aus Zwettl, Riesser aus Hamburg, Röben aus Dornum, Rödinger aus Stuttgart, Rösler aus Oels, Roßmäßler aus Tharand, Rühl aus Hanau, Sachs aus Mannheim, Schädler aus Vaduz, Scharre aus Strehla, Schenk aus Dillenburg, Schiedermayer aus Vöcklabruck, Schlöffel aus Halbendorf, Schlutter aus Poris, Schmidt (Ernst Friedrich Franz) aus Löwenberg, Schmitt aus Kaiserslautern, Schneider aus Wien, Schoder aus Stuttgart, Schott aus Stuttgart, Schreiner aus Graz (Steyermark), Schubert aus Würzburg, Schüler aus Jena, Schulz (Friedrich) aus Weilburg, Schulz aus Darmstadt, Schütz aus Mainz, Schwarzenberg aus Kassel, Siemens aus Hannover, Simon (Heinrich) aus Breslau, Simon (Ludwig) aus Trier, Spatz aus Frankenthal, Stark aus Krumau, Starke aus Rumburg, v. Stremayr aus Graz, Tafel aus Stuttgart, Tafel (Franz) aus Zweibrücken, Tellkampf aus Breslau, Titus aus Bamberg, Trabert aus Rausche, Trampusch aus Wien, Uhland aus Tübingen, Umbscheiden aus Dahn, v. Unterrichter aus Klagenfurt, Venedey aus Köln, Viebig aus Posen, v. Vincke aus Hagen, Vischer aus Tübingen, Vogel aus Guben, Vogt aus Gießen, Wagner aus Steyr, Waldburg-Zeil-Trauchburg (Fürst) aus Stuttgart, Wedekind aus Bruchhausen, Weiß aus Salzburg, Weißenborn aus Eisenach, Welter aus Tünsdorf, Werthmüller aus Fulda, Wiesner aus Wien, Wiest aus Tübingen, Wigard aus Dresden, Wurm aus Hamburg, Wuttke aus Leipzig, Würth aus Sigmaringen, v. Wydenbrugk aus Weimar, Zell aus Trier, Ziegert aus Preuß. Minden, Zimmermann (Professor) aus Stuttgart.

Abwesend waren:

A. mit Entschuldigung:

Archer aus Rein, von Bally aus Beuthen, Bauernschmid aus Wien, Baur aus Hechingen,

v. Beisler aus München, Bergmüller aus Mauerkirchen, Beseler (G. W.) aus Schleswig, Biedermann aus Leipzig, Brentano aus Bruchsal, Brons aus Emden, Cetto aus Trier, Christ aus Bruchsal, Christmann aus Dürkheim, Clemens aus Bonn, Cnyrim aus Frankfurt a. M., Czoernig aus Wien, Demel aus Teschen, Detmold aus Hannover, Dröge aus Bremen, Förster aus Hünfeld, Freudentheil aus Stade, Fuchs aus Breslau, Gspan aus Innsbruck, Heckscher aus Hamburg, Helbing aus Emmendingen, Heldmann aus Selters, von Hermann aus München, Herzig aus Wien, Heubner aus Freiberg, Hirschberg aus Sondershausen, Höchsmann aus Wien, Jordan aus Gollnow, Junghanns aus Mosbach, Kaiser (Ignaz) aus Wien, v. Kalkstein aus Wogau, Kolb aus Speyer, Leue aus Cöln, Levysohn aus Grünberg, von Linde aus Mainz, Mevissen aus Köln, Mez aus Freiburg, Mohr aus Oberingelheim, Müller aus Damm, Neumann aus Wien, v. Neuwall aus Brünn, Overweg aus Haus Ruhr, Peter aus Constanz, Presting aus Memel, Raveaux aus Köln, v. Reden aus Berlin, Reh aus Darmstadt, Reichenbach (Graf) aus Domeßko, Richter aus Achern, Römer aus Stuttgart, [illegible] aus Berlin, Schaffrath aus Neustadt, Scheller aus Frankfurt an der Oder, Schlörr aus der Oberpfalz, v. Schlotheim aus Wollstein, [illegible] aus Beck, Schrott aus Wien, Schüler (Friedr.) aus Zweibrücken, Schuler aus Innsbruck, Schulze aus Liebau, Schwerin (Graf) aus Pommern, Sepp aus München, Stedmann aus Besselich, Stockinger aus Frankenthal, Thinnes aus Eichstätt, Tomaschek aus Iglau, v. Trützschler aus Dresden, Wachsmuth aus Hannover, v. Wedemeyer aus Schönrade, Welcker aus Frankfurt, Wernher aus Nierstein, Wesendonck aus Düsseldorf, Wippermann aus Kassel, v. Würth aus Wien, Zimmermann aus Spandow, Zittel aus Bahlingen, Zitz aus Mainz.

Mit Entschuldigung:

Bouvier (Cajetan) aus Steyermark, v. Bothmer aus Carow, Bregen aus Ahrweiler, Caspers aus Coblenz, Cornelius aus Braunsberg, Cramer aus Cöthen, Deym (Graf) aus Prag, Grävell aus Frankfurt a. d. O., Grüel aus Burg, Hartmann aus Leitmeritz, Hergenhahn aus Wiesbaden, Hillebrand aus Pöls, Hoffmann aus Ludwigsburg, Jacobi aus Hersfeld, Leverkus aus Lennep, v. Mayern aus Wien, v. Mayfeld aus Wien, Merck aus Hamburg, v. Quintus Icilius aus Fallingbostel, Reichensperger aus Trier, v. Scherpenzeel aus Baarlo, Schmitt (Adolph) aus Berlin, Schorn aus Essen, Simon (Max) aus Breslau, v. Somaruga aus Wien, Stein aus Görz, Streffleur aus Wien, Werner aus Oberkirch, v. Zerzog aus Regensburg.

Präsident: Der Antrag des Ausschusses in § 7 ist vorbehaltlich einer weiteren Abstimmung über den Zusatz des Herrn Max Simon mit 242 gegen 206 Stimmen angenommen. Wir gehen jetzt auf den Zusatz des Herrn Max Simon über. Für diesen Zusatz wird auf dieser Seite (zur Rechten gewandt) auf die namentliche Abstimmung verzichtet. (Zuruf: Nein!) Hier (auf der Linken) wird sie festgehalten. Also, meine Herren, der Antrag des Herrn Max Simon und Genossen, abgedruckt unter Nr. 3 der Verbesserungsanträge, geht dahin: daß für den jetzt eingetretenen Fall, daß § 7 angenommen wird, folgender Zusatz zu Nr. 2 gemacht werde:

„Die Einberufung muß in diesem Falle sofort geschehen, so daß der Zusammentritt spätestens am 21sten Tage, von Verkündung der Ausnahmemaßregeln an gerechnet, stattfindet, widrigenfalls dieselbe ohne Berufung erfolgt."

Diejenigen Herren, die diesen Zusatz zu Nr. 2 des angenommenen Ausschußparagraphen annehmen wollen, werden bei dem Aufrufe ihres Namens mit Ja, diejenigen, die ihn ablehnen wollen, mit Nein antworten. (Viele Stimmen: Oh! Kein Namensaufruf!) Der Namensaufruf war zu keiner Zeit unterstützt und ist für diesen Punkt nicht zurückgenommen worden. — Meine Herren, ich wiederhole dringend die Bitte um Ruhe. Die Herren Schriftführer sind nicht im Stande, die Abstimmungen genau aufzunehmen, wenn das Haus nicht größere Ruhe bewahrt.

Bei dem nunmehr erfolgenden Namensaufruf antworteten mit Ja:

Ahrens aus Salzgitter, Anderson aus Frankfurt a. d. O., Backhaus aus Jena, Becker aus Trier, Berger aus Wien, Blumröder (Gustav) aus Kirchenlamitz, Böcking aus Trarbach, Boczek aus Mähren, Bogen aus Michelstadt, Breusing aus Osnabrück, Claussen aus Kiel, Cropp aus Oldenburg, Culmann aus Zweibrücken, Damm aus Tauberbischoffsheim, Dham aus Schmalenberg, v. Dieskau aus Plauen, Eckert aus Bromberg, Eisenmann aus Nürnberg, Eisenstuck aus Chemnitz, Engel aus Pinneberg, Esterle aus Cavalese, Fallmerayer aus München, Federer aus Stuttgart, Fehrenbach aus Säckingen, Fetzer aus Stuttgart, Freese aus Stargard, Frisch aus Stuttgart, Fritsche aus Roda, Fröbel aus Reuß, Geigel aus München, Gerlach aus Tilsit, Giskra aus Wien, v. Gladis aus Wohlau, Golz aus Brieg, Gravenhorst aus Lüneburg, Groß aus Prag, Grumbrecht aus Lüneburg, Günther aus Leipzig, Gulden aus Zweibrücken, Hagen (K.) aus Heidelberg, Haggenmüller aus Kempten, Haßler aus Ulm, Hedrich aus Prag, Hehner aus Wiesbaden, Heisterbergk aus Rochlitz, Henzel aus Camenz, Heubner aus Zwickau, Heusner aus Saarlouis, Hildebrand aus Marburg, Höften aus Hattingen, Hönniger aus Rudolstadt, Hoffbauer aus Nordhausen, Huber aus Linz, Huck aus Ulm, Johannes aus Meiningen, Jopp aus Enzersdorf, v. Itzstein aus Mannheim, Jucho aus Frankfurt am Main, Käfferlein aus Baireuth, Kirchgeßner aus Würzburg, Knarr aus Steyermark, Köhler aus Seehausen, Kohlparzer aus Neuhaus, Kollaczek aus österreichisch Schlesien, Kotschy aus Ustron in Mährisch-Schlesien, Kudlich aus Schloß Dietach, Kuenzer aus Constanz, Kuhnt aus Bunzlau, Langbein aus Wurzen, Laschan aus Villach, Liebmann aus Perleberg, Löschnigg aus Klagenfurt, Löwe (Wilhelm) aus Calbe,

Makowiczka aus Krakau, Mammen aus Plauen, Mandrella aus Ujest, Mareck aus Gratz (Steyermark), Marsilli aus Roveredo, Martiny aus Friedland, Matthies aus Greifswald, Mayer aus Ottobeuren, v. Mayfeld aus Wien, Melly aus Wien, Merkel aus Kronach, Meyer aus Liegnitz, Minkus aus Marienfeld, Mittermaier aus Heidelberg, Mölling aus Oldenburg, Mohl (Moriz) aus Stuttgart, Müller aus Sonnenberg, München aus Luxemburg, Mulley aus Weitenstein, Nägele aus Murrhardt, Nauwerck aus Berlin, v. Neitschütz aus Königsberg, Neugebauer aus Lubitz, Nicol aus Hannover, Pattai aus Steyermark, Paur aus Neisse, Pfahler aus Tettnang, Pfeiffer aus Adamsdorf, Plaß aus Stade, Rättig aus Potsdam, Rank aus Wien, Rapp aus Wien, v. Rappard aus Glambek, Raus aus Wolframitz, Reichard aus Speyer, Reinhard aus Boytzenburg, Reinstein aus Naumburg, Reisinger aus Freistadt, Reitter aus Prag, Rheinwald aus Bern, Riehl aus Zwettl, Rödinger aus Stuttgart, Rösler aus Oels, Roßmäßler aus Tharand, Rüder aus Oldenburg, Rühl aus Hanau, Sachs aus Mannheim, Scharre aus Strehla, Schenk aus Dillenburg, Schlutter aus Poris, Schneider aus Wien, Schoder aus Stuttgart, Schorn aus Essen, Schott aus Stuttgart, Schüler aus Jena, Schulz (Friedrich) aus Weilburg, Schulz aus Darmstadt, Schütz aus Mainz, Schwarzenberg aus Cassel, Siemens aus Hannover, Simon (Heinrich) aus Breslau, Simon (Ludwig) aus Trier, Spatz aus Frankenthal, Stark aus Krumau, Strache aus Rumburg, Tafel aus Stuttgart, Tafel (Franz) aus Zweibrücken, Tellkampf aus Breslau, Titus aus Bamberg, Trabert aus Rausche, Trampusch aus Wien, Uhland aus Tübingen, Umbscheiden aus Dahn, v. Unterrichter aus Klagenfurt, Venedey aus Cöln, Vischer aus Tübingen, Vogel aus Guben, Vogt aus Gießen, Walter aus Neustadt, Wedekind aus Bruchhausen, Weißenborn aus Eisenach, Welter aus Tünsdorf, Werthmüller aus Fulda, Wiesner aus Wien, Wigard aus Dresden, Wurm aus Hamburg, Wuttke aus Leipzig, v. Wydenbrugk aus Weimar, Ziegert aus Preuß. Minden, Zimmermann aus Stuttgart.

Mit Nein antworteten:

Achleitner aus Ried, v. Aichelburg aus Villach, Anders aus Goldberg, v. Andrian aus Wien, Anz aus Marienwerder, Arndt aus Bonn, Arndts aus München, Arneth aus Wien, Barth aus Kaufbeuren, Bassermann aus Mannheim, Bauer aus Bamberg, v. Baumbach-Kirchheim aus Cassel, Becker aus Gotha, Beidtel aus Brünn, Benedict aus Wien, Bernhardi aus Cassel, Beseler aus Greifswald, Bock-Buschmann aus Siebenbrunnen, Bock aus Preußisch-Minden, Böcler aus Schwerin, v. Boddien aus Pleß, Bonardy aus Greiz, v. Borries aus Carthause, Braun aus Bonn, Braun aus Cöslin, Bresgen aus Züllichau, v. Breuning aus Aachen, Briegleb aus Coburg, Bürgers aus Cöln, Burkart aus Bamberg, Buß aus Freiburg, v. Buttel aus Oldenburg, Carl aus Berlin, Cornelius aus Braunsberg, Dahlmann aus Bonn, Dammers aus Nienburg, Deeke aus Lübeck, Deetz aus Wittenberg, Degenkolb aus Eilenburg, Deiters aus Bonn, Deymann aus Meppen, Döllinger aus München, Dunker aus Halle, Edmeier aus Paderborn, Eckart aus Lohr, Edel aus Würzburg, Edlauer aus Gratz, Egger aus Wien, Ehrlich aus Murzynnek, Emmerling aus Darmstadt, v. Ende aus Waldenburg, Engel aus Culm, Engelmayr aus Enns (Oberösterreich), Esmarch aus Schleswig, Evertsbusch aus Altena, Fallati aus Tübingen, Fischer (Gustav) aus Jena, v. Flottwell aus Münster, Francke (Carl) aus Rendsburg, Friederich aus Bamberg, Fritsch aus Ried, Fügerl aus Korneuburg, v. Gagern aus Darmstadt, Gebhard aus Würzburg, v. Gersdorf aus Tuetz, Gevekoht aus Bremen, Gfrörer aus Freiburg, v. Giech (Graf) aus Thurnau, Giesebrecht aus Stettin, Glax aus Wien, Göbel aus Jägerndorf, Godeffroy aus Hamburg, von der Goltz (Graf) aus Czarnikau, Gombart aus München, Gottschalk aus Schopfheim, Graf aus München, Grävell aus Frankfurt a. d. O., Groß aus Leer, v. Grundner aus Ingolstadt, Gülich aus Schleswig, Gysae (Wilhelm) aus Strehlow, Hahn aus Guttstadt, v. Hartmann aus Münster, Haubenschmied aus Passau, Hayden aus Dorff bei Schlierbach, Haym aus Halle, Heimbrod aus Sohrau, v. Hennig aus Dempowalonka, Herzog aus Ebermannstadt, Höfer aus Pfarrkirchen, Hofmann aus Friedberg, Hollandt aus Braunschweig, Houben aus Meurs, Hugo aus Göttingen, Jahn aus Freiburg an der Unstrutt, Jordan aus Frankfurt am Main, Junkmann aus Münster, Jürgens aus Stadtoldendorf, Kagerbauer aus Linz, Kahlert aus Leobschütz, v. Kaiserfeld aus Birkfeld, v. Keller (Graf) aus Erfurt, Kerer aus Innsbruck, Kerst aus Birnbaum, v. Keudell aus Berlin, Kleinschrod aus München, Knoodt aus Bonn, Koch aus Leipzig, Kosmann aus Stettin, v. Köstéritz aus Elberfeld, Krafft aus Nürnberg, Kratz aus Wintershagen, Künßberg aus Ansbach, Künzel aus Wolka, v. Kürsinger (Ignaz) aus Salzburg, v. Kürsinger (Carl) aus Tamsweg, Kutzen aus Breslau, Lammers aus Erlangen, Langerfeldt aus Wolfenbüttel, v. Lassaulx aus München, Laube aus Leipzig, Laudien aus Königsberg, Lausch aus Troppau, Lette aus Berlin, Lienbacher aus Goldegg, Lodemann aus Lüneburg, Löw aus Posen, Lüntzel aus Hildesheim, Mally aus Steyermark, Marcy aus Wien, v. Maltzahn aus Küstrin, Mann aus Rostock, Marcks aus Duisburg, Marcus aus Bartenstein, Martens aus Danzig, v. Massow aus Carlsberg, Mathy aus Carlsruhe, Merck aus Hamburg, Metzke aus Sagan, Michelsen aus Jena, Mohl (Robert) aus Heidelberg, v. Mühlfeld aus Wien, Müller aus Würzburg, Münch aus Wetzlar, v. Nagel aus Oberviechtach, Naumann aus Frankfurt a. d. O., Nerreter aus Fraustadt, Neubauer aus Wien, Neumayr aus München, Nizze aus Stralsund, Nöthig aus Weißholz, Obermüller aus Passau, Oertel aus Mittelwalde, Offendorf aus Sorst, Osterrath aus Danzig, Ottow aus Labiau, Pan-

[illegible] aus Zerbst, [illegible] aus [illegible]burg, [illegible] aus Bruneck, Pfeufer aus Landshut, Phillips aus München, Pieringer aus Kremsmünster, Pinckert aus Zeitz, v. Plathner aus Halberstadt, Plehn aus Marienburg, Pözl aus München, Polatschek aus Weißkirch, v. Pretis aus Hamburg, Prinzinger aus St. Pölten, Quante aus Ullstadt, Quesar aus Prag, v. Quintus-Icilius aus Fallingbostel, v. Radowitz aus Rüthen, Rahm aus Stettin, Raffl aus Neustadtl in Böhmen, v. Raumer aus Berlin, v. Raumer aus Dinkelsbühl, Reichensperger aus Trier, Reindl aus Orth, Reitmayr aus Regensburg, Renger aus böhmisch Kamnitz, Riedl aus Gratz, Richter aus Danzig, Riegler aus mährisch Budwitz, Rieffer aus Hamburg, Röben aus Dornum, Röder aus Neustettin, Rößler aus Wien, v. Rotenhan aus München, Rümelin aus Nürtingen, v. Sänger aus Grabow, v. Saltzwedell aus Gumbinnen, v. Saucken-Tarputschen aus Angerburg, Schädler aus Vaduz, Schauß aus München, Schepp aus Wiesbaden, Schick aus Weißensee, Schiedermayer aus Vöcklabruck, Schierenberg aus Detmold, Schirmeister aus Insterburg, v. Schleussing aus Rastenburg, Schlöffel aus Halbendorf, Schlüter aus Paderborn, v. Schmerling aus Wien, Schmidt (Ernst Friedrich Franz) aus Löwenberg, Schmidt (Joseph) aus Linz, Schmitt aus Kaiserslautern, Schneer aus Breslau, Scholten aus Ward, Scholz aus Neisse, Schrader aus Brandenburg, Schreiber aus Bielefeld, Schreiner aus Graz (Steyermark), v. Schrenk aus München, Schubert (Friedrich Wilhelm) aus Königsberg, Schultze aus Potsdam, Schwarz aus Halle, Schwetschke aus Halle, v. Selchow aus Rettkewitz, Sellmer aus Landsberg a. d. W., Servais aus Luxemburg, Siehr aus Gumbinnen, Simson aus Stargard, v. Soiron aus Mannheim, Sprengel aus Waren, Stahl aus Erlangen, Stavenhagen aus Berlin, Stenzel aus Breslau, Stieber aus Budissin, v. Stremayr aus Graz, Stülz aus St. Florian, Sturm aus Sorau, Tannen aus Zilenzig, Tappehorn aus Oldenburg, Teichert aus Berlin, v. Thielau aus Braunschweig, Thöl aus Rostock, v. Treskow aus Grocholin, Veit aus Berlin, Versen aus Nieheim, Viebig aus Posen, v. Vincke aus Hagen, Vogel aus Dillingen, Waitz aus Göttingen, Waldmann aus Heiligenstadt, Weber aus Neuburg, Weber aus Meran, v. Wegnern aus Lyk, Weiß aus Salzburg, [illegible] aus Aachen, Werner aus St. Pölten, Wernich aus Elbing, Widenmann aus Düsseldorf, Wiebker aus Uckermünde, Wiest aus Tübingen, Wiethaus (J.) aus Gummersbach, Winter aus Liebenburg, v. Wulffen aus Passau, Zachariä aus Bernburg, Zachariä aus Göttingen, Zeltner aus Nürnberg, Zöllner aus Chemnitz, Zum Sande aus Lingen.

Abwesend waren:

A. mit Entschuldigung:

Ambrosch aus Breslau, Archer aus Rein, v. Bally aus Beuthen, Bauernschmid aus Wien, [illegible] aus [illegible], v. Beckerath aus Crefeld, v. Beisler aus München, Bergmüller aus Mauerkirchen, Beseler (H. W.) aus Schleswig, Biedermann aus Leipzig, Brentano aus Bruchsal, Brons aus Emden, Cetto aus Trier, Christ aus Bruchsal, Christmann aus Dürkheim, Clemens aus Bonn, Cnyrim aus Frankfurt a. M., Czoernig aus Wien, Demel aus Teschen, Detmold aus Hannover, Dröge aus Bremen, Förster aus Hünfeld, Freudentheil aus Stade, Fuchs aus Breslau, v. Gagern aus Wiesbaden, Gspan aus Innsbruck, Heckscher aus Hamburg, Helbing aus Emmendingen, Heldmann aus Selters, v. Hermann aus München, Herzig aus Wien, Heubner aus Freiberg, Hirschberg aus Sondershausen, Höchsmann aus Wien, Jordan aus Berlin, Jordan aus Gollnow, Junghanns aus Mosbach, Kaiser (Ignaz) aus Wien, v. Kalckstein aus Wogau, Kolb aus Speyer, Leue aus Köln, Levysohn aus Grünberg, v. Linde aus Mainz, Mevissen aus Cöln, Metz aus Freiburg, v. Möring aus Wien, Mohr aus Oberingelheim, Müller aus Damm, Neumann aus Wien, v. Neuwall aus Brünn, Overweg aus Haus Ruhr, Peter aus Constanz, Presting aus Memel, Raveaux aus Cöln, v. Reden aus Berlin, Reh aus Darmstadt, Reichenbach (Graf) aus Domeßko, Richter aus Achern, Römer aus Stuttgart, Rothe aus Berlin, Schaffrath aus Neustadt, Scheller aus Frankfurt a. d. O., Schlörr aus der Oberpfalz, v. Schlotheim aus Wollstein, Schoenmackers aus Beck, Schrott aus Wien, Schüler (Friedr.) aus Zweibrücken, Schuler aus Innsbruck, Schultze aus Liebau, Schwerin (Graf) aus Pommern, Sepp aus München, Stedmann aus Besselich, Stockinger aus Frankenthal, Thinnes aus Eichstätt, Tomaschek aus Iglau, v. Trützschler aus Dresden, Wachsmuth aus Hannover, v. Wedemeyer aus Schönrade, Welcker aus Frankfurt, Wernher aus Nierstein, Wesendonck aus Düsseldorf, Wippermann aus Cassel, v. Würth aus Wien, Zimmermann aus Spandow, Zittel aus Bahlingen, Zitz aus Mainz.

B. ohne Entschuldigung:

v. Amstetter aus Breslau, Blömer aus Aachen, Bouvier (Cajetan) aus Steyermark, v. Bothmer aus Carow, Bresgen aus Ahrweiler, Caspers aus Coblenz, Coronini-Cronberg (Graf) aus Görz, Cramer aus Cöthen, Cucumus aus München, Deym (Graf) aus Prag, Dietsch aus Annaberg, Drechsler aus Rostock, Droysen aus Kiel, Falk aus Ottolangendorf, Göden aus Krotoszyn, Gritzner aus Wien, Grubert aus Breslau, Grüel aus Burg, Hallbauer aus Meißen, Hartmann aus Leitmeritz, Hergenhahn aus Wiesbaden, Hillebrand aus Pöls, Hoffmann aus Ludwigsburg, Jacobi aus Hersfeld, Kierulff aus Rostock, Leverkus aus Lennep, Lindner aus Seilenegg, Löwe aus Magdeburg, v. Mayern aus Wien, Möller aus Reichenberg, v. Scherpenzeel aus Baarlo, Schmidt (Adolph) aus Berlin, Schubert aus Würzburg, Simon (Max) aus Breslau, v. Somaruga aus Wien, [illegible] aus [illegible], [illegible] aus Wien, [illegible] aus Feldkirch, Wagner aus Steyr, Waldburg-Zeil-Trauchburg (Fürst) aus Stuttgart, Werner aus Oberkirch, Wichmann aus Stendal, Zell aus Trier, v. Zerzog aus Regensburg.

Präsident: Der Zusatz des Herrn Max Simon zu Nr. 2 § 7 ist mit 265 gegen 163 Stimmen abgelehnt. Hiermit, meine Herren, ist die Abstimmung über § 7 erledigt, und wir gehen zu der über § 7a über. Wir sind darüber einig geworden, daß zuvörderst der Antrag des Herrn von Schmerling, dann der Ausschußantrag und zuletzt der Antrag des Herrn von Thielau zur Abstimmung zu bringen sind. Für den Antrag des Herrn v. Schmerling ist die namentliche Abstimmung vorbehalten. (Widerspruch von mehreren Seiten.) Dieselbe wird auf dieser (auf die Linke deutend) Seite aufrecht erhalten. (Einige Stimmen: Nein! andere Ja!) Wir gehen zur namentlichen Abstimmung über den Antrag des Herrn Abgeordneten v. Schmerling, Nummer 6 der gedruckten Verbesserungsanträge über, wonach der § 7a dahin lauten würde:

„Bei dringender Gefahr im Falle eines Krieges oder Aufruhrs, wenn die regelmäßige Wirksamkeit der obrigkeitlichen Gewalten oder der Gerichte thatsächlich gehemmt ist, darf das Kriegsrecht für bestimmte Bezirke verkündet werden.

Die Verkündigung des Kriegsrechtes gewährt der in dem betreffenden Bezirke fungirenden höchsten Militärbehörde innerhalb dieses Bezirkes:

1) die gesammte Executivgewalt;
2) das Recht, den gesetzlichen Gerichtsstand zu bestimmen;
3) das Recht, den Gerichten die Befugniß, Todesurtheile zu fällen, einzuräumen;
4) das Recht, die Bestimmungen der Grundrechte über Verhaftung, Haussuchung, freie Presse, Vereins- und Versammlungsrecht außer Kraft zu setzen.

Bestimmungen über die Formen der Verkündigung des Kriegsrechtes und über das gerichtliche Verfahren bleiben der Reichsgesetzgebung vorbehalten. Bis zum Erlaß dieser Gesetze bleiben die geltenden Vorschriften in Kraft."

Diejenigen Herren, die diesem Antrage zustimmen, werden bei dem Namensaufrufe mit **Ja**, die ihn nicht genehmigen, mit **Nein** antworten. Ich bitte dringend um Ruhe!

Bei dem hierauf erfolgenden Namensaufruf antworteten mit **Ja**:

Arndts aus München, Blömer aus Aachen, v. Boddien aus Pleß, Braun aus Bonn, Carl aus Berlin, Cornelius aus Braunsberg, Deetz aus Wittenberg, Deym (Graf) aus Prag, Deymann aus Meppen, Döllinger aus München, Eckart aus Lohr, Edlauer aus Gratz, Egger aus Wien, von Flottwell aus Münster, Fügerl aus Korneuburg, v. Gersdorf aus Tuetz, Göbel aus Jägerndorf, Gombart aus München, Graf aus München, Gräwell aus Frankfurt a. d. O., Gysae (Wilhelm) aus [illegible], Junkmann aus Münster, Jürgens aus [illegible], Kagerbauer aus Linz, Kerer aus [illegible], Kleinschrod aus München, [illegible] aus Bonn, v. [illegible] aus Salzburg, v. Kürsinger ([illegible]) aus [illegible], [illegible] aus Breslau, v. Lassaulx aus München, [illegible] aus Goldegg, [illegible] aus Hamburg, v. [illegible] aus Wien, v. Mühlfeld aus Wien, Müller aus Würzburg, v. Nagel aus Oberviechtach, Neubauer aus Wien, Obermüller aus Passau, Oertel aus Mittelwalde, Osterrath aus Danzig, Peter aus Bruneck, Phillips aus München, Pieringer aus Kremsmünster, Pohl aus Marienburg, [illegible] aus [illegible], [illegible] aus Prag, v. Radowitz aus Rüthen, Reichensperger aus Trier, Reindl aus Orth, Riedl aus Gratz, Riegler aus mährisch Budwitz, v. Rotenhan aus München, v. Schmerling aus Wien, v. Schrenk aus München, Schultze aus Potsdam, v. Selchow aus Rettkewitz, Tannen aus Zilenzig, Tappehorn aus Oldenburg, v. Treskow aus Grocholin, v. Vincke aus Hagen, Weber aus Neuburg, v. Wegnern aus Lyk, Weiß aus Salzburg, v. Wulffen aus Passau, Zum Sande aus Lingen.

Mit **Nein** antworteten:

Ahrens aus Salzgitter, v. Aichelburg aus Villach, Anders aus Goldberg, Anderson aus Frankfurt a. d. O., Anz aus Marienwerder, Arndt aus Bonn, Arneth aus Wien, Bachaus aus Jena, Barth aus Kaufbeuren, Bauer aus Bamberg, von Baumbach-Kirchheim aus Cassel, Becker aus Gotha, Becker aus Trier, v. Beckerath aus Crefeld, Berger aus Wien, Bernhardi aus Cassel, Beseler aus Greifswald, Blumröder (Gustav) aus Kirchenlamitz, Bock-Buschmann aus Siebenbrunnen, Bock aus Preußisch-Minden, Böcking aus Trarbach, Böcler aus Schwerin, Boczek aus Mähren, Bogen aus Michelstadt, Bonardy aus Greiz, v. Borries aus Carthaus, Braun aus Cöslin, v. Breuning aus Aachen, Breusing aus Osnabrück, Briegleb aus Coburg, Burkart aus Bamberg, v. Buttel aus Oldenburg, Claussen aus Kiel, Cnyrim aus Frankfurt am Main, Cropp aus Oldenburg, Cucumus aus München, Culmann aus Zweibrücken, Dahlmann aus Bonn, Damm aus Tauberbischoffsheim, Dammers aus Nienburg, Deetz aus Lübeck, Degenkolb aus Eilenburg, Deiters aus Bonn, Dham aus Schmalenberg, v. Dieskau aus Plauen, Dietsch aus Annaberg, Droysen aus Kiel, Dunker aus Halle, Eckert aus Bromberg, Ehrlich aus Murzynek, Eisenmann aus Nürnberg, Eisenstuck aus Chemnitz, Emmerling aus Darmstadt, Engel aus Pinneberg, Englmayr aus Enns (Oberösterreich), Esmarch aus Schleswig, Esterle aus Cavalese, Evertsbusch aus Altena, Fallmerayer aus München, Federer aus Stuttgart, Fehrenbach aus Säckingen, Fetzer aus Stuttgart, Fischer (Gustav) aus Jena, Francke (Carl) aus Rendsburg, Freese aus Stargard, Friederich aus Bamberg, Frisch aus Stuttgart, Fritzsche aus Roda, Fröbel aus Reuß, Gebhard aus Würzburg, Geigel aus München, Gerlach aus Tilsit, Gevekoht aus Bremen, von Giech (Graf) aus Thurnau, Giesebrecht aus Stettin, Giskra aus Wien, v. Gladis aus Wohlau, Glax aus Wien, Godeffroy aus Hamburg,

Goden aus Krotoszyn, von der Goltz (Graf) aus Czarnikau, Grävenhorst aus Lüneburg, Gritzner aus Wien, Groß aus Leer, Groß aus Prag, Grubert aus Breslau, Gräfel aus Burg, Grumbrecht aus Lüneburg, Gülich aus Schleswig, Günther aus Leipzig, Gulden aus Zweibrücken, Hagen (K.) aus Heidelberg, Haggenmüller aus Kempten, Hahn aus Guttstadt, Hallbauer aus Meissen, v. Hartmann aus Münster, Haßler aus Ulm, Haubenschmied aus Passau, Haym aus Halle, Hedrich aus Prag, Hehner aus Wiesbaden, Helmbrod aus Sohrau, Helsterbergk aus Rochlitz, v. Hennig aus Dempowalonka, Hensel aus Camenz, Herzog aus Ebermannstadt, Heubner aus Zwickau, Heusner aus Saarlouis, Höfken aus Hattingen, Hönniger aus Rudolstadt, Hoffbauer aus Nordhausen, Hofmann aus Friedberg, Hollandt aus Braunschweig; Houben aus Meurs, Huber aus Linz, Huck aus Ulm, Hugo aus Göttingen, Jahn aus Freiburg an der Unstrutt, Johannes aus Meiningen, Jopp aus Enzersdorf, Jordan aus Berlin, v. Itzstein aus Mannheim, Jucho aus Frankfurt am Main, Käfferlein aus Baireuth, v. Keller (Graf) aus Erfurt, Kerst aus Birnbaum, v. Keudell aus Berlin, Kierulff aus Rostock, Kirchgeßner aus Würzburg, Knarr aus Steyermark, Köhler aus Seehausen, Koch aus Leipzig, Kohlparzer aus Neuhaus, Kollaczek aus österr. Schlesien, Kosmann aus Stettin, v. Kösteritz aus Elberfeld, Kotschy aus Ustron in Mährisch-Schlesien, Krafft aus Nürnberg, Kratz aus Wintershagen, Kudlich aus Schloß Dietach, Kuenzer aus Constanz, Künßberg aus Ansbach, Küntzel aus Wolka, Kuhnt aus Bunzlau, Lammers aus Erlangen, Langbein aus Wurzen, Laschan aus Villach, Laudien aus Königsberg, Lette aus Berlin, Liebmann aus Perleberg, Lodemann aus Lüneburg, Löw aus Magdeburg, Löw aus Posen, Löwe (Wilhelm) aus Calbe, Lüntzel aus Hildesheim, Makowiczka aus Krakau, Mally aus Steyermark, Maly aus Wien, v. Maltzahn aus Küstrin, Mammen aus Plauen, Mandrella aus Ujest, Mann aus Rostock, Marcks aus Duisburg, Marcus aus Bartenstein, Mareck aus Gratz (Steyermark), Martens aus Danzig, Martiny aus Friedland, v. Massow aus Carlsberg, Mathy aus Carlsruhe, Matthies aus Greifswald, Mayer aus Ottobeuern, v. Mayfeld aus Wien, Melly aus Wien, Merkel aus Kronach, Meyer aus Liegnitz, Minkus aus Marienfeld, Mittermaier aus Heidelberg, Möller aus Reichenberg, Mölling aus Oldenburg, Mohl (Moriz) aus Stuttgart, Mohl (Robert) aus Heidelberg, Müller aus Sonnenberg, München aus Luxemburg, Mulley aus Weitenstein, Nägele aus Murrhardt, Nauwerck aus Berlin, v. Neitschütz aus Königsberg, Nerreter aus Fraustadt, Neugebauer aus Luditz, Neumayr aus München, Nicol aus Hannover, Nizze aus Stralsund, Nöthig aus Weißholz, Ostendorf aus Soest, Ottow aus Labiau, Pannier aus Zerbst, Pattai aus Steyermark, Paur aus Augsburg, Paur aus Neisse, [illegible] aus [illegible], Pfeiffer aus Adamsdorf, Pfeiffer aus Landshut, Pinckert aus Zeitz, Plaß aus Stade, Plathner aus Halberstadt, Pögl aus München, v. Pretis aus Hamburg, Prinzinger aus St. Pölten, Quante aus Ullstadt, v. Quintus-Icilius aus Fallingbostel, Rahm aus Stettin, Rättig aus Potsdam, Rank aus Wien, Rapp aus Wien, v. Rappard aus Glambek, Raßl aus Neustadtl in Böhmen, v. Raumer aus Berlin, v. Raumer aus Dinkelsbühl, Raus aus Wolframitz, Reichard aus Speyer, Reinhard aus Boytzenburg, Reinstein aus Naumburg, Reisinger aus Freistadt, Reitmayr aus Regensburg, Reitter aus Prag, Renger aus böhmisch Kamnitz, Rheinwald aus Bern, Richter aus Danzig, Riehl aus Zwettl, Riesser aus Hamburg, Röben aus Dornum, Rödinger aus Stuttgart, Rösler aus Oels, Rößler aus Wien, Roßmäßler aus Tharand, Rüder aus Oldenburg, Rümelin aus Nürtingen, Sachs aus Mannheim, v. Sänger aus Grabow, v. Saltzwedell aus Gumbinnen, v. Saucken-Tarputschen aus Angerburg, Schädler aus Vaduz, Scharre aus Strehla, Schenk aus Dillenburg, Schepp aus Wiesbaden, Schick aus Weißensee, Schiedermayer aus Vöcklabruck, Schierenberg aus Detmold, Schirmeister aus Insterburg, v. Schleussing aus Rastenburg, Schlöffel aus Halbendorf, Schlutter aus Poris, Schlüter aus Paderborn, Schmidt (Ernst Friedrich Franz) aus Löwenberg, Schmidt (Joseph) aus Linz, Schmitt aus Kaiserslautern, Schneider aus Wien, Schoder aus Stuttgart, Scholten aus Ward, Scholz aus Neisse, Schorn aus Essen, Schott aus Stuttgart, Schrader aus Brandenburg, Schreiber aus Bielefeld, Schreiner aus Gratz (Steyermark), Schubert (Friedrich Wilhelm) aus Königsberg, Schüler aus Jena, Schulz (Friedrich) aus Weilburg, Schulz aus Darmstadt, Schütz aus Mainz, Schwarz aus Halle, Schwarzenberg aus Cassel, Schwetschke aus Halle, Sellmer aus Landsberg a. d. W., Servais aus Luxemburg, Siehr aus Gumbinnen, Siemens aus Hannover, Simon (Heinrich) aus Breslau, Simon (Ludwig) aus Trier, Simson aus Stargard, v. Soiron aus Mannheim, Spatz aus Frankenthal, Sprengel aus Waren, Stahl aus Erlangen, Stark aus Krumau, Stavenhagen aus Berlin, Stenzel aus Breslau, Stieber aus Budissin, Strache aus Rumburg, Sturm aus Sorau, Tafel aus Stuttgart, Tafel (Franz) aus Zweibrücken, Teichert aus Berlin, Tellkampf aus Breslau, Thöl aus Rostock, Titus aus Bamberg, Trabert aus Rausche, Uhland aus Tübingen, Umbscheiden aus Dahn, Veit aus Berlin, Venedey aus Köln, Versen aus Nieheim, Viebig aus Posen, Vischer aus Tübingen, Vogel aus Guben, Vogel aus Dillingen, Vogt aus Gießen, Wagner aus Steyr, Waitz aus Göttingen, Waldburg-Zeil-Trauchburg (Fürst) aus Stuttgart, Waldmann aus Heiligenstadt, Walter aus Neustadt, Wedekind aus Bruchhausen, Weißenborn aus Eisenach, Welcker aus Dünsdorf, Werner aus St. Pölten, Wernich aus Elbing, Wetthümller aus Fulda, Wiebker aus Uckermünde, Wiedenmann aus Düsseldorf, Wiesner aus Wien, Wiest aus Tübingen, Wiethaus (J.) aus Gummersbach, Wigard aus Dresden, [illegible] aus Oldenburg, Wurm aus Hamburg, [illegible] aus Leipzig, [illegible] aus Sigmarin-

[illegible] Mühlfeld aus Wien, [illegible] Zachariä aus Bernburg, Zachariä aus Göttingen, Zeltner aus Nürnberg, Ziegert aus Preuß. Minden, Zimmermann (Professor) aus Stuttgart, Zöllner aus Chemnitz.

Abwesend waren:

A. mit Entschuldigung:

Ambrosch aus Breslau, v. Andrian aus Wien, Archer aus Rein, v. Bally aus Beuthen, Bassermann aus Mannheim, Bauernschmid aus Wien, Baur aus Hechingen, v. Beisler aus München, Bergmüller aus Mauerkirchen, Beseler (H. W.) aus Schleswig, Biedermann aus Leipzig, Brentano aus Bruchsal, Brons aus Emden, Cetto aus Trier, Christ aus Bruchsal, Christmann aus Dürkheim, Clemens aus Bonn, Czoernig aus Wien, Demel aus Teschen, Detmold aus Hannover, Dröge aus Bremen, Fallati aus Tübingen, Förster aus Hünfeld, Freudentheil aus Stade, Fuchs aus Breslau, v. Gagern aus Darmstadt, v. Gagern aus Wiesbaden, Giskra aus Innsbruck, Heckscher aus Hamburg, Hehing aus Emmendingen, Heldmann aus Selters, Hergenhahn aus Wiesbaden, v. Hermann aus München, Herzig aus Wien, Heubner aus Freiburg, Hirschberg aus Sondershausen, Höchsmann aus Wien, Jordan aus Gollnow, Jordan aus Frankfurt am Main, Junghanns aus Mosbach, Kaiser (Ignaz) aus Wien, v. Kalkstein aus Wogau, Kolb aus Speyer, Leue aus Cöln, Levysohn aus Grünberg, von Linde aus Mainz, Mevissen aus Köln, Metz aus Freiburg, Mohr aus Oberingelheim, Müller aus Damm, Neumann aus Wien, v. Neuwall aus Brünn, Overweg aus Haus Ruhr, Peter aus Constanz, Prestinari aus Memel, Raveaux aus Köln, v. Reden aus Berlin, Reh aus Darmstadt, Reichenbach (Graf) aus Domeczko, Richter aus Achern, Rösler aus Stuttgart, Rothe aus Berlin, Schoffrath aus Neustadt, Scheller aus Frankfurt a. d. O., Schlüter aus der Oberpfalz, v. Schlotheim aus Wollstein, Schoenmaekers aus Beck, Schrott aus Wien, Schüler (Friedrich) aus Zweibrücken, Schuler aus Innsbruck, Schultze aus Liebau, Schwerin (Graf) aus Pommern, Sepp aus München, Stedmann aus Besselich, Stockinger aus Frankenthal, Thinnes aus Eichstätt, Tomaschek aus Iglau, v. Trützschler aus Dresden, Wachsmuth aus Hannover, v. Wedemeyer aus Schönrade, Welcker aus Frankfurt, Wernher aus Nierstein, Wesendonck aus Düsseldorf, Wippermann aus Kassel, v. Würth aus Wien, Zimmermann aus Spandow, Zittel aus Bahlingen, Zitz aus Mainz.

B. ohne Entschuldigung:

Achleitner aus Ried, v. Amstetter aus Breslau, Arndts aus München, Bauer aus Bamberg, Beidtel aus Brünn, Benvier (Cajetan) aus [illegible], von Boddien aus Pleß, Bresgen aus Ahrweiler, Bürgers aus Köln, Buß aus Freiburg, Cucumus aus München, Culmann aus Zweibrücken, Coronini-Cronberg (Graf) aus Görz, Cramer aus Cöthen, Drechsler aus Rostock, Ebmeier aus Paderborn, Edel aus Würzburg, v. Ende aus Waldenburg, Engel aus Culm, Falk aus Ottolangendorf, Fritsch aus Ried, Gfrörer aus Freiburg, Goltz aus Brieg, Gottschalk aus Schopfheim, v. Grundner aus Ingolstadt, Hayden aus Dorff bei Schlierbach, Hildebrand aus Marburg, Hillebrand aus Pöls, Hofer aus Pfarrkirchen, Hoffmann aus Ludwigsburg, Jacobi aus Hersfeld, Kahlert aus Leobschütz, von Kaisersfeld aus Birkfeld, Langerfeldt aus Wolfenbüttel, Laube aus Leipzig, Lausch aus Troppau, Leverkus aus Lennep, Lindner aus Seisenegg, Löschnigg aus Klagenfurt, Marsilli aus Roveredo, v. Mayern aus Wien, Metzke aus Sagan, Michelsen aus Jena, Münch aus Wetzlar, Nauwerck aus Berlin, Raumann aus Frankfurt a. d. O., Röder aus Neustettin, Rühl aus Hanau, Schauß aus München, v. Scherpenzeel aus Baarlo, Schmidt (Adolph) aus Berlin, Schneer aus Breslau, Schubert aus Würzburg, Simon (Max) aus Breslau, v. Somaruga aus Wien, Stein aus Görz, Strefflenr aus Wien, v. Stremayr aus Gratz, Stülz aus St. Florian, v. Thielau aus Braunschweig, Trampusch aus Wien, v. Unterrichter aus Klagenfurt, Vonbun aus Feldkirch, Weber aus Meran, Welcker aus Aachen, Werner aus Oberkirch, Wichmann aus Stendal, Zell aus Trier, v. Zerzog aus Regensburg.

Präsident: Der Antrag des Herrn von Schmerling und Genossen zu § 7a ist mit 336 gegen 69 Stimmen abgelehnt. Die Minorität des Ausschusses, welche § 7 a vorgeschlagen hat, nimmt diesen ihren Antrag zurück und vereinigt sich mit dem Amendement der Herren von Thielau und Genossen; also, daß dieß das letzte ist, worüber wir bei diesem Paragraphen abzustimmen haben. Das unter Nr. 6 der Verbesserungsanträge gedruckte Amendement des Herrn v. Thielau und Genossen lautet:

„Bei dringender Gefahr im Falle eines Krieges oder Aufruhrs, wenn die regelmäßige Wirksamkeit der obrigkeitlichen Gewalten oder der Gerichte thatsächlich gehemmt ist, darf von dem Gesammtministerio des Reichs oder des Einzelstaates, außer den im § 7 gestatteten Maßregeln das Kriegsrecht für bestimmte Bezirke mit der Wirkung angekündigt werden, daß die in den Bestimmungen der Grundrechte § 9 und § 43 über die Zulässigkeit der Todesstrafe und der Militärgerichtsbarkeit vorgesehenen Ausnahmen eintreten. Sowohl die Verkündigung als die Dauer des Kriegsrechts bedarf der Genehmigung des Reichstags beziehungsweise Landtags. Ist der Reichstag oder Landtag nicht versammelt, so muß die Berufung desselben zum sofortigen Zusammentreten zugleich mit der Verkündigung des Kriegsrechts erfolgen.

Die näheren Bestimmungen über das Kriegsrecht werden der Reichsgesetzgebung vorbehalten. Bis zum Erlaß dieser Gesetze bleiben die geltenden Vorschriften [illegible]

Wird für diesen Antrag auf namentliche Abstimmung bestanden? (Stimmen von mehreren Seiten: Ja!) Wir gehen also zur namentlichen Abstimmung über. Diejenigen Herren, welche dem eben verlesenen Antrage beitreten wollen, bitte ich, bei dem Aufruf ihres Namens mit Ja, diejenigen, welche ihn nicht annehmen wollen, mit Nein zu antworten.

Bei dem hierauf erfolgenden Namensaufruf antworteten mit Ja:

Ambrosch aus Breslau, v. Amstetter aus Breslau, Anz aus Marienwerder, Arndt aus Bonn, Arndts aus München, Arneth aus Wien, Barth aus Kaufbeuern, Bassermann aus Mannheim, v. Baumbach-Kirchheim aus Cassel, Becker aus Gotha, v. Beckerath aus Crefeld, Bernhardi aus Cassel, Beseler aus Greifswald, Blömer aus Aachen, Bock-Buschmann aus Siebenbrunnen, Bock aus Preußisch-Minden, Böcler aus Schwerin, v. Boddien aus Pleß, v. Borries aus Carthaus, Braun aus Bonn, Braun aus Cöslin, Brescius aus Züllichau, Briegleb aus Coburg, Bürgers aus Cöln, Burkart aus Bamberg, Cart aus Berlin, Cornelius aus Braunsberg, Coronini-Cronberg (Graf) aus Görz, Dahlmann aus Bonn, Deeke aus Lübeck, Degenkolb aus Eilenburg, Deiters aus Bonn, Deymann aus Meppen, Döllinger aus München, Droysen aus Kiel, Dunker aus Halle, Ebmeier aus Paderborn, Eckart aus Lohr, Edel aus Würzburg, Edlauer aus Gratz, Egger aus Wien, Emmerling aus Darmstadt, v. Ende aus Waldenburg, Engel aus Culm, Esmarch aus Schleswig, Evertsbusch aus Altena, Falk aus Ottolangendorf, Fischer (Gustav) aus Jena, v. Flottwell aus Münster, Francke (Karl) aus Rendsburg, Friederich aus Bamberg, Fritsch aus Ried, Fügerl aus Korneuburg, v. Gersdorf aus Tuetz, Gevekoht aus Bremen, Gfrörer aus Freiburg, v. Giech (Graf) aus Thurnau, Giesebrecht aus Stettin, Glax aus Wien, Godeffroy aus Hamburg, von der Goltz (Graf) aus Czarnikau, Gombart aus München, Graf aus München, Grävell aus Frankfurt a. d. O., v. Grundner aus Ingolstadt, Gysae (Wilhelm) aus Strehlow, Hahn aus Guttstatt, v. Hartmann aus Münster, Haubenschmied aus Passau, Hayden aus Dorff bei Schlierbach, Haym aus Halle, Heimbrod aus Sohrau, Herzog aus Ebermannstadt, Heusner aus Saarlouis, Hofer aus Pfarrkirchen, Houben aus Meurs, Hugo aus Göttingen, Jahn aus Freiburg a. d. U., Junkmann aus Münster, Jürgens aus Stadtoldendorf, Kagerbauer aus Linz, Kahlert aus Leobschütz, v. Kaiserfeld aus Birkfeld, v. Keller (Graf) aus Erfurt, Kerer aus Innsbruck, Kerst aus Birnbaum, Kierulff aus Rostock, Kleinschrod aus München, Kosmann aus Stettin, v. Köstritz aus Elberfeld, Kratz aus Wintershagen, Künzel aus Wolka, v. Kürsinger (Ignaz) aus Salzburg, v. Kürsinger (Karl) aus Tamsweg, Kutzen aus Breslau, Langerfeldt aus Wolfenbüttel, v. Lassaulx aus München, Laube aus Leipzig, Lette aus Berlin, Lindner aus Seifenigg, Löw aus Magdeburg, Löw aus Posen, [illegible] aus Würzburg, Martens aus Danzig, v. Massow aus Carlsberg, Mathy aus Carlsruhe, Matthies aus Greifswald, Merck aus Hamburg, Mehke aus Sagan, Michelsen aus Jena, v. Möring aus Wien, Mohl (Robert) aus Heidelberg, von Mühlfeld aus Wien, Müller aus Würzburg, Münch aus Wetzlar, v. Nagel aus Oberviechtach, Naumann aus Frankfurt a. d. O., Nerreter aus Fraustadt, Neubauer aus Wien, Neumayr aus München, Nizze aus Stralsund, Obermüller aus Passau, Oertel aus Mittelwalde, Ottow aus Labiau, Pannier aus Zerbst, Paur aus Augsburg, Pfeuffer aus Landshut, Phillips aus München, Plathner aus Halberstadt, v. Pretis aus Hamburg, Prinzinger aus St. Pölten, Quante aus Ullstadt, Quesar aus Prag, v. Radowitz aus Rüthen, Rahm aus Stettin, Raffl aus Neustadtl in Böhmen, v. Raumer aus Berlin, Reichensperger aus Trier, Reitmayr aus Regensburg, Richter aus Danzig, Riegler aus mährisch Budwitz, Riehl aus Gratz, Röder aus Neustettin, Rößler aus Wien, v. Rotenhan aus München, Rüder aus Oldenburg, Rümelin aus Nürtingen, v. Sänger aus Grabow, v. Salzwedell aus Gumbinnen, v. Saucken-Tarputschen aus Angerburg, Schauß aus München, Schepp aus Wiesbaden, Schierenberg aus Detmold, Schirmeister aus Insterburg, v. Schleussing aus Rastenburg, Schlüter aus Paderborn, Scholten aus Ward, Scholz aus Neisse, Schrader aus Brandenburg, Schreiber aus Bielefeld, v. Schrenk aus München, Schubert (Friedrich Wilhelm) aus Königsberg, Schubert aus Würzburg, Schulze aus Potsdam, Schwarz aus Halle, Schwetschke aus Halle, v. Selchow aus Rettkewitz, Sellmer aus Landsberg a. d. W., Siehr aus Gumbinnen, Siemens aus Hannover, Simson aus Stargard, von Soiron aus Mannheim, Stahl aus Erlangen, Stavenhagen aus Berlin, Stenzel aus Breslau, Stieber aus Budissin, von Stremayr aus Gratz, Stülz aus St. Florian, Tannen aus Zilenzig, Teichert aus Berlin, v. Thielau aus Braunschweig, Thöl aus Rostock, v. Treskow aus Grocholin, v. Unterrichter aus Klagenfurt, Veit aus Berlin, Versen aus Niehein, Viebig aus Posen, v. Vincke aus Hagen, Vogel aus Dillingen, Waitz aus Göttingen, Waldmann aus Heiligenstadt, Walter aus Neustadt, Weber aus Neuburg, v. Wegnern aus Lyk, Welcker aus Aachen, Werner aus St. Pölten, Wernich aus Elbing, Wichmann aus Stendal, Wiebker aus Uckermünde, Wiedenmann aus Düsseldorf, Wiethaus (J.) aus Gummersbach, Winter aus Liebenburg, Zachariä aus Bernburg, Zachariä aus Göttingen, Zum Sande aus Lingen.

Mit Nein stimmten:

Ahrens aus Salzgitter, v. Aichelburg aus Villach, Anders aus Goldberg, Anderson aus Frankfurt a. d. O., Bachhaus aus Jena, Bauer aus Bamberg, Becker aus Trier, Berger aus Wien, Blumröder (Gustav) aus Kirchenlamitz, Boczek aus Mähren, Bogen aus Michelstadt, Bonardy [illegible] aus Oderbruch, [illegible] aus Oldenburg, Claussen aus Kiel, [illegible] aus Frankfurt a. M., Cropp aus Oldenburg, [illegible] aus München, Dahlmann aus Zweibrücken, Damm aus Tauberbischofsheim, Dammers aus Nienburg, Dham aus Schmalenberg, v. Dieskau aus Plauen, Dietsch aus Annaberg, Drechsler aus Rostock, Eckert aus Bromberg, Ehrlich aus Murzynek, Eisenmann aus Nürnberg, Eisenstuck aus Chemnitz, Engel aus Pinneberg, Englmayr aus Enns (Oberösterreich), Esterle aus Cavalese, Fallmerayer aus München, Federer aus Stuttgart, Fehrenbach aus Säckingen, Fetzer aus Stuttgart, Freese aus Stargard, Frisch aus Stuttgart, Fritzsche aus Roda, Fröbel aus Reuß, Gebhard aus Würzburg, Geigel aus München, Gerlach aus Tilsit, Giskra aus Wien, v. Gladis aus Wohlau, Göden aus Krotoszyn, Goltz aus Brieg, Gottschalk aus Schopfheim, Gravenhorst aus Lüneburg, Gritzner aus Wien, Groß aus Leer, Groß aus Prag, Grubert aus Breslau, Gräel aus Burg, Grumbrecht aus Lüneburg, Gülich aus Schleswig, Günther aus Leipzig, Gulden aus Zweibrücken, Hagen (K.) aus Heidelberg, Haggenmüller aus Kempten, Hallbauer aus Meissen, Hasler aus Ulm, Hedrich aus Prag, Hehner aus Wiesbaden, Heisterbergk aus Rochlitz, v. Hennig aus Dempowalonka, Hensel aus Camenz, Heubner aus Zwickau, Hildebrand aus Marburg, Hönniger aus Rudolstadt, Hoffbauer aus Nordhausen, Hofmann aus Friedberg, Hollandt aus Braunschweig, Huber aus Linz, Huck aus Ulm, Johannes aus Meiningen, Jopp aus Enzersdorf, Jordan aus Berlin, Jordan aus Frankfurt a. M., v. Itzstein aus Mannheim, Jucho aus Frankfurt a. M., Käfferlein aus Baireuth, Kirchgeßner aus Würzburg, Knarr aus Steyermark, Köhler aus Seehausen, Koch aus Leipzig, Kohlparzer aus Neuhaus, Kollaczek aus österreich. Schlesien, Kotschy aus Ustron in märisch Schlesien, Krafft aus Nürnberg, Kudlich aus Schloß Dietach, Kuenzer aus Constanz, Künßberg aus Ansbach, Kuhnt aus Bunzlau, Lammers aus Erlangen, Langbein aus Wurzen, Laschan aus Villach, Laudien aus Königsberg, Liebmann aus Perleberg, Lienbacher aus Goldegg, Lodemann aus Lüneburg, Löschnigg aus Klagenfurt, Löwe (Wilhelm) als Calbe, Küntzel aus Hildesheim, Makowiczka aus Krakau, Mally aus Steyermark, Marsilli aus Wien, v. Maltzahn aus Küstrin, Mammen aus Plauen, Mandrella aus Ujest, Marcus aus Bartenstein, Mareck aus Gratz in Steyermark, Martiny aus Friedland, Mayer aus Ottobeuern, v. Mayfeld aus Wien, Melly aus Wien, Meyer aus Liegnitz, Mertel aus Kronach, Minkus aus Marienfeld, Mittermaier aus Heidelberg, Möller aus Reichenberg, Mölling aus Oldenburg, Mohl (Moritz) aus Stuttgart, Müller aus Sonnenberg, München aus Luxemburg, Mulley aus Weitenstein, Nägele aus Murrhardt, Nauwerck aus Berlin, v. Neitschütz aus Königsberg, Neugebauer aus Ludiz, Nicol aus Hannover, Nöthig aus Weißholz, Ostendorf aus Soest, Ostermath aus Danzig, Pattai aus Steyermark, Paur aus Neisse, Pfahler aus [illegible], Pfeiffer aus Adamsdorf, Pinckert aus Zeitz, Plaß aus Stade, Pözl aus München, Prabazeck aus Weißkirch, v. Quintus-Icilius aus Fallingbostel, Rättig aus Potsdam, Rank aus Wien, Rapp aus Wien, v. Rappard aus Glambeck, v. Raumer aus Dinkelsbühl, Raus aus Wolframitz, Reichard aus Speyer, Reindl aus Orth, Reinhard aus Boytzenburg, Reinstein aus Naumburg, Reitter aus Prag, Renger aus böhmisch Kamnitz, Rheinwald aus Bern, Riehl aus Zwettl, Riesser aus Hamburg, Rödinger aus Stuttgart, Rösler aus Oels, Roßmäßler aus Tharand, Sachs aus Mannheim, Schädler aus Vaduz, Scharre aus Strehla, Schenk aus Dillenburg, Schick aus Weißensee, Schiedermayer aus Vöcklabruck, Schlöffel aus Halbendorf, Schlutter aus Poris, Schmidt (Ernst Friedrich Franz) aus Löwenberg, Schmidt (Joseph) aus Linz, Schmidt aus Kaiserslautern, Schneer aus Breslau, Schneider aus Wien, Schoder aus Stuttgart, Schorn aus Essen, Schott aus Stuttgart, Schreiner aus Gratz in Steyermark, Schüler aus Jena, Schulz (Friedrich) aus Weilburg, Schulz aus Darmstadt, Schütz aus Mainz, Schwarzenberg aus Cassel, Simon (Heinrich) aus Breslau, Simon (Ludwig) aus Trier, Spatz aus Frankenthal, Sprengel aus Waren, Stark aus Krumau, Tafel aus Stuttgart, Tafel (Franz) aus Zweibrücken, Tellkampf aus Breslau, Titus aus Bamberg, Trabert aus Rausche, Uhland aus Tübingen, Umbscheiden aus Dahn, Venedey aus Cöln, Vischer aus Tübingen, Vogel aus Guben, Vogt aus Gießen, Wagner aus Steyr, Waldburg-Zeil-Trauchburg (Fürst) aus Stuttgart, Wedekind aus Bruchhausen, Weiß aus Salzburg, Weißenborn aus Eisenach, Welter aus Tünsdorf, Werthmüller aus Fulda, Wiesner aus Wien, Wiest aus Tübingen, Wigard a. Dresden, Wurm aus Hamburg, Würth aus Sigmaringen, von Wydenbrugk aus Weimar, Zell aus Trier, Zeltner aus Nürnberg, Ziegert aus preußisch Minden, Zimmermann (Professor) aus Stuttgart, Zöllner aus Chemnitz.

Abwesend waren:

A. mit Entschuldigung:

v. Andrian aus Wien, Archer aus Rein, v. Bally aus Beuthen, Bauernschmid aus Wien, Baur aus Hechingen, v. Beisler aus München, Bergmüller aus Mauerkirchen, Beseler (H. W.) aus Schleswig, Biedermann aus Leipzig, Brentano aus Bruchsal, Brons aus Emden, Cetto aus Trier, Christ aus Bruchsal, Christmann aus Dürkheim, Clemens aus Bonn, Czoernig aus Wien, Demel aus Teschen, Detmold aus Hannover, Dröge aus Bremen, Fallati aus Tübingen, Förster aus Hünfeld, Freudentheil aus Stade, Fuchs aus Breslau, Gspan aus Innsbruck, Hergscher aus Hamburg, Helbing aus Emmendingen, Heldmann aus Selters, v. Hermann aus München, Herzig aus Wien, Heubner aus Freiberg, Hirschberg aus Sondershausen, Höchsmann aus Wien, Jordan aus Gollnow, Junghanns aus Mosbach, Kaiser (Ignaz) aus [illegible] aus [illegible], Kolb aus Speyer, Leue aus Cöln, [illegible] aus Leipzig, Levysohn aus Grünberg, v. Linde aus Mainz, Mevissen aus Köln, [illegible] aus Freiburg, Mohr aus Oberingelheim, Müller aus [illegible], Neumann aus Wien, v. Neuwall aus Brünn, Overweg aus Haus Ruhr, Peter aus Constanz, [illegible] aus [illegible], Raveaux aus Cöln, v. Reden aus Berlin, Reh aus Darmstadt, Reichenbach (Graf) aus Domeßko, Richter aus Achern, Römer aus Stuttgart, Roßhe aus Berlin, Schaffrath aus Neustadt, Scheller aus Frankfurt a. d. O., Schlöer aus der Oberpfalz, v. Schlotheim aus Wollstein, v. Schmerling aus Wien, Schornmackers aus Beck, Schrott aus Wien, Schüler (Friedrich) aus Zweibrücken, Schuler aus Innsbruck, Schultze aus Liebau, Schwerin (Graf) aus Pommern, Sepp aus München, Stedmann aus Besselich, Stockinger aus Frankenthal, Thinnes aus Eichstätt, Tomaschek aus Iglau, v. Trützschler aus Dresden, Wachsmuth aus Hannover, v. Wedemeyer aus Schönrade, Welcker aus Frankfurt, Wernher aus Nierstein, Wesendonck aus Düsseldorf, Wippermann aus Cassel, v. Würth aus Wien, Zimmermann aus Spandow, Zittel aus Bahlingen, Zitz aus Mainz.

B. ohne Entschuldigung:

Achleitner aus Ried, Beidtel aus Brünn, Benedict aus Wien, Bouvier (Cajetan) aus Steyermark, v. Bothmer aus Carow, Bresgen aus Ahrweiler, Buß aus Freiburg, Caspers aus Coblenz, Cramer aus Cöthen, Deetz aus Wittenberg, Deym (Graf) aus Prag, v. Gagern aus Darmstadt, v. Gagern aus Wiesbaden, Göbel aus Jägerndorf, Hartmann aus Leitmeritz, Hillebrand aus Pöls, Höfken aus Hattingen, Hoffmann aus Ludwigsburg, Jacobi aus Hersfeld, v. Keudell aus Berlin, Kosobt aus Bonn, Lausch aus Troppau, Marsilli aus Roveredo, v. Mayern aus Wien, Petzer aus Bruneck, Pieringer aus Kremsmünster, Plehn aus Marienburg, Reisinger aus Freistadt, Röben aus Dornum, Rühl aus Hanau, v. Scherpenzeel aus Baarlo, Schmidt (Adolph) aus Berlin, Servais aus Luxemburg, Simon (Max) aus Breslau, Somaruga aus Wien, Stein aus Görz, Strache aus Rumburg, Streffleur aus Wien, Sturm aus Sorau, Tappehorn aus Oldenburg, Trampusch aus Wien, Vonbun aus Feldkirch, Weber aus Meran, Werner aus Oberkirch, v. Wulffen aus Passau, Wuttke aus Leipzig, v. Zerzog aus Regensburg.

Präsident: Der Antrag des Herrn v. Thielau und Genossen ist mit 222 gegen 206 Stimmen abgelehnt. Hiermit sind die Abstimmungen über § 7 und 7a erledigt. (Vielfacher Ruf nach Vertagung; andere Stimmen: Fortsetzen!) — Meine Herren! Ich habe zuvörderst eine protokollarische Erklärung über den zu § 7 gefaßten Beschluß zu verlesen, ausgehend von den Herren Schmidt aus Löwenberg, Schlöffel u. A. Die Erklärung lautet also:

„Der [illegible] gefaßte Beschluß erkennt der Centralgewalt das Recht zu, in einzelnen Ländern und Landestheilen den gewöhnlichen Rechtszustand aufzuheben in Zeiten des Krieges und Aufruhrs", d. h. — nach den Erfahrungen der Neuzeit — wann und wo es der Gewalt erwünscht erscheint.

Durch einen solchen Beschluß ist die deutsche Nation ausgeschlossen aus der Reihe derjenigen civilisirten Völker, welche eines unter allen Umständen gesicherten Rechtszustandes sich erfreuen (große Heiterkeit auf der Rechten und im Centrum), und deren zum Gesetz erhobener Wille jene heilige Macht ist, deren bloße Verletzung — geschweige gar Aufhebung — als ärgster Hochverrath gegen die ganze Nation erscheint.

Es ist durch diesen Beschluß die Wiederkehr rechtlicher und gesetzlicher Sicherheit in Deutschland zur Unmöglichkeit gemacht (Gelächter auf der Rechten und im Centrum) und die naturnothwendige Entwickelung der Nation in die blutigsten Bahnen gedrängt. —

Es haben durch diesen Beschluß barbarische Ausnahmsmaßregeln, wie sie in jüngster Zeit vielfach zur Anwendung gekommen, gesetzliche Weihe erlangt, und die wirkliche Rechtskräftigkeit jeglicher Verfassung und jeglichen Gesetzes ist dadurch zur Illusion gemacht.

Fortan darf Gewalt für Recht ergehen — das ist durch diesen Beschluß der Schlußstein zur Gewähr der deutschen Verfassung geworden. —

Die Unterzeichneten sind es sich, ihrer Nation und der europäischen Civilisation schuldig (Gelächter auf der Rechten und im Centrum), ihrem verneinend abgegebenen Votum noch die Erklärung beizufügen, daß sie recht wohl es vermocht haben, diesen Beschluß in seiner ganzen Bedeutung, wie in seinen möglichen und nothwendigen Folgen zu ermessen. — Sie legen hiermit feierlichst Verwahrung gegen denselben ein." — (Heiterkeit auf der Rechten und im Centrum.)

Unterzeichnet von: Schmidt aus Löwenberg, Schlöffel, Wiesner, Titus, Zitz, Mohr, Würth aus Sigmaringen, Meyer aus Liegnitz, Dietsch, Schütz, Schlutter, Schmitt aus Kaiserslautern, Hoffbauer, Rühl aus Hanau, Zimmermann aus Stuttgart, Gritzner, Damm, Kuenzer, Jopp, Berger, Martiny, Grubert, Günther, Reinstein, Waldburg-Zeil, Hagen, Reichard, Franz Stark, Heisterbergk, Culmann, Fröbel, Langbein, Raus, Fehrenbach, v. Itzstein, Vogel aus Guben, Simon aus Trier, v. Dieskau, Reinhard, Wigard, Welter, Köhler, Roßmäßler, Boczek, Nauwerck, Eisenstuck, Ph. Schwarzenberg, Fetzer, Hedrich.

Meine Herren, hier liegt ein schriftlicher Antrag auf Vertagung vor. (Widerspruch von einigen Seiten.) Ich werde darüber abstimmen lassen, das ist die einfachste Entscheidung. — Ich bitte, überall die Plätze einzunehmen. — (Unruhe in der Versammlung. — Stimmen von der Rechten: Die Namen vorlesen!) Wenn die Herren mir nur erst möglich machen wollten, mich verständlich zu machen. Der Antrag auf Vertagung ist von den Herren Schüler, Vogt und etwa zwanzig Anderen gestellt, ich bringe ihn zur Abstimmung. — Meine Herren, wollen Sie nicht Ihre Plätze einnehmen. Wir verlieren die Zeit durch diese Verzögerung. — Diejenigen Herren, welche die heutige Sitzung mit dieser Abstimmung beschließen und die Erledigung der ferneren Nummern der heutigen Tagesordnung auf nächsten Montag gesetzt wissen wollen, belie-

[illegible] (Die Mehrzahl erhebt sich.) Meine Herren, die Wahl des Präsidenten und der Vicepräsidenten, sowie die Ergänzungswahl eines Mitgliedes in den volkswirthschaftlichen Ausschuß kommt auf die Tagesordnung von nächstem Montag. — Ich bitte noch um einen Augenblick Ruhe. — Ich setze auf die Tagesordnung für nächsten Montag die beiden nicht erledigten Nummern der heutigen Tagesordnung und dann den neulich angezeigten Bericht des internationalen Ausschusses über die Posen'sche Frage, der in einer halben Stunde gedruckt in Ihren Händen sein wird. Ich lade den volkswirthschaftlichen Ausschuß ein, sich um 5 Uhr zu versammeln; den Verfassungsausschuß um 6 Uhr; und ich ersuche die Mitglieder des Central-Legitimations-Ausschusses, sich sofort nach dem Schlusse der Sitzung an der Tribüne zu versammeln. — Die heutige Sitzung ist geschlossen.

(Schluß der Sitzung 2¾ Uhr.)

Berichtigungen.

Bei der Abstimmung über die Frage Nr. 131 S. 3925 Sp. 2 Z. 3 v. o. stimmte Löschnigg aus Klagenfurt mit Ja.

" " " " " " " 156 " 4802 " 2 " 10 v. u. stimmten { Geigel aus München mit Nein. Gersdorff aus Tusz mit Ja. }

" " " " " " " 160 " 4902 " 2 " 32 v. u. stimmte Geigel aus München mit Nein.

In den Sitzungen vom 25.—30. Januar war v. Rotenhan aus München mit Entschuldigung abwesend.

Nr. 148 S. 4512 Sp. 2 Z. 9 v. o. lies: der Abgeordnetenkammer des Herzogthums Nassau, statt: einer Anzahl Mitglieder der Abgeordnetenkammer des Herzogthums Nassau.

" 163 " 4998 " 2 " 16 v. o. " Hillebrand statt: Hildebrand.

Die Redactions-Commission und in deren Auftrag Abgeordneter Professor Wigard.

Druck von Joh. David Sauerländer in Frankfurt a. M.

Stenographischer Bericht

über die

Verhandlungen der deutschen constituirenden National-Versammlung zu Frankfurt a. M.

Nro. 165. Dienstag den 6. Februar 1849. VII. 10.

Hundert vier und sechszigste Sitzung.

(Sitzungslocal: Paulskirche.)

Montag den 5. Februar 1849. (Vormittags 9 Uhr.)

Vorsitzender: theils Eduard Simson; theils Vicepräsident Kirchgeßner.

Inhalt: Verlesung und Genehmigung des Protocolls. — Ergänzungsvorschläge für den Centrallegitimations-Ausschuß. — Verweisung neu eingetretener Mitglieder in die Abtheilungen. — Marinebeiträge. — Interpellationen des Abgeordneten Hehner, die Rückgabe der in Höchst in Folge der Septemberereignisse mit Beschlag belegten Waffen, und die Einquartirungen in Höchst betreffend. — Interpellation des Abgeordneten Nauwerck, die Vereinigung der anhaltischen Fürstenthümer betreffend. — Antwort des Reichsministeriums auf die Interpellationen 1) des Abgeordneten Martiny, betreffend die Verfügung der königlich preußischen Regierung zu Minden vom 16. Januar; 2) des Abgeordneten Fehrenbach, betreffend die Einquartirungen in Baden; 3) des Abgeordneten Würth, betreffend die Einquartirungen in Sigmaringen, und 4) die beiden Interpellationen des Abgeordneten Hehner. — Anträge von Fehrenbach und Würth in Folge der Beantwortung ihrer Interpellationen. — Wahl des Präsidenten und der beiden Vicepräsidenten. — Ergänzungswahl in den volkswirthschaftlichen Ausschuß. — Berathung bezüglich des vom Abgeordneten Schubert von Königsberg Namens des völkerrechtlichen Ausschusses erstatteten Berichts über die definitive Feststellung der Demarcationslinie im Großherzogthum Posen. — Urlaubsgesuche.

Präsident: Die Sitzung ist eröffnet. Ich ersuche den Herrn Schriftführer, das Protocoll der letzten Sitzung zu verlesen. (Schriftführer Riehl verliest dasselbe.) Ich frage, ob Reclamation gegen das Protocoll ist? (Niemand meldet sich.) Das Protocoll ist genehmigt. Ich ersuche die Herren, ihre Plätze einzunehmen. — An die Stelle der aus dem Centrallegitimations-Ausschuß ausgeschiedenen Mitglieder, — der Herren Merkel und Lang, — schlägt der Legitimations-Ausschuß für die Neuwahl vor: Die Herren Emmerling von Darmstadt; Kosmann von Stettin; Rödinger von Stuttgart; Max Simon von Breslau; Sturm von Sorau, und Tannen von Zielenzig. Ich lasse die Liste drucken; die Wahl wird auf eine nächste Tagesordnung gestellt werden. — Zwei neueingetretene Mitglieder, die Herren Temme von Münster (Bravo auf der Linken. Ruf nach Ruhe auf der Rechten.) Ich bitte um Ruhe, meine Herren, was soll denn der Lärm? Herrn Temme an die Stelle des Herrn Frings von Neuß, und Herrn Johann Friedrich Nagel, Stellvertreter des Herrn Murschel von Stuttgart, habe ich nach dem Bedürfniß der betreffenden Abtheilung in die vierte Abtheilung verwiesen; die Herren werden also fortan an den Arbeiten dieser Abtheilung Theil nehmen. — Ich habe zwei neue Flotten-Beiträge zur Kenntniß der Versammlung zu bringen, und eine Mittheilung über einen älteren Beitrag zu machen. Die beiden neuen Beiträge zur Gründung einer deutschen Marine, welche ich heute zu verkünden habe, sind folgende: [illegible] Thlr. 15 Sgr., als Ertrag einer Sammlung des Dr. [illegible] zu Magdeburg, übergeben durch den Abgeordneten Köhler; 5 Thaler von Dr. R. in Berlin, übergeben von dem Abgeordneten Veit, Beiträge, die wir sämmtlich unter Aussprechung unseres Dankes an das Ministerium der Finanzen zu verweisen haben. — Nachzuholen habe ich folgende Bemerkung: In der Sitzung vom 23. November hatte der Präsident Nachricht von mehreren zu Gunsten der deutschen Kriegsflotte eingegangenen Beiträgen gegeben; hierunter, wie das amtliche Protocoll besagt, von einem Beitrage von 15,278 fl. 15 kr., eingesendet durch den Ausschuß des oberbayerischen Vereins für Sammlung von Beiträgen zur Herstellung einer deutschen Flotte. Diese Mittheilung, meine Herren, die in dem amtlichen Protocolle ihre Stelle gefunden hat, ist, ich weiß nicht wodurch, in dem stenographischen Bericht übersehen worden; die Einsender rügen diese Unterlassung, und ich bringe den Hergang jedenfalls heute von Neuem zur Kenntniß der Versammlung, damit er nunmehr gewiß in den stenographischen Bericht aufgenommen werde.*) — Es sind vier Interpellationen zu verlesen; zuerst die des Herrn Hehner an das Reichsministerium des Kriegs.

Hehner von Wiesbaden: Interpellation an das Reichs-Ministerium des Inneren und Krieges:

„In Erwägung:

1) daß am 23. September 1848 auf Befehl des Reichs-Ministeriums die sämmtlichen im Besitze der Bürger des nas-

---

*) Der fragliche Beitrag ist bereits in Nr. 122, S. 3511 angezeigt.

sauischen Städtchens Höchst befindlichen Waffen durch eine Abtheilung Reichstruppen denselben abgenommen und weggeführt wurden, obgleich der Belagerungszustand dort nicht verkündet worden war;

2) daß, nachdem von dem vorigen Reichsministerium, aller Bemühungen ungeachtet, nichts weiter als die Rückgabe der Waffen an einen Theil der Jagdpächter erlangt werden konnte, während einem anderen, mit gleichen Zeugnissen versehenen Theile der Jagdpächter die Rückgabe der Waffen versagt wurde, — von dem damaligen Reichsministerium zwar mit anerkennenswerther Bereitwilligkeit verfügt wurde, daß die Rückgabe der Waffen an alle Personen erfolgen solle, welche bei den bekannten September-Ereignissen nicht betheiligt seien,

3) daß demgemäß auch von den Behörden ein genaues Verzeichniß aller hiernach nicht ausgenommenen Personen, und der diesen gehörenden Waffen aufgestellt, und bei der Centralgewalt dahier eingereicht, der Vollzug jener Verfügung auch angelegentlich erinnert wurde;

4) daß jedoch gleichwohl die endliche Rückgabe jener Waffen an ihre Eigenthümer bis jetzt nicht erfolgt ist, welche von diesen umsomehr gewünscht werden muß, da sie ihr bezeichnetes Eigenthum nun schon über vier Monate entbehren, Einige von ihnen dadurch sogar an der Ausübung der von ihnen gepachteten Jagd gehindert sind, und zu besorgen ist, daß die zum Theil aus sehr werthvollen Scheibenbüchsen bestehenden Waffen dabei nicht unbeträchtlichen Schaden leiden, stellt hierdurch der Unterzeichnete an das Reichsministerium des Innern und des Kriegs die Frage:

„Welche Hindernisse der alsbaldigen Rückgabe jener Waffen an alle nicht in Untersuchung befindlichen Bürger von Höchst entgegenstehen?"

Ferner Interpellation an das Reichsministerium des Innern und des Kriegs:

„In Erwägung:

1) daß vom 23. September 1848 an, bis jetzt, mit Ausnahme weniger Tage, bedeutende Massen von Reichstruppen, — nämlich am 23. September 1848 1240 Mann und 179 Pferde, darauf nacheinander zu verschiedenen Zeiten 670 Mann und 80 Pferde; 270 Mann und 68 Pferde; 230 Mann und 60 Pferde; und vom 23. December vorigen Jahres an, bis jetzt, 209 Mann und 4 Reiter, — bei den Bürgern des benachbarten Städtchens Höchst einquartirt gewesen sind, ohne daß dafür lange Zeit die mindeste Vergütung gegeben wurde;

2) daß neuerlich zwar für die Zeit, bis zu Anfang des Monats December vorigen Jahres 18 kr. vom Mann täglich vergütet wurden, diese Zahlung jedoch nach übereinstimmender glaubwürdiger Versicherung der Betheiligten kaum zur Hälfte der Deckung der wirklichen nothwendigen Kosten ausreicht, zumal zur Winterszeit, in welcher, wie keiner weiteren Ausführung bedarf, die Unterbringung der Soldaten, in Bezug auf Heizung und Nachtlager, einen größeren Aufwand als sonst in Anspruch nimmt, — und für die Zeit vom December an weitere Zahlungen gar nicht mehr geleistet worden sind;

3) daß hierin für die der Mehrzahl nach ohnehin nicht vermögenden Einwohner von Höchst eine nun bereits länger als vier Monate währende drückende Last enthalten ist, die sie in einer Zeit um so schwerer empfinden müssen, in welcher sie ohnedieß so sehr durch die in den Landstädten nun schon so lange fortdauernde Stockung der Gewerbe leiden;

4) daß dem Vernehmen nach die wegen Casernirung jener Truppen, wozu es in Höchst an Localen keineswegs fehlt, stattgehabten Einleitungen wegen der damit verbundenen Kosten wieder aufgegeben worden sind, Ausgaben aber, welche der Reichscasse obliegen, dieser nicht dadurch gespart werden können, daß sie den Bürgern eines einzelnen Ortes deßhalb aufgebürdet werden;

5) daß es daher, wenn bei der Nähe von Frankfurt und Mainz nach längst vollständig wiederhergestellter Ruhe überhaupt noch die Aufstellung einer besonderen Truppenabtheilung in Höchst erforderlich scheinen sollte, ebenso gerecht wie billig erscheint, daß dieselbe ferner nicht mehr im Wege der Einquartirung bei den immer mehr verarmenden Bürgern, sondern in die Casernen, wie dieß auch auswärts geschehen ist, untergebracht werden;

fragt der Unterzeichnete das Reichsministerium des Innern und des Kriegs:

„Wann die Bürger von Höchst von der Einquartirung der Reichstruppen werden befreit werden, oder aus welchen Gründen dieß nicht geschieht?"

Präsident: Interpellation des Herrn Rösler von Oels an das Reichsministerium des Aeußern. Herr Rösler scheint mir aber nicht im Hause gegenwärtig zu sein. (Stimmen von der Linken: Nein!) Ich lege die Interpellation zurück. — Eine Interpellation des Herrn **Nauwerck** an das Reichsministerium des Innern.

Nauwerck von Berlin:

In Erwägung, daß die Vereinigung Anhalt-Bernburg's mit Dessau-Köthen, dem Verlangen der großen Mehrzahl der Einwohner gemäß, von der provisorischen Centralgewalt eifrigst betrieben worden ist, und angeblich sogar bei dem bernburg'schen Hofe Zustimmung gefunden hat;

in Erwägung, daß die preußische Regierung, wie verlautet, Privatansprüche einer preußischen Prinzessin auf die Allodialmasse des Herzogs von Bernburg benutzt, um jener von der Wohlfahrt des Ländchens dringend gebotenen Vereinigung Hindernisse in den Weg zu legen, obgleich jene Ansprüche durch die Vereinigung nicht im Mindesten berührt werden;

in Erwägung, daß demzufolge der Reichscommissär v. Ammon um seine Abberufung eingekommen sein soll:

richte ich an das Reichsministerium die Frage:

„ob dasselbe durch die preußischen Einwände unbeirrt seine Bemühungen wegen der Vereinigung sämmtlicher anhalt'scher Gebietstheile bis zum gewünschten Ziele fortsetzen wird?"

Reichsminister v. Gagern: Die Interpellation des Herrn Nauwerck wegen der Vereinigung der anhaltischen Fürstenthümer wird das Reichsministerium des Innern am nächsten Freitage beantworten. — Der Herr Abgeordnete **Martiny** hat folgende Interpellation an das Ministerium gerichtet:

„Eine preußische Provinzial-Verwaltungsbehörde, die königliche Regierung zu Minden, hat in einem an sämmtliche Landräthe ihres Bezirkes gerichteten Erlasse vom 16. Januar dieses Jahres, welcher in dem dieser Interpellation beigefügten Extrablatte der Westphälischen Zeitung vollständig enthalten ist, ihre Unterbehörden angewiesen:

„Zusammenkünften, in welchen im Namen des Volkes oder einer Gemeinde Beschlüsse gefaßt, oder Wünsche ausgedrückt würden, nicht ruhig zuzusehen, und gegen dergleichen Ungehörigkeiten nöthigenfalls mit Nachdruck und Strenge unter Anwendung der gesetzlichen Executivmittel einzuschreiten."

Indem ich das Reichsministerium von diesem Erlasse in Kenntniß setze, und in der Erwägung, daß dem gesammten deutschen Volke durch die seit dem 18. Januar d. J. auch in Preußen geltenden Grundrechte das freie Versammlungs- und Vereinsrecht gewährleistet ist, daß ferner die Reichsge-

weit verfassungsmäßig, und in Bezug auf Preußen nach dem Beschlusse vom 30. November v. J. über die Aufrechthaltung der Rechte und Freiheiten des Volkes zu wachen hat, und daß endlich jene Verfügung der Regierung zu Minden in deren Verwaltungsbezirke das Versammlungsrecht zu verletzen bestimmt ist, bitte ich den Herrn Reichsminister des Innern, Auskunft ertheilen zu wollen;

„was derselbe dem gedachten Erlasse gegenüber zu thun geneigt ist?"

Dieser Interpellation liegt ein Extrablatt der Westphälischen Zeitung bei vom 28. Januar, in welchem folgende Verfügung der königlichen Regierung, Abtheilung des Innern, zu Minden, abgedruckt ist:

„Das durch die Verfassungsurkunde vom 5ten d. M. von Neuem verbürgte Recht der freien Versammlung ist an verschiedenen Orten aus Unkunde oder übler Absicht so gedeutet worden, als ob dadurch die Stellung der Behörden und Corporationen, welche zur Besorgung der öffentlichen Angelegenheiten gesetzlich berufen sind, wesentlich verändert worden sei. Auf Veranlassung einzelner Privatpersonen sind mehr oder minder zahlreiche Zusammenkünfte abgehalten worden, und im Namen des Volkes oder einer Gemeinde Beschlüsse zu fassen, oder Wünsche auszudrücken. Es liegt am Tage, daß die Behörden einem solchen Treiben nicht ruhig zusehen, und am Wenigsten demselben durch Ertheilung der Erlaubniß zu solchen ungesetzlichen Unternehmungen, oder gar durch Einräumung von Gemeindelocalen, — wie es mitunter geschehen ist, — Vorschub leisten dürfen. Sofern dergleichen Ungehörigkeiten in dem dortigen Kreise vorgekommen, oder zu besorgen sein möchten, muß denselben durch geeignete Belehrung entgegengewirkt, und nöthigenfalls mit Nachdruck und Strenge unter Anwendung der gesetzlichen Executivmittel dagegen eingeschritten werden.

Hiernach sind die Unterbehörden — Magistrate, Amtmänner, Bürgermeister und Vorsteher, — Ihres Kreises zu instruiren, zu welchem Zwecke wir die für Ihren Kreis erforderlichen Exemplare dieser Verfügung beifügen. — Minden, am 16. Januar 1849. — Königl. Regierung, Abtheilung des Innern. Rüdiger."

Die Verfügung der königl. preußischen Regierung zu Minden d. d. 16. Januar, mitgetheilt in einem Extrablatt der Westphälischen Zeitung vom 28. Januar würde, ihre Authenticität vorausgesetzt, dann allerdings eine unstatthafte Beschränkung des Versammlungsrechtes enthalten, wenn man die bei einer Versammlung Anwesenden hindern wollte, Wünsche oder ihre Ansichten in Form von Beschlüssen auszudrücken. — Anders würde sich aber die Sache verhalten, wenn eine Versammlung sich eine Autorität beilegen wollte, die ihr, ihrer Natur oder der Form der Berufung nach, nicht zusteht, und diesen Fall scheint der Erlaß der Regierung zu Minden im Auge gehabt zu haben. — Wie dem aber auch sei, das Reichsministerium ist der Ansicht, daß solche Verfügungen untergeordneter Behörden der Einzelstaaten nur dann Gegenstand seiner Cognition werden können, wenn Beschwerde dagegen bei den Landesbehörden fruchtlos geblieben ist. (Bravo auf der Rechten und im Centrum.) — Ich würde bereit gewesen sein, die Interpellation des Herrn Rösler von Oels zu beantworten, wenn sie zur Verlesung gekommen wäre. Die beiden anderen des Herrn Hehner wird der Herr Kriegsminister beantworten.

Reichsminister Peucker: Auf die Interpellation des Abgeordneten Herrn Fehrenbach, die Zurückziehung der Reichstruppen aus dem badischen Oberlande betreffend, habe ich die Ehre, folgende Erklärung abzugeben:

„In Erwägung:

1) daß durch übereinstimmende Erklärungen der localen Regierungsbehörden und der betreffenden oberen militärischen Befehlshaber das Verbleiben der königlich würtembergischen Brigade im badischen Oberlande zur Unterstützung der für die Ueberwachung so ausgedehnter Grenztracte nicht ausreichenden großherzoglich badischen Truppen zur Zeit noch als unerläßlich bezeichnet, und ausdrücklich im allgemeinen Landes-Interesse gefordert wird;

2) daß nach eingegangenen amtlichen Berichten die aufregenden Bewegungen längs der Grenze nicht ab-, sondern gegentheils wieder zugenommen haben;

3) daß im Laufe des Monats Januar an mehreren Orten auf Schildwachen der Reichstruppen, ja am 15. Januar einige Stunden von Freiburg selbst auf einen vorüberfahrenden Eisenbahnzug scharf geschossen, und bei letzterer Gelegenheit einem in einem Wagen sitzenden Gensd'armen der Fuß zerschmettert und hierdurch der Beweis geliefert worden ist, daß eine beruhigte Stimmung in jenen Landestheilen noch nicht überall eingetreten sei;

kann die Centralgewalt in Erfüllung ihrer Pflicht, die Zurückziehung der verhältnißmäßig nicht bedeutenden, und schon durch Beurlaubung soweit als möglich verminderten königlich würtembergischen Brigade aus dem badischen Oberlande zur Zeit noch nicht verfügen." — (Bravo auf der Rechten.)

Auf die Interpellation des Abgeordneten Herrn Würth, betreffend die Verzögerung der Räumung des Fürstenthums Sigmaringen von den Reichstruppen, habe ich Folgendes zu erklären:

„Der Director des Departements für das Heerwesen hat in Stellvertretung des Kriegsministers am 29. Januar erklärt, daß bereits am 24. Januar, auf den Grund eines am 22sten eingegangenen Berichts der fürstlich Sigmaringen'schen Regierung, der Befehl des Reichskriegsministeriums zur Zurückziehung der beiden Compagnieen Reichstruppen aus Sigmaringen abgesendet worden sei, und hat sich für berechtigt erachten können, diese Räumung am 29. Januar als inmittelst bereits erfolgt anzunehmen. Nach einer Meldung des Oberbefehlshabers jener Truppen vom 17. Januar war von Letzterem der Befehl zur sofortigen Zurückziehung jener Truppen ertheilt. Zur Räumung jenes Fürstenthums kann an und für sich selbst ein sehr kurzer Zeitraum hinreichen. — Wenn die Räumung am 29. Januar noch nicht erfolgt war, was in Verzögerung durch den militärischen Instanzenzug seinen Grund haben kann, so wird sie unzweifelhaft wenige Tage darauf erfolgt sein."

Auf die Interpellation des Abgeordneten Herrn Hehner, betreffend die Zurückziehung der Reichstruppen in Höchst, ist Folgendes zu erwiedern:

„Die Reichstruppen in Frankfurt sind zum Schutze der Reichsversammlung zusammengezogen. Für die Erfüllung dieses Zweckes ist die Besetzung der wichtigsten Punkte der Umgebung Frankfurts eine militärisch gebotene Nothwendigkeit. Unter diesen Umgebungen nimmt Höchst eine sehr beachtenswerthe Stellung ein. Das Reichskriegsministerium muß daher Höchst, dessen Garnison bereits auf ein Minimum von einer Compagnie verringert worden ist, solange besetzt lassen, als der vorhin gedachte Zweck überhaupt noch vorhanden ist."

Auf die Interpellation des Abgeordneten Herrn Hehner, die Verabfolgung der im September in Beschlag genommenen Waffen betreffend, habe ich Folgendes zu erwiedern:

„Das Reichskriegsministerium hat im Einverständniß mit

dem Reichsministerium des Innern bereits vor einem Monate das Obercommando der hiesigen Reichstruppen ermächtigt, die in Folge der Septemberereignisse abgelieferten Waffen ihren Besitzern, mit Ausnahme Derjenigen, welche von der Untersuchungscommission, als der Theilnahme an jenen Ereignissen verdächtig, oder angeschuldigt bezeichnet worden, zurückzugeben. Das Obercommando hat sich mit den Bevollmächtigten der betreffenden Regierungen demnach ohne Verzug in Verbindung gesetzt, und wenn die Rückgabe zur Zeit noch nicht erfolgt ist, so liegt der Grund davon in dem Umstande, daß die Verzeichnisse der Angeschuldigten nur erst von der Frankfurter Untersuchungscommission vorgelegt worden sind, und die Versendung der in Mainz deponirt gewesenen Waffen vermöge der Unterbrechung der Verbindung mit Mainz durch Eisgang eine Verzögerung erlitten hat. Es ist indessen am 31. Januar den Bevollmächtigten von Neuem in Erinnerung gebracht worden, daß nach Eingang der betreffenden Verzeichnisse der Rückgabe der Waffen an die hierzu Berechtigten kein Hinderniß entgegensteht."

Fehrenbach von Säckingen: Ich stelle den Antrag:

„Um die angeblichen Gründe zur fortdauernden Verlegung von Reichstruppen in das Großherzogthum Baden prüfen und weitere Anträge stellen zu können, beantrage ich:

Die hohe Versammlung wolle das Reichskriegsministerium auffordern, die deßfallsigen Acten auf den Tisch des Hauses niederzulegen." (Gelächter auf der Rechten.)

Unterstützt von: Mammen; v. Itzstein; Schütz; Grubert; Hoffbauer; Schmitt von Kaiserslautern; Fröbel; Dietsch; Martiny; Zitz; Damm; Titus; Frisch; Nägele; Pfahler; Hagen; Fetzer; Rheinwald von Stuttgart; Zimmermann von Stuttgart; Vischer; Schoder; Tafel von Stuttgart; Günther; Reinstein.

Präsident: Meine Herren! Der Antrag ist als ein dringlicher bezeichnet, und ich muß, da er an sich nach der Interpellations-Ordnung zulässig ist, fragen, ob die Versammlung die Dringlichkeit des Antrages anerkennen will? Diejenigen Herren, die den eben verlesenen Antrag des Herrn Fehrenbach als einen dringlichen anerkennen wollen, bitte ich, sich zu erheben. (Die Linke erhebt sich.) Der Antrag wird an den betreffenden Ausschuß verwiesen. — Herr Würth von Sigmaringen hat das Wort, um auf die Beantwortung seiner Interpellation einen Antrag zu stellen.

Würth von Sigmaringen: Meine Herren! In der aufgeworfenen Reichspolizeisache ... (Stimmen auf der Rechten: Antrag!)

Präsident: Herr Würth wird seinen Antrag stellen.

Würth: Ich werde den Antrag stellen! Erlauben Sie mir nur, ihn kurz zu begründen ... (Stimmen auf der Rechten und in den Centren: Nein! Nein! Den Antrag!)

Präsident: Ich bitte um Ruhe!

Würth: In dieser Sache wurde während zweier Monate viermal interpellirt. Das erste Mal sind die Truppen ... (Unterbrechung von der Rechten und im Centrum: Antrag!) Das erste Mal erklärte das Ministerium am 6. December v. J.: Die in das Fürstenthum Sigmaringen vorgeschobenen Truppen gehören zum bayerischen Truppencorps an der Iller, deren Dislocation lediglich nur dem Corps-Commandanten obliegt, übrigens ... (Stimmen im Centrum: Den Antrag!) Der [illegible] zuletzt. (Allgemeine Unruhe: Ruf nach Ruhe auf der Rechten.)

Präsident: Ich bitte, meine Herren, lassen Sie mich doch die Ruhe im Hause aufrecht erhalten. Herr Würth! Die Interpellations-Ordnung schreibt vor: „Hat der interpellirte Minister eine dieser Erklärungen abgegeben, so findet eine weitere Berathung über den Gegenstand nur dann Statt, wenn ein Antrag gestellt wird, den die Versammlung als sehr dringend anerkennt." Ich muß Sie also auffordern, den Antrag selbst zu stellen, und sodann werde ich die Versammlung fragen, ob sie denselben als dringlich anerkennen will. Erst wenn die Versammlung das beliebt, kann ich Ihnen eine weitere Begründung desselben verstatten.

Würth: Ich will bei dieser Stimmung des Hauses mehr nicht bemerken, als daß das Ministerium in dieser Sache vier widersprechende Erklärungen gegeben hat ... (Allgemeine Unruhe und Ruf: Den Antrag!)

Präsident: Ich bitte um Ruhe!

Würth: Am 29sten vorigen Monats wurde hier im Namen des Kriegsministeriums erklärt ... (Vielseitiger Ruf: Den Antrag!) Das ist ja mein Antrag; unterbrechen Sie mich doch nicht immer. — Nachdem am 29sten vorigen Monats im Namen des Kriegsministeriums hier erklärt wurde, die Truppen seien bereits zurückgezogen, und sich diese Erklärung als durchaus unrichtig dargestellt hat, so beantrage ich, bei der noch immer in Frage stehenden Zurückziehung der Truppen den schon früher von mir gestellten, auch bereits auf der Tagesordnung gestandenen Antrag nunmehr wieder auf die nächste Tagesordnung zu setzen. (Gelächter auf der Rechten.)

Präsident: Meine Herren! Herr Hehner hat sich die Anträge auf die Beantwortung seiner Interpellationen vorbehalten. — Wir gehen hiermit zur Tagesordnung über. Auf der Tagesordnung steht: zuerst: Wahl des Präsidenten und der beiden Vicepräsidenten. Ich ersuche die Herren, den Namen desjenigen Mitgliedes auf einen Zettel zu bemerken, den Sie für die nächsten vier Wochen zum Präsidenten der verfassunggebenden deutschen Reichs-Versammlung ernennen wollen. (Die Stimmzettel werden eingesammelt, und es beginnt die Verlesung derselben. — Abgeordnete Temme tritt ein. Anhaltendes, lebhaftes Bravo und Klatschen auf der Linken. Gelächter im Hintergrund des rechten Centrums.)

Vicepräsident Kirchgeßner: Meine Herren! Ich muß eröffnen, daß ein Stimmzettel sich vorfand mit „Eduard Simson als zweiter Präsident" bezeichnet. Es wurde mir aber bereits vor Eröffnung der Stimmzettel von dem betreffenden Herrn bemerkt, daß dieser Zettel irrthümlich abgegeben worden ist, und hat dieser Herr mir einen andern Zettel, mit „Eduard Simson" bezeichnet, übergeben. Es wird daher der erstere, mit „Eduard Simson als zweiter Präsident" bezeichnete Zettel als nicht abgegeben, der andere aber als giltig zu erachten sein. (Es erfolgt kein Widerspruch.) Sodann muß ich bezüglich eines mit „Emel" bezeichneten Stimmzettels bemerken, daß er die Ueberschrift hat: „Zum zweiten Vicepräsidenten." Dieser Stimmzettel wird daher, der Intention nach, als nicht abgegeben zu erachten sein; es ist dieß der zweite Stimmzettel, welcher so bezeichnet ist. Endlich wird kein Anstand dagegen erhoben werden, daß mit zwei lediglich „Herr Simson" bezeichneten Stimmzetteln der bisherige Herr Vorsitzende gemeint sei? (Es erfolgt kein Widerspruch.) Das Resultat der gepflogenen Abstimmung ist folgendes: Es stimmten im Ganzen 400 Abge-

[illegible] 21. Von diesen 400 abgegebenen Stimmen hat erhalten Herr Eduard Simson von Königsberg 261 (Bravo auf der Rechten und im Centrum); Herr Schüler von Jena 89; Herr Edel von Würzburg 29; Herr Heinrich Simon von Breslau 9; Herr Kirchgeßner von Würzburg 6; Herr v. Radowitz 2; und dann noch fünf Herren, jeder 1 Stimme. Ich habe somit die Ehre, meine Herren, den Herrn Eduard Simson von Königsberg für die künftigen vier Wochen als ersten Vorsitzenden der deutschen Reichsversammlung zu proclamiren. (Bravo auf der Rechten und im Centrum. — Eduard Simson übernimmt das Präsidium.)

Präsident: Meine Herren! Ich übernehme das Amt, zu dem Sie mich abermals haben berufen wollen, in dem dankbaren und vielbewährten Vertrauen auf die ausdauernde Unterstützung aller Seiten dieses hohen Hauses, und mit dem festen Willen, es nach allen meinen Kräften im Interesse dieser Gesammtheit zu handhaben und zu üben. — Meine Herren! Auch die zweite Hälfte unserer Hauptaufgabe ist inzwischen in erster Lesung beendet worden. Der mäßige Zwischenraum, den wir bis zu der zweiten durch eine Reihe anderer, zum Theil kaum minder wichtiger Berathungen ausfüllen, wird sicherlich von allen Seiten dazu benutzt werden, um endlich das gemeinsame Ziel friedlich zu erreichen (Bravo auf der Rechten und im Centrum), nach welchem die Nation in immer erneuter Anstrengung gerungen hat, und sicherlich nicht vergebens gerungen haben darf! (Wiederholtes Bravo.) Die Wege zu diesem Ziele geben sich jetzt, meine ich, deutlicher zu erkennen, als jemals; sie werden sich hoffentlich auch gebahnter erweisen, als hier und da bis daher geglaubt sein mag. Und im Angesichts dieses nahen Zieles, meine Herren, da scheint mir, — ich denke, ich darf wagen, Das auszusprechen, — der Zwiespalt der Meinungen, unter dessen Antrieb und Einfluß diese Arbeiten begonnen und fortgeführt werden durften, täglich mehr an Berechtigung zu verlieren. (Lebhaftes Bravo auf der Rechten und im Centrum.) Der Vollendung so nahe, meine Herren, da sollten wir, — und Das ist der Wunsch, mit dem ich schließe, — das alte Wort des Homerischen Helden auch unter uns zur Wahrheit werden lassen: daß nichts darauf ankomme, ob die Vögel von rechts oder von links fliegen, und daß es Ein Wahrzeichen nur gebe: „Des Vaterlandes Errettung!" (Lebhaftes und anhaltendes, allseitiges Bravo und Händeklatschen.) Wir gehen, meine Herren, zur Wahl des ersten Stellvertreters des Vorsitzenden über. Ich ersuche die Herren, auf die Zettel den Namen Desjenigen zu bemerken, welchen sie für den nächsten Monat zum ersten Stellvertreter des Vorsitzenden erwählen wollen. (Nach Einsammlung und Verlesung der Stimmzettel:) Das Ergebniß der Wahl ist folgendes: Es haben 410 Mitglieder gestimmt, also daß die absolute Majorität 206 Stimmen erfordert. Erhalten haben: Herr Beseler von Schleswig 240 Stimmen; Herr Schüler von Jena 101; Herr Edel von Würzburg 29; Herr Kirchgeßner 10; Herr Tommé von Münster 7; Herr v. Mühlfeld von Wien 7; Herr Simon von Breslau 5; Herr v. Wydenbrugk von Weimar 3; Herr Detmold von Hannover 3, und sechs andere Mitglieder je 1 Stimme. Ich erkläre hiernach Herrn W. Beseler von Schleswig für die nächsten vier Wochen als ersten Stellvertreter des Vorsitzenden. Ich zeige hierbei an, daß Herr Beseler leider heute durch Unwohlsein verhindert ist, im Hause zu erscheinen. — Wir gehen zur Wahl des zweiten Stellvertreters über; ich ersuche die Herren, die Namen des Mitgliedes zu verzeichnen, das Sie zum zweiten Stellvertreter des Vorsitzenden für die nächsten vier Wochen erwählen. (Nach geschehener Einsammlung und Zählung der Stimmzettel:) Das Ergebniß der Abstimmung ist folgendes: Es haben gestimmt 343 Mitglieder. Die absolute Majorität erfordert also 172 Stimmen. Es haben erhalten: Herr Kirchgeßner 280 Stimmen; Herr Edel 49 Stimmen; Herr Detmold 4; Herr Schüler von Jena 2; Herr Riesser, Herr Heinrich Simon und Reh von Darmstadt je 2, und zehn andere Herren je 1 Stimme. Ein Zettel war leer. Ich erkläre Herrn Kirchgeßner als den zweiten Vicepräsidenten der Reichsversammlung für die Dauer des nächsten Monats. (Bravo auf der Linken.)

Vicepräsident Kirchgeßner: In dem wiederholten Ausdrucke Ihres ehrenden Vertrauens erkenne ich dankbar an, wie Sie meine Bitte um Ihre Nachsicht berücksichtigten. Ich glaube aber auch hieraus entnehmen zu dürfen, daß Sie die Redlichkeit meines Willens und die Unparteilichkeit meines Wirkens nicht verkennen, und hierin, wie in dem warmen Interesse an dem Gelingen des großen Werkes, das uns Alle hier vereinigt, glaube ich Keinem nachzustehen. Die Hoffnung dieses Gelingens wird mich stärken, um meiner Aufgabe zu genügen. (Bravo auf der Linken.)

Präsident: Die nächste Nummer der Tagesordnung ist die Ergänzungswahl eines Mitgliedes in den volkswirthschaftlichen Ausschuß nach Maßgabe der Anträge des Ausschusses. Ich lasse jetzt die betreffenden Stimmzettel einsammeln. Das Büreau wird das Ergebniß der Abstimmung inzwischen ermitteln, und wir gehen nunmehr zur dritten Nummer der Tagesordnung über. Dieß ist die Berathung des vom Abgeordneten Schubert von Königsberg Namens des völkerrechtlichen Ausschusses über die definitive Feststellung der Demarcationslinie im Großherzogthum Posen erstatteten Berichts. Es sind bis jetzt vier Anträge zu diesem Berichte eingegangen: zwei präjudizielle und zwei, die sich auf den Fond der Sache einlassen. Der erste der präjudiziellen Anträge, von Herrn Schmidt von Löwenberg gestellt, unterstützt von Herrn Moriz Hartmann, Günther, Werner von Oberkirch und etwa zwanzig Anderen, lautet:

„Die Nationalversammlung wolle beschließen:

1) Die Specialkarte des demarcirten Theiles der Provinz Posen, sowie auch die Sprachenkarte der Provinz, welche beide der Herr Reichscommissär Schäffer-Bernstein dem Reichsministerium unterm 18. December v. J. hat zugehen lassen, und von denen der Berichterstatter des Ausschusses sagt, daß sie ihm bei Abfassung seines Berichts zur Grundlage gedient, — hat der völkerrechtliche Ausschuß vervielfältigen und unter die Mitglieder der National-Versammlung vertheilen lassen;
2) bis nach erfolgter Vertheilung dieser Karten bleibt die Verhandlung des Gegenstandes ausgesetzt."

Unterstützt von: Moriz Hartmann; Martiny; Günther; Werner von Oberkirch; Kuenzer von Constanz; Gritzner; Zimmermann von Stuttgart; Reinhard; Raus; Meyer von Liegnitz; Hoffbauer; Jopp; Reinstein; Wiesner; Schlöffel; Würth von Sigmaringen; Culmann; Fr. Schütz; Dietsch; Schlutter; Fehrenbach; Simon von Trier; Schmitt von

Kaiserslautern; Damm; Litzl; Berger; Hagen; Gruber; Köhler.

Der zweite präjudicielle Antrag, erhoben von Herrn Rößler von Oels, geht dahin:

„In Erwägung, daß der Ausschußbericht weder an statistischem noch an anderen nöthigen Nachweisungen genügende Vorlage bietet, um eine definitive Entscheidung treffen zu können;

daß ferner derselbe nicht einmal mit einer Sprachenkarte, noch selbst mit einer wirklich übersichtlichen und genauen Darstellung der Grenzregulirung versehen ist;

daß endlich der Bericht vielen Mitgliedern erst gestern am Vormittag in die Hände gekommen ist, und denselben also in der That die Zeit gefehlt hat, den Bericht gründlich zu prüfen;

beantrage ich:

principaliter die sofortige Rückverweisung des Berichts an den Ausschuß behufs gründlicheren Vorlagen, eventualiter die Vertagung der Berathung auf eine spätere Tagesordnung und zwar mindestens erst nach drei Tagen."

Der Verbesserungs-Antrag von Herrn Ostendorf, unterstützt von den Herren Edel und Grundner u. s. w. im Ganzen 16 Mitgliedern, lautet so:

„In Erwägung, daß die jetzt festgestellte Demarcationslinie nach Ausweis des Nachtrags zum Ausschußbericht und der diesem beigefügten Anmerkung A (Seite 4) noch nicht als definitiv anzusehen ist, sondern abermalige Verhandlungen über Abänderung derselben eingeleitet werden können;

daß in dem zu reorganisirenden Theile eine Anzahl von Deutschen wohnt, welche den Anschluß an Deutschland wünscht;

daß die polnische Bevölkerung in beiden Theilen des Großherzogthums Posen eine gemeinsame, ihre Nationalität in gerechter Weise berücksichtigende Verwaltung einer Theilung des Landes vorziehen wird, um so mehr als die durch die Demarcationslinie von Deutschland getrennten Polen dadurch auch von den Polen in Westpreußen getrennt werden;

daß die gerechte Berücksichtigung ihrer Nationalität allen zu Deutschland gehörigen Polen bereits durch die Nationalversammlung zugesichert ist, endlich,

daß nach Ausweis der Verhandlung vom 15. December v. J. die Verschiebung der Grenzlinie bis zur russischen Grenze bereits eventuell in Aussicht genommen, und in dieser Verhandlung mehrere gegen die jetzige Demarcationslinie in strategischer Hinsicht entstehende Bedenken hervorgehoben sind,

wird dahin angetragen:

die jetzt festgesetzte Demarcationslinie noch nicht zu genehmigen, sondern diese Angelegenheit an die provisorische Centralgewalt zurückzugeben, um mit der königl. preußischen Regierung über die Einverleibung des ganzen Großherzogthums Posen in den deutschen Bund in Verhandlung zu treten."

Unterstützt von: Edel; Zum Sande; Weber von Neuburg; Hofer; Grundner; Arndts; Dünkler; Stülz; Graf; Knoodt; Ambrosch; Braun von Bonn; Wünsch; Döllinger; Junkmann; Künsberg.

Der Antrag des Herrn Ahrens von Salzgitter geht dahin:

„In Erwägung, daß seit dem 2. April, wo zuerst von der deutschen Bundesversammlung die Aufnahme eines Theils des Großherzogthums Posen mit einer Bevölkerung von 593,390 Seelen (Zählung 1846) ausgesprochen wurde, wiederholte neue Abgrenzungen zu Gunsten des deutschen Theils vorgenommen sind, so daß nach der letzten, welche jetzt der Genehmigung der Reichsversammlung vorgelegt wird, der in den deutschen Bundesstaat aufzunehmende Theil mehr als zwei Drittel des Großherzogthums beträgt;

in Erwägung, daß der übrigbleibende Theil gar keine abgesonderte, gesunde politische Organisation und Verwaltung erhalten könnte;

in Erwägung, daß, wenn die politische Nothwendigkeit und das Interesse Deutschland's die Aufnahme des von deutscher Bevölkerung bewohnten Theils von Posen rechtfertigen kann, nicht eine Maßregel genommen werden darf, welche zu einem Uebel noch ein größeres fügt, und bei ihrer politisch-administrativen Verwerflichkeit, auch noch den Schein eines unedlen Uebermuths gegen ein unglückliches Volk an sich trägt;

in Erwägung, daß es unter den vorliegenden Verhältnissen für den übrigbleibenden Theil wünschenswerther sein konnte, ebenfalls in den deutschen Bundesstaat aufgenommen, als von dem anderen nationell und administrativ getrennt zu werden,

ermächtigt die Nationalversammlung die Centralregierung, die preußische Regierung aufzufordern:

die Wünsche des übrigbleibenden Theils der Bevölkerung hinsichtlich einer unter den vorliegenden Verhältnissen zu vollziehenden Aufnahme in den deutschen Bundesstaat zu vernehmen, und eintretenden Falls diese Aufnahme in geeigneter Weise zu erwirken."

In dem Augenblicke erhalte ich noch einen Verbesserungs-Antrag von Herrn Wigard, unterstützt von den Herren Rödinger, Hensel, Schüler, Langbein u. s. w., im Ganzen 14 Mitgliedern:

„In Erwägung,

1) daß die Nationalversammlung am 27. Juli v. J. sich die letzte Entscheidung über die zutreffende Abgrenzung zwischen dem polnischen und deutschen Theile des Großherzogthums Posen nach dem Ergebniß weiterer von der Centralgewalt zu veranstaltenden Erhebungen vorbehalten hat;

2) daß in diesem Vorbehalte und dem Worte „Erhebungen" nicht die alleinige Erhebung bezüglich der strategischen Verhältnisse, sondern die Erhebung aller in dem Großherzogthum Posen vorhandenen Umstände und Verhältnisse verstanden war;

3) daß der vorliegende Bericht des völkerrechtlichen Ausschusses nur allein die strategischen Rücksichten ins Auge faßt, und ausdrücklich das Bekenntniß ablegt, daß selbst die sprachlichen Verhältnisse nur dann gleichmäßig berücksichtigt worden sind, wo es ohne Beeinträchtigung wichtigerer militärischer und politischer Rücksichten thunlich war;

4) daß nach den Berichten des Reichscommissärs die polnische Bevölkerung bei Feststellung der Demarcationslinie nicht gehört worden sei;

5) daß darnach der Metternich'sche Grundsatz der vormärzlichen Diplomatie aufs Neue sanctionirt werden will, die Völker nur nach dem Willen des Stärkeren zu vertheilen,

6) daß es die Würde der deutschen Nation verletzt, ihre Stärke der unterdrückten polnischen Bevölkerung des Großherzogthums Posen gegenüber geltend zu machen,

7) daß namentlich aber auch die neuerdings vorgeschlagene Demarcationslinie alle billigen Rücksichten gegen die unglückliche polnische Bevölkerung außer Augen setzt, und sie hinsichtlich ihrer materiellen Verhältnisse dem offenen Verderben zuführt, beschließt die deutsche Nationalversammlung:

1) über den vorliegenden Bericht des völkerrechtlichen Ausschusses zur Tagesordnung überzugehen, und

2) die definitive Feststellung der Demarcationslinie zwischen dem deutschen Reiche und Posen dem Zeitpunkte vorzubehalten, wo es dem völkerrechtlichen Ausschusse möglich geworden ist, einen auf allseitiger Erhebung aller Verhältnisse, namentlich auch auf Anhörung der polnischen Bevölkerung gestützten Bericht vorzulegen.

Unterstützt von: Rödinger; Hensel; Schüler; Langbein; Spatz; Tafel von Zweibrücken; Kollaczek; Eisenstuck; Martiny; Rheinwald; Stark; Simon von Trier; Hartmann; Pattay.

Zum Worte haben sich gemeldet gegen den Antrag des Ausschusses: Die Herren Döllinger, Venedey, Fehrenbach, Wiesner, Schmidt von Löwenberg, Fetzer, Knoodt, Osterrath, Wigard und Höfken; für die Anträge des Ausschusses: die Herren Göden, v. Sänger, Wurm, Wuttke, Löw von Posen, Kerst und v. Radowitz. — Mir scheint, meine Herren, daß wir die beiden präjudiziellen Anträge, die auf eine kürzere oder längere Vertagung der Debatte hinausgehen, zuerst zum Gegenstand unserer Berathung machen sollten. Ich möchte also mit Ihrer Genehmigung zuvörderst Herrn Rösler von Oels zur Begründung seines präjudiziellen Antrages, dann einem der Herren Antragsteller von dem Schmidt'schen Antrag das Wort geben. Herr Rösler von Oels!

Simon von Trier: Herr Rösler ist nicht anwesend; ich bitte deßhalb, mir das Wort zu gestatten.

Präsident: Herr Simon!

Simon von Trier: Nach der Geschäftsordnung muß sich ein Bericht, welcher zur Berathung kommen soll, vier und zwanzig Stunden vorher in den Händen der Mitglieder des Hauses befinden. Es ist der Bericht den meisten Mitgliedern des Hauses erst Sonntag früh um zehn oder eilf Uhr zugestellt worden. (Zuruf: Es ist jetzt Nachmittag ½ 1 Uhr.) Es mag sein, aber die Sitzung hat um 9 Uhr begonnen, und so rechne ich, und ferner glaube ich, verstößt es gegen die Verkündigung der Tagesordnung, indem der Herr Präsident Simson die Posen'sche Frage auf die Tagesordnung gesetzt hat unter der Voraussetzung, daß binnen einer halben Stunde der Bericht vertheilt wurde. Was aber die Sache selbst betrifft, so werden Sie zugestehen, daß bei einer Sache von solcher Wichtigkeit es nicht angemessen ist, daß man nur eine Sonntag-Nachmittagsstunde haben soll, um sich vorzubereiten, wo man nicht einmal Gelegenheit hat, die Parteiversammlungen zusammenzubringen.

Präsident: Meine Herren! Wenn der Bericht in der Stunde, in welcher heute die Sitzung anfangen sollte, um 9 Uhr nämlich, sich noch nicht volle 24 Stunden in den Händen sämmtlicher Mitglieder befunden hat (Stimmen: Nein!), so dürfte ich der Geschäftsordnung gemäß die Berathung gar nicht zulassen. Ich habe zwar nicht unter der Bedingung die Posen'sche Frage am Sonnabend auf die Tagesordnung gesetzt, wie Herr Simon von Trier sagte, daß gerade binnen einer halben Stunde der Bericht in den Händen der Mitglieder des Hauses sein müßte, obwohl ich das vorausgesehen mußte nach den Mittheilungen der Canzlei; aber das habe ich allerdings dabei angenommen, daß gestern früh 9 Uhr der Bericht in Händen sämmtlicher Mitglieder sich befinden werde (Stimmen: Nein!), und wenn dieses nicht der Fall gewesen ist, so muß ich zur Aufrechthaltung der Geschäftsordnung die Vertagung der Berathung über den Posenschen Bericht auf die nächste Sitzung in meinem Namen aussprechen, und es ist eben von vielen Seiten behauptet worden, daß Einige der Herren Mitglieder gestern um 9 Uhr den Bericht noch nicht gehabt haben. Meine Herren! Ich setze also die Posen'sche Frage auf die nächste Tagesordnung; wir werden dann die präjudiziellen Anträge, insofern sie auf eine noch weitere Vertagung gerichtet sind, zur Erörterung bringen. Ich beraume die nächste Sitzung auf morgen Dienstag um 9 Uhr an. Die Tagesordnung ist: Berathung des vom Abgeordneten Schubert erstatteten Berichtes über die definitive Feststellung der Demarcationslinie im Großherzogthum Posen. — Meine Herren! Ich muß noch um etwas Ruhe bitten; wir haben noch einige Angelegenheiten zu erledigen. Zuvörderst zeige ich an, daß nach der Ermittelung des Büreau's in den volkswirthschaftlichen Ausschuß Herr v. Berzog zur Ergänzung des ausgetretenen Mitgliedes mit 153 unter 268 Stimmen gewählt ist. (Von einigen Stimmen: Bravo!) Herr Christ hat nach ihm die meisten Stimmen: 112; und Herr Overweg 3 Stimmen erhalten. — Die 4. Abtheilung wird ersucht, sich auf einige Augenblicke an der Rednerbühne zu versammeln. Dieselbe Einladung ergeht an die 12. Abtheilung zur Prüfung einer ihr vorliegenden Legitimationsurkunde, und endlich an die 15. Abtheilung, um sich neu zu constituiren. — Der Verfassungs-Ausschuß ist auf 5 Uhr, der volkswirthschaftliche auf 5½ Uhr eingeladen. — Herr Vicepräsident Kirchgeßner wird einige Urlaubsgesuche zur Kenntniß der Versammlung bringen.

Vicepräsident Kirchgeßner: Meine Herren! Ich habe die Ehre, folgende Urlaubsgesuche der Versammlung kund zu geben. Es haben um Urlaub gebeten: Presting auf 4 Wochen, vom 25. Januar anfangend, wegen Familienangelegenheiten; Freudentheil auf 4 Wochen, vom 29. Januar an, wegen Anwesenheit in der hannöver'schen Kammer; Rothe von Berlin auf 4 Wochen, vom 25. Januar an, wegen Familien-Angelegenheiten; Dröge auf 12 Tage, vom 26. Januar an, wegen dringender Geschäfte; Hirschberg auf 14 Tage, vom 26. Januar an, wegen häuslicher Verhältnisse; Briegleb auf 4 Wochen, vom 29. Januar an, wegen dringender Geschäfte; Schaffrath um Verlängerung des Urlaubs bis zum 15. Februar, wegen Theilnahme an den Verhandlungen des sächsischen Landtages; Brons auf 3 Wochen, vom 29. Januar an, wegen Geschäfte; Graf Schwerin auf 14 Tage, vom 28. Januar an, wegen Privatverhältnisse; Richter von Achern auf 4 Wochen, vom 24. Januar an, wegen Theilnahme an den Verhandlungen der badischen Kammer; v. Trützschler um Verlängerung des Urlaubs bis zum 22. Februar; Schrott bis Ende Februar wegen Krankheit; Bauernschmid auf 3 Wochen, vom 20. Januar an, wegen dringender Familienverhältnisse; Wachsmuth auf 12 Tage, vom 30. Januar an, wegen Eintritts in die hannöver'sche Kammer; Max Simon auf 3 Wochen wegen Familienangelegenheiten; Carl auf 14 Tage, vom 5. Februar an, wegen dringender Geschäfte; Mammen auf

14 Tage, vom 5. Februar an, wegen Privatgeschäfte; Benedict vom 5—24. Februar wegen dringender Geschäfte; Knarr auf 3 Wochen, vom 5. Februar an, wegen dringender Geschäfte.

Präsident: Wenn kein Widerspruch erfolgt, so sehe ich die Urlaubsgesuche als genehmigt an. (Niemand erhebt sich zum Widerspruch.) — Auf die morgende Tages-Ordnung kommt noch die heute bereits angekündigte Ergänzungswahl in den Centrallegitimations-Ausschuß. Die Tages-Ordnung habe ich im Uebrigen festgesetzt, und schließe hiermit die heutige Sitzung.

(Schluß der Sitzung $12^1/_2$ Uhr.)

Die Redactions-Commission und in deren Auftrag Abgeordneter Professor Wigard.

Druck von Joh. David Sauerländer in Frankfurt a. M.

Stenographischer Bericht

über die

Verhandlungen der deutschen constituirenden National-Versammlung zu Frankfurt a. M.

Nro. 166. Mittwoch den 7. Februar 1849. VII. 11.

Hundert und fünf und sechszigste Sitzung.

(Sitzungslocal: Paulskirche.)

Dienstag den 6 Februar 1849. (Vormittags 9 Uhr.)

Vorsitzender: Theils Eduard **Simson** von Königsberg, theils Vicepräsident **Kirchgeßner**.

Inhalt: Verlesung des Protokolls. — Berichtsanzeige des volkswirthschaftlichen Ausschusses über mehrere Anträge, den Schutz der Arbeit betr. — Flottenbeiträge. — Ergänzungswahl zweier Mitglieder in den Central-Legitimations-Ausschuß. — Berathung des vom Abg. Schubert von Königsberg Namens des völkerrechtlichen Ausschusses erstatteten Berichts über die definitive Feststellung der Demarcationslinie im Großherzogthum Posen. — Eingänge.

Präsident: Die Sitzung ist eröffnet. Ich ersuche den Herrn Schriftführer, das **Protokoll** der vorigen Sitzung zu verlesen. (Schriftführer Fetzer verliest dasselbe.) Ich frage, ob Reclamation gegen das Protokoll ist? (Es meldet sich Niemand.) Es ist keine Reclamation; das Protokoll ist **genehmigt**. — Herr Degenkolb hat einen **Bericht des volkswirthschaftlichen Ausschusses** anzuzeigen.

Degenkolb von Eulenburg: Meine Herren! Ich habe einen Bericht anzuzeigen für den volkswirthschaftlichen Ausschuß, dem mehrere Anträge zur Berichterstattung übergeben worden sind, welche mit § 30 der Grundrechte ihre Erledigung finden müssen. Es gehen diese Anträge theils auf Schutz der Arbeit, theils auf Bürgschaft der Arbeit und der Arbeiter. Der volkswirthschaftliche Ausschuß stellt nun in Bezug hierauf folgende Anträge:

> „Die hohe Nationalversammlung wolle einen die Arbeit verbürgenden Paragraphen in die Grundrechte nicht aufnehmen, in Betracht aber der hohen Wichtigkeit der dahin gehenden Anträge beschließen: die auf den Schutz der Arbeit und der Arbeiter eingereichten Petitionen: 1) der Centralstelle für Handel und Gewerbe in Stuttgart; 2) des Congresses deutscher Handwerker in Berlin; 3) des Abgeordneten Heubner in Sachsen dem Reichshandelsministerium zu dem Ende zu überweisen, bei Entwerfung des Tarifs den Schutz der Arbeit in Berücksichtigung zu ziehen."

Präsident: Ich lasse den Bericht drucken und auf eine künftige Tagesordnung setzen. — Der Abgeordnete von Gotha, Herr Becker, überreicht für die **deutsche Flotte** 1 Ldr., Beitrag von Fräulein Iduna Lang zu Schnepfenthal bei Gotha. Wir sprechen unsern Dank für diesen Beitrag aus, und überweisen ihn dem Reichsministerium der Finanzen. — Damit gehen wir zur **Tagesordnung** über. Auf der Tagesordnung steht zuvörderst die **Ergänzungswahl zweier Mitglieder in den Central-Legitimationsausschuß**. Sie haben die gedruckten Wahlzettel in Ihren Händen. Ich bitte, sie mit den Namen der beiden von Ihnen zu bestimmenden Candidaten auszufüllen, und werde sie sofort einsammeln lassen. Ich frage, ob alle Stimmzettel eingegeben sind? Ich werde dann das Ergebniß der Abstimmung durch das Büreau ermitteln lassen. — Wir gehen jetzt zur zweiten Nummer der Tagesordnung über: zur **Berathung des von dem Abgeordneten Schubert von Königsberg, Namens des völkerrechtlichen Ausschusses, erstatteten Berichts über die definitive Feststellung der Demarcationslinie im Großherzogthum Posen.**

(Die Redaction läßt den Bericht hier folgen:

„In der 46.—49. Sitzung am 24.—27. Juli vorigen Jahres verhandelte die deutsche verfassunggebende Reichsversammlung auf Grundlage eines Berichtes[1]) des völkerrechtlichen Ausschusses über die Angelegenheit der Einverleibung eines Theiles des Großherzogthums Posen in den deutschen Bundesstaat, sowie über die Anerkennung der Deputirten dieses Landestheils und über die Erhaltung der Nationalität der Polen in Westpreußen. Die hohe Reichsversammlung faßte am 27. Juli mit der überwiegenden Majorität von 342 gegen 31 Stimmen[2]) den Beschluß, den ersten Antrag des Ausschusses zu bejahen, d. i. „die Aufnahme derjenigen Theile des Großherzogthums Posen, welche auf den Antrag der königlich preußischen Regierung, durch einstimmige Beschlüsse des Bundestags vom 22. April und 2. Mai, in den deutschen Bund aufgenommen worden sind, wiederholt anerkennen, und demgemäß die aus dem Deutschland zugeordneten Theile gewählten zwölf Abgeordneten zur deutschen Nationalversammlung, welche auf

1) Zweites Beilagenheft z. d. Prot. d. deutsch. Nationalversammlung, S. 132—137.

2) Protokolle d. constit. deutsch. Nationalvers. 1. S. 149.

ihre Legitimation vorläufig zugelassen worden sind, nun endgültig zu lassen." — Mit ebenfalls überwiegender Majorität, aber ohne namentliche Abstimmung, wurde der zweite Beschluß über den amendirten zweiten Antrag des genannten Ausschußberichtes gefaßt, welcher dahin lautete: „Die Nationalversammlung möge unter den obwaltenden Umständen die von dem königlich preußischen Commissarius, General Pfuel, vom 4. Juni dieses Jahres angeordnete vorläufige Demarcationslinie zwischen dem polnischen und deutschen Theile des Großherzogthums Posen vorläufig anerkennen, sich aber die letzte Entscheidung über die zu treffende Abgrenzung zwischen beiden Theilen nach dem Ergebniß weiterer von der Centralgewalt zu veranstaltender Erhebungen vorbehalten." — Der dritte Antrag des Ausschusses wurde in nachstehender Form amendirt angenommen: „die bestimmte Erwartung zur preußischen Regierung auszusprechen, daß sie den im polnischen Theile des Großherzogthums Posen wohnenden Deutschen den Schutz ihrer Nationalität unter allen Umständen zusichern werde." Endlich wurde über den vierten und letzten Antrag des Ausschusses, die Verhältnisse der nichtdeutschen Bewohner in Westpreußen betreffend, zur motivirten Tagesordnung übergegangen.[3]) — Es geht aus der Uebersicht dieser vier Beschlüsse der hohen Nationalversammlung klar hervor, daß dieselbe lediglich die Ausführung des zweiten Beschlusses ihrer weiteren Prüfung und definitiven Genehmigung vorbehalten hat. Derselbe Vorbehalt ist auch ausdrücklich bei den Verhandlungen über § 1 des Abschnittes der Verfassung, welcher von dem Reiche und der Reichsgewalt handelt, ausgesprochen. Denn der zweite Satz dieses § 1 wurde in der Fassung genehmigt[4]): „Die Verhältnisse des Herzogthums Schleswig und die Grenzbestimmungen im Großherzogthum Posen bleiben der definitiven Anordnung vorbehalten." — Inzwischen verzögerte sich die Ausführung dieses Beschlusses mehrere Wochen, theils weil erst in den letzten Tagen des Augusts die officielle Uebergabe des Beschlusses von Seiten der Nationalversammlung an das Reichsministerium erfolgte, theils weil die im September darauf folgende allgemeine politische Krisis diese Angelegenheit in den Hintergrund drängte. Erst am 22. October dieses Jahres erhielt der großherzoglich hessische Generalmajor Freiherr von Schäffer-Bernstein die Vollmacht, als Reichscommissär die betreffende Demarcation im Großherzogthum Posen festzustellen. Sie ist von dem Reichsminister des Innern von Schmerling mit Zustimmung des Reichsverwesers ausgestellt, und enthält den nachstehenden Auftrag: „Zur Ausführung des Beschlusses der verfassunggebenden deutschen Reichsversammlung wegen definitiver Feststellung der Demarcationslinie zwischen dem deutschen und polnischen Theile von Posen, soll der Reichscommissär im Namen der provisorischen Centralgewalt die erforderlichen Erhebungen veranlassen und leiten" „Zu diesem Ende soll er sich insbesondere mit der von dem königlich preußischen Staatsministerium in dieser Angelegenheit niedergesetzten Commission, sowie mit allen königlich preußischen Behörden, deren Mitwirkung demselben ersprießlich erscheinen wird, ins Einvernehmen setzen, sich über Alles, was die zu treffende Abgrenzung zwischen beiden Theilen von Posen betrifft, sowohl in strategischer und politischer Beziehung, als auch in Betreff der Sprachverhältnisse nöthigenfalls an Ort und Stelle in genaue Kenntniß setzen und über das Ergebniß dieser Erhebungen unter Vorlage aller einschlägigen Acten an das Reichsministerium berichten. Die königlich preußische Staatsregierung wird gleichzeitig hiervon in Kenntniß gesetzt und aufgefordert, den Reichscommissär bei allen seinen Schritten bereitwillig zu unterstützen." — Der Reichscommissär Freiherr v. Schäffer-Bernstein langte am 11. November vorigen Jahres in Berlin an und traf sogleich alle Verabredungen mit dem preußischen Staatsministerium, welche er zur Vollziehung seines Auftrages für förderlich erachtete. In seinem ersten Berichte vom 15. November aus Berlin äußert er sich mit großer Anerkennung „über die völlige und von allen Seiten dargebotene Bereitwilligkeit, dem Reichscommissär eine unbedingte Unterstützung zu leihen." Eben so wiederholt er in seinem Schlußberichte an das Reichsministerium vom 18. December, daß ihm sein Auftrag „durch das offene Entgegenkommen der königlich preußischen Regierung, sowie durch den an die Militär- und Civilbehörden in der Provinz Posen ertheilten Befehl, dem Reichscommissär jede von ihm anzusprechende Unterstützung unbedingt zu gewähren, sehr erleichtert worden ist. — Die in Berlin schon seit längerer Zeit für die betreffende Angelegenheit bestehende Ministerialcommission legte sofort dem Reichscommissär die von ihr gesammelten Materialien und Vorarbeiten vor, und der letztere gewann bald, wie er in dem zuerst datirten Berichte sagt, die Ueberzeugung, „daß diese Materialien vollständig und genau waren, um mit denselben die definitive Feststellung der Demarcation an Ort und Stelle wenigstens einleitend beginnen zu können." Der preußische Ministerpräsident, Graf Brandenburg, benachrichtigte officiell am 15. November den Reichscommissär, „daß sämmtliche Civil- und Militärbehörden der Provinz Posen angewiesen wären, ihm bei der Ausführung des von der provisorischen Centralgewalt ertheilten Auftrages jede wünschenswerthe Unterstützung und Beihülfe zu gewähren." Der Major des preußischen Generalstabes, v. Voigts-Rhetz, welcher bis dahin Referent bei der oben genannten preußischen Ministerialcommission gewesen war, wurde dem Reichscommissär zur Disposition gestellt und begleitete ihn nach Posen. — Am 17. November kam der Reichscommissär in Posen an, trat sofort in unmittelbare Verbindung mit den obersten Civil- und Militärbehörden der Provinz und fand auch bei diesen ein rückhaltloses Entgegenkommen und die angemessenste Unterstützung, wie er sich darüber in seinem zweiten Berichte an das Reichsministerium (Posen den 20. November) anerkennend ausspricht. Er bildete alsbald ein eigenes Comité, in das er außer seinem Begleiter, den Major v. Voigts-Rhetz, den Regierungspräsidenten v. Kries und den Chef des Generalstabs vom 5. Armeecorps v. Reuß hineinzog. Mit demselben berieth er alle für ihn zweifelhafte Punkte, erörterte die eingehenden Reclamationen und hörte diejenigen Personen an, welche durch specielle Interessen bei der Frage vorzugsweise betheiligt waren, oder deren Ansichten und specielle und locale Kenntniß dem Reichscommissär näher zu prüfen angemessen erschien. Außerdem aber hielt der Reichscommissär die Thüre Allen offen, welche ihn zu sprechen wünschten, und nach seinem Berichte vom 20. November wurde davon vielfacher Gebrauch gemacht. Viele Grundbesitzer, auch wenn sie nicht zunächst bei der Ziehung der Grenzlinie betheiligt waren, zahlreiche Deputationen der städtischen Corporationen aus Posen und den benachbarten Städten, der Bürgerwehr von Posen u. s. w. erschienen und legten ihre warme deutsche Gesinnung offen dar. Sie sprachen den lautesten Dank für die Unterstützung aus, welche sie in der hohen Reichsversammlung zu Frankfurt auch noch in neuester Zeit gefunden, und welche ihnen nunmehr durch die Sendung eines Reichscommissärs zur definitiven Feststellung der so sehr gewünschten Demarcation von der deutschen Centralgewalt kräftigst bethätigt worden. Von den polnischen Grundbesitzern gingen keine Reclamationen

[3]) Ebendaselbst S. 150.

[4]) Ebendaselbst S. 376.

en, so daß der Reichscommissär sich zu der Bemerkung veranlaßt sieht, wie es wohl in der Absicht derselben zu liegen scheine, die Mission von Seiten der deutschen Centralgewalt gänzlich zu ignoriren. — In Posen blieb der Reichscommissär bis zum 22. November und reiste dann mit dem preußischen Ministerialcommissär zur Untersuchung mehrerer Gegenden, welche von entschiedener strategischer Wichtigkeit erscheinen, und die aus unbekannten Gründen außerhalb der Pfuel'schen Linie belassen worden waren. Dieß war namentlich der Fall bei der militärisch bedeutsamen Position von Schrimm. Von hier aus ging die Commission mitten durch den demarkirten polnischen Theil über Gnesen, Inowraclaw nach Bromberg. Aber auch auf diesem Theile der Reise und eben so wenig in Bromberg nahm die polnische Bevölkerung die vom Reichscommissär dargebotene Gelegenheit wahr, ihrerseits Reclamationen oder sonstige Vorstellungen einzubringen. Sie verhielt sich in völliger Theilnahmlosigkeit für diese Mission [5]), während die deutsche Bevölkerung auch in diesem östlichen Theile der Provinz Posen die Anwesenheit des Reichscommissärs mit lautester Freude begrüßte. Drei Tage benutzte (26. bis 29. November) Freiherr v. Schäffer-Bernstein seinen Aufenthalt in Bromberg, um mit der dortigen Regierung und dem Divisionscommandeur, Generallieutenant v. Wedell, sowohl die Ansichten der Behörden, wie die Reclamationen einzelner Besitzer zu vermitteln, und so weit es thunlich war, ausgleichend zu berücksichtigen. — Damit war der Auftrag des Reichscommissärs, wie er sich in seinem dritten Berichte an das Reichsministerium ausdrückt (Berlin vom 1. December), so weit erledigt, daß in der Provinz selbst an Ort und Stelle nichts Wesentliches mehr zu ermitteln blieb. Er kehrte am 29. November nach Berlin zurück, vervollständigte die Vorlagen und Karten für das preußische Staatsministerium und das Reichsministerium, und übergab das Resultat seiner Ermittelungen nebst der Demarcationskarte dem versammelten preußischen Staatsministerium in der Conferenz vom 5. December v. J. In dem in der Beilage A. abgedruckten Protokolle wurde von Seiten der preußischen Staatsregierung die Erklärung abgegeben, daß gegen die solchergestalt definitiv festgestellte Grenzlinie zwischen den dem deutschen Bundesstaate einverleibten und den übrigen Theilen des Großherzogthums Posen nichts zu erinnern gefunden worden. — Vergleichen wir die frühere vom General v. Pfuel unter dem 4. Januar des v. J. bekannt gemachte Demarcationslinie [6]) mit der vom Reichscommissär Frhr. Schäffer-Bernstein definitiv festgestellten, so werden sich namentlich folgende Veränderungen hervorheben lassen.

I. Jene Demarcationslinie weicht wesentlich von derjenigen Grenze ab, welche bereits durch die Bundesbeschlüsse vom 22. April und 2. Mai (siehe Beilage B.) staatsrechtlich festgestellt, und als solche später durch den Beschluß der hohen Nationalversammlung vom 27. Juli anerkannt ist. Dieß ist der Fall a) im Kreise Mogilno, wo die Pfuel'sche Linie einen Theil des Netzdistricts mit der Stadt Willatowo abschnitt, welche nach dem Bundesbeschlusse bereits zu Deutschland gehörte; b) im Kreise Fraustadt, wo der östliche Theil desselben trotz dem Bundesbeschlusse vom 22. April durch jene Linie ohne Grund aufgegeben war; c) im Kreise Krotoschin mit dem westlich von der Stadt gleichen Namens liegenden südlichen Theile dieses Kreises, mit Inbegriff der Stadt Kobylin und der benachbarten Militärstraße, gegen den Beschluß vom 2. Mai.

II. Die Pfuel'sche Demarcationslinie entspricht keineswegs den Bedingungen, welche nach der Aufnahme der Festung Posen in den deutschen Bundesstaat (Beschluß vom 2. Mai, siehe Beilage C.) in militärischer Beziehung gefordert werden müssen, wenn man nicht aus den Augen setzen will, daß diese Festung und die Demarcationslinie selbst die Grenze des deutschen Bundesstaates bilden sollen. In dieser Beziehung bleiben zu bemerken a) der militärische sehr wichtige Uebergang bei Willatowo auf der Straße von Posen nach der Weichsel, b) die wichtige Position von Iwno und Siedlec bis gegen Klony hin und der zwischen Kurnick und Kostrzyn zu sehr beengte Rayon der Festung Posen, beides im Kreise Schroda. c) Die Stadt Schrimm, im Kreise gleichen Namens, welche als der bedeutsamste Punkt für die gesammte Landesvertheidigung von Posen von den sachkundigsten Militärs angesehen wird. d) Das militärisch wichtige Defilee über den Bartsch-Bruch bei Przygodzica und die Defileen bei Dembnica und bei Koczemba im Kreise Adelnau. Ueber den wesentlichen Werth dieser militärischen Punkte für das noch dem deutschen Bundesstaate zuzuschlagende Gebiet der Provinz Posen äußert sich der Reichscommissär in seinem fünften Berichte an das Reichsministerium (Berlin, 18. December) welcher zugleich der Schlußbericht für die ganze Mission ist, in folgender Weise: „Bei der militärischen Beurtheilung der festzustellenden Grenzlinie sind vor Allem die Festung Posen mit dem für dieselbe durchaus erforderlichen Rayon, einige allgemein wichtige strategische Punkte an der Warthe, Netze und Welna, sowie die Festhaltung der Hauptstraßen auf deutschem Gebiete, welche von Posen aus nordöstlich über Gnesen nach der Weichsel und südlich nach Breslau ziehen, im Auge behalten worden. Diese letzteren sind zugleich die Handelsstraßen und mußten nothwendiger Weise, wo sie nach der Pfuel'schen Linie den demarkirten polnischen Theil durchschnitten, durch entsprechende Aenderung der Grenze auf das deutsche Gebiet verlegt werden. Die sprachlichen Verhältnisse sind gleichmäßig berücksichtigt worden, wo es ohne Beeinträchtigung wichtigerer militärischer und politischer Rücksichten nur irgend thunlich war. Eine Specialkarte des demarkirten Theils der Provinz Posen, auf welcher die von Pfuel'sche Linie, sowie die von mir angeordneten Abweichungen von derselben ganz genau verzeichnet sind, sowie eine Karte jenes Landes, auf welcher die verschiedenen deutschen und polnischen Nationalitäten, wie dieselben separirt oder gemischt über die Provinz vertheilt leben, eingetragen sind, habe ich die Ehre, diesem Berichte beizulegen und ich hoffe, daß ein hohes Reichsministerium sich dadurch in den Stand gesetzt sehen, eine schnelle und gründliche Einsicht zu gewinnen [7]). Gleichzeitig nehme ich Bezug auf die beigefügte Denkschrift nebst Anlagen, welche in Berlin mit meiner Uebereinstimmung von dem preußischen Major v. Voigt-Rhetz zur ausführlichen und gründlichen Rechtfertigung der von mir festgestellten Linie gefertigt ist." — Da das Urtheil des Reichscommissärs, welchem als Sachkundigen die Ausführung dieses Auftrags von der provisorischen Centralgewalt anvertraut war, über die gründliche und vollständige Rechtfertigung dieser Demarcationslinie von dem völkerrechtlichen Ausschusse in seinem vollen Werthe anerkannt wird, so erschien es am angemessensten, die ganze Denkschrift

[5]) Erst in dem Schlußberichte vom 18. December sagt der Reichscommissär: „daß einige kleinere polnische Besitzer an der Grenze sich ihren umwohnenden deutschen Nachbarn mit der Bitte um Aufnahme in den deutschen Theil angeschlossen haben."

[6]) Das Placat über dieselbe mit der Angabe der Demarcationspunkte ist im Juni v. J. an die Mitglieder der Nationalversammlung vertheilt.

[7]) Beide Karten sammt den Berichten des Reichscommissärs haben dem Berichterstatter bei Abfassung dieses Berichtes zur Grundlage gedient.

nebst einer Uebersichtskarte als Beilage diesem Berichte beizufügen. (Beilage D.)

III. Es ist bei der Pfuel'schen Demarcationslinie nicht die nöthige Rücksicht auf die ausgesprochenen Wünsche der Bevölkerung genommen, so daß sehr viele Reclamationen deutscher Grundbesitzer unbeachtet geblieben sind. Diese mehrten sich noch in starker Anzahl nach dem Rücktritt des Generals v. Pfuel von dem Commando in der Provinz Posen, und wurden in nicht minderer Zahl späterhin unmittelbar an den Reichscommissär Freiherrn v. Schäffer-Bernstein überreicht. Derselbe spricht sich in dem oben angeführten Schlußberichte vom 18. December über diese Reclamationen dahin aus, „daß er sie meistens nach Anhörung der Local- und Provinzialbehörden, und wo das nicht thunlich war, nach eigener Prüfung auf den Specialkarten nach den Umständen berücksichtigt habe. Nur ein geringer Theil dieser Reclamationen mußte zurückgewiesen werden; jedoch nur da, wo es die mir vorgezeichneten wichtigeren Rücksichten unmöglich machten, den angebrachten Wünschen deutscher Bewohner zu entsprechen, sind diese Fälle eingetreten." — In der als Beilage D beigelegten Denkschrift finden wir eine große Zahl Ortschaften namentlich aufgeführt, welche in den neun Kreisen Mogilno, Wongrowiec, Schroda, Schrimm, Fraustadt, Kröben, Krotoschin, Adelnau und Schildberg reclamirt und die Aufnahme in den deutschen Antheil nachgesucht haben.

IV. Das Fürstenthum Krotoschin, ein königliches Erb-Thron-Mann-Lehn in dem Besitz des Fürsten von Thurn und Taxis [8]), war gegen die bestehenden Verträge und gegen die dringendsten Verwahrungen des Besitzers durch die Pfuel'sche Linie getheilt und zum größten Theile außerhalb der deutschen Grenze gelegt worden. Dieß ist durch die neue Demarcationslinie vollständig dem deutschen Antheil von Posen zugeschlagen worden, und die nähere Begründung dafür ist in der Denkschrift sub D ausführlicher mitgetheilt.

Nach genauer Prüfung der militärischen, politischen und nationalen Gründe, welche den zur Ausführung des Beschlusses der hohen Nationalversammlung vom 27. Juli v. J. nach der Provinz Posen abgesandten Reichscommissär, Freiherrn Schäffer von Bernstein, veranlaßt haben, an den oben bezeichneten und übersichtlich auf der beigefügten Karte angegebenen Punkten die Pfuel'sche Demarcationslinie zu verlassen und theilweise selbst weiter in das früher zum polnischen Antheil bestimmte Gebiet hinein zu verlegen, erachtet der völkerrechtliche Ausschuß dieselben unter den vorliegenden Umständen für genügend gerechtfertigt und empfiehlt, überall gestützt auf die Ermittelung des sachkundigen Reichscommissärs an Ort und Stelle, der hohen Nationalversammlung die neu festgestellte Demarcationslinie anzunehmen. Da überdieß die preußische Regierung dieselbe nach dem Protokolle vom 5. December v. J. (Beil. A) bereits anerkannt hat, eine gleiche Billigung von Seiten der provisorischen Centralgewalt unter dem 30. December v. J. erfolgt ist (Beil. F), so beantragt der völkerrechtliche Ausschuß:

> „Die hohe Nationalversammlung möge die vorbehaltene Genehmigung zu der im Auftrag der provisorischen Centralgewalt vom Reichscommissär v. Schäffer-Bernstein festgestellte Demarcationslinie auf Grund des Beschlusses vom 27. Juli v J. ertheilen."

Von den eilf anwesenden Mitgliedern des Ausschusses traten zehn dem Antrag bei, der Abgeordnete Höfken enthielt sich seines Votums.

[8]) Vergl. den Lehnbrief vom 3. August 1819 in der Beilage E.

Nachträglich ist am 16. Jänner d. J. eine unmittelbar an die hohe Nationalversammlung gerichtete Reclamation des Gutsbesitzers Roßkiewicz, datirt 9. Januar, eingegangen, welcher die Aufnahme seines Guts Wyganow von 2000 Morgen Magd. in den deutschen Antheil nachsucht. Dasselbe ist im Krotoschiner Kreise unmittelbar an der Demarcationslinie zwischen den zum deutschen Antheil geschlagenen Gütern Reublichow und Kuklinow gelegen. Der völkerrechtliche Ausschuß hält dafür, daß die hohe Nationalversammlung weder auf solche einzelne verspätete Anträge eingehen darf, noch die einmal festgestellte Demarcationslinie auf die Reclamationen einzelner Besitzer verändern kann. Der Ausschuß beantragt demnach:

> „Die hohe Nationalversammlung möge die gedachte Eingabe des Roßkiewicz zur weiteren Prüfung und geeigneten Berücksichtigung an das Reichsministerium des Innern überweisen" [9]).

Beilagen.

A.

Geschehen Berlin, den 5. December 1848. Anwesend: der Commissarius der provisorischen Centralgewalt, Generalmajor Freiherr v. Schäffer-Bernstein, der Minister-Präsident Graf Brandenburg, die Staatsminister v. Manteuffel, v. Ladenberg, v. Strotha, Rinteln, von der Heydt, der Unterstaats-Secretär Graf Bülow. Nachdem der von dem Ministerium des Innern der provisorischen Centralgewalt von Deutschland, unter Zustimmung des Reichsverwesers mit Ausführung des Beschlusses der deutschen Nationalversammlung, wegen Feststellung der Demarcationslinie zwischen dem deutschen und dem polnischen Theile des Großherzogthums Posen beauftragte Großherzoglich Hessische General-Major Friedrich Ferdinand Wilhelm von Schäffer-Bernstein die zu diesem Zwecke erforderlichen Ermittelungen theils hier in Berlin, theils an Ort und Stelle, unter Assistenz des ihm von der königlich preußischen Regierung beigegebenen Majors im Generalstabe von Voigts-Rhetz, bewirkt hatte, ist die auf der beiliegenden Special-Karte roth eingetragene in der gleichfalls beiliegenden Denkschrift näher beschriebene Linie von dem gedachten Herrn Commissarius der provisorischen Centralgewalt für die angemessenste Begrenzung der dem deutschen Bundesstaate einverleibten Theile des Großherzogthums Posen erachtet worden. — Behufs Verständigung mit der königlich preußischen Regierung über diese Grenzlinie war am heutigen Tage der genannte Herr Commissarius mit den am Rande des gegenwärtigen Protokolls bezeichneten Mitgliedern des königlich preußischen Staatsministerums zusammengetreten. — Der Herr Commissarius der provisorischen Centralgewalt eröffnete die Verhandlung durch Vorlegung der ihm ertheilten in beglaubigter Abschrift beiliegenden Vollmacht d. d. Frankfurt am Main den 22. October 1848. — Nachdem hierauf die von dem Herrn Commissarius der provisorischen Centralgewalt angemessen befundene Grenzlinie näher geprüft und die Abweichungen derselben von der durch den königlich preußi-

[9]) In dieselbe Kategorie gehören die am 29. Januar d. J. an die hohe Nationalversammlung unmittelbar eingegangenen Reclamationen a) des Rittergutsbesitzers Richter für sein Gut Biganin, das im Kreise Pleschen dicht an der Krotoschiner Grenze liegt; b) des Schulzen-Amts der Gemeinde Lewkower Hauland, welche aus Deutschen besteht, und in der Nähe der dem deutschen Antheile einverleibten Stadt Ostrowo sich befindet. Beide Reclamationen wären in gleicher Weise an das Reichsministerium des Innern zu überweisen.

schen General der Infanterie v. Pfuel unter dem 4. Juni d. J. vorläufig festgestellten Demarcationslinie ausführlich erläutert waren, wurde von dem königlich preußischen Staatsministerium die Erklärung abgegeben, daß gegen die solchergestalt definitiv festgestellte Grenzlinie zwischen den dem deutschen Bundesstaate einverleibten und den übrigen Theilen des Großherzogthums Posen von Seiten der königlich preußischen Regierung nichts zu erinnern gefunden werde. — Es ist hierüber das gegenwärtige Protokoll aufgenommen und von dem genannten Herrn Commissarius der provisorischen Centralgewalt, sowie von den Mitgliedern des königlich preußischen Staatsministeriums in doppelter Ausfertigung unterzeichnet worden. (gez.) Freiherr Schäffer-Bernstein. Brandenburg. Ladenberg. Manteuffel. v. Strotha. Rinteln. von der Heydt. Bülow. Für die Richtigkeit der Abschrift: Dr. Radermacher.

B.

Neununddreißigste Sitzung vom 22. April 1848. § 319. Die Aufnahme eines Theils des Großherzogthums Posen in den deutschen Bund betreffend. (31. Sitzung § 257 v. J. 1848.) — Preußen. Die deutsche Bevölkerung des Großherzogthums Posen hat den dringenden Wunsch ausgesprochen, ebenso wie solches in Betreff Ost- und Westpreußens geschehen ist, in die Gemeinschaft des deutschen Bundes aufgenommen zu werden. Zahlreiche Petitionen sind in diesem Sinne eingegangen, und namentlich haben sich die Einwohner der Kreise Birnbaum, Meseritz, Buck, Bomst, Fraustadt, Kröben, Bromberg, Wirsitz, Chodziesen, Czernikau, Wongrowitz, Schubin, Inowraclaw und Mogilno mit den dringendsten, von zahllosen Unterschriften bedeckten Vorstellungen zu dem gedachten Zwecke an das königliche Gouvernement gewendet. — Die zum zweiten vereinigten Landtag in Berlin versammelt gewesenen Provinzialstände von Posen haben die Frage wegen Aufnahme des Großherzogthums in den deutschen Bund mit 26 gegen 17 Stimmen ablehnend beantwortet. In der That läßt sich auch nicht verkennen, daß die Aufnahme der ganzen Provinz namentlich aus dem Grunde eigenthümlichen Schwierigkeiten unterliegen würde, weil sich hauptsächlich in dem östlichen und südöstlichen Theile des Landes eine die größere Hälfte der Gesammtzahl der Provinz bildende polnische Bevölkerung vorfindet. — Um diese Schwierigkeit in einem Sinne auszugleichen, welcher den Wünschen der deutschen sowohl als der polnischen Bevölkerung, sowie der Natur der Sache selbst zu entsprechen geeignet ist, hat die Regierung des Königs beschlossen, einerseits die der polnischen Bevölkerung verheißene nationale Reorganisation auf diejenigen Landestheile des Großherzogthums, in welchen die polnische Nationalität vorherrschend ist, zu beschränken, andererseits für diejenigen Landestheile, in welchen die deutsche Nationalität vorwiegt, die von denselben dringend gewünschte Aufnahme in den deutschen Bund bei der Bundesversammlung unverweilt zu beantragen. — Derjenige Theil des Großherzogthums, um welchen es sich hierbei handelt, besteht in dem, nach den angrenzenden, dem deutschen Bundesgebiet schon angehörigen Provinzen der Monarchie zu liegenden Grenzgürtel. — Dieser umfaßt:

I. Das Gebiet des ehemaligen Netzdistricts, so weit solcher nicht zu Westpreußen gehört und mit letzterem bereits dem deutschen Bundesgebiet einverleibt ist, und zwar die Kreise:
   1) Inowraclaw,
   2) Schubin,
   3) Bromberg,
   4) Wirsitz,
   } in ihrer ganzen Ausdehnung.
   5) Czernikau, mit Ausnahme der Südostspitze mit den Gütern Kulasz, Stawno, Stuplowo, Browo, Krucz und Gembice,
   6) Chodziesen, mit Ausnahme der Michiner Güter an der südlichen Grenze,
   7) vom Wongrowiecer Kreise Stadt und Herrschaft Golancz,
   8) vom Mogilnoer Kreise die nördliche Hälfte, abgegrenzt durch eine Linie von dem südlichsten Punkte auf der Grenze des Schubiner Kreises nach den Städten Wongrowiec, Wilatowo und Gembice, einschließlich dieser Städte.

II. Die Kreise Birnbaum, Meseritz, Bomst und Fraustadt, und

III. einen Theil der Kreise Buck und Kröben. Derjenige Theil des Kreises Kröben, welcher zu dem Gebiete des deutschen Bundes geschlagen zu werden wünscht, enthält die Ortschaften Kröben, Rawicz und Jutroschin; von dem Kreise Buck ist es der südwestliche Theil mit der Stadt Grätz.

Die Gesammtzahl der Bevölkerung der vorstehend bezeichneten Landestheile, welche zum deutschen Bundesgebiete hinzuzutreten wünscht, beläuft sich nach der Zählung von 1846 auf 593,390 Köpfe. Der größere Theil des fraglichen Gebiets hat schon im Laufe des Mittelalters zeitweise zu deutschen Ländern — theils zur Neumark, theils zu Schlesien — gehört, und stets als Grenzland den Uebergang des deutschen Elements in die polnischen Lande vermittelt. Im Laufe der Zeit hat sich in demselben eine überwiegend deutsche Bevölkerung gebildet, und sind deutsche Sitte und deutsche Cultur in demselben durchaus vorherrschend, wenngleich auch zerstreut Einwohner polnischer Zunge darin ansässig sind, die übrigens nicht minder zu Preußen und Deutschland halten wollen. — Unter diesen Umständen und bei dem dringenden Wunsche der Bevölkerung glaubt die diesseitige Regierung auf die Zustimmung der Bundesversammlung mit Sicherheit rechnen zu dürfen, wenn sie die Aufnahme der eben näher bezeichneten Ländertheile in den deutschen Bund beantragt. — Deutschland kann und wird auch diese an das Bundesgebiet angrenzende deutsche Bevölkerung nur mit Freuden in sich aufnehmen, und an dem großartigen nationalen Leben und der einheitlichen Entwickelung Theil nehmen lassen wollen, die dem gesammten Vaterlande bevorstehen. — In dieser Voraussetzung werden inzwischen die erforderlichen Einleitungen schon getroffen werden, damit die Wahlen zu der in Frankfurt im nächsten Monat zusammentretenden Versammlung auch in diesen neuen Theilen des Bundesgebiets gleichzeitig mit den übrigen zum Bunde gehörigen Provinzen der Monarchie vorgenommen werden. — Da, wie bereits erwähnt, die Gesammtbevölkerung des in Rede stehenden Gebiets nach der Zählung von 1846 sich auf 593,390 Köpfe beläuft, so ergibt sich hieraus, reducirt auf den Maßstab der übrigen preußischen Matrikularbevölkerung, eine Zahl von 385,056 Seelen; es werden mithin, nach Maßgabe des Bundesbeschlusses vom 7. d. M., die in den Bund aufzunehmenden Theile Posens die Nationalversammlung mit 8 Abgeordneten zu beschicken haben, so daß, diese zu der bereits auf Preußen fallenden Zahl von 191 hinzugefügt, aus den diesseitigen, zum Bunde gehörenden Landestheilen im Ganzen 199 Abgeordnete zu erscheinen haben. — Nach Erörterung des vorstehenden Antrags pflichteten sämmtliche Gesandtschaften demselben bei und es erfolgte sonach der Beschluß:

1) Der Beitritt des in dem königlich preußischen Antrage bezeichneten Theils des Großherzogthums Posen zum deutschen Bunde, wird, unter voller Anerkennung der bundesfreundlichen

Gesinnungen, welche denselben veranlaßt haben, angenommen, und sonach besagter Theil des Großherzogthums Posen dem deutschen Bundesgebiete einverleibt.

2) Preußen wird ersucht:

a. die Matrikularbevölkerung der dem deutschen Bunde beitretenden Gebietstheile des Großherzogthums Posen genau zu ermitteln und bei Abgabe der in Gemäßheit des Bundesbeschlusses vom 11. d. M. hinsichtlich Ost- und Westpreußens zu erstattender Auskünfte zugleich auch hierüber Mittheilung machen zu wollen, damit die Bundesmatrikel hiernach berichtigt werden könne;

b. nach Maßgabe der vorläufig ermittelten Matrikularbevölkerung die Wahlen zu der constituirenden Versammlung, dem Bundesbeschlusse vom 7. April d. J. gemäß, mit möglichster Beschleunigung vornehmen zu lassen.

Baden. Der Gesandte geht bei seiner Zustimmung zu dem königlich preußischen Antrage davon aus, daß die Bewohner der bezeichneten Districte diese Verbindung wünichen und daß eine weitere definitive Regulirung zwischen der deutschen und polnischen Nationalität, insbesondere auch rücksichtlich der Stadt und Festung Posen, in einer nicht entfernten Zeit den betreffenden Regierungen vorbehalten bleibe.

C.

Vierundvierzigste Sitzung. Geschehen Frankfurt, den 1. Mai 1848. rc. rc. § 378. Die Aufnahme eines Theils des Großherzogthums Posen in den deutschen Bund betreffend. (39. Sitz. § 319 v. J. 1848.) — Preußen. Die Bewohner mehrerer solcher Bestandtheile des Großherzogthums Posen, welche durch den Bundesbeschluß vom 22. April d. J. noch nicht in die Gemeinschaft des deutschen Bundes aufgenommen worden waren, namentlich die Stadt Posen, haben dringend und vielfach ihren lebhaften Wunsch ausgedrückt, gleichfalls dem deutschen Bundesgebiet einverleibt zu werden. — Es sprechen hierfür größtentheils dieselben Gründe, welche bereits die Aufnahme der schon zum deutschen Bund geschlagenen Districte Posens entschieden haben; ganz besonders aber ist die Aufnahme von Stadt und Festung Posen, sowohl im Interesse der Wahrung deutscher Nationalität, als in dem der Sicherheit des deutschen Bundesgebiets räthlich, und sind, wie der Gesandte nicht verfehlt hat, seinem Gouvernement zu melden, die Wünsche hoher Bundesversammlung in der Sitzung vom 22. April d. J. vorzugsweise hierauf gerichtet gewesen. — In Folge dessen ist nunmehr der Gesandte beauftragt, die Aufnahme folgender weiteren Gebietstheile des Großherzogthums Posen in den Bund bei hoher Bundesversammlung zu beantragen.

I. Stadt und Festung Posen und ein Theil der Kreise Posen und Obornik,
II. der Kreis Samter,
III. der noch nicht aufgenommene Theil des Kreises Buck,
IV. die südlichen Theile der Kreise Kröben und Krotoschin und die Stadt Kempen.

Die Bevölkerung vorstehender Districte beträgt circa 273,500 Köpfe; doch muß die genaue Angabe der Grenzlinie noch vorbehalten bleiben. — Diese Bevölkerung, auf den matrikularmäßigen Maßstab reducirt, ergibt circa 177,600 Köpfe, und würden diese Districte daher auf den Grund des Bundesbeschlusses vom 7. April vier Vertreter zur Nationalversammlung zu entsenden haben, wonach sich dann die Anzahl sämmtlicher preußischer Abgeordneten für die Nationalversammlung auf 203 stellen würde. — Auf den Wunsch der Gesandten von Würtemberg und Holstein wurde die Abstimmung über den königlich preußischen Antrag bis zur nächsten Bundestagssitzung ausgesetzt. rc. rc.

Fünfundvierzigste Sitzung. Geschehen, Frankfurt, den 2. Mai 1848. rc. rc. § 389. Die Aufnahme eines weiteren Theils des Großherzogthums Posen in den deutschen Bund betreffend. (44. Sitz., § 378 v. J. 1848.) — Präsidium eröffnet die Abstimmung über den von der königlich preußischen Regierung in der 44. diesjährigen Bundestagssitzung gestellten Antrag wegen Aufnahme der Festung Posen und eines an dieselbe grenzenden Gebietes in den deutschen Bund. Würtemberg stimmt unter der Voraussetzung bei, daß die Bewohner der unter der neuen Aufnahme begriffenen Bezirke, in welchem die polnischen Elemente vorherrschend sind, den Anschluß an den deutschen Bund in ihrem eigenen Interesse wünschenswerth finden. — Holstein. Da es sich um Wahrung deutscher Nationalität und deutschen Interesses handle, stimme der Gesandte für den Antrag. Allein er halte es für seine Pflicht, bei dieser Gelegenheit hohe Bundesversammlung daran zu erinnern, daß es sich um die Wahrung deutscher Nationalität auch in seinem Vaterlande handle, und daß er demgemäß der hohen Bundesversammlung auf das Dringendste die baldigste Beschlußnahme über den von ihm gestellten Antrag der Aufnahme Schleswig's in den deutschen Bund ans Herz lege. — Alle übrigen Gesandten traten einfach dem königlich preußischen Antrage bei. (45. Sitz. § 390 v. 2. Mai.) Es wurde demnach mit Stimmeneinhelligkeit beschlossen:

1) Nach der durch Bundesbeschluß vom 22. v. M. erfolgten Einverleibung eines Theils des Großherzogthums Posen in den deutschen Bund wird auch der Beitritt des von der königlich preußischen Regierung in ihrem zum Protokoll der 44. diesjährigen Sitzung abgegebenen Antrage bezeichneten weiteren Theils des gedachten Großherzogthums in Berücksichtigung der dafür dargelegten Gründe angenommen, und somit der bezeichnete Theil des Großherzogthums Posen dem deutschen Bundesgebiet einverleibt.

2) Preußen wird ersucht:

a. Die Matrikularbevölkerung auch dieser Gebietstheile des Großherzogthums Posen genau zu ermitteln und darüber, zugleich mit dem gemäß Bundesbeschlusses vom 11. und 22. v. M. hinsichtlich Ost- und Westpreußens und der bereits dem Bundesgebiet einverleibten Theile des Großherzogthums Posen zu machenden Mittheilungen Auskunft zu geben, damit die Berichtigung der Matrikel danach erfolgen könne;

b. nach Verhältniß der vorläufig ermittelten Matrikularbevölkerung auch in den durch den gegenwärtigen Beschluß dem Bundesgebiet einverleibten Districten die Wahlen zur Nationalversammlung, in Gemäßheit des Bundesbeschlusses vom 7. v. M., mit möglichster Beschleunigung bewirken zu lassen.

Als Beleg für die Gesinnungen, welche in dem durch heutigen Beschluß in den deutschen Bund aufgenommenen Theile des Großherzogthums Posen vorherrschend sind, legt der königlich bayerische Gesandte ein ihm mitgetheiltes Verzeichniß derjenigen Ortschaften dieses Gebietes zur Einsicht vor, welche dem Director Kerst, der von jenen Bevölkerungen zum Mitgliede des Fünfzigerausschusses vorgeschlagen worden war, Vollmachten ertheilt haben, um ein Gesuch wegen ihrer Einverleibung in das deutsche Bundesgebiet bei genanntem Ausschusse einzubringen.

Dieses Verzeichniß enthält:

1) aus dem Kreise Birnbaum zwei Städte;

2) aus dem Kreise Fraustadt die Stadt gleiches Namens und die Stadt Schlichtingsheim;

3) aus dem Kreise Bomst eine große Zahl von Rittergutsbesitzern, sechs Städte und 61 Landgemeinden;

4) aus dem Kreise Buck eine Stadt und 21 Landgemeinden, und

5) endlich aus dem Kreise Samter die Stadt Pinne. ꝛc. ꝛc.

D.

Denkschrift über die definitive Feststellung der Demarcationslinie im Großherzogthum Posen.

Nachdem durch die Cabinetsordre des Königs von Preußen vom 24. März c. die Anbahnung einer nationalen Reorganisation des Großherzogthums Posen, welche in möglichst kurzer Frist stattfinden sollte, verheißen, und demgemäß die Bildung einer Commission aus beiden Nationalitäten zu gemeinschaftlicher Berathung der Reorganisation verordnet war, um nach dem Resultat dieser Berathung dem Könige die nöthigen Anträge zu stellen, entstand bei der deutschen Bevölkerung der Provinz Posen die dringende Besorgniß, daß diese nationale Reorganisation eine rein polnische sein werde, und daß die deutschen Interessen, bei der augenblicklichen Lage der Angelegenheiten, nicht die Berücksichtigung finden würden, welche mit Recht gefordert werden konnte. — In dieser Besorgniß wurden die Deutschen durch das unverholen ausgedrückte Bestreben der Polen nach der Herstellung ihres Reiches in der früheren Ausdehnung, also nach der Vereinigung des Großherzogthums mit dem Königreich Polen ꝛc., bestärkt. Die deutsche Bevölkerung sah dadurch ihre Nationalität aufs dringendste gefährdet, während doch die Cabinetsordre vom 24. März durch das Versprechen einer nationalen Reorganisation auf keine Weise der polnischen Nationalität irgend welche Vorzüge vor den Deutschen verheißen hatte. — Demgemäß gingen zahllose Reclamationen von Seiten der Deutschen gegen die beabsichtigte Reorganisation ein. Besonders lebhaft zeigte sich das Widerstreben in den vorherrschend deutschen Landestheilen, welche den eigentlich polnischen Kern des Landes in der Gestalt eines Gürtels umgeben, und in den Städten, in deren Mehrzahl die deutschen Bewohner durch Vermögen, Grundbesitz, Intelligenz und Betriebsamkeit überwiegende Bedeutung haben. Aber es reclamirten nicht allein die sämmtlichen deutschen Einwohner der Provinz gegen die in Aussicht gestellte Reorganisation, sondern auch viele rein polnische, namentlich bäuerliche Ortschaften, welche unter der bisherigen Regierung in hohem Grade sich zufrieden gefühlt hatten. — In Folge dieses Widerstrebens, besonders der deutschen Bevölkerung, wurde bereits in der Sitzung des Ministerraths vom 30. März festgestellt, daß man von Seite des Gouvernements darauf Bedacht zu nehmen habe, daß diejenigen Kreise des Großherzogthums, welche sich der polnischen Nationalität nicht anschließen wollten, und vornehmlich diejenigen, in welchen die deutsche Nationalität überwiegt, jedenfalls der preußischen Organisation und Verwaltung zu erhalten seien. — Wenn in der Cabinetsordre vom 24. März überhaupt nur von einer nationalen Reorganisation der Provinz die Rede war, so hätten bei einer gemischten Bevölkerung die Deutschen unzweifelhaft das Recht, dem Wortlaut der gedachten Cabinetsordre, eben so wohl, wie die Polen eine ihrer Nationalität günstige Interpretation zu geben. Ihre Reclamationen gegen eine polnisch-nationale Reorganisation der ganzen Provinz waren also mindestens eben so gut begründet, als die Ansprüche der Polen selbst. — Es mußte dadurch die Frage entstehen: „ob unter den obwaltenden Verhältnissen eine Form der Reorganisation möglich sein werde, welche sich in gleicher Wirksamkeit über die ganze Provinz in ihren dermaligen Grenzen ausdehnen könnte, oder aber, ob es vortheilhafter sein werde, die verschiedenen Nationalitäten durch eine Scheidelinie von einander zu sondern und für die Reorganisation sodann eine dem entsprechende Form zu wählen, wobei natürlich den deutschen Elementen der Bevölkerung, welche in den polnischen Antheil fielen, und vice versa, die nothigen Garantien für den Schutz ihrer Nationalität gegeben werden mußten. — Das Gouvernement entschied sich um so mehr für die letztere Form, als dieselbe durch die Wünsche der ganzen deutschen und eines Theils derjenigen polnischen Bevölkerung, welche gegen die Reorganisation reclamirt hatte, unterstützt wurde, ohne die Schwierigkeit zu verkennen, weche dadurch entstand, daß bei dem complicirten Mischungsverhältniß der deutschen und polnischen Bevölkerung eine eigentliche Demarcationsline zwischen beiden Nationalitäten ganz unmöglich war. — Zu dieser Schwierigkeit gesellte sich eine andere von noch größerem Gewicht. — Die Herstellung Polens ist und bleibt das unwandelbare Bestreben eines durch Bildung, Mittel und Strebsamkeit beachtenswerthen Theils der polnischen Nation, besonders der Majorität desjenigen Theils derselben, welche unter russischem und österreichischem Scepter steht. Dieß Bestreben weicht zeitweilig zurück, aber es tritt jedesmal mit energischer Lebhaftigkeit hervor, sobald die politischen Verhältnisse einige Wahrscheinlichkeit des Gelingens der Absicht versprechen. Wenn sich nun auch nach jedem mißlungenen Versuch die materiellen Mittel, welche zu diesem Ziel führen können, mindern, so ist doch nicht zu verkennen, daß sich im umgekehrten Verhältniß das Bestreben darnach steigert. — Nimmt man aber an, daß zu irgend einer Zeit das Problem der Wiederherstellung Polens gelöſ't werden möchte, so würde natürlich ein Anschluß der überwiegend polnischen Theile der Provinz Posen an das neue Reich gefordert und versucht werden. Es kann keinem Zweifel unterliegen, daß die einer rein polnischen Reorganisation schon jetzt unterworfenen Districte des Großherzogthums sich vorzugsweise hierzu berufen fühlen werden. — In diesem Falle würde also ein Theil jetzt preußischen Landes aus dem bisherigen Staatsverbande ausfallen sollen, und die Demarcationslinie würde sodann zur Landesgrenze. Darum ist es eine dringende Pflicht, ein solches Verhältniß schon jetzt klar und fest ins Auge zu fassen, um späteren Entwickelungen wo möglich vorzubeugen. — Vor der Untersuchung einer solchen Grenzlinie in militärischer Beziehung wird es jedoch nöthig sein, die historische Entwickelung der Demarcationsangelegenheit selbst zu verfolgen. — Unter dem 14. April c. erließ der König von Preußen auf den Antrag des Staatsministeriums die bekannte Cabinetsordre, wonach die vorherrschend deutschen Theile der Provinz einer nationalen polnischen Reorganisation nicht unterworfen werden, und ein dem entsprechender Antrag wegen Anschluß dieses Gebiets an den deutschen Bund beantragt werden sollte. — Die Cabinetsordre lautet wörtlich wie folgt: „Ich erkläre Mich mit der auf Veranlassung verschiedener Petitionen der deutschen Bewohner des Großherzogthums Posen Mir vorgetragenen Ansicht des Staatsministeriums dahin völlig einverstanden, daß die der polnischen Bevölkerung der Provinz verheißene nationale Reorganisation auf diejenigen Landestheile des Großherzogthums, in welchen die Deutsche Nationalität vorherrschend ist, nicht ausgedehnt werden darf. Vielmehr ist es Mein Wille, daß der von diesen Landestheilen beantragte Anschluß derselben an den Deutschen Bund ohne Verzug bei der deutschen Bundesversammlung remittirt werde. Durch eine solche Trennung der deutschen Landestheile der Provinz werden zugleich die wesentlichsten Hindernisse, welche der nationalen Reorganisation des polnischen Theils des Großherzogthums entgegentreten könnten, beseitigt werden, so daß diese

Reorganisation nunmehr um so vollständiger zur Ausführung kommen kann." — Auf Grund dieser Cabinetsordre wurde sodann am 21. April im Ministerium des Innern unter Zuziehung des Generals v. Willisen über eine Trennungslinie zwischen den vorherrschend deutschen und polnischen Theilen der Provinz berathen. — Der General v. Willisen schlug die Demarcationslinie in der Art vor, daß folgende Landestheile von der Reorganisation ausgeschlossen werden sollten. — Im Kreise Krotoschin der südliche Theil mit den Städten Krotoschin und Zduny. Im Kreise Kröben der südliche Theil mit den Orten Jutroschin, Rawicz und Bojanowo. Die Kreise Fraustadt, Bomst, Meseritz, Birnbaum, Buck und Samter. Ferner der westliche Theil des Kreises Posen, begrenzt durch die Linie von Stenczewo auf Posen mit der Stadt und Festung Posen; dann der westliche Theil des Kreises Obornick, begrenzt durch die Linie von Posen auf Rogasen. Endlich der ganze Netzdistrict mit Ausnahme des südlichen Theils vom Kreise Inowraclaw. Der Minister des Innern erklärte sich im Allgemeinen mit dieser Linie einverstanden, verlangte jedoch, daß die Stadt Kempen und der südliche Theil des Kreises Inowraclaw, als zum Netzdistrict gehörig, von der Reorganisation ausgeschlossen bleiben möge, weil derselbe schon durch das landschaftliche Institut und seine Geschichte mit der preußischen Monarchie verbunden sei und die Wichtigkeit der Netzübergänge die Verbindung mit Deutschland gebieterisch verlangte. — Der General v. Willisen erklärte sich gegen die Aufnahme des südlichen Theils des Kreises Inowraclaw, der vorherrschend polnischen Bevölkerung wegen, trat jedoch der Aufnahme von Kempen rc. in den deutschen Bund bei. — In Folge dessen erließ der König die Cabinetsordre vom 26. April, welche befiehlt, daß die Aufnahme der in der Verhandlung vom 21. April näher bezeichneten Theile der Provinz, einschließlich des Netzdistricts in den deutschen Bund unverzüglich beantragt werden solle, so weit diese Aufnahme noch nicht bereits durch den Bundesbeschluß vom 22. April vollzogen sei. — Die nähere Feststellung der Grenzlinie behält sich die Cabinetsordre bis nach hergestellter Ruhe vor. — Wegen der weiteren hierauf bezüglichen Veranlassungen bei dem Bundestage wurde das Ministerium der auswärtigen Angelegenheiten durch den Minister des Innern, mittelst einer Benachrichtigung vom 27. April requirirt. — Auf die ergangenen Anträge der preußischen Regierung vom 22. April und vom 1. Mai c. erfolgten die Bundesbeschlüsse vom 22. April und 2. Mai in der 39. und 45. Sitzung [10]). — Das Ministerium der auswärtigen Angelegenheiten machte das Ministerium des Innern unterm 9. Mai auf das durch den Gesandten Preußens bei der deutschen Bundesversammlung, Grafen v. Dönhoff, unter dem 5. Mai in Anregung gebrachte Bedürfniß aufmerksam, daß die Grenzlinie zwischen dem deutsch bleibenden und zu reorganisirenden Theil des Großherzogthums bald möglichst erfolgen möge, weil die matrikelmäßigen Contingente an Mannschaften und Geld zur deutschen Bundesarmee und Casse festgestellt werden mußten. — Der General v. Willisen, welcher von seinem Commissorium aus der Provinz Posen nach Berlin zurückgekehrt war, überreichte unter dem 27. April c. dem Ministerium ein Promemoria, worin er seine Ansichten über die nothwendigen Schritte bei der bevorstehenden Reorganisation aussprach. — Der General machte die dringende Nothwendigkeit geltend, daß alle auf dieses Geschäft bezügliche Gewalt in eine Hand gelegt werden müsse, weil durch eine Trennung der Gewalten während seiner Sendung schon der erste Versuch, die vorliegende Aufgabe befriedigend zu lösen, gescheitert sei. Er brachte den General der Infanterie v. Pfuel, welcher als Inspecteur des 5. und 6. Armeecorps schon durch seine dienstliche Stellung als der geeignetste Mann erschien, für das Commissorium in Vorschlag. Der General v. Pfuel erhielt den bezeichneten Auftrag und begab sich nach Posen, woselbst er die Geschäfte übernahm. — Nach erfolgter Prüfung einer großen Menge eingegangener Reclamationen stellte der General sodann die erste als vorläufig bezeichnete Demarcationslinie fest, und publicirte dieselbe unter dem 12. Mai, mit dem ausdrücklichen Bemerken, daß dieselbe auf Grund der aufgeforderten und ferner noch eingehenden Reclamationen geändert werden könne. — In seinem Schreiben an das Ministerium vom 21. Mai sagt der General, daß die Linie unter Beirath des Oberpräsidenten v. Beurmann gezogen sei, und daß die bezügliche Cabinetsordre des Königs, sowie die zahlreich eingegangenen Reclamationen als Grundlage gedient haben. Der General sagt in diesem Schreiben ferner wörtlich: Zu bemerken ist, daß seit die Linie bekannt ist, unzählige Reclamationen von deutschen Ortschaften, Gutsbesitzern rc. eingegangen sind und täglich eingehen, um von der Reorganisation ausgeschlossen zu bleiben, ja sogar polnische Ortschaften haben auf Ausschließung angetragen. — Dagegen ist bis jetzt noch nicht eine einzige Reclamation eines polnischen Gutsbesitzers, oder einer polnischen Ortschaft eingegangen, die ein Zurückbiegen der Linie ansprechen, um der Reorganisation theilhaftig zu werden. — Es ist nun eine ganz besondere Aufmerksamkeit auf das Entstehen der zweiten Demarcationslinie des Generals v. Pfuel zu richten, um zu untersuchen, inwiefern dieselbe eine befriedigende und haltbare genannt werden darf. — Wir haben bereits gehört, daß eine unzählige Masse von Petitionen um Ausschluß von der Reorganisation von solchen deutschen und polnischen Ortschaften eingegangen war, die außerhalb der Demarcationslinie lagen. Es muß hiebei bemerkt werden, daß ein sehr ansehnlicher Theil dieser Ortschaften so tief im polnischen Gebiet lag, daß der General, welcher die nöthige militärische Sicherung der Ostgrenze als ein Hauptfundament seiner Grenzlinie nicht anerkennen zu müssen glaubte, solche Ortschaften nicht berücksichtigt, weil sie durch polnische von den deutschen Landstrichen getrennt liegen. Derselbe fühlte sich deßhalb veranlaßt, nur diejenigen Reclamationen in Betracht zu ziehen, welche unmittelbar an die bereits entworfene frühere Demarcationslinie grenzten. — Dagegen verlangte die Festung Posen einen angemessenen strategischen Rayon zu ihrer kriegstüchtigen Sicherung für den Fall eines Krieges gegen einen östlichen Feind. — Der hierauf bezügliche Antrag des Generals von Colomb, unterstützt durch das Kriegsministerium unter dem 11. Mai, wurde vom Staatsministerium am 16. Mai dem Ministerium des Innern und von diesem unter dem 20. Mai dem General v. Pfuel zur Berücksichtigung übersendet. — Demnächst gingen gewichtig erscheinende Reclamationen auch von polnischer Seite ein, welche den General v. Pfuel zu wesentlichen Veränderungen seiner ersten Linie veranlaßten. — Wir rechnen dahin vornehmlich die Reclamationen im polnischen Sinne aus dem Kreise Wongrowiec, in Folge deren die Grenze von der Linie Lekno-Podolin um eine starke Meile nördlich bis zu der Linie Oleczno-Nowe Windzimir verschoben wurde, und die Reclamationen des Grafen Mielzinski von Baszkow und anderer Gutsbesitzer rc. im Kröbener und Fraustädter Kreise, welche die Veranlassung gaben, die Demarcationslinie in der Art zu verschieben, daß der östliche Theil des Fraustädter und der südliche Theil des Kröbener Kreises, welche durch den deutschen Bund bereits in Deutschland aufgenommen waren, wieder daraus verlegt wurden

10) Beide Bundesbeschlüsse sind in diesem Bericht in den Beilagen B. und C. beigefügt.

Ebenso ward in Folge dessen der bereits in Deutschland aufgenommene Theil des Kreises Krotoschin, welchen die erste Linie des Generals v. Pfuel zu Deutschland gezogen hatte, der Reorganisation zurückgegeben! Dagegen verband der General v. Pfuel die durch seine frühere Linie als Enclave belassene Stadt Ostrowo auf Grund eingegangener Reclamationen durch eine lange und schmale Landzunge mit der schlesischen Grenze und schnitt den südlichen Theil des Kreises Schildberg mit der Stadt Kempen gleichfalls auf Grund vorliegender Petitionen von dem zu reorganisirenden Theile der Provinz ab. Einige Reclamationen im polnischen Sinne mit zahlreichen Unterschriften aus verschiedenen, tiefer in dem zu Deutschland gerechneten Gebiet liegenden Städten konnten aus topographischen Gründen nicht berücksichtigt werden. — So entstand also die zweite von dem General v. Pfuel als definitiv bezeichnete Linie, nach deren Publication er in Posen keine Reclamationen mehr annahm, sondern dieselben zu weiterer Erwägung und Veranlassung an das Ministerium des Innern verwies, wo denn auch eine alsbald eine Fluth von Protesten, besonders von Deutschen aus den der Reorganisation wieder zugetheilten Gebieten einlief. Zahlreiche Deputationen aus den Städten und vom Lande beklagten sich bitter über eine Maßregel, die für sie unerwartet in Ausführung gebracht war und ihre Interessen hart zu verletzen schien. — Es ist nicht zu verkennen, daß die Deutschen, welche durch die erste v. Pfuel'sche Demarcationslinie für die Aufnahme in Deutschland in Vorschlag gebracht waren, dadurch, daß sie jetzt wieder ausgeschlossen werden sollten, sehr hart betroffen wurden. Sie hatten im guten Glauben, durch die unzweifelhaft zu Recht bestehenden, und später durch das Parlament in Frankfurt als solche auch anerkannten Bundesbeschlüsse sowohl, als durch die erste Linie des Generals v. Pfuel vollkommen gesichert zu sein, „keine Veranlassung zu Reclamationsgesuchen" gefunden; sie schwiegen deßhalb bis zur Publication der zweiten Linie des Generals v. Pfuel, während von polnischer Seite mehrfache Proteste gegen die erste Linie nach dem 21. Mai eingegangen und berücksichtigt waren. Obwohl diese Linie als eine definitive bezeichnet war, so liefen doch — wie gesagt unmittelbar nach der Publication — täglich und noch heute vielfache Gesuche der dringendsten Art um Ausschluß von der Reorganisation ein. — So protestirten nunmehr fast die sämmtlichen Ortschaften, sowohl deutsche als polnische, aus dem östlichen zur Reorganisation vorgeschlagenen Theile des Fraustädter Kreises gegen die Trennung von Deutschland. Eine große Zahl, namentlich fast alle Ortschaften, welche zu der Herrschaft Bazkow des Grafen Mielzinski im Kröbener Kreise gehörten, reclamirten mit Majorität ihrer Einwohner gleichfalls und gaben ihre Proteste zu Protokoll. Ein Gleiches thaten die Gemeinden in dem Theil des Krotoschiner Kreises, welcher westlich der Kreisstadt liegt und durch die zweite Linie des Generals v. Pfuel wieder der Reorganisation überliefert werden sollte, sowohl polnische als deutsche. — Fragt man nun, ob diese zweite Demarcationslinie den Anforderungen entspricht, welche man an eine definitive Grenzlinie zu stellen berechtigt ist, so muß man dieß unzweifelhaft und ganz bestimmt mit „Nein" beantworten. Zuerst weicht sie wesentlich von derjenigen Grenze ab, welche bereits durch die Bundesbeschlüsse vom 22. April und 2. Mai staatsrechtlich festgestellt und als solche später durch die hohe deutsche Nationalversammlung anerkannt worden ist; sodann befriedigt sie auf keine Weise die ausgesprochenen Wünsche der Bevölkerung, und endlich ist sie nicht einfach genug, sondern entfernt sich überall von den natürlichen Scheidelinien des Terrains. — Was aber die Hauptsache ist: „Sie entspricht durchaus nicht den Bedingungen, welche in militärischer Beziehung gefordert werden müssen, wenn man nicht aus den Augen setzt, daß sie die Grenze Deutschlands rc. bilden soll. — Um diese Behauptungen zu beweisen, ist es nöthig, die qu. Linie in einer kurzen Prüfung im Detail zu unterwerfen:

1) Im Kreise Mogilno.
   a. Die Linie schneidet einen Theil des Netzdistricts mit der Stadt Willatowo ab, welcher nach dem Bundesbeschluß bereits zu Deutschland gehörte. — Dagegen haben reclamirt die Ortschaften Zabno, Gosdanyn, Marcinkowo, und Dzierzazno, so wie die südwestlich von Mogilno gelegenen Weiler Wrobki, Neubrück, Gesell und Kl. Wrobki.
   b. Der königliche Oberforst Golombki wird ohne allen Grund durch dieselbe in sich getrennt.
   c. Der militärisch sehr wichtige Uebergang bei Willatowo auf der Straße von Posen nach der Weichsel ist aufgegeben.
2) Im Kreise Wongrowiec.
   a. Durch die Lage der Linie von Lekno über Oleczno und Panigrodz rc. ist die Chausseeverbindung von Posen nach Exin, welche im Bau begriffen ist, aufgegeben. Dieß ist in militärischer Hinsicht durchaus nicht zu statuiren, da die directe Verbindung von Posen über Gnesen mit der Weichsel durch das Aufgeben des Kreises Gnesen verloren geht.
   b. Vorherrschend deutsche Districte mit mehreren Ortschaften, welche reclamirt haben, sind von der Linie ausgeschlossen. Diese Orte sind Janowiec, Dombrowo, Komorowo, Zuzolli, Welna, Postugowo, Groß- und Klein-Galo, Zaslawy, Springberg, Bagna, Kludzineck, Golka, Lopinnowiec und Lopinno, Miedzylisie und Domaslaw, andere entfernter liegende Ortschaften nicht gerechnet.
   c. In der Gegend von Powidz schließt die Linie die Ortschaften Okreglice, Willatkowo, Willatkower, Buden und Stoszewo, welche reclamirt haben, von Deutschland aus.
3) Im Kreise Schroda.
   a. Die Linie entspricht hier auf keine Weise den Bedingungen eines strategischen Rayons für die Festung Posen, indem sie die wichtige militärische Position von Iwno und Siedlec bis gegen Klony aufgibt, woselbst sich die Chaussee von der Weichsel über Gnesen nach Posen mit der großen Warschauer Straße vereinigt. Diese militärische Position zwischen der russisch-polnischen Grenze und der Festung Posen kann um so weniger aufgegeben werden, als sie die einzige auf dieser wichtigen Straße ist.
   b. Die Linie liegt zwischen Kurnik und Kostrzyn nicht in der nöthigen Entfernung eines mäßigen Tagemarsches von 3 Meilen von der Festung und bedarf in dieser Beziehung der nothwendigen Veränderung, wie die Karte sie gibt.
   c. Die eingegangenen Reclamationen des Gemeindevorstandes von Nekla und diejenigen der Hauländereien Targowa-Gorka, Chlapowo, Laski und Zasutowo sind nicht berücksichtigt worden.
4) Im Kreise Schrimm.
   a. Die Linie gibt hier, abgesehen von der Festung Posen, den wichtigsten Punkt für die Landesvertheidigung, die Stadt Schrimm auf.
   b. Die wichtige und für die Landesvertheidigung unentbehrliche Position vom Kurniker See südwärts über Santomysl bis zur Warthe ist aufgehoben.

c. Der vorherrschend mit deutschen Hauländereien besetzte District zu beiden Seiten der Warthe bis Swioncyn und die wichtigen Uebergangspunkte über die Warthe bei Swioncyn, Kempa und Szroczewer Hauland sind aufgegeben; eben so die Warthe von Rogalin bis Schrimm.

d. Die Ortschaften Slonin, Borowo, Witkowki, Spitkowki, Neu- und Alt-Lubosch, Darnowo und Racoten, welche reclamirt haben, fallen außerhalb der Linie.

e. Die Obra mit dem so hochwichtigen Defilé von Kriewen, welches für die Landesvertheidigung ganz unentbehrlich ist, fällt gleichfalls außerhalb der Linie.

5) Im Kreise Fraustadt.

Der östliche Theil des Kreises, welcher durch Bundesbeschluß und vermöge Anerkennung desselben durch die hohe Versammlung in Frankfurt zu Deutschland gehört, und welcher außerdem fast einstimmig reclamirt hat, ist durch die Linie ohne Grund wieder aufgegeben.

6) Im Kreise Kröben.

a. Die Ortschaften Drzewce, Seide, Leuka, Grodziska und Alexandrowo, welche später im deutschen Sinne reclamirt haben, fallen außerhalb der Linie.

b. Der südliche Theil des Kreises, welcher durch Bundesbeschluß rc. in den deutschen Bund aufgenommen war, ist daraus wieder entfernt. Es haben außerdem später aus diesem Theil 3 Städte und 20 andere Ortschaften gegen die Reorganisation reclamirt.

c. Durch die Linie wird die wichtige Militärverbindungsstraße von Lissa über Bunitz, Kröben und Krotoschin bis gegen die russische Grenze aufgegeben, welche in militärischer Beziehung unbedenklich festgehalten werden muß.

7) Im Kreise Krotoschin.

a. Der westliche von Krotoschin liegende südliche Theil des Kreises mit der Stadt Kobylin und der sub 6 c. bezeichneten Militärstraße, welche durch die erste v. Pfuelsche Linie und durch den Bundesbeschluß vom 2. Mai auf Antrag der preußischen Regierung zu Deutschland geschlagen wurde, ist aufgegeben. — Aus diesem Theil haben 13 Ortschaften einstimmig, eine Gemeinde mit 7 gegen 5 Stimmen und eine Gemeinde (Baszkow) mit 17 gegen 29 Stimmen gegen die Reorganisation reclamirt.

b. Das Fürstenthum Krotoschin, ein königliches Erb-Thron-Mann-Lehn, ist, gegen bestehende Verträge, und gegen die dringendste Reclamation und Verwahrung des Besitzers, Fürsten von Thurn und Taxis, getheilt worden, und fällt größtentheils außerhalb der deutschen Grenze.

c. Die ganz deutschen Ortschaften um Dobrzyca und südlich desselben sind dem zu reorganisirenden Theil zugerechnet worden. Es ist dieß ein Complex von 20 Ortschaften welche unbedenklich zu Deutschland gezogen werden müssen.

d. Durch die Linie ist die directe und wichtige Verbindungsstraße von Krotoschin über Zduny nach Schlesien abgeschnitten.

e. Die Ortschaften Kaniewo, Lipowiec, Staniewo, Hundsfeld rc. sind trotz ihrer Reclamationen der Reorganisation unterworfen worden, und dadurch die natürliche Grenzlinie der Orla aufgegeben, was schon in militärischer Hinsicht nicht gerechtfertigt werden kann.

8) Im Kreise Adelnau.

a. 9 Ortschaften westlich von Ostrowo und Adelnau fallen in die Reorganisation und haben dagegen reclamirt;

b. westlich von Adelnau ist von sieben Ortschaften gegen die Reorganisation reclamirt worden;

c. die Verbindungsstraße von Ostrowo nach Mittelwalde (Medzibor) nach Schlesien ist aufgegeben;

d. die schmale von der schlesischen Grenze über Adelnau nach Ostrowo durch die qu. Linie gebildete Landzunge muß schon ihrer Gestalt wegen als sehr wenig den Verhältnissen entsprechend bezeichnet werden;

e. das militärisch wichtige Defilé über den Bartsch-Bruch bei Przygodzice und die Defiléen bei Dembnica und bei Koczemba sind aufgegeben. Ein Gleiches findet statt mit dem militärisch so wichtigen Bartsch-Bruch zwischen Adelnau und der schlesischen Grenze.

9) Im Kreise Schildberg.

a. Der westliche Grenzgürtel dieses Kreises ist theils von Deutschen theils von evangelischen Polen bewohnt, welche sämmtlich auf das dringendste durch Deputationen und durch eingereichte Petitionen gegen die Reorganisation reclamirt haben, ohne daß dieselben durch die v. Pfuel'sche Demarcationslinie in Deutschland aufgenommen sind.

b. Bei Kempen durchschneidet die Linien die Besitzung des deutschen Besitzers der Herrschaft und trennt ohne Grund die Vorwerke Ossiny, Haulla, sowie Kraszkow von Kempen ab.

Aus allen hier angeführten Gründen wird sich die Nothwendigkeit ergeben, daß die durch den General v. Pfuel unter dem 4. Juni publicirte Demarcationslinie noch einer gründlichen Prüfung und wesentlichen Veränderungen unterworfen werden mußte, ehe sie den nationalen, topographischen und militärischen Anforderungen genügte — Um diese Veränderungen vorzunehmen, wurde auf Antrag des Ministers des Innern von dem Staatsministerium unter dem 13. Juni c. eine Ministerialcommission niedergesetzt, um die nothwendigen Prüfungen mit Gründlichkeit vorzunehmen und auf Grund derselben eine definitive Demarcations- oder Grenzlinie in Vorschlag zu bringen, welche sodann, nach erhaltener Genehmigung, zur endlichen Beschlußnahme der deutschen Centralgewalt zu weiterer Veranlassung übersendet werden sollte. — Die Commission, welche am 16. Juni zusammentrat, wurde in ihrer Thätigkeit dadurch unterbrochen, daß die für die Geschäfte nöthigen Acten nach Frankfurt a. M. abgesendet werden mußten, wo die posen'schen Angelegenheiten durch die hohe Nationalversammlung selbst zur Entscheidung gebracht werden sollten. Erst nachdem die Acten von dort wieder in Berlin eintrafen, konnten die Arbeiten der Commission auf's Neue beginnen. — Die deutsche Nationalversammlung zu Frankfurt a. M. hatte inzwischen auf dringendes Ansuchen der deutschen Abgeordneten aus den durch Bundesbeschluß zu Deutschland geschlagenen Theilen des Großherzogthums in ihren Sitzungen vom 24., 25., 26. und 27. Juli rücksichtlich der posen'schen Angelegenheiten die folgenden Anträge des völkerrechtlichen Ausschusses zur Debatte gestellt. — Anträge des völkerrechtlichen Ausschusses:

1) „Die hohe Nationalversammlung möge unter den obwaltenden Umständen die Aufnahme derjenigen Theile des Großherzogthums Posen, welche auf den Antrag der königlich preußischen Regierung durch einstimmige Beschlüsse des Bundestages vom 22. April und 2. Mai in den deutschen Bund aufgenommen worden sind, wiederholt anerkennen, und demgemäß die aus den Deutschland zugeordneten Theile gewählten zwölf Abgeordneten

zur deutschen Nationalversammlung, welche auf ihre Legitimationen vorläufig zugelassen sind, nun endgültig zulassen."

Für den Antrag stimmten 342 Mitglieder, gegen denselben 31. An der Abstimmung nahmen also Theil 373 Mitglieder, der Abstimmung enthielten sich 75 Mitglieder.

2) Der Antrag Nr. 2 des Ausschusses, welcher dahin lautete: „Die von dem königlich preußischen Commissarius General v. Pfuel vom 4. Juni angeordnete vorläufige Demarcationslinie zwischen dem polnischen und deutschen Theile vorläufig anzuerkennen, sich jedoch die letzte Entscheidung über die zu treffende Abgrenzung zwischen beiden Theilen auf weitere Vorlage der preußischen Regierung vorzubehalten", wurde durch die Abgeordneten Koch, Giskra und Genossen dahin amendirt, daß der Antrag lautete, wie folgt: „Die Nationalversammlung möge unter den obwaltenden Umständen die von dem königlich preußischen Commissarius General von Pfuel am 4. Juni d. J. angeordnete vorläufige Demarcationslinie zwischen dem polnischen und deutschen Theile vorläufig anerkennen, sich jedoch die letzte Entscheidung über die zu treffende Abgrenzung zwischen beiden Theilen nach dem Ergebniß weiterer von der Centralgewalt zu veranstaltende Erhebungen vorbehalten." —

Auch dieser Antrag wurde mit großer Majorität angenommen. — Nach der erfolgten Annahme des ersten Antrages gab der Abgeordnete Biedermann folgende Erklärung zu Protokoll: „Ich habe gegen Punkt 1 des Ausschuß-Antrages darum gestimmt, weil ich zwar die Einverleibung der überwiegend deutschen Kreise, wie sie durch Bundesbeschluß vom 22. April erfolgt ist, für gerechtfertigt halte, dagegen die Entscheidung darüber, ob die strategischen Rücksichten die sofortige Einverleibung des weiteren Theils von Posen (vom 2. Mai) mit überwiegend polnischer Bevölkerung überhaupt und in diesem Umfange unumgänglich nothwendig machten, weder durch den Bericht, noch durch die Debatte für hinlänglich festgestellt erachte. Ein Antrag auf Theilung der Frage in dieser Weise, den ich vor der Fragestellung stellen wollte, ward vom Herrn Präsidenten nicht mehr für zulässig befunden." — In der That sind die militärischen Verhältnisse, welche die Einverleibung einiger vorherrschend polnischer Theile der Provinz dringend fordern, weder in dem Bericht des völkerrechtlichen Ausschusses der Frankfurter Versammlung, noch bei den Debatten, welche vom 24—26 Juli in derselben stattgefunden haben, mit der Gründlichkeit entwickelt, welche gewünscht werden mußte, um die unabweisbare Nothwendigkeit einer Maßregel zu begründen, welche von denen nicht gebilligt wird, die in der Demarcationslinie nur eine Scheidelinie zwischen den Nationalitäten sehen wollen. — Darum war es erforderlich, die militärische Frage wenigstens so weit hier zu behandeln, als es durch die politischen Verhältnisse gestattet würde. — Dieses ist in allgemeinen Umrissen vor Kurzem mit Rücksicht auf einen möglichen Krieg Deutschlands gegen Rußland in einer militärischen Denkschrift durch den Major v. Voigts-Rhetz vom königlich preußischen Generalstabe geschehen [11]). Wir können der Kürze wegen auf dieselbe verweisen. — Berücksichtigen wir neben den in jener Denkschrift geltend gemachten Gründen, daß Rußland durch die Möglichkeit, einen Theil seiner Truppen zu bewegen, ohne daß es diesseits der Grenze bekannt wird, im Stande ist, trotz der Ausdehnung seiner Quartiere doch mit einer an Zahl und materiellem Werth imposanten Macht unsere Ostgrenze überraschend zu beschreiten, während die aller einfachste Zeitberechnung ergibt, daß bei der Entfernung unserer rückwärts stehenden Reserven und der westlichen stehenden deutschen Reichstruppen nur ein allmähliges Eintreffen unserer Kräfte auf dem Kriegstheater in Preußen, Posen und Schlesien statt haben kann, so wird jeder Unbefangene die dringende Nothwendigkeit einsehen, daß wir demjenigen Theil der Armee, welcher sich bei Posen sammelt, die nöthige Unterstützung durch das Terrain nicht rauben dürfen, ohne uns in die allergefährlichste Lage zu bringen. — Die Festung Posen allein kann uns diesen Schutz nicht gewähren, denn sie ist nicht im Stande, außer ihrer Besatzung eine beträchtliche Truppenmasse in sich aufzunehmen. Die Armee wird sich also durch die Warthe, die Netze und die Obra gedeckt sammeln müssen. Diese Flußlinien, und zwar die Warthe bis oberhalb Schrimm, müssen also unter allen Umständen in unserer Hand sein, das ist so einfach und klar, daß es keiner näheren Ausführung bedarf. — In diesem Terrain kann sich das 5. Armeecorps mit den zu seiner Hülfe herbeieilenden Truppen des 2., 3. und Gardecorps gegen eine überlegene feindliche Armee mit Vortheil behaupten, bis die entfernten Reserven herankommen, um sodann zur Offensive überzugehen. — Wir wollen die allereinfachsten Verhältnisse andeuten, welche etwa unter solchen Umständen sich entwickeln möchten. — Wenn eine östliche Armee gegen Posen und Berlin marschirt, so dürfte sie auf der directen großen Straße von Warschau gegen die Festung ihre Massen vorschieben, wenn sie nicht auf der entfernteren Straße von Kalisch über Schrimm südlich die Festung umgeht, um vielleicht direct auf Berlin zu operiren, während Posen belagert, oder eingeschlossen wird. — In beiden Fällen tritt dann die hohe Wichtigkeit der Warthe und der Obra hervor, welche nach Umständen als Vertheidigungslinien benutzt, oder schnell zu unverhofftem Angriff überschritten werden müssen. Es würde zu weit führen, wenn wir hier das Gebiet der wahrscheinlichen Operations-Combinationen nur einigermaßen erschöpfen wollten, aber das ist eine unbestreitbare Thatsache, die kein, auch nur mit den ersten Anfangsgründen der Kriegskunst vertrauter Militair bestreiten kann und wird, daß die Uebergänge über die Obra bei Kriewen und Kosten und der Uebergang über die Warthe bei Schrimm (dieser wichtigste Hebelpunkt für die offensiven Operationen zu beiden Seiten der Warthe) in unserer Hand sein müssen, wenn wir die Armee nicht lahm legen wollen. — Schrimm ist so wichtig, daß es in strategischer Bedeutung vor Posen genannt zu werden verdiente, wenn das letztere nicht Festung wäre. Deßhalb wurde es auch schon von den Schweden befestigt und mit großem Aufwand als Brückenkopf gegen den Osten hergerichtet, ein bedeutender Bau, welcher zur Zeit leider vollständig wieder verfallen ist. — Von großer Wichtigkeit für die Festung Posen bei einem Vormarsch feindlicher Truppen von Warschau über Stupce ist ferner, wie früher schon angedeutet, der Vereinigungspunkt der Warschauer Straße mit der von der Weichsel über Gnesen nach Posen und das östlich davan liegende Terrain von Iwno und Strzelce. Es ist dies ein Gefechtsfeld, welches für unsere Truppen nach den Principien, die bei der Vertheidigung der Festung Posen geltend zu machen sind, nicht entbehrt werden kann. — Eine ebenso hohe Wichtigkeit müssen wir der Position von Kurnik und Santomysl zuerkennen. — Wenn die Festung Posen nicht in ihrer Wirksamkeit für die Landesvertheidigung gelähmt werden soll, so müssen die Verbindungslinien

11) Die strategische Bedeutung des Großherzogthums Posen bei einem Kriege Rußlands gegen Preußen und Deutschland. Eine militärische Denkschrift von C. v. V. R., Major im königlich preußischen Generalstabe. Berlin bei E. Mittler.

1) über Kurnik nach Schrimm,
2) über Kosten und Lissa nach Glogau,
3) die große Berliner Straße,
4) die Eisenbahn nach Stettin,
5) die Warschauer Straße wenigstens bis jenseits Kostrzyn und
6) die Straße über Wongrowiec und Exin nach Nakel (an der Netze)

zu jeder Stunde vollständig für unsere Truppen frei sein, also auf deutschem Gebiet liegen. — Durch die Ausschließung von Gnesen aus deutschem Gebiet wird die directe Straße auf Thorn verloren, und dieß ist ein außerordentlich großer Nachtheil; um so mehr muß darauf gehalten werden, daß die sub Nr. 6 genannte Straße nach der Netze u. s. w. in unserer Hand bleibt. Es ist dieß in militärischer Beziehung nicht zu umgehen. Von der Wichtigkeit der Netze, in ihrem ganzen Lauf vom Goplo-See abwärts, ist es unnöthig, hier zu sprechen, da sie unbestreitbar bereits zu Deutschland geschlagen ist. Aber wir dürfen nicht versäumen, auf die Linie des Bartsch-Bruchs östlich und westlich von Adelnau hinzuweisen, weil derselbe die erste Barriere gegen ein von Kalisch über Ostrowo südwestlich vorrückendes feindliches Truppencorps bildet [12]). — Bei der zweiten Grenzlinie des Generals v. Pfuel sind alle die in Obigem entwickelten militärischen Verhältnisse durchaus nicht in ihrer Wichtigkeit zur Geltung gebracht. Dieß ist bei der definitiven Feststellung der Grenze mit Gewissenhaftigkeit geschehen. Auf Grund dessen ist die nachfolgende Demarcationslinie festgestellt, welche nunmehr als eine definitive betrachtet werden kann. — Wir wollen dieselbe nach den Kreisen mittheilen und schließlich in gedrängter Kürze noch einige Abweichungen von der Pfuel'schen Linie näher begründen, so weit dieß nicht in dem Vorstehenden bereits geschehen ist. —

Die Grenzlinie von Deutschland im Großherzogthum Posen. —

1) Im Kreise Mogilno. — Die Linie beginnt an der Kreisgrenze südlich von Skubarczewo und läuft östlich von Galczyn und Myslatkowo, aber westlich von Siedluchno zur Kreisgrenze, welcher sie nördlich eine halbe Meile lang folgt und dann in der Art westlich fortzieht, daß Dzierzazno und Katno, Gembice, Marcinkowo und Gosdanin zu Deutschland, Lososnicki und Targownice, Kamionek, Procyn und Nowawies (Neudorf) aber außerhalb desselben fallen. Von hier folgt die Linie der Grenze des Netzdistricts, indem sie Willatowo umfaßt und zwischen Chabsko und Zabno im See von Mogilno und südlich von Mogilno in der Art fortläuft, daß Kl. Wirobky, Kl. Gesell, Wirobky, Neubrück und Padniewo zu Deutschland kommen. Von hier wendet sie sich südlich, und läßt Budypaledzie östlich, Powiadacze-Koszielne und Powiadacze westlich. Kruchowo bleibt östlich liegen. Sie umschließt dann mit einer westlichen Wendung die Dörfer Dombrowa und Jastrzembowa, welche nördlich von ihr bleiben und geht westlich von Grabowo, Lawki, Sadowiec und Jeziorb zur Grenze des königlichen Oberforstes Golombki, welcher sie in nördlicher Richtung folgt. Ryszewo, Ryszewko, Glowy und Ocwicka bleiben westlich von ihr, also von Deutschland ausgeschlossen. Durch eine Wendung nach Süden umschließt sie Szelejewo (welches zu Deutschland kommt) und folgt dann der Kreisgrenze bis zum Kreise Wongrowiec. —

2) Im Kreise Wongrowiec. — Von dem vorbenannten Punkte folgt die Linie eine halbe Meile lang der Kreisgrenze gegen Norden, zieht dann östlich an Sorbinowo vorbei und läuft westlich von Jaroszewo und östlich von Sulinowo mit einer Wendung gegen Westen wieder mit der Kreisgrenze, bis zwischen Nadborowo und Gorzice. Von hier zieht sie in der Art westlich fort, daß Nadborowo und V. W. Nadborowko nördlich, Gora Srebna aber südlich und der Reorganisation verbleibt. Podolin wird noch zu Deutschland gezogen, Wapno bleibt polnisch, eben so Stollenzyn, während Grabozewo und Rusiec zu Deutschland kommen. — Von hier wendet sich die Linie in einem Bogen nach Süden, so daß Legliszewo westlich, Czeszewo aber und Wisniewo östlich bleiben. — Die Ortschaften Panigrodz, Legliszewo, Czerlin, Morakowo, und V. W. Grensin fallen dadurch in deutsches Gebiet. Weiter läuft die Linie westlich von Siedlecko und östlich von Lekno, westlich von Kiedrowo, östlich von Bracholin und mit einer östlichen Wendung zwischen Mrowinice und Regbosez hindurch, so daß Mrowinice und Romczyn westlich und zu Deutschland kommen, Zapiczyn aber nördlich und der Reorganisation verbleibt. Zwischen Stempochowo und Gr. Mirkowice hindurch laufend läßt die Linie Grontowice, Dombrowo, Miendzylisie, Domaslaw und Juzolly südlich liegen, während Starczyn Domaslawek und Jancewo, so wie Obiecanowo in den zu reorganisirenden Theil fallen. — Die Stadt Zernikt bleibt östlich außerhalb, das Vorwerk Zernikt aber westlich liegen; sodann wird Welna, Poskugowo, Hauland und Janowiec auf der Ostseite umzogen, also zu Deutschland geschlagen. Bielawy bleibt östlich liegen, ebenso Goncz und Loskowo. Dagegen kommen Lopinno und Lupinnowiec, so wie V. W. Kodraszewo, Golka, Kludzinek Bagna, Colonie Springberg, Zastawie und Wiela sämmtlich zu Deutschland. Von Lopinno folgt die Linie der Welna südlich bis zur Kreisgrenze. —

3) Im Kreise Gnesen. — In Folge neuerlich eingegangener Reclamationen gegen die Reorganisation aus den Ortschaften Michalcza, Gulczewo, Charbowo, Przybrowo, Polskawies, Kaminiec, Klecko ꝛc., sowie um die Ostgrenze zu vereinfachen, und eine natürliche, militärisch haltbare Scheide-Linie zu gewinnen, folgt dieselbe der von Lopinno über Klecko fortlaufenden, von der Welna durchströmten Seekette; und schließt sich Lagiewnik gegenüber an die Pfuel'sche Linie wieder an. Die östlich von dieser Wasserlinie liegenden Ortschaften werden reorganisirt, die westlichen dagegen kommen zu Deutschland. — Nachdem die Grenze östlich an Lagiewnik vorbei, und mit der Welna bis zwischen Myszki und Brudzewko gelaufen ist, wendet sie sich in der Art südlich, daß Wengorzewo, Popkowo, Hauland Groczyn westlich also zu Deutschland verbleiben, während Myszki, Ujazd und Charzewo östlich also der Reorganisation verbleiben. — Durch diese Lage der Grenze sind die zahlreich eingegangenen Reclamationen der westlich liegenden Ortschaften berücksichtigt. — Von Groczyn ab folgt die Linie der Grenze des Kreises Gnesen bis gegenüber von Dziekanowice, von wo sie am Ostufer des Lednica-Sees südlich zieht, und mit einer Ostwendung auf der Süd-Seite des Blaski-Kruges und der Dörfer Lubowo und Pierzyska fortläuft, welche Ortschaften in den polnischen Antheil fallen — Die Dörfer Imielinka, Chwalkowo, Lubower Hauland und Lesniewer Hauland dagegen bleiben südlich von

[12]) Die Wichtigkeit der Straße von Lissa nach Schrimm für den Anmarsch der niederschlesischen und weiter südwestlich stehenden deutschen Truppen würde es sehr wünschenswerth machen, diese Straße auf deutschen Grund und Boden zu legen. So wichtig indeß die genannte Militärstraße auch ist, so hat man sich doch aus nationalen Rücksichten nicht entschließen können, den zwischen Schrimm und Kriewen gelegenen Landestheil zu Deutschland hinüberzulegen, weil derselbe vorherrschend von Polen bewohnt wird, von denen zwar viele privatim reclamirten, Keiner aber officiell und öffentlich gegen Reorganisation zu petitioniren wagte. Um so wichtiger ist es, die Punkte Kriewen und Schrimm festzuhalten, damit man die Straße zwischen beiden Orten unter allen Umständen zu beherrschen vermag. Um den Uebergang über die Warthe bei Schrimm haltbar zu machen, mußte der Höhenzug auf dem linken Ufer, welcher den Strom vollständig dominirt, festgehalten werden.

der Linie, und kommen zu Deutschland. — An den Dörfern Baranowo, Pawlowo und Lesniewo geht die Linie westlich vorüber, läßt dann Goranin Czerniejewko, die Broski-Hauländer und die Grabower Hauländer, welche deutsch bleiben, westlich, die Stadt Czerniejewo aber östlich liegen. Zu Deutschland kommen ferner die Neu-Barkszyzna- und Mystki-Hauländer. Die Linie trifft hier die Grenze des Kreises Wreschen, der sie bis zur Grenze des Kreises Schroda folgt. — Auf der Ostseite des Kreises Gnesen ist die Linie von dem Punkt ab, wo sie aus dem Kreise Mogilno, und zwar südlich von Skubarczewo auf die Kreisgrenze stößt, nachzuholen. — Sie läuft von jenem Punkte direct zum Skorzenciner See, welchen sie verfolgt, so daß die Ortschaften Okreglice, Willatkowo, Willatkower Buden, Stoszewo und Przybrodzin zu Deutschland kommen. Von hier ab geht die Linie direct zur Landes-Grenze, so daß die Stadt Powidz dem polnischen Antheile verbleibt. — Viele deutsche Reclamationen haben hier unberücksichtigt bleiben müssen, weil die Reclamanten zu tief in dem polnischen Landestheile lagen.

4) Im Kreise Schroda. — Von dem Punkte, wo die Grenzen der Kreise Wongrowiec, Wreschen und Schroda sich treffen, läuft die Linie mit der Schrodaer Kreisgrenze bis Zasutowo gegenüber, und südlich um die Alt-Barkszyzna-Chlapowo- und Gurecki-Hauländer und Nekla, welche Ortschaften zu Deutschland kommen, während Opatowka, Gonsiorowo und Starczanowo zum polnischen Theile kommen. Jenseits Nekla trifft die Linie mit der Pfuel'schen zusammen, und Starczanowo, Gultowi und Drzazgowo südlich, während Wriesen, Siedlec, Klonowskie und Drzazgowski nördlich verbleiben. Von hier ab bleiben Klony, Wengierski, Staniszewo, der Krug Smyslowo, Krerowo, Bieganowo, der Krug Turek und Trzbieslawki westlich von der Linie und zu Deutschland, während Gultowy, Drzazgowo, Wlawce, V. W. Badgay, Urniszewo, Januszewo und Koszuly östlich und zum polnischen Antheil verbleiben. Oestlich von Dembnice trifft die Linie auf die Kreisgrenze zwischen den Kreisen Schroda und Schrimm, welcher sie bis südlich von Prusinowo folgt. — Von hier aus geht sie durch die Seen von Groß- und Klein-Jeziora, indem die Defilées zwischen den genannten Seen zu Deutschland übertreten, umzieht Santomysl auf der nördlichen und westlichen Seite, und läuft dann nördlich von Col. Josephowo und südlich von Czarnotki, nördlich von V. W. Ludwikowo-Borowo-Hauländer, und südlich von Garby weiter fort. Die Sulenciner Hauländer, Neu-Boguslawski-Hauland, Ciolki und Kopernik kommen zu Deutschland, Sulencin dagegen und Solec bleiben in dem polnischen Theile.

5) Im Kreise Schrimm. — Von dem Uebergange über die Warthe bei Solec fällt die Linie auf eine Strecke von einer Meile in den Kreis Pleschen. Da indeß das von demselben abgeschnittene Stück höchst unbedeutend ist, so werden wir es bei dem Kreise Schrimm mit anführen. — Nachdem also die Linie bei Solec und zwar östlich vom Fährpunkt über die Warthe gegangen ist, zieht sie im Kreise Pleschen auf der Ostseite von Boguszyner Hauland, neue Welt, den Kl. Kurcziner und Chromiecer Hauländern bis zur Kreis-Grenze. Sodann umfaßt sie die Charlupper Hauländer. Die genannten Hauländer kommen sämmtlich zu Deutschland, ebenso Radoschkowo und Radoschkower Hauland. Dembniac und das Gut Xionszek verbleiben dagegen dem polnischen Antheil, während wiederum die Stadt Xions, die Xionser und die Konarskie-Hauländer, sowie Konarski und Gorzonstowo, die Gorzonstower und Wystrzeker Hauländer, sowie die Skrzaczek-Mühle, Woytostwo, Grzymislaw und die Stadt Schrimm mit einem Weichbilde von 5—6000 Schritt zu Deutschland kommen. Südlich von der Linie, also zum polnischen Antheil, verbleiben die Ortschaften: Wyszlibownia, Kielczyn, Jaroslawski, Dobczyn, Bienkowo, Psozonice und die königliche Domäne Rochowo sämmtlich dem polnischen Antheil. — Westlich von Schrimm läuft die Linie in dem Thal fort, welches auf der Westseite der Ortschaften Psarskie, Szymanowo, Manieczki, Garko, Brodnica und Sulejewo hinzieht. Die hier genannten Dörfer und diejenigen, welche bis zur Warthe liegen, kommen zu Deutschland, während Rochowo, Gay, Krzyzanowo, Pucolowo, Grablanowo, Piotrowo, Rogaczewo dem polnischen Antheil verbleiben. — Ferner wendet sich die Linie westlich und läßt links die Dörfer Groß- und Klein-Howiec, welche polnisch bleiben, Grzyon und die Petzen-Hauländer bleiben rechts und kommen zu Deutschland. — Hinter Klein-Howiec trifft sie auf die Grenze des Schrimmer und Kostener Kreises, der sie südlich bis zur Straße von Czempin nach Schrimm folgt, wo sie dann in den Kreis Kosten eingeht.

6) Im Kreise Kosten. — Von dem Punkt Czempin gegenüber verläßt die Linie die Kreisgrenze und zieht in der Art nach Süden, daß folgende Ortschaften westlich bleiben und zu Deutschland kommen: Borowo, Slonin, Wonkowki, Spitkowki, Vorw. Spitkowki, Darnowo, Nikotew und Gryzyn; die Ortschaften Gorzyky, Gorzyce, Goleinbin und Choryn bleiben dagegen polnisch. Ferner umzieht die Linie den sogenannten Großen-Wald auf der Ostseite und trifft sodann nördlich bei Wlawie auf die Obra, läuft dann zwischen Wlawie und Ostek an der Obra abwärts zwischen Jurkowo und Swiniec hindurch und östlich an Kluszkowo vorbei, worauf sie die Stadt Kriewen östlich mit einem Radius von mindestens 5000 Schritt umzieht und sodann westlich von Wilkowo auf die Kreisgrenze des Fraustädter Kreises trifft. Die Ortschaften auf dem linken Obra-Ufer kommen zu Deutschland; die auf dem rechten Ufer dagegen mit Ausnahme von Kriewen bleiben polnisch.

7) Im Kreise Fraustadt. — Die Linie folgt von Wieskowo der Kreisgrenze bis Brylewo gegenüber, so daß die sämmtlichen im Kreise gelegenen Ortschaften dem Bundesbeschluß gemäß zu Deutschland kommen.

8) Im Kreise Kröben. — Die Linie durchzieht den Kreis in der Art, daß folgende Ortschaften südlich von ihr liegen bleiben: Alexandrowo, V. W. Grodzieska, Geldc (Zytowiecko), Kokoszki, V. W. Chumienski, Kröben, Potarzyce, Grabice, Krzekotowice und Czekuszin. Nördlich der Linie bleiben folgende Ortschaften: Chalkowo, Sykorzyn, Pianowice, Bukownice, Zychlewo, Sokolowski, Posadowo und Pempowo. — Der südliche Theil des Kreises kommt dem Bundesbeschluß gemäß zu Deutschland, der nördliche bleibt polnisch.

9) Im Kreise Krotoschin. — Nördlich vom Dorfe Rembiechowo verläßt die Linie die Kreisgrenze, und läuft in östlicher Richtung zwischen Rembiechowo und Gorka hindurch. Folgende Ortschaften bleiben ferner südlich liegen: Stadt Kobylin und V. W. weiße Rose (Biala Roza), V. W. Berdychowo, Kuklinowo, Starogrod, Benice, Ustkowo und Dzielice; nördlich bleiben dagegen die Dörfer Gorka, Starkowiec, Wyganowo, Wiekowiec, Unislaw und Wolenice. Wyganowo gegenüber tritt die Linie an die Orla und folgt diesem Fluß ½ Meile östlich von Kozmin zwischen Cyglelnia und Orla. Die auf der Ostseite der Orla liegenden Ortschaften kommen zu Deutschland, die westlich gelegenen zum polnischen Landestheil. Weiter zieht die Grenze in nordöstlicher Richtung auf Dobrzyca und läßt folgende Ortschaften rechts: Gorzubowo, Cegielnia, Klonowo, Dobrzyka mit seinen Vorwerken, Strzyzewo-

Hauland, Wilzer Kl., Wegrzinow und B. W. Rutu. — links bleiben dagegen Osie, Wegielka, Koszminer, Polnisch-Hauland, Galewo, B. W. Taliscanowo, Roskowko, Magnuszewice mit Zaydlowica, Wilcze und B. W. Podzow. Weiterhin bleibt Lutinia, Fabianowo, Gosnica mit B. W. Koszmiec, Czarnoszka, Dorf Karmin und Biegánin östlich liegen. Westlich bleiben dagegen auf dieser Strecke Dobrzyca, Gosnicer Hauland, Izbiczner und Karminer Hauland, Karminek und Neu-Karmin, Trzebowo, B. W. Bugay und Koppta. — Drei Häuser und Koszminer, Deutsch-Hauland, Pustko-Osuch, Ligotta und Ligotta-Hauland, Korytnica und Glogowo. Zwischen Karminek und Koppta hat die Linie die Kreisgrenze erreicht, welcher sie bis c. 2000 Schritt südlich der Straße von Krotoschin nach Raschkow folgt; von hier geht sie in den Adelnauer Kreis hinüber. — Der so von der Linie und der Südgrenze des Krotoschiner Kreises umschlossene Theil desselben kommt zu Deutschland, der nordwestliche dagegen tritt zum polnischen Theil der Provinz über.

10) Im Kreise Adelnau. — Von dem vorher bezeichneten Endpunkt der Linie südlich der Krotoschin-Raschkower Straße läuft dieselbe in südlicher Hauptrichtung fort und läßt Jankowzalesie, Lekocin, Daniszyn, den großen Karosch-Teich, und den fürstlich Thurn- und Taxis'schen Forst, ferner Rabyszyce, Klisnica, Baben und B. W. Kaczuren westlich liegen. Auf der Ostseite bleiben: Gulislaw, Wierzbnow, Klein-Gorcitz und Tacharzyn. Das letztere Dorf wird von der Linie südlich mit einer Wendung nach Nordosten gegen Ostrowo umgangen, und zwar in der Art, daß Klein-Gorcitz, Groß-Gorcitz und Zacharzew links oder westlich bleiben. Der Krug Wygoda, Gr. und Kl. Topola, Zembkow und die Stadt Ostrowo bleiben rechts liegen. Ostrowo und Krempa umschließt die Linie in einem Bogen, läuft dann zwischen Zembkow und Kamieszka hindurch in südlicher Hauptrichtung fort. Westlich von ihr bleiben auf dieser Strecke folgende Ortschaften und Terrains: Przygodzice, der Uebergang über den Bartsch-Bruch bei diesem Ort, der Gurzynik-See, das B. W. Strugi, welche sämmtlich auf deutsches Gebiet fallen, dann läuft die Linie durch den Gr. und Kl. Biez-See und den Gostin-See in östlicher Richtung mit dem Fliess zur Grenze des Schildberger Kreises. Von dort läuft die Linie mit der Kreisgrenze eine halbe Meile südlich fort, wo sie in den Schildberger Kreis übergeht.

11) Im Kreise Schildberg. — Auf Grund der von Deutschen und Polen eingegangenen Reclamationen aus dem Schildberger Kreise ist es nöthig geworden, auf der Westseite desselben einen schmalen Landstrich zu Deutschland hinüberzuziehen. Die Demarcationslinie verläßt die Grenze des Krotoschiner Kreises da, wo das kleine Fließ, welches in den Sperek-See (Kreis Krotoschin) fällt, diese Grenze durchschneidet, und folgt diesem Bach aufwärts bis jenseits Marienthal, welches noch zu Deutschland kommt. Von hier wendet sie sich in der Weise nach Süden, daß folgende Ortschaften östlich von ihr liegen bleiben, und in den polnischen Antheil fallen: Ludwigshof, P. Zawadzki, P. Pacynna, P. Butur, Col. Kamillenthal und B. W. Kuzniki, die Rogower Mühle, Rogow, Olszyna, M. Olszyna, Kochlow und Turze. — Die westlich von ihr liegenden Ortschaften kommen zu Deutschland. Dahin gehören: Niedzwiedz, Col. Marienthal, Col. Garbacz, die unterhalb der Rogower Mühle liegende Papiermühle, die Sumpfwiese, Rochwonia, Hundeberg-Krug, Mostky, Parzynow, Kotowka mit der Korzen-Mühle. — Von hier geht die Grenze in der Weise nach Osten hinüber, daß die Stadt Kempen mit dem B. W. Mianowice und die Dörfer Olszowa und Kraszkow, das B. W. Hanulla und Woyslawice südlich liegen bleiben und zu Deutschland kommen. Wyganów und Ostrowiec bleiben nördlich und verfallen der Reorganisation. — Von hier ab ist die v. Pfuel'sche Linie beibehalten, so daß Kierzno und Mirko zu Deutschland, Jelenow oder Nowawies dagegen in den polnischen Antheil fallen. Der südliche Theil des Kreises, welcher durch die Linie abgeschnitten wird, kommt zu Deutschland, der nördliche wird polnisch.

Fernere Begründung der definitiven Grenz- oder Demarcations-Linie.

Im Allgemeinen sind zwar die Gründe für die nothwendigen Abweichungen der oben beschriebenen Linie von der zweiten Linie des Generals v. Pfuel'schen in der Denkschrift der letzteren aufgeführt; außerdem ergeben sich dieselben, soweit sie in das militärische Gebiet fallen, aus dem Inhalt der Broschüre des Majors von Voigts-Rhetz, und aus den in der Denkschrift noch außerdem enthaltenen militärischen Angaben und Betrachtungen, sowie aus den in Anlage A und C enthaltenen, von der deutschen Nationalversammlung zu Frankfurt a. M. anerkannten, also unzweifelhaft zu Recht bestehenden Bundesbeschlüssen über die Einverleibung gewisser Theile des Großherzogthums in Deutschland. — Indem wir der Kürze wegen auf jene Motive verweisen können, bemerken wir nur noch, daß die gerügten Mängel der Grenzlinie durch die neue Lage derselben möglichst vermieden wurden; wir dürfen jedoch nicht verschweigen, daß auch bei dieser letzteren Linie die so wünschenswerthe Einfachheit nicht ganz erreicht werden konnte, weil die nothwendige Berücksichtigung der Reclamationen häufig Abweichungen von den natürlichen Scheidelinien des Terrains fast überall erforderlich machten. — In Beziehung auf diejenigen Landestheile, welche aus militärischen Gründen noch zur nothwendigen Aufnahme in Deutschland bestimmt worden sind, muß angeführt werden, daß auch aus diesen Districten eine große Anzahl von Reclamationen im deutschen Sinne eingegangen ist, obgleich nach der Kopfzahl die Bevölkerung überwiegend polnisch sein mag *). Wenn dagegen zum Beispiel aus

---

*) Es darf hier nicht übersehen werden, daß fast in allen Städten der Grundbesitz in seiner größeren Masse in den Händen deutscher und jüdischer Bewohner sich befindet, wie sich dieß aus den officiellen Steuertabellen ergibt. Aber auch in vielen der Kopfzahl nach überwiegend mit polnischer Bevölkerung besetzten Districten ist der überwiegende Werth des Grundbesitzes in deutscher Hand. Beispielsweise möge in dieser Beziehung der Werth der Rittergüter rc. im Netzdistrict angeführt werden, welcher sich nach der landschaftlichen Taxe, wie folgt, herausstellt. Bei dieser vergleichenden Zusammenstellung ist der eigentliche und bei dem viel höheren Culturzustande der deutschen Güter reell viel beträchtlichere Werth dieser letzteren ganz außer Betracht gestellt:

Besitzverhältnisse im Netzdistrict.

Werth der Rittergüter:

	1) in poln. Händen:	2) in deutsch. Händen:
1) Kreis Bromberg . .	236,090 Thlr.	642,700 Thlr.
2) Kreis Chodziesen . .	730 643 „	1,556,285 „
3) Kreis Czarnikau . .	272,246 „	914 929 „
4) Kreis Wirsitz . . .	638,682 „	1,639,190 „
5) Kreis Inowraclaw .	1,62[illegible] „	[illegible],816 „
„ Werth der Domainen, Erbpachts- und Bauerngüter in diesem Kreise	1,958,465 „	2,503,630 „
Feuerversicherungswerth der Gebäude in den Städten . . .	[illegible] „	[illegible] „
6) Kreis Schubin . . .	906,407 „	1,[illegible] „
Summa	[illegible],152 Thlr.	9,61[illegible] Thlr.

strategischen Rücksichten die Städte Skrzimm und Santomysl mit dem Lande zwischen beiden bis zur Warthe zu Deutschland gewonnen werden mußten, so erreichte die Grenze dadurch einen Landstrich, welcher vorherrschend von Deutschen bewohnt wird. Vor dieser nach der Linie des General v. Pfuel der Reorganisation zugetheilten Bevölkerung wurden vom Anbeginn der Behandlung der Demarcations-Angelegenheit zahlreiche Reclamationen und Deputationen an das Generalcommando in Posen geschickt, welche auf das Flehentlichste um die Aufnahme in Deutschland baten. Die abschlägigen Antworten, welche diese Deputationen erhielten, brachten dieselben fast zur Verzweiflung. — Wenn aber nunmehr die Ostgrenze auf eine Weise festgestellt worden ist, welche dem Ruin des Staats bei einem feindlichen Einbruch dadurch entgegenzutreten bestimmt ist, daß die geeigneten militärischen Positionen festgehalten werden, so verschwindet jeder Grund, die vorherrschend deutschen Ortschaften, welche der nunmehrigen Grenze unmittelbar anliegen, von Deutschland gegen ihren lebhaften Wunsch auszuschließen. — Deßhalb sind die deutschen Hauländereien zwischen Santomysl und Kows, und diese fast ganz von Deutschen und Juden bewohnte Stadt zu Deutschland geschlagen worden. — Im Süden des Kreises Krotoschin und im Westen des Kreises Adelnau haben Veränderungen in der Lage der Grenze aus wichtigen staatsrechtlichen Gründen eintreten müssen. Hier ist das Fürstenthum Krotoschin zur Aufnahme in Deutschland bestimmt worden. — Nach der Besitzergreifung der jetzt preußischen Provinzen auf dem linken Rheinufer wurde mit dem Fürsten von Thurn und Taxis den 4. Juni 1818 ein Post-Vertrag geschlossen und von dem König Friedrich Wilhelm III. ratificirt; in dessen 17. Artikel wurde bestimmt, daß der genannte Fürst für die Abtretung des Postregals in den gedachten Provinzen, statt der nach Artikel 16 des Vertrages jährlich von Preußen zu zahlenden Abfindungssumme von 60,000 Rthlr. eine dieser Summe entsprechende Abfindung in Domänengütern, als ein rechtes Erb-Thron-Mann-Lehn von der Krone Preußen erhalten sollte. In gleicher Weise wurde dem Fürsten statt der jährlichen Entschädigungssumme von 1370 Rthlr. für das abgetretene Postregal im Herzogthum Westphalen mittelst Urkunde vom 1. Mai 1819 eine Abfindung zugesichert. — Dem Fürsten Maximilian von Thurn und Taxis, Oheim des Fürsten Alexander von Thurn und Taxis, wurde das Lehns-Folgerecht übertragen, falls der letztere ohne männliche Erben mit dem Tode abgehen sollte. — Es wurde demnächst eine Commission niedergesetzt, welche aus den Räthen der Krone Preußen, Jordan, Hoffmann und Nirwath, und von Seiten des Fürsten aus dem Geheimen Hofrath v. Müller bestand, um die näheren Verhältnisse der Angelegenheit zu ordnen. — Der unter den beiderseitigen Bevollmächtigten abgeschlossene Vertrag ist vom 1. Mai 1819, und hat die Ratification des König Friedrich Wilhelm III. unter dem 6. Mai 1819 zu Berlin erhalten. — Nach der Urkunde vom 6. Mai 1819 wurde der durch den Güter-Abfindungs-Vertrag vom 1. Mai 1819 vereinigte Gütercomplex, welcher später speciell angeführt werden soll, zur Standschaft erhoben, und als Standesherrschaft mit allen den Rechten und Freiheiten begabt, welche den schlesischen freien Standesherrschaften zustehen. Durch Diplom vom 29. Mai 1819 wurde die Standesherrschaft zum Fürstenthum mit den vorbezeichneten Rechten erhoben und das Wappen festgestellt. Die nachbenannten im Großherzogthum Posen gelegenen Domänengüter wurden dem Fürsten demgemäß zum vollen Domanial-Eigenthum unter königlich preußischer allerhöchster Landeshoheit übertragen, für jetzt und alle Zeiten:

1) Das Domänenamt Adelnau nebst Forsten, bestehend aus den Städten Adelnau und Sulmierzyce, den Dörfern Glyßznice, Kaczuren, Nabyszyce, Bunikow, Gorken, Bogday, Mlynicki, Granowiece, Daniszyn, Lenkocin, Jankow, Zalesne, Swieca-Hotta, Chwaliszew, Chruszczyn, Miechow und Raczyce, aus den Vorwerken Baby, Glyßznice, Kaczuren, Daniszyn, Lenkocin, Swieca, Chwaliszew, Chruszczyn, Ucie-chow, Ruczyce und Jankow, Zalesne, und aus den Forstrevieren Swieca, Garki und Granowiec, Minicki, Chruszczyn, Lenkocin und Wierzbno, Daniszyn und Warsta, Chwaliszew, Mobyszyce, Glisnice, Raczyce, Sulmierzyce, Uciechow und Jankow.

2) Das Domänenamt Krotoszyn nebst Forsten, bestehend aus der Stadt Krotoszyn und den Dörfern Alt-Krotoszyn, Neuvorwerk Osasz, Bogacin, Durzyn, Lutogniewo, Wrozewo, Tomnice, Kobierno, mit Dombrowo, Brzoza, Benice, Raciborowo und Ustkowo, der Col. Heinrichsfeld, aus den Vorwerken Alt-Krotoszyn, Osasz, Neu-Vorwerk Lutogniewo, Wruszewo, Benice, Raciborowo, Ustkowo, Tomnice, Kobierno und Brzoza, und aus den Forstrevieren Lutogniewo und Lutine.

3) Das Amt Orpiszewo nebst Forsten, bestehend aus den Dörfern Orpiszewo, Swinkowo, Jankowo, Korytnice, Ligotta, Smoszewo, Gorzupia, Biatki und Roszki, aus den Colonieen Orpiszewo, Friedrichsfeld, Hellefeld, Rosenfeld und Hoymsthal, aus den Vorwerken Orpiszebo, Swinkowo, Hoymsthal (so ist Raszyn genannt), Gorzupia, Smozewo, Korytnika und Ligotta, und aus den Forstrevieren Orpiszewo, Korytnika, Alt-Baden, Smozewo, dem Kiefergehege bei Durzyn und dem sogenannten Thiergarten.

4) Das Amt Rosdrazewo nebst Forsten, bestehend aus den Dörfern Rosdrazewo, Neudorf, Maciejewo, Trzemeszno, Grembowo und Dzielice und den Colonieen Heinrichsfeld und Hangrfeld, aus den Vorwerken Rosdrazewo, Maciejewo, Neudorf, Dombrowo und Dzielice, und aus den Forstrevieren Neudorf und Dombrowo, sowie endlich

5) Alle zu den vorgenannten Grundstücken gehörigen beständigen und unbeständigen Geld-Natural-Gefälle, Dienste, Propinations-Stätten, Teiche, Mühlen, Ziegeleien und Jagden in ihren Revieren und Grenzen, kurz mit allen Domanial-Nutzungen und Lasten, Activ- und Passiv-Servituten mit dem Patronat und der Jurisdiction, ohne daß jedoch für den Flächeninhalt oder für den ermittelten Ertrag der genannten Güter, Forsten und Nutzungen königlich preußischer Seits eine Gewähr geleistet wird. — In dem Abfindungs-Vertrage vom 1. Mai 1819 ist unter Anderem im 16. Artikel besonders stipulirt, daß ebenso wenig jetzt, als in künftigen Zeiten den Besitzern des Fürstenthums Krotoschin in dem Bezug und der Ausfuhr der Einkünfte aus der Herrschaft ein Hinderniß irgend einer Art in den Weg gelegt werden könne. — In der Ratification durch den König Friedrich Wilhelm III., contrasignirt durch den Staatskanzler Hardenberg, wird die genannte Abfindungsurkunde ihrem ganzen Inhalte nach genehmigt, und verspricht der König für Sich und Seine Nachfolger in der Krone, mit Seinem königlichen Wort, darauf zu sehen und zu halten, daß der Vertrag getreulich erfüllt und für alle Zeiten in allen seinen Punkten aufrecht erhalten werde. Die Ratification ist, wie angeführt, vom 6. Mai 1819. — Der Bevollmächtigte des Fürsten, Geheimer Hofrath v. Müller, leistete den Lehenseid am 25. Juli 1819 in die Hand des Staatskanzlers v. Hardenberg, worauf die Belehnung durch Ausfertigung des Lehns-

briefes vom 3. August 1819 vollzogen wurde. Die revidirte Abschrift des Lehnsbriefes befindet sich in der Anlage E. — Wenn nun bei der ursprünglichen Forderung der Reorganisation des Großherzogthums eine dereinstige Trennung der ganzen Provinz, oder einzelner Theile derselben von der Krone Preußen in naher oder ferner Zukunft unzweifelhaft von den Polen vorbereitet und auch für die Zukunft beabsichtigt worden ist, so kann es keinem Zweifel unterliegen, daß die definitive Grenz- und Demarcationslinie auf keine Weise das Fürstenthum Krotoschin durchschneiden darf. Selbst wenn der Staat darin consentiren wollte, auf den einstigen Heimfall des gedachten Erbthron-Mannlehns an die Krone zu verzichten, oder aber dieses ihr Recht als bleibend nur für den Theil des Fürstenthums anzuerkennen, welcher durch die v. Pfuel'sche Linie zu Deutschland kommen würde, so stehen doch die begründeten Ansprüche des Fürsten von Thurn und Taxis einer Maßregel entgegen, welche in keinem Punkt der abgeschlossenen Verträge oder des Lehensbriefes vorgesehen ist. Nur wenn die vollständigsten Garantieen gegeben werden könnten, daß zu keiner Zeit der reorganisirte Theil der Provinz vom preußischen Staat getrennt werden dürfe und werde, könnte der Fürst von Thurn und Taxis einen Einspruch gegen eine Maßregel nicht erheben, welche nicht allein dem Sinne, sondern sogar dem Wortlaut der Verträge widersprechen würde. — Es ist dem Fürsten garantirt, daß er unter preußischer Landeshoheit das Fürstenthum als volles Domanialeigenthum für jetzt und auf alle Zeiten mit den Rechten der schlesischen Standschaft ungetheilt besitzen solle, eine Zusicherung, welche wenigstens eine polnische Reorganisation der genannten Besitzungen bestimmt ausschließen dürfte. Es ist stipulirt worden, daß dem Fürsten in dem Bezug und der Ausfuhr kein Hinderniß irgend einer Art in den Weg gelegt werden darf, und es ist demselben mit dem königlichen Wort bei der Ratification verbürgt, daß der Vertrag getreulich in allen seinen Punkten aufrecht erhalten werden solle. — Durch den Lehnbrief ist festgestellt, daß eine Theilung des Lehns nicht stattfinden, dasselbe auch gar nicht, weder ganz, noch zum Theil veräußert, also nicht verkauft und nicht verpfändet, auch nicht zum Afterleben gegeben, noch ohne königliche Einwilligung dasselbe mit Schulden belastet werden könne. Unzweifelhaft haben also der König und die Fürsten von Thurn und Taxis bestimmte Rechte durch jene Verträge erworben, welche durch eine mögliche oder wirklich eintretende Trennung des Fürstenthums Krotoschin hart verletzt werden müßten. — Der Fürst hat durch seinen General-Bevollmächtigten v. Dörnberg gegen die Theilung des Fürstenthums und gegen die Ueberlieferung eines Theils desselben in den zu reorganisirenden Theil des Großherzogthums feierlich und auf das Bestimmteste protestirt und gebeten, seine Besitzungen von der Reorganisation gänzlich auszuschließen. — Nach den hier gegebenen Mittheilungen scheint derselbe auch vollständig zu einem solchen Protest berechtigt, und der Staat würde für alle nachtheiligen Folgen, welche aus einer vertragswidrigen Handlung hervorgehen dürften, dem Fürsten volle Entschädigung zu leisten haben. — Wenn durch den Ausspruch in Frankfurt a. M. der Fürst von Thurn und Taxis in die Lage versetzt würde, zu irgend einer Zeit eine solche Entschädigung zu fordern, so darf nicht versäumt werden, darauf aufmerksam zu machen, daß sodann wohl das deutsche Reich, nicht aber Preußen diese Entschädigung zu leisten verpflichtet sein dürfte. — Alle Documente, welche sich auf diese Angelegenheit beziehen, befinden sich in den Acten des Geheimen Staatsarchivs zu Berlin und in den Justizministerial-Acten. — Durch die Aufnahme des Fürstenthums Krotoschin in den deutschen Bund erreicht die Grenzlinie im Kreise Krotoschin die ganze deutsche Landschaft östlich und südlich von Dobrzyca. Es ist aus allen diesen Ortschaften gegen die Reorganisation reclamirt worden, und die Aufnahme derselben in Deutschland kann auf keine Weise zweifelhaft sein. Ohne die Aufnahme der Herrschaft Krotoschin in Deutschland würden jene deutschen Districte als eine Enclave aufgegeben werden müssen, eine Anordnung, welche unzweifelhaft höchst unzweckmäßig erscheinen möchte. — Die Verlegung der Grenzlinie im Kreise Adelnau ist durch militärische und topographische Rücksichten ebenso sehr begründet, als durch die zahlreichen und dringenden Reclamationen, welche aus jenen Theilen des Landes eingegangen sind, die zur Aufnahme in Deutschland vorgeschlagen wurden. — Sollte die Demarcations- oder Grenzlinie nicht in der Weise zur Annahme gelangen, als sie hier entworfen wurde, dann würde nur Eins übrig bleiben, nämlich dieselbe bis an die russische Grenze vorzuschieben. — Berlin, den 15. December 1848.

E.

Wir Friedrich Wilhelm von Gottes Gnaden König von Preußen rc. rc., urkunden und thun kund hiermit für Uns und Unsere Erben und Nachfolger in der Regierung Unsers Reichs, Folgendes: Durch den am ersten Mai des itzo laufenden Jahres zu Stande gekommenen Güter-Abfindungsvertrag, welchen Wir am 6ten dieses Monats ratificirt haben, sind nachbenannte, in Unserem Großherzogthum Posen belegene Unsere Domänengüter, nebst den dazu gehörigen Vorwerken und Forsten, nämlich:

1) Das Domänenamt Adelnau nebst Forsten, bestehend aus den Städten Adelnau und Sulmierzyce, den Dörfern Glyśnice, Kaczuren, Nabyśyce, Wiersbno, Bunikow, Garken, Bogday, Mlynicki, Granowice, Danißyn, Lenkocin, Jankow-Zalesne, Lwieca-Hotta, Chwalißew, Chrußzyn, Uciechow und Raczyce, aus den Vorwerken Baby, Glyśnice, Kaczuren, Danißyn, Lenkocin, Brieca, Chwalißew, Chrußcyn, Uciechow, Raczyce und Jankow-Zalesne und aus den Forstrevieren Swieca, Garki und Granowiec, Mlinicki, Chrußczyn, Lenkocin und Wierzbno, Danißyn und Warsta, Chwalißew, Nabyßice, Glyśnice, Raczyce, Sulmierzyce, Uciechowo und Jankow;

2) Das Domänenamt Krotoßyn nebst Forsten, bestehend aus der Stadt Krotoßyn, den Dörfern Alt-Krotoßyn, Neuvorwerk Osuß, Bogacin, Durzin, Lutocpniavo, Wrozew, Tomnice, Kobierno, incl. Dombrowo Brzoza Benice, Raciborowo und Ustkowo, der Colonie Heinrichsfeld, aus den Vorwerken Alt-Krotoßyn, Osuß, Neuvorwerk, Lutogniewo, Wrußewo, Benice, Raciborowo, Ustkowo, Tomnice, Kobierno und Brzoza und aus den Forstrevieren Lutogniavo und Lutine;

3) Das Amt Orpiszewo nebst Forsten, bestehend aus den Dörfern Orpißewo, Lovinkowo, Jankowo, Korytnice, Ligotta, Lmoßewo, Gorzupia, Biatki und Roßki, aus den Colonieen Orpißewo oder Friedrichsfeld, Hellefeld, Rosenfeld, und Heymsthal, aus den Vorwerken Orpißewo, Levinkowo, Heymsthal sonst Baßyn genannt, Gorzupia, Lmoßewo, Korytnica und Ligotta, und aus den Forstrevieren Orpißewo, Korytnica, Alt-Baden, Lmoßewo, dem Kieferngehege bei Durzyn und dem sogenannten Thiergarten;

4) Das Amt Rozdrazewo nebst Forsten, bestehend aus den Dörfern Rozdrazewo, Neudorff, Maciejewo, Przemeßno, Gremcbowo und Dzielice, aus den Colonieen Heinrichsfeld und Haugfeld, aus den Vorwerken Rozdrazewo, Maciejewo, Neudorff, Dombrowo und Dzielice, und aus den Forstrevieren Neudorff und Dombrowo, sowie endlich

5) alle zu den vorgenannten Grundstücken gehörigen beständigen und unbeständigen Geld- und Naturalgefälle, Dienste,

[illegible]-Schäfereien, Teiche, Mühlen, Ziegeleien und Jagden in ihren Revieren und Grenzen; kurz mit allen Domanial-Nutzungen und Lasten, Activ- und Passiv-Servituten mit dem Patronat und der Jurisdiction;

dem Herrn Fürsten zu Thurn und Taxis, auf die in dem obengedachten Vertrage bestimmte Weise und unter den in demselben ausgedruckten Bedingungen zugetheilet worden. — Nachdem Wir durch eine Urkunde vom 25. Mai d. J. die vorgenannten Güter zu einer Standesherrschaft unter dem Namen Standesherrschaft Krotoszyn ernannt und demnächst, durch ein Diplom vom 29. Mai d. J., diese Standesherrschaft zu einem Fürstenthum, unter dem Namen Fürstenthum Krotoszyn erhoben haben; so beschließen Wir jetzo, auf den Grund des Güter-Abfindungs-Vertrages vom 1. Mai des jetzo laufenden Jahres, dieses Fürstenthum Krotoszyn mit allen seinen Bestandtheilen und Zubehörstücken, sowie diese Bestandtheile und Zubehörstücke, vorstehendermaßen und in Gemäßheit des Güter-Abfindungs-Vertrages vom 1. Mai des jetzo laufenden Jahres, der Urkunde vom 25. Mai d. J. und des Diploms vom 29. Mai d. J. aufgezeichnet sind, genau mit eben den Rechten, welche der erwähnte Vertrag, die gedachte Urkunde und das gedachte Diplom festsetzen, zu einem Thronlehen und rechten Mannlehen zu erklären; und erklären durch den gegenwärtigen Lehnbrief, aus landesherrlicher und lehenherrlicher Macht das vorgedachte Fürstenthum Krotoszyn, sowie dasselbe vorbeschrieben ist, zu einem Thronlehen und rechten Mannlehen. Und nachdem der Durchlauchtige Fürst, Herr Karl Alexander Fürst von Thurn und Taxis, von wegen dieses, in dem Güter-Abfindungs-Vertrage vom 1. Mai des jetzo laufenden Jahres, dem gedachten Herrn Fürsten als Unseren und Unserer Erben Nachfolger Vasallen, bestimmten Thronlehens und Mannlehens, wie auch der Durchlauchtige Fürst, Herr Maximilian Fürst von Thurn und Taxis, von wegen der demselben in eben diesem Vertrage, in Ansehung dieses Thronlehens und Mannlehens, bestimmten Mitbelehnschaft, den Lehens- und Unterthänigkeitseid und zwar vermöge der, für dieses Mal und ohne Consequenz von Uns, aus landesherrlicher und lehensherrlicher Macht, und aus königlicher Gnade, ihnen ertheilten Dispensation von der verfassungs- und gesetzmäßig und herkömmlich, vor Unserem Königlichen Thron, und persönlich zu thuender Eidesleistung durch einen Bevollmächtigten vor Unserem Staatskanzler geleistet haben; so belehen Wir, durch gegenwärtigen Lehenbrief, den Durchlauchtigen Fürsten, Herrn Karl Alexander Fürsten von Thurn und Taxis, und desselben männliche eheliche Descendenten, und auf den Fall des völligen Abganges derselben den Oheim des ebengenannten Fürsten, den Durchlauchtigsten Fürsten Maximilian von Thurn und Taxis, und dessen männliche eheliche Descendenten mit diesem Fürstenthum Krotoszyn, als mit einem Thronlehen und rechten Mannlehen, und feudo dato, dergestalt und also, „daß in vorbeschriebener Ordnung in dieses Lehen, nach dem Rechte der Erstgeburt, succediret werde, und eine Theilung dieser Lehens nicht stattfinde, dasselbe auch gar nicht, weder ganz noch zum Theil, veräußert, also nicht verkauft und nicht verpfändet, auch nicht zu Afterlehen gegeben, noch auch ohne Unsere und Unserer Erben und Nachfolger Einwilligung, irgend eine Schuld auf dieses Lehen gemacht werde;" ferner daß die nach Inhalt des Güterabfindungs-Vertrages vom 1. Mai des jetzo laufenden Jahres, zunächst dem Herrn Fürsten Karl Alexander, Fürsten von Thurn und Taxis obliegenden Verbindlichkeiten, von demselben und demnächst von desselben männlichen ehelichen Descendenten, und, nach dem völligen Abgange derselben, von dem Herrn Fürsten Maximilian, Fürsten von Thurn und Taxis, und von desselben männlichen ehelichen Descendenten, erfüllet, auch Unsere Urkunde vom 25. Mai c. sowohl als Unser Diplom vom 29. Mai d. J., in allen ihren Punkten, genau von ihnen allen befolgt werden; und daß auch in allen Fällen von Veränderungen durch Todesfälle der Landes- und Lehnsherren sowohl als der Vasallen und Mitbelehnten, die Erneuerung der vom Throne allergnädigst zu ertheilenden Belehnung von den Vasallen und Mitbelehnten, allerunterthänigst erbeten, und, vor dieser Erneuerung, den Lehens- und Unterthänigkeits-Eid, von ihnen persönlich, vor Unserem Königl. Thron, geleistet, oder bei Uns und Unseren Erben und Nachfolgern, die von Unserem, und Unserer Erben und Nachfolger, höchstem Gutfinden abhängende Erlaubniß zu der durch einen Bevollmächtigten zu thuenden Leistung dieses Eides, von den Vasallen und Mitbelehnten erboten, und, wenn Wir oder Unsere Erben und Nachfolger diese Erlaubniß ertheilen, die Leistung dieses Eides durch einen Bevollmächtigten geschehe; ferner auch den landes- und lehenherrlichen Anordnungen, welche Wir und Unsere Erben und Nachfolger, Höchstselbst, oder durch Unsere und Unserer Erben und Nachfolger Behörden, in Ansehung dieses Thronlehens treffen, von ihnen Allen Folge geleistet werde; endlich nach dem völligen Abgange des Durchlauchtigen Fürsten, Herrn Karl Alexander Fürsten von Thurn und Taxis, und der männlichen ehelichen Descendenten desselben, wie auch nach dem völligen Abgange des Herrn Fürsten Maximilian Fürsten von Thurn und Taxis und der männlichen ehelichen Descendenten desselben, dieses Thronlehen an Uns und Unsere Erben und Nachfolger in der Regierung Unseres Reiches, als an die rechten und wahren Lehensherren zurückfallen soll. — Gleichwie Wir alle Unsere landesherrlichen Rechte über dieses Unser in Unserem Großherzogthum Posen belegene Thronlehen, Fürstenthum Krotoszyn und über die vorbenannten Unsere Vasallen und in Hinsicht dieses Unseres in Unserem Großherzogthum Posen belegenen Thronlehens, Fürstenthums Krotoszyn, Unterthanen und unterthänige Fürsten, Uns und Unseren Erben und Nachfolgern in der Regierung Unseres Reichs, hiermit ausdrücklich vorbehalten, und jederzeit aufrecht erhalten, ausüben und darauf halten werden, so wollen Wir den Durchlauchtigsten Fürsten Herrn Karl Alexander Fürst von Thurn und Taxis und desselben männliche eheliche Descendenten, und den Durchlauchtigsten Fürsten Herrn Maximilian Fürsten von Thurn und Taxis und desselben männliche eheliche Descendenten bei dem Inhalte des gegenwärtigen Lehenbriefes, Königlich, Landesherrlich und Lehenherrlich, rechtlich und kräftig, schützen und schirmen; und gebieten hiermit allen Unseren nachgeordneten Behörden und allen Unseren Unterthanen, sich pünktlich nach dem Inhalte dieses Unseres Lehenbriefes zu achten. — Zu Urkunde alles Dessen, was vorstehet, haben Wir diesen Unseren Lehenbrief ausfertigen lassen, denselben Höchsteigenhändig vollzogen und mit Unserem anhängenden größeren Königlichen Insiegel bestärken lassen. — So geschehen und gegeben zu Berlin, den dritten Tag des Monats August des Eintausend Achthundert und neunzehnten Jahrs und Unserer Königlichen Regierung im zwei und zwanzigsten Jahre. (In der Ausfertigung von des Königs Majestät vollzogen) ad contrasignandum. gez. Fürst Hardenberg. — Daß vorstehende Abschrift des Lehenbriefs über das Fürstenthum Krotoszyn mit dem in den Acten des Geh. Staatsarchivs vorhandenen Concept wörtlich gleichlautend befunden worden ist, solches wird hierdurch amtlich bescheinigt. Berlin, den 2. October 1848. (L. S.) Königl. Geheimes Staats-Archiv.

Gez. Klaatsch. Koehne.

F.

Das Reichsministerium des Innern an das hohe Präsidium der verfassunggebenden deutschen Reichsversammlung dahier. — In seiner neun und vierzigsten Sitzung vom 27. Juli 1848 hat der verfassunggebende Reichstag folgenden Antrag zum Beschluß erhoben: „Die Nationalversammlung möge unter den obwaltenden Umständen die von dem königlich preußischen Commissär, General **Pfuel**, vom 5. Juni d. J. angeordnete vorläufige Demarcationslinie zwischen dem polnischen und deutschen Theile (des Großherzogthums Posen) vorläufig anerkennen, sich aber die letzte Entscheidung über die zu treffende Abgrenzung zwischen beiden Theilen nach dem Ergebniß weiterer, von der Central-Gewalt zu veranstaltender Erhebungen vorbehalten." — Auf Grund dieses Beschlusses hat die provisorische Centralgewalt, sobald die nöthigen Vorarbeiten es gestatteten, den von Seiner Kaiserlichen Hoheit dem Erzherzog-Reichsverweser zum Reichs-Commissär ernannten Großherzoglich-Hessischen Generalmajor, Freiherrn v. **Schäffer-Bernstein**, mit den an Ort und Stelle vorzunehmenden Erhebungen beauftragt. Das Ergebniß dieser Erhebungen hat sowohl die **Billigung** der betheiligten preußischen Regierung, wie die der **provisorischen Centralgewalt** gefunden, und ist in dem abschriftlich beiliegenden Protocolle nebst Anlagen enthalten. Diese, namentlich die ausführliche Denkschrift, von welcher noch einige Exemplare zum etwaigen Gebrauche von Ausschußmitgliedern zu Gebote stehen, dienen zugleich als Begründung. — Das Reichs-Ministerium beehrt sich, diese Actenstücke der hohen Versammlung zur schließlichen Genehmigung der ausgemittelten Abgrenzungslinie vorzulegen, und ist zu etwa weiter gewünschten Mittheilungen gerne bereit. Frankfurt, den 30. December 1848.
Der interimistische Reichsminister des Innern.
H. v. Gagern.)

Präsident: Die Herren haben die inzwischen eingegangenen Anträge gedruckt in Händen. Die erste Nummer derselben ist der präjudicielle Antrag des Herrn Abgeordneten Schmidt von Löwenberg. Ich gebe Herrn Schmidt das Wort zur Begründung seines Antrages.

Schmidt von Löwenberg: Meine Herren! Ich habe den Antrag gestellt, daß den Mitgliedern der Nationalversammlung vorerst die Specialkarte des demarkirten Theiles der Provinz Posen, sowie auch die Sprachenkarte der Provinz eingehändigt werden möge, ehe man zur Berathung über den Gegenstand selbst verschreite. Was mich zu diesem Antrage veranlaßt hat, meine Herren, ist nicht allein das Ungenügende, welches der Bericht an der Stirne trägt, nicht allein die Thatsache, daß ein großer Theil der uns eingehändigten Berichte sogar der Uebersichtskarte entbehrt, daß ein großer Theil der Abgeordneten also nicht einmal diese Uebersichtskarte in der Hand hat. Was mich hauptsächlich veranlaßt hat, meinen präjudiciellen Antrag zu stellen, ist ein anderer Grund, den der Bericht dringend an die Hand gibt. So oberflächlich nämlich und ungenügend dieser Bericht ist, der meist nur aus Auszügen aus den angeschlossenen Beilagen besteht, Eins macht er doch vollkommen deutlich, das nämlich, daß die Demarcationslinie, um die es sich handelt, ausschließlich vom militärischen Gesichtspunkte aus so gelegt worden ist, wie sie liegt. Bei unserer früheren Verhandlung im Juli v. J., da war es die Pfuel'sche Linie, die zu sehr den militärischen Rücksichten Rechnung getragen haben sollte, während sie auf die Nationalität zu wenig Rücksicht genommen, und heute ist man aus militärischen Rücksichten sogar weit über die Pfuel'sche Linie hinausgegangen. Meine Herren, es ist nicht schwer zu [illegible], wie das so gekommen ist. Der betreffende Reichscommissär, der, wie ich vermuthe, selbst Militär ist, hat sich in Begleitung des Majors vom preußischen Generalstab, v. Voigts-Rhetz, befunden. Außer diesem befand sich in dem Comité, welches der Reichscommissär in Posen niedersetzte, auch der Chef des Generalstabes des fünften Armeecorps, v. Reuß, und in Bromberg war der Vermittler des Herrn Reichscommissärs der Divisionscommandeur Generallieutenant von Weddell. Also überall bewegte sich der Reichscommissär in militärischen Kreisen, überall sind es die militärischen Rücksichten gewesen, welche der Demarcationslinie die Richtung vorgeschrieben. Meine Herren, ich gebe gerne zu, daß eine Demarcationslinie von Ihnen nicht würde gutgeheißen werden, welche gar keine militärischen und strategischen Rücksichten nähme; allein ich glaube, auch Ihrer Gerechtigkeit so weit vertrauen zu dürfen, daß Sie nicht einzig und allein nur aus militärischen und strategischen Rücksichten die Demarcationslinie werden bestimmen lassen. Wenn wir die strategischen Gründe und Rücksichten in der Nähe anzusehen Gelegenheit hätten, wer weiß, meine Herren, ob nicht bei mancher derselben uns das nämliche Lächeln überkommen würde, dessen wir uns nicht erwehren können, wenn man heut uns sagt, es habe die so geniale Errichtung einer Reichs-Laterne auf der Thurmspitze des Frankfurter Doms nothwendig stattfinden müssen aus militärischen Rücksichten. Ich kann auf eine Kritik solcher Rücksichten im demarkirten Posen speciell nicht eingehen, denn es liegt kein specielles Material vor. Allein ein **allgemeines** Exempel kann ich Ihnen vorlegen, und ich möchte hoffen, daß es schlagend genug sein werde, um Sie zu bestimmen, dem von mir gestellten Antrage beizutreten. In dem Juli-Bericht des Abgeordneten Professor Stenzel ist die Bevölkerung vom Großherzogthum Posen angegeben auf circa 1,300,000; es waren nämlich 420,000 Deutsche und 80,000 Juden, zusammen 500,000 im Großherzogthum Posen lebende Deutsche. Meine Herren, eine größere Summe haben die Abgeordneten aus Posen dem deutschen Elemente selbst nicht vindiciren wollen. Das ist also das Maximum. Es bleiben also nach Stenzels Bericht noch 790,000 Polen, so daß das Verhältniß zwischen der deutschen und polnischen Bevölkerung sich stellt wie 5 zu 8. Nun, meine Herren, bei solchem Bevölkerungsverhältniß könnte man doch den militärischen Rücksichten schon recht hübsch „Rechnung getragen" haben und der polnischen Nationalität müßte immer noch die **Hälfte** der Provinz überbleiben können. Aber sehen Sie die Uebersichtskarte an, die man Ihnen gegeben hat, der rothgefärbte Winkel da unten ist das **die Hälfte** der Provinz? Nicht ein Drittel, ja ich glaube nicht einmal ein Viertel ist es! Meine Herren! Wenn diese Eintheilung des Landes genau dem Nationalitätsverhältniß entspräche, dann lebten in Posen nicht 800,000, sondern 300,000 Polen. Mag man immerhin strategische Rücksichten nehmen, so übermäßig dürften sie doch nicht sein, daß man fast zwei Drittel der in Posen lebenden Polen als gar nicht daseiend betrachtet! Daß der Herr Reichscommissär sich an Ort und Stelle aufgehalten und die Demarcationslinie gezogen hat nach seinem eigenen Augenschein, darf uns nicht zur Genehmigung bestimmen. Lesen Sie auf der zweiten Seite des Berichts, da sehen Sie, daß der persönliche Aufenthalt des Reichscommissärs nicht mehr als zehn Tage betragen hat. Am 17. November ist der Reichscommissär von Berlin in Posen angekommen und am 29. desselben Monats ist er von Bromberg wieder nach Berlin zurückgereist. Seine ganze Arbeit beruht also auf Vorarbeiten in Berlin, und nicht auf Ermittelungen an Ort und Stelle. So gut diese

Materialien dem Reichsministerium zu Gebote gestanden haben, ebenso gut könnten sie auch Ihnen zur Hand gegeben werden, und ich glaube, meine Herren, Sie werden sie verlangen.

Präsident: Ich frage, ob noch Jemand das Wort begehrt, um über den präjudiciellen Antrag des Abgeordneten Schmidt zu sprechen; oder ob der Herr Berichterstatter des Ausschusses das Wort darüber verlangt? (Niemand meldet sich.)

Schubert von Königsberg: Der Abgeordnete Schmidt von Löwenberg hat zuvörderst verlangt, daß die Specialkarte des demarkirten Theils vom Großherzogthum Posen sämmtlichen Mitgliedern übergeben werden solle. Diese Specialkarte besteht aus 28 Sectionen in derselben Größe als die Uebersichtskarte, die Ihnen übergeben ist. Diese Specialkarte ist dieselbe, welche vor nicht länger als Jahresfrist von dem preußischen Generalstabe für das Großherzogthum Posen bearbeitet und herausgegeben wurde. Ich nehme an, daß die Nationalversammlung den Entschluß fassen wollte, sofort eine hinlängliche Anzahl von dieser Specialkarte anzuschaffen und sie nach der Demarcation zu coloriren, so wäre dieß für den Augenblick ein Werk der Unmöglichkeit. Sie würden wenigstens 600 bis 800 Exemplare gebrauchen und so viele sind jetzt nicht vorräthig, abgesehen von dem an sich auch nicht unbedeutenden Werthe; denn die Karte kostet 14 Thlr. und dieß würde demnach eine Summe von 8 bis 10,000 Thlr. erfordern. Und diese Zahl von Exemplaren gebrauchen wir mindestens, denn es sind 600 Exemplare dieser Uebersichtskarte dem Berichte beigefügt, und wie ich zu meiner Verwunderung höre, sind nicht einmal diese genügend gewesen, um sämmtlichen Mitgliedern des Hauses Uebersichtskarten in die Hand zu geben. Es ist dieß wenigstens nicht die Schuld des Berichterstatters, er hat dafür gesorgt, daß jedem Mitglied des Hauses eine Uebersichtskarte gegeben und dem Berichte beigefügt werden sollte. Aber wenn das hohe Haus den Beschluß fassen wollte, es solle sofort die Demarcationskarte in Arbeit gegeben werden, und sich hier in Frankfurt vier geschickte lithographische Kartenstecher vorfänden, und sogleich an das Werk gingen, so würde in dem Zeitraume von 9 Monaten die Demarcationskarte in Ihre Hände geliefert werden können, wenn die Herren unausgesetzt daran arbeiten. (Stimmen: Hört.) Ich weiß aber nicht was Sie durch die Demarcationskarte gewinnen wollen. Der Herr Abgeordnete von Löwenberg fordert ferner eine Sprachenkarte. Für die Sprachenkarte sind die vier Sectionen der bekannten Engelhard'schen Karte des Großherzogthums Posen dergestalt benutzt worden, daß jedes Dorf, welches mit Deutschen bewohnt ist, roth unterstrichen ist, jedes Dorf, welches mit Polen bewohnt ist, schwarz, und selbst diese Dörfer, in denen eine gemischte Bevölkerung wohnt, halb roth, halb schwarz. Diese vier Sectionen sind in einem größeren Maßstabe, als die mitgetheilte Karte, angefertigt und würden wiederum mindestens einen Monat Arbeit erfordern und unter 1500 Thalern nicht herzustellen sein. Indessen gehe ich jetzt zu dem Berichte selbst über. Der Abgeordnete von Löwenberg hält den Bericht für ungenügend, und doch würde ich sehr gewünscht haben, der Herr Abgeordnete hätte ihn vollständig und genau durchgelesen, er würde einen großen Theil der gegen den Bericht vorgebrachten Gründe sich sogleich selbst beantworten können. Er ist zu unvollständig genannt, und was soll diesem Berichte fehlen? Meine Herren, Sie haben am 27. Juli einen Beschluß gefaßt über die bestimmte Einverleibung bestimmter Kreise des Großherzogthums Posen in den deutschen Bund, und außer dieser Einverleibung haben Sie noch die Grenzdemarcation Ihrer weiteren Genehmigung vorbehalten, von welcher aber keineswegs auch diejenigen Kreise des Großherzogthums Posen berührt werden könnten, welche schon an und für sich nicht nur durch die Beschlüsse des deutschen Bundes, sondern auch nach Ihrer Genehmigung vom 27. Juli dem deutschen Bundesstaat einverleibt worden waren. Ich habe auf Seite 1 meines Berichtes diesen Beschluß angegeben, und aus demselben geht vollständig hervor, aus welchen einzelnen Kreisen der ganze Umfang des Gebietes vom Großherzogthum Posen, welches dem deutschen Bundesstaate einverleibt werden solle, gebildet ist. Da ich nun unzweifelhaft von dem Herrn Abgeordneten aus Löwenberg voraussetzen kann, da er den Bericht prüfen wollte, daß er diese Kreise auf der Uebersichtskarte angesehen habe, so wird er daraus entnehmen, daß diese Kreise schon damals volle zwei Drittel des Großherzogthums Posen umfassen, und da er ebenso auch die Beilagen desselben Beschlusses verglichen haben wird, so dürfte er aus denselben entnommen haben, daß schon eine Bevölkerung von 850,000 Bewohnern oder zwei Drittel der Bevölkerung des Großherzogthums Posen schon damals in den deutschen Bundesstaat aufgenommen worden sind. Ich setze aber voraus, daß der Abgeordnete aus Löwenberg auch mit den Verhältnissen des Landes einigermaßen bekannt sein wird, und wenn er dieses ist, so wird er eben so gut als ich es wissen, daß die Bevölkerung im Großherzogthum Posen sehr gemischt von Deutschen und Polen ist, daß man nicht etwa compacte Massen in Bezug auf die Nationalität abgliedern kann, sondern daß in allen Kreisen des Großherzogthums Posen Polen und Deutsche auf dem platten Lande, und eben so wieder in den Städten Deutsche, Polen und Juden wohnen. Er wird ferner erwägen, daß Polen im Jahre 1772 aus mehr als 12,000 Quadratmeilen bestand, im Großherzogthume Posen also noch nicht $^{1}/_{21}$ der Oberfläche des damaligen Polens vorhanden ist. Er wird ferner aus der Geschichte erkannt haben, daß damals Posen, der heutige Theil des Großherzogthums, das schlechtest bevölkerte, das unfruchtbarste Land, das in Polen selbst am wenigsten geschätzte Land war. Nun kam die deutsche Industrie seit dem Jahre 1772 auf's platte Land, wie sie schon seit dem dreizehnten Jahrhunderte die Städte gebildet oder gefördert hatte, da wo bis dahin dürrer Sand, große unfruchtbare Moräste, mit Gesträuch besetzte wenig nützbare Wälder waren, durchzog man Kanäle, machte Entwässerungen, und überall, wo die deutsche Industrie eindrang, wurde zugleich der Boden zur Erhaltung von Menschen gewonnen. Meine Herren, dieß ging so weit, daß selbst in dem fruchtbarsten Districte dieser Provinz, daß in demjenigen Theile, welchen Sie auf Ihrer Uebersichtskarte gegenwärtig das Herzogthum Gnesen bilden sehen, das ist in dem besten Theile der Provinz, solche wenig ergiebige oder unfruchtbare Districte, wo die Polen nicht mehr fortkommen konnten, von der deutschen Industrie gut genug gefunden wurden, um hier sich anzubauen, und neue Hülfsmittel für ausreichenden Unterhalt sich zu erwerben ....

Präsident: Ich muß den Berichterstatter darauf aufmerksam machen, daß wir uns bei der präjudiciellen Frage befinden, nämlich der Frage, ob eine Special- oder Sprachkarte zu verfertigen ist über den demarkirten Theil.

Schubert von Königsberg: Ich nehme die Bemerkung des Herrn Präsidenten vollkommen aber auch für mich in Anspruch, da ich nur dadurch erweisen wollte, daß eine Demarkirung nicht leicht nach den Nationalitäten compact zusammenwohnender übereinstimmender Bevölkerung durchgeführt werden kann. — Ich gehe nun auf die Pfuel'sche Demarcationslinie über. Es wird behauptet, diese wäre schon zu stark militärisch gewesen, und nun wäre wieder ein Militär als Reichscommissarius gekommen und dieser habe aufs Neue hie und da wieder neue Landstrecken dazu genommen. Die Pfuel'sche

Demarcationslinie hat allerdings schon die Sicherstellung der Festung Posen im Auge gehabt, aber nicht genügend, wie dieses aus den Untersuchungen sachkundiger Militärs an Ort und Stelle hervorgegangen ist. Aber was hat denn die Pfuel'sche Demarcationslinie gegeben! Sie hat gleichfalls volle zwei Drittel des Landes, nämlich 370 Quadratmeilen mit einer Bevölkerung von ungefähr 900,000 Bewohnern als denjenigen Bestandtheil festgestellt, der dem deutschen Bundesstaat einverleibt werden sollte. Dessenungeachtet hat die Pfuel'sche Demarcationslinie, — und dieses habe ich gerade im Berichte nachgewiesen — ganz gegen ihre Beschlüsse vom 27. Juli von den drei Kreisen Fraustadt, Kröben, Krotoschin einzelne Stücke dem für die polnische Reorganisation vorbehaltenen Antheile einverleibt, die nach ihrem Beschlusse dem deutschen Bundesstaat verbleiben sollen. Nun sagt aber der Abgeordnete von Löwenberg, die neue Schäffer-Bernstein'sche Demarcationslinie wäre ganz allein vom militärischen Standpunkt, stets unter alleiniger Vermittelung der Militärbehörden ausgeführt worden. Ich verwundere mich, er will sogar im Berichte nur einen Auszug aus den Beilagen erkannt haben, und er konnte doch aus jeder Seite erkennen, daß gerade die Berichte des Reichscommissärs, die nicht vollständig in Abschrift mitgetheilt worden sind, hier benutzt wurden. Aber er findet aus den Berichten des Reichscommissärs mehrmals angeführt, wie gleichzeitig Militär- und Civilbehörden hinzugezogen sind. Da überdieß die Civilbehörden zahlreicher sind, so sind aus ganz natürlichen Gründen nicht von jeder Civilbehörde der Chef oder die hervorragenden Mitglieder angeführt. Doch sind einige Civilbehörden angeführt, und es wundert mich, daß bei der Unparteilichkeit des Mitgliedes aus Löwenberg der Regierungspräsident v. Kries und die Regierungsbehörde aus Bromberg nicht mit aufgezählt worden sind. Ferner lesen Sie, meine Herren, im Berichte ausdrücklich und an mehreren Orten hervorgehoben, daß der Reichscommissär ganze Tage seine Thüre offen gehalten habe für die Reclamationen, von welcher Seite sie ihm entgegen getragen worden, von der deutschen oder polnischen Seite. Er sagt überdieß noch ausdrücklich, von diesen Aufforderungen, ihm die Reclamationen persönlich zu überbringen, wäre vielfältig Gebrauch gemacht worden. Sie sehen daraus, daß als Grundlage der beigefügten Denkschrift die einzelnen Reclamationen gedient haben, welche von den betreffenden Behörden zuvor geprüft und mit den entgegengesetzten Reclamationen von Seiten der Behörden ausgeglichen waren, bevor sie von dem Reichscommissarius anerkannt oder verworfen, und nach diesem Schlußergebnisse die Eintragung der einzelnen Ortschaften in die Demarcationskarte vorgenommen wurde. Doch wird nach dem präjudiciellen Antrage die detaillirte Demarcation selbst verlangt, eingetragen in die Karte. Ich glaube, meine Herren, Ihren Anforderungen durch die Uebersichtskarte vollkommen genügt zu haben. Hätte ich auch noch dazu aus der größeren Karte die 600 Dorfschaften vollständig aufgeführt, was hätten Sie damit gewonnen? Sie können diese Ortschaften auf keiner andern, als auf der großen oben angeführten Demarcationskarte wieder aufsuchen, und doch hätten sie kein anderes Bild von der getroffenen Abgrenzung gewonnen. Ist aber einem Abgeordneten darum zu thun, jede einzelne Ortschaft der Demarcation nach ihrem Localverhältnisse genau kennen zu lernen, so findet er dazu das Material im Archiv des Reichsministeriums, wo die bezeichnete Demarcationskarte und Nationalitätskarte aufbewahrt werden. Für die heutige Sitzung konnte sie nicht füglich mitgebracht werden, weil ich in der Paulskirche keinen angemessenen Raum fand, um sie dort zur Benutzung ausbreiten zu lassen. Ferner verlangt man zugleich die statistischen Nachrichten. Woher denn? Die Nachweisungen im Allgemeinen über die Hauptbestandtheile in den Bundesbeschlüssen gegeben, in welchen genau die Bevölkerung nach der letzten Zählung verzeichnet ist, wie sie zuletzt in Berichten im December 1846 aufgenommen worden ist. Ist nun aber durch die neue Demarcation noch viel Land neu hinzugekommen? Allerdings, wenn auch nicht sehr viel! Nicht ein Vierundzwanzigstel des vorhandenen, nämlich 20 bis 24 Quadratmeilen, da eine genauere Berechnung mir nicht vorliegt und erst nach Ihrer Genehmigung der Demarcationslinie gemacht werden kann. Und ist dieses aus rein militärischen Gründen hinzugefügt? Gott bewahre, Sie finden Seite 3 des Berichts durch vier abgesonderte Sätze den Beweis genauer geführt, daß zwar allerdings erstens aus militärischen Gründen ein Rayon von drei Meilen um die Festung Posen, der früher auf wenig mehr als zwei Meilen ausgedehnt war, genommen werde; nächstdem aber durch die militärisch wichtige Position zwischen Schrimm und Xions, in der Richtung auf Schroda hin, welche im Mai 1848 bei dem Kampfe gegen die Polen sich hinlänglich genug bewährt hat, um die hohe Bedeutung des ganzen Großherzogthums Posen ins helle Licht zu stellen. Aber zweitens galten als besondere Gründe für die Schäffer'sche Demarcation die Reclamationen der deutschen Bewohner, welche nach dem zugestandenen Rechte der Nationalitätsansprüche eingegangen sind, und welche den Reichscommissär dringend veranlaßt haben, das Gebiet solcher Grundbesitzer, die unmittelbar an der Demarcationslinie liege, in den deutschen Bundesstaat aufzunehmen. Nun frage ich die hohe Versammlung, wollen Sie die deutschen Brüder, welche unmittelbar an der Demarcationslinie liegen und ein volles Recht haben, unsere Hülfe in Anspruch zu nehmen, wollen Sie diese von sich stoßen? Es kommt hier nicht auf Ausgleichung des Umfanges dieses Landestheiles an, es bleibt vorzugsweise eine bloße Administrativmaßregel: denn beide Theile der Provinz der deutsche wie der polnische, bleiben unter derselben Regierung. Beide Theile haben überdieß den Schutz und die Garantie der hohen Versammlung nach dem Beschlusse, den Dahlmann auf den Marck'schen Antrag für die nichtdeutschen Bewohner im deutschen Bundesstaate durchgeführt hat. Vielmehr also, als militärische Gründe haben Nationalitätsgründe auf die Feststellung der Demarcationslinie eingewirkt. Ich habe demnach den Beweis geführt, daß Ihnen dieser Bericht nichts weiter zur Annahme anempfehlen sollte, als daß die hohe Versammlung in Folge ihres Beschlusses vom 27. Juli den damals gestellten Auftrag, die endgültige Demarcation festzusetzen, nach seiner Ausführung genehmige. Dieser Auftrag ist durch einen unparteiischen Reichscommissarius, welcher von der Centralgewalt ernannt wurde, unter der speciellen Leitung der Centralgewalt an Ort und Stelle nach genauer Untersuchung und Prüfung ausgeführt. Nachdem dieses geschehen ist, hat man diese Demarcation in dem Ausschusse für Völkerrecht nach genauer Prüfung als vollkommen im Einverständniß mit Ihrem Beschlusse gefunden und gebilligt. Nach diesen vorausgegangenen Ermittelungen hat man diese festgestellte Demarcation Ihrer Genehmigung empfohlen. Wenn Sie aber von dem Herrn Abgeordneten aus Löwenberg hören, daß nur ein Viertel Landes polnisch bleibe, so ist das nicht völlig richtig. Allerdings haarscharf bis auf ein Hundertstel kann ich den verbleibenden Bestand des Herzogthums Gnesen nicht angegeben, er ist jedoch zwischen 130 und 140 Quadratmeilen mit einer Bevölkerung von etwa 350,000 Seelen und darüber, also im Flächeninhalt größer als die meisten Regierungsbezirke in der Rheinprovinz, größer als Erfurt, Minden und Stralsund. — Ich glaube jetzt ge-

[illegible] zu [illegible] die [illegible] Verhandlung zur Vermittlung des präjudiciellen Antrags des Herrn Abgeordneten aus Löwenberg zu bestimmen.

Präsident: Ich sehe die Discussion über den präjudiciellen Antrag für geschlossen an, und gebe nur noch nach dem Wunsche des Herrn Antragstellers demselben das Wort. (Zuruf von der Rechten: „Aber nicht nach dem Berichterstatter!") Es handelt sich nicht um den Bericht des Ausschusses, wo der Antragsteller allerdings das letzte Wort haben müßte, sondern um einen präjudiciellen Antrag.

Schmidt von Löwenberg: Meine Herren! Der Herr Berichterstatter hat mir zum Vorwurfe gemacht, daß ich behauptet habe, die Demarcationslinie sei ausschließlich aus militärischem Gesichtspunkte so gelegt worden, wie sie liege. Der Herr Berichterstatter meint, ich hätte erwähnen sollen, daß im Comité zu Posen außer den hohen Militärs auch noch ein Regierungspräsident gesessen; ja, aber der Herr Berichterstatter hätte auch das erwähnen können, um mich zu widerlegen, daß das Fürstenthum Krotoschin auch nicht aus militärischen Rücksichten Deutschland einverleibt worden sei, sondern daß die Einverleibung des Fürstenthums Krotoschin lediglich in Folge eines Lehenbriefes, dem Fürsten von Thurn und Taxis im Jahre 1819 ausgestellt, geschehen sei. In's Specielle habe ich nicht eingehen können und wollen; sonst hätte ich allerdings den Herrn Regierungspräsidenten in Posen, zugleich aber auch des Fürsten Thurn und Taxis erwähnen müssen. Aber daß der militärische Gesichtspunkt der bei weitem überwiegende war, das, glaube ich, macht der Bericht Jedem deutlich. Der Herr Berichterstatter hat ferner gesagt, es stehe ja in dem Bericht ausdrücklich, daß der Reichscommissär seine Thüre Jedem offen erhalten hat in Posen; jawohl, aber es steht auch ausdrücklich darin, daß die Polen zu dieser Thüre nicht hineingekommen sind, daß also der Reichscommissär die Wünsche und Bedürfnisse der Polen nicht hat berücksichtigen können, weil sie es verschmäht haben .... (Gelächter auf der Rechten; Stimmen auf der Linken: Ja! ja!) Lachen Sie darüber, meine Herren; wenn Sie darum, weil die Polen nicht zu Ihnen kommen und ihre so oft und so laut wiederholten Wünsche und Bitten immer von Neuem wiederholen, lachen können und darum meinen die polnische Nation unberücksichtigt lassen zu dürfen, dann vergessen Sie, daß Sie einem Volke gegenüber stehen, das wie kein anderes auf Erden geschändet worden ist und wird. (Unruhe auf der Rechten.) Meine Herren, der unbeugsame Mannesstolz in dem Charakter eines polnischen Patrioten, glaube ich, der hat seine sehr gerechtfertigten und natürlichen Ursachen. (Auf der Linken: Jawohl!) — Der Herr Berichterstatter hat ferner gesagt, er glaube annehmen zu dürfen, daß ich doch wenigstens einigermaßen in jener Provinz bekannt sei, und daß ich es für unmöglich halten würde, eine Demarcationslinie streng aus dem nationalen Gesichtspunkt ziehen zu können. Eben, meine Herren, weil ich einigermaßen bekannt bin mit den dortigen Verhältnissen, weil ich weiß, daß es unmöglich ist, ohne das allerärgste Unrecht zu begehen, eine Demarcationslinie durch Posen zu ziehen, eben darum wünsche ich die Specialkarte; eben darum möchte ich Ihnen nachweisen, daß die Demarcation in jener Provinz, ohne das größte Unrecht zu begehen, ein Ding der Unmöglichkeit sei; mögen Sie dann thun, was Sie wollen, wenn Sie eine andere Demarcationslinie nicht annehmen können, als die vorgeschlagene, nun, dann verlegen Sie die Grenzlinie des deutschen Reichs an die russische Grenze; das ist mir viel lieber als eine solche Demarcationslinie! Aber um die Unmöglichkeit einer solchen Demarcation der Provinz Posen anschaulich und deutlich machen zu können, dazu gehören vor allen Dingen jene Specialien, die uns fehlen. Wenn der Herr Berichterstatter gesagt hat, ich hätte ihm doch die Oberflächlichkeit und das Ungenügende seines Berichtes nachweisen sollen, welche ich ihm vorgeworfen habe, so bitte ich auf Eines aufmerksam machen zu dürfen. Lesen Sie lediglich die beiden Motive, aus denen der Herr Berichterstatter oder der Ausschuß empfiehlt, die Demarcationslinie zu genehmigen; in den Motiven, meine Herren, da spricht sich doch wohl das ganze Wesen des Berichtes aus; das sind ja doch die Gründe des Berichts in summa summarum, aus denen die Nothwendigkeit des Antrages folgen muß. Diese Motive aber lauten, das Eine: „Da überdieß die preußische Regierung diese Demarcationslinie nach dem Protokoll vom 5. December v. J. bereits anerkannt hat, eine gleiche Billigung von Seiten der provisorischen Centralgewalt unter dem 30. December v. J. erfolgt ist." — Meine Herren, ein solches Motiv weist auch nicht im Entferntesten auf einen vorhergegangenen gründlichen Bericht hin, sondern es beruft sich lediglich auf die bereits erfolgte Anerkennung zweier Regierungen, es weist sie lediglich auf Autoritäten hin. Und im ersten Motiv, meine Herren, da heißt es nach einer kurzen Aufzählung mehrerer historischer Data weiter: „Der Ausschuß erachtet die Gründe für diese Demarcationslinie unter den vorliegenden Umständen für genügend gerechtfertigt und empfiehlt, überall gestützt auf die Ermittelung des sachkundigen Reichscommissärs an Ort und Stelle" rc. — Das ist das andere Motiv, daß der Reichscommissär überall an Ort und Stelle seine Ermittelungen aufgenommen habe; aber, meine Herren, ich habe Ihnen schon vorgerechnet, daß seine Arbeiten in Posen selbst gerade zehn Tage gedauert haben. Ist das eine genügende Ermittelung an Ort und Stelle in einer solchen Angelegenheit? Ist das ein gründlicher Bericht, der kein anderes Motiv für seinen Antrag als die Autorität eines zehn Tage lang in Posen gewesenen Reichscommissärs und die bereits erfolgte Anerkennung zweier Regierungen geltend machen kann? Meine Herren! Wenn uns kein anderes Material zu Handen gegeben wird, als dasjenige, welches wir bis jetzt erhalten haben, dann, während der Knoten hinter den Coulissen geschürzt wird, verschmähe ich es, mich zu betheiligen am miserabelsten aller Marionettenspiele: — Ich werde meinen Namen dann von der Rednerliste streichen lassen. (Unruhe auf der Rechten und dem rechten Centrum; lebhafter Beifall auf der Linken.)

Präsident: Ich bringe den präjudiciellen Antrag des Herrn **Schmidt** zur Abstimmung. Der Antrag lautet:

„Die Nationalversammlung wolle beschließen:

1) Die Specialkarte des demarkirten Theiles der Provinz Posen, sowie auch die Sprachenkarte der Provinz, welche beide der Herr Reichscommissär Schäffer-Bernstein dem Reichsministerium unterm 18. December v. J. hat zugehen lassen, und von denen der Berichterstatter des Ausschusses sagt, daß sie ihm bei Abfassung seines Berichts zur Grundlage gedient, hat der völkerrechtliche Ausschuß vervielfältigen und unter die Mitglieder der Nationalversammlung vertheilen lassen;
2) bis nach erfolgter Vertheilung dieser Karte bleibt die Verhandlung des Gegenstandes ausgesetzt."

Diejenigen Herren, welche diesem präjudiciellen Antrag des Herrn Schmidt von Löwenberg zustimmen wollen, ersuche ich, sich zu erheben. (Mitglieder auf der Linken erheben sich.) Der Antrag ist abgelehnt. Der Antrag des Herrn Rösler von Oels, glaube ich, ist damit gleichzeitig abgelehnt worden; denn die von ihm beantragte Vertagung der Berathung hat stattgefunden und die übrigen Motive seines Antrages haben heute bereits ihre Erledigung gefunden. (Zustimmung.) Ich verlese jetzt zuvörderst einen mentarischen Antrag von Herrn Rauwerck gestellt, für den Fall, daß die verschiedenen Anträge verworfen und der Antrag des Ausschusses zum Beschlusse erhoben würde. Der Antrag lautet:

„In Erwägung, daß die Theilung des Großherzogthums Posen durch eine Demarcationslinie alle Interessen der Bevölkerung, vornehmlich der überwiegenden polnischen, aufs empfindlichste verletzt;

in Erwägung, daß die definitive Regelung der Grenzen zwischen der deutschen und polnischen Nation erst an der Zeit sein wird, wann die letztere mit ihrer Unabhängigkeit ihre freie Selbstbestimmung wieder errungen hat;

in Erwägung, daß demnach, unbeschadet der Nationalitätsrechte, eine einstweilige Aufnahme des ganzen Großherzogthums Posen in den deutschen Bundesstaat zweckmäßiger erscheint, als die beschlossene Theilung;

beantragen wir, die deutsche Nationalversammlung wolle beschließen:

Die preußische Regierung ist aufzufordern, die Bevölkerung des außerhalb der Demarcationslinie fallenden Theiles des Großherzogthums Posen darüber zu befragen, ob sie unter den jetzigen Verhältnissen gleichfalls in den deutschen Bundesstaat aufgenommen werden wolle."

Unterstützt von: Tafel aus Zweibrücken, Nägele, Nagel aus Balingen, Eisenstuck, Kudlich, Tafel aus Stuttgart, Rödinger, Hensel, Scharre, Frisch, Mandrella, Pattai, Roßmäßler, Fetzer, Pfahler.

In der Diskussion selbst hat zuerst Herr **Döllinger** das Wort.

Döllinger von München: Meine Herren, ein ausgezeichnetes Mitglied unserer Versammlung hat bei einer anderen Gelegenheit erklärt, die Ehre Deutschlands wahren, das heiße, altes Unrecht vergüten und neues Unrecht nicht begehen. Wenn wir aufgefordert werden, etwas dem Anscheine nach sehr Einfaches, jetzt nemlich eine bloße Demarcationslinie zu genehmigen, so müssen wir uns doch, glaube ich, die Frage vorlegen, ob denn wirklich hinter dieser Demarcationslinie nicht noch ganz andere Dinge verborgen seien, ob es sich wirklich um nichts Anderes, als eine gleichsam geographische Maßregel hier handle; wir müssen uns fragen, ob denn nicht etwa auch hier die Ehre Deutschlands betheiligt sei, ob es nicht doch darauf ankomme, hier altes Unrecht so gut als es möglich ist, zu vergüten, und vor Allem neues Unrecht nicht zu begehen. Es handelt sich hier offenbar mit der Demarcationslinie zu gleicher Zeit um das Schicksal derjenigen Fraction der polnischen Nation, welche bisher mit Preußen verbunden gewesen ist, um die ganze Zukunft dieses Theils der polnischen Nation. Es wird uns das Wort Reorganisation in Verbindung mit der zu ziehenden Demarcationslinie dargeboten. Damit eine Reorganisation dieses Theils des Großherzogthums Posen auf Grund der polnischen Nationalität stattfinden könne, darum heißt es, soll diese Demarcationslinie gezogen, und damit also dieser Theil des Großherzogthums Posen von der Verbindung mit Deutschland ferne gehalten, der bei weitem größere Theil desselben aber Deutschland einverleibt werden. Ist denn aber, frage ich, unter solchen Umständen überhaupt eine Reorganisation, wie sie von dem Könige von Preußen damals versprochen wurde, noch möglich und ausführbar? Kann diese Reorganisation, wenn die Demarcationslinie, wie sie uns jetzt vorgeschlagen ist, gezogen wird, noch eine Bedeutung, noch einen Werth für diejenigen haben, zu deren Gunsten sie angeblich stattfinden soll? Es wird jetzt zugegeben von den Vertheidigern des Antrags, daß es nur noch ein kleines Bruchstück des Großherzogthums Posen sei, welches übrig gelassen werden soll; dieses Stück, abgerissen von dem übrigen Lande und von der übrigen sowohl deutschen als auch polnischen Bevölkerung, soll nun mit dieser angeblichen Reorganisation beglückt, seinem ferneren Schicksale als ein für sich gestelltes, nur durch Personalunion mit Preußen verbundenes Land überlassen werden, denn es scheint, daß die Grundsätze der Personalunion jetzt auf diesen losgerissenen Theil von Posen angewendet werden müssen. Die Reorganisation war von königlichem Munde den Polen versprochen worden, um ihre Nationalität zu schützen, um ihnen das zu gewähren, was ihnen bisher großentheils versagt worden war, vor allem nationale Schulen, höhere Unterrichtsanstalten, Beamte aus der Nation genommen, ein eigenes nationales Heer und noch einiges Andere, was zur Gewähr und dem Bedürfnisse der Nationalität gerechnet wurde, — kann, wenn das der Sinn der versprochenen Reorganisation war, dieses alles jetzt überhaupt noch in dem übrig bleibenden oder losgerissenen Theile des Großherzogthums wirklich ausgeführt werden? Bisher hatten die Polen drei Gymnasien; zwei davon werden ihnen jetzt entzogen, das heißt, es befinden sich in dem Deutschland einzuverleibenden Theile das Mariengymnasium zu Posen und das Gymnasium zu Ostrowo; es bleibt also den zu reorganisirenden Polen jetzt noch ein einziges Gymnasium im äußersten Winkel des Landes in dem Städtchen Trzemeszno an der russischen Grenze. Haben Sie aber vielleicht die Mittel, die Reorganisation in dieser Beziehung, die doch die wichtigste ist, zu einer Realität zu machen? Es ist bereits behauptet und meines Wissens nicht widersprochen worden, daß in dem übrigbleibenden oder losgerissenen Theile von Posen gar keine öffentlichen Güter, Nationalgüter u. s. w. mehr übrig sind, sondern dort die Regierung bereits alles veräußert hat; die reichen eingezogenen Kirchen- und Klostergüter, die Starosteigüter, das alles ist verschleudert, und in Privathände übergegangen; von öffentlichen Mitteln, welche zur Gründung neuer Unterrichts- und Bildungsanstalten verwendet werden könnten, ist also dort nichts mehr vorhanden. So sind denn die Polen außer Stande, auch nur dem mäßigsten Bedürfnisse höherer Unterrichtsanstalten zu genügen, und es bleibt ihnen wirklich nichts übrig, als ein einziges Gymnasium. Wie kann aber nun der andere Hauptpunkt der Reorganisation noch irgend einen Sinn oder praktischen Werth haben, nämlich die Besetzung der Verwaltungsstellen mit polnischen Beamten? Wo sollen denn bei solchen Umständen diese polnischen Beamten herkommen, wo sollen sie ihre Bildung erhalten? Bisher waren die Polen der großen Mehrzahl nach überhaupt von den höheren Studien ausgeschlossen . . . . (Unruhe und Widerspruch im rechten Centrum) Ja ausgeschlossen. . . .

Schubert von Königsberg (vom Platze): Sie haben sich ausgeschlossen.

Vicepräsident Kirchgeßner: Ich bitte, keine Unterbrechung.

Döllinger: Ganz richtig, Herr Schubert, sie haben sich ausgeschlossen, das heißt die Maßregeln der Regierung haben dafür gesorgt, daß ihnen nichts anderes übrig blieb, oder daß die Erschwerung der höheren Studien für Viele wenigstens einer Ausschließung gleich kam. (Unruhe im rechten Centrum.) Meine Herren, richten Sie in einer deutschen Provinz das Studienwesen so ein, wie es in dem Großherzogthum Posen eingerichtet ist oder vor Kurzem noch war, so stehe ich Ihnen dafür, daß die jungen Leute, aus denen Beamte gemacht werden können, in dieser Provinz bald ausgehen; wenn man in den höheren Gymnasialklassen die polnische Sprache als Unterrichtssprache aus-

[...]ische, wenn man polnische Studien und Jünglinge nöthigt, die schwierigsten Gegenstände, die alle Kraft und Thätigkeit des jugendlichen Geistes erfordern; die klassischen Sprachen, Mathematik, Geschichte u. s. w. in einer ihnen fremden und schwierigen Sprache zu studiren, so ist von selbst klar, daß sie mit den deutschen Schülern einer solchen Anstalt die Concurrenz nicht aushalten, daß sie entmuthigt werden, die meisten auf der Laufbahn der Studien zurückbleiben und lieber einem Gewerbe oder einem anderen Lebensberufe sich zuwenden werden. Das war bisher die Einrichtung in dem Großherzogthum Posen, in den höheren Gymnasialklassen war die deutsche Sprache die einzige Unterrichtssprache, die polnische aber ausgeschlossen und an allen Gymnasien des Großherzogthums Posen gab es nur sechs polnische Professoren, alle übrigen waren Deutsche und zwar Deutsche, die zum größten Theile kein Wort polnisch verstanden. Wenn nun auf solche Weise das abgerissene Bruchstück Posens in die Unmöglichkeit versetzt wird, sich das zu verschaffen, was zu einer Reorganisation, falls diese eine Wahrheit werden soll, unumgänglich nothwendig ist, was ist denn überhaupt das Schicksal, das diesem Lande bereitet wird? kann eine gedeihliche Entwickelung der polnischen Nationalität für die Zukunft unter solchen Umständen erwartet werden? muß dann nicht die ganze ihnen versprochene Reorganisation als ein leeres Schattenbild erscheinen, das auf dem Papier steht als königliches Versprechen, das aber auf mehr als eine Weise gänzlich vereitelt wird, — vereitelt wird, erstens indem man, was dem ganzen Großherzogthume versprochen war, einem Viertheile oder höchstens einem Drittheile des ganzen Landes gewährt; zweitens, indem man ihm zwar die Namen der Dinge darbietet, die Sache aber im Grunde ihnen vorenthält oder unmöglich macht. Ihr könnt nun, sagt man ihnen, für euch selbst sorgen, seht, wie ihr zurecht kommt, versucht, aus eigenen Mitteln Studien- und andere Bildungsanstalten zu gründen, seht, wie es euch gelingen möge, euch einen Beamtenstand heranzuziehen, und überhaupt die nöthige Bildung und Intelligenz unter euern Landsleuten zu verbreiten. Man sagt ihnen das, aber unter Verhältnissen, unter welchen ihnen zu allen diesen schönen und höchst wünschenswerthen Dingen ganz und gar die Mittel gebrechen. Also, unter dem Namen einer Demarcationslinie, die jetzt gezogen werden soll, handelt es sich eigentlich, sagen wir es gerade heraus, um möglichste Schwächung und Verkümmerung der polnischen Nationalität. Es ist Ihnen gesagt worden, daß bei der neuen Demarcationslinie, der dritten, die jetzt projectirt ist, und die noch einen größeren Theil des Landes zu Deutschland schlagen und einen noch unbedeutenderen Bruchtheil des alten Großherzogthums für Polen überlassen will, strategische und militärische Gründe vorzugsweise berücksichtigt worden seien. Daß diese militärischen und strategischen Gründe von großem Gewicht sind, daß sie, wenn man überhaupt eine Demarcationslinie ziehen will, nothwendig mit in Anschlag gebracht werden müssen, das zu bestreiten fällt mir nicht im geringsten ein, concedo totum argumentum. Ich gebe zu, daß sie ein großes Gewicht in die Wagschaale werfen müssen, denn das Unbillige oder Unmögliche kann auch da, wo es sich von der Gerechtigkeit handelt, die eine Nationalität der andern schuldet, nicht von uns verlangt werden. Es kann nicht von uns begehrt werden, daß wir, bloß um den Polen Gerechtigkeit angedeihen zu lassen oder ihnen die Mittel zur Sicherung ihrer Nationalität zu geben, unsere Nordostgrenze preiß geben, sie in einem gefährlichen wehrlosen Zustande lassen sollen. Das Alles erkenne ich vollkommen an, behaupte aber, wenn wir nach strategischen Gründen verfahren und eine Linie ziehen wollen, daß wir dann noch weiter gehen müssen und daß auch diese Demarcationslinie noch nicht genügt, und daß die Sache sich so verhält, daß auch die jetzige dritte Linie strategisch noch ungenügend ist, wird in dem Berichte selbst klar ausgesprochen auf Seite 15: „durch die Ausschließung von Gnesen aus deutschem Gebiete wird die directe Straße auf Thorn verloren, und dieß ist ein außerordentlich großer Nachtheil.“ Also auch die gegenwärtige Linie gibt noch strategische Blößen, und wenn wir noch einen Commissär hinschicken, um eine Demarcationslinie feststellen zu lassen, wird er durch die Natur der Sache genöthigt, wiederum weiter zu greifen, wird also, wie wir sehen, z. B. Gnesen hereinziehen, so daß dann in der That zuletzt ein kaum nennenswerther Bruchtheil des Landes noch übrig bleibt. Ich ziehe aus allen diesen strategischen Gründen und Rücksichten einen anderen Schluß, als der Ausschuß und sein Berichterstatter gezogen, nämlich den, daß eben das ganze Großherzogthum Posen, wie es ist, für das deutsche Reich nicht wohl zu entbehren ist, und daß, wenn nicht andere Rücksichten hier obwalteten, wenn nicht eine Partei vorhanden wäre, der es vor Allem um möglichste Erniedrigung und Schwächung der polnischen Bevölkerung zu thun ist, diese Ansicht längst in Deutschland das Uebergewicht erhalten haben würde, daß man ferner von Anfang an nicht auf diese unselige nach allen Seiten hin schädliche Theilung des Großherzogthums verfallen sein würde. Ueberhaupt aber, meine Herren, sehen wir, es haben noch ganz andere Rücksichten, als strategische, wie auch schon vor mir erinnert worden ist, mitgewirkt. Das hat der Berichterstatter ganz richtig bemerkt, und Belege dazu finden Sie im Berichte selbst. Wir sehen z. B., daß Reclamationen des Fürsten Thurn und Taxis eingewirkt haben. Ihnen zu gefallen hat man ein ganzes Stück polnischen Landes durch die neue Demarcationslinie mit Deutschland vereinigt. Der Fürst erhielt das Fürstenthum Krotoszyn als Aequivalent für abgetretenes Postregal, und zu der Zeit, wo er es erhielt, war das Großherzogthum keineswegs ein Theil Deutschlands. Die Reclamation des Fürsten Thurn und Taxis scheint also hier bloß ein Vorwand zu sein. Denn einen Rechtsgrund, auf den hin diese Reclamation erhoben sein könnte, kann ich in der That nicht sehen. Zu der Zeit, wo der Fürst diese Entschädigung erhielt, war das Fürstenthum in einem polnischen zu Preußen und nicht zu Deutschland gehörigen Lande gelegen. An dieser seiner Stellung würde sich aber jetzt nichts ändern, es würde ja nur bleiben, was es bisher gewesen, ein polnisches unter preußischer Hoheit stehendes Fürstenthum. Worauf soll sich nun jetzt die Reclamation des Fürsten stützen? Was geht es ihn an, ob ein anderer Theil des Großherzogthums Deutschland einverleibt wird? Sein Besitzthum bleibt ihm unverkürzt. Es läßt sich demnach hier, bei offenbarer Ermangelung jedes Rechtstitels, kaum etwas anderes, als ein Vorwand erkennen, um wieder ein Stück Landes Polen wegzurauben und Deutschland einzuverleiben. Es sind noch andere Gründe im Berichte, die auf die Veränderung der Demarcationslinie, und zwar immer zum Nachtheile des überbleibenden Theils Polens eingewirkt haben. Wir sehen zum Beispiel, ein Gutsbesitzer reclamirt, weil nach der Demarcationslinie des General Pfuel sein Besitzthum theils im deutschen, theils im polnischen Theile Posens zu liegen käme. Also die Convenienz dieses Gutsbesitzers ist ein hinreichender Grund, die frühere Demarcationslinie zu ändern und eine neue seinen ganzen Gütercomplex mit begreifende zu ziehen. Wenn ich die Gründe überschaue, die zur Rechtfertigung der neuen, wiederum den deutschen Antheil vergrößernden Scheidungslinie angeführt sind, die Lage der Stadt Schrimm, die Deckung der Armee durch die drei Flüsse, die der Festung Posen nothwendigen Straßenverbindungen, die Reclamation des Fürsten Taxis, die Convenienz eines Gutsbesitzers, so erinnert mich das an die dreizehn Gründe, welche das preußische Landrecht für die Ehescheidung aufstellt. Unter diesen dreizehn Gründen kommt zuletzt einer, welcher die andern alle überflüssig macht, nämlich wechselseitige Abneigung. So ist auch hier ein Grund, der, weil er doch in der ganzen Angelegenheit den leitenden Grundgedanken bildet, eigentlich die Anführung anderer unnöthig macht: die Schwächung des zur Reorganisation bestimmten Polen, die möglichste Verkleinerung des nicht einzuverleibenden Theiles. Es steht demnach in dieser Sache bedenklich mit der Ehre Deutschlands, die nur dadurch gewahrt werden kann, daß wir altes Unrecht vergüten, neues Unrecht nicht begehen, wenn wir gleichwohl jetzt aufgerufen werden, die neue Demarcationslinie und mit ihr Alles, was an ihr hängt, alle die Folgen, die diese nothwendig für den überbleibenden Theil haben muß, zu genehmigen. Sollen wir denn immer wieder in den Ruf kommen, daß wir gegen andere Nationalitäten kein Gesetz der Gerechtigkeit kennen? Soll auch jetzt in unserer kritischen Lage, in der uns an dem guten Willen und der guten Meinung nichtdeutscher Nationalitäten so viel gelegen sein muß, . . .

Vicepräsident Kirchgeßner: Meine Herren! Lassen Sie mich nicht vergeblich die Bitte wiederholen, Ihre Plätze einzunehmen.

Döllinger: . . . die Forderung gerechter Rücksicht auf die Bedürfnisse, die Ansprüche und das Wohl eines unglücklichen Stammes keinen Anklang in unserer Brust finden? An Sie wende ich mich hier, meine Herren, die Sie den Eintritt oder das Verbleiben Oesterreichs in dem deutschen Bundesstaate wollen und mit allen Kräften erstreben, Sie wissen es zu würdigen, wie viel von der Meinung abhängt, welche nichtdeutsche Völkerschaften — ich habe zunächst die österreichischen im Auge — von der Frankfurter Nationalversammlung hegen; Sie wissen es, warum bisher ein Theil der Wahlen dort nicht hat vollzogen werden können, Sie wissen, welche Stimmung dort herrscht, Sie wissen, wie wenig Gerechtigkeitssinn gegen andere Nationalitäten man der Frankfurter Nationalversammlung dort zutraut. Ich will nicht untersuchen, ob mit Recht oder Unrecht, ich will nicht untersuchen, ob dieses Mißtrauen auf einem Vorurtheile oder auf Thatsachen beruht, ich frage nur, was wird das Verfahren, welches man uns jetzt gegen die polnische Nationalität zumuthet, für einen Eindruck bei allen jenen nichtdeutschen Völkern und Stämmen machen, die doch einmal an Deutschland angewiesen sind, die mit uns in engerem oder weiterem Zusammenhange stehen? Kann sich bei ihnen die Ueberzeugung bilden, daß das deutsche Parlament es mit seiner Erklärung, die fremden Nationalitäten in ihrem Rechte achten und schützen zu wollen, ernstlich gemeint habe? kann diese Ueberzeugung bei ihnen Platz greifen, wenn wir solche Dinge, wie diese uns jetzt vorgeschlagene Demarcationslinie enthält, ohne Weiteres genehmigen, ohne näher zuzusehen, auf einen so wenig motivirten Bericht hin, auf einen Bericht hin, in welchem die wahren Gründe hinter den Vorwänden zum Theil so deutlich hervorblicken; ja auf diesen Bericht hin sollen wir so ohne Weiteres den langsamen, vielleicht auch ziemlich schnellen Ruin der polnischen Nationalität beschließen. Denn welche Existenz kann und soll diesem, von seinen übrigen Stammesgenossen abgesonderten Bruchtheile beschieden sein? Zwischen Rußland und dem deutschen Reiche eingekeilt, zu schwach und unbedeutend, um politisch zu leben und doch nicht reif zum Sterben, muß er ein kümmerliches, ein wahrhaft sieches Dasein hinschleppen. Wenn schon die preußisch-deutschen Provinzen an der russischen Grenze durch das System der russischen Regierung um ihren Wohlstand gebracht sind, und von daher die [illegible], was soll dann aus diesem losgerissenen Theil des Großherzogthums werden, der nun auf der einen Seite die feindliche Grenze Rußlands hat und auf der andern die vielleicht nicht minder feindlichen, dir Deutschland einverleibten Theile? was soll eine solche Handvoll Menschen machen, in welch einen Zustand politisch-nationalen Gedeihens wird die Handvoll Menschen, welche die neue Linie für die polnische Organisation ausscheidet, sich zu erheben vermögen? denn ihre Zahl wird vom Herrn Berichterstatter nicht höher angegeben als auf 360,000.

Schubert (vom Platz): 350,000.

Döllinger: Also 350,000. Das Großherzogthum Posen enthält aber 1,200,000 Seelen. Von diesen 1,200,000 Seelen bleiben also jetzt, als der mit der Reorganisation zu beglückende Theil 850,000 Seelen; wie soll dieser ein nationales Leben führen können? Ist es nicht ein wahrer Hohn und Spott, wenn man ihnen sagt: jetzt ist nichts mehr, was euch in eurer nationalen Entwicklung stört, jetzt habt ihr volle Freiheit, euch polnisch zu reorganisiren? Man geht freilich noch weiter, man sagt: mit dieser Abschreitung ist der Punkt ausgemittelt, von wo aus sich künftig einmal das polnische Reich wieder erheben und entwickeln kann; der Anfang dazu ist nun gemacht und unter günstigen Verhältnissen wird das weitere Wachsthum nicht ausbleiben, die so ersehnte Wiederherstellung des polnischen Reiches wird mit der Zeit von dort ausgehen können. Ich glaube kaum, daß Alle, die das äußern, es im Ernste meinen; ich glaube auch nicht, daß wenn wir jetzt entscheiden über das Geschick des Großherzogthums, wir überhaupt uns um jene Frage der Wiederherstellung eines polnischen Reiches zu bekümmern haben, und wenn ich von der Ehre Deutschlands rede, die dadurch gewahrt wird, daß wir altes Unrecht vergüten, dann denke ich nicht wie Andere, meine Herren, an die Wiederaufrichtung des polnischen Reiches. Nein, ich verweise diesen Gedanken in das Reich der Träume; ich sehe keine Möglichkeit zur Verwirklichung, ich glaube nicht, daß wir verbunden sind durch irgend einen Grund Rechtens irgendwie die Hand zu bieten, ad impossibilia nemo tenetur. Es scheint nun einmal im Rathe der Versehung beschlossen, daß wenigstens in der nächsten Zeit eine Wiederherstellung des polnischen Reiches nicht stattfinden soll; es müßte sich der Zustand Nordeuropas vom Grunde aus ändern, es müßte eine Schwächung der russischen Macht eintreten, zu der vorerst auch nicht die geringste Wahrscheinlichkeit vorhanden ist, es müßte sich selbst die Gesinnung anderer ehemals zu Polen gehöriger Länder ändern, denn wir sehen, daß z. B. in der großen Masse der Bevölkerung Galiziens keineswegs ein Verlangen nach Wiederherstellung eines polnischen Reiches vorhanden ist, kurz, ich sehe, wenigstens für die nächste Zukunft, keine Möglichkeit dazu; also daran denke ich nicht, aber das meine ich, daß wir schuldig sind, dem Theile der polnischen Nation, der einmal per fas oder nefas mit uns zusammenhängt, wahre Gerechtigkeit widerfahren zu lassen, das heißt, Schonung seiner Nationalität und Gewährung der Mittel, durch welche ihm ihre Erhaltung und Entwickelung möglich wird; daß wir ihm also nicht eine Reorganisation anbieten, die unter solchen Umständen ein bloßer Hohn und Spott wäre; darin suche ich die von unserer Seite ihnen gebührende Gerechtigkeit, daß wir die diesem Volke feierlich gegebenen Versprechungen, die mit ihnen oder wenigstens über sie geschlossenen Verträge nicht brechen oder brechen helfen. Wahrlich es ist an diesem unglücklichen Volkstheile des Wortbruchs schon genug begangen worden, es ist ihm schon mehr als ein feierlich gegebenes Wort nicht gehalten, ja das Gegentheil der verbürgten Gabe aufgedrungen worden, und jetzt sollen wir die Ehre und den Vortheil

Deutschlands daran [illegible] neuen Wortbruch die Hand bieten; denn behandeln Sie die Sache wie Sie wollen, es wird doch wohl nicht geläugnet werden können, daß es sich um einen neuen Wortbruch handelt. Was ist es, wenn man dem polnischen Volke die Reorganisation des ganzen Großherzogthums verspricht, und wenn man dann von 1,200,000 Seelen 350,000 absondert, um diesen allein die verheißene, jetzt aber freilich sehr zweideutige Wohlthat zu gewähren, den Uebrigen aber sagt: für euch gilt das Alles nicht; ich meine nämlich jenen Theil der polnischen Bevölkerung, der nun mit Deutschland einverleibt werden soll, und von welchem zugestanden wird, daß er die Mehrzahl, und zwar in doppelter Beziehung, bildet; denn einmal ist die in dem einzuverleibenden Lande befindliche polnische Bevölkerung bedeutend zahlreicher als die deutsche, zu deren Vortheil die Demarcationslinie gezogen werden soll, dann aber ist sie auch größer, als die Zahl derer, welche von ihnen abgesondert für sich bestehen und ihrer Nationalität, so gut sie es vermag, in dem übrig gelassenen Winkel des Landes pflegen soll. Weiter aber, abgesehen von den Forderungen der Gerechtigkeit, — verträgt es sich denn irgendwie auch nur mit unserem wohlverstandenen Vortheile, daß eine solche Demarcationslinie gezogen oder eine solche Zerstückung des Landes nunmehr vorgenommen werde? Was können wir uns denn von den künftigen Zuständen dieses losgerissenen Theiles des Landes überhaupt vorstellen? Was wird nach aller Wahrscheinlichkeit, mit Rücksicht auf frühere Ereignisse, was wird in diesem Stücke des alten Großherzogthums Posen, in diesem nunmehr sich selbst überlassenen Theile vorgehen? Wir wissen alle: die sogenannte polnische Emigration ist unverbesserlich! nie und durch nichts wird dieselbe von ihren Bestrebungen abgebracht werden können! Von der jetzigen Generation der polnischen Emigration ist nicht zu erwarten, daß sie jemals Ruhe geben werde, Unruhe und Verwirrung zu stiften und ihre Landsleute aufzuwiegeln, sie wird unter allen Umständen ihre Bemühungen fortsetzen! Nun aber wird ein eigener Boden für dieselben hergerichtet, nämlich diese losgerissenen Theile des Großherzogthums Posen. Dort wird die Emigration freien Spielraum haben, dort wird sie ihren Sitz aufschlagen, ihre Comités werden fort und fort von da aus die Insurrection zu organisiren und die benachbarten polnischen Landestheile in Gährung zu bringen suchen. Wird sich die russische Regierung dieß auf die Dauer gefallen lassen? wird sie einem solchen Zustand sich zu befestigen gestatten? Keineswegs! Es wird also in nicht langer Zeit die bequemste und willkommenste Veranlassung für die russische Regierung sich ergeben, dort zu interveniren; und wie diese Regierung dabei zu verfahren pflegt, wie sie es in der Moldau und in der Wallachei gehalten hat und noch hält, das wissen wir. Dasselbe Schauspiel, welches Sie in der Moldau und Wallachei von ihr jetzt aufgeführt sehen, dasselbe Schauspiel werden Sie in dem abgerissenen Theile des Großherzogthums Posen erleben können. Und mit welchen Gründen wollte man auch der russischen Regierung sich widersetzen, wenn diese erklärte, daß es die nothwendige Rücksicht auf ihre Selbsterhaltung gebieterisch erheische, diesen Heerd der polnischen Insurrection zu occupiren. Das wären doch auch, glaube ich, wenn nicht gerade strategische, so doch politische Gründe, die wohl in Erwägung gezogen zu werden verdienen, und man wird wohl thun, sich gegen eine Eventualität vorzusehen, die nicht in das Reich der Unmöglichkeit gehört; wird etwa die preußische Regierung in diesem abgerissenen Theile Posens noch stark genug sein, dergleichen Zustände zu hindern? Die preußische Regierung wird dort weiter keinen Einfluß haben, als denjenigen, den die [illegible] gewährt; sie wird nicht berechtigt sein, mit Truppen und Mitteln, die den übrigen zu Deutschland gehörigen Staaten die Herrschaft und das Ansehen der Gesetze, die Ordnung in jenem Landestheile aufrecht zu erhalten. Doch es drängt mich, zu jener Seite der Frage, nach welcher es sich nicht um Gutmachung, doch um möglichste Milderung eines früheren Unrechts handelt, mich zurückzuwenden. Blicken wir doch zurück, meine Herren, wie es mit der Einverleibung des Großherzogthums Posen in Preußen überhaupt gegangen ist! Denken wir doch darum an jenes Ereigniß zurück, um zu sehen, was unsere Pflicht in den gegenwärtigen Verhältnissen sein darf? ob wir irgendwie berechtigt sind zu einer Maßregel, wie diese Zerstückelung vermittelst der Demarcationslinie ist, die Hand zu bieten? Es ist hier nicht gesagt worden, so viel ich mich erinnere, und es ist doch eine historische Thatsache, daß der Vorwand zur Einverleibung des Großherzogthums Posen in den preußischen Staat von Seite der Polen dargeboten wurde, — durch jene Verfassung, die Sie sich im Jahre 1791 gaben, eine Verfassung, die damals von dem gebildeten und intelligenten Theile Europas bewundert wurde, von der ein großer Staatsmann, Burke, sagte: „sie sei die reinste öffentliche Wohlthat, die jemals der Menschheit geboten worden sei." Durch jene Verfassung, die noch in der neuesten Zeit Lord Brougham gepriesen und bewundert hat, als eine der besten, die jemals gegeben worden seien. Dieselbe Verfassung, die, wie auch deutsche Geschichtschreiber sagen, das einzige Mittel war, um Polen zu retten, ihm in Europa eine neue Stellung zu geben, wurde von der preußischen Regierung als Vorwand benutzt, um diesen Theil des polnischen Reiches, das Großherzogthum Posen, an sich zu reißen. Alles, was die Polen damals thaten, um ihre Verfassung zu verbessern, und die alten Schäden zu heilen: die Abschaffung des Wahlrechtes, die Verwandlung der Republik in eine erbliche Monarchie, die Erhebung der Städte und des Landvolkes; das Alles wurde in öffentlichen Manifesten der preußischen Regierung ihnen als Attentate angerechnet, als für die Wahrung der Sicherheit des preußischen Staates gefährlich und dem Gifte dieser Neuerungen, hieß es, müsse durch Einverleibung der benachbarten polnischen Provinzen in den preußischen Staat begegnet werden. Derselbe König von Preußen, der die Polen beglückwünscht hatte bei dem ersten Erscheinen ihres Verfassungsentwurfes, derselbe König, der mit ihnen ein Schutzbündniß geschlossen hatte, erklärte nachher, er erkenne dieß nicht mehr an, weil das Bündniß geschlossen sei mit einer Republik, und diese sich aber nunmehr in eine erbliche Monarchie verwandelt habe. Die Polen, hieß es, wie in dem sogenannten Friedesschlusse von Grodnow vom Jahre 1793 gesagt ist, hätten sich verderblichen Neuerungsgelüsten hingegeben und gefährdeten dadurch die Sicherheit des preußischen Staates, und es müsse der preußische Staat der Ansteckung seiner Unterthanen durch diese jacobinischen Grundsätze zuvorkommen. (Stimmen: Hört! hört!) Das waren die Umstände, unter denen die Einverleibung des Großherzogthums Posen in die preußische Staaten erfolgte, und nun sollen wir die Erbschaft der auf solche Weise gebildeten Verhältnisse nicht bloß antreten, nein! wir sollen auch auf altes Unrecht ein neues Unrecht, nämlich das einer letzten Zerstückelung Polens und einer systematischen Auflösung der polnischen Nationalität häufen?! Der polnischen Nationalität sage ich, denn was geschieht? — Die Polen in Posen werden wie ein Wurm in zwei Stücke zerrissen, nach der einen Seite hier, der deutschen, werden 500,000, nach der andern 350,000 geworfen; sie werden von einander losgerissen, um sich und ihrer Nationalität keine wechselseitige Hülfe leisten zu können, der eine Theil soll dem andern entfremdet werden — divide et impera (theile und herrsche)! damit die deutsche Bevölkerung, die ohnehin mannichfach von

ihr abhängige politische noch mehr bedrücke und ihre Herrschaft ungeirrt befestigen möge, muß die polnische Nationalität dort zerstückelt werden; dem einen kleineren Theile aber bietet man ein Trugbild der Reorganisation dar. Welches Loos dem anderen Theile bereitet sei, wird nicht gesagt. Freilich werden sie ja auch die deutschen Grundrechte haben, wenn sie nämlich dort eingeführt werden, sie werden ja auch der Wohlthaten der neuen preußischen Verfassung theilhaft werden! — möglich! — ich sage: möglich! — so möglich, wie es auch in Irland an sich möglich wäre, daß das Volk dort seinen vollen Antheil an den Rechten und Wohlthaten der englischen Verfassung empfinge und genösse; aber leider ist diese Möglichkeit noch keine Wirklichkeit geworden, weil eben die eine herrschende und bevorzugte Nationalität dort Mittel genug in Händen hat, um den Gleichgenuß von Rechten und Freiheiten der anderen Nationalität zu hindern und zu verkümmern. Und in welchem Grade dieß gegenwärtig noch in Irland der Fall sei, welche Zustände jetzt noch dort bestehen, wissen wir ja Alle. Hüten wir uns Alle, daß Deutschland nicht ein neues Irland an seiner Nordostgrenze erhalte! hüten wir uns, daß in jenem Landestheile nicht ein Zustand eintrete, wie wir ihn auf jener Insel sehen! durch eine solche Gewaltthat, wie sie in der die Zerreißung eines von jeher enge vereinigt gewesenen Landes vermittelst der Demarcationslinie liegt, erzeugen Sie bei der polnischen Bevölkerung eine bittere Stimmung, wenn und wo sie noch nicht vorhanden ist; oder wenn sie vorhanden ist, so werden Sie dieselbe erst recht befestigen und kräftigen. Was werden dann die Folgen sein? was werden sich da für Zustände bilden? wir haben das in Irland gesehen, was es für Folgen hat, wenn unter solchen Kämpfen friedlicher Stämme das Institut der Schwurgerichte eingeführt wird, dann wird es fast zur Regel, daß eine aus Personen einer Nationalität gebildete Jury die Angeklagten der anderen Nationalität verurtheilt. Dann ist es äußerst schwierig, einen unparteiischen Urtheilsspruch zu erhalten, weil der tiefe Haß der beiden Nationalitäten gegeneinander das Gerechtigkeitsgefühl unterdrückte. Könnte es nicht auch in Posen dahin kommen, welche Stimmung wird sich der dortigen polnischen Bewohner bemächtigen, wenn sie sehen, daß ihnen zwar eine Menge von Rechten und Freiheiten auf dem Papiere angeboten sei, daß sie sich aber factisch in der Unmöglichkeit befinden, diese lockenden Früchte sich anzueignen. Und so bestätigt sich wieder, was ich bereits geltend zu machen suchte: nicht bloß unser Gerechtigkeitsgefühl, nein, auch unser wohlverstandener Vortheil, unser eigenes Interesse als Deutsche fordert von uns, daß wir zu einer Maßregel, wie die uns vorgeschlagen ist, nicht die Hand bieten. Nein, meine Herren, ich weiß keine Demarcationslinie aufzufinden, welche auch nur einigermaßen dem Gebote der allergewöhnlichsten Gerechtigkeit entsprechen könnte. Wie tief die jetzt vorgeschlagene, nunmehr dritte, Demarcationslinie in das Fleisch des polnischen Landes einschneidet, zeigt uns ja ein Blick auf die Karte. Lassen wir uns, meine Herren, durch alle die bisher geltend gemachten Gründe nicht bestimmen, eine solche Demarcationslinie anzunehmen, und damit zugleich vorhinein alles das zu sanctioniren, was dann als nothwendige und unabweisbare Folge einer solchen Maßregel sich anschließen muß! Denn wenn dann dort ein Schlag nach dem andern erfolgt, wenn alle von dort kommenden Nachrichten uns zeigen, daß nichts zur Versöhnung geschieht, daß die Erbitterung immer höher steigt und die Unzufriedenheit der Masse mit den dortigen Zuständen immer bedrohlicher, nicht bloß für Preußen, auch für Deutschland wird, was werden wir dann sagen, mit welchem Gefühle der Reue müßten wir dann auf dieses unser Werk zurückblicken? Denn diejenigen, welche glauben, es sei damit, daß man ein Stück von Posen losreiße, und es außer Beziehung mit den übrigen [illegible], dem conservativen Interesse ein Dienst geleistet, würden sich schwer irren. Ich glaube, der Erfolg der Wahlen in Posen zeigt uns, welch jetzt, welche Gesinnung unter der einzuverleibenden oder nicht einzuverleibenden polnischen Bevölkerung herrscht, und je mehr Sie dieselbe erbittern, je mehr Sie zeigen, daß für sie keine Gerechtigkeit stattfinden soll, desto größeren Vorschub gewähren Sie den Bestrebungen der dortigen Anarchisten, desto sicherer wird das polnische Volk die Beute derer werden, welche es auf den Umsturz der preußischen Monarchie oder auf mehr noch abgesehen haben. Es scheint mir also, meine Herren, der von Herrn Osterrath und Genossen gestellte Antrag unter den gegenwärtigen Umständen derjenige zu sein, welcher unserer Stellung und den an uns zu machenden Anforderungen noch am meisten entsprechen kann, dem wir daher mit gutem Gewissen unsere Zustimmung geben können. Mir scheint, es bleibt nichts anderes übrig, als die Hand dazu zu reichen, daß das ganze Großherzogthum Posen mit dem deutschen Reiche verbunden werde. Keine Demarcationslinie! Die strategischen Gründe müssen mit weit mehr Gewicht dafür sprechen, daß das ganze Land Deutschland einverleibt werde, und nicht ein Theil desselben als Herd von Intriguen und fortwährender Unzufriedenheit an der Grenze gelassen werde. Lassen Sie uns von dem Princip, auf dem ja wir selbst mit unserer ganzen Existenz beruhen und welches wir immer vorangestellt haben, daß nämlich der Volkswille entscheiden solle, nicht auf so flagrante Weise abgehen; lassen Sie uns in Bezug auf Posen keinen Beschluß fassen, welcher sich über jenes Princip gänzlich hinwegsetzt; denn das heißt nicht nach dem Princip, daß der Volkswille das oberste Gesetz sein soll, handeln, wenn wir nur dem einen (deutschen) Theile Gehör geben, dem anderen aber, dem polnischen, das aufdringen, was ihm das verhaßteste ist. Man hat es ehemals, zur Zeit Ludwigs XIV, als ein Zeichen des französischen Uebermuthes ausgelegt, daß der französische Gesandte zu den Holländern sagte: Wir werden verhandeln bei euch, über euch und ohne euch! Und was Anderes ist denn jetzt in Posen geschehen? Was haben denn die dahin gesandten Reichscommissäre Anderes gethan? Man hat verhandelt bei den Polen, über die Polen und ohne die Polen! (Beistimmung von einigen Seiten. — Stimmen auf der Rechten: Oh! oh!) Daß sie, wie auch im Berichte bemerkt ist, sich an diesen Verhandlungen nicht betheiligten, war ganz natürlich und wird uns fürwahr nicht Wunder nehmen, wenn wir bedenken, daß es doch der polnischen Nation am wenigsten zugemuthet werden kann, auf das der Demarcationslinie zu Grunde liegende Princip der Theilung einzugehen. Hätten sie dieß gethan, so würden sie ja damit die Berechtigung zu einer solchen, den völkerrechtlichen Verträgen offenbar zuwiderlaufenden Zerreißung anerkannt haben. Ich weiß gewiß, wenn ich Pole wäre, so würde ich mich entschieden dagegen verwahren, und zwar sowohl im Interesse der Nationalität und [illegible], was mir werth und theuer ist, als im Interesse der Aufrechterhaltung längst geschlossener Verträge. Also, meine Herren, lassen Sie uns unter allen Umständen und vor Allem nach dem Princip der Gerechtigkeit handeln. Es ist die Lage der Dinge jetzt eine andere, die Gesinnungen sind wohl auch jetzt andere als damals, wo die posen'schen Stände mit 26 gegen 17 Stimmen die Einverleibung des ganzen Landes in den deutschen Bundesstaat ablehnten. Damals dachte diese Majorität nicht daran, daß man statt der Einverleibung des ganzen nur die des größeren Theils und zwar ohne ihre Einwilligung beschließen und ausführen würde. Die Sache steht jetzt so, daß die Polen nur noch die Wahl zwischen zwei [illegible]

[illegible] Wegen sie damals [illegible] als ein Uebel betrachtet haben, jetzt werden sie dieselbe, sobald sie nur das ganze Land und die gesammte Bevölkerung umfaßt, als das kleinere Uebel und folglich als ein relatives Gut dem größeren, nämlich der theilweisen Einverleibung und der daraus hervorgehenden Zerstückelung ihres Landes vorziehen, und willig zu jener die Hand bieten.

Vicepräsident Kirchgeßner: Herr Röden! Meine Herren, darf ich bitten, die Plätze einzunehmen; es kann sonst die Ordnung nicht gehandhabt werden.

Röden von Krotoszyn: Meine Herren! Wenn mein Vorredner diese theils so trockene, theils so lebenswarme Frage vom politischen Standpunkte aus so kurz und fein vor Ihnen entwickelt hat, so gestatten Sie es mir, daß ich mich in dieser Frage, wenn auch nur für einen Augenblick, auf meinen heimischen Boden stellen darf. Zwar könnte ich von da aus nicht zu Ihnen, wie dieß neulich bei einer anderen Frage vom Abgeordneten für [illegible] in passend schöner Weise geschah, ich könnte von da aus nicht zu Ihnen vom Rauschen des adriatischen Meeres sprechen, dieses Meeres, das den fremden Namen und die fremden Laute trägt, wohl aber könnte ich Ihnen sagen, wie es mich begeistert hat, wenn durch das Schweigen unserer Wälder der Ton der Axt deutscher Hinterwäldler zu meinen Ohren drang und mich an mein fröhliches, aber unaufhaltsam vorwärts dringendes Vaterland gemahnte; ich kann Ihnen nicht von den Bergen und Gletschern meiner Heimat zu Ihnen reden, die gleich denen Tyrols meinem Lande uneinnehmbare Festungen bilden, wohl aber kann ich Ihnen sagen, daß in unseren unabsehbaren Ebenen, sowie in den durch die Axt gelichteten Wäldern deutsche Männer mit Tyroler Herzen wohnen, und daß unsere Ebenen und Fluren weit und fruchtbar genug sind, um noch manchen Zillerthaler in sich bergen und aufnehmen zu können. (Bravo auf der Rechten.) Doch ich gehe kurz nur einfach in die Sache selbst ein, und erinnere Sie zunächst und vor Allem daran, daß unsere ganze Bewegung in der Provinz auf beiden Seiten eine rein nationale gewesen ist, daß Sie dieselbe als eine solche anerkannt und formell durch den Beschluß vom 27. Juni vorigen Jahres sanctionirt haben. Es sollte die Provinz mit Zuziehung der Centralgewalt in einen deutschen und polnischen Theil abgegrenzt werden, zur Basis der Abgrenzung sollte das Nationalitätsprincip und die Sicherung der Grenzen Deutschlands, sowie ebenso die vom General Pfuel am 4. Juni vorigen Jahres gezogene Demarcationslinie dienen. Ich halte den eben angegebenen Standpunkt der Trennung noch ganz entschieden fest, und muß mich entschieden gegen den letzten Satz der in Ihren Händen befindlichen Denkschrift, nach welchem durch die Verwerfung der jetzt gezogenen Demarcationslinie die Einverleibung der ganzen Provinz nothwendig wird, aussprechen und erklären, ebenso wie gegen das Amendement des Herrn Döllinger. Wir würden in unseren wesentlichsten Rechten als Deutsche durch die Einverleibung der ganzen Provinz auf das tiefste gekränkt werden, wir würden polnische Vertreter im deutschen Parlamente haben und gezwungen werden, unsere ganze anerkannte und berechtigte und wieder nicht anerkannte Bewegung von Neuem zu beginnen. Der Haß zwischen Deutschen und Polen würde wieder frisch und in verstärktem Grade empor lodern, und die Ruhe und den Frieden würden so lange aus unserer Provinz verbannt sein, bis eine der beiden Nationalitäten vollständig besiegt und zu Boden geworfen worden wäre. Doch [illegible] diese in der Denkschrift berührte Eventualität hier nicht zur Sprache kommen, weil die hohe Versammlung in ihrer Sitzung vom 27. Juli schon einmal das Amendement des Herrn Döllinger, unter Anderem, verworfen hat, dieser Antrag daher schon nach der Geschäftsordnung von neuem nicht zulässig ist. (Stimmen auf der Linken: Oh! Oh!) Die Umstände sind ganz anders geworden! Ich weiß sehr wohl, daß die Polen die Aufnahme der ganzen Provinz jetzt selbst wünschen, und daß sie sogar in Berlin darum petitionirt haben sollen. Ich weiß aber auch, daß dieß nur aus dem Grunde geschieht, um bei einer spätern erhofften Wiederherstellung Polens Ansprüche auf die ganze Provinz machen zu können. Wer die Bestrebungen der Liga polska in der neuesten Zeit verfolgt hat, wird darüber nicht in Zweifel sein. Wir haben es daher heute einzig und allein mit der Frage zu thun, ist die mit Zuziehung der Centralgewalt am December v. J. gezogene Demarcationslinie von uns als eine definitive anzuerkennen oder nicht? Würden wir sie nicht anerkennen, dann bliebe uns nur der Beschluß übrig, entweder eine andere Demarcationslinie ziehen zu lassen, die auf andere Weise unseren früheren Beschluß in Ausführung brächte, oder eine der vom General Pfuel gezogenen Linien als eine definitive zu erklären. So viel ich nun auch gegen diese sämmtlich gezogenen Grenzen auszusetzen habe, und zwar an der zuerst gezogenen, weil wir durch sie zu wenig gegen Rußland gesichert sind und weil zu viel Deutsche, besonders im südlichen Theil der Provinz, von dem Vaterlande ausgeschlossen werden, an der zuletzt gezogenen, weil wir Deutsche an der Entwickelung unseres Nationallebens durch Uebernahme von noch mehr Polen behindert werden, so muß ich mich dennoch für die zuletzt gezogene aus folgenden Gründen aussprechen: Unsere Provinz bildet ein flaches, hügel- und wasserarmes Land, fast ohne jede natürliche Grenzscheide, und ohne alle jene Punkte, die als strategische sogleich benutzt werden könnten. Bedenken Sie dabei, daß es sich hier um eine Grenze gegen Osten hin handelt, gegen einen Feind, der ein viel günstigeres Terrain für sich hat, so wird Ihnen die Schwierigkeit sowie die Vorsicht und große Verantwortlichkeit, mit der diese Demarcationslinie gezogen werden muß, einleuchten. Es handelt sich hier um die Wahrung der Sicherheit von ganz Deutschland, und wenn der Reichscommissär, wie dieß in der Denkschrift ausführlich entwickelt ist, auf die ich überhaupt verweisen muß, sich durch diesen Grund bei Ziehung der Grenze hat leiten lassen, so können wir, die wir ihn eigends hierzu bestimmt haben, so kann kein Deutscher ihm hierüber einen Vorwurf machen. Erwägen Sie ferner, meine Herren, daß der größte Theil der polnischen Bauern unter jeder Bedingung preußisch bleiben will, daß mehr als die Hälfte des Bodens der ganzen Provinz sich in deutschen Händen befindet, und daß wir gerechte Ansprüche an die ganze Provinz haben, so können Sie sich vollkommen zufrieden erklären mit der zuletzt gezogenen Demarcationslinie, wenn wir die deutschen Bewohner der Provinz, die wir allein und vorzüglich durch den Zuwachs des polnischen Elementes zu leiden haben, wenn wir mit denselben zufrieden sind. — Doch nicht Gründe der Vernunft allein können hier maßgebend werden; auch die Humanität fordert ihr Recht und macht Ansprüche an Sie. Seit zehn Monaten befindet sich unsere arme Provinz nun in diesem Zustande der Unsicherheit und des nationalen Streites; jede freie Lebensregung ist in Folge desselben dort gehemmt, Handel und Gewerbe liegen ganz darnieder, überall herrscht die tiefste Verstimmung und Mißtrauen, und Freund und Feind blicken sehnsuchtsvoll auf Sie, meine Herren, um an die Gewißheit des so lange vergebens erharrten Geschickes endlich neue Bahnen der Thätigkeit und des Schaffens anknüpfen zu können. Ich bitte Sie daher inständigst, genehmigen Sie die vom Reichscommissär gezogene Demarcationslinie, und gestatten Sie, daß einzelne kleine Abänderungen, wie sie mir von zwei

Gutsbesitzern, die unmittelbar an der Grenze liegen, aus zwei Kreisen als wünschenswerth und billig zugegangen sind, dem Reichsministerium zur Erledigung überwiesen werden mögen. Sie werden dann die Genugthuung haben, daß mitten durch dieß Getöse des Haders und des Streites, die klaffend unser armes Vaterland zerreißen, auch einmal der ungewohnte, reine Ruf des Dankes und der Freude zu Ihren Herzen bringen kann.

Venedey von Köln: Meine Herren! Ich hielt die Discussion über Polen und die Posener Frage in unserem Kreise für eine geschlossene. Ich würde nicht nochmals aufgetreten sein, um in derselben zu sprechen, wenn nicht dieser Bericht in mir das Schamgefühl der deutschen Nation geweckt hätte. Meine Herren! ich sage das Schamgefühl, denn dieser Bericht ist ein schmäbliches Zeichen, wie wir in der letzten Zeit mit Polen verfahren sind. Sehen Sie doch die Karte an. Es ist dieß jetzt die fünfte Linie, die gezogen worden ist. Zuerst hieß es, es müßten nur einige Kreise, welche deutsch seien, ausgeschlossen bleiben, dann hieß es, es müsse auch die Stadt Posen aufgenommen werden aus strategischen Gründen; hiernach auch der Festungsrayon von Posen. Später wurde Herr General v. Pfuel hingeschickt und er zog noch eine andere Linie, und endlich ist diese fünfte Linie nochmals revidirt und abermals größer gezogen, weiter in das Fleisch Polens eingeschnitten worden. Die Gründe, welche der Bericht enthält, sind wunderlicher Art. Die Reclamationen der einzelnen Gemeinden und einzelnen Besitzer konnte man eher gelten lassen und die strategischen Gründe auch. Aber daneben stehen andere, wie sie in der Reunionsacte in Beziehung auf das Elsaß nicht vorgekommen sind. Da ist ein königlicher Oberforst, und damit die Domaine nicht getheilt werde, muß die Linie weiter hin nach Polen gezogen werden. Da hat es der Regierung in Preußen im Jahr 1819 gefallen, in Posen ein kleines Fürstenthümchen zu schaffen, um durch dasselbe eine preußische Staatsschuld zu decken, und nun kommt und sagt man, daß man mit dem königlichen Wort die Untheilbarkeit dieses Fürstenthums ausgesprochen habe. Meine Herren, wenn man von Posen spricht, sollte man nicht vom königlichen Worte sprechen, denn was Polen und Posen betrifft, so kann hier nur vom Wortbruch der Könige und leider nun auch der deutschen Nation die Sprache sein. (Stimmen auf der Linken: Sehr wahr!) Es kommt noch ein anderer Umstand noch kleinlicherer Art hinzu. Es heißt in dem Berichte, wenn wir das Fürstenthum Krotoschin theilen, so trifft uns, so trifft das Reich der Schadenersatz an den Fürsten von Thurn und Taxis. Ist es nicht zum Erbarmen, solche Gründe hier zu einer Erweiterung der Grenzlinie anzuführen? So spielt man mit der polnischen Nation; — und das ist der Grund, warum ich hier auf die Tribüne getreten bin. Meine Herren, ich weiß, Sie haben dieses Schamgefühl nicht. Wenn Sie es hätten, würden Sie auch in Bezug auf unsere innern deutschen Angelegenheiten nicht so tief herabgesunken sein. (Große Unruhe und Unterbrechung auf der Rechten.)

v. Vincke (vom Platze): Herr Venedey .....

Venedey: Herr v. Vincke, ich habe es nicht zu Ihnen gesagt, ich glaube, Sie haben das Schamgefühl. Ich habe es zu Anderen gesagt, von denen ich glaube, daß sie es nicht haben. (Wiederholte heftige Unruhe und Unterbrechung auf der Rechten.)

Vicepräsident Kirchgeßner: Ich muß von dem Redner voraussetzen, daß es nicht in seiner Absicht lag, irgend einen Abgeordneten hier zu verletzen. Ich glaube, daß in den Worten, ob Jemand das Schamgefühl habe oder nicht, Niemand verletzt ist, so lange [illegible] zur Scham vorhanden sei.

Venedey: Meine Herren, ich werde nicht von der Art und Weise sprechen, wie unser Reichscommissär in zwei Tagen das ganze Werk vollbracht hat. Es thut mir leid, daß ich schon einmal in der Lage war, von Reichscommissären sprechen zu müssen in einer Weise, die mir persönlich unangenehm genug war. Andere mögen daher mit dem Reichscommissär richten. Der Ausschuß aber, indem er diese Gründe unter seine Flügel genommen hat und in Folge derselben zu dem Schlußantrag kommt, wir möchten genehmigen, was geschehen sei, scheint mir die Verantwortung mit tragen zu müssen, die aus der innern Unhaltbarkeit derselben hervorgeht. Nachdem aber der Ausschuß seine Ansicht ausgesprochen, kommt dann noch ein Postscriptum, in dem es heißt, es habe noch Einer reclamirt, und dann erklärt der völkerrechtliche — ja völkerrechtliche heißt er — Ausschuß, er halte dafür, „daß die hohe Nationalversammlung nicht auf solche vereinzelte und verspätete Anträge eingehen dürfe, wodurch die einmal festgestellte Demarcationslinie auf die Reclamation einzelner Besitzer verändern kann." Was konnte nun logisch daraus anders folgen, als daß die Sache abgemacht sei? Allein der Ausschuß sagt: „Die hohe Nationalversammlung möge die gedachte Eingabe des Roßkiewicz zur weiteren Prüfung und geeigneten Berücksichtigung an das Reichsministerium des Innern überweisen." (Heiterkeit auf der Linken.) Das aber genügt noch nicht. Während der Ausschußbericht gedruckt wird, kommen noch weitere Reclamationen und diese werden dann nachträglich in einer Note ebenfalls noch anempfohlen. Meine Herren, wir haben Unrecht an den Polen begangen und ich möchte, daß Sie das letzte Unrecht beseitigen. In dem Berichte des Ausschusses ist die große Schmach, die die deutschen Fürsten und die deutsche Nation den Polen gegenüber auf sich geladen haben, in das Kleinliche gezogen. (Stimmen auf der Linken: Sehr wahr!) Ich stimme nicht für den Antrag meines Freundes ..... (Gelächter im rechten Centrum.) Ich habe ein schlechtes Namens-Gedächtniß, finden sie das lächerlich!? (Eine Stimme auf der Linken: „Ahrens.") Ich stimme nicht für den Antrag meines Freundes Ahrens — der mir verzeihen wird, daß mein Gedächtniß ihn so eben unwillkürlich verleugnet hat, — dieser Antrag mag vielleicht practisch das beste sein, was heute geschehen kann; aber ich stimme nicht für ihn, weil ich will, daß von Polen ein selbstständiges Stück Landes übrig bleiben soll, wenn auch noch so klein, wenn auch nur so groß, um auf demselben einen Schandpfahl zu errichten, auf welchem die Namen der Völker, welche Polen getheilt haben, so lange angeschlagen bleiben mögen, bis sie die Pflicht erkannt, die ihnen das grausige Unrecht auflegte, das sie an diesem Martyrvolke begangen haben. Die Zeit wird kommen und bald kommen, wo Deutschland auch in dieser Beziehung die Augen aufgehen werden, wo es ihm klar werden muß, daß ein freies Polen eine der ersten Bedingungen eines freien Deutschlands ist. Dann wird die Stunde der Sühne schlagen und Deutschland im Kampfe gegen Rußland Polen die Hand reichen, sein Auferstehen zu fördern, und nun auch in Polen selbst seinen Namen abwischen von dem Gedenkpfahle der Schmach der Theilung Polens. (Lebhaftes Bravo auf der Linken und dem linken Centrum. Große Unruhe auf der Rechten und dem rechten Centrum.)

Vicepräsident Kirchgeßner: Ich bitte, doch die Plätze einzunehmen.

v. Radowitz von Rüthen: Als ich vor sieben Monaten mir das Wort in der Posener Angelegenheit erbat, stand die Frage so: soll und kann Deutschland seine Reichsgränze da ziehen, wo die polnische Nationalität und Sprache beginnt, oder hat es Pflichten zu erfüllen, welche [illegible]

[illegible] Meine Herren! Sie haben diese Frage beantwortet, und zwar im letzteren Sinne. Ihr Beschluß vom 27. Juli v. J. stellt zwei Punkte fest. Den ersten, daß die Theile des Großherzogthums, welche Preußen anbot, Glieder des neuen deutschen Reichs sein sollen; den zweiten, daß eine Demarcationslinie gezogen und da, wo sie durch zweifelhafte Landstriche zieht, neuerdings untersucht und festgestellt werden soll. Ich entnehme hieraus zwei Folgerungen, die ich für unabweislich halte. Die erste, daß jetzt in diesem Augenblicke nicht die Rede davon sein kann, irgend einen Punkt jener Kreise, die durch den Beschluß vom 27. Juli v. J. in den deutschen Reichsverband aufgenommen worden sind, noch ferner zum Gegenstand der Erörterung zu machen. Lissa und Inowraclaw gehören jetzt zu Deutschland, wie Landau an der Isar und Homburg. Ihre Vertreter sitzen unter uns, und ich hoffe, sie werden zu allen Zeiten ihren Platz im Rathe der Nation zu behaupten wissen. (Bravo auf der Rechten und im rechten Centrum.) Es kann daher meiner Ueberzeugung nach die sogenannte polnische Frage in diese Erörterung überhaupt gar nicht mehr hineingezogen werden; es ist dieß in den Verhandlungen, die dem Beschluß vom 27. Juli vorhergegangen, mehr als genugsam geschehen. Ich bin nicht fremd dem Mitgefühle für die tragischen Geschicke jenes Volkes, ich weiß in seiner Geschichte das helle Licht und den tiefen Schatten sehr wohl zu unterscheiden. Dieses Mitgefühl ist selbst nicht erloschen durch die schmerzlichen Wahrnehmungen, daß wir seit Jahresfrist so Manche unter ihnen als Sendboten jedes Unfriedens als Condottieren jedes Aufruhrs gesehen haben. (Bewegung auf der Linken.) Aber ich kann mich durch keine subjective Empfindung entbunden erachten von der nächsten, der höchsten Pflicht, von der Pflicht gegen das Vaterland, das einen, wenn auch noch so kleinen Theil der Fürsorge für seine Sicherheit in meine Hände gelegt hat. — Ich ziehe eine zweite Folgerung, meine Herren, aus dem Beschlusse vom 27. Juli. Wir sind ebenso wenig in dem Falle, jetzt darüber zu berathen, ob die Landestheile, welche von der Aufnahme in das deutsche Reich ausgeschlossen worden sind, ob diese, sage ich, demnächst in den Reichsverband eingehen können. Hierzu fehlt uns in diesem Augenblick jede Berechtigung, darüber liegt uns kein Antrag vor, weder von der preußischen Regierung noch von den Betheiligten selbst. Ich weiche daher hierüber von meinem verehrten Freunde aus Bayern gänzlich ab. Wir werden allein zu untersuchen und zu entscheiden haben, ob die Demarcationslinie, die uns vorgeschlagen worden, der Aufgabe entspricht, welche gestellt werden muß. Meine Herren! Das Historische ist Ihnen bekannt. Sie wissen, daß der Reichscommissär in Posen bereitwillige Aufnahme fand, daß er an Ort und Stelle die Thatsachen so weit untersuchte, als es ihm irgendwie möglich war. Hierauf gestützt, hat er nun diesen Vorschlag vorgelegt, der schon eine vorläufige Genehmigung der preußischen Regierung erlangt hat, und wir haben ihn in letzter Instanz zu prüfen. — Dieser Vorschlag hat vier Gesichtspunkte zur Erwägung gezogen. Zuerst: Daß kein Punkt jener Landestheile, welche der Beschluß vom 27. Juli in Deutschland aufnahm, durch die Demarcationslinie aus Deutschland wieder ausgewiesen werde. Er hat zweitens geglaubt, Rücksicht nehmen zu müssen auf die Reclamationen, welche an den Reichscommissär gelangt waren, und drittens die staatsrechtlichen Verhältnisse des Fürstenthums Krotoszyn. Er hat endlich viertens die politischen und militärischen Rücksichten, die hier einschlagen, in Erwägung gezogen. Ich habe es mir hinsichtlich der drei ersten Gesichtspunkte nicht zur Aufgabe gemacht, zu Ihnen zu sprechen. Wir haben in dem Berichte das Material liegen, und ich zweifle nicht, daß es noch ferner zur Erörterung kommen werde. Dagegen erbitte ich mir Ihre Aufmerksamkeit für den letzten Theil, für den militärisch-politischen, der mich am nächsten berührt. — Wir müssen bei dieser Betrachtung davon ausgehen, daß diese Demarcationslinie zu irgend einer Zeit die Grenze des Reichs und Preußens werden könnte. Es kommt hier nicht auf die Untersuchung an, unter welchen Umständen, wir haben uns lediglich zu vergegenwärtigen, daß die Theile des Großherzogthums, die jetzt nicht mit in das deutsche Reich aufgenommen werden, in Zukunft in fremde Hände kommen können. Wenn dieser Fall einträte, so würde das Großherzogthum Posen, das zu Deutschland gehört, und welches man Deutsch-Posen nennen könnte, so wird dieser Theil in dem Systeme der strategischen Vertheidigung unserer Nordostgrenze eine mehrfache Function zu erfüllen haben. Es sind hier drei Gesichtspunkte, die man zunächst aufstellen kann. Posen wird unmittelbar durchzogen von der nächsten Operationslinie, die aus Polen nach Berlin, also nach Nord-Deutschland führt. Es ist ferner so gelegen, daß es gegen eine zweite Operationslinie, die Breslau als Ziel hat, und den Kriegsschauplatz nach Mittel-Deutschland verlegen würde, als Seitenstellung dient. Es ist endlich der Terrain-Abschnitt, auf welchem die gesicherte Verbindung Deutschlands mit Ostpreußen beruht. Erlauben Sie mir, über den letzten Punkt noch etwas hinzuzufügen, weil er ein neuer ist. Ostpreußen gehörte seit Jahrhunderten Deutschland an, dem Stamme, der Gesinnung und dem Geiste nach. Ich brauche wohl nicht die innere Gemeinschaft des Landes mit uns näher zu erweisen, das uns Kant und Herder gegeben hat! Um so schmerzlicher war es, daß Ostpreußen ganz außer politischer Gemeinschaft mit uns stand. Diese Gemeinschaft hat uns nur Preußen gegeben, es hat verzichtet auf die europäische Sonderstellung, die es auf eine Volkszahl stützen konnte, die so groß ist, als die des nächstgrößten deutschen Staates. (Stimmen: Hört!) Ich glaube, daß uns daraus die doppelte Pflicht erwächst, für den Schutz dieses uns vertrauten Landes zu sorgen. Dieser Schutz ist es nun, welcher vorzugsweise auf dem gesicherten Besitz von Posen beruht, denn er ist hauptsächlich an eine stete und ungehinderte Verbindung des ganzen deutschen Körpers mit jener entlegenen Provinz geknüpft. Posen ist, wie Sie wissen, nicht durch natürliche Grenzscheiden so begünstigt, daß hierin ein einleuchtender Anhalt für die Vertheidigung gegeben wäre. Wir finden dort weder einen Grenzstrom, noch ein Grenzgebirge. Um desto sorgfältiger sind die einzelnen militärischen Rücksichten zu beachten und zwar in einer Weise, wie es in anderen Kriegsschauplätzen nicht für nöthig erachtet wird. Ich werde nicht auf Einzelheiten eingehen, ich bitte aber die Herren, Sie mögen die Uebersichtskarte, die dem Ausschußberichte beigefügt ist, vor sich legen. Ich werde Sie nicht lange aufhalten. — Meine Herren! Der eigentliche Angelpunkt dieser Betrachtung ist die Festung Posen. Es ist klar, daß dieß der Punkt ist, wo sich die Armee versammeln muß, welche jenem dreifachen Zwecke entsprechen soll. Ich habe vorher gesagt, daß sie dort den Angriffsoperationen gegen Berlin unmittelbar, gegen Breslau durch eine Seitenstellung entgegentreten soll, und daß sie in dieser Position zugleich die Verbindung zwischen Ostpreußen und ganz Deutschland erhalten wird. Damit die Festung Posen diesen Aufgaben entsprechen kann, muß die dort vereinigte Armee zunächst um dieselbe gesicherte Aufstellungen finden. Sie muß ferner von diesem Mittelpunkte aus mit den andern strategischen Punkten des Kriegsschauplatzes in gesichertem Zusammenhange stehen. Von diesen Verbindungen kommen die rückwärts liegenden mit Berlin und Stettin nicht in Betracht. Es handelt sich um die Verbindungen seitwärts nach der Oder bei Glogau und nach der Weichsel bei

Thorn, so wie um die feindlichen Angriffslinien von Posen nach Warsch u. über Wreschen und von Posen nach Kalisch über Pleschen. Diese strategischen Linien sind es, die man ins Auge fassen muß. Was die Linien seitwärts betrifft, so würde die Verbindung zwischen der Oder und Weichsel, die Linie von Glogau über Posen nach Thorn allerdings auf dem kürzesten Wege über Gnesen führen, wie dieses der Bericht auch ausspricht. Der Reichscommissär hat aber nicht geglaubt vorschlagen zu können, daß diese Linie ganz auf deutschem Boden bleibe; er hätte Gnesen in dem Centrum der polnischen Nationalität in Anspruch nehmen müssen, und hat daher vorgezogen, die Verbindung zu suchen mit der Netze. Er hat den Punkt Nakel ausgewählt und die Verbindungsstraße über Wongrowiec als diejenige verlangt, die auf deutschem Boden laufen müsse. — Was die unmittelbar gegen den Feind führenden Marschlinien betrifft, die Linien gegen Warschau und Kalisch, so fordert es die freie Entwickelung der Armee, daß sie mindestens auf einen Tagmarsch von der Festung aus in unseren Händen bleiben, also drei bis vier Meilen weit. Es führt diese Nothwendigkeit auf der Linie von Warschau bis Kostrzyn und auf der Linie von Kalisch bis Schrimm und Xions. Der Punkt Schrimm bezeichnet außerdem einen Terrainabschnitt, den man in keinem Falle in den Händen des Feindes lassen kann; die ganze Lage dieser Stadt, der wichtige Warthe-Uebergang, ist für die strategische Vertheidigung des Großherzogthums so einflußreich, daß man vielleicht Schrimm zum Hauptwaffenplatze gewählt haben würde, wenn nicht Posen durch seine sonstige Bedeutung sich zur Landesfestung empfohlen hätte. — Ich habe nur noch schließlich einige Worte über die Operationslinie von Kalisch nach Breslau zu sagen, gegen welche Posen als Seitenstellung dient. Um sich auf dieser einem andringenden Feinde entgegenzustellen, bietet sich kein anderer Terrainabschnitt dar, als derjenige, der durch die Brüche des Barsch-Baches bezeichnet ist. — Wollen Sie die Güte haben, sämmtliche Punkte, die ich anführte, mit der Karte zu vergleichen, so werden Sie sehen, daß die kleinen weißen Landstriche zwischen den blauen und rothen, der alten und neuen Demarcationslinie, demnach diejenigen Landstriche, die jetzt vorgeschlagen werden, in die neue Demarcationslinie aufzunehmen, sämmtlich durch die militärischen Gründe motivirt sind, die ich Ihnen vorlegte. Die Demarcation, die uns vorgeschlagen wird, verlangt nichts mehr, als die Vertheidigung Deutschlands gebieterisch erheischt. Ich stimme für den Antrag des Ausschusses. (Bravo und Beifallklatschen auf der Rechten und im rechten Centrum.)

Vicepräsident Kirchgeßner: Das Wort hat Herr Rösler von Oels nach der Reihenfolge. Zuvor muß ich aber der hohen Versammlung kundgeben eine Erklärung des Herrn **Viebig** von Posen des Inhalts:

„Ich beantrage, daß für den Fall der Genehmigung des Ausschußantrages der Antrag des Herrn Ahrens aus Salzgitter als **Zusatz** zur Abstimmung gebracht werde."

Es läßt ohnehin die Stellung des Antrages des Herrn Ahrens diese Deutung zu.

Ahrens von Salzgitter: Ich bin damit einverstanden, daß mein Antrag als eventueller Zusatzantrag genommen werde.

Rösler von Oels: Meine Herren! Ich werde mich durchaus nicht an die Streitigkeiten der Nationalitäten und an die Sympathien und Antipathien halten, die für oder gegen die Polen, für oder gegen das Auftreten der Deutschen im Großherzogthume in der Versammlung hier vorwalten möchten, sondern einfach mich auf den Standpunkt desjenigen stellen, der heute abstimmen soll, gern abstimmen möchte und mit gutem Gewissen nicht abstimmen kann, weil der Bericht und die Vorlagen so durch und durch dürftig sind, daß ich keinem meiner Primaner eine Arbeit über das Großherzogthum Posen auf Grund einer solchen Karte, wie sie uns vorliegt, aufgeben möchte. (Stimmen auf der Rechten: Oho!) Wir sollen die Grenzlinie genehmigen und haben nicht einmal eine Karte vorliegen, auf der wir die Grenzlinie verfolgen könnten, denn wenn Sie die für die Demarcationslinie bezeichneten Punkte studiren wollen und sie auf der Karte suchen, so finden Sie, daß nicht der fünfte Name darauf steht; damit sollen wir nun einen Beschluß fassen, der, wie Verschiedene schon ausgesprochen haben, und entweder hoffen oder fürchten, für alle Zukunft über die Nationalität und über das Wohl und Wehe von mehreren Hunderttausenden entscheiden soll. Wir sollen abermals eine Aenderung der früheren Demarcationslinie genehmigen, sollen in den deutschen Bund so und so Viele mehr aufnehmen, wissen aber nicht wie Viele; denn weder der Herr Reichscommissär hat sich irgendwie darum gekümmert, daß es beiläufig wünschenswerth wäre, zu wissen, wieviel Einwohner mehr in den deutschen Bund aufgenommen werden, noch hat unser Ausschuß den Gedanken gehabt, daß dieses wünschenswerth und nothwendig sein könnte, schon wegen der Bestimmung der Matrikel.

Vicepräsident Kirchgeßner: Ich möchte den Redner aufmerksam machen, daß der präjudicielle Antrag schon entschieden sei.

Rösler: Ich bitte um die Erlaubniß, dem Herrn Präsidenten remonstriren zu dürfen. Der präjudizielle Antrag des Herrn Schmidt von Löwenberg ist abgeworfen; ich habe aber einen ganz anderen präjudiziellen Antrag eingebracht, der heute Morgen nicht zur Abstimmung kam, womit ich selbst einverstanden war, weil ich glaube, daß die ganze Debatte der Entscheidung darüber vorausgehen müsse; denn mein Antrag geht hin „auf Rückverweisung des Berichtes an den Ausschuß behufs gründlicherer Vorlagen;" der Antrag des Herrn Schmidt von Löwenberg wollte nur Specialkarten, allein ich verlange mehr als Specialkarten, ich verlange gründlichere Vorlagen, statistische Angaben, damit wir wissen, was wir thun.

Vicepräsident Kirchgeßner: Ich muß auf die frühere Abstimmung über den präjudiziellen Antrag zurückkommen, wo von dem Vorsitzenden eröffnet wurde, „daß damit der präjudizielle Antrag des Herrn Rösler verworfen sei, was von der Versammlung genehmigt worden ist." Ich glaube, daß dadurch meine Interpellation des Redners gerechtfertigt ist.

Rösler: In diesem Falle werde ich einen anderen Antrag stellen, und zwar ist das ein Recht, das mir zusteht. Ich werde also sofort den Antrag stellen, und später formulirt dem Präsidenten übergeben:

„Die hohe Nationalversammlung möge wegen mangelhafter Vorlagen über den Bericht des Ausschusses in der Erwartung, daß bessere Vorlagen gemacht werden, zur motivirten Tagesordnung übergehen."

Vicepräsident Kirchgeßner: Die Stellung des betreffenden Antrages wird dem Redner freistehen; allein ich glaube, nur der bereits gestellte Antrag kann zur Begründung rechtfertigen.

Rösler: Ich habe das Wort vom Präsidenten erhalten, und werde es behalten. Ich spreche demnach für den Wigard'schen Antrag, und die Gründe, die ich Ihnen zum Eingang vorlegen will, passen ebenso für den Wigard'schen Antrag, als für den meinigen. Das Reichsministerium beauftragte seinen Commissär, wie aus der auf Seite 2 abgedruckten Instruction hervorgeht, „er möge sich mit der preußischen Regierung ins Einvernehmen setzen, und sich über Alles, was die zu treffende Abgrenzung zwischen beiden Theilen von Posen betrifft, sowohl in strategischer und politischer Beziehung, als auch in Betreff der Sprachverhältnisse nöthigenfalls an Ort und Stelle in genaue Kenntniß setzen, und über das Ergebniß dieser Erhebungen unter Vorlage aller einschlägigen Acten an das Reichsministerium berichten." Der Reichscommissär hat die strategischen Gründe, welche ihn bewogen, da und dort noch ein Stück zum deutschen Theil hinzuzufügen, angegeben; was aber der Reichscommissär für Erhebungen in politischer Beziehung und in Betreff des Sprachenverhältnisses gemacht hat, das ist nicht zu unserer Kenntniß gekommen. Der Reichscommissär hat der Pfuel'schen Demarcationslinie verschiedene harte Vorwürfe gemacht, daß sie die Wünsche und Reclamationen einzelner deutscher Rittergutsbesitzer nicht berücksichtigt habe; er hat aber nicht für nothwendig gefunden, sich um die Reclamationen zu bekümmern, welche von der andern Seite schon seit vielen Monaten, gegen die Pfuel'sche Demarcationslinie vorlagen. Der Reichscommissär hat gehandelt wie ein guter General; aber um die übrigen Punkte seines commissarischen Auftrages hat er sich nicht bekümmert. Was hat unser Ausschuß gethan? Hat unser Ausschuß dafür gesorgt, sich und uns besser in Kenntniß zu setzen? — Wir haben hier eine Karte, von der ich den dringenden Verdacht habe, daß sie, was die Zeichnung betrifft, schon über Jahr und Tag alt ist, und bloß jetzt illuminirt worden ist. Die Karte haben nicht einmal alle Mitglieder bekommen, sondern viele Mitglieder des Hauses haben nicht einmal zu dem Berichte die Karte zugesendet bekommen, und als vorhin das Mitglied für Räthen uns seinen interessanten Vortrag hielt, und wir die Karte aufschlagen wollten, befanden sich Viele von uns in der unglücklichen Lage, dem Vortrage nicht folgen zu können, weil der Ausschuß nicht einmal dafür gesorgt hatte, daß alle Mitglieder Karten bekamen; und so instruirt, sollen wir entscheiden! Entscheiden wir? Meine Herren! Es ist mir bekannt, daß, als eine Grenzregulirung zwischen Sachsen und Böhmen eintrat, über das Städtchen Schirgiswalde, wo Sachsen ein halbes Dorf abtrat, — Mitglieder der frühern sächsischen Kammer theilten mir Das mit, — damals jedes Mitglied der Kammer, ehe es auch nur Einen Unterthanen, Einen Staatsbürger, auch nur Ein Haus mit Staatsbürgern abtrat an einen andern Staat, auf das Vollständigste informirt, mit allen statistischen Erhebungen und einer vollständigen Verzeichnung bis zu den einzelnen Höfen hinunter versehen wurde, und wir bekommen eine Karte, die an und für sich miserabel ist, und die noch dazu nicht Alle haben; wir sollen die Grenzlinie verfolgen, und können sie selbst auf einem größeren Atlas nur schwer verfolgen. Es wäre vor Allem Pflicht gewesen, dafür zu sorgen, daß die Zeichnung der Demarcationslinie, daß die Hilfsmittel, welche jedenfalls dem Reichscommissär vorgelegen haben, verarbeitet worden wären zu einer übersichtlichen und genauen Karte. Der Bericht nennt z. B. einen Theil von dem Kreise Buk und Samter; — sehen Sie einmal, ob auch nur diese Kreise auf unserer Karte verzeichnet sind, und doch wir sollen einfach in Bausch und Bogen etwas genehmigen, ohne im Stande zu sein, zu übersehen, wohin Das führt. Ich wiederhole Ihnen, meine Herren, ich hätte keinem meiner Primaner auf Grund einer solchen Karte eine Arbeit über das Großherzogthum aufgegeben. (Stimmen auf der Rechten: Oh!) Der Herr Reichscommissär hat wenigstens eine sprachliche Karte gehabt, die seiner Arbeit zu Grunde gelegen ist; er erzählt es uns mit vieler Wohlhäbigkeit, und macht nur in uns umsomehr die Tantalusqual rege, daß wir diese schöne Sprachkarte entbehren müssen; ich hätte wohl gedacht, daß allenfalls im Reichsschatze soviel vorhanden gewesen wäre, daß diese Specialkarte hätte lithographirt werden können. (Unruhe auf der Rechten und dem rechten Centrum; Bassermann vom Platze: In neun Monaten! Ein anderer Abgeordneter: Die kostet zufällig 24,000 Thaler!) Es sind im Großherzogthum Posen fünf Demarcationslinien nacheinander gezogen worden, und nicht einmal eine vollständige Zusammenstellung dieser Demarcationslinien finden wir in dem Berichte; wir vermissen alle und jede statistische Angabe, und so bin ich vor der Hand außer Stande, Das zu genehmigen, was ich an und für sich wahrscheinlich genehmigen würde; denn ich habe bei der ersten Behandlung dieser Frage mit der Mehrheit dieses Hauses für die vorläufige Aufnahme gestimmt; allein die deutsche Gründlichkeit, die sich in unserer Versammlung doch sonst recht häufig geltend gemacht hat, bei einem solchen Gegenstand von höchstem Wohl und Weh, so ganz und gar in Oberflächlichkeit umschlagen zu sehen, Das thut mir für diese hohe Versammlung leid. Ich für meinen Theil kann, wie gesagt, auf eine solche Vorlage hin nicht stimmen. — Was nun die Motive der Demarcationslinie betrifft, soweit man auf diese mangelhaften Vorlagen hin darauf eingehen kann, so sind die Motive, die der Reichscommissär angibt, auch sehr schwacher Natur. Es ist aber auch kein Wunder; da er vom 16. bis zum 29. November größtentheils nur in der Stadt Posen lebte, nur mit Behörden verkehrte und noch die Bittschriften einiger Rittergutsbesitzer las, aber es nicht einmal zweckmäßig fand, die ganze Grenzlinie zu bereisen, so ist sehr wahrscheinlich, und kann man so ziemlich annehmen, daß der Herr Reichscommissär selbst über die Motivirung seiner gezogenen Linie in Verlegenheit sein würde. Der erste Grundsatz, von dem ausgegangen wird, ist, daß die Linie, welche in dem Beschluß vom 27. Juli vorläufig hier anerkannt wurde, unter allen Umständen respectirt werden müsse. Meine Herren! So haben wir damals den Beschluß nicht verstanden. Wir haben damals nicht beschlossen: So und soviel soll unter jeder Bedingung deutsch werden, und außerdem soll noch ein Reichscommissär hingehen und versuchen, ob er etwa da und dort noch ein Stückchen abzwacken kann, sondern unser Motiv war damals, daß man den Unruhen ein Ende machen müsse, und vorläufig die Pfuel'sche Demarcationslinie, vorbehaltlich gründlicher Untersuchung, genehmige. Eine gründliche Untersuchung? — Die haben wir freilich erwartet; das Reichsministerium hat sie auch verlangt; sie ist aber nicht erfolgt. — Nun sollen wir jene Linie definitiv annehmen, und den Grundsatz anerkennen, daß von Dem, was damals zu Deutschland geschlagen wurde, auch nicht ein Titelchen hätte abkommen können. Das war freilich eine gründliche Prüfung! — Ein anderes Motiv, das mich mit gerechter sittlicher Entrüstung erfüllt, ein anderes Motiv, wonach die Menschen auf einem ganzen Bezirke einer Herrschaft, wie das Vieh, mitverkauft werden, weil der Grundbesitzer, der Besitzer des Fürstenthums Krotoszyn wünscht, es solle ganz zu Deutschland gehören, hat Herr Venedey schon beleuchtet; ebenso, daß die Bewohner in der Herrschaft Krotoszyn nicht im Geringsten gefragt werden, diese Einwohner, von deren Existenz der Herr Reichscommissär keine Kenntniß hat, und von denen er wahrscheinlich denkt, daß sie zum Inventar der Herrschaft gehören. Aber selbst auf die strategischen Gründe einzugehen, sehe ich mich veranlaßt. Meine Herren! Ich bitte Sie auch einmal, die Karte aufzuschlagen

(Gelächter auf der Rechten.) Der Herr Reichscommissär gibt an, daß der Uebergangspunkt bei Schrimm über die Warthe durchaus nothwendig sei und bewahrt werden müsse; Dasselbe verlangt er später von dem Uebergange über die Obra bei Kriewen, und drittens sagt er, daß die Verbindung von Schrimm und Kriewen offen gehalten werden müsse; wenn Sie aber die Karte anschauen, so hat man gerade das Stück mit der Straße zwischen Schrimm und Kriewen „polnisch" gelassen. Die Motive der Demarcationslinie sind weder in Hinsicht auf die Nationalität, noch in Hinsicht auf die Politik irgend hinreichend, und selbst in strategischer Hinsicht dürftig und oberflächlich, denn es muß auf die eine oder auf die andere Weise anders heißen, denn so kommt nur ein Unsinn heraus. — Meine Herren! Auf eine so motivirte Demarcations-Linie und auf einen so mangelhaften Bericht entscheiden Sie nicht, um der Ehre dieser Nationalversammlung willen!

Wurm von Hamburg: Meine Herren! Theils die Bemerkungen des Berichterstatters bei der Behandlung des präjudiziellen Antrages, theils die eine und die andere Zwischenbemerkung des Vorsitzenden dieser Versammlung überheben mich der Nothwendigkeit, auf den größeren Theil der eben vernommenen Rede im Einzelnen zu erwiedern. Lassen Sie mich also beginnen mit der Andeutung des politischen Standpunktes, von welchem aus ich diese ganze Angelegenheit einzig betrachten kann. Meine Herren! Was wir jetzt machen, ist ein Machtspruch, Recht ist es nicht, es ist Gewalt. Es ist ein Machtspruch, denn es ist einseitig; und einseitig wird und muß es bleiben, weil keine nationale, constituirte polnische Gewalt vorhanden ist, mit der wir über die Berichtigung der Grenze uns einigen könnten. Ja, wenn es eine polnische Regierung gäbe, ich zweifle nicht, daß die Interessen des Augenblicks uns zur Vereinbarung mit einem wiedergebornen Polen über die Grenze zwischen Deutschland und Polen führen würden. Aber so wie es ist, gebietet die Nothwendigkeit, in dieser Sache zum Schlusse zu kommen. Einseitig mußte es dießmal geschehen, und, meine Herren, wenn Sie der jetzigen Expertise nicht vertrauen, — ich für meinen Theil, ich besitze die technischen Kenntnisse nicht, um zu entscheiden, ob sie oberflächlich verfahren hat, oder nicht, ich überlasse Das dem Vorredner (Beifall im rechten Centrum), — wenn Sie diesem Experten nicht vertrauen, wenn Sie neue Experten hinschicken, und wären es zehn, zwölf nach einander, es bleibt einseitig, es bleibt ein Machtspruch; Recht ist es nicht, sondern es ist die Gewalt der zwingenden Rücksichten, welche in den augenblicklichen Verhältnissen liegen. Es ist eine Gewalt, meine Herren, die ich nur gerechtfertigt finde durch die Betrachtung, die noch hinzukommt, daß nämlich jetzt ein Kern polnischer Nationalität zum ersten Male, im Hinausblick auf die Zukunft, auf Polens Wiederherstellung, hingestellt werden soll. Das ist der Gesichtspunkt, von dem aus ich den Antrag genehmigen kann. Ich bin gar nicht der Meinung des Redners aus München, den wir zuerst gegen den Antrag vernommen haben, daß Polens Herstellung in das Reich der Träume zu verweisen sei. Ich stütze mich dabei gar nicht auf einen Enthusiasmus für die polnische Sache, — meine Herren, ich fürchte, aus einem oder dem anderen Grunde ist der Enthusiasmus für die Polen so ziemlich verraucht und dahin für geraume Zeit, — aber, meine Herren, ich stütze mich auf die praktische, die nüchterne Politik. Diese wird Polens Wiederherstellung einst gebieten; diese war's, und in der That nicht irgend ein Enthusiasmus, was mehr als einmal so nahe vorbeigestreift hat an dem ausgebildeten, zur Ausführung gereiften Entschluß einer Wiederherstellung Polens. Wollen Sie die Belege? Hier sind sie. — Meine Herren! Als Oesterreich mit Frankreich gegen Rußland marschiren sollte, als zwischen den beiden Mächten jener Vertrag vom 14. März 1812 abgeschlossen ward, der die Bedingungen enthielt für den Beistand Oesterreich's an Frankreich, da wurde — im 6ten Artikel des Vertrages — stipulirt, daß, falls es in die Convenienz des Kaisers von Oesterreich fallen könnte, einen Theil von Galizien abzutreten, um mit einem Königreiche Polen vereinigt zu werden, daß dann Oesterreich durch illyrische Provinzen entschädigt werden sollte. Da hatte man den bestimmten Blick geheftet auf die Eventualität, daß die Politik die Wiederherstellung Polens gebieten würde. Gehen Sie weiter auf den Wiener Congreß; im Jahr 1815, als die langwierigen, peinlichen Verhandlungen sich zum Schlusse neigten, als Rußland nicht nachgegeben hatte, sondern als alle anderen Mächte der russischen nachgaben, als Dasjenige aufgeopfert werden mußte, was die Meisten gewollt und England lebhaft bevorwortet hatte, da, meine Herren, schrieb Fürst Metternich die berühmte Antwortsnote an Lord Castlereagh, um zu motiviren, aus welchen Gründen Oesterreich auf eine Wiederherstellung Polens und auf die Mitwirkung dazu verzichtet habe. Diese Note vom 21. Februar 1815 besagt: „Die Wiederherstellung eines unabhängigen, einer nationalen Regierung zurückgegebenen Königreiches Polen würde nicht allein den Wünschen des Kaisers von Oesterreich vollkommen entsprechen, sondern der Kaiser würde selbst größere Opfer nicht gescheut haben, um zur heilsamen Wiederherstellung jener früheren Ordnung der Dinge zu gelangen." „Der Kaiser," heißt es ferner, „hat von Neuem seine Wünsche zu Gunsten der Unabhängigkeit Polens den höheren Rücksichten untergeordnet, welche die Mächte bestimmt haben, die Vereinigung des größeren Theiles des vormaligen Herzogthumes Warschau mit dem russischen Reiche gutzuheißen." Das, meine Herren, war kein Enthusiasmus, Das war Politik. Und weiter, meine Herren, im Jahr 1828: Rußland war im Türkenkriege, und nirgends mit eifersüchtigerem Blicke, als von der Hof- und Staatscanzlei zu Wien aus, wurden die Fortschritte Rußland's beobachtet; da beginnt, meine Herren, eine Depesche des russischen Botschafters Tatischeff an den Grafen Nesselrode — aus Wien, vom 29. Juni 1828 — mit den Worten: „Gerüchte, die in Warschau verbreitet sind, und die wohl auch nach St. Petersburg gelangt sein werden, solche Gerüchte scheinen dem Wiener Hofe die Absicht zu leihen, in Galizien einen Geist der Nationalität zu wecken." Es interessirte den russischen Botschafter Das sehr lebhaft, und er meinte, man müsse „die Politik des schlauen Nachbars sorgfältig überwachen." Endlich 1831: Es ist oft versichert und nie widersprochen worden, am Tage, als Warschau fiel, langte — zu spät — in Warschau ein Courier von der Wiener Hof- und Staatscanzlei an, und überbrachte die Bedingungen, unter welchen Oesterreich ein unabhängiges wieder hergestelltes Polen anerkennen wolle. Das, meine Herren, das war nicht Enthusiasmus, das ist nicht Schwärmerei, nicht Träumerei, das ist nicht den Polen zu Liebe, sondern Das ist dem richtigen und unvertilgbaren politischen [illegible] zu Liebe geschehen. Und deßhalb, meine Herren, ist es [illegible] immer an der Zeit, hinauszublicken auf den Tag, wo Polen wieder hergestellt sein wird als unabhängiges Reich, als [illegible] Vormauer gegen Rußland. Nun aber, meine Herren, wenn wir nach leitenden Grundsätzen uns umsehen, von welchen bei dem Werke, bei dem schweren und [illegible], welches jetzt vor uns liegt, auszugehen sein wird, so hat man uns früher wohl verwiesen auf die Verhandlungen im Vorparlamente und im Fünfziger-Ausschuß (Stimmen: Hört!), und ich muß, meine Herren, darauf zurückkommen, um die Consequenz und Continuität der politischen Ansicht nachzuweisen, nach welcher, wie ich glaube, die Sache zu entscheiden ist. Sie erinnern sich, meine Herren, daß man oftmals angeführt hat den Ausspruch des Vorparlaments, daß die Theilung Polens ein schmachvolles Unrecht sei, und daß es als eine heilige Pflicht des deutschen Volks erklärt worden ist, zur Wiederherstellung Polens mitzuwirken. Meine Herren! Nicht ganz so bekannt bei Denen, die die unvergeßlichen Tage des Vorparlaments nicht selbst mit erlebt haben, nicht so bekannt bei Diesen in unserer Mitte ist die Art, wie jener Antrag von Dem, der ihn gestellt hat, motivirt worden ist. Der Antragsteller sagte wörtlich: „Meiner Ansicht nach können wir die 700,000 Deutsche, die jetzt in Posen leben, nicht aufgeben. Es wäre dieß ein Verrath gegen unsere deutschen Brüder. Auf der andern Seite wollen wir gewiß Alle gerecht sein gegen die Polen." Dann meinte er, die Deutschen in Posen könne man einladen zur constituirenden Versammlung, und fuhr fort: „Indem wir diese Aufforderung ergehen lassen, müssen wir Zeugniß ablegen von dem Gefühle der deutschen Nation gegenüber der heillosen Theilung Polens. Wir können aussprechen, daß wir es für unsere heilige Pflicht erachten, zu erwägen, was zu thun ist, um das begangene Unrecht wieder gut zu machen, insofern es geschehen kann, ohne Unrecht an den anderen Deutschen zu begehen." Das, meine Herren, ist die Art, wie der Antragsteller den berührten Antrag motivirte. Wollen Sie wissen, wer den Antrag stellte? Es war Struve von Mannheim. (Stimmen auf der Linken: Nun! Nun?!) Nun, meine Herren, im Verlaufe der Discussion ward darauf hingewiesen, daß die Frage wegen Posen offen bleiben müsse, und Struve nahm im Verfolge seinen Antrag auf die Einladung der Deutschen in Posen zurück, beharrte aber, wie es in den Verhandlungen heißt, um so nachdrücklicher auf dem weiteren Antrage, „zu erklären, daß es eine heilige Pflicht des deutschen Volkes sei, Polen wieder herzustellen, indem die Theilung Polens für ein schreiendes Unrecht erklärt werde." Das fand fast einhellige Zustimmung. Jeder aber, meine ich, ist der beste Dolmetscher seiner eigenen Worte. Die Frage wegen Posen ward damals ausdrücklich offen behalten, und als man drei Tage später darauf zurückkommen wollte, ward daran erinnert, die Sache sei offen gelassen. Dann verliefen sich, — denn es war die Zeit der jungen Hoffnungen, — die Gedanken weiterhin, die russischen Ostseeprovinzen waren genannt, und Einer aus der Versammlung rief: „Aber wollt Ihr in diesem Augenblicke der ganzen Welt den Krieg erklären?" Noch ein Gesichtspunkt, der damals hervorgehoben ward: die möglichste Schonung der militärischen Grenze Deutschland's ist damals schon empfohlen worden. Was ferner den Fünfziger-Ausschuß anbelangt, so liegt ein merkwürdiger Beschluß des Fünfziger-Ausschusses vor vom 26 April, 21ste Sitzung. Es ist nämlich ein Antrag von Kierulf zum Beschluß erhoben, dahin lautend: „Der Ausschuß wolle erklären, daß er in dem über die Polenfrage gefaßten Beschlusse des Vorparlaments keineswegs die Anerkennung finde, daß die deutschen Interessen dabei nicht vollständig gewahrt, und daß diejenigen Bedingungen zum Opfer gebracht werden sollten, ohne welche das Interesse Deutschland's nothwendig gefährdet sein würde." (Stimmen auf der Rechten: Hört!) Das waren die Worte des Fünfziger-Ausschusses. Wenn aber an einem anderen Orte darauf hingewiesen worden, daß der Fünfziger-Ausschuß am 4. Mai den Bundestag „bei der Ehre Deutschland's" aufgefordert habe, das den Polen gegebene Wort zu halten, so wird ein Jeder, der sich die Mühe gibt, auf die Verhandlungen selbst zurück zu gehen, finden, daß es sich nicht um Posen handelte, sondern um den Durchzug der Polen, die nach ihrer Heimath wollten. Das ist eine ganz andere Sache, und jener Beschluß gehört nicht hierher. Nein, meine Herren, die Gesichtspunkte, die damals mit großer Einhelligkeit angenommen wurden, sind es, die noch jetzt festgehalten werden sollen. Es ist die Rücksicht auf die Nationalität; es ist die Rücksicht auf den Wunsch der Bevölkerung; — und dieser Wunsch kann durch materielle, locale Interessen hervorgerufen sein; — es ist drittens, die militärische Grenze, auch die ist schon im Vorparlament erwähnt worden; es ist endlich, was eigentlich erst abschließt, was das Ganze erst sittlich vollendet und abrundet, der Hinausblick auf die Zukunft. In diesem Hinausblick wird ein Stück, — nennen Sie es das kleinste, aber doch ein Stück — von Polen, als Polen ausdrücklich hingestellt, und als Polen anerkannt. Darauf aber erlaube ich mir zu verweisen, daß in der Denkschrift, durch welche die neue Demarcations-Linie motivirt wird, mit dürren Worten ausgesprochen ist, wie die Polen niemals darauf verzichtet haben, ein polnisches Reich wieder hergestellt zu sehen, und wie es in der Natur der Sache liege, daß diejenigen Landestheile, welche der nationalen Reorganisation jetzt anheimfallen, vor Allem den Beruf erkennen werden, dorthin sich zu wenden. Und ich erinnere Sie daran, was wir von dem vorletzten Redner von eben dieser Stelle vernommen haben, es müsse Rücksicht genommen werden darauf, daß zu irgend einer Zeit die neue Demarcationslinie die deutsche Reichsgrenze bilden könne. Nun, meine Herren, als im Juli eine andere Demarcationslinie uns vorgelegt war, da fanden wir, daß die Motive ungenügend seien, da behielten wir uns selbst die definitive Entscheidung über die Sache vor und verlangten, daß in der Zwischenzeit die Centralgewalt selbst eine neue Erhebung der Verhältnisse veranlassen möge. Damals, meine Herren, ist der Beschluß begründet worden von einem Redner von jener Seite des Hauses. (Zur Linken.) Es war eine Stimme, meine Herren, die wir nie mehr vernehmen werden, und die sich den politischen Gegnern wie den Meinungsgenossen tief eingeprägt hat. Es war die Stimme von Robert Blum die Ihnen damals, es war am 24 Juli, zurief: „Beauftragen Sie die Gewalt, die Sie geschaffen haben mit eigenen Augen zu sehen, nicht mit den trüben Augen, die die gegenseitigen Parteischriften hervorgerufen haben. — Lassen Sie ihren verantwortlichen Minister Ihnen gegenübertreten, von dieser Tribüne herab Ihnen sagen: Das ist nothwendig, — und wenn er Das sagt und mit Gründen belegt, dann werden Sie ruhig der Nothwendigkeit gehorchen können." Meine Herren! Die Gewalt, die wir geschaffen haben, hat unserem Auftrage gemäß, durch einen Mann ihres Vertrauens die Sache mit eigenen Augen wiederholt prüfen lassen! Ich weiß nicht, meine Herren, ob in diesem Hause die militärischen Einsichten so verbreitet sind, ich weiß nicht, ob die ethnographischen Studien in so allgemeiner Blüthe hier stehen, daß, wenn uns genauere, mehr ins Detail eingehende Vorlagen gemacht würden, wir dann, auch ohne selber an Ort und Stelle gewesen zu sein, zu einer abschließenden Ueberzeugung über diese Dinge gelangen könnten. Aber Das weiß ich, daß, wenn man einmal eine Expertise angeordnet hat, Diejenigen, welche nicht Sachverständige sind, sofern moralische Gründe nicht zwingend dagegen sprechen, daß dann die Richtschnur-

Krotoszyn sich mit dem Ergebniß zu begnügen pflegen; denn wozu hätte man sonst die Expertise angeordnet? (Bravo im rechten Centrum.) Ich will nicht in Abrede stellen, daß unter den Begründungen eine ist, — sie gehört einem anderen Gebiete an, — die mir schwach erscheint, es ist die in Bezug auf Krotoszyn. Ich bin der Meinung, daß, wenn wir mit einer polnischen Nationalregierung zu unterhandeln hätten, wir uns über Krotoszyn unter Umständen einigen würden. Ich bin ferner der Meinung, daß, wenn überwiegende Gründe dafür sprächen, es der nationalen Reorganisation anheimzugeben, daß dann das deutsche Reich die Entschädigungskosten, die dem Fürsten Taxis zuerkannt werden möchten, nicht zu scheuen hätte. Aber ganz so einfach und so nackt liegt die Sache nicht. Der eine Theil wenigstens war durch die frühere Demarcationslinie auch schon dem deutschen Posen zugetheilt, und ich erinnere besonders an Das, und lege darauf großes Gewicht, was der vorletzte Redner über die Verbindung zwischen Kalisch und Glogau gesagt hat. Der Blick auf die Karte, zu dem Sie veranlaßt waren, wird darüber das Nähere und das Entscheidende ausgewiesen haben, und es wird nicht der Lehenbrief an den Fürsten Thurn und Taxis allein sein, der in dieser Beziehung unser Urtheil wird bestimmen sollen. Allerdings, meine Herren, die Rücksicht auf die Vertheidigung ist für mich eine sehr wesentliche, und ich möchte sagen, wenn ich mich erinnere, wie die Bevölkerungen durcheinander wohnen, Deutsche zwischen Polen enclavirt, und Polen zwischen Deutschen, — für mich ist diese Rücksicht auf die Vertheidigungsgrenze das Hauptsächlichste. Ich bitte, bedenken Sie, was für Deutschland ein Hauptübel, ein nicht zu verwindendes Uebel der polnischen Theilung war, daß Preußen schwach ward gegen Rußland, daß Preußen sich von da an in Rußland's Arme warf, und werfen mußte. Vom Teschner Frieden ab hat Preußen sich dieser russischen Einwirkung nicht entzogen noch entziehen können; die schmählichen Dinge von Tilsit sind unvergessen; daß Preußen mit Rußland stand in der Tripelallianz vom Januar 1815 gegen Großbritannien, Oesterreich und Frankreich, war die Nachwirkung jener Politik, die ihren Ursprung hat in der polnischen Theilung. Stärken Sie Preußen, geben Sie ihm eine gute Grenze gegen Rußland. Machen Sie Preußen so unabhängig von Rußland, als Sie nur können. Preußens Schwäche ist Deutschland's Schwäche, Preußens Stärke ist Deutschland's Stärke. Sorgen Sie, meine Herren, daß wir stark seien, stark genug, um eines Tags, wenn Zeit und Stunde gekommen ist, auch gerecht sein zu können, gerecht, meine Herren, auch gegen die Polen. (Bravo auf der Rechten und im rechten Centrum; Zischen auf der Linken.)

Wiesner von Wien: Meine Herren! Es ist wohl ein merkwürdiges Spiel des Zufalls, daß die Polen, die flüchtigen Polen, die in Paris ein Asyl gefunden, gerade in diesen Tagen ein Manifest an alle slavischen Stämme erließen, worin sie sie beschwören, sich nicht länger als Handlanger, als Werkzeuge des Absolutismus brauchen zu lassen; worin sie sie beschwören, daß sie für die allgemeine Freiheit kämpfen sollen, damit auch Polen, wie überhaupt die slavischen Stämme, die Freiheit erlange. Während die flüchtigen Polen in Paris dieß Manifest erlassen, sind wir hier versammelt, um Polen abermals zu theilen, wollen wir nicht einmal für eine so wichtige Entscheidung einige Tage zugestehen! Meine Herren! Die alte Medicin war rücksichtslos, sie legte keine Schminke auf, sie fuhr fest ins Fleisch hinein, und sonderte die schädlichen Glieder vom Organismus; die neue Medicin ist milder, ist humaner geworden, sie narcotisirt den Kranken, um ihm den Schmerz zu ersparen. Wir, meine Herren, sind ganz absonderliche politische Augenärzte, wir amputiren ganze Glieder aus zerrissenen Nationalitäten, und haben bei diesen barbarischen Operationen gleißende Scheingründe, ja selbst Lehren die Hülle und Fülle. Meine Herren! Von dieser Tribüne hat eben ein hochverehrter Redner die Polen „Sendboten des Aufruhrs, Herolde des Aufstandes" genannt. Ich gebe zu, daß die Polen in allen Theilen Deutschland's, ja Europa's, wo es für die Freiheit zu kämpfen galt, sich als bereitwillige Kampfgenossen einfanden. Weßhalb haben die Polen Das gethan? Sie kämpften für die allgemeine Freiheit, weil sie auf die Dankbarkeit der Völker zählten; sie haben für die deutsche Freiheit gekämpft, weil sie auf Deutschland's Anerkennung, auf Deutschland's so berühmte Gemüthlichkeit auch etwas gezählt haben! Diese Gemüthlichkeit, diese Dankbarkeit, die gegenwärtig in der Nationalversammlung gegen andere Nationalitäten verschwunden, ja mit der Wurzel ausgerottet scheint, diese Gemüthlichkeit, diese Anerkennung der Rechte fremder Nationalitäten war zum Beginn unserer Revolution in Deutschland in vollem Maße vorhanden. Meine Herren! Blicken Sie hinauf über ihre Häupter, und lesen Sie die Inschrift, welche der Germania zur Rechten steht. Sie lautet: „O walle hin, du Opferflamme (Gelächter auf der Rechten), hin über Land und Meer, und schling' ein innig Liebesband um alle Völker her." (Gelächter und Stimmen auf der Rechten: Ah! Wie schön!) Was Ihnen (zur Rechten gewandt) jetzt lächerlich scheint, Das hat vor nicht langer Zeit die Herzen erhoben, Das erhebt jetzt noch die Herzen der Unbefangenen, und aller Jener, die nicht auf dieser (rechts deutend) Seite des Hauses sitzen. (Gelächter auf der Rechten; Bravo auf der Linken.) Da Ihr (zur Rechten gewandt) Lachen bewiesen hat, daß diese Inschrift bereits antiquirt ist, und daß wir sehr weit rückwärts gegangen sind, so empfehle ich Ihnen, daß Einer aus Ihrer Mitte den Antrag stelle, diese Inschrift sei auszulöschen. (Gelächter auf der Rechten, eine Stimme aus dem Centrum: Es fehlt bloß an der Dringlichkeit! Bravo auf der Linken und Stimmen daselbst: Sehr gut!) Das ganze herzlose Verfahren gegen Polen wird ewig und ewig auf strategische Rücksichten gebaut. Meine Herren! Wir haben jetzt 900,000 Mann bewilligt, bloß aus strategischen Rücksichten! Wir haben eine Heeresmacht, wie sie Napoleon zu seinen größten Siegen nicht bedurfte, und dennoch fürchten wir immer! Und dennoch können wir nicht Ruhe finden vor quälenden Sorgen, wenn wir auf andere Völker blicken. Meine Herren! Wenn Sie diese Furcht von sich bannen wollen, wenn Sie wirklich für den Frieden Deutschland's Sorge tragen mögen, dann gründen Sie Ihre Politik auf Gerechtigkeit und Humanität gegen alle Völker! Dann, meine Freunde, werden wir nicht 900,000 Mann brauchen, und noch weniger jene unseligen Stützen der Windischgrätze, Radetzky, Wrangel und so weiter, die unserem vorgerückten Zeitalter das Brandmal der Barbarei aufdrücken. (Lebhaftes Bravo auf der Linken und Stimmen daselbst: Sehr wahr!) Wir haben, wie gesagt, schon mehr als zuviel Rücksichten für die Herren Militärs genommen, wir haben allzu willig anerkannt, was sie uns als strategisch nothwendig vor die Augen stellten. Wir sind dadurch in den verderblichen, bejammernswerthen Zwiespalt gerathen, daß wir mitten in der Zeit, wo die Freiheit gesiegt zu haben scheint, in den Banden der Unfreiheit seufzen und schmachten. (Bravo auf der Linken.) Meine Herren! Es ist erst einige Monate her, daß wir zum ersten Male in dieser Versammlung eine neue Theilung Polens aussprachen. (Gegen die Linke) viele Herzen waren darüber erschüttert, (gegen die Rechte) noch mehr Herzen jubelten darüber; — aber, meine Herren, es gibt eine Nemesis, sie schreitet an uns vorüber mit warnendem Finger, mit tiefeingreifender Warnung. Meine

6

[illegible], nachdem wir so treulos gegen Polen waren, nachdem wir das getheilte Polen unseren Versprechen, unseren Verheißungen zuwider abermals getheilt hatten, geriethen wir selbst an den Abgrund: daß wir Deutschland theilen wollten! Meine Herren! An diesem Abgrunde stehen wir noch, die österreichische Frage ist noch nicht gelöst — es gibt in diesem Saale noch viele edle Abgeordnete, die den dritten Theil vom Leibe der Germania losreißen möchten, die Deutschland mit ihrem Willen ein Schicksal bereiten wollen, das Polen nur gegen seinen Willen traf. Das, meine Herren, sind die Consequenzen einer Politik, die sich auf strategische Rücksichten basirt; hierin liegt die Rückseite eines Verfahrens, das die militärischen Beziehungen vorwalten läßt. (Stimmen auf der Linken: Sehr gut!) Wenn einmal Deutschland getheilt ist, meine Herren, dann wird sein Schicksal nicht so bedauert werden, wie das Schicksal Polens. Wenn ich an die hochgelehrten Historiker in unserer Mitte die Frage richten wollte: Wie vielmal ist Deutschland bereits getheilt worden? so würde ich die zweifelhaftesten Antworten vernehmen, und ich selbst, meine Herren, so leicht auch meine historischen Ansichten diesen hochgelehrten Männern gegenüber in die Wagschaale fallen, ich selbst würde Ihnen nicht sagen können, wie oft bereits Deutschland getheilt wurde. — Datiren Sie die Theilung Deutschlands von dem Vertrage von Verdun, verfolgen Sie sie in die Zeiten, wo die Schweiz sich vom Reiche losriß, wo Elsaß, Burgund, Lothringen, Holland und Belgien, die nunmehr russischen Ostseeprovinzen und andere herrliche Theile des deutschen Reiches dem Reiche verloren gingen, und Sie werden mit nicht mehr Bestimmtheit, als bisher geschah, angeben können, wie oft unser herrliches Vaterland bereits getheilt und zerstückt wurde! Es ist aber hier ein Unterschied zu machen zwischen den Deutschen und den Slaven, ein Unterschied, der mir in dieser Rücksicht sehr beherzigenswerth erscheint. Meine Herren! Was der Deutsche einmal verloren hat an Land und Leuten, und sei es noch so kostbar, sei es noch so herrlich, — er vergißt es und gibt es in kürzester Frist auf! (Stimmen auf der Linken und im Centrum: Sehr wahr!) Was aber der Slave verloren, verloren hat vor Jahrhunderten, Das gibt er nimmermehr auf, Das begräbt er tief im Schachte seines Herzens, das widerhallt in seinen Volksliedern, das widerhallt in seinen Geschichtsbüchern, Das wird ewig wieder in die lebendige Erinnerung zurückgerufen! (Bravo auf der Linken, und Stimmen im Centrum: Sehr gut!) Meine Herren, werfen Sie doch einen Blick auf die ungeheure Bewegung, die sich der slavischen Welt bemächtigt hat. Tragen Sie Rechnung diesem hochwichtigen Nationalcharakterzuge, und Sie werden einsehen, daß wir Alle das größte Interesse dabei haben, den Slaven jeden Vorwand, daß wir sie ungerecht behandeln, sorgsam abzuschneiden. Dieß war meine Politik seit den Tagen des Vorparlaments; ewig und immer werde ich daran halten. (Einige Stimmen auf der Rechten: Sehr schön!) Ich habe nicht um Ihren (zur Rechten gewandt) Beifall gebuhlt.

Kerst (vom Platze): Sehr schön!

Wiesner: Sie zu bekehren, Herr Kerst, wäre unmöglich! Ich will mich aber jetzt zu den Deutschen in Posen wenden, deren Herr Vertreter mir seinen Beifall nicht spenden will. Meine Herren, die Deutschen in Posen begreife ich nicht, wenn ich den Standpunkt des Deutschthums ins Auge fasse. Die Deutschen sind eingewandert in Posen, sie wurden gastlich aufgenommen. (Unruhe und Stimmen auf der Rechten: Oh! Oh!) Sie haben sich dort Reichthümer in kurzer Frist erworben, ohne viel zu wagen, ohne große Arbeit und Mühe. (Unruhe und Stimmen auf der Rechten: Oh! Oh!) Herr Kerst, Sie werden wohl das berühmte schwarze Buch ....

Vicepräsident Kirchgeßner: Ich muß den Redner ersuchen, keine Fragen an ein einzelnes Mitglied zu richten. (Stimmen auf der Linken: Dann soll man auch nicht unterbrechen!)

Wiesner: Also wende ich mich an alle Vertreter von Posen: Die Herren Vertreter von Posen werden sich wohl des berühmten schwarzen Buches von Hans v. Held erinnern. In diesem schwarzen Buche ist haarscharf erwiesen, um welchen Spottpreis die Deutschen die herrlichsten Besitzungen in Posen an sich gebracht haben. (Stimmen auf der Linken: Hört! Hört!) Die Sache hat damals Aufsehen genug gemacht, Varnhagen v. Ense hat sie in neuester Zeit der Mitwelt ins Gedächtniß zurückgeführt. Meine Herren! Wenn man liest, wie so gar leicht die Deutschen damals in Posen zu Grund und Boden kamen, so erstaunt man, so glaubt man sich in eine Fabelwelt versetzt. Diese Deutschen, denen es vom ersten Anfang an so gut ging, haben es auch in der Folge nicht zu bereuen gehabt, daß sie ihren Fuß auf polnisches Land setzten. Sie haben dort ihren Grundbesitz vergrößert, ihre Reichthümer vermehrt; sie haben, wenn Sie auf die dürftigen statistischen Notizen, welche der Herr Berichterstatter uns mitzutheilen beliebte, einen flüchtigen Blick werfen, in Posen die bei Weitem beste Stellung in der Gesellschaft behauptet. Die Deutschen in Posen waren Colonisten, oder können als solche betrachtet werden. Meine Herren! Deutschland hat in der gegenwärtigen Zeit, in welcher das Proletariat immer höher und höher anwächst, wo die Nahrungsquellen immer mehr versiegen, seine Blicke auf die Colonisation gerichtet. Allgemein ist die Ansicht verbreitet, daß nur die Colonisation den kranken Blutumlauf unseres Staatenkörpers erleichtern, unsere socialen Uebel vermindern könne. Wenn Sie aber ein Beispiel solcher Ungerechtigkeit aufstellen, wie sie jetzt gegen Posen beantragt ist, wenn Sie jene Colonisten, welche auf polnischem Gebiete sich Paläste bauten, sich Reichthümer sammelten, noch so weit gehen lassen, so weit begünstigen, daß man ihnen zu Liebe die polnische Nationalität begräbt; dann, meine Herren, wird man sich vor den deutschen Colonisten, wie vor den Vertretern des deutschen Volkes, welche das Unrecht schützen, in der ganzen civilisirten Welt mit Recht in Acht nehmen, dann wird man vor ihnen überall die Thüren verschließen, denn man wird sie als gefährliche Feinde ansehen, und dann werden mehrere große Colonisationsprojecte wie bunte Seifenblasen sich in Nichts auflösen. — Man hat darauf hingewiesen, daß unser Herr Reichscommissär durchaus nur Petitionen der Deutschen in die Hände bekommen, daß sich aber die übrigen Bewohner des Großherzogthums vor ihm zurückgezogen hätten, und ihm mit ihren Bitten keineswegs zu nahe traten. Darauf hat man einen oder den anderen Beweis gegen die Polen stützen wollen. Meine Herren! Es macht uns, es macht unserem Reichscommissär, es macht der deutschen Nation keine Ehre, daß die Polen nicht einmal eine Bitte an unseren Sendboten wollten. Qui tacet, consentire videtur, heißt es im Privatrechte; aber wenn die Völker schweigen, meine Herren, wenn sie nicht mehr bitten, dann ist das kein Zeichen der Zustimmung, dann ist es entweder ein Zeichen der Verzweiflung, oder ein Zeichen der bittersten Mißachtung. Ich glaube, die Polen sind durch die deutsche constituirende Nationalversammlung und das Vorparlament, — das Eine versprach, das Andere brach, — zu der Ueberzeugung gekommen, daß sie in Güte von Deutschland gar nichts mehr zu erwarten haben. Deßhalb, meine Herren, hat man sich unserem Reichscommissär mit keiner [illegible] genehm. [illegible] Es ist merkwürdig, meine Herren, wie auf [illegible]en Seiten des Berichtes die Bereitwilligkeit des preußischen [M]inisteriums, die Dienstfertigkeit des für die polnischen Angelegenheiten eigends bestellten Comité's, der Diensteifer der preußischen Behörden überhaupt gepriesen wird, wie man es hervorhebt, daß sie unserem Reichscommissär alle möglichen Aufschlüsse, alle möglichen Mittel an die Hand gaben, damit er sich genau und leicht orientire; ich sage, es ist merkwürdig! Denn von dem reichen Material, welches nach der Aeußerung des Herrn Berichterstatters dem Herrn Commissär zu Gebote stand, haben wir gar nichts zu sehen bekommen. Ich weiß nicht, ob der Herr Berichterstatter der Meinung ist, daß die Zeiten des Autoritätsglaubens noch bestehen; ich glaube, diese Zeiten sind längst vorüber, ich glaube, unsere Nationalversammlung hat das Ihrige dazu beigetragen, diesen Autoritäts-Glauben zu begraben. Und doch muthet man uns zu, Alles auf die bloße Autorität des Herrn Reichscommissärs ohne Prüfung, ohne gehörige Sichtung gläubig hinzunehmen! Wo bleibt da die Ueberzeugungstreue freier Männer? Meine Herren! Wie ein Blick auf diese Karte lehrt, werden beinahe vier Fünftheile von Posen zu Deutschland geschlagen, und es bleibt nur ein kleiner Fünftheil übrig. Dieser kleine Fünftheil wird vielleicht in kürzester Frist aus strategischen oder militärischen Rücksichten zu Rußland geschlagen werden. Mehrere Andeutungen hierüber haben wir bereits erhalten; ich glaube aber nicht, daß wir die Hand bieten sollten, ein solches Unternehmen, einen solchen Länderschacher und Verrath zu fördern. Die Polen in Posen oder vielmehr der Rest der Polen, eingeklemmt zwischen zwei Grenzen, haben, um diese unheilvolle Theilung zu vermeiden, keinen andern Wunsch in dieser Zeit der Noth und der Verzweiflung, als daß das ganze Großherzogthum in den deutschen Bundesstaat aufgenommen werde. Meine Herren! Die Polen benehmen sich hier gerade so, wie jene edle Mutter vor dem Throne des Königs Salomo. Jene Mutter wollte ihr Kind nicht zertheilen lassen, und gab es darum dem Fremden ungetheilt hin. Die Polen in Posen wollen ihre Mutter, das Land, das sie gebar, nicht theilen lassen, und bieten sie deßhalb ungetheilt dem Fremden an. (Heiterkeit auf der Rechten.) Lachen Sie, meine Herren, wenn ich das Gleichniß ausgeführt habe. Leider, vollende ich mein Gleichniß, gibt es jetzt auf den deutschen Thronen keinen König Salomo, der ein so hochherziges Opfer zu würdigen vermöchte! (Lebhaftes Bravo auf der Linken. Gelächter auf der Rechten.) Wenn Sie (zur Rechten) mir Einen nennen wollen, so werde ich ihn mit Freuden begrüßen. (Unruhe und Unterbrechung auf der Rechten.)

Vicepräsident Kirchgeßner: Ich bitte, die Zwischenreden zu unterlassen!

Wiesner (zum Präsidenten): Ich habe nur geantwortet auf den Zwischenruf. Wir von jener Seite des Hauses, wir (auf die Linke deutend) können aus vollwichtigen Gründen auf den Wunsch der Polen nicht eingehen. Wir haben zwar bezweifelt, daß es einen Salomo auf den deutschen Thronen gebe, aber noch nie haben wir gezweifelt an der Gerechtigkeit des Volkes. Wir glauben, daß dieses deutsche Volk einst Das erfüllen wird, was seine Fürsten nicht erfüllten; wir glauben, daß es gut machen wird, was eine herzlose Politik verbrach. In diesem heiligen Glauben wollen wir den Wunsch der Polen nicht unterstützen, sondern stimmen vielmehr für den von dem Abgeordneten Wigard gestellten Antrag. (Lebhafter Bravoruf und Beifallklatschen auf der Linken und der Galerie.)

Vicepräsident Kirchgeßner: Herr Wuttke!

Wuttke von Leipzig: Meine Herren! Ist es erhört in der Geschichte Europa's, hat es je ein Volk gegeben, welches seine Interessen mit Füßen getreten, um die Interessen eines andern Volkes zu fördern? Gab es ein Parlament in der Welt, dessen Mitglieder es sich zur Aufgabe und zur Ehre machten, gegen die Wünsche, gegen den Vortheil einer halben Million ihrer Landsleute mit allen Waffen der Beredsamkeit, mit allen Mitteln parlamentarischer Taktik zu kämpfen, für eine Nation zu kämpfen, welche sich nach dem Zeugnisse der Geschichte beinahe immer, — wenige Zwischenfälle nur abgerechnet, in denen gemeinsame Noth zusammenführte, — unserer Nation feindselig und abhold bewies? Gab es je ein Parlament in der Welt, in dem ein Abgeordneter ausgesprochen hat, wie er wünsche, daß ein Landestheil ausgeschieden werde, damit in ihm ein Schandpfahl aufgerichtet werden könne für die Nation, die er vertritt, und doch haben wir das heute gehört. (Heiterkeit auf der Linken.) Der constituirenden Nationalversammlung Deutschland's blieb es vorbehalten, dieses einzige Schauspiel zu geben, und hört ein Fremder den Reden in der Paulskirche zu, so möchte er leicht in Zweifel gerathen, ob deutsche Stämme, ob Polen ihre Vertreter hierher gesendet haben. (Stimmen auf der Linken: Oh! Oh! Die Wahrheit ist nicht national.) Ja, das kann ich nicht für rechten Patriotismus halten, darin kann ich nimmermehr echte vaterländische Gesinnung finden, daß man Alles, was einen Schatten auf den deutschen Namen werfen könnte, eifrig hervorsucht, und allen Schmutz und allen Schlamm aus der Tiefe der Vergangenheit aufwühlt, und an die Oberfläche zieht, um ihn auf das deutsche Volk zu wälzen. Freie und große Völker thun das Gegentheil. Der Einzelne verdient unsomehr Lob, jemehr er die Selbstsucht in sich überwindet; aber ein Volk muß mit einigem Egoismus handeln, sonst geht es zu Grunde von der Selbstsucht der übrigen Völker. (Widerspruch auf der Linken.) Die Engländer sorgen vor Allem für ihren Nutzen, und blicken Sie auf die Franzosen, so sehen wir sie den Ruhm voranstellen, und einen Schleier über Das werfen, was ihre Geschichte etwa befleckt, denn sie wissen, daß der Ruhm das Streben nach Ruhm erweckt, und die Eigenschaften großzieht, die ein Volk erhöhen. Und wie unparteiisch würden Sie es gar finden, wenn Jemand, den einseitigen Schilderungen der Gegner ausschließlich Gehör schenkend, sich bemühte, das Schlechte vorzuziehen, und Entstellungen wiederholte. Solches Verfahren führt wahrhaftig nicht dahin, unser Deutschland groß zu machen. — Die Anhänger der kosmopolitischen Schule sind es vornehmlich, die sich der Einverleibung Posens entgegengesetzt haben. Erst verlangen sie, daß man Posen als selbstständiges Land gestalten solle, und jetzt, wo man einen Theil mit dieser Selbstständigkeit ausscheiden will, behaupten sie, daß man ganz Posen einverleiben müsse. So zuversichtlich sie sprechen, verwickeln sie sich doch dabei in einen Widerspruch. Augenfällig stehen sie ja in jener alten Territorialpolitik, die sie doch sonst mit so großer Entschiedenheit verdammen. Weil einst das Posener Land zum Reiche Polen gehörte, sollen wir es nun herausgeben. Aber einstmals, noch früher, saßen germanische Stämme bis zur Weichsel, und wir begehren dieses Gebiet nicht. Das Einst kann nicht maßgebend sein, das Jetzt entscheidet, und jetzo hausen auf diesem Boden Polen und Deutsche beieinander und untereinander, und die Deutschen erklären, daß sie bei Deutschland bleiben wollen, und ein Theil der Polen ist auch damit einverstanden, indem er die Preußenherrschaft der polnischen Reorganisation vorzieht. Eben dieselben, die sonst, und nicht mit Unrecht, in dem Willen des Volkes das höchste Gesetz erkennen, mißachten ihn in diesem Falle, und dieß ist ihr zweiter Widerspruch. (Bravo.) Bisher haben sie gesagt, es sei für die Deutschen in Posen gleichgiltig, ob sie unter polnischer Herrschaft leben, wofern nur die Freiheit ihnen zu Theil werde; aber was sie dem Deutschen zumutheten, wenden wir jetzt an auf den Polen, und sagen, es sei gleichgiltig, ob einige hunderttausend Polen unter deutscher Hoheit wohnen, da sie der Freiheiten theilhaftig werden sollen, welche das deutsche Volk genießt. Und abermals setzt man uns Widerspruch entgegen. Denn wenn man verlangt, daß ganz Posen in unsere Grenzen aufgenommen werde, so fügt man in demselben Athemzuge hinzu, es solle geschehen, damit eines Tages das ganze Posen an Polen zurückgegeben werden könne, welches in vergangener Zeit zum polnischen Reiche gehört hat. Aber, hohe Herren, wir können nicht eine Reichs-Grenze bestimmen, in der Absicht, sie späterhin zu ändern. Wie wir sie heute festsetzen, soll sie in Zukunft bleiben. — Weiter ist gesagt worden, es gezieme sich nicht für uns, Richter und Partei zugleich zu sein. Wir dürften die Reichsgrenze nur feststellen, wenn eine polnische Macht uns gegenüberstände, mit welcher wir verhandelten. Doch auch diese Auffassung ist irrig. Posen hat zu einem deutschen Staat gehört, unter der Herrschaft deutscher Könige gestanden, und war vor der Märzrevolution, so gut wie vor ihr Königsberg und Elbing zu Deutschland gerechnet wurden, ein deutsches Land. Es ist also das Land bis zur Demarcationslinie keineswegs eine neue Eroberung, die zu Deutschland geschlagen werden soll. Deutschland nimmt dieses Gebiet nicht, sondern es gibt vielmehr denjenigen Theil Posens heraus, der jenseit der Demarcationslinie liegt, zu dem Versuche einer neuen polnischen Staatsgestaltung. Es gibt ihn freiwillig, denn es wird durch keine äußere Gewalt dazu gezwungen, es steht ihm keine polnische Macht gegenüber, mit der es verhandeln könnte, nachdem es die Aufstände von 1846 und 1848 niedergeschlagen hat mit der Wucht seiner Waffen. Wenn nun auch der polnische Theil schwach dastehen wird, so bedenken Sie, daß wir dieß nicht ändern können ohne Schaden für Deutschland, und daß in Deutschland noch viel kleinere Staaten bestehen. — Wir sollen uns auf den Ausschuß-Bericht verlassen, und ich muß bekennen, daß auch ich ihn keineswegs allen Anforderungen genügend finde; indessen sehe ich ein, daß auch eine umfassendere Ausarbeitung schwerlich ausreichen würde für ein allseitig prüfendes Urtheil. Die Schwierigkeit liegt in der Natur der Verhältnisse. Ein anderer Redner hat bereits auseinandergesetzt, wie es kaum möglich ist, die Bevölkerung nach dem Volksthume scharf abzugrenzen und zu scheiden. Ein sehr wahres Wort sprach Ihr früherer Berichterstatter in dieser Sache, Herr Stenzel, als er rief, es müsse hier ein Schnitt gemacht werden, man müsse sich dazu entschließen. Selbst wenn Ihre Commissäre von Haus zu Haus, von Hütte zu Hütte fragten: wohnt hier ein Deutscher, wohnt hier ein Pole? so würden wir doch keine scharfe Abgrenzung erlangen, und unser Material so beschaffen bleiben, daß wir immer noch mit unserem Urtheil etwas wagen, daß wir durchschneiden müßten. Der Bericht gibt uns an, daß ein Theil der Bevölkerung seine Zustimmung ausgesprochen hat. Herr Wigard meint in seinem Antrage, daß die polnische Bevölkerung nicht gehört worden sei. Wenn sie nicht kam und nicht Einspruch erhob, so ist und bleibt dieß ihre Schuld. Ein hat gewußt, daß über die Grenzbestimmung beider Theile verhandelt werden soll. Wer dieß weiß, und dennoch nicht kommt, von dem kann nur gelten, was Herr Wiesner leugnete: Qui tacet, consentit. (Eine Stimme: Davon ist nichts gesagt.) Allgemein war es bekannt, daß Reichscommissären die genaue Abgrenzung oblag, an diese konnte sich Jeder wenden...

Wigard (vom Platze): Die Reichscommissäre gehen die Polen nichts an.

Göden (vom Platze): An Wen sollten sie sich denn sonst wenden?

Vicepräsident Kirchgeßner: Ich bitte, doch die Zwischenreden zu unterlassen!

Wuttke: In vielen Eingaben wurde wirklich Aufnahme in den deutschen Theil begehrt, so geben die Reichscommissäre an. — Der andere Gesichtspunkt ist der strategische, und über diesen habe ich kein Urtheil, da ich nicht, wie die Herren v. Radowitz und Rösler, militärische Kenntnisse besitze. Doch ist mir einleuchtend, daß eine Grenzfestung die Hauptstraßen und die Stellung an den Flüssen beherrschen muß, und ich sollte meinen, daß gerade Diejenigen, die sonst so lebhafte Befürchtungen vor Rußland haben, auf den strategischen Gesichtspunkt besonderes Gewicht legen müßten. Gesetzgebende Körperschaften erhalten vielfach Gegenstände zur Entscheidung, zu deren Beurtheilung Sachkenntnisse erforderlich sind, wo sie also dem Urtheile der Sachverständigen vertrauen müssen. Es kann in solchen Fällen zu Nichts führen, an einzelnen Bestimmungen zu mäkeln, und an ihnen herumzuändern, sondern man kann nur im Ganzen über den zu Grunde liegenden Hauptgedanken sich entscheiden, und das Ganze in Bausch und Bogen entweder annehmen oder verwerfen. Diesen Grundsatz hat das Haus auch befolgt bei der allgemeinen Wechselordnung, und diese Uebung ist viel besser, als diejenige, welche im Jahr 1815 die sächsischen Stände beobachteten, als sie paragraphenweise die Wechselordnung einer neuen Erörterung unterwarfen und Einzelnes änderten, so daß nach sechswöchentlicher Berathung das Gesetz in schlechterer Fassung aus dem Hause kam, als der ursprüngliche Entwurf war. Bis dahin, wo der ewige Friede in die Welt kommen wird, muß dem Kriegsmanne gestattet werden, ein Wort mitzusprechen bei der Feststellung der Grenzen. Wie könnten wir es verantworten, wenn später in Folge der Vernachlässigung dieses Gesichtspunktes dem deutschen Reiche irgend ein Schaden entstehen sollte? — Eine Verzögerung der Entscheidung ist endlich gefordert worden; uns könnte sie vielleicht gleichgiltig sein, aber man muß bedenken, daß jeder Tag Verzug ein Nachtheil für die deutsche Bevölkerung von Posen ist, die nach so schweren Wirren, nach so langen Leiden der Ruhe und eines festen, gesicherten Zustandes sehr bedürftig ist. Diese Unsicherheit, in der sie sich befindet, muß aufhören, die polnische Sache muß endlich abgemacht und zu Ende geführt werden. Klar ist alles Wesentliche. Dieser dreimal erneuerte Kampf, von dem der Patriot wünschen muß, daß er niemals stattgefunden hätte, möge sich nicht noch einmal wiederholen. So schließe ich denn mit dem Wunsche, daß nie mehr eine ähnliche Verhandlung geführt werde, in welcher solche Dinge zur Schmach des deutschen Namens gesagt werden von dieser Rednerbühne. (Lebhafter Beifall auf der Rechten und im Centrum. Zischen auf der Linken.)

Vicepräsident Kirchgeßner: Es liegen zwei Anträge auf den Schluß der Discussion vor, jeder von 20 Unterschriften unterstützt. Es ist daher vor Allem nothwendig, die Schlußfrage zur Abstimmung zu bringen. Ich ersuche diejenigen Herren, welche vorbehaltlich der Schlußäußerung des Berichterstatters den Schluß der Discussion wollen, sich zu erheben. (Die Mehrheit erhebt sich.) Der Antrag auf Schluß ist angenommen. — Es liegt ferner ein Antrag auf namentliche Abstimmung vor von Herrn Kerst, den ich seiner Zeit zur Unterstützung bringen werde. Der Herr Berichterstatter hat das Wort.

Schubert von Königsberg: Meine Herren! Auf die Gefühlspolitik eines der Redner gegen den Antrag ist auch die

Antwort wieder mit vielem Gefühl und mit noch größerem Rechte von dem Redner gegeben worden, der zuletzt diese Tribüne verlassen hat. Ich werde mich also zu dieser Frage nicht mehr hinwenden. Ferner ist die Vertheidigung des strategischen Punktes so glänzend und lichtvoll geführt, daß es doch nur heißen würde, Eulen nach Athen tragen, wenn ich es wagen wollte, noch ein Wort weiter hinzuzufügen. Dagegen halte ich mich für verpflichtet, auf einige Punkte des ersten Redners, der gegen den Antrag gesprochen hat, zurückzukommen. Im Allgemeinen finde ich zwar, daß diese Rede als eine verspätete beurtheilt werden muß; denn sie paßt zwar ganz und gar in den Juli hinein, wo überhaupt die Sache verhandelt wurde, inwieweit die deutschen Interessen und die polnischen Interessen im Großherzogthum Posen für die Nationalversammlung zu berücksichtigen wären. Aber nachdem bereits ein Beschluß der hohen Nationalversammlung vorliegt, so können alle diejenigen Gründe, ebenso wie die angeblichen Thatsachen, welche der ehrenwerthe Abgeordnete von München vorbrachte, hier keinen Platz mehr finden. Denn sie wären nur gegen den Beschluß der Nationalversammlung selbst gerichtet, nicht aber könnten sie dazu dienen, um eine Beurtheilung des Ihnen jetzt vorliegenden Antrags zu unterstützen oder zu schwächen. Aber es waren diese Gründe von dem Abgeordneten von München so zusammengesetzt, daß sie allerdings auf einen und den anderen Abgeordneten in diesem Hause einen nachtheiligen Eindruck machen mußten, wenn er so ganz und gar mit den Verhältnissen des Landes unbekannt ist, wie unzweifelhaft der geehrte Abgeordnete von München es sein muß. Derselbe sagt, die Demarcationslinie mache einen solchen Schnitt in die polnische Bevölkerung hinein, daß jetzt den abgesonderten Polen nicht die Mittel blieben, auch nur für ihre geistige Bildung selbstständig sorgen zu können; und wenn der Berichterstatter ihm entgegenrief, es habe absichtlich die polnische Bevölkerung versäumt, sich zum Beamtendienst heranzubilden, so wurde ihm entgegnet, weil die Schulen und Anstalten solche waren, in denen sie ihre geistige Bildung nicht suchen mochten. Meine Herren! Es ist allerdings derjenige Theil des Großherzogthums Posen, den Sie jetzt dem deutschen Bundesstaate einverleiben wollen, schon im Jahre 1793 zum preußischen Staate hinzugekommen; aber damals war er nur 13 Jahre bei demselben, und er wurde durch den Frieden zu Tilsit wieder abgetreten, und dem Herzogthum Warschau einverleibt. Vergleicht man inzwischen die Zustände, in denen sich dieses Land befand, als es von der preußischen Regierung im Jahre 1815 übernommen wurde, mit den Zuständen, in welchen sich jetzt das Großherzogthum bewegt, so wird man sich auf das Wohlthätigste von den materiellen und geistigen Fortschritten überrascht finden. Doch muß ich hierbei gleichzeitig einem Anderen der Redner gegen den Antrag entgegentreten, der uns auffordert, wir möchten das schwarze Buch von Herrn Hans v. Held zur Hand nehmen und sehen, auf welche Weise damals Deutsche mit den geringsten Geldsummen zu großem Besitzthum und weitläufigen Herrschaften in Polen gelangt wären. Ich vermuthe, daß der Herr Abgeordnete von Oels das schwarze Buch von Held, es ist allerdings ein seltenes Buch, nicht selbst gelesen haben muß, und wenn er es gelesen hat, nicht die Verhältnisse derjenigen Deutschen kennen gelernt hat, welche damals Güter in dem an Preußen abgetretenen Polen, d. h. in Süd- und Neu-Ost-Preußen gekauft haben. Denn diese lassen sich nicht mit denjenigen Deutschen zusammenstellen, die gegenwärtig etwa in einem Viertel des vormaligen preußischen Polens nunmehr dem deutschen Bund einverleibt werden sollen. (Stimmen: Hört!) Die deutschen Besitzer, welche damals auf solche Weise in den Besitz gekommen sind, ich mag es nicht verhehlen, gehörten jetzt dem russischen Staate an, aber sind größtentheils genöthigt worden in den Jahren von 1806 bis 1815 ihre Güter zu verlassen, und, meine Herren, ich darf Sie versichern, sie haben trotz ihres wohlfeilen Kaufes mehr Schaden als Gewinn davon gezogen, sehr Viele von ihnen sind als Bettler aus dem Lande gezogen. (Stimmen: Hört!) Aber derselbe Herr Abgeordnete aus Schlesien vermengt damit unsere deutschen Leute, die mit Schweiß und Händearbeit die deutsche Industrie in Polen zu Ehren gebracht haben; ich meine den ehrenwerthen Bauernstand, den Stand der kleinen Grundbesitzer, die Bewohner der kleinen Städte, die der deutschen gewerblichen Cultur in den meisten Kreisen des Großherzogthums Posen Eingang verschafft haben. Das sind, meine Herren, diejenigen deutschen Brüder, für welche wir vorzüglich ein Wort voll warmem Mitgefühls sprechen müssen, es sind die deutschen Brüder, welche in der stattlichen Zahl von Hunderttausenden zählen, nicht die wenigen Deutschen, seien sie auf zehn oder fünfzig, oder auch auf hundert geschätzt, welche mit reichlichem Geld nach Polen gekommen sind und durch polnische Leichtgläubigkeit und leichtsinnige Verschwendung oder polnische Wirthschaftslosigkeit sich bereichert haben. — Und kehre ich zu dem ehrenwerthen Abgeordneten aus München zurück, zu seiner hingeworfenen Besorgniß, „was nun ferner aus dem polnisch verbleibenden Posen werden solle, nicht einmal die Mittel zur geistigen Bildung besäßen sie. Auf das einzige Gymnasium in Trzemeszno seien sie hingewiesen; das zweite polnische Gymnasium in Ostrowo sei ihnen genommen." Er weist uns auf den früheren Schulzwang für die Polen in Posen hin, sie sollen genöthigt gewesen sein, ihre Kinder in die höheren Schulen und Gymnasien des Großherzogthums zu schicken, wo die Mathematik und Geschichte sammt der Interpretation der Classiker auf den Oberclassen nur in deutscher Sprache gelehrt worden. Ich könnte nun zuvörderst den Herrn Abgeordneten fragen, warum Jahrhunderte und darüber die Polen ihre Kinder nach Frankreich und in die Schweiz geschickt haben, um sie auf französische Weise unterrichten zu lassen? (Stimmen: Hört!) Und warum alle Hauslehrer in den reicheren Familien vorzugsweise aus Frankreich herbeigeholt wurden, obschon sie der polnischen Sprache gar nicht kundig waren und nur durch die französische Sprache die Vermittler der geistigen Bildung werden konnten? Die zahlreichsten Beispiele könnte man anführen, wie dort die Kinder im vierten oder im fünften Jahre selbst der polnischen Sprache nicht mächtig, nur in der französischen mit ihren eigenen Eltern und Geschwistern sich unterhalten mußten. (Stimmen: Hört!) Wenn ich aber denke, daß hier das ganze hohe Haus so voll Enthusiasmus für die höhere Bildung des Volksstammes eingenommen, jetzt hören soll, daß nur sechs Professoren an den Gymnasien, Progymnasien und Seminarien, ich weiß nicht, woher der Herr Abgeordnete aus München diese Zahl entnommen haben mag, daß nur sechs Professoren im Großherzogthum Posen dem polnischen Volksstamme angehört haben, und die übrigen sämmtlich deutsch gewesen sein sollen; so verweise ich ihn einfach auf die Jahresberichte und Annalen der polnischen Gymnasien in Posen und in dem benachbarten Westpreußen seit dem Jahre 1816, ich verweise ihn auf die Berichte der Gymnasien von Conitz und Culm in Westpreußen, ich verweise ihn selbst bis nach Braunsberg und weiter auf die evangelischen Gymnasien in Ostpreußen hin, und er wird in denselben polnische Professoren, Directoren und Oberlehrer aus dem Großherzogthum Posen gebürtig finden, die nicht nur in der Mathematik, in der Geschichte, in der Naturwissenschaft und in der Interpretation der älteren Classiker gelehrt haben, sondern selbst in ihrer eigenen Sprache und Literatur im Großherzogthum Posen, wie in der Provinz Preußen als Lehrer unterrichtet haben. (Stimmen: Hört!) Allerdings habe ich auch von einem anderen Abgeordneten, von einem verehrten Freunde gehört, wie er übel berichtet worden, daß im Großherzogthum Posen selbst die Elementarlehrer nur aus Deutschen, ja sogar nur aus Bekennern evangelischer Confession gewählt worden. (Stimmen: Falsch!) Ich erkläre dieß als die vollständigste Unwahrheit. (Stimmen: Hört! Sehr gut!) Allerdings, als im Jahre 1815 (Unruhe auf der Linken) die preußische Verwaltung im Großherzogthum Posen wieder eintrat, da waren, trotz der größten Sorgfalt der preußischen Behörden bei der Auswahl der Lehrer, nicht so viele Polen zu ermitteln, daß sie als Elementarlehrer zur vollständigen Befriedigung des Schulbedürfnisses angestellt werden konnten. (Stimmen: Hört!) Was war die erste Sorge der preußischen Regierung? Schullehrerseminarien für die Confession des Landes zur Bildung polnischer Zöglinge für den Elementarunterricht zu begründen und zweckmäßig auszustatten, damit die dort gebildeten Zöglinge einst ihrem Lande als Lehrer dienen könnten (Stimmen: Hört!), und, meine Herren, dies hat in den dreißig Jahren der preußischen Verwaltung dort so günstig gewirkt, daß jedes Jahr drei, sechs bis zehn Schulen in einem und demselben Regierungsbezirke Posen-Bromberg neu begründet, oder mit neuen Lehrkräften besetzt werden konnte, und zwar nur durch Zöglinge polnischer Abkunft. (Stimmen: Richtig!) Dann hat man gesagt, der preußische Staat habe keinen Beamten aus Polen genommen. Von jedem Universitätslehrer, der nur ein paar Jahre auf einer der östlichen Universitäten des preußischen Staates gearbeitet hat, wird es Ihnen gesagt werden können, wie viele Zöglinge des Großherzogthums Posens als Juristen, Cameralisten, Mediciner, ebenso als Lehrer für Gymnasien sich auf diesen Anstalten gebildet haben. (Unruhe auf der Linken; eine Stimme im Centrum: Sehr wahr!) In Posen sollte allerdings nach dem Wunsche des polnischen Adels und Clerus eine Universität errichtet werden, aber die Zeiten sind vorüber, wo man für jede Million Seelen sich gleich berufen fühlte, wo schon reich dotirte und ausgebildete Anstalten vorhanden waren, neue Universitäten zu gründen. Ich frage Diejenigen, welche dem preußischen Staate angehören, ob sie mir ein Regierungscollegium oder ein Landesgericht nennen können aus den vier östlichen Provinzen bis zur Mark Brandenburg, ich will selbst Schlesien und Sachsen nicht ausnehmen, wo nicht bei jedem Collegium aus dem Großherzogthum Posen Gebürtige als Auscultatoren, Referendarien oder als Räthe angestellt gewesen sind, welche freilich dann, wenn sie eine Zeit lang gearbeitet hatten, nach einer andern Gegend, oft auch wieder in ihr Vaterland versetzt wurden. Betrachten Sie selbst die Centralbehörden in der Hauptstadt, welche aus 30 oder 20 oder noch weniger Räthen bestehen, so finden Sie in denselben eins, zwei, wohl auch drei Mitglieder, die aus dem heutigen Posen abstammen. Meine Herren, das ist doch wohl in dem ganz richtigen Verhältnisse einer Bevölkerung von einer Million zur Gesammtbevölkerung von sechzehn Millionen. Mehr durften in die preußische Centralverwaltung nicht hineingenommen werden, wenn nicht den übrigen Provinzen Unrecht geschehen sollte, und Das, meine Herren, geschah, trotz der häufig genug vorkommenden Abneigung der Polen für den Staatsdienst, trotz ihres Ausscheidens aus demselben nach wenigen Dienstjahren. Und was ferner das preußische Heer anbetrifft, so waren es nicht nur die Regimenter, welche im Großherzogthume Posen stationirt waren, in denen Offiziere polnischer Abkunft in reichlicher Zahl dienten; sahen wir sie nicht im ganzen preußischen Heere nach einzelnen Neigungen, nach den besonderen Dienstverhältnissen und nach ihrem [illegible] in Folge der Anciennität, in allen Heeresabtheilungen vermischt und befördert? Also, meine Herren, der preußische Staat, — und Dieses rechne ich ihm zur allergrößten Ehre an, man mag dagegen sagen, was man will, es ist die stets behauptete Ehre seit 200 Jahren, seit dem großen Kurfürsten Friedrich Wilhelm, — ich sage, der preußische Staat hat darin seinen Ruhm gefunden, in vollster Beachtung aufrichtiger Toleranz jede Nationalität stets so zu ehren, daß sie zur vollen Geltung ihres selbstständigen Verdienstes gelangen konnte. Denn wie derselbe in confessioneller Beziehung als der erste Staat in Europa zu nennen ist, der sich aufs Entschiedenste gegen jede kirchliche Bedrückung erklärte, und innerhalb seiner Grenzen dagegen schützte (Unruhe auf der Linken); so hat er auch in gleicher Weise ehrenwerth zuerst dahin gestrebt, daß er keine Bedrückung seiner Angehörigen in Bezug auf das Nationalitätsverhältniß schon administrativ seit 1666 mehr geduldet hat. Ferner wurden aber noch die Gründe, welche ich in meinem Berichte angeführt habe für die Aufnahme des Fürstenthums Krotoschin in das deutsche Bundesgebiet, von demselben Abgeordneten getadelt. Krotoschin, ein Land, welches doch unzweifelhaft in Polen gelegen, und nur später, als das Großherzogthum Posen bereits gebildet war, einem deutschen Fürsten zur Entschädigung für Postregale übergeben war, sollte nach der Ansicht des genannten Abgeordneten jetzt erst auf einmal durch die Schäffer'sche Demarcationslinie dem deutschen Bundesgebiete zugetheilt werden. Aber liegt nicht das Fürstenthum Krotoschin schon nach Ihrem Beschlusse, den Sie am 27. Juli gefaßt haben und nicht widerrufen werden, zur vollen Hälfte innerhalb des deutschen Bundesgebietes? Es kommt also nur noch darauf an, die Aufnahme der zweiten Hälfte in den deutschen Antheil zu rechtfertigen. (Unterbrechung von der Linken.)

Vicepräsident Kirchgeßner: Darf ich bitten, den Redner aussprechen zu lassen, es ist sonst nicht möglich, die Ruhe aufrecht zu erhalten.

Schubert: Und für diesen zweiten Theil haben allerdings neben strategischen Gründen, die schon von einem anderen Redner vor mir zur vollen Anerkennung gebracht sind, auch noch Reclamation verschiedener Art die Veranlassung zu seiner Aufnahme gegeben. Außerdem aber gilt uns denn doch der Fürst von Thurn und Taxis auch als ein Grundbesitzer, der für sich selbst reclamiren kann, und dem es keineswegs völlig gleichgiltig bleibt, ob eine Hälfte im polnischen Gebiet und die andere im nichtpolnischen Gebiete fernerhin liegen soll. Endlich wies der Abgeordnete von München auf die Wahlen in Oesterreich hin und nahm Ihr Mitgefühl in Anspruch, und folgerte, daß viele noch rückständige Wahlen in Oesterreich deßhalb nicht erfolgen würden, weil man dort dem Frankfurter Reichstage keinen Gerechtigkeitssinn zutrauen dürfte, das Gefühl der Nationalität auf eine angemessene Weise zu behandeln; er wies gleichzeitig darauf hin, daß nunmehr Posen eingekeilt sei zwischen Rußland und dem deutschen Reich ein sieches Leben hinschleppen müsse. Aber sollten wir denn ganz und gar vergessen, daß Posen immer ein Theil des preußischen Staates verbleibt, und daß es sich jetzt nicht darum handelt, ob etwa dieser Theil von Preußen vollständig hingeopfert werden soll, sondern daß vielmehr gegenwärtig nur bezweckt wird, die beiden Theile des Großherzogthums Posen in administrativer Rücksicht zu sondern; und zwar dergestalt, daß der eine Theil mit allen übrigen Provinzen des preußischen Staates, gemeinschaftlich verwaltet, dem deutschen Bund angehören wird; und der zweite (polnische) Theil, singulär administrirt, der eigenthümlichen polnischen

Reorganisation übergeben werden soll. Beide Theile verbleiben aber nach wie vor im preußischen Staatsverbande, und ein solches Hinweisen als Köder für Rußland erwarten Sie von der preußischen Regierung nicht. Man hat zwar heute mehrmals gesagt, es handelt sich in dieser posen'schen Angelegenheit um einen neuen Wortbruch. Nun ja, meine Herren, es handelt sich um einen neuen Wortbruch bei dieser Angelegenheit. Ich meine den Wortbruch der Polen im Mai 1848 und den daraus erfolgten Aufstand. Das war sicher ein Wortbruch, der zum blutigen Bürgerkriege führte. — Preußen hat ihn gedämpft; aber Preußen hat deßhalb nicht um einen Schritt die Demarcationslinie weiter gezogen. Die erste Aufnahme Posen'scher Landestheile in den deutschen Bund war am 22. April bereits festgesetzt, und am 1. Mai folgte schon die zweite Eingabe: Beides vor dem Ausbruch des Bürgerkrieges. Und diese beiden von Ihnen, meine Herren, bestätigten Beschlüsse verfügten bereits, daß zwei Drittheile des Großherzogthums Posen in das deutsche Bundesgebiet einverleibt werden sollten, und die Abgeordneten dieser dem deutschen Bunde vollständig einverleibten Landestheile fanden in Ihrer Mitte ihren giltigen Platz, und haben bis jetzt an Ihren Arbeiten Theil genommen. Davon dürfen Sie nichts zurücknehmen, denn Sie haben in dem ersten Theile Ihres Beschlusses vom 27. Juli festgesetzt, daß Sie ganz und vollständig „die Aufnahme derjenigen Theile des Großherzogthums Posen, welche durch einstimmige Beschlüsse des Bundestags vom 22. April und 2. Mai in den deutschen Bund aufgenommen sind, wiederholt anerkennen." — Diese Genehmigung gibt zwei volle Drittheile des Flächeninhalts des Großherzogthums mit 867,000 Seelen Bevölkerung, wie dieß statistisch im Berichte des Ausschusses S. 6 und 7 nachgewiesen ist in den Beschlüssen des deutschen Bundes: sie gehörten mithin zu dem deutschen Bunde schon seit dem 2. Mai. Es umfaßt demnach seit dem Tage der der polnischen Reorganisation verbleibende Theil des Landes nur noch ein Drittheil seines Flächeninhalts und seiner Bevölkerung. Was ist demnach der Hauptpunkt für Ihre heutige Entscheidung? Es ist die Veränderung der Pfuel'schen Demarcationslinie durch die neu festgestellte Schäffer'sche. Für diese verlangten die Redner gegen den Antrag nähere statistische Nachweise, das Gegebene wäre ein zu dürftiges Material, auf dessen Grundlage ein vollständiges Urtheil nicht abzugeben sei. Meine Herren! Der Statistiker baut nicht in die Luft, zuerst verlangt er die Genehmigung der Demarcationslinie, dann wird er in den bald zu hoffenden beruhigteren Zuständen seine Aufnahme machen können. Unter den vorliegenden Verhältnissen würden alle Versuche zu neuen sicheren Aufnahmen sehr verfehlte Ergebnisse geliefert haben. Im Allgemeinen können Sie jedoch nach der Karte, und ebenso nach der aus dem December 1843 gemachten Volkszählung von den einzelnen Kreisen, die dabei betheiligt sind, ein der Wahrheit annäherndes Verhältniß für die Bevölkerung, und den neu abgesonderten Flächeninhalt sich zusammenstellen. Es handelt sich um 35 bis 40,000 Seelen auf 20 bis 25 Quadratmeilen, die allerdings nach der Schäffer'schen Demarcation zu der Bevölkerung und dem Flächeninhalte, die durch die Pfuel'sche Demarcation und die Bundesbeschlüsse abzusondern waren, hinzugekommen sind. Es handelt sich mithin, meine Herren, eben um ein Dreiunddreißigtheil der Bevölkerung und um ein Fünfundzwanzigtheil des Flächeninhalts Posens. Weßhalb sollen Sie dieses in den deutschen Bund aufnehmen? Sie werden durch die nachgewiesenen militärischen und strategischen Gründe aufgefordert, für die Sicherstellung des gesammten deutschen Bundesstaates die eine Hälfte davon aufzunehmen, und die andere auf Grundlage der eingegangenen Reclamationen nach dem Nationalitätsverhältnisse und nach den Ansprüchen des Besitzers des Fürstenthums Krotoszyn .... (Eine Stimme auf der Linken: Schluß!)

Vicepräsident Kirchgeßner: Sie wissen, daß der Schluß-Antrag in dieser Art nicht geschehen kann.

Schubert: Sie werden mir zugestehen müssen, daß die wichtigsten Einwürfe, welche von den Gegnern des Antrages gegen den Bericht vorgebracht worden, widerlegt werden. (Mehrere Stimmen aus dem Centrum: Fortfahren!) Es wird dem Herrn Reichscommissär vorgeworfen, er habe sich nichts bekümmert um die Reclamation der Polen; und doch lagen die Reclamationen der Polen theilweise in den Acten, die wir hier im Juli für unsere Arbeit gebraucht haben, die wir bis September hier behalten, und dann nach Berlin geschickt haben, wo sie dem Reichscommissär zur näheren Prüfung vorgelegt wurden. Es lagen demselben ferner vor alle seit August unmittelbar bei der preußischen Regierung eingegangenen Reclamationen. Alle diese Materialien mit dem vollständigsten und detaillirtesten Karten-Apparat und allen dazu nöthigen Nachrichten waren vom Reichscommissär in Berlin zu seiner vollen Verfügung gestellt, und dienten zu der nöthigen Vorbereitung. Er hat sich in denselben so vollständig unterrichtet, daß er nach dieser umfassenden Information hinlänglich ausgerüstet zu sein glaubte, um unmittelbar an Ort und Stelle die weiteren Prüfungen vorzunehmen. Es haben sich inzwischen im Lande selbst keine Polen gemeldet, wie von der anderen Seite eingewandt ist. Allerdings, meine Herren, haben sich in den ersten Tagen keine Polen, weder in Posen, noch in Bromberg beim Reichscommissär eingefunden; aber warum haben diejenigen Herren, welche gerade diese Thatsache hier vorbrachten, und die doch den Bericht, der ihnen ja nicht einmal vollständig gedruckt erschienen ist, durchgelesen haben werden, die Anmerkung auf Seite 2 unbeachtet gelassen? Im Schluß-Bericht vom 18. December sagt der Reichscommissär: „Einige kleine polnische Besitzer an der Grenze der Demarcation haben sich ihren umwohnenden deutschen Nachbarn mit der Bitte um Aufnahme in den deutschen Theil angeschlossen." Dieß ist doch ausdrücklich von dem Reichscommissär erwähnt. Außerdem, meine Herren, und weil Sie mich darüber angegriffen, und dazu herausgefordert haben, will ich noch darauf antworten, was ich sonst im Interesse der Sache verschwiegen hätte. Es sind allerdings auch mehrere Reclamationen von Seiten der Grundbesitzer polnischer Nationalität mündlich vorgebracht, die jedoch auf die Aufforderung, sie schriftlich einzureichen, wiederum zurückgezogen sind, weil sie zwar gern dem deutschen Bundesstaat einverleibt sein, nicht aber dem ganzen Lande genannt werden wollten, als solche Polen, die verlangt hätten, von dem polnischen Verbande abgezweigt, und dem deutschen Bundesstaate überwiesen zu werden. (Stimmen im Centrum: Hört! Hört!) — Ich eile zum Schlusse. Es ist demnach umständlich erörtert, meine Herren, daß nicht die Absonderung eines geringen Fünftheils, wie der Herr Abgeordnete von Wien sagt, auch nicht die Absonderung eines Viertheils, sondern soviel Land von dem Großherzogthum Posen für die polnische Reorganisation ausgeschieden ist, daß dasselbe nicht viel weniger als ein Drittheil des sämmtlichen Flächeninhalts des ganzen Großherzogthums Posen beträgt. In demselben befinden sich dreihundert fünfzigtausend Bewohner, und diese sind dergestalt nationalpolnisch, daß unter diesen dreihundert fünfzigtausend Seelen auch noch nicht ein volles Achttheil dem deutschen Volksstamme angehört. In sämmtlichen anderen Theilen des Großherzogthums Posen wohnt ... überwiegend und compact die polnische Bevölkerung ...

[illegible] — [illegible] für ein Theil des Landes [illegible] auf seine Productionsfähigkeit. Es ist zum größten Theile der fruchtbarste Landstrich des gesammten vormaligen Großherzogthums. Man hat sich nicht bei der Demarcation [illegible], was gutes oder schlechteres Land, das dem deutschen Bundesstaate einverleibt werden soll; denn gerade die Umgegend von Gnesen ist die einträglichste des ganzen Großherzogthums Posen. Nach diesen Gründen, meine Herren, sowie nach denjenigen, welche von den früheren Rednern vorgebracht sind, die für den Antrag gesprochen haben, glaube ich nochmals der hohen Nationalversammlung empfehlen zu müssen, die Genehmigung zu dieser Demarcationslinie, die Sie sich vorbehalten haben, und die in Folge Ihres Beschlusses durchgeführt worden ist, ertheilen zu wollen. — Wenn ich unter den Motiven für den Antrag des Ausschusses als die mitbestimmenden angeführt habe, daß die Centralgewalt und die preußische Regierung die Genehmigung der Demarcationslinie bereits ertheilt hätten, so liegt die Veranlassung dazu klar auf der Hand. Ich kann [illegible] das geringe Gewicht dieses Motivs nicht zugeben. Der preußischen Regierung gehört nun einmal das zu demarkirende Land, und sie hat ihr gewichtiges Wort dabei zu sprechen. [illegible] wenn diese gegen die Demarcationslinie nichts zu erinnern [illegible] und die von uns eingesetzte Centralgewalt gleichfalls ihre Genehmigung für dieselbe ertheilt, dann können wir den Schlußstein der Genehmigung dazu legen. Daß wir aber ohne Zustimmung der Centralgewalt und der preußischen Regierung nicht [illegible] verfügen konnten, das, meine Herren, mußte Ihr Ausschuß vollständig [illegible]. Es konnte auch nicht diese Zustimmung hinterher nachgesucht werden, denn wir [illegible] die Sache vollkommen geordnet und geregelt erhalten, damit, wenn heute durch unseren Beschluß der Antrag genehmigt werden soll, die Anerkennung der Demarcationslinie vollständig feststeht, und unverändert bleibt. — Es ist nun aber noch ein Nebenantrag von Seite des Ausschusses zur Berücksichtigung Ihnen vorgeschlagen. Es sind aus demjenigen Theile, welcher der polnischen Reorganisation verbleiben soll, neue Reclamationen nach der Festsetzung der Demarcationslinie durch General Schäffer-Bernstein unmittelbar an die hohe Nationalversammlung überreicht worden, die theils von Deutschen, theils auch von Besitzern polnischer [illegible] herrühren. Die Reclamanten wünschen, noch nachträglich in die Vereinigung mit dem deutschen Bundesstaate aufgenommen zu werden. Der völkerrechtliche Ausschuß hat sich nicht für berechtigt erklärt, Ihnen die Aufnahme dieser [illegible] Grundbesitzungen anzuempfehlen, und zwar einfach aus dem Grunde, weil die nähere Prüfung an Ort und Stelle [illegible] nicht vorgenommen werden konnte. Der völkerrechtliche Ausschuß gedenkt auch keineswegs die Demarcationslinie so flexibel zu machen, daß alle Augenblicke hier und da etwas herausgerissen oder hineingeschoben werden könnte, [illegible] der völkerrechtliche Ausschuß verlangt, daß die Demarcationslinie unverändert ihre Gültigkeit behalte. [illegible], die auf diese einzelnen eingegangenen Reclamationen zu ertheilen ist, glaubte der Ausschuß nicht den einzelnen Reclamanten geben zu können, er verweist sie an das Reichsministerium zur Berücksichtigung, das heißt, zur [illegible] Prüfung der Ansprüche, oder auch vorerst zur Aufbewahrung, wenn vielleicht so viele Reclamationen zusammenkommen [illegible], daß [illegible] die Demarcationslinie rectificirt werden [illegible], aber ist er der Meinung, daß ohne Weiteres die Demarcationslinie nicht flexibel gemacht werden soll. Diese [illegible] haben [illegible] zu dem vorliegenden Nebenantrage bestimmt. [illegible] in den [illegible] Tagen, die seit der Vertheilung [illegible] verflossen sind, [illegible] sechs neue Reclamationen eingelaufen, und darunter eine Reclamation der deutschen Bewohner der Stadt Schroda, welche sammt ihrem Weichbilde in das Gebiet des deutschen Bundes aufgenommen zu werden wünschen, außerdem von fünf deutschen Gutsbesitzern in dem Kreise Schroda, — Rohrmann, Heisterrath, Jauernick, Materne u. s. w., für die Güter Babin, Jabikowo, Spławie, Płaczki, Trzeszki und Chwałkowo, — und zwei deutschen Gutsbesitzern im Kreise Schrimm, — Mann und Botzel für die Güter Szołdry, Rogaczewo nebst den Ortschaften Sucharzewo und Mokronos. — Auch hier, meine Herren, scheint es angemessen zu sein, daß nicht weiter diese Angelegenheit durch etwaige besondere Verhandlung von Seiten des völkerrechtlichen Ausschusses wieder in die Paulskirche eingebracht werde, sondern daß sie unmittelbar an das Reichsministerium zur weiteren Behandlung dieser Angelegenheit übergeben werde. (Bravo auf der Rechten und im Centrum.)

Vicepräsident Kirchgeßner: Es liegen folgende Anträge vor: 1) Der Antrag des Herrn **Wigard** und Genossen. Dieser Antrag, als ein Antrag auf Uebergang zur Tagesordnung, wird in vorderster Linie zur Abstimmung kommen müssen; derselbe ist jedoch nicht mit der gehörigen Anzahl Unterschriften begleitet; ich muß ihn daher zur Unterstützung bringen. Wird dieser Antrag unterstützt? (Mitglieder auf der Linken und im Centrum erheben sich.) Der Antrag ist hinreichend unterstützt. — Ein weiterer Antrag ist der von Herrn **Osterrath** und Genossen. Auch dieser Antrag bedarf noch der erforderlichen Unterstützung; ich muß daher vor Allem fragen, ob er diese Unterstützung findet? (Mitglieder auf der Linken und anderen Seiten erheben sich.) Er ist hinreichend unterstützt. — Es wird sodann in dritter Linie der Ausschuß-Antrag zur Abstimmung kommen; und zwar der erste; wird dieser angenommen, so wird es sich um den Zusatz-Antrag des Herrn **Ahrens** von Salzgitter handeln. Auch hier muß ich fragen, ob der Antrag Unterstützung findet? (Mitglieder auf verschiedenen Seiten erheben sich.) Er ist hinreichend unterstützt. — Es wird sodann in fünfter Linie der Antrag des Herrn **Nauwerck** und Genossen zur Abstimmung kommen.

Nauwerck von Berlin: Meine Herren! Der Zweck meines Antrages war, dadurch zu Protocoll zu geben, daß es sogar in der Paulskirche noch Männer gibt, welche das Recht und die Zukunft einer unterdrückten Nation anerkennen; der Zweck ist erreicht, und deßhalb ziehe ich meinen Antrag zurück. (Bravo auf der Linken; Unruhe auf der Rechten.)

Vicepräsident Kirchgeßner: Der Antrag ist somit zurückgenommen. Den letzten Gegenstand der Abstimmung, m. H., wird der zweite Antrag des Ausschusses bilden, welcher als nachträglich hier vorgetragen ist. Wenn gegen die Reihenfolge der Abstimmung kein Widerspruch erhoben wird, so können wir zur Abstimmung schreiten; jedoch muß vorerst bezüglich der namentlichen Abstimmung die Unterstützungsfrage erhoben werden. Diejenigen Herren, welche für die namentliche Abstimmung sind, bitte ich daher, sich zu erheben. (Stimmen: Für welchen Antrag?)

Merck von Birnbaum: Ich behalte bloß die namentliche Abstimmung vor für den Ausschuß-Antrag. (Stimmen im Centrum: Zurückziehen!)

Vicepräsident Kirchgeßner: Meine Herren! Ich muß wiederholt bitten, daß diejenigen Herren, welche die namentliche Abstimmung wollen, sich erheben. (Mitglieder auf verschiedenen Seiten erheben sich.) Der Antrag auf namentliche Abstimmung ist hinreichend unterstützt; es wird also über den Ausschuß-Antrag die namentliche Abstimmung erfolgen. — Ich bringe den Antrag des Herrn Wigard und Genossen zur Abstimmung, welcher dahin geht:

„In Erwägung:

1) daß die Nationalversammlung am 27. Juli v. J. sich die letzte Entscheidung über die zu treffende Abgrenzung zwischen dem polnischen und deutschen Theile des Großherzogthums Posen nach dem Ergebnisse weiterer, von der Centralgewalt zu veranstaltender Erhebungen vorbehalten hat;

2) daß in diesem Vorbehalte und dem Worte „Erhebungen" nicht die alleinige Erhebung bezüglich der strategischen Verhältnisse, sondern die Erhebung aller in dem Großherzogthum Posen vorhandenen Umstände und Verhältnisse verstanden war;

3) daß der vorliegende Bericht des völkerrechtlichen Ausschusses nur allein die strategischen Rücksichten ins Auge faßt, und ausdrücklich das Bekenntniß ablegt, daß selbst die sprachlichen Verhältnisse nur da gleichmäßig berücksichtigt worden sind, wo es ohne Beeinträchtigung wichtigerer militärischer und politischer Rücksichten thunlich war;

4) daß nach den Berichten des Reichscommissärs die polnische Bevölkerung bei Feststellung der Demarcations-Linie nicht gehört worden ist;

5) daß hiernach der verwerfliche Grundsatz der vormärzlichen Diplomatie aufs Neue sanctionirt werden will, die Völker nur nach dem Willen des Stärkeren zu vertheilen;

6) daß es die Würde der deutschen Nation verletzt, ihre Stärke der unterdrückten polnischen Bevölkerung des Großherzogthums Posen gegenüber geltend zu machen;

7) daß namentlich aber auch die neuerdings vorgeschlagene Demarcationslinie alle billigen Rücksichten gegen die unglückliche polnische Bevölkerung außer Augen setzt, und sie hinsichtlich ihrer materiellen Verhältnisse dem offenen Verderben zuführt, beschließt die deutsche Nationalversammlung:

   1) über den vorliegenden Bericht des völkerrechtlichen Ausschusses zur Tagesordnung überzugehen, und

   2) die definitive Feststellung der Demarcations-Linie zwischen dem deutschen Reiche und Posen dem Zeitpunkte vorzubehalten, wo es dem völkerrechtlichen Ausschusse möglich geworden ist, einen auf allseitiger Erhebung aller Verhältnisse, namentlich auch auf Anhörung der polnischen Bevölkerung gestützten Bericht vorzulegen."

Die Herren, welche diesem Antrage beistimmen wollen, bitte ich, sich zu erheben. (Mitglieder auf der Linken und im linken Centrum erheben sich.) Das ist die Minderheit. — Wir kommen zum zweiten Antrag, dem des Herrn Osterrath und Genossen:

„Die jetzt festgesetzte Demarcationslinie noch nicht zu genehmigen, sondern diese Angelegenheit an die provisorische Centralgewalt zurückzugeben, um mit der königl. preußischen Regierung über die Einverleibung des ganzen Großherzogthums in den deutschen Bund in Verhandlung zu treten."

Ich ersuche die Herren, welche diesem Antrage ihre Zustimmung geben wollen, sich zu erheben. (Mitglieder auf verschiedenen Seiten erheben sich.) Er ist verworfen. — Wir kommen nunmehr zur namentlichen Abstimmung über den Ausschuß-Antrag, welcher hinreichend unterstützt ist. Der Ausschuß-Antrag geht dahin:

„Die hohe Nationalversammlung möge die vorbehaltene Genehmigung zu der im Auftrag der provisorischen Centralgewalt vom Reichscommissär v. Schäffer-Bernstein festgestellten Demarcationslinie auf Grund des Beschlusses vom 27. Juli v. J. ertheilen."

Ich ersuche diejenigen Herren, welche diesem Antrag beistimmen, bei ihrem Namensaufruf mit Ja, entgegengesetzten Falls mit Nein zu antworten.

Bei dem hierauf erfolgenden Namensaufruf antworteten mit Ja:

Achleitner aus Ried, v. Aichelburg aus Villach, Ambrosch aus Breslau, v. Amstetter aus Breslau, Anders aus Goldberg, Anderson aus Frankfurt an der Oder, Anz aus Marienwerder, Arndt aus Bonn, Arneth aus Wien, Backhaus aus Jena, Bassermann aus Mannheim, Bauer aus Bamberg, v. Baumbach-Kirchheim aus Kassel, Becker aus Gotha, Becker aus Trier, v. Beckerath aus Crefeld, Bernhardi aus Kassel, Beseler aus Greifswald, Biedermann aus Leipzig, Blumröder (Gustav) aus Kirchenlamitz, Bock-Buschmann aus Siebenbrunnen, Bock aus Preußisch-Minden, Böcking aus Trarbach, Böcler aus Schwerin, v. Boddien aus Pleß, Bonardy aus Greiz, v. Borries aus Carthaus, Braun aus Cöslin, Brescius aus Züllichau, v. Breuning aus Aachen, Breusing aus Osnabrück, Briegleb aus Koburg, Bürgers aus Köln, Burkart aus Bamberg, v. Buttel aus Oldenburg, Claussen aus Kiel, Cnyrim aus Frankfurt am Main, Cornelius aus Braunsberg, Cramer aus Köthen, Cucumus aus München, Dahlmann aus Bonn, Dammers aus Nienburg, Deetz aus Wittenberg, Degenkolb aus Eilenburg, Dham aus Schmalenberg, Dröge aus Bremen, Droysen aus Kiel, Duncker aus Halle, Ebmeier aus Paderborn, Eckart aus Lohr, Eckert aus Bromberg, Edlauer aus Gratz, Egger aus Wien, Ehrlich aus Murzynek, Emmerling aus Darmstadt, v. Ende aus Waldenburg, Engel aus Culm, Englmayr aus Enns (Oberösterreich), Esmarch aus Schleswig, Evertsbusch aus Altena, Falk aus Ottolangendorf, Fallmerayer aus München, Federer aus Stuttgart, Fischer (Gustav) aus Jena, Francke (Karl) aus Rendsburg, Fritsch aus Ried, Fritzsche aus Roda, Fuchs aus Breslau, Gebhard aus Würzburg, v. Gersdorf aus Tuczen, Gevekoht aus Bremen, v. Giech (Graf) aus Thurnau, Giesebrecht aus Stettin, v. Gladis aus Wohlau, Glax aus Kranichsdorf, Gödel aus Ingenheim, Godeffroy aus Hamburg, Göden aus Krotoszyn, Goltz aus Brieg, von der Goltz (Graf) aus Czarnikau, Gombart aus München, Gottschalk aus Schopfheim, Gräwell aus Frankfurt an der Oder, Gravenhorst aus Lüneburg, Groß aus Leer, Groß aus Prag, Grumbrecht aus Lüneburg, [illegible]

[illegible] aus [illegible], Hahn aus Guttstadt, Hallbauer aus Meißen, v. Hartmann aus Münster, Haßler aus Ulm, Haubenschmied aus Passau, Hayden aus Dorff bei Schlierbach, Haym aus Halle, v. Hennig aus Dempowalonka, v. Hermann aus München, Herzog aus Ebermannstadt, Heubner aus Saarlouis, Hildebrand aus Pöls, Hoffmann aus Friedberg, Hollandt aus Braunschweig, Houben aus Meurs, Hugo aus Göttingen, Jacobi aus Hersfeld, Jahn aus Freiburg an der Unstrut, Johannes aus Meiningen, Jordan aus Berlin, Jucho aus Frankfurt am Main, Käfferlein aus Baireuth, Kahlert aus Leobschütz, v. Kaiserfeld aus Birkfeld, v. Keller (Graf) aus Erfurt, Kerst aus Birnbaum, v. Keudell aus Berlin, Kierulff aus Rostock, Koch aus Leipzig, Kohlparzer aus Neuhaus, Kosmann aus Stettin, v. Kösteritz aus Elberfeld, Krafft aus Nürnberg, Kratz aus Wintershagen, Künzel aus Wolka, v. Kürsinger (Ignaz) aus Salzburg, v. Kürsinger (Karl) aus Tamsweg, Kuhnt aus Bunzlau, Kutzen aus Breslau, Lammers aus Erlangen, Langerfeldt aus Wolfenbüttel, Laube aus Leipzig, Laudien aus Königsberg, Lausch aus Troppau, Lette aus Berlin, Leverkus aus Lennep, Liebmann (Richard) aus Perleberg, Löw aus Magdeburg, Löw aus Posen, Lüntzel aus Hildesheim, Makowiczka aus Krakau, Mally aus Steyermark, v. Maltzahn aus Küstrin, Mann aus Rostock, Marcks aus Duisburg, Marcus aus Bartenstein, Martens aus Danzig, v. Massow aus Karlsberg, Matthies aus Greifswald, Melly aus Wien, Merkel aus Kronach, Merck aus Hamburg, Mette aus Sagan, Michelsen aus Jena, Mittermaier aus Heidelberg, v. Möring aus Wien, Mohl (Robert) aus Heidelberg, v. Mühlfeld aus Wien, Müller aus Sonnenberg, Münch aus Wetzlar, [illegible] aus Luxemburg, v. Nagel aus Oberviechtach, Naumann aus Frankfurt a. d. O., v. Neitschütz aus Königsberg, Nerreter aus Fraustadt, Neubauer aus Wien, Nizze aus Stralsund, Nöthig aus Weißholz, Obermüller aus Passau, Oertel aus Mittelwalde, Pannier aus Zerbst, Paur aus Augsburg, Pfeiffer aus Adamsdorf, Pieringer aus Kremsmünster, Pinckert aus Zeitz, Plathner aus Halberstadt, Plehn aus Marienburg, Pözl aus München, Quante aus Ullstadt, v. Quintus-Icilius aus Fallingbostel, v. Radowitz aus Rüthen, Rahm aus Stettin, Rättig aus Potsdam, v. Raumer aus Berlin, v. Raumer aus Dinkelsbühl, Reisinger aus Freistadt, Reitmayr aus Regensburg, Reitter aus Prag, Renger aus böhmisch Kamnitz, Richter aus Danzig, Riesser aus Hamburg, Röben aus Dornum, Röder aus Neustettin, Rößler aus Wien, v. Rotenhan aus München, Rüder aus Oldenburg, Rümelin aus Nürtingen, v. Sänger aus Grabow, v. Saltzwedell aus Gumbinnen, v. Saucken-Tarputschen aus Angerburg, Schädler aus Vaduz, Schauß aus München, Schenk aus Dillenburg, Schepp aus Wiesbaden, Schick aus Weißensee, Schierenberg aus Detmold, Schirmeister aus Insterburg, v. Schleussing aus Rastenburg, Schlüter aus Paderborn, Schneer aus Breslau, Schneider aus Wien, Scholten aus Ward, Scholz aus Neisse, Schrader aus Brandenburg, Schreiber aus Bielefeld, Schreiner aus Grätz (Steyermark), v. Schrenk aus München, v. Schrötter aus Preußisch-Holland, Schubert (Friedrich Wilhelm) aus Königsberg, Schubert aus Würzburg, Schultze aus Potsdam, Schulz (Friedrich) aus Weilburg, Schwarz aus Halle, Schwetschke aus Halle, v. Selchow aus Rettkewitz, Sellmer aus Landsberg a. d. W., Servais aus Luxemburg, Siehr aus Gumbinnen, Siemens aus Hannover, Simson aus Königsberg, Simson aus Stargard, v. Soiron aus Mannheim, Sprengel aus Waren, Stahl aus Erlangen, Stavenhagen aus Berlin, Stenzel aus Breslau, Stieber aus Budissin, v. Stremayr aus Grätz, Sturm aus Sorau, Tannen aus Zielenzig, Teichert aus Berlin, Tellkampf aus Breslau, v. Thielau aus Braunschweig, Thöl aus Rostock, v. Treskow aus Grocholin, v. Unterrichter aus Klagenfurt, Veit aus Berlin, Versen aus Nieheim, Viebig aus Posen, v. Vincke aus Hagen, Vischer aus Tübingen, Vogel aus Guben, Vogel aus Dillingen, Vonbun aus Feldkirch, Waitz aus Göttingen, Waldmann aus Heiligenstadt, Walter aus Neustadt, Wedekind aus Bruchhausen, v. Wedemeyer aus Schönrade, v. Wegnern aus Lyk, Weißenborn aus Eisenach, Welcker aus Aachen, Wernher aus Nierstein, Wernich aus Elbing, Werthmüller aus Fulda, Wichmann aus Stendal, Wiebker aus Uckermünde, Widenmann aus Düsseldorf, Wiethaus (J.) aus Gummersbach, Winter aus Liebenburg, v. Wulffen aus Passau, Wurm aus Hamburg, Wuttke aus Leipzig, v. Wydenbrugk aus Weimar, Zachariä aus Bernburg, Zachariä aus Göttingen, Zell aus Trier, Zeltner aus Nürnberg, Zöllner aus Chemnitz.

Mit Nein antworteten:

Arndts aus München, Beidtel aus Brünn, Berger aus Wien, Boczek aus Mähren, Bogen aus Michelstadt, Braun aus Bonn, Buß aus Freiburg im Breisgau, Caspers aus Koblenz, Culmann aus Zweibrücken, Damm aus Tauberbischofsheim, v. Dieskau aus Plauen, Döllinger aus München, Eisenstuck aus Chemnitz, Fehrenbach aus Säckingen, Fetzer aus Stuttgart, Förster aus Hünfeld, Freese aus Stargard, Friederich aus Bamberg, Frisch aus Stuttgart, Fügerl aus Korneuburg, Geigel aus München, Gerlach aus Tilsit, Gfrörer aus Freiburg, Gritzner aus Wien, v. Grundner aus Ingolstadt, Günther aus Leipzig, Gulden aus Zweibrücken, Hagen (K.) aus Heidelberg, Hartmann aus Leitmeritz, Hehner aus Wiesbaden, Heisterbergk aus Rochlitz, Heldmann aus Selters, Hensel aus Camenz, Höfken aus Hattingen, Hönniger aus Rudolstadt, Hofer aus Pfarrkirchen, Hoffbauer aus Nordhausen, Huber aus Linz, Huck aus Ulm, Junkmann aus Münster, Kagerbauer aus Linz, Kerer aus Innsbruck, Köhler aus Seehausen, Kollaczek aus österreichisch Schlesien, Kotschy aus Ustron in mährisch Schlesien, Kudlich aus Schloß Dietach, Künßberg aus [illegible] Langbein aus Wurzen, Laschan aus Villach, v. Lassaulx aus München, Lienbacher aus Goldegg, Lodemann aus Lüneburg, Löschnigg aus Klagenfurt, Löwe (Wilhelm) aus Calbe, Mally aus Wien, Mandrella aus Ujest, Martiny aus Friedland, Mayer aus Ottobeuern, v. Mayfeld aus Wien, Meyer aus Liegnitz, Minkus aus Marienfeld, Möller aus Reichenberg, Mohl (Moritz) aus Stuttgart, Müller aus Würzburg, Mulley aus Weitenstein, Nagel aus Balingen, Nägele aus Murrhardt, Nauwerck aus Berlin, Neugebauer aus Ludiz, Osterrath aus Danzig, Pattay aus Steyermark, Paur aus Neisse, Peter aus Bruneck, Pfahler aus Tettnang, Plaß aus Stade, Polatzek aus Weißkirch, Prinzinger aus St. Pölten, Rank aus Wien, Rapp aus Wien, Raßl aus Neustadtl in Böhmen, Raus aus Wolframitz, Reinhard aus Boytzenburg, Reinstein aus Naumburg, Rheinwald aus Bern, Riedl aus Graz, Riegler aus mährisch Budwitz, Riehl aus Zwettl, Rödinger aus Stuttgart, Roßmäßler aus Tharand, Scharre aus Strehla, Schlöffel aus Halbendorf, Schlutter aus Poris, Schmidt (Ernst Friedrich Franz) aus Löwenberg, Schmitt aus Kaiserslautern, Schoder aus Stuttgart, Schulz aus Darmstadt, Schütz aus Mainz, Schwarzenberg aus Kassel, Sepp aus München, Simon (Ludwig) aus Trier, Spatz aus Frankenthal, Stark aus Krumau, Stein aus Görz, Strache aus Rumburg, Stülz aus St. Florian, Tafel aus Stuttgart, Tafel (Franz) aus Zweibrücken, Temme aus Münster, Titus aus Bamberg, Trabert aus Rausche, Trampusch aus Wien, Uhland aus Tübingen, Umbscheiden aus Dahn, Weber aus Neuburg, Weber aus Meran, Welter aus Tünsdorf, Werner aus Oberkirch, Werner aus St. Pölten, Wiesner aus Wien, Wiest aus Tübingen, Wigard aus Dresden, Würth aus Sigmaringen, Zimmermann aus Stuttgart, Ziz aus Mainz.

Der Abstimmung enthielten sich:

Ahrens aus Salzgitter, Clemens aus Bonn, Gülich aus Schleswig, Helmbrod aus Sorau, Knoodt aus Bonn, Andner aus Gelsenegg, Möhling aus Oldenburg, Phillips aus München, v. Pretis aus Hamburg, Rösler aus Oels, Streffleur aus Wien.

Abwesend waren:

A. Mit Entschuldigung:

v. Andrian aus Wien, Archer aus Rein, v. Bally aus Beuthen, Barth aus Kaufbeuren, Bauernschmid aus Wien, Baur aus Hechingen, v. Beisler aus München, Benedict aus Wien, Bergmüller aus Mauerkirchen, Beseler (H. W.) aus Schleswig, Blömer aus Aachen, Brentano aus Bruchsal, Brons aus Emden, Carl aus Berlin, Cetto aus Trier, Christ aus Bruchsal, Christmann aus Dürkheim, Czoernig aus Wien, Demel aus Teschen, Detmold aus Hannover, Dietsch aus Annaberg, Fallati aus Tübingen, Freudentheil aus Stade, [illegible] aus [illegible] aus [illegible], v. Gagern aus Wiesbaden, Gspan aus Innsbruck, Heckscher aus Hamburg, Helbing aus Emmendingen, Hergenhahn aus Wiesbaden, Herzig aus Wien, Heubner aus Freiberg, Hirschberg aus Sondershausen, Höchsmann aus Wien, Jordan aus Gollnow, Jordan aus Frankfurt am Main, v. Itzstein aus Mannheim, Junghanns aus Mosbach, Kaiser (Ignaz) aus Wien, v. Kalkstein aus Wogau, Knarr aus Steyermark, Kolb aus Speyer, Kuenzer aus Constanz, Lamm aus Köln, Levysohn aus Grünberg, v. Linde aus Mainz, Mammen aus Plauen, Mathy aus Karlsruhe, Mevissen aus Köln, Mez aus Freiburg, Mohr aus Oberingelheim, Müller aus Damm, Neumann aus Wien, Neumayr aus München, v. Neuwall aus Brünn, Ostwey aus Haus-Ruhr, Peter aus Constanz, Presting aus Memel, Reveaux aus Köln, v. Reden aus Berlin, Reh aus Darmstadt, Reichenbach (Graf) aus Domeßko, Richter aus Achern, Römer aus Stuttgart, Rothe aus Berlin, Sachs aus Mannheim, Schaffrath aus Neustadt, Scheller aus Frankfurt a. d. O., Schilder aus der Oberpfalz, v. Schlotheim aus Wollstein, v. Schmerling aus Wien, Schönmäkers aus Beck, Schrott aus Wien, Schüler (Friedrich) aus Zweibrücken, Schuler aus Innsbruck, Schultze aus Liebau, Schwerin (Graf) aus Pommern, Simon (Max) aus Breslau, Stedmann aus Besselich, Stockinger aus Frankenthal, Thinnes aus Eichstätt, Tomaschek aus Iglau, v. Trützschler aus Dresden, Vogt aus Gießen, Wachsmuth aus Hannover, Welcker aus Heidelberg, Wesendonck aus Düsseldorf, Wippermann aus Kassel, v. Würth aus Wien, Zimmermann aus Spandow, Zittel aus Bahlingen.

B. Ohne Entschuldigung.

Bouvier (Cajetan) aus Steyermark, v. Bothmer aus Carow, Bredgen aus Ahrweiler, Coronini-Cronberg (Graf) aus Görz, Cropp aus Oldenburg, Deiters aus Bonn, Deym (Graf) aus Prag, Deymann aus Meppen, Drechsler aus Rostock, Edel aus Würzburg, Eisenmann aus Nürnberg, Engel aus Pinneberg, Esterle aus Cavalese, Flottwell aus Münster, Fröbel aus Reuß, Giskra aus Wien, Graf aus München, Grubert aus Breslau, Hedrich aus Prag, Heubner aus Zwickau, Hildebrand aus Marburg, Hoffmann aus Ludwigsburg, Jopp aus Enzersdorf, Jürgens aus Stadtoldendorf, Kleinschrod aus München, Mareck aus Graz (Steyermark), Marsilli aus Roveredo, v. Mayern aus Wien, Nicol aus Hannover, Ostendorf aus Soest, Ottow aus Labiau, Pfeuffer aus Landshut, Quesar aus Prag, v. Rappard aus Glambek, Reichard aus Speyer, Reichensperger aus Trier, Reindl aus Orth, Rühl aus Hanau, v. Scherpenzeel aus Baarlo, Schiedermayer aus Vöcklabruck, Schmidt (Adolph) aus Berlin, Schneider ([illegible]) aus Linz, Schorn aus Essen, Schott aus Stuttgart, Schüler aus Jena, Simon (Heinrich) aus Breslau, [illegible]

[illegible] Wagner aus Steyr, Wachsmuth[illegible]burg-[illegible]-Trautenburg (Weiß) aus Stuttgart, Weiß aus Salzburg, v. Herzog aus Regensburg, Stieger aus Preußisch-Minden, Zum Sande aus Lingen.

Vicepräsident Kirchgeßner: Meine Herren! Das Resultat der eben gepflogenen Abstimmung ist folgendes: Gestimmt haben im Ganzen 404 Mitglieder. Hiervon haben 280 für den Ausschuß-Antrag, und 124 gegen denselben gestimmt. [illegible] enthielten sich der Abstimmung gänzlich. Der Ausschuß-Antrag ist also angenommen. — Es sind folgende Erklärungen zu verlesen; von den Herren Moritz Mohl und Zepp des Inhalts:

„Die Unterzeichneten erklären, daß sie gegen den Antrag auf Genehmigung der Demarcationslinie gestimmt haben, weil sie im Sinne des von Osterrath gestellten Antrags, die Einleitung zur Aufnahme des ganzen Großherzogthums in das deutsche Reich gewünscht haben."

Eine zweite Erklärung ist von Herrn Ahrens von Salzgitter gestellt:

„Der Unterzeichnete hat sich der Abstimmung über den Ausschuß-Antrag enthalten, weil er bei der Fragestellung nicht vorher die Gewißheit erhalten konnte, daß sein Antrag hinsichtlich einer unter den vorliegenden Verhältnissen nothwendigen Aufnahme des noch übrigbleibenden kleinen Theiles von Posen in den deutschen Bundesstaat angenommen werden konnte."

Eine weitere Erklärung ist von Herrn Rösler von Oels des Inhalts:

„Ich habe mich der Abstimmung enthalten, weil ich nach den mangelhaften Vorlagen des Ausschusses etwas Definitives weder genehmigen, noch ablehnen kann."

Und endlich eine Erklärung des Abgeordneten Laschan aus Illyrien, des Inhalts:

„Im Nachhange zu meiner in der Posener Frage am 27. Juli 1848 zum Sitzungsprotocolle abgegebenen Motivirung meiner damaligen Abstimmung erkläre ich: daß ich auch heute keinem Antrage für die definitive Grenzdemarcation beistimmen konnte, weil mir die Grundlagen dazu auch heute so wenig, wie am 27. Juli 1848 von der Begutachtungs-Commission gegeben erscheinen, und bitte diese meine Erklärung zu meiner Wahrung zu den Acten zu nehmen."

Ich muß bitten, Ihre Plätze einzunehmen; ich richte diese Bitte an sämmtliche Theile des Hauses. Wir kommen nunmehr zur Abstimmung über den Zusatz-Antrag des Herrn Abgeordneten Ahrens von Salzgitter, des Inhalts:

„Es ermächtigt die Nationalversammlung die Centralgewalt, die preußische Regierung aufzufordern:

Die Wünsche des übrigbleibenden Theils der Bevölkerung hinsichtlich einer unter den vorliegenden Verhältnissen zu vollziehenden Aufnahme in den deutschen Bundesstaat zu vernehmen, und eintretenden Falls diese Aufnahme in geeigneter Weise zu erwirken."

Ich ersuche diejenigen Herren, welche diesem Zusatz-Antrage des Herrn Abgeordneten Ahrens von Salzgitter beistimmen, sich zu erheben. (Mitglieder auf der Linken und anderen Seiten erheben sich.) Darf ich jetzt um die Gegenprobe bitten? Ich ersuche somit diejenigen Herren, welche gegen diesen Antrag stimmen, sich zu erheben. (Mitglieder auf der Rechten und im Centrum erheben sich.)

Meine Herren! Das Büreau ist zweifelhaft, daß die zuletzt sich Erhebenden die Majorität bilden, es ist somit der Zusatz-Antrag des Herrn Ahrens von Salzgitter abgelehnt. — Meine Herren! Wir gelangen zur endlichen Abstimmung über den von dem Ausschusse nachträglich gestellten Antrag, welcher dahin geht:

„Die hohe Nationalversammlung möge die gedachte Eingabe des Roßkiewicz zur weiteren Prüfung und geeigneten Berücksichtigung an das Reichsministerium des Inneren überweisen." (Unruhe.)

Darf ich um Ruhe bitten, meine Herren? Wenn irgend eine Bemerkung zu machen ist, so bitte ich, es von der Tribüne aus zu thun. Es wird dieser Antrag in gleicher Art, wie die anderen Anträge zu behandeln sein. Es handelt sich hier bloß um die Einlassung auf die an die hohe Nationalversammlung gerichtete Reclamation des Gutsbesitzers Roskiewicz wegen Aufnahme seines Gutes Wiganowo in den deutschen Antheil. Ich ersuche diejenigen Herren, welche diesem nachträglichen Antrage des Ausschusses beistimmen wollen, sich zu erheben. (Mitglieder im Centrum erheben sich.) Dieser Antrag ist nicht angenommen. — Betreffs der Abstimmung bezüglich der beiden anderen Eingaben werde ich dieselbe Frage an die hohe Versammlung richten, und zwar: „a) des Rittergutsbesitzers Richter für sein Gut Bieganin, das im Kreise Pleschen dicht an der Krotoschiner Grenze liegt." (Unruhe.) Meine Herren! Es ist dieß im Ausschuß-Antrage, in der Note des Ausschuß-Berichtes Seite 4 ersichtlich. Es wird darüber kein Anstand sein, daß dieser Gegenstand zur Erledigung desselben zur Frage gestellt werden muß, denn er bildet einen Theil des Ausschuß-Antrages. (Stimmen: Laut! Laut! Unruhe.) Ich muß wiederholt bitten, meine Herren, daß, wenn Entgegnungen zu machen sind, dieß von der Tribüne aus geschehen möge. Ich richte somit die Bitte an die hohe Versammlung, es möchten diejenigen Herren, welche wollen, daß der Antrag des Rittergutsbesitzers Richter für sein Gut Bieganin, das im Kreise Pleschen dicht an der Krotoschiner Grenze liegt, dem Reichsministerium des Innern überwiesen werde, sich erheben. (Nur wenige Mitglieder erheben sich.) Dieß ist verworfen. — Ich muß die letzte Frage stellen, meine Herren, und zwar rücksichtlich des in der Nota unter b gestellten Antrages: „Die Reclamation des Schulzenamtes der Gemeinde Lewkower Hauland, welche aus Deutschen besteht, und in der Nähe der dem deutschen Antheile einverleibten Stadt Ustrowo sich befindet," an das Reichsministerium des Innern zu überweisen. Es wird sich somit darum handeln, ob dieser Antrag dem Reichsministerium überwiesen werden soll, und ich bitte die Herren, welche dieß belieben, sich zu erheben. (Sehr wenige Mitglieder erheben sich.) Es ist somit auch dieser Antrag verworfen. Hiermit sind die Gegenstände unserer heutigen Tagesordnung erledigt. — Auf die Tagesordnung der nächsten Sitzung, welche übermorgen stattfinden wird, setze ich die Berathung des noch übrigen Theils der Grundrechte (Bravo auf mehreren Seiten), in Verbindung mit dem heute angezeigten Berichte des volkswirthschaftlichen Ausschusses zu § 33 derselben, unter der Voraussetzung, daß dieser Bericht sich morgen früh um 9 Uhr in den Händen der Mitglieder befindet. — Ich habe an die hohe Versammlung noch folgende Bekanntmachung zu richten: Bei der Ergänzungswahl in den Centrallegitimations-Ausschuß erhielten Stimmen: Herr Sturm von Sorau 160, Herr Tannen von Zielenzig 130, Herr Rößler 91, Herr Max Simon 78, Herr Emmerling 31 und Herr Kosmann 18 Stimmen;

gewählt sind somit Herr Sturm und Herr Tappen. — Noch habe ich Folgendes bekannt zu machen: Das Büreau wird sich morgen 11 Uhr versammeln; Sitzung des volkswirthschaftlichen Ausschusses morgen früh 10 Uhr; des Verfassungs-Ausschusses heute Abend 5½ Uhr; ebenso werden die Mitglieder des Ausschusses für das Verhältniß der Centralgewalt zu den Einzelstaaten zu einer heute Abend 6 Uhr im gewöhnlichen Locale abzuhaltenden Sitzung eingeladen. Die heutige Sitzung ist geschlossen.

(Schluß der Sitzung 3 Uhr.)

Verzeichniß der Eingänge
vom 29. Januar.

Petitionen.

1. (6546) Petition des Rittergutsbesitzers und Premier-Lieutenants a. D., Richter zu Krotoschin, um Zuschlagung seines im Großherzogthum Posen, Pleschner Kreises, nahe an der Krotoschiner Grenze gelegenen Guts Biegonin zu Deutschland. (An den Ausschuß für internationale Angelegenheiten.)

2. (6547) Petition des Rittergutsbesitzers Leopold Mann zu Szoldry, Kreises Schrimm, um Zuschlagung seiner Güter Szoldry und Rogaczewo, sowie des Zinsdorfes Sucharzewo zu Deutschland. (An den Ausschuß für internationale Angelegenheiten.)

3. (6548) Petition der Oberamtsstadt Saulgau, Würtemberg, um Uebertragung der deutschen Kaiserkrone an Oesterreich, übergeben von dem Abgeordneten Wüst. (An den Verfassungs-Ausschuß.)

4. (6549) Gleiche Petition aus Unlingen, Würtemberg, übergeben durch Denselben. (An den Verfassungs-Ausschuß.)

5. (6550) Gleiche Petition aus Dürnau und Kanzach, Würtemberg, übergeben durch Denselben. (An den Verfassungs-Ausschuß.)

6. (6551) Gleiche Petition aus Riedlingen, Würtemberg, übergeben durch Denselben. (An den Verfassungs-Ausschuß.)

7. (6552) Gleiche Petition der Stadt Weil, Würtemberg, übergeben durch Denselben. (An den Verfassungs-Ausschuß.)

8. (6553) Gleiche Petition aus Eßlingen, Würtemberg, übergeben durch Denselben. (An den Verfassungs-Ausschuß.)

9. (6554) Gleiche Petition der gesammten Bürgerschaft zu Grieningen, Würtemberg, übergeben durch Denselben. (An den Verfassungs-Ausschuß.)

10 (6555) Gleiche Petition der Gemeinden Hundersingen und Beuren, Würtemberg, übergeben durch Denselben. (An den Verfassungs-Ausschuß.)

11. (6556) Gleiche Petition der Gemeinde Ebenweiler, Würtemberg, übergeben durch Denselben. (An den Verfassungs-Ausschuß.)

12. (6557) Gleiche Petition von zehn Bürgermeistereien aus dem Amtsbezirke Schönau, im badischen Oberlande, übergeben durch den Abgeordneten Gottschalk. (An den Verfassungs-Ausschuß.)

13. (6558) Gleiche Petition der Gemeinde Fronhofen, übergeben durch den Abgeordneten Pfahler. (An den Verfassungs-Ausschuß.)

14. (6559) Gleiche Petition der Gemeinde Vogt, übergeben durch Denselben. (An den Verfassungs-Ausschuß.)

15. (6560) Gleiche Petition der Gemeinde Waldburg, übergeben durch Denselben. (An den Verfassungs-Ausschuß.)

16. (6561) Gleiche Petition der Gemeinde Wolfegg, Oberamts Waldsee, übergeben durch Denselben. (An den Verfassungs-Ausschuß.)

17. (6562) Gleiche Petition des Schultheißen Franz Joseph Reis zu Bogenweiler, Oberamts Ravensburg. (An den Verfassungs-Ausschuß.)

18. (6563) Gleiche Petition der Gemeinde Bogenweiler, übergeben durch den Abgeordneten Pfahler. (An den Verfassungs-Ausschuß.)

19. (6564) Gleiche Petition der Gemeinde Obereisenbach, übergeben durch Denselben. (An den Verfassungs-Ausschuß.)

20. (6565) Gleiche Petition der Gemeinde Bodnegg, übergeben durch Denselben. (An den Verfassungs-Ausschuß.)

21. (6566) Gleiche Petition der Gemeinde Wilhelmskirch, übergeben durch Denselben. (An den Verfassungs-Ausschuß.)

22. (6567) Gleiche Petition von der Gemeinde Wolpertschweiler, übergeben durch Denselben. (An den Verfassungs-Ausschuß.)

23. (6568) Gleiche Petition von der Gemeinde Ravensburg, übergeben durch Denselben. (An den Verfassungs-Ausschuß.)

24. (6569) Gleiche Petition von der Gemeinde Oberndorf, übergeben durch den Abgeordneten Uhland. (An den Verfassungs-Ausschuß.)

25. (6570) Petition der Gemeinde Winnenden (Würtemberg) gegen die Trennung Oesterreich's von Deutschland, eingereicht durch den Abgeordneten R. Mohl. (An den Verfassungs-Ausschuß.)

26. (6571) Petition der Gemeinde Seelscheid gegen die Trennung Deutsch-Oesterreich's von Deutschland, und bezüglich der Wahl eines Reichsoberhaupts, für die Wahl desselben durch das deutsche Volk. (An den Verfassungs-Ausschuß.)

27. (6572) Petition des Vaterlandsvereins zu [illegible] (Sachsen) gegen die Errichtung eines deutschen Kaiserthums, übergeben durch den Abgeordneten Dietsch. (An den Verfassungs-Ausschuß.)

28. (6573) Petition des Volksvereins zu [illegible] (Hannover) für Uebertragung der erblichen Reichsoberhaupts-Würde an die Krone Preußen, übergeben durch den Abgeordneten Droge. (An den Verfassungs-Ausschuß.)

29. (6574) Eingabe gleichen Betreffs von dem constitutionellen Verein zu Göttingen. (An den Verfassungs-Ausschuß.)

30. (6575) Eingabe gleichen Betreffs von dem Volksvereine der Landgemeinden der Gerichtsbezirke Nentershausen und Sontra (in Kurhessen). (An den Verfassungs-Ausschuß.)

31. (6576) Eingabe des Vaterlandsvereins zu [illegible] gegen die Trennung Oesterreich's von Deutschland, übergeben von dem Abgeordneten Wigand. (An den Verfassungs-Ausschuß.)

32. (6577) Eingabe des deutschen Vaterlandsvereins zu Bautzen, die Reichsoberhauptsfrage betreffend, übergeben durch den Abgeordneten Wigard. (An den Verfassungs-Ausschuß.)

[illegible] ([illegible]) Eingabe der Senioren der Freistadt Bremen, d. d. [illegible] den 17. Januar 1849, für Uebertragung der deutschen Centralgewalt an die Krone Preußen, übergeben durch den Abgeordneten Gevekoht. (An den Verfassungs-Ausschuß.)

[illegible] ([illegible]) Verwahrung des Volksvereins zu Jena gegen ein deutsches Erbkaiserthum, und Anschluß-Erklärungen der [illegible] zu [illegible], [illegible], Camsdorf und [illegible]-jena, übergeben durch den Abgeordneten Schüler. (An den Verfassungs-Ausschuß.)

[illegible]. ([illegible]) Siebenzehn Adressen aus Oberösterreich gegen die §§ [illegible] und [illegible] des Verfassungs-Entwurfs: „Vom Reiche und von der Reichsgewalt," und zwar:

a) zwei aus dem Bezirke [illegible],

b) eine der Vorsteher, Gemeinderichter und Ausschüsse von [illegible] bei [illegible],

c) zwei aus der Gemeinde Gosau,

d) eine der Gemeinde [illegible],

e) eine aus dem Bezirke [illegible],

f) zwei aus dem Bezirke [illegible],

g) eine aus dem Bezirke [illegible],

h) eine aus Bezirke [illegible],

i) eine aus der Kreisstadt [illegible],

k) eine aus dem Bezirke [illegible],

l) drei aus dem Bezirke [illegible],

m) eine der Gemeindevorsteher und Ausschüsse von [illegible], [illegible], Hagenberg und [illegible], [illegible], übergeben vom Abgeordneten [illegible]. (An den Verfassungs-Ausschuß.)

[illegible] ([illegible]) 24 Petitionen, die Zollansätze auf französische Weine, resp. Beibehaltung der bisherigen Zollsätze, und zwar von den Gemeinden Dürkheim, Forst, Niederkirchen, [illegible], [illegible], [illegible], Bobenheim a. B., [illegible], [illegible], Grbach, Herxheim, [illegible], Weisenheim [illegible], [illegible], [illegible], Schweigen, Rechtenbach, Oberotterbach, Niederhorbach, [illegible], [illegible], Oberhofen, [illegible], [illegible], Diesbach, [illegible], [illegible], [illegible] übergeben vom Abgeordneten [illegible], eingeschickt von dem Ausschusse des allgemeinen deutschen Vereins zum Schutze der vaterländischen Arbeit. (An den Ausschuß für die Volkswirthschaft.)

[illegible] ([illegible]) Eingabe des Ausschusses des allgemeinen deutschen Vereins zum Schutze der vaterländischen Arbeit zu Frankfurt a. M., mit Ueberreichung von 550 Exemplaren der Druckschrift: „Eine Stimme Frankfurter Weinhändler gegen die vorgeschlagene Herabsetzung des Zolles auf ausländische Weine." (An den Ausschuß für die Volkswirthschaft.)

[illegible] ([illegible]) Eingabe desselben Ausschusses mit 19 Petitionen, den Schutz der vaterländischen Arbeit betreffend. (An den Ausschuß für die Volkswirthschaft.)

[illegible] ([illegible]) Eingabe einer Anzahl Weingärtner zu [illegible] in Württemberg gegen Freihandelssystem und gegen Herabsetzung des Zolls auf fremden Wein. (An den Ausschuß für die Volkswirthschaft.)

40. (6585) Fünf Petitionen aus dem Regierungsbezirke Koblenz, und zwar aus Lehmen, Gondorf, Cattenes, Hatzenport und Loch zum Schutze der vaterländischen Arbeit. (An den Ausschuß für die Volkswirthschaft.)

41. (6586) Zwei Petitionen aus den Gemeinden [illegible] und Neuhoffen um Schutz für den inländischen Tabaks- und Zuckerrübenbau und um Aufhebung der Ausgleichungs-[illegible] auf inländische Weine. (An den Ausschuß für die Volkswirthschaft.)

42. (6587) Bittschrift mit 335 Unterschriften aus den Orten Bonn, Mehlem, Villip, Kessenich, Poppelsdorf, Muffendorf, Godesberg, Plittersdorf, Duisdorf, [illegible], Alfter, Oedecoven, Königswinter und Obercassel gegen Herabsetzung des Eingangszolles auf ausländische Weine, übergeben von der Bonner Localabtheilung des landwirthschaftlichen Vereins für Rheinpreußen durch den Abgeordneten Delters von Bonn. (An den Ausschuß für die Volkswirthschaft.)

43. (6588) Eingabe des Weingüterbesitzers und Weinhändlers G. Däel von Mainz, den Schutz der deutschen Weinproduction betreffend. (An den Ausschuß für die Volkswirthschaft.)

44. (6589) Petition einer Anzahl Einwohner von Unter-Oewisheim, Oberamt Bruchsal, gegen die vorgeschlagene Herabsetzung des Eingangszolles auf Wein. (An den Ausschuß für die Volkswirthschaft.)

45. (6590) Eingabe des Ausschusses des allgemeinen deutschen Vereins zum Schutze der vaterländischen Arbeit, mit Ueberreichung von 33 Petitionen, 18,404 Seelen repräsentirend, um Schutz und Förderung der vaterländischen Arbeit. (An den Ausschuß für die Volkswirthschaft.)

46. (6591) Eingabe ebendaher mit 40 Petitionen im selben Betreff, 32,630 Seelen repräsentirend. (An den Ausschuß für die Volkwirthschaft.)

47. (6592) Bitte des Gewerbvereins in Eppingen, Großherzogthum Baden, im selben Betreff. (An den Ausschuß für die Volkswirthschaft.)

48. (6593) Eingabe aus Büren in Westphalen, betreffend Beibehaltung, resp. Einführung eines angemessenen Schutzzolles, übergeben vom Abgeordneten v. Radowitz. (An den Ausschuß für die Volkswirthschaft.)

49. (6594) Petition des Central-Ausschusses des Innungsvereins zu Altenburg um Schutz der vaterländischen Arbeit, übergeben vom Abgeordneten Schlutter. (An den Ausschuß für die Volkswirthschaft.)

50. (6595) Adressen der Gemeinden Altstadt, Nieder-Berbach, Limbach, Homburg in der bayerischen Rheinpfalz, die Gewerbefreiheit betreffend, übergeben vom Abgeordneten Gulden. (An den Ausschuß für die Volkswirthschaft.)

51. (6596) Petition der Einsassen des Amtsbezirks Medebach, sowie des Magistrats und der Stadtverordneten zu Winterberg in Westphalen, mit dem Antrage, welchen der Abgeordnete Dham zu dem seinigen gemacht, daß der Ausschuß des Vereins zu Frankfurt a. M. zum Schutze der vaterländischen Arbeit mit seinen Vorschlägen gehört und die Freihandelspartei mit ihren Anträgen zurückgewiesen werde &c., übergeben von dem Abgeordneten Dham. (An den Ausschuß für die Volkswirthschaft.)

52. (6597) Fünf und zwanzig Petitionen von ebensoviel Ortschaften der Eifel-, Mosel- und Saargegenden in demselben Betreff, übergeben vom Abgeordneten Zell. (An den Ausschuß für die Volkswirthschaft.)

53. (6598) Petition aus Pulsnitz, Ohorn und Bollung um Herstellung der deutschen Zoll- und Handelseinheit auf Grund eines kräftigen Schutz- und Differential-Zollsystems, übergeben vom Abgeordneten Wigard. (An den Ausschuß für die Volkswirthschaft.)

54. (6599) Eingabe der Gemeinde Eichlersheim gegen den norddeutschen Handels- und Zolltarifs-Entwurf. (An den Ausschuß für die Volkswirthschaft.)

55. (6600) Eingabe aus Lambrecht-Grevenhausen für Aufrechthaltung der Gewerbefreiheit, übergeben vom Abgeordneten Christmann. (An den Ausschuß für die Volkswirthschaft.)

56. (6601) Eingabe des Johann Friedrich Hauschild zu Frankfurt a. M., einen Vorschlag übergebend zu einem allgemeinen deutschen Maaß-, Gewicht- und Münzsystem. (An den Ausschuß für die Volkswirthschaft.)

57. (6602) Eingabe des Stadtrathes und der Bürgerschaft von Homburg um Zurücknahme des Beschlusses, die Aufhebung der Spielbanken betreffend, übergeben vom Abgeordneten Venedey. (An den Ausschuß für die Volkswirthschaft.)

58. (6603) Eingabe der Handelskammer zu Mainz, enthaltend Protest gegen den Entwurf zu einem Zolltarif für das vereinte Deutschland. (An den Ausschuß für die Volkswirthschaft.)

59. (6604) Protestation gegen eine etwaige Herabsetzung des Einfuhrzolls auf Steingut und Porzellanwaaren d. d. Waldenburg in Schlesien den 17. Januar mit 435 Unterschriften, übergeben durch den Abgeordneten v. Ende von Waldenburg. (An den Ausschuß für die Volkswirthschaft.)

60. (6605) Eingabe des Magistrats und der Stadtverordneten zu Lippstadt gegen Einführung des Freihandelssystems. (An den Ausschuß für die Volkswirthschaft.)

61. (6606) Petition von Industriellen und Ackerbautreibenden in Altena in Westphalen, um Schutz der vaterländischen Arbeit, mit 616 Unterschriften, und eine deßgleichen aus Neuenrade und Werdohl mit 73 Unterschriften, übergeben vom Abgeordneten Evertsbusch. (An den Ausschuß für die Volkswirthschaft.)

62. (6607) Adresse der Bürgerschaft von Kandel in Rheinbayern für Gewerbefreiheit, übergeben vom Abgeordneten Umbscheiden. (An den Ausschuß für die Volkswirthschaft.)

63. (6608) Beurtheilung der Aeltesten der Kaufmannschaft zu Magdeburg des Entwurfs zu einem Zolltarife für das vereinte Deutschland, ausgegangen von Abgeordneten des Handelsstandes aus den deutschen Seeplätzen und einigen Binnenstädten in drei Exemplaren, übergeben von dem Abgeordneten Heinrich Simon. (An den Ausschuß für die Volkswirthschaft.)

64. (6609) Erklärung des Vorstandes des Handwerker-Vereins der Provinz Sachsen für das Minoritäts-Gutachten der Herren Degenkolb, Veit und Becker zu dem Entwurfe einer deutschen Gewerbeordnung. (An den Ausschuß für die Volkswirthschaft.)

65. (6610) Deßgleichen aus Quedlinburg und elf Ortschaften. (An den Ausschuß für die Volkswirthschaft.)

66. (6611) Petitionen aus den Gemeinden Schwarzenbach, Thalfang, Thaling, Immert, Kartel, Braunshausen, Abentheuer, Buhlenberg, Gremmath und Gielat, um Schutz der vaterländischen Arbeit, übergeben von dem Abgeordneten Böcking. (An den Ausschuß für die Volkswirthschaft.)

67. (6612) Petitionen vieler Mitglieder des Handels- und Gewerbstandes zu Rottweil in Würtemberg in demselben Betreff, übergeben von dem Abgeordneten Rheinwald von Stuttgart. (An den Ausschuß für die Volkswirthschaft.)

68. (6613) Deßgleichen aus [illegible], übergeben von Demselben. (An den Ausschuß für die Volkswirthschaft.)

69. (6614) Petitionen der Handwerkerinnungen im Amtsbezirke Tauberbischofsheim (Baden) um Verbesserung der gewerblichen Verhältnisse in Deutschland durch Einführung einer zeitgemäßen Gewerbeordnung, übergeben vom Abgeordneten Damm. (An den Ausschuß für die Volkswirthschaft.)

70. (6615) Erklärung vieler Gewerbtreibenden zu Worbis und mehreren anderen Orten für den Frankfurter Entwurf einer Handwerker- und Gewerbeordnung. (An den Ausschuß für die Volkswirthschaft.)

71. (6616) Gleiche Eingabe des Handwerker- und Gewerbevereins zu Worbis, übergeben vom Abgeordneten Waldmann. (An den Ausschuß für die Volkswirthschaft.)

72. (6617) Petition vieler Einwohner zu Cobern im Moselthal um Schutz gegen die Concurrenz ausländischer Producenten. (An den Ausschuß für die Volkswirthschaft.)

73. (6618) Erklärung des Vorsitzenden der zur Berathung einer Gewerbeordnung nach Berlin zusammenberufenen Vertreter des Handwerkerstandes für den Minoritäts-Entwurf des volkswirthschaftlichen Ausschusses. (An den Ausschuß für die Volkswirthschaft.)

74. (6619) Beantwortung der dem Vorstand des Handelsvereins der Stadt Osnabrück vorgelegten Fragen in volkswirthschaftlicher Hinsicht. (An den Ausschuß für die Volkswirthschaft.)

75. (6620) Eingabe einer Anzahl Bergwerks- und Hüttenbesitzer des Herzogthums Nassau um Hebung des Bergbaues. (An den Ausschuß für die Volkswirthschaft.)

76. (6621) Eingabe der Kaufmannscompagnie zu Wismar, die Beseitigung des Sund- und [illegible] und die Aufhebung der Flußzölle betreffend. (An den Ausschuß für die Volkswirthschaft.)

77. (6622) Eingabe des vaterländischen Vereins zu Rastatt, betreffend die Forderung an alle deutsche Regierungen, die Grundrechte ungesäumt und ungeschmälert durchzuführen, übergeben vom Abgeordneten Mittermaier. (An den Prioritäts- und Petitions-Ausschuß.)

78. (6623) Eingabe des H. C. Hiltrop von Soest, die Oberhauptsfrage betreffend. (An den Prioritäts- und Petitions-Ausschuß.)

79. (6624) Petition des Matthias Fein von [illegible] in Nassau um Uebertragung eines Dienstes. (An den Prioritäts- und Petitions-Ausschuß.)

80. (6625) Dankadresse der Deutschen aus dem Böhmerwald für die beschlossenen und mitgetheilten Grundrechte des deutschen Volkes, übergeben vom Abgeordneten Joseph Rank. (An den Prioritäts- und Petitions-Ausschuß.)

81. (6626) Eingabe mit verschiedenen Wünschen von Seiten des Joh. Fr. Heingmann zu Harnberg. (An den Prioritäts- und Petitions-Ausschuß.)

Die Redactions-Commission und in deren Auftrag Abgeordneter Professor Wigard.

Druck von Joh. David Sauerländer in Frankfurt a. M.

Stenographischer Bericht

über die

Verhandlungen der deutschen constituirenden National-Versammlung zu Frankfurt a. M.

Nro. 167. Freitag den 9. Februar 1849. VII. 12.

Hundert und sechs und sechzigste Sitzung.

(Sitzungslocal: Paulskirche.)

Donnerstag den 8. Februar 1849. (Vormittags 9 Uhr.)

Präsident: E. Simson von Königsberg.

Inhalt: Verlesung des Protokolls. — Austrittsanzeige des Abg. Dammers. — Flottenbeiträge. — Anzeige des Berichts des Verfassungsausschusses über das Wahlgesetz. — Berathung über die noch rückständigen Paragraphen des Entwurfs der Grundrechte: Art. V, § 21 und 22, Art. VII, § 30 und über den zu Art. VII, § 30 desselben erstatteten Bericht des volkswirthschaftlichen Ausschusses über eingegangene Anträge auf Bürgschaft und Schutz der Arbeit. — Bericht des Prioritäts- und Petitionsausschusses über erfolgte Verweisung mehrerer Eingaben an das Reichsministerium und an andere Ausschüsse. — Eingänge.

Präsident: Die Sitzung ist eröffnet; der Herr Schriftführer wird die Güte haben, das Protokoll der vorigen Sitzung zu verlesen. (Schriftführer Koch verliest dasselbe.) Ich frage, ob Reclamation gegen das Protokoll ist? (Niemand meldet sich.) Das Protokoll ist genehmigt. — Ich bitte die Herren, ihre Plätze einzunehmen. — Ich habe eine Austritteerklärung zur Kenntniß der Versammlung zu bringen: Herr Dammers, Abgeordneter des vierten hannöverischen Wahlkreises, hat sein Mandat niedergelegt. Sein Ersatzmann, Herr Oehnike von Hannover, ist bereits in Frankfurt eingetroffen und wird wohl auch der heutigen Sitzung schon beiwohnen. — Der Herr Abgeordnete Wiebig überreicht 134 Thlr. 22 Gr. als Ertrag einer Sammlung für die deutsche Flotte, welche von den nicht zahlreichen deutschen Bewohnern des zum polnischen Posen gezogenen Grenzkreises Pleschen veranstaltet wurde. (Bravo.) An das Reichsministerium der Finanzen unmittelbar sind von dem Bürgermeister der Stadt Zierenberg bei Cassel 17 Thlr. 29 Gr. 4 Pf. als Ertrag einer daselbst für die deutsche Flotte eingegangenen Sammlung überreicht worden. Ein dritter Beitrag ist von Herrn Junkmann übergeben und rührt von einem Volksvereine in Münster her; er besteht aus 8 Thlr. aus Hiltrup und aus 29 Thlr. 11 Sgr von einem politischen Club und einigen Kirchspiels-Eingesessenen zu Greven, zusammen 37 Thlr. 11 Sgr. Wir sprechen unsern Dank für diese Beiträge aus und überweisen sie, insoweit das nicht schon geschehen ist, an das Ministerium der Finanzen zur weitern Verfügung. — Herr Martiny hat eine ältere Interpellation zu verlesen gewünscht. Ist Herr Martiny nicht im Hause? (Er meldet sich nicht.) Ich werde die Interpellation auf die nächste Sitzung zurücklegen. — Herr Waitz hat einen Bericht Namens des Verfassungsausschusses anzuzeigen.

Waitz von Göttingen: Meine Herren! Ich habe Namens des Verfassungsausschusses einen Bericht über das Wahlgesetz anzuzeigen. Der Entwurf befindet sich in Ihren Händen und der Bericht wird gedruckt.

Präsident: Wir gehen zur Tagesordnung über; zur Berathung über die noch rückständigen Paragraphen des Entwurfs der Grundrechte. Der erste Paragraph, meine Herren, der uns beschäftigen wird, ist § 21, Art. V. Derselbe lautet:

> „Jeder Deutsche hat das Recht, sich mit Bitten und Beschwerden schriftlich an die Behörden, an die Landstände und in den geeigneten Fällen an die Reichsversammlung zu wenden.
>
> Dies Recht kann sowohl von Einzelnen als von Mehreren im Verein ausgeübt werden."

Zu diesem Paragraphen liegen zwei Anträge vor, der eine von Herrn Meyer aus Liegnitz, welcher diesen Paragraph dahin zu erweitern vorschlägt:

> „Jeder Deutsche, also auch jeder Beamte in seinen amtlichen Verhältnissen, hat das Recht rc. rc."

und der Antrag des Herrn Schreiner von Gratz, der dahin geht, aus dem ersten alinea des § 21 die Worte: „in den geeigneten Fällen" wegzulassen. — Außerdem habe ich heute einen Verbesserungsantrag zu § 21 erhalten, wonach an Stelle des Wortes: „Landstände" im § 21 gesetzt werden soll: „Volksvertreter", und der mit dem Antrag des Herrn Schreiner insofern übereinstimmt, daß auch er die Weglassung der Worte: „in den geeigneten Fällen", in dem ersten alinea des Paragraphen verlangt. Der Antrag ist von den Herren [illegible], Kudlich, Langbein, Rödinger, Mandrella und zwanzig andern gestellt. Ich habe zuvörderst zu fragen, ob die Versammlung über den § 21 in Discussion eintreten will und werde darüber abstimmen lassen, nachdem ich vorher bemerkt habe, daß gegen den Paragraph kein Redner, für denselben nur Herr Cufmann eingeschrieben ist. Herr Culmann übergibt mir so eben noch zu § 21 ein Amendement, das folgendermaßen lautet:

> „Ich beantrage zu Artikel 21 folgende Insertion:
>
> 1) Dies Recht kann sowohl von Einzelnen als „von

Corporationen und" von Mehreren im Vereine ausgeübt werden.

Ferner den Zusatz:

2) Gerichtliche Verfolgungen wegen der Form und des Inhalts solcher Bitten und Beschwerden sind nur dann zuläßig, wenn sie von den Behörden oder Versammlungen, an welche die betreffenden Bitten oder Beschwerden gerichtet sind, selbst beantragt werden."

Unterzeichnet von: Culmann, Dietsch, Werner von Oberkirch, Rauwerck, Schütz, A. Rühl, M. Mohl, Simon von Trier, Wiesner, Tafel aus Zweibrücken, Fröbel, Titus, Hoffbauer, Schmitt von Kaiserslautern, Würth von Sigmaringen, Stark, v. Dieskau, Umbscheiden.

Ich wiederhole jetzt die Frage wegen der Discussion. Diejenigen unter Ihnen, die auf die Discussion über § 21 des Entwurfes der Grundrechte **nicht** verzichten wollen, ersuche ich, aufzustehen. (Es erheben sich weniger als hundert Mitglieder.) Die Discussion ist abgelehnt. Damit fallen die Amendements der Herren Meyer und Schreiner, weil sie die nöthige Unterstützung von zwanzig Mitgliedern bisher noch nicht hatten, weg. Es bleibt zur Abstimmung übrig: erstens der Paragraph selbst, zweitens der Zusatz, den Herr Culmann dazu beantragt hat und den ich so eben verlesen habe, drittens das Inserandum des Herrn Culmann, wonach zwischen die Worte: „von Einzelnen" und „als von Mehreren", inserirt werden soll: „von Corporationen", und endlich der Vorschlag: statt des Wortes: „Landstände" zu setzen: „Volksvertreter." Ich bringe also, meine Herren, das erste alinea des § 21 mit Ausschluß der Worte: „in den geeigneten Fällen" zur Abstimmung; wenn der Paragraph so angenommen werden sollte, so hätte ich zum ersten alinea nichts weiter hinzuzufügen, nur daß ich die Abstimmung über das Wort: Landstände oder Volksvertreter an sich vorbehalten müßte; zum zweiten alinea habe ich demnächst das Inserandum des Herrn Culmann vorzubehalten und zu den beiden Sätzen des § 21 im Ganzen den von Herrn Culmann projectirten Zusatz. Ich bringe also das erste alinea des § 21 zunächst unter Weglassung der Worte: „in den geeigneten Fällen" und mit Vorbehalt einer besondern Abstimmung darüber, ob es in dem gedachten alinea „Landstände" oder „Volksvertreter" heißen soll, zur Abstimmung. Diejenigen Herren, welche folgende Fassung des § 21, alinea 1:

„Jeder Deutsche hat das Recht, sich mit Bitten und Beschwerden schriftlich an die Behörden, an die Landstände und an die Reichsversammlung zu wenden",

vorbehaltlich einer ferneren Abstimmung darüber, ob an Stelle des Wortes „Landstände" „Volksvertreter" gesetzt werden soll, annehmen wollen, ersuche ich, sich zu erheben. (Die Mehrzahl erhebt sich.) Der Paragraph ist angenommen. Ich lasse jetzt darüber abstimmen, ob es bei dem Worte: „Landstände" in der gedachten Fassung das Bewenden haben, oder an Stelle dieses Wortes der Ausdruck: „Volksvertreter" treten soll? Diejenigen Herren, welche den § 21 alinea 1 in der eben verlesenen Fassung auch in dem Betracht wollen bestehen lassen, daß es bei dem Ausdruck „Landstände" sein Bewenden haben solle, ersuche ich, sich zu erheben. (Die Minderheit erhebt sich.) Der Ausdruck: „Landstände" ist abgelehnt. — Diejenigen Herren, die wollen, daß statt des Wortes „Landstände" das Wort „Volksvertreter" gesetzt werde, ersuche ich, sich zu erheben. (Die Mehrzahl erhebt sich.) Diese Aenderung ist angenommen. Das erste alinea lautet demnach wie folgt:

„§. 21. Jeder Deutsche hat das Recht, sich mit Bitten und Beschwerden schriftlich an die Behörden, an die Volksvertreter und an die Reichsversammlung zu wenden."

(Zuruf: In geeigneten Fällen!) Die Worte des Entwurfs: „in geeigneten Fällen" sind durch die Abstimmung verworfen; sie hätten nur dann zur Abstimmung kommen können, wenn die zuerst von mir verlesene weitere Fassung nicht angenommen worden wäre. — Ich gehe zu dem zweiten alinea des Paragraphen über. Nach dem Entwurfe des Verfassungsausschusses lautet dieses alinea:

„Dieses Recht kann sowohl von Einzelnen als von Mehreren im Verein ausgeübt werden."

Der Vorschlag des Herrn Culmann geht dahin, das zweite alinea so zu fassen:

„Dieses Recht kann sowohl von Einzelnen, als von Corporationen und von Mehreren im Verein ausgeübt werden."

Ich bringe zuerst die ursprüngliche Fassung, welche der Verfassungsausschuß dem alinea gegeben hat, unter Vorbehalt des Culman'schen Inserandums zur Abstimmung. Diejenigen Herren, welche die Worte:

„Dieses Recht kann sowohl von Einzelnen, als von Mehreren im Vereine ausgeübt werden;"

vorbehaltlich einer ferneren Abstimmung über das von Herrn Culmann projectirte Inserandum annehmen wollen, bitte ich, sich zu erheben. (Die Mehrzahl erhebt sich.) Der Satz ist mit diesem Vorbehalte angenommen. — Diejenigen Herren, die zwischen die Worte: „als" und „von Mehreren" des angenommenen alinea nach dem Antrage des Herrn Culmann inseriren wollen: „von Corporationen und" bitte ich, sich zu erheben. (Die Minderheit erhebt sich) Der Zusatz ist abgelehnt. Ich bringe endlich den Zusatz des Herrn Culmann zur Abstimmung, der dahin lautet:

„Gerichtliche Verfolgungen wegen der Form und des Inhalts solcher Bitten und Beschwerden sind nur dann zuläßig, wenn sie von den Behörden oder Versammlungen, an welche die betreffenden Bitten oder Beschwerden gerichtet sind, selbst beantragt werden."

Diejenigen Herren, die zu den beiden angenommenen Sätzen des § 21 auch den eben verlesenen dritten hinzufügen wollen, bitte ich, aufzustehen. (Die Minderheit erhebt sich.) Der Zusatz ist nicht angenommen. — Wir gehen, meine Herren, zu § 22 über. Ich mache zuvörderst bemerklich, daß der Verfassungsausschuß selbst dem § 22 jetzt folgende Fassung gegeben hat, wie das aus dem gedruckten, in Ihren Händen befindlichen Blatt hervorgeht:

„Eine vorgängige Genehmigung der Behörden ist nicht nothwendig, um öffentliche Beamte wegen ihrer amtlichen Handlungen gerichtlich zu verfolgen.

Die Verantwortlichkeit der Minister ist besonderen Bestimmungen vorbehalten."

Außerdem haben Sie gedruckt zu diesem § 22 in Händen: einen Zusatz des Herrn Spatz:

„Beruft sich der beklagte Beamte auf höheren Befehl, so wird dadurch seine eigene Verantwortlichkeit nicht aufgehoben; jedoch kann sowohl von ihm, als von dem Beschädigten der betreffende höhere Beamte zur Gewahr beigezogen werden."

Außerdem einen noch nicht formulirten Antrag der Herren von Raumer und Schubert von Königsberg ... (Zuruf: Zurückgenommen!), der, wie ich eben höre, zurückgenommen wird. Außerdem, meine Herren, werden mir jetzt eben vier Verbesserungsanträge übergeben, die ich verlese: der Antrag des Herrn von Nagel, der dahin gerichtet ist, daß nach dem Satze einer vorgängigen Erlaubniß der Oberbehörde bedarf es dazu nicht" der Zusatz gemacht werde:

„Jedoch müssen alle sonst zulässigen Rechtsmittel gegen eine solche amtliche Handlung erschöpft sein."

ein Zusatz, der sich auch der neuen von dem Verfassungsausschuß vorgeschlagenen Fassung zufügen ließe; demnächst der Antrag des Herrn Zachariä von Göttingen: anstatt § 22 möge gesetzt werden:

„Jeder, welcher sich in seinen Rechten durch amtliche Handlungen eines öffentlichen Beamten verletzt hält, hat das Recht, denselben, ohne daß es dazu einer vorgängigen Erlaubniß der Oberbehörde bedarf, gerichtlich zu belangen."

unterstützt von Herrn Langerfeld; dann ein Antrag zu § 22, herrührend von Herrn v. Wulffen,

§ 22 möge folgende Fassung erhalten:

„Jeder, der durch eine amtliche Handlung eines Beamten in seinen Rechten sich verletzt erachtet, hat das Recht, ihn deßhalb gerichtlich zu verfolgen; einer vorgängigen Erlaubniß der Oberbehörde bedarf es dazu nicht. —

Motive.

1) Es handelt sich hier nur von Privatrechtsverletzungen durch Amtshandlungen eines Beamten und von dessen Rechtsverfolgung vor dem Civilgerichte; denn nach § 46 der revidirten Grundrechte gilt in Strafsachen der Anklageproceß, welcher die Verfolgung des Angeschuldigten vor dem Strafgerichte der Staatsbehörde überträgt und den Beschädigten nur als Angeber oder Zeugen zuläßt.

2) Würde jedem Staatsbürger das Recht eingeräumt, wegen eines durch Amtshandlungen einem Dritten vermeintlich zugefügten Unrechts den betreffenden Beamten gerichtlich zu belangen, so wäre dieß eine Ausdehnung der civilrechtlichen Bestimmung über freiwillige Vertretung ohne Ermächtigung von Seite des Betheiligten — negot. gestio — welche bekannten Rechts, als Ausnahme von der Regel, vorzugsweise auf den Fall sich beschränkt, wo dieser nicht in der Lage sich befindet, selbst gerichtlich auftreten zu können.

3) Dem ganzen Beamtenstande wäre durch eine solche Bestimmung das gewährleistete Recht der Gleichstellung eines jeden Deutschen vor dem Gesetze (§ 7 der Grundrechte) geradezu entzogen, eine Ausnahme, wofür gar kein genügender Grund zu finden ist."

Unterstützt durch: Grävell, Naumann, Dr. v. Linde, Oertel, Weiß, Nägele, v. Schrenk, Schulze aus Potsdam, v. Flotwell, Kutzen, Merck.

Zusatzantrag der Herren v. Breuning und Genossen:

„Die näheren Bestimmungen bleiben der Gesetzgebung überlassen."

Unterstützt von: Rößler von Wien, Pannier, Böcler, Widenmann, Biedermann, H. v. Raumer, Zerzog, Laube, Falk, Baumbach, Esmarch, Herzog, Beseler, Stahl, Renger, C. F. Wurm, Baur von Augsburg, Pözl, Francke, Pfeufer, Emmerling, Wernher.

endlich ein Antrag der Herren Arndts und Genossen:

„In Erwägung, daß gerichtliche Verfolgung eines Beamten wegen amtlicher Handlungen einem Privatmanne nur insofern gestattet sein kann, als er durch dieselbe in seinen Rechten sich verletzt fühlt, widrigenfalls eine wahre Ueberschwemmung der Gerichte mit grundlosen Klagen gegen Beamte zu befürchten stände, daß aber der § 22 durch die Allgemeinheit seiner Fassung leicht zu der Annahme verleiten könnte, als ob Jedermann auch ohne jene Voraussetzung selbst wegen einer ihm unzweckmäßig oder ungenügend scheinenden Verwaltung des Amts einen Beamten gerichtlich verfolgen könne, trage ich darauf an, den § 22 folgendermaßen zu fassen:

„Jeder Deutsche hat das Recht, öffentliche Beamte wegen jeder durch deren amtliche Handlungen erlittenen Rechtskränkung gerichtlich zu verfolgen; einer vorgängigen Erlaubniß 2c. 2c."

Unterstützt von: Fritsch, Graf, Pieringer, Kleinschrod, Deymann, Welbeker, Kerer, Lienbacher, v. Grundner, Hofer, Riegler, Streffleur, R. Vogel, Weber von Neuburg, Carl v. Kürsinger, Ignatz v. Kürsinger, v. Kaiserfeld von Graz, Neumayr, Eckart von Lohr, Knoodt, Welcker, Osterrath.

Ich habe zuförderst zu fragen, ob die Versammlung über den § 22 in Discussion eintreten will? Diejenigen Herren, die auf die Discussion über den § 22 des Entwurfs über die Grundrechte nicht verzichten wollen, ersuche ich, sich zu erheben. (Es erheben sich mehr als 100 Mitglieder.) Die Discussion ist zugelassen. Ich verlese die verzeichneten Redner: gegen den Paragraphen haben sich eingeschrieben: die Herren v. Breuning und v. Linde, für den Paragraphen: die Herren Löwe von Calbe und Plathner. — Der Herr Berichterstatter des Ausschusses will über den Paragraphen zuerst einige Worte sagen.

Mittermaier von Heidelberg: Ich will, meine Herren, nur rechtfertigen, warum Ihnen der Ausschuß eine andere Fassung vorgeschlagen hat. Wir haben uns überzeugt und in den Verhandlungen, die bereits in einer deutschen Kammer stattgefunden haben, hat es sich gezeigt, daß die Besorgniß gegründet ist, wir haben uns überzeugt, daß die Fassung, wie wir sie Ihnen vorschlugen, sehr leicht Mißverständnisse herbeiführen könnte, die das Volk täuschten und die einzelnen Gesetzgebungen in Verlegenheit setzten. Man könnte nämlich leicht glauben, daß durch das Wort „ein Jeder hat das Recht" eine Art von actio popularis geschaffen wäre, so daß ein Jeder, ohne Rücksicht ob er der Verletzte ist, die Befugniß habe, eine Klage gegen einen Beamten wegen einer Amtshandlung, mit welcher der Kläger unzufrieden ist, anzustellen. Das war unser Wille nicht. Man konnte ferner nach der früheren Fassung zu dem Glauben verleitet werden, daß auf die materielle Begründung der Klage gegen Beamte gar nichts ankomme, sondern daß ein Jeder das Recht habe, ohne Rücksicht, ob die Klage gehörig durch Anführung gewisser Thatsachen begründet ist, einen Beamten belangen zu können. Das ist unser Wille nicht gewesen. Die Entstehung dieses Paragraphen, meine Herren, ist einfach die. Unter den berühmten zwölf Wünschen, welche die Runde in Deutschland im März 1848 gemacht haben und die von den badischen Kammern ausgingen, war auch der Wunsch, daß die bisher in vielen deutschen Staaten bestehende Einrichtung, nach welcher gegen Beamte wegen Amtshandlungen gar nicht geklagt werden konnte, wenn nicht das Staatsministerium die Klage zuließ und die Ermächtigung gab, wegfallen möge. Das sollte hier ausgesprochen werden. Der § 22 sollte die treue Uebersetzung des belgischen Artikel 24 sein. Es sollte nichts weiter ausgesprochen werden, als daß das formelle Hinderniß, welches bisher so schwer drückte, nach welchem man gegen Beamte, die von der Regierung irgend begünstigt waren, nicht klagen konnte, gehoben werden solle. Es ist bekanntlich eine Napoleonische Schöpfung, diese garantie des fonctionnairs publics. Im Jahre 1815 wurde diese Verfügung in Holland aufgehoben und in Belgien wurde es im Artikel 24 ausgesprochen. Es kommt also nicht weiter darauf an, wie die Klage dann angestellt werden könne. Das ist die Sache des Verletzten. Der Verletzte muß die materiellen Bedingungen nachweisen, unter welchen eine Schadenklage überhaupt nur möglich ist. Es soll nur das formelle Hinderniß der Anstellung der Klage gehoben werden, und das ist geschehen, wenn man sagt: „Eine vorgängige Genehmigung der Behörde ist nicht nothwendig, um öffentliche Beamte wegen ihrer Amtshandlungen gerichtlich zu verfolgen." Wie sehr das mißbraucht werden kann, wenn Sie nicht einen solchen Satz aufnehmen, meine Herren, mögen Sie aus den neuesten Tafeln der Criminalstatistik von Frankreich ersehen. 1846 ist in 62 Fällen die Ermächtigung gegen Beamte wegen Amtsverbrechen gerichtlich einzuschreiten nachgesucht worden, und in der Hälfte dieser Fälle wurde die Ermächtigung vom Staatsrathe abgeschlagen. Nehmen Sie diese Fassung, wie wir sie Ihnen vorschlagen, so ist hier dem Zwecke, den der Artikel hat, genügt. Ueber die einzelnen Vorschläge, die gemacht worden sind, werde ich mich erklären, wenn die Herren selbst, die die Vorschläge gemacht haben, sie begründet haben werden.

v. **Brenning** von Aachen: Meine Herren! Wenn ich mich als Redner gegen den Vorschlag, der im § 22 enthalten ist, hatte einschreiben lassen, so war es nicht, weil ich das Princip an sich, was darin enthalten ist, gemißbilligt hätte; im Gegentheil war auch ich der Ansicht, daß es zu einer Verfolgung von Beamten wegen Amtshandlungen der vorherigen Genehmigung der vorgesetzten Behörden in Zukunft nicht mehr bedürfen solle. Allein der Paragraph, so wie er gefaßt war, schien mir eine Uebertreibung des entgegengesetzten Princips nach der andern Seite hin zu enthalten, und dagegen wollte ich mich aussprechen. Ich glaube nun, daß die Fassung, so wie sie jetzt vom Ausschusse vorgeschlagen ist, jener Uebertreibung nach der andern Seite hin begegnet, und ich kann mich dieser Fassung nur anschließen, so daß das Amendement, was ich eingebracht habe mit mehreren meiner Freunde, und was dahin lautet, „daß die näheren Bestimmungen über die Verfolgung der Beamten den Gesetzgebungen überlassen werden sollen," durch diese neue Fassung überflüssig gemacht worden ist. Ich spreche das für mich hiermit aus, bin aber nicht ermächtigt, im Namen der Andern dieß auch auszusprechen. Wenn ich aber mit ihnen Rücksprache hätte nehmen können, wenn mir der jetzige Antrag des Ausschusses früher bekannt geworden wäre, so zweifle ich nicht, sie wären damit einverstanden und ich hätte das Amendement zurückziehen können. Ich kann das, wie gesagt, zwar jetzt noch nicht, spreche es aber für mich aus und trete lediglich dem jetzigen Ausschußantrage bei nach den Erläuterungen, die der Berichterstatter darüber gegeben hat.

Löwe von Calbe: Meine Herren! Sie wissen, daß auf vielen Punkten von Deutschland die Klage schon erschallt, daß die Grundrechte nur auf dem Papiere stünden. Wir haben hier nun einen der Paragraphen zu behandeln, wodurch dieß bloß auf dem Papierstehen zur Unwahrheit hoffentlich werden wird. Es hat uns an papierner Freiheit in Deutschland wenig gefehlt. Wir haben papierne Freiheiten vielfältig gehabt. Aber wenn diese papierne Freiheit zur Realität werden sollte, so wurde sie immer wieder illusorisch, und wodurch wurde sie immer wieder illusorisch? Fast immer durch die Bureaukratie. Ich gestehe es offen, indem ich hier für diesen Paragraphen spreche, gebe ich mich der schönen Hoffnung hin, daß, sofern der Paragraph so angenommen wird, ein schwerer Schlag damit gegen den schwersten Feind des deutschen Volkes geführt werden wird, und zwar ein schwerer Schlag gegen die Bureaukratie. Wir haben oft von England gesprochen, wir haben uns oft nach der englischen Freiheit gesehnt. Es ist gewiß, meine Herren, daß die englische Freiheit durch viele Paragraphen nicht verbrieft ist, daß sie dem englischen Volke nicht durch seine außerordentliche Volksvertretung gewährleistet werde. Die englische Freiheit hat in etwas Anderem ihren Grund, sie hat ihre große Stütze gefunden darin, daß England keine Bureaukratie kennt. So wenig die Engländer begreifen, daß wir einen solchen Paragraphen nöthig haben, eben so wenig wird die spätere Zukunft begreifen, wie ein solcher Paragraph wie dieser hat entstehen müssen. Er wird nur ein Merkzeichen sein, an eine Reihe vernichteter Bestrebungen, vernichteter Hoffnungen des deutschen Volkes. Vielleicht auch ein Merkzeichen dafür, daß die Bewegung des öffentlichen Geistes nicht mehr nothwendig hat, in gewaltsamen Umsturz umzuschlagen. Denn es ist gewiß nur die Unterdrückung, welche von der Bureaukratie ausgeht, die, sobald sie im Volke energischen Widerstand findet, diesen Widerstand zu einer Revolution umgestaltet. Wenn Sie dem Volke diese Ueberzeugung verschaffen, daß die Freiheit sicher gestellt ist gegen bureaukratische Eingriffe, wenn Sie dem Volke das Mißtrauen nehmen, daß die Behörden nicht wie bisher sich wie **ein** Mann erheben gegen Selbstständigkeit und Freiheit des Volks, wenn Sie dem Volke die Ueberzeugung geben, daß es nicht mehr auf Schritt und Tritt bevormundet werden soll, wenn Sie die Beamten mit dem Bewußtsein erfüllen, daß sie nicht mehr gegen alle Angriffe gedeckt sind durch gute Conduitenlisten, sondern daß sie für das, was sie thun, auch dem Volke verantwortlich sind, so bin ich überzeugt, Sie werden nicht allein die Freiheit an sich sicher stellen, sondern auch den jenen freien Völkern eigenthümlichen friedlichen Genuß der Freiheit hervorrufen, der uns im immerwährenden Kampfe um unsere Freiheit noch ganz fremd geblieben ist.

v. **Linde** von Mainz: Meine Herren! Auch ich habe mich gegen diesen Paragraphen einschreiben lassen, hauptsächlich deßhalb, um die Gründe für meine Abstimmung, bezüglich des Paragraphen, hier angeben zu können. Bei der ganzen Abfassung der Grundrechte, besonders aber bei dem Artikel 5 u. 6, habe ich von vornherein nur zu bedauern, daß dieser Artikel in der Discussion und Abstimmung auseinandergerissen worden sind, weil nach meiner Ueberzeugung der eine Artikel ohne den andern im Zusammenhange nicht verstanden und in einem Verfassungswerke so auseinandergerissen nicht einmal begriffen werden kann, denn die Grundsätze, welche der Artikel 6 enthält, drücken das Princip aus, wovon die Bestimmungen des Artikel 5 bloß eine Anwendung enthalten. Sodann ist bei diesen einzelnen Bestimmungen nicht wesentlich der objective Gehalt derselben auseinandergehalten. Es versteht sich von selbst, daß Jedem aus dem Volke, seine Staatsregierung mag monarchisch absolut, oder constitutionell oder republikanisch sein, das Recht zustehen muß, Bitten und Beschwerden vorzubringen und sich mit diesen an die zunächst vorgesetzten Behörden zu wenden und daß insofern diese im Organismus der Behörden gerichtliche sind, auch die gerichtlichen müssen angegangen werden dürfen. Auch versteht es sich von selbst, daß je nach den Umständen diese Beschwerden bis zur Volksvertretung und der Reichsversammlung gebracht werden können. Ich sage, je nach den Umständen, denn es wird wohl Niemand einfallen, dort eine Beschwerde, eine Bitte anzubringen, welche auf gerichtlichem Wege ihre Erledigung gefunden haben. Also es sind zwei verschiedene

Gegenstände, die im Verfassungswerk mehr auseinander gehalten werden müssen, Bitten und Beschwerden, welche rein auf gerichtliche Gegenstände gerichtet sind, und jene, welche mehr der Verwaltung angehören. Sodann hätten bestimmter auseinandergehalten werden müssen alle die Fälle, wo Jemand in seinen individuellen persönlichen bürgerlichen Rechten verletzt ist, und alle Fälle, wo jeder freie Staatsbürger, der im constitutionellen Staate lebt, seine Bitten und Beschwerden gegen Verletzung der Verfassung richtet. Dieser letztere Punkt ist es, von dem es sich hier hauptsächlich handeln sollte, denn wenn Jemand in seinen privatrechtlichen Verhältnissen verletzt wurde, so kann gar keine Rede davon sein, daß er die deßfallsige Beschwerde auch im Vereine mit Andern zur Sprache bringen kann, sondern so wie das Privatrecht rein invibueller Natur ist, so müssen alle Mittel, welche zur Geltendmachung dieses Rechts angewandt werden durch individuellen Selbstbeschluß und als von einem Einzelnen, ausschließlich Berechtigten, ausgeführt und verfolgt werden. Wenn es sich dagegen um solche Rechte handelt, welche zu den verfassungsmäßigen Rechten gehören, dann erst kann die Rede davon sein, daß er einzeln für sich oder auch im Vereine mit Andern die Beschwerde ausführen darf; darum wurde im Art. VI das Princip aufgestellt: „Jeder Deutsche hat die Befugniß, Bitten und Beschwerden für sich oder im Vereine mit Andern einzubringen.“ Das Object der Beschwerde kann sich immer nur auf Verfassungsrechte und auf solche politische Rechte beziehen, auf welche jeder deutsche Bürger ein Recht hat; und auf diese Rechte bezieht sich auch nur der Art. V und deßwegen hatte ich bei diesem Artikel und beim § 22 hauptsächlich den Anstand, daß es heißt: „Jeder hat das Recht, öffentliche Beamte wegen Amtshandlung gerichtlich zu verfolgen.“ Die gerichtliche Verfolgung ist es nicht zunächst, welche man gegen öffentliche Beamte, wenn sie politische Rechte und gar durch allgemeine Verfügungen und Maßregeln, verletzt haben, einzuleiten hat, sondern es sind ganz andere Behörden, die hierüber zu entscheiden und zu sprechen haben. Nachdem nun aber zum Theil schon durch den Vortrag des Herrn Mittermaier hier auseinandergesetzt worden ist, daß der ganze Inhalt dieses Artikels, seinem Objecte nach, etwas Anderes berührt, als ich vorausgesetzt habe und im Verfassungswerke voraussetzen mußte, so fällt diese meine Beanstandung nunmehr freilich weg; aber wiederholen muß ich mein Bedauern, daß man im Verfassungswerk nicht strenger unterschieden hat zwischen beiden Gegenständen, daß man nicht strenger unterschieden hat, wie die Wahrung der politischen Rechte und wie die Wahrung der individuellen Rechte grundgesetzlich unterschieden sei. Die Wahrung der politischen Rechte vermittelt sich schon durch eine Anwendung anderer allgemeiner Grundsätze. Man hat in den besseren Staatsverfassungen jedem Staatsbürger das Recht eingeräumt: Bitten und Beschwerden vorzubringen, sobald eine Staatsbehörde oder selbst eine Volksvertretung in Bezug auf das Verfassungswerk Beschlüsse faßt oder Maßregeln ergreift, wodurch der politische Bestand der Verfassung gefährdet ist. Es soll in einem solchen Falle jedem Staatsunterthanen die Befugniß zustehen, auf dem Wege der Bitte seine abweichenden Ansichten, seine Remonstrationen vorzubringen, und zwar in dem verfassungsmäßigen Wege. Kann der Reclamant mit seiner Bitte bei der betreffenden Behörde nicht durchdringen, so muß ihm das Recht zustehen, bei der zunächst vorgesetzten Behörde Beschwerde zu führen; und wenn er gegen die Volksvertretung im Lande Erinnerungen zu machen hat, wenn er findet, daß durch die Volksvertretung solche Bestimmungen, welche durch die Reichsverfassung garantirt worden, verletzt wurden: so muß ihm das Recht zustehen, erst bei der Volksvertretung und bei der einschlagenden Regierung zu bitten, und ist das erfolglos, so muß ihm das Recht zustehen, sich beschwerend an die Reichsversammlung zu wenden, und zwar, wie gesagt, nicht im Wege der Bitte, sondern im Wege der Beschwerde. Ferner muß in einem wahrhaft politisch ausgebildeten Staat jedem Staatsangehörigen, wenn die angegebenen Wege zu keinem Ziele führen, das Recht zustehen, sich des Weges der Publicität zu bedienen. Das ist die Bedeutung der freien Presse, daß, wenn beide Wege erfolglos gewandelt sind, der Staatsangehörige sich auf dem Wege der freien Presse an die ganze Nation wenden und die Thätigkeit der Volksvertretung und des Reichstags einer öffentlichen Kritik unterwerfen darf. Und wenn endlich auch dieses Mittel den Erfolg versagt, dann muß der Bürger das Recht der Motion haben, denn diese ist nicht bloß ein Recht, das aus der Mitte der Volksvertretung ausgeübt wird, sondern was bei einem freien Volke jedem Staatsbürger zustehen soll; und wenn auch die Motion nichts hilft, dann muß er das Recht der Petition haben, das heißt, er muß das Recht haben, Andere um sich zu versammeln und mit ihnen gemeinschaftlich den Gegenstand zu berathen und so durch ein nachdrücklicheres Begehren einer größeren Anzahl von Bürgern demjenigen Geltung zu verschaffen, was der Einzelne durchzuführen nicht im Stande war. Geht man aber von diesem Standpunkte aus, so wird man finden, daß die politischen Rechte der Unterthanen einen ganz anderen Schutz verlangen, als die Privatrechte der Einzelnen, und daß es deßhalb nothwendig gewesen wäre, im Verfassungswerke diese beiden Objecte zu unterscheiden, nämlich auf der einen Seite dem Staatsunterthan die Sicherung seiner indwiduellen Rechte durch geeignete Mittel zu verbürgen, auf der andern Seite aber auch die Wirksamkeit der politischen Rechte dadurch zur Wahrheit zu machen, daß man dieselben unter den Schutz der Nation stellt, indem man dieser und jedem Einzelnen berechtigten Staatsbürger die Mittel in die Hand giebt, für die Rechte zureichenden Schutz anzurufen. Erst dann, wenn man derartige Einrichtungen getroffen hätte, würde es gelungen sein, dasjenige zu erreichen, wovon der Herr Abgeordnete aus Calbe mit Recht bemerkt hat: „daß es dabei nicht darauf ankomme, daß dergleichen Bestimmungen auf dem Papiere stehen, sondern auch wirklich in das Leben eingeführt werden.“ Hätte man derartige Bestimmungen aufgenommen, dann würde es auch wirklich gelingen können, die politischen Rechte auch wirklich ins Leben überzuführen. (Eine Stimme auf der Linken: Schluß!) Ich bitte denjenigen Herrn, der eben Schluß gerufen hat, diese meine Ansichten, welche etwas tief in das Wesen des Verfassungswerks eingreifen, zu widerlegen. Ich hätte schon früher bei dem Art. VI ähnliche Ansichten ausgesprochen, wenn damals die Discussion nicht geschlossen und mir dadurch nicht die Gelegenheit genommen worden wäre, auf die fehlerhafte Darstellung in den Artikeln aufmerksam zu machen. Es bleibt mir deßhalb nichts übrig, als die Motive meiner Abstimmung jetzt noch zu Protokoll zu geben.

Präsident: Wenn ich Sie recht verstanden habe, so wollen Sie jetzt nachträgliche Bemerkungen zu Artikel VI machen, der gar nicht mehr zur Discussion steht; das darf ich aber unter keinen Umständen zulassen.

v. Linde: Ich will nur die Gründe dafür angeben, weßhalb ich nun zu diesem Artikel zustimmen kann, gegen den ich gesprochen und gestimmt haben würde, wenn nicht der Herr Geheime Rath Mittermaier gesagt hätte, daß dieser Artikel eine ganz andere Bedeutung habe.

Präsident: Somit sind Sie bei der Sache, und ich bitte Sie, nur fortzufahren. (Ruf auf der Linken: Schluß!) Ich bitte um Ruhe. (Ruf auf der Linken! Schluß! Schluß!)

Ich bitte wiederholentlich um Ruhe; die Discussion kommt sonst nicht vorwärts!

v. Linde: Nachdem also durch die Vorträge, die vor mir gehalten wurden, auseinandergesetzt worden ist, daß es sich in diesem Artikel nicht um den Schutz der politischen Rechte, nicht um die Aufrechthaltung der deutschen Landes- und Reichsverfassung handelt, sondern bloß darum, daß die individuellen Privatrechte des Einzelnen geschützt werden, so habe ich, von diesem beschränkteren Standpunkte ausgehend, gegen diesen Paragraphen nichts zu erinnern. Wäre das Gegentheil der Fall gewesen, hätte der Artikel dasjenige enthalten sollen, was man staatsmännisch in diesem Verfassungsentwurfe erwarten mußte, nämlich Mittel für den Schutz der politischen Rechte darzubieten, dann würde es offenbar keinen Sinn gehabt haben, auszusprechen: daß es einer vorgängigen Erlaubniß der Oberbehörde nicht bedürfe, um gegen öffentliche Beamte wegen amtlicher Handlungen Klage zu stellen; denn wenn Jemand über die Thätigkeit oder Nichtthätigkeit eines Beamten bezüglich der Gefährdung politischer Rechte Klage zu führen haben sollte, dann hängt es von dem ganzen Organismus der Verwaltung ab, inwiefern der in Anspruch genommene Beamte als verantwortlich zu betrachten ist, und diese Frage kann oft nur durch Entschließung der vorgesetzten Behörde gelöst werden. Da nun aber, wie bemerkt, dieser Artikel den bloßen Schutz der Privatrechte betrifft, so kann ich auch mit dem Amendement mich einverstanden erklären, welches der Abgeordnete v. Wulffen über diesen Gegenstand proponirt hat.

Präsident: Herr Plathner hat das Wort!

Plathner von Halberstadt: Meine Herren! Ich habe nur wenige Worte gegen das Amendement zu sagen, welches von Herrn Spatz gestellt worden ist. Der Gesichtspunkt, um welchen es sich hier in diesem Paragraphen handelt, ist einzig und allein der: es soll ein alter Mißbrauch abgestellt werden; der Einzelne, der sich durch eine Handlung eines Beamten verletzt fühlt, soll nicht nur den Weg der Beschwerde an die vorgesetzte Behörde dieses Beamten haben, sondern es soll ihm das Recht gewährt werden, sich unmittelbar an den Richter wenden zu können, damit dieser entscheide, ob der Beamte rechtmäßig gehandelt hat oder nicht. Herr Spatz hat aber folgenden Zusatz gestellt: „Beruft sich der beklagte Beamte auf höheren Befehl, so wird dadurch seine eigene Verantwortlichkeit nicht aufgehoben.“ Dieser erste Satz gehört nicht in die Grundrechte, sondern in das Strafrecht, denn er enthält eine strafrechtliche Ansicht über die Zurechnung, nämlich inwieweit einem Beamten, gegen den eine Klage vorliegt und der sich dabei auf den Befehl seines Vorgesetzten beruft, seine Handlung als eine rechtswidrige zugerechnet werden kann. Dieß ist eben im Strafrechte beantwortet und im Strafrechte ist auch eine solche Theorie über die Zurechnung ganz an ihrem Platze. Nun soll aber eine solche Theorie hier in die Grundrechte aufgenommen werden, wohin sie gar nicht gehört. Eben deßhalb brauche ich auch nicht auf den Inhalt des Spatz'schen Antrag einzugehen, denn es kann nicht der Beruf der Nationalversammlung sein, bei Abfassung der Grundrechte sich über die Principien des Strafrechtes zu einigen. Der zweite Satz des Spatz'schen Antrags heißt so: „jedoch kann sowohl von ihm, als von dem Beschädigten der betreffende höhere Beamte zur Gewähr beigezogen werden.“ Dieser Satz gehört wieder nicht in die Grundrechte, sondern in das Civilrecht, denn er handelt von der G e w ä h r l e i s t u n g, und es kann nicht Sache der Nationalversammlung sein, Bestimmungen über allgemeine Principien des Civilrechts in die Verfassung aufzunehmen. Ich gebe Ihnen daher anheim, gegen das Spatz'sche Amendement zu stimmen.

Spatz von Frankenthal: Meine Herren! Ich hielt den von mir beantragten Zusatz für so einfach, für so sehr aus dem Hauptsatze selbst fließend, daß ich glaubte, ganz auf dessen Begründung verzichten zu können. Nachdem nun aber von Herrn Plathner solche Einwendungen dagegen gemacht worden sind, so erlauben Sie mir, nur wenige Worte zur Rechtfertigung meines Antrages beifügen zu dürfen. Wir Alle begrüßten gewiß den § 22 mit Freude, weil wir darin endlich einen Schutz des Einzelnen gegen willkürliche Behandlung von Beamten sahen. Bisher war in den meisten Ländern die Erlaubniß der höheren Behörde nöthig, wenn man einen Beamten vor Gericht stellen wollte. Diese Erlaubniß wurde aber in den wenigsten Fällen, ja fast niemals ertheilt und so befand sich der Einzelne beinahe rechtslos gegenüber den willkürlichen Behandlungen der Beamten. Hiergegen soll der § 22 Abhülfe gewähren. Es fragt sich nun, ob durch dessen Fassung, wie sie ursprünglich vorliegt, eine wirkliche, vollständige Abhülfe dagegen gewährt ist? Ich glaube, daß eine solche wirkliche und vollständige Abhülfe dadurch nicht stattgefunden hat, denn wenn wir das Recht haben, den einzelnen Beamten, der uns verletzt hat, vor Gericht zu stellen, so können wir doch nur dann etwas verlangen, wenn der Richter diesen Beamten wegen der Amtshandlungen auch verurtheilen wird, die er sich gegen uns erlaubt hat. Steht aber dem Beamten frei, zu sagen: „ich habe bloß als Werkzeug einer höheren Behörde, auf höheren Befehl gehandelt; als untergeordneter Beamte mußte ich den höheren Befehl vollziehen!“ — so spricht der Richter diesen Beamten frei, weil er eben nur als ein Werkzeug gehandelt hat. Auf diese Weise ist der Einzelne nicht gehörig gewahrt; er muß dann seine Klage gegen einen höheren Beamten einreichen. Wenn Sie aber, meine Herren, meinen Zusatz annehmen, in welchem es heißt: „Beruft sich der beklagte Beamte auf höheren Befehl, so wird dadurch seine eigene Verantwortlichkeit nicht aufgehoben;“ so ist der Beamte für sich selbst verantwortlich, ein höherer Befehl schützt ihn nicht und dann muß ihn auch der Richter verurtheilen. Da aber, meine Herren, eine Unbilligkeit darin liegen könnte, wenn Jemand, der einem höheren Beamten gefolgt ist, nun für sich allein einstehen sollte, ... so habe ich einen weiteren Zusatz beantragt, „daß in einem solchen Falle sowohl der Verklagte als der Beschädigte den betreffenden höhern Beamten zur Gewähr beiziehen könne;“ dann haftet nicht bloß derjenige, welcher unmittelbar die Amtshandlung gethan hat, sondern es haftet gegenüber dem Beschädigten sowohl der untergeordnete als der höhere Beamte. Es ist dann in jeder Beziehung den Forderungen der Gerechtigkeit, sowie Demjenigen, was zu Vergütung des verübten Unrechts nothwendig, Genüge geschehen. Wenn Herr Plathner meint, es gehöre dieser Satz nicht in die Grundrechte, sondern in das Criminalrecht, so irrt er sich, denn es handelt sich nur von privatrechtlichen Forderungen, welche dem Verletzten entstanden sind; er gehört also nicht dorthin, sondern gerade hierher. Wenn Derselbe ferner sagt, der Ausspruch über die Gewähr gehöre in das Civilrecht, so scheint er sich auch hier im Irrthum zu befinden. Bisher war in Beziehung auf Amtshandlungen eine solche Gewähr nicht ausgesprochen; wir schaffen etwas ganz Neues, darum ist es durchaus nothwendig, daß wir diesen Satz bei den Grundrechten bringen. Ich glaube, meine Herren, daß dieß im Interesse der Beamten selbst liegt, denn sie werden dadurch zu einer höheren Stellung emporgehoben, hören auf Werkzeuge ihrer Vorgesetzten zu sein, da sie sich bei jeder Handlung, welche sie vornehmen, fragen müssen, ob jene Handlung mit der Verfassung ihres Staates und ihrem Gewissen in Einklang zu bringen sei, ob sie auch solche mit verantworten können, und finden sie dieß nicht, so werden sie dem höheren Beamten antworten: Ich kann jenen Befehl oder Auftrag nicht vollziehen, weil ich mich dadurch der gerichtlichen Verfolgung aussetze. Und wenn sich dann ja noch ein höherer Beamte finden sollte, welcher solche Ansinnungen stellt, so wird er keinen Diener mehr finden, welcher solche Handlungen vollzöge; es wird eben deßhalb viel weniger Ungesetzliches geschehen. Ich bitte daher darum, daß Sie meinen Antrag annehmen.

Präsident: Die Rednerliste ist erschöpft; die Discussion geschlossen. Herr Mittermaier hat als Berichterstatter noch das Wort.

Mittermaier von Heidelberg: Nachdem der Herr v. Breuning wenigstens für seine Person seinen Antrag zurückgezogen, nachdem Herr v. Linde erklärt hat, daß er gegen die vom Ausschusse neu vorgeschlagene Fassung die Einwendungen nicht mehr geltend zu machen habe, welche er gegen die frühere Fassung vorzubringen hatte, da ihm ein anderer Sinn derselben vorschwebte, so habe ich in dieser Beziehung nichts zu sagen. Es sind vielmehr nur zwei Gruppen von Anträgen, über welche ich mir noch einige Aeußerungen erlauben muß. Es sind dieß die von den Herren Zachariä, Ahrens und anderen gestellten Anträge, wonach eingeschaltet werden soll: „wer sich durch eine Amtshandlung verletzt „hält“, oder nach einem andern Vorschlage „erachtet“ oder nach dem Vorschlage: wer eine Rechtsverletzung erlitten zu haben glaubt.“ Ich habe aber schon erklärt, daß wir nur das bisher bestandene formelle Hinderniß der Klage hinwegräumen, auf das Materielle aber uns nicht einlassen wollten. Der Richter wird prüfen, ob eine vorgebrachte Klage die nöthige Begründung hat oder nicht; es ist also vollkommen überflüssig, darüber etwas zu sagen. Auch waren wir im Ausschusse davon überzeugt, daß dieser Paragraph in jedem Lande nothwendig noch eines ergänzenden Gesetzes bedürfe, in welchem die näheren Bestimmungen über die gegen Beamte anzustellenden Klagen angegeben werden müßten. Wir haben in dieser Beziehung in England ein meisterhaftes Gesetz vom 24. August 1848, welches das erste und vorzüglichste in ganz Europa ist; man kann daher nichts besseres thun, als es ganz einfach übersetzen. Wenn Herr Spatz uns die Annahme seines Zusatz-Antrages empfehlen will, so glaube ich, hat schon Herr Plathner ganz richtig angeführt, daß der Inhalt jenes theils in das Civil-, theils in das Privatrecht, theils in den Proceß und nicht hierher gehört. Der Zusatz kann, wie Herr Spatz ihn vorschlägt, ohnehin nicht angenommen werden, denn der Befehl des höheren Beamten wird den darnach handelnden Unterbeamten nur in drei Fällen dennoch strafbar machen; einmal nämlich, wenn der Befehl der oberen Behörde formell ungültig war, dann, wenn nicht die zuständige Behörde, die also nach dem Gesetze der Zuständigkeit nicht gebieten konnte, den Befehl erließ, oder endlich, wenn der Befehl verfassungswidrig und absolut gesetzwidrig gewesen ist. In dem von Spatz hier vorgeschlagenen und so allgemein gefaßten Zusatze liegt aber jene Unterscheidung nicht und führt theils irre, theils sagt er nichts. Ich glaube daher, der Paragraph solle in der Fassung, wie er nunmehr von uns vorgeschlagen ist, angenommen werden.

Präsident: Wir gehen zur Abstimmung über den vorliegenden Paragraphen über; vorher habe ich jedoch die Verbesserungsanträge der Herren v. Wulffen, Zachariä, v. Nagel und Spatz zur Unterstützungsfrage zu bringen. Darf ich die Herren bitten, ihre Plätze einzunehmen? — Der Antrag des Herrn v. Wulffen lautet:

> „Jeder, der durch eine amtliche Handlung eines Beamten in seinen Rechten sich verletzt erachtet, hat das Recht, ihn deßhalb gerichtlich zu verfolgen; einer vorgängigen Erlaubniß der Oberbehörde bedarf es hierzu nicht.“

Ich bitte die Herren, die den Antrag unterstützen wollen, aufzustehen. (Es erhebt sich die genügende Anzahl.) Er ist hinreichend unterstützt. Der Antrag des Herrn Zachariä lautet:

> „Jeder, welcher sich in seinen Rechten durch amtliche Handlungen eines öffentlichen Beamten verletzt hält, hat das Recht, denselben, ohne daß es dazu einer vorgängigen Erlaubniß der Oberbehörde bedarf, gerichtlich zu belangen.“

Ich ersuche die Herren, die diesen Antrag unterstützen wollen, sich zu erheben. (Viele Mitglieder erheben sich.) Auch dieser Antrag ist hinreichend unterstützt. Der Zusatzantrag des Herrn v. Nagel zum zweiten Alinea lautet:

> „Jedoch müssen alle sonst zuläßigen Rechtsmittel gegen eine solche amtliche Handlung erschöpft sein.“

Ich ersuche die Herren, die diesen Antrag unterstützen wollen, sich zu erheben. (Nur wenige Mitglieder erheben sich.) Der Antrag hat nicht die zureichende Unterstützung gefunden. — Der Zusatzantrag des Herrn Spatz lautet:

> „Beruft sich der beklagte Beamte auf höheren Befehl, so wird dadurch seine eigene Verantwortlichkeit nicht aufgehoben; jedoch kann sowohl von ihm, als von dem Beschädigten der betreffende höhere Beamte zur Gewähr beigezogen werden.“

Diejenigen Herren, die den Antrag des Herrn Spatz unterstützen wollen, ersuche ich, aufzustehen. (Die genügende Anzahl erhebt sich.) Der Antrag ist hinreichend unterstützt. — Ich bemerke, daß der Antrag des Herrn v. Breuning nicht nur vom Herrn v. Breuning, sondern auch von den andern Herren, die ihn gestellt haben, zurückgenommen ist. Hieraus ergibt sich folgende Ordnung der Abstimmung. Ich werde zuerst abstimmen lassen über den ersten Satz des Verfassungsausschusses:

> „Eine vorgängige Genehmigung der Behörden ist nicht nothwendig, um öffentliche Beamte wegen ihrer amtlichen Handlungen gerichtlich zu verfolgen.“

Würde dieser angenommen, so wären damit die Verbesserungsanträge der Herren Arndts, v. Wulffen und Zachariä erledigt. Ich hätte dann nur noch den Antrag des Herrn Spatz, der ein Zusatz ist, zur Abstimmung zu bringen. — Würde dagegen der Antrag des Verfassungsausschusses verworfen, so würde ich auf den des Herrn Arndts, dann auf den des Herrn v. Wulffen und demnächst auf den des Herrn Zachariä übergehen, und schließlich auch dann den Zusatzantrag des Herrn Spatz zur Abstimmung bringen, endlich aber in jedem Falle das zweite Alinea des § 22. — Wenn gegen diese Ordnung keine Erinnerung erhoben wird, so schreite ich zur Abstimmung. (Es wird keine Einwendung gemacht.) Diejenigen Herren, die dem ersten Alinea des § 22 in der jetzt vom Verfassungsausschuß vorgelegten Fassung zustimmen wollen, ersuche ich, sich zu erheben. (Die Mehrheit erhebt sich.) Der Antrag ist angenommen, und damit die Amendements der Herren Arndts, v. Wulffen und Zachariä erledigt. Ich bringe den Zusatzantrag des Herrn Spatz zur Abstimmung. Diejenigen Herren, die zu dem angenommenen Satz des Verfassungsausschusses folgenden Zusatz:

> „Beruft sich der beklagte Beamte auf höheren Befehl, so wird dadurch seine eigene Verantwortlichkeit nicht aufgehoben; jedoch kann sowohl von ihm als von

dem Beschädigten der betreffende höhere Beamte zur Gewähr beigezogen werden"

hinzufügen wollen, ersuche ich, sich zu erheben. (Die Minderheit erhebt sich.) Der Zusatz ist nicht angenommen. — Ich bringe das zweite alinea des Verfassungsausschusses zur Abstimmung:

„Die Verantwortlichkeit der Minister ist besondern Bestimmungen vorbehalten."

Diejenigen Herren, die diesen Satz annehmen wollen, ersuche ich, sich zu erheben. (Die Mehrheit erhebt sich.) Der Satz ist angenommen, und damit die Abstimmung über § 22 beendigt. — Wir gehen zu § 30 über. Bei demselben liegt vor: der Antrag des Ausschusses, die dazu gedruckten Minoritätserachten, der neulich angezeigte, seit gestern früh in Ihren Händen befindliche Bericht des volkswirthschaftlichen Ausschusses zu dem gedachten Paragraphen, die Amendements der Herren Esterle, Wedekind, Viebig und Genossen, die Sie auch in Händen haben.

(Die Redaction läßt hier den betreffenden § 30 des Entwurfs der Grundrechte, nebst den Minoritätserachten, sowie den angeführten Bericht des volkswirthschaftlichen Ausschusses über die Anträge auf Bürgschaft und Schutz der Arbeit und die erwähnten Anträge des Herrn Esterle, Wedekind und Viebig folgen:

Antrag des Verfassungsausschusses:

§ 30. „Die Besteuerung (Staats- und Gemeindelasten) soll so geordnet werden, daß die Bevorzugung einzelner Stände und Güter aufhört."

Minoritätserachten. ... „aufhört und die Höhe des Beitrags sich nach dem Vermögen und Einkommen eines Jeden richtet." (Wigard. Blum. Ahrens. Simon.)

„Die Versorge für Arbeitsunfähige ist Sache der Gemeinden und beziehungsweise des Staates." (Wigard. Blum. Simon. Andrian.)

„Durch die Reichs- und Staatengesetzgebung soll insbesondere für die Unvermögenden, die arbeitenden und gewerbtreibenden Classen gesorgt werden:

1) durch die Verminderung und demnächstige Aufhebung aller Abgaben, welche auf den nothwendigsten Lebensmitteln haften;

2) durch Einführung einer fortschreitenden Einkommensteuer;

3) durch Errichtung von Anstalten (Banken, Hypotheken-Creditcassen), welche den Credit befördern und die Erwerbung des Eigenthums erleichtern." (Ahrens. Simon. Wigard. Blum. Römer. Schüler. Scheller. Hergenhahn. Tellkampf.)

Bericht

des volkswirthschaftlichen Ausschusses über zu § 30 der Grundrechte eingegangene Anträge auf Bürgschaft und Schutz der Arbeit.

Berichterstatter: Abgeordneter Degenkolb.

„Der Congreß deutscher Handwerker- und Arbeitervereine in Berlin, ausgehend von der Ueberzeugung, daß die revolutionäre Bewegung in ihrem tiefen Grunde eine sociale und nur in Folge davon eine politische geworden sey, erblickt eine wahre Abhülfe nur darin, daß der Staat Jedem, der arbeiten will, eine seinen Kräften angemessene Arbeit und menschlichen Bedürfnissen angemessenen Lohn verbürge, sowie, daß er die Invaliden der Arbeit versorge, der Jugend unentgeltlichen Unterricht und, wo es nöthig, freie Erziehung gewährleiste. — Der Handwerker-Congreß richtet daher an die Nationalversammlung die dringende Bitte: „Dieselbe wolle diese Grundbedingungen alles socialen Lebens an die Spitze ihrer Berathungen stellen und zum Mittelpunkt des deutschen Verfassungswerkes machen." — Der Abgeordnete Heubner aus Sachsen stellt den Antrag: „Die constituirende Nationalversammlung möge gleichzeitig mit der von Moriz Mohl beantragten deutschen Zollgesetzgebung ein Gesetz zum Schutze der Arbeiter ins Leben treten lassen und mit Vorbereitung dieses Gesetzes einen Ausschuß beauftragen." — Die Centralstelle für Gewerbe und Handel in Stuttgart hält es für eine heilige Pflicht: „Die Nationalversammlung dringend aufzufordern, eine Bestimmung in den Artikel VII der Grundrechte aufzunehmen, welche geeignet ist, die große Anzahl der Arbeitenden im Felde der Industrie und des Handels darüber zu beruhigen, daß auch ihnen eine materielle Errungenschaft geworden sei in der Neugestaltung des deutschen Vaterlandes." — Wenn das Volk seine Existenz suchen solle in seinen Leistungen, so sei es eine der ersten Aufgaben für Regierungen, belebend, fördernd, ordnend einzuwirken, damit die Leistungen der Einzelnen sich zum organischen Ganzen gestalten. Das Volk verlange die Verpflichtung seiner Lenker principiell ausgesprochen und festgestellt: „daß der Staat seinen Bürgern das natürliche Feld seiner Thätigkeit stets offen und unverkümmert erhalten werde." Unter Schutz der Arbeit, welche in den Grundrechten zu verbürgen, sei nicht bloß das beschränkte Feld der Besteuerung gedacht, sondern vielmehr der Boden des Materiellen des ganzen Staatslebens, dessen weitere Entwickelung künftigen näheren Bestimmungen vorbehalten bleiben möge, für welche aber eine Grundbedingung vorhanden sein müsse, welche in der bis jetzt vorliegenden Fassung der Grundrechte von dem ganzen industriellen Theile des Volkes noch schmerzlich vermißt werde. — In wie weit den Anforderungen auf Wiederherstellung der Zünfte, Feststellung der Fabrikthätigkeit und des Handwerks, des Verhältnisses der Arbeitgeber zu den Arbeitnehmern, der Production und des Handels Folge zu geben sei, soll den Erörterungen der Nationalversammlung nicht vorgegriffen werden, aber als feststehend werde so viel angesehen werden müssen, daß die Vertreter und Lenker der deutschen Nation das Feld der nationalen Arbeit als unter ihrer besonderen Fürsorge und Schutz stehend anzusehen haben — dieses in den Grundrechten anzuerkennen und auszusprechen, könne nun auch in internationaler Beziehung kein Hinderniß mehr entgegenstehen, nachdem die französische Nation ebenfalls, und zwar in § 8 ihrer neuen Verfassung, dem Bürger den Schutz in seiner Arbeit gesichert hat. Ohne der Formulirung eines solchen Paragraphen vorgreifen zu wollen, meint die Centralstelle für Handel und Gewerbe, daß es schon Befriedigung gewähren werde, wenn eine Bestimmung aufgenommen würde, wie folgende: „Der deutschen Arbeit wird ein wirksamer Schutz gegen fremde Mitbewerbung gewährleistet." — Diese drei Petitionen, von verschiedenem Standpunkte ausgehend, ergänzen sich gegenseitig und umfassen gemeinschaftlich eine der wichtigsten Zeitfragen: mit Recht stellt der Congreß deutscher Handwerker und Arbeiter die Arbeit als Grundbedingung eines gedeihlichen socialen Lebens an die Spitze, erblickt folgerecht in ausreichender, verbürgter Arbeit für jeden Staatsangehörigen die wahre Abhülfe der Drangsale, die auf ganzen Classen der Gesellschaft lasten, und fordert zugleich Versorgung der Invaliden der Arbeit. Nicht weniger findet der Antrag des Herrn Heubner seine Begründung in der Unsicherheit des Verdienstes und der persönlichen Stellung eines Theiles der arbeitenden Classe, sowie endlich das Verlangen der Centralstelle: „Den Schutz der Arbeit durch Aufnahme in die Grundrechte verbürgt zu sehen,“ aus der Lage der Dinge hervorgehen konnte. — Es gibt keine andere Grundlage für den Besitz, als die Arbeit — Alles geht von dieser aus und kommt zu ihr zurück; je gleichmäßiger dieser Kreislauf, desto gesunder und gedeihlicher der Staatskörper und behaglicher die Lage der Staatsangehörigen. Der Staat kann also, so weit es die materiellen Interessen betrifft, keine wichtigere Aufgabe zu erfüllen haben, als dafür Sorge zu tragen, daß dieser Umlauf nicht gehemmt werde. Jede neue Erfindung, jedes neue zu Tage geförderte Bodenproduct erweitert den Erwerbskreis, schafft neue Producte, neue Bedürfnisse und vermehrt den Umlauf; hört dieses Streben und Drängen auf, so müssen Stockungen eintreten und das Mißbehagen um so fühlbarer werden, je mehr die nächste Vergangenheit Bedürfnisse geschaffen und Ansprüche hervorgerufen hatte. Mögen diejenigen, welchen eine so lange Erinnerung gegeben ist, sich unsere Häuser, Dörfer, Städte, die innere Einrichtung der Wohnungen, die Kleidung, die Nahrung und ganze Lebensweise im Beginn des Jahrhunderts zurückrufen und mit der Gegenwart vergleichen, — welche gewaltige Umgestaltung muß sich ihnen aufdrängen! Aus den Wohnungen einfacher Bürger sind Häuser geworden, welche früher Paläste gewesen sein würden; fast in jeder Wohnung wird man wenigstens Einen Gegenstand der Nothwendigkeit finden, welcher früher dem Luxus angehört haben würde; — Brücken, Chausseen sind erstanden und genügen schon dem Verkehr nicht mehr, sie müssen den Eisenbahnen Platz machen. Wir müssen das Geständniß ablegen, daß Deutschland eine Epoche großer materieller Entwickelung hinter sich hat; großer Thätigkeit und hervorgerufener Bedürfnisse, besonders in dem zweiten Viertel des Jahrhunderts. — Deutschland hat den langen Frieden eben sowohl benutzt, die geistige Ausbildung zu befördern, als auch, indem es — zuerst in Preußen, dann in Vereinigung mit Sachsen und dem Süden Deutschlands — die Arbeit schützte, eine Industrie geschaffen und dadurch die Arbeit productiver und lohnender gemacht. Ein Theil der Summen, welche früher nach England gingen, sind der inneren Circulation erhalten worden und wurden wieder productiv; durch sie wurden die Chausseen gebaut, alle großen Staatsanlagen gemacht, das stehende Heer unterhalten; sie vertheilten sich nach allen Seiten und verbreiteten Bewegung und Wohlstand. Bis zum Jahre 1839 war der Verkehr im steten Zunehmen und das Capital suchte mehr die Arbeit auf, als umgekehrt. Wo das Vorwärtsschreiten aufhört, fängt der Rückschritt an: seit 1840 ist der Umlauf träger geworden, Arbeit und Lohn geringer, oder doch nicht mehr in gleichem Verhältniß mit der Bevölkerung steigend, und Mißbehagen ist an die Stelle des Behagens getreten. Man legt nicht mehr den Maßstab an die Zustände und Lebensverhältnisse, wie sie im Beginn des Jahrhunderts waren, sondern wie sie sich zuletzt entwickelt hatten. Man will auch hier keinen Rückschritt, sondern ein Vorschreiten, und für Alle, nicht nur für einzelne Schichten der Gesellschaft, ein leidliches Maaß von Lebensgenuß und, um dieß erwerben zu können, ausreichende Arbeit und der Arbeit angemessenen Lohn. — Dieses Verlangen ist so natürlich wie gerecht, und unläugbar hat der Staat die Verpflichtung, in alle Wege versorgend einzugreifen; alle Beschränkungen, welche auf die Production nachtheilig einwirken können, aus dem Wege zu räumen, neuen Erwerbezweigen Eingang zu verschaffen, die Absatzwege zu vermehren, kurz in aller Weise zu vermitteln und thätig zu fördern. — Kann der Staat aber, wie der Handwerker-Congreß es will, „Jedem, der arbeiten will, eine seinen Kräften angemessene Arbeit und menschlichen Bedürfnissen angemessenen Lohn verbürgen?“ — Ihr Ausschuß glaubt nicht, daß irgend ein Staat eine solche Bürgschaft übernehmen kann. Wäre es möglich, dann dürfte er es nicht wollen! — Die gewerbtreibende Bevölkerung hat unverhältnißmäßig gegen die allgemeine zugenommen. In Preußen zählte man:

	1816.	1846.	
Fabrikarbeiter . .	186,612	553,542	
Handwerksgehülfen .	179,020	379,312	(ohne die Meister)
Handarbeiter . .	840,401	1,470,091	
Gesinde	1,081,598	1,271.608	
	2,287,631	3,674,553	

Wir wollen nicht auf die Summen hinweisen, welche in Zeiten allgemeiner Verkehrsstockungen dazu gehören würden, um nur für den dritten Theil der Fabrikarbeiter, Handwerksgehülfen und Handarbeiter Arbeit und Lohn für Rechnung des Staats zu schaffen: 800,000 à 2 Rthlr. 1,600,000 per Woche, oder 80,000,000 per Jahr; wir wollen auch nicht nach Frankreich hinweisen, wo der Versuch, die Arbeiter auf Kosten des Staates zu beschäftigen, gemacht worden ist und so thöricht angefangen als unglücklich geendet hat — wir wollen voraussetzen, die nöthigen Summen müssen aufgebracht werden, und ferner uns überreden lassen, die große Idee sei in Frankreich nur durch politische Abenteurer verpfuscht worden; nicht der Idee also, sondern der Ausführung falle das Mißlingen zur Last; dennoch müßten wir entschieden die Idee und jeden Versuch zur Ausführung verwerfen. — Bedürfnisse schaffen die Arbeit, aber weder Bedürfnisse noch Arbeit lassen sich durch Decrete schaffen, so wenig das Capital sich zwingen läßt, der Arbeit in einer bestimmt vorgeschriebenen Weise zu dienen. — So wie man ihm Zwang anthun will, zieht es sich empfindlich zurück und verweigert der Arbeit seine Unterstützung. Das freie Zusammenwirken des Arbeit- und Geldcapitals aber schafft die Bedürfnisse und je weniger sichtbar irgend eine zwingende Einwirkung ist, je unbeschränkter die Geschäftsbewegung und heiterer der Geschäftshorizont ist, desto williger trägt das Capital seine Dienste selbst entgegen, indem es zugleich die Mittel gewährt, Bedürfnisse zu schaffen und zu befriedigen. — Das Princip des Eigenthums ist die Arbeit, aber die Triebfeder der Arbeit ist der Besitz; wird der Besitz in Frage gestellt, so hört die Triebfeder zur Arbeit auf, die sich weder mit Gewalt noch künstlich dauernd in Bewegung erhalten läßt. Wollte der Staat jedem eine seinen Kräften angemessene Arbeit und dieser entsprechenden Lohn verbürgen, so würden die Arbeiter zur Unmündigkeit herab- und in gänzliche Erschlaffung versinken. — Jeder Sporn zur Thätigkeit, des Vorwärtsstrebens, jede Anstrengung zu Ueberwindung von Schwierigkeiten würde vermieden; der Trieb zur Selbsthülfe, Selbstsorge, die ganze Intelligenz würde vernichtet werden, die große Masse würde sich mit dem täglichen Brode begnügen, den Staat als Vormund betrachten und diesem die Sorge überlassen, es herbeizuschaffen. — Zum Theil dieselben Namen, welche wir in der Eingabe des Berliner Handwerkercongresses unterzeichnet finden, erblicken wir auch unter dem Entwurf „einer allgemeinen Handwerker- und Gewerbeordnung“, welche der Handwerkercongreß in Frankfurt a. M. entworfen hat, wo im § 52 gegen jede Concurrenz des Staates, wo selbst gegen solche Anstalten protestirt wird, welche vom Staat errichtet worden, um neue Industriezweige im Lande einzuführen, die selbst die Beschäftigung der Sträflinge in Zucht- und Arbeitshäusern nicht dulden wollen, sobald damit dem Handwerk eine Concurrenz entstehen könnte. Würde aber nicht der Staat der Concurrent Aller werden müssen, wenn er jeden auf eine seinen

Kräften angemessene Art beschäftigen sollte? — Bei dem Antrage des Abgeordneten Herrn Heubner: „Ein Gesetz zum Schutze der Arbeiter ins Leben treten zu lassen", darf vorausgesetzt werden, daß der Herr Antragsteller darüber nicht in Zweifel ist, daß die Gesetze den Arbeiter nicht weniger schützen, als den Arbeitgeber. — Es wird daher angenommen werden dürfen, daß nicht persönlicher Schutz oder Schutz gegen Behinderung seiner Kräfte, d. h. sein Arbeitscapital zu nutzen, verstanden ist, sondern Schutz gegen fremde Mitbewerbung oder gegen zu geringen Lohn für seine Arbeit. — Wenn Ihr Ausschuß in der Einleitung darauf hingewiesen hat, daß der Schutz der Arbeit, welchen Preußen in dem Tarif vom 26. Mai gewährt, und dem zunächst Hessen, dann Baden, Würtemberg, Bayern, Sachsen &c. beitraten, den Erwerbskreis erweitert, die Arbeit vermehrt und einen Wohlstand verbreitet hat, der mit jedem Jahre sichtbarer hervortrat, und wenn denn im weiteren Verlauf die glückliche Einwirkung unserer Gewerbs- und Industrieverhältnisse mehr und mehr verschwunden sind, so liegt allerdings die Vermuthung nahe genug, daß der Schutz, welchen der Tarif von 1818 gewährt, nicht mehr unseren jetzigen Zuständen angemessen ist. — Hat der Zollverein damals einen größeren Kreis der freien inneren Bewegung geschaffen, so reicht dieser jetzt nicht mehr aus; und war damals das Augenmerk darauf zu richten, die allgemeinen Bedürfnisse der großen Masse selbst zu produciren und dem Auslande deren Befriedigung zu entziehen, so dürfte doch längst die Zeit gekommen sein, mit unserer Industrie weiter vorzuschreiten, diese auch in den Halbfabrikaten unabhängig vom Auslande zu machen und zur Befriedigung der Bedürfnisse der Mode und des Geschmacks überzugehen, unserer Industrie endlich eine Stufe vorzurücken, sie auf das Bessere hinzuleiten, durch Aufschließung neuer Erwerbsquellen zugleich mit der Erweiterung des Erwerbskreises, des freien Austausches zwischen 45 Millionen, statt bisher 28 Millionen, eine neue Epoche des Wohlstandes und der Zufriedenheit anzubahnen. — Sowohl in diesem Antrage als insbesondere auch in der ausgesprochenen Erwartung der Centralstelle für Handel und Gewerbe in Stuttgart: „Die Nationalversammlung werde den Erwartungen des Volks entsprechen und feststellen, daß der Staat seinen Bürgern das natürliche Feld seiner Thätigkeit stets offen und unverkümmert erhalten wolle," hätte für Ihren Ausschuß die Aufforderung liegen dürfen, weiter auf die Schutzzollfrage einzugehen und nachzuweisen, in welcher Weise den Anforderungen der Petenten und den Erwartungen der Arbeiter „auf wirksamen Schutz der Arbeit gegen fremde Mitbewerbung" zu entsprechen sein möchte, er glaubt aber damit nicht vorgreifen und die hohe Versammlung nicht früher zur Erörterung dieser hochwichtigen Frage auffordern zu sollen, bis die Vorlage des Reichstarifs dazu die Veranlassung gibt. — Wenn in dem Antrag des Abgeordneten Herrn Heubner „Schutz der Arbeiter" die Sicherung eines angemessenen Lohnes gefordert sein sollte, so würde dieses die Bestimmung eines Lohnminimums enthalten, welches Herr Heubner auf gesetzlichem Wege festgestellt sehen möchte. — Die Arbeitskraft ist das Capital des Arbeiters, die Benutzung dieser Kraft muß ihm im Arbeitslohn die Zinsen bringen, um sich und seine Familie erhalten zu können; so wie nun der Staat das Eigenthum schützt, so ist er auch verpflichtet, das Eigenthum des Arbeiters zu schützen, d. h. er darf nicht dulden, daß ihm sein Capital — seine Arbeitskraft — entzogen, oder die Zinsen davon — sein Arbeitslohn — vorenthalten werden. Ebenso aber wie der Staat nur eine gewaltsame oder widerrechtliche Verkürzung des Eigenthums zu verhindern die Aufgabe hat, nicht aber positiv einwirken und feststellen kann, daß ein Capital ein Zinsminimum, oder überhaupt Zinsen bringen müsse; und so wie er ferner nicht verhindern kann, daß ein Capital verloren gehe oder vernichtet werden könne, so vermag er auch nicht vorzubeugen, daß die Arbeitskraft vermindert oder vernichtet werde; durch einen Armbruch, durch Alter &c., noch wird er anordnen können, daß jede Arbeitskraft stets Verwendung und Lohn bringen müsse. — Im Ertrage der verschiedenen Arbeiten bestehen große Mißverhältnisse: während der Eine durch seine Stimme sich eine Jahresrente von 4—6000 Thlr. verschafft, kann der Bänkelsänger kaum so viel damit erwerben, sein Leben dadurch zu fristen; während der eine Schneider, den die Mode begünstigt, durch sein Handwerk ohne Capitalunterstützung zu Reichthum gelangt, kann der andere trotz allen Fleißes kaum das Nöthige sich erwerben &c. In beiden Fällen hat nicht das Capital das Mißverhältniß veranlaßt, welches man immer, und in vielen Fällen nicht mit Unrecht, dafür verantwortlich macht. — Auf dem Wege der Gesetzgebung läßt sich das nicht ausgleichen: abgesehen davon, daß gesetzliche Bestimmungen der Arbeitserträgnisse einen Polizeistaat voraussetzten, wie er noch nirgend existirt hat, müßte ein Lohnminimum alle Waarenpreise hinter sich herziehen und selbst auf die Bodenproducte sich ausdehnen, wenn es nicht auf diese sich stützen, also einem fortwährenden Wechsel unterworfen sein sollte. Ein bestimmter Lohnsatz würde ferner die minder kräftigen, minder fähigen, durch Alter geschwächten Arbeiter außer Brod bringen, die jetzt Arbeit finden, weil ein geringerer Lohn die mindere Fähigkeit ausgleicht. — Nicht durch Gesetze und Zwang ist hier zu helfen, sondern durch weise Auffassung der Arbeitsverhältnisse gegenüber dem Auslande und gegen einander selbst, durch unausgesetzte Bestrebungen ausreichende Arbeit zu vermitteln und absterbende Arbeitszweige durch Einführung neuer zu ersetzen. — Alles ist an ausreichender Beschäftigung gelegen: — Muß die Arbeitskraft aufgesucht werden, so finden sich die besseren Löhne von selbst, und die Gewißheit, daß man seiner Kraft bedarf, ist zugleich der beste Schutz des Arbeiters gegen jede Bedrückung des Arbeitgebers. Mangel an Arbeit hat allemal zur Folge, daß der Eine sie dem Andern aus der Hand reißt, bis durch immer weitere Ueberbietung in der Billigkeit die Interessen des Arbeitcapitals so weit reducirt sind, daß die unentbehrlichsten Lebensbedürfnisse nicht mehr davon beschafft werden können. — Ist das Mißverhältniß der Arbeit zu den Arbeitern gehoben, so verschwindet von selbst das Mißverhältniß des Lohnes; ebenso wie bei fehlendem Capital die Rente steigt und bei Ueberfluß an Geld fällt. Kann der Staat direct eine Bürgschaft für ausreichende Arbeit und Lohn nicht übernehmen, so vermag er doch mittelbar darauf einzuwirken und ist in doppelter Weise dazu verpflichtet:

1) durch die geistige Förderung und Ausbildung der Arbeiter; dadurch Hebung und Vervollkommnung der Arbeit.
2) Vermittelung und Vermehrung der Erwerbsquellen und der Absatzwege.

Insbesondere wird der Staat, wenn er die Arbeit productiver machen und schützen will, dieses durch Wahrnehmung folgender Punkte erreichen:

1) durch besondere Fürsorge eines guten Schulunterrichtes, Vermehrung der Bildungsanstalten für Gewerbetreibende, als Fortbildungs- und Gewerbschulen, an denen jeder Unbemittelte Theil zu nehmen berechtigt ist, wie die §§ 25 und 26 der Grundrechte den Staat verpflichten;
2) durch Förderung lohnender Erwerbszweige; ohne Selbstbetheiligung, oder Verirrung auf das Feld der Privatspeculation, durch Aufsuchung und Einführung neuer

Gewerbszweige, Befreiung des inneren Verkehrs von allen Hemmungen, Erleichterung der Transportmittel ꝛc.;

3) durch Vermittelung des Absatzes deutscher Gewerbsproducte nach fremden Märkten;

4) durch Beschaffung billigen Rohmaterials, daher Befreiung desselben von allen Abgaben;

5) durch Hinwirkung auf möglichste Zerstreuung der Fabrik- und Industrieanlagen und deren engere Verbindung mit der Landwirthschaft. Die Industrie wird um so mehr dem Allgemeinen nützen, je mehr sie aus den großen Städten sich wegziehen und zerstreut in solchen Gebieten sich ansiedeln möchte, wo die Familien der Fabrikarbeiter ein kleines Stück Feld oder Garten erwerben und bearbeiten können. Die Industrie selbst wird besser gedeihen, wenn sie dahin geht, wo sie billige Arbeitslöhne und zur Benutzung Wasserkräfte, Kohlenlager ꝛc. findet. Dorthin wird sie willkommene Beschäftigung bringen, den Bodenwerth heben, und dem Landbau nützen;

6) durch Ueberführung von Arbeiten, die an Industriezweige gefesselt sind, welche keine Lebenskraft mehr haben, zu neuen und lohnenderen Arbeiten. Durch Unterstützung hinsterbender Zweige opfert der Staat nutzlos Kräfte, verlängert Pein und Druck der daran gebundenen Arbeiter;

7) durch Beschaffung billiger Nahrungsmittel, Anbahnung der Befreiung von allen Abgaben auf die unentbehrlichsten Lebensbedürfnisse;

8) durch die Theilbarkeit der Güter und dadurch möglich gemachten Vermehrung der Besitzenden, Aufhebung der Feudallasten, Privilegien ꝛc., wie die Grundrechte gewährleisten;

9) durch ein Abgabensystem, welches möglichst die Arbeit erleichtert, soweit sie die kleine Gewerb- und Handarbeit treffen; dagegen billige Heranziehung des höheren Einkommens;

10) durch Gewährung einer bürgerlichen Rechtspflege, geübt oder mitgeübt von freigewählten Richtern sachkundiger Berufsgenossen, wie § 45 der Grundrechte es vorschreibt;

11) durch Inslebenrufen der ganzen deutschen Zolleinheit unter Gesetzen, welche der nationalen Arbeit angemessenen Schutz gewähren.

Die Centralstelle für Handel und Gewerbe beantragt die Aufnahme der Bürgschaft der Arbeit in die Grundrechte mit der Hinweisung auf die neue französische Verfassung, welche in § 8 die Garantie der Arbeit ausspreche: Die französische Verfassung garantirt aber nicht die Arbeit, sondern „das Recht der Arbeit", d. h. sie verbürgt jedem Franzosen das Recht, jeden Nahrungszweig zu betreiben und der freien Mitbewerbung; also dasselbe, was § 3 der Grundrechte jedem Deutschen ebenfalls gewährleistet. Die Garantie der Arbeit hat auch in die französische Verfassung die Aufnahme nicht finden können, sondern der Antrag wurde, besonders bekämpft von Herrn Thiers, von der Nationalversammlung verworfen. — Wie vollkommen auch ihr Ausschuß mit der Ansicht der Centralstelle darin einverstanden ist, daß die Vertreter und Lenker der deutschen Nation verpflichtet sind: „das Feld der nationalen Arbeit nun und künftighin als ein ihrer Fürsorge vorzugsweise anvertrautes und unter ihrem Schutze stehendes zu betrachten," wie sehr er auch ferner die hohe Wichtigkeit anerkennt, „der nationalen Arbeit jede Bürgschaft zu gewähren", so kann er doch auf der andern Seite nicht verkennen, daß Bestimmungen, die ihrer Natur nach wandelbar sein müssen, nicht in die Grundrechte aufzunehmen sein können, sondern durch Reichsgesetze gesichert werden müssen.

In Erwägung daher:

1) daß bei gewöhnlichen Arbeitsverhältnissen und Zuständen eine directe Einmischung des Staates von den Gewerbetreibenden nicht nur nicht gewünscht, sondern zurückgewiesen wird, wie aus vielfach eingegangenen Protesten hervorgeht;

2) bei ungewöhnlichen Zuständen und großen Arbeitsstockungen dem Staate am wenigsten die Mittel gewährt werden würden, wirksam eingreifen zu können, vielmehr bei außerordentlichen Krisen nur von dem festen und patriotischen Zusammenwirken aller Nationalkräfte eine Abhülfe erwartet werden kann;

3) daß der Umfang von Verpflichtungen, welche der Staat mit einer Bürgschaft der Arbeit und des Lohnes übernehmen würde, über die Grenzen der Möglichkeit der Erfüllung gehen müßte;

4) das freie Niederlassungsrecht, sowie das Recht der Arbeit durch § 3 der Grundrechte gewährleistet ist und durch ein allgemeines deutsches Gewerbegesetz geregelt werden soll;

5) daß durch die Theilbarkeit des Grundbesitzes, die Beseitigung aller Privilegien, unentgeldlichen Schulunterricht, Vermehrung der Bildungsanstalten für Gewerbtreibende ꝛc. den arbeitenden Classen in den Grundrechten dasjenige gewährleistet ist, was dauernd verbürgt werden kann;

6) daß durch eine Bürgschaft der Arbeit und des Lohnes durch den Staat die Kraft der Nation erschlaffen, der wohlthätige Sporn, die Concurrenz, wegfallen, der physischen Trägheit die Geisteserschlaffung folgen müßte, so würde, wenn alle unter 1 bis 5 angeführten Gründe nicht vorhanden wären, schon die unter 6 bemerkten es rechtfertigen, wenn Ihr Ausschuß darauf anträgt:

„Die hohe Nationalversammlung wolle einen die Arbeit verbürgenden Paragraphen in die Grundrechte nicht aufnehmen. In Betracht aber der hohen Wichtigkeit der dahin gehenden Anträge beschließen: die auf Schutz der Arbeit und der Arbeiter eingereichten Petitionen:

1) der Centralstelle für Handel und Gewerbe in Stuttgart,
2) des Congresses deutscher Handwerker in Berlin,
3) des Abgeordneten Heubner in Sachsen,

dem Reichshandelsministerium zu dem Ende zu überreichen, bei Entwerfung des Tarifs den Schutz der Arbeit in Berücksichtigung zu ziehen."

Sondergutachten.

„Die Nationalversammlung wolle beschließen, die auf Schutz der Arbeit und der Arbeiter gerichteten, im Bericht der Majorität näher bezeichneten Petitionen dem Reichsministerio des Handels zur geeigneten Berücksichtigung in gleicher Weise mitzutheilen, wie dieß auch bei den vom entgegengesetzten Standpunkte ausgehenden Petitionen zu geschehen haben wird. (Schirmeister. Merck. Osterrath. Sprengel. Francke. v. Dieskau.)"

Anträge:

Des Abgeordneten **Esterle** aus Cavalese.

Zusatzanträge zu dem dritten Minoritätserachten der Herren Ahrends, Simon und Genossen ad § 30 der Grundrechte.

1) ad Nr. 2. Statt „durch Einführung“ ꝛc. — soll es heißen:

„Durch Einführung einer fortschreitenden Einkommen- und **Vermögens-Steuer.**

2) Ferner soll dazu gesetzt werden:

„4) durch sofortige Aufhebung aller die Industrie, den Handel und Verkehr im Innern des Reichs hemmenden Beschränkungen und Abgaben.“

Unterstützt durch: Wilhelm Adolf v. Trützschler, Dr. Levysohn aus Grünberg, A. Rösler aus Oels, Bogen, F. Dietzsch von Saarbrücken, Heisterbergk, Frisch, Brunck, Dr. Mohr, Blumenstetter, C. Spatz, Scharre, Rheinwald, O. L. Heubner, Tafel, H. F. Kolb, v. Dieskau, Christmann, J. Förster von Hünfeld, Kotschy, A. Hoffmann, Tampusch.

Antrag des Abgeordneten **Wedekind.**

(Siehe das zweite Minoritätserachten.)

„Die Sorge für arbeitsunfähige Arme liegt, bei mangelnden anderweitigen Mitteln, den Gemeinden unter Aufsicht und nöthigenfalls Beihülfe des Staates ob.“

Unterstützt von: Fritsch, Löw, Jordan von Gollnow, A. Hollandt, Krafft, Fuchs, Grüel, Ziegert, Werthmüller, Goltz von Leer, Fr. Lang, Dunker, Merkel, Stolle, Dr. Freudentheil, C. Breusing, Kapp, Haßler, Bender.

Antrag des Abgeordneten **Viebig.**

Statt des zweiten und dritten Minoritätserachtens wird folgender Satz als besonderer Paragraph vorgeschlagen:

„Die Verpflichtung zur Armenpflege und die Vorsorge für die arbeitenden Classen ist Sache der Gemeinden, und soweit deren Kräfte nicht ausreichen, Sache des Staates.“

Viebig. C. D. Dammers. Wachsmuth. Röben. Gellmer. v. Maltzahn. Wichmann Am. Hennig. Stolle. Raumer. Scholz. Marcus. Dr. Schauß. Langerfeldt. Reiteter. Sänger. Bock. Saltzwedell. Goltz Schneer.“)

Präsident: Außerdem sind mir heute folgende handschriftliche Verbesserungsanträge vorgelegt worden: Erstens ein Antrag auf Streichung des Paragraphen von den Herren Schubert, Schirmeister, Gysae, Stöhr, Rahm, Wernich, Schrötter, Kratz, Haubenschmied, Michelsen, Schrllefsnigg, Köstritz, v. Keudell, Amstetter, Brescius, Rüder, Saucken, Plehn, Küntzel, Hennig, Braun von Cöslin, im Ganzen mehr als zwanzig. Ich wiederhole meine oft gemachte Bemerkung, daß dieß eigentlich gar kein Antrag ist, sondern nur ein Motiv für die Abstimmung. Es wird sich finden, ob bei der Abstimmung der Antrag selbst oder eines der Amendements die Majorität des Hauses für sich haben wird. Zweitens der Antrag des Herrn **Simon** von Trier, unterstützt im Ganzen von zwölf Mitgliedern:

„1) Die Besteuerung in der Gemeinde, im Einzelstaat und im Gesammtstaate ist, unter Aufhebung sämmtlicher übrigen Abgaben, auf Grund der fortschreitenden Einkommensteuer der Art zu ordnen, daß das zum nothwendigsten Lebensunterhalte erforderliche Einkommen frei bleibe.

2) Keine Steuer darf erhoben werden, als auf Grund periodischer Verwilligung durch die Volksvertreter.

3) Die Vorsorge für mittellose Arbeitsunfähige ist Pflicht der Gemeinden, beziehungsweise des Staates.

4) Dem unfreiwillig Arbeitslosen muß die Gemeinde, beziehentlich der Staat, Arbeit gewähren.“

Unterstützt von: Würth von Sigmaringen, Schütz von Mainz, Werner von Oberkirch, Meyer von Liegnitz, Wiesner, Hoffbauer, Hagen, Culmann, Dietsch, Schmidt von Löwenberg, Titus, Fröbel.

Drittens: der Antrag des Herrn **Esterle.** Er schlägt folgende Fassung als eigenen Paragraphen statt des Minoritätserachtens vor:

„§. Ein angemessener und gerechter Schutz, sowie die Förderung der Arbeit ist Obliegenheit des Staates, und soll in den dahin bezüglichen Gesetzen auf entsprechende Weise festgestellt werden.

Die Vorsorge für Arbeitsunfähige ist Sache der Gemeinden, beziehungsweise des Staates.“

Viertens der Zusatzantrag des Herrn **Rheinwald** und Genossen:

„In Betracht, daß alle Abweichungen von dem Princive der Rechtsgleichheit, das sich durch die Grundrechte consequent hindurch zieht, als Ausnahmen von der Regel, beschränkend auszulegen sind,

daß folglich, wenn auch nach den bestehenden Verfassungen eine solche Beschränkung in Beziehung auf die **persönlichen** Verhältnisse der Fürsten und ihrer Familien gerechtfertigt resp. zulässig erscheint, kein hinreichender Grund vorhanden ist, auch in Hinsicht der **sachlichen** Verhältnisse derselben eine Beschränkung zuzulassen, beschließt die Nationalversammlung:

Es sei dem § 30 der Grundrechte der Zusatz beizufügen:

„Civillisten und Apanagen unterliegen der Besteuerung, wie jedes andere Einkommen.“

Unterstützt von: Rank, Mardrella, Eisenstuck, Nauwerck, Tafel von Zweibrücken, Roßmäßler, v. Dieskau, Starck, Nägele, Nagel von Balingen, Guldn, Scharre, Hönniger, Fröbel, Esterle, Fehrenbach, Rödinger, Frisch.

Des Herrn **Nägele** und Genossen:

„Ich beantrage, dem dritten Minoritätserachten zu § 30 der Grundrechte, als weiteres Mittel, wodurch die Reichs- und Staatengesetzgebung für die arbeitenden und gewerbtreibenden Klassen zu sorgen hat, hinzuzufügen:

Durch wirksamen Schutz der deutschen Arbeit gegen fremde Mitbewerbung.“

Unterstützt von: Wiesner, Rühl, Hehner, Tafel von Zweibrücken, Schott, Vischer, Frisch, Pfahler, Scharre, Hönniger, Rödinger, Roßmäßler, Grigel, Mandrella, Nagel von Balingen, Rheinwald, Hartmann, Würth von Sigmaringen, Culmann, Fehrenbach, Heldmann.

Und endlich sechstens der Zusatzantrag des Herrn Nauwerck, gestellt unter Zurücknahme seines früheren Antrages. Was ist das, Herr Nauwerck, für ein früherer Antrag?

Nauwerck von Berlin (vom Platze): Er ist in den Beilagen zum Protokolle gedruckt.

Präsident: Der Zusatzantrag des Herrn Nauwerck lautet:

„Jeder Deutsche hat ein Recht auf Unterhalt.

Dem unfreiwillig Arbeitslosen, welchem keine ver-

> wandtschaftliche oder genossenschaftliche Hülfe wird, muß die Gemeinde, beziehentlich der Staat, Unterhalt gewähren, und zwar, soweit irgend möglich, durch Anweisung von Arbeit."

Unterstützt von: Nägele, Frisch, Tafel von Zweibrücken, Roßmäßler, Rödinger, Spatz, Rank, Mandrella, Pfahler, Rheinwald, Nagel von Balingen, Scharre, Guiden, Hönniger, Reinstein, Esterle, Schuler, Hehner.

Zum Wort haben sich bei diesem Paragraphen gemeldet, und zwar gegen den Paragraphen die Herren Nauwerck, Osterrath, Schütz von Mainz, Eisenstuck, Ludw. Simon, Wiesner, Würth von Sigmaringen, Schubert von Königsberg, und Esterle; für den Paragraphen die Herren M. Mohl, Buß, Wedekind, Lette und Biedermann. — Bevor ich die Frage wegen der Discussion stelle, gebe ich Herrn Degenkolb das Wort, um einen Nachtrag zu dem Berichte des volkswirthschaftlichen Ausschusses zur Kenntniß der Versammlung zu bringen.

Degenkolb von Eilenburg: Meine Herren! Ich habe noch einen Antrag zu Ihrer Kenntniß zu bringen, der mir erst übergeben worden ist, nachdem ich den volkswirthschaftlichen Bericht bereits angezeigt hatte: Die Tendenz des Antrags ist ganz dieselbe, wie die von dem Centralverein in Stuttgart. Wollen Sie mir gestatten, daß ich Ihnen den Antrag verlese.

„Hohe Nationalversammlung! Durch das Ministerium des Herzogthums Nassau, nach vorhergegangener Wahl von Seiten der Gewerbetreibenden, berufen, — als Beirath der Regierungsbehörden unter dem Namen einer Commission zur Berathung der auf Schutz und Förderung der Arbeit bezüglichen Einrichtungen, die Wünsche und Bedürfnisse der Gewerbetreibenden, wie dieselben im Volke allgemein sich aussprechen, durch geeignete Anträge zur möglichsten Geltung zu bringen — halten wir es für unsere Pflicht, die allgemeine Stimme der Bewohner Nassaus einer hohen Nationalversammlung vorzustellen, mit der dringenden Bitte, derselben die gebührende Berücksichtigung angedeihen zu lassen. — Unter dem dahingeschiedenen Regimente des alten Polizeistaates wurde der Entwickelung der Gewerbethätigkeit hemmend entgegengewirkt. Der veralteten Idee des ackerbautreibenden Staates und beschränkten, vorzugsweise gepflegten Sonder-Interessen sind die Interessen der Gewerbe vielfach geopfert worden. Der völlige Mangel nationalen Sinnes brachte es dahin, daß man die vaterländische Arbeitsthätigkeit feindlich behandelte und theilweise durch Beförderung der Concurrenz des Auslandes die innere Kraftentwickelung niederhielt, um sich desto unterwürfiger unter den Schutz auswärtiger Staaten zu begeben. — Der Sturz des alten Regiments ist größtentheils veranlaßt durch die Verachtung, welche sich dasselbe wegen Hemmung jedes freien nationalen Strebens zugezogen hat. Eine neue Zeit ist hereingebrochen, wir vertrauen der deutschen Nationalversammlung, daß dieselbe vor allem den bisherigen deutschen Standpunkt stets bewahren, und sich vielmehr auf das deutsche Volk, als auf unsichere, schwankende Sympathieen des Auslandes, die nur durch Opferung des Vaterlandes zu erlangen sind, stützen werde. — In diesem festen Vertrauen trägt die unterzeichnete Commission in Uebereinstimmung mit zahlreichen ähnlichen Petitionen, namentlich aber der königl. württembergischen Centralstelle für Gewerbe und Handel, und im Namen sämmtlicher Gewerbetreibenden des Herzogthums Nassau die dringende Bitte vor:

> „Eine hohe Nationalversammlung wolle der vaterländischen Arbeit einen wirksamen Schutz sichern, und den Grundsatz zur gesetzlichen Geltung bringen, daß die producirende nationale Thätigkeit nicht nur von jeder abweisbaren Beeinträchtigung, Schmälerung und Hemmung bewahrt, sondern auch auf ihre Ordnung Kräftigung und Ausdehnung fortwährend hingewirkt werden soll."

Wir bitten hohe Nationalversammlung, im Artikel VII der Grundrechte eine diesem Grundsatz aussprechende Bestimmung aufzunehmen ꝛc. — Die Commission für das Herzogthum Nassau zur Berathung der auf Schutz und Förderung der Arbeit bezüglichen Einrichtungen. — Wiesbaden, den 27. November 1848. — F. Odernheimer. Hendel. L. Braun. Chr. Zollmann. Heinrich Brönner. J. G. Querfeld. Wilh. Steineker. Jak. Momberger. Joh. Ph. Hoffmann. Dr. W. Casselmann."

Der Antrag wird also gerade so zu behandeln sein, wie die übrigen, die der Bericht bereits mitgetheilt hat, und wird mit diesen erledigt werden können.

Präsident: Herr Wigard will sodann eine Erklärung wegen der Minoritätserachten zu § 30 abgeben.

Wigard von Dresden: Meine Herren! Dem formellen Bedenken, was allerdings gegründet wäre, zu begegnen, als ob die beiden Minoritätserachten zu § 30 nicht zu diesem Paragraphen gehörten, bemerke ich im Namen der Minorität, daß diese Minoritätserachten als selbstständige Paragraphen angesehen werden sollen. Sie sind hier aufgeführt worden, weil der Verfassungsausschuß in seiner Majorität einen Paragraphen über die Arbeitsverhältnisse, über die Verhältnisse der arbeitenden und gewerbtreibenden Classen nicht aufgenommen hat. Wir beantragen also, daß das dritte Minoritätserachten einen selbstständigen Paragraphen bilde, und an diesen Paragraphen würde sich dann das zweite Minoritätserachten, ebenfalls als selbstständiger Paragraph, anschließen.

Präsident: Also die Sätze: Durch die Reichs- und Staatengesetzgebung sollen einen § 30a, der Satz: Die Vorsorge für Arbeitsunfähige ist Sache der Gemeinden und beziehungsweise des Staates einen § 30b bilden? (Wigard vom Platze: Ja!) Ich empfange so eben noch eine besondere Rednerliste zu dem von Herrn Degenkolb erstatteten Bericht des volkswirthschaftlichen Ausschusses: zum großen Theile mit denselben Namen, wie die bereits verlesenen; ich habe geglaubt, es würde der § 30 mit den Minoritätserachten und diesem Berichte zusammen zu berathen sein. — Ich möchte also die Herren, die auf beiden Listen stehen, wenn ich Sie aufrufe, ersuchen, sich zugleich über beides zu verbreiten. Ich lese aber dennoch die Liste vor. Gegen den Bericht sind eingeschrieben: die Herren Nauwerck, Osterrath, Löwe von Calbe, Merk und Schlöffel; für den Antrag des Ausschusses: die Herren Buß, Moriz Mohl, Wedekind, Eisenstuck und Höften. Ich muß zuerst fragen, ob über den Paragraphen in eine Discussion eingetreten werden soll? Diejenigen Herren, die auf die Discussion über den § 30 und die zugefügten Minoritätserachten nicht verzichten wollen, ersuche ich, sich zu erheben. (Die erforderliche Anzahl erhebt sich.) Die Discussion ist zugelassen. Herr Nauwerck hat das Wort.

Nauwerck von Berlin: Meine Herren! Der Paragraph, welcher uns vorliegt, ist wohl einer der inhaltschwersten in den Grundrechten. Bisher zahlte Jeder desto mehr Steuern, je weniger er besaß. Diese Ungerechtigkeit ist durch den § 30 aufgehoben. Allein die Minorität des Ausschusses hat mit Recht eingesehen, daß man außerdem allgemeinere Maßregeln für die Verbesserung der Lage der arbeitenden Klassen treffen muß. Dennoch ist auch in diesem Minoritäts-Erachten ein Mangel. Dieser Mangel bezieht sich auf die unfreiwillig Arbeitslosen. In Hinsicht auf diese Klassen habe ich mir erlaubt, den Antrag zu stellen:

„Jeder Deutsche hat ein Recht auf Unterhalt.

„Den unfreiwillig Arbeitslosen, welchem keine verwandtschaftliche oder genossenschaftliche Hilfe wird, muß die Gemeinde, beziehentlich der Staat, Unterhalt gewähren, und zwar, soweit irgend möglich, durch Anweisung von Arbeit.“

Sie sehen daraus, meine Herren, daß dieß nicht das berüchtigte Recht auf Arbeit ist, sondern nur das Recht auf den Unterhalt, oder mit anderen Worten; das Recht, nicht zu verhungern. Wenn der Socialismus und Communismus bisher für Tausende und Millionen ein Schreckbild gebildet hat, so ist es außer Zweifel, daß ein Grundsatz, welcher Jedem seinen Unterhalt sichert, unerläßlich ist, um das Schreckbild in seiner wahren Natur zu enthüllen. Wenn ferner die Ruhe und Ordnung so häufig hier und draußen als Mittel zum Schrecken gebraucht wird, so wird wiederum ein Antrag des Inhalts, wie ich ihn mitgetheilt habe, durchaus nothwendig sein; denn es wird nicht eher Ruhe und Ordnung werden, als bis dem Menschen die Existenz gesichert ist. Meine Herren! Sie haben in den Grundrechten viele Freiheiten gewährt; gewähren Sie auch noch die letzte Freiheit, die Freiheit des Daseins. Man könnte nun sagen, der Staat, als solcher, hat keinen Beruf, für den Einzelnen zu sorgen. Allein, meine Herren, wenn der Einzelne Pflichten gegen das Ganze, gegen die Gesellschaft hat, meine ich, daß auch die Gesellschaft Pflichten gegen den Einzelnen hat. Wenn es sich darum handelt, Steuern einzuziehen, so ist der Staat sogleich bei der Hand; wenn aber ein Versinkender den Staat als die letzte Aushilfe angeht, dann ist der Staat nicht zu finden, dann ist er verschlossen, gerade wie die Paläste der Großen durch Riegel und Thürsteher. Meine Herren! Ein solcher Zustand geziemt nicht wohl einer civilisirten Gesellschaft. Es handelt sich hier von derjenigen Klasse, welche die unentbehrlichste ist, von der arbeitenden Klasse. Wir haben zwar noch andere Klassen, z. B. die spazierengehenden Klassen, die nichtarbeitenden Klassen. Die sind entbehrlich, meine ich, die arbeitenden aber nimmermehr, daher sollte man auch ganz besonders für sie sorgen. Meine Herren! In Beziehung auf die Arbeit theilen sich die Menschen in drei Arten. Erstens Arbeitsscheue. Gegen diese ist schon eher gestattet, etwas hartherzig zu sein. Zweitens Arbeitsunfähige. Die Pflicht gegen die Arbeitsunfähigen ist allgemein anerkannt. Endlich die Arbeitslosen. Gegen diese ist bisher noch keine Verpflichtung anerkannt, wenigstens nicht principiell, höchstens nur aus Mildthätigkeit und ausnahmsweise. Was sollen sie denn machen, Diejenigen, die beim besten Willen ihre Arbeitskraft nicht verwerthen können? Wollen Sie etwa diesen Menschen antworten, was Malthus zu sagen pflegte, wenn man auf die Nothstände kam? Er sagte: „Es ist eine Nothwendigkeit, eine eiserne Nothwendigkeit, daß Menschen umkommen. Es ist wie mit einem gedeckten Tische. Der Tisch ist schon rundum besetzt, und die später Kommenden finden keinen Platz mehr.“ Malthus vergaß aber dabei, daß es noch eine andere Alternative gibt, nämlich die, daß die später Kommenden die Sitzenden auf höfliche Weise entfernen, und sich selbst an die Stelle setzen, wäre es auch nur, um einen menschenfreundlichen Wechsel eintreten zu lassen. — Was sollen die unfreiwillig Arbeitslosen thun? Es gibt mehrere Wege. Erstens, sie können betteln, sie können die Mildthätigkeit anrufen. Dann werden sie aber bestraft. Ist doch die Obdachlosigkeit ein bekanntes Verbrechen in unseren Strafgesetzbüchern. Oder zweitens: Sollen sie stehlen und rauben? Dann werden sie auch bestraft, und durch das Verbrechen kommt Mancher erst zu dem Rechte des Daseins. Hunderte und Tausende haben nur darum Verbrechen begangen, um ein Unterkommen zu finden. Endlich, wenn sie Unterstützung von Amtswegen fordern, so antwortet man ihnen regelmäßig: Aber ihr seid ja arbeitsfähig, und Arbeitsfähige dürfen und brauchen nicht unterstützt zu werden. In Beziehung nun auf diesen Fall werden Sie nicht leugnen, meine Herren, daß durchaus eine Lücke vorhanden ist in allen unseren Gesetzgebungen, ja auch in unseren Sitten. Es wird nichts Anderes übrig bleiben, als ausdrücklich zu erklären, daß die unfreiwillig Arbeitslosen ein Recht auf die Hilfe der Staatsgesellschaft haben. Bisher gab es schon eine Art von Anstalten, die Arbeitsnachweisungs-Anstalten, mit welchen gewissermaßen der Grundsatz der Hilfe ausgesprochen wurde. Es ist aber erst der unvollkommene Grundsatz, der Uebergang zur vollen Wahrheit und zur vollen Gerechtigkeit. — Ich werde jetzt nur noch kurz einige der bekanntesten Einwände anführen, die gegen ein Recht auf Arbeit, oder wie mein Antrag will, gegen ein Recht auf Unterhalt gerichtet werden. Zunächst sagt man: Das ist Socialismus und Communismus, und damit ist die Sache erledigt. Aber, meine Herren, in meinem Antrage werden sie nichts Communistisches erblicken, und Sociales ist nur insofern darin, daß anerkannt werde: die Gesellschaft soll keine Löwengesellschaft sein! (Bravo auf der Linken.) Ein zweiter Grundsatz ist: Wer arbeiten will, kann auch Arbeit finden; eine Meinung, die man alle Tage aussprechen hört. Man hört sie namentlich aussprechen an den grünen Tischen der Beamten, oder hinter dem warmen Ofen des Eigenthümers. Ich werde mich nicht herabwürdigen, diesen Einwurf zu widerlegen. (Gelächter im Centrum.) Endlich ein Grund, der mehr für sich hat, ist der von dem Ausschuß weitläufig erörterte, nämlich: daß der Arbeiter bei solcher Perspective jeden Eifer, jede Thatkraft, sogar jede Intelligenz einbüßen würde. Meine Herren! Wenn der Staat als letzte Zuflucht betrachtet wird, so ist damit in Wahrheit nicht ausgesprochen, daß er dem Arbeiter ganz Dasselbe zu bieten habe, was dieser sich selbst durch seine Kraft erringt. Der Staat wird nur eine traurige Nothdurft bieten können, er wird nur einen geringeren Lohn geben müssen und geben wollen, als solcher im Privatverkehr zu haben ist. Endlich sagt man noch: Es ist unmöglich, jedem Arbeitslosen Arbeit zu geben. Ich glaube das Gegentheil. Ich glaube an das Recht auf Arbeit in seinem strengeren Sinne, wie es in der französischen Nationalversammlung verworfen wurde. Ich stimme für den Antrag meines Freundes Simon, der jenes Recht streng formulirt hat. Doch habe ich eine mildere Form gewählt. Ich habe nur das Recht auf Unterhalt, soweit möglich, beantragt, weil ich in der Paulskirche es nicht für angemessen halte, etwas Weiteres zu beantragen. Die Unmöglichkeit, den Arbeitslosen Arbeit zu geben, ist nur da vorhanden, wo man nicht den festen Willen dazu hat, wo man keine tiefe Liebe zum Mitmenschen besitzt. Hat man den Willen dazu, so kann man Arbeit geben, und wäre es auch nur im Ackerbau. Ich gehe nicht weiter auf die Frage ein, aber Ihnen Allen ist bekannt, daß Deutschland Tausende von Quadratmeilen besitzt, die noch wenig oder gar nicht bebaut sind. Meine Herren! Im allerschlimmsten Falle wäre es doch immer noch besser, einen Arbeitlosen arbeiten zu lassen, und ihm Arbeit zu verschaffen, als ihm Almosen zu geben. Es wäre immer das Einfachste, den Arbeitlosen für den Arbeitsunfähigen die Bedürfnisse fertigen und arbeiten zu lassen. Der Ausschuß hat uns ein Rechenexempel vorgeführt, welches zwar eine schillernde Farbe hat, aber gar keinen Inhalt. Es ist dort vorgerechnet; für 800,000 Arbeiter, welche ein Staat jährlich brauche: wäre an Arbeitslohn schon allein der Betrag von nahe an 80 Millionen zu zahlen sein. Aber, meine Herren, man kann doch nicht voraufstehen, daß plötzlich alle Arbeiter ohne Arbeit sind. Der Ausschuß beweist also gar nichts. Es handelt sich immer nur von der Fraction der Arbeiter, welche gerade außer Brod sind. Für sie bedarf es weniger Millionen, um als letzter Retter beizuspringen. Es ist keine Frage, daß die vom Ausschuß vorgeschlagenen Institutionen das Bedürfniß bedeutend verringern werden, das Bedürfniß Arbeitsloser, sich an die allgemeine Gesellschaft zu wenden. Je demokratischer die Gesellschaft ist, desto reicher wird sie bis in die tiefsten Schichten hinab. — Wenn Sie nun, meine Herren, dem Staate die Verpflichtung auflegen, dem Arbeitslosen, dem unfreiwillig Arbeitslosen zu Hilfe zu kommen, so weit es ihm möglich ist, durch Arbeit, wenn Sie ihm diese Verpflichtung auflegen, was wird der Staat zunächst thun? Er wird nicht jedem Kommenden ein Stück Arbeit anweisen, sondern er wird für die Association aller Arbeiter, für die gesammte Solidarität sorgen. Der Staat wird, ohne etwas Baares daran zu setzen, bloß dadurch helfen, daß er sich als Schutzherr und Förderer der großartigen Association aller Arbeiter hinstellt, dadurch, daß er die Begründung großer Kassen zu wechselseitiger Versicherung erleichtert. Meine Herren! Die Arbeiter in Lyon sagten: „Arbeitend leben, oder kämpfend sterben!" Beugen Sie, meine Herren, solchen traurigen Ausrufen vor, indem Sie das Recht auf Unterhalt anerkennen, das Recht, nicht zu verhungern. Wenn Sie das Recht auf Unterhalt verweigern, dann sprechen Sie auch das Verbrechen des Hungernden heilig, und wenn Sie den Besitzlosen die schaffende Arbeit verweigern, dann heiligen Sie die zerstörende Gewalt. Meine Herren! Sie haben die Todesstrafe abgeschafft, schaffen Sie nun auch die Lebensstrafe ab! (Stimmen auf der Linken: Sehr gut!)

Moriz Mohl von Stuttgart: Meine Herren! Ich spreche für den Artikel 30 des Verfassungs-Ausschusses, und nur für diesen Artikel, und ich trage darauf an, sämmtliche Amendements zu verwerfen. (Stimmen in den Centren: Hört! Sehr gut!) Dieser Artikel spricht aus, daß die Besteuerung, die Staats- und Gemeindelasten so geordnet werden sollen, daß die Bevorzugung einzelner Stände und Güter aufhören. Meine Herren! Diesen Antrag müssen wir für sehr nothwendig erkennen, wenn wir uns erinnern wollen, daß es noch Staaten in Deutschland gibt, in welchen die Rittergüter steuerfrei sind; daß es noch Staaten in Deutschland — wenigstens einzelne Staaten — gibt, in welchen der Capitalist, der Besoldete, Der, der irgend eine andere liberale Beschäftigung hat, von seinem Gehalte, seinem Einkommen keine Steuer bezahlt. Dieses ist die größte Ungerechtigkeit, sie muß aufhören, und überhaupt ein Zustand hergestellt werden, in welchem durchaus jede Bevorzugung einzelner Stände und Güter aufhört, in welchem also Jeder verhältnißmäßig besteuert wird. — Meine Herren! Jedes Grundrecht, das Sie aussprechen, muß ein solches sein, das realisirt werden kann; es muß ein solches sein, auf dessen Verwirklichung man klagen kann beim Reichstag, oder beim Reichsgericht. Alle Verbesserungs-Anträge, welche zu § 30 gestellt worden sind, beziehen sich auf Verhältnisse, welche sich nicht durch Aussprechen eines einfachen allgemeinen Gebotes regeln lassen; sie beziehen sich auf Aufgaben der Verwaltung, auf Aufgaben der Gesetzgebung; sie beziehen sich sogar zum Theil auf Verhältnisse, welche der Staat gar nicht reguliren kann. Diese Amendements knüpfen an § 30 zunächst in der Steuerfrage an, und sie zerfallen hauptsächlich in drei Kategorieen: in solche, welche verlangen, daß die Besteuerung sich nach dem Vermögen und Einkommen eines Jeden richten soll; in solche, welche eine Einkommensteuer, oder wohl gar eine fortschreitende Einkommensteuer, an die Stelle aller anderen Steuern setzen wollen; und endlich in solche, welche eine Verminderung und demnächstige Aufhebung aller Abgaben verlangen, die auf nothwendigen Lebensmitteln haften, an welchen letzteren Antrag sich dann noch einzelne Unteranträge knüpfen, welche gewisse einzelne indirecte Abgaben aufgehoben wissen wollen. Meine Herren! Erlauben Sie mir zum ersten Antrag, zum ersten Minoritäts-Erachten, welches als Nachsatz des § 30 vorschlägt, beizufügen, daß „die Höhe des Beitrages nach dem Vermögen und Einkommen eines Jeden sich richte," — erlauben Sie mir hierzu zu bemerken, daß die Herren Antragsteller sich offenbar hier nicht ganz klar gemacht haben, von welchem Grundsatze es sich handelt. Man kann entweder den Grundsatz haben, die Besteuerung nach dem Vermögen zu richten, oder den Grundsatz, sie nach dem Einkommen zu richten. Beide Grundsätze zugleich können nicht nebeneinander bestehen. (Stimmen auf der Linken: Sehr gut!) Es hat in Kriegszeiten in verschiedenen deutschen Staaten einen Zeitpunkt gegeben, wo man in der Verzweiflung, sich ein Anlehen zu verschaffen, und in der Verlegenheit, neue Steuerquellen aufzufinden, sich nicht anders zu helfen wußte, als daß man eine Vermögenssteuer ausgeschrieben hat. Man hat sämmtliches bewegliches und unbewegliches Vermögen eines Jeden fatiren lassen, und eine Steuer von gewissen Procenten auf dieses ganze bewegliche und unbewegliche Vermögen gelegt. Der Einzelne hat also angeben müssen: Ich habe ein Gut von so und so viel, ein Haus im Werthe von so und so viel, Möbel im Werthe von so und so viel, eine Bibliothek im Werthe von so und so viel, und davon hat man die Steuer erhoben. Meine Herren! Eine solche Vermögenssteuer ist in keinem Staate der Welt eine ordentliche Steuer, geschweige denn eine grundsätzliche; denn sie ist durchaus gegen alle Grundsätze. Wie kann ich ein Vermögen, das nichts einträgt, grundsätzlich besteuern wollen? Nur das Vermögen, welches ein Einkommen gewährt, kann man der Besteuerung unterwerfen. Eine Vermögenssteuer ist also grundsätzlich und als ordentliche Besteuerungsweise nicht zu empfehlen. Gewiß sind wir dagegen Alle darüber einverstanden, und es ist sowohl in der ganzen theoretischen Welt, als auch bei allen Steuerverwaltungen nur eine Stimme darüber, daß, wenn eine Einkommensteuer zweckmäßiger- und vernünftigerweise so durchführbar wäre, daß nur eine Steuer von dem Einkommen eines Jeden und in richtigem Verhältnisse zu letzterem erhoben würde, daß — sage ich — Dieses die vollkommenste und gerechteste Art der Besteuerung wäre. Also über diesen Grundsatz ist Jedermann einverstanden. Gleichwohl, meine Herren, gibt es nicht einen einzigen Staat in der Welt, welcher seine Staatsabgaben lediglich auf dem Wege einer Einkommensteuer aufgebracht, oder auch nur aufzubringen versucht hätte. Meine Herren! Dazu liegen sehr vollgiltige Gründe vor, und ich glaube, hier aus einiger Erfahrung reden zu können, da ich zwanzig Jahre lang Finanz- und Steuerbeamter war, und Jahrelang in einem Collegium saß, welches die Einkommensteuer, die Capitalien- und Besoldungssteuern zu verwalten hatte, und zum Theil selbst Referent in der Sache war. Erlauben Sie, meine Herren, hier sogleich einen Hauptpunkt zur Sprache zu bringen; dieß ist der Erfahrungssatz, daß bei einer Einkommensteuer, wie bei einer Capitaliensteuer, hauptsächlich der Gebildete steuert, und der minder Gebildete häufig nicht mit gleicher Gewissenhaftigkeit; der Gebildete schämt sich, den Staat zu betrügen; der weniger Gebildete aber macht sich in unzähligen Fällen sehr wenig daraus; bei unserer Capitaliensteuer, welche ich übrigens für eine durchaus gerechte Steuergattung halte, und

immer verschwiegen habe, hat sich die Erfahrung gezeigt, daß in den gebildeten Klassen ein Unterschleif beinahe unerhört ist, daß unter den weniger Gebildeten dagegen Leute, die vielleicht 80,000 Gulden im Vermögen haben, sich nicht das mindeste Gewissen daraus machen, nur einige tausend Gulden zu fatiren; ebenso hat sich bei der Gewerbsteuer, bei welcher die Abgabe nach zwei Rücksichten regulirt wird, nämlich nach dem Capital und nach der Arbeiterzahl, gezeigt, daß die äußeren Erkenntnißmittel, die Arbeiter und Maschinenzahl richtig versteuert werden, weil sie nicht verheimlicht werden können; aber was das Capital betrifft, so werden, obgleich Commissionen von Sachverständigen darüber urtheilen, darin Angaben vielleicht um Neunzehntel unter der Wirklichkeit gemacht. Wenn man die Einkommensteuer zur einzigen erhebt, so sanctionirt man damit den Betrug, sagen wir es geradezu, in einer ungeheuren Ausdehnung; man sanctionirt eben damit die Unterdrückung der gewissenhaften Steuerpflichtigen. Man beruft sich auf England; aber, meine Herren, in England beträgt die Einkommensteuer, obgleich sie in 5 pCt. des Einkommens besteht, also doch sehr bedeutend ist, nur den zehnten Theil des Staatseinkommens, und die anderen neun Zehntheile müssen erhoben werden durch Zoll, Accise, Malz-Steuer, Taxen, Post, genug, durch indirecte Abgaben, und auch durch directe, z. B. durch die Fenstertaxe, die Landtaxe u. s. w. Sie werden keinen Staat in Europa unter denen, welche eine Einkommensteuer haben, finden, in welchem die Einkommensteuer die Hauptquelle des Einkommens wäre. Gehen Sie in die Schweizer Cantone, — es existirt eine sehr interessante Schrift, welche die Finanzen sämmtlicher Schweizer Cantone behandelt, — und Sie werden sehen, daß auch in der Schweiz die verschiedenartigsten Steuer- und Abgaben-Quellen zusammengeleitet werden müssen, um den Staat zu erhalten. Die Einkommensteuer zu der einzigen zu erklären, meine Herren, hieße einfach, die Finanzen der Staaten unmöglich machen, weil die letzteren eines öffentlichen Einkommens bedürfen, welches sie auf diese Weise nicht aufbringen können, — und es hieße, die wohlhabenden Leute zu Grunde richten, weil diese nicht nur, wie es die Gerechtigkeit erheischt, nach Verhältniß ihres Einkommens für sich, sondern auch für die Massen bezahlen müßten, — dadurch sorgt man aber für die Masse nicht, wenn man Jedermann zum Bettler macht, und in einen Zustand bringt, in welchem er kein Gewerbe treiben kann, und nicht mehr die nöthigen Fonds hat, um die Armen zu beschäftigen. — Man hat aber, damit nicht zufrieden, eine progressive Einkommensteuer verlangt, d. h. man hat darauf angetragen, daß nicht nur nach Verhältniß des Einkommens mehr bezahlt, sondern daß nach geometrischem Verhältnisse mehr bezahlt werden soll; man hat damit ausgesprochen, daß Der, der durch Sparsamkeit, durch Fleiß und Intelligenz zu einem höheren Einkommen gelangt ist, dafür bestraft werden soll zu Gunsten Dessen, der es noch nicht so weit gebracht hat, oder nicht so weit bringen wollte. Meine Herren! Wer irgend von Ihnen die höchst lichtvolle und interessante Debatte über diesen Gegenstand in der französischen Nationalversammlung gelesen hat, mußte gewiß tief davon überzeugt werden, daß in Frankreich alle socialen Elemente, welche nicht auf den Socialismus und Communismus u. s. w. hinarbeiten, diesen Grundsatz der fortschreitenden Einkommensteuer verworfen haben, und zwar aus denselben Gründen, aus welchen diese Steuer empfohlen worden ist. Man hat nämlich zum Besten dieser Steuer gesagt, man müsse die Einkommensteuer mit fortschreitend sich steigerndem Procentsatze einrichten, um die Reicheren ihres Reichthums zu Gunsten der Aermeren zu berauben. Meine Herren! Wo ist denn hier die Gerechtigkeit? Ja allerdings, wenn die bürgerliche Gesellschaft so eingerichtet wäre, daß der Unterschied im Vermögen auf Unterdrückung beruhen würde, dann wäre es gerecht, aber, meine Herren, in einem wohleingerichteten Staat ist der Reichthum bloß Folge der Arbeit, der Sparsamkeit und der Enthaltsamkeit, — meine Herren, diesen Erwerb dadurch wieder zu zerstören, daß der Staat denselben wegnimmt, das hieße ja doch in der That das Proletariat mit Gewalt vermehren; denn es hieße Diejenigen, welche nützlich für die menschliche Gesellschaft wirken, entmuthigen, und der mühevoll und rechtlich erworbenen Mittel dazu berauben. — Ein weiterer Antrag, das zweite Minoritäts-Erachten, geht dahin: „Durch die Verminderung und demnächstige Aufhebung aller Abgaben, welche auf den nothwendigsten Lebensbedürfnissen haften, für die unvermögenden, die arbeitenden und gewerbtreibenden Klassen zu sorgen.“ Meine Herren! Das darf ich wohl voraussenden, um mich keiner Verdächtigung auszusetzen: ich selbst habe gegen die auf den unentbehrlichsten Lebensmitteln haftenden Abgaben, die hauptsächlich in den städtischen Octrois sich aussprechen, in meinem Vaterlande gekämpft, und ich darf mir sagen, es ist mir gelungen, mit Anderen sie niederzukämpfen; ich bin dafür bestraft worden; man hat mich verhetzt wegen dieser Opposition; ich bin also für Abgaben von nothwendigen Lebensbedürfnissen gewiß nicht befangen; aber ich bin demungeachtet ganz dagegen, daß wir einen solchen allgemeinen Satz in die Grundrechte setzen. Denn, meine Herren, der Begriff des unentbehrlichen Lebensmittels ist ein sehr relativer, und wenn man die Lebensmittel überhaupt von der Besteuerung befreien will, wenn man die indirecten Abgaben auf Lebensmittel allgemein aufheben will, so hebt man die Finanzen auf. Wir hören oft genug von den Herren aus den Nordseestaaten, daß Zucker und Kaffe ein unentbehrliches Lebensmittel sei; Wein ist auch bis auf einen gewissen Grad ein unentbehrliches Lebensmittel; wenigstens wird es Viele geben, die ihn dahin rechnen. (Heiterkeit.) Das Bier, der Branntwein, das Salz (eine Stimme: Der Tabak! — Heiterkeit), der Tabak sind mehr oder weniger unentbehrliche Lebensmittel; wenigstens kann man sie als solche prädiciren. Wenn wir nun den Grundsatz allgemein aussprechen: Verminderung und demnächstige Aufhebung aller Abgaben, welche auf den nothwendigsten Lebensmitteln haften, dann, meine Herren, sind die Finanzen bei uns unmöglich. Sehen Sie sich um in ganz Europa; in England, Frankreich, Deutschland, Rußland, und auch in der Schweiz, kurz überall, wo Sie hinsehen wollen, werden Sie finden, daß auf den von mir genannten Lebensmitteln, oder wenigstens auf einem Theil derselben Steuern liegen. In der Schweiz z. B. ist eine solche Steuer ganz allgemein und höher zum Theil, als in Würtemberg, auf das Salz gelegt, und sie ist eine der Haupteinnahmsquellen der Schweizer Cantone. In der Schweiz sind die Getränke in den Gasthöfen besteuert. Die Einfuhr von Wein aus den südlichen Kantonen, z. B. im Canton Bern u. s. w., ist besteuert. Sie werden keinen Staat in Europa finden, welcher der indirecten Steuern entbehren könnte. Man mag die Besteuerung einrichten, wie man will, so ist es immer unmöglich, ohne indirecte Abgaben eine Ausgleichung der Steuern zu finden. Ist diese Ausgleichung auch eine unvollkommene, so ist sie doch eine Ausgleichung, und sie gewährt den Staaten einen anderen unendlichen Vortheil. Denn mit den Fortschritten der Bevölkerung, der Gewerbe, des Handels, des Ackerbaues, mit den Fortschritten aller dieser ersten Quellen des Nationalwohlstandes nehmen auch die inhängen Steuern zu, ohne daß der Einzelne in dem einzelnen Falle eine höhere Steuer zu entrichten nöthig hätte. Darin liegt ein Hauptmittel, um die Staaten zu Fortschritten in der Fürsorge für sociale Zwecke, zu besserer Einrichtung des Erziehungswesens, der Verbindungswege, für Anlage von Eisenbahnen, Chausseen, Kanälen, zu besserer Vertheidigung gegen Außen u. s. w. fähig zu machen. Nehmen wir den Staaten die indirecten Steuern weg, wollen wir Alles durch directe Besteuerung aufbringen, dann, meine Herren, wird, so oft man eine Verbesserung in der Staatsverwaltung anbringen will, das Geschrei ertönen, der Einzelne müsse jetzt mehr bezahlen, während in den indirecten Abgaben handgreiflich nur die größere Masse mehr bezahlt, während in diesen Abgaben handgreiflichst nur die vermehrte Masse das Vermehrte hervorbringt, und der vermehrte Verbrauch mehr bezahlt. Zerstören Sie also doch ja diesen Grundpfeiler des Staates nicht durch das Aussprechen eines Grundsatzes, durch welchen die indirecten Steuern verboten werden! Selbst wenn man gegen eine einzelne solche indirecte Steuer ist, wie z. B. Manche gegen die Salzsteuer unbedingt sind, so wäre es doch gewiß nicht klug, und es würde gewiß mit Recht großen Widerspruch in den einzelnen Staaten erregen, wenn wir von **hier aus** durch ein Grundrecht eine solche Steuer abschaffen wollten. Ueberlassen wir Dieses den Volks-Vertretern der einzelnen Staaten, welche die Möglichkeit der Abschaffung und die Ersatzmittel zu beurtheilen wissen werden. — Meine Herren! Ich gehe von der Steuerfrage über auf die Armenfrage, oder auf die Frage der Vorsorge für mittellose Arbeitsunfähige. — Meine Herren! Es gibt in Deutschland, meines Wissens, nicht einen einzigen Staat, in welchem nicht positive, ganz bestimmte Gesetze beständen, welche verhinderten, daß Jemand verhungere. In allen deutschen Gesetzgebungen, die mir bekannt sind, ist die Gemeinde gehalten, Den, der sich nicht selbst ernähren kann, zu erhalten. Es ist also gar nicht nothwendig, daß wir ein Grundrecht in dieser Beziehung aussprechen. Aber, meine Herren, es ist ein unendlicher Unterschied, ob den Gemeinden ein Gesetz des Staates befiehlt, nach ihrer Erkenntniß für die sich zu erhalten Unfähigen zu sorgen, oder ob es ein Grundrecht des Einzelnen ist, wenn er gerade keine Arbeit hat, daß man für ihn sorgen müsse, ob er vermöge eines Grundrechtes darauf klagen und sagen darf: „Ihr müßt mich erhalten!" (Mehrere Stimmen: Sehr richtig!) Nur in dem Falle, meine Herren, wenn es der Cognition der Gemeinden überlassen ist, werden Sie den gräulichsten Mißbrauch verhindern; denn darüber dürfen wir uns nicht täuschen: es gibt eine Menge von Menschen, welche das Unglück gehabt haben, schlecht erzogen zu werden, und welche lieber nicht arbeiten, und sich durch Andere erhalten, als sich's sauer werden lassen, zu arbeiten, um ihren Mitbürgern Das zu ersparen, daß man sie erhalten muß. Sobald man also den Grundsatz feststellt: „Wenn ich nichts zu arbeiten habe, müßt Ihr mich erhalten!" dann demoralisirt man die Gesellschaft, und diese Demoralisation hat sich in Frankreich gezeigt. Man hat die Arbeiter dort eingetheilt in ouvriers, qui travaillent, und in ouvriers, qui ne travaillent pas (Heiterkeit), und, meine Herren, diese ouvriers, qui ne travaillent pas, hat der Staat erhalten müssen, und hat daher zum Theil jetzt das Deficit, unter dem er erliegt (viele Stimmen: Sehr richtig!), und was haben diese ouvriers, qui ne travaillent pas, gethan? — Sie haben die rothe Fahne aufgesteckt, und die Leute, qui travaillent, ermorden wollen. (Lebhafter Beifall auf der Rechten und im Centrum.) Meine Herren! Dieses hängt eng zusammen mit der Arbeitsgewährleistung. Auch die Arbeitsgewährleistung, meine Herren, halte ich für durchaus und unbedingt unzulässig. Ein Arbeiter verschafft sich die Arbeit, wenn er fleißig, wenn er treu und fähig ist. (Bravo! Auf der Rechten und im Centrum: Sehr richtig!), und auf diese Gewährleistung wollen wir ihn hinweisen. (Viele Stimmen: Sehr gut!) Sobald Sie ihm dagegen die Gewährleistung geben, daß er von den Staatsbürgern erhalten wird, wenn er keine Arbeit habe, so wird er sich nicht die Mühe geben, bei einem Arbeitsgeber beschäftigt zu werden. Auch dafür spricht die Erfahrung. Meine Herren! Es wurden, wenn ich nicht irre, 60,000 Leute täglich auf den Champs de Mars beschäftigt, den Koth von einer Seite auf die andere zu bringen (Heiterkeit); mit dieser unproductiven Arbeit wurden diese Leute beschäftigt, und warum? — Weil sie keine Arbeit hatten, und weil sie als Recht ansprachen, daß man sie beschäftigen müsse. Sie wissen, meine Herren, wozu diese Arbeit am Ende geführt hat. — Ich bin übrigens **keineswegs** der Ansicht, daß der Staat die Hände in den Schooß legen, und für die Arbeiter nicht sorgen soll. Ich glaube hier beifügen zu dürfen, daß mein ganzes Leben vielmehr den Ideen gewidmet war, nach welchen der Staat für die Arbeiter sorgen soll. Ich bin daher von ganzer Seele mit dem Ausschuß-Antrage, oder vielmehr mit den Motiven des Ausschusses einverstanden, nämlich damit, daß der Ausschuß gesagt hat: „Der Staat kann zwar den Arbeiter nicht direct beschäftigen, aber er muß indirect Alles thun, daß derselbe Beschäftigung finde." Meine Herren! Ich bitte Sie, wollen Sie doch dem Arbeiter, der jetzt in Deutschland so schwer leidet, nicht sagen: „Wir können Dir nicht helfen;" nein, meine Herren, wollen Sie ihm sagen: „Wir wollen Dir helfen, soweit wir Dir vernünftigerweise irgend helfen können." (Stimmen: Sehr gut!) Und diese vernünftige Hilfe, meine Herren, besteht **darin, daß wir dem Arbeiter die nationale Arbeit sichern**, diejenige Arbeit, die in Deutschland für das deutsche Bedürfniß vorhanden ist. Meine Herren! Diese Arbeit können Sie den Arbeitern sichern, und dieß sind Sie ihnen schuldig. Ich glaube, meine Herren, es wäre das größte Unrecht gegen den deutschen Arbeiter, wenn Sie den Engländer, den Franzosen, den Schweizer, wenn Sie den Ausländer überhaupt mit der Arbeit für deutsches Bedürfniß erhalten wollen, während der deutsche Arbeiter neben diesem Arbeitsbedürfnisse darbt. Damit, meine Herren, daß man keine unzweckmäßige Maßregel ergreift, damit muß man nicht zweckmäßige ausschließen. Es ist heute allerdings nicht die Zeit, es sind die Grundrechte nicht der Ort, wo die Zollfrage in ihren Einzelnheiten beurtheilt werden kann. Aber der Antrag, meine Herren, daß der Ausschuß-Bericht dem Handelsministerium zur Berücksichtigung bei der Tariffrage im Interesse der nationalen Arbeit mitgetheilt werde, dieser Antrag des Ausschusses ist durch das Elend, welches unter der deutschen Arbeiter-Klasse, hauptsächlich in Folge der politischen Ereignisse und der dadurch erzeugten Creditlosigkeit herrscht, leider so wohl motivirt, daß ich Sie auf das Dringlichste bitte, meine Herren: stimmen Sie diesem Antrage zu. (Stürmisches Bravo.)

Präsident: Meine Herren! Es wird mir soeben ein Verbesserungs-Antrag zu § 30, beziehungsweise zu dem hinzugesetzten Minoritäts-Erachten übergeben, der mir eine präjudizielle Erörterung zu beabsichtigen scheint. Er rührt her von dem Herrn **Makowiczka** und Genossen.

> „In Erwägung, daß die Aufstellung allgemeiner Besteuerungsgrundsätze und die Empfehlung oder Verwerfung bestimmter Arten von Steuern nicht in die Verfassung gehört, sondern Sache der Administration der Einzelstaaten, und beziehungsweise des Reichs ist;
>
> daß die Vorsorge für arbeitsunfähige Arme einen

Gegenstand der Heimaths-Gemeinde- und Armengesetze bildet;

daß endlich ein Grundrecht auf die Einführung oder Aufhebung bestimmter Steuern, sowie auf Errichtung von Creditanstalten überhaupt nicht wohl gedacht werden kann —

wolle die Nationalversammlung beschließen, die in sämmtlichen zu dem § 30 der Grundrechte gestellten **Minoritäts-Erachten** beantragten Bestimmungen nicht in die Grundrechte des deutschen Volkes aufzunehmen."

Unterstützt von: Kierulff; Wuttke; Kirchgeßner; Groß von Prag; Becker von Trier; Plaß; Böcking; Backhaus; Ostendorf; Zell; Möller; Fritzsche von Roda; Heusner; Mertel; Reisinger; Schorn; Mittermaier; Grumbrecht; Lette; Federer; Jucho.

Ich hätte allerdings gewünscht, meine Herren, daß der Antrag **vor** Beginn der Discussion eingebracht wäre; denn, wie ich ihn glaube auffassen zu müssen, ist er durchaus präjudiziell. Ich meine aber, daß es den Herren zustehen muß, den Antrag auch jetzt noch einzubringen, und die Discussion könnte sich möglicher Weise zunächst auf diesen präjudiziellen Antrag zu beschränken haben. Sollte die Versammlung jedoch beschließen wollen, die in Rede stehenden Bestimmungen nicht in die Grundrechte aufzunehmen, so müßte sie auch jetzt von deren materieller Discussion, die auf der Tagesordnung steht, abstehen. Ich frage also, ob Jemand über diesen präjudiziellen Antrag das Wort verlangt? — Herr Vicepräsident Kirchgeßner!

Kirchgeßner von Würzburg: Meine Herren! Es ist durch diesen Antrag ein Fall gegeben, wozu vielfach schon bei früheren Berathungen Anlaß gegeben gewesen wäre, nämlich, daß man die Einlassungsfrage trennt von der materiellen Frage. Es ist nämlich kaum nothwendig, zu erwähnen, daß man über einen Gegenstand, ohne in eine materielle Beurtheilung einzugehen, hinweggehen kann aus dilatorischen Gründen, wenn es nämlich überhaupt nicht angemessen erscheint, für jetzt über einen Gegenstand in die Aburtheilung sich einzulassen, so daß man also mit der Ablehnung nicht gerade sagt, als negire man die Frage. Aus meiner eigenen Erfahrung muß ich bestätigen, daß ich öfter schon in der Lage mich befand, unter Beengung meines Gewissens auf Fragen mit Ja oder Nein zu antworten, bezüglich deren die Erhebung der Vorfrage hätte aufgeworfen werden sollen, ob wir überhaupt in diesen Gegenstand eingehen wollten. Es ist hier durch dieses Amendement der geeignete Anlaß gegeben, die Behandlungsfrage zu trennen, so daß die präjudizielle Frage seiner Zeit vorerst zur Abstimmung kommen müßte, nämlich dahin gehend, ob wir uns überhaupt in eine Entscheidung über das Materielle dieses Gegenstandes einlassen wollen.

Beseler von Greifswald: Meine Herren! Ich gebe durchaus zu, daß viele Fragen hier vorkommen können, die man anders beantworten kann, je nachdem man fragt, ob Das recht ist oder nicht, oder ob es in die Grundrechte aufzunehmen ist, oder nicht, und Das glaube ich, ist von dem Vorredner richtig hervorgehoben worden. Aber, meine Herren, ich sehe nicht recht ein, wie man die Frage, ob etwas in die Grundrechte aufgenommen werden könne, vollständig erledigen will, wenn man nicht in das Materielle einzutreten befugt ist. Und ich glaube, aus diesem Grunde muß der Antrag, den Herr Kirchgeßner mit seinen Freunden eingebracht hat, später seine Erledigung bei der Abstimmung finden. Aber ich glaube nicht, daß das Eingehen in die Sache selbst bei der Debatte verhindert werden kann, ohne daß den Rednern, die darüber sprechen wollen, Gewalt geschieht. Ich glaube, daß der Antrag so zu behandeln ist, daß die Debatte so, wie sie bisher geführt worden, ihren Fortgang nimmt.

Rösler von Oels: Auch ich muß mich mit dem Vorredner einverstanden erklären, und daran erinnern, daß wir einen ähnlichen Fall bei der Discussion über die Aufhebung der Todesstrafe gehabt haben. Da war ein Theil der Versammlung, der die Aufnahme des Paragraphen in die Grundrechte nicht wünschte. Es ist darüber auch discutirt worden in der ganzen Verhandlung, und nachher ward über den präjudiziellen Antrag zuerst, und zwar namentlich, abgestimmt, ob man die Abschaffung der Todesstrafe in die Grundrechte aufnehmen solle, und dann erst wurde der Gegenstand entschieden. Nach dem Gebrauche dieses Hauses ist also durchaus nicht durch einen präjudiziellen Antrag die Debatte beschränkt worden. Am Allerwenigsten wär es Gebrauch, mitten in der Debatte noch einen präjudiziellen Antrag einzubringen. Ich muß mich daher, einverstanden mit Herrn Beseler, auf das Entschiedenste dagegen erklären, die Debatte wegen eines plötzlich eingebrachten Antrags abzubrechen, um eine präjudizielle Debatte herbeizuführen.

Präsident: Wenn kein Widerspruch gegen die von den beiden letzten Rednern erhobenen Einwendungen, auf die ich selber schon hingedeutet habe, weiter erhoben wird, so dürfen wir die Discussion in der Sache selbst fortsetzen. Ich gebe Herrn Osterrath dazu das Wort!

Osterrath von Danzig: Meine Herren! Was über den § 30 und die Sonder-Gutachten, die der Verfassungs-Ausschuß gestellt hat, sich sagen läßt, hat Herr Moritz Mohl in seiner lichtvollen Rede meines Erachtens schon so gründlich ausgeführt, daß ich darüber nichts weiter zu sagen habe. Ich wende mich also zu dem Berichte des volkswirthschaftlichen Ausschusses, erstattet zu diesem Paragraphen, und da freilich bin ich nicht der Meinung, die Herr Moritz Mohl zuletzt mit wenigen Worten entwickelt hat. Diesem Berichte ist eigentlich ein großer Gefallen geschehen, daß heute noch eine Petition von Herrn Degenkolb verlesen wurde, die sich auf den **Schutz der Arbeit** bezieht. Denn wenn Sie den Bericht selbst und die Anträge, die er darauf fußt, durchlesen, so finden Sie nichts vom Schutz der Arbeit, sondern vom Schutz der **Arbeiter**. Das wäre nun ein Ausdruck, über den sich nicht viel sagen ließe; denn die Arbeiter sind nicht mehr und nicht minder geschützt, als die anderen Stände, und wenn alle deutschen Reichsangehörigen geschützt sind, sind es auch die Arbeiter. Dem Berichte selbst hat es also eigentlich an der Grundlage ganz gefehlt. Nun kommt noch glücklicherweise nachträglich die Petition zu dem Bericht, der erstattet worden ist, welche nun den gesuchten Schutz der **Arbeit** verlangt. Das Wort „Schutz der Arbeit" kommt in der neuen französischen Verfassung vor, in welcher, § 8 der Einleitung, ausgesprochen ist, „es solle das Recht aller Bürger anerkannt werden auf Schutz für die Person, Religion, des Eigenthums und der Arbeit". Zu diesem Paragraphen war ein Amendement gestellt: „Es soll das Recht **auf** Arbeit garantirt werden," oder, wie es später gefaßt wurde: „Der Arbeiter hat das Recht auf Existenz durch Arbeit und Staatshilfe nach dem Gesetz." Dieses Amendement ist in der Nationalversammlung mit großer Stimmenmehrheit verworfen worden, die Discussion darüber ist indessen sehr interessant, und ich mache aufmerksam auf die Rede, die Thiers gehalten hat; denn man wird daraus sehen, was man in Frankreich unter „Schutz der Arbeit" versteht. Herr Thiers setzt auseinander, welches die

Verbindungen der Gesellschaft sind nach der alten Theorie: es sind drei Grundlagen: das Eigenthum, die Freiheit, worunter er hier die sociale, nicht die bürgerliche Freiheit versteht, und drittens die Concurrenz. Ich kann mit wenigen Worten sagen, wie er diese Sätze begründet. In Bezug auf das Eigenthum, sagt er, ruft die Gesellschaft dem Arbeiter zu: Arbeite, die Früchte der Arbeit sind dir gesichert; in Bezug auf die Freiheit ruft die Gesellschaft dem Arbeiter zu: Arbeite, du kannst frei wählen, welches Geschäft du ergreifen willst, du ergreifst es frei auf eigene Gefahr oder Verlust; und drittens sagt er in Bezug auf die Concurrenz: Arbeite, und suche es besser zu machen, als dein Nachbar! — Diese drei Grundsätze haben die menschliche Gesellschaft in den Zustand gebracht, in dem sie sich befindet; er entwickelt hiernächst aus gründlich zusammengestellten Thatsachen, daß der Zustand ein besserer geworden ist, als früher; er weist nach, daß das Tagelohn sich erhöht hat, daß die Lebensbedürfnisse der Arbeiter wohlfeiler geworden, daß der Zinsfuß durchgehends gefallen ist. Nachdem er diese Theorieen der alten Gesellschaft entwickelt, die das Land glücklich gemacht, kommt er auf die neuen Theorieen, und zeigt sehr schlagend, was von diesen neuen Theorieen, Communismus, Socialismus u. s. w., zu halten ist; was unter diesen auch besonders das Recht auf Arbeit betrifft, so weist er nach, daß dieses im Grunde nichts weiter ist, als daß Jeder, der keine andere Beschäftigung hat, täglich 40 Sous verdienen kann. Die Erfahrung, die man in Frankreich mit dem Recht der Arbeit gemacht hat, darf ich nicht näher beleuchten; Herr Moriz Mohl hat schon gesagt, welchen Erfolg sie in Frankreich gehabt; wir haben in Berlin, in Wien dieselben Erfahrungen gemacht. Ich glaube nicht, daß ich noch nothwendig habe, mich über das Wort „Recht auf Arbeit" hier weiter auszusprechen, da hierüber auch im Bericht des volkswirthschaftlichen Ausschusses das Genügende erörtert worden ist. In Frankreich, in dem Mutterlande des Ausdrucks „Recht auf Arbeit," versteht man darunter „Gewerbefreiheit". (Zuruf: Oh nein! Der Redner wendet sich zur Rechten.) Ich habe eben auseinandergesetzt, daß Schutz der Arbeit, wie Thiers sagt, heißt: Es soll Jeder frei arbeiten können in der Weise, wie er es gelernt hat; er soll frei sein in der Wahl seines Berufes; seine Arbeit soll in dieser Weise geschützt sein. — Man hätte noch einen Schritt weiter gehen können; man versteht unter Arbeit nicht bloß die materielle Arbeit, die körperliche Anstrengung, sondern auch die geistige Arbeit, die Industrie; auch diese verlangt Schutz; und da müßte man also consequent weiter schließen, daß der Handel frei sein soll von beschränkenden Zöllen; man käme somit auf die Theorie des Freihandels, die ich indeß hier nicht weiter entwickeln will; nur Das führe ich noch an: diesen Schutz hat der Handel schon längst verlangt. Denn als man auf die Theorie von Schutz der Arbeit oder Recht auf Arbeit noch nicht gekommen war, da verlangte schon der Kaufmannsstand freie Bewegung; ich erinnere Sie an das bekannte Wort: „laissez nous faire;" so weit ist man in Frankreich indeß noch nicht gekommen. Nun ist das Wort „Schutz der Arbeit," zu uns über den Rhein gekommen; und was will man bei uns darunter verstehen? Der Bericht will uns insinuiren, man soll darunter verstehen: „Schutzzölle." Meine Herren! Ich komme hier auf eine Rede, die Dufour in der französischen Nationalversammlung gehalten hat über das Recht auf Arbeit; er setzt auseinander, die Vertheidiger des Rechts auf Arbeit werfen ihren Gegnern vor, dieses Recht sei eine Vernichtung des Eigenthums, der Freiheit, ein Eingriff des Staats in die gewerblichen Verhältnisse; Dufour will nicht untersuchen, ob die Behauptung oder Gegenbehauptung gegründet sei, aber er ruft aus: Ein Wort, neu, noch nicht definirt, noch unbekannt, findet sich ausgelegt auf so verschiedene Weise. Um des Himmels Willen, nehmen Sie ein solches Wort nicht in die Verfassung auf, das so vieldeutig ist, oder wenn Sie es aufnehmen, so fügen Sie wenigstens die Erklärung hinzu, sonst haben Sie zu erwarten, daß man Ihr Veto ebenso verschieden auslegt, als man jetzt das Wort auslegen kann. — Meine Herren! Ich kann Ihnen nachweisen, daß man unter dem Wort: „Schutz der Arbeit," auch so Verschiedenes versteht. Ich erinnere Sie nur an die Ereignisse in Frankreich nach der Februarrevolution, da verstand man unter „Schutz der Arbeit," daß alle nicht französischen Arbeiter aus Frankreich vertrieben werden sollten; ferner versteht man, wie ich schon gezeigt, unter Schutz der Arbeit: „Gewerbefreiheit," andererseits: „Zollschutz." Nun mache ich Sie aber noch vollends auf die Consequenzen aufmerksam. Wenn Sie sich mit der Theorie über den Schutz der Arbeit beschäftigt haben, muß Ihnen auch der Ausdruck: „Schutz der Invaliden der Arbeit" vorgekommen sein. Nun, das wäre schön, wenn der Arbeitsgeber sagen könnte: ich bezahle die Arbeiter, so lange ich ihre Kräfte gebrauchen kann, und habe ich ihre Kräfte abgenutzt, dann überweise ich sie dem Staate oder der Gesellschaft, diese mögen dann für die Invaliden der Arbeit sorgen! — Und wenn wir nun sagen hören, daß wirklich der Schutz der Arbeit im Sinne des vorliegenden Berichts, der Zollschutz, ein Schutz für die Arbeiter sei, so muß man doch zunächst fragen, ob denn wirklich der Erfolg der Schutzzölle eine Verbesserung der Lage der Arbeiter gewesen ist? Weit entfernt, daß unser Bericht darüber Beweise beibrächte, gibt er eine negative Antwort. In Preußen will man schon im Jahre 1818 darauf gekommen sein, die nationale Arbeit durch Zölle zu schützen; aber unter des durchlauchtigsten Zolles schützenden Privilegien hat sich, wie der Bericht sagt, die Lage der Arbeiter verschlechtert; denn hierauf stützt der Bericht die Behauptung, wir müssen den Bogen höher spannen! (Zuruf: Hört! Hört!) Daraus folgt daher, daß man durch Schutzzölle die Lage der Arbeiter nicht verbessern kann. Ich habe noch einige andere Beweise anzuführen. In Sachsen soll, nach glaubwürdigen Nachrichten, der Taglohn der Arbeiter jetzt nicht höher sein, als zur Zeit vor dem Zollanschluß. In der badischen Kammer führte Helmreich im Anfange des verflossenen Jahres an: „Es hat mich im tiefsten Innern getroffen, daß die Lenneper Tuchfabrikanten bei dem herrlichen Absatz ihres Tuches nach Nordamerika und einem Gewinn von 20 bis 25000 Rthlr. während der Noth des letzten Winters ihren Arbeitern doch nicht über fünf bis sechs Groschen Taglohn bezahlten." In einem Bericht aus Oberschlesien wird gesagt: „Die großen Besitzer der oberschlesischen Gruben-, Hütten- und Eisenwerke verdienen jährlich viele Hunderttausende; aber der Zink mag 11 Rthlr. gelten, oder die Hälfte, der arme Arbeiter wird mit einem und demselben niedrigsten Lohne bezahlt." Noch schlagender, meine Herren, sind aber die Berichte aus Nordamerika. Der Secretär der Schatzkammer, Walker, hat bereits im Jahre 1843 einen Bericht vorgebracht, und Sie erlauben mir wohl, da es nicht viel ist, Ihnen einige Stellen daraus vorzulesen.

Präsident: Das Haus wird nichts dagegen haben, daß Herr Osterrath diese Stellen vorliest? (Es erfolgt kein Widerspruch.)

Osterrath von Danzig: „Wenn die Zahl der Fabriken nicht groß ist, so ist die Macht des Systems, den Arbeitslohn zu reguliren, unbedeutend; sobald aber der Gewinn des in Fabriken angelegten Capitals durch den Schutzzoll vermehrt wird, so entsteht eine entsprechende Zunahme an Macht, bis die Controle eines solchen Capitals über den Arbeitslohn unwiderstehlich wird. Da diese Macht von Zeit zu Zeit ausgeübt wird, so finden wir, daß ihr durch Arbeitervereine, durch Einstellung der Arbeit, um höheren Lohn oder kürzere Arbeitszeit zu erzwingen, durch Gewerbvereine und in manchen Ländern leider durch Gewaltthätigkeiten und Blutvergießen Widerstand geleistet wird. Aber die Regierung stellt sich durch Schutzzölle auf die Seite des Fabriksystems, und beendet so, indem sie dessen Reichthum und Macht vermehrt, sehr bald zu seinen Gunsten den Kampf zwischen Menschen und Geld, zwischen Capital und Arbeit. Als der Zolltarif von 1842 verfügt wurde, war das Maximum der Abgabe zwanzig Procent; durch diese Verfügung aber stieg der Durchschnittszoll dennoch auf die geschützten Artikel um mehr als das Doppelte. Aber der Arbeitslohn nahm nicht in einem entsprechenden oder überhaupt in einem Verhältnisse zu. Im Gegentheil, während der Lohn in manchen Fällen sank, stiegen die Preise vieler, von den arbeitenden Klassen gebrauchter Artikel um ein Bedeutendes." Derselbe Schatz-Secretär hat im Jahre 1847 berichtet, — es ist dieß auch eine nur ganz kurze Stelle, deren Vorlesung mir wohl auch erlaubt sein wird? (Kein Widerspruch): „Während Alle großen Vortheil von dem neuen Tarif genossen, ist es die Arbeit, welche den größten Lohn geerndtet hat. Es wurde von den Vertheidigern der Schutzzölle behauptet, daß sie den Arbeitslohn erhöhten, und daß niedrige Abgaben den Lohn in unserem Land auf gleichen Fuß mit der Pauper-Arbeit in Europa herabdrücken würden. Dagegen behaupten die Gegner der hohen Zölle, daß die Arbeit, welche ungehindert die Märkte der Welt aufsuchen könnte, für ihre Producte die besten Preise finden würde, und in Folge hiervon den höchsten Lohn für die Arbeit, welche sie producirt hätte. Die Abgaben sind reducirt worden; und doch ist der Arbeitslohn gestiegen, und steht zur Zeit höher, als unter irgend einem Schutztarif. Es sind bedeutend mehr Arbeiter in anderen Branchen beschäftigt, als in Manufacturen, und mit viel weniger Maschinerie, als Ersatzmittel der Händearbeit; und durch Bedrückung der Landwirthschaft, des Handels und der Schiffahrt, — durch Einschränkung ihrer Geschäfte und der Märkte für ihre Producte, — wird der Verdienst aller der in diesen Zweigen beschäftigten Hände vermindert; viele Arbeiter auch verlieren dadurch ihr Brod; und in der Concurrenz um Arbeit in den Manufacturen wird der Verdienst Aller geschmälert." (Auf der Rechten: Hört!) — Sie erinnern sich, meine Herren, noch der Discussion über die Vorlage des Herrn Handels-Ministers Duckwitz. Damals ward der Antrag des Herrn Handels-Ministers, daß man über gewisse Grundsätze in Bezug auf Handel und Schiffahrt hier discutiren, und zu Beschlüssen gelangen solle, zurückgezogen, gleichwohl wurde eine weitläufige Debatte über Schutzzölle und nationale Arbeit, und was Alles damit in Verbindung gebracht wird, angereiht. Damals fehlte eigentlich der Stoff, jetzt ebenfalls, aber dessen ungeachtet wird wieder eine Gelegenheit herbeigezogen, — man will diese bei jeder Gelegenheit herbeibringen. (Auf der Rechten: Sehr wahr!) Meine Herren! Wenn beschlossen werden soll, die Petitionen, welche um den Schutz der Arbeit oder Arbeiter hier eingegangen sind, dem Ministerium zuzustellen, um dieselben bei Entwerfung des Zolltarifs zu berücksichtigen, so hatte man eine Discussion über Handelsfreiheit oder Schutzzölle noch gar nicht nothwendig; man konnte sie einfach dem Ministerium hinübergeben. Wollten Sie aber dieselben jetzt mit dem Antrage hinübergeben, den die Majorität des Ausschusses gestellt hat, so empfehlen Sie die ganze Schutzzolltheorie in allen Consequenzen mit, welche darin enthalten, und in dem Bericht ausgesprochen sind. Meine Herren! Ein so zweideutiges Wort, wie das „der Schutz der Arbeit," wie ihn die Majorität des volkswirthschaftlichen Ausschusses gebraucht, das nehmen Sie nicht auf, oder wenn Sie es aufnehmen, so fügen Sie demselben die Erläuterung bei, die es nach seiner eigentlichen Bedeutung, die ich Ihnen auseinander gesetzt habe, nur haben kann; sonst wird in dasselbe hineingelegt, was eben jeder Ausleger für gut befinden wird. Ich empfehle Ihnen demnach den Antrag der Minorität des volkswirthschaftlichen Ausschusses. (Bravo!)

Präsident: Herr Buß hat das Wort! (Mehrere Stimmen: Oh! Oh!) Meine Herren! Ich bitte um Ruhe!

Buß von Freiburg im Breisgau: Wer einen Begriff von Vermögen und Einkommen hat, der weiß, insofern es Gegenstand der Besteuerung ist, wie sehr es von Verhältnissen der einzelnen Länder, und selbst der Provinzen abhängt, so daß es unmöglich ist, darüber eine allgemeine Norm, wenn sie mehr als eine formale sein soll, in die Verfassung oder in die Grundrechte, oder in irgend ein Reichsgesetz aufzunehmen. Sowohl die verschiedene Lage, als die Verschiedenheit der wirthschaftlichen Verhältnisse, und der Stand, den der Landbau, die Gewerbe, der Handel schon errungen, wirken auf die Elemente des Vermögens und auf das Einkommen; auf deren Besteuerung maßgebend und ganz entscheidend ein. Schon aus dieser allgemeinen Ansicht geht hervor, daß der Antrag, der gestellt worden ist, den § 30 zu streichen, gewiß in der Natur der Sache liegt. Allein was das Minoritäts-Gutachten betrifft, so muß ich ebenfalls erklären, daß, wenn in den verschiedenen Vorschlägen, die darin liegen, eine directe Einwirkung der Reichsgesetzgebung auf die Gesetzgebung der einzelnen Länder ausgeübt werden soll, dieß viel zu weitgehend ist, viel zu sehr die natürliche Stellung der Sache vergewaltigt. Dieß hat Herr Mohl aus der Erfahrung uns gründlich nachgewiesen. Wenn es aber eine bloß indirecte Einwirkung der Reichsgewalt auf die Gesetzgebung der einzelnen Länder, oder auch der Staatsgewalt, auf die Rechte der Arbeiter betrifft, so liegt in diesem Minoritäts-Gutachten viel zu wenig. (Bewegung auf der Linken.) Meine Herren! Es galt als Grundsatz einer gesunden Polizei schon vor der Märzrevolution, — ich spreche nämlich von einer gesunden, im Gegensatze zu der widerrechtlichen Polizei, nämlich unter der gesunden Polizei verstehe ich die obrigkeitliche Pflege der öffentlichen Wohlfahrt, — der allgemeine Satz: daß zuerst der Einzelne für sich sorgen müsse, und nur dort, wo seine Kraft nicht ausreicht, oder wo Vereine nicht helfen können, oder wo die Gemeinde nicht eintreten kann, der Staat eintrete. Damals hat dieser Satz schon dort gegolten, wo man das Volkswohl gehörig verstand. Allein seit den Märztagen ist dieser Satz noch zu viel mehr Anerkennung gebracht worden. Das bleibt auf jeden Fall eine Eroberung dieser letzten Revolution, daß an die Stelle der übertriebenen Staatsbevormundung die freie Bewegung der Einzelnen, der Vereine und der Körperschaften, namentlich der Gemeinden, der Rechtsstaat an die Stelle des Polizeistaats getreten ist. Das ist eine Eroberung, die uns gesichert bleibt, mögen auch die anderen Hoffnungen sich nicht so schnell erfüllen. Wenn nun dieser Grundsatz der richtige ist, daß zunächst das Individuum für sich selbst zu sorgen hat, daß dann, im Falle der Nichtmächtigkeit des Individuums die Gemeinde einsteht, und erst in letzter Instanz der Staat, so wird man schon daraus erkennen, daß die Vorschläge, wie sie im Minoritäts-Gutachten liegen, schon von diesem allgemeinen Standpunkt aus nicht ausführbar sind, abgesehen davon, daß der Staat auch materiell die Mittel zu dieser [illegible]

[illegible] der arbeitenden Klassen hat. Allein der Staat soll [illegible] auf die Wohlfahrtspflege wirken, und dadurch auch für das Wohl der arbeitenden Klassen, und zwar soll er dieß auf allen Gebieten der Cultur, und zuerst auf dem der religiösen Cultur thun. Meine Herren! Die Kirche ist jetzt nach der Forderung ihres Wesens und durch Ihre Beschlüsse frei. Sie wird diese Freiheit benutzen, und so auch die Sorge für die arbeitenden Klassen, die Sorge für die Armen mit demjenigen Eifer übernehmen, welcher in ihrer Bestimmung liegt, welchen sie jetzt durch ihre freie Bewegung im Leben der Völker ausführen kann, und welchen sie ihren Mitgliedern als heiliges Gebot der Bruderliebe an die Seele legt. Die Kirche wird in der Zerklüftetheit der Gegenwart die Wunden der Gesellschaft heilen, die Opfer an ihr Herz nehmen, welche das rollende Rad der Zeit in seinem Sturmlauf zerschmettert. Sie wissen, meine Herren, welche Menge von Armenanstalten, von großen, herrlichen Institutionen für das Wohl der Menschheit durch die christliche Kirche in der Vorzeit begründet worden sind. Die Kirche wird als freigewordene sich von Neuem zu solchen Schöpfungen aufgefordert fühlen, und auch dadurch selbst vor der verweltlichten Herrschaft ihrer Freiheit sich würdig zeigen. — Nach alter Ordnung gehört der vierte Theil des Vermögens der Kirche den Armen. Ich fordere für die Kirche nicht bloß Rechte, sie kenne auch voll ihre Pflichten. — Es muß aber auch zweitens auf dem sittlichen Gebiete eine große indirecte Sorge dem Staat für die arbeitenden Klassen erwachsen. Es ist die Pflicht des Staates, daß er die Institutionen der Sittlichkeit, soweit sie in sein Gebiet fallen, überwache, pflege. Dazu gehört namentlich die Stärkung des sittlichen Willens, welche dem Staate nur durch gewisse Einrichtungen möglich ist. Die Genußsucht hat die Gesellschaft überwältigt; Ueppigkeit und Unmäßigkeit hat mit den höheren Ständen auch die arbeitenden Klassen ergriffen. Der Staat führe auch hier Beschränkung der Begierlichkeit, Einfachheit und Mäßigkeit zurück. Weniger Begierden bedürfen auch wenige Befriedigung, und diese geringere Kosten. — Drittens hat der Staat aber auch auf dem Wege des Unterrichtes unendlich viel auch für die arbeitenden Klassen zu leisten, — lassen wir es uns gesagt sein, — der Unterricht ist noch bei Weitem nicht so geordnet, wie er namentlich für eine erfolgreiche, glückliche Heranbildung der Arbeit geordnet sein sollte. Man hat... (Zuruf: Gerade aus!) Ich spreche laut genug! (Zuruf: Aber nicht gerade aus!) — Man hat, sage ich, sowohl in den Volks-, als in den Real- und Bürger-Schulen, und selbst an den höheren technischen Lehranstalten für das, was den professionellen, den Berufsunterricht betrifft, nicht in der besonderen Zugewandtheit gesorgt, wie es das Bedürfniß fordert; wenn wir sehen, was in dieser Beziehung in England geschieht....

Schubert von Königsberg (vom Platz): Für die Volksschulen!

Buß: Ich spreche jetzt nicht von dem Volksschulwesen, Herr Schubert, sondern von dem technischen Unterricht überhaupt; so läßt sich nachweisen, daß dieser Unterricht noch einer großen Vervollkommnung fähig ist, wenn er geschickte Arbeiter bilden soll. (Einige Stimmen: Zur Sache!) Das gehört zur Sache; denn durch Gewährung eines ausreichenden technischen Unterrichts wird für eine größere Arbeitsbefähigung unserer Arbeiter für größere Löhne, Gewinnste derselben gesorgt. — Ebenso gewiß ist es, daß die Rechtspflege einen großen Einfluß auf die Verhältnisse der arbeitenden Klassen hat, und daß auch zur Verbesserung dieser dem Staate die Verbindlichkeit obliegt. Man denke nur, wie sehr Einfachheit der Gesetzgebung und des Verfahrens, die Handhabung des den Landbau, Gewerb und Handel betreffenden Rechts durch Sachverständige, die Interessen der arbeitenden Klassen fördert, sowie eine diese Interessen gebührig beachtende Verwaltung. — Was die öffentliche Gesundheitspflege rücksichtlich der Wohnung, Beschäftigung, durch Verbot der Schädlichkeiten, oder durch Festsetzung der Arbeitszeit, und das Verbot zu großer Anstrengung, durch Verbot der Beschäftigung der Kinder über eine bestimmte Zeit hinaus in den Fabriken vermag, ist bekannt. — Was endlich die ökonomischen Einrichtungen betrifft, so kann auch auf dem eigentlich ökonomischen Gebiete, so sehr man sonst hier der Autonomie vertrauen soll, vom Staate sehr viel gethan werden. Wenn man in Bezug auf die Ordnung der Agrargesetzgebung, in Bezug auf die Gewerbefreiheit, und drittens in Betreff der Handelsfreiheit den Verhältnissen der Einzelstaaten gemäß, Jedem Das zutheilt, was ihm gebührt, und wenn man alle diese Verhältnisse gegenseitig genau abwägt, so wird sich zeigen, daß das Rechte und Richtige auch hier im Mittelmaaße liegt; nicht in der unbedingten Gütertheilung, aber auch nicht in der Schließung der Güter, neben wenigen Großgütern mehrere mittlere, und die meisten kleine, ebensowenig in der unbedingten Gewerbefreiheit, sondern in der Zusammenlegung der Gewerbe in Gruppen nach innerer Verwandtschaft der Beschäftigungen, wo dann der Uebergang von dem einen Gewerk zum anderen möglich ist. — Was nun endlich das Verhältniß zwischen dem Schutzzoll und dem Freihandels-Systeme betrifft, so weiß ich, daß das eine brennende Frage ist, an welche man nur zu rühren braucht, um sogleich die extremen Parteien in diesem Hause auf das Feld zum Kampfe zu rufen. Allein ich habe auch hier die Ueberzeugung, daß, wie ungleich auch die Verhältnisse zwischen Nord- und Süd-Deutschland in dieser Beziehung sein mögen, doch eine Vermittelung derselben möglich ist. Aber nicht mit allgemeinen Grundsätzen kommt man hier durch, es ist das vielmehr eine Frage des Tarifs, welchen man bei jedem einzelnen Artikel berathen muß, um zu sehen, wie weit man in dem betreffenden Gewerbszweig vorgerückt ist, um die Concurrenz mit dem Auslande aushalten zu können. — So kann der Staat, wie Sie sehen, auf allen Feldern der Cultur für die arbeitenden Klassen unendlich viel thun, und unendlich mehr, als Ihr Minderheits-Erachten will, obwohl es direct eingreifen will, was vom Schaden ist. Aus formellen Gründen stimme ich für den Strich des § 30, und wegen der materiellen Unfähigkeit der Staatsregierungen für die Verwerfung der Anträge der Minderheit. Allein ich will deßwegen nicht, daß eine große, unserer Unterstützung bedürftige und würdige Klasse der Staatsbürger leer ausgehe, ich will, — um ein Wort zu gebrauchen, das heute schon gehört worden ist, — daß von der Tafel, welche die Güte Gottes deckt, Jene nicht abgewiesen werden. Es fragt sich nun, was kann für diese arbeitenden Klassen geschehen? Meine Herren! Wollen Sie dieselben an dem Verfassungswerk betheiligen, so unterrichten, befähigen, versittlichen, veredlen Sie dieselben, gewöhnen Sie sie an Ordnung und Mäßgkeit, errichten Sie Institutionen in der Gesellschaft, welche sie zur Ehrfurcht vor dem Gesetze, zur Liebe für die wahre Freiheit begeistern. (Von einigen Seiten: Sehr gut!) Ziehen Sie dieselben zur Würde, zur Selbstachtung und Zufriedenheit heran. Das ist der Weg, auf welchem Sie nachhaltig für die arbeitenden Klassen sorgen. — Allein der Mensch lebt nicht bloß von der Freiheit, sondern auch vom Brode. Sorgen Sie also auch dafür, daß in dieser Beziehung das Nöthige geschehe durch eine gesunde Ordnung der Armenpflege. Es ist, wie Sie wissen, oberster Grundsatz der Armenpflege, daß, wer arbeiten kann, sein Brod selbst verdienen soll; diesen müssen Sie festhalten; thun Sie das nicht, so werden Sie den sittlichen Geist in den unteren Schichten tödtlich erlahmen lassen. Für den Fall nun, daß Mangel an Arbeit ist, daß der Arbeitsfähige nichts verdienen kann, obschon er seine Kräfte anbietet, muß die Sorge des Staates eintreten. Und das kann mehrfach geschehen. Um nur Eines zu erwähnen: Die Arbeit des Staates, insofern er darüber zu verfügen hat, soll Denjenigen gegeben werden, welche sich in jener Lage befinden. Und gerade in dieser Hinsicht will ich nur Eine Einrichtung erwähnen, die ich in meinem Vaterlande Baden namentlich beklage, worüber man sich aber wohl auch in vielen anderen Theilen Deutschland's zu beschweren haben wird; ich meine das Versteigern der öffentlichen Arbeiten an den Wenigstnehmenden, zum Unglück für die Arbeiter, und für die Tüchtigkeit der Arbeit selbst. Ich kenne eine Gegend im Schwarzwalde, man übersieht dort drei Kirchen, welche erst vor wenigen Jahren gebaut worden sind, aber alle sind im Verfall. Hätte der Staat diese Baue tüchtigen Arbeitern unter Führung eines von der Regierung angestellten Bauführers übertragen, anstatt sie gewinnsüchtiger Speculation preiszugeben, so würden gewiß bessere Werke aufgeführt worden sein. Das ist nur ein einzelnes Beispiel, es ließen sich aber noch eine Menge anderer öffentlicher Arbeitsgelegenheiten anführen. Nach Maßgabe dieser obersten Regel der Armenpflege muß also der Staat allgemeine Grundsätze aufstellen, und in oberster Instanz für deren Ausführung sorgen; nie aber soll er eine Armensteuer einführen. Diese Grundsätze sind maßgebend für die Armenpflege der Gemeinden, welche mit ihrer Unterstützung eintreten müssen, wenn nicht Vereine, oder in erster Reihe die Pflicht der Familie des zu Unterstützenden. Bei einer solchen Organisation der Armenpflege theilen sich alle diese Verbände in die Pflicht der Unterstützung: zuerst die Familie, dann die Gemeinde, endlich der Staat, und neben diesen rechtlich Verpflichteten wandelt sorgend einher die freiwillige Mildthätigkeit des Einzelnen und wohlthätiger Vereine. Und Alle haben reichlich zu thun; denn bei allen Fortschritten auf dem Gebiete der materiellen Cultur stellt sich eine immer größere Verarmung der Massen ein. Schon zeigt sich mehr als sporadisch in Deutschland eine Uebervölkerung mit ihrer Wirkung, die richtigen wirthschaftlichen Verhältnisse zu verrücken. Hier hilft nur eine organisirte Auswanderung, und für diese kann der Staat viel thun; er soll die Gemeinden mit sich in Verbindung setzen, um beschäftigungslose Arme, die zur Auswanderung geneigt sind, zu unterstützen. Der Staat kann ferner in seinem Gebiete durch Maßregeln indirecter Art eine Vertheilung der Bevölkerung erwirken, namentlich auch durch eine administrative Decentralisation, indem er verhütet, die Behörden, Garnisonen etc. nur in gewissen Städten zu sammeln, sondern sich bemüht, sie über das Gebiet zu vertheilen. — Sie sehen, meine Herren, indem ich rücksichtlich der Armenpflege nur Hauptpunkte leichthin berühre, doch, daß, wie die Verhältnisse des Vermögens nach Ländern und Provinzen wechseln, so auch Armuth und Armensorge sich nothwendig localisirt. Und so muß ich einen Wunsch aussprechen, und in dem Falle, daß beim Berichte des Herrn Degenkolb der Beschluß der Majorität angenommen wird, verlangen und antragen, daß noch beigefügt werde: „Es solle dem volkswirthschaftlichen Ausschusse aufgetragen werden, einen Plan einer die Verhältnisse der arbeitenden Klassen in ganz Deutschland betreffenden Enquête der Nationalversammlung vorzulegen." Wir wollen uns hier einfach das Verfahren der Engländer zum Muster nehmen, die in solchen Fällen stets das Richtige treffen. Es muß für die Reichsregierung von großem Interesse sein, den Zustand der arbeitenden Klassen in ganz Deutschland zu kennen; so lange sie Dieses nicht durch Sachverständige erfahren hat, wird sie keinen Boden für eine Menge wichtiger Maßnehmungen, so auch nicht für die indirecte Sorge für die arbeitenden Klassen haben. Wenn wir aber in Deutschland zu einer großen Einheit zusammentreten, wenn das Reich kommt, welchem sich die Nation entgegensehnt, an dem wir so viele Monate arbeiten, so muß das Verhältniß des einen Staates auf das des andern einwirken. Wir müssen, wie eine Statistik über alle Seiten unserer nationalen Cultur, so auch über die wirthschaftlichen, und so über die Verhältnisse der arbeitenden Klassen gewinnen. Lassen Sie durch Sachverständige diese Zustände der arbeitenden Klassen in ganz Deutschland untersuchen, dann wird sich für die Reichsversammlung die Nothwendigkeit zeigen, gewisse Grundsätze aufzustellen, z. B. über Schutzzölle. Geben Sie eine Grundlage, von welcher aus Sie mit Sicherheit wirken können. Aber die Constituirung einer Garantie der Arbeit in dem Sinne, wie lichtlose Schwärmerei in Frankreich es verstanden hat, Das weisen Sie von sich. Eine solche Garantie wäre die Lähmung des Fleißes, eine Sanction der Faullenzerei, eine Lähmung der Schwungkraft, welche vor Allem diese Bevölkerung beleben, heben soll, wenn sie die Rauhigkeit ihres Geschickes überwinden soll. Glauben Sie mir, unsere Pflicht ist es, diesen Klassen, welchen durch die Vorsehung Gottes die Arbeit als die Noth des Lebens auferlegt ist, — und mehr oder minder ist sie es ja uns Allen, — Vertrauen in ihre Kraft, und durch Hinlenkung ihres Vertrauens auf die Vorsehung ihren sittlichen Muth zu stählen. Wir wollen diese Schwungkraft ihnen nicht lähmen; der Mensch kann viel, wenn er will, sinkt aber die redlich angestrengte Kraft, so wollen wir ihn in die Arme brüderlicher Liebe nehmen, nicht aber zum Voraus eine Versorgung für die Trägheit geben, und unter die Anstalten des in der Nation zu gründenden Reichs nicht aber eine Reichsspeiseanstalt aufnehmen. (Auf der Rechten: Sehr gut!)

Präsident: Ich bitte, die Plätze einzunehmen. Die Ruhe im Hause läßt sich sonst nicht herstellen.

Eisenstuck von Chemnitz: Meine Herren! Ich habe mich einzeichnen lassen gegen den Paragraphen, weil er mir zu wenig enthält, und ich will vorzüglich sprechen für den Antrag, den der Abgeordnete Esterle als Zusatzparagraphen eingebracht hat. Wir haben in unserer heutigen Debatte das Feld betreten, das früher und vor der Bewegung des vorigen Jahrs ein fast unzugängliches war, und das seit dieser Zeit mit einem Eifer und mit einem Widerstreit der Ansichten in allen Richtungen bebaut worden ist, wie wir in keiner anderen Frage ihm begegnet sind. Ich glaube, daß, indem wir die Debatte aufgenommen haben über die Arbeitsfrage, wir zunächst den Boden bestimmen müssen, auf dem wir uns befinden, daß wir zunächst wissen müssen, was wir hier unter Arbeit verstehen. Diese erste Betrachtung wird uns schon zu einer Menge sich durchkreuzender Ansichten führen; sie wird uns zeigen, daß man keineswegs die Arbeit als den absoluten Begriff hier ins Auge faßt, sondern daß man nur einen gewissen Theil der Arbeit meint, von dem man spricht, wenn man sich über die Arbeitsfrage verbreitet. Und ich frage Sie nun, was ist derjenige Theil der Arbeit, von dem man spricht? Wie ist es gekommen, daß, um mich so auszudrücken, eine sociale Fraction entstanden ist, die diesen Theil der Arbeit bei allen Ereignissen vom Februar an, und mit Recht, in den Vordergrund gestellt hat? Ich will Ihnen diese Frage nach meiner Anschauung beantworten: Es ist derjenige Theil, welchem Diejenigen zugehören, die man von der politischen Staatsgesellschaft ausgeschlossen hat, in Frankreich durch das System der 300,000 Wähler, in Deutschland durch die consequente Ausschließung von den politischen Rechten aller derjenigen Klassen, welche dieselben Rechte in politischer Beziehung hätten haben sollen, wie alle anderen. (Auf der Linken: Sehr gut!) Es ist das der Theil des Volkes, dessen Arbeit nur zur Geltung kommt, dessen Arbeitskraft nur nutzbar ist in seiner Association mit dem Capital, und während wir diesen Theil des Volkes aus der Gesellschaft ausgeschlossen, und das Capital darin gelassen haben, haben wir den socialen Kampf zwischen Beiden hervorgerufen, die bestimmt waren und naturmäßig bestimmt sind, sich gegenseitig zu tragen und zu halten. Auf diese Weise habe ich Ihnen den Boden bezeichnet, auf dem wir stehen, und auf diese Weise habe ich die Arbeit specialisirt, von der wir sprechen. Meine Herren! Sie sehen nun hier eine Menge technische Ausdrücke auftauchen in der Geschichte der neuesten socialen Bewegung. Sie hören von dem Rechte auf Arbeit, von der Garantie der Arbeit, von dem Schutze der Arbeit gegen das Capital und einer Menge ähnlicher Sätze aus der socialen Politik der Neuzeit. Mehr oder weniger sind sie Begriffe, mehr oder weniger sind sie es auch nicht. Zuerst das *Recht auf Arbeit*. Ich bin für das Recht auf Arbeit aus dem einfachen Grunde, weil Niemand dagegen sein kann. Jeder Mensch hat das Recht auf Arbeit. Es ist ein Naturrecht, und ein Naturrecht, das in dem Bedürfnisse des einzelnen Individuums liegt, steht fest, es ist unveräußerlich, es kann durch menschliche Gesetze nicht quantificirt noch modificirt werden. Ich bin auch für die *Garantie der Arbeit*: Aber indem ich darauf eingehe, muß ich erst fragen, was ist Garantie? Garantie ist die Verbürgung irgend eines Besitzthums. Man kann nicht garantiren Das, was man selbst besitzt, oder sich zu verschaffen weiß, außerdem ist die Garantie eine Illusion, das werden Sie mir einräumen. Wenn ich nun sage: Ich bin für die Garantie der Arbeit, so bin ich der Ansicht, daß die Gesammtheit der Gesellschaft, und verstehen Sie mich recht, ich spreche immer von dem Theile der Arbeit, den ich im Eingang bezeichnet habe, verpflichtet sein soll, diesen Theil der Arbeit so weit zu gewähren, und den Vorrath dieser Arbeit so hoch aufzustapeln, als es erreichbar ist, um womöglich alle Ansprüche auf Arbeit befriedigen zu können, und Das, meine Herren, ist die naturgemäße, die einzig mögliche Garantie der Arbeit. Wie nun aber ist die Frage selbst in dieser Richtung von Seiten der Gesammtheit zur Lösung zu bringen? Sie ist zur Lösung zu bringen, *indem der Staat durch Vermehrung und Stärkung auf mittelbarem Wege die Arbeitskräfte erhöht, indem er auf der anderen Seite den Vorrath an Arbeit möglichst anhäuft, und indem er endlich der Arbeitskraft den Zugang zu diesem Arbeitsvorrath erleichtert, indem er der Arbeit in ihrem Vertrage mit dem Capitale, durch welches allein ihr der Arbeitsvorrath zugängig wird, schützend zur Seite steht.* Meine Herren! Man hat in Frankreich directe Mittel gebraucht, um diese Aufgabe zu lösen; ich will hier nicht darüber sprechen, das öffentliche Urtheil und der bejammernswerthe Erfolg hat sie gerichtet; ich will nicht sprechen von der unglücklichen Geschichte der Staatsfabriken in Frankreich, ich will nur hinzufügen, daß auch in Deutschland, so weit dieses System existirt, — und ich verweise dabei auf die Verhältnisse in Preußen in Betreff der Zustände, die durch die Seehandlung theilweise herbeigeführt worden sind, — es längst verurtheilt ist. Ich will Sie auch nicht behelligen mit einem Referate der Verhandlungen über den Billault'schen Antrag in Paris, noch über die Rede des Herrn Thiers, ich bin überzeugt, wer irgend die Befähigung beanspruchen will, ein Votum in dieser Frage abzugeben, der wird sich eine genaue Kenntniß von jenen Verhandlungen verschafft und sie verfolgt haben; ich habe gegen kein Mitglied der Versammlung das Mißtrauen, daß es eine solche Instruction unterlassen habe, ich halte also nicht für nöthig, sie zu ergänzen. Ich will bloß die Frage vom rein deutschen Standpunkte betrachten, von den Verhältnissen, wie wir sie in Deutschland sehen, und von den Mitteln, die wir bei der Neugestaltung Deutschland's aufsuchen können. — Ich habe gesagt, die nächste Aufgabe sei die Vermehrung und Stärkung der Arbeitskräfte durch die Mittel, welche der Staat dazu in Händen hat, diese können *geistiger*, sie können *materieller* Natur sein. Mit der Ausbildung der geistigen Kraft wächst naturgemäß in jedem Individuum der Werth der Arbeitskraft, die in ihm wohnt, das ist ein einfacher Satz, der sich nicht wird bestreiten lassen; je mehr also der Staat darauf hinarbeitet, daß Das, was wir in den Grundrechten beschlossen haben, auch voll und ungeschmälert zur Wahrheit werde; je mehr der Staat für die Vollkommenheit des Unterrichts, und namentlich in fachlicher Beziehung Sorge trägt, desto mehr wird das erste Mittel seine Wirkung haben. Vor Allem aber ist das zweite geistige Mittel für die Stärkung und Regelung der Arbeitskraft die Aufhebung der Fehler des vergangenen Staates, der im Jahr 1848 gestürzt ist, und den wir nicht wieder aufbauen dürfen. Nehmen Sie die arbeitende Klasse auf in den Staat, voll und ganz, und ohne Hintergedanken, hören Sie auf, Bestimmungen zu treffen, die sie ausschließen, die sie zu einem Theile der Gesellschaft machen, der nicht ebenbürtig ist. (Bravo auf der Linken und im linken Centrum.) Wenn Sie Das thun, so werden Sie ihnen die Mittel geben, die Ueberzeugung zu gewinnen, daß Niemand mehr, als der arme Mann der Noth, der von der Hand in den Mund lebt, bei der Existenz des Staates betheiligt und interessirt ist, daß Niemand mehr, als er, das größte Interesse dabei hat, daß der freie Staat, den wir wollen, sich constituire und befestige auf der Achtung vor dem Gesetze. Wenn Sie ihm die politische Mündigkeit in vollem Maaße zugänglich machen, so wird er sich mehr überzeugen, daß gerade der Besitzlose es ist, der von jedem Umsturze im Staatsleben am Empfindlichsten berührt wird; so lange Sie aber dieser Klasse der Bevölkerung nicht möglich machen, Antheil zu nehmen an der Bildung des Staates, und ihren gesunden, klaren Verstand zu bilden unter dem gegenseitigen Einflusse, der dem parlamentarischen Leben innewohnt, so lange werden sie einen Zwiespalt in der Staatsgesellschaft hervorrufen, der naturgemäß sein wird, weil er gerecht ist. (Bravo auf der Linken.) Und, meine Herren, das ist das wichtigste Mittel, welches der Staat in dieser Frage anwenden kann. — Der Staat kann aber zur Stärkung der Arbeitskraft auch *materielle* Mittel, die ihm zu Gebote stehen, anwenden. In dieser Beziehung verweise ich auf eine Reihe von Maßregeln, die in dem Ausschuß-Berichte für die Volkswirthschaft bereits aufgezählt sind; aber es bleibt mir übrig, zu erwähnen, daß in dieser Beziehung auch im Schooße des Ausschusses verschiedene Ansichten vorkamen. Meine Herren! Das erste und natürlichste materielle Mittel, welches der Staat für die Vermehrung der Arbeitskraft anwenden kann, ist naturgemäß die Ergreifung aller solcher Maßregeln, welche den Zweck haben, die physische Nahrung des Leibes wohlfeiler zu machen; denn mit der Verwohlfeilerung der körperlichen Bedürfnisse muß natürlich das Arbeitscapital des Individuums, die Arbeitskraft selbst gestärkt werden, weil ein kleinerer Aufwand nöthig ist, die Arbeitskraft zu erhalten. In dieser Beziehung, und es ist im Berichte des Ausschusses davon Erwähnung gethan, hat sich die Debatte um die Frage über die Aufhebung aller Abgaben auf die unentbehrlichsten Lebensmittel gedreht, und es sind verschiedene Anträge in verschiedenen Richtungen eingekommen; ich habe aber weder dem einen, noch dem anderen ganz zustimmen können. Meine Herren! Ich bin der Ansicht, daß, wenn man dafür hält, die Abgabenbefreiung der unentbehrlichsten Lebensmittel müsse nothwendigerweise die Finanzverwaltung zerstören, man doch zu weit geht. Ich bin der Ansicht, daß eine Besteuerung der unentbehrlichsten Lebensmittel, wenn sie sein muß, sich wohl verträgt mit dem Wohlstande und mit der Erleichterung der unvermögenden Klasse. Meine Herren! Man ist in dieser Beziehung auf falsche Schlüsse gekommen, und warum? weil man immer nur auf die Fehler des vergangenen Staates seine Folgerungen baut, weil man immer nur die Erfahrungen hernimmt aus dem Staate, wie er gewesen ist, und wie er nicht mehr sein soll. Man hat jetzt die unentbehrlichen Lebensmittel am Höchsten besteuert. Man ist bei der ganzen Etablirung des indirecten Steuersystems seit 1818 von einem wundervollen Grundsatze ausgegangen, und er ist von Seiten der Büreaukratie mit einer unerschöpflichen Consequenz festgehalten worden. Man hat nämlich gesagt: Das, was voraussichtlich am Meisten verbraucht wird, müßt ihr am Höchsten besteuern, denn die Folge muß das höchste Einkommen sein. Man hat zuerst an die Staatskasse gedacht, und nachher an das Volk, während man sich hätte überzeugen können und sollen, daß beide Interessen miteinander vereinbarlich sind. Meine Herren! Es gibt in dieser Beziehung einen berühmten Erfahrungssatz, der hier von entscheidendem Gewichte ist. Er heißt: Wenn die Abgaben auf das Bedürfniß des gemeinen Verbrauchs herabgesetzt werden, so bildet sich, ohne daß man es ahnt, nach und nach eine solche Vermehrung des Verbrauchs, daß, während nicht nur der Einzelne erleichtert wird, eine ungeheuere Steigerung in der Finanzeinnahme sich ergibt. Es gibt hierfür kein schlagenderes Beispiel, als die Geschichte des Kaffezolles in England. Es liegen mir die verschiedenen Auszüge über das Resultat seit vierzig Jahren vor. Sie sind bedeutungsvoll in Beziehung auf die Erleichterung der nothwendigsten Lebensmittel. Im Jahr 1801 hatte England eine Bevölkerung von 10,942,000 Seelen. Damals erhob man den Zoll von 1 Schilling 6 Pence. Was war die Folge davon? Der Verbrauch war 750,861 Pfund Kaffe und die Einnahme per Kopf 1¼ Pfennig. Meine Herren! Wie ist das Resultat vierzig Jahre später? In diesen vierzig Jahren wurde fortwährend der Kaffezoll herabgesetzt. Im Jahr 1841 finden wir den Kaffezoll mit 6 Pence. Damals war die Bevölkerung 18½ Millionen. Der Verbrauch des Kaffees war gestiegen von 750,000 Pfund, vierzig Jahre früher, auf 27,298,000 Pfund, und die Einnahme per Kopf stieg von 1¼ Pfennig auf 10½. Meine Herren! Sie sehen daraus, die Herabsetzung der Zölle auf Lebensmittel scheint durchaus nicht einen Ausfall in der Staatskasse herbeizuführen, wenn das System ein vernünftiges ist, wenn es angewendet wird unter fortwährender Benutzung der statistischen Ermittelungen, die wir freilich in Deutschland nur dem Namen nach kennen, wenn es ausgeführt und geleitet wird in dem Maaße, als die Anwendung der Arbeitskraft und somit die Consumtionsfähigkeit durch Herabsetzung der Besteuerung auf die nöthigsten Lebensbedürfnisse sich erhöht. Es wird nicht, wie man glaubt, die Einnahme der Finanzen dadurch erhöht. — Ich brauche das zweite materielle Mittel kaum zu erwähnen, daß der Staat für Erhöhung der Arbeitskraft im Auge haben soll. Es ist die Beseitigung aller künstlichen Vertheuerung der Arbeitsmittel, der Materialien. Es ist davon auf dieser Tribüne schon so oft gesprochen worden, daß Alles, was man darüber sagen wollte, nur Wiederholung wäre. Trotzdem haben wir bei der ersten Lesung Widersprüche genug gefunden; wir haben Vertheidigungen genug gehört für die Belastung der Arbeitsmittel und des Bezugs derselben aus dem Auslande. Man hat die Sache damit zu vertheidigen gesucht, daß es jetzt nicht an der Zeit wäre, diese Befreiung eintreten zu lassen. Es sind selbst die Anträge auf Befreiung der deutschen Ströme nicht angenommen worden, sondern man hat sie auf unbestimmte Zeit hinausgeschoben. Meine Herren! Seien Sie kühn in solchen Maßregeln; geben Sie die Erleichterung, dann werden Sie thun, was für die Arbeit gethan werden kann, und was unsere Pflicht ist. — Wenn auf diese Weise der Staat die Mittel anwendet, wie ich sie im Eingang bezeichnet habe, um die Arbeitskräfte zu erhöhen, dann muß auf der anderen Seite die Pflicht liegen, den Vorrath von Arbeit möglichst zu vermehren; denn die Vermehrung der Arbeitskräfte wird sonst schädlich zurückwirken, wenn sie nicht ihre Verwendung finden in dem Vorrath von Arbeit, der gegeben sein muß. In dieser Beziehung komme ich auf die zweite Hilfsquelle des Staates. Auch hier gibt es geistige und materielle Mittel. Ich will von den materiellen zuerst sprechen, weil gegen diese am Meisten gesprochen worden ist. Ich will hier nur erwähnen, daß alle Diejenigen, welche gegen die unbedingte Theilbarkeit des Grund und Bodens gestimmt haben, dieses eine und wichtige Mittel nicht gewollt haben. Es ist uns damals in der Discussion viel gesagt worden über den Werth des Grund und Bodens und über die Masse der Arbeit, den er darbietet in weit höherem Maaße, wo er nach Bedürfniß in kleine Parcellen getheilt werden kann, als wo dieß nicht der Fall ist. Die Majorität hat beschlossen, daß in den Grundrechten bei der zweiten Lesung diese heilsame Maßregel angenommen werde. Wollen wir wünschen, daß in den einzelnen Staaten diese Bestimmungen auch zur Ausführung kommen, und daß sich denselben nicht dieselben Sonder-Interessen in den Weg stellen, die bei der ersten Lesung des Artikels in dieser Versammlung sich erhoben haben! — Ein ferneres materielles Mittel, meine Herren, ist die Aufhebung alles directen Eingriffes von Seite des Staates, die Aufhebung aller Monopole und der Vorrechte auf Arbeitsbetrieb von Staatswegen. Solange der Staat als solcher gewisse Quellen der Arbeit systematisch selbst verschließen kann, solange er hindern kann, die Arbeitskräfte überall anzuwenden, welche die Natur gibt, und sie zu holen, solange können Sie nicht sagen, daß er Alles erfüllt hat, was er erfüllen kann und soll. — Ein drittes Mittel endlich, meine Herren, ist die Verpflichtung des Staates, dafür zu sorgen, daß die Arbeit, deren wir bedürfen, nicht durch fremde Arbeiter gemacht werde. Und ich komme hier auf den ausschließlich nationalen Standpunkt der Frage. Meine Herren! Es ist der Vorwurf erhoben worden, man hätte diese Frage, welche über die Schutzzölle und den Freihandel handelt, hier unnöthigerweise in die Debatte hereingezogen. Ich glaube, sie läßt sich überhaupt aus keiner speciellen Debatte ausscheiden. Und sie mußte hier um so mehr in den Vordergrund treten, als specielle Anträge darauf vorliegen. Meine Herren! Der Redner, der in dieser Beziehung sich ausgesprochen hat, der geehrte Abgeordnete Osterrath, hat gesagt, es sei dabei eine Täuschung untergelaufen. Man spreche von dem Schutze der Arbeiter, und meine doch wir den Schutz der Arbeiten. Der Arbeiter sei ja geschützt, wie jeder Andere im Staate. Ich habe bereits im Eingang meines Vortrages darauf geantwortet: Nein, wiederhole ich, er ist nicht geschützt, dieser Arbeiter, wie die Anderen, er steht außerhalb des Staates, solange er nicht gleiche politische Berechtigung genießt. Der Abgeordnete hat dann ferner gesagt: In Frankreich habe man unter dem Schutze der Arbeit nichts als die unbedingte Gewerbefreiheit verstanden. Meine Herren! Der geehrte Abgeordnete hat Ihnen Das gesagt, aber er hat es Ihnen nicht aus den bestehenden Verhältnissen bewiesen, und ich glaube, daß für eine solche Behauptung Thatsachen sprechen müssen. Was hat man denn in Frankreich unter dem Schutze der Arbeit verstanden seit einer Reihe von Jahren, was hat man darunter verstanden von der Zeit des Systems von Louis Philipp bis zum Jahre 1849? — Man hat darunter verstanden den Grundsatz der Arbeitsbefreiung im Inneren, und die consequente Vertheidigung und den Schutz der inneren Arbeit gegen alle Angriffe von Außen! Meine Herren! Es ist wahrhaft bezeichnend, daß während der großen Umstürzung in socialer Beziehung, wie sie in Frankreich stattgefunden hat, und während dieser allgemeinen Verwirrung von Begriffen, und während dem Auftauchen von tausend Wünschen, Systemen und Plänen in den verschiedensten Richtungen keine Partei in Frankreich von den Montagnards bis herüber zu den Ultramonarchisten und Legitimisten nur mit einem Worte daran gedacht hat, zu rütteln an diesem Systeme. Alle wollen sie eine kräftige Vertheidigung den andern Nationen gegenüber in politischer, wie in socialer Beziehung. (Hört!) Keine Partei hat gewagt, an das System des Schutzes der Arbeit nach Außen auch nur die Hand anzulegen. Meine Herren! Wenn Das kein Beweis ist für die Nothwendigkeit eines solchen Systems, so weiß ich wahrhaftig nicht, was man für Beweise noch haben will. Meine Herren! Der Abgeordnete Osterrath hat Ihnen — ich glaube, es ist jetzt schon das dritte oder vierte Mal, daß es überhaupt geschieht — die Aeußerung eines nordamerikanischen Staatsmannes hier auf die Tribüne gebracht. Der Abgeordnete für Hagen war der Erste, dann kam Herr Professor Stahl und jetzt hören Sie diese Declamation zum dritten Male! Meine Herren! Ich will Sie hier nicht aufhalten mit Erläuterungen aus den nordamerikanischen Staaten, und ich halte es deshalb nicht für nothwendig, weil die amerikanischen Verhältnisse und die deutschen Verhältnisse eben nordamerikanische und deutsche, also zweierlei Verhältnisse sind, und weil wir hier in Frankfurt sitzen, und nicht in Washington. Meine Herren! Es besteht dort ebenso gut ein Streit der Parteien, das ist leicht begreiflich, er hat sich erhoben in demselben Maaße, als in den nördlichen Provinzen mehr Manufacturbetrieb sich entwickelte, und dadurch in gewisser Beziehung eine andere Richtung im Volksleben eintrat. Aber, meine Herren, so lange Sie mir nicht beweisen, daß das amerikanische Gesetzgebungssystem, die ganze amerikanische Handels-Politik in dieser Beziehung nur ein Iota von den Hauptgrundsätzen abgewichen ist, die ich hier vertrete, so lange sind alle Brochuren, die Sie mir bringen, gar keine Beweise! Meine Herren! Wo ist denn der Beleg, daß Amerika Grundsätze annehme, wie man sie uns hier predigen will, wo zeigt sich denn, daß Amerika die Industrie des Nordens preisgeben will gegenüber den Agriculturinteressen des Südens? Im Gegentheil, indem es das eiserne Band seiner Schifffahrtsgesetze um beide Interessen legt, versteht es, den Ackerbau mit der Industrie zu vereinigen, wie sie denn von Rechts- und Naturwegen treue Bundesgenossen sind, während wir in Deutschland seither nur bemüht waren, diese gemeinsamen Träger der Volkswohlfahrt durch Täuschungen und fremde Einflüsse gegen ihr eigenes Heil zu verwirren und zu spalten. M. H.! Es hat der geehrte Abgeordnete Osterrath auch noch Bezug genommen auf die Wirkungen des Systems des nationalen Schutzes der Arbeit in Betreff von Verhältnissen hier in der Nähe; er hat, glaube ich, aus den hessischen Landtagsverhandlungen einige Anführungen gemacht, aus welchen er beweisen wollte, daß der Schutz nach Außen den Lohn der Arbeiter durchaus nicht verbessert habe. Meine Herren! Ich habe die Bücher der Leute, die da so viel verdient haben sollen, nicht eingesehen, ich glaube, der geehrte Abgeordnete hat sie auch nicht gesehen; ich will daher diese Behauptung dahingestellt sein lassen; — ich muß aber im Allgemeinen auch hier mich an Thatsachen halten und an Erfahrung. Meine Herren! Wer behaupten will, daß der Lohn der Arbeiter nicht naturgemäß steigen müsse durch den Schutz der Arbeit nach Außen, erlauben Sie mir, der ist nie in die Hauptfragen eingedrungen und hat seine Augen verschlossen gegen die Erfahrungen, die hinter uns liegen; und hier muß ich etwas tiefer in die Sache eingehen, wenn ich meine Gegner widerlegen soll. Meine Herren! Als das Zollsystem, welches wir im Zollverbande haben, etablirt wurde, ging man von dem saubern Grundsatze aus: was das Volk am Meisten braucht, muß am Höchsten besteuert werden, und so kam es, daß man z. B. auf ordinäre baumwollene Waare, welche alle Klassen consumiren, einen ungeheuren Zoll legte und sagte: Das wird uns am meisten Geld in die Kasse bringen. Bei Seidenwaaren sagte man: Das ist nur ein kleiner Verbrauch, darum besteuern wir sie niedrig, sie können doch nicht viel Einkünfte bringen. (Eine Stimme: Es war nicht so! Es war umgekehrt!) Nein, es ist so, ordinäre Baumwollenwaare ist bis zu hundert Procent, die Seidenwaaren sind mit fünf Procent besteuert, gerade so, wie bei den Lebensmitteln: die Austern wurden niedrig besteuert, weil nicht viel Leute Austern essen, der Kasse aber enorm hoch. Meine Herren! Ich habe hier nur die industriellen Zölle zu beleuchten, weil ich gegen den Einwurf des Herrn Abgeordneten Osterrath, der Zollschutz habe die Arbeiterlöhne nicht erhöht, zu sprechen habe. Was hat denn nun dieses volksfeindliche System zur Folge gehabt? — In denjenigen Zweigen, die auf so hohe Weise geschützt wurden, nahm man den Consumenten auf einige Zeit eine hohe Steuer ab, weil naturgemäß zeitweilig eine Erhöhung der Preise für diese Bedürfnisse im Innern des Landes eintreten mußte; auf der anderen Seite aber drängte sich natürlich in Folge dieser einseitigen und allein stehenden hohen Zölle alles Capital und alle Arbeit nur nach der Erzeugung dieser Producte hin, während die anderen mehr oder weniger liegen blieben. Es entstand darinnen eine ungeheure Production, die zwar für die Verbraucher in ganz kurzer Zeit die Preise dieser Bedürfnisse viel weiter herunterbrachte, als je vorher, aber eine völlig ungesunde Entwickelung der ganzen Volksarbeit nur nach einer vorgezeichneten Richtung hin hervorrief, und also die größte Entwerthung der Arbeit in diesen Zweigen nach wenig Jahren zur Folge hatte, während sich Deutschland in hundert anderen, völlig preisgegebenen Arbeitszweigen nach wie vor vom Auslande versehen ließ, und noch heute versehen läßt. Meine Herren! Diese Fehler, diese großen Fehler bei Anwendung des Systems sind nicht das System selbst; aber Das muß ich denn doch bekennen, daß in Folge der ersten Wirkungen, welche natürlich ein ungeheures Gesuch nach Arbeit in jenen Zweigen waren, die Löhne von 1834 — 1839 fortwährend stiegen, bis in Folge der falschen Anwendung der einseitigen Maßregeln, der Rückschlag kam und kommen mußte, wie immer, wenn man auch die besten Grundsätze in der Staatswirthschaft verkehrt, verdreht und unvollkommen ausführt. Man hatte dadurch, anstatt eine allgemeine Verbreitung und Entwickelung der Volksarbeit in allen Richtungen anzubahnen und herbeizuführen, dieselbe in einseitige Kanäle und nur in einzelne gedrängt. Meine Herren! Wäre Das nicht geschehen, man würde Ihnen ebenso haben mit Beweisen dieser Art entgegentreten können, wie Thiers in der französischen Nationalversammlung es that. Thiers konnte allerdings sagen und nachweisen, daß die Löhne der Arbeit, von denen wir hier sprechen, in Frankreich von Jahr zu Jahr gestiegen seien, und konnte somit die Nothwendigkeit der Revolution vom socialen Standpunkte bestreiten; bei uns in Deutschland ist das Gegentheil der Fall. Und es ist so, eben weil wir das französische sociale System nicht angewendet, und weil wir dadurch unserer Revolution neben der politischen auch die sociale Ursache gegeben haben. Aber neben dem socialen System hat der politische Staat in Frankreich, wie bei uns, die Ausschließung des vierten Standes festgehalten; wäre der Staat von 1830 in seinen politischen Fundamenten in Frankreich der Staat von 1848 gewesen, und hätte man nicht im Jahre 1830 das Dreimalhunderttausendwählersystem adoptirt, — meine Herren, wir hätten gar keine Revolution von 1848 gehabt. In Frankreich ist die politische Frage demnach die erste gewesen, und die sociale Frage die zweite, und bei uns ist die sociale Frage die erste, und die politische Frage liegt außerdem im Argen! — Meine Herren! Ich fahre fort nach dieser nothgedrungenen Einschaltung. Wenn ich mir erlaubt habe, auszusprechen, wie ich mir die Mittel denke, die der Staat auf einer Seite anwendet, um die Kräfte der Arbeit zu mehren und zu stärken, und auf der anderen Seite den Vorrath an Arbeit aufzustapeln, soviel er kann, so muß ich nothwendig nun zum dritten Punkt kommen, nämlich zur Vermittelung, zur Anwendung des Vorraths durch die Arbeiter selbst; und, meine Herren, ich habe schon am Eingange gesagt, daß diese Anwendung nur möglich ist durch die Association der Arbeit mit dem Capital. Aber, meine Herren, ich habe auch gesagt, daß wir eben dadurch, daß wir die Arbeit hinausgestellt haben aus dem Staate und das Capital darin behalten, den unermeßlichen Fehler der Vergangenheit gemacht haben. Meine Herren! Es bedarf die Arbeit des Capitals, und das Capital bedarf der Arbeit; aber dieser Vertrag ist ein ungleicher, wenn sich der Staat nicht in dieser Beziehung auf die Seite der Arbeit stellt. Das Capital an sich hat eine Menge Mittel sich zur Geltung zu bringen; es hat eine Menge Mittel, sich productiv zu machen; es muß nicht immer die Association mit der Arbeit suchen. Das Capital steht unter dem allgemeinen Schutz des Staates, der ganzen politischen Gesellschaft; es ist geschützt, wie alle anderen. Hier bin ich ganz der Meinung des Herrn Osterrath, für das Capital brauchen wir nicht noch außerordentliche Schutzmaßregeln zu finden; aber, meine Herren, für die Arbeit, den anderen Contrahenten, der den Vertrag abschließen muß, um den Arbeitsvorrath sich zugängig zu machen, muß der Staat eintreten, auf dessen Seite muß der Staat treten, soweit er kann, damit der Vertrag ein ebenbürtiger, und in seiner Ebenbürtigkeit ausführbarer und nutzbarer sei für beide Theile, und, meine Herren, Das kann er wieder durch geistige und materielle Mittel. Das beste Mittel in dieser Beziehung ist das Selfgovernment, gesetzlich anerkannt von Seite der Staatsgesellschaft in Beziehung auf den Vertrag zwischen Arbeit und Capital; und Das sind die Institutionen, die eben Frankreich im vollsten Umfang gehabt hat, und die auch England hat, und die überall verhindern werden, daß der Vertrag zwischen Arbeit und Capital ein ungleicher, ungesunder werde, wie er bisher oft gewesen ist. Meine Herren! Die Wirksamkeit der Prud'hommes in Frankreich kennt Jeder, der Frankreich kennt, die Bildung, die Anerkennung der gegenseitigen Interessen, die wahre Vereinbarung zwischen Arbeitgeber und Arbeitnehmer — ich will so das Capital und die Arbeit nennen, — ist nur möglich, indem Sie den Arbeiter durch diese freien Institutionen auf der einen Seite schützen gegen die moralische Uebermacht, welche das Capital von selbst über ihn hat, und wenn Sie auf der anderen Seite dem Arbeiter alle Mittel an die Hand geben, seine Bedingungen in dem Contract, die ihm nothwendig und zugleich als erfüllbar erscheinen, auf eine Art und Weise zur Geltung zu bringen, die die Abschließung des Contractes überhaupt möglich macht. So lange nicht diese Bestimmmungen, die wir in den Grundrechten, wie ich glaube, gut gefaßt haben, zur Ausführung kommen, so lange das Capital nicht begreift, daß es nur der Arbeit ebenbürtig ist, und so lange der Arbeiter nicht die Mittel in die Hand bekommt, sich auf eine leichte Weise, nicht auf dem Wege des Prozesses, nicht auf dem Wege der Jurisprudenz und Dessen, was Justiz heißt und dazu dient, um den Begriff des Rechts zu verwickeln und zu verwirren (Gelächter auf der Rechten und im Centrum), zu helfen; so lange die Arbeit oft gezwungen war, auf diesen Weg sich zu begeben, um ihren Contract zu sichern, so lange werden Sie den Zwiespalt nicht lösen, wenn Sie auch noch mehr die Arbeit anhäufen. Das ist der Punkt und die Mittel, wie Diejenigen, welche sich der Sache mit Philanthropie annehmen, die Knechtung der Arbeit, — denn die Arbeit war allerdings zuweilen geknechtet, und ist es noch, — zu verhindern streben. Das ist das eine Mittel, welches ich bezeichnet habe. Ich habe gesagt, es gibt auch noch materielle Mittel in dieser Beziehung, um den Vertrag des Capitals mit der Arbeit zu sichern, und da komme ich auf den Satz, der immer so verworren und dunkel hingestellt worden ist, auf den Satz: Man muß das Capital besteuern zu Gunsten der Arbeit. — Ich bin fest überzeugt, von Denen, die diesen Satz ausgesprochen, haben ihn mindestens 90 pCt. nicht verstanden, wenigstens nicht gewußt, wie eine Ausführung dieses Grundsatzes denkbar ist. Die Besteuerung des Capitals zu Gunsten der Arbeit ist wohl ausführbar, sie ist rationell ausführbar; sie ist wirksam ausführbar; man muß nur die freien, ungehemmten und leichten Formen des Staates dazu haben, die überhaupt die neue Staatsgesellschaft verlangt. Man hat in dieser Beziehung wohl immer gesagt: Es sind ja fast überall Unterstützungskassen; die großen Fabriken haben fast alle Armenkassen, Kranken- und Sparkassen für die Arbeiter 2c. Meine Herren! Das sind sehr einseitige Maßregeln, die recht gut gewesen sind in Ermangelung besserer, aber sie haben den großen Fehler gehabt, daß sie nur die Zurücklegung eines Theiles des Arbeitsgewinnes von Seiten der Arbeiter selbst gewesen sind, daß aber in den meisten Fällen das Capital nichts dazu gethan hat; ich sage aber, meine Herren, die Sache muß umgekehrt sein; die Arbeitskraft ist an sich etwas, was sich absorbirt, und unterscheidet sich dadurch von dem Capital, und daher sind die größten Vorwürfe in dieser Beziehung gekommen. Man hat gesagt, das Capital benutzt die Arbeit, und wenn es ihr nicht mehr paßt, so wirft es die Arbeit auf die Seite, — meine Herren, das ist ganz richtig, das ist leider sehr wahr und liegt in der Natur der Verhältnisse, aber eben deßhalb, weil Capital und Arbeit wie alle Contrahenten sich nur dann verbinden und contrahiren, wenn sie von beiden Seiten Vortheile für sich sehen, und weil während der Dauer des Contractes das Capital das natürliche Vorrecht vor der Arbeit hat, eben deßhalb müssen Sie das Capital besteuern während seines Vertrags-Verhältnisses mit der Arbeitskraft zu Gunsten der sich absorbirenden Arbeitskraft. Ich will deutlicher sein, ich will die Sache concret nehmen: Sie müssen Institutionen schaffen, die jedem Arbeitsgeber nach Maßgabe der Arbeitskraft, die er verwendet, die Verpflichtung auferlegen, während der Verwendung der Arbeitskraft, das heißt, während der factischen Dauer des Contractes eine Steuer zu bezahlen nur zu Gunsten der Arbeiter; diese Steuer muß in die Staats-Kassen fließen und öffentlich verwaltet werden, und die Verwendung dieser Steuer darf nichts anderes sein, als die Ausgleichung der Arbeitskraft, wenn sie sich absorbirt hat, d. h. zu materieller Unterstützung von Arbeits-Invaliden, Errichtung von Pensionshäusern u. s. w. Meine Herren! Sie werden sagen, das ist sehr schwer ausführbar. Ich will nicht in das Detail der Ausführung eingehen, aber ich versichere, daß es theilweise, wenn auch in einseitiger Weise, vorhanden ist. Wir haben es in vielen Gegenden bei dem Bergbau, und in Sachsen sind überraschende Resultate erzielt worden; wir vertheilen bei einer Bevölkerung von 30 bis 40,000 Köpfen, die in den Minen beschäftigt sind, jährliche Subsidien von 40 bis 50,000 Thalern an Invaliden, und haben einen Reservefond von ca. 160 000 Thalern für diesen einzelnen Zweig. Wenn diese Maßregel durchgeführt würde, nicht in den Einzelstaaten, sondern für das ganze deutsche Reich, ich glaube, wir würden Wunder sehen, und ich bin überzeugt, daß die sociale Klage zum großen Theile verstummen würde. — Meine Herren! Ich will nur kurz wiederholen, daß, indem ich darzulegen gesucht habe, welche Mittel es gibt, um der Arbeit zu helfen, der freie Staat vor Allem diese Mittel aufsuchen muß und sie besitzt, wenn er sie nur finden will, daß aber diese Mittel nur gefunden werden durch eine Reihe von gesetzlichen Bestimmungen im Staate. Ich war deßhalb der Meinung, es könne in den Grundrechten hierüber keine Bestimmung getroffen werden; nachdem ich aber von dieser Tribüne habe hören müssen, daß man selbst die bescheidene Ueberweisung an ein Ministerium mit der Bitte, die Schützung der Arbeit in Berücksichtigung zu nehmen, für eine gefährliche Ueberstürzung hält (Heiterkeit), nachdem ich das gehört habe, bin ich nun entschieden dafür, daß Sie dem Antrage von Esterle beistimmen, und daß Sie darauf dringen, eine möglichst verständliche und klare Bestimmung in die Grundrechte aufzunehmen, und diese Bestimmung finde ich nur in dem erwähnten Antrage: „Ein angemessener und gerechter Schutz, sowie die Förderung der Arbeit ist Obliegenheit des Staates, und soll in den dahin bezüglichen Gesetzen auf entsprechende Weise festgestellt werden. — Die Vorsorge für Arbeitsunfähige ist Sache der Gemeinden, beziehungsweise des Staats." — Der zweite Theil betrifft die Armenpflege; ich will aber über diesen Theil nicht sprechen, da ich ohnehin viel zu lang sein mußte. — Wenn Sie aber nicht einmal den ersten Theil des Esterle'schen Antrags in die Grundrechte hereinnehmen wollen, so sprechen Sie geradezu aus, wir wollen keine Förderung der Arbeit, wir wollen keinen Schutz der Arbeit. Dieser Antrag läßt alle Meinungen über die Mittel offen, er sagt nur: „die Gesetzgebung muß die Mittel schaffen," aber die Richtung, welche sie einzuschlagen hat, ist ihr vorgezeichnet; und jeder Deutsche hat das Recht, zu verlangen, daß sie diese Richtung befolgt. Ich rathe Ihnen an, diesen Antrag anzunehmen, und alle anderen zu verwerfen. — Nur in dem politischen Staate, wenn er frei ist und wohlgeregelt, wird die Lösung der socialen Frage sich finden können; wenn aber, wie in Deutschland, die sociale Noth die Hauptursache der politischen Bewegung gewesen ist, so stellen Sie diese an die Spitze, und lösen Sie dieselbe durch die politische Freiheit, und indem Sie durch den Schutz der nationalen Arbeit dieselben Waffen geben, mit welchen andere Völker uns bekämpfen. In diesem Sinne empfehle ich Ihnen den erwähnten Antrag. (Lebhafter Beifall auf der Linken.)

Wedekind von Bruchhausen: Meine Herren! Als ich damals von dem Vorparlamente zurückkehrte, nahm ich die frohe Ueberzeugung mit mir, daß wir noch nicht an einer socialen Revolution stehen, sondern nur an einer politischen, daß die sociale Phase bei uns erst noch in der Reform besteht, nicht in der Revolution, daß es uns möglich sei, auf dem Wege der Reform die sociale Frage zu lösen; um so mehr nahm ich mir damals vor, gerade mit der Reform der socialen Fragen mich zu beschäftigen, um den Fortschritt zur socialen Revolution zu vermeiden, und da muß ich insofern dem geehrten Redner widersprechen, der die sociale Frage in den Vordergrund stellt, und wenn ich gleich mit ihm dasselbe Ziel habe, möglichst Mittel aufzufinden, um den socialen Leiden abzuhelfen, so ist doch meine Ansicht über die Mittel eine ganz andere. Meine Meinung ist, den § 30 zu befürworten und das Minoritäts-Erachten b, dagegen die Minoritäts-Erachten a und c zu bekämpfen. Ich werde nur eine Aehrenlese halten und Einiges bemerken, was in den früheren Reden noch nicht vorgekommen ist. Zuerst glaube ich, daß der § 30 an und für sich von unserem Gesichtspunkte aus keinen Gegner finden wird, es sind ja auch schon in den meisten deutschen Staaten die Staatslasten egalisirt, nur mit den Gemeindelasten spukt es noch, und man könnte fast das Barometer, wie die Freiheit auf- und niedergegangen ist, in den einzelnen Staaten an den Gemeindelasten nehmen. Es muß dadurch, daß die Gemeindelasten allgemein vertheilt werden, und daß alle Exemtionen wegfallen, nicht allein eine materielle Erleichterung, sondern auch ein spiritueller Zuwachs gegeben werden, denn nur Diejenigen werden sich reell interessiren für das Gemeinwesen, die zu dessen Kosten mit zu bezahlen haben, und müssen erst Alle dazu bezahlen, so bekommen wir eine intelligente Verwaltung und eine beständige Controle. Besonders wichtig ist dieß namentlich auch in Beziehung auf das Militär. Auch dieß darf nicht exemt sein. Damit fällt dann ein Stein in die große Kluft, die bei uns leider und unverantwortlicher Weise immer noch Civil und Militär trennt. — Wenn man dabei gesagt hat, die Höhe der Beiträge solle sich nach dem Vermögen und nach dem Einkommen eines Jeden richten, so scheint mir das hier nicht herzugehören, um so weniger, als wir uns einmal der Täuschung eines Bundesstaates hingegeben haben. Hätten wir einen Centralstaat geschaffen, so könnten wir ein allgemeines und ideales Steuersystem aufstellen. Da wir aber einmal einen Bundesstaat haben wollen, können wir nicht mehr erwarten, als daß die einzelnen Staaten ihre Verpflichtungen erfüllen, und wir dürfen sie in ihrer Haushaltung nicht geniren. Ich lasse mich daher nicht auf die Theorie der Steuern ein, obwohl ich sonst gegen Herrn M. Mohl Manches bemerken könnte, namentlich, daß die Vermögenssteuer doch nicht so ganz unpraktisch, und unter Anderm in Bremen beim sogenannten Schoß in Uebung ist, daß die Grundbesteuerung doch auch nur eine Vermögenssteuer ist, die sich freilich durch den Uebergang des Eigenthums bald ausgleicht; daß aber, wenn Sie eine Grundsteuer, wo sie noch nicht existirt, einführen wollen, dieß gerechter Weise nur geschehen kann, indem Sie gleichzeitig eine allgemeine Vermögenssteuer einführen. Besonders aber muß ich mich erklären gegen eine fortschreitende Einkommensteuer. Meine Herren! Eine fortschreitende Einkommensteuer mochte in früherer Zeit, wo sie am Wenigsten angeregt wurde, gerecht sein, weil die Reichen mehr Rechte hatten, als die Armen. Jetzt gehe ich aber davon aus, daß alle Staatsbürger gleiche Rechte erhalten werden, und indem ich davon ausgehe, daß die Berechtigung aller Bürger im Staate gleich sein müsse, also auch alle Lasten, finde ich, daß es eine Ungerechtigkeit ist, eine Steuer mit fortschreitenden Procenten den Reichen aufzulegen. Das ist der Anfang des Theilens. Außerdem, meine Herren, ist diese Steuer unpolitisch. Es hält schon sehr schwer, die Reichen nur zu einem gleichmäßigen Beitrage heranzuziehen; denn sie haben zu viel Mittel, sich dem zu entziehen. Sie können sogar außer Landes gehen. Aber sie in fortschreitendem Verhältnisse heranzuziehen, erbittert sie, und wissen Sie, meine Herren, wodurch der Reiche dem Staate am Meisten nützt? Durch den Luxus. Ich würde nicht einmal eine Luxussteuer für von der Klugheit gerechtfertigt halten. Man muß den Reichen den Luxus möglichst bequem machen. Was man von ihnen verlangen kann, ist nachbargleiche Tragung der Staats- und Gemeindelasten. — Was sodann die Frage anbetrifft vom Schutze der Arbeit, so ist das wirklich eine so colossale Frage, daß man hier in der Art sie nicht abmachen kann, und ich glaube daher auch, daß die Majorität des Hauses sie nicht in dieser Weise behandelt zu wissen wünscht. Und ich will von meinem Standpunkte aus, der sich dem des Freihandels zuneigt, mich nur dem Sondergutachten anschließen, das die Unparteilichkeit bewahrt. Denn Sie dürften doch den Majoritäts-Antrag nicht annehmen, ohne die Sache gründlich erörtert zu haben. Nun aber, meine Herren, bitte ich um Ihre Aufmerksamkeit für das Minoritäts-Gutachten b. Ich meine die Vorsorge für die Armuth. Wenn man auch über die sociale Frage im Allgemeinen mit einer ziemlichen Leggerität hinweggeht, so sollte man doch der Armen irgendwo in den Grundrechten gedenken. Die Armuth begegnet Ihnen auf allen Wegen, und auf allen Wegen begegnet Ihnen auch der Spruch: „Gedenket der Armen!" Gedenken auch Sie der Armen in den Grundrechten, nicht mit schmeichlicher Sentimentalität, sondern mit legislatorischer Weisheit. Sie haben auch insofern der Armen schon gedacht, als Sie prophylaktische Mittel anwenden. Die vernünftige Freiheit und vermehrte Aufklärung werden die Quellen der Armuth mehr und mehr versiegen lassen. Aber Sie können nicht ganz vermeiden oder ignoriren, daß es Arme immer noch geben wird und dermalen gibt. Wer sich praktisch mit dem Armenwesen beschäftigt hat, wird mir von vornherein zugeben, wie sehr schwierig diese Verhältnisse sind. Und die legislatorische Weisheit muß sich dabei nach meiner Ansicht ebenso sehr auf Die richten, welche Unterstützung verlangen, als auf Die, welche Unterstützungen geben sollen. Es sind immer drei Klassen von Armen vorhanden: Die öffentlichen Armen; denen muß man möglichst wehren, denn sie sind unbescheiden und frech, und jemehr sie bekommen, desto mehr verlangen sie. Die zweite Klasse sind die verschämten Armen; die muß man aufsuchen und berücksichtigen. Die dritte Klasse sind die Familien, die gleichsam auf der Kippe stehen, die man ruiniren würde, wenn man sie noch contribuiren ließe; diese muß man schonen. Diese verschiedenen Klassen wollen genau gekannt sein. Daher kann man dem Armenwesen nicht dadurch aufhelfen, daß man große Kreise macht. Die Idee der Armenassecuranz, die in neuerer Zeit aufgekommen ist, halte ich für eine unglückliche; je kleiner der Kreis ist, desto besser wird für das Bedürfniß gesorgt werden. Nur für einzelne, augenblicklich kostspielige Fälle, z. B. Unterbringung von Irren in einer Heilanstalt, läßt sich ein Armenbezirk für mehrere politische Gemeinden mit Nutzen bilden. Besonders aber, warne ich vor der Einführung directer Armensteuern; diese sollte man grundsätzlich verbieten. Wenn es erst dahin gekommen ist, daß man eine directe Armensteuer erhebt, so ist kein Halten mehr, weil dann eben Jeder ein Recht auf Unterstützung zu haben meint. Es ist gesagt worden, das Recht auf Unterstützung sei ein Nothrecht. Ja, meine Herren, es ist ein Nothrecht; es setzt die Noth voraus, und es erlischt, sobald der Noth abgeholfen ist: es darf auch nicht weiter gehen, als der Noth abhelfen, deßhalb halte ich das zweite Minoritäts-Erachten für eine Wohlthat, wenn Sie es annehmen, weil es die directe Armensteuer ausschließt. Wollen Sie sich gefälligst die Ideen in folgender Verbindung zusammenhalten. § 41: „Jedes Grundstück und jede Person muß einer Gemeinde angehören." § 30: „Alle Gemeindelasten werden gleichmäßig getragen." Und nun das Minoritäts-Erachten: „Alle Armenpflege ist Sache der Gemeinde." Da sehen Sie, wie erst die Gemeinde gekräftigt wird, indem man Alles hineingebracht hat, und nun kann es der Gemeinde möglich sein, die Armen zu versorgen ohne directe Steuern. Denn darauf muß ich Sie aufmerksam machen, auf den Unterschied dieses Verfahrens und einer directen Armen-Besteuerung. Nehmen Sie die letztere an, so hat die Armenbehörde nur den Wunsch, möglichst viel zu greifen und zu vertheilen; lassen Sie die Armenbeiträge durch die Gemeindekassen laufen, so wird die Gemeindeverwaltung schon dafür sorgen, daß die Unterstützung für die Armen nicht höher als irgend nöthig ausfalle; und, meine Herren, was ein Großes, die Privatwohlthätigkeit, die durch directe Armensteuern sofort aufgehoben wird, wird auf jenem Wege erhalten. Ich möchte nun das Minoritäts-Erachten in etwas amendiren. Wenn es heißt: „Die Fürsorge für Arbeitsunfähige," — von denen doch auch wohl die Arbeitslosen nicht ganz ausgeschlossen werden können, — würde ich vorschlagen, einfach zu sagen: „Die Armenpflege;" dann würde auch die Gemeinde nur subsidiarisch auszuhelfen haben, insofern nicht Alimente, milde Stiftungen, freiwillige Beiträge ausreichen; auch würde ich nicht die Gemeinden im Plural setzen, um nicht die Assecuranzidee hineinzulegen, und ich würde Ihnen also vorschlagen, zu sagen: „Die Armenpflege ist, insoweit nicht andere Mittel ausreichen, Sache der betreffenden Gemeinde und nöthigenfalls des Staats." Dieses Amendement erlaube ich Ihnen zu empfehlen. (Einige Stimmen: Bravo!)

Präsident: Ein und zwanzig Mitglieder haben auf die Vertagung der Debatte angetragen. Ich muß darüber das Haus befragen, bitte, die Plätze einzunehmen, und lasse über den Vertagungs-Antrag abstimmen. Diejenigen Herren, welche die Discussion über § 30 bis zur nächsten Sitzung vertagt wissen wollen, ersuche ich, sich zu erheben. (Die Mehrheit erhebt sich.) Die Vertagung ist angenommen. — Ich bitte nun noch um einen Augenblick Ruhe. — Von Ausschüssen habe ich für heute nur den Verfassungs-Ausschuß auf ½6 Uhr einzuladen. Die nächste Sitzung hat morgen statt. Die Tagesordnung ist: Fortsetzung der heutigen Discussion. — Der Prioritäts- und Petitions-Ausschuß hat über eine Reihe von Eingaben den Beschluß gefaßt, sie an das Reichsministerium, respective an die betreffenden Ausschüsse abzugeben. Ich lasse sein dießfälliges Verzeichniß als Beilage zu dem heutigen Protocolle drucken.

(Die Redaction läßt dieses Verzeichniß hier folgen:

„An das Präsidium der Reichsversammlung. Ueber nachstehend verzeichnete Eingaben ist von dem Prioritäts- und Petitions-Ausschusse beschlossen, wie folgt:

I. An das Reichsministerium abzugeben, behufs etwaiger geeigneter Berücksichtigung: Nr. 5329.

II. An den volkswirthschaftlichen Ausschuß zu verweisen: Nr. 4403, Nr. 5541 und Nr. 5546.

III. An den Gesetzgebungs-Ausschuß: Nr. 5323.

IV. An den Verfassungs-Ausschuß: Nr. 1799 und Nr. 7511,

endlich

V. An den völkerrechtlichen Ausschuß: Nr. 5662, Nr. 5664 und Nr. 5666.

Das Präsidium wird nun gehorsamst ersucht,

„mit den hierneben erfolgenden Eingaben demgemäß zu verfahren."

Frankfurt a. M. den 4. Februar 1849. — Der Prioritäts- und Petitions-Ausschuß. Rödinger.")

Präsident: Der Herr Decan Fecht zu Lahr hat dreißig Exemplare einer von ihm verfaßten Schrift: „Der christliche Geistliche, für alle, besonders für die jetzige Zeit an junge, aber auch ältere Geistliche und Laien, der evangelischen und katholischen Welt" u. s. w., zur Disposition der Mitglieder gestellt. Ich lasse dieselben auf der Kanzlei niederlegen, und bitte diejenigen Herren, die sich vorzugsweise für die Schrift interessiren, sich dort darum zu melden. — Die heutige Sitzung ist geschlossen.

(Schluß der Sitzung $^{3}/_{4}$2 Uhr.)

Verzeichniß der weiteren Eingänge

vom 29. Januar 1849.

Petitionen.

1. (6627) Zwei Eingaben aus Bubenbach, die Abschaffung der Feudallasten betreffend. (An den Prioritäts- und Petitions-Ausschuß.)

2. (6628) Gesuch vieler Einwohner aus Anhalt-Bernburg um Wahrung der Selbstständigkeit Anhalt-Bernburg's unter ihrer jetzigen Regierung. (An den Prioritäts- und Petitions-Ausschuß.)

3. (6629) Der Schriftführer Wittgenstein zu Corbach in Waldeck übergibt eine von dem Bürgerverein daselbst an die Landstände des Fürstenthums gerichtete Adresse, Mißbilligung der von der Letzteren an die Nationalversammlung gerichteten Eingabe vom 6. November aussprechend. (An den Prioritäts- und Petitions-Ausschuß.)

4. (6630) Krackrügge in Erfurt übergibt Abschriften zweier Beschwerden an den Reichsverweser über die Aufhebung der Grundrechte des Volks, Wiedereinführung der Censur ꝛc. (An den Prioritäts- und Petitions-Ausschuß.)

5. (6631) Protest der Jagdeigenthümer des Kreises Waldbröl gegen die unentgeltliche Aufhebung des Jagdrechts, übergeben vom Abgeordneten Wiethaus. (An den Prioritäts- und Petitions-Ausschuß.)

6. (6632) Antrag des Abgeordneten Carl auf Hinwirkung bei der spanischen Regierung auf Erfüllung ihrer Verbindlichkeit gegen ihre Gläubiger in Deutschland, mit Ueberreichung einer deßfallsigen Denkschrift preußischer Inhaber spanischer Staatspapiere. (An den Prioritäts- und Petitions-Ausschuß.) (Folgt der Antrag wörtlich.)

7. (6633) Eingabe des aus 152 Mitgliedern bestehenden deutschen Vereins zu Werdau in Sachsen für Uebertragung der Oberleitung des Gesammtstaats an Preußen. (An den Verfassungs-Ausschuß.)

8. (6634) Deßgleichen des politischen Vereins zu Abbehausen, für ein erbliches Kaiserthum und Uebertragung dieser Würde an Preußen. (An den Verfassungs-Ausschuß.)

9. (6635) Deßgleichen des Ausschusses des Volksvereins im Kirchspiel Ense in Waldeck in gleichem Betreff. (An den Verfassungs-Ausschuß.)

10. (6636) Eingabe desselben Ausschusses, um Mediatisirung des Fürstenthums Waldeck. (An den Verfassungs-Ausschuß.)

11. (6637) Vorstellung der Mitglieder des Piusvereins zu Damm, die Wahl des deutschen Kaisers durch Urwahlen betreffend, übergeben vom Abgeordneten Buß. (An den Verfassungs-Ausschuß.)

12. (6638) Deßgleichen des Crefelder Piusvereins in gleichem Betreff, übergeben von Demselben. (An den Verfassungs-Ausschuß.)

13. (6639) Vorstellung einer Anzahl Bewohner von Herzogenaurach im Kreise Oberfranken für die Uebertragung der Oberhauptswürde an Erzherzog Johann. (An den Verfassungs-Ausschuß.)

14. (6640) Vorstellung der Gemeinde Sommersried im Allgäu, Oberamts Wangen in Würtemberg, die österreichische Frage betreffend. (An den Verfassungs-Ausschuß.)

15. (6641) Ansprache an die österreichischen Abgeordneten in der Nationalversammlung, welche gegen die §§ 2 und 3 des Abschnitts vom Reich und der Reichsgewalt gestimmt haben, übergeben vom Abgeordneten Fritsch von Ried. (An den Verfassungs-Ausschuß.)

16. (6642) Der Abgeordnete H. Fr. Gfrörer von Ehingen-Münsingen übergibt 146 Petitionen von Gemeinden aus Ober- und Niederschwaben, enthaltend Protest gegen ein preußisches Kaiserthum und beziehungsweise für Erhebung eines Kaisers aus dem Hause Habsburg-Lothringen, und zwar von den Gemeinden:

Allmendingen.
Altheim.
Altbierlingen.
Altdorf-Weingarten.
von den Bauern vom Fuße des schwäbischen Alb.
Altsteußlingen.
Bach.
Baindt.
Berkach.
Berg.
Bieringen mit Obernau.
Bildechingen.
Bittelbronn.
Bödmenkirch.
Burgrieden.
Deggingen.
Dettingen.
Dätzingen mit Grankeven.
Dietershirch.
Dieten und Herbertshofen.
Ditzenbach.
Donaurieden.
Dürmetingen.
Ebersberg.
Ebingen.
Emfingen.

Erbach.
Ersingen.
Gamerschwang.
Gmünd.
Griesingen.
Großschaffhausen.
Grunzheim.
Harthausen und Ermingen.
Hausen ob Allmendingen.
Hausen.
Heufelden.
Hochdorf.
Hohen-Rechberg.
Hundersingen.
Ingerkingen.
Kirchbierlingen.
Kirchen und Schlechtenfeld.
Lauterbach.
Laupheim.
Lirpach.
Mögglingen.
Mühlhausen, Mundelfingen und Moosbeuern.
Munderkingen.
Memmingen.
Neufra.
Niederhofen.
Oberdischingen.
Obermarchthal.
Oberstadion
Obersulmentingen.
Oepfingen.
Ortenhausen.
Pfärrich.
R.. ringen.
Reutlingendorf, Ugendorf und Dietelhofen.
Risingen.
Schaiblishausen.
Schelklingen.
Schnittlingen.
Schweinhausen.
Schwend.
Seekirch.
Steinberg.
Treffelhausen.
Unterstadion.
Untermarchthal.
Uttenweiler.
Volkersheim.
Weißenstein.
Wißgoldingen.
Wachendorf.
Bierlingen.
Felldorf.
Engerazhofen.
Aichstetten.
Altmanshofen.
Balzheim.
Gebrazhofen.
Merazhofen.
Arnach.
Altthann.
Aufhofen.
Bergenreute.
Bergheim.
Bonlanden.
Bühlerzell.
Christazhofen.
Dautmergen.
Deißlingen.
Dietmanns.
Eberhardszell.
Eichenberg.
Enkenhofen.
Edelbeuren.
Erolzheim.
Friesenhofen.
Gasbeuren.
Hohenstadt.
Holzleuts.
Illenlachen.
Isny.
Kisslegg.
Lauterbach.
Molperishaus.
Mühlhausen.
Neutrauchburg.
Oberdettingen.
Pfaubausen.
Reuthe.
Reichenbach.
Rohrdorf.
Roth und Biehl.
Schechingen.
Schwendi.
Simmingen.
Steinach.
Thannhausen.
Unterdigisheim.
Unterkochen.
Urbach.
Waldsee
Schindelbach
Ottersweng.
Unteressendorf.
Oberessendorf.
Rottenbach.
Winterstettendorf.
Wintersteltenstadt.
Wolfegg.
Ziegelbach.
(An den Verfassungs-Ausschuß.)

17. (6643) Eingabe der Gemeinde Bremelau in Würtemberg in gleichem Betreff. (An den Verfassungs-Ausschuß.)

18. (6644) Erklärung der Bürgerversammlung zu Tübingen — enthaltend Verwahrung gegen die Adresse für das preußische Kaiserthum, und Vertrauensadresse fur den Abgeordeten Uhland. (An den Verfassungs-Ausschuß.)

19. (6645) Eingabe des Gemeinderaths zu Wallbürn gegen die Theilung Deutschland's. (An den Verfassungs-Ausschuß.)

20 (6646) Eingabe der Gemeinde Ottenbach gegen ein preußisches Kaiserthum. (An den Verfassungs-Ausschuß.)

21. (6647) Petition der Wahlmänner und Urwähler des Wahlbezirks Benedictbeuern in Oberbayern, um die Wiederherstellung des deutschen Reiches unter dem Kaiser von Oesterreich. (An den Verfassungs-Ausschuß.)

22. (6648) Petition der Gemeinde Zimmern ob Rottweil für Uebertragung der Oberhauptswürde an Oesterreich. (An den Verfassungs-Ausschuß.)

23. (6649) Deßgleichen der Gemeinde Rotzenried. (An den Verfassungs-Ausschuß.)

24. (6650) Deßgleichen der Gemeinde Dörlesberg in Baden gegen ein preußisches Kaiserthum. (An den Verfassungs-Ausschuß.)

25. (6651) Petition der Bürgerschaft von Spaichingen in Würtemberg für Uebertragung der Oberhauptswürde an Oesterreich, übergeben vom Abgeordneten Rheinwald von Stuttgart. (An den Verfassungs-Ausschuß)

26. (6652) Deßgleichen des Vaterlandsvereins zu Greitsch gegen ein preußisches Kaiserthum. (An den Verfassungs-Ausschuß.)

27. (6653) Sechs Petitionen aus dem Wahlbezirke Mergentheim bezüglich der Oberhauptsfrage, übergeben vom Abgeordneten R. Mohl. (An den Verfassungs-Ausschuß.)

28. (6654) Adresse aus Stolzenau in Hannover für die Bewahrung von Deutsch-Oesterreich im deutschen Bundesstaat, und eine deßgleichen für Uebertragung der deutschen Kaiserwürde an den Kaiser von Oesterreich, übergeben vom Abgeordneten Dr. Giskra. (An den Verfassungs-Ausschuß.)

29. (6655) Erklärung des Volksvereins zu Jena und des demokratischen Vereins daselbst gegen ein erbliches Kaiserthum. (An den Verfassungs-Ausschuß.)

30. (6656) Adresse von 972 Bürgern zu Rostock gegen ein erbliches Kaiserthum und gegen Uebertragung an Preußen. (An den Verfassungs-Ausschuß.)

31. (6657) Adresse des constitutionellen Vereins zu Crimmitzschau in Sachsen um Uebertragung der Oberhauptswürde an Preußen. (An den Verfassungs-Ausschuß.)

32. (6658) Deßgleichen des constitutionellen Vereins in Schwerin für Uebertragung an Preußen, übergeben vom Abgeordneten Böcler. (An den Verfassungs-Ausschuß.)

33 (6659) Petition vieler Bürger zu Salzungen in Meiningen, um Uebertragung der Würde eines erblichen Oberhauptes über das gesammte Deutschland an das Haus Hohenzollern, übergeben vom Abgeordneten Johannes. (An den Verfassungs-Ausschuß.)

34. (6660) Fernere Adresse des Bürgervereins zu Altenburg für Uebertragung der erblichen Kaiserwürde an Preußen, übergeben vom Abgeordneten Briegleb. (An den Verfassungs-Ausschuß.)

35. (6661) Petition des constitutionellen Vereins zu Celle in gleichem Betreff, übergeben vom Abgeordneten Winter. (An den Verfassungs-Ausschuß.)

36. (6662) Deßgleichen des constitutionellen Vereins zu Laage in gleichem Betreff, übergeben vom Abgeordneten Thöl. (An den Verfassungs-Ausschuß.)

37. (6663) Deßgleichen des constitutionellen Vereins in Güstrow in gleichem Betreff, übergeben vom Abgeordneten Thöl. (An den Verfassungs-Ausschuß.)

38. (6664) Bitte des Gutsbesitzers Karl Bötzel zu Mokronos in Posen um Aufnahme seiner Ortschaft in den deutschen Theil Posens, überreicht durch den Abgeordneten Löw von Posen. (An den völkerrechtlichen Ausschuß.)

39. (6665) Gesuch der Bewohner der Immediat-Stadt Schroda um Aufnahme Schroda's mit ihrem Weichbilde in den deutschen Bund. (An den völkerrechtlichen Ausschuß.)

40. (6666) Gesuch der Aeltesten des Seeglerhauses zu Kolberg, die Friedensunterhandlungen mit Dänemark, resp. die Beseitigung des Sund- und Beltzolles betreffend, übergeben vom Abgeordneten Rahm. (An den völkerrechtlichen Ausschuß.)

41. (6667) Gleiches Gesuch der Vorsteher der Kaufmannschaft zu Stettin, übergeben vom Abgeordneten Rahm. (An den völkerrechtlichen Ausschuß.)

42. (6668) Gleiches Gesuch der Vorsteher der Kaufmannschaft in Wolgast, übergeben vom Abgeordneten Rahm. (An den völkerrechtlichen Ausschuß.)

43. (6669) Gleiches Gesuch des Vorsteheramts der Kaufmannschaft zu Königsberg, übergeben von Demselben. (An den völkerrechtlichen Ausschuß.)

44. (6670) Dankadresse Frankfurter Bürger, die Grundrechte des deutschen Volks betreffend, übergeben vom Abgeordneten Dr. Jucho. (An den Petitions- und Prioritäts-Ausschuß.)

45 (6671) Beschwerde des Herrn Krackrügge in Erfurt über Aufhebung des Versammlungs- und Vereinigungsrechts, sowie wegen Unterdrückung der Presse und des Buchhandels, übergeben vom Abgeordneten Hoffbauer. (An den Petitions- und Prioritäts-Ausschuß.)

Die Redactions-Commission und in deren Auftrag Abgeordneter Professor Wigard.

Druck von Joh. David Sauerländer in Frankfurt a. M.

Stenographischer Bericht

über die

Verhandlungen der deutschen constituirenden National-Versammlung zu Frankfurt a. M.

Nro. 168. Samstag den 10. Februar 1849. VII. 13.

Hundert und sieben und sechszigste Sitzung.

(Sitzungslocal: Paulskirche.)

Freitag den 9. Februar 1849. (Vormittags 9 Uhr.)

Präsident: **E. Simson** von Königsberg.

Inhalt: Verlesung des Protokolls. — Austrittsanzeige des Abg. Quante. — Verweisung neu eingetretener Mitglieder in die Abtheilungen. — Marinebeiträge. — Berichtsanzeige des Prioritätsausschusses, eine Reihe von Eingaben an die Nationalversammlung betr. — Interpellationen an das Reichsministerium: 1) des Abg. Werner von Oberkirch, die Suspension des Abg. Gritzner von Amt und Gehalt betr.; 2) des Abg. Culmann, die Verkündigung der Grundrechte in Bayern betr.; 3) des Abg. Siemens, die von deutschen Industriellen entworfenen Zolltarife betr. — Antwort des Reichsministeriums auf die Interpellation des Abg. Rauwerck, die Vereinigung der anhaltischen Fürstenthümer betr. — Interpellation des Abg. Pfeiffer an den Ausschuß für das Verhältniß der Einzelstaaten zur Centralgewalt, seinen Antrag bezüglich der Ausnahmezustände in Preußen betr. — Fortsetzung der Berathung über § 30 der Grundrechte und den vom volkswirthschaftlichen Ausschusse erstatteten Bericht über die eingegangenen Anträge auf Bürgschaft und Schutz der Arbeit.

Präsident: Die Sitzung ist eröffnet. Ich ersuche den Herrn Schriftführer, das Protokoll der vorigen Sitzung zu verlesen. (Schriftführer Biedermann verliest dasselbe.) Ich frage, ob Reclamation gegen das Protokoll ist? (Es erfolgt keine.) Es ist keine Reclamation; das Protokoll ist genehmigt. — Der Abgeordnete für den Wahlbezirk Arnstein im Königreiche Bayern, Herr **Quante**, zeigt seinen Austritt für den 19. dieses Monats an. Diese Anzeige geht an das Reichsministerium des Innern zur weiteren Veranlassung. — Die seit dem Montage neu **eingetretenen drei Deputirten**, die Herren v. Schrötter aus Preuß. Holland, Stellvertreter des Herrn Ungerbühler; Dinstl aus Krems, Stellvertreter des Herrn Drinkwelder und Behnike aus Hannover, Stellvertreter des Herrn Dammers, habe ich nach den Bedürfnissen der Abtheilungen: den ersten in die erste, die beiden zuletzt genannten Herren in die fünfzehnte Abtheilung verwiesen. — Herr Welcker überreicht einen nachträglichen Beitrag von 5 fl. 51 kr. zu dem von Eppingen, im Großherzogthum Baden, früher eingesendeten Beitrag zur **deutschen Flotte**. — Herr Hadermann von Frankfurt am Main zeigt dem Präsidium an, daß er und Dr. Behagel am 7. dieses Monats die Summe von 3300 fl. 35 kr. an das Reichsministerium der Finanzen als Beitrag zur deutschen Flotte abgeliefert haben. (Bravo.) Diese Summe ist der Reinertrag einer Verloosung weiblicher Handarbeiten, welche von Frankfurter Frauen und Jungfrauen zum Besten der deutschen Flotte veranstaltet war und am 27. vorigen Monats stattgefunden hat. Herr Hadermann spricht im Auftrage der Unternehmerinnen den Wunsch aus, es möchte von der gedachten Summe der Compaß und — so weit sie reicht — das Segelwerk einer deutschen Fregatte angeschafft werden. Wir sprechen für diesen so erheblichen Beitrag unsern Dank aus und die Hoffnung, daß damit nach dem Wunsche der edlen Geberinnen werde verfahren werden! — Der Abgeordnete Winter übergibt einen Beitrag von 44 Thlr. 6 Gr. 3 Pf., welche aus Wettingen und der Umgegend bei dem Comité zur Förderung der deutschen Flotte in Celle am 5. dieses Monats eingegangen sind. Auch in Beziehung auf diese Gabe sprechen wir den Dank der Versammlung aus, und verweisen dieselbe an das Reichsministerium der Finanzen. — Herr v. **Buttel** hat einen Bericht im Namen des Prioritäts- und Petitionsausschusses anzuzeigen.

v. Buttel von Oldenburg: Meine Herren! Der Prioritätsausschuß hat Ihnen bereits vier Berichte über solche Eingaben vorgelegt, die sich zu den Ansprachen legen lassen. Ich habe hiermit einen fünften anzukündigen, derselbe befaßt 128 Eingänge und wird jetzt dem Präsidium übergeben werden.

Präsident: Ich werde den Bericht drucken lassen und auf eine künftige Tagesordnung stellen. Es sind einige **Interpellationen** zur Kenntniß der Versammlung durch Verlesung zu bringen, zuvörderst des Abgeordneten **Werner** von Oberkirch an das Reichsministerium der Justiz.

Werner von Oberkirch:

„Interpellation an das Reichsministerium der Justiz. — Der Präsident des österreichischen Generalrechnungsdirectoriums erließ an den in Kärnthen zur deutschen Nationalversammlung gewählten Abgeordneten Gritzner am 27. vorigen Monats folgende Verfügung:

> „Die bei dem hiesigen Criminalgericht wegen Ihrer Theilnahme an den letzten October-Ereignissen eingeleitete Untersuchung legt mir die Nothwendigkeit auf, Sie einstweilen vom Amte und Gehalte zu suspendiren, und es wird daher unter Einem die Verfügung

getroffen, daß Ihre Bezüge mit dem 1. Februar dieses Jahres eingestellt werden."

Nach Artikel 1 des Reichsgesetzes vom 30 September vorigen Jahres kann aber ein Mitglied der Nationalversammlung **ohne Zustimmung** der ersteren nicht in strafrechtliche Untersuchung gezogen werden; eine solche Zustimmung ist aber im vorliegenden Falle bis jetzt nicht einmal nachgesucht worden.

Der Beschluß der Nationalversammlung vom 13. vorigen Monats scheint zwar das Verhältniß von Deutsch-Oesterreich zu Deutschland in Frage stellen zu wollen; allein das österreichische Volk hat ausdrücklich und durch Nichtabberufung seiner Abgeordneten stillschweigend sich als Bestandtheil der deutschen Nation bekannt, und auch die Nationalversammlung hat durch fortgesetzte gemeinschaftliche Verhandlungen mit den österreichischen Abgeordneten diese historische Thatsache anzuerkennen beliebt. Ueberdieß enthält das Reichsgesetz vom 30. September vorigen Jahres nur Bestimmungen für die Dauer der constituirenden Versammlung und zwar zum Schutze des rechtlichen Bestandes derselben. —

Diese Bestimmungen müssen darum, abgesehen von allen andern Vereinbarungs- und Verständigungsfragen bezüglich der Schöpfungen der Nationalversammlung für alle Bezirke, welche dieselbe beschickt haben, bindend sein. Auch wurde dieses Gesetz nach einer früheren Mittheilung des Reichsministers der österreichischen Behörde zugefertigt.

Die Einleitung einer Criminaluntersuchung gegen den hier anwesenden Abgeordneten Gritzner, sowie dessen Suspendirung vom Amte und Gehalte, ohne förmliche Zustimmung der Nationalversammlung, ist hiernach eine ungesetzliche Verfolgung desselben, und enthält von Seiten der österreichischen Regierung nach der Ermordung Robert Blums eine wiederholte Mißachtung der Nationalversammlung.

Ich stelle sofort an den Reichsminister der Justiz die Frage:

„was er zur Beseitigung dieser Rechtsverletzung und zur Befolgung des Gesetzes vom 30. September vorigen Jahres Seitens der österreichischen Behörde vorzukehren gedenke?"

Frankfurt, den 8. Februar 1849 — Werner aus Oberkirch. Unterstützt von: Simon von Trier, Rühl von Hanau, Wiesner, Schütz, Titus, Hoffbauer, Culmann.

Präsident: Der Herr Reichsminister der Justiz wird nach seiner schriftlichen Anzeige diese Interpellation am Montag den 12. dieses beantworten. — Eine Interpellation des Abgeordneten **Culmann**!

Culmann von Zweibrücken:

„Interpellation des Abgeordneten Culmann und Genossen. — In Erwägung, daß das Gesammtministerium von Bayern durch das Organ des Ministers des Innern in der Sitzung der Kammer der Abgeordneten in München vom 30. v. M. gelegentlich der von 69 Mitgliedern dieser Kammer wegen Publication der Grundrechte eingelegten Verwahrung gegen Leistung eines unbedingten Verfassungseides, eine Erklärung abgeben ließ, in welcher folgende Stelle vorkommt:

„Von den Vorschriften unseres Staatsgrundgesetzes ausgehend, darf das Staatsministerium keine Abänderung in den Bestimmungen der Verfassungsurkunde, kein allgemeines neues Gesetz, welches die Freiheit der Personen oder des Eigenthums der Staatsangehörigen betrifft, ohne den Beirath und die Zustimmung der Landesvertretung, als gesetzlich bindend anerkennen und zum Vollzug bringen. Hieraus folgt, daß erst **dann**, wenn die von der Nationalversammlung zu Frankfurt beschlossene Reichsverfassung mit den **gesetzgebenden** Gewalten Bayerns **vereinbart** sein wird, von da an alle von der Reichsgewalt innerhalb ihrer Competenz emanirenden Gesetze ohne den Beirath und die Zustimmung sonderstaatlicher Volksvertretung auch bei uns gesetzlich bindende Kraft erlangen und vollzogen werden können und müssen; — daß aber, so lange dieses nicht geschehen, das Staatsministerium zum Vollzuge der bereits erschienenen oder noch erscheinenden Reichsgesetze, der Beistimmung der bayerischen Landesvertretung bedürfe."

In Erwägung, daß das bayerische Ministerium in dieser Erklärung der Nationalversammlung nicht bloß den ihr durch die Beschlüsse des Vorparlaments und den Gesammtwillen der deutschen Nation zugetheilten Charakter als constituirende Versammlung streitig macht, sondern sich sogar noch gegen die bindende Kraft der Reichsgesetze und damit gegen den ganzen Rechtszustand auflehnt, wie derselbe aus der Märzrevolution hervorgegangen ist.

In Erwägung, daß es der hohen Versammlung nicht gleichgültig sein kann, zu hören, welche Stellung das Reichsministerium diesem Widerstande gegenüber einzunehmen gedenkt, welchen die bayerische Regierung gegen ihre Beschlüsse erhebt, durch welche Mittel es denselben zu bekämpfen und den Angehörigen des bayerischen Staates den sofortigen Besitz und Genuß der Grundrechte in Kraft der durch das Reichsgesetzblatt geschehenen Publication zu verschaffen und zu sichern gesonnen ist.

Aus diesen Gründen bitten wir das Reichsministerium:

der Reichsversammlung seine Ansichten über jene officielle Erklärung des bayerischen Gesammtministeriums auszusprechen und derselben zugleich die Schritte und Maßregeln kund zu geben, welche es schon vorgenommen hat, oder noch vorzunehmen gedenkt, um den Reichsgesetzen, namentlich den Grundrechten, die sofortige volle Geltung in Bayern zu verschaffen."

(Bravo auf der Linken.)

Culmann. Tafel aus Zweibrücken. Spatz. Schmitt aus Kaiserslautern. Käfferlein. Mertel. Blumröder von Kirchenlamitz. Haggenmüller. Titus. Fallmerayer. G. Gulden. Geigel. Mayer.

Präsident: Die Interpellation des Abgeordneten **Siemens** an das Handelsministerium.

Siemens von Hannover:

„Interpellation. — An den Herrn Handelsminister richtet der Unterzeichnete folgende Interpellation: Der am 6. v. M. zur Anzeige gebrachte Bericht des volkswirthschaftlichen Ausschusses zu § 30 der Grundrechte, betreffend eingegangene Petitionen auf Bürgschaft und Schutz der Arbeit, beantragt: jene Petitionen dem Reichshandelsministerio zu dem Ende zu überreichen, „bei Entwurf des Tarifs den Schutz der Arbeit in Berücksichtigung zu ziehen."

Der Entwurf eines Tarifs, wie solcher den Schutz aller Arbeit am **nachhaltigsten** dem vereinten Deutschland gewähren dürfte ist von Abgeordneten des norddeutschen Handelsstandes unter'm 23. November v. J. bereits vollendet und sofort durch den Druck zur Prüfung und Beurtheilung übergeben worden.

Dem Vernehmen nach soll indeß unlängst auch von andern Industriellen der Entwurf eines solchen Zolltarifs für Deutschland angefertigt und dem Handelsministerio vorgelegt sein.

Wäre dem so, so richte ich im Interesse einer zeitigen Verständigung über die Mittel zum wahren und allgemeinen Schutze der Arbeit meine Anfrage dahin:

1) ob und wann dieser letztgedachte Entwurf eines Zolltarifs der Oeffentlichkeit übergeben werden wird;
2) ob der Auslegung dieses Entwurfes auf dem Tische

des Hauses oder mündlich vor Beginn der Berathung über den § 30 der Grundrechte etwas im Wege steht.
Frankfurt a. M.. den 7. Februar 1849. Siemens."

Präsident: Eine Interpellation des Abgeordneten Martiny. (Mehrere Stimmen: Ist nicht im Hause.) Herr Martiny ist nicht anwesend. Eine Interpellation des Abgeordneten Rösler von Oels an den Reichsminister des Aeußern. (Der Abgeordnete Rösler ist nicht anwesend.) Ich lege beide Interpellationen für den Eingang der nächsten Sitzung zurück. — Der Herr Präsident des Reichsministerraths hat das Wort!

Reichsminister v. Gagern: Die Interpellation des Abgeordneten Culmann und Genossen, die Wirksamkeit der Grundrechte und der übrigen Reichsgesetze im Königreich Bayern betreffend, bitte ich um Erlaubniß heute über acht Tage beantworten zu dürfen. — Ich habe heute nur eine Interpellation zu beantworten, diejenige des Abgeordneten Nauwerck an den Reichsminister des Innern, sie lautet:

„In Erwägung, daß die Vereinigung Anhalt-Bernburgs mit Dessau-Köthen, dem Verlangen der großen Mehrzahl der Einwohner gemäß, von der provisorischen Centralgewalt eifrigst betrieben worden ist, und angeblich sogar bei dem bernburg'schen Hofe Zustimmung gefunden hat;

in Erwägung, daß die preußische Regierung, wie verlautet, Privatansprüche einer preußischen Prinzessin auf die Allodialmasse des Herzogs von Bernburg benutzt, um jener von der Wohlfahrt des Ländchens dringend gebotenen Vereinigung Hindernisse in den Weg zu legen, obgleich jene Ansprüche durch die Vereinigung nicht im Mindesten berührt werden;

in Erwägung, daß demzufolge der Reichscommissär v. Ammon um seine Abberufung eingekommen sein soll: richte ich an das Reichsministerium die Frage:

„ob dasselbe durch die preußischen Einwände unbeirrt seine Bemühungen wegen der Vereinigung sämmtlicher anhalt'schen Gebietstheile bis zum erwünschten Ziele fortsetzen wird?"

Das Reichsministerium hält, wie die hohe Nationalversammlung aus der Beantwortung einer früheren Interpellation weiß, die Vereinigung des gesammten Anhalt für wünschenswerth und hat deßhalb auch gerne zu diesem Zwecke seine vermittelnde Thätigkeit eintreten lassen. Wenn nun auch die deßfalls durch den Reichscommissär, Herrn v. Ammon, gepflogenen Unterhandlungen nicht alsbald zu dem erstrebten Ziele geführt haben, so ist doch die Unterstellung des Herrn Interpellanten unbegründet, daß das Vermittelungsgeschäft durch Einsprache der preußischen Regierung wegen Privatansprüchen einer preußischen Prinzessin an das anhalt-bernburgische Allodial-Vermögen gehemmt worden, und darum der Reichscommissär, Herr v. Ammon, um seine Abberufung eingekommen sei.

Es ist diese Sache in ein neues Stadium getreten und die gestellte Frage kann ich dahin beantworten, daß die Vermittelung der Vereinigung der anhalt'schen Länder fortgesetzt werden wird.

Präsident: Herr Pfeiffer hat das Wort zur Interpellirung eines Ausschusses.

Pfeiffer von Adamsdorf: Meine Herren! Am ersten dieses Monats habe ich einen Antrag gestellt, betreffend die Ausnahmszustände in Berlin. Die Dringlichkeit des Antrags ward damals abgelehnt und zwar, wie mir später von mehreren Mitgliedern gesagt wurde, bloß darum, weil die Aufhebung des Belagerungszustandes in Berlin in naher Aussicht stünde. Die neuesten Nachrichten aus Berlin, und die letzten Vorgänge daselbst, namentlich die zunehmende Verachtung gegen die Freiheit der Presse und der Person, die polizeiliche Ausweisung eines früheren Staatsministers haben diese Voraussetzung als irrig bewiesen. Ich interpellire deßhalb den betreffenden Ausschuß, dem der Antrag überwiesen wurde, ich glaube es ist der sogenannte Biedermann'sche Ausschuß und frage ihn, wann er den Bericht über jenen Antrag erstatten werde. Ich glaube, daß die schleunige Berichterstattung nothwendig ist und wohl auch zu erwarten sein dürfte, da früher ein ähnlicher Antrag von dem Abgeordneten Wesendonck an denselben Ausschuß gelangt ist.

Präsident: Ich frage, ob vielleicht ein Mitglied des sogenannten Biedermann'schen Ausschusses auf die Interpellation antworten will.

v. Saucken von Tarputschen: Da ich den Vorsitzenden gegenwärtig nicht anwesend glaube, erlaube ich mir, auf die gestellte Frage zu erwiedern, daß der Ausschuß zur Berathung zusammen getreten ist, daß im Ausschuß — ich erlaube mir Dieses hier auszusprechen — der Gedanke aufstieg, ob dieß nicht eine Sache sei, die vielmehr vor das Reichsgericht gehöre, ob sich die hohe Versammlung in dieser Beziehung dem Reichsgericht gleichstellen, sich dadurch dem Rechte der Einzel-Regierungen gegenüber stellen könne, und dieses um so mehr, als bei dem vorliegenden Falle von Seite der Betheiligten keine Beschwerde eingegangen sei. Der Ausschuß hat indeß noch keine Entscheidung gefaßt, sondern sich zunächst veranlaßt gesehen, an das Reichsministerium die Bitte zu richten, die preußische Regierung zu befragen, welche Veranlassungen vorlägen, um den Belagerungszustand von Berlin zum großen Bedauern der Versammlung fortbestehen zu lassen. Das ist die augenblickliche Lage der Sache im Ausschuß.

Präsident: Wir gehen zur Tagesordnung über, zur Fortsetzung der Berathung über die noch rückständigen Paragraphen des Entwurfs der Grundrechte in Verbindung mit dem zu Artikel VI § 30 von dem Abgeordneten Degenkolb, Namens des volkswirthschaftlichen Ausschusses erstatteten Berichts. Die gestern eingegangenen Anträge sind gedruckt in Ihren Händen, mit Ausschluß des präjudiciellen Antrags des Herrn Makowiczka und Genossen, der noch im Laufe der Sitzung zur Vertheilung kommen wird. Neu eingegangen ist folgender Antrag des Herrn Zachariä von Göttingen und Anderer:

„Die Unterzeichneten beantragen zur Vermittlung des Majoritätsantrags mit dem Sondergutachten folgende Fassung des Antrags:

„Die hohe Versammlung wolle einen die Arbeit verbürgenden Paragraphen in die Grundrechte nicht aufnehmen, dagegen die darauf abzweckenden Petitionen und den Antrag des Abgeordneten Heubner dem Reichsministerium zur geeigneten Berücksichtigung überweisen.

Zachariä von Göttingen. Amstetter. Siehr. Langerfeld. v. Thielau."

Es ist ein Verbesserungsantrag zum Bericht des volkswirthschaftlichen Ausschusses zu § 30. — In der Discussion hat Herr Schütz von Mainz das Wort.

Schütz von Mainz. Meine Herren! Während Sie hier zahlreiche Gesetze berathen und beschließen, gibt es leider in unserem Vaterlande Tausende, denen das wichtigste, das erste und natürlichste aller Rechte fehlt, das Recht, im Staate leben zu können. Tausende müssen jährlich in einem fernen Lande den Lebensunterhalt suchen, den sie bei uns nicht finden. Während wir hier an dem künftigen Staatsgebäude arbeiten, stürzt das sociale Gebäude in Deutschland überall zusammen.

Täglich kommen Verlangen auf Aenderungen in den socialen Verhältnissen, auf Schutz für Handel und Gewerbe. Die Einen verlangen Freihandel, die Andern Schutzzölle, die Einen verlangen wieder Herstellung der früheren Zustände des Mittelalters, sie verlangen die Zünfte, die Andern verlangen eine vollkommene Gewerbefreiheit. Offenbar beweisen alle diese Ansprüche an die Nationalversammlung, daß außer den bloß politischen Rechten, es andere Bedürfnisse zu befriedigen gibt in unserem Vaterlande Diesen Wünschen gegenüber hat sich der Majoritätsantrag des Ausschusses auf einen ganz einfachen Artikel beschränkt; die Minoritätserachten gingen allerdings weiter, sie glaubten, daß auch denen, welche jetzt im Staate nicht den gehörigen Lebensunterhalt finden können, in der Verfassung etwas gesichert werden müsse, daß auch für sie Sorge getragen werden müsse; aber so weit sie auch gingen, so schreckten sie vor dem einen Gedanken zurück, den ein anderer Antrag aufstellte: „Das Recht auf Arbeit, die Garantie der Arbeit." Wir wußten allerdings, daß dieser Antrag nicht mit Gunst, daß er mit einem gewissen Schauder aufgefaßt werden würde. Wir haben leider gestern schon gehört, daß ehe noch unser Antrag entwickelt und begründet werden konnte, man ihm von dieser Tribüne aus schon vorwarf, daß er Schuld sei an dem Blute, das in einem andern Lande vergossen wurde. Es ist gewiß nicht möglich, meine Herren, hier auf die Geschichte eines fremden Landes so einzugehen, daß wir die vollkommene Unrichtigkeit dieser Anklage nachweisen konnten. Wenn wir näher untersuchen, und fragen, wie von jeher in der Weltgeschichte die Ereignisse sich entwickelten, so werden wir finden, daß jede neue Idee allerdings in der Weltgeschichte blutig durchgeführt wurde, nicht weil die neue Idee an und für sich diese blutigen Opfer verlangte, nicht weil Diejenigen, die an die neue Idee glaubten, es für nothwendig hielten, daß sie über Leichen und Blut aufgehe, sondern weil der Widerstand der alten Welt, der alten Zustände, stets das feindliche Zusammentreffen der neueren Gedanken mit den alten Privilegien hervorruft. Stellen wir uns auf einen höheren Standpunkt, und erinnern wir uns an die Zeit, wo die bürgerliche Freiheit der Gemeinden im Mittelalter zum erstenmale auftrat, um für den Bürger ebendasselbe zu verlangen, was man heute für die Allgemeinheit verlangt; vergessen wir nicht, daß damals die Gründung freier Gemeinde ebenfalls ein teuflisches Werk genannt wurde; erinnern wir uns, daß mit denselben Fluchworten die Freiheit des Gedankens, die Freiheit der Religion verfolgt wurde. Wenn wir mit einem Worte uns erinnern, daß alle die Gedanken, die jetzt überall ins Leben eingetreten sind, ihre Opfer auf den Scheiterhaufen schickten und unendlich viel Blut in der Menschheit vergossen wurde, um sie in die Wirklichkeit einzuführen, dann, meine Herren, dürfen wir uns nicht erschrecken lassen, wenn man heute sagt: Das Verlangen einer Garantie der Arbeit ist Schuld an den fürchterlichen Kämpfen, die in Frankreich stattfanden. Wir müssen uns vielmehr ruhig über den gegenwärtigen Kampf erheben und fragen, was ist denn der Grund der Entwickelung der Geschichte, was bedeuten denn alle diese fürchterlichen Kämpfe, in denen sich die Menschen wechselseitig tödten, stets mit der Hoffnung glücklicher zu werden? Bedeuten sie etwas anderes, als den stets fortschreitenden menschlichen Geist, der gegen die Hindernisse ankämpft, die aus den Zeiten der alten Barbarei in dem Staate noch bestehen, und der leider auch auf den Widerstand der Menschen stößt, deren Interessen an alt hergebrachte Gebräuche oder Gesetze geknüpft sind. Haben wir nicht bereits gesehen, daß durch eine fürchterliche Revolution die Herrschaft des Priesterstandes, wie des Adels und des absoluten Königthums gestürzt werden mußte. Wer von uns Allen in dieser Versammlung gibt heute nicht gerne und freudig zu, daß alle diese verderblichen Elemente der Staatsgesellschaft vernichtet werden mußten. Wer würde heute noch es wagen, die absolute Herrschaft des Königthums hier zu vertheidigen, und doch wissen Sie recht gut, daß auch gegen die Feinde dieses absoluten Königthums dieselbe Anklage vorgebracht wurde, die gegen die vorgebracht wird, welche eine neue, vielleicht die letzte Idee der menschlichen Entwickelung vertheidigen. Sind wir, meine Herren, nicht durch den Staat des absoluten Königthums, durch den Staat des Adels, der Priesterherrschaft durchgegangen, um endlich durch die große Revolution vom Jahre 1789 zum Staate des Bürgerthums, zum Staate der Bourgeoisie zu gelangen, d. h. zu dem Staate jener Classe, die sich endlich mit Recht von den Privilegien der Militärgewalt, wie aller anderen Kasten befreite, die mit ihren Mitteln Alles so ordnete, wie sie es zu ihrer Entwickelung für nöthig fand. Ist nicht jener Ausdruck eines berühmten Schriftstellers, welcher sagte: der tiers-état ist Alles, ist er nicht die Inschrift der ganzen neuen Welt, und nun, meine Herren, was ist aus diesem Staat des tiers-état geworden, was bedeutete er denn früher? Wenn das Princip der unbedingten Unterwerfung unter eine Macht von Gottes Gnaden, wenn das Recht des Schwertes, den Staat zu beherrschen, wenn dieß Alles entfernt ist, dann frage ich, welcher Gedanke bleibt denn jetzt in diesem Staate, der durch den tiers-état gegründet ist? Es bleibt der Gedanke, daß das Geld, das Capital den Staat bilde und das Recht gebe, in demselben zu herrschen. Offenbar ist der ganze Staat, der durch diese Revolution gegründet worden ist, nur darauf berechnet, dem Capitale seine vollkommen freie, unbedingte Entwickelung und Herrschaft zu garantiren. Diese Folge der Staatsentwickelung knüpft sich an den Gang der Geschichte. Es war nothwendig, daß dieselbe Classe, welche trotz der unvernünftigen Herrschaft der privilegirten Kasten sich entwickelte, sich Kräfte sammelte, um den Staat zu beleben und zu erhalten, es war natürlich, daß diese Classe endlich auch selbst einmal den Staat machte; aber ist denn dieser Staat, auf das Capital gegründet, wirklich das Ideal der menschlichen Gesellschaft? Können Sie über alle Länder blicken, in welchen bereits diese Idee sich völlig entwickelt hat, ohne nicht überall auf die schrecklichsten Folgen zu stoßen? Kommen Ihnen nicht täglich in allen Verlangen, in allen Petitionen Ausdrücke des Uebels, das überall an der Gesellschaft nagt, vor? Allerdings wäre es die größte Ungerechtigkeit, leugnen zu wollen, daß die Herrschaft der Bürgerclasse, die Herrschaft des Capitals Großes und Herrliches geschaffen hat; aber neben dem Großen liegt auch unendlich Trauriges, und wenn wir in einem Staate nur einen Menschen sterben sehen, weil er nicht die Mittel des Lebens durch seine Arbeit finden kann, so ist das das Todesurtheil einer solchen Gesellschaft, und leider wissen Sie, daß es kein Land in Europa gibt, wo dieses nicht vorkäme; und wenn daher auch die herrschende Classe noch so Schönes hervorbringt, aber nicht im Stande ist, Allen den nöthigen Unterhalt zu gewähren, so müssen Sie sagen: Es liegt hier ein großes Uebel im Staate; trotz des schönen Aeußern liegt im Innern dieses Körpers der Keim einer schrecklichen Krankheit. Uebrigens hat man leider oft diese Frage zu eng gefaßt; man hat das Uebel bloß in den sogenannten Proletariern gesucht, und ich glaube, es ist das die Ursache, warum man so oft den neueren Gedanken entgegentrat. Nicht bloß diejenigen, welche man die Proletarier zu nennen pflegt, sondern der ganze Bürgerstand, der nicht in dem Besitze des höheren Capitals ist, leidet an diesem Uebel und vielleicht leiden die mittleren Classen des Bürgerstandes noch mehr in mancher Beziehung als die sogenannten Proletarier. Das Uebel ist demnach größer und weiter verbreitet, als es auf den ersten Anblick scheint, denn was auch überall in Industrie und Handel Großes geschehen kann, es ist dennoch nicht zu läugnen, daß in allen diesen Beziehungen eine vollkommene Anarchie herrscht. Wenn diese Ausdrücke der menschlichen Thätigkeit naturgemäß geordnet wären, so hätten Sie nicht die Massen von Anfragen, von Petitionen, die Ihnen zugekommen sind, seitdem Sie hier sitzen, um die Verfassung Deutschlands zu berathen. Sie wissen besser, als ich, daß von Allem, was Ihnen zukommt, das Dringendste, Wichtigste auf eine Aenderung in den Handels- und Industrieverhältnissen sich bezieht. Sind wir aber in einer solchen Epoche angelangt, und finden wir nun, daß, gezwungen durch das Elend, die Menschheit nach einer neuen Constituirung ringt, daß die Menschheit an der Ausführung eines neuen Gedankens angekommen ist, so dürfen wir uns nicht abhalten lassen, denselben ruhig und ernstlich zu prüfen, und wenn er auch, wie schon gesagt, leider wieder durch die Leidenschaft der Einen, wie durch Widerstand der Andern in blutigen Kampf gezogen wurde, so müssen wir hier ohne Rücksicht auf jene Ereignisse den Gedanken selbst prüfen. — Wir verlangen in unserm Antrag, daß dem unfreiwillig Arbeitlosen von der Gemeinde und beziehungsweise vom Staat die Arbeit gesichert werde. Es ist das, wie es hier genannt wurde, das berüchtigte Recht auf Arbeit. Ich habe nicht nöthig zu bedauern, meine Herren, daß das Wort „berüchtigt" gesagt wurde; denn es kam aus dem Munde eines Mannes, der offenbar, wie wir, dasselbe will, und der in jenem Augenblicke vielleicht nur unter dem Eindruck sprach, den die äußeren Ereignisse hervorbringen. Ich aber sage: das heilige Recht auf Arbeit, und glaube, daß wir hier entschieden und offen Jeder seine Ueberzeugung aussprechen müssen, und namentlich in einer Sache, in welcher es sich um das Wohl von Millionen handelt. Das Recht auf Arbeit ist vielfach verläumdet, vielfach angegriffen worden. Es wurde gestern schon auf dieser Tribüne gesagt, das Recht auf Arbeit sei weiter nichts, als die Unterstützung der Faulheit. Ich, meine Herren, gebe Ihnen nicht das Recht auf Arbeit als das Mittel aus, augenblicklich in unserem Vaterlande alles Elend verschwinden zu machen; ich bin einer solchen Ansicht nicht fähig; aber was ich in dem Recht auf Arbeit finde, was ich durch die Aufnahme dieses Artikels in unserer Verfassung erstrebe, das ist der Beginn einer neuen Epoche, die Möglichkeit, daß der Staat, der früher Militärstaat, Priesterstaat oder bloß königlicher Staat war, der nun bloß Geldstaat ist, daß die menschliche Gesellschaft endlich werde, was sie sein soll, d. h. eine Gesellschaft von Arbeitern, eine Gesellschaft, welche jedem Menschen die Möglichkeit eröffnet, durch Anwendung seiner geistigen oder physischen Fähigkeiten den seiner Thätigkeit gebührenden Gewinn zu finden. Das ist für mich das Recht auf Arbeit und nicht die Unterstützung der Faulheit, nicht die Aufforderung an den Arbeiter, an den Staat höhere Forderungen zu stellen, als sie ihm die Privatindustrie geben kann, das liegt für mich nicht darin, es liegt, um es noch einmal zu sagen, darin für mich der Ausgangspunkt einer neuen Epoche, und mögen Sie auch, meine Herren, verschiedener Ansicht sein, über die Entwickelung unserer jetzigen Zustände; — das können Sie nicht läugnen, daß in die Gegenwart ein neues Princip eingetreten ist. Sie können es verfolgen, wenn Sie wollen, Sie können es anklagen, Sie können es aber nicht vernichten; gegen eine Idee kämpft man nicht mit Kanonen, eine Idee streckt man nicht nieder durch den Ausspruch eines Kriegsgerichtes; je mehr man sie verfolgt, desto kräftiger, desto größer wird sie. Es bleibt Ihnen also, meine Herren, nur die Wahl übrig: Wollen Sie hier als Gesetzgeber den alten traurigen Weg der Ereignisse verfolgen, wollen Sie die Entwickelung einer Idee wieder auf den Weg der Gewalt weisen; wollen Sie thun, was die frühere, weniger aufgeklärte Gesellschaft that, stets gegen eine neue Idee mit Scheiterhaufen und mit dem Schwerte auftreten; oder wollen Sie anerkennen, daß diese Idee, ob es Ihnen lieb oder nicht lieb ist, eine Folge der Entwickelung der Menschheit ist; wollen Sie sie demnach in Ihrer Verfassung aufnehmen, damit sie nicht das Mittel einzelner Parteien, nicht die Waffe Einzelner werde, sondern daß sie der Besitz der ganzen Gesellschaft sei, daß die ganze Gesellschaft berufen werde, auf friedliche und redliche Art an der Ausführung, Ausbildung und Belebung dieser Idee mitzuarbeiten. Dieses liegt meiner Ansicht nach in dem Antrage, den wir stellten. Der Abgeordnete Eisenstuck hat Ihnen gestern gesagt, daß durch die Ertheilung der politischen Rechte Sie der ganzen arbeitenden Classe der menschlichen Gesellschaft die Möglichkeit eröffnen würden, aus dem gegenwärtigen Elende herauszutreten; ich glaube, meine Herren, daß die Ertheilung der politischen Rechte allein nicht dazu führen würde, aber geben Sie diese politischen Rechte der arbeitenden Classe und stellen Sie als Staatsgrundsatz auf, daß die Gesellschaft endlich vollkommen den Zweck der Menschheit erreichen soll, dann haben Sie in diesen Arbeitern die besten Werkzeuge, um diese Idee auszuführen, — nicht die Einzelnen, nicht Systeme können hier helfen, nur wenn die Ausführung von dem Volke selbst, von denen die gerade aus dem gegenwärtigen Elende die Einsicht der Hülfsmittel schöpfen, geschieht, nur dann kann etwas geleistet werden, und es würde sicher auf eine bessere Art geschehen, wenn Sie die Leidenden selbst berufen, ihre Klagen laut werden zu lassen, ihre Gedanken mitzutheilen, als wenn Sie sie vollkommen verdrängen aus der Berathung ihrer eigenen Interessen. — Aber, könnte man fragen, ist das Princip des Staates, wie ich es aufstelle, richtig, hat der Staat wirklich den Zweck, Jedem die Ausübung seiner Kräfte und einen ihnen entsprechenden Gewinn zu sichern? Wenn, meine Herren, das nicht der Begriff des Staates ist, so kann er offenbar kein Ergebniß eines vernünftigen Gedankens sein, so ist er nur der alte Staat, der Staat des Zufalls, der Staat der Gewalt. Sobald Sie aus dem Staate einen Theil, ja nur einen Menschen ausschließen und sagen, in diesem Verbande ist dir nicht gegönnt, dein Leben durch Anwendung deiner Kräfte zu gewinnen, dann geben Sie ihm das Recht des Naturmenschen, dann kann er Ihnen und dem Staate gegenüber sagen: „wo ich kein Recht finde, da habe ich auch keine Verpflichtungen", und dann werden Sie darauf zurückgeführt, diese ganze Classe mit dem alten Systeme des Zwanges zu unterdrücken, dann kommt es dazu, daß man, was glücklicherweise hier noch nicht geschehen ist, wie ein französischer Staatsmann auf der Tribüne sagt, „die Arbeit ist ein Zwangsmittel". Meine Herren! Das war ein schreckliches, ein unheilvolles Wort, und in diesem Wort, meine Herren, liegt die ganze Erklärung der gegenwärtigen traurigen Zustände Frankreichs, — ein Zwangsmittel machte man aus der Arbeit, während die Arbeit das Höchste, das Heiligste im Staate sein sollte! Uebrigens, indem wir diesen Grundsatz an die Spitze unseres Staatsgebäudes stellen wollen, thun wir es, um den Staat zu verpflichten, auch die Mittel zur Ausführung aufzufinden, denn nicht ein Einzelner und auch nicht Systeme können hier helfen, und wenn etwas zu bedauern ist, so ist es gerade in dieser Frage das entschiedenere und unbedingte Auftreten Einzelner, die glaubten, der menschlichen Gesellschaft ihre socialen Systeme aufzwingen zu können, — daß Manche in gewissen Systemen unbedingte Rettung suchen. Das wollen wir nicht, wir wollen den Grundsatz aufgestellt wissen, daß der

Staat diese hohe Verpflichtung hat, weil wir wissen, daß der Staat auch in seiner Entwickelung die Mittel der Ausführung finden wird. Meine Herren! Wenn Sie die Verwaltung des Staates betrachten, wenn Sie sich fragen, wie ist das möglich geworden, daß in unseren so ausgedehnten Verhältnissen ein vollkommenes System der Gesetze sich ausbildete, kommen Sie da nicht auch zu dem Schlusse, daß die geistige Arbeit der Gesellschaft im Laufe der Zeit das Nöthige schuf? Fragte man bei Gründung eines Staates einen Menschen: glaubst du, daß der Staat die Verpflichtung hat, Recht und Gerechtigkeit zu handhaben? so würde er unbedingt Ja sagen; wenn man aber fragen würde, auf welche Art kann der Staat bis zu den geringsten Einzelnheiten dieser hohen Verpflichtung genügen? — hätte er darauf antworten können? und wer von Ihnen Allen würde dieß vermögen? und doch sind wir im Besitz ausgearbeiteter Gesetze? wem verdanken wir es? Wir verdanken es dem Geiste der Menschheit, der kräftigen Macht, die in der Menschheit ruht, und stets das Nöthige für das Nöthige findet. Der Mensch hat wie die ganze Natur das Princip der Einheit, der Harmonie in sich, und wo ein Bedürfniß sich geltend macht, da finden sich auch die Mittel, wenn man den Menschen seiner Natur überläßt, — aber, könnte man erwidern, das ist unmöglich; — mit diesem Worte hat man von jeher alle neuen Ideen bekämpft, unmöglich würde z. B. das Königthum gesagt haben vor 100 Jahren, wenn man ihm die gegenwärtigen Zustände vorgeführt hätte, unmöglich sagten die französischen Emigranten, als sie über die Grenze gingen, unmöglich sagten sie zu unsern deutschen Herren, daß die französischen Schneider und Schuhmacher ihr Land vertheidigen, und dennoch wurden aus diesen französischen Schneidern und Schustern große Generäle, die bürgerliche Gesellschaft von 1793 vertheidigte sich mit aller Kraft und dem Genie eines großen herrlichen Volkes, dasselbe unmöglich ruft man uns heute zu, und vielleicht wird man in künftigen Jahrhunderten über dieses unmöglich lächeln, wie die Geschichte jetzt über das unmöglich der französischen Emigranten lächelte. Darum, meine Herren, glaube ich, daß die Aufstellung des Grundsatzes, den wir vertheidigen, und daß die Annahme desselben die Gesellschaft von den Wegen einer gewaltsamen socialen Umänderung abführen könnte; es bleiben nur zwei Mittel übrig, entweder eine friedliche gesetzliche Entwickelung des neuen Gedankens oder die Revolution. Ich gestehe offen, meine Herren, in politischer Beziehung scheue ich mich nicht auszusprechen, daß ich eine Revolution oft als ein sehr gutes Mittel ansehe, mir scheint für politische Zustände die Revolution oft die Art zu sein, welche verfaulte Aeste und verdorrte Kronen von dem Baume der Gesellschaft abhauen muß, aber in socialer Beziehung wünschte ich nicht einen gewaltsamen Umsturz. Eine politische Revolution ist an sich leicht durchführbar, indem es sich nur darum handelt, an die Stelle der alten zerbrechlichen Form eine neue lebenskräftige treten zu lassen, aber eine sociale Reform verlangt eine beständige Entwicklung, hier würde die Gewalt vielleicht die Mittel der Verbesserung selbst vernichten, darum glaube ich, daß die Annahme unseres Grundsatzes einen besseren Weg für die Entwickelung der Menschheit eröffnen würde. — Wie dem auch sei, es ist die Pflicht von unserer Seite, diese Idee aufzustellen und zu vertheidigen. Der neuen Gesellschaft ist es vielleicht noch nicht gegeben, ihre Ansichten der Mehrheit annehmbar zu machen. Die neue Gesellschaft, die sich bildet, der Staat der Arbeit, er hat vielleicht noch Jahre nöthig, um vollkommen die Gesellschaft zu überzeugen von der Nothwendigkeit, der Pflicht, dieselbe zu gründen. Aber an Ihnen, meine Herren, wäre es, diese Möglichkeit zu schaffen, damit Sie nicht, wenn Sie auseinandergehen und ein deutsches Reich geschaffen zu haben glauben, neben politischen Unmöglichkeiten auch die socialen Uebel in den Bau niederlegen. Denn so sehr Sie hoffen mögen, daß die gegenwärtigen Zustände sich nach Ihrer Ansicht entwickeln werden, so wird doch Jedermann in seinem Innern fühlen, daß gar Manches unhaltbar ist. Nun, suchen Sie wenigstens das zu thun, geben Sie nämlich Denen, die leiden und dulden, die Hoffnung, daß der Staat sich so entwickeln könne, daß sie auch im Vaterlande leben können und nicht ihren Lebensunterhalt in der Ferne suchen müssen.

Präsident: Es liegt ein Antrag auf Schluß von 20 Mitgliedern vor, von Pannier, Biedermann, Stenzel und Andern. Ich muß ihn zur Abstimmung bringen. Ich bitte die Herren, Ihre Plätze einzunehmen. Diejenigen Herren, die den Schluß der Discussion über § 30 des vorliegenden Entwurfs annehmen wollen, ersuche ich, sich zu erheben. (Wenige Mitglieder im Centrum erheben sich.) Der Schluß ist abgelehnt. Herr Lette hat das Wort. — Herr Pfeiffer schlägt inzwischen folgende Fassung des § 30 vor:

„Die Besteuerung (Staats- und Gemeindelasten) soll so geordnet werden, daß die Bevorzugung einzelner Stände und Güter, namentlich auch die Steuerfreiheit der Geistlichen aufhört.

Ich bitte das Wort zu nehmen, Lette!

Lette von Berlin: Meine Herren, ich befinde mich in der Lage.... (Unruhe.)

Präsident: Ich bitte um Ruhe, meine Herren.

Lette: Ich befinde mich dießmal in der Lage, gegen einen von meinen Freunden herrührenden Antrag auf Streichung des § 30 zu sprechen, indem ich mit dessen Inhalt durch und durch einverstanden bin; dagegen muß ich mich aber, obgleich mit dem Inhalte der Minoritätserachten, die vom Verfassungsausschusse ausgehen, im Wesentlichen ebenfalls einverstanden, doch gegen die Aufnahme dieser Minoritätsgutachten in die Verfassung aussprechen. Man hält den § 30 einestheils für unnütz, anderntheils für gefährlich. Beides kann ich nicht zugeben. Wenn unsre Grundrechte, wenn die Rechte und Freiheiten, die wir hier beschlossen haben, alle Volksschichten und das politische Bewußtsein der Nation bereits durchdrungen und den Staatsorganismus bereits umgestaltet hätten, so würden alsdann die wichtigsten Principien, auf denen wir den neuen Rechtsstaat zu erbauen haben, und namentlich die gleichmäßig gerechte Besteuerung, von keiner Seite mehr bestritten werden; insbesondere der Grundsatz, daß das Maß der Besteuerung mit dem Maße der Steuerkräfte in gerechtem Verhältnisse stehen müsse. Das ist aber noch nicht der Fall. Sie haben eine große Zahl von Bestimmungen in die Grundrechte nur deßhalb aufzunehmen gehabt, weil Sie sich gleichzeitig gegen die Vergangenheit zu wenden hatten, gegen die Ueberreste des Feudalstaates, die sich auf unsere Zeit vererbt haben; nur deßhalb haben Sie Bestimmungen wegen Ablösung der Feudallasten und andere in die Grundrechte hinein genommen. Ich glaube daher, daß über ein so wichtiges Gebiet des Staatslebens, wie es die Besteuerung ist, ein Princip in den Grundrechten nicht fehlen dürfe; damit ich Ihnen dieß mit einigen Andeutungen erweise, erlauben Sie, aus dem Kreise meines Vaterlandes einige Notizen mitzutheilen. Es herrschen hier, selbst abgesehen von den Verhältnissen der Rheinprovinz und Westphalens, noch mannigfache Abweichungen in den Steuerverhältnissen. So zahlen z. B. in Schlesien die Rittergüter 28⅓ Procent des katastrirten Ertrags, die Bauerngüter 33⅓, die geistlichen Güter 40, die Klostergüter 50 Procent des Reinertrags an Grundsteuern. In der Mark und in Pommern sind die Rittergüter zur Zeit ganz steuerfrei. Sie zahlen nur einen Lehenscanon, der die Stelle der Steuer oder derjenigen Lasten vertritt, welche allerdings in früherer Zeit bedeutend waren, indem ihnen die Kriegs- und Ritterdienste oblagen, wonach sie heißen. Außerdem zahlen die Beamten wenig oder doch nur die Hälfte der Steuern, wo diese nach dem Einkommen getragen werden. Die Officiere z. B. zahlen keine Miethsteuer. Ich erwähne noch eines andern Standes, wozu mir ein Amendement meines verehrten Landsmannes, des Abgeordneten von Saldin, besonders eine Veranlassung gibt. Die Geistlichkeit zahlt weder Grund- noch Classen- noch irgend eine andere persönliche Steuer. Man könnte ihnen nun diese Steuerfreiheit wohl gönnen; dieselbe hat aber gerade auf die gesammte Wirksamkeit der Geistlichen im Volke einen sehr nachtheiligen Einfluß, wie mir Alle bezeugen werden, die das Volksleben näher kennen. Es entsteht oft eine Art Neid und Eifersucht, Mißgunst und Haß gegen die Geistlichen eben deßhalb, weil sie nicht gleiche Lasten mit dem Volke tragen. Die Wirksamkeit der Geistlichen würde überall eine viel gesichertere sein, wenn auch in dieser Beziehung Gleichheit stattfände. (Zuruf: Sehr wahr!) Es ist aber vorzugsweise in dieser Beziehung nothwendig, daß der Paragraph in die Grundrechte aufgenommen werde. Denn, wie mir eben heute gesagt wurde, haben sich mehrere Geistliche in Preußen an den betreffenden Minister gewendet, um diese Steuerfreiheit aufhören zu lassen. Es ist dieß aus gewissen Rücksichten, die man vielleicht ganz angemessen finden kann, abgelehnt worden. Wenn nun aber ein einzelner Staat für zweckmäßig erkennt, daß eine gleiche Besteuerung auch den Geistlichen nothwendig sei für ihre Wirksamkeit, so würde sich sehr leicht die Geistlichkeit dagegen streuben. Nur dadurch, daß das Princip des § 30 in der Reichsverfassung ausgesprochen wird, werden alle einzelnen Staaten in den Stand gesetzt, ein gleiches Besteuerungsverhältniß in Bezug auf Kirche und Geistlichkeit überall einzuführen. Es ist bekannt, daß z. B. in Mecklenburg die Steuerfreiheit des Adels, der Beamten und der Geistlichkeit, dieses besondere Privilegium dieser Stände, der Ausdehnung des Zollvereins wesentlich im Wege stand, indem diese Stände sich auf dem Landtage der Einführung widersetzten, weil sie dadurch indirect betroffen wurden und ihre Steuerfreiheit bedroht sahen. Es ist dem § 30 der Vorwurf gemacht worden, daß er der Particulargesetzgebung vorgreife, und ein bestimmtes Princip hinsichtlich der Art der Besteuerung dahin aufstelle, daß überall Grundsteuern eingeführt werden sollten. Gegen diesen Vorwurf muß ich den § 30 vertheidigen. Denn der § 30 bezweckt weiter nichts, als was die übrigen großen Grundzüge des Rechts und der Freiheit, die wir in den Grundrechten niedergelegt haben, beabsichtigen. Er entfernt nur die Hindernisse, die der Anwendung dieser Grundsätze in den Einzelstaaten entgegenstehen. Er stellt überall kein positives Steuersystem auf, er soll nur die Bevorzugungen, die Privilegien durchschlagend aufheben. Es ist also dies Bedenken nicht vorhanden. Wenn es einem Einzelstaate gefiele, wenn es diesen gesetzgebenden Gewalten zweckmäßig schiene, vielleicht nach dem Vorschlage des Herrn Simon von Trier eine progressive Einkommensteuer einzuführen, und zwar bis zu der Höhe selbst, womit ich nicht einverstanden sein würde, daß Jedem nur das Nothwendige zum Leben übrig bliebe, so würde doch auch in der Beziehung jeder Particularstaat völlig freies Feld behalten; er würde eben so gut alle Grundsteuern aufheben können, wie dieß in England geschieht. Man hat jenen Vorwurf gegen den § 30 durch den Einwand gegen die Einführung der Grundsteuer zu rechtfertigen gesucht, daß dieselbe besonders in denjenigen Ländern eine Ungerechtigkeit sei, wo seit langen Jahren gar keine oder eine geringe fixirte Grundsteuer bestanden hat; deßhalb sind auch vor dem März überall Entschädigungen gewährt worden für die Einführung der Grundsteuer, z. B. den Rittergütern im Königreich Sachsen, wo sie bis dahin nicht bestanden hatte. Mag man über die Entschädigungsfrage denken, wie man will, mag man die Verhältnisse des Privatrechts auf das öffentliche Gebiet der Staatssteuern übertragen, nach der Fassung des § 30 bleibt diese Entschädigungsfrage offenbar vorbehalten, sie ist nicht abgeschnitten. Wo die Steuerverhältnisse durch Verträge, durch Privatrechtstitel eine besondere Fixation, eine besondere Ordnung erhalten haben; wo gewisse Grundstücke in Folge solcher Rechtstitel befreit sind, kann immerhin eine billige Berücksichtigung und möglicherweise eine Entschädigung eintreten. Also auch von dieser Seite bietet der § 30 kein Bedenken dar. In Preußen ist derselbe Grundsatz, wie er jetzt in die Grundrechte aufgenommen werden soll, bereits im Jahre 1810 ausgesprochen worden; indessen blieb es bei diesem Ausspruch, er ist während der dreißig Jahre nicht in das Leben eingeführt worden. — Zu den Amendements und besonders zu den Minoritätserachten mich wendend, mache ich vor Allem darauf aufmerksam, daß sie in die Grundrechte nicht hineingehören. Ich habe in dieser Beziehung nur noch eine Nachlese zu halten, indem von mehreren Rednern, die vor mir hier gestanden, das Wichtigste, was gegen die Amendements gesagt werden kann, bereits ausgeführt ist. Sie gehen zum Theil aus von einer gewissen Mißgunst gegen das Capital, die sich in neuerer Zeit gegen dasselbe gebildet hat. Aber auch das Capital war bisher durch dieselben Verwaltungsgrundsätze gefesselt, welche den früheren Polizeistaat beherrschten, durch welche die volle Entwickelung der Productionskräfte gehemmt wurde. Man hat auch dem Capital seine volle Freiheit nicht gewährt, man hat namentlich die Staatsbanken als Monopole festgehalten; hätten Privatbanken wie in Schottland existirt, so würde sich das Capital um so leichter und wirksamer auch der Arbeit zugewendet haben und das Capital würde eine solche Mißgunst in viel geringerem Grade erfahren haben. Mir scheint es, es komme wesentlich nur darauf an, daß wir hier die Verfassung so schnell als möglich vollenden und feststellen. Unter dem Schutze einer wohlorganisirten Freiheit wird auch das Capital der Arbeit wieder dienstbar sein, sobald nur erst das Vertrauen wieder zurückkehrt. Was das Creditwesen anbetrifft, so wird es zu einseitig sein, nur in Bezug auf die genannten Creditanstalten etwas anzunehmen. Insoweit der Credit für die Gewerbe dadurch geordnet werden soll, gehören die Bestimmungen in die Gewerbeordnung. Dabei wird man wesentlich auf die Selbsthilfe der betheiligten Classen nach Entfesselung des Capitals und der Arbeit, in Folge des gewährten Associationsrechtes, rechnen müssen. Was die Fürsorge für die Armen betrifft, so ist in der That in den meisten Minoritätserachten, wie in den späteren Amendements nichts weiter vorgeschlagen, als was in jeder Gemeindeordnung steht und in dem Heimathsgesetz, was wir Ihnen vorgelegt haben, bereits enthalten ist, und hier den practischen Kern und Mittelpunkt derjenigen Bedingungen bildet, unter denen die Freizügigkeit zu gestatten ist. Auch ist es viel zu eng, wenn man nur den Gemeinden und eventuell dem Staate die Last der Armenpflege zuweisen will. Die Last der Armenpflege fällt wie es bereits in mehreren Staaten wirklich der Fall ist und wie es künftig bei Verbesserung der Gemeindeordnungen noch mehr geschehen wird, auch den Kreis- und weiter den Provinzialverbänden anheim, und nicht sowohl dem Staate. Was die Fürsorge für die Arbeit derer betrifft, die unfreiwillig feiern, so möchte ich den verehrten Antragsteller aus Berlin an eine Zeit erinnern, wo wir noch gemeinschaftlich auf gleichem Boden standen, im constitutionellen Club zu Berlin, auf dem constitutionellen Boden. Damals hatten wir im Club eine Arbeitscommission niedergesetzt zur

Untersuchung und Verbesserung der Verhältnisse der Arbeiter. Wir zogen einsichtsvolle und ehrenwerthe Arbeiter aus denen zu, die damals in der Gegend der Hauptstadt öffentliche Arbeiten verrichteten, und hörten sie über ihre Verhältnisse und Wünsche ab. Die Noth des Augenblicks und theilweise auch wohl gewisse damals auftauchende socialistische Ideen waren für den Umstand nicht ohne Einfluß, daß alle Arbeiter gleichen Lohn bekamen, der Faule so viel wie der Fleißige, der Ungeschickte so viel wie der Geschickte; dadurch bildeten sich nun in Berlin die großartigsten Bummlerassociationen; keiner wollte es dem andern in der Arbeit zuvorthun. Wie glaubhaft versichert wurde, leisteten sieben Arbeiter nicht so viel, als ein brauchbarer und geschickter Arbeiter hätte leisten können. Es hatte ein solches System weiterhin die Folge, daß der Staat und die Stadt unerhörte Summen verschwenden mußten für eine Arbeit, die der Nation nichts nutzte und daß die Stadt späterhin veranlaßt wurde, Schulden zu machen. Wir haben also auch in Deutschland einige solcher Specimina von dieser socialen Idee über die Garantie der Arbeit aufzuzeigen, wenn wir auch schneller davon geheilt worden sind; außerdem ist bekannt, und namentlich können es meine Freunde aus Ostpreußen bezeugen, daß gerade erst durch die Einführung der Accordarbeit bei den öffentlichen Bauten, die wesentlich darauf hinausläuft, daß der Fleißige mehr verdient als der Faule, der Geschickte mehr als der Ungeschickte, ein besserer Sinn in die Arbeiter gekommen ist, eine größere Rührigkeit und Geschicklichkeit, welche wiederum dem Landbau wesentlich zu statten gekommen sind. Wenn man darauf anträgt, es solle der Staat die Fürsorge für die unfreiwillig Arbeitslosen übernehmen und diesen Antrag auf die socialen Ideen der Neuzeit zurückbezieht, so möchte ich doch die Herren Antragsteller bitten, sich etwas mehr im Leben umzusehen. Ich glaube, daß es keinen Staat gibt, der diesen Grundsatz nicht anerkannt hätte. In Zeiten der Noth hat man nur, um den Arbeitsfähigen Arbeit zu schaffen, Millionen auf öffentliche Bauten verwandt; in Ost- und Westpreußen hatte man daher das Paradoxon, man wünsche die Noth herbei, um Chausséen und gute Landstraßen zu bekommen. Gerade die Zeiten der Noth und die praktische Ausübung jenes Princips haben diese Anlagen hervorgerufen, und allerdings will ich es nicht loben, daß man nicht früher daran gedacht hat, durch eben solche öffentliche Anlagen dem Beginn der Noth und der Verarmung zu rechter Zeit zu begegnen. Es ist von dieser hohen Versammlung das Wichtigste für die Armen gethan, die beste Fürsorge beruht in jenen großen und wichtigen Grundrechten, dem Rechte gleicher Befugniß, an der Nationalarbeit Theil zu nehmen, in dem unentgeltlichen Unterricht in Volks- und Gewerbeschulen und in dem Associationsrecht. Das Associationsrecht wird künftighin vielleicht weniger dazu benutzt werden, um über gewisse Lieblingstheorien der Gegenwart, über die sociale Republik, über Verminderung oder Streichung der Civillisten und dergleichen zu debattiren, als gerade dazu, über die materiellen Verhältnisse der Arbeiter unter ihnen selbst sich aufzuklären und durch vereinte Kraft gemeinschaftlich die zur Verbesserung ihrer Lage wünschenswerthen Einrichtungen herbeizuführen. Ich erkenne in Beziehung auf das Associationsrecht selbst an, daß die Arbeiter, wie es in England geschieht, vollkommen berechtigt sind, sich behufs der Bestimmung oder Verständigung über die Lohnsätze zu associiren, und daß die entgegenstehenden Strafbestimmungen in den Gesetzen gestrichen werden müssen. Es würde dieselbe Folge haben, wie in England, wo sich diese Verhältnisse im Verlauf der letzten zwanzig Jahre durch das Associationsrecht angemessen regulirten. Wenn wir die großen Rechte und Freiheiten, die wir in den Grundrechten und in der Verfassung für das deutsche Volk niedergelegt haben, ins Leben einführen, wenn wir gemeinschaftlich Hand anlegen, um die mächtigen Wirkungen, die wir von denselben für die Volkswohlfahrt erwarten, allmälig herbeizuführen; so könnten wir die Garantie der Arbeit auf sich beruhen lassen und wir werden diese theils thörichten, theils gefährlichen Theorien am besten durch die feste Organisation der Freiheit und der Einheit des Vaterlandes beseitigen.

Präsident: Von Herrn **Siemens** ist ein eventueller Antrag übergeben worden, eventuell für den Fall, daß das Minoritätserachten zu dem Berichte des volkswirthschaftlichen Ausschusses abgelehnt würde, des Inhalts:

> „Die hohe Nationalversammlung wolle in der Erwägung, daß die Grundsätze über die besten Mittel, die nationalen Arbeitskräfte möglichst zu entwickeln und in Anwendung zu bringen, hier nicht zum Abschluß gebracht werden können, die darauf Bezug habenden Petitionen allerdings dem Reichsministerio zur Berücksichtigung überweisen, ohne jedoch des **Zolltarifes** und seiner etwaigen Wirksamkeit auf den Schutz der Arbeit dabei zu erwähnen.“

Herr Simon von Trier hat das Wort!

Simon von Trier: Meine Herren! So sehr auch unsere Ansichten in Betreff der Verfassung und verschiedener Grundrechte auseinandergegangen sind, so haben wir uns doch stets in einer Behauptung vereinigt, in der nämlich, daß wir gleichmäßig Alle das „**Wohl des Volkes**“ befördern wollten. Man findet wohl Leute, die aufrichtig genug sind, zu sagen: wir sind keine Republikaner, keine Demokraten, ja sogar keine constitutionelle Monarchisten; ich habe aber noch Niemanden gefunden, der so aufrichtig gewesen wäre, zu sagen, daß er das „**Wohl des Volkes**“ nicht wolle, oder daß er nicht sowohl das Wohl des **ganzen** Volkes, als vielmehr das eigene und das seiner Standes- und Besitzgenossen erstrebe. Um von den Verfassungsfragen und denen über die Grundrechte bis zum Wohle des Volkes zu gelangen, dazu gehört immerhin eine Anzahl von Schlüssen, zu welchen sich leicht auch Trugschlüsse hinzugesellen, die nicht jedem Auge erkennbar sind. (Auf der Rechten und im Centrum: Sehr wahr!) Wenn es aber je eine Verhandlung gegeben hat, bei welcher es sich herausstellen muß, wer denn so eigentlich am Ende des Endes das wahre Wohl des Volkes will, dann ist es die gegenwärtige Verhandlung. Ich bitte Sie, meine Herren, sich nicht durch die Behauptung beirren zu lassen, die Steuerfrage gehöre als **Verwaltungs**frage oder als Sache der **Einzelstaaten** nicht zu Ihrer Competenz, oder es gebreche Ihnen an der Macht, die richtigen Steuergrundsätze festzustellen und ins Leben einzuführen. Die Feststellung der **Steuergrundsätze** ist allerdings Sache der Gesetzgebung, nur deren Ausführung gehört dem Gebiete der **Verwaltung** an. Und, meine Herren, sowohl Sie das Recht hatten, dem Einzelstaate vorzuschreiben: „Du sollst in Volks- und niedern Gewerbeschulen freien Unterricht gewähren,“ eben sowohl haben Sie auch das Recht und die Competenz, zu sagen: der Einzelstaat soll da, wo nur die Nothdurft vorhanden ist, nichts hinwegnehmen! Eben so wohl als Sie sagen konnten: „Es soll der Geist des Einzelnen nicht durch die Censur mißhandelt werden,“ eben sowohl haben Sie auch das Recht und die Competenz zu sagen: es soll der Leib des Einzelnen nicht durch unerschwingliche Abgaben gepeinigt werden. Wäre endlich Ihre Macht auch gegenwärtig nur auf den Satz zurückzuführen: „**Die Wissenschaft und ihre Lehre ist frei!**“ so würde ich Ihnen nichts desto weniger zumuthen, auch in der Steuerfrage wenigstens Ihr moralisches Gewicht geltend zu machen. Die von Ihnen beschlossenen Grundrechte werden zur Geltung gelangen, wenn nicht heute, dann morgen oder in naher Zukunft. Das ist meine Ueberzeugung! Freilich treten ihnen bestehende Verhältnisse entgegen. Aber auch sie treten den bestehenden Verhältnissen entgegen, und werden am Ende doch durchdringen. Ich gehe nun zur Steuerfrage über und lege Ihnen dieselbe ganz besonders an's Herz, indem der bisherigen Verhandlung der Kern einigermaßen abzugehen schien. Die verschiedenen vorliegenden Anträge haben mich nicht befriedigt. Der Antrag der Majorität im § 30 geht eigentlich bloß auf Beseitigung der Steuerexemptionen, ohne jedoch die Steuergrundsätze selbst zu berühren. Der Minoritätsantrag spricht von „Verminderung und demnächstiger Aufhebung aller Abgaben, welche auf den nothwendigsten Lebensmitteln haften.“ Meine Herren! Wenn Sie bloß dieß aussprechen, so geben Sie der Willkür der Einzelstaaten so viel Spielraum, daß die Realisirung Ihrer Grundsätze in die weiteste Ferne gerückt wird; wenn Sie bloß „Verminderung und demnächstige Aufhebung“ anordnen, so werden die Einzelstaaten sagen: Ja! wir brauchen nicht gleich diese Grundsätze in's Leben zu führen, wir werden dieß „demnächst“ thun. Sie geben den Einzelstaaten dadurch ein Mittel an die Hand, die Ausführung zu verzögern und überhaupt auf die lange Bank hinaus zu schieben. Indem ich mich für die fortschreitende Einkommensteuer ausspreche, lege ich den Satz zu Grunde, daß, wer nur die Nothdurft hat, nichts bezahle, wer wenig mehr als die Nothdurft hat, wenig, wer Viel hat, Viel, und zwar desto mehr, je mehr er besitzt. Eine solche Besteuerung ist gerecht. Denn derjenige, welcher Viel besitzt, Capitalien, Grundstücke, Häuser und Fabriken, nimmt ja den Schutz aller Zweige der Staatsgewalt in so umfassendem Maße in Anspruch, daß das bischen Schutz, welches der Arme für sein nacktes Dasein in Anspruch nimmt, dagegen gar nicht in Anschlag zu bringen ist. Dieselbe ist aber auch gerecht in einem höhern Sinne, weil sie allein auf die Leistungsfähigkeit Rücksicht nimmt. Wenn Sie die Leistungsfähigkeit eines Menschen ermessen und erschöpft haben, dann hat der Staat von demselben gar nichts mehr zu fordern. Deßhalb, meine Herren, verlange ich auch die Ausschließlichkeit der Einkommensteuer, d. h. die Beseitigung aller übrigen Steuern. Die übrigen directen Steuern gehen alle auf das Einkommen zurück, jedoch sehr unsicher und unzuverlässig, so z. B. in Preußen die Classen-Steuer, welche an schlechter Classeneintheilung leidet, indem die unterste Stufe mehr erträgt, als die beiden obersten zusammen, wie dieß durch statistische Nachweise erwiesen ist; so die Gewerbesteuer, insofern sie sich nach der Anzahl der beschäftigten Gesellen richtet; so die Grundsteuer, welche auf den Bodenertrag Rücksicht nimmt. Da nun allen diesen Steuern der Zweck zu Grunde liegt, auf das Einkommen zurückzugehen, so sehe ich nicht ein, warum dieselben nicht alle in einer wohlgeregelten Einkommensteuer aufgehen sollten, und zwar die Grundsteuer keineswegs ausgenommen. Wenn Sie nämlich die Grundstücke nach der Grundsteuer belasten, so besteuern Sie die ganzen Früchte und nehmen keine Rücksicht auf das Capital, welches als Hypothek darauf haftet, Zinsen verlangt und dadurch Früchte verschlingt. Wenn Sie aber die Grundstücke unter die Einkommensteuer fallen lassen, so steuert das Grundstück nicht von den ganzen Früchten, sondern nur nach Abzug derjenigen, welche durch die Zinsen des darauf haftenden Capitals verschlungen werden. Bin ich sonach der Ansicht, daß alle directen Steuern in der Einkommensteuer aufgehen müssen, dann behaupte ich um so mehr, daß die indirecten Steuern beseitigt werden müssen. Man führt zu deren Gunsten gewöhnlich die Leichtigkeit der Erhebung an. Man sagt, es werde diese Steuer nur von Wenigen erhoben und vertheile sich durch das Leben von selbst, indem sie ein Factor in den Bestimmungsgründen des Preises werde. Ich will aber keine Steuer, welche sich durch das Leben von selbst vertheilt, ich will vielmehr eine solche, welche durch den berechnenden Verstand auf Grundlage der Gerechtigkeit und Leistungsfähigkeit vertheilt wird. Dagegen stehen diesem angeblichen Vortheile die erheblichsten Nachtheile entgegen, so die Nothwendigkeit verschiedener Steuerlinien im Innern des Landes, die dadurch herbeigeführte Hemmung des Verkehrs, so die Erleichterung der Defraudation, insbesondere aber die Höhe der Hebungskosten, welche z. B. in Preußen in den kleineren Städten 18, in den größeren 8 Procent betragen, und unter allen Umständen die Erhebungskosten der directen Steuern übersteigen. — Als fernern Grund für die indirecten Steuern führt man gewöhnlich die Leichtigkeit der Bezahlung an. Dieselben entrichteten sich unmerklich nach Willkür und Bequemlichkeit. Dieser Einwand kommt mir eigenthümlich vor; Sie gehen doch alle von dem Gesichtspunkte der Ordnung aus und sind keine Freunde der Anarchie. Nun so nehmen Sie auch in der Familie die Ordnung als Grundlage an und da frage ich Sie, ob es nicht einem geordneten Familienhaushalte ganz gleichgültig ist, ob täglich ein Silbergroschen oder monatlich ein Thaler, ob täglich zwei Pfennige oder jährlich zwei Thaler bezahlt werden müssen. Wer monatlich keinen Thaler, jährlich keine zwei Thaler zu entbehren hat, der kann eben so wenig täglich einen Silbergroschen, als zwei Pfennige missen. Dieser Grund ist also offenbar ein bloßer Scheingrund. Endlich führt man für die indirecte Steuer an, der Fremde bezahle dieselbe mit. Vom menschlichen Gesichtspunkte aus finde ich darin keinen absoluten Vortheil. Ich möchte auch dem armen Fremden von der Nothdurft Nichts wegnehmen. Uebrigens ist die Vertheuerung der Lebensmittel eben kein Anziehungsmittel für Fremde. — Sind diesemnach die Vortheile nur scheinbar, so sind dagegen die Nachtheile offenkundig. Schon Friedrich der Große hat gesagt, daß für das Bestehen des Staates diejenigen Steuern die verderblichsten seien, welche die nothwendigsten Lebensmittel treffen und vertheuern. Gerade der Aermste wird dadurch am meisten bedrückt. Je größer eine arme Familie, je schmaler also das Auskommen, desto mehr muß sie bezahlen. So oft die Hausfrau eine Hand voll Salz, ein Pfund Brod, ein Stückchen Fleisch kauft, so oft muß sie die indirecte Steuer mitentrichten. Ja selbst derjenige, welcher von Wohlthaten, von Almosen lebt, muß diese ungerechte Steuer mitbezahlen. (Unruhe.) Er thut es allerdings mit dem Gelde des Wohlthäters, mit dem Almosen; aber — Sie wissen das eben so gut als ich — der Wohlthäter ist bei weitem nicht immer der Reiche. Die Wohlthaten, das Almosen zu kürzen, ist aber doch wahrlich des Staates unwürdig. Ich kann mich daher mit Herrn Moriz Mohl nicht einverstanden erklären, wenn er sagt: Ist der Staat größerer Mittel bedürftig, z. B. für Anlagen von Straßen, Brücken, Eisenbahnen, so werden dieselben auf dem Wege der Einkommensteuer nur schwer, viel besser dagegen auf dem der indirecten Steuern aufzubringen sein. Zu solchen großen Anlagen möchte ich den Schweiß der Armen am wenigsten in Anspruch nehmen. Halten Sie diesen Schweiß heilig, meine Herren, halten Sie ihn um so heiliger, als ja gerade solche Anlagen den ausgebreiteten Geschäften der Reichen weit mehr dienen, als dem beschränkten armen Manne. — Gegen die erhobenen Beschuldigungen wird wohl eingewendet, der Arme erhebe die indirecte Steuer im Arbeitslohne vom Arbeitgeber wieder, und umgekehrt werde, wenn man die Einkommensteuer einführe, der Arbeitgeber den durch die Einkommensteuer erlittenen Nachtheil dem Arbeiter wieder am Lohne kürzen, so daß es am Ende auf Ein- und Dasselbe hinauskomme. Es mag sein, daß die Arbeitgeber, welche durch die Einkommensteuer betroffen werden, sich dafür an dem Arbeiter zu erholen suchen. Aber ich verlange vom Staate vor Allem eine gerechte Steuerbasis, auf welcher sich der Arbeiter in der Defensive, nicht aber in der Offensive befinde. Wenn der Arbeiter die indirecte Steuer im Arbeitslohne vom Arbeitgeber wieder erheben soll, so muß er dabei angriffsweise zu Werke gehen; wenn aber nach Aufhebung der indirecten Steuern und Einführung der Einkommensteuer der Arbeitgeber den durch diese letztere erlittenen Nachtheil dem Arbeiter am Lohne wieder kürzen will, so muß der Arbeitgeber angriffsweise verfahren. Ich darf vom Staate vor Allem verlangen, daß er keine ungerechten Gesetze gebe, welche den Reichen begünstigen, den Armen bedrücken. Ich darf vor Allem eine gerechte Steuergrundlage verlangen, auf welcher sich der Arme so gut vertheidigen mag, als er kann. Bedenken Sie überdieß, meine Herren, daß jetzt überall Habeas-Corpus-Acten eingeführt werden sollen, welche die Controle über die indirecten Steuern fast unmöglich machen. Sofern ein Eindringen der Steuerbeamten in die Wohnungen der Steuerpflichtigen ohne Mitwirkung des Richters nicht mehr stattfinden darf, würden beim Fortbestande der indirecten Steuern die Mühlen, die Fleischer- und Bäckerläden die privilegirten Schlupfwinkel der Defraudation werden, und darum sage ich, bewahren Sie die Unverletzlichkeit der Wohnung und schaffen Sie jene ungerechte Steuer ab! Ich glaube somit die Einkommensteuer als die einzig gerechte nachgewiesen zu haben. Ich bin aber auch der Meinung, daß sie eine fortschreitende sein müsse. Würde derjenige, welcher 1000 Thaler Einnahme hat, 50 Thaler bezahlen, so würde derjenige, welcher 2000 Thaler einnimmt, offenbar mehr als 100 Thaler bezahlen können. Je mehr sich die Einnahme über den nothwendigen Bedarf hinaus dem Ueberflusse nähert, desto mehr, glaube ich, kann auch davon durch den Staat weggenommen werden; darin liegt keineswegs, wie Herr M. Mohl meint, eine Strafe des Fleißes. Könnte man annehmen, es seien alle Einnahmen Früchte des Fleißes, was wahrlich nicht der Fall ist, so würde dieser Fleiß ja immerhin belohnt bleiben, indem die Einkommensteuer ja nur einen Theil des Einkommens in Anspruch nimmt. Dagegen sind die indirecten Abgaben vielmehr Strafen des Elendes; denn, wie ich schon bemerkt, je größer die Familie eines Armen ist, um so mehr muß er für Salz, Brod und andere Nahrungsmittel an den Staat entrichten. — Man setzt aber der Einkommensteuer entgegen, es käme nicht bloß auf die Einnahmen, sondern auch auf die Ausgaben an. Aber so nenne man mir doch eine der übrigen Steuern, welche auf die Ausgaben Rücksicht nimmt? Geschieht dieß etwa bei der Grund-, Gewerbe-, Mahl- und Schlachtsteuer? Trifft nicht die letztere gerade den am härtesten, der die größte Familie, also die größten Ausgaben hat? Wenn irgendwo geeignete Rücksicht auf die Ausgaben genommen werden kann, dann ist dieß bei der Einkommensteuer der Fall. Zunächst läßt dieselbe einen billigen Satz für den nothwendigsten Lebensunterhalt frei, und wo dieß nicht ausreicht, werden die gemeindeeingesessenen Steuergeschworenen nachhelfen. Ein Hauptgrund gegen die Einkommensteuer wird darin gefunden, daß sie ein mißliebiges Eindringen in die Familien- und Creditverhältnisse nöthig mache, und allerdings bin ich der Meinung, daß eine [illegible] der Gemeinde[illegible] gesessenen die Selbstangabe der Steuerpflichtigen überwache. Aber, meine Herren, sieht es denn so schlecht in den Familien aus? Wollen Sie auch den unverdienten Credit beschützen? Es mag Gegenstände geben, welche vor der Oeffentlichkeit geschont sein wollen. Dazu rechne ich aber nicht den unverdienten Credit, nicht die schlechtverhüllten Bankerotte, welche oft das kleine Capital mit in ihren Sturz verwickeln. Uebrigens würde dieses Eindringen wohl in der Regel nur als Strafe falscher Selbstangabe eintreten, und wenn dadurch ein offener, ehrlicher und solider Verkehr befördert würde, so würde ich darin sogar einen großen Vortheil erblicken. Herr Moriz Mohl befürchtet, es möchten bei der Einkommensteuer die gebildeten, honnetten Leute durch ehrliche Angabe ihres Einkommens zu kurz kommen; während die ungebildeten das wahre Einkommen unehrlich verschwiegen. Ich will nicht untersuchen, wo die Bildung und Ehrlichkeit vorzugsweise zu finden sind. Es ist möglich, daß bei der Selbstangabe Unterschleif versucht wird. Es treten aber alsdann die Gemeindegeschworenen ein, es wird controlirt, die Bücher müssen aufgelegt werden, und ist trotzdem noch Mißbrauch möglich, so wird dieser zu den Ausnahmen gehören. Wegen ausnahmsweisen Mißbrauchs aber, welcher überall möglich, ein richtiges Princip verdammen, heißt das Kind mit dem Bade ausschütten. — Ich muß es bekennen, meine Herren, daß ich Ihnen keinen Staat anführen kann, in welchem die progressive Einkommensteuer ausschließlich bestände; ich finde Das aber ganz natürlich. Die politisch-demokratischen Grundlagen sind noch nirgends so festgestellt, daß daraus auch die materiellen Folgerungen hätten gezogen werden können, und der Staat, von welchem sich dieß allein behaupten läßt, ich meine Amerika, befindet sich zufällig in der günstigen Lage, daß er seine Ausgaben vorzugsweise aus Zöllen und den Einkünften der Staatsgüter bestreiten kann. — Ich sage also zum Schlusse der Steuerfrage, es kann nicht bestritten werden, daß die fortschreitende Einkommensteuer gerecht sei. Aber sie ist auch ausführbar; sie ist im Jahr 1842 in England ausgeführt worden von Robert Peel, freilich nicht ausschließlich, sondern in beschränktem Maßstabe. Sie besteht auch in deutschen Landen vielfach im Gemeindehaushalte, und zum Theil auch im Staatshaushalte. Wenn man die Gerechtigkeit will, so kann man sie auch ausführen. Es ist nicht die Frage des Könnens, sondern die Frage des Wollens. Freilich, wenn gerade diejenigen Klassen der Gesellschaft, welche durch die Einkommensteuer im Sinne der Gerechtigkeit betroffen würden, in deren Einführung nicht einwilligen, und wenn diese sich zufällig im Besitze der moralischen, materiellen und physischen Macht befinden, um deren Einführung zu hintertreiben, dann kann dieselbe augenblicklich nicht eingeführt werden, weil diese Klassen die Gerechtigkeit noch nicht zur Geltung kommen lassen wollen. Es wird aber eine Zeit kommen, wo sie dieß müssen. In diesem Sinne verstehe ich die Ausführbarkeit. — Meine Herren! Meine bisherige Ausführung hatte den Zweck, Sie zu überzeugen, daß man da, wo die Nothdurft ist, nichts wegnehmen dürfe. Ich gehe aber weiter, und sage, der Staat hat auch die Pflicht, dafür zu sorgen, daß, wo nichts ist, wo möglich etwas hinkomme, und dabei komme ich auf die beiden Kategorien der Arbeitsunfähigen und unfreiwillig Arbeitslosen. Was Ersteres anbetrifft, so habe ich mich dem Minoritäts-Erachten angeschlossen, und bloß das Wort „mittellos" zu dem Worte „Arbeitsunfähige" hinzugefügt. Ich glaube, daß mit diesem Worte auch ein Amendement des Herrn Martens als beseitigt erachtet werden könnte. Dieses Amendement geht dahin, daß zunächst die Verwandten für Arbeitsunfähige zu sorgen hätten. Wenn Sie nun unter dem Worte „mittellos" auch den Mangel der Alimentsklage begreifen, so werden Sie nicht sagen können, daß Derjenige ein Mittelloser sei, der noch eine Alimentsklage gegen seine Verwandten hat. Wer noch eine Alimentsklage hat, wird schließlich auch denen als mittelbar betrachtet werden können, wenn er damit nichts erreicht hat. — Dagegen will das Minoritäts-Erachten in Betreff der unfreiwilligen Arbeitslosen nichts aufgenommen wissen, und auch der volkswirthschaftliche Ausschuß trägt Bedenken, in dieser Beziehung einen bestimmten Satz aufzustellen. Ich möchte Sie nun zunächst fragen, welcher Unterschied zwischen Arbeitsunfähigen und unwillkürlich Arbeitslosen bestehe? Ob ein Grund vorliege, Denjenigen schlechter zu stellen, der durch die gesellschaftlichen Verhältnisse gehindert wird, seine Kräfte zu verwenden, als Denjenigen, welcher durch die Natur, durch Alter, durch Verstümmelung überhaupt zum Erwerbe unfähig geworden? Ich finde zwischen diesen beiden Kategorien keine Veranlassung zu grundsätzlicher Unterscheidung. Wenn Sie die Pflicht des Staates anerkennen, Arbeitsunfähige vor dem Untergange zu bewahren, so weiß ich nicht, wie Sie die Verpflichtung des Staates beseitigen wollen, den unfreiwillig Arbeitslosen Brod zu verschaffen. Meine Herren! Es ist eine Forderung der Vernunft, eine Forderung der Moral, daß den unfreiwillig Arbeitslosen von der Gemeinde, resp. vom Staate, die Mittel des Unterhaltes gewährt werden. Ich sage Ihnen ganz einfach, was Ihnen schon von Herrn Nauwerck bemerkt wurde: Niemand ist verpflichtet, zu verhungern. Ich erkenne, wie im Reiche der Vegetabilien und der Thiere, so auch bei den Menschen die Thatsache an, daß, was träg liegen könnte, verfaulen muß. Wer aber Kraft hat und arbeiten will, von Dem sage ich, er hat das Recht, nicht zu verhungern, und wenn Sie dieses Recht von Staatswegen nicht anerkennen, so sage ich, er hat das Recht der Revolution, entweder im Großen, wenn er Genossen findet, oder im Kleinen, indem er die Gesetze des Staates als Einzelner überschreitet. (Unruhe auf der Rechten.) Wenn man denn doch die freie Concurrenz so sehr liebt, wenn man mit Thiers sagt: „Freie Concurrenz über Alles, Jeder mache es besser!" was wäre denn ein solches Eingreifen in die Gesetze des Staates? Ein solches gewaltsames Eingreifen wäre das Zurücktreten in die vorrechtsstaatliche Concurrenz. Der Rechtsstaat hat die Concurrenz des Todschlags, des Mißhandelns, des gewaltsamen Wegnehmens mit Strafe bedroht, und Das hat die Gesellschaft bisher für gut befunden. Glauben Sie nicht, daß in derselben Weise auch noch die Mißhandlung durch den Besitz, durch die Klugheit und Speculation ihre rechtlichen Grenzen finden wird? Das ist offenbar der Gang, den die Culturgeschichte nehmen wird und muß. Glauben Sie mir es, meine Herren, ich bin kein Freund vieler Gesetze, meine Natur sträubt sich gegen jeden Zwang, aber ich erkenne die Gesetze als Erziehungsmittel an; man wird Gesetze machen und verbessern fort und fort; die Gesetze sind die Schaale, in welcher der Kern der Cultur erzogen wird; ist der Kern gereift, so fällt die Schaale ab, und der schön gereifte Kern der Cultur tritt herrlich ans Licht. — Unsere Schutzzöllner finden es für nöthig, daß der einzelne Staat sich gegen den andern Staat schütze; doch aber hat Einer derselben gesagt, im einzelnen Staate selbst bestehe das beste Mittel, die größte Sicherheit für die Erhaltung des Lebens darin, daß man Jeden gewähren lasse, daß Jeder fleißig sei und sich redlich bestrebe. — Meine Herren! Wenn eine Nation, als Individuum einer andern Nation als Individuum gegenüber betrachtet, sich im Zustande der Schwäche befindet, und es als nothwendig erachtet wird, Maßregeln des Schutzes für die Schwächern gegen die Stärkern zu ergreifen, so frage ich, hat die Anerkennung dieser Pflicht nicht nothwendig zur Folge, daß auch im Innern der Nation das schwächere Einzel-Individuum gegen das stärkere, das sich im Besitze größerer Mittel befindet, geschützt werde? Wir werden, wenn uns die Frage des Freihandels und Schutzzolles vorgelegt wird, uns wohl umsehen und fragen: Wollt Ihr bloß Euer Wohl, Euern Genuß, oder das Wohl, den Genuß Aller, was bietet Ihr uns für die Darbenden, und wer uns für diese das Meiste gewähren kann, Dem werden wir zustimmen; aber einen Schutzzoll, der im Innern dasselbe Gewährenlassen predigt, das er nach Außen verdammt, den werden wir mit Mißtrauen betrachten. — Den Grundsatz, daß jeder Arbeiter das Recht habe, zu leben, erkennt am Ende auch Jeder an. Wer wollte ihn bestreiten? Das Schwierige findet man aber in dem „Wie?" Wir haben den Antrag gestellt, die Gemeinden, beziehungsweise der Staat, sollen verpflichtet sein, dem unfreiwillig Arbeitslosen Arbeit zu geben. Man befürchtet, wenn dieser Satz aufgestellt wird, der Staat möge in die Lage kommen, so viel Arbeit zu geben, daß er als Concurrent der Privatindustrie auftreten, und entweder sich, oder diese ruiniren müsse. Ich habe gar nichts dagegen, wenn der Staat Dieß abzuwenden vermag, ohne die Existenz der Arbeiter preiszugeben. Ich anerkenne die Mittel des volkswirthschaftlichen Ausschusses, die Beförderung der freien Vereinigung, die Arbeitsnachweisungs-Anstalten, die Hypotheken-Creditkassen, und wie diese Mittel alle heißen mögen. Aber, meine Herren, wenn diese Mittel nicht ausreichen, ist dann der Grundsatz um ein Haar verrückt, muß dann nicht die Gemeinde, beziehungsweise der Staat, dem unfreiwillig Arbeitslosen die Mittel des Unterhaltes gewähren? Ich für meinen Theil wenigstens beklage viel weniger das Geld, welches in Frankreich für die 200,000 Arbeiter in den Nationalwerkstätten, welches in Berlin von der Stadt- und Staatskasse für etwa 6000 Arbeiter in den Zeiten der Anarchie verwendet worden ist, als die Schlesier und Irländer, welche im Zustande der Ordnung verhungert sind! (Bewegung auf der Linken.) Und meine Herren, müssen nicht am Ende auch diese Mittel, Arbeitsnachweisungs-Anstalten und Creditkassen, so lange die Selbstkraft der Bedürftigen nicht da ist, gewährt werden? Und wenn den Besitzenden die Gewährung der Gerechtigkeit so schwer wird, werden sie denn diese Wohlfahrtsmittel so unbedingt gewähren? Wenn also doch einmal gewährt werden muß, und schwerlich vollständig gewährt wird, so stellen Sie wenigstens das Höchste als Staatszweck auf. In der Praxis bleibt man doch stets lieber hinter dem Staatszwecke zurück, als daß man ihn überböte. In dieser Beziehung muß ich einen Irrthum des volkswirthschaftlichen Ausschusses berichtigen, in dessen Bericht gesagt ist, die französische Charte vom Jahre 1848 habe bloß das Recht der unbehinderten Arbeit anerkannt, in dem Sinne, daß Niemand in seiner Arbeit gestört werden dürfe. Ich will Ihnen, wenn Sie es mir erlauben, den Artikel VIII der Charte vorlesen. Sie werden daraus ersehen, daß der volkswirthschaftliche Ausschuß bloß den ersten Satz desselben ins Auge gefaßt, den zweiten aber übersehen hat.

Präsident: Sie werden wohl dem Redner gestatten, den Artikel vorzulesen. (Allseitige Zustimmung.)

Simon: Der Artikel VIII lautet: „Die Republik ist verpflichtet, den Bürger in seinem Vermögen, seiner Familie, seiner Religion, seinem Eigenthum, seiner Arbeit zu schützen, und Jedem den allen Menschen unumgänglich nöthigen Unterricht zugänglich zu machen; sie ist verpflichtet, durch brüderliche Unterstützung die nothwendige Existenz der Bürger zu sichern, sei es, indem sie ihnen Arbeit in den Grenzen ihrer Hilfsquellen verschafft, sei es, indem sie Denen, deren Familie dazu nicht im Stande ist, Hülfe leistet, wenn sie unfähig sind zu arbeiten." Sie sehen also, daß die Pflicht, Arbeit zu geben, anerkannt ist, freilich „in den Grenzen der Hilfsquellen des Staates." Dieses Amendement ist vornehmlich in Folge der Rede des Herrn Thiers hinzugetreten, ich glaube aber, daß Sie dieses Amendement nicht hinzuzufügen brauchen, da der Staat ohnehin in der Regel weniger, nicht aber mehr thut, als seine Pflicht ist. Der Staatszweck besteht ja eben in Demjenigen, wornach man strebt, wenn es auch nicht immer vollständig erreicht wird. Erlauben Sie mir noch, meine Herren, zum Schluß, daß ich einigen Vorwürfen begegne, die den niederen Volksklassen gemacht worden sind, die, wie ich glaube, mehr Anspruch auf Schonung, als auf Verletzung gehabt hätten. (Auf der Linken: Sehr gut!) Man hat gesprochen von Trägheit, Faullenzerei, und von ouvriers qui ne travaillent pas. Lassen Sie uns redlich untersuchen, wo denn eigentlich die Trägheit ihren bevorrechteten Sitz hat. Erlauben Sie mir, daß ich an Einiges, was der Herr Abgeordnete Dahlmann in der Verhandlung über die Erblichkeit des Reichsoberhauptes gesprochen hat, anknüpfe. Er hat damals gesagt, durch die Erblichkeit werde die Wärme der Familie in das Staatsleben eingeführt. Er hat dann auch den Spruch eines alten Mannes über seinen Fürsten angeführt, welcher allerdings nicht sehr ehrerbietig lautete. Daß man ihn demungeachtet zur Unterstützung der Erblichkeit geltend machte, beweist mir, daß er nicht ohne Gewicht ist. Der Spruch lautet: „Wahr ist's, ein alter Esel ist er, aber auf den Thron seiner Väter soll er doch wieder." Daran reihte Herr Dahlmann die Ermahnung an: „Nehmen Sie dem Einzelnen seine edleren Täuschungen nicht, sonst zerstören Sie das Leben selbst." — Ich denke in diesen Dingen ganz anders. Ich für meine Person bedanke mich für die Wärme des Familienlebens, welche Fürst Windischgrätz und General Wrangel erblicher Weise in Wien und Berlin verbreitet haben. Ich kann auch keine „edle Täuschung" darin erkennen, wenn man dem Symbol des Unverstandes und der Trägheit den Purpurmantel um die Lenden schlägt, die Krone auf das Langohr drückt, und sich nun einbildet, man habe etwas überaus Ehrwürdiges vor sich. (Bravo auf der Linken.) Aber dennoch, meine Herren, liegt in den Worten des Herrn Professor Dahlmann eine tiefe Wahrheit. Es wird dadurch anerkannt, daß in der Spitze die Verdienstlosigkeit, die erlaubte Untüchtigkeit und Erschlaffung, die Nichtverpflichtung zur Arbeit sitzen dürfe. (Unruhe auf der Rechten.) Meine Herren! Ich spreche nicht von Personen. Ich weiß recht wohl, daß es ebensowohl tüchtige Fürsten gegeben hat, als tüchtige Privatmänner. Ich spreche vom Princip. Ich sage, daß die unverletzliche, unverantwortliche Erblichkeit in der Spitze die erlaubte Verdienstlosigkeit, Untüchtigkeit und Nichtverpflichtung zur Arbeit ist. Wenn Sie aber einen solchen Grundsatz in die Spitze stellen, so wird derselbe auch seine Kreise nach Unten ziehen; denn kein Einzelner kann sich in der Spitze halten, ohne von einer schützenden Gliederung in gleichem Sinne umgeben zu sein. Sprechen Sie mir also nicht von Trägheit, Faullenzerei und ouvriers qui ne travaillent pas! Ich kann Ihnen vielmehr vorwerfen, daß Sie die Unthätigkeit gesetzlich privilegiren wollen. Meine Herren! In dem Grundsatze der erblichen Monarchie liegen mehr Keime der Trägheit, als in allen Bettlern der Welt. (Stürmisches Bravo auf der Linken und auf den Gallerieen.) Meine Herren! Das ist meine Meinung von der „socialen Monarchie." Wenn der volkswirthschaftliche Ausschuß daher von Erschlaffung spricht, wenn er einen Sporn der Thätigkeit für nöthig erachtet, so frage ich ihn, wo ist die Erschlaffung? Ist sie bei dem Arbeiter, der im Schweiße seines Angesichtes sein saures Brod verdient, oder ist sie in den höheren Regionen der privilegirten Nichtverpflichtung zur Arbeit? Wo, frage ich, [illegible] schuß den Sporn einsetzen? In die magere [illegible] des vom Schmerz und Darbung dahinkeuchenden Gewerbs, oder in die üppigen Hüften des in Genuß versunkenen [illegible]? (Lebhaftes Bravo auf der Linken und den Gallerieen.)

Präsident: Es liegt ein Antrag auf Schluß vor, von Herrn Neugebauer und mehr als 20 anderen Mitgliedern. Bevor ich denselben zur Abstimmung bringe, zeige ich an, daß Herr Rheinwald die namentliche Abstimmung in Betreff aller zu § 30 gestellten Anträge beantragt, und sich vorbehalten hat, den Antrag zurückzuziehen, wo er es für zweckmäßig hält. Diejenigen Herren, welche die Discussion über den vorliegenden § 30 des Entwurfs geschlossen wissen wollen, belieben, sich zu erheben. (Die Abstimmung ist ungewiß.) Die Gegenprobe, meine Herren. Diejenigen, welche die Discussion über den vorliegenden § 30 des Entwurfs nicht geschlossen haben wollen, belieben sich zu erheben. (Die Minderheit erhebt sich.) Der Schluß ist angenommen. Ich frage, ob einer der Berichterstatter der Minorität des Ausschusses das Wort verlangt?

Merck von Hamburg: Ich bitte ums Wort!

Präsident: Der Berichterstatter der Minorität hat das Wort.

Merck von Hamburg: Meine Herren! Ich ergreife für die Minorität des volkswirthschaftlichen Ausschusses das Wort, und bedaure zuförderst, daß die Discussion über den Antrag der Majorität des volkswirthschaftlichen Ausschusses zu Erörterungen Veranlassung gegeben hat, die nach meiner Ansicht wohl besser für jetzt unterblieben wären. Da sie aber einmal in den Kreis Ihrer Berathungen gezogen worden sind, so halte ich mich verpflichtet, sie auch von meinem Standpunkte aus näher zu beleuchten, und da wende ich mich denn zuerst an die Bemerkungen meines geehrten Freundes Eisenstuck, der gestern mit seinem bekannten Rednertalente dem Schutzzoll eine brillante Lobrede gehalten hat. Ehe ich auf den Inhalt derselben eingehe, gestatten Sie mir, einige Bemerkungen vorausschicken zu dürfen. Herr Eisenstuck hat bei Gelegenheit der Discussion über das Oberhaupt, wo die Frage: Schutzzölle und Freihandel, so eigenthümlich vom Zaune gebrochen wurde, geäußert, daß bei einem socialen Parlament, wie er sich denke, ich mit meinen Genossen auf der Linken, er im Centrum, und Oesterreich mit seinem Prohibitiv-System auf der Rechten des Hauses sitzen würde. Sie werden sich Alle erinnern, daß Herr Eisenstuck im Juli vorigen Jahres mit Herrn Günther und Mammen bei diesem hohen Hause einen Antrag gestellt hat, wodurch er wie durch einen coup de main, einen Bolta-Schlag, die Zolleinheit Deutschland's erzielen wollte. Ich habe hier in meinen Händen eine Beleuchtung dieser Vorschläge, und bitte Sie, mir zu erlauben, ein paar Stellen daraus zu citiren. (Unruhe.) Nur einige Zahlenverhältnisse will ich anführen. Herr Eisenstuck hat damals ein Zollsystem vorgeschlagen, wonach ein und derselbe Tarifsatz einen Artikel mit 30 pCt., einen anderen mit 100, einen dritten mit 185, einen vierten mit 240 pCt. belasten würde. Er hat einen anderen Tarifsatz vorgeschlagen, nach welchem gewisse Artikel mit 400 pCt., und ein anderer gar mit 900 pCt. belastet werden würde. (Wiederholte Unruhe.) Meine Herren! Ich bin bereit, das Document auf die Tafel des Hauses niederzulegen, damit Sie sich von der Wahrheit überzeugen können. (Ruf auf der Linken: Zur Sache!)

Präsident: Wenn der Berichterstatter eines Ausschusses Bemerkungen widerlegt, die im Laufe der Debatte gegen den Antrag des Ausschusses erhoben worden sind, so ist er vollkommen bei der Sache. Ich muß überhaupt bitten, die Entscheidung, ob ein Redner bei der Sache sei, oder nicht, lediglich unserem Urtheil zu überlassen. Ich weiß nicht, daß dieß Urtheil nach der Geschäftsordnung irgend Jemanden zusteht, als dem Präsidenten.

Merck: Ich frage Sie nun, wenn ich mit meinen Gesinnungsgenossen, — da ich für gleiche Artikel einen Zoll von 12 — 15 pCt. ad valorem vorgeschlagen habe, auf die linke Seite dieses Hauses gehöre, — wohin gehört dann Herr Eisenstuck und seine Freunde? Ich denke noch 5 Minuten über das Café Milani hinaus, denn in der Paulskirche selbst werden seine Ansichten hoffentlich niemals Platz greifen. — Die zweite Bemerkung, welche ich mir erlaube, ist nur eine Mittheilung, und zwar eine sehr erfreuliche, nämlich, daß trotz der Warnung des Herrn Abgeordneten Eisenstuck einige industrielle Kreise den geehrten Abgeordneten für Hagen, zu dessen politischen und persönlichen Freunden ich mich zu rechnen mir zur Ehre schätze (Unruhe auf der Linken), ja zur Ehre schätze, wiederum für Berlin gewählt haben, und zwar mit der überwiegenden Majorität von 400 Stimmen bei 500 Abstimmenden. — Ich komme jetzt zu den gestrigen Bemerkungen des Herrn Abgeordneten Eisenstuck der seine Rede damit begonnen, daß er uns gesagt hat, die Worte: „Das Recht der Arbeit, die Garantie der Arbeit, der Schutz der Arbeit gegen das Capital, und andere ähnliche Sätze," seien nur leere Worte oder Ausdrücke, theilweise mit und ohne Begriff. Ich theile vollkommen diese Ansicht; es sind nach meiner Ansicht Phrasen; aber Phrasen, gegen die man sich schützen muß, damit sie nicht etwa in Systeme ausarten, welche dem Wohlstand einer Nation den Todesstoß geben, und die Wohlfahrt des Staates und seiner Bürger aufs Spiel setzen. Wahrhaft erfreut hat mich aber eine Aeußerung des Herrn Eisenstuck, weil sie vollkommen von meinem Standpunkte aus genommen ist. Der Herr Abgeordnete Eisenstuck hat gestern gesagt: „Wenn die Abgaben auf das Bedürfniß des allgemeinen Verbrauchs herabgesetzt werden, so bildet sich, ohne daß man es ahnt, eine solche Vermehrung des Verbrauches, daß, während nicht nur der Einzelne erleichtert wird, sich auch eine ungeheure Steigerung in den Finanzen ergibt." Nun, meine Herren, das ist der Standpunkt, auf dem ich und meine Gesinnungsgenossen stehen und von welchem aus die Abgeordneten von 40 norddeutschen Handelsstädten den Ihnen vor einiger Zeit überreichten Tarifentwurf verfaßt haben. Dieser vielfach angefochtene Tarif kann doch so schlecht nicht sein, wenn das Haupt der gegnerischen Partei den Grundsatz, von dem man bei der Ausarbeitung ausgegangen ist, als vollkommen richtig anerkennt. Herr Eisenstuck hat freilich nur auf einen Artikel, auf Kaffe sich bezogen; ich vermuthe aber, er hat die Beispiele nicht auch auf Industrieerzeugnisse ausgedehnt, um die hohe Versammlung durch zu viele Beispiele nicht zu ermüden. (Eisenstuck: Weil sie nicht zur Sache gehören!) Ich glaube, ich bin vollkommen bei der Sache. — Der Herr Abgeordnete Eisenstuck hat nicht auf die Industrie-Erzeugnisse hingewiesen; wenn aber das Beispiel bei Kaffe schon schlagend ist, so muß es nach meiner Meinung bei Industrie-Erzeugnissen dieß noch viel mehr sein, denn man kann wohl annehmen, daß das Consum von Kaffe nicht bis ins Unendliche auszudehnen ist, obgleich es viele Familien gibt, die nur wenige Bohnen zu einer Tasse Kaffe nehmen, und Tausende von Familien geben mag, welche diesen Artikel noch gar nicht kennen; aber Das kann man als gewiß annehmen, daß, wenn der Kaffe einer bedingten Vermehrung und Consumtion fähig ist, es die Industrie-Erzeugnisse, z. B. die Kleidungsstoffe noch mehr sein werden, da wir in unserem Clima nicht in paradiesischer [illegible], wie die [illegible] in Brasilien einherwandeln können. — Der Herr Abgeordnete für Chemnitz hat dem Herrn Abgeordneten Osterrath vorgeworfen, er citire die amerikanischen Verhältnisse, und zwar schon zum dritten Male sei das geschehen. Wir befänden uns aber hier nicht in Washington, sondern in Frankfurt; — nun wenn wir uns auch in Washington nicht befinden, so glaube ich doch, daß die Erfahrungen, welche in Amerika gemacht worden sind, von dieser Tribüne als Beispiel zu jeder Zeit aufgestellt werden können. Der Herr Abgeordnete Eisenstuck hat nicht versucht, die Facta zu widerlegen, und ich glaube wohl, daß die Beispiele, die angeführt wurden, eben weil sie so unübertrefflich und schlagend waren, meinem Freunde Eisenstuck unbequem gewesen sind. Der Herr Eisenstuck ist aber gleich darauf in denselben Fehler verfallen, den er dem Herrn Osterrath zur Last gelegt hat, indem er sich von Washington nach Paris begeben hat. Ich glaube, wir sind auch nicht in Paris. Herr Eisenstuck hat uns aber in die französischen Zustände eingeführt, ich glaube, mit einem sehr unglücklichen Beispiele, indem er behauptete, man habe trotz aller Revolutionen nicht gewagt, an den Zoll- und Handelssystemen Frankreich's zu rütteln. Ich wundere mich darüber gar nicht bei der außerordentlichen Staatsumwälzung, welche bekanntlich in Frankreich stattgefunden hat; bei der wenigen Stabilität, welche man bis jetzt im Ministerium dort hat erlangen können, ich glaube, es ist nicht zu verwundern, daß man noch nicht gewagt hat, bei einer so tief eingreifenden Frage einzuschreiten; aber Herr Eisenstuck hat Ihnen recht gesagt, daß der glänzendste Vertheidiger und Lehrer des Freihandelssystems Léon Faucher in diesem Augenblick Minister des Innern in Frankreich ist, und ich halte Léon Faucher für zu ehrenwerth, als daß er die Ansichten, die er sein ganzes Leben hindurch vertheidigt hat, nicht versuchen sollte, auch jetzt praktisch ins Leben einzuführen. Da übrigens meinem geehrten Freunde Eisenstuck die materiellen Verhältnisse Frankreich's nicht gar sonderlich erinnerlich zu sein scheinen, — denn sonst würde er nicht darauf gepocht, und uns nicht das dort herrschende System so dringend empfohlen, und es deßhalb als eine Nothwendigkeit anerkannt haben, weil man in Frankreich noch nicht daran gerüttelt hat, — so bitte ich mir zu erlauben, ein paar kurze, aber interessante statistische Notizen über Frankreich Ihnen mitzutheilen. Herr Eisenstuck hat unter Anderm auch den Grundsatz der Theilbarkeit des Grundes und Bodens vertheidigt. Da will ich nun Folgendes anführen: In Frankreich und Corsica gab es im Jahre 1835 10,894,528 verschiedene Grundbesitzungen; im Jahre 1842 war ihre Zahl auf 11,511,841 gestiegen, — ich lasse die anderen Ziffern weg, und bediene mich der runden Zahlen, um Ihnen die Uebersicht zu erleichtern. — Im Jahre 1835 bezahlten von diesen 10,900,000 Grundbesitzern 5,200,000 den geringsten Steuersatz, nämlich, meine Herren, — und Das bedenken Sie wohl, — fünf Franken für jedes Grundeigenthum, als directe Grundsteuer. Im Jahre 1842 war die Zahl dieser, den geringsten Steuersatz bezahlenden Klassen bereits auf 5,560,000 gestiegen, also hat dieselbe um 300,000 zugenommen. Unter zehn Franken und über fünf Franken Grundsteuern zahlten 1828 1,700,000 Grundeigenthümer, und die Zahl derselben stieg im Jahr 1842 weiter auf 1,818,000; die Hälfte aller Familien, welche sich in Frankreich mit Ackerbau beschäftigen, hat nur fünfzig Franken jährlicher Rente aus dem Grundeigenthume; außerdem haben 4,260,000 von 5,446,000 Grundeigenthümern unter neunzig Franken jährlicher Rente aus dem Grundeigenthume. Das Princip der Theilbarkeit des Grundeigenthums ist in Frankreich soweit ausgedehnt, daß jährlich eine Masse Besitzungen unter den Hammer der öffentlichen Auction kommen, weil sie selbst die geringsten Steuern nicht mehr aufbringen können; es sind das keine Besitzungen mehr; es sind das Streifen, Fetzen Landes, nennen Sie es, wie Sie wollen. Im Durchschnitt sind es bei $11\frac{1}{2}$ Besitzungen 11 Besitzungen, welche unter 1000 Franken per annum einbringen; und es gibt nur 2000 Besitzungen, welche mehr als fünfzig Franken Renten eintragen. Nun aber kommt das Merkwürdigste: In zehn Jahren hat der halbe Werth des ganzen Landeigenthums in Frankreich im Betrag von 24,000 Millionen Franken seine Besitzer gewechselt; und davon ist die Hälfte, also 12,000 Millionen in gänzlich fremde Hände im Laufe von zehn Jahren gefallen, und den Händen der ursprünglichen Besitzer entgangen. Ich glaube, daß eine solche außerordentliche Unsicherheit des Eigenthums, ein so ungeheurer Wechsel des Besitzes unerhört in der Geschichte der Menschheit ist. In Frankreich, meine Herren, ist der Werth des jährlichen Ertrages eines englischen Ackers 44 Francs, in England 110 Francs; in Frankreich braucht man 6 Menschen, um 100 Acker Landes zu bearbeiten, und in England 2, und dennoch ist die Production davon in England dritthalbmal so viel werth. In Frankreich, obgleich man die Franzosen so recht eigentlich Brodesser nennen kann, werden nur 19 Unzen Brod per Kopf verzehrt, während in England, arm, wie manche Districte sind, die Consumtion 20 Unzen beträgt. In Frankreich ist der Fleischconsum bei $1\frac{2}{3}$ Unzen Fleisch per Tag, während er in England an 6 Unzen beträgt; es ist der Fleischconsum in Frankreich nur ein Drittheil von Dem, was in England der Staat den Soldaten und Verbrechern gibt. Im Jahr 1789 wurden in Paris noch 179 Pfund Fleisch per Kopf verzehrt; im Jahr 1837 ist der Consum auf 130 Pfund gefallen, und davon ist ein großer Theil des Fleisches von gefallenen Pferden. Wer erinnert sich nicht außerdem der Beschreibung von Eugen Sue in den Mystères de Paris, wo er erzählt, wie die untersten Volksschichten, die am Tiefsten moralisch gesunken sind, sich mit dem Abhub der Wirthshäuser, bekannt unter dem Namen „Arlequin," ernähren, und so schlecht, wie sich in Frankreich die arbeitenden Klassen ernähren, ebenso schlecht wohnen sie. Es gibt in Frankreich 346,400 menschliche Wohnungen, welche außer der Thüre kein Luftloch, keine Oeffnung besitzen; 1,817,328, welche nur ein Fenster haben, und 1,320,937, welche nur zwei Fenster besitzen. Die 3,483,400 Häuser machen aber mehr als die Hälfte aller Wohnungen in Frankreich aus. — Doch genug, meine Herren, von dem traurigen Bilde, welches ich vor Ihnen aufgerollt habe; ich glaube, es wird genügen, um Ihnen bewiesen zu haben, daß die national-ökonomischen Systeme, welche in Frankreich existiren, das Capital von dem Ackerbau verscheucht, und in die Hände der Industrie geworfen haben; deshalb geht es ja auch bekannterweise im Allgemeinen dem Industriearbeiter in Frankreich bedeutend besser, als dem Ackerbauer. Meine Herren! Die Ereignisse des letzten Jahres haben allerdings vielen Menschen die Augen öffnen müssen über die beiden Systeme, welche uns jetzt gepredigt werden: das System des Schutzes der nationalen Arbeit und des sogenannten Rechtes auf Arbeit. In neuerer Zeit hat man aus dem Systeme des Schutzes der nationalen Arbeit das absolute Recht des Arbeiters ableiten wollen, den einheimischen Markt allein mit Erzeugnissen der einheimischen Production zu versehen; aber aus der Geschichte der französischen Revolution hat man gelernt, oder wenigstens lernen können, welchen verderblichen Einfluß das Princip des Rechtes auf Arbeit auf die öffentliche Wohlfahrt ausgeübt hat, und dennoch ist dieses Princip nur der [illegible] unabweisliche Folge des Systems des Schutzes der nationalen Arbeit. Ein solches System ist ebenso verderblich, wie alle übrigen Regierungsmaßregeln, welche tief in den Organismus des Privatlebens eingreifen. Ich zähle zu solchen Regierungsmaßregeln die Feststellung des Lohnes der Arbeiter, die Bestimmung der Arbeitszeit. Ein berühmter Arbeiter in Frankreich, Amédée Gratiot, ein Drucker seiner Profession nach, hat einen kurzen Aufruf an den Arbeiterstand erlassen, aus dem ich mir erlaube, eine Stelle, die nur einige Zeilen beträgt, vorzulesen: „Man kann die Zahl der Bürger, welche täglich gezwungen sind, Arbeit in der Republik zu verlangen, noch nicht weniger, als auf eine Million schätzen; und da es unmöglich sein wird, weniger, als 2 Francs per Tag Tagelohn zu geben, so machen das 2 Millionen per Tag und 600 Millionen per Jahr. — Es gibt in Frankreich 10 Millionen Arbeiter. Die Arbeiterstunde, welche unterdrückt worden ist, kann durchschnittlich auf 25 Centimes geschätzt werden. 10 Millionen Stunden täglich à 25 Centimes macht per Tag 2,500,000 Francs und per Jahr zu 300 Tagen 750 Millionen, womit die französische Industrie belastet wird. Rechnet also 600 Millionen für die Garantie der Arbeit, 750 Millionen für Unterdrückung der Arbeitsstunde, — das macht 1350 Millionen, welche eine Stunde der Popularität dem Lande kostet." Meine Herren! Es ist klar und deutlich einzusehen, daß die Producte, oder vielmehr die Industrieerzeugnisse eines Landes billiger sein sollten, als die von dem Auslande eingeführten, weil natürlicherweise die Transportkosten wegfallen, und der Absatz im Inlande leichter zu bewerkstelligen und mit geringeren Kosten und mit geringerem Risico zu beschaffen ist, als derjenige nach dem Auslande. Wenn es sich anders herausstellt, so gibt es dafür bestimmte und gewisse Gründe. Kann man diese Hindernisse mit Leichtigkeit hinwegschaffen, so ist man verpflichtet, es zu thun; kann Das aber nicht geschehen, so thut man am Besten, die Sache ihrem naturgemäßen Laufe zu überlassen; am Wenigsten darf man aber die übrigen Klassen der Staatsbürger zu Gunsten einer gewissen Klasse besteuern. Man darf ebensowenig den Staatsschatz dazu verwenden, um die Fabrication zu unterstützen; das Erste würde keine Gerechtigkeit sein, weil jeder Deutsche gleich vor dem Gesetze sein soll, und man nicht den Kaufmann, den Ackerbauer, den Grundeigenthümer, den Handwerker, den Arbeiter belasten darf zu Gunsten des Fabrikanten. Das Andere darf nicht geschehen, weil der Staatsschatz ein Depot ist, das heilig sein muß, und besser würde es sein, etwaige sich ergebende Ueberschüsse an die Masse der Staatsbürger, welche sich ihres legitimen Verdienstes beraubt haben, um den Staatsschatz zu bilden, zurückzuvertheilen, als sie für die Fabrication zu verwenden, welche noch nichts gethan hat, um sie zu verdienen. — Meine Herren! Der Schutz der Arbeit und das Recht auf Arbeit sind unzertrennlich; sie werden auf einander folgen, wie der Donner auf den Blitz. Es sind Irrlehren, welche den Satz: „Der Bürger erhält den Staat," umdrehen, den Staat zu einer allgemeinen Versorgungsanstalt machen wollen, und verlangen, daß es in Zukunft heißen soll: „Der Staat erhält die Bürger;" aus diesen Gründen haben ich und meine Freunde uns nicht dem Antrage der Majorität des volkswirthschaftlichen Ausschusses anschließen können. Derselbe verlangt bekanntlich, daß die auf Schutz der Arbeit bezüglichen Petitionen dem Handels-Ministerium gewissermaßen mit einer Empfehlung überwiesen werden sollen. Wir dagegen wünschen, daß alle Petitionen im Sinne des Schutzes der Arbeit und für entgegengesetzt

Staats-, sowie auch dem Handelsministerium, jedoch ohne weitere Bemerkung überwiesen werden sollen, ein Verlangen, welches meiner Meinung nach um so gerechtfertigter erscheint, als diese hohe Versammlung es bereits zu zwei verschiedenen Malen abgelehnt hat, dem Handelsministerium ein bestimmtes Mandat zu ertheilen, und Das würde sie thun, wenn sie den Antrag der Majorität des volkswirthschaftlichen Ausschusses annähme. Die hohe Versammlung hat es einmal gethan, als der Abgeordnete Löwe, wenn ich nicht irre, einen Antrag auf Feststellung des Rechtes auf Arbeit einbrachte, und einmal bei Gelegenheit der Debatte über das handelsministerielle Programm. Ein solches Mandat, meine Herren, so wohl gemeint es auch an sich sein mag, würde nach meiner Meinung für die Regierung selbst gefährlich sein, und nichts Anderes und nicht weniger enthalten, als den Auftrag, die deutsche Arbeit zu organisiren, zu leiten, und dadurch den Glauben erwecken, als könne man durch eine Organisation derselben das Wohl des Volkes begründen. Eine Regierung aber, meine Herren, mag sie noch so gut, mag sie noch so stark sein, mag sie auch zu den besten gehören, kann und wird niemals so viel Macht besitzen, daß man ihren Maßregeln allein das Fortschreiten der Nation, das Wohlergehen der arbeitenden Klassen zuschreibt. Es würde dieß ernste Gefahren für jede Regierung haben, und unabweislich den Keim zu künftigen Staatsumwälzungen legen; denn wenn man das Volk glauben machen wollte, daß die Maßregeln der Regierung die alleinigen Agenten, die alleinigen Factoren seines Wohlergehens wären, so würde es in Zeiten der Noth die Regierung auch für alle seine Sorgen, für allen seinen Kummer, für alle seine Entbehrungen verantwortlich machen. Die Motive des Antrages der Majorität des volkswirthschaftlichen Ausschusses lassen aber solche Absichten durchblicken, und anstatt die Menschen auf sich selbst, auf ihre eigene Thatkraft hinzuweisen, empfiehlt diese Majorität unter manchen nützlichen Einrichtungen, die ich nicht verkennen will, auch solche Maßregeln, welche nach meiner Ansicht weder vom staatsmännischen, noch vom national-ökonomischen Gesichtspunkt aus vertheidigt werden können. Die Concurrenz des Auslandes soll beseitigt werden, die Concurrenz, welche den Menschen unaufhörlich daran erinnert, daß er sich selbst sein Geschick zu bestimmen hat, die Concurrenz, welche ihm einen unaufhörlichen Kampf auferlegt, aus welchem alle industriellen Vervollkommnungen hervorgehen, deren Einflüsse auf den Fortschritt der Nation so unermeßlich sind, und nicht genug begriffen werden können. Unter dem Namen: „Schutz der nationalen Arbeit,“ empfiehlt man uns ein System, welches Ueberfluß und Wohlfeilheit verbieten soll, — aber die Freiheit der Arbeit ist das Recht des Eigenthums, ist die Gleichheit vor dem Gesetze. Der Schutz der nationalen Arbeit, den man uns empfiehlt, ist eine Phrase, gegen die man sich waffnen muß, denn Arbeit ist die menschliche Macht, welche die Natur zwingt, sich unseren Bedürfnissen herzuleihen, und wenn Fabricanten und Producenten zu uns kommen, und sagen: „Räumt die Hindernisse hinweg, welche der freien Entwickelung der Thätigkeit im Innern entgegenstehen,“ so sind wir auf das Heiligste verpflichtet, Das zu thun; wenn Sie aber verlangen, die Nation zu monopolisiren, wenn Sie verlangen, daß die Nation sich ihrer Fabricate gut oder schlecht, theuer oder billig bedienen soll, so ist Ihr Verlangen Tyrannei, der man sein gutes Recht nicht zu unterwerfen hat, denn die Freiheit ist der Grund jeden Rechtes, nichts darf ihr widerstehen! (Beifall auf der Rechten und im Centrum.)

Degenkolb von Eilenburg: Der volkswirthschaftliche Ausschuß, meine Herren, ist nur so weit auf den § 30 eingegangen, als die ihm übergebenen Anträge ihn dazu verpflichteten. Diese Anträge lauteten auf Garantie der Arbeit, auf Schutz der Arbeit und auf Schutz der Arbeiter. Meine Herren! Mit der Garantie der Arbeit würden wir der Nation ein unheilvolles Geschenk machen; wir würden das trojanische Pferd in ihr Haus bringen, es würde alle Selbstthätigkeit und Selbstständigkeit verschwinden, und die sittliche Würde der Nation zu Grunde gehen; der Staat kann durchaus nicht direct eingreifen, er kann nur vermittelnd wirken; er kann Arbeit nicht befehlen, aber er soll Arbeit vermitteln, und vor Allem durch gute Gesetze darauf hinwirken. Schaffen Sie, meine Herren, ein gutes, zweckmäßiges Heimathsgesetz, eine der Zeit angemessene Gewerbeordnung, gute Gemeindeordnungen, sichern Sie die freie innere Bewegung, gewähren Sie der nationalen Arbeit Schutz gegen das Ausland, und Sie werden die Garantien gewährt haben, die zu schaffen Ihnen möglich sind. Herr Simon von Trier fragte, welchen Unterschied der volkswirthschaftliche Ausschuß mache zwischen Unfähigkeit zur Arbeit und Arbeitslosigkeit. Den Schutz des Staates mögen Beide in Anspruch nehmen, aber der Staat kann nicht dem Einen seinen Schutz so leicht reichen, wie dem Andern; der Arbeitsunfähige muß erhalten werden, der Staat ist verpflichtet dazu, und er kann die Mittel übersehen, welche dazu nothwendig sind; er vermag aber nicht zu übersehen, welche Mittel nothwendig werden können, um die Arbeitslosen zu ernähren; in ganz gewöhnlichen Zeiten, meine Herren, geschieht Das ja ohnehin, die Arbeitslosen werden da von den Gemeinden beschäftigt, und werden es in Zukunft um so mehr, nachdem Manches reformirt worden, was reformirt werden mußte; aber es können Umstände eintreten, meine Herren, wo auch die achtzig Millionen, die der Bericht anführt, bei Weitem nicht ausreichen könnten; ich glaube daher, Herr Simon von Trier wird einverstanden sein, daß der volkswirthschaftliche Ausschuß die Arbeitsunfähigen dem Staate empfehlen konnte, aber nicht die Arbeitslosen. Der volkswirthschaftliche Ausschuß hat die Steuerfrage, sowie die Armenversorgungsfrage nicht in seinen Bereich gezogen; er hat es deßhalb nicht gethan, weil seiner Meinung nach in die Grundrechte diese Frage nicht gehört. Mein verehrter Freund Mohl hat gestern schon sehr treffend darauf erwiedert, und Herr Letts heute, was über diese Frage sich sagen ließ, und ich glaube darüber weggehen zu können; ich würde auch darüber weggehen können, was gestern Herr Osterrath erwähnt hat, da Herr Eisenstuck mehr darauf erwiedert, als der, wie mir scheint, nicht sehr inhaltsreiche Vortrag in Anspruch genommen haben würde; aber ich bin als Berichterstatter verpflichtet, einigermaßen darauf einzugehen, denn er hat sich in seinem Vortrage in einer Art ausgesprochen, daß er für den Berichterstatter ein Falsum nachweisen würde, wenn er sich nicht in einem großen Irrthume befände; er sagt, die Anträge, die dem Ausschusse vorgelegen haben, haben nicht den Schutz der Arbeit, sondern den Schutz der Arbeiter verlangt, der Bericht aber spreche nur von dem Schutze der Arbeit, und er hat damit beweisen wollen, daß dem volkswirthschaftlichen Ausschusse am Herzen gelegen habe, die Tariffrage in die Versammlung hereinzubringen. Ich kann versichern, meine Herren, daß der volkswirthschaftliche Ausschuß nicht der Meinung gewesen ist, zu einer so unpassenden Zeit diese Frage der hohen Versammlung vorzulegen; der volkswirthschaftliche Ausschuß war vielmehr der Meinung, dieß erst an einer geeigneteren Stelle zu thun, nämlich dann, wenn die Frage des Tarifs vorliegt. Die Anträge wiesen uns direct darauf hin, ganz umgehen konnten wie sie nicht, es ist aber so leicht geschehen, als es möglich war; daß aber die Anträge nicht auf den Schutz der Arbeiter, sondern auf den Schutz der Arbeit gingen, will ich Ihnen aus dem Berichte selbst vorlesen: Der Handwerkercongreß trägt darauf an, daß „der Staat Jedem, der arbeiten will, eine seinen Kräften angemessene Arbeit und menschlichen Bedürfnissen angemessenen Lohn gewährleiste." Ich habe zwar aus dem Vortrage des Herrn Osterrath recht wohl erkennen können, daß er den Bericht nicht gelesen hatte; demungeachtet muß ich mich verwundern, daß er über den in Frage stehenden Gegenstand so wenig unterrichtet gewesen ist, da er den Verhandlungen im volkswirthschaftlichen Ausschusse beigewohnt hat. Der geehrte Abgeordnete fragt weiter, wie es komme, daß, wenn in dem Berichte der Tarif von 1818 gerühmt wird, man nun doch damit so unzufrieden sei und den Bogen, wie er sich ausdrückt, — ich glaube, so war es, — höher spannen wolle. Der Ausschuß, meine Herren, hat weder den Bogen spannen wollen, noch irgend auf den Zoll hingewiesen oder höhere Zölle beantragt; der Ausschuß hat nur beantragt, daß endlich eine Reform des Tarifs eintreten möge, daß nun auch, nachdem das Bedürfniß des Tages, die gewöhnlichen ordinären Artikel in Deutschland genug und zuviel producirt werden, die Industrie zu einer Veredlung hingeführt werde, und wenn Das nicht geschieht, meine Herren, so wird die Industrie auch nie im Stande sein, die Löhne zu verbessern, und die Arbeiter besser zu stellen, als es jetzt der Fall ist; denn in der Massenproduction liegt für einen engbegrenzten Bezirk, wie es dennoch der Zollverein ist, nur das Hinstreben, mehr und mehr zu fabriciren und den Verkauf durch billigere Preise zu erzwingen, was nothwendig auf die Arbeiter zurückwirken muß; dadurch ist es gekommen, daß der Arbeitslohn in der Weise sich nicht verbessert hat, wie er sich hätte verbessern können, wenn unserem Tarife die Aufmerksamkeit gewidmet worden, und der gute Wille von Oben dagewesen wäre, ihn zeitgemäß zu reformiren. Seit dreißig Jahren, meine Herren, hat Alles eine andere Physiognomie angenommen, haben sich alle Verhältnisse geändert, nur unser Tarif ist derselbe geblieben. Er hat das Seinige gethan! Das beste Zeugniß für den Zollverein, das beste Zeugniß für die Männer, die ihn ins Leben gerufen, ist aber wohl Das, daß in den Staaten, die mit Widerstreben dem Zollvereine beigetreten sind, noch keiner gesagt hat, er wolle wieder ausscheiden, daß ein Jeder anerkannt hat, der Zollverein habe die Nationalkräfte gestärkt, und die Mittel gewährt zu den großen Ausgaben, die sich in allen Staaten mit jedem Jahre vermehrt haben. Sachsen, meine Herren, verdankt dem Zollverein seine Rettung, und nicht allein die Industrie Sachsens, sondern auch sein Meß- und Handelsplatz. Von keiner Seite war größere Opposition gegen den Anschluß an den Zollverein, als in Leipzig, und vergleichen Sie Leipzig im Jahre 1849 mit Dem, was es 1833 war; es ist die begünstigtste Stadt Deutschland's; es muß die reichste werden von Deutschland. Ich glaube, meine Herren, der Abgeordnete von Hamburg, der Sie soeben mit einem Schmetterlingshaufen von Zahlen überschüttet hat, wird Hamburg einst auch so gratuliren, wie Die, welche Leipzig früher beklagten, und ihm später Glück wünschen mußten. Der Abgeordnete von Hamburg hat durch die Zahlen, die er vorgeführt hat, wenig für sich bewiesen. Er sagt Ihnen, wie es in Frankreich steht, aber nicht, wie in Deutschland. Er hat Ihnen nicht gesagt, daß, wenn in Deutschland nur 6½ Thaler auf den Kopf umläuft, in England 27½ Thaler gerechnet werden. Er hat Ihnen nicht gesagt, daß, wenn die Ackerbauverhältnisse in Frankreich weniger Ertrag gewähren, wie in England, sie dennoch das Doppelte gewähren, als die in Deutschland, und daß die englischen Ackerbauverhältnisse wenigstens das Siebenfache gewähren von Dem, was sie in Deutschland bringen. Ich glaube, darin liegt der Beweis, daß die Ackerbauinteressen überall da am Besten gefördert werden, je mehr man für die Industrie Sorge trägt. Ich weiß wohl, daß in vielen Köpfen noch das Vorurtheil spukt, daß die Interessen des Ackerbaues und der Industrie sich feindselig entgegenstehen. Ich sollte meinen, meine Herren, eine Hinweisung auf England, Frankreich, und namentlich Belgien müsse Das hinlänglich widerlegen. Ich begreife es, wenn demungeachtet Vertreter der Ackerbauinteressen gegen die der Industrie sich aussprechen. Ich will Das nicht tadeln, daß sie von dem Standpunkt, auf dem sie stehen, die Frage nicht so überschauen können; aber Das muß ich gestehen, begreifen kann ich es nicht, wie ein Vertreter von Schifffahrts- und Handelsinteressen auch in einem so krassen Irrthume befangen sein kann. Er dürfte nur nach England blicken, meine Herren, und er würde und sollte wissen, daß England's Handel nie die Blüthe erreicht haben würde, hätte er nicht die englische Industrie hinter sich gehabt; und daß die englische Industrie nie zu einer solchen Höhe gediehen wäre, hätte sie sich nicht auf England's Handel stützen können. Handel und Industrie haben beinahe nur einen Pulsschlag, und wer Handelsinteressen fördern will, sollte nicht den industriellen entgegentreten. So oft das Wort „Schutz" ausgesprochen wird, denken die Herren immer nur an einige Fabrikanten, die reich werden, und an Fabrikarbeiter, die nicht verhungern wollen. Der Bericht, meine Herren, der Ihnen vorliegt, geht von diesem beschränkten Gesichtspunkte nicht aus. Er hat nicht nur die Fabrikarbeiter, er hat alle Klassen der Arbeiter im Auge gehabt. Wenn Das aber wäre, meine Herren, wenn er nur die Fabrikarbeiter berücksichtigt hätte, nun so wären es 800,000 Familien; und ich denke, meine Herren, 800,000 Familien, die 3 Millionen Seelen zählen, hätten auch einen Anspruch, ihre Bedürfnisse, ihre Forderungen in dieser Versammlung berücksichtigt zu sehen. Wenn Deutschland's Industrie jährlich 100 Millionen Thaler in das Ausland abliefert, so werden diese 100 Millionen Thaler nicht bloß den 800,000 Familien zu gut kommen, sondern sie pulsiren durch alle Arterien des Volkslebens. Sie kommen Allen, wenn auch den Einzelnen nur im kleinsten Theile zu gut. Die Industrie, meine Herren, ist nicht undankbar. Ueberall, wo sie Aufmunterung und Pflege findet, beweist sie sich dankbar, hebt sie den Handel, den Bodenwerth, und verbreitet Wohlstand um sich herum. Nur muß die Industrie eben Das werden, was sie sein kann, nur muß sie auf einen andern Standpunkt kommen, als auf dem, auf welchem sie jetzt bei uns steht. Vergleichen Sie nur Deutschland von 1849 mit dem von 1820. Sie finden kaum noch eine Aehnlichkeit davon. Ich glaube, meine Herren, wir verdanken Das dem Zollschutze. Wenn die Summen, die durch die Industrie dem Lande erhalten worden sind, wie sonst in diesen Jahren nach England, Frankreich rc. gegangen wären, so möchte ich wissen, wovon eigentlich die Eisenbahnen gebaut worden wären, wovon die Umänderung selbst in der äußeren Erscheinung Deutschland's möglich geworden wäre. Ich hatte den Auftrag, den volkswirthschaftlichen Antrag zu vertheidigen. Wenn der Antrag auf Garantie der Arbeit ginge, oder auch nur auf Aufnahme des Schutzes der Arbeit in die Grundrechte, so würde eine Vertheidigung nöthig sein. Da der Antrag aber nur dahin geht, die Nationalversammlung solle die Interessen der Arbeit und den Schutz der Arbeit in Berücksichtigung ziehen lassen, wenn der Tarif entworfen wird, so kommt es mir wahrhaft lächerlich vor, wenn ich in einer deutschen Nationalversammlung nationale Arbeit der Berücksichtigung empfehlen, oder wenn ich sogar die Empfehlung des Schutzes vertheidigen soll. Ich glaube aber auch, meine Herren, in der Achtung gegen die hohe Versammlung zu fehlen, wenn ich voraussetzen wollte, daß diese Versammlung Raum für einen Standpunkt haben könnte, von dem aus man die nationale Arbeit nicht schützen, ihr Interesse nicht berücksichtigen wollte. Das Minoritäts-Gutachten sagt nun nicht geradezu, daß Sie Das nicht thun sollen, es nimmt aber dieselbe Gerechtigkeit für diejenigen Petitionen in Anspruch, die von einem andern Standpunkt aus vorgelegt werden könnten. Ich glaube, meine Herren, Das versteht sich von selbst, wenn Petitionen vom entgegengesetzten Standpunkte aus einkommen, müssen sie Berücksichtigung finden. Aber wo sind denn diese Petitionen? Der volkswirthschaftliche Ausschuß hat keine vorliegen gehabt, so daß an Ihnen also auch keine zur Berücksichtigung empfehlen konnte. Das Minoritäts-Erachten spricht aber auch von einem entgegengesetzten Standpunkte. Dieser Standpunkt wäre der, daß die nationale Arbeit nicht geschützt, daß deren Bedürfniß nicht in Berücksichtigung gezogen werden sollte. Ich glaube nicht erst, meine Herren, Ihnen empfehlen zu sollen, daß Sie den Majoritäts-Antrag annehmen, ich glaube, Sie können nicht anders. Dennoch aber will ich die namentliche Abstimmung dafür beantragen.

Präsident: Herr Beseler für den Verfassungs-Ausschuß!

Beseler von Greifswald: Meine Herren! Das reiche Material, welches in den Verhandlungen der letzten beiden Tage Ihnen vorgeführt ist, hat auch den Verfassungs-Ausschuß lange und ernsthaft beschäftigt. Erlauben Sie mir, daß ich es vertheidige, wenn der Verfassungs-Ausschuß am Ende nur einige Zeilen Ihnen vorgeschlagen hat zur Aufnahme in die Verfassung, und wenn ich kurz die Gründe angebe, weßwegen er so sparsam mit seinen Vorschlägen gewesen ist. Wir sind dabei von dem Principe ausgegangen, daß wir eben nur die politische Seite des deutschen Einigungswerkes in unsere Verfassung aufzunehmen hätten, daß die socialen Fragen anderswo ihre endliche Lösung finden müßten. Wir haben dabei besonders im Auge behalten, daß wir den Bundesstaat zu gründen hätten, und daß wir uns vorsichtig stellen müßten in Bestimmungen, die von hier aus allgemein geordnet, die Verhältnisse der einzelnen Staaten zerrütten könnten. Deßhalb sind wir auch nicht darauf eingegangen, irgendwie Vorschläge zu machen in Beziehung auf eine Theorie des Steuerwesens, und nur einen Grundsatz glaubten wir vorschlagen zu dürfen, nämlich den, daß das große Princip der staatsbürgerlichen Gleichheit auch in Beziehung auf das Steuerwesen in Deutschland zur Herrschaft kommen möge, und Das ist der Inhalt des von uns vorgeschlagenen Paragraphen. Wir haben hier keine Bestimmung aufgestellt, welche irgendwie die Einzelstaaten in der Ausführung binden soll, wir haben nicht einmal für nöthig gehalten, auf die Landesgesetzgebung hinzuweisen; wir haben keine Grenze gesetzt für die Autonomie der Einzelstaaten, jede Ausgleichung und Entschädigung, die man etwa für nöthig hält, bleibt unbenommen; aber, meine Herren, das Princip glaubten wir hier aufstellen zu müssen. Wir hielten es für Pflicht gegen die deutsche Nation. Weitere Bestimmungen aufzunehmen, davor sind wir zurückgeschreckt, und ich glaube, wir sind dabei im Rechte gewesen. Es wäre kein Ende abzusehen, wenn wir uns in die Wildniß begeben wollten, die uns eröffnet worden ist für allerlei Ansichten, sociale Projecte, Träumereien, die vielleicht später in irgend einer Form Realisirung bekommen werden, aber schon jetzt in der Verfassung etwas Allgemeines darüber festzustellen, das würde das ganze deutsche Staatswesen zerrütten. Meine Herren! Ich gehe nicht ein auf eine weitläufige Widerlegung Desjenigen, was hier gegen den Standpunkt vorgeführt worden ist, den der Verfassungs-Ausschuß eingenommen hat; ich beziehe mich auf die sachkundigen Vorträge anderer Abgeordneten, namentlich eines Abgeordneten, der sonst nicht zu den leidenschaftlichen Verehrern des Verfassungs-Ausschusses gehört: ich freue mich, hier mit Herrn Moriz Mohl übereinzustimmen. Ich habe zu meiner Freude und Belehrung seinen Vortrag angehört, und ich muß sagen, er hat mir von dem Standpunkte des sachkundigen Mannes und praktischen Staatsmannes die wichtigsten Beiträge zur Aufklärung der großen Fragen gegeben, um die es sich hier handelt. (Bravo im Centrum und auf der Rechten.) Meine Herren! Es würde wohl der Mühe werth sein, auf manches Einzelne näher einzugehen, — besonders auf den interessanten Vortrag des geistreichen Mitgliedes von Trier, einen Vortrag, von dem ich nur bedauern kann, daß er zuletzt ist verunstaltet worden durch einen maßlosen Angriff gegen die erbliche Monarchie, einen Angriff, den ich nur als sophistisch bezeichnen kann, weil er es so darstellt, als ob man die erbliche Monarchie ihrer Träger wegen vertheidige, und nicht als eine große Staatsinstitution, die nach der Ansicht ihrer Freunde für Volk und Staat gleich ersprießlich ist. (Wiederholtes Bravo in den Centren und auf der Rechten.) Meine Herren! Ich gehe nicht ein in die so schwierige und praktisch noch nicht gelöste Frage über das Besteuerungswesen; ich gehe nicht ein auf die wichtige Frage über den Schutz auf Arbeit, über das Recht auf Arbeit; ich sage mit dem Mitgliede, welches vorhin von dieser Tribüne aus die Frage erörtert hat, wenn auch nicht immer so erörtert hat, wie ich es für wünschenswerth halte: Ehre der Arbeit! Und wer sollte wohl mehr die Arbeit ehren wollen, als die Nationalversammlung Deutschland's, dessen Volk man doch vor Allem ein ernstes, ein ehrbares und ein arbeitsames nennen kann? Aber, meine Herren, die Fragen, die uns hier vorliegen, die lösen wir nicht durch einige Verfassungsbestimmungen, die wird das Leben, die wird die deutsche Nation in ihrer historischen Entwickelung lösen. Wir sind, meine Herren, mit diesen Verhältnissen, — wer will es bezweifeln? — in einem Uebergangszustande, wir haben in einem großen Theile Deutschland's schnell und entschlossen die Fesseln gelöst, die das Mittelalter der Arbeit angelegt; aber wir haben noch nicht das rechte Maaß gefunden, um der Freiheit auch hier die nothwendigen Schranken zu geben, und darnach ringt die deutsche Nation, und besonders der Stand der Gewerbtreibenden, die in jeder Weise befugt sind, die Rechte zu fordern, welche die Gesammtheit ihnen einräumen kann. Meine Herren! Es ist die Entfesselung der freien Concurrenz, die Uebermacht der Fabriken über das Handwerk; es sind noch andere Umstände, welche es nöthig machen, daß wir neue Formen finden, um der Arbeit ihr Recht angedeihen zu lassen, und, meine Herren, ich bin überzeugt, die deutsche Nation hat die Mittel in der Hand, sich diese Formen zu geben, und sie wird sie so anwenden, daß sie ihren Zweck erreicht. Das ist, meine Herren, der deutsche Associationsgeist (Zuruf: Sehr richtig!); es ist die Genossenschaft, die wir im Vereinsrecht weiter anerkannt und zur Geltung gebracht haben, nachdem sie durch die Polizei und die Jurisprudenz der letzten drei Jahrhunderten so gefesselt war; die Genossenschaft ist es, aus der wir den Schutz der Arbeit in freier Selbstbeschränkung werden hervorgehen sehen. (Lebhaftes Bravo im Centrum und auf der Rechten.) Seien Sie überzeugt, indem Sie das große Recht der Vereinigung aussprachen, haben Sie nicht bloß der Agitation ein vorzügliches Mittel an die Hand gegeben, sondern Sie haben der deutschen Nation das Mittel gegeben, welches sie in allen Zeiten, wo sie sich frei bewegen konnte, auch mit großer Macht und Besonnenheit angewendet hat, um sich von sich aus zu erheben. Das ist der Associationsgeist der Deutschen, das ist das alte Institut, welches das deutsche Mittelalter begeistert und frei gemacht hat, welches geknechtet war, als Deutschland sank, und welches sich in seiner Macht zeigen wird in einem einigen und freien Deutschland. (Lebhaftes Bravo im Centrum.) Ich gehe nicht ein in die Streitfragen, welche so vielfach hier erörtert wurden über die großen Parteien der Freihändler und Schutzzöllner; ich muß sagen, ich würde dabei auch in einer schwierigen Lage mich befinden; denn wenn man die Frage betrachtet nicht vom Standpunkte der Partei, sondern vom allgemeinen nationalen Standpunkte aus, so sehe ich nicht ein, wie man ein absoluter Freihändler oder Schutzzöllner sein kann. (Vielfache Zustimmung auf allen Seiten.) Das ist auch keine Frage zwischen Nord- und Süddeutschland, meine Herren; die Interessen, die hier vertreten werden sollen, die werden sich auch da, wo ihre thatsächlichen Voraussetzungen sind, geltend machen. Man sage nicht, Norddeutschland überwäge für den Freihandel, weil Preußen zu Norddeutschland gehöre, als wenn nicht große und wichtige Provinzen Preußens gewerbtreibend wären, in welchen die Schutzzölle vorzüglich ihre Vertretung finden. Es ist die Aufgabe Deutschland's, den Streit der Sonderinteressen zu ermitteln, und die Wirkungen der deutschen Verfassungen, die werden in ihrer praktischen Durchführung die Ausgleichung, die Versöhnung geben; aber sie werden nicht durch abstracte Sätze in der Verfassung selbst ihre Erledigung finden. Demnach kann ich Ihnen nur rathen, daß Sie den Antrag, wie ihn die Majorität des Verfassungs-Ausschusses vorgeschlagen hat, rein annehmen; keine Zusätze, nichts von einer Civilliste, das wäre eine Specialität; nichts von Pfarrgütern; stellen Sie einfach das große Princip der staatsbürgerlichen Gleichheit hin, und verwerfen Sie Alles, was man nach dem Princip hat anhängen wollen, was vielleicht später unter gewissen Verhältnissen, zu einer gewissen Zeit zur Erledigung kommt. Das müssen, glaube ich, die Besonnenen fühlen, daß jetzt diese Frage nicht von uns zu lösen ist. Daher, meine Herren, schlage ich Ihnen vor, den Antrag anzunehmen, den Ihnen die Herren Makowiczka, Kierulff, Wuttke und Genossen gestellt haben. Ich betrachte ihn so, daß nicht bloß die Minoritäts-Erachten, sondern auch sämmtliche Anträge, die im Sinne und Geiste der Minoritäts-Erachten eingebracht sind, dadurch ausgeschlossen werden, und daß dabei die Frage zur Erledigung kommt, ob hier nur an dem Princip des Ausschusses festgehalten, oder aber auf das Einzelne und Nähere eingegangen werden soll. Wollen Sie dieß nicht, so nehmen Sie den präjudiziellen Antrag, der darauf gerichtet ist, an, um dieß auf eine einfache und klare Weise hinzustellen. In Beziehung auf den Antrag des volkswirthschaftlichen Ausschusses bin ich allerdings auch der Meinung, daß wir gewissermaßen durch ein Compromiß dieses Hauses und dessen verschiedener Parteien die Entscheidung: ob wir uns mehr zum Schutzzoll, oder zum Freihandel neigen sollen? vertagt haben; und deßhalb glaube ich, daß, wenn der Antrag des volkswirthschaftlichen Ausschusses hierüber irgend eine Präjudiz enthielte, wir ihn nicht annehmen können. Es wird also darauf ankommen, daß wir diesen Antrag richtig auslegen. Enthält er eine Begünstigung des Schutzzolles? Ich muß gestehen, daß ich dieß nicht darin finde! Läge aber eine solche Begünstigung darin, so möchte ich nicht, daß die Nationalversammlung sich für diesen Antrag ausspräche. Wenn dieß gemeint wäre, so könnten wir ihn nicht annehmen; ist dieß aber nicht der Fall, so finde ich, daß er immerhin angenommen werden kann. Auch den Antrag der Minorität würde ich für unverfänglich halten, wenn er nicht einen Schlußsatz enthielte, den ich nicht billigen kann. Es gefällt mir nicht, wenn auf Thatsachen hingewiesen wird, die noch nicht vorliegen; das ist nicht die Aufgabe des Ausschusses. Scheint Ihnen aber der Antrag der Majorität zu weit zu gehen, dann ist immer noch der Vermittelungsvorschlag des Herrn Zachariä und Genossen zu empfehlen, der die Sache jedenfalls ganz unberührt läßt. Aber meiner Ansicht nach thut es auch der Majoritäts-Antrag des volkswirthschaftlichen Ausschusses. — Also, meine Herren, seien wir bescheiden, — ich nehme dieß Wort im Sinne des älteren Sprachgebrauches: — bescheiden wir uns; nehmen wir nicht zu viel hinein in die Verfassung und Grundrechte; erregen wir keine Hoffnungen, die wir nicht erfüllen können; legen wir nicht in die Verfassung den Keim eines Zwiespaltes, der ihre Wirksamkeit stören kann! Machen Sie aus unserer Verfassung nicht bloß ein Werk der Freiheit und der Macht, sondern auch ein Werk der Eintracht und der Versöhnung! (Lebhaftes Bravo und Beifallklatschen auf der Rechten und in den Centren.)

Präsident: Die Discussion über den § 30 ist geschlossen; ich frage, ob die von Herrn Rheinwald beantragte namentliche Abstimmung über die sämmtlichen zu § 30 gestellten Anträge Unterstützung findet? Ich bitte diejenigen Herren, sich zu erheben, die die namentliche Abstimmung vorläufig für alle zu § 30 gestellten Anträge unterstützen. (Eine Anzahl Abgeordneter auf der Linken erhebt sich.) Meine Herren, wir sind dadurch zweifelhaft, daß soviele Herren in den Gängen stehen, von denen wir nicht wissen können, ob sie die Frage bejahen oder verneinen wollen. Ich bitte daher sämmtliche Herren, erst ihre Plätze einzunehmen, dann werde ich die Frage wiederholen. Herr Rheinwald beantragt die namentliche Abstimmung in Betreff aller zu § 30 gestellten Anträge, mit dem Vorbehalte, dieselbe da zurückzuziehen, wo er es für angemessen hält. Ich frage wiederholt, ob dieser Antrag des Herrn Rheinwald Unterstützung findet? (Es erheben sich etwa zwanzig Mitglieder auf der Linken.) Meine Herren! Es sind nicht fünfzig Mitglieder, die sich erhoben haben. Wir müssen also die einzelnen Anträge wiederholen. (Zuruf von der Rechten und dem Centrum: Sie ist für alle verworfen!) Die Frage ist für sämmtliche Anträge im Ganzen, aber nicht für alle einzeln verworfen. (Zuruf von dem Centrum: Für alle!) So habe ich die Abstimmung nicht verstanden, und es wird sich ja auch finden, wie die Versammlung es meint. Meine Herren! Darüber kann kein Zweifel sein, daß wir zuvörderst den Antrag der Herren Makowiczka, Kierulff, Kirchgeßner, Wuttke und Genossen zur Abstimmung bringen müssen, denn durch die Annahme oder Ablehnung dieses Antrages wird sich erst die Zahl der Themata ergeben, über die die Versammlung überhaupt abstimmen will. Würde der Antrag des Herrn Makowiczka und Genossen angenommen, wornach die in sämmtlichen zu § 30 der Grundrechte gestellten Minoritäts-Erachten beantragten Abstimmungen nicht in die Grundrechte des deutschen Volkes aufgenommen werden sollen, so würde dann nur zur Abstimmung zu bringen sein der § 30, wie ihn der Ausschuß beantragt hat, und der Zusatz-Antrag der Herren Höfken und Genossen, Pfeiffer und Rheinwald, für die später erst die Unterstützungsfrage gestellt werden müßte; alle übrigen Anträge, also sämmtliche Anträge, die sich beziehen auf den Modus der Besteuerung, auf die sogenannte Gewährleistung der Arbeit, und auf die Vorsorge für Arbeitsunfähige und Arme überhaupt, würden dann von dem vorliegenden Kapitel der Grundrechte ausgeschlossen sein. Darüber kann wohl, meine Herren, kein Zweifel bestehen. (Es erfolgt kein Widerspruch.) Der volkswirthschaftliche Ausschuß würde dann natürlich mit seinem Antrage der zweiten Hälfte nach bestehen bleiben; denn es handelt sich darin nur die Ueberweisung von Petitionen und anderen Eingaben an das Reichsministerium. Wenn darüber also kein Widerspruch erfolgt, so gehe ich zur Abstimmung über den Antrag der Herren Makowiczka, Kierulff, Wuttke, Kirchgeßner und Genossen über. Hierüber beantragt nun Herr Rheinwald die namentliche Abstimmung. Ich glaube, daß Sie dieß nachgeben müssen (es erfolgt kein Widerspruch); ich glaube also hierauf auch die Unterstützungsfrage stellen zu können: Findet der Antrag des Herrn Rheinwald, daß über den mehrbesprochenen Antrag des Herrn Makowiczka und Genossen namentlich abgestimmt werde, Unterstützung? Ich ersuche diejenigen Herren, sich zu erheben, die diesen Antrag des Herrn Rheinwald unterstützen. (Eine Anzahl Abgeordneter auf der Linken erhebt sich.) Das Büreau ist zweifelhaft. Ich ersuche deßhalb die Herren Schriftführer, die stehenden Mitglieder zu zählen. (Nachdem die Zählung vorgenommen:) Es sind gerade fünfzig Mitglieder, welche den Antrag auf namentliche Abstimmung unterstützt haben; es muß also mit Namensaufruf abgestimmt werden. (Einige Stimmen: Oh!) Meine Herren! Diejenigen unter Ihnen, welche dem Antrage der Herren Makowiczka, Kierulff und Genossen:

> „Die in sämmtlichen zu dem § 30 der Grundrechte gestellten Minoritäts-Erachten beantragten Bestimmungen nicht in die Grundrechte des deutschen Volks aufzunehmen,"

beistimmen wollen, ersuche ich, bei Aufruf ihres Namens mit Ja, Diejenigen aber, welche dieß nicht wollen, mit Nein zu antworten. Bei dieser Gelegenheit bringe ich die Erklärung des Herrn Heubner von Zwickau zu Ihrer Kenntniß, daß sein Name durch einen Irrthum mit unter Diejenigen gedruckt worden ist, welche den Antrag des Herrn Makowiczka unterstützt haben. Herr Heubner hat denselben nicht unterzeichnet.

Nach der Zählung des Secretariats stimmten mit Ja:

Achleitner aus Ried, v. Aichelburg aus Villach, Ambrosch aus Breslau, v. Amstetter aus Breslau, Anz aus Marienwerder, Arndt aus Bonn, Arndts aus München, Arneth aus Wien, Backhaus aus Jena, v. Baumbach-Kirchheim aus Kassel, Becker aus Gotha, Becker aus Trier, Behnke aus Hannover, Bernhardi aus Kassel, Beseler aus Greifswald, Biedermann aus Leipzig, Blömer aus Aachen, Boch-Buschmann aus Siebenbrunnen, Bock aus Preußisch-Minden, Böcking aus Trarbach, Böcler aus Schwerin, v. Boddien aus Pleß, Bonardy aus Greiz, v. Borries aus Carthaus, Braun aus Bonn, Braun aus Cöslin, Brescius aus Züllichau, v. Breuning aus Aachen, Breusing aus Osnabrück, Briegleb aus Koburg, Bürgers aus Köln, Burkart aus Bamberg, Buß aus Freiburg im Breisgau, v. Buttel aus Oldenburg, Clemens aus Bonn, Cnyrim aus Frankfurt am Main, Cornelius aus Braunsberg, Coronini-Cronberg (Graf) aus Görz, Cramer aus Köthen, Cucumus aus München, Dahlmann aus Bonn, Deeke aus Lübeck, Deetz aus Wittenberg, Degenkolb aus Eilenburg, Deiters aus Bonn, Deymann aus Meppen, Dinstl aus Krems, Döllinger aus München, Drechsler aus Rostock, Dröge aus Bremen, Droysen aus Kiel, Duncker aus Halle, Ebmeier aus Paderborn, Eckart aus Lohr, Eckert aus Bromberg, Edlauer aus Gratz, Egger aus Wien, Emmerling aus Darmstadt, Engel aus Culm, Englmayr aus Enns (Oberösterreich), Esmarch aus Schleswig, Evertsbusch aus Altena, Falk aus Ottolangendorf, Federer aus Stuttgart, Fischer (Gustav) aus Jena, Flottwell aus Münster, Francke (Karl) aus Rendsburg, Friederich aus Bamberg, Fritsch aus Ried, Fritzsche aus Roda, Fuchs aus Breslau, Fügerl aus Korneuburg, Gebhard aus Würzburg, v. Gersdorf aus Tuetz, Gfrörer aus Freiburg, v. Gleich (Graf) aus Thurnau, Giesebrecht aus Stettin, Giskra aus Wien, v. Glavis aus Wohlau, Glax aus Gumpendorf, Godeffroy aus Hamburg, Gödden aus Krotoszyn, von der Goltz (Graf) aus Czarnikau, Gombart aus München, Graf aus München, Grävell aus Frankfurt a. d. O., Gravenhorst aus Lüneburg, Groß aus Leer, Groß aus Prag, Grüel aus Burg, Grumbrecht aus Lüneburg, v. Grundner aus Ingolstadt, Gülich aus Schleswig, Gysae (Wilhelm) aus Strehlow, Hahn aus Guttstatt, Hallbauer aus Meißen, v. Hartmann aus Münster, Haßler aus Ulm, Haubenschmied aus Passau, Hayden aus Dorff bei Schlierbach, Haym aus Halle, Heimbrod aus Sorau, Hergenhahn aus Wiesbaden, v. Hermann aus München, Herzog aus Ebermannstadt, Heusner aus Saarlouis, Hofer aus Pfarrkirchen, Hofmann aus Friedberg, Hollandt aus Braunschweig, Houben aus Meurs, Huber aus Linz, Huck aus Ulm, Hugo aus Göttingen, Jacobi aus Hersfeld, Jahn aus Freiburg an der Unstrut, Johannes aus Meiningen, Jordan aus Berlin, Jordan aus Frankfurt am Main, Jucho aus Frankfurt am Main, Junkmann aus Münster, Käfferlein aus Baireuth, Kahlert aus Leobschütz, v. Kaisersfeld aus Birkfeld, v. Keller (Graf) aus Erfurt, Kerer aus Innsbruck, Kerst aus Birnbaum, v. Keudell aus Berlin, Kierulff aus Rostock, Kirchgeßner aus Würzburg, Kleinschrod aus München, Knoodt aus Bonn, Koch aus Leipzig, Kosmann aus Stettin, v. Köstritz aus Elberfeld, Krafft aus Nürnberg, Kratz aus Wintershagen, Künßberg aus Ansbach, Küntzel aus Wolka, v. Kürsinger (Ignatz) aus Salzburg, v. Kürsinger (Karl) aus Tamsweg, Kutzen aus Breslau, Lammers aus Erlangen, Langerfeldt aus Wolfenbüttel, Laschan aus Villach, v. Lassaulx aus München, Laube aus Leipzig, Laudien aus Königsberg, Lausch aus Troppau, Lette aus Berlin, Leverkus aus Lennep, Lienbacher aus Goldegg, v. Linde aus Mainz, Lindner aus Seifenegg, Lodemann aus Lüneburg, Löschnigg aus Klagenfurt, Löw aus Magdeburg, Löw aus Posen, Lüntzel aus Hildesheim,

Makowiczka aus Krakau, Mally aus Steyermark, Maly aus Wien, v. Maltzahn aus Küstrin, Mann aus Rostock, Marcks aus Duisburg, Marcus aus Bartenstein, Martens aus Danzig, Matthies aus Greifswald, Merck aus Hamburg, Mertel aus Kronach, Metzke aus Sagan, Mevissen aus Köln, Michelsen aus Jena, Möller aus Reichenberg, Mohl (Moriz) aus Stuttgart, v. Mühlfeld aus Wien, Müller aus Würzburg, Münch aus Wetzlar, Mulley aus Weitenstein, v. Nagel aus Oberviechtach, Naumann aus Frankfurt a. d. O., v. Neitschütz aus Königsberg, Nerreter aus Fraustadt, Neubauer aus Wien, Neugebauer aus Ludit, Neumayr aus München, Nizze aus Stralsund, Nöthig aus Weißholz, Obermüller aus Passau, Oertel aus Mittelwalde, Ostendorf aus Soest, Osterrath aus Danzig, Ottow aus Labiau, Overweg aus Haus Ruhr, Pannier aus Zerbst, Paur aus Augsburg, Pfeiffer aus Adamsdorf, Pfeuffer aus Landshut, Philipps aus München, Pieringer aus Kremsmünster, Pinckert aus Zeitz, Plaß aus Stade, Plathner aus Halberstadt, Plehn aus Marienburg, Pözl aus München, Polaczek aus Weißkirch, v. Pretis aus Hamburg, Prinzinger aus St. Pölten, Quante aus Ullstadt, Quesar aus Prag, v. Quintus-Icilius aus Fallingbostel, v. Radowitz aus Rüthen, Rahm aus Stettin, Rapp aus Wien, Raffl aus Neustadtl in Böhmen, v. Raumer aus Berlin, Reichensperger aus Trier, Reitmayr aus Regensburg, Richter aus Danzig, Riedl aus Graz, Riegler aus mährisch Budwitz, Riesser aus Hamburg, Röben aus Dornum, Röder aus Neustettin, Rößler aus Wien, v. Rotenhan aus München, Rüder aus Oldenburg, Rümelin aus Nürtingen, v. Sänger aus Grabow, v. Salzwedell aus Gumbinnen, v. Saucken-Tarputschen aus Angerburg, Schädler aus Vaduz, Schauß aus München, Schepp aus Wiesbaden, Schick aus Weißensee, Schierenberg aus Detmold, Schirmeister aus Insterburg, v. Schleussing aus Rastenburg, Schlüter aus Paderborn, Schmidt (Joseph) aus Linz, Schneer aus Breslau, Scholten aus Ward, Scholz aus Neisse, Schorn aus Essen, Schott aus Stuttgart, Schrader aus Brandenburg, Schreiber aus Bielefeld, Schreiner aus Graz (Steyermark), v. Schrenk aus München, v. Schrötter aus Preußisch-Holland, Schubert (Friedrich Wilhelm) aus Königsberg, Schubert aus Würzburg, Schulze aus Potsdam, Schwarz aus Halle, Schwarzenberg aus Kassel, Schwetschke aus Halle, v. Selchow aus Rettkewitz, Sellmer aus Landsberg a. d. W., Sepp aus München, Servais aus Luxemburg, Siehr aus Gumbinnen, Siemens aus Hannover, Simson aus Stargard, v. Somaruga aus Wien, Sprengel aus Waren, Stahl aus Erlangen, Stavenhagen aus Berlin, Stein aus Görz, Stenzel aus Breslau, Stieber aus Budissin, Strache aus Rumburg, Streffleur aus Wien, v. Stremayr aus Graz, Stülz aus St. Florian, Sturm aus Sorau, Tannen aus Zielenzig, Teichert aus Berlin, v. Thielau aus Braunschweig, Thöl aus Rostock, v. Treskow aus Grocholin, v. Unterrichter aus Klagenfurt, Veit aus Berlin, Versen aus Nieheim, Viebig aus Posen, v. Vincke aus Hagen, Vogel aus Dillingen, Vonbun aus Feldkirch, Wagner aus Steyr, Waitz aus Göttingen, Waldmann aus Heiligenstadt, Walter aus Neustadt, Weber aus Neuburg, Weber aus Meran, v. Wedemeyer aus Schönrade, v. Wegnern aus Lyk, Weiß aus Salzburg, Weißenborn aus Eisenach, Welcker aus Aachen, Werner aus St. Pölten, Wernher aus Nierstein, Wernich aus Elbing, Werthmüller aus Fulda, Wichmann aus Stendal, Widenmann aus Düsseldorf, Wiebker aus Uckermünde, Wiethaus (J.) aus Gummersbach, Winter aus Liebenburg, v. Wulffen aus Passau, Wurm aus Hamburg, Wuttke aus Leipzig, v. Wydenbrugk aus Weimar, Zachariä aus Bernburg, Zachariä aus Göttingen, Zell aus Trier, Zeltner aus Nürnberg, v. Zerzog aus Regensburg, Ziegert aus Preußisch-Minden, Zöllner aus Chemnitz.

Mit Nein stimmten:

Ahrens aus Salzgitter, Beidtel aus Brünn, Berger aus Wien, Blumröder (Gustav) aus Kirchenlamitz, Boczek aus Mähren, Bogen aus Michelstadt, Caspers aus Koblenz, Claussen aus Kiel, Cropp aus Oldenburg, Culmann aus Zweibrücken, Damm aus Tauberbischoffsheim, Dham aus Schmalenberg, v. Dieskau aus Plauen, Dietsch aus Annaberg, Eisenmann aus Nürnberg, Eisenstuck aus Chemnitz, Engel aus Pinneberg, Esterle aus Cavalese, Fallmerayer aus München, Fehrenbach aus Säckingen, Förster aus Hünfeld, Freese aus Stargard, Frisch aus Stuttgart, Fröbel aus Reuß, Geigel aus München, Gerlach aus Tilsit, Golz aus Brieg, Gottschalk aus Schopfheim, Gritzner aus Wien, Grubert aus Breslau, Günther aus Leipzig, Gulden aus Zweibrücken, Hagen (K.) aus Heidelberg, Haggenmüller aus Kempten, Hartmann aus Leitmeritz, Hedrich aus Prag, Hehner aus Wiesbaden, Heisterbergk aus Rochlitz, Heldmann aus Selters, Hensel aus Camenz, Hentner aus Zwickau, Höfken aus Hattingen, Hönniger aus Rudolstadt, Hoffbauer aus Nordhausen, Jopp aus Enzersdorf, Kagerbauer aus Linz, Köhler aus Seehausen, Kohlparzer aus Neuhaus, Kollaczek aus österr. Schlesien, Kotschy aus Ustron in Mährisch-Schlesien, Kudlich aus Schloß Dietach, Kuhnt aus Bunzlau, Langbein aus Wurzen, Liebmann aus Perleberg, Löwe (Wilhelm) aus Calbe, Mandrella aus Ujest, Marsilli aus Roveredo, Melly aus Wien, Meyer aus Liegnitz, Minkus aus Marienfeld, Mölling aus Oldenburg, Nagel aus Bahlingen, Nägele aus Murrhardt, Nauwerck aus Berlin, Pattay aus Steyermark, Paur aus Neisse, Pfahler aus Tettnang, Rank aus Wien, v. Rappard aus Glambek, Raus aus Wolframitz, Reinhard aus Boyzenburg, Reinstein aus Naumburg, Reitter aus Prag, Renger aus böhmisch Kamnitz, Rheinwald aus Bern, Riehl aus Zwettl, Rödinger aus Stuttgart, Rösler aus Oels, Roßmäßler aus Tharand, Rühl aus Hanau, Scharre aus Strehla, Scheller aus Frankfurt a. d. O, Schenk aus Dillenburg, Schlöffel aus Halbendorf, Schlutter aus Poris, Schmidt (Ernst Friedrich Franz) aus Löwenberg, Schmitt aus Kaiserslautern, Schüler aus Jena, Schulz (Friedrich) aus Weilburg,

Schulz aus Darmstadt, Schüz aus Mainz, Simon (Ludwig) aus Trier, Spatz aus Frankenthal, Stark aus Krumau, Tafel (Franz) aus Zweibrücken, Tappehorn aus Oldenburg, Temme aus Münster, Titus aus Bamberg, Trabert aus Rausche, Trampusch aus Wien, Uhland aus Tübingen, Umbscheiden aus Dahn, Venedey aus Köln, Vischer aus Tübingen, Vogel aus Guben, Wedekind aus Bruchhausen, Welter aus Tünsdorf, Werner aus Oberkirch, Wiesner aus Wien, Wiest aus Tübingen, Wigard aus Dresden, Würth aus Sigmaringen, Zimmermann aus Stuttgart, Zitz aus Mainz.

Abwesend waren:

A. Mit Entschuldigung:

v. Andrian aus Wien, Archer aus Rein, v. Bally aus Beuthen, Barth aus Kaufbeuren, Bassermann aus Mannheim, Bauer aus Bamberg, Bauernschmid aus Wien, Baur aus Hechingen, v. Beckerath aus Crefeld, v. Beisler aus München, Benedict aus Wien, Bergmüller aus Mauerkirchen, Beseler (H. W.) aus Schleswig, Brentano aus Bruchsal, Brons aus Emden, Carl aus Berlin, Cetto aus Trier, Christ aus Bruchsal, Christmann aus Dürkheim, Czoernig aus Wien, Demel aus Teschen, Detmold aus Hannover, Fallati aus Tübingen, Fetzer aus Stuttgart, Freudentheil aus Stade, v. Gagern aus Darmstadt, v. Gagern aus Wiesbaden, Gspan aus Innsbruck, Heckscher aus Hamburg, Helbing aus Emmendingen, Herzig aus Wien, Heubner aus Freiberg, Hildebrand aus Pöls, Hirschberg aus Sondershausen, Höchsmann aus Wien, Jordan aus Gollnow, v. Itzstein aus Mannheim, Junghanns aus Mosbach, Kaiser (Ignaz) aus Wien, Knarr aus Steyermark, Kolb aus Speyer, Leue aus Köln, Levysohn aus Grünberg, Mammen aus Plauen, Mathy aus Karlsruhe, Mayer aus Ottobeuern, v. Mayfeld aus Wien, Mez aus Freiburg, Mittermaier aus Heidelberg, v. Möring aus Wien, Mohl (Robert) aus Heidelberg, Mohr aus Oberingelheim, Müller aus Damm, Müller aus Sonnenberg, Neumann aus Wien, v. Neuwall aus Brünn, Peter aus Constanz, Pezer aus Bruneck, Presting aus Memel, Raveaux aus Köln, v. Reden aus Berlin, Reh aus Darmstadt, Reichenbach (Graf) aus Domeßko, Reindl aus Orth, Richter aus Achern, Römer aus Stuttgart, Rothe aus Berlin, Sachs aus Mannheim, Schaffrath aus Neustadt, Schiedermayer aus Vöcklabruck, Schlörr aus der Oberpfalz, v. Schlotheim aus Wollstein, v. Schmerling aus Wien, Schober aus Stuttgart, Schönmäckers aus Beck, Schrott aus Wien, Schüler (Friedrich) aus Zweibrücken, Schuler aus Innsbruck, Schulze aus Liebau, Schwerin (Graf) aus Pommern, Simon (Max) aus Breslau, Stedmann aus Besselich, Stokinger aus Frankenthal, Tafel aus Stuttgart, Thinnes aus Eichstätt, Tomaschek aus Iglau, v. Trützschler aus Dresden, Vogt aus Gießen, Wachsmuth aus Hannover, Welcker aus Heidelberg, Wesendonck aus Düsseldorf, Wippermann aus Kassel, v. Würth aus Wien, Zimmermann aus Spandow, Zittel aus Bahlingen.

B. Ohne Entschuldigung:

Anders aus Goldberg, Anderson aus Frankfurt a. d. O., v. Bothmer aus Carow, Bouvier (Cajetan) aus Steyermark, Bresgen aus Ahrweiler, Deym (Graf) aus Prag, Edel aus Würzburg, Ehrlich aus Murzynek, v. Ende aus Waldenburg, Gevekoht aus Bremen, Göbel aus Jägerndorf, v. Hennig aus Dempowalonka, Hildebrand aus Marburg, Hoffmann aus Ludwigsburg, Jürgens (Karl) aus Stadtoldendorf, v. Kalkstein aus Wagau, Kuenzer aus Constanz, Mareck aus Gratz (Steyermark), Martiny aus Friedland, v. Massow aus Karlsberg, v. Mayern aus Wien, Munchen aus Luxemburg, Nicol aus Hannover, Rättig aus Potsdam, v. Raumer aus Dinkelsbühl, Reichard aus Speyer, Reisinger aus Freistadt, v. Scherpenzeel aus Baarlo, Simon (Heinrich) aus Breslau, Schmidt (Adolph) aus Berlin, Schneider aus Wien, v. Soiron aus Mannheim, Tellkampf aus Breslau, Waldburg-Zeil-Trauchburg (Fürst) aus Stuttgart, Zum Sande aus Lingen.

Präsident: Der Antrag der Herren Makowiczka, Kierulff, Wuttke und Genossen:

> „Die in sämmtlichen zu dem § 30 der Grundrechte gestellten Minoritäts-Erachten beantragten Bestimmungen nicht in die Grundrechte des deutschen Volkes aufzunehmen,“

ist von 317 gegen 114 Stimmen angenommen. — Wir gehen zur Abstimmung über den § 30 selbst und die drei Zusätze über, die auch nach dieser Abstimmung noch einen Gegenstand der Beschlußfassung bilden dürfen, die ich aber erst zur Unterstützung zu bringen habe. Der Antrag des Verfassungs-Ausschusses, den ich zur Abstimmung zu bringen habe, lautet so:

> „Die Besteuerung (Staats- und Gemeindelasten) soll so geordnet werden, daß die Bevorzugung einzelner Stände und Güter aufhört.“

Dazu liegen folgende drei durch die erfolgte Abstimmung nicht ausgeschlossene Anträge vor, die aber, ich wiederhole es, noch der Unterstützung bedürfen. Der Satz des Herrn Gustav Höfken:

> „Jede Steuer wird“ ...

Höfken (vom Platze): Ich nehme den Antrag zurück.

Präsident: Der Antrag ist zurückgenommen. — Der Antrag des Abgeordneten Pfeiffer:

> „Die Besteuerung (Staats- und Gemeindelasten) soll so geordnet werden, daß die Bevorzugung einzelner Stände und Güter, namentlich auch die Steuerfreiheit der Geistlichen, aufhört.“

Endlich der Zusatz-Antrag des Herrn Rheinwald, dem gemäß zu § 30 zugefügt werden soll:

> „Civillisten und Apanagen unterliegen der Besteuerung, wie jedes andere Einkommen.“

Ich bringe also erst den eben verlesenen Antrag des Herrn Pfeiffer zur Unterstützung. Diejenigen Herren, die diesen Antrag unterstützen wollen, ersuche ich, sich zu erheben. (Die genügende Anzahl erhebt sich.) Er ist hinreichend unterstützt. — Der

Antrag des Herrn Rheinwald lautet, zu § 30 den Zusatz zu fügen:

„Civillisten und Apanagen unterliegen der Besteuerung, wie jedes andere Einkommen."

Diejenigen Herren, die diesen Antrag unterstützen wollen, ersuche ich, sich zu erheben. (Die genügende Anzahl erhebt sich.) Er ist hinreichend unterstützt. Ich bringe also, meine Herren, den § 30, vorbehaltlich dieser beiden Zusätze zur Abstimmung. Diejenigen Herren, die den § 30:

„Die Besteuerung (Staats- und Gemeindelasten) soll so geordnet werden, daß die Bevorzugung einzelner Stände und Güter aufhört,"

vorbehaltlich fernerer Abstimmungen über die Anträge der Herren Pfeiffer und Rheinwald zum Beschlusse der Versammlung erheben wollen, ersuche ich, aufzustehen. (Eine große Mehrheit auf allen Seiten des Hauses erhebt sich.) Der Paragraph ist mit diesen Vorbehalten angenommen. — Ich bringe nun den Antrag des Herrn Pfeiffer zur Abstimmung. Diejenigen Herren, die in dem angenommenen § 30 zwischen die beiden Schlußworte „Güter" und „aufhört," nach dem Antrage des Herrn Pfeiffer inseriren wollen: „namentlich auch die Steuerfreiheit der Geistlichen," ersuche ich, sich zu erheben (Ein Theil des Centrums erhebt sich) Der Zusatz ist nicht angenommen.

Rheinwald (vom Platze); Ich ziehe meinen Antrag zurück.

Präsident: Herr Rheinwald hat seinen Antrag zurückgenommen, die Abstimmung über § 30 ist somit erledigt; und wir haben nur noch über die Anträge des volkswirthschaftlichen Ausschusses, und die dazu vorhandenen Amendements abzustimmen, die ebenfalls noch der Unterstützung bedürfen. Die Reihenfolge der Abstimmung, meine Herren, glaube ich, ist klar; es muß zuerst, wie mir scheint, über den Antrag der Majorität des volkswirthschaftlichen Ausschusses, falls der verworfen würde, über den Antrag des Herrn Zachariä von Göttingen, den ich gleich behufs der Unterstützung zur Verlesung bringen werde; demnächst über den Antrag der Minorität des volkswirthschaftlichen Ausschusses; endlich über den Antrag des Herrn Abgeordneten Siemens, den ich auch noch behufs der Unterstützung zu verlesen habe, abgestimmt werden.

Zachariä von Göttingen: Meine Herren! Ich glaube, daß der von mir und Anderen gestellte Antrag zuerst zur Abstimmung kommen muß, und zwar deßhalb, weil er ausdrücklich als Vermittelungs-Antrag bezeichnet ist, er ist ein Vergleichs-Vorschlag. Sowie nun der richterlichen Entscheidung in einem Prozesse nothwendig der Versuch eines Vergleichs-Vorschlags vorausgehen muß, so glaube ich, ist es auch hier der Fall, und ich meine daher, daß dieser Antrag vor den beiden anderen zur Abstimmung kommen muß.

Präsident: Ich muß mein Abstimmungsproject festhalten. Ich halte dafür, daß eine Parallele zwischen unserem Verfahren und dem richterlichen Verfahren nicht zulässig sei. Wenn der Antrag ein Vermittlungs-Antrag ist, — und das ist er gewiß, — so müssen wir nach unserer Praxis gerade nicht mit ihm, sondern mit dem am Weitesten gehenden Antrag anfangen. Wir werden also gut daran thun, wenn wir die Ordnung so lassen, wie ich sie vorgeschlagen habe. — Ich bringe den Antrag der Herren Zachariä und Siemens zur Unterstützung. — Der Antrag von Herrn Zachariä und Genossen lautet:

„Die Unterzeichneten beantragen zur Vermittlung des Majoritäts-Antrags mit dem Sondergutachten folgende Fassung des Antrags:

„Die hohe Versammlung wolle einen die Arbeit verbürgenden Paragraphen in die Grundrechte nicht aufnehmen, dagegen die darauf abzweckenden Petitionen und den Antrag des Abgeordneten Heubner dem Reichsministerium zur genügenden Berücksichtigung überweisen."

Diejenigen Herren, welche den Antrag des Herrn Zachariä und Genossen unterstützen wollen, belieben sich zu erheben. (Geschieht in genügender Anzahl.) Der Antrag ist hinreichend unterstützt. — Der eventuelle Antrag des Herrn Siemens lautet:

„Die hohe Nationalversammlung wolle in der Erwägung, daß die Grundsätze über die besten Mittel, die nationalen Arbeitskräfte möglichst zu entwickeln und in Anwendung zu bringen, hier nicht zum Abschluß gebracht werden können, die darauf Bezug habenden Petitionen allerdings dem Reichs-Ministerium zur Berücksichtigung überweisen, ohne jedoch des Zolltarifs und seiner etwaigen Wirksamkeit auf den Schutz der Arbeit dabei zu erwähnen."

Die Herren, welche diesen Antrag unterstützen wollen, belieben sich zu erheben. (Es erhebt sich nicht die genügende Zahl.) Der Antrag ist ohne genügende Unterstützung geblieben. — Ich beginne mit dem Antrag der Majorität des volkswirthschaftlichen Ausschusses, dessen erste Hälfte durch die bisherige Abstimmung schon erledigt ist. Ich bringe also folgenden Satz zur Abstimmung:

„Die Nationalversammlung wolle in Betracht der hohen Wichtigkeit der dahin gehenden Anträge beschließen: die auf Schutz der Arbeit und der Arbeiter eingereichten Petitionen:

1) der Centralstelle für Handel und Gewerbe in Stuttgart,
2) des Congresses deutscher Handwerker in Berlin,
3) des Abgeordneten Heubner in Sachsen,

dem Reichshandelsministerium zu dem Ende zu überreichen, bei Entwerfung des Tarifs den Schutz der Arbeit in Berücksichtigung zu ziehen."

Diejenigen Herren, welche diesen Antrag der Majorität des volkswirthschaftlichen Ausschusses annehmen wollen, ersuche ich, dieses durch Aufstehen von Ihren Sitzen kund zu geben. (Geschieht von der Mehrheit.) Der Antrag der Majorität des volkswirthschaftlichen Ausschusses ist angenommen, und damit das Amendement des Herrn Zachariä von Göttingen, sowie das Special-Gutachten desselben Ausschusses erledigt. — Wir gehen, meine Herren, zu den noch übrigen Paragraphen der Grundrechte über. (Vielseitiger Ruf: Vertagung! Vertagung!) Es wird vielseitig die Vertagung verlangt. Ich bitte Sie, die Plätze einzunehmen; ich bringe die Vertagung zur Abstimmung. Diejenigen Herren, welche die Discussion über die noch rückständigen Paragraphen der Grundrechte, 43 und folgende, auf die nächste Sitzung vertagt wissen wollen, belieben, sich zu erheben. (Die Mehrheit erhebt sich.) Die Vertagung ist angenommen. Meine Herren! Zu der erst von mir abgegebenen Erklärung, daß Herr Heubner von Zwickau den Antrag von Herrn Makowiczka und Genossen, dessen Annahme Sie beschlossen haben, nicht mitunterzeichnet habe, muß ich jetzt hinzufügen, daß es Herr Heusner, einer der Abgeordneten aus Rheinpreußen ist, der diesen Antrag mitunterzeichnet hat. — Der volkswirthschaftliche Ausschuß ist auf Morgen 10 Uhr eingeladen. Der Verfassungs-Ausschuß auf heute Abend ½6 Uhr. Die fünfte Abtheilung wird ersucht, nach dem Schlusse der Sitzung an der Rednerbühne sich zu versammeln. Die Herren vom Büreau lade ich zu einer dringend wichtigen Sitzung auf Morgen Vormittag 11 Uhr ein. Die nächste Sitzung wird am Montag um 9 Uhr stattfinden. Auf die Tagesordnung setze ich: Fortsetzung der Discussion über die rückständigen §§ der Grundrechte. Die heutige Sitzung ist geschlossen.

(Schluß der Sitzung 1¾ Uhr.)

Die Redactions-Commission und in deren Auftrag Abgeordneter Professor Wigard.

Druck von Joh. David Sauerländer in Frankfurt a. M.

über die

Verhandlungen der deutschen constituirenden National-Versammlung zu Frankfurt a. M.

Nro. 169. Dienstag den 13. Februar 1849. VII. 14.

Hundert acht und sechzigste Sitzung.

(Sitzungslocal: Paulskirche.)

Montag den 12. Februar 1849. (Vormittags 9 Uhr.)

Präsident: Eduard Simson von Königsberg.

Inhalt: Verlesung des Protocolls. — Austritts-Anzeige der Abgeordneten Mandrella und Wachsmuth. — Beitrag zur deutschen Flotte. — Mittheilung der österreichischen Note vom 4. Februar von Seite des Präsidenten des Reichsministeriums. — Interpellation des Abgeordneten Martiny, die Betheiligung der Centralgewalt an dem Brüssler Congresse wegen der italienischen Angelegenheiten betreffend. — Berathung über die noch rückständigen Paragraphen des Entwurfs der Grundrechte: §§ 43 und 44.

Präsident: Die Sitzung ist eröffnet. Ich ersuche den Herrn Schriftführer, das Protocoll der vorigen Sitzung zu verlesen. (Schriftführer Martens verliest dasselbe.) Ich frage, ob Reclamation gegen das Protocoll ist? (Es erfolgt keine.) Es ist keine Reclamation; das Protocoll ist genehmigt. — Der Abgeordnete des Wahlbezirks Groß-Strelitz in Preußisch-Schlesien, Herr Mandrella, zeigt für das Ende dieses Monats seinen Austritt aus der Reichs-Versammlung an. Die Erklärung geht an das Ministerium des Innern zu weiterer Veranlassung. — Der Hofbuchhändler, Herr Friedrich August Eupel in Sondershausen, übersendet durch den Abgeordneten Herrn Hirschberg als Beitrag zur deutschen Flotte 113 Thlr. 8 Sgr. 8 Pf., Ertrag einer in Sondershausen, in der Gemeinde Badra und durch den Herrn Pfarrer Blumröder aus Marlishausen veranstalteten Sammlung (Bravo!), die wir mit Dank empfangen und an das Reichsministerium der Finanzen überweisen. — Der Herr Präsident des Reichsministerrathes hat am gestrigen Tage folgendes Schreiben an mich gerichtet:

„Dem Ersuchen des k. k. österreichischen Herrn Bevollmächtigten bei der Centralgewalt entsprechend, beehrt sich der Unterzeichnete, dem Herrn Präsidenten der deutschen verfassunggebenden Reichsversammlung Abschrift eines Rescripts der k. k. österreichischen Regierung an ihren Bevollmächtigten, welches von dieser zur Mittheilung an die deutsche National-Versammlung bestimmt ist, zu diesem Zwecke ergebenst mitzutheilen."

Ich entspreche dieser Aufforderung, indem ich das in Rede stehende Rescript durch den Herrn Schriftführer verlesen lasse.

Martens von Danzig:

„Der k. k. Bevollmächtigte bei der Centralgewalt an das Reichsministerium des Innern. — Von der k. k. österreichischen Regierung ist mir das Rescript vom 4. Februar 1849 eben heute mit dem Auftrage zugekommen, es dem Reichsministerium mit der Bitte mitzutheilen, dasselbe der deutschen Nationalversammlung vorlegen zu wollen. Dieses Rescript lautet dahin:

„Als im Frühlinge des verflossenen Jahres das nach engerer politischer Einigung ringende Nationalgefühl der Deutschen in dem Verlangen nach einer zeitgemäßen Umgestaltung der staatlichen Verhältnisse des Vaterlandes seinen Ausdruck fand, kamen die Fürsten Deutschland's den Wünschen und Bestrebungen ihrer Völker mit Bereitwilligkeit entgegen. Am 30. März beschloß der Bundestag, die Wahlen der Nationalvertreter einzuleiten, deren Aufgabe es sein sollte, zwischen den Regierungen und dem Volke das deutsche Verfassungswerk zu Stande zu bringen. Die Wahlen fanden statt, unbeirrt und ungehemmt, in vollster Freiheit. Bald trat die Nationalversammlung in Frankfurt zusammen, und begann das große Unternehmen. Auf ihre Berathungen und Beschlüsse hat Oesterreich nie einen Einfluß zu üben versucht. Der Standpunkt, welchen die kaiserliche Regierung an dem Tage einnahm, an welchem ihr Bevollmächtigter am Bundessitze den obenerwähnten Beschluß unterzeichnete, ist seither unwandelbar derselbe geblieben. Treu der damals durch ganz Deutschland zur Geltung gelangten Ansicht, daß dem Wunsche Deutschland's nach engerer Einigung volle Rechnung zu tragen sei, zugleich aber festhaltend an dem am 30. März in der Bundesversammlung aufgestellten Grundsatze der Vereinbarung zwischen den Fürsten und dem Volke, glaubte die Regierung Sr. Majestät, die Ergebnisse der Berathungen der Volksvertreter zu Frankfurt abwarten zu sollen, um im Einklange mit den übrigen deutschen Regierungen das große Werk der Wiedergeburt Deutschland's auf eine nach allen Seiten hin befriedigende Weise zu vollenden. Die Regierung Seiner Majestät, welche immer fortfuhr, ihre Bundespflichten getreulich zu erfüllen, nahm gleichfalls keinen Anstand, die an die Stelle des Bundestags von der Nationalversammlung geschaffene Centralgewalt anzuerkennen und dadurch thatsächlich zu beurkunden, wie bereit sie sei, den durch die gesetzlichen Vertreter der deutschen Nation ausgesprochenen Wünschen zu entsprechen. Die neue Bundesbehörde wird, mit billiger Rücksicht auf die schwierigen innern Verhältnisse in Oesterreich, nicht umhin können, zu bethätigen, daß die Regierung Sr. Majestät selbst unter dem äußersten Drange der Ereignisse beflissen war, allen Anforderungen zu genügen, wenn solche nicht das Gebiet der Gesetzgebung berührten. Aufmerksam verfolgte das kaiserliche Cabinet die Berathungen der Nationalversammlung, und gegenüber dem in Deutschland ausgesprochenen Verlangen, sich über seine Ansichten zu erklären, mag es nicht den Schein auf sich laden, als wolle es unter der Hülle einer zweideutigen und zurückhaltenden Politik sich verbergen. Die kaiserliche Regierung theilt in vollem Maaße mit den deutschen Volksstämmen dieß- und jenseit der österreichischen Grenzen das tiefgefühlte Bedürfniß der Wiedergeburt Deutschland's; sie erkennt hierzu mit ihnen in einem engern Verbande der einzelnen Staaten die erste Bedingung. Diesen engern Verband zu begründen, diese nähere Einigung und Verschlingung herbeizuführen, ist, ihrer Ansicht nach, die gemeinsame Aufgabe der Fürsten und Völker Deutschland's. Weit entfernt, sich auszuschließen, ist sie vielmehr bereit zur ernstlichen und aufrichtigen Mitwirkung, vorausgesetzt, daß es sich hier um Einigung, nicht um gänzliche Umschmelzung der bestehenden Verhältnisse handle; um Wahrung der verschiedenen lebenskräftigen organischen Glieder Deutschland's, und nicht um deren Aufhebung und Vernichtung. Die Gestaltung eines unitarischen Staates erscheint dem kaiserlichen Cabinette nicht ausführbar für Oesterreich, nicht wünschenswerth für Deutschland. Nicht ausführbar für uns, denn die österreichische Regierung darf über der Stellung Oesterreich's im Bunde, die ihr gegenüber den nichtdeutschen Bestandtheilen der Monarchie zustehenden Rechte und Pflichten nicht vergessen. Sowie sie das Band, welches die deutschen und nichtdeutschen Lande Oesterreich's seit Jahrhunderten zusammenhält, nicht lösen kann, ebensowenig vermag sie eine einseitige Aufhebung des deutschen Bundesverhältnisses zuzugeben, welches einen wesentlichen Bestandtheil der europäischen Verträge bildet. Aber ein solcher einheitlicher Staat erscheint uns auch nicht wünschenswerth für Deutschland, denn er würde nicht nur die mannigfach gestalteteten Bedürfnisse, die nächsten moralischen und materiellen Interessen, die Ueberlieferungen der Vergangenheit und die Ansprüche an die Zukunft auf das Vielfältigste und Tiefste verletzen, sondern auch der mit Sehnsucht herbeigewünschten und mit Eifersucht bewachten Entwickelung der staatlichen und persönlichen Freiheit der Deutschen hemmend in den Weg treten. Man wende dagegen nicht ein, daß ein solcher einheitlicher Staat nicht beabsichtigt werde, daß es sich ja um einen Bundesstaat handle. Wir können jene Behauptung und diese Benennung hierfür gleich wenig gelten lassen. Die Majorität der Nationalversammlung hat sich entschieden für das Programm des Herrn Ministers v. Gagern. Dieses Programm, sollte es verwirklicht werden können, würde den sogenannten engeren Bundesstaat, d. h. jenen von uns eben angedeuteten einheitlichen Staat begründen, gleichviel, ob der Schwerpunkt in Frankfurt bliebe, oder nach einem andern Theile Deutschland's verlegt würde. Von welchem Standpunkte auch ein solches Unternehmen betrachtet wird, es zeigt nach allen Seiten große, zum Theil unüberwindliche Schwierigkeiten. Für Deutschland, weil, wenn wir nicht irren, den einzelnen Gliedmaßen, der Geschichte und den Bedürfnissen der Gegenwart entgegen, jedes selbstständige Leben entzogen und nach einem künstlich geschaffenen Brennpunkte übertragen würde; für Oesterreich, weil es uns entweder aus dem neuen Deutschland gänzlich ausschließen, oder den Verband zwischen den deutschen Erblanden und den nichtdeutschen Bestandtheilen lösen, d. h. factisch die §§ 2 und 3 des Verfassungsabschnittes über das Reich ins Leben rufen würde. Man erinnert sich, daß letztere in ganz Oesterreich einschließlich der deutschen Lande mit einem Schrei des Unwillens aufgenommen, und in der Paulskirche selbst von vielen österreichischen Rednern, und besonders von dem jetzigen Ministerpräsidenten in der 103. Sitzung die gegen jene Paragraphen sprechenden Gründe und Bedenken hervorgehoben wurden. Also Ausschließung der deutschen Lande Oesterreich's, mit anderen Worten Verstümmlung Deutschland's, oder aber Lösung der so innig verbundenen und unter einander verwachsenen Bestandtheile Oesterreich's, welche fortan nur mehr der dünne Faden der Personalunion zusammenhalten soll. Dieß sind die beiden Endpunkte, zu welchen die Begründung des sogenannten Bundesstaates, — der eben alles Andere eher, als ein Bundesstaat ist, — Deutschland und Oesterreich mit folgerichtiger Nothwendigkeit führen müßte. Die Pflicht der Selbsterhaltung, als Deutsche nicht minder, denn als Oesterreicher, bestimmt uns in gleicher Weise, solche Bestimmungen abzulehnen. Wir wiederholen es, Oesterreich und Deutschland würden hierdurch in ihrer Entwickelung nicht gefördert, sondern geschwächt und bloßgestellt, in ihrem innern staatlichen Leben tief; vielleicht unheilbar verwundet; denn, wie wir an einem andern Orte zu äußern veranlaßt waren: „Nicht in dem Zerreißen der österreichischen Monarchie liegt die Größe, nicht in ihrer Schwächung die Kräftigung Deutschland's; Oesterreich's Fortbestand in staatlicher Einheit ist ein deutsches, wie ein europäisches Bedürfniß." Von der Ansicht durchdrungen, daß zwischen den so vielfach verschlungenen, wenn auch manchmal scheinbar divergirenden Interessen der deutschen und nichtdeutschen Theile der Monarchie einerseits, und andererseits dieser und des übrigen Deutschland's ein innerer Widerspruch nicht obwaltet, verkennt die Regierung zwar keineswegs die Schwierigkeit einer innern Vereinigung, aber sie zweifelt nicht, will man nur unbefangen und ohne Nebenabsicht das Werk vollbringen, an einer glücklichen Lösung der großen Aufgabe. Der kaiserlichen Regierung schwebt ein nach Außen festes und mächtiges, im Innern starkes und freies, organisch gegliedertes und doch in sich einiges Deutschland vor. Wir gehen hierbei von der Ansicht aus, daß, je schärfer die Scheidelinie gezogen wird zwischen den dem gesammten Deutschland gemeinsamen Interessen und denen der einzelnen Theile, desto sicherer wird einem Vorwalten der Sonderinteressen vorgebeugt, desto weiter die Grenzmarke des großen Reichs ausgesteckt. Auf dem betretenen Wege würde man, statt zur Einheit Deutschland's, zunächst zur Nothwendigkeit gelangen, Oesterreich, die erste deutsche Macht, auszuschließen, und die künftigen Beziehungen zu uns denen zu den Niederlanden und Dänemark gleichzustellen. Auf der von der kaiserlichen Regierung in Aussicht zu stellenden Grundlage finden alle deutschen Staaten und alle ihre außerdeutschen Landestheile Platz. Nicht eine gegenseitige Beeinträchtigung, nicht einen Racenkampf befürchtet die kaiserliche Regierung als die Wirkung der näheren Berührung zwischen Deutschland und Oesterreich's nichtdeutschen Provinzen; vielmehr erkennt sie hierin nach beiden Seiten hin eine Quelle unermeßlicher Vortheile. Allerdings stehen der Ausführung dieses Gedankens große, aber, wie uns scheint, nicht unüberwindliche Hindernisse entgegen. Ein stufenweiser Gang der

beginnt mit dem aufrichtigen Wunsche, sich anzunähern, und allmählich übergeht zum wirklichen engen Verbande, gehört nicht in das Reich der Träume. Durchdrungen von der Ueberzeugung, daß ein wirklich einiges Deutschland nur geschaffen werden kann, wenn Oesterreich und Preußen bei dem Baue Hand in Hand gehen, war unsere erste und vornehmste Sorge, nach Berlin unsere Ansichten mitzutheilen. Wir gingen hierbei mit voller Aufrichtigkeit, und ohne die Absicht voran, Oesterreich an der Leitung der deutschen Angelegenheiten einen größeren Antheil zuzuwenden, als ihm seine Stellung als erste deutsche und als europäische Großmacht thatsächlich und vertragsmäßig bisher gesichert hat. Zugleich wurde vorgeschlagen, das Werk der Vereinbarung in Frankfurt gemeinsam mit den Fürsten, und zwar zunächst mit den Königen Deutschland's zu beginnen. Die beabsichtigte vorläufige Verständigung mit der königlich preußischen Regierung konnte jedoch nicht in vollem Maaße erzielt werden. Wir betreten daher, statt, wie wir gewünscht hätten, in Gemeinschaft mit Preußen, nun allein den Weg der Vereinbarung mit Frankfurt. Se. Majestät der Kaiser und allerhöchst dessen Regierung begleiten die der Erstarkung und Einigung Deutschland's gewidmeten Bestrebungen mit ihren aufrichtigen Wünschen. Sie sind hierbei zur Mitwirkung bereit, soweit es die eigenthümlichen Verhältnisse der Monarchie gestatten. Sie hoffen und wünschen, daß die heutige Eröffnung in und außerhalb der Paulskirche günstige Aufnahme finden, und jedenfalls die Aufrichtigkeit und die Bereitwilligkeit Oesterreich's in vollem Maaße gewürdigt werde. Gern geben wir uns der Erwartung hin, daß der Weg der Verständigung nicht abgeschnitten wurde durch die jüngsten Beschlüsse der Versammlung, durch jene unter dem Eindrucke erfolgten Abstimmungen, daß es sich eigentlich um mehr und um Anderes handle, als die zur Schlußfassung vorgelegten Anträge mit Worten aussprachen. Gern erwarten wir, daß, wenn die von der Versammlung zu beschließende Verfassung den deutschen Regierungen zur Vereinbarung vorliegen wird, eine nach allen Seiten hin befriedigende Verständigung erzielt werden könne. Welche Phasen aber auch das Vereinbarungswerk noch durchlaufen sollte, Eines steht hierorts fest, daß Se. Majestät der Kaiser und allerhöchst dessen Regierung in der Begründung eines einheitlichen Centralstaates den Keim unheilvoller Spaltungen erkennen müßten, den Anlaß zur Zersplitterung, und nicht zur Einigung Deutschland's. Gegen eine Unterordnung Sr. Majestät des Kaisers unter die von einem andern deutschen Fürsten gehandhabte Centralgewalt verwahren sich Se. Majestät der Kaiser und allerhöchst dessen Regierung auf das Feierlichste. Sie sind dieß sich, Sie sind es Oesterreich, Sie sind es Deutschland schuldig."

„Indem ich dem Auftrage meiner Regierung entspreche, bitte ich, nach dem von derselben gestellten Ansuchen die weitere Mittheilung an die deutsche Nationalversammlung machen zu wollen. — Frankfurt, am 8. Februar 1849. — (gez.) Schmerling."

Präsident: Mein Vorschlag, meine Herren, geht dahin, das eben durch Verlesung mitgetheilte Rescript der k. k. österreichischen Regierung an ihren hiesigen Bevollmächtigten an den Verfassungs-Ausschuß gelangen zu lassen. Herr Eisenmann hat hierüber das Wort verlangt.

Eisenmann von Nürnberg: Meine Herren! Wenn ich mir in Bezug auf diese Note das Wort erbeten habe, so erwarten Sie nicht, daß ich den Inhalt derselben irgendwie berühren werde; denn ich finde es weder passend, dem Gutachten Ihres Ausschusses vorzugreifen, noch halte ich es an der Zeit, mich jetzt in eine Debatte darüber einzugehen, da sehr leicht eine Meinung ausgesprochen, oder ein Urtheil gefällt werden könnte, welches nach der einen oder anderen Seite hin Aufregung veranlassen, und uns dadurch den Standpunkt der Unbefangenheit rauben könnte. Wenn diese Note bloß auf dem Wege der Presse bekannt gemacht worden wäre, so wären wir vielleicht im Rechte gewesen, wenn wir sie ignorirt hätten; sie ist uns aber amtlich mitgetheilt worden, und nicht etwa bloß zu unserer Kenntnißnahme, sondern um sie nach der Möglichkeit, welche in unserer Aufgabe und Gesinnung liegt, zu berücksichtigen und darnach zu handeln, sehr wahrscheinlich aber auch, um eine Antwort und Erklärung darüber zu erhalten; ja ich glaube, es wäre nicht anständig, wenn man sie ohne Antwort ließe, die Antwort mag nun ausfallen, wie sie will, aber eine Erklärung muß gegeben werden. Es fragt sich nun, wem soll diese Note zur Begutachtung mitgetheilt werden? Der Herr Präsident ist mir mit der Antwort darauf zuvorgekommen; auch ich halte dafür, daß sie nur dem Verfassungs-Ausschusse zugewiesen werden darf, denn sie betrifft rein eine Frage der Verfassung. Abgesehen also vom Inhalte jener Note, wird damit zugleich namentlich die Frage angeregt: Wie soll jetzt der weitere Gang unserer Berathung eingerichtet werden, damit wir einerseits so schnell, als möglich, zum Ziele gelangen, andererseits aber auch die Verständigung herbeigeführt werden kann; denn ich glaube, diese wollen wir Alle, diese wollen selbst Diejenigen, welche die Vereinbarung zurückweisen. Es wird dieß aber nur dann möglich, wenn man den Parteien Gelegenheit gibt, sich auszusprechen. Ich habe in der neuesten Zeit eben nicht mit den angenehmsten Gefühlen in öffentlichen Blättern gelesen, daß man hier darüber schon im Reinen sei, wie man die Sache behandeln wolle, und man hat ebenso vorlaut, als unberechtigt den 19. Februar als den Termin angesetzt, an welchem die zweite Lesung der Verfassung beginnen solle. Ich traue dem Reichsministerium so viel Loyalität und parlamentarischen Tact zu, daß ich nimmermehr glauben kann, es werde sich einen Einfluß in dieser Beziehung anmaßen, welcher ihm gesetzlich nicht zusteht. Unsere Minister haben, insofern sie zugleich Abgeordnete sind, dasselbe Recht, wie jeder andere Abgeordnete, und es wird ihnen frei stehen, sich mit ihren Gesinnungsgenossen über den Gang unserer Angelegenheiten zu berathen; wenn es aber den Anschein gewinnen will, als wolle eine Coterie in dieser Versammlung sich als Kern derselben hinstellen, als habe sie die Versammlung in der Hand oder in der Tasche... (Unterbrechung auf der Rechten.)

Präsident: Meine Herren! Ich bitte um Ruhe!

Eisenmann: Ich bin die Unterbrechung von dieser (der rechten Seite) schon gewöhnt. (Stimmen auf der Rechten: Wir haben aber nicht unterbrochen!) Ich habe aber nichts dagegen (Heiterkeit); ich nehme es durchaus nicht übel, denn ich unterbreche auch manchmal. (Heiterkeit.) — Ich sage also, wenn es diesen Anschein gewinnen will, als ob eine solche Coterie bestände, so würde Das einen sehr übeln Eindruck machen. (Bewegung.) Ich behaupte nicht, daß sie besteht, denn dazu habe ich nicht das Recht; ich gestehe auch, daß mir Zeitungsartikel und in denselben enthaltene Gerüchte das Recht zu Anklagen nicht geben können; wenn aber ein solcher Zustand bestände, so würde Das, — ich wiederhole es, — einen sehr übeln Eindruck machen, der sich bei den Berathungen und Abstimmungen zeigen dürfte. Ich habe dieß bloß erwähnt, weil ich glaube, es sei nunmehr an der Zeit, daß die Versammlung selbst den künftigen Gang ihrer Berathungen zur Sprache bringe und einen Beschluß darüber fasse, namentlich aber darüber, wann sie die zweite Lesung beginnen wolle, weil sich daraus am Besten wird ermitteln lassen, ob und wie sie eine Verständigung wolle.

Reichensperger von Köln: Ich habe mir das Wort erbeten, um gegen den Vorschlag, diese Note an den Verfassungs-Ausschuß zu verweisen, zu reden. Ich werde dem Redner vor mir darin folgen, daß ich auf den Inhalt der Note nicht eingehe. Es liegt dieß in der Natur der Sache. Meine Freude darüber aber darf ich wohl aussprechen, daß eine Voraussetzung, welche so vielfach hier laut geworden ist, die Voraussetzung nämlich, daß Oesterreich in den deutschen Bundesstaat weder eintreten **könne**, noch eintreten **wolle**, durch diese Note desavouirt wird. (Stimmen auf mehreren Seiten: Oh! Von anderen Seiten Beifall. Große Heiterkeit.) In **dem** Punkte bin ich, wie ich bereits angedeutet habe, mit dem geehrten Redner vor mir nicht einverstanden, daß diese Note an einen der bestehenden Ausschüsse zu verweisen sei, damit dieser eine Erwiederung formulire und uns zur Berathung vorlege. Ich glaube nicht, daß die Note eine solche Erwiederung fordert, sie ist eine einfache Mittheilung an die Reichsversammlung, eine Mittheilung, welche sich von einer anderen, vorläufig erst durch die Presse bekannt gewordenen dadurch unterscheidet, daß sie die Vorlage an die Reichsversammlung ausdrücklich verlangt. Ich halte es für durchaus unpassend, diese Note aus dem großen Zusammenhange von Thatsachen, welche bei Besprechung derselben berührt werden müßten, herauszureißen. Diese Thatsachen häufen sich von Tag zu Tage, und wenn die Nachrichten, welche gestern aus Bayern hierher gelangten, nicht irrig sind, so haben wir auch von dorther eine weitere höchst prägnante Thatsache zu erwarten. Ich glaube daher, daß es angemessen sein wird, von der fraglichen Note Act zu nehmen und uns vorzubehalten, zu geeigneter Zeit auf dieselbe zurückzukommen. Wir haben dem Reichsministerium bei einer anderen Gelegenheit die Vollmacht ertheilt, gewisse Schritte, die mit dem Inhalte dieser Note im Zusammenhange stehen, zu **geeigneter Zeit** zu thun. Ich dächte, diejenige Autorisation, die wir damals dem Ministerium ertheilt haben, ertheilten wir hier uns selbst, und ließen die Note dermalen auf sich beruhen. Meine Herren! Die Versammlung scheidet sich mehr und mehr, wie mir scheint, in zwei Hauptparteien: die eine ist diejenige, welche eine Verfassung für Deutschland machen will; die andere dieser Hauptparteien ist diejenige, welche ein Deutschland für eine a priori construirte Verfassung machen will. (Stimmen auf verschiedenen Seiten: Sehr gut! Bravo!) Ich glaube, es ist angemessen, wir lassen diese Hauptparteien sich erst näher verständigen und gruppiren. Darin aber greifen wir störend ein, wenn wir eine einzelne Thatsache herausreißen, und auf dieselbe, wenn ich so sagen darf, das ganze Gewicht der Debatte über eine so hochwichtige Frage concentriren. Es scheint mir daher angemessen, daß wir einstweilen darüber hinweggehen. Die Bildung eines besonderen Ausschusses erachte ich aus den angegebenen Gründen ebenfalls zur Zeit durchaus unzweckmäßig; wir könnten dadurch Antagonismen schaffen, welche auf die Förderung und das Zustandekommen des großen Werkes durchaus verderblich einwirkten. Ich stelle daher einen Antrag dahin:

> „Die Reichsversammlung nimmt Act von der ihr mitgetheilten Note der österreichischen Regierung vom 4. d. M., und behält sich vor, zu geeigneter Zeit auf dieselbe zurückzukommen.“

Präsident: Ehe ich Herrn Giskra ersuche, das Wort zu nehmen, erlaube ich mir, zu meinem Vorschlage, die österreichische Note dem Verfassungs-Ausschusse zu überweisen, hinzuzusetzen, daß es natürlich mir nicht beigekommen ist, dem Ausschusse vorschreiben zu wollen, ob und welche Anträge derselbe darüber an die Versammlung bringen wolle. — Herr Giskra hat das Wort.

Giskra von mährisch Trübau: Ich glaube mich gegen den zuletzt ausgesprochenen Antrag des Herrn Reichensperger erklären zu müssen. Die österreichische Regierung hat in der Note selbst darauf hingewiesen, daß dieselbe der Nationalversammlung bekannt gegeben werde, und hat, wie klar vorliegt, ein Princip darin ausgesprochen, das nach den bisherigen Vorgängen der Nationalversammlung in der Mehrheit derselben keinen Anklang gefunden hat. Die Collision der österreichischen Regierung und der Mehrheit der Nationalversammlung in der Frage der Verfassung liegt klar vor. Hieraus folgt nun zunächst schon, daß ein Schritt Seitens der Nationalversammlung geschehen müsse. Ich will nicht sagen, daß die Nationalversammlung geradezu der österreichischen Regierung eine Antwort zu geben habe, aber soviel ist gewiß, daß die Nationalversammlung einen bestimmten Weg nunmehr zu bezeichnen und anzugeben hat, auf welchem sie fortzuschreiten gedenkt; entweder: die österreichische Note unberücksichtigt zu lassen, und auf dem Wege der Volkssouveränität zu verharren, an derselben festzuhalten, und die Verfassung vereinzelt auszuarbeiten und ins Leben einzuführen, oder den Weg der Verständigung und der Vereinbarung zu betreten. Jedenfalls muß **etwas** geschehen. Was nun geschehen könne, das entscheidet der Inhalt der Note gar nicht, und was die Antecendentien der Note anlangt, so ist sie weiter nichts, als die Antwort auf die Anfrage des Reichsministeriums an die österreichische Regierung mit Begleitung der ersten Beschlüsse über den Entwurf vom „Reich und der Reichsgewalt.“ Ich glaube, es ist dieß die erste Frucht der von dem Reichsministerium mit Oesterreich angebahnten Verständigung. Wenn nun die Nationalversammlung von der Ansicht ausgegangen ist, daß diese Unterhandlungen auf Grund des ministeriellen Programms zu geschehen hätten, so haben wir bereits einen Weg, auf welchem in dieser Frage weiter vorzugehen wäre, und da wäre denn der Ausschuß für die Beurtheilung des v. Gagern'schen Programmes der geeignetste. Wir hätten nun zwar noch einen zweiten Ausschuß, den sogenannten Biedermann'schen Ausschuß über das Verhältniß der Centralgewalt zu den Einzelstaaten, der aber, wie sich dieß in der letzten Zeit dargelegt hat, nicht das Vertrauen der Nationalversammlung zu besitzen schien, denn sonst wäre kein besonderer Ausschuß zur Beurtheilung des v. Gagern'schen Programmes niedergesetzt worden. (Mehrseitige Beistimmung, besonders auf der Linken.) Der Verfassungs-Ausschuß scheint mir am Wenigsten geeignet zu sein, da er nichts weiter zu thun hat, als über das Verfassungswerk seine Paragraphen vorzulegen, andere Anträge aber derselbe nach seiner ursprünglichen Befugniß nicht zu machen hat.

Präsident: Ehe ich Herrn Beseler das Wort gebe, setze ich die hohe Versammlung davon in Kenntniß, daß Herr **Jahn** in einem soeben eingegangenen Antrage darauf anträgt, über den vorliegenden Gegenstand zur Tagesordnung überzugehen. Er bittet um das Wort zur Begründung dieses Antrages. Ich kann es ihm aber zu diesem Behufe nicht geben, denn sein Antrag gehört in eine Verhandlung über die Sache selbst, während wir heute lediglich über die Geschäftsbehandlung in Discussion sind, welche der eben verlesenen Note zu Theil werden soll. — Herr Beseler hat das Wort!

Beseler von Greifswald: Ich bin ganz der Ansicht des Herrn Eisenmann, daß jetzt nicht der Augenblick gekommen ist, über die uns verlesene Note eine Erklärung [illegible] ben. Ich will meine Freunde theilen und solcher Erklärung enthalten, weil wir hoffen, daß die Beschlüsse der deutschen Nationalversammlung über die deutsche Verfassung dieselbe thatsächlich enthalten werden. (Bravo im rechten Centrum.) Meine Herren! Ich spreche auch nicht dafür, daß die Note an den einen oder den anderen Ausschuß verwiesen werde; aber einen Wunsch wollte ich hier nur aussprechen, der, wie ich glaube, im Interesse der Geschäftsbehandlung des Verfassungswerkes vorliegt: wenn Sie diese Note an den Verfassungs-Ausschuß verweisen wollen, so bitte ich, daß Sie dabei keine besondere Instruction geben, des Inhalts, es möge ein besonderer Bericht über diese Note eingebracht werden; sondern es möge dem Ausschuß überlassen bleiben, etwa bei dem Berichte, der über die zweite Lesung vorbereitet wird, auch auf diese Note die angemessene Rücksicht zu nehmen.

Präsident: Der Herr Präsident des Reichsministerrathes hat das Wort!

Reichsminister Heinrich v. Gagern: Meine Herren! Ich habe auf zwei Bemerkungen von Vorrednern zu antworten. Einmal weise ich die Beschuldigung zurück, als habe das Ministerium irgend einen unzuständigen Einfluß auf die Behandlung der Verfassungsfrage, auf die Bestimmung der Tagesordnung ausüben wollen. Ich kann vielmehr Herrn Eisenmann versichern, daß von mir Schritte gethan sind, um die erforderliche Zeit, damit vor der zweiten Lesung die Erklärungen der Regierungen einlangen können, und damit zur Verständigung zu gewinnen, die er, wie ich wünscht. Dann habe ich einen Irrthum des Herrn Giskra zu berichtigen. Ich betrachte dieses Rescript der österreichischen Regierung an ihren Bevollmächtigten keineswegs als eine Antwort auf diejenigen verschiedenen Mittheilungen, welche das Ministerium in Folge der ihm von der Nationalversammlung zur Verhandlung mit Oesterreich ertheilten Ermächtigung erlassen hat. Es ist dieß nicht bloß meine persönliche Meinung, sondern ich habe mich über die Frage, ob dieß Rescript als eine solche Antwort zu betrachten sei, mit dem Herrn Bevollmächtigten von Oesterreich benommen, und er hat mich versichert, daß er in dieser Beziehung derselben Meinung sei, wie ich. Wäre es anders, meine Herren, hätte ich dieß Rescript der österreichischen Regierung an ihren Bevollmächtigten als eine Antwort auf die Mittheilungen des Ministeriums, die in Folge jener Ermächtigung erfolgt sind, zu betrachten gehabt, so würde ich es als die Pflicht des Ministeriums erachtet haben, von allen denjenigen Schritten gleichzeitig der Nationalversammlung Rechenschaft abzulegen, welche es in Folge jener Ermächtigung gethan hat, indem alsdann diese Ermächtigung durch die Antwort ihren Abschluß erhalten haben würde. (Stimmen aus den Centren: Sehr gut! Sehr wahr!)

Rößler von Oels: Ich wollte nur auf Dasjenige aufmerksam machen, was Herr Beseler, wie es scheint, im Namen des Verfassungs-Ausschusses beantragt oder angekündigt hat, aber als seine Meinung für den Fall, daß diese Note an den Verfassungs-Ausschuß verwiesen würde, ausgesprochen hat. Er wünscht, daß der Verfassungs-Ausschuß hierüber nicht Bericht zu erstatten haben möge, sondern bloß möglicherweise darauf zurückkomme in der Art, wie er auf jede Petition, die an ihn gelangt, auch Rücksicht nimmt. Nun bin ich einer der entschiedensten Gegner der Vereinbarung, die in diesem Hause sein können; aber so viel Bedeutung scheint mir denn doch eine ministerielle Vorlage und Note zu verdienen, daß sie nicht wie eine Petition an den Verfassungs-Ausschuß verwiesen werde, und nach der Mittheilung des Herrn Beseler glaube ich überhaupt nicht, daß sie an den Verfassungs-Ausschuß verwiesen werden könne, sondern bin der Ansicht, daß sie an den Ausschuß, der zur Begutachtung des ministeriellen Programms niedergesetzt worden ist, verwiesen werden müsse.

Präsident: Herr Räder hat das Wort!

Räder von [illegible]: Meine Herren! Das Manifest der österreichischen Regierung, — denn es ist ein Manifest, obwohl es in einer Zeitung zuerst erschienen ist, welche meines Wissens noch nicht officiell ist, — dieses Manifest behandelt den Standpunkt der österreichischen Regierung gegenüber der deutschen Verfassungsfrage. Es ergibt sich daraus von selbst, daß, wenn es an irgend einen Ausschuß verwiesen werden soll, es an den Verfassungs-Ausschuß gehört. Ich will den Grund hinzufügen, daß ausschließlich Erklärungen an das Reichsministerium, und durch dieß an das Präsidium der Versammlung noch vielleicht von sämmtlichen sechs und dreißig übrigen Regierungen kommen werden, welche provocirt sind durch die Circularnote der preußischen Regierung, und dadurch, daß das Reichsministerium die ihm von jener Staatsregierung angesonnene Vermittelung angenommen hat. Wenn nun diese österreichische Note an den Ausschuß verwiesen wird, den Herr Giskra zuletzt bezeichnet hat, so würde die Folge davon sein, daß für jede andere Note der sechs und dreißig übrigen Regierungen ein neuer Ausschuß zu bilden wäre. Denn Herr Giskra wird mit mir einverstanden sein, daß die Erklärungen von Preußen oder Würtemberg, von Mecklenburg oder Baden u. s. w., nicht an den Ausschuß gehören würden, welcher niedergesetzt worden ist, um darüber zu urtheilen, ob dem Ministerium Ermächtigung mit Oesterreich zu unterhandeln zu ertheilen sei. Ich glaube daher, daß auch der Gesichtspunkt des praktischen Bedürfnisses dieser Versammlung dahin führen muß, die Note dahin zu verweisen, wohin sie überdieß ihrem Inhalte nach gehört, nämlich an den Verfassungs-Ausschuß.

Berger von Wien: Meine Herren! Aus Dem, was die Vorredner geäußert haben, scheint hervorzugehen, daß man vorläufig und für den Augenblick eben nicht ein besonderes Gewicht auf die österreichische Note legen zu wollen scheint. Auch ich lege kein Gewicht auf sie. Wenn wir die Geschichte der österreichischen Noten, wie sie sich in den letzten drei Monaten entwickelt hat, etwas näher in Betrachtung ziehen, so wird sich zeigen, daß die Ansichten des österreichischen Cabinets, wie die Politik Oesterreich's in diesem Augenblicke schwankend sind. Wir sehen in dem Programm vom 27. November v. J., sowie in dem Schreiben des österreichischen Ministerpräsidenten vom 28. November v. J., dann in der Note vom 28. December v. J., und endlich in der vom 4. Februar d. J. weiter nichts vor uns, als ein stetes Schwanken. Vielleicht lenkt schon das nächste Actenstück wieder in eine andere Richtung ein. Der Redner vor mir hat sehr richtig den Charakter der letzten Note aufgefaßt, und sie als ein Manifest bezeichnet. Ich nehme aber diese Bezeichnung auch für die preußische Circularnote in Anspruch. Ich bin der Meinung, daß weder die österreichische Note, noch die preußische an den Verfassungs-Ausschuß gehört. Verfassen konnten wir nur, so lange wir uns auf dem Boden der Volkssouveränität factisch befanden; der größere Theil dieser Versammlung befindet sich jetzt nur noch theoretisch auf demselben. Factisch sind wir nun Alle in den Winkel der Vereinbarung hineingepfercht, wir mögen uns sträuben, wie wir wollen. Ich bin nicht Einer von Denen, die zwischen Vereinbarung und Verständigung subtile Schulunterschiede zu machen im Stande wären, und ob mit der preußischen Regierung vor der zweiten Lesung, oder ob mit der österreichischen Regierung nach der zweiten Lesung der Verfassung vereinbart wird, ist mir ein und dasselbe.

(Heiterkeit auf der Rechten.) Das Resultat ist: wir befinden uns factisch auf dem Boden der Vereinbarung, und für die Vereinbarungsfrage besteht noch kein Ausschuß. Der Verfassungs-Ausschuß ist aus den bereits angeführten Gründen nicht dazu geeignet, und besonders nicht in der von Herrn Beseler gewünschten Weise. Der Ausschuß für das v. Gagern'sche Programm ist ebenso wenig dazu geeignet; denn dieser betrifft zunächst nur die österreichische Verhältnisse und das v. Gagern'sche Programm, während es sich jetzt um eine allgemein deutsche Frage handelt. Die jetzt hereingeschleuderte große Frage der Vereinbarung betrifft die deutschen Verhältnisse überhaupt. Dem Biedermann'schen Ausschusse aber kann dieser Gegenstand deßhalb nicht zugewiesen werden, weil das Verhältniß der deutschen Centralgewalt zu allen deutschen Regierungen eben jetzt mehr als je in Frage steht. Sie müssen daher einen neuen Ausschuß wählen, nämlich den Vereinbarungs-Ausschuß. (Heiterkeit und Bravo auf der Linken. Ruf nach Schluß.)

Präsident: Das Schlußrufen ist nach Ihrem eigenen Beschlusse ungiltig. — Herr Künßberg hat das Wort.

Künßberg von Ansbach: Meine Herren! Die österreichische Note bezweckt weiter nichts, als was ich gerade heute vor vier Wochen beantragt habe, nämlich eine gründliche Revision der bisherigen Entwürfe von Verfassungsabschnitten, und zwar in dem Sinne, daß die zu schaffende Verfassung im Sinne des wahren und echten Bundesstaats, und nicht in dem Sinne eines Einheitstaates ausfalle. Der Ausschußbericht, der über meinen Antrag bereits erstattet worden ist, wird, wie der Herr Präsident mich versichert hat, demnächst auf die Tagesordnung gesetzt werden. Von dem Beschlusse über diesen Bericht wird es abhängen, ob der Verfassungs-Ausschuß über die nun in Frage stehende Sache noch ein Gutachten wird abgeben können. Ich stelle den Antrag: den Beschluß darüber, ob, und an welchen Ausschuß die Note zu verweisen sei, einstweilen, und zwar so lange zu suspendiren, bis über meinem Antrag Beschluß gefaßt sein wird. Bis dahin würde es dem zu den Unterhandlungen mit Oesterreich beauftragten Reichsministerium immerhin unbenommen bleiben, von dem Inhalte der Note den etwa für passend zu erachtenden Gebrauch zu machen.

Fuchs von Breslau: Es nimmt mich gar nicht Wunder, daß sich über die Frage, was wir mit der uns Seitens der kaiserlich österreichischen Regierung zugekommenen Staatsschrift machen sollen, eine längere Erörterung entsponnen hat. Es ist die Ansicht ausgesprochen worden, daß diese sogenannte Note an keinen Ausschuß verwiesen werden solle. Und in der That mag man sie ihrer Form oder ihrem Inhalte nach ins Auge fassen, so ergibt sich allerdings, daß man nicht recht weiß weder was sie will, noch wohin sie gehört. (Eine Stimme im Centrum: Zur Sache!) Ich bin bei der Sache. Ich werde mich gleich anderen Rednern auch bloß bei der Form-Frage aufhalten. Es ist geäußert worden, daß diese Note eine Antwort sei auf die Mittheilung unseres Reichsministeriums an die kaiserlich österreichische Regierung über die Stellung Oesterreich's zum deutschen Reiche. Gegen diese Ansicht hat sich bereits der Herr Minister-Präsident ausgesprochen, und auch mir scheint es ganz zweifellos, daß, wenn die österreichische Regierung darauf hätte antworten wollen, solches in ganz anderer Form hätte geschehen müssen. In dieser Form konnte wohl Niemand eine Antwort erwarten; das Reichs-Ministerium konnte sich nicht darauf beschränken, eine solche Antwort der Reichsversammlung einfach mitzutheilen; und wir konnten wohl, wenn dieß geschehen wäre, nichts weiter thun, als zur Tagesordnung übergehen. Für eine Rückantwort sehe ich aber diese Staatsschrift nicht an. Die österreichische Regierung hat vielmehr ihren Vertreter nur veranlassen wollen, der Reichsversammlung ihre Ansicht kund zu geben, welche allerdings klarer in Dem ist, was sie nicht will, als in Dem, was sie will. — Im Wesentlichen will sie die Vereinbarung der Reichsversammlung mit den Regierungen der Einzelstaaten und dieser untereinander, und es wird sich fragen, ob die Mehrheit dieses Hauses wird darauf eingehen wollen. Wir werden zu zeigen haben, ob wir wirklich schon so weit herabgekommen sind, daß uns weiter nichts übrig bleibt, als die Verfassung Deutschland's mit den 36 Regierungen zu vereinbaren. Wäre dieß der Fall, dann würde ich den herben Vorschlag eines Vorredners unterstützen, den Verfassungs-Ausschuß aufzulösen, und an dessen Statt einen Vereinbarungs-Ausschuß niederzusetzen. Soweit aber sind wir hoffentlich noch nicht gesunken. (Gelächter auf der Rechten.) Bisher stand in der Versammlung als anerkannter Grundsatz fest, daß wir die Ansichten der Regierungen allerdings zu vernehmen, und in Erwägung zu ziehen, daß wir aber endgiltig zu beschließen haben, wie die Verfassung auszuführen sei. Wollen wir davon abgehen, so sage ich auch mit einem früheren Redner: Gehen wir lieber gleich nach Hause! (Lebhaftes Bravo und Beifallklatschen auf der Linken.) Noch habe ich aber die Hoffnung, daß es dieser Versammlung gelingen wird, in Uebereinstimmung mit der deutschen Nation die große Aufgabe zu lösen, zu welcher sie berufen worden. Für alle Zuschriften, welche die Herstellung des Verfassungswerks zum Gegenstande haben, ist aber kein anderer vorberathender Ausschuß in gleichem Maaße geeignet als der Verfassungs-Ausschuß. Auch ich stimme deßhalb dafür: die uns soeben durch Verlesung zur Kenntniß mitgetheilte Staatsschrift dem Verfassungs-Ausschusse zu überweisen. An der Wahl eines Vereinbarungs-Ausschusses werde ich wenigstens nicht Theil nehmen. (Beifall auf der Linken. Stimmen daselbst: Ganz gut! Ganz recht!)

Venedey von Köln: Meine Herren! Ich glaube nicht, daß diese Note auf dem Vereinbarungs- oder Verständigungs-Princip steht, wie dasselbe bis jetzt hier verstanden worden ist; diese Note macht aus unserem Parlament ganz einfach eine Commission, die einen Vorschlag zu einer Verfassung machen soll, worüber sich dann die österreichische Regierung mit den Fürsten Deutschland's zu vereinbaren habe. Es wäre hiernach keine Vereinbarung mit uns zu treffen (Bravo), und deßhalb glaube ich, muß auf diese Note sogleich und unmittelbar eine Antwort erfolgen, die Deutschland und der Welt zeigt, was wir sind. Darum gehört sie auch nicht an den Verfassungs-Ausschuß, sondern an einen Ausschuß, der sich mit dergleichen zu befassen hat; der Verfassungs-Ausschuß ist da um die Verfassung vorzubereiten, nicht aber, um auf Incidenz-Punkte Antwort zu geben. Es ist die österreichische Note ein Versuch, uns dahin herabzuwürdigen, wo man uns schon längst hat haben wollen, aber, meine Herren, zeigen wir, daß wir im Princip und im letzten Worte die verfassunggebende Nationalversammlung Deutschland's sind, und deßwegen verweisen Sie die Note meinetwegen vor welchen Ausschuß Sie wollen, nur nicht vor den Verfassungs-Ausschuß; die Note muß vor einen der beiden österreichischen Ausschüsse, oder vor einen neuen — ich glaube, der zweite österreichische Ausschuß wäre der beste — verwiesen werden.

Riesser von Hamburg: Meine Herren! Die uns vorliegende Note hat ersichtlich den Zweck, auf die Beschlüsse dieser Versammlung über das Verfassungswerk einzuwirken. Zu-

... Sie dieselbe dem Verfassungs-Ausschusse zuweisen, sprechen Sie nicht aus, daß Sie ihr einen solchen Einfluß verstatten wollen, Sie geben dem Verfassungs-Ausschusse nicht den Auftrag, sie zu berücksichtigen, Sie geben demselben einfach den Auftrag, zu untersuchen, ob und in welcher Weise jene Note bei Ihren Beschlüssen über die Verfassung berücksichtigt werden könne. Sie weisen sie nicht in verletzender Weise von vornherein zurück; Sie räumen ihr aber auch durch diese Verweisung nichts ein, was der Selbstständigkeit der Beschlüsse dieser Versammlung in irgend einer Weise Abbruch thäte. Diese Versammlung hat gewiß in der Frage der Vereinbarung oder Nichtvereinbarung niemals eine Frage der Eifersucht auf die eigene Macht, der Macht eines Dritten gegenüber, sie hat darin lediglich eine Frage des Wohles, der Freiheit, der Einheit Deutschland's erblickt. (Bravo im Centrum.) Von diesem Gesichtspunkte aus kann ich nicht zugeben, daß die Berücksichtigung irgend einer Thatsache, die Erwägung irgend eines Ausspruches, er komme woher er wolle, dem Standpunkte, welchen diese Versammlung eingenommen hat, Abbruch thut. In die Reihen dieser Thatsachen gehört die Note. Von den vorangegangenen Rednern haben die Einen befürchtet, es werde ihr zu wenig, die Andern, es werde ihr zu viel Rücksicht gewidmet werden. Ich glaube nicht, daß die bisherige Thätigkeit des Verfassungs-Ausschusses dem einen oder dem anderen Verdachte Raum gibt. Er wird prüfen, ob und inwieweit, ohne der Einheit und Freiheit Deutschland's Abbruch zu thun, diese Note berücksichtigt werden könne, und wenn er zu dem Resultate kommen sollte, daß eine Rücksicht ihr in den Verfassungsbeschlüssen nicht gewidmet werden könne, so wird er sicherlich nicht darum, weil er die Quelle, aus der sie kommt, zu gering achtet, zu solchem Resultate kommen, sondern allein, weil ihr Inhalt ihm die Ueberzeugung aufdrängt, daß ihr keine Folge gegeben werden könne, ohne das Werk, zu dem wir versammelt sind, zu vereiteln. Ich glaube daher, daß in keiner Weise die Frage präjudizirt, und dem Rechte dieser Versammlung etwas vergeben, zugleich aber auch keine sonstige, begründete Rücksicht verletzt wird, wenn Sie die Note dem Verfassungs-Ausschusse überweisen, nicht um eine Antwort zu entwerfen, und sie Ihnen zur Berathung vorzulegen, sondern um im Geiste der Verfassung zu prüfen, ob und inwieweit dem Inhalte der Note ein Einfluß auf das Verfassungswerk gestattet werden könne. (Bravo im Centrum.)

Präsident: Es liegen drei verschiedene Anträge auf den Schluß der Debatte vor, im Ganzen von etwa vierzig Mitgliedern unterzeichnet. Ich muß den Antrag zur Abstimmung bringen. Diejenigen Herren, welche die uns jetzt beschäftigende Discussion über die dem verlesenen Rescripte der österreichischen Regierung an ihren Bevollmächtigten zu gebende Geschäfts-Behandlung geschlossen wissen wollen, belieben sich zu erheben. (Mitglieder auf allen Seiten erheben sich.) Der Schluß ist angenommen. — Meine Herren! Es liegen uns vor: zuerst der Antrag des Herrn Künßberg:

„Die Beschlußnahme über die angeregte Frage so lange auszusetzen, bis über seinen, die weitere Behandlung der Verfassung betreffenden Antrag Beschluß gefaßt sein wird."

Demnächst der Antrag des Herrn Reichensperger:

„Die Reichsversammlung nimmt Act von der mitgetheilten Note der österreichischen Regierung vom 4ten dieses Monats, und behält sich vor, zu geeigneter Zeit auf dieselbe zurückzukommen."

Drittens mein Antrag: die verlesene Mittheilung an den Verfassungs-Ausschuß zu verweisen. — Viertens der Antrag: das Rescript der österreichischen Regierung an ihren Bevollmächtigten an den Ausschuß für die österreichische Frage gelangen zu lassen, und endlich fünftens der Antrag: die Sache einem neuen, durch die Abtheilungen zu wählenden Ausschusse zur Begutachtung zu überweisen. Ich glaube, die Reihenfolge der Abstimmung ist klar. Ich muß fragen, ob die National-Versammlung auf den Antrag des Herrn Künßberg, eventuell ob sie auf den des Herrn Reichensperger eingehen will, demnächst ob sie das fragliche Rescript an den Verfassungs-Ausschuß, an den Ausschuß für die österreichische Frage, oder ob sie es an einen neuen Ausschuß zu verweisen gesonnen ist?

Wattay (vom Platze): An den Biedermann'schen Ausschuß?!

Präsident: Der ist nicht vorgeschlagen.

Wattay: So nehme ich den Antrag auf; Herr Giskra hat ihn gestellt.

Präsident: Nach dem Schluß der Discussion geht das nicht mehr an, Herr Giskra hat übrigens gesagt, daß er die Sache nicht an den Biedermann'schen Ausschuß zu verweisen rathe. — Ich beginne mit der Unterstützungsfrage, und zwar zuerst mit dem Antrag des Herrn Künßberg. Findet der Antrag des Herrn Künßberg: „Die Beschlußnahme über die angeregte Frage so lange auszusetzen, bis über seinen, die weitere Behandlung der Verfassung betreffenden Antrag Beschluß gefaßt sein wird," Unterstützung? Ich bitte die Herren, die ihn unterstützen wollen, aufzustehen. (Es erhebt sich die erforderliche Anzahl.) Der Antrag ist hinreichend unterstützt. — Findet der Antrag des Herrn Reichensperger, den ich eben verlesen, Unterstützung? Wer ihn unterstützen will, beliebe sich zu erheben. (Die hinlängliche Anzahl erhebt sich.) Er ist hinreichend unterstützt! — Findet mein Antrag: die Sache an den Verfassungs-Ausschuß zu verweisen, Unterstützung? (Viele Mitglieder erheben sich.) Er ist hinreichend unterstützt. — Findet der Antrag Unterstützung, das vorliegende Rescript an den Ausschuß für Begutachtung des ministeriellen Programms über die österreichische Frage zu verweisen? (Es erhebt sich die genügende Anzahl.) Der Antrag ist hinreichend unterstützt. — Findet endlich der Antrag des Herrn Berger: „zur Begutachtung der österreichischen Note einen neuen Ausschuß aus den Abtheilungen für die vorliegende Frage zu erwählen," die erforderliche Unterstützung? (Die nöthige Anzahl erhebt sich.) Er ist zur Genüge unterstützt. — Wir haben also sämmtliche fünf Anträge zur Abstimmung zu bringen. Ich beginne mit dem Antrage des Herrn Künßberg. Diejenigen Herren, welche die Beschlußfassung über die vorliegende Frage ausgesetzt wissen wollen, bis über den Antrag des Herrn Künßberg, die weitere Behandlung der Verfassung in zweiter Lesung betreffend, Beschluß gefaßt sein wird, belieben sich zu erheben. (Nur wenige Mitglieder erheben sich.) Der Antrag ist abgelehnt. — Ich gehe zu dem Reichensperger'schen Antrage über. Diejenigen Herren, welche nach dem Antrage des Herrn Reichensperger beschließen wollen: „Die Reichs-Versammlung nimmt Act von der mitgetheilten Note der österreichischen Regierung vom 4ten dieses Monats, und behält sich vor, zu geeigneter Zeit auf dieselbe zurückzukommen," ersuche ich, aufzustehen. (Mitglieder auf verschiedenen Seiten erheben sich.) Der Antrag ist verworfen. — Diejenigen Herren, die das heute verlesene Rescript der österreichischen Regierung an ihren Bevollmächtigten dem Verfassungs-Ausschuß überwiesen haben wollen, belieben sich zu erheben. (Viele Mitglieder auf mehreren Seiten erheben sich.) Der Antrag ist angenommen, und damit die Frage erledigt. — Eine nochmals vorgelegte Interpellation des Herrn Rösler von Oels an das Reichsministerium des Auswärtigen ist von ihm im Laufe der heutigen Sitzung zurückgenommen worden. — Eine Interpellation des Herrn Martiny an den Herrn Reichsminister des Auswärtigen kommt zur Verlesung

Martiny von Friedland: Die Interpellation, welche bereits unterm 27. December v. J. gestellt war, lautet:

„In der Mitte des Januars k. J. sollen zu Brüssel, in Form einfacher ministerieller Conferenzen, diplomatische Verhandlungen zum Zwecke einer friedlichen Lösung der italienischen Frage stattfinden. Obschon der Reichsminister v. Schmerling in der Sitzung vom 17. November erklärt hat, daß das Reichsministerium sich an den Verhandlungen über Italien betheiligt habe, so ist doch bisher nur bekannt geworden, daß auf jenem Congresse in Brüssel England, Frankreich, Oesterreich, einschließlich Modena und Parma, Frankreich, Neapel, der heilige Stuhl, Toscana und Sardinien vertreten sein werden. Indem ich Bezug nehme auf die noch unbeantwortete Interpellation des Abgeordneten Nauwerck vom 9ten d. Mts., bitte ich, der Nationalversammlung Auskunft ertheilen zu wollen:

1) ob das Reichsministerium Schritte gethan hat, und welche, um eine der Macht und Ehre der deutschen Nation entsprechende Betheiligung an den Verhandlungen in Brüssel in Anspruch zu nehmen;

und

2) vorausgesetzt, daß das Reichsministerium, wie der Minister v. Schmerling versichert hat, sich seinen gerechten Einfluß auf die Entwickelung der italienischen Angelegenheiten zu wahren gewußt hat, welche Instructionen das Ministerium dem Bevollmächtigten der Centralgewalt bei jenem Congresse gegeben hat, oder zu geben gedenkt:
   a) rücksichtlich der Selbstständigkeit Venedig's und der Lombardei, namentlich in Bezug auf das am 27. November in der Nationalversammlung zu Kremsier veröffentlichte Programm des Ministeriums Stadion, in welchem die Integrität des lombardisch-venetianischen Königreichs und dessen organische Verbindung mit dem Kaiserreiche Oesterreich festgehalten wird;
   b) rücksichtlich des vom toscanischen Ministerium Guerazzi-Montanelli erlassenen Circulars, betreffend die Bildung einer italienischen Constituante;
   c) rücksichtlich der letzten Bewegung in Rom und des Verhältnisses des Papstes zur Regierung des Kirchenstaats;
) rücksichtlich der definitiven Unterwerfung Siciliens unter den Königen von Neapel, welche Unterwerfung der König von Neapel vom Congresse, wie es heißt, ausgesprochen zu haben, verlangen wird."

Präsident: Der Herr Reichsminister der Justiz hatte für die heutige Sitzung die Beantwortung zweier Interpellationen in Aussicht gestellt. In Folge bei ihm neu eingegangener, auf die in diesen Interpellationen gestellten Fragen bezüglicher Actenstücke wünscht er, die Beantwortung bis zur Sitzung des nächsten Donnerstags verschieben zu dürfen. — Wir gehen zur Tagesordnung über: zur Fortsetzung der Berathung der noch rückständigen Paragraphen der Grundrechte, Artikel IX bis Artikel XII. §§ 43—48. — Der Art. IX. § 43 lautet:

„Jede deutsche Gemeinde hat als Grundrechte ihrer Verfassung:
a) „Die Wahl ihrer Vorsteher und Vertreter,
b) „die selbstständige Verwaltung ihrer Gemeindeangelegenheiten, mit Einschluß der Ortspolizei,
c) „die Veröffentlichung des Gemeindehaushaltes,
d) „Oeffentlichkeit der Verhandlungen, soweit die Rücksichten auf besondere Verhältnisse es gestatten,
e) „allgemeine Bürgerwehr.

„Die Ordnung der Bürgerwehr und ihr Verhältniß zur allgemeinen Wehrpflicht wird ein Reichs-Gesetz bestimmen."

Minoritäts-Erachten: a) „Die Wahl ihrer Vorsteher und Vertreter, mit Ausschluß des Bestätigungs-Rechtes der Staatsbehörde."

(Wigard; Blum; Römer; Schüler; Simon.)

Dazu liegen folgende gedruckte Verbesserungs-Anträge vor:

Des Abgeordneten Mittermaier:

„Nach c ist einzuschalten:
d) „Gesetzlichen Schutz des Gemeindeeigenthums in dem Umfange, wie ihn das Eigenthum der Privatpersonen genießt.
e) „Das Oberaufsichtsrecht des Staates über Gemeinde-Verwaltung soll nur soweit eintreten, als dieß die Wahrung des öffentlichen Interesse erfordert."

Des Abgeordneten Dewes:

„Zu a: Freie Wahl aller Gemeindebeamten und Festsetzung ihrer Gehalte, mit Ausschluß des Bestätigungsrechtes der Staatsbehörde."

Des Abgeordneten Spatz:

„Bei a möge statt „Wahl" gesagt werden: „freie Wahl," beigesetzt: „Beamten und Diener."

„Bei e möge der Zusatz stattfinden: „mit freier Wahl der Führer."

„Als weiteres Recht möge beigefügt werden:
f) „Das Recht der Selbstbesteuerung zu Gemeindezwecken."

Des Abgeordneten Wernher von Nierstein:

„Jede deutsche Gemeinde hat als Grundrechte ihrer Verfassung:
a) „Die Wahl ihrer Vorsteher und Vertreter,
b) „die selbstständige Verwaltung ihrer Gemeindeangelegenheiten, mit Einschluß der Ortspolizei **und der Führung der Civilstandsregister,**

welchen Vorschlag ich mir bei der Discussion näher zu begründen vorbehalte."

Des Abgeordneten Schirmeister:

„Die hohe Nationalversammlung wolle beschließen:
1) „Die Berathung des Art. IX der Grundrechte unmittelbar auf die Berathung des Art. I folgen zu lassen;

2) „Unter Art. IX. b einzuschalten:
   bb) „Autonomische Regelung der Bedingungen zum Eintritt in das engere Gemeindebürgerrecht und zur Theilnahme am Gemeindevermögen;
   bb) „Anspruch auf subsidiarischen Zutritt der Gesammtheit zur Armenpflege der Schutzverwandten;
3) „die Abstimmung über Art. I bis nach Berathung des Art. IX auszusetzen."

Des Abgeordneten Schulz von Weilburg:

Ich beantrage als Zusatz zu § 43 folgende Bestimmung:

„Gleiche Bestimmungen gelten auch für größere Verwaltungsbezirke, welche, gleichviel unter welchem Namen, zu gemeinsamen Zwecken in den einzelnen Staaten bestehen, oder neu gebildet werden."

Unterstützt von: Baur; Schwarzenberg; Engel; Haggenmüller; Hehner; Mayer von Ottobeuern; Geigel; Caspers; Claussen; Blumröder; Schott; Vischer; Temme; Frisch; Rödinger; Venedey; Pfahler; Umbscheiden; Nicol; Riehl; Federer, Kunth.

Des Abgeordneten v. Nagel von Oberviechtach:

Der Unterzeichnete beantragt, daß der § 43 der Grundrechte mit gänzlicher Umgehung des Punktes Lit. c folgende Fassung erhalte:

„Jede deutsche Gemeinde hat als Grund ihrer Verfassung

a) die Wahl ihrer Vorsteher und Vertreter nach bestimmten Wahlgesetzen mit Ausschluß jeder Einmischung der Staatsbehörde;
b) die selbstständige Verwaltung ihrer Gemeindeangelegenheiten mit Einschluß der Ortspolizei nach bestimmten allgemeinen Landesgesetzen;
c) die Veröffentlichung ihres Gemeindehaushaltes ohne Revision durch die Staatsbehörden;
d) Oeffentlichkeit der Verhandlungen, soweit die Rücksichten auf besondere Verhältnisse es gestatten."

Des Abgeordneten Fetzer:

Ich beantrage zu § 43. Lit. a. den Zusatz:

„sowie das Recht ihrer periodischen Erneuerung."

Unterstützt von: Förster; Langbein; Nauwerck; Tafel von Stuttgart; Rheinwald; Zimmermann von Stuttgart; Tafel von Zweibrücken; Spatz; Vischer; Schoder; Wigard; Riehl; Schott; Frisch; Mandrella; Römer; Nägele; Gulden; Waldburg-Zeil; Günther; Marck; Bogen.

Des Abgeordneten Werthmüller:

Eventuell:

„In Erwägung, daß ein Recht des Staates, die Gemeindebeamten zu bestätigen, sich dann am Wenigsten begründen läßt, wenn die wählende Gemeinde durch ihre Größe eine Bürgschaft gegen eine zweckwidrige Wahl darbietet;

daß jenes Bestätigungsrecht des Staates bei größeren Gemeinden, namentlich bei Städten von einigem Umfange, der Erfahrung gemäß dem Mißbrauche besonders deßhalb ausgesetzt ist, weil der Vorsteher solcher Städte, vermöge seiner Stellung und seines Einflusses auf die Bürgerschaft, der Repräsentant der Stadt am Landtage zu sein pflegt, die Regierung daher durch Verweigerung der Bestätigung zugleich einen unwillkommenen Volksvertreter beseitigt:

beantrage ich, zu § 43. Lit. a. der Grundrechte, für den Fall der Verwerfung des Minoritäts-Erachtens zu Lit. a dieses Paragraphen, folgende Bestimmung aufzunehmen:

a) „Die Wahl ihrer Vorsteher und Vertreter, und zwar, wenn die Gemeinde über 4000 Seelen zählt, mit Ausschluß des Bestätigungsrechtes der Staatsbehörde."

Unterstützt durch: Schwarzenberg; Bernhardi; Jacobi; Huck; Schmitt aus Kaiserslautern; Ziegert; Förster; Wedekind; Hehner; Temme; Schulz von Weilburg; Fallmerayer; Makowiczka; Vogel von Guben; Trabert; Nägele; Kotschy; Schenk; Lausch; Dham.

Des Abgeordneten Rödinger:

Um auszudrücken, daß sich die Bewaffnung der Bürger nicht auf die Zwecke der Gemeinde beschränke, und nicht einen bloß polizeilichen Charakter trage, sondern dem nationalen Gedanken der Ermuthigung und Wehrhaftigkeit des ganzen Volkes für die Zwecke des Staates gelte, trage ich darauf an, statt lit. c zu setzen:

„allgemeine Bewaffnung und das Recht, einen Theil der allgemeinen Volkswehr zu bilden."

Der Schluß hätte dann zu lauten:

„Die Ordnung der Volkswehr und ihr Verhältniß zur Waffenmacht des Staats" rc.

Unterstützt von: Pfahler; Nägele; Löwe von Calbe; Umbscheiden; Vischer; Nauwerck, Kollaczek; Eisenstuck; Rank; Schott; Hensel; Spatz; Tafel von Zweibrücken; M. Hartmann; Temme; Rheinwald; Mandrella; Nagel von Bahlingen; G. Gulden.

Des Abgeordneten Vischer:

In Erwägung, daß durch die Beschließung von N. c in § 43 der Grundrechte der Berathung des Wehrgesetzes präjudizirt und ein Gegensatz zwischen Heer und Bürgerwehr, wodurch das erstere immer den Charakter des stehenden Heeres und die letztere den einer undisciplinirten Masse erhält, sanctionirt würde, wolle die Nationalversammlung statt dieser Worte die anderen setzen:

c) „organisirte Bewaffnung als Glied im Heerwesen," den Schlußsatz aber streichen.

Unterstützt von: Kollaczek; Melly; Schulz; Riehl; Hehner; Schott; Pfahler; Uhland; Nicol; Federer; Kuhnt; Pinckert; Eisenmann; Hönniger; Förster; Dham; Umbscheiden; Huber; Neugebauer; Rapp; Böcking; Schorn.

Des Abgeordneten Rüder:

Zu § 43 b

„Es mögen die Worte: „mit Einschluß der Ortspolizei" weggelassen werden."

Unterstützt von: Michelsen; Haubenschmied; Jahn; Bernhardt; Fischer; v. Thielau; Rahm.

Außerdem liegen noch folgende handschriftliche Anträge vor: Verbesserungs-Antrag des Herrn Naumann zu § 43 der Grundrechte. Derselbe beantragt zu § 43:

„Ad lit. b.

1) Es mögen die Worte: „mit Einschluß der Ortspolizei" weggelassen werden;
2) hinter „Gemeindeangelegenheiten" möge gesetzt werden: unter verfassungsmäßiger Oberaufsicht des Staats, so daß der ganze Satz lauten würde:

b) Die selbstständige Verwaltung ihrer Gemeindeangelegenheiten unter verfassungsmäßiger Oberaufsicht des Staats.

Ad lit. e.

Es möge dieser, sowie der Schlußsatz wegfallen."

Unterstützt von: v. Vincke; Merck; v. Schrötter; Oertel; Schultze von Potsdam; v. Wegnern; Flottwell; Kutzen; Detmold; Grävell; Tannen; v. Linde; Hayden; Deetz; Rotenhan; Egger; v. Schrenk; Plehn; Graf Schwerin; v. Selchow.

Ein Zusatz zum § 43 lit a; beantragt von Herrn Würth von Sigmaringen und Genossen:

„Wir beantragen, einzuschieben oder nachzusetzen:

„mit Ausschluß jedes Vorschlags- oder Bestimmungsrechtes"

und zwischen d und e wäre noch folgende Bestimmung aufzunehmen:

Das Recht der Bitte und Beschwerde an die Behörden, an die Volksvertretung und an die Reichs-Versammlung."

Unterstützt von: Hensel; Günther; Zimmermann von Stuttgart; Schüler von Jena; Gritzner; Heisterbergk; Schütz; Culmann; Meyer von Liegnitz; Wiesner; Martiny; Hoffbauer; Damm; Titus; v. Dieskau; Stark; Werner von Obenkirch; Fröbel; Hartmann; Mölling; Tafel von Zweibrücken; Spatz; Eisenstuck; Rheinwald; Rank.

Zum Worte haben sich gemeldet, gegen den Antrag des Ausschusses die Herren: Schulz von Weilburg; Rheinwald; Röder; Naumann. Für denselben: die Herren Nagel von Oberviechtach und Evertsbusch. — Ich habe zuerst zu fragen, ob die Versammlung überhaupt in die Discussion über den Paragraphen eintreten will, und bitte die Herren in allen Gängen, die Plätze einzunehmen, damit ich kann abstimmen lassen. Diejenigen Herren, welche auf die Discussion über Artikel IX. § 43 des Entwurfes der Grundrechte nicht verzichten wollen, ersuche ich, sich zu erheben. (Die hinreichende Zahl erhebt sich.) Die Discussion ist zugelassen. Herr Schulz von Weilburg hat das Wort.

Schulz von Weilburg: Meine Herren! Wenn die Volkserhebung des verflossenen Jahres uns auch nur die endliche Verwirklichung der selbstständigen Gemeinde gebracht hätte, dieser Grundlage alles gesunden Staatslebens, dieser besten Schule ächter politischer Tugend und Tüchtigkeit, so würde unsere Erhebung durch diese segensreichen Folgen allein unvergeßlich sein. Ich nehme dankbar an, was § 43 nebst dem Minoritäts-Gutachten, etwa mit einigen Abänderungen über die Wehrverhältnisse, uns für die Selbstständigkeit des Gemeindelebens verbürgt; aber ich glaube, daß noch etwas Wesentliches vergessen wurde, ein Mittelglied der Staatsgliederung, welches nothwendig ist, um dem Gemeindeleben seinen rechten Halt zu geben, und es gegen Verkümmerung sicher zu stellen. Artikel IX handelt von dem Gemeindeleben, Artikel X von der Staatsverfassung. Zwischen beiden politischen Organismen liegen aber noch einige staatliche Innungen, noch einige Gemeindeverbrüderungen, die in manchen Staaten schon früher bestanden; aber zu büreaukratisch eingerichtet, so daß sie sich die Liebe des Volkes nicht erringen konnten. In neuester Zeit sind sie in einigen Nachbarländern wieder erweckt worden, und das Volk hat sie mit Freuden aufgenommen, weil sie schon einigermaßen auf demokratischer Grundlage beruhen. Es ist dieses die selbstständige Kreisverfassung, und in größeren Staaten die selbstständige Bezirksverfassung. Beide müssen für ihre besonderen gemeinsamen Angelegenheiten eine selbstständige Verwaltung haben, so gut als die Gemeinde und der Staat. Diese Staatsglieder haben ebenfalls ein Grundrecht auf selbstständiges Leben. Die Gemeinden, in ihrer Vereinzelung, würden dem Staate gegenüber ohnmächtig dastehen, wenn dieses Mittelglied, diese Mittelgewalt fehlte. Diese wiedererweckte alte Gauverfassung, der Landkreis, erscheint als ein erweitertes Gemeindewesen, als dessen Glieder die einzelnen Gemeinden an Kraft und Haltung gewinnen. Das Leben der Gemeinden drängt in vielen Stücken über sich hinaus fast in allen Seiten des Staatslebens, z. B. bei der Anlage gemeinsamer Wege, bei Wasserbauten, bei der Verwaltung gemeinschaftlicher Waldungen, bei dem Gerichtswesen. Und wer verkennt die Wichtigkeit der Kreisschul- und Kreis-Kirchensynoden in unserer Zeit? Stadt und Land stehen nicht mehr in ihrer mittelalterlichen Abgeschlossenheit einander gegenüber, sondern in der innigsten Wechselbeziehung. Die Städte können nicht mehr wie abgeschlossene Inseln im Lande stehen; dieß war früher das Unglück der deutschen Städte, welche im Gegensatze zu den schweizerischen Städten in ihrer Losgerissenheit von dem Landvolke dem gemeinsamen Feinde erlagen. Aber leider wird der vermeintliche Gegensatz von Stadt und Land auch heute noch von manchen Seiten auf eine unverantwortliche Weise ausgebeutet. Und wie greifen doch Ackerbau und Gewerbe in einander ein! Das Gewerbewesen blüht, wenn der Ackerbau, und umgekehrt der Ackerbau, wenn das Gewerbe gedeiht. Das Armenwesen wird von dem gesammten Kreise weit besser in die Hand genommen, als von der einzelnen Gemeinde, und muß daher ein Hauptgegenstand seiner Thätigkeit sein. Ebenso wird ihm bei der Leitung der Auswanderung eine Hauptrolle zufallen. So würde sich ein höherer Gemeingeist hervorbilden. Ein enger Krähwinkelsinn wird durch ein tüchtiges Kreisleben unmittelbarer und gründlicher geheilt, als durch den ferner stehenden Staat, und doch zugleich das Heimathgefühl mehr erhalten. Ein gemeinsames Handeln einer solchen nahe verbundenen größeren Genossenschaft verbannt am Besten den herrschenden Sinn für den schlechten Genuß des gegenwärtigen Augenblicks. Für die Staaten, in welchen eine erste Kammer beliebt wird, kann man den Kreisen in Beziehung auf dieselben eine ähnliche Bedeutung geben, wie den Einzelstaaten im Reich zum Staatenhaus. Der Kreis ist, wie die Gemeinde, eine selbstständige Gesammtpersönlichkeit mit eigenen Lebenszwecken, nicht bloß eine Staatsunterabtheilung, von Oben herab gemacht. Er muß seine selbsteigenen Lebenszwecke selbständig verfolgen. Sein Leben muß fest und sicher in sich selbst begründet erscheinen. Es muß in Zukunft ein Kreisrecht geben, wie es ein Gemeinderecht gibt, es muß den einzelnen Kreisgenossen wohl werden in dieser Genossenschaft. Sowie der Kreis mancher kleinlichen Auffassung von Seiten der Gemeinden entgegentritt, so muß er auch einen festen Hort gegen die Uebergriffe des Staates bilden. Eine freie Kreisverfassung ist der Tod der Büreaucratie, welche geisttödtend und charakterlähmend auf dem Volke ruht; dann wird das Volk sich wieder selbst regieren wie unsere Vettern in England und Nord-Amerika; dann werden wir weniger bezahlte Beamten haben. Der Kreisrath soll nicht bloß der Briefträger zwischen Staat und Gemeinde sein, wie bisher in manchen Staaten, weßhalb ihn das Volk als eine überflüssige Behörde ansah. Wenn ich die alte Gauverfassung ihrem Kerne nach zurückverlange, so will ich darum nicht einen Staat im

Staate, nicht den alten selbstständigen Gaustaat; aber neben der Reichs-, Landes- und Gemeindeversammlung hat auch die Kreisversammlung ihre tiefe Berechtigung. Wir wollen, daß der Staat dem Kreise gegenüber das Recht der Beschwerde habe, das Recht des Antrages. Der Staatsanwalt hat das Interesse des Ganzen der Gesammtheit zu wahren. Wir wollen nun den Einfluß des Staates auf einen gesetzlichen Weg beschränken, etwa auf die Weise, wie viele Mitglieder des gestürzten preußischen Landtages schon vorgeschlagen haben, und wie es in einigen kleineren Staaten bereits mehr oder weniger glücklich angebahnt worden ist. Sollen aber die Kreise freudig zu einem höheren Ziele zusammen wirken, so müssen sie auch sorgfältig nach natürlichen Grenzen und Bedingungen gebildet werden. Wie glücklich hatte der frische Natursinn unserer Vorfahren die Gaugrenzen gefunden, und wie unorganisch und willkürlich sind dagegen unsere neueren Aemter oft gebildet! Der Gaugenossenschaftssinn erwacht wieder. Die Freude, unter der alten Linde oder im Eichenhain zusammenzutagen und des Vaterlandes Wohl zu berathen, muß dem Volke zurückgegeben werden, wenn es auch jetzt in steinernen Hallen geschehen wird. Die politischen Schriftsteller haben sich mit dem Begriffe des selbstständigen Kreises, dieses neuen, oder vielmehr uralten Staatsgliedes noch wenig befaßt; geben Sie einen großen geistigen Anstoß, um so mehr, da die Büreaukratie sich aus allen Kräften gegen diese neue politische Idee stemmt. In größeren Staaten ständen aber auch die Landkreise, die etwa 50,000 — 100,000 Einwohner zählen könnten, dem Staatsganzen noch zu vereinzelt gegenüber. Benachbarte Landkreise haben oft gemeinsame besondere Aufgaben und Bedürfnisse, die sie selbsteigen am Besten leiten können. Darum müssen auch die Verbindungen solcher Landkreise zu Districten ebenfalls das Grundrecht der eigenen Besorgung ihrer besonderen Angelegenheiten haben. Diese Districte könnten durchschnittlich etwa eine halbe Million Einwohner haben. Kleinere Staaten könnten sich freiwillig dazu vereinigen, wie dieß in und außerhalb dieser Kirche schon so oft gewünscht worden ist, und wie es jetzt in manchen Gegenden des Vaterlandes geschieht. Die größeren Staaten sollen nicht aufgelöst werden; aber es wird ein Keim gelegt zu einer späteren vernünftigen Eintheilung und Gliederung des Reiches. Wir können diese Eintheilung nicht so geradehin von hier aus befehlen; aber wir müssen wahrhaftig froh sein, wenn sich diese Gliederung aus dem Volke selbst frei entwickelt. Wir müssen dem deutschen Volke nur das Grundrecht zu dieser vernünftigen Entwickelung geben. Wenn auch keine eigentliche Reichsunmittelbarkeit, würde doch allmählich eine innigere Beziehung des Reiches zu den einzelnen Gauen Deutschland's angebahnt werden können. Das Nächste wäre wohl, daß die Wahlbezirke für die Reichstagsabgeordneten der willkührlichen Zusammenwürfelung der Einzelstaaten entzogen werden könnten. Wir hätten ungefähr 60 Districte in Deutschland, wir würden die Vortheile der französischen Departementseintheilung erstreben, und ihre Nachtheile zu vermeiden suchen. Diese Eintheilung wurde nicht von Oben her gemacht, sondern ging aus der Wurzel des Volkslebens frei und naturwüchsig hervor. Der Abgeordnete Dham hat die vielfachen Vortheile dieser Eintheilung für Heerwesen ꝛc. schon früher nachgewiesen. Geben Sie auch diesem größeren Ganzen das Recht der Selbstverwaltung seiner besonderen Verhältnisse. Später mögen sich auch die größeren Reichskreise, seien es nun 20, oder mehr oder weniger, entwickeln, welche selbst in diplomatischen Cirkeln, die doch meist nicht Freunde neuer Schöpfungen sind, schon vielfache Beistimmung gefunden haben. Doch diese Staatsbildung liegt in der Zukunft. Mir scheint zunächst die Bildung der Landkreise und Districte wünschenswerth und ausführbar. Die deutschen Volksstämme bleiben, wie die deutsche Geschichte lehrt, politisch am Besten getrennt. Das über sie geworfene Staatennetz hat ihre alte Störrigkeit und ihre alte Eifersucht brechen helfen. Zu Culturzwecken werden sie sich hoffentlich gleich den griechischen immer mehr einigen; auch mögen sie zu gemeinsamen Turn- und Gesang-Festen zusammenkommen. Weil ich nun zunächst auf die Kreise und Districte losgehe, habe ich mit einem Theile meiner politischen Freunde den Zusatz zu § 43 beantragt. Lieber hätte ich zwar einen besonderen Artikel vorgeschlagen, denn ich halte den Gegenstand für wichtig genug; aber da er Manchem von Ihnen noch nicht so dringend erscheinen möchte, bin ich zufrieden, wenn zu dem § 43 der Zusatz aufgenommen wird: „Gleiche Bestimmungen gelten auch für größere Verwaltungsbezirke, welche, gleichviel unter welchem Namen, zu gemeinsamen Zwecken in den einzelnen Staaten bestehen, oder neu gebildet werden.“ Meine Herren! Wenn Sie dem deutschen Volke diese Selbstregierung geben, wenn das Reich so gegliedert wird, daß in der freien Gemeinde der wieder stolz gewordene Deutsche ein fest geschlossenes, ein selbstständiges Familienleben gründet, wenn selbstständige Land- und Reichskreise die lebensvolle Vermittelung bilden zwischen Gemeinde und Staat, dann wird das deutsche Reich ein so fester, in sich beschlossener Bau sein, daß er jede Spitze ertragen kann, daß diese Spitze ganz gleichgiltig erscheint, sei sie eine Reichsbürgermeisterei, ein Kaiserthum oder eine Vorsteherschaft von drei oder fünf Männern. Der germanische Geist verlangt diese Gliederung des Staates für die Freiheit, wie wir es in der Schweiz, in den Niederlanden, in England und Nord-Amerika sehen. Unsere romanischen Nachbarn haben uns gezeigt, daß auch bei einer republikanischen Spitze die Freiheit fehlen kann. Ich achte die große Nation der Franzosen, ich liebe dieß schöne Frankreich; aber zur Freiheit halte ich doch die Germanen für befähigter, weil sie diesen merkwürdigen Innungsgeist, diesen freien Genossenschaftssinn besitzen, den weder die Romanen, noch die Slaven in diesem Grade aufzuweisen haben. Die Franzosen sollten uns daher nicht immer als abschreckendes Beispiel gegen das Streben des deutschen Volkes nach Selbstregierung vorgehalten werden, wie es so oft in diesem Hause geschehen. Nach England, nach Nord-Amerika müssen wir blicken. Könnten wir die von mir angedeutete wahre Gliederung des Reiches allmählich aus unseren unorganischen Staatenbildungen herauswachsen lassen, so wäre das deutsche Reich eine stolze Burg der Freiheit, welche kein Sturm erschüttern könnte, er möchte wehen, woher er wollte. Unsere Freiheit und Macht wäre gesichert, gleichgiltig, ob wir zu unserem Obmann wählten einen siegesstolzen Helden, welcher mit dem Schlachtenlorbeer seine kranzdunkle Stirn umwunden, oder ob das Geschick an die Spitze eines solchen Staates ein zartes Weib, eine liebende Gattin berufen hätte, welche am Meeresstrand, fern von den Sorgen der Regierung, mit ihren Kindern spielen und im Sande Muscheln suchen darf, ohne daß in ihrem weiten Reiche das Geringste versäumt wird. Geben Sie dem deutschen Volke das germanische Recht der Selbstverwaltung in allen Kreisen des Staatslebens zurück. Schon Tacitus sagte: „Der Deutsche thut Alles lieber aus freiem Willen, als gezwungen und auf Befehl.“ Geben Sie dem deutschen Volksgeiste das Grundrecht, sich frei aus seinem ureigenen Sein zu entwickeln. Vertrauen Sie auf die schöpferische Kraft des Volkes!

v. Nagel von Oberviechtach. Meine Herren! Vor Allem glaube ich Ihnen bemerken zu müssen, daß wir auf den Antrag des Herrn Schulz nicht eingehen dürfen, weil es sich hier nicht um eine Kreiseintheilung, sondern um die Rechte der Gemeinden allein handelt. Ich versuche es, vor Ihnen aufzutreten, um für die Annahme des § 13 mit den von mir beantragten Abänderungen und Zusätzen einige Worte zu sprechen, obwohl meine eigenen amtlichen Erfahrungen mich bestimmen könnten, gegen diesen Paragraphen zu sprechen. Erlauben Sie mir, daß ich diese amtlichen Erfahrungen aus meinem engeren Vaterlande Bayern nehme, indem ich andere Erfahrungen persönlich im übrigen Vaterlande nicht gemacht habe, aber dennoch die Ueberzeugung habe, daß die Verhältnisse des gesammten deutschen Vaterlandes so ziemlich gleich sind. Wir in Bayern haben seit dem Jahre 1818 eine freisinnige und volksthümliche Gemeindeverfassung, und ich glaube kaum, und kann mich nicht überzeugen, daß die mit Zuwirkung unserer Stände im Jahre 1834 erfolgten Veränderungen und Zusätze eine wesentliche Verbesserung des ursprünglichen Gemeindeedicts vom Jahr 1818 erwirkt haben. Wenn in diesem Gemeindeedicte der Regierung die Curatel über die Gemeinden vorbehalten worden ist, so liegt der Grund hiervon, abgesehen von dem gemeinrechtlichen Principe, daß die Gemeinden die Rechte der Minderjährigen haben, auf einer wohlweislichen Erfahrung. Wenn aber diese Curatel in einzelnen Fällen in gehässiger oder in lästiger Weise ausgeübt wurde, so liegt der Grund hiervon nicht in dem Gesetze, sondern in der unrichtigen Auffassung oder in der mißliebigen Execution durch einzelne Curatelbehörden. Ich, meine Herren, bin seit meinem Eintritte ins öffentliche Leben ein Demagoge, habe mich nicht gescheut, ein Demagoge zu sein, und ich halte es sogar für die Pflicht eines jeden Staatsbürgers und Beamten, ein Demagoge zu sein. (Heiterkeit auf der Linken und Zuruf: Laut!) Lassen Sie mich Umgang nehmen von meinen Erfahrungen in Bezug auf die Tendenz der Demokraten; meine Demagogentendenz ging aber von jeher und immer dahin, meinen Mitbürgern die möglichste Aufklärung zu verschaffen, alle, insbesondere die mir anvertrauten Amtsuntergebenen, nicht nur von ihren Pflichten, sondern auch von ihren Rechten umständlich zu belehren, und meine amtliche Laufbahn wird mir den Beweis geben, daß ich die Rechte des Volkes gegen etwaige Eingriffe der Staatsbehörden immer unerschrocken vertheidigt habe. Demungeachtet habe ich mich überzeugen müssen, meine Herren, daß die politische Reife noch nicht vorhanden ist, und noch ebenso viele Unbeholfenheit besteht, wie das Interesse an dem Gemeinewohle der eigenen Gemeinde mangelt. Die freie Wahl der Vorstände und Vertreter, freilich nach unserem Gesetze mit dem Census, ist schon 30 Jahre unseren Gemeinden gewahrt, und jede Einwirkung der Regierungen oder der einzelnen Curatel-Behörden in diese freie Wahl, mit Ausnahme des Bestätigungsrechtes, war eine Ungesetzlichkeit, welche sich die Gemeinden nicht gefallen zu lassen gebraucht hätten, wenn sie politisch reif gewesen wären; aber diese Wahl hatte in der Regel so wenig Interesse, und man legte so wenig Werth darauf, daß dieselben meistens indirect, nicht selten direct unglücklich ausfielen, indem man absichtlich unbefähigte Männer gewählt hat. Die Ansässigmachung, die Gewerbeverleihung, das Armenwesen, die Localpolizei, natürlich mit einigen Abstufungen in den verschiedenartigen Gemeinden, ist schon seit 30 Jahren unseren Gemeinden und deren Competenz übertragen. Wie wurde aber diese Competenz bisher ausgeübt? Ich rede hier nicht von größeren Städten, in welchen bereits die Intelligenz Boden gefaßt hat, ich spreche von den kleinen Städten, Märkten und Landgemeinden. Welche Mißgriffe werden heut zu Tage noch in dieser Beziehung gemacht! Werden nicht alle Subtilitäten eines Gesetzes aufgesucht, um einen mißliebigen Candidaten abzuweisen? Weiß man nicht jede gesetzliche Bestimmung zu umgehen, um Einzelne zu begünstigen? Findet nicht eine unbillige Begünstigung für Eingeborne gegen Nicht-Eingeborne statt? Wird wohl bei Gewerbsverleihungen der örtliche Bedarf oder der Aufschwung der Gewerbe überall berücksichtigt? Muß man nicht sehen, daß ganz tüchtige Gewerbscandidaten abgewiesen werden aus dem Grunde, weil man fürchtet, daß schon vorhandene, wiewohl ganz untüchtige Gewerbsgenossen könnten beeinträchtigt werden, während man ganz überflüssige, und selbst nicht lucrative Gewerbe verleiht, um vielleicht eine angesehene Bürgerstochter an den Mann zu bringen? Das Armenwesen wird als formelle Last betrachtet. Wo Stiftungen sind, herrscht der Nepotismus mit Umgehung der Bedürfnisse. Wo keine Stiftungen sind, besteht das Armenwesen größtentheils in erzwungenem Tabellenwesen; ein wirkliches und ernstes Auffassen dieser Bürgerpflicht findet man höchst selten. Lassen Sie mich Umgang nehmen von der Art und Weise, wie die Localpolizei gehandhabt wird. Der Bäcker controlirt den Metzger nicht, weil der Bäcker und Metzger nicht controlirt werden will. Die Störung der öffentlichen Ruhe wird nur dann gestraft, wenn der Vorstand der Polizei selbst in seiner Ruhe gestört wird, und solche Dinge mehr. Auch die Veröffentlichung des Gemeindehaushalts ist seit dreißig Jahren Gesetz für die Gemeinden, und wird auch seit dreißig Jahren formell vollzogen. Was sagen Sie aber dazu, wenn ich Sie aus amtlichen Erfahrungen versichere, daß ich in mehreren Gemeinden mit einer ganzen Reihe nach einander gefolgter Gemeinde-Rechnungsführer Abrechnung pflegen, und zur Deckung des gegen die früheren Rechnungen sich ergebenden Deficits Gemeindegründe verkaufen mußte, um nicht zu dem unerreichbaren Mittel der Gemeindeumlagen schreiten zu müssen, wenn ich Sie versichere, daß ich durch amtlichen Zwang die formelle Bestätigung, daß die Rechnung vor der Einsendung an die Revisionsbehörde den Gemeinde-Mitgliedern zur Einsicht und Erinnerungs-Abgabe vorgelegt wurde, erwirken mußte. Aus diesen kurzen Bemerkungen, meine Herren, geht wenigstens für mich die Ueberzeugung hervor, daß das Interesse an dem Gemeindewohl nur sehr gering ist, und die Mitglieder der Gemeinde um die schlechte Wirthschaft ihrer Verwalter erst dann sich bekümmern, wenn ihre materiellen Interessen durch Ersatzleistungen oder Zahlungen in Anspruch genommen werden; ein wirkliches Interesse an der Sache selbst aber besteht nicht. Aber, meine Herren, je länger Sie ein Kind am Gängelbande führen, desto länger lernt es das Gehen nicht, — heben Sie die Curatel ganz auf, und die Noth wird das Interesse erwecken! Die Oeffentlichkeit der Verhandlungen ist meines Erachtens der nächste Weg, und es wird bei Gemeinden sich höchst selten der Fall ereignen, die Oeffentlichkeit ausschließen zu müssen; diese Oeffentlichkeit wird die bisherigen Mängel der Verwaltung, das Vorherrschen des Nepotismus, die Einmischungen der Privatinteressen beseitigen, es werden die Verwalter nicht mehr die Gemeindesäckel für den ihrigen betrachten, und die Gemeindeglieder selbst werden sich überzeugen, daß sie in der Wahl ihrer Vorstände und Vertreter vorsichtiger sein müssen, als sie bisher gewesen sind; die Gewählten werden vorsichtiger werden in der Annahme der Wahl, oder sich der Wahl würdig zu machen suchen. Allein es müssen auch allgemeine Vorschriften bestehen, nach welchen sich die Gemeindeverwaltungen zu richten haben, damit dieselben zukommen als ein staatliches Ganze erscheinen, und es muß Mittel geben, die Gemeinde zu zwingen, diese allgemeinen Einrichtungen einzuhalten, indem sonst jeder einzelne Staat aus so vielen Stückchen bestände, als er Gemeinden zählt. Es muß daher ein allgemeiner Wahlmodus angenommen werden, ohne Einmischung der Regierungen, welchen die Gemeinden genau einzuhalten haben; die Polizei muß nach allgemeinen Landesgesetzen vollzogen werden, und für die ganze Verwaltung muß die Landesordnung die allgemeine Richtschnur sein. Die Mittel, die Gemeinden anzuhalten, daß sie diesen allgemeinen Landesvorschriften sich unterordnen, finde ich aber in der doppelten Appellation und Beschwerdewege; daß jeder Einzelne sich gegen die Verfügungen einer Gemeindebehörde mittelst der Appellation an die derselben vorgesetzte Staatsbehörde wenden kann, daran, glaube ich, wird Niemand zweifeln. Ich bin aber der Meinung, daß auch dem Staate selbst das Recht eingeräumt werden müsse, gegen erlassene oder unterlassene Verfügungen der Gemeindebehörden durch den Staatsanwalt an die Staatsbehörde selbst eine Appellation oder, wie man sagt, außergerichtliche Beschwerde zu bringen, damit es nicht in der Willkür der Gemeinden steht, freiwillig von den allgemeinen Landesgesetzen sich zu entfernen. Deßhalb empfehle ich Ihnen die Annahme des § 43 a. b. c. d mit den von mir gemachten Zusätzen. Dagegen kann ich mich mit dem Punkte e nicht befreunden. Die Bürgerwehr ist nach meiner Ansicht ein Theil der allgemeinen Landesbewaffnung, und muß nach den hierfür zu erlassenden Gesetzen beurtheilt und verwendet werden, wenn Sie nicht die mittelalterliche Sitte heraufbeschwören wollen, daß eine Gemeinde die andere mit Krieg überzieht, was meines Erachtens die unbedingte Folge sein müßte, wenn Sie die Bürgerwehr im Allgemeinen der Willkür der Gemeinden anheimstellen würden. Ich beantrage daher die Weglassung des Punktes e mit den Beisätzen, und mein gesammter Antrag geht dahin:

„Daß der § 43 der Grundrechte mit gänzlicher Umgehung des Punktes lit. e folgende Fassung erhalte:

Jede deutsche Gemeinde hat als Grundrecht ihrer Verfassung

a) die Wahl ihrer Vorsteher und Vertreter nach bestimmten Wahlgesetzen mit Ausschluß jeder Einmischung der Staatsbehörde;

b) die selbstständige Verwaltung ihrer Gemeindeangelegenheiten mit Einschluß der Ortspolizei nach bestimmten allgemeinen Landesgesetzen;

c) die Veröffentlichung ihres Gemeindehaushaltes ohne Revision durch die Staatsbehörden;

d) Oeffentlichkeit der Verhandlungen, soweit die Rücksichten auf besondere Verhältnisse es gestatten."

Rheinwald von Rottweil: Meine Herren, ich spreche gegen den § 43, weil ich denselben nicht für vollständig halte, und unterstütze daher verschiedene, Ihnen bereits vorgelegte Zusatzanträge. Vor Allem empfehle ich Ihnen das Amendement, welches der abwesende Abgeordnete, Herr Fetzer, bereits vor längerer Zeit gestellt hat, dahin gehend, daß zu den Worten: „die Wahl ihrer Vorsteher und Vertreter" noch beigesetzt werden möge: „sowie das Recht ihrer periodischen Erneuerung". Meine Herren, ich glaube, daß dieser Antrag kaum einer Begründung bedarf, denn wenn die Wahl wirklich eine praktische Bedeutung haben soll, wenn ferner die moralische Würdigkeit der Vorsteher die Hauptbedingung sein soll, unter welcher derselbe die Angelegenheit der Gemeinde zu lenken hat, und wenn Sie einen wirklich nachhaltigen Schutz der Gemeinde gegenüber ihren Vorstehern gewähren wollen, dann können Sie kaum etwas Anderes als diesen Zusatz gestatten, wodurch es der Gemeinde möglich wird, nach Ablauf einer bestimmten Wahlperiode durch die Mehrheit der Gemeinde auszusprechen, ob der früher gewählte Vorsteher auch ferner für würdig erachtet werde, die Gemeindeangelegenheiten zu lenken oder nicht. — Vorzüglich, meine Herren, aber empfehle ich Ihnen das Amendement des Herrn Abgeordneten Mittermaier, welches so lautet: „Das Oberaufsichtsrecht des Staates über Gemeindeverwaltung soll nur so weit eintreten, als dieß die Wahrung des öffentlichen Interesses erfordert." Meine Herren, die hohe Bedeutung der Freiheit und Selbstständigkeit der Gemeindeverwaltung für das Leben der Gemeinden und des Staates ist in Deutschland so allgemein anerkannt, daß ich mich nicht veranlaßt sehe, darüber hier näher einzutreten, um so weniger, als ein Vorredner von dieser Seite des Hauses darüber bereits das Nöthige vorgebracht hat. Aber, meine Herren, diese Selbstständigkeit, wenn sie jene Bedeutung haben soll, muß auch zur Wahrheit kommen, sie darf nicht durch das System der Bevormundung wieder gelähmt werden. Dieses System der Bevormundung, welches in Deutschland seit Einführung des römischen Rechts zur Geltung gekommen ist und lange Zeit jeden freien Aufschwung der Gemeinden zurückgedrängt hat, ist zwar sowohl durch die Wissenschaft völlig gerichtet, als auch aus den meisten neueren Gemeindeordnungen verbannt worden; es ist aber zu fürchten, daß das Mißtrauen mancher Regierungen gegen ein freieres Gemeindeleben, und namentlich die Griesgrämigkeit der Büreaukratie, welche in einer Gemeinde eben nur eine solche Freiheit gestatten will, welche durch Tabellen geregelt und durch spanische Stiefel eingezwängt ist, daß diese wieder zur Zwangsjacke der Bevormundung zurückführen, oder wenigstens die Bevormundung unter dem unschuldigen Titel des „Oberaufsichtsrechts" wieder einführen werden. Meine Herren, eben darum möchte ich Ihnen dringend empfehlen, dieses Oberaufsichtsrecht, welches allerdings nothwendig bestehen muß, in die Grenze einzuschränken, welche Ihnen Herr Mittermaier angerathen hat. Nur so weit nämlich soll dieses Recht eintreten, als dieß die Wahrung des öffentlichen Interesses erfordert. Dieses öffentliche Interesse liegt aber da vor, wo der Staat oder die Gesammtheit der Staatsangehörigen durch Einseitigkeit der Gemeinden gefährdet, ferner da vor, wo eine Gemeinde durch ihre eigenen Vorsteher benachtheiligt, und endlich da, wo die künftige Gemeindegeneration durch die gegenwärtige verletzt werden könnte. In allen diesen Fällen muß ein Oberaufsichtsrecht bestehen; denn hier concurrirt das öffentliche Interesse; aber in allen übrigen Dingen muß dieses Oberaufsichtsrecht dahin fallen, wenn die Selbstständigkeit der Gemeinden verwirklicht werden soll. Wollen Sie also die Selbstständigkeit der Gemeinden gründen; wollen Sie haben, daß die Gemeinden der Fels sein sollen, auf welchem die Staatsverfassungen sicher ruhen; wollen Sie die Gemeinden zum Asyl der Freiheit machen: so nehmen Sie diesen Zusatzantrag des Herrn Mittermaier an.

Evertsbusch von Altena: Der Paragraph, den der Verfassungsausschuß hier vorgeschlagen hat, meine Herren, wird ohne Zweifel einen nicht geringen Vorzug unserer deutschen Verfassung bilden; sowie er denn auch einem tiefgefühlten Bedürfniß der deutschen Nation entspricht. Frankreich hat nicht nur factisch ein freies Gemeindeleben unter der Wucht seiner Centralisation erdrücken lassen, sondern auch seine neueste Verfassung, die der Republik, hat ein solches noch nicht dem Volke gewährt; es öffnet dem Bürger die Theilnahme an dem Staatsleben; aber es verschließt ihm die am Gemeindeleben; es garantirt jedem Bürger das Recht, das Staatsoberhaupt mitzuwählen; aber dazu, den Maire, den Beigeordneten zu wählen, dieses Recht ihm zu geben, kann es sich noch nicht entschließen. Wir Deutsche aber haben von jeher den Trieb der Individualisation gehabt, und es ist nothwendig, daß wir von oben bis unten in unserer Verfassung den Grundsatz der Selbstregierung durchführen, den Grundsatz der Selbstregierung, die ihre Form und ihre Schranke lediglich findet in dem Gesetz des Ganzen. Diese Selbstregierung wird wesentlich vollzogen in den beiden Punkten: der Wahl der Vorsteher und einer selbstständigen Verwaltung. So hoch ich nun auch das Recht der Wahl der Vorsteher schätze, so wenig kann ich mich entschließen zu dem Zusatze, daß nämlich dem Staate ein jedes Bestätigungsrecht soll entzogen werden; daß der Staat dieses Recht habe, gibt selbst die als so freisinnig mit Recht gepriesene anhalt-dessauische Verfassung zu. Wenn man aber in dieser Verfassung solche Bedenken dem Landtag vorgelegt werden sollen, so zweifle ich mit Recht, ob ein solches Verfahren in den übrigen, namentlich in den größeren deutschen Staaten als angemessen wird befunden werden können, hauptsächlich aber möchte ich Sie auf das Amendement des Herrn Mittermaier zum Punkte b, welches Ihnen der Vorredner empfohlen hat, im entgegengesetzten Sinne aufmerksam machen: „Die Selbstverwaltung der Gemeindeangelegenheiten, mit Einschluß der Ortspolizei.“ Dazu will Herr Mittermaier noch hinzugefügt haben: „d) Gesetzlichen Schutz des Gemeindeeigenthums in dem Umfange, wie ihn das Eigenthum der Privatpersonen genießt.“ Dieser Zusatz ist deßhalb überflüssig, weil in § 25 der Grundrechte dieser Satz für alles Eigenthum ganz im Allgemeinen festgesetzt ist: „Das Eigenthum ist unverletzlich.“ Eine specielle Anführung des Gemeindeeigenthums ist aber um deßwillen nicht allein überflüssig, sondern auch bedenklich, weil dadurch das Eigenthum anderer Corporationen, z. B. der Institute nun als nicht mehr garantirt erscheinen könnte. Was aber den Punkt e betrifft: „Das Oberaufsichtsrecht des Staates über Gemeindeverwaltung soll nur so weit eintreten, als dieß die Wahrung des öffentlichen Interesse erfordert“, so ist anzuerkennen, daß hierdurch ein Oberaufsichtsrecht des Staates als nothwendig ausgesprochen und anerkannt wird, wie auch der Vorredner dasselbe zugestanden hat. Wenn nun aber dieses Oberaufsichtsrecht nur so weit eintreten soll, als es die Wahrung des öffentlichen Interesses erfordert, so frage ich: Wer soll denn die Auslegung darüber haben, inwieweit das öffentliche Interesse es erheischt? Niemand Anders kann doch der Ausleger sein, als eben dieselbe Staatsbehörde, und da sehen Sie zu, daß Sie den Bock nicht zum Gärtner der Freiheit der Gemeinden machen. Es würde gerade im Interesse der Gemeindefreiheit, die Herr Mittermaier hierdurch zu garantiren glaubt, mit einer so biegsamen, wechselnden Bestimmung in der Verfassung keine Schranken gegen büreaukratische Uebergriffe gebildet sein; sodann auch ist der Grundsatz an sich keineswegs richtig, daß das Oberaufsichtsrecht nur so weit eintreten soll, als das öffentliche Interesse es erfordert; vielmehr hat es auch einzutreten im Interesse der Gemeinden selbst; es muß gegenüber den Vertretern und Vorstehern der Gemeinden eine Behörde übergeordnet sein, welche die Gemeinde selbst in Schutz nimmt, und vertritt gegen den Mißbrauch, gegen die Uebergriffe und Mißgriffe ihrer Vorsteher. Diese übergeordnete Behörde braucht nicht nothwendigerweise eine Staatsbehörde zu sein; sie kann auch, wie z. B. in dem neuen preußischen Entwurf einer Gemeinde-, Kreis- und Provinzialordnung dieses ausgeführt ist, in einem Kreisausschuß in erster Instanz und in zweiter Instanz im Provinzialausschuß bestehen; aber eine Behörde muß da sein, welche im Interesse der Gemeinde selbst die Rechte oder z. B. die Substanz des Gemeindevermögens und dieselbe überhaupt in allen wichtigen Beziehungen in Schutz nimmt gegen den Leichtsinn, die Gedankenlosigkeit ihrer eigenen Vorsteher, wie z. B. nach dem Entwurfe der preußischen Ordnung, der kürzlich im Druck erschienen ist, keine Veräußerung der Substanz des Gemeindevermögens, kein Anlehen erfolgen darf ohne Zustimmung dieses projectirten Provinzialausschusses. Statt eines solchen unbestimmten Zusatzes möchte ich vielmehr einen bestimmten in der Weise, wie ihn Herr Nagel vorgeschlagen hat: „Nach bestimmten Landesgesetzen“, oder wie er von Herrn Naumann gestellt ist: „unter verfassungsmäßiger Oberaufsicht des Staates“. — Gesetze müssen entscheiden, nicht die Willkür einer Regierungsbehörde, und so lassen Sie uns denn diesen wichtigen Stein in das Gebäude unserer politischen Freiheit legen, gleichsam als einen Eckpfeiler, von dem gestützt und getragen wir, wie England, um so fester den Wettern trotzen werden. (Stimmen: Sehr gut!)

Rüder von Oldenburg: Der Verfassungsausschuß hat in einem höheren Maaße der Consequenz, als in der Regel die Versammlung es gethan, sich die Frage gestellt: Gehört der berathene Satz in die Grundrechte des deutschen Volkes? Mit andern Worten: Eignet er sich dazu, überall in Deutschland, auf *jeden* Deutschen, in concreto auf *jede* deutsche Gemeinde, Anwendung zu finden? Bei diesem Paragraphen vermisse ich auch beim Ausschusse die Befolgung dieses vortrefflichen Grundsatzes. Wenn der Ausschuß auch bei dem § 43 diese Frage im Auge gehabt hätte, so würde er, glaube ich, nicht vorgeschlagen haben, den Punkt e in den Paragraphen aufzunehmen. Er würde gesehen haben, daß die berührte Materie in dem Wehrgesetze erledigt werden müsse. Ich glaube auch nicht, daß er dann unter b so allgemein, wie geschehen, gesprochen haben würde: „mit Einschluß der Ortspolizei.“ Dieser letzte Punkt ist gerade der, zu dessen Amendirung ich um das Wort gebeten habe. Meine Herren, dieser Satz ist gewiß in den *meisten* Fällen im höchsten Grade zweckmäßig. Es gibt gewiß mehr Gemeinden, denen man die Ortspolizei überweisen möchte, als solche, wo dieß nicht der Fall sein darf. Allein hier handelt es sich darum, ob der Satz auf alle Gemeinden in Deutschland Anwendung finden könne; und das muß ich verneinen. Nicht Alles, was als zweckmäßig erprobt ist, muß gleich in die Reichsverfassung aufgenommen werden, wenn es nur in einem *Theile* Deutschlands als zweckmäßig sich herausstellen würde. Ich möchte Sie darauf aufmerksam machen, daß es fast unmöglich sein wird, Gemeinden in solchen Fällen das Recht der eignen Polizei beizulegen, wo deren Bewohner verhältnißmäßig in sehr geringer Zahl vorhanden sind, und ein verhältnißmäßig sehr großes Gebiet ihnen zugewiesen ist. Es soll, nach ferneren Anträgen zu § 44, kein Grundstück in Deutschland außerhalb einer Gemeinde liegen dürfen, und es ist noch nicht gewiß, daß die Beschränkungen, welche der Verfassungsausschuß in Bezug auf Waldungen und Wüsteneien hinzusetzen will, angenommen werden. Denken Sie sich nun Gemeinden, bei denen sich etwa eine ganze Quadratmeile unbebauten Landes, etwa Staatswaldungen oder Haiden, befinden: wollen Sie, daß so kleine Gemeinden von vielleicht zwanzig Höfen die Polizei üben auf eine Strecke von einer Quadratmeile? Denken Sie sich ja unter Polizei Alles, was dieses Wort seinem Begriffe nach umfaßt; denken Sie sich auch dabei die Fürsorge für manche Dinge, die nicht so unmittelbar in die Augen fallen, wie etwa die Ueberwachung des Eigenthums? Ich glaube, man hat vorzugsweise daran gedacht. Hier tritt mir auch noch das Bedenken besonders hervor, daß der Begriff „Polizei“ nach der gemeinen Theorie so unbestimmt ist, daß er nothwendig in jedem einzelnen Staate particulargesetzlich näher bestimmt sein muß, wenn irgend etwas in diesem Satze gesagt sein soll. Nun aber, wenn Sie den Gemeinden die Ortspolizei reichsverfassungsmäßig garantiren, so geben

Sie dann den Particulargesetzgebungen in jedem einzelnen Staate die Macht in die Hände, Ihren Beschluß zu eludiren, indem die Gesetzgebung oder Praxis den Begriff so, wie es nach den Verhältnissen des einzelnen Staates thunlich ist, auslegt, um dem Grundsatze, den Sie hier ausdrücken wollen, auszuweichen. Das wollen Sie doch nicht. Sie wollen nicht solche Grundrechte machen, die gleich die Einzelstaaten anweisen, sich Mühe zu geben, sie möglichst zu umgehen. Es tritt mir ferner das Bedenken entgegen, das die Erfahrung wirklich erwiesen hat — ein Redner vor mir hat auf Erfahrungen aus Bayern hingewiesen; es könnten ähnliche aus andern Ländern angeführt werden, — daß für die kleinen Gemeinden die Polizei mehr eine Last als ein Recht ist. Die Last wird mitunter so groß werden, daß die Polizei endlich nicht mehr ausgeübt wird, und dann hört der Zweck auf, wozu das Recht gegeben worden ist. Man wird dann darauf zurückkommen müssen, dies Recht dem Staate zurückzugeben, und es außerordentlich schwierig finden, wenn die Grundrechte das Gegentheil bestimmen, dieß zu thun. Ebenso, wie man aufhören würde, an die Zuverlässigkeit von Civilstandsregistern zu glauben, wenn man diese — nach einem Vorschlage — von Gemeindebeamten führen lassen wollte. Ich bin hier auf einen Einwand gefaßt, der, glaube ich, noch nicht gehört worden ist, daß ja von vielen Gemeinden, z. B. in Hannover, es als eine „Errungenschaft" von 1848 betrachtet ist, daß die Polizei den Communalbehörden wieder in die Hände gelegt wurde. Allein, so viel ich weiß, war dieß hauptsächlich deßhalb, weil sie verfassungswidrig genommen war, und auch nur bei Städten der Fall; und von Städten, namentlich von mittleren und kleinen, spreche ich nicht, denn sie können die Polizei handhaben, sie haben die Mittel dazu. Sie dürfen auch nicht den Zusatz annehmen, der von einem Mitgliede aus Würtemberg vorgeschlagen und von einem andern Mitgliede von da vertheidigt wurde, daß die Vorsteher periodisch wechseln sollen; Gemeinde-Vorsteher, z. B. Oberbürgermeister nimmt man nicht auf vier Jahre an (eine Stimme: Auf sechs Jahre!), auch nicht zweckmäßig auf sechs Jahre, wenn auch da, wo ein länger erwählter zweiter Beamter daneben steht, es minder bedenklich ist. Denn solche Vorsteher der Gemeinden wählt man doch nur aus solchen, welche sich speciell für diesen Beruf ausgebildet haben, aus Staatsdienern und Rechtsanwälten, und die werden nicht eine Stellung auf sechs Jahre annehmen, um ihre Laufbahn im Staatsdienste abzubrechen und nach sechs Jahren wieder abzutreten. Was ich über die Unbestimmtheit des Begriffs „Polizei" gesagt habe, könnte Jemanden auf den Einwand führen, daß ja auch die Bundesacte — ich glaube Art. XIX — die Ortspolizei in die Hände der Standesherren gelegt habe. Allein dieß ist geschehen, indem ihnen daneben die bürgerliche und peinliche Gerichtsbarkeit anvertraut wurde, und wo in Einer Hand diese Gerechtsame und zugleich die Polizei sich befinden, da ist die Handhabung viel unbedenklicher, da die Grenze der Befugniß des Inhabers nicht aufgefunden zu werden braucht, wie das nöthig ist, wo nicht in derselben Hand diese verschiedenen Rechte zusammen sind. Ich kann also Ihnen nur empfehlen den Zusatz: „mit Einschluß der Ortspolizei" wegzulassen. Wenn die ganze Versammlung mit Herrn Rheinwald einverstanden wäre, daß neben dem betreffenden Grundrechte das Oberaufsichtsrecht des Staats jedenfalls stattfinden müsse, so dürfte ein weiterer Zusatz unnöthig sein. Um Mißverständnissen auszuweichen, empfehle ich Ihnen aber allerdings die Hinzusetzung dieses Gedankens, und zwar nicht in der Mittermaier'schen Weise, sondern so wie Herr Naumann es vorgeschlagen hat, der es „in verfassungsmäßiger Weise" vorbehalten und garantiren will, damit es nicht geradezu einer Staatsbehörde in die Hand gelegt wird, eine einzelne Gemeinde in der Ausübung ihrer Rechte zu controlliren, wie das nach dem Amendement Mittermaier's möglich ist, sondern die Landesgesetzgebung die richtige Art der Ausübung festzustellen hat, der es dann auch überlassen wäre, die Aufsicht einer Provinzialbehörde oder einem höheren Gemeindeverbande größere Befugnisse in die Hand zu legen, als jeder Gemeinde zustehen.

Naumann von Frankfurt a. d. O.: Meine Herren! Ich bin in dem glücklichen Falle, in den meisten Punkten mich einverstanden erklären zu können mit demjenigen, was die Vorredner bereits geäußert haben. — Ich will zunächst den Punkt berühren, bei welchem ich mich am kürzesten fassen kann und gegen die Aufnahme der Bestimmungen im § 43 über die Bürgerwehr mich aussprechen; ich bin nämlich der Meinung, und gehe dabei von den Motiven aus, welche in den Verbesserungsvorschlägen Nr. 12 und 13 der Abgeordneten Rödinger und Vischer angegeben worden sind, daß die Bürgerwehr nicht das Institut sein kann einer einzelnen Gemeinde, sondern daß sie ein Theil der allgemeinen Volkswehr ist, und daß somit die Bestimmungen über die Bürgerwehr in dem Wehrgesetz ihre Aufnahme finden müssen. In dem uns bereits vorliegenden Entwurfe zur Wehrverfassung ist daher auch in dem § 20 die Bestimmung über die Bürgerwehr als ein Theil der Volkswehr aufgenommen worden und es scheint mir damit genug geschehen. In die Bestimmungen über die einzelnen Gemeinden und namentlich über die Grundrechte der Gemeinde dürfte die Bestimmung über die Verpflichtung zur Bürgerwehr gar nicht hinein gehören und ich habe deßhalb deren Streichung beantragt. — Mit dem ersten Redner, der auf dieser Tribüne über § 43 heute gesprochen hat, stimme ich vollkommen darin überein, daß es wünschenswerth ist, ein kräftiges, lebendiges Leben in den Kreisverbänden in Deutschland zu erreichen, ich glaube aber, daß ein solcher Wunsch, ausgedrückt in Form einer Festsetzung, überall nicht in die Grundrechte des deutschen Volks gehört und ich werde deßhalb auch gegen das Amendement, welches deßhalb eingebracht ist, stimmen. — Ich bin aber ebenso der Meinung, daß ein Theil der Bestimmungen, welche im § 43 des Entwurfs uns vorliegen, eben so wenig in die Grundrechte gehört, die einer einzelnen Gemeinde zustehen sollen. Ich muß gestehen, ich finde, daß der Verfassungsausschuß bei den Vorschlägen dieses § 43 ad b sich wirklich etwas zu sehr auf einen idealistischen Standpunkt gestellt hat, ich will damit sagen, daß er einen Zustand der Gemeinden sich als bereits vorhanden gedacht hat, in welchem ihnen ein unbeschränktes Maß von Freiheit und Selbstregierung gewährt werden kann, ein Zustand, der meines Erachtens noch nicht vorhanden ist. Ich werde den Boden der Wirklichkeit nicht verlassen, und darauf fußend, bin ich der Meinung, daß diese Bestimmungen nicht practisch sind. — Es hat sich bereits der Redner vor mir in gleicher Ansicht ausgesprochen, daß die Verwaltung der Ortspolizei den Gemeinden nicht als Grundrecht zugesichert werden dürfe. Es ist nicht zu läugnen, daß in sehr vielen Gemeinden, namentlich in den mittlern und kleinern Städten, die Polizei in den Händen der Gemeinden sich in einem ganz zufrieden stellenden Zustande befindet. Die Erfahrung in meinem Vaterlande Preußen beweist dieß täglich. Sehen wir dagegen auf die kleinen Gemeinden des platten Landes, so macht sich klar, daß es unmöglich ist, diesen Gemeinden die selbstständige Verwaltung der Ortspolizei zu überlassen. Gehen Sie einmal in solche Gemeinden, meine Herren, wo Sie häufig nicht Einen Mann finden, der geläufig schreiben, wenige, die nur nothdürftig schreiben können, wie wollen Sie da Männer finden, die die Ortspolizei in einem solchen Umfange wahrnehmen können, wie es selbst auch nur die laxeste Polizei erfordert? Glauben

Sie, Jemand finden zu können, der die mit der Polizeiverwaltung doch verknüpfte Correspondenz führt, der die nöthigen Verhandlungen aufnimmt? Es findet sich Niemand, es ist Keiner da. Ich frage Sie weiter: Wer hat denn in solchen Gemeinden, wo die Verhältnisse es mit sich bringen, daß die meisten Mitglieder unter einander verwandt sind, oder wo sie sonst von früher Jugend her und in allen Lebensbeziehungen mit einander vertraut sind, die Autorität, eine den geringsten Ansprüchen, auch nur der Ordnung, entsprechende Polizei mit Kraft zu führen? Es ist Niemand da; die Hand des Stärkern wird hier wohl allein regieren, und das werden Sie doch wahrhaftig nicht Polizei nennen wollen. Oder glauben Sie wirklich, daß bei Gegenständen der Polizei, wo es sich um's Zahlen handelt, — und darauf kommt es doch auch bei den polizeilichen Einrichtungen oft genug heraus —, glauben Sie, daß bei solchen Gegenständen der Vorsteher der Gemeinde gegen sich und seine Leidensgenossen so streng sein wird, zum Zahlen wie es zur Herstellung der Ordnung erforderlich wäre? Ich bin überzeugt, daß, würde die Polizei den Landgemeinden selbstständig überlassen und wir begeben uns auf einer Reise von der Chaussee hinunter auf die Landwege, wir bald würden gewahr werden, daß die Polizei auf diesen Landwegen aus den Taschen der Landgemeinden und unter deren selbstständiger Verwaltung geführt wird, die Wege werden sämmtlich unfahrbar sein; das ist natürlich und erklärlich, und so wird es in allen Zweigen der Polizeiverwaltung gehen. — Aber ich leite Ihre Aufmerksamkeit hinweg zu dem Gegensatze der kleinen Landgemeinden: zu den größten Städten. Ich würde die Polizei in den Händen der großen städtischen Gemeinden ebenso für eine Calamität halten, wie in den Händen der kleineren Gemeinden auf dem Lande. Mir sind aus meiner Praxis sehr viele Fälle bekannt, daß die größeren Städte, welche sich in Ausübung der Polizei befunden haben, den bestimmten Antrag und wiederholt gestellt haben, man möge sie ihnen abnehmen und der Staat möge sie übernehmen. Er ist auch ganz erklärlich ein solcher Wunsch; mit der zunehmenden Bevölkerung und mit den erhöhten Ansprüchen der Bevölkerung an die Polizeieinrichtung wachsen die Kosten der Polizeiverwaltung, und diese werden so enorm groß, daß die städtischen Einwohner diese Kosten nicht allein tragen können. Nehmen Sie, meine Herren, die größten Städte wie Berlin, und sehen Sie dahin, welche Unsummen von Kosten allein das Personal und der sonstige Apparat für einen Zweig der Polizeiverwaltung, z. B. für die Straßenpolizei erfordert, addiren Sie zu diesen Kosten die aller übrigen Polizeiverwaltungszweige, und Sie werden zugestehen müssen, daß es unmöglich ist, in diesen großen Städten die Anforderung zur Tragung aller dieser Kosten allein an die Bewohner zu stellen. Führt der Staat die Polizei aus, so werden sie von den breiteren Schultern des Gesammtstaa's getragen und auf den Einzelnen fällt davon sehr wenig. Nun wollen wir aber nicht bloß bequem leben, sondern auch ruhig und sicher wohnen. Sie werden mit mir anerkennen, daß das Material zur Unsicherheit sich am meisten in den großen Städten sammelt, daß es also eine der größten Verpflichtungen der städtischen Behörden ist, um so mehr für eine tüchtige Polizei zu sorgen. Wir können aber dieß in umfassender Weise von ihnen nicht verlangen, weil ihnen in der Regel nicht das geeignete Personal zu Gebote steht. Die Communalbeamten in den großen Städten werden gewiß recht tüchtige Geschäftsmänner und Vermögensverwalter sein, sehr selten aber werden Sie finden, daß mit diesen vortrefflichen Eigenschaften sich die der Rührigkeit, Stärke und Energie verbindet; die Erfahrung hat davon oft gerade das Gegentheil gelehrt. Nun bitte ich Sie, denken Sie sich einen Moment der Aufregung, der Auflehnung wider die Ordnung, und nehmen Sie selbst an, daß der Gemeindevorstand, der Oberbürgermeister oder wie man ihn sonst heißt, noch so gut gesinnt sein mag, so wird es ihm doch, besitzt er jene Eigenschaften nicht, unmöglich sein, das Gesetz zu handhaben und die Ordnung bald wieder in ihre Bahn zurückzuführen. Führt aber der Staat das Oberaufsichtsrecht, so kann er unter der großen Menge von Personen, welche in seinem Dienste oder sonst zu seiner Verfügung stehen, die Tüchtigsten aussuchen, welche die Polizei zu verwalten vermögen und ebenso ist er jederzeit in der Lage, Diejenigen, welche sich nicht qualificiren, dieser Stellung zu entheben und sie in einem andern Dienst oder an einen andern Ort zu versetzen. Das geht aber mit den städtischen Beamten nicht; die Stadt schleppt sich mit einem Beamten, in dessen Wahl sie sich getäuscht hat, so lange seine Bestallung nicht aufgehoben werden kann; und unter der Schwäche und Energielosigkeit eines solchen die Polizei leitenden Beamten seufzen dann Tausende. Ich bin also der Meinung, daß die Bestimmung, nach welcher den Gemeinden die Verwaltung der Ortspolizei als Grundrecht einer jeden Gemeindeverfassung überwiesen werde, die Gemeinde mag groß oder klein sein, die Verwaltung der Polizei haben wollen oder nicht, aus den Grundrechten wegbleibe. — Ich habe mich ferner in meinem Amendement dafür ausgesprochen, daß die selbstständige Verwaltung der Gemeindeangelegenheiten unter der verfassungsmäßigen Oberaufsicht des Staates von den Gemeinden ausgeübt werden soll. Meine Herren, ich bin wahrlich kein Freund von Einmischung der Regierungsgewalt in Gemeindeangelegenheiten, ich wünsche vielmehr den Gemeinden die allergrößte Selbstständigkeit, so weit sie dieselbe vertragen können, eben deßhalb aber fragt es sich, wo ist die Grenze dieser Selbstständigkeit? Meines Dafürhaltens ist mit dieser vollständigen Selbstständigkeit der Gemeinden das Oberaufsichtsrecht des Staates vereinbar. Diese Ansicht ist schon von den Rednern vor mir ausgesprochen worden, auch in den Amendements der Herren Mittermaier und v. Nagel liegt derselbe Grundsatz. Es kommt daher nur darauf an, daß die Grenzen dieses vom Staate auszuübenden Oberaufsichtsrechtes durch die Landesgesetzgebung vollständig festgestellt werden, damit der Willkür der einzelnen Behörden, großer oder kleiner, damit dem Gelüst, sich einzumischen ohne die volle Befugniß und Pflicht dazu, vorgebeugt werde. Wenn wir also jenes Aufsichtsrecht in die gehörigen Grenzen gebannt haben, so scheint mir damit das geringste gegeben zu sein, was die Gemeinden vom Staate fordern dürfen; wir dürfen diesen von dem Oberaufsichtsrechte auf die Gemeinden durchaus nicht entbinden. Ich führe Sie einen Augenblick zurück zu den kleinen Gemeinden, deren Zustände ich schon vorhin in kurzen Zügen geschildert habe. Glauben Sie, meine Herren, daß da, wo Niemand geläufig und geübt schreiben und rechnen kann, die Leute ohne das Oberaufsichtsrecht des Staates ihren Gemeindehaushalt in Ordnung halten können? Mich hat eine lange Erfahrung vom Gegentheile belehrt. Ich bin bemüht gewesen, solchen Gemeinden ihre Selbstständigkeit nach Möglichkeit zu erhalten, sie vor Einmischungen zu behüten, indem ich sie ihre Gemeindeangelegenheiten selbst zu verwalten anspornte, sie konnten sich aber nicht hineinfinden, und öfter als wünschenswerth hat die Behörde einschreiten müssen. Aber auch für größere Städte kann die Oberaufsicht nicht entbehrt werden. Im § 43 sub a ist vorausgesetzt, daß die Gemeinden Vorsteher und Vertreter haben werden. Sie haben hier also gleichberechtigte städtische Behörden nebeneinander. Ich frage nun, wenn irgend ein Conflict zwischen ihnen entsteht — und leider geschieht das, wenigstens nach meiner Geschäftserfahrung, sehr oft — wer entscheidet darüber,

Steht die „Selbstständigkeit" bei den Vertretern der Stadt, also den Stadtverordneten, oder steht sie bei den Vorstehern, Verwaltern, beim Magistrat? Wer hat das letzte Wort? Einer von ihnen muß es doch haben oder ein Dritter. Ich glaube gerade, dieß ist eine Hauptpflicht des Staates, daß er einschreite, wenn die Gemeindebehörden unter einander sich nicht einigen können. Ebenso ist es auch bei einer unredlichen oder unordentlichen Verwaltung des Gemeindevermögens, die leider auch nicht selten vorkommt. In solchen Fällen muß doch Jemand vorhanden sein, welcher das Rechnungswesen recherchirt. Wer soll nun das thun? Muß es nicht ebensowohl ein unparteiischer, unbetheiligter als geschickter Beamter sein, welcher sagen kann, hier ist eine Schuld vorhanden oder es ist keine da. Ich bin also der Meinung, daß wir in diesem Augenblicke die ganz aufsichtslose Selbstständigkeit als ein unbedingtes Recht für die Gemeinden nicht aufstellen können, wenn diese in ihren Vermögensangelegenheiten und in ihrem Haushalte nicht der Zerrüttung ausgesetzt werden sollen; ich bin der Meinung, daß die Pflicht der Oberaufsicht des Staates unentbehrlich ist. Ich glaube aber auch, daß wir einen andern Zustand niemals erreichen können. Ueber den gleichberechtigten Stadtbehörden muß jedenfalls Einer stehen, welcher entscheidet, und ich bin der festen Meinung, daß es ebenso zum gesunden Organismus eines Gemeindelebens gehört, daß der Staat sein Oberaufsichtsrecht und die ihm correspondirende Pflicht hierbei ausübe, wie es zum gesunden Organismus des Staatslebens gehört, daß über den Vertretern des Volkes die Krone mit ihren Prärogativen steht, wenn die Grenzen dieser Gewalten gegen einander gehörig gezogen sind. Ich schlage Ihnen, meine Herren, also vor, den Satz ad § 43 sub lit. b dahin: „Die selbstständige Verwaltung ihrer Gemeindeangelegenheiten unter verfassungsmäßiger Oberaufsicht des Staats" anzunehmen.

Präsident: Es ist kein Redner mehr eingeschrieben. Der Herr Berichterstatter des Ausschusses wird zum Schlusse noch sprechen.

Beseler von Greifswald: Meine Herren! Ich habe hier keine Auffassung vertreten hören, welche von der des Ausschusses im Wesentlichen abwiche. Der Ausschuß hat sich vorgesetzt, Vorschläge zu machen, um die Selbstständigkeit der Gemeinden als Grundrecht hinzustellen, und so viel ich gesehen habe, ist dieses sein Bestreben allgemein anerkannt worden; es handelt sich also nur darum, ob Einzelnes verändert werden soll, ob der Ausschuß zu weit, oder nicht weit genug gegangen ist. Auf diese Bemerkung hin erlauben Sie mir zwei Worte. Was zunächst den von Herrn Schulze gestellten Antrag betrifft, nicht bloß von Gemeinden, sondern von Verwaltungsbezirken zu sprechen, so scheint mir dieß bedenklich zu sein, denn da er auf die bestehenden Verwaltungsbezirke und deren Organisation Rücksicht nimmt, so wird es weder zweckmäßig noch überhaupt möglich sein, alle Rechte und Freiheiten der Gemeinde auf sie zu übertragen. Ich bin aber auch der Ansicht, daß die Localgemeinde nicht das einzige Institut sein müsse, welches zwischen Jenen und dem Staate die Vermittlung bietet. Ich glaube auch, daß hier ein Uebergang geschaffen werden müsse, meine aber nicht, daß ein solcher in dem Verwaltungsbezirke liege und diese dazu ausreichen werden. Darum möchte es auch bedenklich sein, in dieser Art ein Grundrecht aufzustellen. Die Vermittlung in dieser Beziehung muß man erst der weiteren staatlichen Entwicklung überlassen. Auch bin ich der Ansicht, es sei in der Feststellung der freien selbstständigen Gemeinde dazu schon Veranlassung gegeben, indem man sie nur zu verbinden und zu vereinigen braucht, um solche weitere Bezirke zu erhalten. Es ist ferner vorgeschlagen worden, es möge die Wahl der Gemeindevorsteher periodisch gemacht werden, in der Art, daß die Gemeinde berechtigt sei, in gewissen Zeiträumen eine Erneuerung derselben vorzunehmen. Für diejenigen Gemeindebehörden, welche als die unmittelbaren Vertreter der Gemeinde aus ihrer Mitte heraus sich darstellen, wird dieß auch wohl ganz allgemein anerkannt; zweifelhaft kann es nur sein für die Vorsteher der Gemeinden: und zwar namentlich der größeren Gemeinden. Unbedingt und absolut die Nothwendigkeit einer periodischen Erneuerung derselben vorzuschreiben, möchte denn doch gefährlich sein. Meine Herren! Dasjenige, was für die lebenslängliche Anstellung der Staatsdiener spricht, das gilt auch für die lebenslängliche Anstellung der Gemeindevorsteher, und häufig würde es schwer sein, die rechten Personen zu finden und dieselben gehöriger Weise für die Gemeinden zu verwenden, wenn man ihnen nicht dasjenige sichert, was der Staatsdiener verlangen kann. Und ich meine, das kann man der Einzel-Gesetzgebung anvertrauen und es wird gut sein, daß wir überhaupt in der Detaillirung nicht zu weit gehen, sondern nur die Grundzüge hinstellen und es der Landesgesetzgebung, bei der ja die Volksvertretung betheiligt ist, überlassen, diese Grundzüge weiter auszuführen; daher würde ich auch entschieden gegen das Minoritätserachten sein. Ich bin auch der Meinung, daß die Gemeinden möglichst frei sein müssen in der Wahl ihrer Vorsteher; aber grundrechtlich auszusprechen, daß eine Staatsgenehmigung durchaus unzulässig sein soll, das scheint mir zu weit zu gehen. — Was die selbstständige Vermögensverwaltung betrifft, so glaube ich, daß sich hier wohl eine Verständigung anbahnen ließe zwischen denjenigen, die Anträge gestellt haben und zwischen den Anträgen des Verfassungsausschusses. Meine Herren, „selbstständig" ist doch nicht gleichbedeutend mit „unabhängig"; die Gemeinden, wie wir sie hinstellen wollen, sind doch nicht unabhängig, nothwendiger Weise können sie von der höheren Staatsgewalt und von dem Einflusse des Staates nicht unabhängig sein und daher glaube ich, daß es den Einzelstaaten unbenommen bleiben muß, Bestimmungen zu fassen, wodurch die Selbstständigkeit der Gemeinden anerkannt, zugleich aber die dem Staate gebührende Macht über die Gemeinden festgestellt wird. Ich glaube, daß es das größte Unglück für die Gemeinden gewesen ist, daß man sie von dem Self-Government weggedrängt hat. Auf der anderen Seite aber gebe ich zu, daß die unabhängige Stellung der Gemeinden in Bezug auf die Vermögensverwaltung sehr gefährlich werden kann; ich glaube, daß man den Einzelstaaten die Regelung überlassen muß, und daß diese das rechte Maß zu finden haben, welches ich darin sehe, daß man die Controle dem Staate gebe, aber nicht denselben mit verwalten läßt. Finden Sie, daß dieses nicht in den Worten „selbstständige Verwaltung" ausgedrückt ist, so würde da ein Zusatz nothwendig sein; ich glaube aber, daß in diesen Worten schon eine Hinweisung darauf liegt. — Es ist auch gesagt worden, daß die Ortspolizei den Gemeinden in den Grundrechten nicht zu übertragen sei. Meine Herren, wenn dem Verfassungsausschuß hierbei ein Vorwurf gemacht werden kann, so ist es vielleicht der, daß der Ausdruck nicht präcis genug ist. Die Ortspolizei im engeren Sinne kann wohl den Gemeinden übertragen werden, dagegen läßt wenigstens in einzelnen Ländern der Sprachgebrauch zu, daß unter der Ortspolizei eine Behörde zu verstehen sei, die vielleicht der obersten Staatsbehörde unmittelbar unterworfen ist und ausgedehnte Verwaltungsbefugnisse hat. Würde die Ortspolizei in diesem weiteren Sinne genommen, so wäre allerdings mit der Uebertragung derselben an die Gemeinden Gefahr verbunden, zumal wenn man nur an Lokalbehörden und nicht auch an die Vorsteher größerer Gemeindeverbände denken müßte. — Was die Bürgerwehr betrifft, so hat der Verfasfassungsausschuß diesen Paragraphen redigirt, als das zur Berathung vorliegende Wehrgesetz noch nicht in das Haus gebracht war. Es schien dem Ausschusse, daß das Waffenrecht am besten bei der allgemeinen Bestimmung über die Gemeinden zu erwähnen sei, wenn überhaupt grundrechtlich darüber Bestimmungen getroffen werden sollen. Meine Herren, die Versammlung hat bereits früher Anträge, welche das Waffenrecht ganz allgemein gewährleisten wollten, verworfen; soll aber von einem organisirten Waffenrecht die Rede sein, so ist eine Bestimmung über die Bürgerwehr an die Gemeindeordnung anzulehnen.

Präsident: Die Discussion über den § 43 ist geschlossen, wir gehen zur Abstimmung über. Ich habe aber zuförderst sechs Anträge zur Unterstützungsfrage zu bringen. Erstens Antrag des Herrn **Spatz**, bei § 43 a möge es statt „Wahl“ heißen „freie Wahl“. Findet dieser Antrag Unterstützung? (Die erforderliche Anzahl erhebt sich.) Er ist unterstützt. Bei e möge der Zusatz gemacht werden: „freie Führer“. Ist dieser Antrag unterstützt? (Die genügende Anzahl erhebt sich.) Er ist unterstützt. „Als weiteres Recht der Gemeinden“ möge beigefügt werden unter f: „das Recht der Selbstbesteuerung zu Gemeindezwecken“. Ist dieser Antrag unterstützt? (Die erforderliche Anzahl erhebt sich.) Er ist unterstützt. — Zweitens Antrag des Abgeordneten v. **Nagel** von Oberviechtach, daß der § 43 folgende Fassung erhalte:

„Jede deutsche Gemeinde hat als Grundrecht ihrer Verfassung

a) Die Wahl ihrer Vorsteher und Vertreter nach bestimmten Wahlgesetzen mit Ausschluß jeder Einmischung der Staatsbehörde;

b) die selbstständige Verwaltung ihrer Gemeindeangelegenheiten mit Einschluß der Ortspolizei nach bestimmten allgemeinen Landesgesetzen;

c) die Veröffentlichung ihres Gemeindehaushaltes ohne Revision durch die Staatsbehörden;

d) Oeffentlichkeit der Verhandlungen, so weit die Rücksichten auf besondere Verhältnisse es gestatten.“

Ich frage, ob dieser Antrag Unterstützung findet? Ich ersuche diejenigen Herren, die ihn unterstützen wollen, sich zu erheben. (Wenige erheben sich.) Er ist ohne hinreichende Unterstützung geblieben. — Drittens: Antrag des Herrn **Dewes**, den Paragraphen bei dem Buchstaben a so zu fassen:

„Freie Wahl aller Gemeindebeamten und Festsetzung ihrer Gehalte mit Ausschluß des Bestätigungsrechtes der Staatsbehörde.“

Ist dieser Antrag unterstützt? Ich ersuche diejenigen Herren, die ihn unterstützen wollen, aufzustehen. (Die hinreichende Anzahl erhebt sich.) Er ist hinreichend unterstützt. — Viertens: Antrag des Herrn **Wernher** von Nierstein:

„Jede deutsche Gemeinde hat als Grundrecht ihrer Verfassung:

a) die Wahl ihrer Vorsteher und Vertreter;

b) die selbstständige Verwaltung ihrer Gemeindeangelegenheiten mit Einschluß der Ortspolizei und der Führung der Civilstandsregister.“

Ist dieser Antrag unterstützt? (Die genügende Anzahl erhebt sich.) Er ist hinreichend unterstützt. — Fünftens Antrag des Herrn **Schirmeister**, aus dem wohl jetzt die Punkte 1 und 3 ausfallen:

„ba) Autonomische Regelung der Bedingungen zum Eintritt in das engere Gemeindebürgerrecht und zur Theilnahme am Gemeindevermögen;

bb) Anspruch auf subsidiarischen Zuschuß der Gesammtheit zur Armenpflege der Schutzverwandten.“

Wird dieser Antrag unterstützt? (Nur Wenige erheben sich.) Er ist nicht unterstützt. — Sechstens endlich Antrag des Herrn **Mittermaier**, nach c einzuschalten:

d) Gesetzlichen Schutz des Gemeindeeigenthums in dem Umfange, wie ihn das Eigenthum der Privatpersonen genießt;

e) das Oberaufsichtsrecht des Staates über Gemeindeverwaltung soll nur so weit eintreten, als dieß die Wahrung des öffentlichen Interesse erfordert.“

Beseler von Greifswald (vom Platze): Dieser Satz muß wohl getheilt werden!

Präsident: Der Satz soll getheilt werden?! (Kein Widerspruch.) Ist der erste Satz des Herrn Mittermaier unterstützt? (Wenige erheben sich.) Dieser Satz ist ohne Unterstützung geblieben. Ist der zweite Satz des Herrn Mittermaier unterstützt? (Die hinreichende Anzahl erhebt sich.) Dieser Satz ist hinreichend unterstützt. Die anderen Anträge sind bereits hinlänglich durch Unterschriften unterstützt. — Ich schlage vor, in folgender Art abzustimmen. Zuerst über den Eingang, wie ihn der Verfassungsausschuß vorschlägt: „Jede deutsche Gemeinde hat als Grundrechte ihrer Verfassung: a) die Wahl ihrer Vorsteher und Vertreter;“ dazu sind vorzubehalten: Abstimmungen, erstens über das Minoritätserachten, und eventuell über den von der Minorität des Ausschusses vorgeschlagenen Satz, wie ihn Herr Würth von Sigmaringen formulirt haben will; falls auch diese Fassung abgelehnt würde, über denselben Satz, wie ihn Herr Werthmüller vorgeschlagen hat, „und zwar: wenn die Gemeinde über 4000 Seelen zählt, mit Ausnahme des Bestätigungsrechtes der Staatsbehörde“; ferner wären vorzubehalten zum Buchstaben a die beiden Zusätze, zunächst der Zusatz des Herrn Fetzer: „sowie das Recht ihrer periodischen Erneuerung;“ würde der Paragraph mit oder ohne diesen Zusatz nicht angenommen, so würde statt seiner der Antrag des Herrn Dewes: „freie Wahl aller Gemeindebeamten und Festsetzung ihrer Gehalte mit Ausschluß des Bestätigungsrechtes der Staatsbehörde“ zur Abstimmung zu bringen sein. — Dann würde ich übergehen zum Buchstaben b) und zwar in zwei Sätzen: erstens „die selbstständige Verwaltung ihrer Gemeindeangelegenheiten“, zweitens mit Einschluß „der Ortspolizei“. Vorbehalten würde ich bei dem Buchstaben b) die Zusatzanträge der Herren Wernher von Nierstein, und Naumann und Genossen. — Dann würde ich zu c) übergehen: „die Veröffentlichung ihres Gemeindehaushaltes, vorbehaltlich des Zusatzes, den Herr Mittemaier vorgeschlagen hat: „das Oberaufsichtsrecht des Staates über Gemeindeverwaltung soll nur so weit eintreten, als dieß die Wahrung des öffentlichen Interesses erfordert.“ — Hierauf würde ich übergehen zu d „Oeffentlichkeit der Verhandlungen, so weit die Rücksichten auf besondere Verhältnisse es gestatten“, unter Vorbehalt des Inserandums von Herrn Würth von Sigmaringen. — Dann zu e) „allgemeine Bürgerwehr“, unter Vorbehalt des Zusatzes von Herrn Spatz, eventuell statt dieser Fassung des Ausschusses die des Herrn Rödinger, eventuell die des Herrn Vischer von Tübingen. — Dann zu dem Satze: „die Ordnung der Bürgerwehr und ihr Verhältniß zur allgemeinen Wehrpflicht wird ein Reichsgesetz bestimmen“, welcher Satz, falls der Antrag des Herrn Rödinger angenommen würde, so zu formuliren wäre: „die Ordnung u. s. w.“; demnächst das Addendum, welches Herr Spatz vorschlägt; endlich den Zusatz zum ganzen Paragraphen, den Herr Schulz von Weilburg beantragt hat

„Gleiche Bestimmungen gelten auch für größere Verwaltungsbezirke, welche, gleichviel unter welchem Namen, zu gemeinsamen Zwecken in den einzelnen Staaten bestehen oder neu gebildet werden.“ Ich glaube, meine Herren, diese Ordnung der Abstimmung ergibt sich im vorliegenden Falle von selbst. — Ich gehe also mit der Abstimmung vor und bringe zuvörderst folgende Sätze des Verfassungsausschusses, unter Vorbehalt der Abstimmungen über die zu a) gestellten Zusatzanträge, zur Abstimmung. Diejenigen Herren, die den Satz des Verfassungsausschusses: „jede deutsche Gemeinde hat als Grundrechte ihrer Verfassung: a) die Wahl ihrer Vorsteher und Vertreter,“ vorbehaltlich fernerer Abstimmungen über das Minoritätserachten, über den Antrag des Herrn Würth von Sigmaringen, des Herrn Werthmüller, des Herrn Spatz und des Herrn Fetzer, annehmen wollen, ersuche ich, sich zu erheben. (Mitglieder auf allen Seiten erheben sich.) Der Satz ist angenommen. — Ich bringe jetzt das Minoritätserachten, wornach zu dem angenommenen Satze zugefügt werden soll: „mit Ausschluß des Bestätigungsrechtes der Staatsbehörde“ zur Abstimmung. Diejenigen Herren, die diesen Satz zu dem angenommenen Satze: „die Wahl ihrer Vorsteher und Vertreter u. s. w.“ hinzufügen wollen, ersuche ich, sich zu erheben. (Mitglieder auf der Linken und im Centrum erheben sich.) Der Zusatz ist abgelehnt. — Ich muß jetzt, meine Herren, den Satz zur Abstimmung bringen, den Herr Würth von Sigmaringen vorgeschlagen hat, wornach es heißen soll: „mit Ausschluß des Bestätigungsrechtes u. s. w.“ Diejenigen Herren, die zu dem angenommenen Satze die Wahl ihrer Vorsteher und Vertreter u. s. w. nach Antrag des Herrn Würth von Sigmaringen hinzufügen wollen: „mit Ausschluß des Bestätigungsrechtes,“ ersuche ich, sich zu erheben. (Mitglieder auf der Linken erheben sich.) Der Antrag ist abgelehnt. (Widerspruch auf der Linken: Gegenprobe!) Es ist kein Grund zur Gegenprobe; das Büreau ist sogar ohne Zweifel. — Ich bringe jetzt den Antrag des Herrn Werthmüller zur Abstimmung, wornach derselbe Satz so beschränkt werden soll: „Die Wahl ihrer Vorsteher und Vertreter und zwar, wenn die Gemeinde über 4000 Seelen zählt, mit Ausschluß des Bestätigungsrechtes der Staatsbehörde.“ Diejenigen Herren, die den eben verlesenen Zusatz des Herrn Werthmüller zu dem angenommenen Satz: „die Wahl ihrer Vorsteher u. s. w.“ hinzufügen wollen, ersuche ich, sich zu erheben. (Mitglieder auf verschiedenen Seiten erheben sich.) Dieser Zusatz ist abgelehnt. — Ich komme jetzt auf das Inserandum des Herrn Spatz, welcher zwischen die Worte „die — Wahl“ inserirt wissen will das Wort „freie,“ also der Satz lauten würde: „die freie Wahl ihrer Vorsteher und Vertreter u. s. w.“ Diejenigen Herren, die zwischen die Worte „die“ und „Wahl“ das Wort „frei“ inserirt wissen wollen, ersuche ich, sich zu erheben. (Mitglieder auf der Linken und im Centrum erheben sich.) Wir machen die Gegenprobe. Diejenigen Herren, die zwischen die Worte des angenommenen Satzes „die“ und „Wahl“ nicht — nach dem Antrage des Herrn Spatz — das Wort „frei“ inserirt wissen wollen, bitte ich, sich zu erheben. (Mitglieder auf der Rechten und im Centrum erheben sich.) Der Zusatz des Herrn Spatz ist nicht angenommen. Ich bringe den Zusatz des Herrn Spatz, am Schlusse, wonach hinter die Worte „die Wahl ihrer Vorsteher und Vertreter“ gefügt werden soll „Beamte und Diener“ zur Abstimmung. Diejenigen Herren, die zu den Worten „die Wahl ihrer Vorsteher und Vertreter“ nach dem Antrage des Herrn Spatz hinzufügen wollen „Beamte und Diener“ bitte ich, sich zu erheben. (Mitglieder auf der Linken und im Centrum erheben sich.) Der Zusatz ist nicht angenommen. — Ich bringe endlich den Vorschlag des Herrn Fetzer zur Abstimmung, zu den Worten „die Wahl ihrer Vorsteher und Vertreter hinzuzufügen, „sowie das Recht ihrer periodischen Erneuerung.“ Diejenigen Herren, die nach dem Antrag des Herrn Fetzer zu den angenommenen Worten „die Wahl ihrer Vorsteher und Vertreter“ die Worte „sowie das Recht ihrer periodischen Erneuerung“ hinzugefügt wissen wollen, bitte ich, aufzustehen. (Mitglieder auf der Linken und im Centrum erheben sich.) Auch dieser Zusatz ist abgelehnt. Der Buchstabe a also ist in folgender Fassung angenommen: „Jede deutsche Gemeinde hat als Grundrechte ihrer Verfassung a) die Wahl ihrer Vorsteher und Vertreter.“ Der Verbesserungsantrag des Herrn Dewes hat damit seine Erledigung gefunden. — Ich gehe auf den Buchstaben b über, und zwar, wie verabredet wurde, „b) die selbstständige Verwaltung ihrer Gemeindeangelegenheiten“ unter Vorbehalt fernerer Abstimmung über den zweiten Satz „mit Einschluß der Ortspolizei“, über das Amendement des Herrn Wernher von Nierstein, „und der Führung der Civilstands-Register“, und über das Amendement des Herrn Naumann „unter verfassungsmäßiger Beaufsichtigung des Staats.“ Diejenigen Herren, die unter Vorbehalt fernerer Abstimmung über die drei Zusätze den Satz „die selbstständige Verwaltung ihrer Gemeindeangelegenheiten“ annehmen wollen, bitte ich, sich zu erheben. (Mitglieder auf allen Seiten erheben sich.) Der Antrag ist angenommen. Diejenigen Herren, die zu den angenommenen Worten „die selbstständige Verwaltung ihrer Gemeindeangelegenheiten“ — nach dem ferneren Antrage des Ausschusses — hinzufügen wollen: „mit Einschluß der Ortspolizei“, bitte ich, aufzustehen. (Mitglieder auf allen Seiten erheben sich.) Auch dieser Zusatz ist angenommen. — Diejenigen Herren, die zu den angenommenen Worten: „die selbstständige Verwaltung ihrer Gemeindeangelegenheiten mit Einschluß der Ortspolizei“ nach dem Antrage des Herrn Wernher von Nierstein ferner hinzufügen wollen: „und der Führung der Civilstandsregister“ bitte ich, sich zu erheben. (Mitglieder auf der Linken und im Centrum erheben sich.) Der Zusatz ist abgelehnt. — Diejenigen Herren, die zu den Worten: „die selbstständige Verwaltung ihrer Gemeindeangelegenheiten mit Einschluß der Ortspolizei“ nach dem Antrage des Herrn Naumann und Genossen ferner hinzufügen wollen: „unter verfassungsmäßiger Oberaufsicht des Staats“, bitte ich, sich zu erheben. (Mitglieder auf der Rechten und im Centrum erheben sich.) Der Zusatz ist verworfen. Der Buchstabe b lautet also, wie ihn der Verfassungsausschuß beantragt hat: „Die selbstständige Verwaltung ihrer Gemeindeangelegenheiten mit Einschluß der Ortspolizei.“ — Ich gehe zum Buchstaben c: „die Veröffentlichung des Gemeindehaushaltes.“ Ich bringe ihn zur Abstimmung mit Vorbehalt einer ferneren Abstimmung über das von Herrn Mittermaier dazu gefügte Inserandum: „Das Oberaufsichtsrecht des Staats über Gemeindeverwaltung soll nur so weit eintreten, als dieß die Wahrung des öffentlichen Interesses erfordert." Diejenigen Herren, die den Buchstaben e: „die Veröffentlichung ihres Gemeindehaushaltes" unter dem Vorbehalte einer ferneren Abstimmung über den eben verlesenen Antrag des Herrn Mittermaier annehmen wollen, bitte ich, aufzustehen. (Mitglieder auf allen Seiten erheben sich.) Der Satz ist angenommen. — Diejenigen Herren, die nach dem angenommenen Satz — nach dem Vorschlag des Herrn Mittermaier — hinzufügen wollen, „das Oberaufsichtsrecht des Staats über Gemeindeverwaltung soll nur so weit eintreten, als die Wahrung des öffentlichen Interesses erfordert," bitte ich, sich zu erheben. (Mitglieder im Centrum erheben sich.) Der Zusatz ist abgelehnt. — Ich bringe den Buchstaben d zur Abstimmung. Diejenigen Herren, die den ferneren Antrag des Ausschusses: d. „Oeffentlichkeit der Verhandlungen, so weit die Rücksichten auf besondere Verhältnisse es gestatteten," annehmen wollen, bitte ich, aufzustehen. (Mitglieder auf mehreren Seiten erheben sich.) Der Satz ist angenommen. — Diejenigen Herren, die hinter dem Satze zu d, nach dem Antrage des Herrn Würth von Sigmaringen inseriren wollen: „das Recht der Bitte und Beschwerde an die Behörden, an die Volksvertretung und an die Reichsversammlung", bitte ich, sich zu erheben. (Mitglieder auf der Linken erheben sich.) Der Zusatz ist abgelehnt. — Ich gehe zu dem Buchstaben e zu den Worten „Allgemeine Bürgerwehr", die ich zur Abstimmung bringe unter Vorbehalt des Zusatzes von Herrn Spatz und Genossen: „mit freier Wahl der Führer." Diejenigen Herren, die den Buchstaben e des Antrags des Verfassungsausschusses „Allgemeine Bürgerwehr" unter Vorbehalt fernerer Abstimmung über den Zusatz des Herrn Spatz: „mit freier Wahl der Führer" annehmen wollen, bitte ich, sich zu erheben. (Mitglieder auf der Linken und im Centrum erheben sich.) Wir müssen die Gegenprobe machen. Ich bitte, sich niederzulassen. Diejenigen Herren, die die Lit. e in dem Antrage des Verfassungsausschusses, d. h. die Worte: „Allgemeine Bürgerwehr" vorbehaltlich einer ferneren Abstimmung über den Zusatz des Herrn Spatz: „mit freier Wahl der Führer" nicht annehmen wollen, bitte ich, sich zu erheben. (Mitglieder auf der Rechten und im Centrum erheben sich.) Der Buchstabe e ist verworfen und damit fällt der Zusatzantrag des Herrn Spatz von selbst. Ich habe also den Antrag des Herrn Rödinger zur Abstimmung zu bringen, der dahin geht, den Buchstaben e so zu fassen: „Allgemeine Bewaffnung und das Recht, einen Theil der allgemeinen Volkswehr zu bilden." Diejenigen Herren, die diese Fassung nach dem Vorschlage des Herrn Rödinger annehmen wollen, bitte ich, sich zu erheben. (Mitglieder auf der Linken und im Centrum erheben sich.) Der Antrag ist abgelehnt. Ich bringe jetzt den Antrag des Herrn Vischer (von Tübingen) zur Abstimmung, wonach der Buchstabe e so heißen soll: „Organisirte Bewaffnung als Glied im Heerwesen." Diejenigen Herren, die die vorgeschlagene Fassung des Abgeordneten Vischer für den Buchstaben e „organisirte Bewaffnung als Glied im Heerwesen" annehmen wollen, ersuche ich, aufzustehen. (Mitglieder auf der Linken und im Centrum erheben sich.) Auch diese Fassung ist abgelehnt. — Ich komme jetzt, meine Herren, zu dem Addendum, das Herr Spatz als einen besondern Zusatz vorgeschlagen hat, der Antrag geht dahin, zu den Grundrechten der Gemeinden hinzuzufügen: „das Recht der Selbstbesteuerung zu Gemeindezwecken." Diejenigen Herren, die diesen Antrag des Herrn Spatz „das Recht der Selbstbesteuerung zu Gemeindezwecken" annehmen wollen, ersuche ich, sich zu erheben. (Mitglieder auf der Linken erheben sich.) Der Zusatz ist abgelehnt. — Ich habe endlich noch den Zusatz des Herrn Schulz von Weilburg zur Abstimmung zu bringen, demgemäß zu dem ganzen § 43 hinzugefügt werden soll: „Gleiche Bestimmungen gelten auch für größere Verwaltungsbezirke, welche gleichviel unter welchem Namen zu gemeinsamen Zwecken in den einzelnen Staaten bestehen oder neugebildet werden." Diejenigen Herren, die diesen Vorschlag des Herrn Schulz von Weilburg annehmen wollen, ersuche ich, sich zu erheben. (Mitglieder auf der Linken erheben sich.) Der Vorschlag ist nicht angenommen. — Hiermit, meine Herren, ist die Abstimmung über § 43 erledigt, und ich gehe zu § 44 über. Der Antrag des Ausschusses lautet:

> „Jedes Grundstück muß einem Gemeindeverband angehören.
>
> Beschränkungen wegen Waldungen und Wüstreien sind der Landesgesetzgebung vorbehalten."
>
> Minoritätserachten. „Unterzeichnete finden diesen Paragraphen (44) zur Aufnahme in die Grundrechte nicht geeignet." (Deiters. Andrian. Mühlfeld. Bassermann.)
>
> „Jeder volljährige selbstständige Deutsche muß Mitglied einer Gemeinde sein." (Waitz. Hergenhahn. Lassaulx.)

Dazu liegen folgende gedruckte Verbesserungsanträge vor:

Der Abgeordneten v. Raumer und Schubert aus Königsberg.

> „Dieser Paragraph ist wegzustreichen oder etwa so zu fassen: „jedes Grundstück und jede Person, die einen bestimmten Wohnort hat, muß (jedoch nach Maßgabe der örtlichen Gesetzgebung) einem Gemeindeverband angehören."

Des Abgeordneten Brunck.

> „Nach den Worten „jedes Grundstück" zu setzen: „Hof und Weiler."
>
> Den zweiten Theil „Beschränkungen ꝛc." zu streichen.

Motive.

1) Es kommt diesseits des Rheins vor, daß einzelne geschlossene Güter (Höfe) und Weiler, letztere von weniger Bewohner als zur Bildung eines Gemeindevorstandes, oder gar zur Bildung einer Gemeinde erforderlich sind, wegen Befreiung von Gemeindelasten, eigene Verbände oder Gemarkungen bilden.

   Solche Ausnahmen zum Nachtheil und Ruin einzelner Gemeinden können für die Zukunft nicht mehr gestattet werden.

2) Beschränkungen wegen Waldung und Wüsteneien können, wegen Umgehung des ersten Theils dieses Paragraphen, den Landesgesetzgebungen nicht überlassen bleiben.

   Eine Nothwendigkeit hierzu liegt auch nicht vor und eine Ausnahme zum Zweck der Befreiung von Gemeindelassen wäre eine Ungerechtigkeit. Die französische Gesetzgebung gestattet keine solche Ausnahmen."

Des Abgeordneten v. Gersdorf.

„Ich trage darauf an, daß dem Artikel IX hinter § 44 ein Paragraph zugesetzt werde, des Inhalts:

Was von den einzelnen Gemeinden und ihren Rechten in § 43 gesagt, gilt insofern auch von dem Verbande der Gemeinden, es mag derselbe den Namen Kreis, Amt, Bezirk oder einen andern führen, daß ihm zusteht:

a) Die Wahl seiner Vertreter und Vorsteher, sowie die Bestimmung der Besoldung der Letztern.

b) Die selbstständige Verwaltung der Angelegenheiten des Gemeindenverbandes.

c) Die Veröffentlichung seines gemeinsamen Haushaltes.

d) Oeffentlichkeit in seinen Verhandlungen, so weit die Rücksichten auf besondere Verhältnisse es gestatten.

Dagegen liegt im ob:

für die Arbeitsunfähigen, falls deren Verwandte in auf- und absteigender Linie und deren Geschwister außer Stande sind, diese Pflicht zu übernehmen, in seinem Bezirke Sorge zu tragen."

Des Abgeordneten Barth zwischen Artikel IX und X.

„Wir beantragen zwischen Artikel IX und X einen Artikel einzuschalten, lautend:

Den Provinzen gebührt eine durch die Landesgesetzgesetzgebung zu bestimmende Provinzialverfassung, gebaut

a) auf Provinzialvertretung, hervorgegangen aus freier Wahl der Provinzialangehörigen, vorbehaltlich der Ausnahmen, welche das Gesetz rücksichtlich der Abgeordneten der Regierung bei derselben bestimmen kann;

b) auf Zuweisung aller die Interessen der Provinz betreffenden Angelegenheiten zur Entscheidung an dieselbe, wohin insbesondere die Erlassung der Verordnungen für die Polizei und die innere Verwaltung, das Budget und das Rechnungswesen der Provinz und die Ernennung der Provinzialbeamten gehört, vorbehaltlich der Bestätigung durch die Landesregierung in den gesetzlich bestimmten Fällen;

c) auf die Oeffentlichkeit ihrer Verhandlungen des Budgets und der Rechnungen der Provinz;

d) auf das Einschreiten der Regierungen in den Schranken des Gesetzes, um zu verhindern, daß die Provinzialvertretungen ihre Befugnisse überschreiten und das allgemeine Wohl gefährden oder beschädigen."

Unterstützt von: Haßler, Schirdermayer, Paur von Augsburg, Hans v. Raumer, M. München, Werner von Coblenz, Haggenmüller, Grumbrecht, Fallmerayer, Pözl, Groß.

Des Abgeordneten Möller aus Reichenberg.

„Ich beantrage, den 2. Absatz des § 44 wegzulassen und dem § 44 folgende Fassung zu geben:

Jedes Grundstück muß einem Gemeindeverbande angehören.

Jeder Deutsche muß einer Gemeinde angehörig sein.

Unterstützt von: Neugebauer, Reisinger, Fritzsche, Prinzinger, Johannes, Cramer, Weißenborn, Cnyrim, Höfken, Käfferlein, Schorn, Kotschy, Werner aus St. Pölten, Aichelburg, Schenk, Renger, Kuhnt, Hallbauer, Huber."

Des Abgeordneten Moriz-Mohl.

„In Erwägung:

1) daß eine Ausnahme der Waldungen und Wüsteneien vom Gemeindeverbande die Gemeinden der Steuerbeiträge der Waldbesitzer berauben, und somit ein neues und verstärktes Steuerprivilegium der reichsten Classe von Staatsbürgern begründen würde;

2) daß wichtige Gründe der Heimathsrechtsverhältnisse verbieten, irgend einen Theil des Staatsgebietes aus dem Gemeindeverbande auszunehmen;

trage ich auf den Wegfall der zweiten alinea des § 44 an, welche so lautet:

Beschränkungen wegen Waldungen und Wüsteneien sind der Landesgesetzgebung vorbehalten."

Unterstützt von: Kudlich, Kolaczek, Blumröder, Neugebauer, Schwarzenberg, Federer, Pfeiffer, Rheinwald, Rank, Fehrenbach, Eisenmann, Riehl, Stark, Fr. Schütz, Roßmäßler, Pfahler, Damm, Gritzner, Nägele, Nagel.

Des Abgeordneten Gersdorf.

„Hinter § 44 soll eingeschaltet werden:

§. Was von den einzelnen Gemeinden und ihren Rechten § 43 gesagt, gilt insoweit auch von den Verbänden der Gemeinden, sie mögen nun Kreis, Amt, Bezirk oder andere Namen führen, daß ihnen zusteht:

a) Die Wahl ihrer Vertreter und Vorsteher, sowie die Bestimmung der Besoldung der Letzteren.

b) Die selbstständige Verwaltung der Angelegenheiten des Gemeindeverbandes.

c) Die Veröffentlichung ihres gemeinsamen Haushaltes.

d) Oeffentlichkeit ihrer Verhandlungen, so weit die Rücksichten auf besondere Verhältnisse es gestatten.

Dagegen nehme ich den nur eventuell gestellten Nachsatz: Dagegen liegt den Gemeindeverbänden die Pflicht ob:

Für die Arbeitsunfähigen in ihrem Bezirke zu sorgen, ohne daß dadurch der Staat jedoch der Verpflichtung enthoben wird, bei eintretenden allgemeinen Calamitäten, die den ganzen Gemeindeverband treffen, mit seiner Hülfe einzuschreiten, wie hiermit geschieht, zurück."

Sodann:

„Statt des Minoritätserachtens von Waitz und Genossen zu 44 beantragen wir:

Jeder volljährige selbstständige Deutsche muß einer Gemeinde angehören."

Unterstützt von: Laube, Widenmann, Pannier, v. Breuning, Falk, Zerzog, Godeffroy, Emmerling, Dröge, Wurm, Rößler aus Wien, Francke, Biedermann, v. Baumbach, Riesser, Burkardt, Wernher, Beseler, Pözl, Paur aus Augsburg.

Ich werde aber so eben in Kenntniß gesetzt, daß der Vorschlag der Herren Laube, Widenmann und vieler Andern, nicht lauten soll: „Jeder volljährige selbstständige Deutsche muß einer Gemeinde angehören," — wie er gedruckt ist — sondern: „Jeder Deutsche muß einer Gemeinde angehören." — Zum Wort haben sich zwei Redner gemeldet: gegen den Paragraphen Herr Moriz Mohl; für denselben Herr Würth von Sigmaringen. Bevor ich die Frage stelle, ob auf die Discussion über den Paragraphen überhaupt eingegangen werden soll, verlangt der Berichterstatter des Ausschusses für das Minoritätserachten das Wort.

Waitz von Göttingen: Ich will nur erklären, daß das zweite Minoritätserachten von Herrn Hergenhahn und mir zurückgenommen wurde, und daß der dritte Unterzeichner desselben, Herr Lassaulx, erklärt hat, er schließe sich dem Amendement von Herrn Laube und Genossen an.

Präsident: Ich frage, ob über den Paragraphen discutirt werden soll? Diejenigen Herren, die auf eine Discussion über den § 44 des vorliegenden Entwurfs nicht verzichten wollen, belieben sich zu erheben. (Viele Mitglieder erheben sich.) Die Discussion ist zugelassen. Herr Moriz Mohl hat das Wort.

Moriz Mohl von Stuttgart: Meine Herren! Nur wenige Worte. Ich trage mit mehreren Andern darauf an, die zweite alinea dieses Paragraphen wegzulassen. Die erste alinea, meine Herren, ist gewiß eine sehr nothwendige. Sie will bestimmen, daß jedes Grundstück einem Gemeindeverbande angehören müsse. Sie wissen, meine Herren, daß bis jetzt die Rittergüter in vielen deutschen Staaten vom Gemeindeverbande ausgenommen und dadurch steuerfrei waren. Es ist also ein großes Unrecht, welches durch die erste alinea dieses Paragraphen entfernt werden soll. Aber die zweite alinea würde dieses Unrecht wieder sanctioniren in Beziehung auf die wichtigsten Besitzthümer, nämlich die Waldungen, indem gesagt wird: „Beschränkungen wegen Waldungen und Wüsteneien sind den einzelnen Gesetzgebungen vorbehalten." Meine Herren! Dieser Paragraph wurde ursprünglich von dem volkswirthschaftlichen Ausschuß vorgeschlagen, und schon in der Mitte des volkswirthschaftlichen Ausschusses war ich gegen diese zweite alinea. Es wurde gesagt, es können Verhältnisse vorkommen, wo große Waldungen nicht den zunächst liegenden Gemeinden zugetheilt werden können. Ich glaube kaum, daß es ein Land geben wird, wo größere Waldflächen sein werden, als in Schwaben mit dem Schwarzwald und der schwäbischen Alp. Dennoch hat es sich gezeigt, daß die Zutheilung der Waldungen an die benachbarten Gemeindeverbände einer Schwierigkeit nicht unterliegt. In Würtemberg ist dieses Unrecht gesetzlich abgeschafft, vermöge dessen die Waldungen der Rittergutsbesitzer den Gemeinden nicht zugetheilt und also frei von Gemeindesteuern waren; allein es ist nicht überall in Deutschland dieses Unrecht abgeschafft. Ich möchte daher bitten, die zweite alinea dieses Paragraphen wegzulassen. Wir haben uns im volkswirthschaftlichen Ausschuß gefragt, ob nicht etwa z. B. in Hannover auf der Lüneburger Haide die Ausführung der Bestimmung in der ersten alinea, wonach jedes Grundstück einem Gemeindeverbande angehören muß, Schwierigkeiten finden werde, weil die Ortschaften dort sehr von einander entlegen sind; allein Abgeordnete aus Hannover, welchen die Verhältnisse genau bekannt sind, haben uns versichert, daß auch dort bereits dieser Grundsatz durchgeführt sei. Ich glaube nicht, daß irgendwo die Verhältnisse in Deutschland so liegen, daß die zweite alinea nothwendig wäre, während andererseits die Nothwendigkeit der Entfernung aller Vorrechte in der Besteuerung dafür spricht, die zweite alinea wegzulassen.

Würth von Sigmaringen: Meine Herren! Ich schließe mich dem Vortrage des Herrn M. Mohl an, werde aber gegen den Antrag desselben sprechen. Der Herr Abgeordnete beantragt den Wegfall des zweiten alinea, welches lautet: „Beschränkungen wegen Waldungen und Wüsteneien sind den Landesgesetzen vorbehalten." Den Abgeordneten bestimmt dabei das Interesse der Gemeinden. Er will nicht, daß die Waldbesitzer frei bleiben von der Besteuerung der Gemeinde, von den Steuern an die Gemeinde für solche Besitzungen, um so weniger, als es in der Regel die reichste Classe der Bürger betrifft, welche derartige Waldungen innehaben. Das Interesse für die Gemeinden bestimmt mich, für Beibehaltung dieses Satzes zu sprechen. Dem Rechte, von dem es sich hier handelt, dem Rechte auf Besteuerung solcher Waldungen und Wüsteneien zu Gemeindezwecken entsprechen auch Verpflichtungen, und aus diesen Verpflichtungen entstehen Lasten, die meines Erachtens höher anzuschlagen sind, als die Vortheile und als der Nutzen, der der betreffenden Gemeinde aus dem Besteuerungsrechte erwachsen dürfte. Derartige Waldungen und Wüsteneien, meine Herren, sind gewöhnlich von bedeutendem Umfange, und Sie werden sehr häufig, wie mir aus der Erfahrung bekannt ist, von verschiedenen Vicinal- und Verbindungswegen durchschnitten. Werden nun diese Waldungen den betreffenden nächstgelegenen Gemeinden zugetheilt, werden sie in deren Markungen gelegt, so übernehmen die Gemeinden auch die Verbindlichkeit, die schon angeregten Verbindungswege anzulegen und zu unterhalten, welcher Verbindlichkeit sie aber entgehen, wenn die Waldungen außer ihrer Markung liegen, und wodurch deren Eigenthümer die Verpflichtung tragen, die Vicinalwege so weit zu unterhalten, so weit sie in ihrem Eigenthume gelegen sind. Diese Verpflichtung, meine Herren, ist gewiß höher anzuschlagen, involvirt größere Lasten, als die Steuern den Gemeinden Vortheil bringen, wenn sie aus den Waldungen zu Gemeindezwecken bezogen werden dürfen, und es kommt hier noch weiter in Betracht, daß viele Gemeinden in der Lage sind, gar keine Steuern zu Communalzwecken beziehen zu dürfen, weil sie so viel Revenüen, so viel eigenes Vermögen haben, als zur Deckung ihrer Bedürfnisse nothwendig erscheint. In einem solchen Falle würden die Gemeinden Lasten übernehmen, ohne irgend Vortheile zu ziehen. Und dabei kommt endlich noch weiter in Betracht, daß, wenn der Fall eintreten sollte, daß die betreffenden Gemeinden durch Einreihung der Waldungen und Wüsteneien in ihre Bezirke wirklich einen größeren Vortheil als Nachtheil haben sollten, ein derartiges Verlangen auf Einverleibung solcher Waldungen in die Gemeindebezirke bei der Landesgesetzgebung geltend gemacht werden könnte, und es ist kaum anzunehmen, daß dem Begehren nicht auch auf diesem Wege entsprochen würde. Ich Ich kann mich also im Interesse der Gemeinden lediglich nur für Beibehaltung des zweiten Satzes und also für den Ausschußantrag erklären.

Präsident: Weitere Redner sind nicht eingeschrieben. Ich frage, ob der Herr Berichterstatter des Ausschusses das Wort nehmen will?

Beseler von Greifswald: Meine Herren! Ich spreche namentlich dafür, daß Sie den Absatz 2 stehen lassen. Es sind dafür die Gründe schon zum Theil angeführt worden. Ich hebe nur hervor, daß die Ortspolizei der Gemeinde gegeben ist und daß in dieser Beziehung mit Recht hervorgehoben werden kann, daß es bedenklich erscheine, so unbedingte Bestimmungen über die Ueberweisung der Waldungen an die Gemeindeverbände in die Grundrechte aufzunehmen. Ich muß aber noch besonders dem Herrn Abgeordneten M. Mohl gegenüber bemerken, daß mir noch gestern aus verschiedenen Gegenden, wo große Waldungen sind, mehrere Mitglieder ausdrücklich erklärt haben: das Princip, daß jede Waldung einem Gemeindeverbande angehören müsse, sei nicht durchführbar, z. B. in Ostpreußen; ich muß aus diesem Grunde und aus dem, was schon vorgetragen worden ist, dringend wünschen, daß der Absatz 2 stehen bleibe. Noch zwei Worte erlaube ich mir über den Antrag hinzuzufügen, daß jeder Deutsche einer Gemeinde angehören müsse. Es ist das ein Gegensatz zu der Heimathlosigkeit, und diese unmöglich zu machen, ist wohlthätig; wenn auch eine Bestimmung darüber eher in das Heimathsgesetz, als in die Grundrechte aufzunehmen sein möchte, oder daß Jeder nothwendig Gemeindemitglied sein solle, diesen früher von einer Minorität gestellten Antrag würde ich in keinem Fall unterstützen können.

Präsident: Meine Herren! Ich habe vor der Abstimmung folgende Anträge noch zur Unterstützung zu bringen: Antrag des Herrn Brunk: nach dem Worten: „Jedes Grundstück" zu setzen „Hof und Weiler." Findet der Antrag Unterstützung? (Die hinreichende Zahl erhebt sich.) Der Antrag ist unterstützt. Den zweiten Theil des Brunk'schen Antrages brauche ich nicht zur Unterstützung zu bringen, da er kein eigentlicher Antrag ist. — Antrag des Herrn v. Räumer und Schubert von Königsberg. (Zuruf: Wird zurückgenommen!) Ist also zurückgenommen. — Antrag des Herrn v. Gersdorf:

„Hinter § 44 soll eingeschaltet werden:

§. Was von den einzelnen Gemeinden und ihren Rechten § 43 gesagt, gilt insoweit auch von den Verbänden der Gemeinden, sie mögen nun Kreis, Amt, Bezirk oder andere Namen führen, daß ihnen zusteht:

a) Die Wahl ihrer Vertreter und Vorsteher, sowie die Bestimmung der Besoldung der Letzteren.

b) Die selbstständige Verwaltung der Angelegenheiten des Gemeindeverbandes.

c) Die Veröffentlichung ihres gemeinsamen Haushaltes.

d) Oeffentlichkeit ihrer Verhandlungen, soweit die Rücksichten auf besondere Verhältnisse es gestatten."

Der Materie nach ist dieser Antrag schon bei § 42 abgelehnt. Es ist aber ein selbstständiger Vorschlag, diese Bestimmung hinter § 44 zu setzen. Ich muß also die Unterstützungsfrage stellen. Findet der Antrag des Herrn v. Gersdorf Unterstützung? (Sehr wenige Mitglieder erheben sich.) Er hat keine Unterstützung gefunden. — Antrag des Herrn Barth und Genossen zwischen Art. 9 und 10, d. h. zwischen § 44 und 45 zu inseriren .... Der Antrag wird in diesem Augenblicke zurückgenommen. — Dann bleibt, meine Herren, zur Abstimmung übrig: der erste Satz des § 44: „Jedes Grundstück muß einem Gemeindeverband angehören," vorbehaltlich weiterer Abstimmung über den Zusatzantrag des Herrn Brunk: „Jedes Grundstück, Hof und Weiler." — Dann kommt das zweite alinea: „Beschränkungen wegen Waldungen und Wüsteneien sind der Landesgesetzgebung vorbehalten," auf dessen Weglassung der volkswirthschaftliche Ausschuß, Herr Moritz Mohl und Herr Brunk angetragen haben; dann als Zusatz der Antrag des Herrn Laube und Genossen oder der gleiche des Herrn Möller und Genossen und damit wäre die Abstimmung beendigt. — Diejenigen Herren, welche das erste alinea aus dem Antrage des Verfassungsausschusses: „Jedes Grundstück muß einem Gemeindeverbande angehören," vorbehaltlich weiterer Abstimmung über den Antrag des Herrn Brunk hinter Grundstück „Hof und Weiler" zu setzen, annehmen wollen, ersuche ich, sich zu erheben. (Mitglieder auf allen Seiten erheben sich.) Der Antrag ist angenommen. — Diejenigen Herren, welche zu dem angenommenen Antrage hinter dem Worte „Grundstück" inseriren wollen „Hof und Weiler", bitte ich aufzustehen. (Mitglieder auf der Linken und im Centrum erheben sich.) Dieß ist nicht angenommen. — Ich bringe das zweite alinea zur Abstimmung. Diejenigen Herren, welche nach dem Antrag des Verfassungsausschusses ferner den Satz annehmen wollen: „Beschränkungen wegen Waldungen und Wüsteneien sind der Landesgesetzgebung vorbehalten", ersuche ich, sich zu erheben. (Die Abstimmung ist zweifelhaft.) Wir wollen die Gegenprobe machen. Diejenigen Herren, welche den eben verlesenen zweiten Satz aus dem Antrage des Verfassungsausschusses nicht annehmen wollen, ersuche ich, sich zu erheben. (Die Abstimmung ist wiederum zweifelhaft.) Wir müssen mit Zetteln stimmen. Diejenigen Herren, welche den Satz: „Beschränkungen wegen Waldungen und Wüsteneien, sind der Landesgesetzgebung vorbehalten," annehmen wollen, ersuche ich, den weißen Zettel mit Ja, diejenigen, welche den Satz ablehnen wollen, den farbigen mit Nein ihrer Namensunterschrift zu versehen.

Nach der Zählung durch das Secretariat stimmten mit Ja:

Achleitner aus Ried, Ambrosch aus Breslau, v. Amstetter aus Breslau, Anz aus Marienwerder, Arndts aus München, Arneth aus Wien, v. Baumbach-Kirchheim aus Kassel, Becker aus Gotha, Becker aus Trier, Behnke aus Hannover, Bernhardi aus Kassel, Beseler aus Greifswald, Beseler (H. W.) aus Schleswig, Blömer aus Aachen, Bock aus Preußisch-Minden, Böcking aus Trarbach, v. Boddien aus Pleß, Bonardy aus Greiz, v. Bothmer aus Carow, Braun aus Bonn, Bürgers aus Cöln, v. Buttel aus Oldenburg, Cornelius aus Braunsberg, Dahlmann aus Bonn, Deete aus Lübeck, Degenkolb aus Eilenburg, Deiters aus Bonn, Döllinger aus München, Droysen aus Kiel, Dunker aus Halle, Eckart aus Lohr, Edlauer aus Graz, Eisenmann aus Nürnberg, Engel aus Culm, Esmarch aus Schleswig, Evertsbusch aus Altena, Fischer (Gustav) aus Jena, v. Flottwell aus Münster, Francke (Karl) aus Rendsburg, Friederich aus Bamberg, Fügerl aus Korneuburg, Gebhard aus Würzburg, v. Gersdorf aus Tuez, Gevekoht aus Bremen, Gfrörer aus Freiburg, v. Giech (Graf) aus Thurnau, Giesebrecht aus Stettin, Göbel aus Jägerndorf, Godeffroy aus Hamburg, Göden aus Krotoszyn, von der Goltz (Graf) aus Czarnikau, Gombart aus München, Gottschalk aus Schopfheim, Grävell aus Frankfurt an der Oder, Gravenhorst aus Lüneburg, Groß aus Leer, v. Grundner aus Ingolstadt, Gspan aus Innsbruck, Gysae (Wilhelm) aus Strehlow, Hahn aus Guttstatt, Hallbauer aus Meissen, v. Hartmann aus Münster, Haubenschmied aus Passau, Hayden aus Dorff bei Schlierbach, Haym aus Halle, v. Hennig aus Dempowalonka, Hergenhahn aus Wiesbaden, Hofer aus Pfarrkirchen, Hofmann aus Friedberg, Hollandt aus Braunschweig, Hugo aus Göttingen, Jacobi aus Hersfeld, Jordan aus Berlin, Jucho aus Frankfurt am Main, Junkmann aus Münster, Kagerbauer aus Linz, Kablert aus Leobschütz, Kerer aus Innsbruck, v. Keudell aus Berlin, Kleinschrod aus München, Knoodt aus Bonn, Kosmann aus Stettin, v. Köstritz aus Elberfeld, Krafft aus Nürnberg, Kratz aus Wintershagen, Künßberg aus Ansbach, v. Kürsinger (Karl) aus Tamsweg, Kutzen aus Breslau, Lammers aus Erlangen, v. Lassaulx aus München, Laube aus Leipzig, Leverkus aus Lennep, Lienbacher aus Goldegg, v. Linde aus Mainz, Lindner aus Seisenegg, Lodemann aus Lüneburg, Löw aus Posen, Lüntzel aus Hildesheim, v. Maltzahn aus Küstrin, Mann aus Rostock, Marcks aus Duisburg, Marcus aus Bartenstein, Martens aus Danzig, Matthies aus Greifswald, Merck aus Hamburg, Meske aus Sagan, Mevissen aus Cöln, Michelsen aus Jena, Müller aus Würzburg, Münch aus Wetzlar, Naumann aus Frankfurt a. d. O., Nerreter aus Fraustadt, Neubauer aus Wien, Neumayr aus München, Oertel aus Mittelwalde, Ostendorf aus Soest, Pannier aus Zerbst, Phillips aus München, Pieringer aus Kremsmünster, Plaß aus Stade, Plathner aus Halberstadt, Plehn aus Marienburg, v. Radowitz aus Rüthen, v. Raumer aus Berlin, Reichensperger aus Trier, Richter aus Danzig, Riegler aus mährisch Budwitz, Riesser aus Hamburg, Röben aus Dornum, v. Rotenhan aus München, Rüder aus Oldenburg, v. Saltzwedell aus Gumbinnen, v. Saucken-Tarputschen aus Angerburg, Scheller aus Frankfurt a. d. O., Schepp aus Wiesbaden, Schick aus Weißensee, Schierenberg aus Detmold, Schirmeister aus Insterburg, v. Schleussing aus Rastenburg, Schlüter aus Paderborn, Scholten aus Ward, Schrader aus Brandenburg, Schreiber aus Bielefeld, Schreiner aus Gratz (Steyermark), v. Schrenk aus München, v. Schrötter aus Preuß. Holland, Schubert (Friedrich Wilhelm) aus Königsberg, Schultze aus Potsdam, Schwarz aus Halle, Schwetschke aus Halle, v. Selchow aus Rettkewitz, Sepp aus München, Siehr aus Gumbinnen, Sprengel aus Waren, Stieber aus Budissin, v. Stremayr aus Gratz, Stülz aus St. Florian, Sturm aus Sorau, Teichert aus Berlin, v. Treskow aus Grocholin, Veit aus Berlin, Versen aus Nieheim, v. Vincke aus Hagen, Vogel aus Dillingen, Waitz aus Göttingen, Waldmann aus Heiligenstadt, Weber aus Neuburg, v. Wedemeyer aus Schönrade, v. Wegnern aus Lyk, Weiß aus Salzburg, Werner aus St. Pölten, Wernich aus Elbing, Wichmann aus Stendal, Wiebker aus Uckermünde, Wiethaus (J.) aus Gummersbach, Winter aus Liebenburg, v. Wulffen aus Passau, Würth aus Sigmaringen, Zachariä aus Göttingen.

Mit **Nein** stimmten:

v. Aichelburg aus Villach, Anders aus Goldberg, Anderson aus Frankfurt an der Oder, Backhaus aus Jena, Beidtel aus Brünn, Biedermann aus Leipzig, Blumröder (Gustav) aus Kirchenlamitz, Boczek aus Mähren, Bresgen aus Ahrweiler, Breusing aus Osnabrück, Claussen aus Kiel, Clemens aus Bonn, Cramer aus Cöthen, Culmann aus Zweibrücken, Damm aus Tauberbischoffsheim, Dham aus Schmalenberg, v. Dieskau aus Plauen, Dietsch aus Annaberg, Dinstl aus Krems, Drechsler aus Rostock, Dröge aus Bremen, Eckert aus Bromberg, Eisenstuck aus Chemnitz, Emmerling aus Darmstadt, Engel aus Pinneberg, Englmayr aus Enns (Oberösterreich), Esterle aus Cavalese, Fallmerayer aus München, Federer aus Stuttgart, Freese aus Stargard, Frisch aus Stuttgart, Fritsch aus Ried, Fritzsche aus Roda, Fröbel aus Reuß, Geigel aus München, Gerlach aus Tilsit, Giskra aus Wien, Golz aus Brieg, Gritzner aus Wien, Groß aus Prag, Grumbrecht aus Lüneburg, Günther aus Leipzig, Haggenmüller aus Kempten, Hartmann aus Leitmeritz, Hehner aus Wiesbaden, Heisterbergk aus Rochlitz, Heldmann aus Selters, Hensel I aus Camenz, Herzog aus Ebermannstadt, Heubner aus Zwickau, Heusner aus Saarlouis, Hildebrand aus Marburg, Hirschberg aus Sondershausen, Höfken aus Hattingen, Hönniger aus Rudolstadt, Jopp aus Enzersdorf, Kafferlein aus Baireuth, v. Kaisersfeld aus Birkfeld, Kierulff aus Rostock, Kirchgeßner aus Würzburg, Kohlparzer aus Neuhaus, Kollaczek aus österreichisch Schlesien, Kotschy aus Ustron in Mährisch-Schlesien, Kuhnt aus Bunzlau, Langbein aus Wurzen, Lausch aus Troppau, Lette aus Berlin, Levysohn aus Grünberg, Liebmann aus Perleberg, Löschnigg aus Klagenfurt, Makowiczka aus Krakau, Mally aus Steyermark, Maly aus Wien, Mayer aus Ottobeuern, Melly aus Wien, Mertel aus Kronach, Minkus aus Marienfeld, Möller aus Reichenberg, Mölling aus Oldenburg, Mohl (Moriz) aus Stuttgart, Mohl (Robert) aus Heidelberg, Mohr aus Oberingelheim, v. Mühlfeld aus Wien, Mulley aus Weitenstein, v. Nagel aus Oberviechtach, Nagel aus Balingen, Nägele aus Murrhardt, Nauwerck aus Berlin, v. Neitschütz aus Königsberg, Neugebauer aus Luditz, Nicol aus Hannover, Pattai aus Steyermark, Paur aus Neisse, Pfahler aus Tettnang, Pfeiffer aus Adamsdorf, Polaczek aus Weißkirch, v. Pretis aus Hamburg, Prinzinger aus St. Pölten, Quesar aus Prag, v. Quintus-Icilius aus Fallingbostel, Rank aus Wien, Rapp aus Wien, Raßl aus Neustadtl in Böhmen, v. Raumer aus Dinkelsbühl, Raveaux aus Cöln, Reinstein aus Naumburg, Reitter aus Prag, Renger aus böhmisch Kamnitz, Rheinwald aus Bern, Riedl aus Gratz, Riehl aus Zwettl, Rödinger aus Stuttgart, Roßmäßler aus Tharand, v. Sänger aus Grabow, Schenk aus Dillenburg, Schlöffel aus Halbendorf, Schlutter aus Poris, Schmidt (Adolph) aus Berlin, Schneider aus Wien, Schorn aus Essen, Schott aus Stuttgart, Schüler aus Jena, Schütz aus Mainz, Schwarzenberg aus Cassel, Siemens aus Hannover, Simon (Ludwig) aus Trier, Spatz aus Frankenthal, Stark aus Krumau, Stenzel aus Breslau, Strache aus Rumburg, Streffleur aus Wien, Tafel (Franz) aus Zweibrücken, Tappehorn aus Oldenburg, Temme aus Münster, Titus aus Bamberg, Trabert aus Rausche, Uhland aus Tübingen, v. Unterrichter aus Klagenfurt, Venedey aus Cöln, Vischer aus Tübingen, Vogel aus Guben, Vogt aus Gießen, Wagner aus Steyr, Wedekind aus Bruchhausen, Welter aus Tünsdorf, Werner aus Oberkirch, Wiesner aus Wien, Wiest aus Tübingen, Wigard aus Dresden, Wurm aus Hamburg, Wuttke aus Leipzig, Zachariä aus Bernburg, Zell aus Trier, Zimmermann (Professor) aus Stuttgart, Zitz aus Mainz, Zöllner aus Chemnitz.

Präsident: Das zweite alinea der Anträge des Verfassungsausschusses „Beschränkungen wegen Waldungen und Wüsteneien sind der Landesgesetzgebung vorbehalten,“ ist mit 181 gegen 157 Stimmen angenommen. — Ich habe also nur noch die Zusätze der Herren Möller und Genossen oder Laube und Genossen zur Abstimmung zu bringen, die fast buchstäblich gleich lauten: Jeder Deutsche muß einer Gemeinde angehören, oder „jeder Deutsche muß einer Gemeinde angehörig sein.“ Diejenigen Herren, welche den Vorschlag des Herrn Laube und Genossen: „jeder Deutsche muß einer Gemeinde angehören,“ annehmen wollen, ersuche ich, sich zu erheben. (Ein Theil der Versammlung erhebt sich.) Wir müssen die Gegenprobe machen; ich werde sie aber nicht eher machen, als bis die Gänge völlig geräumt sind, weil wir sonst nicht wissen, ob die Herren, welche in den Gängen stehen, auch als stehend gerechnet sein wollen. (Die Räumung erfolgt.) Diejenigen Herren, welche den Antrag des Herrn Laube und Genossen: „jeder Deutsche muß einer Gemeinde angehören,“ nicht annehmen wollen, ersuche ich, sich zu erheben. (Die Mehrheit erhebt sich.) Der Satz des Herrn Laube ist abgelehnt und damit das gleichlautende Amendement Möller's ebenfalls. — Die Abstimmung über den § 44 ist erledigt, (Zuruf: Vertagen!) Ich komme darauf; wollen Sie mich nur zum Wort kommen lassen. Es liegt hier ein schriftlicher Vertagungsantrag vor: „In Erwägung der Wichtigkeit der Paragraphen 45 und 46 beantragen die Herren Culmann und 20 andere, nach der Abstimmung über den § 44 die Vertagung eintreten zu lassen.“ Ist dagegen kein Widerspruch? (Zuruf Nein; Einige Stimmen Ja.) Es ist Widerspruch; ich werde abstimmen lassen und habe dann in jedem Falle noch ein paar Anzeigen zu machen. Diejenigen Herren, welche die Discussion über den Artikel X § 45 und ff. des Entwurfs der Grundrechte auf die nächste Sitzung vertagt wissen wollen, ersuche ich, aufzustehen. (Sehr viele Mitglieder erheben sich auf allen Seiten.) Die Vertagung ist angenommen. — Ich beraume die nächste Sitzung auf Morgen Dienstag um 9 Uhr an und setze auf die Tagesordnung: Fortsetzung der Berathung über den noch rückständigen Theil der Grundrechte. — Der Verfassungsausschuß ist auf heute Abends 5 Uhr, der volkswirthschaftliche auf 1/4 6 Uhr einberufen; die zweite Abtheilung wird eingeladen, nach der Sitzung sich an der Tribüne zu versammeln. — Im Laufe der Sitzung, meine Herren, ist mir noch eine Austrittserklärung behändigt worden, die ich, um die Sache nicht zu verzögern, jetzt noch zur Anzeige bringe. Herr Wachsmuth, einer der hannoverschen Deputirten, hat sein Mandat niedergelegt; die Anzeige geht an das Reichsministerium des Innern. — Die heutige Sitzung ist geschlossen.

(Schluß der Sitzung 1 1/2 Uhr.)

Die Redactions-Commission und in deren Auftrag Abgeordneter Professor Wigard.

Druck von Joh. David Sauerländer in Frankfurt a. M.

Stenographischer Bericht

über die

Verhandlungen der deutschen constituirenden National-Versammlung zu Frankfurt a. M.

Nro. 170. Mittwoch den 14. Februar 1849. **VII. 15.**

Hundert neun und sechszigste Sitzung.

(Sitzungslocal: Paulskirche.)

Dienstag den 13. Februar. (Vormittags 9 Uhr.)

Vorsitzender: theils Eduard **Simson** von Königsberg; theils Vicepräsident **Beseler**.

Inhalt: Verlesung des Protocolls. — Flottenbeiträge. — Interpellation des Abgeordneten Pattay an den Ausschuß für das Verhältniß der Centralgewalt zu den Einzelstaaten über die von demselben vorbereiteten Vorlagen. — Mittheilung in Betreff der Reconstituirung der Büreau's mehrerer Abtheilungen. — Fortsetzung der Berathung über den noch rückständigen Theil des Entwurfs der Grundrechte, Art. X. §§ 45 und 46.

Präsident: Die Sitzung ist eröffnet; der Herr Schriftführer wird das Protocoll der vorigen Sitzung verlesen. (Schriftführer Neumayr verliest dasselbe.) Ich frage, ob Reclamation gegen dasselbe ist? (Niemand meldet sich.) Es ist keine Reclamation, das Protocoll ist genehmigt. — Ich bitte die Herren, Ihre Plätze einzunehmen. — Der Specialverein zur Sammlung von Beiträgen für die deutsche Kriegsflotte zu Mölln in Lauenburg läßt durch den Herrn Abgeordneten Riesser einen Beitrag von 174 Rthlr. preußisch Courant übergeben. Wir empfangen diesen Beitrag mit Dank, und überweisen die Summe an das Reichsministerium der Finanzen. — Herr Pattay hat das Wort zur Interpellation eines Ausschusses verlangt.

Pattay von Graz: Meine Herren! Am 7. November v. J. ist der sogenannte Biedermann'sche Ausschuß niedergesetzt worden, und zwar, um über die bekannte Erklärung der sächsischen Regierung, sowie über alle anderen, die Machtvollkommenheit der Nationalversammlung zur Errichtung des Verfassungswerkes anzweifelnden Erklärungen und Handlungen der Einzelregierungen und Versammlungen Bericht zu erstatten. Mehr als drei Monate sind verflossen, ohne daß dieser Ausschuß über diese seine eigentliche Aufgabe ein Lebenszeichen von sich gegeben hat. Ich fordere daher denselben auf, uns bekannt zu geben, was er in dieser Richtung gethan, und bis wann wir eine Vorlage gewärtigen können?

Präsident: Ich weiß nicht, ob ein Mitglied des Ausschusses auf diese Interpellation antworten wird. (Niemand meldet sich.) Ich werde sie dann in der nächsten Sitzung wieder zur Sprache bringen. — Meine Herren! In unseren Abtheilungen III, VIII, XIII und XV ist die Reconstituirung der betreffenden Büreau's unerläßlich nothwendig, weil in denselben noch unerledigte Legitimationen vorliegen. Ich muß daher die dritte, achte, dreizehnte und fünfzehnte Abtheilung dringend ersuchen, am Schlusse der Sitzung hier in der Paulskirche sich zu versammeln, damit die Reconstituirung ihrer Büreau's endlich vor sich gehe. — Wir gehen zur Tagesordnung über: zur Fortsetzung der Berathung über die noch rückständigen Paragraphen des Entwurfs der Grundrechte. Zu den §§ 45 und 46, zu welchen uns die Discussion zunächst führt, sind dazwischen folgende handschriftliche Verbesserungs-Anträge eingegangen, die Sie noch im Laufe der Sitzung gedruckt erhalten werden. Zu § 45 von Herrn Uhland ein Zusatz-Antrag:

> „Unter keinen Umständen darf eine Landesverfassung einseitig von der Regierung gegeben oder abgeändert werden."

Von Herrn Pfeiffer ein Zusatz, wornach zu dem Worte „Volksvertretung" hinzugefügt werden soll:

> „Die das Recht auf gesetzlich festgestellte periodische Einberufung hat."

Von Herrn Zimmermann von Stuttgart und zwanzig Andern: Diese Herren beantragen nach § 45 folgenden Paragraphen einzuschieben:

> „Jeder Staatsbürger nimmt an der Gesetzgebung des Gesammtstaates, wie des Einzelstaates, dem er angehört, durch das Recht zu wählen und gewählt zu werden, gleichmäßig Theil. Eine Beschränkung dieses Rechts kann nur wegen des Mangels der Dispositionsfähigkeit und der bürgerlichen Ehrenrechte durch das Reichs-, beziehungsweise Landeswahlgesetz bestimmt werden."

Zimmermann von Stuttgart; Hartmann; Meyer von Liegnitz; Reinstein; Wiesner; Wagner von Oberkirch; Dietsch; Schlutter; Kraußold; Würth; Stark; Fröbel; Simon von Trier; Langbein; Boczek; Rosmäßler; Schlöffel; Wigard; Mareck; Rösler von Oels; Schütz; Heisterbergk; Eisenstuck.

Von dem Herrn Würth von Sigmaringen und mehr als zwanzig Andern wird zu § 45 folgender Zusatz beantragt:

> „Die Wahl der Volksvertreter geschieht nach allgemeinem Stimmrecht ohne Census."

Würth; Günther; Zimmermann von Stuttgart; Wiesner; Gritzner; Meyer von Liegnitz; Culmann; Rheinwald; Martiny; Hoffbauer; Heubner; Damm; Heisterbergk; Titus; v. Dieskau; Schüler von Jena; Werner von Oberkirch; Stark; Fröbel; M. Hartmann; Mölling; Tafel von Zweibrücken; Spatz; Eisenstuck; Hensel; Rank; Rödinger; Schütz.

Eben dieselben Herren beantragen, zu dem eben verlesenen Zusatz-Antrage event. noch folgenden einzuschieben: Nach dem Worte „geschieht" das Wort „direct," so daß der Satz heißen würde:

„Die Wahl der Volksvertreter geschieht direct nach allgemeinem Stimmrecht ohne Census."

Zu § 46 sind drei Anträge gestellt, der erste von Herrn Förster und mehr als zwanzig Andern.

Zusatz: „Ihr steht das unbeschränkte Recht der Initiative, der Beschwerde, der Adresse und der Untersuchung, sowie der Anklage der verantwortlichen Minister, und zwar, wo zwei Kammern vorhanden sind, jeder für sich, zu."

Unterstützt von: Beidtel; Hildebrand; Mayer; Gritzner; Trampusch; Damm; Jopp; Mareck; v. Dieskau; Werner von Oberkirch; Löschnigg; Titus; Wiesner; Venedey; Vogel von Guben; Dietsch; Berger; Günther; Zimmermann von Stuttgart; Anderson.

Von dem Herrn Würth von Sigmaringen und mehr als zwanzig Andern: nach dem ersten Satze des § 46 nachstehenden Zusatz aufzunehmen:

„Ebenso steht derselben das Recht des Vorschlags zu Gesetzen und Verfassungsabänderungen zu."

Würth; Günther; Zimmermann von Stuttgart; Wiesner; Gritzner; Schüler von Jena; Meyer von Liegnitz; Heubner von Zwickau; Heisterbergk; Culmann; Schütz; Martiny; Hoffbauer; Damm; Titus; v. Dieskau; Stark; Werner von Oberkirch; Fröbel; M. Hartmann; Mölling; Tafel von Zweibrücken; Spatz; Eisenstuck; Hensel; Rheinwald; Rank; Rödinger.

Endlich ein Zusatz-Antrag des Herrn Jordan aus Berlin und mehr als zwanzig Andern zu § 46:

„Die regelmäßigen Sitzungsperioden der einzelnen Landesversammlungen dürfen nicht zusammenfallen mit denen der Reichsversammlung."

Unterstützt von: Fuchs; Gebhard; Walter; Holland; Laudien; Schauß; Schwarz; Sellmer; v. Keudell; Scholz von Neisse; Engel von Culm; v. Maltzahn; v. Buttel; M. Mohl; Gysae; Giehr; Grüber; Schreiber; Overweg; Houben; Schrader; Röben.

Die übrigen Anträge haben Sie bereits gedruckt. Für den Fall, daß eine allgemeine Discussion über den ganzen Artikel X, §§ 45 und 46 beliebt würde, haben sich für eine solche einschreiben lassen: die Herren Moriz Mohl und Nauwerck gegen den Artikel, Herr v. Linde dafür. — Bei § 45 sind eingeschrieben: gegen denselben die Herren Rödinger, Förster von Hünfeld, Culmann und Nauwerck; für den Paragraphen Herr v. Linde. — Bei § 46 sind nur zwei Redner „gegen" eingeschrieben, die Herren Moriz Mohl und Nauwerck. — Ich habe zunächst zu fragen, ob überhaupt auf eine Discussion über die beiden Paragraphen, und zwar auf eine allgemeine, die die beiden Paragraphen zusammenfaßt, eingegangen werden soll? Würde das nicht beliebt, so würde ich dieselbe Frage demnächst für den § 45, und später für den § 46 stellen. Diejenigen Herren, die auf eine allgemeine Discussion über den Art. X. §§ 45 und 46 nicht verzichten wollen, ersuche ich, sich zu erheben. Ich bitte, stehen zu bleiben, damit wir zählen können. (Die Zählung erfolgt.) Die allgemeine Discussion ist zugelassen; Herr Moriz Mohl hat das Wort.

Moriz Mohl von Stuttgart: Meine Herren! Ich habe mich nur deßhalb für die allgemeine Discussion einschreiben lassen, weil ich mir dachte, daß vielleicht eine specielle nicht stattfinden werde. Ich werde mich beschränken, über einen Gegenstand zu reden, und nur wenige Worte zu sagen. Ich habe zu § 46 ein Amendement eingebracht, welches so lautet: „Keine directe, noch indirecte Staatssteuer darf ohne periodische Verwilligung der Volksvertreter erhoben werden." Das Alinea 1 des § 46 sagt nämlich nur: „Die Volksvertretung hat eine entscheidende Stimme bei der Gesetzgebung und der Besteuerung." Nun würde aber diese Bestimmung erstaunlich wenig sagen. Wir wissen, meine Herren, daß in der preußischen Verfassung, auf deren Grund der allgemeine preußische Landtag einberufen wurde, auch bestimmt war, es dürfen keine neuen Steuern ausgeschrieben werden ohne Genehmigung des allgemeinen Landtags; die bestehenden Steuern aber sollten forterhoben werden dürfen. Das Gleiche ist auch in der octroyirten Verfassung im Wesentlichen bestimmt. Es ist zwar festgesetzt, daß das Budget durch ein Gesetz der beiden Kammern mit der Regierung verabschiedet werden soll, und wenn sonst nichts in der Verfassung stehen würde, so würde allerdings dadurch das Steuerbewilligungs- und Steuerverweigerungsrecht der beiden Kammern gewahrt sein; aber es ist bekanntlich ein weiterer Paragraph in dieser Verfassung, nach welchem, so lange nicht eine neue Vereinbarung über das Budget stattgefunden hat, die alten Steuern forterhoben werden. Dadurch ist im Wesentlichen Dasselbe bestimmt, was in der Verordnung über die vereinigten Landtage bestimmt war, nämlich, daß nur bei neuen Steuern die Einwilligung der Stände erforderlich sei. Nun gibt es aber nicht eine einzige freisinnige Verfassung, es gibt, glaube ich, gar keine Verfassung in der Welt, in welcher nicht das periodische Steuerverwilligungsrecht der Stände bestimmt wäre; — in England, Frankreich, Belgien, Holland, in den scandinavischen Staaten, in Nord-Amerika, in den seitherigen deutschen Verfassungsstaaten, überall ist bestimmt, daß die Steuern, directe und indirecte, periodisch verwilligt werden müssen, und daß ihre Erhebung nicht fortdauern dürfe, wenn sie nicht für die nächste Finanzperiode wieder verwilligt werden. Ohne dieses Recht, daß die Steuern periodisch verwilligt werden müssen, hat in der That eine Verfassung durchaus keinen Werth, weil nur darin der Volksvertretung die Macht gegeben ist, die Regierung zu Dem zu nöthigen, was jene für nothwendig erkennt; nur darin ist ein Mittel gegeben, mißliebige Minister zu entfernen. Ich bitte Sie daher, meine Herren, dieses erste Volksrecht unter die Grundrechte aufzunehmen.

v. Linde von Mainz: Meine Herren! Ich habe mir über diesen Artikel im Allgemeinen nur deßwegen das Wort erbeten, um die Gründe anzugeben, aus welchen ich für den Antrag des Ausschusses stimmen werde, trotz dem, daß ein Minoritäts-Gutachten vorliegt, worin zu § 45 ausgedrückt ist, daß die Festsetzung der Verfassungsform eines jeden deutschen Staates Sache der Angehörigen desselben bleiben soll. So wie ich nämlich die Proposition des Ausschusses verstehe, ist damit der Inhalt des Minoritäts-Gutachtens durchaus nicht ausgeschlossen, und zwar deßwegen nicht, weil die Proposition des Ausschusses so allgemein lautet, und so wenig bestimmt ausdrückt, worin eigentlich die Volksvertretung bestehen soll, daß jedem einzelnen deutschen Staate in dieser Beziehung die freieste Disposition über das ganze Verfassungswerk vorbehalten ist; denn wenn uns der Ausschuß vorschlägt: „Jeder deutsche Staat müsse eine Verfassung mit Volksvertretung haben;" so ist bekanntlich durch den Ausdruck „**Volksvertretung**" nicht angegeben, ob diese Verfassung eine **ständische**, oder eine **Repräsentativ**-Verfassung sein solle? Mit anderen Worten: ob die Volksvertretung darin bestehen solle, daß alle hervorragenden Klassen-Verschiedenheiten im Volke in der Vertretung vertreten sein sollen, oder ob das ganze Volk als eine **Einheit** betrachtet, durch die **Repräsentation** in dieser Einheit vertreten werden soll? Ebendeßwegen aber, weil dieser allgemeine Ausdruck einer solchen verschiedenen Deutung fähig ist, bleibt es jedem Einzelstaate Deutschland's vorbehalten, seine Verfassung auf die Basis der **Stände**, oder auf die Basis einer allgemeinen **Repräsentation** zu gründen. Es ist aber auch eben deßhalb durch diese Proposition gar nicht ausgedrückt, inwiefern diese Vertretung eine Beschränkung der Machtvollkommenheit der Regierungen involviren soll, oder nicht, weil das Wesen der Volksvertretung weiter nichts ausdrückt, als das **Verhältniß**, worin das ganze Volk zu **Denjenigen** stehen soll, die von ihm beauftragt worden sind, die Beschränkungen der Regierungsgewalt gegenüber dem Interesse des Volkes zu wahren und durchzuführen. Bekanntlich ist bei einer **Repräsentativ**-Verfassung, wo das ganze Volk als Einheit repräsentirt wird, die Absicht, daß die Volksvertretung durchaus im Sinne und im Geiste des Volkswillens ihre Vertretung ausüben soll, daß also die Repräsentanten sich jedesmal darüber vergewissern sollen, wie die Mehrheit der ganzen Nation über diejenigen Verhältnisse, um welche es sich handelt, denke, und welche Entschließungen sie gefaßt haben wolle. Bei der eigentlichen **Vertretung** aber ist die Aufgabe eine umgekehrte. Eigentliche **Volksvertreter** haben sich nicht nach der Mehrheit der Volksstimmung zu richten, sondern nach ihrer eigenen gewissenhaften Ueberzeugung, Das, was sie für zweckmäßig und angemessen halten, ohne absolut entschiedene Rücksicht darauf, ob es der Majorität des Volkswillens unbedingt entspricht, zu beschließen. Mir scheint, daß unser Verfassungs-Ausschuß mehr an die eigentliche **Volksvertretung**, als an die eigentliche **Repräsentation** gedacht hat, und unter **dieser** Voraussetzung bin ich vollkommen mit dem Antrage einverstanden, und zwar schon darum, weil von einer eigentlichen Volksvertretung nur in Monarchieen die Rede sein kann, da **nur in Monarchieen** es denkbar ist, daß eine von dem Volke **geschiedene** Regierungsgewalt bestehen kann, die als eine dritte Gewalt dem Volke gegenüber steht, das durch seine Vertretung gegen die Uebergriffe dieser Macht Schranken setzen läßt; während die eigentliche Volks**repräsentation** angemessen nur in **Republiken** vorkommen kann, wo die Regierungsgewalt in den Händen des Volkes selbst liegt, also auch nur im Namen des Volkes und im Auftrage des Volkes ausgeübt wird, und wo, wenn eine Vertretung stattfindet, das Volk zuerst die Regierung aufgegeben haben muß, damit eine dritte Gewalt vorhanden wäre, welcher gegenüber es vertreten werden könnte. Sobald man also in dem Verfassungs-Ausschuße von diesen Ansichten, wie ich sie unterstelle, ausgeht, bin ich mit diesem Antrage vollkommen einverstanden. Würde vielleicht der Verfassungs-Ausschuß, wie schon einige Male geschehen ist, eine Erklärung des Inhalts dieser Bestimmung gegeben haben, die mit meiner Voraussetzung nicht übereinstimmend gewesen wäre, dann würde ich gegen seine Proposition gesprochen haben, unbekümmert um den Vorwurf, daß ich mich hätte dafür einschreiben lassen, weil ich bei einer Erklärung desselben, daß die Proposition wirklich einen andern Sinn haben sollte, ich unter der Voraussetzung, daß Deutschland aus monarchischen Gliederstaaten bestehen soll, und alle Consequenzen die aus dieser Eigenschaft fließen, anerkannt werden müssen, — ich, unter dieser Voraussetzung, sage ich, für den Artikel nicht hätte stimmen können. Was sodann einige andere gestellte Anträge betrifft, die noch nicht gedruckt vertheilt wurden, und die nicht bei einmaligem Ablesen von mir ganz genau aufgefaßt werden konnten, so scheint mir, daß mit der Wahrung des Zustimmungsrechts zur Gesetzgebung, dem Steuerbewilligungs- und Verweigerungs-Recht und der Verantwortlichkeit der constitutionellen Minister, in dieser Beziehung durch die allgemeinen Principien in den deutschen Grundrechten alle jene einzelnen Punkte hinlänglich gewahrt sind. Denn wenn hier auch zur Sprache gebracht worden ist, daß zunächst das Recht der Bitte, der Beschwerde, der Untersuchung und ähnliche Rechte gewahrt werden müssen, so versteht sich nach dem übrigen Inhalte der Grundrechte die Zuständigkeit dieser Rechte von selbst. Denn wenn das Recht der Bitte, der Petition, der Motion, der Beschwerde jedem Angehörigen des deutschen Reichs schon zugestanden ist, so versteht es sich doch wohl von selbst, daß es auch den Vertretern des Volks in den einzelnen Staaten zuerkannt worden ist, und daß, wenn eine genauere Entwickelung dieser einzelnen Rechte der Volksvertretung nothwendig sein sollte, sie am Zweckmäßigsten in der Verfassungsurkunde der einzelnen Staaten angebahnt werde; denn es reducirt sich in monarchischen Staaten, wenn man nicht zu Uebertreibungen schreiten, und die Regierungs-Gewalt in ihrer nöthigen Kraft schwächen will, ohnehin das ganze Ressort der Zuständigkeit der Volksvertretung auf diejenigen Rechte, die ich als allgemein vorgebrachte Amendements hervorgehoben habe, und die auch jetzt schon in keiner deutschen Verfassung fehlen. Dagegen ist die Bedeutung des § 45 in dieser allgemeinen Auffassung darum von unendlicher Wichtigkeit, weil man andere Bestimmungen der Grundrechte in den einzelnen deutschen Staaten jetzt schon so mißverstanden hat, als wenn nach Aufhebung der Ständeverschiedenheit und der Ständeprivilegien nun auch die Ständevertretung in den einzelnen Staaten nicht mehr zum Vorschein kommen dürfe. Diese Ansicht ist publicistisch offenbar unrichtig, denn man kann die Stände**privilegien** aufheben, und dessen ungeachtet beim Aufbau der Verfassung für die einzelnen Staaten von der Ueberzeugung durchdrungen sein, daß die einzelnen Klassenabtheilungen, die sich naturgemäß entwickelt haben, und thatsächlich bestehen und fortdauern, auch bei der Vertretung nothwendig repräsentirt werden müssen. Dadurch werden nicht **Privilegien** den **Ständen** gegenüber anerkannt, sondern es sind naturgemäße Erscheinungen im Staate, die sich mit Nothwendigkeit zur Berücksichtigung darstellen, und bezüglich deren man sich gemüßigt sieht, daß ihnen bei Ausübung der politischen Rechte gerade im **Interesse des ganzen Staatsverbandes** Rechnung getragen werden müsse. Sodann ist vorhin noch bei der Angabe der Amendements bemerkt worden, daß man bei den Einzelstaaten auch für die Volksvertretung noch das Recht der **Initiative** zur Gesetzgebung in Anspruch nehmen solle, und ein anderes Amendement, welches ich ebenfalls verlesen hörte, drückt sich bloß dahin aus, daß man das Recht des **Vorschlags** in Anspruch nehmen müsse. Meine Herren! Ich habe die Frage, ob der künftige Reichstag das Recht der Initiative zur Gesetzgebung haben soll, nicht beanstandet, so sehr der Gegenstand auch eine zweiseitige Betrachtung zuließ; aber in Bezug auf die Verfassungen der einzelnen Gliederstaaten ist doch noch zu überlegen, ob man **diesen** das Recht der Initiative so unbedenklich und unbedingt zugestehen will. Ich spreche von dem Rechte der **Initiative**, nicht von dem Rechte des **Vorschlages**, das auf einzelnen Petitionen oder einzelnen Motionen beruht; denn dieß haben alle Ständekammern, sie haben es auch dort, wo von der Initiative zur Gesetzgebung nicht die Rede war. Die Verleihung der Initiative zur Gesetzgebung beanstande ich nicht deßhalb, weil ich es für bedenklich finde, dem Volke auch dieses Recht einzuräumen; ich finde vielmehr nicht das geringste Bedenkliche darin, denn materiell hat das Volk dasselbe Recht im Rechte der Petition und Motion; meine Bedenklichkeit liegt vielmehr darin, daß eine landständische Verfassung weder über die Zeit, noch über die Mittel zu verfügen hat, um diese Initiative mit Erfolg und ohne anderweite nachtheilige Störungen ausüben zu können. Wir haben uns, meine Herren, hier in der Reichsversammlung überzeugen müssen, daß ein großer Theil der Schuld, daß wir mit unseren Arbeiten nicht mit der wünschenswerthen Raschheit vorschreiten konnten, daß wir verschiedene Lesungen nothwendig haben, daß trotzdem noch viele Widersprüche und Unvollständigkeiten in unseren abgefaßten Werken sich vorfinden, darin hauptsächlich seinen Grund hat, daß es den Gegenständen unserer Berathungen an vollkommen vorbereiteten Grundarbeiten fehlte. In unserer Versammlung war die Beseitigung dieses Mangels allerdings eine reine Unmöglichkeit, denn die Versammlung war ohne Weiteres zusammengerufen, und mußte aus ihrer Mitte die Kräfte und selbst die Gegenstände heraussuchen, auf welche die Kräfte zu richten waren. Ganz anders verhält sich die Sache in den einzelnen Staaten, wo die Verhältnisse anders geordnet und geregelt sind. In diesen ist es weit natürlicher, daß die Bedürfnisse des Volkes in Bezug auf die neue Gesetzgebung durch die freie Presse, durch Motionen und Petitionen in den ständischen Versammlungen zur Sprache gebracht werden, und dann die Regierungen diese Gegenstände durch betreffende Commissionen einer genauen Prüfung unterwerfen, damit diese Gegenstände vollständig präparirt werden, und dabei auf das Bedürfniß des Volkes und die Wünsche in den ständischen Kammern Rücksicht genommen, und so die Propositionen wohl ausgearbeitet und motivirt demnächst der Stände-Versammlung vorgelegt, und ihre Berathung und Entschließung erleichtert, und ausgiebig möglich gemacht wird. Auf diese Weise wird nicht nur mehr Gründlichkeit für die zu berathenden Gegenstände herbeigeführt, sondern es wird auch die Sicherheit verbürgt, daß mit gehöriger Umsicht, Genauigkeit und Schnelligkeit das Werk, ohne das Land in große unnöthige Kosten zu stürzen, in Vollzug gesetzt werden könne. Deßwegen, meine Herren, erwägen Sie wohl, daß Sie nicht hier in den Grundrechten das Recht der Initiative jeder einzelnen Ständekammer aufbringen, und dadurch, statt das Gesetzgebungswerk der einzelnen Staaten zu fördern, es auf eine vielleicht nicht berechenbare Weise aufhalten, das Land in große Kosten stürzen, und die ganze Proposition auf Kosten der Gründlichkeit für die Einzelstaaten ausführen. Es wird dieß umsoweniger nöthig sein, weil, wenn die Reichversammlung ins Leben tritt, und der Reichstag, was von uns Allen erwartet wird, seine Pflicht vollständig erfüllt, ja in dieser Beziehung durch die Gesetzgebungswerke, welche von Oben herab emaniren, die Bedürfnisse der Einzelstaaten mehr vorgezeichnet und angedeutet, und die Regierungen mehr in die Lage gesetzt werden, durch das ihnen zustehende Recht der Initiative Alles vorzubereiten, was in dieser Beziehung für die einzelnen Staaten zweckmäßig und nothwendig ist.

Nauwerck von Berlin: Meine Herren! In allen menschlichen Dingen ist ein ewiger Wechsel und Wandel, und in allen Gesetzen und Einrichtungen muß darauf Rücksicht genommen werden. Ich spreche zwar hier nur einen Gemeinplatz aus; allein es scheint, daß die Gemeinplätze etwas zu Gemeines sind, als daß **gelehrte** Augen sie erblicken könnten. Vom Verfassungs-Ausschuß ist gar kein Wort gesagt, wie es mit dem absoluten Veto in den Einzelstaaten künftig gehalten werden solle. Gehört etwa der Verfassungs-Ausschuß zu Denjenigen, welche fest überzeugt sind, daß die Monarchie das Privilegium der Unvergänglichkeit und Unentbehrlichkeit hat? Sollte dieses der Fall sein, so antworte ich dem Ausschuß Dasselbe, was Richelieu sagte, als ein ungetreuer Beamter sich zu entschuldigen suchte mit dem Worte: „**Aber, Eminenz, man muß doch leben!**" Der Cardinal sagte: „Ich sehe gar nicht die Nothwendigkeit davon ein." Allerdings hat der Verfassungs-Ausschuß noch kürzlich in einem Berichte gesagt, man wolle nicht mit schroffen Worten der Aenderung der Regierungsformen in Deutschland entgegentreten, allein der Ausschuß ist mit schroffen **Thaten** entgegengetreten, wie seine Vorschläge deutlich beweisen, indem er das absolute Veto stehen ließ. Der Ausschuß will eine **Entwickelung**, und was thut er? Er richtet einen himmelhohen Damm vor dieser Entwicklung auf, er läßt seinetwegen das Veto von Gottes Gnaden in alle Ewigkeit bestehen, er thut nichts, um die Entwickelung ruhig und gesetzlich zu machen. Das absolute Veto ist aber in Wahrheit nichts weiter, als der Wille Eines Menschen über den Willen von Millionen gesetzt. Herr Dahlmann hat das absolute Veto den Schmuck der Krone genannt. Mit diesem Schmuck kommt es mir vor, wie wenn man von den Hörnern des Stieres sagt, daß sie der Schmuck des Stieres seien. (Große Heiterkeit auf beiden Seiten des Hauses.) Meine Herren! Es wird immer behauptet, um gegen das absolute Veto zu sprechen, daß die öffentliche Meinung, die moralische Macht der öffentlichen Meinung hinreiche, um jede wohlthätige Verbesserung zu erwirken. Ich kann mich nicht davon überzeugen. Haben wir nicht die deutsche Geschichte hinter uns, die gerade das Gegentheil beweist? Ich will gar nicht sprechen von den alten Zeiten, nur von der neueren. War das etwa die moralische Macht, welche im März die Revolution hervorrief? Nein, es war eine ganz ehrliche materielle, bewaffnete Macht. War das etwa die öffentliche Meinung, welche alle Fürsten und Regierungen mit einem Schlage nöthigte, sich auf den Kopf zu stellen? Denn weiter war es nichts; so etwas war man in Deutschland noch nicht gewohnt. Und jetzt nach dem März, frage ich Sie, wo ist die moralische Macht, welche auf die Höfe Wirkung ausübt? Ich erblicke keine. Ich erblicke bei den Fürsten und ihren Umgebungen nur dieselbe Unmäßigkeit und Verblendung, die von jeher dort geherrscht hat. Und dieser Unmäßigkeit gegenüber lassen Sie, meine Herren, das absolute Veto stehen! Sie müssen es vielmehr abschaffen. Das Maaß und die Harmonie des Volkswillens muß dem Einzelwillen entgegengestellt werden. Wir sehen, daß die Regierungen den Widerstand von Neuem bis auf die Spitze treiben. Die Fürsten sind die Letzten, welche nur ein entferntes Bewußtsein von ihrer eigenen Ueberflüssigkeit haben. (Heiterkeit.) Denn hätten sie das, so würden sie sich anders betragen und nachgiebiger sein gegen den Willen der Volksvertreter. Also der Ausschuß hat uns weiter nichts zu bieten, als — **Revolution!** Der Ausschuß predigt die Revolution; wenn weiter nichts hilft, so ist dieses die ultima ratio der Völker. Meine Herren! **Wir** sind aber nicht revolutionär; **wir** wollen keine Revolution; wir wissen recht gut, was eine Revolution besagt. Wir sind es müde, daß der erste beste Junker den Belage-

Ausnahmezustand proclamirt, und die bestehende Ordnung durch seine eingebildeten Maßregeln von Wiederherstellung der Gesetzlichkeit stört. Das wollen wir nicht mehr. Beweisen Sie jetzt, meine Herren, daß Sie eine höhere, edlere Ordnung kennen, als die der rohen Gewalt; beweisen Sie, daß Sie nicht revolutionär sind, daß Sie wahrhaft Gesetz und Ordnung wollen, und — schaffen Sie das absolute Veto ab. Aber es wird entgegengehalten: die Republik! Dieser Gegenstand ist allerdings fürchterlich, meine Herren; es könnte wirklich in einem deutschen Lande die Republik daraus erwachsen. Die Oberpostamts-Zeitung, welche bekanntlich nicht das Organ des Ministeriums ist (Heiterkeit), kämpft seit geraumer Zeit auch für das absolute Veto; sie sagt z. B.: „Wie lange wird sich die Monarchie vor republikanischen Kammern halten?" Was soll man darauf weiter sagen, als was Friedrich der Große zu einem Regiment bei Prag sagte, als es nicht vorwärts wollte: „Wollt ihr Schelme denn ewig leben?" (Heiterkeit auf der Linken.) Meine Herren! Es hat genug Völker ohne Monarchie gegeben, aber keinen Monarchen ohne Volk, es sei denn, daß sie die verjagten und abgesetzten meinten, etwa Johann ohne Land. Das werden Sie mindestens doch nicht leugnen, daß es in Deutschland, ich will nicht von meinem speciellen Vaterlande sprechen, daß es in Deutschland manches Land gibt, welches überreif zur Republik ist. Ich will nur Baden nennen. Meine Herren! In Baden ist man trotz aller Petitionen, trotz der dringend ausgesprochenen Volkswünsche noch nicht dazu gekommen, eine constituirende, oder, wenn Sie wollen, revidirende Versammlung zu berufen. In Baden wunderte man sich von Oben herab, daß solche Wünsche laut wurden; man sagte, oder dachte es wenigstens: was wollen die Leute, wir sind ja Minister, Unterstaatssecretäre, Bevollmächtigte, es ist ja jetzt Alles wunderschön in Baden eingerichtet! (Heiterkeit und Bravo auf der Linken.) Das sind freilich dieselben Männer, welchen die weiße Republik roth vorkommt, und die rothe Monarchie weiß. Diese Herren sind ein wunderbares Spiel der Natur, sie sind zugleich Kakerlaken und Albinos. Wenn sie in Baden wahrhaft die Ordnung hätten haben wollen, so würden sie auch nicht die Aufstände zu unterdrücken gehabt haben. Ich möchte hier mit einem Worte an einen anderen Staat in Deutschland erinnern, welcher den Gegenpol bildet zu solchen Ländern, wo man sich nicht zur ehrlichen Demokratie entschließen kann. Ich frage Sie, meine Herren, wann hört man etwas von Anhalt, außer wenn ich einmal interpellire? (Große Heiterkeit.) Die glücklichsten Ehen sind die, von welchen man nichts hört. Von Anhalt hören Sie gar nichts; es herrscht dort eine verzweifelte Ruhe und Ordnung. Nachgerade ist es dort gar nicht mehr auszuhalten, und wir werden nächstens allerdings Neuigkeiten aus Anhalt hören; dann werden wir das Kapitel weiter behandeln: woher eigentlich die Unordnung kommt. (Heiterkeit.) Im Interesse der wahrhaften Ordnung und Gesetzlichkeit, meine Herren, die auf dem inneren Wesen des Menschen und der Gesellschaft beruht, empfehle ich Ihnen meinen sehr gemäßigten, fast zu gemäßigten Antrag. (Heiterkeit.) Wenn Sie erlauben, so theile ich Ihnen denselben noch einmal mit, — obwohl er gedruckt vorliegt:

„Wenn die Volksvertretung eines Einzelstaates die Abänderung der Regierungsform für nothwendig erklärt, so beschließt darüber eine sofort neu zu wählende Volksvertretung. Zu ihrem Abänderungsbeschlusse bedarf es:

1) Der Anwesenheit von wenigstens zwei Dritteln der Mitglieder;
2) zweier Abstimmungen, zwischen welchen ein Zeitraum von wenigstens acht Tagen liegen muß;
3) einer Stimmenmehrheit von wenigstens zwei Dritteln der anwesenden Mitglieder bei jeder der beiden Abstimmungen;
4) der Zustimmung der Landesregierung. — Der Abänderungsbeschluß erhält jedoch Gesetzeskraft, wenn er von derselben Volksvertretung nach Jahresfrist erneuert wird."

Meine Herren! Wenn Sie auf solcher Grundlage ein Gesetz geben, dann erst können Sie wissen, ob es wahr ist, was Herr Beseler uns neulich sagte: „Deutschland will die Monarchie!" Das Umgekehrte, meine Herren, das ist eher wahr: Die Monarchie will Deutschland! (Heiterkeit.) Das ist eine Thatsache; das Andere aber können Sie gar nicht behaupten, das müssen Sie erst erleben. Es versteht sich von selbst, daß ich nicht bloß für den Antrag sprechen wollte, welchen ich selbst mit einigen Freunden gestellt habe, sondern auch für die übrigen Anträge, welche auf Beseitigung des absoluten Veto's gerichtet sind. Es bedarf gewiß keines Wortes, um Ihnen zu beweisen, daß solche Anträge ebenso sehr im Interesse der Fürsten und ihrer Umgebung liegen, als im Interesse des Volkes. Meine Herren! England hatte seinen Karl I. und Jacob II., Frankreich hatte seinen Ludwig XVI., Karl X. und Ludwig Philipp. Wenn Sie das absolute Veto nicht abschaffen, dann können Sie sich selbst die Frage stellen: Wen wird Deutschland haben? (Beifall auf der Linken.)

Vicepräsident Beseler: Meine Herren! Die Rednerliste für die allgemeine Discussion über den Artikel X ist erschöpft, wir gehen jetzt zur speciellen Discussion über § 45 über; als Redner haben sich einschreiben lassen, gegen: Die Herren Rödinger, Förster von Hünfeld, Culmann, Mareck; dafür: Herr v. Linde. Ich gebe Herrn Rödinger das Wort. (Zuruf: Es ist noch nicht entschieden, ob specielle Discussion sein soll.) Ich bitte um Entschuldigung, ich glaubte mich zu erinnern, daß die Frage schon an das Haus gestellt wurde, ob es auf die Discussion über § 45 speciell eintretenwill. Ich richte also an das Haus die Frage, ob es auf die specielle Discussion über § 45 eintreten will, und ersuche diejenigen Herren, welche auf die specielle Discussion über den § 45 nicht verzichten wollen, sich zu erheben. (Die genügende Anzahl erhebt sich.) Die specielle Discussion ist zugelassen. Herr Rödinger hat das Wort.

Rödinger von Stuttgart: Meine Herren! Ich habe mich zur Debatte über den § 45 einschreiben lassen, nicht gerade um speciell einen einzelnen Punkt hervorzuheben, sondern um über die Principienfragen, die hier zur Sprache kommen, überhaupt zu reden. Ich wußte nicht, daß eine allgemeine Debatte beliebt werde, und daß sich heute noch besondere Redner dafür einschreiben ließen, und bitte darum, mir zu gestatten, bei dem, was ich zu sagen habe, mich über den ganzen Gedanken zu verbreiten. — Ich wünsche von Ihnen, daß Sie sich für einen der Verbesserungs-Anträge aussprechen möchten im Interesse der Entwickelung des neuen Geistes, um die großen und tiefen Gegensätze, die in der Zeit liegen, auszugleichen, um endlich einmal die moderne Geschichte der Revolution zu verlassen, und in die Bahn der vernünftigen Reform einzulenken. Meine Herren! Was die Frage vom Oberhaupte für die Einheit ist, was die Frage von der Verfassung für die Freiheit im Allgemeinen ist, das ist insbesondere die Frage vom Veto und von seiner Beschränkung für die Fortentwickelung im vernünftigen Sinne. Als ich im

Mai v. J., da von der Errichtung der provisorischen Central-Gewalt die Rede war, einen umfassend motivirten Antrag einreichte, welcher, soviel ich weiß, zuerst den Gedanken vom Präsidenten anregte, konnte ich nicht zu Wort kommen; einige meiner Freunde haben Verbesserungs-Anträge in dieser Richtung eingereicht, allein ihr Schicksal ist Ihnen bekannt. Ich war damals von dem Gedanken ausgegangen, daß die spröden Materialien, aus denen Sie das neue große Werk ausführen sollten, sehr schwer zu behandeln seien, und hatte die Ueberzeugung, es müsse ein großer Aufguß demokratischen Elementes geschehen, um den zähen Stoff in Fluß zu bringen. Der Gedanke hat eine sehr ungünstige Beurtheilung erfahren; ich habe mich darüber getröstet, allein die Schwierigkeiten, welche dem Werke besonders auch in der neuesten Zeit entgegentreten, haben doch in weiteren Kreisen diesem Gedanken einige Sympathieen zugeführt; aber eben weil ich von diesem Gedanken einer Entwickelung ausgehe, werden Sie es consequent finden, daß ich nunmehr, nachdem in anderer Weise die Verfassung festgestellt wird, an dem Veto halte, und durch Beschränkung des Veto suche, die vernünftige und natürliche Entwickelung in unser Staatsleben einzuführen. Ich bin der Ansicht, und Das kann gewiß nicht geleugnet werden, daß die vernünftige öffentliche Meinung, entwickelt und ausgesprochen auf gesetzliche Weise, die einzige Quelle aller Rechts- und Verfassungs-Gesetze sei; wenn Sie das zugeben, kann es nicht mehr sehr darauf ankommen, in welche Form Sie den Staat gießen, ob in die Form der Monarchie, die dann auch nur eine vernünftige sein kann, oder in die Form der Republik, die unter dieser Voraussetzung nothwendig eine vernünftige sein muß. Denn wenn Sie dieses Princip zugeben, so ist die Erblichkeit das einzige Kriterium des Unterschiedes zwischen der Monarchie und der Republik; die Erblichkeit aber, meine Herren, haben Sie bis jetzt für Ihre Verfassung noch nicht beschlossen. Beschließen Sie die Erblichkeit nicht, was ja doch immerhin möglich wäre, so muß es in Ihrem Interesse sein, die Möglichkeit zu haben, von der Nichterblichkeit zur Erblichkeit überzugehen. So gewiß Sie nun die monarchische Staatsform, also die Form, die auf erblicher Continuität beruht, für die wahrhafte und einzig richtige halten, und wenn Sie den Uebergang zur Erblichkeit offen halten wollen, so gibt es kein anderes Mittel, als das absolute Veto zu beschränken, und es in ein bloß suspensives umzuwandeln. Ich zweifle auch gar nicht, daß, wenn überhaupt das Princip der natürlichen, gesetzmäßigen Entwickelung des öffentlichen Geistes an die Spitze unseres künftigen Staatslebens gestellt wird, manche Republik in die Form der Monarchie übergehen wird; haben wir ja doch in diesen Tagen selbst von dem Vertreter der freien Stadt Frankfurt gehört, daß er sich für das monarchische Princip ausgesprochen hat. Beschließen Sie aber dafür das Princip der Erblichkeit, so müssen Sie gerade deßwegen und ebenso gut wie in dem anderen Fall, das Veto beschränken, damit auch hier der Volksgeist freie Bewegung hat. Beschließen Sie die Erblichkeit, so muß man allerdings annehmen, daß dieses im Genius der Zeit liege; aber daraus folgt noch nicht, daß dieses ein Axiom sei, das für alle Zeiten, für alle Verhältnisse und in alle Ewigkeit ein solches bleibt. Kann man dieses aber nicht annehmen, und darf man es nicht annehmen, gerade im Interesse der Pflege des werdenden, des stillschaffenden, des stetig wirkenden und bauenden Geistes, so muß man einen Uebergang aus der alten Form in die neue durchaus möglich machen, wenn man nicht überhaupt das Leben des Volkes, das Leben des Geistes im Volke, dieses einzig organisirende Element im Leben, und die öffentliche Meinung in ihrem gesetzlichen Ausdruck verleugnen, und eben damit verleugnen will jene große unendliche Kraft, die überhaupt jeden Staat, jede Ordnung von jeher getragen und erhalten hat. Denn aber, wenn Sie dieses nicht wollen, wenn Sie diese Kraft und diesen Geist verleugnen, dann bleibt Ihnen für den Uebergang von der verlassenen alten Form zur neuen gar kein gesetzlicher Weg mehr übrig, und doch werden Sie mir zugeben müssen, daß solche Uebergänge in der Geschichte nothwendig geboten sind; denn sie sind die großen Feuerzeichen des Fortschrittes der Welt. Wenn Sie diesen gesetzlichen Uebergang nicht wollen, so bleibt Ihnen, wie schon öfter bemerkt worden ist, gar nichts Anderes übrig, als die Revolution als das einzige Mittel, als der einzige Uebergang von der alten Welt in die neue. Man hat Ihnen gesagt, und es ist sehr mißverstanden worden: „jedes Wesen beharre innerhalb seiner Natur, bis es an seinem eigenen Marasmus angekommen sei, und dann zu Grunde gehe.“ Ich glaube, meine Herren, es ist wahr, das ist eine naturgeschichtliche Erfahrung und unser Freund aus dem Fach der Naturwissenschaft hat Ihnen das sehr klar auseinandergesetzt; aber das ist nur wahr auf dem Felde der sogenannten todten Natur, und auf das Gebiet des lebenden, wandelbaren Geistes darf man dieses starre Gesetz nicht übertragen. Hier muß man sorgen, daß es zu keinem Marasmus komme, und daß es dahin nicht komme, dazu liegt das einzige Mittel in der Wandelbarkeit, in einer vernünftigen, wohlorganisirten, meinetwegen an die schwersten Gewichte gebundenen Wandelbarkeit des Geistes im Staate. Von uns Allen — und ich kann das von mir und meinen Freunden von jener Seite (von der Linken) sagen, denen man sogar vorwirft, sie wollten eine Revolution aus Princip, sie wollen die Anarchie, als ob irgend ein vernünftiger Mensch die Anarchie wollen könnte — von uns Allen kann und muß man sagen, wenn man gerecht sein will, daß wir sie nicht wollen, und daß wir die Revolution nur als ein Unglück ansehen, zu dem man aus Nothwendigkeit greifen muß, wenn es kein anderes Mittel mehr gibt, die Seele, die vernünftige Seele zu retten. Ich kann Ihnen, meine Herren, wenn Sie diesem, zum Theil vielleicht nur in anderer Richtung schon öfter gehörten Gedanken von der Entwickelung der Freiheit aus dem Individuum kein Gewicht beilegen, — denn wir sind nach und nach durch die lange Dauer etwas apathisch geworden, — ich kann Ihnen einen Gewährsmann anführen, dem von ganz Deutschland und halb Europa, jedenfalls weit über unsere deutschen Grenzen hinaus, die größte Verehrung gezollt wird, einen der ersten Geister am wissenschaftlichen Horizont der Deutschen und einen der reinsten, größten, einflußreichsten deutschen Charaktere der Neuzeit; — es ist Fichte. Meine Herren! Fichte in seiner Staatslehre, die sehr wenig gekannt ist, oder auch genannt: „Verhältniß des Urstaates zum Vernunftreich;“ — erlauben Sie, daß ich von diesem Gewährsmann Ihnen eine großgedachte geistreiche Stelle vortrage, die gerade jene Entwicklung aus dem ursprünglichen Leben, aus dem philosophisch entwickelten Leben des Individuums heraus festhält, und aus jener Entwickelung allein die künftige Größe unseres Vaterlandes entstehen läßt.

Präsident: Die Versammlung wird dem Redner erlauben, diese Stelle vorzulesen. (Zustimmung.)

Rödinger: Fichte sagt in dieser Stelle: „Dieses Postulat von einer Reichseinheit, eines innerlich und organisch durchaus verschmolzenen Staates darzustellen, sind die Deutschen meines Erachtens berufen, und dazu da in dem ewigen Weltplane. In ihnen soll das Reich ausgehen von der ausgebildeten, persönlichen, individuellen Freiheit; nicht umgekehrt: von der Persönlichkeit fürs Erste, vor allem Staate vorher, gebildet in den einzelnen Staaten, in die sie dermalen verfallen sind, und welche, als bloßes Mittel zum höhern Zwecke, sodann wegfallen müssen. Und so wird von ihnen aus erst dargestellt werden ein wahrhaftes Reich des Rechts, wie es noch nie in der Welt erschienen ist, aller der Begeisterung für Freiheit des Bürgers, die wir in der alten Welt erblicken, ohne Aufopferung der Mehrzahl der Menschen als Sclaven, ohne welche die alten Staaten nicht bestehen konnten: Freiheit, gegründet auf Gleichheit alles Dessen, was Menschengesicht trägt. Nur von den Deutschen, die seit Jahrhunderten für diesen großen Zweck dasind, und langsam demselben entgegenreifen. Nur — ein anderes Element ist für diese Entwicklung in der Menschheit nicht da." — Also, meine Herren, der Gedanke, den wir hier ins Leben einführen wollen, ist zugleich jenes Samenkorn, das die künftige Größe, die welthistorische Entwickelung unseres ganzen Vaterlandes bedingt. Nehmen Sie auch noch psychologisch den Werth eines solchen Momentes in der Geschichte; nehmen Sie, wie schwer es dem Gedanken wird, gegenüber einer absoluten Form, zur Ruhe zu kommen, einer Form, die sich gerade nur, weil sie Form ist, setzt, und weil sie als Form gesetzt worden ist, dem Gedanken und seinem Andringen im Leben nicht weichen will; setzen Sie statt dieser absoluten Form eine dem Gedanken nachgebende, weichende, bewegliche, wenigstens nachdem sie durch alle Organe durchgegangen ist, und alle Schwergewichte überwunden hat, möglich werdende neue Form, dann wird der Reiz zur Revolution, das Ankämpfen gegen das Gesetz vollkommen aufhören; denn dann wird der Gedanke, weil er eben in der Form selbst schon einen Gedanken, eine Weisheit findet, vor der Form stehen bleiben und sich mit der Weisheit in der Form ins Gleichgewicht zu setzen suchen, und das allein heißt eine Heimath der Liebe zum Gesetz und zur Ordnung erzeugen, denn wahrlich, meine Herren, auf keine andere Weise werden Sie die Achtung vor Gesetz und Ordnung erzeugen, die so vielfach zu vermissen ist. — Ein anderer Gedanke, der mich bei dieser meiner Auffassung leitet, ist die unvollkommene Staatsform, die Sie selbst bei dem besten Willen eben unvollkommen gründen müssen. Wie wir sehen, gründen Sie bewußt eine Unvollkommenheit des Staates, denn ich glaube nicht, daß Sie es so machen würden, wenn Sie freie Hand hätten. Für diese bewußte Unvollkommenheit verlange ich von Ihnen als Pflicht, daß Sie einen Weg offen lassen, um von dem Unvollkommnen zum Vollkommnen, wenn auch nur auf dem stillen, gesetzmäßigen Gange des Menschengeistes vorwärts schreiten zu können. Sie, meine Herren, haben, — und das ist nicht Ihr freier Wille, — die Einheit, Sie haben die Freiheit zu gründen. Das ist Ihre Mission. Aber noch mehr, es ist die Mission der Geschichte unseres Zeitalters, es ist die Bedingung der künftigen Existenz unserer Nation, wenn sie nicht atomistisch zerstieben soll. Meine Herren! Die Einheit ist die Bedingung der Existenz des Staates. Da kann man nicht fragen: Will man, oder will man nicht; ist es erlaubt, oder ist es nicht erlaubt? Sie müssen unserem Staate die Einheit geben, und jedes Hinderniß vor sich niederwerfen. (Stimmen auf der Linken: Sehr gut!) Und die Freiheit, meine Herren, ist nicht etwa ein Recht, sie ist nicht etwa eine Befugniß, sie ist nicht etwa ein Bedürfniß, wie man sie mit einem abgeschwächten Ausdrucke schon manchmal genannt hat, nicht bloß dieß, meine Herren, ist die Freiheit; nein, die Freiheit ist eine sittliche, eine unwandelbare Pflicht, und so müssen Sie sie auffassen. Sie wollen diese Einheit und diese Freiheit gründen in dem angebahnten Bundesstaate. Ich gebe mich damit zufrieden, obgleich ich nicht einsehe, wie aus diesem Material ein Bundesstaat zu machen ist. Sie wollen eine Obermonarchie und vier und dreißig Untermonarchieen, ein wahres Ungethüm von Staatsleben und von Staatsorganismus. Sie wollen dieß gründen, trotz der widerstrebenden öffentlichen Meinung. Denn, meine Herren, es ist nicht zu vergessen, und Sie dürfen es nicht bei Seite legen, wenn es Ihnen Ernst ist, für die Zukunft etwas Dauerndes zu gründen, daß sich gerade gegen diese Vielheit, gegen die Unnatur unserer Staatseinrichtung die öffentliche Meinung bisher am Meisten gesträubt hat, daß sie das eigentliche Vehikel der neuen Bewegung gewesen, und den Zunder geliefert hat zur Revolution. Meine Herren! Diese Obermonarchie mit vier und dreißig Untermonarchieen, jede einzelne im Besitz eines vollkommenen Regierungsapparates und eines vollkommenen Organismus, mit deren einem man schon ganz Deutschland regieren könnte, diese vier und dreißigfache Wiederholung muß nothwendig den öffentlichen Geist empören und die Kräfte des Landes aufzehren. Können Sie es aber nicht ändern, so geben Sie wenigstens den Uebergang, geben Sie die Möglichkeit einer natürlichen Entfaltung, um aus dieser Unnatur herauszukommen. Ich weiß wohl, es liegt dieß in der schönen Erbtugend der Deutschen, in der gewissenhaften Achtung vor dem Rechte. Aber gleichwohl muß man sagen, Sie schonen zu viel die bestehenden Monarchieen; Sie haben die Anträge auf Mediatisirung, und wie sie heißen mochten, durchgehends abgewiesen, und dem bestehenden Rechte zu viel Rücksicht geschenkt. Gerade als ob das Recht dieser Monarchieen wirklich ein absolutes Recht wäre. Untersuchen Sie einmal dieses Recht näher; was ist das für ein Recht? Zunächst kann es doch wahrhaftig kein Recht geben gegen das Glück, gegen die Freiheit, gegen die Einheit einer Nation. Wahrhaftig, das wäre Verrath an den ewigen Rechten der Menschheit. Es kann kein Recht geben gegen die nothwendigen Bedingungen der Existenz einer Nation. Das wäre der kolossalste Egoismus, der je in der Welt ausgebrütet worden wäre, und eine solche Gesinnung dürfen wir doch gewiß von unseren Fürsten, die von jeher gesagt, sie wollten Blut und Leben in den Schlachten für das Volk lassen, nicht vermuthen. Es gibt ein großes Gesetz, das oberste Gesetz im Staate, welches für jenen Zweck des Staates, für die Freiheit und Einheit jedes Opfer fordern darf, am Ende auch das Opfer einer Dynastie. Glauben Sie nicht, meine Herren, daß das Volk im Kampfe gegen die Dynastie sich unedel beweisen werde. Ich glaube, das Volk wird sich viel hochherziger zeigen, als die Monarchie gegen die Demokratie jemals gewesen ist, und wahrscheinlich jemals sein wird. Meine Herren! Aber nun werfen Sie auch einen Blick auf das eigentliche Recht. Haben wir nicht, wenn wir in unsere Geschichte blicken, früher eine Staatseinheit gehabt, und wo ist diese hingekommen? Zuerst hat sich das Vasallenthum durch Felonie zur Landeshoheit, und nachher hat sich die Landeshoheit durch Usurpation zur Souveränität emporgeschwungen, und daraus bestehen die jetzigen Staaten; und dieses Recht sollen wir in dem Grade achten, daß wir nicht einmal wagen dürften, nur soweit hinzutasten, um mit Dem, was sie abgeben müssen und können, einen vollkommen gerechten, großen, einheitlichen, freien Staat zu machen? Man wird wohl auch sagen, meine Herren, es sei Verjährung eingetreten; damit sind die positiven Juristen gleich bei der Hand; allein mit der Verjährung auf dem Gebiete des öffentlichen Rechtes ist es etwas Bedenkliches, und, meine Herren, wenn je eine Verjährung gegen das absolute Recht eines Staates, gegen das Staatsbedürfniß, gegen die ewige Hoheit des Menschengeistes eintreten könnte, so bedenken Sie nur Eines: Die Staaten sind sogar nach dem bestehenden positiven Recht als Minderjährige zu behandeln, und gegen Minderjährige, meine Herren, läuft bekanntlich keine Verjährung! — Das verehrliche Mitglied von Hagen hat uns freilich gesagt: „Kein Staat in der Welt gebe seinen gesetzgebenden Körpern das Recht, die Verfassung zu ändern." Ich will die Thatsache dahingestellt sein lassen, obgleich sie mir zweifelhaft scheint.

v. Vincke (vom Platze): Das habe ich nicht gesagt, das hat Plathner gesagt.

Rödinger: In Beziehung auf Amerika und manche Staaten in Europa. (Stimmen: Norwegen!) Ja, auf Norwegen, und dergleichen. Kurz, es existiren solche Staaten. Gesetzt aber auch, dieses Recht wäre historisch nicht vorhanden, wir hätten keine historische Erfahrung dafür, so darf es uns doch nicht abhalten, wenn wir eine Entdeckung machen im Gebiete des menschlichen Geistes, sie in die Erfahrung und Wirklichkeit einzuführen. Die Geschichte, meine Herren, ist in der That nicht die einzige Lehrmeisterin des menschlichen Geschlechts; noch ist das Reich der Vernunft nicht ausgebaut, sonst, glaube ich, wären wir nicht hier; noch ist es in der Entwickelung begriffen, und jede Zeitperiode, meine Herren, wird es ehren, wenn sie Entdeckungen macht im Gebiete der Vernunft. Gibt es aber ein Mittel, die öffentliche vernünftige Meinung, den öffentlichen Geist, den Volksgeist, ja man kann in gewissem Sinne wohl sagen, den Weltgeist zuzuziehen zur Entwickelung des Menschen, und an ihm zu messen seine höheren Interessen; gibt es ein solches Mittel, den Krieg unmöglich zu machen, und unmöglich zu machen die Revolution; so, denke ich, müssen wir zugreifen, und dürfen nicht die Abweisung an die hinfällige Hoffnung knüpfen, daß wir auf dem bisherigen Wege auskommen können. Wenn wir dieses Mittel finden, aus veralteten Formen überzugehen in neue, aus den vom Geiste verlassenen Zeiten den Weg zu finden in die neue Welt, dann ist es der Menschheit in Zukunft erspart, sich mit dem Giftbecher des Sokrates, sich mit dem Schächertode unseres Religionsstifters, sich mit dem Scheiterhaufen des Huß, sich mit dem Blute so vieler Martyrer der Vernunft und der Freiheit bis auf diese Zeit, noch ferner zu besudeln; und ich denke, meine Herren, das wäre ein unendlicher, ein großer Gewinn, allein schon werth, etwas dafür zu wagen. — Meine Herren! Der Vater der Doctrin unseres neuen Staatsorganismus hat uns gesagt: „Keine Freiheit ohne Ordnung." Ja, meine Herren, das ist eine Wahrheit, eine unleugbare, aber nur eine halbe Wahrheit, denn die andere Hälfte heißt: „Keine Ordnung ohne Freiheit," und vielleicht mit noch größerem Rechte. Verlangen Sie nicht, daß wir solchen halben Lehren wie Kinder und unmündige Schüler folgen, denn das könnte uns am Ende dahin führen, die hochherzige und so tiefberechtigte Erhebung des Volks als Verbrechen zu brandmarken, und dafür die Octroyirung einer Verfassung, den Belagerungszustand, die Hetze auf die vom Volke gewählten Abgeordneten, die gerichtliche Verfolgung der Männer, die nach ihrer Ueberzeugung gegen die Unterstützung eines Ministeriums gestimmt, das sie für volksfeindlich hielten, und zuletzt noch die Ausweisung eines geehrten Abgeordneten, eines der Mitglieder des höchsten Gerichtshofs des Staates, dem kurz vorher noch die Ehre zu Theil war, im Rathe seines Königs zu sitzen, das könnte uns noch dahin führen, alle diese Erscheinungen, gegen die sich das öffentliche Gefühl empört hat, als die „rettende That" zu preisen! Meine Herren! Ich habe keinen Haß, und bin unfähig, politischen oder Parteihaß zu haben; aber ich fühle, daß die Verantwortung, die mir meine hiesige Mission auflegt, unendlich schwer auf mir liegt, schwerer als je etwas auf mir gelastet; darum muß ich Ihnen sagen, welche Summe von Reinheit der Absicht und des Willens, welche Summe von Wissen und Erfahrung auch in unserer Versammlung sein möge, das Eine drängt sich mir doch auf, daß wir leider nicht geschaffen sind, eine große Bewegung, eine Revolution und alle die Höhe der Gesinnung und Hingebung, all' das edle Gefühl eines Volkes, welches unverkennbar darin liegt, zum rechten, wahren und bleibenden Ausdruck zu bringen; denn, meine Herren, wo die Unterhandlungen mit den Cabinetten, mit der Diplomatie anfangen, da haben von jeher alle Hoffnungen des Volkes aufgehört. — Ich muß mir erlauben, noch einmal das verehrte Mitglied von Hagen anzusprechen.

v. Vincke von Hagen (vom Platz): Dießmal aber richtig!

Rödinger: Nicht falsch dießmal. — Das geehrte Mitglied von Hagen bekennt sich bekanntlich zum historischen Recht und steht, wie es uns öfter hier gesagt hat, auf dem Rechtsboden. Es hat uns namentlich bei einer anderen Gelegenheit entgegengerufen: „Recht muß doch Recht bleiben." Ja, meine Herren, damit bin ich einverstanden, aber es wird sich darum handeln, zu fragen: Was ist dieses Recht? Und, meine Herren, dieß Recht ist nicht das historische Recht; denn das Recht ist wandelbar, wie der Geist des Menschen wandelbar ist. Das historische Recht ist schon im Gebiete des Civilrechts etwas zweifelhaft, und zwar auf einem Gebiet, wo es seine natürliche Heimath hat. Im Civilrecht sind die Rechtsinstitute und Rechtsverhältnisse in der Regel dauernd für Jahrhunderte, aber darum kann doch das Recht nicht ewig sein, indem sich bekanntlich auch die Rechtsinstitute ändern, an denen das Recht klebt. Etwas ganz Anderes ist es vollends beim Staatsrechte, da wo es sich handelt um die großen Interessen, die entweder eine Nation zur Selbstbestimmung führen, oder zur Knechtschaft. Aber selbst auf dem Gebiete des Civilrechts ist es zweifelhaft. Sie würden vielleicht kein so großes Gewicht auf jene unendlich schöne Stelle in Goethe legen, auf jene bekannte Stelle:

„Es erben sich Gesetz und Rechte
Wie eine ew'ge Krankheit fort;
Sie rücken sacht von Ort zu Ort;
Vernunft wird Unsinn, Wohlthat Plage,
Weh' dir, daß du ein Enkel bist,
Vom Rechte, das mit uns geboren ist,
Von dem ist leider nie die Frage."

(Zuruf: Zur Sache!) Erlauben Sie, meine Herren, ich bin bei der Sache. — Sie würden ohne Zweifel auf diese poetisch schöne Stelle keinen Werth legen, und würden sie nur für ein Spiel der Phantasie halten, wenn nicht Savigny, einer der ersten Koryphäen des Rechts, auf diese Stelle ein sehr großes Gewicht gelegt hätte. Ich erinnere Sie daran, daß dieser Gelehrte, der Stifter einer historischen Schule, diese Stelle in seinem neuesten Werke anführt, und im Hinblick auf dieselbe den Gedanken ausspricht, daß, wenn der Geist die Form des Rechts verlassen habe, dann auch die Form selbst verlassen werden müsse. — Und, meine Herren, wenn Das am grünen Holze geschieht, was soll am dürren werden? Wenn Das im Gebiete des Civilrechts wahr ist, so ist es noch viel wahrer auf dem Boden des öffentlichen Rechts; und, meine Herren, ich kann mich deßwegen mit dem Mitgliede von Hagen auch auf diesen Standpunkt des historischen Rechts stellen, auf den Standpunkt des der Entwickelung fähigen Rechts, und wie Herr v. Vincke sagt: „Recht muß doch Recht bleiben," so rufe ich; im Gegensatz zu ihm und sei-

[illegible], und um den Gegensatz zwischen ihm und der Zeit scharf zu bezeichnen: **Recht muß doch Recht werden!** (Lebhaftes Bravo auf der Linken.)

v. Linde von Mainz: Meine Herren! Ich würde auf das Wort verzichtet haben, wenn nicht der Redner vor mir einen Punkt, welcher wesentlich hierher gehört, zur Sprache gebracht hätte, nämlich den, ob Bestimmungen über das absolute oder Suspensivveto in die Verfassungswerke der einzelnen Staaten aufgenommen werden sollen, in Bezug auf welches er sich für das letztere ausgesprochen hat. Es ist nicht meine Absicht, die Gründe, welche für oder gegen das eine oder andere dieser Veto sprechen, zu entwickeln. Bekanntlich ist darüber schon bei der Frage über die Reichsverfassung ausführlich gesprochen worden, und es wird dieß später bei der zweiten Lesung der Verfassung nochmals Gegenstand der Berathung werden. Ich werde diese Frage also nur von dem Standpunkte aus in Anregung bringen, wie sie in Bezug auf die Particularstaaten zu betrachten ist. Der Redner vor mir hat bemerkt, daß man vom Unvollkommenen zum Vollkommenen übergehen, von der Freiheit zur Ordnung kommen müsse; und hier nun entsteht die Frage, ob, wenn wir die Reichsverfassung vollendet und zur Ausführung gebracht haben, dann für den Organismus der einzelnen Staaten, je nach der Art und Weise ihrer Ausbildung das absolute, oder das Suspensivveto die zweckmäßige Form sei? Denn von der Lösung wird allerdings das Maaß der Ordnung und Freiheit theilweise abhängen. Mir scheint, daß, wenn diese Frage in der Paulskirche erledigt werden soll, man das absolute Veto gerade im Interesse der Ordnung und Freiheit und zu Vermeidung gewaltsamer Reformen, welche mein Vorredner ja ebenfalls nicht will, für das Gebiet der Gesetzgebung der Einzelstaaten dem Staatsoberhaupte erhalten muß. Denn es wird keine Frage sein, daß für das ganze politische Leben der Einzelstaaten von der Spitze des Reichs aus und von dem Reichstage demnächst die eigentliche Norm gegeben werden soll. Soll dieß aber der Fall sein, sollen von hier aus diese Grundsätze aufgestellt und entwickelt werden, so muß auch eine Garantie vorhanden sein dafür, daß sich die Einzelstaaten über jene Grenzen, welche ihnen als äußerste Marken von der Reichsgewalt gezogen worden sind, nicht hinausbewegen. Dieß ist aber nicht möglich, wenn Demjenigen, welcher an der Spitze der Regierung steht, nur das suspensive, und nicht das absolute Veto eingeräumt wird. Denn nur dieser und sein verantwortliches Ministerium können dem Reiche dafür verantwortlich gemacht werden, daß nicht excessive Maßregeln, welche das Wesen des Reiches beeinträchtigen, in den Einzelstaaten zur Ausführung kommen. Wenn man aber den Einzelstaaten das Recht der Initiative, dem Regenten dagegen nur das suspensive Veto gibt, so ist es möglich, daß von den Volksvertretungen der Einzelstaaten Maßregeln in Antrag gebracht und im Verlaufe der Zeit wohl auch durchgeführt werden, denen die erforderliche Abwahrung und Verhinderung von Seiten des Oberhauptes des Einzelstaates nicht in den Weg treten kann; und dadurch wird man oft in die Nothwendigkeit versetzt werden, Seitens der **Reichsgewalt** das absolute Veto auszuüben, welches man dem Landesregenten einzuräumen nicht für gut befunden hat. Man wird also im Interesse der Ordnung, Freiheit und des Gesetzes Das auf diesem Umwege zu erreichen suchen müssen, was man früher auf einem anderen, einfacheren Wege hätte herbeiführen können. Sodann aber möchte ich, um nicht noch tiefer in diese Angelegenheit einzugehen, Sie darauf aufmerksam machen, daß die Frage über das suspensive oder absolute Veto jetzt eine der mäßigsten politischen Glaubensformeln ist, welche man in der neuerer Zeit aufgestellt und ausgebildet hat. Es hatte diese Frage nur damals die Bedeutung, als die Frage über das Steuerverweigerungsrecht noch nicht so praktisch ins Leben getreten war, und in ihrer eigenthümlichen Entwickelung noch nicht so ausgeprägt war, wie dieß dem Alles auflösenden und zersetzenden Verstande der Neuzeit möglich gewesen ist. Das Recht der Steuerverweigerung hat in allen Staaten die Bedeutung, daß es der letzte Hebel ist, mit welchem die Regierungen zu Allem gezwungen werden können, was der vernünftige Volkswille irgend durchgesetzt haben will. Denn wer die Mittel hat, durch welche eine Maschine in Bewegung gesetzt und in ihrer Kraftentwickelung erhalten wird, der hat auch die Mittel, ihre Kraft zu hemmen und sie zum Stocken zu bringen, und wir sind in den neueren Staaten dahin gekommen, daß Diejenigen, welche die Gewalt und das Recht in den Händen haben, diese Steuern zu gewissen Zeiten zu verweigern, also der Regierung die Mittel entziehen, ihr System fortzuführen, dadurch insoweit die Regierung selbst in den Händen haben. Wenn also in den einzelnen Staaten ein vernünftiger Gebrauch von der Steuerverweigerung gemacht wird, so liegt darin implicite auch die Gewalt, daß dem Volke gegenüber das absolute Veto, wo es irgendwie unvernünftig anzuwenden versucht werden sollte, im Erfolge wirkungslos gemacht wird. Ich glaube, daß von diesem Standpunkte aus betrachtet, bei der Frage der Organisation der Spitze allerdings noch die Frage aufgeworfen werden konnte, wie dieses Veto ausgebildet werden solle? Sollen aber die Einzelstaaten in Harmonie mit der ganzen Reichsverfassung bleiben, so darf es keine Frage mehr sein, daß im Interesse der Freiheit, Ordnung, Sicherheit und des Rechts, und damit die Einzelstaaten Das, was ihnen von Seiten des Reichs auszuführen auferlegt wird, auch erfüllen können, dem Staatsoberhaupte das absolute Veto überlassen werden muß. Will man sich aber über diese Frage, welche allerdings einer weiten und genauen Entwickelung fähig ist, und in die Verfassung tief eingreift, von dieser Stelle hier nicht entscheiden, — was ich für das Angemessenere halte, — will man es also den Einzelstaaten überlassen, diesen Gegenstand in ihrem inneren Haushalte nach dem eigenen Bedürfnisse selbst zu ordnen, dann ist ein Princip darüber hier auch nicht aufzustellen, sondern das Ganze der Vereinbarung der ständischen Vertretungen mit ihren Regierungen vorzubehalten.

Präsident: Es liegt ein Antrag auf Schluß der Debatte über § 45 vor. Derselbe ist unterzeichnet von den Herren Bernhardi, Graf Giech und mehr als 20 anderen Mitgliedern. Ich bringe ihn zur Abstimmung, und ersuche Diejenigen, welche die Discussion über diesen Paragraphen geschlossen wissen wollen, sich zu erheben. (Die Mehrheit erhebt sich.) Der Schluß ist angenommen. Ich frage den Herrn Berichterstatter des Verfassungs-Ausschusses, ob er noch das Wort zu nehmen wünscht?

Beseler von Greifswald: Ich beantrage, daß die Discussion über den § 46 jetzt gleich folge, und nach Beendigung derselben über die §§ 45 und 46 gemeinschaftlich abgestimmt werde.

Präsident: Das war auch meine Ansicht, und ich glaube nicht, daß dagegen etwas eingewendet werden wird. (Es meldet sich Niemand.) Wir gehen also zu § 46 über, hinsichtlich dessen, wie ich annehmen muß, die Rednerliste erschöpft ist, denn die Herren M. Mohl und Nauwerck haben bereits gesprochen.

Nauwerck (vom Platze): Ich verzichte!

Präsident: Ich bitte also den Herren Berichterstattern über beide Paragraphen zusammen das Wort zu nehmen. — Ich will noch bemerken, daß vor dem Schlusse der Discussion über die §§ 45 und 46 von Herrn Heisterbergk und M. Mohl die namentliche Abstimmung vorbehalten worden ist.

Beseler von Greifswald: Meine Herren! Wenn ich mich gegen die Anträge erkläre, welche dem Entwurfe des Verfassungs-Ausschusses entgegengesetzt, oder hinzugefügt worden sind, so geschieht es nicht, weil ich principiell allen diesen Anträgen entgegen bin; ich glaube vielmehr, daß mehrere derselben der Einzelverfassung angehören müssen, ja, daß sie zum Theil nothwendige Voraussetzungen sind. Was mich bestimmt, gegen sie zu sprechen, beruht zum Theil in den Verhältnissen, in welchen wir uns bei diesen Fragen gegenwärtig befinden. Meine Herren! Vergessen wir nicht, daß, wenn die Verfassung der Einzelstaaten in den Grund-Rechten berührt wird, wir die Grundrechte für einen Bundesstaat erlassen wollen. Wenn nun auch für den Bundes-Staat alles Dasjenige nothwendig von uns festgestellt werden muß, was zu der Einheit, — was überhaupt dazu nöthig ist, um dieselbe in ihrem Wesen und ihrer Wirkung zu sichern, — so dürfen wir doch auch nicht vergessen, daß wir die Autonomie der Einzelstaaten nicht ohne Grund antasten dürfen, und daß wir die Einzelstaaten als selbstständig berechtigt gelten lassen wollen. Ich halte mich für besonders befugt, darauf hinzuweisen, da ich und meine Freunde wiederholt darüber angegriffen worden sind, als ob wir in dem Bundesstaate nur einen Einheitsstaat wollen. Nein, meine Herren, das wollen wir nicht, aber einen kräftigen Bundes-Staat, der das Gemeinsame stark und gesund mache, aber auch die Theile in ihrer Stellung gesund und kräftig lasse. In diesem Sinne, meine Herren, wollen wir die Harmonie des deutschen Staatswesens, wie es in seinen Interessen zweckmäßig und förderlich erscheint; aber wir wollen nicht, wie es je nach den Interessen passend und förderlich erscheint, beliebig bald in das eine und bald das andere Extrem hinübergreifen. In diesem Sinne, meine Herren, trete ich den Anträgen entgegen, welche verlangen, daß wir uns dahin aussprechen, nur das suspensive Veto solle in den Einzelstaaten gelten. Ich für meinen Theil bin an und für sich gegen das suspensive Veto, aber ich lasse mich hier nicht darauf ein, weil ich glaube, daß wir hier nicht dazu berechtigt sind, die Verfassungen der Einzelstaaten zu gestalten, meine Herren, sonst kommen wir in eigenthümliche Verhältnisse mit den Einzelstaaten. So hat man, meine Herren, jüngst in Oldenburg beschlossen, daß das absolute Veto daselbst gelten solle. Was haben Sie nun für ein Recht, und was haben Sie für ein Interesse, daß dieß dort nicht geschehen solle?! Ich weiß nicht, daß in diesem Sinne hier unser Mandat lautet, und ich halte wenigstens dafür, daß es nicht angemessen ist, in Solches hier einzugehen. — Es wird ferner vorgeschlagen, das Wahlrecht zu den Volksvertretungen der Einzelstaaten solle allgemein, ohne allen Census sein. Es ist hier dieselbe Sache, wie vorher. — Ich glaube nicht, daß das allgemeine Wahlrecht in Deutschland haltbar ist, am Wenigsten, wenn man die directe Wahl verlangt. Aber hier zu bestimmen, was in dem einzelnen Staate angemessen ist — in diesem Sinne den Bundesstaat aufzufassen, das heißt, meine Herren, willkürlich verfahren. Und so, meine Herren, ist der Bundesstaat meines Wissens noch in keinem Welttheile aufgefaßt worden. — Ebenso ist es mit der Initiative in der Gesetzgebung, die ich im Allgemeinen für nothwendig halte, obgleich ich zugebe, daß in den Einzelstaaten dieses Recht kein unbedingt nothwendiges ist. Aber deswegen scheint mir die Aufnahme desselben in die Grundrechte nicht angemessen. — Es folgen dann Anträge über Ministeranklage, Adressen u. s. w. Hier kommen denn eigenthümliche Verhältnisse in Betracht: namentlich kann es sich fragen, ob diese Rechte da, wo zwei Kammern sind, von jeder besonders ausgeübt werden, oder ob sie zu gemeinschaftlichen Sitzungen zusammentreten sollen, oder ob selbstständige Beschlüsse beider Kammern zu fassen sind u. s. w. Meine Herren! Wir kommen hier auf ein Feld, welches uns eine Aufgabe darbietet, die wir wohl richtig lösen können; aber ich glaube, wir greifen in die Autonomie der Einzelstaaten ein, wenn wir uns hier auf eine solche Lösung einlassen. — Andere Anträge kann ich nur als die nothwendigen Folgerungen aus dem Principe der constitutionellen Verfassung ansehen. Es sind wohl Thatsachen in Deutschland vorgekommen, die es wünschenswerth gemacht hätten, daß man bestimmte Mittel gehabt, Verfassungsverletzungen entgegenzutreten; es gibt wohl Verfassungsbestimmungen der Einzelstaaten, die präciser gefaßt werden müssen; allein es bleibt doch die Frage, ob darüber etwas in die Grundrechte aufgenommen werden soll. Auch sind dabei möglicher Weise manche Umstände in Betracht zu ziehen. Wenn z. B. der Volksvertretung das Steuer-Bewilligungsrecht zusteht, so ist diese Bewilligung eine periodische, — in der Regel, — dieß wird Niemand bezweifeln, der überhaupt weiß, was die Volksvertretung bedeutet. Daß sich dieß aber in den Einzelstaaten nach der Natur der Steuern verschieden gestalten kann, namentlich bei den Steuern, welche im Zusammenhange mit der Zollgesetzgebung stehen, sowie mit der Grundsteuer, bei der es auch in England der Fall ist, Das, meine Herren, ist unzweifelhaft, und darum glaube ich, daß, wenn man hier eine allgemeine Regel über das Steuerbewilligungsrecht aufstellen wollte, man demselben keine specielleren Normen hinzufügen müßte. — Es ist von dem Herrn Abgeordneten Pfeiffer und Genossen vorgeschlagen worden, zu bestimmen: „Die Volks-Vertretung solle in gesetzlich bestimmten Sitzungsperioden regelmäßig zusammentreten." Aber, meine Herren, wo ist eine Versammlung in der Welt, wo das nicht der Fall ist? Es gehört das zum Wesen der Sache; auch ist, soviel ich weiß, in allen Verfassungen ein periodisch bestimmtes Zusammentreten vorgeschrieben. Dann sind Zusätze vorgeschlagen worden, die, wie ich glaube, nicht hierher gehören, und welche zum Theil in denjenigen Abschnitten unserer Verfassung ihre Erledigung finden müssen, theilweise auch schon gefunden haben, die von denselben Gegenständen handeln. Es sind z. B. Vorschläge darüber gemacht, wie Verfassungen der Einzelstaaten abgeändert werden können. Nun, meine Herren, in der „Gewähr der Verfassung" sind darüber Vorschriften erlassen, und namentlich soll hierbei die Zustimmung der Reichsgewalt nöthig sein, wenn eine Abänderung der Regierungsform für nothwendig erachtet wird. Meine Herren! Es sind wohl Manche unter Ihnen, welche dieß nicht für angemessen halten; wenn aber hierin eine Abänderung wünschenswerth erscheinen sollte, so wird es dann die Aufgabe Derer sein, die solche wünschen, darauf abzielende Anträge bei der zweiten Lesung der „Reichsgewalt" zu stellen. Aber es ist doch unmöglich, daß man in dem einen Theile ausspricht, daß dieß nothwendig sei, und in dem anderen Theile, es solle nicht nöthig sein. Solchen Anträgen, zu denen auch das Minoritäts-Erachten zu § 45 gerechnet werden muß, steht ein formelles Hinderniß entgegen, und ich meine, der Herr Präsident muß darüber die präjudizielle Frage stellen, ob eine Abstimmung über sie möglich ist, wenn er nicht selbst eine solche Abstimmung darüber für unmöglich erklärt. (Auf [illegible] — Herr [illegible] verlangt in seinem Antrag, daß keine Verfassung eines Einzelstaates einseitig gegeben und abgeändert werden soll. Meine Herren! Ich glaube, daß diese Frage hier gleichfalls nicht zu erledigen ist. Wir haben ja einen Abschnitt von der Reichsgewalt, wo von der Aufrechthaltung des Rechtszustandes die Rede ist, wonach die Reichsgewalt für sich den Reichsfrieden zu schützen hat; wir haben Bestimmungen in dem Abschnitt über das Reichsgericht, wo geradezu dieser Behörde die Verpflichtung auferlegt worden ist, Streitigkeiten zwischen den Regierungen und der Volksvertretung der Einzelstaaten zu entscheiden. Etwas darüber hier grundrechtlich auszusprechen, sehe ich nur als eine Recapitulation an, und, meine Herren, ich mache Sie darauf aufmerksam, daß in diesem Antrage noch etwas liegt, was nicht von einem Jeden so aufgefaßt, aber doch beachtet werden muß. Es soll keine Regierung unter keinen Umständen befugt sein, von sich aus eine Verfassung zu geben. Es wird nächstens in Berlin diese Frage zur Erledigung kommen für einen concreten Fall; wollen Sie durch Ihre Abstimmung schon eine Entscheidung geben? Wollen Sie dadurch bestimmen, daß die Berliner Versammlung auf die Vorlage der Regierung nicht eingehen soll? Ich glaube, daß Sie so etwas nicht beschließen wollen. Sie wollen für die Zukunft eine Verfassung für ganz Deutschland feststellen, und die ihr gemäßen Institutionen schaffen. Aber diese müssen auch so beschaffen sein, daß sie ihrem bestimmten Zweck entsprechen; allgemeine Regeln sind gewöhnlich dafür nicht genügend: für einen concreten Fall sind sie aber doch gewiß nicht aufzunehmen. Ganz ähnlich wie in Beziehung auf die genannten Anträge, verhält es sich mit dem Antrage des Herrn Jordan und Genossen: „daß eine Volksvertretung eines Einzelstaates nicht gleichzeitig versammelt sein solle mit dem Reichstage." Meine Herren! Es spricht sehr Vieles dafür, solche Vorschriften zu erlassen; aber es spricht auch Manches dagegen. Ist man aber der Meinung, daß Das, was dafür spricht, das Uebergewicht hat, so sind die Grundrechte doch nicht der Ort, wo solche Bestimmungen aufzunehmen sind, sondern bei der zweiten Lesung des Abschnittes vom Reichstag ist ein entsprechender Antrag einzubringen. Meine Herren! Betrachte ich die § 45 und 46, wie sie der Verfassungs-Ausschuß vorgeschlagen hat, so scheint mir, daß sich klar herausstelle, daß er absichtlich vermieden habe, auf Specielles einzugehen, was in Beziehung auf die Volksvertretung in den Einzelstaaten als verfassungsmäßig gelten soll. Wir haben uns darauf beschränkt, ganz allgemeine Grundsätze aufzustellen über die Gemeinden sowohl, wie über die Staats-Verfassung. Wir haben gedacht, daß die Grundrechte nicht dazu da sind, um concrete und ganz präcise Bestimmungen zu treffen, sondern wir sind der Ansicht gewesen, daß es hier nur darauf ankomme, die allgemeinen Grundzüge festzustellen, welche wir in Beziehung auf die Einzelstaaten für die politische Freiheit als maßgebend angesehen haben. Diese nun durch solche Anträge wieder zu trüben, ohne darauf einzugehen, etwas ganz Umfassendes hinzustellen, wovon man sagen kann, daß es die Bestimmungen der Einzelstaaten ersetze; Das, meine Herren, schien dem Verfassungs-Ausschuß nicht richtig, und ich glaube, darin ist er vollständig im Rechte gewesen. Es ist mir die Frage vorgelegt worden, was es denn im § 46 heiße: eine entscheidende Stimme bei der Gesetzgebung und Besteuerung? Die Anträge, die darauf gerichtet sind, nur ein suspensives Veto zuzulassen, zeigen schon, wie ein Theil der Versammlung sie verstanden hat. Wir haben diesen Ausdruck im Gegensatz der berathenden Stimme genommen. Vielleicht finden wir später einen passenderen Ausdruck. Meine Herren! Wir [illegible] mit dem Wunsche, daß Sie im Sinne des Verfassungs-Ausschusses, wie gestern bei den Gemeinden, so auch heute bei Feststellung der Grundzüge der Einzelverfassungen [illegible] möchten. Halten Sie daran fest, daß wir die Einheit wollen, daß wir aber auch den Bundesstaat wollen, und daß wir nicht willkürlich nach dem einen oder anderen Ausweg eingehen; je nachdem es bei den gegebenen Verhältnissen zweckmäßig erscheint.

Präsident: Ich werde zuvörderst, meine Herren, diejenigen Anträge zur Unterstützung bringen, die noch nicht 20 Unterschriften gefunden haben, und zwar bei § 45 den Antrag des Herrn Spatz: statt „Volksvertretung" zu setzen:

> „mit einer aus freier Wahl hervorgehenden Volksvertretung."

Wird der Antrag unterstützt? (Die genügende Anzahl erhebt sich.) Er ist hinreichend unterstützt. — Der Antrag des Herrn Pfeiffer, der dahin geht, zu den Worten: „Volksvertretung" u. s. w. hinzuzufügen:

> „die das Recht auf gesetzlich festgestellte, periodische Einberufung hat."

Ich bitte die Herren, die diesen Antrag unterstützen wollen, aufzustehen. (Die hinreichende Anzahl erhebt sich.) Wenn ich die Herren in den Gängen mitzählen soll, dann hat der Antrag die hinreichende Unterstützung gefunden. — Der Antrag des Herrn Meyer von Liegnitz geht dahin, den Paragraphen so zu fassen:

> „Jeder deutsche Staat muß eine Verfassung mit Volksvertretung haben, welche letztere von Geburt, Beruf und Vermögen völlig unabhängig ist. Die Regierung muß den Volksvertretern verantwortlich sein. Die Feststellung der Verfassungsform eines jeden deutschen Staates, soweit sie kein geringeres Maaß politischer Freiheit, als das hier vorgezeichnete, mit sich führt, ist Sache der Bürger des Einzelstaates."

Ich ersuche die Herren, die diesen Antrag unterstützen wollen, aufzustehen. (Die genügende Anzahl erhebt sich.) Er ist hinreichend unterstützt. — Der Zusatz-Antrag des Herrn Uhland:

> „Unter keinen Umständen darf eine Landesverfassung einseitig von der Regierung gegeben, oder abgeändert werden."

Ich bitte die Herren, die diesen Antrag unterstützen wollen, aufzustehen. (Die genügende Anzahl erhebt sich.) Der Antrag ist unterstützt. — Zu § 46 der Antrag des Herrn Bötzl, der dahin geht, zum ersten Satze des § 46 hinzuzufügen:

> „und das Recht der Initiative bei der Gesetzgebung."

Wird der Antrag unterstützt? (Die erforderliche Anzahl erhebt sich.) Er ist unterstützt. — Der Antrag des Herrn Spatz, nach dem Worte „Besteuerung" hinzuzufügen:

> „und Ordnung des Staatshaushaltes, sowie das Recht der Initiative."

Ich bitte die Herren, die diesen Antrag unterstützen wollen, aufzustehen. (Die genügende Anzahl erhebt sich.) Er ist unterstützt. — Der Antrag desselben Abgeordneten, im Absatz 3 die Worte „in der Regel" zu streichen, ist kein besonderer Antrag; ich muß deßhalb nur den Satz des Ausschusses ohne diese Worte zuerst zur Abstimmung bringen. — Der Antrag des Herrn Rheinwald zu § 46:

> „Den Regierungen der Einzelstaaten steht kein unbedingtes, sondern nur ein aufschiebendes Veto in der Weise zu, daß einem von ihnen auf zwei Landtagen verworfenen Gesetze, wenn es von den Volksvertretern

abermals beantragt wird, die Abstimmung nicht mehr versagt werden darf."

Ich bitte die Herren, die diesen Antrag unterstützen wollen, aufzustehen. (Die genügende Zahl erhebt sich.) Er ist unterstützt. — Der Antrag des Herrn Meyer von Liegnitz:

„An die Stelle des Ausdruckes „Ständeversammlungen" zu setzen: „Landtage," oder „Volksvertreter,"

Wird dieser Antrag unterstützt? (Die erforderliche Anzahl erhebt sich.) Er ist unterstützt. — Endlich der Antrag des Herrn Höfken, nach § 46 zu inseriren:

„Directe Steuern werden in der Regel nur für ein Jahr bewilligt. Indirecte Steuern können auf mehrere Jahre bewilligt werden."

Höfken (vom Platze): Ich ziehe meinen Antrag zurück.

Präsident: Dieser Antrag wird zurückgenommen. — Was nun, meine Herren, die Abstimmungsordnung angeht, die ich Ihnen vorschlagen will, ehe ich frage, ob die namentliche Abstimmung über die einzelnen Anträge Unterstützung findet, so kann ich zuvörderst mit dem Berichterstatter des Ausschusses darin nicht einverstanden sein, daß es mir zustände, diesen oder jenen zu § 45 und 46 vorgeschlagenen Zusatz selbst von der Abstimmung auszuschließen, oder durch einen Beschluß der Versammlung ausschließen zu lassen. Daß das Erste nicht angeht, darf ich wohl nicht erst näher darlegen; das Letztere würde meiner Auffassung nach erfordern, daß vor dem Schlusse der Discussion ein darauf gerichteter Antrag eingebracht worden wäre, wie dieß neulich bei § 30 in Betreff der Anträge geschah, die den Modus der Besteuerung, die Armenpflege u. s. w. betrafen. Das ist aber hier nicht geschehen, und weil es nicht geschehen ist, so hat jedes Mitglied das unverkümmerte Recht, zu jedem Paragraphen jeden beliebigen Antrag zu stellen, und der Versammlung steht lediglich zu, den Antrag anzunehmen, oder abzulehnen. Aus dieser Auffassung, meine Herren, geht folgendes Abstimmungsproject zu § 45 und 46 hervor, welches ich Ihrer Prüfung unterwerfe. — Ich würde beginnen mit dem Antrage des Verfassungs-Ausschusses:

„Jeder deutsche Staat muß eine Verfassung mit Volksvertretung haben,"

und dabei vorbehalten drei fernere Abstimmungen, über die Zusätze des Herrn Fetzer:

„unter Ausschluß der Wahl nach Ständen,"

des Herrn Spatz:

„einer aus freier Wahl hervorgehenden,"

und des Herrn Pfeiffer:

„die das Recht auf gesetzlich festgestellte, periodische Einberufung hat."

Demnächst würde ich zur Abstimmung bringen die Zusätze des Herrn Würth von Sigmaringen und Genossen:

„Die Wahl der Stellvertreter geschieht nach allgemeinem Stimmrecht ohne Census,"

und dessen eventuellen Zusatz, das Wort „direct" nach „geschieht." Würde der Paragraph nach dem Vorschlage des Verfassungs-Ausschusses, — mit oder ohne diese Zusätze, — abgelehnt, so kämen statt seiner drei andere Fassungen abgesondert zur Abstimmung, die des Herrn Gulden, des Herrn Meyer von Liegnitz und des Herrn Förster von Hünfeld. Je nachdem nun die ursprüngliche Fassung des Ausschusses, oder eines dieser Amendements angenommen würde, kämen dann die eigentlichen Zusätze zur Abstimmung: voran das Minoritäts-Erachten; für den Fall, daß dieses verworfen würde, der Antrag des Herrn Rödinger; eventuell der weitere Antrag desselben Abgeordneten; dann der des Herrn Uhland; endlich der Zusatz des Herrn Zimmermann. Dieß wäre die Abstimmung für den § 45. — Bei § 46 glaube ich so abstimmen lassen zu müssen: Erstens: erstes Alinea des Verfassungs-Ausschusses unter Vorbehalt von Abstimmungen über die fünf Zusätze der Herren Böhl, Spatz, Moriz Mohl, Würth und Genossen, Förster und Genossen. Würde dieß Alinea verworfen, so würde statt dessen die Fassung des Herrn Gulden in zwei abgesonderten Sätzen zur Abstimmung kommen; dann das zweite Alinea, zu welchem gar kein Amendement vorliegt. Zwischen dem zweiten und dritten Alinea wäre zur Abstimmung zu bringen der Vorschlag des Herrn Rheinwald. Demnächst das dritte Alinea, zuvörderst unter Weglassung der Worte: „in der Regel," demnächst mit Hinzufügung dieser Worte, wie sie der Verfassungs-Ausschuß vorgeschlagen hat, und unter Vorbehalt einer besonderen Abstimmung über das Wort: „Ständeversammlung," wofür, wie Sie sich erinnern, Herr Meyer von Liegnitz „Landtag" oder „Volksvertreter" vorgeschlagen hat. Dann hätten wir noch über die Zusatz-Vorschläge des Herrn Jürgens von Berlin und des Herrn Raveaux abzustimmen. Ich frage, ob gegen diese Abstimmungsordnung Widerspruch erhoben wird?

Gulden von Zweibrücken: Ich habe gegen die Fragestellung nur die eine Bemerkung zu machen, daß ich glaube, daß, wenn der Antrag des Ausschusses angenommen wird, demungeachtet noch die Zusätze des von mir gestellten Antrages zur Abstimmung zu bringen sein würden; denn die Fassung meines Antrages schließt sich vollkommen an den Ausschuß-Antrag an. Der erste Satz meines Antrages lautet also: „Jeder deutsche Staat muß eine Verfassung mit freigewählter Volksvertretung, und dem den Volksvertretern zustehenden unbeschränkten Rechte zu Gesetzvorschlägen jeder Art haben." Der letzte Theil dieses Satzes: „und dem den Volksvertretern zustehenden unbeschränkten Rechte zu Gesetzes-Vorschlägen jeder Art," läßt sich sehr gut als Zusatz zu dem Ausschuß-Antrag zur Abstimmung bringen. Der zweite Satz ist auch wieder nur ein Zusatz, er lautet: „Das Veto der Staatsregierung gegen die Beschlüsse der Volksvertretung kann nur ein beschränktes sein." Ich habe über beide Sätze die getrennte Abstimmung beantragt, und beantrage nun zu dem Vorschlage des Herrn Präsidenten, daß, wenn der Antrag des Verfassungs-Ausschusses angenommen wird, diese beiden Zusätze ebenfalls zur Abstimmung gebracht werden.

Präsident: In der Materie, glaube ich, kann dagegen kein Bedenken sein; ich habe es so vorgeschlagen, weil Herr Gulden selbst sein Amendement mit den Worten beginnt: „an der Stelle des § 45." Namentlich habe ich gegen die Abstimmung über den zweiten Satz nichts zu erinnern; ich werde also insoweit nach dem Wunsche des Herrn Gulden verfahren. Darf ich nun die Herren, die die namentliche Abstimmung vorbehalten haben, also zu §§ 45 und 46 Herrn Heisterbergk, zu § 46 Herrn Moriz Mohl, bitten, mir anzugeben, auf welche zur Abstimmung kommende Vorschläge sich ihr Antrag bezieht.

Heisterbergk von Rochlitz: Ich beantrage die namentliche Abstimmung über die Frage hinsichtlich der Initiative und hinsichtlich des Veto's, sowie rücksichtlich der freien Wahl.

Präsident: Findet dieser Antrag Unterstützung? (Es erhebt sich die erforderliche Anzahl.) Die Unterstützung reicht aus. — Ich ersuche [illegible] Herrn Moriz Mohl, anzugeben, worüber er die namentliche Abstimmung verlangt.

Moritz Mohl von Stuttgart: Ich bitte um die namentliche Abstimmung über das von mir gestellte Amendement.

Präsident: Findet der Antrag des Herrn Moritz Mohl auf namentliche Abstimmung über seinen Antrag zu § 46 Unterstützung? (Die Unterstützung erfolgt.) Der Antrag ist hinreichend unterstützt. Wir gehen mit der Abstimmung vor. — Ich bitte Sie, die Plätze einzunehmen, und alle Gänge des Hauses leer zu lassen. — Ich beginne zu § 45 mit dem Antrage des Verfassungs-Ausschusses:

„Jeder deutsche Staat muß eine Verfassung mit Volksvertretung haben,"

vorbehaltlich fernerer Abstimmung über die näher specificirten Zusätze der Herren Fetzer, Spatz, Pfeiffer und eventuell Mohl. (Eine Stimme auf der Linken: Und Würth von Sigmaringen!) Nein, das ist ein besonderer Satz! Diejenigen Herren, welche den Antrag des Verfassungs-Ausschusses:

„Jeder deutsche Staat muß eine Verfassung mit Volksvertretung haben,"

vorbehaltlich fernerer Abstimmung über die eben erwähnten Zusätze annehmen wollen, ersuche ich, sich zu erheben. (Die Mehrheit erhebt sich.) Der Antrag ist angenommen. — Ich bringe den Zusatz des Herrn Fetzer zur Abstimmung. Herr Fetzer verlangt, daß hinter das Wort „muß" inserirt werde:

„Unter Ausschluß der Wahl nach Ständen."

Diejenigen Herren, welche zu dem angenommenen Satze: „Jeder deutsche Staat muß eine Verfassung mit Volksvertretung haben," nach dem Antrage des Herrn Fetzer zwischen den Worten: „muß" und „eine" inseriren wollen: „Unter Ausschluß der Wahl nach Ständen," bitte ich, sich zu erheben. (Die Minderheit erhebt sich.) Der Antrag des Herrn Fetzer ist abgelehnt. — Ich gehe zu dem Zusatz des Herrn Spatz über. Herr Spatz verlangt, daß zu den Worten: „Jeder deutsche Staat muß eine Verfassung mit Volksvertretung haben" zwischen den Worten: „mit" und „Volksvertretung" inserirt werde:

„Einer aus freier Wahl hervorgehenden."

Diejenigen Herren, die nach dem Antrage des Herrn Spatz zwischen die Worte: „mit" und „Volksvertretung" des angenommenen Satzes im § 45 inseriren wollen: „Einer aus freier Wahl hervorgehenden," belieben sich zu erheben. (Die Minderheit erhebt sich.) Der Zusatz des Herrn Spatz ist abgelehnt. — Ich bringe den Zusatz des Herrn Pfeiffer zur Abstimmung. Er schlägt vor, zu dem Satze: „Jeder deutsche Staat muß eine Verfassung mit Volksvertretung haben," hinzuzufügen:

„Die das Recht auf gesetzlich festgestellte, periodische Einberufung hat."

Ich ersuche diejenigen Herren, die mit diesem Zusatz einverstanden sind, sich zu erheben. (Die Minderheit erhebt sich.) Der Zusatz des Herrn Pfeiffer ist abgelehnt. — Ich komme jetzt zu den beiden Anträgen des Herrn Würth von Sigmaringen und Genossen. Der erste lautet:

„Die Wahl der Volksvertreter geschieht nach allgemeinem Stimmrecht ohne Census."

Würde dieser Satz angenommen, so müßte nach dem ferneren Antrage des Herrn Würth eine weitere Abstimmung stattfinden darüber, ob hinter dem Worte „geschieht" inserirt werden soll „direct." Ich ersuche diejenigen Herren, welche den Zusatz des Herrn Würth:

„Die Wahl der Volksvertreter geschieht nach allgemeinem Stimmrecht ohne Census,"

vorbehaltlich einer ferneren Abstimmung über die Insertion des Wortes „direct" hinter dem Worte „geschieht" annehmen wollen, sich zu erheben. (Die Minderheit erhebt sich.) Der Antrag des Herrn Würth ist abgelehnt, und damit der zweite Antrag hinsichtlich des Worts „direct" von selbst gefallen. — Nachdem solchergestalt der § 45 in der Fassung, welche die Majorität des Ausschusses vorgeschlagen hat:

„Jeder deutsche Staat muß eine Verfassung mit Volksvertretung haben,"

angenommen ist, sind die Amendements der Herren Meyer von Liegnitz und Förster von Hünfeld erledigt, und es bleibt nur noch der zweite Antrag von Herrn Gulden übrig, lautend:

„Das Veto der Staatsregierungen gegen die Beschlüsse der Volksvertretung kann nur ein beschränktes sein."

Dafür ist die namentliche Abstimmung verlangt und dieß Verlangen unterstützt. Diejenigen Herren, welche diesen Antrag annehmen wollen, werden bei Aufruf ihres Namens mit Ja, und Diejenigen, die ihn nicht annehmen wollen, mit Nein antworten. Der Namensaufruf beginnt mit dem Buchstaben T. — Ich bitte dringend, während des Namensaufrufs die nöthige Ruhe zu beobachten, damit wir die Abstimmungen mit Sicherheit vornehmen können.

Bei dem erfolgten Namensaufruf stimmten mit Ja:

Beidtel aus Brünn, Berger aus Wien, Blumröder (Gustav) aus Kirchenlamitz, Boczek aus Mähren, Bresgen aus Ahrweiler, Caspers aus Koblenz, Claussen aus Kiel, Cülmann aus Zweibrücken, Damm aus Tauberbischoffsheim, Dham aus Schmalenberg, v. Dieskau aus Plauen, Dietsch aus Annaberg, Drechsler aus Rostock, Eisenmann aus Nürnberg, Eisenstuck aus Chemnitz, Engel aus Pinneberg, Esterle aus Cavalese, Fallmerayer aus München, Federer aus Stuttgart, Förster aus Hünfeld, Freese aus Stargard, Frisch aus Stuttgart, Fritzsche aus Roda, Geigel aus München, Gerlach aus Tilsit, Giskra aus Wien, Goltz aus Brieg, Gottschalk aus Schopfheim, Gravenhorst aus Lüneburg, Gritzner aus Wien, Günther aus Leipzig, Gulden aus Zweibrücken, Hagen (K.) aus Heidelberg, Haggenmüller aus Kempten, Hallbauer aus Meißen, Hartmann aus Leitmeritz, Haßler aus Ulm, Hehner aus Wiesbaden, Heisterbergk aus Rochlitz, Hensel aus Camenz, Heubner aus Zwickau, Hildebrand aus Marburg, Hirschberg aus Sondershausen, Hönniger aus Rudolstadt, Hoffbauer aus Nordhausen, Hofmann aus Friedberg, Huber aus Linz, Jahn aus Freiburg an der Unstrut, Jucho aus Frankfurt a. M., Käfferlein aus Baireuth, Köhler aus Seehausen, Kollaczek aus österr. Schlesien, Kotschy aus Ustron in Mährisch-Schlesien, Kudlich aus Schloß Dietach, Kuhnt aus Bunzlau, Langbein aus Wurzen, Laschan aus Villach, Lausch aus Troppau, Levysohn aus Grünberg, Löschning aus Klagenfurt, Löwe (Wilhelm) aus Calbe, Maly aus Wien, Mandrella aus Ujest, Mareck aus Graz (Steyermark), Martiny aus Friedland, Mayer aus Ottobeuern, Melly aus Wien, Meyer aus Liegnitz, Minkus aus Marienfeld, Mölling aus Oldenburg, Mohl (Moriz) aus Stuttgart, Mohr aus Oberingelheim, Mottel aus Kronach, Mulley aus Weitenstein, Nagel aus Bahlingen, Nägele aus Murrhardt, Nauwerck aus Berlin, v. Neitschütz aus Königsberg, Neugebauer aus Ludiz, Nicol aus Hannover, Pattay aus Steyermark, Paur aus Neisse, Pfahler aus Tettnang, Rank aus Wien, Raveaux aus Köln, Reh aus Darmstadt, Reinstein aus Naumburg, Reisinger aus Freistadt, Reitter aus Prag, Rheinwald aus Bern, Riehl aus Zwettl, Rödinger aus Stuttgart, Rösler aus Oels, Roßmäßler aus Tharand, Rühl aus Hanau, Schädler aus Vaduz, Scharre aus Strehla, Schenk aus Dillenburg, Schlöffel aus Halbendorf, Schlutter aus Poris, Schorn aus Essen, Schott aus Stuttgart, Schüler aus Jena, Schulz (Friedrich) aus Weilburg, Schütz aus Mainz, Schwarzenberg aus Kassel, Simon (Ludwig) aus Trier, Spatz aus Frankenthal, Stark aus Krumau, Tafel (Franz) aus Zweibrücken, Temme aus Münster, Titus aus Bamberg, Trabert aus Rausche, Trampusch aus Wien, Uhland aus Tübingen, Umbscheiden aus Dahn, Venedey aus Köln, Vischer aus Tübingen, Vogel aus Guben, Vogt aus Gießen, Vonbun aus Feldkirch, Wagner aus Steyr, Welter aus Tünsdorf, Werner aus Oberkirch, Wiesner aus Wien, Wiest aus Tübingen, Wigard aus Dresden, Wuttke aus Leipzig, Würth aus Sigmaringen, Ziegert aus Preußisch-Minden, Zimmermann aus Stuttgart, Zitz aus Mainz.

Mit Nein stimmten:

Achleitner aus Ried, v. Aichelburg aus Villach, Ambrosch aus Breslau, v. Amstetter aus Breslau, Anderson aus Frankfurt a. d. O., Anz aus Marienwerder, Arndt aus Bonn, Arndts aus München, Arneth aus Wien, Backhaus aus Jena, Bassermann aus Mannheim, v. Baumbach-Kirchheim aus Kassel, Becker aus Gotha, Becker aus Trier, v. Beckerath aus Crefeld, Behnke aus Hannover, Bernhardi aus Kassel, Beseler aus Greifswald, Beseler (H. W.) aus Schleswig, Biedermann aus Leipzig, Blömer aus Aachen, Bock aus Preußisch-Minden, Böcking aus Trarbach, Böcler aus Schwerin, v. Boddien aus Pleß, v. Borries aus Carthaus, v. Bothmer aus Carow, Braun aus Bonn, Braun aus Cöslin, Brescius aus Züllichau, Breusing aus Osnabrück, Briegleb aus Koburg, Bürgers aus Köln, Buß aus Freiburg, v. Buttel aus Oldenburg, Cetto aus Trier, Clemens aus Bonn, Cnyrim aus Frankfurt a. M., Cornelius aus Braunsberg, Coronini-Cronberg (Graf) aus Görz, Cramer aus Cöthen, Cucumus aus München, Dahlmann aus Bonn, Deeke aus Lübeck, Deetz aus Wittenberg, Degenkolb aus Eilenburg, Deiters aus Bonn, Detmold aus Hannover, Dinkl aus Krems, Döllinger aus München, Droge aus Bremen, Droysen aus Kiel, Duncker aus Halle, Ebmeier aus Paderborn, Eckart aus Lohr, Edel aus Würzburg, Edlauer aus Graz, Ehrlich aus Murzynek, Emmerling aus Darmstadt, Engel aus Culm, Englmayr aus Enns (Oberösterreich), Esmarch aus Schleswig, Evertsbusch aus Altena, Falk aus Ottolangendorf, Fallati aus Tübingen, Fischer (Gustav) aus Jena, Flottwell aus Münster, Francke (Karl) aus Rendsburg, Friederich aus Bamberg, Fritsch aus Ried, Fuchs aus Breslau, Fügerl aus Korneuburg, Gebhard aus Würzburg, v. Gersdorf aus Tuez, Gevekoht aus Bremen, Gfrörer aus Freiburg, v. Giech (Graf) aus Thurnau, Giesebrecht aus Stettin, Glax aus Gumpendorf, Göbel aus Jägerndorf, Godeffroy aus Hamburg, Göden aus Krotoszyn, von der Goltz (Graf) aus Czarnikau, Gombart aus München, Graf aus München, Grävell aus Frankfurt a. d. O., Groß aus Leer, Grüel aus Burg, Grumbrecht aus Lüneburg, v. Grundner aus Ingolstadt, Gspan aus Innsbruck, Gülich aus Schleswig, Gysae (Wilhelm) aus Strehlow, Hahn aus Guttstatt, v. Hartmann aus Münster, Haubenschmied aus Passau, Hayden aus Dorff bei Schlierbach, Haym aus Halle, Heimbrod aus Sorau, v. Hennig aus Dempowalonka, Hergenhahn aus Wiesbaden, Herzog aus Ebermannstadt, Heubner aus Saarlouis, Höfken aus Hattingen, Hofer aus Pfarrkirchen, Hollandt aus Braunschweig, Houben aus Meurs, Huck aus Ulm, Hugo aus Göttingen, Jacobi aus Hersfeld, Jordan aus Berlin, Jordan aus Frankfurt a. M., Jürgens aus Stadtoldendorf, Kagerbauer aus Linz, Kahlert aus Leobschütz, v. Kaiserfeld aus Birkfeld, v. Keller (Graf) aus Erfurt, Kerer aus Innsbruck, v. Keudell aus Berlin, Kierulff aus Rostock, Kirchgeßner aus Würzburg, Kleinschrod aus München, Kohlparzer aus Neuhaus, Kosmann aus Stettin, v. Kösteritz aus Elberfeld, Krafft aus Nürnberg, Kratz aus Wintershagen, Künsberg aus Ansbach, Kuenzel aus Wolka, v. Kürsinger (Ignaz) aus Salzburg, Kutzen aus Breslau, Lammers aus Erlangen, Langerfeldt aus Wolfenbüttel, v. Lassaulx aus München, Lette aus Berlin, Leverkus aus Lennep, Lienbacher aus Goldegg, v. Linde aus Mainz, Lindner aus Geisenegg, Lodemann aus Lüneburg, Löw aus Magdeburg, Löw aus Posen, Lüngel aus Hildesheim, Mally aus Steyermark, v. Maltzahn aus Küstrin, Mann aus Rostock, Marcks aus Duisburg, Marcus aus Bartenstein, Martens aus Danzig, v. Massow aus Karlsberg, Matthies aus Greifswald, Metzke aus Sagan, Mevissen aus Köln, Michelsen aus Jena, v. Mühlfeld aus Wien, Müller aus Würzburg, Münch aus Wetzlar, v. Nagel aus Oberviechtach, Naumann aus Frankfurt a. d. O., Nerreter aus Fraustadt, Neubauer aus Wien, Neumayr aus München, Nizze aus Stralsund, Obermüller aus Passau, Ostendorf aus Soest, Osterrath aus Danzig, Ottow aus Labiau, Overweg aus Haus Ruhr, Paur aus Augsburg, Pfeiffer aus Adamsdorf, Pfeuffer aus Landshut, Phillips aus München, Pieringer aus Kremsmünster, Pinckert aus Zeitz, Ploß aus Stade, Plathner aus Halberstadt, Plehn aus

Marienburg, Pöhl aus München, Polatzek aus Weißkirch, v. Pretis aus Hamburg, Prinzinger aus St. Pölten, Quante aus Ulstadt, Quesar aus Graz, v. Quintus-Icilius aus Fallingbostel, v. Radowitz aus Rüthen, Rahm aus Stettin, Rättig aus Potsdam, Rapp aus Wien, Rassl aus Neustadtl in Böhmen, v. Raumer aus Berlin, v. Raumer aus Dinkelsbühl, Reichensperger aus Trier, Reitmayr aus Regensburg, Renger aus Böhmisch-Kamnitz, Richter aus Danzig, Riedl aus Gratz, Riegler aus Mährisch-Budwitz, Riesser aus Hamburg, Röben aus Dornum, Rößler aus Wien, v. Rotenhan aus München, Rüder aus Oldenburg, Rümelin aus Nürtingen, v. Sänger aus Grabow, v. Saltzwedell aus Gumbinnen, v. Saucken-Tarputschen aus Angerburg, Schauß aus München, Scheller aus Frankfurt a. d. O., Schepp aus Wiesbaden, Schick aus Weißensee, Schierenberg aus Detmold, Schirmeister aus Insterburg, v. Schleussing aus Rastenburg, Schlüter aus Paderborn, Schmidt (Adolph) aus Berlin, Schneider aus Wien, Scholten aus Ward, Scholz aus Neisse, Schrader aus Brandenburg, Schreiber aus Bielefeld, Schreiner aus Gratz (Steyermark), v. Schrenk aus München, v. Schrötter aus Preußisch-Holland, Schubert (Friedrich Wilhelm) aus Königsberg, Schubert aus Würzburg, Schuler aus Innsbruck, Schultze aus Potsdam, Schwarz aus Halle, Schwerin (Graf) aus Pommern, Schwetschke aus Halle, v. Selchow aus Rettkewitz, Sellmer aus Landsberg a. d. W., Sepp aus München, Siehr aus Gumbinnen, Siemens aus Hannover, Simson aus Stargard, v. Soiron aus Mannheim, v. Somaruga aus Wien, Sprengel aus Waren, Stahl aus Erlangen, Stavenhagen aus Berlin, Stenzel aus Breslau, Stieber aus Budissin, Streffleur aus Wien, v. Stremayr aus Gratz, Stülz aus St. Florian, Sturm aus Sorau, Tannen aus Zielenzig, Tappehorn aus Oldenburg, Teichert aus Berlin, Tellkampf aus Breslau, v. Thielau aus Braunschweig, Thöl aus Rostock, v. Treskow aus Grocholin, v. Unterrichter aus Klagenfurt, Veit aus Berlin, Versen aus Nieheim, Viebig aus Posen, v. Vincke aus Hagen, Vogel aus Dillingen, Waitz aus Göttingen, Waldmann aus Heiligenstadt, Walter aus Neustadt, Weber aus Neuburg, Weber aus Meran, Wedekind aus Bruchhausen, v. Wedemeyer aus Schönrade, v. Wegnern aus Lyk, Weiß aus Salzburg, Weißenborn aus Eisenach, Welbeker aus Aachen, Welcker aus Heidelberg, Werner aus St. Pölten, Wernich aus Elbing, Werthmüller aus Fulda, Wichmann aus Stendal, Widenmann aus Düsseldorf, Wiebker aus Uckermünde, Wiethaus (J.) aus Gummersbach, Winter aus Liebenburg, v. Wulffen aus Passau, v. Würth aus Wien, Zachariä aus Bernburg, Zell aus Trier, v. Zerzog aus Regensburg, Zöllner aus Chemnitz, Zum Sande aus Lingen.

Der Abstimmung enthielt sich:

Möller aus Reichenberg.

Abwesend waren:

A. Mit Entschuldigung:

v. Andrian aus Wien, Archer aus Rein, v. Bally aus Beuthen, Barth aus Kaufbeuren, Bauer aus Bamberg, Bauernschmid aus Wien, Baur aus Hechingen, v. Beisler aus München, Benedict aus Wien, Bergmüller aus Mauerkirchen, Bogen aus Michelstadt, Bouvier (Cajetan) aus Steyermark, Brentano aus Bruchsal, Brons aus Emden, Burkart aus Bamberg, Carl aus Berlin, Christ aus Bruchsal, Christmann aus Dürkheim, Czoernig aus Wien, Demel aus Teschen, v. Ende aus Waldenburg, Fehrenbach aus Säckingen, Fetzer aus Stuttgart, Freudentheil aus Stade, v. Gagern aus Darmstadt, v. Gagern aus Wiesbaden, Heckscher aus Hamburg, Helbing aus Emmendingen, Herzig aus Wien, Heubner aus Freiberg, Hillebrand aus Ybbs, Höchsmann aus Wien, Johannes aus Meiningen, Jordan aus Gollnow, v. Itzstein aus Mannheim, Junghanns aus Mosbach, Junkmann aus Münster, Kaiser (Ignatz) aus Wien, v. Kalckstein aus Wogau, Kerst aus Birnbaum, Knarr aus Steyermark, Koch aus Leipzig, Kolb aus Speyer, Kuenzer aus Constanz, Leue aus Köln, Mammen aus Plauen, Mathy aus Karlsruhe, v. Mayfeld aus Wien, Mez aus Freiburg, Mittermaier aus Heidelberg, v. Möring aus Wien, Mohl (Robert) aus Heidelberg, Müller aus Damm, Müller aus Sonnenberg, Neumann aus Wien, v. Neuwall aus Brünn, Peter aus Constanz, Petzer aus Bruneck, Presting aus Memel, v. Rappard aus Glambek, v. Reden aus Berlin, Reichard aus Speyer, Reichenbach (Graf) aus Domeßko, Reindl aus Orth, Richter aus Achern, Röder aus Neustettin, Römer aus Stuttgart, Rothe aus Berlin, Sachs aus Mannheim, Schaffrath aus Neustadt, Schiedermayer aus Vöcklabruck, Schlörr aus der Oberpfalz, v. Schlotheim aus Wollstein, v. Schmerling aus Wien, Schneer aus Breslau, Schoder aus Stuttgart, Schönmäckers aus Beck, Schrott aus Wien, Schüler (Friedrich) aus Zweibrücken, Schultze aus Liebau, Simon (Max) aus Breslau, Simon (Heinrich) aus Breslau, Stedmann aus Besselich, Stokinger aus Frankenthal, Tafel aus Stuttgart, Thinnes aus Eichstätt, Tomaschek aus Iglau, v. Trützschler aus Dresden, Wernher aus Nierstein, Wesendonck aus Düsseldorf, Wippermann aus Kassel, Zeltner aus Nürnberg, Zimmermann aus Spandow, Zittel aus Bahlingen.

B. Ohne Entschuldigung:

Anders aus Goldberg, Boch-Buschmann aus Siebenbrunnen, Bonardy aus Greiz, v. Breuning aus Aachen, Cropp aus Oldenburg, Deym (Graf) aus Prag, Deymann aus Meppen, Eckert aus Bromberg, Egger aus Wien, Fröbel aus Reuß, v. Gladis aus Wohlau, Groß aus Prag, Grubert aus Breslau, Hedrich aus Prag, Heldmann aus Selters, v. Hermann aus München, Hoffmann aus Ludwigsburg, Jopp aus Enzersdorf, Knoodt aus Bonn, v. Kürsinger (K.) aus Tamsweg, Laube aus Leipzig,

Laudien aus Königsberg, Liebmann aus Perleberg, Makowiczka aus Krakau, Marsilli aus Roveredo, v. Mayern aus Wien, Merck aus Hamburg, Munchen aus Luxemburg, Nöthig aus Weißholz, Oertel aus Mittelwalde, Pannier aus Zerbst, Raus aus Wolframitz, Reichard aus Boyzenburg, v. Scherpenzeel aus Baarlo, Schmidt (Ernst Friedrich Franz) aus Löwenberg, Schmidt (Joseph) aus Linz, Schmitt aus Kaiserslautern, Schulz aus Darmstadt, Servais aus Luxemburg, Stein aus Görz, Strache aus Rumburg, Waldburg-Zeil-Trauchburg (Fürst) aus Stuttgart, Wurm aus Hamburg, v. Wydenbrugk aus Weimar, Zachariä aus Göttingen.

Präsident: Der Antrag des Herrn Gulden:

„Das Veto der Staatsregierungen gegen die Beschlüsse der Volksvertreter kann nur ein beschränktes sein,"

ist mit 246 gegen 119 Stimmen abgelehnt. — Zu dieser Abstimmung haben die Herren Werthmüller, Cnyrim, Pinckert und Weißenborn folgende protokollarische Erklärung abgegeben:

„Die Unterzeichneten erklären, daß sie zwar principiell für das suspensive Veto sind, es jedoch nicht für angemessen halten, die Autonomie der Einzelstaaten in diesem Punkte zu beschränken."

Wir kommen jetzt zu dem Minoritätserachten, ich bitte aber vorher, überall die Plätze einzunehmen. Namentliche Abstimmungen sind zu § 45 gar nicht mehr beantragt. Das Minoritätserachten lautet:

„Die Feststellung der Verfassungsform eines jeden deutschen Staates ist Sache der Staatsangehörigen desselben."

Diejenigen Herren, welche diesem Minoritätserachten zustimmen wollen, ersuche ich, sich zu erheben. (Die Minderheit erhebt sich.) Das Minoritätserachten ist abgelehnt. Ich komme jetzt zum Antrage des Herrn Rödinger, der für den Fall der Ablehnung dieses Minoritätserachtens gestellt ist, an der Stelle desselben zu sagen:

„Die Feststellung der Verfassungsform eines jeden deutschen Staates ist Sache der Volksvertretung."

Diejenigen Herren, welche dem Antrage des Herrn Rödinger zustimmen wollen, ersuche ich, sich zu erheben. (Die Minderheit erhebt sich.) Der Antrag ist nicht angenommen. Der eventuelle Antrag des Herrn Rödinger lautet:

„Die Feststellung der Verfassungsform eines jeden deutschen Staates ist Sache der Volksvertretung, wobei dem Staatsoberhaupte nur eine aufschiebende Ablehnung (suspensives Veto) zusteht."

Diejenigen Herren, welche diesen eventuellen Antrag des Herrn Rödinger annehmen wollen, bitte ich, sich zu erheben. (Die Minderheit erhebt sich.) Auch dieser Antrag ist nicht angenommen. — Ich komme nun zu dem Antrage des Herrn Abgeordneten Uhland, der so lautet:

„Unter keinen Umständen darf eine Landesverfassung einseitig von der Regierung gegeben oder abgeändert werden."

Diejenigen Herren, welche diesem Antrag des Herrn Uhland beistimmen wollen, ersuche ich sich zu erheben. (Ein Theil der Versammlung erhebt sich.) Wir wollen die Gegenprobe machen. Ich bitte, sich niederzulassen. Diejenigen Herren, welche den Zusatzantrag des Herrn Uhland nicht annehmen wollen, ersuche ich, aufzustehen. (Der andere Theil der Versammlung erhebt sich.) Das Resultat der Abstimmung bleibt noch immer zweifelhaft; ich werde also durch Zettel abstimmen lassen. (Unruhe.) Ich wiederhole die Frage. Diejenigen Herren, die den Antrag des Herrn Uhland annehmen wollen, bitte ich, die weißen Zettel mit Ja, diejenigen, welche den Antrag ablehnen wollen, die farbigen Zettel mit Nein zu unterzeichnen. (Es erfolgt die Einsammlung und Zählung der Stimmzettel.)

Die Abstimmung ergab folgendes Resultat:

Mit Ja stimmten:

Achleitner aus Ried, Anders aus Goldberg, Anderson aus Frankfurt a. d. O., Backhaus aus Jena, Beidtel aus Brünn, Berger aus Wien, Biedermann aus Leipzig, Blumröder (Gustav) aus Kirchenlamitz, Böcking aus Trarbach, Boczek aus Mähren, Benardy aus Greiz, Bresgen aus Ahrweiler, Breusing aus Osnabrück, Caspers aus Coblenz, Claussen aus Kiel, Clemens aus Bonn, Cnyrim aus Frankfurt a. M., Cramer aus Cöthen, Cropp aus Oldenburg, Culmann aus Zweibrücken, Damm aus Tauberbischofsheim, Demel aus Teschen, Dham aus Schmalenberg, v. Dieskau aus Plauen, Dietsch aus Annaberg, Drechsler aus Rostock, Eckert aus Bromberg, Ehrlich aus Murzynek, Eisenmann aus Nürnberg, Eisenstuck aus Chemnitz, Engel aus Pinneberg, Esterle aus Cavalese, Fallmerayer aus München, Federer aus Stuttgart, Förster aus Hünfeld, Freese aus Stargard, Frisch aus Stuttgart, Fritsche aus Roda, Gebhard aus Würzburg, Geigel aus München, Gerlach aus Tilsit, Gfrörer aus Freiburg, Giskra aus Wien, Goltz aus Brieg, Gottschalk aus Schopfheim, Gravenhorst aus Lüneburg, Gritzner aus Wien, Grumbrecht aus Lüneburg, Gülich aus Schleswig, Günther aus Leipzig, Gulden aus Zweibrücken, Hagen (K.) aus Heidelberg, Haggenmüller aus Kempten, Hallbauer aus Meissen, Hartmann aus Leitmeritz, Haßler aus Ulm, Hehner aus Wiesbaden, Heisterbergk aus Rochlitz, Heldmann aus Selters, Hensel aus Camenz, Heubner aus Zwickau, Heusner aus Saarlouis, Hirschberg aus Sondershausen, Höften aus Hattingen, Hönniger aus Rudolstadt, Hoffbauer aus Nordhausen, Hofmann aus Friedberg, Hollandt aus Braunschweig, Jahn aus Freiburg an der Unstrutt, Jopp aus Enzersdorf, Jucho aus Frankfurt a. M., Käfferlein aus Baireuth, v. Keudell aus Berlin, Kirchgeßner aus Würzburg, Köhler aus Seehausen, Kohlparzer aus Neuhaus, Kollaczek aus österr. Schlesien, Kotschy aus Ustron in mähr. Schlesien, Kudlich aus Schloß Dietach, v. Kürsinger (Ignaz) aus Salzburg, v. Kürsinger (Karl) aus Tamsweg, Langbein aus Wurzen, Laschan aus Villach, Laudien aus Königsberg, Lausch aus Troppau, Levysohn aus Grünberg, Liebmann aus Perleberg, [illegible] aus Seisenegg, [illegible] aus Klagenfurt, Löwe (Wilhelm) aus Calbe, Makowiczka aus Krakau, Mally aus Steyermark, Mandrella aus Ujest, Mareck aus Gratz (Steyermark), Marsilli aus Roveredo, Mayer aus Ottobeuern, Melly aus Wien, Merkel aus Kronach, Meyer aus Liegnitz, Minkus aus Marienfeld, Möller aus Reichenberg, Mölling aus Oldenburg, Mohl (Moritz) aus Stuttgart, Mohr aus Oberingelheim, Mulley aus Weitenstein, Nagel aus Bahlingen, Nägele aus Murrhardt, Nauwerck aus Berlin, v. Neitschütz aus Königsberg, Neugebauer aus Ludiz, Nicol aus Hannover, Pannier aus Zerbst, Pattai aus Steyermark, Paur aus Augsburg, Paur aus Neisse, Pfahler aus Tettnang, Pfeuffer aus Landshut, Pinckert aus Zeitz, Plaß aus Stade, Pötzl aus München, Polatzek aus Weißkirch, v. Pretis aus Hamburg, Prinzinger aus St. Pölten, v. Quintus-Icilius aus Fallingbostel, Rättig aus Potsdam, Rank aus Wien, Rapp aus Wien, Raveaux aus Cöln, Reh aus Darmstadt Reinstein aus Naumburg, Reitmayr aus Regensburg, Reitter aus Prag, Renger aus böhmisch Kamnitz, Rheinwald aus Bern, Riehl aus Zwettl, Röben aus Dornum, Rödinger aus Stuttgart, Rösler aus Oels, Roßmäßler aus Tharand, Rühl aus Hanau, Rümelin aus Nürtingen, Schädler aus Vaduz, Scharre aus Strehla, Schenk aus Dillenburg, Schlerenberg aus Detmold, Schlöffel aus Halbendorf, Schlutter aus Poris, Schmidt (Adolph) aus Berlin, Schneider aus Wien, Schorn aus Essen, Schott aus Stuttgart, Schubert aus Würzburg, Schüler aus Jena, Schulz (Friedrich) aus Weilburg, Schulz aus Darmstadt, Schütz aus Mainz, Schwarzenberg aus Cassel, Siemens aus Hannover, Simon (Ludwig) aus Trier, Spatz aus Frankenthal, Stark aus Krumau, Stenzel aus Breslau, v. Stremayr aus Gratz, Tafel (Franz) aus Zweibrücken, Tappehorn aus Oldenburg, Temme aus Münster, Tomaschek aus Iglau, Trabert aus Rausche, Trampusch aus Wien, Uhland aus Tübingen, Umbscheiden aus Dahn, v. Unterrichter aus Klagenfurt, Venedey aus Cöln, Vischer aus Tübingen, Vogel aus Guben, Vogel aus Dillingen, Vogt aus Gießen, Vonbun aus Feldkirch, Wedekind aus Bruchhausen, Weißenborn aus Eisenach, Wekbeker aus Aachen, Welter aus Tünsdorf, Werner aus Oberkirch, Werner aus St. Pölten, Werthmüller aus Fulda, Wiesner aus Wien, Wiest aus Tübingen, Wigard aus Dresden, Wurm aus Hamburg, Wuttke aus Leipzig, Würth aus Sigmaringen, Zachariä aus Bernburg, Zell aus Trier, Ziegert aus Preuß. Minden, Zimmermann (Professor) aus Stuttgart, Zitz aus Mainz, Zöllner aus Chemnitz.

Mit Nein stimmten:

v. Aichelburg aus Villach, Ambrosch aus Breslau, v. Amstetter aus Breslau, Anz aus Marienwerder, Arndt aus Bonn, Arndts aus München, Arneth aus Wien, Bassermann aus Mannheim, v. Baumbach-Kirchheim aus Cassel, Becker aus [illegible] aus Crefeld, Behncke aus [illegible] Bernhardi aus Cassel, Beseler aus Greifswald, Blömer aus Aachen, Bock aus Preußisch-Minden, Böcler aus Schwerin, v. Boddien aus Pleß, [illegible] aus Karthaus, Braun aus Bonn, Braun aus Cöslin, Brescius aus Züllichau, Briegleb aus Coburg, Bürgers aus Cöln, Buß aus Freiburg, Cornelius aus Braunsberg, Coronini-Cronberg (Graf) aus Görz, Dahlmann aus Bonn, Degke aus Lübeck, Deetz aus Wittenberg, Degenkolb aus Eilenburg, Deiters aus Bonn, Detmold aus Hannover, Dienstl aus Krems, Döllinger aus München, Droysen aus Kiel, Duncker aus Halle, Ebmeier aus Paderborn, Eckart aus Lohr, Edlauer aus Gratz, Emmerling aus Darmstadt, Engel aus Culm, Esmarch aus Schleswig, Evertsbusch aus Altena, Falk aus Ottolangendorf, Fallati aus Tübingen, v. Flottwell aus Münster, Francke (Karl) aus Rendsburg, Friederich aus Bamberg, Fuchs aus Breslau, Fügerl aus Korneuburg, v. Gersdorf aus Tuß, Gevekoht aus Bremen, v. Giech (Graf) aus Thurnau, Giesebrecht aus Stettin, Glax aus Wien, Göbel aus Jägerndorf, Godeffroy aus Hamburg, Göden aus Krotoszyn, von der Goltz (Graf) aus Czarnikau, Gombart aus München, Graf aus München, Gravell aus Frankfurt a. d. O., Groß aus Leer, v. Grundner aus Ingolstadt, Gspan aus Innsbruck, Gysae (Wilhelm) aus Strehlow, Hahn aus Guttstatt, v. Hartmann aus Münster, Haubenschmied aus Passau, Hayden aus Dorff bei Schlierbach, Haym aus Halle, Heimbrod aus Sorau, Herzog aus Ebermannstadt, Hofer aus Pfarrkirchen, Houben aus Meurs, Hugo aus Göttingen, Jacobi aus Hersfeld, Jordan aus Berlin, Jordan aus Frankfurt a. M., Jürgens aus Stadtoldendorf, Kagerbauer aus Linz, Kahlert aus Leobschütz, Kaiserfeld aus Birkfeld, v. Keller (Graf) aus Erfurt, Kerer aus Innsbruck, Kierulff aus Rostock, Kleinschrod aus München, Kosmann aus Stettin, v. Kösteritz aus Elberfeld, Krafft aus Nürnberg, Kratz aus Wintershagen, Künßberg aus Ansbach, Küntzel aus Wolka, Kutzen aus Breslau, Lammers aus Erlangen, Langerfeldt aus Wolfenbüttel, v. Lassaulx aus München, Lette aus Berlin, Leverkus aus Lennep, Lienbacher aus Goldegg, v. Linde aus Mainz, Lodemann aus Lüneburg, Löw aus Magdeburg, Löw aus Posen, Lüntzel aus Hildesheim, v. Maltzahn aus Küstrin, Mann aus Rostock, Marcks aus Duisburg, Marcus aus Bartenstein, Martens aus Danzig, v. Massow aus Carlsberg, Matthies aus Greifswald, Metzke aus Sagan, Mevissen aus Cöln, Michelsen aus Jena, v. Mühlfeld aus Wien, Müller aus Würzburg, Münch aus Wetzlar, v. Nagel aus Oberviechtach, Naumann aus Frankfurt a. d. O., Nerreter aus Fraustadt, Neubauer aus Wien, Neumayr aus München, Nizze aus Stralsund, Obermüller aus Passau, Oertel aus Mittelwalde, Ostendorf aus Soest, Osterrath aus Danzig, Overweg aus Haus Ruhr, Phillips aus München, Plathner aus Halberstadt, Plehn aus Marienburg, Quante aus Ullstadt, Quesar aus Prag, v. Radowitz aus Rüchen, Rahm aus Stettin, Kaßl aus Neustadtl in Böhmen, v. Raumer aus Berlin, Reichensperger aus Trier, Riedl aus Grätz, Riegler aus mährisch Budwitz, v. Rotenhan aus München, v. Sänger aus Grabow, v. Saltzwedell aus Gumbinnen, v. Saucken-Tarputschen aus Angerburg, Schauß aus München, Scheller aus Frankfurt a. d. O., Schepp aus Wiesbaden, Schick aus Weißensee, Schirmeister aus Insterburg, v. Schleussing aus Rastenburg, Schlüter aus Paderborn, Schneer aus Breslau, Scholten aus Ward Scholz aus Neisse, Schrader aus Brandenburg, Schreiber aus Bielefeld, Schreiner aus Gratz (Steyermark), v. Schrenk aus München, Schrötter aus Pr. Holland, Schubert (Friedrich Wilhelm) aus Königsberg, Schuler aus Innsbruck, Schultze aus Potsdam, Schwarz aus Halle, Schwerin (Graf) aus Pommern, v. Selchow aus Rettkewitz, Sellmer aus Landsberg a. d. W., Sepp aus München, Siehr aus Gumbinnen, Simson aus Stargard, v. Soiron aus Mannheim, Sprengel aus Waren, Stahl aus Erlangen, Stavenhagen aus Berlin, Stieber aus Budissin, Streffleur aus Wien, Stülz aus St. Florian, Sturm aus Sorau, Tannen aus Zilenzig, Teichert aus Berlin, Tellkampf aus Breslau, v. Thielau aus Braunschweig, Thöl aus Rostock, v. Treskow aus Grocholin, Veit aus Berlin; Viebig aus Posen, v. Vincke aus Hagen, Waitz aus Göttingen, Waldmann aus Heiligenstadt, Walter aus Neustadt, Weber aus Neuburg, Weber aus Meran, v. Wegnern aus Lyk, Weiß aus Salzburg, Wernich aus Elbing, Widenmann aus Düsseldorf, Wiebker aus Uckermünde, Wiethaus (J.) aus Gummersbach, Winter aus Liebenburg, v. Wulffen aus Passau, v. Zerzog aus Regensburg.

Präsident: Der Antrag des Herrn Uhland ist mit 203 gegen 199 Stimmen abgelehnt. (Bravo auf der Rechten.) Wir kommen zu dem Antrage des Herrn Zimmermann aus Stuttgart, nachdem ich vorher noch zwei protokollarische Erklärungen zu verlesen habe. Die erste lautet:

„Die Unterzeichneten haben gegen das Uhland'sche Amendement zum § 45 gestimmt, weil ein Satz wegen einseitiger Aenderung oder Aufhebung der Landesverfassungen Seitens der Regierungen nicht in die Grundrechte gehört, sondern die Bürgschaft gegen derartige Rechtsverletzungen im Reichsgericht und den Gewährleistungen der Verfassung liegt. — Lette. Leverkus."

Die andere Erklärung lautet:

„Weil in der Reichsverfassung die Verordnungen über Aenderung der Verfassung enthalten sind, und die nach dem Uhland'schen Antrage aufzunehmende Bestimmung mir nicht hieher gehörig erscheint, habe ich gegen diesen Antrag gestimmt, obwohl ich mit dem darin ausgesprochenen Grundsatze an sich einverstanden bin. — Schneer. Dieser Erklärung schließt sich an Quante."

(Gelächter auf der Linken.) Meine Herren! Wir gehen zur Abstimmung über den Zusatz der Herren Zimmermann von Stuttgart, Hartmann, Meier aus Liegnitz und Anderer über, der dahin geht, nach § 45 folgenden Paragraphen einzuschieben:

„Jeder Staatsbürger nimmt an der Gesetzgebung des Gesammtstaates wie des Einzelstaates, dem er angehört, durch das Recht zu wählen und gewählt zu werden, gleichmäßig Theil. Eine Beschränkung dieses Rechts kann nur wegen des Mangels der Dispositionsfähigkeit und der bürgerlichen Ehrenrechte durch das Reichs- beziehungsweise Landeswahlgesetz bestimmt werden."

Ich bringe diesen Paragraphen zur Abstimmung, sobald die Herren ihre Plätze eingenommen haben werden. Die Herren, welche den so eben verlesenen Zusatzparagraphen des Herrn Zimmermann von Stuttgart und Anderen annehmen wollen, bitte ich, aufzustehen. (Die Minderzahl erhebt sich.) Der Antrag ist nicht angenommen. — Wir gehen zur Abstimmung über § 46 über. Ich beginne mit dem ersten alinea des Verfassungsausschusses unter dem Vorbehalt der Abstimmungen über den Zusatzantrag von Pötzl, Spatz, Moritz Mohl, Würth, Förster und Genossen. Die Herren, welche den Antrag des Verfassungsausschusses:

„Die Volksvertretung hat eine entscheidende Stimme bei der Gesetzgebung und Besteuerung"

unter Vorbehalt weiterer Abstimmung über den Zusatzantrag von Pötzl, Spatz, M. Mohl, Würth und Genossen, Förster und Genossen annehmen wollen, bitte ich, aufzustehen. (Die Mehrzahl erhebt sich.) Der Antrag ist angenommen. — Ich gehe zum Zusatz des Herrn Pötzl über, wonach nach diesem angenommenen ersten Absatz dem § 46 beigefügt werden soll:

„und das Recht der Initiative bei der Gesetzgebung." — Dieß ist ein Punkt, über welchen namentliche Abstimmung vorbehalten und unterstützt ist. Es wird also über diesen Zusatz namentlich abgestimmt. Die Herren, welche dem Zusatze des Herrn Pötzl: „und das Recht der Initiative bei der Gesetzgebung" beistimmen wollen, werden beim Aufruf ihres Namens mit **Ja**, die den Zusatz nicht annehmen wollen, mit **Nein** antworten.

Bei dem hierauf erfolgenden Namensaufruf antworteten mit **Ja**:

Achleitner aus Ried, v. Aichelburg aus Villach, v. Amstetter aus Breslau, Anders aus Goldberg, Anderson aus Frankfurt a. d. O., Anz aus Marienwerder, Arndt aus Bonn, Arneth aus Wien, Backhaus aus Jena, v. Baumbach-Kirchheim aus Cassel, Becker aus Trier, Behnke aus Hannover, Beidtel aus Brünn, Berger aus Wien, Bernhardi aus Cassel, Beseler (H. W.) aus Schleswig, Biedermann aus Leipzig, Blömer aus Aachen, Blumröder (Gustav) aus Kirchenlamitz, Bock aus Preußisch-Minden, Böcking aus Trarbach, Böcler aus Schwerin, Boczek aus Mähren, Bonardy aus Greiz, v. Borries aus Carthaus, Braun aus Bonn, Braun aus Cöslin, Brescius aus Züllichau, Bresgen aus Ahrweiler, Breusing aus Osnabrück, Bürgers aus Cöln, Buß aus Freiburg, v. Buttel aus Oldenburg, Caspers aus Coblenz, Cetto aus Trier, Claussen aus Kiel, Clemens aus Bonn, Cnyrim aus Frankfurt a. M., Cramer aus Cöthen, Cropp aus Oldenburg, Cucumus aus München, Culmann aus Zweibrücken, Damm aus Tauberbischoffsheim, Decke aus Lübeck, Degenkolb aus Eilenburg, Deiters aus Bonn, Dham aus Schmalenberg, v. Dieskau aus Plauen,

Dietsch aus Annaberg, Dinkl aus Krems, Döllinger aus München, Drechsler aus Rostock, Dröge aus Bremen, Duncker aus Halle, Eckart aus Lohr, Eckert aus Bromberg, Edlauer aus Gratz, Ehrlich aus Murzynek, Eisenmann aus Nürnberg, Eisenstuck aus Chemnitz, Emmerling aus Darmstadt, Engel aus Pinneberg, Engel aus Culm, Englmayr aus Enns (Oberösterreich), Esterle aus Cavalese, Evertsbusch aus Altena, Fallmerayer aus München, Federer aus Stuttgart, Fischer (Gustav) aus Jena, Förster aus Hünfeld, Freese aus Stargard, Frisch aus Stuttgart, Fritsch aus Ried, Fritzsche aus Roda, Fuchs aus Breslau, Fügerl aus Korneuburg, Gebhard aus Würzburg, Geigel aus München, Gerlach aus Tilsit, Gevekoht aus Bremen, Gfrörer aus Freiburg, v. Giech (Graf) aus Thurnau, Glax aus Gumpendorf, Göbel aus Jägerndorf, Godeffroy aus Hamburg, Göden aus Krotoszyn, Goltz aus Brieg, von der Goltz (Graf) aus Czarnikau, Gottschalk aus Schopfheim, Graf aus München, Gravenhorst aus Lüneburg, Gritzner aus Wien, Groß aus Leer, Grüel aus Burg, Grumbrecht aus Lüneburg, v. Grundner aus Ingolstadt, Gspan aus Innsbruck, Gülich aus Schleswig, Günther aus Leipzig, Gulden aus Zweibrücken, Hagen (K.) aus Heidelberg, Haggenmüller aus Kempten, Hahn aus Guttstatt, Hallbauer aus Meißen, Hartmann aus Leitmeritz, v. Hartmann aus Münster, Haßler aus Ulm, Haubenschmied aus Passau, Haym aus Halle, Hehner aus Wiesbaden, Heimbrod aus Sorau, Heisterbergk aus Rochlitz, v. Hennig aus Dempowalonka, Hensel aus Camenz, Hergenhahn aus Wiesbaden, Herzog aus Ebermannstadt, Heubner aus Zwickau, Heusner aus Saarlouis, Hildebrand aus Marburg, Hirschberg aus Sondershausen, Höfken aus Hattingen, Hönniger aus Rudolstadt, Hofer aus Pfarrkirchen, Hofmann aus Friedberg, Hollandt aus Braunschweig, Houben aus Meurs, Huber aus Linz, Jacobi aus Hersfeld, Jahn aus Freiburg an der Unstrutt, Jordan aus Berlin, Jordan aus Frankfurt a. M., Jucho aus Frankfurt a. M., Käfferlein aus Baireuth, Kagerbauer aus Linz, Kahlert aus Leobschütz, Kaiser (Ignaz) aus Wien, v. Kaisersfeld aus Birkfeld, Kerer aus Innsbruck, v. Keudell aus Berlin, Kierulff aus Rostock, Kirchgeßner aus Würzburg, Kleinschrod aus München, Köhler aus Seehausen, Kohlparzer aus Neuhaus, Kollaczek aus österr. Schlesien, Kosmann aus Stettin, Kotschy aus Ustron in Mährisch-Schlesien, Krafft aus Nürnberg, Kratz aus Wintershagen, Kudlich aus Schloß Dietach, Künsberg aus Ansbach, Küntzel aus Wolka, v. Kürsinger (Ignaz) aus Salzburg, v. Kürsinger (Karl) aus Tamsweg, Kuhnt aus Bunzlau, Lammers aus Erlangen, Langbein aus Wurzen, Langerfeldt aus Wolfenbüttel, Laschan aus Villach, v. Lassaulx aus München, Laube aus Leipzig, Laudien aus Königsberg, Lette aus Berlin, Leverkus aus Lennep, Levysohn aus Grünberg, Liebmann aus Perleberg, Lindner aus Seifenegg, Lodemann aus Lüneburg, Löschnigg aus Klagenfurt, Löw aus Magdeburg, Löw aus Posen, Löwe (Wilhelm) aus Calbe, Lüntzel aus Hildesheim, Makowiczka aus Krakau, Mally aus Steyermark, Maly aus Wien, v. Maltzahn aus Küstrin, Mandrella aus Ujest, Mann aus Rostock, Marcks aus Duisburg, Marcus aus Bartenstein, Mareck aus Gratz (Steyermark), Martiny aus Friedland, v. Massow aus Carlsberg, Mathies aus Greifswald, Mayer aus Ottobeuern, Melly aus Wien, Merkel aus Kronach, Mevissen aus Cöln, Meyer aus Liegnitz, Minkus aus Marienfeld, Möller aus Reichenberg, Mölling aus Oldenburg, Mohl (Moriz) aus Stuttgart, Mohr aus Oberingelheim, Mulley aus Weitenstein, Nagel aus Balingen, v. Nagel aus Oberviechtach, Nägele aus Murrhardt, Nauwerck aus Berlin, v. Neitschütz aus Königsberg, Nerreter aus Fraustadt, Neubauer aus Wien, Neugebauer aus Luditz, Neumayr aus München, Nicol aus Hannover, Nizze aus Stralsund, Ostendorf aus Soest, Osterrath aus Danzig, Ottow aus Labiau, Pannier aus Zerbst, Pattai aus Steyermark, Paur aus Augsburg, Paur aus Neisse, Pfahler aus Tettnang, Pfeiffer aus Adamsdorf, Pfeuffer aus Landshut, Pieringer aus Kremsmünster, Pinckert aus Zeitz, Plaß aus Stade, Pözl aus München, v. Pretis aus Hamburg, Prinzinger aus St. Pölten, Quante aus Ullstadt, Quesar aus Gratz, v. Quintus-Icilius aus Fallingbostel, Rahm aus Stettin, Rättig aus Potsdam, Rank aus Wien, Rapp aus Wien, v. Rappard aus Glambek, Raßl aus Neustadtl in Böhmen, v. Raumer aus Berlin, v. Raumer aus Dinkelsbühl, Raveaux aus Cöln, Reh aus Darmstadt, Reichensperger aus Trier, Reinstein aus Naumburg, Reisinger aus Freistadt, Reitmayr aus Regensburg, Reitter aus Prag, Renger aus böhmisch Kamnitz, Rheinwald aus Bern, Richter aus Danzig, Riedl aus Gratz, Riegler aus mährisch Budwitz, Riehl aus Zwettl, Riesser aus Hamburg, Röben aus Dornum, Rödinger aus Stuttgart, Rösler aus Oels, Rößler aus Wien, Roßmäßler aus Tharand, Rüder aus Oldenburg, Rühl aus Hanau, Rümelin aus Nürtingen, v. Sänger aus Grabow, v. Saltzwedell aus Gumbinnen, v. Saucken-Tarputschen aus Angerburg, Schädler aus Vaduz, Scharre aus Strehla, Schauß aus München, Scheller aus Frankfurt a. d. O., Schenk aus Dillenburg, Schepp aus Wiesbaden, Schick aus Weißensee, Schierenberg aus Detmold, Schirmeister aus Insterburg, v. Schleussing aus Rastenburg, Schlöffel aus Halbendorf, Schlutter aus Poris, Schmidt (Adolph) aus Berlin, Schmidt (Joseph) aus Linz, Schneer aus Breslau, Schneider aus Wien, Scholten aus Ward, Scholz aus Neisse, Schorn aus Essen, Schott aus Stuttgart, Schrader aus Brandenburg, Schreiner aus Gratz (Steyermark), Schubert (Friedrich Wilhelm) aus Königsberg, Schüler aus Jena, Schulz (Friedrich) aus Weilburg, Schulz aus Darmstadt, Schütz aus Mainz, Schwarz aus Halle, Schwarzenberg aus Cassel, Schwetschke aus Halle, Sellmer aus Landsberg a. d. W., Sepp aus München, Servais aus Luxemburg, Siehr aus Gumbinnen, Siemens aus Hannover, Simon (Heinrich) aus Breslau, Simon (Ludwig) aus Trier, Simson aus Stargard, v. Soiron aus

Mannheim, Spatz aus Frankenthal, Sprengel aus Waren, Stahl aus Erlangen, Stark aus Krumau, Stavenhagen aus Berlin, Stenzel aus Breslau, Stieber aus Budissin, Streffleur aus Wien, v. Stremayr aus Gratz, Stülz aus St. Florian, Sturm aus Sorau, Tafel (Franz) aus Zweibrücken, Tappehorn aus Oldenburg, Teichert aus Berlin, Temme aus Münster, v. Thielau aus Braunschweig, Thöl aus Rostock, Trabert aus Rausche, Trampusch aus Wien, Uhland aus Tübingen, Umbscheiden aus Dahn, Venedey aus Cöln, Versen aus Nieheim, Viebig aus Posen, Vischer aus Tübingen, Vogel aus Guben, Vogel aus Dillingen, Vogt aus Gießen, Vonbun aus Feldkirch, Wagner aus Steyr, Waitz aus Göttingen, Waldmann aus Heiligenstadt, Walter aus Neustadt, Weber aus Neuburg, Weber aus Meran, Wedekind aus Bruchhausen, Weiß aus Salzburg, Weißenborn aus Eisenach, Weckbecker aus Aachen, Welter aus Tünsdorf, Werner aus Oberkirch, Wernich aus Elbing, Werthmüller aus Fulda, Wichmann aus Stendal, Wiebker aus Uckermünde, Wiesner aus Wien, Wiest aus Tübingen, Wiethaus (J.) aus Gummersbach, Wigard aus Dresden, Winter aus Liebenburg, Wurm aus Hamburg, Wuttke aus Leipzig, Würth aus Sigmaringen, v. Wydenbrugk aus Weimar, Zachariä aus Bernburg, Zachariä aus Göttingen, Zell aus Trier, v. Zerzog aus Regensburg, Ziegert aus Preußisch Minden, Zimmermann (Professor) aus Stuttgart, Zitz aus Mainz, Zöllner aus Chemnitz, Zum Sande aus Lingen.

Mit Nein antworteten:

Ambrosch aus Breslau, Arndts aus München, Bassermann aus Mannheim, Becker aus Gotha, v. Beckerath aus Crefeld, Beseler aus Greifswald, v. Boddien aus Pleß, Dahlmann aus Bonn, Deetz aus Wittenberg, Detmold aus Hannover, Droysen aus Kiel, Edmeier aus Paderborn, Esmarch aus Schleswig, v. Flottwell aus Münster, Francke (Karl) aus Rendsburg, Friederich aus Bamberg, v. Gersdorf aus Tuetz, Giesebrecht aus Stettin, Gombart aus München, Grävell aus Frankfurt a. d. O., Gysae (Wilhelm) aus Strehlow, Hayden aus Dorff bei Schlierbach, Hugo aus Göttingen, Jürgens aus Stadtoldendorf, Kutzen aus Breslau, Lienbacher aus Goldegg, v. Linde aus Mainz, Martens aus Danzig, Metzke aus Sagan, v. Mühlfeld aus Wien, Müller aus Würzburg, Naumann aus Frankfurt a. d. O., Obermüller aus Passau, Oertel aus Mittelwalde, Oberweg aus Haus Ruhr, Phillips aus München, Plehn aus Marienburg, v. Radowitz aus Rüthen, v. Rotenhan aus München, Schlüter aus Paderborn, v. Schrenk aus München, v. Schrötter aus Preuß. Holland, Schuler aus Innsbruck, Schultze aus Potsdam, v. Selchow aus Rettkewitz, Tannen aus Zilenzig, v. Treskow aus Grocholin, v. Unterrichter aus Klagenfurt, Veit aus Berlin, v. Vincke aus Hagen, v. Wegnern aus Lyk, Werner aus St. Pölten, v. Wulffen aus Passau.

Abwesend waren:

A. mit Entschuldigung:

v. Andrian aus Wien, Archer aus Rein, v. Bally aus Beuthen, Barth aus Kaufbeuren, Bauer aus Bamberg, Bauernschmid aus Wien, Baur aus Hechingen, v. Beisler aus München, Bergmüller aus Mauerkirchen, Bogen aus Michelstadt, Bouvier (Cajetan) aus Steyermark, Brentano aus Bruchsal, Briegleb aus Coburg, Brons aus Emden, Burkart aus Bamberg, Carl aus Berlin, Christ aus Bruchsal, Christmann aus Dürkheim, Czoernig aus Wien, Demel aus Teschen, v. Ende aus Waldenburg, Fallati aus Tübingen, Fehrenbach aus Säckingen, Fetzer aus Stuttgart, Freudentheil aus Stade, v. Gagern aus Darmstadt, v. Gagern aus Wiesbaden. Heckscher aus Hamburg, Helbing aus Emmendingen, Herzig aus Wien, Heubner aus Freiberg, Hillebrand aus Pöls, Höchsmann aus Wien, Huck aus Ulm, Johannes aus Meiningen, Jordan aus Gollnow, v. Itzstein aus Mannheim, Junghanns aus Mosbach, Junkmann aus Münster, v. Keller (Graf) aus Erfurt, von Kalkstein aus Wegau, Kerst aus Birnbaum, Knarr aus Steyermark, Koch aus Leipzig, Kolb aus Speyer, Kuenzer aus Constanz, Leue aus Cöln, Mammen aus Plauen, Mathy aus Carlsruhe, v. Mayfeld aus Wien, Metz aus Freiburg, Mittermaier aus Heidelberg, v. Möring, Mohl (Robert) aus Heidelberg, Müller aus Damm, Müller aus Sonnenberg, Neumann aus Wien, v. Neuwall aus Brünn, Peter aus Constanz, Petzer aus Bruneck, Presting aus Memel, v. Reden aus Berlin, Reichard aus Speyer, Reichenbach (Graf) aus Dometzko, Reindl aus Orth, Richter aus Achern, Röder aus Neustettin, Römer aus Stuttgart, Rothe aus Berlin, Sachs aus Mannheim, Schaffrath aus Neustadt, Schiedermayer aus Vöcklabruck, Schlörr aus der Oberpfalz, v. Schlotheim aus Wollstein, v. Schmerling aus Wien, Schoder aus Stuttgart, Schoenmackers aus Beck, Schrott aus Wien, Schüler (Friedrich) aus Zweibrücken, Schultze aus Liebau, Simon (Max) aus Breslau, Stedmann aus Besselich, Stockinger aus Frankenthal, Tafel aus Stuttgart, Thinnes aus Eichstätt, Tomaschek aus Iglau, v. Trützschler aus Dresden, v. Wedemeyer aus Schönrade, Welcker aus Frankfurt, Wernher aus Nierstein, Wesendonck aus Düsseldorf, Widenmann aus Düsseldorf, Wippermann aus Cassel, v. Würth aus Wien, Zeltner aus Nürnberg, Zimmermann aus Spandow, Zittel aus Bahlingen.

B. ohne Entschuldigung:

Ahrens aus Salzgitter, Boch-Buschmann aus Siebenbrunnen, v. Bothmer aus Carow, v. Breuning aus Aachen, Cornelius aus Braunsberg Coronini-Cronberg (Graf) aus Görz, Deym (Graf) aus Prag, Deymann aus Meppen, Edel aus Würzburg, Egger aus Wien, Falk aus Ottolangerndorf, Fröbel aus Reuß, Giskra aus Wien, v. Gladis aus Wehlau, Groß aus Prag, Grubert aus Breslau, Hedrich aus Prag, Heldmann aus Selters, v. Hermann aus München, Hoffbauer aus Nordhausen, Hoffmann aus Ludwigsburg, Jopp aus Enzersdorf, Knoodt aus Bonn, v. Kösteritz aus Elberfeld, Lausch aus Troppau, Marsilli aus Roveredo, v. Mayern aus Wien, Merck aus Hamburg, Michelsen aus Jena, Münch aus Wetzlar, Munchen aus Luxemburg, Nöthig aus Weißholz, Plathner aus Halberstadt, Polatzek aus Weißkirch, Raus aus Wolframitz, Reinhard aus Boytzenburg, v. Scherpenzeel aus Baarloo, Schmidt (Ernst Friedrich Franz) aus Löwenberg, Schmitt aus Kaiserslautern, Schreiber aus Bielefeld, Schubert aus Würzburg, Schwerin (Graf) aus Pommern, v. Somaruga aus Wien, Stein aus Görz, Strache aus Rumburg, Tellkampf aus Breslau, Titus aus Bamberg, Waldburg-Zeil-Trauchburg (Fürst) aus Stuttgart.

Präsident: Der Antrag des Herrn Pötzl, dem angenommenen ersten alinea des § 46 zu inseriren: „und das Recht der Initiative in der Gesetzgebung" ist mit 361 gegen 53 Stimmen angenommen. Herr Werner von St. Pölten hat, nach einer eben eingereichten Erklärung, gegen das Amendement des Herrn Pötzl gestimmt, „nicht als ob er nicht mit dem darin ausgesprochenen Principe einverstanden sei, sondern weil er die Aufnahme dieser Bestimmung in die Grundrechte für ungeeignet halte." (Einige Stimmen: Namen!) Werner von St. Pölten! Wir gehen zu dem Amendement des Herrn Spatz über, von welchem nun, da das Amendement des Herrn Pötzl angenommen ist, nur noch die Worte übrig bleiben: „und Ordnung des Staatshaushaltes." Wollen die Herren nun Ihre Plätze einnehmen? Diejenigen Herren, die in den angenommenen Satz: „Die Volksvertretung hat eine entscheidende Stimme bei der Gesetzgebung und Besteuerung" nach dem Antrag des Herrn Spatz hinter den Worten „Gesetzgebung und Besteuerung" inseriren wollen, „und Ordnung des Staatshaushaltes," daß der Satz also so lauten würde:

> „Die Volksvertretung hat eine entscheidende Stimme bei der Gesetzgebung und Besteuerung und Ordnung des Staatshaushaltes und das Recht der Initiative bei der Gesetzgebung."

ersuche ich, sich zu erheben. (Die Mehrzahl erhebt sich.) Der Zusatz ist angenommen. Das Amendement des Herrn Würth von Sigmaringen, Günther u. s. w. dürfte jetzt erledigt sein; von dem des Herrn Förster, Hildebrand, Maier, Trampusch bleibt auch nur ein Theil noch übrig. Der Zusatz lautet in der ursprünglichen Fassung:

> „Ihr steht das Recht der Initiative" — die „Initiative" ist bereits angenommen — „der Beschwerde, der Adresse und der Untersuchung, sowie der Anklage der verantwortlichen Minister, und zwar, wo zwei Kammern vorhanden sind, jeder für sich zu!"

Ich werde also, meine Herren, noch den Rest des Amendements zur Abstimmung bringen. Mir scheint von dem Amendement des Herrn Förster bliebe jetzt noch übrig:

> „ihr, — der Volksvertretung — steht das Recht der Beschwerde, der Adresse und der Untersuchung, sowie der Anklage der verantwortlichen Minister, und zwar, wo zwei Kammern vorhanden sind, jeder für sich zu."

Ich bringe das also zur Abstimmung. Diejenigen Herren, die den eben verlesenen Satz als Zusatz zu dem angenommenen ersten Satze des § 46 annehmen wollen, ersuche ich, sich zu erheben. (Die Minderzahl erhebt sich.) Der Zusatz ist abgelehnt. — Wir kommen jetzt auf das Amendement des Herrn Mohl, als Zusatz zu alinea I des § 46 zu bestimmen:

> „Keine directe noch indirecte Staatssteuer darf ohne periodische Verwilligung der Volksvertreter erhoben werden."

Das ist der letzte Satz, über den namentliche Abstimmung beantragt ist. (Allgemeiner Ruf: Oh! oh!) Wir müssen, da der Antrag nicht zurückgenommen ist, namentlich abstimmen. (Zuruf: Zurücknehmen! Stimmzettel!) Also diejenigen Herren, die nach dem Antrage des Herrn Moriz Mohl zu dem angenommenen ersten alinea des § 46 den Satz hinzufügen wollen:

> „Keine directe noch indirecte Staatssteuer darf ohne periodische Bewilligung der Volksvertreter erhoben werden."

ersuche ich beim Namensaufrufe mit „**Ja**", diejenigen, welche den Satz ablehnen wollen, mit „**Nein**" antworten zu wollen. (Ruf: Zurücknehmen!) Meine Herren, Herr Moriz Mohl, der den Antrag gestellt hat, wäre der Einzige, der den Antrag zurücknehmen könnte, und er scheint mir ihn nicht zurücknehmen zu wollen. (Unruhe.)

Moriz Mohl von Stuttgart: (Heiterkeit und Beifall.) Meine Herren, ich nehme den Antrag nicht zurück. (Große Heiterkeit.)

Präsident: Also, meine Herren, der Namensaufruf beginnt.

Bei dem hierauf erfolgenden Namensaufruf antworteten mit **Ja**:

Anders aus Goldberg, Anderson aus Frankfurt a. d. O., Backhaus aus Jena, v. Baumbach-Kirchheim aus Cassel, Becker aus Trier, Beidtel aus Brünn, Berger aus Wien, Blumröder (Gustav) aus Kirchenlamitz, Böcking aus Trarbach, Boczek aus Mähren, Bonardy aus Greiz, Bresgen aus Ahrweiler, v. Buttel aus Oldenburg, Caspers aus Coblenz, Cetto aus Trier, Claussen aus Kiel, Cnyrim aus Frankfurt am Main, Cramer aus Cöthen, Cucumus aus München, Culmann aus Zweibrücken, Damm aus Tauberbischoffsheim, Dham aus Schmalenberg, v. Dieskau aus Plauen, Dietsch aus Annaberg, Dinstl aus Krems, Drechsler aus Rostock, Eckert aus Bromberg, Ehrlich aus Murzynek, Eisenmann aus Nürnberg, Eisenstuck aus Chemnitz, Engel aus Pinneberg, Englmayr aus Enns (Oberösterreich), Esterle aus Cavalese, Fallmerayer aus München, Federer aus Stuttgart, Förster aus Hünfeld, Freese aus Stargard, Frisch aus Stuttgart, Fritzsche aus Roda, Geigel aus München, Gerlach aus Tilsit, Gfrörer aus Freiburg, Giskra aus Wien, Göbel aus Jägerndorf, Goltz aus Brieg, Gravenhorst aus Lüneburg, Gritzner aus Wien, Günther aus Leipzig, Gulden aus Zweibrücken, Hagen (K.) aus Heidelberg, Haggenmüller aus Kempten, Hallbauer aus Meißen,

Hartmann aus Leitmeritz, Hehner aus Wiesbaden, Helsterbergk aus Rochlitz, v. Hennig aus Dempowalonka, Hensel aus Camenz, Heubner aus Zwickau, Heusner aus Saarlouis, Hildebrand aus Marburg, Hirschberg aus Sondershausen, Höften aus Hattingen, Hönniger aus Rudolstadt, Hoffbauer aus Nordhausen, Hofmann aus Friedberg, Hollandt aus Braunschweig, Huber aus Linz, Jahn aus Freiburg an der Unstrutt, Jucho aus Frankfurt am Main, Käfferlein aus Baireuth, Kirchgeßner aus Würzburg, Köhler aus Seehausen, Kohlparzer aus Neuhaus, Kollaczek aus österr. Schlesien, Kotschy aus Ustron in Mährisch-Schlesien, Kudlich aus Schloß Dietach, Kuhnt aus Bunzlau, Langbein aus Wurzen, Levysohn aus Grünberg, Liebmann aus Perleberg, Lienbacher aus Goldegg, Lindner aus Seisenegg, Lodemann aus Lüneburg, Löschnigg aus Klagenfurt, Löwe (Wilhelm) aus Calbe, Makowiczka aus Krakau, Maly aus Wien, Mandrella aus Ujest, Marcks aus Duisburg, Marcus aus Bartenstein, Mareck aus Gratz in Steyermark, Martiny aus Friedland, Mayer aus Ottobeuern, Melly aus Wien, Meyer aus Liegnitz, Mertel aus Kronach, Minkus aus Marienfeld, Möller aus Reichenberg, Mölling aus Oldenburg, Mohl (Moriz) aus Stuttgart, Mohr aus Oberingelheim, Mulley aus Weitenstein, Nägele aus Murrhardt, Nagel aus Balingen, Nauwerck aus Berlin, Neugebauer aus Luditz, Nicol aus Hannover, Pattai aus Steyermark, Paur aus Neisse, Pfahler aus Tettnang, Pfeiffer aus Adamsdorf, Pinckert aus Zeitz, Plaß aus Stade, Rank aus Wien, Rapp aus Wien, Raveaux aus Cöln, Reinstein aus Naumburg, Reisinger aus Freistadt, Reitter aus Prag, Rheinwald aus Bern, Riehl aus Zwettl, Riedl aus Gratz, Rödinger aus Stuttgart, Rösler aus Oels, Roßmäßler aus Tharand, Rühl aus Hanau, Schädler aus Vaduz, Scharre aus Strehla, Schenk aus Dillenburg, Schick aus Weißensee, Schlöffel aus Halbendorf, Schlutter aus Poris, Schmidt (Adolph) aus Berlin, Schott aus Stuttgart, Schüler aus Jena, Schuler aus Innsbruck, Schulz (Friedrich) aus Weilburg, Schulz aus Darmstadt, Schütz aus Mainz, Schwarzenberg aus Cassel, Siemens aus Hannover, Simon (Heinrich) aus Breslau, Simon (Ludwig) aus Trier, Spatz aus Frankenthal, Stark aus Krumau, von Stremayr aus Gratz, Tafel (Franz) aus Zweibrücken, Temme aus Münster, Trabert aus Rausche, Trampusch aus Wien, Uhland aus Tübingen, Umbscheiden aus Dahn, Venedey aus Cöln, Viebig aus Posen, Vischer aus Tübingen, Vogel aus Guben, Vogel aus Dillingen, Vogt aus Gießen, Vonbun aus Feldkirch, Walter aus Neustadt, Wedekind aus Bruchhausen, Weiß aus Salzburg, Weißenborn aus Eisenach, Welter aus Tünsdorf, Werner aus Oberkirch, Werthmüller aus Fulda, Wichmann aus Stendal, Wiebker aus Uckermünde, Wiesner aus Wien, Wiest aus Tübingen, Wigard aus Dresden, Würth aus Sigmaringen, Ziegert aus preußisch Minden, Zimmermann (Professor) aus Stuttgart, Zitz aus Mainz, Zöllner aus Chemnitz.

Mit Nein antworteten:

Achleitner aus Ried, v. Aichelburg aus Villach, Ambrosch aus Breslau, v. Amstetter aus Breslau, Anz aus Marienwerder, Arndt aus Bonn, Arndts aus München, Arneth aus Wien, Bassermann aus Mannheim, Becker aus Gotha, v. Beckerath aus Crefeld, Behnke aus Hannover, Bernhardi aus Cassel, Beseler aus Greifswald, Beseler (H. W.) aus Schleswig, Bock aus Preußisch-Minden, Böcler aus Schwerin, von Boddien aus Pleß, von Borries aus Carthaus, von Bothmer aus Carow, Braun aus Bonn, Braun aus Cöslin, Brescius aus Züllichau, Briegleb aus Coburg, Bürgers aus Cöln, Buß aus Freiburg, Clemens aus Bonn, Cornelius aus Braunsberg, Coronini-Cronberg (Graf) aus Görz, Dahlmann aus Bonn, Decke aus Lübeck, Deetz aus Wittenberg, Degenkolb aus Eilenburg, Deiters aus Bonn, Detmold aus Hannover, Döllinger aus München, Dröge aus Bremen, Droysen aus Kiel, Dunker aus Halle, Ebmeier aus Paderborn, Eckart aus Lohr, Edlauer aus Gratz, Emmerling aus Darmstadt, Engel aus Culm, Esmarch aus Schleswig, Evertsbusch aus Altena, Falk aus Ottolangendorf, Fallati aus Tübingen, Fischer (Gustav) aus Jena, v. Flottwell aus Münster, Francke (Carl) aus Rendsburg, Friederich aus Bamberg, Fritsch aus Ried, Fuchs aus Breslau, Fügerl aus Korneuburg, Gebhard aus Würzburg, v. Gersdorf aus Tuch, Gevekoht aus Bremen, v. Giech (Graf) aus Thurnau, Giesebrecht aus Stettin, Godeffroy aus Hamburg, Göden aus Krotoszyn, von der Goltz (Graf) aus Czarnikau, Gombart aus München, Graf aus München, Grävell aus Frankfurt a. d. O., Groß aus Leer, Grüel aus Burg, Grumbrecht aus Lüneburg, v. Grundner aus Ingolstadt, Gspan aus Innsbruck, Gülich aus Schleswig, Gysae (Wilhelm) aus Strehlow, Hahn aus Guttstatt, v. Hartmann aus Münster, Haßler aus Ulm, Haubenschmied aus Passau, Hayden aus Dorff bei Schlierbach, Haym aus Halle, Heimbrod aus Sorau, Hergenhahn aus Wiesbaden, Herzog aus Ebermannsstadt, Hofer aus Pfarrkirchen, Houben aus Meurs, Hugo aus Göttingen, Jacobi aus Hersfeld, Jordan aus Frankfurt am Main, Kagerbauer aus Linz, Kahlert aus Leobschütz, v. Kaisersfeld aus Birkfeld, v. Keller (Graf) aus Erfurt, Kerer aus Innsbruck, v. Keudell aus Berlin, Kleinschrod aus München, Kosmann aus Stettin, v. Kösteritz aus Elberfeld, Krafft aus Nürnberg, Kratz aus Wintershagen, Künßberg aus Ansbach, Küntzel aus Wolka, v. Kürsinger (Ignatz) aus Salzburg, v. Kürsinger (Carl) aus Tamsweg, Kutzen aus Breslau, Lammers aus Erlangen, Langerfeldt aus Wolfenbüttel, von Lassaulx aus München, Lette aus Berlin, von Linde aus Mainz, Löw aus Magdeburg, Löw aus Posen, Lüntzel aus Hildesheim, Mally aus Steyermark, v. Maltzahn aus Küstrin, Mann aus Rostock, Martens aus Danzig, Matthies aus Greifswald, v. Massow aus Carlsberg, Metzke aus Sagan, Mevissen aus Cöln, Michelsen aus Jena, v. Mühlfeld aus Wien, Müller aus

Würzburg, Münch aus Wetzlar, v. Nagel aus Oberviechtach, Naumann aus Frankfurt a. d. O., Nerreter aus Fraustadt, Neubauer aus Wien, Neumayr aus München, Nizze aus Stralsund, Obermüller aus Passau, Oertel aus Mittelwalde, Ostendorf aus Soest, Ottow aus Labiau, Overweg aus Haus Ruhr, Pannier aus Zerbst, Paur aus Augsburg, Pfeuffer aus Landshut, Phillips aus München, Pieringer aus Kremsmünster, Plathner aus Halberstadt, Plehn aus Marienburg, Pötzl aus München, Polatzek aus Weißkirch, v. Pretis aus Hamburg, Prinzinger aus St. Pölten, Quesar aus Gratz, v. Quintus-Icilius aus Falingbostel, v. Radowitz aus Rüthen, Rahm aus Stettin, Rättig aus Potsdam, Raffl aus Neustadtl in Böhmen, v. Raumer aus Berlin, v. Raumer aus Dinkelsbühl, Reichensperger aus Trier, Reindl aus Orth, Reitmayr aus Regensburg, Renger aus böhmisch Kamnitz, Richter aus Danzig, Riegler aus mährisch Budwitz, Riesser aus Hamburg, Röben aus Dornum, v. Rotenhan aus München, Rüder aus Oldenburg, Rümelin aus Nürtingen, v. Sänger aus Grabow, v. Saltzwedell aus Gumbinnen, v. Saucken-Tarputschen aus Angerburg, Schauß aus München, Scheller aus Frankfurt a. d. O., Schepp aus Wiesbaden, Schierenberg aus Detmold, Schirmeister aus Insterburg, v. Schleussing aus Rastenburg, Schlüter aus Paderborn, Schneer aus Breslau, Scholten aus Ward, Scholz aus Neisse, Schrader aus Brandenburg, Schreiber aus Bielefeld, Schreiner aus Gratz in Steiermark, v. Schrenk aus München, v. Schrötter aus preußisch Holland, Schubert (Friedrich Wilhelm) aus Königsberg, Schubert aus Würzburg, Schultze aus Potsdam, Schwerin (Graf) aus Pommern, Schwetschke aus Halle, v. Selchow aus Rettkewitz, Sellmer aus Landsberg a. d. W., Sepp aus München, Siehr aus Gumbinnen, Simson aus Stargard, v. Soiron aus Mannheim, v. Somaruga aus Wien, Sprengel aus Waren, Stahl aus Erlangen, Stavenhagen aus Berlin. Stenzel aus Breslau, Stieber aus Budissin, Streffleur aus Wien, Stülz aus St. Florian, Sturm aus Sorau, Tannen aus Zilenzig, Tappehorn aus Oldenburg, Teichert aus Berlin, Tellkampf aus Breslau, v. Thielau aus Braunschweig, Thöl aus Rostock, v. Treskow aus Grocholin, v. Unterrichter aus Klagenfurt, Veit aus Berlin, Versen aus Nieheim, v. Vincke aus Hagen, Waitz aus Göttingen, Waldmann aus Heiligenstadt, Weber aus Neuburg, Weber aus Meran, v. Wegnern aus Lyk, Werner aus St. Pölten, Wernich aus Elbing, Widenmann aus Düsseldorf, Wiethaus (J.) aus Gummersbach, Winter aus Liebenburg, v. Wulffen aus Passau, Wuttke aus Leipzig, v. Würth aus Wien, Zachariä aus Göttingen, v. Zerzog aus Regensburg, Zum Sande aus Lingen.

Abwesend waren:

A. mit Entschuldigung:

v. Andrian aus Wien, Archer aus Rein, von Bally aus Beuthen, Barth aus Kaufbeuren, Bauer aus Bamberg, Bauernschmid aus Wien, Baur aus Hechingen, v. Beisler aus München, Benedict aus Wien, Bergmüller aus Mauerkirchen, Biedermann aus Leipzig, Bogen aus Michelstadt, Bouvier (Cajetan) aus Steyermark, Brentano aus Bruchsal, Brons aus Emden, Burkart aus Bamberg, Carl aus Berlin, Christ aus Bruchsal, Christmann aus Dürkheim, Czoernig aus Wien, Demel aus Teschen, v. Ende aus Waldenburg, Fehrenbach aus Säckingen, Fetzer aus Stuttgart, Freudentheil aus Stade, v. Gagern aus Darmstadt, v. Gagern aus Wiesbaden, Heckscher aus Hamburg, Helbing aus Emmendingen, Herzig aus Wien, Heubner aus Freiberg, Hillebrand aus Pöls, Höchsmann aus Wien, Huck aus Ulm, Johannes aus Meiningen, Jordan aus Berlin, Jordan aus Gollnow, v. Itzstein aus Mannheim, Junghanns aus Mosbach, Junkmann aus Münster, Kaiser (Ignatz) aus Wien, v. Kalkstein aus Wegau, Kerst aus Birnbaum, Knarr aus Steyermark, Koch aus Leipzig, Kolb aus Speyer, Kuenzer aus Constanz, Leue aus Cöln, Mammen aus Plauen, Mathy aus Carlsruhe, v. Mayfeld aus Wien, Metz aus Freiburg, Mittermaier aus Heidelberg, v. Möring aus Wien, Mohl (Robert) aus Heidelberg, Müller aus Damm, Müller aus Sonnenberg, Neumann aus Wien, v. Neuwall aus Brünn, Peter aus Constanz, Petzer aus Bruneck, Presting aus Memel, v. Rappard aus Glambek, v. Reden aus Berlin, Reh aus Darmstadt, Reichard aus Speyer, Reichenbach (Graf) aus Dometzko, Richter aus Achern, Röder aus Neustettin, Römer aus Stuttgart, Rothe aus Berlin, Sachs aus Mannheim, Schaffrath aus Neustadt, Schiedermayer aus Vöcklabruck, Schlörr aus der Oberpfalz, v. Schlotheim aus Wollstein, v. Schmerling aus Wien, Schoder aus Stuttgart, Schoenmaeckers aus Beck, Schrott aus Wien, Schüler (Friedrich) aus Zweibrücken, Schultze aus Liebau, Simon (Max) aus Breslau, Stedmann aus Besselich, Stockinger aus Frankenthal, Tafel aus Stuttgart, Thinnes aus Eichstätt, Tomaschek aus Iglau, v. Trützschler aus Dresden, v. Wedemeyer aus Schönrade, Welcker aus Frankfurt, Wernher aus Nierstein, Wesendonck aus Düsseldorf, Wippermann aus Cassel, Zeltner aus Nürnberg, Zimmermann aus Spandow, Zittel aus Bahlingen.

B. ohne Entschuldigung:

Ahrens aus Salzgitter, Blömer aus Aachen, Boch-Buschmann aus Siebenbrunnen, v. Breuning aus Aachen, Breusing aus Osnabrück, Cropp aus Oldenburg, Deym (Graf) aus Prag, Deymann aus Meppen, Edel aus Würzburg, Egger aus Wien, Fröbel aus Reuß, v. Gladis aus Wohlau, Glax aus Gumpendorf. Gottschalk aus Schopfheim, Groß aus Prag, Grubert aus Breslau, Hedrich aus Prag, Heldmann aus Selters, v. Hermann aus München, Hoffmann aus Ludwigsburg, Jopp aus Enzersdorf, Jürgens aus Stadtoldendorf, Kierulff aus Rostock, Knoodt aus Bonn, Laschan aus Villach, Laube aus Leipzig, Laudien aus Königsberg, Lausch aus Troppau, Leverkus aus Lennep,

Marsilli aus Roveredo, v. Mayfeld aus Wien, Merck aus Hamburg, München aus Luxemburg, v. Neitschütz aus Königsberg, Nöthig aus Weißholz, Osterrath aus Danzig, Raus aus Wolframitz, Reinhard aus Boitzenburg, Rößler aus Oels, Rößler aus Wien, v. Scherpenzeel aus Baarlo, Schmidt (Ernst Friedrich Franz) aus Löwenberg, Schmidt (Joseph) aus Linz, Schmitt aus Kaiserslautern, Schneider aus Wien, Schorn aus Essen, Schwarz aus Halle, Servais aus Luxemburg, Stein aus Görz, Stracke aus Rumburg, Titus aus Bamberg, Wagner aus Steyr, Waldburg-Zeil-Trauchburg (Fürst) aus Stuttgart, Wekbeker aus Aachen, Wurm aus Hamburg, v. Wydenbrugk aus Weimar, Zacharia aus Bernburg, Zell aus Trier.

Präsident: Der Antrag des Herrn Moriz Mohl ist mit 229 Stimmen gegen 176 verworfen. Die Abstimmungen über das erste alinea des Paragraphen sind damit erledigt und auch das zu demselben gestellte Amendement des Herrn Fetzer. Ich habe jetzt also über das zweite alinea abstimmen zu lassen, welches so lautet:

„Die Minister sind ihr verantwortlich."

Diejenigen Herren, welche diesen Satz annehmen wollen, ersuche ich, sich zu erheben. (Die Mehrheit erhebt sich.) Er ist angenommen. Wir kommen jetzt zum Antrage des Herrn Rheinwald.

Rheinwald (vom Platze): Ich nehme ihn zurück!

Präsident: Er ist zurückgenommen. Das dritte alinea habe ich zuerst ohne die Worte „in der Regel" zur Abstimmung zu bringen, dabei zugleich vorzubehalten, welcher Ausdruck für das Wort „Ständeversammlung", falls dasselbe verworfen würde, zu wählen wäre: Herr Meyer hat dafür „Landtage" oder „Volksvertreter" vorgeschlagen. Vorbehaltlich der Abstimmung hierüber habe ich zuerst Ihrer Beschlußnahme folgenden Satz vorzulegen:

„Die Sitzungen der Ständeversammlung sind öffentlich."

Diejenigen, welche diesen Satz zum Beschluß erheben wollen, bitte ich, aufzustehen. (Die Mehrheit erhebt sich.) Der Satz ist angenommen. Wir kommen jetzt zu dem Antrage des Herrn Meyer von Liegnitz. Ich kann mich im Augenblick nicht erinnern, wie neulich in ähnlicher Beziehung über den Ausdruck: „Ständeversammlung" abgestimmt worden ist.

Beseler von Greifswald: Ich möchte den Herrn Antragsteller ersuchen, diesen Antrag zurückzunehmen und dem Verfassungsausschuß aufzugeben, einen andern Ausdruck in Vorschlag zu bringen; ich glaube, der Ausschuß selbst wird damit einverstanden sein. (Zuruf: Abstimmen!)

Präsident: Wollen Sie sich darüber äußern, Herr Meyer?

Meier (vom Platze): Ich nehme den Antrag nicht zurück!

Präsident: Der Antrag ist nicht zurückgenommen. Ich ersuche daher diejenigen Herren, welche dem gemachten Vorbehalte gemäß, statt des Ausdruckes „Ständeversammlung" das Wort „Landtage" substituirt wissen wollen, sich zu erheben. (Die Mehrheit erhebt sich.) Das Wort „Landtage" ist angenommen. Ich bringe jetzt den Antrag des Herrn Jordan von Berlin und Genossen zur Abstimmung, demgemäß dem nun angenommenen § 46 zugefügt werden soll:

„Die regelmäßigen Sitzungsperioden der einzelnen Landesversammlungen dürfen nicht zusammenfallen mit denen der Reichsversammlung."

Diejenigen Herren, welche diesem Antrag zustimmen wollen, bitte ich, sich zu erheben. (Die Mehrheit erhebt sich.) Der Antrag ist angenommen. (Große Unruhe.) Ich habe endlich noch den Antrag des Herrn Nauwerck zur Abstimmung zu bringen, muß aber dringend um Ruhe bitten, denn meine Stimme reicht kaum mehr aus. Der Antrag des Herrn Nauwerck lautet:

„Wenn die Volksvertretung eines Einzelstaates die Abänderung der Regierungsform für nothwendig erklärt, so beschließt darüber eine sofort neu zu wählende Volksvertretung. Zu ihrem Abänderungsbeschlusse bedarf es:

1) der Anwesenheit von wenigstens zwei Dritteln der Mitglieder;
2) zweier Abstimmungen, zwischen welchen ein Zeitraum von wenigstens acht Tagen liegen muß;
3) einer Stimmenmehrheit von wenigstens zwei Dritteln der anwesenden Mitglieder bei jeder der beiden Abstimmungen;
4) der Zustimmung der Landesregierung. Der Abänderungs-Beschluß erhält jedoch Gesetzeskraft, wenn er von derselben Volksvertretung nach Jahresfrist erneuert wird.

Diejenigen Herren, welche diesem Zusatzantrage beitreten wollen, bitte ich, sich zu erheben. (Die Minderheit erhebt sich.) Der Antrag ist abgelehnt. Hiermit wäre die Abstimmung über § 46 und Artikel X erledigt. (Zuruf von vielen Seiten: Vertagen! vertagen!) Ich denke, meine Herren, wir erledigen noch die beiden übrigen Paragraphen. (Mehrere Stimmen: Ja wohl! fortfahren! — Andere Stimmen: Vertagen!) Was helfen die Zurufe? ich werde darüber abstimmen lassen und ersuche demnach die Mitglieder, welche die Discussion über die §§ 47 und 48 auf die nächste Sitzung vertagt wissen wollen, sich zu erheben. (Die Mehrheit erhebt sich.) Die Vertagung ist ausgesprochen. (Unruhe.) Meine Herren, ich bitte noch um Ruhe. Wir haben noch über einige sehr erhebliche Vorschläge zu sprechen. Es liegen hier zwei im Wesentlichen gleichlautende Anträge vor, welche dahin gehen, die nächste Sitzung der Nationalversammlung erst Samstag den 17ten dieses statthaben zu lassen. (Auf der Linken: Oh! — Auf der Rechten: Ruhe! — Zuruf: Die Anträge werden zurückgezogen!) Eben wird mir die Zurücknahme der beiden Anträge angezeigt, weil sie nur unter der Voraussetzung eingereicht worden seien, daß wir heute mit der Discussion über die Grundrechte zu Ende kämen. (Zuruf: Fortfahren!) Sie haben ja eben gegen meine ausdrückliche Bitte, fortzudiscutiren, für die Vertagung gestimmt und können demnach den kaum gefaßten Beschluß in diesem Augenblicke doch nicht wieder alteriren! Ich setze also die nächste Sitzung auf Donnerstag an und auf die Tagesordnung: den Rest der Discussion über die Grundrechte §§ 47 und 48 und den nach Einem Antrage noch neu hinzuzufügenden Paragraphen. Dazu darf ich wohl setzen die Discussion des vom Petitions- und Prioritäts-Ausschusse durch Herrn Uhland erstatteten Berichts über den Antrag des Herrn Künßberg, welcher erledigt sein muß, bevor wir zur zweiten Lesung der Verfassung schreiten. (Von mehreren Seiten: Wahlgesetz!) Erlauben Sie mir nur noch erst weiter vorzugehen. (Große allseitige Unruhe.) Meine Herren, auf diesem Wege können wir schwerlich zum Schlusse gelangen; ich bitte Sie, Ihre Plätze einzunehmen und innezubehalten, bis die Sitzung geschlossen sein wird. — Die badische Regierung hat durch ein Schreiben ihres Bevollmächtigten bei der provisorischen Centralgewalt an den Vorsitzenden der Reichsversammlung die Angelegenheit des Abgeordneten Peter mit dem Bemerken urgirt, daß durch die Aufschiebung des darüber zu fassenden Beschlusses die Aburtheilung der Mitbetheiligten aufgehalten werde. Wir haben, meine Herren, diese Angelegenheit zu wiederholten Malen, wenn sie in Anregung kam, zurückgelegt, weil ein größerer oder ein kleinerer Theil der badischen Deputirten nicht im Hause anwesend war. In diesem Augenblicke spricht an sich ein noch erheblicherer Grund dagegen, sie vorzunehmen: nämlich Herr Peter selbst hat um noch vier Wochen Urlaub nachgesucht. (Stimmen auf der Rechten: Das ist gar kein Grund!) Allein, meine Herren, in Betracht, daß der Antrag des Ausschusses kein derartiger ist, gegen den sich Herr Peter zu vertheidigen hätte — denn Sie wissen, daß der Antrag des Ausschusses dahin geht, die verlangte Genehmigung zur Verhaftung des Abgeordneten Peter nicht zu ertheilen —, so möchte ich Ihnen doch anheimstellen, der Sache jetzt endlich Fortgang zu geben. (Mehrere Stimmen: Ja! Andere: Nein!) Ich möchte Ihnen daher vorschlagen, in Erwägung der wiederholten Mahnung der badischen Regierung auch diese Angelegenheit auf die Tagesordnung für nächsten Donnerstag zu setzen. Herr Vogt hat das Wort! (Allseitige Unruhe.) Meine Herren, halten Sie doch etwas Ruhe! Herr Vogt tritt Herrn Riesser das Wort ab!

Riesser von Hamburg: Ich muß die Versammlung auf den factischen Umstand aufmerksam machen, daß ein neues Schreiben in dieser Sache angelangt und an den Ausschuß verwiesen ist; daß in Folge dieses neuen Schreibens der Ausschuß diejenigen Acten, auf welche sich die neue Requisition des Gerichtes bezieht, eingefordert hat und daß diese Acten in den letzten Tagen angelangt und dem, wie ich glaube, in diesem Augenblick im Hause nicht anwesenden Referenten, Herrn Breuning, überwiesen worden sind. Die Sache steht also jetzt nicht so, daß lediglich auf den früheren Bericht des Ausschusses hin Beschluß gefaßt werden könnte; vielmehr ist der Ausschuß in der Lage, die neuen Acten prüfen und einen Zusatz zu seinem Berichte machen zu müssen. (Allseitige Unruhe.)

Präsident: Meine Herren, es versteht sich ganz von selbst, daß bei der von Herrn Riesser angezeigten Lage der Sache davon Abstand genommen werden muß, die Angelegenheit des Abgeordneten Peter auf die Tagesordnung zu setzen. — Herr Giskra hat das Wort zu einer Interpellation des Verfassungsausschusses verlangt.

Giskra von Mährisch-Trübau: Meine Interpellation betrifft den Bericht über das Wahlgesetz, der angekündigt, aber noch nicht vertheilt worden ist.

Präsident: Ich weiß nicht, ob und welches Mitglied des Ausschusses eine Antwort auf diese Interpellation geben wird?

Waitz von Göttingen: Meine Herren, der Bericht ist vorigen Mittwoch genehmigt und in Druck gegeben, am Sonntag von mir bis zu Ende corrigirt worden. Seitdem habe ich nicht das Mindeste von dem Berichte erfahren. Bloß das Büreau kann wissen, wie es seitdem mit der Sache steht. (Unruhe.)

Präsident: Der eben angeregte Bericht ist, wie mir so eben angezeigt wird, heut früh an die Canzlei abgeliefert worden und wird noch im Laufe des heutigen Tages zur Vertheilung kommen. Herr Vogt hat jetzt das Wort!

Vogt von Gießen: Meine Herren! Da der Bericht vorhanden ist und noch heute zur Vertheilung kommt, so beantrage ich, daß das Wahlgesetz auf die nächste Tagesordnung komme. (Große Unruhe auf der Rechten und im Centrum.)

Präsident: Meine Herren! Ich bitte um Ruhe!

Vogt: Wir müssen nothwendig vorher bestimmt haben, ob das Wahlgesetz eine zweite Lesung haben soll, oder nicht, und wir müssen nothwendig vorher bestimmt haben, wie das Wahlgesetz ausfällt, ehe wir an die zweite Lesung der Verfassung gehen können. (Unruhe auf der Rechten.) Ich weiß schon, was für Meinungen dagegen sind.

Präsident: Ich weiß nicht, ob Jemand dafür oder dagegen das Wort verlangt? (Abgeordneter Biedermann bittet um das Wort.) Herr Biedermann hat das Wort!

Biedermann von Leipzig: Meine Herren! Ich glaube umgekehrt, daß wir jedenfalls erst das eigentliche Verfassungswerk fertig machen müssen. (Unterbrechungen von der Linken: Oho! — Stimmen von der Rechten: Ruhe!)

Präsident: Meine Herren! Unterlassen Sie das Rufen, ich bitte um Ruhe!

Biedermann: Meine Herren! Nach der Erfahrung aller parlamentarischen Versammlungen und auch nach der der neuesten französischen Versammlung ist das Wahlgesetz etwas, was am Schlusse der Verfassung als ein organisches Gesetz, aber nicht als ein eigentlicher integrirender Theil der Verfassung vorgenommen wird. Das Wahlgesetz ist in vielen Beziehungen abhängig von dem Verfassungswerke selbst, und aus diesen Gründen können wir das Wahlgesetz nicht vornehmen, bevor wir nicht die zweite Lesung der Verfassung vorgenommen haben. (Unruhe.)

Simon von Trier: Meine Herren! Sie (zur Rechten gewandt) möchten wohl denken, daß, wenn Sie das Wahlgesetz in einem Sinne durchgesetzt hätten, wie es uns nicht behagen möchte, wir auf der Linken uns noch weniger als früher in der Lage befinden möchten, in der Oberhauptsfrage dasjenige zu thun, was Sie wünschen?! (Auf der Rechten: Oho! — Beistimmung auf der Linken.) Meine Herren! (zur Rechten gewandt) ich will nur ganz einfach unseren Gesichtspunkt, von dem wir ausgehen, Ihnen angeben: wir fangen nicht bei der Spitze, bei der Krone, bei den Königen und Fürsten an, sondern bei dem Volke, und deßwegen bitten wir Sie darum: Berathen Sie zuerst das Wahlgesetz! (Bravo auf der Linken.)

Lienbacher von Goldeck: Das Wahlgesetz ist gewiß etwas sehr Wichtiges, was aber sehr wichtig ist, das darf man wohl wiederholt in Berathung ziehen; deßhalb glaube ich, sollten wir aber auch das Wahlgesetz zuerst berathen und dasselbe einer zweiten Lesung unterwerfen. Ferner bin ich auch deßwegen dieser Ansicht, weil, wenn das Wahlgesetz gut berathen wird bei der ersten Lesung, wir dadurch die zweite Lesung schnell vorbereiten können; wenn wir es aber bei der ersten Lesung nicht gut ausfallen lassen, dann werden eben Petitionen, Adressen und derartige Vorstellungen kommen, und uns einen Fingerzeig geben, wie wir die erste Lesung durch die zweite zu ändern haben, was aber außerdem nicht gut zu ändern ist. Ebenso glaube ich auch ist es darum wichtig, daß wir diese zweimalige Lesung — und zwar, ehe wir eine zweite Lesung eines anderen Theiles der Verfassung vornehmen, die erste Lesung des Wahlgesetzes machen — festsetzen, deßwegen, weil die Mehrheit des Hauses für die Verständigung mit den Regierungen und ein Theil für Vereinbarung ist. Nun, meine Herren, da sind auch manche schwierige Punkte zu verständigen, und zudem ist es ja gut, wenn man eine lange Zeit hat. Ich trage daher darauf an: ehe wir zur zweiten Lesung der Verfassung schreiten, die erste Lesung des Wahlgesetzes vorzunehmen, und bitte um Unterstützung. (Unruhe.)

Eisenmann von Nürnberg: Meine Herren! Wenn wir auch auf dem Entwurf des Wahlgesetzes die Bezeichnung Reichsgesetz erteilen, so zweifle ich doch sehr, daß die Mehrheit des Hauses damit einverstanden sein wird, es zu einem so beweglichen Gesetze zu machen. Noch in aller Welt hat das Wahlgesetz zur Verfassung gehört, als ein integrirender Theil derselben. (Beistimmung auf der Linken.) Ein Weiteres darüber zu sprechen, finde ich hier nicht am Orte. Allein die Versammlung wird darüber entscheiden, was in der Sache zu thun ist und ich wollte mir jetzt nur erlauben, Sie daran erinnern zu dürfen, daß früher ausdrücklich versprochen worden ist, das Wahlgesetz zwischen der ersten und zweiten Lesung der Verfassung vorzunehmen. (Unruhe und Unterbrechungen auf der Rechten und im rechten Centrum. Zustimmung auf der Linken.)

Präsident: Meine Herren! Ich bitte Sie um Ruhe, wir können ja so nicht zu Ende kommen!

Eisenmann: Es war dieß bei dem „Reichsrathe" der Fall und ich glaube, wir wollen dieses Versprechen nicht so ohne Weiteres zurücknehmen, damit man nicht glauben möge, es sei eine Absicht darin gelegen! Dann will ich Sie aber auf noch Etwas aufmerksam machen: wir wollen **redlich** handeln gegen die Regierungen; wenn wir davon sprechen, uns mit ihnen zu verständigen, so müssen wir ihnen auch die Möglichkeit geben, uns ihre Ansichten mitzutheilen. (Mehrseitige Zustimmung.) Zudem, meine Herren, gibt es Arbeiten genug, die an der Zeit sind. Ich erlaube mir nur daran zu erinnern, daß über die Arbeiten, die den volkswirthschaftlichen Ausschuß beschäftigen, noch kein Wort, noch kein Buchstaben vorgebracht worden ist. Ich erinnere Sie daran und mache Sie darauf aufmerksam, daß dieß die größte Unzufriedenheit im Volke erregt. Ich weiß nicht, ob **wir** in der Lage sind, die Bedürfnisse und das materielle Wohl des Volkes zu befriedigen, aber wir wollen und müssen wenigstens zeigen, daß wir den guten Willen dazu haben, — sonst trifft uns ein schweres Urtheil und mit Recht.

Wigard von Dresden: Ich will zu dem Gesagten nur noch auf den Umstand aufmerksam machen, daß wir bei der ersten Berathung die Frage ausdrücklich offen gelassen haben, welche Bestimmungen in Bezug auf das Wahlgesetz in die Verfassungsurkunde aufgenommen werden sollen, und welche nicht. Diese Frage haben wir noch offen gelassen, und schon aus diesem Grunde ist es nothwendig, daß das Wahlgesetz vor der zweiten Lesung der Verfassung berathen werde, damit man wisse, ob allgemeine Grundsätze in Bezug auf das Wahlgesetz in die Verfassungsurkunde aufzunehmen seien, oder ob alle grundsätzlichen Bestimmungen zugleich mit den Ausführungsbestimmungen in ein besonderes Gesetz, in das Wahlgesetz, aufzunehmen seien. Darum ist die Ansicht des Abgeordneten Biedermann nicht richtig, wenn er dieses Gesetz als ein von der Verfassung getrenntes bezeichnet. Es ist dieß nicht bei uns der Fall, weil wir ausdrücklich die Frage offen gelassen haben, welche allgemeine Principien bezüglich der Wahlen in der Verfassung selbst Aufnahme finden sollen.

Bassermann von Mannheim: Was Herr Wigard wünscht, kann man ganz gut ebenfalls thun, ob das Wahlgesetz nächsten Donnerstag oder später zur Berathung kommt, aber was Herr Eisenmann wünscht, daß man jetzt für die materiellen Bedürfnisse des Volkes sorge, das kann man nicht, bevor nicht durch die zweite Lesung der Verfassung klar geworden, daß man dieselbe Deutschland nicht verkümmern kann, und daß sie zu Stande komme. Was man von Nebenabsichten gesprochen, wenn man das Wahlgesetz nächsten Donnerstag nicht vornimmt, so kann ich das von meiner Seite wenigstens zurückweisen, denn ich sehe keinen Unterschied, ob das Wahlgesetz heute oder in vierzehn Tagen vorkommt, und wir werden immerhin selbst beschließen. Der Kampf wird ein großer werden, das ist nicht zu leugnen, da das Wahlgesetz die Grundlage aller künftigen Parlamente bildet. Deßhalb wird auch der Kampf nicht einen Tag, sondern vielleicht eine ganze Woche dauern. (Unterbrechung auf der Linken. Stimmen daselbst: Ja wohl!) Gut, meine Herren, ich glaube nicht, daß wir die definitive Feststellung der deutschen Verfassung noch auf so weit hinausschieben sollten. (Wiederholte Unterbrechung auf der Linken.) Bitte einen Augenblick um Ruhe! Ich glaube nicht, daß wir die zweite Lesung abermals verschieben sollten. Sie wissen, meine Herren, daß ich zu denen gehöre, welche vor der zweiten Lesung die Erklärungen der Regierungen einholen wollten, um sie, soweit es mit unserm Gewissen verträglich, bei derselben zu berücksichtigen. Wir haben ihnen bis zur zweiten Lesung Zeit genug gelassen. Ich sah eine Gefahr darin, daß wir wohl zu frühe Beschlüsse fassen, die nachher nicht ausgeführt worden wären; aber eine nicht mindere Gefahr läge auch darin, daß wir durch allzulange Zögerung die deutsche Verfassung am Ende diplomatischen Unterhandlungen überantworten. (Stimmen im Centrum und auf der Rechten: Sehr wahr!) Diese Gefahr müssen wir zu vermeiden suchen. Es hat ein Mitglied, Herr Rauwerck, ich glaube mich nicht zu irren, daß es Herr Rauwerck war, in seinem Vortrage darauf hingewiesen, und ganz richtig davor gewarnt. Wenn wir aber diese Gefahr vermeiden wollen, so können wir nicht noch immer weiter und weiter hinaus das Werk verschieben, und wenn es uns wirklich Ernst darum ist, daß wir selbst die Verfassung machen, so müssen wir es bald vollenden. Ich bin daher dafür, daß wir jedenfalls nächsten Montag mit der zweiten Lesung beginnen, und wollen wir das, so können wir vorher das Wahlgesetz nicht vornehmen, oder wir müßten es denn als etwas Unwichtiges in wenigen Stunden zu Ende bringen wollen, woran hoffentlich kein Mensch denkt.

v. Hermann von München: Meine Herren! Wie gewählt werden soll für die Vertretung im deutschen Parlamente, darüber ist nur erst zur Hälfte von Ihnen Beschluß gefaßt, nämlich in Bezug auf das Staatenhaus. Hier findet auch Wahl statt. Sie haben gleichwohl in erster Lesung beschlossen, wie sie stattfinden soll, und die Bestimmung dieses Wahlmodus ist als ein Theil der Verfassung betrachtet worden. Alle Vorredner, die ich gehört habe, stimmen darin überein, daß die Wahl für das Volkshaus von noch größerer Bedeutung sei. Es ist daher eine Lücke in den Beschlüssen, die über den Reichstag gefaßt sind, und diese Lücke wollen Sie nicht ausfüllen? Diese wichtigere Sache wollen Sie verschieben? Ich bitte Sie, erwägen Sie, daß besonders in dieser Beziehung das Volk mit großer Erwartung auf uns sieht, daß es wissen will, welche Rechte ihm hier werden sollen. Wenn wir daher auch acht Tage brauchen, um das Wahlgesetz zum ersten Male zu berathen, so lassen Sie uns diese nicht als verloren ansehen, sondern als gewonnen. Es muß die Lücke ausgefüllt, die Sache darf nicht verschoben werden. Das ist das Eine, was ich erinnern wollte. Das Zweite aber ist: Sie haben eine Vereinbarung — ich darf das Wort brauchen in Bezug auf die österreichischen Angelegenheiten — (Zuruf von verschiedenen Seiten: Nein! Nein!) Die Majorität des Hauses hat beschlossen, daß mit Oesterreich **unterhandelt** werde in Bezug auf seine ganze Stellung zu Deutschland; es ist nicht bloß zur Verständigung in Bezug auf die Verfassungsfrage eingeladen, sondern es soll mit Oesterreich über sein Verhältniß zu Deutschland überhaupt unterhandelt werden, (Unterbrechung von der Rechten) und eine Unterhandlung führt zur Vereinbarung, denn sonst wüßte ich nicht, wozu sie dienen sollte, — ferner: es ist nirgends widersprochen worden, daß wir uns einer Verständigung mit den Regierungen in Bezug auf die Verfassung überhaupt nicht widersetzen. Niemand hat gesagt, wir werden, was sie proponiren, zurückweisen, vielmehr sind wohl alle Parteien einig, daß es bei der Berathung über die Verfassung zu benützen und zu erwägen sei. In dieser Beziehung hat man aber schon entschiedene Schritte gethan. Die preußische Note ist von dem Reichsministerium sämmtlichen Regierungen mitgetheilt und sie sind aufgefordert worden, sich in gleicher Weise zu äußern, wie es die preußische Regierung selbst zugesagt hat. Es ist ihnen also der Weg der Verständigung amtlich geöffnet worden; das Reichsministerium hat ihnen ausdrücklich gesagt, daß man ihnen Zeit lassen wolle, um sich zu äußern, und daß, um Zeit zu gewinnen, inzwischen unter anderem auch das Wahlgesetz würde berathen werden. (Unterbrechung von der Rechten.) Dieß ist ausdrücklich gesagt worden. Ihr eigenes Ministerium hat es nothwendig gefunden, für die Aeußerungen der Regierungen noch so viel Zeit zu gewinnen, als füglich durch die Berathung des Wahlgesetzes gewonnen werden kann. Es ist den Regierungen das Versprechen gegeben worden, — bemerken Sie das wohl, — daß man ihnen Zeit lasse, und zu gleicher Zeit ist ihnen angedeutet, wie wir die Zeit ausfüllen werden. Ich bin nicht der Meinung, daß das Reichsministerium in Absicht gehabt habe, bestimmen zu wollen, wie wir unsere Tagesordnung einzurichten haben; aber ich gestehe offen, ich finde sehr vernünftig, daß es die Regierungen nicht gedrängt hat. Wollen Sie nun das Ministerium in die Lage versetzen, von den Regierungen Lügen gestraft zu werden? Ich rathe daher dringend, das Wahlgesetz als einen Abschnitt der Verfassung, — denn es ist ein Abschnitt der Verfassung, — vorzunehmen, und erst nach dessen erster Berathung zur zweiten Lesung der ganzen Verfassung zu schreiten.

Reichsminister v. Beckerath: Meine Herren! Wenn ich mich auch nicht veranlaßt sehe, den speciellen Inhalt des Schreibens, dessen der Vorredner erwähnt hat, hier darzulegen, so muß ich doch im Allgemeinen bemerken, daß darin nicht allein kein Versprechen in Bezug auf die Zwischenzeit, die noch bis zur zweiten Lesung verbleibt, gegeben, sondern daß ausdrücklich den versammelten Bevollmächtigten der deutschen Staaten erklärt worden ist, daß das Ministerium sich seiner Stellung nach nicht für befugt erachte, auf den Gang der Verfassungsberathung in der Nationalversammlung einzuwirken. (Große Unruhe.)

Siemens von Hannover: Man scheint hier zweierlei zu verwechseln, man glaubt, wenn man hier eine zweimalige Berathung des Gesetzes beschließt, daß es schon deßwegen ein Theil der Verfassung werden müsse. Ich glaube, man kann die Frage trennen, man kann eine zweimalige Berathung des Gesetzes beschließen, ohne es nachher zu einem Theile der Verfassung zu machen, und das würde das rathsamste sein. So wichtig die Frage an und für sich ist, so wird darüber doch etwas als ein Theil der Verfassung festzusetzen sein, dessen Abänderung nachher so viele Schwierigkeiten hat....

Präsident: Das gehört gar nicht zu unserer Erörterung!

Siemens: Ich werde gleich nachweisen, daß es dazu gehört. Wenn man die erste Berathung des Gesetzes beschließt, so gibt man den Regierungen am besten Gelegenheit, sich zu äußern. Ich bin der Meinung, daß man die Berathung des Gesetzes sofort auf die Tagesordnung setze. (Wiederholter Ruf nach Schluß.)

Präsident: Es liegt jetzt ein schriftlicher Schlußantrag vor, aber Sie werden doch Namens des Verfassungsausschusses noch ein Wort hören müssen. (Eine Stimme auf der Linken: Wozu denn, es liegt ja keine Berichterstattung vor.) Ich ersuche Sie, die Plätze einzunehmen. Also, meine Herren, diejenigen unter Ihnen, die jetzt die uns beschäftigende Discussion über die künftige Tagesordnung, von der ich übrigens bemerken will, daß sie zwar dem beständigen Gebrauch des Hauses entspricht, jedenfalls aber gegen die Geschäftsordnung total verstößt, geschlossen wissen wollen, belieben sich zu erheben. (Die Mehrheit erhebt sich.) Der Schluß ist angenommen. (Eine Stimme auf der Linken: Adieu Herr Waitz! — Gelächter.) Ich habe jetzt über einen Theil der Tagesordnung vom Donnerstag abstimmen zu lassen. Diejenigen Herren, die auf die Tagesordnung der nächsten Sitzung außer dem Reste der Grundrechte und der Discussion des Berichts des Prioritäts- und Petitions-Ausschusses über den Antrag des Abgeordneten Künßberg, den vom Verfassungsausschusse vorgelegten Entwurf des Wahlgesetzes gestellt wissen wollen, ersuche ich, sich zu erheben. (Die Majorität erhebt sich.) Die Discussion des Wahlgesetzes wird mit auf die Tagesordnung vom Donnerstag gesetzt werden. — Noch einige Worte, meine Herren! — Der Verfassungsausschuß versammelt sich um $^1/_2$6 Uhr, der volkswirthschaftliche Ausschuß morgen früh um 9 Uhr. — Die heutige Sitzung ist geschlossen.

(Schluß der Sitzung $^1/_2$4 Uhr.)

Die Redactions-Commission und in deren Auftrag Abgeordneter Professor Wigard.

Druck von Joh. David Sauerländer in Frankfurt a. M.

Stenographischer Bericht

über die

Verhandlungen der deutschen constituirenden National-Versammlung zu Frankfurt a. M.

Nro. 171. Freitag den 16. Februar 1849. VII. 16.

Hundert und siebenzigste Sitzung.

(Sitzungslocal: Paulskirche.)

Donnerstag den 15. Februar. (Vormittags 9 Uhr.)

Vorsitzender: theils Eduard Simson; theils Vicepräsident Kirchgeßner.

Inhalt: Verlesung des Protocolls. — Interpellation des Abgeordneten Scheller an den Gesetzgebungs-Ausschuß, die Begründung einer Rechtseinheit in Deutschland durch Herbeiführung allgemeiner Gesetze betreffend. — Antwort des Abgeordneten Widenmann auf die Interpellation des Abgeordneten Pattay an den Ausschuß für das Verhältniß der Einzelstaaten zur Centralgewalt, das Decret der königlich sächsischen Regierung vom 28. August v. J., und die in Folge desselben in der Nationalversammlung gestellten Anträge betreffend. — Austrittsanzeige des Abgeordneten Heubner. — Flottenbeiträge. — Antrag des Abgeordneten Pattay in Folge der Beantwortung seiner Interpellation. — Antwort des Reichsministeriums der Justiz 1) auf die Interpellation des Abgeordneten Werner von Oberkirch, die Suspension des Abgeordneten Gritzner betreffend; 2) auf die des Abgeordneten Schlutter, die polizeiliche Ueberwachung des Märzvereins in Sachsen-Altenburg betreffend. — Interpellation der Abgeordneten Rösler von Oels und Hönniger, die officielle Mittheilung der preußischen Circularnote vom 23. Januar an die Centralgewalt betreffend. — Antwort des Reichsministeriums auf diese und auf die Interpellation des Abgeordneten Martiny, die Betheiligung der Centralgewalt an dem Brüsseler Congreß wegen der italienischen Angelegenheiten betreffend. — Antrag des Abgeordneten Rösler von Oels in Folge der Antwort auf seine Interpellation. — Fortsetzung der Berathung über die noch rückständigen §§ 47 und 48 des Entwurfs der Grundrechte — Berathung des vom Prioritäts- und Petitions-Ausschuß erstatteten Berichts über den Antrag des Abgeordneten Künßberg, die weitere Behandlung des Verfassungswerkes betreffend. — Erklärung vieler österreichischer Abgeordneten hinsichtlich der Abstimmung vom 12. d. M. bezüglich der Note der österreichischen Regierung. — Berathung des vom Verfassungs-Ausschuß vorgelegten Entwurfs: „Reichsgesetz über die Wahlen der Abgeordneten zum Volkshause."

Präsident: Die Sitzung ist eröffnet. Der Herr Schriftführer wird das Protocoll der letzten Sitzung verlesen. (Schriftführer v. Maltzahn verliest das Protocoll der 169sten Sitzung.) Ich frage, ob Reclamation gegen dasselbe ist? (Niemand reclamirt.) Es ist keine Reclamation, das Protocoll ist genehmigt. — Herr Scheller hat das Wort zu einer Interpellation des Ausschusses für die Gesetzgebung verlangt. Ich gebe ihm dazu das Wort.

Scheller von Frankfurt a. d. O.:

„Interpellation von Seiten des Abgeordneten Scheller an den Gesetzgebungs-Ausschuß:

In Erwägung, daß durch den § 59 des Abschnittes von der Reichsgewalt dieser zur Pflicht gemacht wird, Sorge zu tragen, daß durch die Erlassung allgemeiner Gesetzbücher über bürgerliches Recht, Handels- und Wechselrecht, Strafrecht und gerichtliches Verfahren die Rechtseinheit im deutschen Volke begründet werde;

daß die deutsche Reichsversammlung zu diesem Ende auch bereits längst den Gesetzgebungs-Ausschuß gebildet hat, welchem obliegt, Vorschläge zur Erreichung des beabsichtigten Zwecks zu machen;

daß dieser Ausschuß jedoch bis jetzt noch nicht angezeigt hat, wie weit er mit seiner Arbeit gekommen ist, und welche Richtung dieselbe genommen hat;

daß es aber für die in den einzelnen deutschen Staaten jetzt zusammengetretenen, oder binnen Kurzem zusammentretenden Volksvertretungen von Wichtigkeit ist, die Richtung, welche die deutsche Reichsversammlung zur Erlangung allgemeiner, für das deutsche Reich giltiger Gesetze eingeschlagen hat, und einzuschlagen gedenkt, kennen zu lernen;

aus diesen Gründen

fordere ich den Gesetzgebungs-Ausschuß auf, sich darüber zu äußern, was er bis jetzt zur Lösung der ihm gestellten Aufgabe gethan hat, und noch zu thun gedenkt."

Präsident: Ich frage, ob ein Mitglied des Gesetzgebungs-Ausschusses auf diese Interpellation antworten will? Herr Mittermaier wird darauf antworten.

Mittermaier von Heidelberg: Ich werde das Ergebniß der Berathungen des Gesetzgebungs-Ausschusses auf die Anfrage in einer der nächsten Sitzungen der National-Versammlung mittheilen.

Präsident: Herr Widenmann will auf die neuliche Interpellation des Herrn Pattay an den sogenannten Biedermann'schen Ausschuß antworten.

Widenmann von Düsseldorf: Im Namen des Ausschusses für das Verhältniß der Centralgewalt zu den Einzelstaaten beehre ich mich eine Interpellation, welche der Herr Abgeordnete Pattay in der vorigen Sitzung an diesen Ausschuß in Beziehung auf die sächsische Angelegenheit gestellt hat, dahin zu beantworten: Sie erinnern sich, meine Herren, daß vor einiger Zeit der Abgeordnete Herr Biedermann einen Antrag dahin gestellt hat:

„Die Nationalversammlung wolle beschließen:

Durch die Centralgewalt die königlich sächsische Regierung aufzufordern, ihr Decret vom 28. August dieses Jahres, das deutsche Verfassungswerk betreffend, zurückzunehmen, weil die denselben zu Grunde liegende Ansicht von einer Vereinbarung der deutschen Verfassung zwischen der Nationalversammlung und den gesetzgebenden Gewalten der Einzelstaaten mit dem vom Vorparlament ausgesprochenen, und von der Nationalversammlung anerkannten Grundsatz: „daß die Nationalversammlung einzig und allein die deutsche Verfassung zu begründen hat," — in directem Widerspruche steht."

Der Abgeordnete Schaffrath hatte zu diesem Antrage, welcher damals als dringend eingebracht worden war, folgenden Antrag gestellt:

„Den Antrag des Abgeordneten Biedermann nebst allen Unterlagen an einen Ausschuß zur Begutachtung zu verweisen, sowie auch alle anderen, die Machtvollkommenheit der Nationalversammlung zur Errichtung des Verfassungswerkes anzweifelnden Erklärungen und Handlungen anderer Einzelregierungen und Versammlungen, insbesondere auch die der österreichischen durch die Minister Pillersdorf und Wessenberg, zur gleichzeitigen Begutachtung an denselben Ausschuß zu verweisen."

Diesem letzten Antrage gemäß sind denn auch sämmtliche Anträge an den Ausschuß verwiesen worden. Der Ausschuß hat nun bereits vor längerer Zeit beschlossen, mit Rücksicht auf den von dieser Versammlung in ihrer Sitzung vom 27. Mai v. J. auf den Raveaux'schen Antrag gefaßten Beschluß, wodurch das Vereinbarungsprincip zurückgewiesen, und die Souveränität der Nationalversammlung in Beziehung auf das Verfassungswerk anerkannt worden, und in Beharrung bei dem durch diesen Beschluß ausgesprochenen Principe, zur Tagesordnung überzugehen. (Mehrere Stimmen im Centrum: Bravo!) Der Bericht selbst über diese Sache wurde indeß zunächst dadurch aufgehalten, daß in dem Antrage des Abgeordneten Schaffrath Urkunden, insbesondere Erklärungen der österreichischen Minister angezogen waren, welche sich nicht im Besitze des Ausschusses befanden, und deren Datum nicht einmal angegeben war. Dieß machte es nöthig, sich in Correspondenz mit dem inzwischen verreisten Abgeordneten Schaffrath zu setzen. Demnächst hat der Ausschuß nicht geglaubt, den Bericht einbringen, und dadurch gegenwärtig eine unfruchtbare Verhandlung über Principienstreitigkeiten herbeiführen zu sollen. Er hat geglaubt, die beste Antwort auf die in neuerer Zeit von mancher Seite her auftauchenden Versuche, uns auf das Vereinbarungsprincip zurückzudrängen, sei die unbeirrte und unverzögerte Fortsetzung der Berathung des Verfassungswerkes, die unverzügliche zweite Lesung der Verfassung. (Bravo in der Versammlung.) Er hat geglaubt, dabei sich auch um so mehr im Einklange mit dem Geiste dieser Versammlung zu befinden, als ein anderer Bericht, über die Erklärung des preußischen Ministerpräsidenten v. Auerswald, schon im August des vorigen Jahres eingebracht worden, aber bis heute nicht zur Verhandlung in der Nationalversammlung gelangt ist, — und als zweitens noch vor wenigen Tagen die österreichische Note, in welcher das Vereinbarungsprincip in seiner ganzen Starrheit festgehalten, ja wie von einem Redner richtig bemerkt worden, noch darüber hinausgegangen ist, nicht an den Ausschuß für das Verhältniß der Centralgewalt zu den Einzelstaaten, noch an einen sonstigen Ausschuß zur besonderen Berichterstattung, sondern an den Verfassungs-Ausschuß verwiesen worden ist.

Präsident: Herr Pattay will einen durch die Beantwortung seiner Interpellation hervorgerufenen Antrag stellen.

Pattay von Graz: Ich freue mich aufrichtig, daß der Ausschuß einen so vernünftigen Beschluß gefaßt hat, allein ich kann nicht glauben, daß es in seiner Competenz liegt, einen Bericht zurückzuhalten, zu dessen Erstattung er von der Nationalversammlung aufgefordert worden ist. Eben die neuerlichen Erklärungen der österreichischen, der preußischen, der hannöver'schen Regierung, die wir erst gestern gelesen haben, fordern uns auf, ernstlich den Grundsatz auszusprechen, daß wir einzig und allein die deutsche Verfassung zu errichten berufen sind. In dem Beschlusse über den Raveaux'schen Antrag ist es nicht ausgesprochen. Mir scheint es ein Act von Feigheit, diesen Erklärungen gegenüber zu schweigen; wir müssen der Welt offen und deutlich sagen, daß wir kraft der Souveränität des Volkes hier sind, und uns durch die Erklärungen der Fürsten in unserer Mission nicht beirren lassen werden. — Ich beantrage, daß der Ausschuß binnen acht Tagen den Bericht erstatte.

Präsident: Es wird mir in diesem Augenblicke eine Austrittserklärung behändigt, die ich, um die Sache nicht zu verzögern, gleich mittheile. Herr Otto Heubner von Freiberg hat sein Mandat niedergelegt. Ich lasse diese Austrittserklärung an das Reichsministerium des Innern gehen. — An Flottenbeiträgen habe ich anzuzeigen: 15 Thlr., Sammlung bei den Urwahlen für die zweite preußische Kammer, eingeschickt von dem königlichen Maschinenmeister Nettebohm zu Erdmannswille bei Königshütte; 1 fl. 12 kr., Erlös aus einigen Exemplaren der vom Abgeordneten Arndt in 400 Exemplaren zum Vortheil der deutschen Flotte übergebenen Gedichte: „Petri Befreiung aus dem Kerker;" 400 Thlr. oder 700 fl. rheinisch, Sammlung des Vereins-Ausschusses zu Gera, worunter nicht allein Beiträge bemittelter Personen, sondern auch solche einzelner Innungen und Arbeiterklassen enthalten sind (Bravo!); 2 Zwanzigfrankstücke, Ertrag einer bei Gelegenheit des Stiftungsfestes der Gesellschaft „Erholung" zu Hemer, Kreis Iserlohn, stattgehabten Sammlung, direct durch den Posterpeditor Niederstadt an das Finanzministerium eingeschickt; 2312 fl. 14 kr., freiwillige Beiträge, aus Oldenburg eingesandt, übergeben durch den Abgeordneten Rüder, und bestehend: 1) in 346 Thlr. Gold, von dem Verein in der Stadt Oldenburg gesammelt, 2) in 141 Thlr. 46 Grote, Ertrag eines vom Militärmusikcorps veranstalteten Concerts, 3) in 325 Thlr. 24 Grote, Ertrag einer von mehreren Damen veranstalteten Lotterie, 4) in 93 Thlr. 46 Grote von dem im Sommer an der Seeküste und in Oldenburg stationirt gewesenen Militär, 5) in 147 Thlr. 52 Grote, Ertrag einer Sammlung unter dem Officiercorps der im Juni in Schleswig befindlichen Truppen und von einigen anderen Officieren des zehnten Armeecorps, 6) in 151 fl. 36 kr., Ertrag einer in Athen veranstalteten Sammlung, 7) in 150 Thlr. Gold, vom Verein im Amt Stockhorn eingesandt. (Bravo!) Wir empfangen diese Beiträge mit lebhaftem Dank, und überweisen sie an das Reichsministerium der Finanzen. — Herr Pattay übergibt mir einen dringlichen Antrag:

„Die Nationalversammluug beschließe:

Den Ausschuß für das Verhältniß der Central-Gewalt zu den Einzelregierungen aufzufordern, daß er den Bericht über den Biedermann'schen und Schaffrath'schen Antrag, betreffend die Competenz der Nationalversammlung zur Errichtung des Verfassungswerkes, demnächst erstatte."

Ich muß zuvörderst fragen, ob die Versammlung den Antrag als einen dringlichen anerkennen will. Diejenigen Herren, welche den eben verlesenen Antrag des Herrn Paltay als dringlich anerkennen wollen, ersuche ich, sich zu erheben. (Die Linke erhebt sich.) Die Dringlichkeit ist abgelehnt. Ich lasse also den Antrag an den Ausschuß gelangen. — Der Herr Reichs-Justizminister hat das Wort zur Beantwortung zweier Interpellationen.

Reichsminister R. v. Mohl: Die erste dieser Interpellationen ist von dem Herrn Abgeordneten Werner von Oberkirch, und sie lautet folgendermaßen:

„Der Präsident des österreichischen Generalrechnungs-Directoriums erließ an den in Kärnthen zur deutschen Nationalversammlung gewählten Abgeordneten Gritzner am 27sten vorigen Monats folgende Verfügung:

> „Die bei dem hiesigen Criminalgerichte wegen Ihrer Theilnahme an den letzten October-Ereignissen eingeleitete Untersuchung legt mir die Nothwendigkeit auf, Sie einstweilen vom Amt und Gehalte zu suspendiren, und es wird daher unter Einem die Verfügung getroffen, daß Ihre Bezüge mit dem 1. Februar dieses Jahres eingestellt werden."

Nach Artikel I res Reichsgesetzes vom 30. September vorigen Jahres kann aber ein Mitglied der Nationalversammlung ohne Zustimmung der ersteren nicht in strafrechtliche Untersuchung gezogen werden; eine solche Zustimmung ist aber im vorliegenden Falle bis jetzt nicht einmal nachgesucht worden.

„Der Beschluß der Nationalversammlung vom 13ten vorigen Monats scheint zwar das Verhältniß von Deutsch-Oesterreich zu Deutschland in Frage stellen zu wollen; allein das österreichische Volk hat ausdrücklich und durch Nichtabberufung seiner Abgeordneten stillschweigend sich als Bestandtheil der deutschen Nation bekannt, und auch die National-Versammlung hat durch fortgesetzte gemeinschaftliche Verhandlungen mit den österreichischen Abgeordneten diese historische Thatsache anzuerkennen beliebt. Ueberdieß enthält das Reichsgesetz vom 30. September vorigen Jahres nur Bestimmungen für die Dauer der constituirenden Versammlung, und zwar zum Schutze des rechtlichen Bestandes derselben. —

„Diese Bestimmungen müssen darum, abgesehen von allen anderen Vereinbarungs- und Verständigungsfragen bezüglich der Schöpfungen der Nationalversammlung für alle Bezirke, welche dieselbe beschickt haben, bindend sein. Auch wurde dieses Gesetz nach einer früheren Mittheilung des Reichsministers der österreichischen Behörde zugefertigt.

„Die Einleitung einer Criminaluntersuchung gegen den hier anwesenden Abgeordneten Gritzner, sowie dessen Suspendirung vom Amt und Gehalt ohne förmliche Zustimmung der Nationalversammlung, ist hiernach eine ungesetzliche Verfolgung desselben, und enthält von Seiten der österreichischen Regierung nach der Ermordung Robert Blum's eine wiederholte Mißachtung der Nationalversammlung.

„Ich stelle sofort an den Reichsminister der Justiz die Frage:

> „Was er zur Beseitigung dieser Rechtsverletzung und zur Befolgung des Gesetzes vom 30. September vorigen Jahres Seitens der österreichischen Behörde vorzukehren gedenke?"

Das Reichsministerium hat auf erhaltene Kenntniß von der vorliegenden Thatsache von der k. k. österreichischen Regierung die Einhaltung des Gesetzes vom 30. September vorigen Jahres verlangt, und Verwahrung gegen jede weitere Fortsetzung der Untersuchung gegen den Abgeordneten Gritzner vor erwirkter Zustimmung der Nationalversammlung eingelegt. In einem früheren Falle hat die k. k. österreichische Regierung dem genannten Gesetze, sowie überhaupt den Reichsgesetzen verbindende Kraft für die deutsch-österreichischen Länder verweigert wegen der noch nicht entschiedenen staatlichen Verhältnisse zwischen Deutschland und Oesterreich. — In der jüngsten Zeit ist folgende Eröffnung von der k. k. Regierung gemacht worden:

„Der k. k. Bevollmächtigte bei der Centralgewalt an das Reichsministerium der Justiz. — Der Gefertigte beehrt sich, die Mittheilung zu machen, daß er die verehrliche Zuschrift des Reichsministeriums der Justiz vom 17. Januar 1849 wegen Kundmachung der Reichsgesetze in Oesterreich seiner Regierung vorgelegt hat, und ihm hierauf der Auftrag geworden ist, Folgendes zu erwiedern: Die k. k. Regierung hat bereits in der Ministerialerklärung vom 17. April 1848 ausgesprochen, daß sie sich die Zustimmung zu den Beschlüssen der Nationalversammlung vorbehalte, und hat in dem Rescripte vom 28. December 1848 wiederholt, daß Oesterreich das deutsche Verfassungswerk nur im Wege der Verständigung in Wirksamkeit treten zu lassen erkläre. Wenn sonach die Zustimmung oder Verständigung für Beschlüsse der deutschen Nationalversammlung und für die Verfassung selbst vorbehalten wurde, so muß Das bei Reichsgesetzen um so mehr der Fall sein, als manche von ihnen die Constituirung Deutschland's gar nicht, oder sehr entfernt berühren. — Ohne in den Umfang der gesetzlichen Gewalt der Nationalversammlung und ihres Rechtes, die Verfassung allein hinzustellen, einzugehen, muß es doch anerkannt werden, daß Oesterreich sich das Recht der Zustimmung zu allen Beschlüssen vorbehalten müsse, weil sein Gebiet theils deutsches, theils nichtdeutsches ist, letzteres aber bei seiner staatlichen Verbindung mit ersterem von allen Aenderungen wesentlich berührt wird, welche die deutschen Gebietstheile in ihrer Verfassung oder Legislation erfahren. Die Vertretung der außerdeutschen Provinzen muß durch die k. k. Regierung geübt werden. Der Unterzeichnete ist aber angewiesen, zu erklären, daß seine Regierung, von dem Wunsche beseelt, das große Einheitswerk nach Möglichkeit zu fördern, es gewiß nicht unterlassen wird, jene Beschlüsse und Reichsgesetze, welche sich den dortigen so complicirten Verhältnissen und Bedürfnissen aneignen lassen, auch zur gesetzlichen Richtschnur für die österreichischen Behörden und Unterthanen kund zu machen, — sowie sie nun auch namentlich keinen Anstand genommen hat, die Promulgirung der von dem Reichsministerium der Justiz mitgetheilten allgemeinen deutschen Wechselordnung (Heiterkeit), bei welcher die oben angedeuteten Bedingungen für Oesterreich eintreten, als nunmehrige giltige Norm in Wechselsachen für die deutschen Länder der österreichischen Monarchie zu beschließen und anzuordnen, welcher Maßregel jene der gleichmäßigen Einführung der gedachten Ordnung auch in den nichtdeutschen Gebietstheilen des Reiches unter geringen Modificationen demnächst folgen wird. — Frankfurt a. M., den 10. Februar 1849. — v. Schmerling."

Welcherlei Folgen diese Erklärung der östererichischen Regierung für den vorliegenden Fall haben wird, weiß das Reichsministerium gegenwärtig noch nicht zu beurtheilen. (Viele Stimmen: Bravo!) — Die zweite Interpellation, meine Herren, ist vom Abgeordneten Schlutter schon am 22. Januar gestellt worden, es wurde aber bereits mitgetheilt, daß erst über eine Thatsache, welche dem Reichs-Ministerium unbekannt war, Bericht einzuziehen sei. Die Interpellation lautet folgendermaßen:

„Auf eine Beschwerde des Advocaten Dölitzsch in Altenburg wegen der polizeilichen Ueberwachung des dortigen März-Vereins, hat die herzoglich sachsen-altenburgische Landesregierung vom 11. Januar folgende Verfügung erlassen:

> „Der Reichsministerialerlaß vom 3. October vorigen Jahres verpflichtet die Regierungen der deutschen Einzelstaaten im Allgemeinen zur Ueberwachung der Thätigkeit der politischen Vereine. Derselbe ist bis jetzt nicht zurückgenommen, oder irgend beschränkt worden. Diese Ueberwachung bedingt die persönliche Theilnahme von Polizeibeamten an den Vereinsversammlungen, daher hat die polizeiliche Ueberwachung des unlängst gebildeten Märzvereins, sowie aller übrigen ähnlichen Vereine, in der seitherigen Weise unverändert fortzubestehen.“ — R. Dep. A. Nr. III. Januar 1839.

Am 17. Januar, also an dem Tage, wo die gesetzliche Kraft der deutschen Grundrechte begann, haben sich in Folge dieser Verfügung Unterbeamte der Polizei in der Versammlung des Altenburger Märzvereins eingefunden, und sich trotz der Aufforderung des Vorstandes geweigert, sich wieder zu entfernen. Die Versammlung ist deßhalb geschlossen worden.

„Diesen Thatsachen gegenüber frage ich den Herrn Reichs-Minister der Justiz:

> Welche Schritte gedenkt derselbe zu thun, um zu verhüten, daß durch derartige Mißverständnisse seines Erlasses vom 3. October vorigen Jahres dem deutschen Volke das durch § 30 der Grundrechte verbürgte freie Vereinsrecht verkümmert werde?“

Das Reichsministerium hat über die in der Interpellation des Herrn Abgeordneten Schlutter angeführte Thatsache Bericht erhalten. Diesem zufolge ist diese Thatsache allerdings richtig. Die herzoglich sachsen-altenburgische Regierung hat sich jedoch dahin erklärt, daß die in Frage stehende Verfügung **vor** dem Eintritte der Gesetzeskraft der Grundrechte und auf Grundlage der früher bestandenen gesetzlichen Bestimmungen getroffen worden sei. Was die **Zukunft** betrifft, so hat die herzogliche Regierung über die Auslegung des § 30 der Grundrechte bei dem Reichsministerium Anfrage gestellt, und von diesem die Antwort erhalten, daß es sich zwar zur Ertheilung allgemeiner authentischer Gesetzes-Auslegungen nicht für befugt erachte, ihm aber seinerseits kein Zweifel sei, es habe der § 30 der Grundrechte nicht bloß die **Bildung**, sondern auch die **gesetzmäßige Ausübung** des Vereins-Rechtes von **vorbeugenden** Maßregeln befreien wollen. Das Reichsministerium hat übrigens von dem in Frage stehenden Verhalten, bei welchem den amtlichen Berichten nach schwere Rechtsverletzungen vorgekommen sind, Veranlassung genommen, auch die herzoglich altenburgische Regierung darauf aufmerksam zu machen, daß die grundrechtliche Freiheit des Vereins- und Associationsrechtes keineswegs ein Freibrief für unbestrafte Begehung von Vergehen und Verbrechen **in** den Vereinen, oder **von** denselben in sich begreife, sondern daß vielmehr, je weiter das Recht jetzt gesteckt sei, desto unnachsichtlicher die gesetzliche Ahndung seines **Mißbrauches** einzutreten habe. (Bravo von der Rechten und dem Centrum.)

Präsident: Eine Interpellation der Herren **Rösler** von Oels und **Hönniger** kommt zur Verlesung.

Rösler von Oels: Interpellation an das gesammte Reichsministerium:

> „Die Gefertigten stellen an das Gesammtreichs-Ministerium die Anfrage, ob dasselbe von der in den öffentlichen Blättern mitgetheilten Circularnote der königlich preußischen Regierung d. d. 23. Januar 1849 im Betreff der künftigen Reichsverfassung und deren Zustandebringung officielle Kenntniß erhalten habe, und auf welche Weise?“ (Heiterkeit.) — Rösler von Oels; Hönniger.

Präsident: Der Herr Präsident des Reichsminister-Rathes!

Reichsministerpräsident v. Gagern: Die von den Herren Rösler und Hönniger gestellte, eben verlesene Frage beantworte ich mit „Ja;“ das Reichsministerium hat durch den preußischen Bevollmächtigten bei der Centralgewalt diese Note officiell mitgetheilt erhalten. — Es ist in der letzten Sitzung, wenn ich nicht irre, eine vom Herrn Abgeordneten Martiny an den Reichsminister der auswärtigen Angelegenheiten gerichtete, verspätet zur Anzeige gekommene Interpellation verlesen worden, welche folgendermaßen lautet:

„In der Mitte des Januars l. J. sollen — es ist diese Interpellation vom 27. December datirt — zu Brüssel, in Form einfacher ministerieller Conferenzen, diplomatische Verhandlungen zum Zwecke einer friedlichen Lösung der italienischen Frage stattfinden. Obschon der Reichsminister v. Schmerling in der Sitzung vom 17. November erklärt hat, daß das Reichsministerium sich an den Verhandlungen über Italien betheiligt habe, so ist doch bisher nur bekannt geworden, daß auf jenem Congresse in Brüssel England, Frankreich, Oesterreich, einschließlich Modena und Parma, Frankreich, Neapel, der heilige Stuhl, Toscana und Sardinien vertreten sein werden. Indem ich Bezug nehme auf die noch unbeantwortete Interpellation des Abgeordneten Rauwerck vom 9ten d. Mts., bitte ich, der Nationalversammlung Auskunft ertheilen zu wollen:

1) ob das Reichsministerium Schritte gethan hat, und welche, um eine der Macht und Ehre der deutschen Nation entsprechende Betheiligung an den Verhandlungen in Brüssel in Anspruch zu nehmen;

und

2) vorausgesetzt, daß das Reichsministerium, wie der Minister v. Schmerling versichert hat, sich seinen gerechten Einfluß auf die Entwickelung der italienischen Angelegenheiten zu wahren gewußt hat, welche Instructionen das Ministerium dem Bevollmächtigten der Centralgewalt bei jenem Congresse gegeben hat, oder zu geben gedenkt:

   a) rücksichtlich der Selbstständigkeit Venedig's und der Lombardei, namentlich in Bezug auf das am 27. November in der Nationalversammlung zu Kremsier veröffentlichte Programm des Ministeriums Stadion, in welchem die Integrität des lombardisch-venetianischen Königreichs und dessen organische Verbindung mit dem Kaiserreiche Oesterreiche festgehalten wird;

   b) rücksichtlich des vom toscanischen Ministerium Guerazzi-Montanelli erlassenen Circulars, betreffend die Bildung einer italienischen Constituante;

   c) rücksichtlich der letzten Bewegung in Rom und des Verhältnisses des Papstes zur Regierung des Kirchenstaats;

   d) rücksichtlich der definitiven Unterwerfung Siciliens unter den König von Neapel, welche Unterwerfung der König von Neapel vom Congresse, wie es heißt, ausgesprochen zu haben, verlangen wird.“

Ich beantworte diese Interpellation dahin:

Von England und Frankreich war an Oesterreich und

Sardinien der Vorschlag gemacht worden, unter Vermittelung jener Mächte in Conferenzen zusammenzutreten, zum Zwecke der friedlichen Schlichtung der zwischen Oesterreich und Sardinien obwaltenden Zerwürfnisse. Die Betheiligten nahmen diesen Vorschlag vorläufig an, und man kam überein, daß die Conferenzen in Brüssel stattfinden sollten. — Das Reichs-Ministerium hat den Anspruch erhoben, als interessirte Macht sich bei diesen Conferenzen zu betheiligen. Es ist aber jetzt zweifelhaft geworden, ob diese Verhandlungen überhaupt, oder in einem Umfange in Brüssel stattfinden werden, daß eine Betheiligung dabei Deutschland durch sein Interesse geboten ist. — Es fehlt daher der Interpellation des Abgeordneten Herrn Martiny noch zur Zeit an der factischen Grundlage. Sollte es aber zu solchen Conferenzen kommen, und die Centralgewalt sich dabei betheiligen, — was sie gewiß dann, wie früher, ansprechen würde, wenn die italienischen Wirren im weiteren Umfange zum Gegenstande der Berathung in solchen Conferenzen gemacht werden sollten, — dann würde die Nationalversammlung das Verlangen des Herrn Interpellanten, welches dahin geht, daß das Reichsministerium diese einem Gesandten zu ertheilende Instruction der Nationalversammlung vorlegen möge, gewiß nicht unterstützen. (Bravo und Heiterkeit auf der Rechten und in den Centren.)

Präsident: Herr Rösler von Oels übergibt einen dringlichen Antrag, der durch die Beantwortung seiner Interpellation hervorgerufen wird:

„In Erwägung, daß die preußische Circularnote d. d. 23. Januar, ebensowohl wie die österreichische d. d. 4. Februar, die Zustandebringung des Verfassungswerks zum Inhalt hat, soweit sie durch die Zeitungen bekannt geworden ist, beantrage ich:

1) daß die preußische Circularnote vom Ministerium dem Hause officiell mitgetheilt werde;
2) daß dieselbe in ganz gleicher Weise, wie die österreichische, an den Verfassungs-Ausschuß verwiesen werde;
3) daß dem betreffenden Ausschuß aufgegeben werde, über beide Noten an die Versammlung besonderen Bericht zu erstatten."

Unterstützt von: Pattay.

Ich werde über die Dringlichkeit dieses Antrages abstimmen lassen. Diejenigen Herren, die dem eben verlesenen Antrag des Herrn Rösler von Oels und des Herrn Pattay die Dringlichkeit zuerkennen wollen, bitte ich, sich zu erheben. (Die Linke und ein Theil des linken Centrums erheben sich.) Wir müssen die Gegenprobe machen; ich bitte, die Plätze einzunehmen. Die Herren, die den eben verlesenen Antrag der Herren Rösler von Oels und Pattay nicht als dringlich anerkennen wollen, ersuche ich, sich zu erheben. (Der andere Theil, — die Mehrheit erhebt sich.) — Die Dringlichkeit ist abgelehnt; der Antrag geht an den betreffenden Ausschuß. — Hiermit gehen wir zur Tagesordnung über. Auf der Tagesordnung steht voran: „Die Fortsetzung der Berathung über die noch rückständigen Paragraphen des Entwurfes der Grundrechte, Art. XI und XII. §§ 47 und 48." Zu dem § 47, der uns zunächst beschäftigt, liegen zwei Ihnen bekannte und ein heute eingereichter Verbesserungs-Antrag vor. Sie kennen die Anträge des Herrn Boczek und Genossen, und des Herrn Esterle und Genossen; der erstere lautet:

Der § 47 der Grundrechte möge nachstehende Fassung erhalten:

„Alle Volksstämme des deutschen Bundesstaates haben das gleiche Recht auf völlig freie volksthümliche Entwickelung, auf den Gebrauch und die Anerkennung ihrer Sprachen."

Unterzeichnet von: Boczek; Umbscheiden; Mally; Trampusch; Mareck; Zimmermann von Stuttgart; G. Gulden; Culmann; Spatz; Tafel aus Zweibrücken; Neugebauer; Roßmäßler; Melly, Giskra; Müller; Schütz; Riehl; Kudlich; Prinzinger. Rapp; Huber; Pattay; Berger; Raus.

Der Antrag des Herrn Esterle und Genossen lautet:

„Ich beantrage folgende Fassung:

Den nicht deutschredenden Volksstämmen des deutschen Reiches ist ihre Nationalität, sowie die freie Entwickelung derselben gewährleistet, namentlich der Gebrauch ihrer Sprachen, soweit deren Gebiete reichen, in dem Kirchenwesen, dem Unterrichte, der Literatur, der inneren Verwaltung und Rechtspflege, und der Veröffentlichung der Gesetze.

Die politischen Verhältnisse dieser Völker sollen von den einzelnen Regierungen in diesem Sinne geordnet werden."

Unterstützt von: Hensel; Spatz; Nägele; Mölling; Förster; Rösler von Oels; Wiesner; Heisterbergk; Kotschy; Stark; Rheinwald; Rank; Hönniger; Welter; Fröbel; Schlutter; Marsilli; Berger; Freese; Hartmann; Tafel.

Der heute überreichte Antrag des Herrn Buß geht dahin, den Paragraphen so zu fassen:

„Den nicht deutschredenden Volksstämmen Deutschland's wird ihre volksthümliche Entwickelung in dem Kirchen- und Schulwesen, in der inneren Verwaltung und in der Rechtspflege, sowie auch das Recht auf den öffentlichen Gebrauch ihrer Sprachen gewährleistet."

Unterstützt von] Polatzek; Dr. v. Linde; Kahlert; Lienbacher; v. Coronini-Cronberg; Göbel; Weiß; Lindner; Tappehorn; Hermann Müller; Gombart; Fügerl; Blömer; Kagerbauer: Meyer; Braun; Schlüter; Laschan; Scholten.

Es hat sich zu diesem Paragraphen nur Ein Redner gemeldet: Herr Buß, und zwar für den Paragraphen (Heiterkeit), eben jetzt meldet sich Herr Esterle zum Worte dagegen. Ich habe zuvörderst zu fragen, ob die Versammlung überhaupt in die Discussion über den Paragraphen eintreten will? Diejenigen Herren, welche auf die Discussion über den § 47. Art. XI des Entwurfes der Grundrechte nicht verzichten wollen, bitte ich, aufzustehen. (Eine hinlängliche Anzahl erhebt sich.) Die Discussion ist zugelassen; Herr Esterle hat das Wort.

Esterle von Cavalese: Meine Herren! Ich werde mit kurzen Worten den Antrag zu rechtfertigen und zu motiviren suchen, welchen ich gestellt habe. Die ganze Versammlung theilt wohl die Ueberzeugung, daß es die Gerechtigkeit verlangt, auch für die nicht deutschredenden Völker des deutschen Reiches einige Bestimmungen aufzunehmen, welche die Anerkennung und Gewährleistung der einem jeden Volke so heiligen Nationalität aussprechen. Es ist dieß aber doppelt geboten, wenn Sie bedenken, daß diese Völker, um welche es sich hier handelt, mehr oder weniger gegen ihren Willen mit dem neu sich bildenden deutschen Reiche vereinigt sind. Ich glaube daher, daß eine volle Anerkennung und eine Gewährleistung der diesen Nationalitäten gebührenden Rechte nothwendig sei, damit diese Völker wissen, daß Deutschland seine Macht ihnen gegenüber nicht mißbrauchen, und ihre Nationalität nicht erdrücken wolle. Ich habe daher eine Fassung beantragt, welche die Anerkennung und Gewährleistung dieser Rechte auf eine bestimmtere Weise ausdrückt, als dieß in dem Entwurfe des Verfassungs-Ausschusses geschieht. Ich muß mich aber vor Allem dagegen verwahren, als ob ich beabsichtigte, irgend Etwas zu beantragen, was der wahren und innigen Einheit Deutschland's störend entgegen wirken sollte. Meine Herren! Weder ich, noch meine Landsleute, die wir hier ein nichtdeutsches Volk vertreten, haben jemals vergessen, daß wir nicht bloß Abgeordnete eines einzelnen Bezirkes sind, sondern, daß wir als Volksvertreter für ganz Deutschland, für dessen Freiheit und Einheit zu wirken haben. (Auf der Rechten und in den Centren: Sehr gut!) Meine Herren! Wir haben nach bestem Wissen in diesem Sinne zu wirken und zu stimmen gestrebt, wir halten uns aber auch für verpflichtet, die Rechte unseres Volksstammes zu sichern und zu wahren; übrigens hoffe ich, daß in nicht zu ferner Zeit die Freiheit alle jene Schranken einreißen wird, welche die Nationen getrennt halten, und daß sie alle jene Kämpfe beendigen werde, welche gerade aus der Unterdrückung der Nationalitäten hervorgegangen sind. Und ich hoffe, daß, wenn die Freiheit diesseit und jenseit der Grenzen Deutschland's eine Wahrheit sein wird, dann auch die Bedenklichkeiten der Strategie ein Ende haben, und nicht mehr als Gründe dazu dienen werden, um die Völker auf eine ungerechte und unnatürliche Weise zu zerstückeln und zu zerreißen. (Allseitiges Bravo.) Die Veränderungen, welche ich zum Antrage des Verfassungs-Ausschusses vorgeschlagen habe, sind folgende: Statt der Worte, „den nicht deutschredenden Volksstämmen Deutschland's“ beantrage ich die Worte zu setzen: „den nicht deutschredenden Volksstämmen des deutschen Reiches.“ Meine Herren! Die Grenzen Deutschland's sind dort, wo die deutsche Zunge aufhört zu erklingen, — das deutsche Reich kann sich weiter erstrecken, Sie können aber die polnische, die italienische, die slavische Zunge nicht zu einer deutschen umgestalten. Sie können wohl den Slaven, den Czechen, den Italiener u. s. w. zu einem Bürger des deutschen Reiches, aber niemals zu einem Deutschen machen. Meine Herren! Mir scheint es ein Widerspruch zu sein, wenn man von nichtdeutschen Völkern Deutschland's spricht, gerade so, als wenn man von nichtdeutschen Deutschen reden wollte; der Name der Völker muß geehrt und gewahrt werden. Dann muß ich mich gegen den Ausdruck: „volksthümliche Entwickelung“ erklären. Volksthümlich mag wohl in philologischer Hinsicht dem Worte „national“ beiläufig entsprechen, aber der Begriff, welchen man allgemein mit dem Ausdrucke Nationalität verbindet, ist mit dem Worte volksthümlich nicht gegeben, welches, wie mir scheint, mehr dem Ausdrucke „populär“ entspricht. Es gibt viele Sachen, die national sind, aber nicht volksthümlich. Ich führe z. B. die russische Knute, die rothe Schnur in Constantinopel an. (Heiterkeit in den Centren.) Das sind nationale Sachen, aber keineswegs volksthümliche. Ebenso kann die Nationalversammlung durch ihre Freisinnigkeit volksthümlich werden, und wenn sie nicht freisinnig ist, ihre Volksthümlichkeit verlieren, während sie doch immer eine nationale bleibt. Ferner habe ich den Ausdruck: „die Gleichberechtigung“ mit dem Worte „Gebrauch“ ersetzt. Es ist dem Volke wenig gedient, wenn seine Sprache mit einer fremden nur gleichberechtigt ist; es muß ihm zugestanden werden, seine Sprache ausschließlich und in Allem zu gebrauchen, wenigstens soweit die Grenzen dieser Sprache reichen. Ich habe auch die Veröffentlichung der Gesetze in der Landessprache verlangt; denn, meine Herren, kein Gesetz kann für ein Volk bindend sein, wenn es ihm nicht in seiner Sprache mitgetheilt wird; ob dieß durch die Centralgewalt, oder durch die einzelnen Regierungen geschieht, darauf habe ich nicht einzugehen, aber Das ist gewiß, dem Volke müssen die Gesetze in seiner Sprache mitgetheilt werden. Endlich habe ich noch verlangt, daß die politische Lage dieser Völker im Sinne dieser Bestimmungen geordnet würde, weil ich nur durch diese Verfügung die Garantie dieses Paragraphen einsehe. Meine Herren! Wenn Sie ein Volk von einer fremden Büreaukratie beherrschen lassen, wenn Sie ein Volk zwingen, selbst seine innersten Verhältnisse durch Fremde ordnen zu lassen, wenn Sie es unter der Vormundschaft eines ihm fremden Volkes stehen lassen; so ist die Garantie der Nationalität eine leere Phrase, ein leeres Wort. Gegen den Antrag des Herrn Beczek muß ich mich darum erklären, einmal, weil er die volksthümliche Entwickelung verlangt, und ich mich mit diesem Ausdrucke nicht einverstanden erklären kann, und zweitens, weil er sich auf ganz Deutschland und auf alle Völker Deutschland's bezieht. Ich glaube, es ist unpassend, daß man den deutschen Völkern den Gebrauch ihrer Sprache erst garantiren muß. Es ist dieß wohl allgemein vorauszusetzen. Ich empfehle Ihnen daher, den Antrag, wie ich ihn gestellt habe, anzunehmen. Wenn, meine Herren, vielleicht Jemand glauben möchte, es wäre erniedrigend für diese Völker, daß wir hier als Vertreter derselben eine Gewährleistung für ihre Rechte erst erbetteln müssen, als ob sie nicht selbst im Stande wären, sie zu schützen, so antworte ich, daß die Anerkennung und Gewähr der Rechte eines Volkes für den Gesetzgeber Pflicht ist, und daß ich diese Anerkennung nie als eine Gnade oder ein Geschenk betrachten werde Ich bitte Sie meine Herren, seien Sie gerecht, und geben Sie diesen Völkern, was ihnen gebührt; ich bitte Sie, reichen Sie die Hand zu allgemeiner Verbrüderung, welche gewiß nicht ausbleiben wird, wenn jedes Volk frei und gerecht ist. (Bravo auf der Linken.)

Präsident: Herr Buß hat das Wort.

Buß von Freiburg: Meine Herren! Ich werde nur einige Worte sprechen zur Rechtfertigung meines Antrags. Es liegt im Wesen unserer neuesten Zeit, daß sie die individuelle Geltung, die Autonomie wie der einzelnen Person, so auch der großen collectiven Persönlichkeit der Völker will walten lassen. Eine solche Garantie für die selbstständige Bewegung der Völker, vorzüglich in geistiger Richtung, soll der § 47 der Grundrechte gewähren. Wie auch die künftige Zeit über unsere Verfassungsarbeiten denken mag, so viel ist gewiß, die Kunst der Fassung wird sie ihnen nicht zuerkennen. Und so ist auch die Fassung des vorliegenden § 47 nicht bestimmt genug. Zeigen wir's. Wir müssen nach dem Inhalt des § 47 unterscheiden eine freie Entwickelung, eine Selbstständigkeit der Institutionen, und zweitens eine Selbstständigkeit der Sprache. Wenn wir nun die Fassung des § 47 belassen, wie sie ist, so ist diese Unterscheidung nicht scharf genug hervorgehoben. Es heißt: Den nicht deutschredenden Volksstämmen Deutschland's ist ihre volksthümliche Entwickelung gewährleistet, namentlich die Gleichberechtigung ihrer Sprachen, soweit deren Gebiete reichen, in dem Kirchenwesen, dem Unterrichte, der Literatur, der inneren Verwaltung und Rechtspflege.“ Sie sehen, meine Herren, es ist nicht klar, ob die freie Entwickelung der nicht deutschredenden Stämme im Kirchenwesen, im Unterricht, in der Literatur selbst u. s. w., oder bloß der Gebrauch der Nationalsprache gewährleistet ist. Das muß auf jeden Fall schärfer getrennt werden. Deßwegen habe ich in meinem Abänderungs-Antrag so unterschieden: „den nicht deutschredenden Volksstämmen Deutschland's ist ihre volksthümliche Entwickelung in dem Kirchen- und Schulwesen, in der inneren Verwaltung und in der Rechtspflege, sowie auch das Recht auf den öffentlichen Gebrauch ihrer Sprachen gewährleistet.“

Ich glaube nun zwar, daß der § 47 in der Fassung, wie ihn der Verfassungs-Ausschuß vorgelegt hat, den nicht deutschredenden Stämmen Deutschland's die selbstständige Entwickelung der Institutionen gewährleisten wollte, und nur als eine folgenweise Art auch den Gebrauch ihrer Volkssprache. Allein die gebrauchte Fassung läßt die Sache zweideutig, und diese Zweideutigkeit muß um so mehr beseitigt werden, als namentlich die Slaven Ursache haben, mißtrauisch zu sein. — Nun habe ich aber noch einen andern Einwand gegen die gewählte Fassung, nämlich es ist hier auch die freie volksthümliche Entwickelung der nicht deutschredenden Stämme in der Literatur, oder aber doch die Gleichberechtigung der Sprachen für sie gewährleistet. Meine Herren! Die Literatur ist ein freiwüchsiger Baum, hierfür kann keine verfassunggebende Versammlung garantiren; die Gewähr der volksthümlichen Literatur muß jedenfalls weggelassen werden. So sehr nun aber auch der Volksthümlichkeit der nicht deutschredenden Stäutme stattgegeben werden muß, so darf dadurch doch nicht die Einheit der Reichs- und der Landesregierung gefährdet werden; daher geht offenbar der Verbesserungs-Antrag des Abgeordneten Esterle, der beifügt: „die politischen Verhältnisse dieser Völker sollen von den einzelnen Regierungen in diesem Sinne geordnet werden," viel zu weit. Wenn wir nämlich wissen, daß die Sprachen in gewissen Theilen der österreichischen Monarchie vielfach gemischt sind, z. B. in Ungarn, wo mehr als acht Sprachen sich kreuzen, so kann doch offenbar da von einer Einwirkung der sprachlichen Eigenthümlichkeiten auf die Ordnung der politischen Verhältnisse nicht die Rede sein. Wo das geschehen kann, vorbehaltlich der Einheit der Landesregierung oder der Reichsregierung, da versteht es sich von selbst, aber in gemischten Sprachgebieten kann das der Fall nicht sein. Meine Herren! Wir wollen den nicht deutsch redenden Völkern, die zu uns in unser neues Reich treten, volle Gerechtigkeit gewähren dadurch, daß wir ihnen die freie Entwickelung ihrer nationalen Institutionen und der Sprachen gewähren; wir wollen keinerlei Zwang bevorworten. Ich habe bei diesem Begehren vorzugsweise die Slaven im Auge, diese säculären Träger eines germanischen Martyrthums. Wir freuen uns der Freiheit, wir gewähren sie. Deutschland ist sittlich und geistig groß genug, um den Einfluß seiner Bildung auf dem Wege der Freiwilligkeit andern Stämmen annehmbar zu machen; es bedarf nicht der Aufzwingung seiner Sprache und der Hemmung der nationalen Entwickelung; es bedarf nicht der Zwangs-Germanisirung, um das Siegel deutschen Geistes den sich darnach sehnenden andersprechenden Stämmen zum Segen aufzuprägen.

Boczek von Tischnowitz: Was mir namentlich in dem Antrage des Verfassungs-Ausschusses aufgefallen ist, das ist, daß hier bloß von den nicht deutschredenden Volksstämmen Deutschland's die Rede ist. Das hat den Hintergedanken, als wäre in Deutschland ein herrschendes Volk, und als ob in einem Bundesstaate überhaupt von einem herrschenden Volke die Rede sein könnte. Weiter ist der Ausdruck der Gewährleistung etwas, was mir nicht ganz zusagen kann; wer soll diese Gewährleistung übernehmen, dieses angeblich herrschende Volk, oder die Regierung? Daß das Erste unzukömmlich sei, habe ich bereits erwähnt. Soll aber die Regierung diese Gewährleistung übernehmen, so müßte dieß bei jedem Paragraphen der Grundrechte ausgedrückt werden, oder es müßte die Gewährleistung ebenso, wie sie bei anderen Paragraphen weggeblieben ist, auch hier wegbleiben. Dann scheint mir auch ein Fehler in der Redaction zu sein, wenn die volksthümliche Entwickelung gewährleistet sein soll. Hier scheint mir, als ob von einem bestimmten Resultate, von einem Erfolge die Rede wäre, welcher hiermit verbürgt würde; es könnte höchstens die Möglichkeit einer volksthümlichen Entwickelung gewährleistet werden. Weiter will ich nicht eingehen auf die Schwierigkeit, welche die Durchführung dieses Grundsatzes hätte bei gleicher Berechtigung ihrer Sprachen, soweit deren Gebiete reichen, in dem Kirchenwesen, dem Unterrichte, der Literatur, der inneren Verwaltung und Rechtspflege. Die Durchführung dieses Grundsatzes wäre nur bei einem gänzlich durchgeführten Föderativsystem, namentlich in Oesterreich, möglich. Was Herr Waß gesagt hat, indem er erwähnte, daß ihm zu viel Gewicht auf die gleiche Berechtigung der Sprachen gelegt sei, so glaube ich, daß er hierin Unrecht hat. Die Sprache ist das Wesen, die Eigenthümlichkeit der Nation; die Entwickelung der Sprache ist mir gleichbedeutend mit Entwickelung der Nationalität. Uebrigens glaube ich, liegt in dem pomphaften Worte „Garantie" eigentlich gar nichts. Nationen, welche ihren Werth fühlen, und ihre Berechtigung zur selbstständigen Existenz in der Reihe der Völker erkennen, werden sich diese zu erkämpfen wissen, wenn sie ihnen auch nicht garantirt würde. Die deutschredenden Volksstämme Deutschland's sind hier ganz übergangen worden, als ob von der Möglichkeit ihrer volksthümlichen Entwickelung gar nicht mehr die Rede zu sein brauchte; ich brauche Sie aber nur darauf aufmerksam zu machen auf die Deutschen in Oesterreich, die erschossen wurden, weil sie Deutsche sein wollten, und daß überhaupt die einzelnen deutschen Volksstämme nur relativ, nur mittelbar deutsch sein dürfen. Ich empfehle Ihnen daher meinen Antrag.

Präsident: Herr Beseler als Berichterstatter hat das Wort.

Beseler von Greifswald: Meine Herren! Was man auch der Nationalversammlung vorwerfen mag, Das, glaube ich, wird man ihr nicht vorwerfen, daß sie intolerant gewesen ist, und namentlich gegen Volksstämme in Deutschland, die nichtdeutsche sind. Daher bin ich erstaunt gewesen, daß man so weit hat gehen können, wie soeben hier auf dieser Tribüne geschehen, und es auszusprechen gewagt hat, es bestehe ein Zweifel, wer das herrschende Volk in Deutschland sei. Meine Herren! Wenn wir auch nicht hervorheben wollen, daß wir im deutschen Bundesstaate für die deutschen Reichsbürger gleiche Rechte gewährt haben, so glaube ich, war doch eine solche Frage im höchsten Grade auffallend. (Bravo auf der Rechten und im Centrum.) Ich denke, das deutsche Volk besteht zunächst aus Deutschen, und wenn wir anderen nichtdeutschen Volksstämme in Deutschland ein gleiches Recht einräumen, dann, meine Herren, haben sie es dankbar anzuerkennen (Bravo auf der Rechten und im Centrum); und so, wie es geschehen, sollte doch in Deutschland über die Deutschen nicht gesprochen werden....

Zimmermann von Stuttgart (vom Platz): Von Dank aber auch nicht!

Präsident: Ich bitte um Ruhe, meine Herren!

Beseler: Es ist der § 47 von verschiedenen Seiten angefochten worden. Meine Herren! Ich hebe nur einen Umstand hervor, der, wie ich glaube, von Bedeutung ist. Diese Bestimmung ist wörtlich entnommen einem früheren Beschlusse der Nationalsammlung über das Verhältniß der nicht deutschredenden Volksstämme in Deutschland, welcher zur Beruhigung der nicht deutschredenden Volksstämme im vorigen Jahre veröffentlicht worden ist. Es schien dem Verfassungs-Ausschuß angemessen, bei diesem Beschluß zu bleiben. Er wurde damals mit großer Freude vernommen, und ich glaube, er ist von der Art, daß man ihn wörtlich wiederholen darf. Aber auch aus noch anderen Gründen bin ich nicht dafür, die gestellten Anträge anzunehmen, denn sie sprechen sich gegen die Einheit; sie sind nicht nur bedenklich, sondern sogar gefährlich. Was soll es heißen, wenn beantragt wird, es soll der Satz weggelassen werden: „soweit deren Gebiete reichen"? Wollen Sie allen Volksstämme, welche mit dem deutschen Reiche Rechte haben, in der Nationalversammlung in ihrem Dialekt zum Wort kommen lassen? Das wird keiner von Ihnen wollen, und dennoch würde dieses Recht gegeben sein, wenn wir das gleiche Recht im deutschen Reiche soweit ausdehnen wollen. Es ist schon bemerkt worden, daß der Antrag des Herrn Esterle zu weit geht. Ich glaube, es liegt darin etwas versteckt, das wenigstens mißbraucht werden könnte, und darum schon, weil etwas Neues hineingelegt ist, glaube ich, daß wir uns nicht dafür erklären können. Ich empfehle Ihnen daher nach dem Antrage des Verfassungs-Ausschusses den Paragraphen so zu fassen, wie er im vorigen Jahre beschlossen wurde.

Präsident: Die Discussion über den § 47 ist geschlossen. Wenn ich die Anträge in ihrem Verhältnisse zu einander richtig aufgefaßt habe, so werden sie in folgender Reihe zur Abstimmung kommen müssen. Zuerst käme der erste Satz des Antrags von Herrn **Esterle**:

> „Den nicht deutschredenden Volksstämmen des deutschen Reiches ist ihre Nationalität, sowie die freie Entwickelung derselben gewährleistet, namentlich der Gebrauch ihrer Sprachen, soweit deren Gebiete reichen, in dem Kirchenwesen, dem Unterrichte, der Literatur, der inneren Verwaltung und Rechtspflege, und der Veröffentlichung der Gesetze."

Darauf würde der Antrag des Verfassungs-Ausschusses, diesem der Antrag des Herrn Buß und Genossen, dem der Antrag des Herrn Boczek und Genossen, und endlich der zweite Satz des Herrn **Esterle** folgen:

> „Die politischen Verhältnisse dieser Völker sollen von den einzelnen Regierungen in diesem Sinne geordnet werden,"

der sich an jeden der vorliegenden Anträge anschließen läßt.

Esterle von Cavalese: Ich bin ganz einverstanden mit der Fragestellung des Herrn Präsidenten, nur wünschte ich, daß der andere Theil des Antrages ebenfalls getrennt zur Abstimmung käme, so daß besonders abgestimmt würde über die Worte: „Die Gewährleistung der Nationalität und freie Entwickelung derselben."

Präsident: Ich kann auf diese Trennung wohl eingehen; muß aber hinzufügen, daß, wenn die erste Hälfte des ersten Satzes von dem Esterle'schen Antrage abgelehnt wird, auch die zweite ihren Inhalt verloren haben würde.

Esterle (vom Platze): Einverstanden!

Präsident: Ich bringe nun die erste Hälfte von dem ersten Satze des Amendements des Herrn **Esterle** zur Abstimmung:

> „Den nicht deutschredenden Volksstämmen des deutschen Reiches ist ihre Nationalität, sowie die freie Entwickelung derselben gewährleistet."

Diejenigen Herren, welche mit diesem Satze sich einverstanden erklären wollen, bitte ich, aufzustehen. (Die Minderheit erhebt sich.) Der Satz ist abgelehnt und damit die ganze erste Hälfte des Amendements von Herrn Esterle erledigt. — Ich bringe den Antrag des Verfassungs-Ausschusses zur Abstimmung:

> „Den nicht deutschredenden Volksstämmen Deutschland's ist ihre volksthümliche Entwickelung gewährleistet, namentlich die Gleichberechtigung ihrer Sprachen, soweit deren Gebiete reichen, in dem Kirchenwesen, dem Unterrichte, der Literatur, der inneren Verwaltung und Rechtspflege."

Diejenigen Herren, welche diesen Antrag annehmen wollen, belieben sich zu erheben. (Die Majorität erhebt sich.) Dieser Antrag ist angenommen, damit sind die Amendements der Herren Boczek und Buß erledigt! Ich gehe zu der Frage über, ob der zweite Satz des Antrags von Herrn **Esterle** angenommen werden soll:

> „Die politischen Verhältnisse dieser Völker sollen von den einzelnen Regierungen in diesem Sinne geordnet werden."

Diejenigen Herren, welche diesem Satze ihre Zustimmung geben wollen, bitte ich, sich zu erheben. (Die Minderheit erhebt sich.) Auch dieser Theil des Esterle'schen Antrags ist abgelehnt. — Ich gehe, meine Herren, zu § 48 über, bei welchem der Antrag des Ausschusses für Volkswirthschaft, der Zusatz-Antrag des Herrn Michelsen und der des Herrn Jordan von Gollnow vorliegen. (Eine Stimme: Zurückgenommen!) Der letzte Antrag wird zurückgenommen. Redner haben sich zu dem Paragraphen nicht gemeldet. Ich frage, ob eine Discussion über diesen Paragraphen stattfinden soll? (Heiterkeit.) Diejenigen Herren, die auf die Discussion über § 48 Art. XII nicht verzichten wollen, bitte ich, sich zu erheben. (Nur einzelne Mitglieder erheben sich.) Die Discussion ist abgelehnt! Ich bringe zuerst den Antrag des Ausschusses für Volkswirthschaft, falls dieser nicht angenommen würde, den Antrag des Verfassungs-Ausschusses, und in jedem Falle den Zusatz des Herrn Michelsen zur Abstimmung. — Der Antrag des Ausschusses für Volkswirthschaft lautet:

> „Jeder Deutsche genießt auch im Auslande den Schutz des deutschen Reichs und ist überall berechtigt, die Hilfe deutscher Behörden gegen rechtswidrige Beschränkungen seiner Freiheit und seines Eigenthums in Anspruch zu nehmen."

Diejenigen Herren, welche diesem Antrage zustimmen wollen, belieben, sich zu erheben. (Es erhebt sich die Minderheit.) Der Antrag des Ausschusses für Volkswirthschaft ist abgelehnt. — Ich gehe zu dem Antrage des Verfassungs-Ausschusses über:

> „Jeder deutsche Staatsbürger in der Fremde steht unter dem Schutze der deutschen Nation."

Diejenigen Herren, welche diesem Antrage ihre Zustimmung geben wollen, bitte ich, sich zu erheben. (Es erhebt sich eine große Majorität.) Der Antrag ist angenommen. Meine Herren! Ich bemerke soeben, daß der Antrag des Herrn Michelsen nicht volle zwanzig Unterschriften hat. (Eine Stimme vom Platze: Allerdings nachträglich!) Bei dieser Lage der Sache dürfte ich den Antrag gar nicht zur Abstimmung bringen. Es sind, wie ich mich eben überzeuge, in der That noch drei nachträgliche Unterschriften eingebracht; also bringe ich den Antrag zur Abstimmung. Diejenigen Herren, die zu dem angenommenen § 48 nach dem Antrage des Herrn Michelsen noch hinzufügen wollen:

> „Die im Auslande angestellten Gesandten, Consuln und sonstigen Agenten Deutschland's sind verpflichtet, den Angehörigen des deutschen Volks den erforderlichen Schutz zu gewähren,"

bitte ich, aufzustehen. (Die Majorität erhebt sich.) Der Zusatz-Antrag ist angenommen. — Zu den

Grundrechten liegen ursprünglich noch folgende Schluß-Anträge vor, von Herrn Heinrich Simon und Schüler ꝛc.

„Die von der Nationalversammlung festgestellten Grundrechte der Deutschen werden alsbald dem deutschen Volke verkündet und treten, vorbehaltlich des Beschlusses der Nationalversammlung über einzelne dieser Grundrechte, sofort in Wirksamkeit."

Ich glaube, Das ist bereits erledigt, und ich lege den Antrag zur Seite. Mir scheint Dasselbe von dem Schluß-Zusatze des Herrn Meyer von Liegnitz zu gelten:

„Diese Gesetze sind den Regierungen und der deutschen Nation sofort zu verkünden, und treten sofort in Kraft."

Meyer von Liegnitz: Ich nehme meinen Antrag zurück!

Präsident: Endlich liegt ein Antrag vor zur Einleitung von Herrn Eisenmann, der aber zum ersten Male heute zur Sprache kommt.

Eisenmann (vom Platze): Ich nehme den Antrag auch zurück.

Präsident: Die Herren Pattay und zwanzig Mitglieder erheben nach dem Schluß der Berathung über die Grundrechte, resp. nach der ersten Lesung, folgenden neuen Antrag:

„Die Nationalversammlung beschließe:

1) Die aus der ersten Berathung hervorgegangenen Beschlüsse über den rückständigen Theil der Grundrechte zur schleunigen Vornahme der Revision Behufs der zweiten Lesung und zur gleichzeitigen Vorlage eines Einführungsgesetzes an den Verfassungs-Ausschuß zurückzuweisen;

2) die endgiltigen Beschlüsse der zweiten Lesung sofort zu verkündigen."

Unterstützt von: Simon von Trier; Spatz; Förster; Hensel; Jopp; Tafel von Zweibrücken; Boczek; Langbein; Wiesner; Nauwerck; Paur von Neisse; Rödinger; Schott; Wigard; Rheinwald; Golz; Heubner; Heisterbergk; Mölling; Frisch; Eisenstuck; Kudlich.

Ich glaube, meine Herren, dagegen kann kein Bedenken sein, daß das Erstere geschehen muß. Ueber das Zweite glaube ich, können wir erst Beschluß fassen, wenn die zweite Lesung beendigt ist. Wenn kein Widerspruch dagegen erfolgt, so würde ich in diesem Sinne die Anträge für erledigt halten.

Pattay (vom Platze): Ich bitte, darüber abstimmen zu lassen.

Präsident: Das würde voraussetzen, daß ein Widerspruch da wäre; da kein Widerspruch erhoben wird, so kann ich auch unmöglich abstimmen lassen.

Pattay (vom Platze): Ueber das Zweite bitte ich, abstimmen zu lassen.

Präsident: Ueber das zweite Stück des Antrages:

„Die endgiltigen Beschlüsse der zweiten Lesung sofort zu verkündigen,"

habe ich geglaubt, daß wir heute gar keinen Beschluß fassen könnten.

Pattay von Grätz: Meine Herren! Sie erinnern sich an den Schoder'schen Antrag. Lange bevor die Grundrechte zum zweiten Mal berathen waren, haben Sie beschlossen, daß sie verkündet werden sollen; Dasselbe beantrage ich nun auch hier.

Beseler von Greifswald: Damals, wo der Beschluß auf den Schoder'schen Antrag gefaßt wurde, stand das Verfassungswerk seiner Vollendung nicht so nahe. Jetzt einen solchen Beschluß zu fassen, scheint mir nicht begründet, die Dringlichkeit ist nicht nachgewiesen, und es ist Zeit, die Anträge des Verfassungs-Ausschusses zu hören, wie diese Grundrechte mit der Verfassung verbunden, oder in ihr untergebracht werden können. Ich glaube, daß man über diesen Gegenstand hinweggehen kann, bis der Verfassungs-Ausschuß die zweite Lesung vorgenommen hat.

Präsident: Ueber die erste Hälfte des Antrages des Herrn Pattay ist also kein Widerspruch. — Den zweiten Theil:

„Die Nationalversammlung beschließe, die endgiltigen Beschlüsse der zweiten Lesung sofort zu verkündigen,"

bringe ich jetzt zur Abstimmung. Diejenigen Herren, welche dem Antrage des Herrn Pattay beitreten wollen, ersuche ich, sich zu erheben. (Geschieht auf der linken Seite.) Der Antrag ist nicht angenommen. — Ich gehe zur zweiten Nummer der Tagesordnung: Berathung des vom Abgeordneten Uhland, Namens des Prioritäts- und Petitions-Ausschusses erstatteten Berichtes über den Antrag des Abgeordneten Künßberg, die weitere Behandlung des Verfassungswerkes betreffend.

(Die Redaction läßt den Bericht hier folgen:

In der 152. Sitzung vom 15. Januar hat der Herr **Abgeordnete Künßberg den Antrag gestellt:**

„In Anbetracht, daß

1) „die vom Verfassungs-Ausschusse bisher nach und nach im Entwurfe vorgelegten, daher von der Nationalversammlung ohne die Möglichkeit eines Totalüberblickes berathenen einzelnen Abschnitte der Reichsverfassung von der Art sind, daß sie den Begriff eines Bundesstaates schlechterdings ausschließen und in vielen Beziehungen nicht nur für Oesterreich, sondern auch für jeden andern deutschen Staat unannehmbar sind, der weder an die Spitze des projectirten Gesammtstaates berufen wird, noch in der Lage ist, sich einer auf absolute Unterdrückung und Vernichtung der deutschen Einzelstaaten berechneten Gewalt auf Gnade und Ungnade ergeben zu müssen;

2) „daß der bundesstaatswidrige Charakter des nun vorliegenden Gesammtentwurfes ganz besonders dem Abschnitt über das Reichsoberhaupt innewohnt;

3) „daß demnach alle bisherigen Verfassungsarbeiten einer so durchgreifenden Revision bedürfen, daß dieses Geschäft dem bisherigen Verfassungs-Ausschusse nicht füglich zugemuthet werden kann,

„aus diesen Gründen stelle ich den Antrag:

„Die hohe Nationalversammlung wolle beschließen:

1) „Es sei durch die Abtheilungen ein Ausschuß von fünfzehn Personen zu wählen, welcher — abgesehen von dem bereits publicirten Theile der Grund-Rechte — alle von dem bisherigen Verfassungs-Ausschusse vorgelegten Abschnitte eines Verfassungs-Entwurfes zu revidiren, und über das Ergebniß unter Vorlegung eines neuen Gesammtentwurfes Bericht zu erstatten hat;

2) „bis Letzteres geschehen ist, sei die Berathung der Versammlung über das Verfassungswerk auszusetzen."

Dieser Antrag bezweckte zunächst, die Berathung des auf der Tagesordnung gestandenen Abschnittes über das Reichsoberhaupt zu sistiren. Ein Stillstand wurde jedoch nicht beliebt und der Antrag ist, nachdem er seinen Gang durch den Verfassungs-Ausschuß genommen, auf wiederholte Interpellation des Herrn Antragstellers, in der 159. Sitzung vom 26. Januar dem Prioritäts- und Petitions-Ausschuß in der Art überwiesen worden, daß auf die Frage des Präsidiums, ob etwa letzterer Ausschuß autorisirt werden wolle, in die Materie selbst einzugehen, kein Widerspruch erfolgte. Durch diese Beauftragung scheint auch das formelle Bedenken, daß die in § 29 der Geschäftsordnung vorgeschriebene Unterstützungsfrage nicht gestellt worden ist, erledigt zu sein. — Die Nationalversammlung hat sämmtliche bisher berathene Abschnitte des Verfassungsentwurfes je nach der ersten Beschlußnahme über dieselben an den Verfassungs-Ausschuß zurückgehen lassen, nicht damit der Entwurf einer neuen, durchgreifenden Revision unterworfen werde, sondern zum Zwecke der Redaction nach den beschlossenen Abänderungen und der etwa nöthigen Ausgleichung der stehengebliebenen Bestimmungen mit den anders gewordenen oder hinzugekommenen. Dagegen verlangt der Herr Antragsteller eine Revision von Grund aus, und hiernach die Vorlegung eines neuen Gesammtentwurfes, er will, daß diese neue Durcharbeitung des Verfassungswerkes in einem von dem Charakter des Entwurfes, wie solcher sich bisher gestaltet hat, wesentlich verschiedenen Geiste vorgenommen werde, weßhalb er auch das Revisionsgeschäft dem bestehenden Ausschusse nicht überlassen zu können glaubt. Der Entwurf, wie er angelegt war, und sich weiter ausgeprägt hat, erscheint dem Herrn Antragsteller im Ganzen, und dann besonders im Abschnitte vom Reichsoberhaupt als bundesstaatswidrig, indem durch die an die Spitze des Gesammtstaates tretende Gewalt die Selbstständigkeit jedes anderen, nicht hierzu berufenen deutschen Staates gänzlich vernichtet wäre. Nun würde allerdings die Bestellung eines anderen Ausschusses für begründet anzusehen sein, wenn unter dem angezeigten Gesichtspunkte zwischen dem vorgelegenen Entwurf und den Beschlüssen der Versammlung ein principieller Widerspruch stattgefunden hätte. Dieß war jedoch so wenig der Fall, daß durch jene Beschlüsse die Macht und das Gebiet der Centralgewalt eher verstärkt und erweitert, als geschwächt und verengt worden ist. Es kann also der Versammlung nicht wohl angesonnen werden, in einer ihren Beschlußnahmen widerstrebenden Richtung einen Revisions-Ausschuß zu wählen, und eine Neuwahl würde unter solchen Umständen auch schwerlich nach dem Wunsche des Herrn Antragstellers ausfallen. Was aber insbesondere den Abschnitt vom Reichs-Oberhaupte betrifft, so haben gerade die in der bezeichneten Richtung gelegenen Anträge auf ein mehrgliedriges Directorium bei der Abstimmung den mindesten Anklang gefunden, und es ist darum sehr zu bezweifeln, ob das Directorium in einem neuen Ausschusse besseren Anhalt erlangen würde, als in dem bisherigen, aus welchem doch zu Gunsten desselben ein Sonder-Erachten hervorgegangen ist. Jedenfalls wird die Versammlung sich nicht bewogen finden, einen neuen Antrag in diesem Sinne eigens hervorzurufen. Die überwiegende Neigung für ein einheitliches Oberhaupt hat sich nicht bloß in der, obwohl mit keiner bedeutenden Mehrheit erfolgten Annahme des § 1, sondern auch in den Abstimmungen über § 1a herausgestellt, ohne Unterschied, ob die Anträge auf Erblichkeit, oder auf periodische Wahl gerichtet waren, bei welch letzteren allerdings eine fortgehende Betheiligung aller deutschen Staaten und Stämme beabsichtigt war. Etwas möchte für die Verweisung der Oberhaupts-Frage an einen neuen Ausschuß geltend gemacht werden, daß in dem älteren zur Erledigung dieser Frage keine Stimmenmehrheit erzielt worden ist. Allein in der Versammlung selbst ging es nicht anders, und insofern gibt dieser Ausschuß den richtigen Ausdruck der in ihr sich bekämpfenden Meinungen. Diejenigen Fractionen, deren Stimmenzahl bei den Wahlen weniger ausgiebig ist, dürften auch keineswegs darauf rechnen, daß sie bei einer neuen Wahl gewinnen würden, während gerade für die zweite Berathung des Verfassungsentwurfes, welche voraussichtlich eine sehr abgekürzte sein wird, jeder Ansicht daran gelegen sein muß, wenigstens durch ein wohl vorbereitetes Minderheits-Erachten vertreten zu sein. — Wenn endlich der Herr Antragsteller mit dem Vorschlage der durchgreifenden Revision und der Ausarbeitung eines neuen Gesammtentwurfes die an sich richtige Folgerung verbindet, daß bis zur Beendigung dieser Arbeit die Berathung des Verfassungswerkes in der Versammlung auszusetzen sei, so bedarf es kaum noch der Bemerkung, wie wenig ein solcher, unvermeidlich langwieriger Aufschub dem gegenwärtigen Stand unserer öffentlichen Angelegenheiten zusagen könne. — Aus vorstehenden Gründen trägt der Prioritäts- und Petitions-Ausschuß darauf an:

„Daß dem Antrage des Herrn Abgeordneten Künßberg keine Folge gegeben werden möge.")

Präsident: Zum Worte haben sich gemeldet: gegen den Bericht des Ausschusses Herr Künßberg, für den Bericht des Ausschusses Herr Jahn. — Ich gebe Herrn Künßberg das Wort.

Künßberg von Ansbach: Meine Herren! Dem Antrage, den ich, — und wahrlich nicht leichtfertiger Weise, sondern erst nach ernstem Bedenken und langem Zuwarten — gestellt habe, diesem Antrage werden von dem Prioritäts- und Petitions-Ausschusse Einwendungen entgegengesetzt, die theils formeller Art sind, theils auf das Materielle, auf die Sache selbst einzugehen scheinen. Das formelle Bedenken des Ausschusses besteht hauptsächlich in folgenden Worten: „Die Nationalversammlung hat sämmtliche, bisher berathene Abschnitte des Verfassungsentwurfs je nach der ersten Beschlußnahme über dieselben an den Verfassungs-Ausschuß zurückgehen lassen, nicht damit der Entwurf einer neuen, durchgreifenden Revision unterworfen werde, sondern zum Zwecke der Redaction nach den beschlossenen Abänderungen und der etwa nöthigen Ausgleichung der stehen gebliebenen Bestimmungen mit den anders gewordenen oder hinzugekommenen." Gesetzt, meine Herren, diese Behauptung wäre richtig; gesetzt, Sie hätten wirklich einmal, oder mehrere Male beschlossen, daß die zweite Lesung der Verfassung nicht eine durchgreifende Revision, sondern bloße Redactions-Berichtigungen bezwecken dürfe; in diesem Falle würde ich mir die Frage an Sie erlauben: ob Sie wirklich sich an einen solchen Beschluß in dem Falle für gebunden erachten würden, wenn Sie dessen Durchführung für nichts weniger als heilsam, ja dem Vaterlande für verderblich halten würden? Indessen haben Sie, meine Herren, nicht nöthig, eine solche Fessel von sich abzuschütteln; denn der supponirte Beschluß existirt gar nicht. Ich werde Ihnen Das sofort aus den früheren Verhandlungen nachweisen. Der Beschluß, den Sie in Ihrer Sitzung vom 8. Juni vorigen Jahres gefaßt haben, und der späterhin auf die übrigen Abschnitte der Verfassung ausgedehnt wurde, lautet also: „Es solle eine zweimalige Berathung und Abstimmung über jeden Paragraphen der beantragten Grundrechte stattfinden; die zweite Berathung und Abstimmung der-

glaubt; sobald die erste Berathung und Abstimmung über das Ganze zu Ende geführt ist, und die neue Redaction so, wie sie aus der ersten Abstimmung sich bildet, durch den Ausschuß vorgelegt sein wird." Sie sehen also, meine Herren, daß die erste Hälfte dieses Beschlusses Ihrer Berathung über die zweite Lesung der Verfassung durchaus keine Schranken setzt, und daß die zweite Hälfte eigentlich bloß eine Zeitbestimmung enthält, und dabei dem Verfassungs-Ausschuß noch die Verpflichtung auferlegt, vor der zweiten Lesung Ihnen eine Redaction, wie sie sich aus der ersten Abstimmung ergibt, vorzulegen. So vollständig nun auch der Verfassungs-Ausschuß, ich erkenne das an, dieser seiner Verpflichtung nachgekommen ist, so wenig hat sich derselbe für verbunden erachtet, sich auf eine bloße Redaction der ersten Abstimmung zu beschränken. Sie erinnern sich ja selbst, meine Herren, in welchen wesentlichen Punkten der Verfassungs-Ausschuß in seinem Berichte, den er vor der zweiten Lesung der Grundrechte erstattet hat, von Abstimmungen, die bei der ersten Lesung geschehen sind, abgewichen ist. Bestünde aber noch irgend ein Zweifel über den Sinn des Beschlusses, den Sie am 8. Juni gefaßt haben, so würde die vorausgegangene Debatte die Sache vollends zur Evidenz bringen. Es handelte sich ja damals gerade darum, und hauptsächlich darüber wurde gestritten, ob die zweite Lesung der Grundrechte eine durchgreifende Revision, oder eine bloße Redactionsberichtigung bezwecken solle. Für das Letztere sprach damals Herr Lette, das Erste wurde aber von dem Verfassungs-Ausschuß und dessen Organ, dem Berichterstatter, Herrn Beseler, beantragt. Dieser sagte: — Meine Herren! Sie werden erlauben, daß ich eine kurze Stelle aus der Rede des Herrn Beseler anführe.

Präsident: Meine Herren! Sie werden nichts dagegen haben? (Allseitige Zustimmung.)

Künßberg: Herr Beseler sagte: „Es schien uns wünschenswerth, daß die erste Berathung noch ohne definitive Entscheidung bleibe, damit man sich während dessen auswärts mit dem Entwurf der Grundrechte noch bekannt machen könne, und vor der zweiten Berathung man Gelegenheit erhalte, seine Ansicht zu äußern." Halten Sie es wohl für möglich, meine Herren, daß damals der Verfassungs-Ausschuß von dem Bedürfnisse geleitet worden sei, noch von Außen her eine Belehrung über das zweckmäßige Redigiren Ihrer Beschlüsse zu erhalten? Solches Mißtrauen in seine eigenen Kräfte wäre mehr als Bescheidenheit gewesen. Das formelle Bedenken des Prioritäts- und Petitions-Ausschusses ist also weiter nichts, als was schon am 8. Juni v. J. der Herr Abgeordnete Lette beantragt hat, was aber von Ihnen nicht gebilligt, sondern vielmehr verworfen worden ist. Indem ich nun auf den Gegenstand meines Antrags selbst eingehe, habe ich vor Allem einen Irrthum hervorzuheben, in den der Prioritäts-Ausschuß bezüglich der diesem Antrage zu Grunde liegenden Absicht verfallen zu sein scheint. Der Antrag wurde — und dieß scheint der Prioritäts- und Petitions-Ausschuß übersehen zu haben — von mir in dem Augenblicke gestellt, als Sie, meine Herren, in dem Begriffe waren, die Berathung über den Entwurf des Ausschusses, „das Reichsoberhaupt" zu beginnen, und eben hierauf bezieht sich der zweite Absatz meiner Motive. Aber dieses Verfassungs-Fragment gilt mir so wenig als etwas Selbstständiges, daß ich vielmehr das Kaiserthum, insbesondere das erbliche preußische Kaiserthum, als bloße Consequenz der früher berathenen Verfassungsabschnitte, insbesondere der Abschnitte über die Reichsgewalt und den Reichstag, betrachte. Solange Sie, meine Herren, jene Abschnitte bestehen lassen, solange Sie solche nicht gründlich und radical revidiren, solange werden Sie auch dieser Consequenz nicht entgehen; oder Sie werden in die traurige Lage versetzt werden, auseinandergehen zu müssen, ohne irgend eine Verfassung für Deutschland begründet zu haben. Ich berufe mich hierüber auf ein Zeugniß, welches die Herren auf dieser Seite des Hauses (sich zur Rechten wendend) nicht recusiren werden. Es hat damals, als das Verhältniß zu Oesterreich besprochen wurde, das Ihnen zuerst, meine Herren, ein Blick auf das Ende der Sackgasse gestattete, in welche unser Verfassungswerk gerathen ist, — damals hat der Herr Ministerpräsident v. Gagern auf dieser Tribüne geäußert: „Es handelt sich hier nicht bloß von § 2 und 3 des Verfassungsentwurfes, nämlich nehmen Sie die §§. 2 und 3 hinweg, und es bleiben Ihnen zwanzig andere Paragraphen, die Sie ändern müssen, um es möglich zu machen, daß Oesterreich in den Bundesstaat eintreten könne." Also, meine Herren, alle Diejenigen unter Ihnen, die nicht ganz entschieden dem preußischen erblichen Kaiserthum zugethan sind, alle Diejenigen, die nicht ausschließlich in dieser Regierungsform das Heil, die Größe und die Einheit des deutschen Vaterlandes erblicken, und die nicht durchaus und unter jeder Bedingung die Ausschließung Oesterreich's wollen, alle Diese werden — dieser Meinung bin ich — verbunden sein, meinem Antrag beizutreten, einem Antrag, welcher in das Verfassungswerk durchaus keinen Zeitverlust bringen wird, und in keinem Falle einen längeren, als die Hälfte der Zeit beträgt, die seit der Einbringung meines Antrags bis zum heutigen Tage verflossen ist. Aber — so wendet der Prioritäts- und Petitions-Ausschuß ein, und dieß ist das einzige materielle Bedenken, welches gegen meinen Antrag erhoben worden ist — die Gewährung dieses Antrags würde präsumtiv zu nichts führen, da diese hohe Versammlung im Wesentlichen Dasselbe will, was der Verfassungs-Ausschuß ihr vorgeschlagen hat. (Unruhe auf der Rechten.)

Präsident: Ich bitte dringend um Ruhe, und daß Sie Ihre Plätze einnehmen.

Künßberg: Meine Herren! Ist dieß richtig? Wollen Sie — das ist: will die Majorität von Ihnen — wirklich einen dynastischen Einheitsstaat, wie solcher aus dem lange bebrüteten Ei des Verfassungs-Ausschusses endlich herausgeschlüpft ist? Haben nicht, vom Anbeginne dieser hohen Versammlung an, alle Fractionen, in die sich ihre Mitglieder vertheilten, die Idee eines Bundesstaates als das zu erstrebende Ziel hingestellt? Hat nicht der Verfassungs-Ausschuß in allen motivirenden Berichten, die er Ihnen erstattet hat, durchaus das Nämliche gethan, selbst die neuesten Berichte nicht ausgenommen? Fragen Sie sich selbst, meine Herren, seit wann die Mitglieder des Verfassungs-Ausschusses sich zu einem Projecte eines Erbkaiserthums offen zu bekennen gewagt haben, und Sie werden sich bald überzeugen, daß dieses Project unter die Wesen gehört, denen man so lange als möglich, — um mit dem Dichter zu sprechen, — den Schleier der Nacht über Kopf und Ohren zieht. Glauben Sie nicht, meine Herren, daß ich als Ankläger gegen den Verfassungs-Ausschuß auftrete, dessen meiste Mitglieder ich lange vorher hochgeschätzt habe, ehe ich an die Möglichkeit dachte, daß ich jemals mit ihnen unter einem Dache sein würde. Der Majorität des Verfassungs-Ausschusses ist es gerade so ergangen, wie der Majorität von Ihnen selbst. Auch sie war von den Vorarbeiten eines engeren Ausschusses, einer Subcommission abhängig, auch sie war in die Nothwendigkeit versetzt, über einzelne fragmentarische Entwürfe, ohne daß ihr ein System, ein Plan des Ganzen vorgelegen wäre, zu berathen. Wenn ich recht unterrichtet bin, so haben die Mitglieder der Subcommission in den Sitzungen des Verfassungs-Ausschusses nie ihren Collegen einen Total-

Ueberblick über das Verfassungswerk, welches sie beabsichtigten, gestattet, so haben sie jede Auskunft, besonders über die Gestaltung der Reichsregierung und über das Reichs-Oberhaupt, auf das Beharrlichste abgelehnt. Ihre oft wiederholte und auf Treue und Glauben angenommene Versicherung, sie wollten einen Bundesstaat, mußte als Surrogat für das mangelnde oder verheimlichte System angenommen werden. Aber, meine Herren, ich frage Sie, und so hat schon die österreichische Note gefragt: Ist das ein Bundesstaat, welcher in den Entwürfen des Verfassungs-Ausschusses aufgestellt wird? Meine Herren! Die Zeit der Täuschungen ist jetzt vorüber, aber um die traurigen Folgen der Täuschung von dem Vaterlande abzuwenden, ist die Wahl eines Revisions-Ausschusses unerläßlich. Selbst wenn dieser Ausschuß ganz allein aus Mitgliedern des bisherigen Verfassungs-Ausschusses zusammengesetzt würde, wäre die Wahl keine verlorene Arbeit. Denn sie würde dem neuen Ausschusse einen neuen Geist geben, den Geist des wahren und ächten Bundesstaates; sie würde aus dem Ausschusse das heillose Trugbild verscheuchen, das bisher wie ein Alp auf ihm gelastet, und das viele unserer ehrenwerthen Collegen dahin gebracht hat, daß sie überhaupt an unserem Verfassungswerke verzweifelten, und daß sie deßhalb theils aus dieser Versammlung ausgeschieden sind, theils sich ebenfalls aus Verzweiflung einem ihnen dargebotenen Projecte in die Arme geworfen haben, welches sie selbst mißbilligten. Die Herren auf dieser Seite des Hauses (auf die Rechte deutend) erinnern sich ohne Zweifel noch des Effectes, den vor einigen Monaten eines der verehrlichen Mitglieder der Subcommission des Verfassungs-Ausschusses mit den Worten „die Ehre Deutschlands" zu machen wußte. — Sollten Sie denn, meine Herren, so fest überzeugt sein, daß nicht jetzt vermittelst des Wahlspruches die Einheit Deutschlands ein weit gefährlicheres Spiel mit dem Wohle des Vaterlandes und mit dem politischen Credit dieser Versammlung getrieben wird, als es damals geschehen ist? Diejenigen Herren aber, welche die Verderblichkeit der Ausschuß-Projecte einsehen, bitte ich, zu bedenken, daß jetzt auf dem Wege der bloßen Verneinung und der Verbesserungs-Anträge zu keinem Resultat zu gelangen ist, am Wenigsten zu dem eines wahren und ächten Bundesstaates. Im Interesse der Wahrheit, meine Herren, fordere ich Sie auf: zerreißen Sie das Netz, das über Sie geworfen ist.

Jahn von Freiburg a. d. U.: Sehr geehrte Versammlung! Der Vorredner, der soeben abgetreten ist, meint es sehr gut, das wissen wir Alle; aber sein Plan ist nicht durchführbar, und ich weiß einen besseren, der uns schnell an das Ziel führt, und Alles zu Ende bringt. Wer von uns Zeitungen gelesen hat, der weiß, daß seit geraumer Zeit Deutschland auf seine Verfassung hofft, wie das Kind auf den heiligen Christ, aber die Bescherung will nicht kommen. Der Verfassungs-Ausschuß ist nicht daran schuld, wir selbst sind daran schuld, daß wir uns streiten, und uns nicht vereinigen können über gewisse Punkte, worüber wir uns vereinigen müssen. Ich bin überzeugt, das wird auch bei der zweiten Lesung nicht geschehen, es wird Alles abgeworfen werden, und unentschieden bleiben. Darum schlage ich etwas Anderes vor. Wir Alle fühlen, daß wir todesmatt sind, überreif (Unruhe und Widerspruch), die ganze Zeit hat uns abgemattet; wir sind verbraucht. Jedermann sehnt sich nach Hause. (Heiterkeit.) Wir haben die erste Schlacht geliefert, jetzt muß auch der Rückhalt vortreten, wir müssen die anderen kommen lassen. Wir haben allgemein, vielleicht durch unsere Schuld, oder durch Schuld der Einzelnen das Zutrauen von ganz Deutschland verloren. (Widerspruch auf der Rechten, Beifall auf der Linken.) Man braucht nur die Blätter zu lesen, von einem Ende Deutschlands bis zum anderen sind sie unzufrieden, Ortsblätter und allgemeine Zeitungen. Es bleibt uns nur ein einziges Mittel übrig, und das müssen wir anwenden! Wir berathen das Wahlgesetz, und wenn wir das Wahlgesetz berathen haben, berathen wir das Staatenhaus, und berufen beide Versammlungen. Diesen überlassen wir dann die Frage über das Reichsoberhaupt und das Uebrige, denn wir kriegen's nicht fertig!

Plathner von Halberstadt: Meine Herren! Es ist uns bei vielen Gelegenheiten schon gesagt worden: Wenn Sie diesen oder jenen Beschluß fassen, so sprechen Sie sich Ihr Todesurtheil! — Wir haben uns durch derartige Redensarten nie abhalten lassen, zu beschließen, wie wir es zum Wohle des Vaterlandes für geeignet hielten, und ich habe auch noch die Ueberzeugung, wir haben uns bis heute unser Todesurtheil noch durch keinen Beschluß gesprochen. Dieser Antrag aber fordert, wir sollen uns das Todesurtheil sprechen, wir sollen vor Deutschland erklären: die Beschlüsse, die wir bisher gefaßt haben, taugen nichts; denn das ist der Sinn des Antrages: er verlangt, nicht der Verfassungs-Ausschuß solle die Revision vornehmen, sondern ein anderer Ausschuß, und, meine Herren, wenn bei irgend etwas, was uns der Verfassungs-Ausschuß vorgelegt hat, er die Majorität dieses Hauses für sich gehabt hat, so ist es bei den Beschlüssen gewesen, welche das Wesen des Bundesstaats betreffen. Ich rathe Ihnen also: Verwerfen Sie den Antrag des Herrn Künßberg.

Präsident: Es sind, meine Herren, keine weiteren Redner eingeschrieben. Ehe ich dem Herrn Berichterstatter, wenn er es verlangt, das Wort gebe, verstatte ich es Herrn Rüder zu dem Antrage für die namentliche Abstimmung.

Rüder von Oldenburg: Ich beantrage die Abstimmung durch Namensaufruf.

Uhland von Tübingen: Ich will die Berathung des Wahlgesetzes nicht länger verzögern, und verzichte darum aufs Wort. (Unruhe.)

Präsident: Herr Uhland will die Berathung des Wahlgesetzes nicht länger verzögern, und verzichtet darum auf das Wort. Ich habe den Antrag des Petitions- und Prioritäts-Ausschusses zur Abstimmung zu bringen; ob zur namentlichen, darauf will ich sogleich die Unterstützungsfrage stellen, wenn die Herren ihre Plätze eingenommen haben werden. — Ich bringe den Antrag auf namentliche Abstimmung zur Unterstützung. Diejenigen Herren, welche den Antrag des Herrn Rüder auf namentliche Abstimmung über den Vorschlag des Petitions- und Prioritäts-Ausschusses unterstützen wollen, ersuche ich, sich zu erheben. (Es erhebt sich die genügende Zahl.) Der Antrag auf namentliche Abstimmung ist hinreichend unterstützt. Ich bringe den Antrag des Petitions- und Prioritäts-Ausschusses, der dahin gerichtet ist, daß dem Antrage des Herrn Künßberg keine Folge gegeben werde, zur namentlichen Abstimmung. Diejenigen Herren, welche mit dem Prioritäts- und Petitions-Ausschuß dem Antrag des Herrn Künßberg keine Folge geben wollen, ersuche ich, beim Aufruf ihres Namens mit „Ja," die, welche den Antrag des Prioritäts- und Petitions-Ausschusses nicht annehmen wollen, mit „Nein" zu antworten. Der Namensaufruf beginnt mit dem Buchstaben W.

Bei dem nunmehr erfolgenden Namensaufruf antworteten mit Ja:

Ambrosch aus Breslau, v. Amstetter aus Breslau, Anders aus Goldberg, Anz aus Marienwerder, Arndt aus Bonn, Arneth aus Wien, Backhaus aus Jena, v. Bally aus Beuthen, Bassermann aus Mannheim, Becker aus Gotha, Becker aus Trier, v. Beckerath aus Crefeld, Behnke aus Hannover, Bernhardi aus Kassel, Beseler (H. W.) aus Schleswig, Biedermann aus Leipzig, Blömer aus Aachen, Blumröder (Gustav) aus Kirchenlamitz, Bock aus Preußisch-Minden, Böcking aus Trarbach, Böcler aus Schwerin, v. Boddien aus Pleß, Bonardy aus Greiz, v. Borries aus Carthaus, Braun aus Bonn, Braun aus Cöslin, Brescius aus Züllichau, Bresgen aus Ahrweiler, Breusing aus Osnabrück, Bürgers aus Köln, Buß aus Freiburg im Breisgau, v. Buttel aus Oldenburg, Caspers aus Koblenz, Cetto aus Trier, Clemens aus Bonn, Cnyrim aus Frankfurt am Main, Cornelius aus Braunsberg, Coronini-Cronberg (Graf) aus Görz, Cramer aus Köthen, Cucumus aus München, Damm aus Tauberbischoffsheim, Deeke aus Lübeck, Degenkolb aus Eilenburg, Demel aus Teschen, Dham aus Schmalenberg, v. Dieskau aus Plauen, Dinstl aus Krems, Döllinger aus München, Drechsler aus Rostock, Dröge aus Bremen, Duncker aus Halle, Ebmeier aus Paderborn, Eckart aus Lohr, Eckert aus Bromberg, Egger aus Wien, Ehrlich aus Murzynek, Eisenmann aus Nürnberg, Emmerling aus Darmstadt, v. Ende aus Waldenburg, Engel aus Culm, Englmayr aus Enns (Oberösterreich), Esmarch aus Schleswig, Evertsbusch aus Altena, Falk aus Ottolangendorf, Fallati aus Tübingen, Fallmerayer aus München, Federer aus Stuttgart, Fischer (Gustav) aus Jena, Francke (Karl) aus Rendsburg, Freese aus Stargard, Friederich aus Bamberg, Fritzsche aus Roda, Fuchs aus Breslau, Gebhard aus Würzburg, Geigel aus München, Gerlach aus Tilsit, v. Gersdorf aus Tuez, Gevekoht aus Bremen, v. Giech (Graf) aus Thurnau, Giesebrecht aus Stettin, v. Gladis aus Wohlau, Glax aus Gumpendorf, Godeffroy aus Hamburg, Göden aus Krotoszyn, Goltz aus Brieg, von der Goltz (Graf) aus Czarnikau, Gombart aus München, Graf aus München, Grävell aus Frankfurt an der Oder, Gravenhorst aus Lüneburg, Groß aus Leer Grüel aus Burg, Grumbrecht aus Lüneburg, v. Grundner aus Ingolstadt, Günther aus Leipzig, Gysae (Wilhelm) aus Strehlow, Haggenmüller aus Kempten, Hahn aus Guttstatt, Hallbauer aus Meißen, v. Hartmann aus Münster, Haßler aus Ulm, Haubenschmied aus Passau, Haym aus Halle, Heckscher aus Hamburg, Heimbrod aus Sorau, v. Hennig aus Dempowalonka, v. Hermann aus München, Herzog aus Ebermannstadt, Heubner aus Zwickau, Heusner aus Saarlouis, Hirschberg aus Sondershausen, Hofer aus Pfarrkirchen, Hofmann aus Friedberg, Hollandt aus Braunschweig, Houben aus Meurs, Hugo aus Göttingen, Jacobi aus Hersfeld, Jahn aus Freiburg an der Unstrut, Jordan aus Berlin, Jordan aus Gollnow, Jordan aus Frankfurt am Main, Jucho aus Frankfurt am Main, Käfferlein aus Baireuth, Kahlert aus Leobschütz, v. Keller (Graf) aus Erfurt, Kerst aus Birnbaum, v. Keudell aus Berlin, Kierulff aus Rostock, Kirchgeßner aus Würzburg, Kleinschrod aus München, Kosmann aus Stettin, v. Kösteritz aus Elberfeld, Krafft aus Nürnberg, Kratz aus Wintershagen, Küntzel aus Wolka, Kuhnt aus Bunzlau, Kutzen aus Breslau, Lammers aus Erlangen, Langerfeldt aus Wolfenbüttel, Laube aus Leipzig, Laudien aus Königsberg, Lette aus Berlin, Leverkus aus Lennep, Liebmann aus Perleberg, Lodemann aus Lüneburg, Löw aus Magdeburg, Löw aus Posen, Makowiczka aus Krakau, v. Maltzahn aus Küstrin, Mann aus Rostock, Marcks aus Duisburg, Marcus aus Bartenstein, Mareck aus Gratz (Steyermark), Martens aus Danzig, Matthies aus Greifswald, v. Massow aus Karlsberg, Mathy aus Karlsruhe, Metzke aus Sagan, Michelsen aus Jena, Möller aus Reichenberg, Mölling aus Oldenburg, Mohl (Moriz) aus Stuttgart, Mohl (Robert) aus Heidelberg, Mortel aus Kronach, Müller aus Würzburg, Münch aus Wetzlar, v. Nagel aus Oberviechtach, Naumann aus Frankfurt a. d. O., v. Neitschütz aus Königsberg, Nerreter aus Fraustadt, Neugebauer aus Wien, Neumayr aus München, Nicol aus Hannover, Nizze aus Stralsund, Nöthig aus Weißholz, Obermüller aus Passau, Oertel aus Mittelwalde, Ostendorf aus Soest, Osterrath aus Danzig, Ottow aus Labiau, Overweg aus Haus Ruhr, Pannier aus Zerbst, Paur aus Augsburg, Paur aus Neisse, Pfeiffer aus Adamsdorf, Pfeuffer aus Landshut, Pieringer aus Kremsmünster, Pinckert aus Zeitz, Plaß aus Stade, Plathner aus Halberstadt, Plehn aus Marienburg, Pözl aus München, v. Pretis aus Hamburg, Prinzinger aus St. Pölten, v. Quintus-Icilius aus Fallingbostel, v. Radowitz aus Rüthen, Rahm aus Stettin, Rättig aus Potsdam, v. Raumer aus Berlin, v. Raumer aus Dinkelsbühl, Raveaux aus Köln, Reichensperger aus Trier, Reisinger aus Freistadt, Reitmayr aus Regensburg, Renger aus böhmisch Kamnitz, Richter aus Danzig, Röben aus Dornum, Rödinger aus Stuttgart, Rößler aus Wien, Rüder aus Oldenburg, Rumelin aus Nürtingen, v. Sänger aus Grabow, v. Saltzwedell aus Gumbinnen, v. Saucken-Tarputschen aus Angerburg, Schauß aus München, Schenk aus Dillenburg, Schepp aus Wiesbaden, Schick aus Weißensee, Schierenberg aus Detmold, Schirmeister aus Insterburg, v. Schleussing aus Rastenburg, Schlüter aus Paderborn, Schmidt (Adolph) aus Berlin, Schneer aus Breslau, Scholten aus Ward, Scholz aus Neisse, Schorn aus Essen, Schott aus Stuttgart, Schrader aus Brandenburg, Schreiber aus Bielefeld, v. Schrenk aus München, v. Schrötter aus Preußisch Holland, Schubert (Friedrich Wilhelm) aus Königsberg, Schubert aus Würzburg, Schultze aus Potsdam, Schulz (Friedrich) aus Weilburg, Schulz aus Darmstadt, Schwarz aus Halle, Schwarzenberg aus Kassel, Schwerin (Graf) aus Preußen,

Schwetschke aus Halle, v. Selchow aus Rettkewitz, Sellmer aus Landsberg a. d. W., Sepp aus München, Siehr aus Gumbinnen, Siemens aus Hannover, Simon (Heinrich) aus Breslau, Simson aus Stargard, Sprengel aus Waren, Stahl aus Erlangen, Stavenhagen aus Berlin, Stenzel aus Breslau, Stieber aus Budissin, Streffleur aus Wien, v. Stremayr aus Gratz, Sturm aus Sorau, Tannen aus Zielenzig, Tappehorn aus Oldenburg, Teichert aus Berlin, v. Thielau aus Braunschweig, Thöl aus Rostock, v. Treskow aus Grocholin, Uhland aus Tübingen, v. Unterrichter aus Klagenfurt, Vejt aus Berlin, Venedey aus Köln, Versen aus Nieheim, Viebig aus Posen, Vischer aus Tübingen, Vogel aus Dillingen, Wagner aus Steyr, Waldmann aus Heiligenstadt, Walter aus Neustadt, Weber aus Neuburg, Wedekind aus Bruchhausen, v. Wedemeyer aus Schönrade, v. Wegnern aus Lyk, Weißenborn aus Eisenach, Wekbeker aus Aachen, Welcker aus Heidelberg, Welter aus Tünsdorf, Werner aus St. Pölten, Wernher aus Nierstein, Werthmüller aus Fulda, Wichmann aus Stendal, Widenmann aus Düsseldorf, Wiebker aus Uckermünde, Wiest aus Tübingen, Wiethaus (J.) aus Gummersbach, Winter aus Liebenburg, v. Wulffen aus Passau, Wurm aus Hamburg, Wuttke aus Leipzig, Zachariä aus Bernburg, v. Zerzog aus Regensburg, Ziegert aus Preußisch-Minden, Zöllner aus Chemnitz, Zum Sande aus Lingen.

Mit Nein stimmten:

v. Aichelburg aus Villach, v. Andrian aus Wien, Arndts aus München, Beidtel aus Brünn, Berger aus Wien, Boczek aus Mähren, Culmann aus Zweibrücken, Dietsch aus Annaberg, Edlauer aus Gratz, Eisenstuck aus Chemnitz, Engel aus Pinneberg, Esterle aus Cavalese, Fehrenbach aus Säckingen, Förster aus Hünfeld, Frisch aus Stuttgart, Fritsch aus Ried, Fröbel aus Reuß, Fügerl aus Korneuburg, Gfrörer aus Freiburg, Gritzner aus Wien, Grubert aus Breslau, G'pan aus Innsbruck, Gulden aus Zweibrücken, Hagen (K.) aus Heidelberg, Hartmann aus Leitmeritz, Hayden aus Dorff bei Schlierbach, Heisterbergk aus Rochlitz, Helmann aus Selters, Hensel aus Camenz, Hönniger aus Rudolstadt, Hoffbauer aus Nordhausen, Huber aus Linz, Jepp aus Enzersdorf, Kagerbauer aus Linz, v. Kaisersfeld aus Birkfeld, Kerer aus Innsbruck, Köhler aus Seehausen, Kohlparzer aus Neuhaus, Kollaczek aus österreichisch Schlesien, Kotschy aus Ustron in Mährisch-Schlesien, Kudlich aus Schloß Dietach, Künßberg aus Ansbach, v. Kürsinger (Ignatz) aus Salzburg, v. Kürsinger (Karl) aus Tamsweg, Langbein aus Wurzen, Laschan aus Villach, Lausch aus Troppau, Levysohn aus Grünberg, Lienbacher aus Goldegg, v. Linde aus Mainz, Löschnigg aus Klagenfurt, Mally aus Steyermark, Maly aus Wien, Melly aus Wien, Meyer aus Liegnitz, Minkus aus Marienfeld, v. Möring aus Wien, Mohr aus Oberingelheim, Mulley aus Weitenstein, Nagel aus Balingen, Nägele aus Murrhardt, Nauwerck aus Berlin, Neugebauer aus Luditz, Pattai aus Steyermark, Pfahler aus Tettnang, Phillips aus München, Polatzek aus Weißkirch, Quante aus Ullstadt, Quesar aus Gratz, Rank aus Wien: Rapp aus Wien, Raßl aus Neustadtl in Böhmen, Raus aus Wolframitz, Reinhard aus Boytzenburg, Reinstein aus Naumburg, Reitter aus Prag, Rheinwald aus Bern, Riedl aus Gratz, Riegler aus mährisch Budwitz, Riehl aus Zwettl, Rösler aus Oels, Roßmäßler aus Tharand, Rühl aus Hanau, Schädler aus Vaduz, Scharre aus Strehla, Schlöffel aus Halbendorf, Schlutter aus Poris, Schmidt (Ernst Friedrich Franz) aus Löwenberg, Schmidt (Joseph) aus Linz, Schneider aus Wien, Schüler aus Innsbruck, Schütz aus Mainz, Simon (Ludwig) aus Trier, Spatz aus Frankenthal, Stark aus Krumau, Tafel (Franz) aus Zweibrücken, Titus aus Bamberg, Trabert aus Rausche, Trampusch aus Wien, Temme aus Münster, Vogel aus Guben, Vogt aus Gießen, Vonbun aus Feldkirch, Weber aus Meran, Weiß aus Salzburg, Wesendonck aus Düsseldorf, Wiesner aus Wien, Würth aus Sigmaringen, Zimmermann aus Stuttgart, Zitz aus Mainz.

Der Abstimmung enthielten sich:

Ahrens aus Salzgitter, Beseler aus Greifswald, Dahlmann aus Bonn, Deiters aus Bonn, Droysen aus Kiel, Groß aus Prag, Gülich aus Schleswig, Jürgens aus Stadtoldendorf; v. Lassaulx aus München, Mittermaier aus Heidelberg, v. Mühlfeld aus Wien, Riesser aus Hamburg, v. Rotenhan aus München, Scheller aus Frankfurt an der Oder, Schüler aus Jena, v. Soiron aus Mannheim, Tellkampf aus Breslau, Waitz aus Göttingen, Wigard aus Dresden.

Abwesend waren:

A. Mit Entschuldigung:

Archer aus Rein, Barth aus Kaufbeuren, Bauer aus Bamberg, Bauernschmid aus Wien, Baur aus Hechingen, v. Beisler aus München, Benedict aus Wien, Bergmüller aus Mauerkirchen, Bogen aus Michelstadt, Bouvier (Cajetan) aus Steyermark, Brentano aus Bruchsal, Briegleb aus Koburg, Brons aus Emden, Burkart aus Bamberg, Carl aus Berlin, Christ aus Bruchsal, Christmann aus Dürkheim, Czörnig aus Wien, Deck aus Wittenberg, Esel aus Würzburg, Feyer aus Stuttgart, Freudentheil aus Stade, v. Gagern aus Darmstadt, v. Gagern aus Wiesbaden, Helbing aus Emmendingen, Herzig aus Wien, Hildebrand aus Marburg, Höchsmann aus Wien, Huck aus Ulm, Johannes aus Meiningen, v. Itzstein aus Mannheim, Junghanns aus Mosbach, Junkmann aus Münster, Kaiser (Ignatz) aus Wien, v. Kalkstein aus Wogau, Koch aus Leipzig, Kolb aus Speyer, Kuenzer aus Konstanz, Leue aus Köln, Lüntzel aus Hildesheim, Mammen aus Plauen, v. Mayfeld aus Wien, Mevissen aus Köln, Mez aus Freiburg, Müller aus Hamm, Müller aus Sonnenberg, Neumann aus Wien, v. Neuwall aus Brünn, Peter aus Constanz, Petzer aus Bruneck, Presting aus Memel, v. Reden aus Berlin, Reh aus Darmstadt, Reichard aus Speyer, Reichenbach (Graf) aus Domeßko, Reindl aus Orth, Richter aus Achern, Röder aus Neustettin, Rothe aus Berlin, Sachs aus Mannheim, Schaffrath aus Neustadt, Schiedermayer aus Vöcklabruck, Schlörr aus der Oberpfalz, v. Schlotheim aus Wollstein, v. Schmerling aus Wien, Schoder aus Stuttgart, Schönmäckers aus Beck, Schrott aus Wien, Schüler (Friedrich) aus Zweibrücken, Schultze aus Liebau, Simon (Max) aus Breslau, Stedmann aus Besselich, Tafel aus Stuttgart, Thinnes aus Eichstätt, Tomaschek aus Iglau, v. Trützschler aus Dresden, Wippermann aus Kassel, v. Wydenbruck aus Weimar, Zeltner aus Nürnberg, Zimmermann aus Spandow, Zittel aus Bahlingen.

B. Ohne Entschuldigung:

Achleitner aus Ried, Anderson aus Frankfurt an der Oder, v. Baumbach-Kirchheim aus Kassel, Boch-Buschmann aus Siebenbrunnen, v. Bothmer aus Carow, v. Breuning aus Aachen, Claussen aus Kiel, Cropp aus Oldenburg, Detmold aus Hannover, Deym (Graf) aus Prag, Deymann aus Meppen, Flottwell aus Münster, Giskra aus Wien, Göhel aus Jägerndorf, Gottschalk aus Schopfheim, Hedrich aus Prag, Hehner aus Wiesbaden, Hillebrand aus Pöls, Hösken aus Hattingen, Hoffmann aus Ludwigsburg, Knarr aus Steyermark, Knoodt aus Bonn, Lindner aus Seisenegg, Löwe aus Calbe, Mandrella aus Ujest, Marsilli aus Roveredo, Martiny aus Friedland, Mayer aus Ottobeuern, v. Mayern aus Wien, Merck aus Hamburg, Munchen aus Luxemburg, v. Rappard aus Glambek, Römer aus Stuttgart, v. Scherpenzeel aus Baarlo, Schmitt aus Kaiserslautern, Schreiner aus Gratz (Steyermark), Servais aus Luxemburg, Stein aus Görz, Stokinger aus Frankenthal, Strache aus Rumburg, Stülz aus St. Florian, Umbscheiden aus Dahn, v. Vincke aus Hagen, Waldburg-Zeil-Trauchburg (Fürst) aus Stuttgart, Werner aus Oberkirch, Wernich aus Elbing, v. Würth aus Wien, Zachariä aus Göttingen, Zell aus Trier.

Präsident: Der Antrag des Prioritäts- und Petitions-Ausschusses, dem Antrage des Herrn Künßberg keine Folge zu geben, ist mit 298 gegen 110 Stimmen angenommen. Von denjenigen Herren, die sich der Abstimmung enthalten haben, erklären die Herren Ahrens, Bigard, Mittermaier, v. Lassaulx, Schüler von Jena, Scheller, v. Rotenhan, Tellkampf und Reh, daß sie sich als Mitglieder des Verfassungs-Ausschusses der Abstimmung enthalten hätten. Demnächst ist folgende Erklärung in Betreff der eben stattgehabten Abstimmung eingegangen:

„Die Unterzeichneten erklären, daß sie gegen den Antrag des Prioritäts- und Petitions-Ausschusses, betreffend die Ablehnung des Künßberg'schen Antrags wegen Revision der Verfassung, einzig und allein deßhalb gestimmt haben, weil sie in dem bis jetzt beschlossenen Verfassungswerke weder die demokratische Freiheit, noch die volle Einheit Deutschland's gewahrt finden." Schlutter; Schütz; Würth von Sigmaringen; Berger; Zimmermann von Stuttgart; Langbein; Roßmäßler; Dennsein; Vattay; Reinhard; Engel; Fitz; Nägele; Nauwerck; Schlöffel; Culmann; Spatz; Simon von Trier; M. Hartmann; Wiesner; Fröbel; Hoffbauer; Grubert; Rheinwald; Hensel; Tafel; Mohr; Titus; Rank; Kollaczek; Temme; Fehrenbach; Hagen; Rösler von Oels; Raus; Vogt; Esterle; Hönniger; Trampusch; Rühl; Boczek; Scharre; Förster; Frisch.

Damit, meine Herren, ist die zweite Nummer der heutigen Tagesordnung erledigt. — Ehe ich zu der dritten übergehe, bringe ich in Bezug auf die Abstimmung vom Montag über das Rescript der österreichischen Regierung an ihren hiesigen Bevollmächtigten folgende Erklärung von, — wenn ich richtig gezählt habe, — 64 Abgeordneten aus Oesterreich, nach dem Wunsche der gedachten Herren zur Kenntniß der Versammlung:

„Die der hohen Nationalversammlung mitgetheilte Note der österreichischen Regierung vom 4. Februar d. J. wurde in der Sitzung vom 12. Februar d. J. an den Verfassungs-Ausschuß zur Berücksichtigung verwiesen. Da nun hierdurch die Verhandlung über die gedachte Note jedenfalls auf unbestimmte Zeit verschoben ist, so sehen die unterzeichneten österreichischen Abgeordneten sich veranlaßt, bereits jetzt zu erklären, daß sie das ihnen vom Volke ertheilte Mandat zur Mitwirkung an dem deutschen Verfassungswerke in keinem andern Sinne verstehen, und auch in keinem andern Sinne ausüben werden, als im Sinne jener Ereignisse und Beschlüsse, welche die constituirende deutsche Nationalversammlung ins Leben gerufen haben. Die unterzeichneten österreichischen Abgeordneten erklären daher auch noch ausdrücklich, daß sie ihre Aufgabe und ihre Pflicht als Vertreter des Volkes nur in der Begründung der deutschen Einheit und Freiheit in einem ganz Deutschland umfassenden Bundesstaate erkennen." Frankfurt a. M., den 13. Februar 1849. Dr. Berger; Kudlich; Dr. Franz Makowiczka; Jos. Rank; v. Somaruga; Möller; Dr. Joh. Lausch; Kotschy; Esterle; Weiß; A. Laschan; v. Aichelburg; Englmayr; Vonbun; Aug. Prinzinger; Dr. Franz Werner von St. Pölten; Dr. Löschnigg; Renger; v. Möring; Pieringer; Ignatz v. Kürsinger; Schneider von Wien; Wagner von Steyr; Reisinger; M. Hartmann für Leitmeritz; v. Würth; Melly für Horn; Karl Stremayr; Reiter von Prag; Dr. Rapp von Wien; Achleitner; Dr. Boczek; Franz Stark; Titus Mareck; Dr. Giskra; Dr. Neugebauer; Dr. Vattay; Dr Riehl; Kollaczek; Adolph Wiesner; Trampusch; Jopp; Lindner; Groß von Prag; Demel; Raus; Unterrichter; Polaczek; Röhler von Wien; Huber; v. Pretis; Kagerbauer; Göbel; Dinstl; Marsilli; Strache; Schuler; Beda Weber; Schmidt; Stülz; Kerer; Mally; Karl v. Kürsinger; Clar; Riegler; Franz Hedrich; Fritsch. — (Lebhaftes Bravo. Stimmen auf der Linken: Nicht auch Schmerling?)

Wir gehen jetzt zu Nr. 3 der heutigen Tagesordnung, zur Berathung des vom Verfassungs-Ausschusse vorgelegten Entwurfs des Reichsgesetzes über die Wahlen der Abgeordneten zum Volkshause über.

(Die Redaction läßt den Entwurf des Gesetzes nebst dem Bericht hier folgen:

Entwurf.

Reichsgesetz über die Wahlen der Abgeordneten zum Volkshause.

Für die Wahlen der Abgeordneten zum Volkshause sollen folgende Bestimmungen gelten:

Artikel I.

§ 1.

Wähler ist jeder selbstständige, unbescholtene Deutsche, welcher das fünf und zwanzigste Lebensjahr zurückgelegt hat.

Minoritäts-Erachten: Dieser Paragraph möge lauten: „Wähler ist jeder Deutsche, welcher das fünf und zwanzigste Lebensjahr zurückgelegt hat."
(Wigard; H. Simon; G. C. Schüler; Reh; Mittermaier.)

§ 2.

Als nicht selbstständig, also von der Berechtigung zum Wählen ausgeschlossen, sollen angesehen werden:

1) Personen, welche unter Vormundschaft oder Curatel stehen, oder über deren Vermögen Concurs- oder Fallit-Zustand gerichtlich eröffnet worden ist, und zwar letztere während der Dauer dieses Concurs- oder Fallitverfahrens;

2) Personen, welche eine Armenunterstützung aus öffentlichen Mitteln beziehen, oder im letzten der Wahl vorhergegangenen Jahre bezogen haben;

3) Dienstboten;

4) Handwerksgehilfen und Fabrikarbeiter;

5) Tagelöhner.

Minoritäts-Erachten I: Die Unterzeichneten schlagen folgende Fassung dieses Paragraphen vor: „Von der Berechtigung zum Wählen sind ausgeschlossen: 1) wie im Entwurf, 2) Personen, welche eine ständige Armen-Unterstützung aus öffentlichen Mitteln beziehen, oder eine solche noch in den letzten der Wahl vorhergegangenen drei Monaten bezogen haben."
(Wigard; H. Simon; Gülich; Reh.)

Minoritäts-Erachten II: Die Unterzeichneten schlagen vor: „Dienstboten" Nr. 3 möge wegfallen. (Gülich; Reh; H. Simon; G. C. Schüler; Zell.) „Handwerks-Gehilfen" Nr. 4 möge wegfallen. (Gülich; Mittermaier; Reh; H. Simon; G. C. Schüler; Zell; Tellkampf eventuell.) „Fabrikarbeiter" Nr. 4 möge wegfallen. (Gülich; Mittermaier; Reh; Zell; H. Simon; G. C. Schüler; Tellkampf eventuell.) „Tagelöhner" Nr. 5 möge wegfallen. (Gülich; Reh; H. Simon; Zell; G. C. Schüler; Tellkampf eventuell.)

Minoritäts-Erachten III: Die Unterzeichneten schlagen vor, daß unter Nr. 4 dieses Paragraphen gesagt werde: „Handwerksgehilfen und Fabrikarbeiter, mit Ausnahme derjenigen, welche Gemeindebürger sind, oder Grundbesitz oder eigenen Haushalt haben."
(Ahrens; Schreiner; Tellkampf.)

Eventueller Minoritäts-Antrag Nr. IV: Wenn Nr. 3, 4 und 5 angenommen werden, so ist beizufügen: „die in Nr. 3, 4 und 5 bezeichneten Personen sind stimmberechtigt, wenn sie in einer Gemeinde Bürger sind oder Grundbesitz haben."
(Mittermaier; Schreiner; Ahrens; Gülich; Tellkampf; F. Wigard eventuell; Zell; Reh; H. Simon.)

§ 3.

Als bescholten, also von der Berechtigung zum Wählen ausgeschlossen, sollen angesehen werden:

1) Personen, welche wegen Diebstahls, Betrugs oder Unterschlagung, oder welche wegen eines anderen Verbrechens zu einer Zuchthaus-, Arbeitshaus-, Festungsarbeitsstrafe oder zum Verlust der staatsbürgerlichen Rechte durch rechtskräftiges Erkenntniß verurtheilt, und in ihre Rechte nicht wieder eingesetzt worden sind:

2) Personen, welche des Rechts zum Wählen rechtskräftig für verlustig erklärt worden sind.

Minoritäts-Antrag I: „Ferner sind ausgeschlossen alle rechtskräftig zu einer Strafe Verurtheilten, welche nach den Gesetzen des Landes, in dem das Urtheil erging, den Verlust staatsbürgerlicher Rechte nach sich zieht, sowie alle wegen Diebstahls, Betrugs oder Unterschlagung zu einer anderen Strafe Verurtheilten, welche nach dem Gesetze des Landes nicht bloß eine polizeiliche Strafe ist."
(Mittermaier; Schreiner; Römer; Gülich; Ahrens; Reh; Zell; Schüler; H. Simon; Fr. Wigard.)

Minoritäts-Antrag II: Wird der Minoritäts-Antrag I angenommen, so wünschen die Unterzeichneten folgenden Zusatz: „Strafen wegen politischer Verbrechen ziehen den Verlust des Wahlrechts niemals nach sich."
(Tellkampf; H. Simon; Schüler; Fr. Wigard; Ahrens; Reh.)

Minoritäts-Antrag III: Weiterer Zusatz zum Minoritäts-Antrag I: „Die im vorigen Satze bezeichneten Personen können dann Wähler sein, wenn seit der Verbüßung der erkannten, oder durch Begnadigung herabgesetzten oder ganz erlassenen Strafe ein fünfjähriger Zeitraum verflossen ist, oder früher die Wiederbefähigung ausgesprochen worden ist."
(Mittermaier; Römer; Schreiner; Schüler; H. Simon; Reh; Wigard.)

§ 4.

Mit dem Verlust des Rechts, zu wählen für eine Zeit von vier bis zwölf Jahren, außer den durch die Strafgesetze bestimmten oder zu bestimmenden Strafen, ist zu belegen: wer bei den Wahlen Stimmen erkauft, seine Stimme verkauft, oder mehr als einmal bei der für einen und denselben Zweck bestimmten Wahl seine Stimme abgegeben, oder als Beamter seine Stellung zur Einwirkung auf die Wahlen mißbraucht hat.

Artikel II.

§ 5.

Wählbar zum Abgeordneten des Volkshauses ist jeder selbstständige, unbescholtene (§ 2. 3) Deutsche, welcher das fünf und zwanzigste Lebensjahr zurückgelegt hat.

Minoritäts-Erachten I: Die Unterzeichneten beantragen, statt der Worte: „das fünf und zwanzigste Lebensjahr" zu setzen: „das dreißigste Lebensjahr."
(G. Beseler; H. Dahlmann; Waitz; v. Soiron; Briegleb; Jürgens.)

Minoritäts-Erachten II: Die Unterzeichneten wünschen diesen Paragraphen in folgender Fassung: „Wählbar zum Abgeordneten des Volkshauses ist jeder Deutsche, welcher das fünf und zwanzigste Lebensjahr zurückgelegt hat, und nicht durch die Bestimmungen der §§ 2 und 3 ausgeschlossen ist."

(Wigard; G. C. Schüler; H. Simon; Mittermaier.)

§ 6.

Staatsdiener bedürfen zur Aufnahme der auf sie gefallenen Wahl keiner Genehmigung ihrer Vorgesetzten.

Artikel III.

§ 7.

In jedem Einzelstaate sind Wahlkreise von je 100,000 Seelen der nach der letzten Volkszählung vorhandenen Bevölkerung zu bilden.

Minoritäts-Erachten: Der § 7 möge so lauten: „Das deutsche Reich ist in Wahlkreise von 100,000 Seelen der Bevölkerung einzutheilen. Dieselben werden zum Zwecke des Stimmenabgebens in kleinere Bezirke eingetheilt, in welchen für den ganzen Wahlkreis Ein Abgeordneter zum Volkshause zu wählen ist." Dagegen mögen die §§ 8, 9, 10, sowie die Reichswahlmatrikel, weggelassen werden.

(G. C. Schüler; H. Simon; Fr. Wigard; Ahrens; Reh; Schreiner; Römer.)

§ 8.

Ergibt sich in einem Einzelstaate bei der Bildung der Wahlkreise ein Ueberschuß von wenigstens 50,000 Seelen, so ist hierfür ein besonderer Wahlkreis zu bilden.

Ein Ueberschuß von weniger als 50,000 Seelen ist unter die anderen Wahlkreise des Einzelstaates verhältnißmäßig zu vertheilen.

§ 9.

Kleinere Staaten mit einer Bevölkerung von wenigstens 50,000 Seelen bilden einen Wahlkreis.

Diejenigen Staaten, welche keine Bevölkerung von 50,000 Seelen haben, werden mit andern Staaten nach Maßgabe der Reichswahlmatrikel (Anlage A) zur Bildung von Wahlkreisen zusammengelegt.

Minoritäts-Erachten: Zwischen dem ersten und zweiten Satz ist einzuschalten: „Diesen soll die Stadt Lübeck gleichgestellt werden."

(Waitz; G. Beseler; H. Dahlmann; v. Soiron; Droysen; Riesser.)

§ 10.

Die Wahlkreise werden zum Zweck des Stimmenabgebens in kleinere Bezirke eingetheilt.

Artikel IV.

§ 11.

Wer das Wahlrecht in einem Wahlbezirke ausüben will, muß in demselben zur Zeit der Wahl seinen festen Wohnsitz haben. Jeder darf nur an Einem Orte wählen.

Die Garnison der Soldaten soll nur dann als fester Wohnsitz gelten, wenn sie seit sechs Monaten nicht gewechselt worden ist.

Minoritäts-Erachten: Dieser Paragraph möge folgendermaßen lauten: „Jeder wahlberechtigte Deutsche darf nur an Einem Orte wählen, und zwar da, wo er zur Zeit der Wahl entweder seinen Wohnsitz hat, oder sich seit einem halben Jahre aufhält."

(Wigard; G. C. Schüler; H. Simon; Reh; Zell; Schreiner; Römer; Tellkampf.)

§ 12.

In jedem Bezirke sind zum Zweck der Wahlen Listen anzulegen, in welche die zum Wählen Berechtigten nach Zu- und Vornamen, Alter, Gewerbe und Wohnort eingetragen werden. Diese Listen sind spätestens vier Wochen vor dem zur ordentlichen Wahl bestimmten Tage zu Jedermanns Einsicht auszulegen und dieß öffentlich bekannt zu machen. Einsprachen gegen die Listen sind binnen acht Tagen nach öffentlicher Bekanntmachung bei der Behörde, welche die Bekanntmachung erlassen hat, anzubringen und innerhalb der nächsten vierzehn Tage zu erledigen; worauf die Listen geschlossen werden. Nur Diejenigen sind zur Theilnahme an der Wahl berechtigt, welche in die Listen aufgenommen sind.

Artikel V.

§ 13.

Die Wahlhandlung ist öffentlich. Bei derselben sind Gemeindemitglieder zuzuziehen, welche kein Staats- oder Gemeinde-Amt bekleiden.

Das Wahlrecht muß in Person ausgeübt, die Stimme mündlich zu Protocoll abgegeben werden.

Minoritäts-Erachten: Der zweite Satz dieses Paragraphen möge so lauten: „Das Wahlrecht wird in Person durch Stimmzettel ohne Unterschrift ausgeübt."

(Ahrens; H. Simon; Reh; Fr. Wigard; Schreiner; Tellkampf; Mittermaier.)

§ 14.

Die Wahl ist direct. Sie erfolgt durch absolute Stimmenmehrheit aller in einem Wahlkreis abgegebenen Stimmen.

Stellt bei einer Wahl eine absolute Stimmenmehrheit sich nicht heraus, so ist eine zweite Wahlhandlung vorzunehmen. Wird auch bei dieser eine absolute Stimmenmehrheit nicht erreicht, so ist zum dritten Mal unter den zwei Candidaten zu wählen, welche in der zweiten Wahlhandlung die meisten Stimmen erhalten haben.

Bei Stimmengleichheit entscheidet das Loos.

§ 15.

Stellvertreter der Abgeordneten sind nicht zu wählen.

§ 16.

Die Wahlen sind im Umfang des ganzen Reichs an einem und demselben Tage vorzunehmen, den die Reichsregierung bestimmt.

Die Wahlen, welche später erforderlich werden, sind von den Regierungen der Einzelstaaten auszuschreiben.

§ 17.

Die Wahlkreise und Wahlbezirke, die Wahldirectoren und das Wahlverfahren, insoweit dieses nicht durch das gegenwärtige Gesetz festgestellt worden ist, werden von den Regierungen der Einzelstaaten bestimmt.

Minoritäts-Erachten: Statt: „werden von den

Regierungen der Einzelstaaten bestimmt," wolle gesetzt werden: „werden von der Reichsregierung angeordnet."
(G. C. Schüler; H. Simon; Fr. Wigard; Reh.)

Anlage A.

Reichswahlmatrikel.

Zum Zweck der Wahlen der Abgeordneten zum Volkshaus werden zusammengelegt:

1) Liechtenstein mit Oesterreich.
2) Hessen-Homburg mit Großherzogthum Hessen.
3) Schaumburg-Lippe mit Hessen-Kassel.
4) Hohenzollern-Hechingen mit Hohenzollern-Sigmaringen.
5) Reuß älterer Linie mit Reuß jüngerer Linie.
6) Anhalt-Köthen mit Anhalt-Bernburg.
7) Lauenburg mit Schleswig-Holstein.
8) Lübeck mit Mecklenburg-Schwerin.

Minoritäts-Erachten I. s. zu § 7.

Minoritäts-Erachten II. s. zu § 9.

Reichsgesetz über die Tagegelder und Reisegelder der Abgeordneten zum Reichstag.

Die Mitglieder des Staatenhauses und des Volkshauses erhalten ein Tagegeld von 7 Gulden rheinisch, und eine Reisekostenentschädigung von 1 Gulden für die Meile sowohl der Hinreise, als der Rückreise.

B.

Bericht

des Verfassungs-Ausschusses zu dem Entwurf des Reichsgesetzes über die Wahlen der Abgeordneten zum Volkshause.

(Berichterstatter: Abgeordneter Waitz.)

Nächst der Verfassung selbst wird kein Theil der Reichsgesetzgebung eine größere Wichtigkeit haben, als das Wahlgesetz. Es ist seinem ganzen Wesen nach von den Verfassungs-Arbeiten nicht zu trennen; die Hauptbestimmungen, welche es enthält und im Einzelnen ausführt, werden regelmäßig den Verfassungsurkunden einverleibt; es ist selbst und nicht ohne Wahrheit gesagt worden, die ganze Verfassung beruhe auf diesem Grunde, ihr Wesen und Charakter werde vor Allem hierdurch bestimmt. Denn wenn es bei aller Staatsordnung hauptsächlich darauf ankommt, daß sie dem wahren Bewußtsein des Volkes entspricht und daß sie diesem in den Formen der Verfassung Ausdruck verleiht, so muß es von der größten Bedeutung sein, daß namentlich diejenigen Gewalten des Staates, welche bestimmt sind unmittelbar die Gesammtheit des Volkes zu vertreten, in angemessener Weise gebildet werden. Die constitutionelle Verfassung hat die Aufgabe zu lösen, daß nicht bloß die verschiedenen Organe des Staates unter sich in Einklang stehen, sondern daß auch in ihnen der wahre Wille des Volks zur Anerkennung, zur Herrschaft gelangt. Auf verschiedenen Wegen wird sich dieser aussprechen können, in Versammlungen, in Vereinen, in der Presse; eine unmittelbare Bethätigung aber kann derselbe allein in der verfassungsmäßigen Vertretung erlangen. In ihr muß eben deßhalb der Schwerpunkt des politischen Lebens beruhen. — Wenn es gleichwohl, aus Gründen, welche später ausführlicher darzulegen sind, hier nöthig erachtet worden ist, bei den Arbeiten für die Verfassung des neuen deutschen Reichs die Bestimmungen über die Wahlen der Abgeordneten zum Volkshaus von dem Hauptwerke zu trennen und einem eigenen Gesetze vorzubehalten, so muß dieses nothwendig eine besondere Wichtigkeit erlangen. Es tritt selbstständig zu ihm hinzu; es hat nicht bloß auszuführen, was dort bereits im Allgemeinen festgestellt worden ist; sondern Alles, was auf die Wahlen Bezug hat, wird für jetzt nur hier geregelt: das Gesetz, ohne ein Theil der Verfassungsurkunde zu sein, ist die nothwendige Ergänzung derselben.

Wenn durch die Bewegungen des letzten Jahres Vieles in den politischen Ordnungen erschüttert und umgestaltet worden ist, so gewiß am Meisten Alles, was auf die Vertretung des Volkes Bezug hat. Während dieselbe früher in manchen Ländern, die sich im Allgemeinen zur constitutionellen Staatsverfassung bekannten, auf den alten Unterscheidungen der Stände beruhte, indem entweder der Gegensatz zweier Versammlungen hierdurch begründet, oder die eine hiernach zusammengesetzt wurde; während überall die Theilnahme an den Wahlen bedeutenden Beschränkungen unterlag und vieler Orten außerdem keine unmittelbare Betheiligung der Berechtigten an der Ernennung ihrer Vertreter stattfand: wurde jetzt auf einmal das allgemeine Stimmrecht als die Grundlage aller Wahlordnung proclamirt, und damit zum Theil auch der Uebergang zu directen Wahlen unmittelbar verbunden. Es würde zu weit führen, hier im Einzelnen nachzuweisen, wie sich unter dem Einflusse dieser Bewegungen die Wahlgesetze der verschiedenen europäischen, und namentlich deutschen Staaten in der letzten Zeit gestaltet haben. Der Verfassungs-Ausschuß hat sie bei seinen Arbeiten nicht unberücksichtigt gelassen; zunächst aber mußte er sich erinnern, auf welchen Grundlagen die Wahlen stattgefunden haben, aus denen die constituirende deutsche Nationalversammlung hervorgegangen ist. — In Folge der von dem Vorparlament gefaßten Beschlüsse wurde von der Bundesversammlung am 7. April 1848 die Anordnung getroffen, daß die Wahlen zur künftigen Nationalversammlung ohne Census und ohne Beschränkung der Wählbarkeit stattfinden sollen, daß dagegen den Regierungen der Einzelstaaten die Einrichtung der Wahl zu überlassen sei. — Der letzte Umstand hat dazu geführt, daß wesentliche Verschiedenheiten bei den Wahlen in den einzelnen Territorien Platz gegriffen haben. Wenn auch überall von Census und ähnlichen Beschränkungen keine Rede war; so war doch eine Ungleichmäßigkeit schon dadurch bedingt, ob für die Wähler der Begriff der Selbstständigkeit aufgestellt, und wie weit derselbe ausgedehnt wurde. Die verschiedenen Rechtsgrundsätze über Volljährigkeit in den deutschen Gebieten hatten denselben Einfluß. In einigen Staaten wurden die Wähler vorher in Listen verzeichnet, und nur die, welche hier aufgenommen waren, zur Wahl zugelassen, während man anderswo von dieser und fast jeder anderen Förmlichkeit absah und Jeden wählen ließ, der sich ganz im Allgemeinen zu legitimiren wußte. In Beziehung auf den Wohnsitz, Aufenthalt, Garnison der Soldaten, wurden ebenso verschiedene Grundsätze befolgt. Mehr aber als dieses bedeutete es, daß einzelne Staaten sofort directe Wahlen einführten, wogegen andere bei indirecten, wie sie früher üblich waren, stehen blieben. Und um das Bild bunter Mannigfaltigkeit bei den damals stattgehabten Wahlen und der aus ihnen erwachsenen

Zusammensetzung der Nationalversammlung zu verwehren, kommt noch hinzu, daß an vielen Orten Stellvertreter, mitunter sogar zwei auf einmal gewählt wurden, die bald berechtigt sein sollten, bei jedem Ausfall eines Abgeordneten einzutreten, bald aber nur unter gewissen Bedingungen berufen werden, seine Stelle einzunehmen. — Die Vergegenwärtigung solcher Verhältnisse, welche für eine erste Versammlung dieser Art hingenommen werden mußten, welche aber offenbar nicht dauernd oder regelmäßig werden durften, mußte den Ausschuß bewegen, von vorn herein den Gedanken aufzugeben, daß auch für die Zukunft irgend eine wesentliche Bestimmung bei den Wahlen den Einzelstaaten überlassen werden könne. Es wurde dabei nicht verkannt, daß die obwaltenden Verschiedenheiten in den örtlichen Verhältnissen, in den Gewohnheiten, ja in der politischen Bildung der einzelnen Staaten und Landestheile wohl einiges Bedenken erregen könnten, ob überall durchaus die gleichen Einrichtungen in Beziehung auf die Wahlen zweckmäßig, oder auch nur ausführbar seien, ob namentlich die Frage wegen directer und indirecter Wahl sich für ganz Deutschland auf die gleiche Weise beantworten lasse. Doch überwog sehr bald die Erwägung, daß es ein viel größerer Uebelstand sei, wenn das Volkshaus nicht wesentlich auf einem und demselben Grunde beruhe, wenn die Abgeordneten auf verschiedenen Wegen, gewissermaßen mit verschiedenem Rechte berufen würden, daß außerdem jede versuchte Unterscheidung nur auf Willkür beruhen könne, und daß man am Wenigsten annehmen dürfe, die wirklich vorhandenen Ungleichheiten würden mit den Grenzen der Einzelstaaten, oder den von ihnen getroffenen Einrichtungen zusammenfallen. Zur constituirenden National-Versammlung ist in Schleswig-Holstein, Hessen-Kassel und Würtemberg direct gewählt, während Baden mit Oesterreich, Bayern mit Sachsen die indirecten Wahlen gemein haben. — Hiernach war es nothwendig, den wichtigen Fragen, die bei einer allgemeinen Ordnung erledigt werden müssen, und die bereits berührt worden sind, offen entgegen zu treten, und eine Beantwortung derselben nach dem Maaß der gegebenen Verhältnisse zu versuchen. — Ob die Wahlen direct oder indirect stattfinden sollen, und wer sich an ihnen zu betheiligen habe, das besonders stand zur Entscheidung. — Der Ausschuß hat sich nach ausführlicher und gründlicher Erwägung aller Verhältnisse mit überwiegender Mehrheit für directe Wahlen entschieden. Aber er hat es nur gethan im Zusammenhang und unter Voraussetzung der anderen Bestimmungen, welche von ihm vorgeschlagen werden. — Gewiß hat die Wahl des Abgeordneten unmittelbar durch die zur Wahl Berechtigten an und für sich vor jedem anderen Verfahren große Vorzüge. Nur auf diesem Wege kann in unzweifelhafter Weise das Vertrauen des Volks Denjenigen bezeichnen, der als sein Vertreter in der Versammlung des Volkshauses erscheinen soll; nur in dieser Weise ist es möglich, daß die Idee der Repräsentation, welche der constitutionellen wie der rein demokratischen Staatsverfassung unentbehrlich ist, wenigstens annähernd zur Verwirklichung komme. Wo die Mehrheit aller zur Wahl berechtigten Volksgenossen in einem District einem Manne ihre Stimmen zugetragen haben, da wird ein unmittelbares Verhältniß zwischen dem Gewählten und den Wählern bestehen, da wird, soweit es in solchen Dingen möglich ist, eine Gewähr gegeben, daß die in dem bestimmten District vorherrschende Ansicht den geeigneten Repräsentanten gefunden hat. — Aber zu diesen mehr theoretischen Erwägungen, welche nicht für Alle gleiche Bedeutung haben können, kommen andere, mehr praktische, dem Leben entnommene Gründe hinzu. — Das Interesse und die Theilnahme der Wähler sind nothwendig größer, wenn Jeder unmittelbar und sofort zu dem endlichen Ausgang der Wahl beitragen kann, während die Ernennung einer Mittelsperson in vielen Fällen und namentlich in ruhigeren Zeiten als eine Act von untergeordneter Bedeutung erscheint, dem sich Viele mit gleichgiltigem Sinne entziehen. Wenn aber in Augenblicken starker politischer Spannung die Betheiligung an der Ernennung der Wahlmänner eine größere wird, so nimmt die indirecte Wahl leicht einen Charakter an, daß sie der directen wenigstens nahe kommt, indem der einzelne Wahlmann nur unter der Bedingung und gewissermaßen zu dem Behufe sein Mandat empfängt, um einem bestimmten Candidaten seine Stimme zu geben; ein Verfahren, welches alle Nachtheile und Gefahren der unmittelbaren Wahl mit sich führt, ohne irgendwie die Vortheile, welche diese eigen hat, zu gewähren. Denn von allem Anderen abgesehen, wird solchergestalt doch nur zufällig die wirkliche Majorität der Urwähler den Ausschlag geben, da ihre Zahl sehr ungleichartig bei den ersten Wahlen vertheilt sein kann. — Darf aber auch angenommen werden, daß die gewählten Mittelspersonen regelmäßig nicht einer solchen äußersten Beschränkung unterworfen sind, so wird doch der Gegensatz verschiedener politischer Parteien sofort bei ihrer Ernennung zum Vorschein kommen; er wird sich in ihnen gewissermaßen verkörpern, und später in dem kleineren Collegium mit besonderer Heftigkeit hervortreten. Sind aber Einzelne oder Mehrere von ihnen in ihrer Entscheidung zweifelhaft, so bieten sie der Einwirkung von Außen, der Bearbeitung, der Bestechung einen viel geeigneteren Spielraum, als es von der Gesammtheit oder einem größeren Theile der Wähler gesagt werden kann. In Zeiten großer Aufregung oder starken Druckes von Oben wird es an Einschüchterung nicht fehlen, welche den minder Entschlossenen leicht bestimmen kann, auch gegen die eigentliche Ueberzeugung seine Stimme abzugeben. Solche Einwirkungen brauchen nicht einmal unmittelbar bei den Einzelnen versucht zu werden; die Erfahrung lehrt, daß schon die Furcht vor einem Nachtheil dieser oder jener Art schwache Gemüther zu bestimmen vermag. Bei directer Wahl dagegen wird die Zahl Derer, welche zusammenstehen, immer eine größere sein, und sie hat in sich einen Halt gegen Einflüsse der einen oder andern Art. Es ist auch zu erwägen, daß die Wahlmänner sehr häufig aus der Klasse der Halbgebildeten genommen werden, welche sich eines gewissen Ansehens in ihrer nähern Umgebung erfreuen, deren Auffassung politischer Dinge aber und deren dadurch bedingte Abstimmung gewiß sehr oft am Wenigsten als der Ausdruck der wahren Volksmeinung angesehen werden können. — Unter anderen Verhältnissen aber treten bei den indirecten Wahlen auch andere Nachtheile ein. Die kleineren Bezirke, aus denen die Wahlmänner hervorgehen, sind verbunden, aus ihrer Mitte eben diejenigen zu nehmen, welchen die Hauptwahl überlassen werden soll; daß dieß häufig, wenigstens einem großen Theile nach, keine hervorragenden Persönlichkeiten oder politischen Charaktere sind, ist schon angeführt worden, und liegt wohl in der Natur der Sache. Treten sie zur Wahl zusammen, ohne daß denselben schon vorher die bestimmte Richtung angewiesen worden ist, so kann es nicht ausbleiben, daß ihr Augenmerk zunächst auf Männer der nächsten Umgebung, vielleicht aus ihrer eigenen Mitte, gerichtet wird. Es hat dieß wohl den Vortheil, daß oftmals Abgeordnete ernannt werden, welche mit den besonderen Verhältnissen der Provinz, des Kreises, vertraut und die eigenthümlichen Interessen derselben zu vertreten geeignet sind. Wenn dieß aber auf den Landtagen der Einzelstaaten von besonderer Wichtigkeit sein mag, so tritt ein solches Verdienst auf dem allgemeinen Reichstag Deutschlands in den Hintergrund zurück, wo es darauf ankommen muß, namentlich Männer von weiterem politischen Blick und erprobtem Charakter zu versammeln. Eine Vereinigung auch von bedeutenden provinziellen Repräsentationen würde noch keine Versammlung bilden, wie sie der Mittelpunkt des deutschen Staatslebens erfordert. Aber es sind nicht einmal immer die Besten des Kreises, welche durch solche Wählercollegien zu Abgeordneten berufen werden; unfähige Wähler wählen leicht einen unfähigen Abgeordneten. Manche Wahlen zu den letzten großen Versammlungen in Berlin und Wien geben dazu den Beleg. Nimmermehr würden sich die Stimmen eines ganzen Wahldistrictes bei directer Wahl auf solche Personen vereinigen; der Ruf, den sie haben mögen, reicht nicht über die Grenze der nächsten Heimath hinaus, und wenn einige Hunderte sie hier auf den Schild erheben, die Tausende, welche ferner wohnen, werden ein solches Vorhaben vereiteln. — Directe Wahlen müssen fast mit Nothwendigkeit dahin führen, daß nur solche Candidaten auftreten oder doch berücksichtigt werden, welche eine mehr hervorragende Stellung im politischen Leben einnehmen, oder deren Name in einem größeren Theile des Vaterlandes mit Auszeichnung genannt wird. Wenn bei den Wahlen zur constituirenden Versammlung ein erfreulicher Anfang dazu gemacht worden ist, so wird der Fortgang des staatlichen Lebens in Deutschland dazu weitere Aufforderung geben. Es steht zu erwarten, daß ohne besondere Rücksicht auf die Ansässigkeit in dem einzelnen District die sich gegenüberstehenden Parteien ihre Anhänger und ihre Vertreter zur Wahl stellen werden. Wie die Zustände sich in England, Frankreich, Belgien gestaltet haben, so werden sie mehr und mehr auch bei uns Platz greifen müssen. Die Einführung der directen Wahl wird dazu beitragen, nicht bloß daß es früher, sondern auch daß es in einer der Bedeutung der Sache mehr entsprechenden Weise geschieht. Freilich wird es an Wahlkämpfen, Intriguen, selbst an unberechtigten Einwirkungen, um nicht zu sagen Bestechungen, auch hier nicht fehlen; aber solche Erscheinungen sind unvermeidlich, wo das politische Leben zu voller Entfaltung gelangt ist, und das Nachtheilige, ja Verbrecherische wird sich dabei niemals von dem Natürlichen und Erlaubten ganz trennen lassen. Immer aber werden die Uebelstände dieser Art hier einen weniger kleinlichen und gehässigen Charakter an sich tragen, als bei den Verhältnissen der indirecten Wahlen, und gewiß werden sie in fast allen Fällen einen viel geringeren Einfluß auf den Ausgang der Wahl haben, als es dort der Fall ist. — Es ist auch wahr, daß viele Wähler, die ihre Stimme unmittelbar einem Abgeordneten geben, nicht durch eigenes Urtheil sich leiten lassen; sie folgen Anderen, die ihr Vertrauen haben oder unter deren Einfluß sie stehen; es entscheiden manchmal vielleicht Einzelne über die Richtung aller Abstimmungen. Allein dieß kann weder verwehrt noch selbst getadelt werden; es muß sich eine allgemeine Ansicht in dem Districte bilden, die den Ausschlag gibt, und Niemanden ist verwehrt, darauf hinzuwirken, daß sie in seinem Sinne ausfalle. Es ist sogar wünschenswerth und nothwendig, daß nicht jeder nach besonderer Neigung seine Stimme gebe, sondern daß er sich allgemeineren Bestrebungen anschließe; und die Erfahrung zeigt, daß dieß bei directen Wahlen regelmäßig geschieht. — Wenn diese Erwägungen, welche, wenn sie auch nicht alle von Allen getheilt wurden, wie sie im Ausschusse vorkamen, hier in einiger Ausführlichkeit darzulegen angemessen erschien, für die directe Wahl den Ausschlag gaben, so blieb es doch vorbehalten, daß dabei die übrigen Verhältnisse, auf die es ankommt, in entsprechender Weise geordnet wurden. Von einigen Seiten wurde entschiedenes Gewicht darauf gelegt, daß die absolute Mehrheit aller abgegebenen Stimmen gefordert werde; Andere sahen bei directer Wahl auch die öffentliche und mündliche Abstimmung als unumgänglich nothwendig an; vor allem aber war die Mehrheit entschieden der Ansicht, daß bei directer Wahl wesentliche Beschränkungen in der Ausübung des Wahlrechts durchaus unerläßlich seien. Es ist nicht überflüssig, hierauf gleich an dieser Stelle hinzuweisen, weil mehrere Mitglieder des Ausschusses sich ausdrücklich vorbehalten haben, wenn in einem oder dem anderen, namentlich aber in dem letzteren Punkte die Versammlung von den gemachten Vorschlägen abgehen sollte, zu einem Antrag auf indirecte Wahlen zurückzukehren. — Nach diesen allgemeinen Bemerkungen über das System, welches dem Gesetzentwurf zu Grunde liegt, wird sich die weitere Erörterung am passendsten an die einzelnen Artikel und Paragraphen anschließen können.

Artikel I und II. § 1—6. Unter allen politischen Behauptungen und Formeln zugleich die plauste und umfassendste ist die von der allgemeinen Gleichheit der Menschen; leicht gesprochen, und ebenso leicht widerlegt oder verspottet, enthält sie doch eine gewaltige Kraft, welche fort und fort arbeitet, um sich Geltung zu verschaffen, welche dann aber freilich in der natürlichen Beschaffenheit der Dinge ihre nothwendige Grenze findet. Wenn Geschlecht und Alter auch heut zu Tage noch allgemein für nothwendige Gründe der Unterscheidung gelten, so zweifelten bis vor Kurzem wenige, daß Stand und Beruf, Besitz und Vermögen eben sowohl begründete Verschiedenheiten bedingten, daß namentlich die Theilnahme am politischen Leben nicht jedem Erdgebornen in gleichem Umfang zustehen könne. Niemand wird läugnen, daß viel Willkür und ungerechte Beschränkung sich unter diesen Formen verbarg, daß die Unterscheidungen, die man im Leben machte, häufig einen zufälligen und mechanischen Charakter an sich trugen. Die Grundsätze aber, auf denen sie beruhten, waren doch tief in der Natur menschlicher Dinge begründet, und wie viel auch im Lauf der Zeiten daran gerüttelt und davon verwischt werden mag, sie ganz zu vernichten wird keiner Zeit gelingen. Den Besitzenden und Besitzlosen, den selbstständig Wirkenden und den Gehülfen oder Diener wird man nie vollständig gleichstellen, man wird sie für die Verhältnisse des öffentlichen Lebens eben so-wenig gleich behandeln können, wie im Hause, wo sie zusammenwohnen, in der Gemeinde, wo sie nebeneinander stehen, wo aber Lasten und Pflichten verschieden sind.— Das politische Recht ist mit nichten als ein solches zu betrachten, welches der Person unmittelbar und eigenthümlich anhaftet; es ist nicht die individuelle Freiheit, welche in demselben Befriedigung und Schutz erhalten soll; sondern das Beste der Gesammtheit muß bestimmen, wer geeignet ist als der Träger dieses Rechts zu erscheinen und es zum Frommen der Gesammtheit zur Ausübung zu bringen. — Die Mehrheit des Verfassungsausschusses war darin einig, daß bei directer Wahl eine Beschränkung des allgemeinen Stimmrechts nothwendig sei. Keine Staatsordnung, möge sie sein welche sie wolle, monarchisch oder republikanisch, wird bestehen oder doch zu irgend welcher Stätigkeit gelangen können, wenn die Entscheidung aller politischen Fragen in die Hände der großen Masse, die sich nur zu oft willenlos leiten läßt und launenhaft Tag um Tag dem einen oder andern Führer folgt, gelegt wird. Wenn die Völker des Alterthums außer den zahlreichen Unfreien, die in ihrer Mitte lebten, regelmäßig auch den Besitzlosen in politischen Rechten zurücksetzten, oder wenn sie es in kurzen Zeiten nicht thaten, raschen Laufes dem Untergange zueilten, so haben die politisch vorangeschrittenen Völker des modernen Europas, Engländer, Norweger, Belgier, den Besitz oder die Steuerpflicht gegen den Staat als Basis der politischen Rechte hingestellt; und erst die neuesten Verfassungen Frankreichs, der Schweiz und einzelner deutschen Länder machen, nach dem Vorbild der meisten — aber auch nicht aber — [illegible] amerikanischen Republiken den Versuch, ohne diese oder jene ähnliche Bestimmung die ganze erwachsene Bevölkerung an dem Rechte der Wahl Theil nehmen zu lassen. Die Verhältnisse der europäischen Gesellschaft sind aber von denen Nordamerikas so verschieden, daß gerechte Zweifel obwalten müssen, ob die Anwendung der gleichen Grundsätze auch zu denselben Resultate führe. Die kurzen Erfahrungen, welche innerhalb und außerhalb des Vaterlandes gemacht sind, können wenigstens nicht dafür sprechen. Den Bau der neuen deutschen Verfassung auf diesen Grund zu stützen, muß mehr als gefährlich erscheinen. Wenn eine Minorität es vorschlägt, so wird die Consequenz der Grundsätze, welche die Mitglieder dazu geführt hat, volle Anerkennung verdienen. Der Ausschuß glaubt aber, daß dieselben so wenig hier wie bei dem ganzen Werk der Verfassung zur Anwendung kommen können. — Der Ausschuß war aber nicht geneigt, die neue Ordnung der Dinge auf jene früher beliebten Unterscheidungen zurückzuführen. Abgesehen davon, daß von einer Wahl nach Ständen, die nicht mehr existiren, die Rede nicht sein kann, scheint es nicht wohl möglich, auf die Verschiedenheiten des Berufs und der Interessen, so wichtig dieselben auch sein mögen, die Bildung einer Volkskammer, namentlich für den Bundesstaat, zu gründen. Eher hätte auf Steuer, beziehungsweise Einkommen, Rücksicht genommen werden können. Nicht bloß das Beispiel der angeführten Staaten, auch die Natur der Verhältnisse scheint einer solchen Auffassung das Wort zu reden: wer zu den Lasten des Staats beiträgt, wird wenigstens vorzugsweise als berufen erscheinen, auch die Rechte, welche derselbe gewährt, zu theilen; eine Volksvertretung, als deren wichtigstes Recht fast die Bewilligung der Steuern und die Aufsicht über die Verwendung derselben angesehen werden muß, kann wohl mit Grund zunächst und hauptsächlich auf diejenigen Classen der Staatsangehörigen zurückgeführt werden, welche die Mittel zur Erfüllung der Staatszwecke darbieten. Doch wurde der Gedanke, auf eine solche Bestimmung einzugehen, bald wieder aufgegeben. Man erwog, daß der angenommene Census jedenfalls sehr gering sein müsse, da man allgemein fest entschlossen war, nicht einer kleineren Anzahl von Geldaristokraten das höchste politische Recht in die Hand zu geben, sondern alle heranzuziehen, die in einer irgend nennenswerthen Weise bei den Lasten des Staates betheiligt seien. Ein solcher niedriger Census aber würde in verschiedenen Gegenden eine sehr verschiedene Wirkung haben; eine Summe des Einkommens oder der Steuern, die in dem ärmeren Gebiete Mitteldeutschlands schon für beträchtlich gelten kann (etwa 300 Gulden Einkommen) und deren Ueberschreitung vielleicht einzelne Gemeinden zum größern Theile ausschließen würde, hat an den Küsten Norddeutschlands eine sehr geringe Bedeutung. Soll das Einkommen zu Grunde gelegt werden, so entstehen zugleich die großen, fast unübersteiglichen Schwierigkeiten, namentlich für einen solchen Zweck eine richtige Abschätzung vornehmen zu lassen. Wäre oder würde eine allgemeine Einkommensteuer eingeführt, die in ganz Deutschland auf gleichen Grundsätzen beruhte, so böte sie vielleicht einen Anhalt dar; und von mehreren Seiten ist gewünscht worden, daß eben ein solcher vorhanden sein möge, während doch die früher hervorgehobenen, in der Ungleichheit der deutschen Lebensverhältnisse begründeten Bedenken auch so nicht beseitigt würden. Dieselben und andere dazu erwachsen, wenn man andere Steueransätze in Anschlag bringen will. Die ungemeine Verschiedenheit der Steuersysteme in den deutschen Einzelstaaten läßt es fast als unmöglich erscheinen, irgend eine durchgreifende Bestimmung hierauf zu gründen. — Wenn daher auch einige Mitglieder glaubten, daß auf diese Verhältnisse zurückgekommen werden könne, der Ausschuß in seiner Mehrheit war bemüht, auf andere Weise sein Ziel zu erreichen. — Der Forderung des allgemeinen Stimmrechts hat sich die Beschränkung, welche in dem Begriff der Selbstständigkeit enthalten ist, auf deutschem Boden an vielen Orten sogleich entgegengestellt. Das vor allem scheint dem deutschen Sinne auch in der Zeit der ersten unruhigen Bewegung widerstrebt zu haben, daß der Abhängige, in allen seinen Lebensverhältnissen auf eine andere Persönlichkeit hingewiesene dem selbstständigen, für sich stehenden und für sich thätigen Mann, gleichgestellt werde. In den meisten Wahlgesetzen der neuern Zeit ist eine Bestimmung hierüber aufgenommen worden, auch in solchen, welche für die Berufung der constituirenden Nationalversammlung erlassen worden sind. — Die Auslegung des Wortes „selbstständig" ist aber eine sehr verschiedenartige gewesen: bald kleinere bald größere Classen der Einwohner sind darunter verstanden worden; mitunter ist der Begriff nur auf einzelne recht eigentlich persönliche Verhältnisse, wie Vormundschaft, Curatel oder dergleichen bezogen, anderswo dagegen auf die sonstige Lebensstellung Rücksicht genommen worden. Man könnte hierin einen Grund finden, um wenigstens in der Sprache des Gesetzes den Ausdruck fallen zu lassen, sei es, daß man die Unterscheidung selbst als unrichtig aufgebe, sei es, daß man nur eine andere zutreffendere Bezeichnung suche. Doch würde man gewiß Unrecht haben, den ersten Weg zu gehen; der bisherige kurze Gebrauch des Wortes kann über das Wesen der Sache nichts entscheiden. Statt die ganze Auffassung zu verwerfen, scheint es nur darauf anzukommen, den Begriff der Selbstständigkeit festzustellen und seinen Umfang möglichst genau zu bestimmen. Der Verfassungsausschuß hat geglaubt, bei diesem Wahlgesetz eben einen Versuch zur Lösung dieser Aufgabe machen zu müssen. — Die Vorschläge, welche derselbe macht, sind in wenige Worte zusammengefaßt; sie sind aber das Resultat langer und sorgfältiger Erwägungen. Die beiden ersten Sätze machen geringe Schwierigkeiten; es versteht sich von selbst, daß wer unter Vormundschaft oder Curatel sich befindet, oder über den der Concurs verhängt worden, und ebenso, wer der öffentlichen Armenunterstützung anheimgefallen ist, das wichtigste politische Recht nicht ausüben darf; der Zusatz bei der zweiten Nummer „wer die Unterstützung im letzten der Wahl vorhergegangenen Jahr bezogen hat", schien nothwendig, damit nicht vor der Wahl eine Anzahl Stimmen, die gewiß keine Unabhängigkeit besitzen, mit geringem Aufwand herbeigeschafft werden können. Viel erheblicher sind die folgenden Positionen, welche tief in die Lebensverhältnisse eingreifen und diejenigen auszuscheiden suchen, welche nach allgemeinem Ermessen den Einzelnen seiner vollen Stelbstständigkeit berauben und mit einer gewissen Nothwendigkeit einem fremden Einflusse unterwerfen. Daß es hier nicht möglich ist, Bestimmungen zu treffen, welche in der Anwendung jeden Einzelnen mit ganz demselben Maaße messen, liegt in der Natur der Sache. Der allgemeine Durchschnitt, was regelmäßig angenommen werden darf, kann hier allein in Betracht kommen. — Daß zunächst die Dienstboten, die sich einem Anderen zu bestimmten festen Dienstleistungen verdungen haben und dabei regelmäßig in ein enges persönliches Verhältniß zu der Dienstherrschaft und ihrem Hauswesen getreten sind, der vollen Selbstständigkeit ermangeln, dürfte am wenigsten bestritten werden. Die loseren Verhältnisse, welche hie und da bestehen, können nicht als Maßstab für den ganzen Stand dienen; und selbst wo keine unmittelbare Bestimmung des Dienenden durch den Herrn angenommen werden kann, ist es klar, daß dieser die mannigfachsten Mittel leicht zur Hand hat, um denselben nach seinem Willen zu lenken oder ihn einen Widerspruch entgelten zu lassen. Eine weitere Unterschreibung, ob Dienstboten in Kost und Lohn der Herrschaft stehen oder auf eigene Hand leben oder auch einen besonderen Haushalt haben, schien hier nicht Platz greifen zu können, da dieses meist nur auf localen Gewohnheiten beruht und in der ganzen Lage der dienenden Classe verhältnißmäßig wenig ändert. — Handwerksgehülfen und Fabrikarbeiter werden weiter zu den unselbstständigen Leuten gezählt. Ihre Verhältnisse sind nicht ganz dieselben; weniger noch als ihre bürgerliche Stellung ist es ihr Verhalten zu den öffentlichen Dingen. Die Handwerksgehülfen mögen regelmäßig eher ein reichliches Maaß von unabhängigem, beweglichem Sinn als eine Unterwerfung unter den Willen des jeweiligen Meisters für sich beanspruchen können. Nichtsdestoweniger ist ihre ganze Situation der Art, daß man sie durchaus nicht den selbstständigen Leuten zuzählen kann. Sie arbeiten ausschließlich für fremde Rechnung, regelmäßig ohne eigenen Haushalt, oftmals dem Hauswesen des Meisters unmittelbar verbunden. Jener eigenthümliche Zug trotziger Freiheit, der sich in dem Leben der Handwerksgesellen kundgibt, findet sich hauptsächlich während der Wanderjahre, wo schon die Bestimmungen des Gesetzes über den festen Wohnsitz ihre Theilnahme an den Wahlen nicht zulassen. Wenn sie später in die Heimath zurückgekehrt ausnahmsweise nicht aus dem Gesellenstande treten, so kommen sie gerade in Verhältnisse, wo ihre Stellung einem festen Dienste sehr ähnlich wird. Der verheirathete, mit kleinem Haushalt versehene Handwerksgehülfe ist von dem Herren, den er gefunden, von den Beziehungen, in denen er einmal steht, und die er nicht leicht zu wechseln im Stande ist, in hohem Maaße dependent. — Hiermit hat die Lage der Fabrikarbeiter große Aehnlichkeit. Allerdings befinden sich diese zahlreiche und bedeutende Classe der Staatsangehörigen an verschiedenen Orten und unter verschiedenen Verhältnissen auch in einer verschiedenen Lage. Selbst der Ausdruck scheint vielleicht etwas ungleichartige Bestandtheile zusammenzufassen. Doch wurde er als die allgemein verständliche Bezeichnung jeder Umschreibung vorgezogen; auch hatte man keinen Zweifel, daß die mit der oberen Leitung gewisser Zweige der Fabrikthätigkeit Beauftragten, wie namentlich die sogenannten Contremaitres, Fabrikmeister, unter dem Worte nicht zu verstehen sind; und auch andere Mißverständnisse werden bei richtiger Auffassung der Verhältnisse nicht zu fürchten sein. Die eigentlichen Arbeiter, mögen sie auf Tagelohn oder Wochenlohn angenommen oder ausnahmsweise stückweise bezahlt werden, mögen sie, was seltener ist, ganz oder theilweise die Wohnung und Kost von den Fabrikherren empfangen, oder, wie es regelmäßig der Fall ist, auf eigene Hand mit eigenem Haushalt leben, stehen fast jederzeit in unmittelbarer Abhängigkeit von demjenigen, für den sie arbeiten. Sie sind regelmäßig lange Jahre, ja oft ihre ganze Lebenszeit hindurch, an eine und dieselbe Fabrikanlage gebunden; ein Wechsel in diesen Verhältnissen ist ihnen erschwert, bei eigenem Hausstand oft fast unmöglich gemacht. Gerade die bedeutende Zahl, die gewöhnlich einem und demselben Etablissement angehört und unter sich in einer gewissen Verbindung steht, macht sie, wenn sie zu den Wahlen zugelassen werden, zu einem einflußreichen, aber nach mehreren Seiten hin gefährlichen Element. Es ist vorgekommen und es wird vorkommen, daß sie in aufgeregten Zeiten, in der Aussicht auf sociale Reformen, der lockenden Stimme der Freiheit folgen und Mann für Mann in einem Sinne stimmen, der dieser zu dienen beabsichtigt. Aber das Gewöhnliche ist es nicht und kann es nicht sein. Kein Einfluß, mag er noch so verführerisch klingen, kann auf die Länge mit dem des Herrn concurriren; die zahlreichen Fabrikarbeiter sind in der Regel doch nur eben so viele Stimmen in der Hand des reichen Besitzers, der sie beschäftigt. Und es läßt sich schwerlich behaupten, daß diese Dependenz gefährlicher oder sträflicher sei, als die Abhängigkeit von einer unklaren, leidenschaftsvollen, politischen Agitation, welche dieselbe manchmal zu verdrängen im Stande ist. So sehr man wünschen mag, daß die Verhältnisse dieser bedeutenden, bei dem Aufschwung der Industrie nur immer im Wachsen begriffenen Classe der Bevölkerung auf jede mögliche Weise gehoben und gefestigt werden mögen, so wenig kann man doch geneigt sein, einen bedeutenden Antheil an der Leitung der öffentlichen Verhältnisse in ihre Hand zu legen. — Die Tagelöhner endlich nehmen in den Verhältnissen des städtischen Geschäftslebens, und namentlich des Landbaues, eine ähnliche Stellung ein, wie die Fabrikarbeiter in dem großen Gewerbebetrieb. Sie sind mitunter auf längere Zeit an einen und denselben Dienstherren gebunden, mitunter allerdings auf den Erwerb durch verschiedene Beschäftigung angewiesen. Die Letzteren werden in den Städten sich einer gewissen Ungebundenheit erfreuen, die sich aber, bei den beschränkten Lebensverhältnissen, in denen sie stehen, meistens nur dahin äußert, daß sie demjenigen anheim fallen, der sie für den Augenblick unterhält und bezahlt. Auf dem Lande ist die Beziehung zu einzelnen Arbeit gebenden Besitzern schon eine viel engere. Nicht Jeder, welcher einmal einen Tag für Andere arbeitet, wird nach der allgemeinen Auffassung für einen Tagelöhner gelten. Wer aber seinen regelmäßigen Unterhalt dadurch findet, kann sich auch dem Einfluß derer nicht wohl entziehen, welche ihm denselben geben. Hauptsächlich ist dieß aber der Fall bei den zahlreichen Tagelöhnern, welche den größeren Gütern angehören und auf diesen ihre regelmäßige Beschäftigung finden. Mögen auch sie in Augenblicken allgemeiner Aufregung, in der Hoffnung auf eine Verbesserung ihrer gewiß nicht glücklichen Zustände den Gutsherren entgegentreten: allgemein und auf die Dauer kann ein solcher Gegensatz nicht bestehen; vielmehr wird in solchen Zeiten der Wille des Gutsherrn für sie nur zu sehr maßgebend sein und eine wirkliche Unselbstständigkeit dieser Bevölkerung herbeiführen. — Wie denn alle Erfahrung den Satz bestätigt, daß die ärmere Bevölkerung einzelner Orte oder ganzer Länder in den ruhigeren Zeiten eben so leicht einer die Freiheit gefährdenden Politik folgsam wird, wie sie in heftigen Krisen des Staatslebens der Agitation im Namen der Freiheit und Gleichheit sich hinzugeben geneigt ist. Wenn jetzt mit Hilfe dieser Classen die Staatsordnung bis zu den äußersten Grenzen des demokratischen Princips geführt werden soll, so dürfte der nicht ausbleibende Rückschlag nach kurzer Frist gerade in ihnen dieselbe Unterstützung finden. Im günstigsten Falle würde das Streben der politischen Parteien sich wesentlich darauf richten, wer diese Classen am besten und festesten an sich zu knüpfen vermöge; und die kurzen Erfahrungen des letzten Jahres dürften vielleicht gelehrt haben, zu welchen Umtrieben und Erschütterungen dieß den Anlaß gibt. — Es ist gesagt worden, daß die Ausschließung dieser Bevölkerung sie in einen gefährlichen Gegensatz zu der übrigen Gesellschaft setze, daß man nicht auf diese Weise ein zahlreiches politisches Proletariat schaffen möge, daß es vielmehr darauf ankomme, den sogenannten vierten Stand, als deren Kern eben diese Arbeiter zu betrachten seien, in die staatliche Ordnung aufzunehmen. Allein diese Grundsätze beweisen nimmermehr, daß jetzt der großen unselbstständigen Masse der überwiegende Einfluß auf die Bildung der Volksvertretung und damit auf die ganze Gestaltung des Staatslebens eingeräumt werden dürfe; sie können nur dahin führen, daß man sich mehr und mehr damit beschäftigt, ihre Zustände zu regeln und ihnen den angemessenen Platz in der bürgerlichen Gesellschaft zu verschaffen. Es ließe der socialen Reform, mit welcher die Zeit sich trägt, wesentlich vorgreifen, wenn jeder sonstigen Veränderung in den bestehenden Verhältnissen die Ertheilung des höchsten politischen Rechtes vorangehen sollte. Soll die junge Freiheit feste Wurzeln schlagen und soll ein gesundes Staatsleben auf den neu gelegten Grundlagen erwachsen, so sind hier regelnde Bestimmungen nothwendig zu treffen. Und wie die Verhältnisse stehen, glaubt der Ausschuß seine Anträge für wohl begründet halten zu müssen.*) — Es ist von mehreren Seiten wohl geltend gemacht worden, daß die Abhängigkeit und Unselbstständigkeit der Menschen, namentlich in politischen Dingen, sich keineswegs ausschließlich in den hier bezeichneten Kreisen finde, daß sie sich vielmehr, nur in verschiedenartiger Erscheinung, fast durch alle Schichten der Gesellschaft hindurchziehe; der Besitzende sei von seinem Besitz, der Beamte von seinem Amte nicht weniger abhängig, als der Arbeiter von seiner Arbeit. Doch liegt es auf der Hand, daß solche Verhältnisse nicht gleichgestellt werden können; es ist gewiß, daß die innere Unabhängigkeit zu prüfen Niemand im Stande ist, und daß es nur darauf ankommen kann, zu untersuchen, ob die einfachsten und äußeren Bedingungen derselben vorhanden sind. Diese aber sind es, welche den hier ausgeschlossenen Classen abgehen. In dieser Betrachtung konnte den Ausschuß endlich auch der Umstand nicht irre machen, daß allerdings einzelne Individuen von diesen Bestimmungen nicht getroffen werden, welche in keiner Weise den hier bezeichneten vorangehen; es bleibt namentlich in der städtischen Bevölkerung eine Anzahl Leute, denen man weder eine größere Unabhängigkeit noch höhere Würdigkeit wird beilegen können. Sie lassen sich aber unter eine allgemeine Kategorie nicht bringen, und hier einen andern Maßstab anzulegen, etwa zur Ergänzung noch einen Census zur Anwendung zu bringen, hatte überwiegende Gründe gegen sich. — Fast noch eher konnte die Frage aufgeworfen werden, ob es nicht Verhältnisse gebe, welche berechtigten, unter den im Allgemeinen ausgeschlossenen Classen wieder Unterscheidungen zu machen und Einzelne von ihnen dennoch zum Wahlrechte zuzulassen. Es entging Niemanden, daß gewiß sehr ehrenwerthe, innerlich unabhängige Männer von jenen Bestimmungen betroffen würden, die man persönlich gern heranziehen möchte. Aber es zeigte sich die Unmöglichkeit, hier ein bestimmtes Criterium zu finden. Eigener Haushalt und Gemeindebürgerrecht, wie Einige vorschlagen, konnten nicht ausreichen, da sie bei Fabrikarbeitern und Tagelöhnern die Regel sind und die stattfindende Dependenz von den bestimmten Verhältnissen, in denen sie stehen, oft nur vermehren. Grundbesitz ist allerdings die natürliche Basis einer gewissen Unabhängigkeit; doch ist bei demselben immer schon eine nähere Bestimmung nöthig, da er namentlich auf dem Lande in so kleinen Parcellen vorkommt, daß kein besonderes Gewicht darauf gelegt werden kann. Auch würde eine Hervorhebung des Grundbesitzes an dieser Stelle und ein gänzliches Absehen davon in allen anderen Verhältnissen als eine nicht zu rechtfertigende Inconsequenz erscheinen. Gegen die Berücksichtigung der Steuerleistung oder des Einkommens endlich sprechen hier dieselben Gründe, welche im Allgemeinen angeführt worden sind; ein kleines Vermögen in der Sparcasse oder was der Art sonst vorgeschlagen werden mag, ist viel zu zufällig, als daß darauf etwas gebaut werden könnte. Hat die aufgestellte Unterscheidung einen Grund, so liegt er in der ganzen Lebensstellung der bezeichneten Classen. Ist ihre Unselbstständigkeit in politischen Dingen im Allgemeinen anerkannt und deßhalb ihre Ausschließung von dem wichtigen Rechte der Wahl geboten, so kann auch keine Ausnahme wegen einzelner Verschiedenheiten gemacht werden. Das allgemeine Interesse muß jede Rücksicht auf den Einzelnen überwiegen. — Noch ein Umstand wird schließlich einige Aufmerksamkeit verdienen. Wenn auch nach dem Urtheil der meisten dieselben Rücksichten in dem Einzelstaat wie in dem Reiche obwalten werden, so ist doch keine Frage, daß, wie von einzelnen Mitgliedern hervorgehoben wurde, eine wesentliche Verschiedenheit zwischen beiden besteht. Die höheren Interessen des Vaterlandes, die großen Fragen der äußeren Politik werden in der Reichsversammlung zur Verhandlung kommen. Sie aber liegen gewiß denjenigen Kreisen ferne, von denen wir hier gehandelt haben. Es ist unmöglich, daß diese in directer Wahl mit irgendwie selbstständigem Urtheil den Mann erwählen, der hier die wichtigsten Angelegenheiten des Reiches, die gemeinschaftlichen Interessen des Bundesstaates behandeln soll. Im Vergleich damit mag es jedenfalls viel eher gerechtfertigt sein, wenn zu der Vertretung des Einzelstaates, namentlich der kleineren unter ihnen, auch diese Classen hinzugezogen werden. Auch wird man hier, wenn Beschränkungen eingeführt werden sollen, andere Anhaltspunkte haben, wie sie sich bei größerer Gleichförmigkeit der Lebenszustände, der Steuerverhältnisse u. s. w. darbieten. Der Bundesstaat hat auch auf diesem Gebiete sein besonderes Gesetz, und er muß darauf bestehen, daß dasselbe zur Anerkennung komme, auch wenn man aus allgemeinen theoretischen Grundsätzen anderswo dem entgegentreten möchte. — Ein anderer Kreis nothwendiger Ausschließungen wird mit dem Worte „bescholten" bezeichnet (§ 3). Nur wer unbescholten, im Besitz der vollen bürgerlichen und staatsbürgerlichen Rechte ist, darf zu der Wahl zugelassen werden. Auch hier ist es aber nicht ohne Schwierigkeit, die rechte Bestimmung zu treffen, jeden auszuschließen, der wirklich zu entfernen ist, ohne zugleich andere zu treffen, die nicht gemeint sein können. Der Ausschuß hat geglaubt am sichersten den Weg zu gehen, daß nicht bloß die schwankende öffentliche Meinung zum Maßstab genommen, sondern jedesmal ein rechtskräftiges gerichtliches Urtheil als Grund der Bescholtenheit gefordert werde. Dabei sind zunächst diejenigen Verbrechen genannt, welche gewiß entehren, wenn sie auch nicht immer mit einer besonders hohen Strafe belegt werden, Diebstahl, Betrug, Unterschlagung; sodann ist auf die Strafen Rücksicht genommen, und es sind diejenigen hier aufgeführt worden, aus denen man mit Sicherheit auf ein entehrendes Verbrechen zurückschließen kann, wie es bei der Zuchthaus-, Arbeitshaus-, Festungsarbeitsstrafe der Fall ist. Sollte ausnahmsweise die Criminalgesetzgebung eines Staates hier abweichende Grundsätze befolgen, so kann eine Reform in der nächsten Zeit nicht ausbleiben; und der nachträglich gemachte Vorschlag einer Minorität, die politischen Verbrechen auszunehmen, wird schon deßhalb als unnöthig erscheinen. Hier mag bemerkt werden, daß die Festungsarbeitsstrafe, wie sie in mehreren Ländern gesetzlich besteht, mit der Festungsstrafe nicht verwechselt werden darf. Daß der Verlust der staatsbürgerlichen Rechte sich auch auf das wichtige Recht der Wahl erstreckt, versteht sich wohl von selbst. Wo aber einem Verurtheilten später die Wiedereinsetzung in seine Rechte zu Theil geworden ist, soll sich dieß auch auf das Wahlrecht beziehen. Denselben Einfluß aber einer bestimmten Zeitfrist zu geben, konnte die Mehrheit sich nicht entschließen. — Eine besondere

*) Eine Petition des Arbeitervereins zu Celle betrifft diesen Gegenstand. Dieselbe erklärt sich gegen die Ausschließung der hier aufgeführten Classen, gegen eine Beschränkung des Wahlrechts für das Militär und gegen das fünfundzwanzigjährige Alter. — Eine andere Petition des politischen Vereins zu Halberstadt vom 17. October 1848, der sich der politische Verein zu Friedrichsbrunn anschließt, verlangt, daß in dem neuen Wahlgesetz „das Recht, die Volksabgeordneten zurückzurufen, welche seinem Willen nicht Genüge thun, als Bedingung jedes demokratischen Staatslebens" gesetzlich festgestellt werde. Der Ausschuß hat darauf keine Rücksicht nehmen können.

Art Verbrechen, deren Begehung unzweifelhaft für die Verhältnisse, auf die es hier ankommt, die Bescholtenheit begründen wird, erwächst aus dem Mißbrauch der bei der Wahl selbst verliehenen Befugnisse. Wer als Wähler seine Stimme verkauft, dem gegenüber aber auch wer sie erkauft, ebenso wer wider das Gesetz mehr als einmal seine Stimme abgibt, endlich wer als Beamter seine Stellung zu einem unerlaubten Einfluß auf die Wahlen benutzt, soll mit dem Verlust des Wahlrechts bestraft werden. Zu einer sicheren Anwendung konnte diese Bestimmung aber nur dann kommen, wenn auch hier eine gerichtliche Beurtheilung erfordert wurde. Damit sie möglich sei, wurden die den Gesetzgebungen bisher fehlenden Vorschriften gleich hinzugefügt (§ 4). Bis zu einer unbedingten Entziehung des Wahlrechts hat man nicht gehen wollen. Andere durch die Strafgesetze zu bestimmenden Strafen blieben vorbehalten. Eine weitere sehr wesentliche Begrenzung des Wahlrechts ist noch § 1, der die nöthigen Qualificationen des Wählers im allgemeinen zusammenfaßt, gegeben. Ein Alter von 25 Jahren wird erfordert. Auf den Vorschlag, statt dessen die Volljährigkeit zu nehmen, konnte nicht eingegangen werden, da es durchaus nöthig schien, hier wie überall in dem Gesetz eine für ganz Deutschland gleichmäßige Bestimmung zu treffen, während der Termin der Mündigkeit ja nach den Landesrechten auf die verschiedenartigste Weise bestimmt ist. Auch wurde erwogen, daß bis zum 25sten Lebensjahre hin der junge Mann regelmäßig mit seiner Ausbildung und Vorbereitung für das künftige Leben beschäftigt ist; ein großer Theil auch in solchen Berufszweigen, die oben nicht aufgeführt worden sind, muß in den früheren Jahren als unselbstständig betrachtet werden, die z. B., welche sich höheren Gewerben, dem Handel u. s. w. widmen. In ähnlicher Lage befinden sich die Studirenden auf Universitäten und die Mitglieder anderer höherer Bildungsanstalten, die der Wahl ebenfalls ferne bleiben müssen. Endlich kommen die im Heere Dienenden in Betracht, welche namentlich nach der neuen Organisation des Heerwesens regelmäßig aus den Altersclassen bis zu 25 Jahren genommen sein werden. Der Vorschlag, das Wahlrecht der im activen Dienste stehenden Soldaten überhaupt quiesciren zu lassen, fand den Beifall des Ausschusses nicht; wohl aber wurde die angenommene Altersbestimmung auch durch die Rücksicht hierauf empfohlen. Die älteren Krieger, welche regelmäßig der Landwehr angehören, wollte man nicht an der Ausübung ihres Wahlrechts hindern, ebenso wenig aber war man geneigt, den enggeschlossenen Reihen der im gewöhnlichen Dienste stehenden Soldaten ein so bedeutendes Gewicht bei dem Ausfall der Wahlen einzuräumen, wie bei der Annahme einer anderen Altersbestimmung ihnen nothwendig zufallen müßte. Wo aber auch diese besonderen Gründe nicht erheblich schienen, gab die allgemeine Betrachtung den Ausschlag, daß eine gewisse Reife zur Ausübung des politischen Ehrenrechts gehöre. Man kann kaum annehmen, daß diese vor dem 25sten Jahre erreicht sein wird. — Um aber das dem 25jährigen selbstständigen unbescholtenen Deutschen im Allgemeinen zustehende Wahlrecht in dem bestimmten Falle wirklich auszuüben, muß der Einzelne da, wo er dazu schreiten will, seinen festen Wohnsitz haben. Dieß wird im § 11 ausgesprochen, und darauf ist später zurückzukommen. — Die zuletzt angeführte Bestimmung macht zugleich den einzigen Unterschied, der zwischen dem Recht der Wahl und der Wählbarkeit (§ 5) obwaltet. Es schien durchaus unpassend und wurde von keiner Seite beantragt, von den Gewählten noch besondere Qualificationen zu fordern. Wer die Eigenschaften besitzt, um an dem einen Rechte Theil zu nehmen, den soll auch das Vertrauen des Volkes zur Versammlung seiner Vertreter absenden können. So lange man auch einer solchen Auffassung der Sache widerstrebt hat, jetzt dürfte sie sich ziemlich allgemeine Geltung verschafft haben. Auch wenn bei indirecten Wahlen noch die Gefahr war, daß auf diese Weise mitunter wirklich unfähige Abgeordnete die Plätze in dem Volkshause einnehmen konnten, so ist diese, wie oben dargelegt worden, bei directen Wahlen als ungleich geringer zu betrachten. — Auch einen Unterschied in der Bestimmung des Alters zu machen, fand die Mehrheit nicht zweckmäßig, während eine Minderheit allerdings das 30ste Lebensjahr als Termin für die Wählbarkeit vorgeschlagen hat. Man fand, daß für beide Rechte am zweckmäßigsten die gleiche Bestimmung festgehalten werde, daß auch mit dem zurückgelegten 25sten Jahr die nöthige Bildung und Reife erwartet werden dürfe, und daß die damit verbundene Frische und Lebhaftigkeit des Geistes in einer großen mannigfach zusammengesetzten Versammlung sogar ein Vorzug sei; wogegen es weniger in Betracht komme, daß auf diese Weise eine Verschiedenheit vom Staatenhause angenommen werde. — Vorschläge, welche darauf gingen, aus verschiedenen zum Theil ganz entgegengesetzten Rücksichten, bestimmte Classen der Staatsdiener oder alle von der Wählbarkeit auszuschließen, fanden durchaus keinen Beifall. Vielmehr bestimmte man, wohl im Hinblick auf den Mißbrauch früherer Zeiten, daß die Beamten des Urlaubs ihrer Vorgesetzten nicht bedürfen sollten (§ 6). Dabei wurde dann erwogen, ob dieselben nicht dafür verpflichtet sein sollten, für den an ihrer statt nöthig werdenden Ersatz zu sorgen oder wenigstens die Kosten einer Vertretung zu tragen. Man ermaß aber, daß etwas auf alle Verhältnisse Passendes in dieser Beziehung doch nicht festzustellen sei, und zog es vor, den Gegenstand unberührt zu lassen.

Artikel III § 7 — 10. Eine für die Bildung des Volkshauses nicht unwichtige Frage war die nach der Zahl seiner Mitglieder. Doch hat der Antrag, einen Abgeordneten auf je 100,000 Seelen der wirklichen Bevölkerung wählen zu lassen (§ 7), gleich von vorne herein allgemeine Zustimmung gefunden. Eine Versammlung von etwas über 450 Mitgliedern schien die nöthige Stärke und Mannigfaltigkeit in der Zusammensetzung zu besitzen, ohne zugleich an den Uebelständen zu leiden, welche bei einer bedeutend größeren Zahl in der Leitung der Geschäfte, der Berathung und Abstimmung, sich nur zu leicht geltend machen. Wenn die parlamentarischen Körper Englands und Frankreichs zahlreicher sind, und auch die constituirende Nationalversammlung auf eine größere Zahl berechnet war, so dürfte darin noch kein Grund liegen, den angenommenen Maßstab zu verlassen. — Es kam sodann in Betracht, ob die Wahlkreise ohne unmittelbare Rücksicht auf die bestehenden territorialen Verhältnisse der Einzelstaaten über den ganzen Umfang des Reiches gleichmäßig zu vertheilen oder innerhalb der Einzelstaaten und nach ihren Grenzen zu bestimmen seien. Obschon manche Rücksichten das erste von einer Minorität aufgestellte System zu empfehlen schienen, namentlich, daß auf diese Weise die Nation noch mehr ihres Zusammenhangs und ihrer Einheit bei der Vertretung inne werde, daß man auch alle die Uebelstände vermeide, welche durch die Kleinheit und Zerrissenheit einzelner Territorien entstehen: so gab man doch dem anderen Vorschlag den Vorzug. Auch in Amerika und der Schweiz werden die Abgeordneten in und nach den einzelnen Staaten gewählt, und es scheint auch einigermaßen wider das Wesen des Bundesstaats anzulaufen, wenn man bei einer so wichtigen Sache auf jene keine Rücksicht nehmen will. Praktische Schwierigkeiten kommen hinzu: die nothwendige Folge wäre, daß die Reichsgewalt die ganze Leitung des Wahlgeschäfts übernehmen müßte, was nicht ohne große Umstände geschehen könnte; die Angehörigen verschiedener Länder würden sich ungern und schwer zu gemeinsamen Wahlen vereinigen, und bei einer Bildung der Wahl-

[illegible] ohne Beziehung auf die vorhandene Kreiseintheilung würde die Nothwendigkeit dazu viel häufiger eintreten, als es bei dem jetzigen Vorschlage der Fall ist. — Wenn aber der hier aufgestellte Grundsatz angenommen wurde, so konnte man nicht umhin, auch einen Ueberschuß von wenigstens der Hälfte der geforderten Zahl das Recht einzuräumen, einen besonderen Deputirten zu wählen, während ein kleinerer Mehrbetrag auf die übrigen Wahlkreise vertheilt werden muß (§ 8). Es ist dieß besonders bei den kleineren Staaten von Wichtigkeit, die nur wenige Wahlkreise enthalten, und wo ein größerer Ueberschuß diesen zugewiesen, sehr ungleichartige Verhältnisse hervorrufen würde; selbst ein Staat von 190,000 Einwohnern würde bei einem andern Verfahren nur einen Abgeordneten zu senden haben. — Hiernach erwächst auch für die kleinen Staaten von nur 50,000 — 100,000 Einwohnern das Recht, einen eigenen Abgeordneten zu schicken (§ 9), was man auch aus anderen Gründen zugestehen wird. Es wurde selbst der Vorschlag laut, wie es bei den Wahlen zur constituirenden Nationalversammlung geschehen ist, so auch für die Zukunft jedem Staate ohne Rücksicht auf die Bevölkerung, wenigstens einen Abgeordneten zuzutheilen. Doch fand dieß geringe Unterstützung; es wäre wie ein Privilegium der Kleinstaaterei erschienen, als ein Hinderniß mehr, um dieselbe in geeigneter Weise zu beschränken. Statt 50,000 hier die Zahl von 40,000 zu setzen, wie Andere wollten, hatte für sich, daß auf diese Weise einigen Gebieten eine besondere Vertretung gegeben würde, bei denen eigenthümliche Rücksichten dieß zu empfehlen schienen. Es gehören dahin namentlich Lübeck und Lauenburg, außerdem Sachsen-Coburg, welches sonst mit Gotha vereinigt wird, ohne daß diesem darum ein zweiter Deputirter zu Theil werden kann. Doch glaubte man, um nicht ganz in Willkür zu gerathen, an einer Regel festhalten zu müssen. Für Lübeck schien sich Einigen der Ausweg darzubieten, daß man dasselbe ausdrücklich und namentlich den Staaten mit 50,000 Einwohnern gleichstelle, was, abgesehen von der Bedeutung dieses Freistaates überhaupt, auch dadurch gerechtfertigt sein dürfe, daß Lübeck einen besonderen Vertreter im Staatenhause habe und nicht wohl schlechter im Volkshause gestellt sein könne. Wolle man aber auch dieß nicht zugeben, so könne man vielleicht das mit Hamburg gemeinschaftliche Amt Bergedorf für den Zweck der Wahlen ganz zu Lübeck schlagen, wodurch die Zahl der Einwohner sich über 50,000 erhebt; oder man hat eine neue Zählung abzuwarten, die wahrscheinlich jetzt schon eine Zahl von 50,000 (1845 zwischen 47,000 und 48,000) herausstellen wird. Inzwischen hat die Mehrheit vorläufig eine Vereinigung mit Mecklenburg-Schwerin in Antrag gebracht. — Die übrigen in der Wahlmatrikel (Anlage A) projectirten Zusammenlegungen rechtfertigen sich ziemlich von selbst. Schaumburg-Lippe ist mit Hessen-Cassel deßhalb verbunden worden, damit es mit der hierhin gehörigen anderen Hälfte der Grafschaft Schaumburg (zusammen circa 78,000 Einwohner) einen Wahlkreis bilde, was nach der Lage und alten Verbindung der Lande als zweckmäßig erscheint. Lauenburg kann man, wenn es keinen eigenen Deputirten erhält, nur an Holstein anschließen. Ueber die Verhältnisse der zu einem größeren Staate gehörigen kleineren Gebietstheile ist mit Absicht nichts bestimmt worden, da die Ordnung dieser Verhältnisse den Einzelstaaten überlassen bleibt. Auch daß Kniphausen mit Oldenburg zu wählen hat, schien keiner besonderen Hervorhebung zu bedürfen. — Die Eintheilung der Wahlkreise in kleinere Wahlbezirke (§ 10) war mit der Annahme der directen Wahl unmittelbar geboten. Districte von einer Bevölkerung von 100,000 Seelen können nicht an Einem Orte ihre Versammlungen halten; eine solche Einrichtung würde in dünner bevölkerten Gegenden die Wahl fast ganz unmöglich machen, anderswo die Entscheidung [illegible] in die Hand desjenigen größeren Ortes legen, wo die Wahl vorgenommen wird. Dagegen hat eine Bildung kleinerer Bezirke in ziemlich beträchtlicher Anzahl zum Zweck des Stimmenabgebens sich bereits in einigen Gegenden als sehr praktisch bewährt; z. B. in Holstein, wo fast in jeder größeren Gemeinde [illegible] abgestimmt wurde, ohne daß dieß auch nur eine besondere Zersplitterung der Voten zur Folge hatte. Wie groß übrigens die Zahl dieser Unterabtheilungen des Wahlkreises zu machen sei, darüber ließ sich hier eine allgemeine Vorschrift nicht geben; die verschiedenartigen localen Verhältnisse, die dichtere oder dünnere Bevölkerung und andere Umstände werden darauf erheblichen Einfluß haben. Ganz sollen sie aber nirgends fehlen, auch in der größeren Stadt nicht, welche für sich einen oder mehrere Wahlkreise bildet. Auch das Verfahren, wie es die folgenden Paragraphen vorschreiben, beruht wesentlich auf dieser Voraussetzung; namentlich die Vorschrift, daß alle Wahlen an Einem Tage gehalten werden sollen, wird nur auf diese Weise ausgeführt werden können.

Artikel IV. § 11, 12. Die Bestimmung der Wahlbezirke bedingt unmittelbar die Ausübung des Wahlrechtes selbst. Die allgemeinen Qualificationen für dasselbe sind oben festgestellt; aber nicht Jeder, der sie besitzt, kann beliebig an jedem Ort das ihm im Allgemeinen zustehende Recht zur Anwendung bringen. Es wird hierfür vielmehr der feste Wohnsitz als Bedingung gefordert (§ 11). Daß nicht der zufällige und vorübergehende Aufenthalt hier entscheiden könne, darin waren Alle einig; wenn aber eine Minorität einen Aufenthalt von sechs Monaten für genügend hielt, so beharrte der Ausschuß in seiner Mehrheit bei jenem Vorschlag. Es scheint nothwendig, daß wer mit den Angehörigen eines Wahlkreises zusammen an der Wahl seines Vertreters Theil nehmen will, auch durch festen Wohnsitz demselben verbunden sei und nicht bloß einen temporären Aufenthalt genommen habe. Bei fester Niederlassung soll auch die kürzeste Frist genügen oder vielmehr gar keine verlangt werden; aber der Reisende, der sich in Geschäften oder zum Vergnügen Monate lang an einem ihm fremden Orte, in einer entfernten Handelsstadt, oder in einem Bade etwa, aufhält, kann dadurch noch kein Recht gewinnen, sich hier bei der Wahl zu betheiligen. Allerdings sind die Gewählten alle Abgeordnete der deutschen Nation in ihrer Gesammtheit; allein jeder ist doch zugleich der Vertreter des besonderen Kreises, und es scheint nicht passend, daß fremde Stimmen hier den Ausschlag geben können. Daß Einzelne auf die Weise von der Ausübung ihres Wahlrechts abgehalten werden, ist nicht zu bezweifeln; aber die Entfernung von dem Wohnort kann nur als eine rein äußerliche Verhinderung an der Theilnahme an dem Wahlact betrachtet werden, die das Gesetz wegzuräumen keinen Anlaß hat. Daß Jemand, der an mehreren Orten sein Domicil hat, nur an einer Stelle wählen kann, versteht sich von selbst. Er wird sich darüber zu entscheiden haben, wo er das Recht ausüben will. Eine besondere Bestimmung machte die Garnison der Soldaten nothwendig. Die Auffassung schwankt, ob diese überhaupt als Wohnsitz zu betrachten ist. Sie niemals dafür gelten zu lassen und die Soldaten für die Wahlen nach ihrer Heimath zu verweisen, wäre bei allen, die länger im Dienste stehen, oder sich demselben ganz gewidmet haben, unmöglich, und würde auch das Wahlrecht der übrigen so gut wie ganz aufheben. Auf der andern Seite durfte eben so wenig jeder augenblickliche Garnison- oder Aufenthaltsort einer Heeresabtheilung für die an sich zur Wahl Berechtigten als Wahlort dienen; dagegen würden alle jene Gründe sprechen, welche vorher gegen die Berücksichtigung eines bloß zeitweisen Aufenthalts angeführt worden sind; es liegt außerdem zu Tage, wie leicht ein gefährlicher Mißbrauch auf diese Weise getrieben, durch plötzliche Verlegung von Truppenabtheilungen, wenigstens der Landwehr, ein bedenklicher Einfluß auf den Ausfall der Wahlen geübt werden könnte. Die Forderung einer während sechs Monaten nicht gewechselten Garnison wird hiergegen vollständig schützen. Da es sich hauptsächlich um solche Theile des Heeres handelt, welche nicht regelmäßig im Dienste stehen, würde eine längere Frist auf keinen Fall angenommen werden dürfen. — Um genau zu constatiren, wer nun innerhalb jedes Bezirkes wirklich zum Wählen berechtigt sei, und jeder Irrung oder Fälschung bei dem Abgeben der Stimmen vorzubeugen, ist allgemein vorgeschrieben, daß die Wahlberechtigten in Listen eingetragen werden sollen (§ 12). Mehrere Staaten haben dieß bei den Wahlen zur constituirenden deutschen Nationalversammlung unterlassen, aber gewiß nicht zum Vortheil der Ordnung und Zuverlässigkeit. Unumgänglich ist es jetzt, nachdem festgesetzt ist, daß bestimmte Kategorien an der Wahl keinen Antheil nehmen sollen. Die einzelnen Vorschriften sind nach der Analogie anderer Gesetze, zugleich aber mit Berücksichtigung unserer besonderen Verhältnisse hingestellt worden. Man glaubte wenigstens für jetzt davon absehen zu müssen, in jedem Jahr zu bestimmter Zeit die Wählerlisten aufnehmen zu lassen; man zog vor, daß es jedesmal eine gewisse Zeit vor einer Wahl geschehe; und man war dabei der Ansicht, daß, wenn Wahlen zwischen den ordentlichen Wahlperioden nöthig würden, die früheren Listen rectificirt, sonst aber in derselben Weise behandelt werden sollten, wie es hier vorgeschrieben ist. Vier Wochen vor der Wahl sind die Listen auszulegen, innerhalb der nächsten acht Tage die Reclamationen anzubringen, zu deren Erledigung eine Frist von vierzehn Tagen gesetzt wird. Man wollte sie nicht kürzer bestimmen, damit die Prüfungen mit aller Sorgfalt und Genauigkeit vorgenommen werden können. Vielleicht wird ein Recursverfahren gegen die Entscheidung der ersten Behörde zugelassen werden müssen. Hierüber wurde aber nichts gesagt; vielmehr blieb die Bezeichnung der Behörde und das zu beobachtende Verfahren der näheren Bestimmung in den Einzelstaaten vorbehalten. Acht Tage vor der Wahl sollen die Listen geschlossen sein, damit dann alle für dießmal zur Wahl Berechtigten bekannt gemacht werden können. Jeder Zweifel wird hiermit vollständig und rechtzeitig beseitigt werden.

Artikel V. § 13 — 17. Das Wahlverfahren ist in diesem Gesetz nur in seinen Hauptpunkten bestimmt, das Einzelne der Anordnung der Einzelstaaten überlassen (§ 17). Als der wichtigste Punkt von allen ist die Oeffentlichkeit der Wahlhandlung und die damit verbundene, mündliche Abstimmung zu betrachten (§ 13). Mit der Einführung der directen Wahl scheint dieß nothwendig geboten. Nur hierin liegt eine Garantie, daß jenes Wahlverfahren seinen rechten Zweck erreicht: eine offene Betheiligung des ganzen berechtigten Volks an der wichtigen Entscheidung der Wahlen, und was damit verbunden ist, eine Gewöhnung der Nation an ein wahres öffentliches Leben. Es ist dagegen geltend gemacht worden, daß die Selbstständigkeit der Abstimmung dadurch vielfach gefährdet, Rücksichten mannigfacher Art zum Opfer gebracht werde. Allein eben darum sind die, welche von vorne herein für unselbstständig gelten, ausgeschlossen worden; wer nun das Ehrenrecht der Wahl empfängt, der muß so angesehen werden, daß man ihm zutrauen kann, er werde seine Stimme nach bester Ueberzeugung geben. Die geheime Wahl bietet den Anlaß zu Intriguen und Mißbräuchen jeder Art. Bestechung und Betrug können im Dunkeln ungescheuter ihr Spiel treiben. Wenn in England von manchen Seiten geheime Abstimmung verlangt worden ist, so halten dagegen die bedeutendsten Staatsmänner entschieden an dem öffentlichen Votum [illegible], und auch in einzelnen Gegenden Deutschlands hat sich dasselbe aufs günstigste bewährt. Soll das Leben der Nation einen selbstständigen und kräftigen Charakter erlangen, so müssen alle Akte von politischer Bedeutung dem Winde der öffentlichen Meinung ausgesetzt sein. Eben diese bietet gegen ungehörige Einflüsse von der einen oder andern Seite ein Gegengewicht dar, das nicht gering angeschlagen werden darf. Statt der Corruption Vorschub zu leisten, wie man befürchtet hat, scheint diese Anordnung durchaus geeignet, ihr von vorne herein entgegen zu treten. Eben bei und in der öffentlichen Abstimmung wird sich die vorherrschende Ansicht eines Districts am besten aussprechen können; hier wird der Gegensatz und Kampf der Parteien zum offensten und reinsten Ausdruck kommen, während bei geheimem Scrutinium Verzettelungen der Stimmen und andere Folgen particularer Interessen sich nur zu häufig geltend machen. Der Ausschuß hat sich deßhalb mit überwiegender Majorität für die mündliche Abgabe der Stimmen und gegen alle Stimmzettel entschieden. — Um der öffentlichen Wahlhandlung auf jede Art das volle Vertrauen zu sichern, ist weiter verordnet worden, daß bei derselben Gemeindemitglieder zuzuziehen sind, welche kein Staats- oder Gemeindeamt bekleiden. — Wenn aber in den einzelnen Bezirken die Stimmen abgegeben worden sind, so ist aus der Gesammtheit derselben das Resultat der Wahl zu ziehen. Nur wenn die absolute Majorität aller abgegebenen Stimmen auf einen Candidaten gefallen ist, hat die Wahl ihr Ziel erreicht (§ 14). Nicht ohne Bedenken hat der Ausschuß sich zu dieser Bestimmung entschlossen; doch schien sie am Ende Allen nothwendig, und kein Gegenantrag ist erhoben worden. Man erwog, daß allerdings zu befürchten sei, es werde wohl nicht immer, vielleicht in der ersten Zeit sogar ziemlich häufig nicht die absolute Mehrheit sich herausstellen, und es werde also die Wahlhandlung öfter vergeblich sein; eine Wiederholung derselben einmal und mehrmals werde aber bedeutende Unzuträglichkeiten haben, und vielleicht nur die Theilnahme an derselben vermindern, das Interesse abstumpfen und am Ende dahin führen, daß doch eine verhältnißmäßig kleine Zahl den Ausschlag gebe. Es wurde in Anregung gebracht, ob nicht ein gewisses Minimum von allen vorhandenen oder doch allen abgegebenen Stimmen erfordert werden könne, welches der Gewählte erlangt haben müsse. Doch schien dieß keine befriedigende Lösung der Aufgabe zu sein; Rücksicht habe man doch immer nur auf die zu nehmen, welche wirklich ihr Wahlrecht ausüben wollten; unter diesen aber müsse die wirkliche Mehrzahl, nicht eine relativ größere Anzahl den Abgeordneten bestimmen, wenn er wirklich als Vertreter des Districts angesehen werden solle. In der That ist auch die oben berührte Gefahr nicht so groß, wie man denken sollte; die directen Wahlen, welche zur Nationalversammlung und sonst stattgefunden haben, sind meist mit großen Mehrheiten entschieden worden. Wenn die directe Wahl die Folgen hat, welche oben in Aussicht gestellt worden sind, so darf erwartet werden, daß es in jedem District einzelne hervorragende Candidaten sein werden, zwischen denen die Entscheidung schwankt, und daß man in einiger Zeit wenigstens aller Orten lernen wird, eine unnütze Zersplitterung der Stimmen zu vermeiden. Um aber für alle Fälle die Wahlversuche nicht ins Unendliche fortdauern zu lassen, ist die Vorschrift beigefügt worden, daß die dritte Abstimmung sich auf die zwei Candidaten beschränken solle, welche das Mal vorher die meisten Stimmen hatten. Würden hier dennoch andere Namen genannt, so wären sie als ungültig nicht zu beachten und bei der Gesammtzahl nicht in Rechnung zu bringen. — Da diese verschiedenen, wenn auch durch mehrere Tage nothwendig getrennten Wahlhandlungen schließlich nur Eine Wahl ausmachen, so versteht es sich, daß für diesen Fall immer dieselben Listen (§ 12) gültig bleiben. Dasselbe ist anzunehmen, wenn durch die Ablehnung eines Abgeordneten sofort eine neue Wahl nöthig wird. — Denn Stellvertreter der Abgeordneten sind nicht zu wählen (§ 5). Dieser Grundsatz hat sich in neuester Zeit schnell so allgemeine Geltung verschafft, daß es unnöthig erscheint, ihn weitläufig zu motiviren. Stellvertreter, welche für eine zeitweise Abwesenheit des Abgeordneten zum Eintritt berufen sind, geben einer parlamentarischen Versammlung einen schwankenden Charakter; das Ab- und Zugehen von Mitgliedern, welches dadurch veranlaßt wird, entspricht offenbar der Bedeutung und Würde der Volksvertretung durchaus nicht. Für den möglichen Ausfall des Abgeordneten im Voraus einen Ersatzmann zu wählen, hat andere Uebelstände. Es vertheilt die Aufmerksamkeit auf die Wahl, führt mitunter zu unpassenden Compromissen zwischen entgegengesetzten Parteien; es zieht außerdem eine bedeutende Anzahl von Männern zur Theilnahme an den wichtigsten öffentlichen Angelegenheiten heran, ohne ihnen doch ein wahres und bestimmtes Recht zu gewähren; es erschwert endlich die Möglichkeit, bei eintretenden Vacanzen durch Nachwahlen solche Männer zu treffen, welche gerade in dem Augenblicke der Versammlung nützlich erscheinen. Wird eine Stelle im Volkshause erledigt, was hoffentlich nicht zu oft und nicht ohne dringenden Anlaß der Fall sein wird, so ist es gut, wenn die politischen Parteien überhaupt und in dem betreffenden Districte besonders Gelegenheit haben, ihre Kräfte zu messen. — Alle die verschiedenen Wahlen oder Wahlhandlungen (§ 14), welche später auf die eine oder andere Weise nothwendig werden, sollen die Einzelregierungen ausschreiben (§ 16). Es schließt dieß nicht aus, daß die Reichsregierung, wo ihr zuerst die Kunde von einer eintretenden Lücke wird, die Aufforderung dazu erläßt; aber es schien kein Grund, jedesmal, wo eine Neuwahl stattfinden soll, eine besondere Anordnung der Reichsgewalt vorangehen zu lassen; am wenigsten, wenn wegen der Ablehnung der Wahl oder gar wegen nicht erreichter absoluter Mehrheit sofort eine neue Wahlhandlung vorgenommen werden muß. Dagegen soll die Reichsregierung die Zeit der regelmäßigen Wahlen, sei es nach Ablauf der bestimmten Jahre oder bei Auflösung des Volkshauses, bestimmen (§ 16). Und es ist ihr dabei vorgeschrieben, daß die Wahlen im ganzen Umfang des Reichs an einem und demselben Tage stattfinden sollen. Die Maßregel ist nach dem Vorbilde anderer Staaten getroffen, und sie soll dazu dienen, um Wahlumtrieben möglichst entgegenzutreten. Auf diese Weise wird verhindert, daß die Parteien sich nicht von Ort zu Ort die Hand bieten und ihre agitatorischen Kräfte bald hierhin, bald dorthin verlegen können: alle sind zu gleicher Zeit in jedem Districte beschäftigt. Außerdem aber wird es die hohe Wichtigkeit des Wahlactes nur mehr hervorheben, wenn Ein Tag alle Wähler der deutschen Nation zu demselben Geschäfte ruft, wenn Eine Stunde die Entscheidung über die Zusammensetzung des Volkshauses herbeiführt. — Was in diesen Abschnitten zusammengestellt ist, schien für den Zweck eines Wahlgesetzes für Deutschland unter den jetzigen Verhältnissen zu genügen. Wenn das Reich nicht die Leitung und Ausführung der Wahlen unmittelbar in die Hand nehmen sollte — was in keiner Weise passend erschien —, so mußte das Weitere den Regierungen der Einzelstaaten überlassen bleiben: sie haben die Wahldirectoren und die sonst erforderlichen Beamten zu ernennen, das Wahlverfahren auf der hier gegebenen Grundlage genauer zu regeln und ebenso die Wahlkreise und Wahlbezirke zu normiren. Eine einzige Bestimmung schien noch nothwendig, die über die Entschädigung der Abgeordneten für die Kosten der Reise und des Aufenthalts; da sie sich aber zugleich auf die Mitglieder des Staatenhauses zu beziehen hat, so ist dieser Gegenstand in einem besondern Gesetze in aller Kürze behandelt worden, über dessen Vorschläge etwas hinzuzufügen nicht nöthig scheint. — Es ist selbstverständlich, daß es der Reichsgesetzgebung freistehen wird, jeder Zeit Abänderungen und Ergänzungen in den hier angenommenen Punkten eintreten zu lassen, und daß sie befugt sein muß, auch dasjenige der Reichsgewalt zu überweisen, was hier den Regierungen der Einzelstaaten anheimgestellt worden ist. — Der Ausschuß ist der Ansicht, daß dies Gesetz überhaupt und mehr als manches andere nach einer vielleicht nicht langen Zeit der Revision bedürfen wird. Es ist klar, daß die Grundsätze, auf denen es beruht, sich erst erproben müssen. Wenn man hoffen darf, daß im Laufe der Zeit sich die Vorzüge der directen Wahl nur immer mehr herausstellen werden, so läßt sich dagegen noch keineswegs absehen, welche Grundsätze in Beziehung auf die Ausübung des Wahlrechts die Oberhand behalten werden. Es ist schon oben mit aller Bestimmtheit darauf hingewiesen worden, daß die hier gegebene Feststellung des Begriffes der Selbstständigkeit nur ein Versuch sei, über dessen Ausfall sich nicht im Voraus mit Sicherheit wird urtheilen lassen; und es ist wohl denkbar, daß es gelingt, im Laufe der Zeit andere Grundlagen für die Ausübung des Wahlrechtes zu finden. Vielleicht, daß eine umfassende und gleichmäßige Ordnung der Gemeindeverhältnisse dahin führen kann, auch die politischen Rechte hiermit in einen organischen Zusammenhang zu setzen. In einem Augenblicke, wo alle staatlichen Ordnungen sich neu gestalten sollen, darf der Anspruch nicht gemacht werden, eine derselben vor den anderen definitiv festsetzen zu wollen. Aber auch in anderen mehr untergeordneten Punkten wird man gern durch die Erfahrung sich belehren lassen: nicht Alles, was bei anderen Völkern sich bewährt hat, wird darum auch in Deutschland passend sein, und es ist gewiß zu wünschen, daß nach den großen Veränderungen, welche die repräsentativen Verfassungen in der neuesten Zeit erhalten haben, sich neue angemessene Einrichtungen ausbilden werden. Ebenso wird man nicht für immer die Frage beantwortet haben wollen, ob die Wahlkreise nach den Grenzen der Einzelstaaten angeordnet werden müssen, oder ob es zweckmäßig werden kann, sie ohne Rücksicht darauf über den ganzen Umfang des Reiches zu vertheilen. Der Ausschuß selbst ist in allen diesen Fragen zu keinen einstimmigen Beschlüssen gelangt, und die Ansicht, welche jetzt unterlegen, hat ein Recht zu wünschen, daß sie bei passender Gelegenheit sich wieder geltend machen könne. — Diese Umstände waren es, welche den Ausschuß bestimmten, sich dafür auszusprechen, daß dies Wahlgesetz nicht als ein Theil der Verfassung selbst angesehen, sondern derselben nur als eine Ergänzung beigefügt werde, so daß dasselbe im Wege der Reichsgesetzgebung künftig abgeändert werden kann. Einzelne Bestimmungen der Verfassung einzuverleiben, konnte schon deshalb nicht angerathen werden, weil die Positionen des Gesetzes, wie oben bereits bemerkt worden ist, nach der Ansicht der Mehrheit in einem wesentlichen Zusammenhange unter einander stehen, und einzelne der wichtigsten, wie etwa die über directe Wahl oder über das Wahlrecht selbst, nicht für sich und abgesehen von allen andern so sanctionirt werden können, wie es durch ihre Aufnahme in die Verfassung der Fall sein würde. — Auf der andern Seite war ebenso wenig Grund vorhanden, das Gesetz oder einzelne Theile desselben als provisorisch zu bezeichnen. Die hier aufgestellten Grundsätze sollen, in so weit sie die Zustimmung der Versammlung erhalten, für die nächste Zukunft und so lange gelten, bis ein anderes besseres an die Stelle gesetzt worden ist. Der Ausschuß will gern erwarten, daß eine nicht zu ferne Zukunft sichere Wege zur Erreichung

[illegible] Gesetz, welches erlassen wird, den vollen, durch seine Vertreter [illegible] Achtsamkeit [illegible] Alles in einer so wichtigen Frage erfordert wird. [illegible] ist der Ueberzeugung, daß, wenn die Versammlung auf die hier gemachten Vorschläge eingeht, das Verfassungswerk einen Abschluß erhält, der demselben eine nicht bloß vorübergehende Dauer sichert. Die Ausführung kann sich ändern; die Grundlagen werden, wenn nicht Alles täuscht, dieselben bleiben."

Präsident: In Bezug auf den vorliegenden Entwurf habe ich zuvörderst anzuzeigen, daß Herr Schüler von Jena die Versammlung bittet, seine Unterschrift bei dem ersten Minoritäts-Erachten nachzutragen. Er bemerkt, sie [illegible] nur durch einen Druckfehler darunter fehlen, da er sich bestimmt erinnere, das Minoritäts-Gutachten unterzeichnet zu haben. — Der Berichterstatter des Ausschusses hat über die Art und Weise der Geschäftsbehandlung das Wort verlangt.

Scheller von Frankfurt a. d. Oder: Meine Herren! Im Namen des Verfassungsausschusses, zu dessen Berichterstatter für diese Sache ich gewählt worden bin, mache ich den Antrag, daß eine zweite Lesung für das Reichswahlgesetz vorbehalten werde. Ebenso wird ein früherer Beschluß der hohen Versammlung, wonach in wichtigen Angelegenheiten die Discussion nicht unterbleiben darf, wenn hundert Mitglieder erklären, daß sie nicht darauf verzichten, auch hier zu befolgen sein. Der Verfassungsausschuß geht bei seinen Anträgen davon aus, daß wenn auch das Reichswahlgesetz keinen integrirenden Theil der Verfassung bildet, es doch die Grundlage derselben ist, daß man also alle Vorsichtsmaßregeln, die für das Verfassungswerk getroffen worden sind, auch bei dem Reichswahlgesetze anwenden muß.

Präsident: Was den Antrag betrifft, auch für das Reichswahlgesetz eine zweite Lesung vorzubehalten, so ist er, außer vom Ausschusse, auch erhoben worden von Herrn Reichensperger:

„Die Reichsversammlung wolle beschließen, daß eine zweimalige Berathung des vorliegenden Gesetzentwurfs statt habe. — Reichensperger, H. Müller, Graf, Edel, Eckart v. Lohr, Neumann, Kleinschrod, Riegler, Riedl, Kerer, Gspan, v. Kaiserfeld, Weißbeker, Göbel, Polatzeck, Fritsch, Streffleur, Lienbacher, Osterrath."

Auch Herr Eisenmann hat eben darauf angetragen; doch ist das nur ein Theil von seinem Antrage:

„In Erwägung, daß zwar die demokratische Minorität der Reichsversammlung mit dem Wahlgesetz unzufrieden sein und dessen baldige Abänderung wünschen dürfte, daß aber solches nicht von der conservativen Majorität gelten kann, wenn sie nicht auf ein Fallen der öffentlichen Meinung speculirt;

in Erwägung, daß das Wahlgesetz die Seele einer jeden Repräsentativverfassung ist,

beschließt die Reichsversammlung:

„das Wahlgesetz als einen integrirenden Theil der Verfassung anzuerkennen und bei der Berathung als solchen zu behandeln, sohin das Gesetz auch zweimal zu lesen."

Ich glaube, meine Herren, wir sollten über diesen Antrag einer zweimaligen Lesung uns zuerst vereinigen; die Frage, ob der sogenannte Schneer'sche Antrag auch auf das Reichswahlgesetz Anwendung finden soll, werden wir nachher erörtern. Ich [illegible] zuerst [illegible] Antrag des Verfassungsausschusses, eine [illegible] Reichensperger und Genossen und des Herrn Eisenmann, das Reichswahlgesetz, sowie die Grundrechte und den Entwurf der Verfassung, einer zweimaligen Lesung [illegible] unterworfen [illegible]

Vogt von Gießen: [illegible] jedenfalls ausgesprochen bleiben, daß, wenn der Herr Präsident den Eisenmann'schen Antrag nennt und eine zweite Lesung beschlossen wird, damit nicht gesagt ist, daß das Reichswahlgesetz ein Bestandtheil der Verfassung sei.

Präsident: Ich habe die Frage so formulirt: Diejenigen, die nach dem Antrage des Verfassungsausschusses, des Herrn Reichensperger und Genossen und des Herrn Eisenmann das Reichswahlgesetz, wie die Grundrechte und den Entwurf der Verfassung, einer zweimaligen Lesung unterwerfen wollen, ersuche ich, sich zu erheben. (Die Mehrzahl erhebt sich.) Das ist angenommen. — Die zweite aufgeworfene Frage ist, ob der auf den Antrag des Abgeordneten Schneer am 14. September 1848 gefaßte Beschluß, welcher an sich ohne Zweifel das Wahlgesetz nicht betreffen würde, — denn es sind darin ausdrücklich die Grundrechte als Thema der Berathung erwähnt, — auch auf die gegenwärtige Berathung über das Wahlgesetz nach dem Antrage des Verfassungsausschusses Anwendung finden solle. Verlangt Jemand über diese Frage das Wort? (Niemand verlangt das Wort.) Dann bringe ich den Antrag zur Abstimmung. Diejenigen Herren, die — nach dem Vorschlage des Verfassungsausschusses — den am 14. September auf den Antrag des Herrn Schneer gefaßten Beschluß auch auf die beiden Lesungen des Wahlgesetzes zur Anwendung gebracht wissen wollen, ersuche ich, aufzustehen. (Die Mehrzahl erhebt sich.) Auch das ist angenommen, und damit sind die Vorfragen der Berathung erledigt; ich müßte denn das noch als Vorfrage ansehen, ob eine allgemeine Debatte über das Wahlgesetz statthaben solle. Es wird schwerlich ein Zweifel darüber sein, daß eine solche allgemeine Discussion zugelassen wird. (Stimmen: Nein!) Ist dagegen Widerspruch, so muß ich darüber abstimmen lassen.

Rösler von Oels: Meine Herren! Ich glaube nicht, daß darüber abgestimmt werden kann, denn, nachdem so eben der Schneer'sche Antrag auch auf das Wahlgesetz ausgedehnt worden ist, so muß die allgemeine Discussion stattfinden, sobald sie hundert Mitglieder verlangen.

Präsident: Meine Herren! Ich glaube, das ist richtig.

Riesser von Hamburg: Ich glaube nicht, meine Herren, daß dieses die richtige Anwendung des Schneer'schen Antrags auf die Frage der allgemeinen Discussion ist. Der Schneer'sche Antrag hat den Sinn gehabt, den Bereich der Debatte zu verengern und nicht zu erweitern. Vor der Geltung des Schneer'schen Antrags hat darüber, daß eine allgemeine Debatte stattfinden solle, die Mehrheit des Hauses entschieden. Nur wenn die Mehrheit die allgemeine Debatte beschlossen hatte, fand sie statt, während die specielle Debatte sich von selbst verstand und nicht durch die Mehrheit ausgeschlossen werden konnte. Es scheint mir daher unrichtig, daß nunmehr eine Minorität von hundert Mitgliedern berechtigt sein soll, eine allgemeine Debatte zu verlangen; ich glaube, daß die allgemeine Debatte auch jetzt nur durch die Majorität des Hauses beschlossen werden kann. Erlauben Sie mir nur ein Wort darüber, daß bei dieser Vorlage, beim Reichswahlgesetz, meines Erachtens kein Grund vorliegt zu einer allgemeinen Discussion. Jeder Ab-

[illegible] entstellt, [illegible] Gebilde, in [illegible] wodurch sich das Für und Wider [illegible] wird. Ich glaube, daß eine allgemeine [illegible] einer doppelten Debatte über gewisse [illegible] Paragraphen führen würde, namentlich über § 2; ich glaube, es sprechen [illegible] Gründe dagegen, eine allgemeine Debatte zuzulassen, und es dürfte zweckmäßiger sein, jeden Paragraphen für sich zu debattiren.

Präsident: Verlangt noch Jemand über diese Frage das Wort?

Waitz von Göttingen: Ich unterstütze vielmehr den Antrag auf eine allgemeine Discussion. Der Bericht hat wiederholt darauf hingewiesen, daß die einzelnen Bestimmungen des Gesetzes, nach der Meinung des Ausschusses, im Zusammenhange untereinander stehen und daß kein Paragraph so isolirt zu betrachten ist, wie der vorige Redner meint. Ich glaube daher, es wird zweckmäßiger sein, wenn die allgemeinen Grundsätze des Wahlgesetzes zuerst zur Erörterung kommen.

Zimmermann von Stuttgart: Meine Herren! Ich befinde mich gerade im entgegengesetzten Sinne von dem, in welchem Herr Riesser gesprochen hat. Er hat behauptet: „In jedem Paragraphen liege ein Gedanke", das bestreite ich (Heiterkeit), und Sie wahrscheinlich mit mir auch. Im Gegentheil möchte ich behaupten, es wird gut seyn, daß man bloß eine allgemeine Discussion darüber eröffnet, und alles hereinnimmt in diese Discussion, und daß man dann nicht mehr über die Paragraphen debattirt.

Präsident: Das ist, meine Herren, ein Vorschlag, dem ich unmöglich Folge geben kann; denn die allgemeine Discussion setzt offenbar das Nachfolgen einer speciellen voraus. Was den Antrag des Herrn Riesser anbelangt, so ist wenigstens bisher, vielleicht irrthümlich, nach der von Herrn Riesser bestrittenen Methode verfahren worden, und ich habe keinen Grund, davon abzugehen und anzunehmen, die Versammlung habe den Beschluß in einem anderen Sinne verstanden und gehandhabt wissen wollen. Ich werde zuvörderst die Frage stellen, ob eine allgemeine Discussion stattfinden soll oder nicht? Diejenigen Herren, welche auf die allgemeine Debatte über den vorliegenden Entwurf eines Reichsgesetzes über die Wahlen zum Volkshause nicht verzichten wollen, ersuche ich, sich zu erheben. (Ein großer Theil der Versammlung erhebt sich.) Es ist auch die Majorität des Hauses, die sich dafür ausgesprochen hat; das Bedenken des Herrn Riesser also jedenfalls erledigt. Herr Vogt hat das Wort zu einem Vorschlage über die weitere Ordnung der Sitzungen verlangt, sobald die Versammlung über die zweite Lesung Beschluß gefaßt haben würde. Ich gebe Herrn Vogt das Wort.

Vogt von Gießen: Ich halte allerdings die Discussion über das Reichswahlgesetz für eine zusammenhängende und halte dafür, daß die einzelnen Paragraphen ein zusammenhängendes Ganze bilden und daß nicht, wie Herr Riesser sagt, jeder Paragraph einen besonderen Gedanken enthält. Und gerade in diesem Gefühle möchte ich beantragen, daß wir die Discussion über dieses Gesetz, sowohl die allgemeine als die specielle, gleichsam in einer Suite vornehmen. Da wir nun in die Berathung selbst eingetreten sind und diesen Gegenstand ergriffen haben, also nichts anderes auf die Tagesordnung kommen kann, so beantrage ich, daß wir Montag mit der Berathung des Reichswahlgesetzes beginnen, und dann die freien Tage der nächsten Woche, die uns bleiben würden nach dem gewöhnlichen Gebrauch, ebenfalls dazu verwendeten, damit wir in einer [illegible] Ich [illegible] vom Standpunkte [illegible] Dörfe. Meine Herren! [illegible] wir so eben gehört haben, [illegible] dieses Hauses, [illegible] Gesetze. Alle deutschen Volksstämme sehen schon seit Monaten auf uns, ob wir bald [illegible] Werke zu Stande kommen. In diesem Augenblicke [illegible] die Einzelstaaten die Volksvertreter gesammelt, und sie wenden sich an uns [illegible], daß wir doch endlich mit dem uns aufgetragenen Werke fertig werden. Was wollen Sie nun jenen Volksvertretern gegenüber sagen, wenn Sie wieder [illegible] Tage hinbringen, ohne irgend etwas zu [illegible]? Auf der andern Seite würden Sie auch mit sich selbst in [illegible] Widerspruch gerathen. Vorgestern haben Sie die Berathung über das Reichswahlgesetz für die dringendste von allen vorliegenden Arbeiten erklärt, Sie haben dieselbe auf heute anberaumt und heute wollen Sie dieselbe wieder bis Montag aussetzen? Unmöglich wird die Majorität, so hoffe ich zuversichtlich, auf diesen Antrag eingehen.

Präsident: Der Antrag des Herrn Vogt geht einfach dahin, die heutige Sitzung jetzt zu schließen und die nächste auf Montag anzuberaumen. Herr Biedermann verlangt das Wort.

Biedermann von Leipzig: Ich wollte nur über diesen Antrag die namentliche Abstimmung beantragen. (Auf der Linken: Oh! Heiterkeit daselbst.)

Vogt (vom Platze): Ueber die formelle Geschäftsbehandlung kann nicht namentliche Abstimmung beantragt werden.

Präsident: Meine Herren! Die Frage, ob über einen solchen Antrag namentliche Abstimmung verlangt werden kann, ist ein Incidenzpunkt. Sie erinnern sich, daß der zweite Satz des § 42 der Geschäftsordnung sagt: „Bei den im § 32 bezeichneten Anträgen kann weder die namentliche Abstimmung, noch die Abstimmung durch Stimmzettel beantragt werden; die letztere findet nur statt, wenn die Abstimmung durch Aufstehen und Sitzenbleiben kein sicheres Ergebniß liefert." In dem solchergestalt allegirten § 32 sind folgende Arten von Anträgen rubricirt: „a) Anträge, welche nur die formelle Geschäftsbehandlung betreffen; b) welche die Versammlung einen Antrag für sehr dringend; oder c) für nicht hinreichend bedeutend erklärt." Die Frage ist also, ob der Antrag: „Die Fortsetzung der Discussion zu verschieben, diese letztere aber drei Tage später anzuberaumen, als es die Regel des Hauses ist," unter die Rubrik fällt: „Anträge, welche nur die formelle Geschäftsverhandlung betreffen?" Streng genommen paßt das nicht hierher, denn die Frage ist nicht, wie verhandelt werden soll, sondern wann? Ich für meinen Theil trage indessen gleichwohl kein Bedenken, jenen zweiten Satz in dem Sinne auszulegen, daß ich eine namentliche Abstimmung über den von Herrn Vogt erhobenen Antrag für unzulässig erklären würde. (Unruhe.)

Biedermann: Dieser Paragraph war mir sehr wohl bekannt, und ich gebe zu, daß der Schein gegen mich sprechen kann, daß es scheine, als ob hier nur eine formelle Geschäftsbehandlung vorliege; aber Sie werden mir auch zugeben, daß es von der größten Wichtigkeit ist und bedeutende Resultate nach sich ziehen kann, ob wir uns vertagen; und wenn die namentlichen Abstimmungen hauptsächlich dazu da sind, wie uns diese Herren (zur Linken gewandt) so oft sagen, damit das Volk sehe, was und wie wir es treiben, so werden Sie doch nicht behaupten wollen, daß wir uns vertagen köngen, ohne dem Volke davon Nachricht zu geben, wer zu dieser Vertagung Veranlassung gegeben habe. Es handelt sich hier nicht etwa bloß um die formelle Geschäftsbehandlung, denn der Antrag ist weit mehr, er enthält eine Frage der Existenz, der Wirksamkeit der Versammlung, welche viel höher steht als alle einzelnen Aeußerungen dieser Wirksamkeit. (Unruhe auf der Linken.)

Vogt: Daß dieß eine Frage der formellen Geschäftsbehandlung ist, mag wohl keinen Zweifel erleiden, trotz der eleganten Ausführung, welche wir so eben vernommen haben. Allein ich muß bemerken, daß mein Antrag entweder falsch verstanden oder nicht ganz richtig aufgefaßt worden ist. Ich habe meinen Antrag deßhalb gestellt, damit wir ohne Ausfall von Tagen in einem fort über das Wahlgesetz berathen und beschließen mögen. Wenn Sie daher beschließen wollen, daß wir heute mit der Berathung fortfahren, für denselben Gegenstand aber auch morgen Sitzung halten, eben so Samstag und Sonntag, so bin ich ganz mit Ihnen einverstanden. (Unterbrechung von der Rechten.) Ich will nur keinen Tag dazwischen haben. Was Herr Biedermann von einer dreitägigen Vertagung sagt, verstehe ich wahrlich nicht, denn es ist ja ganz gewöhnlicher Gebrauch dieses Hauses, Samstags und Sonntags keine Sitzung zu halten. Wie mag man also da nur von Vertagung sprechen?

Präsident: Ich muß wohl den Incidenzpunkt zuerst zur Erledigung bringen. Herrn Vogt kann ich in dem, was er äußerte, freilich nicht beistimmen. Ich halte dafür, daß es allerdings eine zwiefache Auslegung der Geschäftsordnung in diesem Punkte gibt, und ich werde deßhalb darüber abstimmen lassen. Ich bitte also diejenigen Herren, welche die namentliche Abstimmung über den Antrag des Herrn Vogt für zulässig halten, sich zu erheben. (Dieß geschieht von der Minderheit.) Sie ist für unzulässig erklärt. — Jetzt hat Herr Simon von Trier in der Sache selbst das Wort.

Simon von Trier: Der Antrag des Abgeordneten Vogt war offenbar nicht dahin gerichtet, uns Arbeit zu ersparen und Bequemlichkeit zu bereiten, es handelte sich vielmehr bloß um die Verlegung der Berathungstage, denn er hat gleichzeitig hinzugefügt, daß man bereit sei, die freien Tage der andern Woche, die Berathungstage, hinzuzunehmen. Es ist also ein bloßes Verlegen von Berathungstagen, keineswegs aber ein Ausfall von Arbeitstagen. Sollte aber etwa diese Gelegenheit benutzt werden, um auf gewisse Häupter den Heiligenschein des größeren Fleißes zu sammeln (Unterbrechung auf der Rechten), so sind wir bereit, sofort in die Berathung einzutreten.

Präsident: Heißt das vielleicht so viel, als werde der Antrag des Herrn Vogt zurückgenommen? (Zuruf von der Linken: Nein!) Ich bringe ihn also zur Abstimmung. Diejenigen Herren, welche den Beginn der Discussion über den vorliegenden dritten Gegenstand der Tagesordnung auf nächsten Montag vertagt und diese Discussion dann an sämmtlichen Tagen der nächsten Woche ununterbrochen fortgesetzt wissen wollen, ersuche ich, sich zu erheben. (Geschieht von den Mitgliedern der linken Seite.) Der Antrag ist abgelehnt. Ich verlese jetzt die Namen der für die allgemeine Debatte eingeschriebenen Redner, es sind im Ganzen zweiundvierzig; gegen den Entwurf sind eingeschrieben die Herren: Ziegert, Roßmäßler, Jahn, Hildebrand, Pfeiffer, Tellkampf, Moriz Mohl, Eisenstuck, Wiedner (Oh! auf der Rechten), Plathner (Oh! auf der Linken, allgemeine Heiterkeit), Temme, Simon von Trier, Schüler von Jena, Schütz, Schwarzenberg, [illegible] von [illegible], [illegible], [illegible] (Oh! auf der Rechten), Teichert (Oh! auf der Linken), [illegible] (Oh! auf der Rechten, allgemeine Heiterkeit). Meine Herren, Sie würden die Namen viel deutlicher vernehmen, wenn das Haus ruhiger wäre (allgemeine Heiterkeit), Gellner, Phillips, Hagen, Würth von Sigmaringen (Oh! im Centrum), Grävell (allseitiges Oh!), Fröbel, Zimmermann von Stuttgart, Wigard, Eisenmann, Heinr. Simon, Adolph Schmidt, Wuttke, Vogt; für den Entwurf im Ganzen sind eingeschrieben die Herren: Edlauer, Schrader, Haym, Merk, Bernhardi, Lette, v. Linde (Oh! auf der Linken), Reichensperger, Fischer von Jena (Oh! auf der Linken). Meine Herren, Herr Teichert zeigt eben an, daß er irrthümlich gegen den Entwurf eingeschrieben ist, er will für den Entwurf sprechen. Er kommt also an das Ende der eben vorgelesenen Reihe. Ich gebe jetzt dem Herrn Berichterstatter das Wort.

Scheller von Frankfurt a. d. O.: Meine Herren! Wir sind jetzt an einen der wichtigsten Abschnitte gekommen, die unserer parlamentarischen Thätigkeit vorbehalten sind. Ich halte mich für verpflichtet, Ihnen die Hauptgesichtspunkte zu bezeichnen, von welchen aus der Verfassungsausschuß das Reichswahlgesetz betrachtet hat. Es sind besonders drei Hauptgesichtspunkte, von denen er sich hat leiten lassen. Der erste Hauptgesichtspunkt bildet die Frage, ob directe oder indirecte Wahlen vorgeschlagen werden sollen? Für indirecte Wahlen sagte man sich als Gründe: es liege in der Natur der Sache, daß wenn zuerst die Besseren gewählt und von diesen Besseren alsdann die Abgeordneten wieder erwählt werden, man darauf mehr rechnen könne, die Besten als Abgeordnete zu erhalten, als wenn directe Wahlen von Jedem geschehen. Dagegen wurde aber als Grund angeführt, daß diese indirecten Wahlen zu wenig der Volksstimme Einfluß und Theilnahme an der Regierungsgewalt gewährten, daß auch auf die wenigen Wahlmänner eher in der einen oder anderen Richtung einzuwirken sei, als auf allgemeine Wahlen, die von einem Jeden vorgenommen werden. Und so entschied man sich denn für directe Wahlen. Der zweite Gesichtspunkt nun, den der Ausschuß nach der Entscheidung für directe Wahlen auffaßte, war der: ob man jedem Staatsangehörigen ohne Unterschied Einfluß bei den Wahlen gestatten könne oder nicht? Hier ging man zuerst von dem Hauptgrundsatze aus, daß man nicht annehmen darf, es sei Jeder mit dem Rechte zum Wählen geboren. Wohl haben wir einmal von dieser Tribüne herab die Behauptung gehört, daß Jeder von Geburt souverän sei. Diese Behauptung mag für diese Sache dahingestellt bleiben; daß aber nicht Jeder geborner Wähler ist, das steht fest. (Eine Stimme im Centrum: Aber geborner Wühler!) Denn das Recht zum Wählen ist ein Amt, eine Pflicht, die von der Mehrzahl des Volkes Einigen unter ihm aufgetragen wird. Und so muß man eigentlich das Wahlrecht nicht „Wahlrecht“ nennen, sondern wenn man es richtig bezeichnen will, so muß es „Wahlpflicht“ heißen. Von diesem obersten Grundsatze ausgegangen, fragte sich nun die Mehrheit des Ausschusses: Ob man Jedem ohne Unterschied diese Pflicht, oder wenn Sie es so nennen wollen, dieses Recht, beilegen solle? Es wurden hier vorzüglich zwei Gesichtspunkte, die bisher bei den directen Wahlen aufgefaßt worden sind, hervorgehoben. Von der einen Seite wurde gesagt: es ist unmöglich, Allen ohne Ausnahme dieses Recht oder diese Pflicht aufzulegen. Es haben die Staaten des Alterthums, namentlich Griechenland und Rom, gezeigt, daß, als man die beschränkenden Gesetze des Servius Tullius verließ, Griechenland und Rom schnell unaufhaltsam untergingen; aber auch die Staaten der neueren Zeit haben Beweise dafür geliefert. Frankreich hat 1798 [illegible]

[illegible] Wahlrecht gegeben, [illegible] schon 1790 war der [illegible] so [illegible] übergehen [illegible] werden [illegible] ken mußte. Diese Betrachtungen [illegible] des Ausschusses veranlaßt, nicht ein ganz unbeschränktes [illegible] tes Wahlrecht vorzuschlagen. [illegible] etwa vorschlagen könnte) suchen [illegible] zwei Gesichtspunkte [illegible] men, nämlich erstlich Rücksicht zu nehmen auf die Steuer, die Jeder entrichtet; und zweitens Rücksicht zu nehmen auf die die bürgerlichen Verhältnisse, auf die Lagen, in denen sich die einzelnen Staatsangehörigen befinden. Die Mehrheit des Ausschusses hat es nicht für zweckmäßig erachtet, auf das Steuerverhältniß Rücksicht zu nehmen und in dieser Beziehung, was man „Census“ nennt, einzuführen, weil diese Mehrheit sich sagte, daß dann doch mehr oder weniger Alles davon abhänge, wie viel Vermögen Jemand hat, die Mehrheit des Verfassungsausschusses aber es nicht für zweckmäßig hielt, von dem Vermögen es abhängig zu machen, ob Jemand Theil an der Regierungsgewalt nehmen soll oder nicht; und so kam die Mehrheit des Ausschusses zu dem Entschlusse, auf die Lebensverhältnisse, auf die Lagen der einzelnen Staatsangehörigen zu sehen. Und hier sagte sich der Ausschuß, es gibt Lebensverhältnisse der einzelnen Staatsangehörigen, die, im Allgemeinen genommen, von ihnen nicht sagen lassen, daß jene Staatsangehörigen unabhängig dastehen. Der Verfassungsausschuß hat es sich keineswegs verhehlt, daß es auch in solchen Kategorien von Staatsangehörigen höchst achtungswerthe Männer gibt, daß auch in diesen verschiedenen Kategorien charakterfeste Mitglieder ihre Unabhängigkeit wohl zu bewahren wissen, eben so, daß man in denjenigen Kategorien, die man nicht ausschließen will, hin und wieder auch Abhängige, auch weniger Zuverlässige finde, als in anderen Kategorien gefunden werden; aber der Ausschuß sagte sich: auf solche einzelne Beispiele, auf solche einzelne Ausnahmen kann keine Rücksicht genommen werden. Der Gesetzgeber kann nur aus allgemeinen Gesichtspunkten sein Gesetz erlassen, und dieß veranlaßte dann den Ausschuß, diejenigen Kategorien als nicht unabhängig und nicht selbstständig, also als nicht zum Wählen berechtigt hinzustellen, welche der § 2 näher angibt. Es kann der namentlichen Aufzählung der Kategorien zum Vorwurf gemacht werden, daß sie nicht vollständig sei, wie auch schon Amendements hierzu eingereicht worden sind; das hindert aber nicht, daß man im Ganzen sich dafür entscheidet, solche Kategorien aufzustellen und sie, je nachdem die Amendements für zulässig erachtet werden, zu vervollständigen. Der dritte Gesichtspunkt, von dem der Verfassungsausschuß hauptsächlich ausgegangen, war der, daß das jetzt vorgeschlagene Wahlgesetz nicht als ein solches zu betrachten sei, welches für alle ewige Zeiten gelten soll, sondern man wollte einen Uebergang aus dem jetzigen Zustande in einen künftigen geregelteren, dauernden finden. Deßwegen ist auch die Majorität des Ausschusses der Ansicht gewesen, dieses Wahlgesetz nicht als integrirenden Theil der Verfassung zu betrachten, sondern für sich als besonderes Gesetz hinzustellen, damit es um so leichter werde, wenn die Erfahrung etwas Besseres an die Hand gegeben (vielleicht eine bessere Gemeindeverfassung erst vorgearbeitet haben wird) dieses Bessere sofort in ein neues Gesetz aufzunehmen. — Dieß die allgemeinen Gesichtspunkte, von denen der Verfassungsausschuß bei seiner Vorlage ausgegangen ist. Nur Eines, meine Herren, will ich noch hinzufügen, es ist dieser Vorschlag im Verfassungsausschuß von den entgegengesetztesten Richtungen, von den entgegengesetztesten Seiten beleuchtet und discutirt worden. Alles, was bisher gegen den Vorschlag vorgebracht worden ist, war dem Verfassungsausschuß durchaus nichts Neues, alles das hat er auch bei sich discutirt, und wenn er eine [illegible]

[illegible]

[illegible] hat das Wort.

[illegible] von [illegible]: Meine Herren! [illegible] enthaltenen Bestimmungen des neuen Wahlrechts. [illegible] welche im Reichswahlgesetz [illegible], daß von dem Verfassungsausschusse [illegible] die directe Wahlen [illegible], gleichzeitig aber auch [illegible] Klassen der bürgerlichen Gesellschaft, namentlich die Dienstboten, Handwerksgehülfen, Fabrikarbeiter und Tagelöhner von dem activen Wahlrechte ausgeschlossen hat. Kann man sich mit dem System der directen Wahlen nur vollkommen einverstanden sein, weil die künstliche Form der mittelbaren Wahl durch Wahlmänner der Natur und Wesenheit einer echten Volksrepräsentation widerstreitet, und den wirklichen Gesammtwillen der Nation nicht gehörig zur Erscheinung bringt, so muß man es auf der andern Seite tief beklagen, daß von dem Ausschusse die angedeutete Beschränkung im activen Wahlrecht dieser Versammlung nur hat vorgeschlagen werden können. Wie! Sind wir denn hier auch in der Paulskirche, wo das Vorparlament den Beschluß gefaßt hat, daß jeder großjährige Staatsangehörige ohne Census, ohne Rücksicht auf Confession und ohne Rücksicht auf einen bestimmten Stand wahlberechtigt sein solle; wo wir erst noch vor Kurzem bei der zweiten Lesung der Grundrechte die großen Grundsätze der Gerechtigkeit und Humanität proclamirt haben: „Alle Standesvorrechte sind abgeschafft“, „Vor dem Gesetze gilt kein Unterschied der Stände“, „Die Deutschen sind gleich vor dem Gesetze“, wo wir die politische Gleichberechtigung als die Grundlage des künftigen Staatslebens anerkannt haben? Und in derselben Paulskirche sollen wir jetzt diese Grundsätze verleugnen, und mehr als die Hälfte der Deutschen aus der Gemeinschaft der Berechtigten hinausstoßen? Soll denn der Vorwurf, der von vielen Seiten dieser hohen Versammlung gemacht wird, daß sie die Freiheit der Nation nicht gehörig wahrnehme, und das Recht derselben nicht ausreichend schütze, dadurch eine Wahrheit werden, daß wir die Grundrechte, die wir vor Kurzem erst verkündigt haben, nicht halten, und an diesem kaum geschaffenen Fundament der deutschen Freiheit schon zu rütteln beginnen? Haltet ein, ihr niedrig Gestellten in der Gesellschaft mit der Feier der Grundrechte, klebt sie nicht an die rußige Wand eurer Wohnung; es ist ja noch ungewiß, was ihr davon behaltet! — Meine Herren, ich will Ihnen darthun, daß Sie, wenn Sie die Bestimmungen des vorliegenden Gesetzentwurfs adoptiren und einem großen Theile der Deutschen das politische Wahlrecht zur Reichsversammlung entziehen, daß Sie dadurch eine große Ungerechtigkeit begehen, daß Sie ferner einen großen Theil der Nation unter die Vormundschaft einer Aristokratie stellen, und daß Sie endlich auch einen verderblichen politischen Fehlgriff thun. — Die Theilnahme des Volkes an der Gesetzgebung, die Bewilligung der Steuern ist anerkanntermaßen erster constitutioneller Grundsatz. Ist es nun nicht eine Ungerechtigkeit, wenn einem großen Theile der Nation das Recht entzogen wird, durch gewählte Repräsentanten an der Gesetzgebung Theil zu nehmen, und die Steuern zu bewilligen? — Ist es nicht eine Ungerechtigkeit, wenn diese Ausgeschlossenen Gesetzen unterworfen werden sollen, an deren Abfassung sie sich nicht betheiligt haben, und wenn sie zu Steuern verpflichtet werden, die sie nicht bewilligt haben? In der früheren Zeit, wo das politische Recht weniger in Betracht kam, konnte man die ac-

liche Berechtigung zur Wahl, an die jährliche Steuerzahlung, an den Besitz, an den Stand, an einen Census knüpfen, da konnte man bestimmte Classen der Gesellschaft, welche in der Regel nicht angesessen sind und rücksichtlich ihres Erwerbes von Anderen abhängen, von dem Wahlrechte ausschließen. Ich meine aber, es ist jetzt eine Zeit des Rechts und der politischen Gerechtigkeit herein gebrochen, und es kommt der Mensch nicht mehr wie früher in seinen Qualitäten, mit seinem Neben- und Beiwerk, um mich so auszudrücken, er kommt jetzt als Rechtssubject in Betracht. Es ist der privatrechtliche Begriff des Menschenthums auch in das politische Gebiet hineingedrungen. Und, meine Herren, sehe ich auf das willkürliche Princip, wovon die Wahlberechtigung abhängig gemacht ist, dann erblicke ich in der vorgeschlagenen Beschränkung eine neue Ungerechtigkeit. Man hält die Ungerechtigkeit nicht einmal in ihrer Consequenz fest. Der Besitz und die durch den Besitz bedingte Selbstständigkeit soll das Kriterium für das Wahlrecht sein. Nun, meine Herren, auch die Fabrikarbeiter, die Handwerker, die Taglöhner, die man ausschließen will, haben ein Eigenthum, sie haben mitunter ihre Hütte, sie haben ihre Kleider und bewegliche Habe, sie sind Besitzer und müssen als solche an der Wahlberechtigung Theil nehmen, man müßte denn das kleine Besitzthum des Armen, woran oft der Schweiß der Arbeit noch klebt, wo der mit Mühe zurückgelegte Sparpfennig durchschimmert, niedriger anschlagen, als den Besitz des Reichen, der oft nur durch Zufall erworben ist. — Die Ausschließung bestimmter Classen von der Wahlberechtigung ist aber nicht bloß ein Act der Willkür und Ungerechtigkeit, sondern es liegt auch darin ein Angriff auf die kaum errungene bürgerliche Freiheit. Kaum ist der alte Vormundschaftsstaat beseitigt und die Selbstregierung und Selbstbestimmung der Staatsbürger als der Grundgedanke des modernen Rechtsstaates anerkannt, und schon ist man wieder im Begriff, einen großen Bestandtheil der Nation unter eine neue Vormundschaft zu stellen, unter die drückendste von allen, unter die einer willkürlich geschaffenen Geldaristokratie. Bevorrechtete Stände, nichts mehr und nichts weniger als Bürger, sollen durch ausschließliche Theilnahme an der Gesetzgebung über das Wohl und Wehe von Mitbürgern entscheiden, über den Beutel von Mitbürgern verfügen, die die Sehnsucht in sich tragen, die das Recht und die Kraft haben, auf eignen Füßen zu stehen! Der geschickte Fabrikarbeiter, der mit seinem Kunstproduct das Waarenlager des Fabrikherrn schmückt, der tüchtige Handarbeiter und Taglöhner, der das Feld seines Grundherrn bestellt, der kluge Heuerling in Westphalen, der am Webstuhle sitzt und bei schmaler Kost die feine Leinwand webt, sie sollen nicht das Recht haben, Männer ihres Vertrauens zu wählen, die ihre Interessen wahrnehmen, es sollen diese arbeitenden Classen unter die Vormundschaft von Anderen gestellt werden, von denen sie nicht beschützt, von denen sie in der Regel ausgebeutet werden. Dazu können Sie gewiß von dieser (linken) Seite, noch auch von dieser (rechten) Seite nicht Ja sagen, es müßten denn wirklich unsere Herzen aufhören, für das Recht und das Wohl der arbeitenden Classen zu schlagen! Und glauben Sie denn, daß durch ein solches Bevormundungssystem in den unteren Classen der Sinn und die Liebe für das Gesetz, daß hierdurch eine tüchtige politische und sittliche Bildung erweckt, und daß dadurch der in vielen Beziehungen bereits gebrochene Friede in der Gesellschaft wieder hergestellt werde? Nimmermehr! Denn Sie wissen nur zu gut, daß man nur die Gesetze liebt, ehrt und achtet, die man sich selbst gegeben hat, daß nur durch Betheiligung an politischen Angelegenheiten wahres Selbstbewußtsein geweckt und politische Bildung gefördert wird, und daß der gestörte Friede in der Gesellschaft nicht durch Bevormundung, durch [illegible] Kampf mit bevorrechteten Classen [illegible] [illegible] Wahlrecht die ewigen Gesetze der Gerechtigkeit und der Freiheit verletzt werden, dadurch auch unsere Grundrechte verletzt werden. So könnte ich auch füglich der Widerlegung der Zweckmäßigkeitsgründe, der sogenannten politischen Gründe, welche für und wider das allgemeine Wahlrecht sprechen, enthalten, eingedenk des Grundsatzes, daß die heilige Rechtsfrage durch Zweckmäßigkeitsgründe nur verquickt und verdünnt wird. Da aber von den Gegnern des allgemeinen Stimmrechts auf die politischen Gründe das Hauptgewicht gelegt wird, so erlauben Sie mir, daß ich in wenigen Worten darauf eingehe. Man verweist auf England, Nordamerika und Belgien, wo das Stimmrecht von dem Besitze oder von einem Census abhängig ist; man beruft sich auf die Lehren der Geschichte, welche darthun sollen, wie alle Völker, deren Staatsleben Bestand und Bedeutung hatte, das allgemeine Wahlrecht nie zum Gesetze erhoben haben. Meine Herren! ich erkenne die Geschichte, sofern sie von der Entwickelung des menschlichen Geistes Zeugniß ablegt und darthut, unter welchen Formen und Kämpfen die Menschheit zur Freiheit vorgeschritten ist, als eine große Lehrmeisterin in politischen Dingen an. Ich bestreite aber, daß es statthaft ist, bestimmte historische Zustände und Erscheinungen, die nur das Product einer dagewesenen Geistesentwickelung sind, willkürlich aus der Geschichte herauszuziehen und als Basis neuer Zustände unbedingt gelten zu lassen für eine neue Zeit, die ihr eigenes Recht hat und ihren eigenen Entwickelungsproceß macht. Ich bestreite auch, daß man bestimmte positive historisch entstandene Einrichtungen aus andern Ländern als Material zur Construction deutscher Verhältnisse unbedingt herübernehmen darf. Eben so wenig wie die Aristokratie Englands in unsere deutschen Zustände herüberverpflanzt werden kann, eben so wenig kann das englische Wahlrecht, welches sich historisch im Kampfe mit der Aristokratie entwickelt hat, auf unsere deutschen Zustände Anwendung finden. Und erinnern Sie sich denn nicht der politischen Kämpfe in Frankreich und Rom, die geführt worden sind um die politische Gleichberechtigung? Denken Sie nicht an die Chartistenbewegungen, an die jetzt von Cobden angeregte neue Reformbewegung in England, welche nur das allgemeine Stimmrecht zum Endziel haben? Wollen Sie, meine Herren, diese Kämpfe in unser noch zitterndes Vaterland herübertragen, wo die Lage eine ganz andere ist, wo es sich nicht um die Bewilligung des Wahlrechts, sondern um die Entziehung einer bereits fast überall bestehenden allgemeinen Wahlfreiheit handelt? Ich bin überhaupt der Ansicht, daß die Geschichte überall auf die Emancipation des Menschen, auf die Verwirklichung der wahren Demokratie hinausläuft und daß unser durch seinen Entwickelungsgang dazu vorbereitetes Vaterland dazu berufen ist, die Stätte der wahren Demokratie zu werden. Es ist vor kurzer Zeit mit Recht gesagt worden, daß eine neue Weihe über den Menschen gekommen ist, und daß nicht, wie früher, der Besitz, das Grundstück, der Stand, die Steuerquote, die der Mensch zahlt, in Betracht kommt, sondern der Mensch gilt in seiner abstracten sittlichen Berechtigung ohne Rücksicht auf seine Qualität, auf Bei- und Zuthat, welche früher die politische Berechtigung des Menschen ausmachte. Und wir, die von der Nation ernannten Gesetzgeber, sollten diese Zeit verkennen und das wichtigste politische Recht an den Besitz, an eine Zufälligkeit knüpfen, statt an den Menschen, an das heilige und geweihte Ebenbild Gottes? Das hieße die deutsche Revolution von 1848 verleugnen, das hieße ein Verrath an unseren Committenten, die uns [illegible] unbeschränkter Wahl hierher entsandt haben! — Wenn wendet man ferner ein, die politische Unreife des Volkes, die Bestechlichkeit! Meine Herren! Kommen Sie uns nicht mit der Behauptung der politischen Unreife, welche auf den früheren Satz des alten Polizeistaates vom beschränkten Unterthanenverstande hinausläuft. Ich meine die sogenannten unteren Classen, welche die Bewegungen des vorigen Jahres mit durchgemacht haben, die zur Verbesserung der jetzigen Zustände mit Hand angelegt und auch in dieser Zeit ebenso den Lockungen der Demagogen als den Verführungen der Reaction Widerstand geleistet haben, welche in dem Versammlungsrechte, in der freien Presse, im freien Gemeindewesen und in der Oeffentlichkeit des Staatslebens die Mittel zur weiteren Ausbildung besitzen, sind nicht mehr politisch unreif zu nennen. Ich bin auch der Meinung, daß der Ausfall der Wahlen in den einzelnen Ländern und selbst hieher zur Nationalversammlung kein Zeugniß von der politischen Unreife dieser Classen abgelegt hat. Ich glaube endlich auch, daß die einzelnen Staaten kein Anerkenntniß dieser politischen Unreife abgeben, wenn sie Fabrikarbeiter und Handwerksgehülfen zu Conferenzen und Berathungen über neue Gewerbegesetze herbeiziehen und den untern Volksklassen sonst die wichtigsten Rechte und Pflichten, ja sogar die Vertheidigung des Vaterlandes, anvertrauen. Und beweisen Sie uns doch, meine Herren, daß gerade Ihre bevorrechteten Classen politisch befähigter sind, als die niedern Volksclassen, die durch den Vorschlag des Ausschusses von der Wahlberechtigung ausgeschlossen werden, daß gerade, wie man immer behauptet, die arbeitenden Classen destructiven Tendenzen ergeben sind. Die Erfahrungen der neueren Zeit beweisen eben nicht die größere politische Einsicht der bevorzugten Stände. Der Ausfall der preußischen Wahlen in den Fabrikgegenden, und da, wo das Grundeigenthum vorherrscht, der conservative Ausfall dieser Wahlen gibt eben so wenig einen Beweis dafür ab, daß Taglöhner und Fabrikarbeiter, welche hauptsächlich bei den Wahlen betheiligt waren, die stetige Entwickelung der politischen Verhältnisse gefährdeten. Zur Entkräftigung des Einwandes der Bestechlichkeit berufe ich mich aber mit Stolz auf die alte deutsche Treue und Redlichkeit. Meine Herren! Unser Volk hat bei allem bisherigen Mangel eines politischen Lebens und in der Zeit der politischen Knechtung diese häuslichen Tugenden bewahrt und es steht zu hoffen, daß dieß auch seine politischen Tugenden sein werden. Diese Tugenden werden auch künftighin der Schmuck unserer Nation sein. — Also, meine Herren, weg mit den politischen Bedenken gegen das von der Gerechtigkeit verlangte allgemeine Wahlrecht, und schließlich noch das Auge gerichtet auf die sociale Seite der Frage! Sie können nicht leugnen, daß die Bewegung unserer Zeit nicht bloß eine politische, sondern auch eine sociale ist, und zwar in doppelter Richtung, einmal, indem die Besitzlosen und minder Begüterten mehr oder weniger gegen die Herrschaft des Besitzes und des Kapitals im Kampfe stehen, und sodann dadurch, daß die arbeitenden Klassen an der Verbesserung ihrer Lage sich organisch betheiligen wollen. Statten Sie jetzt, wo von uns zur Verbesserung der Lage der arbeitenden Klassen noch nichts geschehen ist, den Besitz und das Kapital mit einer bevorzugten politischen Berechtigung aus und schließen Sie auf der anderen Seite die arbeitende Classe von der Möglichkeit aus, Männer ihres Vertrauens in die Reichsversammlung zu wählen, so wird der ohnehin gestörte Friede in der Gesellschaft dadurch nicht wieder hergestellt, es wird der Kampf dadurch nur noch vermehrt. Es scheint mir daher zur friedlichen Lösung der socialen Frage das allgemeine Stimmrecht eine Nothwendigkeit zu sein, weil nur durch eine Betheiligung aller Volksclassen an der Gesetzgebung, an der Steuerverwilligung und Verwendung der Staatsgelder, sowie an der inneren und äußeren Politik die sociale Lage, so weit durch Staatseinrichtungen und Organisationen die materiellen Zustände überhaupt verbessert werden können, gelöst wird. Gewiß werden Freunde nach mir diesen Punkt noch weiter ausführen. — Ich bin am Schluß, meine Herren, und bitte Sie, nach Ihrer Weisheit und Gerechtigkeit in dieser wichtigen Frage zu entscheiden. Soll in Zukunft die Volksvertretung am Reichstage neben dem Einflusse der Staatsregierungen, neben dem Staatenhaus und neben dem Reichsrathe eine Wahrheit werden, und sollen wir nicht den Einzelregierungen in der Beschränkung des Wahlrechts ein schlimmes Beispiel geben, das gewiß gern befolgt wird, so entscheiden Sie sich für das allgemeine Stimmrecht! (Bravo auf der Linken und dem linken Centrum.)

Vogt (vom Platze): Die Verhandlung kann nicht weiter fortgesetzt werden nach der Geschäftsordnung. Es sind keine 200 Mitglieder da.

Vicepräsident Kirchgeßner: § 18 der Geschäftsordnung spricht von der Beschlußfähigkeit der Nationalversammlung, nicht aber von der Berathungsfähigkeit. Wir sind noch nicht an der Beschlußfassung. Ich bitte um Ruhe. So eben wird mir ein Antrag übergeben auf Vertagung der Discussion, unterstützt von Herren Giskra, Eisenstuck und mehreren andern Herrn. (Eine Stimme vom Platze: Es sind nur 153 Mitglieder da und es kann also auch nicht über die Vertagung Beschluß gefaßt werden). In Beziehung auf die Bemerkung des Herrn Vogt, daß die Versammlung nicht beschlußfähig sei, sind wir nunmehr veranlaßt, vor der Abstimmung über den Antrag auf Vertagung der Discussion vor Allem die Beschlußfähigkeit constatiren zu lassen. Ich ersuche die Herren Schriftführer, die Zahl der anwesenden Mitglieder zu ermitteln. Darf ich die Herren ersuchen, sich auf Ihre Plätze zu begeben, die Zählung kann sonst nicht vorgenommen werden. (Eine Stimme vom Platze: Namensaufruf!) Zum Namensaufruf werden wir dann schreiten, wenn auf die gewöhnliche Art des Zählens kein Resultat erzielt werden kann. (Nachdem die Zählung vorgenommen ist). Meine Herren! Das Resultat der vom Secratariat gepflogenen Abzählung ist, daß nur 167 Mitglieder im Hause sind, es folgt somit nothwendig daraus, daß wir nicht beschlußfähig sind. Wir können also über den Vertagungsantrag nicht beschließen. (Heiterkeit.)

Vogt (vom Platze): Dann muß die Sitzung geschlossen werden!

Vicepräsident Kirchgeßner: Die Beschlußunfähigkeit hindert uns aber nicht, die Debatte fortzusetzen, da die Zeit noch nicht so weit vorgeschritten ist.

Vogt: Meine Herren! Wenn ein Antrag vorliegt und das Haus ist nicht beschlußfähig, so muß die Sitzung aufgehoben oder vertagt werden. (Zuruf auf der Rechten: Nein!) Das ist in allen Versammlungen der Welt so. In England wird sogar manchmal ein Redner hinaus gezählt. Wenn das Haus nicht vollständig ist, so wird während der Rede gezählt und wenn das Haus nicht beschlußfähig ist, so wird die Sitzung aufgehoben. (Unruhe auf der Rechten. Stimmen auf der Linken: Allerdings!)

Vicepräsident Kirchgeßner: Ich bitte, die Plätze einzunehmen. Eine Abstimmung kann zu keinem Resultate führen, da wir gesehen haben, daß wir nicht beschlußfähig sind. (Zuruf von der Linken: Dann können wir nicht fortfahren. Es ist dann kein Parlament hier).

Reinstein von Naumburg: Die Verhandlung kann nicht fortgesetzt werden, bis über die Vertagung abgestimmt wurde, und sind wir nicht beschlußfähig, so können wir nicht fortfahren, sondern müssen die Sitzung aufheben.

Jordan von Berlin: Das ist vollkommen richtig, was

die beiden Vorredner bemerkt haben, wenn das Haus nicht vollzählig ist, muß die Sitzung aufhören, denn dann ist das Parlament nicht mehr da. (Zuruf von der Linken: Das ist ganz einfach).

Deetz von Wittenberg: Meine Herren! Um zu ermitteln, ob wir vollzählig sind, trage ich auf Namensaufruf an.

Vicepräsident Kirchgeßner: Ich habe mich nicht überzeugt, daß sich die Anzahl des Hauses wesentlich gemehrt habe und glaube deßhalb, daß wir mit Namensaufruf zu keinem Ziele kommen, indem wir uns schon überzeugten, daß wir nicht beschlußfähig sind. Wenn aber die Herren wollen, so ersuche ich, den Namensaufruf vorzunehmen. (Unruhe, verschiedene Zurufe). Meine Herren, es wird eben Abstimmung durch Stimmzettel statt des Namensaufrufs gefordert.

Vogt (vom Platze): Nein, nun wollen wir Namensaufruf.

Vicepräsident Kirchgeßner: Wollen Sie Ihre Plätze einnehmen. Meine Herren! Der Namensaufruf wird beginnen.

Giskra von mährisch Trübau: Ich ziehe den Antrag auf Vertagung zurück, denn jetzt sind 200 Abgeordnete da.

Vicepräsident Kirchgeßner: Es ist nicht mehr nöthig, die Anzahl zu constatiren, weil sichtlich nun mehr als 200 anwesend sind. Herr Edlauer hat das Wort. Darf ich bitten, Ihre Plätze einzunehmen.

Edlauer von Gratz: Meine Herren! Ich beginne die allgemeine Erörterung über das Wahlgesetz mit einer Bemerkung, welche Manchem, ich glaube, nicht mit Recht, als der Ausdruck einer haarspaltenden Pedanterie erscheinen wird. Die bestehenden Gesetze, welche nach ihrem Wortlaute nur das männliche Geschlecht betreffen, gelten nach einer allgemein anerkannten Auslegungsregel, so weit das weibliche Geschlecht nicht durch das Wesen der Sache oder gesetzliche Bestimmung ausgeschlossen wird, auch für dieses. — Diese Auslegungsregel ist durch die Form mehrerer Beschlüsse anerkannt worden. Das Gesetz, welches die Grundrechte des deutschen Volkes enthält, lautet im zweiten Paragraphen: „Jeder Deutsche hat das deutsche Reichsbürgerrecht." Der § 14 bestimmt: „Jeder Deutsche hat volle Glaubens- und Gewissensfreiheit." § 15: „Jeder Deutsche ist unbeschränkt in der gemeinsamen, häuslichen und öffentlichen Uebung seiner Religion." Kein Mensch zweifelt, daß das Gesetz diese Befugnisse im vollen Maße auch dem weiblichen Geschlechte zuerkennen wolle. Bei dieser Lage der Dinge erheischt nun die Consequenz, daß das Wahlgesetz, soferne es das Wahlrecht dem weiblichen Geschlecht nicht zuerkennt, dieses ausdrücklich bemerke. Die Einwendung, meine Herren, daß sich das von selbst versteht, betrachte ich als unstatthaft. Ich stelle derselben nicht nur die Bestrebungen der neuern Zeit nach politischer Emancipation der Frauen, sondern auch die Wahrheit entgegen, daß die Gesetzgebung bestimmt sprechen, also diejenigen Ausdrücke wählen soll, welche mit dem auszudrückenden Gedanken vollkommen übereinstimmen. Ich habe jedoch in dieser Hinsicht keinen besonderen Antrag eingebracht, sondern stelle dem Verfassungsausschusse anheim, diese Bemerkung allenfalls bei Revision des Gesetzes zu berücksichtigen. Daß die Fähigkeit der Volksvertretung zur Verwirklichung Ihrer Aufgabe, nämlich zur Förderung des Volkswohles, durch die gesetzlichen Bestimmungen über das active und passive Wahlrecht bedingt und vermittelt werde, bedarf in der That keines Beweises. Nur dort, wo das Volk wählt, und Jeden, der sein Vertrauen verdient, wählen darf, wird die Volksvertretung das Wohl des Volkes stets im Auge haben, nicht da, wo das Recht zur Volksvertretung zu bestimmen, oder das Recht hierzu bestimmt zu werden, als das Eigenthum oder doch das vorzüglich wirksame Recht bestimmter Classen oder Kategorien erscheint. Allein wenige Grundsätze sind vollständig und nach allen Seiten hin wahr, dürfen somit in ihrer vollen Reinheit durchgeführt werden. Die Wahrheit, welche dem einen Grundsatze innewohnt, wird nicht selten durch einen andern gemäßigt und beschränkt. Dieses gilt nun auch im vollen Maße von dem Satze, welcher jeden, der dem Volke angehört, zur Theilnahme an der Wahl der Volksvertretung beruft. Die ältern Wahlgesetze haben, wie bekannt ist, das Wahlrecht entweder an den Besitz eines größeren oder geringeren, aber immerhin bedeutenden Vermögens oder an die Bezahlung einer bestimmten Abgabensumme geknüpft, oder dieses Recht bestimmten Classen oder Ständen zuerkannt. Diese Bestimmungen stehen nun mit einem Gesetze im offenbaren Mißklang, welches bei wesentlich gleichen Verpflichtungen auch gleiche Berechtigung erheischt. Das Rechtsbewußtsein unserer Zeit fordert, daß die Gesetzgebung das Wahlrecht als Regel festsetzt, und Ausnahmen nur insoferne anordne, als dieselben nicht etwa im Interesse einzelner Stände, sondern mit Rücksicht auf das gemeinschaftliche Wohl, auf das Wohl des Volkes nothwendig erscheinen. Dem Majoritätsgutachten des Herrn Wigard und Genossen liegt offenbar die Tendenz zu Grunde, die Beschränkungen auf das geringste, durch das Wesen der Sache geforderte Maaß zurückzuführen, und gleichwohl schließen dieselben das ganze weibliche Geschlecht, die männliche Jugend, soferne sie 25 Jahre noch nicht zurückgelegt hat und unter gewissen Bedingungen auch diejenigen vom Wahlrechte aus, welche aus öffentlichen Mitteln Unterstützung genießen oder genossen haben. Kein Mensch wird da dem Wahne verfallen, daß diesen Beschränkungen Mißachtung der ausgeschlossenen Personen Abneigung gegen dieselben oder der Wunsch zu Grunde liege, ihre Rechte zu verletzen, die Interessen anderer Classen zu fördern. Niemand glaubt, daß die Herren Wigard und Genossen jede Frau und jeden Mann, der das fünfundzwanzigste Lebensjahr noch nicht zurückgelegt hat, zur ersprießlichen Ausübung des Wahlrechts unfähig erklären. Die Verfasser des Minoritätsgutachten gehen von dem naturgemäßen Grundsatze aus, daß den auszuschließenden Personen in der Mehrzahl der Fälle, also im Allgemeinen jenes Maaß von Intelligenz und Selbstständigkeit des Willens innewohne, welches die gedeihliche Theilnahme am Wahlrechte erheischt. Diese Voraussetzung nehme ich für die Vertheidiger der Majoritätserachten in vollem Maaße in Anspruch, ich fordere politische Gerechtigkeit, ich fordere die Anerkennung, daß auch die Vertheidiger der Majoritätserachten einzig und allein das Wohl des Volkes im Auge haben, daß auch sie lediglich von dem Wunsche beseelt werden, das Wohl des Volkes zu fördern, und ich erkläre alle Bestrebungen, die entgegengesetzte Ansicht zu begründen und zu vertheidigen, für eine perfide Wühlerei. (Stimmen rechts: Bravo!) Eine begriffliche, das heißt, eine rein theoretische Darstellung der Erfordernisse des Wahlrechts und der daran geknüpften Beschränkungen scheint wohl nicht am Platze zu sein. Die Majoritäts- und Minoritätserachten beziehen diese Beschränkungen auf vier Gesichtspunkte, auf das Geschlecht, das Alter, die Selbstständigkeit und die Unbescholdenheit. Die Majoritätserachten stimmen mit allen Anträgen darin überein, daß das Wahlrecht dem weiblichen Geschlechte nicht gewährt werde. Diejenigen, welche die aus der Eigenthümlichkeit des weiblichen Geistes hervorgehende Bestimmung des Weibes erfaßt und gewürdigt haben, werden diesen Beschränkungen das Wort sprechen. Wehe uns, wenn die Tummelplätze politischer Fehden in das Gebiet des innern Familienlebens eingedrungen sind! Die Ruhe des Gemüthes ist dann in seinem letzten Asyle, im innersten Heiligthum des Gemüthslebens gefährdet, vielleicht vernichtet. Das Majoritätserachten stimmt mit dem Minorigutachten auch darin überein, daß es Personen männlichen Geschlechtes, welche das fünfundzwanzigste Jahr nicht zurückgelegt haben, vom Wahlrechte ausschließt. Der Bemerkung, daß zu diesem Behufe das zurückgelegte vierundzwanzigste, vielleicht das dreiundzwanzigste Lebensjahr genüge, stelle ich nicht nur die Bestimmungen anderer Verfassungen, z. B. jener Nordamerikas, sondern auch die Bemerkung entgegen, daß innerhalb gewisser Grenzen jene Bestimmung den Vorzug verdient, welche höhere Reife des Geistes voraussetzt. (Stimmen: Grade aus!)

Vicepräsident Kirchgeßner: Es hat Niemand das Recht, den Redner darin zu beschränken, wohin er sich richtet, so lange er so deutlich spricht, daß er verstanden werden kann.

Edlauer: Der Vorschlag der Majorität schließt ferner alle diejenigen Personen von der Theilnahme am Wahlrechte aus, welche der § 2 als *nicht selbstständig* bezeichnet; die Minoritätserachten stimmen mit jenem der Majorität in einigen Punkten überein, weichen aber von demselben und untereinander darin ab, daß sie nur einige der im § 2 bestimmten Personen von dem Wahlrechte ausschließen. Kant, der tiefdenkende Gründer der rationalistischen Philosophie, bedingt den Genuß politischer Rechte durch die Selbstständigkeit, und die Vorkämpfer der verschiedenen Entwickelungsphasen der neueren Philosophie bis auf Hegel stimmen dieser Grundansicht bei. Selbstständig ist nach Kants Anschauungsweise Derjenige, der so viel dingliches oder persönliches Vermögen besitzt, daß er hinsichtlich der Erwerbung seines Unterhaltes von keiner *bestimmten* Person abhängig erscheint; Kant fordert die Selbstständigkeit, weil man besorgen müsse, daß unselbstständige Personen bei der Ausübung des Wahlrechtes nicht sowohl nach eigener Ueberzeugung, als nach dem Willen derjenigen zu Werke gehen, von denen sie abhängig sind. Er stellt die Behauptung auf, daß eben die Verwirklichung des demokratischen Grundsatzes und die Fernehaltung der aristokratischen Einflüsse diese Beschränkung erheische. Wie man auch über den Werth dieser Anschauungsweise urtheilen möge, der Beweis ihrer Unrichtigkeit dürfte wohl Niemanden gelingen. Nach dieser Ansicht nun, meine Herren, sind Dienstboten, dann Fabrikarbeiter und Handwerksgehülfen der Regel nach als unselbstständig zu betrachten, somit von der Theilnahme an dem Wahlrechte auszuschließen; daß diese Personen das Verhältniß lösen, somit ihre Abhängigkeit vernichten können, ist allerdings wahr, allein das Gewicht dieser Wahrheit erscheint, zumal so lange das Angebot der Arbeit das Maß der Nachfrage um diese übersteigt, nicht wichtig genug, die geschilderten Bedenken zu beseitigen. Auch die Ansicht, daß das Wahlrecht denjenigen Taglöhnern, Handwerksgehülfen und Fabrikarbeitern zu gewähren sei, welchen das Gemeindebürgerrecht zukommt, hat keine Berechtigung für sich, denn dieser Umstand begründet die Selbstständigkeit nicht und kann die Folgen nicht beseitigen, welche die Wahl unselbstständiger Personen besorgen lassen. Am wenigsten ist die Ansicht statthaft, daß denjenigen Fabrikarbeitern, Handwerksgehülfen und Taglöhnern, welche einen eigenen Haushalt führen, das Wahlrecht zu gewähren sei, denn der eigene Haushalt steigert nur die Bedenken, welche gegen die Ausübung des Wahlrechts von Seite unselbstständiger Personen stattfinden. Nur insoferne, meine Herren, als diese Personen etwa auch nach dem Urtheil ihrer Gemeinde das Vermögen besitzen, welches sie als selbstständig erscheinen läßt, fallen die Gründe hinweg, ihnen das Wahlrecht, von welchem wir sprechen, zu entziehen. Ich übergehe zu denjenigen Beschränkungen, welche sich auf die Bescholtenheit beziehen. Der Werth des Menschen ist nicht durch das, was der würfelnde Zufall gewährt, sondern durch sein Wesen, also durch die Ehrenhaftigkeit seiner Gesinnung und die moralische Kraft des Willens bestimmt. Ich habe von jeher bedauert, daß der Staat auf die Ehrenhaftigkeit so wenig Gewicht gelegt, dieselbe nur so nebenhin und beiläufig berücksichtigt hat. Der Staat, welcher verdiente Schande durch seine Ehrenzeichen verwischen will, hängt seine Ehrenzeichen auf den Pranger. Darum, meine Herren, vertheidige ich auch in dem Punkte das Majoritätsgutachten; ja ich glaube, daß dasselbe in einem Punkte nicht weit genug gegangen ist: Diebstahl, Veruntreuung, Unterschlagung und Betrügereien sollten von der Uebung des Wahlrechtes selbst dann ausschließen, wenn diese Handlungen nicht als Verbrechen, sondern nur als Vergehen oder als sogenannte Polizeiübertretungen behandelt werden. Der Vorschlag, daß eine Strafe wegen politischer Verbrechen das Wahlrecht nie entziehe, entspricht vollkommen den düsteren Verhältnissen der Vergangenheit, aber er steht mit den Zuständen im Mißklange, welche wir von der Zukunft erwarten. Der Vorschlag hat, abgesehen von mancherlei Gründen, die auf der flachen Hand liegen, die Unbestimmtheit des Begriffes politischer Verbrechen gegen sich. Die französische Regierung stellte der Forderung, daß sie die Mörder Latours ausliefere, die Bemerkung entgegen, daß ihr Verbrechen ein politisches zu sein scheine. (Mehrere Stimmen auf der Rechten: Bravo!)

Präsident: Meine Herren! Es liegt abermals ein Vertagungsantrag vor von den Herren Mareck, Rösler u. s. w., im Ganzen zwanzig Mitgliedern. Ich bringe den Antrag zur Abstimmung, da ich nicht den geringsten Zweifel darüber habe, daß nunmehr die beschlußfähige Anzahl Mitglieder im Hause anwesend ist. Ich bitte, die Plätze einzunehmen. *Diejenigen Herren, welche die Fortsetzung der allgemeinen Discussion über den uns vorliegenden Entwurf des Reichswahlgesetzes auf die nächste Sitzung vertagt wissen wollen, ersuche ich, sich zu erheben.* (Die Mehrzahl erhebt sich.) *Die Vertagung ist angenommen.* Die nächste Sitzung hat morgen statt; Tagesordnung ist die Fortsetzung der heute begonnenen Discussion. Der Verfassungsausschuß ist auf heute Abend 5 Uhr einberufen. — Die heutige Sitzung ist geschlossen. —

(Schluß der Sitzung um 2 Uhr.)

Die Redactions-Commission und in deren Auftrag Abgeordneter Professor Wigard.

Druck von Joh. David Sauerländer in Frankfurt a. M.

Stenographischer Bericht

über die

Verhandlungen der deutschen constituirenden National-Versammlung zu Frankfurt a. M.

Nro. 172. Sonnabend den 17. Februar 1849. VII. 17.

Hundert ein und siebenzigste Sitzung.

(Sitzungslocal: Paulskirche.)

Freitag den 16. Februar 1849. (Vormittags 9 Uhr.)

Präsident: Eduard Simson von Königsberg.

Inhalt: Verlesung des Protocolls. — Austritts-Anzeige der Abgeordneten v. Baumbach-Kirchheim, Heusner und Knoodt. — Fortsetzung der Berathung des vom Verfassungs-Ausschusse vorgelegten Entwurfs: „Reichsgesetz über die Wahlen der Abgeordneten zum Volkshause." — Eingänge.

Präsident: Die Sitzung ist eröffnet. Ich ersuche den Herrn Schriftführer, das Protocoll der vorigen Sitzung zu verlesen. (Schriftführer Dr. Jucho verliest dasselbe.) Ich frage, ob Reclamation gegen das Protocoll ist? (Niemand meldet sich.) Es ist keine Reclamation, das Protocoll ist genehmigt. — Ich habe zwei Austrittserklärungen zur Kenntniß der Versammlung zu bringen: Der Abgeordnete des ersten kurhessischen Wahlbezirkes, Herr v. Baumbach-Kirchheim, und der Abgeordnete des fünften rheinpreußischen Wahlbezirkes, Herr Heusner von Saarlouis, haben ihr Mandat, der Letztere vom 1. März ab, niedergelegt. Ich lasse beide Erklärungen an das Reichsministerium des Innern zur weiteren Veranlassung gelangen. — Das fürstlich Thurn- und Taxis'sche Oberpostamt hat an das Präsidium der Reichsversammlung folgende Zuschrift gerichtet, die ich verlese:

„Die Herren Reichstagsabgeordneten unterlassen nicht selten, Wohnungsveränderungen zur Kenntniß des Oberpostamts zu bringen, sowie von längerer Abwesenheit von hier, resp. ihrem Wiedereintreffen, Nachricht zu geben.

Hierdurch entstehen mancherlei Unzuträglichkeiten bei Bestellung und resp. Nachsendung der an die Herren Abgeordneten adressirten Briefe, und ohne Verschulden der Postanstalt kommen die betreffenden Briefe mitunter sehr verspätet in die Hände der Abgeordneten.

Diesem für die Zukunft zu begegnen, wäre es, im eigentlichen Interesse der Herren Abgeordneten, wünschenswerth, wenn dieselben bei jedesmaliger Wohnungsveränderung und resp. Abreise von hier und ihrem Wiedereintreffen, dem Oberpostamte Nachricht geben wollten.

Auch wäre es höchst wünschenswerth, wenn neu eintretende Mitglieder der Reichsversammlung dem Oberpostamte alsbald über die von ihnen gewählte Wohnung Mittheilung machen würden.

Ein hohes Präsidium erlaubt sich daher das fürstliche Oberpostamt ergebenst zu ersuchen, die Herren Abgeordneten gefälligst veranlassen zu wollen, daß in den betreffenden Fällen jene Benachrichtigung alsbald anher ertheilt werde."

Durch Kündigung mehrerer gemiethetet Localitäten ist eine Verlegung der Versammlungsorte der vierten, fünften, sechsten, achten und dreizehnten Abtheilung in andere Räumlichkeiten nothwendig gewesen. Die Locale der übrigen Abtheilungen sind dieselben geblieben. Ich lasse an der Tribüne ein Verzeichniß der sämmtlichen Localitäten anschlagen, in denen sich die Abtheilungen fortan versammeln. — Wegen der eigentlich heute anstehenden Beantwortung der auf die Geltung der Grundrechte in Bayern bezüglichen Interpellationen hat zwischen den Interpellanten und dem Herrn Präsidenten des Ministerraths ein Abkommen stattgefunden, demgemäß diese Beantwortung auf acht Tage verschoben worden ist. — Wir gehen zur Tagesordnung über: zur Fortsetzung der Berathung des vom Verfassungs-Ausschusse vorgelegten Entwurfes: „Reichsgesetz über die Wahlen der Abgeordneten zum Volkshause." Die hierzu gestellten Verbesserungs-Anträge, wie sie sich gedruckt in Ihren Händen befinden, sind folgende:

Zu Artikel I. § 1:

Formeller Antrag des Abgeordneten Rösler von Oels:

> „Ich beantrage, daß nach dem Vorgange, wie bei dem Gesetze über Errichtung einer provisorischen Centralgewalt, nach Abstimmung über die einzelnen Paragraphen des Wahlgesetzes noch über Annahme oder Verwerfung des ganzen Gesetzes eine Schluß-Abstimmung stattfinde."

Der Abgeordneten Gritzner, Jopp, Reinstein, Günther, Dietsch, Reinhardt, Simon von Trier, Wesendonck, Hagen, Fröbel, Titus, Hoffbauer, Fehrenbach, Damm, v. Dieskau, Rühl, Martiny,

Fr. Schüz, Wiesner, Schlutter, Levysohn, Würth, Werner von Oberkirch:

Dieselben beantragen folgende Fassung:

„Wähler ist jeder Deutsche, welcher das ein und zwanzigste Lebensjahr zurückgelegt hat."

Des Abgeordneten A. Wiesner und Genossen:

Für den Fall, daß das Amendement, welches die Wahlberechtigung auf das zurückgelegte ein und zwanzigste Lebensjahr bezieht, nicht angenommen wird, stelle ich den Antrag:

„Wähler ist jeder volljährige Deutsche."

Unterstützt von: Reinstein; Schmidt von Löwenberg; Dietsch; Reinhard; Meyer von Liegnitz; Ziß; Titus; Raus; Berger; Damm; Dr. Mohr; Rühl; Hagen; Fröbel; Würth; Fehrenbach; Culmann; Jopp; Hoffbauer.

Zu § 2:

Der Abgeordneten Reinstein, Günther, Dietsch, Reinhard, Simon von Trier, Wesendonck, Hagen, Fröbel, Titus, Damm, Martiny, Zimmermann von Stuttgart, Rühl, Schüz, Schlutter, Wiesner, Levysohn, Würth, Hoffbauer, Fehrenbach, Jopp, Werner von Oberkirch:

Dieselben beantragen, daß außer den Nummern 3, 4 und 5 (Minoritäts-Erachten II) noch folgende Säze in Wegfall und deßhalb besonders zur Abstimmung gebracht werden:

a) von Nr. 1 der Zusatz:

„oder über deren Vermögen Concurs- oder Fallitzustand gerichtlich eröffnet worden ist, und zwar letztere während der Dauer dieses Concurs- oder Fallitverfahrens."

b) Nr. 2 vollständig."

Des Abgeordneten Dinstl von Krems:

„Ich schlage folgende Textirung des § 2 vor:

„Als nicht selbstständig angesehen, also von der Berechtigung zum Wählen ausgeschlossen, sollen sein:

1) Personen, welche unter Curatel stehen; Jene, über deren Vermögen der Concurs eröffnet worden ist, so lange, als sie nicht die gänzliche Befriedigung ihrer Gläubiger, oder ihre Schuldlosigkeit an der Zahlungsunvermögenheit ausgewiesen haben;

2) Personen, welche Almosen aus öffentlichen oder Gemeindemitteln beziehen, oder im letzten der Wahl vorausgegangenen Jahre bezogen haben;

3) Dienstboten;

4) jene Handwerkgehilfen und Fabrikarbeiter, die keine eigene Haushaltung haben."

Der Abgeordneten Reinstein, Hoffbauer, Günther, Dietsch, Reinhard, Grizner, Simon von Trier, Jopp, Wesendonk, Hagen, Fröbel, Titus, Zimmermann von Stuttgart, Rühl, Schüz, Damm, Schlutter, Wiesner, Levysohn, Würth, Fehrenbach, Werner von Oberkirch:

„Für den Fall, daß Nr. 2 angenommen würde, beantragen dieselben folgenden Zusatz dazu, und zwar sowohl zum Majoritäts-Erachten, als zum Minoritäts-Erachten I:

„Ebenso Personen, welche Pensionen oder Gratificationen aus öffentlichen Mitteln beziehen, oder im letzten der Wahl vorhergegangenen Jahr bezogen haben."

Zu § 3:

Des Abgeordneten Würth von Sigmaringen:

Dieser Paragraph möge nachstehende Fassung erhalten:

„Von dem Wahlrechte sind ferner ausgeschlossen:

1) Personen, welche wegen Diebstahls, Betrugs, Unterschlagung, oder eines andern gemeinen Verbrechens zu einer Zuchthaus-, Arbeitshaus- oder Festungsarbeitsstrafe durch rechtskräftiges Erkenntniß verurtheilt und in ihre Rechte nicht wieder eingesetzt worden sind.

2) Personen, welche ihres Wahlrechts durch ein gerichtliches Urtheil verlustig erklärt worden sind (nach § 4)."

Unterstützt von: Wiesner; Schüz; Damm; v. Dieskau; Stark; Esterle; Berger; Mareck; Raus; Dietsch; Förster; Rühl; Culmann; Simon von Trier; Wesendonck; Hagen; Fröbel; Titus; Werner von Oberkirch; Hoffbauer; Grizner.

Zu § 4:

Des Abgeordneten v. Linde:

„Ich beantrage zuerst die Worte:

„oder als Beamter seine Stellung zur Einwirkung auf die Wahlen mißbraucht hat;"

zu streichen;

eventuell aber, wenn dieser Antrag die Zustimmung nicht erlangen sollte, den Satz allgemein dahin zu fassen:

„oder zur Einwirkung auf die Wahl überhaupt gesetzlich unzulässige Mittel angewendet hat."

Begründung.

Der Ausschußbericht begründet seine Proposition damit, daß, wer als Beamter seine Stellung zu einem unerlaubten Einfluß auf die Wahlen benutze, dadurch eine Bescholtenheit begründe; er führt sonach die Frage auf das Gebiet der öffentlichen Moral. In der That gehört sie ihrem Ursprunge nach in das Gebiet spießbürgerlicher Ansichten auf dem Felde des constitutionellen Staatsrechts. Sie ist hervorgegangen aus den Klagen durchgefallener Candidaten in deutschen constitutionellen Staaten, welche ihren geringen Succeß in den Wahlversammlungen der Einwirkung der Organe der Regierungen zuschreiben zu müssen glaubten. Soll die Volksvertretung ein unverfälschtes Organ der Regierten der Regierung gegenüber sein, so muß die Wahl der Volksvertreter allerdings in ihrer Bildung unabhängig von der Regierung bewirkt werden, und zwar soll der Wahlberechtigte weder durch Täuschungen und Vorspiegelungen irre geleitet, noch durch irgend eine Art moralischen Zwanges oder in anderer widerrechtlicher Weise an seiner freien Willensbestimmung gehindert werden. Aber bei der Eigenthümlichkeit unseres heutigen Staatslebens, der Stellung der Regierungen und der Entwickelung der Opposition gegen dieselben ist es unendlich schwierig zu bestimmen, ob und inwiefern in einzelnen Fällen und unter welchen Verhältnissen die Grenzen des äußeren Rechts überschritten sind, der zulässige Gebrauch also in Mißbrauch ausgeartet ist. Wenn man an politische Bildung eines Volkes glaubt, diese befördert wünscht, repräsentative Verfassung will, und deren naturgemäße Entwickelung für nothwendig hält, dann muß man auch erwarten, daß mit der Betheiligung des Volkes an den öffentlichen Angelegenheiten, die Hervorragenden unter demselben über Grundsätze und Maßregeln erst auf theoretischem Gebiete einen Kampf eröffnen, und dann darauf hinausgehen, die liebgewonnenen Systeme auch ins Leben überzuführen. Die bestehende Regierung kann immer nur einem dieser Systeme huldigen und die Vertheidiger aller anderen Systeme sind der Regierung natürliche Opponenten. Die wirksame Opposition entwickelt sich in constitutionellen Staaten in der Volksvertretung, darum müssen jene Opponenten, wenn sie mit Erfolg ihre Projecte vertreten wollen, sich bei den Wahlen, aus welchen die Volksvertretung hervorgeht, Geltung zu verschaffen suchen. Bei dieser s. g. Bearbeitung des Volkes spielen erfahrungsmäßig aber Leidenschaften und Privatinteressen wenigstens keine minder bedeutende Rolle, als sachgemäße Aufklärung, Belehrung und Verständigung. Mit erlaubten und unerlaubten Mitteln wird das Volk häufiger noch gegen, als für die Grundsätze und Maßregeln der Regierung zu stimmen versucht, und der Kampf um die Wahl des Repräsentantenkörpers ist ebensowohl häufig eine Lebensfrage für das Regierungssystem, als für die politische Zukunft des Wahl-Candidaten; denn da das Volk seinen politischen Einfluß ordnungsmäßig in constitutionellen Staaten nur durch die Wahlhandlung ausübt, mit deren Vollendung die Volksvertretung allein, nicht mehr das Volk selbst, so lange jene Vertretung dauert, die politischen Rechte ausübt, so liegt in der Bearbeitung der Wahlen allerdings der Schwerpunkt der ganzen Repräsentation. Eine ächt constitutionelle Regierung hat mit der Pflicht, darüber zu wachen, daß die Wahlen aus freier Selbstbestimmung der Wählenden hervorgehen, auch die Pflicht und folgeweise das Recht, dafür zu sorgen, daß leidenschaftlichen, selbstsüchtigen und entstellenden Insinuationen gegenüber auch wahre Aufklärungen, und nicht bloß einseitige, sondern gegenseitige Belehrungen verbreitet werden. Darum ist die Einwirkung eines Beamten auf die Wahlen nicht nothwendig ein Mißbrauch der amtlichen Stellung, sondern die Frage darüber hängt von den Umständen und den Mitteln ab, die der Beamte anwendete, davon, ob er eine ihm zu Gebote stehende amtliche Macht mißbrauchte, das Gewicht seines Amtsansehens, Persuasion und dergleichen selbst in die Wagschaale einseitigen Parteigeistes legte, Versprechungen, Drohungen, Fälschungen u. s. w. in Anwendung brachte. Bei solchem excessiven Benehmen haben aber schon die Grundrechte das Princip festgestellt (Art. V. § 22 des Entwurfs der Grundrechte), wornach sogar Jeder das Recht hat, öffentliche Beamte wegen amtlicher Handlungen gerichtlich zu verfolgen. Wenn den Beamten alsdann die dabei vorgesehene Strafe trifft, und es richtig ist, daß damit eine Bescholtenheit verbunden ist, dann ist es überflüssig, hier noch besonders, und zwar ausschließlich dem Beamten gegenüber das Princip festzustellen.

Hält man gleichwohl die Sache für so wichtig, daß sie besonders erwähnt werden soll, dann generalisire man die Maßregel, und beweise dadurch, daß man in Deutschland den Standpunkt größerer Nationen einzunehmen entschlossen ist, welche in diesem Punkte nicht engherzig überall Mißbrauch sehen, und zu dem wahlberechtigten Volke das Vertrauen hegen, daß es politisch wenigstens so reif sei, daß es eine Bürgschaft der freien Selbstbestimmung in sich selbst trage, und daß keine Gesetzgebung und keine richterliche Hilfe den Mangel politischer Mündigkeit des Volkes ersetzen, und dem bösen Willen der Demagogen, mögen sie Beamte oder Private sein, und der Kraftlosigkeit einer solchen Nation dauernd Schranken setzen können; daß aber bei einer politisch reifen Nation der Mißbrauch der Regierung bei dem Einwirken auf die Wahlen sich in dem Ausgange der letzteren zuverlässig zureichend bestraft.

Zu § 5:

Der Abgeordneten Zapp, Reinstein, Günther, Dietsch, Reinhard, Simon von Trier, Hagen, Fröbel, Titus, Zimmermann von Stuttgart, Rühl, Martiny, Schütz, Damm, Schlutter, Wiesner, Levysohn, Würth von Sigmaringen, Fehrenbach, Werner von Oberkirch, Hoffbauer, Gritzner:

Dieselben beantragen folgende Fassung:

„Wählbar für ganz Deutschland ist jeder Wahlberechtigte."

Des Abgeordneten Tafel von Zweibrücken:

Zusatz:

„In § 6 möge nach „Staatsdiener" beigefügt werden: „Kirchen- und Gemeindebeamte."

(Unterstützt von: Wigard; Pfahler; Eisenstuck; Engel; Löwe von Calbe; Förster; Culmann; Roßmäßler; Grubert; Schott; Hensel; v. Gladis; Heubner; Esterle; Schmidt von Löwenberg; Gulden; Wiesner; Pfeiffer; Mareck.)

Zu Artikel II. § 6:

Des Abgeordneten v. Linde:

„Ich beantrage, den Artikel II. § 6 dahin zu beschließen:

„Staatsdiener bedürfen zur Annahme der auf sie gefallenen Wahl alsdann keiner Genehmigung ihrer Vorgesetzten, wenn sie auf ihre, auf die etwa bestehende Dienstpragmatik gegründete Stelle im Dienste zu verzichten bereit sind."

Begründung.

Der Mangel an politisch ausgebildeten und mit gediegener Geschäftskenntniß ausgerüsteten Männern außer dem Beamtenstande führte in den constitutionellen Staaten Deutschland's zu dem Bestreben, die Volksvertreter in großer Zahl aus dem Beamtenstande zu wählen. Dieses den Beamtenstand ehrende Vertrauen verleitete aber auch manche Staatsdiener aus sehr verschiedenen Gründen, um solche Wahlen sich zu bewerben, ohne Rücksicht auf die Interessen ihres Staatsdienstes; und ihre Wirksamkeit in der Volksvertretung war häufig compromittirend für die nothwendige Hierarchie und Subordination im Dienste, die in den deutsch-constitutionellen Staaten deßhalb fühlbarer als in den anderen größeren constitutionellen Staaten wurde, weil in Deutschland die Staatsdiener unter dem Schutze einer Dienstpragmatik der Regierung gegenüber eine Selbstständigkeit und eine Bürgschaft für die Fortdauer ihres dienstlichen Verhältnisses erkannten, die sie in die Lage brachte, rücksichtslos auf die allgemeinen Interessen des Dienstes, die Repräsentation in reinen Privatinteresse ausüben zu können. Wiewohl mit einer solchen Wirksamkeit auch dem repräsentativen Systeme ebenso wenig gedient war, als dem Staatendienste, so entspann sich dennoch zwischen der Repräsentation und der Regierung ein Kampf über die Frage: ob der zum Volksvertreter gewählte Staatsdiener der Genehmigung der vorgesetzten Dienst-Behörde bedürfe? Es liegt bloß in der Verschiedenheit der dienstpragmatischen Verhältnisse, wenn außerdeutsche große constitutionelle Staaten nicht bloß jene Genehmigung nicht in Anspruch nahmen, sondern sich unbedingt für möglichst zahlreiche Wahlen der Staatsdiener interessirten, während in den deutschen constitutionellen Staaten das Letztere nur unter Voraussetzung der Genehmigung der Annahme der Wahl durch die Vorgesetzten im Staatsdienste zu geschehen pflegte, und manche Staatsdiener sich daneben bestrebten, die Vortheile der Theilnahme an der Repräsentation mit den Vortheilen der Dienstpragmatik sich zu verschaffen. Wenn nun auch anerkannt werden muß, daß sowohl der Staatsdienst als die Volksvertretung ihrer Wirksamkeit nach das Wohl des Volkes bezwecken, so folgt daraus doch nicht, daß die Regierungs-Gewalt genöthigt werden dürfe, ohne Rücksicht auf die Fortführung und Moralität des Dienstes, ihre Organe als solche der Repräsentation unbedingt zur Disposition zu stellen. Im Interesse des constitutionellen Systems der ganzen Staats-Verfassung, also sowohl in seiner Richtung auf die Volksvertretung als auf den Staatsdienst, liegt nur jener Grundsatz, der in den größeren europäischen Staaten in Uebung ist, und der in dem vorstehenden Verbesserungs-Antrage ausgedrückt worden ist.

Zu Artikel III. §. 9:

Des Abgeordneten Deckc:

„Im Fall das zu §9 gestellte Minoritäts-Erachten nicht angenommen werden sollte, beantrage ich in Anlage A. Reichs-Wahlmatrikel sub 8) zu setzen:

„Lübeck mit dem Lübeck und Hamburg gemeinschaftlichen Amte Bergedorf."

Unterstützt durch: Michelsen; Giesebrecht; Rüder; Martens; Nizze; Teichert; Veit; Ebmayer; Massow; Amstetter; Rahm; Braun von Cöslin; Giebr; Fischer von Jena; Schrader; Jordan; Schick; Houben; Overweg; Gysae.

Des Abgeordneten Venedey:

Zusatz zu Anlage A. Reichsmatrikel Nr. 2:

2) „Hessen-Homburg v. d. H. mit dem Großherzogthum Hessen; das hessen-homburgische Oberamt Meisenheim auf dem linken Rheinufer mit Rheinbayern."

Das Wort hat heute zuerst Herr Löwe von Calbe.

Löwe von Calbe: Meine Herren! Es ist schon seit lange hier auf dieser Tribüne Sitte geworden, und fast Jeder, der das Wort ergreift, fühlt sich veranlaßt, eine und dieselbe Klage immer wieder von Neuem auszusprechen, eine und dieselbe Klage über dieses Haus, es ist die Klage über die tiefe Abspannung der Gemüther, über die tiefe Erlahmung alles geistigen Lebens, das früher in diesem Hause gewesen ist. Jeder Tag unseres Lebens bestätigt die Klage, und doch, meine Herren, ist es nicht die ungeheure Last der Arbeiten, die wir vollbracht haben, sind es nicht die Schwierigkeiten, die wir überwunden, es ist das Gefühl der Ermüdung, das den Wanderer ergreift, wenn er immer von einem Irrgange in den anderen kommt und keinen Ausweg finden kann, es ist das Gefühl der Ermüdung, weil er nicht weiß, wie nahe oder wie ferne sein Ziel steht. Wenn er sich aber sagen kann, diesen Weg mußt du gehen, und so kommst du ans Ziel, dann ist ein großer Theil der Ermüdung von ihm gewichen, und neu gestärkt wird er demselben entgegengehen. In diesem allgemeinen Wirrsale haben wir uns umherbewegt, wir Alle, meine Herren! nicht die eine Partei mehr als die andere, weil wir im März in einen unvorbereiteten Zustand hineingetreten sind. Wir hatten uns vor dem März über Vieles verständigt, welche materielle Freiheiten dem Volke Noth thäten, wie wir diesen Zustand in den Einzelstaaten uns einrichten wollten; aber wir hatten uns offenbar nicht vollständig darüber verständigt, wie wir den Bundesstaat, die Idee der deutschen Einheit, die uns Alle beseelte, ins Leben rufen und praktisch darstellen wollten. Deßhalb kamen die verschiedenartigsten Vorschläge von allen Seiten, deßhalb kam dieß immerwährende Schwanken, deßhalb dieser immerwährende Wechsel der Meinungen auf verschiedenen Seiten des Hauses, weil immer wieder verschiedene Entschlüsse, je nach den einwirkenden äußern Ergebnissen, nach den hervortretenden Particularinteressen gefaßt wurden. Es ist nun, nachdem wir an diesen Gegenstand, an das Wahlgesetz gekommen sind, in der That eine andere Erscheinung, die uns gewissermaßen befriedigen kann. Ueber Das, was das Volk von einem Wahlgesetze verlangt, sind wir in der That nicht ohne Vorbereitung, es ist die ganze Geschichte der neueren Zeit, die auf diesen Punkt vorbereitend gewirkt hat. Es hat in der That kein Zweifel geherrscht, was für ein Wahlgesetz wir im März annehmen wollten, Niemand hat darüber debattirt, das allgemeine Wahlrecht war eine Thatsache, die Niemand angefochten hat, es wurde auf der Stelle, ohne zu markten und zu handeln, gegeben als eine Nothwendigkeit, der man sich nicht entziehen konnte, die aus unserer ganzen Geschichte hervorgeht. Denn gerade in Deutschland, weil man uns immer andere Länder zum Muster nennt, läuft die ganze Geschichte dahin, daß das Individuum das größte Recht auf Anerkennung im Staatsleben hat. Ich will Sie nicht lange mit Ausführungen behelligen, aber wenn ich Sie auf das Wesen des Protestantismus zurückführe, so müssen Sie zugeben, daß der Protestantismus die Rechte der Individuen in so hohem Grade anerkennt, daß die Würde des Menschen dadurch auf eine so hohe Stufe gestellt werden sollte, wie noch nie vorher in der Geschichte. — Diejenigen, welche Nichtprotestanten sind, werden zwar sagen, es wäre ein Vermischen der weltlichen Verhältnisse mit den religiösen gewesen; gewiß aber war es der tiefe Zug in dem deutschen Charakter, die Individualität bis zum Eigensinn auszuprägen und zur Geltung zu bringen. Wie der Protestantismus in Deutschland es gewesen ist, so war es die französische Revolution in Frankreich, und ein großer französischer Staatsmann der Revolution hat es beim Absterben der Revolution ausgesprochen, als man über deren Inhalt zu reflectiren begann, wie wir es jetzt über unsere Märzrevolution, oder wie man es jetzt zu nennen pflegt, Märzerhebung, thun. Damals sagte Sieyes: „Die eigenste Fahne der Revolution ist die Gleichheit;" und gewiß, meine Herren, wenn Sie die Geschichte Frankreich's verfolgen, so werden Sie finden, daß in der That die eigenste Fahne der Revolution die Gleichheit gewesen ist, nicht die Freiheit allein, eine Fahne, die das Volk immer wieder erhoben hat, und eine Fahne, auf die es jetzt noch das neue Wort: die **Gleichheit** und die **Brüderlichkeit** gesetzt hat. In diesem Momente, meine Herren, kommt der Ausschuß und schlägt uns eine Beschränkung des Wahlrechts vor, um gewisse Klassen von der unmittelbaren Mitwirkung im Staatsleben auszuscheiden. Ich will nicht tiefer darauf eingehen, welch' sittliches Unrecht darin liegt; ich will mich nur darauf beschränken, die praktischen Bedenken, die gegen die Ausführbarkeit gemacht werden und gemacht werden müssen, hervorzuheben. Wir stehen gerade Alle auf dem Standpunkte, daß wir das für den Augenblick Mögliche zu erreichen suchen, daß wir uns darüber vereinigen, was für den Augenblick durchführbar ist, und nach meiner festen Ueberzeugung ist der Vorschlag des Verfassungs-Ausschusses, ganz abgesehen, ob schädlich oder nützlich, gerecht oder ungerecht, zutreffend oder nicht zutreffend, ganz unausführbar. Sie wissen, es ist eine stehende Rede geworden, daß unsere Erhebung keine politische allein gewesen ist, sondern eine sociale; dieses Wort des Socialismus ist in den letzten Jahren vor unserer Bewegung das Stichwort geworden, und es gibt viele Anzeichen, die es beweisen, daß es in der That nicht ein Irrthum ist, wenn man das sociale Element besonders hervorgehoben hat. Es hatte sich dieser Socialismus in Deutschland schon vor der Erhebung fast aller Parteien bemächtigt, ich erinnere an die literarischen Erscheinungen, ich erinnere Diejenigen, welche in den verschiedenen Ständeversammlungen gewesen sind, sich eine bedeutende Discussion zu vergegenwärtigen, welche in den letzten Jahren stattgefunden hat, wo es galt, politische Rechte vorzugsweise zu erringen, wo es nicht bloß galt, die Verfassung auszubilden, nein, wo, wie in Preußen, noch gar keine Verfassung vorhanden war, wo man das politische Recht, die Theilnahme an der Begründung, zur Geltung bringen wollte. Niemand wird leugnen, daß die Debatte vielfach einen socialistischen Charakter angenommen hatte; sie hat ihn angenommen, trotzdem, daß diese Versammlungen aus den bevorrechtigten Klassen gebildet wurden, weil diese Klassen von der Theilnahme am Staatsleben ausgeschlossen waren. Ihre Angriffe richteten sich mit Heftigkeit gegen diesen Staat, sie gingen weiter gegen den ganzen gesellschaftlichen Körper, auf welchem sich dieser Staat stützte, und suchten so den Umsturz des Bestehenden herbeizuführen. So war es auch auf dem vereinigten Landtag, so conservativ er sonst gewesen sein mag, nicht weniger, als in allen anderen Ständeversammlungen. Sie sehen, meine Herren, daß diese socialistischen Elemente, sobald die Theilnahme an der Regierung für diese Classen gewonnen war, schleunigst verschwunden sind. Wir haben in der That nicht mehr soviel davon reden hören, am Wenigsten in Ständeversammlungen, seitdem sie die bestimmte Betheiligung an der Regierung gewonnen. Darum sollte ich glauben, müßte der Ausschuß sich diese Erscheinung zu Herzen nehmen, er müßte sich sagen, in dem Augenblick, wo wir sie ausschließen, schaffen wir uns ebenso viele Feinde. Wir haben aber das größte Interesse, sie in den Staat aufzunehmen, um ihnen ein Interesse am Staat zu verschaffen, und ihnen die Ueberzeugung zu geben, daß ihrer Noth in diesem Staat, in der bestehenden Gesellschaft geholfen werden könne. Ich habe die Ueberzeugung, daß bei einer vernünftigen Staatswirthschaft diesen Klassen geholfen werden kann, und zwar in größerem Maaße, als man gewöhnlich glaubt. Wenn ich diese Ueberzeugung nicht hätte, wenn ich glaubte, daß den Nothleidenden durch die neue Organisation eines volksthümlichen Staates nicht geholfen werden könnte, dann, meine Herren, ich sage es Ihnen ehrlich, wäre ich Pessimist genug, zu Ihrem Wahlgesetz zu schweigen, und nichts gegen seine Annahme zu thun. Denn dann hätte ich die Ueberzeugung, daß mit diesem Wahlgesetz die Auflösung und das Zusammenbrechen des Staats und der Gesellschaft, die für die Noth keine Hilfe schaffen können, sehr beschleunigt werden würde. Ich habe aber die Ueberzeugung, daß bei einer volksthümlichen Einrichtung des Staats den nothleidenden Klassen geholfen werden kann, daß durch eine andere Vertheilung der Besteuerung dieser Mangel an Befriedigung der Bedürfnisse gedeckt werden kann, daß durch eine productive Verwendung der Staatsmittel statt der unproductiven Vergeudung in Militär- und Beamtenwirthschaft der allgemeine Wohlstand bedeutend gehoben werden kann, daß wir außerdem unsere Staatsbedürfnisse bedeutend werden verringern können, sobald wir aus der Bewegung heraus sind, und einen sicher geordneten Zustand erhalten haben. Dieser Ausschluß, meine Herren, wird aber dadurch gefährlich, daß Sie diese Bewegung gegen das Bestehende permanent machen. Sie werden dadurch keine Hoffnung haben, die Reform, welche Sie Alle ohne Zweifel in das Staatsleben einführen wollen, einführen zu können, denn man wird Ihnen nicht die Ruhe dazu lassen. Daher, meine Herren, wenn Sie mit mir der Meinung sind, daß in dem Staatsgebäude viele von den Wünschen werden befriedigt werden können, so müssen Sie mit mir gegen den Antrag des Ausschusses sein. Man weist auf England hin, um zu beweisen, daß eine geordnete Entwickelung des Staates wohl möglich ist mit einer Volksvertretung, die fast nicht einmal eine Volksvertretung ist. Es ist keine Frage, daß dieses so häufig von Ihnen bewunderte Prachtgebäude der englischen Verfassung in Beziehung auf Volksvertretung höchst mangelhaft ist. Ich möchte aber auf eine andere Erscheinung in England hinweisen, ich möchte darauf aufmerksam machen, daß England trotz seiner Verfassung sich vor der allgemeinen Bewegung nicht hat sicher stellen können, daß auch dort eine große Bewegung für das allgemeine Stimmrecht, die Bewegung der Chartisten stattfindet, die nach wenigen Jahren eine Concession nach der anderen voraussichtlich erlangen wird. Wenn aber in England diese Bewegung weniger gewaltsam ist, so dürfen Sie einen großen Unterschied zwischen den englischen Zuständen und unseren nicht vergessen. In England steht nicht das ganze Volk mit nach einem Punkte hingewendeten Augen immer nach der Regierung hinschauend, und sein Glück von Oben erwartend, sondern zuerst sucht man sich selbst zu helfen. In England hat man sich aber auch nicht gewöhnen müssen, mit Mißtrauen auf die Regierung hinzublicken, als welche die Freiheit verkümmern wolle. Ein radicales englisches Blatt sagte einmal, als es eine Parallele zwischen der englischen Aristokratie und der Continental-Aristokratie zog: „Wir lieben den Herzog von Wellington nicht, — es hatte in der That schon in demselben Artikel weidlich auf den eisernen Herzog geschimpft, — aber uns fällt nicht ein, daß der Herzog von Wellington uns die einmal gesetzlich bestehende Freiheit verkümmern könnte. Wir würden eher glauben, daß er fähig wäre, Jemanden, der im Parke spazieren geht, das Taschentuch zu stehlen, als daß er hinterlistiger Weise die Freiheit des Volkes verkümmern sollte." Meine Herren! Wo ein solches Vertrauen zu einer entgegenstehenden feindlichen Partei stattfindet, wo das Vertrauen vorhanden ist, daß die Freiheit nicht verkümmert werde, da läßt es sich das Volk lange gefallen, daß man es von der Theilnahme ausschließt. Aber bei uns, wo das Mißtrauen stehend geworden ist, wo wir zum Mißtrauen eine Berechtigung haben, wo ein Mangel von Mißtrauen sogar als ein Verbrechen gegen die Freiheit anzusehen ist (Bravo auf der Linken), da, meine Herren können Sie nicht erwarten, daß das Volk mit ruhiger Resignation zusieht, daß die Regierung in den Händen einer abgeschlossenen Kaste liegt. Richten Sie die Sache ein, wie Sie wollen, immer werden Sie eine Interessenregierung bekommen. Machen Sie einen Census, so schließen Sie gewisse Klassen aus nach der Besteuerung. Sie berufen sich darauf, daß Der, welcher wenig zu den Staatslasten beiträgt, auch eine geringere Theilnahme haben soll. Meine Herren! Man weiß wohl in den Finanzen, von wem man die Steuern erhebt, aber es ist niemals genau zu ermitteln, von wem sie eigentlich getragen werden. Die größte Wahrscheinlichkeit ist immer dafür, daß alle Steuern mittelbar vorzugsweise von der armen Klasse getragen werden. (Bravo auf der Linken.) Namentlich ist dieß der Fall bei der indirecten Steuer, und alle diese Abstufungen gehen doch nur auf die directen Steuern. Wohin eine solche Interessenvertretung und nicht eine Volksvertretung führt, davon haben wir an Frankreich ein Beispiel bekommen. Mein Freund Eisenstuck hat Ihnen vor wenigen Tagen bei einer anderen Gelegenheit dieses Beispiel vorgeführt, und gesagt, daß Frankreich nicht die Revolution bekommen hätte, wenn eine allgemeine Vertretung dort vorhanden gewesen wäre. Er hat dieses als einen Beweis für die Vortrefflichkeit des von Frankreich befolgten handelspolitischen Systems benutzt, worin er sich aber sicherlich irrt. Vielmehr ist ein so verderbliches System unter dem allgemeinen Stimmrecht hoffentlich unhaltbar, denn diese furchtbare Ausbeutung des Volkes zu Gunsten der hohen Industrie ist nur in solcher Interessenvertretung begreiflich. Meine Herren! Was haben wir dort gesehen? Wir haben gesehen, daß die Coalition der Interessen während der ganzen Dauer der Regierung Louis Philipp's allein die Regierung geübt hat. Wir haben gesehen, daß die Interessen sich zusammenstellten, und die wunderbarsten Verbindungen zu Stande kamen, zu denen man sich bewegen ließ, um ein Paar Centimes auf Kohlen, Eisen, Wolle, Leinwand oder irgend einen anderen Gegenstand durchzusetzen. Sie brauchen nur, um sich davon zu überzeugen, sich die Mühe zu geben, eine einzige der betreffenden Debatten der französischen Deputirten-Kammer durchzulesen, z. B. die über den Handelsvertrag mit Sardinien oder Belgien, wie sich diese Interessen gegenseitig den Vortheil auf die schamloseste Weise abmarkten wollen, wo Jeder nur sein Interesse vertritt und zur Geltung bringen will, und Niemand an die großen Interessen des ganzen Volkes denkt, die als willenlose Beute unter den Betheiligten getheilt werden. Louis Philipp hat geglaubt, daß diese Interessenregierung die sicherste sei, Louis Philipp hat sich auf diese Interessen gestützt und Louis Philipp ist verjagt, aber mehr noch als verjagt. Ludwig XVI. ist hingerichtet worden, und nach seinem Tode blieb eine legitimistische Partei in Frankreich; die Republik wurde gestürzt, nach ihrem Sturze blieben aber noch Republikaner in Frankreich; Napoleon ist gestürzt, es sind aber Napoleoniden geblieben; es ist jetzt vielleicht eine Partei da, welche auf die Orleans speculirt, d. h. eine Partei der Interessen: aber niemals ist eine Familie so schmachvoll verjagt worden, als die Orleans, niemals eine Regierung gestürzt worden, so ohne alle Wurzel zurückzulassen; niemals ist eine Regierung so spurlos verschwunden, als diese Regierung der Interessen. (Auf der Linken: Sehr gut!) Wenn man nun sagt, daß man eine Verfassung auf Jahrhunderte gründen wolle, so denken Sie auch an die Zukunft. Glauben Sie, daß diese Regierung der Interessen etwa bei uns weniger ausschließlich sein würde, als in Frankreich? Ich habe die Ueberzeugung, daß, wenn wir lediglich die Interessen zur Regierung kommen lassen, die Regierung viel schlimmer, viel verderblicher, viel demoralisirender bei uns werden wird, als sie in Frankreich gewesen. Bei uns würde der Egoismus der vielbesitzenden Klasse mit krämerhafter Beschränktheit, mit Pfahlbürgerthum und Zopfphilisterthum verbunden, Alles, was an großem Leben in der Nation ist, unterdrücken. (Auf der Linken: Sehr gut!) Es würde diese Versumpfung in der Nation eintreten, die jede geistige Erhebung, jede Opferfähigkeit unmöglich macht. Ich erinnere, meine Herren, an unsere Erfahrung in den letzten Monaten. Wer hat sich über den großen Egoismus eines großen Theiles der Nation nicht gekümmert, und wenn Sie sagen, die Regierung der Interessen sei nicht so sehr der Wandelbarkeit unterworfen, so erinnere ich Sie wiederum an die Erscheinungen der letzten Monate; wo war diese Windmühlen-Wandelbarkeit mehr, als bei den Klassen, die eben die sogenannten Interessen vertreten. Wie Börsenspeculanten war ein großer Theil des Volkes, es speculirte mit gleichem Eifer auf hausse und baisse, wie es eben kam. Haben wir nicht den Adressensturm nach Berlin gesehen, und dann darauf von denselben Leuten den ganz entgegengesetzten, als eben ein anderer Wind wehte? Glauben Sie, daß dieses eine Stabilität der Verwaltung, eine feste Regierung gebe, wenn Sie auf solche Elemente allein und ausschließlich Ihre Regierung bauen wollen? Meine Herren! Ich muß Sie auf einen andern Punkt aufmerksam machen in national-ökonomischer Beziehung. Ich gestehe, daß von allen Censusarten derjenige, den der Ausschuß gewählt hat, diese Ausschließung der Arbeiterklassen, der allerschmerzlichste gewesen ist. In dieser socialen Bewegung gibt es zwei Worte, welche, so zu sagen, das Gift in die Bewegung hineinbringen. Diese Worte sind: Capital und Arbeit. Man hat viele Mittel versucht, Capital und Arbeit mit einander in die innigste Verbindung zu bringen, man hat viele Mittel versucht, Capital und Arbeit zu verschmelzen, und Sie, meine Herren, würden, wenn Sie den Ausschußbericht annehmen, diesen feindlichen Gegensatz zwischen Capital und Arbeit legalisiren, diesem Kampf zwischen Capital und Arbeit einen neuen Giftstoff zuführen, statt daß wir uns bemühen sollten, diesem Kampf seine Erbitterung möglichst zu nehmen, und Versöhnung herbeizuführen. (Zuruf von der Linken: Sehr wahr!) Man spricht viel von Amerika, man sagt, die amerikanischen Verhältnisse sind anders, das Proletariat kann nicht so gefährlich werden, weil dort die Hinterwälder sind, wohin dasselbe einen Abzug hat. Meine Herren! Die große Masse Bodens in Amerika mag viel beitragen, dieses Proletariat zurückzuhalten, ich erinnere Sie aber, daß wir auch große Strecken Bodens haben, ebenso billig, wie in Amerika. Wenn Sie Boden in Amerika nehmen, und ein Jahr lang mit ihrem Schweiße gedüngt haben, dann ist dieses Ackerland theurer, als Sie es in Pommern, in Preußen, kaufen würden. Der Arbeitslohn, um diesen Boden zum Ertrag zu bringen, ist größer, als der Werth des gleichen Bodens in jenen Gegenden. Es ist diese Menge leicht zu erlangenden Grundbesitzes nicht allein, sondern eine andere Erscheinung, die, daß in Amerika die Arbeit heilig, die Arbeit eine Ehre ist. Meine Herren! Sie machen die Arbeit zur Schande (auf der Linken: Bravo und Beifallklatschen), die Arbeit, von der die ganze Zukunft unseres Vaterlandes abhängen soll. Sie wissen Alle, daß ein Volk nur durch Arbeit reich wird. Es ist das unser Unglück, daß wir uns immer noch zu sehr in Stände abpferchen (Beifall auf der Linken); wenn Jemand eine Arbeit gewöhnt war, und er bei dieser sein Brod nicht mehr erwerben kann, so wird er ein verschämter Armer, und nimmt lieber Almosen, als daß er eine sogenannte niedrige Arbeit verrichtet. Dieses Vorurtheil ist in Amerika verschwunden, und so verschieden auch dort der Gewinn aus verschiedenen Arbeiten ist, so fürchtet doch Niemand, durch die Verrichtung irgend einer Arbeit seiner Ehre zu nahe zu treten. Das ist unzweifelhaft eine der hauptsächlichsten Quellen des Wohlstandes jenes gesegneten Landes. Meine Herren! Wenn Sie aber das Wort „niedere Arbeit" legalisiren, so schneiden Sie unserem Nationalreichthum die Wurzel ab, Sie machen, daß wir die Arbeit verachten, und daß die arbeitenden Klassen in roher Genußsucht untergehen, und wir alle erst durch die Schule schwerer Leiden von unserem Irrthum befreit werden. (Auf der Linken: Sehr gut!) Aber ich sage, dieser Gesetzesvorschlag ist unausführbar und der Versuch höchst gefährlich für die Freiheit des Volkes aus einem anderen Grunde. Wir haben das Associationsrecht. Sie schließen nun eine ganze, große Klasse von dem Rechte zur Wahl aus. Meine Herren! Diese Klasse hat das Associationsrecht, sie steht als eine gesonderte Klasse da, Sie haben sie ausgeschlossen, sie hat keinen Theil am Staate, sie wird ein Staat im Staate, und dieser Staat im Staate wird Ihnen sehr gefährlich werden. Sie werden das sehr wohl fühlen und einsehen, und werden sagen: wegen dieser großen Gefahr können wir dieses Associationsrecht nicht lassen, Sie werden es ebenso gut sagen, wie es das französische Ministerium sagt, welches jetzt nur die Clubs verbietet, aber wenn es so fortfährt, überhaupt das Associationsrecht verbieten muß. Sie werden ebenso gut dazu kommen, dieses Associationsrecht überhaupt zu verbieten, denn Sie werden nicht den Muth haben, das Associationsrecht nur der arbeitenden Klasse zu entziehen, Sie werden sich selbst des Associationsrechts berauben in der Hoffnung, daß der Gebildete viele Wege hat, sich dafür zu entschädigen. Es ist dieses der Weg, eine der wichtigsten Freiheiten, die wir erobert haben, zu vernichten, und diese herzklemmende Furcht, die diese Freiheit nicht duldet, wird Schritt für Schritt auch die übrigen für gefährlich erklären lassen, und sie vernichten. — Die Regierungen der modernen Staaten sollen Majoritätsregierungen sein, und eine Regierung getragen von einer Vertretung, bei der ein beträchtlicher Theil des Volkes nicht betheiligt ist, kann immer nur eine Minoritätsregierung sein. Dieser Gedanke in Bezug auf das allgemeine Wahlrecht führt mich zugleich auf die directe Wahlen. Ich glaube, daß man nur bei solchen einigermaßen sicher sein kann, daß immer wirklich eine Majorität vorhanden ist. Wenn man das Resultat durch directe Wahlen prüft, so weiß man, daß mit größerer oder kleinerer Majorität gewählt worden ist. Diese größere oder kleinere Majorität schließt mehr oder weniger Stimmende in sich. Wenn hier auf dieser Seite 100, auf jener Seite 110 abstimmen, so ist es sehr möglich, daß, wenn diese Hundert mit größerer Majorität gewählt sind, sie trotzdem, daß sie 10 Stimmen weniger haben, doch die Majorität in sich haben. Das sind die nothwendigen Unvollkommenheiten, die wenigstens vorläufig von unserem Wahlsystem unzertrennlich sind; vielleicht gibt es in der Zukunft ein Wahlgesetz, bei welchem diese Unvollkommenheit nicht vorhanden ist; vorläufig aber ist ein solches System undenkbar. Wenn aber die volle Sicherstellung der Majorität überhaupt unmöglich ist, so muß man sich wenigstens hüten, eine doppelte Instanz herbeizuführen; dasselbe Verhältniß ist ja auch, wie ich schon gesagt habe, bei den Wahlmännern. Es ist auf diese Weise sehr möglich, daß die eigentliche Minorität eines Wahlkreises den Deputirten gewählt hat, und wenn Sie für die Zukunft diesen zweifachen Instanzenzug annehmen, so ist es wohl nur der Zufall und nur die Wahrscheinlichkeit im glücklichsten Falle, daß die Majorität, welche etwas beschlossen hat, wahrhaft von der Majorität des Volkes gewählt ist. Nun bedenken Sie den complicirten Staat in der Gegenwart; bedenken Sie, wie Vieles man gegenwärtig von einem Staate erwartet und verlangt; nehmen Sie an, daß der Staat in der letzten Zeit gezwungen ist, eine Masse von Angelegenheiten in die Hand zu nehmen, die nach meiner Ueberzeugung dem Staate gar nicht zukommen. Ich für meine Person sehe die Gefahr für die Freiheit der Bürger nicht bloß bei der unbeschränkten Monarchie, sondern auch bei den Majoritätsregierungen, ein Grund, der noch immer dahin führen wird, dieser großen Staatsverwaltung so viel Gebiet, als möglich, zu entziehen, und es der freien Association, oder der Verwaltung des Bezirks, oder der Gemeinde zu überlassen; ich verkenne aber unsere Zustände nicht, ich weiß, daß bei dieser krankhaften Neigung des Volkes, möglichst in allen Beziehungen von Oben herab regiert zu werden, und von dort Alles zu erwarten, Vieles mit Gewalt in den Staat hineingetrieben wird, was der Association oder höchstens der Gemeinde überlassen werden müßte. Die Freiheit der Kirche wird noch lange isolirt dastehen; man wird nicht dem Moloch des Staates die Eingeweide herausnehmen, um jedes derselben zu einem selbstständigen Wesen zu machen; wenn wir aber eine so complicirte Regierung haben, so ist eine sichere Garantie um so nothwendiger, daß wir wirkliche Majoritätsbeschlüsse besitzen. Die Gründe, welche gegen die directen Wahlen eingewendet werden, sind nur Bequemlichkeitsgründe. Man sagt, es macht sich leichter, die indirecten Wahlen sind leichter auszuführen. Bei den directen Wahlen sollen die Leute zusammen kommen, wenn keine absolute Majorität da ist, muß man einen neuen Termin anordnen. Ich glaube aber, daß dieser Zweck der Wahl, die Majorität des Volkswillens selbst zu erlangen, ein so entscheidender ist, daß alle Bequemlichkeitsgründe nicht in das Gewicht fallen können. Wichtig aber ist außer dem Zweck der Willenserforschung auch noch der Einfluß, den die Wahloperation auf die Sittlichkeit des Volkes übt. Viele von uns sind durch indirecte Wahlen gewählt, und ich glaube wohl, daß viele von Ihnen mit mir eine und dieselbe Erfahrung gemacht haben, nämlich die Erfahrung, daß bei der indirecten Wahl in jedem kleinsten Dorfe sich bei der Wahl nicht nur eine politische Partei bildet, sondern daß von dieser politischen Partei alle localen Interessen des Ortes aufgeregt werden, und daß diese localen Interessen bei der Wahl von großem Einfluß sind; alles was von Persönlichkeiten, Klatschereien, Niedrigkeiten, Kleinkirchspiel-Interessen, Kirch-, Schul- und Wegebauten, irgend in dieser Gemeinde seit einer Reihe von Jahren vorgekommen ist, Alles wirkt auf diese Wahl. Ich frage Sie, meine Herren, ob nicht viele von Ihren Wahlmännern aus kleineren Ortschaften zu Ihnen gekommen sind, und irgend ein seltsames Anliegen, das Sie in Frankfurt durchsetzen sollten, Ihnen erzählt haben: etwa dieser Anger, oder dieser Kirchenthurmbau, oder diese Flachsröste oder sonst etwas. (Stimmen auf der Linken: Sehr wahr! Auf der Rechten: Oh ho! Nein!) Meine Herren! Ihr Nein beweist gar nichts, ich verweise Sie auf die Fluth der Petitionen, auf den Inhalt von Petitionen, die nicht an Einzelne, sondern an die Gesammtheit der Reichsversammlung gerichtet sind. Statt der großen gemeinsamen Erhebung zu einer Idee, die der Abgeordnete den Wählern verkörpern soll, statt der Beherzigung der allgemeinen vaterländischen Interessen, werden durch die indirecte vorzugsweise diese Kirchspielinteressen von Neuem erzeugt. Sie werden aber auch, meine Herren, noch mehr thun mit den indirecten Wahlen, Sie werden nach jeder Wahl in jedem einzelnen Orte nicht nur eine politische Aufregung hinterlassen, sondern auch viel persönliche Leidenschaft, einen Keim zu schweren Feindschaften und zu kleinlichem Ehrgeiz, hinterlassen haben, was Alles auf die Sittlichkeit des Volkes nur verderblich einwirken kann. Ich will Sie nicht noch mit andern Gründen gegen die indirekten Wahlen behelligen, die die Erfahrungen der letzten Wochen reichlich darbieten; denn dieser sittliche Grund ist für mich entscheidend, ich kann mich deßhalb nur für directe Wahlen aussprechen. Zum Schluß noch einen Blick auf unsere Lage im Allgemeinen, indem wir ein Wahlgesetz aussprechen. Es ist uns aus dem Munde einer Autorität bei einer anderen Gelegenheit einmal gesagt worden, daß es Pflicht dieser Versammlung wäre, bei jedem wichtigen Beschlusse sich die allgemeine Weltlage und unsre specielle Stellung in unserem Vaterlande gegenwärtig zu halten. Es ist das gesagt in einem schweren, schmerzlichen Augenblick für uns Alle, in einem Momente, der entscheidend für unser ganzes nachheriges Leben hier gewesen ist: nun wohl erinnern

Sie sich jetzt auch an Ihre Stellung im Vaterland. Wir machen die Verfassung, [illegible] weiß, wie die Verfassung ins Leben treten soll, wer sie ins Leben führt? Viele von Ihnen haben gesagt: Wir stellen sie hin, und dann mag das Volk entscheiden, ob es sein Wille ist, daß diese Verfassung in Deutschland gilt. Wir haben unser Mandat erfüllt, und geht die Einführung über unsere Kräfte, so ist es eben Sache des Volkes, nur keine [illegible] zu thun. Meine Herren, wenn ich dieses ausführe, so meine ich nicht eine Revolution, auch nicht eine allgemeine [illegible]; aber wenn Sie diesem Strom der öffentlichen Meinung das Schiff Ihrer Hoffnungen überlassen wollen, dann sehen Sie weise und verkümmern Sie den Strom nicht, machen Sie ihn nicht seicht, damit Ihr Schiff nicht auf den Sand geht." (Lebhafter Beifall auf der Linken und dem linken Centrum.)

Reichsminister v. Beckerath: Meine Herren! Der vorige Redner hat die Ansicht ausgesprochen, daß die socialen Uebel der Gegenwart allein dadurch geheilt werden könnten, daß diejenigen Klassen der Gesellschaft, welche vorzugsweise unter jenen Uebeln zu leiden haben, zur politischen Berechtigung im Staate herangezogen werden. Das ist ein Irrthum, meine Herren, ein Irrthum, der dadurch erklärlich ist, daß unser Volk bis hierher der Mitwirkung im Staate fast gänzlich entbehrt hat, und daß in dem Augenblicke, wo es dieselbe erlangte, die Ansicht nahe liegt, es könne diese Mitwirkung nicht anders heilsam, als in dem schrankenlosesten Umfange stattfinden. Meine Herren! Auch ich sage, es muß diesen Klassen geholfen werden, und der Staat muß das Seinige dazu thun, daß ihnen geholfen werde. Wenn Sie aber die Krankheit, die Sie heilen wollen, hinüberziehen auf das Gebiet, von wo aus die Heilung erfolgen soll, wie ist da die Heilung überhaupt möglich? Es hat sich nie eine Stimme gegen die Berechtigung der Staatsgesellschaft erhoben, das Alter zu bestimmen, in welchem das Individuum zu einer bürgerlichen Handlung fähig wird. Die bürgerliche Handlung betrifft nur das Individuum selbst, oder den engen Kreis der Familie; und doch schreitet der Staat ein und zieht hier eine Schranke. Niemand, wie gesagt, bezweifelt dieses Recht. Soll nun aber auf dem Gebiete, wo es sich nicht um das Individuum allein, wo es sich nicht um den engen Kreis der Familie, sondern um das Wohl und Weh des Ganzen handelt, der Staat nicht das Recht haben, eine Beschränkung aufzustellen? — Er hat nicht allein das Recht, er hat die Pflicht dazu. Auch ich bin, wie Herr Löwe, der Ansicht, daß im Staate von der Gleichheit, von dem gleichen Berufe aller Staatsangehörigen ausgegangen werden muß; aber darin kann ich diese Gleichheit nicht sehen, daß die Institutionen des Staates so eingerichtet werden, daß alle gleichmäßig ins Verderben gelangen. (Auf der Linken: Oho!) Ich sehe die Gleichheit darin, daß jedem Individuum im Staate jeder Weg geöffnet ist, daß alle Hemmungen wegfallen, daß jede Kraft freien Raum hat, sich zu entfalten, und daß mithin jeder Staatsangehörige dahin, auf die Stufe gelangen kann, wo er der Gesammtheit eine Bürgschaft für den weisen Gebrauch des politischen Rechtes darbietet. Deßhalb, weil ich diese Gleichberechtigung anerkenne, bin ich auch nicht für den Modus, den der Ausschuß vorschlägt; ich bin dafür, daß das politische Recht, das Wahlrecht einem Jeden verliehen werde, der eine solche bürgerliche Stellung hat, die zu der Voraussetzung berechtigt, daß er dieses Recht selbstständig, unbeirrt durch andere Einflüsse ausüben werde; aber ich würde es nicht billigen, wenn gewisse Klassen, die Klassen der Arbeiter, die Taglöhner, als solche von dem Wahlrecht ausgeschlossen würden. Das Wahlrecht muß ein allgemeines sein, beschränkt nur durch das Recht der Allgemeinheit, und dieses Recht bringt es mit sich, daß eine Bürgschaft gegen den Mißbrauch verlangt werden kann. Meine Herren! Herr Löwe hat Ihnen gesagt, in Amerika werde die Arbeit, die hier nach dem Vorschlag des Ausschusses herabgewürdigt werden solle, heilig gehalten. Das war ein unglückliches Beispiel. Meine Herren! In Amerika, da erduldet Derjenige, der die härteste Arbeit zu verrichten hat, das menschliche Individuum, das im Schweiße seines Angesichts für den Wohlstand anderer Klassen arbeitet, die schmählichste Knechtschaft. (Stimmen auf der Rechten: Sehr richtig! Sehr gut!) Die Sclaverei besteht noch in Amerika; sie besteht in einem großen Theil dieses Staates und die Gesammtheit hat nicht den Muth oder die Kraft gehabt, sie zu beseitigen. Dieses Beispiel weise ich im Namen von Deutschland zurück. (Bravo rechts und im Centrum.) Auch Deutschland soll die Arbeit heilig halten; aber es soll sie dadurch ehren, daß es dem fleißigen Arbeiter die Bahnen öffnet zu jeder Stellung, und zur höchsten im Vaterlande; niemals muß er ausgeschlossen sein; niemals muß er aber auch berechtigt sein, wenn er nicht durch Dasjenige, was er leistet, sich so gestellt hat, daß bei ihm das Kriterium der Befähigung zu einer weisen Ausübung des politischen Berufes vorhanden ist. Dann, meine Herren, bei solchen Einrichtungen wird die Gefahr, auf die Herr Löwe hindeutet, daß sich auf dem Wege des Associationswesens ein Staat im Staate, eine feindselige Richtung gewisser Klassen gegen den Staat ausbilde, nicht zu befürchten sein; denn der fleißige Arbeiter wird es dahin bringen, daß er das Wahlrecht erlangt, und es wird niemals bei ihm eine Ursache der Feindseligkeit sein, daß er es nicht von vornherein ausübt. Auch die weitestgehenden Anträge haben anerkannt, daß die Berechtigung zur Wahl, zur activen Mitwirkung am Staate erst mit der Volljährigkeit beginnen könne; also auch von dieser Seite her (von der Linken) wird das Princip der Beschränkung zugegeben; denn mit welchem Rechte würde sonst Derjenige, der im neunzehnten oder zwanzigsten Jahre, also vor der Volljährigkeit, bereits Militärdienste zu leisten hat, dem die Zumuthung gemacht wird, für die Gesammtheit zu sterben, mit welchem Rechte würde dieser ausgeschlossen vom Wahlrechte, wenn man nicht überhaupt eine Beschränkung im Interesse des Ganzen als nothwendig anerkennt? — Es fragt sich nur: Wie soll die Beschränkung gefunden werden? Und da komme ich zu der Betrachtung, worauf es eigentlich bei Ausübung des Wahlrechts ankommt, was eigentlich durch den Gewählten vertreten werden soll. Herr Löwe selbst hat Ihnen bewiesen, daß eine numerische Vertretung, eine Vertretung des empirischen Volkes, wenn ich mich dieser Bezeichnung bedienen soll, nicht möglich ist. Es ist principiell unrichtig, und wird niemals zu erreichen sein, daß der Wille oder die verschiedenen Willen der Einzelnen im Staate summirt werden, und dadurch der Gesammtwille sich herausstellt. Es soll nicht der Einzelne im Volke, das numerische Volk vertreten werden; es soll vertreten werden, was das Volk besitzt an Bildung, an Wohlstand, an Macht, an Ruhm; was ihm überliefert worden ist von der Vergangenheit, das soll es bewahren, und soll es ausbilden und vermehren für seine Zukunft. Das ist die Aufgabe der Volksvertretung, und zu dieser Aufgabe der Gesittung ist Jeder im Staate berechtigt, mitzuwirken, der von den Elementen der Gesittung durchdrungen ist. — Keiner aber kann etwas bewahren und fortbilden, was er nicht besitzt; der Staat hat also darauf zu sehen, daß das Wahlrecht in solche Hände gelegt werde, die zur Lösung dieser Aufgabe, zur Fortbildung des eigentlichen Culturlebens im Staate befähigt sind. (Zuruf von der

Linken: Sind denn die Arbeiter ungesittet?) Wenn wir nun den Blick auf die Verhältnisse in Deutschland richten, können wir uns die Frage, ob wirklich das Volk in allen Gliedern bis in die untersten Schichten hinunter von diesen Elementen der Gesittung durchdrungen ist, und ob man überall denjenigen Grad von Einsicht und Selbstständigkeit voraussetzen darf, der mit der Ausübung des Wahlrechtes nothwendig verbunden sein muß, können wir diese Frage bejahen? Wir können es nicht, meine Herren. Was hilft es, wenn Herr Ziegert uns gestern gesagt hat, es sei eine neue Weihe über die Menschen gekommen: wir können wohl mit einer Gefühlserhebung, mit einem abstracten Gedanken uns über die Wirklichkeit hinwegsetzen, wir können sie aber niemals unbestraft verleugnen. (Auf der Rechten: Sehr gut!) Wir können es nicht verkennen, und wir müssen es beklagen, daß in unserem Vaterlande, das in mancher Beziehung hochsteht, doch noch ein großer Theil der Bevölkerung sich in einem Zustande befindet, in welchem er alle ihm zu Gebote stehenden Kräfte dazu zu verwenden hat, daß die äußerste Nothdurft des Lebens befriedigt werde, in welchem der Blick nicht über dieses nächste Ziel hinausreicht, und in welchem auch der geringste Grad von Einsicht in politischen Dingen nicht anzutreffen ist. Das ist eine Thatsache, die nicht geleugnet werden kann. Die Klassen also, die nun urplötzlich, nachdem sie nie vorher in die Lage kamen, nachzudenken über das Wesen des Staates, berufen werden, eine so wichtige Entscheidung zu treffen, werden entweder das blinde Werkzeug Anderer, die sie zu ihren Zwecken mißbrauchen, oder sie verfallen irgend einem anderen Irrthum, und es kann dadurch Dasjenige, was um ihrer selbst willen befördert werden muß, das Wohl des Staates, nur gefährdet werden. Wenn wir aber diese Ueberzeugung gewinnen, und sie uns zur Richtschnur dienen lassen, so können wir andererseits die Aufgabe des Staates nicht verkennen, durch alle ihm zu Gebote stehenden Mittel, durch Schuleinrichtungen nicht allein, sondern auch durch andere Bildungsanstalten, und selbst durch Beförderung geeigneter Associationen dahin zu wirken, daß Einsicht und Befähigung sich in immer weiteren Kreisen verbreiten; denn, wie ich schon vorhin bemerkte, alle Staatsangehörigen sind gleichmäßig berufen, an dem Staatsleben durch thätige Mitwirkung Antheil zu nehmen, und es ist Pflicht des Staates, auf alle mögliche Weise mitzuwirken, daß sie zu dem Berufe auch die Fähigkeit, ihn auszuüben, erlangen; ich bin, wie ich bereits aussprach, nicht dafür, daß, wie der Ausschuß vorschlägt, gewisse Klassen von dem Wahlrechte ausgeschlossen werden, — Jedem muß der Weg dazu offen stehen; das ist das Recht des Individuums, dessen Herr Löwe erwähnte, aber ich kann dem Rechte des Individuums nicht eine Ausdehnung geben, die der Gesammtheit nachtheilig werden würde. Nach dem Ziele der Befähigung Aller muß gestrebt werden, aber wir dürfen es nicht anticipiren; wir würden eine große Pflichtvergessenheit begehen, wenn wir schon jetzt so handeln wollten, wie wir dereinst werden handeln können, wenn dieses Ziel mehr erreicht ist. Was würde die Folge davon sein, wenn die Entscheidung über den Staat Solchen anvertraut wird, die wenig unterrichtet sind von Demjenigen, worauf es bei dieser Entscheidung ankommt? Der Umstand, daß von 3,400,000 Urwählern in Preußen nach statistischen Notizen 2,400,000 denjenigen Klassen der Gesellschaft angehören, bei denen in der Regel eine Einsicht in die öffentlichen Angelegenheiten nicht vorausgesetzt werden kann, erklärt die bitteren Erfahrungen, die dieser schwer geprüfte Staat mit seiner Volksvertretung gemacht hat, und welches Resultat hat in Frankreich das allgemeine Stimmrecht? Sehen wir nicht dort einen Mangel an jeder Festigkeit des Staatslebens, sehen wir nicht die Meinung allgemein verbreitet, daß, nachdem auf diesem Wege, der ja als Universalmittel für alle Uebel angepriesen wird, eben erst eine Staatsordnung hergestellt ist, die kaum errichteten Institutionen demnächst wieder umgestürzt und auf einem anderen Wege eine neue angebahnt werden müsse? Sehen wir nicht dort den allgemeinen Wohlstand mehr und mehr sinken, und gerade die Versuche, die man unter Begünstigung des allgemeinen Stimmrechtes zur Hebung der socialen Uebel machte, auf die jämmerlichste Weise scheitern? Die Arbeiter, die man durch Versprechungen zu den größten Ansprüchen aufgereizt hatte, sahen sich endlich getäuscht, und wurden auf den Barricaden das Opfer ihrer Verzweiflung. Es ist eine beklagenswerthe Erscheinung, wenn auch in Deutschland dem Volke zugerufen wird: „Ihr seid jetzt reif, euer Schicksal selbst zu bestimmen!" wenn Mißtrauen nicht allein gegen die Regierung, sondern auch gegen die Volksvertretungen eingeflößt und die Aufregung so weit getrieben wird, daß es sie zum Verbrechen und die Schuldigen als Flüchtlinge in das Ausland führt. Ist das Unheil dann damit gut gemacht, daß man ihnen, um sie für ihren unersetzlichen Verlust, für die Entbehrung des vaterländischen Bodens, für das Elend in der Fremde zu entschädigen, ein dürftiges Almosen hinüberwirft? Meine Herren! Nicht allein können die socialen Uebel durch das allgemeine Stimmrecht nicht geheilt werden, sondern es liegt auch darin eine große Gefahr für die Freiheit; denn werden durch das allgemeine Stimmrecht Volksvertretungen geschaffen, die keine Wurzel schlagen im sittlichen Bewußtsein des Volkes, so wird die Regierungsform des Absolutismus wieder neue Kraft erlangen. Das Bedürfniß der Ordnung im Staate ist so dringend und mächtig, daß da, wo es nicht befriedigt werden kann, alles Andere hintangesetzt wird, und daß, wenn keine Ordnung mit der Freiheit möglich ist, man die Freiheit fahren läßt und nach der Ordnung greift. Das ist eine Thatsache, die nicht geleugnet werden kann, und die sich aufs Neue darstellen wird, wenn in Deutschland das allgemeine Stimmrecht bestehen bleibt, und dadurch beständige Schwankungen und Zerrüttungen hervorgerufen werden. Zu allen Zeiten, bei allen Völkern sind Beschränkungen in Anwendung gekommen. Die Sclaverei des Alterthums, die Leibeigenschaft und Hörigkeit des Mittelalters sind durch die allmählich immer mehr und mehr zur Verwirklichung gekommene christliche Idee beseitigt worden. In der christlichen Idee liegt die Aufforderung, liegt die Verpflichtung für die Staatsgesellschaft, die Menschenwürde in jedem Individuum zu achten, den gleichmäßigen Beruf *Aller* anzuerkennen, und auf die Befähigung *Aller* zu dessen Ausübung hinzuwirken. Aber die Ausübung unabhängig zu machen von der Befähigung, das würde eine Pflichtverletzung sein, die der Staat gegen sich selbst beginge. Die Beschränkung des allgemeinen Stimmrechts ist für den Staat eine Pflicht der Selbsterhaltung, denn er stürzt sich sonst aus einer Krise in die andere, seine ganze Existenz geräth in Gefahr; sie ist aber auch eine Pflicht der Civilisation, denn was ein Volk besitzt an Gütern der Bildung, der Kunst und Wissenschaft, das kann nicht gepflegt werden unter fortwährenden Stürmen, kann nicht gedeihen da, wo jeden Augenblick durch heftige Stöße die ganze Staatsgesellschaft ins Schwanken geräth. Es ist ferner ein Gebot der materiellen Wohlfahrt; denn da, wo keine Gleichmäßigkeit, keine Stetigkeit des Staatslebens vorhanden ist, wo die Bürgschaft fehlt, daß das Bestehende zwar fortwährend der Vervollkommnung entgegengeführt, niemals aber gewaltsam umgekehrt wird, da kann die materielle Wohlfahrt nicht, und am Allerwenigsten das Wohl eben derjenigen Klassen, die durch das allgemeine Stimmrecht besonders begünstigt werden sollen, gedeihen. Es ist endlich eine Pflicht der Gerechtigkeit und der Humanität; denn nur, wenn durch Heranziehung und durch ungehemmte Wirksamkeit der edleren Kräfte im Staate eine starke, machtvolle Staatsordnung geschaffen und aufrecht erhalten wird, nur dann ist es möglich, den Anforderungen der Humanität gerecht zu werden, die in unserer Zeit immer näher an uns herantreten, namentlich der Anforderung, deren ich schon früher gedachte, daß der Staat Alles aufbieten müsse, um die sociale Lage der unteren Klassen zu verbessern, um die Summe der menschlichen Glückseligkeit immer weiter und weiter zu verbreiten; und eben deßhalb, weil ich mein Vaterland groß und frei wünsche, weil ich den Staat so gestellt wünsche, daß er die ihm obliegende Verpflichtung, für die immer größere Verbreitung der politischen Rechte zu sorgen, erfüllen kann, deßhalb erkläre ich mich für die Beschränkung des allgemeinen Stimmrechts. (Bravo auf der Rechten; Zischen auf der Linken.)

Präsident: Meine Herren! Was bisher von Verbesserungs-Anträgen zu den einzelnen Paragraphen des Wahl-Gesetzes vorgelegt worden ist, habe ich während der allgemeinen Discussion sofort dem Druck übergeben; es scheint mir aber, daß es im Interesse der Versammlung liege, daß ich sie auch während der allgemeinen Erörterung durch Verlesung derselben mit ihrem Inhalte bekannt mache. Hier ist ein Verbesserungs-Antrag zu § 2 des Wahlgesetzes von den Herren G. Beseler, Schubert, Langerfeldt und Andern. Derselbe lautet:

„In diesem Paragraphen möge statt Nr. 2 — 5 gesetzt werden:

1) Alle, welche nicht mindestens entweder 5 fl. 15 kr. rhein. (3 Thlr. preuß.) directe Steuern jährlich an den Staat entrichten, oder ein jährliches Einkommen von 350 fl. rhein. (200 Thlr. preuß.) nachweisen können."

Herr Pfeiffer hat das Wort.

Pfeiffer von Adamsdorf: Meine Herren! Ich möchte auf dieses Wahlgesetz ein Wort anwenden, mit dem gestern ein Antrag von dieser Seite des Hauses (zur Linken gewendet) zurückgewiesen wurde: Wenn man nicht wüßte, daß dieses Reichsgesetz über die Wahlen der Abgeordneten zum Volkshause von dem Verfassungs-Ausschusse des ersten deutschen Volks-Parlaments entworfen, berathen und uns vorgelegt worden ist, man sollte es nicht für möglich halten; man sollte es nicht für möglich halten, daß dasselbe wenigstens indirect aus dem Schooße einer Versammlung hervorgegangen ist, die gleich bei ihrem ersten Zusammentritte in überwiegender Majorität, ja fast einstimmig die Souveränität der Nation proclamirt hat. Ich weiß sehr wohl, daß gegenwärtig der Wind anders weht, als im März, und mancher Mantel anders hängt. Ich habe als ein Mitglied dieser Versammlung, das von Anfange an den Berathungen beigewohnt, wohl beobachtet, wie man Schritt für Schritt von diesem großen Grundsatze abgewichen ist; das habe ich aber doch nicht geahnt, daß man uns nun zuletzt den Vorschlag machen würde, die größere Hälfte der Urwähler, die uns hierher geschickt hat, für politisch unselbstständig und unmündig zu erklären. (Bravo auf der Linken.) Das aber, meine Herren, geschieht in dem uns vorgelegten Entwurfe. Man hat darin nur auf einem anderen und neuen Wege wiederum die privilegirten Klassen eingeführt, und es scheint fast, als ob man den Kreis derselben nur gerade um so viel erweitert hat,

daß auch die Professoren darin Platz finden. (Bravo auf der Linken.) Ausgehend von der Ansicht, die auch [illegible] Vorredner als die seinige [illegible] hat, daß es [illegible] sei, die weitere Entwickelung [illegible] unserer [illegible] Verhältnisse von dem Einflusse der [illegible], [illegible] ja, ich habe das Wort mit Bedauern gehört, [illegible] ungebildeten Masse abhängig zu machen, die keine politische Einsicht, ja, die fast kein politisches Interesse habe, [illegible] auf den Gedanken gekommen, das allgemeine Wahlrecht zu beschränken. Einen Census von Neuem einzuführen, [illegible] man Bedenken, weil man nicht wüßte, wo die Grenze zu ziehen sei. Die alte [illegible] Verfassung, die eine ständische Wahl wieder ins Leben zu rufen, scheute man sich, weil [illegible] doch auch die Grundrechte des deutschen Volks [illegible], und da ist man denn auf den unglücklichsten Ausweg [illegible] der Welt gerathen. [illegible] die schwankenden Begriffe der Selbstständigkeit und Unbescholtenheit als Criterium hingestellt. Soll denn [illegible] einmal, meine Herren, eine Beschränkung dieses allgemeinen, dieses natürlichen Rechts eintreten, so [illegible], [illegible] die Wahlbestimmungen anderer Länder [illegible] noch [illegible]; jene Bedingung, an die in Amerika das Wahlrecht zum großen Theile geknüpft ist, die Ansässigkeit, ja selbst der aristokratische Census von England. [illegible] ist derselbe auf das [illegible] verwachsen mit der ganzen Verfassung des Landes, mit der ganzen geschichtlichen Entwickelung desselben; aber ich wollte ihn lieber auf deutschen Boden verpflanzen, als den Bestimmungen zustimmen, die uns der Verfassungs-Ausschuß vorgeschlagen hat, und die [illegible] Thor und [illegible] öffnen. Man hat freilich versucht, diese [illegible] zu begrenzen, sie durch äußere Merkmale zu bezeichnen; aber schon dieser Versuch hätte die [illegible] dieser Theorie von derselben zurückbringen sollen. Ich kenne nur Eine Selbstständigkeit, und das ist die Selbstständigkeit der Gesinnung, allerdings ein sehr erwünschtes Erforderniß bei Ausübung des Wahlrechts; aber ich kenne keine äußere Lebensstellung, von der aus man mit Sicherheit, mit entschiedener Gewißheit einen Rückschluß auf diese Selbstständigkeit der Gesinnung, auf das Vorhandensein derselben, oder ihren Mangel machen kann. Kein Lebensverhältniß, kein Beruf enthält an sich eine Bürgschaft [illegible] Gesinnung, am Wenigsten oft die der höher Gestellten. Ich brauche Sie nur an so manche Beamte zu erinnern, die im März von liberalen Ansichten überflossen, und schon im November ihr reactionäres Polizeigesicht wieder annahmen. Deßhalb weise ich alle jene Bestimmungen zurück, die auf dem schwankenden Princip der Selbstständigkeit beruhen; mit Ausnahme der Bestimmungen, die unter Nr. 1 des § 2 gestellt sind. Alle anderen sind nicht stichhaltig, denn wenn zunächst als äußeres Merkmal der Unselbstständigkeit das Empfangen von Almosen aus öffentlichen Mitteln angegeben wird, so ist das doch eben nur eine Voraussetzung, daß jener [illegible] für die dürftige Gabe zugleich seine Gesinnung verkaufe. Und wenn dieß auch wirklich der Fall sein sollte, daß die Meisten von Diesen nur nach dem Willen der öffentlichen Behörde, im Interesse der Regierung [illegible], nun, meine Herren, so halte ich das nicht für ein so [illegible] Unglück, daß man sie deßhalb ihres einzigen politischen Rechts berauben sollte. Bedenken Sie, wie die Zerrüttung unserer socialen Verhältnisse, die Stockung in Handel und Gewerben, wie der Mangel an Arbeit in Fabriken und [illegible] viele Tausende von Arbeitern und [illegible] recht eigentlich an den Bettelstab gebracht, und wie viele tüchtige und [illegible], die es sonst nicht [illegible], den [illegible] Weg hätten gehen müssen, aus öffentlichen Mitteln [illegible] zu suchen. [illegible]

[illegible], daß Sie sie, die Rechte benehmen, Theil zu nehmen an der Wahl der Vertreter, die auch für sie eine bessere Zukunft des Vaterlands herbeiführen sollen? Meine Herren! Ich halte das für eine unbillige Härte. Ebenso willkürlich, wenn auch nicht so scharf begrenzt, ist die zweite Bestimmung, die alle Dienstboten vom Wahlrecht ausgeschlossen wissen will. Was verstehen Sie unter Dienstboten? Etwa Diejenigen, die für ihre Dienstleistungen im fremden Hause Kost, Wohnung und Lohn haben; meine Herren, da müßten Sie noch gar viele Personen in diese Klasse aufnehmen; Hauslehrer, Gutsinspectoren, Handlungsdiener ... (Stimmen auf der Linken: Kammerdiener, Kammerherren!) Meine Herren! Ich weiß sehr wohl, daß davon wirklich im Verfassungs-Ausschuß die Rede gewesen ist, diese Personen auszuschließen, und daß man sich nur zuletzt über den allgemeinen Begriff Dienstboten geeinigt hat; aber er ist so unbestimmt, daß in manchen Ländern, wie in Oesterreich, besondere Gesetze haben erlassen werden müssen, um zu bestimmen, welche Personen in die Kategorie der Dienstboten gehören. Im Allgemeinen wird man Diejenigen darunter verstehen, die für ihre Dienstleistungen, ihre häuslichen Verrichtungen und Handarbeiten Lohn, Wohnung und Kost beziehen. Aber, meine Herren, sollten diese Personen denn so sehr abhängig sein von ihrer Herrschaft, daß sie ihre politische Ueberzeugung nothwendig immer unterordnen? Es mögen die Fälle nicht selten vorkommen, daß sie lieber den Dienst verlassen, als eine unbillige Forderung der Art erfüllen. Freilich steht es wohl geschichtlich fest, daß bei den letzten preußischen Wahlen die Herrschaften ihre Stellung den Dienstboten, besonders den Tagelöhnern gegenüber, soweit mißbrauchten, daß sie sie zwangen zur Abstimmung in einer bestimmten Richtung. (Stimmen auf der Linken: Hört!) Aber ich frage Sie, wer sind da die Unselbstständigen? Ich meine Diejenigen, welche derartige unerlaubte und ungesetzliche Mittel nicht verschmähten, und sie für nöthig hielten, ihre Ueberzeugung damit zu stützen. (Stürmisches Bravo auf der Linken und der Gallerie; Unruhe auf der Rechten.) — Mit der dritten Bestimmung, mit der Ausschließung der Fabrikarbeiter, Handwerksgehülfen, Tagelöhner, schließen Sie geradezu nach einer Wahrscheinlichkeitsberechnung bei Weitem über die Hälfte aller jetzt berechtigten Urwähler aus; ich will nicht wiederholen, was bereits angeführt ist, daß auch diese Bestimmung von Handwerksgehülfen und Fabrikarbeiter noch viel zu allgemein ist. Nur auf Zweierlei möchte ich Sie hinweisen; wenn Sie die Handwerksgehülfen ausschließen, weil sie auch in Lohn und Kost bei ihrem Meister stehen und unselbstständig seien, weil sie keinen eigenen Hausstand haben, so sehe ich gerade darin ein Zeichen ihrer Unabhängigkeit. Das Wanderleben des deutschen Handwerksgesellen ist ja bekannt; wo es ihm in einem Orte zu eng wird, da schnürt er seinen Bündel und geht seiner Wege; wenn er sich aber unter drückenden Verhältnissen [illegible] gemacht hat, dann wird er abhängig von seinen Kunden, von seinen Arbeitgebern, von den Sorgen um Weib und Kinder, wie denn überhaupt in politisch aufgeregten Zeiten die Unabhängigkeit und Selbstständigkeit der [illegible] durch die Ehe und Familie eher nicht vermehrt wird. Das Andere, worauf ich Sie hinweisen wollte, ist die Erinnerung an unsere Revolution. Ich spreche ungern von den Märzerrungenschaften, seitdem der November ein [illegible] auf sie gemacht hat, aber doch [illegible] haben Herren, die den März [illegible] Volk und den [illegible] zu schicken. (Lebhaftes Bravo auf der Linken.) So wage ich es denn, meine Herren, von dieser Revolution zu sprechen; welche Ansicht man auch von ihr haben mag, soviel ist gewiß [illegible], daß wir sie auch heute noch als den Anfang einer neuen und größeren Epoche unseres Vaterlandes ansehen. Und wer waren denn Diejenigen, welche diese Revolution durchgefochten haben? Meine Herren! Ich war wenige Tage nach jener furchtbaren Katastrophe in Berlin unter den Verwundeten, ich stand unter der langen Reihe der Leichen, diesen Opfern einer verblendeten Politik; hierher hatten die privilegirten Stände nur hie und da einen einzelnen Vertreter gesendet, wahrlich nicht den Schlechtesten seines Namens — (Lebhafter Beifall und Beifallklatschen auf der Linken.) Aber die überwiegend große Mehrzahl Derer, die ihr Leben, ihr Blut für die Revolution, für die Sache der Freiheit und der Rechte des Volkes eingesetzt hatten — es waren eben Handwerksgehülfen, Fabrikarbeiter, Tagelöhner. (Bravo auf der Linken.) Sie werden ihnen das Recht, das sie für sich und ihren Stand auf den Barrikaden erkämpft haben, nicht durch Annahme eines Paragraphen wieder nehmen (Bravo auf der Linken), und wenn Sie es thun, dann werfen Sie die Saat aus zu einer neuen Revolution. Meine Herren! Ich liebe die Revolutionen nicht, weil sie in der Regel auf lange Zeit hinaus das Volk demoralisiren; aber ich werfe die Schuld davon nicht auf Diejenigen, die sie zuletzt durchführen, sondern auf Die, und zwar als eine schwere Verschuldung, die sie durch Eigensinn und eitle Verblendung veranlassen; sie allein sind verantwortlich für das vergossene Blut. Wenn wir aber doch einmal durch eine so stürmische Entwickelung hindurch mußten, dann bin ich der Ansicht, daß es unsere Aufgabe ist, nicht diese Revolution zu verleugnen, was überall das Thörichtste ist, was geschehen kann, sondern durch Anerkennung ihrer Consequenzen sie abzuschließen. Die erste Consequenz der Revolution aber, und die sofort anerkannte, war das allgemeine Stimmrecht, die breiteste Grundlage unserer Verfassung, war die Aufhebung jedes Privilegiums, deßhalb stimmen Sie gegen jede Beschränkung, gegen jedes erneute Zurückbringen alter Zustände. Es ist nicht stichhaltig, wenn dagegen eingewendet wird: Wer nicht mit thatet, der soll auch nicht mit rathen; denn wenn Sie dabei an die Steuern denken, so ist es ja bekannt, daß gerade die niedrigste Steuerquote den höchsten Ertrag zur Staatseinnahme bringt, und wenn Sie dabei auf die Arbeit, auf die Theilnahme an der Volkswehr sehen, so meine ich, daß gerade diese Stände mehr mit thaten, als manche Privilegirten. Deßhalb also, weil sie mit thaten, sollen sie auch mit rathen. Auch das kann kein Einwand gegen ihre Wahlberechtigung sein, daß jene Stände ohne Einsicht, ohne Gesittung und politische Bildung seien. Das ist nur eine nun um so ernstere Mahnung für uns daran, wie Vieles wir nachzuholen und wieder gut zu machen haben. (Stimmen auf der Linken: Sehr gut!), welche große Aufgabe namentlich den Schulen und Lehrern obliegt, den jugendlichen Gemüthern schon die Liebe zur Freiheit, zum Gesetze und zur Ordnung einzuprägen. Es waren aber sicher die Landesschulen zu zählen, auf deren Lectionsplane man vaterländische Geschichte oder Geographie als Lehrgegenstand aufgenommen sah. Darum lassen Sie uns dafür sorgen, daß in jenen Kreisen immer mehr die wahre Liebe zum Vaterlande und zu seiner Verfassung, der Sinn für gesetzliche Freiheit geweckt wird; das muß das gemeinsame Streben der Schule, der Vereine, der Presse und aller wahren Volksfreunde sein. Dieses Ziel aber erreichen Sie dadurch nicht und nicht dadurch bringen Sie diesen Ständen Heilung, daß Sie sie mit dem Gifte des verletzten Rechtsgefühls erfüllen. Nein, meine Herren, ehren Sie die Arbeit, sie ist die Grundlage aller socialen Ordnung, sie ist die einzig sichere Quelle zum Wohlstande des

Staates! Deßhalb aber auch ehren Sie die Arbeiter und tasten Sie nicht ihr wohlerworbenes Recht an; nehmen Sie ihnen nicht das freudige Gefühl, das einzige, an welchem sie sich in ihrer oft hart gedrückten Lage aufrichten: daß sie gleichberechtigt sind mit allen andern Staatsbürgern! (Lebhafter, anhaltender Beifall auf der Linken.)

Präsident: Antrag des Herrn v. Wulffen:

„Die hohe Nationalversammlung möge statt der §§ 1 und 2 folgenden Satz annehmen:

§ 1. „Jeder selbstständige, auf eigenem Herde oder durch Grundbesitz, Gewerbe oder öffentliches Amt ansässige, unbescholtene Deutsche, welcher das 25. Lebensjahr zurückgelegt hat, ist wahlberechtigt."

Sollte die Fassung meines obigen Antrags unter 1 und 2 angenommen werden, so beantrage ich weiter, die §§ 2 und 3 in folgender Weise zu redigiren:

§ 2. „Von der Wahlberechtigung sind ausgeschlossen:

1) Personen, welche unter Vormundschaft oder Curatel stehen, oder über deren Vermögen Concurs- oder Fallitzustand gerichtlich eröffnet worden ist;

2) Personen, welche eine Armenunterstützung aus öffentlichen Mitteln beziehen, oder im letzten der Wahl vorausgegangenen Jahre bezogen haben (diese beiden Kategorieen sub 1 und 2 so lange dieser Zustand währt);

3) Personen, welche wegen Diebstahls, Betrugs oder Unterschlagung bestraft, oder welche wegen eines anderen Verbrechens zu einer Zuchthaus-, Arbeits- oder Festungsstrafe, oder zum Verluste der staatsbürgerlichen Rechte durch rechtskräftiges Erkenntniß verurtheilt und in ihre Rechte nicht wieder eingesetzt worden sind."

Herr Bassermann hat das Wort.

Bassermann von Mannheim: Ehe ich zum eigentlichen Gegenstande der Verhandlung übergehe, möchte ich den Abgeordneten Herrn Löwe von Calbe auf sein Klagen, daß wir deßwegen müde und matt seien, weil wir, wie ein verirrter Wanderer, das Ziel nicht zu erreichen wüßten, ersuchen, daß er mit seinen Freunden uns das Ziel erreichen helfe, und die endliche Feststellung der Verfassung nicht länger dadurch hinausschiebe, daß sie uns nöthigen, zwischen der zweiten Lesung der Verfassung Anderes, minder Wichtiges zu berathen. (Unruhe auf der Linken.) Wenn ich aber von demselben Redner und Dem, welcher soeben sprach, immer wieder von der Arbeit reden höre, und mit diesem Worte immer nur den Begriff verbunden sehe bloß derjenigen Arbeit, welche von Handwerksgehilfen und Tagelöhnern verrichtet wird, dann, meine Herren, überfällt mich eine gewisse Trauer. (Auf der Linken: Ah! Heiterkeit.)

Präsident: Ich bitte um Ruhe!

Bassermann: Ich sage, dann befällt mich eine gewisse Trauer deßhalb, daß selbst Männer wie Herr Löwe sich in diesen Begriff hineingedacht haben, der zu den unseligsten Schlußfolgerungen führen muß. Wenn man solche Sätze aufstellen hört, so sollte man glauben, der Handwerks**meister**, der Denjenigen, welchen Sie Arbeiter nennen, beschäftigt, der durch Talent, Fleiß, Sorgsamkeit für seine Kundschaft Leben und Erwerb in seine Gemeinde bringt, der sei **kein** Arbeiter! Dann sollte man glauben, der Industrielle, welcher durch Verpflanzung von Maschinen aus fremden Ländern, durch glückliche Speculationen und durchdachte Combinationen neue Industriezweige in sein Vaterland bringt, und damit viele Familien ernähret, er sei kein Arbeiter! Faßt man diesen Begriff näher ins Auge, und zieht daraus die Folgerungen, so ist auch Derjenige, welcher in der Studier- oder Schreibstube arbeitet, der die Schätze anderer Länder in [illegible] sammelt, der auf dem Katheder durch Bildung unserer Jugend, oder im Rathe der Fürsten für seines Vaterlandes Wohl sorgt, so ist, sage ich, wohl auch dieser kein Arbeiter? Denn, was Sie Arbeit nennen, ist ja nur immer das gehässige Gegenüberstellen von der rohen Handarbeit der Tagelöhner und Handwerksgehilfen gegen alle edlere geistige Arbeit des Kaufmanns, Fabrikherren, der Professoren und Staatsbeamten, der sogenannten Bourgeoisie, wie Sie diese Klassen nennen. Das hängt damit zusammen, daß man die Sache nach der untersten Stufe benennt, auf welcher sie erst recht beginnt, und nicht nach der, auf welcher sie sich veredelt hat. Es erinnert mich dieß an den widerlichen Gegensatz, welchen die Socialisten unserer Tage gleicherweise zwischen Volk und Bourgeoisie aufstellen. (Gelächter auf der Linken.) Sonst suchte man den Begriff des Volkes in dessen Kern; gerade in dem Bürgerthume, dem Mittelstande, den man jetzt nachäffend Bourgeoisie nennt, suchte man die wahren Repräsentanten des Volkes. Aber jetzt ist es für diese Herren zweifelhaft, ob sie den Bürger, welcher durch Talent, Fleiß und Mäßigkeit sich ein Besitzthum erworben hat, dessen Bestreben dahin geht, sein Errungenes für seine Kinder, seine Familie zu erhalten, ob sie einen solchen Bürger zum Volke rechnen sollen. Daß aber Derjenige, welcher sich nicht anstrengt, der verschuldet oder unverschuldet in Ungebildetheit verblieben ist, der seine ganze Weisheit aus irgend welcher Phrase, oder irgend einem Vocabulärchen schöpft, zum Volke gerechnet werden müsse, Das ist bei diesen Herren kein Zweifel. (Auf der Rechten: Bravo! Sehr gut! Auf der Linken Heiterkeit.) Ich glaube, meine Herren, so wie wir diesen herabziehenden Begriff von der Arbeit verwerfen müssen, wollen wir nicht die niederste Stufe für das eigentliche Wesen halten, so müssen wir auch diesen Begriff des Volkes verwerfen. Denn was hat der deutschen Nation von je ihre Zierde und ihren Stolz gegeben? Sind es denn nicht jene Männer, die nach Ihren Begriffen nicht zu den Arbeitern, die nach Ihren Begriffen nicht zu dem Volke gehören? (Stimmen auf der Linken: Das ist nicht wahr!) Es war doch Herder ein Geistlicher, es war doch Goethe ein Minister, und es war doch Schiller einer der geschmähten Professoren?! (Gelächter auf der Linken; Bravo auf der Rechten. Unruhe.)

Präsident: Meine Herren! Ich bitte um Ruhe; das Widerlegen bleibt dem nachfolgenden Redner vorbehalten. Es wird doch zulässig sein, daß ein Redner in diesem Hause auch diese Meinung ohne Unterbrechung ausspreche (Eine Stimme auf der Linken: Es ist ja bloß Heiterkeit!), ebenso wie die entgegengesetzten Ansichten ohne Störung ausgesprochen worden sind. Herr Bassermann! Wollen Sie fortfahren.

Bassermann: Ich werde fortfahren, wenn es ruhiger ist. — Und, meine Herren, wer hat denn in den Befreiungskriegen und nachher, bis herab zu dem Jahre 1848, wer hat denn die Bresche geschossen, und die Massen-Erhebung vorbereitet auf die endliche Erlangung der Freiheit? Wer war es denn in den Jahren 1813 und 1814? — Es waren gerade die geschmähten Professoren. Von den Akademikern ging der Freiheitskampf aus! (Starkes Gelächter und Unterbrechung von der Linken. Zuruf von der Rechten: Ruhe! Das ist nicht anständig! Bravo rechts und im Centrum.)

Präsident: Meine Herren! Ich würde die Discussion von der Würde und Ruhe des gegenwärtigen [illegible] auf [illegible]

[illegible]. Ich sage: gerade von dem Mittelstande, von den höheren Schichten der Gesellschaft ging damals der Freiheitskampf aus. Ich erinnere Sie an die Jahre, die Sieben schweren Jahre französischer Herrschaft, wo Ihre (zur Linken gewandt) Arbeiter nicht daran dachten, sich dieser Herrschaft zu entziehen; ich erinnere an jene höheren Officiere, ich erinnere an Gneisenau und Andere, welche in Königsberg und Breslau den König von Preußen umgaben. Im Vereine mit diesen und geleitet von ihnen, führte damals Deutschland den Freiheitskampf. Und weil jene gehässigen Gegensätze nicht bestanden, und man sich nicht bemühte, Mißtrauen zu säen, weil statt dessen ein erfreuliches Zusammenwirken der höheren und der niederen Schichten des Volkes stattfand, und die niederen Schichten zu den höheren Vertrauen hatten, statt sie zu hassen, darum gelang es, die Fremdherrschaft zu stürzen. (Gelächter auf der Linken; Stimmen daselbst: Die Zeiten ändern sich! Anhaltender Beifall auf der Rechten und im Centrum.) Und nicht minder war es im letzten Jahrzehnt das Bürgerthum, der gebildete Theil der Nation, und nicht Ihre Arbeiter, welche den Kampf der Freiheit kämpften. Sie klagen (zur Linken), daß das allgemeine Stimmrecht erst jetzt erobert worden sei; aber, meine Herren, wie wir vor 1848 ohne allgemeines Stimmrecht unter dem Drucke der alten Ordnung gekämpft, so frage ich: welche Stände waren es denn, die in den Ständekammern, die in der Presse und sonst uns bisher geführt haben? Gehörten die: Eisenmann, ge- [illegible], etwa zu den Arbeitern? (Auf der Linken: Ja! Ja! (Eisenmann vom Platze: Ja! Jawohl!) Gehörten denn die Welcker, die Rotteck, nicht zu den Professoren?! Nein! meine Herren, die Weltordnung wird nicht anders, und es wird eben, wenn man nicht Das verschweigen will, was ein Jeder weiß, doch immer verschiedene Schichten in der menschlichen Gesellschaft geben. Und Solche wird es geben müssen, die das Banner der Intelligenz voraustragen und die Führung haben; und es wird immer eine Masse bleiben, welche statt selbst zu führen, den Führern zu folgen hat. (Bravo auf der Rechten.) Und deshalb, meine Herren, glaube ich, daß Derjenige den größten Frevel an der Zukunft des Vaterlandes begeht, der den niederen Ständen zuruft, daß die bevorzugteren, die höheren, ihre natürlichen Feinde seien, die sie, statt ihnen zu folgen, auf Leben und Tod bekämpfen müßten. (Unruhe und Stimmen auf der Linken: Das thun Sie ja! Bravo auf der Rechten und im Centrum.) Und glauben Sie nicht, daß durch ein beschränktes Wahlrecht eine Versumpfung und ein Krämergeist in die Nation komme, wie man sich ausgedrückt hat, nein, wir haben traurige Zustände in dem letzten Jahrzehnt durchlebt, es hat einen harten Kampf gekostet, aber doch habe ich den Krämergeist nicht gefunden (Unruhe) in den Reihen der damaligen Freiheitskämpfer, der seine Grundsätze feilbietet und einen Zoll Freiheit um einen Zoll-[illegible] verschachert. (Großer, anhaltender Beifall auf der Rechten und in den Centren.) Aber, meine Herren, mich haben die Phrasen alle nicht gewundert, die wir hier gehört haben. Ich weiß so gut, wie Alle, die hier gesprochen, daß es in den unteren Schichten ehrenwerthe und gesinnungstüchtige Männer gibt. Mein Lebenslauf hat mich dahin geführt, jene Klassen kennen zu lernen; ich weiß, daß es ebenso in den höheren Ständen Abhängige gibt; ich könnte mich ebenfalls ergehen in Declamationen, wie man es wagen möge, sie auszuschließen u. s. w. Meine Herren! Auf diesen wohlfeilen Applaus verzichte ich aber gern. (Bravo auf der Rechten und im Centrum.) Denn hier handelt es sich nicht darum, unsere augenblickliche Stellung zu begreifen, wie hier gesagt worden, und die [illegible] [illegible], daß er [illegible] hätte, weil ihn vielleicht [illegible] machen könnte, sondern hier handelt es sich darum, die wichtigste Bestimmung der ganzen Verfassung für die Zukunft zu begründen. Aber daß es verschiedene Schichten in der menschlichen Gesellschaft gibt, das hat Herr Löwe selbst zugegeben. Denn als er von den Klassen sprach, die den nicht besitzenden gegenüber stehen, da ist ihm der Ausdruck entschlüpft, weil er eben in seinem Innern lebte, der Ausdruck: „die gebildete Klasse.“ Nun wohlan, wenn, nach dem Ausdruck des Herrn Löwe selbst, in der menschlichen Gesellschaft Klassen sind, die man die gebildeten nennen muß, und wenn diese den Gegensatz zu den anderen Klassen bilden, was, meine Herren, haben wir dann zu thun? Soll nicht die Bildung es sein, die die Geschicke des Vaterlandes bestimmt; sollen nicht die Gebildeten es sein, die in den künftigen deutschen Parlamenten sitzen? Aber, meine Herren, nicht die Arbeit als solche, auch nicht die Arbeit der niederen Klassen soll das Kriterium für die Ausschließung abgeben. Nein, meine Herren, es ist eine vollständige Verkennung Dessen, was hier vorliegt, nicht die Arbeit allein, sondern die selbstständige Arbeit soll es sein, die das Recht der Vertretung gibt, und nur diejenige Arbeit, die in dem Dienste eines Anderen verrichtet wird, durch welche man von einem Anderen abhängt, soll von dem Stimmrechte ausschließen. Meine Herren! Mögen Sie immerhin sagen oder vorwerfen, man belege die Arbeit mit einer Schande. Das ist vollständig unwahr! Nur die Unselbstständigkeit, die man an der Art der Arbeit erkennt, bildet das Merkmal. Aber man führt uns hier auf die sociale Frage über, und man sagt: „es könne den arbeitenden Klassen nur geholfen werden durch das allgemeine Stimmrecht.“ „Ihnen muß geholfen werden,“ sagt Herr Löwe, „und wenn Sie ihnen nicht das allgemeine Stimmrecht geben, so wird, sagt er, ein neuer Umsturz erfolgen.“ Meine Herren! Mit einem neuen Umsturz helfen Sie diesen Klassen noch viel weniger! (Bravo auf der Rechten und in den Centren.) Es fragt sich, ob nicht vielmehr das allgemeine Stimmrecht diesen Klassen zu der Täuschung verhilft, mittelst desselben könnten sie nun alle ihre Gelüste befriedigen, alle ihre Probleme lösen, Probleme, die zum Ruin ganzer Staaten führen?! (Stimmen: Hört!) So oft ich socialistische Bücher lese, und so oft ich die Mängel geschildert sehe, welche die Natur der menschlichen Gesellschaft mit sich bringt, finde ich immer nur, daß eben das Klima des betreffenden Landes, daß der Grad der Fruchtbarkeit einer Gegend und die sonstigen Verhältnisse den allgemeinen Wohlstand bedingen und ihm seine Gränzen setzen. Wollen Sie diese Grenzen allgemeinen Wohlergehens beseitigen, dann müssen Sie gegen Den, der die Erde geschaffen, ihre Vorwürfe erheben. So lange der Satz nicht bestritten werden kann, daß ein gewisser District, eine Quadratmeile, nur ein gewisses höchstes Maß von Bevölkerung trägt, und nicht darüber hinaus, so lange, meine Herren, werden Sie immer Uebelstände auch in den gesegnetsten Ländern finden, und daraus entspringende sociale Fragen werden Sie wahrhaftig nicht durch ein Stimmrecht noch auf eine andere Weise ausgleichen können. Die sogenannten socialen Theorieen sind indessen für uns lehrreich, und ich hoffe doch, da man von uns Deutschen rühmt, daß wir so gelehrig seien, wir werden in dieser wichtigsten Frage von der Vergangenheit und Gegenwart etwas zu lernen nicht verschmähen. Wenn ich den Begriff Staat recht verstehe, so beruht er vor Allem auf dem Begriff der Dauer. Der Staat ist ein Ding, welches Dauer und eine Zukunft haben soll, sonst hat der Begriff keinen Sinn. Und was lehren jene socialen Theorieen, mit welchen Gesinnungen wenden sie sich an Die, welche sie Arbeiter nennen?

Sie lehren: kein Eigenthum! Sie verwerfen, daß Erbrecht, in die Familie selbst heben sie auf. Und Diejenigen, die in Sachen des Glaubens keinen Standpunkt haben, rufen ihnen zu: Sorget, daß es euch hienieden wohlergehe; denn mit dem Jenseits ist es nichts. Mit allen diesen Sätzen wenden sie sich gerade an die niedern Stände, erwecken die Genußsucht des Augenblicks, und zerstören in ihrem Innern Alles, was die Gedanken auf die Zukunft lenkt. Nur das Interesse an der Zukunft ist es, was die Familie gründet, was einen Besitz erwirbt. Wer sich daher ein Eigenthum durch Fleiß errungen, und es seinen Kindern erhalten wissen will, der hat ein Interesse daran, daß die Zukunft seines Vaterlandes durch weise Gesetze gesichert sei. Wenn Sie aber in die Volksvertretung diejenigen Klassen rufen, welche ohne alles Besitzthum kein Interesse der Familienfortdauer, kein Interesse an der Zukunft haben, vielmehr sich den socialistischen Lehren des bloß thierischen, augenblicklichen Genießens hingeben, dann, meine Herren, stürzen Sie auch den Staat um, der ja allein auf dem Begriffe der Zukunft beruht. (Bravo auf der Rechten; Gelächter auf der Linken.) Aber Herr Löwe und neulich auch Herr Eisenstuck haben uns, als sie die große Mißstimmung geschildert, die jetzt zwischen den besitzenden und besitzlosen Klassen der menschlichen Gesellschaft besteht, gesagt, sie würden nur dadurch versöhnt werden können, daß man das allgemeine Stimmrecht einführe. Wie diese Mißstimmung hervorgerufen worden, habe ich bereits gesagt, zum Gebrauch für politische Zwecke hat man die niedrigsten Leidenschaften, Hab- und Blutgier aufgestachelt. Ob diese Mißstimmung wieder versöhnt werden würde durch das allgemeine Stimmrecht, bezweifle ich. Das allgemeine Stimmrecht hat man ja im Februar in Frankreich eingeführt, und die Ouvriers, die Herr Moriz Mohl mit Recht in solche, qui travaillent et qui ne travaillent pas, eintheilt, hatten nicht allein das allgemeine Stimmrecht errungen, sondern auch die Herrschaft an sich gerissen. Als im Juni bei Berathung über die Errichtung der Centralgewalt ich sagte, die Franzosen werden statt von einem, jetzt von 80,000 Souveränen beherrscht, und diese Herrschaft ist weit drückender, und muß wieder gestürzt werden, wenn das Land nicht zu Grunde gehen soll, wie war ich damals den hämischen Angriffen ausgesetzt. Die Geschichte hat gezeigt, daß Ouvriers im Staate nicht herrschen können. Diese Nationalwerkstätten sind nicht allein für sich zu Grunde gegangen, sondern sie haben die staatliche Gesellschaft selbst an den Rand des Abgrunds gebracht, und ich frage Sie, war das die Lösung des socialen Problems? war das die Beruhigung? Wie kam es doch, daß, da die Vertreter der arbeitenden Klassen in Folge des allgemeinen Stimmrechts zu Paris tagten, die Arbeiter damit dennoch nicht zufrieden waren, und im Juni aufs Neue einen blutigen Kampf begannen, in welchem nur die Bravour des Säbels das gesittete Europa vor dem Regiment einer Tyrannei rettete, die größer wäre, als irgend eine! (Auf der Rechten: Sehr gut!) Das ist die Wirkung der Versöhnung, die Sie erzielen, wenn Sie diese Klassen der Gesellschaft in die Vertretung rufen. Dann glauben diese Klassen zunächst alle die wahnsinnigen Plane verwirklichen zu dürfen und zu können, die ihnen von den Volksverführern vorgegaukelt werden. (Bravo auf der Rechten.) Meine Herren! In Belgien gilt ein Census, und die Arbeiter haben kein Stimmrecht, und trotz dieser Beschränkung, trotz dem, daß in diesem Lande viele Hundert-Tausende von Arbeitern leben, dieses Land hart an Frankreich grenzt, ist es bei dem Ausbruch der französischen Arbeiter im Februar vollkommen ruhig geblieben, und es ist der Stolz der Belgier, daß sie ruhig bleiben konnten, während dort, wo man Ihr Beruhigungsmittel angewendet, die größten Umwälzungen hervorgebracht worden. Meine Herren! Wenn Sie das Wahlrecht an irgend einen Besitz, und sei er ein kleiner, anbinden, dann erst werden Sie am Besten beruhigend auf die Arbeiterklassen wirken, indem diese dann, wenn sie wirklich einen Werth auf ein politisches Recht legen, durch Fleiß und Thätigkeit einen Besitz zu erlangen suchen werden, der sie zur Ausübung des Stimmrechts befähigt. — Man sagt, es sei ein Recht, welches man ihnen gar nicht nehmen könne. Hier handelt es sich aber um Das, was dem Staate frommt, und wenn es dem Staate frommt, daß ich meine Rechte verliere, so wäre ich ein schlechter Bürger, wenn ich nicht freudig sie opferte; ja, wenn ich z. B. die Einheit und künftige Größe Deutschland's dadurch zu erreichen wüßte, daß ich vorübergehend sämmtliche Freiheitsrechte aufgebe, ich wäre der Erste, der sich einer Dictatur unterwürfe. (Auf der Rechten: Sehr gut!) Aber, meine Herren, lassen Sie mich Ihnen einen Rechtslehrer anführen, um Sie über diesen Rechtspunkt zu beruhigen. Es ist ein Geschichtschreiber und zugleich freisinniger Mann, der vor Vielen mitgeholfen hat, die Freiheit zu erobern, es ist Rotteck, er empfiehlt gerade den von Ihnen angefeindeten Census im Namen der Freiheit, und nun mögen alle Ihre Angriffe an dem Schilde seines Namens zurückprallen. (Auf der Linken: Ah!) Der Herr Präsident wird mir erlauben, einige Zeilen aus dem Buche Rotteck's zu verlesen.

Präsident: Die Versammlung wird nichts dagegen haben, daß Herr Bassermann diese Zeilen verliest. (Vielfacher Ruf: Lesen!)

Bassermann: „Von Ungerechtigkeit also“, sagt Rotteck, „kann nicht die Rede sein, wenn aus wirklich triftigen Gründen eine Classe vom Wahlrecht ausgeschlossen wird. Der gesetzgebenden Gewalt, d. h. dem Gesammtwillen steht unbestreitbar die Befugniß zu, alles politische Recht so zu vertheilen, wie es das des Gemeinwohls, zumal also das Interesse der möglichsten Sicherstellung seiner eigenen (nämlich des vernünftigen Gesammtwillens) Herrschaft fordert, und jedes dahin gehende Gesetz ist der Billigung von Seite der verständigen und pflichttreuen Bürger gewiß. Die einzige Frage also bleibt immer nur die: ist die Ausschließung dieser oder jener bestimmten Classen wirklich auf triftigen Gründen ruhend? und hier also insbesondere: ist die Ausschließung wegen geringeren Vermögensbesitzes als eine solche anzuerkennen?“ Diese Frage bejaht dann Rotteck im weiteren Texte vollständig. (Eine Stimme auf der Linken: Rotteck spricht heute ganz anders. Große Unruhe daselbst.)

Präsident: Ich muß, wenn die Unterbrechungen nicht aufhören, zu dem letzten mir durch die Geschäftsordnung in die Hand gegebenen Mittel, dem Ordnungsruf, schreiten, und ich wiederhole, es sollte eine Discussion, wie die heutige, durch einen solchen nicht unterbrochen werden dürfen!

Bassermann: Es ist freilich nicht leichter, als zu sagen, wie neulich Herr Schüler auf dieser Stelle gesagt hat: der Volkswille ist der Ausspruch der Vernunft; das Volk besteht aus so und so viel Köpfen, wir addiren und subtrahiren und nun haben wir die Vernunft. Ich betrachte die Gleichheit anders, und ich glaube, wir ehren mehr den Spruch, der in dem Worte liegt, Volksstimme, Gottesstimme, — wenn wir den wahren Volkswillen nicht da suchen, wo in vorübergehender Stimmung die Masse einen Ausspruch thut, sondern da, wo er ein bleibender und auf Ueberzeugung und Bildung ruhender ist. Wir ehren das Volk mehr, wenn wir es nach seinen besseren Organisationen schätzen, als wenn wir ein Individuum gleich zählen dem andern, wie ja auch in Bildung die Menschen verschieden sind. Und nun möchte ich noch fragen, ob denn das ein vernünftiger Volkswille war, der den Ostracismus in der atheniensischen Republik übte, war denn das ein vernünftiger Volkswille, der die Besten verbannte, weil sie die Besten waren? und ist Aristides der Vernunft gewichen, weil er den Schreibtafeln der atheniensischen Handwerker weichen gemußt? — Oder, meine Herren, war das die vernünftige Ausübung des Volkswillen, als die Bevölkerung von Madrid Ferdinand den VII nach Verjagung der Cortez mit dem Rufe empfing: o viva il rey netto? Und auf wen stützte sich der König von Neapel zur Unterdrückung der Freiheit? Auf die Lazaronis. (Eine Stimme auf der Linken: Und auf die Schweizer.) Ja, auch auf die Schweizer, welche eben auch keine selbstständige Arbeit verrichten, sondern wie der Tagelöhner eine Arbeit in fremdem Dienste. (Bravo auf der Rechten.) Herr Vogt sagte uns neulich ganz richtig, Napoleon sei gestürzt worden durch die Freiheit, weil er sich dem Absolutismus hingegeben, nun ja, jene Bewegung der Freiheit, die ihn stürzte, war die Bewegung, die sich lenken ließ von der gebildeten Classe des deutschen Volks, das ohne zerstörendes Mißtrauen dem Rufe vom 3. Februar gefolgt. Aber, wer hat denn Napoleon den Absolutismus in die Hand gegeben, wer hat ihn zum unumschränkten erblichen Kaiser gemacht? Das allgemeine Stimmrecht war es, die Millionen Franzosen haben in ihren Gemeinden Mann für Mann abgestimmt, und darauf konnte er sich berufen und hat sich berufen. Diejenigen, die ihm später Opposition gemacht in Frankreich, waren nicht die Ouvriers, es waren die Weiter-Blickenden in den gebildeten Classen. Daß aber nicht bloß die numerische Abstimmung schon einen vernünftigen Volkswillen zu Tag fördere, das hat uns neulich diese (die linke) Seite des Hauses selbst bewiesen. Ich darf wieder daran erinnern, daß Herr Schütz, der sich einen Republikaner nannte, den Ausdruck des Volkswillens in Frankreich getadelt; er kritisirte also den Volkswillen selbst, und sobald man eine Kritik des Volkswillens zuläßt, erkennt man an, daß es noch etwas Höheres gibt, als den Ausdruck des Volkswillens. Und eben die Kritik ist es, die den vernünftigen Volkswillen unterscheidet von dem unvernünftigen. Herr Vogt hat den Volkswillen ebenfalls verworfen, er tadelte den frisch gewählten Minister eines vom allgemeinen Stimmrecht frisch gewählten Präsidenten, er nennt Odilon Barrot einen verkappten Monarchisten. Es ist die Frage, wenn der Volkswille zum zweiten Mal zum Ausspruch kommt, ob er nicht noch mehr verkappte oder vielleicht ganz offene Monarchisten nach Paris sendet, und dann werde ich Sie wieder fragen, ob das Ihr vernünftiger Volkswille ist. (Vogt vom Platze: Nein, dann ist er es nicht!) Sie sagen, dann ist er es nicht, damit geben Sie zu, daß es mit dem Subtrahiren und Addiren der Stimmen noch nicht gethan ist, das ist der einzige Beweispunkt, den ich haben will, und womit ich Ihre ganze Theorie aus den Angeln hebe. (Bravo auf der Rechten.) Aber, wenn es nun kein Zweifel mehr ist, daß es zweierlei Volkswillen gibt, und daß man sich auf den vernünftigen allein stützen muß und darf, so ist zu fragen, wie findet man diesen? Ich frage dagegen, wozu gibt es denn eine Geschichte, die uns auf die Länder verweist, die Ihnen seit Menschenaltern als die freiesten und als Muster hingestellt sind. Gerade dieses Nordamerika, wo die Arbeit heilig ist, hat fast in seinen meisten Staaten einen Census. (Stimmen auf der Linken: Nein.) Dieses Nein widerlegt nicht, daß das freie England hat einen Census von 10 Pfund Sterling, und das glückliche Belgien hat ebenfalls einen Census, dieß sind lauter freie Völker. (Eine Stimme auf der Linken: Aber in Norwegen?) und weil ich doch an Norwegen erinnert werde, erlauben Sie mir, Ihnen zu sagen, an welche Bedingungen das allgemeine Stimmrecht in Norwegen geknüpft ist. In der norwegischen Verfassung heißt es §. 50: „Stimmberechtigt sind nur norwegische Bürger, welche 25 Jahre zurückgelegt haben, im Lande fünf Jahre wohnhaft gewesen sind, sich daselbst aufhalten, und entweder 1) Beamte sind oder gewesen sind; 2) Landbesitz haben oder länger als fünf Jahre matrikulirtes Land gebaut haben; 3) Bürger in Handelsstädten sind, oder in einer Kauf- oder Landstadt einen Grundbesitz haben, dessen Werth wenigstens 300 Rthlr. beträgt," und dieß, meine Herren, sind nicht Wähler, die in unmittelbarer Wahl wählen, dieß sind erst Urwähler, welche wieder Wahlmänner zu wählen haben. Auf diese Weise kommt in dem freien und glücklichen Norwegen die Volksvertretung zu Stande; und wenn so die freiesten Länder gerade seit Menschengedenken sich wohl dabei befinden, daß sie nicht nach Köpfen zählen, sondern einen Unterschied nach Classen machen, so müßte man freilich dann uns Deutsche ganz besonders für geschickt und tüchtig halten, uns, die wir erst im Anfange eines politischen Lebens stehen. Wir müßten uns in eitler Ueberschätzung verlieren, wenn wir glaubten, daß wir auf einmal es besser verstehen, als die erfahrenen Völker, die seit Menschenalter und noch viel länger ihre politische Geschichte auf erprobte Weise führen. Dieser überhebenden Selbsttäuschung und Eitelkeit gebe ich mich nicht hin, und ich will meinem Volke nicht schmeicheln damit, daß es gescheidter sei, als die Völker von Norwegen, England, Belgien und Amerika. Ich will ihm lieber sagen, daß es sich bescheiden und nicht überheben soll über jene Völker, daß es sich nicht überhebe über jene, die durch weise Gesetze eine Macht gegründet haben, um die wir sie beneiden. Ich stimme daher für den Antrag des Verfassungsausschusses in erster Linie, und will nur noch bemerken, daß die Zahl, von der hier die Rede war, als ob zwei Drittel der preußischen Urwähler in jene Kategorien falle, welche der Verfassungsausschuß ausschließen will, unrichtig ist. Durch die Zeitung darauf aufmerksam gemacht, habe ich mir genauere Nachricht eingeholt. Die Zahl ist unrichtig. Die Zeitung hat, wie so oft, auch hier die Wahrheit nicht gesagt. Sollte der Antrag des Verfassungsausschusses nicht angenommen werden, so stimme ich für den Census, so wie er in dem vorhin verlesenen Antrage proponirt ist. Es ist dieser Census ein sehr niedriger. 200 Thaler werden in vielen Gegenden die Classe erreichen, welcher Sie (zur Linken sich wendend) das unbedingte Wahlrecht geben wollen. Sollte aber auch dieser Antrag in der Versammlung die Majorität nicht finden, so empfehle ich Ihnen einen dritten Vorschlag. Er wird heute, oder doch längstens morgen, gedruckt zu Ihrer Kenntniß kommen. Dieser Antrag gibt Jedem ein Stimmrecht, nur den Classen, welche der Verfassungsausschuß ausschließen will, ein minder großes, ein mittelbares, den anderen, den besitzenden, ein unmittelbares. Es ist dieß eine Combination, die manches bedenkliche Gemüth beruhigen mag und welche immerhin bei dieser Eintheilung, nach meiner Ueberzeugung, noch ein gefährliches Experiment für uns bleibt. — Aber, meine Herren, ich habe noch ein weiteres Kriterium, warum ich glaube, daß wir durch ein solches Wahlgesetz den vernünftigen Volkswillen treffen. Der Vorwurf, welcher dem Wahlgesetzentwurf gemacht wird, ist der: es sei ein conservatives Wahlgesetz. Wohl, meine Herren, als wir noch keine Preßfreiheit hatten, als noch keine Grundrechte von religiöser Freiheit und vom Vereinsrecht sprachen, als das deutsche Volk noch nicht in einer Gesammtvertretung versammelt war, da konnte man noch nicht „conservativ" sagen, und der erstrebte die Freiheit allein, der auf der zerstörenden Seite stand. Allein man müßte mit Blindheit geschlagen sein, wenn man den Unterschied nicht erkennte, der zwischen dem Jahr 1847 und 1849 geschaffen worden. Wenn es vernünftig ist, ein nicht vorhandenes Gut anzustreben, so ist es noch vernünftiger, wenn man es erstrebt hat, es zu erhalten, zu conserviren. Wenn wir das Vernünftige conserviren wollen, was wir erruugen, und wenn wir durch das Wahlgesetz ein conservatives Element berufen, so treffen wir eben diejenigen, welche das Vernünftige erhalten wollen, so treffen wir mithin den vernünftigen Theil der Nation, und gerade des nun vernünftigen Erhaltungsprincips wegen möchte ich Sie beschwören, nicht das allgemeine Wahlrecht anzunehmen. Erhalten wollen wir Deutschland, dem Staate wollen wir eine Zukunft geben. Aber ich weiß, noch keine Frage hat so schwankend, wie diese, gestanden, so sehr man auch glauben sollte, daß man nicht zweifeln dürfte an der Entscheidung nach allem dem, was die Geschichten der Völker Europas lehren. Wenn Sie, meine Herren (zur Linken sich wendend), für das allgemeine Wahlrecht stimmen, so finde ich dieses consequent. Sie haben kein Interesse daran, daß die Verfassung, die angestrebt wird, erhalten werde. (Eine Stimme auf der Linken: Immer wieder die alte Lüge!) „Im Gegentheil,“ sagte ja damals Herr Vogt. Sie sind ganz consequent; aber alle übrigen Fractionen dieses Hauses sollten daraus die Lehre nehmen, daß sie gerade nicht das allgemeine Wahlrecht adoptiren dürfen. Mögen Sie sich nicht abschrecken lassen durch den falschen Schein der Unpopularität, es fragt sich nur, wo man die Popularität sucht. Ich, meine Herren, suche sie im Kern der Nation. Ich frage Sie, wenn Sie nach Hause kommen, und Sie hätten das allgemeine Stimmrecht votirt, ob nicht Ihre Mitbürger sagen würden, wie habt ihr uns das thun mögen, und uns allen Gefahren der Zukunft preis geben können! Ich glaube, die Popularität wird bei denen sein, die sich in dieser Stunde nicht irre machen lassen. Meine Herren, hätte ich aber auch den populärsten Namen in ganz Deutschland (Gelächter auf der Linken); beruhigen Sie sich, ich sage: hätte . . . .

Präsident: Meine Herren! Ich muß um Ruhe bitten. Auf diese Weise kann die Verhandlung nicht fortgehen.

Bassermann: Ich sage, hätte ich den populärsten Namen in ganz Deutschland und wüßte ich, daß ich durch das Votum gegen das allgemeine Stimmrecht meine Popularität in Fluch verwandeln würde, ich würde dennoch so stimmen, lieber als daß ich die Zukunft meines Vaterlandes preis gäbe. (Stürmisches Bravo und Beifallklatschen auf der Rechten und im rechten Centrum; heftiges Zischen und Trommeln mit den Füßen auf der Linken.)

Präsident: Meine Herren! Ich habe seit dem ersten Beginn unserer Versammlung von angesehenen Mitgliedern aller Fractionen dieses Hauses ernstliche Bedenken darüber aussprechen hören, ob es gerathen war, daß das Haus sich von Anfang an gewöhnt hat, mit den Händen Zeichen des Beifalls zu geben. Ob es aber in der Ordnung ist, die Füße zu Zeichen des Mißfallens zu benutzen, da über, meine Herren, sollte, denk' ich, unter uns kein Zweifel sein! (Zustimmung des Hauses. Viele Stimmen: Sehr wahr!) — Ich habe zwei neue Verbesserungsanträge vorzulegen. Ein eventuelles Amendement des Herrn Heubner von Zwickau:

„Wenn die Punkte Nr. 3, 4 und 5 angenommen werden sollten; so ist —

in Erwägung, daß die Ausnahme der Ausschließung im Minoritätserachten III sich nur auf Handwerksgehülfen und Fabrikarbeiter beschränkt, während auch Dienstboten und Taglöhner sich oft in dem Falle befinden, Gemeindebürger zu sein oder Grundbesitz oder eigenen Haushalt zu haben;

daß ferner der eventuelle Minoritätsantrag IV zwar die Klassen dieser Personen vollständig aufführt, dagegen den Fall „des eigenen Haushaltes“ nicht mit aufnimmt, — noch hinzuzufügen:

„Die in Nr. 3, 4 und 5 bezeichneten Personen sind stimmberechtigt, wenn sie Gemeindebürger oder Meister sind, oder Grundbesitz haben oder eigenen Haushalt führen.“

Unterstützt von: Rheinwald, Hensel, Spatz, Tafel aus Zweibrücken, Vogt, Rödinger, Eisenstuck, Stark, v. Dieskau, Vogel aus Guben, Frisch, Blumröder, Scharre, Pfahler, Gulden, Nägele, Levysohn, Hönniger, Nagel, Mirkus, Langbein.

Verbesserungsantrag des Herrn Heisterbergk zu Artikel I. § 2, 3 und 4 und Artikel II. § 5. Ich lasse die Erwägungsgründe und die beigefügten Anmerkungen von diesem wie von dem andern weg, sie werden durch den Druck in Ihre Hände kommen. Der § 2 soll folgende Fassung erhalten:

§ 2. Ausgenommen von der Stimmberechtigung sind:

a) Personen, welche wegen Geisteskrankheit unter Curatel stehen;

b) Personen, welche durch gerichtliches Erkenntniß nach § 3 des Wahlrechts für verlustig erklärt und in dieses Recht nicht wieder eingesetzt sind.

§ 3. Mit dem Verluste des Rechtes zu wählen, ist, außer den durch die Strafgesetze bestimmten und zu bestimmenden Strafen auf zwei Jahre, und wenn die erkannte Freiheitsstrafe länger dauert, auf die ganze Dauer der Strafzeit zu belegen:

a) wer wegen Mordes, Meineides, wegen Raubs, Einbruchs, Diebstahls, Betrugs, Unterschlagung und anderer Eigenthumsverbrechen zu einer Zuchthaus-, Arbeitshaus- oder Festungsarbeitsstrafe verurtheilt worden ist;

b) wer bei den Wahlen Stimmen erkauft, seine Stimme verkauft oder mehr als einmal bei der für einen und denselben Zweck bestimmten Wahl seine Stimme abgegeben oder als Beamter seine Stellung zur Einwirkung auf die Wahlen mißbraucht hat.

§ 4. Wählbar für das Volkshaus ist jeder Deutsche, welcher das fünfundzwanzigste Lebensjahr zurückgelegt hat, und nicht nach § 2 der Stimmberechtigung verlustig geworden ist.

Hierauf folge als fünfter Paragraph der § 6 des Entwurfs.“

Vogt von Gießen: Meine Herren! In gewisser Beziehung habe ich mich über den Entwurf des Wahlgesetzes, welchen uns der Ausschuß in seiner Majorität vorgelegt hat, gefreut. Endlich wird durch diesen Entwurf einmal klar und offen die Lüge aufgedeckt, welche sich unter dem sogenannten Constitutionalismus und unter dem Herrschen durch Majoritäten, wie man es uns anpries, bisher zu verstecken suchte. Dieses Wahlgesetz zeigt uns endlich einmal unumwunden, daß unsere Constitutionellen nicht mit der Majorität des Volkes, sondern mit einem Extract der Minorität des Volkes regieren wollen; es zeigt uns, daß jene Redensarten von der Herrschaft der Majorität, die man durchführen wolle, die Unwahrheit sagten und daß die Behauptung, das Princip des constitutionellen Systems sei die Herrschaft der Majorität, wirklich eine Lüge, eine officielle Lüge ist; (von der Linken: Sehr gut!); denn, meine Herren, was ist denn dieses jetzige constitutionelle Regierungssystem, dieses Regierungssystem, welches nach einem solchen Wahlgesetz eingeführt werden soll, was ist es Anders, als das legislative Regieren mit einem

Vertretung der Minorität und das factische Regieren mit der bewaffneten Minorität über die unbewaffnete Majorität? (Zuruf von der Linken: Sehr wahr!) Meine Herren, Regieren durch Minoritäten! Das ist das ganze Geheimniß dieses doctrinären Constitutionalismus, welches in dem vorgelegten Wahlgesetze vergraben liegt. Man will die Mehrheit des Volkes ausschließen, weil es unvernünftig genug ist, höhere politische Zwecke nicht sich aneignen zu können, und weil es vernünftig genug ist, einzusehen, daß der Korporalstock nicht besser thut, als der Beamtenstock! Und wenn man dieses gethan hat, wenn man die große Mehrzahl des Volkes ausgeschlossen hat von der Wahlberechtigung, dann will man hernach mit dem Resultate dieser Minoritätswahl wieder die bewaffnete Minorität nach Gefallen lenken und commandiren, und durch den Säbel die politischen Zwecke der Selbstsucht erreichen, die man durch die Vernunft des Volkes, das man schmäht, nicht erreichen kann. — Meine Herren, es ist uns in der letzten Zeit, seitdem die Agitation über dieses Wahlgesetz in der Presse Platz griff, viel und häufig gesagt worden, der Staatsorganismus könne nicht bestehen mit einem freien Wahlgesetz; es sei unmöglich, mit allgemeinem Stimmrecht und mit den Grundrechten zu regieren. Ja, das nichtofficielle Organ des Ministeriums, die Oberpostamts-Zeitung, hat auch schon leise darauf hingedeutet, daß allerdings die Agitation gegen die Grundrechte und der Widerspruch gegen dieselben von Seiten der Regierungen in der Conservirung des Staates seinen Grund habe, und deßhalb als eine gewissermaßen berechtigte erscheine. Freilich, meine Herren, für solche Staatspolitiker der niedersten Stufe, die nur in der Dauer den Zweck des Staates sehen, wie uns so eben gesagt wurde, für Solche gilt ein jedes Mittel gleich, um die Dauer ihres Staates zu bezwecken. Ich glaube, meine Herren, den Zweck des Staates darin zu finden, daß der Staat alle Rechte der Bürger gleichmäßig und gerecht erhält, und daß er jedem Bürger gleichmäßige Rechte gibt; — ich glaube, daß es besser sei, ein Staat ginge zu Grunde, der die gleichmäßigen Rechte aller Bürger vernichten muß, um dauern zu können. Ich hätte nicht geglaubt, daß man die Dauer um jeden Preis als Staatszweck bezeichnen könne. (Beifall auf der Linken.) Ein Einzelner kann etwas aufgeben, um zur Dauer des Staates beizutragen, Das ist wahr; — allein wenn man sagt, daß ganze Classen der Bevölkerung ihre Rechte aufgeben sollen, um die Dauer des Staates zu erzielen, dann, meine Herren, spricht man geradezu im Princip für die Sclaverei! Denn auch die Sclavenstaaten Nordamerikas, die man erwähnt hat, sagen: es ist nothwendig zu unserer Existenz, zu der Dauer unserer Staaten, daß wir Sclaven haben, und weil uns die Dauer des Staates mehr ist, als das Recht der Bürger, so haben und behalten wir Sclaven. (Beifall auf der Linken.) Das, meine Herren, ist die Consequenz Eurer Theorie über den Staat; — sie macht Sclaven in Deutschland. — Aber, meine Herren, dieser Vergleich des Organismus, den man hier schon so oft ausgekramt hat, ist ein sehr sonderbarer. Man hat oft und viel gesagt, in diesem Organismus müsse Alles gleichmäßig nach einem gewissen Typus geregelt sein. Meine Herren, es ist ein Unterschied zwischen der menschlichen Gesellschaft und der Thiergesellschaft, und da man diesen Begriff des Organismus gerade aus der thierischen Natur entnommen hat, so will ich als Sachverständiger Ihnen Einiges darüber sagen, damit endlich einmal die Begriffe aufgeklärt werden. (Heiterkeit in der Versammlung.) Diejenigen, meine Herren, die so von Organismen geredet haben, begreifen einen Organismus nur mit Kopf, Brust, Bauch, Armen und Beinen und wissen nicht, daß es Organismen gibt, die das Alles nicht haben und dennoch leben und recht gut und kräftig leben in allen ihren Theilen. Diese Staatsorganisatoren wissen auch nicht, meine Herren, daß der Zweck der menschlichen Gesellschaft und des Staates gerade das sociale Zusammenleben und die Regelung dieses Zusammenlebens ist und daß darin eine tiefe Kluft besteht zwischen der Thier- und Menschenwelt. In der letzteren ist das sociale Zusammenleben und die Regelung desselben gerade der höchste Zweck und die höchste Ausbildung des menschlichen und somit des Staatsorganismus, während in der Thierwelt das sociale Individuum, welches in der nothwendigen Gesellschaft lebt, stets tiefer steht, als das isolirt lebende Individuum. Meine Herren! Aber auch in der Thierwelt sind das die schlechtesten socialen Formen, wo bevorzugte Classen von Individuen existiren, ganz wie in der Menschenwelt; Solche zu schaffen, das ist wirklich der Zweck dieses Wahlgesetzes. — Ich brauche gegen den Census und die Ausschließung gewisser Classen eigentlich nur ein Wort zu sagen. Meine Herren, sehen Sie auf den Ausfall der jetzigen Wahlen in Preußen, wo die erste Kammer mittelst Census, und die zweite ohne denselben gewählt ist, und sagen Sie mir, sogar auf dieser Seite des Hauses (zur Rechten gewandt), ob Sie eine Nationalversammlung wünschen möchten, so zusammengesetzt, wie die erste Kammer in Preußen? (Stimmen auf der Rechten: O ja! denn ....)

Präsident: Keine Privatgespräche, wenn ich bitten darf!

Vogt: Meine Herren! Der Herr Finanzminister will die Gleichheit nicht darin sehen, daß alle Stände und alle Classen der Gesellschaft gleichmäßig in das Verderben geführt werden; er sieht die Gleichheit darin, daß Jedem gleichmäßig der Weg eröffnet ist zur Antheilnahme an allen Pflichten und Rechten des Bürgers; er will deßhalb das Wahlrecht einem Jeden geben, der selbstständig und unbeirrt wählen kann. Meine Herren, ist damit der Weg geöffnet, ist damit die Bahn frei gemacht für eine ganze Classe der Gesellschaft, die an den Rechten und Pflichten des Bürgers Antheil nehmen soll, wenn man vor dieser Bahn einen Schlagbaum macht, und sagt: du darfst nicht herüber, bevor du nicht deine Eigenschaft abgelegt hast? Eröffnet man dadurch dem Taglöhner die Bahn, an den Rechten und Pflichten des Bürgers Antheil zu nehmen, daß man ihm sagt: du darfst kein Taglöhner mehr sein, wenn du diesen Antheil nehmen willst! Ist das eine gleiche Berechtigung? Dem Einen sagt man: du darfst deinen Stand, deine Beschäftigung behalten, du darfst wählen, weil du eine solche Beschäftigung hast, und dem Andern sagt man: es ist die Bahn weit geöffnet, aber du mußt das, was du bist, und was du durch deine Händearbeit bist, ablegen und erst ein Anderer werden? (Stimmen auf der Linken: Sehr gut!)

Zimmermann von Stuttgart (vom Platze): Hören Sie das, Herr Bassermann?

Bassermann (vom Platze): Ich sitze ja nahe genug.

Vogt: Man hat uns gesagt, es sollen nur diejenigen zu wählen berechtigt sein, die auch unbeirrt und unbeeinflußt wählen können. Es gibt in jeder Stellung, mag es nun die höchste oder die niedrigste im Staate sein, Einflüsse, unter welche sich gewisse Individuen beugen, und andere nicht. Es gibt in jedem Stande, meine Herren, eine mehr oder minder große Anzahl Schwacher, die sich influenziren lassen, und eine andere Zahl, die bei allen Einflüssen, mögen sie kommen, woher sie wollen, und mögen sie mit Folgen drohen, welche sie auch seien, unbeirrt ihren Weg weiter wandeln. Wenn sie aber sagen: es solle Niemand wählen, auf den ein Einfluß geführt werden könne, so frage ich Sie, ob auf denjenigen mehr Einfluß geübt werden kann, der durch seine Handarbeit sich ernährt und in derselben seine Beschäftigung findet, oder auf einen Andern, dessen Thätigkeit in geistigen Kreisen von Vorgestellten abhängig in einer anderen Stellung ist? Meine Herren! Glauben Sie wirklich, die Beamten in den Staaten, glauben Sie, die hier vielfach gerühmten Professoren seien freier als die Arbeiter? wahrhaftig nicht. Gehen Sie hin und sehen Sie auf die Universitäten, die unter dem Einfluß der Regierungen stehen, fragen Sie, ob Sie da so vielen freien Geist finden, als in den Fabriken, die Ihren Behauptungen zufolge, unter dem Einflusse der Fabrikherren stehen! Schauen Sie sich um und dann sagen Sie mir, wer der unabhängigste, der freieste ist, der Fabrikarbeiter oder der Professor? Der erste ist es! (Heiterkeit.) Ich will auf die schmachvollen Beweise der Servilität, die sich in den höheren Classen überall kund gegeben haben, nicht eingehen, sie sind einem Jeden bekannt; allein gerade deßhalb, weil sie Jedem bekannt sind, ist es auch eine Bemäntelung der Wahrheit, in trivialer Weise Möglichkeiten der Abhängigkeit auf die niederen Classen zu häufen, während man recht wohl das Gegentheil weiß. Haben Sie nicht gesehen in der letzten Zeit, daß ganze Regimenter, — und die Soldaten sind doch die abhängigsten Menschen in der Welt, die nur gedacht werden können, — daß ganze Regimenter anders gestimmt haben, als ihre influenzirenden Offiziere befahlen? Haben Sie nicht gesehen, daß in Fabrikbezirken gerade gegen die Fabrikbesitzer gewählt wurde? Wo, meine Herren, ist die Abhängigkeit, wo die Unabhängigkeit zu finden, wenn Sie auf der anderen Seite sehen, daß aus den Wahlen der censirten Classen nur Minister, Generäle und andere Leute solchen Schlages hervorgehen? (Heiterkeit.) Man hat gesprochen von der Abhängigkeit durch Almosen, durch Unterstützungen aus öffentlichen Mitteln. Meine Herren! Es gibt Beispiele, wie ähnliche Bestimmungen über diese Unterstützungen mißbraucht worden sind. (Stimmen a. d. L.: hört!) Es ist in gewissen Bezirken in Preußen vorgekommen, daß man das ganze Jahr hindurch, und auch im Winter keine Unterstützungen aus öffentlichen Mitteln gab; als aber die Wahlen herankamen, da schickte man, ungefragt und ungefordert, vielen armen Leuten einen Korb Kohlen in's Haus aus öffentlichen Mitteln. Man nahm mit Dank das ungeforderte Geschenk an. Als die so Unterstützten hernach wählen wollten, wies man sie zurück. (Auf der Rechten: Wo? Auf der Linken: in Trier! Zuruf von der Rechten: Tabak!) — (Zur Rechten gewandt:) der ist ohne Ausnahme verkauft worden, das Päckchen zu 9 kr.; er war auch wahrhaftig nicht mehr werth! (Heiterkeit. Zuruf von der Linken: Wiederholen! Wir verstehen nicht! Wiederholen!) Es ist nicht nöthig, es war zu unbedeutend. — Meine Herren! Dann frage ich Sie, was sind denn die Almosen aus öffentlichen Mitteln? Sind die Almosen darunter verstanden, welche höheren Beamten, Generälen, Landräthen u. s. w. aus öffentlichen Mitteln nach jenem berühmt gewordenen Finanzbericht gegeben wurden? Machen Unterstützungen solcher Art weniger abhängig als ein Korb Kohlen oder eine Ladung Holz, die man einem Armen in's Haus schickt? (Auf der Linken: Sehr gut!) Allein freilich an solche Dinge denkt man nicht, wenn man von Unterstützung aus öffentlichen Mitteln spricht, solche Unterstützungen höheren Ortes sind Belohnungen des Verdienstes um den Staat, sind Belohnungen der guten Gesinnung, sie ziehen keinen Verlust eines Rechtes nach sich. Die armen Leute, die einer Unterstützung bedürfen können, beraubt man dafür ihres Wahlrechtes! Ihr Verdienst nicht um den Staat, dem sie die indirecten Steuern zu neun Zehnteln bezahlen, findet keine Berücksichtigung; Gesinnung, behauptet man, haben sie nicht; — und man spricht ihnen das Recht zu wählen ab, weil sie influenzirt sein könnten durch einen Korb Kohlen! (Heiterkeit!) Meine Herren! Der Herr Finanzminister hat uns gesagt, es müßten auch gewisse Klassen der Gesellschaft deßhalb vom Wahlrechte ausgeschlossen werden, weil sie den ganzen Tag an nichts zu denken hätten, als an das, was sie zur unmittelbaren Nahrung und Nothdurft haben müßten und weil sie deßhalb nicht Zeit hätten, über den Staat und seinen Zweck nachzudenken, und sich aufzuklären über dasjenige, was dem Staate frommt. Wenn ich mich recht erinnere, so sagte ein hochgestellter Bureaukrat im Februar vorigen Jahres zu denselben die jetzt den Staat regieren und die bewiesen, daß sie über die Zwecke des Staates wenigstens nachzudenken versucht haben, ganz ähnliche Worte: „Sie möchten denn doch einmal probiren, den Staat zu regieren; er zweifle, ob es wohl ginge; die Herren seien unfähig, den Mechanismus und das Wesen des Staates zu begreifen; alle Größen des vereinigten Landtags seien unfähig, zu regieren." Und jetzt, meine Herren, regieren diese Herren doch und jetzt hofft man gerade von oben herab in einer dieser Größen, zu welcher diese Worte gesagt wurden, den Rettungsanker des Staates zu finden! Ganz dieselbe Sprache, die vor längerer Zeit Herr Bassermann einmal führte, „er möchte doch einmal sehen, wie die Linke regierte, wenn die Herren von dieser Seite ans Ruder kämen", ganz dieselbe Sprache wurde gegen Herrn Bassermann und seine Genossen gerichtet von den Regierungsbänken in der badischen Kammer, wo der Minister sagte, „man möchte doch einmal die Sorte von Regierung sehen, welche diese Herren führen würden." (Lebhafter Beifall auf der Linken und im linken Centrum.) Nun, meine Herren, was das letztere betrifft, so gebe ich dem voraussichtigen Staatsmann in der badischen Kammer, der das damals sagte, gar nicht Unrecht. (Heiterkeit.) — Meine Herren, Herr Bassermann hat uns eine sonderbare Unterscheidung zwischen Arbeit und Arbeit untergeschoben; — er hat gesagt, nach dem, was man hier von Rednern der Linken gehört habe, sei man durchaus nicht berechtigt, die Meister, die Industriellen, diejenigen, die sich in höheren Sphären der Arbeit bewegen, als Arbeiter nur anzuschauen; — man betrachte diese Classen gleichsam als nicht zum Volke gehörig; man wolle das Volk nur in den niedersten Classen, nämlich nur in den Arbeitern suchen. Meine Herren, ich bin weit entfernt, eine jede Arbeit, sei sie, welcher Art sie wolle, gering zu schätzen; — ich halte dafür, nicht in Uebereinstimmung mit dem vorigen Redner, daß zwar jede Arbeit nicht gleichen Lohn bringt, daß aber der Staat so eingerichtet sein soll, daß jede Arbeit auch gleiche Ehre und gleiches Recht bringt. Wenn wir von dem Rechte der Arbeiter gesprochen haben und darunter die niederen Classen verstanden, die man ausschließen will, so haben wir deßhalb davon gesprochen, weil es wahrhaft nicht nothwendig war, von der Berechtigung derjenigen Arbeit zu sprechen, die mit sechs- oder zwölftausend Gulden am Ministertische sitzt und dort arbeitet; die Berechtigung dieser Arbeit ist nicht in Zweifel gezogen worden. Aber weil man die Berechtigung der sogenannten niederen, der manuellen Arbeit hier leugnen will, und sie öffentlich zu leugnen die Stirne gehabt hat, deßhalb sprachen wir von dem Rechte der Arbeit in den niederen Classen. (Auf der Linken: Sehr gut!) Meine Herren, man hat es gesagt, es müßte in jeder Bewegung vor den Massen die Intelligenz hergehen. Dieser Intelligenz müsse man vertrauen, es sei 1813 die Befreiung gelungen, weil die Intelligenz vor den Massen vorausgegangen sei, — von der Masse, die nachfolgte und wirklich die Bajonette und die Kolben führte, von dieser sprach man nicht! (Auf der Linken: Sehr gut!)

Es ist wahr, meine Herren, es gehört Intelligenz dazu, um die Masse zu führen; aber es gehört auch die Masse dazu, um die Intelligenz heranzubilden und der Intelligenz die Kraft zum Vorschreiten zu geben. Wenn Sie die Masse nicht hinter sich haben, können Sie mit all Ihrer Intelligenz und Weisheit sitzen und tagen und reden und sprechen, und es wird nichts geschehen. Davon machen Sie jetzt täglich Erfahrungen. Die Massen müssen Sie haben, denn in ihnen ist die Kraft, und wenn Sie sie nicht zu sich heranziehen, wenn Sie sie abstoßen, wie Sie in Ihrem Wahlgesetze thun, so wird alle Ihre Intelligenz nichts fruchten. (Auf der Linken: Sehr gut!) Meine Herren! Man hat uns gesagt, es sei im Jahre 1813 die Befreiung des Volkes gelungen, weil man Vertrauen in diese Intelligenz und in die Führer gehabt habe. Ja, dies Vertrauen hatte man, und es ward schändlich betrogen! Was folgte dann auf diese Jahre 1813 und 1815, wo man vertraute? Folgten da nicht die Jahre von 1817 bis 1830, wo das Mißtrauen wachsen mußte, weil es gesäet wurde von oben herab, und zwar von denjenigen Intelligenzen, welchen man vorher vertraut hatte! Sie beklagen sich über das Mißtrauen, meine Herren, welches jetzt ebenfalls wuchert. Gerade weil das Volk sieht, daß es auch noch im März dieses Jahres zu viel vertraute auf die Intelligenzen, und daß diese Intelligenzen es jetzt wegwerfen und im Stiche lassen wollen, deßhalb entsteht und wächst das Mißtrauen! Deßwegen kann das Volk kein Vertrauen zu Eurer Intelligenz haben, die Ihr so sehr rühmt und die wahrlich so kurzsichtig ist, daß sie die Ursache dieses Mißtrauens nicht einmal einsehen kann. — (Auf der Linken: Sehr gut!) Meine Herren! Man hat uns gefragt, wer denn in den Ständekammern gekämpft habe für die Freiheit? — Ih! meine Herren, da haben diejenigen gekämpft, die man hineinließ und die Arbeiter, die nicht hineinkommen konnten, wie hätten sie denn in den Ständekammern kämpfen sollen? (Große Heiterkeit.) Ihr seid durch den Census in die Kammern gekommen, und nun klagt Ihr die an, die Ihr selbst durch den Census von dem Schlachtfelde ausschließt, sie hätten nicht gekämpft für die Freiheit! (Auf der Linken: Sehr gut!). — Meine Herren! Ich habe mich niemals auf das Schachern und das Handeln verstanden; Andere kennen dieß besser; aber wenn ich für etwas Schlechtes — und für etwas Schlechtes halte ich einen jeden Zoll Oberhaupt (Heiterkeit) — etwas Gutes eintauschen kann — nämlich die Volksfreiheit, so thue ich es allemal mit Vergnügen, und ich finde, daß der Vortheil des Handels wohl auf meiner Seite und auf der des Volkes sein dürfte. — Meine Herren! Man hat uns gesagt, an den Zweck des Staates, der seine Dauer sei, müßten diejenigen geknüpft werden, die auch ein Interesse an der Dauer des Staates hätten, und nur die konnten ein Interesse an dieser Dauer haben, die auch ein Eigenthum hätten, eine Familie, irgend Etwas, was sie aufrecht hielte für die Zukunft, damit sie den zukünftigen Staat auch für ihre Kinder zu bauen und zu stützen suchten und darin ihren Kindern eine sichere Stätte bereiteten. Es ist nicht einem Jeden gegeben, meine Herren, seine Kinder als Unterstaatssecretäre im Geiste vor sich zu sehen (Heiterkeit), allein ich möchte Sie fragen: wo sind denn die meisten Familien? In welchem Stande ist denn die Kinderzahl die größte, und wer hat denn nach diesem Raisonnement das meiste Recht am Bestehen der Gesellschaft? — Wer hat denn die meiste Fürsorge zu treffen, damit seine Kinder glücklich werden? Seht Euch doch in der Statistik um, die sonst Eure Lieblingswissenschaft ist, wenn es sich handelt um die Abonnentenzahl der Journale oder um ähnliche Trivialitäten. (Große Heiterkeit.). Sind es nicht gerade die ärmeren Classen, welche die meisten Kinder haben, jene Classen, welche die künstlichen Systeme nicht kennen, die in den höheren Classen eingeführt sind zur Beschränkung der Familie, in jenen Classen, welche für die Stabilität des Staates nach Ihren Begriffen allein Gefühl haben sollen? (Stimmen auf der Linken: Sehr gut!) Meine Herren! Das Gefühl für die Familie ist weit entwurzelter in den höheren Classen, die einen Titel dafür haben und ein Wappen und einen Stammbaum, als da, wo der Vater täglich das Brod für seine Kinder mit Schweiß und Arbeit verdient, während anderwärts der König für die Kinder bezahlt. (Bravo auf der Linken und Stimmen daselbst: Sehr wahr, sehr gut!) Meine Herren! Man hat Ihre Ansicht über das allgemeine Stimmrecht bestimmen wollen durch Anführung einiger Autoritäten, und namentlich Rotteck's. — Ich weiß nicht, ob es in demselben Jahre war; aber jedenfalls war es nicht kurz oder lange vor- oder nachher, als Rotteck dieses Votum über das allgemeine Stimmrecht abgab, daß er auch gegen die Emancipation der Juden, gegen die bürgerliche Gleichstellung aller religiösen Bekenntnisse sich erhob. Meine Herren! Seit dieser Zeit ist unser Bewußtsein soweit vorgeschritten, daß es einer Wagniß bedarf, wenn Jemand sich gegen die gleichmäßige Stellung aller Bekenntnisse und gegen die Emancipation der Juden ausspricht. Aber ein Mann, der dieses thut, der wird uns hier als Muster des Freiheitssinnes gepriesen! Meine Herren! Solche beschränkte Ansicht preisen diejenigen, welche nicht begreifen, daß der Freiheitssinn sich auch entwickelt und daß die Freiheit, die man im Januar 1849 wollte, nicht diejenige ist, mit der man sich im März 1849 begnügen könnte. (Stimmen auf der Rechten: Hört! hört!) Ganz gewiß, meine Herren, hören Sie darauf! Hören Sie auf diese Stimme der Freiheit, die immer wächst und immer stärker wird, und seien Sie besorgt dafür, daß das Maaß, welches Sie zur Befriedigung geben, auch wirklich ihrem Bedürfniß entspreche. Hören Sie das wohl, hören und beherzigen Sie es ja recht! (Heiterkeit a. d. R.) — Meine Herren! Man hat uns hier vielfach auf die französischen Zustände und die Entwickelung derselben in dem letzten Jahre hingewiesen. Es ist ein ehrenvoller Beruf der französischen Nation, voranzugehen in Experimenten, vor welchen andere Völker zurückschrecken, um an diesen Experimenten zu Grunde zu gehen, während andere Völker den Nutzen derselben sich aneignen. So haben wir, meine Herren, zum großen Theile in Deutschland den Nutzen der großen Revolution von 1789 gezogen, während das französische Volk hauptsächlich den Schaden davon behielt. So wird es auch in der jetzigen Revolution vielleicht gehen. Allein, meine Herren, gerade in derselben Weise, wie man jetzt spricht gegen den vierten Stand, so sprach man bei dem Beginne der französischen Revolution gegen den dritten Stand, der jetzt nicht nur in Deutschland herrscht und dem auch einst die Herrschaft entrungen werden wird. Gerade in ähnlicher Weise sagten damals die Adeligen, es beginne die Berechtigung im Staate erst da, wo auch der Adel beginne, sie gingen fast soweit wie ein jetziger k. k. Feldmarschall, der den Menschen erst an dem Barone anfangen läßt. Die Berechtigten aus dem Adel und der Geistlichkeit sagten im Anfange der französischen Revolution zur Bourgeoisie: „Ihr habt keine Berechtigung; Ihr seid unsittlich; Ihr seid Alle miteinander unfähig; Ihr habt keinen Begriff vom Staate, keine Einsicht in die politischen Verhältnisse! Kümmert Euch um Eure Zuckerhüten und um Eure Kaffeesäcke und laßt uns regieren; dann wird es gut stehen im Staate." Ganz so, meine Herren, spricht jetzt die Bourgeoisie zum vierten Stande, zur arbeitenden Classe: „Ihr seid ungesittet; Ihr seid Alle nichts nutz; Ihr wißt Alle miteinander nichts; Ihr habt keine Einsicht in die politischen Verhältnisse;

kümmert Euch um das, was ihr tollt Tage zu thun habt und laßt uns regieren." (Bravo a. d. L.) Die Revolution brach aus, weil man damals die Ohren verstopfte gegen das Verlangen der Bourgeoisie, und diese zeigte sich, wie sie stets gewesen ist, feige und grausam. Aber selbst vor jener blutigen Revolution hielt der Adel seine Privilegien nicht so fest, als sie die Bourgeoisie jetzt hält; der Adel hatte noch höhere Regungen im Herzen und gab seine Privilegien zum Theil in Frankreich preis, als es noch Zeit war sie preiszugeben. Das Wenige aber, was er hielt, brachte ihm den Untergang. Aehnlich wird es auch in unserer Zeitgeschichte geschehen. Meine Herren, täuschen Sie sich darüber nicht, es hat immer Leute gegeben, die stolz sagten: „Das Bestehende ist vernünftig, weil wir in dem Bestehenden gut existiren, und weil wir die einzigen vernünftigen Köpfe sind, die Einsicht haben." Aber es ist auch manchmal begegnet, daß man diese vernünftigen Köpfe vom Rumpfe trennte, weil die allgemeine Unvernunft, über welche sie sich übermüthig erhoben, diese exclusive Vernunft nicht anerkennen wollte. Meine Herren! Man hat uns, von der Linken, hier vorgeworfen, wir hätten den Volkswillen kritisirt und damit gezeigt, daß wir ihn nicht anerkannten. Es ist ein Unterschied darin, sich einer Majorität zu unterwerfen, mag sie eine vernünftige oder unvernünftige sein, und die Berechtigung ihrer Herrschaft anzuerkennen, oder sie zu kritisiren. Herr Bassermann hat uns gesagt: „das, was man kritisire, könne man nicht als das Höchste hinstellen." — Ich meine, Kant hätte eine Kritik der reinen Vernunft geschrieben. (Heiterkeit. Einige Stimmen: Sehr gut!) Wie will man denn eine Aenderung der bestehenden Zustände, wenn allemal das Bestehende gut und vernünftig ist, und wenn man nicht mit den Waffen der Kritik dagegen soll ankämpfen dürfen? Nein, wahrlich, die Vernunft, die etwas Individuelles ist, kann ankämpfen gegen Alles, was geschieht. Sie unterwirft sich materiell der gesetzgebenden Majorität, aber sie kämpft dagegen an, bis sie selbst materiell auch den Sieg errungen hat. Das ist das große Geheimniß der Politik, die Triebfeder des Fortschrittes. Wenn dieß nicht wäre, wenn man deßhalb, weil man Etwas will, auch allemal die Resultate des Gewollten als höchst vernünftig anerkennen sollte, dann, meine Herren, wären alle Staatsformen ewig, dann könnte es gar keine Aenderung geben, dann wäre nur ein reiner Absolutismus möglich, gegen dessen Staatsformen man kein Wort wagen dürfte, ohne einen Proceß wegen Erregung zum Mißvergnügen an den Hals zu bekommen. (Heiterkeit.) Ein solcher Staat scheint freilich das Ideal gewisser Leute. — Meine Herren, man hat Ihnen gesagt, es sei das allgemeine Stimmrecht gewesen, welches die französischen Zustände so verwickelt habe; die freiesten Völker seien nur deßhalb frei und glücklich, weil sie einen Census hätten, und man hat uns ferner gesagt, in Nordamerika hätte der größte Theil der Staaten einen Census. Diejenigen Staaten in Nordamerika, meine Herren, die Sclaven haben, die haben zum Theile einen Census (Stimmen: hört!), die anderen haben keinen. Herr Bassermann mag mir die anderen Staaten nachweisen, die Nicht-Sclaven-Staaten, welche einen Census besitzen. — Man hat uns von dem freien Belgien gesprochen; von der freien Schweiz nicht. Ich wüßte nicht, daß die Schweiz irgendwo einen Census hätte, und ich wüßte wahrhaftig nicht, wie man die Freiheit Belgiens mit der Freiheit der Schweiz in Parallele setzen könnte. Ich würde letztere unbedingt vorziehen. (Heiterkeit.) Was indessen gerade dieses Belgien betrifft, so möchte ich den Herren doch das zu bedenken geben, daß noch vierzehn Tage vor der Februar-Revolution der belgische Minister öffentlich erklärte, er würde nun und nimmermehr in eine Herabsetzung des Census willigen, der damals durchschnittlich auf 100 Gulden festgesetzt war. Als die Revolution in Paris im Februar kam, da besänftigte man das belgische Volk damit, daß man schnell den Census auf 20 Gulden herabsetzte. Wenn man ihn nicht herabgesetzt hätte, so wäre die Revolution im glücklichen Belgien ausgebrochen.

Bassermann (vom Platze): Auf 20 Gulden?!

Vogt: Auf 20 Gulden, ja wohl! und meine Herren, wenn ich nicht ganz falsch aus directer Quelle berichtet worden bin, so haben im Monat September Verhandlungen stattgefunden im belgischen Ministerrathe, ob man nicht in Anbetracht der drohenden Zustände den Census ganz aufheben und das allgemeine Stimmrecht einführen solle. (Heiterkeit.) Eine Minorität des Ministerraths war dafür, die Majorität aber behauptete: die Zustände seien so gefährlich noch nicht und wenn die Unzufriedenheit noch wachse, dann wolle man sich diese Einführung des allgemeinen Stimmrechts als Besänftigungsmittel und als Mittel zur Aufrechthaltung der Krone aufbewahren. (Bravo a. d. L.) Meine Herren, man hat uns gesagt, die Arbeiter sollten sich durch Genügsamkeit aufschwingen zu den Bedingungen, unter welchen sie das Wahlrecht ausüben können. Ich sollte meinen, daß diese Classen genug gehungert hätten und daß sie wahrlich keine weitere Genügsamkeit aufbieten könnten, als die, welche sie bis zum Zerreißen der Geduld gewahrt haben. (Zuruf: Sehr gut!) Man hat uns auch in dieser Beziehung auf die französischen Zustände aufmerksam gemacht und uns zu wiederholten Malen die Nationalwerkstätten als verunglückten Versuch hingestellt, die Arbeiter zu befriedigen. Meine Herren, als man damals in der ersten Periode unserer Thätigkeit in der Paulskirche einmal beiläufig von den Nationalwerkstätten sprach, da warf man nicht, wie Herr Bassermann sagt, von unserer Seite hämische Gegengründe entgegen, nein, wenn diese Bezeichnung der Angriffe in irgend einer Weise wahr ist, so kann sie es nur in Beziehung auf die erste Erwähnung derselben sein. Die Nationalwerkstätten waren ein verunglückter Versuch, das ist ganz richtig; allein warum wurde dieser Versuch gemacht? War es die Republik, die Frankreich an den Rand des Verderbens führte, — um doch endlich einmal auf diese so oft abgesungene Litanei einzugehen, — war es die Republik, meine Herren, die diese grenzenlose Finanznoth in Frankreich erzeugt hat, oder war es die Monarchie, deren Erbe die Republik nachschleppen mußte, weil sie zu großmüthig war und die Schulden der Monarchie nicht mit einem Schlage tilgen wollte. Die Republik übte Großmuth gegen dieselbe Bourgeoisie, welche jetzt die Arbeiter von sich stößt. Die siegenden Arbeiter hätten gar wohl sagen können: Die Schulden sind getilgt, und die Bourgeoisie ist auf denselben Platz gestellt wie wir! Die Besitzer der Staatspapiere sind von heute an besitzlos, wie wir! Der Arbeiter that es nicht, weil ihm das Eigenthum heilig war, weil er das Vertrauen hatte, daß ihm geholfen werden würde. Man suchte ihm zu helfen, nur griff man es auf unrechte Weise an. Man überließ sie fast gänzlich sich selbst. Ist das ein Grund des Vorwurfs, wenn man Jahre lang eine Classe in der Unwissenheit gehalten hat, wenn man sie stets nur geleitet hat, wenn man sie benutzt hat als Stiege, um sich auf den Thron schwingen zu können und ihr dann auf einmal sagt: Sieh' wie du dir helfen kannst! Wen trifft dann der Vorwurf, die, welche nicht helfen wollen, oder die, welche sich nicht helfen können, weil sie nicht gehörig unterrichtet sind? Meine Herren, der Krebs der französischen Zustände ist der, daß alle Partelen, eine wie die andere, bis jetzt nur zu dominiren, daß keine einzige zu unterrichten suchte; — wir aber in Deutschland können uns das Zeugniß geben, daß wir stets weit mehr unterrichtet, als dominirt haben. (Zuruf v. d. L.: Sehr gut!) Meine Herren, wenn Sie sagen, wir hätten das Resultat des allgemeinen Stimmrechts in Frankreich unvernünftig gefunden, nun ja, gut, es mag unvernünftig gewesen sein; wir verwerfen deßhalb das Recht selbst nicht als unvernünftig. Durch solche Resultate und durch die praktische Erfahrung wird das Volk zur Vernunft geführt, mehr als durch Sie und Ihre Belehrung. (Zuruf von der Linken: Sehr gut!) Diese Resultate des allgemeinen Stimmrechts, sie können für einige Zeit ein Resultat haben, das man nicht wünschen kann; allein diese Resultate müssen nach und nach gut werden, denn die politische Vernunft kommt in das Volk hinein. — Man führt uns immer England und wieder England und abermals England an. Wenn Sie aber mit richtigem Blick die englischen Zustände ansehen, so werden Sie finden, daß es faul ist an der Wurzel und daß es gezwungen sein wird, baldigst dieses allgemeine Stimmrecht einzuführen, um sich vor dem Ruin zu retten, den ihm der Census und die Bevorzugung der Classen im Innern schafft. Noch ist es nach außen mächtig; aber Sie sehen auch, daß die Bestrebungen in England dahin gehen, diese Macht nach außen zu reduciren mittelst der Cobden'schen Finanzpläne; — sie gehen dahin, den Einfluß der äußeren Macht zu beschränken. Warum? Weil die Arme, welche die Maschine nach außen streckt, so übermächtig geworden sind, daß die inneren Stützbalken sie nicht mehr zu tragen vermögen; weil das Gebäude zusammenstürzen muß, wenn man die Flügel immer länger und länger nach außen will werden lassen. So, meine Herren, werden Sie sich vergebens auf Beispiele anderer Länder berufen; vergebens mit Ihren Systemen, nach denen Sie die Welt modeln wollen, dem Verlangen der Zeit sich widersetzen. Dieser Constitutionalismus, von dem ich am Anfang sprach, mag mir auch das Wort zum Schlusse leihen; er stellt erst sein System auf und sagt: „Das meine ist das beglückende System; die Majorität soll mir helfen, dieses System durchzuführen.“ Wenn aber die Majorität dieses System nicht will, dann sagt er: „Ich, vermöge meiner höheren Einsicht und Vernunft, bin doch der Berechtigte; du, Majorität des Volkes, bist nicht berechtigt, weil du die Vortrefflichkeit des Systemes nicht einsiehst und es zurückstößt!“ So macht man denn das System und sucht die Majorität hineinzuquetschen und zu drängen, hoffend, daß sie sich darin wohl befinde. Man verfährt so, statt, daß man das Volk im großen Ganzen nähme und das System seinem Willen anzupassen suchte. Weil die Stimme des Volks in seiner Majorität gegen das System ist, deßhalb will man die Majorität nicht zulassen und deßhalb verwirft man das allgemeine Stimmrecht. Das ist, meine Herren, der Schlüssel zum Räthsel, das Sie uns in Ihrem Reichswahlgesetz aufzutischen versucht haben. (Lang anhaltender rauschender Beifall auf der Linken und im linken Centrum.)

Präsident: Ich habe zwei neue Anträge zu verlesen. Einen Antrag des Herrn Lette zu § 1, derselbe möge heißen:

„Wähler ist jeder unbescholtene Deutsche, welcher das fünfundzwanzigste Lebensjahr zurückgelegt hat.

§ 2 möge wegfallen, und an dessen Stelle Folgendes gesetzt werden:

§ 2a. Das Wahlrecht ruht bei denjenigen, welche
a) unter Curatel oder Vormundschaft stehen;
b) über deren Vermögen ein Concurs- oder Fallitverfahren gerichtlich eröffnet ist;
c) welche eine Armenunterstützung aus öffentlichen Mitteln beziehen oder im letzten der Wahl vorhergegangenen Jahre bezogen haben.

§ 2b. Die Übrigen üben das Wahlrecht theils unmittelbar, theils mittelbar durch Wahlmänner aus.

§ 2c. Zur unmittelbaren Ausübung sind diejenigen befugt, welche jährlich drei Thaler oder fünf Gulden 15 Kreuzer an directen Staatssteuern entrichten, oder wo dergleichen Steuern nicht entrichtet werden, ein jährliches Einkommen von zweihundert Thaler oder dreihundert fünfzig Gulden haben.

§ 2d. Diejenigen, welche einen geringeren Betrag von directen Staatssteuern entrichten, beziehungsweise ein geringeres Einkommen haben, üben das Wahlrecht durch Wahlmänner aus, welche sie gemeinde- oder bezirksweise nach absoluter Stimmenmehrheit aus ihrer Mitte ernennen.

Auf je zehn Urwähler wird ein Wahlmann ernannt.

Unterstützt von: Teichert, Stieber, Martens, Künzel, Richter von Danzig, Dagenkolb ev. Schubert ev. Welt ev. Haubenschmied ev. Rizze, Breschus, v. Sänger ev. Schwarz, v. Massow, Schrader ev. Rahm ev. Kosmann ev. Haym ev. Deecke.“

Dann liegt noch ein Antrag vor, dahin gehend: In § 2 die Nummer 3, 4, 5 wegfallen zu lassen; dagegen hinter § 4 folgenden Paragraphen einzuschalten:

„Die Zahl derjenigen, welche die Wahl des Abgeordneten vornehmen, beträgt in jedem Wahlbezirke (siehe § 10) ein Zehntel der Wahlberechtigten.

Die eine Hälfte dieser Zahl besteht aus denjenigen, welche im verflossenen Steuerjahre in ihrem Wahlbezirke die höchste directe Staatssteuer entrichtet haben.

Die andere Hälfte wird von den übrigen Wahlberechtigten des Wahlbezirks aus ihrer Mitte gewählt.

Welche Steuern zu den directen zu rechnen oder denselben gleich zu achten sind, bleibt der Bestimmung der einzelnen Staaten überlassen.

Unterstützt von: Veit, Plathner, v. Keller, Teichert, Bernhardi, Haym, v. Sänger, Deecke, Giesebrecht, Schreiber, Naumann, Rümelin, Rizze, Schirmeister, Metzke ev. Kosmann, Gysae, Amstetter ev. Ebmeier, Markus, Deiters, Bassermann.“

Herr Reichensperger hat das Wort!

Reichensperger von Cöln: Meine Herren! Wenn ich mich in die Reihe derjenigen eingezeichnet habe, welche für den vom Verfassungsausschusse vorgelegten Entwurf reden, so lag es doch keineswegs in meiner Absicht, alle die Bestimmungen, welche er enthält, vertheidigen, oder dafür stimmen zu wollen; vielmehr erkläre ich gleich von vornherein, daß auch mir der § 2 des Entwurfes keineswegs annehmbar erscheint, und zwar deßwegen, weil er ganze ehrenwerthe Classen als solche von der Wahlberechtigung ausschließt. Auch ich bin der Ansicht, daß die arbeitende Classe, die Tagelöhner und Fabrikarbeiter, insbesondere auch auf dem politischen Gebiete, besonderer Berücksichtigung werth sind, daß man auf sie ganz besondere Rücksicht nehmen muß, denn meiner Ueberzeugung nach, ruhen in dieser sogenannten unteren Classe zunächst die Hoffnungen für unsere Zukunft. Wenn wir die Erfahrung gemacht haben, daß diese Classe auf der einen Seite mehr als einen Staat an den Rand des Abgrundes brachten, so haben wir dagegen auch auf der andern Seite gesehen, daß sie es war, welche auch wieder als Retter eintraten, wie dieß namentlich in Paris bei der großen Straßenschlacht der Fall war, welche die rothe Republik der bürgerlichen Ordnung geliefert hat. In dieser Classe ist der alte Spruch: „Bete und arbeite“ noch eine Wahrheit. Es kommt nun aber Alles darauf an, wie für dieselbe gesorgt, wie sie zu ihrem hohen Berufe herangebildet worden ist zunächst aber kommt Alles darauf an, daß man sie nicht in eine falsche Bahn hineinschleudert; die falscheste aber ist die der politischen Agitation. Wehe dem Volke, welches den Hetzern und Rhetoren in die Hände fällt! Ungarn mit seinem Rhetor Kossuth an der Spitze kann davon etwas erzählen. Alle die Phrasen und Reden, welche uns angeblich zum Wohle der unteren Classen von so vielen Seiten in Wort und Schrift entgegentönen, haben sich dort nichtig und bodenlos erwiesen. Während Kossuth declamirt, geht das arme, leichtgläubige Volk zu Grunde. Meine Herren! Es sind hauptsächlich zwei Worte, Worte voll schönem Klange und tiefster Bedeutung, welche uns namentlich immer von dieser (linken) Seite entgegentönen; ja man geht so weit, daß man sich nicht scheut, an den Begriffen, welche diese Worte bergen, jene (rechte) Seite zu Verräthern zu erklären, wenn sie dieselben nicht genau in dem Sinne faßt, wie man es ihr zumuthet. Es sind die Worte **Freiheit** und **Gleichheit**. Heute hat es hauptsächlich der Gleichheit gegolten. Alles, was nur immer gegen das allgemeine Stimmrecht angeht, wurde als Todsünde gegen das Axiom der Gleichheit hingestellt. Bis daher hat man es immer in ähnlicher Art mit der Freiheit gehalten. — Als ich das Erstemal die Ehre hatte, von dieser Stelle aus zur Versammlung zu sprechen, handelte es sich auch um eine Freiheit, es war die **Gewerbefreiheit**; damals bekämpfte ich die Ansichten eines Redners von dieser (der linken) Seite, welche nur in der Freiheit, in der schrankenlosen, unbedingten Freiheit, alles Gute, das Heil der Zukunft beschlossen erachtet. Ich bekämpfte diese Freiheit unter lauten Mißfallensbezeugungen von dieser (linken) Seite; ich erklärte, daß diejenigen, welche diese illimitirte Freiheit hätten, nichts sehnlicher wünschten, als davon befreit zu werden. Seitdem, meine Herren, ist hier in Frankfurt ein Congreß von Handwerks- und Gewerbsleuten zusammengetreten, es waren nicht Generäle, Minister und Landräthe, sondern Leute hergesandt aus fast allen deutschen Ländern, aus demjenigen Stande, für welche sich diese (linke) Seite vorgeblich so sehr interessirt, Leute mit Schwielen in den Händen, aus dem eigentlichsten Kerne des Volkes. Und was haben diese Leute von der Gewerbefreiheit gesagt? Ihr Urtheil ist in wenigen Zeilen enthalten, welche vorzulesen mir wohl erlaubt sein wird.

Präsident: Die Versammlung wird wohl nichts dagegen haben? (Es erfolgt kein Einspruch.)

Reichensperger: Es heißt in dem Vorworte des von dem gedachten Congresse ausgearbeiteten Entwurfes einer Gewerbeordnung: „Wer möchte es, bei solchen nicht zu leugnenden Thatsachen, dem deutschen Handwerkerstande verargen, wenn er, dem nur noch einige Athemzüge vergönnt sind, die letzten Kräfte zusammenrafft und im Angesicht Deutschlands, unter den Augen seiner Vertreter im deutschen Parlamente, einen feierlichen, von Millionen Unglücklichen besiegelten **Protest** ausruft gegen die **Gewerbefreiheit!**" Meine Herren, sorgen Sie ja dafür, daß es nicht mit der Gleichheit gehe, wie es dort mit der Freiheit gegangen ist! Diese Männer, welche — ich darf wohl so sagen — mit ihrer Haut für jene Freiheit bezahlen müssen, haben durch eigene Erfahrung eingesehen, daß auch die Freiheit, um eine Wohlthat zu sein, **organisirt** werden müsse, daß damit eine Ober- und Unterordnung wohl verträglich sei, daß Freiheit immer Freiheit bleibe, auch wenn man sie an gewisse Bedingungen knüpft. — Es ist sonderbar, daß man gerade in einer Zeit, welche so laut auf ihre Intelligenz, auf ihr Wissen und ihre Erfahrung in allen Zweigen des Wissens und Könnens pocht, für das allerschwierigste Problem — denn für ein solches Problem erkennen es alle Parteien an — für die Frage: In welcher Weise sollen die Abgeordneten zum Volkshause gewählt werden? nichts als ein kurzes Additions- und Subtractionsexempel zur Antwort hat, daß man sagt: Zähle die Köpfe, und diejenigen, welche die meisten sind, haben Recht; was diese sagen, das ist gut und wahr. Meine Herren, ich glaube, daß in complicirten Verhältnissen, in großen, vielfach verschlungenen Fragen die einfachsten Lösungen keineswegs die besten sind; daß vielmehr zur Regelung complicirter Verhältnisse auch complicirte Apparate aufgestellt werden müssen. Darum bin ich auch keineswegs der Ansicht, daß, wie so viele meinen, das allgemeine Stimmrecht das Pflaster auf jede Wunde, das Heilkraut für jede Krankheit sei. Worauf weist man uns hin, um die Unübertrefflichkeit dieses allgemeinen Stimmrechts zu beweisen? Vor Allem nennt man uns fremde Länder, namentlich Amerika. Meine Herren, ich bin keineswegs ein Freund des speculativen Professorenthums, allein ich muß gestehen, daß es mir scheint, als ob man noch außerordentlich viel unweiser wäre, als Jene, welche künstliche Systeme in die Luft bauen, wenn man so in verschiedenen Ländern umhergeht und sich bald hier, bald dort eine Institution aussucht, die sich vielleicht unter den dortigen Verhältnissen bewährt hat, um sie gleich hier, obschon unter ganz andern, vielleicht sogar entgegengesetzten Verhältnissen, ins Leben treten zu lassen. In solcher Art werfen wir uns hin und her zwischen der leeren Abstraction und dem todten Mechanismus. Was namentlich Amerika betrifft, so ist allerdings richtig, was Herr Vogt angeführt hat, daß nämlich in den meisten Staaten, und namentlich in den Freistaaten Nordamerika's das allgemeine Stimmrecht gilt; allein, wer kann die dort obwaltenden, von den unserigen unendlich verschiedenen Verhältnissen übersehen; wer kann namentlich übersehen, daß es in Amerika kein Proletariat gibt, daß in Amerika einer jeden Thatkraft, ja, einem jeden Ehrgeize ein unbegrenztes Feld eröffnet ist; daß in Amerika die Gleichheit der Stände von vornherein die Grundlage der staatlichen Entwickelung bildete, daß überhaupt Amerika eine grenzenlose Zukunft vor sich hat, daß dort das Land, so zu sagen, einem Jeden Alles bietet, wenn er nur die Hände rührt, daß seine inneren, wie seine äußeren Verhältnisse wenig Verwickelungen und Schwierigkeiten darbieten? — Allein auch selbst für Amerika ist das allgemeine Stimmrecht, behaupte ich, eine sehr zweifelhafte Wohlthat. Ich behaupte dieß keineswegs auf meine eigene Autorität hin, ich behaupte es vielmehr, gestützt auf die gewichtigste Autorität, die in dieser Beziehung wohl nur angeführt werden kann, auf die Autorität Tocqueville's, dessen Werk „de la démocratie en Amerique" gewiß mit Recht ein classisches genannt werden kann. Tocqueville ist übrigens ein Demokrat vom reinsten Wasser, er sitzt in der französischen Deputirtenkammer, und zwar nicht als ein verkappter Monarchist, sondern als ein echter Republikaner. Dieser Schriftsteller sagt, — und das möge hauptsächlich für diejenigen als Lehre dienen, die mit ihren aus Amerika herübergeholten republikanischen Lehren Alles beglücken wollen — in seinem angeführten Werke (12. Ausgabe II, S. 32): „Les conséquences... (Zuruf von der Linken: Deutsch!) ich werde es gleich übersetzen . . . de cet état de choses sont funestes et dangereux pour l'avenir" (Die Folgen dieses Zustandes sind unheilvoll und gefahrdrohend für die Zukunft.) Tocqueville spricht nämlich hier von den Folgen der unbedingten Herrschaft der Zahlenmajoritäten. Er entwickelt weitläufig, wie die Zukunft unter dieser Herrschaft sich gestalten wird; er entwickelt und thut dar, wie die Zukunft durch dieselbe im höchsten Grade bedroht ist. Zugleich legt er ausführlich die bedeutenden Schattenseiten der Zahlenmajoritäten in Amerika dar und erörtert endlich in mehreren Abschnitten, durch welche Verhältnisse diese „Tyrannei" der Zahlenmajorität, wie Tocque-

[illegible] sie selbst nennt, „temperirt“ werde. Wenn Sie, diese letzteren Ausführungen nachlesen, so werden Sie finden, daß von all' den Ursachen, welche dort jener „Tyrannei“ der Zahlenmajorität entgegenarbeiten, kaum eine einzige bei uns besteht. Ich hoffe, daß diese republikanische Autorität einigen Eindruck auf die Schwärmer für Amerika machen wird. Außer demjenigen, was ich Ihnen eben als Ergebniß der Erfahrung angeführt habe, und wozu man ganz füglich noch manche andere Erfahrungen, z. B. die in Norwegen und Belgien, von einem andern Standpunkt aus gemachten, rechnen kann, läßt sich wohl auch noch geltend machen, daß selbst Länder, welche neben dem höchsten Census noch Wahlbeschränkungen aller Art gehabt haben, wie z. B. England, und gewissermaßen das alte Rom, dabei doch die mächtigsten, blühendsten und freiheitsstolzesten Staaten geworden sind. Allein man beruft sich auch noch auf die Natur der Sache, auf Gründe abstracterer Art. So nennt man wohl, wie solches bereits der amerikanische Statthalter Morton von Massachussets gethan hat, das allgemeine Stimmrecht ein „wesentliches, natürliches, unveräußerliches Recht jedes Menschen.“ So sehr unsere Zeit, meine Herren, auch gewohnt ist, durch Phrasen sich imponiren zu lassen, so glaube ich doch, daß diese Phrase nur bei Wenigen Anklang finden wird; namentlich aber muß sie in Amerika fast als lächerlich erscheinen. Wenn jener Satz richtig wäre, so lastete auf Amerika der Vorwurf, daß es das heiligste Recht der Mehrzahl seiner Angehörigen unterdrücke; denn bekanntlich sind dort allerwärts die Weiber, die doch auch wohl Menschen sind, ganz, die Männer bis zum 25. Jahre, und diejenigen, die noch keine 7 Jahre in Amerika ansässig waren, endlich eine ganze Masse Farbiger von diesem „Menschenrechte“ ausgeschlossen, indem sie bei den Wahlen ihre Stimmen nicht abgeben dürfen. Dieses Argument dürfen wir daher wohl auf sich beruhen lassen. Außerdem aber hat man noch manche Einzelgründe angeführt: man sagt, daß wenn den untersten Classen das Stimmrecht genommen werde, man Pöbel aus ihnen schaffe; es würden diese politischen Nulle sich sämmtlich gegen die bürgerliche Gesellschaft auflehnen; es werde zur Folge haben, daß man einen politischen Zustand schaffe, der auf die Länge nicht bestehen könne.“ Endlich aber und hauptsächlich läge kein Grund vor, die moralische und intellectuelle Befähigung der fraglichen Volksschichte zu dem Wahlacte in Zweifel zu ziehen. Alle diese Gründe haben etwas Wahres, aber weit mehr Falsches in sich, wenn man sie auf die vorliegende Frage anwenden will. Sie alle beweisen zu viel! Ich sehe nicht ein, daß aus diesen Gründen gerade die Consequenz gezogen werden muß, daß einem Jeden ein bestimmtes politisches Recht, das Recht nämlich, in die Ständekammer zu wählen, zustehe. Wenn es wirklich wahr ist, daß der Instinct des Volkes so richtig geht, wie die Intelligenz der Gebildeten, daß die unteren Classen vor Bestechungen und anderen Einflüssen noch mehr gewahrt erscheinen, als die oberen Classen, welche zudem der Intelligenz sehr häufig entbehrten, wenn überhaupt das allgemeine Stimmrecht den untrüglichsten Ausdruck der Wünsche und Bedürfnisse des Staatslebens gewährt, so sehe ich nicht ein, warum denn nur in die gesetzgebenden Kammern, warum man nicht auch die Richter, die obersten Administrativbeamten und die Beamten des Heerwesens in solcher Art wählt. — Und in der That, meine Herren, weil man consequenter verfahren wollte, als die, welche jetzt das allgemeine Stimmrecht plaidiren, weil man den obersten Grundsatz in seiner ganzen Schärfe durchführen wollte, deßhalb hat man in der ersten französischen Revolution auch die Richter wählbar erklärt, auch sie hat man, wie die Gesetzgeber aus Urwahlen hervorgehen lassen. Aber schon die Republik hat dieses System fallen lassen; man [illegible] ; auch der [illegible] len, [illegible] Bericht [illegible] wieder [illegible] die [illegible] die Roben der [illegible] ten [illegible]; aber auch [illegible] zurückgewiesen, [illegible] zu haben, zu den [illegible] Stimme: keine Urwahlen, [illegible] wird mir vielleicht entgegnen, [illegible] dene Verhältnisse; das [illegible] Art verschieden, daß es [illegible] ter oder sonstigen Beamten [illegible] geber, welcher diesem seinem [illegible] vielgestaltigsten von allen, [illegible] und in unserer Lage, wo die [illegible] Ständekammern zu lösen sind, sollen [illegible] rufen sind, diese Probleme zu lösen, [illegible] als diejenigen, die untergeordnetere [illegible]. Man verweist uns endlich noch darauf, daß wir [illegible] dem allgemeinen Wahlrechte hervorgegangen [illegible]; man [illegible] uns vor, daß es sogar gegen alle Pietät sei, wenn wir die Organe, die uns hierher geschickt, reprobiren wollen. Ich glaube, das Volk hat uns gewählt, auf daß wir beschließen sollen nach freier Erwägung und innerster Ueberzeugung, auf daß wir anordnen sollen, was wir für das Beste halten, für das, was seinem Wohle am meisten entspricht. Dem Irrthum Anerkennung zollen, weil er einmal vorhanden ist, das würde heißen, ihn verewigen. Ich glaube, daß selbst auf die Gefahr hin, alle Popularität zu verlieren, wir den Muth haben müssen, demjenigen, was wir als Vorurtheil erkennen, entschieden entgegenzutreten; die weitere Ausbildung dessen, wozu wir den Grundstein legen, mögen dann Andere nach uns auf sich nehmen. In diesem wie in jedem andern Punkte haben wir das zu entscheiden und zu beschließen, was wir für das Volkswohl als ersprießlich und nothwendig erachten, mögen wir in welch immer einer Weise hieher geschickt worden sein. Das ist unser Mandat. Man sagt wohl, jetzt sei es noch nicht an der Zeit, man solle warten, später würde es sich eher geben, wenn der Strom wieder in ein geordnetes Bette getreten sei. Ich halte ein solches Verfahren nicht für gerechtfertigt, nicht für loyal. Ich hege die Meinung, daß man dem, was man für gut hält, auch sofort die Ehre geben und es ins Leben treten lassen müsse. Bedenken Sie überdieß, daß leicht die Möglichkeit immer geringer werden könnte, daß was Sie für gut halten, in das Leben einzuführen. Ich glaube, daß man auf dieser Seite des Hauses (zur Linken gewendet), wo die entschiedensten Verfechter des allgemeinen, unbeschränkten Stimmrechtes sitzen, sich großen Illusionen hingibt. Man hat es zwar immer vermieden, uns die Künste und Methoden anzugeben, mit welchen man regieren werde, wenn man zur Herrschaft komme — und ich glaube, man hat sehr Recht daran gethan — daß man aber zur Herrschaft kommen wolle, daraus hat man auf dieser Seite niemals Geheimniß gemacht. Und ich bin weit entfernt davon, meine Herren auf der Linken, Ihnen das zu verdenken. Wenn Sie Ihr System für richtig halten, so dürfen und müssen Sie auch Alles aufbieten, um demselben Geltung zu verschaffen, und ich bin der Ansicht, daß Sie die Herrschaft erhalten werden, wenn das allgemeine Stimmrecht eingeführt werden wird, denn Sie versprochen am meisten. Ja, Sie werden die Herrschaft erhalten; dann aber ist auch die Zeit des Haltens gekommen, dann werden die Verheißungen, die Stichworte und glänzenden Phrasen enicht mehr thun; dann wird das Schwert, mit welchem Sie die Herrschaft erkämpft haben, sich gegen Sie wenden. Denn daß es dem Theile des Volkes, auf welches Sie sich vorzugsweise stützen, lediglich um Ihre Personen zu thun sein sollte, das werden wohl nur Wenige unter Ihnen glauben. Auch von Ihnen wird das Volk materielle Wohlfahrt, Brod vor allen Dingen verlangen. Auch die zügelloseste Freiheit wird ihm dafür keinen Ersatz gewähren. Diese materielle Wohlfahrt wird sich jedoch nur auf die materielle Ordnung gründen lassen; allein wie man mit Principien der Art, wie man sie auf dieser Seite proclamirt, zumal, wenn man sie, was sehr häufig geschieht, und noch heute geschehen ist, auf die äußerste Spitze treibt, wie man mit solchen Principien die materielle Ordnung gründen und erhalten kann, das vermag ich nicht einzusehen. Louis Blanc, der Schöpfer der Nationalwerkstätten, würde noch jetzt in Frankreich als der Prophet einer goldenen Zukunft, als Retter des Volkes, als Schutzpatron der arbeitenden Classen gelten, wenn der Thron Louis Philipps noch aufrecht stünde. Er hatte dieselben Phrasen fortwährend in reichster Fülle zur Verfügung, wie wir sie hier immer entgegengeschleudert bekommen. Der Thron Louis Philipps ist gefallen, und man hat darauf Herrn Louis Blanc gebeten, sein Volksbeglückungssystem ins Werk zu setzen. Die Weisheit sollte That werden; aber siehe da, als sie das werden sollte, da war sie nicht bloß verronnen, da war ein namenloses Unheil über Frankreich hereingebrochen (Stimmen auf der Rechten: Sehr gut!), da stürzten sich Republikaner auf Republikaner, und nur durch ein furchtbares Würgen konnte die gesellschaftliche Ordnung eben noch nothdürftig gerettet werden. — Herr Vogt, dessen Kunst, Wahres und Falsches ineinander zu zwirnen, so daß man die Fäden kaum noch voneinander unterscheiden kann, ich so oft schon bewundert habe, hat heute Morgen etwas gesagt, was ich als eine volle Wahrheit anerkennen möchte. Er hat nämlich geäußert: „Die Franzosen haben den Beruf, Experimente durchzuführen und zu Grunde zu gehen, während andere Völker sich den Nutzen davon aneignen.“ Meine Herren! Ich hoffe, daß diese geistvolle, tapfere, in ihrem innersten Kerne hochachtbare Nation durch ihr Märtyrthum, welches sie für die Freiheit — leider meist für das Uebermaß der Freiheit, das dann in den Despotismus überschlug — bestanden hat, anderen Völkern zur Warnung dienen, daß bald aus diesem Märtyrthum die wahre, ächte, dauernde Freiheit, die Freiheit, die sich zu zügeln weiß, emporblühen möge! Ich bitte Sie aber, lernen Sie gerade von jenen Experimenten vor allen Dingen, sie vermeiden: eines der gefährlichsten Experimente aber ist das allgemeine, gänzlich unbeschränkte Stimmrecht, das ist meine feste, volle Ueberzeugung. Ich schließe, indem ich Sie an einen Ausspruch eines unserer ersten Dichter erinnere, der hoffentlich nicht als Reactionär recusirt werden wird, an die Worte Schiller's im Demetrius:

„Man soll die Stimmen wägen, und nicht zählen;
Der Staat muß untergehen früh oder spät,
Wo Mehrheit siegt und Unverstand entscheidet.“

Präsident: Es liegt ein Antrag auf den Schluß der allgemeinen Discussion vor von dem Herrn Nisse und Genossen. Ich bringe ihn zur Abstimmung. Diejenigen Herren, welche die allgemeine Discussion über den uns vorliegenden Entwurf eines Reichswahlgesetzes geschlossen wissen wollen, belieben sich zu erheben. (Die Mehrheit erhebt sich.) Der Schluß der allgemeinen Discussion ist angenommen! — Ich verlese sodann den eben eingegangenen Antrag des Herrn Eisenmann:

„Um den Anforderungen der Freiheit und jenen der Ordnung gleichmäßig zu genügen, wolle die Reichsversammlung beschließen:

Die Vertretung im Volkshause scheidet sich in eine Vertretung des Besitzes und in eine Vertretung der Gesinnung.

Zu diesem Ende werden in jedem Wahlbezirke zwei Abgeordnete in zwei getrennten Wahlhandlungen gewählt. Der erste wird aus den 500 Höchstbesteuerten gewählt, der zweite wird unbedingt nach Vertrauen gewählt.

Der Wahlkörper ist für beide Wahlen derselbe und Wähler sind alle unbescholtene Deutsche, welche das 25. Lebensjahr zurückgelegt haben. Die Wahlen geschehen direct.“

Die Liste der zu § 1 eingeschriebenen Redner ist folgende: (Stimmen von mehreren Seiten: Vertagung!) Meine Herren, ist gegen den Antrag, die Fortsetzung der Discussion auf die nächste Sitzung zu vertagen, kein Widerspruch? (Einige Stimmen: Ja es ist Widerspruch!) Dann muß ich abstimmen lassen. Diejenigen Herren, welche die Fortsetzung der Berathung, also die Discussion über § 1 und folgende des vorliegenden Entwurfs eines Reichswahlgesetzes auf die nächste Sitzung vertagt wissen wollen, belieben sich zu erheben. (Die Mehrheit erhebt sich.) Die Vertagung ist angenommen! Meine Herren! Von allen Seiten des Hauses ist die Aufforderung an mich gekommen, die nächste Sitzung auf morgen anzuberaumen. Ist dagegen kein Widerspruch? (Eine Stimme von der Linken: Ja, es ist Widerspruch!) Es ist Widerspruch dagegen und da der Usus des Hauses will, daß die nächste Sitzung auf Montag anberaumt würde, so muß ich abstimmen lassen. Diejenigen Herren, welche die nächste Sitzung auf morgen — Sonnabend — anberaumt wissen wollen, bitte ich, aufzustehen. (Die Mehrheit erhebt sich.) Die nächste Sitzung wird morgen stattfinden; die Tagesordnung ist: Fortsetzung der Discussion über den Entwurf des Reichswahlgesetzes. — Im Laufe der Sitzung ist mir die Austrittserklärung des Herrn Knoodt zugekommen. Ich bringe dieß zur Kenntniß der Versammlung, damit die Anzeige ungesäumt an das Reichsministerium des Innern abgehen kann. — Der Verfassungs-Ausschuß ist auf halb 6 Uhr einberufen. — Die heutige Sitzung ist geschlossen.

(Schluß der Sitzung: Nachmittags 2 Uhr.)

Verzeichniß der Eingänge

vom 6. bis 9. Februar.

Petitionen.

1. (6672) Adressen mit 9149 Unterschriften aus dem Strelitzischen gegen Mediatisirung. (An den Verfassungs-Ausschuß.)

2. (6673) Petition aus dem Wahlbezirk Vöcklabruck in Oberösterreich, um Abänderung der §§ 2 und 3 des Verfassungsabschnittes vom „Reich und Reichsgewalt,“ übergeben vom Abgeordneten Schiedermayer. (An den Verfassungs-Ausschuß.)

3. (6674) Sechs Adressen gegen die §§ 2, 3 desselben Abschnitts von den Gemeinden Gosau, Hallstadt, Münzkirchen,

Neuhofen und Wernstein, übergeben vom Abgeordneten Kagerbauer. (An den Verfassungs-Ausschuß.)

4. (6675) Petition mit den Aeußerungen von 264 Wahlmännern des Kreises ober dem Manhartsberge in Niederösterreich, gegen die §§ 2 und 3 der Verfassung, vom ausgetretenen Abgeordneten Dr. Fr. Drinkwelder eingeschickt. (An den Verfassungs-Ausschuß.)

5. (6676) Eingabe des vaterländischen Vereins zu Gießen, betreffend die Berathung des Verfassungswerks und gegen die Theilnahme der österreichischen Abgeordneten hieran. (An den Verfassungs-Ausschuß.)

6. (6677) Gesuch des Vorstandes des Arbeitervereins zu Osterode in Betreff des Wahlrechtes. (An den Verfassungs-Ausschuß.)

7. (6678) Eingabe des deutschen Vereins zu Dessau gegen ein unverantwortliches Oberhaupt. (An den Verfassungs-Ausschuß.)

8. (6679) Eingabe einer Anzahl Einwohner zu Lommatzsch, worin sie der Erklärung der zweiten sächsischen Kammer beitreten: gegen die Uebertragung der Regierungsgewalt an ein unverantwortliches und erbliches Oberhaupt und für einen verantwortlichen Präsidenten. (An den Verfassungs-Ausschuß.)

9. (6680) Präsentation und Bitte des Abgeordneten Münch aus Wetzlar, eine wiederholte Denkschrift wegen des Sitzes des künftigen höchsten Reichsgerichtes betreffend. (An den Verfassungs-Ausschuß.)

10. (6681) Protest der Mitglieder des Volksvereins zu Buchau gegen eine „Abschneidung Oesterreichs." (An den Verfassungs-Ausschuß.)

11. (6682) Erklärung des Ausschusses des Volksvereins zu Vaihingen in Würtemberg, Namens einer Volksversammlung von 900 bis 2000 Bürgern gegen ein erbliches Oberhaupt und gegen Uebertragung an Preußen, übergeben vom Abgeordneten Fetzer. (An den Verfassungs-Ausschuß.)

12. (6683) Protest einer Anzahl Bewohner aus Göttlishofen in Oberschwaben gegen eine „Ausschließung Oesterreichs" und ein preußisches Kaiserthum, übergeben vom Abgeordneten Pfahler. (An den Verfassungs-Ausschuß.)

13. (6684) Gleiche Eingabe aus Eisenharz, übergeben von demselben. (An den Verfassungs-Ausschuß.)

14. (6685) Eingabe aus Siggen, um einen Kaiser aus dem Hause Oesterreich, übergeben von demselben. (An den Verfassungs-Ausschuß.)

15. (6686) Eingabe gegen Ausschließung Oesterreichs und gegen Hegemonie Preußens, übergeben von demselben. (An den Verfassungs-Ausschuß.)

16. (6687) Adresse des Volksvereins zu Plieningen, Oberamts Stuttgart, gegen ein Kaiserthum, übergeben vom Abgeordneten Schott. (An den Verfassungs-Ausschuß.)

17. (6688) Erklärung des Reformvereins für Stadt und Land Grevismühlen in Mecklenburg, gegen den Beschluß ihrer Abgeordnetenkammer für Uebertragung der erblichen Kaiserwürde an den König von Preußen. (An den Verfassungs-Ausschuß.)

18. (6689) Erklärung von Einwohnern und Landwehrmännern aus Aibling in Oberbayern für Treue an ihren angestammten König, Uebertragung der Oberhoheit an den Kaiser von Oesterreich und gegen eine preußische Kaiserkrone. (An den Verfassungs-Ausschuß.)

19. (6690) Erklärung der Bürgerschaft zu Mänsbach in Oberbayern, um Wiederherstellung des deutschen Reichs unter dem Kaiser von Oesterreich. (An den Verfassungs-Ausschuß.)

20. (6691) Gleiche Erklärung der gesammten Bürgerschaft von Rosenheim in Oberbayern. (An den Verfassungs-Ausschuß.)

21. (6692) Gleiche Erklärung der gesammten Bürgerschaft zu Tölz in Oberbayern. (An den Verfassungs-Ausschuß.)

22. (6693) Erklärung von Einwohnern zu Stebbach bei Eppingen in Baden gegen einen erblichen Kaiser und für einen verantwortlichen Präsidenten, übergeben vom Abgeordneten Fetzer. (An den Verfassungs-Ausschuß.)

23. (6694) Erklärung von Urwählern und Wahlmännern aus Buchholz, Kreis Neuwied, gegen eine „Theilung Deutschlands," gegen ein „preußisches Kleindeutschland" und für einen durch das Volk aus den Fürsten zu wählenden Kaiser, übergeben vom Abgeordneten Knoodt. (An den Verfassungs-Ausschuß.)

24. (6695) Eingabe von 107 Einwohnern von Oschatz, d. d. 25. Januar, welche unter Zustimmung zu dem Beschlusse der Nationalversammlung vom 19. Januar, nur einen Beschluß, daß die Würde des Oberhaupts für jetzt Deutschlands größter Macht, der Krone Preußen, übertragen werde, dem Gebot der Zeit für entsprechend halten, überreicht vom Abgeordneten Wuttke. (An den Verfassungs-Ausschuß.)

25. (6696) Erklärung des Vorstandes des constitutionellen Vereins zu Bützow in Mecklenburg für den Beschluß ihrer Abgeordnetenkammer für Uebertragung der Oberhauptswürde an die Krone Preußen, übergeben vom Abgeordneten Kierulff. (An den Verfassungs-Ausschuß.)

26. (6697) Adresse der Einwohner von Eisenberg im Herzogthum Altenburg für Uebertragung der erblichen Oberhauptswürde an die Krone Preußen. (An den Verfassungs-Ausschuß.)

27. (6698) Adresse des deutschen Vereins zu Kiel für ein preußisches Erbkaiserthum. (An den Verfassungs-Ausschuß.)

28. (6699) Adresse des demokratisch-constitutionell-monarchischen Vereins zu Schleiz, gleichen Inhalts. (An den Verfassungs-Ausschuß.)

29. (6700) Bitte einer großen Anzahl Handwerker und Gewerbetreibender, Arbeiter und Landwirthe des badischen Oberlandes und Schwarzwaldes: Die Verwerfung des Zolltarifs-Entwurfs der sogenannten Freihandelsmänner und gesetzliche Sicherung des Schutzes deutscher Arbeit betreffend. (An den volkswirthschaftlichen Ausschuß.)

30. (6701) Eingabe des Ausschusses des allgemeinen deutschen Vereins zum Schutze der vaterländischen Arbeit mit 14 Petitionen, 10,287 Seelen repräsentirend, um Schutz und Förderung der vaterländischen Arbeit. (An den volkswirthschaftlichen Ausschuß.)

31. (6702) Gleiche Eingabe desselben Ausschusses mit 32 Petitionen, 12,103 Seelen repräsentirend, in gleichem Betreff. (An den volkswirthschaftlichen Ausschuß.)

32. (6703) Gesuche mit vielen Unterschriften aus Duchroth-Oberhausen in der bayerischen Rheinpfalz, und Obernheim, ebendaselbst, die Nichtaufhebung des Eingangszolls auf ausländische Weine betreffend. (An den volkswirthschaftlichen Ausschuß.)

33. (6704) Petitionen mit vielen Unterschriften aus Mauchen, Ehingen, Zünnholz, Mauenheim, Honstetten und einer großen Anzahl anderer Gemeinden, für die Verwerfung des Zolltarifs-Entwurfs der sogenannten Freihandelsmänner, übergeben vom Abgeordneten Brentano. (An den volkswirthschaftlichen Ausschuß.)

34. (6705) Eingabe der Handwerkermeister zu Elsfeld im Herzogthum Meiningen gegen die Einführung der Gewerbe-

freiheit und gegen alle Beschlüsse im Sinne des Freihandels-systems. (An den volkswirthschaftlichen Ausschuß.)

35. (6706) Gesuche aus Hübertshofen und Hüningen, gegen den Entwurf der sogenannten Freihandelsmänner und gesetzliche Sicherung des Schutzes deutscher Arbeit, übergeben vom Abgeordneten Christ. (An den volkswirthschaftlichen Ausschuß.)

36. (6707) Protestation des Handwerkervereins zu Meiningen mit 444 Unterschriften in gleichem Betreff, übergeben vom Abgeordneten Johannes. (An den volkswirthschaftlichen Ausschuß.)

37. (6708) Eingabe der Handelskammer von Niederbayern mit 13 Beilagen, — die Zollsätze auf verschiedene Industrie- und Handelsgegenstände betreffend — übergeben vom Abgeordneten Haubenschmied. (An den volkswirthschaftlichen Ausschuß.)

38. (6709) Adresse des Volksvereins zu Eschwege, die zum Schutz des deutschen Gewerbfleißes auf ausländische Ganz- und Halbfabrikate bestehenden Eingangszölle eher erhöhen als vermindern zu wollen, betreffend. (An den volkswirthschaftlichen Ausschuß.)

39. (6710) Erklärung des Gewerbvereins und einer Anzahl Bürger und Industrieller zu Saalfeld im Herzogthum Meiningen, gegen die Einführung der Gewerbfreiheit und gegen alle Beschlüsse im Sinne des Freihandels. (An den volkswirthschaftlichen Ausschuß.)

40. (6711) Petition der Weinproducenten an der hessischen Bergstraße gegen Herabsetzung des Eingangszolls von ausländischem Wein, übergeben und zur geeigneten Berücksichtigung empfohlen vom Abgeordneten von Gagern aus Darmstadt. (An den volkswirthschaftlichen Ausschuß.)

41. (6712) 24 Petitionen d. d. Neustadt a. d. H. 10. Januar, auf die Gewerbeordnung bezüglich, übergeben durch den Abgeordneten Gulden. (An den volkswirthschaftlichen Ausschuß.)

42. (6713) Petition aus 58 Ortschaften der sächsischen Oberlausitz mit 11,250 Unterschriften, gerichtet auf Schutz der vaterländischen Arbeit, übergeben vom Abgeordneten Zöllner aus Sachsen. (An den volkswirthschaftlichen Ausschuß.)

43. (6714) Petition der Eingesessenen der Stadt und des Amtes Schmalenberg in Westphalen, um Einführung von Schutzzöllen gegen das Ausland, übergeben vom Abgeordneten Dham. (An den volkswirthschaftlichen Ausschuß.)

44. (6715) Petitionen aus dem Regierungsbezirk Trier und Coblenz um Schutz der vaterländischen Arbeit, und zwar aus den Gemeinden Pickleßem, Mürlenbach, Malberg, Birresborn, Killburg, Ballesfeld, Dünzfeld, Schleid, Seffern, St. Thomas, Bittburg, Lutzerath, Uflen, Anderath, Beuren, Buchel, Dreisch, Filz, Gevenich, Meiserich, Kennfus, Kliding, Carden, Müden, Moselkern, Alf, Bengel, Speucher, Wacksweyler, Lambertsberg ꝛc., übergeben vom Abgeordneten Böcking. (An den volkswirthschaftlichen Ausschuß.)

45. (6716) Eingabe des Ausschusses des allgemeinen deutschen Vereins der vaterländischen Arbeit mit 6 Petitionen, 10,646 Seelen repräsentirend, Schutz und Förderung der vaterländischen Arbeit betreffend. (An den volkswirthschaftlichen Ausschuß.)

46. (6717) Deßgleichen mit 7 Petitionen, 13,209 Seelen repräsentirend, in gleichem Betreff. (An den volkswirthschaftlichen Ausschuß.)

47. (6718) Beitrittserklärungen der Städte Hildburghausen, Sonnenberg, Salzungen und Bamberg mit 471 Unterschriften zu der Protestation des Handwerkervereins zu Meiningen gegen Einführung der Gewerbefreiheit und gegen alle Beschlüsse im Sinne des Freihandels, übergeben vom Abgeordneten Johannes. (An den volkswirthschaftlichen Ausschuß.)

48a. (6719) Petition von Eingesessenen des Amts Limburg um Schutz der vaterländischen Arbeit, übergeben vom Abgeordneten v. Vincke. (An den volkswirthschaftlichen Ausschuß.)

48 b. (6720) Deßgleichen aus St. Goar im Regierungsbezirke Coblenz. (An den volkswirthschaftlichen Ausschuß.)

49. (6721) Petition der Bewohner des Bezirksamts Bretten in Baden, in gleichem Betreff. (An den volkswirthschaftlichen Ausschuß.)

50. (6722) Protestation gegen Aufhebung der unbedingten Gewerbefreiheit in der Pfalz:

1)	aus der Stadt Zweibrücken	mit	358	Unterschriften.
2)	a. d. Gemeinde Niederwürzbach	"	36	"
3)	" " Gersheim	"	53	"
4)	" " Mauschbach	"	32	"
5)	" " Bierbach	"	82	"
6)	" " Ommersheim	"	60	"
7)	" " Einöd	"	101	"
8)	" " Runschweiler	"	40	"
9)	" " Althornbach	"	67	"
10)	" " Neuhänsel	"	52	"
11)	" " Irheim	"	115	"
12)	" " Bubenhausen	"	39	"
13)	" " Hengstbach	"	27	"
14)	" " Niederauerbach	"	108	"
15)	" " Mittelbach	"	69	"
16)	" " Contwig	"	51	"
17)	" " Hornbach	"	152	"

übergeben vom Abgeordneten Tafel. (An den volkswirthschaftlichen Ausschuß.)

51. (6723) Eingabe des Arbeiter-Bildungsvereins zu Frankfurt, die sociale Frage betreffend, übergeben vom Abgeordneten Fröbel. (An den volkswirthschaftlichen Ausschuß.)

52. (6724) Eingabe des Comites des Handwerkervereins zu Wernigerode für das Minoritätserachten der Abgeordneten Degenkolb, Veit und Becker zum Entwurf der Gewerbeordnung. (An den volkswirthschaftlichen Ausschuß.)

53. (6725) Eingabe des Vorstandes des Handwerker-Centralvereins zu Wolfenbüttel, Schutz der Industrie betreffend. (An den volkswirthschaftlichen Ausschuß.)

54. (6726) Petition der Einwohner des Amts Verl in Westphalen, den Schutz der vaterländischen Arbeit betreffend, übergeben vom Abgeordneten Ziegert. (An den volkswirthschaftlichen Ausschuß)

55. (6727) Gleiches Gesuch des Magistrats und der Stadtverordneten der Kreisstadt Lüdinghausen, Provinz Westphalen. (An den volkswirthschaftlichen Ausschuß.)

56. (6728) Gleiches Gesuch der Bürger der Gemeinde Grävemriesbach im Nassauischen, übergeben vom Abgeordneten Schulz von Weilburg. (An den volkswirthschaftlichen Ausschuß.)

57. (6729) Deßgleichen von der Gemeinde Emmershausen, übergeben von demselben. (An den volkswirthschaftlichen Ausschuß.)

58. (6730) Protest des Gewerbvereins in Bayreuth gegen den nach dem Freihandelssystem entworfenen Zolltarif für das vereinte Deutschland, übergeben vom Abgeordneten Käfferlein. (An den volkswirthschaftlichen Ausschuß.)

59. (6731) Petition von 78 Eingesessenen der Gemeinde Wadersloh, Kreises Berkum in Westphalen, für Erhaltung von Schutzzöllen zum Schutze inländischer Industrie, übergeben vom

Abgeordneten v. Hartmann. (An den volkswirthschaftlichen Ausschuß.)

60. (6732) Gesuch der Weinbergbesitzer in Gelnhausen gegen Herabsetzung des Eingangszolls vom ausländischen Wein, übergeben vom Abgeordnrten J. Förster. (An den volkswirthschaftlichen Ausschuß.)

61. (6733) Zwei Petititionen aus dem Regierungsbezirk Coblenz, zum Schutz des vaterländischen Weinbaues (Vallendar und Niederwerth), übergeben vom Abgeordneten Caspers. (An den volkswirthschaftlichen Ausschuß.)

62. (6734) Zwei gleiche Gesuche aus Landershöven und Ahrweiler, Regierungsbezirk Coblenz. (An den volkswirthschaftlichen Ausschuß.)

63. (6735) Gleiches Gesuch des Magistrats zu Grünberg. (An den volkswirthschaftlichen Ausschuß.)

64. (6736) Gleiches Gesuch aus Burghrohl im Regierungsbezirk Coblenz. (An den volkswirthschaftlichen Ausschuß.)

65. (6737) Petition von Weingärtnern in Aichelberg (Würtemberg) in gleichem Betreff. (An den volkswirthschaftlichen Ausschuß.)

66. (6738) Petition der Handwerker und Gewerbtreibenden des Herzogthums Lauenburg gegen Gewerbefreiheit und für den Entwurf einer allgemeinen Handwerker- und Gewerbeordnung, welcher von dem deutschen Handwerker- und Gewerbe-Congreß vorgelegt worden ist, übergeben vom Abgeordneten Riesser. (An den volkswiethschaftlichen Ausschuß.)

67. (6739) Verwahrung vieler Bürger der Gemeinde Freisbach in der Pfalz gegen Beeinträchtigung der freien Institutionen der Pfalz, insbesondere gegen Beschränkung der Gewerbefreiheit, eingereicht durch den Abgeordneten Reichard aus Speier. (An den volkswirthschaftlichen Ausschuß.)

68. (6740) Erklärung vieler Bewohner und Handwerker aus Erfurt und anderen Orten, daß sie mit den Grundsätzen und Bestrebungen „des allgemeinen deutschen Vereins zum Schutze der vaterländischen Arbeit" einverstanden sind, übergeben vom Abgeordneten v. Keller. (An den volkswirthschaftlichen Ausschuß.)

69. (6741) Petition des Kreishandwerkervereins zu Suhl und Planis, Kreis Erfurt, um Schutzzoll für inländische Arbeiten, übergeben vom Abgeordneten v. Keller. (An den volkswirthschaftlichen Ausschuß.)

70. (6742) Petition des constitutionellen Vereins zu Rudolstadt gegen unbeschränkte Handels- und Gewerbefreiheit. (An den volkswirthschaftlichen Ausschuß.)

71. (6743) Eingabe des königlich sächsischen concessionirten Kammfabrikanten Wenzel Anton Lurgenstein zu Leipzig, enthaltend Andeutungen und Materialien für ein neues Gewerbgesetz, übergeben von dem Abgeordneten Koch von Leipzig. (An den volkswirthschaftlichen Ausschuß.)

72. (5644) Bitte rheinpreußischer Lederfabrikanten, den Fortbestand des Zollschutzes auf Lederfabrikate betreffend, übergeben vom Abgeordneten Caspers. (An den volkswirthschaftlichen Ausschuß.)

73. (6745) Petition von Gewerbtreibeuden in Kierspe (Kreis Altena), um Schutzzoll für fertige Eisen- und Stahlwaaren und freien Eingang des Roheisens, mit 58 Unterschriften, übergeben vom Abgeordneten Evertsbusch. (An den volkswirthschaftlichen Ausschuß.)

74. (6746) Beantwortung der Fragen des volkswirthschaftlichen Ausschusses über Leinenfabrikation, nebst einem Anhange über Reis, Thee, Kaffee, Tabak, Salz, zum Behuf der Entwerfung eines allgemeinen deutschen Zolltarifs von den nördlichen Deutschböhmen der zahlreich bevölkerten gewerb- und industrietreibenden Grenzherrschaften Hainspruck, Schluckenau und Kamnitz, übergeben vom Abgeordneten Renger. (An den volkswirthschaftlichen Ausschuß.)

75. (6747) Bitte des landwirthschaftlichen Vereins für die Aemter Mosbach, Neidenau und Eberbach, den von Abgeordneten norddeutscher Handelsplätze vorgelegten Entwurf zu einem Zolltarif für das vereinte Deutschland betr. (An den volkswirthschaftlichen Ausschuß.)

76. (6748) Erklärung des aus 79 Mitgliedern bestehenden Handwerkervereins zu Hornburg bei Halberstadt für das Minoritätserachten der Herren Veit, Degenkolb und Becker, des Entwurfs einer Gewerbeordnung. (An den volkswirthschaftlichen Ausschuß.)

77. (6749) Eingabe des Gemeinderaths in Sonnenberg, betreffend mehrere Bedenken gegen den Entwurf des Heimathsgesetzes, übergeben vom Abgeordneten Müller aus Sonnenberg. (An den volkswirthschaftlichen Ausschuß.)

78. (6750) Eingabe des Friedrich Hundeshagen zu Frankfurt in Betreff der Auswanderung mit 20 Exemplaren einer desfallsigen Denkschrift. (An den volkswirthschaftlichen Ausschuß.)

79. (6751) Petition von 309 Schiffsrhedern und Schiffern aus verschiedenen ostfriesischen Fehnen, den dänischen Krieg betreffend, übergeben vom Abgeordneten Brons. (An den Ausschuß für internationale Angelegenheiten.)

80. (6752) Erklärung des deutschen Vereins in Kiel gegen die in der preuß. Circularnote vom 23. Januar vorkommenden, auf Schleswig-Holstein bezüglichen Aeußerungen, überreicht vom Abgeordneten Waitz. (An der Ausschuß für internationale Angelegenheiten.)

81. (6753) Vorstellung der Kaufmannschaft zu Lübeck, Befreiung der Seeleute vom Wehrdienst im Landheere unter Verpflichtung derselben zum Wehrdienste auf der Kriegsflotte, übergeben vom Abgeordneten Decke. (An den Ausschuß für Wehrangelegenheiten.)

82. (6754) „Die Erziehung des Menschen" im Auftrage des nicht genannten Verfassers, übergeben vom Abgeordneten Dr. Riehl. (An den Schulausschuß.)

83. (6755) Petition vom vaterländischen Verein zu Kandern, gegen einen vom Abgeordneten Fehrenbach gestellten Antrag auf Zurückziehung der Truppen aus dem badischen Oberland. (An den Petitions- und Prioritäts-Ausschuß.)

84. (6756) Abschrift einer vom städtischen Vereine zu Schöningen an den Abgeordneten Jürgens gerichteten Adresse, seine Abstimmungen betreffend. (An den Petitions- und Prioritäts-Ausschuß.)

85. (6757) Bitte der deutsch-katholischen Gemeinde in Heidelberg, deren Vorstandes und Aeltesten-Versammlung, um Verwendung, daß den Deutschkatholiken in den k. k. österreichischen Staaten freie Ausübung ihres Glaubens gestattet sei und ihre bürgerlichen Rechte nicht beschränkt werden, übergeben vom Abgeordneten Hagen. (An den Petitions- und Prioritäts-Ausschuß.)

86. (6758) Bitte. einer größeren Anzahl Matrosen, Steuerleute rc. zu Altona, um Ertheilung von Kaperbriefen beim Wiederausbruch des Kriegs. (An den Petitions- und Prioritäts-Ausschuß.)

87. (6759) Petition eines Holsteiners (Advokat Alex. Schmidt in Altona), betreffend die fortdauernden Bestrebungen der schleswig-holsteinischen Partei: Holstein von Deutschland zu trennen. (An den Petitions- und Prioritäts-Ausschuß.)

88. (6760) Petition der Kaufmannschaft zu Stolp wegen Beseitigung der Sundzölle, übergeben vom Abgeordneten Rahm. (An den Petitions- und Prioritäts-Ausschuß.)

89. (6761) Vertrauens- und Dankadresse an den Abge-

ordneten Herrn v. Gagern aus Darmstadt, von den Wahlmännern desselben, von einer Deputation aus Bensheim übergeben. (An den Petitions- und Prioritäts-Ausschuß.)

90. (6762) Eingabe des Prinzen Karl von Oettingen-Wallerstein, worin er den Beitritt des Gräflichen Hauses Pückler-Limppurg zu der verwahrenden Vorstellung vom 27. December anzeigt. (An den Petitions- und Prioritäts-Ausschuß.)

91. (6763) Eingabe mit mehreren Broschüren des königlich bayrischen Kreis- und Stadtgerichtsraths J. B. Greger zu München, Abhülfe der materiellen Noth rc. betreffend. (An den Petitions- und Prioritäts-Ausschuß.)

92. (6764). Protest des Ausschusses des Allgemeinen deutschen Vereins zum Schutze der vaterländischen Arbeit, den Entwurf eines Reichsgesetzes über die Wahlen der Abgeordneten zum Volkshause betreffend. (An den Petitions- und Prioritäts-Ausschuß.)

93. (6765) Eingabe des Landtagsabgeordneten Compe aus Cassel, das Wahlgesetz betreffend. (An den Petitions- und Prioritäts-Ausschuß.)

94. (6766) Eingabe des Volksvereins zu Dürkheim, um Schutz ihrer errungenen Freiheiten, übergeben vom Abgeordneten Christmann. (An den Prioritäts- und Petitions-Ausschuß.)

95. (6767) Gleiche Eingabe des Vorstandes des Volksvereins, ähnlichen Inhalts, übergeben von demselben. (An den Prioritäts- und Petitions-Ausschuß.)

96. (6768) Eingabe der Herren G. Z. Plathner und Dr. Ghillany zu Nürnberg mit 600 Exemplaren einer Adresse, kirchliche Verhältnisse betreffend. (An den Prioritäts- und Petitions-Ausschuß.)

97. (6769) Eingabe v. J. F. Neumann aus Schönbeck in Mecklenburg-Strelitz, ohne bestimmten Inhalt. (An den Prioritäts- und Petitions-Ausschuß.)

98. (6770) Erinnerung des Hofgerichtsraths v. Preuschen zu Usingen, die Wahrung seiner Richterpflichten betreffend. (An den Prioritäts- und Petitions-Ausschuß.)

99. (6771) Abgeordneter Esmarch überreicht eine Petition der Eingesessenen des Amts Bredstedt, die unzertrennliche Verbindung der Herzogthümer Schleswig und Holstein und die Aufnahme Schleswigs in den deutschen Reichsverband betreffend. (An den Prioritäts- und Petitions-Ausschuß.)

100. (6772) Anschlußerklärung der Mitglieder des constitutionellen Vereins in Neustrelitz an die von dem constitutionellen Verein in Schwerin an die Nationalversammlung gerichtete Vertrauens-Adresse. (An den Prioritäts- und Petitions-Ausschuß.)

Die Redactions-Commission und in deren Auftrag Abgeordneter Professor Wigard.

Druck von Joh. David Sauerländer in Frankfurt a. M.

Stenographischer Bericht

über die

Verhandlungen der deutschen constituirenden National-Versammlung zu Frankfurt a. M.

Nro. 173. Montag den 19. Februar 1849. VII. 18.

Hundert zwei und siebenzigste Sitzung.

(Sitzungslocal: Paulskirche.)

Sonnabend den 17. Februar. (Vormittags 9 Uhr.)

Vorsitzender: theils Eduard Simson von Königsberg; theils Vicepräsident Beseler.

Inhalt: Verlesung und Genehmigung des Protocolls. — Fortsetzung der Berathung des vom Verfassungs-Ausschuß vorgelegten Entwurfs: „Reichsgesetz über die Wahlen der Abgeordneten zum Volkshause." — Eingänge.

Präsident: Die Sitzung ist eröffnet. Ich ersuche den Herrn Schriftführer, das Protocoll der vorigen Sitzung zu verlesen. (Schriftführer Riehl verliest dasselbe.) Ich frage, ob Reclamation gegen das Protocoll ist? (Niemand erhebt sich.) Es ist keine Reclamation; das Protocoll ist genehmigt. — Wir gehen, meine Herren, zur Tagesordnung über, zur Fortsetzung der Berathung des vom Verfassungs-Ausschusse vorgelegten Entwurfes eines Reichsgesetzes über die Wahlen der Abgeordneten zum Volkshause.

(Die Redaction läßt hier die inzwischen weiter eingegebenen, in der Versammlung gedruckt vertheilten Verbesserungs-Anträge zu dem Berichte folgen:

Artikel I. § 1.

Des Abgeordneten A. Wiesner und Genossen:

Für den Fall, daß das Amendement, welches die Wahlberechtigung auf das zurückgelegte 21. Lebensjahr bezieht, nicht angenommen wird, stelle ich den Antrag:

„Wähler ist jeder volljährige Deutsche."

Unterstützt von: Reinstein; Schmidt von Löwenberg; Dietsch; Reinhard; Meyer von Liegnitz; Zitz; Titus; Rauß; Berger; Damm; Dr. Mohr; Rühl; Hagen; Fröbel; Würth; Fehrenbach; Culmann; Jopp; Hoffbauer.

Des Abgeordneten Kohlparzer:

„Wähler ist jeder Deutsche, welcher nach den Reichsgesetzen selbstständig einen Vertrag abzuschließen berechtigt (eventuell: welcher in der Ausübung der bürgerlichen Rechte nicht beschränkt), und gemäß dieses Wahlgesetzes nicht ausdrücklich ausgeschlossen ist.

Des Abgeordneten Eisenmann:

Um den Anforderungen der Freiheit und jenen der Ordnung gleichmäßig zu genügen, wolle die Reichsversammlung beschließen:

„Die Vertretung im Volkshause scheidet sich in eine Vertretung des Besitzes und in eine Vertretung der Gesinnung.

„Zu diesem Ende werden in jedem Wahlbezirke zwei Abgeordnete in zwei getrennten Wahlhandlungen gewählt. Der erste wird aus den 500 Höchstbesteuerten gewählt, der zweite wird unbedingt nach Vertrauen gewählt.

„Der Wahlkörper ist für beide Wahlen derselbe, und Wähler sind alle unbescholtene Deutsche, welche das 25. Lebensjahr zurückgelegt haben. Die Wahlen geschehen direct."

Wenn die Massen vorherrschend der Freiheit, die Besitzenden vorherrschend der Ordnung huldigen, so muß aus einer nach obigem Vorschlag angenommenen Wahl ein Volkshaus hervorgehen, in welchem weder die Ordnung der Freiheit, noch die Freiheit der Ordnung geopfert wird. Bei der Wahl selbst herrscht in Bezug auf die Wahlfähigkeit gleiche Berechtigung für Alle; die Kluft zwischen Bourgeoisie und Volk ist beseitigt; die Scheidung der Vertretung aber in jene des Besitzes und in jene der Gesinnung kann nicht mit einer Vertretung nach Ständen zusammengeworfen werden, denn sie ist nur eine Scheidung in Kategorieen, und schließt Niemand von der passiven Wahlfähigkeit aus, wie sie Niemand von der activen ausgeschlossen hat.

Nach § 1:

Des Abgeordneten Kohlparzer:

„In Erwägung, daß die Frage, ob die Wahl der Abgeordneten zum Volkshause direct oder indirect sein soll, einen großen Einfluß auf die weitere Frage hat, welche Personen von der Berechtigung zum Wählen ausgeschlossen werden sollen, weil bei den directen Wahlen die geringere Beschränkung einen größeren

Nachtheil, als bei den indirecten zur Folge haben könnte, trage ich darauf an:

„daß über § 14 des Reichsgesetzes über die Wahlen der Abgeordneten zum Volkshause unmittelbar nach § 1 verhandelt und abgestimmt werde."

§ 1 und 2:

Des Abgeordneten v. Wulffen:

„Die hohe Nationalversammlung möge statt der §§ 1 und 2 folgenden Satz annehmen:

§ 1. „Jeder selbstständige, auf eigenem Herde oder durch Grundbesitz, Gewerbe oder öffentliches Amt ansässige, unbescholtene Deutsche, welcher das 25. Lebensjahr zurückgelegt hat, ist wahlberechtigt."

Gründe.

Die Gleichberechtigung aller Staatsangehörigen besteht nicht darin, daß sie in jedem Lebensverhältnisse alle politischen Rechte im Staate nach Maßgabe seines inneren Organismus auszuüben befugt seien, sondern daß Einem wie dem Anderen der Weg angebahnt sei, unter Erfüllung der vom Gesetze vorgeschriebenen Vorbedingungen zu dem Besitze dieser politischen Rechte zu gelangen; auch müssen die Mittel, die dazu nöthige Befähigung sich zu verschaffen, jedem Staatsangehörigen zugänglich sein. —

Auch der Staat bedarf der Bürgschaften von Seite Derjenigen, welche die politischen Rechte ausüben sollen; hierin liegt die Bedingung seiner Existenz; er kann diese Rechte nur in die Hand Derjenigen legen, welche durch die im Staate eingenommene Stellung an seiner Erhaltung betheiligt sind. — Selbst auf der breitesten Grundlage können nur die im vorstehenden Antrage begriffenen Kategorieen dahin gerechnet werden, unter denselben entbehrt der Staat aller Sicherheit.

Daß unter dem Ausdrucke „öffentliches Amt" nicht der beschränkte Begriff des Staatsamtes zu verstehen, sondern dieser im weitesten Sinne zu fassen, sohin Geistliche, Advokaten, praktische Aerzte, Gemeindebeamte und dgl. zu verstehen sei, bedarf keiner Ausführung.

§ 2:

Des Abgeordneten v. Wulffen:

„Sollte die Fassung meines obigen Antrags unter 1 und 2 angenommen werden, so beantrage ich weiter, die §§ 2 und 3 in folgender Weise zu redigiren:

§ 2. „Von der Wahlberechtigung sind ausgeschlossen:

1) Personen, welche unter Vormundschaft oder Curatel stehen, oder über deren Vermögen Concurs- oder Fallitzustand gerichtlich eröffnet worden ist;

2) Personen, welche eine Armenunterstützung aus öffentlichen Mitteln beziehen, oder im letzten der Wahl vorausgegangenen Jahre bezogen haben (diese beiden Kategorieen sub 1 und 2 so lange dieser Zustand währt);

3) Personen, welche wegen Diebstahls, Betrugs oder Unterschlagung bestraft, oder welche wegen eines anderen Verbrechens zu einer Zuchthaus-, Arbeits- oder Festungsstrafe, oder zum Verluste der staatsbürgerlichen Rechte durch rechtskräftiges Erkenntniß verurtheilt und in ihre Rechte nicht wieder eingesetzt worden sind."

Motive.

Eine Abänderung des Entwurfs des Verfassungs-Ausschusses liegt eigentlich nur im Absatze 3, worin die Abänderung beantragt wird, daß es genüge, wenn Jemand wegen Diebstahls, Betrugs oder Unterschlagung nur überhaupt, gleichviel welche Strafe erlitten, um ihn des Wahlrechts für unwürdig zu erachten. Würde dieß nicht vielleicht ohnedieß die Absicht der Redaction gewesen, so ist auch nicht wohl abzusehen, warum diese Art von Verbrechen besonders aufgeführt wurde, wenn auch durch deren Begehung das Wahlrecht nur verwirkt würde unter der Voraussetzung der bezeichneten Größe der Strafe. — Jene Rechtsübertretungen, als infamirend in der öffentlichen Meinung und in mehreren deutschen Gesetzgebungen bezeichnet, können also nicht nach denselben Normen behandelt werden. Der Unterschied liegt in dem unbedingten Ausschlusse Derjenigen, welche sich einer solchen Rechtsverletzung schuldig machten, und dem durch die Größe der erkannten Strafe bedingten Ausschlusse der des Wahlrechts unwürdig erklärten Staatsbürger.

Des Abgeordneten G. Beseler von Greifswald:

„In diesem Paragraphen möge statt Nr. 2 bis 5 gesetzt werden:

2) Alle, welche nicht mindestens entweder 5 fl. 15 kr. rhein. (3 Thlr. preuß.) directe Steuern jährlich an den Staat entrichten, oder ein jährliches Einkommen von 350 fl. rhein. (200 Rthlr. preuß.) nachweisen können."

Motive.

1) Die Abgeordneten zum deutschen Volkshause sind nicht die Mandatare ihrer Wähler, sondern Vertreter der Nation; ihre Wahl ist kein Ausfluß der individuellen Freiheit, sondern die Ausübung eines politischen Berufs (trust). Das Volkshaus soll den Willen der Nation als solcher repräsentiren; daß dieser aber durch die Mehrzahl aller Einzelnen sich ausspreche, kann wenigstens bei dem gegenwärtigen Stande der politischen Bildung und der socialen Verhältnisse in Deutschland mit Fug nicht behauptet werden. Daher ist die Forderung des allgemeinen Stimmrechts nicht begründet.

2) Dasselbe erscheint um so bedenklicher, wenn die directe Wahl beliebt wird, welche doch, wie im Ausschuß-Bericht ausgeführt worden, im Interesse der politischen Freiheit und nach dem deutschen Nationalcharakter der indirecten Wahl vorzuziehen ist.

3) In welcher Weise das Recht zur Wahl im Interesse der Gesammtheit zu bestimmen, ist freilich eine Frage, welche nach den verschiedenen Verhältnissen verschieden beantwortet werden kann. Gegen die im Ausschuß-Bericht vorgeschlagene Ausschließung gewisser Klassen der Bevölkerung läßt sich namentlich anführen, daß dadurch manche Personen, die, obgleich sie jenen Klassen nicht angehören, doch ebensowenig selbstständig sind, nicht getroffen werden, Manche aber, die wirklich dazu gehören, und vermöge ihrer günstigeren Lebensstellung sich einer größeren Selbstständigkeit erfreuen, dennoch vom Wahlrecht ausgeschlossen bleiben.

4) Ob und in welcher Weise das Wahlrecht mit dem Gemeindeverbande in Verbindung zu bringen ist, wird sich erst dann entscheiden lassen, wenn die gegenwärtig sehr erschütterten Gemeindeverhältnisse in Deutschland ihre feste Ordnung werden erhalten haben. — Bei den meisten Völkern ist das Wahlrecht, abgesehen von der persönlichen Befähigung der Wähler, von einer gewissen Betheiligung an dem Tragen

der Staatslasten, welche sich freilich nur nach der Zahlung bestimmter directen Steuern ermitteln läßt, oder von einem entsprechenden Einkommen abhängig gemacht. Eine allgemeine Einkommensteuer, welche ein gewisses Einkommen freiließe, würde dafür das sicherste Maaß darbieten.

5) Für Deutschland, in dessen einzelnen Staaten die Steuerverhältnisse verschieden sind, und auch das Vermögen ungleichartig, wenn schon in keinem höheren Grade als bei andern Völkern vertheilt ist, empfiehlt sich vorläufig eine Combination, wie sie in vorstehendem Antrage vorgeschlagen worden. Wer die vorgeschriebenen Steuern nicht entrichtet, wird doch zur Wahl zugelassen, wenn er nur das gesetzlich bestimmte Einkommen nachweisen kann. Eine Verpflichtung dazu liegt aber nicht vor, es fällt also der Einwand lästiger Untersuchung u. s. w. weg.

6) Der Betrag der zu zahlenden Steuern und beziehungsweise des erforderlichen Einkommens ist so niedrig gestellt worden, als es geschehen konnte, ohne die Bedeutung des zu Grunde gelegten Princips wieder aufzuheben.

Unterstützt von: Schubert; Langerfeldt; Hergenhahn; Matthies; v. Raumer; Amstetter; v. Saucken; v. Soiron; Metzke; Bürgers; v. Kösteritz; v. Goltz; Wersen; v. Thielau; Siehr; Rahm; Kosmann; Gysae, Fischer; Schrader; Ouerweg; Houben; Marcks; Schick; Hahn; Duncker; Martens; Kratz; Haubenschmied; Massow; Nizze; Schreiber; Degenkolb ev.; Lette ev.; Schwarz; Sänger ev.; Brescius; Droysen.

Des Abgeordneten Nägele:

Für den Fall, daß der § 2 des Majoritäts-Antrags angenommen würde, beantrage ich, um der Consequenz willen und um dem Rechts- und Ehrgefühl der arbeitenden Klassen einigermaßen zu genügen, folgende Zusätze:

zu Nr. 4 zwischen „Handwerksgehilfen" und „und" einzuschalten: „Handlungs-, Apotheker-, Schreiberei-, Forst-, Jagd-, Pfarr-, Lehrgehilfen;" zu Nr. 5 den Beisatz: „jeden Standes."

Des Abgeordneten Kohlparzer:

Von der Berechtigung zu wählen sind ausgeschlossen:

„Personen, welche durch rechtskräftiges Erkenntniß wegen eines Concurses oder Verbrechens schuldig erkannt worden sind, oder die bei den Wahlen Stimmen erkauft, oder ihre Stimmen verkauft, oder mehr als einmal bei der für einen und denselben Zweck bestimmten Wahl ihre Stimme abgegeben, oder als Beamte ihre Stellung zur Einwirkung auf die Wahlen mißbraucht haben, und nicht in ihre Rechte wieder eingesetzt worden sind."

§ 3:

Des Abgeordneten Goltz:

Minoritäts-Erachten I:

Hinter den Worten: „Wegen Diebstahls, Betrugs" einzuschalten: „Meineides."

Anstatt des Minoritäts-Erachtens III zu beschließen:

„Die gedachten Personen erhalten ihr Wahlrecht wieder, sobald die Strafe abgebüßt, oder erlassen, oder früher die Wiederbefähigung ausgesprochen worden ist."

§ 4:

Des Abgeordneten Goltz:

Diesem Paragraphen ist beizufügen:

„Die Gerichte entscheiden hierüber auf Antrag des Volkshauses."

§ 5:

Des Abgeordneten Goltz:

Statt „fünf und zwanzigste" zu setzen: „ein und zwanzigste" Lebensjahr.

Des Abgeordneten Kohlparzer:

Wählbar zum Abgeordneten des Volkshauses ist jeder Deutsche, welcher das 30. Lebensjahr zurückgelegt hat, und nicht durch die Bestimmung des § 2 (2, 3 und 4) ausgeschlossen ist.

Artikel II. § 6:

Des Abgeordneten Kohlparzer:

Ich beantrage die Streichung dieses Paragraphen.

Artikel III. § 7:

Des Abgeordneten Joseph Rank:

„In Erwägung, daß die hohe Nationalversammlung die Gleichberechtigung der Nationalitäten innerhalb des deutschen Reichsgebietes feierlich anerkannt hat;

in Erwägung, daß bei den Wahlen der Abgeordneten sich stets und überall der reine Ausdruck des Volkswillens und der Volksgesinnung geltend machen solle;

in Erwägung ferner, daß in diesem Sinne keineswegs eine reine Wahl der Abgeordneten möglich ist in Provinzen, deren Bewohner verschiedener Nationalitäten sind, wie in Böhmen, Mähren, Steyermark, Tyrol, Schleswig, Posen u. s. w., indem es:

a) nur selten einem Candidaten, namentlich einem Deutschen, möglich ist, sich in zwei Sprachen mit seinen Wählern zu verständigen; indem

b) die Eifersucht der Nationalitäten eher eine Niederlage der Gesinnung, als der Abstammung in der Person ihres Deputirten verträgt, und auf diese Weise die Wahlen durch Leidenschaften aller Art, wie dieß in Böhmen bereits der Fall gewesen ist, arg getrübt werden müssen; —

beschließt die hohe Nationalversammlung, den § 7. Art. III des Reichswahlgesetzes durch den Zusatz zu vervollständigen, also lautend:

„In Provinzen von gemischter Bevölkerung sind die Wahlkreise streng nach der Sprachgrenze abzutheilen. Streitige Grenzortschaften entscheiden sich selbst durch directe Abstimmung und einfache Stimmenmehrheit für einen der Wahlkreise, zwischen welchem sie liegen."

Unterstützt durch: Strache; Makowiczka; Spatz; Kotschy; Mally; Berger; Pattay; Eisenstuck; Rheinwald; Schüller; Müller; Kudlich; Groß von Prag; Riehl; Meßy; Pritzinger; Werner von St. Pölten; Minkus; Christ; Stark; Löschnigg; Rapp; Mally aus Steyermark; Hartmann.

Des Abgeordneten Kohlparzer:

„In jedem Einzelstaate sind Wahlkreise von 50,000 Seelen der nach der letzten Volkszählung vorhandenen Bevölkerung zu bilden."

§ 8:

Des Abgeordneten Kohlparzer:

„Ergibt sich in einem Einzelstaate bei der Bildung der Wahlkreise ein Ueberschuß von wenigstens 25,000 Seelen, so ist hierfür ein besonderer Wahlkreis zu bilden; ein Ueberschuß unter 25,000 Seelen wird dem bestehenden Wahlkreis zugezählt."

§ 9:

Des Abgeordneten Kohlparzer:

„Kleinere Staaten mit einer Bevölkerung unter 50,000 Seelen bilden jeder einen Wahlkreis."

§ 10:

Des Abgeordneten Kohlparzer:

„Ich beantrage die Streichung dieses Paragraphen."

§ 14:

Des Abgeordneten Kohlparzer:

„Die Wahl ist indirect. Auf 500 Seelen fällt ein Wahlmann, und auf 100 Wahlmänner ein Abgeordneter. Die Wahl erfolgt durch absolute Stimmenmehrheit aller in einem Wahlkreise abgegebenen Stimmen."

Artikel V. § 16:

Des Abgeordneten Reinstein:

Mit Rücksicht auf das Minoritäts-Erachten zu § 17, und in Erwägung, daß es um so nothwendiger erscheint, alle Anordnungen in Betreff der Wahlen zur Reichsversammlung der Reichsregierung zu überweisen, als die Wahlkreise zum Theil sich über verschiedene Einzelstaaten erstrecken, beantragen die Unterzeichneten folgende Fassung des § 16:

„Sowohl die Gesammtwahlen, als auch die später etwa erforderlichen Ergänzungswahlen werden von der Reichsregierung ausgeschrieben, und zwar die ersteren für den ganzen Umfang des Reiches auf einen und denselben Tag."

Unterstützt von: Schütz; Dietsch; Hoffbauer; Werner von Oberkirch; Pfahler; Titus; Culmann; Gritzner; Mareck; Hönniger; Dr. Mohl; Zimmermann von Stuttgart; Spatz; Tafel von Zweibrücken; Gulden; Umbscheiden; Roßmäßler; Meyer von Liegnitz; Freese.

Des Abgeordneten Goltz:

„Nachwahlen müssen natürlich auf dieselbe Weise, wie die ersten Wahlen veranlaßt werden.

Veranlassen die Einzelstaaten die Eintheilung der Bezirke und die Wahlen, so ist der Satz des § 16:

„Die Wahlen, welche später erforderlich werden, sind von den Regierungen der Einzelstaaten ausgeschreiben" überflüssig.

Für den Fall, daß das Minoritäts-Erachten zu § 7 und § 17 angenommen wird, ist gedachter Satz ein Widerspruch mit dem ersten Wahlverfahren.

Es wird daher beantragt, diesen zweiten Satz des § 16 ganz wegzulassen."

Des Abgeordneten Culmann:

Zu Anlage A Reichsmatrikel beantrage ich als Nr. 9 noch folgenden Zusatz:

„Der auf der linken Rheinseite gelegene Theil des Großherzogthums Oldenburg mit Rheinpreußen."

Unterstützt von: Umbscheiden; Gulden; Tafel von Zweibrücken; Zimmermann von Stuttgart; Rödinger; Damm; Reinstein; Dr. Mohr; Schütz; Titus; Werner von Oberkirch; Gritzner; Günther; Fröbel; Meyer aus Liegnitz; Heubner; Fallmerayer; Frisch; Vogel von Guben; Venedey.

Des Abgeordneten Grävell:

I. Zum Wahlgesetze selbst.

1) Zu § 2. Nr. 3 — 5. Es ruht bloß einstweilen das Wahlrecht Derjenigen, welche in Brod und Lohn eines Anderen stehen, oder durch Verdingung ihrer bloßen Hand- und Leibesarbeit auf Zeitperioden (sei es Jahre, Monate, Tage ꝛc.) ihren Lebensunterhalt verdienen; es sei denn, daß sie ein eigenthümliches unbewegliches oder Capitalsvermögen von mindestens 600 Gulden darthun. Die mit freier Kunst oder Wissenschaft, oder sonst mit geistiger Arbeit Dienenden (z. B. Werkmeister und Aufseher in Fabriken, Buchhalter, Kaufmannsdiener, Verwalter ꝛc.) sind hierunter nicht begriffen.

2) Zu § 3. Nr. 1. Personen, welche wegen Diebstahls, Betrugs, Unterschlagung, Fälschung und Falschmünzens, Meineids, Mordes, oder boshafter Beschädigung mit gemeiner Gefahr durch gerichtliches Erkenntniß in Anklagestand versetzt, oder wegen eines andern Verbrechens zur Ehrlosigkeit, oder zum Verluste der staatsbürgerlichen Rechte, oder zu Zuchthaus-, Arbeitshaus- oder zu Festungsarbeitsstrafe verurtheilt sind, bis sie in ihre Rechte wieder eingesetzt worden sind.

3) Zu § 4. Zur unerlaubten Einwirkung.

4) Zu § 5. Das dreißigste Lebensjahr, anstatt des fünf und zwanzigsten.

5) Zu § 6. Die Hälfte ihres Diensteinkommens verbleibt ihnen mittlerweile; die andere Hälfte wird für die Stellvertreter im Amte verwendet.

Die Reichsminister und die unabsetzbaren Richter sollen zu Deputirten nicht gewählt werden.

6) Zu § 10. In möglich gleichmäßige Bezirke. (Vergl. zu § 1[3].)

7) Zu § 13 und 14. Die sämmtlichen Wähler eines jeden Wahlbezirks (§ 1 — 4) werden, nach der Höhe ihres jährlichen Einkommens, ohne Abzug ihres eigenen und ihrer Familie Unterhalts, in sechs Klassen eingeschätzt. Diese Einschätzung erfolgt durch eine im Bezirke gebildete Commission nach Vorschrift der Wahlordnung; nicht minder die Prüfung der dagegen erhobenen Einwendungen.

Zur 1. Klasse gehören die mit einem Einkommen über 36,000 fl.
" 2. " " " " " " " 12,000 "
" 3. " " " " " " " 3,000 "
" 4. " " " " " " " 800 "
" 5. " " " " " " " 200 "
" 6. " " " " " " von 200 "
oder darunter.

Die Einschätzung erfolgt jedes Jahr, bis eine allgemeine Einkommensteuer eingeführt sein wird, die zum Maßstabe dient, und es werden darnach die Wahllisten für das Jahr gefertigt. (§ 12.)

Die Wahl der Deputirten erfolgt mittelbar durch Wahlmänner, deren in jedem Wahlkreise (§ 7.)

die 1. Klasse zwei,
die 2. Klasse vier,
die 3. Klasse sechs,
die 4. Klasse neun,   } zusammen 33,
die 5. Klasse sieben,
die 6. Klasse fünf

zu ernennen hat.

Diese Wahlmänner treten sofort im Hauptorte des Wahlkreises zusammen und erwählen den Deputirten für denselben.

Jeder Ausbleibende geht seines Stimmrechtes verlustig. Eine nicht im Wahlkreise vorhandene Klasse bleibt unvertreten.

Alle diese Wahlen geschehen vermöge relativer Stimmenmehrheit. Bei Stimmengleichheit entscheidet das Loos.

II. Bestimmungen der Wahlordnung, die dazu nothwendig sind:

1) Die Einschätzungscommission in jedem Wahlbezirke wird gebildet: durch ein aus jeder Klasse nach der letzten Liste von den Wählern in derselben zu erwählendes Mitglied unter dem Vorsitze eines von der Landes-Behörde zu ernennenden Staatsbeamten. Für das erste Mal werden die Mitglieder von den im Wahlkreise befindlichen Mitgliedern derjenigen ständischen Versammlung erwählt, zu welcher der Wahl-Kreis gehört.

2) Reclamationen gegen die Nichtaufnahme in die Wahl-Liste oder wegen zu niederer Einschätzung finden nur statt, wenn zugleich der Nachweis der Richtigkeit der Beschwerde beigefügt wird. Eben dieß gilt von allen Beschwerden über das Verfahren bei der Wahl-Handlung selbst, so materiellen Inhalts sind. Zu deren Prüfung und Entscheidung wird im Hauptorte des Kreises eine Wahlcommission in derselben Weise eingesetzt, wie die Bezirkseinschätzungs-Commissionen, nur mit verdoppelter Anzahl der Mitglieder.

3) Die drei ersten Klassen wählen schriftlich durch Wahl-Zettel unter ihrer vollständigen Unterschrift, die sie an die oben erwähnte Kreiscommission einzuschicken haben.

Die drei letzten Klassen wählen bezirksweise (§ 10) mündlich zu Protocoll, welches von dem Vorsitzenden der Einschätzungscommission und zweien durch sie selbst zu bestimmenden Mitgliedern derselben doppelt geführt und an die Kreiswahlcommission eingeschickt wird.

4) Diese letztere zieht aus den Wahlzetteln und Protocollen durch ihren Vorsitzenden und zwei von ihr selbst dazu abgeordneten Mitgliedern die Namen der Erwählten und deren Wiederholung aus und stellt dadurch fest, welche durch Stimmenmehrheit in jeder Klasse nach Maßgabe der derselben zugewiesenen Zahl zu Wahlmännern erkoren worden sind.

5) Derselbe Beamte mit seinen beiden Zugeordneten beruft unverzüglich die Wahlmänner zur Wahl des Deputirten zusammen, führt darüber ebenfalls ein doppeltes Protocoll und fertigt das eine Exemplar dem ernannten Deputirten zu, als seine Vollmacht.

Der Abgeordneten Heisterbergk und Roßmäßler:

Zu Artikel I. § 2, 3 und 4 und Artikel II. § 5:

„Von der Ansicht geleitet, daß die Befähigung, zum Volkshause zu wählen und gewählt zu werden, nur bedingt werden könne durch Geschlecht, Alter, Integrität der Geisteskraft und Reinheit von schweren Verbrechen, beantrage ich Wegfall der §§ 2, 3, 4 und 5 des Wahlgesetzes, und dagegen folgende Fassung in folgenden Paragraphen:

§ 2. Ausgenommen von der Stimmberechtigung sind:

a) Personen, welche wegen Geisteskrankheit unter Curatel stehen;

b) Personen, welche durch gerichtliches Erkenntniß nach § 3 des Wahlrechts für verlustig erklärt, und in dieses Recht nicht wieder eingesetzt sind.

§ 3. Mit dem Verluste des Rechts zu wählen ist, außer den durch die Strafgesetze bestimmten und zu bestimmenden Strafen auf zwei Jahre, und wenn die erkannte Freiheitsstrafe länger dauert, auf die ganze Dauer der Strafzeit zu belegen:

a) wer wegen Mordes, Meineides, wegen Raubs, Einbruchs, Diebstahls, Betrugs, Unterschlagung und anderer Eigenthumsverbrechen zu einer Zuchthaus-, Arbeitshaus- oder Festungsarbeitsstrafe verurtheilt worden ist;

b) wer bei den Wahlen Stimmen erkauft, seine Stimme verkauft, oder mehr als einmal bei der für einen und denselben Zweck bestimmten Wahl seine Stimme abgegeben, oder als Beamter seine Stellung zur Einwirkung auf die Wahlen mißbraucht hat.

§ 4. Wählbar für das Volkshaus ist jeder Deutsche, welcher das fünf und zwanzigste Lebensjahr zurückgelegt hat, und nicht nach § 2 der Stimmberechtigung verlustig geworden ist."

Hierauf folge als 5ter § der § 6 des Entwurfs.

Anmerkungen:

Falliitgewordene und Verschwender sind an sich nicht auszuschließen vom Wahlrecht, da, wenn sie Betrüger sind, sie ohnehin nach § 2 das Wahlrecht verlieren. Der verderblichere Geizhals ist auch nicht ausgeschlossen.

Armuth wäre nach dem Entwurfe eine Schande; auch schließt dieser Entwurf § 2 sub 2 in seiner Fassung die Straßen-Bettler nicht aus, wohl aber die verschämten Armen.

Die Strafe an sich kann nicht, wie im Entwurfe § 3 sub 1 enthalten ist, vom Wahlrechte ausschließen, sondern es kommt auf die Natur des Verbrechens an, sonst würden auch die wegen politischer Vergehen Bestraften ausgeschlossen werden.

Ein einziges gerichtliches, wenn auch nicht rechtskräftiges Erkenntniß genügt zur temporären Ausschließung, sonst würde ein verurtheilter Mörder wahlberechtigt sein, wenn er gegen das Urtheil ein Rechtsmittel eingewendet hat.

Dienstboten, Handwerksgehilfen sind vor allen wahlberechtigt; denn für die Armen insonderheit ist das Evangelium und auch unsere Verfassung.)

Präsident: Ich verlese zunächst nun eingegangene Verbesserungs-Anträge. Die ersten von Herrn v. Nagel von Oberwiesbach gestellt:

Zu § 2.

„Nr. 2 wolle heißen: „Personen, welche von Almosen leben.“

Nr. 3, 4, 5 mögen ausfallen.“

Zu § 3.

„Die Nummer 1 solle folgende Fassung erhalten: „Personen, welche wegen Verbrechen in den Stand der Anschuldigung gesetzt waren, ohne ein freisprechendes Urtheil erlangt zu haben.

Die Wahlfähigkeit tritt aber wieder ein, wenn seit der Abbüßung der erkannten oder durch Begnadigung herabgesetzten oder ganz erlassenen Strafe, ein fünfjähriger Zeitraum verflossen ist, in welchem sie ein tadelloses Leben geführt haben.“

Zu § 5.

„Dieser Paragraph möge heißen:

„Wählbar zum Abgeordneten des Volkshauses ist jeder Deutsche, welchem die in §§ 2 und 3 aufgeführten Hindernisse zur activen Wahlfähigkeit nicht entgegen stehen, wenn er 30 Jahre alt ist.“

Zu § 15.

„Dieser Paragraph möge heißen:

„Für jeden Abgeordneten ist gleichzeitig ein Ersatzmann zu wählen, welcher aber erst dann einzutreten hat, wenn der Abgeordnete selbst sein Mandat nicht annimmt oder definitiv niederlegt.“

Einen zweiten des Herrn Wiest zu § 2; er beantragt Nr. 3, 4 und 5 des § 2 wegfallen zu lassen, und nach § 3 einen weiteren Paragraphen einzuschalten des Inhalts:

„Ein Drittheil sämmtlicher Wähler eines jeden Wahlkreises hat eine doppelte Wahlstimme. Diese Wählerklasse wird im Allgemeinen durch das Verhältniß der Steuerpflichtigkeit bestimmt; außerdem gehören zu derselben: Diejenigen, welche ein öffentliches Amt bekleiden oder bekleidet haben, die Officiere, die Geistlichen, öffentlichen Aerzte, Notare und Rechtsanwälte.“

Einen dritten zu § 1 und 2 von Herrn Hofmann aus Friedberg. Derselbe beantragt folgende Fassung der beiden Paragraphen:

„Wählbar ist jeder selbstständige unbescholtene Deutsche, der das fünf und zwanzigste Lebensjahr zurückgelegt hat und entweder Grundbesitz, oder eigenen Haushalt hat, oder Gemeindebürger oder endlich Staats-, Kirchen- oder Gemeindediener ist.“

Ferner:

„Als nicht selbstständig, also von der Berechtigung zum Wählen ausgeschlossen, sollen angesehen werden:

1) wie im Entwurf,
2) deßgleichen,
3) Personen, welche wegen Landstreicherei im letzten der Wahl vorhergegangenen Jahre rechtskräftig bestraft worden sind (§ 4 und 5 fallen weg).“

Bevor wir uns nun, meine Herren, an den § 1 wenden, und ich namentlich die betreffende Rednerliste verlese, richte ich Ihre Aufmerksamkeit auf den formellen Antrag des Herrn Rösler von Oels, daß nach dem Vorgange, wie bei dem Gesetze über Errichtung einer provisorischen Centralgewalt nach Abstimmung über die einzelnen Paragraphen des Wahlgesetzes noch über Annahme oder Verwerfung des ganzen Gesetzes eine Schlußabstimmung stattfinde. Ich darf wohl, meine Herren, nicht erst fragen, ob der Antrag unterstützt wird, ich möchte behaupten, daß er sich von selber versteht: es wird gar kein Widerspruch gegen diesen Antrag im Hause sein; ich nehme ihn als Beschluß des Hauses an. — Demnächst hat Herr Wernher von Nierstein sich zum Worte gemeldet über den Titel des zu berathenden Gesetzes. Man sollte das wohl auf den Schluß verschieben; ist dagegen Widerspruch? (Wernher von Nierstein spricht mit dem Präsidenten.) Herr Wernher macht mich darauf aufmerksam, daß die Rednerliste irrthümlich sagt, er sei bloß zum Titel des Wahlgesetzes eingeschrieben; er habe das Wort erbeten für den Titel und die Eingangsworte: „Für die Wahl der Abgeordneten zum Volkshause sollen folgende Bestimmungen gelten.“ Dieß vorausgesetzt, denke ich, hören wir Herrn Wernher zuerst. (Beistimmung.)

Wernher von Nierstein: Meine Herren! Ich habe Ihnen einen höchst einfachen, aber doch, wie ich glaube, nicht bedeutungslosen Vorschlag zu machen; an die Stelle des Titels, der da heißt: „Reichsgesetz über die Wahlen der Abgeordneten zum Volkshause,“ die Worte zu setzen: „Reichsgesetz für die Wahlen der Abgeordneten zum nächsten Volkshause,“ und an die Stelle der Eingangsworte: „Für die Wahlen der Abgeordneten zum Volkshause sollen folgende Bestimmungen gelten,“ „für die Wahlen der Abgeordneten zum nächsten Volkshause sollen folgende Bestimmungen gelten.“ Ich habe dafür diesen einfachen Grund: Ich halte uns gar nicht in der Lage, ein Wahlgesetz für längere Dauer zu machen. Ich kann mir kein Wahlgesetz vernünftigerweise denken, das sich nicht an gemeinsame organische Einrichtungen in unserm Volke anlehnt, und wenn ich in Deutschland umherblicke, so sehe ich noch nirgends diese gemeinsamen organischen Einrichtungen geschaffen. Wir besitzen weder eine gemeinsame Gemeinde-Einrichtung. Zwar sollen den Grundrechten nach in ganz Deutschland, in Städten wie in Dörfern, und selbst in einsam liegenden Häusern Gemeindeverbände und ein Gemeinderegiment eingerichtet werden. Aber es gibt ausgedehnte Strecken, beinahe ganze Königreiche, in denen die ländlichen Gemeinden noch keinen eigentlichen, noch keinen höheren Gemeindeverband und keine Gemeindeadministration haben; und wenn auch in der nächsten Zukunft auf Grund jenes Grundgesetzes Gemeindeverbände errichtet und eingeführt sein, und sich ins Leben festgewurzelt haben werden, so ist dieß doch nicht geschehen, wenigstens noch nicht geschehen in jenen Tagen, wo vermöge dieses Wahlgesetzes neu gewählt werden muß. Ebenso hat man ganze Striche in Deutschland, wo das Gemeinderecht so exclusiv ist, wo die Bedingungen zum Eintritt so schwierig, so kostspielig sind, daß wir unmöglich auf einen solchen Gemeindeverband das Wahlrecht gründen können für die Einzelnen. Ebenso entbehren wir in Deutschland eines gemeinsamen Heimathrechts, und wenn auch nur für Ausnahmsfälle dessen Fragen so wichtig sind, wenn überhaupt auf das Heimathrecht nicht eigentlich das Wahlrecht gegründet werden kann, so ist es doch von hohen Bedeutung für diese Ausnahmsfälle. Zuletzt haben wir in Deutschland keine gemeinsame Steuergesetzgebung. Es gibt Gegenden in Deutschland, in denen die Grundsteuer das Hauptmittel ist, um die öffentlichen Bedürfnisse zu decken, andere aber, in denen die Consumtions- und Productionssteuern das Mittel ist, woraus der Staat seine Bedürfnisse schöpft. Es wird unvermeidlich sein, daß, wenn das Reich kommen wird, in Folge des Grundsatzes, daß Consumtions- und Productionssteuern gleich sein, und keine Binnenzölle mehr bestehen dürfen, das ganze übrige Steuerwesen in Deutschland sehr nahe an einander rücken, daß es in genere dasselbe sein dürfte, und nur einzelne Nuancen in den einzelnen Ländern nach ihren Bedürfnissen werden bestehen bleiben. Unter diesen Umständen halte ich es geradezu für einen leeren Pomp, von einem Wahlgesetze zu reden, was eine längere Dauer haben soll, als wie zum nächsten Volkshause. Das nächste Volkshaus soll ja eben über die Zölle, über die Consumtionsabgaben, über das Heimathsrecht Gesetze geben. (Zuruf von der Linken: Nein!) Sind diese Gesetze gegeben, dann werden wir die Grundlage haben zu einem dauernden Wahlgesetze. (Unruhe.) Man könnte mir vielleicht einwenden, daß ja jedes Gesetz nicht für die Ewigkeit wäre. Ich gebe das zu, das ist wahr, es kann durch andere gesetzgebende Versammlungen wieder aufgehoben werden. Wenn es aber auf flacher Hand liegt, daß ein gegebenes Gesetz nur für die nächste Zukunft gelten kann, so ist es offenbar wenigstens eine unpassende Form, es so hinzustellen, als wenn es für alle Zeiten wäre, und überdieß, wenn das Gesetz an einen bestimmten Termin gebunden ist, so hört es auf, wenn der Termin vorüber ist, und bedarf von der nächsten Versammlung ganz oder theilweise einer Bestätigung, wenn es fortleben soll. Die nächste Versammlung hat die dringende Veranlassung, es zu revidiren, und wenn es so allgemein hingestellt wird, wie der Verfassungs-Ausschuß vorschlägt, würde jene dringende Veranlassung nicht darin liegen. Ich liebe in der Gesetzgebung Wahrheit und Bescheidenheit, und weil ich sie liebe, liebe ich auch die Bescheidenheit in der Form. Es gibt freilich einen einfachen Weg, der uns über die Schwierigkeiten hinwegbringen könnte, welche die Verschiedenheiten in unserem Vaterlande dem gemeinsamen Wahlgesetze in den Weg legen, wenn man nämlich den allgemeinen Rahmen des allgemeinen Wahlrechts wollte zum Gesetz erheben. Ich nenne es einen Rahmen um das Wahlgesetz, und kein Wahlgesetz, denn es ist eigentlich kein Bild darin, es hat keinen Inhalt. Nach meiner Ueberzeugung paßt ein solches allgemeines Wahlrecht für den Naturzustand der Völker, oder es ist der Vorbote und Weg zu ihrem politischen Tod. (Lebhaftes Bravo im Centrum.) Allerdings, wenn ein Haufen von Menschen durch Schiffbruch an eine Küste geschlagen wird, wenn Alle gleich nackt sind, da ist das allgemeine Wahlrecht von selbst gegeben, oder wenn die Völker zum Greisenalter gelangt sind, wo der letzte Nerv zu Erhaltung eines röchelnden Lebens aufgerufen werden muß, da ist auch das allgemeine Wahlrecht durch die Natur der Umstände geboten. Man sagt von uns Deutschen, wir seien ein gelehrtes Volk, nun, wir haben hier Gelegenheit zu beweisen, daß wir etwas gelernt haben. Wenn ich zurücksehe in die Geschichte, so sehe ich allerdings das allgemeine Wahlrecht, wie die Fabel des römischen Staats sagt, bei Romulus und Remus in der Kindheit des römischen Staats, und nachher sehe ich es, kurz ehe die Cäsaren Herren von Rom geworden sind, mit ihren Prätorianern; und nachher gleichsam in einem andern Spiegelbilde, welches uns das Leben eines modernen Staates von seinem Anfang bis zu seinem Greisenalter zeigt, ich denke an Italien, wo nur ein zu schwacher Beitrag germanischen Bluts in jene römische Welt kam, der nicht hinreichend war, sie auf die lange Dauer zu beleben, und wo deßhalb das germanische Leben nur wie ein Meteor hervorleuchtete, und um eine Reihe von Jahrhunderten eher zum Tode kam, als wie es bei uns sein wird; dort in Italien ist das allgemeine Wahlrecht immer der Vorbote der Tyrannei gewesen, und wie in den italienischen Republiken das allgemeine Wahlrecht eingeführt war, da kamen die Condottieri's, die de la Scala, die Bentivoglios, Visconti, Sforza und sogar die Medicis, und mit ihnen der von ihnen so gefürchtete und getadelte Polizeistaat dort aus Italien, und in Folge des allgemeinen Wahlrechts holte Deutschland Lehre im Westen, die Lehren der Polizei. Wir würden, wenn wir nichts aus der Geschichte gelernt hätten, nicht einmal das Recht der Entschuldigung haben, das die Franzosen gehabt haben; wenn man in Frankreich am Ende des vorigen Jahrhunderts ein so weit ausgedehntes Wahlrecht gehabt hat, so konnte man sich damit entschuldigen, daß hundert fünfzig Jahre lang keine eigentliche große sociale Revolution vorgekommen war, und daß die Franzosen sagen konnten, was für das Alterthum und für das Mittelalter galt, das gilt nicht für uns, den modernen Staat des achtzehnten und neunzehnten Jahrhunderts; bei uns aber, die wir so glücklich sind, dieses Vorbild ganz in der Nähe zu haben, bei uns wäre die Entschuldigung nicht da, die Welt würde auf uns mit Fingern zeigen und würde sagen: die Deutschen haben bei aller Gelehrsamkeit nichts gelernt, in Wahrheit, es wären die Worte der Schrift auf uns anzuwenden: „wir hätten Ohren und hätten nichts gehört, und hätten Augen und hätten nichts gesehen." Es existirt eine tiefe Begriffsverwirrung über den Begriff von Volk, es gibt ein physisches Volk, unter das gehören Alle, Mann und Weib, Säuglinge und Greise, die Menschen im Zuchthause, wie Derjenige, der die Zierde seines Volkes ist; aber das politische Volk ist zu allen Zeiten, wird zu allen Zeiten und muß zu allen Zeiten von dem physischen Volke unterschieden werden. Unsere Vorfahren und die Staaten des Alterthums, in denen die Gefahr war, von einem Nachbar besiegt und in Folge der Besiegung zu Sclaven gemacht zu werden, bei denen war das Zeichen des politischen Volks die Waffenfähigkeit, und zwar in ihren verschiedenen Gradationen. Die Stärkeren und die bessere Waffen tragen und anschaffen konnten, die gehörten mehr zum Volk, die waren mehr Volk als die Andern, und darauf gründete sich, meine Herren, die ganze Lehnsverfassung des Mittelalters. Der moderne Staat ist nicht mehr in diesen Formen, er bedarf zur seiner Erhaltung, um die hohen Zwecke der Cultur zu erfüllen, moderner Mittel, Geld, Geld, und darum sind im modernen Staate alle Diejenigen, die zum Bedürfniß des Staates etwas und ein Wesentliches beitragen, das eigentliche, das politische Volk; ich halte es für eine große Verkennung der Dinge, wenn man darin eine Anmaßung der Bezahlenden findet, wenn man dieses ein künstliches System nennt, ich behaupte, es gehört zu der Natur der Dinge, es ist dieß eine Nothwendigkeit, von der man momentan und willkürlich abspringen kann, aber immer wieder darauf zurückkommen muß, wie ein Mensch, wenn er auch einmal rückwärts geht, doch am Ende, wenn er vorwärts will, mit dem Gesicht wieder voran gehen muß, denn das ist der natürliche Gang des Menschen. Ich ehre das Volk, ich liebe alle Klassen desselben, ich habe mein Leben zum größten Theil mit den untersten Klassen zugebracht und an deren Seite mit Hand angelegt; ich habe, als ich hierher kam, die Schwielen noch mitgebracht von der Arbeit, und ich habe in dem Volke eine Masse häuslicher Tugenden kennen gelernt, ich schlage hoch an die Sorge, die der arme Mann für seine Kinder zeigt, und die Pflege, die er seinem Vater gibt, und die Freundlichkeit, die er gegen den noch Aermeren hat, es ist dieß eine Tugend, in Wahrheit höher als die Tugend des Reichen, gerade wie das Schärflein der Wittwe mehr werth ist, als die Goldmine des Ueberreichen; aber, meine Herren, zwischen der häuslichen Tugend und der politischen Einsicht, da ist doch ein großer Unterschied, und wer das verwechseln will, der verwechselt den engen Kreis des Hauses und den weiten des Staates; ich behaupte, nach meiner getreuen Erfahrung, daß zur Beurtheilung der Bedürfnisse eines großen Staats die untersten Klassen nicht geeignet sind. Es ist das ein Gesichtskreis, der viel zu weit gespannt ist, als daß ihn ihr Auge ganz erkannt hätte. Geben Sie diesen Klassen den wichtigsten Antheil an den Wahlen zur Besetzung der Gemeindeämter, das können sie erkennen und übersehen, und hier liegt die Basis ihrer unmittelbaren Betheiligung am Staate. Wenn Sie aber diesen unmittelbaren Antheil auf die Wahlen zur Vertretung eines so großen Staates wie Deutschland, welcher vom Belt bis zum adriatischen Meere sich erstrecken soll, ausdehnen, dann laden Sie Ihnen eine Bürde auf, welche sie nicht zu tragen vermögen. (Im rechten Centrum: Sehr gut!) Ich liebe mein Volk ... (Große Heiterkeit auf der Linken und auf der Galerie. Auf der Rechten: Ruhe! Ruhe!)

Präsident: Ich bitte um Ruhe! (Stimmen auf der Rechten: Die Galerie!) Ich verbitte mir von der Galerie jedes Zeichen des Beifalls oder des Mißfallens; Sie wissen, daß das Gesetz Ihnen das nicht nachläßt.

Wernher: ... und weil ich es liebe, will ich es nicht gemißbraucht haben; wenn ich aber Dem, welcher etwas zu übersehen nicht vermag, die Pflicht auferlege, daran Theil zu nehmen, so opfere ich ihn nothwendig dem Mißbrauche. Ich achte die Tugenden des Volkes viel zu sehr, als daß ich es der Verachtung und der Möglichkeit aussetzen sollte, in Dingen, die es nicht versteht, verführt zu werden. (Stimmen: Sehr gut!) Ich achte diese Tugenden viel zu hoch, als daß ich den Armen und Beengten in diesen Dingen der Bestechung hingeben sollte, und zwar der Bestechung Seitens der Aristokratie sowohl, als der Demokratie. Denn seien Sie überzeugt, auch die Aristokraten werden, wenn es gilt, in ihre Geldsäcke greifen, um den Wahlen in ihrem Sinne aufzuhelfen, und wenn sie Das thun, dann können sie es eben nur an den Armen thun, denn nur diese können sie bestechen, die Reichen natürlich nicht. Umgekehrt aber wird die Demokratie zwar nicht mit Geld bestechen, aber mit schönen, trügerischen Worten, und dieß halte ich noch für viel ärger, als jenes, denn es nimmt dem Volke am Ende noch den Glauben an die Treue. (Von der Linken: Zur Sache! Das gehört nicht zur Ueberschrift!)

Präsident: Nicht zur Ueberschrift, meine Herren! sondern zur Ueberschrift und zur Insertion des Wortes „nächsten" vor „Volkshaus;" das ist die Sache, über welche Herr Wernher spricht, und er ist bei dieser Sache!

Wernher: Wir haben das große Problem zu lösen, meine Herren, ob es möglich ist, aus dieser schweren Krankheit, in welcher wir liegen, zur Genesung zu gelangen, ohne alle Phasen der Krankheit durchzumachen. Soviel ich weiß, ist es die Aufgabe eines weisen Arztes, dafür zu sorgen, daß kein Delirium, kein Brand eintritt. (Im Centrum: Sehr gut!) Das ist das einzige Mittel, die Krise zu überwinden, und nicht befürchten zu lassen, daß der Kranke an Entkräftung stirbt. Nun, meine Herren, lassen wir dieses allgemeine Wahlrecht gelten, dann handeln wir wie ein Arzt, welcher bei einem hitzigen Fieber statt besänftigender Mittel noch Spirituosa gibt. (Im Centrum: Bravo! Sehr gut!) Ich mag nicht zu diesen Aerzten gehören, und wenn der Kranke im Delirium selbst nach Spirituosen schreit. (Auf der Rechten und im Centrum: Bravo! Sehr gut!)

Moriz Mohl von Stuttgart: Meine Herren: Ich halte meinen Herrn Vorredner für einen Mann von Ehre, und deßhalb muß ich glauben, daß er die Consequenzen seines Antrages nicht gesehen hat. (Im rechten Centrum: Oh! Ah!) Wozu, meine Herren, hat uns die deutsche Nation hierher geschickt? Um eine Verfassung zu machen, nicht aber um dieß den Lakaien zu überlassen, welche man in das Staatenhaus schicken wird (Unruhe), denn wenn wir ein Wahlgesetz machen, welches mit dem Staatenhause aufhört, so hängt Alles von diesem Staatenhause ab. Das Staatenhaus darf also nur überhaupt kein Wahlgesetz zu Stande kommen lassen, so ist es aus mit der ganzen Verfassung. Oder es macht ein Wahlgesetz, wie es ihm eben gefällt, dieses Staatenhaus, zu welchem die Hälfte der Mitglieder von den Fürsten, die andere Hälfte aus den Ständeversammlungen gewählt werden soll. Dann aber ist auch die ganze Macht des deutschen Volkes über seine Verfassung, welche sich in der Nationalversammlung concentriren soll, lediglich dem Staatenhause übertragen. Ich sehe hier dieselbe Idee, welche schon seit einiger Zeit in gewissen Zeitungen aufgetaucht ist, daß man jetzt ein Staatenhaus zusammenrufen solle, um mit diesem die Verfassung zu machen. Wir aber, meine Herren, wir sollen die Verfassung machen, und auch das Wahlgesetz, welches die Grundlage der künftigen Nationalvertretung ist. Ich werde nicht, wie mein Herr Vorredner, auf die allgemeine Discussion zurückkommen, bemerken aber muß ich, daß wir über die allgemeinen Grundsätze ja noch gar nicht abgestimmt haben. Ist die Versammlung der Ansicht, daß das allgemeine Wahlrecht gerecht sei, und dem deutschen Volke gebühre, dann können und wollen wir doch nicht zum Voraus das Gegentheil beschließen; denn das wäre es doch, wenn man das Wahlgesetz wieder von der Willkür des Staatenhauses abhängig machen wollte. Mein Vorschlag geht daher dahin, daß über den Antrag des Herrn Wernher jetzt abgestimmt, und derselbe verworfen werde. Damit ist noch nicht gesagt, daß wir das Wahlgesetz zu einem Theile der Verfassung machen müssen, da wir noch keine Erfahrungen darüber haben, ob es nicht einer Aenderung bedürfen kann. Jedenfalls muß es aber so lange in Rechtskraft bleiben, bis es von allen Factoren der Gesetzgebung abgeändert ist, und das darf also von der Willkür des Staatenhauses nicht abhängen. (Auf der Linken: Bravo!)

Scheller von Frankfurt a. O.: Ich schlage vor, die Discussion über Titel und Eingang des Gesetzes so lange auszusetzen, bis das letztere selbst berathen sein wird; wenn erst der von uns beschlossene Inhalt des Gesetzes wird ergeben, wie sein Titel zu bezeichnen sein wird, und wie der Eingang dazu lauten muß. Es scheint mir also jede Discussion darüber jetzt zu frühzeitig.

Eisenmann von Würzburg: Meine Herren! Der Form nach muß ich dem Vorredner darin ganz beistimmen, daß es jetzt noch nicht an der Zeit sei, den Titel zu machen, da wir ja noch gar nicht wissen, was das Buch eigentlich enthalten wird. Es ist sehr leicht möglich, daß einer oder der andere Abgeordnete seine Meinung über die Stabilität des Gesetzes ändert, je nachdem die einzelnen Paragraphen desselben ausfallen werden. Ich meines Theils erkläre offen und ehrlich, sie mögen ausfallen, wie sie wollen, so wünsche ich doch vor Allem, daß sie ein Theil der Verfassung bleiben, denn das Wahlgesetz ist die Seele der Verfassung. Geben Sie die beste Verfassung, und das Wahlgesetz taugt nichts, so wird auch die Verfassung nichts nütze sein. Aber sehr wundern muß ich mich, wenn man von einer Seite her offen und versteckt alle Mittel aufbietet, um die Stabilität desselben in Frage zu stellen. Der Eine sagt, man habe noch keine Erfahrung darin, der Andere meint, man solle das Staatenhaus dabei mitwirken lassen; als es sich darum handelte, einen erblichen Kaiser auf ewige Zeiten in Deutschland einzusetzen, da klagte man nicht über Mangel an Erfahrung, da gedachte man nicht, gemeinsame Gemeinde-Ordnungen und andere Institutionen abzuwarten, da lag der

Gedanke ferne, das Staatenhaus dabei zu Rathe zu ziehen. Oder kümmert man sich etwa um die Ständeversammlungen von Bayern, Würtemberg, Sachsen und Hannover? Nein! Den erblichen deutschen Kaiser für ewige Zeiten will man über Hals und Kopf schaffen; das Wahlgesetz aber will man bloß bis zum nächsten Reichstag gelten lassen. Hüten Sie sich wohl, meine Herren, dieß zu thun, denn es liegt sehr nahe, eigene Motive dafür zu suchen. Ein Theil der Abgeordneten mag es mit seinem Verlangen nach Erfahrung redlich meinen, er hat vielleicht noch nicht Zeit genug gehabt, um sich in der Geschichte umzusehen, um die Ergebnisse der verschiedenen Wahlgesetze kennen zu lernen, die ja, wie Sie Alle wissen, in den verschiedensten Nüancen vorliegen, — aber das Volk wird behaupten: es gebe auch viele Abgeordnete in der Versammlung, die ihre wahre Gesinnung nicht auszusprechen wagen, und für dieselbe bessere Zeiten abwarten. (Auf der Rechten und in den Centren: Oh!) Herr Bassermann hat einen Antrag eingebracht, welcher mir zwar nicht gefällt, aber er hat seine Meinung ehrlich und unumwunden ausgesprochen, so daß man weiß, woran man ist; und das ist achtungswerth. Andere Abgeordnete dagegen lassen annehmen, daß sie unter dem Drucke der öffentlichen Meinung stehen und die Beseitigung dieses Druckes abwarten wollen, um dann eine andere Meinung auszusprechen, als die, welche sie seit zehn Monaten ausgesprochen haben.

Präsident: Es ist kein weiterer Redner eingeschrieben. Daß wir aber nicht unmittelbar über den Vorschlag des Herrn Wernher von Nierstein abstimmen können, scheint mir sich von selbst zu ergeben. (Kein Widerspruch.) Wir gehen zur Discussion über den § 1 über, nachdem ich abermals zwei neue Verbesserungs-Anträge bekannt gemacht habe. Antrag von Herrn Nägele:

Zu § 2:

„Das Minoritäts-Erachten I unterscheidet sich von Nr. 2 des Minoritäts-Antrags dadurch, daß es 1) den Verlust des Wahlrechts statt im Allgemeinen von „Armenunterstützung" — von „ständiger Armenunterstützung" abhängig gemacht, und 2) dadurch, daß es die Zeit des Genusses der Armen-Unterstützung statt auf das der Wahl vorhergegangene Jahr — auf die drei letzten Monate beschränkt.

Für den Fall nun, daß diese beiden Punkte nicht getrennt zur Abstimmung kommen, oder das ganze Minoritäts-Erachten verworfen würde, beantrage ich, im Majoritäts-Antrag unter Nr. 2 zu setzen:

statt „Armenunterstützung" — „ständige Armen-Unterstützung."

Unterstützt von: Nagel von Balingen; Heubner von Zwickau; Stark; Hönniger; Federer; Pfahler; Levysohn; Haßler; Umbscheiden; Kudlich; J. Förster; Mayer; Scharre; Frisch; Roßmäßler; Esterle; Rheinwald; Hensel; Raus; Wigard ev.

Herr v. Wulffen beantragt zu § 4 des Wahlgesetzes:

„Mit dem Verluste des Rechts zu wählen für eine Zeit von vier bis zwölf Jahren, außer den durch die Strafgesetze bestimmten, oder zu bestimmenden Strafen ist zu belegen; wer auf irgend eine das Wahlgeschäft betreffende Handlung (z. B. Anfertigung der Wahllisten) in betrügerischer Weise einwirkt."

Herr Wigard beantragt:

Statt § 2:

„Von der Berechtigung zum Wählen sind Personen ausgeschlossen, welche unter Vormundschaft oder Curatel stehen."

Anmerkung: Die Punkte 2, 3, 4 und 5 würden hiernach ganz wegfallen.

Unterstützt von: Spatz; Schütz; Scharre; Roßmäßler; Boczek; Würth; Gritzner; Jopp; Minkus; Tafel von Zweibrücken; Rödinger; Langbein; Schüler von Jena; Rank; Schott; Nauwerck; Culmann; Hensel; Kudlich; Welter; Zimmermann von Stutigart; Meyer von Liegnitz.

Die zu § 1 eingeschriebenen Redner sind folgende: gegen den Antrag des Ausschusses, die Herren: Jahn; v. Rappard; Venedey; Hildebrand; Wiesner; Plathner; Matthies; Simon von Trier; Reichensperger; Schüler von Jena; Schwetschke; Sellmer; Wigard; Eisenmann; Esterle; Heisterbergk; Heinrich Simon; Zimmerman von Stuttgart; Pfeiffer. Für den Paragraphen haben sich gemeldet die Herren: Mölling; Haym; v. Gagern von Darmstadt: v. Beckerath; Lette; v. Linde; v. Raumer von Berlin; Eisenstuck; Grävell; Schubert von Königsberg; Wichmann. — Herr Jahn hat das Wort!

Biedermann von Leipzig: Ich bitte ums Wort wegen der Zusammenfassung der §§ 1 und 2 in der Discussion.

Präsident: Meine Herren! Herr Biedermann will vorher den Antrag stellen, die §§ 1 und 2 in der Discussion zusammenzufassen.

Biedermann: Meine Herren! Ich brauche wohl nichts darüber zu sagen, denn die Gegenstände, welche in beiden Paragraphen behandelt werden, sind so nahe liegend. Wir haben in ähnlichen Fällen immer so verfahren, daß wir das Naheliegende zusammengenommen haben.

Präsident: Ich frage zuvörderst, ob dieser Antrag Unterstützung findet? (Die hinreichende Anzahl erhebt sich.) Er ist unterstützt. Ich mache auf eine Schwierigkeit aufmerksam, welche sich diesem Antrage in der Zusammenstellung der Rednerlisten entgegenstellt. Es sind zwar manche Namen auf den Listen zu beiden Paragraphen dieselben, aber nicht alle. und Sie müßten mir daher, wenn Sie auf den Antrag des Herrn Biedermann eingehen, erlauben, die beiden Listen Namen um Namen mit einander zusammenzustellen, sonst wüßte ich es nicht zu regeln. (Allseitige Zustimmung.) Auch daran erinnere ich, daß wir allenfalls die Discussion über beide Paragraphen getrennt vornehmen, und nur die Abstimmung zusammenfassen könnten; damit geschähe vielleicht dem Antrage des Herrn Biedermann Genüge?

Biedermann: Meine Herren! Dann wird aber nicht Das erreicht, was ich durch meinen Antrag zu erreichen glaubte, nämlich Zeit zu ersparen und die Sache zu vereinfachen, weil bei § 2 ganz Dasselbe wie bei § 1 gesagt werden wird.

v. Linde von Mainz: Es scheint mir, daß wir über § 1 nicht wohl discutiren können, wenn nicht zugleich auf den Inhalt der §§ 2 und 3 eingegangen wird, denn der § 1 enthält weiter nichts, als den Ausspruch des Princips, und die §§ 2 und 3 die Entwickelung des Inhalts in seiner Anwendung. In § 1 wird gesagt, es sollte die Unbescholtenheit und Selbstständigkeit das Princip für die Befähigung zur activen Wahl darstellen. Nun kann sich Niemand darüber aussprechen und abstimmen, ob er den Paragraph annehmen wolle, wenn er nicht zugleich den vollen Inhalt des Grundsatzes, also die beiden Paragraphen in Berathung zieht. Wenn auch das Gegentheil beschlossen würde, bliebe es doch keinem Redner möglich, sich über § 1 auszusprechen, ohne die §§ 2 und 3 zugleich in Berathung zu ziehen.

Moriz Mohl von Stuttgart: Ich glaube, daß Sie es für gerecht finden werden bei einem so sehr bedeutenden Gesetzentwurfe, daß die Redner in der Reihenfolge ihrer Einschreibung zu den einzelnen Paragraphen sprechen. Durch die beantragte Veränderung der Berathungsordnung würden diejenigen Redner, die rechtzeitig eingeschrieben worden sind, denen hintenangesetzt werden, die nach ihnen sich haben einschreiben lassen.

Plathner von Halberstadt: Da wir Alle überzeugt sind, daß doch über die §§ 1 und 2 in gleicher Weise werde gesprochen werden, so mache ich folgenden Vorschlag: Es mögen zuerst die Redner sprechen, die bei § 1 eingeschrieben sind, und wenn wir dann den Schluß haben wollen, so können wir ihn beschließen; hierauf mögen Diejenigen sprechen, die zu § 2 eingeschrieben sind, so jedoch, daß Die, welche bei § 1 bereits gesprochen haben, nicht noch einmal bei § 2 sprechen dürfen. Hiermit erreichen wir den Zweck vollständig.

Präsident: Der Vorschlag des Herrn Plathner ist nur die Wiederaufnahme des Biedermann'schen Antrags mit einer Modification meines Antrages über die Rednerliste. Ich muß die Versammlung darüber fragen, da der Antrag Unterstützung gefunden hat, und werde die Art und Weise der Combination der Rednerliste, falls der Antrag angenommen werden sollte, einer besonderen Abstimmung vorbehalten. Sollte der Antrag des Herrn Biedermann, daß über die Paragraphen zusammen discutirt und abgestimmt werden möge, verworfen werden, so würde ich noch die eventuelle Frage zur Abstimmung bringen, ob zwar über die Paragraphen in separato discutirt, aber gemeinschaftlich abgestimmt werden solle? **Diejenigen Herren, welche die Paragraphen 1, 2 und 3 in der Discussion und Abstimmung zusammengefaßt wissen wollen, ersuche ich, sich zu erheben.** (Die Abstimmung ist zweifelhaft.) Wir wollen die Gegenprobe machen. Diejenigen Herren, die dem Antrage: die §§ 1, 2 und 3 des vorliegenden Entwurfs in der Discussion und Abstimmung zusammen zu fassen, nicht zustimmen wollen, ersuche ich, aufzustehen. (Die Abstimmung ist wiederum zweifelhaft.) Meine Herren! Wir müssen durch Zettel die Frage erledigen. **Diejenigen Herren, welche die §§ 1, 2 und 3 in der Discussion und Abstimmung zusammengefaßt wissen wollen, ersuche ich, den weißen Zettel, diejenigen Herren, die das nicht wollen, den farbigen mit ihrer Namensunterschrift zu versehen.** Indessen das Resultat der Abstimmung ermittelt wird, verlese ich noch einen neu eingegangenen Verbesserungs-Antrag des Herrn **Schuler** von Innsbruck:

Zu § 1:

„Wähler ist jeder selbstständige Deutsche, der das fünf und zwanzigste Lebensjahr zurückgelegt hat.

Dienstboten, Handwerksgehilfen, Fabrikarbeiter und Taglöhner üben das Wahlrecht dann aus, wenn sie ein Grundstück oder Haus eigenthümlich besitzen, oder ein Grundstuck auf wenigstens drei Jahre gepachtet haben."

Unterstützt von: Frisch; Lienbacher; Kerer; Karl v. Kürsinger; Streffleur ev.; Pieringer; Renger; Mally; Prinzinger; Werner von St. Pölten; Stülz ev.; Quesar; Dingler; Fügerl; Weiß ev.; Kagerbauer ev.; Ignaz v. Kürsinger; Kohlparzer; Beda Weber.

Zu § 2:

„Als nicht selbstständig sind von der Berechtigung zum Wählen ausgeschlossen:

1) Personen, welche unter Curatel stehen, sowie jene, über deren Vermögen Concurs- oder Fallitzustand gerichtlich eröffnet worden ist, während der Dauer dieses Concurs- oder Fallitverfahrens;
2) Personen, welche eine Armenunterstützung aus öffentlichen oder Gemeindemitteln beziehen, oder im letzten der Wahl vorhergegangenen Jahre bezogen haben."

Unterstützt von: Frisch; Lienbacher; Kerer; Karl v. Kürsinger; Streffleur ev.; Pieringer; Renger; Mally; Prinzinger; Werner von St. Pölten; Stülz ev.; Quesar; Dingler; Fügerl; Weiß ev; Kagerbauer ev.; Beda Weber.

Ein anderer Antrag der eben eingeht, bezieht sich auf § 11, und wird füglich einstweilen zurückgelegt werden können. (Nachdem die Stimmzettel eingesammelt und gezählt sind.) **Der Antrag, die §§ 1, 2 und 3 in der Discussion und Abstimmung zusammenzufassen, ist mit 202 gegen 177 Stimmen verworfen.**

Mit Ja stimmten:

v. Amstetter aus Breslau, Anders aus Goldberg, Anz aus Marienwerder, Arndt aus Bonn, Arndts aus München, Arneth aus Wien, v. Bally aus Beuthen, Bassermann aus Mannheim, Becker aus Gotha, v. Beckerath aus Crefeld, Behnke aus Hannover, Biedermann aus Leipzig, Blömer aus Aachen, Bock aus Preußisch-Minden, Böcler aus Schwerin, v. Boddien aus Pleß, v. Borries aus Carthaus, Braun aus Cöslin, Brescius aus Züllichau, Breusing aus Osnabrück, Bürgers aus Köln, v. Buttel aus Oldenburg, Cropp aus Oldenburg, Cucumus aus München, Deeke aus Lübeck, Deetz aus Wittenberg, Detmold aus Hannover, Dröge aus Bremen, Duncker aus Halle, Ebmeier aus Paderborn, Eckart aus Lohr, Edlauer aus Graz, Ehrlich aus Murzynek, Eisenmann aus Nürnberg, Emmerling aus Darmstadt, v. Ende aus Waldenburg, Engel aus Culm, Esmarch aus Schleswig, Evertsbusch aus Altena, Flottwell aus Münster, Francke (Karl) aus Rendsburg, Fuchs aus Breslau, v. Gagern aus Darmstadt, Gebhardt aus Würzburg, v. Gersdorf aus Tuez, Gevekoht aus Bremen, Giesebrecht aus Stettin, Godeffroy aus Hamburg, Göden aus Krotoszyn, von der Goltz (Graf) aus Czarnikau, Gottschalk aus Schopfheim, Graf aus München, Gravenhorst aus Lüneburg, Groß aus Leer, Gysae (Wilhelm) aus Strehlow, Hahn aus Guttstatt, v. Hartmann aus Münster, Haubenschmied aus Passau, Hayden aus Dorff bei Schlierbach, Haym aus Halle, Hergenhahn aus Wiesbaden, Herzog aus Ebermannstadt, Hofmann aus Friedberg, Hollandt aus Braunschweig, Houben aus Meurs, Hugo aus Göttingen, Jahn aus Freiburg an der Unstrut, Jordan aus Berlin, Jordan aus Gollnow, Jordan aus Frankfurt a. M.,

v. Kaisersfeld aus Birkfeld, v. Koller (Graf) aus Erfurt, Kerst aus Birnbaum, v. Keudell aus Berlin, Kosmann aus Stettin, v. Kösteritz aus Elberfeld, Krafft aus Nürnberg, Kratz aus Wintershagen, Küntzel aus Wolka, Kuhnt aus Bunzlau, Kutzen aus Breslau, Lammers aus Erlangen, Langerfeldt aus Wolfenbüttel, Laudien aus Königsberg, Lette aus Berlin, Leverkus aus Lennep, Lienbacher aus Goldegg, v. Linde aus Mainz, Lodemann aus Lüneburg, Löw aus Magdeburg, Löw aus Posen, Mann aus Rostock, Marcks aus Duisburg, Marcus aus Bartenstein, v. Massow aus Karlsberg, Mathy aus Karlsruhe, Matthies aus Greifswald, Metzke aus Sagan, Michelsen aus Jena, Mohl (Robert) aus Heidelberg, Münch aus Wetzlar, v. Nagel aus Oberviechtach, Nizze aus Stralsund, Nöthig aus Weißholz. Obermüller aus Passau, Oertel aus Mittelwalde, Ostendorf aus Soest, Ottow aus Labiau, Overweg aus Haus Ruhr, Pannier aus Zerbst, Paur aus Augsburg, Pfeuffer aus Landshut, Pinckert aus Zeitz, Plehn aus Marienburg, Pötzl aus München, v. Quintus-Icilius aus Fallingbostel, v. Radowitz aus Rüthen, Rahm aus Stettin, Rassl aus Neustadtl in Böhmen, v. Raumer aus Berlin, v. Raumer aus Dinkelsbühl, Reitmayr aus Regensburg, Richter aus Danzig, Riedl aus Gratz, Riesser aus Hamburg, Röben aus Dornum, Rößler aus Wien, v. Rotenhan aus München, Rüder aus Oldenburg, Rümelin aus Nürtingen, v. Saltzwedell aus Gumbinnen, v. Saucken-Tarputschen aus Angerburg, Schauß aus München, Scheller aus Frankfurt an der Oder, Schick aus Weißensee, v. Schleussing aus Rastenburg, Schlüter aus Paderborn, Schneer aus Breslau, Scholten aus Ward, Scholz aus Neisse, Schrader aus Brandenburg, Schreiber aus Bielefeld, v. Schrötter aus preuß. Holland, Schubert (Friedrich Wilhelm) aus Königsberg, Schubert aus Würzburg, Schultze aus Potsdam, Schwarz aus Halle, Schwerin (Graf) aus Pommern, Schwetschke aus Halle, v. Selchow aus Rettkewitz, Sellmer aus Landsberg a. d. W., Siehr aus Gumbinnen, Siemens aus Hannover, Simson aus Stargard, Sprengel aus Waren, Stahl aus Erlangen, Stavenhagen aus Berlin, Stenzel aus Breslau, Stieber aus Budissin, Tannen aus Zielenzig, v. Thielau aus Braunschweig, v. Unterrichter aus Klagenfurt, Veit aus Berlin, Viebig aus Posen, Waitz aus Göttingen, Waldmann aus Heiligenstadt, Walter aus Neustadt, v. Wedemeyer aus Schönrade, Welcker aus Aachen, Wernher aus Nierstein, Wichmann aus Stendal, Wiest aus Tübingen, Wiethaus (J.) aus Gummersbach, Wurm aus Hamburg, Zachariä aus Bernburg, Zachariä aus Göttingen, v. Zerzog aus Regensburg, Zöllner aus Chemnitz.

Mit Nein stimmten:

Achleitner aus Ried, Ahrens aus Salzburg, v. Aichelburg aus Villach, Anderson aus Frankfurt a. d. O., Backhaus aus Jena, Berger aus Wien, Bernhardt aus Kassel, Beseler aus Greifswald, Beseler (H. W.) aus Schleswig, Blumröder (Gustav) aus Kirchenlamitz, Böcking aus Trarbach, Bonardy aus Greiz, Braun aus Bonn, Bresgen aus Ahrweiler, Buß aus Freiburg im Breisgau, Caspers aus Koblenz, Claussen aus Kiel, Cornelius aus Braunsberg, Coronini-Cronberg (Graf) aus Görz, Culmann aus Zweibrücken, Damm aus Tauberbischoffsheim, Degenkolb aus Eilenburg, Deiters aus Bonn, Demel aus Teschen, Deym (Graf) aus Prag, v. Dieskau aus Plauen, Dietsch aus Annaberg, Dinstl aus Krems, Drechsler aus Rostock, Eckert aus Bromberg, Edel aus Würzburg, Eisenstuck aus Chemnitz, Engel aus Pinneberg, Englmayr aus Enns (Oberösterreich), Fallmerayer aus München, Federer aus Stuttgart, Fehrenbach aus Säckingen, Freese aus Stargard, Friederich aus Bamberg, Frisch aus Stuttgart, Fritsch aus Ried, Fritzsche aus Roda, Fröbel aus Reuß, Fügerl aus Korneuburg, Geigel aus München, Gerlach aus Tilsit, Gfrörer aus Freiburg, v. Giech (Graf) aus Thurnau, Giskra aus Wien, v. Gladis aus Woblau, Glax aus Gumpendorf, Göbel aus Jägerndorf, Goltz aus Brieg, Gombart aus München, Grävell aus Frankfurt a. d. O., Gritzner aus Wien, Groß aus Prag, Grubert aus Breslau, Günther aus Leipzig, Hagen (K.) aus Heidelberg, Haggenmüller aus Kempten, Hartmann aus Leitmeritz, Haßler aus Ulm, Heckscher aus Hamburg, Heisterbergk aus Rochlitz, Heldmann aus Selters, Hensel aus Camenz, v. Hermann aus München, Heubner aus Zwickau, Heusner aus Saarlouis, Hildebrand aus Marburg, Hirschberg aus Sondershausen, Hönniger aus Rudolstadt, Hofer aus Pfarrkirchen, Hoffbauer aus Nordhausen, Huber aus Linz, Jopp aus Enzersdorf, Jucho aus Frankfurt am Main, Käfferlein aus Baireuth, Kagerbauer aus Linz, Kahlert aus Leobschütz, Kerer aus Innsbruck, Kirchgeßner aus Würzburg, Kleinschrod aus München, Köhler aus Seehausen, Kohlparzer aus Neuhaus, Kollaczek aus Oesterr.-Schlesien, Kotschy aus Mährisch-Schlesien, Kudlich aus Schloß Dietach, v. Kürsinger (Ignaz) aus Salzburg, v. Kürsinger (Karl) aus Tamsweg, Langbein aus Wurzen, Laschan aus Villach, v. Lassaulx aus München, Lauich aus Troppau, Levysohn aus Grünberg, Liebmann aus Perleberg, Löschnigg aus Klagenfurt, Makowiczka aus Krakau, Mally aus Steyermark, v. Maltzahn aus Küstrin, Martens aus Danzig, Mayer aus Ottobeuern, Melly aus Wien, Merck aus Hamburg, Merkl aus Kronach, Meyer aus Liegnitz, Minkus aus Marienfeld, Mittermaier aus Heidelberg, Mölling aus Oldenburg, Mohl (Moriz) aus Stuttgart, Mohr aus Oberingelheim, Mulley aus Weitenstein, Nagel aus Balingen, Nägele aus Murrhardt, Naumann aus Frankfurt an der Oder, Nauwerck aus Berlin, v. Neitschütz aus Königsberg, Neubauer aus Wien, Neumayr aus München, Nicol aus Hannover, Paur aus Neisse, Pfahler aus Tettnang, Phillips aus München, Pieringer aus Kremsmünster, Plathner aus Halberstadt, Polatzek aus Weißkirch, v. Pretis aus Hamburg, Prinzinger aus St. Pölten, Quesar aus Gratz, Rank aus Wien, Rapp aus Wien, v. Rappard aus Glambek, Reh aus Darmstadt, Reichensperger aus Trier, Reinhard aus Boytzenburg, Reinstein aus Naumburg, Renger aus böhmisch Kamnitz, Rheinwald aus Bern, Riegler aus mährisch Budwitz, Riehl aus Zwettl, Rödinger aus Stuttgart, Roßmäßler aus Tharand bei Dresden, Rühl aus Hanau, v. Sänger aus Grabow, Schädler aus Vaduz, Scharre aus Strehla, Schlutter aus Poris, Schmidt (Ernst Friedrich Franz) aus Löwenberg, Schneider aus Wien, Schorn aus Essen, Schott aus Stuttgart, v. Schrenk aus München, Schüler aus Jena, Schuler aus Innsbruck, Schütz aus Mainz, Schwarzenberg aus Kassel, Simon (Heinrich) aus Breslau, Simon (Ludw.) aus Trier, v. Somaruga aus Wien, Spatz aus Frankenthal, Stark aus Krumau, Strache aus Rumburg, Streffleur aus Wien, v. Stremayr aus Gratz, Stülz aus St. Florian, Tafel (Franz) aus Zweibrücken, Tappehorn aus Oldenburg, Teichert aus Berlin, Temme aus Münster, Titus aus Bamberg, Trabert aus Rausche, Uhland aus Tübingen, Umbscheiden aus Dahn, Venedey aus Köln, Vischer aus Tübingen, Vogel aus Guben, Vogel aus Dillingen, Vogt aus Gießen, Vonbun aus Feldkirch, Wagner aus Steyr, Weber aus Neuburg, Weber aus Meran, v. Wegnern aus Lyk, Weiß aus Salzburg, Welcker aus Heidelberg, Werner aus Oberkirch, Werner aus St. Pölten, Wesendonck aus Düsseldorf, Wiedker aus Uckermünde, Wiesner aus Wien, Wigard aus Dresden, Winter aus Liebenburg, v. Wulffen aus Passau, Wuttke aus Leipzig, Würth aus Sigmaringen, v. Würth aus Wien, Zell aus Trier, Ziegert aus preuß. Minden, Zimmermann aus Stuttgart, Zimmermann aus Spandow, Zum Sande aus Lingen.

Präsident: Ich bringe also dieselbe Frage für die §§ 1 und 2 zur Abstimmung, bitte aber die Herren, ihre Plätze einzunehmen, damit wir weiter kommen. Diejenigen Herren, die die §§ 1 und 2 des vorliegenden Entwurfs in der Discussion und Abstimmung zusammengefaßt wissen wollen, ersuche ich, aufzustehen. (Die Abstimmung ist zweifelhaft.) Wir müssen die Gegenprobe machen: Diejenigen Herren, welche dem Antrage, die §§ 1 und 2 in der Discussion und Abstimmung zusammenzufassen, nicht beitreten wollen, belieben, sich zu erheben. (Die Abstimmung ist wieder zweifelhaft.) Meine Herren! Wir müssen leider wieder durch Stimmzettel abstimmen lassen. (Allgemeine Mißstimmung. Eine Stimme auf der Linken: Das ist die Zeitersparniß des Biedermann'schen Antrags!) Diejenigen von Ihnen, die dem Antrage, „den § 1 und 2 in der Discussion und Abstimmung zusammenzufassen," beitreten wollen, werden ersucht, den weißen Zettel, Diejenigen, die ihm nicht beitreten wollen, den farbigen mit ihrer Namensunterschrift zu versehen.

Mit Ja stimmten:

Achleitner aus Ried, Ambrosch aus Breslau, v. Amstetter aus Breslau, Anders aus Goldberg, Anz aus Marienwerder, Arndt aus Bonn, Arndts aus München, Arneth aus Wien, v. Bally aus Beuthen, Bassermann aus Mannheim, Becker aus Gotha, v. Beckerath aus Crefeld, Behnke aus Hannover, Bernhardi aus Kassel, Beseler aus Greifswald, Beseler (H. W.) aus Schleswig, Biedermann aus Leipzig, Blömer aus Aachen, Bock aus Preußisch-Minden, Böcler aus Schwerin, v. Boddien aus Pleß, v. Borries aus Carthaus, v. Bothmer aus Carow, Braun aus Bonn, Braun aus Cöslin, Brescius aus Züllichau, Breusing aus Osnabrück, Bürgers aus Köln, v. Buttel aus Oldenburg, Cornelius aus Braunsberg, Cucumus aus München, Deeke aus Lübeck, Deetz aus Wittenberg, Degenkolb aus Eilenburg, Detmold aus Hannover, Dröge aus Bremen, Droysen aus Kiel, Duncker aus Halle, Ebmeier aus Paderborn, Eckart aus Lohr, Edlauer aus Gratz, Emmerling aus Darmstadt, v. Ende aus Waldenburg, Engel aus Culm, Esmarch aus Schleswig, Flottwell aus Münster, Fuchs aus Breslau, v. Gagern aus Darmstadt, Gebhard aus Würzburg, v. Gersdorf aus Tuetz, Gevekoht aus Bremen, v. Giech (Graf) aus Thurnau, Giesebrecht aus Stettin, Godeffroy aus Hamburg, Göden aus Krotoszyn, von der Goltz (Graf) aus Czarnikau, Gombart aus München, Graf aus München, Grävell aus Frankfurt an der Oder, Gravenhorst aus Lüneburg, Groß aus Leer, v. Grundner aus Ingolstadt, Gysae (Wilhelm) aus Strehlow, Hahn aus Guttstatt, v. Hartmann aus Münster, Haubenschmied aus Passau, Hayden aus Dorff bei Schlierbach, Haym aus Halle, Heimbrod aus Sorau, v. Hennig aus Dempowalonka, Hergenhahn aus Wiesbaden, Hofer aus Pfarrkirchen, Hofmann aus Friedberg, Hollandt aus Braunschweig, Houben aus Meurs, Hugo aus Göttingen, Jahn aus Freiburg an der Unstrut, Jordan aus Berlin, Jordan aus Gollnow, Jordan aus Frankfurt am Main, Jürgens aus Stadtoldendorf, v. Keller (Graf) aus Erfurt, v. Keudell aus Berlin, Kleinschrod aus München, Kosmann aus Stettin, v. Köstritz aus Elberfeld, Krafft aus Nürnberg, Kratz aus Wintershagen, Küntzel aus Wolka, Kuhnt aus Bunzlau, Kutzen aus Breslau, Lammers aus Erlangen, Langerfeldt aus Wolfenbüttel, Laudien aus Königsberg, Lette aus Berlin, Leverkus aus Lennep, v. Linde aus Mainz, Lodemann aus Lüneburg, Löw aus Magdeburg, Löw aus Posen, v. Maltzahn aus Küstrin, Mann aus Rostock, Marcks aus Duisburg, Marcus aus Bartenstein, Martens aus Danzig, v. Massow aus Karlsberg, Mathy aus Karlsruhe, Matthies aus Greifswald, Metzke aus Sagan, Michelsen aus Jena, Mohl (Robert) aus Heidelberg, Münch aus Wetzlar, v. Nagel aus Oberviechtach, Naumann aus Frankfurt a. d. O., Nizze aus Stralsund, Nöthig aus Weißholz, Obermüller aus Passau, Oertel aus Mittelwalde, Ostendorf aus Soest, Ottow aus Labiau, Overweg aus Haus Ruhr, Pannier aus Zerbst, Paur aus Augsburg, Pfeuffer aus Landshut, Pinckert aus Zeitz, Plathner aus Halberstadt, Plehn aus Marienburg, Pözl aus München, v. Quintus-

Jellinek aus Fallingbostel, v. Radowitz aus Rüthen, Rahm aus Stettin, Rättig aus Potsdam, Raffl aus Neustadtl in Böhmen, v. Raumer aus Berlin, v. Raumer aus Dinkelsbühl, Reitmayr aus Regensburg, Richter aus Danzig, Riedl aus Gratz, Riesser aus Hamburg, Röben aus Dornum, Rößler aus Wien, v. Rotenhan aus München, Rüder aus Oldenburg, Rümelin aus Nürtingen, v. Saltzwedell aus Gumbinnen, v. Saucken-Tarputschen aus Angerburg, Schauß aus München, Scheller aus Frankfurt a. d. O., Schick aus Weißensee, v. Schleussing aus Rastenburg, Schlüter aus Paderborn, Schneer aus Breslau, Scholten aus Ward, Scholz aus Neisse, Schrader aus Brandenburg, Schreiber aus Bielefeld, v. Schrenk aus München, v. Schrötter aus Preußisch-Holland, Schubert (Friedrich Wilhelm) aus Königsberg, Schubert aus Würzburg, Schultze aus Potsdam, Schwarz aus Halle, Schwerin (Graf) aus Pommern, Schwetschke aus Halle, v. Selchow aus Rettkewitz, Sellmer aus Landsberg a. d. W., Siehr aus Gumbinnen, Siemens aus Hannover, v. Soiron aus Mannheim, Sprengel aus Waren, Stahl aus Erlangen, Stavenhagen aus Berlin, Stenzel aus Breslau, Stieber aus Budissin, Sturm aus Sorau, Tannen aus Zielenzig, Tappehorn aus Oldenburg, Teichert aus Berlin, v. Thielau aus Braunschweig, v. Unterrichter aus Klagenfurt, Veit aus Berlin, Viebig aus Posen, Vogel aus Dillingen, Waitz aus Göttingen, Waldmann aus Heiligenstadt, Walter aus Neustadt, v. Wedemeyer aus Schönrade, v. Wegnern aus Lyk, Weißenborn aus Eisenach, Wernher aus Nierstein, Wichmann aus Stendal, Wirth aus Tübingen, Wiethaus (J.) aus Gummersbach, Wurm aus Hamburg, Zachariä aus Bernburg, Zachariä aus Göttingen, v. Zerzog aus Regensburg, Zöllner aus Chemnitz, Zum Sande aus Lingen.

Mit Nein stimmten:

Ahrens aus Salzgitter, v. Aichelburg aus Villach, Anderson aus Frankfurt an der Oder, Backhaus aus Jena, Becker aus Trier, Berger aus Wien, Blumröder (Gustav) aus Kirchenlamitz, Böcking aus Trarbach, Bresgen aus Ahrweiler, Buß aus Freiburg im Breisgau, Caspers aus Koblenz, Claussen aus Kiel, Coronini-Cronberg (Graf) aus Görz, Culmann aus Zweibrücken, Damm aus Tauberbischoffsheim, Demel aus Teschen, Deym (Graf) aus Prag, Dham aus Schmalenberg, v. Dieskau aus Plauen, Dietsch aus Annaberg, Dinstl aus Krems, Drechsler aus Rostock, Eckert aus Bromberg, Eisenmann aus Nürnberg, Eisenstuck aus Chemnitz, Engel aus Pinneberg, Englmayr aus Enns (Oberösterreich), Esterle aus Cavalese, Fallmerayer aus München, Federer aus Stuttgart, Fehrenbach aus Säckingen, Freese aus Stargard, Friederich aus Bamberg, Frisch Stuttgart, Fritsch aus Ried, Fritzsche aus Roda, Fröbel aus Reuß, Fügerl aus Korneuburg, Geigel aus München, Gerlach aus Tilsit, Gfrörer aus Freiburg, Giskra aus Wien, v. Gladis aus Wohlau, Glax aus Gumpendorf, Göbel aus Jägerndorf, Goltz aus Brieg, Gottschalk aus Schopfheim, Gritzner aus Wien, Groß aus Prag, Grubert aus Breslau, Günther aus Leipzig, Gulden aus Zweibrücken, Hagen (Karl) aus Heidelberg, Haggenmüller (Johann) aus Kempten, Hartmann aus Leitmeritz, Haßler aus Ulm, Heckscher aus Hamburg, Heisterbergk aus Rochlitz, Heldmann aus Selters, Hensel aus Camenz, v. Hermann aus München, Heubner aus Zwickau, Heusner aus Saarlouis, Hildebrand aus Marburg, Hirschberg aus Sondershausen, Hönninger aus Rudolstadt, Hoffbauer aus Nordhausen, Huber aus Linz, Jopp aus Entzersdorf, Jucho aus Frankfurt am Main, Käfferlein aus Baireuth, Kagerbauer aus Linz, Kerer aus Innsbruck, Kirchgeßner aus Würzburg, Köhler aus Seehausen, Kohlparzer aus Neuhaus, Kollaczek aus österreichisch Schlesien, Kotschy aus Ustron in Mährisch-Schlesien, Kudlich aus Schloß Dietach, v. Kürsinger (Ignatz) aus Salzburg, v. Kürsinger (Karl) aus Tamsweg, Langbein aus Wurzen, Laschan aus Villach, v. Lassaulx aus München, Lausch aus Troppau, Levysohn aus Grünberg, Liebmann aus Perleberg, Lienbacher aus Goldegg, Lindner aus Seisenegg, Löschnigg aus Klagenfurt, Makowiczka aus Krakau, Mally aus Steyermark, Melly aus Wien, Merck aus Hamburg, Mertel aus Kronach, Meyer aus Liegnitz, Minkus aus Marienfeld, Mittermaier aus Heidelberg, Mölling aus Oldenburg, Mohl (Moriz) aus Stuttgart, Mohr aus Oberingelheim, Mulley aus Weitenstein, Nagel aus Balingen, Nägele aus Murrhardt, Nauwerck aus Berlin, v. Neitschütz aus Königsberg, Neubauer aus Wien, Neugebauer aus Luditz, Neumayr aus München, Nicol aus Hannover, Paur aus Neisse, Pfahler aus Tettnang, Pfeuffer aus Adamsdorf, Pieringer aus Kremsmünster, Polatzek aus Weißkirch, Prinzinger aus St Pölten, Quesar aus Gratz, Rank aus Wien, Rapp aus Wien, v. Rappard aus Glambek, Reh aus Darmstadt, Reinhard aus Boytzenburg, Reinstein aus Naumburg, Reitter aus Prag, Renger aus böhmisch Kamnitz, Rheinwald aus Bern, Riegler aus mährisch Budwitz, Riehl aus Zwettl, Rödinger aus Stuttgart, Roßmäßler aus Tharand, Rühl aus Hanau, Schädler aus Vaduz, Scharre aus Strehla, Schlutter aus Poris, Schmidt (Ernst Friedrich Franz) aus Löwenberg, Schneider aus Wien, Schorn aus Essen, Schott aus Stuttgart, Schüler aus Jena, Schuler aus Innsbruck, Schulz aus Darmstadt, Schütz aus Mainz, Schwarzenberg aus Kassel, Simon (Heinrich) aus Breslau, Simon (Ludwig) aus Trier, v. Somaruga aus Wien, Spatz aus Frankenthal, Stark aus Krumau, Strache aus Rumburg, Streffleur aus Wien, v. Stremayr aus Gratz, Stülz aus St. Florian, Tafel (Franz) aus Zweibrücken, Temme aus Münster, Titus aus Bamberg, Trabert aus Rausche, Uhland aus Tübingen, Umbscheiden aus Dahn, Venedey aus Köln, Vogel aus Guben, Vogt aus Gießen, Vonbun aus Feldkirch, Wagner aus Steyr, Weber aus Neuburg, Weiß aus Salzburg, Wekbeker aus Aachen, Welcker aus Heidelberg, Werner aus Oberkirch, Werner aus St. Pölten, Wesendonck aus Düsseldorf, Wiesner aus Ueckermünde, Wiesner aus Wien, Wigard aus Dresden, Winter aus Liebenburg, Wuttke aus Leipzig, Würth aus Sigmaringen, v. Würth aus Wien, Zell aus Trier, Ziegert aus Preußisch-Minden, Zimmermann aus Stuttgart, Zimmermann aus Spandow, Zitz aus Mainz.

Präsident: **Der Antrag, die §§ 1 und 2 in der Discussion und Abstimmung zusammenzufassen, ist mit 199 gegen 182 Stimmen angenommen.** Jetzt bitte ich, meinen Vorschlag zu genehmigen, daß aus den beiden Rednerlisten (zu §§ 1 und 2) abwechselnd die Namen aufgerufen werden; zuerst die Redner, die zu § 1 gegen und für eingeschrieben sind, und dann die ersten Redner, die zu § 2 gegen und für eingeschrieben sind. Eine große Menge von Namen wird wegfallen, die auf beiden Listen stehen. — Ich werde zuerst die Liste zu § 2 verlesen. Sie lautet: **Gegen den § 2:** Hildebrand; v. Rappard; Venedey; Tellkampf; Moriz Mohl; Pfeiffer; Matthies; Plathner; Haym; Temme; Wichmann; Löwe von Calbe; Biedermann; Simon von Trier; Mittermaier; Nauwerck; Schuler von Jena; Löw von Magdeburg; Schütz; Schwarzenberg; Culmann; Reh; Teichert; Schwetschke; Schlöffel; Fröbel; Hagen; Wigard; Golz; Bresgen; Phillips; Levysohn; Robert Mohl; Heinrich Simon; Mareck; Schmidt von Berlin; Berger; Wuttke; Vogt; Zimmermann von Stuttgart; Degenkolb; Pinckert; Arndts; Rödinger; Lienbacher. **Für § 2:** Mölling; Schrader; Eisenstuck; Merck; v. Beckerath; Lette; v. Linde; Reichensperger; Bernhardi; Grävell; Fuchs; Schubert von Königsberg; Fischer von Jena; Jordan von Berlin; v. Raumer von Berlin. — Ich will nur noch bemerken, daß meines Erachtens die doppelt eingeschriebenen Redner ihre Stellen nur an einer oder der anderen Rede abtreten dürfen. Durch die Einschreibung hat Jeder nur das Recht zunächst für sich, eventuell für Den, dem er es abtritt, — erlangt, über beide Paragraphen einmal gehört zu werden.

Jahn aus Freiburg an der Unstrutt: Hoher verfassunggebender Reichstag für Deutschland! Heute gilt es, es gilt für die jetzige Zeit, es gilt für die Nachwelt, es ist hier ein Geistestournier eröffnet, und da will ich nach dem Rechte gerichtet sein, wie im Gottesgerichtskampf üblich und Brauch war. Ich verlange keinen Zuruf, keinen Beifall, und verbitte mir jeden Mißfall, er komme von Oben, von Unten, links oder rechts. (Große Heiterkeit.) Dafür ist die Presse, da gebe ich mich preis, da kann Jeder sagen, was er will, und ich will ihn nicht verklagen nach dem Preßgesetz. Und nun zur Sache! Auf jedem Turnier mußte Jeder sich ausweisen, was er für einen Schild führte. Ich will hier meinen Schild künden, da ich ihn nicht aushängen kann. Mein Schild führt drei Farben: „schwarz, roth, gold," und darin steht geschrieben: „Einheit, Freiheit, Vaterland! (Beifall.) Ich verstehe aber unter Einheit nicht Einerleiheit, unter Freiheit nicht zügellose Willkür, und unter Vaterland verstehe ich einen größern Raum, als den Platz, wo die Kartoffeln zu meiner täglichen Mahlzeit wachsen. Das Vaterland gilt mir als Begriff alles menschlichen Strebens. Im Vaterland begreife ich, was die Vergangenheit Großes gehabt hat, was die Gegenwart Tüchtiges schafft, und was die Zukunft Herrliches hervorbringen wird. In dem Namen Vaterland begreife ich jeden Menschen von dem Throne bis zur Hütte. Wir stehen hier als die Vertreter des deutschen Volkes, weil das ganze deutsche Volk nicht in einer einzigen Landesgemeinde zusammenstehen kann. In frühern Zeiten wurde alles stehenden Fußes abgemacht, und wenn es den Leuten zu lange wurde, so lagerten sie sich, und wann dann ein Redner auftrat, der dem Volke beifällig sprach, so standen sie auf. So war es im Schwedenlande, daher kommt noch der Ausdruck „Landstand," heut zu Tage würde man „Landsitzer" sagen. (Heiterkeit.) Wir haben auch in einem deutschen Lande noch vor einigen Jahren den Gebrauch gehabt, daß wenn der Landtag zusammenkam, zuerst die Ritterschaft hinaus ins Freie ritt und die Bürgermeister in Kutschen fuhren. Früher sollen sie zu Fuß gegangen sein. Das war in Sternberg in Mecklenburg, ist aber abgekommen. Weil das Volk nicht zusammenkommen konnte, hat es seine Vertreter hierher geschickt, und das ist eine alte Weise, wir finden sie schon bei Tacitus, wo es heißt: de minoribus principes, de majoribus omnes. Wer es nicht weiß, dem will ich es sagen: ich bin ein Abgeordneter aus einer preußischen Landschaft, da heißt es — ich bitte um die Erlaubniß, diese Gesetzbestimmung vorlesen zu dürfen, nach welcher ich gewählt worden bin — da heißt es: § 1: „Jeder großjährige Preuße, welcher nicht den Vollbesitz der bürgerlichen Rechte in Folge rechtskräftigen richterlichen Erkenntnisses verloren hat, ist in der Gemeinde, worin er seinen Wohnsitz oder Aufenthalt hat, stimmberechtigter Urwähler, insofern er nicht aus öffentlichen Mitteln Armenunterstützung bezieht. § 2. Die Urwähler einer jeden Gemeinde wählen auf jede Vollzahl von 500 Seelen ihrer Bevölkerung Einen Wahlmann. Erreicht die Bevölkerung einer Gemeinde nicht 500, übersteigt aber 300 Seelen, so ist sie dennoch zur Wahl eines Wahlmannes berechtigt. Erreicht aber die Bevölkerung einer Gemeinde nicht 300 Seelen, so wird die Gemeinde durch den Landrath mit einer oder mehreren zunächst angrenzenden Gemeinden zu Einem Wahlbezirke vereinigt." Im § 5 heißt es „Jeder großjährige Deutsche, der den Vollbesitz der bürgerlichen Rechte nicht verwirkt hat (§ 1), ist im ganzen Bereiche des Staates zum Abgeordneten wählbar." Nun, nach diesem Wahlgesetze bin ich gewählt, und diesem Wahlgesetz vergebe ich kein Titelchen, und ich bin nicht so bescheiden und demüthig, daß ich glauben sollte, alle 191 Abgeordnete des preußischen Staates wären durch schlechte Wahlen hierher gekommen. Ich will bei diesem Satze bloß bemerken, Eines kann nur sein, das sehe ich, entweder eine mittelbare Wahl oder eine unmittelbare. Ich bin eigentlich ein Freund und Verehrer der unmittelbaren Wahlen. Ich habe darüber bei dem Vorparlamente geredet, ich habe meinen Grundsatz dahin ausgesprochen, „daß die mittelbaren Wahlen das im staatlichen Leben wären, was die Kuppler und Freiwerber in der Liebe sind." Ich will aber zugeben, daß wenn man einmal bei den unmittelbaren Wahlen große Bedingnisse machen will, eine Abschätzung nach gewissen Classen des Geldes, oder wie es beliebt ist, der Steuern, so will ich lieber bei den mittelbaren Wahlen stehen bleiben, so mag Jeder sein Recht haben als Urwähler oder Wahlmann. Das ist die einfachste Art, da kommen wir aus allen Rechenkünsten heraus. Alle Vorschläge, die hier sind gemacht worden, sammt und sonders, das sind eigentlich Mißtrauenszuschriften an das deutsche Volk. (Stimmen von der Linken: Sehr gut! Bravo!) Jeder hat auf irgend eine Art gefürchtet, es möchte etwa umschlagen; der Eine hat hievor, der Andere davor gefürchtet. Da will ich gleich aussprechen, daß es das Allerverderblichste ist, wenn man nach Geldschätzung geht. Ich will einmal meinem Spitznamen „Professor" Ehre machen. (Heiterkeit.) Der große Aristoteles, der auch ein Erzieher war, noch dazu ein Fürstenerzieher, des großen Alexanders Lehrer, hat gesagt, die verderblichste, die gefährlichste Verfassung ist die, welche auf Geld gebaut ist, sie endet entweder in Tyrannei oder in Wirrwar, wo Jeder den Andern todtschlägt. Die alte Edda sagt: „Das Uebel ist in die Welt gekommen, weil zwei schöne Mädchen Gold gebracht haben, da ging das Todtschlagen an.“ Es muß so weit kommen in der Welt, daß Niemand sich scheut, mit Ehre arm zu sein. (Bravo.) Unser Heiland ist in die Welt gekommen, ohne daß er großen Reichthum gehabt hat, und wer hat ihn gekreuzigt? die Gelehrten und Hohen! (Beifall auf der Linken.) Wenn wir weiter unsere Geschichte durchgehen, hier handelt es sich um die Erhaltung des deutschen Volkes, so fragt sich, wer hat das Volk bisher erhalten? Ich sage geradezu, ich will die Einheit, und für die Einheit gebe ich mein Leben und alles, was ich habe; sogar die Freiheit, wenn ich die Einheit bekomme, denn die Freiheit kommt von selbst. Wer hat das deutsche Volk erhalten, frage ich? Die geehrten Vorredner vor mir haben viel Schönes und Herrliches gesagt, haben aber immer einzelne Staaten im Auge gehabt, die vielleicht auf Inseln liegen, oder sonst wo. Das Staatenverhältniß kümmert mich nichts, ich habe so viel umlernen müssen in der Erdkunde, daß ich nicht weiß, wie viel wir Staaten in Deutschland haben. So viel weiß ich, daß, als ich zuerst Erdkunde lernte, im Schwabenlande doppelt so viele Staaten waren, als jetzt in Deutschland, und daß in Deutschland doppelt so viele Staaten waren, als in allen anderen Ländern der damals bekannten Erde. Das ist anders geworden. Ich bin durch Städte gekommen, die gehören jetzt zum vierten Staate, das kümmert mich nicht. Der Staat ist etwas Anderes als das Volk; hier haben wir es mit dem Volke zu thun; wir sollen ein Volkshaus schaffen und dieses soll die Einheit des deutschen Volkes darstellen. Wir sind ein altes Volk und die Geschichte läuft mit der Zeitrechnung, ja sie geht noch darüber hinaus und das Erste, was von uns bekannt ist, ist ein glücklicher Freiheitskrieg; da sind wir zum ersten Mal aus Nebel und Nacht herausgetreten, und wer hat das deutsche Volk erhalten? — Die Fürsten? Die Fürsten, die den ersten Volksbefreier Arminius, den man gewöhnlich Hermann nennt, meuchlings tödteten, nachdem er dem deutschen Volke die Freiheit gegeben? — Wer hat Deutschland erhalten bis auf Carl den Großen? — Wir wissen die Namen nicht. — Wer hat in der Kaiserzeit Deutschland erhalten? — Wir wissen es nicht. Wer hat alles Mögliche gethan, um die Volkssprache in späterer Zeit niederzuhalten? — Alle die Leute, die eine hohe Bildung bekommen haben; aber die Bildung ist häufig, wie Tacitus in seinem Leben des Agrikola sagt, ein Mittel der Knechtschaft, welches die Leute Bildung nennen. Wer hat unsere Sprache niedergehalten? Erstens die Geistlichkeit, und später die Höfe. — Es liegt wahrlich nicht an Deutschland; wahrlich die Höfe sind nicht daran schuld, daß noch deutsch gesprochen wird; die Geistlichkeit aber auch nicht, denn die hätte lieber lateinisch fortgepappelt. Die Professoren auch nicht, denn Thomasius ist der Erste gewesen, der deutsch gelehrt hat und erst vor ein paar Jahren hat man angefangen, auch deutsch auf den Universitäten zu disputiren. Wer hat die deutsche Sprache erhalten? — Das, was man so geradezu „Volk“ nennt. — Die Akademien nicht, welche kein einziges deutsches altes Lied aufgeschrieben haben. Gott bewahre uns, die hatten keine Zeit dazu; die hatten genug zu thun mit dem Griechischen, Hebräischen und Gott weiß was für alten Pergamenten. Die hohen gelehrten Versammlungen auf den Universitäten? — haben die etwas gethan für die deutsche Sprache? Gott bewahre! Ein armseliger Schulmeister hat mehr gethan und da haben sie Nase und Maul aufgesperrt, als Grimm mit seiner deutschen Grammatik hervortrat.

Bassermann (vom Platze): Der war Professor!

Jahn: Aber ehe er Professor war, hat er die Sache getrieben; wie er noch Archivar in Cassel war, hat er es schon gekannt. (Große Heiterkeit.) Haben denn sämmtliche hohe Gerichtshöfe von Deutschland, alle Schöppenstühle etwas gethan für die Kenntniß des deutschen Rechtes? — Wer hat dafür etwas geleistet? Wer hat das geleistet sammt und sonders, was Grimm zusammengestellt hat in seinen Rechtsalterthümern und wer hat die deutsche Kunst erhalten? — Das Volk. — Ich habe noch in der alten fröhlichen Zeit von Deutschland gelebt, ehe der Polizeistaat in der Art anfing, den die Herren sehr gut gekannt haben und auch sehr gut zu schildern wissen; ich habe da herumgewandert, als man noch keinen Paß brauchte; denn der Paßunfug u. s. w. ist erst durch das Franzosenthum nach Deutschland gekommen; vorher wußte man von keiner andern Polizei, als von dem sogenannten Bettelvogt (große Heiterkeit); wo man noch das alte Volkslied vom Bettelvogt von Heidelberg sang. In dieser fröhlichen alten Zeit habe ich noch gelebt und die hieß damals schon bei den Leuten die traurige. Flögel, ein Rector zu Jauer in Schlesien, hat ein Buch geschrieben über komische Literatur und dergleichen; der sprach davon von dieser alten fröhlichen Zeit in Deutschland. Ich habe Volksfesten beigewohnt, die später verboten wurden; es konnte doch Einer sich dabei den Finger zerbrechen. Man hat damals dergleichen Sachen aufgezählt als Alterthümer in den Büchern. Ich gehe noch etwas weiter: Es mag beinahe 70 Jahre her sein, da schrieb Friedrich Nicolai, den Fichte in seinem Leben als einen Oberphilister bezeichnet hat, einen kleinen Almanach, wo er zuerst auf die deutschen Volkslieder aufmerksam machte; er wollte die Volkslieder eigentlich schlecht machen und hat dadurch darauf aufmerksam gemacht. Wer hat die Volkslieder erhalten und die Mährchen? In den Spinnstuben sind sie geblieben. Ich will aber von dem Volke sagen; ich habe selber deutsch in den Spinnstuben zuerst gelernt. (Heiterkeit.) Auf dem Gymnasium habe ich keinen Unterricht im Deutschen gehabt; dort trieb man hebräisch und griechisch; Vocabeln hat man lernen müssen und sie wie eine Metze Kartoffeln herunterfressen; aber deutsch hat man dort nicht gelernt. (Heiterkeit.) Nun also, was wollt Ihr denn? — Alles, was man hier ausschließen will, das ist die wahre Kraft des Volkes; das ist der Nachwuchs, aus dem Alles hervorgeht und wenn ich herumschaue in dieser Versammlung, so sehe ich eine Menge ehrenwerther Männer und sie sind alle aus den Schichten der Gesellschaft, die man jetzt ausschließen will. (Beifall auf der Linken.) Ich weiß, welcher Jubel durch Deutschland erscholl, als einer der Abgeordneten auf dem vereinigten Landtage in Berlin sprach: „Meine Wiege stand am Webestuhl meines Vaters.“ (Lebhafter anhaltender Beifall auf der Linken.) Wer hat deutsches Leben erstickt und wer hat Deutschland zerstört? — Die höheren Stände sind es gewesen, die mit ihrer Bildung sich rühmen. Ich berufe mich auf Spittler; der behauptet in seinen Vorlesungen zu Göttingen — ich habe es mit meinen eigenen Ohren gehört: — „Der Bauernkrieg in Deutschland ist durch die Juristen in's Land gekommen, weil sie römische Gesetze und Einrichtungen auf die deutschen Zustände ungebührlich anwenden wollten,“ und der neueste Geschichtschreiber des Bauernkrieges, der hier gegenwärtig ist, wird dieses nicht bestreiten können. Aehnliches wie Spittler hat Arndt in der Geschichte der Leibeigenschaft in Pommern und Rügen dargestellt, was seiner Zeit viel Aufsehen gemacht und die Aufhebung der Leibeigenschaft durch den unglücklichen Gustav IV bewirkt hat. Was haben die Alle gethan, und nun wer sind die, die noch heut zu Tage unsere Sprache verunstalten, die sie verderben? Das sind Leute von Bildung; — die Handelspüppchen, die können nicht bis achtundvierzig zählen; aber der Bauer, der verdirbt nicht die Sprache, der kann weit und breit fortzählen.

Man gehe ins Spielhaus und sehe dort, wie die Leute dort in fremden Sprachen zählen und mit ihren Hunden und wem noch in fremden Sprachen reden. Das Volk, welches Ihr ausschließen wollt von der Theilnahme an der Wahl, das sind die wahren Erhalter des deutschen volklichen Lebens. Nehmt alle die großen Hauptstädte, sperrt sie und leidet nicht, daß Einer sich dort niederlasse, und — sie sind ausgestorben binnen einem Jahrhundert. Das Volk, der Kernstamm, muß immer nachhelfen. Schlagt die Literaturgeschichte auf! Wo sind die Männer hergekommen, welche die Erhalter des Vaterlandes, die Pfeiler der Kirche und der Wissenschaft waren? — Aus den ärmern Schichten, wo man sich abgequält hat, um den Kindern eine größere Bildung geben zu können, und nun, es ist das schrecklich, wenn ich in diesem Plan lese, da heißt es: „Alle selbstständigen Männer ꝛc." Zuerst, was ist selbstständig? — Ein solches Wort ist sehr verkehrt; das hätte am Ende nur Themistokles in Griechenland verstanden. Der sagte einmal zu einem Freunde, wie er ihm seinen kleinen hübschen Knaben zeigte, das wäre der Herr der Welt. — „Wie ist das?" — „„Der Junge beherrscht seine Mutter; seine Mutter beherrscht mich; ich beherrsche Athen; Athen beherrscht Griechenland und Griechenland beherrscht die Welt."" — Wer ist selbstständig? Sobiesky hat einen großen Namen, daß er Wien entsetzt hat, wer hat ihn aber hingetrieben? Seine Frau. (Heiterkeit.) Das Heer hat er gesammelt mit französischem Gelde, Ludwig XIV hat ihm das Geld gegeben, um die ungarischen Aufständischen zu unterstützen, da vergaß sich Ludwig XIV und machte den Schwiegervater Sobieskys nicht zum Pair des Reichs, darüber ergrimmte die Tochter und sagte: jetzt marschirst du gegen die Türken! Das ist ein schlechter Ausdruck Selbstständigkeit und ich habe in den Zeitungen gelesen, daß man jetzt in den sächsischen Kammern über die Selbstständigkeit sich streitet und hadert und hackt; das muß weggestrichen werden und was das Aufführen von Leuten betrifft, die man von der Theilnahme der Wahl ausschließen will, so richte ich mich nach dem lateinischen Satz: „nomina sunt odiosa." Man muß keine besondere Namen nennen. Ich bin der Meinung, daß man die Bedingnisse, die zur Wahl gehören, so stellen muß, daß jeder seines eigenen Glückes Schmied ist, die Hindernisse müssen so sein, daß Jeder sie selbst wegschaffen kann: also das erste ist die Volljährigkeit, und von diesem Fehler befreit ihn in der Folge die Natur; das zweite, was ich verlange, ist der eigene Haushalt, den kann sich Jeder erwerben, und wir haben im Deutschen einen schönen Ausdruck: „ich will mich verändern," d. h. „ich will heirathen" (Heiterkeit.); das dritte ist ein eigenes Geschäft, dazu soll sich Jeder bequemen und nicht die Füße unter des Herrn Tisch stecken; das vierte ist Unbescholtenheit, die kann sich Jeder erhalten, und dann setze ich fünftens hinzu ein ehrenwerther Wandel, daß er bei seinen Genossen auch etwas gilt, und das sechste, wo ich vor allen Dingen links und rechts Widerspruch finde, das ist, er muß seiner Wehrpflicht in der Kriegsschule, worunter ich den Stand der stehenden Heere verstehe, genügt haben. — Ist er untauglich dazu, gut, dann sollst du nicht wählen, s'ist deine Schuld, daß du ein Schwächling bist! (Große Heiterkeit.) Bei allen tüchtigen Völkern hat jederzeit die Theilnahme an der Gemeindeverfassung auf der Wehrpflicht beruht; wir wissen recht gut, so lange Rom in freier Blüte gestanden hat, hat man die Leute, die die Schlachten schlugen, nicht aus den Schichten genommen, wo kein volles Staatsbürgerrecht galt. Das that erst Marius; wir wissen recht gut, daß die, die den schwereren Dienst hatten, mehr galten als die andern, so ist vom Pferd die Ritterschaft entstanden. Wer zu Rosse diente, hatte einen höheren Rang im Staatsleben. Ich will aber nur sagen, Jeder muß seiner Wehrpflicht genügen können, er soll als Schüler oder Lehrbursche einen ordentlichen Lebenswandel führen, und nicht glauben, er müsse viel zechen, gut spielen, viel verthun können, Nächte durchschwärmen und den Körper zerstören. (Stimmen: Sehr gut!) Ich habe viel mit Neugriechen verkehrt, die haben gesagt, daß in Griechenland eine Schande darin besteht, wenn ein junger Mensch vor dem zwanzigsten Jahre Wein trinkt, dagegen bei uns beruht bei manchen Genossenschaften die größte Ehre darauf, daß einer zechen kann. Das muß aufhören, das Wahlgesetz muß gebildet werden auf Tüchtigkeit und Tugend, auf Sittlichkeit und Sitte. Es haben große Gesetzgeber das auch besonders gefühlt und ich will von denen reden; es sind eigentlich, ja eigentlich nur vier, die ich als Gesetzgeber anerkenne: Der erste ist Moses, den halte ich für sehr menschlich, seine Polizeigesetze abgerechnet, seine Speisegesetze und Anderes (große Heiterkeit), und da habe ich immer bedauert, daß Moses und Hahnemann nicht zu gleicher Zeit auf der Welt gewesen; der zweite ist Lykurg, das ist der Stifter des Feudalwesens, Sparta ist der älteste Feudalstaat, nur mit dem Unterschiede, daß Lykurg nicht bloß Hasen schießen ließ, sondern den Junkern auch einige Leibeigene zu ihrem Vergnügen zu jagen erlaubte; der dritte und schlechteste ist Solon, der Stifter des Geldstaates, und der vierte und größte von Allen ist Alfred, König von England, denn da beruhte Alles auf der freien Gemeinde und auf der Geltung in der Gemeinde. Wir haben zwar keine durchgehende Gemeinde-Verfassung, wir müssen aber das Wahlgesetz so einrichten, daß künftig Jeder einrücken kann. Staatslehrer, die viel über dergleichen Sachen geforscht haben, haben den Staat anders gebaut: Machiavell, der ein großer Mann ist, und den ich auch für einen edlen Mann halte, baute alles auf die Macht der Gewalt, Montesquieu baute alles auf die Gewalt der Ehre, ich baue alles auf die Gewalt der Liebe. Nach meinem Begriffe soll das Volk zu einer Gesammtheit zusammenwachsen, zu einer Gemeinde, die auch das kleinste Mitglied nicht sinken läßt, jeder Deutsche soll die Ehre haben, und wenn ein Deutscher in's Ausland kommt und gefragt wird, was er in Deutschland gelte und was er zu thun habe bei der Verfassung, so soll er sagen: ich kann als Urwähler den Wahlmann wählen und der wählt ins Volkshaus des Reiches, das wird ihm eine andere Ehre geben, als wenn er jetzt kommt und auswärts nicht gern sagen möchte, daß er ein Deutscher ist. Wenn jetzt noch ein Deutscher nach Petersburg kommt und einen Deutschen anredet, so bekommt er keine Antwort. — Der Deutsche muß künftig fühlen, daß er Deutscher ist und die deutsche Flagge muß auf allen Meeren gelten; dann werden wir ein Volk werden, wie Macchiavell es rühmt und wie der Spanier sprach von deutschem Stolz und von deutschem Ungestüm, — da war der Michel nicht verschlafen, da wußte er Arme und Beine zu rühren; aber die Zeit wird wiederkommen, darum also verwerfen Sie das Wahlgesetz, machen Sie keine künstlichen Kasten, schaffen Sie nicht zwei feindliche Lager, die einander bekämpfen. (Zustimmung.) Wir haben in Deutschland Welfen und Ghibellinen, wollen wir unter diesen wieder zwei Stände nebeneinander stellen? Wir haben den Unterschied der Stände aufgehoben, machen Sie nicht, daß der Berliner Witz sich geltend mache: „Die Stände sind abgeschafft, aber drei Stände sind geblieben, der Belagerungsstand, der passive Widerstand und der Unverstand. (Lebhafter Beifall auf der Linken und in einigen Theilen des Centrums.)

Präsident: Ich will nur zuerst zwei neue Verbesserungsanträge verlesen. Anstatt der §§ 1, 2, 3, 4 und 5 beantragt Herr **Huber**:

„Wahlfähig und wählbar ist jeder Deutsche, welcher das fünfundzwanzigste Lebensjahr zurückgelegt hat und in der freien Ausübung der bürgerlichen Rechte gesetzlich nicht gehindert ist."

Unterstützt von: Riehl ev., Neugebauer ev., Strache, Stark ev., Rank, Laschan ev., Rapp, Kotschy, Löschnigg, Haßler, Kohlparzer, Bonbun, Englmayr, Paur, Reisinger, Giskra, Schott, Melly, Umbscheiden ev., Eventuell, wenn 21 Jahre nicht die Mehrheit erhalten, Schädler.

Dann ein Verbesserungsantrag des Herrn **Biedermann**:

„Unter Hinwegfall der Punkte unter 3, 4, 5 in § 2 möge § 1 so lauten:

„Wähler ist jeder Deutsche, welcher:

1) das fünfundzwanzigste Lebensjahr zurückgelegt hat;
2) entweder: a) einen eigenen Hausstand hat und ein volles Jahr lang unmittelbar vor der Wahl zu Gemeindelasten beigetragen, oder da, wo es noch keine Gemeindeverbände gibt, irgend eine directe Steuer entrichtet hat; oder: b) ein Einkommen von 350 fl. (200 Rthl.) nachzuweisen vermag."

Unterstützt von. Hans v. Raumer, Sprengel, Göden, Dröge, Schreiner, Godeffroy, Zerzog, Riesser, Mann, Stenzel, Wernher, Herzog, Emmerling, Paur, Reitmayr, Rößler von Wien, Pfeiffer, Arneth, Francke, Stahl.

v. Raumer von Berlin: Meine Herren! Herr Vogt hat vor einiger Zeit gesagt, daß die Reichsgewalt historische Gesandte abgeschickt habe. Ich weiß nicht, ob . . . (Zuruf: Laut!)

Präsident: Ich bitte um Ruhe, meine Herren!

v. Raumer: Ich weiß nicht, ob Herr Vogt bei dieser Gelegenheit auch an mich gedacht hat; im bejahenden Falle nehme ich seine Bezeichnung dankbar an und bitte um die Erlaubniß, auch heute diesen geschichtlichen Charakter nicht verleugnen zu dürfen. (Unruhe.)

Präsident: Ich bitte um Ruhe, und darum, daß die Gänge allerseits leer gelassen werden.

v. Raumer: Worin besteht der Unterschied zwischen einem Redner und einem Geschichtsforscher? Darin, daß der Redner das Recht und die Pflicht und die Geschicklichkeit hat, eine Ansicht mit aller Kraft des Kopfes und des Herzens zu vertheidigen, wodurch er in der Regel weit größeren Beifalls gewiß ist, als derjenige, welchem es obliegt, die Ansichten von einer oder von mehreren verschiedenen Parteien mit voller, wo möglich gleicher Unparteilichkeit zu entwickeln. Je mehr man aber auf diesem Wege fortschreitet, meine Herren, desto mehr überzeugt man sich, daß die Wahrheit und das Recht höchst selten allein auf einer Seite — auf der rechten oder der linken — liege, sondern daß in jeder Ansicht ein Element des Rechts und der Wahrheit ist, und daß da, wo vielleicht das Unrecht allein vorzuwalten scheint, man doch den Glauben und die Ueberzeugung haben kann, daß eine höhere Fügung Alles zum Besten zu lenken wisse. Ich bitte also um die Erlaubniß, hier nicht mit schwächeren Kräften weit größeren Talenten im Reden nachzustreben, sondern (ich möchte sagen, schon der Abwechslung halber) mir zu erlauben, einige historische Bemerkungen einzuflechten, die sich allerdings denn doch auf die Sache beziehen. Die Aufgabe, in welchem Maße die politischen Rechte ausgeübt werden sollen, ist im Ablaufe der Zeiten sehr verschieden gelöst, oder doch der Versuch gemacht worden, sie zu beantworten. Die erste Form der Lösung ist die, daß eine ausgezeichnete Persönlichkeit (ohne Rücksicht auf alle Andern) mit Uebermacht die Geschicke bestimmt. Diese Methode findet hier ganz mit Recht keinen Beifall; ich muß Sie jedoch darauf aufmerksam machen, daß sie keineswegs immer so schädlich gewesen ist, wie man bisweilen behauptet. Nicht allein Monarchen haben auf diesem Wege die Weltgeschichte im großen Style gefördert (wie Karl der Große und Peter der Große und Friedrich der Große), sondern vorzüglich in der alten Welt wußte man auch, daß einzelne Männer von hohem Geiste oft geschickter sind, Sachen zum Ziele zu führen, als zahlreiche Versammlungen. Deßhalb sind Moses, Lykurg, Solon, Numa Pompilius, Servius Tullius denkwürdig für alle Zeiten. Indessen ist hiermit die Aufgabe nicht für alle Zeiten gelöst. Die nächste Form war nun die, daß man sich verließ auf die **Geburt**, und mit ausschließlicher Rücksicht auf sie politische Rechte ertheilte, eine Ansicht, die jetzt ebenfalls höchst mangelhaft und thöricht erscheint. Sie ist aber auch nicht ohne Merkwürdigkeit; denn keine Ansicht hat sich in der Weltgeschichte länger erhalten als diese. Gebildete Völker, wie die Inder und Aegypter, haben sehr schroffe Kasteneintheilungen, welche, je widerstrebender sie für uns sind, um so mehr einer Erklärung bedürfen. Diese Erklärung lief nun wohl darauf hinaus, daß man sagte: wenn gewisse Verhältnisse in der bürgerlichen Gesellschaft betrachtet werden als **gegebene**, wenn sie keine Veranlassung darbieten zum Zweifeln, Wählen, Zaudern, so ist allem Streite ein Ende gemacht. Sobald der Eine weiß, er ist geboren als Krieger, sobald der Andere weiß, er ist geboren als Kaufmann u. s. w., so bleibt die bürgerliche Stellung unwandelbar geordnet und der Staat hat ebenso wenig Noth mit Regelung dieser Verhältnisse, als damit, daß Jemand als Mädchen oder als Knabe in diesem oder jenem Lande u. dgl. geboren ward. — Erst mit den Griechen tritt Wesen und Begriff der Freiheit in die Welt, denn Alles, was vorher in dieser Beziehung versucht ward, blieb unvollkommen. Mit diesem Begriffe der Freiheit kommt aber noch ein anderes neues Element in die Anordnung der politischen Rechte, welches zuerst ausgesprochen ward von Solon. Zwar hat man ihn vorhin getadelt, ich glaube aber, er würde sich hinreichend vertheidigen können, wenn er gegenwärtig wäre. Was war der Gedanke Solon's? Daß allerdings die Person frei werden solle, daß aber zu der Person ein Besitz gehöre. So tritt die Frage nach dem Besitze zum ersten Male bei den Griechen in die politische Welt. Was that Solon? Er theilte seine Athener, mit ihrer Zustimmung, in vier Classen nach den Einnahmen und gab den höheren Classen größere Rechte, aber wohl gemerkt, auch größere Pflichten. So entstand eine billige Wechselseitigkeit. Wenn nämlich Jemand in eine höhere Classe kommen wollte oder konnte, mußte er für das erweiterte Recht eine größere Last, eine größere Pflicht in Bezug auf Steuer und Kriegsdienst übernehmen. Nachdem sich jedoch **alle** Athener in den Perserkriegen groß gezeigt hatten, waren die niedern Classen nicht mehr geneigt, sich von gewissen Rechten ausschließen zu lassen. Es ward also durch Aristides, um eine größere Revolution zu vermeiden, eine allgemeine gleiche politische Berechtigung eingeführt. Später ging, ich möchte sagen unter dem constitutionellen Monarchen Perikles, die Sache noch gut und im großen Style; nachher aber reihte sich der Verfall Athens zur Zeit des Gerber Kleon und Anderer an dieses allgemeine Stimmrecht und diese unbedingte Gleichstellung. — Ich gehe über auf Rom. Servius Tullius ergriff auch den Begriff des Besitzes, aber anders. Er stufte die politischen Rechte ab, nicht nach den Einnahmen, sondern nach dem Eigenthum. Es würde zu weit führen, wenn ich den Unterschied zwischen beiden Methoden umständlich darthun wollte; so muß Sie aber darauf hinweisen, daß Servius Tullius sich nicht begnügte, wie Solon Classen zu bilden, sondern daß er mit der Classeneintheilung die Centurieneintheilung verband, das heißt, er gab den Reicheren außerordentlich viel größere Rechte und gründete dadurch eine lang dauernde Aristokratie, welche die niedrigste Classe wie von den Rechten, so auch von den Lasten ausschloß. Dies Bevorzugungssystem der Reichen fand allmählig den stärksten Widerspruch und ward im Wesentlichen durch eine neue politische Form, durch die Tribus gebrochen. In den Tribus fragte kein Mensch nach dem Gelde; aber es fand dessungeachtet keineswegs ein allgemeines Stimmrecht statt, so wie es in unsern Tagen verstanden wird. Jede Tribus — durchschnittlich 35 — bildete nämlich eine Corporation mit einer Stimme. Es waren aber nicht gleich viel Personen in jeder Tribus, sondern der zahlreiche Stadtpöbel Roms ward zusammen genommen in wenige städtische Tribus, und minder viel Personen bildeten eine ländliche Tribus. Später fand man nicht den Uebergang — obgleich er so leicht schien, wie das Ei des Columbus — aus der Stadtverfassung in eine Staatsverfassung; man kam nicht auf den Begriff der Repräsentation. Dieser findet sich erst im dreizehnten Jahrhundert durch sehr verschiedene Personen fast gleichzeitig eingeführt, nämlich durch den Kaiser Friedrich II und durch die Bettelmönche. — In neuerer Zeit ist das allgemeine Stimmrecht — ich will nur von Republiken sprechen — in Frankreich und Nordamerika versucht worden. In Frankreich ist eine Kammer daraus hervorgegangen, die eine Verfassung entwarf, an welche die Franzosen selbst nicht mehr glauben; sie hat ferner die Wahl eines Präsidenten zu Stande gebracht, von der mir mehrere Franzosen gesagt haben: wenn in einer Erbmonarchie ein Kronprinz dieser Art wäre, so würde man das stärkste Argument gegen die Erbmonarchie daraus hernehmen können. (Heiterkeit.) — Ich komme auf Amerika. Man hat gesagt, dort ist kein Census; dieß kann ich jedoch nicht als richtig einräumen. Es ist nämlich dort kein Census, insofern man darunter lediglich die Nothwendigkeit versteht, ein größeres oder geringeres Vermögen nachzuweisen; wenigstens besteht ein solcher Census; nur in einigen Staaten oder insofern eigentlich gar nicht, als die Forderungen so gering sind, daß in der That kaum irgend Jemand dadurch ausgeschlossen wird, hiermit ist aber der vollständige Begriff des amerikanischen Census keineswegs erschöpft; vielmehr ist in Amerika durch die Verfassung fast aller Staaten vorgeschrieben, daß der Wählende Steuern müsse bezahlt haben und in allen Verfassungen ist gesagt: er müsse ansässig sein, mit welcher Forderung immer die Pflicht des Steuerzahlens verbunden ist; sie ist die Bedingung, ohne welche Niemand zur Wahl kommt. Die Amerikaner meinen überhaupt, Gleichheit wäre nur da, wo gleiche Verhältnisse obwalten, wo aber verschiedene Verhältnisse sind, da liegt eben die höhere Gleichheit in der Verschiedenheit. (Zuruf: Sehr richtig!) Wenn also Geburt, Besitz und Persönlichkeit die Haupteigenschaften sind, nach welchen die politischen Rechte abgestuft wurden, so finden wir doch auch verschiedene Mischungen in den Verfassungen, wo sowohl auf die Personen, als auf den Besitz Rücksicht genommen wird, oder: Sein und Haben sind beide gleichmäßig berücksichtigt. — Meine Herren, fragen Sie, wie wohl ein Amerikaner, wenn er hier in unserem Kreise säße, seine Abstimmung einrichten würde, so dürfen wir, um hierfür zeugen zu lassen, nicht den ersten besten Amerikaner nehmen. Ich will also den sprechen lassen mit Ihrer Erlaubniß, der nach meinen sehr genauen Untersuchungen, nach meiner festen Ueberzeugung, der allergrößte Republikaner und Demokrat ist, der jemals in der Weltgeschichte aufgetreten, an dessen Wirksamkeit sich eine ganze neue Welt anreiht, der den vereinigten Staaten eine neue Bahn vorzeichnete, die sie am Anfang selbst nicht ahndeten, dessen Grundsätze die bewunderungswürdigsten Folgen gehabt, also ein Mann, vor dem Alle Ehrfurcht haben und haben müssen, — das ist der Präsident **Jefferson**. Er selbst war im Anfange der Revolution als Gesandter in Paris, stellte sehr genaue Beobachtungen an, und erklärte sich darüber in Briefen und Memoiren. Aus diesen will ich mit Erlaubniß der Versammlung eine Stelle vorlesen.

Präsident: Die Versammlung wird wohl nichts dagegen haben? (Allseitiger Zuruf: Lesen!)

v. Raumer: Es kommt darin ein starker Ausdruck vor, welchen ich mir nicht erlauben würde aus Besorgniß zur Ordnung gerufen zu werden, ich habe aber kein Recht, etwas zu ändern, wenn ich citire. Die Stelle ist folgende:

„Vor der Gründung der amerikanischen Staaten kannte die Geschichte nur Menschen in der alten Welt, in schmale, übervölkerte Grenzen eingeengt und eingetaucht in die Laster, welche ein solcher Zustand hervorbringt. Für solche Menschen paßt eine, für unsere Staaten eine ganz verschiedene Regierung. Durch Arbeit, im Ackerbau oder Gewerben, gewinnt hier Jeder seinen Bedarf und Hilfsmittel für die Zeit des Alters. Jeder ist durch sein Eigenthum und seine ihm genügende Stellung, für die Aufrechthaltung von Gesetz und Ordnung wesentlich interessirt. Sölcherlei Männer mögen sich mit Sicherheit und Vortheil eine angemessene Controle oder Aufsicht über die öffentlichen Angelegenheiten vorbehalten, welche in den Händen des Gesindels der europäischen Staaten sogleich würde mißbraucht werden, zum Niederreißen und Zerstören aller öffentlichen und bürgerlichen Rechte und Güter. Die französische Geschichte der letzten 25, die amerikanische der letzten 40, ja 200 Jahre, beweist die Wahrheit beider Seiten dieser Beobachtung."

Zu dem, was hier Jefferson anführt, darf ich noch eins hinzusetzen: es herrscht in Amerika eine unbegrenzte Achtung vor dem Gesetze; es würde kein Amerikaner jemals neben der gesetzlichen Verfassung, neben den gesetzlichen Behörden, wagen, einen noch so wohlwollenden politischen Gedanken durchsetzen zu wollen. — Ich habe vorhin gesagt, daß der Historiker das für und wider ebenmäßig zu betrachten die Pflicht hat, da es aber hier der Gebrauch ist, sich für oder wider einen Antrag einschreiben zu lassen, so habe ich das für gewählt, obgleich ich in keiner Weise mit allen gemachten Anträgen einverstanden bin. Zuvörderst bin ich der Meinung, daß der Vorschlag des Ausschusses, ganze Classen auszuschließen, unbrauchbar ist. Ich erkläre mich gegen den Gedanken, durch Bezeichnung des Berufs Leute wegzuweisen oder einzulassen. Ich will aber hiebei noch etwas bemerken, was hier wenigstens mit weniger Nachdruck hervorgehoben worden ist. Man kann nämlich gegen das Zulassen der Bedienten, Taglöhner und Fabrikarbeiter den Einwand oder die Besorgniß aussprechen, daß der Vorschlag der Zulassung nicht demokratisch genug sei, weil zwar in Zeiten der Unruhe, in denen wir uns leider noch befinden, diese Massen vielleicht über das rechte Maaß hinausgehen und für die gewaltige Bewegung, in der man das Heil sucht, ihre Hand anlegen werden; — aber in Zeiten der Ruhe da werden die Bedienten leicht abhängig von ihren Herren, die Taglöhner leicht abhängig von größern Grundeigenthümern, der Fabrikarbeiter aber vom Fabrikherrn, und dann bekämen wir eine Aristokratie, die schlechter sein würde, als das, was wir vermeiden wollen. — Ich darf Sie, meine Herren, an ein Beispiel erinnern. Ich war zu der Zeit, als die Reformbill berathen wurde, in England, und viele ausgezeichnete Staatsmänner hegten die Meinung, man müsse den kleinen Pächtern das Stimmrecht zugestehen und nicht dazu ein Grundeigenthum verlangen, welches in England überhaupt nur in wenigen Händen ist. Es waren jene Staatsmänner der Ueberzeugung, daß jeder kleine Pächter, welcher das Stimmrecht bekäme, unbedingt für die freisinnigen Whigs stimmen würde. Ich widersprach dem damals und behauptete, es sei das Entgegengesetzte zu besorgen. So kam es auch, denn nach der neuen Parlamentswahl hatte sich herausgestellt, daß vielen dieser mit dem Wahlrechte beglückten Personen die Pacht wäre gekündigt worden, wenn sie nicht eingewilligt, mit ihren Verpachtern zu stimmen. (Stimmen auf der Rechten: Hört!) — Es läßt sich von den allgemeinen Bemerkungen, welche zu machen Sie mir erlaubt haben, nicht füglich die Frage trennen: ob eine directe oder indirecte Wahl vorzuziehen sei. Ich bin für die erste. Man hat in Frankreich den Versuch gemacht, in Abstufungen wählen zu lassen, indem man dem niedriger Besteuerten ein geringeres, dem höher Besteuerten ein größeres Recht einräumte. Dieser Versuch ist vollkommen mißglückt und hat die größte Unzufriedenheit hervorgerufen; denn er beruhte nicht bloß auf einer Abstufungsnachweisung der Steuern, welche praktisch schwer durchzuführen ist, sondern er theilt auch jede Kammer, ich möchte sagen, in zwei feindliche Lager, so daß alle Vermittelungsversuche, sie auszusöhnen, vergeblich sein dürften. Wenn in England der Herzog von Southerland, welcher wohl hunderttausend Pfund jährliche Renten bezieht, im Verhältniß, oder doch bedeutend mehr Stimmrecht haben sollte, als ein anderer wahlfähiger Bürger, so würde man sich dagegen gewiß auflehnen. Ich wünsche also keine Stufen, keine Wahlmänner, keine Doppelwahlen. — So kommen wir denn endlich auf den Census. Ich will hier der Merkwürdigkeit halber Jemand erwähnen, welcher in neuerer Zeit oft in einer ehrenvollen Weise angeführt worden ist, die er nicht verdient. Man schlug in Frankreich vor, daß die ärmeren Classen von dem Steuerzahlen befreit werden sollten. Robespierre behauptete dagegen, es sei eine Ehre, Steuer zu zahlen, und wer sich dieser entschlagen wolle, der stehe nicht an der rechten Stelle. So betrachtet man diese Sache auch in Amerika. Dort sagt man, ich würde mich schämen, zu wählen, wenn ich nicht zum allgemeinen Besten meinen Steuerbeitrag entrichtet hätte. (Stimmen auf der Rechten: Sehr gut!) — Meine Herren! Wir stehen auf einer bedenklichen Stelle; ich will nicht weit abschweifen, aber es hängt Alles zusammen, und deßhalb gebe ich Ihnen Folgendes zu bedenken: Wenn wir jetzt in der Zeit der Bewegung abstimmen und für die wichtigsten Vorschläge nur eine kleine Majorität zusammenbringen, wenn wir glauben mit zehn Stimmen Mehrheit einen Reichsrath, mit einer Majorität von zwanzig Stimmen ein Wahlgesetz und mit einer Stimmenmehrheit von vielleicht fünfundzwanzig einen Kaiser machen und der Weltgeschichte eine neue große Wendung geben zu können, so irren wir uns; diese Meinung, diese Hoffnung ist auf Sand gebaut. Wenn wir uns nicht vereinigen und mit einer imposanten Mehrheit einen Beschluß zu Stande bringen, so wird dieß Zwiespalt erzeugen: Jeder wird glauben, das Vaterland zu retten, aber Keiner wird es retten. (Stimmen auf der Rechten: Sehr gut! sehr wahr!) — Ich möchte nochmals auf etwas zurückkommen, denn ich habe darüber Erfahrungen gemacht: **experto credo Ruperto!** Zurückkommen also möchte ich auf das Wort des Herrn Vogt über die Abschickung historischer Gesandten. Es hat dieses Wort noch eine andere Bedeutung, als die oben erwähnte, es hat eine tief sinnige, furchtbare Bedeutung. Es weissagt: Ihr werdet nicht bloß im Jahre 1848, sondern auch in Zukunft historische Gesandte abschicken. Was heißt das? Es heißt: diese Leute werden in zierlichem Style und auf dem feinsten Postpapiere berichten über die Art, wie andere Völker die Blätter der Weltgeschichte mit ihren Thaten erfüllen; von uns, von unseren Einwirkungen, Thaten und Entscheidungen, von unserem eigenen Volke wird aber nicht die Rede sein. Ich habe das bitter erfahren. Man hat mich mit der größten Höflichkeit und Achtung, ja mit ausgezeichnetem Vertrauen empfangen und behandelt, so weit es meine Person betraf. Aber konnte ich mich eitel hiemit brüsten, wenn ich täglich sehen und hören mußte, wie man mein Vaterland, wie man die Reichsversammlung, die Centralgewalt betrachtete und gering achtete? (Stimmen: Hört! hört! — Bewegung.) — Sie erlauben mir zum Schlusse nochmals einige Worte von Jefferson mitzutheilen. Er sagte zu einer Zeit, welche in gewissem Sinne der unseren ähnlich war: „Mögen Alle den heiligen Grundsatz im Herzen tragen, daß, weil der Wille der Mehrheit in allen Dingen entscheidet, dieser eben deßhalb gerecht und vernünftig sein muß, und daß die Minderheit ihre gleichen Rechte besitzt, welche man durch gleiche Gesetze beschützen soll, und welche zu verletzen Unterdrückung sein würde. Laßt uns deßhalb, ihr Mitbürger, uns vereinen zu einem Herzen und einem Sinne. Laßt uns im geselligen Umgange die Harmonie und Liebe herstellen, ohne welche die Freiheit, ja das Leben selbst nur traurige Dinge sind. Laßt uns bedenken, daß wir aus unserem Lande die religiöse Unduldsamkeit verbannt haben, durch welche die Menschen so lange litten und bluteten, daß wir aber nur wenig würden gewonnen haben, wenn wir eine politische Unduldsamkeit beförderten, welche ebenso gottlos und zu gleich bitteren und blutigen Verfolgungen fähig ist." (Im Centrum und auf der Rechten lebhafter Beifall.)

Hildebrand von Marburg: Meine Herren! Indem ich gegen den Ausschußantrag spreche, will ich nicht mit einem Kathedervortrage ... (Stimmen auf der Rechten: Oh!) beginnen über Dinge, welche in jedem historischen Compendium zu finden sind (Stimmen auf der Rechten: Oh!), sondern mich sofort über die Begriffsbestimmung des Wortes „selbstständig" verbreiten. Meine Herren! Der Verfassungsausschuß hat offenbar unter Selbstständigkeit nicht die der Gesinnung oder des Charakters, sondern die ökonomische Selbstständigkeit verstanden; er hat die Wahl gegen Bestechung, gegen unberechtigte Einflüsse sichern wollen; aber eben diese Definition ist ihm durchaus nicht gelungen. Gerade die Personen, welche er ausschließt, sind großentheils ökonomisch selbstständiger, als diejenigen, welche er zur Wahl zuläßt. Die Ursache liegt in unseren eigenthümlichen socialen Verhältnissen. Das deutsche Proletariat ist kein Fabrik-, sondern ein Handwerksproletariat. Es sind in den mittleren und kleineren Städten die vielen kleinen Meister, welche heruntergekommen sind, darben und gegenwärtig als Proletarier gelten müssen; es sind namentlich die zahlreichen unglücklichen Meister, welche mit der Hausindustrie beschäftigt sind und mit den Maschinen concurriren, vor allem Anderen die Weber. Um dieses Verhältniß einigermaßen klar zu machen, will ich nur die Thatsache anführen, daß in ganz Deutschland die Zahl der Meister weit größer ist, als die der Gehülfen. So gibt es in Preußen z. B. 457,365 Meister und nur 384,783 Gesellen und Lehrlinge, in Bayern 213,000 Meister und 147,000 Gesellen und Lehrlinge, und in anderen deutschen Staaten ist das Verhältniß noch ungünstiger. Wenn Sie nun bedenken, daß ein Meister erst mit mehreren Gehülfen im Stande ist, sich etwas zu erübrigen und einen wenn auch noch geringen Wohlstand zu begründen, so geht schon daraus hervor, daß die größere Hälfte der Meister leider nichts weiter als Proletarier sind, die ebenso, wie die Taglöhner, aus der Hand in den Mund leben. Diese Thatsache tritt aber noch schlagender hervor, wenn Sie die Lohnverhältnisse in Deutschland näher betrachten. Ein Hausweber, d. h. Webermeister, verdient in Schlesien in der Gegend von Freiburg wöchentlich 18 bis 36 Silbergroschen, in der Gegend von Friedland $3^1/_2$ Sgr. täglich; ebenso ist es in anderen Gegenden Schlesiens, z. B. in Ziegenhals, wo ein Weber 3 bis 4 Silbergroschen des Tags verdient; in Würtemberg beträgt das tägliche Einkommen eines Webermeisters 15 bis 18 Kreuzer; in Zittau in Sachsen 2 bis $7^1/_2$ Sgr. Meine Herren! Das sind Angaben, die nicht von den Arbeitern und den Meistern herrühren, welche die Löhne empfangen, sondern dem volkswirthschaftlichen Ausschusse von den Kaufleuten und Fabrikanten eingereicht sind, welche diese Meister beschäftigen, und welche gewiß gern einen höheren Lohn angeben würden, wenn es mit der Wahrheit vereinbar wäre. Dagegen ist der niedrigste durchschnittliche Tagelohn für erwachsene männliche Arbeiter in den Fabriken Deutschlands 10 Silbergroschen, und er steigt in den mechanischen Webereien von Baumwollenwaaren für den Maschinenwärter auf 6 fl. die Woche, für den Maschinenmeister auf 12 fl. die Woche, und so fort in den Maschinenfabriken bis auf 4 Thaler den Tag. Meine Herren! Nun frage ich Sie: wer ist selbstständiger, wer ist ökonomisch unabhängiger gestellt? der einzelne kleine Schuhmachermeister, der mit seiner ganzen Habe dem Lederhändler verfallen ist und von dem Wohlwollen seines Gläubigers abhängt, oder der Handwerksgeselle, der jeden Augenblick seinen Contract kündigen kann? wer ist selbstständiger, die Tausende von Webermeistern, die jede Woche von ihrem Brodherrn ihr Garn zur Arbeit holen und mit ihrer ganzen Existenz an dessen Gnade gebunden sind, oder die Fabrikarbeiter, die im Wetteifer mit den Maschinen ihre Kraft geübt haben und überall neue Contracte eingehen können? Ich frage: wo ist mehr Bestechlichkeit möglich? wo mehr? bei den Fabrikanten in den Fabriken, wo jeder Fabrikarbeiter sofort wahrnimmt, welchen Einfluß der Fabrikant bei der Wahl auf seine Genossen auszuüben beabsichtigt oder bei den Webermeistern, wo der Brodherr auf jeden Einzelnen in der Stille wirken kann? Diese Thatsachen dürften hinreichen, um Ihnen zu zeigen, daß die Begriffsbestimmung der Selbstständigkeit, welche der Verfassungsausschuß aufgestellt hat, durchaus unhaltbar ist, sie dürften Beweises genug sein, daß die beabsichtigte Ausschließung der Handwerksgesellen und Fabrikarbeiter vom Wahlrecht unmöglich ist. Man hat sich auf der entgegengesetzten Seite vielfach auf die Geschichte berufen, und Herr Bassermann hat sehr richtig gesagt, daß die Geschichte uns eine Lehrmeisterin sein soll. Aber, meine Herren, die Geschichte ist keine politische Modellsammlung, keine Sammlung von Formen, nach denen man die Bausteine zuhaut, mit welchen man ein Staatsgebäude aufführen will. Wer die Geschichte befragen will, muß die Geschichte in ihrem Zusammenhange befragen, muß die Geschichte der Menschheit in ihrer gesammten Entwickelung erforschen. Und da möchte ich den Beweis der Geschichte gerade lediglich für die Ansicht unserer — linken — Seite in Anspruch nehmen. Meine Herren! Ein allgemeines Stimmrecht hat allerdings in der ganzen bekannten Geschichte noch nicht existirt, und Herr Wernher von Nierstein ist sehr im Irrthume, wenn er dieß irgendwo voraussetzt. Aber wodurch sind die Staaten des Alterthums zu Grunde gegangen? wodurch anders als gerade durch das exclusive Princip, dadurch, daß aller Besitz in einige wenige Hände zusammengehäuft war, und dadurch, daß sie die Massen des Volkes nicht aus der Sclaverei emancipiren wollten? Hat Sokrates nicht im Kampfe mit der beschränkten hellenischen Nationalität das Leben eingebüßt, weil er jedes Individuum für ein berechtigtes Glied des Staates erklärte? ist er nicht dadurch zu Grunde gegangen, daß er der Sclaverei entgegentrat und den Menschen als solchen anerkannte? Die Geschichte der Menschheit ist die fortschreitende Verallgemeinerung der Civilisation des Individuums. In Athen gab es noch 75 Procent der Bevölkerung Sclaven, in Rom 40 Procent, im Mittelalter gab es noch Leibeigene, seit der Reformation ist allmählig die Leibeigenschaft beseitigt, die Gegenwart erkennt das Individuum als vollberechtigtes Glied des Staates an; und eben durch dieses Anerkenntniß stehen die modernen Völker so hoch über denen des Alterthums; eben darin liegt die Ursache ihrer Selbstverjüngungskraft im Gegensatz zu den Nationen der alten Welt. Die ganze Entwickelung des Menschengeschlechts arbeitet auf die Vollendung jeder Persönlichkeit als ihr großes Ziel hin. Es ist nicht bloß, wie mein Freund Löwe von Calbe gesagt hat, „die Tendenz der deutschen Geschichte", es ist vielmehr die Tendenz der ganzen Geschichte, diesen Zweck zu erreichen, und dieser Zweck kann nur durch die Betheiligung am Staate erreicht werden, eben weil das menschliche Individuum wesentlich ein sociales und politisches ist. Ich kann auch keineswegs zugeben, daß die besitzenden, die sogenannten vornehmen Classen, die bewegenden Elemente der Civilisation sind, und daß wir zum Schutz der Civilisation uns hinter den Besitz flüchten müssen. Die Geschichte beweist gerade das Gegentheil. So wie in der Naturwelt alles Große von unten aus der Erde hervorwächst, so geht auch in der Geschichte jede große Bewegung, jeder große Fortschritt der Civilisation von der Masse des Volkes aus. Jene verachteten niederen Schichten der Gesellschaft sind die geheimen Werkstätten des menschlichen Geistes; hier werden die Genies und großen Reformatoren geboren, hier wird die Weltgeschichte producirt; und jede Civilisation verfault und stirbt ab, die nicht aus dem Boden jener Schichten neue Nahrung empfängt. Meine Herren, gehen Sie die Männer der Wissenschaft durch und vergleichen Sie, wie viel aus den niederen und aus den sogenannten höheren Ständen hervorgegangen sind. Schon Jahn hat auf das Christenthum hingewiesen und mit Recht; das Christenthum ist in eines Zimmermanns Hütte zur Welt gekommen und die Jünger gehörten ebenfalls zu jenen verachteten Ständen, und, meine Herren, diejenigen, welche in dem römischen Kaiserstaate dem Christenthume anhingen und es verbreiteten, gehörten ebenfalls den untersten Schichten der Bevölkerung an, eben weil in diesen weit mehr moralische Kraft war, als in allen civilisirten Ständen der damaligen Welt. — Meine Herren, ich komme noch auf einen andern Punkt, auf die Furcht vor den Stürmen der Zukunft, vor den politischen Schwankungen welche unserer Staatswelt aus der Wahlberechtigung der unteren Schichten erwachsen sollen. Man hat hierbei gethan, als ob es sich darum handle, daß die niederen Arbeiterclassen die herrschenden im Staate werden sollten; es handelt sich aber hier lediglich um den Mitgenuß eines politischen Rechts, darum, daß sie vor dem Stimmrecht bei der Wahl nicht ausgeschlossen sind, sondern dadurch ebenso viel Recht haben, als die besitzenden und sogenannten höheren intelligenten Classen der Gesellschaft. Aber, meine Herren, was schützt wohl mehr das Bestehen eines Staates, als das allseitige Interesse für denselben? Gerade dadurch, daß Sie die niederen Volksschichten zur Wahl zulassen, dadurch erziehen Sie in ihnen die Liebe zum Staate, dadurch wecken Sie in ihnen ein lebendiges Interesse für das Gemeinwesen, dadurch machen Sie die Massen des Volkes conservativ. Schließen Sie die unteren Classen der Gesellschaft aus, so schaffen Sie ebenso viel Feinde des Staates, als Sie Personen ausschließen, zumal da Sie ihnen nicht etwa ein neues Recht vorenthalten, sondern ein bereits erworbenes entziehen. Während Sie Stürme und Gefahren vermeiden wollen, schaffen Sie Stürme und Gefahren. Und wie viel Personen Sie ausschließen, das mögen Ihnen folgende Zahlen sagen. In Preußen gab es 1848 ungefähr 3,600,000 Urwähler, das heißt 22 Procent der Bevölkerung, gleichzeitig gab es 873,286 männliche Taglöhner, 578,133 männliche Dienstboten, 384,789 Handwerksgehülfen, 462,915 männliche Fabrikarbeiter, zusammen 2,299,117 Personen, welche den in Rede stehenden Classen angehören. Rechnet man von dieser Summe diejenigen ab, welche zur Ausübung des Wahlrechts noch nicht das nöthige Alter erreicht haben, so ergibt sich für Preußen als Resultat, daß 10 Procent, also beinahe die Hälfte der wahlberechtigten Bevölkerung durch den Antrag des Verfassungsausschusses ausgeschlossen werden, und daß bloß 11 — 12 Procent Wähler übrig bleiben. Also beinahe die Hälfte der erwachsenen männlichen Bevölkerung, das heißt für ganz Deutschland 4½ Millionen Männer würden Sie zu Feinden der neuen Staatsordnung machen. Meine Herren, der Unterschied der englischen Revolution von der französischen ist bekanntlich der, daß die englische Revolution eine conservative war, daß sie dem bestehenden von der Krone angetasteten Rechte galt, und dieser Revolution haben die Engländer vorzugsweise den Sinn für Gesetzlichkeit zu danken. Diesen Sinn, dieses Rechtsgefühl brauchen wir in Deutschland. Der absolute Staat, an dem das Volk keinen Theil hatte, hat seine Entwickelung bisher unmöglich gemacht. Bewirken Sie, meine Herren, daß in unserem Vaterlande die große Masse des Volkes an der Verfassung Theil behält, dann wird das Wahlrecht eine politische und sittliche Schule auch für die unteren Volksclassen werden, in der sie zu tüchtigen Staatsbürgern heranreifen und, wenn eine Revolution jemals auf deutschem Boden wiederkehren sollte, dann wird sie eine conservative sein, und keine, welche gegen das Bestehende auftritt. (Bravo auf der Linken und dem linken Centrum.)

Mölling von Oldenburg: Meine Herren! Ich erkläre mich mit den §§ 1 und 2 in soweit einverstanden, daß auch ich ein bestimmtes Lebensalter für die Ausübung des Wahlrechtes erforderlich halte, und daß mir das 25. Jahr als sehr angemessen erscheint, so wie es im Entwurfe aufgenommen worden. Ich bin auch darin einverstanden, daß die Selbstständigkeit zur Ausübung des Wahlrechtes erforderlich ist, ich achte alle diejenigen nicht selbstständig, welche nicht die Verwaltung ihrer eigenen Angelegenheiten selbst besorgen dürfen. Ich halte dafür, daß diejenigen, welche von der Selbstverwaltung ausgeschlossen sind, auch nicht berechtigt sein können, Antheil zu haben an der Staatsverwaltung. Das Princip der Selbstständigkeit ist im § 2 richtig angewendet auf diejenigen, welche unter Vormundschaft und Curatel stehen, und auf diejenigen, welche nicht vorübergehend, sondern ständig und fortwährend Armengeld erhalten. Ich trete in dieser Hinsicht den §§ 1 und 2 bei, im Uebrigen aber muß ich mich dagegen erklären, und zwar gegen die Bestimmung, daß Dienstboten, Handwerksgehülfen, Fabrikarbeiter und Taglöhner nicht berechtigt sein sollen, in das Volkshaus zu wählen. Ich schließe mich daher allen Minoritätserachten an, welche ihnen dies Wahlrecht gestatten. Meine Herren! Woraus ist die Umwälzung des verflossenen Jahres hervorgegangen? Aus dem Drange des Volkes, das sich mündig fühlte, sich von seiner Vormundschaft zu befreien. Daß dieser Drang alle Classen der Bevölkerung ergriffen hatte, beweist der Umfang der Bewegung, die sich bis in ihre untersten Schichten verbreitete. Das mündige Volk verlangte die Selbstverwaltung seiner Angelegenheiten. Das Recht, durch selbstgewählte Vertreter sich daran zu betheiligen, ist ihr wesentlichster Bestandtheil, es ist der Hauptbegriff der Volkssouveränetät selbst. Wer das Wahlrecht entbehrt, ist davon ausgeschlossen, er gehört kaum mehr dem Volke an, er wird dadurch für unfrei und unmündig erklärt, er steht unter Vormundschaft derjenigen, welchen gestattet ist, für ihn zu wählen. Als in den Jahren 1813 und 15 die deutschen Fürsten ihre Völker aufriefen, sie von dem Joche des fremden Eroberers zu befreien, da folgten die Völker dem Rufe. Sie erkämpften ihnen die Freiheit, aber unter der Bedingung, daß auch sie mit frei würden. Die Fürsten versprachen es, sie haben aber ihre Versprechung nicht gehalten. Sie legten ihren Völkern die alten Ketten von Neuem an. Als im verflossenen Jahre das deutsche Volk sich dagegen erhob, wer war es, der diese Ketten zerbrach? Hauptsächlich diejenigen, welche jetzt von dem Wahlgesetze ausgeschlossen werden sollen, welche uns mit ihrem Herzblute die Freiheit erkämpften. Wir würden uns gegen sie desselben Undanks schuldig machen, wie damals die Fürsten gegen ihre Völker, wenn wir sie ausschlössen, denn auch sie stellten die Bedingung, daß sie mit frei würden, auch wir würden ihnen die alten Ketten aufs Neue anlegen. Warum aber sollen sie ausgeschlossen werden? Weil man glaubt, daß es ihnen an der erforderlichen Einsicht mangele. Man sagt, sie mögen noch so viel patriotischen Sinn, noch so viel guten Willen haben, sie mögen die Mängel der Staatsverfassung noch so gut erkennen, aber über die Mittel, wie ihnen abzuhelfen sei, haben sie kein Urtheil, sondern nur abentheuerliche Vorstellungen. Ich muß das bestreiten. Wäre es aber, wie wäre es gekommen? Weil man ihnen die Quelle der Einsicht verschlossen hat, weil sie nicht Theil nehmen durften am öffentlichen Leben, nicht an der Gemeinde- und Staatsverwaltung. Aus diesen Ständen ist das Proletariat hervorgegangen. Wodurch? Nicht durch die Natur, denn die Natur kennt kein Proletariat, sondern durch unsere fehlerhaften Staatseinrichtungen, welche nicht gestatteten, daß sie ihre Wünsche und Bedürfnisse laut werden ließen und zur Geltung brächten. — Was folgt daraus? daß ihnen die Quellen der Einsicht geöffnet werden müssen. Sie werden daraus schöpfen, so gut wie Andere, sie haben Augen und Ohren, Geist und Verstand, so gut wie die Besitzenden. Bleiben sie ein- und abgesperrt, sie wissen nicht, wie es im Staatsleben zugeht. Wird ihnen der Zugang gewährt, sie werden lernen und erfahren, und durch Erfahrung sich bilden. Ich sagte aber, ich bestreite, es fehle ihnen die Einsicht. Schon lange haben auch diese Stände ihre Schulen gehabt, die sich von Jahr zu Jahr verbessert haben. Sollten diese Wirkungen ganz verfehlt, und nichts zur Bildung und Belehrung dieser Classen beigetragen haben? Treten Sie ein in eine Versammlung, gemischt aus Dienstboten, Handwerksgehülfen, Fabrikarbeitern und Taglöhnern, Sie werden sehen, daß es ihnen an der nöthigen Einsicht nicht mangelt, daß sie selbst am besten wissen, wo sie der Schuh drückt, sie werden Ihnen in ihrer einfach natürlichen Weise die besten Mittel zeigen, wie ihnen auch zu helfen, wie ihre Lage zu verbessern sei. Man hat es in den einzelnen Städten durch das allgemeine Wahlrecht dahin gebracht, daß Arbeiter, Taglöhner in den Stadtrath, zu städtischen Abgeordneten gewählt sind, dieß hat keinen Nachtheil, wohl aber eine sehr wohlthätige Wirkung gehabt. Es hat den Stand beruhigt, aus dem sie gewählt waren, weil er nun auch seine Interessen vertreten sah, weil er wußte, daß er mehr nicht verlangen konnte und durfte. Geschah dieses ohne Nachtheil, sollte es dann so gefährlich sein, ihnen zu gestatten, Abgeordnete ins Volkshaus zu wählen? Man spricht so viel von dem Mangel an Einsicht in den unteren Ständen, meine Herren, fehlt sie nicht auch den anderen Ständen? Der junge Beamte, der sein erstes Amt antritt, muß durch Fehler und Irrthümer, durch mancherlei Nachtheile und Schaden, die er dadurch dem Staate und seinem Amte zufügt, den Nutzen erkaufen, den vielleicht seine spätere Amtsführung bringt. Es ist sprüchwörtlich geworden, daß der Arzt durch manches beklagenswerthe Opfer zu der praktischen Tüchtigkeit emporklimmen, und daß die Clienten eines jungen Anwalts aus ihrem Beutel das Lehrgeld zahlen müssen, wodurch er die Fähigkeit erwirbt, mit Geschick und Einsicht ihre Rechts-

Händel zu führen. Wenn man nun dem Beamten, dem Arzte, dem Anwalt die Schule des Lebens, der Bildung und Erfahrung öffnet, ist es nicht die größte Ungerechtigkeit, daß man jenen Ständen dieselbe Schule verschließen will, bloß weil auch sie darin fehlen und irre werden? Meine Herren! Eine Eigenschaft ist von jeher dem Deutschen eigen gewesen, es ist die Gespensterfurcht, er sieht überall Gestalten, Gestalten die seine Einbildungskraft dunkel und schauerlich ausmalt, er sieht jenen Wahlberechtigten bereits die Dämonen und Verderber gegenüberstehen, bereit, sie zu verführen, mit dem Rechte Mißbrauch zu treiben, um den Staat ins Verderben zu stürzen, er sieht schon aus jenem Wahlrechte eine Versammlung von Verderbern und Radicalen hervorgehen. Sie wissen, was die Besorgten und Aengstlichen, die Conservativen und Reactionäre unter Radicalen verstehen, sie mengen alles durcheinander, den Communisten, den Socialisten, den gemäßigten, den Ultra-Republikaner, den Wühler und Anarchisten, aus diesen stellen sie den Radicalen zusammen. Lassen Sie aber uns eine solche Versammlung mit dem unbefangenen Auge ruhiger Betrachtung ansehen, von Hundert sind vielleicht zwei bis drei Communisten, vielleicht zehn Socialisten, zwanzig, welche die Republik sofort einführen wollen, vielleicht dreißig und vierzig welche einsehen, daß ihre sofortige Einführung eine Unmöglichkeit sei, daß der Boden erst dazu geebnet und vorbereitet sein müsse, der Rest Monarchisten aber solche, welche die Monarchie wollen, nicht nach der alten constitutionellen Doctrin, sondern eine wahre demokratische. Sie sehen, auch der Radicalismus hat seine Abstufungen, sein Maß und sein Uebermaß, die einander das Gegengewicht halten. Stellen Sie dieser eine Versammlung gegenüber, die aus einem Wahlcensus hervorgegangen, eine Versammlung von Conservativen. Wo ist zwischen beiden der Unterschied? — Jene, die Radicalen, wollen den Geist der Zeit durch das lebendige Recht der Gegenwart verkörpern. Sie wollen die lebendige Gegenwart selbst im Fluß erhalten. Die Conservativen wollen ihn kleiden in das Gewand des historischen Rechts, sie wollen ihn bannen und festhalten durch die bestehenden Einrichtungen. Man sagt ferner, durch das numerische Uebergewicht könne geschehen, daß diese Stände die Majorität im Volkshause hätten, daß sie Beschlüsse faßten auf Vernichtung alles Eigenthums, auf Zerstörung des ganzen Staatsgebäudes. Meine Herren! Die das glauben, haben sehr unrechte Begriffe von dem Rechtssinne und Rechtsgefühle dieser Stände: haben sie das numerische Uebergewicht innerhalb dieser Versammlung, so haben sie es auch außerhalb derselben. Warum machen sie es nicht geltend? Warum fallen sie nicht über uns her? Warum nehmen sie uns nicht unser Eigenthum? Warum reißen sie nicht die ganze Staatsordnung, das ganze Staatsgebäude aus den Fugen? Weil auch sie Gefühl für Ordnung und Sitte haben, weil auch sie das Gesetz und das Recht zu achten wissen. Aber ich nehme das Undenkbare an, es würden solche Beschlüsse gefaßt, hat die Gesetzgebung nicht dagegen genügende Vorkehrung getroffen durch das Staatenhaus, das mit allen seinen stabilen Elementen dem Volkshause gegenübersteht? Durch das Veto des Reichsoberhaupts? Durch sein Recht, die Versammlung aufzulösen? Aber dem ist nicht so, es werden solche Beschlüsse nicht gefaßt werden, nur unsere Gespensterfurcht kann dieses glauben, und Sie sehen den besten Beweis an unserer eigenen Versammlung hier. Sie ist aus Urwahlen hervorgegangen, jeder selbstständige Deutsche war Wähler. Gleichwohl sind alle Elemente darin vertreten vom äußersten Conservatismus bis zum äußersten Radicalismus herab, und gewiß, wenn irgend etwas Zeugniß gibt für die Besonnenheit der Wähler, so sieht man dieß an unserer Versammlung. Man sagt ferner, unmöglich könne man diesen Ständen ein entscheidendes Wort bei der Steuerfrage gönnen, weil sie unmittelbar nicht dabei betheiligt seien, weil sie nichts oder wenig zu den Staatslasten beitragen. Ich bemerke zuvörderst, daß noch andere Verhältnisse in der Versammlung vorkommen, bei denen diese Stände interessirt sind, z. B. die gewerblichen Verhältnisse, das Armen-, Heimath- und Auswanderungswesen. Ich gebe zu, daß die Steuerfrage der Nerv des Staatslebens sei, ich erkenne die hohe Bedeutung und Wichtigkeit derselben. Aber zahlen denn jene Classen etwa keine Steuern? noch vor Kurzem mußten sie in vielen Staaten ihr Kopf- und Schutzgeld zahlen. Fast durch ganz Deutschland zahlen sie zur Classensteuer, sie verzollen und versteuern ihre Consumtibilien, oft ihre nothwendigsten und unentbehrlichsten Lebensbedürfnisse; dieß ist ein Beweis, daß auch sie bei der Steuerfrage interessirt sind. Lassen Sie mich nun einen flüchtigen Blick auf die auszuschließende Classe selbst werfen. Ich fasse den Handwerksgehülfen und den Dienstboten zusammen, weil beide ungefähr in gleichem Verhältnisse stehen, man will ihnen das Wahlrecht nicht gestatten wegen der Abhängigkeit zur Herrschaft und zum Meister. Ja ich habe sagen hören, man könne ebenso gut Kindern das Wahlrecht gestatten. Meine Herren! die das sagen, kennen die wahre Sachlage nicht, sie wissen nicht, daß dieses Abhängigkeitsverhältniß sich von Tag zu Tag mehr lockert, daß es wenig oder nichts mehr zu bedeuten hat. Der Handwerksgehülfe kommt zum Meister, er schließt seinen losen Contract, den er in der Regel jeden Tag aufheben kann; er thut seinen Gesellendienst. Außerdem geht er seinen eigenen Weg; er ist Mitglied von Vereinen und wohnt Versammlungen bei, ja, er tritt in Verbindungen, die gerade zum Zweck haben, das Gesellenrecht gegen das Meisterrecht zu wahren und zu schützen, und wie das Patriarchenthum im Staatsleben dem Vertragsrechte gewichen ist, wie der Wille der Regierungen so gut durch Gesetze umschränkt ist, wie der Wille der Völker, wie die Völker nichts mehr wissen wollen von der alten Kinderliebe zum Fürsten noch der Vaterliebe der Fürsten, sondern wie sie nur ihr Recht verlangen, so ist auch im Gesindeverhältniß an die Stelle des patriarchalischen Familienlebens und Familienbandes das Contractrecht getreten und darin vorherrschend geworden. Auch der Dienstbote leistet seinen contractmäßigen Dienst. Außerdem geht er seinen eigenen Weg. Auch er ist Mitglied von Vereinen und wohnt Versammlungen bei. Wir können täglich sehen, daß die kleinste Streitigkeit, die er mit seinem Herrn hat, ihn dazu führt, seinen Vertrag zu kündigen. Ueberhaupt macht sich ein Geist der Freiheit und der Unabhängigkeit in diesem Stande von Tag zu Tag mehr geltend, ein Geist, der sich dem Herrn gegenüber auf die gleiche Berechtigung des Vertrags mehr und mehr zu stellen sucht. Man sagt ferner, Dienstboten und Handwerksgehülfen können keinen Theil nehmen an der Staatsverwaltung, weil sie keine Verpflichtung gegen den Staat haben, weil sie kaum durch ein sittliches, viel weniger durch ein materielles Band mit der Staatsgesellschaft verbunden sind. Auch das ist nicht richtig. An vielen Stellen schon werden sie zum Armengelde zugezogen. Fast überall in Deutschland zahlen sie Classensteuer und manche indirecte Steuer, und in den Gegenden, wo noch ein geschlossener Grundbesitz ist, ein Verhältniß, das ungeachtet seiner verfügten Theilbarkeit, wo es einmal ist, noch lange fortbestehen wird, wo nur immer der eine Sohn das Gut übernimmt, müssen die übrigen Kinder ein Handwerk lernen oder dienen. Aber sie erhalten ihre Abfindung, ihr Vermögen. Das ist ein doppeltes Band, wodurch sie an die Staatsgesellschaft gebunden sind. Endlich spricht der wichtige Grund für Gestattung des Wahlrechts, daß dazu das fünfundzwanzigste Lebensjahr erforderlich ist. Meine Herren, das ist ein Census und ein recht hoher. Aber ein zweck- und natergemäßer. Mit dem fünfundzwanzigsten Lebensjahr hat der Deutsche seine völlige Reife erlangt. An die Stelle des jugendlichen Leichtsinns ist der Ernst und die Besonnenheit des Mannes getreten. Mit diesem Alter hat ihn der Staat mündig und für fähig erklärt, seine Angelegenheiten und sein Vermögen selbst zu verwalten. Mit diesem Alter sind die Dienstboten und Gesellen meist aus dem Stande getreten und diejenigen, die noch zurück sind, sind meistens gesetzte, vernünftige und verheirathete Männer. Hieraus wird sich ergeben, daß gerade bei den Handwerksgesellen und Dienstboten das Wahlrecht nicht schädlich ist. Was endlich die Fabrikarbeiter und Taglöhner betrifft, so wendet man auch gegen diese das Abhängigkeitsverhältniß ein. Man sagt, ein Fabrikherr, der mehrere hundert Arbeiter beschäftigt, habe über ebenso viele Stimmen zu gebieten, der Taglöhner sei vom Arbeitgeber abhängig. Man sagt, die Armuth, die Dürftigkeit dieser Stände mache sie der Bestechung zugänglich und die Erfahrung lehre, daß sie ihre Stimme oft um wenige Groschen, oft um einen Trunk Bier oder Branntwein verkaufen. Meine Herren, was die Abhängigkeit betrifft, so ist sie im Einzelnen wahr, aber nicht durchgreifend, nicht im Allgemeinen. Wir wissen, wie der Fabrikarbeiter bemüht ist, seine Lage zu verbessern, wie er nicht selten gegen seinen eigenen Fabrikherrn in Verbindungen tritt und sich gegen ihn auflehnt. Um wie viel weniger wird das Abhängigkeits-Verhältniß ihn hindern, wenn ihm das Gesetz das Recht gibt, durch das Wahlrecht auch seine Interessen zu vertreten. Auch der Taglöhner ist nicht immer abhängig von seinem Herrn. Der Herr ist es häufig mehr vom Taglöhner als dieser von jenem. Als in den vierziger Jahren allenthalben die Eisenbahnbauten begannen, überall Chausseen angelegt wurden zur Beförderung des Verkehrs, da war in vielen Gegenden Deutschlands Mangel an Taglöhnern; da mußte der Arbeitgeber seinem Taglöhner gute Worte geben, ihm seinen Lohn erhöhen, um ihn zu behalten. Die trüben Zeiten haben dieß freilich geändert, der wiederkehrende Frieden wird es wieder ausgleichen. Mit dem Vorwurfe der Abhängigkeit ist es gerade so, wie mit dem Vorwurfe des Mangels an Einsicht, sie findet sich durch alle Stände verbreitet. Auch der Beamte ist abhängig von der Behaglichkeit seines Amtes, von dem Einflusse seiner Vorgesetzten und der Regierung, und dieser Einfluß, meine Herren, diese Abhängigkeit ist zehnmal verderblicher und schädlicher, als die der Taglöhner, denn die Interessen der Regierung laufen selten Hand in Hand mit den Interessen des Volkes, ja sie sind meistens mit den Interessen des Volks im Widerspruch. Wenn daher irgend von einer Ausschließung die Rede sein soll, so müssen die Staatsbeamten, die vom Staate Besoldung erhalten, eher ausgeschlossen werden. Denn, täuschen wir uns nicht, die Staatsbeamten sind mit geringen Ausnahmen noch immer Werkzeuge der Regierung. Ich wünsche aber keine Ausschließung, ich möchte ihre Talente und Einsicht nicht missen. Ich habe das Vertrauen, daß im Lauf der Jahre sich die Abhängigkeit mehr und mehr verlieren werde. Sollte aber ausgesprochen werden, daß das Wahlrecht jenen Ständen entzogen werde, so würde ich beantragen, und eventuell stelle ich diesen Antrag, daß sämmtlichen Beamten, die von dem Staate Besoldung erhalten, das Wahlrecht mit entzogen werde. Was endlich die Bestechung betrifft, so ist es wahr, es kann solcher Mißbrauch getrieben, es wird getrieben werden. Wir haben aber Gesetze, die ihn strafen und zwei mächtige Waffen dagegen, die freie Presse und die Oeffentlichkeit. Sie werden ihn an's Licht ziehen, ihn rügen und verurtheilen. Ich muß mir noch die Frage erlauben, warum denn nur der Taglöhner und Arbeiter ausgeschlossen sein solle, warum nicht der Handwerker? wahrscheinlich weil man ihn nur in seiner glänzenden Erscheinung vor Augen hat, wo er in den Hauptstraßen der großen Städte wohnt; gehen Sie aber in die dunkle Gasse, wo er in Buden wohnt und in engen und feuchten Kammern ohne Gesellen arbeitet, hier steht er mit dem Taglöhner auf der gleichen Stufe. Betrachten Sie den Handwerker auf dem Lande. Da treibt er fast nie das Handwerk allein. Da ist er halb Handwerker, halb Taglöhner. Da hilft er dem Bauern auf der Ernte, bestellt ihm die Saat, hilft ihm beim Dreschen. In der Zwischenzeit treibt er das Handwerk. Erwägen Sie noch, meine Herren, daß es sich von einer Wahl in das Volkshaus handelt, nicht von der Wahl in das Staatenhaus. Im Staatenhaus wird der Particularismus vertreten, das Volkshaus aber soll das Volk vertreten. Das Volk kann aber nicht gehörig vertreten werden, wenn nicht alle Stände wahlberechtigt sind. Das Volkshaus soll der Ausdruck des Volkswillens sein. Es kann aber den Volkswillen nicht ausdrücken, wenn nicht das ganze Volk dahin wählt. Nehmen Sie daher diesen Ständen das Wahlrecht nicht, Sie nehmen ihnen das heiligste Recht des freien und mündigen Mannes. Es ist die erste Classe in der Schule der politischen Bildung und des Lebens, verschließen Sie ihnen diese nicht, Sie stoßen sie sonst zurück in die alte Entsittlichung und Erniedrigung; lassen Sie ihn Mißbrauch treiben mit dem Wahlrecht, der betreffende wird selbst dafür verantwortlich, nehmen Sie ihm das Wahlrecht, so übernehmen Sie die Verantwortlichkeit, die vielleicht bitteren und schweren Folgen. Meine Herren, Sie wissen es, daß diese Massen immer dichter und dichter anschwellen, um ihr Recht zu erkämpfen und sich die Theilnahme an den Wohlthaten und Segnungen des Staatslebens zu erringen. Bisher haben sie nur seine Lasten getragen, bisher haben sie nur seine Leiden gefühlt. Gestatten Sie ihnen die Theilnahme, sie werden sie dadurch zertheilen. Sonst werden sie sich nur dichter aneinander schließen. Ich spreche nicht vom politischen Standpunkte aus, ich spreche es aus der Tiefe meiner Ueberzeugung; nehmen Sie diesen Classen das Wahlrecht nicht, es könnte leicht sein, daß Sie sonst einen Sturm heraufbeschwören, gegen welchen der, welcher uns im verflossenen Jahre die Freiheit brachte, nur ein leichter Windstoß gewesen sein dürfte.

Venedey von Cöln: Meine Herren! Es hat gestern hier ein Redner auf dieser Bühne die Ausschließung eines großen Theils deutscher Bürger von dem Standpunkt des conservativen Princips vertheidigen zu glauben gekonnt. Ich glaube im Gegentheil, daß dieser Standpunkt ein rein revolutionärer ist, und daß er unbedingt zur Revolution führen wird, wenn auch Sie ihn annehmen. Wenn derselbe Redner ein Wort meines Freundes Vogt aufgegriffen und der ganzen linken Seite des Hauses vorgeworfen hat, daß sie kein Interesse an dem Verfassungswerke und an dem Fortbestehen des Verfassungswerkes, welches hier geschaffen werden soll, habe, so weise ich diesen Ausspruch im Namen eines sehr großen Theils, unbedingt des größten Theils der linken Seite zurück. Ein solcher vereinzelnter Ausspruch ist nichts Anderes als eine vereinzelte Aeußerung und kein eigentlicher Ausdruck der Partei. Jeder Ausschluß vom Wahlrecht stellt die Bürger, die Einen den Andern gegenüber, und Sie mögen ein Princip suchen, welches Sie wollen, Sie werden immer berechtigte und unberechtigte Bürger schaffen. Sie veranlassen dadurch etwas, was man in Rom auf jede Weise zu vermeiden wußte. Sie veranlassen dadurch eine Art wiederholter Zählung, ich sage nicht der Sclaven, denn unsere Bürger, die nicht wahlberechtigt sind, werden deswegen noch keine Sclaven sein, wohl aber der berechtigten und nicht berechtigten Bürger. Von zwei zu drei Jahren wird eine solche Zählung vorgenommen werden müssen und jedesmal werden die Nichtberechtigten sagen: Wir sind so viele Millionen, die kein Bürgerrecht haben, und nur so viele Hunderttausende, die dies Recht haben. Die Folge ziehen Sie sich selbst daraus. Ich bin gegen jede principielle Beschränkung; wenn es möglich wäre, ein allgemeines Gesetz zu finden, um zu sagen, dieser Mann ist selbstständig und jener nicht, so würde ich mich gerne diesem Gesetze fügen; ebenso, wenn es möglich wäre, den Grundsatz der Unbescholtenheit rein zu erhalten, denn auch ich wünsche, daß nur unbescholtene Männer Bürgerbefugnisse in Deutschland haben; aber wenn Sie diesen Grundsatz annehmen, so wird er sicher in der Art und Weise ausgebeutet werden, wie er bisher ausgebeutet worden ist. Wir haben in sehr vielen Artikeln unserer Verfassung und in den Grundrechten Sachen angenommen, die eigentlich dort nicht stehen sollten, wo sie stehen, die aber hingestellt worden sind als Barriere gegen Rechtsverdrehungen, welche wir in der Vergangenheit erlebt haben, und als solche Barriere müssen wir Unbescholtenheit fahren lassen; denn wo wir es hinsetzen, wird der alte Unverstand kommen und sie zu mißbrauchen suchen. Wir müssen also sagen, jeder deutsche Bürger ist wählbar. Der Geldcensus ist das schlimmste Princip, welches Sie aufstellen können. Es hat in Frankreich gegolten und dort haben Sie die Erfahrung gemacht, daß die Regierung des Landes aus dem Parlament auf die Börse verlegt worden; je nachdem dort die Renten fielen oder stiegen, je nachdem regierte man, und man hatte mehr im Auge das Geld, als die Ehre und Würde der Nation. Das ist so verführerisch, daß Sie hineinfallen würden, Sie mögen machen, was Sie wollen, denn das Geldprincip ist das Verwerflichste und Gefährlichste, was Sie finden können. Wenn man hierher gekommen ist, um die Ausschließung eines Theils der Bürger Deutschlands mit der Geschichte anderer Länder zu entschuldigen, so sage ich, daß überhaupt die Institutionen anderer Länder ebenso wenig als der Rock anderer Personen Jedem paßt. Was insbesondere die Geschichte Englands betrifft, die als Muster aufgestellt wurde, so ist diese Geschichte rein die Geschichte der organischen Entwickelungszustände in England. Die Normanen haben England erobert und so entstand dort eine mächtige Aristokratie; dieser gegenüber hat sich ein Theil der sächsischen Aristokratie durch Jahrhunderte lange Kämpfe hinauf gearbeitet, und diese beiden Aristokratien beherrschten das Land. Das ist in Blut und Fleisch der ganzen englischen Nation übergegangen und daher ist es möglich gewesen, daß dort die Ausschließung eines so großen Theils stattfinden konnte, weil Jeder darauf hingearbeitet hat, sich in die Aristokratie einzudrängen, nicht aber sie vom Standpunkte der Demokratie zu bekämpfen. Diese Epoche hat aber in England angefangen und wird sicher der Beschränkung des Census ein Ende machen. Frankreich ist ein Gegenbeispiel, und dieses Beispiel scheint das schlagendste zu sein, schlägt aber nicht nach der Seite hin, nach der man es gerichtet hat. In Frankreich, es ist wahr, macht man einen Unterschied zwischen bourgeoisie und peuple, und dieser Unterschied ist in Deutschland nur adoptirt worden, das beweist schon das Wort bourgeoisie, das nicht deutsch sondern fremd ist. Aber warum hat er auf französischem Boden wachsen können; ganz einfach deßhalb, weil dort Guizot fast in denselben Worten, wie der Herr Unterstaatssecretär, die Ausschließung eines großen Theils der Nation vertheidigte. Nur dadurch wurde die Nation getheilt in bourgeoisie und peuple, so daß die bourgeoise auf der einen und der peuple auf der andern Seite stand, und wie stark die bourgeoisie war, wie viele Hunderttausend Soldaten auch in und um Paris waren, es kam nur ein Augenblick, daß man die Massen des peuple gegen die bourgeoisie führen konnte, es bedurfte nur eines Augenblicks der Schwäche, dieser unendlich starken Regierung gegenüber. Ein solcher Augenblick der Schwäche würde überall unter ähnlichen Verhältnissen genügen, den Widerstand der mächtigen Regierung, welche 20 bis 30 Jahre stark sein kann, zu brechen. Ein Augenblick wird kommen und von denen benutzt werden, die ein Interesse daran haben, alles umzustürzen. Man hat auch hier vom Socialismus gesprochen und ich werde nur mit ein paar Worten aufmerksam machen, daß man in Frankreich jede sociale Verbesserung von der Hand gewiesen hat. Diese sociale Verbesserung, unter deren Namen sehr viel Unsinn umläuft, worunter aber auch sehr viel gute Frucht ist, diese sociale Verbesserung muß das Parlament in die Hand nehmen und nicht dem ausgeschlossenen Volke überlassen. — Man hat sich endlich auf Nordamerika berufen. Hier gibt es gewissermaßen keinen Census. Es findet nur ein höchst unbedeutender in sieben Sclavenstaaten und fünf anderen, in vierzehn dagegen findet gar keiner statt. In den fünf Nicht-Sclavenstaaten, wo er stattfindet, besteht er darin, daß man irgend eine Steuer bezahlen muß. Aber seien Sie überzeugt, daß die Amerikaner, wenn sie groß dastehen und mächtig auftreten, so ist dieses nur deßwegen, weil der geringste Arbeiter Bürger ist und das Bewußtsein hat, daß er so hoch steht, wie jeder andere Bürger seines Staates. (Eine Stimme von der Linken: Sehr gut!) Wenn Sie hier eine Ausnahme machen wollten, meine Herren, so bedenken Sie, daß wir gegenwärtig ein einiges Deutschland gründen wollen. Gerade das ist das Unheil in Deutschland, daß die einzelnen Bürger nicht Theil genommen haben an Allem, was geschieht, und wenn Sie nicht im Stande sind, diese Theilnahme zu erreichen, werden Sie nicht im Stande sein, ein einiges Deutschland zu machen. Sie sind nicht nur heute berufen, zu entscheiden, ob die Revolution in kurzer Zeit wieder Alles umstoßen werde, sondern mit dieser Frage entscheiden Sie auch, ob überhaupt die Nation Theil nehmen soll an Dem, was in Zukunft Deutschland ist. Das Beispiel Amerikas und die Anführung eines der tüchtigsten Amerikaner, dem ich ebenso meine unbedingteste Hochachtung zolle, veranlaßt mich, das Beispiel eines anderen Amerikaners anzuführen. Es war schon einmal Gelegenheit da, einen Esel auf der Tribüne zu citiren, ich will auch einen citiren. Franklin, den Sie gewiß so hoch stellen, als Jefferson, hatte Gelegenheit, diesen Esel vorzureiten. Als die Rede davon war, einen Census in Amerika einzuführen, sagte Franklin: aber wenn der Census eingeführt wird, wie kann ich ihn bezahlen? so viel Steuern zahle ich nur, wenn ich ein Pfund für meinen Esel mitrechne, so werde ich Wähler, wenn nun dieser Esel stirbt, bin ich nicht mehr Wähler; wer war Wähler, ich oder der Esel? und das sagt Franklin. (Zuruf: Sehr gut!) Wenn man nun Jefferson citirt hat und von diesem Worte auf die Tribüne gebracht hat, die man lieber vor der Tribüne hätte liegen lassen sollen, das Wort — Gesindel — so weise ich im Namen der deutschen Nation das Wort „Gesindel“ zurück, und ich sage (von der Linken: Beifall) ich weise das Wort zurück gegen den, der es gesagt hat, gegen Jefferson, und im Namen der deutschen Nation, auf die es mitfällt. (Eine Stimme aus dem Centrum: Er hat nicht von der Deutschen gesprochen; — eine andere Stimme: Er meinte die französischen Höfe; — eine dritte Stimme: Er meinte das Gesindel an den Höfen.) Ich wünsche, daß er nicht von Deutschland gesprochen hat. Meine Herren! Die Amerikaner sind die Söhne der Engländer, die Engländer sind aber das stolzeste Volk, und was nicht Engländer ist, ist nichts werth, und ebenso ist es mit den Amerikanern. Sie sprechen von uns mit der allerouverränsten Hochoerachtung, darum werde ich keinen Engländer citiren, sondern einen Deutschen, auf den wir so stolz sein können, als die Amerikaner auf Jefferson. Es ist ein Zufall, daß dieß Buch heute in meine Hand kam, es ist von Herder. Hören Sie ihn, und achten Sie den deutschen Denker und Vaterlandsfreund in ihm, indem Sie sein Wort höher stellen, als den Hohn des Ausländers. Herder sagt:

„Alles ist in ihm zertheilt, und so manches schützet diese Zertheilung; Religionen, Secten, Dialekte, Provinzen, Regierungen, Gebräuche und Rechte. Nur auf dem Gottesacker kann und etwa eine Stelle gemeinsamer Ueberlegung und Anerkennung gestattet werden. Aber warum nur hier?" — „Gewiß, der Unterschied der Religionen macht es nicht: denn in allen Religionen Deutschlands giebt es aufgeklärte, gute Menschen. Der Unterschied von Dialekten, von Bier- und Weinländern macht es auch nicht, was uns von einander hält und sondert; ein leidiges Staatsinteresse, eine Anmaßung mehreren Geistes, mehrerer Cultur auf der Einen, auf der andern Seite **mehreren Gewichts; mehreren Reichthums** u. s. war es, **was uns entzweiet; und dem, dünkt mich, muß und wird die allmächtige Zeit obsiegen.**" (Lebhafter Beifall auf der Linken.)

Matthies von Greifswald: Meine Herren! Das Wahlgesetz soll in Wechselwirkung mit der Verfassung stehen. Ich, meine Herren, halte es für eine müßige Frage, ob das Wahlgesetz als ein substanzieller Theil der Verfassung anzusehen sei oder nur als ein integrirendes accidentielles Moment. Die Verfassung kann, wenn man die verschiedenen Gewalten des Staates im Auge hält, in sich vollkommen abgeschlossen sein, gleichwohl wird dem vollendeten Werke erst durch das Wahlgesetz der Lebensodem eingehaucht. Das Wahlgesetz bildet das nothwendige Mittelglied zwischen der Verfassung und deren Verwirklichung in der lebendigen Volksvertretung. Ist es gewiß, daß nach dem Geiste und Inhalt, nach dem Wesen und Zwecke der Verfassung das Wahlgesetz sich modificiren muß, so ist es nicht minder ausgemacht, daß das Wahlgesetz je nach seiner verschiedenen Beschaffenheit auch entsprechende Rückwirkungen auf Verfassung und Staatsleben äußern muß. Das Wahlgesetz soll eine Schutzwehr der Verfassung sein, aber nur zu leicht kann es ein Mittel werden, dessen Anwendung statt dem beabsichtigten Zweck zu entsprechen, ganz die entgegengesetzten Folgen hat. Unvorsichtig, ja widersinnig wäre es jedenfalls, wenn man nach vollendetem Verfassungswerke ein Wahlgesetz wollte ins Leben treten lassen, von dem sich ohne großen Scharfsinn voraussehen ließe, daß es dem zum Grunde gelegten Prinzipe der Verfassung entfremden, daß es in eine andere Staatsform überleiten; vielleicht gar zum Socialismus oder Communismus führen würde. Wie soll nun aber das Wahlgesetz mit Rücksicht auf unser Verfassungswerk beschaffen sein? Befürchten Sie nicht, meine Herren, daß ich zur Beantwortung dieser Frage auf die allgemeinen Gesichtspunkte eingehen werde, die bei Bestimmung des Wahlgesetzes eingenommen werden können. Die einfache Frage ist: soll das Stimmrecht beschränkt oder unbeschränkt sein? Freilich, wenn man auch über die Nothwendigkeit der Beschränkung einig ist, so liegt doch die Hauptschwierigkeit immer noch in Beantwortung der Frage, wie nun die Beschränkung eigentlich sein soll, ob sie nach dem Unterschiede von Ständen und Classen, ob sie nach den verschiedenen Interessen und Berufsarten oder nach Einkommen und Besteuerung geschehen soll. Der Verfassungsausschuß hat einen vermittelnden Vorschlag gemacht, er hat eine Ausgleichung versucht, indem nach Maßgabe der Selbstständigkeit als nichtselbstständig von der Stimmberechtigung ausgeschlossen werden außer den Kategorien 1 und 2 auch noch die Dienstboten, Handwerksgehülfen, Fabrikarbeiter und Taglöhner. Ich kann in diesen Kategorien, meine Herren, keinen sicheren Bestimmungsgrund erkennen; der Begriff **Selbstständigkeit** scheint mir hiernach in zu unbestimmter Negative gehalten; auch sind unter den Kategorien 4 und 5 gar viele Personen begriffen, welche offenbar nach Besitz und Bildung den Stimmberechtigten gleich stehen, und endlich würde sicherlich, wo nicht die Mehrheit, doch verhältnißmäßig eine nur zu große Anzahl von Staatsbürgern, durch diesen Antrag von der Stimmberechtigung ausgeschlossen werden. Solchen Vermittelungsvorschlägen gegenüber scheint ein möglichst niedriger Census noch immer am zweckmäßigsten sein. Freilich, wie soll dieser Census, so ist von dieser Stelle wiederholt gefragt worden, in Einklang gebracht werden mit den natürlichen Rechten, mit den Grundrechten, wonach Jeder vor dem Gesetze gleich sein soll? Man weist darauf hin, daß der Arme, wenn er auch nicht direct steuert, doch die schwerste aller Staatspflichten, die Kriegspflicht so gut wie jeder Andere zu erfüllen hat, daß er bei den indirecten Steuern betheiligt sei, und gerade hiedurch zu den Staatseinnahmen das Meiste beigesteuert werde. Meine Herren, ich erkenne das Gewicht dieser Gründe an, ich glaube aber nichts destoweniger, daß man vorerst zu bedenken geben darf, daß ja jedem einzelnen auch der volle ungeschmälerte Besitz und Genuß seiner Freiheit von Seiten des Staates zugesichert bleibt; — wodurch will man aber beweisen, meine Herren, daß das Recht, einen Abgeordneten für das Volkshaus des deutschen Reiches zu wählen, zu den allgemeinen Menschenrechten gehört? (Gelächter auf der Linken.) Ich kann, meine Herren, das politische Stimmrecht nicht unmittelbar identificiren mit der Gleichheit vor dem Gesetze; es ist das Stimmrecht kein Natur- oder Grundrecht, es ist nicht wie eine dem Staatsbürger unmittelbar angeborne Befähigung oder Befugniß zu betrachten, sondern es ist eine öffentliche Function, die Ausübung eines Berufes, und hierbei kommt wesentlich das allgemeine Beste, der Staatszweck, die Wohlfahrt des Ganzen, in Betracht. Nur mit Rücksicht hierauf kann das Stimmrecht ertheilt werden, und wer dasselbe ausüben will, der muß auch die entsprechende Befähigung, die nöthigen Mittel und Kräfte aufzuweisen haben. Auf Grund der Cultur und Civilisation, welche in jedem Staatsleben das Grundelement bilden soll, ist deßhalb für die Wahlberechtigung eine gewisse Selbstständigkeit und Bildung erforderlich, und diese kann in Ermangelung sicherer Merkmale nur nach der ganzen Lebensstellung des Einzelnen, insbesondere nach dem durch Besitz und Besteuerung modificirten Verhältnisse zum Staate erkannt werden. Hiernach ist nun freilich Mancher des Stimmrechtes nicht theilhaftig, aber, meine Herren, es kann daraus keineswegs die Folgerung gezogen werden, daß also ganze Classen von Staatsbürgern unvertreten seien; im Gegentheil: sind nur die tüchtigsten Männer des Volkes wirklich gewählt, so werden diese auch sicherlich den vernünftigen Gesammtwillen, die wirklich vorhandenen Interessen und Bedürfnisse des Volkes zu vertreten wissen. Ich muß mich, meine Herren, nach diesen Erörterungen gegen das allgemeine Stimmrecht erklären; mag immerhin, wie bereits wiederholt geschehen ist, das unbeschränkte Stimmrecht ungerecht, natur- und vernunftwidrig, unpraktisch für Gegenwart und Zukunft genannt werden, ich kann gerade das allgemeine Stimmrecht nicht für gerecht, nicht für vernunftgemäß, nicht für praktisch halten. Worin soll denn eigentlich die Gerechtigkeit liegen, wenn die numerisch weit überwiegenden nicht besitzenden Classen über die Besitzenden bei der Volksvertretung und Gesetzgebung, nach einem einfachen Rechenexempel, die Uebermacht erhalten müssen? Worin soll ferner das Vernunftgemäße zu erkennen sein, wenn ohne alle Rücksicht auf Einsicht und Erfahrung jeder Volljährige zur Wahl der Abgeordneten berechtigt sein soll? (Gelächter auf der Linken.)

Vicepräsident Beseler: Meine Herren! Ich bitte um Ruhe!

Matthies: Wenn Sie (zur Linken gewandt) mir den Beweis geben, wird mir das sehr willkommen sein. (Unruhe auf der Linken.)

Vicepräsident Beseler: Herr Matthies, ich muß Sie auffordern, sich nicht in Privatgespräche mit irgend einer Seite des Hauses einzulassen.

Matthies: Was die Praxis betrifft, so glaube ich, daß es doch eine sehr gewagte Sache ist, für das zum höchsten Staatszwecke nöthige Amt der Wahl Versuche anzustellen, welche wenigstens in der Geschichte wie in der Erfahrung keine besondere Empfehlung gefunden haben; denn die amerikanischen oder europäischen Belege, welche gestern und auch heute gegeben wurden, können sicherlich nur als schwache Bruchstücke von empirischen Beweisen angesehen werden. Ich vermisse, meine Herren, in dem allgemeinen Stimmrecht auch die Consequenz des zu Grundegelegten, von aller Beschränkung und aller Bedingung durchaus frei sein sollenden Princips; denn warum, wie bereits gestern gefragt wurde, soll denn gerade das 25. Jahr zum Stimmrecht befähigen? Warum nicht schon wie nach der französischen Verfassungsurkunde von 1793 das 21. und warum nicht ein jüngeres Alter noch, und weßhalb sollen denn nicht auch die Individuen weiblichen Geschlechtes in gleichem Alter stimmberechtigt sein? (Bravo auf der Linken; Heiterkeit.) Warum sollen sie es nicht, da doch gerade hierdurch das Wahlrecht noch allgemeiner und annehmlicher würde? (Wiederholtes Bravo.) Das Wahlgesetz, meine Herren, soll als Schutzwehr doch sicherlich auch zur Befestigung der Verfassung beitragen; welche Garantie liegt denn nun hierfür in dem allgemeinen Stimmrecht? Etwa die Garantie der öffentlichen Stimmung des gegenwärtigen Zeit- und Volksgeistes? Ich kann dem Berufen auf diese Autorität nicht so unbedingt Gehör geben; denn, meine Herren, nur zu oft wird die eigene subjective Stimme und Meinung mit der öffentlichen Stimme und Meinung verwechselt; nur zu oft wird gerade dann an diese öffentliche Stimmung appellirt, wenn die sach- und vernunftgemäßen Gründe ausgeben, und nur zu oft wird gerade die Vernunft, die Macht des Volks, urgirt, wenn man, nicht etwa nur auf Professoren und Beamten, auf Minister und Generäle, sondern vielmehr auf die beherrschenden sittlichen und intellectuellen Mächte des Staatslebens Schmähungen anbringen will. (Bravo auf der Rechten.) Ich fürchte, meine Herren, daß durch das allgemeine Stimmrecht dem blinden Zufall und dem guten Glück, dem Unverstand und der Interesselosigkeit, der Verblendung und der Bestechung der weiteste Spielraum eröffnet wird. Ich stimme darin Herrn Vogt willig und gerne bei, wenn er gestern sagte, daß die Berliner erste Kammer doch sicherlich ohne Census eine ganz andere würde geworden sein; ich muß aber bei dieser Gelegenheit auch daran erinnern, daß vor Kurzem von dieser Tribüne herab Siegeshoffnungen ausgesprochen wurden über die bevorstehende preußische Kammer, (Stimmen von der Linken: Die zweite Kammer!) über die zweite Kammer, ganz richtig. Der Jubel in Betreff der zweiten Kammer wird jetzt wohl verhallt sein. (Viele Stimmen von der Linken: Nein! nein!) So! ich glaube wenigstens, daß jetzt von dieser Seite (zur Rechten gewandt) mit Grund auch Freude über den Ausfall der Wahlen geäußert werden könnte; nur das wollte ich noch hervorheben, daß in dem einen wie in dem andern Falle nicht gar zu viel Gewicht darauf zu legen ist, weil bei dem bestehenden Wahlgesetze auch nur zuviel immer dem guten Glück zugeschrieben werden muß. (Auf der Rechten: Sehr gut!) Fürwahr, es wird das Volk dadurch nicht geehrt, daß es beim Stimmrecht nur nach der Kopfzahl abgeschätzt wird, wie ein unterschiedsloser Haufen von Einzelwesen. Das allgemeine Stimmrecht läßt aber, um der abstracten Freiheit aller Einzelnen willen, nur zu sehr die für das gesunde Fortbestehen des Staatslebens nöthigen materiellen und ideellen Grundbedingungen außer Acht. In einer vernünftigen und zweckmäßigen Beschränkung des Wahlrechts liegt, meiner Ansicht nach, keine willkürliche Beeinträchtigung, sondern vielmehr die wahrhaftige Würdigung des sittlichen Volksgeistes und, meine Herren, den Anforderungen, welche von Seiten der constitutionellen Verfassung und andererseits des Staatswohles an das Wahlgesetz gemacht werden können, wird, wie ich glaube, am meisten genügt durch das Amendement, welches die Herren Schubert, Beseler und Andere eingebracht haben. Es bietet dieses Amendement den einfachsten und sichersten Maßstab dar; es wird sicherlich nicht mit Grund darüber geklagt werden können, daß die Beschränkung zu groß sei, denn wie viele Taglöhner, wie viele Handwerksgehülfen und andere Arbeiter haben nicht ein Einkommen von 200 Thalern (Widerspruch auf der Linken), und wenn sie es nicht haben, wie leicht können sie es bis zu dieser Höhe bringen. (Stimmen auf der Linken: Natürlich!) Ja, meine Herren, ich zweifle nicht daran, daß man auch bei diesem Amendement noch wird mancherlei Ausstellungen machen; daß man gegen jede Beschränkung wird noch immer Gründe aufzufinden wissen, und wenn, wie gesagt, es keinen andern Grund mehr gibt, so kann man doch immer den Census als ungeheuren Stein des Anstoßes hervorheben und damit wieder an die öffentliche Stimme appelliren. Ich glaube aber, daß es wohl besser ist, nach bestem Wissen und Gewissen zu sagen, und mit Gründen zu belegen, was dem gemeinen Besten Noth thut, als daß man sich nach schwankenden Stimmungen oder Mißstimmungen, von denen der eine diesen, der andere jenen beliebigen Gebrauch macht, richtet. Nicht darin liegt Hülfe und Heil, daß alle Einzelnen stimmen, sondern vielmehr darin, daß den wirklichen Volksbedürfnissen auch die entsprechende Mittel der Befriedigung gerichtet werden, und darauf werden diejenigen am meisten bedacht sein, die das wahrhaftige Volkswohl gründlich kennen und redlich wollen. (Bravo auf der Rechten.)

Vicepräsident Beseler: Es liegt von den Herren **Groß** aus Prag, **Mittermaier** u. A. im Ganzen 20, ein Antrag auf Vertagung der Discussion über die §§ 2 und 3 auf die nächste Sitzung vor. Ich werde diesen Antrag zur Abstimmung bringen, und bitte, vorher die Plätze einzunehmen. Ich ersuche diejenigen Herren, welche die Vertagung und Fortsetzung der Discussion über § 2 und 3 des Reichswahlgesetzes in der nächsten Sitzung wollen, sich zu erheben. (Ein Theil der Versammlung erhebt sich.) Die Gegenprobe! Ich ersuche diejenigen Herren, welche die Vertagung nicht wollen, sich zu erheben. (Die Minderzahl erhebt sich.) Die Vertagung ist angenommen. — Die nächste Sitzung ist Montag um 9 Uhr. — Die Tagesordnung bleibt dieselbe, nämlich Fortsetzung der Berathung des vom Verfassungsausschusse vorgelegten Entwurfs: „Reichsgesetz über die Wahlen der Abgeordneten zum Volkshause." — Ich schließe hiermit die heutige Sitzung.

(Schluß der Sitzung: 1½ Uhr.)

Verzeichniß der Eingänge

vom 10. bis 12. Februar.

Petitionen.

1. (6773) Petition des constitutionellen Vereins zu Neustadt in Oberschlesien wegen Erblichkeit der Kaiserwürde, übergeben durch den Abgeordneten Walter. (An den Verfassungs-Ausschuß.)

2. (6774) Viele Einwohner zu Schöneck im sächsischen Voigtlande erklären ihr Einverständniß mit dem Beschluß der zweiten sächsischen Kammer, bezüglich der Oberhauptsfrage. (An den Verfassungs-Ausschuß.)

3. (6775) 22 Zustimmungsadressen zu dem Beschlusse der Nationalversammlung, mittelst dessen sie ein erbliches und lebenslängliches Kaiserthum abgelehnt hat, nämlich:

1)	V. d. Volksver.	d. Stadt		Zweibrücken	i. d.	bair. Pfalz.
2)	″	″	″	Hornbach	″	″
3)	″	″	″	Homburg	″	″
4)	″	″	″	Blieskastel	″	″
5)	″	″	d. Gem.	Webenheim	″	″
6)	″	″	″	Niederauerbach		″
7)	″	″	″	Rimschweiler	″	″
8)	″	″	″	Irheim	″	″
9)	″	″	″	Mimbach	″	″
10)	″	″	″	Wattweiler	″	″
11)	″	″	″	Einöd	″	″
12)	″	″	″	Wolfersheim	″	″
13)	″	″	″	Bierbach	″	″
14)	″	″	″	Kirkel-Neuhäusel		″
15)	″	″	″	Böckweiler	″	″
16)	″	″	″	Contwig	″	″
17)	″	″	″	Mittelbach	″	″
18)	″	″	″	Hengstbach	″	″
19)	″	″	″	Althornbach	″	″
20)	″	″	″	Mauschbach	″	″
21)	″	″	″	Breitfurth	″	″
22)	″	″	″	Niederwürzbach		″

übergeben vom Abgeordneten Tafel aus Zweibrücken. (An den Verfassungs-Ausschuß.)

4. (6776) Eingabe einer Anzahl Bewohner von Gotha, bezüglich der Oberhauptsfrage, übergeben vom Abgeordneten Vogt. (An den Verfassungs-Ausschuß.)

5. (6777) Eingabe des vaterländischen Bezirks-Vereins von Scheer und Mengen in Würtemberg gegen die Erblichkeit der Kaiserwürde, übergeben vom Abgeordneten Uhland. (An den Verfassungs-Ausschuß.)

6. (6778) Eingabe des fränkischen Märzvereins zu Würzburg, die Reichsoberhauptsfrage betreffend, übergeben vom Abgeordneten Raveaux. (An den Verfassungs-Ausschuß.)

7. (6779) Eingabe des Ausschusses des Märzvereins zu Sommerach, Nordheim und Gegend, in gleichem Betreff, übergeben von Demselben. (An den Verfassungs-Ausschuß.)

8. (6780) Anschlußerklärung hierzu vom Märzverein in Kissingen. (An den Verfassungs-Ausschuß.)

9. (6781) Adresse der Volksvereine von Lemgo, Brake und Hörstmar in Betreff der Verfassungs- und Oberhauptsfrage, übergeben vom Abgeordneten Schlöffel. (An den Verfassungs-Ausschuß.)

10. (6782) Adresse der Wähler des fünften Wahldistricts im Herzogthum Holstein für die erbliche Kaiserwürde und Uebertragung derselben an die Krone Preußen, übergeben vom Abgeordneten Droysen. (An den Verfassungs-Ausschuß.)

11. (6783) Adresse vieler Einwohner von Neustadt, gleichen Inhalts, übergeben von demselben. (An den Verfassungs-Ausschuß.)

12. (6784) Adresse vieler Einwohner zu Rinteln, Anerkennung des Gagern'schen Programms im Interesse des zu bildenden deutschen Bundesstaats enthaltend und die Abstimmung über die Erblichkeit der Oberhauptswürde betreffend. (An den Verfassungs-Ausschuß.)

13. (6785) Stimme des Volksvereins zu Pyrmont über die Oberhauptsfrage und die Circularnote der preußischen Regierung. (An den Verfassungs-Ausschuß.)

14. (6786) Protest einer Anzahl Bewohner von Neustadt gegen den Ausschluß Oesterreichs, übergeben vom Abgeordneten Knoodt. (An den Verfassungs-Ausschuß.)

15. (6787) Eingabe einer Anzahl Einwohner aus Aarbach, Wahl des Oberhauptes durch Urwähler betreffend, übergeben von Demselben. (An den Verfassungs-Ausschuß.)

16. (6788) Vorschlag in der Oberhauptsfrage von Hegemon aus Frankenberg. (An den Verfassungs-Ausschuß.)

17. (6789) Adresse des constitutionellen Vereins zu Rudolstadt, für Uebertragung der erblichen Kaiserwürde an Preußen. (An den Verfassungs-Ausschuß.)

18. (6790) Gleiche Adresse des vaterländischen Vereins zu Emden. (An den Verfassungs-Ausschuß.)

19. (6791) Vorstellung des Volksvereins zu Celle, betreffend den Entwurf zum Reichswahlgesetz. (An den Verfassungs-Ausschuß.)

20. (6792) Gesuch der Papierfabrikanten in den norddeutschen Küstenländern, um Gewährung des nöthigen Schutzes gegen die Ausfuhr von Lumpen, sowie gegen die Einfuhr von Papier, dem Auslande gegenüber, übergeben vom Abgeordneten Detmold. (An den volkswirthschaftlichen Ausschuß.)

21. (6793) Beitrittserklärungen aus verschiedenen Orten zu der Adresse des Stuttgarter Volksvereins, den Schutz der vaterländischen Arbeit betreffend. (An den volkswirthschaftlichen Ausschuß.)

22. (6794) Eingabe der Maschinenfabrikanten Berlins, den Schutz der Industrie, in specie Feststellung des Schutzzolls auf Eisen ꝛc. betreffend. (An den volkswirthschaftlichen Ausschuß.)

23. (6795) Schreiben des Ausschusses des allgemeinen Vereins zum Schutze vaterländischer Arbeit mit 11 Petitionen 11,498 Seelen repräsentirend, betreffend den Schutz der vaterländischen Arbeit. (An den volkswirthschaftlichen Ausschuß.)

24. (6796) Deßgleichen mit 28 Petitionen, 11,254 Seelen repräsentirend, in gleichem Betreff. (An den volkswirthschaftlichen Ausschuß.)

25. (6797) Adresse gleichen Inhalts aus Niederzissen im Regierungsbezirk Coblenz. (An den volkswirthschaftlichen Ausschuß.)

26. (6798) Bittschrift mit 162 Unterschriften aus den Orten Lauthausen im Siegkreise, Bonn und Küdinghofen gegen Herabsetzung des Eingangszolls auf ausländische Weine, übergeben von der Bonner Localabtheilung des landwirthschaftlichen Vereins für Rheinpreußen, durch den Abgeordneten Deiters. (An den volkswirthschaftlichen Ausschuß.)

27. (6799) Petitionen aus Niedermending, Bell, Lautendorf, Oberhammerstein, Niederhammerstein, Rheinbrohl und Höningen, Regierungsbezirk Coblenz, um Schutz der vaterländischen Arbeit, übergeben vom Abgeordneten Bresgen. (An den volkswirthschaftlichen Ausschuß.)

28. (6800) Zwölf Petitionen aus Speyer, Otterstadt und anderen Orten, Schutz für inländischen Taback und Zuckerrübenbau, und um die Aufhebung der Ausgleichungssteuer auf aus-

Lübsche-Weine, übergeben vom Abgeordneten Spatz. (An den volkswirthschaftlichen Ausschuß.)

29. (6801) Eingabe des Volksvereins zu Dürkheim gegen Beeinträchtigung ihrer Freiheiten und Rechte, übergeben vom Abgeordneten Christmann. (An den volkswirthschaftlichen Ausschuß.)

30. (6802) Eingabe des Vorstandes des Handwerkervereins zu Isenburg in Betreff einer Gewerbeordnung, übergeben vom Abgeordneten Plathner. (An den volkswirthschaftlichen Ausschuß.)

31. (6803) Eingabe gleichen Inhalts von dem Centralcomité der Handwerkervereine Mecklenburgs, übergeben vom Abgeordneten Sprengel. (An den volkswirthschaftlichen Ausschuß.)

32. (6804) Vorstellung der Lübecker Schiffer-Gesellschaft, betreffend die Befreiung der Seeleute vom Land-Kriegsdienste gegen deren Verpflichtung zum Wehrdienste bei der deutschen Marine, übergeben vom Abgeordneten Deeke. (An den Ausschuß für Wehrangelegenheiten.)

33. (6805) Gesuch des Bergcommissärs Zerrenner zu Rudolstadt, um Verwendung bei der Schwarzburg'schen Regierung bezüglich verschiedener Ansprüche an letztere. (An den Prioritäts- und Petitions-Ausschuß.)

34. (6806) Vorstellung vieler Seeleute und Schiffsrheder zu Böckzetelerfahn in Ostfriesland, den Ersatz des aus einem Krieg mit Dänemark ihnen erwachsenen Schadens betreffend. (An den Prioritäts- und Petitions-Ausschuß.)

35. (6807) Petition von G. Krackrügge in Erfurt, wegen Wiederaufhebung der Grundrechte in Preußen überhaupt, und im Gebiete Erfurt insbesondere, übergeben vom Abgeordneten Brentano. (An den Prioritäts- und Petitions-Ausschuß.)

36. (6808) Schreiben des Landkreisvereins zu Schöningen in Braunschweig unter abschriftlicher Mittheilung einer an den Abgeordneten Jürgens erlassenen Adresse. (An den Prioritäts- und Petitions-Ausschuß.)

37. (6809) Erklärung, resp. Protest des Staatsbürgervereins zu Wechselburg in Sachsen gegen die Annahme und Gültigkeit des Schaffrath'schen Antrags über den zweiten Theil des Tzschirner'schen Zusatzes in der dritten öffentlichen Sitzung der zweiten sächsischen Kammer vom 20. Januar, übergeben vom Abgeordneten Biedermann. (An den Prioritäts- und Petitions-Ausschuß.)

38. (6810) Adresse vieler Einwohner zu Efringen im Amt Lörrach in Baden gegen den vom Abgeordneten Fehrenbach gestellten Antrag auf Zurückziehung der Reichstruppen aus Baden. (An den Prioritäts- und Petitions-Ausschuß.)

39. (6811) Eingabe der Abgeordneten des Großherzogthums Luxemburg, Serrais, Munchen und Buschmann, betreffend die Befreiung der Garnison von Luxemburg von allen Staats- und städtischen Abgaben, sowie der Octroi-Gefälle in Luxemburg betreffend. (An den Prioritäts- und Petitions-Ausschuß.)

40. (6812) 9 Petitionen gegen die außerordentliche Conscription in Baden, überreicht durch den Abgeordneten Werner von Oberkirch. (An den Prioritäts- und Petitions-Ausschuß.)

41. (6813) Desgleichen aus Willstädt in gleichem Betreff, übergeben von demselben. (An den Prioritäts- und Petitions-Ausschuß.)

42. (6814) Desgleichen aus Blumegg. (An den Prioritäts- und Petitions-Ausschuß.)

43. (6815) Desgleichen aus Hausen vor dem Wald, übergeben durch den Abgeordneten v. Itzstein. (An den Prioritäts- und Petitions-Ausschuß.)

44. (6816) Desgleichen aus Stetten. (An den Prioritäts- und Petitions-Ausschuß.)

45. (6817) Petition aus Blumegg, Abschaffung der Feudallasten betreffend. (An den Prioritäts- und Petitions-Ausschuß.)

46. (6818) Desgleichen aus Uihlingen. (An den Prioritäts- und Petitions-Ausschuß.)

47. (6819) Desgleichen aus Löffingen, übergeben vom Abgeordneten Brentano. (An den Prioritäts- und Petitions-Ausschuß.)

48. (6820) Desgleichen aus Stetten am kalten Markt. (An den Prioritäts- und Petitions-Ausschuß.)

49. (6821) Petition einer Anzahl Invaliden aus dem Nassauischen, Ansprüche aus angeblich ihnen gemachten Versprechungen zeitweiser Geldzahlungen aus Kriegsentschädigungen betreffend. (An den Prioritäts- und Petitions-Ausschuß.)

50. (6822) Gesuch des Bürgers Leopold Schuster von Winden im Nassauischen um Unterstützung. (An den Prioritäts- und Petitions-Ausschuß.)

51. (6823) Gesuch des Herrn Spitz, pensionirter Regierungs-Landbaumeister zu Bingen, verschiedene Ansprüche an das preußische Gouvernement betreffend. (An den Prioritäts- und Petitions-Ausschuß.)

Berichtigungen.

Nr. 167. S. 5106. Sp. 2. Z. 21 v. u. lies: so weit möglich durch Arbeit statt: so weit möglich.
" " " " 2 " " Betrag von 80 Millionen statt: Betrag von nahe an 80 Millionen.
In den Sitzungen vom 25. Januar bis 9. Februar war A. Schmidt von Berlin mit Entschuldigung abwesend.
" " " " 1. bis 12. Februar war Bresgen von Ahrweiler mit Entschuldigung abwesend.

Die Redactions-Commission und in deren Auftrag Abgeordneter Professor Wigard.

Druck von Joh. David Sauerländer in Frankfurt a. M.

Stenographischer Bericht

über die

Verhandlungen der deutschen constituirenden National-Versammlung zu Frankfurt a. M.

Nro. 174. Dienstag den 20. Februar 1849. VII. 19.

Hundert und drei und siebenzigste Sitzung.

(Sitzungslocal: Paulskirche.)

Montag den 19. Februar 1849. (Vormittags 9 Uhr.)

Präsident: Theils **E. Simson** von Königsberg, theils Vicepräsident **Kirchgeßner**.

Inhalt: Verlesung des Protokolls. — Bemerkung des Abg. Fuchs, den rechtzeitigen Beginn der Sitzungen der Nationalversammlung betr. — Mittheilung der Erklärung der würtembergischen Kammer der Abgeordneten über das deutsche Verfassungswerk und die Oberhauptsfrage. — Fortsetzung der Berathung des Entwurfs eines Reichsgesetzes über die Wahlen der Abgeordneten zum Volkshause.

Präsident: Die Sitzung ist eröffnet. Ich ersuche den Herrn Schriftführer, das Protokoll der vorigen Sitzung zu verlesen. (Schriftführer Martens verliest dasselbe.) Ich frage, ob Reclamation gegen das Protokoll ist? (Es meldet sich Niemand.) Es ist keine Reclamation; das Protokoll ist genehmigt. — Das Präsidium der würtembergischen Kammer der Abgeordneten theilt dem Präsidium der Nationalversammlung, mit dem Wunsche, daß davon der Nationalversammlung selbst Kenntniß gegeben werde, eine Abschrift der von der würtembergischen Kammer am 14. Februar beschlossenen protokollarischen Erklärung mit: „daß sie

1) nur in der festen Vereinigung aller, auch der österreichisch-deutschen Bruderstämme zu Einem verfassungsmäßig gegliederten Bundesstaate die Einheit des Gesammtvaterlandes und die Freiheit und Wohlfahrt der einzelnen Stämme gesichert halte;
2) daß die Beschlußnahme über die künftige Verfassung Deutschlands einzig und allein der vom Volke gewählten deutschen Nationalversammlung zu überlassen sei;
3) daß die Kammer das Vertrauen zu der Nationalversammlung hege, sie werde unbeirrt durch die sich ihr entgegenstellenden Schwierigkeiten, woher sie immer kommen mögen, das große Werk das Nationaleinigung im Sinne und Geiste des ihr vom Volke ertheilten Auftrages zum Ziele führen."

(Von einigen Seiten: Bravo.) — Herr Fuchs hat das Wort zu einer Ordnungsfrage.

Fuchs von Breslau: Meine Herren! Ich habe mir das Wort erbeten, um einen Uebelstand zur Sprache zu bringen, den wir Alle mehr oder minder fühlen und dessen Beseitigung eigentlich nicht von einem neuen Beschlusse, sondern vielmehr nur von einem ernsten, festen, kräftigen Entschlusse abhängt. Täglich hören wir bei Verkündigung der Tagesordnung der Sitzung des nächstfolgenden Tages, daß diese um neun Uhr beginnen soll, diese Bestimmung ist auch den gedruckten Einladungen täglich aufgedruckt, und gleichwohl findet Derjenige, welcher um neun Uhr pünktlich hier erscheint, in der Regel Niemand, und wer sich um Dreiviertel nach neun Uhr einfindet, hat höchstens die Verlesung des Protokolls versäumt, auf welche ohnehin leider Niemand hört. Ich schlage deßhalb vor, daß wir uns zu dem Entschlusse vereinigen, diejenige Stunde, welche als die Anfangstunde der Sitzung verkündigt wird, pünktlich, aber ganz pünktlich, einzuhalten. Es liegt dieß in unserem eigenen Interesse; es ist uns dieß eigentlich durch unsere Pflicht geboten; und es kann das Zurücktreten von einer nach und nach eingeschlichenen Unordnung für keinen etwas Unangenehmes haben, der sich auch bei Eintheilung seiner Zeit an Ordnung gewöhnt hat; vielmehr kann es einem Jeden, welcher pünktlich erscheint, nur erwünscht sein, daß die Verhandlung zur festgesetzten Stunde beginne, und daß er nicht in die Verlegenheit komme, zur Strafe seiner Pünktlichkeit die kostbare Zeit unnützerweise zu verlieren. Ich habe mir deßhalb vorgenommen, von morgen ab das Odium auf mich zu laden, daß ich täglich nach dem Schlage der neunten Stunde alsbald auf Zählung der Versammlung und Namensaufruf der Mitglieder antrage. (Mehrere Stimmen: Bravo!)

Präsident: Ein Beschluß auf diese Erinnerung des Herrn Collegen Fuchs ist weiter nicht zu fassen. Wenn er von morgen ab um neun Uhr die Zählung beantragen wird, so befindet er sich in seinem Rechte. und wir wollen hoffen, daß diese Zählung ein vollständiges Auditorium nachweisen oder — was noch besser wäre — gar nicht erst wird beantragt werden dürfen. — Wir gehen zur Tagesordnung über: zur Fortsetzung der Berathung des vom Verfassungsausschusse vorgelegten Entwurfes: „Reichsgesetz über die Wahlen der Abgeordneten zum Volkshause." In der heutigen Discussion hat zuerst das Wort Herr v. Rappard. (Vicepräsident Kirchgeßner übernimmt den Vorsitz.)

v. Rappard von Glambeck: Meine Herren! Ich bin für die Aufrechterhaltung des unbeschränkten Wahlrechtes, welches uns hierher berufen hat. Ich halte insbesondere die Bestimmungen des § 2 unter 3 und 5, welche die Arbeiter von dem Wahlrecht ausschließen, für das entschiedenste Hemmniß einer friedlichen Lösung der socialen Frage. Das Recht eines jeden Staatsbürgers zur Theilnahme an der Gesetzgebung ruht nur da, wo das Bewußtsein des Rechtes fehlt, oder die Gewalt es niederhält. Man verweist uns auf die fremden Staaten, wo der Census besteht. Dieser besteht nur da, wo er bestanden hat, bevor, wie hier der galvanische Schlag des vorigen Frühlings das Bewußtsein des Rechtes auch in den dunkelsten Schichten der Nation geweckt hat. Er wankt jetzt überall. In den neusten Verfassungen Amerikas und Europas ist der Census gestrichen. Ueber England schwebt eine drohende Riesenfaust und wird ihn erdrücken. Und wahrlich, überall wird der Boden unter den Füßen jener Regierungen wanken, bis dieses Recht aller Orten siegreich hervorgebrochen, als ein festes Gebirge der Freiheit dasteht. Aber in unseren Arbeitern ist nicht nur dieses Bewußtsein hervorgetreten, sie haben von dem Rechte selbst Besitz genommen, sie haben es bereits wiederholt ausgeübt; sechs Millionen Arbeiter halten es mit nervigen Armen fest, als den Schirm ihrer Freiheit und ihrer Existenz — man nehme es ihnen! — Aber warum es ihnen nehmen? Es ist tief in der Natur des Menschen begründet, daß er dasjenige anfeindet, was man ihm aufdrängt, daß er dasjenige schützt, was er selbst geschaffen. So auch die Gesetze. Darum führt das unbeschränkte Wahlrecht den Gesetzen, die den Besitz schirmen, eine Schaar von sechs Millionen treuen Vorkämpfern zu, welche das Ausnahmegesetz zu ihren natürlichen Feinden macht. Warum verschmäht und fürchtet der Besitzstand diesen mächtigen Bundesgenossen? er besorgt einen dem Besitze feindlichen Einfluß auf die Gesetzgebung selbst! Wir stehen hier vor dem verhängnißvollen Schritte der ängstlichen Sorge, die immer und immer rückwärts schauend den Steg verfehlt, der sicher über den Abgrund führt. (Auf der Rechten: Oh!) Man vergißt, daß die feindliche Stellung des Besitzlosen nur gegen den bewaffneten Besitz, gegen die Pallisaden und Schanzen der Privilegien gerichtet war, die den Besitz zum Monopole gewisser Stände und Familien machten. Diese sind gefallen. Sehen wir mit klaren Augen vorwärts, so erblicken wir das friedliche Bild eines engen Zusammenwirkens des Arbeiter- und Besitzstandes auf Grund der neuen freien Gesetze und insbesondere der bereits von uns beschlossenen. Die ungleiche Vertheilung der Güter ist keine künstliche, es ist tief in der cumulativen Natur des Grundbesitzes und Capitals begründet, daß sie in einem bevölkerten Staate stets nur in der Hand eines geringeren Theiles der Nation ruhen. Die Gesetzgebung kann hierin nichts ändern, sie hat nur die Schranken wegzuräumen, welche Einzelne oder ganze Classen vom Besitze ausschließen. Dieß ist hier geschehen, und wer jetzt nach dem Besitze strebt, ohne ihn zu erlangen, hat nur sich selbst die Schuld beizumessen. Dieß gilt von der Substanz des Besitzes. Anders verhält es sich mit den Früchten. Die Substanz des Grundbesitzes und des Capitals ruht todt in der Hand des Besitzenden, bis die belebende Kraft der Arbeit hinzutritt und die Früchte erzeugt. Nun entsteht ein neues Verhältniß, das gemeinsame Interesse des Arbeiter- und Besitzstandes. Was ist der Stamm ohne Früchte? Wo reifen die Früchte, wenn der Stamm krankt? Darum das gemeinsame Interesse für den Schutz und die Pflege des Grundbesitzes und Capitals, als des Stammes. Darum das gemeinsame Interesse des Arbeiter- und Besitzstandes an der sicheren Gewinnung der Früchte! Darum aber auch das gemeinsame Interesse an der Verwerthung der Früchte, denn in ihrem Kaufpreise liegt der Lohn der Arbeit! Und deßhalb endlich das gemeinsame Interesse an Schutz und Förderung des Handels und Wandels. So gestaltet sich vor unseren Augen ein friedliches Bild des nothwendigen Zusammenwirkens des arbeitenden und besitzenden Standes. Wer kann ihre gemeinsame Berathung und Beschlußnahme noch fürchten? nur der, welcher unbillige, separatistische Ansprüche verfolgt. Die gemeinsame Wohlfahrt und Existenz führt naturgemäß zu gerechten und weisen Beschlüssen. Dieß wird die Regel sein. Der Communismus, welcher die gewaltsame Ausgleichung, die Angriffe auf den Besitz lehrt, lebt nur in einigen exaltirten Köpfen und in den verbrecherischen Gelüsten des arbeitscheuen Abfalls der Gesellschaft in allen Ständen. Wenn aber dennoch — und hier liegt der Kern der Besorgniß — wenn dennoch Unverstand oder Habgier oder exaltirte Theorien unreifer Reformatoren in die große Masse der Arbeiter einen Gährungsstoff werfen sollten, der mit überwältigender Kraft dem Besitzstande drohte, dann frage ich, ob die weiseste Politik ein sichereres Auskunftsmittel zu finden weiß, als das, den glühendsten Vertretern jener Theorien den Zutritt zu den Kammern zu verstatten und den Kampfplatz auf diesen gesetzlichen Boden zu verlegen. Hier kann die Intelligenz des Besitzstandes die glänzende Macht des Geistes entfalten und vor der gesammten Nation nachweisen, wie verderblich jene Theorien auf die gemeinsame Wohlfahrt wirken. Hier eben tritt der Segen der Gleichberechtigung Aller zur Volksvertretung in das hellste Licht. Da ist keiner im Volke, der nicht mit Mund und Ohr bei der Berathung und Beschlußnahme zugegen ist, und deßhalb vertrauensvoll auf die Entscheidung harrt. Wie aber, wenn zwei Drittel der Nation von der Berathung ausgeschlossen sind? wer wird dann das Sprachrohr finden, das den Schall der Stimme zu den 30 Millionen hinüberträgt, wer wird die Sprache finden, welche jene 30 Millionen zur vertrauungsvollen Hingebung überredet, wenn sie aus fremdem Munde ertönt? Die Versammlung der Auserkorenen der 15 Millionen wird nun und nimmer den Sturm beschwören, der vor den entfesselten Leidenschaften der 30 Millionen Ausgestoßenen einherbraust! Und wenn wirklich im Volkshause aller gleichberechtigten Vertreter ein verderbliches Princip einen kurzen Sieg erzwingt, so wird auch diese Niederlage ein Sieg des Geistes sein. Sie ist der Triumph über die rohe Gewalt, welche für diesen Fall auf jedem anderen Kampfplatze ihr blutiges Recht mit vertilgender Kraft geltend gemacht haben würde. In die ruhige Bahn der Gesetzgebung geleitet, wird auch das verderblichste Princip minder verderblich wirken; hier bleibt noch immer die Aussicht auf friedliche Ausgleichung und Wiederkehr der Besonnenheit und des Rechtes. Darum noch einmal, meine Herren, seien wir gerecht, und wir sind weise! Heben wir nicht den Segen der Gleichberechtigung Aller durch die feindlichen Worte: „Unselbstständigkeit" und „Census" wieder auf; bekleiden wir den Besitzstand nicht mit geraubtem Gute, das ihm von neuem eine Lockung und zugleich dem gewaltthätigen Angriff auf denselben das Recht der Vindication des Eigenthums verleiht. Lassen wir dem Arbeiterstande das gleiche Maaß der Ehre und des Einflusses, der Selbstständigkeit und Freiheit, heben wir sein Bewußtsein, geben wir ihm die beruhigende Ueberzeugung, daß die Sicherheit seiner Existenz, die Verbesserung seiner Lage durch die Theilnahme an der Gesetzgebung in seine eigene Hand gelegt ist, und wir haben den treuesten und mächtigsten Bundesgenossen für immer gewonnen. (Beifall auf der Linken und im Centrum.)

Vicepräsident Kirchgeßner: Ehe ich Herrn Mathy das Wort gebe, muß ich vorher einen eben eingekommenen Verbesserungsantrag des Herrn v. Linde zur Kenntniß der hohen Versammlung bringen. Der Antrag lautet:

„Ich beantrage den betreffenden Paragraphen folgende Fassung zu geben:

§ 1. Wähler ist jeder selbstständige unbescholtene Deutsche,

§ 2. zum

§ 3.

§ 4.

§ 5.

§ 5a

bürgt.

§ 14. Die Wahl ist indirect."

Der Antrag wird zum Druck und zur Vertheilung kommen. Ein weiterer eben eingekommener Verbesserungsantrag des Abgeordneten Beseler von Greifswald ist des Inhalts:

„Indem ich den von mir zu § 2 des Reichswahlgesetzes eingebrachten Antrag zurücknehme, schlage ich vor, § 1, 2 und 3 also zu fassen:

§ 1. Wähler ist jeder Deutsche, welcher

1) das fünfundzwanzigste Lebensjahr zurückgelegt hat und.

2) mindestens entweder

a. 5 fl. 15 kr. rhein. (3 Thlr. preuß.) directe Steuern jährlich an den Staat entrichtet, oder

b. ein jährliches Einkommen von 350 fl. rhein. (200 Thlr. preuß.) oder,

c. ein Grundeigenthum zum Werthe von 350 fl. rhein. (200 Thlr. preuß.) hat.

Welche Steuern als directe gelten sollen, wie das Einkommen nachzuweisen und wie der Werth des Grundeigenthums festzustellen ist, bleibt der Bestimmung der Einzelstaaten überlassen.

§ 2. Von der Berechtigung zum Wählen ausgeschlossen sind jedoch Personen, welche

1) unter Vormundschaft oder Curatel stehen, oder

2) über deren Vermögen Concurs- oder Fallitzustand gerichtlich eröffnet worden ist, und zwar letztere während der Dauer dieses Concurs- oder Fallitverfahrens.

§ 3. Von der Berechtigung zum Wählen sind ferner ausgeschlossen

1) Personen, welche wegen Diebstahls u. s. w. (wie im Entwurf.)"

Der Antrag ist bereits in der Vertheilung begriffen. — Herr Mathy hat das Wort.

Mathy von Carlsruhe: Nur mit einem sehr beschei-

sein; es gibt kein absolut bestes Wahlgesetz. Man würde es bei den durch Jahrtausende hindurch vorgenommenen Versuchen wohl entdeckt und uns vorgeschlagen haben. Jedes Wahlgesetz wird Unzufriedenheit erregen, und zwar bei denen, welche bei der Anwendung desselben unterlegen sind. Die unterliegende Partei kehrt in der Regel ihren Unmuth gegen das Wahlgesetz, anstatt die wahren Ursachen damit zu treffen. Das der Geldaristokratie angepaßte frühere französische Wahlgesetz hatte nicht nur die Männer des demokratischen Fortschritts, sondern auch die Männer der Vergangenheit, die Legitimisten, zu Gegnern. Die Legitimisten haben in Frankreich das suffrage universel stets verlangt, und nachdem es unlängst die Probe gemacht hat, sind es die Legimisten, die dabei verharren, während den Republikanern vor der bevorstehenden zweiten Probe zu bangen beginnt. (Bravo!) Ebenso ist es in Belgien der Clerus, und in verschiedenen Theilen Deutschlands sind es die Wortführer der streitenden Kirche, welche die unmittelbare Massenwahl verlangen. Aber auch ein und das nämliche Wahlgesetz hat schon die verschiedensten Resultate geliefert, ja ganz dieselben Wähler haben je nach Zeit und Umständen ihre Stimmen auf

Wahlen gegen das Wahlgesetz gekehrt, sondern vielmehr gegen Diejenigen, die von diesem Gesetze Gebrauch gemacht haben. Der Zweck eines Wahlgesetzes ist nach meiner Meinung der, eine Versammlung zu liefern, welche fähig ist, die ihr obliegenden Geschäfte zum allgemeinen Nutzen zu besorgen, eine Versammlung, in welcher alle politischen Meinungen und alle gesellschaftlichen Bedürfnisse in demselben Verhältnisse vertreten sind, in welchen sie in dem Volke bestehen. Auch jetzt, meine Herren, wird es über unsere Kraft gehen, ein absolut bestes Wahlgesetz zu machen, wir werden uns darauf beschränken müssen, ein solches zu finden, welches für Deutschland und für unsere neuen Verhältnisse paßt, und da erkenne ich an, diese Verhältnisse verlangen solche Bedingungen, welche es keinem schwer, keinem unmöglich machen, sie zu erfüllen: und wenn in der letzten Sitzung das Wort eines Mitgliedes des vereinigten Landtags in Berlin angeführt wurde, das Wort: „meine Wiege stand am Webstuhl meines Vaters,“ so hat doch dasselbe Mitglied nicht behauptet, daß die Stimme, die es in die Wiege mitgebracht, die Wahlstimme sei, und dasselbe Mitglied hat auch hier ausgesprochen, daß die Bedingungen für das Stimmrecht so gestellt werden müssen, daß sie Jedem zugänglich sind. Das Wahlrecht darf kein Vorrecht sein, weder für den Besitz von beweglichem oder unbeweglichem Vermögen, noch für den Besitz der Ueberzahl, und wenn ich die Schmeicheleien höre, die jetzt so häufig der Masse gemacht werden, die Tugenden, die man ihnen zu ihrem eigenen Erröthen beilegt, so möchte ich eine solche Schmeichelei nicht minder unwürdig finden, als das Knien vor dem Throne eines gekrönten Hauptes. Aber gerade, weil wir in einer neuen Gestaltung begriffen sind, glaube ich auch nicht, daß wir das Wahlgesetz, wie es aus der Berathung hervorgehen wird, in die Verfassung aufnehmen sollen. Ich bin zwar nicht einverstanden mit dem Antrage, das Wahlgesetz nur für eine Versammlung zu machen, aber ich würde auch nicht dazu rathen, es mit den erschwerenden Formen zu umgeben, welche für die Abänderung der Verfassung festgestellt worden sind. — Die Bedingungen für die Ausübung des Stimmrechts, welche hier vorgeschlagen werden, bestimmen das Lebensalter, ein Alter von 25 Jahren, nach einem Minoritätserachten von 21 Jahren, die Unbescholtenheit oder Ehrenhaftigkeit, und endlich die Selbstständigkeit. Gegen die Festsetzung eines bestimmten Lebensalters ist wenig eingewendet worden, mehr Verschiedenheit zeigt sich schon bei der Bestimmung des Begriffs von Unbescholtenheit, die größte Verschiedenheit bei jener der Selbstständigkeit, so daß Manche, und wie ich höre, auch der letzte Antrag vorgezogen hat, die Worte fallen zu lassen, während sie doch die Sache beibehalten. Daß außer einem gewissen Lebensalter und neben der Ehrenhaftigkeit noch irgend etwas erforderlich ist, um die Befugniß zur Abgabe der Wahlstimme zu erlangen, darüber sind die Meisten einig, und dieses dritte, definire man es, wie man wolle, das ist eben die Selbstständigkeit, mögen nun ihre Kennzeichen gesucht werden in der Entrichtung einer gewissen Steuer oder in einem eigenen Hausstande oder in Besitz oder Einkommen. Auch Herr Jahn, welcher gegen das Wort Selbstständigkeit geeifert, hat doch die Sache verlangt; er hat einen eigenen Hausstand und die Erfüllung der Wehrpflicht verlangt, und er hätte auch für den Eintritt in diesen Senat, wie für den in Rom, noch einige Feldzüge verlangen können, wenn in Deutschland so selten wie in Rom der Janustempel geschlossen wäre. Man hält jetzt noch fest an der Bedingung des Lebensalters, der Ehrenhaftigkeit und einer gewissen Selbstständigkeit. Wer weiß, wie bald man darüber hinausgehen wird, wie bald diejenigen Meinungen, die sich in einem auf erwachsene Männer beschränkten Stimmrechte nicht genug vertreten glauben, in der Zahl der Ausgeschlossenen Verstärkung suchen werden. Das allgemeine Stimmrecht im weiten Sinne trifft nur ein Fünftheil der Bevölkerung, und aus den übrigen vier Fünftheilen werden diejenigen sich Hülfe suchen, die mit dem einen Fünftheil nicht zufrieden sind. Es ist ja schon gesprochen worden von der Abgabe der Stimmen der Frauen, und ich sehe nicht ein, warum man nicht auch die Jugend stimmen lassen sollte. Ist doch schon behauptet worden, daß die Fähigkeit, auf Barrikaden zu stehen, als ein Zeichen der Selbstständigkeit und als Anspruch auf das allgemeine Stimmrecht gelten solle, und bekanntlich waren die gamins nicht die letzten, die auf den Barrikaden standen, und es fehlt nicht an Wahlcandidaten, die auf das Vertrauen der Knaben vorzugsweise werden zählen können. Ich glaube auch, man wird einen Unterschied machen müssen, je nach dem Kreis, für welchen die Wahl vorgenommen wird. Ein anderes ist es, wenn die Wahl vorgenommen wird für einen Ort oder einzelnen Bezirk, für einen einzelnen Staat oder für ganz Deutschland, für das Volkshaus. Nach meiner Meinung sollte Niemand von der Theilnahme an einer Wahl ausgeschlossen werden, deren Zweck er erkennen kann, und wenn er Kenntniß hat von der Person, der er seine Stimme gibt. Ich bin daher ganz zufrieden mit den Bedingungen eines Lebensalters von 25 Jahren, der Ehrenhaftigkeit und des in § 11 beigefügten festen Wohnsitzes; ich verlange weiter keine Beschränkung, wenn die Theilnahme an den Wahlen eine mittelbare sein soll, wenn man indirect wählen will. Ich vertraue, daß der Wille für das allgemeine Wohl auch bei den Wahlen, zu wirken, in der großen Mehrheit des Volkes liegt und sich bethätigt, so weit die Einsicht des Einzelnen reicht. Ich vertraue vollkommen auf diese Einsicht bei den indirecten Wahlen. Dabei kennt Jeder die Männer, auf deren Gesinnung und Befähigung er Vertrauen hat. Wo dagegen der Zweck, für welchen gewählt wird, und wo die Person, die im Vorschlage ist, dem Kreise des Einzelnen ferner liegt, da fängt der Spielraum für die Verleitung, die Irreleitung der Wähler an. Will man direct wählen lassen, dann bin ich für irgend eine Bestimmung der Selbstständigkeit, und ich könnte mich am ehesten denjenigen anschließen, die einen mäßigen Census verlangen. Ich gestehe zwar, daß es schwer ist, hierin das richtige Maaß zu treffen, daß es schwer ist, das Einkommen zu ermitteln oder bei der bis jetzt noch vorhandenen Verschiedenheit der Systeme der directen Besteuerung in Deutschland einen Steuersatz zu finden, der in den einzelnen Theilen Deutschlands die gleiche Wirkung hätte. Ich möchte Ihnen daher vorschlagen, Beides zu vereinigen, um jede Ausschließung zu umgehen. Ich möchte Ihnen den Antrag unter Ziffer 15, der von Herren Veit, Plathner, v. Keller, Teichert und Anderen gestellt ist, empfehlen, der so lautet: „Die Zahl derjenigen, welche die Wahl des Abgeordneten vornehmen, beträgt in jedem Wahlbezirke (s. § 10) ein Zehntel der Wahlberechtigten. — Die eine Hälfte dieser Zahl besteht aus denjenigen, welche im verflossenen Steuerjahre in ihrem Wahlbezirke die höchste directe Staatssteuer entrichtet haben. — Die andere Hälfte wird von den übrigen Wahlberechtigten des Wahlbezirks aus ihrer Mitte gewählt. — Welche Steuern zu den directen zu rechnen oder denselben gleich zu achten sind, bleibt der Bestimmung der einzelnen Staaten überlassen.“ Ich gebe anheim, ob man die Gleichheit hier beibehalten, oder ob man nicht die Zahl derjenigen, die kraft ihrer Steuerzahlung wählen, vermindern und die Zahl der übrigen, die durch Wahlmänner Theil nehmen, vermehren will. Ich werde für einen solchen Antrag um so lieber stimmen, je mehr er sich dem indirecten Wahlverfahren nähert. Nach diesem Antrag würde in einem Bezirke von 100,000 Seelen Folgendes geschehen. Es werden sich etwa 20,000 erwachsene Personen männlichen Geschlechts in einem solchen Bezirk befinden. Von diesen 20,000 nehmen 2000 an der Wahl unmittelbar Theil, 1000, oder, wenn Sie wollen, weniger, welche die höchsten Steuern entrichten, die übrigen 1000, oder, wenn Sie wollen mehr, gewählt von den 19,000, die nicht unmittelbar Wähler sind. Damit vermeiden Sie die Ausschließung ganzer Classen oder der geringer Besteuerten. Damit gleichen Sie die Interessen aus des Vermögens, des Erwerbs und der Kopfzahl. Ich gehe nicht so weit in der Beschränkung, wie die französischen Verfassungen vom Jahre 1791 und 1795, die schon für die Urwahlen einen Census verlangten, nachdem das allgemeine Stimmrecht von 1793 seine Probe abgelegt hatte. Man hat gegen den Census gar Vieles angeführt, darunter auch die Wahlen in die preußischen Kammern. Meine Herren! Ich weiß nicht, welche Partei mit der Zusammensetzung der zweiten preußischen Kammer zufrieden ist, aber das weiß ich, daß wenn man nach dem Ausfall einer Wahl das Gesetz beurtheilt, man sich auf einen Parteistandpunkt stellt, der nicht der richtige ist, und daß leicht der Fall eintreten könnte, daß aus den Massenwahlen eine servile Kammer hervorgeht. Man hat solche Beispiele schon gehabt. Die französische Pairskammer hat die Preßfreiheit gerettet gegen die servile Deputirtenkammer, die übrigens nicht aus der allgemeinen Wahl hervorgegangen war. (Eine Stimme auf der Linken: Sehr richtig, ganz gut!) Man hat auch die Autorität des Herrn v. Rotteck zurückgewiesen. Man hat seinen Ausspruch für den Census damit zurückgewiesen, daß man sagte, Rotteck war auch gegen die Emancipation der Juden. Das ist richtig, und neben Rotteck standen in Beziehung auf die Emancipation der Juden die hervorragendsten Volksmänner seiner Zeit. Rotteck sagte, mein Volk will die Juden nicht, Rotteck fürchtete, der Regierung durch die Emancipation der Juden eine servile Masse für den Staatsdienst hinzuwerfen. Er stand auf dem Parteistandpunkt. Er sagte aber ferner, und ich habe es von ihm gehört: „Emancipiren wir die Deutschen und dann die Juden gleich mit." Wohlan, die Deutschen haben sich emancipirt und die Emancipation der Juden findet keinen Widerstand mehr. Ebenso würde es sich verhalten, wenn Rotteck heute noch lebte und über den Census zu sprechen veranlaßt wäre. Er hat den Census empfohlen, weil die allgemeinen Wahlen servile Kammern geliefert haben. Ich glaube, er würde heute die indirecten Wahlen nicht mehr verwerfen, er würde sie einem Census vorziehen. Man hat endlich die Beispiele abgelehnt, die hergenommen worden sind aus der Geschichte und von freien Staaten der Neu eit. England gilt nichts, seine Zustände sind faul; Frankreich leidet an dem Erbe der Monarchie; Nordamerika lassen wir nicht gelten, es hat noch Sclaven; Belgien auch nicht, da wird das allgemeine Stimmrecht aufbewahrt als Köder für den Clerus bei der nächsten Krise; Norwegen — ich weiß nicht, was man dagegen angeführt hat — ich glaube, dort wählen nur aristokratische Bauern. Endlich ist man stehen geblieben bei der Schweiz: die hat keinen Census. Ja, meine Herren, es ist schwer, die directen Steuern als Kennzeichen eines Besitzes anzunehmen, wo directe Steuern nicht bestehen. Aber daß man in der Schweiz den Besitz oder Erwerb als Bedingung an das Wahlrecht knüpft, ist richtig, wenigstens für einen großen Theil, denn wenn man von der Schweiz spricht, muß man auch sagen, von welchen Theilen, da die verschiedensten Einrichtungen dort anzutreffen sind. In dem größeren Theil der Schweiz also ist die Bedingung zur Ausübung des Wahlrechts das Gemeindebürgerthum. Wer außer seiner Bürgergemeinde wohnt, hat einen Besitz nachzuweisen oder einen Pachtzins oder einen Erwerb. Hiervon ausgenommen sind aber diejenigen, welche einen wissenschaftlichen Beruf üben; ja, ich kenne einen Bezirk, wo von der Vermögensnachweisung ausdrücklich die Professoren ausgenommen sind. (Heiterkeit; — eine Stimme auf der Linken: Ganz falsch!) Ich kann es beweisen. — Ich bin weit entfernt, dem Verfassungsausschuß den Vorwurf zu machen, daß er Menschenrechte, daß er Freiheitsrechte habe verkümmern wollen. Ich bin vielmehr darin mit ihm einverstanden, wenn er die directen Wahlen statuirt, daß außer einem bestimmten Lebensalter und der Ehrenhaftigkeit noch ein weiteres Zeichen der Selbstständigkeit nöthig ist. Doch möchte ich nicht ganze Classen ausschließen und ihre Selbstständigkeit in Frage ziehen. Nein, ich werde mich, wenn man directe Wahlen will, für einen mäßigen Census entscheiden. Ich hoffe jedoch, daß der Antrag durchgehen wird, den ich stelle, durch welchen Niemand ausgeschlossen wird, durch den aber verhütet wird, daß das geringe Maaß der Befähigung durch die Ueberzahl überwiege. Dadurch, glaube ich, wird der allgemeine Wille eher zur Geltung kommen, welchen Rousseau so scharfsinnig unterschieden hat von dem Willen aller Einzelnen. Man hat es dem Ausschuß zum Verdienst angerechnet, daß er die Lüge des Constitutionalismus aufgedeckt habe. Aber, meine Herren, welche Wahrheit steht denn dieser Lüge entgegen? Dehnen Sie das Stimmrecht noch so sehr aus, so werden Sie es doch beschränken auf ein Fünftel der Bevölkerung: die Mehrheit besteht dann etwa aus drei Zwanzigsteln, oder einem Achtel; das ist Ihre Mehrheit, selbst dieser Mehrheit sind Sie nicht sicher, wo sie nicht unmittelbar, sondern durch eine Vertretung stimmt. Mit der Mehrheit der Volksvertretung zu regieren, das ist die einzige Wahrheit; Sie können aber nicht wissen, wie die Mehrheit, die außerhalb dieser Vertretung steht, in jeder einzelnen Frage stimmen würde. Wir können zum Glücke in Deutschland weit gehen mit dem Stimmrecht, und wir wollen weit gehen. Ich hoffe auch, wir werden keine erschwerende Form für das Wahlgesetz annehmen, sondern die Gesetzgeber, die nach uns kommen, in die Lage setzen, ohne Erschwerungen weiter zu gehen in dem Maße, wie sich die Einsicht und Bildung verbreitet. Wir wollen keine Vorrechte für einzelne Stände, wir wollen keine Vorrechte für den Besitz, aber auch keine Massenherrschaft, die durchaus nicht der Ausdruck des Volkswillens ist und die auch durchaus nicht die Freiheit sichert, sondern zum Despotismus führt. Damit der wahre Volkswille zur Geltung komme, meine Herren, müssen Sie die Wahlfreiheit, wie jede andere Freiheit organisiren. Man spricht von Gewerbefreiheit, und die Masse von Gewerbtreibenden weist diese Gewerbefreiheit zurück, wenn sie ihr nicht zu gleicher Zeit eine schützende Organisation zur Seite stellen. Man spricht von Handelsfreiheit, und die Masse der Arbeitenden, welche die Waaren hervorbringen, weist sie zurück, wenn Sie nicht zu gleicher Zeit einen angemessenen Schutz für ihr Interesse geben. Ebenso, meine Herren, wenn Sie von der Wahlfreiheit sprechen, so sorgen Sie auch dafür, daß sie organisirt werde, und geben Sie dieser auch ihren Schutz, sonst werden aus Ihrer ungeschützten Wahlfreiheit keine freien Wahlen hervorgehen. (Beifall auf der Rechten und im Centrum.)

Wiesner von Wien: Meine Herren, das Wahlgesetz, dem diese hohe Versammlung ihren Ursprung verdankt, ist einstimmig angenommen worden, dennoch sehen wir, daß Mitglieder, welche zu diesem herrlichen Gesetze, dem Paladium der Volksfreiheit, mitgewirkt haben, sich jetzt gegen dasselbe einschreiben ließen. Wir, meine Herren, wir gehen von einer andern Ansicht aus, wir wollen das Wahlgesetz des Vorparlaments verbessern; deßhalb haben wir mit vielen Genossen folgenden Antrag gestellt: „Wähler ist jeder Deutsche, welcher das 21. Lebensjahr zurückgelegt hat". Wir sind, meine Herren, von der Ansicht ausgegangen, daß, da bereits schon nach dem alten Sachsenspiegel der Deutsche mit 21 Jahren volljährig ist, da unsere Jünglinge mit 21 Jahren die Universität verlassen, und mit mannigfaltigen Diplomen ausgerüstet werden, die sie als Weise im Rechte, als Weise in der Arzneiwissenschaft, als Weise in der Weltweisheit in die Welt führen, daß diese Weisen doch auch die Fähigkeit haben müssen, um zu erkennen, ob Einer ein tüchtiger Volksvertreter sein könne oder nicht. Wir haben uns sehr verwundert, daß die Herren Professoren, die bereits sehr viele solche Diplome ausgefertigt haben, nun ihren früheren Schülern diese Fähigkeit absprechen wollen. Meine Herren, die Wehrpflicht beginnt bei uns mit dem 19. Jahr, in den übrigen Staaten meist mit dem 21. Jahre; unserem Heere wird die Selbstständigkeit der Nation anvertraut, es muß für die Ehre und für die Unabhängigkeit des Volkes gegen den äußeren Feind kämpfen. Ist dieß nun der Fall, so frage ich, wie können wir diesen selbstständigen Leuten, die einer Batterie unerschrocken entgegen gehen sollen, wie können wir diesen zumuthen, daß sie in einer Wahlversammlung wegen unreifen Alters nothwendig fehlgreifen werden. Ich gestehe, daß ich eine solche Zumuthung nicht begreife. (Zur Rechten sich wendend.) Meine Herren, Sie kämpfen für die Monarchie auf der breitesten Grundlage, auf der breitesten demokratischen Grundlage. Wenn nun Staatsbürger mit dem 18. Jahre, in einigen Staaten sogar mit dem 16. Jahre befähigt sind, über Millionen zu herrschen, so frage ich Sie, was soll aus der Demokratie werden, wenn Deutsche mit dem 21. Jahre noch nicht wahlberechtigt sein sollen. — Was den § 2 betrifft, so gibt die Gruppirung der verschiedenen Kategorien der Selbstständigkeiten zu mancherlei Bedenken Anlaß. Personen, welche unter der Curatel stehen, sollen ausgeschlossen werden, aber wie ich es verstehe, darf dieß bloß dann geschehen, wenn die Curatel wegen Blödsinn oder andern persönlichen Unfähigkeiten verhängt ist, nicht aber, wenn die Curatel verhängt ist über erklärte Verschwender. Meine Herren, wir wissen aus der Geschichte, daß die genialsten Staatsmänner Verschwender waren. Diese offenbare Verschwendung, die man einem Fox, Mirabeau, in der neuesten Zeit einem Gentz und Andern zum Vorwurf gemacht, hat sie doch nicht vor dem Richterstuhle der Regierungen und der öffentlichen Meinung gehindert, die Schicksale der Völker zu lenken. Was nun die Verfügung betrifft, daß Jene unselbstständig und von der Wahl ausgeschlossen sein sollen, über deren Vermögen der Concurs oder Fallitzustand gerichtlich eröffnet worden ist, so muß ich bedenken, daß man in den Concurs verfallen kann durch unverschuldetes Unglück, durch unvorhergesehene Ereignisse, folglich ohne Schuld; und daß man in Concurs verfallen kann durch Leichtsinn und durch betrügerische Manipulationen. Derjenige, der unverschuldet in diese harte Lage gerieth, verdient nicht, daß wir ihm sein Schicksal noch verbittern, und ihm die Wahlberechtigung entziehen; nur denjenigen muß die Strafe treffen, der durch Leichtsinn und betrügerische Absicht in Concurs verfallen ist. — Was die Punkte 2, 3, 4 und 5 betrifft, so muß man bedauern, daß sie nicht offen aussprechen, was hinter ihnen verborgen liegt. Ein Gesetz erregt gleich von vorne herein Verdacht und Erbitterung, wenn es seine Tendenz nicht offen ausspricht. In vier Punkten verkleidet sich hier die Absicht, einen Census einzuführen. Es wäre aufrichtiger, es wäre der Würde der gesetzgebenden Versammlung angemessener gewesen, wenn man offen gesagt hätte, was man beabsichtigt. — Man hat hier gesagt, daß in Nordamerika, wie in England die Staatsbürger stolz seien, Steuern zu bezahlen. Meine Herren, wir sind in Deutschland noch nicht so weit im Gemeinsinn vorgerückt, daß man auch bei uns stolz wäre, Steuern zu bezahlen. Werfen Sie einen Blick in Hoffmanns Werk über die Steuern in Preußen, so stoßen Sie auf eine Menge Klagen über die der Klassensteuer unterworfenen Steuerpflichtigen, die fortwährend mit der Steuerbehörde im Hader liegen, um in eine niedere Classe der Steuer herabgesetzt zu werden. Dasselbe ist bei uns in Oesterreich der Fall, wo eine Erwerbsteuer besteht, welche sich stufenweise von fünf Gulden bis zu 1500 Gulden erhebt. Ich nehme aber an, daß unsere besitzenden Steuerpflichtigen wirklich den Stolz haben, Steuern zu bezahlen, dann bemerke ich, die Taglöhner, Fabrikarbeiter und Hülfsarbeiter verdienen auch, daß man sie diesen Stolz genießen lässe. Sie zahlen nach den Lehren der Finanzmänner, nach der Erfahrung der Steuerbeamten, viel mehr an Abgaben als die besitzenden Classen. Widerstreben aber die unteren Classen der Steuerpflicht? Keineswegs. Der Widerstand erfolgt immer nur von den höheren, von den besitzenden Ständen. Wenn aber der Arme auch stolz sein wollte auf die Abgaben, die er im Schweiße seines Angesichts zahlt, er könnte es nicht. Man hat ihm ja seine Steuern in einer Gestalt zugemessen, daß er ganz und gar nicht berechnen kann, wie viel er des Jahres zahlt, und doch zahlt er bei jedem Bissen Brod, den er in den Mund steckt, bei jedem Trunke, mit dem er sich laben will. — Man hat sich gegen das allgemeine Stimmrecht so eben und früher wiederholt auf Belgien berufen. Meine Herren, ich wundere mich, daß man von dieser Seite (auf die Rechte deutend) hier immerwährend auf Belgien hinzeigt. Nach dem Zeugnisse der Geschichte waren die Belgier von jeher am meisten zu Aufständen für ihre Unabhängigkeit geneigt. Ich weiß nicht, ob Herr Bassermann die Belgier lobt, weil sie im sechszehnten Jahrhundert noch treu bei Spanien blieben, während die nördlichen Provinzen sich abrissen. Ich weiß auch nicht, ob Herr Bassermann die Belgier lobt, weil sich die Belgier 1790 gegen die wohlmeinenden Absichten des demokratischen Kaiser Joseph II empörten; ich weiß ferner nicht, ob Herr Bassermann die Belgier lobt, weil sie sich 1830 von Holland losrissen. Mir scheint es aber, diese Lobeserhebungen, diese Weihrauchwolken gelten Belgien, weil es 1848 keine neue Revolution machte. In dieser Hinsicht bedarf das Lob des Herrn Bassermann einer kleinen Berichtigung. Meine Herren! Als die Republik in Frankreich proclamirt war, da zuckte das Gewitter von dem Nachbarland tief in das Herz des freiheitliebenden Belgiens hinein. Sie werden sich wohl erinnern, daß damals sehr viele belgische Gendarmen an die Mündungen der Eisenbahnen eilten, um Emissäre abzuhalten, um die Bewegung nicht ins Land gelangen zu lassen. Dessenungeachtet verbreitete sich eine große Gährung im Lande, eine Gährung, welche König Leopold durch ein Zaubermittel, zu dem noch kein deutscher Fürst gegriffen, glücklich beschwichtigte. König Leopold versammelte seine Minister und sagte ihnen: „Wenn das Volk mich nicht will, so lege ich meine Krone nieder." Dieses hochherzige Zaubermittel beschwichtigte die Gemüther, und zwar um so mehr, als in Belgien der Constitutionalismus kein leeres Spielzeug ist, als in der belgischen Verfassung der Artikel: „Alle Staatsgewalten gehen vom Volke aus", eine Wahrheit geworden ist. — Der Herr Abgeordnete von Stadtprozelten hat sich auch auf die Athenienser berufen, um unwiderlegbar zu beweisen, daß das allgemeine Stimmrecht gefährlich sei. Bei diesem allgemeinen Stimmrecht sei es in Athen dahin gekommen, daß ein Aristides mittelst des Ostracismus oder Scherbengerichts gezwungen wurde, sein Vaterland zu verlassen. Meine Herren! Sie wissen, daß die neueren Geschichtsforscher und Alterthumskundigen den Ostracismus ganz und gar nicht verdammen, wie Herr Bassermann. Die Athenienser wußten, was sie thaten. Sie hatten erkannt, daß sie durch das Vertrauen zu ihren Obern um ihre Freiheit gekommen waren. Nach Rückgelangung ihrer Freiheit führten sie den Ostracismus ein. Wenn nun einer ihrer Staatsmänner den leisesten Verdacht auf sich geladen hatte, daß er gegen die Republik sei, so zog man vor, ihn zu verbannen, als das Vaterland einer Gefahr preiszugeden. Der Ostracismus, der hier so verworfen wird, ist, wie ich glaube, doch besser als das Standrecht, daß wir bei dem allgemeinen Stimmrecht genießen und genossen haben. — Man hat hier Vergleiche angestellt mit den Arbeitern von England und Nordamerika. Meine Herren! Ich glaube diese Vergleiche haben keinen Bestand. Es ist eine ungeheure Kluft zwischen dem Loose des englischen und nordamerikanischen und dem Geschicke des deutschen Arbeiters. Sie werden das erkennen, wenn Sie den Unterschied im Tagelohn ermessen, wenn Sie erwägen, daß in Nordamerika die Erwerbsquellen noch unversiegt sind. — Meine Herren! Sie wollen die deutsche Arbeit schützen, wie ist dieß aber möglich, wenn Sie den Arbeiter, statt ihn zu erheben, in die Kaste der politischen Heloten werfen, wenn Sie ihm das heiligste Grundrecht der Freiheit, die Wahlberechtigung, entziehen?! — Man hat sich auch auf die Junirevolution in Paris berufen, um zu zeigen, daß das allgemeine Stimmrecht keinen Talisman gegen die Revolution darbiete. Meine Herren, blicken Sie zurück, was nach Proclamirung der Republik in Frankreich für das Volk geschehen ist. Man hat das Heerwesen, das den Staatsschatz so sehr belastet, bestehen lassen, man hat das Beamtenheer nicht decimirt, man hat die Gesellschaft von allen den Uebeln, an welchen sie krankte, nicht geheilt. Zwei Maßregeln aber hat man ergriffen, um die herrschenden Uebel zu vermehren, die getäuschten Hoffnungen noch mehr herabzustimmen. Man hat eine Mobilgarde geschaffen, das heißt, man hat aus den Freiheitsstreitern des Februar bewaffnete Polizisten gemacht. Man hat auf der andern Seite für die Arbeit Treibhäuser errichtet, da doch die Erfahrung lehrt, daß nur die freie Arbeit gedeihen kann. (Auf der Linken: Hört!) Meine Herren! Es ist noch nicht lange her, da eilte der Abgeordnete von Halberstadt — es war gerade die Rede von dem Antrage des Abgeordneten Riehl über vorzunehmende Neuwahlen — mit rührender Sorgfalt auf diese Tribüne und rief Ihnen zu: „Meine Herren, Sie unterschreiben Ihr Todesurtheil, wenn Sie diesen Antrag annehmen!“ Damals scheuten wir uns, vor unsere Wähler zu treten, und heute treten wir gegen die gefürchteten Wähler auf, und wollen Ihnen Ihre Wahlberechtigung entziehen! Ich gehe nun zu § 3 über . . . (Mehrfacher Zuruf: § 3 steht nicht in der Discussion, Schluß! Schluß!)

Vicepräsident Kirchgeßner: Meine Herren, Sie wissen doch wohl, daß der Ruf nach Schluß nicht berücksichtigt werden kann, am allerwenigsten während des Vortrags eines Redners; es ist dem Redner schon bemerkt worden, daß die Discussion sich nur auf die Paragraphen 1 und 2 erstreckt. Ich bitte fortzufahren.

Wiesner: Ich kehre zu Paragraph 1 und 2 zurück. — Meine Herren, es ist in der Geschichte noch nie erlebt worden, daß man für eine Unterstützung der Staatsbürger ihnen ihre heiligsten Rechte entzieht. Die griechische wie die römische Geschichte gibt uns ganz andere Fingerzeige. In Athen gab Solon, als die Schulden der niederen Bürger nach und nach anwuchsen und sie von den Reichen deßhalb gedrängt wurden, das Gesetz, daß die Schuldscheine der Proletarier zerrissen werden sollten, und, meine Herren, das geschah, ohne daß man den Bürgern irgend ein Freiheitsrecht verkümmerte. In Rom fand dieses Beispiel später Nachahmung. Sie wissen, daß die römischen Proletarier, von ihren Gläubigern unbarmherzig bedrängt, sich auf den heiligen Berg zurückzogen. Der Erfolg dieses Schrittes war, daß die Patricier nun einsahen, daß sie ohne die Dienste der Proletarier unselbstständiger seien als diese selbst. Das Endresultat war, daß die Schuldbriefe hier ebenso, wie in Athen, zerrissen, und die Armen von ihren Drängern befreit wurden. Sie, meine Herren (zur Rechten gewandt), Sie haben die Schuldbriefe der Proletarier noch nicht eines Blickes gewürdigt (Gelächter auf der Rechten), Sie haben ihre Lasten noch nicht vermindert und dennoch wollen Sie ihm ihr heiligstes Recht, die Wahlberechtigung, entziehen! Wenn Sie diesen Schritt wagen, wenn Sie dem größten Theile der deutschen Bevölkerung das Recht entziehen, das ihm das Vorparlament gegeben, wenn Sie so viele Millionen in die Classe der politischen Parias werfen, dann, meine Herren, wird unser Volk auch einen heiligen Berg finden, wo es zeigen kann, daß es so selbstständig ist, um sein Recht kräftig zu wahren. (Stimmen auf der Linken: Bravo!)

Vicepräsident Kirchgeßner: Ich muß einen neuen Verbesserungsantrag verlesen: eventuelles Unteramendement des Abgeordneten Höfken zu dem Verbesserungsantrage des Abgeordneten Beseler von Greifswald:

„§ 1 möge heißen bei Punkt 2:

Wähler ist jeder Deutsche, welcher

2) entweder

a) irgend einen directen Steuerbetrag entrichtet, oder

b) ein jährliches Einkommen von 200 Gulden rhein., oder

c) ein Grundeigenthum zum Werthe von 50 Gulden rhein. hat.“

Das Wort hat Herr v. Gagern von Darmstadt.

v. Gagern von Darmstadt: Die wichtige Discussion über das Wahlgesetz hat so lange gedauert, daß es jetzt nur noch schwer fallen kann, neue Argumente vorzubringen. Indem ich das Wort ergreife, werde ich dazu hauptsächlich veranlaßt durch den Aufruf der von einem früheren Redner gemacht worden ist, daß die Offenheit erfordere, in dieser wichtigen Frage keinen Zweifel über die Gesinnung zu lassen, — und ich entspreche diesem Aufruf. Ich gehöre der Partei an, die glaubt, daß das allgemeine Stimmrecht mit den Forderungen an das gemeine Wohl nicht verträglich sei. Ich enthalte mich der Ausführung, daß das allgemeine Stimmrecht nicht zum Inbegriff eines jeden Menschen- und Bürgerrechtes gehöre, — es ist dieses von Rednern vor mir ausgeführt worden. Ich weise die Behauptung zurück, daß das Bedürfniß einer Beschränkung des allgemeinen Stimmrechts die Folge sei derjenigen Verfassungsform, die wir anstreben. Herr Vogt war es, der den Vorschlag zur Beschränkung des allgemeinen Stimmrechts als die Lüge des Constitutionalismus bezeichnete. Meine Herren, ich habe eine viel zu hohe Achtung vor dem Wissen und Talente des Herrn Vogt, als daß ich glauben sollte, er selbst sei unklar in Begriffen; wir haben die Beweise des Gegentheils oft hier gehört; aber es ist nicht gut, wenn man die Begriffe, die man selbst klar in sich trägt, in unklarer Weise entwickelt, und zwar entwickelt, um zu Massen zu sprechen, die dadurch irre geführt werden könnten. (Beifall auf der Rechten. — Zischen auf der Linken.) Meine Herren, was heißt denn das, Lüge des Constitutionalismus? Will etwa Herr Vogt keinen Constitutionalismus, und selbst diejenigen, die die Staatsform der Republik anstreben, wollen sie keinen Constitutionalismus, keine Constituirung der Republik? (Mehrere Mitglieder der Linken lachen.) Meine Herren, ich lasse Ihnen die Freiheit, hernach zu lachen, aber erst bitte ich Sie, mich zu hören. Wenn Herr Vogt sich dahin ausgedrückt hätte, es sei die Lüge des Repräsentativ-Systems, das würde ich verstanden haben, und es ist selbst richtig, daß jedes Repräsentativ-System auf der Fiction beruht, daß die Vertreter im Sinne und Interesse der Vertretenen handeln, und so konnte jener Ausdruck, wenn er Maß hielte, verstanden werden. Das Repräsentativsystem ist aber der Republik wie der Monarchie eigen: es ist in beiden dasselbe. Wo nicht Staatsverhältnisse bestehen, in denen jeder Bürger unmittelbar an der Staatsgewalt Theil nehmen kann, wie dieß nur in den kleinsten Staaten möglich ist, da tritt nothwendig die Vertretung für die Ausübung der Staatsgewalt ein, das Repräsentativsystem, in der Republik wie in der Monarchie. Für beide Staatsformen besteht dasselbe Bedürfniß, diese Vertretung in einer Weise herbeizuführen, daß die Lüge nicht bestehe, die Fiction zur Wahrheit werde, und das ist die Aufgabe des Wahlgesetzes. Und nun fragt es sich, bei welchen Bestimmungen des Wahlgesetzes besteht die Lüge und wie wird sie möglichst entfernt? (Stimmen von der Rechten: Sehr gut!) Meine Herren, ich bin gegen den Vorschlag des Ausschusses, ganze Berufskategorien von der Ausübung des Wahlrechtes auszuschließen. Es gibt zwei Wege, diejenigen Garantien für die Ausübung des Wahlrechtes zu gewinnen, die das Gemeinwohl für jede Form der Staatsverfassung, in der Repräsentation bestehen muß, erfordert. Diese zwei Wege sind: die indirecten Wahlen und eine sociale Stellung desjenigen, der das Wahlrecht ausüben soll, bei welcher ein reiferes Urtheil und höheres Interesse an dem Gemeinwohl nach Wahrscheinlichkeit vorausgesetzt werden kann. Der Verfassungsausschuß in seinem Bericht hat angeführt, daß er seinen Vorschlag der directen Wahlen nur im Zusammenhang mit seinen übrigen Vorschlägen stelle. Er hat also darauf hingewiesen, daß, wenn alle Beschränkungen des allgemeinen Stimmrechts fortfallen sollten, alsdann auch er — so wenigstens verstehe ich den Vorbehalt — auf das System der indirecten Wahlen kommen würde bei der zweiten Lesung. Ich spreche mich dahin aus, daß, wenn das allgemeine Stimmrecht nur sehr unbedeutende Beschränkungen erfährt, das Gemeinwohl eine stärkere Garantie findet in dem System indirecter Wahl. Schlagen Sie aber den zweiten Weg ein, umfassendere Garantien für Ausübung des Wahlrechts durch Forderung eines Census, das heißt den Nachweis der Zahlung einer bestimmten Quote von Abgaben oder eines bestimmten Vermögens oder Einkommens zu fordern, dann würde ich mich für das System der directen Wahlen entscheiden. Diese Erklärung veranlaßt mich, eine frühere Meinungsäußerung zu erläutern, um damit nicht im Widerspruch zu erscheinen. Ich habe als großherzoglich hessischer Staatsdiener das System der indirecten Wahlen bei Vorlage des Gesetzes, wonach dort zu dieser hohen Versammlung gewählt worden ist, in Vorschlag gebracht, und ich habe mich der Zustimmung der Kammern für diesen Vorschlag zu erfreuen gehabt. Ich wurde damals über diesen Vorschlag heftig angegriffen. Auch solche Männer, die in späterer Zeit in diesem Hause einer andern Partei angehörten, haben damals mit mir für das System der indirecten Wahlen gestimmt. — Aus der großen Anzahl der Verbesserungsanträge, die gegenwärtig uns vorliegen, habe ich ersehen, daß bei mehreren Fractionen die gleiche Richtung besteht, lieber zu dem System der indirecten Wahlen zu kommen. Gestatten Sie mir, daß ich Ihnen kurz die Gründe entwickele, die mich für das System der indirecten Wahlen damals bestimmt haben und auch jetzt noch bestimmen würden, wenn die Zahl der Wähler so groß werden sollte, daß es unmöglich würde, daß sie gemeinsam den Act der Wahl vornehmen könnten. Da ich meine Ansicht jetzt nicht besser entwickeln könnte, als ich dieß früher that, so erlauben Sie mir, daß ich Ihnen vorlese, was ich früher geäußert; und ich bitte den Herrn Präsidenten, die hohe Versammlung um diese Erlaubniß zu befragen.

Vicepräsident Kirchgeßner: Es wird von der Versammlung nichts dagegen erinnert werden? (Viele Stimmen: Nein!)

H. v. Gagern: Folgendes habe ich damals zur Vertheidigung des Systems der indirecten Wahlen gesagt: „Handelt es sich von directen oder indirecten Wahlen, so scheint mir dabei, wie bei der Ausübung aller wichtigen Volksrechte, die Aufgabe zu sein, solche in der Art zu sichern, daß der Gesammtwille der Nation sich äußere. Es gibt kein wichtigeres Volksrecht, als das der Wahl und namentlich das der Wahl für den Zweck des proponirten Gesetzes, zu der den künftigen Zustand Deutschlands constituirenden Versammlung." — „Ich gehe mit dem Gesetzentwurf davon aus, daß bei der Ausübung politischer Gesammtrechte eine Verständigung unter denen stattfinden müsse, welche diese Gesammtrechte auszuüben haben. Bei den Wahlen ist es die Politik der Freiheit, daß directe Wahlen da stattfinden, wo eine directe unmittelbare Verständigung unter den Wählern möglich ist, daß dagegen indirecte Wahlen eintreten müssen, wo eine solche unmittelbare Verständigung nicht möglich ist. Die Freiheit besteht wesentlich in der freien Erörterung und Verständigung. Kann diese nicht unmittelbar unter den Berechtigten stattfinden, so tritt für die Ausübung des Wahlrechtes, wie für die Ausübung anderer Volksrechte das Princip der Repräsentation ein." Meine Herren, dieser Ansicht bin ich noch und das verderblichste aller Systeme, dasjenige, welches es unmöglich macht, den wahrhaften Ausdruck der Volksgesinnung kennen zu lernen, das wäre ein System directer Wahlen, wobei in einem großen Wahlbezirke, ohne Versammlung und Verständigung der Wähler, in jeder Gemeinde des Wahlbezirks, ohne daß die eine weiß, was die andere thut oder beabsichtigt, von den dort stimmfähigen Bürgern ein Abgeordneter gewählt würde. Was ist die Garantie für den Wähler, daß derjenige, den er wählt, in der Gesinnung und Richtung ihn vertrete, die er beabsichtigt? Es muß in der Regel ein unmittelbares, persönliches Verhältniß eintreten zwischen dem Wähler und dem Gewählten. Wie ist es in einem großen Wahlbezirke von 100,000 Seelen, wie ist es da möglich, daß dieses persönliche Verhältniß schon durch die Wahl begründet werde, wenn in jeder Gemeinde abgesondert gewählt wird? Entweder findet diese Wahl an demselben Tage statt. Nun, dann ist es ja dem, der als Candidat auftreten will, ganz unmöglich, sich seinen Wählern an diesem Tage in jeder Gemeinde vorzustellen; er kann nicht überall sein; er müßte denn Wochen lang vorher Rundreisen gemacht haben, um der Stimmen der Wähler sich zu versichern, und auch das ist nicht dasselbe. Bei solchen Besuchen in den einzelnen Gemeinden ist es schwer, die Wähler zusammenzubekommen, er wird wohl nur die Partei sehen, bei welcher für ihn vorgearbeitet worden ist. Er muß sich aber nicht bloß der Partei, er muß sich der ganzen Wählerschaft vorstellen. Jenes unmittelbare Verhältniß zwischen Wähler und Gewählten herzustellen, ist die Bedingung der Wirksamkeit des Gewählten. Soll die Wahl nicht an demselben Tage in allen Gemeinden stattfinden, dann wäre in einem so großen Wahlbezirke dem Candidaten, der auftreten will, die Bürde auferlegt, Wochen lang umherzureisen, um dem Wahlacte in jeder Gemeinde des Bezirks beizuwohnen und sich vorzustellen. Nur Wenige werden solche Bedingungen erfüllen können, und wir werden die Wahl dem Zufalle anheimgeben müssen oder aber der Betriebsamkeit der Parteien und der Wahlcomite's. Nun, meine Herren, diese Betriebsamkeit der Parteien, die wird zwar nicht ausbleiben, und es besteht die Berechtigung dazu. Aber, meine Herren, ein Gesetz sollte auf die Voraussetzung solcher Parteibetriebsamkeit nicht gestützt werden, es sollte auf eine solche Betriebsamkeit nicht als auf einen nothwendigen Organismus zählen, um zur Uebereinstimmung in den Wahlen zu gelangen. Das wäre kein gutes Gesetz, kein auf natürlichen Verhältnissen beruhendes. Soviel über directe oder indirecte Wahl. — Ich verzichte auf die indirecte Wahl und bekenne mich zu dem System der directen, wenn das Stimmrecht kein allgemeines ist. Aber die Vorschläge, welche vom Verfassungsausschuß ausgegangen sind, das Stimmrecht zu beschränken, mit diesen Vorschlägen bin ich nicht einverstanden. Ich kann das System nicht für ein richtiges erkennen, welches ganze Classen von Bürgern ihrem Berufe nach ausschließt. Ich theile die Ansicht nicht, daß Armuth und Unselbstständigkeit gerade nur in den Classen gefunden werden, welche der Verfassungsausschuß vom Stimmrecht ausschließen will, daß gerade durch diesen Ausschluß der Character der Selbstständigkeit für die übrigen gewahrt werde. Ich bin im Gegentheile mit den Ausführungen, die wir von dieser Tribüne wiederholt gehört haben, einverstanden, daß unter den Classen, die der Verfassungsausschuß ausschließen will, Kategorien sind, die vielleicht die socialen Bedingungen der Selbstständigkeit in höherm Grade in sich vereinigen als andere, deren Wahlrecht nicht in Frage gestellt wird. Aber ich weise den Vorwurf zurück, der dem Verfassungsausschusse dahin gemacht wird, als habe er die Arbeit durch diese Ausschließungen schänden wollen. Meine Herren, daran hat im Verfassungsausschusse Niemand gedacht und es ist kein gutes Mittel, durch solche Entstellungen die Vorschläge des Ausschusses zu verdächtigen zu suchen. Die Arbeit ist der Beruf aller Bürgerclassen, und es gereicht unsrer Nation zum Vorzuge und zur Zierde, daß die schwerste Handarbeit bei ihr stets am meisten geehrt wird. (Sehr gut!) Wo ist ein Nachbarstaat, wo ist ein Volk in der Welt, bei welchem die Landwirthschaft in dem Grade geehrt und geachtet ist als wie in Deutschland, wo der neue größtentheils freie Boden und freies Eigenthum von einer verhältnißmäßig so großen Zahl von Besitzern unmittelbar bearbeitet, bebaut und bewirthschaftet wird (sehr gut!), und wo ist eine Nation, wo der Fabrikarbeiter auf einer höheren Stufe steht als bei uns? Auch in England nicht: In England sind die Zustände der Fabrikarbeiter massenhaft genommen, häufig der traurigsten Art, und es würde uns empören, wenn wir unsere Arbeiter und ihre Familien in solchen Zuständen erblicken müßten. (Bravo auf der Rechten.) Der Zustand der Arbeiter ist im Ganzen genommen, bei uns ein befriedigender. Darum, meine Herren, erscheint es auch tadelnswerth, wenn man dem Bestreben gegenüber, Kategorien socialer Stellungen aufzuführen, die der Bürgschaft für eine bewußte Ausübung des Wahlrechts im Interesse des Gemeinwohls entbehren, wenn man von den Verfechtern des allgemeinen Stimmrechts dabei Vorwürfe gegen ganze Classen der bürgerlichen Gesellschaft schleudert, und die weniger bemittelten Classen zum Mißtrauen auffordert gegen die reicheren. Meine Herren! Es wurde der Ausdruck hier gebraucht, das Mißtrauen sei eine Pflicht der Freiheit. Das Mißtrauen gegen diejenigen, welchen die Leitung der Staatsangelegenheiten übertragen ist, eine strenge Prüfung und Ueberwachung ihrer Amtshandlungen, die dem Mißtrauen nahe kommt, das ist gerechtfertigt, nützlich; wie ich es selbst als Pflicht des Bürgers üben zu müssen glaubte, so finde ich natürlich, daß es gegen mich jetzt geübt werde. (Bravo!) Aber, meine Herren, das Mißtrauen ganzer Classen der bürgerlichen Gesellschaft gegen andere Classen aufzustacheln, das Aufstacheln des Mißtrauens der Nichtbesitzenden gegen die Besitzenden, indem man den Glauben nährt, als ob die Besitzenden der Verbesserung der Zustände der Nichtbesitzenden entgegen seien, das ist kein guter Weg; das Aufstacheln dieses Mißtrauens, meine Herren, ist ein Verbrechen gegen die Civilisation. (Bravo!) Ich fordere, damit der bürgerlichen Gesellschaft einige Garantie gegeben sei, die Ausübung des Stimmrechts werde im Interesse des Gemeinwohls stattfinden, dafür fordere ich keine solchen Bestimmungen, die ganze zahlreiche Classen ausschließen. Und noch einmal: wir sind glücklicher, als andere Nationen in unseren socialen Zuständen; bei keiner gibt es eine verhältnißmäßig größere Anzahl von Besitzenden, und darum bestehen auch weit weniger bei uns die schroffen Gegensätze von Reichthum und Dürftigkeit. Es ist eine ganz falsche Darstellung, wenn man das Proletariat als durch so viele Millionen repräsentirt den Besitzenden gegenüber darstellen will. Wir haben ein so zahlreiches Proletariat nicht, und selbst Männer von dieser Seite haben das wohl entwickelt, daß diejenigen wahrlich nicht zum Proletariat gehören, denen Wissen, Kunst und Geschicklichkeit Aussicht und Freiheit sichert, ein Vertragsverhältniß, sei es als Handwerker oder Fabrikarbeiter, Arbeit stets zu finden, und oft reichlichen Verdienst sich zu erwerben. Und Aehnliches ist bei den Dienstboten der Fall. Wir haben gar keine zahlreiche Dienstbotenclasse in irgend einem Theile von Deutschland, für welche dieses Dienstverhältniß ein bleibender Lebensberuf wäre. Die Dienstbotenbursche und Mädchen sind der größeren Zahl nach jüngere Leute, die in den ersten Jahren ihrer Volljährigkeit gern den Geburtsort verlassen und nach Außen gehen, um sich umzusehen und dereinst sich wieder als selbstständige Bürger zu fühlen. Sie finden solche Dienstboten aus ganz wohlhabenden Familien in den Landgemeinden, und wahrlich, es kommt Niemand in den Sinn, sie dem Proletariat zuzurechnen, weil sie ihr Interesse dabei finden und selbst ein Mittel der Bildung, daß sie oft für längere Jahre Dienste nehmen. Und der Fabrikarbeiter, der Handwerker ist am häufigsten der noch junge Mann, der in wenigen Jahren ein angesehener Bürger und Meister sein und sich freuen wird, daß man ihm nicht zu früh das politische Recht gegeben hat, das er bei reifem Alter und nach Begründung eines Nahrungsstandes mit Einsicht und mit Rücksicht auf das Gemeinwohl ausüben wird. (Bravo!) Das sind die Zustände unserer Arbeiterclassen. — Dieß sind die Gründe, meine Herren, — die andern sind schon zur Genüge entwickelt worden — die mich bestimmen für einen mäßigen Census zu stimmen, besonders für den Fall, wenn das System der directen Wahl aufrecht erhalten wird; und in dieser Beziehung werde ich mich zunächst an denjenigen Antrag anschließen, der heute erst vom Abgeordneten Herrn Beseler übergeben worden ist. — Meine Herren, ich schließe mit der Bemerkung: Wir haben die persönliche Freiheit in weitem Umfange, die politische Freiheit muß eine verhältnißmäßige sein, es wäre eine Anomalie, die politische Berechtigung zu einem Privilegium Weniger zu machen. Den Mittelclassen den überwiegenden Einfluß im Staat zu sichern, ist die Richtung unserer Zeit. Indem wir alle persönlichen Freiheitsrechte dem Individuum gewährt haben, das Associationsrecht, Preßfreiheit, vollste Gewissensfreiheit, was das Individuum nur verlangen kann, um sich geltend zu machen, und für die Ausübung der politischen Rechte die Bedingungen sich zu erwerben, so muß durch solche maßgebende Bestimmungen für eine weise Ausübung der politischen Rechte gesorgt werden, daß es auch dem Besitzer wohl sei in seinem Besitz, und er um so freudiger geneigt sei, die darauf ruhenden Lasten zu tragen, je sicherer er sich fühlt, und damit der Staat nicht bedroht sei durch einen Masseneinfluß, der unseren Zuständen nicht angemessen ist. (Anhaltend lebhafter Beifall auf der Rechten und im Centrum.)

Tellkampf von Breslau: Da es der Zufall will, daß ich einem so ausgezeichneten Vorredner folge, so kann ich nur zu sprechen wagen, indem ich auf Ihre gütige Nachsicht rechne. — Das Wahlgesetz steht an Wichtigkeit der ganzen übrigen Verfassung gleich und diese hohe Wichtigkeit verpflichtet mich, offen und parteilos meine Ansichten auszusprechen. Das Wahlgesetz bestimmt, welche Gewalten zur legalen Wirksamkeit bei der Gesetzgebung kommen sollen; dasselbe gibt der Verfassung daher Seele und Leben, indem es die handelnden Personen auf den Schauplatz ruft. — Ich erkläre mich hier ebenso entschieden gegen den § 2 des Wahlgesetzes, als ich es im Verfassungsausschuß gethan habe. Im § 2 wird vorgeschlagen, als nicht selbstständig von der Berechtigung zum Wählen auszuschließen: die Handwerksgehülfen, Fabrikarbeiter und Tagelöhner. Ich halte es für ungerecht und unpolitisch, ganze Classen oder Berufe von der Vertretung auszuschließen. Zieht man nach der Beschäftigung oder dem Berufe eine Scheidewand zwischen Wählern und Nichtwählern, so weckt man dadurch gegenseitigen Hader, macht die Ausgeschlossenen zu Feinden des Staats und streut den Saamen künftiger Revolutionen. Unsere Aufgabe ist, ein Wahlgesetz zu machen, welches dem Bedürfniß der Zeit entspricht und eine glückliche Zukunft verbürgt. Man darf sich nur darüber nicht täuschen, daß die Bewegung der letztern Zeit dahin gerichtet war, daß alle Classen die Berechtigung der Staatsbürger erwerben wollen. Diesem gegenüber bestimmt der § 2, daß die sogenannten arbeitenden Classen von den Wahlberechtigungen ausgeschlossen werden sollen. Betrachtet man einen solchen Vorschlag auch nur von dem Standpunkt der kalten Politik, so ist nicht zu verkennen, daß in der Zahl jener Classen ebensowohl eine Gewalt liegt, als in dem Grundbesitz und Capital der Reichen. Soll nun eine Vertretung ihrem Zwecke entsprechen, d. h. soll sie die Sicherheit des Staats und der Staatsangehörigen gegen Unrecht und Rechtsverletzungen begründen, so muß sie alle im Staate existirenden Gewalten umfassen. Selbst in einem despotisch regierten Staate könnte ein Herrscher nicht hoffen, dauernd und sicher zu regieren, wenn er nicht die Personen oder Classen, welche nach ihm die meiste Gewalt besitzen, an den Thron zu fesseln wüßte. In einem constitutionellen Staate müssen die im Staatsleben geltenden Gewalten zur legalen Vertretung kommen, damit sie legal und friedlich und nicht zerstörend wirken. Es ist vielfach von Frankreich im Laufe der Debatte die Rede gewesen; auch ich erinnere daran, zum Belege meiner Behauptung. Das Wahlrecht war dort bis zu der letzten Revolution auf diejenigen beschränkt, welche 82 Thaler an directen Steuern bezahlten. Die Zahl der Wähler bestand also ungefähr aus 100,000, bei mehr als 30 Millionen Einwohnern; es kamen ganze Classen und die Interessen derselben nicht zur Vertretung. Es war daher eine Explosion zu befürchten, und als Guizot eine umfassendere Vertretung hartnäckig verweigerte, so erfolgte, als die nothwendige Folge, die Revolution. Der umfassenderen Wahlreform in England dagegen, im Jahr 1832, folgten Ruhe und Frieden. Bekannt ist, daß in England alle Classen, nicht aber alle Menschen in jeder Classe die Wahlberechtigung besitzen, und daß ein geringes jährliches Einkommen erforderlich ist, um Wähler sein zu können. Die verschiedenartigen englischen Wahlbestimmungen haben den glücklichen Erfolg, daß Männer der verschiedensten Lebensstellungen und Berufe ihren Weg ins Parlament finden. Die verschiedenartigen Bestimmungen des englischen Wahlrechts gleichen einem unregelmäßigen gothischen Gebäude, welches von einer Reihe von Generationen nach dem Bedürfnisse der Zeit so gebaut ist, daß es sich in demselben behaglich und bequem wohnen läßt; wir dagegen haben einen Neubau in kürzester Zeit aufzuführen, wir haben daher den Plan der Vertretung mit um so ernsterer Sorgfalt zu erwägen. Eine gerechte Vertretung, wonach unter der ruhigen Majestät des Gesetzes die verschiedenen Parteien einer Nation sich auf dem legalen Boden des Parlaments bekämpfen, und die öffentliche Meinung sich aussprechen kann, gleicht dem Sicherheitsventil an dem constitutionellen Staatsschiffe. Schließt ein Capitain auf einem Dampfschiffe das Sicherheitsventil, wie dieß bisweilen bei Wettfahrten geschieht, und stellt sich etwa selbst darauf, so nennt man ihn einen tollkühnen Wagehals, und hier explodirt doch höchstens ein Schiff. Was soll man aber zu § 2 sagen, wonach das Sicherheitsventil der öffentlichen Meinung hinsichtlich einer großen Zahl der Bevölkerung nicht etwa temporär, sondern dauernd geschlossen werden soll, während doch aus besonderem Respect die Regierenden oben darauf gestellt werden? Der § 2 gefährdet die Sicherheit und Existenz des Staats, indem er die arbeitenden Classen zur Feindschaft gegen denselben veranlaßt. Menschenclassen, welche gänzlich die Berechtigung zum Wählen entbehren, sind factisch rechtlos, weil die Vertreter sich von ihnen nicht abhängig fühlen. Die Ausschließung einer ganzen Classe entwürdigt Alle; aber die Zulassung auch nur eines Theils der Classe gibt derselben ein Gefühl ihrer Bedeutsamkeit, einer ihren Charakter hebenden Würde; und da ihr Interesse überall dasselbe ist, so sind Vertreter, welche von ihnen in irgend einem Wahlbezirk gewählt sind, nothwendiger Weise die Beschützer der Rechte Aller. — Während ich mich aus den angeführten Gründen gegen § 2 erkläre, muß ich eben so offen auf die Folge aufmerksam machen, welche eintreten würden, wenn man allein das Zahlenverhältniß zur Basis eines allgemeinen directen Wahlgesetzes machen wollte. Anders verhält es sich beim indirecten Wahlsystem, und davon später. — Es ist hier Folgendes hervorzuheben: Das Wahlgesetz, meine Herren, die eigentliche Machtfrage oder die Frage, wer soll herrschen unter der neuen Verfassung? Sie ist mithin ebenso inhaltschwer, ja fast wichtiger als die Oberhauptsfrage. Denn das Oberhaupt eines constitutionellen Staates übt bekanntlich weniger Gewalt, als die Volksvertretung. Die Majorität der Volksvertretung herrscht, und diese Majorität hängt ab von dem Wesen und Ergebnisse des Wahlgesetzes. Es ist nun zu berücksichtigen, daß, wie in jedem Lande, so auch in Deutschland, die Mehrzahl der Bevölkerung aus den ärmern Classen besteht. Wird nun die Vertretung allein nach dem Zahlenverhältnisse bestimmt, so ist es klar, daß die ärmeren Classen durch ihre Mehrzahl die Herrschaft ausschließlich üben könnten, so oft sie dieß mit ungetheilter Uebereinstimmung wollten. Wenn die Behauptung ausgesprochen worden ist, daß jeder Mensch das Recht habe, das Wahlrecht zu üben, so heißt das mit andern Worten, daß die ärmeren Classen das Recht erworben hätten, allein die Herrschaft zu üben; das ist der praktische Sinn jener Behauptung. Es fragt sich nun, ob diese Behauptung wahr sei, und ob ein solches directes Wahlrecht dem Gesammtwohle aller Staatsangehörigen entsprechen, und das Vernünftige im Interesse Aller zum Gesetz machen werde? Wird die Vertretung allein nach dem Zahlenverhältniß bestimmt, so ist es klar, daß die Interessen der Minderzahl aller übrigen Staatsbürger ausschließlich von der größeren Zahl der ärmeren Classen abhängen würden. Keine andere Classe von Personen würde, wenigstens in bewegten Zeiten, Einfluß bei den parlamentarischen Verhandlungen haben. Die Mehrzahl der ärmeren Classe könnte dann auf Unkosten der Reichen alle Arten von öffentlichen Arbeiten beschließen und sich Beschäftigung votiren. Eine so eingerichtete Vertretung würde dieselben praktischen Folgen haben, als wenn man bestimmte, daß jeder Mann, dessen Einkommen eine gewisse Höhe überschritte, von der Wahlberechtigung ausgeschlossen sein sollte. Es könnte den Wohlhabenderen dann gleichgültig sein, ob ihnen das Wahlrecht gänzlich entzogen wäre, oder ob sie bestimmt wären, bei jeder Wahl eine hoffnungslose Minorität zu bilden. Ein solches Wahlsystem wäre nicht gerecht, es würde die Wohlhabendern eben so sehr zu Feinden des Staates und der Verfassung machen, als die gänzliche Ausschließung der arbeitenden Klassen diese zu Feinden des Staates machen würde. In bewegten Zeiten würde die Mehrzahl der Aermeren die Führer ihrer Partei zur Herrschaft erheben; in ruhiger Zeit dagegen würde eine große Zahl abhängiger Wähler unter dem Einflusse der Reichen stehen. Die entgegengesetzten Uebel von zu großem Einflusse des Reichthums oder von absoluter Herrschaft der Führer der Massen würden abwechselnd zur Geltung gelangen. In beiden Fällen wäre der Einfluß der Mittelclassen vernichtet. Die Staatsgesellschaft würde bei einem solchen Wahlsystem einen ewigen Wechsel von Aufwallung und Erschlaffung darstellen. Civilisation und Industrie würden hierdurch gefährdet. Wahrheit und Gerechtigkeit liegen hier wie überall in der Mitte der Extreme. Es sollen nicht, wie der § 2 vorschlägt, die arbeitenden Classen ausgeschlossen werden, sondern es wäre besser, zu bestimmen, daß nach den Minoritätserachten 3 und 4 zu § 2 die Handwerksgehülfen, Fabrikarbeiter und Tagelöhner stimmberechtigt sein sollten, wenn sie Gemeindebürger sind, Grundbesitz oder eigenen Haushalt haben. Es wird bei diesen Minoritätserachten vorausgesetzt, daß den arbeitenden Classen ihre Familien, ihr ehrlicher bürgerlicher Erwerb und kleiner Besitz eben so theuer und lieb sind, als dem Reicheren seine größere Habe. Es findet sich unter diesen, namentlich unter den Fabrikarbeitern, eine große Anzahl von Männern, welche zufolge ihrer besonderen Brauchbarkeit von den politischen Ansichten ihrer Herren völlig unabhängig sind, so daß sie in jeder Beziehung selbstständig dastehen. Es würde hiernach Niemand ausgeschlossen, als Derjenige, welcher kein bleibendes Interesse hat, sondern welcher wie ein Zugvogel bald hier bald dort lebt. Sollten diese Minoritätsanträge nicht angenommen werden, so würde auch ich Bezug nehmen auf einen Antrag, von welchem hier bereits die Rede gewesen und welcher unter Nr. 15 von den Herren Veit, Plathner und Genossen gestellt ist. Nur eventuell bemerke ich hinsichtlich desselben: Ich hatte im Verfassungsausschusse einen ähnlichen Antrag gestellt. Mein Vorschlag ging dahin: Man bilde Wahlkreise von 200,000 Seelen, und theile dieselben nach der Totalsumme der directen Steuern in zwei Abtheilungen, der Art, daß einestheils alle höchst Besteuerten einen Abgeordneten, und anderntheils alle minder und gar nicht Besteuerten einen andern Abgeordneten wählen. Nachdem ich den Antrag des Herrn Veit und Genossen gesehen, habe ich meinen Antrag nicht eingebracht. Nun, meine Herren, wird nur in Frage kommen, ob das directe Wahlsystem angenommen wird; ich muß aber offen erklären, daß ich den Ansichten vollkommen beistimme, welche der Redner, der vor mir auf dieser Tribüne stand, über das indirecte Wahlsystem ausgesprochen hat. Es sei mir erlaubt, die Gründe, welche dafür sprechen, in der Kürze Ihnen darzulegen. Die Gründe, welche mir für die indirecten Wahlen zu sprechen scheinen, beruhen auf den Beobachtungen, die ich mehrere Jahre lang Gelegenheit gehabt habe, in Nord-Amerika zu machen. Es ist in dieser Debatte so häufig von Nord-Amerika gesprochen worden, daß auch mir vergönnt sei, einige Bemerkungen darüber zu machen (auf der Rechten: Hört! Hört!), und ich habe nur deßwegen diese Tribüne bestiegen, um Ihnen Einiges darüber mitzutheilen. Die Gründe, welche mich bestimmen, für indirecte Wahlen zu sprechen, sind folgende: — aber um dieselben zu entwickeln, müssen Sie mir erlauben, Ihnen mitzutheilen, wie man die Wahlen dort betreibt. Es kommen dort sowohl directe als indirecte Wahlen vor. Der Präsident der Vereinigten Staaten wird durch indirecte Wahlen gewählt; alle übrigen Wahlen der Mitglieder des Congresses sind direct nach den Wahlgesetzen der Einzelstaaten, und theils mit, theils ohne Census. Es ist nothwendig, daß man, ehe die Wahlkämpfe beginnen, sich über die Candidaten einige, welche jede Partei durchsetzen will, damit sich die Stimmen nicht zersplittern. Es vereinigen sich deßhalb in geheimen Versammlungen, sogenannten Caucus, die Führer der Partei, das heißt die Leute, welche aus der Politik ein Geschäft machen, und bestimmen, welche Parteimänner als Candidaten in den verschiedenen Theilen eines Staates oder der Union dem Volke vorgeschlagen werden sollen; hat sich hierüber der Caucus geeinigt, so wagt die Partei, oder mit anderen Worten der Theil des Volkes, woraus die Partei besteht, nicht etwas dagegen zu sagen. Diese Männer werden dem Volke präsentirt, und es wählt sie, ruft ein dreimaliges Hurrah, und bildet sich ein, es habe sie selbst erkoren. Das Volk sucht sich dort nicht selbst die Männer seines Vertrauens aus; sondern die Leitung und Besetzung aller Stellen liegt in den wenigen Händen der Parteiführer. Die Wahlen sind der Kampf der Menge zum Vortheil der Wenigen. In den directen allgemeinen Wahlen kommen nur die beiden extremen Parteien der Demokraten und Aristokraten zur Geltung. Dieß geschilderte Verfahren hat dort eine solche Parteidictatur zu Wege gebracht, daß man namentlich im Westen die tüchtigsten Männer von unabhängigem Charakter, welche ebensowenig dort dem Volke und dessen Führern schmeicheln wollen, als sie in Europa den Fürsten schmeicheln würden, nur höchst selten als Candidaten in den Wahlen auftreten sieht. Die Mitglieder der besten Familien und die gebildeten Mittelklassen überhaupt nehmen daher unter solchen Verhältnissen wenig Antheil an den Wahlen. Haben sich die Folgen directer, allgemeiner Wahlen einmal eingestellt, so sind sie schwerlich wieder abzustellen, — nur durch hohe politische Bildung aller Volksklassen wäre dieß möglich, und diese ist die Frucht langer Jahre. Wird in Deutschland ein allgemeines directes Wahlsystem eingeführt, und werden dann gar bald die Candidaten auf ähnliche Weise gewählt, wie in Nord-Amerika, so wird es in Deutschland, wie dort, bald dahin kommen, daß die Besseren sich allmählich aus dem politischen Leben zurückziehen, und daß meistens nur Männer als Candidaten vorgeschlagen und gewählt werden, welche ohne eigene Unabhängigkeit, Werkzeuge der Partei oder der Parteiführer sind, oder welche aus Eitelkeit sich ins politische Leben werfen. — Ich muß hier auch Einiges auf die Aeußerungen des Herrn Abgeordneten von Gießen erwiedern, welche derselbe in der allgemeinen Debatte gemacht hat. Derselbe hat gesagt, nur in einigen Sclavenstaaten der Union gelte ein Census. Das ist nicht richtig. Ich will Sie, meine Herren, nicht mit langen detaillirten Mittheilungen aufhalten, sondern nur einige Facta dagegen anführen. Fast in allen Staaten der Union ist die Zahlung directer Steuern und fester Aufenthalt von einem Jahre oder sechs Monaten zur Wahlberechtigung erforderlich, und in folgenden nördlichen Nicht-Sclavenstaaten ist die Wahlberechtigung von Vermögensbesitz abhängig. Es ist im Staate Massachusetts bestimmt, daß jeder Wähler eines Mitglieds des Senats ein jährliches Einkommen von drei Pfund Sterling, und daß jedes Mitglied des Volkshauses Grundbesitz zum Werthe von hundert Pfund Sterling haben müsse. Außerdem müssen die Wähler ihre Steuerquittungen vorzeigen, ehe sie ihre Wahlstimmen abgeben dürfen. Da man für alle Behauptungen die Belege in der Tasche haben soll, so will ich sie Ihnen geben. Sie werden diese finden in der Constitution von Massachusetts Part. II. Chapter I. Section 2 und Chapt. I. Section 3. Aehnlich verhält es sich in Connecticut; dort müssen die Wähler Grundbesitz zum jährlichen Pachtpreise von sieben Dollars haben, oder directe Steuer gezahlt und am Wahlorte sechs Monate gewohnt haben. Art. 6. § 2. In Rhode Island ist zur Wahlberechtigung erforderlich freier Grundbesitz zum Werthe von 134 Dollars oder zu einem jährlichen Pacht-Preise von 7 Dollars und Aufenthalt von sechs Monaten. Art. 2. § 1. In New-Hampshire wird zur Wahlberechtigung erfordert Grundbesitz oder Beitrag zu den directen Steuern; die Armen sind vom Wahlrecht ausgeschlossen. Part. 2. Abschnitt vom Senat. In Maine sind vom Wahlrecht ausgeschlossen alle Armen, Diejenigen, welche unter Curatel stehen, und die Indianer, welche keine directen Steuern zahlen. Im Staate New-York werden Farbige nur zur Wahl zugelassen, wenn sie im Besitz von 250 Dollars sind. Dieses sind Beispiele aus Nicht-Sclavenstaaten. In den südlichen Staaten sind alle Sclaven und Farbigen vom Wahlrecht ausgeschlossen. In North-Carolina müssen selbst Weiße als Wähler einen Besitz von fünfzig Acres haben, und in Virginien müssen sie Land- oder Hausbesitz haben und zu den directen Steuern beitragen. Dabei ist zu berücksichtigen, daß im ganzen Süden die Sclaven nicht mitstimmen, sondern daß deren Zahl den Herren zu Gute gerechnet wird. Hätten alle Sclaven dort Wahlrecht, so unterläge es keinem Zweifel, daß deren jetzige Herren sich in der Minderzahl und im abhängigen Verhältniß von ihren eigenen Sclaven befinden würden. Dieß ist die eigentliche Bedeutung der Emancipationsfrage der Sclaven. Es ist auch zu berücksichtigen, daß fast alle Handarbeiter in Amerika nicht mitwählen. Diese bestehen nämlich aus den Millionen Sclaven, ferner aus freien Farbigen, d. h. aus Nachkommen von Schwarzen und Weißen, die in einigen Staaten nur nach einem bestimmten Census wählen dürfen; ferner sind die Einwanderer, unsere deutschen Landsleute und die Irländer, während der ersten fünf Jahre nach ihrer Ankunft vom Wahlrecht ausgeschlossen, bis sie in das dortige politische Leben eingeschult sind; nach jener Zeit haben sie in Folge des hohen Lohnes bei Canal- und Eisenbahnbauten rc. von ihren Ersparnissen meistens billiges Land im Westen angekauft; endlich sind ausgeschlossen die Ureinwohner, die Indianer. In den Freistaaten Amerika's, in dieser freiesten Republik besitzt die Mehrzahl der Handarbeiter das Wahlrecht nicht. Obgleich die erwähnten Wahlbeschränkungen stattfinden, so sind doch, weil in den meisten übrigen Staaten allgemeines directes Wahlrecht gilt, die folgenden die Wahlergebnisse: Dort hat die demokratische Partei, welche vorzugsweise die ärmern Klassen und fast alle Einwanderer, sobald diese stimmfähig werden, einschließt, in einem Zeitraum von je sechszehn Jahren, während vier Präsidentenwahlen, in der Regel zwölf Jahre lang die Regierung in Händen, und sie verliert diese nur zuweilen durch Erschlaffung oder Uneinigkeit, und durch die größten Anstrengungen ihrer meistens reicheren Gegner. Es zeigt sich dort, daß das größere Zahlenverhältniß in der Regel den Einfluß der Reicheren überwiegt; dieß ist der Fall, obgleich es dort wenig Proletariat gibt, indem der weite reiche Westen und die natürlichen Hilfsquellen es allen arbeitsamen Menschen leicht machen, Grundbesitz zu erwerben und wohlhabend oder reich zu werden, so daß die s. g. socialen Fragen dort wenig praktische Bedeutung haben. Das Mitgetheilte zeigt zugleich, daß in mehreren Staaten Nord-Amerika's ebensowohl als in England darauf bei den Wahlbestimmungen Rücksicht genommen ist, daß die Interessen aller Klassen und nicht nur das Zahlenverhältniß zur Vertretung komme. — Ich komme nun noch einen Augenblick auf die Vorzüge des directen und indirecten Wahlsystems zurück. Wenn wir das indirecte Wahlsystem festhalten, dann, meine Herren, haben wir nach den Mittheilungen, die ich Ihnen zu machen die Ehre gehabt habe, den Vorzug gesichert, daß wir unabhängigere Männer zu Vertretern des Volkes gewinnen werden, als dieß auf die Dauer bei directen Wahlen der Fall sein wird. Man hat sich gegen Wahlmänner überhaupt erklärt, selbst in dem Berichte des Ausschusses ist dieses geschehen. Man hat gesagt: Die Wahlmänner sind gewöhnlich Leute von geringen Capacitäten und nicht im Stande, die ausgezeichneten Männer der Nation auszuwählen. Ich bin entschieden anderer Meinung. Die indirecten Wahlen haben den Vorzug, daß durch die Wahlmänner, die gemeiniglich aus den unabhängigsten und ausgezeichnetsten Leuten des Wahldistrictes bestehen, eher die besten Männer aus den Mittelklassen gewählt werden, als dieß bei directen Wahlen der Fall sein würde. Ich bin der Ueberzeugung, daß sie am Besten im Stande sind, diejenigen Männer zu wählen, denen das Volk Vertrauen schenkt; und ich bin der Ansicht, daß dieß bei anderen Wahlsystemen weniger der Fall ist, wie ich dieß eben mitgetheilt habe. Nur die Unabhängigkeit der Wahlmänner sichert wenigstens einigermaßen gegen die geschilderte Dictatur der Parteiführer, welche bei directen Wahlen, zufolge des Wesens derselben, überall eintritt. Ich empfehle Ihnen, meine Herren, auf das Entschiedenste, das indirecte Wahlsystem beizubehalten. Das indirecte Wahlsystem hat vor allen Dingen den großen Vorzug, daß keine Klasse vom Wahlrechte ausgeschlossen wird. Werden durch das Wahlsystem die Interessen aller Klassen vertreten, ohne Zurücksetzung einer Klasse, es mag nun die ärmere oder wohlhabendere sein, so tritt nach beendigtem Wahlkampfe Ruhe und Frieden ein. Man beruhigt sich dann bei dem Resultate um so leichter, als alle Klassen wissen, daß sie vertreten sind, und daß ihnen allen gleiches Recht geworden ist; man gewöhnt sich daran, die Entscheidung der Mehrheit zu achten; die Regierung steht dann gesichert; und die besiegte Partei wird inzwischen hoffen, bei den nächsten Wahlen besseres Glück zu haben; man gewöhnt sich in allen Kreisen der Staatsgesellschaft, statt durch Gewalt oder Revolutionen die Reformen auf friedlichem Wege mittelst der Wahlstimme durchzusetzen. Es bildet sich dann auf diese Weise jene Achtung vor dem Gesetze, wodurch ein Volk groß, frei und geachtet dasteht. Jene das selbstgegebene Gesetz achtende Freiheit ist die Mutter des Genies, die Quelle jenes Muthes, welcher die Völker stark und mächtig macht; der Stimulus jener Thätigkeit, welche ihnen Reichthum und Glanz verleiht, und die Schule der Gerechtigkeit, welche ihnen dauerndes Glück verbürgt.

Vicepräsident Kirchgeßner: Herr Eisenstuck hat das Wort.

Eisenstuck von Chemnitz: Meine Herren! Ich werde meinerseits am Wenigsten die Hoffnung hegen, originell zu sein, nachdem so viele Redner gesprochen haben; ich werde vielmehr dem Beispiele der meisten Vorredner folgen, und Ihnen die wenigen Punkte mittheilen, in denen ich mit dem Ausschusse einverstanden bin, dagegen aber etwas Mehreres beifügen in Betreff der Einwürfe, die ich gegen die Vorschläge des Ausschusses zu machen habe. Ich bin einverstanden mit dem Vorschlage des Ausschusses, daß ein Lebens-Alter für die Zulassung zum Wahlrechte bestimmt werde. Ich bin deßhalb damit einverstanden, weil es irgend ein erkennbares Zeichen geben muß, um überhaupt die einzelnen Individuen in alle Berechtigungen eintreten zu lassen, die ihnen die Staatsgesellschaft garantirt. Und sowie dieß in Bezug auf die Ausübung der Berechtigung für Verwaltung der eigenen persönlichen Angelegenheiten erforderlich ist, so wird es auch nothwendig sein in Bezug auf die Berechtigung gegenüber der Gesammtheit. Ich bin auch damit einverstanden, daß man — was damit zusammenhängt — Diejenigen nicht zur Wahl zulasse, welche noch unter Vormundschaft stehen. Aber, meine Herren, wenn ich die übrigen

Grundsätze betrachte, die sowohl in dem vorliegenden Gesetz-Entwurf, als auch in der Mehrzahl derjenigen Verbesserungs-Anträge, welche außerhalb des Ausschusses uns eingebracht worden sind, liegen, so muß ich bekennen, daß unter den vielen getäuschten Erwartungen, unter den vielen trüben Stunden, die ich verlebt habe, seitdem ich dieser Versammlung angehöre, mir einer der niederschlagendsten Momente jener gewesen ist, in welchem ich den Bericht des Ausschusses und das Wahlgesetz vor mir liegen sah. Der Ausschuß hat sich zwar zunächst für die directe Wahl erklärt, aber, meine Herren, indem er das Recht der directen Wahl vertheidigt, indem er diesem freisinnigen und gesunden Grundsatze huldigt, will er uns diese directe Wahl verkaufen gegen eine Menge Beschränkungen, die nicht allein ihr naturkräftiges Leben zerstören, nein, die vielmehr weit Schlimmeres, als die mittelbare Wahl, in sich tragen. Es hat ein beredter Redner vor mir, der geehrte Abgeordnete v. Gagern, Sie darauf aufmerksam gemacht, daß bei der directen Wahl, indem er sich gegen dieselbe erhob, eine Verständigung unter den Wählern nicht möglich sei, daß es nicht möglich sei, den wahren Volkswillen in so großen Versammlungen zur Geltung zu bringen, und sich über Dasjenige zu verständigen, was Noth thut. Meine Herren! Ich will diesem Einwurfe gegenüber nur ganz einfach bemerken, daß wir bei den Wahlen hierher ganz entgegengesetzte Erfahrungen gemacht haben. Ich verweise Sie in dieser Beziehung auf dasjenige Land, welches uns gerade eine große Anzahl derjenigen Mitglieder gesendet hat, die uns diesen Entwurf vorgeschlagen haben, ich verweise Sie auf Schleswig-Holstein. Dort hat man direct gewählt, man hat aber gewählt in einzelnen kleineren Versammlungen, man hat die Districte in 20 bis 24 einzelne Wahlkreise getheilt. Und, meine Herren, was ist das Resultat gewesen? — Alle Abgeordnete, welche von dort hierher geschickt worden sind, haben bis zu zwei Drittheilen sämmtlicher Stimmen gehabt, Einer derselben von 8000 Stimmen 6000. Eine bessere Garantie, daß der wahre Wille des Volkes sich ausspricht, kann es wahrhaftig nicht geben, als wenn eine so große Anzahl von einzelnen Wahlversammlungen übereinstimmt in der Wahl Eines Mannes, und ihm in allen Districten ihre Stimme zuwendet. Meine Herren! Indem ich nur diese Thatsache anzuführen brauche, um Das zu widerlegen, was einzig und allein gegen die directe Wahl gesagt worden ist, — denn der Verfassungs-Ausschuß hat sie selbst vertheidigt, — gehe ich zur zweiten Frage über, zu der Frage, welchen Umfang die Zahl der Wähler haben soll, und beleuchte dabei die Ausnahmen, welche der Entwurf des Gesetzes machen will. Ich komme dabei zunächst auf Das, was so oft in dieser Debatte erörtert worden ist, auf den Begriff der Selbstständigkeit. Meine Herren! Was nennt man denn unselbstständig nach den Grundsätzen, die von dem Ausschusse hier entwickelt worden sind? Die einzige, es kann das nicht oft genug wiederholt werden, die einzige, wahrhaft sittliche Grundlage des Lebens, die Arbeit. Dasjenige Mitglied der ministeriellen Partei, welches sich in dieser Beziehung aussprach, der Abgeordnete Bassermann, hat gesagt, man wolle, indem man sich also äußere, nur immer auf einen gewissen Theil der Arbeit hinweisen: es hat das geehrte Mitglied aber verschwiegen, in welcher Weise ich vor wenigen Tagen bei § 30 der Grundrechte definirt habe, welchen Theil der Arbeit wir meinen. Meine Herren! Es ist nicht die Rede davon, irgend eine Arbeit auszuschließen, ihre Natur möge sein, welche sie wolle; es ist nur die Rede davon, daß diejenige Arbeit, welche unter dem täglichen Schweiße ihres Angesichts ihr Brod ißt, gleiche Berechtigung haben müsse mit jenen, die man hier heraushebt, und allein privilegiren will. Es ist uns von demselben Redner nicht undeutlich der Vorwurf gemacht worden, als ob hinter den Bestrebungen Derer, welche das allgemeine Wahlrecht haben wollen, jene socialen Irrlehren versteckt lägen, welche das Eigenthum und die Familie zerstören wollen. Meine Herren! Ich verwahre mich feierlich dagegen, ich will Keines von Beiden, aber der Besitz gilt mir vor Allem vollberechtigt, welcher das Resultat der Arbeit ist, und die Familie ist mir vor Allem heilig, welche nicht auf der Geldkuppelei und auf der Convenienz-Heirath ruht, sondern das Resultat des sittlichen Bedürfnisses, das Resultat des innigen Uebereinstimmens ist, wie es die einzige wahrhaft heilige Grundlage der Familie sein sollte, und ich will diejenigen Klassen der Bevölkerung, welchen solcher Besitz und solche Familie vorzugsweise angehört, ebenso gut anerkannt wissen, als alle anderen. Der Abgeordnete Bassermann hat uns ferner gesagt, man dürfe diesen Leuten nur zurufen: seid gute Patrioten, und von jedem guten Patrioten fordert man, daß er auch auf Rechte verzichtet, und sie freudig auf dem Altare des Vaterlandes opfert, sobald es dem Wohle Aller gilt. Allein von der Seite, von welcher man dieses gesagt hat, will man gerade seine alten Rechte nicht aufgeben, man will sie nur für sich und für sich allein haben. Wenn Sie ruhig erwägen, welche Klassen der Bevölkerung nach den Vorschlägen des Ausschusses ausgeschlossen werden von den politischen Rechten, wenn Sie sich das unbefangen vorlegen, nun, was bleibt dann als politisch mündig übrig? Der große und mittlere Grundbesitz, das Beamtenthum, die Geistlichkeit und die Geldaristokratie. Nun, meine Herren, ist das eine Aenderung der alten Zustände? Ist das nicht eben dieselbe Ständevertretung, die man früher gehabt hat? Ist das nicht derselbe Keim des Unglücks und der Verwirrung, wie sie durch das alte System über uns gekommen ist? Es hat der Herr Finanzminister Ihnen neulich gesagt, in diesem Theile des Volkes, den Sie jetzt ausschließen wollen, liege die Krankheit des Staatskörpers, und er hat uns gewarnt, man möge den kranken Theil nicht mit hereinnehmen, denn das würde gegen die Grundsätze eines klugen Arztes sein. Meine Herren! Ich bin auch der Meinung, daß in diesem Theile die Krankheit der socialen Noth liegt; aber ein weiser Arzt weiß wohl, daß, wenn ein einziges Glied des Körpers leidet, der ganze Körper krank ist, und wenn er dieses einzige Glied heilt, auch der ganze Körper gesundet; aber ein solcher Arzt geht nicht a priori von dem Grundsatz aus, daß, um den Körper gesund zu machen, man die kranken Glieder abtrennen, und den Körper verstümmeln müsse! Man hat uns ferner gesagt, es sind unselbstständig Diejenigen, die abhängig sind. Meine Herren! Meinen Erfahrungen und Beobachtungen nach bestimmt sich die Selbstständigkeit des Menschen nach dem Maaße der Bedürfnisse, an die er gewöhnt ist. Der selbstständigste Mensch ist Derjenige, der die wenigsten Bedürfnisse hat, der gewohnt ist, von seiner Jugend an sich nur auf Kopf und Hand zu verlassen, der gewohnt ist, nur auf sich selbst zu vertrauen. Ein solcher Mensch hat nur einen Herrn, sich selbst, und er ist der Freieste und Selbstständigste auf der Erde. Herr v. Gagern hat uns aber in dieser Beziehung vorgeworfen, daß wir durch unsere Anträge für das allgemeine Wahlrecht aller dieser Selbstständigen aufreizen wollten zum Mißtrauen der Besitzlosen gegen die Besitzenden. Meine Herren! Wenn Das geschehen wäre, was ich leugne, so wäre es doch nur geschehen durch das Wort; wenn Sie aber diesen Theil der Bevölkerung nach den vorliegenden Anträgen ausschließen, und wenn er nun fühlt, daß er nicht, wie seither, an den Wahlen zur Volksvertretung sich betheiligen darf, dann säen Sie, meine Herren, das Mißtrauen durch die That; dann wird es den Ausgeschlossenen unzweideutig klar, daß sie schlechter sein sollen, als ihre Mitbrüder, die in derselben Gesellschaft mit ihnen leben. (Auf der Linken: Sehr richtig!) Der Ausschuß hat ferner gesagt, abhängig sind alle Die, welche sich in gewissen einzelnen Berufsklassen befinden, die man bestimmter quantificirt, oder vielmehr qualificirt hat. Man hat die Fabrikarbeiter, die Taglöhner, die Dienstboten als solche bezeichnet. Ich will nicht wiederholen, was in dieser Beziehung vom principiellen Standpunkte aus schon so allseitig behauptet worden ist. Ich will nur erwähnen, daß ich mich bei diesen Bestimmungen nicht habe erwehren können, unwillkürlich, als ich diese Vorschläge unserer Professoren im Verfassungs-Ausschusse las, in das Wort unseres großen Meisters einzustimmen: „Herr, vergib ihnen; denn sie wissen nicht, was sie thun." (Große Heiterkeit auf der Linken.) Meine Herren! Also die Fabrikarbeiter wollen Sie ausschließen, als zu denjenigen Klassen gehörig, welche nicht selbstständig sein könnten; eine Klasse der Bevölkerung wollen Sie eximiren, deren Begriff vielleicht von keiner Seite im Ausschusse festgestellt worden ist, und wenn Sie nun auch diese Bestimmung wirklich in das Gesetz aufnehmen, meine Herren, Sie werden sie nun und nimmermehr zur Ausführung bringen können! Sie haben ausgeschlossen eine ganze Klasse von Leuten, deren wahres Bedürfniß die Arbeit und der redliche Erwerb ist, und die darum mehr als Alle bei der Existenz des Staates betheiligt sind, von denen Viele ihren Grundbesitz haben; eine Klasse von Leuten, welche selbstständiger in ihrem Haushalte lebt, als irgend Jemand; eine Klasse von Leuten, denen, während der Taglöhner und Dienstbote immer nur naturgemäß in einem kleineren Kreise seine Arbeit findet, der Durchzug durch ganz Deutschland offen steht; die, wenn sie im Osten nicht mehr Arbeit finden, nach Westen gehen; ausgeschlossen haben Sie diese Leute etwa darum, weil ihre verschiedene Geschicklichkeit aller Gattung eine so unendliche Masse verschiedener Beschäftigung ihnen darbietet, um sie gerade vorzugsweise unabhängig zu machen? In der That, meine Herren vom Verfassungs-Ausschuß, ich wiederhole die Ueberzeugung, Sie haben nicht gewußt, was Sie thun. Wenn Sie durch jene Gegenden gewandert wären, in welchen die Industrie zu Hause ist, Sie würden auch jene Genossen der Haus-Industrie gefunden haben, die Tausende von Webern, Strumpfwirkern, Holzarbeitern u. s. w., die selbstständig in ihrem Hause arbeiten, und mit ihrer Familie leben; die, wie jeder andere Fabrik-Arbeiter, nur von dem Unternehmer ihr Arbeitsmaterial und ihren Arbeitslohn bekommen, und diese, die Bürger vieler Städte, die Inhaber von Besitzthum und Familie, Sie würden sie auch herausvotirt haben aus der Staatsgesellschaft! Nun, meine Herren, Sie haben ferner gesagt, der Taglöhner ist auch nicht selbstständig. Wissen Sie denn, was Sie damit gethan haben? Sie haben ganze Dörfer rasirt in Bezug auf ihr Wahlrecht. (Heiterkeit in der Versammlung.) Wenn Sie durch Schlesien, durch das Erzgebirge, durch den Schwarzwald kommen, so finden Sie ganze Dörfer, wo nur wenige Bauern wohnen, die andern sind Taglöhner, die eben ihr Häuschen und ihr kleines Grundstück haben und im Uebrigen vom Taglohn leben, und diese ganze Klasse, die in den einfachsten Lebensverhältnissen ihre Lebensselbstständigkeit findet, wie ich nicht oft genug wiederholen kann, diese ganze Klasse wollen Sie mit einem Federstrich aus der Bevölkerung ausstreichen? Sie haben auch die Dienstboten als an sich abhängig bezeichnet. Wenn es irgend einen Begriff gibt, wo man auf sehr gefährliche Interpretationen bei der Ausführung [illegible] könnte, so wären es gerade die Dienstboten. Haben Sie denn z. B. die Meinung gehabt, daß alle Dienstboten ausgeschlossen sein sollen, welche für alle Klassen der Gesellschaft unbedingt das Amt des Dienstboten verwalten bis herauf zum Throne? Haben Sie auch diejenige Klasse der Dienstboten im Auge gehabt, die man gemeinhin recht eigentlich das Hofgesinde nennt? Jenes Heer der Kammerherren und Kammerjunker und Oberhofmarschälle und wie man sie Alle nennt? (Bravo auf der Linken und im linken Centrum.) Und diese Dienstboten unterscheiden sich doch von den anderen nur dadurch, daß der Dienstlohn, welchen sie bekommen, nicht aus den Taschen Derjenigen fließt, denen sie ihre Dienste leisten, und daß sie etwas weniger arbeiten als ihre Collegen. (Bravo auf der Linken, im linken Centrum und auf der Galerie.) Aber, meine Herren, wenn es nun wirklich so wäre, wenn alle diese Klassen, die Sie da bezeichnet haben, wirklich in einer solchen Abhängigkeit sich befänden, wie Sie sie geschildert haben, von wem sind sie denn dann abhängig? Ich stelle mich auf Ihren Standpunkt, ich gebe die Abhängigkeit zu, wie Sie sie annehmen — wohlan, dann sind sie abhängig von denjenigen Klassen der Bevölkerung, denen gerade Sie die Suprematie allein geben wollen, und wenn Jemand auf sie einwirkt, wer ist es anders, als diejenige privilegirte Klasse, welcher gerade Sie allein die Befähigung zusprechen wollen, bei den Angelegenheiten des Staates unmittelbar mitzuwirken? Also, meine Herren, in Ihrem Interesse und nach ihren Grundsätzen zunächst müssen Sie diese Leute vor allen Anderen zur Wahl zulassen. Sehen Sie, meine geehrten Herren, dieser Widerspruch kommt daher, daß man Ihrerseits in seinen Motiven für eine Sache nicht ganz aufrichtig ist. (Stimmen von der Linken: Sehr gut!) Und endlich, meine Herren, nehmen Sie doch auch die Erfahrung zur Hand, die uns für den Wahlmodus, den wir vertheidigen, vorliegt. Diese ganze Versammlung, die uns so oft von jener Seite (zur Rechten gewendet), in welcher zur Zeit die Majorität sitzt, hier und in der Presse gesagt hat: wenn nicht wir, eine so entschlossene Majorität, hier gesessen hätten, wie wäre denn den Ideen des Umsturzes, und wie diese gräßlichen Geschichten alle heißen mögen, mit solcher Entschiedenheit entgegengetreten worden, wie wären wir denn geblieben Das, was wir nach unserer Meinung sind — der Hort des deutschen Volkes? — Diese Versammlung, sage ich, ist ja auch aus dem allgemeinen Stimmrechte hervorgegangen, wie wir es haben wollen. Ist denn diese unsere Majorität, welche uns jetzt eine Menge Wahlbeschränkungen anempfiehlt, so wenig von ihrem inneren Werthe überzeugt, daß sie selbst sagen will, wir taugen nichts (Gelächter), wir sind schlecht zusammengesetzt, wir müssen das in Zukunft besser machen! Und, meine Herren, Sie sind auf diese Weise gewählt worden, wo es galt, eine constituirende Versammlung zu bestellen, Sie sind gewählt unter den Wogen und Stürmen der Revolution, nicht um aufzubauen, um zur Geltung zu bringen, was schon vorhanden ist, eine Verfassung, sondern um die weit wichtigere Mission zu erfüllen, die wichtigste, welche es geben konnte, ein neues Staatsgebäude zu schaffen. Streiten wir uns darum nicht über directe und indirecte Wahl, und weniger noch um den Begriff der Selbstständigkeit, dieses Wortes, das im Vorparlamente hereingeschleudert wurde, ich möchte sagen, im Augenblicke der Abstimmung über das Wahlgesetz, und welches vielleicht in allen Staaten verschiedene Auslegung erfahren, und eine authentische Interpretation nirgends gleichmäßig und in gerechter Weise gefunden hat. Ich für meine Person kenne nur ein Symptom derjenigen Selbstständigkeit, die da mündig macht, mitzuberathen bei den großen Angelegenheiten der Staats-

Gesellschaft. Meine Herren! Dieses einzige [illegible] ist vor Allem der reine Wille, der zuerst an die Gesammtheit denkt und dann an sich, es ist der klare, gesunde und einfache Menschenverstand, der überall das Rechte herausfindet und zu rechter Zeit, und die rechten Mittel für Erreichung guter Zwecke, es ist die Gabe des begeisterten Wortes, das die Schwachen stärkt und die Feinde besiegt. Und diese Selbstständigkeit werden Sie finden ebenso gut unter dem schlichten Rocke des Arbeiters und Tagelöhners, als unter der Toga des Büreaukraten, und unter dem Hermeline der allerhöchsten Bevölkerung. (Bravo auf der Linken.) — Ich komme nun zu der Besprechung des Wahlmodus, und kann dabei nicht umhin, noch eines Umstandes zu erwähnen, der mit der Frage der Selbstständigkeit zusammenhängt, eines Umstandes, über den noch Niemand gesprochen hat, und welchen ich ehrlich genug sein will, nicht zu verschweigen. Ich könnte dabei mit dem Abgeordneten Bassermann ausrufen: Wenn ich alle meine Popularität, falls ich deren hätte, in einen Fluch verwandeln sollte, ich würde doch stimmen für das geheime Verfahren bei der Wahl. Meine Herren! Der Ausschuß hat durch das Verfahren der öffentlichen Stimmenabgabe, die er Ihnen vorschlägt, einen jener pseudoliberalen Grundsätze beigestellt, mit denen der ganze Motivenbericht in einer so gewandten und kunstreichen Weise vom Anfange bis zum Ende durchflochten ist. Sagen wir die reine Wahrheit, wenn sie auch bitter ist. Man hoffte dadurch zu erreichen, daß auch noch Vielen von Denen, die man zur Wahl zuläßt, weil man sie einmal zulassen muß, ein gut Theil ihrer Selbstständigkeit noch verloren geht. Ich glaube nicht, daß wir auf jener (der linken) Seite für dieses öffentliche Stimmrecht in Deutschland sein werden. Wir wollen geradezu heraussagen, was wir darüber denken, daß nämlich durch dieses noch ungewohnte Verfahren, das bis jetzt nur in einem sehr kleinen Theile von Deutschland angewendet wurde, wahrscheinlich der größte und schädlichste Einfluß auf die Wahlen geübt werden würde, und daß gerade zunächst dadurch die Unfreiheit der Wahl constatirt wird. Darum werde ich wenigstens nicht dafür stimmen. — Meine Herren! Ich will nun nur noch mit kurzen Worten einige von den Verbesserungs-Anträgen ins Auge fassen, die von außerhalb des Ausschusses uns vorliegen. Ich begegne unter ihnen eigentlich drei verschiedenen Gruppen. Es ist einmal der Grundsatz des Census, der Grundsatz des Einkommens, und endlich eine Combination von Beiden. Meine Herren! Was den Census betrifft, so berufe ich mich auf die Worte des Berichterstatters Ihres Ausschusses, welcher gesagt hat, man müsse die Wahlberechtigung vorzugsweise auf Diejenigen beschränken, welche die Mittel zur Erfüllung der Staatszwecke beschaffen. Ich acceptire diesen Grundsatz, und wenn Sie ihn consequent durchführen, so werden Sie für alle Anträge stimmen, die von unserer Seite gekommen sind. Meine Herren! In dem kleinen Verhältnisse der Gemeinden ebensogut, wie in den Verhältnissen des Staates ist es thatsächlich nachzuweisen, daß gerade diejenigen Klassen der Bevölkerung, auf deren Ausschließung der Ausschuß angetragen hat, den bei Weitem überwiegenden Theil der Mittel aufbringen, die zur Erhaltung des Staates nothwendig sind. Man spricht von dem Census, und man kann nichts dafür gelten lassen, als das einzige sichtbare Kennzeichen der directen Steuer. Von der indirecten Besteuerung spricht kein Mensch. Es hat uns zwar ein Redner gesagt, diese könne nicht gelten. Was die Leute hieran bezahlen, dafür bekämen sie die allgemeine Freiheit. Ich bin nicht im Stande gewesen, dem Beweise dieses Satzes zu folgen. Ich meinerseits sage einfach, wenn Sie die Haupttheile der indirecten Besteuerung herausnehmen, so finden Sie, daß sie vorzugsweise auf die Bedürfnisse derjenigen Klassen fällt, die Sie ausschließen wollen. Es ist eine bekannte Sache, daß die Eingangszölle auf die vier ersten Lebensbedürfnisse, auf Kaffe, Zucker, Reis und Tabak circa 70 pCt. der ganzen Steuereinnahmen betragen. Es ist ferner in jeder kleinen Gemeinde, und ich kann als Beispiel mein eigenes Heimathland anführen, eine anerkannte Thatsache, daß, wenn Sie die Summa der niedrigsten Steuersätze addiren, gerade die niedrigsten Sätze allemal die größte Totaleinnahme bilden. Wer also, meine Herren, trägt in Summa am Meisten bei zu den Mitteln für die Staatsbedürfnisse? Wahrhaftig Niemand mehr, als diejenigen Klassen, welche Sie ausschließen wollen. Darum folgen Sie nur dem Princips, das Herr Waitz so scharfsinnig auseinandergesetzt hat, und Sie werden gegen den Census stimmen. — Wenn Sie auf den zweiten Grundsatz kommen, auf das Einkommen, so sage ich Ihnen geradezu, man mag anführen, was man will, daß ich die Durchführung desselben in Deutschland nicht für möglich halte. Die verschiedene Lage der einzelnen Staaten, der verschiedene Werth des Besitzthums, der verschiedene Kostenpreis der Lebensbedürfnisse, alles Verhältnisse, welche vorzugsweise die Norm des Einkommens der unteren Klassen bilden, sind so abweichend von einander, daß Sie, wollen Sie den Grundsatz des Einkommens annehmen, zur größten Ungleichheit kommen müssen, und daß Sie abermals bestätigt finden werden, was — Sie sehen, ich lasse gerne die Beweise den Gegnern gelten, — Herr Waitz im Berichte gesagt hat: „wenn in das Volkshaus die Abgeordneten nach verschiedenen Grundsätzen berufen werden, so taugt das nichts." Denn, meine Herren, wie wollen Sie das Einkommen bei denjenigen Klassen quantificiren, wo es bald steigt, bald fällt? In einem Jahre verdient der Arbeiter 100 Rthlr., in dem anderen wieder mehr oder weniger. Dieser Grundsatz des Einkommens ist wieder einmal eine Sache der Theorie, die nicht in die praktischen Verhältnisse eingegangen ist. Also auch er ist nicht anwendbar. Nun kommt das combinirte Verfahren, und hier begegne ich einem Antrage des Herrn Lette und Genossen. Dieser Antrag ist wirklich, das muß man ihm lassen, für alle Sättel gerecht. Wenn Sie für ihn stimmen und Sie kommen nach Hause, und man fragt Sie: Hast Du für directe Wahl gestimmt? Ja, können Sie antworten. Hast Du für indirecte Wahl gestimmt? Ja. Für das allgemeine Wahlrecht? Jawohl. Für beschränktes Wahlrecht? Ei, freilich. Für den Census? Gewiß. Für keinen Census? Ei, jawohl! (Allgemeine Heiterkeit.) Meine Herren! Wenn ich nun dieses System ansehe, das es allen Leuten recht macht, so denke ich, es wird das gewöhnliche Schicksal eines jeden Centrums in unseren Tagen haben. Wer heut zu Tage auf der rechten Seite sitzt, bekommt doch nur Schläge von der Linken, und wer auf der Linken sitzt, den greift nur die Rechte an; das Centrum aber, meine Herren, das wird immer von beiden Seiten geschlagen, und so wird es auch diesem Systeme ergehen. Es ist meiner Ueberzeugung nach, — entschuldigen Sie, meine Herren Antragsteller, — das schlechteste, das gekommen ist. (Heiterkeit in der Versammlung.) Dabei werden Sie in der Ausführung desselben den Kampf der einzelnen Klassen und Ansprüche untereinander, den man wenigstens nach den Vorschlägen des Census in gewisse größere Genossenschaften der Gesellschaft verweist, so recht eigentlich mitten in das Volk hereintragen. Sie werden in jeder Gemeinde sehen, daß dieser Nachbar direct wählt, und der andere, der ein Paar Groschen Steuern mehr zahlt, mittelbar. Wenn Sie der Intrigue und aller Art von Umtrieben und Unfrieden recht nachhaltige Nahrung geben wollen, so kann ich nichts Besseres Ihnen anrathen, als den Antrag anzunehmen, wie man denn überhaupt dem Pessimismus nicht besser huldigen kann, als wenn man alle diese Vorschläge sammt ihren Genossen zu Beschlüssen macht. — Aber ich muß, was den Census betrifft, noch etwas hinzufügen, was ich vorhin übersehen hatte. Nach dem Antrage des Herrn Beseler, welcher uns vor wenig Augenblicken revidirt behändigt worden ist, sollen 3 Thlr. directe Steuer die Wahlbefugniß bestimmen. Meine Herren! Für diesen Antrag habe ich in seinem Hauptgrundsatz mehrere Redner hier gehört, und namentlich hat ihn Herr v. Gagern vertheidigt. Ich glaube, es sind Viele unter Ihnen gewesen, ich setze das voraus, die sich nicht bewußt waren, daß dieser Antrag noch weit mehr Ausschließungen in sich faßt, als selbst der Antrag der Majorität des Ausschusses. (Auf der Linken: Hört!) Meine Herren! Dieser Antrag sitzt ganz draußen im Café Milani, er weist die größte Anzahl der Bevölkerung zurück von den Wahlen. Es ist Ihnen neulich gesagt worden, es wären bei den Anträgen des Ausschusses unter hundert deutschen Männern circa vierzig vom Wahlrechte ausgeschlossen. Meine Herren! Wenn ich Sie mit langen Zahlen-Deductionen aufhalten wollte, so glaube ich nachweisen zu können, daß Sie mit dem Antrag des Herrn Beseler siebenzig von hundert Männern ausschließen. (Auf der Linken: Hört! Hört!) Ich berufe mich, um Sie nicht aufzuhalten, — wenn Sie aber detaillirte Nachweisung wünschen, so bin ich bereit, sie zu jeder Zeit zu geben, — auf das Schriftchen des Herrn von Arnim-Boitzenburg: „Verheißungen vom 24. März und die Verfassung vom 5. December." Aus diesem Schriftchen will ich darthun, — ich nehme dabei an, daß in Preußen die Klassensteuer diejenige ist, welche bei dem hier betroffenen Theile der Bevölkerung als die einzige Ermittelung des directen Steuer-Census Anwendung finden kann, — daß es nicht siebenzig, sondern zwei und siebenzig unter hundert Wählern sind, welche ausgeschlossen werden. (Auf der Linken: Hört!) — Ich komme zum Schlusse. Es ist mir immer das Bedauerlichste in dieser Versammlung gewesen, daß die Ansichten über die Nothwendigkeiten, die der neue Staat in sich trägt, sich hier unter uns im Laufe der Zeit mit ihren Ereignissen so sehr geändert haben. Es ist mir das vorzugsweise im Geiste entgegengetreten bei der großen Frage, mit der wir uns jetzt eben beschäftigen. Meine Herren! Als wir im Vorparlament hier in diesem Hause jenes Wahlgesetz, das uns hierher berufen hat, in wenig Stunden festsetzten, da hat sich nicht eine Stimme erhoben, die in anderer Richtung, als diejenige, welche ich und meine Freunde heute anstreben, gesprochen hätte. Meine Herren! Ich kann deßhalb die Tribüne nicht besser verlassen, als wenn ich Sie auf die Worte eines Mitgliedes dieser Versammlung verweise, welches heute wieder unter uns sitzt, und welches heute, ich bedauere es, unter die Majorität des Verfassungs-Ausschusses gehört, die uns das vorliegende Wahlgesetz anempfiehlt. Dieses geehrte Mitglied, es war der Abgeordnete Riesser für Hamburg, indem er die Tribüne bei der Verhandlung über das Wahlgesetz verließ, rief uns mit Begeisterung zu: „Die Einheit Deutschland's soll nicht eine bloße Form sein, sie soll eindringen in die Gesinnung. Lassen Sie die aufgehende Sonne Deutschland's leuchten durch alle Winkel und düstere Schluchten, lassen Sie allenthalben jeden Unterdrückten, in seinem Rechte Zurückgesetzten fühlen, daß er in der Vertretung einer Nation von vierzig Millionen eine Stütze habe, darum schlage ich vor, daß jeder volljährige Deutsche, ohne eine Bestimmung des Standes, Vermögens und Glaubensbekenntnisses, Wähler und wählbar sein müsse!" (Auf der Linken: Hört! — Beifall.) Ich bin der Ansicht, daß Das, was in einer so hochwichtigen Frage vor zehn Monaten eine Wahrheit war, auch heute noch dieselbe Wahrheit geblieben ist, und in diesen Worten, die ich heute wiederum, wie damals, acceptire, liegt mein Glaubens-Bekenntniß in der Abstimmung über das Wahlgesetz. (Lebhafter Beifall auf der Linken.)

Vicepräsident Kirchgeßner: Ich muß abermals einen Verbesserungs-Vorschlag zur Kenntniß der Versammlung bringen: „Unteramendement zu dem Amendement des Herrn Lette, unterzeichnet von v. **Selchow**, Graf **Schwerin** und Anderen:

„Die Unterzeichneten treten dem von Herrn Lette eingebrachten Amendement (Nr. 18) bei, wenn statt der Schlußworte:

„Auf je zehn Urwähler wird ein Wahlmann ernannt,"

die Bestimmung angenommen wird:

„Die Anzahl der zu ernennenden Wahlmänner ergibt sich aus dem Verhältniß des Gesammt-Steuerbetrags der Minderbesteuerten zu dem Steuerbetrage der Höherbesteuerten."

v. Selchow; Graf Schwerin; Schultze von Potsdam; v. Schrötter; Tannen; v. Wegnern; Kutzen; v. Treskow; v. Rotenhan; Oertel; v. Bally; v. Wulffen; Gombart; Coronini-Cronberg; Carl; v. Linde eventuell; Naumann eventuell; v. Schlotheim.

Plathner von Halberstadt: Meine Herren! Herr Eisenstuck hat das Schicksal eines Antrages schon vorausgesagt, ich will ihm nicht widersprechen, es ist möglich, daß jener Antrag nicht durchdringen wird. Herr Eisenstuck meinte aber, der Antrag werde das Schicksal des Centrums haben. Meine Herren! Darin scheint mir ein Widerspruch zu liegen, denn wenn er das Schicksal des Centrums hat, so kommt er sicher durch (Unterbrechung), jawohl, denn ich frage, wer hat denn die Majorität in diesem Hause? Hat es diese Seite (zur Linken) des Hauses, oder jene (zur Rechten)? Nein diese Seite, das Centrum, hat die Majorität. (Heiterkeit auf der Linken. Zuruf: Das Centrum ist keine Seite!) Uebrigens trifft mich die Bemerkung des Herrn Eisenstuck nicht unmittelbar, denn ich bin für jenen Antrag nur eventuell, principaliter für den Veit'schen Antrag; aber ich glaube, Herr Eisenstuck wollte das Princip jenes Antrages angreifen, und darauf habe ich zu erwiedern: Es ist richtig, es sind in diesem Hause bisher nur extreme Anträge gestellt worden, und das beklage ich als ein Unglück, daß man sich in dieser Frage nicht centralisirt hat, und von Haus aus kein Antrag da ist, von dem man sagen kann, das ist ein Antrag des Centrums. Erst heute ist von Herrn Mathy ein derartiger Antrag vertheidigt worden. Es ist richtig, dieser Antrag steht im Widerspruch mit dem, was man (zur Linken) hier verlangt, und mit dem, was man auf der anderen Seite will, aber er hat andererseits auch Uebereinstimmung mit Beidem. Meine Herren! Die bis jetzt vorzugsweise vertheidigten Anträge stehen einander darin gleich, daß nach denselben jeder Stimmende gleiches Stimmrecht haben soll; aber sie scheiden sich durch einen conträren Gegensatz. Von der einen Seite sagt man Ihnen: Alle Staatsbürger sollen Stimmrecht haben, und von der anderen: Bestimmte Klassen von Bürgern sollen gar kein Stimmrecht haben; zwischen solchen Ansichten ist keine Vermittelung möglich, wenn Jeder starr auf seinem Princip beharrt. Wir aber wollen eine Vermittelung, und von diesem Gesichtspunkte aus wird ein anderer Antrag vorgelegt, welcher sagt: „Es sollen alle Staatsbürger Stimmrecht haben," aber weil im Staate jeder Einzelne ganz verschieden gestellt ist, indem der Eine dem Staate große Pflichten leistet, und der Andere geringere, dieser Unterschied aber nur ein Unterschied des Mehr oder Weniger ist, deßhalb sollen zwar alle Bürger im Staate Stimmrecht haben, aber das Stimmrecht soll ein quantitativ verschiedenes sein. — Es sind mehrere solche Anträge, welche von demselben Princip ausgehen, gestellt worden, und Herr Mathy hat Ihnen schon gesagt: Es ist uns uns nicht um die Formulirung des Antrags wesentlich zu thun, sondern nur um die Anerkennung des Princips. Schlagen Sie eine andere Formulirung vor, wir werden gern darauf eingehen, aber an dem Princip müssen wir festhalten. Meine Herren! Gehen Sie die Geschichte durch, so finden Sie überall und immer die Kämpfe ausgeschlossener Stände gegen herrschende Stände So haben Sie in der römischen Geschichte den Kampf der Plebejer gegen die Patrizier, dann der Latiner, der Provinzialen gegen die römischen Bürger. Sie haben denselben Kampf das ganze Mittelalter hindurch, zunächst der überwundenen Stämme gegen die herrschenden Stämme, dann der unterdrückten Stände gegen die herrschenden Stände, sowohl in der Lehns- als Städteverfassung. Dazu kommt im Mittel-Alter auch noch der Unterschied, welcher sich auf die Religion gründete. Es war im Mittelalter nur der im Staate berechtigt, der einer bestimmten herrschenden Kirche angehörte. Diesen Kampf haben Sie vorläufig durch die Grundrechte beseitigt. Sie haben erklärt, es soll kein Vorrecht mehr bestehen, und es soll wegen seiner Religion Niemand benachtheiligt werden. Dadurch, meine Herren, haben Sie den Schlußstein gelegt auf die Bewegung, die zum Ausbruch gekommen ist in der Reformation und der französischen Revolution. Es wird jetzt nur noch darauf ankommen, daß Sie auch die Betheiligung der Einzelnen am Staate gehörig reguliren, um ferner nicht auf dem Wege der Revolution, sondern auf dem Wege der Reform weiter zu schreiten. — Man sagt von dieser Seite des Hauses (zur Linken): „Es muß erstens ein allgemeines Wahlrecht stattfinden, und zweitens, es muß das Wahlrecht gleich sein." Daß ein allgemeines Wahlrecht stattfinden muß, damit bin ich einverstanden, aber ich sage, das Wahlrecht muß nicht gleich sein, sondern es muß verschieden sein. Sie haben auch im Privatrecht einen Grundsatz, welcher heißt: „Jeder Mensch hat ein Recht auf Eigenthum," das ist qualitative Gleichheit; wenn Sie aber diesen Satz dahin auslegen, es solle jeder Mensch quantitativ gleich viel Eigenthum haben, so kommen Sie auf den Communismus, den Sie doch Alle nicht wollen. Ebenso verhält es sich bezüglich der Theilnahme an dem Staate; es ist richtig, Jeder soll Theil haben an dem Staate, Jeder soll activer Staatsbürger sein; aber wenn man daraus den Schluß ziehen wollte: „Jeder soll quantitativ gleichberechtigt sein," dann kommen Sie im Staate zur Anarchie, wie im Privatrechte zum Communismus; Das ist ein und dieselbe Consequenz, und dahin führen die Anträge von dieser Seite (sich nach der Linken wendend) des Hauses. Die anderen Anträge von dieser Seite (sich nach der Rechten wendend) haben Das mit einander gemein: Sie schließen Staatsbürger vom activen Staatsbürgerrecht aus. Der Verfassungs-Ausschuß schließt bestimmte Klassen der Staatsbürger aus. Ich glaube, dieser Antrag ist in diesem Hause schon vor der Abstimmung gerichtet; es wird in diesem Hause nicht Viele geben, die bestimmte Klassen ausschließen wollen; aber auch wenn Sie einen Census nehmen, so ist das Resultat kein wesentlich anderes, es werden bestimmte Personen, die nicht so viel Vermögen oder Einkommen haben, ausgeschlossen. Diesen Anträgen habe ich entgegenzusetzen: Es ist richtig, es sind nicht alle Personen gleich befähigt, im Staate mitzusprechen; aber daraus folgt nicht, daß wir die Einen gänzlich ausschließen und ihnen gar kein Recht geben dürfen, sondern nur, daß wir die Verhältnisse, wie sie in der Wirklichkeit sind, anerkennen; und da werden wir zu dem Satze kommen, daß der Mensch nach Dem, was er dem Staate leistet, sich nur quantitativ von einem Anderen unterscheidet, während die Menschen qualitativ gleich sind, und deßhalb darf auch das Stimmrecht nur ein quantitativ verschiedenes sein. Ich befinde mich auch in der glücklichen Lage, auf den Ausschuß Bezug nehmen zu können. Ziehen Sie nur die Consequenzen aus den Worten des Ausschuß-Berichtes, so werden Sie zu demselben Resultate kommen; es heißt: „Den Besitzenden und Besitzlosen, den selbstständig Wirkenden und den Gehülfen oder Diener wird man nie vollständig gleichstellen; man wird sie für die Verhältnisse des öffentlichen Lebens ebensowenig gleich behandeln können, wie im Hause rc." Ein fernerer Satz geht dahin: „Das vor Allem scheint dem deutschen Sinn auch in der ersten Zeit der unruhigen Bewegung widerstrebt zu haben, daß der abhängige, in allen seinen Lebensverhältnissen auf eine andere Persönlichkeit hingewiesene dem selbstständigen und für sich thätigen Manne gleichgestellt werde." Also der Ausschuß sagt nur: „Es ist nicht zulässig, alle Menschen gleich zu stellen," wie hilft er sich aber; er macht nicht den Schluß: „Also sollen sie verschieden behandelt werden," sondern er sagt: „Also sollen sie conträr behandelt werden," es sollen nur die Einen ein Recht haben, die Anderen gar keines. Zu diesem Resultat ist er aber durch einen Trugschluß gekommen, nämlich durch das Hineinwerfen des Begriffes der Selbstständigkeit. Er sagt: „Der Eine ist selbstständig, der Andere nicht." Einen solchen Unterschied leugne ich, wenn man damit einen qualitativen Unterschied gemeint hat. Sie können nicht sagen, der eine Mensch sei absolut selbstständig, Sie können nicht sagen: „Wer nicht völlig unabhängig im Staate gestellt ist, wer nicht völlig selbstständig ist, entbehrt aller Unabhängigkeit, und wird auch in der Gesinnung absolut abhängig sein." Sie können mit Recht nur von einer größeren oder geringeren Selbstständigkeit, Unabhängigkeit sprechen. Wenn Sie aber auf einen Unterschied des Mehr oder Weniger eine qualitative Unterscheidung stützen, so begehen Sie ein Unrecht. — Ich habe bis jetzt die Gründe angeführt, von welchen ich glaube, daß sie aus der Natur der Sache folgen und dafür sprechen, nur einen quantitativen Unterschied gelten zu lassen; aber, meine Herren, es gibt noch einen anderen Grund, den wir nicht außer Acht lassen dürfen. Man hat, um den Census und die Vorschläge des Verfassungs-Ausschusses zu rechtfertigen, vielfach Bezug genommen auf die vorangegangene Geschichte. Meine Herren! Ich finde diese Bezugnahme für vollständig berechtigt, aber unsere Gegenwart ist auch ein Theil der Geschichte, wir müssen auch anerkennen, was in der Gegenwart geschieht und geschehen ist. So weit nun ich die Sache beurtheilen kann, so war im März gerade ein Gedanke tief in das Bewußtsein Aller eingedrungen, nicht etwa der, daß Jeder gleich viel Recht im Staate haben solle, wohl aber der, daß Niemand ausgeschlossen sein solle von der Mitwirkung im Staate. Das war der Gedanke, der wenigstens in meinem speciellen Vaterlande vorherrschend war. Von diesem Gedanken erfüllt sagte man: „Alle Vorrechte müssen fallen!" Meine Herren! Es kommt nun nur darauf an, für diesen an und für sich richtigen Gedanken eine entsprechende Form zu finden. Hätten wir schon eine vollständig ausgebildete Gemeindeverfassung, so glaube ich, wir könnten uns darauf beschränken, zu sagen: „Wer in der Gemeinde stimmberechtigt ist, soll es in gleicher Weise auch bei den Wahlen sein." Wir haben aber eine solche Gemeindeverfassung noch nicht, und es kommt darauf an, vorläufig nicht das Beste, meine Herren, — denn das Beste können wir nicht machen, weil wir keine Unterlage dafür haben — aber das mindest Mangelhafte zu schaffen, und da scheint mir der Antrag, der einen Unterschied macht zwischen Denen, welche die höchste Steuer zahlen, und zwischen den übrigen Staatsbürgern, doch der einfachste zu sein. Sie müssen auch kein Gewicht darauf legen, daß eine directe und indirecte Wahl stattfindet; denn die vorgeschlagene indirecte Wahl hat nicht den Sinn, daß wir die indirecte Wahl für vorzüglicher halten, als die directe; sondern es mußte ein Auskunftsmittel getroffen werden, mehrere Stimmen in eine zu vereinen, und das ließ sich am Einfachsten dadurch machen, daß man die mittelbare Wahl einführte. — Ich will Sie noch auf etwas aufmerksam machen: In jeder Actiengesellschaft stimmt auch Jeder mit, aber wie stimmt Jeder mit? Jeder stimmt nach dem Capital mit, das er eingelegt hat; wer viel eingelegt hat, stimmt viel; wer wenig eingelegt hat, stimmt wenig; — nun ist allerdings der Staat keine Actiengesellschaft, sondern ein viel entwickelteres Verhältniß, das ist ganz richtig, darum stimmt im Staat auch Derjenige mit, der nichts an Geld eingelegt hat, sondern Jeder, der überhaupt dem Staate Pflichten leistet, und Das ist Jeder; denn es ist der Staat die absolute Macht über das Individuum, es ist zuletzt Jeder verpflichtet, sein Alles dem Staate hinzugeben. Wenn ich gelegentlich etwas bezüglich der directen und indirecten Wahl sagen soll, so ist meine Ansicht die: man mag eine directe oder indirecte Wahl veranlassen, im Resultate ist es bei einem politisch ausgebildeten Volke ganz gleich; denn, meine Herren, wie wurde da gewählt, wo man sich einigermaßen für die Wahl interessirte? Da verlangte man von dem Wahlmanns-Candidaten, er solle angeben: „Wen wirst du zum Deputirten wählen?" und nur Diejenigen, denen man vertraute, sie würden Wort halten, wählte man zu Wahlmännern, d. h. mit anderen Worten, man wählte direct. Dabei hatte aber das indirecte System immer den Nachtheil, daß man befürchten mußte, am Ende hält der Wahlmann nicht Wort, und stimmt anders, als er ursprünglich stimmen wollte. Den Grund, welchen Herr Eisenstuck gegen das Wählen durch Wahlmänner vorgebracht hat, kann ich nicht als richtig anerkennen; er meinte, wenn man sich nicht verständigte, dann würde der Volkswille reiner zu Tage kommen, — Das scheint mir wirklich ein eigenthümlicher Grund zu sein; eine Verständigung zwischen verständigen, und, wie Herr Eisenstuck selbst sagte, selbstständigen Männern soll die Wirkung haben, daß der reine Volkswille nicht zu Tage kommt! Diese Behauptung ist mir rein unbegreiflich gewesen. — Indem ich Ihnen schließlich nochmals den Antrag empfehle, wiederhole ich die Bitte: Halten Sie sich nicht an die Einzelnheiten desselben, sondern an den zu Grund liegenden Gedanken, und berücksichtigen Sie, daß gerade ein Vorzug des Antrags darin besteht, daß er weiterer Entwickelung, weiterer Ausbildung fähig ist. Wissen Sie eine Aenderung, so schlagen Sie die Aenderung vor, aber halten Sie an dem Principe fest; denn, meine Herren, das Princip, man mag dagegen sagen, was man will, hat einen unermeßlichen Vortheil, es gibt jedem Staatsbürger das Bewußtsein, daß er mitgewirkt hat an der Gesetzgebung, der er unterliegt, und, meine Herren, dieses Bewußtsein müssen wir stark machen gerade in den Klassen der armen Leute; denn gerade die armen Leute sind es, die oft nur die Härte des Gesetzes empfinden, den Schutz des Gesetzes sucht und erhält vor Allem der Reiche, dem Armen aber erscheint das Gesetz oft nur in der Gestalt des Executors und des Gefangenwärters. (Beifall auf der Rechten und im Centrum.)

Vicepräsident Kirchgeßner: Es liegt ein Antrag auf Schluß der Debatte über die §§ 1 und 2 des Wahl-Gesetzes vor von Herrn Drechsler und 20 Anderen. Es muß der Schluß-Antrag zur Abstimmung gebracht werden, und ich ersuche diejenigen Herren, welche den Schluß der Discussion über die §§ 1 und 2 vorbehaltlich des Schlußwortes der Herren Berichterstatter der Majorität und Minorität genehmigen wollen, sich zu erheben. (Die Minderzahl erhebt sich.) Der Schluß ist abgelehnt. Herr Simon von Trier hat das Wort.

Simon von Trier: Meine Herren! Der Verfassungs-Ausschuß hat in seinem Bericht einen Satz aufgestellt, welcher den Ausgangspunkt für sämmtliche beantragte Beschränkungen bildet, und auch den Wendepunkt in den bedeutendsten Reden, die hier gehalten worden sind, abgegeben hat. Dieser Satz lautet: „Das politische Recht ist mit nichten als ein solches zu betrachten, welches der Person unmittelbar und eigenthümlich anhaftet, es ist nicht die individuelle Freiheit, welche in demselben Befriedigung und Schutz erhalten soll; sondern das Beste der Gesammtheit muß bestimmen, wer geeignet ist, als der Träger dieses Rechts zu erscheinen." Derselbe Gesichtspunkt ist auch von Herrn v. Gagern adoptirt worden, indem er es als mit dem Gemeinwohl nicht verträglich bezeichnete, daß das allgemeine Stimmrecht eingeführt werde. Man geht also von dem Wohl des Ganzen oder dem Gemeinwohl als von etwas Gegebenem aus, und sucht darnach die Träger des politischen Rechtes. Aber, meine Herren, wo ist das Gemeinwohl als etwas Gegebenes vorhanden? Etwa in den Compendien der Herren Professoren, oder in dem Verfassungs-Ausschuß, oder in der Oberpostamts-Zeitung? Ich, meine Herren, weiß das Wohl des Ganzen, das Gemeinwohl nirgends zu finden, als bei dem ganzen Volke. Das natürlich Gegebene ist das ganze Volk mit seinen sämmtlichen Wünschen und Bedürfnissen, mit seinem ganzen Inhalte von Bejahung und Verneinung. Nur durch das Aussprechen und die wechselseitige Vereinbarung aller dieser Wünsche und Bedürfnisse, dieses ganzen Inhaltes von Bejahung und Verneinung kann sich das Wohl des Ganzen herausstellen. Auf jede andere Weise erheben Sie die subjective Meinung Einzelner über das Ganze. Wir sind nie gegen die Vereinbarung in diesem Sinne gewesen, denn sie ist die Gewähr der friedlichen Entwickelung. Dagegen sind wir gegen die Vereinbarung in dem Sinne, daß ein Einzelner als Paciscent hintrete, und sage: ich will mit euch vereinbaren, habe aber dabei soviel Recht der Vereinbarung, als ihr Andern Alle zusammen; dagegen sind wir gegen die Vereinbarung in dem Sinne, daß eine Minderzahl als erste Kammer auftrete, und sage: wir wollen mit euch vereinbaren, haben aber dabei soviel Recht der Vereinbarung, als die Vertreter des ganzen Volkes, obgleich wir bei deren Wahl schon mitgewirkt haben. — Dieselbe irrige Auffassung, wie im Berichte des Verfassungs-Ausschusses, finden Sie auch in der Rede des Herrn Reichensperger. Er hat den Ausspruch Schiller's, man solle die Stimmen wägen, aber nicht zählen, als Waffe gegen das allgemeine Stimmrecht gekehrt. Auch ich achte eine Person höher, als die anderen, und habe nichts gegen die persönliche Schätzung. Aber im officiell-politischen Leben soll nur das gesammte Volk die Wage in die Hand nehmen. Wer sollte es auch sonst thun? Etwa der Verfassungs-Ausschuß, oder Herr Reichensperger? Wenn diese die Wagschaale in die Hand nähmen, dann möchte wohl die ganze linke Seite des Hauses zu leicht befunden werden. (Heiterkeit.) Derselbe willkürliche Gesichtspunkt waltet auch in der Rede des Herrn Matthies vor, indem er sagt, das Stimmrecht sei kein natürliches Recht, vielmehr ein Beruf, zu welchem Fähigkeiten gehören. Meine Herren! Wenn Jemand über sich selbst verfügen will, so hat Niemand etwas hinein zu reden. Wenn aber der größte Theil des Volkes, wenn über zwei Drittel desselben zu etwas verpflichtet werden, wenn sie Steuern bezahlen, wenn sie in den Krieg ziehen, wenn sie Gut und Blut opfern sollen, dann dächte ich, hätten sie doch auch etwas mitzusprechen, es sei denn, daß man in Greifswald ein neues Naturrecht erfunden hätte, wonach die Einen dazu da wären, die Anderen als Objecte zu behandeln, deren Selbstzwecke zu zerstören, und sie zu Mitteln für ihre eigenen Zwecke herabzuwürdigen. (Bravo auf der Linken.) Und wenn das Stimmrecht kein natürliches Recht, sondern ein Beruf wäre, zu welchem Fähigkeiten gehören, wer soll denn die Fähigkeiten prüfen, wer soll das Examen abhalten? Etwa der Verfassungs-Ausschuß, oder Herr Matthies? Es ist wahr, was der Herr Professor der Philosophie, somit wohl auch der Logik gesagt hat: „nur zu oft werde die eigene subjective Meinung mit der Stimme des Volkes verwechselt." Hätte der Verfassungs-Ausschuß, oder Herr Matthies das Examen abzuhalten, so glaube ich abermals, daß die linke Seite des Hauses durchfallen würde. (Heiterkeit.) Vor dem Volke aber hat jeder politische Charakter sein Examen zu machen. Vor dem Volke haben wir unser Examen bestanden. Dasselbe hat uns nicht durchfallen lassen, und es allein ist die wahrhaft berechtigte Instanz. — Herr Reichensperger hat sich auch auf den Ausspruch des allgemeinen Gewerbecongresses gegen die Gewerbefreiheit berufen, und gesagt, die Freiheit müsse überall organisirt werden. — Ein kühner Sprung von dem Ausspruch gegen die Gewerbefreiheit zur Verwerfung des allgemeinen Stimmrechtes. Ich stelle diesem gewagten Sprunge die ehrenwerthe Adresse des allgemeinen deutschen Vereines zum Schutze deutscher Arbeit entgegen, welche durch den Prinzen Felix zu Hohenlohe bei dem Parlamente eingereicht wurde, und in welcher mit ganz bestimmten Ausdrücken Namens der Humanität, Gerechtigkeit und der Klugheit gegen den Ausschluß der Arbeiter von dem Stimmrechte protestirt wird. — Meine Herren! Auch ich bin dafür, daß man die Freiheit organisire; wenn man aber ganze Schichten des Volkes aus dem zu organisirenden Ganzen ausschließt, so heißt das nicht die Freiheit organisiren, sondern desorganisiren. Sie haben sich nie dazu verstanden, Fürsten zu mediatisiren, und Sie wollten nunmehr eine ganze Schichte des Volkes mediatisiren? (Bravo auf der Linken.) — Es ist an einem anderen Orte von einem Mitgliede dieses Hauses gesagt worden: „Man solle das Kleid nach dem Leibe machen." Ja, meine Herren, das soll man auch, und nicht den Leib nach dem Kleide; man soll den Leib des Volkes nicht zerschneiden und tüchtige Glieder wegwerfen, damit der zerstümmelte Rest in die Zwangsjacke der eigenen subjectiven Meinung hineinpasse. (Bravo auf der Linken.) Würden Sie Das thun, so müßte ich Ihnen leider sagen: Die absolute Monarchie ist gestürzt, aber über das Princip derselben sind Sie nicht hinausgekommen. Auch die Fürsten behaupteten stets, sich auf das Wohl des Ganzen besser zu verstehen, als das Ganze selbst. Was wußte man damals nicht Alles von Reife des Volkes zu sagen! Das Volk ist aufgestanden, und nun da man sich auf den blutigen Schultern desselben erhoben, wollte man verächtlich auf dasselbe, wie auf ein gebrauchtes Werkzeug herabsehen? Keine wahre menschliche Freiheit, sondern neue Vormünder und keine Unmündige, neue Herrscher und neue Dienende!! Wahrlich, meine Herren, wenn ich ein Fürst wäre, und ich hätte durch solche Freiheitsapostel meinen Thron oder auch nur eine Stufe meines Thrones verloren, — ich könnte nur mit der innigsten Mißachtung auf ein solches Gebahren herabsehen, und ich würde die erste günstige Gelegenheit benutzen, um diese Helden des Tages mit Sack und Pack zum Tempel hinauszujagen. (Lebhafter Beifall auf der Linken.) — Der Verfassungs-Ausschuß will, wie Ihnen schon Herr Vogt sehr richtig bemerkte, nicht mit der Mehrheit des Volkes, sondern mit einem Extracte der Minorität regieren. Wie will er nun diesen Extract gewinnen? Ursprünglich hatte er den Besitz als Kriterium aufgestellt; später hat er dasselbe, jedoch aus äußeren, nicht aus inneren Gründen, insbesondere im Hinblick auf die verschiedenen Steuersysteme und Wohlhäbigkeitsverhältnisse in Deutschland wieder verlassen. Statt nun aber zum Menschen, als solchem, zurückzukehren, hat derselbe Ihnen eine Naturgeschichte der Selbstständigkeit aufgestellt, die von Anfang bis zu Ende unwahr ist. Zuerst soll als unselbstständig betrachtet werden der Faillit, und zwar während der Dauer des Faillitzustandes. In diesem Paragraphen liegt eine große Gefahr. Der Faillit, nach französischem Rechte, ist noch nicht einmal nothwendig ein Mann, der nichts mehr hat; Faillit nach französischem Rechte ist Derjenige, welcher seine Zahlungen eingestellt hat; aber die Erfahrung hat gelehrt, daß durch das Zusammentreffen ungünstiger Handelsconjuncturen augenblickliche Verlegenheit und Einstellung der Zahlungen erfolgen kann, ohne daß deßhalb das Vermögen des Betroffenen als erschöpft angesehen werden könnte. Ich warne Sie vor dem Ausschlusse Desjenigen, welcher seine Zahlungen eingestellt hat, welcher vielleicht noch actives Vermögen besitzt, und somit selbst im Sinne der Gegner des allgemeinen Stimmrechtes berechtigt wäre. Dadurch würde den Banquiers und dem großen Capitale eine gefährliche Waffe in die Hand gegeben. Man brauchte nur zu geeigneter Zeit durch zahlreiche Kündigungen den Mittelstand in Verlegenheit zu setzen, und dadurch zur augenblicklichen Einstellung der Zahlungen zu nöthigen, um ihn von der Wahl ohne Weiteres auszuschließen. (Widerspruch auf der Rechten; Zustimmung auf der Linken.) Ja, meine Herren, ist es doch schon vorgekommen, daß die constitutionellen Bürger öffentlich aufgefordert wurden, bei Denjenigen, welche für die demokratische Partei gestimmt hatten, nichts mehr zu kaufen! An gekündigten Capitalien wird es auch nicht gefehlt haben, und es würde allerdings durch die vorgeschlagene Bestimmung der große Besitz eine bedenkliche Waffe gegen den Kleineren in die Hand bekommen. Uebrigens, meine Herren, leidet der Faillit ja oft unschuldig. Wollen Sie denn keinen Unterschied machen zwischen dem betrüglichen Banquerottirer und dem redlichen Schuldner, welcher durch den Fall anderer Häuser, oder durch andere äußere Verhältnisse um den Besitz seines Vermögens gekommen ist? Wenn Sie aber diesen, gewiß billigen Unterschied machen, so wird die ganze betreffende Bestimmung des § 1 überflüssig; denn der betrügliche Banquerottirer unterliegt nicht bloß der Competenz der Civil-, sondern auch der Criminaljustiz; auf dem betrüglichen Banquerott steht Gefängniß-, und unter Umständen Zuchthausstrafe. Derselbe wird also, soweit er es verdient, durch jenen Paragraphen ausgeschlossen, welcher von der Bescholtenheit handelt. — Ferner sind als unselbstständig angeführt Personen, welche eine Armenunterstützung genießen, oder im letzten Jahre genossen haben. — Meine Herren! In Trier hat man diese Auslegung bereits praktisch gemacht, und eine Anzahl Solcher, welche in der letzten Zeit kleine Kohlengaben empfangen hatten, von der Wahl ausgeschlossen. Aber Das kann ich Ihnen versichern, daß man sie nicht ausgeschlossen hat, weil man befürchtete, sie möchten so unselbstständig sein, für die constitutionellen Armenväter zu stimmen, vielmehr deßhalb, weil man recht wohl wußte, daß sie für die demokratische Partei stimmen würden. Ueberdieß finde ich es nicht würdig, dem Bedürftigen *Wohlthaten*, die man ihm erwiesen, durch Entziehung seines vornehmsten politischen *Rechtes* entgelten zu lassen. — Was die *Dienstboten* anbetrifft, so erlauben Sie mir die Frage, wie man es mit den Dienern des Hofes, z. B. den Hoflakaien halten will? In Darmstadt erging, wie man mir berichtet, vor nicht langer Zeit eine officielle Regierungs-Erklärung, wonach Hoflakaien nicht zu den Dienstboten zu zählen, sonach zu dem politischen Rechte der Wahl zuzulassen wären. (Heiterkeit.) Was endlich die *Beamten* betrifft, meine Herren, so frage ich: Sind diese denn nicht so recht eigentlich die Dienstboten des Status quo? Verwundern Sie sich nicht! Durch die ganze preußische Gerichtsordnung hindurch von A bis Z sind alle Justizbeamte „*königliche Bediente*" genannt, und wahrlich, diejenigen preußischen Justizcollegien, welche kürzlich pflichtgetreue Abgeordnete wegen deren politischer Wirksamkeit als Vertreter des Volkes aus ihrem Schooße zu verbannen suchten, haben sich diesen Namen redlich verdient! (Lebhaftes Bravo auf der Linken.) — Für die *Handwerksgehilfen* gibt selbst der Verfassungs-Ausschuß einen gewissen „*unabhängigen beweglichen Sinn*," sogar „*einen Zug trotziger Freiheit*" zu. Aber, sagt man, er arbeitet doch für „*fremde Rechnung*," und während der Wanderzeit mangelt ihm die erforderliche Dauer des Wohnsitzes. Hier sehen Sie recht deutlich, wie hinter der angeblichen Unselbstständigkeit die Besitzlosigkeit hervorspielt. Denn daß man für fremde Rechnung arbeitet, daraus folgt nur, daß man nicht so viel verdient, als der Meister, und wenn die Handwerksgehilfen während der Wanderzeit die erforderte Dauer des festen Wohnsitzes nicht nachweisen können, so sind sie ja ohnehin ausgeschlossen, und es bedarf dieser Selbstständigkeitstheorie gar nicht. Zudem ist es mir auffallend, daß der Verfassungs-Ausschuß, welcher eine so große Bekümmerniß um die Selbstständigkeit an den Tag legt, die Neuerung einführen will, daß nicht verschlossene Stimmzettel, sondern die Stimmen mündlich zu Protocoll abgegeben würden. Soll dieß etwa zu dem Zwecke geschehen, damit die Gläubiger und Herrschaften es leicht erfahren können, wer von ihren Schuldnern und Dienstboten gegen sie gestimmt habe? Wollen Sie den Mißbrauch des höhern Einflusses beseitigen, so muß es bei dem bisherigen Verfahren der schriftlichen Stimmzettel verbleiben. Was ich bisher gesagt, gilt auch von den *Fabrik-Arbeitern* und *Tagelöhnern*, welche auf die einzig sittliche Art, das heißt, durch *Arbeit* sich ernähren. Es ist Niemanden von uns eingefallen, die *geistige Arbeit* zurückzusetzen, gering zu schätzen und deren Berechtigung zu leugnen. Aber ich verlange von Denjenigen, welche die geistige Arbeit so sehr betonen, daß sie ihre Geisteskraft nicht dazu mißbrauchen, um die *Handarbeit* auszuschließen. — Die angebliche *Unselbstständigkeit* ist überall bloß die Maske der *Besitzlosigkeit*. Wenn man wirklich glauben könnte, daß der Faillit für den Gläubiger, die Personen, welche Armenunterstützung genießen, für die constitutionellen Armenväter, die Dienstboten für die Herrschaft, die Handwerksgehilfen für die Meister, die Fabrikarbeiter für die Fabrikherren, die Tagelöhner für die Arbeitgeber stimmen würden, ei so könnte dieß Denjenigen, welche um das conservative Element im Staate so sehr bemüht sind, daß sie selbst die „*Dauer*" des Staates als Staatszweck bezeichnen, nur sehr erwünscht sein! Aber die vom Verfassungs-Ausschuß ausgehobenen Personen sind in der That nicht *unselbstständig*, sie sind vielmehr zu *selbstständig*. Man befürchtet nicht ohne Grund, dieselben möchten sich der demokratischen Partei zuwenden. Ein verehrter Redner hat dagegen bemerkt, bei der Rückkehr ruhiger Zeiten würden diese Leute, deren Selbstständigkeit jetzt vorhanden sein möge, wieder in den Zustand der Unselbstständigkeit versinken. Wenn dieß der Fall wäre, meine Herren, so würde ich es immerhin für natürlicher erachten, daß dieselben durch die in jedem einzelnen Falle sich geltend machende höhere Kraft abhängig gemacht würden, als daß diese höhere Kraft ein für alle Mal durch Ausschluß der Schwächern mittelst des Staates diese Abhängigkeit gesetzlich begründe, organisire und stabilisire. Sie können da weiter nichts thun, als Strafen für die Bestechung feststellen, und wenn dennoch bestochen wird, so frage ich, wo ist denn vorzugsweise die Schlechtigkeit? Doch auf Seiten des Bestechenden, und nicht auf Seiten des Bestochenen! (Zuruf: Auf beiden!) Sie, meine Herren, die Sie von der Unselbstständigkeit ausgehen, können doch auf Seiten des Unselbstständigen nicht wohl eine Sünde annehmen! Ist also die Schlechtigkeit nicht zu vermeiden, besser dann noch, daß sie Opfer bringe, als daß sie sich als Vorrecht in den Staat festsetze und dadurch ein für alle Mal unentgeltlich denselben Erfolg erreiche! Ich wiederhole es, meine Herren, die Naturgeschichte der Unselbstständigkeit, wie sie in dem Berichte des Verfassungs-Ausschusses vorliegt, ist unwahr von Anfang bis zu Ende. Wo ist denn das Neigen, Verbeugen, Schmiegen und Kriechen so recht eigentlich zu Hause? Etwa bei den Fabrikarbeitern, bei den Handwerksgehilfen, oder in *anderen Regionen*? Die Selbstständigkeit, meine Herren, beruht im *Charakter*, im *Willen*. Wohl treten *Verhältnisse* bald lockend, bald drohend entgegen. Wer Befriedigung, Gleichgewicht und innere Seelenruhe darin findet, sich treu zu bleiben, seine Grundsätze zu bewahren und frei zu offenbaren, der ist weit selbstständiger, als Jener, welcher vom Stachel der Eitelkeit oder des Eigennutzes getrieben, seine Grundsätze verleugnet oder auch nur vertagt. (Viele Stimmen: Sehr gut!) Wer Gefahren um seiner Grundsätze willen bestehen kann, ist noch selbstständiger; wer sogar sein Leben herzugeben vermag, ohne einen Versuch der Rettung durch Verleugnung seiner Grundsätze zu machen, — wir haben ein Beispiel erlebt zu Wien auf der Brigittenau — der ist der *Selbstständigste*. Dagegen widerstrebt es meinen Begriffen von Selbstständigkeit, wenn z. B. Jemand eine glänzende Rede hält, worin er seine tiefste, innerste Ueberzeugung ausspricht, und im nächsten Augenblicke in entgegengesetzten Sinne stimmt (stürmischer Beifall auf der Linken); einen Solchen kann ich, nach meinen Begriffen, nicht für selbstständig erachten, und wenn er der Erfinder der Selbstständigkeit selbst wäre. (Bravo auf der Linken) — Ich wende mich nunmehr zur *Besitzlosigkeit*, sofern sie als Grund der Ausschließung eines großen Theiles des Volkes geltend gemacht wird. Schon ist angeführt worden, was Franklin gesagt: Ich besitze einen Esel; durch den Werth dieses Esels erreiche ich den Grad des Einkommens, welcher erforderlich ist. um zu wählen. Der Esel stirbt, und mein Einkommen reicht jetzt zur Wahlberechtigung nicht mehr aus. Frage, wer war denn eigentlich der Wähler, ich, oder der Esel? — So ist es z. B. auch im Großherzogthum Baden vorgekommen, daß Jemand das erforderliche Steuerquantum nicht bezahlte, um gewählt werden zu können, und daß nun Andere für ihn ein Weinpatent lösten und die Steuer bezahlten, um ihn in die Volksvertretung hinein zu bringen. (Hört!) — Ich, meine Herren, will das nicht, ich will keine Objecte, weder Esel noch Weinpatente, ich will Subjecte, ich will Menschen vertreten haben! — Meine Herren! Es ist unrichtig, wenn man sagt, der Arbeiter habe kein Interesse am Staate. Hat er denn nicht das Interesse, etwas zu erwerben, und wer leidet am Meisten durch die Erschütterungen der Uebergangszustände? Derjenige, welcher noch einen Rückhalt hat, wonach er schlimmsten Falls immer greifen kann, oder Derjenige, welcher nichts besitzt, als seine Arbeitskraft, ohne deren Verwerthung er nackt auf der Straße sitzt? Ebensowenig ist es der Besitz, welcher zur Erhaltung des Staats am Meisten beiträgt. Sie wissen ja, daß in Preußen die unterste Stufe der Klassensteuer mehr aufbringt als die beiden höchsten zusammen; Sie wissen ja, daß zu den auf den unentbehrlichsten Lebensmitteln haftenden indirecten Steuern die Armen am Meisten beitragen; Sie wissen ja, daß die Zölle auf Tabak, Kaffe, Zucker und Reis 75 pCt. der Gesammteinnahme des Zollvereins betragen. Angesichts dieser Thatsachen läßt sich doch wahrlich nicht behaupten, daß die Besitzenden vorzugsweise zur Erhaltung des Staates beitragen! Ueberdieß, meine Herren, ist nicht die Wehrpflicht für Alle gleich, muß nicht Jeder das Höchste, sein Leben, hingeben, wenn der Staat ruft, sei es gegen den auswärtigen Feind, sei es zur Erhaltung der Ruhe und Ordnung im Inneren? — Es ist Ihnen gestern gesagt worden, in Amerika würde man sich schämen zu wählen, wenn man keine Steuern bezahle. Ich will diese Scham auf sich beruhen lassen; aber das weiß ich sicher, meine Herren, ich würde mich schämen, wenn ich den Besitzlosen, den minder Gebildeten, den Schwächeren ausschließen sollte. Gerade die Besitzlosigkeit und Verwahrlosung sind der Vertretung doppelt bedürftig. Man sagt immer, Bildung und Besitz seien die nothwendige Bedingung, unter welcher allein man Jemanden zur Vertretung zulassen könne. Lassen Sie mich vielmehr den Satz umkehren und sagen: Wer nicht vertreten wird, der wird von dem Besitz und der Bildung ausgeschlossen, oder deren Erlangung wird ihm von der Besitzes- und Geistesaristokratie unendlich erschwert. Dieß ist ein wesentlicher Gesichtspunkt. Könnten Sie annehmen, daß alle Vertretenen die Unvertretenen so sehr liebten, daß sie deren Interesse ebenso heilig hielten, als das eigene, könnten Sie mir diese Voraussetzung geben, so wollte ich Ihnen sofort den puren Liebesstaat ohne alles Gesetz und alle Gewalt einführen. Können Sie mir aber diese Voraussetzung nicht geben, nun, meine Herren, dann lassen Sie wir auch Alle herein, dann schließen Sie Niemanden aus, dann schelten Sie nicht Diejenigen, welche den Vertrauensstaat bekämpfen. Der Mensch, welcher etwas geschenkt erhalten muß, welcher auf Vertrauen zu Anderen angewiesen ist, ist weder frei noch sicher; nur wer die Kraft und Stellung hat, sich Dasjenige, was er braucht, selbst zu erringen, nur Der ist sicher und frei! Wenn man sagt: Ihr habt ja alle Freiheiten: unentgeltlichen Unterricht und Preßfreiheit, wenn Herr v. Beckerath sogar Beförderung der Associationen in Aussicht stellt, so erwiedere ich: Hätten wir wohl den unentgeltlichen Unterricht ohne allgemeines Stimmrecht erhalten? Warum haben die constitutionellen Volksvertreter in Frankreich denselben vom Jahre 1830 bis zum Jahre 1848 nicht gewährt? Hätten wir wohl die unbedingte Preßfreiheit und das Associationsrecht ohne allgemeines Stimmrecht durchgesetzt? Ich zweifle sehr daran, meine Herren, und die Erfahrung steht mir überall beweisend zur Seite. Wo der Besitz die Gesetze gab, lasteten sie stets mit ungerechter Härte auf dem Armen. — Was die Bildung anbetrifft, so ist diese allerdings sehr verschieden, aber ich glaube, daß gerade durch die Theilnahme, und zwar durch die ausgedehnteste Theilnahme am öffentlichen Leben die Bildung am Besten wird befördert werden. Die Sicherheit des klaren Einblickes in die großen Verhältnisse des Vaterlandes erlangen Sie auch nicht durch einen Census von einigen Thalern. Bei den Wahlen kommt überall und in allen Schichten viel auf den Einfluß einzelner Personen an, welche sich durch gediegenes, zuverlässiges Wesen die Achtung ihrer Mitbürger erworben haben. Glauben Sie es mir, auch der arme Mann hat darin einen sehr richtigen und feinen Tact; er weiß sehr wohl zu unterscheiden zwischen Denen, welchen ihre Pflicht erfüllen, und Denen, welche ihren eigenen Vortheil erstreben; er weiß recht wohl zu unterscheiden zwischen Denen, die noch Dieselben sind, welche sie im März waren, und zwischen Denen, welche seitdem die Farbe gewechselt haben. (Bravo!) — Meine Herren! Lassen Sie uns offen sein; warum geht es denn eigentlich bei dem beabsichtigten Ausschluß eines großen Theiles des Volkes? Ich kann wohl annehmen, daß bei der Wahl der linken Seite dieses Hauses Diejenigen, welche man gegenwärtig ausschließen will, zahlreicher Theil genommen haben, als bei der Wahl der rechten Seite des Hauses. (Zuruf von der Rechten: O nein!) Dieß ist meine wohlbegründete Ueberzeugung, und es handelt sich so recht eigentlich darum, die Linke zu beseitigen, deren Freiheitsbestrebungen in manche Projecte störend eingreifen. Man würde Vieles weit bequemer erledigen, wenn wir nicht da wären. (Stimmen von der Rechten: Sehr richtig!) Wir sind also wohl die „Krankheit," welche, wie ein Redner bemerkte, „nicht mit hineingenommen werden dürfe." Meine Herren! War es krankhaft, daß wir von dieser Seite des Hauses aus (nach der Linken gewendet) im Monat October verlangten, man möge die Personalunion der deutsch-österreichischen Provinzen mit dem übrigen Oesterreich nicht bloß auf das Papier, sondern auf den Boden der Thatsachen schreiben? War es krankhaft, daß wir nach Kleindeutschland nicht hineinwollten? War es krankhaft, daß wir darauf bestanden, daß das einmal beschlossene Gesetz über die provisorische Centralgewalt auch anerkannt und befolgt werde? War es krankhaft, daß wir Sie an das Wort erinnerten, welches Sie dem preußischen Volke zum Schutze seiner Freiheiten feierlich gegeben hatten? War es krankhaft, daß gerade von uns aus die Vollendung und Publicirung der Grundrechte vorzugsweise betrieben wurde? Ist es krankhaft, daß deren Durchführung noch jetzt in den Kammern der Einzelstaaten und im Volke vorzugsweise von uns betrieben wird? — Wo ist da die Krankheit? Wo die Gesundheit? Die Zukunft wird uns gewiß einmal einen Arzt schicken, der die Frage beantwortet! — (Bravo!) Meine Herren! Bildung und Besitz geben Einfluß und Uebergewicht. Dieser Einfluß, dieses Uebergewicht kommen aber auch in der Concurrenz des allgemeinen Stimmrechtes von selbst auf dem natürlichsten Wege zur Geltung. Wollen Sie sich damit nicht begnügen? Sollen die Besitzenden und Gebildeten, die Stärkeren den Nichtbesitzenden, den minder Gebildeten, den Schwächeren noch überdieß den Mund gesetzlich verstopfen? Hat denn je das Volk in den Zeiten der Stürme, als seine Stimme gefürchtet wurde, solche Ungerechtigkeit zu seinem Vortheile verlangt? Hat es je begehrt, der Adel oder die Professoren sollten von der Vertretung ausgeschlossen werden? Ein verehrter Redner von jener Seite hat sich gegen die Geltendmachung der „Uebermacht" ausgesprochen. Nun, meine Herren, machen Sie Ihre augenblickliche Uebermacht nicht auf Kosten der Gerechtigkeit geltend. Wenn es Ihnen bloß darauf ankommt, daß gewisse Personen regieren, so mögen Sie es thun! Sie mögen es sogar augenblicklich für klug erachten, Sie mögen es für Alles halten, aber Eins ist es sicher nicht, es ist nicht edel! (Bravo!) Sie können die Entwickelungsgeschichte der Menschheit nicht abschließen, ebensowenig die Linke. Sie haben nur die Wahl, ob Sie die Entwickelung in größeren Zwischenräumen stoßweise und in Begleitung großer Erschütterungen, oder ob sie dieselbe in kürzeren Zwischenräumen friedlich und ohne erhebliche Störungen vor sich gehen lassen wollen. Es ist eben von den Mängeln des Repräsentativsystems gesprochen worden, und ich sehe in der Entwickelungsgeschichte der Menschheit in weiter Ferne auch hinter dem Repräsentativsystem noch eine schöne Zukunft größerer Freiheit und Selbstständigkeit heraufdämmern. Aber wenn die Zukunft uns noch Besseres zu bringen vermag, so will ich wenigstens für die Gegenwart diejenige Form des Repräsentativsystems festhalten, die ich für die beste erkenne. Ich will von der Vertretung Niemanden ausgeschlossen, und das Repräsentativsystem nicht durch indirecte Wahlen verdoppelt wissen, indem nämlich zuerst die Wahlmänner die Urwähler, und dann die Abgeordneten die Wahlmänner repräsentirten. Man kann nicht mit Herrn v. Gagern sagen, das Gesetz rufe durch die Gestaltung des allgemeinen Stimmrechtes die Wahlbewegung hervor. Das Gesetz gibt bloß die Freiheit, das Gesetz öffnet nur für Jeden die Arena, und das ist gerecht, die Natur des Menschen, sein Thätigkeitstrieb ist die Quelle der Bewegung. — Bleiben Sie beim allgemeinen Stimmrechte, lassen Sie sich nicht beirren durch die Berufung des Herrn Bassermann auf die Lazzaroni, die Schweizertruppen und den aus allgemeinem Stimmrechte hervorgegangenen Präsidenten der französischen Republik! Auch nicht durch die Berufung des Herrn Reichensperger auf die Nationalwerkstätten und Louis Blanc! Die Lazzaroni und Schweizertruppen haben ja in Italien die constitutionelle Monarchie gerettet, Herr Bassermann hält aber diese Letztere für etwas sehr Vernünftiges, folglich haben diese Leute ja vor dem Richterstuhle des Herrn Bassermann etwas sehr Vernünftiges gethan! (Heiterkeit auf der Linken.) Warum ist denn Herr Bassermann plötzlich so bekümmert um den Bestand der französischen Republik? Wenn wir einmal die Zukunft der deutschen Republik durch das allgemeine Stimmrecht für gefährdet erachteten, so ließe sich das hören. Wenn man dagegen der Bekümmerniß der constitutionellen Monarchie um die Zukunft der Republik nicht trauen mag, so ist das wohl sehr natürlich. (Beistimmung auf der Linken.) Was aber die Nationalwerkstätten und Louis Blanc anlangt, so weiß doch Herr Reichensperger, daß nicht das allgemeine Stimmrecht, sondern die provisorische Regierung Frankreich's die Nationalwerkstätten errichtete, und daß gerade das allgemeine Stimmrecht dieselben wieder abschaffte. Wäre das allgemeine Stimmrecht früher zur Ausübung gekommen, so wären die Sympathieen und Antipathieen für und gegen diese Institution früher öffentlich ans Licht getreten, und es ist die große Frage, ob es alsdann Herrn Louis Blanc überhaupt möglich gewesen wäre, die Nationalwerkstätten auch nur für einen Tag einzuführen. — Zum Schlusse diene Herrn Reichensperger zur Erwiederung, daß wir das allgemeine Stimmrecht nicht mit der Laterne in Amerika, Frankreich oder der Schweiz gesucht haben, daß es vielmehr von dem deutschen Volke mit seinem Herzblute erkämpft wurde. Aus dem Drange und Kampfe der Neuzeit ist es auf deutscher Erde hervorgegangen. Die erkämpfte Thatsache ist durch die Anerkennung, welche in der Vornahme der Wahlen liegt, sogar zu einem formellen Rechte des Volkes geworden. Sie wissen aber gewiß, meine Herren, wie man in der Criminalgesetzgebung die Handlung eines Bevollmächtigten nennt, welche dahin zielt, die Rechte des Vollmachtgebers zu beeinträchtigen? Nach gemeinem Rechte heißt sie: Unterschlagung, nach französischem: Abus de confiance, und figurirt im Kapitel vom Betruge. (Beifall auf der Linken.) Suchen Sie Räthlichkeitsgründe hervor, soviel Sie wollen, nun und nimmermehr werden Sie den sittlichen Eindruck verwischen, den eine solche Handlung auf das Bewußtsein des Volkes machen würde, desselben Volkes, welches Sie mittelst des allgemeinen Stimmrechtes hierher geschickt hat. Nie und nimmer werde ich den Wahltag vergessen, wie die Armen und Aermsten erschienen waren, wie sie, welche von der Arbeit des Tages leben müssen, vom Morgen bis zum Abend ausharrten, in der Hoffnung auf die Erwählung des Mannes, von dem sie eine Förderung ihrer Interessen erwarteten. Diese Leute nunmehr des Wahlrechtes für verlustig zu erklären, das ist wahrlich zu viel! Schon beruft man sich wieder in den conservativen Zeitungen auf die Stimme des Volkes, man liest: „Das Volk solle zeigen, ob in Frankfurt nur ein Häuflein zusammensitze und schwatze, oder ob hinter der Nationalversammlung wirklich ein Volk stehe, das einig, groß und mächtig zu werden entschlossen sei.“ Wahrlich, meine Herren, wenn Sie es durch Eins verdienen können, daß Ihnen die Wellen der Vereinbarung über den Köpfen zusammenschlagen, daß Ihr ganzes Verfassungswerk nicht zu Stande komme, daß nicht nur die ärmeren Klassen, sondern auch Sie wieder absolut beherrscht werden, daß Alle wieder in der Tiefe des Absolutismus versinken, dann können Sie es durch den Ausschluß des größten Theiles des Volkes vom Wahlrechte! (Lebhaftes Bravo auf der Linken.) Meine Herren! Es ist noch nicht lange her, daß man vom Ministertische zu uns hinantrat, und uns zumuthete, einen Riß in den heiligen Boden der deutschen Erde zu machen. Heute tritt man abermals vor Sie, und muthet Ihnen zu, einen Schnitt in den lebendigen Leib des Volkes selbst zu machen. Das Erste war ein kühner Griff in die Einheit, das Zweite ist ein kühner, verwegener Griff in die Freiheit! (Beifall auf der Linken.) Retten Sie, meine Herren, retten Sie die Freiheit! Aus der Tiefe der ganzen unzertheilten Volks-Vertretung wird sich die Kraft und Wärme entwickeln, mittelst welcher Sie auch die Einheit zu retten vermögen. Retten Sie die Freiheit, und Sie werden auch die Einheit retten! (Lebhafter Beifall auf der Linken und Galerie.)

Vicepräsident Kirchgeßner: Es liegen zwei Anträge auf Schluß der Debatte vor, jeder von mehr als zwanzig Unterschriften unterstützt. Ich bemerke zunächst, daß durch Herrn Schneer die namentliche Abstimmung beantragt worden ist. Bevor ich den Schluß-Antrag zur Abstimmung bringe, muß ich der hohen Versammlung kundgeben, daß sich Herr Riesser zu einer persönlichen Erwiederung das Wort erbeten hat (Unruhe); ich muß daher die Frage erheben, ob die Versammlung Herrn Riesser zu dieser Entgegnung das Wort ertheilen will? (Die Mehrheit erhebt sich.) Herr Riesser hat das Wort.

Riesser von Hamburg: Meine Herren! Erlauben Sie mir ein kurzes Wort in Beziehung auf die mich betreffende Anführung, mit welcher Herr Eisenstuck seinen Vortrag geschlossen hat. Zuvörderst bin ich nicht in dem Falle, — was freilich Herrn Eisenstuck nicht bekannt sein konnte, und woraus ich eine Einwendung gegen ihn zu entnehmen nicht befugt bin, — ich bin, sage ich, nicht in dem Falle, den Entwurf des Ausschusses zu § 2 vertreten zu müssen. Ich war zur Zeit der Berathung dieses Paragraphen abwesend, und da ich daran nicht theilnehmen konnte, so habe ich mich nicht berechtigt geglaubt, einem der Minoritäts-Gutachten beizutreten. Nun ein Wort in Beziehung auf das Vorparlament. In dem Antrage, welchen ich damals formulirt und mit den von Herrn Eisenstuck angeführten Worten vertheidigt habe, dessen Fassung auch im Wesentlichen den Beifall der Versammlung gefunden hat, war die Bezeichnung der **Selbstständigkeit** ohne alle nähere Bestimmung enthalten. Es ist ferner damals die Frage des directen oder indirecten Wahlmodus, die einzige, welche in jener kurzen Debatte eigentlich behandelt und erörtert worden ist, durch die Versammlung nicht entschieden, sondern es ist den einzelnen Staaten überlassen worden, ob dieselben auf directem oder indirectem Wege die Abgeordneten zur Nationalversammlung wählen lassen wollten. Ich nehme aber auch keinen Anstand, das Bekenntniß abzulegen, daß ich mit Vielen, die sich für jenen einstimmigen Beschluß des Vorparlaments, welcher jeden Census ausschloß, erhoben haben, mir **darüber** nicht klar gewesen bin (auf der Linken: Ah! Ah!), — ich bitte, mich ausreden zu lassen, — daß durch die flüchtige Debatte, die jenem Beschlusse voranging, die Frage über das absolute, allgemeine Wahlrecht **für alle Zeiten** entschieden sei; vielmehr schien es uns ein sehr verschiedener Fall zu sein, ob die politische Gesellschaft in einen Moment des regsten politischen Bewußtseins, um sich in ihrer Grundlage neu zu constituiren, auf den Urquell aller Macht im Staate, auf die Gesammtheit des Volkes zurückkomme, oder ob es sich darum handle, die bleibende, regelmäßige Gewalt für alle Zeiten zu organisiren, also auch für solche Zeiten, in welchen nach der Ansicht Vieler das völlig schrankenlose, directe Wahlrecht der Freiheit mehr noch, als der Ordnung gefährlich werden könnte. Ich nehme keinen Anstand, dieses Bekenntniß vor Ihnen, vor dem Vaterlande und vor meinen Wählern abzulegen.

Vicepräsident Kirchgeßner: Bevor ich zur Abstimmung über den Schluß schreite, muß ich einen Verbesserungs-Antrag mittheilen, unterzeichnet von **Prinzinger, Künßberg** und Anderen.

Verbesserungs-Antrag zu § 1 und 2 event.

Für den Fall nämlich, daß keine andere Fassung der Mehrheit gefiele.

„Wähler in das deutsche Volkshaus soll jeder Deutsche sein, welcher auch Wähler in die Volkskammer des Einzelstaats ist. Sollte zur Zeit des beginnenden ersten Reichstages ein Einzelstaat noch keine Verfassung haben, so soll dort jeder großjährige Deutsche auch Wähler für das Volkshaus des ersten deutschen Reichstages sein."

Begründung.

Dieser Vorschlag ist dadurch begründet:

1) daß der Ausschuß-Antrag nicht ganz folgerichtig ist, indem er nur Handwerksgehilfen, nicht aber auch andere Gehilfen vom Wahlrechte ausschließt;
2) daß es wegen der ungleichartigen Verhältnisse in den verschiedenen Gegenden Deutschland's nicht möglich ist, einen ebenmäßig wirkenden Census einzuführen;
3) daß durch den vorgeschlagenen Weg den Verhältnissen und der besonderen Bildungsstufe der Bewohner der Einzelstaaten jene Rücksicht getragen wird, welche man den Einzelstaaten schuldig ist;
4) daß nur so jener Widerspruch vermieden wird, welcher außerdem zwischen der Wahlberechtigung des Gesammtstaates und Einzelstaates entsteht, und schon zur Zeit unserer Wahlen vielfach Anstoß gegeben hat;
5) daß der vorgeschlagene Weg sich im freien Nord-Amerika bewährt hat;

Der zweite Absatz des Antrages ist durch die Verhältnisse in Oesterreich nöthig geworden.

Unterstützt von: Prinzinger; Werner von St. Pölten; Künßberg; v. Unterrichter; Achleitner; Kagerbauer; Lindner.

Ferner muß ich der Versammlung bekannt geben, daß der Abgeordnete Hofmann berichtigt hat, sein Amendement unter Nr. 44 enthalte einen Schreib- oder Druckfehler, es müsse dort heißen statt: „wählbar ist," „Wähler ist." Ferner hat der Abgeordnete **Lette** bemerkt:

„Nach Rücksprache mit meinen Freunden modificire ich meinen Antrag S. 5. Nr. 18. § 2. c dahin, daß die Worte: „wo dergleichen Steuern nicht entrichtet werden," fortbleiben, und der Satz § 2. c also nunmehr dahin lautet:

„Zur unmittelbaren Ausübung sind Diejenigen befugt, welche jährlich 3 Thlr. oder 5 fl. 15 kr. an directen Staatssteuern entrichten, oder ein jährliches Einkommen von 200 Thlrn. oder 350 fl. haben."

In Folge der Ihnen kundgegebenen Schluß-Anträge, wovon einer von Berger, Reinstein u. A., der andere von Anz und mehreren Anderen unterstützt ist, muß ich zur Abstimmung schreiten; ich **ersuche daher Diejenigen, welche vorbehaltlich des Schlußworts,** — über die Anträge der Minorität hat sich Herr Mittermaier das Wort erbeten, — **den Schluß der Debatte wollen, sich zu erheben.** (Die große Mehrheit erhebt sich. — Präsident Simson übernimmt wieder den Vorsitz.)

Präsident: Erlauben Sie mir, meine Herren, Ihnen einen Vorschlag wegen der Abstimmung zu machen. Ich wiederhole, daß namentliche Abstimmung einerseits von Herrn Schneer, andererseits von Herrn Wigard beantragt worden ist. Dann mache ich den Vorschlag, ein gedrucktes Abstimmungs-Project vorlegen zu dürfen; dazu aber werden Sie mich in den Stand setzen, wenn Sie mir erlauben, heute noch die Unterstützungsfrage zu stellen, wodurch sich die Zahl der Anträge im glücklichen Falle vielleicht noch verringern wird. — Der Antrag des Herrn Beseler unter Nr. 10 ist zurückgezogen, und durch einen neuen ersetzt; der Antrag unter Nr. 15 gehört, wenn ich den Antrag richtig verstehe, nicht hierher, sondern würde erst hinter § 4 zur Sprache kommen. Der Antrag Nr. 43 setzt die vollendete Abstimmung der §§ 1 und 2 voraus, damit wird Herr Kohlparzer einverstanden sein.

Kohlparzer (vom Platz): Nein!

Präsident: Herr Kohlparzer will seinen Antrag **vor** der Abstimmung über die §§ 1 und 2 zur Erörterung gebracht wissen, ich bringe ihn also morgen vor der Abstimmung zur Sprache. Dann wird sich finden, ob die Versammlung darauf eingehen will. — Nun habe ich folgende Anträge zur Unterstützung zu bringen. Ich werde die Anträge, wenn sie eine Nummer haben, nach dieser Nummer mit bezeichnen. Zuvörderst der Antrag des Herrn Wernher von Nierstein.

Wernher von Nierstein (vom Platz): Dieser Antrag, Herr Präsident, hat 20 Unterschriften.

Präsident: Ich höre eben, daß dieser Antrag nachträglich schriftlich unterstützt ist. — Es folgt also der Antrag von Herrn Kohlparzer.

Kohlparzer von Neuhaus (vom Platz): Mein Antrag ist ebenfalls hinreichend unterstützt; ich habe die Unterstützung schriftlich eingereicht, und dem Herrn Secretär übergeben.

Präsident: Das Secretariat weiß über diese Unterstützung mir keine Auskunft zu geben. — Es folgt der Antrag des Herrn Eisenmann.

Eisenmann von Nürnberg (vom Platz): Mein Antrag wird erst nach § 4 zur Abstimmung gebracht werden müssen.

Präsident: Herr Eisenmann will, daß der Antrag bis nach § 4 zurückgestellt werde. Der Antrag des Herrn Lette unter Nr. 6, welcher ...

Lette (vom Platz): Dieser hängt mit den übrigen Anträgen über § 20 zusammen.

Präsident: Ich habe das nicht wissen können; meine Frage, ob der Antrag unterstützt werde? ist also gerechtfertigt gewesen. Diejenigen Herren, welche die übrigen Anträge des Herrn Lette unterstützt haben, widersprechen Dem nicht? (Kein Widerspruch.) Der Antrag des Herrn v. Wulffen unter Nr. 8:

> „Jeder selbstständige, auf eigenem Herde, oder durch Grundbesitz, Gewerbe oder öffentliches Amt ansässige, unbescholtene Deutsche, welcher das fünf und zwanzigste Lebensjahr zurückgelegt hat, ist wahlberechtigt."

Ich ersuche diejenigen Herren, aufzustehen, welche diesen Antrag des Herrn v. Wulffen unterstützen wollen. (Es erhebt sich nicht die hinreichende Anzahl.) Es sind bei Weitem nicht Zwanzig. Der eventuelle Antrag desselben Abgeordneten unter Nr. 9 ist hiermit gleichfalls erledigt. — Der Antrag des Herrn Nägele unter Nr. 14 ist zuruckgenommen, wie mir der Antragsteller soeben anzeigt. — Der Antrag des Herrn Dinstl aus Krems unter Nr. 12: „Als nicht selbstständig angesehen, also von der Berechtigung zum Wählen ausgeschlossen sollen sein" u. s. w., wie Herr Dinstl vorgeschlagen hat, — ist er unterstützt? Diejenigen Herren, die diesen Antrag des Herrn Dinstl aus Krems unterstützen wollen, ersuche ich, sich zu erheben. (Es erhebt sich nicht die erforderliche Anzahl.) Der Antrag ist ohne Unterstützung. — Der Antrag des Herrn Kohlparzer: „Von der Berechtigung zu wählen sind ausgeschlossen: Personen, welche durch rechtskräftiges Erkenntniß wegen eines Concurses" u. s. w., wie Sie den Vorschlag gedruckt vor sich haben. Ich bitte diejenigen Herren, die diesen Antrag unterstützen wollen, sich zu erheben. (Es erhebt sich nicht die erforderliche Anzahl.) Der Antrag hat keine Unterstützung. — Der Antrag des Herrn Grävell unter Nr. 40: I. „Zum Wahlgesetze selbst. 1) Zu § 2. Nr. 3 — 5. Es ruht bloß" u. s. w., wie Sie den Antrag gedruckt vor sich haben. Ich ersuche diejenigen Herren, aufzustehen, die den Antrag des Herrn Grävell unterstützen wollen. (Es erhebt sich nicht die erforderliche Anzahl.) Der Antrag ist nicht unterstützt. Der Antrag der Herren Heisterbergk und Roßmäßler unter Nr. 41: „Von der Ansicht geleitet, daß die Befähigung zum Volkshause" u. s. w., wie Sie den Antrag vor sich haben. Diejenigen Herren, die diesen Antrag unterstützen wollen, bitte ich, sich zu erheben. (Die hinreichende Anzahl erhebt sich.) Der Antrag ist unterstützt. — Der Antrag des Herrn Hofmann aus Friedberg: „Zu § 2: Als nicht selbstständig, also von der Berechtigung zum Wählen ausgeschlossen," u. s. w., wie Sie denselben gedruckt haben. Diejenigen, die diesen Antrag des Herrn Hofmann aus Friedberg unterstützen wollen, bitte ich, aufzustehen. (Die unzureichende Anzahl erhebt sich.) Der Antrag ist nicht hinreichend unterstützt. — Der Antrag des Herrn v. Nagel: „Zu § 2. Nr. 2 wolle heißen: „Personen, welche von Almosen leben." Diejenigen Herren, die diesen Antrag des Herrn v. Nagel unter Nr. 48 unterstützen wollen, bitte ich, sich zu erheben. (Es erhebt sich nicht die erforderliche Anzahl.) Er ist nicht hinreichend unterstützt. — Der Antrag unter Nr. 53 des Herrn Rösler von Oels wird soeben zurückgenommen. — Nun, meine Herren, werde ich von den heute eingereichten, aber noch nicht gedruckten Anträgen verlesen: 1) den Antrag des Herrn v. Linde:

> „Ich beantrage, den betreffenden Paragraphen folgende Fassung zu geben:
>
> § 1. Wähler ist jeder selbstständige und unbescholtene Deutsche, der das 25ste Lebensjahr zurückgelegt hat, und entweder Grundbesitz, oder eigenen Haushalt hat, oder Gemeindebürger, oder Staats-, oder Kirchendiener, oder auch Gemeindediener ist.
>
> § 2. Als nicht selbstständig, also von der Berechtigung zum Wählen ausgeschlossen, sollen angesehen werden:
>
> 1) Personen, welche unter Vormundschaft oder Curatel stehen;
>
> 2) Personen, welche eine Armenunterstützung aus öffentlichen Mitteln beziehen."

Das Weitere correspondirt mit § 3 des Verfassungs-Entwurfs, könnte also in die gegenwärtige Abstimmung gar nicht hineingebracht werden. (Kein Widerspruch.) Diejenigen Herren, welche die beiden eben verlesenen Paragraphen des Herrn v. Linde unterstützen wollen, ersuche ich, sich zu erheben. (Es erhebt sich nicht die erforderliche Anzahl.) Es ist ihnen keine ausreichende Unterstützung zu Theil geworden. — Eventuelles Unteramendement des Abgeordneten Häfken zum Verbesserungs-Antrage des Herrn Beseler aus Greifswald. — Ich bringe erst den Antrag des Herrn Beseler zur Unterstützung, der dahin geht:

> „Indem ich den von mir zu § 2 des Reichswahlgesetzes eingebrachten Antrag zurucknehme, schlage ich vor, § 1, 2 und 3 also zu fassen:
>
> § 1. Wähler ist jeder Deutsche, welcher
>
> 1) das fünf und zwanzigste Lebensjahr zurückgelegt hat, und
>
> 2) mindestens entweder
>
> a) 5 fl. 15 kr. rheinisch (3 Thlr. preußisch) directe Steuern jährlich an den Staat entrichtet, oder
>
> b) ein jährliches Einkommen von 350 fl. rhein. (200 Thlr. preuß.), oder
>
> c) ein Grundeigenthum zum Werthe von 350 fl. rhein. (200 Thlr. preuß.) hat.
>
> Welche Steuern als directe gelten sollen, wie das Einkommen nachzuweisen, und wie der Werth des Grundeigenthums festzustellen ist, bleibt der Bestimmung der Einzelstaaten überlassen.
>
> § 2. Von der Berechtigung zum Wählen ausgeschlossen sind jedoch Personen, welche
>
> 1) unter Vormundschaft oder Curatel stehen, oder
>
> 2) über deren Vermögen Concurs- oder Fallitzustand gerichtlich eröffnet worden ist, und zwar letztere während der Dauer dieses Concurs- oder Fallitverfahrens.

§ 3. Von der Berechtigung zum Wählen sind ferner ausgeschlossen

1) Personen, welche wegen Diebstahls u. s. w." (wie im Entwurf).

Diejenigen Herren, die diesen neuen Antrag des Herrn Beseler von Greifswald unterstützen wollen, ersuche ich, aufzustehen. (Eine große Anzahl erhebt sich.) Er ist hinreichend unterstützt. — Das Unteramendement des Herrn Höfken lautet:

§ 1, Punkt 2, möge heißen:

„Wähler ist jeder Deutsche, welcher

2) entweder:

a. irgend einen directen Steuerbetrag entrichtet, oder

b. ein jährliches Einkommen von 200 fl. rhein., oder

c. ein Grundeigenthum zum Werthe von 50 fl. rhein. hat."

Diejenigen Herren, die das Unteramendement des Herrn Höfken unterstützen wollen, ersuche ich, sich zu erheben. (Die genügende Anzahl erhebt sich.) Es ist hinreichend unterstützt. — Endlich, meine Herren, der zuletzt eingegangene Antrag der Herren Prinzinger, Künßberg und Genossen:

„Wähler in das Volkshaus soll jeder Deutsche sein, welcher auch Wähler in die Volkskammer des Einzelstaates ist. Sollte zur Zeit des beginnenden ersten Reichstags ein Einzelstaat noch keine Verfassung haben, so soll dort jeder großjährige Deutsche auch Wähler für das Volkshaus des ersten deutschen Reichstags sein."

Diejenigen Herren, die diesen Antrag der genannten Herren unterstützen wollen, ersuche ich, sich zu erheben. (Nur wenige Mitglieder erheben sich.) Er ist nicht hinreichend unterstützt. — Es ist eben noch ein Zweifel angeregt worden darüber, ob ich den Antrag des Herrn Hofmann von Friedberg (Nr. 44) zur Unterstützung gebracht habe. Ich will es für alle Fälle noch nachträglich thun. Ich bringe den Antrag des Herrn Hofmann zur Unterstützung:

„Wähler ist jeder selbstständige unbescholtene Deutsche, der das fünf und zwanzigste Lebensjahr zurückgelegt hat, und entweder Grundbesitz, oder eigenen Haushalt hat, oder Gemeindebürger, oder endlich Staats-, Kirchen- oder Gemeindediener ist."

Diejenigen Herren, die diesen Antrag unterstützen wollen, ersuche ich, aufzustehen. (Die genügende Zahl erhebt sich.) Er ist hinreichend unterstützt. — Nachdem auf diese Weise die Zahl der Anträge um dreizehn verringert ist, werden wir jedenfalls das Abstimmungsproject morgen früh erledigen können. Ich habe Sorge getragen, daß die nöthigen Arbeitskräfte in der Druckerei bereit gehalten werden. Sie werden das Abstimmungsproject in der nächsten Sitzung vorfinden, und wir werden dann morgen mit der Abstimmung vorgehen. — Herr Rösler von Oels verlangt hiergegen das Wort.

Rösler von Oels: Wenn wir auch das Abstimmungsproject morgen früh bekommen, so wird es doch dem Einzelnen sehr schwer sein, sich in die Fragestellung zu finden. (Von verschiedenen Seiten: Oh! Oh!) Es haben Verschiedene dagegen protestirt, sie werden sich also sehr leicht darein finden. Ich für meinen Theil gestehe, daß ich darüber etwas nachdenken muß; vielleicht geht es auch Andern so. Ich schlage daher vor, daß wir die gewöhnliche Sitzung von Dienstag auf Mittwoch verlegen, indem dadurch kein Tag verloren geht.

Präsident: Ich ersuche die Herren, ihre Plätze einzunehmen, und frage, ob der Antrag des Herrn Rösler von Oels: „anstatt Dienstag, Mittwoch als nächsten Sitzungstag anzuberaumen," Unterstützung findet. (Die genügende Anzahl erhebt sich.) Der Antrag ist soweit unterstützt, daß wir darüber abstimmen müssen. Diejenigen Herren, die wünschen, daß die nächste Sitzung statt Dienstag, Mittwoch statthaben soll, ersuche ich, sich zu erheben. (Nur wenige Mitglieder erheben sich.) Der Antrag ist abgelehnt. Wir werden also die nächste Sitzung morgen halten und Punkt 9 Uhr beginnen. Das Abstimmungs-Project werden Sie bis dahin erhalten, oder hier in der Sitzung vorfinden. Ich stelle auf die Tagesordnung: Abstimmung über § 1 und 2 des vorliegenden Entwurfs (Zuruf: Berichterstatter), nach vorgängiger Vernehmung der Berichterstatter des Ausschusses. — Ich habe einzuberufen: den volkswirthschaftlichen Ausschuß auf 5½ Uhr, den Marine-Ausschuß auf 5 Uhr, den Verfassungs-Ausschuß auf 5½ Uhr. — Die heutige Sitzung ist geschlossen.

(Schluß der Sitzung 3 Uhr.)

Die Redactions-Commission und in deren Auftrag Abgeordneter Professor Wigard.

Druck von Joh. David Sauerländer in Frankfurt a. M.

Stenographischer Bericht

über die

Verhandlungen der deutschen constituirenden National-Versammlung zu Frankfurt a. M.

Nro. 175. | Mittwoch den 21. Februar 1849. | VII. 20.

Hundert und vier und siebenzigste Sitzung.

(Sitzungslocal: **Paulskirche.**)

Dienstag den 20. Februar 1849. (Vormittags 9 Uhr.)

Vorsitzender: Theils **E. Simson** von Königsberg, theils Vicepräsident **Kirchgeßner.**

Inhalt: Zählung der Versammlung. — Verlesung des Protokolls. — Anzeige von der Wahl des Abg. Darenberger an Stelle des ausgetretenen Abg. Ruhwandl. — Fortsetzung der Berathung und Abstimmung über § 1 und 2 des vom Verfassungsausschusse vorgelegten Entwurfs: „Reichsgesetz über die Wahlen der Abgeordneten zum Volkshause." — Eingänge.

Präsident: (Punkt 9 Uhr.) Die Sitzung ist eröffnet.

Fuchs von Breslau: Der Augenschein lehrt, daß wir noch nicht in beschlußfähiger Zahl versammelt sind. Ich stelle deßhalb in Folge meiner gestrigen Ankündigung den Antrag, daß die anwesenden Mitglieder gezählt werden. Es wird wohl am besten sein, wenn Jeder Bank für Bank seinen Namen nennt. (Zuruf: Stimmzettel!) Auch damit bin ich einverstanden, daß jeder Anwesende seinen Namen auf einen Stimmzettel schreibe und demnächst durch das Büreau die Zahl und die Namen der Anwesenden festgestellt werde.

Präsident: Ich bitte, daß jeder der Herren seinen Namen auf einen Stimmzettel bemerkt. Ich werde dann die **Namen zählen** lassen. (Nach Einsammlung der Zettel.) — Meine Herren! Die Zählung ergibt 67 Anwesende, deren Namen in einer, und nur 33, deren Namen sich in der andern Urne fanden und die ich in den stenographischen Bericht aufnehmen lasse.

Anwesend waren:

v. Amstetter aus Breslau, v. Bally aus Beuthen, Becker aus Gotha, Behnke aus Hannover, Bernhardi aus Kassel, v. Borries aus Carthaus, Breszen aus Ahrweiler, Deeke aus Lübeck, Dinstl aus Krems, Drechsler aus Rostock, Dröge aus Bremen, Edlauer aus Gratz, Eisenmann aus Nürnberg, v. Ende aus Waldenburg, Federer aus Stuttgart, Fehrenbach aus Säckingen, Fröbel aus Reuß, Fuchs aus Breslau, Gebhard aus Würzburg, Geigel aus München, Gevekoht aus Bremen, v. Giech (Graf) aus Thurnau, Glax aus Gumpendorf, Göden aus Krotoszyn, Groß aus Leer, Groß aus Prag, v. Grundner aus Ingolstadt, Gspan aus Innsbruck, Hahn aus Guttstatt, Heimbrod aus Sorau, Heubner aus Zwickau, Heusner aus Saarlouis, Hirschberg aus Sondershausen, Hoffbauer aus Nordhausen, Hofer aus Pfarrkirchen, Jordan aus Gollnow, Jucho aus Frankfurt am Main, v. Keller (Graf) aus Erfurt, Kirchgeßner aus Würzburg, Kohlparzer aus Neuhaus, Kosmann aus Stettin, Krafft aus Nürnberg, v. Künsinger (Karl) aus Tamsweg, Kutzen aus Breslau, Lammers aus Erlangen, Langerfeldt aus Wolfenbüttel, Laudien aus Königsberg, Levysohn aus Grünberg, Liebmann aus Perleberg, v. Linde aus Mainz, Löw aus Magdeburg, Mally aus Steyermark, Mammen aus Plauen, Mareck aus Gratz (Steyermark), Martens aus Danzig, Matthies aus Greifswald, Michelsen aus Jena, Mohl (Moriz) aus Stuttgart, Münch aus Wetzlar, Mulley aus Weitenstein, v. Nagel aus Oberviechtach, Neubauer aus Wien, Nicol aus Hannover, Plehn aus Marienburg, Polatzek aus Weißkirch, v. Pretis aus Hamburg, v. Quintus-Icilius aus Falingbostel, Rahm aus Stettin, Rank aus Wien, v. Raumer aus Berlin, v. Raumer aus Dinkelsbühl, Reinstein aus Naumburg, Riedl aus Gratz, Sachs aus Mannheim, v. Saltzwedell aus Gumbinnen, v. Saucken-Tarputschen aus Angerburg, Scheller aus Frankfurt a. d. O., Scholten aus Ward, Scholz aus Neisse, Schrader aus Brandenburg, v. Schrenk aus München, Schubert aus Würzburg, Schultze aus Potsdam, Schwerin (Graf) aus Pommern, Schwetschke aus Halle, v. Selchow aus Rettkewitz, Sellmer aus Landsberg a. d. W., Sprengel aus Waren, Stavenhagen aus Berlin, Stenzel aus Breslau, Sturm aus Sorau, v. Thielau aus Braunschweig, Titus aus Bamberg, v. Trützschler aus Dresden, Vogel aus Dillingen, Waitz aus Göttingen, Walter aus Neustadt Weißenborn aus Eisenach, Werner aus St. Pölten, v. Zerzog aus Regensburg.

Abwesend waren:

A. mit Entschuldigung:

v. Andrian aus Wien, Archer aus Rein, Barth aus Kaufbeuren, Bassermann aus Mannheim, Bauer aus Bamberg, Bauernschmid aus Wien, v. Beckerath aus Crefeld, v. Beisler aus München, Benedict aus Wien, Bergmüller aus Mauerkirchen, Beseler aus Greifswald, Beseler (H. W.) aus Schleswig, Biedermann aus Leipzig, Blömer aus Aachen, Bogen aus Michelstadt, Bouvier (Cajetan) aus Steyermark, Brentano aus Bruchsal, Briegleb aus Coburg, Brons aus Emden, Burkart aus Bamberg, Carl aus Berlin, Caspers aus Coblenz, Christ aus Bruchsal, Christmann aus Dürkheim, Clemens aus Bonn, Culmann aus Zweibrücken, Czoernig aus Wien, Deetz aus Wittenberg, Emmerling aus Darmstadt, Fallati aus Tübingen, Fetzer aus Stuttgart, Freudentheil aus Stade, v. Gagern aus Darmstadt, v. Gagern aus Wiesbaden, Gottschalk aus Schopfheim, Haßler aus Ulm, Hehner aus Wiesbaden, Helbing aus Emmendingen, Heldmann aus Selters, Hergenhahn aus Wiesbaden, Herzig aus Wien, Hildebrand aus Marburg, Hillebrand aus Pöls, Höchsmann aus Wien, Huck aus Ulm, Johannes aus Meiningen, Jordan aus Berlin, v. Itzstein aus Mannheim, Junghanns aus Mosbach, Junkmann aus Münster, Kaiser (Ignatz) aus Wien, v. Kalkstein aus Wegau, Kerst aus Birnbaum, Kleinschrod aus München, Knarr aus Steyermark, Koch aus Leipzig, Kolb aus Speyer, Kuenzer aus Constanz, Leue a. Köln, Löwe (Wilhelm) aus Calbe, Lüntzel aus Hildesheim, v. Maltzahn aus Küstrin, Mathy aus Carlsruhe, v. Mayfeld aus Wien, Mevissen aus Cöln, Metz aus Freiburg, Mittermaier aus Heidelberg, Mohl (Robert) aus Heidelberg, Mohr aus Oberingelheim, Müller aus Damm, Müller aus Sonnenberg, Neumann aus Wien, v. Neuwall aus Brünn, Osterrath aus Danzig, Pattai aus Steyermark, Peter aus Constanz, Petzer aus Bruneck, Presting aus Memel, v. Reden aus Berlin, Reh aus Darmstadt, Reichenbach (Graf) aus Dometzko, Reindl aus Orth, Richter aus Achern, Riehl aus Zwettl, Röder aus Neustettin, Römer aus Stuttgart, Rothe aus Berlin, Schaffrath aus Neustadt, Schiedermayer aus Vöcklabruck, Schlörr aus der Oberpfalz, v. Schlotheim aus Wollstein, v. Schmerling aus Wien, Schoder aus Stuttgart, Schoenmaeckers aus Beck, Schrott aus Wien, Schüler aus Jena, Schüler (Friedrich) aus Zweibrücken, Schultze aus Liebau, Sepp aus München, Simon (Max) aus Breslau, Stedmann aus Besselich, Stein aus Görz, Stockinger aus Frankenthal, Tafel aus Stuttgart, Teichert aus Berlin, Temme aus Münster, Thinnes aus Eichstätt, Tomaschek aus Iglau, Uhland aus Tübingen, v. Vincke aus Hagen, Wernher aus Nierstein, Wernich aus Elbing, Widenmann aus Düsseldorf, Wiethaus (J.) aus Gummersbach, Wigard aus Dresden, Wippermann aus Cassel, Zeltner aus Nürnberg, Zittel aus Bahlingen, Zitz aus Mainz.

B. ohne Entschuldigung:

Achleitner aus Ried, Ahrens aus Salzgitter, v. Aichelburg aus Villach, Ambrosch aus Breslau, Anders aus Goldberg, Anderson aus Frankfurt an der Oder, Anz aus Marienwerder, Arndt aus Bonn, Arndts aus München, Arneth aus Wien, Backhaus aus Jena, Baur aus Hechingen, Becker aus Trier, Beidtel aus Brünn, Berger aus Wien, Blumröder (Gustav) aus Kirchenlamitz, Boch-Buschmann aus Siebenbrunnen, Bock aus Preußisch-Minden, Böcking aus Trarbach, Böcler aus Schwerin, Breczek aus Mähren, v. Boddien aus Pleß, Bonardy aus Greiz, v. Bothmer aus Carow, Braun aus Bonn, Braun aus Cöslin, Brescius aus Züllichau, v. Breuning aus Aachen, Breusing aus Osnabrück, Bürgers aus Cöln, Buß aus Freiburg, v. Buttel aus Oldenburg, Cetto aus Trier, Claussen aus Kiel, Cnyrim aus Frankfurt am Main, Cornelius aus Braunsberg, Coronini-Cronberg (Graf) aus Görz, Cramer aus Cöthen, Cropp aus Oldenburg, Cucumus aus München, Dahlmann aus Bonn, Damm aus Tauberbischoffsheim, Degenkolb aus Eilenburg, Deiters aus Bonn, Demel aus Teschen, Detmold aus Hannover, Deym (Graf) aus Prag, Deymann aus Meppen, Dham aus Schmalenberg, v. Dieskau aus Plauen, Dietsch aus Annaberg, Döllinger aus München, Droysen aus Kiel, Dunker aus Halle, Ebmeier aus Paderborn, Eckart aus Lohr, Eckert aus Bromberg, Edel aus Würzburg, Egger aus Wien, Ehrlich aus Murzynek, Eisenstuck aus Chemnitz, Engel aus Pinneberg, Engel aus Olmu, Englmayr aus Enns (Oberösterreich), Esmarch aus Schleswig, Esterle aus Cavalese, Evertsbusch aus Altena, Falk aus Ottolangendorf, Fallmerayer aus München, Fischer (Gustav) aus Jena, v. Flottwell aus Münster, Förster aus Hünfeld, Francke (Karl) aus Rendsburg, Freese aus Stargard, Friedrich aus Bamberg, Frisch aus Stuttgart, Fritsch aus Ried, Fritzsche aus Roda, Fügerl aus Korneuburg, Gerlach aus Tilsit, v. Gersdorf aus Tuetz, Gfrörer aus Freiburg, Giesebrecht aus Stettin, Giskra aus Wien, v. Gladis aus Wohlau, Göbel aus Jägerndorf, Godeffroy aus Hamburg, Goltz aus Brieg, von der Goltz (Graf) aus Czarnikau, Gombart aus München, Graf aus München, Grävell aus Frankfurt an der Oder, Gravenhorst aus Lüneburg, Gritzner aus Wien, Grubert aus Breslau, Grüel aus Burg, Grumbrecht aus Lüneburg, Gülich aus Schleswig, Günther aus Leipzig, Gulden aus Zweibrücken, Gysae (Wilhelm) aus Strehlow, Hagen (K.) aus Heidelberg, Haggenmüller aus Kempten, Hallbauer aus Meissen, Hartmann aus Leitmeritz, v. Hartmann aus Münster, Haubenschmied aus Passau, Hayden aus Dorff bei Schlierbach, Haym aus Halle, Heckscher aus Hamburg, Hedrich aus Prag, Heisterbergk aus Rochlitz, v. Hennig aus Dempowalonka, Hensel aus Camenz, v. Hermann aus München, Herzog aus Ebermannsstadt, Höfken aus Hattingen, Hönniger aus Rudolstadt, Hoffmann aus Ludwigsburg, Hofmann aus Friedberg, Hollandt aus Braunschweig, Houben aus Meurs, Huber aus Linz, Hugo aus Göttingen, Jacobi aus Hersfeld, Jahn aus Freiburg an der Unstrutt, Jopp aus Enzersdorf, Jordan aus Frankfurt am Main, Jürgens aus Stadtoldendorf, Käfferlein aus Baireuth, Kagerbauer aus Linz, Kahlert aus Leobschütz, v. Kaiserfeld aus Birkfeld, Kanitsch aus Karlsberg, Kerer aus Innsbruck, v. Keudell aus Berlin, Kierulff aus Rostock, Köhler aus Seehausen, Kollaczek aus österreichisch Schlesien, v. Kösteritz aus Elberfeld, Kotschy aus Ustron in Mährisch-Schlesien, Kratz aus Wintershagen, Kudlich aus Schloß Dietsch, Künsberg aus Ansbach, Küntzel aus Wolka, v. Kürsinger (Ignatz) aus Salzburg, Kuhnt aus Bunzlau, Langbein aus Wurzen, Laschan aus Villach, v. Lassaulx aus München, Laube aus Leipzig, Lausch aus Troppau, Lette aus Berlin, Leverkus aus Lennep, Lienbacher aus Goldegg, Lindner aus Seisenegg, Lodemann aus Lüneburg, Löschnigg aus Klagenfurt, Löw aus Posen, Makowiczka aus Krakau, Maly aus Wien, Mandrella aus Ujest, Mann aus Rostock, Marcks aus Duisburg, Marcus aus Bartenstein, Marsilli aus Roveredo, Martiny aus Friedland, v. Massow aus Carlsberg, Mayer aus Ottobeuern, v. Mayern aus Wien, Melly aus Wien, Merck aus Hamburg, Mertel aus Kronach, Metzke aus Sagan, Meyer aus Liegnitz, Minkus aus Marienfeld, Möller aus Reichenberg, Mölling aus Oldenburg, v. Möring aus Wien, v. Mühlfeld aus Wien, Müller aus Würzburg, München aus Luxemburg, Nagel aus Balingen, Nägele aus Murrhardt, Naumann aus Frankfurt a. d. O., Nauwerck aus Berlin, v. Neitschütz aus Königsberg, Nerreter aus Fraustadt, Neugebauer aus Luditz, Neumayr aus München, Nizze aus Stralsund, Nöthig aus Weißholz, Obermüller aus Passau, Oertel aus Mittelwalde, Ostendorf aus Soest, Ottow aus Labiau, Overweg aus Haus Ruhr, Pannier aus Zerbst, Paur aus Augsburg, Paur aus Neisse, Pfahler aus Tettnang, Pfeiffer aus Adamsdorf, Pfeuffer aus Landshut, Phillips aus München, Pieringer aus Kremsmünster, Pinckert aus Zeitz, Plaß aus Stade, Plathner aus Halberstadt, Pötzl aus München, Prinzinger aus St. Pölten, Quante aus Ullstadt, Quesar aus Gratz, v. Radowitz aus Rüthen, Rättig aus Potsdam, Rapp aus Wien, v. Rappard aus Glambeck, Rassl aus Neustadtl in Böhmen, Raus aus Wolframitz, Raveaux aus Cöln, Reichard aus Speyer, Reichensperger aus Trier, Reinhard aus Boytzenburg, Reisinger aus Freistadt, Reitmayr aus Regensburg, Reitter aus Prag, Renger aus böhmisch Kamnitz, Rheinwald aus Bern, Richter aus Danzig, Riegler aus mährisch Budwitz, Riesser aus Hamburg, Röben aus Dornum, Röbinger aus Stuttgart, Rösler aus Oels, Rößler aus Wien, Roßmäßler aus Tharand, v. Rotenhan aus München, Rüder aus Oldenburg, Rühl aus Hanau, Rümelin aus Nürtingen, v. Sänger aus Grabow, Schädler aus Vaduz, Scharre aus Strehla, Schauß aus München, Schenk aus Dillenburg, Schepp aus Wiesbaden, v. Scherpenzeel aus Baarlo, Schick aus Weißensee, Schierenberg aus Detmold, Schirmeister aus Insterburg, v. Schleussing aus Rastenburg, Schlöffel aus Halbendorf, Schlutter aus Poris, Schlüter aus Paderborn, Schmidt (Ernst Friedrich Franz) aus Löwenberg, Schmidt (Adolph) aus Berlin, Schmidt (Joseph) aus Linz, Schmitt aus Kaiserslautern, Schneer aus Breslau, Schneider aus Wien, Schorn aus Essen, Schott aus Stuttgart, Schreiber aus Bielefeld, Schreiner aus Gratz (Steyermark) v. Schrötter aus Preuß. Holland, Schubert (Friedrich Wilhelm) aus Königsberg, Schuler aus Innsbruck, Schulz (Friedrich) aus Weilburg, Schulz aus Darmstadt, Schütz aus Mainz, Schwarz aus Halle, Schwarzenberg aus Cassel, Servais aus Luxemburg, Siehr aus Gumbinnen, Siemens aus Hannover, Simon (Heinrich) aus Breslau, Simon (Ludwig) aus Trier, Simson aus Stargard, v. Soiron aus Mannheim, v. Somaruga aus Wien, Spatz aus Frankenthal, Stahl aus Erlangen, Stark aus Krumau, Stieber aus Budissin, Strache aus Rumburg, Streffleur aus Wien, v. Stremayr aus Gratz, Stülz aus St. Florian, Tafel (Franz) aus Zweibrücken, Tannen aus Zilenzig, Tappehorn aus Oldenburg, Tellkampf aus Breslau, Thöl aus Rostock, Trabert aus Rausche, Trampusch aus Wien, v. Treskow aus Grocholin, Umbscheiden aus Dahn, v. Unterrichter aus Klagenfurt, Veit aus Berlin, Venedey aus Cöln, Versen aus Nieheim, Viebig aus Posen, Vischer aus Tübingen, Vogel aus Guben, Vogt aus Gießen, Vonbun aus Feldkirch, Wagner aus Steyr, Waldburg-Zeil-Trauchburg (Fürst) aus Stuttgart, Waldmann aus Heiligenstadt, Weber aus Neuburg, Weber aus Meran, Wedekind aus Bruchhausen, v. Wedemeyer aus Schönrade, v. Wegnern aus Lyk, Weiß aus Salzburg, Welcker aus Aachen, Welcker aus Frankfurt a. M., Welter aus Tünsdorf, Werner aus Oberkirch, Werthmüller aus Fulda, Wesendonck aus Düsseldorf, Wichmann aus Stendal, Wiebker aus Uckermünde, Wiesner aus Wien, Wiest aus Tübingen, Winter aus Liebenburg, v. Wulffen aus Passau, Wurm aus Hamburg, Wuttke aus Leipzig, Würth aus Sigmaringen, v. Würth aus Wien, v. Wydenbrugk aus Weimar, Zachariä aus Bernburg, Zachariä aus Göttingen, Zell aus Trier, Ziegert aus Preuß. Minden, Zimmermann (Professor) aus Stuttgart, Zimmermann aus Spandow, Zöllner aus Chemnitz, Zum Sande aus Lingen.

Präsident: (Nach zehn Minuten.) Nachdem nunmehr die Versammlung augenscheinlich beschlußfähig geworden ist, ersuche ich den Herrn Schriftführer, das Protokoll der vorigen Sitzung zu verlesen. (Schriftführer Martens verliest das Protokoll.) Ich frage, ob Reclamation gegen das Protokoll ist? (Niemand nimmt das Wort.) Es ist keine Reclamation; das Protokoll ist genehmigt. — Nach einer Anzeige des königlich bayerischen interimistischen Bevollmächtigten bei der provisorischen Centralgewalt, Herrn v. Xylander, ist an die Stelle des aus der Nationalversammlung ausgetretenen Dr. Ruhwandl von München der königliche

Ministerialrath Derenberger zur Reichsversammlung gewählt worden. — An Flottenbeiträgen habe ich zu Ihrer Kenntniß zu bringen: 3 Thaler, gesammelt bei Wiedereröffnung der Gemeindebierbrauerei zu Kirchholmfeld im preußischen Sachsen von Herrn Eberhard v. Wintzingeroda, übergeben vom Abgeordneten Waldmann; 2 Thaler, Beitrag von Dr. A. aus Berlin, übergeben vom Abgeordneten Schrader; 8 Gulden, aufgebracht von mehreren Schullehrern Oberfrankens, übergeben vom Abgeordneten Käfferlein; 44 Thaler 12 Sgr. 5 Pf., Ertrag einer in Schleiz veranstalteten Sammlung, eingesandt von Herrn G. A. Breßmann daselbst und übergeben vom Abgeordneten Fröbel (Bravo!); 100 Thaler, Sammlung des pr. civ. chol. Afrae, Hugo E. Gutschmied, unter seinen Mitschülern zu Afra, übergeben vom Abgeordneten Hallbauer; (Bravo.) Erlauben Sie mir, Ihnen, meine Herren, einen Satz aus der begleitenden Zuschrift vorzulesen: „Konnten wir unsern pekuniären Mitteln gemäß auch nur einen sehr geringen Beitrag zu dem patriotischen Unternehmen liefern: so mag er doch wenigstens als Zeugniß dienen, daß auch in unsern engen Räumen lebhaftes Interesse für die große deutsche Sache und innige Anhänglichkeit an das theure Vaterland wohnt." (Allseitiges Bravo.); 13 fl. 15 kr. aus Stuttgart, übergeben vom Abgeordneten Tafel; 32 Thlr. oder 56 fl. rh., Beitrag des Bürgervereins der Stadt Frankenhausen im Fürstenthum Schwarzburg-Rudolstadt, übergeben vom Abgeordneten Hönniger; 2915 fl. 44 kr. in zwei Wechseln, Ertrag der Sammlungen des Comite's im Amte Ritzebüttel zu Curhaven (Bravo); 337 Thlr. 1 ggr. 7 Pf. Ct. und 171 Rthlr. in Gold, Sammlung im Bezirke Syke, von dem Comite daselbst und 10 Thlr. Beitrag aus Nienburg, übergeben vom Abgeordneten Behncke (Bravo); 205 Thlr. preuß. C., Ertrag der von Frauen und Jungfrauen der Stadt Ribnitz gefertigten Arbeiten (direct an das Handelsministerium eingeschickt). (Bravo.) Wir empfangen diese Beiträge in der freudigen Ueberzeugung, daß der Antheil der Nation für das große Unternehmen in stetem Wachsen begriffen ist, und überweisen die Beiträge an das Reichsministerium der Finanzen, soweit das noch nicht geschehen ist. — Wir gehen zur Tagesordnung über; zur Abstimmung über die §§ 1 und 2 des vorliegenden Entwurfs eines Reichswahlgesetzes nach vorausgegangenem Schlußvortrage der Berichterstatter des Ausschusses. Herr Mittermaier hat das Wort für die Minorität des Ausschusses.

Mittermaier von Heidelberg: Meine Herren! Die Mitglieder des Ausschusses, die Ihnen Minoritätsanträge vorschlugen, haben mit ihren Collegen dasselbe Gefühl getheilt, daß es nöthig ist, daß nur Männer wählen, die Intelligenz mit Liebe zum Vaterland, mit dem Interesse für Erhaltung der Gesetzesherrschaft und der Ordnung moralische Kraft, die nur der eigenen Ueberzeugung folgt, verbinden. Hier ist keine Verschiedenheit der Ansicht gewesen im Ausschusse, und es war nicht von einem allgemeinen Stimmrechte die Rede, wie man jetzt die Leute erschreckt und sagt, daß unbedingt Jeder, der 21 Jahr alt ist, nach unseren Vorschlägen wählen dürfe. Wir hatten dasselbe Gefühl, daß gewisse Garantien gegeben werden müssen und so stimmten wir bei, daß nur mit 25 Jahren das Wahlrecht anfangen soll. Wir schlossen aus alle Diejenigen, die eine Armenunterstützung, und zwar eine beständige Armenunterstützung aus Cassen genossen, ebenso Diejenigen, welche gewisse Verbrechen verübten, es wurden ähnliche Anträge gemacht, in welchen keine Verschiedenheit der Ansichten war. Bald aber schieden sich unsere Wege. Während die Majorität glaubte, daß sie durch eine gewisse Aufstellung von Kategorien, durch Bezeichnung gewisser Kennzeichen der Würdigkeit Sicherheit gewähren könnte, und daher die Ihnen bekannten Anträge gemacht hat, glaubte die Minderheit, indem sie die Absichten der Mehrheit ehrte und ihre Motive achtete, daß alle diese Beschränkungen nicht ausführbar wären und zum Verderben führten. Dieß Ihnen zu zeigen und die neuen Anträge zu prüfen, ist nun meine Pflicht. Meine Herren! Bei jedem Wahlgesetz kann, wenn es sich von Garantien handelt, nur ein dreifacher Weg gewählt werden; Sie müssen entweder positiv gewisse Kennzeichen, woran die Würdigkeit erkannt werden soll, aufstellen, moralische Kennzeichen. Ein Staat in Amerika ist es, welcher es thut, Vermont. Wähler sind hier diejenigen, welche von ruhigem und friedlichem Betragen sind. Meine Herren! Daß man diesen Weg nicht gehen kann, und daß man keine Prüfungscommission aufstellen kann, die prüft, wer in ihrem Sinne ruhig und friedlich ist, wird klar sein. Es bleibt ein zweiter Weg, der Weg, daß man einen Census aufstellt und erklärt, wer diesen Census bezahlt, ist fähig zu wählen, alle Anderen sind ausgeschlossen. Ich kann es begreifen, meine Herren, wie man geschichtlich zum Censussysteme kommen konnte in Zeiten, wo scharf sich die Kasten schieden, in Zeiten des Feudalismus, in Zeiten der alten Ansichten, die noch an die Ansässigkeit den Glauben knüpften, so daß Diejenigen nur, welche durch äußeren Besitz mit dem Vaterlande gleichsam physisch zusammenhängen in diesem äußeren Besitz, die Mittel zur Intelligenz sich erworben haben, und das höchste Interesse haben zur Erhaltung des Vaterlandes. Es ist deßhalb wohl zu begreifen, wie edle Männer, wie Rotteck, der in der Versammlung oft genannt wurde, theoretisch zu der Ansicht kommen konnte, daß der Census das zweckmäßige und rechte Mittel sei. Meine Herren! Die Worte Bassermann's haben das Andenken schöner Zeiten und edler Kämpfe in der badischen Kammer in mir lebhaft hervorgerufen, und das Andenken des verlebten Freundes. Ich habe im Jahre 1831 als Berichterstatter mit ihm in Bezug auf den Census gekämpft. Ich bin schuldig, im Andenken Rotteck's zu sagen, daß er seine Ansicht widerrufen hat. (Stimmen von der Linken: Hört! hört!) Ich bitte um die Erlaubniß des Herrn Präsidenten, die Worte zu verlesen, die er im Jahre 1835 in der badischen Kammer als Berichterstatter sprach. (Stimmen von der Linken: Hört!)

Präsident: Die Versammlung wird die Worte hören wollen. (Kein Widerspruch.)

Mittermaier: Es heißt wörtlich:

„Wir haben jetzt die Erfahrung vor uns, welche im Jahr 1831 noch mangelte, und wenn wir sie befragen, so sehen wir einerseits aus dem allgemeinen Wahlrecht keine, oder doch vergleichungsweise nur geringfügige Inconvenienzen oder Nachtheile fließen, und anderseits den Census unwirksam in Bezug auf das, was man von ihm eigentlich erwartete, nämlich im Ergebniß der Wahlen wenig oder nichts ändernd, dagegen aber vielfach Schaden bringend, Kränkung und Bitterkeit bei den Ausgeschlossenen, aristokratischen Stolz bei den Berufenen erzeugend, den Parteigeist eher schärfend als beschwichtigend, und eben darum, weil er für's allgemeine Interesse weder nothwendig noch nützlich erscheint, ein wahres Unrecht, nämlich eine der einzig möglichen Rechtfertigung ermangelnde, daher dem constitutionellen Princip der Gleichheit widerstreitende Scheidung der Genossen desselben Gemeinwesens in eine vorzugsberechtigte und eine minderberechtigte Classe hervorrufend." (Bravo auf der Linken. Stimmen daselbst: Hört! hört!) Ich frage Sie, meine Herren, auf welcher Seite würde Rotteck stehen, wenn er heute abzustimmen hätte? (Zuruf aus dem linken Centrum: Für die indirecte Wahl!) Zwar sind Rotteck's Worte

lernt, denn während wir im Jahre 1831 den Census bei den
die Regierung im Jahre
eindewahlen. Mehr oder
Wahl Tüchtigen und Un-

mit diesen Spielereien
Gründen übergehen.
überwiegende Ansicht,

Gesetzen ist die Grundsteuer so niedrig, daß selbst von dem
Morgen der besten Qualität wenig bezahlt wird, ein Achtel
Scheffel zu 1 Kreuzer, anderthalb Scheffel per Morgen, das

eil er nicht 5 fl. 15 kr. bezahlt, und wenn Sie das
, wenn Sie die Leute nicht wählen lassen, die ..
aus dem rechten Centrum: Das ist nicht so!)
aber so, das sind die Verhältnisse; meine

auch auf die
Gewerbesteuer sehen. Ich werde Ihnen noch sagen, welche Folgen
dann eintreten. Auf dem Land, in den kleinen Städten oder

in den kleinen Städten 2 fl. Steuer bezahlt, also fallen alle
diese Leute, Schneider, Schuhmacher, Schmiede
wahlberechtigte Kategorie. Was glauben Sie, was dieß erzeugen wird? Nun, meine Herren, Sie haben gesagt, wir haben
auch eine Einkommensteuer. Diese ist aber in einzelnen Ländern

furt stehen bleiben, hier wird nach der Einkommensteuer bezahlt,
derjenige, der 999 fl. hat, zahlt nur 4 fl. 30 kr., also, meine

Herren, Leute, deren Einkommen fast 1000 fl. hat, werden nach Ihrer Forderung, daß man 5½ fl. bezahlen muß, um wahlberechtigt zu sein, ausgeschlossen. (Stimmen aus dem Centrum: Nein, nein!) Schreien Sie, wie Sie wollen. — (Abermalige Unterbrechung.)

Präsident: Ich bitte, die Unterbrechungen zu unterlassen.

Mittermaier: Meine Herren! Die Thatsachen müssen Sie kennen lernen, ich wäre ein schlechter Mann, wenn ich es nicht thäte. Allerdings wird jener Mann wahlberechtigt sein, weil er 350 fl. Einkommen hat, aber seine Steuer ist zu leicht befunden. Ich bitte noch eines, Sie scheinen nicht bedacht zu haben, daß in einer Reihe von Staaten Personal- oder Classensteuer eingeführt ist, diese wird nun von vielen Personen bezahlt, die Sie gewiß nicht ausscheiden wollen. In Bayern ist z. B. die Personalsteuer, die von einer großen Bevölkerung bezahlt wird, es zahlt der Handlungscommis 40 kr., die ehrenwerthesten Künstler, die Concipienten bei Advocaten bezahlen in der Mehrzahl 40 kr. Personalsteuer, würden also nicht wahlberechtigt sein, weil sie nicht 5 fl. 15 kr. Steuer geben. Sie haben gesagt, wer ein Einkommen von 350 fl. hat, soll wählen dürfen. Meine Herren! Ich habe dem Ausschuß die Einkommensteuergesetze der verschiedenen Staaten vorgelegt, Sie würden lachen, wenn ich Sie ermüden wollte mit den Resultaten der Einkommensteuer. (Zuruf auf der Linken: Mittheilen!) Sie würden hören, daß eine Durchführung dieser Einkommensteuer, wie die Sachen jetzt stehen, zu den größten Schwierigkeiten geführt hat, daß man in manchen Staaten die ganze Einkommensteuer, die im Gesetze eingeführt ist, gar nicht ausführen konnte, daß in einem größeren Reiche diese Steuer nur die Hälfte von dem ertragen hat, was in den Kammern berechnet wurde. Sie denken nicht auf die Verschiedenheit der Verhältnisse; da wo sehr wohlfeil zu leben ist, werden Sie einen Menschen, der ein Einkommen von 300 fl. hat, das in seiner Gegend genügt, doch wahrhaft als einen ehrenhaften Wähler anerkennen müssen, an anderen Orten sind 350 fl. zum Leben zu wenig und zum Sterben zu viel, — das können Sie nicht so machen und als eine bestimmte Norm angeben; Sie müssen aber denken, daß eine Reihe von Leuten, die 350 fl. Einkommen haben sollen, ihr Einkommen gar nicht ordentlich angeben können, weil es so wechselnd ist, namentlich Leute, die von der Arbeit leben, und während sie eine bedeutende Summe von Einkommen haben, dasselbe nicht mit Zuverlässigkeit angeben können. Sie werden auch nicht vergessen, wie unzuverlässig diese Angaben sind, wie z. B. der beginnende Kaufmann ein höheres Einkommen angibt, um seinen Credit zu erhalten, als er wirklich hat. Sie können, weil wir kein gemeinschaftliches Einkommensteuergesetz haben, eine solche allgemeine Bestimmung nicht treffen; gehen Sie in unsere Gebirgsgegenden in den Odenwald, meine Herren, glauben Sie, daß unsere Bauern 350 fl. reines Einkommen haben? Oh diese Armen, die im Schweiße ihres Angesichtes ihr Brod verdienen müssen, Bürger sind und alle Lasten und Pflichten haben, können sich nicht rühmen, ein solches Einkommen zu haben, — einen so großen Theil der Bevölkerung ausschließen und entfernen, Sie können es nicht! Es ist ein anderes System vorgeschlagen, man solle theilen und einige, die Höchstbesteuerten direct und die anderen indirect wählen lassen. Dieses System, das z. B. in Würtemberg gilt, ist das schlimmste, das Sie einführen können; wenn Sie dieses System einführen, dann kommen Sie zum Zählen und zum Wägen der verschiedenen Personen, dann machen Sie zwei Kategorieen von Vollberechtigten und Geringberechtigten, dann machen Sie die Zehntel-Seelen und die ganzen Seelen, dann ist der eine Mann, weil er mehr Steuer zahlt, berechtigt, selbst zu wählen und die anderen dürfen nur zehn mit einander wählen, — welch ein Gefühl der Erbitterung muß da entstehen, wenn Sie das einführen wollen, welches Gefühl der Erbitterung, wenn die zehn, die miteinander dastehen, und die einen diesen dicken reichen Herrn in das Rathhaus hineingehen sehen, was werden die zehn, von denen vielleicht jeder gescheidter ist, als der Höchstbesteuerte, fühlen! ... wir sind nur ein Zehntel Seelen, nur ein Zehntel wahlberechtigt, während sie nicht zu ein Zehntel ihre Pflichten zu thun haben, wenn es gilt, nicht zu ein Zehntel Leib und Leben für das Vaterland opfern müssen. Sie können nicht, wenn Sie nicht die furchtbarste Erbitterung ertragen wollen. Meine Herren! Kein edles Gemüth erträgt es, wenn man ihm nur, wie dem Hund, einen Knochen hinwirft, an dem ein kleines Stückchen Fleisch hängt. (Bravo und Beifallklatschen auf der Linken. Stimmen daselbst: Sehr gut!) Soll ich Ihnen sagen, wie sich die Verhältnisse gestalten werden, wenn Sie den Antrag des Herrn Plathner annehmen? Meine Herren! Auf 100,000 Seelen, die den Wahlbezirk bilden, würden nach der Berechnung 20,000 Wähler kommen, 1000 würden die Höchstbesteuerten sein und von diesen 1000 wählt Jeder selbstständig, 19,000 von diesen wählen nicht selbstständig, es sind dieß ein Neunzehntel Seelen; diese 19,000, — wollen Sie etwas thun, so kommt es viel besser heraus, wenn Sie die indirecten Wahlen einführen, denn da, wo die 1000 nur Wahlmänner wählen, haben sie nur 52 Wahlmänner zu ernennen, während bei den directen Wahlen Jeder selbst wählt, also 1000 Wahlmänner gestellt werden. Bald werden Sie sich selber sagen müssen, was die Folge davon sein wird. Meine Herren! Diesen Census aufzustutzen durch eine Halbheit, durch eine Krücke hereinzubringen, ist bedenklich; Sie haben bei dem Census die Alternative: entweder müssen Sie den Census sehr hoch stellen, dann schließen Sie die überwiegendste Mehrzahl der Bevölkerung aus; machen Sie ihn aber gering, so ist er lächerlich; vergessen Sie nicht, daß in den meisten neuen Wahlgesetzen deutscher Länder kein Census vorkommt, — Wollen Sie, nachdem in Sachsen, Weimar und Hessen (Zuruf: Preussen!) kein Census für die Wahl zur zweiten Kammer gilt, einen Census für die Wahlen zum Parlament einführen, wo es besonders darauf ankommt, daß Alle vertreten sind? Der Verfassungsausschuß in seiner Mehrheit glaubt nun am besten dafür sorgen zu können, wenn er Kategorien aufstellt, Kategorien von Leuten, die ausgeschlossen würden: er schloß aus die Handwerksgehülfen, die Fabrikarbeiter und die Taglöhner; er schloß sie aus unter einer Kategorie „selbstständig und unselbstständig". Meine Herren! Sie haben durch das Wahlgesetz eine Brandfackel nach Deutschland geschleudert, deren Zündstoff Sie nicht berechnen konnten. (Bravo auf der Linken, und Stimmen daselbst: Sehr gut!) Ich habe Briefe von den ehrenwerthesten Menschen vorliegen, die sich an mich wendeten und um Alles baten: laßt das Wort „selbstständig und unselbstständig" auf jeden Fall aus neueren Gesetzen weg! Wer ist selbstständig? Legen Sie vier Gesetze nebeneinander, das hannover'sche, kurhessische, bayerische und sächsische, und Sie werden sehen, in jedem Lande ist selbstständig auf eine andere Weise definirt. Meine Herren! Die Leute, denen Sie die Ehre angethan haben, sie unselbstständig zu nennen, haben angefangen, Vergleichungen anzustellen, die Fabrikarbeiter, die Handwerksgehülfen, diese Unselbstständigen haben herumgeguckt, haben die Andern sogenannt selbstständigen angesehen und sich gefragt: der Schneidergeselle, der aus Paris kommt und in Frankfurt gesucht ist, der, wenn er Zuschneider ist, in jedem Jahr leicht (Gelächter auf der Rechten; — Zuruf von der Linken: Ruhe!) leicht bis 1400 fl. verdienen kann, fängt an zu zählen und Vergleichungen anzustellen, bin ich unselbstständiger, als mein Meister, der auf seine Kunden warten muß, bis Jemand kommt, während mir die Welt gehört und ich überall aufgenommen werde? (Lebhaftes Bravo und Beifall auf der Linken; — Gelächter auf der Rechten.) Bin ich unselbstständiger als die Reichen, die zittern müssen für ihr Vermögen, bin ich unselbstständiger als eine Masse von Beamten? Sie haben etwas nicht erwogen, meine verehrten Herren, welche Einrichtungen wir in unserem Deutschland haben; vergessen Sie nicht, daß in den ersten fünf Jahren die Administrativbeamten, in mehreren Ländern jeder Beamte entsetzbar ist, und daß man ihn fortjagen kann, wie man will? In welcher Lage ist ein solcher Beamte, wenn er fortgejagt wird? Bedenken Sie die große Zahl von Beamten, die Sie zulassen wollen! z. B. die Personen, die bei den Eisenbahnen angestellt sind, oder als Aufseher in den Gefängnissen und Irrenhäusern. Die sogenannt Unselbstständigen werden fragen: bin ich unselbstständiger als diese Leute, die mitwählen dürfen? Ich habe ein Verzeichniß der Löhne bekommen, welche in Frankfurt verschiedene Arbeiterclassen erwerben können, — ich habe staunen müssen, welch hohen Lohn manche Handwerksgehülfen hier verdienen können, wie bei einzelnen Arbeiten der Handwerksgehülfen der Braumeister, der Obergeselle in der Brauerei, das Factotum vom Ganzen, der Mann, — denn das Bier regiert in manchen Staaten — (Heiterkeit) 2000 fl. hat, und das ist ein Handwerksgehülfe, den Sie ausschließen. Haben Sie die Güte und fragen Sie, was der sogenannte Zuckersieder in der großen Fabrik zu Magdeburg hat, — er hat mehr als mancher Staatsrath (große Heiterkeit), er fragt: bin ich unselbstständig, ich ausgeschlossen?! Alle Hände strecken sich nach ihm aus, wenn dieser Zuckersieder in eine andere Fabrik geht! Fragen Sie, welchen Lohn die sogenannten Brettmeister, wie in Frankfurt bei den Schuhmachern die Zuschneider heißen, haben? Sie werden staunen, denn sie haben mehr, als eine große Zahl Beamte hat, sie sind aber nichts weiter, als Handwerksgehülfen. Das ist eine schlimme Sache, die Sie ergriffen haben, Sie haben es redlich gemeint, ich weiß, mit welcher Gewissenhaftigkeit wir im Ausschusse geprüft haben, bei Gott, ich muß den Männern nachsagen, sie haben das redlichste gewollt, sie haben nachgegeben, wo sie konnten, sie haben einen Ausdruck gesucht mit aller Gewissenhaftigkeit und sind zuletzt auf diesen gekommen. Ich habe selbst eine Zeit lang geglaubt, daß der Ausdruck „Handwerksgehülfe" passe; aber jeder Tag, jede Stunde belehrte mich mehr darüber, daß man sie nicht ausschließen kann, wenn man nicht unendlichen Nachtheil herbeiführen will. Ich könnte das, wenn ich Sie länger bemühen wollte, noch durch ganze Kategorien durchführen auf eine Weise, die Sie ganz entschieden überzeugen würde. Sie haben, meine Herren, die Fabrikarbeiter ausschließen wollen; da haben Sie nun vielleicht Eines nicht recht beachtet; es gibt einmal nichts Unbestimmteres, als den Ausdruck „Fabrikarbeiter"; denn noch ist es, glaube ich, Niemanden gelungen, klar zu bezeichnen, was eine Fabrik ist; auch ist in den einzelnen Ländern die Bezeichnung derselben so verschieden, daß man gar nichts Festes aufstellen kann. Haben Sie aber die Güte und fragen Sie die Polizei von Frankfurt; fragen Sie nach in Ländern, wo noch Zünfte bestehen, wer Fabrikarbeiter ist. — Unter der Kategorie der Fabrikarbeiter werden allerlei Leute, selbst Künstler, Kunstarbeiter, die feine Arbeit machen, eingetragen, wenn sie in einer Fabrik für den Fabrikherrn arbeiten, weil sie sich nicht als Gesellen, als Gehülfen angeben dürfen; denn sonst müßten sie in der Zunft arbeiten. Seien Sie so gut und gehen Sie nach Sachsenhausen, gehen Sie nach Bockenheim in die große Wagenfabrik und sehen Sie, welche Fabrikarbeiter sich dort befinden; wahrhafte Künstler sind es oft, die sehr hoch bezahlt werden; diese Löhne aber sind oft hoch, höher, als reichliche Besoldungen der Beamten. Ich bitte aber, meine Herren, noch gewisse Fabriken zu bedenken, nämlich die Maschinenfabriken. Ich erinnere alle die Herren, die aus Gegenden sind, wo solche Fabriken blühen, was in diesen Maschinenfabriken für Arbeiter nöthig werden und auf welchem Grade der Bildung sie auch hier stehen müssen und wie sie bezahlt werden. Für die Krümmung der Schienen z. B. wurden in einer deutschen Fabrik 12 fl. per Tag bezahlt; ich muß freilich sagen, daß dieser so gut bezahlte Arbeiter ein Engländer war und also nicht hätte mitwählen dürfen. (Gelächter auf der Rechten.) O! meine Herren, Sie lachen zu früh, die Herren Deutsche sind auch so gescheidt, als die Engländer, und kaum haben die Deutschen das beobachtet, so haben sie bald dem Fabrikherrn gesagt: jage du den Engländer fort; denn wir können das ebenso gut machen als er, und der deutsche Fabrikarbeiter, der an seine Stelle trat, bekam freilich nicht 12 fl., aber 10 fl. des Tages. Meine Herren! Ich frage Sie, wenn Sie herumblicken wollen, was die Constructeurs und die Zeichner bekommen. In einer Fabrik in Mühlhausen z. B. ist ein Dessinateur in einer Fabrik, wo es viel darauf ankommt, daß immer neue Formen ersonnen werden, und dieser Dessinateur bekommt 10,000 Francs, und doch wäre dieser, wenn es bei uns so vorkäme, ausgeschlossen. Sie sind gewaltig im Irrthum, wenn Sie glauben, daß alle Fabrikanten unselbstständig sind und so wählen würden, wie der Herr will. Meine Herren! Es hat ein Fabrikant aus dem Elsaß vor Kurzem erzählt, wie er in Mühlhausen wählte, und wollte, daß Cavaignac gewählt werden sollte. Wir haben uns redlich Mühe gegeben, sagte mir dieser Mann, den Cavaignac durchzusetzen; wir haben den Fabrikarbeitern selbst gute Aussichten versprochen, wenn sie für Cavaignac stimmen würden. Die Arbeiter aber waren schweigsam, gaben keine Antwort und gaben aber sämmtlich dem Louis Napoleon ihre Stimme, und als die Wahl vorüber war, kamen sie zum Fabrikherrn und sagten: wir wissen besser, was Frankreich frommt, als ihr; ihr habt gewählt, damit Ruhe werde; wir haben Louis Napoleon gewählt, weil wir Arbeit auf lange Zeit haben wollen und glaubten, daß wegen gewisser Verhältnisse, die ich nicht anzudeuten nothwendig habe, die Ruhe und der Frieden länger erhalten wird, wenn Napoleon gewählt wäre. So, meine Herren, raisonniren diese Leute. Ich will mich nicht mit fremden Federn schmücken, und will nur sagen, was mir noch vor wenigen Tagen ein ehrenwerther Fabrikant gesagt hat: er erklärte: bringen Sie doch um Alles in der Welt nicht in unser Vaterland noch mehr Aufregung, als schon darin ist; das thun Sie aber in dem Augenblicke, wo Sie sagen: der darf nicht wählen und der nicht; er sagte ferner: es ist freilich eine Reihe von Leuten da, denen ich kein Wahlrecht geben würde, **hommes sans aveu**, die sich um gar nichts bekümmern, die wie die Bettler durch das brennende Dorf laufen und sich freuen, wenn es brennt; es sind aber doch nur Einige; das schlimmste aber ist, daß, wenn Sie einen Ausdruck wählten, der Viele umfaßt, Sie dann eine Reihe von Tüchtigen mitumfassen müssen. — Meine Herren! Sie alle wissen zu gut, unsern Gewerbsverhältnissen steht eine gewaltige Umwälzung bevor; Sie wissen, wem es jetzt am schlimmsten geht; Sie wissen, die kleinen Gewerbsleute können sich kaum mehr halten, diese kleinen Gewerbsleute werden durch ihre Stellung als Meister genöthigt, größere Ausgaben, selbst in geselligen Verhältnissen zu machen; sie müssen an allerlei Gesellschaften und dergleichen Theil nehmen und dazu zahlen, während ihre Bedürfnisse größer sind, als die Einnahme, die bei diesen kleinen

Gewerken gar sehr geschwächt sind. Diese sind es, welche in gewissem Sinne, wenn Sie wollen, am Allerwenigsten selbstständig sind, und das wissen ihre Gehülfen und Gesellen sehr gut. Darum ist es gefährlich, wenn Sie eine solche Scheidewand machen; Sie können diese, glaube ich, in ihrer Consequenz durchaus nicht durchführen. Sie haben in dem Berichte zwar bei den Maurern, Zimmerpolirer und contre-maitres angeführt, daß Sie die nicht meinen und nicht von der Wahl ausschließen wollen; aber im Gesetz sind sie gemeint, denn es sind Fabrikarbeiter, und wenn Sie auch die contre-maitres &c. als nicht getroffen anführten, so macht, da auf Löhne keine Rücksicht genommen ist, das im Gesetze keinen Unterschied; sie sind Fabrikarbeiter. — Auch die Taglöhner wollen Sie ausschließen. — In dem Augenblick, wo sie das thun, werden Sie eine ungeheure Bevölkerung in Deutschland ganz von den Wahlen ausschließen, darunter Leute, denen Sie doch gerne das Wahlrecht geben möchten. Vergessen Sie nicht, meine Herren, es gibt eine Classe von Leuten unter den Taglöhnern, welche sich wegen der Gefährlichkeit ihrer Arbeit und der eigenthümlichen Geschicklichkeit, die dazu nothwendig ist, sehr viel verdienen. Wissen Sie, wen ich meine? — Das sind die Holzfäller, die in den Gebirgen das Holz zu fällen haben. Sie werden sehr gut bezahlt und sind Taglöhner. Gehen Sie nach Rheinbayern, gehen Sie dahin, wo das Grundeigenthum ungeheuer getheilt ist und sehen Sie, ob diese Taglöhner nicht so gut stehen und so gesucht sind. Der geschickte Mann, wenn er auch Taglöhner heißt, ist es, den man überall gern hat; er weiß sicher seine Arbeit zu bekommen und sein Einkommen ist bedeutend. Sie müssen ferner nicht vergessen, daß in einer Reihe von Gegenden Deutschlands die ländliche Bevölkerung aus Taglöhnern besteht, ich will, um Sie nicht zu ermüden, nur von einem Lande Zahlen sprechen lassen. In Mecklenburg sind 530,000 Einwohner, davon kommen 150,000 auf die Städte, 380 000 auf das Land. Wenn Sie Ihre Berechnung machten und diese Leute Ihren Anträgen gemäß ausschließen wollten, so würden, meine Herren, nur Einfünftel von diesen zur Wahl kommen und Vierfünftel würden ausgeschlossen. (Stimmen: Hört!) Das können Sie nicht wollen. Diese Leute haben im Mai gewählt. Welches Gefühl der Erbitterung würde entstehen, wenn sie nun nicht mehr wählen sollten! Ich gebe gerne zu, wir, die Majorität und die Minorität des Ausschusses, machen Versuche; Sie, wenn Sie Kategorien aufstellen, wir, die wir keine wollen. Wir theilen gleiches Gefühl mit Ihnen, wir wünschen, daß gute Wahlen herauskommen, wir sind frei von geheimen Hinterabsichten. Ordnung und Gesetzesherrschaft heißt unser Panier, ebenso gut wie das Ihre. Wir sagen aber nur, die Gefahr, die herauskommt, wenn unsere Anträge durchgehen, kann die sein, daß hie und da Leute mitwählen, denen man das Wahlrecht, wenn sie einzeln vor einem stünden, nicht geben wollte, daß Wahlen herauskommen als Ergebniß, die wir tief beklagen müssen, daß allerdings dann schlechte Beschlüsse möglicherweise zu Stande kommen. Die Gefahr aber, wenn Ihre Anträge durchgehen mit Ihren Kategorien, mit Ihrem Census, ist eine weit größere. Meine Herren, diese Einrichtung scheidet die Nation in zwei Hälften, die miteinander Krieg führen, in zwei feindliche Heerlager, die gegen einander erbittert sind. Meine Herren, es ist ein Kampf des Habens mit dem Sein. (Stimmen auf der Linken: Sehr gut!) Selbstständig ist nur der, der Arbeitskraft, Arbeitslust mit sittlichem Geiste und mit der Achtung vor dem Gesetze und moralischen Charakter mit Genügsamkeit verbindet. Der ist selbstständig. Suchen Sie ihn unter der Blouse, suchen Sie ihn unter den Kleidern mit Orden bedeckt. Es ist Jeder gleich. Ich will Ihnen sagen, meine Herren, daß mir im Augenblicke die Politik einfällt, die Lessing seinem Klosterbruder im Nathan in den Mund legt. Der ehrliche Klosterbruder sagt: „Wenn ich etwas Gutes zu thun vermeine und wenn ich weiß, daß daran sich auch Uebel zugesellen können, so thue ich das Gute lieber nicht, weil ich sicher bin, das Uebel kommt gewiß und der Nachtheil; das Gute ob es eintrifft, ist zweifelhaft." So, meine Herren, glaube ich auch in Bezug auf Ihre Politik sagen zu können: „Sie können Gutes herbeiführen, aber der Nachtheil ist sicher." Soll ich Ihnen sagen, wie man helfen kann? Die Philister müssen aus dem Schlafe erwachen zu offenem, redlichem, gesetzlichem Kampfe, (Bravo auf der Linken.) Schimpfen können sie, wenn die Wahlen schlecht gerathen sind; aber sie sind zu Hause geblieben und haben ihre Cigarre geraucht (Heiterkeit und Bravo auf der Linken), während die Andern rührig gewesen sind. Vorwärts, heißt die Losung für sie, nicht Ruhe, Ruhe, Fanatismus der Ruhe. (Stürmisches Bravo und Beifall auf der Linken.) Vorwärts! Lassen Sie uns kämpfen! Lassen Sie diejenigen, die es redlich meinen und das Vaterland lieben, kämpfen mit denen, die vielleicht Hintergedanken und vielleicht umstürzende Plane haben. Ich weiß, der Sieg ist uns dann gewiß, und ich freue mich. Mir hat vor wenig Tagen ein geistreicher Franzose gesagt: „Hätten wir das allgemeine Wahlrecht früher gehabt, die sauberen Theorien des Proudhon, Louis Blanc wären lange abgestumpft. Hätten sie ihre Theorien geltend machen müssen, es würde sich bald das Unpraktische derselben gezeigt haben und (Stimmen: Sehr wahr!) eine Ausgleichung wäre erfolgt. Meine Herren! Kämpfen heißt die Losung der Zeit, kämpfen wollen wir, kämpfen für das Beste des Vaterlandes. Schließen Sie aber nicht aus eine Anzahl Kämpfer, die kämpfen wollen! Lassen Sie sie nicht auf gesetzlichem Wege kämpfen, so kämpfen sie auf den Barrikaden. (Lebhaftes Bravo und Beifall auf der Linken.) Das ist aber, was den Vaterlandsfreund schmerzt, der wünscht, daß Ordnung und Gesetzesherrschaft siege. Ich sehe vor mir einen Mann, der vor wenig Tagen auf dieser Tribüne stand und über Amerika schrieb. Als er zurückkam, rief er in seinem Werke über Amerika uns zu: „Schafft durch die Gesetzgebung keinen Pöbel und ihr habt keinen Pöbel." (Anhaltendes stürmisches Bravo und Beifall auf der Linken, dem linken Centrum und der Gallerie.)

Präsident: Herr Scheller für die Majorität des Ausschusses.

Scheller von Frankfurt a. d. O.: Meine Herren! Der geehrte Redner aus Gießen hat sich gefreut, das Geheimniß, welches im Entwurfe verborgen sein soll, entdeckt zu haben. Er habe es gefunden darin, daß der Entwurf mit einem Extracte der Minorität herrschen wolle. Ich will Ihnen das Geheimniß verrathen, was den Entwurf beseelt. (Unruhe.) Der Entwurf hat gewollt, daß die Vernunft die Oberherrschaft behalte. (Stimmen von der Linken: Ah! ah!) Der Entwurf hat gewollt, daß die Erfahrungen, welche die freiesten Staaten der Welt seit Menschenaltern gemacht haben, für unser zu gründendes Deutschland nicht verloren seien. Dieses Geheimniß hat der Entwurf aber so offen, so ehrlich dargelegt, daß es wahrlich zu verwundern ist, wie man noch ein Geheimniß im Entwurfe hat wittern wollen. Lassen Sie mich, was ich hier gesagt habe, zu beweisen suchen. Ehe ich aber dazu übergehe, muß ich der Ordnung des Entwurfs gemäß erst einige Worte über den § 1 vorausschicken. § 1 setzt fest, daß das 25. Lebensjahr zum Wähler fähig machen solle. Es ist gegen dieses Jahr erinnert worden, daß es zu hoch genommen sei, daß Jeder, der volljährig wäre, auch Wähler sein müsse. Die Majorität des Verfassungsausschusses ist auch im

Allgemeinen von dieser
25. Lebensjahr kommen
jährigkeitstermin sehr
schen Lande gilt das 21., in den andern das 24. und in noch andern das 25. als Großjährigkeitsjahr; um nun hier eine Gleichheit bei den Wahlen zum Volkshause zu Stande zu bringen, wurde das Jahr der Volljährigkeit genommen, welches das höchste ist; es wurde nicht für zweckmäßig erachtet, in den verschiedenen Staaten von verschiedenalterlichen Menschen die Wahlen geschehen zu lassen, weil man sich sagte: „Für das Volkshaus des ganzen Reichs muß auch eine Gleichmäßigkeit im Alter der Wähler stattfinden." Es ist noch — und das bemerke ich nur im Vorübergehen — gegen diesen und die folgenden Paragraphen erinnert worden, daß daraus nicht hervorgehe, ob man das weibliche Geschlecht ausgeschlossen oder einbegriffen habe. Es ist auf sehr gelehrte Weise aus mehreren Paragraphen der Grundrechte zusammengestellt, daß dort, wo vom Deutschen die Rede, auch die Deutsche gemeint sei, und daß, wenn man keinen Unterschied mache, man nach Maßgabe der Grundrechte dahin kommen würde, auch das weibliche Geschlecht für wahlberechtigt zu erklären. Dieser Argumentation steht aber entgegen, daß ein Gesetz, wenn es von politischen Rechten redet, nur das männliche Geschlecht meinen kann; wenn man nicht etwa Tibet vor Augen hat, wo die Frauen ein bei weitem größer Recht als die Männer haben, indem sie mehrere Männer heirathen dürfen, umgekehrt aber ein Mann nicht mehrere Frauen. Soll aber hier dennoch etwas ausdrücklich über das Geschlecht gesagt werden, will man aussprechen, daß das weibliche Geschlecht ausgeschlossen sei, so wird man auch in den Grundrechten Aenderungen vornehmen müssen; denn auch in den Grundrechten kommt unter Anderm die Bestimmung vor, daß die Wehrpflicht allgemein sei, Niemandem aber wird es einfallen, daß diese Bestimmung auch auf das weibliche Geschlecht ausgedehnt werden soll. Ebenso kommt in den Grundrechten die Bestimmung vor, daß Jeder, der fähig sei, ein Amt antreten könne, es wird aber Niemandem in der Versammlung einfallen, dieß Recht auch dem weiblichen Geschlecht einzuräumen. Beweis: daß, wenn es sich um politische Rechte im Gesetz handelt, man nicht nöthig hat, das weibliche Geschlecht auszuschließen. So viel zum § 1 Ich komme zum § 2 und werde versuchen zu zeigen, daß der § 2 nur das Bestreben hat, der Vernunft die Oberherrschaft zu erhalten. Es ist bei diesem § 2 des Allgemeinen so viel geredet über: „Menschenrechte, Volkssouveränetät," ja es ist auch der Protestantismus zu Hülfe gerufen worden, und Andere haben sogar Bibelstellen angeführt, um den Entwurf aus dem Wege zu räumen; indessen auf so allgemeine Redensarten lasse ich mich hier nicht ein; es sind allgemeine Redensarten, mit denen man ebenso gut „für" als „gegen" beweisen kann; solche allgemeine Phrasen beweisen Nichts oder Alles. Ich beschränke mich darauf, specieller auf die Sache einzugehen. Es wird zuerst dem Entwurfe vorgeworfen, daß er darauf ausgehe, gewisse Classen unseres Volks zu unterdrücken; der Beweis aber, daß der Entwurf freisinniger, liberaler ist, wie die Verfassungen der freisinnigsten, liberalsten Staaten, wird nicht schwer fallen. Man wird nicht in Abrede stellen dürfen, daß Norwegen, England, Nordamerika und Belgien die freisinnigsten Verfassungen haben. In Norwegen wird erfordert für den Wähler das 25. Jahr und sehr hoher Census, für den Abgeordneten das 30. Jahr, ein zehnjähriger Aufenthalt im Lande und ein sehr hoher Census; der Entwurf aber verlangt für den Wähler nur das 25. Jahr, schließt nur wenige Classen aus und verlangt für den Abgeordneten auch nur das 25. Jahr. In Norwegen ist indirecte Wahl, der Entwurf gibt eine directe Wahl. Es kann nicht zweifelhaft sein, auf welcher Seite hier die größere Freisinnigkeit steht. In England wird erfordert zum Alter eines Wählers das 21ste Jahr, aber ein Census für das Alter eines Abgeordneten Volljährigkeit und 600 oder 300 Pfund jährlichen Einkommens. Auch hier dürfte es nicht zweifelhaft sein, wo die größere Freisinnigkeit zu finden. Der Entwurf sieht gar nicht auf Einkommen, er will weder 600 noch 300 Pfund, er sieht nur darauf, daß einige wenige Classen der Staatsangehörigen, die nicht als selbstständig erachtet werden können, nicht sollen wählen dürfen. In Nordamerika wird für das Alter eines Wählers 21 Jahre verlangt, aber Ansässigkeit während eines Jahres im Lande und Beweis bezahlter Steuern; für das Alter eines Abgeordneten 25 Jahre und siebenjährige Bürgerschaft im Lande. In einigen Unionsstaaten das 21ste, 24ste, 28ste, 30ste Lebensjahr, Ansässigkeit von einem bis drei Jahren und 280 bis 2000 Dollars Eigenthum. Also auch hier eine bedeutend größere Erschwerung und eine größere Einschränkung des Wahlrechts, als der Entwurf vorschlägt. In Belgien endlich heißt es ausdrücklich in der Verfassung: „die Kammer der Abgeordneten besteht aus den unmittelbar von den Bürgern gewählten Abgeordneten, welche den durch das Wahlgesetz bestimmten Steuerbeitrag bezahlen, der nicht 100 Gulden überschreiten, noch unter 20 Gulden sein darf." Also auch dort ist ein bedeutender Census, während der Entwurf dergleichen nicht vorschlägt. Wenn nun die Erfahrung von Menschenaltern in diesen Staaten bewiesen hat, daß ein unbeschränktes Wahlrecht nicht zulässig ist, daß im Gegentheil mit einem noch bei weitem mehr beschränkteren Wahlrecht, als der Entwurf vorschlägt, jene Staaten so frei geworden sind und sich auf jene hohe Stufe geschwungen haben, so dürfte es der Vernunft gemäß sein, diese in andern Staaten gemachten Erfahrungen nicht ungenützt vorübergehen zu lassen. Aber auch das dürfte der Vernunft gemäß sein, gewisse Classen der Staatsangehörigen, denen man eine volle Selbstständigkeit nicht zutrauen darf, vom Wahlrechte auszuschließen, nicht so sehr deßhalb, um sie zu entfernen, sondern zu ihrem eigenen Besten. Wozu werden diese wenig selbstständigen in der Regel benutzt? Sie folgen in der Regel den Antrieben, den Anreizungen Anderer: sie werden entweder benutzt, um Tumult, um Aufruhr zu erregen, oder sie sind die Werkzeuge derjenigen, welche herrschen wollen. Es erfordert aber ihr eigenes Beste, daß das Gesetz stets walte, denn nur wenn dieß der Fall, können sie sich ihren Lebensunterhalt erwerben. Die Erfahrung hat stets gezeigt, daß in bewegten Zeiten diese Classen nicht aus eigenem Antriebe, sondern nur, angeregt und angereizt durch Andere, Unruhe stiften, daß man sie lediglich als Werkzeuge benutzte, welche man wegwarf, sobald man seinen Zweck erreicht hatte. Der Entwurf aber will, daß sie auf diese Weise nicht mehr mißbraucht werden sollen. Sie sind aber auch nach einer andern Seite hin mißbraucht worden. In ruhigen Zeiten sind sie von den Einflußreichen benutzt worden, um durch sie die Wahlen zu lenken. Es sollen aber auch der Aristokratie keine Mittel
So ist denn

ohne Grund vor dem Beginn der Discussion in meinem Vortrage erwähnt, daß die Verfasser sich keineswegs verhehlt haben, daß es in diesen Classen einzelne ehrenwerthe Männer gäbe, die weit mehr Achtung verdienen, als manche Derjenigen, welche den wahlberechtigten Classen angehören. Ich habe aber auch dabei schon erinnert, daß der Gesetzgeber auf einzelne Individuen unmöglich Rücksicht nehmen könne, und wenn ich die von dem Herrn Berichterstatter der Minorität vorhin angeführten Beispiele durchgehe, so möchte ich doch bezweifeln, daß dadurch dasjenige wirklich bewiesen sei, was hat bewiesen werden wollen. Wenn z. B. der Schneidergeselle, welcher von Paris gekommen ist und hier bei seinem Meister jährlich fl. 1500 verdient, von diesem Meister, von welchem er die fl. 1500 empfängt, bedeutet würde: Freund, wenn du mich nicht wählst, so werde ich dich entlassen und du wirst die fl. 1500 verlieren, sollte er sich dann nicht entschließen, den Meister zu wählen? Oder, wenn er es nicht thun, und wie der Herr Berichterstatter behauptet hat, sagen wird: Ich habe mich an nichts zu kehren, die ganze Welt steht mir offen, überall verdiene ist fl. 1500, ich werde nach meinem Willen leben, ich werde versuchen, nach meinem Belieben Lärm zu machen, zu wählen und zu wählen, was liegt mir an der Ordnung, was liegt mir am deutschen Reiche, — würden Sie solchen Leuten das Wahlrecht wünschen? Der Entwurf wollte das nicht. Der von dem Herrn Berichterstatter angeführte Zuckersieder, welcher mehr als den Gehalt eines Staatsrathes verdient, wird er nicht, wenn sein Fabrikherr sagt: Freund, ich entlasse dich, wenn du mich nicht wählst, denken: Wo werde ich einen Staatsrathsgehalt wiederbekommen? Ich will doch lieber meinen Fabrikherrn wählen. Oder umgekehrt, er denkt wie der Schneidergeselle, und es ist ihm am deutschen Reiche nicht viel gelegen. Mit solchen Beispielen ist nichts bewiesen und auszurichten. Wie sehr es aber Noth thut, nach allen Richtungen hin dafür zu sorgen, daß die Massen nicht mißbraucht werden können, hat schon ein Vorredner, welcher so sehr für Menschen- und Volkssouveränetät begeistert ist, zugegeben, denn er hat selbst behauptet, — und ich weiß ihm darin nicht zu widersprechen — daß bei den letzten Wahlen in Preußen die Dienstboten hätten für ihre Herrschaft stimmen müssen, und deßhalb so viele Conservative gewählt worden seien. Das will aber der Entwurf auch nicht, er will der Benutzung der Massen weder nach der einen, noch nach der andern Seite hin das Wort sprechen. Wenn aber die seit Menschenaltern in den freisinnigsten Staaten der Welt gemachten Erfahrungen beweisen, daß man, will man nicht den Staat der Gefahr aussetzen, jeden Augenblick umgestürzt zu werden, unbeschränktes Wahlrecht nicht gestatten darf, wenn der Vernunft gemäß, wie ich bereits gezeigt habe, eine Beschränkung eintreten muß, so fragt sich nur, wie und in welcher Weise dieß geschehen soll? Die 70 Verbesserungsvorschläge und der Entwurf haben, wenn man sie auf allgemeine Grundsätze zurückführt, drei Systeme; das erste ist das des Census, das zweite das der Eintheilung in Höchstbesteuerte und Nichthöchstbesteuerte, das dritte System stellt Kategorien oder Classen auf. Den Census wählte der Entwurf nicht, um nicht das Wahlrecht vom Vermögen oder Besitze abhängig zu machen. Die Eintheilung zwischen Höchstbesteuerten und Nichthöchstbesteuerten ist darum nicht anzurathen, weil sie zwei Classen der Staatsangehörigen und damit bedenkliche Unterscheidungen hervorrufen, weil ferner auch hier das Vermögen allein den Ausschlag geben, weil endlich zu besorgen sein würde, daß wenn man in solchen zwei allgemeinen Classen wählen läßt, dann auch diese beiden unter sich wieder nur aus diesen Classen wählen und man dann in die Volksvertung zwei ganz verschiedene, ganz entgegengesetzte Elemente bringen würde. So hat sich denn der Entwurf für Kategorien entschieden. Es ist im Allgemeinen gegen die vom Ausschusse aufgestellten Kategorien eingewendet worden, daß der Begriff dieser Classen zu schwankend sei, als daß man sie als Regel hinstellen könne. Indeß es ist durch § 12 dafür gesorgt, daß, wenn es in einem einzelnen Falle zweifelhaft sein könnte, ob Jemand zu diesen Kategorien gehört, dieser Zweifel auf ordnungsmäßigem Wege beseitigt werde. Denn es wird in § 12 vorausgesetzt, daß zur Entscheidung über die Wählerlisten in den einzelnen Staaten Behörden errichtet werden, und der Paragraph läßt Einsprüche gegen jene bei diesen Behörden anbringen, welche dann entscheiden werden, ob Jemand und zu welchen der einzelnen Classen er gehöre. Es ist ferner diesen Kategorien entgegengesetzt worden, daß dabei auch darauf Rücksicht genommen werden müsse, ob Jemand Bürger sei, Grundbesitz oder eigenen Haushalt habe. Indeß so sehr die Verfasser des Entwurfs der Ansicht sind, daß künftig das Gemeindebürgerrecht einen bedeutenden Ausschlag bei den Gesetzen über die Wahlen werde geben müssen, so konnte doch für-jetzt darauf kein Gewicht gelegt werden, weil in einzelnen Staaten dieses Gemeindebürgerrecht so überaus leicht zu erwerben ist. So bedarf es namentlich in Preußen nur sehr wenig dazu; ist dort Jemand nicht eines Verbrechens wegen bestraft worden, kann er sich mit seiner eignen Händearbeit ernähren, so darf ihm das Gemeindebürgerrecht nicht verweigert werden. So ist es in mehreren Staaten. Dadurch also, daß man das Gemeindebürgerrecht als Kriterium hinstellen will, wodurch jeder wahlfähig gemacht werden soll, wird man den Entwurf nicht motiviren können. Was aber den Grundbesitz anlangt, so sagten sich die Verfasser des Entwurfs, daß auch dieser, so allgemein hingestellt, einen Ausschlag nicht geben könne. Man erinnerte sich an den überaus kleinen Grundbesitz in verschiedenen Einzelstaaten; man hatte die Hütten im Auge, die nicht einmal Schornsteine haben, aber doch auch Grundbesitz bilden, und war überzeugt, daß mit dem Begriffe: Grundbesitz noch nicht die Befähigung zum Wahlrecht gegeben sei. Noch weniger aber ist die Bestimmung eines eigenen Haushaltes geeignet, das Wahlrecht zu geben. Einen eigenen Haushalt hat auch der ärmste Bettler, in der Regel hat er Weib und Kinder und einen wenn auch noch so dürftigen Haushalt; Haushalt allein kann also unmöglich befähigen zum Wahlrecht, sei es activ oder passiv. Dieß waren die Gründe, welche den Verfassungsausschuß in seiner Majorität bewogen, diejenigen Kategorien oder Classen aufzustellen, die er in § 2 aufgenommen hat. Er ist dabei offen und ehrlich zu Werke gegangen, hat seine Meinung ohne Rücksicht darauf, was sie für Wirkung in der öffentlichen Meinung bei Einigen hervorbringen würde, offen dargelegt. Die siebenzig Amendements, welche eingebracht worden sind, werden das bewiesen haben, was ich auch im Anfange der Discussion sagte, es ist außerordentlich leicht zu kritisiren, aber außerordentlich schwer, etwas besser zu machen und das Richtige zu finden. Die siebenzig Amendements sind von vielen Rednern angegriffen und widerlegt worden, und so stehen alle diese Vorschläge bis jetzt sich ziemlich gleich. Will aber die Minorität aus einem oder andern Grunde auf die Aufstellung dieser Kategorien oder Classen nicht eingehen, so würden von allen Verbesserungsvorschlägen nur diejenigen zu berücksichtigen sein, die einen Census vorschlagen, und hier stellt sich der von Herrn Beseler und Genossen als derjenige heraus, der am meisten das trifft, was die Majorität des Verfassungsausschusses beabsichtigte. Ich wiederhole nochmals, die Majorität beabsichtigt, die Erfahrungen der freisinnigsten Staaten nicht unverloren zu lassen und der Vernunft Gehör zu geben, und dieser Absicht entspricht der Beseler'sche Antrag am meisten. Es ist schon dagegen eingewendet worden und es kann eingewendet werden, schon das Vorparlement habe sich gegen den Census erklärt, man könne den Census deßhalb doch jetzt unmöglich aufnehmen. Indeß die Verhandlungen des Vorparlaments beweisen — die officielle Ausgabe steht zu jedermanns Einsicht bereit —, daß im Vorparlament weniger die Frage discutirt wurde, ob ein Census sein solle, als die Frage, ob man es den einzelnen Staaten überlassen wolle, den Wahlmodus festzustellen; über diese Frage, ob die genaure Festsetzung des Wahlmodus den einzelnen Staaten zu überlassen sei, drehte sich hauptsächlich die Discussion, und dabei wurde beschlossen, daß man den Wahlmodus den einzelnen Staaten überlassen solle.... und daher kam es denn, daß man in einzelnen Staaten die directe Wahl, in anderen die indirecte angenommen hat. Nur gewissermaßen so nebenbei kamen noch mehrere Fragen zur Sprache, und unter diesen war auch die, ob ein Census aufgenommen werden solle; sie wurde damals verneint. Die Verhandlungen des Vorparlaments beweisen also, daß, wenn dort auch ein Census nicht beliebt worden ist, doch damals über diese Frage eigentlich gar nicht discutirt wurde. Das, was also im Vorparlament beschlossen wurde, kann wenig maßgebend für die jetzige Entscheidung sein. Sodann hat der geehrte Redner aus Chemnitz dem Beseler'schen Vorschlage entgegengesetzt, daß dadurch wenigstens 72 Prozent der Wahlberechtigten würden ausgeschlossen werden. Indessen, diese ganze Argumentation widerlegt sich dadurch, daß jener verehrte Redner lediglich die Classensteuer zur Grundlage genommen hat. Der Beseler'sche Vorschlag aber stützt sich nicht allein auf die Classensteuer, sondern er spricht überhaupt von der directen Steuer. Ferner hat der Beseler'sche Vorschlag nicht die directe Steuer allein zum Maßstabe, sondern er will auch auf ein Einkommen von 200 Rthlr. und auf ein Grundvermögen von 200 Rthlr. sehen. Alle Argumentation, die darauf gestützt war, daß nach Maßgabe der Classensteuer 72 Procent ausgeschlossen sein würden, zerrinnt in ihr Nichts, denn sie ist auf eine falsche Basis gegründet. Herr Mittermaier, wie soeben von dieser linken Seite erwähnt worden ist, hat ebenfalls den Beseler'schen Vorschlag angegriffen. Aber auch er hat nur eine von diesen verschiedenen Alternativen genommen; auch er hat nur von den Steuern geredet, und darauf sich stützend herausgebracht, daß der Beseler'sche Vorschlag die Allermeisten von dem Wahlrechte ausschließen würde. Aber auch ihm muß ich entgegnen, daß er den Beseler'schen Vorschlag nur zu einem Drittel gelesen hat. Herr Beseler stützt seinen Vorschlag auf directe Steuer, oder Einkommen, oder Grundbesitz. Die Argumentation des Herrn Mittermaier kommt mir beinahe so vor, als wenn Jemand argumentiren wolle, das Pulver sei zum Schießen nicht zu gebrauchen, indem er deducirte, daß man mit Schwefel nicht schießen könne, er läßt aber Kohle und Salpeter weg. (Mehrere Stimmen auf der Rechten und im Centrum: Sehr richtig!) Auf die Eintheilung in Höchstbesteuerte und Nicht-Höchstbesteuerte wird man nicht eingehen können. Es sind dort dreierlei Meinungen wieder zu unterscheiden. Die eine will die Höchstbesteuerten direct wählen lassen, die Nicht-Höchstbesteuerten hingegen indirect; die andere will den Höchstbesteuerten eine doppelte Wahlstimme geben; die dritte Ansicht will eine Vertretung des Besitzes und eine Vertretung der Gesinnung. Man kann diesen Vorschlag unmöglich annehmen, wenn man nicht will, daß die Nation in zwei entgegengesetzte Hälften getheilt werden solle, daß die Nation in zwei entgegengesetzten Richtungen bei den Wahlen zur Volksvertretung sich benehmen solle. So kann ich mich denn nur zu der Ansicht bekennen, daß, wenn die Majorität der hohen Versammlung Bedenken tragen sollte, auf den Vorschlag des Entwurfs einzugehen, der Beseler'sche Vorschlag nur als derjenige erscheinen kann, der anzunehmen sein wird; denn er ist derjenige, welcher der Erfahrung, welcher den Grundsätzen der Vernunft nächst dem Entwurfe am allermeisten entspricht. Meine Herren! Ich schließe mit der Aeußerung: Geben Sie ein unbeschränktes Wahlrecht, so setzen Sie Deutschland der Gefahr aus, wenn es noch zu Stande kommen sollte, daß es sich bald wieder auflöst; nur durch beschränkte Wahlen können Sie machen, daß ein deutsches Reich auf die Dauer bestehe. (Bravo auf der Rechten.)

Präsident: Die Discussion über § 1 u. 2 des vorliegenden Entwurfs ist geschlossen. — Bevor wir nun zur Abstimmung gehen, habe ich eine Erklärung des Herrn Kohlparzer vorzulesen:

„Da mein zu § 1 von etlich und zwanzig Mitgliedern unterstützter Antrag in dem Vorschlage zur Abstimmung über § 1 u. 2 nicht aufgenommen worden ist, ungeachtet ich gestern das Präsidium schriftlich auf den Umstand aufmerksam gemacht habe, daß mein Antrag von 22 Mitgliedern schriftlich unterstützt ist, so verlange ich, daß derselbe der Geschäftsordnung gemäß zur Abstimmung gebracht, und diese Erklärung und rücksichtlich Protestation zu Protokoll genommen werde."

Der Antrag unter Nr. 43 der gedruckten Verbesserungsanträge, der den Sinn hat, daß unverzüglich nach der Discussion über § 1 u. 2 ...

Kohlparzer (vom Platze): Ich bitte, der Antrag, der unterstützt ist, heißt anders; darf ich ihn vielleicht vorlesen?

Präsident: Ja wohl!

Kohlparzer von Neuhaus: Mein Antrag heißt: „Wähler ist jeder Deutsche, welcher nach den Reichsgesetzen selbstständig, einen Vertrag abzuschließen berechtigt und durch dieses Gesetz nicht ausdrücklich ausgeschlossen ist." Dann ist ein eventueller Antrag eingeschlossen: „Wählbar ist jeder Deutsche, welcher in der Ausübung der bürgerlichen Rechte nicht beschränkt ist." Es ist dieser Antrag unter Nr. 4 abgedruckt. Dieser Antrag ist unterstützt von mehreren Herren: Huber, v. Grundner, Kagerbauer, v. Nagel, Dr. Neugebauer, Dr. Schuler, Lienbacher, v. Kürsinger (Karl), v. Kürsinger (Ignaz), Engl, Nägele, Dr Reisinger, Kotschy, Prinzinger, Dr. Melly, Pieringer, Mally, Vonbun, v. Aichelburg, Englmayr, Schauß und noch ein Name, den ich nicht lesen kann.

Präsident: Meine Herren! Mit diesem Antrage hat es folgende ganz einfache Bewandtniß: er ist ohne die in Rede stehende Unterstützung abgedruckt worden.

Kohlparzer: Dieser Antrag ist ohne Unterstützung abgedruckt und zwar aus dem Grunde, weil ich mehrere Anträge gebracht habe. Die Herren, welche meinen Antrag zu § 1 unterstützten, haben ihn auf einem besonderen Blatte unterstützt, und diese Unterstützung habe ich dem Präsidium am verflossenen Samstage übergeben und ihn darauf aufmerksam gemacht. Ich habe auch gestern, als mein Antrag wiederholt zur Unterstützung gebracht wurde, dagegen schriftlich protestirt Aber wie die Herren sehen, ist es ganz vergeblich gewesen.

Präsident: Die Erzählung des Herrn Kohlparzer ist natürlich ganz richtig; ich habe gestern, weil ich die schriftliche Unterstützung nicht in Händen hatte, annehmen müssen, der Antrag sei noch nicht unterstützt. Ich habe ihn darum zur Unterstützung gebracht und er hat die nöthige Unterstützung dabei nicht gefunden. Ich habe ihn deßhalb — meines Erachtens ganz der Geschäftsordnung gemäß — von der Abstimmung ausgeschlossen. Ist dagegen Widerspruch, so werde ich ihn unter die Abstimmung nachträglich mit aufnehmen. Als Herr Kohlparzer gestern erzählte, sein Antrag habe nachträglich Unterstützung gefunden, habe ich das Secretariat deßhalb befragt und die Antwort erhalten, daß von solcher Unterstützung dem Secretariat nichts bekannt sei. Als nicht unterstützt kann der Antrag auch nicht zur Abstimmung gebracht werden.

Kohlparzer: Ich bitte ... (Ruf nach Schluß) die Herren, die meine Anträge unterstützt haben, sind hier und können mir bezeugen, daß sie meinen Antrag unterstützt haben. Wenn beim Bureau ein Fehler geschieht, so kann dieß dem Abgeordneten nicht zum Nachtheil gereichen.

Präsident: Ich werde mir Ihre Entscheidung darüber erbitten müssen; ich bitte daher die Plätze einzunehmen, damit dieser vorläufige Scrupel erledigt wird. Ich bitte nochmals dringend die Herren, ihre Plätze einzunehmen; wir kommen ja sonst nicht aus der Stelle. Diejenigen Herren, welche wollen, daß ich den Antrag des Herrn Kohlparzer, — in Ansehung dessen Sie wissen, was die Unterstützungsfrage und den Unterstützungshergang anlangt, — in die Reihe der unterstützten Anträge aufnehmen soll, bitte ich, sich zu erheben. (Die Minderzahl erhebt sich.)

Wigard (vom Platze): Ich muß gegen diese Fragestellung sprechen!

Präsident: Der Antrag ist abgelehnt. Dagegen ist ein anderer Antrag des Herrn Kohlparzer unter Nr. 43 der gedruckten Verbesserungsanträge vorhanden, den ich ausdrücklich zur Abstimmung für heute vorbehalten habe, des Inhalts:

> „Da heute mein Antrag: daß über § 14 unmittelbar nach § 1 verhandelt und abgestimmt werde, nicht zur Abstimmung gebracht worden ist, so trage ich darauf an: den § 14 sogleich nach Discussion über § 1 und 2 zur Discussion und Abstimmung zu bringen."

Der Wunsch des Herrn Kohlparzer geht also dahin, daß, bevor wir über § 1 und 2 abstimmen, über den § 14 discutirt und abgestimmt werde. Ich frage, ob dieser Antrag im Hause Unterstützung findet? Diejenigen Herren, die den eben verlesenen Antrag des Herrn Kohlparzer unterstützen wollen, bitte ich, aufzustehen. (Die hinreichende Anzahl erhebt sich.) Die Unterstützung ist hinreichend, ich bringe also den Antrag zur Abstimmung. Diejenigen Herren, die wollen, daß nach dem Antrage des Herrn Kohlparzer vor der Abstimmung über den § 1 und 2 des vorliegenden Entwurfs über § 14 desselben discutirt und abgestimmt werde, ersuche ich, sich zu erheben. (Die Minorität erhebt sich.) Der Antrag ist abgelehnt. — Wir gehen also zur Abstimmung über § 1 und 2 über. Das gedruckte Abstimmungs-Programm befindet sich in Ihren Händen.

(Die Redaction theilt dasselbe hier mit:

Vorschlag

zu einer Abstimmnngsordnung über Titel, Eingang, Art. I. § 1 und 2 des Entwurfs eines Reichswahlgesetzes, die dazu gestellten Minoritäts-Erachten und Verbesserungs-Anträge.

A. Titel.

1) Wernher von Nierstein und Genossen:

„Reichsgesetz über die Wahlen der Abgeordneten zum nächsten Volkshause."

2) Verfassungs-Ausschuß:

„Reichsgesetz über die Wahlen der Abgeordneten zum Volkshause."

B. Eingang.

1) Wernher von Nierstein und Genossen:

„Für die Wahlen der Abgeordneten zum nächsten Volkshause sollen folgende Bestimmungen gelten."

2) Verfassungs-Ausschuß:

„Für die Wahlen der Abgeordneten zum Volkshause sollen folgende Bestimmungen gelten."

C. Artikel I. § 1.

I. Zur activen Wahlfähigkeit erforderliches Alter.

1) Gritzner, Reinstein und Genossen (Nr. 2):

„Wähler ist jeder Deutsche, welcher das einundzwanzigste Lebensjahr zurückgelegt hat."

2) A. Wiesner und Genossen (Nr. 3):

„Wähler ist jeder volljährige Deutsche."

3) Verfassungs-Ausschuß § 1:

„Wähler ist jeder — — Deutsche, welcher das fünfundzwanzigste Lebensjahr zurückgelegt hat."

4) Schuler und Genossen (Nr. 45):

Ebenso.

5) Hofmann von Friedberg (Nr. 44):

Ebenso.

6) Minoritäts-Erachten zu § 1:

„Wähler ist jeder Deutsche, welcher das fünfundzwanzigste Lebensjahr zurückgelegt hat."

7) G. Beseler aus Greifswald:

Ebenso.

8) Biedermann und Genossen (Nr. 46):

Ebenso.

9) Huber und Genossen (Nr. 55):

„Wahlfähig ist jeder Deutsche, welcher das fünfundzwanzigste Lebensjahr zurückgelegt hat."

II. Zur activen Wahlfähigkeit erforderliches Requisit der Unbescholtenheit.

1) Lette und Genossen (Nr. 6):

„Wähler ist jeder unbescholtene Deutsche, welcher das ..... Lebensjahr zurückgelegt hat."

2) Verfassungs-Ausschuß § 1:

Ebenso.

3) Hofmann aus Friedberg (44):

Ebenso.

4) Huber (55):

„Wahlfähig ist jeder Deutsche, welcher das .... Lebensjahr zurückgelegt hat und in der freien Ausübung der bürgerlichen Rechte gesetzlich nicht gehindert ist."

III. Erforderniß der Selbstständigkeit.

1) Verfassungs-Ausschuß § 1:

„Wähler ist jeder selbstständige — Deutsche, welcher ꝛc.

2) Schuler und Genossen. (Nr. 45.) Alinea 1:

Ebenso.

D. Artikel I. § 2.

I. Eingang.

1) Lette und Genossen:

„Das Wahlrecht ruht bei denjenigen, welche ꝛc.“

2) Heisterbergk und Roßmäßler:

„Ausgenommen von der Stimmberechtigung sind:“

3) Minoritäts-Erachten I. § 2:

„Von der Berechtigung zum Wählen sind ausgeschlossen:“

4) Verfassungs-Ausschuß:

„Als nicht selbstständig, also von der Berechtigung zum Wählen ausgeschlossen, sollen angesehen werden:“

II. Ausschließung von dem Wahlrecht wegen Vormundschaft und Curatel.

1) Heisterbergk und Roßmäßler (Nr. 41):

„Personen, welche wegen Geisteskrankheit unter Curatel stehen.“

2) Schuler und Genossen (Nr. 51):

„Personen, welche unter Curatel stehen.“

3) Verfassungs-Ausschuß:

„Personen, welche unter Vormundschaft oder Curatel stehen.“

4) Minoritäts-Erachten I:

Ebenso.

5) Wigard und Genossen (Nr. 50):

Ebenso.

III. Ausschließung von dem Wahlrecht wegen Concurs- und Fallitverfahren.

1) Lette und Genossen (Nr. 18):

„(Personen), über deren Vermögen ein Concurs- oder Fallitverfahren gerichtlich eröffnet ist.“

2) Verfassungs-Ausschuß:

„(Personen), über deren Vermögen Concurs- oder Fallitzustand gerichtlich eröffnet worden ist, und zwar (letztere) während der Dauer dieses Concurs- oder Fallitverfahrens.“

3) Minoritäts-Erachten I:

Ebenso.

4) Schuler und Genossen (51):

Ebenso.

5) G. Beseler:

Ebenso.

IV. Ausschließung von dem Wahlrecht wegen Empfangs von Armenunterstützung aus öffentlichen Mitteln.

1) Schuler und Genossen (Nr. 51):

„Personen, welche eine Armenunterstützung aus öffentlichen oder Gemeinde-Mitteln beziehen, oder im letzten der Wahl vorhergegangenen Jahre bezogen haben.“

2) Verfassungs-Ausschuß:

„Personen, welche eine Armenunterstützung aus öffentlichen Mitteln beziehen, oder im letzten der Wahl vorhergegangenen Jahre bezogen haben.“

3) Lette und Genossen (Nr. 18):

Wie 2.

4) G. Beseler:

Wie 2.

5) Nägele und Genossen (Nr. 52):

„Personen, welche eine ständige Armenunterstützung aus öffentlichen Mitteln beziehen oder im letzten der Wahl vorhergegangenen Jahre bezogen haben.“

6) Minoritäts-Erachten I:

„Personen, welche eine ständige Armenunterstützung aus öffentlichen Mitteln beziehen, oder eine solche noch in den letzten der Wahl vorhergegangenen drei Monaten bezogen haben.“

7) Eventueller Zusatz von Reinstein und Genossen (Nr. 13):

„Ebenso Personen, welche Pensionen oder Gratificationen aus öffentlichen Mitteln beziehen, oder im letzten der Wahl vorhergegangenen Jahre bezogen haben.“

V. Ausschließung der Dienstboten vom Wahlrechte.

1) Verfassungs-Ausschuß.

„Dienstboten.“

2) Eventueller Zusatz von Heubner und Genossen (Nr. 16):

„Dienstboten sind stimmberechtigt, wenn sie Gemeindebürger, oder Meister sind, oder Grundbesitz haben, oder eigenen Haushalt führen.“

3) Eventueller Zusatz des Minoritätsantrages Nr. IV:

„Dienstboten sind stimmberechtigt, wenn sie in einer Gemeinde Bürger sind, oder Grundbesitz haben.“

4) Schuler und Genossen (Nr. 45):

„Dienstboten üben das Wahlrecht dann aus, wenn sie ein Grundstück oder Haus eigenthümlich besitzen, oder ein Grundstück auf wenigstens drei Jahre gepachtet haben.“

5) Gfrörer und Genossen (Nr. 54):

„Als nicht selbstständig, also von der Berechtigung zum Wählen ausgeschlossen, sollen angesehen werden: solche Dienstboten, die

1) nicht seit wenigstens einem Jahr vor der Wahl in der Ehe lebten, oder zur Zeit der Wahl durch den Tod ihrer Gattinnen verwittwet sind, oder
2) die kein Grundeigenthum (Haus, Garten, Acker, Wiese, Wald, Waide) besitzen, oder endlich
3) die nicht zum mindesten zwei Monate vor der Wahl hundert Gulden oder darüber in eine öffentliche Sparkasse gelegt haben.“

VI. Ausschließung der Handwerksgehülfen und Fabrikarbeiter vom Wahlrechte.

1) Verfassungsausschuß.

„Handwerksgehülfen und Fabrikarbeiter.“

2) Eventueller Zusatz von Heubner und Genossen (Nr. 16):

„Handwerksgehülfen und Fabrikarbeiter sind stimmberechtigt, wenn sie Gemeindebürger, oder Meister sind, oder Grundbesitz haben, oder eigenen Haushalt führen.“

3) Eventueller Zusatz des Minoritäts-Antrages Nr. IV:

„Handwerksgehülfen und Fabrikarbeiter sind stimmberechtigt, wenn sie in einer Gemeinde Bürger sind oder Grundbesitz haben.“

4) Schuler und Genossen (Nr. 45):

„Handwerksgehülfen und Fabrikarbeiter üben das Wahlrecht dann aus, wenn sie ein Grundstück oder Haus eigenthümlich besitzen, oder ein Grundstück auf wenigstens drei Jahre gepachtet haben."

5) Minoritätserachten III:

„Handwerksgehülfen und Fabrikarbeiter, mit Ausnahme derjenigen, welche Gemeindebürger sind, oder Grundbesitz, oder eigenen Haushalt haben."

6) Gfrörer und Genossen (Nr. 54):

„Als nicht selbstständig, also von der Berechtigung zum Wählen ausgeschlossen, sollen angesehen werden solche Handwerksgehülfen und Fabrikarbeiter, die

1) nicht seit wenigstens einem Jahr vor der Wahl in der Ehe lebten, oder zur Zeit der Wahl durch den Tod ihrer Gattinnen verwittwet sind, oder
2) die kein Grundeigenthum (Haus, Garten, Acker, Wiese, Wald, Waide) besitzen oder endlich
3) die nicht zum mindesten zwei Monate vor der Wahl hundert Gulden oder darüber in eine öffentliche Sparcasse gelegt haben.

VII. Ausschließung der Tagelöhner von dem Wahlrecht.

1) Verfassungs-Ausschuß:

„Taglöhner."

2) Eventueller Zusatz von Heubner und Genossen (Nr. 16):

„Tagelöhner sind stimmberechtigt, wenn sie Gemeindebürger oder Meister sind, oder Grundbesitz haben, oder eignen Haushalt führen."

3) Eventueller Zusatz des Minoritäts-Antrages Nr. IV:

„Tagelöhner sind stimmberechtigt, wenn sie in einer Gemeinde Bürger sind, oder Grundbesitz haben."

4) Schuler und Genossen (Nr. 45):

„Tagelöhner üben das Wahlrecht dann aus, wenn sie ein Grundstück oder Haus eigenthümlich besitzen, oder ein Grundstück auf wenigstens drei Jahre gepachtet haben."

5) Gfrörer und Genossen (Nr. 54):

„Als nicht selbstständig, also von der Berechtigung zum Wählen ausgeschlossen, sollen angesehen werden solche Tagelöhner, die

1) nicht seit wenigstens einem Jahr vor der Wahl in der Ehe lebten, oder zur Zeit der Wahl durch den Tod ihrer Gattinnen verwittwet sind, oder
2) die kein Grundeigenthum (Haus, Garten, Acker, Wiese, Wald, Waide) besitzen, oder endlich
3) die nicht mindestens zwei Monate vor der Wahl hundert Gulden oder darüber in eine öffentliche Sparkasse gelegt haben."

E. Anträge,

darauf gerichtet, die Vorschläge unter 3—5 in § 2 des Entwurfs des Verfassungs-Ausschusses durch anderweite Bestimmungen zu ersetzen.

1) G. Beseler aus Greifswald:

„§ 1. Wähler ist jeder Deutsche, welcher
1) das fünfundzwanzigste Lebensjahr zurückgelegt hat und
2) mindestens entweder
a) 5 fl. 15 kr. rh. (3 Thlr. preuß.) directe Steuern jährlich an den Staat entrichtet, oder
b) ein jährliches Einkommen von 350 fl. rhein. (200 Thlr. preuß.) oder
c) ein Grundeigenthum zum Werthe von 350 fl. rhein. (200 Thlr. preuß.) hat.

Welche Steuern als directe gelten sollen, wie das Einkommen nachzuweisen und wie der Werth des Grundeigenthums festzustellen ist, bleibt der Bestimmung der Einzelstaaten überlassen."

2) Höften. Unteramendement zu dem vorstehenden Antrage:

„Punkt 2 möge heißen:
2) entweder:
a) irgend einen directen Steuerbetrag entrichtet, oder
b) ein jährliches Einkommen von 200 fl. rhein. oder
c) ein Grundeigenthum zum Werthe von 50 fl. rhein. hat."

3) Biedermann und Genossen (Nro. 46):

* Unter Hinwegfall der Punkte unter 3, 4, 5 in § 2 möge § 1 so lauten:

„Wähler ist jeder Deutsche, welcher
1) das 25. Lebensjahr zurückgelegt hat;
2) entweder:
a) einen eigenen Hausstand hat und ein volles Jahr lang unmittelbar vor der Wahl zu Gemeindelasten beigetragen oder da, wo es noch keine Gemeindeverbände gibt, irgend eine directe Steuer entrichtet hat; oder
b) ein Einkommen von 350 fl. (200 Rthlr.) nachzuweisen vermag."

4) Hofmann aus Friedberg (Nr. 44):

„Wähler ist jeder selbstständige unbescholtene Deutsche, der das 25. Lebensjahr zurückgelegt hat und entweder Grundbesitz oder eigenen Haushalt hat, oder Gemeindebürger oder endlich Staats-, Kirchen- oder Gemeindediener ist."

5) Lette und Genossen (Nr. 18):

„§ 2 a. Das Wahlrecht ruht bei denjenigen, welche
a) unter Curatel ꝛc.

§ 2 b. Alle Uebrigen üben das Wahlrecht theils unmittelbar, theils mittelbar durch Wahlmänner aus.

§ 2 c. Zur unmittelbaren Ausübung sind diejenigen befugt, welche jährlich drei Thaler oder fünf Gulden fünfzehn Kreuzer an directen Staatssteuern entrichten oder ein jährliches Einkommen von 200 Thaler oder 350 Gulden haben.

§ 2 d. Diejenigen, welche einen geringeren Betrag von directen Staatssteuern entrichten, beziehungsweise ein geringeres Einkommen haben, üben das Wahlrecht durch Wahlmänner aus, welche sie gemeinde- oder bezirksweise nach absoluter Stimmenmehrheit aus ihrer Mitte ernennen.

§ 2 e. Auf je zehn Urwähler wird ein Wahlmann ernannt."

6) v. Selchow und Genossen:

Statt § 2 e des vorstehenden Antrags:

„Die Anzahl der zu ernennenden Wahlmänner ergibt sich aus dem Verhältniß des Gesammtsteuerbetrages der Minderbesteuerten zu dem Steuerbetrage der Höherbesteuerten.")

Präsident: Bevor wir zur Abstimmung übergehen, zeige ich an, daß folgende Verbesserungsanträge von den betreffenden Antragstellern zurückgenommen worden sind; ich bitte, dieselben aus der Reihe der Anträge streichen zu wollen. Erstens bei dem Titel....

Wernher von Nierstein: Wir ziehen unseren Vorschlag zum „Titel" und zum ersten Satze unter dem Vorbehalte zurück, das Factische desselben vor jener Abstimmung, die über das ganze Gesetz vorbehalten ist, wieder einbringen zu können.

Präsident: Also bei der heutigen Abstimmung fällt die Nr. 1 bei dem Buchstaben A und die Nr. 1 bei dem Buchstaben B weg.

Rösler (vom Platze): Dieser Vorbehalt geht nicht an, Herr Präsident, ich bitte ums Wort!

Präsident: Darüber kann ich jetzt das Wort nicht geben, da es keine Sache ist, die wir heute zur Entscheidung bringen können. — Weiter, meine Herren, ist der Antrag des Herren Heubner und Genossen zurückgenommen; in Folge dessen fällt weg: V 2, VI 2, VII 2. Drei Mal ist der eventuelle Zusatzantrag des Herrn Heubner und Genossen in das gedruckte Programm aufzunehmen gewesen; er fällt also auch drei Male weg. Endlich ist zurückgenommen der Antrag des Herrn Nägele und Genossen, IV 5. Dann wollte ich, meine Herren, über das Abstimmungsproject, dessen Gedanken sich im Uebrigen wohl von selbst ergeben wird, hinzufügen: ich nehme an, daß bei dem Buchstaben C, Art. I, § 1, zu welchem in den verschiedenen Anträgen als Requisite des activen Wahlrechts ein gewisses Alter, Unbescholtenheit, Selbstständigkeit, vorgeschlagen sind, erst eine Bestimmung von der Versammlung getroffen werden muß über das zur activen Wahlfähigkeit erforderliche Alter, vorbehaltlich der Abstimmung über Nr. II. und III desselben Buchstaben C. — Bei den übrigen Artikeln und Nummern wird es sich wohl von selbst ergeben, welche Anträge die andern ausschließen, und welche der späteren Zusätze zu den früheren noch angenommen werden können. Ueber die Fragestellung hat zuvörderst Herr v. Linde das Wort verlangt. (Stimmen auf der Linken und im linken Centrum: Oh, oh! Unruhe in der Versammlung.)

Linde von Mainz: Meine Herren! Beruhigen sie sich, denn ich werde mich über die Fragestellung sehr kurz aussprechen, weil ich nur die Erklärung abzugeben habe, daß es mir nach der Lage der Sache, wie die proponirte Disposition des Gesetzes und der einzelnen Amendements in der Reihenfolge auch aufeinander gestellt werden mögen, doch rein unmöglich ist, eine Abstimmung hier abzugeben, weil alle diese Propositionen des Gesetzes, sowie der einzelnen Amendements auf einer Voraussetzung beruhen, die weder ausdrücklich noch überhaupt nach dem Geschäftsgang dieser Versammlung jetzt noch vor der heutigen Abstimmung anerkannt wird; denn die Frage ist, ob das directe oder indirecte Wahlsystem zu Grunde gelegt werden soll. Allen diesen Propositionen liegt stillschweigend die eine oder die andere Ansicht zum Grunde, weil dieß aber bloß stillschweigend angenommen ist, so versteht sich von selbst, daß Niemand folgerichtig jetzt die einzelnen Propositionen annehmen oder verwerfen kann, wenn er nicht stillschweigend von dem einen oder anderen Princip ausgeht. (Unruhe in der Versammlung.) Ich will Sie bloß auf dieß Eine aufmerksam machen, daß, wie Sie jetzt die Abstimmung vornehmen mögen, das Resultat sein wird, daß Jemand z. B. in das Staatenhaus gewählt werden kann, der nicht befähigt ist, in das Volkshaus gewählt zu werden, und der Grund der Möglichkeit eines so wunderlichen Resultats liegt darin: daß man hier das ganze Gesetz mit den früher beschlossenen Verfassungsangelegenheiten nicht in Uebereinstimmung gebracht und erwogen hat, in wie weit es damit verfassungspolitisch harmonirt oder nicht.

Präsident: Herr v. Linde, Sie verlassen die Frage, um derentwillen ich Ihnen das Wort gegeben habe. Sie geben den Herren eine Information, wie sie zu stimmen haben, das ist aber Sache der Mitglieder.

v. Linde: Da ich mich zu den §§ 1 und 2 gemeldet, und mir zu keinem dieser Paragraphen das Wort gegeben wurde, so muß ich . . . (Große Unruhe. Vielfacher Ruf nach Schluß.)

Präsident: Ich muß Ihnen, wenn Sie nicht über die Reihenfolge der Fragen sprechen wollen, das Wort entziehen.

v. Linde: Bei der Abstimmung über ein Gesetz, wo die Frage verhandelt wird, wer wahlfähig ist, wer seine politische Ansicht durch die Wahl auszusprechen befugt sein soll, ist es meine Absicht als Abgeordneter eines Wahlbezirks mit einigen Worten wenigstens den Grund anzugeben, warum es mir nicht möglich ist . . . (Unruhe und Stimmen: Das gehört nicht hieher!)

Präsident: Ich bitte, meine Herren, überlassen Sie mir, den Redner innerhalb des Gebiets zu halten, in dem er sich zu bewegen hat. Herr v. Linde, wenn Sie mir gesagt hätten, daß Sie dafür das Wort verlangen, was Sie eben auseinandersetzen, so würde ich Sie ersucht haben, das am Ende der Abstimmung durch eine protokollarische Erklärung zu thun; ich bitte, wenn Sie weiter das Wort haben wollen, über die Reihenfolge der Fragen zu sprechen, oder mir zu erlauben, daß ich diejenigen Herren zum Worte zulasse, die darüber in der That reden wollen.

v. Linde: Dann werde ich bloß den Antrag stellen, vor allen diesen proponirten Fragen das Princip, was allein leitend sein kann, an die Spitze zu stellen. Wenn das nach dem Geschäftsgang nicht möglich ist, so werde ich mich der Abstimmung in dieser Angelegenheit enthalten.

Präsident: Ich will hierauf, bevor ich Herrn Waitz das Wort gebe, nur erwidern, daß es einerseits weder mir zustand, noch der Versammlung beliebt hat, die von dem Ausschusse vorgeschlagene Reihe der Paragraphen und Materien in dem Sinne abzuändern, daß der § 14 vor dem § 1 zur Erörterung kam; wäre das aber auch geschehen, so hätte Herr v. Linde dieselbe Bemerkung eben so gut dort machen können; denn wer sich für directe oder indirecte Wahlen erklären soll, behält sich für die weitere Abstimmung immer noch vor, zu bestimmen, wen er wählen lassen will, wen nicht. — Ich glaube deßhalb, daß das Monitum des Herrn v. Linde bei der Reihenfolge der Fragen gar nicht berücksichtigt werden darf.

Waitz von Göttingen: Meine Herren! Wir Alle werden anerkennen, daß die Fragestellung und Abstimmung über diese beiden Paragraphen sehr schwierig ist, schwierig besonders deßhalb, weil die Anträge, welche zu § 1 und 2 gestellt sind, auf die mannigfaltigste Weise durcheinander greifen, weil außerdem hier nicht bloß einzelne Abweichungen vorkommen, sondern ganz verschiedene Systeme einander gegenübergestellt sind. Der Herr Präsident hat nun das Verfahren eingehalten, daß er die Systeme, die Anträge in ihre Theile zerlegt und auf diese Weise eine lange Reihenfolge verschiedenartiger Fragen aneinandergereiht hat. Meine Herren! Ich bin an und für sich hiermit nicht einverstanden, ich hätte sehr gewünscht, daß es möglich gewesen wäre, die Systeme in ihrer Totalität sich gegenüberzustellen und so zur Abstimmung zu bringen; denn ich bin der Ueberzeugung, daß nur auf dem Wege ordentlich eine gewissenhafte Abstimmung für den Einzelnen möglich gewesen wäre. Nachdem aber der Vorschlag, wie er uns vorliegt, gemacht ist, glaube ich, daß es zu großer Verwirrung Anlaß gäbe, wenn man zu dem entgegengesetzten Verfahren übergehen wollte. Deßhalb will ich nur ein paar Bemerkungen machen, die sich an das vorliegende System anschließen. Meine Herren! Der Hauptunterschied derjenigen Systeme, welche eine Beschränkung wollen, ist, ob der Begriff der Selbstständigkeit vorweg hingestellt, oder ein Census, oder irgend ein anderes Kriterium verlangt wird. Die Selbstständigkeit wird unter C. Nr. III zur Abstimmung gebracht. Wenn dieselbe angenommen werden sollte, dann, meine Herren, würden die Bedingungen unter D. V, VI und VII ebenso, wie die unter II, III und IV folgen. Wenn aber die Selbstständigkeit in diesem Hause verworfen wird, dann halte ich es für gar nicht möglich, daß nach der Intention des Verfassungsausschusses über V, VI und VII abgestimmt werde, denn die Dienstboten, Taglöhner, Fabrikarbeiter und Handwerksgehülfen sind von uns nur dem Begriffe der Unselbstständigkeit untergeordnet, und wenn Sie diesen primären Begriff gar nicht aufstellen wollen, so können diese Propositionen auch nicht zur Abstimmung kommen. So wie Sie den Begriff der Unselbstständigkeit fallen lassen, so bleibt nur übrig, die ganz entgegengesetzten Systeme, die einen Census, Haushalt rc. fordern, zur Abstimmung zu bringen, welche unter E von dem Herrn Präsidenten aufgezählt sind. Dieß über das System im Ganzen. Daran reihen sich einige besondere Bemerkungen. Nicht so, wie mit D V, VI und VII verhält es sich nicht mit II, III und IV, weil diese Vorschläge, die Ausschließung wegen Vormundschaft, Concurs und Armenunterstützung, auch in die anderen Anträge aufgenommen sind. Diese Verhältnisse beziehen sich nicht bloß auf die Begriffe der Unselbstständigkeit, sondern sind auch als besondere Gründe der Ausschließung angegeben worden; sie können darum mit E, womit sie im Zusammenhange stehen, zur Abstimmung gelangen. Dann hat der Herr Präsident in den meisten Rubriken das System befolgt, daß er von der größten Beschränkung des Wahlrechts ausgegangen ist und zu dem minderen herabgestiegen ist. Er ist sich aber nicht consequent geblieben. Es ist unter C das geringere Alter vorangestellt, während dasselbe Verfahren wie bei den anderen Anträgen eingehalten werden sollte. Wenn man das größere Einkommen zuerst zur Abstimmung bringt, so muß auch das höhere Alter zuerst zur Abstimmung kommen. Dasselbe ist auch früher geschehen, z. B. beim Staatenhaus, wo über die längere Zeit der Wahl zuerst abgestimmt wurde. Ich glaube daher, daß bei C 1 das 25ste Lebensjahr zuerst zur Abstimmung gebracht werden muß. Ebenso finde ich, daß die Anträge unter E nicht richtig rubricirt sind; es müßten sich folgen der Antrag von Beseler, Biedermann, Höfken. Ich glaube, daß eigentlich sogar Lette's Antrag eingeschaltet werden müßte, obschon man darüber zweifelhaft sein kann. Jedenfalls geht der Antrag von Höfken nicht so weit wie der Biedermann'sche, und wenn er ihn einen eventuellen Antrag genannt hat, so kann dieß den Ausschlag nicht geben.

Präsident: Hiergegen bemerke ich, die Ausnahmen von dem Wahlrecht, die der § 2 des Verfassungsausschusses unter Nr. 1 und 2 enthält: Vormundschaft, Curatel, Concurs, Fallitzustand, Armenunterstützung aus öffentlichen Mitteln, sind von dem Ausschuß ebenso, wie die Rubrik: „Dienstboten, Handwerksgehülfen, Tagelöhner und Fabrikarbeiter" als Exempel der Nicht-Selbstständigkeit vorgetragen; denn der § 2 beginnt mit den Worten: „Als nicht selbstständig, also von der Berechtigung zum Wählen ausgeschlossen, sollen angesehen werden". Ich kann also nicht zugeben, daß die Distinction des Herrn Waitz, die er jetzt zu dem §. 2 macht, gegründet sei.

Waitz: Darauf erwidere ich, das die anderen Nummern . . . (Große Unruhe.)

Präsident: Ich bitte um Ruhe, sonst kann ich den erhobenen Einwand selbst nicht vernehmen.

Waitz: Die Bestimmungen der ersten Nummer sind in andere Anträge aufgenommen als besondere Gründe der Ausschließung; sie müssen darum zur Abstimmung kommen, nicht weil der Verfassungsausschuß sie als Kriterien der Selbstständigkeit hingestellt hat. Wären sie nur auf diese Weise beantragt, so müßten auch diese wegfallen.

Präsident: Ich kann mich davon nicht überzeugen. Ich glaube nicht, daß die Bemerkung des Herrn Waitz richtig ist. Ist aber Streit darüber, so werde ich abstimmen lassen.— Was die Reihenfolge unter den einzelnen Buchstaben betrifft, und das deßhalb von Herrn Waitz erhobene Bedenken, so bleibt immerhin zwischen dem Alter und den übrigen Requisiten der activen Wahlfähigkeit der durchgreifende Unterschied bestehen, daß irgend ein Alter für die Wahlfähigkeit von Jedermann verlangt wird. Es muß darum meines Erachtens die Sache so regulirt werden, wie ich gethan habe. Der weitest gehende Antrag muß voran, das heißt das niedrigste Alter, und was die Anträge unter E. betrifft, so bescheide ich mich gern, daß man sie auch anders ordnen könnte, und daß es dafür verschiedene Gesichtspunkte geben mag. Ich habe den festgehalten, der mir als der richtige erschienen ist. Den Antrag des Herrn Höfken habe ich mir von dem des Herrn Beseler nicht zu trennen getraut, da Herr Höfken ihn selbst zu dem Beseler'schen gestellt hat. Wenn Sie mir also erlauben, so gehe ich mit der Abstimmung, nach meinem Project, vor. — Jetzt bitte ich die Herren, welche die namentliche Abstimmung vorbehalten haben, anzugeben, für welche Punkte Sie dieselbe verlangen.

Wigard von Dresden: Ich beantrage die namentliche Abstimmung einmal bei C für II, III, über sämmtliche Fragen, welche da vorkommen; ferner bei D für III, IV, V, VI u. VII; endlich beantrage ich die namentliche Abstimmung über sämmtliche Anträge unter E. Da ein Antrag den anderen ausschließt, so wird sich die Zahl der namentlichen Abstimmungen von selbst vermindern.

Präsident: Ich frage Herrn Schneer, ob er zu diesen Anträgen seinerseits noch etwas hinzuzufügen hat?

Schneer: Es sind bereits alle nöthigen Anträge gestellt; ich nehme sie auch für mich in Anspruch.

Präsident: Ich werde die Unterstützungsfrage wegen der namentlichen Abstimmung in jedem einzelnen Falle stellen. — Meine Herren, Herr Waitz verlangt, daß ich über seinen Antrag: „Es solle für den Fall, daß die Versammlung die Anträge unter C. III verwirft, damit die ganze Reihe der Anträge unter D. V, VI, u. VII für von selbst abgelehnt erachtet werden" abstimmen lasse. Diejenigen Herren, welche diesen Antrag des Herrn Waitz unterstützen wollen, bitte ich, sich zu erheben. (Es erhebt sich eine große Anzahl.) Der Antrag ist sehr ausreichend unterstützt! Ich will ihn zur Abstimmung bringen. Also, meine Herren, diejenigen unter Ihnen, die nach dem Antrage des Herrn Waitz wollen, daß wenn die Versammlung die Anträge unter C. III (Ueberschrift: „Erforderniß der Selbstständigkeit") ablehnen sollte, damit gleichzeitig alle Anträge unter D. V, Ausschließung der Dienstboten vom Wahlrecht; D. VI, Ausschließung der Handwerksgehülfen und Fabrikarbeiter vom Wahlrecht; D. VII, Ausschließung der Tagelöhner vom Wahlrecht, für abgelehnt erachtet werden sollen, bitte ich, sich zu erheben. (Viele Mitglieder auf allen Seiten erheben sich.) Der Antrag des Herrn Waitz ist angenommen! Wir gehen zur Abstimmung selbst über. Diejenigen Herren, welche dem vorliegenden Entwurfe, nach dem Antrage des Verfassungsausschusses den Titel:

> „Reichsgesetz über die Wahlen der Abgeordneten zum Volkshause"

und den Eingang:

> „Für die Wahlen der Abgeordneten zum Volkshause sollen folgende Bestimmungen gelten,"

geben wollen, belieben aufzustehen. (Die Majorität erhebt sich.) Die Anträge sind angenommen. — Ich gehe zum Buchstaben C, Artikel 1, § 1 über. Ich beginne mit dem Antrage der Herren Gritzner, Reinstein und Genossen:

> „Wähler ist jeder Deutsche, welcher das einundzwanzigste Lebensjahr zurückgelegt hat."

Diejenigen Herren, welche den Antrag des Herrn Gritzner, Reinstein und Genossen annehmen wollen, bitte ich, sich zu erheben. (Mitglieder auf der Linken erheben sich.) Der Antrag ist abgelehnt. — Zweiter Antrag von A. Wiesner und Genossen:

> „Wähler ist jeder volljährige Deutsche."

Diejenigen Herren, welche diesen Antrag annehmen wollen, ersuche ich, sich zu erheben. (Mitglieder auf der Linken erheben sich) Der Antrag ist abgelehnt. — Antrag des Verfassungsausschusses unter Vorbehalt fernerer Abstimmungen über die unter II und III aufgeführten Requisite des Wahlrechts. Diejenigen Herren, welche den Antrag des Verfassungsausschusses:

> „Wähler ist jeder — — Deutsche, welcher das fünfundzwanzigste Lebensjahr zurückgelegt hat,"

vorbehaltlich fernerer Abstimmungen über die Requisite der Unbescholtenheit und Selbstständigkeit, annehmen wollen, bitte ich, aufzustehen. (Mitglieder auf allen Seiten erheben sich.) Der Antrag ist angenommen und damit sind die Anträge 4--9 derselben Ziffer erledigt. — Zur Ziffer II hat Herr Wigard die namentliche Abstimmung beantragt. Diejenigen Herren, welche den Antrag des Herrn Wigard, daß über die Anträge unter II namentlich abgestimmt werde, unterstützen wollen, ersuche ich, aufzustehen. (Mitglieder auf der Linken erheben sich.) Der Antrag ist hinreichend unterstützt. Wir beginnen also mit der namentlichen Abstimmung über den Antrag des Herrn Lette und Genossen:

> „Wähler ist jeder unbescholtene Deutsche, welcher das 25. Lebensjahr zurückgelegt hat."

unter Vorbehalt fernerer Abstimmung über das Erforderniß der Selbstständigkeit unter Ziffer III. Diejenigen Herren, welche dem Antrage des Herrn Lette und Genossen: „Wähler ist jeder unbescholtene Deutsche, welcher das 25. Lebensjahr zurückgelegt hat", vorbehaltlich der ferneren Abstimmung über das unter Ziffer III aufgeführte Requisit der Selbstständigkeit, zustimmen wollen, werden bei dem Namensaufruf mit **Ja**, die, welche ihn verneinen wollen, mit **Nein** antworten.

Bei dem hierauf erfolgenden Namensaufruf antworteten mit **Ja**:

Achleitner aus Ried, v. Aichelburg aus Villach, Ambrosch aus Breslau, v. Amstetter aus Breslau, Anders aus Goldberg, Anz aus Marienwerder, Arndt aus Bonn, Arneth aus Wien, v. Bally aus Beuthen, Bassermann aus Mannheim, Becker aus Gotha, v. Beckerath aus Crefeld, Behncke aus Hannover, Bernhardi aus Cassel, Bock aus Preußisch-Minden, Böcler aus Schwerin, v. Boddien aus Pleß, v. Borries aus Carlhaus, v. Bothmer aus Carow, Braun aus Cöslin, Brescius aus Züllichau, Bürgers aus Cöln, Buß aus Freiburg, v. Buttel aus Oldenburg, Carl aus Berlin, Cornelius aus Braunsberg. Coronini-Cronberg (Graf) aus Görz, Cucumus aus München, Dahlmann aus Bonn, Deeke aus Lübeck, Deetz aus Wittenberg, Deiters aus Bonn, Detmold aus Hannover, Deym (Graf) aus Prag, Deymann aus Meppen, Dinstl aus Krems. Döllinger aus München, Dröge aus Bremen, Droysen aus Kiel. Dunker aus Halle, Ebmeier aus Paderborn, Eckart aus Lohr, Edel aus Würzburg, Edlauer aus Gratz, Egger aus Wien, Emmerling aus Darmstadt, v. Ende aus Waldenburg, Engel aus Culm, Esmarch aus Schleswig, Evertsbusch aus Altena, Falk aus Ottolangendorf Fallati aus Tübingen, Fischer (Gustav) aus Jena, v. Flottwell aus Münster, Francke (Karl) aus Rendsburg, Friederich aus Bamberg, Fritsch aus Ried, Fuchs aus Breslau, Fügerl aus Korneuburg, Gebhard aus Würzburg, v. Gersdorf aus Tuetz, Gevekoht aus Bremen, Gfrörer aus Freiburg, v. Giech (Graf) aus Thurnau, Giesebrecht aus Stettin, Glax aus Wien, Göbel aus Jägerndorf, Godeffroy aus Hamburg, Göden aus Krotoszyn, von der Goltz (Graf) aus Czarnikau, Gombart aus München, Graf aus München, Grävell aus Frankfurt a. d. O., Groß aus Leer, Grüel aus Burg, v. Grundner aus Ingolstadt, Gspan aus Innsbruck, Gülich aus Schleswig, Gysae (Wilhelm) aus Strehlow, Hahn aus Guttstatt, v. Hartmann aus Münster, Haubenschmied aus Passau, Hayden aus Dorff bei Schlierbach, Haym aus Halle, Heimbrod aus Sorau, von Hennig aus Dempowalonka, Hergenhahn aus Wiesbaden, Herzog aus Ebermannsstadt, Hoffmann aus Ludwigsburg, Hofmann aus Friedberg, Hollandt aus Braunschweig, Houben aus Meurs, Hugo aus Göttingen, Jacobi aus Hersfeld, Jahn aus Freiburg an der Unstrutt, Jordan aus Berlin, Jordan aus Gollnow, Jordan aus Frankfurt a. M., Kahlert aus Leobschütz, v. Keller (Graf) aus Erfurt, Kerst aus Birnbaum, v. Keudell aus Berlin, Knarr aus Steyermark, Kosmann aus Stettin, v. Kösteritz aus Elberfeld, Krafft aus Nürnberg, Kratz aus Wintershagen, Küntzel aus Wolka, Kutzen aus Breslau, Lammers aus Erlangen, Langerfeldt aus Wolfenbüttel, v. Lassaulx aus München, Laube aus Leipzig, Laudien aus Königsberg, Lette aus Berlin, Leverkus aus Lennep, Lienbacher aus Golbegg, Lodemann aus Lüneburg, Löw

aus Magdeburg, Löw aus Posen, v. Malt-
v. Maltzahn aus Küstrin, Mann aus Rostock, Marcks aus Duisburg, Marcus aus Bartenstein, Martens aus Danzig, v. Massow aus Carlsberg, Mathy aus Carlsruhe, Matthies aus Greifswald, Merck aus Hamburg, Metzke aus Sagan, Mevissen aus Cöln, Michelsen aus Jena, Mohl (Robert) aus Heidelberg, Münch aus Wetzlar, v. Nagel aus Oberviechtach, Naumann aus Frankfurt a. d. O., Nerreter aus Fraustadt, Neubauer aus Wien, Neumayr aus München, Nizze aus Stralsund, Nöthig aus Weißholz, Obermüller aus Passau, Oertel aus Mittelwalde, Ottow aus Labiau, Overweg aus Haus Ruhr, Paur aus Augsburg, Pfeuffer aus Landshut, Phillips aus München, Plehn aus Marienburg, Pözl aus München, Polatzek aus Weißkirch, Prinzinger aus St. Pölten, v. Quintus-Icilius aus Fallingbostel, v. Radowitz aus Rüthen, Rahm aus Stettin, Raffl aus Neustadtl in Böhmen, v. Raumer aus Berlin, v. Raumer aus Dinkelsbühl, Reichensperger aus Trier, Reitmayr aus Regensburg, Renger aus böhmisch Kamnitz, Richter aus Danzig, Riesser aus Hamburg, Rößler aus Wien, v. Rotenhan aus München, Rüder aus Oldenburg, Rümelin aus Nürtingen, v. Sänger aus Grabow, v. Saltzwedell aus Gumbinnen, v. Saucken-Tarputschen aus Angerburg, Schauß aus München, Scheller aus Frankfurt a. d. O., Schepp aus Wiesbaden, Schick aus Weißensee, Schierenberg aus Detmold, Schirmeister aus Insterburg, v. Schleussing aus Rastenburg, v. Schlotheim aus Wollstein, Schlüter aus Paderborn, von Schmerling aus Wien, Schneer aus Breslau, Scholten aus Ward, Scholz aus Neisse, Schrader aus Brandenburg, Schreiber aus Bielefeld, Schreiner aus Gratz (Steyermark), v. Schrenk aus München, v. Schrötter aus Preuß. Holland, Schubert (Friedrich Wilhelm) aus Königsberg, Schubert aus Würzburg, Schultze aus Potsdam, Schwarz aus Halle, Schwerin (Graf) aus Pommern, Schwetschke aus Halle, v. Selchow aus Rettkewitz, Sellmer aus Landsberg a. d. W., Siehr aus Gumbinnen, Simson aus Stargard, v. Soiron aus Mannheim, Sprengel aus Waren, Stahl aus Erlangen, Stenzel aus Breslau, Stieber aus Budissin, Sturm aus Sorau, Tannen aus Zilenzig, Tappehorn aus Oldenburg, Teichert aus Berlin, v. Thielau aus Braunschweig, Thöl aus Rostock, v. Treskow aus Grocholin, v. Unterrichter aus Klagenfurt, Veit aus Berlin, Versen aus Nieheim, Viebig aus Posen, Vogel aus Dillingen, Waitz aus Göttingen, Waldmann aus Heiligenstadt, Walter aus Neustadt, Weber aus Neuburg, v. Wedemeyer aus Schönrade, v. Wegnern aus Lyk, Welcker aus Aachen, Werner aus St. Pölten, Wernher aus Nierstein, Wichmann aus Stendal, Widenmann aus Düsseldorf, Wiebker aus Uckermünde, Wiest aus Tübingen, Winter aus Liebenburg, v. Wulffen aus Passau, v. Würth aus Wien, Zachariä aus Bernburg, Zachariä aus Göttingen, Zeltner a. Nürnberg, v. Zerzog aus Regensburg, Zöllner a. Chemnitz, Zum Sande a. Lingen.

Mit Nein antworteten:

Ahrens aus Salzgitter, Anderson aus Frankfurt a. d. O., Arndts aus München, Backhaus aus Jena, Becker aus Trier, Beidtel aus Brünn, Berger aus Wien, Biedermann aus Leipzig, Blumröder (Gustav) aus Kirchenlamitz, Böcking aus Trarbach, Boczek aus Mähren, Bonardy aus Greiz, Braun aus Bonn, Brentano aus Bruchsal, Bresgen aus Ahrweiler, v. Breuning aus Aachen, Breusing aus Osnabrück, Cetto aus Trier, Christmann aus Dürkheim, Claussen aus Kiel, Cnyrim aus Frankfurt a. M., Cramer aus Cöthen, Cropp aus Oldenburg, Damm aus Tauberbischoffsheim, Degenkolb aus Eilenburg, Demel aus Teschen, Dham aus Schmalenberg, v. Dieskau aus Plauen, Dietsch aus Annaberg, Drechsler aus Rostock, Eckert aus Bromberg, Ehrlich aus Murzynek, Eisenmann aus Nürnberg, Eisenstuck aus Chemnitz, Engel aus Pinneberg, Englmayr aus Enns (Oberösterreich), Esterle aus Cavalese, Fallmerayer aus München, Federer aus Stuttgart, Fehrenbach aus Säckingen, Fetzer aus Stuttgart, Förster aus Hünfeld, Freese aus Stargard, Frisch aus Stuttgart, Fritsche aus Roda, Fröbel aus Reuß, Geigel aus München, Gerlach aus Tilsit, Giskra aus Wien, v. Gladis aus Wohlau, Golz aus Brieg, Gravenhorst aus Lüneburg, Gritzner aus Wien, Groß aus Prag, Grubert aus Breslau, Grumbrecht aus Lüneburg, Günther aus Leipzig, Gulden aus Zweibrücken, Hagen (K.) aus Heidelberg, Haggenmüller aus Kempten, Hallbauer aus Meissen, Hartmann aus Leitmeritz, Haßler aus Ulm, Hedrich aus Prag, Hehner aus Wiesbaden, Heisterbergk aus Rochlitz, Heldmann aus Selters, Hensel aus Camenz, v. Hermann aus München, Heubner aus Zwickau, Heusner aus Saarlouis, Hildebrand aus Marburg, Hirschberg aus Sondershausen, Höften aus Hattingen, Hofer aus Pfarrkirchen, Hönniger aus Rudolstadt, Hoffbauer aus Nordhausen, Huber aus Linz, Huck aus Ulm, Jopp aus Enzersdorf, v. Itzstein aus Mannheim, Jucho aus Frankfurt am Main, Käfferlein aus Baireuth, Kagerbauer aus Linz, v. Kaiserfeld aus Birkfeld, Kamitsch aus Karlsberg, Kerer aus Innsbruck, Kirchgeßner aus Würzburg, Köhler aus Seehausen, Kohlparzer aus Neuhaus, Kollaczek aus österr. Schlesien, Kotschy aus Ustron in mähr. Schlesien, Kudlich aus Schloß Dietach, Künßberg aus Ansbach, v. Kürsinger (Ignatz) aus Salzburg, v. Kürsinger (Karl) aus Tamsweg, Kuhnt aus Bunzlau, Langbein aus Wurzen, Lichan aus Villach, Lausch aus Troppau, Levysohn aus Grünberg, Liebmann aus Perleberg, Lindner aus Seisenegg, Löschnigg aus Klagenfurt, Makowiczka aus Krakau, Mally aus Steyermark, Maly aus Wien, Mammen aus Plauen, Mareck aus Gratz (Steyermark), Marsilli aus Roveredo, Mayer aus Ottobeuern, Melly aus Wien, Mertel aus Kronach, Meyer aus Liegnitz, Metz aus Freiburg, Minkus aus Marienfeld, Mittermaier aus Heidelberg, Möller aus Reichenberg, Mölling aus Oldenburg, Mohl (Moritz) aus Stuttgart, Mohr aus Oberingelheim, v. Mühlfeld aus Wien,

Müller aus Würzburg, Mulley aus Weitenstein, Nagel aus Balingen, Nägele aus Murrhardt, Nauwerck aus Berlin, v. Neitschütz aus Königsberg, Neugebauer aus Luditz, v. Neuwall aus Brünn, Nicol aus Hannover, Ostendorf aus Soest, Pannier aus Zerbst, Paur aus Neisse, Pfahler aus Tettnang, Pfeiffer aus Adamsdorf, Pieringer aus Kremsmünster, Pinckert aus Zeitz, Plaß aus Stade, v. Pretis aus Hamburg, Quesar aus Prag, Rätt'g aus Potsdam, Rank aus Wien, Rapp aus Wien, v. Rappard aus Glambek, Raus aus Wolframitz, Raveaux aus Cöln, Reh aus Darmstadt, Reichard aus Speyer, Reinhard aus Boytzenburg, Reinstein aus Naumburg, Reisinger aus Freistadt, Reitter aus Prag, Rheinwald aus Bern, Riedl aus Gratz, Riegler aus mährisch Budwitz, Riehl aus Zwettl, Röben aus Dornum, Rödinger aus Stuttgart, Rösler aus Oels, Roßmäßler aus Tharand, Rühl aus Hanau, Schädler aus Baduz, Scharre aus Strehla, Schenk aus Dillenburg, Schlöffel aus Halbendorf, Schlutter aus Poris, Schmidt (Ernst Friedrich Franz) aus Löwenberg, Schmidt (Adolph) aus Berlin, Schmidt (Joseph) aus Linz, Schmitt aus Kaiserslautern, Schneider aus Wien, Schoder aus Stuttgart, Schorn aus Essen, Schott aus Stuttgart, Schüler aus Jena, Schuler aus Innsbruck, Schulz aus Darmstadt, Schütz aus Mainz, Schwarzenberg aus Cassel, Siemens aus Hannover, Simon (Heinrich) aus Breslau, Simon (Ludwig) aus Trier, v. Somaruga aus Wien, Spatz aus Frankenthal, Stark aus Krumau, Strache aus Rumburg, v. Stremayr aus Gratz, Stülz aus St. Florian, Tafel aus Stuttgart, Tafel (Franz) aus Zweibrücken, Tellkampf aus Breslau, Temme aus Münster, Titus aus Bamberg, Trabert aus Rausche, Trampusch aus Wien, v. Trützschler aus Dresden, Uhland aus Tübingen, Umbscheiden aus Dahn, Venedey aus Cöln, Vischer aus Tübingen, Vogel aus Guben, Vogt aus Gießen, Vonbun aus Feldkirch, Wazner aus Steyr, Weber aus Meran, Wedekind aus Bruchhausen, Weiß aus Salzburg, Weißenborn aus Eisenach, Welter aus Tünsdorf, Werner aus Oberkirch, Werthmüller aus Fulda, Wesendonck aus Düsseldorf, Wiesner aus Wien, Wigard aus Dresden, Wurm aus Hamburg, Wuttke aus Leipzig, Würth aus Sigmaringen, v. Wydenbrugk aus Weimar, Zell aus Trier, Ziegert aus Preuß. Minden, Zimmermann (Professor) aus Stuttgart, Zimmermann aus Spandow, Zitz aus Mainz.

Der Abstimmung enthielt sich:

v. Linde aus Mainz.

Abwesend waren:

A. mit Entschuldigung:

v. Andrian aus Wien, Archer aus Rein, Barth aus Kaufbeuren, Bauer aus Bamberg, Bauernschmid aus Wien, v. Beisler aus München, Benedict aus Wien, Beseler aus Greifswald, Beseler (H. W.) aus Schleswig, Blömer aus Aachen, Bogen aus Michelstadt, Bouvier (Cajetan) aus Steyermark, Briegleb aus Coburg, Brons aus Emden, Burkart aus Bamberg, Caspers aus Coblenz, Christ aus Bruchsal, Clemens aus Bonn, Culmann aus Zweibrücken, Czoernig aus Wien, Freudentheil aus Stade, v. Gagern aus Darmstadt, v. Gagern aus Wiesbaden, Gottschalk aus Schopfheim, Helbing aus Emmendingen, Herzig aus Wien, Hillebrand aus Pöls, Höchsmann aus Wien, Johannes aus Meiningen, Junghanns aus Mosbach, Junkmann aus Münster, Kaiser (Ignatz) aus Wien, v. Kalkstein aus Wogau, Koch aus Leipzig, Kolb aus Speyer, Kuenzer aus Constanz, Leue aus Cöln, Löwe (Wilhelm) aus Calbe, Müntzel aus Hildesheim, v. Mayfeld aus Wien, Müller aus Damm, Müller aus Sonnenberg, Neumann aus Wien, Osterrath aus Danzig, Pattai aus Steyermark, Peter aus Constanz Peyer aus Bruneck, Presting aus Memel, v. Reden aus Berlin, Reichenbach (Graf) aus Domeßko, Reindl aus Orth, Richter aus Achern, Röder aus Neustettin, Römer aus Stuttgart, Rothe aus Berlin, Sachs aus Mannheim, Schaffrath aus Neustadt, Schiedermayer aus Vöcklabruck, Schlörr aus der Oberpfalz, Schoenmaekers aus Beck, Schrott aus Wien, Schüler (Friedrich) aus Zweibrücken, Schultze aus Liebau, Sepp aus München, Simon (Max) aus Breslau, Stedmann aus Besselich, Stein aus Görz, Stockinger aus Frankenthal, Thinnes aus Eichstätt, Tomaschek aus Iglau, v. Vincke aus Hagen, Wernich aus Elbing, Wiethaus (J.) aus Gummersbach, Wippermann aus Cassel, Zittel aus Bahlingen.

B. ohne Entschuldigung:

Bergmüller aus Mauerkirchen, Boch-Buschmann aus Siebenbrunnen, Heckscher aus Hamburg, Jürgens aus Stadtoldendorf, Kierulff aus Rostock, Kleinschrod aus München, Mandrella aus Ujest, Martiny aus Friedland, v. Mayern aus Wien, v. Möring aus Wien, Munchen aus Luxemburg, Plathner aus Halberstadt, von Scherpenzeel aus Baarlo, Schulz (Friedrich) aus Weilburg, Servais aus Luxemburg, Stavenhagen aus Berlin, Strefflenr aus Wien, Waldburg-Zeil-Trauchburg (Fürst) aus Stuttgart, Welcker aus Frankfurt.

Präsident: Der Antrag des Herrn Lette und Genossen, „Wähler ist jeder unbescholtene Deutsche, welcher das 25. Lebensjahr zurückgelegt hat, ist mit 238 gegen 224 Stimmen angenommen. — Meine Herren! Die Herren Schriftführer geben mir noch eine nachträgliche Berichtigung. Das Stimmenverhältniß ist 237 gegen 224. — Wir gehen nun zur Nr. 3 über, zu dem Erforderniß der Selbstständigkeit. Auch für diese Nummer hat Herr Wigard die namentliche Abstimmung beantragt. Ich bitte diejenigen Herren, welche diesen Antrag unterstützen wollen, sich zu erheben. (Es erhebt sich die genügende Anzahl.) Es wird über den Antrag des Verfassungs-Ausschusses, welcher jetzt so lauten würde:

„Wähler ist jeder selbstständige, unbescholtene Deutsche, welcher das fünf und zwanzigste Lebensjahr zurückgelegt hat,"

durch Namensruf abgestimmt. Diejenigen Herren, welche zu dem angenommenen Satze: „Wähler ist jeder unbescholtene Deutsche, welcher das fünf und zwanzigste Lebensjahr zurückgelegt hat," nach dem Antrage des Verfassungs-Ausschusses noch das Wort „selbstständig" hinter dem Worte „jeder" aufgenommen wissen wollen, werden bei dem Aufruf ihres Namens mit „Ja," die den Zusatz nicht wollen, mit „Nein" antworten. Der Namensaufruf beginnt mit dem Buchstaben A.

Bei dem hierauf erfolgenden Namensaufruf antworteten mit Ja:

Ambrosch aus Breslau, Anz aus Marienwerder, Bassermann aus Mannheim, Behnke aus Hannover, Cucumus aus München, Engel aus Culm, Fuchs aus Breslau, Gebhard aus Würzburg, v. Grundner aus Ingolstadt, Gysae (Wilhelm) aus Strehlow, Hayden aus Dorff bei Schlierbach, Hofmann aus Friedberg, Houben aus Meurs, Lammers (Friedrich) aus Erlangen, v. Nagel aus Oberviechtach, v. Quintus-Icilius aus Fallingbostel, Scheller aus Frankfurt a. d. O., Schuler aus Innsbruck, Waitz aus Göttingen, Wiebker aus Uckermünde, v. Wulffen aus Passau.

Mit Nein antworteten:

Achleitner aus Ried, Ahrens aus Salzgitter, v. Aichelburg aus Villach, v. Amstetter aus Breslau, Anders aus Goldberg, Anderson aus Frankfurt an der Oder, Arndt aus Bonn, Arndts aus München, Arneth aus Wien, Backhaus aus Jena, v. Bally aus Beuthen, Becker aus Gotha, Becker aus Trier, v. Beckerath aus Crefeld, Beidtel aus Brünn, Berger aus Wien, Bernhardi aus Kassel, Biedermann aus Leipzig, Blumröder (Gustav) aus Kirchenlamitz, Bock aus Preußisch-Minden, Böcking aus Trarbach, Böcler aus Schwerin, Boczek aus Mähren, v. Boddien aus Pleß, Bonardy aus Greiz, v. Borries aus Carthaus, v. Bothmer aus Carow, Braun aus Bonn, Braun aus Cöslin, Brentano aus Bruchsal, Brescius aus Züllichau, Bresgen aus Ahrweiler, v. Breuning aus Aachen, Breusing aus Osnabrück, Bürgers aus Köln, Buß aus Freiburg im Breisgau, v. Buttel aus Oldenburg, Carl aus Berlin, Cetto aus Trier, Christmann aus Dürkheim, Claussen aus Kiel, Cnyrim aus Frankfurt am Main, Cramer aus Köthen, Cropp aus Oldenburg, Damm aus Tauberbischoffsheim, Deete aus Lübeck, Deetz aus Wittenberg, Degenkolb aus Eilenburg, Deiters aus Bonn, Demel aus Teschen, Detmold aus Hannover, Deymann aus Meppen, Dham aus Schmalenberg, v. Dieskau aus Plauen, Dietsch aus Annaberg, Dinstl aus Krems, Döllinger aus München, Drechsler aus Rostock, Dröge aus Bremen, Droysen aus Kiel, Duncker aus Halle, Eckart aus Lohr, Eckert aus Bromberg, Edel aus Würzburg, Edlauer aus Gratz, Ehrlich aus Murzynek, Eisenmann aus Nürnberg, Eisenstuck aus Chemnitz, Emmerling aus Darmstadt, v. Ende aus Waldenburg, Engel aus Pinneberg, Englmayr aus Enns (Oberösterreich), Esmarch aus Schleswig, Esterle aus Cavalese, Evertsbusch aus Altena, Falk aus Ottolangendorf, Fallati aus Tübingen, Fallmerayer aus München, Federer aus Stuttgart, Fehrenbach aus Säckingen, Fetzer aus Stuttgart, Fischer (Gustav) aus Jena, Flottwell aus Münster, Förster aus Hünfeld, Francke (Karl) aus Rendsburg, Freese aus Stargard, Friederich aus Bamberg, Frisch aus Stuttgart, Fritsch aus Ried, Fritzsche aus Roda, Fröbel aus Reuß, Fügerl aus Korneuburg, Geigel aus München, Gerlach aus Tilsit, v. Gersdorf aus Tuetz, Gevekoht aus Bremen, Gfrörer aus Freiburg, v. Giech (Graf) aus Thurnau, Giesebrecht aus Stettin, Giskra aus Wien, v. Gladis aus Wohlau, Glax aus Gumpendorf, Göbel aus Jägerndorf, Godeffroy aus Hamburg, Gödden aus Krotoszyn, Goltz aus Brieg, von der Goltz (Graf) aus Czarnikau, Gombart aus München, Graf aus München, Grävell aus Frankfurt an der Oder, Gravenhorst aus Lüneburg, Gritzner aus Wien, Groß aus Leer, Groß aus Prag, Grubert aus Breslau, Grüel aus Burg, Grumbrecht aus Lüneburg, Gspan aus Innsbruck, Gülich aus Schleswig, Günther aus Leipzig, Gulden aus Zweibrücken, Hagen (K.) aus Heidelberg, Haggenmüller aus Kempten, Hahn aus Guttstatt, Hallbauer aus Meißen, Hartmann aus Leitmeritz, v. Hartmann aus Münster, Haßler aus Ulm, Haubenschmied aus Passau, Haym aus Halle, Hedrich aus Prag, Hehner aus Wiesbaden, Heimbrod aus Sorau, Heisterbergk aus Rochlitz, Heldmann aus Selters, v. Hennig aus Dempowalonka, Hensel aus Camenz, Hergenhahn aus Wiesbaden, v. Hermann aus München, Herzog aus Ebermannstadt, Heubner aus Zwickau, Heusner aus Saarlouis, Hildebrand aus Marburg, Hirschberg aus Sondershausen, Höfken aus Hattingen, Hönniger aus Rudolstadt, Hofer aus Pfarrkirchen, Hoffbauer aus Nordhausen, Hoffmann aus Ludwigsburg, Hollandt aus Braunschweig, Huber aus Linz, Huck aus Ulm, Hugo aus Göttingen, Jacobi aus Hersfeld, Jahn aus Freiburg an der Unstrut, Jopp aus Enzersdorf, Jordan aus Berlin, Jordan aus Gollnow, Jordan aus Frankfurt am Main, v. Itzstein aus Mannheim, Jucho aus Frankfurt am Main, Käfferlein aus Baireuth, Kagerbauer aus Linz, Kahlert aus Leobschütz, v. Kaiserfeld aus Birkfeld, Kanitzsch aus Karlsberg, v. Keller (Graf) aus Erfurt, Kerer aus Innsbruck, Kerst aus Birnbaum, v. Keudell aus Berlin, Kierulff aus Rostock, Kirchgeßner aus Würzburg, Knarr aus Steyermark, Köhler aus Seehausen, Kohlparzer aus Neuhaus, Kollaczek aus Oesterreichisch-Schlesien, Kosmann aus Stettin, Kotschy aus Ustron in Mährisch-Schlesien, Krafft aus Nürnberg, Kratz aus Wintershagen, Kudlich aus Schloß Dietach, Künßberg aus Ansbach, Küntzel aus Wolka, v. Kürsinger (Ignatz) aus Salzburg, v. Kürsinger (Karl) aus Tamsweg, Kuhnt aus Bunzlau, Kutzen aus Breslau, Langbein aus Wurzen, Langerfeldt aus Wolfenbüttel, Laschan aus Villach, v. Lassaulx aus München, Laube aus Leipzig, Laudien aus Königsberg, Lausch aus Troppau, Lette aus Berlin, Leverkus aus Lennep, Levysohn aus Grünberg, Liebmann aus Perleberg, Lienbacher a. Goldegg, Lindner aus Seisenegg, Loremann aus Lüneburg, Löschnigg aus Klagenfurt, Löw aus Magdeburg, Löw a. Posen, Makowiczka aus Krakau, Mally aus Steyermark, Maly aus Wien, v. Maltzahn aus Küstrin, Mammen aus Plauen, Mann aus Rostock, Marcks aus Duisburg, Marcus aus Bartenstein, Mareck aus Gratz (Steyermark), Marsilli aus Roveredo, Martens aus Danzig, v. Massow aus Karlsberg, Mathy aus Karlsruhe, Matthies aus Greifswald, Mayer aus Ottobeuern, Merck aus Hamburg, Mertel aus Kronach, Meyer aus Liegnitz, Mez aus Freiburg, Minkus aus Marienfeld, Mittermaier aus Heidelberg, Möller aus Reichenberg, Mölling aus Oldenburg, v. Möring aus Wien, Mohl (Moriz) aus Stuttgart, Mohr aus Oberingelheim, v. Mühlfeld aus Wien, Müller aus Würzburg, Münch aus Wetzlar, Mulley aus Weitenstein, Nagel aus Bahlingen, Nägele aus Murrhardt, Naumann aus Frankfurt a. d. O., Nauwerck aus Berlin, v. Neitschütz aus Königsberg, Nerreter aus Fraustadt, Neubauer aus Wien, Neugebauer aus Luditz, Neumayr aus München, Nicol aus Hannover, Nizze aus Stralsund, Nöthig aus Weißholz, Obermüller aus Passau, Oertel aus Mittelwalde, Ostendorf aus Soest, Overweg aus Haus Ruhr, Pannier aus Zerbst, Paur aus Augsburg, Paur aus Neisse, Pfahler aus Tettnang, Pfeiffer aus Adamsdorf, Pfeuffer aus Landshut, Phillips aus München, Pieringer aus Kremsmünster, Pinckert aus Zeitz, Plaß aus Stade, Plathner aus Halberstadt, Plehn aus Marienburg, Pözl aus München, Polatzek aus Weißkirch, v. Pretis aus Hamburg, Prinzinger aus St. Pölten, Quesar aus Gratz, v. Radowitz aus Rüthen, Rättig aus Potsdam, Rank aus Wien, Rapp aus Wien, v. Rappard aus Glambek, Rassl aus Neustadl in Böhmen, v. Raumer aus Berlin, v. Raumer aus Dinkelsbühl, Raus aus Wolframitz, Raveaux aus Köln, Reh aus Darmstadt, Reichard aus Speyer, Reichensperger aus Trier, Reinhard aus Boytzenburg, Reinstein aus Naumburg, Reisinger aus Freistadt, Reitmayr aus Regensburg, Reitter aus Prag, Renger aus böhmisch Kamnitz, Rheinwald aus Bern, Richter aus Danzig, Riedl aus Gratz, Riegler aus mährisch Budwitz, Riehl aus Zwettl, Riesser aus Hamburg, Röben aus Dornum, Rödinger aus Stuttgart, Rösler aus Oels, Rößler aus Wien, Roßmäßler aus Tharand, v. Rotenhan aus München, Rüder aus Oldenburg, Rühl aus Hanau, Rümelin aus Nörtingen, Sachs aus Mannheim, v. Sänger aus Grabow, v. Saltzwedell aus Gumbinnen, v. Sauken-Tarputschen aus Angerburg, Schädler aus Vaduz, Scharre aus Strehla, Schauß aus München, Schenk aus Dillenburg, Schepp aus Wiesbaden, Schick aus Weißensee, Schierenberg aus Detmold, Schirmeister aus Insterburg, v. Schleussing aus Rastenburg, Schlöffel aus Halbendorf, v. Schlotheim aus Wollstein, Schlutter aus Poris, Schlüter aus Paderborn, Schmidt (Ernst Friedrich Franz) aus Löwenberg, Schmidt (Adolph) aus Berlin, Schmidt (Joseph) aus Linz, Schmitt aus Kaiserslautern, Schneer aus Breslau, Scholten aus Ward, Scholz aus Neisse, Schott aus Stuttgart, Schrader aus Brandenburg, Schreiber aus Bielefeld, Schreiner aus Gratz (Steyermark), v. Schrenk aus München, v. Schrötter aus Preußisch-Holland, Schubert (Friedrich Wilhelm) aus Königsberg, Schubert aus Würzbnrg, Schultze aus Potsdam, Schulz aus Darmstadt, Schütz aus Mainz, Schwarz aus Halle, Schwarzenberg aus Kassel, Schwerin (Graf) aus Preußen, Schwetschke aus Halle, v. Selchow aus Rettkewitz, Sellmer aus Landsberg a. d. W., Siehr aus Gumbinnen, Siemens aus Hannover, Simon (Heinrich) aus Breslau, Simon (Ludwig) aus Trier, Simson aus Stargard, v. Soiron aus Mannheim, v. Somaruga aus Wien, Spatz aus Frankenthal, Sprengel aus Waren, Stahl aus Erlangen, Stark aus Krumau, Stavenhagen aus Berlin, Stenzl aus Breslau, Stieber aus Budissin, Strache aus Rumburg, v. Stremayr aus Gratz, Stülz aus St. Florian, Sturm aus Sorau, Tafel aus Stuttgart, Tafel (Franz) aus Zweibrücken, Tannen aus Zielenzig, Teichert aus Berlin, Tellkampf aus Breslau, Temme aus Münster, v. Thielau aus Braunschweig, Thöl aus Rostock, Titus aus Bamberg, Trabert aus Rausche, v. Treskow aus Grocholin, v. Trützschler aus Dresden, Uhland aus Tübingen, Umbscheiden aus Klagenfurt, Veit aus Berlin, Venedey aus Köln, Versen aus Nieheim, Viebig aus Posen, Vischer aus Tübingen, Vogel aus Guben, Vogel aus Dillingen, Vogt aus Gießen, Vonbun aus Feldkirch, Wagner aus Steyr, Waldmann aus Heiligenstadt, Walter aus Neustadt, Weber aus Neuburg, Weber aus Meran, Wedekind aus Bruchhausen, v. Wedemeyer aus Schönrade, v. Wegnern aus Lyk, Weiß aus Salzburg, Weißenborn aus Eisenach, Welcker aus Aachen, Welter aus Tünsdorf, Werner aus St. Pölten, Wernher aus Nierstein, Werthmüller aus Fulda, Wesendonck aus Düsseldorf, Wichmann aus Stendal, Widenmann aus Düsseldorf, Wiesner aus Wien, Wiest aus Tübingen, Wigard aus Dresden, Wurm aus Hamburg, Würth aus Sigmaringen, v. Würth aus Wien, Wuttke aus Leipzig, v. Wydenbrugk aus Weimar, Zachariä aus Bernburg, Zachariä aus Göttingen, Zell aus Trier, Zeltner aus Nürnberg, v. Zerzog aus Regensburg, Ziegert aus Preußisch-Minden, Zimmermann aus Stuttgart, Zimmermann aus Spandow, Zitz aus Mainz, Zöllner aus Chemnitz, Zum Sande aus Lingen.

Der Abstimmung enthielt sich:

v. Linde aus Mainz.

Abwesend waren:

A. Mit Entschuldigung:

v. Andrian aus Wien, Archer aus Rein, Barth aus Kaufbeuren, Bauer aus Bamberg, Bauernschmid aus Wien, v. Beisler aus München, Benedict aus Wien, Bergmüller aus Mauerkirchen, Beseler aus Greifswald, Beseler (H. W.) aus Schleswig, Blömer aus Aachen, Bogen aus Michelstadt, Bonvier (Cajetan) aus Steyermark, Briegleb aus Koburg, Brons aus Emden, Burkart aus Bamberg, Caspers aus Koblenz, Christ aus Bruchsal, Clemens aus Bonn, Culmann aus Zweibrücken, Czörnig aus Wien, Freudentheil aus Stade, v. Gagern aus Darmstadt, v. Gagern aus Wiesbaden, Gottschalk aus Schopfheim, Helbing aus Emmendingen, Herzig aus Wien, Hillebrand aus Pöls, Höchsmann aus Wien, Johannes aus Meiningen, Junghanns aus Mosbach, Junkmann aus Münster, Kaiser (Ignatz) aus Wien, v. Kalkstein aus Wogau, Kleinschrod aus München, Koch aus Leipzig, Kolb aus Speyer, Kuenzer aus Konstanz, Leue (Friedrich) aus Köln, Löwe (Wilhelm) aus Calbe, Lüntzel aus Hildesheim. v. Mayfeld aus Wien, Mevissen aus Köln, Mohl (Robert) aus Heidelberg, Müller aus Damm, Müller aus Sonnenberg, Neumann aus Wien, v. Neuwall aus Brünn, Osterrath aus Danzig, Pattay aus Steyermark, Peter aus Konstanz, Petzer aus Bruneck, Presting aus Hamburg, v. Reden aus Berlin, Reichenbach (Graf) aus Domeżko, Reindl aus Orth, Richter aus Achern, Röder aus Neustettin, Römer aus Stuttgart, Rothe aus Berlin, Schaffrath aus Neustadt, Schiedermayer aus Vöcklabruck, Schlörr aus der Oberpfalz, v. Schmerling aus Wien, Schober aus Stuttgart, Schönmäckers aus Beck, Schrott aus Wien, Schüler (Friedrich) aus Zweibrücken, Schultze aus Liebau, Sepp aus München, Simon (Max) aus Breslau, Stedmann aus Besselich, Stein aus Görz, Stokinger aus Frankenthal, Thinnes aus Eichstätt, Tomaschek aus Iglau, v. Vincke aus Hagen, Welcker aus Heidelberg, Wernich aus Elbing, Wiethaus (J.) aus Gummersbach, Wippermann aus Kassel, Zittel aus Bahlingen.

B. Ohne Entschuldigung:

Boch-Buschmann aus Siebenbrunnen, Cornelius aus Braunsberg, Coronini-Cronberg (Graf) aus Görz, Dahlmann aus Bonn, Deym (Graf) aus Prag, Edmeier aus Paderborn, Egger aus Wien, Heckscher aus Hamburg, Jürgens aus Stadtoldendorf, v. Kösteritz (K. H.) aus Elberfeld, Martiny aus Friedland, v. Mayern aus Wien, Melly aus Wien, Metzke aus Sagan, Michelsen aus Jena, Munchen aus Luxemburg, Ottow aus Labiau, Rahm aus Stettin, v. Scherpenzeel aus Baarlo, Schneider aus Wien, Schorn aus Essen, Schüler aus Jena, Schulz (Friedrich) aus Weilburg, Servais aus Luxemburg, Streffleur aus Wien, Tappehorn aus Oldenburg, Trampusch aus Wien, v. Unterrichter aus Klagenfurt, Waldburg-Zeil-Trauchburg (Fürst) aus Stuttgart, Werner aus Oberkirch, Winter aus Liebenburg.

Präsident: Meine Herren! Der Antrag, in den angenommenen Satz: „Wähler ist jeder unbescholtene Deutsche, welcher das fünf und zwanzigste Lebensjahr zurückgelegt hat," das Wort „selbstständig" aufzunehmen, ist mit 422 gegen 21 Stimmen verworfen. (Heiterkeit.) Von diesen 21 Stimmenden erklärt Herr Hofmann von Friedberg zu Protocoll:

„Ich habe die gestellte Frage keineswegs in der Absicht, damit bestimmte Klassen der Bevölkerung auszuschließen, sondern nur in Beziehung auf Diejenigen bejaht, die unter Vormundschaft stehen, oder Armenunterstützung beziehen. — Mit dieser Erklärung verbinde ich den Antrag, nach Maßgabe der vorhergegangenen Abstimmung in meinem Verbesserungs-Antrage Nr. 44, sofern derselbe zur Abstimmung kommen sollte, das Wort „selbstständig" ausfallen zu lassen."

Hiermit ist die Ziffer III erledigt, und der § 1 also zunächst in folgender Fassung angenommen: „Wähler ist jeder unbescholtene Deutsche, welcher das fünf und zwanzigste Lebensjahr zurückgelegt hat." — Mit dieser Abstimmung sind nach Ihrem Beschlusse erledigt die Anträge unter D. V. VI und VII, und D. I. 4. — Sie haben also jetzt für den Eingang des § 2 noch die Wahl unter den drei Anträgen des Herrn Lette und Genossen, Heisterbergk und Roßmäßler, und des ersten Minoritäts-Erachtens zu § 2. Ich bringe diese jetzt durch Aufstehen und Sitzenbleiben zur Abstimmung. Ich beginne mit dem Antrage des Herrn Lette und Genossen, die den Eingang des § 2 so zu formuliren vorschlagen:

„Das Wahlrecht ruht bei Denjenigen, welche u. s. w."

Diejenigen Herren, die diesen von Herrn Lette und Genossen vorgeschlagenen Eingang des § 2: „Das Wahlrecht ruht bei Denjenigen, welche u. s. w." annehmen wollen, ersuche ich, sich zu erheben. (Mitglieder im Centrum und auf der Rechten erheben sich.) Der Antrag ist abgelehnt. — Ich gehe zu dem Antrage der Herren Heisterbergk und Roßmäßler über, dem gemäß der Eingang des Paragraphen heißen soll:

„Ausgenommen von der Stimmberechtigung sind:"

Diejenigen Herren, die den Eingang des Paragraphen nach dem Vorschlage der Herren Heisterbergk und Roßmäßler dahin formulirt wissen wollen: „Ausgenommen von der Stimmberechtigung sind," bitte ich, sich zu erheben. (Mitglieder auf der Linken erheben sich.) Auch dieser Antrag ist abgelehnt. — Das erste Minoritäts-Erachten zu § 2 schlägt vor:

„Von der Berechtigung zum Wählen sind ausgeschlossen."

Diejenigen Herren, die diesen Eingang annehmen wollen, bitte ich, aufzustehen. (Mitglieder auf allen Seiten erheben sich.) Dieser Eingang des Paragraphen ist angenommen. — Ich komme zu II. Ich bemerke, daß ich die Folgenreihe der Anträge unter 1 — 5 unter der Ueberschrift: „Ausgeschlossen sind Personen, welche unter Curatel stehen," dahin verstanden habe, daß diejenigen Herren, die dem ersten Antrage der Herren Heisterbergk und

Roßmäßler zustimmen, damit die übrigen vier ablehnen; Diejenigen, die dem zweiten Antrage zustimmen, die übrigen drei verwerfen. Darüber wird also kein Mißverständniß sein. — Diejenigen Herren, die nach dem Antrag der Herren Heisterbergk und Roßmäßler nach dem Eingange: „Von der Berechtigung zum Wählen sind ausgeschlossen,“ also fortfahren wollen:

„Personen, welche wegen Geisteskrankheit unter Curatel stehen,“

bitte ich, sich zu erheben. (Mitglieder auf der Linken erheben sich.) Der Antrag ist nicht angenommen. — Diejenigen Herren, welche nach dem angenommenen Eingang des § 2: „Von der Berechtigung zum Wählen sind ausgeschlossen,“ nach dem Antrage des Herrn Schuler und Genossen ortfahren wollen:

„Personen, welche unter Curatel stehen,“

bitte ich, aufzustehen. (Mitglieder auf der Linken und im linken Centrum erheben sich.) Auch dieser Antrag ist abgelehnt. — Diejenigen, die nach dem Antrag des Verfassungs-Ausschusses und des Minoritäts-Erachtens des Herrn Wigard und Genossen nach dem Eingange: „Von der Berechtigung zum Wählen sind ausgeschlossen,“ wollen folgen lassen:

„Personen, welche unter Vormundschaft oder Cutel stehen,“

bitte ich, sich zu erheben. (Mitglieder auf allen Seiten erheben sich.) Der Satz ist angenommen. — Bei III, meine Herren, Ueberschrift: „Ausschließung von dem Wahlrecht wegen Concurs- und Fallitverfahren,“ ist der Antrag unter 1) — von Herrn Lette und Genossen — eben zurückgenommen. Es bleibt also zur Abstimmung nur noch der gleichlautende Antrag des Verfassungs-Ausschusses, des Minoritäts-Erachtens, des Herrn Schuler und Genossen und des Herrn Georg Beseler. Diejenigen Herren, die zu dem angenommenen Anfange des Paragraphen: „Von der Berechtigung zum Wählen sind ausgeschlossen Personen, welche unter Vormundschaft oder Curatel stehen,“ nach dem Antrage des Verfassungs-Ausschusses und dem Minoritäts-Erachten, dem Antrage des Herrn Schuler und Genossen und des Herrn Georg Beseler hinzufügen wollen: „Personen, über deren Vermögen Concurs- oder Fallitzustand gerichtlich eröffnet worden ist.“ .. Ich werde eben darauf aufmerksam gemacht, daß auch hier die namentliche Abstimmung vorbehalten ist. (Stimmen: Oh! Oh!) Ich denke aber, Herr Wigard, das war ein Mißverständniß. (Wigard stimmt zu.) — Es bleibt bei der Abstimmung durch Aufstehen und Sitzenbleiben. Also ich wiederhole die Frage: Diejenigen Herren, welche dem Eingange: „Von der Berechtigung zum Wählen sind ausgeschlossen: 1) Personen, welche unter Vormundschaft oder Curatel stehen,“ hinzufügen wollen:

2) „Personen, über deren Vermögen Concurs- oder Fallitzustand gerichtlich eröffnet worden ist, und zwar während der Dauer dieses Concurs- oder Fallitverfahrens,“

bitte ich, sich zu erheben. (Mitglieder im Centrum und auf der Rechten erheben sich.) Der Antrag ist angenommen. — Zu Nr. IV war namentliche Abstimmung vorbehalten. Ich frage, ob der Antrag des Herrn Wigard unter Nr. IV, namentlich abstimmen zu lassen, unterstützt ist? (Die hinreichende Anzahl Mitglieder erhebt sich.) Der Antrag ist hinreichend unterstützt. Wir beginnen also mit dem Antrage des Herrn Schuler und Genossen, wonach zu den beiden angenommenen Sätzen als dritter kommen würde:

„Personen, welche eine Armenunterstützung aus öffentlichen Gemeindemitteln beziehen, oder im letzten der Wahl vorhergegangenen Jahre bezogen haben.“

Diejenigen Herren, die den Antrag des Herrn Schuler und Genossen annehmen wollen, bitte ich, bei dem Aufrufe ihres Namens mit Ja, Diejenigen, die ihn ablehnen wollen, mit Nein zu antworten. Der Namensaufruf beginnt mit dem Buchstaben D.

Bei dem hierauf erfolgenden Namensaufruf antworteten mit **Ja:**

Achleitner aus Ried, v. Aichelburg aus Villach, Ambrosch aus Breslau, v. Amstetter aus Breslau, Anders aus Goldberg, Arndt aus Bonn, Arndts aus München, Arneth aus Wien, Backhaus aus Jena, v. Bally aus Beuthen, Bassermann aus Mannheim, Becker aus Gotha, v. Beckerath aus Crefeld, Bernhardi aus Kassel, Beseler aus Greifswald, Biedermann aus Leipzig, Bock aus Preußisch-Minden, Böcler aus Schwerin, v. Boddien aus Pleß, Bonardy aus Greiz, v. Borries aus Carthaus, v. Bothmer aus Carow, Braun aus Bonn, Braun aus Cöslin, Brescius aus Züllichau, v. Breuning aus Aachen, Bürgers aus Köln, v. Buttel aus Oldenburg, Carl aus Berlin, Cetto aus Trier, Cnyrim aus Frankfurt a. M., Cornelius aus Braunsberg, Coronini-Cronberg (Graf) aus Görz, Cropp aus Oldenburg, Cucumus aus München, Dahlmann aus Bonn, Deeke aus Lübeck, Deetz aus Wittenberg, Degenkolb aus Eilenburg, Deiters aus Bonn, Detmold aus Hannover, Deymann aus Meppen, Dham aus Schmalenberg, Dinstl aus Krems, Döllinger aus München, Dröge aus Bremen, Droysen aus Kiel, Duncker aus Halle, Ebmeier aus Paderborn, Eckart aus Lohr, Edel aus Würzburg, Egger aus Wien, Ehrlich aus Murzynek, Emmerling aus Darmstadt, v. Ende aus Waldenburg, Engel aus Culm, Esmarch aus Schleswig, Evertsbusch aus Altena, Falk aus Ottolangendorf, Fallati aus Tübingen, Fischer (Gustav) aus Jena, Flottwell aus Münster, Francke (Karl) aus Rendsburg, Friederich aus Bamberg, Fritsch aus Ried, Fuchs aus Breslau, Fügerl aus Korneuburg, v. Gagern aus Darmstadt, Gebhardt aus Würzburg, v. Gersdorf aus Tuetz, Gevekoht aus Bremen, Gfrörer aus Freiburg, v. Giech (Graf) aus Thurnau, Giesebrecht aus Stettin, Glax aus Gumpendorf, Göbel aus Jägerndorf, Godeffroy aus Hamburg, Gödden aus Krotoszyn, von der Goltz (Graf) aus Czarnikau, Gombart aus München, Grävell aus Frankfurt a. d. O., Graf aus München, Gravenhorst aus Lüneburg, Groß aus Leer, Grüel aus Burg, Grumbrecht aus Lüneburg, v. Grundner aus Ingolstadt, Gysae (Wilhelm) aus Strehlow, Hahn aus Guttstatt, v. Hartmann aus

Münster, Haubenschmied aus Passau, Hayden aus Dorff bei Schlierbach, Haym aus Halle, Heimbrod aus Sorau, v. Hennig aus Dempowalonka, Hergenhahn aus Wiesbaden, v. Hermann aus München, Herzog aus Ebermannstadt, Hirschberg aus Sondershausen, Höfken aus Hattingen, Hofer aus Pfarrkirchen, Hoffmann aus Ludwigsburg, Hofmann aus Friedberg, Houben aus Meurs, Hugo aus Göttingen, Jacobi aus Hersfeld, Jahn aus Freiburg an der Unstrut, Jordan aus Berlin, Jordan aus Gollnow, Jordan aus Frankfurt a. M., Jucho aus Frankfurt a. M., Käfferlein aus Baireuth, Kahlert aus Leobschütz, v. Kaisersfeld aus Birkfeld, v. Keller (Graf) aus Erfurt, Kerer aus Innsbruck, v. Keudell aus Berlin, Kierulff aus Rostock, Knarr aus Steyermark, v. Kösteritz aus Elberfeld, Kosmann aus Stettin, Krafft aus Nürnberg, Kratz aus Wintershagen, Künßberg aus Ansbach, Küntzel aus Wolka, v. Kürsinger (Ignaz) aus Salzburg, v. Kürsinger (Karl) aus Tamsweg, Kutzen aus Breslau, Lammers aus Erlangen, Langerfeldt aus Wolfenbüttel, v. Lassaulx aus München, Laube aus Leipzig, Laudien aus Königsberg, Lette aus Berlin, Leverkus aus Lennep, Lienbacher aus Goldegg, Lodemann aus Lüneburg, Löw aus Magdeburg, Löw aus Posen, Mally aus Steyermark, Maly aus Wien, v. Maltzahn aus Küstrin, Mann aus Rostock, Marcks aus Duisburg, Marcus aus Bartenstein, Martens aus Danzig, v. Massow aus Karlsberg, Mathy aus Karlsruhe, Matthies aus Greifswald, Merck aus Hamburg, Metzke aus Sagan, Mevissen aus Köln, Michelsen aus Jena, Mittermaier aus Heidelberg, Mohl (Moriz) aus Stuttgart, Mohl (Robert) aus Heidelberg, Müller aus Würzburg, Münch aus Wetzlar, Naumann aus Frankfurt an der Oder, Nerreter aus Fraustadt, Neumayr aus München, Nizze aus Stralsund, Nöthig aus Weißholz, Obermüller aus Passau, Oertel aus Mittelwalde, Ostendorf aus Soest, Overweg aus Haus Ruhr, Pannier aus Zerbst, Paur aus Augsburg, Pieringer aus Kremsmünster, Plaß aus Stade, Plathner aus Halberstadt, Plehn aus Marienburg, Pötzl aus München, Prinzinger aus St. Pölten, Quesar aus Prag, v. Quintus-Icilius aus Fallingbostel, v. Radowitz aus Rüthen, Rahm aus Stettin, Rättig aus Potsdam, v. Raumer aus Berlin, v. Raumer aus Dinkelsbühl, Reichensperger aus Trier, Reitmayr aus Regensburg, Renger aus böhmisch Kamnitz, Richter aus Danzig, Riedl aus Gratz, Riegler aus mährisch Budwitz, Riesser aus Hamburg, v. Rotenhan aus München, Rüder aus Oldenburg, Rümelin aus Nürtingen, v. Saltzwedell aus Gumbinnen, v. Saucken-Tarputschen aus Angerburg, Schädler aus Vaduz, Schauß aus München, Scheller aus Frankfurt an der Oder, Schepp aus Wiesbaden, Schick aus Weißensee, Schierenberg aus Detmold, Schirmeister aus Insterburg, v. Schleussing aus Rastenburg, v. Schlotheim aus Wollstein, v. Schmerling aus Wien, Schmidt (Joseph) aus Linz, Scholten aus Ward, Scholz aus Neisse, Schorn aus Essen, Schrader aus Brandenburg, Schreiber aus Bielefeld, Schreiner aus Gratz (Steyermark), v. Schrenk aus München, v. Schrötter aus preuß. Holland, Schubert (Friedrich Wilhelm) aus Königsberg, Schuler aus Innsbruck, Schultze aus Potsdam, Schwarz aus Halle, Schwerin (Graf) aus Pommern, Schwetschke aus Halle, v. Selchow aus Rettkewitz, Sellmer aus Landsberg a. d. W., Siemens aus Hannover, Simson aus Stargard, v. Soiron aus Mannheim, Sprengel aus Waren, Stahl aus Erlangen, Stavenhagen aus Berlin, Stenzel aus Breslau, Stieber aus Budissin, Stülz aus St. Florian, Sturm aus Sorau, Tannen aus Zielenzig, Tappehorn aus Oldenburg, Teichert aus Berlin, Tellkampf aus Breslau, v. Thielau aus Braunschweig, Thöl aus Rostock, v. Treskow aus Grocholin, Veit aus Berlin, Versen aus Nieheim, Viebig aus Posen, Vogel aus Dillingen, Waitz aus Göttingen, Waldmann aus Heiligenstadt, Walter aus Neustadt, Wedekind aus Bruchhausen, v. Wedemeyer aus Schönrade, v. Wegnern aus Lyk, Wekbeker aus Aachen, Werner aus St. Pölten, Wernher aus Nierstein, Wichmann aus Stendal, Widenmann aus Düsseldorf, Wiebker aus Uckermünde, Winter aus Liebenburg, Wuttke aus Leipzig, v. Würth aus Wien, Zachariä aus Göttingen, Zeltner aus Nürnberg, v. Zerzog aus Regensburg, Zöllner aus Chemnitz, Zum Sande aus Lingen.

Mit Nein antworteten:

Anderson aus Frankfurt a. d. O., Becker aus Trier, Behnke aus Hannover, Beidtel aus Brünn, Berger aus Wien, Blumröder (Gustav) aus Kirchenlamitz, Böcking aus Trarbach, Boczek aus Mähren, Brentano aus Bruchsal, Bresgen aus Ahrweiler, Breusing aus Osnabrück, Christmann aus Dürkheim, Claussen aus Kiel, Cramer aus Köthen, Damm aus Tauberbischoffsheim, Demel aus Teschen, v. Dieskau aus Plauen, Dietsch aus Annaberg, Drechsler aus Rostock, Eckert aus Bromberg, Edlauer aus Gratz, Eisenmann aus Nürnberg, Eisenstuck aus Chemnitz, Engel aus Pinneberg, Englmayr aus Enns (Oberösterreich), Esterle aus Cavalese, Fallmerayer aus München, Federer aus Stuttgart, Fehrenbach aus Säckingen, Fetzer aus Stuttgart, Förster aus Hünfeld, Freese aus Stargard, Frisch aus Stuttgart, Fritzsche aus Roda, Fröbel aus Reuß, Geigel aus München, Gerlach aus Tilsit, Giskra aus Wien, v. Gladis aus Wohlau, Goltz aus Brieg, Gritzner aus Wien, Groß aus Prag, Grubert aus Breslau, Gspan aus Innsbruck, Gülich aus Schleswig, Günther aus Leipzig, Gulden aus Zweibrücken, Hagen (K.) aus Heidelberg, Haggenmüller aus Kempten, Hallbauer aus Meißen, Hartmann aus Leitmeritz, Haßler aus Ulm, Hedrich aus Prag, Hehner aus Wiesbaden, Heisterbergk aus Rochlitz, Heldmann aus Selters, Hensel aus Camenz, Heubner aus Zwickau, Heusner aus Saarlouis, Hönniger aus Rudolstadt, Hoffbauer aus Nordhausen, Hollandt aus Braunschweig, Huber aus Linz, Huck aus Ulm, Jopp aus Enzersdorf, v. Itzstein aus Mannheim,

Kagerbauer aus Linz, Kanitsch aus Karlsberg, Kirchgeßner aus Würzburg, Köhler aus Seehausen, Kollaczek aus Oesterr.-Schlesien, Kotschy aus Ustron in Mährisch-Schlesien, Kudlich aus Schloß Dietach, Kuhnt aus Bunzlau, Langbein aus Wurzen, Laschan aus Villach, Lausch aus Troppau, Levysohn aus Grünberg, Liebmann aus Perleberg, Lindner aus Seisenegg, Löschnigg aus Klagenfurt, Makowiczka aus Krakau, Mammen aus Plauen, Mareck aus Gratz (Steyermark), Marsilli aus Roveredo, Mayer aus Ottobeuern, Melly aus Wien, Mertel aus Kronach, Meyer aus Liegnitz, Mez aus Freiburg, Minkus aus Marienfeld, Möller aus Reichenberg, Mölling aus Oldenburg, Mohr aus Oberingelheim, v. Mühlfeld aus Wien, Mulley aus Weitenstein, Nagel aus Bahlingen, Nägele aus Murrhardt, Nauwerck aus Berlin, v. Neitschütz aus Königsberg, Neubauer aus Wien, Neugebauer aus Luditz, v. Neuwall aus Brünn, Nicol aus Hannover, Ottow aus Labiau, Paur aus Neisse, Pfahler aus Tettnang, Pfeiffer aus Adamsdorf, Pfeuffer aus Landshut, Pinckert aus Zeitz, Polatzek aus Weißkirch, v. Pretis aus Hamburg, Rank aus Wien, Rapp aus Wien, v. Rappard aus Glambek, Rassl aus Neustadtl in Böhmen, Raus aus Wolframitz, Raveaux aus Köln, Reichard aus Speyer, Reinhard aus Boytzenburg, Reinstein aus Naumburg, Reisinger aus Freistadt, Reitter aus Prag, Rheinwald aus Bern, Riehl aus Zwettl, Röben aus Dornum, Rödinger aus Stuttgart, Rösler aus Oels, Roßmäßler aus Tharand, Rühl aus Hanau, Sachs aus Mannheim, Scharre aus Strehla, Schenk aus Dillenburg, Schlöffel aus Halbendorf, Schlutter aus Poris, Schmidt (Ernst Friedrich Franz) aus Löwenberg, Schmidt (Adolph) aus Berlin, Schmitt aus Kaiserslautern, Schneider aus Wien, Schoder aus Stuttgart, Schott aus Stuttgart, Schubert aus Würzburg, Schüler aus Jena, Schulz aus Darmstadt, Schütz aus Mainz, Schwarzenberg aus Kassel, Simon (Heinrich) aus Breslau, Simon (Ludwig) aus Trier, v. Somaruga aus Wien, Spatz aus Frankenthal, Stark aus Krumau, Strache aus Rumburg, Tafel aus Stuttgart, Tafel (Franz) aus Zweibrücken, Temme aus Münster, Titus aus Bamberg, Trabert aus Rausche, Trampusch aus Wien, v. Trützschler aus Dresden, Uhland aus Tübingen, Umbscheiden aus Dahn, v. Unterrichter aus Klagenfurt, Venedey aus Köln, Vischer aus Tübingen, Vogel aus Guben, Vogt aus Gießen, Vonbun aus Feldkirch, Wagner aus Steyr, Weber aus Neuburg, Weiß aus Salzburg, Weißenborn aus Eisenach, Welter aus Tünsdorf, Werner aus Oberkirch, Werthmüller aus Fulda, Wiesner aus Wien, Wiest aus Tübingen, Wigard aus Dresden, Würth auk Sigmaringen, v. Wydenbrugk aus Weimar, Zachariä aus Bernburg, Zell aus Trier, Ziegert aus preuß. Minden, Zimmermann aus Stuttgart, Zimmermann aus Spandow, Zitz aus Mainz.

Der Abstimmung enthielten sich:

Kohlparzer aus Neuhaus, v. Linde aus Mainz.

Abwesend waren:

A. Mit Entschuldigung:

v. Andrian aus Wien, Archer aus Rein, Barth aus Kaufbeuern, Bauer aus Bamberg, Bauernschmid aus Wien, v. Beisler aus München, Benedict aus Wien, Bergmüller aus Mauerkirchen, Beseler (H. W.) aus Schleswig, Blömer aus Aachen, Bogen aus Michelstadt, Bouvier (Cajetan) aus Steyermark, Briegleb aus Koburg, Brons aus Emden, Burkart aus Bamberg, Caspers aus Koblenz, Christ aus Bruchsal, Clemens aus Bonn, Culmann aus Zweibrücken, Czoernig aus Wien, Freudentheil aus Stade, v. Gagern aus Wiesbaden, Gottschalk aus Schopfheim, Heckscher aus Hamburg, Helbing aus Emmendingen, Herzig aus Wien, Hillebrand aus Pöls, Höchsmann aus Wien, Johannes aus Meiningen, Junghanns aus Mosbach, Junkmann aus Münster, Kaiser (Ignaz) aus Wien, v. Kalkstein aus Wogau, Kerst aus Birnbaum, Kleinschrod aus München, Koch aus Leipzig, Kolb aus Speyer, Kuenzer aus Konstanz, Leue aus Köln, Löwe (Wilhelm) aus Calbe, Lüntzel aus Hildesheim, v. Mayfeld aus Wien, v. Möring aus Wien, Müller aus Damm, Müller aus Sonnenberg, Neumann aus Wien, Osterrath aus Danzig, Pattay aus Steyermark, Peter auk Constanz, Petzer aus Bruneck, Presting aus Memel, v. Reden aus Berlin, Reh aus Darmstadt, Reichenbach (Graf) aus Dometzko, Reindl aus Orth, Richter aus Achern, Röder aus Neustettin, Römer aus Stuttgart, Rothe aus Berlin, Schaffrath aus Neustadt, Schiedermayer aus Vöcklabruck, Schlörr aus der Oberpfalz, Schneer aus Breslau, Schönmäckers aus Beck, Schrott aus Wien, Schüler (Friedrich) aus Zweibrücken, Schultze aus Liebau, Sepp aus München, Simon (Max) aus Breslau, Stedmann aus Besselich, Stein aus Görz, Stokinger aus Frankenthal, Thinnes aus Eichstätt, Tomaschek aus Iglau, v. Vincke aus Hagen, Welcker aus Heidelberg, Wernich aus Elbing, Wiethaus (J.) aus Gummersbach, Wippermann aus Kassel, Zittel aus Bahlingen.

B. Ohne Entschuldigung:

Ahrens aus Salzgitter, Anz aus Marienwerder, Boch-Buschmann aus Siebenbrunnen, Buß aus Freiburg i. Br., Deym (Graf) aus Prag, Hildebrand aus Marburg. Jürgens aus Stadtoldendorf, Martiny aus Friedland, v. Mayern aus Wien, Munchen aus Luxemburg, v. Nagel aus Oberviechtach, Phillips aus München, v. Sänger aus Grabow, v. Scherpenzeel aus Baarlo, Schlüter aus Paderborn, Schulz (Friedrich) aus Weilburg, Servais aus Luxemburg, Siehr aus Gumbinnen, Streffleur aus Wien, v. Stremayr aus Gratz, Waldburg-Zeil-Trauchburg (Fürst) aus Stuttgart, Weber aus Meran, Wesendonck aus Düsseldorf, v. Wulffen aus Passau, Wurm aus Hamburg.

Präsident: Meine Herren! Der Satz des Herrn Schuler und Genossen ist mit 266 gegen 186 Stimmen angenommen. Es bleibt also aus dieser Rubrik IV noch Nr. 7 zur Abstimmung übrig, nämlich der eventuelle Zusatz von Reinstein und Genossen. (Zuruf: Nr. 6!) Die sechste Nummer ist erledigt; sie kann nicht mehr zur Abstimmung kommen. Nach dem Antrage des Herrn Reinstein und Genossen soll zu dem eben beschlossenen Satze hinzugefügt werden:

> „Ebenso Personen, welche Pensionen oder Gratificationen aus öffentlichen Mitteln beziehen, oder im letzten der Wahl vorhergegangenen Jahre bezogen haben."

Auch für diesen Satz ist namentliche Abstimmung beantragt. (Stimmen auf vielen Seiten: Zurücknehmen! Wigard [vom Platze]: Ich nehme ihn zurück!) Der Antragsteller, Herr Wigard, nimmt soeben diesen Antrag zurück, es wird daher durch Aufstehen und Sitzenbleiben abgestimmt werden. Ich ersuche diejenigen Herren, welche jenem Satze Nr. 7 unter IV. beistimmen, sich zu erheben. (Mitglieder auf der Linken erheben sich.) Er ist nicht angenommen. — Wir gehen zu den Anträgen unter E über. Der § 1, zu welchem der erste unter E von Herrn Beseler gestellte Antrag ein Additament enthält, ist, wie Sie sich erinnern, in den Worten angenommen: „Wähler ist jeder unbescholtene Deutsche, welcher das fünf und zwanzigste Lebensjahr zurückgelegt hat." Hiernach beschränkt sich der Beseler'sche Antrag jetzt darauf, hinzuzusetzen:

> „und mindestens entweder
> a) 5 fl. 15 kr. rh. (3 Thlr. preuß.) directe Steuern jährlich an den Staat entrichtet, oder
> b) ein jährliches Einkommen von 350 fl. rhein. (200 Thlr. preuß.), oder
> c) ein Grundeigenthum zum Werthe von 350 fl. rhein. (200 Thlr. preuß.) hat.
>
> Welche Steuern als directe gelten sollen, wie das Einkommen nachzuweisen, und wie der Werth des Grundeigenthums festzustellen sei, bleibt der Bestimmung der Einzelstaten überlassen."

Auch über diesen Zusatz ist die namentliche Abstimmung beantragt. (Viele Stimmen: Oh! Unterstützt?) Der Antrag ist hinreichend unterstützt. Diejenigen Herren, welche zu den bereits angenommenen Bestimmungen den eben verlesenen Zusatz des Herrn Beseler annehmen wollen, ersuche ich, bei dem Aufrufe ihres Namens mit „Ja," die dieß nicht wollen, mit „Nein" zu antworten.

Bei dem hierauf erfolgenden Namensaufruf antworteten mit Ja:

Ambrosch aus Breslau, v. Amstetter aus Breslau, Arndt aus Bonn, Arndts aus München, v. Bally aus Beuthen, Bassermann aus Mannheim, v. Beckerath aus Crefeld, Bernhardi aus Kassel, Beseler aus Greifswald, Böcler aus Schwerin, v. Boddien aus Pleß, Braun aus Cöslin, v. Breuning aus Aachen, Bürgers aus Köln, Carl aus Berlin, Dahlmann aus Bonn, Deetz aus Wittenberg, Detmold aus Hannover, Droysen aus Kiel, Duncker aus Halle, Ebmeier aus Paderborn, Eckart aus Lohr, v. Ende aus Waldenburg, Engel aus Culm, Esmarch aus Schleswig, Falk aus Ottolangendorf, Fischer (Gustav) aus Jena, Flottwell aus Münster, Francke (Karl) aus Rendsburg, Friederich aus Bamberg, Fuchs aus Breslau, v. Gagern aus Darmstadt, v. Gersdorf aus Tuetz, Gevekoht aus Bremen, v. Giech (Graf) aus Thurnau, von der Goltz (Graf) aus Czarnikau, Gombart aus München, Graf aus München, Grävell aus Frankfurt an der Oder, v. Grundner aus Ingolstadt, Gysae (Wilhelm) aus Strehlow, v. Hartmann aus Münster, Haubenschmied aus Passau, Haym aus Halle, Heimbrod aus Sorau, Hergenhahn aus Wiesbaden, Herzog aus Ebermannstadt, Houben aus Meurs, Hugo aus Göttingen, v. Keudell aus Berlin, Kosmann aus Stettin, Kratz aus Wintershagen, Küntzel aus Wolka, Kutzen aus Breslau, Langerfeldt (Gustav) aus Wolfenbüttel, Laube (Heinrich) aus Leipzig, Martens aus Danzig, v. Maßow aus Karlsberg, Mathy aus Karlsruhe, Matthies aus Greifswald, Metzke aus Sagan, Mevissen aus Köln, Michelsen aus Jena, Müller aus Würzburg, Münch aus Wetzlar, Naumann aus Frankfurt a. d. O., Neumayr aus München, Nizze aus Stralsund, Obermüller aus Passau, Oertel aus Mittelwalde, Overweg aus Haus Ruhr, Plehn aus Marienburg, v. Radowitz aus Rüthen, Rahm aus Stettin, v. Raumer aus Berlin, v. Raumer aus Dinkelsbühl, v. Rotenhan aus München, Rümelin aus Nürtingen, v. Sänger aus Grabow, v. Saucken-Tarputschen aus Angerburg, Schauß aus München, Scheller aus Frankfurt a. d. O., Schepp aus Wiesbaden, Schick aus Weißensee, v. Schleussing (Franz) aus Rastenburg, Schneer aus Breslau, Scholten aus Ward, Schrader aus Brandenburg, Schreiber aus Bielefeld, v. Schrenk aus München, v. Schrötter aus Preußisch-Holland, Schubert (Friedrich Wilhelm) aus Königsberg, Schultze aus Potsdam, Schwarz aus Halle, Schwerin (Graf) aus Pommern, Schwetschke aus Halle, v. Selchow aus Rettkewitz, Siehr aus Gumbinnen, Simson aus Stargard, v. Soiron aus Mannheim, Stahl aus Erlangen, Stülz aus St. Florian, Sturm aus Sorau, Tannen aus Zielenzig, Teichert aus Berlin, v. Thielau aus Braunschweig, v. Treskow aus Grocholin, v. Unterrichter aus Klagenfurt, Waitz aus Göttingen, Waldmann aus Heiligenstadt, v. Wedemeyer aus Schönrade, v. Wegnern aus Lyk, Wernher aus Nierstein, Widenmann aus Düsseldorf, v. Wulffen aus Passau, v. Zerzog aus Regensburg.

Mit Nein antworteten:

Achleitner aus Ried, Ahrens aus Salzgitter, v. Aichelburg aus Villach, Anderson (Ferdinand) aus Frankfurt an der Oder, Anz aus Marienwerder, Arneth aus Wien, Backhaus aus Jena, Becker aus Gotha, Becker aus Trier, Behnke aus Hannover, Beidtel aus Brünn, Berger aus Wien, Biedermann aus Leipzig, Blumröder (Gustav) aus Kirchenlamitz, Bock aus Preußisch-Minden, Böcking aus Trarbach, Boczek aus Mähren, Bonardy aus Greiz, v. Borries aus Carthaus, Braun aus Bonn, Brentano aus

Bruchsal, Brescius aus Züllichau, Bresgen aus Ahrweiler, Breusing aus Osnabrück, Buß aus Freiburg im Breisgau, v. Buttel aus Oldenburg, Christmann aus Dürkheim, Claussen aus Kiel, Cnyrim aus Frankfurt am Main, Coronini-Cronberg (Graf) aus Görz, Cramer aus Cöthen, Cropp aus Oldenburg, Cucumus aus München, Damm aus Tauberbischoffsheim, Deeke aus Lübeck, Degenkolb aus Eilenburg, Deiters aus Bonn, Demel aus Teschen, Deymann aus Meppen, Dham aus Schmalenberg, v. Dieskau au. Plauen, Dietsch aus Annaberg, Dinstl aus Krems, Döllinger aus München, Drechsler aus Rostock, Dröge aus Bremen, Eckert aus Bromberg, Edel aus Würzburg, Edlauer aus Gratz, Egger aus Wien, Ehrlich aus Murzynek, Eisenmann aus Nürnberg, Eisenstuck aus Chemnitz, Engel aus Pinneberg, Englmayr aus Enns (Oberösterreich), Esterle aus Cavalese, Evertsbusch aus Altena, Fallati aus Tübingen, Fallmerayer aus München, Federer aus Stuttgart, Fehrenbach aus Säckingen, Fetzer aus Stuttgart, Förster aus Hünfeld, Freese aus Stargard, Frisch aus Stuttgart, Fritsch aus Ried, Fritzsche aus Roda, Fröbel aus Reuß, Fügerl aus Korneuburg, Gebhard aus Würzburg, Geigel aus München, Gerlach aus Tilsit, Gfrörer aus Freiburg, Giesebrecht aus Stettin, Giskra aus Wien, v. Gladis aus Wohlau, Glax aus Gumpendorf, Göbel aus Jägerndorf, Godeffroy aus Hamburg, Göden aus Krotoszyn, Goltz aus Brieg, Gravenhorst aus Lüneburg, Gritzner aus Wien, Groß aus Leer, Groß aus Prag, Grubert aus Breslau, Grüel aus Burg, Grumbrecht aus Lüneburg, Gspan aus Innsbruck, Gülich aus Schleswig, Günther aus Leipzig, Gulden aus Zweibrücken, Hagen (K.) aus Heidelberg, Haggenmüller aus Kempten, Hahn aus Guttstatt, Hallbauer aus Meißen, Hartmann aus Leitmeritz, Haßler aus Ulm, Hedrich aus Prag, Hehner aus Wiesbaden, Heisterbergk aus Rochlitz, Heldmann aus Selters, v. Hennig aus Dempowalonka, Hensel aus Camenz, v. Hermann aus München, Heubner aus Zwickau, Heusner aus Saarlouis, Hildebrand aus Marburg, Hirschberg aus Sondershausen, Höfken aus Hattingen, Hönniger aus Rudolstadt, Hofer aus Pfarrkirchen, Hoffbauer aus Nordhausen, Hoffmann aus Ludwigsburg, Hofmann aus Friedberg, Hollandt aus Braunschweig, Huber aus Linz, Huck aus Ulm, Jacobi aus Hersfeld, Jahn aus Freiburg an der Unstrut, Jopp aus Enzersdorf, Jordan aus Berlin, Jordan aus Gollnow, Jordan aus Frankfurt am Main, v. Itzstein aus Mannheim, Jucho aus Frankfurt am Main, Käfferlein aus Baireuth, Kagerbauer aus Linz, Kahlert aus Leobschütz, v. Kaisersfeld aus Birkfeld, Kanitsch aus Karlsberg, Kerer aus Innsbruck, Kerst aus Birnbaum, Kierulff aus Rostock, Kirchgeßner aus Würzburg, Knarr aus Steyermark, Köhler aus Seehausen, Kohlparzer aus Neuhaus, Kollaczek aus österreichisch Schlesien; v. Kösteritz aus Elberfeld, Kotschy aus Ustron in Mährisch-Schlesien, Krafft aus Nürnberg, Kudlich aus Schloß Dietach, Künßberg aus Ansbach, v. Kürsinger (Ignatz) aus Salzburg, v. Kürsinger (Karl) aus Tamsweg, Kuhnt aus Bunzlau, Lammers aus Erlangen, Langbein aus Wurzen, Läschan aus Villach, v. Lassaulx aus München, Laudien aus Königsberg, Lausch aus Troppau, Leverkus aus Lennep, Levysohn aus Grünberg, Liebmann aus Perleberg, Lienbacher aus Goldegg, Lindner aus Seisenegg, Lodemann aus Lüneburg, Löschnigg aus Klagenfurt, Löw aus Magdeburg, Löw (Hermann) aus Posen, Makowiezka aus Krakau, Mally aus Steyermark, Maly aus Wien, v. Maltzahn aus Küstrin, Mammen aus Plauen, Mann aus Rostock, Marcks aus Duisburg, Marcus aus Bartenstein, Mareck aus Gratz (Steyermark), Marsilli aus Roveredo, Mayer aus Ottobeuern, Melly aus Wien, Merck aus Hamburg, Mertel aus Kronach, Meyer aus Liegnitz, Mez aus Freiburg, Minkus aus Marienfeld, Mittermaier aus Heidelberg, Möller aus aus Reichenberg, Mölling aus Oldenburg, v. Möring aus Wien, Mohl (Moriz) aus Stuttgart, Mohl (Robert) aus Heidelberg, Mohr aus Ober-Ingelheim, v. Mühlfeld aus Wien, Mulley aus Weitenstein, v. Nagel aus Oberviechtach, Nagel aus Bahlingen, Nägele aus Murrhardt, Nauwerck aus Berlin, v. Neitschütz aus Königsberg, Nerreter aus Fraustadt, Neubauer aus Wien, Neugebauer aus Luditz, v. Neuwall aus Brünn, Nicol aus Hannover, Nöthig aus Weißholz, Ostendorf aus Soest, Ottow aus Labiau, Pannier aus Zerbst, Paur aus Augsburg, Paur aus Neisse, Pfahler aus Tettnang, Pfeiffer aus Adamsdorf, Pfeuffer aus Landshut, Phillips aus München, Pieringer aus Kremsmünster, Pinckert aus Zeitz, Plaß aus Stade, Pözl aus München, Polatzek aus Weißkirch. v. Pretis aus Hamburg. Quesar aus Gratz, v. Quintus-Icilius aus Fallingbostel, Rättig aus Potsdam, Rank aus Wien, Rapp aus Wien, v. Rappard aus Glambek, Rassl aus Neustadtl in Böhmen, Raus aus Wolframitz, Raveaux aus Köln, Reh aus Darmstadt, Reichard aus Speyer, Reichensperger aus Trier, Reinhard aus Boytzenburg, Reinstein aus Naumburg, Reisinger aus Freistadt, Reitmayr aus Regensburg, Reitter aus Prag, Renger aus böhmisch Kamnitz, Rheinwald aus Bern, Richter aus Danzig, Riedl aus Gratz, Riegler aus mährisch Budwitz, Riehl aus Zwettl, Riesser aus Hamburg, Röben aus Dornum, Rödinger aus Stuttgart, Rösler aus Oels, Rößler aus Wien, Roßmäßler aus Tharand, Rühl aus Hanau, Sachs aus Mannheim, v. Saltzwedell aus Gumbinnen, Schädler aus Vaduz, Scharre aus Strehla, Schenk aus Dillenburg, Schierenberg aus Detmold, Schlöffel aus Halbendorf, Schlutter aus Poris, Schmidt (Ernst Friedrich Franz) aus Löwenberg, Schmidt (Adolph) aus Berlin, Schmidt (Joseph) aus Linz, Schmitt aus Kaiserslautern, Schneider aus Wien, Schoder aus Stuttgart, Scholz aus Neisse, Schorn aus Essen, Schott aus Stuttgart, Schreiner aus Gratz (Steyermark), Schubert aus Würzburg, Schüler aus Jena, Schuler aus Innsbruck, Schulz aus Darmstadt, Schütz aus Mainz, Schwarzenberg aus Kassel, Sellmer aus Landsberg a. d. W., Siemens aus Hannover,

Simon (Heinrich) aus Breslau, Simon (Ludwig) aus Trier, v. Somaruga aus Wien, Spatz aus Frankenthal, Sprengel aus Waren, Stark aus Kruman, Stenzel aus Breslau, Stieber aus Budissin, Strache aus Rumburg, v. Stremayr aus Gratz, Tafel aus Stuttgart, Tafel (Franz) aus Zweibrücken, Tappehorn aus Oldenburg, Tellkampf aus Breslau, Temme aus Münster, Thöl aus Rostock, Titus aus Bamberg, Trabert aus Rausche, Trampusch aus Wien, v. Trützschler aus Dresden, Uhland aus Tübingen, Umbscheiden aus Dahn, Veit aus Berlin, Venedey aus Köln, Versen aus Nieheim, Viebig aus Posen, Vischer aus Tübingen, Vogel aus Guben, Vogel aus Dillingen, Vogt aus Gießen, Vonbun aus Feldkirch, Wagner aus Steyr, Walter aus Neustadt, Weber aus Neuburg, Weber aus Meran, Wedekind aus Bruchhausen, Weiß aus Salzburg, Weißenborn aus Eisenach, Welter aus Tünsdorf, Werner aus Oberkirch, Werner aus St. Pölten, Werthmüller aus Fulda, Wesendonck aus Düsseldorf, Wichmann aus Stendal, Wiebker aus Uckermünde, Wiesner aus Wien, Wiest aus Tübingen, Wigard aus Dresden, Winter aus Liebenburg, Wurm aus Hamburg, Wuttke aus Leipzig, Würth aus Sigmaringen, v. Würth aus Wien, v. Wydenbrugk aus Weimar, Zachariä aus Bernburg, Zell aus Trier, Zeltner aus Nürnberg, Ziegert aus Preußisch-Minden, Zimmermann aus Stuttgart, Zimmermann aus Spandow, Zitz aus Mainz, Zum Sande aus Lingen.

Der Abstimmung enthielten sich:

v. Keller (Graf) aus Erfurt, Schirmeister aus Insterburg.

Abwesend waren:

A. Mit Entschuldigung:

v. Andrian aus Wien, Archer aus Rein, Barth aus Kaufbeuern, Bauer aus Bamberg, Bauernschmid aus Wien, v. Beisler aus München, Benedict aus Wien, Bergmüller aus Mauerkirchen, Beseler (W. H.) aus Schleswig, Blömer aus Aachen, Bogen aus Michelstadt, Bouvier (Cajetan) aus Steyermark, Briegleb aus Koburg, Brons aus Emden, Burkart aus Bamberg, Caspers aus Koblenz, Christ aus Bruchsal, Clemens aus Bonn, Culmann aus Zweibrücken, Czörnig aus Wien, Freudentheil aus Stade, v. Gagern aus Wiesbaden, Gottschalk aus Schopfheim, Heckscher aus Hamburg, Helbing aus Emmendingen, Hillebrand aus Pöls, Höchsmann aus Wien, Johannes aus Meiningen, Junghanns aus Mosbach, Junkmann aus Münster, Kaiser (Ignatz) aus Wien, v. Kalkstein aus Wogau, Kleinschrod aus München, Koch aus Leipzig, Kolb aus Speyer, Kuenzer aus Konstanz, Leue aus Köln, Löwe aus Calbe, Lüntzel aus Hildesheim, v. Mayfeld aus Wien, Müller aus Damm, Müller aus Sonnenberg, Neumann aus Wien, Osterrath aus Danzig, Pattay a. Steyermark, Peter a. Constanz, Peyer a. Bruneck, Presting a. Memel, v. Reden aus Berlin, Reichenbach (Graf) aus Dometzko, Reindl aus Orth, Richter aus Achern, Röder aus Neustettin, Römer aus Stuttgart, Rothe aus Berlin, Schaffrath aus Neustadt, Schiedermayer aus Vöcklabruck, Schlörr aus der Oberpfalz, v. Schmerling aus Wien, Schönmäckers aus Beck, Schrott aus Wien, Schüler (Friedrich) aus Zweibrücken, Schultze aus Liebau, Sepp aus München, Simon (Max) aus Breslau, Stavenhagen aus Berlin, Stedmann aus Besselich, Stein aus Görz, Stokinger aus Frankenthal, Thinnes aus Eichstätt, Tomaschek aus Iglau, v. Vincke aus Hagen, Welcker aus Heidelberg, Wernich aus Elbing, Wiethaus (J.) aus Gummersbach, Wippermann aus Kassel, Zittel aus Bahlingen.

B. Ohne Entschuldigung:

Anders aus Goldberg, Boch-Buschmann (Johann) aus Siebenbrunnen, v. Bothmer aus Carow, Cetto aus Trier, Cornelius aus Braunsberg, Deym (Graf) aus Prag, Emmerling aus Darmstadt, Hayden aus Dorff bei Schlierbach, Jürgens aus Stadtoldendorf, Lette (Adolph) aus Berlin, v. Linde aus Mainz, Martiny aus Friedland, v. Mayern aus Wien, Munchen aus Luxemburg, Plathner aus Halberstadt, Prinzinger aus St. Pölten, Rüder aus Oldenburg, v. Scherpenzeel aus Baarlo, v. Schlotheim aus Wollstein, Schlüter aus Paderborn, Schulz aus Weilburg, Servais aus Luxemburg, Streffleur aus Wien, Waldburg-Zeil-Trauchburg (Fürst) aus Stuttgart, Wekbeker aus Aachen, Zachariä aus Göttingen, Zöllner aus Chemnitz.

Präsident: Der Antrag des Herrn Beseler aus Greifswald E. 1. ist mit 332 gegen 117 Stimmen abgelehnt. — Wir gehen also jetzt zu dem Antrage des Herrn Höfken über. (Stimmen von der Linken: Wird zurückgenommen. Höfken vom Platze: Ich nehme den Antrag zurück.) Herr Höfken nimmt den Antrag zurück. — Wir gehen also zum Antrage des Herrn Biedermann und Genossen über. (Unruhe.) Ich bitte dringend um Ruhe! Nach dem Antrage des Herrn Biedermann würde zu den angenommenen Worten: „Wähler ist jeder unbescholtene Deutsche, welcher das fünf und zwanzigste Lebensjahr zurückgelegt hat," hinzugefügt werden:

„und entweder:

a) einen eigenen Hausstand hat, und ein volles Jahr lang unmittelbar vor der Wahl zu Gemeindelasten beigetragen, oder da, wo es noch keine Gemeindeverbände gibt, irgend eine directe Steuer entrichtet hat; oder:

b) ein Einkommen von 350 fl. (200 Rthlr.) nachzuweisen vermag."

Auch über diesen Antrag wird namentlich abgestimmt. (Stimmen von der Linken: Zurücknehmen!) Meine Herren! Sie können doch keinen Antragsteller nöthigen, seinen Antrag zurückzunehmen! Diejenigen Herren, die den Antrag des Herrn Biedermann und Genossen in der eben verlesenen Weise annehmen wollen, ersuche ich, bei Aufrufung ihres Namens mit „Ja," die ihn ablehnen wollen, mit „Nein" zu antworten. Der Namensaufruf beginnt mit dem Buchstaben D. (Unruhe.) Meine Herren! Indem ich ihnen nochmals die Bitte um Ruhe dringend vortrage, bitte ich Sie, erwägen zu wollen, daß die Kräfte des Büreaus durch eine solche Reihe namentlicher Abstimmungen erschöpft werden müssen, und daß Sie schuldig sind, diese Kräfte zu schonen. (Stimmen von allen Seiten: Ruhe! Ruhe!)

Bei dem hierauf erfolgten Namensaufruf antworteten mit Ja:

Ambrosch aus Breslau, v. Amstetter aus Breslau, Arndt aus Bonn, Arndts aus München, Arneth aus Wien, v. Bally aus Beuthen, Bassermann aus Mannheim, v. Beckerath aus Crefeld, Bernhardi aus Kassel, Beseler aus Greifswald, Biedermann aus Leipzig, Bock aus Preußisch-Minden, Böcler aus Schwerin, v. Borries aus Carthaus, v. Boihmer aus Carow, Braun aus Bonn, Braun aus Cöslin, Bresclus aus Züllichau, v. Breuning aus Aachen, Breusing aus Osnabrück, Bürgers aus Köln. Carl aus Berlin, Cornelius aus Braunsberg, Coronini-Cronberg (Graf) aus Görz, Cucumus aus München, Dahlmann aus Bonn, Deeke aus Lübeck, Deetz aus Wittenberg, Degenkolb aus Eilenburg, Detmold aus Hannover, Deymann aus Meppen, Döllinger aus München, Dröge aus Bremen, Droysen aus Kiel, Duncker aus Halle, Ebmeier aus Paderborn, Eckart aus Lohr, Edel aus Würzburg. Emmerling aus Darmstadt, v. Ende aus Waldenburg, Engel aus Culm, Esmarch aus Schleswig, Falk aus Ottolangendorf, Fallati aus Tubingen, Fi·cher (Gustav) aus Jena, Flottwell aus Münster, Francke (Karl) aus Rendsburg, Friederich aus Bamberg, Fritsch aus Ried, Fuchs aus Breslau, Fugerl aus Korneuburg, v. Gagern aus Darmstadt, Gebhard aus Würzburg, v. Gersdorf aus Tuetz, Gevekoht aus Freiburg, v. Giech (Graf) aus Thurnau, Göbel aus Jägerndorf, Godeffroy aus Hamburg, Göden aus Krotoszyn, von der Golz (Graf) aus Czarnikau, Gombart aus München, Graf aus München, Grävell aus Frankfurt a. d. O., Groß aus Leer, v Grundner aus Ingolstadt, Gysae (Wilhelm) aus Streblow, Hahn aus Guttstatt, v. Hartmann aus Münster, Haubenschmied aus Passau, Hayden aus Dorff bei Schlierbach, Haym aus Halle, Heimbrod aus Sorau, v. Hennig aus Dempowalonka, Hergenhahn aus Wiesbaden, Herzog aus Ebermannstadt, Hofer aus Pfarrkirchen, Hollandt aus Braunschweig. Houben aus Meurs, Hugo aus Göttingen, Jordan aus Berlin, Jordan aus Gollnow, Jordan aus Frankfurt am Main, v. Kaisersfeld aus Birkfeld, Kerst aus Birnbaum, v. Keudell aus Berlin, Knarr aus Steyermark, Kosmann aus Stettin, v. Kösteritz aus Elberfeld, Krafft aus Nürnberg, Kratz aus Wintershagen, Künßberg aus Ansbach, Küntzel aus Wolka, v. Kürsinger (Ignatz) aus Salzburg, v. Kürsinger (Karl) aus Tamsweg, Kutzen aus Breslau, Lammers aus Erlangen, Langerfeldt aus Wolfenbüttel, v. Lassaulx aus München, Laube aus Leipzig, Lette aus Berlin, Lienbacher a. Goldegg. v. Maltzahn a. Küstrin, Mann aus Rostock, Marcks aus Duisburg, Martens aus Danzig, v. Massow aus Karlsberg, Mathy aus Karlsruhe, Matthies aus Greifswald, Metzke aus Sagan, Mevissen aus Köln, Michelsen aus Jena, Mohl (Robert) aus Heidelberg, Müller aus Würzburg, Münch aus Wetzlar, Naumann aus Frankfurt an der Oder, Neumayr aus München, Nizze aus Stralsund, Nöthig aus Weißholz, Obermüller aus Passau, Oertel aus Mittelwalde, Ostendorf aus Soest. Ottow aus Labiau, Overweg aus Haus Ruhr, Paur aus Augsburg, Pfeuffer aus Landshut, Phillips aus München, Plathner aus Halberstadt, Plehn aus Marienburg, Pötzl aus München, Prinzinger aus St. Pölten, v. Radowitz aus Rüthen, Rahm aus Stettin, Rättig aus Potsdam, v. Raumer aus Berlin, v. Raumer aus Dinkelsbühl, Reichensperger aus Trier, Reitmayr aus Regensburg, Richter aus Danzig, Riedl aus Gratz, Riehl aus Zwettl, Riesser aus Hamburg, Rößler aus Wien, v. Rotenhan aus München, Rüder aus Oldenburg, Rümelin aus Nurtingen, v. Sänger aus Grabow, v. Saucken-Tarputschen aus Angerburg, Schauß aus München, Scheller aus Frankfurt a. d. O., Schepp aus Wiesbaden, Schick aus Weißensee, Schierenberg aus Detmold, Schirmeister aus Insterburg, v. Schleussing aus Rastenburg. Schlüter aus Paderborn, Schneer aus Breslau, Scholten aus Ward, Scholz aus Neisse, Schrader aus Brandenburg. Schreiber aus Bielefeld, Schreiner aus Gratz (Steyermark). v. Schrenk aus München, v. Schrötter aus Preußisch-Holland, Schubert (Friedrich Wilhelm) aus Königsberg, Schubert aus Würzburg, Schuler aus Innsbruck, Schultze aus Potsdam, Schwarz aus Halle, Schwetschke aus Halle, v. Selchow aus Rettkewitz, Sellmer aus Landsberg a. d. W., Siehr aus Gumbinnen, Siemens aus Hannover, Simson aus Stargard, v. Soiron aus Mannheim, Sprengel aus Waren, Stahl aus Erlangen, Stavenhagen aus Berlin, Stenzel aus Breslau, Stülz aus St. Florian, Sturm aus Sorau, Tannen aus Zielenzig. Teichert aus Berlin, v. Thielau aus Braunschweig, Thöl aus Rostock, v. Treskow aus Grocholin, Veit aus Berlin, Versen aus Nieheim, Waitz aus Göttingen, Waldmann aus Heiligenstadt, Walter aus Neustadt, Weber aus Neuburg, v. Wedemeyer aus Schönrade, v. Wegnern aus Lyk, Wekbeker aus Aachen, Wernher aus Nierstein, Widenmann aus Düsseldorf, Wiebker aus Uckermünde, Winter aus Liebenburg, v. Wulffen aus Passau, Zachariä aus Göttingen, Zeltner aus Nürnberg, v. Zerzog aus Regensburg, Zöllner aus Chemnitz, Zum Sande aus Lingen.

Mit Nein antworteten.

Achleitner aus Ried, Ahrens aus Salzgitter, v. Aichelburg aus Villach, Anders aus Goldberg, Anderson aus Frankfurt a. d. O., Anz aus Marienwerder, Backhaus aus Jena, Becker aus Gotha, Becker aus Trier, Behnke aus Hannover, Beidtel aus Brünn, Berger aus Wien, Blumröder (Gustav) aus Kirchenlamitz, Böcking aus Trarbach, Boczek aus Mähren, Bonardy aus Greiz, Brentano aus Bruchsal, Bresgen aus Ahrweiler, Buß aus Freiburg im Breisgau, v. Buttel aus Oldenburg, Christmann aus Dürkheim, Claussen aus Kiel, Cnyrim aus Frankfurt am Main, Cramer aus Köthen, Cropp aus Oldenburg, Damm aus Tauberbischoffsheim, Deiters aus Bonn, Demel aus Teschen, Dham aus Schmalenberg, v. Dieskau aus Plauen, Dietsch aus Annaberg, Dinstl aus Krems, Drechsler aus Rostock, Eckert aus Bromberg, Edlauer aus Gratz, Egger aus Wien, Ehrlich aus Murzynek, Eisenmann aus Nürnberg, Eisenstuck aus Chemnitz, Engel aus Pinneberg, Englmayr aus Enns (Oberösterreich), Esterle aus Cavalese, Evertsbusch aus Altena, Fallmerayer aus München, Federer aus Stuttgart, Fehrenbach aus Säckingen, Fetzer aus Stuttgart, Förster aus Hünfeld, Freese aus Stargard, Frisch aus Stuttgart, Fritzsche aus Roda, Fröbel aus Reuß, Geigel aus München, Gerlach aus Tilsit, Gfrörer aus Freiburg, Giesebrecht aus Stettin, Giskra aus Wien, v. Gladis aus Wohlau, Glax aus Gumpendorf, Golz aus Brieg, Gravenhorst aus Lüneburg, Gritzner aus Wien, Groß aus Prag, Grubert aus Breslau, Grüel aus Burg, Grumbrecht aus Lüneburg, Gspan aus Innsbruck, Gülich aus Schleswig, Günther aus Leipzig, Gulden aus Zweibrücken, Hagen (K.) aus Heidelberg, Haggenmüller aus Kempten, Hallbauer aus Meißen, Hartmann aus Leitmeritz, Haßler aus Ulm, Hedrich aus Prag, Hehner aus Wiesbaden, Heisterbergk aus Rochlitz, Heldmann aus Selters, Hensel aus Camenz, v. Hermann aus München, Heubner aus Zwickau, Heusner aus Saarlouis, Hildebrand aus Marburg, Hirschberg aus Sondershausen, Höfken aus Hattingen, Hönniger aus Rudolstadt, Hoffbauer aus Nordhausen, Hoffmann aus Ludwigsburg, Hofmann aus Friedberg, Huber aus Linz, Huck aus Ulm, Jacobi aus Hersfeld, Jahn aus Freiburg an der Unstrut, Jopp aus Enzersdorf, v. Itzstein aus Mannheim, Jucho aus Frankfurt am Main, Käfferlein aus Baireuth, Kagerbauer aus Linz, Kahlert aus Leobschütz, Kanitsch aus Karlsberg, v. Keller (Graf) aus Erfurt, Kierulff aus Rostock, Kirchgeßner aus Würzburg, Köhler aus Seehausen, Kohlparzer aus Neuhaus, Kollaczek aus österr. Schlesien, Kotschy aus Ustron in Mährisch-Schlesien, Kudlich aus Schloß Dietach, Kuhnt aus Bunzlau, Langbein aus Wurzen, Laschan aus Villach, Laudien aus Königsberg, Lausch aus Troppau, Leverkus aus Lennep, Levysohn aus Grünberg, Liebmann aus Perleberg, Lodemann aus Lüneburg, Löschnigg aus Klagenfurt, Löw aus Magdeburg, Löw aus Posen, Makowiczka aus Krakau, Mally aus Steyermark, Maly aus Wien, Mammen aus Plauen, Marcus aus Bartenstein, Mareck aus Gratz (Steyermark), Marsilli aus Roveredo, Mayer aus Ottobeuern, Melly aus Wien, Merck aus Hamburg, Mertel aus Kronach, Meyer aus Liegnitz, Mez aus Freiburg, Minkus aus Marienfeld, Mittermaier aus Heidelberg, Möller aus Reichenberg, Mölling aus Oldenburg, v. Möring aus Wien, Mohl (Moritz) aus Stuttgart, Mohr aus Oberingelheim, v. Mühlfeld aus Wien, Mulley aus Weitenstein, v. Nagel aus Oberviechtach, Nagel aus Bahlingen, Nägele aus Murrhardt, Nauwerck aus Berlin, v. Neitschütz aus Königsberg, Nerreter aus Fraustadt, Neubauer aus Wien, Neugebauer aus Luditz, v. Neuwall aus Brünn, Nicol aus Hannover, Pannier aus Zerbst, Paur aus Neisse, Pfahler aus Tettnang, Pfeiffer aus Adamsdorf, Pinckert aus Zeitz, Plaß aus Stade, v. Preis aus Hamburg, Quesar aus Gratz, v. Quintus-Icilius aus Fallingbostel, Rank aus Wien, Rapp aus Wien, v. Rappard aus Glambek, Raffl aus Neustadtl in Böhmen, Raus aus Wolframitz, Raveaux aus Köln, Reh aus Darmstadt, Reichard aus Speyer, Reinhard aus Boytzenburg, Reinstein aus Naumburg, Reisinger aus Freistadt, Reitter aus Prag, Renger aus böhmisch Kamnitz, Rheinwald aus Bern, Riegler aus mährisch Budwitz, Röben aus Dornum, Rödinger aus Stuttgart, Rösler aus Oels, Roßmäßler aus Tharand, Rühl aus Hanau, Sachs aus Mannheim, v. Saltzwedell aus Gumbinnen, Schädler aus Vaduz, Scharre aus Strehla, Schenk aus Dillenburg, Schlöffel aus Halbendorf, v. Schlotheim aus Wollstein, Schlutter aus Poris, Schmidt (Ernst Friedrich Franz) aus Löwenberg, Schmidt (Adolph) aus Berlin, Schmitt aus Kaiserslautern, Schneider aus Wien, Schoder aus Stuttgart, Schorn aus Essen, Schott aus Stuttgart, Schüler aus Jena, Schulz aus Darmstadt, Schütz aus Mainz, Schwarzenberg aus Kassel, Simon (Heinrich) aus Breslau, Simon (Ludwig) aus Trier, Spatz aus Frankenthal, Stark aus Krumau, Strache aus Rumburg, v. Stremayr aus Gratz, Tafel aus Stuttgart, Tafel (Franz) aus Zweibrücken, Tellkampf aus Breslau, Temme aus Munster, Titus aus Bamberg, Trabert aus Rausche, Trampusch aus Wien, v. Trützschler aus Dresden, Uhland aus Tübingen, Umbscheiden aus Dahn, v. Unterrichter aus Klagenfurt, Venedey aus Köln, Viebig aus Posen, Vischer aus Tübingen, Vogel aus Guben, Vogt aus Gießen, Vonbun aus Feldkirch, Weber aus Meran, Wedekind aus Bruchhausen, Weiß aus Salzburg, Weißenborn aus Eisenach, Welter aus Tünsdorf, Werner aus Oberkirch, Werner aus St. Pölten, Werthmüller aus Fulda, Wesendonck aus Düsseldorf, Wichmann aus Stendal, Wiesner aus Wien, Wiest aus Tübingen, Wigard aus Dresden, Wurm aus Hamburg, Wutike aus Leipzig, Würth aus Sigmaringen, v. Wydenbrugk aus Weimar, Zachariä aus Bernburg, Zell aus Trier, Ziegert aus Preußisch-Minden, Zimmermann aus Stuttgart, Zimmermann aus Spandow, Zitz aus Mainz.

Der Abstimmung enthielten sich.

v. Linde aus Mainz, v. Somaruga aus Wien.

Abwesend waren:

A. Mit Entschuldigung:

v. Andrian aus Wien, Archer aus Rein, Barth aus Kaufbeuren, Bauer aus Bamberg, Bauernschmid aus Wien, v. Beisler aus München, Benedict aus Wien, Bergmüller aus Mauerkirchen, Beseler (H. W.) aus Schleswig, Blömer aus

Aachen, Bogen aus Michelstadt, Bouvier (Cajetan) aus Steyermark, Briegleb aus Koburg, Brons aus Emden, Burkart aus Bamberg, Caspers aus Koblenz, Christ aus Bruchsal, Clemens aus Bonn, Culmann aus Zweibrücken, Czoernig aus Wien, Freudentheil aus Stade, v. Gagern aus Wiesbaden, Gottschalk aus Schopfheim, Helbing aus Emmendingen, Hillebrand aus Pöls, Höchsmann aus Wien, Johannes aus Meiningen, Jungbanns aus Mosbach, Junkmann aus Münster, Kaiser (Ignatz) aus Wien, v. Kalkstein aus Wogau, Kleinschrod aus München, Koch aus Leipzig, Kolb aus Speyer, Kuenzer aus Constanz, Leue aus Köln, Löwe (Wilhelm) aus Calbe, v. Mayfeld aus Wien, Müller aus Damm, Müller aus Sonnenberg, Neumann aus Wien, Osterrath aus Danzig, Pattay aus Steyermark, Peter aus Constanz, Petzer aus Bruneck, Presting aus Memel, v. Reden aus Berlin, Reichenbach (Graf) aus Dometzko, Reindl aus Orth, Röder aus Neustettin, Römer aus Stuttgart, Rothe aus Berlin, Schaffrath aus Neustadt, Schlörr aus der Oberpfalz, v. Schmerling aus Wien, Schönmäckers aus Beck, Schrott aus Wien, Schüler (Friedr.) aus Zweibrücken, Schultze aus Liebau, Sepp aus München, Simon (Max) aus Breslau, Stedmann aus Besselich, Stein aus Görz, Stokinger aus Frankenthal, Thinnes aus Eichstätt, Tomaschek aus Iglau, v. Vincke aus Hagen, Wernich aus Elbing, Wiethaus (J.) aus Gummersbach, Wippermann aus Kassel, Zittel aus Bahlingen.

B. Ohne Entschuldigung:

Boch-Buschmann aus Siebenbrunnen, v. Bodbien aus Pleß, Cetto aus Trier, Deym (Graf) aus Prag, Heckscher aus Hamburg, Jürgens (Karl) aus Stadtoldendorf, Kerer aus Innsbruck, Lindner aus Seisenegg, Lüntzel aus Hildesheim, Martiny aus Friedland, v. Mayern aus Wien, Munchen aus Luxemburg, Pieringer aus Kremsmünster, Polatzek aus Weißkirch, Schiedermayer aus Vöcklabruck, Schmidt (Joseph) aus Linz, Schulz (Friedrich) aus Weilburg, Schwerin (Graf) aus Pommern, Servais aus Luxemburg, Stieber aus Budissin, Streffleur aus Wien, Tappehorn aus Oldenburg, Vogel aus Dillingen, Wagner aus Steyr, Waldburg-Zeil-Trauchburg (Fürst) aus Stuttgart, Welcker aus Heidelberg, v. Würth aus Wien.

Präsident: Der Antrag des Herrn Biedermann und Genossen ist mit 248 gegen 204 Stimmen abgelehnt. — Ich komme zu dem Antrage des Herrn Hofmann von Friedberg, der jetzt so lautet:

„Wähler ist jeder unbescholtene Deutsche, der das fünf und zwanzigste Lebensjahr zurückgelegt hat, oder Grundbesitz, oder eigenen Haushalt hat, oder Gemeindebürger, oder endlich Staats-, Kirchen-, oder Gemeindediener ist."

Es besteht auch hier der Antrag auf namentliche Abstimmung. (Viele Stimmen: Zurücknehmen!) Diejenigen Herren, welche den Antrag des Herrn Hofmann von Friedberg: „Wählbar ist jeder unbescholtene Deutsche, der das fünf und zwanzigste Lebensjahr zurückgelegt hat, entweder Grundbesitz, oder eigenen Haushalt hat, oder Gemeindebürger, oder endlich Staats-, Kirchen-, oder Gemeindediener ist," annehmen wollen, ... (Unruhe.) Ich weiß nicht, was die Unterbrechung soll? — ersuche ich, bei dem Aufruf ihres Namens mit „Ja," Diejenigen die ihn nicht annehmen wollen, mit „Nein" zu antworten. (Eine Stimme im Centrum: Vorerst die Unterstützungsfrage!) Wenn der Antrag nicht unterstützt wäre, brächte ich ihn sicherlich nicht zur Abstimmung. Der Namensaufruf beginnt mit dem Buchstaben E.

Bei dem hierauf erfolgten Namensaufruf stimmten mit Ja:

Achleitner aus Ried, Ambrosch aus Breslau, v. Amstetter aus Breslau, Anz aus Marienwerder, Arndt aus Bonn, Arndts aus München, Arneth aus Wien, v. Bally aus Beuthen, Bassermann aus Mannheim, Becker aus Gotha, v. Beckerath aus Crefeld, Behnke aus Hannover, Bernhardi aus Kassel, Beseler aus Greifswald, v. Borries aus Carthaus, Braun aus Cöslin, Brescius aus Züllichau, v. Breuning aus Aachen, Breusing aus Osnabrück, Bürgers aus Köln, Buß aus Freiburg, v. Buttel aus Oldenburg, Carl aus Berlin, Cornelius aus Braunsberg, Coronini-Cronberg (Graf) aus Görz, Cucumus aus München, Dahlmann aus Bonn, Deeke aus Lübeck, Deetz aus Wittenberg, Degenkolb aus Eilenburg, Detmold aus Hannover, Deymann aus Meppen, Dinstl aus Krems, Döllinger aus München, Dröge aus Bremen, Duncker aus Halle, Edmeier aus Paderborn, Eckart aus Lohr, Edel aus Würzburg, Egger aus Wien, Emmerling aus Darmstadt, v. Ende aus Waldenburg, Engel aus Culm, Esmarch aus Schleswig, Falk aus Ottolangendorf, Fallati aus Tübingen, Flottwell aus Münster, Francke (Karl) aus Rendsburg, Friederich aus Bamberg, Fritsch aus Ried, Fuchs aus Breslau, Fügerl aus Kroneuburg, v. Gagern aus Darmstadt, Gebhard aus Würzburg, v. Gersdorf aus Tuetz, Gevekoht aus Bremen, Gfrörer aus Freiburg, v. Giech (Graf) aus Thurnau, Göbel aus Jägerndorf, Godeffroy aus Hamburg, von der Goltz (Graf) aus Czarnikau, Gombart aus München, Graf aus München, Groß aus Leer, v. Grundner aus Ingolstadt, Gysae (Wilhelm) aus Strehlow, Hahn aus Guttstatt, v. Hartmann aus Münster, Haubenschmied aus Passau, Hayden aus Dorff bei Schlierbach, Haym aus Halle, Heimbrod aus Sorau, Hergenhahn aus Wiesbaden, Herzog aus Ebermannstadt, Hofer aus Pfarrkirchen, Hoffmann aus Ludwigsburg, Hofmann aus Friedberg, Hollandt aus Braunschweig, Houben aus Meurs, Hugo aus Göttingen, Jacobi aus Hersfeld, Jahn aus Freiburg an der Unstrut, Jordan aus Berlin, Jordan aus Gollnow, Jordan aus Frankfurt a. M., Kerer aus Innsbruck, v. Keudell aus Berlin, Knarr aus Steyermark, Kosmann aus Stettin, v. Kösteritz aus Elberfeld, Krafft aus

Nürnberg, Kratz aus Wintersbagen, Küntzel aus Wolka, v. Kürsinger (Ignaz) aus Salzburg, v. Kürsinger (Karl) aus Tamsweg, Kutzen aus Breslau, Lammers aus Erlangen, Langerfeldt aus Wolfenbüttel, v. Lassaulx aus München, Laube aus Leipzig, Lette aus Berlin, Leverkus aus Lennep, Lienbacher aus Goldegg, Löw aus Magdeburg, Löw aus Posen, Mally aus Steyermark, v. Maltzahn aus Küstrin, Mann aus Rostock, Marcks aus Duisburg, Martens aus Danzig, v. Massow aus Karlsberg, Mathy aus Karlsruhe, Matthies aus Greifswald, Metzke aus Sagan, Mevissen aus Köln, Michelsen aus Jena, Müller aus Würzburg, Münch aus Wetzlar, Naumann aus Frankfurt a. d. O., Neumayr aus München, Nizze aus Stralsund, Nöthig aus Weißholz, Obermüller aus Passau, Oertel aus Mittelwalde, Ostendorf aus Soest, Ottow aus Labiau, Overweg aus Haus Ruhr, Paur aus Augsburg, Philipps aus München, Pieringer aus Kremsmünster, Plathner aus Halberstadt, Plehn aus Marienburg, Pözl aus München, Polatzek aus Weißkirch, v. Quintus-Icilius aus Fallingbostel, v. Radowitz aus Rüthen, Rahm aus Stettin, v. Raumer aus Berlin, v. Raumer aus Dinkelsbühl, Reitmayr aus Regensburg, Richter aus Danzig, Riegler aus mährisch Budwitz, Riesser aus Hamburg, Rößler aus Wien, v. Rotenhan aus München, Rüder aus Oldenburg, v. Sänger aus Grabow, v. Saucken-Tarputschen aus Angerburg, Schauß aus München, Schepp aus Wiesbaden, Schick aus Weißensee, Schierenberg aus Detmold, Schirmeister aus Insterburg, v. Schleussing aus Rastenburg, v. Schlotheim aus Wollstein, Schlüter aus Paderborn, Schneer aus Breslau, Scholten aus Ward, Scholz aus Neisse, Schrader aus Brandenburg, v. Schrenk aus München, v. Schrötter aus preußisch Holland, Schubert (Friedrich Wilhelm) aus Königsberg, Schubert aus Würzburg, Schuler aus Innsbruck, Schultze aus Potsdam, Schwarz aus Halle, Schwetschke aus Halle, v. Selchow aus Rettkewitz, Sellmer aus Landsberg a. d. W., Siehr aus Gumbinnen, Simson aus Stargard, v. Soiron aus Mannheim, v. Somaruga aus Wien, Sprengel aus Waren, Stahl aus Erlangen, Stavenhagen aus Berlin, Stenzel aus Breslau, Stieber aus Budissin, Stülz aus St. Florian, Sturm aus Sorau, Tannen aus Zielenzig, Tappehorn aus Oldenburg, Teichert aus Berlin, v. Thielau aus Braunschweig, Thöl aus Rostock, v. Treskow aus Grocholin, Veit aus Berlin, Versen aus Nieheim, Waitz aus Göttingen, Waldmann aus Heiligenstadt, Walter aus Neustadt, Weber aus Neuburg, v. Wedemeyer aus Schönrade, v. Wegnern aus Lyk, Wiebeker aus Aachen, Wernher aus Nierstein, Widenmann aus Düsseldorf, Wiebker aus Uckermünde, Winter aus Liebenburg, v. Wulffen aus Passau, Wurm aus Hamburg, v. Würth aus Wien, Zachariä aus Bernburg, Zachariä aus Göttingen, Zeltner aus Nürnberg, v. Zerzog aus Regensburg, Zöllner aus Chemnitz, Zum Sande aus Lingen.

Mit Nein stimmten:

Ahrens aus Salzgitter, v. Aichelburg aus Villach, Anders aus Goldberg, Anderson aus Frankfurt a. d. O., Backhaus aus Jena, Becker aus Trier, Beidtel aus Brünn, Berger aus Wien, Biedermann aus Leipzig, Blumröder (Gustav) aus Kirchenlamitz, Böcking aus Trarbach, Böcler aus Schwerin, Boczek aus Mähren, Bonardy aus Greiz, Brentano aus Bruchsal, Bresgen aus Ahrweiler, Christmann aus Dürkheim, Claussen aus Kiel, Cnyrim aus Frankfurt a. M., Cramer aus Cöthen, Cropp aus Oldenburg, Damm aus Tauberbischoffsheim, Deiters aus Bonn, Demel aus Teschen, Dham aus Schmalenberg, v. Dieskau aus Plauen, Dietsch aus Annaberg, Drechsler aus Rostock, Eckert aus Bremberg, Edlauer aus Gratz, Ehrlich aus Murzynek, Eisenmann aus Nürnberg, Eisenstuck aus Chemnitz, Engel aus Pinneberg, Englmayr aus Enns (Ober-Oesterreich), Esterle aus Cavalese, Evertsbusch aus Altena, Fallmerayer aus München, Federer aus Stuttgart, Fehrenbach aus Säckingen, Fetzer aus Stuttgart, Fischer (Gustav) aus Jena, Förster aus Hünfeld, Freese aus Stargard, Frlich aus Stuttgart, Fritzsche aus Roda, Fröbel aus Reuß, Geigel aus München, Gerlach aus Tilsit, Giskra aus Wien, v. Gladis aus Wohlau, Glax aus Gumpendorf, Göden aus Krotoszyn, Golz aus Brieg, Gravenhorst aus Lüneburg, Gritzner aus Wien, Groß aus Prag, Grubert aus Breslau, Grüel aus Burg, Gspan aus Innsbruck, Gülich aus Schleswig, Günther aus Leipzig, Gulden aus Zweibrücken, Hagen (K.) aus Heidelberg, Haggenmüller aus Kempten, Hallbauer aus Meißen, Hartmann aus Leitmeritz, Haßler aus Ulm, Hedrich aus Prag, Hehner aus Wiesbaden, Heisterbergk aus Rochlitz, Heldmann aus Selters, v. Hennig aus Dempowalonka, Hensel aus Camenz, v. Hermann aus München, Heubner aus Zwickau, Heusner aus Saarlouis, Hildebrand aus Marburg, Hirschberg aus Sondershausen, Höfken aus Hattingen, Hönniger aus Rudolstadt, Hoffbauer aus Nordhausen, Huber aus Linz, Huck aus Ulm, Jopp aus Enzersdorf, v. Itzstein aus Mannheim, Jucho aus Frankfurt a. M., Käfferlein aus Baireuth, Kagerbauer aus Linz, Kahlert aus Leobschütz, v. Kaisersfeld aus Birkfeld, Kanitsch aus Karlsberg, v. Keller (Graf) aus Erfurt, Kierulff aus Rostock, Kirchgeßner aus Würzburg, Köhler aus Seehausen, Kohlparzer aus Neuhaus, Kollaczek aus österr. Schlesien, Kotschy aus Ustron in Mährisch-Schlesien, Kudlich aus Schloß Dietach, Künßberg aus Ansbach, Kuhnt aus Bunzlau, Langbein aus Wurzen, Laschan aus Villach, Laudien aus Königsberg, Lausch aus Troppau, Levysohn aus Grünberg, Liebmann aus Perleberg, Lindner aus Seisenegg, Lodemann aus Lüneburg, Löschnigg aus Klagenfurt, Makowiczka aus Krakau, Maly aus Wien, Mammen aus Plauen, Marcus aus Bartenstein, Mareck aus Gratz (Steyermark), Marsilli aus Roveredo, Mayer aus Ottobeuern, Melly aus Wien, Mertel aus Kronach, Meyer aus Liegnitz, Mez aus Freiburg, Minkus aus

Marienfeld, Mittermaier aus Heidelberg, Möller aus Reichenberg, Mölling aus Oldenburg, v. Möring aus Wien, Mohl (Moritz) aus Stuttgart, Mohl (Robert) aus Heidelberg, Mohr aus Oberingelheim, v. Mühlfeld aus Wien, Mulley aus Weitenstein, v. Nagel aus Oberviechtach, Nagel aus Bahlingen, Nägele aus Murrhardt, Nauwerck aus Berlin, v. Neitschütz aus Königsberg, Nerreter aus Fraustadt, Neubauer aus Wien, Neugebauer aus Ludiz, v. Neuwall aus Brünn, Nicol aus Hannover, Pannier aus Zerbst, Paur aus Neisse, Pfahler aus Tettnang, Pfeiffer aus Adamsdorf, Pfeuffer aus Landshut, Pinckert aus Zeitz, Plaß aus Stade, Prinzinger aus St. Pölten, Quesar aus Gratz, Rättig aus Potsdam, Rank aus Wien, Rapp aus Wien, v. Rappard aus Glambek, Raffl aus Neustadtl in Böhmen, Raus aus Wolframitz, Raveaux aus Köln, Reh aus Darmstadt, Reichard aus Speyer, Reinhard aus Boytzenburg, Reinstein aus Naumburg, Reisinger aus Freistadt, Reitter aus Prag, Renger aus böhmisch Kamnitz, Rheinwald aus Bern, Riedl aus Gratz, Riehl aus Zwettl, Röben aus Dornum, Rödinger aus Stuttgart, Rösler aus Oels, Roßmäßler aus Tharand, Rühl aus Hanau, Sachs aus Mannheim, v. Saltzwedell aus Gumbinnen, Schädler aus Vaduz, Scharre aus Strehla, Scheller aus Frankfurt an der Oder, Schenk aus Dillenburg, Schlöffel aus Halbendorf, Schlutter aus Poris, Schmidt (Ernst Friedrich Franz) aus Löwenberg, Schmidt (Adolph) aus Berlin, Schmitt aus Kaiserslautern, Schneider aus Wien, Schoder aus Stuttgart, Schorn aus Essen, Schott aus Stuttgart, Schreiber aus Bielefeld, Schreiner aus Gratz (Steyermark), Schüler aus Jena, Schulz aus Darmstadt, Schütz aus Mainz, Schwarzenberg aus Kassel, Siemens aus Hannover, Simon (Heinrich) aus Breslau, Simon (Ludwig) aus Trier, Spatz aus Frankenthal, Stark aus Krumau, Strache aus Rumburg, v. Stremayr aus Gratz, Tafel aus Stuttgart, Tafel (Franz) aus Zweibrücken, Temme aus Münster, Titus aus Bamberg, Trabert aus Rausche, Trampusch aus Wien, v. Trützschler aus Dresden, Uhland aus Tübingen, Umbscheiden aus Dahn, v. Unterrichter aus Klagenfurt, Venedey aus Köln, Viebig aus Posen, Vischer aus Tübingen, Vogel aus Guben, Vogel aus Dillingen, Vogt aus Gießen, Vonbun aus Feldkirch, Wagner aus Steyr, Weber aus Meran, Wedekind aus Bruchhausen, Weiß aus Salzburg, Weißenborn aus Eisenach, Welter aus Tünsdorf, Werner aus Oberkirch, Werner aus St. Pölten, Werthmüller aus Fulda, Wesendonck aus Düsseldorf, Wichmann aus Stendal, Wiesner aus Wien, Wiest aus Tübingen, Wigard aus Dresden, Wutike aus Leipzig, Würth aus Sigmaringen, v. Wydenbrugk aus Weimar, Zell aus Trier, Ziegert aus preußisch Minden, Zimmermann aus Stuttgart, Zimmermann aus Spandow, Zitz aus Mainz.

Der Abstimmung enthielt sich:

v. Linde aus Mainz.

Abwesend waren:

A. Mit Entschuldigung:

v. Andrian aus Wien, Archer aus Rein, Barth aus Kaufbeuren, Bauer aus Bamberg, v. Beisler aus München, Benedict aus Wien, Bergmüller aus Mauerkirchen, Beseler (H. W.) aus Schleswig, Blömer aus Aachen, Bogen aus Michelstadt, Bouvier (Cajetan) aus Steyermark, Briegleb aus Koburg, Brons aus Emden, Burkart aus Bamberg, Caspers aus Koblenz, Christ aus Bruchsal, Culmann aus Zweibrücken, Czoernig aus Wien, Freudentheil aus Stade, v. Gagern aus Wiesbaden, Gottschalk aus Schopfheim, Helbing aus Emmendingen, Herzig aus Wien, Hillebrand aus Pöls, Höchsmann aus Wien, Johannes aus Meiningen, Junghanns aus Mosbach, Junkmann aus Münster, v. Kalkstein aus Wogau, Kerst aus Birnbaum, Kleinschrod aus München, Koch aus Leipzig, Kolb aus Speyer, Kuenzer aus Constanz, Löwe (Wilhelm) aus Calbe, v. Mayfeld aus Wien, Müller aus Damm, Müller aus Sonnenberg, Neumann aus Wien, Osterath aus Danzig, Pattay aus Steyermark, Peter aus Constanz, Peter aus Bruneck, Presting aus Memel, v. Pretis aus Hamburg, v. Reden aus Berlin, Reichenbach (Graf) aus Domeßko, Reindl aus Orth, Richter aus Achern, Röder aus Neustettin, Römer aus Stuttgart, Rothe aus Berlin, Schaffrath aus Neustadt, Schiedermayer aus Vöcklabruck, Schödrr aus der Oberpfalz, v. Schmerling aus Wien, Schönmäckers aus Beck, Schrott aus Wien, Schüler (Friedr.) aus Zweibrücken, Schultze aus Liebau, Sepp aus München, Simon (Max) aus Breslau, Stedmann aus Besselich, Stein aus Görz, Stokinger aus Frankenthal, Tojnnes aus Eichstätt, Tomaschek aus Iglau, v. Vincke aus Hagen, Wernich aus Elbing, Wiethaus (J.) aus Gummersbach, Wippermann aus Kassel, Zittel aus Bahlingen.

B. Ohne Entschuldigung:

Bauernschmid aus Wien, Bock-Buschmann aus Siebenbrunnen, Bock aus Preußisch-Minden, v. Boddien aus Pleß, v. Bothmer aus Carow, Braun aus Bonn, Deym (Graf) aus Prag, Droysen aus Kiel, Gravell aus Frankfurt a. d. O., Grumbrecht aus Lüneburg, Heckscher aus Hamburg. Jürgens aus Stadtoldendorf, Lüntzel aus Hildesheim, Martiny aus Friedland, Merck aus Hamburg, Munchen aus Luxemburg, Reichensperger aus Köln, Rümelin aus Nürtingen, v. Scherpenzeel aus Baarlo, Schmidt (Joseph) aus Linz, Schulz (Friedrich) aus Weilburg, Schwerin (Graf) aus Pommern, Servais aus aus Luxemburg, Streffleur aus Wien, Tellkampf aus Breslau, Waldburg-Zeil-Trauchburg (Fürst) aus Stuttgart, Welcker aus Heidelberg.

Präsident: Der Antrag des Herrn Hofmann von Friedberg ist mit 239 gegen 209 Stimmen abgelehnt. (Bravo auf der Linken und im Centrum.)

— Wir haben also noch eine Abstimmung. (Zuruf: Vertagen! Fortsetzen!) Die Abstimmung muß fortgesetzt werden. — Ich bringe den Antrag des Herrn Lette und Genossen Nr. 5. § 2 b, 2 c, 2 d, 2 e, zur namentlichen Abstimmung (Unruhe), und will warten, bis das Haus in Ruhe ist. Diejenigen Herren ... (erneuerte Unruhe; Zuruf: Sitzen! Ruhe!) Herr Simon von Trier will die Motive angeben, um derentwillen über diese Anträge hier nicht abgestimmt werden kann.

Simon von Trier: Wir protestiren dagegen, daß gegenwärtig über das Princip der directen oder indirecten Wahlen abgestimmt werde, da der § 14 des vorliegenden Entwurfs über diesen Gegenstand handelt, und noch nicht über denselben discutirt worden ist. (Stimmen auf der Linken und dem linken Centrum: Ganz recht! Bravo!)

Plathner von Halberstadt: Meine Herren! Ich glaube, daß ist unrichtig, wenn man meint, dieses Amendement gehöre zu § 14. Dahin gehört es nicht. In § 14 wird nur die Art und Weise des Stimmens behandelt, nämlich, ob direct oder indirect. — In dem Lette'schen Amendement aber wird gesagt, es solle das Stimmrecht ein quantitativ verschiedenes sein. Das ist also ein ganz anderer Gesichtspunkt. Wir haben deßhalb einen ähnlichen Antrag hinter § 4 gestellt, weil wir glaubten, daß er dahin gehört, Herr Lette aber hat ihn zu § 2 gestellt; glauben Sie, daß er nicht dahin gehört, so können Sie ihn aus diesem, wie aus jedem anderen Grunde verwerfen; aber Sie können den Antragsteller nicht zwingen, daß er ihn dahin stellt, wohin er nach Ihrer Meinung gehört.

Präsident: Ich theile ganz die Ansicht des Herrn Plathner, und kann Herrn Simon von Trier unmöglich beistimmen. Es steht jedem Mitgliede zu, seinen Antrag an die Stelle eines Entwurfs, an die er will, zu stellen. Die Versammlung ihrerseits hat das Recht und die Pflicht, durch Abstimmung über dessen Annahme oder Verwerfung zu entscheiden.

Lette von Berlin: Meine Herren! Ich will nur eine einfache Erklärung abgeben. Ich habe nichts dagegen, wenn mein Amendement bei § 4 zur Abstimmung kommt.

Präsident: Herr Lette kann das nicht allein bestimmen. (Zuruf: Abstimmen! Zurückziehen!) Ich denke, wir gehen ohne Weiteres zur Abstimmung über. Diejenigen Herren, welche den Antrag des Herrn Lette und Genossen, wie er auf Nr. 5. § 2b—2e abgedruckt ist:

> „§ 2b. Alle Uebrigen üben das Wahlrecht theils unmittelbar, theils mittelbar durch Wahlmänner aus.
>
> § 2c. Zur unmittelbaren Ausübung sind Diejenigen befugt, welche jährlich drei Thaler oder fünf Gulden fünfzehn Kreuzer an directen Staatssteuern entrichten, oder ein jährliches Einkommen von 200 Thaler, oder 350 Gulden haben.
>
> § 2d. Diejenigen, welche einen geringeren Betrag von directen Staatssteuern entrichten, beziehungsweise ein geringeres Einkommen haben, üben das Wahlrecht durch Wahlmänner aus, welche sie gemeinde- oder bezirksweise nach absoluter Stimmenmehrheit aus ihrer Mitte ernennen.
>
> § 2e. Auf je zehn Urwähler wird ein Wahlmann ernannt,"

annehmen wollen, bitte ich, bei dem Namensaufruf mit „Ja," die ihn ablehnen wollen, mit „Nein" zu antworten.

Bei dem hierauf erfolgenden Namensaufruf antworteten mit Ja:

Ambrosch aus Breslau, v. Amstetter aus Breslau, Arneth aus Wien, v. Bally aus Beuthen, v. Beckerath aus Crefeld, Bernhardi aus Kassel, Brescius aus Züllichau, Bürgers aus Köln, Carl aus Berlin, Deeke aus Lübeck, Degenkolb aus Eilenburg, Deiters aus Bonn, Detmold aus Hannover, Döllinger aus München, Duncker aus Halle, Ebmeier aus Paderborn, Eckart aus Lohr, Emmerling aus Darmstadt, v. Ende aus Waldenburg, Engel aus Culm, Evertsbusch aus Altena, Falk aus Ottolangendorf, Fallati aus Tübingen, Fischer (Gustav) aus Jena, Flottwell aus Münster, Friederich aus Bamberg, Fuchs aus Breslau, Fügerl aus Korneuburg, Gebhard aus Würzburg, v. Gersdorf aus Tuez, Gevekoht aus Bremen, v. Giech (Graf) aus Thurnau, Göbel aus Jägerndorf, Godeffroy aus Hamburg, von der Golz (Graf) aus Czarnikau, Gombart aus München, Graf aus München, v. Grundner aus Ingolstadt, Gysae (Wilhelm) aus Strehlow, Hahn aus Guttstadt, v. Hartmann aus Münster, Haubenschmied aus Passau, Hayden aus Dorff bei Schlierbach, Haym aus Halle, Heimbrod aus Sorau, v. Hennig aus Dempowalonka, Hergenhahn aus Wiesbaden, Herzog aus Ebermannstadt, Houben aus Meurs, Hugo aus Göttingen, Jordan aus Berlin, Jordan aus Gollnow, v. Keller (Graf) aus Erfurt, v. Keudell aus Berlin, Kosmann aus Stettin, Kratz aus Wintershagen, Künßel aus Wolka, Kutzen aus Breslau, Langerfeldt aus Wolfenbüttel, Laube aus Leipzig, Lette aus Berlin, Löw aus Magdeburg, Löw aus Posen, v. Maltzahn aus Küstrin, Martens aus Danzig, v. Massow aus Karlsberg, Matthies aus Greifswald, Meßke aus Sagan, Müller aus Würzburg, Naumann aus Frankfurt a. d. O., Nizze aus Stralsund, Obermüller aus Passau, Oertel aus Mittelwalde, Plathner aus Halberstadt, Plehn aus Marienburg, Pözl aus München, v. Radowitz aus Rüthen, Rahm aus Stettin, Rättig aus Potsdam, v. Raumer aus Dinkelsbühl, Reitmayr aus Regensburg, Richter aus Danzig, Riesser aus Hamburg, v. Rotenhan aus München, Rümelin aus Nürtingen, v. Sänger aus Grabow, Schauß aus München, Scheller aus Frankfurt a. d. O., Schepp aus Wiesbaden, Schirmeister aus Insterburg, v. Schleussing aus Rastenburg, v. Schlotheim aus Wollstein, Schlüter aus Paderborn, Schneer aus Breslau, Scholten aus Ward, Scholz aus Neisse, Schrader aus Brandenburg, Schreiber aus Bielefeld, v. Schrenk aus München, Schubert (Friedrich Wilhelm) aus Königsberg, Schuler aus Innsbruck, Schulze aus Potsdam, Schwarz aus Halle, Schwetschke aus Halle, v. Selchow aus Rettkewitz, Sellmer aus Landsberg a. d. W., Simson aus Stargard, Stahl aus Erlangen, Stavenhagen aus Berlin, Stieber aus Budissin, Stülz aus St. Florian, Sturm aus Sorau, Tannen aus Zielenzig, Tei-

Teichert aus Berlin, v. Thielau aus Braunschweig, Thöl aus Rostock, v. Treskow aus Grocholin, Veit aus Berlin, v. Wedemeyer aus Schönrade, v. Wegnern aus Lyk, Wernher aus Nierstein, Wiedenmann aus Düsseldorf, Winter aus Liebenburg, v. Wulffen aus Passau, v. Zerzog aus Regensburg.

Mit Nein antworteten:

Achleitner aus Ried, Ahrens aus Salzgitter, v. Aichelburg aus Villach, Anders aus Goldberg, Anderson aus Frankfurt a. d. O., Anz aus Marienwerder, Arndt aus Bonn, Backhaus aus Jena, Becker aus Gotha, Becker aus Trier, Behncke aus Hannover, Beidtel aus Brünn, Berger aus Wien, Beseler aus Greifswald, Biedermann aus Leipzig, Blumröder (Gustav) aus Kirchenlamitz, Bock aus Preußisch-Minden, Böcking aus Trarbach, Böcler aus Schwerin, Boczek aus Mähren, Bonardy aus Greiz, v. Borries aus Carthaus, Bresgen aus Ahrweiler, Breusing aus Osnabrück, v. Buttel aus Oldenburg, Christmann aus Dürkheim, Claussen aus Kiel, Cnyrim aus Frankfurt a. M., Cramer aus Köthen, Cropp aus Oldenburg, Cucumus aus München, Czoernig aus Wien, Dahlmann aus Bonn, Damm aus Tauberbischofsheim, Demel aus Teschen, Dham aus Schmalenberg, v. Dieskau aus Plauen, Dietsch aus Annaberg, Dinstl aus Krems, Drechsler aus Rostock, Dröge aus Bremen, Droysen aus Kiel, Eckert aus Bromberg, Edlauer aus Graz, Egger aus Wien, Ehrlich aus Murzynek, Engel aus Pinneberg, Esmarch aus Schleswig, Esterle aus Cavalese, Fallmerayer aus München, Federer aus Stuttgart, Fehrenbach aus Säckingen, Fetzer aus Stuttgart, Förster aus Hünfeld, Francke (Karl) aus Rendsburg, Freese aus Stargard, Frisch aus Stuttgart, Fritsch aus Ried, Fritzsche aus Roda, Fröbel aus Reuß, Geigel aus München, Gerlach aus Tilsit, Gfrörer aus Freiburg, Giskra aus Wien, v. Gladis aus Wohlau, Glax aus Gumpendorf, Gödden aus Krotoszyn, Golz aus Brieg, Gravenhorst aus Lüneburg, Gritzner aus Wien, Groß aus Leer, Groß aus Prag, Grubert aus Breslau, Grüel aus Burg, Grumbrecht aus Lüneburg, Gspan aus Innsbruck, Gülich aus Schleswig, Günther aus Leipzig, Gulden aus Zweibrücken, Hagen (K.) aus Heidelberg, Haggenmüller aus Kempten, Hallbauer aus Meißen, Hartmann aus Leitmeritz, Haßler aus Ulm, Hedrich aus Prag, Hehner aus Wiesbaden, Heisterbergk aus Rochlitz, Heldmann aus Selters, Hensel aus Camenz, v. Hermann aus München, Heubner aus Zwickau, Heusner aus Saarlouis, Hirschberg aus Sondershausen, Höfken aus Hattingen, Hönniger aus Rudolstadt, Hofer aus Pfarrkirchen, Hoffbauer aus Nordhausen, Hoffmann aus Ludwigsburg, Hofmann aus Friedberg, Hollandt aus Braunschweig, Huber aus Linz, Huck aus Ulm, Jacobi aus Hersfeld, Jahn aus Freiburg an der Unstrut, Johannes aus Meiningen, Jordan aus Frankfurt a. M., v. Itzstein aus Mannheim, Jucho aus Frankfurt a. M., Käfferlein aus Baireuth, Kagerbauer aus Linz, Kahlert aus Leobschütz, v. Kaiserfeld aus Birkfeld, Kanitsch aus Karlsberg, Kerer aus Innsbruck, Kierulff aus Rostock, Kirchgeßner aus Würzburg, Knarr aus Steyermark, Köhler aus Seehausen, Kohlparzer aus Neuhaus, Kollaczek aus Oesterreichisch-Schlesien, Kotschy aus Ustron in Mährisch-Schlesien, Krafft aus Nürnberg, Kudlich aus Schloß Dietach, Künßberg aus Ansbach, v. Kürsinger (Ignaz) aus Salzburg, v. Kürsinger (Karl) aus Tamsweg, Kuhnt aus Bunzlau, Lammers aus Erlangen, Langbein aus Wurzen, Laschan aus Villach, v. Lassaulx aus München, Laudien aus Königsberg, Lausch aus Troppau, Leverkus aus Lennep, Levysohn aus Grünberg, Liebmann aus Perleberg, Lienbacher aus Goldegg, Lindner aus Seisenegg, Lodemann aus Lüneburg, Löschnigg aus Klagenfurt, Makowiczka aus Krakau, Mally aus Steyermark, Mätz aus Wien, Mammen aus Plauen, Mann aus Rostock, Marcks aus Duisburg, Marcus aus Bartenstein, Mareck aus Graz (Steyermark), Marsilli aus Roveredo, Mathy aus Karlsruhe, Mayer aus Ottobeuern, Melly aus Wien, Merkel aus Kronach, Mevissen aus Köln, Meyer aus Liegnitz, Mez aus Freiburg, Michelsen aus Jena, Minkus aus Marienfeld, Mittermaier aus Heidelberg, Möller aus Reichenberg, Mölling aus Oldenburg, v. Möring aus Wien, Mohl (Moritz) aus Stuttgart, Mohl (Robert) aus Heidelberg, Mohr aus Oberingelheim, v. Mühlfeld aus Wien, Münch aus Wetzlar, Mulley aus Weitenstein, v. Nagel aus Oberviechtach, Nagel aus Bahlingen, Nägele aus Murrhardt, Nauwerck aus Berlin, v. Netschütz aus Königsberg, Nerreter aus Fraustadt, Neubauer aus Wien, Neugebauer aus Luditz, Neumayr aus München, v. Neuwall aus Brünn, Nicol aus Hannover, Nöthig aus Weißholz, Ostendorf aus Soest, Ottow aus Labiau, Overweg aus Haus Ruhr, Pannier aus Zerbst, Paur aus Neisse, Pfahler aus Tettnang, Pfeiffer aus Adamsdorf, Pfeuffer aus Landshut, Phillips aus München, Pieringer aus Kremsmünster, Pinckert aus Zeitz, Plaß aus Stade, Polatzek aus Weißkirch, v. Pretis aus Hamburg, Quesar aus Prag, v. Quintus-Icilius aus Fallingbostel, Rank aus Wien, Rapp aus Wien, v. Rappard aus Glambek, Raßl aus Neustadtl in Böhmen, Raus aus Wolframitz, Raveaux aus Köln, Reh aus Darmstadt, Reichard aus Speyer, Reinhard aus Boytzenburg, Reinstein aus Naumburg, Reisinger aus Freistadt, Reitter aus Prag, Renger aus Böhmisch-Kamnitz, Rheinwald aus Bern, Riedl aus Graz, Riegler aus Mährisch-Budwitz, Riehl aus Zwettl, Röben aus Dornum, Rödinger aus Stuttgart, Rösler aus Oels, Roßmäßler aus Tharand, Rühl aus Hanau, Sachs aus Mannheim, v. Saucken-Tarputschen aus Angerburg, Schädler aus Vaduz, Scharre aus Strehla, Schenk aus Dillenburg, Schlöffel aus Halbendorf, Schlutter aus Poris, Schmidt (Ernst Friedrich Franz) aus Löwenberg, Schmidt (Adolph) aus Berlin, Schmitt aus Kaiserslautern, Schneider aus Wien, Schoder aus Stuttgart, Schorn aus Essen, Schott aus Stuttgart, Schreiner aus Gratz (Steyermark), Schubert aus Würzburg, Schüler aus Jena, Schulz aus Darmstadt, Schütz aus Mainz, Schwarzenberg aus Kassel, Siehr aus Gumbinnen, Siemens aus Hannover, Simon (Heinrich) aus Breslau, Simon (Ludwig) aus Trier, v. Somaruga aus Wien, Spatz aus Frankenthal, Sprengel aus Waren, Stark aus Krumau, Stenzel aus Breslau, Strache aus Rumburg, v. Stremayr aus Gratz, Tafel aus Stuttgart, Tafel (Franz) aus Zweibrücken, Temme aus Münster, Titus aus Bamberg, Trabert aus Rausche, Trampusch aus Wien, v. Trützschler aus Dresden, Uhland aus Tübingen, Umbscheiden aus Dahn, v. Unterrichter aus Klagenfurt, Venedey aus Köln, Versen aus Nieheim, Viebig aus Posen, Vischer aus Tübingen, Vogel aus Guben, Vogel aus Dillingen, Vogt aus Gießen, Vonbun aus Feldkirch, Wagner aus Steyr, Waldmann aus Heiligenstadt, Walter aus Neustadt, Weber aus Neuburg, Weber aus Meran, Wedekind aus Bruchhausen, Weiß aus Salzburg, Weißenborn aus Eisenach, Welter aus Tünsdorf, Werner aus Oberkirch, Werner aus St. Pölten, Werthmüller aus Fulda, Wesendonck aus Düsseldorf, Wiesner aus Wien, Wiest aus Tübingen, Wigard aus Dresden; Wurm aus Hamburg, Wuttke aus Leipzig, Würth aus Sigmaringen, v. Würth aus Wien, v. Wydenbrugk aus Weimar, Zachariä aus Bernburg, Zachariä aus Göttingen, Zell aus Trier, Zeltner aus Nürnberg, Ziegert aus Preußisch-Minden, Zimmermann aus Stuttgart, Zimmermann aus Spandow, Zitz aus Mainz, Zöllner aus Chemnitz, Zum Sande aus Lingen.

Der Abstimmung enthielten sich:

v. Kösteritz aus Elberfeld, v. Linde aus Mainz.

Abwesend waren:

A. Mit Entschuldigung:

v. Andrian aus Wien, Archer aus Rein, Barth aus Kaufbeuren, Bassermann aus Mannheim, Bauer aus Bamberg, Bauernschmid aus Wien, v. Beisler aus München, Benedict aus Wien, Bergmüller aus Mauerkirchen, Beseler (H. W.) aus Schleswig, Blömer aus Aachen, Bogen aus Michelstadt, Bouvier (Cajetan) aus Steyermark, Brentano aus Bruchsal, Briegleb aus Koburg, Brons aus Emden, Burkart aus Bamberg, Caspers aus Koblenz, Christ aus Bruchsal, Clemens aus Bonn, Culmann aus Zweibrücken, Deetz aus Wittenberg, Freudentheil aus Stade, v. Gagern aus Darmstadt, v. Gagern aus Wiesbaden, Gottschalk aus Schopfheim, Helbing aus Emmendingen, Hildebrand aus Marburg, Hillebrand aus Pöls, Höchsmann aus Wien, Junghanns aus Mosbach, Junkmann aus Münster, Kaiser (Ignatz) aus Wien, v. Kalkstein aus Wogau, Kerst aus Birnbaum, Kleinschrod aus München, Koch aus Leipzig, Kolb aus Speyer, Kuenzer aus Constanz, Leue aus Köln, Löwe (Wilhelm) aus Calbe, v. Mayfeld aus Wien, Müller aus Damm, Müller aus Sonnenberg, Neumann aus Wien, Osterrath aus Danzig, Pattay aus Steyermark, Peter aus Constanz, Petzer aus Bruneck, Presting aus Memel, v. Reden aus Berlin, Reichenbach (Graf) aus Dometzko, Reindl aus Orth, Richter aus Achern, Röder aus Neustettin, Römer aus Stuttgart, Rothe aus Berlin, Schaffrath aus Neustadt, Schiedermayer aus Vöcklabruck, Schlörr aus der Oberpfalz, v. Schmerling aus Wien, Schönmäckers aus Beck, Schrott aus Wien, Schüler (Friedrich) aus Zweibrücken, Schultze aus Liebau, Sepp aus München, Simon (Max) aus Breslau, Stedmann aus Besselich, Stein aus Görz, Stokinger aus Frankenthal, Thinnes aus Eichstätt, Tomaschek aus Iglau, v. Vincke aus Hagen, Wernich aus Elbing, Wiethaus (J.) aus Gummersbach, Wippermann aus Kassel, Zittel aus Bahlingen.

B. Ohne Entschuldigung:

Arndts aus München, Boch-Buschmann aus Siebenbrunnen, v. Boddien aus Pleß, v. Bothmer aus Carow, Braun a. Bonn, Braun a. Cöslin, v. Breuning a. Aachen, Buß a. Freiburg im Breisgau, Cetto aus Trier, Cornelius aus Braunsberg, Coronini-Cronberg (Graf) aus Görz, Deym (Graf) aus Prag, Deymann aus Meppen, Eisenmann aus Nürnberg, Eisenstuck aus Chemnitz, Englmayr aus Enns (Oberösterreich), Giesebrecht aus Stettin, Grävell aus Frankfurt a. d. O., Heckscher aus Hamburg, Jopp aus Enzersdorf, Jürgens aus Stadtoldendorf, Küntzel aus Hildesheim, Martiny aus Friedland, v. Mayern aus Wien, Merck aus Hamburg, Munchen aus Luxemburg, Paur aus Augsburg, Prinzinger aus St. Pölten, v. Raumer aus Berlin, Reichensperger aus Köln, Rößler aus Wien, Rüder aus Oldenburg, v. Saltzwedell aus Gumbinnen, v. Scherpenzeel aus Baarlo, Schick aus Weißensee, Schierenberg aus Detmold, Schmidt (Joseph) aus Linz, v. Schrötter aus Preußisch-Holland, Schulz (Friedrich) aus Weilburg, Schwerin (Graf) aus Pommern, Servais aus Luxemburg, v. Soiron aus Mannheim, Streffleur aus Wien, Tappehorn aus Oldenburg, Tellkampf aus Breslau, Waitz aus Göttingen, Waldburg-Zeil-Trauchburg (Fürst) aus Stuttgart, Wekbeker aus Aachen, Welcker aus Heidelberg, Wichmann aus Stendal, Wiebker aus Uckermünde.

Präsident: Der Antrag des Herrn Lette und Genossen ist mit 299 gegen 125 Stimmen abgelehnt (Bravo auf der Linken), und damit das Amendement des Herrn v. Selchow und Genossen unter Nr. 6, — worin die Herren Antragsteller mit mir einverstanden sind, — gleichzeitig beseitigt, somit die Abstimmung zu Ende. — Ich bitte die Herren, Ihre Plätze einzunehmen, damit ich das Nesultat der Abstimmung im Ganzen Ihnen mittheile. Angenommen sind durch die heutige Abstimmung folgende Sätze: Reichsgesetz über die Wahlen der Abgeordneten zum Volkshaus x.:

„§ 1. Wähler ist jeder unbescholtene Deutsche, welcher das 25ste Lebensjahr zurückgelegt hat.

§ 2. Von der Berechtigung zum Wählen sind ausgeschlossen:

1) Personen, welche unter Vormundschaft oder Curatel stehen;
2) Personen, über deren Vermögen Concurs- oder Fallitzustand gerichtlich eröffnet worden ist, und zwar während der Dauer dieses Concurs- oder Fallitverfahrens;
3) Personen, welche eine Armenunterstützung aus öffentlichen oder Gemeinde-Mitteln beziehen, oder im letzten der Wahl vorhergegangenen Jahre bezogen haben."

Protocollarische Erklärungen über die Abstimmungen habe ich vier erhalten; die erste von dem Herrn Rümelin:

„Die Unterzeichneten haben für das Amendement von Beseler gestimmt, weil sie das Princip eines mäßigen Census für das Richtigste halten. Dagegen erachten sie den Steuersatz von 5 fl. 15 kr. für manche deutsche Staaten zu hoch, und haben nur in der Erwartung ihre Stimme mit ja abgegeben, daß bei zweiter Lesung des Wahlgesetzes ein niedrigerer Steuersatz in Vorschlag gebracht werden würde." (Stimmen auf der Linken: Ah! Ah!)

Unterschrieben von: v. Raumer von Dinkelsbühl; Stahl; Graf Giech; v. Rotenhan; Gombart; v. Zerzog; Herzog.

Eine zweite Erklärung von Herrn Gspan von Innsbruck lautet also:

„Der Unterzeichnete hat gegen die Beschränkungen des Wahlrechts, und eigentlich für das Minoritäts-Gutachten II des § 2 gestimmt, weil er das Wahlrecht als das wichtigste Recht eines jeden Deutschen erkennt, weil jeder Deutsche Pflichten gegen den Staat zu erfüllen hat, also auch von dem wichtigsten Rechte nicht ausgeschlossen werden darf, und weil der Gefertigte der Meinung ist, daß nur indirecte Wahlen von gutem Erfolg sein können, und bei § 14 des Gesetz-Entwurfes werden eingeführt werden."

Eine dritte Erklärung von Herrn v. Hayden lautet:

„Gefertigter erklärt, daß er, da er von der Nationalversammlung das Princip: „ob directe oder indirecte Wahlen?" nicht bestimmt und unzweifelhaft ausgesprochen, ja nicht einmal die Discussion über diese wichtige und unerläßliche Vorfrage zugelassen wurde, und somit das Eine wie das Andere vorausgesetzt werden kann, er aber durch Nicht-Abstimmung seine Stimme nicht unwirksam machen wollte, nur in der Voraussetzung, daß von der Nationalversammlung seiner Zeit das Princip der directen Wahlen beliebt werden könnte — für ein beschränktes Wahlrecht gestimmt habe, ungeachtet er bei der Voraussetzung, daß indirecte Wahlen möglicher Weise angenommen werden, sich für ein ausgedehnteres und freieres Wahlrecht zum Volkshaus entschieden hatte."

Endlich eine Erklärung der Herren v. Linde und Kohlparzer:

„Solange die Nationalversammlung sich nicht ausdrücklich und bestimmt darüber ausgesprochen hat: ob das directe oder indirecte Wahlsystem eingeführt werden soll, steht für den größten Theil der Bestimmungen des proponirten Wahlgesetzes, sowie der Amendements, zwar ein leitendes Princip unterstellt, aber nicht anerkannt; ohne eine ausdrückliche Anerkennung oder Verwerfung des bis jetzt bloß unterstellten Princips aber halten wir eine folgerichtige, mit bestimmter Einsicht der Absicht und des Erfolgs vorzunehmende Abstimmung für unmöglich, und jede Abstimmung, die von sich widersprechenden Principien, die bloß stillschweigend unterstellt sind, ausgeht, entbehrt der Sicherheit, die bei einem so wichtigen Gegenstande unabweisbar gefordert wird. Aus diesen Gründen haben wir uns der Abstimmung enthalten müssen." (Gelächter auf der Linken.)

Meine Herren! Ich beraume die nächste Sitzung — hoffentlich mit Ihrer allseitigen Zustimmung — auf Donnerstag an. (Stimmen von allen Seiten: Ja! Einige Stimmen: Morgen!) Ist Widerspruch dagegen? (Stimmen von allen Seiten: Nein! Einige Stimmen: Ja!) Wenn Jemand etwas dagegen anführen will, so bitte ich ihn, auf die Tribüne zu kommen. (Niemand meldet sich.) Ich setze auf die Tagesordnung von Donnerstag die Berathung über den § 3 und folgende des vorliegenden Entwurfs. — Ich habe den Finanz-Ausschuß auf morgen Vormittag um 9 Uhr, den Verfassungs-Ausschuß auf morgen Vormittag um 10 Uhr, den Ausschuß für Gesetzgebung auf morgen Nachmittag um 4 Uhr einzuladen. Die heutige Sitzung ist geschlossen.

(Schluß der Sitzung 4 1/2 Uhr.)

Die Redactions-Commission und in deren Auftrag Abgeordneter Professor Wigard.

Druck von Joh. David Sauerländer in Frankfurt a. M.

Stenographischer Bericht

über die

Verhandlungen der deutschen constituirenden National-Versammlung zu Frankfurt a. M.

Nro. 176. | Freitag den 23. Februar 1849. | VII. 21.

Hundert und fünf und siebenzigste Sitzung.

(Sitzungslocal: Paulskirche.)

Donnerstag den 22. Februar 1849. (Vormittags 9 Uhr.)

Präsident: Theils E. Simson von Königsberg, theils Vice-Präsident Kirchgeßner.

Inhalt: Verlesung des Protokolls. — Austrittsanzeige des Abg. v. Schlotheim. — Verweisung neu eingetretener Mitglieder in die Abtheilungen. — Vorlage eines Gesetzentwurfs durch das Reichsjustizministerium, die Vollstreckung der Urtheile deutscher Gerichte in sämmtlichen Einzelstaaten Deutschlands betr. — Interpellation des Abg. Venedey, den Schutz der östlichen Gränzen Deutschlands betr. — Interpellation des Abg. Eisenstuck, den Rechtsschutz der Deutschen in Holland und den holländischen Colonien betr. — Fortsetzung der Berathung des vom Verfassungsausschuß vorgelegten Entwurfs eines Reichsgesetzes über die Wahlen der Abgeordneten zum Volkshause (§ 3 u. 4). — Urlaubsgesuche.

Präsident: Die Sitzung ist eröffnet. Der Herr Schriftführer wird das Protokoll der vorigen Sitzung verlesen. (Geschieht durch den Schriftführer Biedermann.) Ich frage, ob Reclamation gegen das Protokoll ist? (Niemand reclamirt.) Es ist keine Reclamation; das Protokoll ist genehmigt. — Der Abgeordnete für den Wahlbezirk Kreis Bomst-Meseritz in Deutsch-Posen, Herr v. Schlotheim, zeigt an, daß er von jetzt an dauernd verhindert sein werde, den Sitzungen der Reichsversammlung beizuwohnen. Behufs Einberufung seines Stellvertreters geht diese Anzeige an das Reichsministerium des Innern. — Zwei neu eingetretene Abgeordnete, die Herren Kanitsch aus Kärnthen, der an die Stelle des Herrn Scheließnigg und Thüssing aus Warendorf, der an die Stelle des Herrn v. Ketteler getreten ist, habe ich nach dem Bedürfniß der Abtheilungen beide der eilften Abtheilung zugetheilt. — Der Herr Unterstaatssecretär Widenmann wünscht Namens des Reichsjustizministeriums Anzeige von einer Gesetzvorlage zu machen; ich gebe ihm dazu das Wort.

Unterstaatssecretär Widenmann: Namens des Reichsministeriums der Justiz beehre ich mich, der hohen Versammlung den Entwurf zu einem Reichsgesetze, betreffend die Vollstreckung der Urtheile deutscher Gerichte in den sämmtlichen Einzelstaaten Deutschlands, vorzulegen. Meine Herren! Durch den § 50 der von Ihnen beschlossenen und schon publicirten Grundrechte sind Sie der Befriedigung eines längst von dem deutschen Volke und hauptsächlich von dem deutschen Handelsstande schmerzlich gefühlten Bedürfnisses entgegengekommen. Bisher bestand zwischen den einzelnen deutschen Staaten auch in Beziehung auf die gerichtlichen Urtheile dieselbe Schranke, welche zwischen deutschen und auswärtigen Staaten stattfand. Nur auf dem Wege besonderer förmlicher Verträge war diesem Zustande zwischen einzelnen Staaten einige wenn auch ungenügende Erleichterung zu Theil geworden. Diese Schranke ist nun durch den § 50 der Grundrechte principiell gefallen. Die praktische Durchführung des Grundsatzes erfordert aber manche specielle Bestimmungen, und daher haben Sie das Weitere in dieser Sache einem Reichsgesetze überlassen. Die Dringlichkeit eines solchen Gesetzes liegt auf der Hand. Es handelt sich hier, meine Herren, von der Entfesselung des bürgerlichen und commerciellen Verkehrs von einem unnatürlichen Hemmnisse in einer und derselben Nation; es handelt sich eben deßhalb auch von der Verwirklichung eines jener Grundsätze, die ganz vorzugsweise dazu geeignet sind, das Bewußtsein der Einheit in die deutsche Nation zu bringen und in derselben zu erhalten. Sie haben aber auch selbst die Dringlichkeit der Sache dadurch anerkannt, daß Sie den § 50 in die Reihe derjenigen Grundrechte aufgenommen haben, welche Sie sofort publiciren zu müssen geglaubt haben. Endlich wird auch die Verhandlung dieser Sache verhältnißmäßig nur eine geringe Zeit in Anspruch nehmen; ist die Vorlage erst im Gesetzgebungsausschuß berathen, so glaube ich, wird eine einzige Sitzung dieser Versammlung zur Erledigung dieser Sache vollkommen genügen; es wird dieß den Berathungen des Verfassungswerkes keinen Eintrag thun, es wird sich noch wohl eine Sitzung, die diesem Gegenstand gewidmet werden kann, ergeben; und jedenfalls wird der kleine Zeitverlust durch die hohe Wichtigkeit und die großen Vortheile des Gesetzes mehr als aufgewogen. — Die Aufgabe des Entwurfs selbst war die: solche Bestimmungen aufzufinden, welche den Grundsatz zu verwirklichen geeignet waren, und sich dennoch den verschiedenen Arten des bestehenden Verfahrens anpaßten. Wo Modificationen des bestehenden Verfahrens nothwendig waren, da dürfte doch nicht tiefer eingegriffen werden, als es eben zur Verwirklichung des Grundsatzes nothwendig war. Die meisten Schwierigkeiten verursachte die Verschiedenheit des in den preußischen, hessischen und bayerischen Rheinprovinzen bestehenden französischen Proceßverfahrens und des im übrigen Deutschland geltenden gemeinrechtlichen und sonstigen Verfahrens. Die hieraus erwachsenden Conflicte mußten beseitigt werden; ich glaube, der Entwurf wird diese Aufgabe im Wesentlichen gelöst haben. Erlauben Sie mir nun, Ihnen den Entwurf selbst nebst Motiven vorzutragen:

A. Entwurf.

Der Reichsverweser, in Ausführung des Beschlusses der Reichsversammlung vom....... verkündet als Gesetz:

Art. 1. Jedes in einem Einzelstaate Deutschlands erlassene und in demselben vollstreckbare richterliche Urtheil ist in jedem andern Einzelstaate Deutschlands vollstreckbar.

Die Vollstreckbarkeit ist an keine anderen Bedingungen geknüpft, als diejenigen, welche in dem Urtheil enthalten, oder durch die Gesetze des Einzelstaates, in welchem das Urtheil ergangen ist vorgeschrieben sind.

Art. 2 Ist das Urtheil nach seinem Inhalt oder nach den Gesetzen des Staates, in welchem es ergangen ist, nur gegen Cautionsleistung vollstreckbar, so muß die Caution da, wo es erlassen ist, nach den dort geltenden Bestimmungen gestellt, und, daß dieß geschehen ist, in dem unter Art. 4 zu erwähnenden Attest bemerkt werden.

Art. 3. Ist das Urtheil in einem derjenigen deutschen Staaten oder Landestheile ergangen, wo die Execution von den Gerichten geleitet wird, und soll es in einem andern Staate oder Landestheil, wo ebenfalls die Execution von den Gerichten ausgeht, vollstreckt werden, so kann auf Verlangen der Partei die Vollstreckung mittelst einer von dem Gericht, welches das Urtheil erlassen hat, an dasjenige, bei welchem die Execution stattfinden soll, gerichteten Requisition bewirkt werden. Das ersuchte Gericht muß dem Ersuchen Genüge leisten, ohne auf eine Prüfung der Sache selbst oder der Zuständigkeit des ersuchenden Gerichts einzugehen.

Art. 4. Ist dagegen das Urtheil in einem Landestheil ergangen, wo die Vollstreckung nicht von den Gerichten geleitet wird; oder soll in einem solchen Landestheil ein in einem andern deutschen Staate erlassenes Urtheil vollstreckt werden; oder will in den Fällen des Art. 3 die Partei sich des Mittels der Requisition nicht bedienen: so kann die Vollstreckung nur erfolgen, wenn außer der Ausfertigung des Urtheils die Bescheinigung beigebracht wird, daß der Vollstreckung ein rechtliches Hinderniß nicht entgegenstehe, und daß diese durch die Einlegung eines Rechtsmittels entweder nicht gehemmt werde, oder daß und unter welchen Voraussetzungen eine Hemmung der Vollstreckung eintrete.

Diese Bescheinigung wird von dem Gerichte, welches das Urtheil erlassen hat, und in den Landestheilen, wo die Execution der Urtheile nicht von den Gerichten geleitet wird, von dem Vorsitzenden jenes Gerichts ertheilt.

Art. 5. Zur Ausführung der in dem vorhergehenden Artikel enthaltenen Vorschrift in denjenigen Landestheilen, in welchen die französische Civilproceßordnung gilt, können die eingelegten Rechtsmittel von den Anwälten in das in den Artikeln 163 und 549 dieser Proceßordnung vorgesehene Register eingetragen werden.

Auch bei den Handels- und Friedensgerichten in jenen Landestheilen sollen dergleichen Register gehalten werden, in welchen die Parteien oder deren Bevollmächtigte die geschehene Einlegung der Rechtsmittel einschreiben können.

Art. 6. Soll ein Contumacial-Erkenntniß im Sinne der Artikel 156, 158, 159, 434 und 435 der französischen Civil-Proceßordnung in einem Landestheil oder Staate, worin diese Proceßordnung nicht gilt, zur Vollstreckung kommen, so kann die Opposition dagegen bei dem die Execution leitenden Gerichte angemeldet werden; die Vollstreckung wird durch diese Anmeldung, wenn das Urtheil nicht der Opposition ungeachtet vollstreckbar ist, gehemmt, insofern die Opposition binnen zwanzig Tagen in der in den Artikeln 162 und 438 der gedachten Proceßordnung vorgeschriebenen Weise wiederholt wird. Diese Wiederholung muß durch eine Bescheinigung des Vorsitzenden desjenigen Gerichts, welches das Urtheil erlassen hat, nachgewiesen werden, widrigen Falls die Fortsetzung der Execution verlangt werden kann.

Art. 7. Wird ein Urtheil, welches in einem Landestheile, worin die französische Civil-Proceßordnung gilt, erlassen, und wogegen das Rechtsmittel der Berufung noch offen ist, in einem Landestheil oder Staate, worin diese Proceßordnung nicht gilt, vollstreckt, so kann die Berufung bei dem die Execution leitenden Gerichte angemeldet werden; sie gilt mit dem Tage dieser Anmeldung als eingelegt, insofern innerhalb zwanzig Tagen nach dieser Anmeldung die wirkliche Einlegung des Rechtsmittels auf die gesetzlich vorgeschriebene Weise erfolgt. Diese förmliche Einlegung der Berufung muß durch eine Bescheinigung des Vorsitzenden desjenigen Gerichts, welches das Urtheil erlassen hat, nachgewiesen werden; im Entstehungsfall kann auf Fortsetzung der Execution angetragen werden.

Art. 8. Soll in einem Landestheil, worin die französische Civil-Proceßordnung gilt, ein in einem andern deutschen Staate erlassenes Urtheil vollstreckt werden, so wird dasselbe vorher durch eines der Gerichte jenes Landestheils auf Anwaltsgesuch für executorisch und diese Verfügung mit dem zu vollstreckenden Urtheil unter der executorischen Clausel ausgefertigt.

Art. 9. Ueber die Einwendungen gegen das Urtheil und dessen Vollstreckbarkeit erkennt das Gericht, welches dasselbe erlassen hat.

Werden solche Einreden bei dem Richter der Execution angemeldet, so bestimmt dieser eine Frist zur Beibringung des Nachweises, daß die Einreden bei dem zuständigen Gerichte anhängig gemacht worden sind. Wird dieser Nachweis nicht geliefert, oder sind die Einreden von dem zuständigen Richter verworfen, so findet auf den Antrag des Executionssuchers die Fortsetzung der Vollstreckung statt.

Werden dergleichen Einreden zum zweiten Male angemeldet, so tritt die Einstellung der Execution nur insofern ein, als der nach Vorstehendem zuständige Richter sie verordnet.

Art. 10. Ueber die zulässigen Arten und Grade der Vollstreckung und das bei derselben zu beobachtende Verfahren wird von den Gerichten des Ortes, wo die Vollstreckung geschieht, nach den dort geltenden Gesetzen erkannt.

Art. 11. Daß und in wie weit das Urtheil vollstreckt worden, wird von dem die Execution leitenden Gerichte, beziehungsweise dem vollstreckenden Gerichtsvollzieher, auf der der Vollstreckung zu Grunde gelegten Ausfertigung des Urtheils bemerkt.

Art. 12. Auf Urtheile, welche in Strafsachen ergangen sind, findet das gegenwärtige Gesetz nur in so weit Anwendung, als auf Schadenersatz erkannt oder eine Wiedererstattung oder eine Wiederherstellung verordnet ist.

B. Motive.

Der § 50 der durch das Reichsgesetzblatt vom 28. December v. J. verkündigten Grundrechte des deutschen Volkes, wonach rechtskräftige Urtheile deutscher Gerichte in allen deutschen Landen gleich wirksam und vollziehbar sein sollen, ist bestimmt, einem längst vom deutschen Volke, und zumeist von dem deutschen Handelsstande schmerzlich gefühlten Bedürfnisse abzuhelfen, und auch in Beziehung auf gerichtliche Urtheile zwischen den Angehörigen der verschiedenen Einzelstaaten Deutschlands diejenigen Schranken zu beseitigen, welche sonst nur Ausländern gegenüber gezogen sind. Da die praktische Durchführung dieses Grundsatzes mehrere besondere Bestimmungen erfordert, so ist das Nähere einem Reichsgesetze überlassen worden. Ein solches so schleunig als möglich ins Leben zu rufen, erheischt aber einestheils das wahrhaft dringende Bedürfniß der Befreiung des bürgerlichen und commerciellen Verkehrs von den eben angegebenen unnatürlichen Fesseln, anderntheils die Betrachtung, daß ein solches Gesetz vorzugsweise geeignet ist, das Bewußtsein der Einheit im deutschen Volke zu erwecken und zu beleben, und endlich der Umstand, daß die Reichsversammlung den § 50 in die Reihe derjenigen Grundrechte aufgenommen hat, deren sofortige Publication sie beschließen zu müssen geglaubt hat.

Zu Art. 1 des Entwurfs. Der § 50 der Grundrechte spricht nur von rechtskräftigen Urtheilen, und würde dadurch, wollte man ihn buchstäblich nehmen, alle zwar noch nicht rechtskräftigen, aber dennoch vollstreckbaren Urtheile von der Wohlthat der grundrechtlichen Bestimmung ausschließen. So würden alle diejenigen Urtheile, welche entweder nach ihrem Inhalte oder nach den Gesetzen des Einzelstaates, in welchem sie erlassen worden, etwaiger Rechtsmittel ungeachtet vollstreckbar sind, mithin die meisten Urtheile in Wechselsachen, in anderen Einzelstaaten Deutschlands nicht zur Vollstreckung gebracht werden können. In Rheinpreußen, Rheinhessen und Rheinbayern, wo die französische Proceßordnung gilt, besteht eine dreimonatliche Frist für die Einlegung der Berufung, während in dem übrigen Deutschland diese Frist nur eine sehr kurze ist; dagegen sind aber auch dort die Urtheile erster Instanz so lange vollstreckbar, als nicht das Rechtsmittel wirklich eingelegt ist, so daß gerade hierdurch der Verurtheilte gezwungen werden kann, entweder dem Urtheile Genüge zu leisten, oder ohne Rücksicht auf die noch geräumige Frist das Rechtsmittel der Berufung einzulegen. Wollte man nun die Vollstreckbarkeit in anderen Einzelstaaten auf rechtskräftige Urtheile beschränken, so müßten die Angehörigen jener Rheinprovinzen immer den Ablauf der dreimonatlichen Berufungsfrist abwarten, wodurch sie den andern deutschen Staaten und Landestheilen gegenüber in großen Nachtheil gestellt wären und ihnen häufig die Möglichkeit jeder Execution verloren gehen könnte. Noch größer wurde der Uebelstand in Beziehung auf Contumacial-Urtheile der Gerichte erster Instanz jener Rheinprovinzen sein: diese sind bis zu erfolgender Opposition vollstreckbar und die Opposition ist hinwieder bis zur Vollstreckung zulässig; ja, sie müssen auch binnen sechs Monaten vom Tage ihrer Erlassung an vollstreckt werden, widrigenfalls sie als nicht ergangen zu betrachten sind (Art. 156 und 158 der französischen Proceßordnung). Gesetzt nun, die Vollstreckung sei in der betreffenden Rheinprovinz factisch nicht möglich, weil sich keine Executionsgegenstände dort befänden, die Vollziehung in einem anderen deutschen Staate, wo der Schuldner mit Executionsobjecten ansässig ist, sei aber erst nach eingetretener Rechtskraft zulässig: so würde ein solches Contumacial-Erkenntniß ohne allen Werth sein; die Vollstreckbarkeit wäre von einer Bedingung (der Rechtskraft) abhängig, welche die Partei herbeizuführen nicht im Stande ist, und der Verurtheilte brauchte sich nur rein passiv zu verhalten (keine Opposition einzulegen), um innerhalb sechs Monaten die Erlöschung des Urtheils herbeizuführen. Selbst bei handels- und friedensgerichtlichen Urtheilen, die der sechsmonatlichen Peremtion nicht unterliegen, würde die Vollstreckbarkeit niemals eintreten, mithin diese Urtheile, wie gesagt, völlig werthlos sein. — Der § 50 hat aber offenbar nur den gewöhnlichen und am häufigsten vorkommenden Fall vor Augen gehabt, ohne die selteneren, aber auf gleicher Linie stehenden Fälle deßhalb ausschließen zu wollen. Der der grundrechtlichen Bestimmung unterliegende Gedanke wird daher wohl auch seine nähere Bestimmung, oder auch, wenn man will, weitere Entwickelung darin finden, daß dem Ausdruck „rechtskräftige Urtheile“ der Ausdruck „vollstreckbare Urtheile“ substituirt wird. — Durch den zweiten Satz des Artikel 1 sind alle beschränkenden Bedingungen und Auflagen beseitigt und ist dadurch die Gleichstellung der sämmtlichen Einzelstaaten Deutschlands in Beziehung auf die Vollstreckbarkeit gerichtlicher Urtheile principiell verwirklicht.

Zu Art. 2. Es kommt nicht selten, besonders bei provisorisch vollstreckbaren Urtheilen, vor, daß das Erkenntniß nur gegen Cautionsleistung vollstreckbar ist. Da in einem solchen Falle die Cautionsleistung nothwendige Vorbedingung der Vollstreckbarkeit ist, so versteht es sich von selbst, daß die Caution da, wo das Urtheil erlassen ist, nach den dort geltenden Bestimmungen gestellt, und die Erfüllung dieser Bedingung im Falle des Art. 4 auch in dem zur Bewirkung der Vollstreckung erforderlichen Atteste bescheinigt werden muß.

Zu Art. 3. Die Art. 3 und 4 stellen zwei Hauptunterschiede auf, welche in Beziehung auf das Executionsverfahren in Deutschland bestehen, nämlich auf der einen Seite die Verfügung und Leitung der Execution durch die Gerichte, auf der andern Seite die Vollstreckung der Urtheile durch hierzu bestellte Beamte (Gerichtsvollzieher) auf Ansuchen der Parteien, ohne Dazwischentreten der Gerichte. Letzteres findet in den preußischen, hessischen und bayerischen Rheinprovinzen, wo das französische Proceßverfahren gilt, Ersteres in den übrigen Theilen Deutschlands statt. Es hat nicht zweckmäßig geschienen, an die Stelle der Bezeichnung dieser sachlichen Verschiedenheit eine Unterscheidung nach den Territorien zu machen, damit etwaige legislative Veränderungen in dem Verfahren einzelner Staaten oder Landestheile, z. B. die Aufhebung der administrativen Thätigkeit der Gerichte hinsichtlich der Execution, auf das gegenwärtige Gesetz ohne Einfluß bleiben und die Nothwendigkeit neuer Bestimmungen nicht herbeiführen. — In denjenigen Staaten oder Landestheilen nun, wo die Execution von den Gerichten ausgeht, besteht bereits für die Vollstreckung eines Urtheils in einem andern Gerichtsbezirke das Mittel der Requisition. Dieses in den meisten Fällen ganz zweckmäßige und den Parteien häufig eine große Erleichterung gewährende Mittel braucht nur auf die Fälle ausgedehnt zu werden, wo die Vollstreckung in einem anderen deutschen Staate geschehen soll, wie es denn auch schon zwischen einzelnen deutschen Staaten, vermöge besonderer, die wechselseitige Vollstreckung der Urtheile betreffender Verträge bisher bestanden hat. Da nun in den Fällen einer solchen Requisition das requirirende Gericht (dasjenige, welches das Urtheil erlassen hat) prüft, ob die Bedingungen der Vollstreckbarkeit vorhanden sind und dem Gesuch um Requisition statt gegeben werden kann, so bedarf es hier weiterer Förmlichkeiten oder Bedingungen nicht.

Zu Art. 4. Dort, wo die Vollstreckung der Urtheile nicht von den Gerichten verfügt und geleitet wird (in den vorgedachten Rheinprovinzen), kann man sich, um ein Urtheil zur Vollstreckung zu bringen, nicht an die Gerichte, sondern nur an die Vollstreckungsbeamten (Gerichtsvollzieher) wenden, vorbehaltlich der Bestimmung des Art. 9. Aber auch für den Fall, daß ein in einem solchen Landestheile erlassenes Urtheil anderweit vollstreckt werden soll, erscheint das Mittel der Requisition unanwendbar: denn die Gerichte sind dort streng auf die eigentliche richterliche Thätigkeit (die Rechtsprechung) beschränkt, und allen administrativen Functionen fremd. Den Staatsanwälten kann eine solche Requisition nicht übertragen werden, da ihrem amtlichen Bereich die Cognition über die Frage der Vollstreckbarkeit des Urtheils, welche die Vorbedingung und Grundlage der Requisition bildet, wie auch die Erledigung der Anstände und Zwischenfragen, zu denen die Requisition Veranlassung geben kann, nicht entsprechen würde. — Für solche Fälle nun, sowie für den Fall, daß die Partei sich des den Umständen nach vielleicht beschwerlichen oder zeitraubenden Mittels der Requisition nicht bedienen will, hat der Art. 4 den Weg, um zur Vollstreckung zu gelangen, bestimmt. Der authentische Beweis der Vollstreckbarkeit des Urtheils, welcher bei der Requisition schon durch diese selbst hergestellt ist, muß hier durch ein besonderes Attest geliefert werden. Die Beschaffenheit dieses Attestes konnte nur in allgemeinen, die speciellen Fälle andeutenden, Zügen vorgezeichnet werden. Als Haupterforderniß des Attestes ist aufgeführt: „daß der Vollstreckung ein rechtliches Hinderniß nicht entgegensteht." Es ist nun im einzelnen Falle zu prüfen, ob diese Bedingung vorhanden ist. Da, wo nur rechtskräftige Urtheile vollstreckbar sind, wie dieß wohl die Regel in dem größten Theile von Deutschland bildet, ist zu untersuchen, ob das Urtheil die Rechtskraft beschritten hat; da, wo außerdem noch etwas zu erfüllen oder eine Frist abzuwarten ist, ehe das rechtskräftige Urtheil in Vollzug gesetzt werden kann, ist auch auf die Erfüllung dieser ferneren Bedingung oder den Ablauf der Frist zu achten. In den mehrgedachten Rheinprovinzen sind nach Art. 147 der französischen Civilproceßordnung verurtheilende Erkenntnisse nur alsdann vollstreckbar, wenn sie dem Anwalt des Verurtheilten und dem Verurtheilten selbst, durch Gerichtsvollziehersacte in der vorgeschriebenen Form zugestellt worden sind. Hier kann also die Bescheinigung, daß der Vollstreckung ein rechtliches Hinderniß nicht entgegenstehe, nur nach Vorlage und Einsicht der Zustellungsacte ertheilt werden. Ist das Urtheil nur gegen Cautionsleistung vollstreckbar, so kann gemäß Art. 2 das Attest erst nach gehörig erfolgter Cautionsleistung ausgestellt werden, und es muß der Erfüllung dieser wichtigen Bedingung in dem Atteste selbst Erwähnung geschehen. — Sind noch Rechtsmittel gegen das Urtheil offen, so muß, und das ist ein ferneres Erforderniß des Attestes, in diesem bemerkt werden, ob die Einlegung der Rechtsmittel die Vollstreckung hemmt oder nicht, und ersteren Falles, unter welchen Voraussetzungen. Bei Urtheilen z. B., welche provisorisch (der Rechtsmittel ungeachtet) vollstreckbar sind, sei es durch Verfügung des Gerichts, sei es durch das Gesetz, wie die friedensrichterlichen Urtheile in den Rheinprovinzen, welche bis zur Höhe von 300 Franken der Appellation ungeachtet vollstreckbar sind, muß in dem Atteste ausdrücklich bemerkt werden, daß zwar noch dieses oder jenes Rechtsmittel gegen das Urtheil zulässig ist, durch dessen Einlegung aber die Vollstreckbarkeit nicht aufgehoben wird. Dagegen sind z. B. auch alle übrigen Urtheile in den Rheinprovinzen, ungeachtet das Rechtsmittel der Berufung noch dagegen offen ist, vollstreckbar, wird aber die Berufung wirklich eingelegt, so hemmt sie die Vollstreckung. In solchen Fällen muß also in dem Attest bemerkt werden, daß das Urheil bis zur Einlegung der Appellation vollstreckbar ist, und binnen welcher Frist dieses Rechtsmittel eingelegt werden kann. Contumacialerkenntnisse der Gerichte erster Instanz aus jenen Rheinprovinzen sind, wie bereits zu Artikel 1 erwähnt ist, bis zur etwa erfolgenden Opposition, jedoch nur innerhalb sechs Monaten von ihrer Erlassung an, vollstreckbar; in dem Atteste muß dieß enthalten sein. — Es ergibt sich aus diesen Beispielen, daß die in dem Artikel 4 enthaltene allgemeine Anleitung den Richter vollkommen in den Stand setzt, das Attest der Vollstreckbarkeit und der Modalitäten derselben den Umständen nach auszustellen. — Die Ausstellung des Attests kann der Natur der Sache nach nur von dem Gerichte, welches das Urtheil erlassen hat, ausgehen, und da, wo alle administrative Thätigkeit den Gerichten fremd ist, wie in den mehrerwähnten Rheinprovinzen, von dem Vorsitzenden jenes Gerichts.

Zu Art. 5. In denjenigen Landestheilen, in welchen die französische Proceßordnung gilt (Rheinpreußen, Rheinhessen, Rheinbayern), werden die Rechtsmittel nicht bei den Gerichten, sondern durch die Gerichtsvollzieher, ohne alle Vermittelung der Gerichte eingelegt, und selbst derjenige Richter, welcher über das Rechtsmittel zu entscheiden hat, erlangt nur dann Kenntniß davon, wenn es den Parteien beliebt, die Sache zur Entscheidung zu befördern. Die Ausstellung des in Artikel 4 erforderten Attests würde also in jenen Landestheilen nicht möglich sein, wenn den Parteien nicht ein Weg zur Bekanntmachung ihrer Rechtsmittel bei den Gerichten erster Instanz vorgezeichnet würde. Hier ergibt sich nun als ein treffendes Auskunftsmittel die Einschreibung der Rechtsmittel in das in den Artikeln 163 und 549 vorgesehene Register, und es steht nichts im Wege, solche Register auch bei den Handels- und Friedensgerichten daselbst einzuführen.

Zu Art. 6. Wie schon zu Artikel 1 bemerkt ist, sind die Contumacialurtheile der Civil- und Handelsgerichte in den gedachten Rheinprovinzen bis zur Opposition vollstreckbar, und diese Opposition kann durch eine dem vollstreckenden Gerichtsvollzieher gemachte und von diesem protokollirte Erklärung angemeldet werden, muß dann aber innerhalb acht beziehungsweise drei Tagen in der näher vorgeschriebenen Form wiederholt werden. Die Vorschrift des gegenwärtigen Artikels ist nun bestimmt, auch dort, wo keine Gerichtsvollzieher fungiren, vielmehr die Execution vom Gerichte geleitet wird, die Möglichkeit der Anmeldung der Opposition und dadurch der sofortigen Hemmung der Vollstreckung zu eröffnen. Die in der französischen Proceßordnung bestimmte Frist zur Wiederholung der Opposition wird nach Analogie der Publicationsfrist auf zwanzig Tage auszudehnen sein. Da der Richter der Execution sich nicht füglich auf eine Prüfung, ob die Wiederholung der Opposition in der vorgeschriebenen Form erfolgt ist, einlassen kann, so muß dieß durch eine Bescheinigung des Vorsitzenden des betreffenden Gerichts nachgewiesen werden. Die Frist zur Beibringung dieser Bescheinigung hängt von den Umständen ab und bleibt füglich dem Ermessen des Richters der Execution anheimgegeben.

Zu Art. 7. Urtheile erster Instanz aus den mehrerwähnten Rheinprovinzen sind bis zur Einlegung der Appellation vollstreckbar; soll aber die Vollstreckung an einem andern Orte, als wo der Gläubiger wohnt, geschehen, so muß nach Art. 584 der französischen Proceßordnung der Gläubiger in dem die Execution androhenden Acte ein Domicil an dem Orte der Vollstreckung wählen, und in diesem Domicil kann die andere Partei durch den Gerichtsvollzieher die Berufung zustellen lassen, die dann die Execution hemmt. Der Art. 7 des Entwurfs bestimmt, die Wohlthat dieser Vorschrift auch dort, wo das Institut der Gerichtsvollzieher und die Bestimmung der Wahl eines Domicils nicht besteht, eintreten zu lassen, indem die Anmeldung der Appellation bei dem die Execution leitenden Gerichte die Wirkung der förmlichen Einlegung des Rechtsmittels haben und mithin die Execution hemmen soll, wenn die wirkliche und förmliche Einlegung der Berufung innerhalb zwanzig Tagen von der Anmeldung an erfolgt, was wieder durch eine Bescheinigung des Vorsitzenden des betreffenden Gerichts nachgewiesen werden muß.

Zu Art. 8. In denjenigen Landestheilen, wo die französische Civilproceßordnung gilt, kann nach Artikel 545 kein Urtheil in Vollzug gesetzt werden, wenn es nicht mit der sogenannten executorischen Clausel desjenigen Staates, worin es vollstreckt werden soll, versehen ist, und kein Gerichtsvollzieher würde ohne diese ein Urtheil vollstrecken dürfen, ohne sich schwerer Strafe auszusetzen. Darum müssen auch Urtheile ausländischer Gerichte, wenn sie in diesen Landestheilen vollstreckt werden sollen, erst nach Anleitung des Artikels 546 executorisch erklärt werden. Diese Vorschrift hat man in Preußen mit Recht auch auf Urtheile aus den altländischen Provinzen, welche in der preußischen Rheinprovinz vollstreckt werden sollen, angewendet, mit der Maßgabe jedoch, daß die Ertheilung der executorischen Clausel nicht durch eine vorgängige Vorladung des Verurtheilten und ein förmliches contradictorisches oder Contumacialverfahren bedingt ist, vielmehr auf einseitiges Gesuch (requête) eines Anwalts an eines der Gerichte erster Instanz erfolgt. Diese Erleichterung hat auch der Entwurf gewähren zu müssen geglaubt, da nach dem Grundsatz des Art. 1 von einer materiellen Prüfung oder einer Beurtheilung der Competenz nicht die Rede sein kann, sondern es sich nur um die Erfüllung einer allerdings nothwendigen Formalität handelt.

Zu Art. 9 und 10. Diese beiden Artikel unterscheiden zwischen den Einwendungen gegen das Urtheil und dessen Vollstreckbarkeit (z. B. Einreden der Zahlung oder des Vergleichs nach dem Urtheil) und den auf die Arten und Grade der Execution und das Executionsverfahren bezüglichen Einreden. Da einem Richter nicht zugemuthet werden kann, nach fremden Formen zu verfahren und eine fremde Executionsordnung zur Anwendung zu bringen, so muß es hinsichtlich der Einreden der letzteren Art bei dem allgemeinen Grundsatz verbleiben, daß hierüber der Richter der Execution nach den bei ihm geltenden Gesetzen erkennt. Ueber die Einreden der ersteren Art dagegen kann nur das Gericht, welches das Urtheil erlassen hat, erkennen; zu den Einreden dieser Art gehört auch der Einwand, daß ein die Vollstreckung hemmendes Rechtsmittel gegen das Urtheil eingelegt ist. Werden solche Einreden bei dem Richter der Execution angemeldet, so hemmen sie sofort die Vollstreckung, und es ist eine Frist zu bestimmen für den Nachweis, daß sie bei dem zuständigen Richter anhängig gemacht sind. Erst nach fruchtlosem Ablauf dieser Frist, oder nach Verwerfung der Einreden durch den zuständigen Richter kann die Fortsetzung der Execution verlangt werden. — Der Schlußsatz des Art. 9 soll der Chikane vorbeugen, daß Einreden dieser Art vereinzelt, und nacheinander vorgebracht und dadurch die Vollstreckung in's Endlose hingehalten wird; daher schneidet er zwar auch nach Beendigung einer Procedur über dergleichen Einreden das abermalige Vorbringen neuer Einreden, so weit es überhaupt zulässig ist, nicht ab, läßt jedoch eine abermalige Hemmung der Execution nicht ohne weiteres eintreten, überläßt es vielmehr der Partei, bei dem zuständigen Gericht entweder die schleunige Aburtheilung der neuen Einreden oder auch die Verordnung der Sistirung der Execution, wenn das Gericht sie bewilligen zu können und müssen glaubt, zu erwirken.

Zu Art. 11. Dieser Artikel enthält eine gewiß zweckmäßige Vorsichtsmaßregel, um eine zweimalige Vollstreckung desselben Urtheils zu verhüten. Kommen hierzu beschränkende Bestimmungen über die Ertheilung einer zweiten executorischen Urtheilsausfertigung, wie sie der Artikel 854 der französischen Civilproceßordnung enthält, so ist der Zweck vollständig erreicht. Indeß müssen dergleichen Bestimmungen, da sie dem bestehenden Verfahren anzupassen sind, zur Zeit noch der Gesetzgebung der Einzelstaaten überlassen bleiben.

Zu Art. 12. Es erscheint zur Zeit noch nicht thunlich, die in Rede stehende grundrechtliche Bestimmung auch auf Strafurtheile anzuwenden; indeß unterliegt es keinem Bedenken, die in den Urtheilen der Strafgerichte häufig enthaltenen civilrechtlichen Dispositionen (Schadensersatz, Wiedererstattung, Wiederherstellung eines früheren Zustandes) diesem Gesetze zu unterwerfen."

Ich bitte Sie nun, meine Herren, diese Vorlage dem Ausschuß für Gesetzgebung zuweisen zu wollen.

Präsident: Meine Herren! Der Entwurf sammt den Motiven ist gedruckt, und wird im Laufe der Sitzung noch in Ihre Hände kommen. Die Verweisung an den Gesetzgebungsausschuß, die Seitens des Justizministeriums beantragt wird, kann keinem Bedenken unterliegen. — Herr Venedey hat das Wort, um an eine unbeantwortet gebliebene Interpellation zu erinnern.

Venedey von Cöln: Meine Herren! Schon bevor der gegenwärtige Herr Ministerpräsident in das Ministerium eingetreten war, ist von unserer Seite eine Interpellation eingebracht worden, welche dahin ging, anzufragen, was von Seiten des Reichsministeriums geschehen sei, den Beschluß, den die hohe Versammlung gefaßt hat, daß im Osten ebenso viele Reichstruppen aufgestellt werden, als russische Truppen an den Grenzen stehen, auszuführen. Es scheint mir, daß diese Interpellation gegenwärtig eine actuelle Bedeutung erlangt hat. Seit die Russen in Siebenbürgen eingerückt sind, seit die österreichische Regierung zur Hemmung unseres Verfassungswerkes sich uns gegenüber auf die Verträge von 1815 und somit auf Rußland beruft, glaube ich, ist es von höchster Bedeutung, daß das Ministerium uns mittheile, was zur Ausführung des erwähnten Beschlusses der hohen Versammlung geschehen ist.

Präsident: Ich nehme an, daß die anwesenden Mitglieder des Reichsministeriums dafür Sorge tragen werden, daß diese Interpellation zur Kenntniß des Ministeriums komme und in einer der nächsten Sitzungen beantwortet werde. — Herr Eisenstuck hat eine Interpellation an das Ministerium des Aeußern zu verlesen.

Eisenstuck von Chemnitz:

„Interpellation an den Herrn Reichsminister des Aeußern. In der Sitzung der Nationalversammlung vom 10. September 1848 übergab ich ein Gesuch einer großen Anzahl deutscher Reichsbürger, welche Erbansprüche in Holland und den holländischen Colonien haben, sich darüber beschweren, daß sie bei den holländischen Staatsbehörden nicht zu ihrem Rechte gelangen können, und deßhalb den Schutz der Nationalversammlung in Anspruch nehmen. Auf Grund eines hierüber erstatteten Berichtes des Petitionsausschusses hat die Nationalversammlung in ihrer Sitzung vom 10. October 1848 beschlossen:

„die fragliche Petition an das Ministerium des Auswärtigen zu verweisen, damit sich dasselbe in geeigneter Weise für die Petenten verwende."

Ich erlaube mir, die Frage an den Herrn Reichsminister des Auswärtigen zu richten:

„welche Maßregeln er ergriffen hat, um diesem Auftrage Folge zu geben?"

Frankfurt, den 18. Februar 1849. Eisenstuck."

Präsident: Wir werden noch im Laufe dieser Sitzung erfahren, wann diese Interpellation beantwortet wird. Ich höre eben, daß dieß nächsten Montag geschehen soll. — Wir gehen zur Tagesordnung über, zur Berathung des vom Verfassungsausschusse vorgelegten Entwurfes: Reichsgesetz über die Wahlen der Abgeordneten zum Volkshause, und zwar über § 3 und folgende. § 3 lautet nach den Fassungen der Majorität und Minorität:

„Als bescholten, also von der Berechtigung zum Wählen ausgeschlossen, sollen angesehen werden:

1) Personen, welche wegen Diebstahls, Betrugs oder Unterschlagung, oder welche wegen eines andern Verbrechens zu einer Zuchthaus-, Arbeitshaus-, Festungs-Arbeitsstrafe oder zum Verlust der staatsbürgerlichen Rechte durch rechtskräftiges Erkenntniß verurtheilt und in ihre Rechte nicht wieder eingesetzt worden sind;
2) Personen, welche des Rechts zum Wählen rechtskräftig für verlustig erklärt worden sind.

Minoritätsantrag I. „Ferner sind ausgeschlossen alle rechtskräftig zu einer Strafe Verurtheilten, welche nach den Gesetzen des Landes, in dem das Urtheil erging, den Verlust staatsbürgerlicher Rechte nach sich zieht, sowie alle wegen Diebstahls, Betrugs oder Unterschlagung zu einer andern Strafe Verurtheilten, welche nach dem Gesetze des Landes nicht bloß eine polizeiliche Strafe ist." (Mittermaier. Schreiner. Römer. Gülich. Ahrens. Reh. Zell. Schüler. H. Simon. Fr. Wigard.)

Minoritätsantrag II. Wird der Minoritätsantrag I angenommen, so wünschen die Unterzeichneten folgenden Zusatz: „Strafen wegen politischer Verbrechen ziehen den Verlust des Wahlrechts niemals nach sich." (Tellkampf. H. Simon. Schüler. Fr. Wigard. Ahrens. Reh.)

Minoritätsantrag III. Weiterer Zusatz zum Minoritätsantrag I: „Die im vorigen Satze bezeichneten Personen können dann Wähler sein, wenn seit der Verbüßung der erkannten oder durch Begnadigung herabgesetzten oder ganz erlassenen Strafe ein fünfjähriger Zeitraum verflossen ist oder früher die Wiederbefähigung ausgesprochen worden ist." (Mittermaier. Römer. Schreiner. Schüler. H. Simon. Reh. Wigard.)

Außerdem liegt eine Reihe gedruckter Verbesserungsanträge vor, welche ich bloß mit den Zahlen und Namen der Antragsteller bezeichnen will. Es sind die unter Nummer 19 (Würth von Sigmaringen), Nr. 20 (Goltz), 40 (Grävell), 41 (Geisterbergk), 56 (Wigard), 57 (Nagel), 58 (Jucho), 67 (von Linde).

(Die Redaction läßt diese Anträge hier einrücken:

1. Antrag des Abgeordneten Würth aus Sigmaringen.

Dieser Paragraph möge nachstehende Fassung erhalten:
„Von dem Wahlrechte sind ferner ausgeschlossen:

1) Personen, welche wegen Diebstahls, Betrugs, Unterschlagung oder eines andern gemeinen Verbrechens zu einer Zuchthaus-, Arbeitshaus- oder Festungsarbeitsstrafe durch rechtskräftiges Erkenntniß verurtheilt und in ihre Rechte nicht wieder eingesetzt worden sind.
2) Personen, welche ihres Wahlrechts durch ein gerichtliches Urtheil verlustig erklärt worden sind (nach § 4)."

Unterstützt von: Wiesner, Schütz, Damm, v. Dieskau, Stark, Esterle, Berger, Mareck, Raus, Dietsch, Förster, Rühl, Culmann, Simon von Trier, Wesendonck, Hagen, Fröbel, Titus, Werner von Oberkirch, Hoffbauer, Gritzner.

2. Des Abgeordneten Goltz.

Minoritätserachten I.

„Hinter den Worten: „wegen Diebstahls, Betrugs" einzuschalten: „Meineides."

Anstatt des Minoritätserachtens III zu beschließen:

„Die gedachten Personen erhalten ihr Wahlrecht wieder, sobald die Strafe abgebüßt oder erlassen oder früher die Wiederbefähigung ausgesprochen worden ist."

3. Des Abgeordneten Grävell.

I. Zum Wahlgesetze selbst.

1) Zu § 2 Nr. 3—5. Es ruht bloß einstweilen das Wahlrecht derjenigen, welche in Brod und Lohn eines Anderen stehen, oder durch Verdingung ihrer bloßen Hand- oder Leibesarbeit auf Zeitperioden (sei es Jahre, Monate, Tage rc.) ihren Lebensunterhalt verdienen; es sei denn, daß sie ein eigenthümliches unbewegliches oder Capitalsvermögen von mindestens 600 Gulden darthun. Die mit freier Kunst oder Wissenschaft oder sonst mit geistiger Arbeit Dienenden (z. B. Werkmeister und Aufseher in Fabriken, Buchhalter, Kaufmannsdiener, Verwalter rc.) sind hierunter nicht begriffen.

2) Zu § 3 Nr. 1. Personen, welche wegen Diebstahls, Betrugs, Unterschlagung, Fälschung und Falschmünzens, Meineids, Mordes, oder boshafter Beschädigung mit gemeiner Gefahr durch gerichtliches Erkenntniß in Anklagestand versetzt, oder wegen eines andern Verbrechens zur Ehrlosigkeit oder zum Verluste der staatsbürgerlichen Rechte, oder zu Zuchthaus-, Arbeitshaus- oder Festungsarbeitsstrafe verurtheilt sind, bis sie in ihre Rechte wieder eingesetzt worden sind.

3) Zu § 4. Zur unerlaubten Einwirkung.

4) Zu § 5. Das dreißigste Lebensjahr, anstatt des fünfundzwanzigsten.

5) Zu § 6. Die Hälfte ihres Diensteinkommens verbleibt ihnen mittlerweile; die andere Hälfte wird für die Stellvertreter im Amte verwendet.

Die Reichsminister und die unabsetzbaren Richter sollen zu Deputirten nicht gewählt werden.

6) Zu § 10. In möglichst gleichmäßige Bezirke. (Vergl. zu § 13.)

7) Zu § 13 und 14. Die sämmtlichen Wähler eines jeden Wahlbezirks (§ 1—4) werden, nach der Höhe ihres jährlichen Einkommens, ohne Abzug ihres eigenen und ihrer Familie Unterhalts, in sechs Classen eingeschätzt. Diese Einschätzung erfolgt durch eine im Bezirke gebildete Commission nach Vorschrift der Wahlordnung; nicht minder die Prüfung der dagegen erhobenen Einwendungen.

Zur 1. Classe gehören die mit einem Einkommen über 36000 fl.
„ 2. „ „ „ „ „ „ „ 12000 „
„ 3. „ „ „ „ „ „ „ 3000 „
„ 4. „ „ „ „ „ „ „ 800 „
„ 5. „ „ „ „ „ „ „ 200 „
„ 6. „ „ „ „ „ „ von 200 „
oder darunter.

Die Einschätzung erfolgt jedes Jahr, bis eine allgemeine Einkommensteuer eingeführt sein wird, die zum Maßstabe dient, und es werden darnach die Wahllisten für das Jahr gefertigt (§ 12).

Die Wahl der Deputirten erfolgt mittelbar durch Wahlmänner, deren in jedem Wahlkreise (§ 7)

die 1. Classe zwei,
die 2. Classe vier,
die 3. Classe sechs,
die 4. Classe neun,
die 5. Classe sieben,
die 6. Classe fünf,
} zusammen 33,

zu ernennen hat.

Diese Wahlmänner treten sofort im Hauptorte des Wahlkreises zusammen und erwählen den Deputirten für denselben.—

Jeder Ausbleibende geht seines Stimmrechtes verlustig. Eine nicht im Wahlkreise vorhandene Classe bleibt unvertreten.

Alle diese Wahlen geschehen vermöge relativer Stimmenmehrheit. Bei Stimmengleichheit entscheidet das Loos.

II. Bestimmungen der Wahlordnung, die dazu nothwendig sind:

1) Die Einschätzungscommission in jedem Wahlbezirke wird gebildet: durch ein aus jeder Classe nach der letzten Liste von den Wählern in derselben zu erwählendes Mitglied, unter dem Vorsitze eines von der Landesbehörde zu ernennenden Staatsbeamten. Für das Erstemal werden die Mitglieder von den im Wahlkreise befindlichen Mitgliedern derjenigen ständischen Versammlung erwählt, zu welcher der Wahlkreis gehört.

2) Reclamationen gegen die Nichtaufnahme in die Wahlliste oder wegen zu niedriger Einschätzung finden nur Statt, wenn zugleich der Nachweis der Richtigkeit der Beschwerde beigefügt wird. Eben dieß gilt von allen Beschwerden über das Verfahren bei der Wahlhandlung selbst, so materiellen Inhalts sind. Zu deren Prüfung und Entscheidung wird im Hauptorte des Kreises eine Wahlcommission in derselben Weise eingesetzt, wie die Bezirks-Einschätzungscommissionen, nur mit verdoppelter Anzahl der Mitglieder.

3) Die drei ersten Classen wählen schriftlich durch Wahlzettel unter ihrer vollständigen Unterschrift, die sie an die eben erwähnte Kreiscommission einzuschicken haben.

Die drei letzten Classen wählen bezirksweis (§ 10) mündlich zu Protokoll, welches von dem Vorsitzenden der Einschätzungscommission und zweien durch sie selbst zu bestimmenden Mitgliedern derselben doppelt geführt und an die Kreiswahlcommission eingeschickt wird.

4) Diese letztere zieht aus den Wahlzetteln und Protokollen durch ihren Vorsitzenden und zwei von ihr selbst dazu abgeordneten Mitgliedern die Namen der Erwählten und deren Wiederholung aus und stellt dadurch fest, welche durch Stimmenmehrheit in jeder Classe nach Maßgabe der derselben zugewiesenen Zahl zu Wahlmännern erkoren worden sind.

5) Derselbe Beamte mit seinen beiden Zugeordneten beruft unverzüglich die Wahlmänner zur Wahl des Deputirten zusammen, führt darüber ebenfalls ein doppeltes Protokoll und fertigt das eine Exemplar dem ernannten Deputirten zu, als seine Vollmacht.

4. Des Abgeordneten Heisterbergk und Roßmäßler, zu Artikel I, § 2, 3 und 4, und Artikel II, § 5.

„Von der Ansicht geleitet, daß die Befähigung, zum Volkshause zu wählen und gewählt zu werden, nur bedingt werden könne durch Geschlecht, Alter, Integrität der Geisteskraft und Reinheit von schweren Verbrechen, beantrage ich Wegfall der §§ 2, 3, 4 und 5 des Wahlgesetzes und dagegen folgende Fassung in folgenden Paragraphen:

§. 2. Ausgenommen von der Stimmberechtigung sind:

a. Personen, welche wegen Geisteskrankheit unter Curatel stehen;

b. Personen, welche durch gerichtliches Erkenntniß nach § 3 des Wahlrechts für verlustig erklärt und in dieses Recht nicht wieder eingesetzt sind.

§ 3. Mit dem Verluste des Rechtes zu wählen ist, außer den durch die Strafgesetze bestimmten und zu bestimmenden Strafen auf zwei Jahre, und wenn die erkannte Freiheitsstrafe länger dauert, auf die ganze Dauer der Strafzeit zu belegen:

a. wer wegen Mordes, Meineides, wegen Raubs, Einbruchs, Diebstahls, Betrugs, Unterschlagung und anderer Eigenthumsverbrechen zu einer Zuchthaus-, Arbeitshaus- oder Festungsarbeitsstrafe verurtheilt worden ist;

b. wer bei den Wahlen Stimmen erkauft, seine Stimme verkauft oder mehr als einmal bei der für einen und denselben Zweck bestimmte Wahl seine Stimme abgegeben oder als Beamter seine Stellung zur Einwirkung auf die Wahlen mißbraucht hat.

§ 4. Wählbar für das Volkshaus ist jeder Deutsche, welcher das fünfundzwanzigste Lebensjahr zurückgelegt hat, und nicht nach § 2 der Stimmberechtigung verlustig geworden ist.

Hierauf folgte als fünfter Paragraph der § 6 des Entwurfs.

Anmerkungen.

Fallitgewordene und Verschwender sind an sich nicht auszuschließen vom Wahlrecht, da, wenn sie Betrüger sind, sie ohnehin nach § 2 das Wahlrecht verlieren. Der verderblichere Geizhals ist auch nicht ausgeschlossen.

Armuth wäre nach dem Entwurfe eine Schande; auch schließt dieser Entwurf § 2 sub 2 in seiner Fassung die Straßenbettler nicht aus, wohl aber die verschämten Armen.

Die Strafe an sich kann nicht, wie im Entwurfe § 3 sub 1 enthalten ist, vom Wahlrechte ausschließen, sondern es kommt auf die Natur des Verbrechens an, sonst würden auch die wegen politischer Vergehen Bestraften ausgeschlossen werden.

Ein einziges gerichtliches, wenn auch nicht rechtskräftiges, Erkenntniß genügt zur temporären Ausschließung, sonst würde ein verurtheilter Mörder wahlberechtigt sein, wenn er gegen das Urtheil ein Rechtsmittel eingewendet hat.

Dienstboten, Handwerksgehülfen, Fabrikarbeiter und Tagelöhner sind vor allen wahlberechtigt, denn für die Armen insonderheit ist das Evangelium und auch unsere Verfassung."

5. Des Abgeordneten Wigard.

„Nach verbüßter Strafe treten sie in ihr Wahlrecht wieder ein."

Unterstützt von: Spatz, Esterle, Langbein, Boczek, Rank, Würth von Sigmaringen, Rheinwald, Gritzner, Schott, Jop, Rauwerck, Meyer von Liegnitz, Minkus, Culmann, Kudlich, Zimmermann von Stuttgart, Scharre, Schütz, Roßmäßler, Welter.

6. Des Abgeordneten Nagel aus Oberviechtach.

„Die Nummer 1 soll folgende Fassung erhalten:

„Personen, welche wegen Verbrechen oder Vergehen in den Stand der Anschuldigung gesetzt waren, ohne ein freisprechendes Urtheil erlangt zu haben.

Die Wahlfähigkeit tritt aber wieder ein, wenn seit der Büßung der erkannten oder durch Begnadigung herabgesetzten oder ganz erlassenen Strafe ein fünfjähriger Zeitraum verflossen ist, in welchem sie ein tadelloses Leben geführt haben."

7. Des Abgeordneten Jucho.

„Da der Begriff der „polizeilichen Strafe" in den Einzelstaaten sehr verschieden, und die Höhe der Strafen, bis zu welcher von den Polizeigerichten erkannt werden kann, keineswegs überall die nämliche ist, so beantrage ich, dem Minoritätserachten I zu § 3 folgende Fassung zu geben:

„Ferner sind ausgeschlossen alle rechtskräftig zu einer Strafe Verurtheilten, welche nach den Gesetzen des Landes, in dem das Urtheil erging, den Verlust staatsbürgerlicher Rechte nach sich zieht," sowie alle wegen Diebstahls, Betrugs und Unterschlagung zu einer mehr als vierzehntägigen Freiheitsstrafe Verurtheilten."

8. Des Abgeordneten v. Linde.

„Als bescholten, und deßhalb von Berechtigung zum Wählen ausgeschlossen, sollen angesehen werden:

1) } wie im Entwurf des Reichsgesetzes.
2) }
3) Personen, welche wegen Landstreicherei im letzten der Wahl vorhergegangenen Jahre rechtskräftig bestraft worden sind.")

Präsident: Außerdem sind heute folgende Anträge vorgelegt worden: 1) Von Herrn Gulden und Genossen; dieselben schlagen vor:

„Als bescholten sollen bis zur Erlassung eines allgemeinen Reichsstrafgesetzbuchs von der Berechtigung zum Wählen ausgeschlossen werden diejenigen Personen, welche zu einer Strafe, womit nach den bestehenden Strafgesetzgebungen der Verlust der staatsbürgerlichen Rechte verbunden ist, rechtskräftig verurtheilt worden sind, — mit Ausnahme aller wegen politischer Vergehen und Verbrechen Verurtheilter."

Unterstützt von: Tafel von Zweibrücken, Spatz, Rödinger, Heisterbergk, Frisch, Förster, Fetzer, Hensel, Tafel von Stuttgart, Sachs, Mammen, Eisenstuck, Kudlich, Anderson, Roßmäßler, Hönniger, Scharre, Minkus, Schmitt von Kaiserslautern, Freese, Umbscheiden, v. Itzstein.

2) ein Antrag von Herrn Schubert von Königsberg und Genossen:

„Als bescholten, also von der Berechtigung zum Wählen ausgeschlossen, sollen angesehen werden:

Personen, denen durch rechtskräftiges Erkenntniß nach den Gesetzen des Einzelstaates, wo das Urtheil erging, entweder unmittelbar oder mittelbar der Vollgenuß der staatsbürgerlichen Rechte entzogen ist, sofern sie in diese Rechte nicht wieder eingesetzt worden sind."

Unterstützt von: Siehr, Schultze von Liebau, Nizze, v. Keudell, Haubenschmied, Plathner, Schirmeister, Langerfeld, v. Saucken, Naumann, Wernher von Nierstein, Bernhardi, v. Ende, Brescius, Schreiber, Richter von Danzig, Gysae, v. Kösteritz, Sänger.

Endlich 3) ein Verbesserungsantrag des Abgeordneten Kohlparzer bezüglich der Form über die Discussion und Abstimmung über die §§ 3, 4, 5 und 14 des Reichsgesetzes über die Wahlen der Abgeordneten zum Volkshause:

„In Erwägung, daß

1) die Frage, ob die Wahlen zum Volkshause direct oder indirect sein sollen, mit der weitern Frage, wer von dem Wahlrechte ausgeschlossen werden soll, somit auch die §§ 2, 3, 4 und 5 mit § 14 enge in Verbindung stehen,
2) die Frage, ob die Wahlen direct oder indirect sein sollen, eine Principienfrage, die Frage aber, wer vom Wahlrechte ausgeschlossen sein soll, eine Folgerungsfrage ist, beim Abstimmen jedoch das Princip feststehen muß, ehe man klar und bestimmt Folgerungen ziehen kann,
3) eine Abstimmung, welche verhüllt das Princip captiviren will — ungeachtet der vielen und zeitraubenden namentlichen Abstimmungen kein sicheres Resultat liefert,
4) bei der Discussion über §§ 1 und 2 mehrere Redner, namentlich der Ministerpräsident Herr v. Gagern, sich bemüßigt fanden, über directe und indirecte Wahlen zu sprechen, und von der Entscheidung hierüber auch die Ausnahmen abhängig machten; so trage ich darauf an:

„die hohe Reichsversammlung wolle beschließen, daß vor der Discussion und Abstimmung über §§ 3, 4 und 5 über den Satz des § 14: „die Wahl ist direct", verhandelt und abgestimmt werde."

Unterstützt von: Dr. v. Linde, Hayden, Dinstl, Huber, Weber von Neuburg, Kagerbauer, Vieringer, Ignatz von Kürsinger, Bonbun, von Lassaulx, Fuchs, Fritsch, Möller, Reisinger, Hofer, v. Grundner, v. Nagel, Jos. Schmidt, v. Hartmann, Scholten.

Jetzt liegt noch ein Verbesserungsantrag des Herrn Arndts und Genossen vor:

„In Erwägung, daß die Nummer 2 des § 3 mit § 4 nicht ganz im Einklange steht, indem dort die des Wahlrechts verlustig erklärten Personen als Bescholtene von der Berechtigung zum Wählen schlechthin ausgeschlossen werden, nach § 4 aber Jemand aus bestimmten Gründen nur auf bestimmte Zeit mit dem Verlust des Wahlrechts belegt werden soll; in Erwägung 2) daß es unnöthig und vorgreiflich erscheint, die des Wahlrechts nach § 4 verlustig erklärten Personen gesetzlich unter die Kategorie der Bescholtenen zu stellen, deren Ausschließung von der Wahl, auf so lange sie rechtskräftig erkannt ist, sich auch ohne § 3 Nr. 2 von selbst versteht, in Erwägung endlich 3) daß in § 4 mehrere den genannten gleichartige Fälle von Vergehen in Bezug auf Wahlen nicht berücksichtigt worden sind, stelle ich folgende Anträge:

1) in § 3 die Nummer 2 ganz ausfallen zu lassen;
2) den Eingang des § 4 folgendermaßen abzufassen:

„des Rechts zu wählen soll, unbeschadet der sonst verwirkten Strafen, für eine Zeit von vier bis zwölf Jahren durch strafgerichtliches Erkenntniß verlustig erklärt werden, wer u. s. w.";

3) die Fälle, in welchen dieser Verlust erkannt werden soll, entweder nach dem Antrag des Abgeordneten v. Linde (Nr. 2 des Verzeichnisses) durch den allgemeinen Zusatz zu erweitern:

„oder wer zur Einwirkung auf die Wahlen überhaupt gesetzlich unzulässige Mittel angewendet hat."

oder auf folgende Weise näher zu bestimmen:

„Wer durch Bestechung oder betrügerische Vorspiegelungen oder durch Gewaltthätigkeit oder deren Androhung für sich oder einen Andern Wahlstimmen geworben oder auf solche Weise Wahlberechtigte von der Ausübung ihres Wahlrechts abgehalten hat, wer seine Stimme verkauft oder" u. s. w. wie im Entwurf."

Unterstützt von: Schuler, Edel, v. Grundner, Schädler, Obermüller, Lienbacher, v. Lassaulx, Graf, Streffleur, Reichensperger, Stülz, Kürsinger, Dinstl, Polaczeck, Lindner, Weber, Eckart aus Lohr, Kagerbauer, Riegler, Gspan.

Zum Wort über § 3 haben sich gemeldet: Gegen denselben: die Herren Mittermaier, Esterle, Tellkampf ....

Tellkampf von Breslau (vom Platze): Ich habe das Wort abgetreten!

Präsident: Golz, Wigard, Plathner, Heisterbergk und Rödinger; für denselben die Herren Sturm, Zimmermann von Stuttgart, Arndts von München, Zachariä von Göttingen. Ehe ich die Frage stelle, ob auf die Discussion über § 3 eingegangen werden soll, müssen wir wohl über den Antrag des Herrn Kohlparzer Beschluß fassen. Derselbe lautet:

„Die hohe Reichsversammlung wolle beschließen, daß vor der Discussion und Abstimmung über die §§ 3, 4 und 5 über den Satz des § 14: „die Wahl ist direct" verhandelt und abgestimmt werde."

Verlangt Jemand das Wort darüber? (Es meldet sich Niemand.) Unterstützt ist der Antrag bereits; ich bringe ihn also zur Abstimmung. Diejenigen Herren, welche beschließen wollen, daß vor der Discussion über die §§ 3, 4 und 5 über den Satz des § 14: „die Wahl ist direct" verhandelt und abgestimmt werde, ersuche ich, sich zu erheben. (Dieß geschieht von wenigen Mitgliedern.) Der Antrag ist abgelehnt. — Ich frage nun: ob auf eine Discussion über § 3 eingegangen werden soll? Diejenigen Herren, welche auf die Discussion über § 3 nicht verzichten wollen, bitte ich, sich zu erheben. (Dieß geschicht von mehr als hundert Mitgliedern.) Die Discussion ist zugelassen; Herr Mittermaier hat das Wort. (Vicepräsident Kirchgeßner übernimmt den Vorsitz.)

Mittermaier von Heidelberg: Meine Herren! Wir fühlen heute, indem wir bei dem Reichswahlgesetze eine Frage entscheiden wollen, welche mit dem Strafrechte zusammenhängt, wieder recht schmerzlich den Mangel der Einheit der Gesetzgebung in Deutschland. Sie haben in Ihrer letzten Sitzung beschlossen, eine Reihe von Beschränkungen des Stimmrechtes nicht anzunehmen, Sie haben aber auch festgesetzt, nur der unbescholtene Mann solle wählen dürfen. Nun muß aber das Wort „unbescholten" eine rechtliche Bedeutung erhalten. Sie haben damit ausgesprochen, das Recht zu wählen solle nur dem Würdigen, demjenigen, welcher durch kein Verbrechen sein Leben befleckt hat, zustehen. Hier aber, wo wir fragen, wer ist unbescholten? kommen wir natürlich auf die Frage: wer soll wegen gewisser Verbrechen ausgeschlossen werden? und da steht vor unsern Blicken die ganze Musterkarte der Strafgesetze, wie sie in Deutschland vorkommt. Von einem Lande zum andern ist wieder eine Verschiedenheit, z. B. in den Strafarten; dieß setzt in Verlegenheit, und in dieser Beziehung hat die Minorität vorgeschlagen, indem sie mit den Grundsätzen der Majorität vollkommen übereinstimmt, eine andere Fassung vorzuschlagen. Es kann unmöglich, wie die Majorität vorschlägt, davon abhängig gemacht werden, daß nur die, welche zu gewissen im Vorschlage des Ausschusses bezeichneten Strafen verurtheilt worden sind, von dem Wahlrecht ausgeschlossen werden sollen, denn diese Strafarten sind in Deutschland höchst verschieden; die Wirkungen derselben sind es aber ebenso. Ich will nicht hervorheben, daß es schon bedenklich scheint, daß das Zuchthaus jeden, der dahin verurtheilt ist, vom Wahlrecht ausschließt, da diese Strafart in sehr verschiedenen Gradationen in Deutschland vorkommt; ich will Sie nur bitten, in keinem Falle anzunehmen, daß auch der ausgeschlossen ist, der zum Arbeitshaus verurtheilt worden ist. Dieses ist eine Strafart, die sehr verschieden vorkommt, und in mehreren Staaten Deutschlands nach den Gesetzgebungen keine entehrende Strafe insofern ist, daß die Strafe die staatsbürgerlichen Rechte entziehen soll. In Bayern ist Arbeitshaus entehrend und kann bis zu acht Jahren anerkannt werden, in Würtemberg ist die Strafe nicht entehrend, in Sachsen ebenso wenig, nach dem badischen Gesetzbuche ist sie nicht entehrend. Zu welchen Folgerungen kommen Sie nun, wenn Sie im Widerspruch mit der Gesetzgebung mancher Länder sagen, wer zum Arbeitshaus verurtheilt worden, soll vom Wahlrecht ausgeschlossen werden. Selbst das Wort Festungsarbeit, könnte leicht irre führen. In Preußen unterscheidet man allerdings Festungsstrafe von Arbeitshausstrafe, in andern Ländern aber nicht. Möchten Sie eine Reihe von Menschen zur Ausschließung vom Wahlrechte verurtheilen, was in andern Ländern, wo dieses nicht gilt, leicht den Glauben erwecken könnte, daß auch der zur Festung unter Umständen, wo nach dem Gesetze die Strafe nicht entehrend sein sollte, Verurtheilte von der Wahl ausgeschlossen sein soll. Es kann aber das Ihr Wille nicht sein. Ich will Sie darauf aufmerksam machen, daß die noch bestehenden Strafgesetze, wie sie bestehen, häufig mit den Forderungen der Gerechtigkeit in Widerspruch sind, sehr häufig mit längerer Strafe Handlungen bestrafen, die durchaus nicht als entehrend angesehen werden. Ich bitte Sie zu erwägen, daß in Arbeitshäusern, wie sie mir vorschweben, Menschen sitzen, die wegen Widersetzlichkeit Strafe erlitten, wegen politischer Vergehen bestraft worden, und Menschen, die wegen Tödtung, aber unter höchst mildernden Umständen, verurtheit worden sind. Es schwebt mir ein Mann vor, der den Verführer seiner Frau, den er auf unzweideutiger That traf, tödtete, und der zum Arbeitshaus verurtheilt worden ist. Wollen Sie aussprechen, daß auch solche verurtheilt werden sollen, das Wahlrecht nicht auszuüben? Sie haben einen ganz andern einfachen Ausweg. Betrachten Sie alle Wahlgesetze der deutschen Länder, so finden Sie, daß manche Gesetze zwar den Versuch machen, dieß bestimmter auszudrücken, indem sie den Ausdruck wählen: „Die wegen eines in der öffentlichen Meinung oder nach der allgemeinen Ansicht entehrenden oder ehrenrührigen Verbrechens Verurtheilten sind vom Wahlrecht ausgeschlossen." Diesen Ausdruck dürfen Sie in Ihr Wahlgesetz nicht schreiben. Wer soll darüber entscheiden, ob Jemand nach der allgemeinen Meinung ein entehrendes Verbrechen verübt hat? Soll man es der Wahlbehörde als einem Geschwornengerichte überlassen? Soll die Kammer oder Nationalversammlung darüber entscheiden? Mit Recht haben die Stände in Darmstadt einen Vorschlag dieser Art zurückgewiesen, weil vielleicht eine Versammlung aus Parteirücksichten einen Menschen, der verurtheilt worden ist, zulassen, und wenn dann eine neue Wahl, z. B. wegen Auflösung, erfolgen muß, die nächste Versammlung ihn nicht zulassen würde, weil dann auch auf jeden Fall eine solche Discussion in der Versammlung eine für den Gewählten sehr nachtheilige sein könnte. Darauf also, meine Herren, sollen Sie es nicht stellen. Es gibt einen einfachen Ausweg. Sprechen Sie gefälligst aus, daß nur diejenigen ausgeschlossen werden sollen, welche zu Strafen rechtskräftig verurtheilt worden sind, die nach dem Gesetze des Landes, in welchem das Urtheil erging, den Verlust der bürgerlichen Rechte nach sich ziehen. Das ist nach den verschiedenen Ländern verschieden, so lange wir nicht ein allgemeines deutsches Criminalrecht haben. Aber die Volksmoral und allgemeine Stimme ist darüber mit sich im Reinen, daß es drei Verbrechen gibt, die, wenn sie auch mit geringerer, also nicht entehrender Strafe geahndet werden, durchaus als entehrend angesehen werden, nämlich Diebstahl, Unterschlagung, Betrug. Allein hier kommen Sie wieder auf neue Schwierigkeiten. In den einzelnen Ländern Deutschlands ist gerade wegen des Diebstahls oder Betrugs eine Abstufung gemacht. Wer unter dem Betrage von 5 Gulden ein solches Verbrechen begangen, erleidet z. B. in Bayern, Würtemberg und anderen Ländern nur eine Polizeistrafe. Es ist hier gerade der Wille des Gesetzgebers, daß diese Polizeistrafe keine entehrende Strafe sein soll. Sie müssen daher einen Zusatz machen, daß diejenigen ausgeschlossen sein sollen, die wegen Diebstahls, wegen Unterschlagung, wegen Betrugs zu einer andern als bloß polizeilichen Strafe nach den Gesetzen des Landes verurtheilt worden sind. Wenn aber Jemand eine höhere Strafe erlitten, dann soll er ausgeschlossen sein. Ich schlage Ihnen vor, daß Sie den Satz noch bestimmter ausdrücken, und daß Sie von denjenigen, welche wegen Betrugs, Diebstahls und Unterschlagung verurtheilt worden sind, nur diejenigen ausschließen, welche mit einer Strafe belegt wurden, die drei Monate übersteigt, weil dann wirklich der Diebstahl, der Betrug, der unter mildernden Umständen vorkommen kann, eine geringere Gefängnißstrafe nach sich zieht, nicht als solcher erklärt wird, daß derjenige, der dieses Verbrechen verübt hat, ausgeschlossen zu werden verdient. Indem ich dieses thue, schließe ich mich den europäischen Wahlgesetzen am meisten an, und das neueste französische Wahlgesetz hat ganz genau auch diesen Vorschlag. Endlich aber bitte ich Sie, meine Herren, den Zusatz anzunehmen, wie er Ihnen im dritten Minoritätserachten vorgeschlagen worden ist. Sie haben gewiß Alle tief das Schmerzensgefühl getheilt, daß Jemand, der vielleicht in seiner Jugend ein Verbrechen verübt, welches nach den damaligen Gesetzen eine entehrende Strafe nach sich zog, auf Lebenszeit gebrandmarkt sein soll. Wir müssen aussprechen, daß, wenn Jemand tadellos sich betragen hat, er, nachdem er sein Verbrechen gesühnt hat, nach Ablauf von 5 Jahren gleichsam durch diese gute Aufführung als ohne weiteres rehabilitirt gilt, und daß er vom Wahlrechte Gebrauch machen darf. Dieß gilt schon lange in einigen Schweizerkantonen, und man gibt ein gutes Zeugniß dort. Diese Forderung, daß eine solche Rehabilitation, wenn der Verurtheilte sich während einer gewissen Zeit tadellos betragen, eintritt, ist schon im Interesse der Besserung geboten. In dem neuesten Vorschlage, der in England jetzt gemacht wird, von einem bedeutenden Manne, Creasy, ist ebenso vorgeschlagen, wer während sieben Jahren nach erlittener Strafe sich tadellos betrug, soll zum Wahlmann zugelassen werden. Ich muß aber noch auf Eines aufmerksam machen, nämlich die Rehabilitation. Diese Rehabilitation gilt nur nach dem französischen Rechte; sie sollte auch im künftigen Strafrechte gelten, allein jetzt besteht sie noch nicht überall. Die Fassung des Paragraphen muß daher eine andere sein, und ich schlage vor: „als unbescholten sollen angesehen werden diejenigen, welche rechtskräftig zu einer Strafe verurtheilt wurden, die nach den Gesetzen des Landes, in dem das Urtheil erging, den Verlust der staatsbürgerlichen Rechte nach sich zieht, sowie Alle, welche wegen Diebstahls, Unterschlagung oder Betrugs verurtheilt worden sind, wenn die Strafe über dreimonatliche Freiheitsstrafe nach sich zieht.“ Dann würde ich den Zusatz vorschlagen, der im dritten Minoritätsantrag vorkommt. Nehmen Sie das an, so haben Sie dem Grundsatz gehuldigt: alle, die würdig sind, sollen zu diesem Ehrenamte des Wählers zugelassen werden; aber denjenigen, welche Reue und Besserung gezeigt haben, haben Sie die Möglichkeit gelassen, daß diese Besserung, indem sie dem Verurtheilten wieder sein Wahlrecht gibt, auch wirksam werde; Sie haben damit auch keine lebenslängliche Ehrenstrafe ausgesprochen, Sie haben die Rechte der Freiheit mit den öffentlichen Interessen, die auf die Würdigkeit sehen müssen, in Einklang gebracht. (Bravo auf der Linken und im linken Centrum.)

Vicepräsident Kirchgeßner: Der eben von Herrn Mittermaier verlesene Verbesserungsantrag wird gedruckt und vertheilt werden, wenn nicht heute die Abstimmung erfolgen sollte. Herr Sturm hat das Wort.

Sturm von Sorau: Durch Ihre Abstimmung über den § 1 dieses Gesetzes haben Sie bereits entschieden, daß die Unbescholtenheit ein unbedingtes Erforderniß zur Wahlfähigkeit sein soll. Es kann sich also hier nur darum handeln, die Grenzen dieses Begriffes festzustellen, auszudehnen oder zu verengen, so weit Sie das belieben werden. Ich habe zu meiner hohen Befriedigung gesehen, daß das allgemeine Princip des Vorredners auch das meinige ist; und wenn ich mich für den Paragraph des Ausschusses habe einzeichnen lassen, so muß ich doch von vorne herein erklären, daß es nicht meine Absicht ist, alle Punkte und namentlich die Fassung zu vertheidigen, die der Ausschuß dem Entwurfe gegeben hat. Ich habe daran Manches auszusetzen. Einmal tadle ich die Unklarheit der Sprache, da man nur aus den Motiven des Ausschusses ersehen kann, daß der Ausschuß Diebe und Betrüger auch ohne Rücksicht auf die Qualität der erlittenen Strafen ausgeschlossen wissen will; ich tadle auch die Aufzählung der Strafen, die als entehrende nach der Ansicht des Ausschusses gelten sollen; ich tadle endlich auch die mangelnde Bezugnahme auf den § 4, bei Nr. 2, weil ohne dieselbe die Auslegung wenigstens möglich ist, als ob auch außer den im § 4 genannten Fällen das Wahlrecht direct durch die Gesetzgebung der Einzelstaaten noch aberkannt werden könnte. Das sind indessen zum Theil nur Fehler der Redaction, im Uebrigen würde ich mit dem Ausschußentwurfe mich zufrieden erklären, so lange ich nichts Besseres vor mir sehe; und ich würde daher immer mir selbst es erspart haben, durch ein neues Amendement, — bei der Fluth der schon vorhandenen — eine Verbesserung des Ausschußantrags selbst zu versuchen. Ich glaube aber, die nöthigen Verbesserungen in dem Antrage der Herren Schubert und Genossen gefunden zu haben, und ich werde mich daher für diesen Antrag aussprechen. Wenn ich nun zur Vertheidigung des Princips im Allgemeinen übergehe, so muß ich den Satz voranstellen, daß das Wahlrecht für den Einzelnen, für das Individuum wesentlich ein Ehrenrecht ist oder eine Ehrenpflicht, wie es schon genannt worden. Der Einzelne, der dieses Recht ausübt, kann unmöglich daran denken, sich, dem Einzelnen, dadurch einen directen oder gar ausschließlichen Vortheil zu schaffen oder zu wahren; er weiß auch, daß der Gewählte nicht ihn *speciell*, nicht einmal seine Mitwähler, sondern daß derselbe die gesammte wahlfähige und nicht wahlfähige Nation vertritt; er wählt also im Auftrage der Gesammtheit für die Gesammtheit, und in dieser Hinsicht ganz eigentlich als ein Beamter derselben, als ein Beamter, dessen erste Eigenschaft die unbefleckteste Ehrenhaftigkeit sein soll. Wie kann aber der an der Ausübung eines Ehrenrechts Theil nehmen, der selbst keine Ehre hat, und wie kann derjenige einen Vertrauensdienst üben, der kein Vertrauen besitzt. Es steht dieß im innigen unmittelbaren Zusammenhange mit dem zweiten Erfordernisse der bürgerlichen Unbescholtenheit, dem Vollbesitze der staatsbürgerlichen Rechte. Und ich frage Sie, wie kann man Jemandem die Ausübung des Wahlrechts, das ja, wie die meisten früheren Redner bei der letzten Debatte ausgesprochen haben, das edelste und erste politische Recht ist, gestatten, der nicht einmal einen Anspruch auf die minder wichtigen Rechte hat? Es ist schon gesagt worden, daß die öffentliche Meinung für die über diese Eigenschaften sprechenden Thatsachen keinen Anhalt geben könnte, und man muß damit einverstanden sein, daß nur ein richterliches Erkenntniß einzig und allein als beweisender Grund der Bescholtenheit gelten darf. Wenn nun dabei strafbare Handlungen vorausgesetzt werden müssen, so hat der Ausschuß geglaubt, zuerst diejenigen Verbrechen namhaft machen zu sollen, die nach dem Stande unserer Civilisation unter allen Umständen als entehrend gelten. Damit haben auch die meisten Verbesserungsanträge und Minoritätserachten übereingestimmt, das erste Minoritätserachten will jedoch die entehrende Eigenschaft dieser Verbrechen nur dann anerkennen, wenn eine härtere als nur polizeiliche Strafe darauf gefolgt ist. Ich kann hier mit dem Vorredner nicht übereinstimmen, ich glaube auch, daß er sich über die Richtigkeit der von ihm angenommenen Thatsachen getäuscht hat. In Preußen wird der erste kleine gemeine

Diebstahl mit einer sogenannten polizeilichen Strafe belegt. Diese Strafe hat aber, da sie vom Richter auf Grund eines gerichtlichen Verfahrens erkannt wird, von der polizeilichen Natur nichts als den Namen. Und wenn ich anerkenne, daß die Verworfenheit eines rückfälligen Verbrechers größer ist, als die, die einen ersten Fehltritt veranlaßte, so kommt es doch nur darauf an, ob auch der erste Fehltritt schon ein entehrender war. Die öffentliche Meinung macht aber keinen Unterschied, ob Jemand wegen Diebstahls mit einer sogenannten polizeilichen Strafe von acht Tagen, oder ob Jemand wegen Betrugs oder Unterschlagung zu einer Criminalstrafe von gleicher Dauer verurtheilt worden ist. Auch die Aufzählung der andern hierher gehörigen Verbrechen kann ich nicht für zweckmäßig erachten, wie dieß in Verbesserungsanträgen versucht ist. Aber allerdings hat es dem Ausschuß schwer geschienen, eine allgemeine Formel dafür zu finden, er hat sich daher damit geholfen, diejenigen aufzuführen, die, wie er meint, unter allen Umständen auf ein entehrendes Verbrechen zurückschließen lassen. Dieser Schluß wird aber bei der Verschiedenheit der Gesetzgebung in Deutschland schwerlich richtig sein, und ich bemerke zu dem, was der verehrte Vorredner gesagt hat, daß beispielsweise in Preußen schwere körperliche Beschädigung eines Menschen, vielleicht im Affecte verübt, mit Zuchthaus bestraft wird, daß aber gerade diese Art Verbrechen in den Augen des Volkes keineswegs als entehrend gilt. Was die Bedenklichkeit der Anführung der Arbeitshausstrafe bei der Verschiedenheit ihrer Anwendung in den einzelnen Ländern betrifft, so hat dieß der Vorredner schon auseinandergesetzt. Das Minoritätserachten sub I, in seinem ersten Theile, und besonders der Antrag des Herrn Schubert und Genossen würden mich gänzlich befriedigen, im Rückblicke auf die engeren Verhältnisse meines Vaterlandes, weil ich weiß, daß dort Verbrechen, welche einen Mangel an ehrliebender Gesinnung documentiren, mit dem Verlust der staatsbürgerlichen Rechte stets bestraft werden. Ich beklage es aber auch hier mit meinem Vorredner bitter, daß wir noch kein allgemeines deutsches Criminalrecht haben. Nehmen wir aber den Vorschlag des Herrn Schubert an, so wird dadurch die Aufzählung der Verbrechen des Diebstahls, Betrugs und der Unterschlagung entbehrlich. Mit Entschiedenheit aber, meine Herren, muß ich mich dagegen erklären, daß hier zu Gunsten der politischen Verbrechen eine Ausnahme gemacht wird, wie das II Minoritätserachten verlangt. Politische Verbrechen, da sie nicht in die Kategorie der unbedingt ehrlosen Verbrechen gehören, können selbst nach der Ansicht der Minorität überhaupt hier nur in Betracht kommen, wenn der Verlust staatsbürgerlicher Rechte damit verbunden gewesen ist. Aber man vergißt dabei, daß heutzutage politische Verbrechen nur in den seltensten Fällen mit entehrenden Strafen belegt werden oder den Verlust der staatsbürgerlichen Rechte nach sich ziehen. Hätte man das vermeiden wollen, so hätten Sie in die Grundrechte eine Bestimmung aufnehmen müssen, „daß politische Verbrecher durch ein Straferkenntniß niemals der staatsbürgerlichen Rechte verlustig gehen dürfen.“ Dann hätten Sie hier die Anwendung dieser Regel von selbst. Sobald sie aber leiden, daß solche Strafen unter Umständen noch verhängt werden, wie kann man dann nur darauf kommen, diese Wirkung eines Erkenntnisses hier wieder aufzuheben, gerade hier, wo der Urtheilsspruch erst recht wirksam werden soll. Das Gesetz soll die Gesittung eines Volkes ausdrücken und muß mit dem Volkswillen allerdings im Einklange stehen. So lange aber der Volkswille sich nicht als ein anderer herausgestellt hat, so lange muß das Gesetz auch gehandhabt werden, sonst wird es verachtet, und mit ihm sinkt die Sitte, die es schuf. Sie täuschen sich aber, wenn Sie glauben, daß der Volkswille hierin schon anders entschieden habe, und Sie stehen im Irrthume, wenn Sie annehmen, daß das Volk denjenigen, der wegen schwerer politischen Verbrechen bestraft worden ist, unter Umständen nicht als entehrt ansehe. Sie vergessen dabei, daß uns ja die Schwurgerichte garantirt sind, daß das Volk künftig an der Strafrechtspflege selbst Antheil nehmen wird, und seien Sie versichert, es wird darauf halten, daß seine Urtheilssprüche geachtet und exequirt werden; und vollends vom Standpunkte der Zweckmäßigkeit, ich möchte sagen, der Nothwehr betrachtet: man verschließt ja vor einem Diebe seine Thür, man entsetzt einen untreuen Beamten, man entzieht einem muthwilligen Banquerottirer das Recht der Gilde, — kurz man macht Jeden da unschädlich, wo er gezeigt hat, daß er schaden kann, — ist es also nicht ganz consequent, dem, der politische Rechte mißbraucht hat, die Ausübung derselben zu entziehen, und liegt es nicht am nächsten im Interesse der Gesammtheit, ihm das Wahlrecht zu entziehen, damit er dieses edelste Recht nicht mißbrauche. — Man sagt freilich, die Sitte in politischen Dingen wechsele und was heute verboten ist, wird morgen erlaubt sein; man führte das besonders an bei der Verhandlung über die Abschaffung der Todesstrafe, und da, wo es sich um die Existenz des ganzen Daseins eines Individuums handelt, mit scheinbar größerem Rechte; wenn Sie aber diesen Satz consequent durchführen wollten, dann dürfen Sie politische Verbrechen gar nicht mehr bestrafen, höchstens mit Geldstrafen, Verweisen oder mit väterlichen Ermahnungen, denn jede andere Strafe bedingt für den, den sie trifft, einen durchaus unersetzbaren Schaden. Die Sitte wechselt auch in anderen Dingen, wer im vorigen Jahre auf seinem eigenen Grund und Boden einen Hasen fing, der wurde gestraft, heute übt er nur sein gutes Recht. Heute denkt man anders, heute stellt aber eine wiederum neuere Doctrine den Grundsatz auf: la propriété c'est le vol; aber trotzdem strafen wir doch ganz unbeirrt noch diejenigen Verletzungen des Eigenthums, die wir Diebstahl nennen. Sollte aber dieser neue Grundsatz je zur Geltung kommen, dann würde unsere ganze Diebstahlstheorie umgestoßen sein. Endlich aber würde ich Ihnen rathen, den Ausdruck „politische Verbrechen“ in diesem Gesetze ganz wegzulassen, da wir vielleicht noch nicht im Stande sind, den Umfang dieses Begriffes zu übersehen. Ein Redner von dieser Seite (linken) hat kürzlich das Recht der Revolution im Kleinen vertheidigt, ein Recht, welches er darauf fundirte, daß Niemand verpflichtet sei, zu verhungern; ich will nicht näher darauf eingehen, wenn Sie aber diesen Satz consequent auslegen, so werden Sie leicht dahin kommen, daß Einer, der natürlich unter den gehörigen Voraussetzungen des Redners ein Brod vom Bäckerladen entwendet, für einen politischen Verbrecher gehalten werden müßte. Ich protestire gegen diese Auslegung und ihre Consequenzen. Machen Sie also keinen Unterschied, meine Herren, wenn Sie nicht das Gefühl, den Sinn für Gesetz und Recht, im Volke untergraben, wenn Sie es nicht dahin kommen lassen wollen, wohin es in Frankreich gekommen ist, wo man kürzlich sagte: es herrsche die unglückliche Gewohnheit, politische Verbrechen nur als einen Spaß zu betrachten. Wir haben die Exemtionen abgeschafft, schaffen wir keine neuen Privilegien, Privilegien obendrein für das Verbrechen, denn das heißt nichts anderes, als zum Verbrechen auffordern. Endlich habe ich mich noch gegen die Anträge auszusprechen, die darauf gestellt sind, daß die vorgemerkten bescholtenen Personen, wenn sie ihre Strafe verbüßt oder nach Ablauf einer gewissen Zeit, des Wahlrechts wieder theilhaftig werden sollen. Ich bin darin nicht der Ansicht des geehrten Vorredners, und habe nur zu bemerken, daß die Rehabilitation, die bei uns ausdrücklich ausgesprochen wird, nicht eine Folge der Verjährung, sondern eine

Folge der Besserung und die dadurch wieder hergestellte Ehrenhaftigkeit sein soll. Wer sich gebessert hat, hat Anspruch auf Rehabilitirung, und wer sich übergangen glaubt, hat das Recht der Petition und Beschwerde durch alle Instanzen bis zur gesetzgebenden Reichsversammlung; wem aber zu bequem ist, diesen Weg zu betreten, der kann sich nicht beklagen, denn ihm geschieht kein Unrecht, weil er es nicht anders haben will, er beweist vielmehr nur, daß er den Werth des Wahlrechts nicht hoch genug schätzt, und dann verdient er es auch nicht. Meine Herren! Wenn Sie den traurigen Indifferentismus, der bisher bei den Wahlen überall stattgefunden hat, beseitigen wollen, so helfen Sie es dahin bringen, daß Jeder es für die höchste Ehre des Bürgers halte, an der Wahl Theil zu nehmen. Das werden Sie direct erzielen, wenn Sie alle Unwürdigen davon ausschließen. Bringen Sie es dahin, daß das Wahlrecht der Stolz des guten Bürgers, der Sporn zur Besserung für den verirrten sei, und Sie werden den segensreichsten Erfolg auf die Gesittung überhaupt üben. Der geehrte Vorredner, der soeben die Tribüne verlassen, hat neulich seinen Minoritäts-Bericht mit dem Citate geschlossen: „schafft keinen Pöbel durch Eure Gesetze und Ihr habt keinen Pöbel.“ Ich protestire nicht gegen diesen Ausdruck im Namen Deutschlands, Herr Venedey wird es auch nicht, er weiß gewiß, daß der Mann, der ihn brauchte, zu edel ist, um dabei an etwas Anderes zu denken, als an die Nichtswürdigkeit der Gesinnung, ohne Rücksicht auf Rang, Reichthum und Stand. Ich adoptire in diesem Sinne den Satz, der eine Warnung sein sollte, ein negativ gehaltner guter Rath. Ich will ihn aber ins Positive übersetzen, und da lautet er: Schafft, erweckt durch Eure Gesetzgebung im Volke vor Allem den Sinn für Recht, den Sinn für Ehre, und Ihr werdet den Pöbel abschaffen. (Bravo auf der Rechten und in den Centren.)

Vicepräsident Kirchgeßner: Es liegen zwei Anträge auf Schluß der Debatte vor. (Stimmen auf der Linken: Oh!) Meine Herren! Ich muß sie zur Abstimmung bringen. Der erste Antrag ist von den Herren Anders, Zöllner und im Ganzen von mehr als zwanzig Unterschriften begleitet, der zweite ist von dem Herrn Widenmann, ebenfalls mit zwanzig Unterschriften versehen. Ich ersuche diejenigen Herren, welche vorbehaltlich der Schlußäußerung des Referenten den Schluß der Discussion wollen, sich zu erheben. (Die Minderheit erhebt sich.) Der Schluß ist abgelehnt. Herr Esterle hat das Wort.

Esterle aus Cavalese: Meine Herren! Es ist nicht die Zahl der Personen, welche Sie durch das heutige Gesetz von der Wahlberechtigung ausschließen, die diesem Gesetze eine besondere Wichtigkeit verleiht, es ist vielmehr seine sittliche und moralische Bedeutung, und diese ist es, welche bei jedem Gesetze die höchste Berücksichtigung verdient. Meine Herren! Es handelt sich zu erklären, wer als bescholten gelten solle, wer seiner Ehre verlustig und des Wahlrechts beraubt werden soll. Ich bin weit entfernt, dem Verbrechen das Wort reden zu wollen, ich weiß sehr gut, daß die erste Tugend eines Bürgers die Achtung vor dem Gesetze ist, wenn nur das Gesetz so beschaffen ist, daß man es auch achten kann; ich weiß aber auch, daß die unglücklichen Verirrten, welche man unbilliger Weise mit dem gemeinsamen Namen „Verbrecher“ belegt, und welche niemals aufgehört haben, Menschen zu sein, ebenfalls Rechte besitzen, und zwar vor allen das Recht, wenn sie gefehlt hatten, sich zu bessern, wenn sie schlecht waren, gut zu werden, und wenn sie ihre Ehre verloren hatten, dieselbe wieder zu erlangen. Freilich ist der Begriff von Ehre ein höchst vager und unbestimmter, und es lassen sich sehr viele Sachen damit vereinbaren, und ich habe auch die Ueberzeugung, daß vielleicht Mancher im Zuchthause sitzt, welcher mehr Ehre hat, als ein anderer, der da mit Ehren überhäuft ist. Wenn es überhaupt schwierig ist, in der Gesetzgebung die Gesinnung und Gründe einer Handlung zu beurtheilen, wenn es dem Richter schwer ist, die Strafe nicht nur nach der positiven Verletzung des Gesetzes, sondern nach der moralischen Schuld zu bemessen, so lassen Sie uns bei dem heutigen Gesetze diesen Uebelstand so gut als möglich vermeiden, und dieß kann nur dadurch geschehen, wenn Sie jedenfalls die politischen Verbrechen aus der Zahl derjenigen ausschließen, welche die Bescholtenheit mit sich bringen, und ebenso die kleineren Vergehen, welche nur einer polizeilichen Strafe unterliegen, und endlich den Verlust des Wahlrechtes nicht über die wirkliche Dauer der Strafe verlängern. Meine Herren! Ich erkenne, daß es schwierig ist, eine Fassung zu finden, die den Umständen und Verhältnissen entspricht. Die Schwierigkeit entsteht daraus, daß der Begriff von Verbrechen und Vergehen nicht absolut feststeht; sie entsteht daher, daß die Art und Weise der Dauer der Strafe in den verschiedenen Staaten nicht immer ein und demselben Verbrechen entspricht, und daß der Verlust der bürgerlichen Freiheit von den verschiedenartigsten Bestimmungen abhängt, die in den einzelnen Staaten gelten. Es ist nur möglich, ein ganz bestimmtes und genaues Gesetz zu geben, wenn für den ganzen Gesammtstaat ein gleichmäßiges Strafgesetz eingeführt sein wird. Aus diesem Grunde hat Ihnen Herr Gulden einen Antrag gestellt, der nach meiner Ansicht das einzig Richtige ist, was sich heute thun läßt. Er beantragt, bis zur Einführung eines allgemeinen Strafgesetzes, mögen diejenigen als bescholten gelten, die zu Strafen verurtheilt sind, die in den einzelnen Staaten nach den bestehenden Gesetzen den Verlust der bürgerlichen Rechte nach sich ziehen, jedoch die politischen Verbrechen ausgenommen. Dieser Antrag verdient nach meiner Ueberzeugung den Vorzug aus zwei Gründen, einmal, weil er das Mangelhafte der gegenwärtigen strafgesetzlichen Verhältnisse anerkennt und dann den Weg angibt, in welcher Weise geholfen werden kann, nämlich durch Einführung eines gleichmäßigen Strafgesetzes. Zweitens, weil er ein bestimmtes Gesetz beantragt, das keiner weiteren Auslegung bedarf und nicht der Willkür unterliegt. Der Verfassungsausschuß und die anderen Antragsteller haben geglaubt, theils die Dauer und die Strafart berücksichtigen zu müssen, theils aber einzelne Verbrechen anzuführen, die in jedem Falle die Bescholtenheit begründen und den Verlust der bürgerlichen Rechte nach sich ziehen. Ich glaube, es bedarf wohl keines Beweises, um zu zeigen, daß auch diese Bestimmungen mangelhaft und schwankend sind, wie es überhaupt jede allgemeine Bestimmung sein muß, nach welcher über den moralischen Charakter einer Handlung das Urtheil gefällt werden soll. Ich will nicht näher darauf eingehen und nur ein Verbrechen berühren, das angeführt worden ist, nämlich den Diebstahl. Meine Herren! Ich brauche Sie nicht an das alte Sprüchwort zu erinnern, daß man die kleinen Diebe hängt und die großen laufen läßt. Meine Herren! Sie wissen Alle, daß schon viele große Diebe statt des Strickes, den sie verdienten, ein gefärbtes Bändchen mit Kreuz und Sternen erhalten haben. (Zustimmung auf der Linken.) Es ist auch sehr natürlich; die Gerechtigkeit ist blind, und es ist nichts leichter, als der blinden Dame ein falsches Gewicht in die Waage zu schieben. Wenn aber ein armer Taglöhner nicht mehr im Stande ist, für seine Frau und Kinder das Brod zu verdienen, wenn er den Anblick des Elends in seiner Familie nicht mehr ertragen kann und im verzweifelten Zustande vergißt, daß dasjenige, was Gott für Alle geschaffen hat, das Eigenthum von Wenigen geworden ist und es angreift, so wird er gestraft nach der Strenge der Gesetze und seiner Ehre, und seiner bürgerlichen Rechte verlustig. Aber der reiche Geizhals und der Wucherer, gegen welche Sie keine oder nur schlechte Gesetze haben, die ich aber beide als Diebe bezeichnen muß, gehen als ehrenhafte Männer herum. Meine Herren! Sie wissen, daß wegen eines kleinen Diebstahls im Werthe von wenigen Gulden unter gewissen Voraussetzungen und unter oft nur zufälligen Umständen einer zum Zuchthaus verurtheilt werden kann. Die Dauer der Strafe hängt häufig nur von den juridischen Kenntnissen des Verbrechers ab. Ich gehöre nicht zu denjenigen, welche glauben, daß das Eigenthum Diebstahl sei, aber so viel steht fest, daß, so lange es nicht Jedem möglich gemacht ist, sich ehrlich zu ernähren, so lange man noch durch lange dauernden Hunger sterben kann, der Staat kein Recht hat, einen Diebstahl zu bestrafen, der aus einer solchen Ursache begangen wurde. Denn die Schuld liegt nicht am Individuum, sie liegt am Staate, und an der ganzen verkehrten und unnatürlichen Einrichtung der Gesellschaft. Aber noch weit größeres Unrecht würden Sie einführen, wenn Sie die Strafe der Bescholtenheit auch auf politische Verbrechen oder Vergehen ausdehnen wollten. Meine Herren! Bescholten ist nur derjenige, der aus schlechter Absicht, aus niedrigen, gemeinen Ursachen eine Handlung begeht, gleichviel, ob sie gut oder schlecht, erlaubt oder nicht erlaubt ist. Wenn aber Jemand aus heiliger Ueberzeugung für das Wohl des Vaterlandes, angetrieben durch die Liebe zur Freiheit, eine Handlung begeht, und in seinem Eifer auch die sogenannten gesetzlichen Schranken überschreitet, so werde ich ihn dennoch ehren, selbst wenn er im falschen Wahne befangen war, ebenso wie ich jeden Märtyrer achte, wenn ich auch jenen Glauben nicht theilen sollte, für den er sein Leben hingab. Bedenken Sie, meine Herren, wie wenig es brauchen würde, einen großen Theil dieser Versammlung zu politischen Verbrechern zu erklären; und bedenken Sie, daß viele Mitglieder in dieser Versammlung sitzen, die ich um den Ruhm beneide, politische Verbrecher gewesen zu sein. Meine Herren! In der Politik gibt es Verirrungen, die sich bis zum politischen Wahnsinn steigern können; aber Schande, meine Herren, gibt es nur eine, es ist die, wenn man seine Ueberzeugung verkauft und das Wohl des Vaterlandes schmutzigen Interessen zum Opfer bringt. (Bravo auf der Linken und im Centrum.) Ich habe bemerkt, daß man die kleineren polizeilichen Uebertretungen ebenfalls ausschließen solle von denjenigen Vergehen, welche die Bescholtenheit nach sich ziehen. Es ist zwar schwierig, eine Bestimmung festzustellen, die überall die gleiche Bedeutung hätte, und es muß uns genügen, auf irgend eine Weise die Absicht und den Sinn des Gesetzes anzudeuten. Ich mache Sie aber aufmerksam, daß wenn Sie den Antrag des Herrn Gulden annehmen wollen, der Nachtheil beseitigt ist, denn auf diese kleineren Uebertretungen wird doch beinahe niemals der Verlust der politischen Rechte verhängt. Doch, um so viel als möglich jede Ungerechtigkeit zu vermeiden, müssen Sie aussprechen, daß der Verlust des Wahlrechts nicht über die Dauer der Strafe hinausgehe. Meine Herren! Die Verlängerung des Verlustes der bürgerlichen Rechte über die Strafzeit hinaus, geht von der Ansicht aus, daß der Sträfling wohl gestraft aber nicht gebessert aus dem Gefängnisse herausgehe. Ich will nicht leugnen, daß leider diese Voraussetzung oft zutrifft, aber ich bestreite, daß das Gesetz von solchen Voraussetzungen ausgehen darf. Man könnte ja dann beinahe gar keine Sträflinge aus dem Zuchthause entlassen. Ist es denn nicht einer der Zwecke der Freiheitsstrafe, die Gesellschaft vor dem Verbrecher zu schützen und diesen unschädlich zu machen? Daher glaube ich, daß es gegen die Pflicht des Staates sein würde, einen Menschen frei zu geben, von welchem man glaubt, er werde seine Freiheit nur dazu benutzen, wieder Verbrechen zu begehen. Ich widersetze mich aber dieser Ansicht vorzüglich darum, weil sie die Menschheit beleidigt und erniedrigt, weil sie die Besserungsfähigkeit des Menschen, die Möglichkeit, sich zu vervollkommnen, in Zweifel zieht. Und wenn diese Besserung nicht immer eintritt, so legen Sie die Ursache dahin, wo sie liegt, daß nämlich unsere Strafanstalten das nicht sind, was sie sein sollen. Sie sollen Besserungsanstalten, sie sollen moralische Krankenhäuser sein, statt dessen aber sind sie häufig eine Schule des Verbrechens geworden. Ich glaube, daß Niemand unverbesserlich ist, wenn man nur die rechten Mittel anwendet, und nie vergißt, daß der Verbrecher ein Mensch ist wie jeder andere. Jedenfalls müssen wir uns einer solchen Ansicht widersetzen, denn sie ist in jeder Beziehung verderblich. Ich mache darauf aufmerksam, daß nichts so sehr zur Rechtschaffenheit aneifert und anspornt, als wenn man gegen Jemand Vertrauen beweist, und daß nichts so sehr das Ehrgefühl anregt, als wenn man Jemanden auch Ehre zutraut. Aber vorzüglich bedenken Sie, daß gerade das Mißtrauen gegen die entlassenen Sträflinge sehr häufig die Ursache ist, daß diese gezwungen werden, zum Verbrechen zurückzukehren; sie werden überall zurückgewiesen, es wird ihm unmöglich gemacht, sich ehrlich zu ernähren, und so müssen sie, in Folge dieses Vorurtheiles, um nur zu leben, wieder zu Verbrechern werden. Wenn auch dadurch, daß Sie die Bezeichnung der Bescholtenheit und den Verlust des Wahlrechtes nicht über die Dauer der Strafe hinaus erstrecken, mancher Unwürdige als Wähler erscheint, so bedenken Sie, daß es noch eine große Zahl anderer Unwürdiger gibt, die Sie durch kein Gesetz ausschließen können. Und wenn Jemand Bedenken hätte, weil diese Bestimmung nach dem Vorschlage des Ausschusses auch als Bestimmung für die Wählbarkeit gelten sollen, so glaube ich, daß ein solches Bedenken keine Berücksichtigung verdient. Nach meiner Ueberzeugung soll die Wählbarkeit gar nicht beschränkt sein, denn wenn 100,000 Einen würdig halten, Vertreter des Volkes zu sein, so müssen wir ihn ehren, er mag aus einem Palaste oder einer Hütte, aus dem Arbeitshause oder dem Gefängnisse kommen. Ich empfehle Ihnen daher den Antrag des Herrn **Gulden** mit dem Zusatz des Herrn **Wigard**, nach welchen der Verlust des Wahlrechtes nicht über die Dauer der Strafzeit hinausgehen soll. Ich erinnere sie nochmals, daß wenn Sie dem Verbrecher, der durch seine Strafe dem Gesetze Genüge geleistet hat, seine politischen Rechte und seine Ehre zurückgeben, so werden Sie dadurch allein eine große Zahl dieser Unglücklichen auf den Pfad des Rechtes und der Ehre zurückführen. (Beifall auf der Linken.)

Vicepräsident Kirchgeßner: Herr Grävell hat seinen Antrag zu § 3 zurückgezogen. (Beifall.) Dagegen muß ich der Versammlung zwei weitere Verbesserungsanträge vortragen. Verbesserungsantrag des Herren **Rödinger** zu § 3 des Inhalts:

> „Da nach den Principien einer erleuchteten Gesetzgebungspolitik die Strafe der innern Veredlung des Menschen nicht entgegenwirken soll, und daher bei dem Rechte zur Wahl nur die Unfreiheit in Betracht kommen kann, so trage ich darauf an, statt § 3 zu setzen:
>
> „Während der Dauer einer Freiheitsstrafe ruht das active Wahlrecht".
>
> Unterstützt von: Nauwerck, Spatz, Tafel von Stuttgart, Hensel, Rheinwald, Vogt, Christmann, Schott, Heubner, Heisterbergk, Tafel von Zweibrücken, Zimmermann von Stuttgart, Zimmermann von Spandow, Simon von Trier, Schlöffel, Rank, Wesendonck, Martiny, Hartmann."

Ein weiterer Verbesserungsantrag des Abgeordneten Pinkert zum zweiten [Minoritäts-Erachten?] lautet:

„Ich beantrage

den Worten „politischer Verbrechen"

noch das Wort:

„rein" (politischer Verbrechen)

vorzusetzen."

Unterstützt von: Nicol, Federer, Cramer, Hallbauer, Hirschberg, Böcking, Platz.

Beide Verbesserungsanträge werden gedruckt und vertheilt werden, insofern nicht heute zur Abstimmung geschritten werden sollte.

Zimmermann von Stuttgart: Meine Herren! Als vorhin die Rednerliste verlesen wurde, bemerkte ich, daß einige Herren auf dieser Seite des Hauses (auf der rechten) es etwas auffallend fanden, daß ich für den Ausschuß-Antrag eingeschrieben bin. Ich folge hier dem Vorgange von Autoritäten, dem Beispiele berühmter Männer, die über die §§ 1 und 2 vor einigen Tagen gesprochen haben. Sie hatten auch Einiges in jenen Paragraphen, was ihnen der Art gefiel, daß sie damit hätten einverstanden sein können, aber sie hatten noch mehr daran auszusetzen. Mir werden Sie erlauben, daß ich das Gute, das an dem Ausschuß-Antrag ist, stillschweigend, als sich von selbst verstehend, übergehe, und das Wenige, welches ich etwa auszusetzen hätte, Ihnen mittheile. (Heiterkeit.) Meine Herren! Sie haben einen sehr günstigen Eindruck auf das deutsche Volk für sich gemacht dadurch, daß Sie durch Ihre letzte Abstimmung drei Viertheilen des deutschen Volkes ihre politische Mündigkeit nicht haben rauben lassen, jene politische Mündigkeit, die das Volk mit seinem Blute kaum erst errungen hatte. Meine Herren! Das deutsche Volk wird durch diese Abstimmung dahin kommen, daß es wieder ein Herz zu dieser Versammlung haben wird, denn die Völker sind wie die Frauen, wer sich ihrer wieder ganz würdig zeigt, hat wieder auf einmal ihre Zuneigung ganz. (Große Heiterkeit.) Darum, meine Herren, möchte ich Sie bitten, so gut als Sie im Wahlgesetze begonnen haben, auch darin fortzufahren. Herr Bassermann hat kürzlich gesagt, es sei vernünftig, etwas zu erringen, vernünftiger, das Errungene zu conserviren. Ich gebe Das ihm zu, ich möchte noch hinzusetzen, das Vernunftigste wird wohl sein, das Errungene zu erweitern und weiter zu führen. Herr Bassermann wird mir erlauben, daß ich diese seine Aeußerung mit meinem Zusatz auf das Wahlgesetz anwende, und Ihnen diesen Grundsatz dafür empfehlen möchte. Halten Sie fest am Errungenen, und führen Sie es noch weiter, und lassen Sie es sich nicht wiedernehmen, nichts davon, nicht ein Jota. Meine Herren! Ich kann nicht bergen, daß das Wenige, was ich an dem Vorschlage des Verfassungs-Ausschusses, wie ihn die Mehrheit gemacht hat, aussetze, daß dieses wenige Auszusetzende vielleicht etwas Erkleckliches ist. Ich hätte gerade nichts gegen die Mehrheit des Verfassungs-Ausschusses, wenn sie nicht an einem kleinen Fehler mir zu leiden schiene, sie scheint mir etwas Gemeinschaftliches zu haben mit dem Despotismus. (Bewegung auf der Rechten.) Ja, meine Herren, ich will es Ihnen erklären. Man hat von dem Despotismus gesagt, er sei ein sehr gewandter Comödiant. Wenn man ihn in einer Kleidung zu der Thüre hinausgetrieben habe, so komme er in verändertem Anzuge gleich wieder zur Thüre herein. Sehen Sie, Das ist das Gemeinschaftliche, was ich glaube, das der Verfassungs-Ausschuß in seiner Mehrheit mit dem Despotismus gemeinschaftlich hat. Haben wir etwas die Freiheit Beschränkendes, das er vorschlägt, abgeworfen, wenige Tage darauf [bringt?] es uns der Verfassungs-Ausschuß wieder herein als etwas Feines, Neues, als ein ganz [vortreffliches?] Gericht. Meine Herren! Eigentlich spreche ich für die Minderheits-Gutachten 2 und 3. (Große Heiterkeit in der Versammlung.) Was der Verfassungs-Ausschuß in der Mehrheit vorschlägt, daß nämlich Derjenige, welcher wegen Diebstahls, Betrugs oder Unterschlagung, oder wer wegen anderer Verbrechen zu einer Zuchthaus-, Arbeitshaus-, Festungsstrafe, oder zum Verluste der staatsbürgerlichen Rechte rechtskräftig verurtheilt sei, nicht wählen solle, — nun ja, so im Ganzen hätte ich nichts dagegen, aber im Einzelnen habe ich doch etwas daran auszusetzen. Schon der Beisatz: „wegen anderer Verbrechen" hat etwas sehr Unbestimmtes, Gummi-elasticum-Artiges, das man je nach dem Gutdünken eines Ministers recht angenehm weit ausdehnen kann. Dann aber, meine Herren, habe ich noch andere Gründe, welche mich bestimmen, sogar Denjenigen, der gestohlen hat, nicht für immer, für sein ganzes Leben von dem Wahlrecht ausgeschlossen wissen zu wollen. Nun, meine Herren, man sagt: „Er hat gestohlen; kann Einer, der gestohlen hat, noch ehrenhaft genug sein, um wählen zu können, um an dem ersten Rechte des Bürgers Antheil haben zu können?" Wie, meine Herren, sind Sie so wenig Menschenkenner, oder so hart und unmenschlich, daß Sie sagen wollten, Einer, der in seinem sechszehnten Jahre im Leichtsinne des Augenblickes, — und Sie wissen, daß es Straf-Gesetzbücher gibt, welche einen sechszehnjährigen Dieb schon als ehrlos erklären und mit schweren Strafen züchtigen, — daß ein Solcher später keinen Funken von Ehre mehr an sich haben und für immer ehrlos sein solle? Meine Herren! Es hat große Männer gegeben, welche nicht bloß ihre Nation, sondern die ganze Welt feierte und verehrte. Lesen Sie die Bekenntnisse von Jean Jacques Rousseau über sich selbst, und Sie werden dann finden, daß Sie ihn für die Wahl unfähig, für lebenslänglich ehrlos erklärt hätten nach dem Vorschlage des Verfassungs-Ausschusses. Ferner, meine Herren, scheint der Vorschlag des Verfassungs-Ausschusses auch daran zu leiden, daß er nur auf die Armuth drückt, und nur auf Denjenigen, der in der Noth ist. Wenn Einer in Zeiten des Hungers, der Theuerung und der Arbeitslosigkeit, durch Noth gezwungen, nur das Geringste von dem Eigenthum eines Anderen sich aneignet, und wäre es nur ein Weck, ein Brod vom Laden, soll er sein ganzes Lebenlang ehrlos sein, und nicht mehr wählen dürfen? (Stimmen auf der Linken: Nein!) Zudem, meine Herren, wäre es ein Rückschritt, den der Vorschlag Ihres Verfassungs-Ausschusses macht, indem nicht einmal darin, wie in gewissen Landesverfassungen, angedeutet ist, daß die Wahlversammlung über gewisse Vergehen oder Verbrechen die Gewalt haben soll zu entscheiden, ob Ehrlosigkeit eine Folge des Vergehens sei oder nicht. Nun komme ich aber zum Hauptpunkte, meine Herren, und damit eigentlich auch schon zum Ende Desjenigen, was ich auszusetzen habe an dem Vortrage des Verfassungs-Ausschusses. Meine Herren! Es heißt: „Alle, die wegen eines anderen Verbrechens zu einer Zuchthaus-, Festungs-, Arbeitshaus-Strafe u. s. w. verurtheilt sind." Diejenigen Redner, die vor mir gesprochen haben, haben die politischen Verbrecher schon hinlänglich berührt, als Diejenigen, die nicht eigentlich so zu nennen wären. Meine Herren! Wissen Sie, wie viele solche politische Verbrecher in unserer Mitte sitzen? Meine Herren! Es ist eine hübsche Zahl. Und auf welcher Seite dieses Hauses sitzen diese politische Verbrecher? sie sitzen theilsweise links, sie sitzen größtentheils rechts. (Heiterkeit. Stimmen auf der Linken: Bravo!)

rung des Herrn Referenten den Schluß der Debatte wollen, ersuche ich, sich zu erheben. (Die Mehrzahl erhebt sich.) Der Schluß ist angenommen.

Scheller von Frankfurt a. d. O.: Meine Herren! Ich darf es mir n
zte Red-
er wolle

was Schlechtes in demselben sei.
richterstatter habe ich die Pflicht, das Gute und das Schlechte, was für und gegen den Entwurf vorgebracht worden ist, anzuführen, und Das ist allerdings schwerer, als wenn man nur von einer Seite die Sache betrachtet. Wenn der letzte geehrte Redner in der Majorität des Verfassungs-Ausschusses eine Gemeinschaftlichkeit mit Despoten und Comödianten gesehen hat, die bald dieses, bald jenes Kleid anziehen, so kann ich auf diese allgemeine Redensarten, mit denen eigentlich nichts bewiesen ist, nur antworten: Der Despotismus der Mehrzahl des Verfassungs-Ausschusses besteht bei diesem Ent-
Ehre über Alles geschätzt wissen will.
Kleide hier aufgetreten, und hat sein
ist nur aufgetreten in dem Kleide der
ohne Furcht und ohne Bedenken vor

Dem, was diese offene freie Sprache herbeiführen könne. Ehe ich mich auf die einzelnen Bestimmungen und die einzelnen Entwürfe, die gegen den Entwurf vorgebracht worden sind, einlasse, muß ich vor allen Dingen Eines zurückweisen. Es ist hier von den beiden letzten geehrten Rednern eine förmliche Apologie des Diebstahls ausgesprochen. Dagegen muß ich von dieser Tribüne herab uns verwahren. Wir verkennen nicht, daß Arme, Gedrückte augenblicklich in der Lage sein können, die Gesetze, die zum allgemeinen Schutz des Eigenthums gegeben sind, zu überschreiten, wir scheuen uns aber, und mit Recht, das so darzustellen, als beruhe das eigentlich in dem Urrechte aller Menschen. Es ist ferner von dem vorletzten Redner darauf angespielt, daß die Gerechtigkeit blind sei. — Auch dagegen muß ich von dieser Tribüne herab die Mehrzahl der Versammlung feierlich vor Deutschland verwahren. Es ist wahr, die Gerechtigkeit wird mit der Binde vor den Augen dargestellt, aber nicht, damit sie blind sei, sondern damit sie weder nach rechts, noch nach links sehe, damit sie weder auf Reiche, noch auf Arme sehe, sondern lediglich auf Das, was Recht ist. Diejenigen, die sie spöttelnd als blind schildern, mögen sich auch erinnern, daß sie dargestellt wird mit der Wage der Gerechtigkeit und mit dem scharfen zweischneidigen Schwerdt. — Nach dieser allgemeinen Verwahrung gegen eine Apologie des Diebstahls und was daraus folgt, des Communismus und gegen die Blindheit der Gerechtigkeit, wende ich mich zu dem Entwurfe selbst. Es ist auch hier wie bei den §§ 1 und 2 unendlich viel leichter zu tadeln, als besser zu machen; Alles, was zur Verbesserung hier vorgebracht wurde, ist, wie ich kurz zeigen werde, eben noch nicht besser, als der Entwurf. Bei der unendlichen Verschiedenheit der Strafgesetze in den Einzelstaaten ist es außerordentlich schwierig, die Kriterien zu finden, wann Jemand als bescholten erachtet werden soll. Es blieb nach der Ansicht des Verfassungs-Ausschusses nichts übrig, als die beiden Systeme, die hier gewöhnlich befolgt zu werden pflegen, mit einander zu vereinigen, nämlich einmal zu sehen auf die Unehrenhaftigkeit des Verbrechens selbst, und das andere Mal Rücksicht zu nehmen auf die Strafe; und so kam er denn dahin, Jeden, der nur überhaupt bestraft worden ist wegen Diebstahls, Betrugs oder Unterschlagung, von dem Wahlrechte auszuschließen, weil er sich sagte, daß diese Verbrechen unter allen Umständen als unehrenhaft angesehen werden müssen, mag die Strafe sein, welche sie wolle; sodann aber ging er in der ferneren Aufzählung der Auszuschließenden davon aus, daß die schwereren Strafen, die in allen Einzelstaaten vorkommen, solche seien, die auch nur auf schwerere Verbrechen wurden gelegt werden, und deßhalb nahm er diese schwereren Strafen als solche, die auch Jeden ausschließen sollen von dem Wahlrechte. Es ist nun dagegen angeführt worden, es sei besser, wenn man diese Unterscheidung verlasse, da Diebstahl, Betrug und Unterschlagung auch mit sehr geringen Strafen, mit Polizeistrafen belegt werden könnten, und man doch solche Strafen nicht wolle ausschließen lassen von dem Wählerrechte; dagegen ist aber zu erinnern, daß das mit der allgemeinen Unehrenhaftigkeit dieser Verbrechen im Widerspruche steht. — Sind in einzelnen Staaten wirklich eigentliche Polizeistrafen, nicht bloß sogenannte Polizeistrafen auf diese Verbrechen angedroht, so mögen die Strafgesetze geändert werden, nicht aber kann man umgekehrt, weil solche unangemessene Strafen noch bestehen, diese Unangemessenheit auch auf das Wahlgesetz ausdehnen. Es ist ferner erinnert worden, die Arbeitshausstrafe namentlich sei in den einzelnen Staaten nicht entehrend; aber auch hier, wenn wirklich in den Einzelstaaten eine nicht entehrende Arbeitshausstrafe bestehen sollte, tritt der nämliche Grund ein: ist in unzweckmäßiger Weise eine Arbeitshausstrafe als nicht entehrend doch auf schwere entehrende Verbrechen gesetzt, so mag in den einzelnen Staaten diese unangemessene Strafe geändert werden. Aber auch abgesehen hiervon, ist doch Das, was man an die Stelle des Entwurfs setzen will, praktisch nicht brauchbar. Es soll nach dem Vorschlage gesagt werden: „Diejenigen, welche zu einer Strafe verurtheilt sind, welche den Verlust der staatsbürgerlichen Rechte nach sich zieht." Wenn eine solche Bestimmung in das Gesetz aufgenommen würde, so wäre damit eigentlich gar nichts gesagt, denn in den allerwenigsten einzelnen deutschen Staaten bestimmen die Strafgesetze, wo eine Strafe den Verlust der staatsbürgerlichen Rechte nach sich ziehen soll, und es würde namentlich in Preußen mit einer solchen Bestimmung für das Wahlrecht durchaus nichts entschieden sein; nur für einige wenige Fälle würde man vielleicht diese Bestimmung auf diejenigen Strafen anwenden können, mit denen zugleich der Verlust der National-Cocarde ausgesprochen wird; in den allermeisten Fällen ist nach den Strafgesetzen der einzelnen Staaten der Verlust der staatsbürgerlichen Rechte nicht ausdrücklich mitauszusprechen, er wird auch in den Erkenntnissen nicht ausgesprochen; man würde daher, namentlich in Preußen, nach dem Ausspruche der härtesten Strafe noch in Verlegenheit sein, ob nun auch das Wahlrecht abgesprochen sei, weil in dem Erkenntnisse von dem Verluste der staatsbürgerlichen Rechte keine Erwähnung geschieht. Also mit einer solchen allgemeinen Bestimmung wäre nichts gegeben. Besser ist es immer, mit dem Entwurfe etwas zu geben, wenn es auch vielleicht in einem einzelnen Staate nicht ganz passend erscheint, als mit dem Vorschlage nichts zu geben. Es ist noch ein anderer Verbesserungs-Vorschlag gemacht, welcher heute verlesen worden ist, nämlich der von Herrn Rödinger; es sollte nämlich gesagt werden: „während der Dauer der Freiheitsstrafe ruht das Wahlrecht." Indeß auch hiergegen läßt sich alles Das erinnern, was ich soeben gegen das andere Amendement vorgebracht habe. Es wird ferner von einigen Verbesserungs-Anträgen vermißt, daß der Meineid in der Nr. 1 des § 3 nicht aufgenommen sei; dieß Verbrechen ist aber nicht mitaufgenommen deßhalb, weil angenommen werden muß, daß auf den Meineid nach den einzelnen Strafgesetzen immer Zuchthaus-, Festungs- oder Arbeitshaus-Strafe gesetzt sein wird; wäre das nicht der Fall, so wäre es ein Fehler des Strafgesetzes, und so muß dieser Fehler dort verbessert werden. Ein anderer Verbesserungs-Vorschlag will die Landstreicherei aufgenommen wissen; wenn aber die Landstreicherei für ein so schweres Verbrechen erachtet wird, daß davon die Wählerschaft abhängig gemacht werden soll, so muß in dem Strafgesetzbuche eine schwere Strafe verhängt sein; verhängen hingegen die Strafgesetze nur geringe Strafen auf die Landstreicherei, die man auch nicht unter allen Umständen als ehrlos erklären kann, so darf diese geringe Strafe auch nicht von der Wählerschaft ausschließen. Es ist von einem zweiten Minoritäts-Erachten und mehreren der Vorredner noch eine andere Kategorie von Strafen oder Verbrechen hervorgehoben, nämlich es soll die Strafe wegen politischer Verbrechen den Verlust des Wahlrechtes niemals nach sich ziehen, und dieß in dem Wahlgesetze ausgesprochen werden; indeß alle die Expectorationen, die wir heute darüber gehört haben, daß man die politischen Verbrechen nicht so hart ansehen, nicht für ehrlos erklären könne, gehören nicht hierher, wo wir von dem Wahlrechte, von der Wahlordnung sprechen, sondern sie gehören zur Discussion über das Strafgesetzbuch. Hält man wirklich die politischen Verbrecher nicht für so strafbar, so mag in dem Strafgesetzbuch eine geringere Strafe über sie verhängt werden; setzt das Strafgesetzbuch aber eine harte Strafe auf dieses

Verbrechen; so erkennt gerade der Gesetzgeber bei der Straf-Zumessung an, daß das Verbrechen schwer verpönt werden muß, daß der Verbrecher ehrlos sei, und deßhalb kann man in dem Wahlgesetz nicht davon abgehen, wenn man nicht in eine Inconsequenz verfallen will. Ich lasse mich also darüber, was von politischen Verbrechen zu halten, wie die Strafe gegen sie zu verhängen sei, hier weiter nicht aus, beschränke mich vielmehr lediglich darauf, daß ich sage: wenn der Verfasser des Strafgesetzbuches den politischen Verbrecher für werth hält, daß dieser mit harter Strafe belegt werde, wenn der Gesetzgeber dadurch jenen Verbrecher für ehrlos erklärt, so kann das Wahlgesetz ihn nicht für ehrenhaft erklären. Ein ferneres Minoritäts-Erachten, — und mit ihm stimmen einige Verbesserungs-Anträge überein, — geht noch dahin, das Wahlrecht wieder eintreten zu lassen, wenn die Strafe verbüßt sei. Hier ist es, wo, wenn ich mich mit dem geehrten Abgeordneten von Stuttgart so ausdrücken darf, der Despotismus der Mehrzahl des Verfassungs-Ausschusses sich zeigt. Die Mehrzahl des Verfassungs-Ausschusses hat gewollt, daß, wer auch eine schwere Strafe verbüßt hat, wer auch wegen eines ehrlosen Verbrechens eine geringere Strafe verbüßt hat, dennoch niemals wieder zum Wahlrechte soll zugelassen werden. Er ist dabei von der Ansicht ausgegangen, die ein geehrter Redner aus Sorau angeführt hat: „Erwecke vor Allem den Sinn für Ehre, und ihr werdet den Pöbel abschaffen.“ Der Verfassungs-Ausschuß hat den Grundsatz gehabt, daß, wer einmal sich als ehrlos gezeigt hat, nie wieder die hohe Ehre der Wählerschaft genießen darf. Es mag dieß streng sein. Will man aber diese hohe Ehre, — ich möchte sagen, höchste Ehre, — die dem Staatsbürger gegeben werden kann, rein erhalten, will man darauf hinwirken, daß ein Jeder ohne Unterschied nach dieser hohen Ehre trachte, so darf man auch nicht den Verbrecher, wenn er auch seine Strafe verbüßt hat, wieder in diese ehrenvolle Klasse eintreten lassen. Damit ist keineswegs ausgesprochen, was der geehrte letzte Redner ebenfalls angeführt hat, daß damit ein Druck auf die Armen vom Entwurfe geübt werde. Daß dieß keineswegs der Fall ist, zeigt sich darin, daß, wenn Der, welcher wegen eines ehrlosen Verbrechens bestraft, oder mit einer entehrenden Strafe belegt worden ist, nach ausgestandener Strafe werth ist, wieder unter die ehrenhaften Bürger aufgenommen zu werden, Derselbe in der ersten Nummer des § 3 das Mittel findet, wie er seine Ehre wieder herstellen kann. Es heißt dort ausdrücklich: „Es sollen Diejenigen ausgeschlossen sein, welche in ihre Rechte nicht wieder eingesetzt worden sind.“ Er mag darum ansuchen, daß er wieder in seine Rechte eingesetzt wird. Hat er sich Dessen würdig gezeigt, so wird sein Gesuch gewährt werden. Und so hat der Entwurf von allen Seiten wohl erwogen, was er vorgeschlagen hat. Es ist noch bei dem ersten Minoritäts-Erachten vorgeschlagen worden, es sollten diejenigen polizeilichen Strafen auch nicht vom Wahlrecht ausschließen, welche nicht drei Monate übersteigen. Dagegen ist vor Allem zu erinnern, daß künftig solche polizeiliche Strafen, nämlich Strafen, welche die Polizei verhängt, nicht mehr vorkommen können, weil wir sie in den Grundrechten für immer untersagt haben, daß aber jetzt oder bisher viele Strafen polizeiliche genannt worden sind, ohne daß Polizeibehörden sie haben verhängen dürfen. So ist, wie schon von einem der Herren Vorredner erwähnt worden ist, in Preußen gesetzlich der Sprachgebrauch, daß kleine Diebstähle polizeilich bestraft werden. Aber keine Polizeibehörde darf sich herausnehmen, diese Strafen zu verhängen, sondern es wird auf sie nur von den Gerichten erkannt. Es würde also, wenn der Vorschlag, solche polizeiliche Strafen, die unter drei Monaten sind, nicht vom Wahlrecht ausschließen zu lassen, angenommen würde, dahin führen, daß auch Diejenigen, die wegen Diebstahls, Betrugs oder Unterschlagung nur mit einer geringeren, als dreimonatlichen Strafe belegt worden sind, dennoch zur Wählerschaft müßten zugelassen werden. Somit scheint mir der Entwurf von allen Seiten gerechtfertigt, von allen Seiten geschützt gegen die Einwürfe, die gegen ihn gemacht worden sind, wenigstens insoweit geschützt, als ich gezeigt habe, daß keiner der Verbesserungs-Vorschläge auch nur im Geringsten etwas Besseres hat an die Stelle setzen können.

Präsident: Die Discussion über den § 3 ist geschlossen. — Ich bringe die Anträge, die noch der Unterstützung bedürfen, zur Unterstützung. Zuerst den Antrag der Herren Heisterbergk und Roßmäßler unter Nr. 41. Ich ersuche diejenigen Herren, welche diesen Antrag der Herren Heisterbergk und Roßmäßler unterstützen wollen, aufzustehen. (Die hinreichende Anzahl erhebt sich.) Er ist hinreichend unterstützt. — In Betreff der veränderten Fassung zum ersten Minoritäts-Erachten, die Herr Mittermaier zur Sprache gebracht hat, nehme ich an, daß diese Veränderung von der Minorität gebilligt sei. — Ferner den Antrag des Herrn Goltz, Nr. 20 der gedruckten Anträge. Wird derselbe unterstützt? (Es erhebt sich die genügende Anzahl Mitglieder.) Er ist hinreichend unterstützt. — Nun bitte ich die Herren, aufzustehen, die den Antrag des Herrn Jucho, Nr. 58, unterstützen wollen. (Es erheben sich Wenige.) Er hat keine hinreichende Unterstützung. — Ferner den Antrag des Herrn Nagel von Oberviechtach, Nr. 57. Ist derselbe unterstützt? (Es erhebt sich nicht die hinreichende Anzahl Mitglieder.) Er ist nicht unterstützt. — Ich komme zu dem Sous-Amendement des Herrn Pinckert, wonach in dem zweiten Minoritäts-Erachten den Worten: „politischer Verbrechen“ vorgesetzt werden soll: „rein,“ so daß es also heißen soll: „Strafen wegen rein politischer Verbrechen.“ Ist dieser Antrag des Herrn Pinckert unterstützt? (Die erforderliche Anzahl Mitglieder erhebt sich nicht.) Er hat nicht die gehörige Unterstützung. — Endlich den Antrag des Herrn v. Linde unter Nr. 67. Ich ersuche die Herren, aufzustehen, die diesen Antrag unterstützen wollen. (Es erhebt sich nicht die erforderliche Anzahl Mitglieder.) Er ist nicht hinreichend unterstützt. — Mein Vorschlag für die Abstimmung ist folgender: Ich möchte anfangen mit dem Antrage des Herrn Rödinger:

„Während der Dauer einer Freiheitsstrafe ruht das active Wahlrecht,“

der sich principiell von allen übrigen Anträgen unterscheidet, übergehen zum ersten Satze des Ausschuß-Antrages, ich meine den Eingang und Nr. 1; falls der verworfen würde, zu dem Antrage der Herren Schubert und Genossen, dann zu dem des Herrn Gulden und Genossen, dann zu dem der Herren Heisterbergk und Roßmäßler; dann zu dem des Herrn Würth von Sigmaringen; demnächst zu dem Minoritäts-Erachten in der modificirten Fassung, die es heute durch Herrn Mittermaier erfahren hat, vorbehaltlich des Inserandi von Herrn Goltz, hinter den Worten: „Betrug“ einzuschalten: „Meineid,“ und der Zusätze, die dazu in dem zweiten und dritten Minoritäts-Erachten proponirt sind, statt welches letzteren, wenn es verworfen würde, ich die Fassung zur Abstimmung zu bringen hätte, die Herr Goltz vorgeschlagen hat. Dann würde ich übergehen zu Nr. 2 des

Verfassungs-Ausschusses, und endlich den von Herrn Wigard proponirten Zusatz zur Abstimmung bringen:

„Nach verbüßter Strafe treten sie in ihr Wahlrecht wieder ein."

Wenn diese Abstimmung vorüber ist, wird sich auch finden, ob der heute eingereichte Verbesserungs-Antrag des Herrn Arndts überhaupt zur Abstimmung gebracht werden kann. Ist gegen diesen Vorschlag Einwand?

Nauwerck von Berlin: Es scheint mir vollkommen angemessen, mit dem kurzen Antrag des Herrn Rödinger zu beginnen, aber ich sehe nicht recht ein, wie man von dem Rödinger'schen Antrag sofort zur Mehrheit des Ausschusses überspringen kann. Es scheint mir angemessen, den Antrag des Herrn Gulden vorausgehen zu lassen. Jedenfalls beantrage ich, daß das zweite Minoritäts-Erachten, wegen der politischen Verbrechen, abgesondert zur Abstimmung komme, mag es nun vor, oder nach dem Hauptartikel sein.

Präsident: Ja, darauf ging ja auch mein Vorschlag; das Minoritäts-Erachten 2 ist aber ausdrücklich als Zusatz zum Minoritäts-Erachten 1 bezeichnet; es setzt also die Annahme des letzteren voraus. Der Antrag des Herrn Nauwerck geht nun dahin, daß, falls das Minoritäts-Erachten 1, zu dem sich das Minoritäts-Erachten 2 selbst als Zusatz bezeichnet, verworfen würde, gleichwohl dieser zweite Minoritäts-Antrag zur Abstimmung gebracht werden soll. Herr Wigard bemerkt mir eben, daß es nur ein Versehen im Drucke des Entwurfs ist, wenn das zweite Minoritäts-Erachten als Zusatz zum ersten bezeichnet ist, und dieß vorausgesetzt, steht dem Antrage des Herrn Nauwerck Nichts im Wege, so gewiß nach der Lage der Sache der meinige gerechtfertigt war. Ist nun kein fernerer Widerspruch, so verfahre ich im Uebrigen nach meinem Vorschlage. — Herr Nauwerck hat namentliche Abstimmung vorbehalten; er wird nun angeben können, zu welchen Anträgen er diese verlangt.

Nauwerck von Berlin: Ich beantrage den Namensaufruf nur für die Bestimmung wegen der politischen Verbrechen.

Präsident: Ist der Antrag des Herrn Nauwerck auf namentliche Abstimmung über das Minoritäts-Erachten 2 unterstützt? (Die hinreichende Anzahl Mitglieder erhebt sich.) Er ist hinreichend unterstützt. — Also, meine Herren, ich beginne mit dem Antrag des Herrn Rödinger. Diejenigen Herren, die an die Stelle des vorgeschlagenen § 3 die Fassung, welche Herr Rödinger und Genossen beantragen: „Während der Dauer einer Freiheitsstrafe ruht das active Wahlrecht," annehmen wollen, ersuche ich, sich zu erheben. (Die Linke erhebt sich.) Der Antrag ist abgelehnt. — Ich gehe zur ersten Hälfte des Ausschuß-Antrages über:

„Als bescholten, also von der Berechtigung zum Wählen ausgeschlossen sollen angesehen werden:

1) Personen, welche wegen Diebstahls, Betrugs oder Unterschlagung, oder welche wegen eines anderen Verbrechens zu einer Zuchthaus-, Arbeitshaus-, Festungsarbeitsstrafe, oder zum Verlust der staatsbürgerlichen Rechte durch rechtskräftiges Erkenntniß verurtheilt und nicht wieder in ihre Rechte eingesetzt worden sind."

Diejenigen Herren, die diesen Theil von dem Antrage des Verfassungs-Ausschusses annehmen wollen, ersuche ich, sich zu erheben. (Ein großer Theil der Versammlung erhebt sich.) Wir wollen die Gegenprobe machen. Diejenigen Herren, die den eben verlesenen Antrag des Verfassungs-Ausschusses von den Worten: „Als bescholten, also von der Berechtigung zum Wählen ausgeschlossen," bis zu den Worten: „nicht wieder eingesetzt worden sind," nicht annehmen wollen, ersuche ich, aufzustehen. (Es erhebt sich wieder ein großer Theil der Versammlung.) Wir müssen mit Zetteln stimmen. Diejenigen Herren, die den eben verlesenen Antrag des Verfassungs-Ausschusses annehmen wollen, bitte ich, den weißen Stimmzettel, Diejenigen, die ihn nicht annehmen wollen, den farbigen Zettel mit ihrem Namen zu bezeichnen.

Mit Ja stimmten:

v. Aichelburg aus Villach, v. Amstetter aus Breslau, Anders aus Goldberg, Arndt aus Bonn, Arndts aus München, Arneth aus Wien, Bassermann aus Mannheim, Bauer aus Bamberg, Becker aus Gotha, Behnke aus Hannover, Bernhardi aus Kassel, Beseler aus Greifswald, Beseler (H. W.) aus Schleswig, Biedermann aus Leipzig, Bock aus Preußisch-Minden, Böcler aus Schwerin, v. Bothmer aus Carow, Braun aus Bonn, Braun aus Cöslin, Brescius aus Züllichau, Briegleb aus Koburg, Buß aus Freiburg im Breisgau, v. Buttel aus Oldenburg, Clemens aus Bonn, Cornelius aus Braunsberg, Coronini-Cronberg (Graf) aus Görz, Dahlmann aus Bonn, Deeke aus Lübeck, Deetz aus Wittenberg, Degenkolb aus Eilenburg, Deiters aus Bonn, Detmold aus Hannover, Deym (Graf) aus Prag, Deymann aus Meppen, Dinstl aus Krems, Döllinger aus München, Dröge aus Bremen, Duncker aus Halle, Ebmeier aus Paderborn, Eckart aus Lohr, Edlauer aus Gratz, Emmerling aus Darmstadt, v. Ende aus Waldenburg, Engel aus Culm, Englmayr aus Enns (Oberösterreich), Esmarch aus Schleswig, Evertsbusch aus Altena, Falk aus Ottolangendorf, Fischer (Gustav) aus Jena, Flottwell aus Münster, Friederich aus Bamberg, Fritsch aus Ried, Fuchs aus Breslau, Fügerl aus Korneuburg, Gebhard aus Würzburg, Gevekoht aus Bremen, Giech (Graf) aus Thurnau, Giesebrecht aus Stettin, Göbel aus Jägerndorf, Godeffroy aus Hamburg, Gödden aus Krotoszyn, von der Goltz (Graf) aus Czarnikau, Gombart aus München, Graf aus München, Grävell aus Frankfurt an der Oder, v. Grundner aus Ingolstadt, Gysae (Wilhelm) aus Strehlow, Hahn aus Guttstatt, v. Hartmann aus Münster, Haubenschmied aus Passau, Haym aus Halle, Heimbrod aus Sorau, v. Hennig aus Dempowalonka, Herzig aus Wien, Heusner aus Saarlouis, Hofer aus Pfarrkirchen, Hoffmann aus Ludwigsburg, Hugo aus Göttingen, Jacobi aus Hersfeld, Jahn aus Freiburg an der Unstrut, Jordan aus Berlin, Kahlert aus Leobschütz, v. Keller (Graf) aus Erfurt, Kerer aus Innsbruck, v. Keudell aus Berlin, Kierulff aus Rostock, Kosmann aus Stettin, v. Köstritz aus Elberfeld, Kratz aus Wintershagen, Kuenzer aus Constanz, Künßberg aus Ansbach, v. Kürsinger (Ignaz) aus Salzburg, v. Kürsinger (Karl) aus Tamsweg, Kutzen aus Breslau,

Lammers aus Erlangen, Langerfeldt aus Wolfenbüttel, v. Lassaulx aus München, Laube aus Leipzig, Lette aus Berlin, Liepbacher aus Golsegg, v. Linde aus Mainz, Löw (Hermann) aus Posen, Mally aus Steyermark, Mann aus Rostock, v. Massow aus Karlsberg, Mathy aus Karlsruhe, Matthies aus Greifswald, Merck aus Hamburg, Metzke aus Sagan, Michelsen aus Jena, Mohl (Robert) aus Heidelberg, Müller aus Würzburg, Münch aus Wetzlar, v. Nagel aus Oberviechtach, Naumann aus Frankfurt a. d. O., Neubauer aus Wien, Neumayr aus München, Nizze aus Stralsund, Oertel aus Mittelwalde, Ottow aus Labiau, Pannier aus Zerbst, Paur aus Augsburg, Pfeuffer aus Landshut, Phillips aus München, Pieringer aus Kremsmünster, Plehn aus Marienburg, Pözl aus München, Polatzek aus Weißkirch, Prinzinger aus St. Pölten, v. Quintus-Icilius aus Fallingbostel, v. Radowitz aus Rüthen, Rahm aus Stettin, Rassl aus Neustadtl in Böhmen, v. Raumer aus Berlin, v. Raumer aus Dinkelsbühl, Reitmayr aus Regensburg, Renger aus böhmisch Kamnitz, Richter aus Danzig, Riegler aus mährisch Budwitz, Riesser aus Hamburg, Rößler aus Wien, Rothe aus Berlin, v. Rotenhan aus München, Rüder aus Oldenburg, Rümelin aus Nürtingen, v. Sänger aus Grabow, Scheller aus Frankfurt a. d. O., Schepp aus Wiesbaden, Schick aus Weißensee, Schirmeister aus Insterburg, v. Schleussing aus Rastenburg, Schlüter aus Paderborn, Scholten aus Ward, Scholz aus Neisse, Schreiber aus Bielefeld, v. Schrenk aus München, v. Schrötter aus Preuß. Holland, Schultze aus Potsdam, Schultze aus Liebau, Schwarz aus Halle, Schwetschke aus Halle, Sellmer aus Landsberg a. d. W., Sepp aus München, Siehr aus Gumbinnen, v. Soiron aus Mannheim, Sprengel aus Waren, Stahl aus Erlangen, Stavenhagen aus Berlin, Stenzel aus Breslau, Stieber aus Budissin, Stülz aus St. Florian, Tannen aus Zielenzig, Tappehorn aus Oldenburg, Teichert aus Berlin, v. Thielau aus Braunschweig, Veit aus Berlin, Versen aus Nieheim, Vogel aus Dillingen, Waitz aus Göttingen, Waldmann aus Heiligenstadt, Walter aus Neustadt, Weber aus Neuburg, v. Wedemeyer aus Schönrade, v. Wegnern aus Lyk, Welbeker aus Aachen, Werner aus St. Pölten, Wernher aus Nierstein, Widenmann aus Düsseldorf, Wiedker aus Uckermünde, Winter aus Liebenburg, v. Wulffen aus Passau, Wurm aus Hamburg, Zachariä aus Göttingen, v. Zerzog aus Regensburg, Zöllner aus Chemnitz, Zum Sande aus Lingen.

Mit Nein stimmten:

Achleitner aus Ried, Ahrens aus Salzgitter, Anderson aus Frankf. a. d. O., Backhaus aus Jena, Becker aus Trier, Beidtel aus Brünn, Berger aus Wien, Blumröder (Gustav) aus Kirchenlamitz, Böcking aus Trarbach, Boczek aus Mähren, Bonardy aus Greiz, Bresgen aus Ahrweiler, Breusing aus Osnabrück, Christmann aus Dürkheim, Claussen aus Kiel, Cnyrim aus Frankfurt am Main, Cramer aus Köthen, Cucumus aus München, Damm aus Tauberbischoffsheim, Demel aus Teschen, Dham aus Schmalenberg, v. Dieskau aus Plauen, Dietsch aus Annaberg, Drechsler aus Rostock, Eckert aus Bromberg, Egger aus Wien, Ehrlich aus Murzynek, Eisenmann aus Nürnberg, Eisenstuck aus Chemnitz, Engel aus Pinneberg, Esterle aus Cavalese, Fallmerayer aus München, Federer aus Stuttgart, Fehrenbach aus Säckingen, Fetzer aus Stuttgart, Förster aus Hünfeld, Freese aus Stargard, Frisch aus Stuttgart, Fritzsche aus Roda, Fröbel aus Reuß, Geigel aus München, Gerlach aus Tilsit, Gfrörer aus Freiburg, Giskra aus Wien, v. Gladis aus Wohlau, Golz aus Brieg, Gravenhorst aus Lüneburg, Gritzner aus Wien, Groß aus Leer, Groß aus Prag, Grubert aus Breslau, Grüel aus Burg, Grumbrecht aus Lüneburg, Gspan aus Innsbruck, Gülich aus Schleswig, Günther aus Leipzig, Gulden aus Zweibrücken, Hagen (K.) aus Heidelberg, Haggenmüller aus Kempten, Hallbauer aus Meißen, Hartmann aus Leitmeritz, Haßler aus Ulm, Hedrich aus Prag, Hehner aus Wiesbaden, Heisterbergk aus Rochlitz, Heldmann aus Selters, Hensel aus Camenz, v. Hermann aus München, Heubner aus Zwickau, Hildebrand aus Marburg, Hirschberg aus Sondershausen, Höffen aus Hattingen, Hönniger aus Rudolstadt, Hoffbauer aus Nordhausen, Hofmann aus Friedberg, Hollandt aus Braunschweig, Huber aus Linz, Huck aus Ulm, Jopp aus Enzersdorf, Jordan aus Gollnow, v. Itzstein aus Mannheim, Jucho aus Frankfurt am Main, Käfferlein aus Baireuth, Kagerbauer aus Linz, v. Kaisersfeld aus Birkfeld, Kanitsch aus Karlsberg, Kirchgeßner aus Würzburg, Knarr aus Steyermark, Köhler aus Seehausen, Kohlparzer aus Neuhaus, Kollaczek aus österreichisch Schlesien, Kotschy aus Ustron in mährisch Schlesien, Krafft aus Nürnberg, Kudlich aus Schloß Dietach, Kuhnt aus Bunzlau, Langbein aus Wurzen, Laschan aus Villach, Laudien aus Königsberg, Lausch aus Troppau, Leverkus aus Lennep, Levysohn aus Grünberg, Liebmann aus Perleberg, Lindner aus Seisenegg, Lodemann aus Lüneburg, Löschnigg aus Klagenfurt, Löw (F.) aus Magdeburg, Makowiczka aus Krakau, Maly aus Wien, v. Maltzahn aus Küstrin, Mammen aus Plauen, Marcks aus Duisburg, Marcus aus Bartenstein, Mareck aus Grätz (Steyermark), Marsilli aus Roveredo, Martiny aus Friedland, Mayer aus Ottobeuren, Melly aus Wien, Mertel aus Kronach, Meyer aus Liegnitz, Mez aus Freiburg, Minkus aus Marienwerder, Mittermaier aus Heidelberg, Möller aus Reichenberg, Mölling aus Oldenburg, Mohl (Moriz) aus Stuttgart, Mulley aus Weitenstein, Nagel aus Bahlingen, Nägele aus Murrhardt, Nauwerck aus Berlin, Nerreter aus Fraustadt, Nicol aus Hannover, Nöthig aus Weißholz, Obermüller aus Passau, Ostendorf aus Soest, Paur aus Neisse, Pfahler aus Tettnang, Pfeiffer aus Adamsdorf, Pinckert aus Zeitz, Platz aus Stade, v. Pretis aus Hamburg, Quesar aus

Prag, Rättig aus Potsdam, Rank aus Wien, Rapp aus Wien, v. Rappard aus Glambek, Raus aus Wolframitz, Raveaux aus Köln, Reichenbach (Graf) aus Domezko, Reinhard aus Boytzenburg, Reinstein aus Naumburg, Reisinger aus Freistadt, Reitter aus Prag, Rheinwald aus Bern, Riedl aus Gratz, Riehl aus Zwettl, Röben aus Dornum, Rödinger aus Stuttgart, Rösler aus Oels, Roßmäßler aus Tharand, Rühl aus Hanau, Sachs aus Mannheim, Schädler aus Vaduz, Scharre aus Strehla, Schauß aus München, Schenk aus Dillenburg, Schierenberg aus Detmold, Schlöffel aus Halbendorf, Schlutter aus Poris, Schmidt (Ernst Friedrich Franz) aus Löwenberg, Schmidt (Adolph) aus Berlin, Schmidt (Joseph) aus Linz, Schmitt aus Kaiserslautern, Schneer aus Breslau, Schneider aus Wien, Schoder aus Stuttgart, Schorn aus Essen, Schott aus Stuttgart, Schreiner aus Gratz (Steyermark), Schubert aus Würzburg, Schulz aus Darmstadt, Schütz aus Mainz, Schwarzenberg aus Kassel, v. Selchow aus Rettkewitz, Simon (Heinrich) aus Breslau, Simon (Ludwig) aus Trier, Spatz aus Frankenthal, Stark aus Krumau, Strache aus Rumburg, Streffleur aus Wien, v. Stremayr aus Gratz, Tafel aus Stuttgart, Tafel (Franz) aus Zweibrücken, Tellkampf aus Breslau, Thüssing aus Warendorf, Titus aus Bamberg, Trabert aus Rausche, v. Trützschler aus Dresden, Uhland aus Tübingen, Umbscheiden aus Dahn, v. Unterrichter aus Klagenfurt, Venedey aus Köln, Viebig aus Posen, Vischer aus Tübingen, Vogel aus Guben, Vogt aus Gießen, Vonbun aus Feldkirch, Weber aus Meran, Weiß aus Salzburg, Weißenborn aus Eisenach, Welter aus Tünsdorf, Werner aus Oberkirch, Werthmüller aus Fulda, Wesendonck aus Düsseldorf, Wichmann aus Stendal, Wiesner aus Wien, Wigard aus Dresden, Würth aus Sigmaringen, Zell aus Trier, Zeltner aus Nürnberg, Ziegert aus Preußisch Minden, Zimmermann aus Stuttgart, Zimmermann aus Spandow.

Präsident: Der verlesene Theil des Ausschuß-Antrages: „Als bescholten," bis zu den Worten: „eingesetzt worden sind," ist mit 220 gegen 198 Stimmen verworfen. — Ich bringe nunmehr den Antrag des Herren Schubert und Genossen zur Abstimmung, der dahin geht, daß statt der Nr. 1 und 2 im § 3 gesetzt werde:

> „Personen, denen durch rechtskräftiges Erkenntniß nach den Gesetzen des Einzelstaates, wo das Urtheil erging, entweder unmittelbar oder mittelbar der Vollgenuß der staatsbürgerlichen Rechte entzogen ist, sofern sie in diese Rechte nicht wieder eingesetzt worden sind."

Diejenigen Herren, welche diesen Antrag annehmen wollen, ersuche ich, aufzustehen. (Ein Theil der Versammlung erhebt sich.) Wir wollen die Gegenprobe machen. Diejenigen Herren, welche den Antrag des Herrn Schubert und Genossen nicht annehmen wollen, bitte ich, sich zu erheben. (Dieß geschieht von einem ziemlich gleichen Theile der Versammlung.) Wir müssen wieder mit Zetteln abstimmen. Diejenigen Herren, welche dem Antrage zustimmen wollen, werden den weißen Zettel, Die, welche den Antrag ablehnen wollen, den farbigen Zettel mit ihrer Namensunterschrift versehen.

Mit Ja stimmten:

Achleitner aus Ried, v. Aichelburg aus Villach, v. Amstetter aus Breslau, Anders aus Goldberg, Arndt aus Bonn, Arndts aus München, Arneth aus Wien, Bassermann aus Mannheim, Bauer aus Bamberg, Becker aus Gotha, Behnke aus Hannover, Bernhardi aus Kassel, Beseler aus Greifswald, Beseler (H. W.) aus Schleswig, Biedermann aus Leipzig, Bock aus Preußisch-Minden, Böcler aus Schwerin, v. Bothmer aus Carow, Braun aus Bonn, Braun aus Cöslin, Brescius aus Züllichau, Breusing aus Osnabrück, Briegleb aus Koburg, Buß aus Friburg, Cornelius aus Braunsberg, Coronini-Cronberg (Graf) aus Görz, Dahlmann aus Bonn, Deeke aus Lübeck, Deetz aus Wittenberg, Degenkolb aus Eilenburg, Deiters aus Bonn, Detmold aus Hannover, Deym (Graf) aus Prag, Deymann aus Meppen, Dinstl aus Krems, Döllinger aus München, Dröge aus Bremen, Duncker aus Halle, Edmeier aus Paderborn, Eckart aus Lohr, Edlauer aus Gratz, Emmerling aus Darmstadt, v. Ende aus Waldenburg, Engel aus Culm, Esmarch aus Schleswig, Evertsbusch aus Altona, Falk aus Ottolangendorf, Fallati aus Tübingen, Fischer (Gustav) aus Jena, Flottwell aus Münster, Friederich aus Bamberg, Fuchs aus Breslau, Fügerl aus Korneuburg, Gebhard aus Würzburg, Gevekoht aus Bremen, Gfrörer aus Freiburg, v. Giech (Graf) aus Thurnau, Giesebrecht aus Stettin, Göbel aus Jägerndorf, Godeffroy aus Hamburg, Göden aus Krotoszyn, von der Goltz (Graf) aus Czarnikau, Gombart aus München, Graf aus München, Grävell aus Frankfurt a. d. O., Groß aus Leer, Grüel aus Burg, v. Grundner aus Ingolstadt, Gspan aus Innsbruck, Gülich aus Schleswig, Gysae (Wilhelm) aus Strehlow, Hahn aus Guttstatt, v. Hartmann aus Münster, Haubenschmied aus Passau, Haym aus Halle, Heimbrod aus Sorau, v. Hennig aus Dempowalonka, Herzog aus Ebermannstadt, Hofer aus Pfarrkirchen, Hoffmann aus Ludwigsburg, Hollandt aus Braunschweig, Hugo aus Göttingen, Jacobi aus Hersfeld, Jahn aus Freiburg an der Unstrut, Jordan aus Berlin, Jordan aus Gollnow, Kahlert aus Leobschütz, v. Keller (Graf) aus Erfurt, Kerer aus Innsbruck, v. Keudell aus Berlin, Kierulff aus Rostock, Kosmann aus Stettin, v. Köstеritz aus Elberfeld, Krafft aus Nürnberg, Kratz aus Wintershagen, Künsberg aus Ansbach, Küntzel aus Wolka, v. Kürsinger (Karl) aus Tamsweg, Kutzen aus Breslau, Lammers aus Erlangen, Langerfeldt aus Wolfenbüttel, v. Lassaulx aus München, Laube aus Leipzig, Laudien aus Königsberg, Lette aus Berlin, Leverkus aus Lennep, Lienbacher aus Goldegg, v. Linde aus Mainz, [illegible] aus [illegible], Lödemann aus Lüneburg, Löw aus Magdeburg, Löw (Hermann) aus Posen, Maly aus Wien, v. Maltzahn aus Küstrin, Mann aus Rostock, Marcks aus Duisburg, Marcus aus Bartenstein, v. Massow aus Karlsberg, Mathy aus Karlsruhe, Matthies aus Greifswald, Merck aus Hamburg, Metzke aus Sagan, Michelsen aus Jena, Mohl (Robert) aus Heidelberg, Müller aus Würzburg, Münch aus Wetzlar, Naumann aus Frankfurt an der Oder, Nerreter aus Fraustadt, Neubauer aus Wien, Neumayr aus München, Nizze aus Stralsund, Nöthig aus Weißholz, Obermüller aus Passau, Oertel aus Mittelwalde, Ostendorf aus Soest, Ottow aus Labiau, Pannier aus Zerbst, Paur aus Augsburg, Phillips aus München, Pieringer aus Kremsmünster, Plathner aus Halberstadt, Plehn aus Marienburg, Pözl aus München, Polatzek aus Weißkirch, v. Pretis aus Hamburg, v. Quintus-Icilius aus Fallingbostel, v. Radowitz aus Rüthen, Rahm aus Stettin, v. Raumer aus Berlin, v. Raumer aus Dinkelsbühl, Reitmayr aus Regensburg, Renger aus böhmisch Kamnitz, Richter aus Danzig, Riedl aus Gratz, Riegler aus mährisch Budwitz, Riesser aus Hamburg, Rößler aus Wien, Rothe aus Berlin, v. Rotenhan aus München, Rüder aus Oldenburg, Rümelin aus Nürtingen, v. Sänger aus Grabow, Schauß aus München, Scheller von Frankfurt an der Oder, Schepp aus Wiesbaden, Schick aus Weißensee, Schierenberg aus Detmold, Schirmeister aus Insterburg, v. Schleussing aus Rastenburg, Schlüter aus Paderborn, Schmidt (Joseph) aus Linz, Schneer aus Breslau, Scholten aus Ward, Scholz aus Neisse, Schrader aus Brandenburg, Schreiber aus Bielefeld, v. Schrenck aus München, v. Schrötter aus preuß. Holland, Schubert (Friedrich Wilhelm) aus Königsberg, Schubert aus Würzburg, Schultze aus Potsdam, Schultze aus Liebau, Schwarz aus Halle, Schwetschke aus Halle, v. Selchow aus Rettkewitz, Sellmer aus Landsberg a. d. W., Sepp aus München, Siehr aus Gumbinnen, Siemens aus Hannover, v. Soiron aus Mannheim, Sprengel aus Waren, Stahl aus Erlangen, Stavenhagen aus Berlin, Stenzel aus Breslau, Stieber aus Budissin, Streffleur aus Wien, v. Stremayr aus Gratz, Stülz aus St. Florian, Sturm aus Sorau, Tannen aus Zielenzig, Tappehorn aus Oldenburg, Teichert aus Berlin, Tellkampf aus Breslau, v. Thielau aus Braunschweig, Thöl aus Rostock, Veit aus Berlin, Versen aus Nieheim, Viebig aus Posen, Vogel aus Dillingen, Waitz aus Göttingen, Waldmann aus Heiligenstadt, Walter aus Neustadt, Weber aus Meran, v. Wedemeyer aus Schönrade, v. Wegnern aus Lyk, Wekbeker aus Aachen, Wernher aus Nierstein, Wichmann aus Stendal, Widenmann aus Düsseldorf, Wiebker aus Uckermünde, Winter aus Liebenburg v. Wulffen aus Passau, Wurm aus Hamburg, Zachariä aus Bernburg, Zeltner aus Nürnberg, v. Herzog aus Regensburg, Zöllner aus Chemnitz.

[illegible]

Mit Nein stimmten:

Anderson aus Frankfurt a. d. O., Backhaus aus Jena, Becker aus Trier, Beidtel aus Brünn, Berger aus Wien, Blumröder (Gustav) aus Kirchenlamitz, Böcking aus Trarbach, Boczek aus Mähren, Bonardy aus Greiz, Bresgen aus Ahrweiler, v. Buttel aus Oldenburg, Christmann aus Dürkheim, Claussen aus Kiel, Clemens aus Bonn, Cnyrim aus Frankfurt am Main, Cramer aus Köthen, Cropp aus Oldenburg, Cucumus aus München, Damm aus Tauberbischoffsheim, Demel aus Teschen, Dham aus Schmalenberg, v. Dieskau aus Plauen, Dietsch aus Annaberg, Drechsler aus Rostock, Eckert aus Bromberg, Egger aus Wien, Ehrlich aus Murzynek, Eisenmann aus Nürnberg, Eisenstuck aus Chemnitz, Engel aus Pinneberg, Englmayr aus Enns (Oberösterreich), Esterle aus Cavalese, Fallmerayer aus München, Federer aus Stuttgart, Fehrenbach aus Säckingen, Fetzer aus Stuttgart, Förster aus Hünfeld, Freese aus Stargard, Frisch aus Stuttgart, Fritsch aus Ried, Fritzsche aus Roda, Fröbel aus Reuß, Geigel aus München, Gerlach aus Tilsit, Giskra aus Wien, v. Gladis aus Wohlau, Goltz aus Brieg, Gravenhorst aus Lüneburg, Gritzner aus Wien, Groß aus Prag, Grubert aus Breslau, Grumbrecht aus Lüneburg, Günther aus Leipzig, Gulden aus Zweibrücken, Hagen (K.) aus Heidelberg, Haggenmüller aus Kempten, Hallbauer aus Meißen, Hartmann aus Leitmeritz, Hedrich aus Prag, Hehner aus Wiesbaden, Heisterbergk aus Rochlitz, Heldmann aus Selters, Hensel aus Camenz, Heubner aus Zwickau, Heusner aus Saarlouis, Hildebrand aus Marburg, Hirschberg aus Sondershausen, Höfken aus Hattingen, Hönniger aus Rudolstadt, Hoffbauer aus Nordhausen, Hofmann aus Friedberg, Huber aus Linz, Huck aus Ulm, Jopp aus Enzersdorf, v. Itzstein aus Mannheim, Jucho aus Frankfurt a. M., Käfferlein aus Baireuth, Kagerbauer aus Linz, v. Kaiserfeld aus Birkfeld, Kanitsch aus Karlsberg, Kirchgeßner aus Würzburg, Knarr aus Steyermark, Köhler aus Seehausen, Kohlparzer aus Neuhaus, Kollaczek aus österr. Schlesien, Kotschy aus Ustron in Mährisch-Schlesien, Kudlich aus Schloß Dietach, Kuhnt aus Bunzlau, Langbein aus Wurzen, Leschan aus Villach, Lausch aus Troppau, Levysohn aus Grünberg, Liebmann aus Perleberg, Löschnigg (Joseph) aus Klagenfurt, Makowiczka aus Krakau, Mally aus Steyermark, Mammen aus Plauen, Mareck aus Gratz (Steyermark), Marsilli aus Roveredo, Martiny aus Friedland, Maher aus Ottobeuern, Melly aus Wien, Mertel aus Kronach, Meyer aus Liegnitz, Mez aus Freiburg, Minkus aus Marienfeld, Mittermaier aus Heidelberg, Möller aus Reichenberg, Mölling aus Oldenburg, Mohl (Moritz) aus Stuttgart, Mulley aus Weitenstein, Nagel aus Bahlingen, v. Nagel aus Oberviechtach, Nägele aus Murrhardt, Nauwerck aus Berlin, Nicol aus Hannover, Paur aus Neisse, Pfahler aus Tettnang, Pfeiffer aus Adamsdorf, Pinckert aus Zeitz, Plaß aus Stade, Prinzinger aus St. Pölten, Quesar aus Graz, Rättig aus Potsdam, Rank aus Wien, Rapp aus Wien, v. Rappard aus Glambek, Raßl aus Neustadtl in Böhmen, Raus aus Wolframitz, Raveaux aus Köln, Reichenbach (Graf) aus Domeßko, Reinhard aus Boytzenburg, Reinstein aus Naumburg, Reisinger aus Freistadt, Reitter aus Prag, Rheinwald aus Bern, Riehl aus Zwettl, Röben aus Dornum, Rödinger aus Stuttgart, Rösler aus Oels, Roßmäßler aus Tharand, Rühl aus Hanau, Sachs aus Mannheim, Schärler aus Vaduz, Scharre aus Strehla, Schenk aus Dillenburg, Schlöffel aus Halbendorf, Schlutter aus Poris, Schmidt (Ernst Friedrich Franz) aus Löwenberg, Schmidt (Adolph) aus Berlin, Schmitt aus Kaiserslautern, Schneider aus Wien, Schoder aus Stuttgart, Schorn aus Essen, Schott aus Stuttgart, Schreiner aus Graz (Steyermark), Schüler aus Jena, Schulz aus Darmstadt, Schütz aus Mainz, Schwarzenberg aus Kassel, Simon (Heinrich) aus Breslau, Simon (Ludwig) aus Trier, Spatz aus Frankenthal, Stark aus Krumau, Strache aus Rumburg, Tafel aus Stuttgart, Tafel (Franz) aus Zweibrücken, Thüssing aus Warendorf, Titus aus Bamberg, Trabert aus Rausche, v. Trützschler aus Dresden, Uhland aus Tübingen, Umbscheiden aus Dahn, v. Unterrichter aus Klagenfurt, Venedey aus Köln, Vischer aus Tübingen, Vogel aus Guben, Vogt aus Gießen, Vonbun aus Feldkirch, Weber aus Neuburg, Weiß aus Salzburg, Weißenborn aus Eisenach, Welter aus Tünsdorf, Werner aus Oberkirch, Werner aus St. Pölten, Werthmüller aus Fulda, Wesendonck aus Düsseldorf, Wiesner aus Wien, Wigard aus Dresden, Würth aus Sigmaringen, Zell aus Trier, Ziegert aus Preußisch-Minden, Zimmermann aus Stuttgart, Zimmermann aus Spandow, Zitz aus Mainz, Zum Sande aus Lingen.

Präsident: Der Antrag des Herrn Schubert und Genossen ist mit 227 gegen 196 Stimmen angenommen. Hierdurch sind die Anträge des Herrn Gulden und Genossen, Heisterbergk und Roßmäßler, das erste Minoritäts-Erachten und das dazu gehörige Inserendum des Herrn Goltz erledigt; und ich gehe nun zum zweiten Minoritäts-Erachten über, d. h. auf die Worte:

„Strafen wegen politischer Verbrechen ziehen den Verlust des Wahlrechts niemals nach sich,“

worüber die namentliche Abstimmung beantragt und unterstützt ist. Diejenigen Herren, die zu den angenommenen Worten nach dem zweiten Antrage der Minorität hinzufügen wollen: „Strafen wegen politischer Verbrechen ziehen den Verlust des Wahlrechts niemals nach sich,“ ersuche ich, bei dem Aufrufe ihres Namens mit „Ja,“ die diesen Zusatz nicht annehmen wollen, mit „Nein“ zu antworten. Der Namensaufruf beginnt mit dem Buchstaben G.

Bei dem hierauf erfolgenden Namensaufruf stimmten mit Ja:

v. Aichelburg aus Villach, Anders aus Goldberg, Anderson aus Frankfurt a. d. O., Backhaus aus Jena, Beidtel aus Brünn, Berger aus Wien, Blumröder (Gustav) aus Kirchenlamitz, Böcking aus Trarbach, Boczek aus Mähren, Bonardy aus Greiz, Bresgen aus Ahrweiler, Brentano aus Osnabrück, Christmann aus Dürkheim, Claussen aus Kiel, Cnyrim aus Frankfurt am Main, Cramer aus Cöthen, Cropp aus Oldenburg, Damm aus Tauberbischofsheim, Demel aus Teschen, Dham aus Schmalenberg, v. Dieskau aus Plauen, Dietsch aus Annaberg, Drechsler aus Rostock, Eckert aus Bromberg, Ehrlich aus Murzynek, Eisenmann aus Nürnberg, Eisenstuck aus Chemnitz, Engel aus Pinneberg, Englmayr aus Enns (Oberösterreich), Esterle aus Cavalese, Fallmerayer aus München, Federer aus Stuttgart, Fehrenbach aus Säckingen, Fetzer aus Stuttgart, Förster aus Hünfeld, Freese aus Stargard, Frisch aus Stuttgart, Fritzsche aus Roda, Fröbel aus Berlin, Geigel aus München, Gerlach aus Tilsit, Giskra aus Wien, v. Gladis aus Wohlau, Goltz aus Brieg, Gravenhorst aus Lüneburg, Gritzner aus Wien, Groß aus Prag, Grubert aus Breslau, Grumbrecht aus Lüneburg, Günther aus Leipzig, Gulden aus Zweibrücken, Hagen (K.) aus Heidelberg, Haggenmüller aus Kempten, Hallbauer aus Meißen, Hartmann aus Leitmeritz, Haßler aus Ulm, Hedrich aus Prag, Hehner aus Wiesbaden, Heisterbergk aus Rochlitz, Heldmann aus Selters, Hensel aus Camenz, Heubner aus Zwickau, Heusner aus Saarlouis, Hildebrand aus Marburg, Hirschberg aus Sondershausen, Höften aus Hattingen, Hönniger aus Rudolstadt, Hoffbauer aus Nordhausen, Huber aus Linz, Huck aus Ulm, Jahn aus Freiburg an der Unstrut, Jopp aus Enzersdorf, v. Itzstein aus Mannheim, Jucho aus Frankfurt am Main, Käfferlein aus Baireuth, Kanitsch aus Karlsberg, Kierulff aus Rostock, Kirchgeßner aus Würzburg, Köhler aus Seehausen, Kollaczek aus österreichisch Schlesien, Kotschy aus Ustron in Mährisch-Schlesien, Kudlich aus Schloß Dietach, Kuhnt aus Bunzlau, Langbein aus Wurzen, Laschan aus Villach, Laudien aus Königsberg, Lausch aus Troppau, Levysohn aus Grünberg, Liebmann aus Perleberg, Löschnigg (Joseph) aus Klagenfurt, Makowiczka aus Krakau, Mammen aus Plauen, Mareck aus Graz (Steyermark), Martiny aus Friedland, Mayer aus Ottobeuern, Melly aus Wien, Merkel aus Kronach, Meyer aus Liegnitz, Mez aus Freiburg, Minkus aus Marienfeld, Mittermaier aus Heidelberg, Möller aus Reichenberg, Mölling aus Oldenburg, Mohl (Moritz) aus Stuttgart, Mulley aus Weitenstein, Nagel aus Bahlingen, Nägele aus Murrhardt, Nauwerck aus Berlin, Nicol aus Hannover, Ottow aus Labiau, Paur aus Neiße, Pfahler aus Tettnang, Pfeiffer aus Adamsdorf, Pfeuffer aus Landshut, Pinckert aus Zeitz, Plaß aus Stade, Rättig aus Potsdam, Rank aus Wien, Rapp aus Wien, v. Rappard aus Glambek, Raus aus Wolframitz, Raveaux aus Köln, Reichenbach (Graf) aus Domeßko, Reinhard aus Boytzenburg, Reinstein aus

Naumburg, Reisinger aus Freistadt, Reitter aus Prag, Rheinwald aus Bern, Riehl aus Zwettl, Rödinger aus Stuttgart, Rösler aus Oels, Roßmäßler aus Tharand, Rühl aus Hanau, Sachs aus Mannheim, Schädler aus Vaduz, Scharre aus Strehla, Schenk aus Dillenburg, Schlöffel aus Halbendorf, Schlutter aus Poris, Schmidt (Ernst Friedrich Franz) aus Löwenberg, Schmidt (Adolph) aus Berlin, Schmitt aus Kaiserslautern, Schneider aus Wien, Schoder aus Stuttgart, Schorn aus Essen, Schott aus Stuttgart, Schüler aus Jena, Schütz aus Mainz, Schwarzenberg aus Kassel, Simon (Heinrich) aus Breslau, Simon (Ludwig) aus Trier, Spatz aus Frankenthal, Stark aus Krumau, Strache aus Rumburg, Tafel aus Stuttgart, Tafel (Franz) aus Zweibrücken, Tellkampf aus Breslau, Thüssing aus Warendorf, Trabert aus Rausche, v. Trützschler aus Dresden, Uhland aus Tübingen, Umbscheiden aus Dahn, v. Unterrichter aus Klagenfurt, Vischer aus Tübingen, Vogel aus Guben, Vogt aus Gießen, Wonbun aus Feldkirch, Wedekind aus Bruchhausen, Weißenborn aus Eisenach, Welter aus Tünsdorf, Werner aus Oberkirch, Werthmüller aus Fulda, Wesendonck aus Düsseldorf, Wiesner aus Wien, Wuttke aus Leipzig, Würth aus Sigmaringen, Zell aus Trier, Ziegert aus Preußisch-Minden, Zimmermann aus Stuttgart, Zimmermann aus Spandow, Zöllner aus Chemnitz.

Mit Nein antworteten:

Achleitner aus Ried, Ambrosch aus Breslau, v. Amstetter aus Breslau, Anz aus Marienwerder, Arndt aus Bonn, Arndts aus München, Arneth aus Wien, v. Bally aus Beuthen, Bassermann aus Mannheim, Bauer aus Bamberg, Becker aus Gotha, Behnke aus Hannover, Bernhardi aus Kassel, Beseler aus Greifswald, Beseler (H. W.) aus Schleswig, Biedermann aus Leipzig, Bock aus Preußisch-Minden, Böcler aus Schwerin, v. Boddien aus Pleß, v. Bothmer aus Carow, Braun aus Bonn, Braun aus Cöslin, Brescius aus Züllichau, Briegleb aus Koburg, Buß aus Freiburg, v. Buttel aus Oldenburg, Clemens aus Bonn, Cornelius aus Braunsfels, Coronini-Cronberg (Graf) aus Görz, Cucumus aus München, Dahlmann aus Bonn, Deeke aus Lübeck, Deetz aus Wittenberg, Degenkolb aus Eilenburg, Deiters aus Bonn, Detmold aus Hannover, Deymann aus Meppen, Dinkl aus Krems, Döllinger aus München, Dröge aus Bremen, Duncker aus Halle, Ebmeier aus Paderborn, Eckart aus Lohr, Edlauer aus Gratz, Egger aus Wien, Emmerling aus Darmstadt, v. Ende aus Waldenburg, Engel aus Culm, Esmarch aus Schleswig, Evertsbusch aus Altena, Falk aus Ottolangendorf, Fallati aus Tübingen, Fischer (Gustav) aus Jena, Friederich aus Bamberg, Fuchs aus Breslau, Fügerl aus Korneuburg, Gebhard aus Würzburg, Gevekoht aus Bremen, Gfrörer aus Freiburg, v. Giech (Graf) aus Thurnau, Giesebrecht aus Stettin, Glax aus Gumpendorf, Göbel aus Jägerndorf, Godeffroy aus Hamburg, Göden aus Krotoszyn, von der Goltz (Graf) aus Czarnikau, Gombart aus München, Graf aus München, Grävell aus Frankfurt a. d. O., Groß aus Leer, Grüel aus Burg, v. Grundner aus Ingolstadt, Gspan aus Innsbruck, Gülich aus Schleswig, Gysae (Wilhelm) aus Strehlow, Hahn aus Guttstatt, v. Hartmann aus Münster, Haubenschmied aus Passau, Haym aus Halle, Heimbrod aus Sorau, v. Hennig aus Dempowalonka, Herzog aus Ebermannstadt, Höfer aus Pfarrkirchen, Hoffmann aus Ludwigsburg, Hofmann aus Friedberg, Hollandt aus Braunschweig, Hugo aus Göttingen, Jacobi aus Hersfeld, Jordan aus Berlin, Jordan aus Gollnow, Kagerbauer aus Linz, Kahlert aus Leobschütz, v. Kaiserfeld aus Birkfeld, v. Keller (Graf) aus Erfurt, Kerer aus Innsbruck, Kerst aus Birnbaum, v. Keudell aus Berlin, Knarr aus Steyermark, Kosmann aus Stettin, v. Köstritz aus Elberfeld, Krafft aus Nürnberg, Kratz aus Wintershagen, Künßberg aus Ansbach, Küntzel aus Wolka, v. Kürsinger (Ignatz) aus Salzburg, v. Kürsinger (Karl) aus Tamsweg, Kutzen aus Breslau, Lammers aus Erlangen, Langerfeldt aus Wolfenbüttel, v. Lassaulx aus München, Laube aus Leipzig, Lette aus Berlin, Leverkus aus Lennep, Lienbacher aus Goldegg, v. Linde aus Mainz, Lindner aus Seisenegg, Lodemann aus Lüneburg, Löw aus Magdeburg, Löw (Hermann) aus Posen, Mally aus Steyermark, v. Maltzahn aus Küstrin, Mann aus Rostock, Marcks aus Duisburg, Marcus aus Bartenstein, v. Massow aus Karlsberg, Mathy aus Karlsruhe, Matthies aus Greifswald, Merck aus Hamburg, Metzke aus Sagan, Michelsen aus Jena, Mohl (Robert) aus Heidelberg, Müller aus Würzburg, Münch aus Wetzlar, v. Nagel aus Oberviechtach, Naumann aus Frankfurt an der Oder, Nerreter aus Fraustadt, Neubauer aus Wien, Neumayr aus München, Nizze aus Stralsund, Nöthig aus Weißholz, Obermüller aus Passau, Oertel aus Mittelwalde, Ostendorf aus Soest, Pannier aus Zerbst, Paur aus Augsburg, Phillips aus München, Pieringer aus Kremsmünster, Pinder aus Breslau, Plathner aus Halberstadt, Plehn aus Marienburg, Pözl aus München, Polatzek aus Weißkirch, v. Pretis aus Hamburg, Prinzinger aus St. Pölten, Quesar aus Prag, v. Quintus-Icilius aus Fallingbostel, v. Radowitz aus Rüthen, Rahm aus Stettin, Raffl aus Neustadtl in Böhmen, v. Raumer aus Berlin, v. Raumer aus Dinkelsbühl, Reitmayr aus Regensburg, Renger aus Böhmisch-Kamnitz, Richter aus Danzig, Riedl aus Gratz, Riegler aus Mährisch-Budwitz, Riesser aus Hamburg, Röben aus Dornum, Rößler aus Wien, Rothe aus Berlin, v. Rotenhan aus München, Rüder aus Oldenburg, Rümelin aus Nürtingen, v. Sänger aus Grabow, v. Saucken-Tarputschen aus Angerburg, Schauß aus München, Scheller aus Frankfurt an der Oder, Schepp aus Wiesbaden, Schick aus Weißensee, Schierenberg aus Detmold, Schirmeister aus Insterburg, v. Schleussing aus Rastenburg, Schlüter aus Paderborn, Schmidt

(Joseph) aus Linz, Scholten aus Ward, Scholz aus Neisse, Schrader aus Brandenburg, Schreiber aus Bielefeld, Schreiner aus Graß (Steyermark), v. Schrenk aus München, v. Schrötter aus Preußisch-Holland, Schubert (Friedrich Wilhelm) aus Königsberg, Schuberts aus Würzburg, Schuler aus Innsbruck, Schulze aus Potsdam, Schulze aus Liebau, Schwarz aus Halle, Schwetschke aus Halle, v. Selchow aus Rettkewitz, Sellmer aus Landsberg an der Warthe, Sepp aus München, Siehr aus Gumbinnen, Siemens aus Hannover, v. Soiron aus Mannheim, Sprengel aus Waren, Stahl aus Erlangen, v. Stavenhagen aus Berlin, Stenzel aus Breslau, Stieber aus Budissin, Streffleur aus Wien, v. Stremayr aus Graß, Stülz aus St. Florian, Sturm aus Sorau, Tannen aus Zielenzig, Tappehorn aus Oldenburg, Teichert aus Berlin, v. Thielau aus Braunschweig, Töbl aus Rostock, Veit aus Berlin, Versen aus Nieheim, Viebig aus Posen, Vogel aus Dillingen, Waitz aus Göttingen, Waldmann aus Heiligenstadt, Walter aus Neustadt, Weber aus Neuburg, Weber aus Meran, v. Wedemeyer aus Schönrade, v. Wegnern aus Lyk, Weiß aus Salzburg, Welcker aus Aachen, Werner aus St. Pölten, Wernher aus Nierstein, Widmann aus Stendal, Wiebker aus Uckermünde, Widenmann aus Düsseldorf, Wiest aus Tübingen, Winter aus Liebenburg, v. Wulffen aus Passau, Zachariä aus Bernburg, Zacharia aus Göttingen, Zeltner aus Nürnberg, v. Zerzog aus Regensburg, Zum Sande aus Lingen.

Der Abstimmung enthielt sich.

Kohlparzer aus Neuhaus.

Abwesend waren:

A. Mit Entschuldigung.

v. Andrian aus Wien, Archer aus Rein, Barth aus Kaufbeuren, Bauernschmid aus Wien, v. Beckerath aus Crefeld, v. Beisler aus München, Benedict aus Wien, Bergmüller aus Mauerkirchen, Blömer aus Aachen, Bogen aus Michelstadt, v. Borries aus Carthaus, Bonvier (Cajetan) aus Steyermark, Brentano aus Bruchsal, Brons aus Emden, Burkart aus Bamberg, Carl aus Berlin, Caspers aus Koblenz, Christ aus Bruchsal, Culmann aus Zweibrücken, Czoernig aus Wien, Flottwell aus Münster, Francke (Karl) aus Rendsburg, Freudentheil aus Stade, v. Gagern aus Darmstadt, v. Gagern aus Wiesbaden, v. Gersdorf aus Tuetz, Gottschalk aus Schopfheim, Heckscher aus Hamburg, Helbing aus Emmendingen, Hergenhahn aus Wiesbaden, Hillebrand aus Pöls, Höchsmann aus Wien, Johannes aus Meiningen, Jordan aus Frankfurt am Main, Junghanns aus Mosbach, Junkmann aus Münster, Kaiser aus Wien, v. Kalkstein aus Wogau, Kleinschrod aus München, Koch aus Leipzig, Kolb aus Speyer, Kuenzer aus Constanz, Leue aus Köln, Löwe (Wilhelm) aus Calbe, Lüntzel aus Hildesheim, Martens aus Danzig, v. Mayfeld aus Wien, Mevissen aus Köln, v. Mühring aus Wien, Mohr aus Oberingelheim, Müller aus Damm, Müller aus Sonnenberg, Neumann aus Wien, v. Neuwall aus Brünn, Osterrath aus Danzig, Pattai aus Steyermark, Peter aus Constanz, Petzer aus Bruneck, Presting aus Memel, v. Reden aus Berlin, Reh aus Darmstadt, Reichard aus Speyer, Reindl aus Orth, Richter aus Achern, Röder aus Neustettin, Römer aus Stuttgart, v. Saltzwedell aus Gumbinnen, Schaffrath aus Neustadt, Schiedermayer aus Vöcklabruck, Schlörr aus der Oberpfalz, v. Schmerling aus Wien, Schneer aus Breslau, Schönmäckers aus Beck, Schrott aus Wien, Schüler (Friedrich) aus Zweibrücken, Schwerin (Graf) aus Pommern, Simon (Max) aus Breslau, Stedmann aus Besselich, Stein aus Görz, Stokinger aus Frankenthal, Temme aus Münster, Thinnes aus Eichstädt, Tomaschek aus Iglau, v. Vincke aus Hagen, Welcker aus Heidelberg, Wernich aus Elbing, Wiethaus (J.) aus Gummersbach, Wigard aus Dresden,*) Wippermann aus Kassel, Zittel aus Bahlingen, Zitz aus Mainz.

B. Ohne Entschuldigung:

Ahrens aus Salzgitter, Becker aus Trier, Boch-Buschmann aus Siebenbrunnen, v. Breuning aus Aachen, Bürgers aus Köln, Cetto aus Trier, Deym (Graf) aus Prag, Droysen aus Kiel, Edel aus Würzburg, Fritsch aus Ried, Hayden aus Dorff bei Schlierbach, v. Hermann aus München, Houben aus Meurs, Jürgens (Karl) aus Stadtoldendorf, Maly aus Wien, Marsilli aus Roveredo, v. Mayern aus Wien, v. Mühlfeld aus Wien, Munchen aus Luxemburg, v. Reitschütz aus Königsberg, Neugebauer aus Ludiz, Overweg aus Haus Ruhr, Reichensberger aus Trier, v. Scherpenzeel aus Baarlo, Schulz (Friedrich) aus Weilburg, Schulz aus Darmstadt, Servais aus Luxemburg, Simson aus Stargard, v. Somaruga aus Wien, Titus aus Bamberg, Trampusch aus Wien, v. Treskow aus Grocholin, Venedey aus Köln, Wagner aus Steyr, Waldburg-Zeil-Trauchburg (Fürst) aus Stuttgart, Wurm aus Hamburg, v. Würth aus Wien, v. Wydenbrugk aus Weimar.

Präsident: Der Zusatz-Antrag des zweiten Minoritäts-Erachtens ist mit 244 gegen 181 Stimmen abgelehnt. Darüber kann nunmehr kein Zweifel sein, daß der zweite Satz des Ausschuß-Antrages durch die vorgekommenen Abstimmungen seine Erledigung gefunden hat; ich meinestheils erachte auch das dritte Minoritäts-Erachten sammt den dazu gestellten Zusätzen durch die vorgekommenen Abstimmungen für erledigt; mir scheint, der Schlußsatz in dem angenommenen Passus: „sofern sie in diese Rechte nicht wieder eingesetzt worden sind,“ sei unvereinbar mit dem dritten Minoritäts-Antrag, mit der Fassung, die diesem eventuell von Herrn Goltz gegeben worden ist, und

*) Befand sich bei dem Aufrufe seines Namens in der Vorhalle der Paulskirche in Angelegenheiten der Redaction.

mit demjenigen Zusatze, den Herr Wigard beantragt hat; ich halte also die Abstimmung über den ganzen § 3 hiermit für beendigt. (Es erfolgt kein Widerspruch) — Der Antrag des Herrn Arndts wird jetzt ein Verbesserungs-Antrag zu dem § 4; darin wird der Herr Antragsteller mit mir einverstanden sein.

Arndts (vom Platze): Ja wohl!

Präsident: Wir gehen also zu § 4 über. Zu diesem Paragraphen liegt außer dem Vorschlage des Ausschusses:

> „Mit dem Verlust des Rechts, zu wählen für eine Zeit von vier bis zwölf Jahren, außer den durch die Strafgesetze bestimmten oder zu bestimmenden Strafen, ist zu belegen: wer bei den Wahlen Stimmen erkauft, seine Stimme verkauft, oder mehr als einmal bei der für einen und denselben Zweck bestimmten Wahl seine Stimme abgegeben, oder als Beamter seine Stellung zur Einwirkung auf die Wahlen mißbraucht hat,"

und den Ihnen durch den Druck mitgetheilten Verbesserungs-Anträgen des Herrn v. Linde (Nr. 8):

> „Ich beantrage, zuerst die Worte:
>
> „oder als Beamter seine Stellung zur Einwirkung auf die Wahlen mißbraucht hat,"
>
> zu streichen;
>
> eventuell aber, wenn dieser Antrag die Zustimmung nicht erlangen sollte, den Satz allgemein dahin zu fassen:
>
> „oder zur Einwirkung auf die Wahl überhaupt gesetzlich unzulässige Mittel angewendet hat,"

des Herrn Golz (Nr. 22):

> „Diesem Paragraphen ist beizufügen:
>
> „Die Gerichte entscheiden hierüber auf Antrag des Volkshauses,"

des Herrn Grävell (Nr. 40), der Herren Heisterbergk und Roßmäßler (Nr. 41) und des Herrn v. Wulffen (Nr. 59):

> „Mit dem Verluste des Rechts, zu wählen für eine Zeit von 4 bis 12 Jahren, außer den durch die Strafgesetze bestimmten oder zu bestimmenden Strafen, ist zu belegen: wer auf irgend eine das Wahl-Geschäft betreffende Handlung (z. B. Anfertigung der Wahllisten) in betrügerischer Weise einwirkt,"

noch folgendes vor: 1) Herr Veit und Genossen ziehen den von ihnen gestellten, unter Nr. 15 abgedruckten Antrag, der hinter den § 4 des Wahlgesetzes eingeschaltet werden sollte, zurück, und bringen ihn zu § 14 in der Weise ein, daß er an die Stelle des § 14 zu treten bestimmt werde. 2) Herr Golz hat den unter Nr. 22 abgedruckten Antrag:

> „Die Gerichte entscheiden hierüber auf Antrag des Volkshauses,"

mit Unterstützung von zwanzig Mitgliedern dahin modificirt:

> „Ueber die Bestrafung entscheiden Schwurgerichte."

3) Der Antrag des Herrn Arndts, der nun zu diesem Paragraphen gehört, ist verlesen. 4) Herr Schubert von Königsberg und Andere schlagen vor, den Schlußsatz in § 4 in folgender Gestaltung zu fassen:

> „Der Schlußsatz in § 4 möge folgendermaßen gefaßt werden: „oder als Beamter zur Einwirkung auf die Wahl ungesetzliche Mittel angewendet hat."
>
> Unterstützt von: Nizze; Duncker; Schultze von Liebau; v. Kendell; Langerfeldt; Werther von Nierstein; v. Ende; Bernhardi; Brescius; Schreiber; Gysae; Evertsbusch; v. Kösteritz; v. Sänger; Veit; Stieber; Lette; v. Saucken-Tarputschen; Richter von Danzig.

5) Herr Löw von Magdeburg und Andere, im Ganzen mehr als Zwanzig, stellen zu § 4. Art. I das bereits von Herrn v. Linde beantragte eventuelle Amendement, die Worte:

> „oder als Beamter seine Stellung zur Einwirkung auf die Wahlen mißbraucht hat,"

zu streichen, und dafür zu setzen:

> „oder zur Einwirkung auf die Wahl überhaupt gesetzlich unzulässige Mittel angewendet hat."

Zum Worte haben sich bei § 4 gemeldet gegen den Paragraphen: die Herren Golz; Zimmermann von Stuttgart; v. Linde; Heisterbergk; Arndts von München; für den Paragraphen: Herr Plathner. Ich frage zuvörderst, ob auf eine Discussion über den § 4 eingegangen werden soll? — Herr Plathner zeigt mir soeben an, daß er sich zu § 4 nur in der jetzt beseitigten Voraussetzung gemeldet habe, daß das Veit'sche Amendement dabei zur Abstimmung kommen würde; er zieht also jetzt seine Anmeldung zurück. — Diejenigen Herren, die auf eine Discussion über den § 4 des vorliegenden Entwurfs nicht verzichten wollen, bitte ich, sich zu erheben. (Die genügende Zahl erhebt sich.) Die Discussion ist zugelassen. Herr Golz hat das Wort.

Golz von Brieg: Ich beabsichtige nicht, auf den Inhalt des § 4 selbst einzugehen, sondern will nur kurz das von mir und meinen politischen Freunden gestellte Zusatz-Amendement begründen, welches unter Nr. 22 dahin geändert ist, daß es lauten soll: „Hierüber entscheiden Schwurgerichte." Der Ausschuß-Bericht sagt selbst auf Seite 7: „daß zu einer sicheren Anwendung die Bestimmung des § 4 nur gelangen könne, wenn eine gerichtliche Verurtheilung erfordert werde." Er setzt dabei voraus, daß durch die Bestimmungen des § 4, wie sie da sind, für den einzelnen Staat von selbst ein gerichtliches Verfahren eintreten werde. Dieß halte ich nicht in der Art für begründet, daß es sicher anzunehmen sei, und deßhalb ist der Zusatz nöthig, daß die Verurtheilung durch Gerichte, und die nähere Begründung, daß sie durch Schwurgerichte geschehen müsse, damit eben nicht im Verwaltungswege die Entscheidung erfolge. In den Staaten, wo es noch keine Bürger, sondern nur Unterthanen gab, d. h. wo die Staatseingesessenen zwar Pflichten, aber dem Gouvernement gegenüber keine Rechte hatten, konnte keine Rede davon sein, daß die Gesetzgebung darauf gerücksichtigt hätte, bei irgend welchem Vergehen diese Staatsbürgerrechte abzusprechen; man hat in Ermanglung dessen sich mit Symbolik begnügt, indem man an einzelne Vergehen, wie z. B. in Preußen, den Verlust der Nationalcocarde geknüpft hat. Es sind übrigens bedeutende Rechte, welche in den einzelnen Staaten den Staatsbürgern seither abgesprochen worden sind, namentlich, wenn ich so sagen soll, das Recht auf das Communalleben, ohne ein richterliches Erkenntniß. Es genügte z. B. in Preußen nach der Städteordnung die Uebereinstimmung des Magistrats und der Stadtverordneten, um einem Bürger seine Berechtigung zu jeder Theilnahme an städtischem Gemeindewesen abzusprechen, und es wurde über die behaupteten Thatsächen nicht einmal richterlicher Beweis aufgenommen. Es wäre möglich, wenn nicht ausgesprochen würde, daß die Aburtheilung durch die Gerichte zu geschehen hat, daß die Einzelstaaten den Versuch machten, hier im Verwaltungswege zu entscheiden. Es muß dieß nur aber durch Schwurgerichte geschehen. Der § 4 spricht sich nicht darüber aus, ob ein Verbrechen oder ein Vergehen vorliege. Es will mir scheinen, als ob man hervorheben müsse, daß ein Verbrechen, und zwar mit politischem Charakter vorliege, und daher aussprechen müsse, daß dessen Bestrafung auf gerichtlichem, und zwar schwurgerichtlichem Wege geschehen müsse. Darum ersuche ich Sie, unseren Antrag zu unterstützen, und dafür zu stimmen, daß die Entscheidung durch Schwurgerichte erfolgen müsse.

Vicepräsident Kirchgeßner: Herr Zimmermann von Stuttgart hätte nach der Reihenfolge das Wort. Bevor ich ihm dasselbe aber geben kann, muß ich einen Schluß-Antrag des Herrn Schneer zur Abstimmung bringen, der aber nicht die erforderliche Zahl Unterschriften hat, und daher der Unterstützung bedarf.

Vogt (vom Platze aus): Wenn der Antrag auf Schluß nicht von zwanzig Unterschriften unterstützt ist, so kann er nicht zur Abstimmung kommen, ich protestire dagegen.

Vicepräsident Kirchgeßner: Diese Bemerkung ist richtig; Herr Zimmermann von Stuttgart hat das Wort, über den inzwischen eingekommenen, und mit der erforderlichen Zahl von Unterschriften versehenen Schluß-Antrag werden wir später abstimmen.

Zimmermann von Stuttgart: Meine Herren! Es scheint mir, die Versammlung wolle etwas leicht hinweggehen über einen Paragraphen, in dessen letzter Zeile ich das vorzüglichste Geschütz verborgen finde, um unsere neu errungenen Freiheiten, und die, welche wir etwa noch bekommen könnten, von der volksfeindlichen Partei wieder zusammenschießen zu lassen. Meine Herren! Diejenigen Völker, die schon längere Zeit freie Verfassungen haben, haben es leider an sich erfahren, daß von der Frage des Einflusses der Beamtenwelt auf die Wahlen, von der Frage des ministeriellen Einflusses die Freiheit überhaupt abhänge. Wenn den Beamten, meine Herren, es nicht möglichst unmöglich gemacht wird, ihre Stellung zum Einfluß auf die Wahlen zu mißbrauchen, so werden wir bald erleben, was anderswo man schon erlebt hat, daß unsere besten Einrichtungen verfälscht werden, daß wir statt der neueren Freiheit bald ein bloßes Scheinbild der Freiheit haben werden. Meine Herren! Der Gegenstand, an welchem ich bin, ist ein sehr kitzlicher Gegenstand. Es ist nicht mein Wille und nicht meine Art, ohne Noth wehe zu thun. Ich könnte eine Reihe von Beispielen, eine Reihe von Namen und Thatsachen aus deutschen Verfassungsländern anführen, aber ich will es nicht thun, weil Anderes, anderswo hergenommen, auch zum Zwecke ausreicht, und weil ich nicht weiß, ob ich nicht, wenn ich deutsche Namen und Thatsachen anführen würde, da und dort, ohne meinen Willen, verletzen könnte. Meine Herren! Nicht leicht hat es ein Land gegeben, in welchem der ministerielle Einfluß zur Fälschung der Wahlen so sehr und so lange mißbraucht worden ist, als Frankreich. Das Ministerium der Reaction, mochten die Personen wechseln, wie sie wollten, arbeitete auf Ein Ziel systematisch hin, die Wahlen zu verfälschen, dadurch, daß die Beamtenwelt alle Hebel in Bewegung setzen mußte, um im Sinne der Regierung die Wahlen herauszubringen, und meine Herren, es waren Census-Wahlen, denen Herr Mathy kürzlich nachrühmte, daß sie servile Kammern hervorgebracht hätten. Es waren jene Census-Wahlen von lauter selbstständigen Männern, die sich durch die Beamten und die Einflüsse, welche diese ausübten, zu jenen servilen Kammern herbeiließen. (Eine Stimme im Centrum: Sehr gut!) Meine Herren! In Frankreich ist es durch diese Einmischung der Staatsdiener in die Wahlen dahin gekommen in der Restaurationsperiode, daß es nahezu etwas Unehrenhaftes war, im Staatsdienste zu stehen. Derjenigen Staatsdiener, die dem Ministerium nicht als cartesianisches Teufelchen dienen wollten, die groß genug waren, ihre Stelle lieber niederzulegen und mit ihren Familien ins Elend zu gehen, als der Weisung des Ministeriums zu folgen; derjenigen Staatsdiener gibt es auch, aber ihre Zahl ist leider die geringere. Sie wissen, meine Herren, wie von der Beamtenwelt besonders auch der Name des Königs zur Einwirkung so oft in Frankreich mißbraucht worden ist, und als endlich diese Einwirkung auf die Wahlen zur Sprache kam, als zur Sprache kam, daß das Ministerium den Staatsdienern das Ehrenwort abgenommen hatte, daß sie im Sinne der Regierung stimmen und auf die Wahlen einwirken wollten; als zur Sprache kam, daß man widerspenstige Militärs in Verhaft gesetzt hatte, weil sie nach ihrem Gewissen stimmten und sich nicht dazu hergegeben hatten, auf ihre Untergebenen im Sinne der Regierung einzuwirken; als dieß zur Sprache kam, nun, was sagte das Ministerium? Es machte die Sache äußerst leicht wie ein angenehmes Geschäft ab, indem das Ministerium sich auf seine Pflicht berief. Es ist Ihnen vielleicht bekannt, meine Herren, ein gewisses Umlaufschreiben des Ministers Villèle, worin er ausdrücklich zur Bedingung machte, daß jeder Staatsdiener, der sein Vertrauen haben wolle, fernerhin in seinem Sinne stimmen müsse. Dieses Umlaufschreiben kam zur Oeffentlichkeit durch den Druck. Was sagte Villèle, er sagte, meine Herren: „Ich verwundere mich, daß man mir da einen Vorwurf machen will, ich glaube meine Pflicht erfüllt zu haben, dadurch, daß ich den Staatsdienern die Linie ihrer Pflicht angewiesen habe, innerhalb welcher sie sich zu bewegen haben, ich habe ja nichts gethan, da ich gesagt habe, demjenigen Staatsdiener, der nicht im Sinne der Regierung stimmt, wird sofort das Vertrauen des Ministeriums entzogen werden. Es wäre ja eine Ungerechtigkeit, schloß der Mann, von mir das Gegentheil zu verlangen; es wäre ja absurd, sagte der Mann, abgeschmackt; dann schloß er, der Staatsdiener kann nicht verlangen, das Zutrauen des Ministeriums von dem Augenblick an noch zu besitzen, wo er nicht dem Ministerium gegenüber ein unbedingtes Zutrauen in dasselbe gezeigt hat.“ Sehen Sie, meine Herren, soweit ist es gekommen in Frankreich. Was an anderen Orten einmal geschehen ist, kann auch bei uns möglicherweise möglich werden. (Stimmen im Centrum: Oh! Oh!) Einige Herren sagen Oh! Oh! Nun, meine Herren, so will ich doch auf die deutschen Zustände mit einigen Strichen eingehen. Sie kennen wohl die Zustände, wie sie in Hessen-Kassel, in unserer Nähe dagewesen sind (Eine Stimme auf der Linken: Auch in Preußen.) Meine Herren! Nach dem Gutdünken eines Ministers war ein Staatsdiener heute im Amt, und über Nacht war er gestraft dafür, daß er am Tage in der Kammer die Wahrheit gesagt hatte; oder daß er bei der Wahl die Wahrheit gesagt hatte. Meine Herren! Es sollte Ihnen doch bekannt sein, auf welche Weise in Deutschland lange Zeit die Kammern zusammengesetzt worden sind; durch welche Mittel die vielen Stummen in die Kammern gebracht worden sind. (Stimmen auf der Linken: Sehr gut! Hört!) Ich meine die Stummen, die es waren, wo es für das Volkswohl zu sprechen galt, und die sonst den Mund aufthun konnten, wo es gegen das Volk, für die Regierung zu sprechen, zu stimmen wenigstens, galt, oder wo es eine Schmeichelei gegen den Hof und die Fürsten galt. Meine Herren! Es kann Ihnen doch nicht unbekannt geblieben sein, wie manche Beamten in den deutschen Landen, weil man am Hofe religiös war, die Worte „Moral und Religion“ beständig im Munde führten, aber praktisch nach dem Grundsatze handelten, daß das Gewissen mit dem Egoismus unterhandeln müsse, und daß man, um in einer Stelle zu bleiben, oder um eine beschert zu bekommen, sich bei Gelegenheit dem Ministerium geschmeidig, gefügig zeigen müsse (eine Stimme aus dem Centrum: Oder Gedichte machen), oder Gedichte machen, ganz richtig. (Heiterkeit.) Meine Herren! Wo die Minister tausend Stellen und darüber zu vergeben haben, ja viele tausend Stellen, wo sie zu verfügen haben über Millionen Geldes, um politische Gefälligkeiten abzulohnen; wo sie überdieß tausend Mittel haben, den Widerstand, der etwa sich zeigen möchte, zu entkräften, meine Herren, da scheint es mir an der Zeit, die Beamten, die sich mißbrauchen lassen zur Einwirkung auf die Wahlen, nicht so leicht durchkommen zu lassen. Auch unsere deutsche Beamtenwelt, meine Herren, ist noch theilweise befleckt und besudelt durch die fehlerhaften Angewöhnungen, die dieselben unter dem alten Regimente angenommen haben. Man sagt, die Personen zwar seien wohl noch meistens dieselben, aber die Grundsätze seien fast durchweg andere, der Neuzeit anpassende geworden. Meine Herren! Erlauben Sie mir, daß ich das nicht im ganzen Umfange glaube; ich glaube, vielfach sind die Personen und die Grundsätze noch die alten. Dann, meine Herren, muß ich Ihnen bekennen, daß ich wenigstens der Ansicht bin: Wer einmal zum Werkzeug der Gewalt, des Despotismus sich hat mißbrauchen lassen, kann nicht leicht ein wahrer Freund der Freiheit werden. (Hört!) Zudem, meine Herren, werden Sie mir zugeben, in dem größeren Theile unserer Beamtenwelt ist durch die lange, frühe Angewöhnung ein gewisser Mangel an öffentlichem Sinn, an Sinn für das öffentliche Leben, ein gewisser Mangel an Muth und Charakterstärke, der Regierung, dem Ministerium und den Fürsten gegenüber hier und da zu bemerken gewesen. Aber auch noch, meine Herren, ich bin am Schluß (Stimmen auf der Rechten: Bravo! Sehr gut! Auf der Linken: Fortfahren! Weiterreden!), aber auch noch aus einem volkswirthschaftlichen Grunde wenigstens ist es nothwendig, daß Sie die Beamten etwas strenger halten, die zur Einwirkung auf die Wahlen ihre Stellung mißbrauchen; aus einem volkswirthschaftlichen Grunde, sage ich; denn, meine Herren, die beiden Hauptregierungsmittel, auf die Fälschung der Wahlen einzuwirken, nämlich Bestechung und Furcht, das sind unökonomische Mittel (Stimmen auf der Linken: Sehr richtig!), sie kommen dem Volke am Theuersten zu stehen. Das wichtigste Mittel aber, meine Herren, für das Volk, seine Meinung kund zu thun, ist das Wahlrecht mit unverfälschten Wahlen. Geben Sie die Freiheit dem Volke nicht bloß auf dem Papier, sondern sorgen Sie, damit sie wirklich werde, auch dafür, daß sie durch keinen Beamten, was die Wahlen namentlich betrifft, beeinträchtigt werden kann. Die Beamtenwelt soll, dafür bitte ich Sie recht sorgfältig zu sorgen, die Beamtenwelt soll in die Unmöglichkeit gesetzt werden, daß sie den Kern der Freiheit aus der Schale herausfresse. (Heiterkeit auf der Rechten.)

Schneer (vom Platz): Ein schönes Bild!

Zimmermann: Es ist dieses Bild absichtlich gewählt, Herr Schneer; ich wähle meine Bilder mit sicherer Bewußtheit. (Große Heiterkeit; Bravo auf der Linken.) Meine Herren! Ich empfehle Ihnen darum zu § 4 für die letzte Zeile meinen Antrag, der dahin geht, diejenigen Beamten, welche ihre Stellung zum Einwirken auf die Wahlen mißbrauchen, sollen das Wahlrecht für immer verloren haben. Dann, wenn Sie dieses annehmen, so entfernen Sie aus dem Gebüsche des § 4 das versteckte Geschütz, mit welchem sonst eine volksfeindliche Partei auch bei uns die Freiheit zusammenschießen könnte. (Lebhafter Beifall auf der linken Seite.)

Vicepräsident Kirchgeßner: Wir müssen über die von beiden Seiten des Hauses vorliegenden Anträge auf Schluß abstimmen. Sie sind hinreichend unterstützt. Eben wird mir aber ein weiteres Amendement übergeben, welches vor der Abstimmung über den Schluß zur Kenntniß gebracht werden muß. Es ist von Herrn Zimmermann von Stuttgart, und lautet:

> „Beamte, welche ihre Stellung zur Einwirkung auf die Wahl mißbrauchen, sind des Wahlrechtes für immer verlustig."

Ich ersuche diejenigen Herren, welche vorbehaltlich der Schlußäußerung des Berichterstatters die Discussion geschlossen wissen wollen, sich zu erheben. (Die Mehrzahl erhebt sich.) Der Schluß ist angenommen.

Scheller von Frankfurt a. d. O.: Meine Herren! Gegen den § 4, wie er vom Verfassungs-Ausschusse vorgeschlagen worden ist, sind eigentlich nur zwei Erinnerungen gemacht worden. Die erste geht dahin, es sei nicht vorgesehen, daß diese Strafen vom Richter sollen ausgesprochen werden. Dieser Vorwurf ist völlig ungegründet. Wenn die zweite Nummer aus dem § 3, welche der Verfassungs-Ausschuß vorschlug, mit dem § 4 in Verbindung gesetzt wird, so wird sich ergeben, daß der Verfassungs-Ausschuß die Absicht hatte, und auch ausdrücklich aussprach, daß die im § 4 vorgesehenen Strafen von den Richtern sollten verhängt werden. Da nun die Nummer 2 des § 3 nach dem Beschlusse der Versammlung weggefallen ist, so geht zwar aus diesem Gesetz, wenn bloß der § 4 aufgenommen wird, es nicht mehr mit so klaren Worten hervor, daß man nur an eine richterliche Strafe gedacht hat; aber mit Zuhilfenahme der bereits festgestellten Grundrechte wird sich dieses als unzweifelhaft darstellen. Denn in den Grundrechten ist ausgesprochen, daß keine Strafe anders, als von den competenten Richtern verhängt werden darf, und daß es keine Administrativjustiz mehr gibt. Damit dürfte der erste Einwand als beseitigt angesehen sein. Der zweite Einwand aber besteht darin, daß der Schluß des Paragraphen nicht richtig gefaßt sei, oder wie der letzte Redner wollte, daß er strenger gefaßt werden müßte. Nicht richtig gefaßt, sagt das eine Amendement, sei der Paragraph, weil das Wort „Mißbrauch" so sehr der verschiedenartigsten Deutung unterworfen sei. Deßhalb will das Amendement den Schlußsatz so fassen: „Oder als Beamter zur Einwirkung auf die Wahlen ungesetzliche Mittel angewandt hat." Beide Ausdrucke entsprechen dem Sinn und der Absicht, den der Verfassungs-Ausschuß gehabt hat; ob nun der Ausdruck, wie ihn der Verfassungs-Ausschuß gewählt hat, oder der Ausdruck, wie er von dem Verbesserungs-Vorschlage in Antrag gebracht worden ist, den Sinn besser ausdrückt, mag die Mehrzahl des hohen Hauses entscheiden. Die Verfasser des Entwurfes haben kein Interesse dabei, den einen oder den anderen Ausdruck besonders zu vertheidigen; beide drücken die nämliche Absicht aus. Sodann ist noch vom letzten Redner mit großem Pathos hervorgehoben, daß der letzte Satz viel zu gelinde sei, daß man die Beamten, welche ungesetzliche Mittel zur Einwirkung auf die Wahlen anwenden, für immer von dem Wahlrecht ausschließen müsse. Es ist zu verwundern, daß gerade dieser Redner diesen Verbesserungs-Antrag gemacht hat; denn kaum vor einer Stunde hat der nämliche Redner weitläufig ausgeführt, daß Betrüger, Mörder und Alle, auch die ärgsten Verbrecher nach ausgestandener Strafe wieder in ihr Wahlrecht eingesetzt werden müßten (große Heiterkeit auf der Rechten), weil man ihnen die Besserung und die Aussicht auf Wiedererlangung des Wahlrechts nicht abschneiden dürfe, und dennoch will er jetzt jeden Beamten, der sich, wie er bei den Dieben, Betrügern und Mördern ausführte, gebessert hat, und ein braver, ehrenhafter Mensch geworden ist, einen jeden solchen Beamten will er, sage ich, auch wenn derselbe sich gebessert hat, für immer von dem Wahlrecht ausschließen. (Eine Stimme auf der Rechten: Das ist consequent. Zuruf: Hört!) Die Verfasser des Entwurfes haben geglaubt, von allen Seiten den Ansprüchen an Gerechtigkeit, von allen Seiten den Ansprüchen an wahre Ehre vollkommen zu genügen, wenn sie in den Schlußworten des Paragraphen auch den Beamten, der sich erlaubt, seiner Pflicht zuwider auf die Wahlen durch ungesetzliche Mittel sich einen Einfluß zu verschaffen, straften, den Beamten aber nicht härter straften, als jeden anderen Verbrecher. Es ist auch der Beamte mit Entziehung des Wahlrechtes noch nicht allein gestraft nach der Absicht und den Worten des Entwurfs, sondern es ist ausdrücklich vorbehalten, daß außerdem noch die durch die Strafgesetze bestimmten, oder zu bestimmenden Strafen eintreten sollen; der Beamte soll also außer dem Verluste des Wahlrechts auf vier bis zwölf Jahre noch mit besonderen Strafen belegt werden. In solchen Fällen, in welchen der Beamte seiner Pflicht zuwider ungesetzliche Mittel zur Einwirkung auf die Wahl angewendet, oder seine Beamtenbefugnisse mißbraucht hat, wird er nach allen Strafgesetzen der Einzelstaaten ganz unfehlbar cassirt werden. Damit war aber der Verfassungs-Ausschuß nicht zufrieden, sondern außer der Cassation sollte ihn noch der Verlust des Wahlrechtes auf eine lange Reihe von Jahren treffen. Ich meine, das wäre so hart, so streng, daß man unmöglich ein Mehreres verlangen kann, wenn man nicht in völlige Ungerechtigkeit überschlagen will. Wenn aber, wie heute von dem letzten Redner zu verstehen gegeben worden ist, in dem Beispiele von Villèle, den ich nicht in Schutz nehmen will, angedeutet wurde, die Beamten sollten in keinem Falle Einfluß auf die Wahlen üben; so wird Der, welcher gesehen hat, wie es bei den Wahlen zugeht, unmöglich dieser Andeutung zu entsprechen verlangen, wenn er nicht will, daß es zum größten Nachtheile des Staates geschehe.

Schoder (vom Platze): Der Regierung!

Scheller: Ja allerdings, auch die Regierung muß auf die Wahlen einwirken können und dürfen. Denn wenn Wahlen zu Stande gebracht werden, wo die Wahlcandidaten Jedem der Wähler eine Kuh oder drei Morgen Landes versprechen (Beifall auf der Rechten), wenn Wahlen zu Stande kommen, wo den Wählern Tabak, Bier, Branntwein und dergleichen gereicht wird, und wo es soweit kommt, daß die Wahlmänner auseinander gehen müssen, weil es durch diese ungesetzlichen Mittel dahin gekommen ist, daß sie nicht wissen, was sie thun, und wo eine zweite Wahlversammlung abgehalten werden muß, — da ist es gewiß im Interesse des Staates selbst, daß auch die Regierung vor solchen ungesetzlichen Mitteln warnt. (Lebhafter Beifall auf der Rechten und im rechten Centrum.)

Präsident: Die Discussion über den § 4 ist geschlossen, und wir gehen zur Abstimmung über. Ich bringe noch die Anträge, die derselben bedürftig sind, zur Unterstützung. Die Herren Roßmäßler und Heisterbergk werden damit einverstanden sein, daß ihr mit der Zahl § 4 versehenes Amendement zu § 5 gehört. — Ich stelle nun die Unterstützungsfrage auf den Antrag von v. Linde. Findet derselbe Unterstützung? (Die hinreichende Zahl erhebt sich.) Der Antrag ist hinreichend unterstützt. — Ferner der Antrag des Herrn Grävell, in § 4 bei dem Worte Einwirkung das Wort „unerlaubt" zu inseriren. Wird er unterstützt? (Die nothwendige Anzahl erhebt sich.) Er ist hinreichend unterstützt. — Ferner der Antrag des Herrn v. Wulffen, von dem ich zuerst darüber aufgeklärt werden möchte, ob er sein Amendement an die Stelle der ganzen zweiten Hälfte des Ausschuß-Antrags gesetzt wissen will.

v. Wulffen (vom Platze aus): Das war meine Absicht!

Präsident: Ich frage also: Findet der Antrag des Herrn v. Wulffen in diesem Sinne Unterstützung? (Wenige Mitglieder erheben sich.) Er ist nicht hinreichend unterstützt. — Endlich der Antrag des Herrn Zimmermann von Stuttgart:

> „Ich beantrage, den § 4 in der letzten Zeile so zu fassen:
>
> Beamte, welche ihre Stellung zur Einwirkung auf die Wahl mißbrauchen, sind des Wahlrechts für immer verlustig."

Wird der Antrag unterstützt? (Die genügende Anzahl erhebt sich.) Er ist hinreichend unterstützt. — Ich schlage vor, meine Herren, in folgender Weise abzustimmen: Zuerst über den Eingang des Ausschuß-Antrages; darunter verstehe ich die Worte:

> „Mit dem Verluste des Rechts zu wählen für eine Zeit von vier bis zwölf Jahren, außer den durch die Strafgesetze bestimmten oder zu bestimmenden Strafen ist zu belegen;"

falls dieser Eingang verworfen werden sollte, käme der Eingang, wie ihn Herr Arndts und Genossen vorgeschlagen haben:

> „Des Rechtes zu wählen soll unbeschadet der sonst verwirkten Strafen, für eine Zeit von vier bis zwölf Jahren durch strafgerichtliches Erkenntniß verlustig erklärt werden, wer u. s. w."

Wenn einer dieser beiden Eingänge angenommen sein wird, so bringe ich das folgende nächste Stück des Paragraphen zur Abstimmung:

> „Wer bei den Wahlen Stimmen erkauft, seine Stimme verkauft, oder mehr als einmal bei der für einen und denselben Zweck bestimmten Wahl seine Stimme abgegeben;"

und dann den Inhalt des dritten und letzten Theiles in folgender Ordnung: ich beginne mit dem Antrage des Herrn v. Linde, welcher die Beamten gar nicht besonders erwähnt, sondern allgemein sagt:

> „Oder zur Einwirkung auf die Wahl überhaupt gesetzlich unzulässige Mittel angewendet hat."

Ich lasse diesem den Ausschuß-Antrag folgen, und falls dieser in seiner eigentlichen Fassung verworfen werden sollte, den Ausschuß-Antrag mit dem Zusatze des Herrn Grävell; hierauf das Amendement des Herrn Löw und Genossen, dann das des Herrn Schubert und Genossen; endlich das des Herrn Zimmermann. Falls das Amendement des Herrn v. Linde verworfen werden sollte, bringe ich die Fassung, die Herr Arndts eventuell für das mittlere Stück des Paragraphen vorgeschlagen hat, zur Abstimmung; dem würde folgen der Antrag des Herrn v. Wulffen, und zuletzt der Zusatz-Antrag des Herrn Goltz: „über die Bestrafung entscheiden Schwurgerichte." Ich frage, ob gegen diesen Vorschlag der Fragestellung Einwendungen erhoben werden?

Scheller von Frankfurt an der Oder: Gegen die Fragestellung finde ich nichts zu erinnern, nur wollte ich aufmerksam machen, daß schon nach meiner Auseinandersetzung der Verfassungs-Ausschuß gegen das Amendement des Herrn

Arndts nichts zu erinnern hat, daß vielmehr dieser Antrag der Fassung des Ausschusses entspricht, denn er nimmt auf, was von der Nr. 2 des § 3 weggeworfen worden ist, und zu § 4 gehört. . . . (Zuruf: Das gehört nicht zur Fragestellung!)

Präsident: Wenn ich das dahin zu verstehen hätte, daß der Ausschuß seinen Eingang zurücknimmt, und anstatt dessen den von Herrn Arndts vorgeschlagenen Eingang adoptirt, so würde ich zugeben, daß diese Bemerkung allerdings zur Discussion über die Fragstellung gehört, — ist das Ihre Intention?

Scheller (vom Platze): Es ist allerdings meine Intention! — (Abgeordneter Fetzer besteigt die Tribüne).

Präsident: Ich bitte, Herr Fetzer, ich habe Ihnen das Wort noch nicht gegeben; ich frage: sind die Mitglieder des Ausschusses mit dieser Bemerkung des Herrn Berichterstatters einverstanden?

Wigard (vom Platze): Nein, nicht Alle!

Präsident: Es sind einige Mitglieder nicht damit einverstanden; ich muß also beide Anträge zur Abstimmung bringen. — Ich beginne mit dem Eingange des Ausschusses:

> „Mit dem Verlust des Rechts zu wählen für eine Zeit von vier bis zwölf Jahren, außer den durch die Strafgesetze bestimmten, oder zu bestimmenden Strafen, ist zu belegen...."

Diejenigen Herren, die diesen Eingang des § 4 annehmen wollen, bitte ich, aufzustehen. (Die Minderzahl erhebt sich.) Diese Fassung ist abgelehnt. — Ich bringe den Antrag des Herrn Arndts und Genossen zur Abstimmung:

> „Des Rechtes zu wählen soll, unbeschadet der sonst verwirkten Strafen, für eine Zeit von vier bis zwölf Jahren durch strafgerichtliches Erkenntniß verlustig erklärt werden, wer u. s. w."

Diejenigen Herren, welche diese Fassung des Eingangs annehmen wollen, bitte ich, sich zu erheben. (Die Mehrzahl erhebt sich.) Diese Fassung ist angenommen. — Ich gehe zu dem folgenden Satze des Antrages des Ausschusses über:

> „Wer bei den Wahlen Stimmen erkauft, seine Stimme verkauft, oder mehr als einmal bei der für einen und denselben Zweck bestimmten Wahl seine Stimme abgegeben."

Diejenigen Herren, welche diesen Theil des Ausschuß-Antrags als Fortsetzung des eben angenommenen Eingangs adoptiren wollen, bitte ich, sich zu erheben. (Die Mehrzahl erhebt sich.) Der Antrag ist angenommen. — Ich komme jetzt zu dem Antrage des Herrn v. Linde, dem gemäß so fortgefahren werden soll:

> „Oder zur Einwirkung auf die Wahl überhaupt gesetzlich unzulässige Mittel angewendet hat."

Diejenigen Herren, welche diesen Antrag des Herrn v. Linde als Fortsetzung zu den beiden eben angenommenen Sätzen hinzufügen wollen, ersuche ich, aufzustehen. (Die Mehrzahl erhebt sich.) Der Antrag des Herrn v. Linde ist angenommen, und damit sind die Anträge des Ausschusses, des Herrn Grävell, des Herrn Löw und Genossen, des Herrn Schubert und Genossen, des Herrn Arndts und Genossen und des Herrn v. Wulffen beseitigt. Es bleiben also für die Abstimmung nur noch der Zusatz des Herrn Zimmermann von Stuttgart und der des Herrn Golz übrig. Der erstere lautet:

> „Beamte, welche ihre Stellung zur Einwirkung auf die Wahl mißbrauchen, sind des Wahlrechts für immer verlustig."

Diejenigen Herren, welche diesen Antrag annehmen wollen, bitte ich, sich zu erheben. (Die Minderzahl erhebt sich.) Der Antrag ist verworfen. — Herr Golz schlägt folgenden Zusatz zu dem Paragraphen vor:

> „Ueber die Bestrafung entscheiden Schwurgerichte."

Diejenigen Herren, welche diesen Antrag des Herrn Golz zu dem angenommenen Paragraphen hinzugefügt wissen wollen, bitte ich, aufzustehen. (Die Minderzahl erhebt sich.) Auch dieser Antrag ist verworfen. — Der § 4 lautet nun in Folge der vorgenommenen Abstimmungen, wie folgt:

> „Des Rechtes zu wählen soll unbeschadet der sonst verwirkten Strafen für eine Zeit von vier bis zwölf Jahren durch strafgerichtliches Erkenntniß verlustig erklärt werden, wer bei den Wahlen Stimmen erkauft, seine Stimme verkauft, oder mehr als einmal bei der für einen und denselben Zweck bestimmten Wahl seine Stimme abgegeben, oder zur Einwirkung auf die Wahl überhaupt gesetzlich unzulässige Mittel angewendet hat."

Wir gehen zu § 5 über. (Viele Stimmen: Vertagen! Andere Stimmen: Fortfahren!) Ich lasse darüber abstimmen, ob die Discussion vertagt werden soll. Diejenigen Herren, welche die Fortsetzung der Discussion über den uns vorliegenden Entwurf auf die nächste Sitzung vertagt wissen wollen, bitte ich, aufzustehen. (Ein Theil der Versammlung erhebt sich.) Ich bitte die Herren, sich niederzulassen. Diejenigen Herren, welche die Discussion über den vorliegenden Gesetzesentwurf in der heutigen Sitzung fortgesetzt wissen wollen, bitte ich, sich zu erheben. (Die Minderzahl erhebt sich.) Die Vertagung ist angenommen. (Unruhe.) — Meine Herren! Ich bitte noch einige Augenblicke um Ruhe. Es ist über mehrere Urlaubsgesuche Beschluß zu fassen. Der Herr Vicepräsident Kirchgeßner wird Ihnen darüber Bericht erstatten.

Vicepräsident Kirchgeßner: Ich habe Ihnen, meine Herren, eine große Anzahl von Urlaubsgesuchen vorzutragen, die deßhalb so zahlreich sind, weil bereits seit dem 4. Februar solche angesammelt sind, und bisher bei der Wichtigkeit der Discussionen nicht die gehörige Gelegenheit war, darüber Vortrag zu erstatten. Es ist leicht möglich, daß schon mehrere der Ihnen Vorzuschlagenden aus dem Urlaub zurückgekehrt sind. Folgende Herren haben um Urlaub nachgesucht: Bouvier auf vier Wochen; Barth auf drei Wochen; Petzer auf vier Wochen; v. Mayfeld auf vier Wochen; Czoernig auf vierzehn Tage; Schiedermeyer auf vier Wochen; Müller von Sonnenberg auf vierzehn Tage; Reindl auf drei Wochen; Johannes auf vierzehn Tage; Hildebrandt auf vier Wochen; Peter auf vier Wochen; Wernich auf vier Wochen; Blömer auf vier Wochen; Pattay auf vierzehn Tage; Caspers auf vierzehn Tage; Wiethaus auf vier Wochen; Gottschalk auf vierzehn Tage; Scholz auf drei Wochen; Osterrath auf vier Wochen; Freudentheil auf drei Wochen; Graf Schwerin auf vier Wochen; Burkard,

Verlängerung des Urlaubs auf acht Tage; Christ auf acht Tage; v. Saucken auf drei Wochen; Flottwell auf drei Wochen (letztere drei wegen Eintritts in die Landtage ihres Heimathstaates); v. Rappard auf drei Wochen. — Ich erlaube mir, hierbei zu bemerken, daß bezüglich mehrerer Urlaubsgesuche, — bei welchen die ganz gleiche Begründung, nämlich der Eintritt in die Kammer eines Einzelstaates, unterstellt ward, — das Büreau Anstand nehmen wollte, für die Urlaubsertheilung zu begutachten; daß man sich jedoch dahin entschloß, es lediglich der hohen Versammlung zu überlassen, einen deßfallsigen Antrag auf Verweigerung von Urlaubsgesuchen aus solchen Gründen zu stellen.

Präsident: Wenn kein Widerspruch erhoben wird, so betrachte ich die Urlaubsgesuche als genehmigt. (Niemand meldet sich.) Ich setze die nächste Sitzung auf morgen 9 Uhr an, bestimme als Tagesordnung: Fortsetzung der Discussion über den vorliegenden Entwurf eines Reichswahlgesetzes, berufe auf heute 5 1/2 Uhr den volkswirthschaftlichen Ausschuß, den Prioritäts- und Petitions- und den Verfassungs-Ausschuß ein, und schließe die heutige Sitzung.

(Schluß der Sitzung 1 1/2 Uhr.)

Die Redactions-Commission und in deren Auftrag Abgeordneter Professor Wigard.

Druck von Joh. David Sauerländer in Frankfurt a. M.

Stenographischer Bericht

über die

Verhandlungen der deutschen constituirenden National-Versammlung zu Frankfurt a. M.

Nro. 177. | Sonnabend den 24. Februar 1849. | VII. 22.

Hundert und sechs und siebenzigste Sitzung.

(Sitzungslocal: Paulskirche.)

Freitag den 23. Februar 1849. (Vormittags 9 Uhr.)

Vorsitzender: Theils E. Simson von Königsberg, theils Vicepräsident Kirchgeßner.

Inhalt: Zählung der Versammlung. — Verlesung des Protokolls. — Flottenbeiträge. — Fortsetzung der Berathung über den Entwurf eines Reichsgesetzes über die Wahlen zum Volkshause (§ 5—10). — Eingänge.

Präsident: Die Sitzung ist eröffnet. Herr Fuchs hat das Wort verlangt.

Fuchs von Breslau: Meine Herren! Wir sind offenbar wieder nicht vollzählig, ich trage deßhalb auf Zählung der Versammlung an.

Präsident: Ich werde die Zettel mit den Namensunterschriften einsammeln lassen. (Die Zählung geschieht.)

Anwesend waren 10 Minuten nach 9 Uhr folgende Mitglieder:

Ahrens aus Salzgitter, v. Amstetter aus Breslau, Arndt aus Bonn, v. Bally aus Beuthen, Becker aus Gotha, Bernhardi aus Cassel, Blumröder (Gustav) aus Kirchenlamitz, Bock aus Preußisch-Minden, Böcking aus Trarbach, Böcler aus Schwerin, Bresgen aus Ahrweiler, v. Buttel aus Oldenburg, Damm aus Tauberbischoffsheim, Decke aus Lübeck, Dinstl aus Krems, Dröge aus Bremen, Edlauer aus Gratz, Eisenmann aus Nürnberg, Emmerling aus Darmstadt, v. Ende aus Waldenburg, Engel aus Culm, Englmayr aus Enns (Oberösterreich), Falk aus Ottolangendorf, Fetzer aus Stuttgart, Freese aus Stargard, Friederich aus Bamberg, Frisch aus Stuttgart, Fritzsche aus Roda, Fröbel aus Reuß, Fuchs aus Breslau, Gebhard aus Würzburg, Geigel aus München, Gevekoht aus Bremen, v. Giech (Graf) aus Thurnau, Giesebrecht aus Stettin, Grävell aus Frankfurt a. d. O., Groß aus Leer, v. Grundner aus Ingolstadt, Günther aus Leipzig, Gulden aus Zweibrücken, Haggenmüller aus Kempten, Hahn aus Guttstatt, Hallbauer aus Meißen, v. Hartmann aus Münster, Haym aus Halle, Hehner aus Wiesbaden, Heimbrodt aus Sorau, v. Hennig aus Dempowalonka, Herzog aus Ebermannsstadt, Heusner aus Saarlouis, Hirschberg aus Sondershausen, Höften aus Hattingen, Hofer aus Pfarrkirchen, Hoffmann aus Ludwigsburg, Käfferlein aus Baireuth, Kanitsch aus Karlsberg, v. Keller (Graf) aus Erfurt, Kierulff aus Rostock, Kirchgeßner aus Würzburg, Knarr aus Steyermark, Kollaczek aus österreichisch Schlesien, Kosmann aus Stettin, Krafft aus Nürnberg, Kratz aus Wintershagen, Kuhnt aus Bunzlau, Kutzen aus Breslau, Lammers aus Erlangen, Langerfeldt aus Wolfenbüttel, Levysohn aus Grünberg, Liebmann aus Perleberg, Lienbacher aus Goldegg, v. Linde aus Mainz, Löschnigg aus Klagenfurt, Mally aus Steyermark, v. Maltzahn aus Küstrin, Mann aus Rostock, Marcks aus Duisburg, Marcus aus Bartenstein, v. Massow aus Carlsberg, Matthies aus Greifswald, Metz aus Freiburg, Mohl (Moriz) aus Stuttgart, Münch aus Wetzlar, v. Nagel aus Oberviechtach, Naumann aus Frankfurt a. d. O., Nauwerck aus Berlin, Neumayr aus München, Nicol aus Hannover, Nizze aus Stralsund, Nöthig aus Weißholz, Oertel aus Mittelwalde, Ottow aus Labiau, Pinckert aus Zeitz, Plehn aus Marienburg, Polatzek aus Weißkirch, v. Quintus-Icilius aus Fallingbostel, Rahm aus Stettin, v. Raumer aus Berlin, v. Raumer aus Dinkelsbühl, Reh aus Darmstadt, Riegler aus mährisch Budwitz, Rößler aus Wien, Roßmäßler aus Tharand, v. Rotenhan aus München, Rüder aus Oldenburg, Schädler aus Vaduz, Scharre aus Strehla, Scheller aus Frankfurt a. d. O., Schmitt aus Kaiserslautern, Schneer aus Breslau, Scholten aus Ward, Scholz aus Neisse, Schrader aus Brandenburg, Schreiner aus Gratz (Steyermark), v. Schrenk aus München, Schulze aus Potsdam, Schwetschke aus Halle,

v. Selchow aus Rettkewitz, Stark aus Krumau, Stavenhagen aus Berlin, Stieber aus Budissin, Sturm aus Sorau, Tafel aus Stuttgart, Tafel (Franz) aus Zweibrücken, v. Thielau aus Braunschweig, Thüssing aus Warendorf, Veit aus Berlin, Vogel aus Dillingen, Waitz aus Göttingen, Waldmann aus Heiligenstadt, Walter aus Neustadt, Weißenborn aus Eisenach, Würth aus Sigmaringen, Zeltner aus Nürnberg.

Präsident: Es sind erst 134 Mitglieder anwesend, meine Herren! Wir müssen also mit Verlesung des Protokolls noch einige Augenblicke warten. — (20 Minuten nach 9 Uhr.) — Wir sind jetzt wohl unbedenklich vollzählig, meine Herren; ich lasse das Protokoll der vorigen Sitzung verlesen. (Geschieht durch den Schriftführer v. Maltzahn.) Ich frage, ob Reclamation gegen das Protokoll ist?

Fuchs: Ich bitte ums Wort!

Präsident: Herr Fuchs hat das Wort!

Fuchs: Meine Herren! Gegen das so eben verlesene Protokoll habe ich nichts zu erinnern; ich muß mir aber erlauben, eine Bemerkung über das Protokoll der vorletzten Sitzung zu machen, die ich darum heute erst anbringen kann, weil die Namen derer, die am Dienstage abwesend waren, am gestrigen Tage nicht mit verlesen wurden, sondern erst jetzt durch die stenographischen Berichte zu unserer Kenntniß kommen. Ich finde darin außer den Kathegorien: „anwesend“ und „nicht anwesend,“ auch eine Kathegorie: „mit Entschuldigung abwesend.“ In dieser sind aber nicht etwa bloß diejenigen verzeichnet, welche auf Urlaub sind, sondern mehrere, die eine viertel- oder eine halbe Stunde später hier Reden gehalten haben. Ich wollte mir deßhalb erlauben, an das Bureau die Frage zu stellen, ob die Entschuldigungen vor oder nach der Sitzung angebracht worden sind. (Unruhe.) Ich habe die Ueberzeugung . . . . . (Große Unruhe. — Ruf auf der Linken: Das ist Schulmeisterei!)

Präsident: Meine Herren! Ich kann nicht hören, was der Redner spricht. (Unruhe.) Sie müssen den Redner erst hören und dann erforderlichen Falles antworten. (Zuruf: Schulmeisterei! — Unruhe.)

Fuchs: Ob Sie das für Schulmeisterei halten oder nicht, ist mir gleichgültig. (Große Unruhe.) Mir liegt bloß an Herstellung pünktlicher Ordnung in diesem Hause. (Einzelne Rufe: Schluß! Schluß!) Ich werde nicht eher schließen, bis ich zu Ende bin oder der Herr Präsident mir das Wort nimmt. (Unruhe.)

Präsident: Ich bitte, Herr Fuchs, fahren Sie fort!

Fuchs: Ich habe die Ueberzeugung, daß, wenn es bloß darauf ankäme, nachträglich eine Entschuldigung anzubringen, Keiner sein wird, der nicht irgend eine erhebliche oder unerhebliche Entschuldigung für sich geltend zu machen wissen würde. Meines Erachtens können in die Kathegorie der mit Entschuldigung Abwesenden nur diejenigen aufgenommen werden, welche verreist oder wegen Krankheit abwesend sind, denn sonst wird der Zweck der Zählung nicht erreicht, und ich kann nicht finden, wo die Bürgschaft dafür zu suchen wäre, daß bloß solche, die wirklich eine Entschuldigung haben, als entschuldigt verzeichnet werden.

Präsident: Ich kann auf die Reclamation selbst noch keine Antwort geben, denn ich habe die Namen in dem stenographischen Berichte noch nicht gelesen und müßte das Bureau erst darüber befragen. Ich bemerke übrigens, daß unter den Abwesenden in den stenographischen Berichten auf jeden Fall Herr Marcks angeführt ist, der hier anwesend war.

Arndt von Bonn: Ich gehöre auch zu den Unglücklichen, die abwesend gemeldet sind, und die anwesend waren, es ist dieß ein eigen Ding, ein einzelner Stimmzettel wird weggeworfen, oder er verliert sich, ich bin auch unter den Abwesenden ohne Entschuldigung aufgenommen, bin aber immer anwesend gewesen, und nie abwesend, weder mit noch ohne Entschuldigung. (Heiterkeit.)

Präsident: Meine Herren! Sie bemerken, auf eine Abkürzung unserer Sitzungen führt diese Einrichtung schwerlich, ich hätte nur zu wünschen, daß die Stunde um 9 Uhr, weil sie mit Ihrer Genehmigung als Anfangspunkt der Sitzung angesetzt wird, auch pünktlich eingehalten werde. — Im Uebrigen ist keine Reclamation gegen das Protokoll; das Protokoll ist genehmigt. Ich habe einige Flottenbeiträge zur Kenntniß der Versammlung zu bringen: 196 fl. 10 kr. C. M., eingesandt von der Buchhandlung Carl Gerold und Sohn in Wien. Dieser Beitrag ist der Rest einer Summe von 1647 fl. 38 kr. C. M., welche bei der genannten Buchhandlung mittelst ihres Aufrufs an die deutschen Oesterreicher im vergangenen Sommer eingegangen sind. Ein Verzeichniß der sich bei dieser Beisteuer Betheiligten ist beigeschlossen; 16 fl. 12 kr. rhn. nachträglicher Beitrag der Landgemeinde Hengstfeld im Würtembergischen, eingeschickt von dem Diaconus Scholl in Langenburg; 302 Thlr. 4 sgr. 4 pf. und 1 Silberrubel, Sammlung des Posener Landschutzvereins unter den deutschen Landleuten der Provinz, übergeben vom Abgeordneten Viebig; 1 Rthlr. 26 sgr. 3 pf., Beitrag, übergeben direct an das Handelsministerium durch den Abgeordneten v. Kösteritz. Wir sprechen für diese Beiträge unseren Dank aus, und überweisen sie, insofern dieß noch nicht geschehen ist, an das Reichsministerium der Finanzen. — Hiermit gehen wir zur Tagesordnung über, zur Berathung des vom Verfassungsausschusse vorgelegten Entwurfs: „Reichsgesetz über die Wahlen der Abgeordneten zum Volkshause“, und zwar über § 5 und folgende. — Bei § 5 liegen außer dem Antrage des Ausschusses und den beiden dazu gedruckten Minoritätserachten folgende gedruckt in Ihren Händen befindliche Amendements, die ich nur nach der Nummer und dem Namen des Antragstellers bezeichne, und zwei eben erst eingegebene handschriftliche vor. Von den gedruckten Anträgen gehören hierher die Nummern: 23 (von Jop, Reinstein und Genossen), 24 (von Goltz), 25 (von Kohlparzer), 40 (von Grävell), 60 (von Nagel), 68 (von Linde), 71 (von M. Mohl), 72 (von Arndts).

(Die Redaction läßt hier die Anträge der Majorität und Minorität des Verfassungsausschusses, sowie die dazu gestellten Amendements folgen:

Antråg des Verfassungsausschusses:

Artikel II § 5.

„Wählbar zum Abgeordneten des Volkshauses ist jeder selbstständige, unbescholtene (§ 2, 3) Deutsche, welcher das fünfundzwanzigste Lebensjahr zurückgelegt hat.“

Minoritätserachten I. Die Unterzeichneten beantragen, statt der Worte: „das fünfundzwanzigste Lebensjahr“ zu setzen: „das dreißigste Lebensjahr.“ (G. Beseler, H. Dahlmann. Waitz. v. Soiron. Briegleb. Jürgens.)

Minoritätserachten II. Die Unterzeichneten wünschen diesen Paragraphen in folgender Fassung: „Wählbar zum Abgeordneten des Volkshauses ist jeder

Deutsche, welcher das fünfundzwanzigste Lebensjahr zurückgelegt hat, und nicht durch die Bestimmungen des §. 2 und 3 ausgeschlossen ist." (Wigard, G. E. Schüler. H. Simon. Mittermaier.)

Antrag des Abgeordneten Jop und Genossen:

Die Unterzeichneten beantragen folgende Fassung:

„Wählbar für ganz Deutschland ist jeder Wahlberechtigte." (Jop. Reinstein. Günther. Tietsch. Reinhard. Simon von Trier. Hagen. Fröbel. Titus. Zimmermann von Stuttgart. Rühl. Martiny. Schütz. Damm. Schlutter. Wiesner. Levysohn. Würth von Sigmaringen. Fehrenbach. Werner von Oberkirch. Hoffbauer. Gritzner.)

Antrag des Abgeordneten Goltz:

„Statt „fünfundzwanzigste" zu setzen: „einundzwanzigste" Lebensjahr".

Antrag des Abgeordneten Kohlparzer:

„Wählbar zum Abgeordneten des Volkshauses ist jeder Deutsche, welcher das dreißigste Lebensjahr zurückgelegt hat, und nicht durch die Bestimmung des § 2 (2, 3 und 4) ausgeschlossen ist."

Antrag des Abgeordneten Grävell:

„Das dreißigste Lebensjahr anstatt des fünfundzwanzigsten."

Antrag des Abgeordneten Nagel von Oberviechtach:

Zu Artikel II § 5.

Dieser Paragraph möge heißen:

„Wählbar zum Abgeordneten des Volkshauses ist jeder Deutsche, welchem die in §§ 2 und 3 aufgeführten Hindernisse zur activen Wahlfähigkeit nicht entgegen stehen, wenn er dreißig Jahr alt ist."

Antrag des Abgeordneten v. Linde:

Zu § 5a.

„Wählbar zum Abgeordneten des Volkshauses ist jeder selbstständige unbescholtene Deutsche (§ 2, 3, 4, 5), der das dreißigste Lebensjahr zurückgelegt hat, und durch Grundbesitz, Gewerbe, ein öffentliches Amt, oder durch ein steuerbares Einkommen die eigene unmittelbare Betheiligung an den allgemeinen Staatsinteressen verbürgt."

Antrag des Abgeordneten Moriz Mohl:

Zu Artikel II § 5.

Zusatz: „Erstandene oder durch Begnadigung erlassene Strafe wegen politischer Verbrechen schließen von der Wahl in das Volkshaus nicht aus."

Antrag des Abgeordneten Arndts:

Zu § 5.

Ich trage darauf an, diesen Paragraphen so zu fassen: „Wählbar zum Abgeordneten des Volkshauses ist jeder Deutsche, welcher das (fünfundzwanzigste, beziehungsweise nach dem Minoritätserachten I das dreißigste) Lebensjahr zurückgelegt hat und nicht gemäß den Bestimmungen der §§ 2, 3 oder 4 ausgeschlossen ist.")

Präsident: Außerdem liegen folgende handschriftliche Anträge vor: Von den Herren v. Selchow und Genossen, den § 5 in folgender Fassung anzunehmen:

„Wählbar zum Abgeordneten des Volkshauses ist jeder wahlberechtigte Deutsche, welcher das dreißigste Lebensjahr zurückgelegt hat."

Unterstützt von: Naumann, v. Schrenk, Dertz, v. Katenhan, Gombart, Grävell, v. Schrötter, Schultze von Potsdam, Tannen, v. Wegnern, Wedemeyer, Kutzen, Merck, v. Nagel, Kratz, Kosmann, v. Raisner, v. Bally, Schrader, Oertel.

Ein fernerer Antrag ist von den Herren Langerfeldt und Genossen gestellt, dem Paragraphen hinzuzufügen:

„und seit mindestens drei Jahren einem deutschen Staate angehört hat."

Unterstützt von: Gevekoht, v. Thielau, Nizze, Rothe, Becker von Gotha, Veit, Schrader, Teichert, Bernhardi, Heimbrod, Kratz, Kosmann, Haym, Dröge, Rahm, Schwarz, Ebmeier, Schwetschke, Mathies, Siehr.

Zum Worte haben sich gemeldet gegen den Antrag des Ausschusses: die Herren Goltz, Wigard, v. Rappard, Heisterbergk, Rödinger, M. Mohl, Gevekoht und Pfeifer; für den Antrag: Herr Hartmann von Leitmeritz und Herr v. Linde. — Ich habe zunächst zu fragen, ob überhaupt über § 5 discutirt werden soll? Diejenigen Herren, welche auf die Discussion über § 5 nicht verzichten wollen, ersuche ich, aufzustehen. (Es erheben sich mehr als 100 Mitglieder.) Die Verhandlung ist zugelassen. Herr Goltz hat das Wort. (Vicepräsident Kirchgeßner übernimmt den Vorsitz.)

Vicepräsident Kirchgeßner: Wenn Herr Goltz nicht im Hause anwesend sein sollte, so hat der nächste Redner, Herr v. Rappard, das Wort. (Zuruf: Er ist nicht da!) Herr Heisterbergk! (Zuruf: Er ist auch nicht da! — Heiterkeit.) Herr Rödinger!

Rödinger (vom Platze): Ich verzichte!

Vicepräsident Kirchgeßner: Herr Moriz Mohl! (Moriz Mohl besteigt die Tribüne. — Große Heiterkeit und Beifall.)

Moriz Mohl: Meine Herren! Mein Amendement ist folgendes: „Erstandene — was gleichbedeutend ist mit verbüßte — oder durch Begnadigung erlassene Strafen schließen von der Wahl in das Volkshaus nicht aus." Sie haben zwar in der letzten Sitzung bei der activen Wahlfähigkeit in dieser Hinsicht eine Ausnahme nicht gemacht, ich hoffe indeß gleichwohl, daß Sie, da so dringende Gründe dafür vorhanden sind, sich entschließen werden, bei der passiven Wahlfähigkeit eine solche Ausnahme eintreten zu lassen. Man hat in der jüngsten Erörterung die politischen Verbrechen mit andern Verbrechen vollkommen auf eine Linie gestellt, ich glaube aber: sehr mit Unrecht, und hoffe, daß Sie, wenn Sie sich die Gegengründe vergegenwärtigen wollen, sich von der Richtigkeit meiner Ansicht überzeugen werden. Alle andern Verbrechen, z. B. wenn Jemand einen Mord begeht, Raub, Diebstahl, Betrug verübt und dergleichen, sind unbedingt gegen die Moral und werden unter allen Umständen von jedem sittlichen Gefühle mit der größten Entrüstung aufgenommen werden; bei den sogenannten politischen Vergehen aber kann zwar ein Widerstreit mit der Moral, es kann aber auch das Gegentheil vorhanden sein. Sie werden mir zugeben, meine Herren, daß es immer Sache der persönlichen Ansicht bleibt, welche Regierungsform man für die beste hält; bei einer jeden hält der Regent die bestehende für die beste, sei dieser Regent nun die Mehrheit des Volkes oder ein Monarch. Bei einer jeden führt der Selbsterhaltungstrieb dahin, die bestehende Regierungsform durch strenge Strafen zu sichern. Aber, meine Herren, wollen wir doch in die nächste Vergangenheit zurücksehen und uns fragen, ob nicht in den meisten deutschen Staaten die Regierungsformen und Verfassungen oder die Regierungsweisen solche waren, daß sie im verflossenen Jahre zu einer Auflehnung, in den größeren Staaten sogar zu einem bewaffneten Aufstande führten. Wollen wir uns nun weiter fragen, ob nicht alle diejenigen, welche an der Spitze des Aufruhrs standen, als Verbrecher behandelt und zu den härtesten Strafen, Arbeits- und Zuchthausstrafen verurtheilt oder mit Pulver und Blei bedient worden wären, wenn sie unterlegen wären? Nach jeder Revolution meint allerdings die obsiegende Partei, jetzt sei Alles gut, jetzt dürfe und müsse man alle Mittel ergreifen, um den gegenwärtigen Zustand zu sichern. Ich verkenne keineswegs diese Nothwendigkeit, in welche die jedesmal regierende Partei gesetzt ist; ich verkenne nicht, daß es in keinem Staate möglich wäre, die bürgerliche Ordnung und das Gesetz aufrecht zu erhalten, wenn diejenigen, welche sie gewaltsam stören wollen, nicht strenge bestraft würden. Sie werden mir aber auch zugeben, daß die Ansichten über jede, auch über neue politische Zustände außerordentlich verschieden sind und daß im Laufe der Zeit auch die der Mehrheit eine andere werden kann. Mögen die abweichenden Ansichten in der Majorität oder in der Minorität sich befinden, so werden Sie doch nicht behaupten wollen, es sei eine Immoralität, wenn Jemand einer den bestehenden politischen Einrichtungen entgegengesetzter Meinung ist, wenn Jemand unter Umständen glaubt, diejenige Regierungsform, die er für die richtige hält, nur mit Gewalt durchführen zu können und im Nothfalle mit Gewalt durchführen zu sollen, und wenn derselbe dann sein Leben dafür einsetzt. Er wird, ja er muß den Gesetzen nach bestraft werden; aber seine Handlung ist darum doch noch nicht eine unmoralische; man kann sie mit dem Diebstahle Raub oder Betrug unmöglich auf dieselbe Linie stellen; man kann nicht sagen, er sei bescholten, er habe in den Augen des Volks seine Ehre verloren. Seine Ehre hat er doch ganz gewiß nicht verloren, wenn er seine Ueberzeugung auf seine Gefahr durchführen wollte, ihm dieß aber nicht gelang. Wollte man ihn also mit dem Diebe auf gleiche Stufe stellen, so wäre das nicht nur eine Ungerechtigkeit, sondern zwar nicht vom subjectiven, aber vom objectiven Standpunkte aus betrachtet, eine Unsittlichkeit. Meine Herren, haben wir denn wirklich auch den Zweck unserer Revolution erreicht, haben wir die Einheit errungen, haben wir wenigstens die Hoffnung, sie zu erreichen, haben wir die Volksfreiheiten etwa so sicher gestellt, daß wir auch nur auf ein Vierteljahr dafür stehen könnten? Sehen wir nicht alle Tage, wie in einem gewissen Staate Leute mit Pulver und Blei bestraft werden, weil sie sich eine unehrerbietige Aeußerung gegen das Staatsoberhaupt zu Schulden kommen ließen? Wir wollen zwar nicht an diesen Zuständen verzweifeln, wollen sie aber auch nicht im Voraus für getheilt erklären, wollen daher auch Den, der sich gedrungen fühlen sollte, diese Zustände zu ändern und seinen Kopf daran setzt, nicht im Voraus für infam erklären. (Beistimmung auf der Linken.) Ich gehöre nicht zu denen, welche leichtsinnig politische Veränderungen herbeiführen, auch nicht zu denen, welche die Republik wollen, aber ich kann denjenigen, welcher seine Existenz daran setzt, seine Ueberzeugung durchzuführen, nicht für ehrlos halten, und glaube, daß man das sittliche Gefühl im Volke mißachten würde, wollte man einen solchen für ehrlos oder bescholten erklären. — Wir wollen aber noch auf ein anderes Verhältniß Rücksicht nehmen, wollen uns in die letzten zwanzig Jahre zurückversetzen. Es sitzen hier die ehrenwerthesten, von allen Partien geachtete Personen, welche z. B. auf der Universität sich von ihrem Gefühl hinreißen ließen für denselben Gedanken, welcher uns hier vereinigt, für die Einheit Deutschlands zu einer Zeit zu wirken, wo von Einheit zu sprechen, für Einheit zu wirken, ein politisches Verbrechen war. Diese jungen Männer ließen sich namentlich durch burschenschaftliche Verbindungen zu Verschwörungen hinreißen, welche sie ein paar Jahre nachher selbst für kindisch erachteten. Sie wurden deßhalb zur Untersuchung gezogen und z. B. in meinem Vaterlande nach schwerem Untersuchungskerker zu Festungsstrafe mit angemessener Arbeit verurtheilt. Diese Männer wurden nachher zwar begnadigt und in integrum restituirt; die politische Rache gegen dieselben aber ging so weit, daß man sie trotz dieser Begnadigung nicht in die Ständeversammlung zuließ, weil die Regierung sich selbst das Recht absprach, ihr Recht der Begnadigung und Einsetzung in integrum mit dieser Wirkung zu üben. Meine Herren! Außer diesen Abgeordneten sitzen aber Andere unter uns, welche bis zum März vorigen Jahres als politische Flüchtlinge im Auslande sich aufhielten, und welche erst in Folge der Märzereignisse nach Deutschland zurückkehrten und im Vorparlamente Platz nahmen. Ich weiß nicht, ob diese Männer, welchen Sie Alle die höchste Hochachtung widmen, von den Regierungen ihrer Heimathländer begnadigt und in ihre bürgerlichen Rechte wieder eingesetzt sind. Ich zweifle, daß sie begnadigt und formell in ihre bürgerlichen Rechte wieder eingesetzt sind. Sie sitzen aber bei uns, und wollen Sie diese Männer dazu verurtheilen, daß sie nachher bei ihren Regierungen nachsuchen sollen um Begnadigungen? Gewiß ist Niemand unter uns, welcher durch die Bestimmungen über die passive Wahlfähigkeit diese Demüthigung, dieses Wegwerfen seiner selbst einem deutschen Manne zumuthen wollte. Meine Herren! Wirken wir auch in die Zukunft. Täuschen wir uns darüber nicht: unsere Verfassung mag werden wie sie wolle, sie wird sehr unvollkommen sein und ich glaube nicht, daß wenn wir uns streng prüfen, wenn wir aufrichtig sein wollen, einer von uns der Meinung sein wird, daß ohne weitere Umwälzungen ein solcher Zustand Deutschlands kommen könne, der dauernd wäre. Sehen Sie doch diesen Dualismus an, wie soll Deutschland dabei zu einer wahren Einheit kommen? Sehen Sie, wie eine Reihe größerer Regierungen sich gegen uns vereinigt hat; kann hierbei etwas Bleibendes, Dauerndes entstehen? Kann ein Zustand gegründet werden, in welchem nicht gerade die edelsten Männer der Nation sich sagen müssen, dieser Zustand müsse bei der nächsten Gelegenheit geändert werden. Es ist ja Niemand unter Ihnen, der, wenn man klagt, die Einheit Deutschlands sei nicht herzustellen, nicht sagte: nun, man macht einmal jetzt etwas provisorisch; man macht jetzt einmal einen Schritt zum Besseren; man überläßt es dann den Ereignissen, die Sache zu verbessern. Nun, was sind denn diese Ereignisse? Es sind Revolutionen, und diese müssen — dieß ist gewiß unser Aller Ansicht und Wunsch; — diese müssen von den Besseren der Nation ausgehen und geleitet werden. Diese Männer werden aber ihren Kopf und ihre Freiheit daran setzen müssen, und wenn sie dabei unterlegen sind, wenn sie ihre Freiheit darüber verloren, wenn sie dann die Strafen, denen sie sich aussetzen, überstanden haben werden, wollen Sie sie dann auch noch vom Volkshause ausschließen? Gewiß, dieß werden Sie nicht thun wollen. Wenn diese Männer ihre Strafe überstanden haben, wenn sie aus dem Gefängniß kommen, wenn das Volk ihnen das Vertrauen schenkt, sie in das Volkshaus zu wählen, so werden Sie aber auch zweckmäßiger und sicherer für die öffentliche Ruhe dadurch sorgen, daß Sie dieselben ihre politischen Ansichten im Volkshause aussprechen lassen, als wenn Sie sie zu politischen Parias machen und sie in die Nothwendigkeit versetzen, fort und fort zu conspielen und neue Revolutionen zu machen. Erlauben Sie mir, ein naheliegendes Beispiel anzuführen. Ist einer unter Ihnen, der nicht glaubte, daß wenn Hecker die Freiheitsstrafe erstanden hätte, es besser wäre, er würde auf unseren Bänken sitzen und seine Ansichten da verfechten, als er würde sie nochmals im Volke zu Geltung zu bringen suchen? — Außer den bewaffneten Versuchen, die Staatsform zu ändern, fallen aber noch viele andere Handlungen unter dem Begriff der politischen Verbrechen. Wollen Sie sich nur an die Majestätsverbrechen erinnern. Ich gebe zu, es müssen Gesetze bestehen, um das Oberhaupt des Staates gegen Beleidigungen zu schützen. Aber, meine Herren, sitzt einer unter uns, der nicht schon zahlreiche Majestätsverbrechen begangen hätte? Es ist keiner unter uns, der nicht schon oft über gekrönte Häupter sich unehrerbietig ausgesprochen hätte, und wenn nun, wie dieß in den letzten Jahren in einer deutschen Hauptstadt vorgekommen ist, ein niederträchtiger Horcher in der Nähe gewesen wäre und uns denuncirt hätte, so wären wir zu schweren Strafen verurtheilt worden und würden nicht hier sitzen. Wir wollen doch auf die letzten zehn Jahre zurückblicken, auf die Processe wegen entfernter Versuche der Majestätsbeleidigung, wo man Abbitte thun mußte vor dem Bilde des Souverains, und warum? Weil ein unehrerbietiges Wort gesprochen worden war. Wollen Sie sich dagegen vergegenwärtigen, was in der Hauptstadt desselben Souverains in den letzten Jahren vorgekommen. Diese Auftritte waren siegreich; wenn sie es aber nicht gewesen wären, so wären diejenigen, welche sich erlaubt haben, eine mit etwas mehr als Worten ausgedrückte Opposition zu machen, zu etwas mehr als schweren Kerkerstrafen, nicht bloß wegen Majestätsbeleidigung belegt worden. Meine Herren! Die Zeiten waren allerdings so, daß die Auftritte nicht bestraft werden konnten, und ebenso konnten die Barrikadenbauer in Wien und Berlin nicht bestraft werden; aber wenn es nun mißlungen wäre? Noch ein Beispiel: Schleswig-Holstein hat sich empört, es ist aufgestanden wie ein Mann, und hat eine Revolution gemacht. Ich frage Sie, ob da nicht nach den Gesetzetzen aller Staaten ein politisches Verbrechen vorlag, und ob diese edlen Männer, welche unsere höchste Verehrung dafür haben, nicht nach positiven Begriffen politische Verbrecher gewesen wären, wenn sie nicht der Sieg davon befreit hätte? Meine Herren, noch sind deutsche Länder unter fremder Herrschaft, wir wissen nicht, wie die Ergebnisse der Unterhandlungen, die Friedensschlüsse ausfallen werden; aber das wissen wir, daß, so lange ein deutsches Herz in diesen Brüdern schlägt, diese Länder in einem jeden Augenblicke ein natürliches Recht haben werden, zu revolutioniren, und daß daher die deutschen Bewohner derselben immer in der Lage sind, ein politisches Verbrechen zu begehen. — Meine Herren, machen wir, wenn wir es können, machen wir ein einiges, und machen wir ein freies Deutschland. Ich fürchte, es wird uns schwer werden. Wenn wir es machen, dann haben wir keine politischen Verbrecher zu fürchten. Wenn wir es aber nicht machen können, dann wollen wir wenigstens die politischen Verbrecher, wenn sie ihre Strafe abgebüßt haben oder wenn sie begnadigt worden sind, nicht vom Volkshause ausschließen. (Bravo auf der Linken.)

Vicepräsident Kirchgeßner: Herr Hartmann hat das Wort!

Hartmann von Leitmeritz: Meine Herren! Ich bitte Sie, nicht zu glauben, daß ich pro domo spreche, indem ich gegen die dreißig Jahre des Minoritätserachtens und gewissermaßen für die fünfundzwanzig Jahre des Majoritätsantrags auftrete. Ich glaube, wenn ich graues Haar hätte, würde ich auch für die fünfundzwanzig Jahre oder auch für gar keine Bestimmung des Alters sprechen, denn ich halte es für sehr nothwendig, daß in jeder Versammlung die Jugend mit vertreten sei. In ihr allein liegt die Aufopferungslust, die Unabhängigkeit, die Uneigennützigkeit, „des Hasses Kraft, die Macht der Liebe", wie der Dichter sagt. In ihr vorzugsweise liegt auch der Trieb zum Fortschritt und keine Gesetzgebung wird dauern, an welcher nicht diese Eigenschaften, diese Leidenschaften mitgebaut haben, wie überhaupt es kein Gesetz gibt, an welchem nicht die Leidenschaft mitgebaut hat, und wie es überhaupt keinen Gesetzgeber geben darf, der ohne Leidenschaft wäre. Er wäre wie der Chemiker ohne Flamme. In jeder Versammlung muß ein treibendes, drängendes Element mitvertreten sein. Wir haben der Hemmschuhe genug! Meine Herren! Sie sagen: „ein höheres Alter muß es geben, besonders in unserer Zeit, wo Alles abwärts geht und schnell zum Abgrunde treibt?" Meine Herren! Das Staatenhaus, der Reichsrath, die 34 Fürsten, das Veto, die sehr berühmt gewordene, und mehr als berühmt gewordene deutsche Gründlichkeit und Besonnenheit, das sind Hemmschuhe genug, dächte ich, mehr Hemmschuhe, glaube ich, als Räder am deutschen Staatswagen sind Wenn Sie wirklich den gemäßigten Fortschritt wollen, wie Sie sagen, dann müßten Sie auch verhindern wollen, daß der Fortschritt nicht ein zu langsamer werde, und sowie Sie die zu große Jugend ausschließen wollen, müssen Sie auch das zu besonnene, zu lässige Alter ausschließen wollen, die Unreife, wie die Ueberreife. Aber wo da die Grenze finden?! Sowie Sie sagen: jeder, der nicht 25 oder 30 Jahre alt ist, kann nicht zum Volkshause gewählt werden, so müßten Sie auch noch einen Paragraphen hinzufügen, der ungefähr so lautete: Jeder, der graue Haare zu bekommen anfängt, darf nicht gewählt werden. (Heiterkeit auf allen Seiten.) Aber wo soll die Grenze da zu finden sein?! Es gibt junge Herzen bei grauen Haaren und alte verwitterte Seelen bei blonden Haaren. (Große Heiterkeit auf allen Seiten.) Göthe hat als Greis seinen westöstlichen Diwan, das Buch voll Jugendsehnsucht, geschrieben, und Chatterton war mit achtzehn Jahren ein Greis. Sehen Sie auf unsere größten und bedeutendsten Geister, — in ihren ersten Jugendjahren haben Sie immer die größten und schönsten Gedanken gefaßt; sehen Sie auf Hegel und Schelling, vor ihrem dreiundzwanzigsten Jahre haben sie die größten Systeme ausgesonnen. Ich frage Sie: welcher Schelling ist Ihnen lieber, der Schelling der sechsziger Jahre oder der Schelling der zwanziger Jahre? Aus der politischen Welt kann man in Deutschland freilich weniger Beispiele finden, bei uns ging Alles nach Anciennität, Protection und Kriecherei, und da brauchte es mehr Zeit, als es braucht, ein glänzendes Verdienst zu erwerben. Doch auch bei uns hat es deren gegeben, ich erinnere an Herzberg und Hardenberg, ich erinnere Sie (zur Rechten gewandt) besonders an Herzberg und Hardenberg, die schon sehr früh im Dienste des Vaterlandes standen. Pitt war zweiundzwanzig Jahre, als er der erste Minister von England war, und was hat er von seinem zweiundzwanzigsten bis dreißigsten Jahre seinem Vaterlande genützt? was wäre aus dieser Kraft geworden, wenn sie unbenützt hätte verfaulen müssen? Welche Veränderungen können bis zum dreißigsten Jahre mit einem Menschen vorgehen, der unthätig zu Hause sitzen und nachdenken muß über das, was er möglicher Weise später leisten soll? Mit dreißig Jahren ist man verheirathet (Heiterkeit) — meist wenigstens. Welche Veränderungen da mit dem Menschen vorgehen, das wissen Sie besser, als ich. Man hat Weib und Kinder zu versorgen, man ist abhängig und unfrei, — man ist unglücklich! (Allgemeine Heiterkeit. Einige Stimmen: Oh!) Manchmal wenigstens! — und, meine Herren, welche Herabwürdigung liegt in dieser Bestimmung für nur achtzehnjährige Kaiser, Könige und Herzoge? Wenn Sie zugeben, daß Jemand mit achtzehn Jahren ein Kaiser sein kann, man aber dreißig Jahre alt sein muß, um Volksvertreter zu werden, so geben Sie auch zu, daß zum Volksvertreter wenigstens Verstand gehört, aber um Kaiser, König und Herzog zu werden, könne man auch, nach der Dahlmann'schen Theorie, „ein alter Esel" sein. (Große Heiterkeit auf der Linken. Gelächter auf der Rechten — Stimmen auf der Rechten und Linken zum Redner: ein junger, ein junger!) Nun „ein alter" oder „ein junger"! (Heiterkeit.) Die Volksvertretung, meine Herren, beruht ja vorzugsweise auf dem Vertrauen, darum setzen Sie auch dem Vertrauen keine Schranken, lassen Sie das Volk frei wählen, bestimmen Sie nicht einmal fünfundzwanzig Jahre, bestimmen Sie gar kein Alter. Derjenige, der mit fünfundzwanzig Jahren das Vertrauen von siebenzigtausend Seelen besitzt, der muß sich in hohem Grade das Zutrauen erworben haben und ein bedeutender Grad des Vertrauens muß da vorhanden sein. Mir ist es sehr charakteristisch: einmal befinden sich nur die Herren Professoren des Verfassungsausschusses in der Minorität, und — sie müssen schnell ein Minoritätsgutachten zusammenstellen, welches die Jugend ausschließt: „statt des fünfundzwanzigsten Lebensjahres ist zu setzen das dreißigste Lebensjahr!" Man weiß, meine Herren, mit welcher vollen Herablassung immer die Herren Professoren auf die Jugend herabsehen, denn sie sind gewohnt, sie unter sich zu sehen und zu unterrichten. Auch sind es nicht immer die Professoren, die das Werdende, die Zukunft erkennen; sie achten gewöhnlich nur das Gewordene, Fertige, das Todte, das Alte! Diejenigen, welche von den Professoren wegen ihrer neuen Systeme und Theorien verachtet und verfolgt werden, die geben den Professoren der Zukunft erst Gelegenheit zu neuen Abstractionen und neuen Theorien. Man hat Ihnen gesagt, meine Herren, schließen Sie die Arbeiter und Armen nicht aus, Sie machen damit einen Schnitt ins Volk, Sie treiben die ausgeschlossenen Kasten zu einer neuen Revolution." Dieß gilt nicht ganz von der Kraft der Jugend, die man ausschließt, aber doch theilweise und gewissermaßen, denn diese Jugend, die ausgeschlossen ist von der Versammlung des Volkes, wo sie kein Wort mitsprechen kann, diese wird, wo sie nicht auf der Tribüne mitreden kann, auf den Barrikaden ihre Plätze suchen. Schließen Sie die Jugend nicht aus, die die Götter der Zukunft auf ihrem Borde tragen! (Bravo auf der Linken.)

Gevekoht von Bremen: Erlauben Sie mir, wenige Worte zur Begründung des Zusatzantrages, der dahin lautet: „Wählbar zum Abgeordneten ist nur derjenige, der seit mindestens drei Jahren einem deutschen Staate angehört hat." Ich ersuche Sie, meine Herren, in diesem Zusatzantrage nicht etwa eine Beschränkung des Rechts der Deutschen zu sehen, sondern nur eine Wahrung der deutschen Nationalität. Dieser Zusatzantrag soll sich nur auf den Fall beziehen, daß Ausländer das deutsche Bürgerthum erlangen sollten. Es ist dafür in dem Paragraphen des Ausschusses gar keine Vorkehrung getroffen. Wenn Sie aber erwägen, daß bei allen Verfassungen darauf Rücksicht genommen worden ist, und sehr scharfe Rücksicht, so glaube ich, erheischt es die Ehre der deutschen Nation, daß wir auch in dieser Hinsicht unsere Nationalität, die Würde derselben, zu wahren suchen. Ich fasse die Sache aus zwei Gesichtspunkten auf, nämlich aus dem der Würde und der Interessen der Nation. Was den ersten Punkt betrifft, so müssen wir leider gestehen, daß seither bei der stattgefundenen Zerrissenheit Deutschlands die Würde der Nation nicht hat zur Tracht kommen können. Wenn Sie aber ein vereinigtes Deutschland schaffen wollen, so müssen Sie dafür sorgen, daß der Würde im obigen Sinne ihr Recht werde, und das kann nur geschehen, wenn wir auch in der Stellung der Vertreter der Nation das Recht der Nationalität [illegible] wahren. In England, meine Herren, wie Ihnen bekannt sein wird, gibt die Naturalisirung durchaus nicht das Recht, Vertreter im Parlamente zu sein, sondern nur der geborne Engländer kann zum Abgeordneten gewählt werden. In der Schweiz und in Norwegen sind fünf Jahre erforderlich, um einem Bürger das Recht zu geben, Abgeordneter zu werden. In den vereinigten Staaten muß ein Ausländer fünf Jahre im Lande gewesen sein, um Bürger zu werden. Nachdem er Bürger geworden ist, muß er sieben Jahre warten, bis er als Abgeordneter in das Repräsentantenhaus gewählt werden kann, und folglich ist ein Zeitraum von zwölf Jahren erforderlich, ehe ein Fremder als naturalisirter Bürger Abgeordneter des Landes werden kann. Nun dürfte es sich doch unmöglich mit der Würde unserer Nation vertragen, wenn derjenige Ausländer, der heute deutscher Bürger geworden, morgen das Recht erhält, als Abgeordneter in dieser Versammlung erscheinen zu können. Ich behaupte daher, daß es gegen die Würde der Nation sein würde, wenn wir eine solche Bestimmung zulassen wollten. Wir haben seither leider in Deutschland noch keine Nation gehabt, und wer im Auslande gelebt hat, der weiß, wie sehr es mit unserer Nationalität bis jetzt im Argen gelegen hat. Jetzt ist der Zeitpunkt gekommen, wo wir als Deutsche selbstständig auftreten, wo wir als Vertreter der Nation ihr Geltung verschaffen und ihre Ehre wahren müssen. Deßhalb glaube ich, daß die Würde der Nation durchaus es erheischt, daß wir eine Bestimmung treffen, wie sie alle Staaten getroffen haben, und wie wir ohne Beeinträchtigung heuer sie nicht entbehren können. Der zweite Gesichtspunkt ist der „der Interessen der Nation." Man kann doch unmöglich annehmen, daß ein Fremder, ein Ausländer, der eben deutscher Staatsbürger geworden ist, gleich eingeweiht sein sollte in die Einzelheiten der materiellen und staatlichen Bedürfnisse des Landes. Es würde unverzeihlich, sowie unverträglich mit den Interessen des Landes sein, wenn man einen solchen Ausländer gleich in die höchste Würde eintreten und über die wichtigsten Interessen des Landes berathen lassen wollte, die er wahrscheinlich nicht kennt, von denen er keine genügende Einsicht haben kann. Durch diese wenigen Bemerkungen erlaube ich mir, Ihnen einen Antrag, der von mir und meinen politischen Freunden gestellt worden ist, zur Annahme zu empfehlen. Ich glaube, daß sowohl die Ehre der Nation wie die Interessen des Vaterlandes es erheischen, daß wir hier einen Beschluß fassen, wodurch der Nationalität ihr Recht wird, und deßhalb ersuche ich Sie, dem Antrage beizustimmen. Wer sich geehrt sehen will, der muß sich selbst ehren, und wenn wir nicht unsere Nationalität selbstständig und achtunggebietend hinstellen wollen, dann werden wir im Auslande uns nicht geehrt sehen, und nie zu der Anerkennung gelangen, die wir unserem Vaterlande zu verschaffen schuldig sind.

Vicepräsident Kirchgeßner: Herr von Linde hat das Wort.

v. Linde von Mainz: Meine Herren! Der Redner vor mir, Herr Hartmann, hat zur Begründung der Ansicht, daß bezüglich der Ausführung der Wahl der Abgeordneten das Princip der unbedingtesten Freiheit eingehalten werden möge, hauptsächlich angeführt; daß Hemmschuhe für die künftige Verfassung schon im Uebermaß gegeben seien und sich dafür auf die Construction des Staatenhauses, des Reichstages, des Vetos und anderer Verhältnisse berufen. Es ist allerdings richtig, daß, wenn aus den in Bezug genommenen Institutionen bedeutende Hemmnisse für die freie selbstständige Entwickelung der Verhältnisse Deutschlands mit Zuverlässigkeit abgeleitet werden könnten, wir nothwendig bei der Bestimmung der Wählbarkeit zum Abgeordneten darauf entscheidende Rücksicht zu nehmen hätten. Indessen, die Frage, ob diese Voraussetzungen richtig sind, läßt sich noch kaum aus unserem entworfenen Verfassungswerke beurtheilen, denn es ist die Frage, ob die Elemente, die wir hineingelegt haben, von der Art sind, daß sie später wirklich zu einem Uebergewicht irgend eines stabilen oder monarchischen Principes führen werden? Ich bin sehr zweifelhaft, ob das hier entworfene Verfassungswerk seinen Ausgangspunkt mehr in der Republik oder mehr in der Monarchie finden werde; und darum wird es, wenn wir die Absicht haben, wirklich eine wahre constitutionell-monarchische Verfassung für das Reich zu sichern, wesentlich darauf ankommen, daß wir auch im Wahlgesetze jener Verfassungsform die Ausführbarkeit vermitteln. Denn ohne dieses Mittel würde der Ausgang leicht ein anderer werden, als der von uns beabsichtigte. Sie werden mir aber auch ferner zugestehen, daß nach der Art und Weise, wie das Staatenhaus und der Reichsrath ausgebildet, und wie das Veto bis jetzt noch hier angenommen worden ist, sich mit Sicherheit durchaus nicht im Voraus berechnen läßt, welches Element, ob das constitutionell-monarchische oder das demokratische Element demnächst in der Ausführung die Oberhand gewinnen wird, und dieser Erfolg ist nothwendig zweifelhaft, weil es nicht möglich ist, daß man eine Staatsverfassung aufstellt, in welcher diese beiden Elemente, das der constitutionellen Monarchie und das der Demokratie, mit *gleicher Kraft* neben einander stünden; denn Sie werden mir Alle zugeben, daß, wenn zwei gleiche Kräfte neben einander stehen, ein System, das darauf gebaut ist, nicht mehr das Gesetz für einen Körper sein kann, dessen Bestimmung Bewegung ist und Bewegung soll doch das Gesetz für unsere neue Verfassung sein; und deßwegen liegt in der Natur der Verhältnisse, daß zwischen dem monarchischen und demokratischen Elemente ein Kampf sich entwickeln wird, aber erst der Ausgang wird lehren, ob wir uns mehr auf diesem oder auf jenem Gebiete bewegt haben; denn daß das Eine den Ausschlag geben wird und geben muß, ist ganz natürlich, weil es nach allen menschlichen Erfahrungen nur wahre monarchische Staatsverfassungen durch demokratische Elemente und wahre Demokratien durch monarchische Formen gemäßigt gibt; aber es gibt keine Staatsform, die gleichzeitig Demokratie und Monarchie sein kann, so wenig, wie es in der Natur noch da ein Gesetz der Bewegung gibt, wenn zwei gleich starke Kräfte sich gegenüber stehen. Wenn irgend Jemand in dieser Beziehung eine Wahrheit ausgesprochen hat, so ist es Herr Simon von Trier, der die demokratische Monarchie einen Widerspruch in sich selbst, also einen Unsinn genannt hat. Was nun den Gegenstand unserer jetzigen Verhandlung betrifft, so ist es eine Frage von der größten Erheblichkeit: ob gar keine Rücksicht darauf genommen werden soll, daß verschiedene Grundsätze über die Befähigung für die Wählbarkeit zum Abgeordneten aufgestellt werden sollen. Es hat unser Verfassungsausschuß in dieser Beziehung in seinem Berichte ausgedrückt, es schiene ihm durchaus unpassend, und es sei auch von keiner Seite beantragt worden, von den *Gewählten* noch *besondere* Qualificationen zu fordern; wer die Eigenschaft besitzt, an einem Rechte Theil zu nehmen, der müsse auch das Vertrauen des Volkes zur Versammlung seiner Vertreter absenden können. Meine Herren! *das* Princip kann ich nicht anerkennen, ich halte es auch nicht für folgerichtig; denn daraus, daß Jemand befähigt ist, an einer Wahl Theil zu nehmen, folgt noch lange nicht, daß er auch die Qualification habe, gewählt zu werden. Ich will Sie hier nicht mit Beispielen aufhalten, aber greifen Sie in alle Verhältnisse des Lebens, wo Wahlen stattfinden, und fragen Sie, ob nicht ein wesentlicher Unterschied zwischen den Qualificationen der passiven und activen Wählbarkeit vorhanden ist. Dieß beruht auch auf dem durch alle Staatsverfassungs-Verhältnisse durchlaufenden Grundgedanken, daß man viel eher befähigt ist, Handlungen zu kritisiren, und einzusehen, was das Bessere sei, und nach dieser Einsicht sich zu entschließen und eine Wahl zu treffen, als man befähigt ist, die Handlungen, die der Gewählte vornehmen soll, ebenfalls auszuführen. Es werden unter uns Hunderte sein, die sich befähigt halten, Maßregeln der Regierung zu kritisiren und zu tadeln und dennoch werden viele dieser Hunderte von uns zugestehen, daß, wenn sie in die Lage kämen, jetzt selbst handeln zu sollen, also wenn man bei ihnen passive Wahlfähigkeit voraussetzte, sie nach reiflicher Ueberzeugung erklären müßten, dazu trauten sie sich die Einsicht und Kraft nicht zu. Meine Herren, diese Erfahrung beruht auf dem Grundgedanken, daß es leichter ist, zu tadeln, als selbst es besser zu machen, und daß also ganz andere Qualificationen erforderlich sind, um mit zu rathen und Vorschläge zu machen und auszuführen, und andere Qualificationen, um die Handlungen einer Regierung selbst einer scharfen, genauen und gerechten Kritik zu unterwerfen. Welche Verfassungsform man auch annimmt, da, wo das Volk durch einen politischen Körper vertreten werden soll, liegt der ganze Grundgedanke praktisch darin, daß einmal das Volk mit Bewußtsein sich politisch entwickeln und an dem ganzen Gange der Staatsentwicklung lebendigen Antheil nehmen soll. Um diesen Antheil auszuüben, ist allerdings die möglichst breiteste Grundlage für die Urwahlen nöthig, denn, wenn man den Reichsangehörigen nicht frühe schon angewöhnt, sich für politische Verhältnisse zu interessiren, und dadurch sich politisch zu bilden, so wird er im späteren Alter auch nicht fähig sein, als Abgeordneter in politische Körper einzutreten; deßwegen ist auch meine Ansicht, daß man die erste Unterlage bei der Wahl möglichst breit machen soll, aber, wenn wir betrachten, wozu denn eigentlich die Abgeordneten in den Staatenverband gewählt werden, so liegt ganz offenbar nur *die* Idee zum Grunde, daß, weil bei derartigen Verfassungen das ganze Volk sich bei der Staatsverwaltung betheiligen soll, es aber in der Natur der Sache liegt, daß in unsern jetzigen staatlichen Verhältnissen, die nicht, wie die Republiken des Alterthums, aus 20,000, sondern aus 45 Millionen bestehen, das *ganze* Volk sich nicht dabei betheiligen läßt, deßwegen soll aus dem Volke ein Extract gezogen werden, der aber bloß *fingirt* das Volk darstelle; der Extract selbst soll das Product des *Vertrauens* sein, es sollen diejenigen Männer ausgesucht werden, denen man in Bezug auf ihre Einsicht und ihren lebendigen Patriotismus das Vertrauen schenkt, daß sie im Interesse des allgemeinen Besten die Schritte der Regierung nicht bloß kritisiren, sondern zugleich auch ihr rathend zur Seite zu stehen im Stande sind. Denn, meine Herren, wenn wir das deutsche Volk auf jene Höhe der Unbefangenheit und Selbstständigkeit, überhaupt zu dem Grade der politischen Bildung führen wollen, die Deutschland den größten Völkern neuerer Cultur würdig an die Seite setzt, dann müssen wir das Princip des Mißtrauens aufgeben, und an seine Stelle das Princip des Vertrauens setzen. Wir müssen, wenn wir von dem Gedanken ausgehen, daß künftig nur durch verantwortliche Minister regiert werden soll und wenn wir davon ausgehen, daß diese Ministerien aus der Mehrheit der politischen Körperschaften hervorgehen sollen, die Geschöpfe unserer neuen Schöpfung nicht mit Mißtrauen ansehen, sondern unsere Verfassung auf die Basen legen, daß zwei Elemente mit gegenseitigem Vertrauen zu wirken haben, das der executiven Gewalt der Regierung und das des Beirathes durch das Volk.

Diese beiden Elemente dürfen aber nicht in stetem Hader mit einander liegen, sondern wir müssen dafür sorgen, daß das Werk beider Elemente das der Verständigung sein soll. Ist dieß aber unsere Aufgabe, dann müssen wir suchen, die größten Capacitäten in die Ministerien zu bringen, und ebenso müssen wir auch darnach trachten, daß wir die kenntnißreichsten Männer in der Nationalversammlung vereinigen, damit diese beiden Kräfte, sich gegenseitig Achtung gebietend, Hand in Hand nebeneinander gehen und wirken können. Nur wenn man von solchen Absichten geleitet wird, kann eine vernünftige Wahlhandlung vor sich gehen. Aus diesem Grunde habe ich den Antrag gestellt, daß man einen wesentlichen Unterschied machen soll zwischen der Befähigung zu den Urwahlen und zwischen der passiven Wahlfähigkeit. Der Antrag lautet: „Wählbar zum Abgeordneten des Volkshauses ist jeder selbstständige unbescholtene Deutsche (§ 2, 3, 4. 5), der das 30. Lebensjahr zurückgelegt hat, und durch Grundbesitz, Gewerbe, ein öffentliches Amt, oder durch ein steuerbares Einkommen die eigene unmittelbare Betheiligung an den allgemeinen Staatsinteressen verbürgt." Meine Herren, dadurch ist die Kategorie derjenigen ....

Vicepräsident Kirchgeßner: Ich bitte um Ruhe. Es ist unmöglich, den Redner zu verstehen.

v. Linde: Dadurch ist die Kathegorie Derjenigen, aus welchen gewählt werden soll, durchaus nicht in dem Sinne beschränkt, wie man vorauszusetzen scheint. Wenn wir endlich und rücksichtslos unsere Ansicht aussprechen wollen, so können wir darüber nicht zweifelhaft sein, daß als Mitglieder für das Volkshaus Diejenigen am geeignetsten sind, die beim Gang der Staatsgeschäfte, bei der Entwickelung der Gesetzgebung eher etwas zu verlieren als zu gewinnen haben. Diejenigen, die nichts zu verlieren, sondern höchstens nur zu gewinnen haben, sind leicht der Gefahr ausgesetzt, egoistischen Bestrebungen sich hinzugeben, also eine Richtung zu befolgen, die ebenso weit von dem Patriotismus, als von dem Besten des Volkes entfernt ist. Wer nicht erst etwas zu suchen, bei dem schlechten Gang der Staatsgeschäfte aber wohl zu verlieren hat, der wird in dem politischen Körper dasjenige Maaß des Conservatismus, aber auch diejenige Kraft der Bewegung geltend machen, die nothwendig ist, um Alles zu dem Punkte hinzuführen, der bei einer volksthümlichen Staatsverfassung nothwendig ist, nach der schon erwähnten Beobachtung: daß man eher in sich die Fähigkeit fühlen kann über etwas zu sprechen, als zu handeln. Die letztere Eigenschaft tritt erst mit den Jahren ein, und darum wird sich als zweckmäßig empfehlen, daß man ein niederes Alter für die active und ein höheres für die passive Wahlberechtigung annimmt. Damit wird der Antrag in Harmonie stehen, der unmittelbar vorher von der Tribüne aus gemacht und gerechtfertigt worden ist, daß nämlich vorausgesetzt wird, daß der zu Wählende wenigstens drei Jahre lang in Deutschland gelebt, das Reichsbürgerrecht genossen und sich mit den Verhältnissen des Landes vertraut gemacht hat. Es kann der Fremde, der übersiedelt, Einsicht haben und Kenntnisse besitzen und dessen ungeachtet noch nicht vollkommen vertraut mit den deutschen Verhältnissen geworden sein, die im Volkshause zur Verhandlung kommen. Daß dieses auch die Ansichten des deutschen Volkes sind, folgt aus den Parlamentswahlen. Sie haben gesehen, meine Herren, daß das deutsche Volk ganz unbeirrt für das Parlament auf den breitesten Basen seine Wahlen ausgeführt hat. Es hat alle diejenigen Anstände nicht berücksichtigt, die in den letzten Tagen bei Gelegenheit der Discussion des Wahlgesetzes in die Waagschale gelegt worden sind. Es hat nicht politische Verbrechen berücksichtigt, es hat nicht auf Alter, nicht auf Vermögen Rücksicht genommen, sondern sein entscheidender Gesichtspunkt ist der gewesen, ob die Gewählten Männer seien, die nach seiner Voraussetzung, beseelt von Patriotismus, Kenntniß genug haben, um die Interessen des Vaterlandes zu berathen. Ich weiß aus eigener Erfahrung, daß in einzelnen deutschen Wahlbezirken davon ausgegangen worden ist, daß die Wahlen zur Nationalversammlung in Frankfurt auf andern Grundsätzen beruhen müssen, als die Wahlen von Abgeordneten in die einzelnen landständischen Versammlungen, weil die Männer, die das deutsche Verfassungswerk zu berathen haben, einen anderen Standpunkt einzunehmen, ganz andere Zwecke zu verfolgen haben, als die partikularen Interessen der einzelnen Staaten für die Staatsangehörigen wahrzunehmen. Nun, wenn einmal die deutsche Staatsverfassung vollendet ist, dann treten wir aus jenem allgemeineren Stadium, wo es sich bloß um das Verfassungswerk handelt, heraus in jenes, wonach auch die Wahlen in den einzelnen deutschen Ländern bestimmt werden sollen, und von diesem Standpunkte aus ist es unsere Aufgabe, dieselben Momente, wie für die Wahlen zu den Vertretungen in den Einzelstaaten, größtentheils auch für die Reichswahlen zu berücksichtigen. Darum aber wird nothwendig sein, — worauf ich aber keinen bestimmten Antrag gestellt habe, — daß bei der zweiten Lesung mehr Harmonie zwischen dem Grundsatz über die Wahlen zum Staatenhaus und zum Volkshaus gemacht werde. Unser Ausschußbericht hat in seinen Motiven selbst angegeben, daß ein großer Theil seiner Mitglieder mit den gemachten Propositionen nur unter der Voraussetzung einverstanden sei, daß directe, nicht indirecte Wahlen stattfinden sollen, und daß, je nachdem an den Anträgen wesentliche Abänderungen stattfinden sollten, er sich vorbehalten, auch hinsichtlich der durch den Verfassungsausschuß gestellten Anträge auf Aenderungen zu stellen. Nun sind aber höchst wesentliche Aenderungen eingetreten unter den §§ 1 bis 4, so daß diese jetzt zu § 5 im Geiste des Verfassungsausschußberichts nicht mehr passen. Der § 5 ist gebaut auf jene Voraussetzungen zu den §§ 1 und 4, die nicht angenommen sind, denn die Abstimmung hat ein ganz anderes Resultat geliefert, und so stehen wir bei § 4 nicht mehr auf dem Boden, den der Verfassungsausschuß unterlegt hat, und insofern gehört allerdings dasjenige, was Herr Moriz Mohl aus dem § 4 wieder zum § 5 herübergezogen hat, noch hieher, weil nach meiner Ansicht die Bedingungen des § 5 ganz andere sein müssen, als die, welche zu 1 bis 4 aufgeführt worden sind. Ich empfehle Ihnen den § 5a in der generellen Fassung, wie ich ihn beantragt habe, anzunehmen, mit dem Amendement, daß man deutscher Staatsbürger sein und wenigstens drei Jahre im Reiche gelebt haben müsse, wenn man passiv wahlfähig sein will. (Eine Stimme im Centrum: Bravo!)

Vicepräsident Kirchgeßner: Es liegen zwei Anträge auf Schluß der Debatte über § 5 vor, jeder durch zwanzig Unterschriften unterstützt. Wir müssen hierüber abstimmen und ich ersuche diejenigen Herren, welche, vorbehaltlich der Schlußäußerung des Herrn Referenten, die Discussion über § 5 geschlossen wissen wollen, sich zu erheben. (Die Mehrheit erhebt sich.) Der Schluß ist angenommen. Ich weiß nicht, ob für das Minoritätserachten das Wort ergriffen werden will (Niemand meldet sich zum Wort); dann hat der Herr Berichterstatter der Majorität das Wort.

Scheller von Frankfurt a. d. O.: Meine Herren! Der § 5 des vorliegenden Entwurfs liefert abermals den Beweis, wie ich schon bei meinem ersten Vortrage erwähnt habe, daß der Ihnen vorgelegte Entwurf bei weitem der freisinnigste von allen bekannten ist, freisinniger wie die freisinnigsten Verfassungen der freiesten Staaten. Der Entwurf schlägt Ihnen vor, Jeden zum Abgeordneten wählen zu lassen, der, selbstständig, unbescholten ist und das fünfundzwanzigste Lebensjahr zurückgelegt hat. Die freisinnigsten Verfassungen befinden sich in den Staaten: Norwegen, England, Nordamerika und Belgien. In Norwegen muß der Abgeordnete dreißig Jahr alt sein, sich zehn Jahr im Lande aufgehalten haben und einem bedeutenden Census unterworfen sein. In England muß der Abgeordnete 600 Pfund, resp. 300 Pfund jährlichen Einkommens haben. In Nordamerika muß der Repräsentant für den Congreß fünfundzwanzig Jahre alt und sieben Jahre Bürger sein. In Belgien endlich muß er fünfundzwanzig Jahre alt sein und ist einem bedeutenden Census unterworfen. Daraus allein schon ergibt sich also, daß der Entwurf viel weniger für einen Abgeordneten verlangt, als alle diese Verfassungen der freiesten Staaten. Es sind nun gegen den Entwurf drei Haupteinwendungen vorgebracht worden. Die eine betrifft das Alter. Hinsichtlich des Alters verlangen Einige einundzwanzig Jahre, andere dreißig Jahre, und heute haben wir sogar einen Redner gehört, der durchaus kein bestimmtes Alter verlangt. Was das einundzwanzigste Jahr anbelangt, so werden Sie, wenn Sie nicht in offenbare Inconsequenz verfallen wollen, dieses nicht annehmen können, da Sie schon von dem Wähler fünfundzwanzig Jahre verlangt haben und und unmöglich diejenigen, welche zu einem Abgeordneten gewählt werden, an ein geringeres Alter binden können. Für gar kein bestimmtes Alter möchte sich daher schwerlich hier eine Stimme aussprechen (Heiterkeit), denn unmöglich kann man wollen, daß Kinder, daß Jungen zu Abgeordneten gewählt werden. Es würde dieß freilich nach einer Richtung hin wünschenswerth erscheinen; denn wenn festgestellt worden ist, daß durch nichts beschränkte Wähler wählen dürfen, und wenn nun diese unbeschränkten Wähler es in der Gewalt hätten, auch Straßenjungen zu Abgeordneten zu wählen (hört!), so würde vielleicht den Ansichten Mancher vollkommen entsprechen werden, weil alsdann es sehr leicht möglich zu machen sein würde, das deutsche Reich, welches mit vieler Mühe gegründet wurde, mit Einemmale umzuwerfen. Es bleibt also noch das dreißigste Jahr in Erwägung zu nehmen. Es ist bei der Majorität des Verfassungsausschusses auch davon die Rede gewesen, ob man nicht für den Abgeordneten ein höheres Alter verlangen sollte, als für den Wähler; die Majorität des Verfassungsausschusses hat sich aber nicht dafür entschieden, weil sich Beispiele in der Geschichte finden, wo jüngere Männer schon die größten Dienste dem Staate erwiesen haben, weil sie sich diese Beispiele vor Augen hielt und sich sagte, es sind hin und wieder jüngere Männer, um welche es schade sein würde, wenn man sie von der Vertretung des Volkes ausschlösse; übrigens aber werden jüngere Männer in der Regel nicht gewählt werden; wenn man aber einen Mann von fünfundzwanzig Jahren kennt, welchen man vorzugsweise für fähig hält, Volksvertreter zu sein, so ist es wünschenswerth, daß er gewählt werde. Das war der Grund, den die Majorität des Verfassungsausschusses gehabt hat; ich muß aber, was mich persönlich anlangt, hier erklären, daß ich dem ersten Minoritätserachten, welches dreißig Jahre verlangt, für meine Person beitrete, daß ich dieses Minoritätserachten würde mit unterzeichnet haben, wenn ich nicht damals, als es abgegeben wurde, mit Urlaub abwesend gewesen wäre. Nach meiner persönlichen Ansicht kann man das fünfundzwanzigste Jahr nicht nehmen. Wir haben gesehen, daß von den Verfassungen der freiesten Staaten, die nun seit Menschenaltern Erfahrungen gesammelt haben, daß allenthalben, wo man auch noch so sehr der Freiheit huldigte, dennoch zum Abgeordneten ein höheres Alter verlangt wird, als für denjenigen, der wählt, und ich glaube vollkommen mit Recht. Was man auch immerhin gegen das Alter und für die Jugend sagen mag, so viel bleibt immer unwiderleglich, daß im Allgemeinen und der Regel nach ein höheres Alter auch ein reiferes Urtheil, eine bessere Erfahrung gewährt. Darauf aber kommt es an. Auf das Allgemeine, was im Laufe der menschlichen Dinge, was in der menschlichen Natur fest begründet ist, auf das muß man sehen; auf einzelne Ausnahmen kann der Gesetzgeber keine Rücksicht nehmen. Es ist richtig, daß Pitt im 22. Jahre schon an der Spitze der Staatsverwaltung stand, es werden aber sehr wenige Pitt gefunden werden, und besser ist es, einmal einen Würdigen ausgeschlossen zu sehen, als Viele stets mit eingeschlossen zu sehen, die nur zum Nachtheile des Staates etwas beschließen. Deßhalb erkläre ich mich für meine Person zu Gunsten des Minoritätserachtens, was den Professoren, welche es mit unterzeichnet haben, nicht unlieb sein wird, damit sie, wie ein Redner meinte, nicht allein stehen. Der zweite Einwand, der gegen den Paragraphen gemacht worden ist, betrifft den Umstand, daß der Entwurf keine Dauer des Aufenthaltes oder der Staatsbürgerschaft in Deutschland verlangt. Es ist in dieser Beziehung in einem Antrag vorgeschlagen, die Beschränkung zu machen, daß der Abgeordnete drei Jahre in einem deutschen Lande wohnhaft gewesen sein müsse. Der Entwurf hat es nicht verlangt, sondern nicht mehr und nicht weniger erfordert, als das, was für die Wähler vorgeschrieben worden ist. Für diese fordert der Entwurf nur festen Wohnsitz zur Zeit der Wahl. Der Entwurf hat keine Zeitdauer der Ansässigkeit oder Angehörigkeit in einem deutschen Staate verlangt, weil er von der Ansicht ausgegangen ist, daß, wer einmal ein Deutscher ist, und wäre er es nur seit einem Tage, auch an den Rechten, also auch an dem Wahlrechte, Theil nehmen müsse, welche den Deutschen gewährt worden sind. Ob dieser Grund zu billigen sei, ob er durchschlagen wird, mag die Majorität dieses Hauses entscheiden. Der letzte Einwand gegen den Entwurf besteht darin, daß man in Bezug auf die Abgeordneten doch die politisch Verurtheilten sofort müsse wieder für wählbar erklären, sobald ihre Strafe abgebüßt oder Begnadigung eingetreten sei. Diesem Verlangen aber steht dreierlei entgegen. Erstlich würde, wenn darauf eingegangen würde, eine völlige Inconsequenz zu Tage kommen. Der nämliche Antrag ist gemacht, als es sich davon handelte, wer Wähler sein dürfe. Es ist von der Majorität des hohen Hauses beschlossen, daß hier unter politischen und anderen Verbrechen kein Unterschied gemacht werden soll. Wenn aber bei den Wählern nichts darauf ankommen soll, ob ein politisches oder ein anderes Verbrechen vorliegt, so kann bei einem Abgeordneten unmöglich ein solcher Unterschied gemacht werden. Zweitens steht diesem Verlangen entgegen, daß Niemand bis jetzt zu sagen weiß, was eigentlich ein politisches Verbrechen ist. Es ist hier von so vielen Rednern von politischen Verbrechen gesprochen worden, sie haben alle mehr oder weniger auf politische Verbrechen Rücksicht nehmen wollen oder nicht. Wenn man aber den Einzelnen fragt, was er unter politischen Verbrechen versteht, so wird er keine befriedigende Antwort geben, denn was er auch als Begriff des politischen Verbrechens aufstellt, dem man jede andere Begriffsbestimmung entgegensetzen kann, und es entsteht dann die Verlegenheit, was der richtige Begriff sei, weil die Gesetzgebung nicht bestimmt und klar ausspricht, welche Verbrechen als politische Verbrechen betrachtet werden sollen. Redet man also im Wahlgesetz von politischen Verbrechen, so würde sofort gefragt werden, welche Verbrechen dazu zu rechnen seien; man fände dann aber in allen Legislationen keine Antwort darauf. Jeder denkt sich nach seiner Ansicht das politische Verbrechen, aber ein gesetzliches Kriterium geht uns ab. Drittens endlich steht diesem Verlangen entgegen, daß, wie ich früher erwähnt habe, es nicht Gegenstand des Wahlgesetzes sein kann, darüber Etwas zu bestimmen, sondern daß diese ganze Frage erörtert werden muß bei den Strafgesetzen. Hat die Gesetzgebung bei Abfassung der Strafgesetze die politischen Verbrechen gleichgestellt den übrigen Verbrechen, so können wir in dem Wahlgesetze keine Abänderung treffen und nun hier eine Unterscheidung machen. Bei Abfassung der Strafgesetze muß beurtheilt werden, ob es rathsam ist, die politischen Verbrechen auf gleiche Stufe mit den gemeinen Verbrechen zu setzen. So glaube ich denn, den Vorschlag des Entwurfes von allen Seiten nach der Ansicht der Majorität des Ausschusses gerechtfertigt zu haben. (Präsident Simson übernimmt wieder den Vorsitz.)

Präsident: Die Discussion über § 5 ist geschlossen. Ich bringe die Anträge zur Unterstützung, die derselben bedürfen und gehe dann zur Abstimmung über. Der Unterstützung bedarf noch ein Antrag des Herrn Grävell, der freilich auch in andern Vorschlägen vorkommt.

Grävell (vom Platze): Ich kann meinen Antrag zurückziehen.

Präsident: Der Antrag des Herrn Kohlparzer, unter Nr. 25 abgedruckt:

„Wählbar zum Abgeordneten des Volkshauses ist jeder Deutsche, welcher das 30. Lebensjahr zurückgelegt hat, und nicht durch die Bestimmung des § 2 (2, 3 und 4) ausgeschlossen ist."

Ich bitte diejenigen Herren aufzustehen, die diesen Antrag des Herrn Kohlparzer unterstützen wollen. (Niemand erhebt sich.) Er ist ununterstützt geblieben. Antrag des Herrn v. Linde:

„Wählbar zum Wahlmannn ist jeder Deutsche, der das 30. Lebensjahr zurückgelegt hat, und nach dem Gesetze als Wähler zuläßig erscheint."

Verlangt Herr v. Linde, daß dieser Antrag schon bei § 5 zur Abstimmung kommt? (Zuruf: Nein!) Er ist für diesen Paragraphen zurückgenommen. Zweiter Satz:

„Wählbar zum Abgeordneten des Volkshauses ist jeder selbstständige unbescholtene Deutsche (§ 2, 3, 4, 5), der das 30. Lebensjahr zurückgelegt hat und durch Grundbesitz, Gewerbe, ein öffentliches Amt, oder durch ein steuerbares Einkommen die eigene unmittelbare Betheiligung an den allgemeinen Staatsinteressen verbürgt."

Ich ersuche diejenigen Herren sich zu erheben, welche diesen Antrag des Herrn v. Linde unterstützen wollen. (Die erforderliche Anzahl erhebt sich.) Er ist hinreichend unterstützt. Antrag von Herrn Moriz Mohl (Nr. 71), Zusatz zu § 5:

„Erstandene oder durch Begnadigung erlassene Strafen wegen politischer Verbrechen schließen von der Wahl in das Volkshaus nicht aus."

Ich bitte die Herren, aufzustehen, die diesen Antrag unterstützen wollen. (Die erforderliche Anzahl erhebt sich.) Er ist hinreichend unterstützt. Ich schlage Ihnen folgende Reihe der Abstimmung vor: zu beginnen mit dem Antrage von Jop und Genossen: „Wählbar für ganz Deutschland ist jeder Wahlberechtigte." Für den Fall, daß dieser Antrag abgelehnt werden sollte, überzugehen zu folgenden Worten des Ausschußantrages: „Wählbar zum Abgeordneten ist jeder . . . . . . Deutsche, welcher das . . . Lebensjahr zurückgelegt hat;" bei den Altersbestimmungen anzufangen mit dem 21., überzugehen zum 25. und zu schließen mit dem 30. Lebensjahre; dabei aber vorzubehalten die Abstimmung über die drei Inserenda „selbstständig", „unbescholten", „wahlberechtigt", das erste und zweite vom Ausschuß und von Herrn v. Linde, das dritte von v. Selchow vorgeschlagen; ferner vorzubehalten folgende Zusätze: 1) des Abgeordneten Arndts (Nr. 72):

„Wählbar zum Abgeordneten des Volkshauses ist jeder Deutsche, welcher das fünfundzwanzigste (beziehungsweise nach dem Minoritätserachten I das dreißigste) Lebensjahr zurückgelegt hat und nicht gemäß den Bestimmungen der §§ 2, 3 oder 4 ausgeschlossen ist."

2) des Herrn v. Nagel (Nr. 60):

„Dieser Paragraph möge heißen:

„Wählbar zum Abgeordneten des Volkshauses ist jeder Deutsche, welchem die in §§ 2 und 3 aufgeführten Hindernisse zur activen Wahlfähigkeit nicht entgegen stehen, wenn er 30 Jahre alt ist."

3) des Herrn Langerfeldt und Genossen:

„und seit mindestens drei Jahren einem deutschen Staate angehört haben."

4) des Herrn v. Linde (Nr. 68):

„Wählbar zum Abgeordneten des Volkshauses ist jeder selbstständige unbescholtene Deutsche (§ 2, 3, 4, 5), der das dreißigste Lebensjahr zurückgelegt hat und durch Grundbesitz, Gewerbe, ein öffentliches Amt, oder durch ein steuerbares Einkommen die eigene unmittelbare Betheiligung an den allgemeinen Staatsinteressen verbürgt."

endlich 5) des Herrn Moriz Mohl:

„Erstandene oder durch Begnadigung erlassene Strafe wegen politischer Verbrechen schließen von der Wahl in das Volkshaus nicht aus."

Wenn gegen diesen Vorschlag der Abstimmungsordnung kein Widerspruch erhoben wird, so gehe ich mit der Abstimmung vor. (Es erfolgt kein Einwand.) Es ist kein Widerspruch. Ich beginne mit dem unter Nr. 9 abgedruckten Antrage des Herrn Jop. (Abgeordneter Arndts meldet sich zum Wort. Zuruf: Zu spät!) Meine Herren, wie Herr Arndts sagt, hat er das Wort verlangt, ehe ich erklärte, daß Niemand das Wort verlangt habe.

Arndts von München: Der Herr Präsident bemerkte, es sollte der Ausdruck: „Jeder unbescholtene Deutsche" zur Abstimmung gebracht werden nach dem Vorschlage des Verfassungsausschusses, dabei aber noch die Abstimmung über meinen Antrag sub Nr. 72 vorbehalten werden. Ich muß dagegen bemerken, daß dieser mein Antrag den Zusatz: „unbescholten" in dem Paragraphen völlig überflüssig macht, weil er auf den vorhergehenden § 3 Bezug nimmt; es würde also dieser mein Antrag mit der Annahme des Zusatzes: „Jeder Unbescholtene" eigentlich im Widerspruch stehen, so daß nicht ein Vorbehalt dabei zu machen, sondern diese beiden Anträge in Beziehung auf den Zusatz des Prädicates „unbescholten" als einander ausschließend nebeneinander zu setzen wären.

Präsident: Ich habe dieß keinen Augenblick anders verstanden, und es scheint mir auch sich von selbst zu verstehen.

Arndts: Dann würde ich dabei noch zu bemerken haben (Zuruf: Schluß!), daß mein Antrag zu gleicher Zeit außerdem noch wesentliche Zusätze enthält, indem er auch auf die vorhergehenden §§ 2 und 4 verweist; es kann das in der Abstimmung ein sehr verschiedenes Resultat geben, wenn wir nicht genau unterscheiden.

Präsident: Ich glaube, ich bin mit Herrn Arndts ganz und gar nicht im Streite gewesen, denn wird das Wort „unbescholten" angenommen, so fällt aus dem Zusatze der Herren Arndts und v. Nagel die Bezugnahme auf die Unbescholtenheit weg, die übrigen Bezugnahmen bleiben stehen....

Arndts: Also § 2 und 4 werden stehen bleiben?

Präsident: Ja wohl!

Arndts: Wenn das so verstanden wird, habe ich nichts dagegen einzuwenden.

Präsident: Also ich beginne mit dem Antrage der Herren Jop, Reinstein und Genossen, welche den vorliegenden Paragraph so gefaßt wissen wollen:

„Wählbar für ganz Deutschland ist jeder Wahlberechtigte,"

Diejenigen Herren, die diese Fassung des § 5 annehmen wollen, ersuche ich, aufzustehen. (Die Minderheit erhebt sich.) Diese Fassung ist abgelehnt. — Ich komme zu den Worten des Ausschußantrages:

„Wählbar zum Abgeordneten des Volkshauses ist jeder Deutsche, welcher das einundzwanzigste Lebensjahr zurückgelegt hat." —

Es ist das eine Combination des Ausschußantrages und des Vorschlages des Herrn Goltz unter Nr. 24. Diejenigen Herren, die unter dem Vorbehalte fernerer Abstimmung über die von mir näher angegebenen Inseranda und Zusätze den eben von mir verlesenen Satz annehmen wollen, ersuche ich, sich zu erheben. (Die Minderzahl erhebt sich.) Der Antrag ist nicht angenommen. Diejenigen Herren, welche mit dem angedeuteten Vorbehalte fernerer Abstimmungen den Satz annehmen wollen:

„Wählbar zum Abgeordneten des Volkshauses ist jeder Deutsche, welcher das fünfundzwanzigste Lebensjahr zurückgelegt hat,"

ersuche ich, sich zu erheben. (Die Mehrheit erhebt sich.) Der Satz ist angenommen. Diejenigen, welche in dem angenommenen Satze:

„Wählbar zum Abgeordneten des Volkshauses ist jeder Deutsche, welcher das fünfundzwanzigste Lebensjahr zurückgelegt hat,"

zwischen den Worten: „Jeder" und „Deutsche," nach dem Antrag des Herrn v. Selchow und Genossen inseriren wollen: „Wahlberechtigte," ersuche ich, sich zu erheben. (Die Mehrzahl erhebt sich.) Der Zusatz ist angenommen. Hiermit ist der Zusatz: „unbescholten," als in dem Worte wahlberechtigt liegend, erledigt. (Viele Stimmen: Ja! Einige Stimmen von der Linken: „Selbstständig" auch!) Der Zusatz: „selbstständig" ist noch nicht erledigt; denn es wäre möglich, daß Mitglieder hier den Zusatz „selbstständig" wollten, die denselben für die active Wahlfähigkeit abgelehnt haben.

Vogt von Gießen: Meine Herren! Da für die Wahlberechtigung die Selbstständigkeit, wie sie definirt worden ist, nicht verlangt wurde, so ist nothwendiger Weise das Wort: „selbstständig" mit der Annahme des Wortes: „wahlberechtigt" ebenfalls gefallen.

Präsident: Meine Herren! Sie werden durch Abstimmung darüber entscheiden, denn ich halte die Bemerkung des Herrn Vogt für unrichtig. Wenn beschlossen worden wäre, zum Begriffe der Wahlberechtigung gehöre die Unselbstständigkeit, dann hätte Herr Vogt Recht, daß das Wort „selbstständig" nicht mehr inserirt werden könnte. Da aber nur beschlossen worden ist, daß zu dem Begriffe „wahlberechtigt" das Merkmal der „Selbstständigkeit" in dem erörterten Sinne nicht gehöre, so muß es der Versammlung freistehen, für die passive Wahlberechtigung noch dieß neue Requisit aufzunehmen.

Vogt (vom Platze): Es ist ja gar keine Definition von Selbstständigkeit da!

Präsident: Ich bemerke, daß die Annahme des Wortes allerdings eine Definition desselben etwa bei der zweiten Lesung nothwendig machen würde; allein diese Lücke kann mich unmöglich bestimmen, von der Abstimmung abzustehen. Der Vorschlag ist sonach durch die geschehenen Abstimmungen nicht erledigt und somit nur auf dem Wege der Abstimmung zu erledigen. Diejenigen Herren, welche zu den angenommenen Worten:

„Wählbar zum Abgeordneten des Volkshauses ist jeder wahlberechtigte Deutsche, welcher das fünfundzwanzigste Lebensjahr zurückgelegt hat,"

hinter dem Worte: „wahlberechtigt" und vor dem Worte: „Deutsche" inseriren wollen: „selbstständige," ersuche ich, sich zu erheben. (Die Minderzahl erhebt sich.) Der Antrag ist abgelehnt. Mir scheint, daß jetzt auch die Zusätze des Herrn Arndts und v. Nagel ihre Erledigung gefunden haben; ich weiß nicht, ob die beiden Herren Antragsteller mit mir hierin einverstanden sind.

Arndts (vom Platze): Ich bin vollkommen damit einverstanden!

Präsident: Ich gehe also zu dem Zusatz des Herrn Langerfeldt und Genossen über, demgemäß zu den angenommenen Worten hinzugefügt werden soll:

„und seit drei Jahren einem deutschen Staat angehört hat."

Diejenigen Herren, welche diesen Zusatz zu den angenommenen Worten des Paragraphen belieben wollen, ersuche ich, sich zu erheben. (Ein Theil der Versammlung erhebt sich.) Ich werde die Gegenprobe machen. Diejenigen Herren, die zu dem angenommenen Satze nicht hinzufügen wollen: „und seit mindestens drei Jahren einem deutschen Staate angehört hat," ersuche ich, sich zu erheben. (Der andere Theil der Versammlung erhebt sich.) Wir müssen durch Zettel abstimmen. Diejenigen Herren, welche den Zusatz des Herrn Langerfeldt und Genossen: „und seit mindestens drei Jahren einem deutschen Staate angehört hat," annehmen wollen, ersuche ich, den weißen Zettel, die ihn ablehnen wollen, den farbigen Zettel zu unterzeichnen. (Die Stimmzettel werden eingesammelt und gezählt.)

Mit Ja stimmten:

Ambrosch aus Breslau, v. Amstetter aus Breslau, Anders aus Goldberg, Anz aus Marienwerder, Arndt aus Bonn, Arndts aus München, Arneth aus Wien, v. Bally aus Beuthen, Bassermann aus Mannheim, Bauer aus Bamberg, Becker aus Gotha, Bernhardi aus Cassel, Beseler aus Greifswald, Biedermann aus Leipzig, Böcler aus Schwerin, v. Boddien aus Pleß, Bonardy aus Greiz, Braun aus Bonn, Braun aus Cöslin, Brescius aus Züllichau, Breusing aus Osnabrück, Briegleb aus Coburg, Buß aus Freiburg, v. Buttel aus Oldenburg, Clemens aus Bonn, Coronini-Cronberg (Graf) aus Görz, Cramer aus Cöthen, Cucumus aus München, Dahlmann aus Bonn, Deeke aus Lübeck, Degenkolb aus Eilenburg, Deiters aus Bonn, Detmold aus Hannover, Deymann aus Meppen, Dinstl aus Krems, Dröge aus Bremen, Droysen aus Kiel, Dunker aus Halle, Ebmeier aus Paderborn, Eckart aus Lohr, Edel aus Würzburg, Edlauer aus Gratz, Eisenmann aus Nürnberg, Emmerling aus Darmstadt, v. Ende aus Waldenburg, Engel aus Culm, Esmarch aus Schleswig, Evertsbusch aus Altena, Falk aus Ottolangendorf, Fallati aus Tübingen, Fischer (Gustav) aus Jena, Friederich aus Bamberg, Fritsch aus Ried, Fuchs aus Breslau, Fügerl aus Korneuburg, v. Gagern aus Darmstadt, Gebhard aus Würzburg, Gevekoht aus Bremen, Gfrörer aus Freiburg, v. Giech (Graf) aus Thurnau, Giesebrecht aus Stettin, Göbel aus Jägerndorf, Godeffroy aus Hamburg, Göden aus Krotoszyn, von der Goltz (Graf) aus Czarnikau, Gombart aus München, Graf aus München, Grävell aus Frankfurt an der Oder, Groß aus Leer, v. Grundner aus Ingolstadt, Gysae (Wilhelm) aus Strehlow, Hahn aus Guttstatt, v. Hartmann aus Münster, Hayden aus Dorff bei Schlierbach, Haym aus Halle, Heimbrod aus Sorau, v. Hennig aus Dempowalonka, Hergenhahn aus Wiesbaden, Herzog aus Ebermannsstadt, Heusner aus Saarlouis, Hirschberg aus Sondershausen, Hofer aus Pfarrkirchen, Hollandt aus Braunschweig, Hugo aus Göttingen, Jacobi aus Hersfeld, Jahn aus Freiburg an der Unstrutt, Johannes aus Meiningen, Jordan aus Berlin, Jordan aus Gollnow, Jucho aus Frankfurt am Main, Jürgens aus Stadtoldendorf, Kahlert aus Leobschütz, v. Kaisersfeld aus Birkfeld, v. Keller (Graf) aus Erfurt, Kerer aus Innsbruck, v. Keudell aus Berlin, Kosmann aus Stettin, v. Köstritz aus Elberfeld, Krafft aus Nürnberg, Kratz aus Wintershagen, Künßberg aus Ansbach, Küntzel aus Wolka, v. Kürsinger (Ignatz) aus Salzburg, v. Kürsinger (Carl) aus Tamsweg, Kuhnt aus Bunzlau, Kutzen aus Breslau, Lammers aus Erlangen, Langerfeldt aus Wolfenbüttel, von Lassaulx aus München, Laube aus Leipzig, Laudien aus Königsberg, Lette aus Berlin, Leverkus aus Lennep, Liebmann aus Perleburg, Lienbacher aus Goldegg, von Linde aus Mainz, Lindner aus Seifenegg, Lodemann aus Lüneburg, Mally aus Steyermark, v. Maltzahn aus Küstrin, Mann aus Rostock, Marcks aus Duisburg, v. Massow aus Carlsberg, Mathy aus Carlsruhe, Matthies aus Greifswald, Merck aus Hamburg, Metzke aus Sagan, Michelsen aus Jena, Mohl (Moritz) aus Stuttgart, Münch aus Wetzlar, v. Nagel aus Oberviechtach, Naumann aus Frankfurt a. d. O., Nerreter aus Fraustadt, Neubauer aus Wien, Neumayr aus München, Nizze aus Stralsund, Röthig aus Weißholz, Obermüller aus Passau, Oertel aus Mittelwalde, Ostendorf aus Soest, Ottow aus Labiau, Paur aus Augsburg, Pfeufer aus Landshut, Phillips aus München, Pieringer aus Kremsmünster, Pinder aus Wo'nowitz, Plathner aus Halberstadt, Plehn aus Marienburg, Pötzl aus München, Polatzek aus Weißkirch, v. Pretis aus Hamburg, Prinzinger aus St. Pölten, v. Quintus-Icilius aus Fallingbostel, v. Radowitz aus Rüthen, Rahm aus Stettin, Rättig aus Potsdam, v. Raumer aus Berlin, v. Raumer aus Dinkelsbühl, Reitmayr aus Regensburg, Renger aus böhmisch Kamnitz, Richter aus Danzig, Riedl aus Gratz, Riegler aus mährisch Budwitz, Riesser aus Hamburg, Röben aus Dornum, Rothe aus Berlin, v. Rotenhan aus München, Rüder aus Oldenburg, Rümelin aus Nürtingen, v. Sänger aus Grabow, Schädler aus Vaduz, Schauß aus München, Scheller aus Frankfurt a. d. O, Schepp aus Wiesbaden, Schick aus Weißensee, Schlerenberg aus Detmold, Schirmeister aus Insterburg, v. Schleussing aus Rastenburg, Schlüter aus Paderborn, Schmidt (Joseph) aus Linz, Schneer aus Breslau, Scholten aus Ward, Scholz aus Neisse, Schrader aus Brandenburg, Schreiber aus Bielefeld, Schreiner aus Gratz (Steyermark), v. Schrenk aus München, v. Schrötter aus Preuß. Holland, Schubert (Friedrich Wilhelm) aus Königsberg, Schuler aus Innsbruck, Schultze aus Potsdam, Schultze aus Liebau, Schwarz aus Halle, Schwetschke aus Halle, v. Selchow aus Rettkewitz, Sellmer aus Landsberg a. d. W, Sepp aus München, Siehr aus Gumbinnen, Siemens aus Hannover, Stavenhagen aus Berlin, Stenzel aus Breslau, Stieber aus Budissin, Streffleur aus Wien, Stülz aus St. Florian, Sturm aus Sorau, Tannen aus Zilenzig, Tappehorn aus Oldenburg, Teichert aus Berlin, Tellkampf aus Breslau, v. Thielau aus Braunschweig, Thöl aus Rostock, v. Unterrichter aus Klagenfurt, Veit aus Berlin, Versen aus Nieheim, Vogel aus Dillingen, Waitz aus Göttingen, Waldmann aus Heiligenstadt, Walter aus Neustadt, Weber aus Meran, v. Wedemeyer aus Schönrade, v. Wegnern aus Lyk, Weißenborn aus Eisenach, Werner aus St. Pölten, Wernher aus Nierstein, Wichmann aus Stendal, Wiebker aus Uckermünde, Wiest aus Tübingen, Winter aus Liebenburg, v. Wulffen aus Passau, Wurm aus Hamburg, Zachariä aus Bernburg, Zeltner aus Nürnberg, v. Zerzog aus Regensburg, Zöllner aus Chemnitz, Zum Sande aus Lingen.

Mit **Nein** stimmten:

Achleitner aus Ried, Ahrens aus Salzgitter, v. Aichelburg aus Villach, Anderson aus Frankfurt a. d. O., Backhaus aus Jena, Becker aus Trier, Behnke aus Hannover, Beidtel aus Brünn, Berger aus Wien, Blumröder (Gustav) aus Kirchenlamitz, Böcking aus Trarbach, Bogen aus Michelstadt, Brentano aus Bruchsal, Bresgen aus Ahrweiler, Cetto aus Trier, Christmann aus Dürkheim, Claussen aus Kiel, Cnyrim aus Frankfurt am Main, Cornelius aus Braunsberg, Cropp aus Oldenburg, Damm aus Tauberbischoffsheim, Demel aus Teschen, Deym (Graf) aus Prag, Dham aus Schmalenberg, v. Dieskau aus Plauen, Dietsch aus Annaberg, Drechsler aus Rostock, Eckert aus Bromberg, Ehrlich aus Murzynek, Eisenstuck aus Chemnitz, Engel aus Pinneberg, Englmayr aus Enns (Oberösterreich), Esterle aus Cavalese, Federer aus Stuttgart, Fehrenbach aus Säckingen, Fetzer aus Stuttgart, Förster aus Hünfeld, Freese aus Stargard, Frisch aus Stuttgart, Fritzsche aus Roda, Fröbel aus Reuß, Geigel aus München, Gerlach aus Tilsit, Giskra aus Wien, v. Gladis aus Wohlau, Goltz aus Brieg, Gravenhorst aus Lüneburg, Groß aus Prag, Grubert aus Breslau, Grüel aus Burg, Grumbrecht aus Lüneburg, Gspan aus Innsbruck, Gülich aus Schleswig, Günther aus Leipzig, Gulden aus Zweibrücken,

Hagen (K.) aus Heidelberg, Haggenmüller aus Kempten, Hallbauer aus Meißen, Hartmann aus Leitmeritz, Haßler aus Ulm, Hehner aus Wiesbaden, Heisterbergk aus Rochlitz, Heldmann aus Selters, Hensel aus Camenz Heubner aus Zwickau, Hildebrand aus Marburg, Höften aus Hattingen, Hönniger aus Rudolstadt, von der Horst aus Ratenburg, Hoffbauer aus Nordhausen, Hoffmann aus Ludwigsburg, Hofmann aus Friedberg, Huber aus Linz, Huck aus Ulm, v. Itzstein aus Mannheim, Käfferlein aus Baireuth, Kagerbauer aus Linz, Kanitsch aus Carlsberg, Kierulff aus Rostock, Kirchgeßner aus Würzburg, Klett aus Heilbronn, Knarr aus Steyermark, Köhler aus Seehausen, Kohlparzer aus Neuhaus, Kollaczek aus österr. Schlesien, Kotschy aus Ustron in Mährisch-Schlesien, Kublich aus Schloß Dietach, Langbein aus Wurzen, Laschan aus Villach, Lausch aus Troppau, Levysohn aus Grünberg, Löschnigg aus Klagenfurt, Löw aus Magdeburg, Löw aus Posen, Makowiczka aus Krakau, Mammen aus Plauen, Marcus aus Bartenstein, Mareck aus Gratz (Steyermark), Marsilli aus Roveredo, Martiny aus Friedland, Melly aus Wien, Mertel aus Kronach, Meyer aus Liegnitz, Metz aus Freiburg, Minkus aus Marienfeld, Mittermaier aus Heidelberg, Möller aus Reichenberg, Mölling aus Oldenburg, Mohr aus Oberingelheim, Mulley aus Weitenstein, Nagel aus Balingen, Nägele aus Murrhardt, Nauwerck aus Berlin, v. Neitschütz aus Königsberg, Neugebauer aus Ludiz, Nicol aus Hannover, Paur aus Neisse, Pfahler aus Tettnang, Pfeiffer aus Adamsdorf, Pinckert aus Zeitz, Plaß aus Stade, Quesar aus Prag, Rank aus Wien, Rapp aus Wien, v. Rappard aus Glambek, Rassl aus Neustadtl in Böhmen, Raus aus Wolframitz, Reh aus Darmstadt, Reichenbach (Graf) aus Dometzko, Reinbard aus Boytzenburg, Reinstein aus Naumburg, Reisinger aus Freistadt, Reitter aus Prag, Rheinwald aus Bern, Riehl aus Zwettl, Rödinger aus Stuttgart, Roßmäßler aus Tharand, Rühl aus Hanau, Sachs aus Mannheim, Scharre aus Strehla, Schenk aus Dillenburg, Schlöffel aus Halbendorf, Schlutter aus Poris, Schmidt (Adolph) aus Berlin, Schmitt aus Kaiserslautern, Schneider aus Wien, Schober aus Stuttgart, Schorn aus Essen, Schott aus Stuttgart, Schüler aus Jena, Schulz aus Darmstadt, Schütz aus Mainz, Schwarzenberg aus Cassel, Simon (Max) aus Breslau, Simon (Heinrich) aus Breslau, Simon (Ludwig) aus Trier, v. Somaruga aus Wien, Spatz aus Frankenthal, Sprengel aus Waren, Stark aus Kruman, Strache aus Rumburg, v. Stremayr aus Gratz, Tafel aus Stuttgart, Tafel (Franz) aus Zweibrücken, Thilsing aus Warendorf Trabert aus Rausche, v. Trützschler aus Dresden, Uhland aus Tübingen, Venedey aus Cöln, Viebig aus Posen, Vischer aus Tübingen, Vogel aus Guben, Vogt aus Gießen. Vonbun aus Feldkirch, Wagner aus Steyr, Waldburg-Zeil Trauchburg (Fürst) aus Stuttgart, Weber aus Neuburg, Weiß aus Salzburg, Welter aus Tünsdorf, Werner aus Oberkirch, Werthmüller aus Fulda, Wesendonck aus Düsseldorf, Wiesner aus Wien, Wigard aus Dresden, Wuttke aus Leipzig, Würth aus Sigmaringen, Zell aus Trier, Zimmermann (Professor) aus Stuttgart, Zimmermann aus Spandow.

Präsident: Der Zusatzantrag des Herrn Langerfeldt und Genossen ist mit 237 gegen 188 Stimmen angenommen. — In Bezug auf diese Abstimmung ist mir ein Antrag der Herren Wesendonck, Esterle, Wigard u. A. des Inhalts zugekommen:

„Die Unterzeichneten beantragen:

„Die Nationalversammlung wolle durch authentische Interpretation darüber Erklärung geben „ob durch den so eben angenommenen Zusatz zum § 5 die Bewohner der erst seit Kurzem mit Deutschland vereinigten preußischen Provinzen vorläufig von dem passiven Wahlrechte ausgeschlossen sein sollen."

Wesendonck. Esterle. Wigard. Riehl. Nauwerck. Frisch. Schütz. Melly. Scharre. Förster."

(Heiterkeit auf der Rechten.) Der Antrag wird an den Verfassungsausschuß gehen. (Zuruf von der Linken: Er ist ein dringlicher!) Wir können doch nicht eine authentische Interpretation auf dem Wege der Dringlichkeit zu Stande bringen. (Unruhe.) Die Sache wird an den Verfassungsausschuß gehen. Ich komme jetzt zu dem ferneren Zusatze des Herrn v. Linde, wonach zu den angenommenen Worten des § 5 hinzugefügt werden soll:

„und durch Grundbesitz, Gewerbe, ein öffentliches Amt oder durch ein steuerbares Einkommen die eigne unmittelbare Betheiligung an den allgemeinen Staatsinteressen verbürgt."

Diejenigen Herren, die zu dem angenommenen Paragraphen diesen von Herrn v. Linde vorgeschlagenen Zusatz hinzufügen wollen, ersuche ich, sich zu erheben. (Niemand erhebt sich. — Heiterkeit.) Der Antrag ist nicht angenommen. Es bleibt der Zusatz des Herrn Moriz Mohl übrig:

„Erstandene oder durch Begnadigung erlassene Strafe wegen politischer Verbrechen schließen von der Wahl in das Volkshaus nicht aus."

Diejenigen Herren, die dem Zusatzantrage des Herrn M. Mohl zustimmen wollen, ersuche ich, aufzustehen. (Ein Theil der Versammlung erhebt sich.) Ich werde die Gegenprobe machen. Diejenigen Herren, die den Zusatz des Herrn M. Mohl nicht annehmen wollen, ersuche ich, aufzustehen. (Der andere Theil der Versammlung erhebt sich.) Wir müssen wieder mit Zetteln abstimmen. (Unruhe.) Diejenigen Herren, die den Zusatzantrag des Herrn M. Mohl (unter Nr. 71) annehmen wollen, bitte ich, den weißen Zettel, die ihn ablehnen wollen, den farbigen mit ihren Namen zu versehen. (Die Stimmen werden eingesammelt und gezählt.)

Mit Ja stimmten:

Achleitner aus Ried, Ahrens aus Salzgitter, v. Aichelburg aus Villach, Anders aus Goldberg, Anderson aus Frankfurt an der Oder, Arneth aus Wien, Backhaus aus Jena, Becker aus Trier, Beidtel aus Brünn, Berger aus Wien, Blumröder (Gustav) aus Kirchenlamitz, Böcking aus Trarbach, Boczek aus Mähren, Bogen aus Michelstadt, Bonardy aus Greiz, Brentano aus Bruchsal, Bresgen aus Ahrweiler, Breusing aus Osnabrück, Cetto aus Trier, Christmann aus Dürkheim, Claussen aus Kiel, Clemens aus Bonn, Cnyrim aus Frankfurt am Main, Cramer aus Cöthen, Cropp aus Oldenburg, Damm aus Tauberbischoffsheim, Demel aus Teschen, Dham aus Schmalenberg, v. Dieskau aus Plauen, Dietsch aus Annaberg, Dinstl aus Krems, Drechsler aus Rostock, Dröge aus Bremen, Eckert aus Bromberg, Edel aus Würzburg, Ehrlich aus Murzynek, Eisenmann aus Nürnberg, Eisenstuck aus Chemnitz, Engel aus Pinneberg, Englmayr aus Enns (Oberösterreich), Esterle aus Cavalese, Evertsbusch aus Altena, Federer aus Stuttgart, Fehrenbach aus Säckingen, Fetzer aus Stuttgart, Förster aus Hünfeld, Freese aus Stargard, Frisch aus Stuttgart, Fritzsche aus Roda, Fröbel aus Reuß, Geigel aus München, Gerlach aus Tilsit, Giskra aus Wien, v. Gladis aus Wohlau, Glax aus Gumpendorf, Goltz aus Brieg, Gravenhorst aus Lüneburg, Groß aus Prag, Grubert aus Breslau, Grumbrecht aus Lüneburg, Günther aus Leipzig, Gulden aus Zweibrücken, Hagen (K.) aus Heidelberg Haggenmüller aus Kempten, Hallbauer aus Meißen, Hartmann aus Leitmeritz, Haßler aus Ulm, Hehner aus Wiesbaden, Helsterbergk aus Rochlitz, Heldmann aus Selters, Hensel aus Camenz, Herzog aus Ebermannsstadt, Heubner aus Zwickau, Heusner aus Saarlouis, Hildebrand aus Marburg, Hirschberg aus Sondershausen, Höfken aus Hattingen, Hönniger aus Rudolstadt, Hofer aus Pfarrkirchen, Hoffbauer aus Nordhausen, Hollandt aus Braunschweig, von der Horst aus Ratenburg, Huber aus Linz, Huck aus Ulm, Jahn aus Freiburg an der Unstrutt, Johannes aus Meiningen, Jopp aus Enzersdorf, Jordan aus Berlin, v. Itzstein aus Mannheim, Jucho aus Frankfurt am Main, Käfferlein aus Baireuth, Kagerbauer aus Linz, Kanitsch aus Karlsberg, Kierulff aus Rostock, Kirchgeßner aus Würzburg, Klett aus Heilbronn, Köhler aus Seehausen, Kollaczek aus österreichisch Schlesien, Kotschy aus Ustron in Mährisch-Schlesien, Kudlich aus Schloß Dietach, Kuhnt aus Bunzlau, Langbein aus Wurzen, Laschan aus Villach, Laudien aus Königsberg, Lausch aus Troppau, Levysohn aus Grünberg, Liebmann aus Perleberg, Lindner aus Seisenegg, Löschnigg aus Klagenfurt, Makowiczka aus Krakau, Mally aus Steyermark, Mammen aus Plauen, Mareck aus Gratz (Steyermark), Marsilli aus Roveredo, Martiny aus Friedland, Melly aus Wien, Mertel aus Kronach, Meyer aus Liegnitz, Metz aus Freiburg, Minkus aus Marienfeld, Möller aus Reichenberg, Mölling aus Oldenburg, Mohl (Moriz) aus Stuttgart, Mohr aus Oberingelheim, Mulley aus Weitenstein, Nagel aus Balingen, Nägele aus Murrhardt, Nauwerck aus Berlin, v. Neitschütz aus Königsberg, Neugebauer aus Ludit, Nicol aus Hannover, Ottow aus Labiau, Paur aus Augsburg, Pfahler aus Tettnang, Pfeiffer aus Adamsdorf, Pfenfer aus Landshut, Pinckert aus Zeitz, Platz aus Stade, Polatzek aus Weißkirch, v. Pretis aus Hamburg, Quesar aus Prag, v. Quintus-Icilius aus Fallingbostel, Rättig aus Potsdam, Rank aus Wien, Rapp aus Wien, v. Rappard aus Glambek, v. Raumer aus Dinkelsbühl, Raus aus Wolframitz, Reh aus Darmstadt, Reichenbach (Graf) aus Domętzko, Reinhard aus Boytzenburg, Reinstein aus Naumburg, Reisinger aus Freistadt, Reitter aus Prag, Rheinwald aus Bern, Richter aus Danzig, Riehl aus Zwettl, Rödinger aus Stuttgart, Rösler aus Oels, Roßmäßler aus Tharand, Rühl aus Hanau, Sachs aus Mannheim, Schädler aus Vaduz, Scharre aus Strehla, Schenk aus Dillenburg, Schlöffel aus Halbendorf, Schlutter aus Poris, Schmidt (Adolph) aus Berlin, Schmidt (Joseph) aus Linz, Schmitt aus Kaiserslautern, Schneider aus Wien, Schoder aus Stuttgart, Schorn aus Essen, Schott aus Stuttgart, Schüler aus Jena, Schulz aus Darmstadt, Schütz aus Mainz, Schwarzenberg aus Cassel, Simon (Max) aus Breslau, Simon (Heinrich) aus Breslau, Simon (Ludwig) aus Trier, Spatz aus Frankenthal, Stark aus Krumau, Strache aus Rumburg, v. Stremayr aus Gratz, Tafel aus Stuttgart, Tafel (Franz) aus Zweibrücken, Tellkampf aus Breslau, Thüßing aus Warendorf, Trabert aus Rausche, v. Trützschler aus Dresden, Uhland aus Tübingen, Umbscheiden aus Dahn, v. Unterrichter aus Klagenfurt, Venedey aus Cöln, Vischer aus Tübingen, Vogel aus Guben, Vogt aus Gießen, Vonbun aus Feldkirch, Wagner aus Steyr, Waldburg-Zeil-Trauchburg aus Stuttgart, Walter aus Neustadt, Weiß aus Salzburg, Weißenborn aus Eisenach, Welter aus Tünsdorf, Werner aus Oberkirch, Werthmüller aus Fulda, Wesendonck aus Düsseldorf, Wiesner aus Wien, Wiest aus Tübingen, Wigard aus Dresden, Wurm aus Hamburg, Wuttke aus Leipzig, Würth aus Sigmaringen, Zell aus Trier, Zimmermann (Professor) aus Stuttgart, Zimmermann aus Spandow, Zöllner aus Chemnitz.

Mit Nein stimmten:

Ambrosch aus Breslau, v. Amstetter aus Breslau, Anz aus Marienwerder, Arndt aus Bonn, Arndts aus München, v. Bally aus Beuthen, Bassermann aus Mannheim, Bauer aus Bamberg, Becker aus Gotha, Behnke aus Hannover, Bernhardi aus Kassel, Beseler aus Greifswald, Biedermann aus Leipzig, Böcler aus Schwerin, v. Boddien aus Pleß, Braun aus Bonn, Braun aus Cöslin, Brescius aus Züllichau, Briegleb aus Coburg, Buß aus Freiburg, v. Buttel aus Oldenburg, Cornelius aus Braunsberg, Coronini-Cronberg (Graf) aus Görz, Dahlmann aus Bonn, Deete aus Lübeck, Degenkolb aus Eilenburg, Deiters aus Bonn, Detmold aus Hannover, Deym (Graf) aus Prag, Deymann aus Meppen, Droysen aus Kiel, Dunker aus Halle, Ebmeier aus Paderborn, Eckart aus Lohr, Edlauer aus Gratz, Emmerling aus Darmstadt, v. Ende aus Waldenburg, Engel aus Culm, Esmarch aus Schleswig, Falk aus Ottolangendorf, Francke (Karl) aus Rendsburg, Friederich aus Bamberg,

Fuchs aus Breslau, Fügerl aus Korneuburg, Gebhard aus Würzburg, Gevekoht aus Bremen, Gfrörer aus Freiburg, v. Giech (Graf) aus Thurnau, Giesebrecht aus Stettin, Göbel aus Jägerndorf, Godeffroy aus Hamburg, von der Goltz (Graf) aus Czarnikau, Gombart aus München, Graf aus München, Grävell aus Frankfurt an der Oder, Groß aus Leer, Grüel aus Burg, v. Grundner aus Ingolstadt, Gspan aus Innsbruck, Gülich aus Schleswig, Gysae (Wilhelm) aus Strehlow, Hahn aus Guttstatt, v. Hartmann aus Münster, Haubenschmied aus Passau, Hayden aus Dorff bei Schlierbach, Haym aus Halle, Heimbrod aus Sorau, v. Hennig aus Dempowalonka, Hergenhahn aus Wiesbaden, Hoffmann aus Ludwigsburg, Hofmann aus Friedberg, Hugo aus Göttingen, Jacobi aus Hersfeld, Jordan aus Gollnow, Jürgens aus Stadtoldendorf, Kahlert aus Leobschütz, v. Kaisersfeld aus Birkfeld v. Keller (Graf) aus Erfurt, Kerer aus Innsbruck, v. Keudell aus Berlin, Knarr aus Steyermark, Kosmann aus Stettin, v. Köstritz aus Elberfeld, Krafft aus Nürnberg, Kratz aus Wintershagen, Künßberg aus Ansbach, Küntzel aus Wolka, v. Kürsinger (Ignatz) aus Salzburg, v. Kürsinger (Karl) aus Tamsweg, Kutzen aus Breslau, Lammers aus Erlangen, Langerfeldt aus Wolfenbüttel, v. Lassaulx aus München, Lette aus Berlin, Leverkus aus Lennep, Lienbacher aus Goldegg, v. Linde aus Mainz, Lodemann aus Lüneburg, Löw aus Magdeburg, Löw aus Posen, v. Maltzahn aus Küstrin, Mann aus Rostock, Marcks aus Duisburg, Marcus aus Bartenstein, v. Massow aus Carlsberg, Mathy aus Carlsruhe, Matthies aus Greifswald, Merck aus Hamburg, Metzke aus Sagan, Michelsen aus Jena, Müller aus Würzburg, Münch aus Wetzlar, v. Nagel aus Oberviechtach, Naumann aus Frankfurt a. d. O., Neubauer aus Wien, Neumayr aus München, Nizze aus Stralsund, Nöthig aus Weißholz, Obermüller aus Passau, Oertel aus Mittelwalde, Ostendorf aus Soest, Paur aus Neisse, Phillips aus München, Pieringer aus Kremsmünster, Pinder aus Woinowitz, Plathner aus Halberstadt, Plehn aus Marienburg, Pötzl aus München, Prinzinger aus St. Pölten, v. Radowitz aus Rüthen, Rahm aus Stettin, Rapp aus Neustadtl in Böhmen, v. Raumer aus Berlin, Reichensperger aus Trier, Reitmayr aus Regensburg, Renger aus böhmisch Kamnitz, Riedl aus Gratz, Riegler aus mährisch Budwitz, Riesser aus Hamburg, Röben aus Dornum, Rothe aus Berlin, v. Rotenhan aus München, Rüder aus Oldenburg, Rümelin aus Nürtingen, v. Sänger aus Grabow, Schauß aus München, Scheller aus Frankfurt a. d. O., Schepp aus Wiesbaden, Schick aus Weißensee, Schierenberg aus Detmold, Schirmeister aus Insterburg, v. Schleussing aus Rastenburg, Schlüter aus Paderborn, Scholten aus Ward, Scholz aus Neisse, Schrader aus Brandenburg, Schreiber aus Bielefeld, Schreiner aus Gratz (Steyermark), v. Schrenk aus München, v. Schrötter aus preußisch Holland, Schubert (Friedrich Wilhelm) aus Königsberg, Schuler aus Innsbruck, Schultze aus Potsdam, Schultze aus Liebau, Schwarz aus Halle, Schwetschke aus Halle, v. Selchow aus Rettkewitz, Sellmer aus Landsberg a. d. W., Sepp aus München, Siehr aus Gumbinnen, von Soiron aus Mannheim, Sprengel aus Waren, Stavenhagen aus Berlin, Stenzel aus Breslau, Stieber aus Budissin, Stülz aus St. Florian, Sturm aus Sorau, Tannen aus Zilenzig, Tappehorn aus Oldenburg, Teichert aus Berlin, v. Thielau aus Braunschweig, Thöl aus Rostock, Veit aus Berlin, Versen aus Niesheim, Viebig aus Posen, Vogel aus Dillingen, Waldmann aus Heiligenstadt, Weber aus Neuburg, Weber aus Meran, v. Wedemeyer aus Schönrade, v. Wegnern aus Lyk, Werner aus St. Pölten, Wernher aus Nierstein, Wichter aus Uckermünde, Winter aus Liebenburg, v. Wulffen aus Passau, Zachariä aus Bernburg, Zeltner aus Nürnberg, v. Zerzog aus Regensburg, Zum Sande aus Lingen.

Präsident: Der Antrag des Herrn Moriz Mohl ist mit 217 gegen 201 Stimmen angenommen. Der Paragraph lautet jetzt also, wie folgt:

„Wählbar zum Abgeordneten des Volkshauses ist jeder wahlberechtigte Deutsche, welcher das fünf und zwanzigste Lebensjahr zurückgelegt und seit mindestens drei Jahren einem deutschen Staate angehört hat. Erstandene oder durch Begnadigung erlassene Strafe wegen politischer Verbrechen schließt von der Wahl in das Volkshaus nicht aus."

Wir gehen zu § 6 über. Zu diesem liegt außer dem Antrage des Verfassungs-Ausschusses und den von den Herren Tafel (unter Nr. 27), v. Linde (unter 26), Kohlparzer (unter 28) und Grävell (unter 40) gemachten Vorschlägen ein heute eingegangener Verbesserungs-Vorschlag von den Herren Günther, Würth (von Sigmaringen) und mehr als zwanzig Anderen vor. (Der Präsident verliest den letztgenannten Antrag.)

(Die Redaction läßt hier den Antrag des Verfassungs-Ausschusses, sowie die dazu gestellten Verbesserungs-Anträge folgen:

Antrag des Verfassungs-Ausschusses:

„Staatsdiener bedürfen zur Annahme der auf sie gefallenen Wahl keiner Genehmigung ihrer Vorgesetzten."

Antrag des Abgeordneten Tafel von Zweibrücken:

Zusatz:

„In § 6 möge nach „Staatsdiener" beigefügt werden: „Kirchen- und Gemeindebeamte."

Unterstützt von: Wigard; Pfahler; Eisenstuck; Engel; Löwe von Calbe; Förster; Culmann; Roßmäßler; Grubert; Schott; Hensel; v. Gladis; Heubner; Esterle; Schmidt von Löwenberg; Gulden; Wiesner; Pfeiffer; Mareck.

Antrag des Abgeordneten v. Linde:

„Ich beantrage, den Artikel II. § 6 dahin zu beschließen:

„Staatsdiener bedürfen zur Annahme der auf sie gefallenen Wahl alsdann keiner Genehmigung ihrer Vorgesetzten, wenn sie auf ihre, auf die etwa bestehende Dienstpragmatik gegründete Stellung im Dienste zu verzichten bereit sind.“

Begründung.

Der Mangel an politisch ausgebildeten und mit gediegener Geschäftskenntniß ausgerüsteten Männern außer dem Beamtenstande führte in den constitutionellen Staaten Deutschland's zu dem Bestreben, die Volksvertreter in großer Zahl aus dem Beamtenstande zu wählen. Dieses den Beamtenstand ehrende Vertrauen verleitete aber auch manche Staatsdiener aus sehr verschiedenen Gründen, um solche Wahlen sich zu bewerben, ohne Rücksicht auf die Interessen ihres Staatsdienstes; und ihre Wirksamkeit in der Volks-Vertretung war häufig compromittirend für die nothwendige Hierarchie und Subordination im Dienste, die in den deutsch-constitutionellen Staaten deßhalb fühlbarer, als in anderen größeren constitutionellen Staaten wurde, weil in Deutschland die Staatsdiener unter dem Schutze einer Dienstpragmatik der Regierung gegenüber eine Selbstständigkeit und eine Bürgschaft für die Fortdauer ihres dienstlichen Verhältnisses erkannten, die sie in die Lage brachte, rücksichtslos auf die allgemeinen Interessen des Dienstes, die Repräsentation in reinem Privatinteresse ausüben zu können. Wiewohl mit einer solchen Wirksamkeit auch dem repräsentativen System ebenso wenig gedient war, als dem Staatsdienste, so entspann sich dennoch zwischen der Repräsentation und der Regierung ein Kampf über die Frage: ob der zum Volks-Vertreter gewählte Staatsdiener der Genehmigung der vorgesetzten Dienstbehörde bedürfe? Es liegt bloß in der Verschiedenheit der dienstpragmatischen Verhältnisse, wenn außerdeutsche große constitutionelle Staaten nicht bloß jene Genehmigung nicht in Anspruch nahmen, sondern sich unbedingt für möglichst zahlreiche Wahlen der Staatsdiener interessirten, während in den deutschen constitutionellen Staaten das Letztere nur unter Voraussetzung der Genehmigung der Annahme der Wahl durch die Vorgesetzten im Staatsdienste zu geschehen pflegte, und manche Staatsdiener sich daneben bestrebten, die Vortheile der Theilnahme an der Repräsentation mit den Vortheilen der Dienstpragmatik sich zu verschaffen. Wenn nun auch anerkannt werden muß, daß sowohl der Staatsdienst, als die Volksvertretung ihrer Wirksamkeit nach das Wohl des Volkes bezwecken, so folgt daraus doch nicht, daß die Regierungsgewalt genöthigt werden dürfe, ohne Rücksicht auf die Fortführung und Moralität des Dienstes, ihre Organe als solche der Repräsentation unbedingt zur Disposition zu stellen. Im Interesse des constitutionellen Systems der ganzen Staatsverfassung, also sowohl in seiner Richtung auf die Volksvertretung, als auf den Staatsdienst, liegt nur jener Grundsatz, der in den größeren europäischen Staaten in Uebung ist, und der in dem vorstehenden Verbesserungs-Antrage ausgedrückt worden ist.

Antrag des Abgeordneten Kohlparzer:

„Ich beantrage die Streichung dieses Paragraphen.“

Antrag des Abgeordneten Grävell:

„Die Hälfte ihres Diensteinkommens verbleibt ihnen mittlerweile; die andere Hälfte wird für die Stellvertreter im Amte verwendet.“

Verbesserungs-Vorschlag des Abgeordneten Günther und Genossen:

„Statt Art. II. § 6 des Entwurfes beantrage ich, zu setzen:

„Personen, die ein öffentliches Amt bekleiden, bedürfen zum Eintritt ins Volkshaus keines Urlaubs.“

Unterstützt durch: Würth von Sigmaringen; Nauwerck; Kollaczek; Levysohn; Damm; Schmitt von Kaiserslautern; Freese; Fröbel; Roßmäßler; Tafel von Stuttgart; Scharre; Tafel von Zweibrücken; Stark; Blumröder; Mammen; Spatz; Wiesner; Zimmermann von Stuttgart; Hönniger.)

Präsident: Zum Worte haben sich gemeldet: Gegen den Ausschuß-Antrag die Herren Grävell, Simon von Trier und v. Linde; für den Paragraphen Herr Tafel von Zweibrücken. Ich frage zunächst, ob auf die Discussion über diesen Paragraphen eingegangen werden soll? Diejenigen Herren, welche darauf nicht verzichten wollen, ersuche ich, sich zu erheben. (Es erheben sich mehr als hundert Mitglieder.) Die Discussion ist zugelassen. Herr Grävell hat das Wort. (Unruhe.) Ich bitte um Ruhe, namentlich aber darum, daß die Gänge leer bleiben.

Grävell von Frankfurt an der Oder: Wenn ich, meine Herren, Anträge und Verbesserungs-Vorschläge einreiche, so geschieht dieß von mir nicht in der Hoffnung oder Voraussetzung, daß sie werden beliebt werden. Ich habe in einem langen Leben die so sehr häufige Erfahrung gemacht, daß Rathschläge und Anträge von mir erst nach zehn, zwanzig und dreißig Jahren angenommen und in Ausführung gebracht worden sind, und sehr selten ist der Fall gewesen, daß ich Vorschläge gemacht hätte, welche nicht zum Vollzug gekommen wären. Wenn ich also dergleichen Vorschläge hier mache, so thue ich es lediglich in der Absicht, um ein Monument hinzusetzen von Dem, was zur Sprache zu bringen ich für meine Pflicht hielt, ein Monument auch von der Weisheit, welche meine Vorschläge verworfen oder angenommen hat. Die drei Anträge, welche ich zu diesem Paragraphen gestellt habe, sind eben soviel Ansprüche an Ihre Selbstverleugnung, wenigstens an die Selbstverleugnung eines großen Theiles der Mitglieder dieser Versammlung, und ich glaube meine Ehrerbietung gegen dieselben am Besten eben dadurch dargelegt zu haben, daß ich diese Ansprüche an sie erhebe. Dieß als Vorrede! — Zur Sache selbst übergehend, lasse ich mich auf Beantwortung der Frage, ob es überhaupt rathsam sei, daß Beamte zu Deputirten der Nationalversammlung gewählt werden, nicht ein. Sie ist schon vielfach verhandelt, und nicht erst hier in Frage gezogen worden; man hat sie stillschweigend angenommen, und dabei beruhige ich mich. Ich möchte aber doch nicht, daß darin ein besonderer Reiz für die Beamten liege, sich zu dieser Stellung zu drängen, und darum zu bewerben. Diesen Reiz finde ich nun z. B. schon darin, wenn jenen Beamten neben dem vollen Gehalte, welchen sie beziehen, auch noch der Genuß der Diäten zukommt; und deßhalb habe ich geglaubt, daß hierin ein Temperament nothwendig sei. In meinem Vaterlande ist dazu ein Beispiel gegeben worden, und zwar in Verhältnissen, welche meines Erachtens noch prägnanter sind, als diese Verbindung. Als im Jahre 1813 die Freiwilligen aufgeboten wurden, traf man die allgemeine Bestimmung, daß diejenigen Beamten, welche als Freiwillige dem Aufgebote folgten, ihren halben Civilgehalt behielten, und dabei den vollen militärischen Sold bezogen. Etwas ganz Gleiches ist noch bei der Landwehr vorhanden, bezüglich derjenigen Beamten, welche dazu gezogen werden. Ich glaube, daß dieß der angemessenste und zweckmäßigste Maßstab ist. Denn wenn Sie annehmen, daß ein Beamter, welcher mit 600 Thaler Gehalt dient, noch 1400 Thaler dazu bekommt, so liegt doch jedenfalls darin eine große Anreizung, sich um eine solche Stellung zu bewerben. Auch werden Sie nicht in Abrede stellen, daß da mancher Beamte in seinen besonderen Verhältnissen mancherlei Begünstigung für seine Erwählung findet. Das ist es eben auch, was ich gern abschneiden möchte. Noch liegt aber eine Ungerechtigkeit darin, wenn ein Beamter den vollen Gehalt behält, daß die Nothwendigkeit eintritt, daß entweder sein Dienst von Anderen übertragen werden muß, welche dafür nichts bekommen, — was jedenfalls eine Ungerechtigkeit wäre, — oder, daß ihre Stellvertreter ebenfalls besoldet werden; und dann muß aus dem Beutel des Volkes doppelt soviel genommen werden, als der Staatsdienst eigentlich kostet, was wieder eine Ungerechtigkeit gegen das Volk ist. Wenn die gewählten Beamten die Hälfte des Gehaltes zur Fortsetzung ihres Hausstandes verwenden können, und sie außerdem noch am Orte ihres Aufenthaltes als Deputirte 1450 Thaler haben, so glaube ich, wird Keinem zu nahe getreten, wenn man nicht etwa voraussetzen will, daß die Erwählung zum Abgeordneten die Gelegenheit sein solle, etwas zu sparen. Ich verlasse diesen Gegenstand hiermit, weil ich glaube, es sei das, was ich gesprochen, hinreichend, um zu rechtfertigen, daß die zu Abgeordneten gewählten Beamten neben dem halben Gehalte ihre vollen Diäten beziehen. — Ich wende mich zum zweiten Absatze meines Antrages, daß die Reichsminister und die unabsetzbaren Richter zu Deputirten nicht gewählt werden dürfen. Es sollte dieß keine Zurücksetzung, keine Unfähigkeits-Erklärung dieser ehrenwerthen und hochachtbaren Personen sein, wie sich das wohl von selbst versteht, sondern nur eine Vorsicht, welche das Staatsinteresse erfordert, damit Jeder auf seinem Platze für das wirke, wozu er berufen ist. In England hat sich die Verfassung nicht wissenschaftlich ausgebildet, sondern ist nach und nach entstanden; und so ist es auch dort herkömmlich, daß der König keine Initiative hat. Will die Regierung also einen Antrag ins Parlament bringen, so bleibt nichts übrig, als sie muß Parlamentsmitglieder zu ihren Organen wählen. Daher ist es in England herkömmlich, daß die Minister Parlamentsmitglieder sein müssen. Nachdem man aber in anderen Staaten die Erfahrung gemacht hat, daß England's Verfassung zur Volksfreiheit führe, und andere Völker auch begierig waren, dieses Glück zu erlangen, so ist diese Verfassung auch nachgeahmt worden, und man hat im guten Glauben, ohne weiter zu prüfen, diese Verfassung eingeführt. So ist es gekommen, daß man nicht in Erwägung gezogen hat, ob es zweckmäßig sei, die Minister zu Deputirten zu wählen. Da aber wir schon voraus festgestellt haben, daß das Oberhaupt bei uns die Initiative hat, da unsern Ministern nicht bloß der Zutritt freigegeben ist, sondern sie berechtigt sind, in der Versammlung das Wort zu nehmen, so oft sie es für gut finden; so sehe ich keinen Zweck, warum sie auch noch mit dem Ministeramt die Stelle eines Deputirten vereinbaren sollen, was jedenfalls auch noch den Nachtheil hat, daß soviel Deputirte weniger vom Volke gewählt werden, als Minister dasind. Denn wären die Minister nicht zugleich Deputirte, so würden soviel Deputirte mehr gewählt werden müssen, und mit abstimmen. Es ist indessen hauptsächlich das Princip der Unterscheidung der Gesetzgebung und Verwaltung und die Durchführung desselben, was unter dieser Cumulation leidet. Der wesentliche Grundsatz, worauf alle Volksfreiheit beruht, ist die Unterscheidung der verschiedenen Gewalten, und die Nebeneinanderstellung, so daß nicht eine in die andere übergreift. Wenn das Volkshaus die Obliegenheit hat, die Vorschläge und Gesetze der Regierung zu prüfen, und eine Controle auszuüben, auch die Minister in Anklagestand zu versetzen; so ist es doch sehr sonderbar, wenn die Minister zu allem diesem mitberufen sein sollen. Das scheint mir ein Widerspruch, der auf der Hand liegt. Nebenbei entsteht noch der Mißstand, daß, wenn die Minister zugleich Deputirte sind, sie als solche, um diese ihre Function zu üben, sich den Parteien werden anschließen müssen. Es entsteht da die üble Stellung, daß die Regierung in ihren Ministern nicht über den Parteien, sondern in den Parteien steht; so nur wird die Regierung kräftig sein, und ihren Beruf erfüllen, wo und wenn sie über allen Parteien steht. Wir haben in einem uns verwandten Staate die Erscheinung gehabt, daß ein ganzes halbes Jahr lang die Regierung nicht zur Kraft hat kommen können, weil sie üblicherweise ihre Minister aus der Partei der Mehrheit genommen hat. Sie ist aber zu Kraft und Ansehen gekommen, als sie sich ein Ministerium gewählt hatte, welches über den Parteien steht. Wenn Sie, meine Herren, die Augen nur auf Das wenden wollen, was vor uns liegt, so sehen wir, wir haben ein Ministerium, das zur Hälfte aus Deputirten, zur Hälfte aus Nichtdeputirten besteht, und ich sehe nicht, daß im Interesse und der Güte ihrer Arbeit irgend ein Unterschied erwachsen wäre. Wir werden also auch von praktischer Seite keinen Grund dazu haben, da die Minister dadurch, daß sie Deputirte sind, entweder jene Function hintansetzen müssen, oder die eines Deputirten nicht in vollem Maaße erfüllen können. In England sind umgekehrt die unabsetzbaren Richter des Landes unfähig und ausgeschlossen, ins Parlament gewählt zu werden, weil man davon ausgegangen ist, daß der Richter in der Meinung des Volkes so dastehen müsse, daß die Unparteilichkeit gesichert werde, und daß ihm keine Veranlassung gegeben werde, sich irgendwie als Parteimann zu zeigen, am Wenigsten in öffentlichen Angelegenheiten; dann aber auch, weil Derjenige, welcher eine Zeitlang daran gewöhnt ist, im Parteikampf zu leben und sich zu bewegen, diese Richtung nicht gleich wieder, wie einen Rock, ausziehen kann, wenn er nach Hause kommt, sondern sie mit nach Hause bringt, und es ihm schwer wird, sich davon zu entwöhnen. Despotismus ist hauptsächlich die Frucht der Vermengung und Vermischung der Gesetzgebung und Justizverwaltung. Wo die Freiheit blühen soll, darf der Richter sich in keiner Weise mit der Gesetzgebung zu befassen haben. Ich möchte aber wohl wissen, ob Jemand, der mit Leidenschaftlichkeit und Anstrengung beschäftigt gewesen ist, eine Menge von Gesetzen in gewisser Richtung in der Nationalversammlung durchzubringen, ob er die Ruhe und Unparteilichkeit mit nach Hause nehmen könnte, sich dieser Richtung nicht noch weiter hinzugeben? Wollen wir achtbare und unerschütterliche Justiz, so, glaube ich, ist es nothwendig, daß unabsetzbare Richter nicht zugleich mit Gesetzgeber sein dürfen.

Präsident: Es liegt ein Antrag auf Schluß vor, mit mehr als zwanzig Unterschriften, den ich zur Abstimmung bringe. Ich bitte Diejenigen, welche die Discussion über § 6 geschlossen wissen wollen, sich zu erheben. (Die Minderzahl erhebt sich.) Der Schluß ist abgelehnt. Herr Tafel von Zweibrücken hat das Wort.

Tafel von Zweibrücken: Meine Herren! Ich trete nicht auf, um mich gegen Dasjenige zu erklären, was in § 6 enthalten ist, sondern um Das zu motiviren, was ich durch ein Amendement nachgetragen habe, sowie auch zu erklären, daß ich mit dem von Herrn Günther und Genossen gestellten Antrage vollkommen einverstanden bin, indem beide Fassungen Dasselbe bezwecken. Sie wollen nämlich mit dem Verfassungs-Ausschusse, daß Niemand seines Amtes wegen von dem Rechte ausgeschlossen werde, hier das Volk, welches das Vertrauen auf ihn setzt, zu vertreten. Darum wünschen wir die Bestimmung, daß Staatsdiener keines Urlaubs bedürfen. Wir wünschen aber noch mehr. — Es gibt nämlich noch viele andere Beamte, welche in die Kategorie der Staatsdiener im strengeren Sinne nicht fallen, z. B. Communalförster, also Gemeindebeamte, die von der Regierung angestellt werden, und ohne Regierungs-Erlaubniß nicht von ihrem Amtssitze sich entfernen dürfen, und solche Klassen Angestellter wird es noch manche geben. Insbesondere aber sind es die Beamten der Kirche, welche den Charakter der Staatsdiener notorisch nicht haben, wenn sie gleich in vielfacher Beziehung mit dem staatlichen Organismus, bezüglich ihrer Stellung und Geschäftsführung verflochten sind. Es ist darum nothwendig, in das Gesetz eine Bestimmung aufzunehmen, oder demselben eine solche Fassung zu geben, wornach sie der Erlaubniß ihrer geistlichen Oberen zum Eintritt in das Volkshaus nicht bedürfen. Es sollen ihnen künftig als Vertretern des Volkes von dieser Seite nicht willkürliche Hindernisse in den Weg gelegt werden, dem Rufe des Vertrauens, welches ihnen das Volk geschenkt hat, hierher zu folgen. Es ist darum nothwendig, daß, wenn man bei der Fassung des Ausschusses mit der Bestimmung „Staatsdiener" stehen bleibt, dann auch speciell zugefügt werde: „Kirchen- und Gemeindebeamte," sonst erleben wir, was wir bereits erlebt haben, nämlich, daß die Kirchenbehörden von ihrem Rechte, Urlaub zu ertheilen und zu verweigern, einen solchen Gebrauch machen, daß nur jene Männer, welche in ihrem Sinne wirken, in den Reichstag eintreten dürfen, daß aber diejenigen Männer, welche nicht in ihrem, sondern in eigenem, unabhängigem Sinne wirken, durch sie verhindert werden, in das Volkshaus einzutreten, und so das Volk um die Männer seines Vertrauens gebracht wird. Wir haben dieß in Baden erlebt, wo einem Geistlichen hartnäckig der Urlaub verweigert wurde, und er in Folge dessen nicht in die badische Kammer eintreten konnte. Dagegen könnten sich jedoch zwei Bedenken erheben: Erstens, ob wir wohl durch eine solche Bestimmung, wie ich sie vorgeschlagen, und wie sie in der von Günther vorgeschlagenen Fassung des § 6 enthalten ist, nicht in die Rechte und Gesetze der Kirche eingreifen? Und zweitens, ob wir nicht dadurch gegen die Bestimmungen des § 17 der Grundrechte verstoßen? Was das erste Bedenken betrifft, so will ich dasselbe zu heben suchen, und ich hoffe, daß es mir gelingen wird, wenn es überhaupt bei irgend Jemand vorhanden sein sollte. Das Concilium Tridentinum muß hier wohl maßgebend sein, und die hier einschlagenden Bestimmungen desselben werden zeigen, daß der von mir eingebrachte Zusatz-Antrag dem Geiste der Kirchengesetze nicht entgegentritt, sondern nur Dasjenige hier zugleich als geltend aufnehmen will, was in dem Kirchenrechte als Gesetz gilt. Nach den Bestimmungen des Conciliums von Trient sind die Geistlichen zur Residenz verpflichtet, zugleich aber werden gewisse Fälle bezeichnet, in denen sie von den Verpflichtungen der Residenz entbunden sind. Sie scheiden sich in gesetzliche und notorische Entschuldigungsgründe. Bei den gesetzlichen Entschuldigungsgründen bedarf es lediglich der Anzeige bei der geistlichen Oberbehörde und der anderweitigen Fürsorge für das geistliche Amt; bei den notorischen Entschuldigungsgründen bedarf es nicht einmal dieser Anzeige, wenn nur für die Führung des geistlichen Amtes gesorgt ist. Als gesetzliche Entschuldigungsgründe werden genannt: Werke der christlichen Liebe, dringende Nothwendigkeit, Pflicht des Gehorsams, augenscheinlicher Nutzen für Kirche und Staat. Als notorische Entschuldigungsgründe werden aufgeführt: irgend ein Staatsamt oder eine Staatspflicht (munus vel officium reipublicae). Wenn wir nun alle diese Bestimmungen auf den gegenwärtigen Fall anwenden, so können wir gewiß behaupten, daß es keine Stellung gebe, welcher dieselben mehr zusagen, als der Stellung eines Volksvertreters. In der Volksvertretung wird im höchsten Sinne ausgeübt, was als Werk der christlichen Liebe zu bezeichnen sein mag; in der Volksvertretung wird gethan, wozu die urgens necessitas drängt, nämlich des Volkes Wohl zu berathen; in der Volksvertretung wird erfüllt die höchste Gehorsamsverpflichtung, nämlich dem Gesetze und dem gesetzlichen Willen des Volkes zu genügen; in der Volksvertretung liegt offenbar der höchste Vortheil für den Staat, und darum auch für die Kirche; denn die Vortheile beider, wenn man sie im wahren Sinne versteht, können niemals gegeneinander im Widerspruch stehen. Die Vertretung des Volkes im Reichstage ist ein officium et munus reipublicae, die höchste Ehrenpflicht und das höchste Ehrenrecht im Staate. Sei es nun, daß Sie meinen Zusatz-Antrag annehmen, oder die von Herrn Günther und Genossen vorgeschlagene Fassung des § 6, so ist dadurch keineswegs den Bestimmungen des Kirchenrechts derogirt, vielmehr denselben vollkommen entsprochen. Als weiteren Unterstützungsgrund meiner Behauptung bringe ich in Erinnerung, daß wir in gewissen Staaten bisher eine Ständevertretung hatten, z. B. in Bayern, wo dann auch der geistliche Stand vertreten war, und daß wir dort keineswegs eines besonderen Urlaubs von der geistlichen Oberbehörde bedurften. Ich selbst habe in Bayern den geistlichen Stand auf dem Landtage vertreten, wie mehrere meiner Collegen hier in diesem Hause. Es bedurfte aber keines Urlaubs von Seite unserer geistlichen Behörden, sie konnten uns wenigstens nicht den Eintritt in die Kammer verweigern. Wir hatten lediglich mit Zustimmung der geistlichen Oberbehörde für die Versorgung der Pfarrei während unserer Abwesenheit Anordnung zu treffen. Konnte dieß nun im Interesse eines einzelnen Standes geschehen, warum sollte es nicht auch im Interesse des ganzen deutschen Volkes geschehen können, da doch gewiß dessen Interessen weit über den Interessen aller Stände stehen? Wir haben weiter zu erwägen, daß Diejenigen, die als Seelsorger zur Volksvertretung gewählt werden, gewöhnlich von ihrer Gemeinde und deren Umgegend gewählt werden, also von einem beträchtlichen Theile des Volkes im Interesse des ganzen Volkes. Somit hat ihnen ihre Gemeinde, hat ihnen das Volk durch die Wahl selbst schon den Urlaub ertheilt; und solche Vertreter, dächte ich, müßten schon den kirchlichen Urlaub haben, wenn auch nicht gerade von den kirchlichen Oberen, denn die Gemeinde, das Volk, macht ja gerade die Kirche aus. So glaube ich denn nachgewiesen zu haben, daß eine solche Bestimmung, wie ich sie beantragt, und wie sie allgemein in Günther's Antrage liegt, den Kirchengesetzen nicht widerspricht. — Aber auch dem § 17 der Grundrechte widerspricht diese Bestimmung nicht. Da heißt es: „Jede Religionsgesellschaft ordnet und verwaltet ihre Angelegenheiten selbstständig, bleibt aber den allgemeinen Staatsgesetzen unterworfen." Wohl gemerkt! „Bleibt den allgemeinen Staatsgesetzen unterworfen." Nun aber frage ich: Gibt es ein allgemeines

Grundgesetz, wenn es dieses nicht ist, welches jeden freien Bürger mit dem Rechte zu wählen und gewählt zu werden ausstattet, ihn als Volksvertreter zum höchsten Ehrenrecht und zur höchsten Ehrenpflicht ins Volkshaus ruft? Meine Herren! Es wird auch gewiß keiner Kirchengesellschaft einfallen, deßhalb sich beeinträchtigt zu wähnen, wenn man die Gewähr ausspricht, daß Derjenige, der sie als Seelsorger führt, sie auch in ihren staatlichen und bürgerlichen Rechten und Interessen vertreten darf, ohne ein Hinderniß durch Urlaubsverweigerung von irgend einer Seite als giltig zu erkennen. Durch die beantragte Bestimmung treten wir also dem § 17 der Grundrechte nicht entgegen. — Endlich ist noch ein Moment nicht zu übersehen. Das Wahlgesetz, welches hier berathen und beschlossen wird, wird ohne Zweifel in manchen Einzelstaaten für die Einzelwahlgesetze zum Muster dienen. Versäumen wir daher, in dasselbe jene Bestimmungen aufzunehmen, welche das Wahlrecht und die Wählbarkeit in allen Fällen und allen Ständen garantiren, so wird auch in den Einzelwahlgesetzen das Wahlrecht und die Wählbarkeit verkümmert werden. Ich fordere Sie daher auf im Namen der Gerechtigkeit, der Consequenz, der unabhängigen Wahlfreiheit, entweder die Fassung des § 6 von Günther zum Beschlusse zu erheben, oder das von mir beantragte Amendement in den Vorschlag des Ausschusses mit aufzunehmen. (Bravo auf der Linken.)

Präsident: Herr Simon von Trier hat auf das Wort verzichtet; es hat also Herr v. Linde das Wort. (Ruf nach Schluß.)

v. Linde von Mainz: Meine Herren! Ueber die Rechtsbeständigkeit des Grundsatzes: daß keine Regierung befugt sein darf, irgend einen Angehörigen des Volks zu verhindern, die gesetzmäßig giltige Wahl zum Abgeordneten anzunehmen, und dieser Wahl entsprechend, in einen politischen Körper einzutreten, kann nicht gestritten werden, denn der Grundsatz als solcher unterliegt keinem Zweifel. Aber von dem Grundsatz selbst handelt es sich nicht. Der Grundsatz soll und wird als ein kategorischer feststehen. Die eigentliche Frage ist die: ob die Interessen des Staatsdienstes und die Interessen der Volksvertretung in dem Verhältnisse zu einander stehen, daß der Beruf zu dem einen nothwendig alle Rücksichten auf den Beruf zu dem andern bei Seite zu setzen nöthigt. Wenn wir nun im Begriffe stehen, einen Staatsorganismus zu schaffen, in dem die Interessen der Staatsregierung von denen des Volkes durchaus in gar nichts unterschieden sein sollen; wenn wir erwarten, daß in Zukunft die Thätigkeit der Regierung ganz Hand in Hand gehen solle mit der Thätigkeit in den Repräsentativkörpern; so kommt die Frage auf ein anderes Gebiet, nämlich auf jenes, ob, wenn man dem Wahlkörper die Befugniß unbedingt und ohne Einschränkung zugesteht, dort den Repräsentanten zu suchen, wo er ihn mit Vertrauen finden zu können meint; ob dann der Regierung die Befugniß nicht auch umgekehrt erhalten werden muß, von ihrem Standpunkt aus ein Wort mitzureden, wenn man in die Mitte ihrer Organe eingreift, und über diese im Interesse der Vertretung zu verfügen die Absicht hegt? Das ist eigentlich die Frage, die durch keine Art von Sophismen weder weggebracht, noch gelöst werden kann. Die Regierung kann allerdings, wenn aus der Mitte ihrer Organe ein Glied in die Volksvertretung berufen werden soll, doppelte Bedenken bei dem Eintritte haben; einmal kann es die Betrachtung sein, daß mit der Entbehrung dieses Gliedes die ganze Maschine in Stocken geräth, und daß diese Hemmung doppelt gefährlich sein kann im Augenblicke, wo die Volksvertretung zusammentritt, wo also die Regierung doppelte Kräfte diesem politischen Körper gegenüber und den laufenden Geschäften zuzuwenden hat; sodann wird dabei, als zweites Moment, nach bestimmten Erfahrungen, die zuverlässig jede Regierung gemacht haben wird, in Betracht kommen, daß ihre Organe, besonders die untergeordneter Natur, wenn es ihnen gelungen ist, in den repräsentativen Körper zu treten, sehr häufig diesen Beruf dazu mißbrauchen, daß sie ihre Vorgesetzten in falsches Licht bringen, Dienstgeheimnisse verrathen, und so die Subordination und Treue des Dienstes verletzen, und die ganze Hierarchie desselben gefährden. Dadurch wird der Dienst selbst allmählich depravirt. Wenn wir uns auf einen unbefangenen Standpunkt stellen, von dem aus das Verhältniß des Staatsdieners zum Staate festzustellen ist, dann dürfen wir niemals aus einem Gesichtspunkte praktische Dispositionen treffen, die auf das ganze Volk selbst später ihre nachtheiligen Wirkungen unausbleiblich äußern. Sobald der Staatsdienst im Innern depravirt wird, so ist das für das Volkswohl, das wir doch begründen wollen, ebenso nachtheilig, als wenn das Volk bei der Wahl zur Vertretung verhindert wird. Sie dürfen nie übersehen, daß die Haupt-Garantie, das Volk glücklich zu machen, darin liegt, daß keine Klasse des Volks und keines der zu seiner Beglückung bestimmten Organe depravirt werde, ferner darin, daß die Volksvertretung ihre Aufgabe vollständig löse, und endlich auch darin, daß die Executivgewalt selbst von wahrem Patriotismus durchdrungen sei, ohne den kein Verfassungswerk zum wahren öffentlichen Wohle in Ausführung gebracht werden kann. Denn denken Sie sich eine entschiedene thatkräftige Executivgewalt und ihr gegenüber Abgeordnete, die depravirt nur Privatinteressen anstreben, und ein politisch verkommenes Volk, dann wird es der Regierung ein Leichtes sein, einen die allgemeine Wohlfahrt benachtheiligenden Weg einzuschlagen. Setzen Sie dagegen die Verhältnisse umgekehrt, so wird der Ausgang zum Wohle des Volkes sich gestalten. Die Staatsverfassung allein, wenn noch so gelungen, verbürgt kein Resultat, wenn nicht die Organe in allen Richtungen damit in Harmonie stehen, und sich gegenseitig in ihrer naturgemäßen Stellung anerkennen und schützen. Dabei darf auch niemals übersehen werden, wenn eigenthümliche Verhältnisse zu eigenthümlichen Resultaten und Maßnahmen führen müssen. Und Das ist bezüglich unserer Frage in Deutschland der Fall. Sie finden in großen außerdeutschen Staaten, daß die Beamten der Executivgewalt durch das Bemühen dieser selbst in den Repräsentativkörper gezogen werden, und umgekehrt finden Sie in Deutschland, daß man die Regierungsbeamten aus demselben fern zu halten sucht. Fragen Sie nach dem Grunde, so liegt er einzig und allein darin, daß die Beamten bei den außerdeutschen Regierungen nicht die Selbstständigkeit haben, wie in Deutschland; dort scheut sich der Beamte, in den politischen Repräsentantenkörper einzutreten, weil, wenn er nicht seine ganze Wirksamkeit den Erwartungen der Regierungsgewalt gemäß einrichtet, er auf einen Succeß in seinem dienstlichen Fortkommen gar nicht rechnen kann. In Deutschland weiß der Beamte hinter sich die Garantie der Dienst-Pragmatik; er hat auf die Centralgewalt und deren Interessen gar keine Rücksicht zu nehmen; er hat ihr gar keine Rücksicht zuzuwenden, weil ihn seine Dienstpragmatik gegen alle Nachtheile und Unbequemlichkeiten der Regierungsgewalt gegenüber schützt. Daß die Lage der Dinge aber nicht im wahren Interesse des Volkes ist, sobald man davon ausgeht, daß die Regierung und das Volk kein verschiedenes Interesse haben sollen, das liegt auf flacher Hand. So viel über die Verhältnisse der Staatsdiener, woraus sich ergibt, daß die Wähler, wenn sie einen Oppositionsmann wollen, ihn nicht in den Staatsdienern suchen sollten, und daß man zwar dem Volke frei lassen muß, Staatsdiener zu wählen, dann aber auch der Regierungsgewalt zugestehen muß, die Bedingungen zu stellen, unter denen sie einen solchen Diener künftig verwenden kann. Was nun die Kirchendiener anbetrifft, so hat, wie mir scheint, der Verfassungs-Ausschuß ganz richtig von diesen Verhältnissen gar nicht gesprochen; denn wenn es damit richtig steht, was der geehrte Redner vor mir gesagt hat, — und es steht das in thesi richtig, — dann versteht es sich von selbst, daß der Geistliche, der gewählt wird, in dieser Beziehung schon unter dem Schutze der Gesetze seiner Kirche in einer Lage sich bewegt, die es möglich macht, das allgemeine Staatsinteresse mit den Pflichten seines kirchlichen Berufs auszugleichen und Beides zu berücksichtigen, er also durch den Schutz seiner kirchlichen Gesetze, durch den Inhalt des Concils von Trient schon vollständig gesichert ist, daß ihm die Gelegenheit, als Volksvertreter auch in Zukunft für seine Gemeinde und für das allgemeine Wohl zu sorgen, nicht verkümmert werden wird. Wenn das seither in den Einzelstaaten anders gewesen sein sollte, so lag der Grund davon zuverläßig darin, daß die Kirche nicht selbstständig war, daß also ihre ganze administrative Thätigkeit durch die Influirung der Administrativthätigkeit des Staats mehr oder weniger überall gehemmt und bestimmt war. Sobald dieser störende Staatseinfluß aufhört, wird man sich überzeugen, daß die Kirche von einem selbstständigen Standpunkte aus handelt, und dem Bestreben der Regierungen, auch in dieser Beziehung nur wahres Volkswohl zu befördern, zuverläßig niemals hindernd entgegentritt. Also von dieser Seite her wird der Antrag des Verfassungs-Ausschusses nicht zu beanstanden sein. Sobald man in Deutschland thatsächlich in Anwendung bringt, was in den außerdeutschen Staaten Grundsatz ist, nämlich im einzelnen Falle die Vortheile der Dienstpragmatik aufhebt, dann unterliegt es keinem Anstande, auszusprechen, daß unter solcher Voraussetzung der Gewählte der Zustimmung seiner vorgesetzten Behörde nicht mehr bedürfe, weil dann die Behörde in die Lage gesetzt ist, für ihre Dienstverhältnisse ausgiebig zu sorgen, aber ohne durch die Rücksichten, die sie sonst nehmen müßte, in der Handhabung der Dienst-Ordnung gehindert zu sein. Ich wünsche deßwegen, daß Sie das Amendement, welches ich proponirt habe, annehmen mögen, weil, wie es mir scheint, alsdann sowohl für das Interesse der Vertretung, als für das Interesse der Regierung vollständig und ausgiebig gesorgt ist.

Präsident: Die Liste der Redner ist erschöpft. Ich frage, ob vielleicht der Berichterstatter des Ausschusses noch sprechen will?

Scheller (vom Platze): Ich verzichte.

Präsident: Dann gebe ich zur Abstimmung. Der Antrag des Herrn Kohlparzer unter Nr. 28, der ohnehin nur auf Streichung des § 6 gerichtet war, ist zurückgezogen. — Ich habe die Anträge der Herren v. Linde und Grävell zur Unterstützung zu bringen. Der Antrag des Herrn v. Linde, den § 6 so zu fassen:

> „Staatsdiener bedürfen zur Annahme der auf sie gefallenen Wahl alsdann keiner Genehmigung ihrer Vorgesetzten, wenn sie auf ihre auf die etwa bestehende Dienstpragmatik gegründete Stellung im Dienste zu verzichten bereit sind."

Wird dieser Antrag unterstützt? (Es erhebt sich nicht die nöthige Anzahl.) Er ist ohne Unterstützung geblieben. — Der Antrag des Herrn Grävell geht dahin, zu § 6 hinzuzufügen:

> „Die Hälfte ihres Diensteinkommens verbleibt ihnen mittlerweile, die andere Hälfte wird für die Stellvertreter im Amte verwendet."

Diejenigen Herren, die diesen Antrag unterstützen wollen, belieben sich zu erheben. (Nur einige Mitglieder erheben sich.) Der Antrag ist gleichfalls ohne Unterstützung geblieben. — Nun ergibt sich die Reihenfolge der Abstimmung von selbst. Es muß angefangen werden mit dem Antrage des Herrn Günther und Genossen:

> „Personen, die ein öffentliches Amt bekleiden, bedürfen zu dem Eintritt in das Volkshaus keines Urlaubs."

Wird dieser Antrag abgelehnt, so würde ich den Antrag des Verfassungs-Ausschusses zur Abstimmung bringen:

> „Staatsdiener bedürfen zur Annahme der auf sie gefallenen Wahl keiner Genehmigung ihrer Vorgesetzten,"

vorbehaltlich des Inserendums des Herrn Tafel und Genossen. Diejenigen Herren, die den Antrag von Herrn Günther und Genossen:

> „Personen, die ein öffentliches Amt bekleiden, bedürfen zu dem Eintritt in das Volkshaus keines Urlaubs,"

annehmen wollen, bitte ich, sich zu erheben. (Ein Theil der Versammlung erhebt sich.) Wir müssen die Gegenprobe machen. Diejenigen Herren, welche den Antrag des Herrn Günther und Genossen nicht annehmen wollen, bitte ich, sich zu erheben. (Das Resultat der Abstimmung ist abermals zweifelhaft.) Wir müssen durch Zettel stimmen. Also Diejenigen unter Ihnen, welche den eben verlesenen Antrag des Herrn Günther und Genossen annehmen wollen, ersuche ich, den weißen Zettel, die ihn nicht annehmen wollen, den farbigen mit ihrer Unterschrift zu versehen. (Die Stimmzettel werden eingesammelt und gezählt.)

Mit Ja stimmten:

Achleitner aus Ried, v. Aichelburg aus Villach, Anderson aus Frankfurt a. d. O., Bauer aus Bamberg, Becker aus Gotha, Becker aus Trier, Behnke aus Hannover, Beidtel aus Brünn, Berger aus Wien, Bernhardi aus Kassel, Biedermann aus Leipzig, Blumröder (Gustav) aus Kirchenlamitz, Böcking aus Trarbach, Boczek aus Mähren, Bogen aus Michelstadt, Braun aus Bonn, Brentano aus Bruchsal, Bresgen aus Ahrweiler, Breusing aus Osnabrück, Christmann aus Dürkheim, Claussen aus Kiel, Cnyrim aus Frankfurt am Main, Cramer aus Köthen, Cropp aus Oldenburg, Damm aus Tauberbischoffsheim, Demel aus Teschen, Dham aus Schmalenberg, v. Dieskau aus Plauen, Dietsch aus Annaberg, Dröge aus Bremen, Eckert aus Bromberg, Egger aus Wien, Eisenstuck aus Chemnitz, Engel aus Pinneberg, Englmayr aus Enns (Oberösterreich), Esterle aus Cavalese, Fallati aus Tübingen, Federer aus Stuttgart, Fehrenbach aus Säckingen, Fetzer aus Stuttgart, Förster aus Hünfeld, Freese aus Stargard, Frisch aus Stuttgart, Fritzsche aus Roda, Fröbel aus Reuß, Fuchs aus Breslau, Gebhard aus Würzburg, Geigel aus München, Gerlach aus Tilsit, v. Giech (Graf) aus Thurnau, Giskra aus Wien, v. Gladis aus Wohlau, Goltz aus Brieg, Groß aus Prag, Grubert aus Breslau, v. Grundner aus Ingolstadt, Gülich aus Schleswig, Günther aus Leipzig, Gulden aus Zweibrücken, Hagen (K.) aus Heidelberg, Haggenmüller aus Kempten, Hallbauer aus Meißen, Hartmann aus Leitmeritz, Haßler aus Ulm, Hedrich aus Prag, Hehner aus Wiesbaden, Heisterbergk aus Rochlitz, Heldmann aus Selters, Hensel aus Camenz, v. Hermann aus München, Heubner aus Zwickau, Heusner aus Saarlouis, Hildebrand aus Marburg, Hirschberg aus Sondershausen, Hönniger aus Rudolstadt, Hofer aus Pfarrkirchen, Hofmann aus Friedberg, Hollandt aus Braunschweig, Huber aus Linz, Jacobi aus Hersfeld, Johannes aus Meiningen, Jopp aus Enzersdorf, v. Itzstein aus Mannheim, Jucho aus Frankfurt am Main, Käfferlein aus Baireuth, Kagerbauer aus Linz, Kahlert aus Leobschütz, Kanitsch aus Karlsberg, Kirchgeßner aus Würzburg, Klett aus Heilbronn, Köhler aus Seehausen, Kollaczek aus österr. Schlesien, Kotschy aus Ustron in Mährisch-Schlesien, Krafft aus Nürnberg, Kuhnt aus Bunzlau, Lammers aus Erlangen, Langbein aus Wurzen, Lausch aus Troppau, Levysohn aus Grünberg, Liebmann aus Perleberg, Lindner aus Seisenegg, Lodemann aus Lüneburg, Löschnigg aus Klagenfurt, Makowiczka aus Krakau, Mally aus Steyermark, Mammen aus Plauen, Marcus aus Bartenstein, Mareck aus Gratz (Steyermark), Marsilli aus Roveredo, Martiny aus Friedland, Melly aus Wien, Mertel aus Kronach, Meyer aus Liegnitz, Mez aus Freiburg, Minkus aus Marienfeld, Möller aus Reichenberg, Mölling aus Oldenburg, Mohl (Moriz) aus Stuttgart, Mohr aus Ober-Ingelheim, Mulley aus Weitenstein, Nagel aus Bahlingen, Nägele aus Murrhardt, Nauwerck aus Berlin, v. Neitschütz aus Königsberg, Neugebauer aus Ludiz, Neumayr aus München, Nicol aus Hannover, Nöthig aus Weißholz, Ostendorf aus Soest, Paur aus Augsburg, Paur aus Neisse, Pfahler aus Tettnang, Pfeiffer aus Adamsdorf, Pfeuffer aus Landshut, Plaß aus Stade, Pötzl aus München, Prinzinger aus St. Pölten, v. Quintus-Icilius aus Fallingbostel, Rank aus Wien, Rapp aus Wien, v. Rappard aus Glambek, Raus aus Wolframitz, Raveaux aus Köln, Reh aus Darmstadt, Reichenbach (Graf) aus Dometzko, Reinhard aus Boytzenburg, Reinstein aus Naumburg, Reitter aus Prag, Renger aus böhmisch Kamnitz, Rheinwald aus Bern, Riehl aus Zwettl, Röben aus Dornum, Rödinger aus Stuttgart, Roßmäßler aus Tharand, Rühl aus Hanau, Sachs aus Mannheim, Schädler aus Vaduz, Scharre aus Strehla, Schauß aus München, Schenk aus Dillenburg, Schierenberg aus Detmold, Schlöffel aus Halbendorf, Schmidt (Ernst Friedrich Franz) aus Löwenberg, Schmidt (Adolph) aus Berlin, Schmidt (Joseph) aus Linz, Schmitt (Nicolaus) aus Kaiserslautern, Schneider (Joseph) aus Wien, Schoder aus Stuttgart, Schorn aus Essen, Schott aus Stuttgart, Schüler aus Jena, Schütz aus Mainz, Schwarzenberg aus Kassel, Siemens aus Hannover, Simon (Max) aus Breslau, Simon (Heinrich) aus Breslau, Simon (Ludwig) aus Trier, Spatz aus Frankenthal, Sprengel aus Waren, Stark aus Krumau, Stenzel aus Breslau, Strache aus Rumburg, Streffleur aus Wien, v. Stremayr aus Gratz, Sturm aus Sorau, Tafel aus Stuttgart, Tafel (Franz) aus Zweibrücken, Thüsing aus Warendorf, Trabert aus Rausche, Trampusch aus Wien, v. Trützschler aus Dresden, Uhland aus Tübingen, Umbscheiden aus Dahn, v. Unterrichter aus Klagenfurt, Venedey aus Köln, Viebig aus Posen, Vischer aus Tübingen, Vogel aus Guben, Vogel aus Dillingen, Vogt aus Gießen, Vonbun aus Feldkirch, Waldburg-Zeil-Trauchburg (Fürst) aus Stuttgart, Wedekind aus Bruchhausen, Werner aus Oberkirch, Werner aus St. Pölten, Werthmüller aus Fulda, Wesendonck aus Düsseldorf, Wichmann aus Stendal, Wiesner aus Wien, Wigard aus Dresden, Wurm aus Hamburg, Würth aus Sigmaringen, Zachariä aus Bernburg, Zell aus Trier, Zeltner aus Nürnberg, Ziegert aus preußisch Minden, Zimmermann aus Stuttgart, Zum Sande aus Lingen.

Mit Nein stimmten:

Ahrens aus Salzgitter, Ambrosch aus Breslau, v. Amstetter aus Breslau, Arndt aus Bonn, Arndts aus München, Arneth aus Wien, Backhaus aus Jena, v. Bally aus Beuthen, Beseler aus Greifswald, Böcler aus Schwerin, v. Bothmer aus Carow, Braun aus Cöslin, Brescius aus Züllichau, Briegleb aus Koburg, v. Buttel aus Oldenburg, Clemens aus Bonn, Cornelius aus Braunsberg, Coronini-Cronberg (Graf) aus Görz, Dahlmann aus Bonn, Deeke aus Lübeck, Deetz aus Wittenberg, Degenkolb aus Eilenburg, Deymann aus Meppen, Dinstl aus Krems, Döllinger aus München, Droysen aus Kiel, Duncker aus Halle, Ebmeier aus Paderborn, Eckart aus Lohr, Edel aus Würzburg, Edlauer aus Gratz, Eisenmann aus Nürnberg, Emmerling aus Darmstadt, v. Ende aus Waldenburg, Engel aus Culm, Esmarch aus Schleswig, Evertsbusch aus Altena, Fischer (Gustav) aus Jena, Francke (Karl) aus Rendsburg, Friederich aus Bamberg, Fügerl aus Korneuburg, Gfrörer aus Freiburg, Giesebrecht aus Stettin, Göbel aus Jägerndorf, Godeffroy aus Hamburg, Gombart aus München, Graf aus München, Grävell aus Frankfurt a. d. O., Groß aus Leer, Gspan aus Innsbruck, Gysae (Wilhelm) aus Strehlow, Hahn aus Guttstatt, v. Hartmann aus Münster, Haubenschmied aus Passau, Hayden aus Dorff bei Schlierbach, Haym aus Halle, v. Hennig aus Dempowalonka, Hergenhahn aus Wiesbaden, Herzog aus Ebermannstadt, Höfken aus Hattingen, Hoffmann aus Ludwigsburg, Hugo aus Göttingen, Jahn aus Freiburg an der Unstrut, Jordan aus Berlin, Jordan aus Gollnow, v. Kaisersfeld aus Birkfeld, Kerer aus Innsbruck, v. Keudell aus Berlin, Knarr aus Steyermark, Kohlparzer aus Neuhaus, Kosmann aus Stettin, v. Kösteritz aus Elberfeld, Kratz aus Wintershagen, Künßberg aus Ansbach, Küntzel aus Wolka, Kutzen aus Breslau, Langerfeldt aus Wolfenbüttel, v. Lassaulx aus

München, Laube aus Leipzig, Lette aus Berlin, Leverkus aus Lennep, Lienbacher aus Goldegg, v. Linde aus Mainz, Löw (Hermann) aus Posen, v. Maltzahn aus Küstrin, Mann aus Rostock, Marcks aus Duisburg, v. Massow aus Karlsberg, Matthies aus Greifswald, Merck aus Hamburg, Metzke aus Sagan, Michelsen aus Jena, Mittermaier aus Heidelberg, Müller aus Würzburg, Münch aus Wetzlar, v. Nagel aus Oberviechtach, Naumann aus Frankfurt a. d. O., Nerreter aus Fraustadt, Neubauer aus Wien, Nizze aus Stralsund, Obermüller aus Passau, Oertel aus Mittelwalde, Ottow aus Labiau, Pietinger aus Kremsmünster, Pinder aus Woinowitz, Plehn aus Marienburg, Polatzek aus Weißkirch, Quesar aus Gratz, v. Radowitz aus Rüthen, Raffl aus Neustadtl in Böhmen, v. Raumer aus Berlin, v. Raumer aus Dinkelsbühl, Reichensperger aus Trier, Reitmayr aus Regensburg, Riegler aus mährisch Budwitz, Riesser aus Hamburg, Rothe aus Berlin, v. Rotenhan aus München, Rüder aus Oldenburg, Rümelin aus Nurtigen, v. Sänger aus Grabow, Scheller aus Frankfurt an der Oder, Schepp aus Wiesbaden, Schirmeister aus Insterburg, v. Schleussing aus Rastenburg, Schlüter aus Paderborn, Schneer aus Breslau, Scholten aus Ward Scholz aus Neisse, Schrader aus Brandenburg, Schreiber aus Bielefeld, v. Schrenk aus München, v. Schrötter aus preußisch Holland, Schubert (Friedrich Wilhelm) aus Königsberg, Schubert aus Würzburg, Schuler aus Innsbruck, Schultze aus Potsdam, Schultze aus Liebau, Schwarz aus Halle, Schwetschke aus Halle, v. Selchow aus Rettkewitz, Sellmer aus Landsberg a. d. W., Sepp aus München, Siehr aus Gumbinnen, v. Soiron aus Mannheim, Stavenhagen aus Berlin, Stieber aus Budissin, Stülz aus St. Florian, Tannen aus Zielenzig, Teichert aus Berlin Tellkampf aus Breslau, v. Thielau aus Braunschweig, Veit aus Berlin, Waitz aus Göttingen, Walter aus Neustadt, Weber aus Neuburg, Weber aus Meran, v. Wedemeyer aus Schönrade, v. Wegnern aus Lyk, Weißenborn aus Eisenach, Welcker aus Aachen, Wernher aus Nierstein, Widenmann aus Düsseldorf, Wiebker aus Uckermünde, v. Wulffen aus Passau, Wutike aus Leipzig, v. Wydenbrugk aus Weimar, v. Zerzog aus Regensburg.

Präsident: Der Antrag des Herrn Günther und Genossen ist mit 219 gegen 166 Stimmen angenommen. (Beifall auf der Linken.) Dadurch ist der Antrag des Ausschusses und das Amendement des Herrn Tafel von Zweibrücken beseitigt, und die Abstimmung über § 6 zu Ende. — Wir gehen zu § 7 über. Ich bringe hier zuerst einen heute eingegangenen Antrag zu Ihrer Kenntniß, weil er sich auf die Geschäftsbehandlung bezieht. Es ist ein Antrag des Herrn Würth von Sigmaringen und Anderer, die §§ 7, 8, 9 und 10 in der Discussion und Abstimmung zusammenzufassen. Ich frage, ob über diesen Antrag Jemand das Wort verlangt, ob Widerspruch gegen den Antrag ist? (Zuruf: Nein!) Wir fassen also die §§ 7, 8, 9 und 10 in gemeinschaftlicher Berathung zusammen, vorausgesetzt, daß eine Discussion überhaupt beliebt werden sollte.

Die §§ 7 — 10 des Entwurfs lauten folgendermaßen:

Artikel III.

§ 7.

In jedem Einzelstaate sind Wahlkreise von je 100,000 Seelen der nach der letzten Volkszählung vorhandenen Bevölkerung zu bilden.

Minoritäts-Erachten: Der § 7 möge so lauten: „Das deutsche Reich ist in Wahlkreise von 100,000 Seelen der Bevölkerung einzutheilen. Dieselben werden zum Zwecke des Stimmenabgebens in kleinere Bezirke eingetheilt, in welchen für den ganzen Wahlkreis Ein Abgeordneter zum Volkshause zu wählen ist." Dagegen mögen die §§ 8, 9, 10, sowie die Reichsmatrikel, weggelassen werden. (G. C. Schüler; H. Simon; Wigard; Ahrens; Reh; Schreiner; Römer.)

§ 8

Ergibt sich in einem Einzelstaate bei der Bildung der Wahlkreise ein Ueberschuß von wenigstens 50,000 Seelen, so ist hierfür ein besonderer Wahlkreis zu bilden.

Ein Ueberschuß von weniger als 50 000 Seelen ist unter die anderen Wahlkreise des Einzelstaates verhältnißmäßig zu vertheilen.

§ 9.

Kleinere Staaten mit einer Bevölkerung von wenigstens 50,000 Seelen bilden einen Wahlkreis

Diejenigen Staaten, welche keine Bevölkerung von 50,000 Seelen haben werden mit anderen Staaten, nach Maßgabe der Reichsmatrikel (Anlage A) zur Bildung von Wahlkreisen zusammengelegt.

Minoritäts-Erachten: Zwischen dem ersten und zweiten Satz ist einzuschalten: „Diesen soll die Stadt Lübeck gleichgestellt werden." (Waitz; G. Beseler; H. Dahlmann; v. Soiron; Droysen; Riesser.)

§ 10.

Die Wahlkreise werden zum Zweck des Stimmenabgebens in kleinere Bezirke eingetheilt."

Ich will Ihnen das Material zu diesem Paragraphen vorlegen. — Der zweite Satz des Minoritäts-Erachtens zu § 7, das heißt die Worte:

„Dieselben werden zum Zwecke des Stimmenabgebens in kleinere Bezirke eingetheilt, in welchen für den ganzen Wahlkreis Ein Abgeordneter zum Volkshause zu wählen ist,"

zurückgenommen ist. Dann liegen zu § 7 gedruckt die Anträge des Herrn Joseph Rank (Nr. 29) und des Herrn Kohlparzer (Nr. 30) vor.

(Die Redaction läßt diese beiden Anträge hier folgen:

Antrag des Abgeordneten Rank:

„In Erwägung, daß die hohe Nationalversammlung die Gleichberechtigung der Nationalitäten innerhalb des deutschen Reichsgebietes feierlich anerkannt hat;

in Erwägung, daß bei den Wahlen der Abgeordneten sich stets und überall der reine Ausdruck des Volkswillens und der Volksgesinnung geltend machen solle;

in Erwägung ferner, daß in diesem Sinne keineswegs eine reine Wahl der Abgeordneten möglich ist in Provinzen, deren Bewohner verschiedener Nationalitäten sind, wie in Böhmen, Mähren, Steyermark, Tyrol, Schleswig, Posen u. s. w., indem es:

a) nur selten einem Candidaten, namentlich einem Deutschen, möglich ist, sich in zwei Sprachen mit seinen Wählern zu verständigen; indem

b) die Eifersucht der Nationalitäten eher eine Niederlage der Gesinnung, als der Abstammung in der Person ihres Deputirten verträgt, und auf diese Weise die Wahlen durch Leidenschaften aller Art, wie dieß in Böhmen bereits der Fall gewesen ist, arg getrübt werden müssen, —

beschließt die hohe Nationalversammlung, den § 7. Artikel III des Reichswahlgesetzes durch den Zusatz zu vervollständigen, also lautend:

„In Provinzen von gemischter Bevölkerung sind die Wahlkreise streng nach der Sprachgrenze abzutheilen. Streitige Grenzortschaften entscheiden sich selbst durch directe Abstimmung und einfache Stimmenmehrheit für einen der Wahlkreise, zwischen welchem sie liegen."

Unterstützt von: Strache; Makowiczka; Spatz; Kotschy; Raus; Berger; Pattay; Eisenstuck; Rheinwald; Schüler; Möller; Kudlich; Groß von Prag; Riebl; Melly; Prinzinger; Werner von St. Pölten; Minkus; Esterle; Stark; Löschnigg; Rapp; Mally aus Steyermark; Hartmann.

Antrag des Abgeordneten Kohlparzer:

„In jedem Einzelstaate sind Wahlkreise von fünfzigtausend Seelen der nach der letzten Volkszählung vorhandenen Bevölkerung zu bilden.")

Präsident: Handschriftlich liegt vor: der Antrag der Herren Hollandt, Jordan von Gollnow und zwanzig anderer Mitglieder, folgenden Zusatz zu § 7, eventuell zu § 8, oder 9 zu belieben:

„In jedem Wahlkreise wird ein Abgeordneter gewählt."

A. Hollandt; Jordan von Gollnow; Gülich; Röthig; Groß von Leer; Sellmer; Bauer; Fuchs; Zeltner; v. Maltzahn; Gebhard; Deiters; Krafft; Nerreter; Scholz; Walter; Löw von Posen; Lammers; Kerst; Wichmann.

Ferner der Vorschlag des Herrn Wiesner und Genossen:

„Zu § 7 beantragen wir Wahlkreise von 70,000 Seelen.

Zu § 8 beantragen wir, daß ein Ueberschuß von 35,000 Seelen einen besondern Wahlkreis zu bilden habe.

Zu § 9 beantragen wir, daß Kleinstaaten mit einer Bevölkerung von wenigstens 35,000 Seelen einen Wahlkreis bilden."

Unterstützt von: Martiny; Schütz; Hartmann; Würth; Gulden; Schmitt von Kaiserslautern; Simon von Trier; Zimmermann von Spandow; Fehrenbach; Kollaczek; Stark; Damm; Berger; Zimmermann von Stuttgart; Günther von Leipzig; Dietsch; v. Trützschler; Wesendonck; Hagen.

Zu § 7 liegt noch vor ein Antrag von Herrn Förster:

„In Erwägung,

daß es völlig gewiß noch nicht ist, aus welcher Bevölkerungsmasse der deutsche Bundesstaat bestehen wird;

in Erwägung,

daß nach den Anträgen der Majorität und der Minorität des Ausschusses bei nur 30,000,000 Seelen das Volkshaus bloß aus 800 Mitgliedern bestehen, somit minderzähliger, als mehrere Landesversammlungen sein, nur ⅔ der Mitgliederzahl der französischen Nationalversammlung erreichen würde;

in Erwägung ferner,

daß selbst bei 45,000,000 Seelen die Zahl der Mitglieder des Volkshauses nur ⅗ der französischen Nationalversammlung betragen würde;

in schließlicher Erwägung,

daß, wenn die Verhältnisse sich gestaltet haben, es leichter sein wird, die Zahl der Mitglieder des Volkshauses herabzusetzen, als die üblen Folgen zu beseitigen, die aus der jetzt zu gering gegriffenen Zahl erwachsen können,

beantrage ich zu § 7 und den Minoritäts-Erachten:

„Wenn das Kohlparzer'sche Amendement nicht durchgehen sollte, wenigstens Wahlkreise von 75,000 Seelen zu bilden;

Zu § 8: Wenn das Minoritäts-Erachten zu § 7 keine Zustimmung fände, die Zahlen von 50,000 auf 35,000 herabzusetzen."

Zum Wort haben sich bei § 7 gemeldet, gegen denselben: die Herren Schüler von Jena; Fuchs; Schubert von Königsberg; für den Paragraphen: Herr Würth von Sigmaringen. Zu § 8 liegt nur ein Antrag des Herrn Schubert von Königsberg und Genossen vor:

„Es soll statt § 8 lauten, Satz 1:

Würde sich in einem Einzelstaate bei der Bildung der Wahlkreise ein Ueberschuß von 50,000 Seelen ergeben, so ist ein Wahlkreis mehr zu bilden."

Unterstützt von: Sänger; Siehr; Fischer von Jena; Duncker; Degenkolb; Plathner; Schultze von Liebau; Stieber; Haubenschmied; Schleussing; Heimbrod; Rothe; v. Thielau; Jacobi; Becker von Gotha; Langerfeldt; Kratz; Haym; Metzke.

Zum Worte haben sich gemeldet: Die Herren Lette und Schubert von Königsberg gegen, und Herr Rizze für den Paragraphen. Bei § 9 liegt der Antrag des Ausschusses, das Minoritäts-Erachten, das Amendement des Herrn Kohlparzer (Nr. 34), der Antrag des Herrn Rapp (Nr. 61) und des Herrn Würth von Sigmaringen (Nr. 73) vor.

(Die Redaction läßt diese Anträge hier folgen:

Des Abgeordneten Kohlparzer:

„Kleinere Staaten mit einer Bevölkerung unter 50,000 Seelen bilden jeder einen Wahlkreis."

Des Abgeordneten Rapp von Wien:

„Für den Fall, daß das zu § 7 gestellte Minoritäts-Erachten nicht angenommen würde, stelle ich den Antrag, der § 9 des Wahlgesetzes möge so lauten:

„Diejenigen Staaten, welche nicht eine Bevölkerung von wenigstens 100,000 Seelen haben, werden mit angrenzenden Staaten nach Maßgabe der Reichswahlmatrikel zur Bildung von Wahlkreisen zusammengelegt."

Unterstützt von: Prinzinger; Strache; Maly; Werner von St. Pölten; Huber; Melly; Bresgen; Reißinger; Giskra; Streffleur; Neugebauer; Muller; Lindner; Schneider.

Des Abgeordneten Würth von Sigmaringen:

„An die Stelle dieses Paragraphen beantrage ich, folgenden aufzunehmen:

„Staaten mit einer Bevölkerung von weniger als 50,000 Einwohnern bilden besondere Wahlkreise.")

Präsident: Zum Worte haben sich gemeldet gegen den § 9: Die Herren Würth von Sigmaringen, Fuchs und Decke. — Endlich bei § 10 liegt der Antrag des Ausschusses, ein Amendement des Herrn Kohlparzer (Nr. 10), den Paragraph zu streichen, welches also kein eigentlicher Antrag ist, und ein Antrag des Herrn Grävell (Nr. 40. Ziffer 6): „In möglichst gleichmäßige Bezirke" vor. Zum Worte haben sich gemeldet gegen den Antrag: Die Herren Wuttke; Biedermann, Jacobi; für denselben: Die Herren Leite und Waitz. Ich frage zuvörderst, ob überhaupt über die §§ 7, 8, 9, 10 discutirt werden soll; will aber für jeden Paragraphen einzeln die Frage stellen. (Zuruf: Zusammen!) Es wäre möglich, daß Sie einen einzelnen Paragraphen ausschließen wollten, und bei dem folgenden die Discussion zulassen; ich kann aber auch die Frage auf alle vier Paragraphen stellen, wenn die Versammlung das vorzieht. (Zuruf: Ja!) Diejenigen Herren, welche auf die Discussion über die §§ 7, 8, 9 und 10 nicht verzichten wollen, ersuche ich, aufzustehen. (Es erheben sich mehr als hundert Mitglieder.) Die Discussion ist zugelassen.

Schüler von Jena: Ich will Ihnen das Minoritäts-Gutachten empfehlen, welches wir zu § 7 gestellt haben. Der § 7 lautet:

„In jedem Einzelstaate sind Wahlkreise von je 100,000 Seelen der nach der letzten Volkszählung vorhandenen Bevölkerung zu bilden."

Wir haben das Minoritäts-Gutachten dahin gestellt, der § 7 möge so lauten:

„Das deutsche Reich ist in Wahlkreise von 100,000 Seelen der Bevölkerung einzutheilen."

Dieses Minoritäts-Erachten findet seine Rechtfertigung hauptsächlich darin, daß der ganzen Verfassung das Princip zu Grunde liegt, daß in Beziehung auf das Volkshaus das ganze deutsche Volk als ungetheiltes Ganze zu betrachten ist, ohne Berücksichtigung der speciellen Staaten; das Staatenhaus dagegen vertritt die Einzelnstaaten, und hier kommen die Grenzen der Einzelnstaaten in Berücksichtigung; in Beziehung auf das Volkshaus müssen die Grenzen der Einzelnstaaten verschwinden, hier erscheint das ganze deutsche Volk, als ein ungetheiltes Ganze. Dieses der Verfassung zu Grunde liegende Princip muß consequent durchgeführt werden, und auch in Kleinigkeiten muß man es nicht verleugnen. Nennen Sie es immerhin Principienreiterei, ich lasse mir das gefallen, es ist besser, als wenn man die Grundsätze bei jedem conträren Wind ändert. Es ist aber auch von praktischen Folgen; es würde bei Annahme unseres Minoritäts-Erachtens die ganze Wahlmatrikel als überflüssig wegfallen, und es würde noch manche andere Schwierigkeit damit verschwinden. Bei größeren Staaten, bei compacten Staatenmassen, wird es praktisch keinen Unterschied machen, die Wahlbezirke werden nach der einen Vorschrift wohl ebenso ausfallen wie nach der anderen; allein bei kleinen Staaten thun sich Schwierigkeiten hervor, wenn man die Staatsgrenzen berücksichtigen will. Es kommen schon bei einigen kleinen Ländern Zweifel vor, ob die verschiedenen Theile als Theile eines Ganzen zu betrachten sind, oder ob sie verschiedene selbstständige Länder bilden, wie z. B. Waldeck und Pyrmont. So viel ich weiß, ist das Fürstenthum Pyrmont gar nicht in dieser Versammlung vertreten, weil die Pyrmonter behauptet haben, sie bilden einen von Waldeck getrennten Staat. Sie haben deßhalb dort nicht mitgewählt, und auch nicht einen eigenen Abgeordneten wählen können. In anderen Fällen wird die Berücksichtigung der Staatsgrenzen Schwierigkeiten verursachen, wie z. B., wenn Oldenburg, Eutin und das Fürstenthum Birkenfeld wählen sollen, so würde es sich leichter machen, wenn man die Staatsgrenzen nicht zu berücksichtigen braucht; so verhält es sich mit Koburg und Gotha, welche zwei von einander getrennte, ungleiche Theile Eines Staates sind. Räumen Sie deßhalb diese Scheidewand zwischen den einzelnen Ländern hinweg, betrachten Sie Deutschland als Ganzes, wenn es sich um die Wahlen zum Volkshause handelt. Sie werden hierdurch die Idee der Einheit befestigen. Das deutsche Volk ist durch Scheidewände lange genug zertheilt und gespalten worden; es möchte sich nun als Ganzes fühlen. Es kommt mir mitunter vor, als ob das deutsche Volk so getrennt gewesen ist, wie die Gefangenen in einem Zellengefängnisse. Die einzelnen Theile sehnten sich nach Vereinigung, denn sie konnten sich nicht verbinden zu gegenseitigem Schutz und Trutz, sie konnten ihre Kräfte nicht vereinigen zu einem gemeinsamen großen Wirken, die zwischen ihnen bestehenden Scheidewände hinderten sie daran. Ich stelle mir nun die deutsche Einheit so vor, daß man diese Scheidewände aus dem Wege räumen müsse; eine andere Seite (nach der Rechten sich wendend) will die Scheidewände bestehen lassen, und sucht die Einheit darin, daß sie über das ganze Zellengefängniß ein gemeinschaftliches hohes Dach baut. Das gibt nur eine Einheit des Gefängnisses, aber nicht die Einheit unter den Bewohnern. Diese Einheit, welche bloß dadurch hervorgebracht wird, daß man ein gemeinschaftliches Dach darüber baut, aber nicht die Scheidewand zwischen den Zellen hinwegräumt, diese vermeinte Einheit, ist nicht eine wahre, führt nicht zur wirklichen Einheit. Ich möchte sagen, wir können das in unserer Versammlung selbst sehen: Wir hier repräsentiren Deutschland nicht allein staatsrechtlich und formell, sondern wir repräsentiren es auch geistig in höherer Beziehung, wir bilden, wenn Sie mir dieß vielleicht nicht ganz passende Wort erlauben wollen, einen Mikrokosmus, welcher das deutsche Volk abspiegelt; die Erscheinungen, welche wir hier sehen, wiederholen sich im deutschen Volke im Großen und umgekehrt. Nun können Sie selbst beurtheilen, daß die Einheit, wie man sie in einem großen Theile des Hauses will, nicht zur wirklichen Einheit führt, denn, sowie wir hier zur Berathung Ihrer Einheit kommen, so haben sich sofort die Abgeordneten auf der rechten Seite nach Landsmannschaften gespalten, und es ist bei jeder Abstimmung zu bemerken, wer aus Preußen, wer aus Schleswig-Holstein oder wer aus Oesterreich oder Bayern ist. Auf der linken Seite des Hauses ist von diesen Landsmannschaften nicht eine Spur, wir sind bei den Einheitsfragen, und auch bei der Frage über das Oberhaupt, worin Sie die Einheit suchen, vollkommen einig geblieben, es können sich unter uns zwar noch principielle Verschiedenheiten finden; aber landsmannschaftliche Verschiedenheiten finden sich auf der linken Seite nicht (Bravo! Stimmen von der Linken: Hier sind nur Deutsche!), und daraus schließe ich, daß auch draußen im Volke die Einheit, die wir wollen, zur wahren und wirklichen Einheit und zur Eintracht führt; die Einheit der rechten Seite führt zur Zwietracht und Spaltung. Es ist auch hier eine Scheidewand wegzuräumen, ich gestehe, sie ist gering, die praktischen Folgen sind nicht sehr bedeutend, allein geben Sie der Idee die Ehre, befestigen Sie die Idee der Einheit dadurch, daß Sie diese, wenn auch geringfügige Scheidewand wegräumen.

Würth von Sigmaringen: Meine Herren! Als das Vorparlament für die einzuberufende constituirende Versammlung Wahlkreise mit einer Bevölkerung von 50,000 Einwohnern bestimmte, da war auch die Rede davon, wie es mit solchen Staaten gehalten werden solle, deren Bevölkerung unter dieser Ziffer stehe. Diese von der Vertretung ganz auszuschließen, oder aber bei der Wahl eines Abgeordneten größeren Staaten zuzutheilen, hielt man für unstatthaft, und man einigte sich alsbald dahin, daß auch dem kleinsten Staate, unrücksichtlich seiner Bevölkerung, gestattet sein solle, wenigstens *einen* Abgeordneten in das Parlament zu schicken. Daß man hierbei lediglich nur die verfassunggebende Versammlung ins Auge faßte, und nicht weiter in die Zukunft blickte, ist wohl keinem Zweifel unterworfen; denn in den Märztagen des vorigen Jahres dachte wohl Niemand daran, — nicht einmal der personificirte historische Rechtsboden, — daß Lichtenstein, Hessen-Homburg und andere Staaten dieser Art mit einer Bevölkerung unter 100,000, oder gar unter 50,000 Einwohnern ihr Dasein fristen könnten. Daran glaubten selbst die betreffenden Fürsten nicht, und aus dem Volke hielt es wohl Niemand für möglich, daß dieser unglückselige Zustand der Zerrissenheit, die Ursache aller Schmach und aller Erniedrigung unseres Vaterlandes, auch das Jahr der Revolution überleben würde. Getäuscht in allen unseren Erwartungen, betrogen um alle unsere Hoffnungen, sehen wir auch die 34, oder 37, oder 38, — ich kannte die Zahl dieser deutschen Grundlasten nie genau (Heiterkeit), — mit verjüngter Kraft aus einer Versammlung hervorgehen, deren Beruf es war, diese Staatsfictionen zu beseitigen, und wir sind abermals und wider Erwarten bei der Vertretungsfrage der sogenannten Duodezstaaten angelangt. Mit dem noli me tangere, das Sie in dieser Versammlung gegen die kleineren Fürstenschaften beobachteten, haben die Interessen und Wünsche des Volkes nichts gemein. Es haben zwar einige kleine Staaten im Norden für die Aufrechthaltung ihrer Selbstständigkeit petitionirt; aber es geschah dieses sicher nur aus Preußenfurcht. Niemand will preußisch werden; lieber noch reußisch, als preußisch. (Eine Stimme auf der Rechten: Wir wollen Euch gar nicht haben!) Ihr werdet uns auch nicht bekommen. — Ich muß gestehen, daß auch ich lieber ein Unterthan bleiben, und ein Angehöriger des Fürstenthums Lichtenstein, als ein gewrangelter Preuße sein wolle. (Heiterkeit.) Lieber begegnete ich, wohin meine Blicke sich hefteten, den beengenden Landesgrenzen, als den blutigen Hochgerichten eines Windischgrätz und den freilich sehr ausgedehnten schwarzgelben, oder schwarz-weißen Marken des Belagerungszustandes, innerhalb welcher Recht und Gesetz mit Füßen getreten werden. Nicht, ich wiederhole es, nicht die Interessen des Volkes konnten die hohe Versammlung bestimmen, einen Zustand fortdauern zu lassen, der sowohl die Freiheit, als die Einheit in gleicher Weise gefährdet; nein, es waren ganz andere Rücksichten, andere Interessen, die wohl außer dem Volke zu suchen sind. Was wäre in dieser Versammlung auch je im Interesse des Volks geschehen?!

Präsident: Das ist keine zulässige Ausdrucksweise, und ich kann sie nicht vorübergehen lassen, ohne eine Rüge darüber auszusprechen.

Würth: Es ist eben meine Ueberzeugung.

Präsident: Sie dürfen selbst eine solche Ueberzeugung, falls Sie sie hätten, nicht in einer Weise laut werden lassen, die diese Versammlung beleidigt! (Bravo auf der Rechten und im Centrum.)

Würth: Ich glaube wohl, behaupten zu dürfen, daß in diesem Hause für das Volk noch nichts geschehen ist (Stimmen auf der Rechten: Zur Ordnung!), wenn ich mich bereit erkläre, die Beweise hierfür beizubringen (einige Stimmen: Gerad aus!); oder lag es wohl im Interesse und in den Wünschen des Volks, einen unverantwortlichen Reichsverweser als Vorläufer eines Erbkaisers zu schaffen? (Auf der Rechten und im Centrum: Ja!) Lag es im Interesse und in den Wünschen des Volkes, das stehende Heer zu verdoppeln? (Stimmen auf der Rechten und im Centrum: Ja!) Den Waffenstillstand von Malmö zu genehmigen? (Stimmen auf der Rechten und im Centrum: Ja!) Die Theilung Polens zu erneuern? (Stimmen auf der Rechten: Ja! Auf der Linken: Nein!) Durch Reichspolizeitruppen und den permanenten Belagerungszustand allen Rechtszustand aufzuheben? (Auf der Rechten: Ja!) Die persönliche Freiheit zu vernichten und das Eigenthum zu begraben? (Stimmen auf der Rechten: Die Grundrechte!) Sie rufen: Grundrechte! — Die Grundrechte, meine Herren, hat sich *das Volk selbst* erworben; nicht Ihren ermüdenden Anstrengungen, nein, dem Heldenmuth, dem todesverachtenden Kampfe auf den Barricaden hat das deutsche Volk den Besitz der Grundrechte zu verdanken. (Gelächter auf der Rechten, Bravo auf der Linken.) Das Volk blieb auch so lange im Besitz der Grundrechte, bis *Sie* sich damit beschäftigt haben, bis sie die Weihe der Paulskirche erhalten sollten, da wurde es seines Besitzes entsetzt. Sehen Sie nach Oesterreich, Preußen, Bayern, Hannover und Mecklenburg, und suchen Sie dort die Preßfreiheit, die Religions- und Gewissensfreiheit, das Vereins- und Versammlungsrecht; hören Sie nur die freie, durch ihren Patriotismus lange schon berühmt gewordene Stadt Hamburg! Auch diese will sich noch bedenken, ob sie die Grundrechte einführen soll. (Eine Stimme auf der Rechten: Zur Sache! Eine Stimme auf der Linken: Er ist bei der Sache!)

Präsident: Ob der Redner bei der Sache ist, darüber hat Niemand zu urtheilen, als der Vorsitzende.

Würth: Und dabei ist nicht zu übersehen, daß wir jenen Staaten in diesem Hause mit gutem Beispiele vorangegangen sind; denn in diesem Hause wurde der Rechtszustand auch aufgehoben, die Grundrechte wurden auch suspendirt, und zwar nicht nur vorübergehend, sondern dauernd durch die Bestimmung, welche dem Publikum das Recht abschneidet, über unsere Handlungen ein Urtheil zu fällen; damit haben Sie selbst, und zwar in erster Reihe, die Grundrechte verletzt. (Gelächter auf der Rechten.) — Ich komme darauf zurück, daß die Aufrechthaltung der Selbstständigkeit der kleinen Staaten nicht im Interesse der Angehörigen dieser Staaten ausgesprochen wurde; denn hätte man die Interessen der kleinen Staaten berücksichtigen wollen, so würde der § 9 nie in das Wahlgesetz aufgenommen worden sein; das lächerliche Farbenspiel in der Landkarte, das deutsche Staatenkaleidoscop wäre schon längst verschwunden. Nachdem Sie aber Alles beim Alten lassen, oder dahin zurückführen wollen, nachdem Sie die Integrität der Kleinstaaten sowohl, als der größeren, schützen zu müssen glauben, obwohl ich weder das eine noch das andere für empfehlenswerth halte, nachdem Sie wenigen Tausenden die Vortreflich-

tung auferlegen, fortan eigene Staaten zu bilden mit der beachtenswerthen Zugabe einer Civilliste, oder der Befugniß, einen Fürsten zu unterhalten; wenn Sie einzelne Staaten so belasten, so werden Sie dieselben doch nicht in ihren Rechten verkümmern wollen! Ich habe schon im Eingange bemerkt, daß zwischen dem Ausschlusse eines solchen kleinen Staates und zwischen der Zutheilung bei der Wahl an einen größeren Staat fast kein Unterschied besteht, — ob Sie Lichtenstein mit 3 oder 400 Wählern, allgemeines Stimmrecht und directe Wahlen vorausgesetzt, den vielen tausend Wahlmännern Oesterreich's zuwenden, das wird das Wahlrecht von Lichtenstein nicht sehr bemerklich machen; diese wenigen Wahlmänner werden keinen Einfluß äußern auf das Resultat der Wahl. Der Ausschuß selbst hat es anerkannt, daß die Angehörigen verschiedener Länder nicht gern zu gemeinsamen Wahlen sich verstehen werden. Diese Bemerkung ist gewiß richtig, obwohl sie einen bedauerlichen Particularismus manifestirt; aber dieser Particularismus knüpft sich nothwendig an die gegebenen Verhältnisse, und diese Verhältnisse, meine Herren, haben Sie selbst geschaffen; es lag in Ihrer Hand, die Kleinstaaten zum Frommen des Ganzen und besonders zum Nutzen der betreffenden Staatsangehörigen zu löschen, und Niemand hat auch wohl etwas Anderes erwartet; Sie haben aber alle diese Stätlein aufrecht erhalten, Sie haben es nicht gewagt, dem kleinsten Thrönchen nahe zu treten. Wenn Sie den Grund des Particularismus festhalten wollen, so müssen Sie sich auch in die Folgen ergeben, und Sie werden unter diesen Umständen ohne allen Zweifel verpflichtet sein, zu den Ansichten und Grundsätzen sich zu wenden, welche schon im Vorparlament ausgesprochen wurden. Der Ausschuß erblickt darin ein Privilegium der Kleinstaaterei, aber ich wiederhole, was ich kaum anführte, daß, wenn auch ein solches Privilegium darin läge, die Versammlung es selbst geschaffen hätte; übrigens kann ich eben kein besonderes Privilegium darin erkennen, wenn Sie Staaten von 45,000 bis 48,000 Einwohnern einen Abgeordneten zuerkennen, nachdem Sie einem Staate von 150,000 Einwohnern zwei zutheilen wollen, wobei auf 50,000 einer zu stehen kommt. (Zuruf: Drei!) Unter solchen Umständen werden Sie wohl einem Staate von 50,000 Einwohnern, ohne ein Privilegium gegen die Kleinstaaten auszuüben, das Recht, einen eigenen Abgeordneten in das Haus zu schicken, einräumen können; wenn Sie übrigens nach dem Minoritäts-Erachten Ihrer Commission Lübeck einen eigenen Abgeorrneten sichern wollen, aus welchem Grunde, wenn Sie consequent sein wollen, werden Sie es so haarscharf mit der Kleinstaaterei nehmen, aus welchem Grunde wollen Sie andere Staaten mit der gleichen Bevölkerung ausschließen? Glauben Sie, diese Staaten seien etwa dadurch hinlänglich entschädigt, daß Sie das Glück haben, einen Fürsten zu besitzen? Ich bin Demokrat, und weiß vielleicht den Werth der Fürsten nicht gehörig zu schätzen, aber so hoch wird ihn wohl Niemand anschlagen. Meine Herren! Bei den geschilderten Verhältnissen halte ich den Antrag, daß den Kleinstaaten unrücksichtlich ihrer Bevölkerung ein Abgeordneter gelassen werde, wie es das Vorparlament schon ausgesprochen hat, für wohlbegründet, und ich bitte Sie, denselben zu Ihrem Beschlusse zu erheben.

Präsident: Herr Fuchs! (Zuruf: Ich verzichte!) Herr Schubert von Königsberg!

Schubert von Königsberg: Meine Herren: Wenn die vorhergehenden Redner, die über diesen Paragraphen gesprochen haben, nicht unmittelbar auf das Amendement des Herrn Kohlparzer eingegangen sind, so erlaube ich mir, zuerst über dieses zu sprechen, um die Grundbasis für unsere Verhandlung in wenigen Worten zu beleuchten. Man hat gesagt, dreihundert Mitglieder können keineswegs ausreichend und angemessen für eine Versammlung sein, die für ganz Deutschland das Volkshaus bilden sollte. Ich kann mich mit dieser Ansicht nicht einverstanden erklären, sondern stimme vielmehr mit dem Princip des Verfassungs-Ausschusses vollkommen überein, welches für hunderttausend Seelen einen Abgeordneten als ausreichend im Volkshause erachtet. Man verweist uns allerdings auf andere Länder; soll das Volkshaus, wie man fragt, für Deutschland nur zwei Fünftheile oder drei Fünftheile der jetzigen Nationalversammlung der französischen Republik bilden? Man will auf solche Weise unseren Stolz aufstacheln, daß die 45 Millionen Deutsche doch mindestens ebenso viel Abgeordnete haben sollten, als die 36 Millionen Franzosen, als wenn man in Frankreich selbst vollkommen damit einverstanden wäre, daß eine Nationalversammlung von achthundert Mitgliedern und darüber, für Frankreich selbst der Masse wegen, des numerischen Verhältnisses wegen, den Vorzug verdiente! — Aber man hält sich im Gegentheil gerade in diesem Lande davon überzeugt, daß der starke Numerus dieser Versammlung den Verhandlungen auf der einen Seite eine unverkennbare Schwerfälligkeit verleiht, auf der anderen Seite einen Mangel an Theilnahme und Thätigkeit in den Verhandlungen selbst erzeugt. Und ähnliche Erfahrungen hat man nicht seit Jahren, seit Jahrzehnten im englischen Parlamente gemacht. Bleiben wir zuvörderst bei dem Verhältnisse eines Abgeordneten auf hunderttausend Seelen stehen, wie viel Abgeordnete würde dann die gesammte Volksmasse in ganz Deutschland geben? Bei den jetzt vorhandenen 45 Millionen Seelen der deutschen Staaten würde, wenn alle in den Bundesstaat eintreten, schon an und für sich die Zahl der Mitglieder des Volkshauses nicht nur vierhundert fünfzig betragen, sondern da wir den kleineren Staaten zwischen fünfzigtausend und hunderttausend Einwohnern einen Abgeordneten geben, außerdem für den Ueberschuß von fünfzigtausend Seelen über die Gesammtzahl der Bevölkerung in jedem Staate wieder einen Abgeordneten hinzufügen, so würde die Anzahl der Abgeordneten auf vierhundert siebenzig bis vierhundert achtzig steigen. Dieß gewährt schon ein solches Zahlenverhältniß, welches im Allgemeinen als ein Maximum für das bequeme Verhandeln und für die gesammte Thätigkeit aller Abgeordneten im Volkshause zweckdienlich erscheint. Aber man entgegnet mir, man müsse ja auch auf den Fall Bedacht nehmen, wo nur ein Kleindeutschland als Bundesstaat zu Stande käme. Aber die deutschen Staaten außer Oesterreich, die man nun Kleindeutschland zu nennen beliebt, zählen immer noch mehr als 33 Millionen Deutsche, und selbst in diesem geringeren Umfange des deutschen Bundesstaates würden für das Volkshaus noch dreihundert fünfzig bis dreihundert sechszig Mitglieder gezählt werden, weil dann auf natürliche Weise um so stärker die Zahl der kleineren Staaten hervortreten würde, und der Ueberschuß von fünfzigtausend Seelen wiederum einen Abgeordneten für jeden Staat hinzufügte, so daß mindestens die Zahl von dreihundert fünfzig Mitgliedern sich herausstellen müßte. Daher halte ich dafür, daß gerade eine solche Zahl von dreihundert fünfzig bis dreihundert sechszig Mitglieden als vollkommen ausreichend gefunden werden müßte, um bei den Verhandlungen im Volkshause auf der einen Seite in der vollständigen Repräsentation der deutschen Volksstämme für die Bedürfnisse aller deutschen Länder eine ausreichende und umfassende Aufmerksamkeit zu verwenden, auf der anderen Seite aber auch die Mittel an die Hand zu geben, daß die Gesammtzahl der Mitglieder nicht nur in lebendiger Theilnahme an den Plenarsitzungen, sondern auch mit selbstständiger Thätigkeit an den Arbeiten der Ausschüsse des Volkshauses sich betheiligen könnte. Freilich habe ich dem letzten Redner, der vor mir gesprochen hat, in der Tendenz seiner Rede nicht recht folgen, ihn nicht recht begreifen können. Auf der einen Seite hat er gesprochen für die Aufhebung aller Kleinstaaterei, und gerade bei dem Vorschlage, wo von dem Verfassungs-Ausschusse in Bezug auf die Repräseutation benachbarter Kleinstaaten eine gemeinschaftliche Repräsentation verlangt wird, sehen wir ihn auf einmal mit einem entgegengesetzten Amendement auftreten, welches dieser Kleinstaaterei für alle Zeiten ein neues Fundament geben will. Er begründet zwar dasselbe auf eine ganz eigenthümliche Weise, er sagt: „Wenn Hamburg, etwa eine Stadt von hundert fünfzigtausend Einwohuern, — ob vierzigtausend Seelen in dieser Stadt sammt ihrem Gebiete mebr gezählt werden, hat ihn wenig bekümmert, — zwei Abgeordnete hat, warum soll ein Staat von fünf und vierzigtausend Einwohnern nicht einen Abgeordneten haben? denn Hamburg hat ja zwei. Man sollte freilich glauben, daß dann nur Staaten von fünf und siebenzigtausend Seelen einen rechten Anspruch erheben könnten, einen Abgeordneten ins Volkshaus zu senden. Doch, lassen wir diese Kleinigkeiten, da wir überdieß die Ueberzeugung haben, daß die Staaten, welche dieser Herr Abgeordnete im Sinne hat, noch keinesweges fünf und vierzigtausend Seelen zählen. Ich will nicht mit vielen Worten hervorheben, wie die angeführte alte Hansastadt Lübeck, diese Stadt, die als Staat zugleich sehr bedeutsame Handelsinteressen vertritt, und auch gegenwärtig noch immer einen der wichtigsten Centralplätze des Handels an der Ostsee bildet, allerdings ganz andere Verhältnisse mehrerer deutscher Volksstämme zugleich umfaßt, als kleine Staaten von siebenzehntausend oder zwei und zwanzigtausend Seelen, oder wäre auch die Bevölkerung wie bei Sigmaringen, auf neun und dreißigtausend Seelen gestiegen. Wollen wir Deutsche vergessen, was wir seit sieben Jahrhunderten der rastlosen Thätigkeit und Ausdauer den Norddeutschen in Lübeck verdanken; wollen wir nicht eingedenk sein, was die Beförderung der Betriebsamkeit von einem solchen Handelsplatze aus für Rücksichten erheischt? Wenn wir in einem solchen Handelsstaate die mannigfachsten Interessen von ganz Deutschland, namentlich aber von Norddeutschland gefördert sehen, wenn wir in diesem Handelsstaate und Stadt gegen das Binnenland für eine drei und vierfach so starke Bevölkerung ihre natürliche Repräsentation mittelbar finden, so brauche ich in diesem Hause dieß nur angedeutet zu haben, um nicht die Stellung eines solchen Staates mit der eines in der Bevölkerung ebenso kleinen, oder noch kleineren Binnenstaates zu verwechseln. Ich glaube, meine Herren, auf solche Weise gerechtfertigt zu haben, daß der Antrag des Verfassungs-Ausschusses, auf je hunderttausend Seelen einen Abgeordneten in das Volkshaus zu senden, angemessen und vollständig erscheint, aber auch ebenso für die Repräsentation des deutschen Volkes als würdig und entsprechend angesehen werden darf, daß es ferner auch hinlänglich mit den Erfahrungen, die man in anderen constitutionellen Staaten gemacht hat, übereinstimmt, daß gesetzgebende Körper, die über vierhundert Mitglieder hinaussteigen, sowohl durch ihre Schwerfälligkeit der Würde bei den Verhandlungen, als auch der Thätigkeit der Mitglieder bei den Verhandlungen hinderlich sind, und nicht selten gerade durch die Masse ihrer Mitglieder lahm gelegt werden. — Gehen wir zu § 8 über, wo vom Verfassungs-Ausschusse vorgeschlagen worden ist, daß für je 50,000 Seelen Ueberschuß über die vollen Hunderttausend einer neuer Wahlkreis gebildet werden soll, so stimme ich hier zwar im Sinne vollkommen mit dem Verfassungs-Ausschuß überein, nämlich mit der Absicht, die diesem Ausschuß unzweifelhaft vorgeschwebt hat, einem Staate von etwa 250,000 Einwohnern und darüber drei Abgeordnete, und einem Staate von 550,000 Einwohnern sechs Abgeordnete u. s. w. zu geben. Deßungeachtet bitte ich die hohe Versammlung, auf meinen Verbesserungs-Antrag, den ich mit mehreren meiner politischen Freunde gestellt habe, einzugehen, und zwar aus dem Grunde, weil im ersten Satze des § 8 der letzte Passus zu undeutlich die wahre Absicht des Vorschlags ausdrückt. Durch mein Amendement wird aber diese Undeutlichkeit der Sache vollkommen vermieden. Es heißt nämlich: „Ergibt sich in einem Einzelstaate bei der Bildung der Wahlkreise ein Ueberschuß von wenigstens 50,000 Seelen, so ist hierfür ein besonderer Wahlkreis zu bilden," während in dem Amendement, das von mir vorgeschlagen ist, gefordert wird: „Wenn sich in einem einzelnen Staate bei Bildung der Wahlkreise ein Ueberschuß von 50,000 Seelen ergibt, so soll ein Wahlkreis mehr für diesen Staat hinzugefügt, oder ein Wahlkreis mehr gebildet werden." Es bleibt sodann jedem Staate überlassen, daß er innerhalb seines Gebietes diese Wahlkreise ausgleichen, und gleichmäßiger vertheilen kann, also meinetwegen etwa Kreise zu 90 oder 85,000 Seelen u. s. w. sich einrichten mag. Ich weiß nun nicht, ob der Herr Präsident die Absicht hat, da im § 9 schon auf die Beilage A, welche die Reichswahlmatrikel enthält, Bezug genommen wird, jetzt gleich auch die Discussion, die sich etwa über diese Reichs-Wahlmatrikel eröffnen könnte, stattfinden zu lassen.

Präsident: Ich würde vorschlagen, die Discussion darüber auszusetzen, bis das Wahlgesetz im Ganzen vorgenommen ist.

Schubert: Dann will ich hiermit schließen, und behalte mir die Fortsetzung der Discussion in Bezug auf die Reichswahlmatrikel vor.

Präsident: Meine Herren! Es liegt ein Antrag auf Schluß der Debatte über die §§ 7 — 10 vor, den ich zur Abstimmung bringe. *Diejenigen Herren, die die Discussion über die §§ 7 — 10 einschließlich, vorbehaltlich der Schlußäußerung des Berichterstatters, geschlossen wissen wollen, ersuche ich, sich zu erheben.* (Die Mehrzahl erhebt sich.) *Der Schluß ist angenommen.* Ich weiß nicht, ob der Herr Bericht-Erstatter noch das Wort nehmen will?

Riesser von Hamburg: Meine Herren! Ich erlaube mir zunächst einige Worte über das von Herrn Schüler vertheidigte Minoritäts-Erachten. Es findet in diesem Punkte eine Verschiedenheit der principiellen Auffassung zwischen der Majorität und der Minorität des Ausschusses nicht statt, und wenn die Majorität dieser Frage eine so eingreifende Bedeutung für die Sache der Einheit Deutschland's beilegte, wie der Redner sie ihr beigelegt hat, so würde sie seiner Ansicht beistimmen; es sieht aber die Majorität des Ausschusses in dieser Frage nur eine Frage der Form, und wenn ich mich so ausdrücken darf, der Geschäftsleitung der Wahlen. Die einzelnen Staaten kommen hier nicht sowohl als getrennte organische Ganze, wie als bequeme Eintheilungen zur Anordnung des Wahlverfahrens in Betracht. Der Ausschuß ist der Meinung, daß gerade diese Frage in Zukunft leicht eine andere Erledigung finden könnte, ja er sieht in dem für jetzt vorgeschlagenen Verfahren einen der Gründe, weßhalb er nicht wünscht, daß das Wahlgesetz ein Theil der Verfassung, und daß dadurch eine künftige Abänderung desselben an eine erschwerende Form geknüpft werde, wie das auch der Bericht angedeutet hat. Es schien ihm indessen der Form des Bundesstaats angemessener zu sein, daß die Anordnung der Wahlkreise den Einzelstaaten überlassen bleibe. Es wird allerdings in dieser Beziehung, wie in vielen anderen, eine vollkommen sichere Folgerung aus dem Begriffe des Bundesstaates, der immer nach seiner vermittelnden Natur zwischen dem Einheitsstaate und dem völkerrechtlichen Staatenbunde etwas Schwankendes haben wird, nicht gezogen werden können; indessen ist in den beiden Bundesstaaten, die uns als Muster vorliegen, in Nord-Amerika und der Schweiz, die Anordnung der Wahlkreise den Einzelstaaten überlassen. Der Ausschuß hat auch geglaubt, daß die Kenntniß der Details, die hier in Betracht kommen, für jetzt den Einzel-Staaten besser zur Hand sein, als sie der Reichsregierung zu Geboten stehen würde; daß die örtlichen und Bevölkerungsverhältnisse, die hier zu berücksichtigen sind, besser durch die Einzelstaaten ins Auge gefaßt werden können. Eine Trennung zwischen den Staaten, wie der Redner, der das Minoritäts-Erachten vertheidigt hat, andeutete, hat er durch seinen Vorschlag nicht zu befördern geglaubt. Er wünscht die Scheidewand zwischen den Einzelstaaten, soweit die Verfassung sie bestehen läßt, zu einer so leichten und beweglichen zu machen, wie der Redner der Minorität früher die Reichsregierung hat machen wollen. Soll diese Scheidewand im Bundesstaate nicht aufgehoben werden, so soll sie doch denn trennenden Charakter verlieren, so soll sie auf das Gesammtleben des Staates einen wesentlichen Einfluß nicht üben; aber eben um zu diesem Zwecke zu gelangen, muß der Gesammtorganismus ein in allen seinen Theilen fester, kräftiger und dauerhafter sein. — In der Berücksichtigung der kleineren Staaten hat der Ausschuß einen Mittelweg eingeschlagen. Das Vorparlament hat jedem, auch dem kleinsten Einzelstaate eine Vertretung eingeräumt. In der Fortdauer dieses Verhältnisses würde eine unverhältnißmäßige Bevorzugung der kleinen Staaten liegen, die der Ausschuß nicht für gerechtfertigt hält. Bis zu einem gewissen Grade hat er hingegen eine Berücksichtigung der Einzelstaaten zulässig gefunden; er legt keinen ausschließlichen Werth auf eine mathematisch genaue Eintheilung, wie sie z. B. das einheitliche England durchaus nicht hat. Wenn nun einem gewissen Ueberschuß der Bevölkerung, der die vollen Hunderttausend nicht erreicht, ein eigener Abgeordneter zuerkannt wird, so schien es billig, den Einzelstaaten, deren Bevölkerung mindestens diesen Ueberschuß erreicht dieselbe Rücksicht angedeihen zu lassen. Einer der Redner ist bei dieser Gelegenheit auf die Mediatisirungsfrage zurückgekommen. Ich erinnere daran, daß bei der früheren commissarischen Behandlung dieser Angelegenheit die Wünsche der Bevölkerungen der kleinen Staaten auf das Sorgfältigste ermittelt worden sind. Daß damals gerade von Seiten derjenigen Bevölkerung, welche der Redner vertritt, bestimmte Wünsche für Mediatisirung laut geworden sind, ist seiner Zeit ausdrücklich anerkannt, zugleich aber dargelegt worden, daß die Bevölkerung fast aller übrigen kleinen Staaten durch zahlreiche Petitionen und durch den Mund ihrer Abgeordneten in unserer Mitte den Wunsch der Fortdauer ihrer Selbstständigkeit entschieden ausgesprochen hat. Diese Versammlung hat sich damals zu der Ansicht bekannt, daß die Einheit, die wir für Deutschland wollen, nicht im Heranziehen einzelner, kleiner Territorien unter die Reichsgewalt, sondern dadurch begründet werden müsse, daß die Reichsgewalt diejenige Macht, Stärke und Befugnisse, deren sie bedarf, um die Geschicke Deutschland's zu lenken, — daß sie diese von allen Staaten, den großen, wie den kleinen, an sich ziehe, daß sie aber in Bezug auf das Fortbestehen der einzelnen Staaten in der untergeordneten Bedeutung, die ihnen bleiben wird, die Wünsche dieser Staaten zu berücksichtigen habe, wie es der Beschluß dieser Versammlung klar ausgesprochen hat. Wenn aber der Redner glaubt, daß diese Wünsche auf eine gänzliche Verschmelzung gerichtet sind, so erscheint es auffallend, wenn er zugleich meint, daß der geringere Grad der Einigung, der nur in der Ernennung eines gemeinschaftlichen Abgeordneten besteht, denselben Bevölkerungen unerträglich sein würde. Ich glaube, wenn sie geneigt wären, ihre politische Selbstständigkeit ganz aufzugeben, so werden sie sich auch in jene Einigung finden. — Die Festsetzung der Zahl der Bevölkerung, die einen Abgeordneten senden soll, wird immer etwas Willkürliches haben; es ist unmöglich, einen Gedanken in einer adäquaten Zahl bestimmt auszudrücken. Bei der Festsetzung von 100,000 Seelen für den Wahlkreis hat der Ausschuß neben der angemessenen Zahl der Bevölkerung allerdings auch die Gesammtzahl der Mitglieder, die das Volkshaus bilden werden, in Betracht gezogen. Wenn er nicht geglaubt hat, in seinem Berichte und Vorschlage eine mögliche Verminderung des Gesammtgebiets des Bundesstaats in das Auge fassen zu müssen, so hat er diese Rücksicht darum von sich gewiesen, weil es ihm nicht passend schien, eine so bedeutsame, so tief eingreifende Frage bei Gelegenheit eines untergeordneten Punktes auch nur mittelbar zu berühren. Allerdings aber würde der Ausschuß, wenn er bei seinem Vorschlage ein kleineres Gebiet im Auge gehabt hätte, eine Verkleinerung der Wahlbezirke, um eine größere Zahl von Abgeordneten zu gewinnen, für passend gehalten haben. — In Beziehung auf Einzelheiten ist nur der Stadt Lübeck gedacht worden; diese Frage wird sich leicht erledigen lassen, wenn Sie dem Vorschlage zustimmen, daß die Bevölkerung des Hamburg und Lübeck gemeinschaftlichen Amtes Berkendorf hinzugelegt wird, wodurch sich eine Bevölkerung von 50,000 Seelen herausstellt, so daß Lübeck dann eine Ausnahmsstellung nicht haben würde.

Präsident: Die Discussion ist geschlossen; wir wollen nun auch noch die Abstimmung über diese vier Paragraphen erledigen. Ich werde erst die nöthigen Unterstützungs-Fragen stellen. Diejenigen Herren, welche den von Herrn Kohlparzer gestellten, unter Nr. 30 abgedruckten Antrag unterstützen wollen, ersuche ich, aufzustehen. (Die erforderliche Anzahl erhebt sich.) Er ist ausreichend unterstützt. — Findet der Antrag desselben Abgeordneten unter Nr. 31:

> „Ergibt sich in einem Einzelstaate bei der Bildung der Wahlkreise ein Ueberschuß von wenigstens 25,000 Seelen, so ist hierfür ein besonderer Wahlkreis zu bilden; ein Ueberschuß unter 25,000 Seelen wird dem bestehenden Wahlkreis zugezählt,"

Unterstützung? (Es erhebt sich die ausreichende Anzahl.) Er hat sie gefunden. — Ist der Antrag des Herrn Förster zu §§ 7 und 8 zu setzen, im Falle das Kohlparzer'sche Amendement nicht durchgehen sollte, wenigstens Wahlkreise von 75,000 Seelen zu bilden, unterstützt? (Die genügende Anzahl erhebt sich.) Er ist unterstützt. — Wird ebenso das für den Fall der Nichtannahme des zu § 8 gestellten Minoritäts-Gutachtens eingebrachte Amendement des Herrn Förster, die Zahl von 50,000 auf 35,000 herabzusetzen, unterstützt? (Die erforderliche Anzahl erhebt sich.) Er ist hinreichend unterstützt. — Es folgt der unter Nr. 34 von Herrn Kohlparzer gestellte Antrag; wird derselbe unterstützt? (Nur wenige Mitglieder erheben sich.) Er hat keine Unterstützung gefunden. — Der unter Nr. 61 abgedruckte Antrag des Herrn

Rapp von Wien hat zwar einige, aber nicht zureichende Unterstützung durch Unterschriften erhalten; ich ersuche daher diejenigen Herren, welche denselben unterstützen wollen, sich zu erheben. (Die hinreichende Anzahl erhebt sich.) Er hat hinreichende Unterstützung gefunden. — Es folgt der Antrag des Herrn Würth unter Nr. 73. Diejenigen Herren, welche ihn unterstützen wollen, bitte ich, aufzustehen. (Die Unterstützung erfolgt.) Er ist ausreichend unterstützt. — Noch liegt ein Antrag des Herrn Grävell vor:

„Die Wahlkreise werden zum Zwecke des Stimmenabgebens in möglichst gleichmäßige Bezirke eingetheilt."

Ist er unterstützt? (Nur wenige Mitglieder erheben sich.) Nicht ausreichend. — Ich würde nun bei § 7 mit dem Minoritätserachten anfangen, im Falle der Verwerfung desselben zum Ausschuß-Antrage übergehen, in beiden Fällen aber die Zahlenbestimmung offen lassen. Was die Ausfüllung der dadurch entstandenen Lücke anlangt, so würde ich mit der größten Zahl, also 100,000 anfangen, und dann zu den kleineren übergehen, so daß die von Herrn Kohlparzer beantragte zuletzt käme. Dann wären noch zwei von den Herren Rank und Hollandt gestellte Zusatz-Anträge zur Abstimmung zu bringen. Diejenigen Herren, welche § 7 nach dem Antrage der Minorität, vorbehaltlich der Abstimmung über die den einzelnen Wahlkreisen zu gebende Seelenzahl, annehmen wollen, ersuche ich, sich zu erheben. (Die Minderheit erhebt sich.) Diese Fassung ist nicht angenommen. — Ich bringe also mit demselben Vorbehalte den Antrag des Ausschusses zur Abstimmung:

„In jedem Einzelstaate sind Wahlkreise von je — — Seelen der nach der letzten Volkszählung vorhandenen Bevölkerung zu bilden."

Diejenigen Herren, welche diesem Antrage ihre Zustimmung geben wollen, bitte ich aufzustehen. (Die Mehrheit erhebt sich.) Er ist angenommen. — Ich ersuche nunmehr Diejenigen, welche die zwischen den Worten „Je" und „Seelen" gelassene Lücke nach dem Antrage des Verfassungs-Ausschusses mit der Zahl 100,000 ausfüllen wollen, sich zu erheben. (Dieß geschieht von der Mehrheit.) Die Zahl ist angenommen, und damit die übrigen Vorschläge erledigt. — Ich bringe jetzt den Antrag des Herrn Rank zur Abstimmung, wornach dem Paragraphen zugefügt werden soll:

„In Provinzen von gemischter Bevölkerung sind die Wahlkreise streng nach der Sprachgrenze abzutheilen. Streitige Grenzortschaften entscheiden sich selbst durch directe Abstimmung und einfache Stimmenmehrheit für einen der Wahlkreise, zwischen welchem sie liegen."

Diejenigen Herren, welche diesen Zusatz belieben, ersuche ich, aufzustehen. (Die Minderheit erhebt sich.) Er ist abgelehnt. — Es folgt der Zusatz, welchen Herr Hollandt beantragt:

„In jedem Wahlkreise wird ein Abgeordneter gewählt."

Ich bitte diejenigen Herren, welche ihn annehmen wollen, sich zu erheben. (Die Minderheit erhebt sich.) Er ist ebenfalls verworfen; der Paragraph also in der vom Ausschusse vorgeschlagenen Fassung angenommen. — Ich gehe zu § 8 über. Hier scheint mir folgende Abstimmungsordnung die richtige. Ich beginne mit dem ersten Satze des Paragraphen unter Hinweglassung der Zahl. Würde er verworfen, so würde ich unter demselben Vorbehalte den Antrag der Herren Schubert und Genossen zur Abstimmung bringen. Fände dieser keine Annahme, so käme der zweite Satz des Ausschuß-Antrages ebenmäßig unter Vorbehalt der Ausfüllung der Zahl, in Ansehung deren ich von der größten, 50,000, beginne, und dann zu den anderweit vorgeschlagenen geringeren Zahlen, falls jene erstere keine Annahme fände, übergehe. Diejenigen Herren, welche den Satz:

„Ergibt sich in dem Einzelstaate bei der Bildung der Wahlkreise ein Ueberschuß von wenigstens — — Seelen, so ist hierfür ein besonderer Wahlkreis zu bilden."

annehmen wollen, ersuche ich, aufzustehen. (Dieß geschieht von der Mehrheit.) Diese Fassung ist angenommen, und damit die von Herrn Schubert vorgeschlagene verworfen. — Es folgt der zweite Satz mit demselben Vorbehalt. Diejenigen Herren, welche die Worte:

„Ein Ueberschuß von weniger als — — Seelen ist unter die anderen Wahlkreise des Einzelstaates verhältnißmäßig zu vertheilen,"

annehmen wollen, bitte ich, aufzustehen. (Die Mehrheit erhebt sich.) Auch dieser Satz ist angenommen. — Ich bitte nun diejenigen Herren, welche die bisher gelassene Lücke nach dem Antrage des Ausschusses mit der Zahl 50,000 ausfüllen wollen, sich zu erheben. (Geschieht von der Mehrzahl.) Die Zahl ist angenommen; und damit sind die vorgeschlagenen kleineren Zahlen verworfen. Also auch der § 8 ist in der vom Verfassungs-Ausschusse vorgeschlagenen Fassung angenommen. — Ich gehe zu § 9 über. Hier bringe ich erst den ersten Satz des Ausschuß-Antrages, und demnächst den zweiten Satz desselben zur Abstimmung, und würden diese Sätze angenommen, das Minoritäts-Gutachten als Inserendum; und für den Fall ihrer Ablehnung den Antrag Nr. 61 zur Abstimmung. Was die Zahlen angeht, so lasse ich für diese eine Lücke, wenn nicht angenommen werden sollte, daß durch die Annahme der Zahl zu § 8 die Zahlenbestimmung auch für § 9 schon getroffen ist. (Viele Stimmen: Jawohl!) Diejenigen Herren, welche den ersten Satz des § 9:

„Kleinere Staaten mit einer Bevölkerung von wenigstens 50,000 Seelen bilden einen Wahlkreis."

annehmen wollen, ersuche ich, aufzustehen. (Die Mehrheit erhebt sich.) Er ist angenommen. — Diejenigen Herren, die den zweiten Satz des § 9:

„Diejenigen Staaten, welche keine Bevölkerung von 50,000 Seelen haben, werden mit anderen Staaten nach Maßgabe der Reichswahlmatrikel zur Bildung von Wahlkreisen zusammengelegt,"

annehmen wollen, ersuche ich, aufzustehen. (Die Mehrheit erhebt sich.) Auch dieser Satz ist angenommen. — Diejenigen Herren, welche zwischen dem ersten und zweiten Satze des § 9 nach dem Antrage der Minorität einschalten wollen:

„Diesen soll die Stadt Lübeck gleichgestellt werden,"

bitte ich, sich zu erheben. (Die Mehrheit erhebt sich.) Das Minoritäts-Gutachten ist angenommen. — Der Antrag des Abgeordneten Rapp ist erledigt. — Ich habe endlich § 10 zur Abstimmung zu bringen:

„Die Wahlkreise werden zum Zwecke des Stimmenabgebens in kleinere Bezirke eingetheilt,“

Diejenigen Herren, die diese Fassung annehmen wollen, ersuche ich, aufzustehen. (Die Mehrheit erhebt sich.) Der Antrag ist angenommen. Artikel III § 7 — 10 sind also überall nach den Anträgen des Ausschusses mit Hinzufügung des Minoritäts-Erachtens zu § 9 durchgegangen. (Zuruf: Vertagen!) Meine Herren! Ich höre vielfach den Ruf: Vertagung! (Viele Stimmen: Ja! Andere: Nein!) Ist gegen den Vorschlag, die heutige Sitzung hiermit abzubrechen, Widerspruch. (Zuruf: Ja! von anderer Seite: Nein!) Es ist Widerspruch, wir müssen abstimmen. Diejenigen Herren, welche die heutige Sitzung mit dieser Abstimmung geschlossen wissen wollen, ersuche ich, aufzustehen. (Die Mehrheit erhebt sich.) Der Schluß der Sitzung ist angenommen. — Es sind einberufen: (Zuruf: Sitzung auf morgen!) — Darauf werden wir ja kommen! Sie verzögern den Schluß der Sitzung ganz ohne Noth! — Es sind einberufen: der volkswirthschaftliche Ausschuß auf morgen Nachmittag 4 Uhr; der Central-Legitimations-Ausschuß auf heute um 5 Uhr im Sarasin'schen Hause; der Verfassungs-Ausschuß auf ½6 Uhr. Meine Herren! Es ist mir zugerufen worden, daß ich die nächste Sitzung auf morgen anberaumen solle. (Viele Stimmen: Ja! Andere: Nein!) Die Regel wäre, daß die nächste Sitzung erst auf Montag anberaumt würde. (Zuruf: Ja!) Ist dagegen kein Widerspruch? (Zuruf: Ja! Andere Stimmen: Nein!) Es ist Widerspruch dagegen. Ich bitte die Plätze einzunehmen, damit ich darüber abstimmen lassen kann. Diejenigen Herren, die die nächste Sitzung auf Montag den 26sten d. M. anberaumt wissen wollen, ersuche ich, sich zu erheben. (Die Mehrheit erhebt sich.) Ich setze die nächste Sitzung auf Montag um 9 Uhr an und stelle auf die Tagesordnung: die Fortsetzung der Berathung über den vorliegenden Entwurf des Reichs-Wahlgesetzes. — Die heutige Sitzung ist geschlossen.

(Schluß der Sitzung gegen 2 Uhr.)

Verzeichniß der Eingänge

vom 16. bis 19. Februar.

Petitionen.

1. (6824) Adresse vieler Einwohner zu Friedland in Mecklenburg für die Erblichkeit der Oberhauptswürde und Uebertragung derselben an Preußen, übergeben vom Abgeordneten Thöl. (An den Verfassungs-Ausschuß.)

2. (6825) Deßgleichen vieler Einwohner zu Mettmann gleichen Inhalts, übergeben vom Abgeordneten E. M. Arndt. (An den Verfassungs-Ausschuß.)

3. (6826) Adresse gleichen Inhalts aus Heiligenhafen. (An den Verfassungs-Ausschuß.)

4. (6827) Deßgleichen vom vaterländischen Verein zu Hassenfelde in Braunschweig. (An den Verfassungs-Ausschuß.)

5. (6828) Deßgleichen vom patriotischen Verein für Stadt und Land Münster für die Erblichkeit der Oberhaupts-Würde. (An den Verfassungs-Ausschuß.)

6. (6829) Adresse gleichen Inhalts und um Uebertragung der Oberhauptswürde an Preußen vom Bürgerverein zu Ahrensböck im Herzogthum Holstein. (An den Verfassungs-Ausschuß.)

7. (6830) Adresse vieler Bürger zu Hersfeld gleichen Inhalts, übergeben vom Abgeordneten Jacobi. (An den Verfassungs-Ausschuß.)

8. (6831) Petition des vaterländischen Vereins zu Kandern im badischen Oberland um baldige Erwählung eines Oberhaupts. (An den Verfassungs-Ausschuß.)

9. (6832) Adresse des Oberländer Schutzvereins, d. d. Schopfheim im badischen Wiesenthal, für die Erblichkeit der Kaiserwürde und Uebertragung derselben an Preußen. (An den Verfassungs-Ausschuß.)

10. (6833) Beitrittserklärung des Bürgervereins zu Kahla in Altenburg zu der Adresse des Bürgervereins zu Altenburg für die Erblichkeit der Kaiserwürde. (An den Verfassungs-Ausschuß.)

11. (6834) Erklärung des constitutionellen Vereins zu Wetzlar gegen die Abstimmung des Deputirten für Wetzlar und für einen erblichen deutschen Kaiser. (An den Verfassungs-Ausschuß.)

12. (6835) Adresse der Bürgerschaft der Stadt Lennep zu Gunsten eines erblichen Kaiserhauses, übergeben vom Abgeordneten v. Kösteritz. (An den Verfassungs-Ausschuß.)

13. (6836) Adresse vieler Einwohner zu Glückstadt gleichen Inhalts und für Uebertragung der Oberhauptswürde an Preußen. (An den Verfassungs-Ausschuß.)

14. (6837) Eingabe des Dr. Zais von Wiesbaden, die Oberhauptsfrage betreffend. (An den Verfassungs-Ausschuß.)

15. (6838) Eingabe des constitutionellen Bürgervereins zu Wermelskirchen für ein erbliches Kaiserthum. (An den Verfassungs-Ausschuß.)

16. (6839) Eingabe gleichen Inhalts vom constitutionellen Verein zu Quedlinburg, übergeben vom Abgeordneten Flottwell. (An den Verfassungs-Ausschuß.)

17. (6840) Erklärung des constitutionellen Clubs zu Lyk gleichen Inhalts. (An den Verfassungs-Ausschuß.)

18. (6841) Acht Adressen aus der bayerischen Rhein-Pfalz gegen Erbkaiserthum, übergeben vom Abgeordneten Gulden. (An den Verfassungs-Ausschuß.)

19. (6842) Petition aus Rochlitz gegen ein unverantwortliches und erbliches Oberhaupt. (An den Verfassungs-Ausschuß.)

20. (6843) Erklärung des Vaterlandsvereins zu Zschopau und Umgegend mit 3748 Unterschriften gleichen Inhalts, übergeben vom Abgeordneten Heubner. (An den Verfassungs-Ausschuß.)

21. (6844) Deßgleichen des Vaterlandsvereins zu Rothenkirchen und Umgegend. (An den Verfassungs-Ausschuß.)

22. (6845) Deßgleichen des Vaterlandsvereins zu Mülsen, St. Niclas, Friedebach, Claußnitz und anderen Orten in Sachsen in gleichem Betreff. (An den Verfassungs-Ausschuß.)

23. (6816) Deßgleichen einer Anzahl von 392 Einwohnern zu Roßwein in Sachsen in gleichem Betreff. (An den Verfassungs-Ausschuß.)

24. (6847) Deßgleichen des Niederoderwitzer Vaterlandsvereins. (An den Verfassungs-Ausschuß.)

25. (6848) Deßgleichen von Reichenau. (An den Verfassungs-Ausschuß.)

26. (6849) Deßgleichen von Obersdorf. (An den Verfassungs-Ausschuß.)

27. (6850) Deßgleichen von Hörnitz bei Zittau. (An den Verfassungs-Ausschuß.)

28. (6851) Deßgleichen von Zittau. (An den Verfassungs-Ausschuß.)

29. (6852) Deßgleichen von Laußigk und Altgersdorf. (An den Verfassungs-Ausschuß.)

30. (6853) Drei Nachträge zu der am 20. Januar durch den Abgeordneten Uhland übergebenen Adresse der Bürger zu Rottenburg am Neckar, die Beibehaltung Oesterreich's und die Oberhauptsfrage betreffend: 1) von Niederau, 2) von Mössingen und 3) von Seebronn, sämmtlich Oberamts Rottenburg. (An den Verfassungs-Ausschuß.)

31. (6854) Eingabe von Bürgern zu Dudenhofen und Schifferstadt in der Rheinpfalz für Oesterreich an der Spitze Deutschland's, übergeben vom Abgeordneten Buß. (An den Verfassungs-Ausschuß.)

32. (6855) Deßgleichen vieler Einwohner von Tegernsee für Oesterreich an der Spitze. (An den Verfassungs-Ausschuß.)

33. (6856) Erklärung von 1080 Bürgern von Werdau und Umgegend im Königreich Sachsen in der Oberhauptsfrage, und zwar gegen ein unverantwortliches und erbliches Oberhaupt. (An den Verfassungs-Ausschuß.)

34 (6857) Eingabe der Wahlmänner und Urwähler des Wahlbezirks Spital in Oberkärnthen, ihre Unterwerfung unter die Beschlusse der Reichsversammlung ausdrückend, übergeben vom Abgeordneten Vogt. (An den Verfassungs-Ausschuß.)

35. (6858) Gleiche Erklärung aus dem Wahlbezirke St. Veit in Kärnthen, übergeben von Demselben. (An den Verfassungs-Ausschuß.)

36. (6859) Erklärung von 66 Wahlmännern des Wahl-Bezirks Horn, gegen die §§ 2 und 3 vom „Reich und der Reichsgewalt." (An den Verfassungs-Ausschuß.)

37. (6860) Deßgleichen von 47 Wahlmännern des Wahlbezirks Waidhofen an der Thaya. (An den Verfassungs-Ausschuß.)

38. (6861) Sieben Proteste gegen die §§ 2 und 3 vom „Reich und der Reichsgewalt," und zwar aus

1) Haslach;
2) Linz;
3) St. Oswald;
4) Sarleinsbach; und
5) von dem Stifte Schlägel;

übergeben vom Abgeordneten Kagerbauer. (An den Verfassungs-Ausschuß.)

39. (6862) Eingabe des Bürgervereins von Maikammer in der bayerischen Rheinpfalz, gegen die Ausschließung der deutsch-österreichischen Länder, übergeben vom Abgeordneten Buß. (An den Verfassungs-Ausschuß.)

40. (6863) Adresse ohne Datum, die Oberhauptsfrage betreffend. (An den Verfassungs-Ausschuß.)

41. (6864) Protest des deutschen Vaterlandsvereins zu Lößnitz in Sachsen, gegen ein monarchisches Oberhaupt, und gegen die Berufung Preußens an die Spitze Deutschland's. (An den Verfassungs-Ausschuß.)

42. (6865) Vorlage des vaterländischen Vereins zu Gießen mit einem Vortrag des Hofgerichtsraths Dr. Kraft daselbst: die Organe zur Verwirklichung einer deutschen Reichs-Regierung. (An den Verfassungs-Ausschuß.)

43. (6866) Eingabe des Volksvereins zu Osterfeld und Umgegend, mehrere Verfassungsbestimmungen betreffend. (An den Verfassungs-Ausschuß.)

44. (6867) Eingabe des Volksvereins der oberen Wetterau, die Souveränität der Reichsversammlung betreffend. (An den Verfassungs-Ausschuß.)

45. (6868) Eingabe des W. Umrath zu Hausach, die Berechtigung der Handwerksgehilfen und Fabrikarbeiter zur Wahl der Abgeordneten in das Volkshaus. (An den Verfassungs-Ausschuß.)

46. (6869) Adresse des Göttinger Märzvereins d. d. 23. Januar, betreffend den Entwurf des Wahlgesetzes zum Volkshause, übergeben vom Abgeordneten Simon von Trier. (An den Verfassungs-Ausschuß.)

47. (6870) Adresse der Mitglieder des Arbeitervereins zu Lüneburg in gleichem Betreff, übergeben vom Abgeordneten Gravenhorst. (An den Verfassungs-Ausschuß.)

48. (6871) Adresse der verbundenen constitutionellen Vereine der Ost- und Westpriegnitz, d. d. Perleberg, enthaltend die Bitte um allgemeines, unbeschränktes Wahlrecht, übergeben vom Abgeordneten Liebmann. (An den Verfassungs-Ausschuß.)

49. (6872) Anschlußacte des Malchower Reformvereins an die Petition des Centralcomité's der Mecklenburger Reform-Vereine, betreffend die Nichtübertragung der deutschen Kaiser-Krone an den König von Preußen, übergeben vom Abgeordneten Reinhard. (An den Verfassungs-Ausschuß.)

50. (6873) Schreiben des Ausschusses des allgemeinen deutschen Vereins zum Schutze der vaterländischen Arbeit mit 22 Petitionen, 8336 Seelen repräsentirend, Schutz und Förderung der vaterländischen Arbeit betreffend. (An den Ausschuß für die Volkswirthschaft.)

51. (6874) Schreiben dessen Ausschusses mit sieben Petitionen, 5894 Seelen repräsentirend, in gleichem Betreff. (An den Ausschuß für die Volkswirthschaft.)

52. (6875) Protestationen von den Innungen im Fürstenthum Schwarzburg-Rudolstadt gegen Gewerbefreiheit und Freihandelssystem, übergeben vom Abgeordneten Hönniger. (An den Ausschuß für die Volkswirthschaft.)

53. (6876) Anschlußerklärung vieler Mitglieder des landwirthschaftlichen Kreisvereins Constanz an den norddeutschen Entwurf eines Zolltarifs. (An den Ausschuß für die Volkswirthschaft.)

54. (6877) Gesuch vieler Einwohner aus Beuren an der Aach in Baden gegen den Zolltarif der sogenannten Freihandelsmänner, übergeben vom Abgeordneten Christ. (An den Ausschuß für die Volkswirthschaft.)

55. (6878) Eingabe der Grundbesitzer, Spinner und Weber des Amtsbezirks Heepen in der Grafschaft Ravensburg in gleichem Betreff. (An den Ausschuß für die Volkswirthschaft.)

56. (6879) Deßgleichen des constitutionellen Vereins zu Bochum, Provinz Westphalen, in gleichem Betreff. (An den Ausschuß für die Volkswirtschaft.)

57. (6880) Petition der Eingesessenen zu Rhaden im Regierungsbezirk Minden um Gewährleistung eines ausreichenden Schutzes der nationalen Arbeit, und Ablehnung der Anträge auf Einführung des Freihandelssystems, übergeben vom Abgeordneten Ebmeier. (An den Ausschuß für die Volkswirthschaft.)

58. (6881) Petition sämmtlicher Gewerbmeister der Stadt Dülmen um Einführung der von dem deutschen Handwerker- und Gewerbecongreß berathenen und beschlossenen allgemeinen Handwerker- und Gewerbe-Ordnung, übergeben vom Abgeordneten Junkmann. (An den Ausschuß für die Volkswirthschaft.)

59. (6882) Bemerkungen und Wünsche zu diesem Entwurf von den Handwerkern der Landgemeinden des kurhessi-

schen Kreises Schmalkalden. (An den Ausschuß für die Volkswirthschaft.)

60. (6883) Gesuch des Handwerkervereins zu Mößkirch in Baden, die Gewerbeordnung betreffend, übergeben vom Abgeordneten Peter. (An den Ausschuß für die Volkswirthschaft.)

61. (6884) Zustimmung des Handwerkervereins zu Ilsenburg zu dem Minoritäts-Erachten einer Gewerbe-Ordnung der Herren Veit, Degenkolb und Becker. (An den Ausschuß für die Volkswirthschaft.)

62. (6885) Deßgleichen vom Vorstand des Handwerker-Vereins zu Diesdorf, Buchdohn, Mayer, Schmiett, Lüdke. (An den Ausschuß für die Volkswirthschaft.)

63. (6886) Deßgleichen vom Vorstand des Handwerker-Vereins zu Neuhaldensleben, übergeben vom Abgeordneten Löw von Magdeburg. (An den Ausschuß für die Volkswirthschaft.)

64. (6887) Deßgleichen des Vorstandes des Handwerker-Vereins zu Erfurt und seiner Zweigvereine. (An den Ausschuß für die Volkswirthschaft.)

65. (6888) Eingabe der Deputirten des Handwerkervereins zu Wismar gegen das süddeutsche Schutzzollsystem. (An den Ausschuß für die Volkswirthschaft.)

66. (6889) Eingabe des Bürger- und Handwerkervereins zu Fürstenberg in Mecklenburg, Zustimmung zu dem Entwurf eines Zolltarifs von Seite des deutschen Zollcongresses, übergeben vom Abgeordneten Thöl. (An den Ausschuß für die Volkswirthschaft.)

67. (6890) Eingabe aus Plau in Mecklenburg gegen das süddeutsche Zollschutzsystem. (An den Ausschuß für die Volkswirthschaft.)

68. (6891) Eingabe des Reformvereins zu Fürstenberg gegen das Zollschutzsystem, übergeben vom Abgeordneten Thöl. (An den Ausschuß für die Volkswirthschaft.)

69. (6892) Petition sämmtlicher oberösterreichischer Gewerbsinhabungen und Innungen an den Reichstag zu Wien, und

70. (6893) Entwurf einer Handwerker- und Gewerbe-Ordnung für Oberösterreich von dem Industrievereine zu Linz in Gemeinschaft mit fünfzig Innungsvorstehern und mit Benutzung des Frankfurter Entwurfes verfaßt, von dem letzteren jedoch vielfältig abweichend, übergeben vom Abgeordneten Kagerbauer. (An den Ausschuß für die Volkswirthschaft.)

71. (6894) Eingabe von 509 Bürgern zu Meiningen gegen den vorliegenden Entwurf zu einem deutschen Heimathsgesetze, übergeben vom Abgeordneten Johannes. (An den Ausschuß für die Volkswirthschaft.)

72. (6895) Der Abgeordnete Merck übergibt im Auftrage des Herrn Joh. Ger. Hermes in Hamburg ein Promemoria über die in Deutschland einzuführende Einheit in Maaß, Gewicht und Münzfuß. (An den Ausschuß für die Volkswirthschaft.)

73. (6896) Verwahrung des landwirthschaftlichen Vereins für Rheinpreußen gegen eine Herabsetzung des Eingangszolles auf ausländische Weine, übergeben vom Abgeordneten Deiters von Bonn. (An den Ausschuß für die Volkswirthschaft.)

74. (6897) Petition des Criminalrichters v. Arnim zu Herford in Westphalen, den Gebrauch des Eides in Civil- und Criminalsachen betreffend, übergeben vom Abgeordneten Ziegert. (An den Gesetzgebungs-Ausschuß.)

75. (6898) Bitte des Volksvereins zu Constanz, die Reichstruppen in dem badischen Oberlande betreffend. (An den Petitions- und Prioritäts-Ausschuß.)

76. (6899) Eingabe des Vereins für Volksrechte zu Lauenburg, Mißtrauensvotum von Seiten der Urwähler des Lauenburger Kreises für den Abgeordneten v. Selchow betreffend, übergeben vom Abgeordneten Vogt. (An den Petitions- und Prioritäts-Ausschuß.)

77. (6900) Adresse des Comité der Localvereine des Fürstenthums Waldeck zu Corbach, die Haltung der deutschen Nationalversammlung gegenüber der Anarchie in Oesterreich und Preußen, übergeben vom Abgeordneten Vogt. (An den Petitions- und Prioritäts-Ausschuß.)

78. (6901) Eingabe der Vorsteher des Arbeiterbildungs-Vereins zu Darmstadt, im Namen der Arbeiter Darmstadts, um Niedersetzung eines socialen Parlaments von Arbeitgebern und Arbeitnehmern, übergeben vom Abgeordneten Vogt. (An den Petitions- und Prioritäts-Ausschuß.)

79. (6902) Eingabe von Abgeordneten der Bürgerwehren von Wetzlar, Gießen und Butzbach, die Gründung eines Wehrbundes, der die Bürgerwehren verschiedener Nachbarstaaten zu einer deutschen Volkswehr verbinden soll, mit den betreffenden Statuten, übergeben vom Abgeordneten Vogt. (An den Ausschuß für Wehrverfassung.)

80. (6903) Gesuch der Vorstände der Bürgerwehren von Gießen, Butzbach, Lich rc. um Verschmelzung des Heeres mit dem Volke, übergeben vom Abgeordneten Vogt. (An den Ausschuß für Wehrverfassung.)

Berichtigungen.

Nr. 171. S. 5232. Sp. 2. Z. 4 v. u. l. Gesetze des Solon und Servius Tullius statt Gesetze des Servius Tullius.
„ 175. „ 5343. „ 2. „ 7 v. o. l. öffentlichen oder Gemeindemitteln statt öffentlichen Gemeindemitteln.
Bei der Abstimmung über den Antrag Nr. 175. S. 5348. Sp. 2. Z. 17 v. u. stimmte Riehl von Zwettl mit Nein.
In der Sitzung vom 20. Februar war Oertel von Mittelwalde mit Entschuldigung abwesend.

Die Redactions-Commission und in deren Auftrag Abgeordneter Professor Wigard.

Druck von Joh. David Sauerländer in Frankfurt a. M.

Stenographischer Bericht

über die

Verhandlungen der deutschen constituirenden National-Versammlung zu Frankfurt a. M.

Nro. 178. Dienstag den 27. Februar 1849. VII. 23.

Hundert sieben und siebenzigste Sitzung.

(Sitzungslocal: Paulskirche.)

Montag den 26. Februar. (Vormittags 9 Uhr.)

Präsident: Eduard Simson von Königsberg.

Inhalt: Verlesung des Protocolls. — Austrittsanzeige des Abgeordneten Carl. — Anzeige von dem Tode des Abgeordneten Baur von Hechingen. — Vertheilung neueingetretener Mitglieder in die Abtheilungen. — Berichtsanzeige des Centrallegitimations-Ausschusses 1) die Wahl des Abgeordneten Hirschberg von Sondershausen, 2) die des Abgeordneten Arndts von München, und 3) die Einberufung des Stellvertreters für den Abgeordneten Stedmann betreffend. — Berichtsanzeige des volkswirthschaftlichen Ausschusses, den Entwurf einer allgemeinen deutschen Gewerbeordnung betreffend. — Interpellationen an das Reichsministerium 1) des Abgeordneten Schoder, die Entschädigung für die in Bockenheim seit dem 23. September v. J. untergebrachten Reichstruppen betreffend; 2) des Abgeordneten Mareck, die Erklärungen der Einzelstaaten bezüglich des Verfassungswerkes betreffend; und 3) des Abgeordneten Clemens, den dem Reichsministerium von öffentlichen Blättern zur Last gelegten Mißbrauch des Namens des Reichsverwesers in Ministerialerlassen betreffend. — Antwort des Reichsministers v. Gagern: 1) auf die vorstehende Interpellation des Abgeordneten Clemens und 2) auf die Interpellation des Abgeordneten Culmann, die Verkündigung der Grundrechte in Bayern betreffend. — Fortsetzung der Berathung des vom Verfassungs-Ausschuß vorgelegten Entwurfs: „Reichsgesetz über die Wahlen der Abgeordneten zum Volkshause," und zwar über Art. IV. § 11 und folgende. — Schreiben des Reichsministeriums an den Präsidenten der Nationalversammlung nebst Anlagen, die Erklärungen der Einzelregierungen bezüglich des Verfassungswerkes betreffend, und Berathung über die Verweisung dieser Actenstücke an einen Ausschuß.

Präsident: Die Sitzung ist eröffnet. Ich ersuche den Herrn Schriftführer, das Protocoll der vorigen Sitzung zu verlesen. (Schriftführer v. Neumayr verliest dasselbe.) Ich frage, ob Reclamation gegen das Protocoll ist? (Niemand meldet sich.) Es ist keine Reclamation; das Protocoll ist genehmigt. — Ich habe zunächst eine Austrittserklärung zur Kenntniß der Versammlung zu bringen: Herr Carl, Abgeordneter des 13ten brandenburgischen Wahlbezirks in Preußen, hat sein Mandat niedergelegt; sein Stellvertreter, Herr v. Selasinsky, ist bereits in Frankfurt eingetroffen. — Die Versammlung hat eines ihrer Mitglieder durch den Tod verloren: Herr Georg Baur, Oberamtsverweser in Hohenzollern-Hechingen, ist am 18. dieses Monats in seiner Heimath gestorben. Sein Bruder, ein hiesiger Beamter, macht mir diese Anzeige, die ich zu weiterer Veranlassung an das Reichs-Ministerium des Innern gehen lasse. — Sieben neu eingetretene Mitglieder habe ich nach dem Bedürfnisse der Abtheilungen in folgende Abtheilungen vertheilt: Herrn Binder, Oberpräsident aus Woinowitz, an Stelle des Herrn v. Dallwitz von Siegersdorf; Herrn Daxenberger, Ministerialrath von München, an Stelle des Herrn Ruhwandl von München; Herrn Klett, Stadtschultheiß von Heilbronn, an Stelle des Herrn Hentges von Heilbronn, in die fünfte Abtheilung; Herrn v. der Horst II, Gutsbesitzer von Ratenburg, an Stelle des Herrn Lang von Verden; Herrn Bauer, Doctor von Wien, an Stelle des Herrn v. Doblhoff von Wien, in die sechste Abtheilung; Herrn Götz, Rector von Neuwied, an Stelle des Herrn Knoodt von Bonn; Herrn Wöhler, Postrevisor von Schwerin, an Stelle des Herrn Haupt von Wismar, in die achte Abtheilung. Ich ersuche diese Herren, an den Arbeiten der betreffenden Abtheilungen Theil zu nehmen. — Herr Plathner hat Namens des Centrallegitimations-Ausschusses eine Anzeige zu erstatten; ich gebe ihm dazu das Wort.

Plathner von Halberstadt: Meine Herren! An Stelle des Abgeordneten für das Fürstenthum Schwarzburg-Sondershausen, Herrn August v. Blumröder, ist dessen Stellvertreter, Herr Hirschberg, eingetreten. Der Volksverein der Oberherrschaft Schwarzburg-Sonderhausen hat diese Wahl angefochten, weil sie angeblich eine Minoritätswahl sei. Es enthält jedoch das betreffende Gesetz in seinem § 14 die Bestimmung:

„Wer nach dieser Zusammenzählung die meisten Stimmen erhalten hat, ist als zum Volksvertreter gewählt anzusehen, als Stellvertreter aber Derjenige, welchem nach jenem die meisten Stimmen zugefallen sind."

Nach Vorschrift dieses Gesetzes ist Herr Hirschberg gewählt, und da der Ausschuß nicht die Zweckmäßigkeit des Gesetzes, sondern nur die Giltigkeit der Wahl nach Vorschrift des bezüglichen Gesetzes zu prüfen hat, mußte er die Wahl als giltig anerkennen. — Eine zweite Anfechtung betrifft die Wahl des Herrn Arndts, als Abgeordneten für den dritten bayerischen Wahlbezirk zu Straubing. Es stand seiner Wahl zunächst ein formelles Bedenken entgegen. Von 116 Stimmenden hatten 79 ihre Stimmen Herrn Arndts gegeben, vier von diesen Stimmen konnten jedoch nicht als giltig anerkannt werden, weil die absolute Majorität auch bei der Wahl der Wahlmänner nöthig ist, eine solche absolute Majorität aber bezüglich dieser vier Wahlmänner nicht vorlag. Es blieben aber, wenn auch diese vier Stimmen in Abzug gebracht werden, immer noch 75 Stimmen, also die erforderliche absolute Majorität. Es hat zwar der Wahl-Ausschuß, welcher nach bayerischem Gesetze über die Giltigkeit der Wahl endgiltig zu entscheiden hat, aus dem eben angegebenen Grunde die Wahl für ungiltig erklärt, indem er die Folgerung zog, daß, da diese vier Wahlmännerwahlen ungiltig gewesen, auch die ganze Wahl eine ungiltige sei. Aber abgesehen davon, daß diese Folgerung eine durchaus unrichtige ist, konnte auf die Entscheidung des Wahl-Ausschusses keine Rücksicht genommen werden, weil bei der Constituirung des Wahl-Ausschusses nicht streng nach Gesetzesvorschrift verfahren worden, indem namentlich die siebente Person, die man zu diesem Ausschusse zugezogen hat, nicht nach Vorschrift des Gesetzes gewählt worden ist. Abgesehen von diesen formellen Bemängelungen, sind außerdem noch Wahlumtriebe als Grund der Ungiltigkeit angegeben worden. Es sind zu diesem Zwecke sämmtliche vorgeschlagene Zeugen vernommen worden, es hat sich jedoch keine Thatsache herausgestellt, welche zu der Folgerung berechtigte, daß ungesetzliche Wahlumtriebe gebraucht worden wären.

Präsident: Diese Anzeige, welche auf die Wahlen der Herren Hirschberg und Arndts von München Bezug hat, haben wir, ohne weiteren Beschluß, entgegenzunehmen; aber nur, wenn der Ausschuß den Ausschluß eines Mitgliedes beantragt, kann ein Beschluß der Versammlung hervorgerufen werden. — Herr Haubenschmied hat einen Bericht Namens desselben Ausschusses anzuzeigen.

Haubenschmied von Passau: Herr Stedmann von Besselich, Abgeordneter für den zwölften rheinpreußischen Wahlbezirk, ist, wie Ihnen bekannt sein wird, seit dem Monat September als Reichscommissär in der Schleswig-Holsteinschen Angelegenheit von hier abwesend. Aus seinem Wahlbezirke kam eine von mehr als 100 Personen unterzeichnete Petition an das Präsidium dieses Hauses, und es wird darin beantragt: es wolle, da Herr Stedmann bereits so lange abwesend sei, und sohin die Bezirke Kreuznach und St. Goar gar keine Vertretung haben, sofort der Stellvertreter einberufen werden. Da aber die Einberufung des Stellvertreters den Ausschluß des bisherigen Abgeordneten bedingen würde, so hat das Präsidium diese Petition dem Centrallegitimations-Ausschusse überwiesen. Die Herren haben bereits, wie Ihnen erinnerlich sein wird, in einer ähnlichen Angelegenheit einen Beschluß gefaßt, nämlich über die des Herrn Abgeordneten v. Rönne, der als Gesandter bei den Vereinigten Staaten von Nord-Amerika accreditirt wurde, und auch dahin abgereist ist. Die hohe Versammlung hat beschlossen, daß er in Folge der Annahme dieser Stelle sofort als ausgeschieden betrachtet werden solle. Ihr Ausschuß glaubt jedoch Ihnen gegenwärtig einen anderen Antrag stellen zu müssen. Die Fälle sind wesentlich verschieden. Herr v. Rönne hat einen ständigen Posten angenommen, und ist in eine Gegend abgereist, nach welcher eine schnelle Communication ausgeschlossen ist; dagegen hat Herr Stedmann als Reichscommissär eine ihrer Natur nach nur vorübergehende Function übernommen. Aus diesem Grunde glaubt Ihr Ausschuß, daß es nicht zulässig sei, ohne Weiteres den Austritt des Herrn Stedmann anzunehmen, dagegen hält er dafür, daß Herr Stedmann aufgefordert werden müsse, sich zu erklären, ob er seinen Sitz im Hause wieder einnehmen, oder ob er darauf verzichten wolle. Es wird eine Frist anzuberaumen sein, binnen welcher die Erklärung abzugeben ist. Ihr Ausschuß beantragt daher folgenden Beschluß:

„Die Nationalversammlung wolle beschließen:

1) daß zwar der aus dem Wahlbezirke Kreuznach eingereichten Petition um sofortige Einberufung des Stellvertreters des Abgeordneten Stedmann nicht ohne Weiteres Statt zu geben, jedoch
2) der Abgeordnete Stedmann durch das Präsidium aufzufordern sei, sich darüber, ob er in seiner gegenwärtigen Stellung verbleiben, oder seinen Platz als Mitglied der Versammlung wieder einnehmen wolle, innerhalb vierzehn Tagen um so gewisser zu erklären, als nach fruchtlosem Verlaufe dieser Frist der Verzicht auf seinen Sitz in der Nationalversammlung angenommen, und zur Einberufung seines Stellvertreters geschritten werden wird."

Gegen die bisherige Uebung, nach welcher in ähnlichen Fällen eine vierwöchentliche Frist festgesetzt wurde, beantragt Ihr Ausschuß nur eine vierzehntägige. Bei der Dringlichkeit der Sache und bei der Wichtigkeit der gegenwärtigen Verhandlungen des Hauses haben wir uns dazu gemüssigt erachtet. Der Ausschuß ist der Meinung, daß das Haus wegen der Dringlichkeit der Sache sogleich auf die Berathung und Beschlußfassung eingehen möchte.

Präsident: Ich habe zuvörderst zu fragen, ob die Versammlung die Dringlichkeit des Antrages anerkennen, und sofort in die Berathung darüber eingehen will. Ich bitte diejenigen Herren, die die Dringlichkeit des Antrages anerkennen wollen, sich zu erheben. (Die Mehrheit erhebt sich.) Die Dringlichkeit ist anerkannt. Verlangt Jemand in der Sache das Wort? (Niemand verlangt es.) Ich bringe den Antrag des Ausschusses zur Abstimmung, welcher dahin lautet:

„Die Nationalversammlung wolle beschließen:

1) daß zwar der aus dem Wahlbezirke Kreuznach eingereichten Petition um sofortige Einberufung des Stellvertreters des Abgeordneten Stedmann nicht ohne Weiteres Statt zu geben, jedoch
2) der Abgeordnete Stedmann durch das Präsidium aufzufordern sei, sich darüber, ob er in seiner gegenwärtigen Stellung verbleiben, oder seinen Sitz als Mitglied der Versammlung wieder einnehmen wolle, innerhalb vierzehn Tagen um so gewisser zu erklären, als nach fruchtlosem Verlaufe dieser Frist der Verzicht auf seinen Sitz in der Nationalversammlung angenommen, und zur Einberufung seines Stellvertreters geschritten werden wird."

Diejenigen Herren, die diesem Antrage des Centrallegitimations-Ausschusses zustimmen wollen, ersuche ich, aufzustehen. (Die Mehrheit erhebt sich.) Der Antrag ist angenommen. — Herr Hollandt hat einen Bericht des volkswirthschaftlichen Ausschusses anzuzeigen.

Hollandt von Braunschweig: Namens des Ausschusses für die Volkswirthschaft erlaube ich mir, der hohen Versammlung einen Bericht vorzulegen über den Entwurf einer allgemeinen Gewerbeordnung für Deutschland. Der Ausschuß wurde zunächst veranlaßt, diesen Gegenstand in die Hand zu nehmen, durch einen in der 44sten Sitzung über einen Antrag des Abgeordneten Veit gefaßten Beschluß. Dieser ging dahin: „Der Ausschuß für die Volkswirthschaft wird beauftragt, bis zur zweiten Lesung der Grundrechte einen Entwurf einer allgemeinen Gewerbeordnung vorzulegen." Der Ausschuß hat sich sofort mit diesem Gegenstande beschäftigt, ist aber wegen der in der Sache selbst liegenden großen Schwierigkeiten nicht im Stande gewesen, bis jetzt diesen Bericht zu erstatten. Derselbe fällt in zwei Abschnitte. Er enthält zunächst eine Zusammenstellung der in großer Anzahl in Bezug auf diesen Gegenstand eingegangenen Petitionen.

Die hohe Versammlung wird aus dieser Zusammenstellung ersehen, wie verschiedenartig die Ansichten über den Entwurf einer allgemeinen Gewerbeordnung für Deutschland sind, wie sehr daher die Ansprüche auseinandergehen, welche aus den einzelnen Gegenden Deutschland's in Bezug auf eine allgemeine Gewerbeordnung erhoben werden. Ferner legt der Ausschuß der hohen Versammlung zwei Entwürfe vor, von denen jedoch keiner eine absolute Majorität im Ausschusse erhalten hat. Der Ausschuß ist insbesondere durch den eben in Bezug auf die Petitionen erwähnten Grund, und durch andere in dem Berichte niedergelegte Gründe zu der Ansicht, zu der Ueberzeugung gelangt, daß es nicht angemessen scheint, der hohen Versammlung in diesem Augenblicke, und bei der Lage der Sache eine sofortige Berathung der deutschen allgemeinen Gewerbeordnung zu empfehlen. Seine Anträge gehen dahin:

„Die hohe Reichsversammlung wolle beschließen:

1) in die Berathung einer allgemeinen Gewerbeordnung jetzt nicht einzugehen;
2) vielmehr diesen Bericht, nebst den beigefügten motivirten Entwürfen in genügender Anzahl von Exemplaren drucken, und durch die einzelnen Abgeordneten in ihren Wahlkreisen verbreiten zu lassen;
3) die sämmtlichen eingegangenen Petitionen, sowie die Verhandlungen des Ausschusses der provisorischen Centralgewalt zur Benutzung bei der künftigen Reichsgesetzgebung zu überweisen."

Schließlich erlaube ich mir noch die Bemerkung hinzuzufügen, daß die hohe Versammlung in Bezug auf den zweiten Theil dieses Antrages einen vorläufigen Beschluß nächstens zu fassen haben wird. Es ist nämlich darauf angetragen, diesen Bericht und die Entwürfe in großer Anzahl drucken zu lassen. Es wird nun nicht möglich sein, den Satz bis dahin in der Druckerei stehen zu lassen, daß dieser Bericht förmlich auf die Tagesordnung gesetzt wird. Der Ausschuß hat aber nicht geglaubt, schon heute einen solchen dringlichen Antrag zu stellen, da die hohe Versammlung zunächst den Bericht mit seinen Anlagen gedruckt vor Augen haben muß, um beurtheilen zu können, ob auf jenen Theil des Antrages einzugehen sei, oder nicht. Der Ausschuß behält sich daher vor, nach Vollendung des Druckes die sofortige Beschlußnahme darüber zu beantragen.

Präsident: Ich werde also zunächst den Bericht drucken lassen, und die darin verlangte vorläufige Erörterung auf eine der nächsten Tagesordnungen setzen. — Eine Interpellation des Abgeordneten Schoder von Stuttgart an die Ministerien des Kriegs und der Finanzen kommt zur Verlesung.

Schoder von Stuttgart: Die Interpellation lautet:

„Glaubhafter Mittheilung zufolge ist für die Verpflegung der seit dem 23. September vorigen Jahres in Bockenheim untergebrachten Reichstruppen — anfangs 1200, dermalen 200 — 300 Mann, — noch kein Kreuzer bezahlt, wodurch die unbemittelten Bürger, deren Vorräthe allmählich aufgezehrt sind, in eine sehr bedrängte Lage versetzt, und den Wucherern preisgegeben werden. Von einem Betheiligten aufgefordert, stellen wir an die Ministerien des Kriegs und der Finanzen die Frage:

Ist es richtig, daß für die Verpflegung der in Bockenheim untergebrachten Reichstruppen seit dem 23. September vorigen Jahres noch nichts bezahlt ist?

Wird diese Frage bejaht, so stellen wir die weitere Frage:

Sind die Ministerien des Kriegs und der Finanzen gesonnen, ohne Verzug dafür zu sorgen, daß die den Einwohnern von Bockenheim gebührenden Verpflegungsgelder denselben ausbezahlt, dadurch den Forderungen des Rechts und der Humanität entsprochen, und eine Quelle gerechter Unzufriedenheit und Mißstimmung verschlossen werde? — Frankfurt a. M., den 23. Februar 1849."

Unterschrieben von: Geigel; Ph. Schwarzenberg; Venedey; v. Rappard; Tafel von Stuttgart; v. Itzstein; Tafel von Zweibrücken; Langbein; Rank; Rheinwald; Hensel; Heubner; Heisterbergk; Hagen; Fröbel; Zimmermann von Spandow; Esterle; Wesendonck, Spatz; Simon von Trier; Dietsch; Fehrenbach; Kudlich; Fetzer.

Präsident: Nach einer schriftlichen Anzeige der Herren Reichsminister des Kriegs und der Finanzen wird diese Interpellation nächsten Freitag, den zweiten künftigen Monats beantwortet werden. — Eine Interpellation von Herrn Mareck an das Reichsministerium der inneren und äußeren Angelegenheiten.

Mareck von Gratz: Die Interpellation, die ich gestellt, ist folgende:

„In Erwägung, daß laut des ministeriellen Organs, der Oberpostamts-Zeitung, von Seiten mehrerer deutscher Regierungen Erklärungen an die Centralgewalt erfolgt worden sind, in welchen sich dieselben über die deutsche Verfassung mehr oder minder deutlich aussprechen;

„in Erwägung, daß die Centralgewalt nach dem Gesetze vom 28. Juni v. J. von der Mitwirkung bei Errichtung der Verfassung ausgeschlossen ist;

„frage ich das hohe Reichsministerium:

1) „ob und welche deutsche Regierungen an die Centralgewalt Erklärungen über die von der Nationalversammlung zu schaffende Verfassung gelangen ließen;
2) „ob und wann diese Erklärungen von dem hohen Reichs-Ministerio an die Nationalversammlung mitgetheilt werden würden, oder aus welchen Gründen nicht?"

Präsident: Der Herr Reichsjustizminister zeigt an, daß er am künftigen Donnerstag, den 1. März, im Stande sein werde, die Interpellation des Herrn Eisenstuck in Beziehung auf holländische Erbschafts-Angelegenheiten zu beantworten. — Eine Interpellation des Herrn Clemens an das Reichsministerium in Betreff des dem Ministerium gemachten Vorwurfs, den Mißbrauch des Namens des Reichsverwesers betreffend, kommt zur Verlesung.

Clemens von Bonn: Ich stelle folgende Interpellation:

„In Erwägung, daß vermöge der Stellung, welche das Reichsministerium dem verfassunggebenden deutschen Reichstage gegenüber einnimmt, die Ehre des letzteren durch jede ehrenrührige Handlung des Ersteren, wenn dasselbe einer solchen fähig sein sollte, gekränkt wird;

„in Erwägung, daß das Reichsministerium von öffentlichen Blättern beschuldigt worden ist, in Ministerialerlassen den Namen des Reichsverwesers mißbraucht zu haben, und daß eine solche Beschuldigung, wenn sie wahr wäre, nicht bloß dem Ministerium das Vertrauen der Versammlung und der Nation entziehen müßte, sondern unter Umständen sogar geeignet sein dürfte, eine Anklage gegen das Ministerium zu begründen;

„in fernerer Erwägung, daß jene Beschuldigung zwar zu wiederholten Malen in der Oberpostamts-Zeitung als Lüge bezeichnet worden ist, daß jedoch die Frankfurter Zeitung in ihrer Nummer 33 vom 24. d. Mts. bei der Richtigkeit ihrer früheren Angaben beharrt, und sich zur Bestätigung derselben auf folgende Thatsachen beruft: „Das Reichsministerium hat in einer eigenen Note vom Reichsverweser die Erklärung verlangt, daß die Aussage der Frankfurter Zeitung unwahr sei. Der Reichsverweser hat darauf in einer Weise geantwortet, wie es sich für einen Erzherzog von Oesterreich geziemt;" womit das genannte Blatt die Aufforderung an das Reichs-Ministerium verbindet, „beide Actenstücke zu veröffentlichen, damit die Welt erfahre, wer sich in dieser Sache selbst gerichtet habe;"

„in endlicher Erwägung, daß dem Reichsministerium selbst daran gelegen sein muß, sich hinsichtlich der erwähnten Beschuldigung, wegen der Notorietät, die dieselbe erlangt hat, öffentlich vor dem deutschen Volke zu rechtfertigen und sich durch eine unumwundene Darlegung der Wahrheit von jedem Verdachte zu reinigen,

„richte ich an das Reichsministerium folgende Fragen:

1) „Hat das Reichsministerium in einer Note vom Reichs-Verweser die Erklärung verlangt, daß die Aussagen der Frankfurter Zeitung, den Mißbrauch des Namens des Reichsverwesers in Ministerial-Erlassen betreffen, unwahr seien, und hat es darauf eine schriftliche Antwort vom Reichsverweser erhalten?

2) „Ist das Ministerium für den Fall, daß dieß geschehen sein sollte, bereit, die beiden Actenstücke auf dem Tische des Hauses niederzulegen, und der Versammlung über den Hergang und Zusammenhang der Sache vollständige und befriedigende Aufklärung zu geben?"

Präsident: Der Herr Präsident des Reichsministeraths hat das Wort.

Reichsminister v. Gagern: Das Reichsministerium weist die Beschuldigung, den Namen Seiner kaiserlichen Hoheit, des Erzherzogs Reichsverwesers mißbraucht zu haben, als eine Verleumdung zurück. (Bravo auf der Rechten und im Centrum.) Es ist keine Thatsache angeführt worden, und es hat keine angeführt werden können, wodurch eine solche Verleumdung beschönigt würde. Die Thatsachen, von denen es sich hier handeln kann, sind folgende: Es wurden von Regierungen, oder aber von Bevollmächtigten derselben, Namens und im Auftrag der Regenten, bei dem Reichsministerium Erklärungen zunächst in Beziehung auf die Oberhauptsfrage abgegeben. Die erste solche Erklärung wurde abgegeben im Namen Seiner königlichen Hoheit des Großherzogs von Baden und seiner Regierung. Seine kaiserliche Hoheit der Reichsverweser hat selbst den Wunsch ausgesprochen, daß diese Adresse angemessen beantwortet werden möge. Es hat über den Inhalt dieses Antwortschreibens der Unterstaatssecretär v. Biegeleben ihm Vortrag erstattet, und es ist dasselbe in der Fassung abgegangen, wie solche Seine kaiserliche Hoheit gutgeheißen hatte. Es waren ferner an das Reichsministerium gerichtet worden Noten Namens der Großherzoge von Sachsen-Weimar und Hessen, sowie Namens des Herzogs von Braunschweig. Auch auf diese Schreiben sind Antworten im Namen des Reichsverwesers erfolgt; diese Antworten haben dem Reichsverweser vorgelegen, und er hat sie an das Ministerium ohne Bemerkung zurückgesendet. Nach diesen ist noch eine Reihe von Zuschriften ähnlicher Art Namens der Regenten und Regierungen anderer Staaten bei dem Reichsministerium eingekommen. Auf diese weiteren Zuschriften ist keine Antwort Namens des Reichsverwesers erfolgt. Damit ich aber nicht bloß die Wahrheit, sondern die ganze Wahrheit sage, es ist wahr, daß auf einige dieser Mittheilungen Antwortschreiben in der Kanzlei entworfen wurden, jedoch waren diese nicht im Namen des Reichsverwesers abgefaßt. Es sind aber diese Antwortschreiben nicht abgegangen; nicht etwa wegen Verbots, oder der Andeutung von Seiten Seiner kaiserlichen Hoheit, es möge dieß unterlassen werden, sondern ich habe, ohne von solcher Ausrichtung zu wissen, jene Antwortschreiben darum nicht unterzeichnet, weil ich von der Ansicht ausging, daß sie für die Adressaten nur dann Werth haben würden, wenn sie im Namen Seiner kaiserlichen Hoheit des Reichsverwesers erlassen würden. (Stimmen auf verschiedenen Seiten: Hört! Hört!) Das ist der ganze Sachverhalt. Daß es dem Ministerium darauf ankommen mußte, diesen Sachverhalt durch die lauterste und competenteste Quelle bestätigt zu sehen, nachdem die entgegenstehenden Verleumdungen ausgesprochen waren, versteht sich von selbst. Es hat also allerdings ein Schriftenwechsel zwischen Seiner kaiserlichen Hoheit dem Erzherzog Reichsverweser und dem Reichsministerium stattgehabt. Die sowohl mündlichen als schriftlichen Mittheilungen zwischen Seiner kaiserlichen Hoheit dem Reichsverweser und seinem Ministerium gehören nicht vor die Oeffentlichkeit, solange das Ministerium das Vertrauen Seiner kaiserlichen Hoheit besitzt. (Stimmen: Sehr richtig!) Der Reichsverweser hat das Ministerium autorisirt, bei seiner Erklärung das größte Gewicht auf das bestehende gute Einvernehmen zwischen Seiner kaiserlichen Hoheit und dem Ministerium zu legen. (Bravo auf der Rechten und im Centrum.) Seine kaiserliche Hoheit haben die hohe Stellung des Reichsverwesers über den politischen Parteikämpfen in den Verwickelungen der letzten Zeit unverrückt zu wahren gewußt. (Lebhaftes Bravo auf der Rechten und im Centrum.) — Auf die Interpellation des Herrn Mareck die heute verlesen worden ist, erwiedere ich, daß die bei dem Reichsministerium eingelaufenen Erklärungen der Regierungen, in Beziehung auf das Verfassungswerk noch heute an die hohe Versammlung gelangen werden. Es würde die Mittheilung an den Herrn Präsidenten aber natürlich ohne Zusammenreihung mit der Interpellation des Herrn Mareck bereits erfolgt sein, wenn die Abschriften so schnell hätten gefertigt werden können. — Ich habe noch eine Interpellation der Herren Culmann und Genossen zu beantworten. Dieselbe lautet, wie folgt:

„In Erwägung, daß das Gesammtministerium von Bayern durch das Organ des Ministers des Innern in der Sitzung der Kammer der Abgeordneten in München vom 30. v. Mts. gelegentlich der von 69 Mitgliedern dieser Kammer wegen Publication der Grundrechte eingelegten Verwahrung gegen Leistung eines unbedingten Verfassungseides, eine Erklärung abgeben ließ, in welcher folgende Stelle vorkommt: „Von den Vorschriften unseres Staatsgrundgesetzes ausgehend, darf das Staatsministerium keine Abänderung in den Bestimmungen der Verfassungsurkunde, kein allgemeines neues Gesetz, welches die Freiheit der Personen oder des Eigenthumes der Staatsangehörigen betrifft, ohne den Beirath und die Zustimmung der Landesvertretung, als gesetzlich bindend anerkennen und zum Vollzug bringen. Hieraus folgt, daß erst dann, wenn die von der Nationalversammlung zu Frankfurt beschlossene Reichsverfassung mit den gesetzgebenden Gewalten Bayerns vereinbart sein wird, von da an alle von der Reichsgewalt innerhalb ihrer Competenz emanirenden Gesetze ohne den Beirath und die Zustimmung sonderstaatlichen Volksvertretung auch bei uns gesetzlich bindende Kraft erlangen, und vollzogen werden können und müssen; — daß aber, so lange dieses nicht geschehen, das Staatsministerium zum Vollzuge der bereits erschienenen oder noch erscheinenden Reichsgesetze der Beistimmung der bayer'schen Landesvertretung bedürfe." In Erwägung, daß das bayer'sche Ministerium in dieser Erklärung der Nationalversammlung nicht bloß den ihr durch die Beschlüsse des Vorparlaments und den Gesammtwillen der deutschen Nation zugetheilten Charakter als constituirende Versammlung streitig macht, sondern sich sogar noch gegen die bindende Kraft der Reichsgesetze und damit gegen den ganzen Rechtszustand auflehnt, wie derselbe aus der Märzrevolution hervorgegangen ist; in Erwägung, daß es der hohen Versammlung nicht gleichgiltig sein kann, zu hören, welche Stellung das Reichs-Ministerium diesem Widerstande gegenüber einzunehmen gedenkt, welchen die bayer'sche Regierung gegen ihre Beschlüsse erhebt, durch welche Mittel es denselben zu bekämpfen, und den Angehörigen des bayer'schen Staates den sofortigen Besitz und Genuß der Grundrechte in Kraft der durch das Reichs-Gesetzblatt geschehenen Publication zu verschaffen, und zu sichern gesonnen ist:"

Aus diesen Gründen bitten wir das Reichsministerium:

„Der Reichsversammlung seine Ansichten über jene officielle Erklärung des bayer'schen Gesammt-Ministeriums auszusprechen, und derselben zugleich die Schritte und Maßregeln kund zu geben, welche es schon vorgenommen hat, oder noch vorzunehmen gedenkt, um den Reichsgesetzen, namentlich den Grundrechten, die sofortige volle Geltung in Bayern zu verschaffen."

Unterzeichnet von: Tafel von Zweibrücken; Spatz; Schmitt von Kaiserslautern; Käfferlein; Mertel; Blumröder von Kirchenlamitz; Haggenmüller; Titus; Fallmerayer; G. Gulden; Geigel; Mayer.

Das Reichsministerium des Innern hat in der Sitzung vom 18. Januar eine Interpellation hannöver'scher Abgeordneter, dieselbe Frage der Publication der Grundrechte im Königreich Hannover betreffend, beantwortet. Die bayer'sche Regierung hat denselben Standpunkt genommen, wie die hannöver'sche. Die Conflicte mit der Volksvertretung, die durch diesen Standpunkt der Regierungen in beiden Staaten veranlaßt worden, sind bekannt, und noch nicht gelöst. Das Ministerium kann sich bezüglich der Interpellation des Herrn Culmann und Genossen auf Wiederholung der Erklärung lediglich beschränken, wie es davon ausgehe, daß die Grundrechte nach Maßgabe des Reichsgesetzes vom 27. September 1848, betreffend die Verkündigung der Reichsgesetze, auch für Bayern gesetzliche Kraft erlangt haben, und daß es bei begründeten Beschwerden wegen Nichtvollzugs demgemäß verfahren werde. (Bravo in den Centren.)

Clemens von Bonn: Meine Herren! Die Interpellation, die ich gestellt habe, habe ich keineswegs in einem feindseligen Geiste gegen das Ministerium gestellt. (Unruhe im rechten Centrum.) Es freut mich, daß ich dem Ministerium Gelegenheit gegeben habe . . . (Unruhe und Zuruf: Antrag!)

Präsident: Ich habe zu beurtheilen, ob es ein Antrag ist, den der Redner motivirt, oder nicht; und Sie dürfen ihn nicht unterbrechen.

Clemens: eine authentische Erklärung über das Vertrauen, dessen es sich beim Reichsverweser erfreut, abzugeben. Ich kann jedoch mit der Beantwortung der Interpellation, die mir geworden ist, weil die Actenstücke, als nicht geeignet, nicht vorgelegt worden sind, die Sache selbst nicht für erledigt halten, und ich möchte das Ministerium fragen, ob es für den Fall, daß die Versammlung eine Commission zu diesem Zweck ernennen sollte, geneigt sei, die Actenstücke dieser Commission vorzulegen.

Präsident: Herr Clemens! Bedingte Anträge kennt die Geschäftsordnung nicht. Sie haben also entweder einen Antrag zu stellen, auf den ich dann die Dringlichkeitsfrage zu richten habe, — oder den Uebergang zur Tages-Ordnung nicht weiter aufzuhalten.

Clemens: Ich kann kaum einen Antrag in anderer Weise stellen.

Präsident: Dann kann ich Ihnen das Wort nicht länger lassen.

Clemens: So stelle ich den Antrag, daß eine Commission ernannt werde, welcher die Actenstücke zur Prüfung vorgelegt werden.

Präsident: Ich frage die Versammlung, ob sie den eben von Herrn Clemens erhobenen Antrag, daß eine Commission ernannt werde, welcher die in der Interpellation angeregten Actenstücke vorgelegt werden, als dringlich erkennen will. (Zuruf: Zuerst die Unterstützungsfrage!) Die Geschäftsordnung sagt: „Hat der interpellirte Minister eine dieser Erklärungen abgegeben, so findet eine weitere Berathung über den Gegenstand nur dann statt, wenn ein Antrag gestellt wird, den die Versammlung als sehr dringend anerkennt." Ich habe also nur die Dringlichkeits-, und nicht die Unterstützungsfrage zu stellen. **Diejenigen Herren, welche den eben erhobenen Antrag des Herrn Clemens als einen dringlichen behandelt wissen wollen, ersuche ich, sich zu erheben.** (Die linke Seite erhebt sich.) **Die Dringlichkeit ist abgelehnt.** — Herr Umbscheiden behält sich wegen Beantwortung der Culmann'schen Interpellation einen Antrag vor. — Wir gehen **zur Tagesordnung über: Berathung des vom Verfassungs-Ausschusse vorgelegten Entwurfs: Reichsgesetz über die Wahlen der Abgeordneten zum Volkshause, und zwar über Art. IV. § 11 und folgende.**

Der Ausschuß-Antrag zu § 11 lautet:

„Wer das Wahlrecht in einem Wahlbezirke ausüben will, muß in demselben zur Zeit der Wahl seinen festen Wohnsitz haben. Jeder darf nur an Einem Orte wählen."

Die Garnison der Soldaten soll nur dann als fester Wohnsitz gelten, wenn sie seit sechs Monaten nicht gewechselt worden ist."

Das Minoritäts-Erachten:

„Dieser Paragraph möge folgendermaßen lauten: „Jeder wahlberechtigte Deutsche darf nur an Einem Orte wählen, und zwar da, wo er zur Zeit der Wahl entweder seinen Wohnsitz hat, oder sich seit einem halben Jahre aufhält." (Wigard; G. C. Schüler; H. Simon; Reh; Zell; Schreiner; Römer; Tellkampf.)

Die gedruckten **Verbesserungs-Anträge** zu diesem Paragraphen sind folgende: Der des Herrn **Teichert** (Nr. 62):

„In Erwägung, daß die Garnison für den Soldaten der eigentliche Wohnsitz ist, und daß, nach dem Inhalte des ersten Satzes § 11, jedem Wahlberechtigten die Wahl da zusteht, wo er zur Zeit seinen festen Wohnsitz hat, ist es billig, auch den Soldaten in seinem Garnisonsorte, ohne weitere Rücksicht auf die Dauer seines Aufenthalts in demselben, an der Wahl theilnehmen zu lassen.

Ich beantrage daher, statt des zweiten Satzes des § 11 zu setzen:

„Der Garnisonsort des Soldaten und des Militär-Personals gilt als ihr fester Wohnsitz."

Unterstützt von: Stavenhagen; Rizze; v. Saucken; Schleussing; v. Keudell; v. Radowitz; Rüder; Detmold; v. Raumer; Schultze von Potsdam; Bock; v. Wegnern; Degenkolb; Deetz; Kratz; Deym; Michelsen; Lette; Sänger.

Dann des Herrn Langerfeldt und Genossen (Nr. 75):

„Die Unterzeichneten beantragen statt der Worte: „einem halben Jahre," zu setzen: „einem Jahre."

Unterstützt von: Langerfeldt; v. Thielau; Veit; Metzke; Schrader; Becker von Gotha; Geverkoht; Haym; Teichert; Matthies; Deeke; Giesebrecht; Amstetter; Versen; Braun; Schirmeister; v. Goltz; Hahn; Rüder; Dröge; (unleserlicher Name).

Ferner des Herrn Polatzek (Nr. 76):

„Der zweite Absatz möge heißen:

„Der Standort der Soldaten und Militärpersonen gilt als Wohnsitz, und berechtigt zur Wahl, wenn derselbe seit drei Monaten nicht gewechselt worden ist."

Unterstützt von: Lienbacher; Englmayr; Braun; Fügerl; Schmidt; Achleitner; v. Kaiserkfeld; Gspan; Buß; Stülz; Raßl; Karl v. Kürsinger; Renger; Mally; Eckart von Lohr; Kogerbauer; Tappehorn; Weiß; Göbel; v. Nagel; Kerer.

Des Herrn Dietsch (Nr. 77):

„In Betracht, daß durch die Bestimmungen des § 11 viele Wahlberechtigte wegen Abwesenheit von ihrem Wohnsitze, oder wegen kürzlichen Wechsels ihres Aufenthaltsortes von der Ausübung ihres Wahlrechtes abgehalten werden würden, und

daß dadurch das bei § 2 beschlossene allgemeine Stimmrecht der Handwerksgehilfen und Fabrikarbeiter ziemlich illusorisch gemacht werden würde;

daß aber der Zweck jener Bestimmungen, soweit er die Verhinderung der Theilnahme eines Wahlberechtigten an mehreren Wahlen ist, durch die Vorschriften der §§ 12 und 16 vollständig erreicht wird,

beantragen wir folgende Fassung:

„Jeder Wahlberechtigte kann sein Wahlrecht in dem Wahlbezirke ausüben, in welchem er zur Zeit des Wahlgeschäftes sich aufhält."

Eventuell aber folgende Fassung:

„Jeder wahlberechtigte Deutsche darf nur da wählen, wo er zur Zeit der Wahl antweder seinen Wohnsitz hat, oder sich seit drei Monaten aufhält."

Unterstützt von: Reinstein; Günther; Reinhard; Köhler; Schmitt von Kaiserslautern; v. Trützschler; Kollaczek; Berger; Reichenbach; Damm; Werner; Würth von Sigmaringen; Hagen; Hartmann; Simon von Trier; Fehrenbach; Zimmermann von Spandow: Martiny; Schütz; Wesendonck; Schlutter; Hoffbauer.

Endlich des Herrn Schorn (Nr. 78):

Zusatz. „In den Staaten, wo Landwehr besteht, tritt für diese dahin eine Ausnahme ein, daß Landwehrpflichtige, welche sich zur Zeit der Wahlen unter den Fahnen befinden, an dem Orte ihres Aufenthaltes für ihren Heimathsbezirk wählen. Die näheren Anordnungen zur Ausführung dieser Bestimmung bleiben den Regierungen der Einzelstaaten überlassen."

Unterstützt von: Schneider; Mittermaier; Melly; Raveaux; Hehner; Bresgen; Hirschberg; Fritzsche; Riehl; Becker von Trier; Wuttke; Drechsler; Vischer; Plaß; Möller; Groß von Prag; Wedekind; Johannes; Böcking; Makowiczka; Heusner.

Außerdem ist heute handschriftlich ein Antrag des Herrn Rödinger und Genossen eingegangen:

„Wir beantragen, zu dem Minoritäts-Gutachten des § 11 den Schluß des § 11 herüber zu nehmen und als Zusatz zu behandeln:

„Die Garnison der Soldaten soll nur dann als Wohnsitz gelten, wenn sie seit sechs Monaten nicht gewechselt worden ist."

„Zu § 12 beantragen wir getrennte Abstimmung nach einzelnen Sätzen."

Unterstützt von: Fetzer; Esterle; Spatz; Tafel von Zweibrücken; Langbein; J. Förster; Frisch; Nägele; Kudlich; Thüssing; Nagel; Trabert; Hensel; Heubner; Rank; Schott; Huber; Eisenstuck; Stark.

Zum Wort haben sich gemeldet: gegen den Antrag des Ausschusses Herr Schorn, für den Antrag die Herren Teichert und Stavenhagen. Ich habe zuvörderst zu fragen, ob die Versammlung in Discussion über den Paragraphen eintreten will. Diejenigen Herren, welche auf die Discussion des § 11 vorliegenden Entwurfs nicht verzichten wollen, ersuche ich, sich zu erheben. (Die hinreichende Anzahl erhebt sich.) Die Discussion ist zugelassen.

Schorn von Essen: Meine Herren! Ich habe mich gegen das zweite Alinea des § 11 zum Worte gemeldet. Nach diesem zweiten Theile soll alles Militär, was nicht sechs Monate in derselben Garnison gelegen hat, von dem Wahlrecht ausgeschlossen sein. Meine Herren! In bewegten Zeiten, wie die unsrige, ist es selten der Fall, daß Militär sechs Monate in der nämlichen Garnison liegt. Es würde also gegenwärtig fast sämmtliches Militär vom Wahlrecht ausgeschlossen sein. Ich halte Das für Unrecht, denn auch das Militär hat seine Standesinteressen, die es vertreten haben will. Herr Teichert und Genossen haben in diesem Sinne einen Abänderungsvorschlag dahin gemacht, daß alles Militär, welches in einer Garnison liegt, sei es noch so kurze Zeit, sich bei den Wahlen betheiligen dürfe. Ich stimme ihm vollkommen bei, allein sein Vorschlag ist zu eng und nicht umfassend; er paßt nicht auf die deutschen Landwehrverhältnisse, z. B. nicht für das gesammte preußische Militär; denn bekanntlich liegt die Landwehr, wenn sie einberufen ist, nicht in Garnisonen, und wenn sie darin liegt, wohl selten sechs Monate lang. Ich habe deßhalb einen Antrag gestellt, der dahin lautet:

„In den Staaten, wo Landwehr besteht, tritt für diese dahin eine Ausnahme ein, daß Landwehrpflichtige, welche sich zur Zeit der Wahlen unter den Fahnen befinden, an dem Orte ihres Aufenthaltes für ihren Heimathsbezirk wählen. Die näheren Anordnungen zur Ausführung dieser Bestimmung bleiben den Regierungen der Einzelstaaten überlassen."

Unterstützt von: Schreiber; Mittermaier; Melly; Raveaux; Hehner; Dresgen; Hirschberg; Fritzsche; Riehl; Becker von Trier; Wuttke; Drechsler; Vischer; Pfaß; Möller; Groß von Prag; Wedekind; Johannes; Böcking; Makowiczka; Heusner.

Meine Herren! Auf die Linie kommt es überhaupt bei den Wahlen sehr wenig an, denn nach der Bestimmung des § 1 muß Jeder 25 Jahre alt seyn, der das Wahlrecht ausüben will. In der Linie sind sehr wenige Soldaten, die das 25ste Jahr erreicht haben, und vielleicht nur Capitulanten, Unterofficiere und Officiere wären ausgeschlossen; aber bei der Landwehr ist es anders: fast sämmtliche Landwehrmänner sind über 25 Jahre alt, es sind ältere rüstige Bürger, die sämmtlich ihr Wahlrecht ausüben wollen. In Preußen stimmt meines Wissens ein Wahlbezirk so ziemlich mit einem Landwehrbataillonsbezirk überein. Jedes Bataillon zählt 1000 Mann. Sind die Landwehrregimenter mobil, so zieht der Entwurf aus jedem Wahlbezirk wenigstens 1000 Stimmen heraus. So z. B. hat Köln für sich ein Landwehrbataillon, Breslau, wie ich glaube, zwei, Berlin hat drei Bataillone. Ziehen Sie die Landwehr dort heraus, so haben Sie 1, 2 und 3000 Stimmen herausgezogen, und zwar mit Unrecht. — Meine Herren! Sie stimmen mit mir sicherlich darin überein, daß dem Bürger, welcher die höchste Staatspflicht erfüllt, indem er auf Befehl zu den Waffen greift, auch das höchste Staatsbürgerrecht, das Wahlrecht, nicht entzogen werden darf. Nur fragt es sich, wie und wo soll man der Landwehr das Wahlrecht zugestehen? Die Frage Wo? wird dahin beantwortet werden müssen, daß man die Wehrmänner wählen läßt in ihrem Heimathsbezirke, wo sie ihr Bürgerrecht haben; das Wie? macht aber vielleicht einige Schwierigkeit. Meine Herren! Ich habe mir das französische Wahlgesetz vom Januar dieses Jahres angesehen; es hat drei Artikel, die sich auf das Militär beziehen. In Frankreich wählen die Militärpersonen, die im Dienste sind, für ihren Heimathsort. Zu diesem Zwecke werden in ihren Heimathsbezirken Listen angefertigt, welche die zu der Wahl berechtigten Militärs aufführen. Diese Listen werden dem betreffenden Militär-Commando zugesendet, es werden in den Regimentern verschiedene Klassen nach Departements gemacht, und in diesen Abtheilungen wird auf dieselbe Weise mit der Wahl verfahren, wie sie außerhalb des Militärs, bei Civilpersonen statt hat. Der Wahlmodus ist folgender: Es werden Officiere als Wahlcommissäre und Scrutatoren gewählt, die Stimmen werden eingesendet in den Heimathsbezirk, und den Stimmen der Bürger beigezählt. Aehnlich können wir es auch bei unserer Landwehr machen: in den Heimathsbezirken der Landwehr werden für diese Wahllisten angefertigt, und die Listen werden dann hingeschickt zur betreffenden Landwehr-Abtheilung, und der Commandant der Landwehr schickt dann die Wahlresultate ein. Befinden sich die Landwehrmänner im Bataillon an dem Orte der Wahl selbst, so ist das Verfahren ganz einfach; sie wählen, wie wenn sie Bürger wären. Anders aber ist es, wenn die Landwehr außer dem Wahl-Orte ist, und für den Fall muß eine Bestimmung, wie in Frankreich getroffen werden. Gewöhnlich besteht ein Bataillon aus Leuten, welche einer Heimath und also einem Wahlbezirk angehören, und dann wählt das Bataillon unter sich als solches, und wenn dieß nicht der Fall ist, so ist die Ausführung auch sehr leicht; denn gewöhnlich sind die ein und demselben Heimathsbezirk Angehörigen in den Bataillons nach Compagnieen gesondert. Meine Herren! Ich bitte deßhalb, daß Sie meinem Antrag die Zustimmung geben wollen, und daß Sie der Landwehr, welche, wie ich schon früher zu sagen mich beehrte, die höchste Staatspflicht erfüllt, auch das höchste Staatsbürgerrecht nie entziehen. Meine Herren! Thun Sie Das, so geben Sie der Regierung ein einfaches wirksames Mittel in die Hände, auf die Wahlen eventuell einzuwirken, denn die Landwehrmänner sind meist Solche, die der unvermögenden Klasse und einer politischen Farbe angehören, welche in der Regel der Regierung nicht sehr genehm ist. Meine Herren! Ziehen Sie z. B. aus der Residenz 3000 Stimmen heraus, so haben Sie einen großen Einfluß auf die Wahlen bewirkt. Meine Herren! Landwehrleuten dürfen wir auch in den Tagen der Gefahr die Bürgerrechte nicht entziehen, wenn es darauf ankommen muß, sie dem Vaterlande treu und ergeben zu erhalten. Ich wiederhole meinen Antrag.

Teichert von Berlin: Meine Herren! Wenn ich mich im Allgemeinen mit den Vorschlägen des Verfassungs-Ausschusses einverstanden erkläre, so muß ich doch, was die zweite Alinea betrifft, dagegen sprechen. Dem Verfassungs-Ausschusse scheinen die Worte des Dichters vorgeschwebt zu haben: „Der Soldat hat auf Erden kein bleibend Quartier," wenigstens scheint dieß aus den Motiven des Berichtes hervorzugehen, indem diese sagen: „Die Auffassung schwankt, ob man die Garnison als festen Wohnsitz betrachten dürfte." Die Gesetzgebung der Einzelstaaten hat eine andere Ansicht, danach ist der Garnisonsort allerdings ein fester Wohnsitz. Dem Soldaten, dem Officier, dem Militärbeamten wird der Servis gegeben dafür, daß er seine Wohnung auf vierteljährige Kündung miethen kann. Der Taglöhner auf dem Lande, der Handwerker hat einen bleibenden festen Wohnsitz, wenn er sich auf solche Zeit eine Wohnung miethet, warum wollen Sie dem Soldaten weniger Gerechtigkeit widerfahren lassen, als dem Taglöhner und Handwerker; warum fordern Sie, er solle sechs Monate in Garnison sein, und behaupten, die Garnison sei kein fester Wohnsitz? Die Garnison ist ein solcher, immer voraus bestimmter. Der Soldat eines jeden Regimentes weiß, daß er dort seinen Stab hat, daß sein Regiment rc. sich längere Zeit dort aufhält, und nachdem es von dort commandirt war, dahin wieder zurückkehrt. Sie werden also das stehende Heer die Stimmen da abgeben lassen müssen, wo es in Garnison liegt, ohne Rücksicht der Dauer des Aufenthaltes. Wenn ein Beamter versetzt wird während der Wahlzeit, und an einen anderen Ort kommt, so gibt er hier seine Stimme ab. Geben Sie dem Soldaten die gleichen Rechte. Der Ausschuß hatte im Sinne, man könne größere Heeresabtheilungen verlegen, und dadurch der Regierung Gelegenheit geben, auf die Wahlen nachtheilig zu wirken. Meine Herren! Bei dem stehenden Heere ist das unmöglich. Nach den Vorschlägen, welche der Wehr-Ausschuß Ihnen gemacht hat, und die in dieser Beziehung wahrscheinlich durchgehen werden, ist die Masse im stehenden Heere unter fünf und zwanzig Jahre alt, also nicht wahlberechtigt. Es kommt also hier darauf an, den wenigen älteren Unterofficieren und Officieren das Wahlrecht zu erhalten, und die Gerechtigkeit gebietet und fordert, daß Sie das für diesen Stand, wie für andere thun. Was den Vorschlag des Vorredners betrifft, auch der Landwehr eine solche Berechtigung zu geben, so gilt das wohl nur in dem Falle, wo die Landwehr in ihrem Wahlbezirke, oder wenigstens in den Grenzen des Vaterlandes bleibt. Sind die Landwehrmänner im Felde, auf dem Marsche, überhaupt in größerer Entfernung, so wird sich schwerlich dieser Vorschlag durchführen lassen, wie das nach dem französischen Gesetze vorgeschlagen ist. Wenn Sie der Landwehr überdieß diese Berechtigung geben, so übertragen Sie dasselbe Recht auch dem Linienmilitär. Wie wollen Sie ohne Schwierigkeit durchsetzen, daß die Landwehrtruppen auf große Entfernungen commandirt, abstimmen? Ich selbst bin Soldat, und nehme die Rechte meiner Kameraden hier in Schutz, will aber auch keine Bevorrechtung, und die große Schwierigkeiten in die Wahlverhandlungen bringen. Geben Sie den Soldaten und Militärpersonen das Stimmrecht in ihren Garnisonen, ohne Rücksicht auf den Aufenthaltsort; dahin geht mein Antrag, den ich zu unterstützen bitte.

Wigard von Dresden: Der Antrag der Minorität unterscheidet sich in drei Punkten von dem der Majorität. Einmal wünscht die Minorität, daß man das Wort „fest" vor „Wohnsitz" weglasse, und zwar aus dem einfachen Grunde, weil dieser Ausdruck einen sehr schwankenden Begriff in sich faßt. Es werden darüber große Streitfragen entstehen, was unter festem Wohnsitz verstanden werde. In dem einen Staate sagt man „regelmäßiger Wohnsitz," in dem andern „ordentlicher," in dem dritten „fester" Wohnsitz. Ferner kann der Ausdruck „fester Wohnsitz" sogar in der Art gedeutet werden, als ob damit Ansässigkeit mit einem Grundstück gemeint sei. So ist der Ausdruck „fest" kein klarer und unzweideutiger. Wir glauben, es genüge, wenn wir überhaupt nur „Wohnsitz" sagen. Auch sind wir mit dem Vorredner darin einverstanden, daß für das Militär keine besonderen Vorschriften gegeben werden sollen, weil wir den Soldaten als Staatsbürger, wie jeden anderen Staatsbürger betrachtet, und ihm dieselben staatsbürgerlichen Rechte, wie jedem Staatsbürger, zugestanden wissen wollen, und weil, wenn das Militär hier nicht besonders erwähnt wird, sich von selbst versteht, daß es in Bezug auf das Wahlrecht den anderen Staatsbürgern ganz gleichgestellt wird. — Wir halten es nicht für nothwendig, bezüglich des Garnisonsverhältnisses eine besondere Bestimmung zu treffen. Wo das Militär in Garnison liegt, da ist sein Wohnsitz, ob es sich nun ein Jahr, oder ein halb Jahr, oder noch kürzere Zeit dort befindet, das ist gleich; es hat für die Dauer der Garnisonszeit dort seinen Wohnsitz, und somit sind die Soldaten daselbst wählbar. Wollte man dagegen einwenden, daß es vielleicht dadurch möglich würde, Soldaten schnell von einem Orte zum andern hinzuwerfen, um auf die Wahlen einzuwirken, so ist dieser Einwand schon durch die allgemeine Bestimmung beseitigt, wonach jeder Deutsche nur an einem Orte wählen darf; und ebenso wenig befürchte ich den anderen Einwand, daß man dann das Militär dazu benützen könne, an irgend einem Orte die Wahl eines der Regierung angenehmen Mannes durchzusetzen; denn, meine Herren, auch der Soldat hat angefangen, in den Beziehungen, welche nicht den Dienst betreffen, sich selbstständig zu fühlen, und hat namentlich in Sachsen gezeigt, daß Wahlcommandos von ihm als ungehöriger Einfluß und Eingriff auf sein Wahlrecht keinen Gehorsam finden. Die dritte Unterscheidung, und zwar die wesentlichste zwischen dem Minoritäts- und Majoritäts-Antrag liegt darin, daß ersterer auch diejenigen Deutschen berücksichtigt haben will, welche auf längere Zeit sich von ihrem wesentlichen oder festen Wohnsitz entfernt an einem deutschen Orte aufhalten. Sie erinnern sich, meine Herren, welche erhebliche Beschwerden bei der Wahl zur Nationalversammlung über diese Frage entstanden sind, und wie Ihnen nachgewiesen worden ist, daß sehr viele Deutsche, welche längere Zeit an einem anderen Orte sich aufhielten, ohne deßhalb gerade dort den Wohnsitz zu nehmen, von dem Wahlrecht ausgeschlossen worden sind. Es hatten diese einen eigenen Abgeordneten hierher gesendet, gegen dessen Eintritt damals formelle Gründe geltend gemacht worden sind, denen wir selbst die Anerkennung nicht ganz versagen konnten, wenn wir auch schon damals die Billigkeitsgründe hervorhoben, welche für die Berücksichtigung dieser großen Anzahl von Deutschen sprachen, die sich in der angegebenen Lage befanden. Jene Gründe der Billigkeit bestehen auch jetzt noch, und wir halten dafür, daß eine in jeder Beziehung hinreichende Garantie gegeben sei, wenn festgesetzt wird, daß wenigstens ein halbjähriger Aufenthalt verlangt wird. Bedenken Sie, wie groß die Zahl Derjenigen ist, welche einen solchen zeitweisen Aufenthalt haben, und daß diese, wenn man eine Bestimmung nicht trifft, ihres Wahlrechtes verlustig gehen würden. Das sind die Hauptpunkte, welche die Minorität in ihrem Gutachten Ihnen vorlegt.

Präsident: Herr von Stavenhagen!

v. Stavenhagen (vom Platze): Ich verzichte.

Präsident: Der Herr Berichterstatter des Ausschusses.

Riesser von Hamburg: Meine Herren! Es ist gegen die Bestimmung, die Ihnen die Majorität des Ausschusses vorschlägt, zunächst eingewendet worden, daß der feste Wohnsitz ein nicht genügend bestimmter Begriff sei. — Ich glaube, daß dieser Rechtsbegriff, der für so manche Rechtsverhältnisse maßgebend ist, und der sich im gemeinen Rechte und in allen Particulargesetzgebungen gehörig definirt findet, auch für den vorliegenden Fall eine genügende Bestimmtheit hat. Ich gebe zu, daß hier und da über die Anwendung des Begriffes auf einzelne Fälle abweichende Meinungen stattfinden können; aber, meine Herren, wenn Sie bei der Verschiedenheit der Rechte, die leider noch in Deutschland stattfindet, jeden Rechtsbegriff in Ihrer Gesetzgebung vermeiden wollten, der vorerst möglicherweise zu abweichenden örtlichen Auslegungen Anlaß geben könnte, so würden Sie sich auf wenige Rechtsbegriffe reducirt finden. Es ist neulich in ähnlicher Weise geltend gemacht worden, daß, wenn Sie eine Bestimmung aufnehmen, die den Begriff des politischen Verbrechens enthält, dieselbe eine sehr verschiedene Auslegung nach den Particulargesetzgebungen erfahren könne. Sie haben sich dadurch nicht abhalten lassen, einen Gedanken, welcher der Majorität der Versammlung richtig schien, ungeachtet dieser Einwendung anzunehmen. Ich glaube, daß Sie hier ebenso, wenn Sie die Sache billigen, sie in den Begriff des festen Wohnsitzes fassen können, wenn ich gleich nicht in Abrede stellen will, daß derselbe in einzelnen Fällen vorerst eine verschiedene Auslegung erfahren könnte. Was den Aufenthalt seit sechs Monaten betrifft, den die Minorität des Ausschusses alternativ hinzufügen will, so mache ich darauf aufmerksam, daß hierin, wenn auch nicht ein unsicherer Rechtsbegriff, doch ein sehr schwankendes Factum liegt. Wie soll die Continuität des sechsmonatlichen Aufenthaltes nachgewiesen, wie die Controle darüber geführt werden, ob Einer, der an einem Orte nicht wohnhaft ist, sechs Monate hintereinander dort zugebracht hat, oder ob er vielleicht nur wenige Tage am Anfang und am Ende der sechs Monate dort anwesend war? — Es wird dieses ebenso gut zu Streitigkeiten über Thatsachen Anlaß geben, wie der feste Wohnsitz hier und da vielleicht zu Verschiedenheiten der Ansicht über den Rechtsbegriff führen kann. Wenn eine ähnliche Bestimmung bei den Wahlen zu dieser Versammlung manche Uebelstände herbeigeführt hat, so muß ich auf einen wesentlichen Unterschied aufmerksam machen: Es ist nämlich damals nicht nur das Factum des Wohnsitzes, sondern auch das Recht der Staatsangehörigkeit gefordert worden. Man hat bei den Wahlen zur Nationalversammlung in manchen Staaten eine große Anzahl von Leuten, die vielleicht viele Jahre an einem Orte ihren

festen Wohnsitz hätten, ja selbst nach den eigenthümlichen Verhältnissen einzelner kleiner Staaten. Solche, die in diesem Orte geboren waren, ausgeschlossen, weil sie nach dem bisher geltenden Rechte nicht als Staatsangehörige betrachtet wurden. Das soll aber in Zukunft wegfallen; es soll nicht Der ausgeschlossen sein, der nicht Angehöriger des Staates, Bürger des Ortes ist, wo er wohnt, sondern nur Der, der dort nicht seinen Wohnsitz hat, sich nicht zu bleibendem Zwecke dort aufhält, der nicht, wie das römische Recht sich ausdrückt, „an diesen Ort, wenn er ihn verläßt, zurückzukehren gewohnt ist," — der nicht dort einen Grund dauernden Aufenthaltes hat. Als ein äußeres Moment für die Bestimmung des festen Wohnsitzes läßt sich das Princip unseres Wahlgesetzes, die Territorial-Eintheilung, geltend machen. Man kann sagen, daß, wenn das Wahlrecht nach der Bevölkerung zuerkannt wird, die Zählung aber, nach der diese Bevölkerung bemessen wird, nur Diejenigen begreift, die in dem Wahlkreise ihren Wohnsitz haben, nicht aber Die, welche sich dort nur vorübergehend aufhalten, dann auch jene feste Bevölkerung dort ein ausschließliches Recht zur Wahl haben müsse. Es könnte z. B. in großen Städten die Zahl Derer, die sich darin nur vorübergehend aufhalten, so groß oder noch größer sein, als die Zahl Derer, die dort ihren bleibenden Wohnsitz haben, und es würde daher den Letzteren, welche allein die Zählung umfaßt, nach welcher die Größe des Wahlkreises bemessen ist, ein Unrecht geschehen, wenn sie mit einer so großen Zahl von nur vorübergehend sich Aufhaltenden das Wahlrecht theilen müßten. Indessen halte ich diesen Gesichtspunkt für einen sehr untergeordneten; denn ich betrachte das Wahlrecht von vornherein viel weniger unter dem Gesichtspunkte des Anspruchs der Einzelnen, als unter dem des Anspruches der Gesammtheit, die eine wahre Vertretung ihrer Interessen und Gesinnungen, ihrer Zwecke und Bedürfnisse verlangt. Aber gerade von diesem Gesichtspunkt aus legt die Mehrheit des Ausschusses, wenn auch nicht einen bedeutenden, so doch einigen Werth auf die Bedingung des „festen Wohnsitzes." Sie haben ein System als das rechte angenommen, meine Herren, das jeden Unterschied des Standes und Vermögens, jeden Unterschied der Klassen ausschließt. Daraus folgt nun aber noch nicht, daß das Wahlrecht nicht an eine Bedingung, die in einem äußeren, nicht persönlichen, sondern rein sachlichen Verhältnisse ihren Grund hat, geknüpft werden dürfe; es folgt nicht, daß das Wahlrecht einen Jeden wie der Schatten den Körper unter allen Umständen und in jedem Verhältnisse begleiten müsse. Sowie Niemand wird verlangen können, daß der Kranke, welcher das Zimmer hüten muß, in den Stand müsse gesetzt werden, sein Wahlrecht zu üben, so wird auch gewiß kein Rechtsprincip verletzt, wenn Sie das Wahlgeschäft so organisiren, daß der zufällig nicht an seinem Wohnorte sich Aufhaltende factisch an der Ausübung des Wahlrechtes verhindert ist. Sie haben alle künstlichen, alle willkürlichen Schranken des Wahlrechts entfernt; aber, meine Herren, Sie können und werden das Wahlrecht noch an natürliche, an menschliche Verhältnisse knüpfen, die Allen gemein, und die für die Uebung dieses Rechts von Bedeutung sind, ich meine, an die Heimath, und in gewisser Hinsicht an die Familie. Sie gründen durch eine solche Bestimmung keinen Unterschied der Klassen, der Stände, der Interessen; der üppige, müßige Reiche, welchen keine Arbeit, kein Beruf an einen bestimmten Wohnort fesselt, der das ganze Jahr zu seinem Vergnügen auf Reisen zubringt, wird durch die Bedingung des Wohnsitzes ebenso gut ausgeschlossen, wie der Arbeiter, der, um sich auszubilden, so oft wie möglich den Aufenthalt wechselt; beide Klassen werden sich nicht in ihren Rechten verletzt fühlen, wenn das Wahlrecht an etwas geknüpft wird, was Alle gehabt haben, und früher oder später wieder erreichen werden, an die alte oder an die neu zu gründende Heimath. Freilich, meine Herren, wenn es ganz allein auf die Unabhängigkeit ankäme bei dem Wahlrechte, so könnte man sagen, daß Derjenige, der gar nichts Festes, nicht einmal einen festen Wohnort hat, und zwar ebensowohl jener müßige Reiche, wie Der, der in der Fremde durch Arbeit sein Glück begründet hat, der nur gerade vorübergehend sich in der Heimath aufhält, und der bereit ist, sobald es ihm dort nicht mehr gefällt, in die Fremde, von der er kommt, zurückzukehren, — man könnte sagen, daß Leute dieser Art ganz besonders unabhängig seien; aber ich glaube, daß es neben der Unabhängigkeit auch eine gewisse Art von Abhängigkeit gibt, die für einen guten Wähler erforderlich ist: ich meine die Abhängigkeit von der Vaterlandsliebe, von dem ihr nahe verwandten Heimathsgefühle, die Abhängigkeit von dem wirklichen, anschaulichen Interesse der Gesammtheit. Ich glaube, daß Dem, der in bleibender Umgebung, in dem täglichen Leben die Gemeinde, die Verhältnisse des Staates in verjüngtem Maßstabe anschaut, der die Noth des Armen sowie das Glück und das Bedürfniß friedlicher Arbeit aus täglicher Wahrnehmung kennt, und der es gelernt hat, wie tief gerade das Wohl der Mehrzahl durch gewaltsame Umwälzungen zerstört wird, — daß Dem die natürlichen Verhältnisse, die Bedürfnisse der staatlichen Gesammtheit klarer und gegenwärtiger sein werden, als Dem, welcher eine solche Anschauung fester Verhältnisse nicht hat, weil ihn seine Neigung oder sein Beruf veranlassen, von Ort zu Ort zu wandern. Man hat mit vollem Recht und mit bedeutendem Erfolge in der Debatte über das allgemeine Wahlrecht für dasselbe geltend gemacht, daß alle Klassen, auch die ärmsten, ein Interesse an der Gesellschaft haben, das dem Interesse des Besitzes vollkommen gleichkommt, das Interesse für die Familie, die Liebe für Weib und Kind, für Vater und Mutter; ich gebe Das vollkommen zu, aber ich fordere Sie auf, nun auch die Uebung des Wahlrechts, wenn auch nicht an die Familie, — denn Sie haben die Bedingung des eigenen Hausstandes verworfen, — doch an Dasjenige zu knüpfen, was die Grundlage der Famile bildet, an die Heimath. Sie knüpfen es auf solche Weise mittelbar für den Einen an Weib und Kind, für den Anderen an Vater und Mutter, für Alle an die Werthschätzung des guten Rufes unter Nachbarn und Freunden, an alle die bürgerlichen und sittlichen Elemente, die der feste Wohnsitz enthält. Sie haben in den bisherigen Bestimmungen Alles dem schrankenlosen, selbstsüchtigen Anspruch des Einzelnen auf das Wahlrecht untergeordnet; gönnen Sie diese einzige, geringe Schranke dem billigsten und mäßigsten Anspruch der Gesammtheit! (Beifall im rechten Centrum.)

Präsident: Wir gehen zur Abstimmung über. Ich möchte mit dem ersten Alinea des Verfassungs-Ausschusses § 11 beginnen; falls dieses verworfen würde, das Minoritäts-Erachten in der von dem Herrn Langerfeldt und Genossen beantragten Fassung, welche statt „ein halbes Jahr, ein Jahr Aufenthalt als Bedingung des Wohnsitzes" festsetzt, dann das Minoritäts-Erachten in seiner eigentlichen Fassung, demnächst den eventuellen Antrag der Herren Dietsch und Genossen, und endlich den principalen Antrag derselben Herren folgen lassen. Die Herren werden mir erlauben müssen, diese beiden Anträge so umzustellen, da der eventuelle Antrag den bisher erwähnten näher steht, als der principale. Darauf würde ich folgen lassen das zweite Alinea des Ausschuß-Antrages, auch wenn das Minoritäts-Erachten, oder eine der anderen Fassungen, das Alinea I. nicht angenommen sein sollte, wodurch der Antrag der Herren Rödinger und Genossen seine Erledigung finden wird; darauf den Antrag des Herrn Polatzek, darauf den Antrag des Herrn Teichert, und zum Schlusse den von Herrn Schorn beantragten Zusatz. — Wenn gegen diese Anordnung kein Widerspruch erhoben wird, gehe ich mit der Abstimmung vor. — Ich bringe zur Abstimmung das erste Alinea im § 11:

„Wer das Wahlrecht in einem Wahlbezirke ausüben will, muß in demselben zur Zeit der Wahl seinen festen Wohnsitz haben. Jeder darf nur an Einem Orte wählen."

Diejenigen Herren, die diesem Theile des Antrags des Verfassungs-Ausschusses in § 11 zustimmen wollen, ersuche ich, sich zu erheben. (Mitglieder auf der Rechten und im Centrum erheben sich.) Der Antrag des Verfassungs-Ausschusses ist angenommen, und damit sind die sämmtlichen übrigen Anträge zu dem ersten Alinea des § 11 beseitigt. — Wir gehen zu dem zweiten Alinea des Verfassungs-Ausschusses über:

„Die Garnison der Soldaten soll nur dann als fester Grundsatz gelten, wenn sie seit 6 Monaten nicht gewechselt worden ist."

Diejenigen Herren, die diesem Antrage des Verfassungs-Ausschusses zustimmen wollen, ersuche ich, sich zu erheben. (Mitglieder auf der Linken und im Centrum erheben sich.) Der Antrag ist nicht angenommen; ich bringe also den des Herrn Polatzek zur Abstimmung, der dahin lautet:

„Der Standort der Soldaten und Militärpersonen gilt als Wohnsitz und berechtigt zur Wahl, wenn derselbe seit drei Monaten nicht gewechselt worden ist."

Diejenigen Herren, die diesen Antrag des Herrn Polatzek und Genossen annehmen wollen, ersuche ich, aufzustehen. (Mitglieder auf der Linken und im Centrum erheben sich.) Ich muß die Gegenprobe machen. Diejenigen Herren, die den Antrag des Herrn Polatzek und Genossen nicht annehmen wollen, ersuche ich, aufzustehen. (Mitglieder auf der Rechten und im Centrum erheben sich.) Wir müssen durch Zettel stimmen. Meine Herren! Diejenigen unter Ihnen, die den Antrag des Herrn Polatzek und Genossen annehmen wollen, werden den weißen Stimmzettel, die ihn nicht annehmen wollen, den farbigen Stimmzettel mit ihren Namen unterzeichnen. (Die Stimmzettel werden eingesammelt.)

Nach der Zählung durch das Secretariat stimmten mit Ja:

Achleitner aus Ried, Ahrens aus Salzgitter, v. Aichelburg aus Villach, Anders aus Goldberg, Anderson aus Frankfurt a. d. O., Archer aus Rein, Arndts aus München, Becker aus Trier, Beidtel aus Brünn, Benedict aus Wien, Berger aus Wien, Beseler (H. W.) aus Schleswig, Blumröder (Gustav) aus Kirchenlamitz, Böcking aus Trarbach, Bogen aus Michelstadt, Braun aus Bonn, Brentano aus Bruchsal, Bresgen aus Ahrweiler, Buß aus Freiburg im Breisgau, v. Buttel aus Oldenburg, Cetto aus Trier, Christmann aus Dürkheim, Claussen aus Kiel, Clemens aus Bonn, Cnyrim aus Frankfurt a. M., Cramer aus Köthen, Cropp aus Oldenburg, Damm aus Tauberbischofsheim, Demel aus Teschen, Deymann aus Meppen, Dham aus Schmalenberg, v. Dieskau aus Plauen, Dietsch aus Annaberg, Dinstl aus Krems, Eckart aus Lohr, Eckert aus Bromberg, Edel aus Würzburg, Ehrlich aus Murzynek, Eisenstuck aus Chemnitz, Engel aus Pinneberg, Englmayr aus Enns (Oberösterreich), Esterle aus Cavalese, Federer aus Stuttgart, Fehrenbach aus Säckingen, Fetzer aus Stuttgart, Förster aus Hünfeld, Freese aus Stargard, Frisch aus Stuttgart, Fritsch aus Ried, Fritzsche aus Roda, Fröbel aus Reuß, Fügerl aus Korneuburg, Geigel aus München, Gerlach aus Tilsit, Gfrörer aus Freiburg, Giskra aus Wien, v. Gladis aus Wohlau, Göbel aus Jägerndorf, Goltz aus Brieg, Graf aus München, Grubert aus Breslau, Grüel aus Burg, Gspan aus Innsbruck, Günther aus Leipzig, Hagen (K.) aus Heidelberg, Haggenmüller aus Kempten, Hallbauer aus Meißen, Hartmann aus Leitmeritz, Haßler aus Ulm, Hayden aus Dorff bei Schlierbach, Hehner aus Wiesbaden, v. Hennig aus Dempowalonka, Hensel aus Camenz, Heubner aus Zwickau, Hildebrand aus Marburg, Hirschberg aus Sondershausen, Hofer aus Pfarrkirchen, Hoffbauer aus Nordhausen, Hoffmann aus Ludwigsburg, von der Horst aus Rotenburg, Huber aus Linz, Huck aus Ulm, Jopp aus Enzersdorf, v. Itzstein aus Mannheim, Jucho aus Frankfurt a. M., Junghanns aus Mosbach, Junkmann aus Münster, Käfferlein aus Baireuth, Kagerbauer aus Linz, v. Kaiserfeld aus Birkfeld, Kerer aus Innsbruck, Kirchgeßner aus Würzburg, Klett aus Heilbronn, Knarr aus Steyermark, Köhler aus Seehausen, Kollaczek aus Oesterreichisch-Schlesien, Kotschy aus Ustron in Mährisch-Schlesien, Kudlich aus Schloß Dietach, Kuenzer aus Constanz, v. Kürsinger (Ignatz) aus Salzburg, v. Kürsinger (Karl) aus Tamsweg, Kuhnt aus Bunzlau, Langbein aus Wurzen, Lausch aus Troppau, Levysohn aus Grünberg, Liebmann aus Perleberg, Lienbacher (Matth.) aus Goldegg, Lindner aus Seisenegg, Löschnigg (Joseph) aus Klagenfurt, Malowiczka aus Krakau, Mally aus Steyermark, Maly aus Wien, Mammen aus Plauen, Marck aus Graz (Steyermark), Mertel aus Kronach, Meyer aus Liegnitz, Mez aus Freiburg, Minkus aus Marienfeld, Mittermaier aus Heidelberg, Möller aus Reichenberg, Mölling aus Oldenburg, Mohl (Moriz) aus Stuttgart, Müller aus Würzburg, Nagel aus Bahlingen, Nägele aus Murrhardt, Nauwerck aus Berlin, v. Neitschütz aus Königsberg, Neubauer aus Wien, Neugebauer aus Luditz, Neumayr aus München, v. Neuwall aus Brünn, Nicol aus Hannover, Paur aus Neisse, Pfahler aus Tettnang, Pieringer aus Kremsmünster, Pinckert aus Zeitz, Plaß aus Stade, Polatzek aus Weißkirch, v. Pretis aus Hamburg, Quesar aus Prag, Rättig aus Potsdam, Rank aus Wien, Rapp aus Wien, v. Rappard aus Glambek, Raffl aus Neustadtl in Böhmen, Raus aus Wolframitz,

Raveaux aus Köln, v. Reden aus Berlin, Reh aus Darmstadt, Reichard aus Speyer, Reichenbach (Graf) aus Domeżko, Reichensperger aus Trier, Reinhard aus Boyzenburg, Reinstein aus Naumburg, Reisinger aus Freistadt, Reitter aus Prag, Renger aus Böhmisch-Kamnitz, Rheinwald aus Bern, Riedl aus Graz, Riehl aus Zwettl, Rießer aus Hamburg, Rödinger aus Stuttgart, Rösler aus Oels, Roßmäßler aus Tharand, Rühl aus Hanau, Sachs aus Mannheim, Schädler aus Vaduz, Scharre aus Strehla, Schauß aus München, Schenk aus Dillenburg, Schierenberg aus Detmold, Schlöffel aus Halbendorf, Schlutter aus Poris, Schmidt (Joseph) aus Linz, Schmitt aus Kaiserslautern, Schneider aus Wien, Schoder aus Stuttgart, Schott aus Stuttgart, Schüler aus Jena, Schulz (Friedrich) aus Weilburg, Schulz aus Darmstadt, Schütz aus Mainz, Schwarzenberg aus Kassel, Sepp aus München, Simon (Max) aus Breslau, Simon (Heinrich) aus Breslau, Simon (Ludwig) aus Trier, Spatz aus Frankenthal, Stark aus Krumau, Stein aus Görz, Strache aus Rumburg, Stülz aus St. Florian, Tafel aus Stuttgart, Tafel (Franz) aus Zweibrücken, Tappehorn aus Oldenburg, Thüssing aus Warendorf, Trabert aus Rausche, Trampusch aus Wien, v. Trützschler aus Dresden, Uhland aus Tübingen, Umbscheiden aus Dahn, v. Unterrichter aus Klagenfurt, Venedey aus Köln, Vischer aus Tübingen, Vogel aus Guben, Vogt aus Gießen, Vonbun aus Feldkirch, Wagner aus Steyr, Waldburg-Zeil-Trauchburg (Fürst) aus Stuttgart, Weber aus Meran, Wedekind aus Bruchhausen, Weiß aus Salzburg, Welbeker aus Aachen, Werner aus Oberkirch, Werner aus St. Pölten, Wesendonck aus Düsseldorf, Wiesner aus Wien, Wigard aus Dresden, Wuttke aus Leipzig, Würth aus Sigmaringen, v. Würth aus Wien, Zell aus Trier, Ziegert aus Preußisch-Minden, Zimmermann aus Stuttgart, Zimmermann aus Spandow, Zitz aus Mainz, Zöllner aus Chemnitz.

Mit Nein stimmten:

Ambrosch aus Breslau, v. Amstetter aus Breslau, v. Andrian aus Wien, Anz aus Marienwerder, Arndt aus Bonn, Arneth aus Wien, Backhaus aus Jena, v. Bally aus Beuthen, Bassermann aus Mannheim, Bauer aus Bamberg, Bauer aus Wien, Becker aus Gotha, v. Beckerath aus Crefeld, Behnke aus Hannover, Beseler aus Greifswald, Biedermann aus Leipzig, Bock aus Preußisch-Minden, Böcler aus Schwerin, v. Boddien aus Pleß, Braun aus Cöslin, Brescius aus Züllichau, Briegleb aus Koburg, Bürgers aus Köln, Cornelius aus Braunsberg, Cucumus aus München, Dahlmann aus Bonn, Daxenberger aus München, Deeke aus Lübeck, Degenkolb aus Eilenburg, Deiters aus Bonn, Detmold aus Hannover, Deym (Graf) aus Prag, Döllinger aus München, Drechsler aus Rostock, Dröge aus Bremen, Droysen aus Kiel, Duncker aus Halle, Ebmeier aus Paderborn, Edlauer aus Graz, Eisenmann aus Nürnberg, Emmerling aus Darmstadt, v. Ende aus Waldenburg, Engel aus Culm, Esmarch aus Schleswig, Evertsbusch aus Altena, Falk aus Ottolangendorf, Fallati aus Tübingen, Fischer (Gustav) aus Jena, Francke (Karl) aus Rendsburg, Friederich aus Bamberg, Fuchs aus Breslau, v. Gagern aus Darmstadt, v. Gagern aus Wiesbaden, Gebhard aus Würzburg, Gevekoht aus Bremen, v. Giech (Graf) aus Thurnau, Giesebrecht aus Stettin, Godeffroy aus Hamburg, Gödden aus Krotoszyn, Götz aus Neuwied, von der Goltz (Graf) aus Czarnikau, Gombart aus München, Grävell aus Frankfurt a. d. O., Gravenhorst aus Lüneburg, Groß aus Leer, Groß aus Prag, Grumbrecht aus Lüneberg, v. Grundner aus Ingolstadt, Gülich aus Schleswig, Gysae (Wilhelm) aus Strehlow, Hahn aus Guttstatt, v. Hartmann aus Münster, Haubenschmied aus Passau, Haym aus Halle, Heimbrod aus Sorau, Hergenhahn aus Wiesbaden, Herzog aus Ebermannstadt, Heusner aus Saarlouis, Höfken aus Hattingen, Hofmann aus Friedberg, Hollandt aus Braunschweig, Hugo aus Göttingen, Jacobi aus Hersfeld, Jahn aus Freiburg an der Unstrut, Johannes aus Meiningen, Jordan aus Berlin, Jordan aus Gollnow, Jordan aus Frankfurt a. M., Jürgens aus Stadtoldendorf, Kahlert aus Leobschütz, Kanitsch aus Karlsberg, v. Keller (Graf) aus Erfurt, Kerst aus Birnbaum, v. Keudell aus Berlin, Kierulff aus Rostock, Kosmann aus Stettin, v. Kösteritz aus Elberfeld, Krafft aus Nürnberg, Kratz aus Wintershagen, Künßberg aus Ansbach, Küntzel aus Wolka, Kutzen aus Breslau, Lammers aus Erlangen, Langerfeldt aus Wolfenbüttel, v. Lassaulx aus München, Laube aus Leipzig, Laudien aus Königsberg, Lette aus Berlin, Leverkus aus Lennep, v. Linde aus Mainz, Lodemann aus Lüneburg, Löw (Friedr.) aus Magdeburg, Löw (Hermann) aus Posen, v. Maltzahn aus Küstrin, Mann aus Rostock, Marcks aus Duisburg, Marcus aus Bartenstein, v. Massow aus Karlsberg, Mathy aus Karlsruhe, Matthies aus Greifswald, Merck aus Hamburg, Metzke aus Sagan, Michelsen aus Jena, v. Möring aus Wien, Münch aus Wetzlar, Mulley aus Weitenstein, Naumann aus Frankfurt a. d. O., Nerreter aus Fraustadt, Nizze aus Stralsund, Nöthig aus Weißholz, Obermüller aus Passau, Oettel aus Mittelwalde, Ostendorf aus Soest, Ottow aus Labiau, Pannier aus Zerbst, Paur aus Augsburg, Pfeuffer aus Landshut, Phillips aus München, Pinder aus Woinowitz, Plathner aus Halberstadt, Plehn aus Marienberg, Pözl aus München, Prinzinger aus St. Pölten, v. Quintus-Icilius aus Fallingbostel, v. Radowitz aus Rüthen, Rahm aus Stettin, v. Raumer aus Berlin, v. Raumer aus Dinkelsbühl, Reitmayr aus Regensburg, Richter aus Danzig, Riegler aus Mährisch-Budwitz, Rößler aus Wien, Rothe aus Berlin, v. Rotenhan aus München, Rüder aus Oldenburg, Rümelin aus Nürtingen, v. Sänger aus Grabow, Scheller aus Frankfurt a. d. O., Schepp aus Wiesbaden, Schick aus Weißensee,

Schirmeister aus Insterburg, v. Schleussing aus Rastenburg, Schlüter aus Paderborn, Schmidt (Adolph) aus Berlin, Schneer aus Breslau, Scholten aus Ward, Scholz aus Neisse, Schorn aus Essen, Schrader aus Brandenburg, Schreiber aus Bielefeld, Schreiner aus Gratz (Steyermark), v. Schrenk aus München, v. Schrötter aus Preuß. Holland, Schubert (Friedrich Wilhelm) aus Königsberg, Schubert aus Würzburg, Schultze aus Potsdam, Schultze aus Liebau, Schwarz aus Halle, Schwetschke aus Halle, v. Selasinsky aus Berlin, v. Selchow aus Rettkewitz, Sellmer aus Landsberg a. d. W., Siehr aus Gumbinnen, Siemens aus Hannover, Simson aus Stargard, v. Soiron aus Mannheim, Sprengel aus Waren, v. Stavenhagen aus Berlin, Stenzel aus Breslau, Stieber aus Budissin, Streffleur aus Wien, v. Stremayr aus Gratz, Sturm aus Sorau, Tannen aus Zielenzig, Teichert aus Berlin, Tellkampf aus Breslau, Thöl aus Rostock, Veit aus Berlin, Versen aus Nieheim, Viebig aus Posen, Vogel aus Dillingen, Waitz aus Göttingen, Waldmann aus Heiligenstadt, Walter aus Neustadt, Weber aus Neuburg, v. Wedemeyer aus Schönrade, v. Wegnern aus Lyk, Weißenborn aus Eisenach, Wernher aus Nierstein, Werthmüller aus Fulda, Wichmann aus Stendal, Wiebker aus Uckermünde, Winter aus Liebenburg, v. Wulffen aus Passau, Zachariä aus Bernburg, Zachariä aus Göttingen, Zeltner aus Nürnberg, v. Zerzog aus Regensburg.

Präsident: Der Antrag des Herrn Polatzek ist mit 229 gegen 221 Stimmen angenommen. — Ich habe also nur noch den Zusatz-Antrag des Herrn Schorn zur Abstimmung zu bringen. Er lautet:

„In den Staaten, wo Landwehr besteht, tritt für diese dahin eine Ausnahme ein, daß Landwehrpflichtige, welche sich zur Zeit der Wahlen unter den Fahnen befinden, an dem Orte ihres Aufenthaltes für ihren Heimaths-Bezirk wählen. Die näheren Anordnungen zur Ausführung dieser Bestimmung bleiben den Regierungen der Einzelstaaten überlassen."

Diejenigen Herren, die diesen Antrag des Herrn Schorn als Zusatz zu § 11 annehmen wollen, bitte ich, sich zu erheben. (Die Mehrzahl erhebt sich.) Der Antrag ist angenommen. Der § 11 lautet also jetzt, wie folgt: „Wer das Wahlrecht in einem Wahlbezirke ausüben will, muß in demselben zur Zeit der Wahl seinen festen Wohnsitz haben. Jeder darf nur an Einem Orte wählen. Der Standort der Soldaten und Militärpersonen gilt als Wohnsitz und berechtigt zur Wahl, wenn derselbe seit drei Monaten nicht gewechselt worden ist. In den Staaten, wo Landwehr besteht, tritt für diese dahin eine Ausnahme ein, daß Landwehrpflichtige, welche sich zur Zeit der Wahlen unter den Fahnen befinden, an dem Orte ihres Aufenthaltes für ihren Heimaths-Bezirk wählen. Die näheren Anordnungen zur Ausführung dieser Bestimmung bleiben den Regierungen der Einzelstaaten überlassen." — Ich gehe zu § 12 über. Der Antrag des Verfassungs-Ausschusses lautet:

„In jedem Bezirke sind zum Zwecke der Wahlen Listen anzulegen, in welche die zum Wählen Berechtigten nach Zu- und Vornamen, Alter, Gewerbe und Wohnort eingetragen werden. Diese Listen sind spätestens vier Wochen vor dem zur ordentlichen Wahl bestimmten Tage zu Jedermanns Einsicht auszulegen, und dieß öffentlich bekannt zu machen. Einsprachen gegen die Listen sind binnen acht Tagen nach öffentlicher Bekanntmachung bei der Behörde, welche die Bekanntmachung erlassen hat, anzubringen und innerhalb der nächsten vierzehn Tage zu erledigen; worauf die Listen geschlossen werden. Nur Diejenigen sind zur Theilnahme an der Wahl berechtigt, welche in die Listen aufgenommen sind."

Dazu das Amendement des Herrn Heubner und Genossen (Nr. 79):

„In Betracht, daß die Anfertigung von Wahllisten nach den Erfahrungen, die in mehreren deutschen Staaten bei der Wahl zur Nationalversammlung und zu Landtagen gemacht worden sind, keineswegs nothwendig, sondern entbehrlich ist, wohl aber die unselige Vielschreiberei befördert, unnützen Aufwand an Arbeitskraft, Zeit und Geld verursacht, und zu Weiterungen und Verwirrungen Anlaß gibt — wird beantragt:

Den § 12 zu streichen und, wenn überhaupt hier eine Vorschrift für nöthig befunden werden sollte, folgenden Paragraphen zu setzen:

§ 12. Sofort nach Bestimmung des Wahltages (§ 16) haben die Gemeindeobrigkeiten mittelst Anschlags und in den Localblättern eine öffentliche Aufforderung an die Stimmberechtigten zu erlassen, daß sie sich binnen einer Frist von acht Tagen bei ihrer Gemeindebehörde (Gemeinderath 2c.) persönlich anzumelden und, soweit nöthig, über ihre Stimmberechtigung auszuweisen haben.

Die Stimmberechtigten erhalten bei ihrer Anmeldung Stimmzettel, die in geeigneter Weise beglaubigt sind.

Anmerkung. Hieran schließt sich § 13, wie er durch das Minoritäts-Erachten abgeändert ist, passend an."

Unterstützt von: Hensel; Spatz; v. Itzstein; Rank; Tafel von Zweibrücken; Langbein; Scharre; Hönniger; Boczek; Fetzer; Wigard; Tafel von Stuttgart; Frisch; Mammen; Stark; Würth von Sigmaringen; Roßmäßler; Levysohn; Minkus; Sachs; Heisterbergk.

Endlich ein heute eingekommener Verbesserungs-Antrag des Herrn Nagel von Bahlingen, welcher lautet;

„Ich beantrage, dem § 12 folgende Fassung zu geben:

In jeder Gemeinde eines Wahlbezirks sind von der Gemeindebehörde Listen der zum Wählen Berechtigten nach Namen, Alter, Beruf und Wohnort anzufertigen.

Diese Listen werden spätestens vier Wochen vor dem Wahltage in den einzelnen Gemeinden zu Jedermanns Einsicht ausgelegt, und es ist die Auslegung auf die geeignetste Weise zur öffentlichen Kenntniß zu bringen. Etwaige Einsprachen gegen die Listen sind binnen acht Tagen nach Bekanntmachung der Auslegung der Listen bei der Gemeindebehörde an-

Einwendungen, welche dieselbe innerhalb der nächsten zehn Tage zu erledigen hat, worauf die Listen nebst sämmtlichen hierauf bezüglichen Actenstücken der Bezirks-Wahlcommission zuzustellen sind.

Die letztere bildet zugleich die Recurs-Instanz für die von den Gemeindebehörden über Einsprachen gegen die Wahllisten ergangenen Bescheide, und wird ein Gesetz der Reichsregierung hierüber das Nähere verfügen."

Unterstützt von Spatz; Vogt; Nauwerck; Tafel von Zweibrücken; Levysohn; ev. Schüler von Jena; Eisenstuck; Wigard; Vischer; Fetzer; Tafel von Stuttgart; Rödinger; Schott; Rheinwald; Rank; Frisch; Trabert; Rösler von Oels; Wöhler; Reinhard; Thüssing; Nägele.

Zum Wort haben sich gemeldet: gegen die Anträge des Ausschusses: die Herren Heubner und Förster, für dieselben Herr Lette. — Ich frage zuvörderst, ob über den Paragraphen überhaupt discutirt werden soll. Diejenigen Herren, welche auf die Discussion über den § 12 zum vorliegenden Entwurf nicht verzichten wollen, ersuche ich, sich zu erheben. (Es erheben sich mehr als 100 Mitglieder.) Die Discussion ist zugelassen. Herr Heubner hat das Wort.

Heubner von Zwickau: Meine Herren! In Nr. 79 der gedruckten Anträge ist beantragt worden, den § 12 zu streichen, und eventuell, wenn nämlich hier überhaupt eine Bestimmung für nöthig erachtet werden sollte, einen anderen, der gedruckt vorliegt, zu substituiren. Im Vergleiche zu den hochwichtigen Fragen, die uns beim Wahlgesetze seither beschäftigt haben, ist allerdings der Gegenstand, um den es sich jetzt handelt, anscheinend von minder wichtiger Bedeutung, und ich werde Sie auch deßhalb nicht mit einer langen Rede aufhalten. Auf der anderen Seite erscheint derselbe mir auch nicht so unerheblich, daß nicht einige Worte darüber vergönnt sein sollten; wie denn überhaupt, wenn es sich um das Interesse des Volkes handelt, nichts so unbedeutend ist, daß wir ihm nicht unsere Beachtung widmen sollten. Der § 12, wie ihn der Verfassungs-Ausschuß formulirt hat, erscheint auf den ersten Anblick sehr unschuldiger Natur; man könnte höchstens von übergroßer Gründlichkeit sprechen, der Gründlichkeit, von welcher der Abgeordnete Hartmann in der letzten Sitzung gesprochen hat. Dieß ist eine Erb-Eigenschaft der Deutschen; man kann sie eine Erbtugend nennen, doch schlägt sie auch oft in das Gegentheil um, so daß vor lauter Gründlichkeit häufig Alles zu Grunde geht, ehe man der Sache recht auf den Grund kommt. Doch ich will dieß nicht weiter berühren, sondern schaue dem Paragraphen näher in sein Antlitz. Meine Herren! Ein geistreicher Schriftsteller hat als fünftes Element der Deutschen — die Tinte bezeichnet; ein Anderer nennt das moderne Schicksal, im Gegensatze zum antiken Fatum, — die Polizei. Wenn ich nun diesen Paragraphen betrachte, so scheint es mir, als ob in demselben sehr viel von diesem fünften Element enthalten sei, und ebenso viel von dem modernen Schicksal, der Polizei. Wenn der Paragraph durchgeht, so muß viel, unendlich viel geschrieben werden, es müssen da erst Verzeichnisse in den Gemeinden verfertigt werden, diese müssen controlirt, rectificirt und zusammengestellt werden. Diese zusammengestellten Verzeichnisse bilden die Listen, diese müssen ins Reine geschrieben, vervielfältigt und ausgelegt werden, so daß die Schreiberei ohne Ende geht. Das Alles verursacht einen großen Aufwand, erfordert viel Arbeitskraft, Zeit und Mühe. Dieß ist nicht so gering anzuschlagen, als man wohl glauben könnte. Ich habe Gelegenheit gehabt, darüber sehr umfangreiche, einleuchtende und handgreifliche Erfahrungen zu machen. Nach dem vormärzlichen Wahlgesetz in Sachsen, worin auch das Listen- und Registerwesen eine sehr große Rolle spielte, sind die Actenbände über einzelne Wahlen zu sechs, zehn, ja manchmal bis zu sechszehn und achtzehn angestiegen, und die Kosten für diese vielen Actenbände stehen natürlich mit dieser Zahl und dem Anschwellen derselben im genauesten Zusammenhang. Denn, meine Herren, Acten werden nicht umsonst oder wohlfeil geschrieben. Eine solche Wahl kostete jede über 100 bis 150 Thlr., mehrere stiegen bis zu 200, ja 300, 400 bis 600 Thlr. an, je nach Beschaffenheit der Umstände, und nach der Ausdehnung des Wahlkreises. Nach dem Vorschlag des Ausschusses sollen wir auf dieses Schreibewesen oder vielmehr Schreibeunwesen zurückkommen, und es wird das wohl etliche Tausende von Gulden kosten. Nehmen wir an, daß bei der „vorgeschlagenen Anfertigung und Vervielfältigung" der Listen jede Wahl nur 250 Gulden mehr kostet als sonst, was gewiß ein sehr geringer Ansatz ist, und daß 400 Wahlen in Deutschland nothwendig sind; so wird sich die Summe auf 100,000 Gulden belaufen. Diese Summe ist um so weniger gering zu veranschlagen, je öfter die Wahlen wiederkehren. Zwar hat man in diesem Hause vor nicht langer Zeit Millionen votirt, und es könnte wohl Einer herkommen und sagen: „Wo so viele Millionen verwilligt worden sind, wird es auch auf Tausende nicht ankommen." Allein das scheint mir ein schlechter Calcül zu sein. Es schlägt das in das beliebte „Rechnungstragen" ein. Zachariä — ich meine weder unsern Bernburger, noch unsern Göttinger Collegen, sondern den verstorbenen Heidelberger — Zachariä sagt in seiner Wirthschaftspolitik, oder dem Büchlein „vom Reichwerden:" Man scheue mehr die kleinen Ausgaben, die täglich, als die großen, die selten wiederkehren. Das, was dem Privatmann gesagt wird, läßt sich auch analog auf den Staatshaushalt anwenden, und unbedingt sollte ich doch glauben, daß es besser ist, zu den verwendeten Millionen nicht noch Tausende hinzuzuwerfen, sondern zu ersparen, wo man kann. Zu dem Geldaufwand, meine Herren, kommt auch der Aufwand an Zeit und Mühe in Anschlag. Die „Gemeinde- und Staatsbeamten" können ihre Zeit besser anwenden, als Listen zu fabriciren und schreiben zu lassen; denn Zeit ist Geld, das ist ein Satz, den ich nicht weiter auszuführen habe. Nächstdem liegt auch viel Polizeiliches in der Anfertigung der Listen. Denn es ist im natürlichen Lauf der Dinge begründet, daß, je complicirter eine einfache Angelegenheit behandelt und administrirt wird, um so mehr sich vom Zuvielregieren und Polizeiwesen hinein mischt, und das Self-Government des Volkes gehindert und verletzt wird. Durch diese Listen ist es auch leicht möglich, daß Viele ausgeschlossen werden; denn es ist ein Erfahrungssatz, daß die Beamten aus übergroßer Aengstlichkeit, wo sich Zweifel finden, lieber Manchen nicht aufnehmen, in der Erwartung, Derjenige, welcher nicht aufgenommen ist, werde sich selbst regen. Es ist zwar auch eine Frist bestimmt, innerhalb welcher die Einsprachen gegen die Listen anzubringen sind. Dieses Verfahren aber gestaltet sich in der Regel weitläufig und unsicher; denn es gibt viele Leute, welche nicht Zeit haben, jene Listen innerhalb der bestimmten Frist einzusehen, und die daher sehr leicht um ihr Stimmrecht kommen können. Sollten aber im anderen Falle von ihnen Reclamationen angebracht, diese aber nicht beachtet werden, und sie deßhalb an die Behörden recurriren müssen, so kann sehr leicht die Zeit vorübergehen, und die auf solche Weise nicht aufgeführten Stimmberechtigten werden für diese Wahl gänzlich ausgeschlossen sein. Beiläufig habe ich noch zu erwähnen, daß § 12 nicht einmal näher angibt, von welcher Behörde diese Reclamationen denn eigentlich zu erledigen seien. Dessenungeachtet würde aber doch nichts dagegen zu erinnern sein, wenn der Paragraph unbedingt nothwendig wäre; diese Nothwendigkeit aber ist offenbar nicht begründet. Es ist, wie dieß der Verfassungs-Ausschuß selbst zugesteht, zur Nationalversammlung auf diese Weise in vielen Ländern nicht gewählt worden. Der Bericht sagt nun zwar, es sei diese Unterlassung nicht im Interesse der Ordnung und Zuverlässigkeit gewesen; allein den Beweis dafür, daß jene Wahlen deßhalb schlechter geworden seien, weil bei ihnen diese Maßregeln nicht angewendet wurden, ist er schuldig geblieben. Ferner ist aber der hauptsächlichste Grund, welchen der Ausschuß für das Listenwesen angeführt hat, jetzt, nachdem wir die Ausnahmebestimmungen hinsichtlich der Stimmberechtigung abgeworfen haben, ganz erledigt; denn nachdem die vom Ausschusse aufgestellten Ausnahme-Kategorieen und ebenso der Census nicht durchgegangen sind, fällt auch der Grund, welcher jenen bestimmt, diese Listen vorzuschlagen, von selbst hinweg. Es liegt mir übrigens hauptsächlich daran, daß dieser Paragraph nicht durchgehe, und ich bin nicht so erpicht darauf, daß gerade das von mir und anderen meiner Freunde eingereichte Amendement an dessen Stelle trete. Ich glaube, es sind solche specielle Vorschriften hier gar nicht nöthig; denn es sind ja im ganzen Wahlgesetze nur allgemeine Grundsätze aufgestellt, keineswegs aber ist das Verfahren in Einzelheiten hinein genau geregelt; es sagt im Gegentheil § 17 sogar, daß das Wahlverfahren noch besonders festgestellt werden solle. Deßhalb trage ich vorzugsweise darauf an, diesen Tinte durstenden, Zeit und Geld kostenden und Polizeigeschwängerten Paragraphen nicht anzunehmen.

Präsident: Es liegen verschiedene Anträge auf Schluß der Discussion vor. Es ist mir aber auch noch ein Antrag von den Herren Fetzer und Riehl überreicht worden, welchen ich zuvor zur Verlesung bringe:

Wir beantragen, statt der Worte des § 12:

„In jedem Bezirke,"

zu setzen:

„In jeder Gemeinde eines Wahlbezirks."

Ich ersuche nun diejenigen Herren, welche die Discussion über den § 12 geschlossen wissen wollen, sich zu erheben. (Die Mehrheit erhebt sich.) Der Schluß ist angenommen. — Herr Tellkampf wird für den Ausschuß sprechen.

Tellkampf von Breslau: Meine Herren! Dieser Paragraph ist so klar, daß ich nur wenige Worte darüber sagen werde; auch habe ich nicht erwartet, darüber zu sprechen, indem ich erst soeben dazu aufgefordert bin. Es werden wenige Worte genügen, als Erwiederung auf die Einwendungen, welche unerwartet gegen den Paragraphen gemacht worden sind. Die Tendenz desselben geht dahin, in das Wahlverfahren Ordnung zu bringen, und darüber Aufsicht zu führen, daß die übrigen Bestimmungen des Wahlgesetzes über festen Wohnsitz der Wähler, ein bestimmtes Lebensalter u. s. w. zur Verwirklichung kommen. Wenn die Wahllisten nicht in der vorgeschlagenen Weise aufgestellt werden, so werden sehr leicht Unterschleife aller Art stattfinden können. Man wird es in den Händen haben, eine große Zahl disponibler Wähler von einem Orte nach dem anderen zu senden, welche, ohne berechtigt zu sein, dort wählen, wo ihre Stimmen erforderlich sein möchten. Das kann weder im Interesse der einen, noch der andern Partei liegen, und deßhalb sind ähnliche Listen überall da, wo man ein gerechtes Wahlverfahren wünscht, aufgestellt worden. Ich berufe mich in dieser Beziehung auf die Erfahrungen, welche darüber in England gemacht sind; es sind diese der Art, daß man die Aufstellung von Wahllisten entschieden empfehlen kann. Im Staate New-York dagegen war vor einigen Jahren, als dort keine Wahllisten existirten, der Mißbrauch eingerissen, daß Hunderte von unberechtigten Wählern auf der Eisenbahn nach Philadelphia zu den dortigen Wahlen kamen und ihre Stimmen abgaben. Hieraus hatte sich denn die Nothwendigkeit der Aufstellung solcher Listen zur Genüge ergeben, und die für Ordnung gesinnte Partei bemühte sich, einen Antrag auf Wahllisten durchzusetzen. Je freier das Wahlgesetz ist, desto nothwendiger sind Bestimmungen, welche ein streng gerechtes und gesetzliches Verfahren bezwecken. Darum, im Sinne der Ordnung und Freiheit, möchte ich Sie auffordern, für den § 12 zu stimmen.

Präsident: Zuvörderst bitte ich diejenigen Herren, welche den von den Herren Fetzer und Riehl gestellten Antrag unterstützen wollen, sich zu erheben. (Die genügende Anzahl erhebt sich.) Er ist hinreichend unterstützt. Die Reihenfolge der Abstimmung wird diese sein: Zuerst käme der Antrag des Ausschusses; würde er verworfen, so brächte ich ihn nochmals mit der von den Herren Fetzer und Riehl beantragten Modification zur Abstimmung; dann folgt der Antrag des Herrn Nagel, und endlich der des Herrn Heubner und Genossen. Zunächst also der Ausschuß-Antrag. § 12 lautet:

„In jedem Bezirke sind zum Zweck der Wahlen Listen anzulegen, in welche die zum Wählen Berechtigten nach Zu- und Vornamen, Alter, Gewerbe und Wohnort eingetragen werden. Diese Listen sind spätestens vier Wochen vor dem zur ordentlichen Wahl bestimmten Tage zu Jedermanns Einsicht auszulegen, und dieß öffentlich bekannt zu machen. Einsprachen gegen die Listen sind binnen acht Tagen nach öffentlicher Bekanntmachung bei der Behörde, welche die Bekanntmachung erlassen hat, anzubringen und innerhalb der nächsten vierzehn Tage zu erledigen, worauf die Listen geschlossen werden. Nur Diejenigen sind zur Theilnahme an der Wahl berechtigt, welche in die Listen aufgenommen sind."

Diejenigen Herren, welche diesem Antrage zustimmen wollen, ersuche ich, sich zu erheben. (Mitglieder auf der Rechten und in den Centren erheben sich.) Der Antrag des Ausschusses ist angenommen, und damit sind die drei Verbesserungs-Anträge beseitigt. — Ehe wir zu Art. V übergehen, zeige ich Ihnen an, daß das Schreiben des Herrn Präsidenten des Reichsministerraths, welches bereits im Eingange der Sitzung von demselben in Aussicht gestellt wurde, eben bei mir eingegangen ist. Ich glaube, meine Herren, Sie sollten mir erlauben, das Schreiben vorzulesen. (Stimmen auf allen Seiten: Ja! Ja!)

„Der Präsident des Reichsministerrathes an den Herrn Präsidenten der verfassunggebenden Reichsversammlung. — Nachdem die Berathung der Abschnitte des Verfassungsentwurfs: I. das Reich; II. die Reichsgewalt; III. der Reichstag; IV. das Reichsgericht; V. das Reichsoberhaupt; VI. der Reichs-Rath, am 26. Januar in erster Lesung geschlossen worden war, richtete das Reichsministerium unter dem 28. Januar die in Abschrift beiliegende Note, Beilage I, an sämmtliche Bevollmächtigte der Einzelstaaten bei der Centralgewalt, ersuchte sie, die Verfassungsbeschlüsse zur amtlichen Kenntnißnahme ihrer Regierungen zu bringen, und diese im Namen des Reichsverwesers einzuladen, ihre Erklärungen darüber an

Seine kaiserliche Hoheit zu richten, damit gegründete Bedenken, welche auf besonderen und wesentlichen Bedürfnissen der Einzelstaaten beruhen, zu Zeiten zur Kenntniß der National-Versammlung gebracht werden könnten, und bei der zweiten Berathung eine gerechte Erwägung finden möchten. — Es war diese Maßregel des Reichsministeriums mitveranlaßt worden durch die Note, welche die preußische Regierung unter dem 23. Januar d. J. an die preußischen Missionen bei den deutschen Regierungen erlassen, und die der königlich preußische Bevollmächtigte bei der Centralgewalt mittelst Begleit-Schreibens am 26. Januar zur Kenntniß des Reichsministeriums gebracht hatte. Das Ministerium veranlaßte überdieß noch eine Conferenz der Bevollmächtigten bei der Central-Gewalt zu dem Zwecke, durch Anempfehlung möglichster Beschleunigung der Erklärungen der Regierungen in Bezug auf das Verfassungswerk die Berücksichtigung derselben bei der zweiten Lesung des Verfassungsentwurfs zu sichern. — Diese Conferenz hatte am 29. Januar statt, und das dabei aufgenommene Protocoll liegt hier in Abschrift bei. Beilage II.

In Folge jener Note und dieser Conferenz mit den Bevollmächtigten bei der Centralgewalt sind theils schriftliche Erklärungen bezüglich des Verfassungswerkes Namens der Regierungen der Einzelstaaten bei dem Reichsministerium abgegeben, theils ist von Bevollmächtigten anderer Staaten angezeigt worden, daß sie zur Abgabe solcher Erklärungen instruirt und bereit seien. Dem von verschiedenen Bevollmächtigten ausgesprochenen Wunsch, es möge zur Bekanntgebung solcher Erklärungen ein Zusammentritt der Bevollmächtigten veranlaßt werden, hat das Ministerium entsprochen. Das Protocoll dieser am 24sten d. M. stattgehabten Conferenz wird nachträglich übergeben werden. Mit Bezugnahme auf dieses Protocoll stellt das Reichsministerium den Antrag, „daß dieses reiche Material dem Verfassungs-Ausschusse zur Prüfung überwiesen, und bei zweiter Lesung des Verfassungsentwurfes die verdiente Beachtung finden möge.“ — Die Erklärungen der Regierungen sind theils solche, welche den von den Einzelregierungen zu dem Verfassungswerk genommenen Standpunkt im Allgemeinen bezeichnen, theils solche, welche speciell auf die Artikel des von der Nationalversammlung in erster Lesung beschlossenen Entwurfs eingehen. Der ersteren Art sind nach der Ordnung des Einlaufes:

1) Das Circularschreiben der preußischen Regierung an die königlichen Missionen bei den deutschen Regierungen vom 23. Januar nebst Begleitschreiben des königl. preußischen Herrn Bevollmächtigten. Beilagen III und IV.

2) Das Schreiben des k. k. österreichischen Regierung an ihren Herrn Bevollmächtigten vom 4ten d. M., welches der Nationalversammlung bereits officiell mitgetheilt ist.

3) Das Schreiben des Herrn Bevollmächtigten für Lippe vom 3ten d. Mts. Beilage V.

4) Das Schreiben des Herrn Bevollmächtigten der freien Stadt Frankfurt vom 6ten d. Mts. Beilage VI.

5) Das Schreiben des königl. bayer'schen Herrn Bevollmächtigten bei der Centralgewalt vom 16ten d. Mts. Beilage VII.

6) Das Schreiben des Herrn Bevollmächtigten für das Herzogthum Limburg vom 16ten d. Mts. Beilage VIII.

7) Das Schreiben des königl. würtembergischen Bevollmächtigten vom 24ten d. Mts. Beilage IX.

8) Das Schreiben der königl. preußischen Regierung an ihren Bevollmächtigten vom 16ten d. Mts. nebst dessen Begleitschreiben vom 19ten d. Mts. Beilage X.

9) Das Schreiben des Herrn Bevollmächtigten für Anhalt-Dessau und Köthen vom 19ten d. Mts. Beilage XI.

10) Das Schreiben des Herrn Bevollmächtigten für Anhalt-Bernburg vom 22ten d. Mts. Beilage XII.

11) Das nachträglich übergebene Schreiben des Herrn Bevollmächtigten für Lauenburg vom 25ten d. Mts. Beilage XIII.

Der zweiten Art sind:

I. Die Collectiv-Erklärung der Herren Bevollmächtigten nachstehender Staaten:

1) Preußen; 2) Baden; 3) Kurhessen; 4) Großherzogthum Hessen; 5) Schleswig-Holstein; 6) Luxemberg; 7) Braunschweig; 8) Mecklenburg-Schwerin; 9) Nassau; 10) Sachsen-Koburg-Gotha; 11) Sachsen-Meiningen; 12) Sachsen-Altenburg; 13) Mecklenburg-Strelitz; 14) Oldenburg; 15) Anhalt-Dessau; 16) Anhalt-Bernburg; 17) Anhalt-Köthen; 18) Hohenzollern-Hechingen; 19) Hohenzollern-Sigmaringen; 20) Waldeck; 21) Reuß, älterer Linie; 22) Reuß, jüngerer Linie; 23) Schaumburg-Lippe; 24) Lippe; 25) Hessen-Homburg; 26) Lübeck; 27) Bremen; 28) Hamburg. Beilage XIV.

Dieser Erklärung haben sich in der Conferenz vom 24ten d. Mts. weiter angeschlossen: Die Herren Bevollmächtigten für: 29) Schwarzburg-Sondershausen; und 30) Schwarzburg-Rudolstadt.

Bei dieser Collectiv-Erklärung ist, wie es im Eingange heißt, die Grundlage der Beschlüsse der Nationalversammlung festgehalten worden, nämlich die Grundlage eines zu errichtenden Bundesstaates, dessen Centralbehörde mit einer aus der Gesammtheit des Volkes durch Wahl hervorgegangenen Vertretung umgeben sein soll. — Der specielle Theil der Collectiv-Erklärung bezieht sich einstweilen nur auf die Abschnitte des Verfassungsentwurfes „vom Reich, und der Reichsgewalt.“ Der baldige Nachtrag der Erklärung zu den anderen Abschnitten ist von den betreffenden Herren Bevollmächtigten in Aussicht gestellt. — An diese Collectiv-Erklärung schließen sich noch nachstehende besondere Erklärungen an, worauf zum Theil in der Collectiv-Erklärung ausdrücklich Bezug genommen wird:

1) Des königl. preußischen Herrn Bevollmächtigten vom 23sten d. M. Beilage XV.

2) Des badischen Herrn Bevollmächtigten vom 18ten d. M. Beilage XVI.

Und des Nachtrags dazu vom 21sten d. M. Beilage XVII.

3) Des großh. hessischen Herrn Bevollmächtigten vom 24sten d. Mts. Beilage XVIII.

4) Der Herren Bevollmächtigten für Bremen und Hamburg vom 23sten d. M. Beilage XIX.

5) Der Herren Bevollmächtigten für Schleswig-Holstein und Nassau vom 8ten und 23sten d. Mts. Beilage XX und XXI.

II. Die Erklärung des Herrn Bevollmächtigten für das Königreich Sachsen vom 23sten d. M. Beilage XXII,

welche davon ausgeht, daß der Verfassungsentwurf nach den Beschlüssen der Nationalversammlung mehr den Einheits-Staat als den Bundesstaat begründe.

III. Die Erklärung des Herrn Bevollmächtigten für Sachsen-Weimar vom 13ten d. Mts. Beilage XXIII.

Der Herr Bevollmächtigte für Bayern will eine einläßliche Erklärung auf den Verfassungsentwurf in den nächsten Tagen übergeben; die Herren Bevollmächtigten für Hannover und Würtemberg sehen weiteren Instructionen entgegen. (Stimmen auf der Linken und im Centrum: Oh! Oh!) — Was Oesterreich betrifft, so hat das Reichsministerium in Folge des Beschlusses der Nationalversammlung vom 13ten d. M., wodurch ihm die Ermächtigung ertheilt wurde, zu geeigneter Zeit und in geeigneter Weise mit der k. k. Regierung Namens der provisorischen Centralgewalt für Deutschland über das Verhältniß Oesterreich's zu Deutschland in Verhandlung zu treten, neben anderen das Verhältniß Oesterreich's betreffenden Mittheilungen unterm 22sten v. M. das in Abschrift beiliegende Schreiben, Beilage XXIV, an den österreichischen Herrn Bevollmächtigten bei der Centralgewalt gerichtet. Es ist darauf noch keine Antwort erfolgt, und das modificirte Programm vom 18. December v. J. enthält fortwährend die bis jetzt nur bekräftigte Ansicht des Ministeriums.

Indem das Reichsministerium wiederholt die Hoffnung ausspricht, daß die von den Regierungen bezüglich des Verfassungsentwurfs gemachten, und in den nächsten Tagen noch zu machenden Bemerkungen und Ausstellungen bei der Nationalversammlung jede zulässige Beachtung finden werden, sieht es in der Mannichfaltigkeit der Ausstellungen und in der Verschiedenheit der Gesichtspunkte, die dafür geltend gemacht worden sind, einen neuen Beleg dafür, daß die Nationalversammlung in dem Anstreben der Verständigung mit den Regierungen der Einzelstaaten den Weg betreten habe, der allein zum guten Ziele führen kann (Gelächter auf der Linken), daß es mit der Anerkennung des Vereinbarungsprincips der Nationalversammlung unmöglich gemacht sein würde, ihre so unermeßlich schwierige große Aufgabe zu lösen (Bravo in den Centren); daß die letzte Entscheidung der Nationalversammlung zustehen müsse. (Lebhaftes Bravo in den Centren; Zischen auf der Linken.) Möge die Vaterlandsliebe uns vereinigen und stärken. Fürsten, Regierungen und Volksstämme ihre particularen Interessen und Richtungen dem Gemeinwohl unterordnen, die Unterstützung Aller der Nationalversammlung zur Seite stehen; Deutschland groß und mächtig werden! — Frankfurt den 26. Februar 1849. H. v. Gagern." (Lebhaftes Bravo in den Centren; Zischen auf der Linken.)

Meine Herren! Die vier und zwanzig Beilagen die der Mittheilung des Herrn Präsidenten des Reichsministerrathes beiliegen, möchte ich anheimstellen, sammt der Mittheilung selber durch den Druck in die Hände der Mitglieder gelangen zu lassen. (Viele Stimmen: Ja!) Der Herr Präsident des Reichsministerrathes verlangt das Wort!

Reichsminister Heinrich v. Gagern: Meine Herren! Der Druck der Beilagen zu diesem Schreiben ist von dem Ministerium bereits angeordnet und soweit vorgeschritten, daß wahrscheinlich morgen früh schon diese Beilagen gedruckt in Jedermanns Händen sein können. Dasselbe Interesse, welches die Mitglieder dieser Versammlung, haben die Bevollmächtigten der Einzelstaaten, jene Actenstücke schnell zu besitzen. Heute ist mir der Einlauf einer hannöver'schen Note angezeigt worden von dem Bevollmächtigten, die ich mir vorbehalte, als Nachtrag folgen zu lassen.

(Die Redaction läßt die erwähnten Actenstücke hier folgen:

Beilage I.

Herr Bevollmächtigter!

Mit dem am 26sten d. Mts. erfolgten Schlusse der Berathungen über den dritten Abschnitt des Verfassungs-Entwurfes, welcher den Titel: „das Reichsoberhaupt," „der Reichsrath" führt, hat die Nationalversammlung die Haupttheile des Verfassungswerkes in erster Lesung beendigt.

Die provisorische Centralgewalt, von deren Wirksamkeit die Errichtung dieses Verfassungswerkes ausgeschlossen ist, deren gesetzliche Aufgabe jedoch die Ausführung der in Kurzem zu vollendenden Verfassung für Deutschland ist, hält es in dem gegenwärtigen vorgerückten Stadium der Thätigkeit der Nationalversammlung für ihre Pflicht, die Wege anzubahnen, damit gegründete Bedenken, welche auf besonderen und wesentlichen Bedürfnissen der Einzelstaaten beruhen, in Zeiten durch Vermittelung der Regierungen zur Kenntniß der Versammlung gelangen, und bei der zweiten Berathung eine gerechte Erwägung finden mögen.

Zu diesem Ende ersuche ich Sie, Herr Bevollmächtigter, die anliegenden, in beweisender Form ausgefertigten Verfassungsbeschlüsse erster Lesung zur amtlichen Kenntnißnahme Ihrer Regierung zu bringen, und dieselbe im Namen des Reichsverwesers einzuladen, ihre Erklärung darüber in einer möglichst bestimmten Weise an Seine kaiserliche Hoheit zu richten. Sie wollen die Aufmerksamkeit der . . . . Regierung insbesondere darauf lenken, daß die Nationalversammlung, nach Beendigung weniger, nicht umfangreicher Gegenstände (wie die Entwürfe über „die Gewähr der Verfassung," ein Wahlgesetz u. s. w.), sehr bald zu der zweiten Lesung der eigentlichen Hauptstücke der Verfassung schreiten wird.

Wenn das Reichsministerium zu dem gegenwärtigen Schritte nicht schon durch den augenblicklichen Stand der Verhandlungen verpflichtet wäre, so würde ihm noch ein besonderer Anlaß dazu durch eine von der königlich preußischen Regierung an sämmtliche übrige deutsche Regierungen gerichtete Circularnote gegeben sein, worin die Ansichten Preußens über die Errichtung des Verfassungswerkes im Allgemeinen niedergelegt sind. Wenngleich das Reichsministerium in seiner Stellung keine Veranlassung hat, auf den Inhalt dieser Note im Einzelnen einzugehen, so gereicht es ihm doch zur Genugthuung, daß der Vorschlag an die deutschen Regierungen, ihre Erklärungen an dem Sitze der Reichsversammlung und der provisorischen Centralgewalt abzugeben, von Seiten der preußischen Regierung ganz in Uebereinstimmung mit den diesseitigen Ansichten gemacht worden ist. Mit Befriedigung kann ich hinzufügen, daß auch bei der kaiserlich österreichischen Regierung durch ihren Bevollmächtigten der Antrag bereits früher geschehen ist, einen gleichen Weg von ihrer Seite den übrigen deutschen Regierungen zu empfehlen.

Der Ernst der Zeit mahnt von allen Seiten zu entscheidenden Beschlüssen. Die Opfer, welche deutsche Fürsten für ihre Angehörigen bringen, werden dann nicht mehr hart empfunden werden, wenn beide Theile bald in dem festeren gemeinsamen Organ, in der Gesammtmacht der Nation, einen vollen Ersatz und eine Bürgschaft der Zukunft finden.

Frankfurt a. M., den 28. Januar 1849.

(gez.) v. Gagern.

An sämmtliche Herren Bevollmächtigten
bei der Centralgewalt.

Beilage II.

Auszug aus dem Protocolle des
Gesammt-Reichsministeriums.

Sitzung vom 29. Januar 1849.

Unter dem Vorsitze des Herrn Ministerpräsidenten Heinrich v. Gagern.

Anwesend:

die Herren Reichsminister v. Peucker, v. Beckerath, und v. Mohl, die Herren Unterstaatssecretäre Bassermann, v. Biegeleben, Fallati, M. v. Gagern, Mathy und Widenmann.

In Folge der hier als

einer Unteranlage als

Beilage B. (siehe Beilage

angeschlossene, gestern an sämmtliche Herren von seiner Seite ergangene Circularschreiben, das ferner abschriftlich als

Beilage C. (siehe Beilage III)

anliegende Circularschreiben des königlich preußischen Ministeriums der auswärtigen Angelegenheiten vom 23sten d. M. zur Kenntniß der versammelten Herren Bevollmächtigten bringt.

178.

Versammlung auszusprechen haben werden.

Zur Zeit des Zusammentritts derselben war die begonnene Revision der Bundesverfassung nicht so weit gediehen, daß es den deutschen Regierungen möglich gewesen wäre, einen gemeinsam verabredeten Verfassungsentwurf der Versammlung vorzulegen und vor derselben zu vertreten. Die Versammlung befand sich in der Nothwendigkeit, selbstständig das Verfassungswerk anzugreifen, und sowohl die Passivität der Regierungen, — wovon viele ihre ganze Kraft durch innere Angelegenheiten in Anspruch genommen sahen, — als die greifbare Schwierigkeit der Vereinbarung mit sieben und dreißig verschiedenen und unabhängigen Staaten mochten dazu mitwirken, die Vorstellungen über den Umfang der staatsrechtlichen Befugnisse der Versammlung hoch zu steigern. Auch die königliche Regierung hat geglaubt, der Lage, worin sich die deutschen Staaten, gegenüber einer aus der Gesammtheit der Nation auf gesetzlichem Wege erwählten Versammlung befanden, großes Gewicht beilegen zu müssen; sie hat geglaubt, die äußersten Anstrengungen machen zu sollen, um einer Versammlung, der die Regierungen einen positiven Vorschlag nicht vorgelegt hatten, nicht durch Negation entgegenzutreten; sie hat geglaubt, die deutsche Nation sei zu der Forderung berechtigt, daß der Versuch, auf dem von den deutschen Regierungen theils gesetzlich angebahnten, theils zugelassenen Wege zur Einigung zu gelangen, möglichst vor äußeren Hemmungen geschützt werde. Auf diesen Punkt hat die Regierung, nachdem ihr im Monat Juli gemachter Vorschlag zur Gewinnung der Grundlagen einer collectiven Vertretung der Regierungen gescheitert war, nachdem auch andere Versuche, auf den Weg der Verständigung zu leiten, erfolglos blieben, ihr vorzüglichstes Augenmerk gerichtet, und zugleich, während sie ohne Zögern bereit war, für einige Zeit von der ausführenden Gewalt des Bundes zurückzutreten, und deren Uebertragung auf Se. kaiserliche Hoheit den Erzherzog Johann zu genehmigen, mit nicht geringer Hingebung und oft mit Selbstverläugnung die Centralgewalt Deutschland's durch die Macht und die Mittel Preußens gestützt und getragen. Der Zweck ist erreicht worden; die Nationalversammlung zu Frankfurt hat sich beinahe acht Monate hindurch in freier Bewegung ihrer Verfassungsarbeit widmen dürfen, und indem sich diese Arbeit anscheinend ihrem Ende naht, wird jede deutsche Regierung den Beruf fühlen, dahin zu wirken, daß sie zu einem glücklichen Ergebniß führe, und daß ein mögliches Fehlschlagen dieser Hoffnung nicht einem Verschulden der Regierungen beigemessen werden könne. Die preußische Regierung darf sich der Hoffnung überlassen, vor einem solchen Vorwurf gesichert zu sein; allein sie ist sich sehr wohl bewußt, daß ihre alleinige Zustimmung nicht ausreicht, eine Umgestaltung der deutschen Verfassung in das Leben zu führen, und daß das Scheitern des großen Zweckes nicht minder zu beklagen wäre, wenn auch zweifellos feststände, daß er nicht an Preußen gescheitert sei.

Durch diese Betrachtung bewogen, würde die Regierung vielleicht schon früher dazu übergegangen sein, die Vorbereitung der in einiger Frist von den Staaten des deutschen Bundes erwarteten Erklärungen in Vorschlag zu bringen. Allein eine bedeutungsvolle Entwickelungsperiode des eigenen Staates traf zusammen mit einer entscheidenden Wendung der inneren Zustände Oesterreich's, welches, als das mächtigste Glied des Bundes, zu einer Initiative um so mehr berufen war, als die europäische Stellung und der hohe Beruf des österreichischen Kaiserstaates, verbunden mit der eingeschlagenen central-constitutionellen Richtung, ihm das Eingehen in manche jener bundesstaatlichen Bestimmungen erschweren mußten, in welchen die Nationalversammlung zu Frankfurt a. M. den Ausdruck einer gemeinsamen Neigung der deutschen Nation gefunden zu haben glaubte. Der österreichische Staat ist nie von seinen Banden an Deutschland gelöst, und er hat ihnen in der bewegtesten Zeit des vergangenen Jahres eine neue Innigkeit verliehen, indem ein Fürst des österreichischen Kaiserhauses die Leitung der Angelegenheiten Deutschland's übernahm. Seinerseits kann das übrige Deutschland auf die alte Verbindung mit Oesterreich nicht verzichten, und am Wenigsten hätte die preußische Regierung einen auf Ablösung der bisher bestandenen Bande beruhenden Plan bevorworten können; vielmehr war es für sie unerläßlich, die Absichten der kaiserlich österreichischen Regierung in Bezug auf die Verfassung Deutschland's nach der wieder gewonnenen festeren Gestaltung der inneren Zustände im österreichischen Kaiserstaate zu kennen.

Mit hoher Befriedigung sieht die königliche Regierung nunmehr festgestellt, daß Oesterreich, mit uns den deutschen Bund als fortbestehend betrachtend, in demselben beharren und an dessen kräftiger Entwickelung theilnehmen will, und zu einer Verständigung darüber mit der Nationalversammlung und den übrigen Regierungen Deutschland's bereit ist. Diese Verständigung wird jedenfalls der Art sein müssen, daß in ihr weder die Bestrebungen des Kaiserstaats, in seinem ganzen Ländercomplexe zu einer kräftigen, dem inneren Bedürfnisse desselben genügenden Constituirung zu gelangen, noch die Bestrebungen Deutschland's, die auf die Darstellung eines dem Auslande gegenüber einheitlich verbundenen politischen Körpers, sowie auf die Verschmelzung der commerciellen und materiellen Interessen, und eine möglichste Ausgleichung der inneren Gesetzgebung gerichtet sind, ein Hinderniß finden. Es ist von der kaiserlich österreichischen Regierung zu erwarten, daß sie auch hierzu nach Kräften die Hand bieten, und auch bei der Gestaltung der inneren Verhältnisse jener Monarchie auf die Beziehungen zu Deutschland die möglichste Rücksicht nehmen werde. — Wenn sie indessen glauben sollte, an der eben angedeuteten Entwickelung Deutschland's nicht in vollem Maaße Antheil nehmen zu können, wenn sie die dazu erforderlichen Beschränkungen der Souveränitätsrechte zu Gunsten einer kräftigen Centralgewalt des Bundes und die Anwendung der materiellen Verknüpfung der Interessen auf ihre deutschen Länder nicht eintreten lassen könnte, so würde daraus freilich folgen, daß Oesterreich, einerseits, nicht begehren würde, Rechte auszuüben, denen nicht die correspondirenden Pflichten gegenüber ständen, und daß, andererseits, den übrigen deutschen Staaten nicht anzusinnen wäre, einer aus der Gesammtbevölkerung des Bundes hervorgehenden Vertretung und einer die Angelegenheiten der Gesammtheit leitenden Bundesregierung, in welcher Oesterreich seine Stelle behauptete, Rechte in Beziehung auf die auswärtige allgemeine und commercielle Politik, auf die innere Gesetzgebung und Finanzwirthschaft einzuräumen, bei deren Ausübung das österreichische Bundesgebiet nicht in gleichem Umfange den Beschlüssen der Centralgewalt unterworfen wäre. Es würde aber daraus noch nicht der Schluß zu ziehen sein, daß Deutschland ausschließlich zu den wesentlichen Grundlagen des Staatenbundes zurückkehren, und daß der mit Begeisterung erfaßte Plan einer bundesstaatlichen Verbindung gänzlich verlassen werden müsse. Vielmehr wird sowohl die Aufrechthaltung und Entwickelung des deutschen Bundes, — Oesterreich, sowie das deutsche Gebiet der Niederlande und Dänemark's eingeschlossen, — als die Erhaltung der dem österreichischen Kaiserhause gebührenden Stellung in Deutschland vollkommen vereinbar sein mit dem Zusammentritte der übrigen deutschen Staaten zu einem engeren Vereine, zu einem Bundesstaate innerhalb des Bundes. Sowie innerhalb des Bundes der Zollverband nicht nur einen engeren Verein für Handel, Gewerbfleiß und Verkehr darstellen, sondern auch die Wurzeln zu einer gemeinsamen handelspolitischen Vertretung nach Außen in sich tragend, entstehen und bestehen konnte, ohne den Bund selbst und das Verhältniß zwischen den dem Zollverein angehörenden und den demselben nicht angehörenden Bundesgliedern zu stören, so kann auch ein noch weitere Interessen umfassender Verein unter der Mehrzahl der Bundesglieder geschlossen werden, und innerhalb des Bundes bestehen.

Die königliche Regierung erkennt nach wie vor die Pflicht, auf dem durch die Berufung der deutschen Nationalversammlung betretenen Wege fortzuschreiten.

Zu dem Ende wird zu geneigter Erwägung der Vorschlag anheimgegeben, daß die deutschen Regierungen der Nationalversammlung zu Frankfurt a. M. durch das Reichsministerium vor der zweiten Berathung über die Theile der entworfenen Verfassung, welche die Titel: „das Reich und die Reichsgewalt," „der Reichstag," „das Reichsoberhaupt," „der Reichsrath" führen, Erklärungen über den Inhalt, wie er nach der ersten Berathung festgestellt worden, zur Erwägung übergeben wollen.

Wir glauben, daß dieser Vorschlag sich sowohl den deutschen Regierungen, als der Nationalversammlung empfehlen werde, da wir auf beiden Seiten das ernstliche Bestreben voraussetzen, zu einer redlichen Verständigung zu gelangen. Die Stellung, welche die letztere zu dem Verfassungswerke einnimmt, ist im Eingange angedeutet worden.

Die meisten deutschen Regierungen hingegen haben niemals auf das Recht der Zustimmung verzichtet, und insbesondere ist dieß von Preußen nicht geschehen. Wollte man diesen Gegensatz auf die Spitze treiben, so ist es wohl Niemanden zweifelhaft, daß nicht allein das Verfassungswerk nicht zu Stande kommen, sondern auch das deutsche Vaterland den gefährlichsten Krisen ausgesetzt und in seiner ganzen Entwickelung gehemmt werden würde. Je fester daher ein deutscher Staat entschlossen wäre, an dem Rechte der Zustimmung festzuhalten, je mehr er befürchten könnte, dieselbe versagen zu müssen, um so lebendiger dürfte sich ihm die Verpflichtung aufdringen, sich nicht auf die nachträgliche Negation zu beschränken, sondern die Bedenken und Abänderungsvorschläge rücksichtlich der vorläufigen Beschlüsse zur Kenntniß der Nationalversammlung zu bringen, und derselben zu deren reiflicher Erwägung vor der zweiten Beschlußfassung Gelegenheit zu geben. Und wenn wir auf der anderen Seite sehen, wie selbst die das Vereinbarungsrecht im Princip am Entschiedendsten bestreitenden Fractionen der Nationalversammlung doch die Herbeiführung einer Uebereinstimmung mit den Regierungen als wünschenswerth erkennen; so dürfen wir hoffen, daß die Versammlung selbst, eingedenk ihrer Würde und ihrer Pflicht gegen das gesammte Vaterland, durch ein gleiches freundliches Entgegenkommen, auf dem Wege der Verständigung jenem gefährlichen Gegensatze die Spitze abbrechen werde. Die königliche Regierung glaubt daher mit diesem Vorschlage um so mehr den Wünschen der deutschen Regierungen entgegen zu kommen, als sie fest überzeugt ist, daß das wahre Interesse der Regierungen mit den Bedürfnissen und Wünschen des deutschen Volkes Hand in Hand geht. Sie darf daher auch hoffen, daß, wenn auch die Ansichten in einzelnen Punkten auseinander gehen mögen, doch bei dem bei allen Regierungen vorausgesetzten deutschen Sinn und der Gemeinsamkeit der Interessen in den wesentlichsten Stücken Uebereinstimmung herrschen werde. Der Gewinn wird um so größer sein, je mehr die Staaten sich gleichmäßig aussprechen, und indem die königliche Regierung dazu die Hand bietet, erwartet sie ein gleich vertrauensvolles Entgegenkommen von den anderen deutschen Regierungen.

Sie hat ihren Bevollmächtigten in Frankfurt a. M. mit umfassenden Instructionen zu diesem Zweck versehen, und indem sie der Ansicht ist, daß jener Ort für alle Regierungen den geeignetsten Mittelpunkt der Verständigung bilden werde, so stellt sie das Ersuchen an dieselben, dorthin bald möglichst ihre Bemerkungen und eventuellen Vorschläge auf geeignetem Wege gelangen lassen zu wollen, da sie eine baldige Besprechung und Verständigung im Interesse des gesammten Deutschland's für höchst wünschenswerth halten muß.

Ew. . . . . wollen die hier ausgesprochenen Erwägungen und Vorschläge der . . . . . Regierung vorlegen, und zu der, der Wichtigkeit der Sache gemäßen Berücksichtigung empfehlen. Zugleich aber wollen Ew. . . . . . nicht unterlassen, die . . . . . Regierung über die wahren Gesinnungen der noch neuerdings vielfach angefochtenen Regierung Sr. Majestät aufzuklären. Preußen strebt nach keiner Machtvergrößerung oder Würde für sich selbst; es begehrt, wie auch die deutsche Verfassung sich gestalte, keinen andern Antheil an der obersten Leitung der Bundesgewalt, als denjenigen, welchen seine Stellung in Deutschland und die Bedeutung der geistigen und materiellen Kräfte, die es dem gemeinsamen Vaterlande zur Verfügung stellen kann, der Natur der Dinge nach ihm anweist. Es wird keine ihm angebotene Stellung annehmen, als mit freier Zustimmung der verbündeten Regierungen; es hält sich aber verpflichtet, sich bereit zu erklären, Deutschland diejenigen Dienste zu leisten, welche dieses im Interesse der Gesammtheit von ihm verlangen sollte, selbst wenn dieß nicht ohne Opfer von seiner Seite geschehen könnte. Es wird dabei ebenso gern Allem entgegenkommen, was ohne Gefährdung des gemeinsamen Zweckes, die Selbstständigkeit und Unabhängigkeit der einzelnen Staaten zu erhalten geeignet ist. In Folge dieser Gesinnung kann ich es schon jetzt Ew. . . . . . aussprechen, daß Se. Majestät der König und Höchstdessen Regierung nicht der Ansicht sind, daß die Aufrichtung einer neuen deutschen Kaiserwürde zu der Erlangung einer wirklichen und umfassenden deutschen Einigung nothwendig sei; daß wir vielmehr befürchten müssen, daß das ausschließliche Anstreben gerade dieser Form des an und für sich nothwendigen Einheitspunkts der wirklichen Erreichung jenes Zieles der Einigung wesentliche und schwer zu überwindende Hindernisse in den Weg legen würde. Es dürfte wohl eine andere Form gefunden werden können, unter welcher, ohne Aufopferung irgend eines wesentlichen Bedürfnisses, das dringende und höchst gerechtfertigte Verlangen des deutschen Volkes nach einer wahrhaften Einigung und kräftigen Gesammt-Entwickelung vollständig befriedigt werden könnte.

Wir glauben im Interisse der Sache einer baldigen Erwiederung der . . . . . Regierung auf diese Mittheilung entgegensehen zu dürfen.

Berlin, den 23. Januar 1849.

(gez.) Bülow.

Beilage V.

Auf den geehrten Erlaß vom 28sten v. M., den Entwurf der Verfassung für Deutschland betreffend, bin ich von meiner Regierung beauftragt, das Folgende ganz ergebenst zu erwiedern: 1) Die Regierung hat zu wünschen, daß die §§ 2 und 3 des Art. II der Abtheilung „das Reich" nach Maßgabe des von der Nationalversammlung auch bereits genehmigten Programms des Herrn Ministerpräsidenten, namentlich in Beziehung auf Oesterreich und Limburg, förmlich abgeändert werden. Zu den übrigen Artikeln dieser Abtheilung findet sie nichts zu bemerken.

Ebenso wenig zu der Abtheilung: „Die Reichsgewalt."

2) Zu der Abtheilung: „Der Reichstag" muß sie den dringenden Antrag stellen, daß dem Fürstenthume Lippe eine besondere Stimme im Staatenhause beigelegt werde. Für einen Staat von mehr als 100 000 Angehörigen, der in seinen Institutionen und seiner Verwaltung keinem anderen deutschen Staate nachsteht, scheint dieser Anspruch vollkommen begründet, um so mehr, da freien Städten von weit geringerer Bevölkerung derselbe gewährt ist, und die damit verbundene geringe Vermehrung der Mitglieder des Staatenhauses dagegen nicht in Betracht gezogen werden kann.

3) Zu dem § 19 dieser Abtheilung findet die Regierung kein Bedenken, daß der Satz: „Bei Ausübung der der Reichs-Gewalt zugewiesenen Befugnisse ist die Uebereinstimmung der Reichsregierung in folgenden Fällen erforderlich" — — in dieser Fassung beibehalten werde

Die übrigen Artikel dieser Abtheilung geben der Regierung zu keinen Bemerkungen Veranlassung.

Ebenso die Abtheilung: „Das Reichsgericht."

4) In der Abtheilung: „Das Reichsoberhaupt" läßt der Entwurf die Frage über die Dauer der Wirksamkeit des Reichsoberhaupts nach dem Ergebnisse der ersten Lesung in der Nationalversammlung unentschieden.

Die Regierung muß sich entschieden für die Erblichkeit in einem deutschen Fürstenhause aussprechen, da nur durch diese die Einheit Deutschland's gesichert, und dessen Macht dauernd begründet werden kann. Im ausdrücklichen Auftrage Sr. Durchlaucht des Fürsten hat die Regierung noch den besonderen Wunsch auszusprechen, daß die Würde des Reichsoberhaupts Sr. Majestät dem Könige von Preußen übertragen werden möge.

Detmold, den 3. Februar 1849.

Der fürstlich lippe'sche Bevollmächtigte bei der Centralgewalt,

(gez.) Petri.

An den Präsidenten des Reichsministerrathes
Herrn H. v. Gagern.

Beilage VI.

Herr Präsident!

Ganz in Uebereinstimmung mit den Ansichten, welche sich in Ihrem hochverehrlichen Schreiben vom 28. Januar 1849 ausgesprochen finden, steht die Ueberzeugung des Senats, daß vor dem Abschluß einer kräftigen deutschen Verfassung das Wohl des Vaterlandes, seine Macht nach Außen, sein Friede und seine Freiheit im Innern, lediglich abhängen. Eben darum aber ist der Senat auch mit dem Folgesatz einverstanden, daß nur wesentliche Bedenken oder Anträge in Hinsicht auf den von der Nationalversammlung bis dahin berathenen Verfassungsentwurf an dieselbe gebracht werden sollen, damit ein so dringend wünschenswerther Abschluß nicht durch weniger Bedeutendes verzögert werde.

Der Senat der freien Stadt Frankfurt überläßt sich seinerseits dem Vertrauen, daß die Beschlüsse der National-Versammlung über die Zukunft Deutschland's in einer Weise bestimmen werden, wie Solches sämmtliche deutsche Regierungen ebenfalls dem Besten des Vaterlandes und somit Ihren eigenen Wünschen entsprechend finden werden.

Frankfurt a. M., den 6. Februar 1849.

(gez.) Souchay.

An den Präsidenten des Reichsministerraths, Herrn v. Gagern dahier.

Beilage VII.

Der unterzeichnete königl. bayer'sche interimistische Bevollmächtigte hat die Circularnote des Reichsministeriums vom 28sten v. Mts. der königlichen Regierung in Vorlage gebracht, und beehrt sich nunmehr, im Auftrage derselben, dem Herrn Präsidenten des Reichsministerraths deren dankbare Anerkennung für das zur Förderung des deutschen Verfassungswerkes bethätigte Entgegenkommen auszudrücken, und nachfolgende Erwiederung abzugeben.

Die bayer'sche Regierung hat das Bedürfniß einer Verständigung der deutschen einzelnen Staaten unter sich seit dem Beginne der Arbeiten der Nationalversammlung tief empfunden. Sie hat dieß schon im Monate Mai vorigen Jahres und seitdem wiederholt durch dringende Aufforderungen an die verbündeten Regierungen bethätigt, welche keinen andern Zweck hatten, als durch eine rechtzeitige Einigung über die Hauptpunkte der künftigen Verfassung auch ihrerseits zu beschleunigter praktischer Begründung des von ganz Deutschland heiß ersehnten Einigungswerkes, den Bemühungen der Nationalversammlung fördernd entgegenkommen zu können.

Wenn das Reichsministerium zu dem Schritte, welchen es sämmtlichen deutschen Staaten gegenüber zu thun für gut fand, durch den augenblicklichen Stand der Verhandlungen über die Verfassungsfrage sich besonders veranlaßt sah, so kann die bayer'sche Regierung der hierdurch kundgegebenen Ansicht nur vollkommen beipflichten. Der Zeitpunkt zwischen der ersten und zweiten Lesung des Verfassungs-Entwurfes erscheint auch ihr als das Geeignetste zu der durch eine gegenseitige Verständigung zu erreichenden Vereinbarung zwischen den einzelnen Regierungen und der Nationalversammlung, und Bayern wird nicht anstehen, seine Erinnerungen zu diesem Zwecke mit möglichster Beschleunigung nach Frankfurt gelangen zu lassen.

Es wird aber durch das Anstreben dieses so nothwendigen Einverständnisses nicht etwa ein Hemmniß, nicht ein Hinausschieben der gerechten Erwartungen der Nation sich ergeben, wohl aber die sicherste, die allein dauernde und feste Grundlage des deutschen Verfassungswerkes.

Dieses vorausgeschickt, wird es hier genügen, die Ueberzeugung schon jetzt auszusprechen, daß nur eine, ganz Deutschland in allen seinen Bestandtheilen zu einem Bunde verbindende und daher Oesterreich weder ausschließende, noch in die Sonderstellung eines weitern Bundesverhältnisses hinausdrängende Verfassung, dem mächtigen Streben nach Einigung und nach Kräftigung des deutschen Gesammtvaterlands entsprechen werde, daß dagegen, wie dieses in der Note der preußischen Regierung vom 23sten v. M. ausgesprochen ist, auf welche auch der Erlaß des Reichsministeriums Bezug nimmt, — „die Aufrichtung einer neuen deutschen Kaiserwürde zu der Erlangung einer wirklichen umfassenden deutschen Einigung nicht erforderlich sei," daß vielmehr hierdurch der allseitig gewünschten Einigung ein unbesiegbares Hinderniß entgegengestellt würde.

Der Unterzeichnete hat die Zusicherung erhalten, daß ihm in kürzester Zeit speciellere Instructionen für seine Theilnahme an den über das Verfassungswerk zu pflegenden Berathungen zugehen werden. Wobei bemerkt worden ist, wie bei Abfassung derselben die königliche Regierung von dem obersten Grundsatze ausgehe, daß zur Errichtung des gemeinsamen großen Zweckes mit aufrichtiger Hingebung Opfer zu bringen sind, eine Beeinträchtigung der Selbstständigkeit und inneren freien Bewegung der einzelnen Glieder des großen Ganzen aber in nicht höherem Maaße einzutreten habe, als zur Erreichung jenes Zieles einer wahrhaften Einigung und kräftigen Gesammtentwickelung in der That erforderlich ist.

Frankfurt a. M., den 16. Februar 1849.

Der königlich bayerische interimistische Bevollmächtigte bei der provisorischen Centralgewalt Deutschland's,

(gez.) v. Xylander.

An den Herrn Präsidenten des Reichsministerrathes Freiherrn v. Gagern.

Beilage VIII.

Herr Präsident!

Den in dem geehrten Schreiben vom 28sten v. M. ausgedrückten und in der folgenden Tages stattgehabten Conferenz näher erläuterten Wunsch des Erzherzog-Reichsverwesers, die Ansichten der Regierungen über die künftige Verfassung Deutschland's und insbesondere über den Inhalt der königlich preußischen Circularnote vom 23sten v. M. in möglichst bestimmter Weise kennen zu lernen, habe ich nicht ermangelt, meiner höchsten Regierung einzuberichten. Ich bin hierauf autorisirt worden, Ihnen, Herr Präsident, die beifolgende Abschrift desjenigen Schreibens mitzutheilen, welches unterm 12ten d. M. zur Erwiederung der oben erwähnten preußischen Note an den königlichen Gesandten in Berlin erlassen worden ist, und dessen Inhalt mir in meiner doppelten Eigenschaft als außerordentlicher Gesandter bei Seiner kaiserlichen Hoheit dem Reichsverweser und als Bevollmächtigter für das Herzogthum Limburg, bei den stattfindenden Verhandlungen zur Richtschnur dienen soll.

Frankfurt, den 16. Februar 1849.

Der Bevollmächtigte für das Herzogthum Limburg,

(gez.) v. Scherff.

An den Herrn Präsidenten des Reichsministeriums, Freiherrn v. Gagern.

Haag, den 12. Februar 1849.

Herr Baron!

Der Herr Graf von Königsmark hat die Gefälligkeit gehabt, mir eine Note vom 23. Januar mitzutheilen, welche ich dem Könige vor Augen gelegt, und durch welche der königlich preußische Minister der auswärtigen Angelegenheiten, unter Auseinandersetzung der Ansichten seiner Regierung über die Grundlagen einer künftigen Organisation des deutschen Bundes, die Eröffnung macht, daß er dem königlich preußischen Bevollmächtigten zu Frankfurt Instructionen über diejenigen Veränderungen habe zukommen lassen, welche das Berliner Cabinet in dem Entwurfe der Verfassung des deutschen Bundesstaates gern vorgenommen sehen möchte. Dieselbe Note hat außerdem den Zweck, die anderen Regierungen aufzufordern, gleichfalls ihre Bemerkungen und Wünsche in Betreff dieser Angelegenheit ihren Bevollmächtigten bei der Centralgewalt zu eröffnen. Der König hat von der obgedachten Mittheilung mit all' demjenigen Interesse Kenntniß genommen, welches die Wichtigkeit des Gegenstandes erfordert. Da die National-Versammlung rücksichtlich der jetzigen Lage des Herzogthums Limburg in seinen Beziehungen zu Deutschland Schwierigkeiten erhoben hat, deren Lösung diplomatischen Verhandlungen vorbehalten ist, — so wünschen Seine Majestät sich Glück, daß die preußische Regierung die ausnahmsweise Stellung dieses Herzogthums hat anerkennen wollen, indem sie dasselbe in gewissen Beziehungen auf dieselbe Linie mit Oesterreich und Dänemark gesetzt hat, — woraus folgt, daß Limburg, welches einen integrirenden Theil des Königreichs der Niederlande ausmacht, niemals durch eine andere Verfassung, als diejenige dieses Königreichs regiert werden kann, — und daß Seine Majestät, Höchstwelche für dieses Herzogthum in die für Deutschland vorgeschlagene Verbindung eines Bundesstaates nicht eintreten können, gern einer weniger innigen und weniger engen Vereinigung beitreten werden, sowie eine solche gleichfalls durch die obgedachte Note vorgeschlagen wird, indem die Verwirklichung dieses Projectes die zu Frankfurt entstandenen Schwierigkeiten gänzlich aus dem Wege räumen, und für das Herzogthum Limburg seine Beziehungen zu dem deutschen Bunde aufrecht erhalten würde, wonach dasselbe mit denjenigen Verpflichtungen belastet bliebe, welche der Bund seinen Mitgliedern auferlegte, um sich gegenseitig ihre Unabhängigkeit zu verbürgen und die innere und äußere Sicherheit der Bundesstaaten zu erhalten.

Ich ersuche Sie, Herr Baron, das Vorstehende zur Kenntniß des Berliner Cabinets zu bringen und dasselbe zu benachrichtigen, daß der niederländische Bevollmächtigte zu Frankfurt mit Instructionen in dem oben angedeuteten Sinne versehen worden ist.

Empfangen Sie u. s. w.

(gez.) Lightenvelt.

Beilage IX.

Die Aufforderung des Herrn Präsidenten des Reichsministerraths Freiherrn von Gagern vom 28. Januar d. J., welche die Abgabe der Erklärungen der deutschen Regierungen über die Abschnitte der Verfassung, wie solche sich nach der erstmaligen Berathung der Nationalversammlung gestaltet haben, bezweckte, hat der Unterzeichnete alsbald zur Kenntniß seiner Regierung gebracht und hierauf den Auftrag erhalten, gegen das Reichsministerium einstweilen Nachstehendes auszusprechen:

Die königliche Regierung hat schon wiederholt ihre Bereitwilligkeit erklärt, den Beschluß anzuerkennen, welcher von der Nationalversammlung zu Frankfurt hinsichtlich der deutschen Verfassung wird gefaßt werden, und hält auch gegenwärtig noch an diesem Grundsatze fest. Die königliche Regierung ist übrigens gern bereit, an einer vorgängigen Verständigung über die Bestimmungen der künftigen deutschen Verfassung durch ihren Bevollmächtigten Antheil zu nehmen, vermöchte jedoch der Bildung eines engeren Bundes im Bunde nicht das Wort zu reden, sie legt auf das Verbleiben Oesterreichs im deutschen Bundesstaate den größten Werth und müßte deßhalb — wenn die Wahl eines einzigen Oberhauptes für denselben den Austritt Oesterreichs zur Folge haben sollte — wie dieß nach der österreichischen Depesche vom 4. Februar der Fall zu sein scheint — ihrer Seits vorziehen, daß auf ein nur um diesen Preis zu erlangendes einziges Oberhaupt verzichtet werde, und man an dessen Statt mit dem früher vorgeschlagenen Directorium sich begnüge.

Eine Lostrennung Oesterreichs von dem deutschen Staatsverbande müßte die königliche Regierung als eine freiwillige Selbstverstümmlung des gemeinsamen Vaterlandes, als einen mit dessen jetziger und künftiger Größe und Selbstständigkeit unverträglichen Act betrachten, welcher durchaus nicht gebilligt werden könnte, so lange nicht unumstößlich bewiesen ist, daß die kaiserlich österreichische Regierung durch ihre Lage sowohl, als durch ihren Willen davon abgehalten werde, sich an dem politischen Neubau von Deutschland zu betheiligen.

Da es indessen für Deutschland vom höchsten Interesse ist, daß das Verfassungswerk in kürzester Frist zu Stande komme, so glaubt die diesseitige Regierung die Hoffnung aussprechen zu dürfen, daß die kaiserlich österreichische Regierung durch bestimmte Erklärungen über die einzelnen Theile des vorliegenden Verfassungsentwurfes die angebahnte Verständigung darüber mit der deutschen Nationalversammlung so viel immer möglich beschleunigen werde.

Indem der Unterzeichnete dieß zur Kenntniß des Herrn Präsidenten des Reichsministerraths bringt, behält er sich vor, über die einzelnen Punkte der Verfassung nachträglich sich zu äußern.

Frankfurt am Main, den 24. Februar 1849.

Der königlich württembergische Bevollmächtigte
(gez.) Sternenfels.

An den Herrn Präsidenten des Reichsministerraths
Freiherrn von Gagern.

Beilage X.

Herr Minister!

Mit Rücksicht auf Ihre geehrte Zuschrift vom 28. v. M. bin ich ermächtigt, Ihnen anliegend Copie eines Schreibens, welches das Ministerium der auswärtigen Angelegenheiten unterm 16. d. M. an mich gerichtet hat, zur gefälligen Kenntnißnahme zu überreichen.

Frankfurt, den 19. Februar 1849.

Der königlich preußische Bevollmächtigte bei der provisorischen Centralgewalt
(gez.) Camphausen.

An den Reichsminister-Präsidenten Herrn Freiherrn
von Gagern
hier.

„Durch die Circulardepesche vom 23. v. M. hat die Regierung Sr. Majestät des Königs den Weg bezeichnet, auf welchem, ihrer Ueberzeugung nach, die durch die Lage Deutschlands bringend geforderte Vereinigung über das in Frankfurt berathene Verfassungswerk erreicht werden könne. Dieser Weg ist der der Verständigung sowohl der Regierungen unter sich als mit der deutschen Nationalversammlung.

„Der Vorschlag Preußens hat sich der fast ungetheilten Zustimmung der verbündeten Regierungen zu erfreuen gehabt und die große Mehrzahl derselben hat sich in den hierher gelangten Rückäußerungen bereit erklärt, durch ihre Bevollmächtigten in Frankfurt auf eine gemeinschaftliche Berathung einzugehen.

„Ew. Excellenz sind über die Hauptgesichtspunkte, von denen die königliche Regierung ausgeht, bereits mit Instruction versehen. Nachdem nunmehr durch die Mittheilung, welche der Reichsminister Freiherr v. Gagern unter dem 28. v. M. an Ew. Excellenz gerichtet hat, die in beglaubigter Form ausgefertigten Beschlüsse der deutschen Nationalversammlung über die Verfassung hierher gelangt sind, hat das königliche Staatsministerium sich zur Pflicht gemacht, dieselben einer sorgfältigen Erwägung zu unterwerfen. Ich bin in Folge dessen in den Stand gesetzt, diejenigen Bedenken und Abänderungsvorschläge, welche aus den Berathungen desselben hervorgegangen sind, an Ew. Excellenz gelangen zu lassen, um dieselben mit den Bevollmächtigten der übrigen Regierungen besprechen und solche demnächst dem Reichsministerium vorlegen zu können.

„Es gereicht mir dabei zur großen Genugthuung, aus den Berichten Ew. Excellenz zu ersehen, daß dieselben schon jetzt in den wesentlichsten Punkten mit denjenigen Ergebnissen übereinstimmen, welche die bisherigen Besprechungen Ew. Excellenz mit einer nicht kleinen Anzahl der Bevollmächtigten in Frankfurt herausgestellt haben. Das Staatsministerium hat diesen Berathungen die vollste Berücksichtigung zu Theil werden lassen, und ich darf mich daher um so mehr zu der Hoffnung berechtigt halten, daß durch die weiteren Besprechungen, unter Festhaltung der angedeuteten Principien, das erfreuliche Ziel einer umfassenden Einigung und Uebereinstimmung werde erreicht werden. Indem ich diese Bedenken und Vorschläge mittelst besonderer Instruction Ew. Excellenz zufertige, habe ich mich im Gegenwärtigen über die Gesichtspunkte auszusprechen, welche bei der Behandlung der vorliegenden hochwichtigen Angelegenheit im Ganzen für die königliche Regierung bisher leitend gewesen sind, und es ferner bleiben werden.

„Die königliche Regierung erkennt als obersten Grundsatz an, daß das deutsche Verfassungswerk nur durch die freie Zustimmung der dabei betheiligten Regierungen endgiltig zu Stande kommen könne. Indem sie dieses Recht in vollstem Maße sich vindicirt, erkennt sie es auch für alle übrigen Bundesglieder gleichmäßig und ohne Ausnahme an, wie sie dieß bereits früher ausgesprochen hat.

„Sie wünscht ferner nichts aufrichtiger und lebhafter, als daß die neue Verfassung des deutschen Bundes alle deutschen Stämme mit einem starken und innigen Bande umschlingen und sie zu einem großen Ganzen gestalten möge. Sie ist durchdrungen von der Ueberzeugung, daß die Erhaltung des engen, durch Jahrhunderte befestigten Bandes, welches Oesterreich mit dem übrigen Deutschland verkettet, für beide Theile ein großes und unentbehrliches Bedürfniß sei. Sie will dasselbe in keiner Weise gelockert, vielmehr gekräftigt und befestigt wissen. Sie begegnet in diesem Punkte vollständig den Gesinnungen, welche die kaiserliche Regierung in ihrer hierher mitgetheilten Depesche vom 4. d. M. an ihren Bevollmächtigten bei der Centralgewalt ausgesprochen hat.

„Wenn sie zugleich nicht verkennt, welche Schwierigkeiten die eigenthümlichen Verhältnisse und Bedürfnisse der deutschen Provinzen des Kaiserstaates im Zusammenhange mit denen der Gesammtmonarchie, der Feststellung ihres Verhältnisses zu dem neu zu gründenden Bunde entgegenstellen, so zweifelt sie doch nicht an einer glücklichen Lösung derselben, und sie glaubt sich durch den Inhalt der obgedachten Note zu der Erwartung berechtigt, daß die kaiserliche Regierung mit bestimmten Vorschlägen hierüber, den übrigen verbündeten Regierungen und der Nationalversammlung entgegenkommen werde. Sie wird es sich zur Pflicht machen, solchen Vorschlägen ihrerseits in dem oben angedeuteten Geiste zu begegnen.

„Von diesen Vorschlägen, sowie von den Erklärungen, welche andere mitverbündete Regierungen, welche sich noch nicht ausgesprochen haben, abgeben werden, muß natürlich auch die letzte Entschließung der Regierung Sr. Majestät des Königs abhängig bleiben.

„Inzwischen erachtet es dieselbe für dringend gebotene Pflicht, sich schon jetzt, von ihrem Standpunkt aus, über den vorliegenden Verfassungsentwurf auszusprechen. Die Lage Deutschlands fordert eine baldige Entscheidung. Alle wahren Freunde des Vaterlandes erkennen die Nothwendigkeit der endlichen Beseitigung des gegenwärtigen ungewissen Zustandes, der Errichtung eines starken Einheitspunktes, an den die Schwachen sich anlehnen, um den die erhaltenden Elemente sich schaaren können.

„Die Verhinderung einer gänzlichen Auflösung der schwächeren Staatskörper und des immer weiteren Umsichgreifens innerer Zerstörung jetzt noch lebensfähiger Elemente, die Ruhe und der Friede Deutschlands hängen davon ab. Die Befriedigung dieses Bedürfnisses kann nicht von ungewissen Eventualitäten abhängig gemacht, nicht in unbestimmte Ferne hinausgeschoben werden.

„In wie weit Preußen dazu beizutragen bereit ist, darüber will die Regierung Sr. Majestät des Königs keinen Zweifel bestehen lassen.

„Sie ist aus freier Entschließung bereits durch die Proclamation Sr. Majestät des Königs vom 18. März v. J. mit der Erklärung vorangegangen, daß sie der Umgestaltung des deutschen Staatenbundes zu einem Bundesstaat ihre Kräfte widmen wolle. Sie hat seitdem in diesem Geiste gehandelt und sie wird diesem Bestreben ferner getreu bleiben.

„Preußen bedarf dieses Bundesstaates nicht um seiner selbst willen. Seine Größe, seine staatliche Consistenz, seine Traditionen geben ihm mehr als den meisten andern Staatskörpern Deutschlands die Fähigkeit, sich selbst genügen, nöthigenfalls für sich beharren zu können. Vergrößerung an Macht oder Einfluß sucht es nicht. Wenn es den Bundesstaat seinerseits will, so will es ihn nicht um seiner selbst, sondern um Deutschlands willen; die Opfer, die es demselben bringt, die Lasten, die es übernimmt, trägt es um der Gesammtheit willen.

„Von diesem Standpunkt aus hat die Regierung Sr. Majestät des Königs den vorliegenden Verfassungsentwurf geprüft.

„Sie glaubt, daß derselbe im Wesentlichen die Grundlagen und Bedingungen eines kräftig und den Anforderungen der Zeit gemäß gestalteten Bundesstaats enthalte.

„Die Abänderungsvorschläge, welche sie Ew. Excellenz zukommen läßt, sind wesentlich aus der Ueberzeugung hervorgegangen, daß es darauf ankomme,

1) die Competenz der Bundesgewalt genauer zu begrenzen, innerhalb dieser Competenz aber ihr eine kräftige Handhabung zu sichern,
2) die Existenz der Einzelstaaten als selbstständige Organismen möglichst zu wahren und sie nicht weiter zu beschränken, als zur Erreichung der wesentlichen Bedingungen des Bundesstaates nothwendig ist.

„Eine Centralisation, welche über den Bundesstaat hinaus in den Einheitsstaat führen würde, muß nach der Ueberzeugung der königlichen Regierung, als weder nothwendig, noch den wahren Bedürfnissen Deutschlands entsprechend, dem Werke der Einigung aber hinderlich und gefährlich, durchaus vermieden werden. Hingegen ist die königliche Regierung aber auch der Ansicht, daß den einzelnen Fürsten und Staaten nicht zugemuthet werden könne, einem großen Theil ihrer Selbstständigkeit zu entsagen, anders als zu Gunsten einer wirklich starken Centralgewalt, welche durch kräftigen Schutz die Opfer erzielt, welche sie fordert.

„Die königliche Regierung hofft, daß die Erklärungen und Vorschläge, welche Ew. Excellenz hiernach in deren Namen abgeben werden, sowohl bei den Regierungen als bei der Nationalversammlung eine günstige Aufnahme und eingehende Erwägung finden, und daß sie das Werk der Verständigung fördern werden.

„In Uebereinstimmung mit dem Eingangs ausgesprochenen Grundsatze enthält die königliche Regierung sich bestimmter Vorschläge über die §§ 1—3 des ersten Abschnittes, welcher den Titel „das Reich“ trägt. Sie glaubt, daß die Bestimmung darüber, welche Territorien den Bundesstaat bilden, erst dann formulirt werden könne, wenn festgestellt sein wird, welche Länder Deutschlands dem Bundesstaat beitreten wollen. Eben so glaubt sie, daß das Verhältniß derjenigen Bundestheile, deren bestehende Verbindung mit außerdeutschen Staatskörpern besondere Modalitäten erfordere, erst dann geregelt werden könne, wenn die besondern Bedingungen ihres Beitritts, welche Gegenstand weiterer Verhandlungen bleiben müssen, festgestellt sein werden. Sie hält für durchaus nothwendig, daß keine präjudicielle Beschlüsse gefaßt werden, welche diese Einigung erschweren oder ausschließen.

„In Betreff des Abschnitts, welcher von der Gestaltung der obersten Executivbehörde des Bundesstaats handelt und den Titel „das Reichsoberhaupt“ führt, muß sich die königliche Regierung ebenfalls bestimmter Erklärungen für jetzt noch enthalten, und zwar um so mehr, als auch die Beschlüsse der Nationalversammlung in diesem Punkte nicht zu einem vollständigen Resultat geführt haben. Sie betrachtet diesen Theil der Verfassung insbesondere als abhängig von den Erklärungen und Vorschlägen, welche von den mitverbündeten Regierungen, die sich hierüber noch nicht geäußert haben, zu erwarten sind.

„Die Gesichtspunkte, von denen die königliche Regierung ausgeht, hat sie bereits in der Circulardepesche vom 23. v. M. angedeutet.

„Indem nun die königliche Regierung sich über die übrigen Verfassungsabschnitte ausspricht, und ihre Abänderungsvorschläge vorlegt, bezeichnet sie damit die Bedingungen und Grenzen, innerhalb deren sie selbst, und von ihrem Standpunkt aus den Bundesstaat für realisirbar erachtet und ihm beizutreten bereit ist. Sie verkennt dabei nicht, daß die noch vorbehaltenen Erklärungen der übrigen Regierungen die Nothwendigkeit herbeiführen können, das Verfassungswerk in wesentlichen Punkten umzugestalten.

„Insofern die ferneren Verhandlungen eine solche Nothwendigkeit ergeben sollten, hat die königliche Regierung Ew. Excellenz nur noch darauf aufmerksam zu machen, daß sie ihre Erklärungen über den Entwurf als über ein Ganzes abgegeben, und daß, falls wesentliche Voraussetzungen, auf denen dieses Ganze beruht, hinweggenommen oder modificirt werden sollten, danach auch ihre schließlichen Erklärungen sich werden ändern und vorbehalten bleiben müssen.

„Ew. Excellenz wollen diese Instruction den von Ihnen über die Verfassungsfrage abzugebenden Erklärungen zum Grunde legen, und ermächtige ich Sie, dieselbe dem Präsidenten des Reichsministerii mitzutheilen.

„Berlin, den 16. Februar 1849.

(gez.) Bülow.

„An den königlichen Bevollmächtigten bei der provisorischen Centralgewalt, Herrn Staatsminister Camphausen Excellenz, zu Frankfurt a. M.“

Beilage XI.

Herr Ministerpräsident!

In Folge der verehrlichen Note vom 28. v. M., und meines an die durch mich bei der provisorischen Centralgewalt vertretenen Regierungen von Anhalt-Dessau und Anhalt-Cöthen erstatteten Berichts, bin ich von dem Herzoglich Anhalt-Dessau und Cöthen'schen Gesammtministerio ermächtigt, mit höchster Genehmigung Seiner Hoheit des ältestregierenden Herzogs Leopold Friedrich und unter Zustimmung des vereinigten Landtags, Ihnen, Herr Ministerpräsident, die Erklärung abzugeben:

daß Anhalt-Dessau und Anhalt-Cöthen sich den Beschlüssen des deutschen Nationalparlaments bezüglich der Constituirung des deutschen Reichs unterwerfen und dabei die Ansicht und Ueberzeugung aussprechen, daß die, eine wahrhafte Einigung und kräftige Gesammtentwickelung Deutschlands bezweckenden Vorschläge Preußens zur Erreichung jenes Zweckes und zur Lösung der dabei vorkommenden schwierigen Fragen führen werden.

Frankfurt a. M., den 19. Februar 1849.

Der Bevollmächtigte von Anhalt-Dessau und Anhalt-Cöthen.
A. Vierthaler.

An den Herrn Präsidenten des Reichsministerraths
H. von Gagern
hier.

Beilage XII.

Herr Minister-Präsident!

Auf Befehl Sr. Hoheit des Herzogs von Anhalt Bernburg bin ich durch ein Schreiben des dasigen Herzoglichen Staatsministeriums vom 19. d. M., welches mir heute zugegangen ist, ermächtigt worden, bei der provisorischen Centralgewalt für Deutschland, in Betreff der Königlich-Preußischen Circularnote vom 23. v. M. eine Erklärung dahin abzugeben:

„Daß die Herzogliche Anhalt-Bernburgische Regierung sich dem Beschlusse der Nationalversammlung, bezüglich der Constituirung des deutschen Reichs, unterwerfe und dieselbe die Ueberzeugung habe, daß die Vorschläge Preußens, welche eine wahrhafte Einigung und kräftige Gesammtentwicklung Deutschlands bezwecken, zur Erreichung jenes Zwecks und zur Lösung der dabei vorkommenden schwierigen Fragen, führen werden."

Indem, Herr Minister-Präsident, ich mich beehre, solches unverzüglich zu Ihrer Kenntniß zu bringen, ersuche ich Sie ganz ergebenst, von der vorgedachten Erklärung den Herren Bevollmächtigten der übrigen deutschen Staaten gefälligst Mittheilung zu machen.

Frankfurt a. M., den 22. Februar 1849.

Der Bevollmächtigte für Anhalt-Bernburg.
(gez.) Zacharlae.

Beilage XIII.

Herr Minister-Präsident!

Unter Bezugnahme auf die abgegebenen Aeußerungen beehre ich mich, Ihnen in der Anlage die Erklärung ergebenst zu übersenden, die ich als Bevollmächtigter für das Herzogthum Lauenburg abzugeben habe, und um deren geneigteste Aufnahme in das Protokoll ich bitte.

Frankfurt a. M., den 25. Februar 1849.

(gez.) C. Welcker.

An den Herrn Präsidenten des Reichsministerraths
Freiherrn v. Gagern rc. rc. rc.
hier.

Der Bevollmächtigte hat die Ehre, Namens seiner Regierung Nachstehendes zu erklären:

Die höchste Landesbehörde für das Herzogthum Lauenburg ist zwar mit den Grundsätzen, wie sie in der Zusammenstellung der in erster Lesung gefaßten Beschlüsse, bezüglich der deutschen Reichsverfassung, vorliegen, durchaus einverstanden und deren Inkrafttreten im rein deutschen Sinne, wird von ihr freudig begrüßt werden. Die Lauenburgische Landesregierung sieht sich jedoch nach dem Inhalte des bei ihrer Einsetzung am 15. November v. J. unter Leitung des Reichskommissärs, Herrn Stedmann, und des Königlich Dänischen Bevollmächtigten, Herrn C. v. Plessen, vollzogenen Protokolls, wonach sie verpflichtet ist, keine Maßregel zu vollziehen, durch welche die Anerkennung der Rechte Seiner Majestät des Königs von Dänemark, als regierenden deutschen Fürsten, in Zweifel gezogen würde, außer Stande, eine bestimmte Erklärung über die vorgedachten Beschlüsse abzugeben, — sie muß sich vielmehr darauf beschränken, den Wunsch auszusprechen, daß Seitens der Centralgewalt die jetzt obschwebenden Unterhandlungen mit Dänemark der Art geführt werden möchten, daß auch in Betreff Lauenburgs, der Geltung der genannten, für die übrigen deutschen Reichslande angenommenen Verfassungsgrundsätze, keine Schwierigkeiten bei dem Abschlusse [illegible] machen [illegible]

Beilage XIV.

Herr Minister!

Die Unterzeichneten beehren sich, Ihnen Namens ihrer Regierungen eine Reihe von Bemerkungen und Abänderungsvorschlägen zu den in erster Lesung bezüglich der Verfassung von der deutschen Nationalversammlung gefaßten Beschlüsse über die Abschnitte, welche den Titel: „das Reich und die Reichsgewalt" führen, nebst einem die leitenden Gesichtspunkte darlegenden Vorworte zu überreichen. Dieselben sind gemeinschaftlich vollzogen, und erlauben wir uns hinsichtlich derjenigen Punkte, welche nicht gemeinschaftliche Zusätze, Erläuterungen oder Anträge veranlaßten, auf die an den betreffenden Orten vorbehaltenen besonderen Erklärungen ergebenst zu verweisen.

Wir ersuchen Sie, Herr Minister, diese Mittheilung auf geeignetem Wege zur Kenntniß der deutschen Nationalversammlung zu bringen und den Ihnen zustehenden Einfluß dahin zu verwenden, daß der betretene Weg der Verständigung zu einem gedeihlichen Ziele führe.

Frankfurt, den 23. Februar 1849.

(gez.) Camphausen für Preußen.
Welcker für Baden.
Jordan für Kurhessen.
Eigenbrodt für Großherzogthum Hessen.
Francke für Schleswig-Holstein.
Karsten für beide Mecklenburg.
Seebeck für Sachsen-Meiningen.
Mosle für Oldenburg.
v. Stein für Coburg-Gotha.
Cruciger für Sachsen-Altenburg.
Frhr. v. Holzhausen für Hohenzollern, Reuß und Hessen-Homburg.
Petri für Waldeck und Lippe.
Karlowa für Schaumburg-Lippe.
Smidt für Bremen.
Vierthaler für Anhalt-Dessau und Cöthen.
Brehmer für Lübeck.
Liebe für Braunschweig.
Scherff für Luxemburg.
Hergenhahn für Nassau.
Kirchenpauer für Hamburg.

An den Präsidenten des Reichsministeriums
Herrn Freiherrn v. Gagern.

Bei Berathung der nachfolgenden Bemerkungen zu den von der Nationalversammlung bezüglich der Verfassung in erster Lesung gefaßten Beschlüssen ist die Grundlage dieser Beschlüsse festgehalten worden, nämlich die Grundlage eines zu errichtenden Bundesstaates, dessen Centralbehörde mit einer aus der Gesammtheit des Volkes durch Wahl hervorgegangenen Vertretung umgeben sein soll. Statt einer Motivirung derselben im Einzelnen wird es genügen, im Allgemeinen die Gesichtspunkte zu bezeichnen, welche leitend gewesen sind. Sie lassen sich auf die eine Absicht zurückführen, die Schwierigkeiten zu vermindern, welche die Vereinigung souveräner Staaten zu einem durch eine Centralbehörde vertretenen Bundesstaate entgegenstehen, erstens wegen der erforderlichen Abtretung von Souveränetätsrechten der Einzelstaaten an die Gemeinschaft, zweitens wegen der Besorgniß, daß die Centralgewalt in der Beschränkung jener Rechte immer weiter gehen werde.

Die militärische Unterordnung unter eine Centralgewalt berührt ein Hoheitsrecht, dessen erhebliche Beschränkung besonders für die Zeit des Friedens nur mit Widerstreben zugestanden werden würde. Vermöge der zu den Paragraphen 12, 13, 14, 15 und 18 vorgeschlagenen Modification wird diejenige Befugniß der Centralbehörde, welche ihr in ihrer Eigenschaft als ausübende Gewalt zusteht, in ein die Selbstständigkeit der einzelnen Staaten wahrendes Verhältniß gebracht; wohingegen das Recht, unter Mitwirkung der Gesammtvertretung allgemeine Gesetze in Betreff des Heerwesens zu erlassen, als ein ausreichendes Beförderungsmittel größerer Einheit und Kraft angesehen werden darf.

Das den geschäftlichen Verkehr erleichternde Recht eines jeden Staates, sich bei der Centralgewalt durch einen Bevollmächtigten vertreten zu lassen, wird als eine Folge und als ein Zeichen der fortdauernden staatlichen Existenz in Anspruch genommen und die Anwendung des Grundsatzes bei Erwägung der weiteren Verfassungsabschnitte vorbehalten.

Der Selbstständigkeit der Einzelstaaten ist die schärfere Begrenzung und die Beschränkung der Befugnisse der Centralgewalt, insbesondere dadurch, daß ihrer Einwirkung hauptsächlich die allgemeine Gesetzgebung zugewiesen, die Ausführung entzogen wird, förderlich. Es dient zur Erhaltung und Nährung des selbstständigen Lebens der Einzelstaaten, wenn ihnen die Ausführung der von der Gemeinschaft und für die Gemeinschaft angeordneten Maßregeln und Arbeiten übertragen, wenn ihr Verwaltungskreis nicht geschmälert, der Contact einer allgemeinern und besonderen Administration verhindert; wenn überhaupt die Veranlassung zu einer umfangreichen Centraladministration und zu einer großen Zahl von Beamten der Centralgewalt vermieden wird. — Die Regel, daß die Centralgewalt, das was sie zur Ausführung anordnet, durch ihre eigenen Organe auszuführen, daß sie dagegen über das, was den Einzelstaaten auszuführen obliegt, keine Oberaufsicht auszuüben habe, würde, das ist nicht zu verkennen, zu einer schärferen Abgrenzung der Competenz zwischen Central- und Particular-Regierung führen; allein sie würde mit den monarchischen Verfassungen und mit den aus alter staatlicher Selbstständigkeit hervorgegangenen Zuständen Deutschlands nicht in Einklang zu bringen sein. Dem Ansehen der Regierungen, sowohl in ihren eigenen Augen, als in denen ihrer Landesangehörigen, wäre es schädlich, wenn in einigem Umfange im eigenen Lande neben den Landes-Regierungsbeamten Central-Regierungsbeamte thätig wären; die Neigung zum Widerstande, jedenfalls zur Unwillfährigkeit würde sich erzeugen und jeder Conflict wahrscheinlich mit einer Erweiterung der Competenz der Centralregierung enden. Diese Erwägungen erhalten ein eigenthümliches Gewicht, wenn die Centralregierung in Verbindung mit großer Hausmacht gedacht wird. Sie treten hingegen nicht ein rücksichtlich der Befugnisse der Centralgewalt zum Erlasse allgemeiner Gesetze: Ein alle Staaten gemeinsam treffendes Gesetz wird schon wegen seiner Allgemeinheit von dem Einzelstaate williger hingenommen; von den Uebeln des bisherigen Zustandes ist die Schwierigkeit allgemeiner legislativer Anordnungen für ganz Deutschland dasjenige, welches die Nation vielleicht am tiefsten empfunden, dessen Abhülfe sie am dringendsten begehrt hat; besonders aber ist bei der Gesetzgebung die Executivgewalt ausschließlich oder hauptsächlich thätig; sie tritt vielmehr in den Hintergrund, während den Vordergrund die aus der Gesammtheit des Volkes hervorgegangenen legislativen Versammlungen einnehmen, auf welche gewissermaßen nur solche Rechte übergehen, die der Volksvertretung in den einzelnen Staaten zustehen oder zugestanden werden würden. Freilich hält mit der Erleichterung des Erlasses und der Einführung allgemeiner Gesetze der Drang zum übermäßigen Gebrauche des Gesetzgebungsrechtes gleichen Schritt und sind daher [illegible] nicht zu weit gesteckte Grenzen wünschenswerth.

Diesen Anforderungen der Begränzung und Beschränkung in Verwaltung und Gesetzgebung entsprechen die Aenderungen, welche zu den Paragraphen 14, 25, 27, 29, 30, 32, 35 40, 42, 46, 47 des Abschnittes „Die Reichsgewalt" vorgeschlagen sind.

Eine große Versammlung, wenn sie die Befugniß hat, Geldverwendungen für bedeutende Anlagen zu beschließen, wird selten dem darin für sie liegenden Reize ausreichend widerstehen; sie wird es um so weniger, als unter den Vertretern einer großen Zahl von Staaten immer Viele sein werden, die ein locales Anliegen zu bevorworten, und Viele, die Nachgiebigkeit genug haben, um eine auf die Allgemeinheit zu übertragende Auslage zu bewilligen. Man bahnt dadurch den Weg erstens zu einer Verwirrung der Finanzwirthschaft sowohl des Bundestaates als (und noch mehr) der Einzelstaaten, zweitens, zur Annäherung des Bundesstaates an den Einheitsstaat. Denn in demselben Maße, wie die Steuerkräfte zunehmend für die Bundescasse in Anspruch genommen werden, muß die Centralisation steigen. Es scheint hiernach räthlich, das Recht zu großen Anlagen für die Gemeinschaft möglichst zu beschränken. Völlig darauf zu verzichten wäre schon nach dem Vorgange der bisherigen Bundesverfassung unzulässig, welche, wie § 19 des Entwurfs, die Nothwendigkeit der Anlage von Bundesfestungen thatsächlich anerkannt hat. Es ist vorgeschlagen, auch die Möglichkeit der Anlage von Küstenvertheidigungs-Werken nicht auszuschließen. Eine zweite Ausnahme wird durch die Aufhebung der Flußzölle bedingt, der zufolge es, wenn nicht unmöglich, doch ungemein schwierig sein würde, den verschiedenen Staaten die Last der Unterhaltung und Verbesserung gemeinsamer Wasserstraßen zu Gunsten des keine Einnahme mehr gewährenden durchgehenden Verkehrs aufzulegen. Dagegen wird auf die Befugniß zur Anlage von Eisenbahnen und Landstraßen verzichtet werden können.

Die der Centralgewalt zugedachte Befugniß (§ 49) Steuern aufzulegen und zu erheben oder erheben zu lassen, würde insofern als nöthig anzuerkennen sein, als zur Erreichung der Bundeszwecke die Bundesbehörde die Macht haben muß, selbstständig über die erforderlichen Geldmittel zu verfügen, ohne auf die Matrikular-Umlage als einziges Mittel beschränkt zu sein. Es ist aber andererseits zu berücksichtigen, daß ein allgemeines Besteuerungsrecht, verbunden mit dem Rechte, die ausgeschriebenen Steuern durch eigene Organe erheben zu lassen, von den Landesregierungen nur mit Widerstreben eingeräumt werden würde, und da der nach § 35 zuzugestehende erste Anspruch auf den Ertrag der Zölle und gemeinschaftliche Steuern einer selbstständigen Verfügung gleich zu achten ist, so dürfte auf ein weiteres unmittelbares Besteuerungsrecht um so williger zu verzichten sein, als das Reichsbudget voraussichtlich nur einen kleinen Theil des Ertrags der Zölle und gemeinschaftlichen Steuern in Anspruch nehmen wird.

Das Gewicht der Besorgniß, daß nach dem auf bestimmte und bekannte Grundlagen erfolgten Eintritte in den Bundesstaat, durch die in der Verfassung gegebenen Mittel jene Grundlagen, wider den Willen der Betheiligten, auf eine ihre Selbstständigkeit mehr beschränkende Weise geändert werden könnten, überwiegt das andererseits nicht zu verkennende Uebel, neuerkannte oder neuentstehende Bedürfnisse wegen der Schranken der Verfassung unbefriedigt lassen zu müssen. Die Abänderung der Verfassung wird an strenge Formen (unter andern an die Zustimmung des Reichsraths) geknüpft und darauf verzichtet werden müssen, abweichend vom § 6 der Bundesgewalt (§ 58) das unbestimmte Recht der Gesetzgebung in allen Fällen, wo sie für das Gesammtinteresse Deutschlands die Begründung gemeinsamer Einrichtungen und Maßregeln nothwendig findet, zuzugestehen.

Bemerkungen und Abänderungsvorschläge zu Beschlüssen der Nationalversammlung bezüglich der Verfassung.

Erster Abschnitt.

Das Reich.

Die Benennung des Bundes wird dann der schließlichen Entscheidung nicht vorgreifen, wenn sie besagt, was wirklich geschaffen werden soll, wenn demnach die Bezeichnung „Bundesstaat" statt „Reich", gebraucht wird; sowie weiterhin „Bundesgewalt" statt „Reichsgewalt." *)

Von einem Theile der deutschen Regierungen kann nur erklärt werden, daß sie bereit sind, in den Bundesstaat zu treten, indem übrigens die §§ 1 — 4 unerörtert bleiben.

§ 5. Es wird angenommen, durch das Wort „Abgesehen" habe ausgedrückt werden sollen, daß es nicht die Meinung sei, durch einseitige Willenserklärungen Deutschlands bereits bestehende Verträge oder Rechte aufzuheben, die nur durch Verhandlungen aufgehoben werden können.

§ 6. Wird als richtiger Grundsatz, maßgebend für die practische Wirksamkeit der Verfassung, und als geeignete Garantie der Selbstständigkeit der einzelnen Staaten besonders anerkannt.

Zweiter Abschnitt.

Die Reichsgewalt.

§ 7. Es wird die Erwartung ausgesprochen, daß den Einzelstaaten das Recht, Consuln im Auslande anzustellen, verbleibe. Wenn an demselben Orte die Bundesregierung Consuln anstellt, so sind die Consuln der Einzelstaaten denselben unterzuordnen oder auf Verlangen der Bundesregierung zurückzuziehen. **)

§ 8. Es wäre außer Zweifel zu stellen, daß jede Regierung das Recht habe, sich bei der Centralgewalt durch einen Bevollmächtigten vertreten zu lassen.

§ 12. ***) „Im Kriege oder in Fällen nothwendiger Sicherheitsmaßregeln im Frieden, steht der Bundesgewalt die gesammte bewaffnete Macht Deutschlands zur Verfügung."

§ 13. „Das Bundesheer besteht aus der zum Zwecke des Krieges bestimmten, gesammten Landmacht der einzelnen deutschen Staaten, deren Stärke und Beschaffenheit durch eine allgemeine, für ganz Deutschland gleiche, bundesgesetzliche Wehrverfassung festgesetzt werden wird."

„Diejenigen Staaten, welche weniger als 250,000 Einwohner haben, sind durch die Bundesgewalt zu größeren militärischen Ganzen zu vereinigen oder einem angrenzenden größeren Staate anzuschließen. Ueber die Bedingungen solcher Zusammenlegung haben sich die betreffenden Regierungen unter Vermittelung und Genehmigung der Bundesgewalt zu vereinbaren."

§ 14. „Die Bundesgewalt hat in Betreff des Heerwesens die allgemeine Gesetzgebung und überwacht die Durchführung dieser, in dem § 13 genannten Wehrverfassung in den einzelnen Staaten durch regelmäßige Inspectionen. Den einzelnen Staaten steht die Ausbildung ihres Kriegswesens auf Grund der Bundesgesetze, der Wehrverfassung und in den Grenzen der nach § 13 abgeschlossenen Vereinbarung zu; sie haben die Verfügung über ihre bewaffnete Macht, soweit dieselbe nicht nach § 12 für den Dienst des Bundes in Anspruch genommen wird."

15. „Der von der Bundesgewalt ernannte Feldherr und diejenigen Generale, welche von diesem zum selbstständigen Commando einzelner Corps bestimmt werden, so wie die Gouverneure, Commandanten und höheren Festungsbeamten der Bundesfestungen leisten dem Bundesoberhaupt und der Bundesverfassung den Eid der Treue."

§ 18. „Die Besetzung der Befehlshaberstellen und die Ernennung der Officiere in den einzelnen Contingenten, bis zu den diesen Contingenten entsprechenden Graden, ist den betreffenden Regierungen überlassen; nur wo die Contingente zweier oder mehrerer Staaten zu größerm Ganzen combinirt sind, ernennt die Bundesgewalt unmittelbar die Befehlshaber dieser Corps, insofern deren Grad nicht innerhalb der Ernennungsbefugniß einer der betheiligten Regierungen liegt."

„Für den Krieg ernennt die Bundesgewalt die commandirenden Generale der auf den verschiedenen Kriegstheatern operirenden selbstständigen Corps."

§ 19. Daß auch die Anlage von Küstenvertheidigungswerken für Rechnung des Bundesstaates beschlossen werden könne, dürfte einzuschließen sein.

§ 21. Der Ausdruck „Mündungen der Flüsse" wird näher zu bestimmen sein.

§ 23. Die Worte „und deren Ladungen" werden wegfallen müssen, weil Abgaben auf die Schiffsladungen Eingangszölle sind. Es würde nicht ausgeschlossen sein, Schiffe mit Ladungen von großem Volum und geringem Werthe niedriger zu tarifiren, wie denn jetzt schon Schiffe in Ballast überall niedrigere Schiffsabgaben entrichten. *)

§ 24. Die Worte „und deren Ladungen" werden ebenfalls wegfallen müssen; auch dürfte es zweckmäßig sein, nicht durch die Bestimmung, daß die Mehrabgabe von fremder Schifffahrt in die Bundescasse fließe, den Reiz zur Anordnung solcher Mehrabgaben in die Verfassung zu legen; das Bundesgesetz, welches sie anordnet, kann darüber Verfügung treffen; daß die Anordnung nur auf Grund eines Gesetzes erfolgen könne, scheint für diesen und den § 28 auszusprechen erforderlich.

§ 25. „Die Bundesgewalt allein hat die Gesetzgebung über den Schifffahrtsbetrieb und über die Flößerei auf denjenigen Flüssen, Canälen und Seen, welche mehrere

*) Es wird Bezug genommen auf die besonderen Aeußerungen zu dieser Bemerkung.

**) Zu berücksichtigen die besondere Erklärung zu § 7.

***) Wo es kürzer schien, den Inhalt der zu befürwortenden Aenderungen in die Form einer neuen Fassung des betreffenden Paragraphen zu bringen, ist dieß durch Anführungszeichen angedeutet.

*) Zu berücksichtigen die besondere Bemerkung zu § 23.

deutsche Staaten im schiffbaren oder flößbaren Zustande durchströmen oder begrenzen. Sie überwacht die Ausführung der darüber erlassenen Gesetze. Sie hat die Oberaufsicht über die eben bezeichneten Wasserstraßen und über die Mündungen der in dieselben sich ergießenden Nebenflüsse.“

„Es steht ihr zu, zum Schutze des Bundes oder im Interesse des allgemeinen deutschen Verkehrs, die einzelnen Staaten zur gehörigen Erhaltung und Verbesserung der Schiffbarkeit jener Wasserstraßen und Flußmündungen anzuhalten. Die Wahl der Verbesserungsmaßregeln und deren Ausführung verbleibt den einzelnen Staaten. Ueber die Aufbringung der erforderlichen Mittel ist nach Maßgabe der bundesgesetzlichen Bestimmung (§ 24) zu entscheiden. Alle übrigen Flüsse, Canäle und Seen bleiben der Fürsorge der einzelnen Staaten überlassen.“ *)

§ 26. Die vorgesehene billige Ausgleichung für die Aufhebung der Flußzölle auf gemeinsamen Flüssen, wird gleichzeitig mit der Aufhebung erfolgen müssen. In dem dritten Satze würden mit Rücksicht auf die obige Fassung von § 25 die Worte „Flöße und“ wegzufallen haben. **)

§ 27. „Die Hafen-, Krahn-, Waag-, Lager-, Schleusen- und dergleichen Gebühren, welche an gemeinschaftlichen Flüssen oder an den Mündungen der in dieselben sich ergießenden Nebenflüsse erhoben werden, dürfen die zur Unterhaltung derartiger Anstalten nöthigen Kosten nicht übersteigen. Sie unterliegen der Ueberwachung der Bundesgewalt. Es darf in Betreff dieser Gebühren eine Begünstigung der Angehörigen eines deutschen Staates vor denen anderer deutschen Staaten nicht stattfinden.“ ***)

§ 28. Sowohl zu § 28 als zu § 26 ist zu bemerken, daß, so lange die Transitabgaben noch bestehen, der Waarentransit auf Stromwegen wenigstens dem Landtransit gleich zu besteuern sein wird, es sei denn, daß die conventionsmäßig regulirten Flußzölle geringer wären als die Landtransitzölle, wo dann allerdings nur erstere beibehalten werden könnten.

§ 29. „Ueber die Eisenbahnen und deren Betrieb hat die Bundesgewalt die Oberaufsicht und, soweit der Bundesschutz oder das Interesse des allgemeinen Verkehrs es erheischen, die Gesetzgebung. Die dahin zu rechnenden Gegenstände werden durch ein Bundesgesetz festgestellt.“

§ 30. „Soweit der Bundesschutz oder das Interesse des allgemeinen Verkehrs es erheischen, hat die Bundesgewalt das Recht, Eisenbahnanlagen zu bewilligen und gegen Entschädigung zu benutzen.“

§ 32. Der Bundesgewalt steht das Recht zu, zum Schutze des Bundes oder im Interesse des allgemeinen deutschen Verkehrs zu verfügen, daß aus Bundesmitteln Canäle angelegt, Flüsse schiffbar gemacht oder in ihrer Schiffbarkeit erweitert werden. Die Anordnung der dazu erforderlichen wasserbaulichen Werke erfolgt nach vorgängiger Verständigung mit den betheiligten einzelnen Staaten, diesen bleibt die Ausführung und auf Bundeskosten die Unterhaltung der neuen Anlagen überlassen.

Der letzte Absatz des § 32 bleibt unverändert. *)

§ 33. Die Ausgleichung der Besteuerungsverschiedenheiten muß dem Wegfall der Binnenzölle vorangehen.

§ 35. „Die Erhebung und Verwaltung der Zölle, so wie der gemeinschaftlichen Productions- und Verbrauchssteuern geschieht unter Oberaufsicht der Bundesgewalt. Der Ertrag der gemeinschaftlichen Abgaben wird unter die einzelnen Staaten vertheilt. Der Bundesgewalt steht jedoch das Recht zu, von den Antheilen der Einzelstaaten, die zu der Bestreitung der Bundesausgaben nach Maßgabe des jährlichen Budgets zu leistenden Beiträge vorweg zu nehmen.“ **)

§ 40. Es wird vorgeschlagen, den dritten Satz zu streichen.

§ 41. Es dürfte deutlicher das Mißverständniß abzuwehren sein, als ob die Bundesgewalt die Befugniß haben könne, die rechtsverbindlich bestehenden Postverträge der einzelnen Länder ohne Weiteres aufzuheben. Sodann wird zugestanden werden können, daß Postverträge mit ausländischen Postverwaltungen nur Seitens oder mit Genehmigung der Bundesgewalt abgeschlossen werden dürfen.

§ 42. Die Streichung des Paragraphen wird vorgeschlagen ***).

§ 46. „Der Bundesgewalt steht über das Bankwesen und die Ausgaben von Papiergeld die Erlassung allgemeiner Gesetze und die Oberaufsicht zu.“

§ 49. „Die Bundesgewalt hat das Recht, insoweit die sonstigen Einkünfte nicht ausreichen, Matrikularbeiträge aufzunehmen.“

§ 53. Anstatt der Worte im dritten Absatze: „Wenn die Regierung eines deutschen Staates die Verfassung desselben eigenmächtig aufhebt oder verändert“ wird vorgeschlagen: „Wenn die Verfassung eines deutschen Staates gewaltsam oder einseitig aufgehoben oder verändert wird.“

§ 54. Ueber die Vertheilung der durch Maßregeln zur Wahrung des öffentlichen Friedens entstehenden Kosten wird in einer Bundes-Executions-Ordnung das Nähere festzustellen sein.

§ 55. Der Bundesgewalt muß die Befugniß erhalten werden, im Wege der allgemeinen Gesetzgebung auch über das Vereins- und Versammlungsrecht Anordnungen zu treffen.

§ 58. Die Streichung der zweiten Hälfte des Paragraphen wird vorgeschlagen.

Frankfurt a. M., den 23. Februar 1849.

Camphausen, Bevollmächtigter für Preußen.
Jordan, Bevollmächtigter für Kurhessen, unter Vorbehalt etwaiger weiterer Bemerkungen.
Eigenbrodt, für Großherzogthum Hessen.
Liebe, Bevollmächtigter für Braunschweig.
v. Scherff, Bevollmächtigter für das Großherzogthum Luxemburg, mit Vorbehalt etwa noch nachzubringender Bemerkungen.
Seebeck, Bevollmächtigter für das Herzogthum Sachsen-Meiningen-Hildburghausen.
v. Stein, für Coburg-Gotha.
Freiherr von Holzhausen, für Hohenzollern, Reuß und Hessen-Homburg.
Mosle, für Oldenburg.
Francke, für Schleswig-Holstein.

*) Zu berücksichtigen die besondere Bemerkung zu § 25.
**) Zu berücksichtigen die besondere Bemerkung zu § 26.
***) Zu berücksichtigen die besondere Bemerkung zu § 27.

*) Zu berücksichtigen die besondere Bemerkung zu § 32.
**) Deßgleichen zu § 35.
***) Deßgleichen zu § 42.

Karsten, für beide Mecklenburg.
Bergenhahn, für Nassau.
Brehmer, für Lübeck.
Smidt, für Bremen.
Kirchenpauer, für Hamburg.
Petri, für Waldeck und Lippe.
Cruciger, für Sachsen-Altenburg.
Karlowa, für Schaumburg-Lippe.
Vierthaler, Bevollmächtigter für Anhalt-Dessau und Cöthen, mit Hinweisung auf meine dem hohen Reichsministerium unterm 19.1. M. abgegebene Erklärung und unter ausdrücklichem Festhalten an dieselbe.
Welcker, für Baden; nachträglich, mit ausdrücklicher Bezugnahme auf die bereits übergebenen Bemerkungen der badischen Regierung, insbesondere zu § 34 und 35, sodann auf die hier angelegten Gegenbemerkungen zu den §§ 19, 25, 26 und 32.

Beilage XV.

Herr Minister!

In einem heute in Gemeinschaft mit anderen Bevollmächtigten deutscher Regierungen an Sie gerichteten Schreiben hatte ich die Ehre, Ihnen eine Reihe von Bemerkungen und Abänderungsvorschlägen zu Beschlüssen der Nationalversammlung bezüglich der Verfassung vorzulegen, bei denen der Standpunkt festgehalten ist, welchen die königliche Regierung in der Circulardepesche vom 23. Januar und in der Instruction vom 16. Februar bezeichnet hat. Beide Stücke habe ich nicht ermangelt, Ihnen, Herr Minister, mitzutheilen, und indem ich Sie ersuche, insbesondere das letztere, als einen Bestandtheil des gegenwärtigen Schreibens zu betrachten, wünsche ich dennoch zur Ergänzung des in der gemeinschaftlichen Erklärung vom heutigen Tage über die ersten sechs Paragraphen der berathenen Verfassung Gesagten zu wiederholen, daß nach der Ansicht der königlichen Regierung die Bestimmung darüber, welche Territorien den Bundesstaat bilden, erst dann formulirt werden könne, wenn festgestellt sein wird, welche Länder Deutschlands dem Bundesstaate beitreten wollen, und daß das Verhältniß derjenigen Bundestheile, deren bestehende Verbindung mit außerdeutschen Staatskörpern besondere Modalitäten erfordern, erst dann geregelt werden könne, wenn die besonderen Bedingungen ihres Beitritts, welche Gegenstand weiterer Verhandlungen sein müssen, festgestellt sein werden. Die königliche Regierung hält für durchaus nothwendig, daß keine präjudiciellen Beschlüsse gefaßt werden, welche diese Einigung erschweren oder ausschließen.

Frankfurt a. M., den 23. Februar 1849.

(gez.) Camphausen.

An den Ministerpräsidenten,
Herrn Freiherrn von Gagern
hier.

Beilage XVI.

Herr Minister-Präsident!

Unter Bezugnahme auf unsere Unterredung von gestern, und den mir von Ihnen ausgedrückten Wunsch verfehle ich nicht, Ihnen im Anschlusse eine Abschrift der Bemerkungen ergebenst zu übersenden, von deren Inhalte ich Ihnen gestern mündlich Kenntniß zu ertheilen die Ehre hatte.

Frankfurt a. M., den 18. Februar 1849.

(gez.) C. Welcker.

An den Herrn Präsidenten des Reichsministerraths
und Reichsminister des Innern, Frhrn. v. Gagern u. c.

Bemerkungen und Wünsche der großherzoglich badischen Regierung, welche der badische Bevollmächtigte bei der Verständigung über den Entwurf der Reichsverfassung geltend zu machen hat.

Das Reich und die Reichsgewalt.

Es wäre zu wünschen, daß noch zwei allgemeine schützende Bestimmungen aufgenommen würden,

1) das Reich könne keine Gesetze für einzelne Staaten, sondern nur solche für die Gesammtheit geben;
2) weder ein Reichsgesetz, noch ein Gesetz eines Einzelstaates dürfe rückwirkende Kraft haben, d. h. bereits erworbene Rechte wieder aufheben oder beschränken.

§ 25 und 26.

Es liegt kein Grund vor, die kleineren Flüsse, die nicht einmal schiffbar, sondern nur etwa flößbar sind, der Reichsgewalt zu unterwerfen. Es sollte hier nur von den Hauptflüssen, die für den großen Verkehr dienen, die Rede sein.

In Abschnitt 1 des § 26 soll daher statt „Flüsse" gesagt werden „Hauptflüsse".

Der Absatz 2 des § 26 soll weggelassen oder so gefaßt werden, daß bei allen von den Flußzöllen frei erklärten Hauptflüssen für die Aufhebung dieser Zölle eine billige Vergütung vom Reich geleistet werde. — Ob diese Flüsse mehrere Staaten oder nur einen Staat durchströmen oder begrenzen, ist gleichgültig, jedenfalls wäre es ganz sonderbar, wenn die obenliegenden Staaten die untern zu entschädigen hätten, während doch die Aufhebung der Flußzölle nur dem allgemeinen Verkehr nach allen Richtungen zu gut kommen würde, und zwar den entfernter gelegenen, den Fluß nicht mehr berührenden Staaten noch mehr, als den obersten am Flusse liegenden Staat, der ja auch seinen eigenen Flußzoll verliert.

Wird vom Reiche für die Flußzölle keine Vergütung geleistet, so soll dasselbe wenigstens zur Offenhaltung des Flußbettes einen Beitrag leisten.

Hinsichtlich der Unterhaltung und Rectification des Rheines an der französischen Grenze hat Baden einen Vertrag mit Frankreich, in welchem das Reich an die Stelle von Baden einzutreten hat.

30.

Wenn das Reich Eisenbahnen anlegen, bewilligen, durch Enteignung erwerben und selbst betreiben darf, so gibt dieß eine Reichswirthschaft, welche außer der Gefährdung einzelner Länder schon an und für sich noch weniger taugt, als die Wirthschaft eines Staates.

Auf dieselbe unnöthige Weise würde durch die Anlage von Landstraßen durch das Reich (§ 32) die Selbstständigkeit der einzelnen Staaten ungebührlich beschränkt.

§ 34.

Am Bedenklichsten ist, daß das Reich Productions- und Verbrauchssteuern für sich einführen, oder vorhandene an sich ziehen kann. Die Last für die Gesammtheit würde nur auf diejenigen Staaten fallen, welche den Gegenstand produciren, bezüglich auf diejenigen, welche unverhältnißmäßig mehr davon consumiren.

Am Schlimmsten wäre es, wenn etwa auf den Wein oder das Salz eine solche Productionssteuer gelegt würde. Sie würde, was den Wein betrifft, Baden in einem das Verhältniß seiner Bevölkerung zehnfach übersteigenden Maaße belästigen. — Eher wäre noch eine Verbrauchssteuer auf den Tabak gerechtfertigt. Derselbe ist bloß Luxusgegenstand, und wird doch in allen Ländern bedeutend verbraucht, wenngleich in Baden auch in höherem Grade.

Man muß daher darauf hinwirken, daß der ganze § 34 weggelassen werde, und nur, wenn dieß durchaus nicht ginge, müßte verlangt werden, ihn so zu fassen, daß gemeinschaftliche Productions- und Verbrauchssteuern nur insofern eingeführt werden können, als davon die sämmtlichen Staaten auf eine annähernd sich ausgleichende Weise getroffen werden.

§ 37.

Die Beschränkung der einzelnen Staaten, Productions- und Verbrauchssteuern für sich oder für einzelne Gemeinden einzuführen, ist durchaus grundlos.

Nur hinsichtlich der Gegenstände, welche vom Auslande eingeführt werden und einen Reichszoll bezahlen, können etwa die einzelnen Staaten in Auflegung von Verbrauchssteuern beschränkt werden.

Es ist daher auf Weglassung dieses Paragraphen oder eventuell auf die letztere Beschränkung hinzuwirken.

§ 42.

Die Uebernahme der Posten auf das Reich würde einerseits einen viel größeren Aufwand veranlassen, und andererseits einzelne Staaten, die eine vortheilhafte Lage haben, verkürzen, auch wegen Ausdehnung des Postenbetriebes in den verschiedenen Staaten sehr viele Reclamationen und unbillige, ungleiche Behandlung veranlassen.

Es ist daher auf Weglassung dieses Artikels hinzuwirken.

§ 46.

Es wird nicht die Meinung sein, einzelne Staaten zu hindern, auch ihrerseits Banken anzulegen. Wollte man diese Beschränkung haben, so könnte sie sich doch nur auf solche Banken beziehen, welche Banknoten ausgeben.

§ 49.

Da hier das Auflegen von Reichssteuern neben den Matrikularbeiträgen genannt ist, so scheint die Meinung vorzuliegen, daß das Reich auch eigene Steuern direct von den einzelnen Steuerpflichtigen erheben könne. Dieses wäre aber nicht nur kostspielig, sondern würde auch einen Einheitsstaat und nicht bloß einen Bundesstaat voraussetzen.

Hinsichtlich der Zölle ist etwas Besonderes bestimmt; was aber directe Steuern betrifft, so sollte die Reichsgewalt nie einem Steuerpflichtigen unmittelbar gegenüberstehen, sondern sich nur an die einzelnen Staaten halten, von ihnen die Matrikularbeiträge erheben und ihnen überlassen, wie sie die Summe beibringen wollen:

„Es solle also hier nur heißen: die Reichsgewalt hat das Recht, insoweit die sonstigen Einkünfte nicht ausreichen, Matrikularbeiträge von den einzelnen Staaten zu erheben."

Der Reichstag.

§ 3.

Die süddeutschen Staaten sind gegenüber den (norddeutschen) verkürzt. Oesterreich, Bayern, Würtemberg, Baden, Darmstadt, Nassau und Frankfurt haben mit einander nur 81, die übrigen (norddeutschen) Staaten aber 95 Stimmen. Zur bessern Ausgleichung sollte daher

Oesterreich weitere	4	Mitglieder,
Bayern	„ 4	„
und Baden	„ 2	„
	10	„

erhalten.

Die süddeutschen Staaten hätten dann 91 und die norddeutschen 95 Stimmen, so daß der Unterschied nicht mehr so groß wäre. Der Unterschied kommt ohnehin daher, daß man den kleineren norddeutschen Staaten verhältnißmäßig mehr Stimmen, als auf ihre Bevölkerung trifft, gegeben hat. Darum darf man aber auch zwischen Oesterreich und Preußen keinen Unterschied machen und auch Bayern gegen Beide nicht so weit zurücksetzen.

Was Baden betrifft, so ist es das einzige, welches im Vergleich zu den ihm vorgehenden drei kleineren Königreichen pünktlich nur nach dem Verhältniß der Bevölkerung bedacht ist, indem seine Bevölkerung vier Fünftel von der Bevölkerung dieser Königreiche ausmacht. Alle andere sind aber nach dem Verhältniß der Bevölkerung, gegenüber den größeren, besser bedacht.

§ 10.

Der Abschnitt 2 sollte wegbleiben, weil er nichts nützt und nur die Autorität der Monarchie schwächt.

Sofern es bei den §§ 30 und 42 „vom Reiche und der Reichsgewalt" verbleibt, sollte hier die Uebernahme der Posten und Eisenbahnen auf das Reich ausdrücklich unter diejenigen Gegenstände aufgenommen werden, für welche die Zustimmung des Reichstags nothwendig ist.

Reichsgericht.

Daß Klagen wegen Verletzung der Grundrechte oder anderer Reichsgesetze an das Reichsgericht kommen, ist natürlich.

Ebenso ist auch nichts zu erinnern, daß ständische Anklagen gegen die Minister der Einzelstaaten wegen Verletzung der Landes-Verfassung, und selbst, daß Klagen einzelner Staatsangehöriger wegen Aufhebung oder verfassungswidriger Veränderung einer Landesverfassung vor das Reichsgericht kommen können.

Was aber Klagen oder Beschwerden einzelner Staatsangehörigen wegen behaupteter Verletzung der Landes-Verfassung bezüglich verfassungsmäßiger Rechte betrifft, so kommen sie in jedem Staat auf die grundloseste Weise bei den Ständeversammlungen in Ueberzahl vor. Derlei Beschwerden hören vor die Ständeversammlung des einzelnen Staates, und nur wenn diese sich der Beschwerde annimmt und keine Abhilfe erlangt, mag sie nach § 2 k gegen die Minister bei dem Reichsgericht klagen.

In § 2 o sollten also die Worte „Verletzung oder" weggelassen werden.

Reichsoberhaupt.

Baden hat sich bereits im Allgemeinen über die Oberhauptsfrage erklärt. Zu welcher Form es auch kommen möge, so muß Baden auf das gleiche Mitwirkungsrecht wie die mittleren königlichen Staaten Deutschlands Anspruch machen.

Beilage XVII.

II. Badische Anlage zu der Collectiv-Erklärung (die I Beilage bildet die erste badische Erklärung.)

Specielle Gegenbemerkungen des badischen Bevollmächtigten zu der von ihm mit unterzeichneten gemeinschaftlichen „Bemerkungen und Abänderungsvorschlägen" bezüglich der Reichsverfassung.

2. Die Reichsgewalt.

Zu § 19.

. . . . . Küstenvertheidigungswerken." Hier müßte jedenfalls beigefügt werden:

insoferne sie als Reichswerke erklärt und übernommen werden.

Zu § 25 und 26.

Hier können wir zum großen Theile nicht einverstanden sein, und bitten die besondern Bemerkungen Badens zu diesem Paragraphen nachzusehen.

„Absatz 2 des § 26 sollte ganz wegfallen.“ —
Auch sollte unserer Ansicht nach ein Reichsgesetz,
„die Hauptflüsse und Canäle namentlich als solche bestimmen.“

So wie das ganze Reich, bei der Aufhebung der Flußzölle zu Gunsten des allgemeinen Verkehrs betheiligt ist, so sollte auch das ganze Reich oder wenigstens alle Staaten, die in dem Marktgebiete eines Flusses liegen, zu der Vergütung für die Flußzölle beitragen.

Zu § 26.

wird der Zusatz vorgeschlagen:

„In so weit der Aufwand für die Erhaltung und Verbesserung der Schiffbarkeit dient, sind die Kosten vom Reiche zu tragen. Ein Reichgesetz wird die Ausscheidung dieser, von den übrigen Uferbaukosten festsetzen.“

Zu § 32.

„Derselbe Grund spricht, wie für die **Canäle**, so auch für die Anlegung von **Landstraßen** und **Eisenbahnen**“

aus den Mitteln des Reichs. Wenn die beiden letzten nicht aufgenommen werden, so könnten wir auch nicht für die Canäle stimmen.

§ 34.

Wir bitten die besonderen Bemerkungen **Badens** über diesen § 34 nachzusehen. Die großherzogliche Regierung muß den **allergrößten** Werth darauf legen, daß darauf die Rücksicht genommen werde, welche die Gerechtigkeit erfordert.

§ 35.

Hier wären die Worte,

„Productions- und Verbrauchssteuern“

zu streichen.

(gez.) L. **Welcker**.

Frankfurt a. M., den 24. Februar 1849.

An den Herrn Präsidenten des Reichsministerraths,
Freiherrn **von Gagern**
hier.

Beilage XVIII.

Unter Bezugnahme auf das von dem königlich-preußischen Bevollmächtigten in Gemeinschaft mit einer Anzahl von Bevollmächtigten anderer Staaten unterm gestrigen an den Herrn Präsidenten des Reichsministeriums erlassene Schreiben, mit welchem die Unterzeichner ihre gemeinschaftliche Bemerkungen zu den „das Reich“ und „die Reichsgewalt“ überschriebenen Abschnitten des von der Nationalversammlung in erster Lesung angenommenen Verfassungsentwurfs übergeben haben, beehre ich mich, in der Anlage die besonderen Bemerkungen zu überreichen, zu welchen meine Regierung Veranlassung findet, und welche die Abweichungen und Zusätze enthalten, die in jener gemeinschaftlichen Bemerkungen keine Berücksichtigung gefunden haben.

Frankfurt, 24. Februar 1849.

Der großherzoglich-hessische Bevollmächtigte
bei der Centralgewalt
(gez.) **Eigenbrodt**.

An den Herrn Präsidenten des Reichsministeriums
Freiherrn v. **Gagern**.

Besondere Bemerkungen des großherzoglich hessischen Bevollmächtigten zu den Beschlüssen der Nationalversammlung bezüglich der Verfassung.

1. Abschnitt. Das Reich.

Die großherzogliche Regierung kann der Hoffnung nicht entsagen, der zu gründende Bundesstaat werde einen solchen Umfang und eine solche Ausdehnung erhalten daß die Bezeichnung desselben als „Reich“ angemessen erscheine. Sie unterläßt daher sich der Beanstandung der Ausdrücke „Reich“ und „Reichsgewalt“ anzuschließen.

Da übrigens dieser Abschnitt seiner weiteren Entwickelung noch entgegensieht, so hat die großherzogliche Regierung zu Artikel I und II desselben jetzo nur zu äußern, daß nach ihrer ganzen bisherigen Handlungsweise über den Beitritt des Großherzogthums zu einem Bundesstaate, wie solcher in diesem ersten Abschnitt vorgezeichnet ist, kein Zweifel obwalten kann.

2. Abschnitt. Die Reichsgewalt.

§ 26. Die großherzogliche Regierung vermag nicht zuzugeben, daß die gänzliche Aufhebung der Flußzölle wünschenswerth und räthlich sei. Die fortschreitende Zunahme des Rheinverkehrs von Mannheim abwärts beweist, daß die Rheinzölle den nachtheiligen Einfluß nicht gehabt haben, der ihnen von mancher Seite zugeschrieben wird. Der Vortheil einer gänzlichen Aufhebung der Flußzölle wird nur wenigen Händen und zwar vorzugsweise dem ausländischen Handelsstand zufallen, und die bedeutende Last der Flußbaukosten würde dadurch denjenigen, zu deren Gunsten sie aufgewendet werden, abgenommen, und auf die Gesammtheit der Steuerpflichtigen übertragen, welche dieses bald bitter empfinden würde.

Die Beibehaltung eines dem Aufwand für jene Zwecke entsprechenden Wasserweggeldes ist eine Forderung der Gerechtigkeit und wenn die §§ 21 bis 23 des Verfassungsentwurfs den Uferstaaten am Meere und an den Mündungen der deutschen Flüsse das Recht einräumen von der Schifffahrt zur Unterhaltung der dafür bestimmten Anstalten, Abgaben zu erheben, so ist nicht abzusehen, warum ähnliche Abgaben nicht auch von der Flußschifffahrt sollen erhoben werden dürfen.

Jedenfalls wird, in soweit eine Aufhebung der Flußzölle erfolgt, diese nur **gegen gleichzeitige Leistung einer gerechten Entschädigung für die bisherigen reinen Erträgnisse derselben** stattfinden dürfen. Geschähe dieß nicht, so würden die Finanzen der dabei betheiligten Uferstaaten der Gefahr gänzlicher Zerrüttung preisgegeben. Der unbestimmte Ausdruck des § 26, daß eine **billige Ausgleichung** für Aufhebung der Flußzölle eintreten sollte, gibt weder über die Vollständigkeit, noch über die Gleichzeitigkeit der zu bewilligenden Entschädigung Beruhigung.

Eben so läßt der folgende Satz, daß ein Reichsgesetz bestimmen solle, wie und mit welchen Mitteln für die Unterhaltung und Verbesserung der Schiffbarkeit dieser Flüsse zu sorgen sei, diesen Punkt einstweilen in der Schwebe, und wenn die Flußzölle wegfielen, bevor die nöthige Fürsorge für die Unterhaltung der Fahrbahn und der Ufer getroffen wäre, so würde dadurch ein Zustand entstehen, der für die Schifffahrt nur höchst nachtheilig sein könnte.

Aus diesen Gründen muß die großherzogliche Regierung wünschen, daß der § 26 ganz gestrichen werde, um so mehr, als dieser Paragraph durchaus nicht in die Verfassung zu gehören scheint. Sie muß ferner wünschen, daß wenigstens bestimmt ausgesprochen werde, daß die Erhebung eines angemessenen Wasserweggeldes durch die Aufhebung der Flußzölle — insofern diese zur Ausführung kommen sollte — nicht ausgeschlossen sei.

Sie muß endlich wünschen, daß die Aufhebung der Flußzölle jedenfalls nicht eher erfolge, als bis für die Bestreitung der Flußbaukosten aus Reichsmitteln und für die Uebernahme aller sonstigen auf den Flußzöllen haftenden Lasten auf die Reichscasse Sorge getragen, und die für die bisherigen Reinerträge derselben zu leistende vollständige Entschädigung ermittelt und geleistet sein wird.

Nur eventuell vermag sich die großherzogliche Regierung für die in den Bemerkungen der Gesammtheit vorgeschlagene Fassung zu erklären, welche sie dem Inhalt dieses Verfassungsentwurfs allerdings vorzuziehen in dem Falle ist.

27. Um allen Begünstigungen der Schifffahrt des einen Staates vor derjenigen des andern vorzubeugen, wäre eine bestimmtere Fassung des zweiten Satzes wünschenswerth, etwa in folgender Weise:

„Es darf weder durch die Festsetzung noch durch die Art der Erhebung dieser Gebühren, noch in irgend sonst einer Weise in Betreff derselben eine Begünstigung der Angehörigen, oder der Häfen, oder der Schiffe, oder Waaren eines deutschen Staates, vor den Angehörigen, Häfen, Schiffen oder Waaren anderer deutscher Staaten stattfinden."

§ 32. Es ist hierbei noch besonders hervorzuheben, daß das in dem Schlußsatz ausgesprochene unbedingte Recht der Reichsgesetzgebung über die Weggelder ꝛc. der Reichsgewalt die Befugniß geben würde, das Chausseegeld beliebig herabzusetzen oder ganz aufzuheben. Es darf aber den einzelnen Staaten, wenn sie im Stande bleiben sollen, die theilweise in großem Umfange erbauten Kunststraßen zu unterhalten, das Recht nicht entzogen werden, ein angemessenes Weggeld zu erheben, d. h. Weggeld von solchem Maße, daß dadurch der Verkehr auf den betreffenden Straßen nicht gehemmt werden kann.

§ 42. Mit Streichung dieses Paragraphen ist die großherzogliche Regierung nicht einverstanden, wünscht vielmehr nur, daß derselbe nach den Worten

„vorbehaltlich billiger Entschädigung wohl erworbener Privatrechte,"

den Zusatz erhalte:

„und der betreffenden einzelnen Staaten, letzteres in so lange die Uebernahme der Posten von Seiten des Reichs nicht allgemein erfolgt."

Soll die Reichsgewalt, wie es in diesem Paragraphen ausgesprochen ist, zur theilweisen Uebernahme der Post berechtigt sein, so erfordert die Gerechtigkeit und die unter den einzelnen Staaten zu beobachtende Gleichheit, daß nicht nur für wohlerworbene Privatrechte, sondern auch an die betreffenden Staaten für die ihnen entzogenen reinen Einnahmen und sonstige aus der Postverwaltung bezogenen Vortheil — z. B. freier Transport der dienstlichen Correspondenz — Entschädigung geleistet werde.

Frankfurt, den 23. Februar 1849.

(gez.) Eigenbrodt.

Beilage XIX.

Die Bevollmächtigten der Senate von Bremen und von Hamburg sind nicht in der Lage gewesen, sich von Anfang an bei der gemeinschaftlichen Erörterung des Abschnittes des Verfassungsentwurfes über die Reichsgewalt betheiligen zu können. Den späteren Berathungen haben sie sich um so bereitwilliger angeschlossen, als sie in vielen Aenderungsvorschlägen nur den Ausdruck ihrer eigenen Ansichten wieder fanden. — In dem Nachfolgenden fassen sie dagegen die Gründe kurz zusammen, aus welchen sie theils mit einigen der beabsichtigten Aenderungen einzelner Paragraphen nicht einverstanden sind, theils einige fernere Abänderungen für wesentlich wünschenswerth erachten.

Im Abschnitt von der Reichsgewalt, § 23, ist die Beibehaltung der Worte: „und deren Ladungen" unumgänglich nothwendig, wenn man nicht in den Widerspruch gerathen will, die Zweckmäßigkeit anzuerkennen und die Pflicht auszusprechen, daß die Uferstaaten die für die Seeschifffahrt nöthigen Anstalten selbst beschaffen, zugleich aber diesen Staaten die Mittel zu nehmen, welche dazu erforderlich sind. Die wichtigsten Handelsplätze liegen da, wo die Seeschifffahrt aufhört, und die ausschließliche Flußschifffahrt beginnt und die Kosten auf dieser zum Theil sehr großen Wasserstrecke sind, wie aus langjähriger Erfahrung dargethan werden kann, so bedeutend, daß diese Last nur dann als unnachtheilig betrachtet werden kann, wenn der Handel, der davon Vortheil hat, eine ihm durchaus nicht fühlbare Beihülfe gewährt. Schiffe mit Ladungen von geringem Werthe müssen ohnehin in jeder künftigen Schifffahrtsabgabe erleichtert werden; man kann, was man ihnen abnimmt, aber nicht auf Schiffe mit werthvolleren Ladungen legen, wenn deren Frachtverdienst ohnehin schon zu schwer dadurch betroffen werden würde, daß die Abgabe auf jedes Schiff sich nach dem Belauf der erforderlichen Kosten richten müßte, statt nach dem, was das Schiff allein ohne Unbilligkeit tragen kann, und was es in rivalisirenden fremden Häfen bezahlt. Es ist im Handel und der Schifffahrt von so entschiedener Wichtigkeit, den Erleichterungen, welche Rivalen einführen, folgen zu können, daß man auch hierin einer freien Bewegung Raum lassen muß. Da die Abgaben von der Reichsgewalt genehmigt werden müssen, und den Betrag der Verwendungen nicht überschreiten dürfen, so liegt kein Grund zu irgend einer Besorgniß von Uebelständen vor.

Es ist bei dieser Bemerkung von der Ueberzeugung ausgegangen, daß der Verfassungsentwurf nicht beabsichtigt, die Anlagen für die Seeschifffahrt in zwei Theile zu theilen, so daß die Kosten am Ausfluß des Stromes die Uferstaaten gegen Erhebung von Abgaben treffen würden, und auf der langen Strecke von dort bis zum Aufhören der Seeschifffahrt vom Reiche aus allgemeinen Mitteln künftig getragen werden sollten, sondern daß das Reich nur für die, dem Kostenbetrage nach gar nicht damit zu verschiedenen, Anlagen für Flußschiffe sorgen will. — Eine solche Theilung der Arbeit und der Vorsorge würde ohnehin sehr unzweckmäßig sein.

Die vorgeschlagenen Aenderungen der §§ 25—27 beschränken die Competenz der Reichsgewalt auf diejenigen Gewässer, welche mehreren Staaten angehören, während die nur einen Staat durchströmenden Flüsse der Gesetzgebung und Oberaufsicht des Reiches entzogen werden, obschon sie dem allgemeinen Verkehr ebenfalls dienen. Jene Vorschläge wollen ferner bei allen zur Flußschifffahrt dienenden Gewässern die Wahl der Maßregeln zur Unterhaltung und Verbesserung der Fahrbahn den einzelnen Regierungen überlassen, und endlich die ganze technische Leitung des Strombaues der Einwirkung der Reichsbeamten entzogen wissen. Obschon im Allgemeinen mit den in der Collectiv-Erklärung aufgestellten Grundsätzen einverstanden, können die Unterzeichneten doch die Besorgniß nicht unterdrücken, daß auf diese Weise ein sehr ungleichartiger Strombau entstehen und manche jener Uebelstände im Laufe der Zeit wieder hervorgerufen werden möchten, in deren bezweckter Abwendung allein der Grund zur Uebernahme der Kosten der Flußbauten abseiten der Reichsgewalt liegt. Die Unterzeichneten wünschen daher die Beibehaltung der §§ 25 — 27 des Verfassungsentwurfs und geben sich der Hoffnung hin, daß das im § 26 verheißene Reichsgesetz den in den Motiven der Collectiv-Erklärung hervorgehobenen Bedenklichkeiten genügend abhelfen werde.

Der vorgeschlagene Zusatz zum § 33 hat die Folge, daß die im § 34 erwähnte Steuergemeinschaft in einen solchen Gegensatz zur Zollgemeinschaft gebracht wird, als ob die Zolleinigung sofort und unbedingt eintreten müßte, während der Wegfall der Binnenzölle noch erst von anderweitigen ferneren Maßregeln abhänge. Die §§ 33 und 34 sind bisher so verstanden, und waren auch ohne Zweifel so gemeint, daß die durch das Wegfallen der bisherigen Binnenzölle nothwendig werdende Gemeinschaft namentlich derjenigen Steuern, für welche bis jetzt innerhalb des Zollvereins noch Ausgleichungsabgaben erhoben werden, mit der im § 33 angeordneten Zollgemeinschaft der bisher in- und außerhalb desselben Zollvereins stehenden Staaten unzertrennlich verbunden sei und dadurch den eintretenden norddeutschen Staaten ein Aequivalent gegeben werde. — Das transitorische Gesetz, welches in Bezug auf Zoll- und Steuerverwaltung noch zu erlassen sein wird, mag bestimmen, ob und welche Maßregeln wegen Wegfall der Binnenzölle nothwendig sind. Gegen einen deßfallsigen Zusatz zur Verfassung aber müssen sich die Unterzeichneten erklären und zugleich die bestimmte Erwartung aussprechen, daß mit den zur Einführung der Zollunion erforderlichen Gesetzen gleichzeitig auch die im § 34 vorbehaltene gesetzliche Bestimmung darüber werde erlassen werden, welche Productions- und Verbrauchs-Steuern, und von welchem Zeitpunkt an sie gemeinschaftlich sein sollten. Dieser letztere Zusatz würde nothwendig dem § 34 ausdrücklich hinzugefügt werden müssen, wenn wider Verhoffen der erwähnte Aufschub des Wegfallens der Binnenzölle im § 33 Aufnahme fände.

Im § 36 dürfte es, in Berücksichtigung des Vorbehaltes des § 33, heißen müssen: Reichs-Zollgrenze.

Frankfurt a. M., den 23. Februar 1849.

Unter Vorbehalt etwaiger Nachträge
(gez.) Smidt für Bremen.
" Kirchenpauer für Hamburg.

Beilage XX.

Herr Präsident des Reichsministeriums!

Nachdem ich das Rundschreiben des Reichsministeriums vom 28. v. Mts., betreffend die Verfassung Deutschlands, sofort meiner Regierung zugestellt habe, erhalte ich so eben die anliegende Zuschrift vom 4. d. M., welche ich die Ehre habe, im Original Ihnen zuzustellen.

Meine Regierung bemerkt dabei, daß sich dieselbe in ihrer Stellung auf die gemachten wenigen Bemerkungen beschränken zu dürfen geglaubt habe. Zugleich bin ich autorisirt, die gewünschte Verständigung der Regierungen der deutschen Einzelstaaten über die Reichsverfassung möglichst zu erleichtern und zur Beseitigung etwa sich erhebender Anstände das Meinige beizutragen.

Indem es kaum der Versicherung bedürfen wird, daß ich in dieser Richtung nach besten Kräften verfahren werde, verfehle ich nicht, Herr Präsident, Vorstehendes zu Ihrer Kenntniß zu bringen.

Frankfurt den 8. Febr. 1849.

Der Bevollmächtigte der Schleswig-Holsteinischen Regierung bei der Centralgewalt.
(gez.) Francke.

An den Herrn Präsidenten des Reichsministeriums
Herrn Gagern.

Die gemeinsame Regierung der Herzogthümer Schleswig-Holstein findet sich in Bezug auf die von der deutschen Nationalversammlung nach erster Lesung angenommenen Verfassungsbeschlüsse zu folgenden Bemerkungen veranlaßt.

Unter dem Abschnitt I „das Reich" sind in dem Artikel I § 1 die Verhältnisse des Herzogthums Schleswig der definitiven Anordnung vorbehalten. Bei der durchgreifenden Bedeutsamkeit dieses Vorbehalts muß es hier ausdrücklich hervorgehoben werden, daß derselbe als auf sämmtliche Bestimmungen der Verfassung, bei welchen er event. in Betracht kommen könnte, sich erstreckend zu verstehen sein wird, insonderheit auf Artikel II §§ 2 und 3, des Abschnitts I. Daß dieß auch die Meinung des gedachten Vorbehalts ist, scheint namentlich aus der Verschiedenheit der im § 1 selbst bei Erwähnung Schleswigs und Posens gebrauchten Ausdrücke „Verhältnisse" und „Grenzbestimmung," so wie aus dem Abschnitt „der Reichstag," Artikel V, § 19 pass. 8 in fine hervorzugeben. Zur Vergleichung wird noch auf den Abschnitt II „die Reichsgewalt," Artikel VII § 33 hingewiesen, welcher den auf die hiesigen Landesverhältnisse bezüglichen passus der Circularnote der königlich preußischen Regierung vorgeschwebt haben könnte.

In dem Abschnitte „der Reichstag" ist in dem Artikel V § 19 bestimmt, daß ein von dem Reichstage in drei ordentlichen Sitzungen nach einander und nach abermaliger Erwägung gefaßten Beschluß auch ohne Sanction des Reichsoberhaupts zum Gesetz werde, sobald der Reichstag sich schließt. Die gemeinsame Regierung hält es für angemessen, daß die Zustimmung des Reichsoberhaupts als Bedingung für die gesetzliche Kraft eines Beschlusses des Reichstags auch in dem angeführten Falle nicht ausgeschlossen werde, daß mithin die angezogene Bestimmung wegfalle.

In Betreff des in dem Abschnitt „das Reichsoberhaupt," Artikel I § 2, vorgeschlagenen Titels „Kaiser der Deutschen," kann die gemeinsame Regierung der Berücksichtigung gewichtiger Gründe von Seiten der Regierungen der größeren Staaten Deutschlands sich nicht entgegenstellen wollen.

Gottorf, den 4. Februar 1849.

Die gemeinsame Regierung.
(gez.) Th. Reventlow.
(gez.) Barbon.

Beilage XXI.

Bemerkungen des Herzoglich Nassauischen Bevollmächtigten zu den Beschlüssen der Nationalversammlung in Betreff der Verfassung.

Die Herzoglich Nassauische Regierung schließt sich den besonderen Bemerkungen des Großherzoglich Hessischen Bevollmächtigten

1) in Betreff des ersten Abschnitts der Verfassung, mit der Ueberschrift „das Reich" zu Art. I und II an,
2) in Betreff des zweiten Abschnitts der Verfassung, mit der Ueberschrift „die Reichsgewalt" zu § 26, 27, 32 und 42.

Die Herzoglich Nassauische Regierung ist außerdem

3) zu § 7 der Ansicht, daß das Recht, Consuln im Auslande anzustellen, der Reichsgewalt mit Rücksicht auf die handelspolitische Einheitlichkeit Deutschlands ausschließlich zustehen solle.

Frankfurt a. M., den 23. Februar 1849.

(gez.) Hergenhahn.

Der unterzeichnete Bevollmächtigte erklärt sich mit den Bemerkungen des Großherzoglich Hessischen und Herzoglich Nassauischen Bevollmächtigten in Betreff des ersten Abschnitts der Verfassung vom Reich und in Betreff des § 7 des Abschnitts hinsichtlich des Rechts, Consuln anzustellen, einverstanden.

Frankfurt, den 23. Februar 1849.

(gez.) Francke,
Bevollmächtigter der Schleswig-Holsteinischen Regierung bei der Centralgewalt.

Beilage XXII.

An den Präsidenten des Reichsministerrathes, Herrn von Gagern, hier.

Der unterzeichnete königlich sächsische Bevollmächtigte hat den Circular-Erlaß des Herrn Präsidenten des Reichsministerrathes vom 28. v. M., durch welchen die Regierungen zu baldiger Abgabe ihrer Erklärungen über die von der Nationalversammlung in erster Lesung angenommenen Verfassungsbeschlüsse eingeladen worden sind, zu empfangen die Ehre gehabt und nicht verfehlt, denselben seiner Regierung alsbald vorzulegen.

So wie die Letztere es stets für Pflicht erachtet hat, das gedeihliche Zustandekommen des zunächst der Nationalversammlung anvertrauten deutschen Verfassungswerkes nach Kräften zu fördern, so hat ihr auch jetzt das dankbar anzuerkennende vermittelnde Entgegenkommen der Centralgewalt nur sehr erwünscht sein können, und sie ist gern bereit, zu der dadurch angebahnten Verständigung innerhalb der geeigneten Grenzen auch ihrerseits mitzuwirken.

Die Beilage, welche der Unterzeichnete dem Herrn Präsidenten des Reichsministerraths zu überreichen sich beehrt, enthält eine Zusammenstellung der Bemerkungen, auf welche die königlich sächsische Regierung bei Prüfung der vorliegenden, in erster Lesung angenommenen Verfassungsabschnitte hingeführt worden ist.

In so weit es die Absicht sein sollte, diese Bemerkungen in Verbindung mit den von andern Seiten her zu gewärtigenden Auslassungen, zur Grundlage einer weitern gemeinsamen Vernehmung und Berathung mit den Regierungsbevollmächtigten zu machen, so ist es zwar eine durch den Zweck dieser Verhandlung bedingte, und insofern sich von selbst verstehende Voraussetzung, daß insbesondere auch die kaiserlich österreichische Regierung an ersterer Theil nehme. Der Unterzeichnete befindet sich jedoch in dem Falle, diese Voraussetzung hier noch besonders aussprechen zu sollen.

Im Uebrigen geht die königlich sächsische Regierung davon aus, daß die auf Anlaß des Circularschreibens vom 28. v. M. abzugebenden Erklärungen, sowie die nach Befinden darauf zu gründenden Verhandlungen nur den Zweck der Verständigung haben, nicht aber die Vereinbarung mit der Nationalversammlung bezielen können, an welcher die königlich sächsische Regierung den von ihr mehrfach kundgegebenen Grundsätzen gemäß festhält.

Die definitive und bindende Erklärung über die Verfassung wird von der königlichen Regierung erst nach der zweiten Lesung abgegeben werden können, weil sie nach § 2 der sächsischen Verfassungsurkunde gebunden ist, vor Abgabe einer solchen Erklärung, die Zustimmung der Kammern einzuholen.

Frankfurt den 23. Februar 1849.

(gez.) Kohlschütter.

Bemerkungen der königlich sächsischen Regierung zu den von der deutschen Nationalversammlung in erster Lesung angenommenen Abschnitten des Verfassungsentwurfs.

I. Allgemeine Bemerkungen.

Der Verfassungsentwurf bezweckt die Umgestaltung des deutschen Bundes in einen Bundesstaat. Faßt man aber den Totaleindruck, den derselbe bei aufmerksamer Prüfung zurückläßt, ins Auge, so macht sich unwillkürlich die Betrachtung geltend, daß in der Ausführung des Plans der Bundesstaat — das föderative Princip — allzusehr in den Hintergrund getreten und anstatt desselben vielmehr der Gedanke des einheitlichen Staats, in welchem die Einzelstaaten und Einzelregierungen fast ganz aufgehen würden, das leitende Motiv geworden sei. Kann nun auf dem gegenwärtigen Standpunkt unserer nationalen Entwicklung die zu lösende Aufgabe füglich nur darin bestehen, das in den gegebenen staatsrechtlichen Verhältnissen, wie in den Charaktereigenthümlichkeiten des deutschen Volks tief begründete particuläre Element mit dem in neuerer Zeit mächtiger hervorgetretenen Bedürfnisse nationaler Einigung in einer Weise zu vermitteln und in Einklang zu bringen, daß jeder Richtung innerhalb ihrer Sphäre der nöthige Spielraum zu freier Bewegung und Entfaltung gesichert bleibe, so wird auch nach der Ueberzeugung der sächsischen Regierung, der Entwurf allerdings noch mehrfacher Modificationen bedürfen, wenn jenes Ziel in befriedigender Weise erreicht und für die friedliche und gesetzliche Fortbildung der inneren Verfassungszustände Deutschlands durch die Reichsverfassung Gewähr geleistet werden soll.

Es muß den unten folgenden Bemerkungen zu den Einzelheiten des Entwurfs vorbehalten bleiben, zu diesem Urtheile über den generellen Charakter des Letzteren die Belege zu bringen. Inzwischen möge es gestattet sein, schon hier auf zwei Bestimmungen hinzuweisen, in welchen die, wie man dafür hält, über das rechte Maß hinausgehende centralisirende Tendenz des Verfassungsentwurfs besonders deutlich hervortritt. Es sind dieß die Paragraphen 49 und 58 des Abschnitts „von der Reichsgewalt". —

In § 49 wird der Reichsgewalt das Recht beigelegt, insoweit die sonstigen Einkünfte nicht ausreichen, Reichssteuern aufzulegen und zu erheben oder erheben zu lassen. Es darf behauptet werden, daß dieser Grundsatz, wenn von ihm praktischer Gebrauch gemacht werden sollte, mit dem gesicherten Fortbestande der Einzelstaaten kaum vereinbar sein würde. Schon an sich dürfte das Nebeneinanderbestehen mehrerer von verschiedenen Mittelpunkten ausgeleiteter und auf verschiedener Grundlage beruhender Steuersysteme innerhalb des nämlichen Steuerbezirks eine schwer zu lösende Aufgabe sein. Angewendet aber auf eine solche Mannigfaltigkeit und Verschiedenartigkeit der Besteuerungsmodalitäten, wie sie sich in Deutschland vorfinden, würde sich daraus nicht nur eine auf die Dauer unerträgliche Ungleichheit der Belastung unter den verschiedenen Ländern Deutschlands ergeben, sondern auch überhaupt ein Keim der Zerrüttung in das Finanzwesen der Einzelstaaten gelegt werden, dessen zerstörender Kraft dasselbe schwerlich lange Widerstand leisten könnte. Des moralischen Einflusses nicht zu gedenken, den eine solche Unterordnung unter einen zwiefachen Steuerdruck auf das Volk und dessen Urtheil über den praktischen Werth der Reichsverfassung nothwendig ausüben müsse.

Wenn ferner nach § 58 der Reichsgewalt das Recht der Gesetzgebung in allen Fällen zustehen soll, wo sie für das Gesammtinteresse Deutschlands die Begründung gemeinsamer Einrichtungen und Maßregeln nothwendig findet, so erhält hiedurch die Competenz der Centralgewalt eine so schrankenlose, objective Ausdehnung, wie sie wohl noch in keinem Bundesstaate existirt hat und mit dem föderativen Charakter dieser Staatsform überhaupt nicht verträglich ist. Denn während die Kraft und Lebensfähigkeit der letzteren gerade ganz wesentlich auf möglichst scharfer Begränzung und Absonderung der gegenseitigen Competenzkreise beruht, vermöge welcher es den beiden, zu einem staatlichen Ganzen vereinigten Organismen möglich gemacht wird, in lebendiger Wechselwirkung neben und in einander fortzubestehen, ohne sich feindlich zu reiben und störend in ihre gegenseitigen Lebenssphären einzugreifen, — wird durch die Bestimmung des § 58 jene Competenzbegrenzung zu Gunsten der Reichsgewalt im Princip so gut wie aufgehoben, so daß, der ersteren gegenüber, auch der im § 6 des Abschnitts „vom Reiche" ausgedrückte, an sich vollkommen richtige Grundsatz für die Einzelstaaten kaum noch praktischen Werth behält. Es mag nun zwar mit einiger Wahrscheinlichkeit anzunehmen sein, daß die Reichsgewalt von jenem erweiterten Befugnisse nur einen beschränkten und gemäßigten Gebrauch machen werde; es kann selbst der Gefahr einer zu weit gehenden Ausdehnung desselben durch formelle Garantien, wie dergleichen nach dem Abschnitte über die Gewähr der Verfassung in der That in der Absicht liegen, bis zu einem gewissen Grade vorgebeugt werden. Allein so wie das Princip des § 58 nichtsdestoweniger ein fehlerhaftes bleibt, so lassen sich auch die praktischen Folgen, die sich im Laufe der Zeit daraus entwickeln könnten, zu wenig im Voraus übersehen, als daß die Einzelstaaten die rechtliche Basis ihrer staatlichen Existenz nicht dadurch mehr oder minder bedroht finden sollten.

Nach der Ansicht der sächsischen Regierung würde daher § 48 insofern darin von Reichssteuern als einer Einnahmsquelle für das Reich die Rede ist, nicht minder der letzte Satz des § 59 aus dem Verfassungsentwurf jedenfalls zu entfernen sein.

II. Specielle Bemerkungen.

1) Die Abschnitte vom Reich und der Reichsgewalt betreffend.

Zu § 2, 3. Da schon jetzt so viel feststehen dürfte, daß diese Paragraphen, wie sie dermalen gefaßt sind, auf die Verhältnisse Oesterreichs nicht passen, so wird es zunächst darauf ankommen, welche Vorschläge von dieser Seite gemacht werden dürften, und die Aufgabe dann sein, eine Form zu finden, unter der Oesterreich beitreten könne.

Zu § 10 ist eine deutlichere Fassung zu wünschen, da das Wort „Reichsinteresse" eine sehr weite Ausdehnung zuläßt. Dasselbe dürfte mit „Reichscompetenz" zu vertauschen, und der Satz würde dann so zu fassen sein: „insofern Gegenstände berührt werden, bei denen die Reichscompetenz einschlägt."

Zu § 12 möchte eine nähere Angabe der Zwecke, für welche die gesammte bewaffnete Macht Deutschlands der Reichsgewalt zur Verfügung stehen soll, nicht überflüssig sein. Als solche können wohl nur der Fall der Kriegsgefahr und die Aufrechthaltung der Ruhe und Ordnung im Innern bezeichnet werden.

Zu § 13.

1) Wenn es der Reichsgewalt zustehen muß, die Größe und Beschaffenheit der bewaffneten Macht zu bestimmen, so wird mit Rücksicht auf § 19 des Abschnitts „vom Reichstage" und auf § 16 des Abschnittes „vom Reichsoberhaupte" zugleich beizufügen sein, daß es dazu eines Reichsgesetzes bedürfe.

2) Um die Grenze, bis zu welcher herab die Einzelstaaten im Betreff des Heerwesens ihre Selbstständigkeit behalten sollen, zu bezeichnen, erscheint es angemessen, nicht die der Natur der Sache nach, wandelbare Höhe des Contingents, sondern vielmehr ein Minimum der Bevölkerungszahl als Maßstab dienen zu lassen.

3) Der Bestimmung im dritten Absatze, nach welcher die Contingente der unter dieselben fallenden Staaten alternativ unter sich in größere Ganze verschmolzen werden und diese dann unter der unmittelbaren Leitung der Reichsgewalt stehen sollen, steht das Bedenken entgegen, daß der Reichsgewalt dadurch außer ihrer oberaufsehenden und controllirenden Stellung auch noch eine unmittelbar verwaltende und ausführende Wirksamkeit in militärischer Beziehung zugewiesen werden würde, indem sie gleichsam die Function des Kriegsministeriums für die betreffenden Staaten oder Staatencomplexe zu übernehmen hätte. Eine solche Doppelstellung der Reichsgewalt erscheint aber für das allgemeine Interesse in mehr als einer Hinsicht nicht förderlich. Der Anschluß der zu Formirung selbstständiger Heeresabtheilungen nicht geeigneten kleineren Staaten an einen angrenzenden größeren Staat, im Sinne der Bildung gewisser Militärkreise, dürfte sich vielmehr in allen Fällen der fraglichen Art um so mehr als das Zweckmäßigere empfehlen, als damit eine jenen Staaten in angemessener Weise zu gewährende Einwirkung auf die Einrichtung und Verwaltung des gemeinschaftlichen Heerwesens stets vereinbar sein wird.

Zu § 15 dürfte die Bestimmung genügen, daß in den Fahneneid die Verpflichtung „auf die Reichsverfassung" mit aufzunehmen sei, worin die Verpflichtung zur Treue gegen die oberste Reichsgewalt, ihr Träger sei, welcher er wolle, von selbst inbegriffen ist.

Zu § 16. Da es nicht die Absicht sein kann, auch die zwar auf Anordnung der Reichsgewalt, aber durch Verschieden einzelner Staaten erwachsenden militärischen Unkosten dem gesammten Reiche zur Last fallen zu lassen, so wird es einer den Regreß an den betreffenden Einzelstaat in solchen Fällen sichernden Bestimmung bedürfen, diese aber vielleicht weiter unten bei § 53 am passendsten anzuschließen sein.

Zu §. 18. Für die Bestimmung: daß die Ernennung der Generale auf Vorschlag der Einzelregierungen durch die Reichsgewalt geschehe, ist ein ausreichender Grund nicht abzusehen. Dieselbe steht übrigens mit dem in § 14 über das Verhältniß der Einzelstaaten zu ihrem Heerwesen aufgestellten allgemeinen Grundsatze in directem Widerspruche.

Zu § 26. Die Königlich Sächsische Regierung ist mit der unbedingten Aufhebung der Flußzölle nicht nur im Grundsatze einverstanden, sondern auch der Ansicht, daß von einer Ausgleichung dabei überhaupt abzusehen sein werde. Sollte diese gleichwohl nicht zu umgehen sein, so wäre wenigstens vorauszusetzen, daß die Entschädigung auf Reichskosten zu erfolgen, als Grundlage derselben aber nicht der vom einzelnen Staate seither wirklich bezogene Betrag der Einnahme, sondern der Betrag, zu dessen Erhebung er nach der betreffenden Flußschifffahrts-Acte berechtigt gewesen wäre, anzunehmen sei.

Zu § 29.

Zu § 32. Es wird sich zwar nicht verkennen lassen, daß die Feststellung allgemeiner Grundsätze über das Eisenbahnwesen durch Reichsgesetz sehr wünschenswerth sei und die Reichsgewalt insbesondere in den Stand gesetzt sein müsse, unbegründeten Weigerungen einzelner Regierungen gegen neue, durch das Reichsinteresse gebotene derartige Anlagen entgegen zu treten. Allein wenn nach den im Entwurfe enthaltenen Bestimmungen, die Reichsgewalt berechtigt sein würde, selbst ohne vorgehendes Gehör der Einzelregierungen und ohne daß diesen ein ihnen doch jedenfalls behufs des Selbstbaues oder der Concessionirung an Gesellschaften vorzubehaltendes Vorzugsrecht zustände, Eisenbahnen, Canäle rc. anzulegen oder die bestehenden durch Concurrenzbahnen zu beeinträchtigen, so gehen seine Bestimmungen offenbar zu weit und über das Bedürfniß hinaus, so wie auch durch den letzten Satz des §. 32 das Oberaufsichtsrecht des Reichs über die Heer- und Landstraßen unverkennbar auf Gegenstände ausgedehnt wird, die seither ohne Nachtheil für das öffentliche Interesse der Fürsorge der Einzelregierungen überlassen gewesen sind und es auch ferner bleiben können. Es wird daher beantragt, den §§ 29 bis 32 des Entwurfs die in der Anlage A vorgeschlagenen Sätze zu substituiren.

Zu § 33 ist die schon an anderem Orte geltend gemachte Bemerkung zu wiederholen, daß es nicht wohl möglich sein wird, alle Binnenzölle sofort zu beseitigen, indem Uebergangszölle kaum zu entbehren sein werden.

Zu § 35. Im Interesse eines geordneten Finanzhaushaltes der Einzelstaaten, dessen ja auch der Bundesstaat zu seinem Bestehen nicht entbehren kann, ist es durchaus erforderlich, daß der aus den Zollerträgnissen für die Ausgaben des Reichs vorweg zu nehmende Theil nicht eine allzu wandelbare, von Jahr zu Jahr steigende und fallende Größe bilde, sondern so viel thunlich, ein für allemal oder doch für längere Zeitabschnitte fest bestimmt werde. Dieser Voraussetzung würde aber wenigstens annähernd Genüge geleistet werden, wenn — mit Rücksicht auf die Bestimmungen im § 19a des Abschnittes vom Reichstage — im § 35 nicht das Budget überhaupt, sondern vielmehr das **ordentliche** Budget als maßgebend für das Theilungsverhältniß bezeichnet würde.

Zu § 40.

— 43. Auch bei den die Post betreffenden Bestimmungen des Entwurfs hat sich, wie bei den Eisenbahnen rc. das Bedürfniß fühlbar gemacht, theils die der Reichsgewalt zugewiesene Competenz auf angemessene Grenzen zurückzuführen, und dieselbe insbesondere nicht auf ein Verwaltungsdetail auszudehnen, für welches ihr sogar die geeigneten Organe fehlen würden, theils die Einzelstaaten gegen eine Schmälerung ihrer laufenden Finanzquellen sicher zu stellen, die einerseits unter jetzigen Verhältnissen kein Staat ohne eine empfindliche Störung des Gleichgewichts zwischen Einnahme und Ausgabe ertragen könnte, und die andrerseits nicht einmal durch ein höheres Verkehrs-Interesse dringend geboten erscheint. Von diesem Gesichtspunkte aus ist daher Art. VIII. laut der Beifüge B in veränderter Weise redigirt und dabei vorausgesetzt worden, daß § 42 gänzlich in Wegfall zu bringen sein werde.

Zu § 44. Dafür, daß dem Reiche das Recht beigelegt werde, Reichsmünzen zu prägen, scheint durchaus kein wahres Bedürfniß vorhanden zu sein.

Zu § 46. Insofern aus diesem Paragraphen des Entwurfs eine Befugniß der Reichsgewalt gefolgert werden könnte, Reichspapiergeld auszugeben, so kann man nicht umhin, sich gegen eine solche, wie man dafür hält, im hohen Grade bedenkliche Bestimmung zu erklären. Ueberhaupt dürfte es genügen, die Concurrenz der Reichsgewalt hinsichtlich des Papiergeldes darauf zu beschränken, daß sie der Ausgabe von dergleichen Seitens der einzelnen Staaten ohne genügende Sicherstellung durch Einlösungsfonds zu widersprechen berechtigt und verpflichtet sei, wonach zugleich die Disposition im 3. Alinea des Paragraphen zu modificiren wäre.

Zu § 49. s. oben sub I.

Zu § 52. Da die Reichsgewalt füglich nur die Bestimmungen über das Reichsbürgerrecht nicht aber auch das Staatsbürgerrecht in den einzelnen Staaten zu regeln haben wird, so scheint hiernach das Wort „Staatsbürgerrecht" in Wegfall kommen zu müssen.

Zu § 53. Da der Beruf und die Verpflichtung der Reichsgewalt, gegen versuchte eigenmächtige Verletzungen bestehender Verfassungen Hilfe zu gewähren, unbezweifelt dieselbe bleibt, gleichviel von welcher Seite die Veranlassung zu Störung ausgeht, so dürfte der Satz sub 3 allgemeiner zu halten und vielleicht so zu fassen sein:

„Wenn die Verfassung eines deutschen Staats eigenmächtig aufgehoben und verändert wird."

Zu § 54. Wird nach der schon zu § 16 gemachten Bemerkung auf die wegen der Kosten in der Executionsordnung oder sonst am geeigneten Orte zu treffenden Bestimmungen hinzuweisen sein.

Zu § 58. s. oben sub I.

Zu § 59. Erscheint ein Vorbehalt dahin nothwendig, daß es rücksichtlich des Civilrechts den einzelnen Staaten unbenommen bleibe, die insbesondere wegen des Familien- und Erbrechts nach ihren individuellen Bedürfnissen erforderlichen Modificationen des festzustellenden gemeinen Rechts eintreten zu lassen.

2) Den Abschnitt „der Reichstag" betreffend.

Zu § 3. 8. Das Staatenhaus scheint zwar im Sinne der Verfasser des Entwurfs wesentlich dazu bestimmt sein zu sollen, das particuläre Element, die Einzelstaaten, im Gegensatz der Gesammtnation zu vertreten und für ersteres innerhalb der Reichsgewalt ein Organ zu bilden. Abgesehen aber davon, ob das Staatenhaus nach der im Entwurfe angenommenen Zusammensetzung desselben, besonders in Hinblick auf den im § 13 aufgestellten Grundsatz dieser seiner Bestimmung überhaupt genügend entsprechen werde, und ob es zur Sicherstellung der Einzelstaaten nicht vielmehr anderer Garantieen bedürfen möchte, die mit der Bildung des Reichsoberhaupts oder der Reichs-Regierung im engeren Sinne in Verbindung zu bringen sein würden, so läßt sich auch das dringende Bedürfniß nicht verkennen, das Staatenhaus auf einer solchen Grundlage zu organisiren, die es geeignet machte, neben den particulären auch die conservativen Interessen der Nation zu vertreten, mit anderen Worten, die Stellung einer ersten Kammer oder eines Oberhauses einzunehmen. In dieser Voraussetzung würde auch die für das Staatenhaus, als solches, nicht erwünschte große Anzahl der Mitglieder unbedenklich sein, ja es könnte sich empfehlen in Genehmigung eines schon von mehreren Seiten laut gewordenen und in der Billigkeit begründeten Wunsches, jedem Staate ohne Ausnahme mindestens eine Stimme im Staatenhause zuzugestehen. Um aber obigen Zweck zu erreichen, ohne doch für die Zusammensetzung des Staatenhauses ein ganz neues Princip aufzusuchen, würde man es für das Einfachste halten, wenn dem § 8 ein Zusatz des Inhalts beigefügt würde: daß die Mitglieder des Staatenhauses, und zwar sowohl die von den Regierungen, als die von der Volksvertretung der Einzelstaaten zu ernennenden, einen gewissen Census an directen Abgaben entrichten müßten. Mit Hinsicht auf die Verhältnisse im Königreich Sachsen würde ein Census von ungefähr 50 Thalern angemessen erscheinen.

Zu § 15. Entsteht der Zweifel, ob derselbe und insbesondere auch das darin aufgestellte Erforderniß der einfachen (absoluten) Stimmenmehrheit auch auf Wahlen unbedingt sich beziehen solle, was wohl nicht die Absicht sein kann.

Zu § 16. Mit der oben beantragten Beseitigung des Schlußsatzes im § 58 von der Reichsgewalt, würde auch der gegenwärtige § 16 in Wegfall gelangen.

Zu § 19. Die sächsische Regierung erkennt in dem absoluten Veto ein so unentbehrliches Attribut der constitutionell-monarchischen Verfassungsform, daß sie die Macht und Würde des Reichsoberhaupts auch dann, wenn letzteres nicht, wie der Entwurf annimmt, durch eine einzige Person dargestellt werden sollte, durch ein bloß suspensives Veto nicht hinlänglich gewahrt erachten könnte, und in der Aufnahme dieses Grundsatzes in die Reichsverfassung einen insbesondere auch für die Einzelverfassungen bedenklichen Vorgang erblicken würde.

Zu § 19. 2 und 3 würden sich in Berücksichtigung der zu §§ 46 und 49 „von der Reichsgewalt" gemachten Bemerkungen entsprechende Fassungsveränderungen erforderlich machen.

Zu § 19. 4. Diese Bestimmung kann in ihrer jetzigen Fassung leicht zu Mißdeutungen führen. Da sie jedenfalls nur mit der Bestimmung des § 37, „von der Reichsgewalt," in Beziehung stehen kann, so würde es besser sein, den Inhalt des Paragraphen hier wörtlich aufzunehmen.

Zu § 19. Wenn nach der Bestimmung sub 6 dem Staatenhause, innerhalb des Gesammtbetrags des auf dem ersten Reichstage durch einen Reichstagsbeschluß festzusetzenden ordentlichen Budgets nur das Recht zustehen soll, Erinnerungen und Ausstellungen zu machen, über welche sodann das Volkshaus endgiltig beschließt, so ist ein ausreichender Grund für diese ausnahmsweise Beschränkung der Competenz des Staatenhauses nicht abzusehen, und vielmehr auch hier eine völlige Gleichstellung beider Häuser in ihren gegenseitigen Befugnissen für angemessen zu erachten.

Zu § 28. Dessen Inhalt erscheint insofern unvollständig, als eine Ausschließung doch auch wegen anderer Thatsachen, als des unwürdigen Verhaltens im Hause statthaft sein müßte.

Zu § 30 wird ein Zusatz nöthig werden, daß diejenigen Punkte, welche die Beziehungen zur Reichsregierung betreffen, durch ein Reichsgesetz zu ordnen seien.

3) Den Abschnitt „das Reichsgericht" betreffend.

Zu § 2b. erscheint der Ausdruck „politische" Streitigkeiten, im Gegensatze zu den rechtlichen unklar und daher der Wegfall der Worte „politische und rechtliche" angemessen.

Zu § 2 entsteht die Frage, ob es nicht rathsam sei, die Entscheidung des Reichsgerichts auch auf die Provocation eines der streitenden Theile eintreten zu lassen, indem andern Falls die Möglichkeit, Streitfragen der bezüglichen Art zur Erledigung zu bringen, nach Umständen ganz abgeschnitten sein könnte.

Zu § 4. Wenn auch anzunehmen ist, daß die Organisation des Reichsgerichts jedenfalls so zu bewerkstelligen sein werde, daß den Regierungen eine Theilnahme an der Ernennung der Mitglieder eingeräumt werde, so erscheint doch dieser Punkt als so wichtig, daß derselbe nicht einem besondern Gesetze vorzubehalten, sondern die Einsetzung und Organisation des Reichsgerichts als Bestandtheil der Verfassung selbst zu behandeln sein dürfte.

4) Die Abschnitte „das Reichsoberhaupt und der Reichsrath" betreffend.

Einer bestimmten Erklärung hinsichtlich der Oberhauptsfrage Seitens der einzelnen Regierungen stehen zur Zeit noch um so größere Schwierigkeiten entgegen, als auch die Beschlüsse der Nationalversammlung über diesen Punkt noch unvollständig sind.

Die sächsische Regierung hat sich in der auf die preußische Circular-Note vom 23sten v. M. ertheilten Antwort vom 10ten v. M. wegen dieses Punktes im Allgemeinen damit einverstanden erklärt, daß auch nach ihrer Ansicht die Aufrichtung einer neuen deutschen Kaiserwürde zu der Erlangung einer wirklichen und umfassenden deutschen Einigung nicht nothwendig sei, daß vielmehr eine andere Form gefunden werden könne, unter welcher ohne Aufopferung irgend eines wesentlichen Bedürfnisses das dringende und höchst gerechtfertigte Verlangen des deutschen Volkes nach einer wahrhaften Einigung und kräftigen Gesammtentwickelung vollständig befriedigt zu werden vermag.

Wenn es dennoch darauf ankäme, über eine solche Form sich zu vereinigen, so erscheint doch hierbei die Stellung, in welche Oesterreich zu dem Bundesstaate treten wird, in einem solchen Grade als präjudiziell, daß, bevor nicht die Ansichten hierüber sich einigermaßen aufgeklärt und genähert haben werden, eine befriedigende Erledigung der Frage kaum möglich sein dürfte.

An und für sich aber neigt die königlich sächsische Regierung zu der Ansicht hin, daß ein aus Vertretern der Einzelregierungen nach einem gewissen Verhältnisse zu bildendes Directorium dem föderativen Charakter des Bundesstaates und den in Deutschland bestehenden Verhältnissen besser entspreche, als eine einheitliche Spitze, so wie sie auch die Schwierigkeiten, die sich der Anpassung jener Oberhauptsform an die Erfordernisse einer parlamentarischen Regierung auf den ersten Blick entgegenstellen möge, keineswegs für überwiegend ansehen kann.

Je nachdem aber die Oberhauptsfrage in der einen oder andern Weise ihre Lösung findet, dürfte sich auch das Urtheil über das Institut des Reichsraths verschieden modificiren müssen. Während es nämlich im Fall der Bildung eines Directoriums, in welchem das staatliche Element ohnehin vertreten wäre, eines Organs, wie es in dem betreffenden Verfassungs-Abschnitte vorgeschlagen ist, kaum bedürfen möchte, dasselbe vielmehr als eine unnöthige und eben deßhalb nachtheilige Vervielfältigung des Verfassungs-Mechanismus erscheinen könnte, würde dagegen bei Uebertragung der Reichsgewalt an ein einheitliches Oberhaupt ein die Vertreter der Einzelregierungen in sich vereinigender Reichsrath nicht nur unentbehrlich erscheinen, sondern auch das Bedürfniß sich herausstellen, den Kreis seiner Befugnisse angemessen zu erweitern und demselben, oder doch einem aus seiner Mitte niederzusetzenden Ausschusse, anstatt einer bloß begutachtenden Stelle, innerhalb gewisser Grenzen, einen wirksamen Antheil an der Ausübung der Reichsregierung zuzugestehen.

Sollte übrigens der Reichsrath in Wegfall kommen, so würde immer den Regierungen das Recht, einen Bevollmächtigten bei der Reichsgewalt zu haben, vorzubehalten sein, mit dem Vernehmungen wegen der speciellen Landesinteressen stattfinden könnten.

Beilagen.

A.

§ 29. Die Reichsgewalt hat die Oberaufsicht über das gesammte deutsche Eisenbahnwesen, wie über die den allgemeinen deutschen Verkehr vermittelnden oder zum Schutz des Reichs nothwendigen Heer- und Landstraßen, imgleichen die Gesetzgebung in Bezug auf diejenigen dahin gehörigen Gegenstände, welche durch ein deßhalb zu erlassendes Reichsgesetz ausdrücklich als zur Competenz der Reichsgewalt gehörend, bezeichnet werden.

§ 30. Das Recht, zum Schutz des Reichs und im Interesse des allgemeinen deutschen Verkehrs neue Eisenbahnen anzulegen oder deren Anlage zu bewilligen, Landstraßen zu bauen, Kanäle anzulegen, Flüsse schiffbar zu machen oder deren Schiffbarkeit zu erweitern, steht der Reichsgewalt unter der Voraussetzung zu, daß die Regierung des durch die Anlage getroffenen Einzelstaats die Ausführung der ersten ablehnt.

Die Unterhaltung der so gewonnenen Verkehrswege hat der betroffene Einzelstaat auf Kosten des Reichs zu besorgen.

§ 31. Bei der Anlage oder Bewilligung von Eisenbahnen durch die einzelnen Staaten ist die Reichsgewalt befugt, den Schutz des Reichs und das Interesse des allgemeinen deutschen Verkehrs wahrzunehmen.

§ 32. Für die Anlage von Eisenbahnen, welche mehr als ein Staatsgebiet berühren, bedarf es in jedem Falle der Erlassung eines Reichsgesetzes.

B.

Artikel VIII.

§ 40. Der Reichsgewalt steht die Oberaufsicht über das Postwesen im deutschen Reiche und die Gesetzgebung über diejenigen dahin einschlagenden Gegenstände zu, welche durch ein deßhalb zu erlassendes Reichsgesetz ausdrücklich als zur Competenz der Reichsgewalt gehörend bezeichnet werden.

Dieselbe überwacht deren Durchführung in den einzelnen Staaten durch fortdauernde Controle.

Die Post soll vorzugsweise im Sinne der Beförderung und Erleichterung des Verkehrs eingerichtet werden.

§ 41. Postverträge, welche das deutsche Postwesen in seiner Gesammtheit betreffen, dürfen nur Seitens der Reichsgewalt geschlossen werden.

Insoweit Reichs-Postverträge geschlossen werden, erlöschen die Verträge mit einzelnen deutschen Postverwaltungen.

§ 42. Fällt aus.

§ 43. Die Reichsgewalt ist befugt, Telegraphenlinien anzulegen und die vorhandenen zu benutzen, oder auf dem Wege der Enteignung zu erwerben.

Weitere Bestimmungen hierüber, sowie über Benutzung von Telegraphen für den Privatverkehr, sind einem Reichsgesetze vorbehalten.

Beilage XXIII.

Der Bevollmächtigte des Großherzogthums Sachsen an das Präsidium des Reichsministeriums.

Mit großer Befriedigung hat die von mir vertretene Staatsregierung es ersehen, daß das Reichsministerium behufs des Abschlusses und der Durchführung der neuen deutschen Reichsverfassung als Organ der Verständigung und Vermittelung zwischen den einzelnen deutschen Staatsregierungen und der verfassunggebenden Reichsversammlung aufgetreten ist. Ich habe in Folge hiervon folgende Erklärung abzugeben, welche ich, — bevor zu der zweiten Lesung der Verfassung geschritten wird, — an die Reichsversammlung gelangen zu lassen bitte.

I. Den Principienstreit über Vereinbarung oder Nichtvereinbarung läßt die großherzogliche Staatsregierung auf sich beruhen. Dieselbe erkennt aber an, daß nach Lage der Dinge schwerlich etwas Gemeinsames zu Stande kommen kann, wenn sich nicht die einzelnen Staatsregierungen der Verfassung, wie solche definitiv durch die Reichsversammlung festgestellt sein wird, mit Aufgebung individueller Meinungsverschiedenheiten anschließen. Wie sehr man daher auch die eine oder andere Bestimmung des Verfassungsentwurfs nicht angemessen finden mag, keines der Bedenken, welche erhoben werden, wird zu einer conditio sine qua non für die Zustimmung gemacht. Sollte jetzt nicht im Sinne unserer Zeit eine Deutschland kräftigende und eng verbindende Verfassung zu Stande kommen, so wird es sehr zweifelhaft um das Wohl des gemeinsamen Vaterlandes, um den Bestand der einzelnen Staaten, der größeren sowohl wie der kleineren, um das Aufblühen der gewerblichen Thätigkeit und um den Wohlstand der Bevölkerung stehen. Von diesem Gesichtspunkte ausgehend, hebt die großherzogliche Staatsregierung auch nur einige wenige Bedenken hervor, und glaubt von der gewissenhaften Prüfung durch die Nationalversammlung erwarten zu dürfen, daß man dieselben nach Recht und Billigkeit für wohlbegründet und dem gemeinsamen Interesse Deutschland's nicht zuwider erkennen wird. Im Einzelnen bemerke ich Folgendes:

I. Rücksichtlich der Oberhauptsfrage bin ich von der durch mich vertretenen Staatsregierung beauftragt, mir eine Erklärung noch vorzubehalten.

II. Die §§ 2 bis 4 (Abschnitt vom Reich) haben eine sehr große Wichtigkeit für die Beziehungen Deutschland's zu Oesterreich, Holland, Dänemark und insbesondere zu dem Staatsverbande, in welchem Schleswig zu Holstein steht, dem einzigen Bande, wodurch jenes Land auf der Grundlage des jetzt bestehenden Staatsrecht an Deutschland gebunden ist. Will man nicht gleichsam auf einer tabula rasa ein neues Staatsgebäude aufführen, mit allen europäischen Verhältnissen brechen, und einen sehr bedenklichen allgemeinen europäischen Krieg herbeiführen, so scheint es sehr wünschenswerth, statt jener Paragraphen etwa folgende Bestimmung aufzunehmen:

> „Kein Theil des deutschen Reiches kann mit nichtdeutschen Ländern in der Weise verbunden sein, daß die Durchführung der verfassungsmäßig von der Reichsgewalt ausgehenden Bestimmungen der rechtsgiltigen Verwerfung einer andern Staatsgewalt unterliegen könnte; vielmehr ist, wo eine Verbindung deutscher mit nichtdeutschen Ländern vorkommt, in der Verfassung der ersteren bezüglich des gesammten Ländercomplexes eine Bestimmung aufzunehmen, welche die unbeschränkte Anwendung der deutschen Reichsverfassung in den deutschen Gebietstheilen sichert."

Hierdurch, — so glaubt die großherzogliche Staats-Regierung, — ist auch das wesentliche Interesse des deutschen Bundesstaates und seine consequente Durchführung gewahrt.

III. Sehr wünschenswerth erscheint es, wenn sofort in der Reichsverfassung ausgesprochen wird, daß die Kosten für Herstellung und Erhaltung von Wasserstraßen, aber auch nur diese, durch eine entsprechende Abgabe von der Fluß-Schiffahrt zu decken sind, und daß in § 40 des Abschnittes von der Reichsgewalt der letzte Satz, wonach die Post nur im Interesse des allgemeinen Verkehrs ausgeübt werden soll, fallen gelassen oder modificirt wird.

IV. Die in dem Verfassungsentwurfe (Abschnitt „Reichs-Gewalt" Art. II. § 13) enthaltene Bestimmung, nach welcher alle Staaten, deren Contingent weniger als 6000 Mann beträgt, die Militärhoheit verlieren, trifft das Großherzogthum ebenfalls, und bedroht dasselbe mit dem Verlust eines der wichtigsten Hoheitsrechte. Wenn nun gleich bis jetzt die Versuche, eine staatliche Vereinigung unter mehreren benachbarten Staaten zu Stande zu bringen, gescheitert sind, so darf man doch hoffen, daß es gelingen werde, vorläufig wenigstens rücksichtlich des Militärs eine derartige feste Vereinigung entweder mit sämmtlichen thüring'schen Staaten, oder doch mit einigen derselben zu erzielen, dergestalt, daß das so gebildete Ganze eine die Normalzahl von 6000 Mann übersteigende Truppenzahl stellen würde. In dieser Erwartung würde es sehr wünschenswerth sein, den betreffenden Theil der Verfassung so abzuändern, daß die Militärhoheit, auch im Falle solche Verträge zu Stande kommen, den verbundenen Staaten erhalten werde.

Daß aus einem allgemeinen Interesse die Staaten, welche nicht 6000 Mann Militär stellen, eine Beschränkung sich gefallen lassen müssen, erkennt die großherzogliche Regierung als richtig an. Allein jenes allgemeinere Interesse ist vollständig erreicht, wenn mehrere jener Staaten in eine feste organische Vereinigung in Beziehung auf das Militärwesen treten. Weiter zu gehen, und trotz solcher Vereinigung die Militär-Hoheit aufzuheben, hieße ohne genügenden Grund, also gegen das Wesen eines wahren Bundesstaates und mithin gegen Recht und Billigkeit, dieselben in ihrer Selbstständigkeit beschränken. Es würde übrigens gar nichts dagegen zu erinnern sein, wenn bei der Abänderung des betreffenden Paragraphen eine Frist gesetzt würde, innerhalb welcher jene Vereinigung in Betreff des Militärwesens abgeschlossen und der Centralstelle zur Prüfung und Billigung vorgelegt werden müsse, widrigenfalls die Bestimmung, wie solche jetzt gefaßt, in Kraft trete.

V. Dem § 2 des Art. III vom Reichstage liegt in seinem die gemeinsame Vertretung der thüring'schen Staaten betreffenden Absatze der gewiß sehr wohl begründete Wunsch zu Grunde, daß diese Staaten zu einer möglichst innigen Vereinigung und Gesetzgebung und andere gemeinschaftliche Angelegenheiten zusammentreten möchten und die Voraussetzung, daß dieß geschehen werde. Die Protocolle, welche ich mir unter A — E anzufügen erlaube, weisen aus, daß die großherzogliche Staatsregierung, ohne irgend eine Prävalenz erstreben zu wollen, für die Verwirklichung jenes Gedankens eifrig bemüht gewesen ist; sie weisen aber leider auch aus, daß das Project an dem von anderer Seite hervorgetretenen Widerstreben gescheitert ist. An und für sich betrachtet ist das Großherzogthum nach Stellung und Größe mit Luxemburg und Limburg oder Oldenburg, welche Staaten je zwei Vertreter in das Staatenhaus senden sollen, gleichzustellen. Ganz gegen Recht und Billigkeit würde es sein, sollte das Großherzogthum gegen diese Staaten zurückgestellt werden. Es kommt aber hinzu, daß die nach dem jetzt vorliegenden Entwurf erforderliche Vereinigung der Stände der verschiedenen Staaten Thüringens zu einem einzigen so überaus beschränkten Zweck Schwierigkeiten und wiederholten Geldaufwand erfordert, welcher mit dem Zwecke gar nicht im Verhältniß steht. Endlich ist noch zu erwähnen, daß nur unter der Voraussetzung eines thüringen'schen Staatenverbandes die gemeinsame Vertretung dieser Staaten von dem allgemeinen Standpunkt des Bundesstaates aus wünschenswerth erscheint, ohne solchen Verband aber weit mehr nachtheilig, als förderlich sein muß. Aus

kommt doch darauf an, gute Wahlen zu treffen. Hierfür ist die Grundbedingung, daß die wählenden Stände das politische Talent und den Charakter der zu Wählenden aus eigener Erfahrung kennen; dazu ist aber wieder eine allgemeinere politische Verbindung eben dieser Stände nöthig. Außer solcher Verbindung wird die Wahl nur allzu leicht eine Sache des Zufalls, oder auf ein Compromiß zwischen verschiedenen particularistischen Tendenzen zurückgeführt werden. Bei dieser Gelegenheit habe ich dem mir gewordenen Auftrage gemäß noch zu erwähnen, daß der bisherigen Observanz, namentlich auch nach der Abstimmung im plenum des Bundestages die dem Großherzogthum Weimar zukommende Stelle zu regeln sein möchte, daß es unmittelbar auf Holstein folgt.

Frankfurt a. M., am 13. Februar 1849.

Der Bevollmächtigte des Großherzogthums Sachsen-Weimar:
(gez.) v. Wydenbrugk.

Beilage XXIV.

Herr Bevollmächtigter!

Das gegenwärtige Ministerium des Reichsverwesers hatte am 19. December v. J. bei der deutschen verfassunggebenden Nationalversammlung um die Ermächtigung angesucht,

„die gesandtschaftliche Verbindung mit der Regierung des österreichischen Kaiserreichs Namens der deutschen Centralgewalt anknüpfen zu dürfen zu dem Zwecke, die Verständigung über die gegenseitigen, sowohl bereits bestehenden, als künftigen Bundespflichten und Rechte einzuleiten und zu unterhalten."

Ein ähnlicher Antrag war schon von dem Ministerium des Reichsverwesers, als noch Sie an der Spitze desselben standen, vorbereitet worden. Es war nämlich unter Ihrer Mitwirkung beabsichtigt gewesen, den in folgender Weise formulirten Antrag an die Nationalversammlung zu bringen:

„Die Reichsversammlung, — in Erwägung, daß nach der Natur der Verbindung Oesterreich's mit außerdeutschen Ländern und nach den vorliegenden Erklärungen der österreichischen Regierung der Eintritt der deutsch-österreichischen Provinzen in den deutschen Bundesstaat auf den Grund der von der deutschen Nationalversammlung angenommenen Verfassungsbestimmungen nicht erwartet werden kann; daß das österreichische Ministerium die Ansicht feierlich ausgesprochen hat, es seien die Verfassungen Deutschland's und des österreichischen Kaiser-Staates unabhängig von einander zu begründen, und erst, nachdem beide Staatencomplexe feste Gestalt gewonnen, die Bedingungen des Anschlusses zu verabreden; daß zwar die Verabredung der Verfassung des deutschen Bundesstaates nicht aufgehalten werden darf, daß aber eine gänzlich getrennte Feststellung beider Verfassungen, ohne Verständigung über die möglichen Grundlagen des künftigen Verbandes Oesterreich's mit Deutschland, diesen Verband selbst, und mit ihm die höchsten Interessen der gesammten Nation gefährden könnte; daß ein Anlaß zur Verständigung mit Oesterreich auch in der unabweisbaren Nothwendigkeit liegt, den Umfang jener Bundespflichten näher zu bestimmen, zu deren Erfüllung Oesterreich auch in den gegenwärtigen Verhältnissen sich bereit erklärt hat; daß endlich Berathungen mit der österreichischen Regierung in den erwähnten Beziehungen zweckmäßig nur durch die Central-Gewalt gepflogen werden können, das Gesetz vom 28. Juni aber diesen Fall nicht vorgesehen hat;

beschließt:

„dem Reichsministerium die Ermächtigung zu ertheilen, mit der österreichischen Regierung in Verhandlung zu dem Zwecke vorbereitender Verständigung über die möglichen Grundlagen der künftigen Verbindung Oesterreich's mit Deutschland einzutreten." —

Beide Anträge hatten ihren Grund in der Ueberzeugung, daß die in Oesterreich bestehende Verbindung deutscher und nichtdeutscher Lande zu einer Staatseinheit von so großer Festigkeit und Macht, wie der Fortbestand der österreichischen Monarchie sie erheischt, mit einer gleichförmigen, über das ganze deutsche Bundesgebiet, also auch über die deutsch-österreichischen Provinzen sich erstreckenden Verfassung eines Bundesstaats nicht vereinbar sei. Beide jene Anträge beruhten auf der Voraussetzung, daß diejenigen Souveränitätsrechte, welche als unveräußerliche Rechte der österreichischen Centralgewalt über die sämmtlichen österreichischen Lande österreichischer Seits betrachtet werden, im Wesentlichen auch als der Inbegriff der Rechte gelten würden, welche der deutsche Bundesstaat ansprechen müsse, damit die Staaten umschlungen seien von dem gemeinsamen Bande einer kräftigen Centralgewalt. Es erschien als ein Widerspruch, die deutsch-österreichischen Provinzen rücksichtlich derselben staatsrechtlichen Berechtigungen und Verpflichtungen beiden, in Beziehung auf diese Provinzen für gleichberechtigt erachteten, und mit denselben Befugnissen ausgerüsteten Centralgewalten untergeordnet zu denken.

Die Lösung dieses Widerspruches zu suchen durch Gefährdung des Fortbestandes der Monarchie ist nicht der Gedanke, mit welchem der Unterzeichnete die Führung der Geschäfte im Reichsministerium übernahm; sie zu suchen durch Verzicht auf das nothwendige Maß der Einigung Deutschland's, diesem andern Gedanken darf und kann er nicht Raum geben. Es blieb nur die Lösung übrig, anzunehmen, daß Oesterreich in den zu errichtenden deutschen Bundesstaat nicht eintrete; — mit demselben aber sich so enge, als möglich, — enger, wenn möglich, als bisher im Staatenbunde, — verbinden werde. In dieser Auffassung des Verhältnisses Oesterreich's zu Deutschland durfte das Reichsministerium mehr als eine bloße Ansicht, es durfte darin den eigenen Wunsch und Anspruch der kaiserlichen Regierung erkennen. Oesterreich hatte sich durch Wort und That der Zumuthung erwehrt, als seien seine deutschen Gebiete einer an die Stelle des frühern Bundestags tretenden obersten Vollziehungsgewalt unterzuordnen.

„Wir wollen die constitutionelle Monarchie aufrichtig und ohne Rückhalt," —

so heißt es im Programm von Kremsier d. d. 27. Nov. 1848.

„Wir wollen diese Staatsform, deren Wesen und gesicherten Bestand wir in der gemeinschaftlichen Ausübung der gesetzgebenden Gewalt durch den Monarchen und die Repräsentanten-Körper Oesterreich's erkennen," — wir wollen sie ꝛc. „getragen von der freien Gemeinde und der freien Gestaltung der Ländertheile in allen inneren Angelegenheiten, umschlungen von dem gemeinsamen Bande einer kräftigen Centralgewalt ꝛc."

„In allen äußeren Beziehungen des Reiches werden wir die Interessen und die Würde Oesterreich's zu wahren wissen und keinerlei beirrenden Einfluß von Außen auf die unabhängige Stellung unserer inneren Verhältnisse zulassen."

Zwar lag Oesterreich's Zustimmung vor zur Gründung der durch das Gesetz vom 28. Juni v. J. geschaffenen provisorischen Centralgewalt über Deutschland; aber die Wirksamkeit, die dieses Gesetz derselben überwies, hatte Oesterreich ihr nicht einzuräumen vermocht. Das erwähnte ministerielle Programm von Kremsier hatte den Fortbestand der Monarchie in staatlicher Einheit verkündet und die Verbindung Oesterreich's mit Deutschland dem Zeitpunkte vorbehalten, in welchem beide Staatenkörper zu neuen und festen Formen gelangt sein würden. Die gegenseitige Unabhängigkeit der inneren Gestaltung schien hiermit ausgesprochen; Oesterreich hatte sie für sich auch thatsächlich geltend gemacht, indem es ohne Vorbehalt bezüglich der Verfassung des deutschen Bundes den gemeinschaftlichen österreichischen Reichstag für deutsche und nichtdeutsche Provinzen berufen hatte. Der Natur der künftigen Verbindung konnte das Reichsministerium nicht vorzugreifen glauben, indem es unter diesen Umständen einerseits und andererseits nach den bisjetzt vorliegenden Beschlüssen der deutschen Nationalversammlung bezüglich des Verfassungswerks, worin das System des Bundesstaats mit einer gemeinschaftlichen Regierung und Volksvertretung für die gemeinsamen Interessen der Nation festgehalten wird, die Sonderstellung Oesterreich's neben dem deutschen Bundesstaate als bereits entschieden annahm. — Diese Voraussetzung mit ihren Folgerungen wird in dem Schreiben des k. k. Herrn Minister-Präsidenten Fürsten von Schwarzenberg, welches der Unterzeichnete durch Vermittelung des Herrn Bevollmächtigten für Oesterreich am 4. d. M. zu empfangen die Ehre hatte, als unstatthaft bezeichnet. Der Herr Minister-Präsident erklärt, daß in jener zu Kremsier geschehenen Darlegung der Politik des österreichischen Kabinets die Absicht, sich von dem zu errichtenden deutschen Bundesstaat auszuschließen, keineswegs ausgesprochen sei, daß vielmehr Oesterreich seine Stellung als deutsche Bundesmacht nicht aufzugeben gedenke. — Der Unterzeichnete hat sich bei Erwägung dieser Erklärung von dem Vertrauen leiten lassen, daß die österreichische Regierung nicht gewillt sein könne, der Lage Deutschland's diejenige Rücksicht zu versagen, die sie für die ihrige mit Recht in Anspruch nimmt. — Eine stark ausgerüstete Einheitsgewalt in Deutschland zu verhindern, die Ursachen der Revolution im deutschen Volke zu verewigen, dieß wird Oesterreich weder als ein Recht behaupten, noch als das richtige Mittel betrachten, zu seiner eigenen inneren Festigung zu gelangen. — Die kaiserliche Regierung besitzt eine zu genaue Kenntniß von den Zuständen Deutschland's, und hat in den revolutionären Bewegungen, die auch in Oesterreich Statt gefunden haben, zu viel eigene Erfahrungen gesammelt, um nicht dem Entwickelungsgang Rechnung zu tragen, wodurch die Nationalversammlung veranlaßt worden ist, abweichend von dem Princip der Vereinbarung zwischen der Volksvertretung und den Regierungen bezüglich des Verfassungswerkes, wie dieses Princip gegenüber den constituirenden Versammlungen und für die Verfassungen der Einzelstaaten festgehalten worden ist, die endgültige Entscheidung über das Reichsverfassungswerk sich vorzubehalten. — Es ist Thatsache, daß die deutschen Regierungen nach den Märzbewegungen, während der Versammlung des Fünfziger-Ausschusses und bis zur Eröffnung der Nationalversammlung, vielfacher Anregungen ungeachtet, sich nicht über einen vorzulegenden Verfassungs-Entwurf und den bezüglich des Verfassungswerks einzuschlagenden Gang haben einigen können. — Daß eine solche allgemeine Einigung aller Regierungen jetzt sicherer in Aussicht stehe, ist schwer zu glauben. — Die Nationalversammlung konnte also nicht innerhalb der Consequenzen eines Princips bleiben, welche die Möglichkeit des Zustandekommens des doch so dringenden Verfassungswerkes in Frage stellen mußten. Aber gleich der kaiserlichen Regierung erblickt auch der Unterzeichnete die sicherste Hoffnung des Gelingens des Verfassungswerkes in der Verständigung mit den Regierungen, wo und insoweit sie Schwierigkeiten beseitigen und zum Ziele führen kann. — In der Hinweisung auf diese Verständigung von Seiten des kaiserlichen Ministeriums wird also der Unterzeichnete mit gleich festem Vertrauen eine Absicht oder Begünstigung der Hinausschiebung des Verfassungswerks entfernt nicht voraussetzen, sondern nur eine im Bewußtsein der Größe und Schwierigkeit der Aufgabe gefaßte Ueberzeugung erkennen über das nothwendige und erreichbare Maaß der politischen Einigung Deutschland's, und er hat die Frage dieses Maaßes als eine offene anzuerkennen, so lange keine endgiltigen Verfassungs-Beschlüsse vorliegen. — Die mündlichen Aeußerungen, mit welchen der kaiserliche Herr Bevollmächtigte das Schreiben vom 28. December begleitete, deuteten darauf hin, daß dieses Schreiben eine Aenderung der politischen Ansicht ausdrücken solle, welche dem Programme von Kremsier zu Grunde liegt. Bestünde diese Aenderung darin, daß Oesterreich, früher entschlossen, den deutschen Bundesstaat neben sich entstehen zu lassen, nunmehr ein Veto gegen denselben aus seinem Rechte als Bundesmacht ableiten wollte; Oesterreich befände sich dann im Widerspruche nicht nur mit dem vorwaltenden Verlangen der Nation, sondern auch mit dem gegenwärtigen Staats- und Bundesrechte Deutschland's. Das Gesetz vom 28. Juni v. J., wodurch eine provisorische Centralgewalt für Deutschland unter Zustimmung aller deutschen Regierungen constituirt worden ist, hat das Staats- und Bundesrecht Deutschland's wesentlich modificirt, den Bundesstaat berechtigt, und es können die Rechte und Pflichten des Bundes nicht mehr ausschließlich nach den Grundgesetzen von 1815 und 1820 erkannt werden. — Die Räthe des Reichsverwesers mußten daher die letzte Erklärung Oesterreich's in dem andern Sinne verstehen, daß dadurch die Aussicht eröffnet sei, es werde sich die neue Constituirung der österreichischen Gesammt-Monarchie mit der Unterordnung des österreichischen Bundesgebietes unter eine, das Wesen des Bundesstaates festhaltende, deutsche Reichsverfassung und Reichsregierung vereinigen lassen. Diese Aussicht ist es, auf welche das Reichsministerium, wie im Eingang bemerkt, früher verzichten zu müssen glaubte. Sich ihr zu verschließen, kann ihm nicht in den Sinn kommen. Das Verfassungswerk in unbestimmte Ferne zu rücken, steht nicht in seiner Macht und würde seiner Pflicht widerstreben. — Das hier in Abschrift beigefügte Schreiben des Unterzeichneten vom 5ten d. M. an den zur Begutachtung der Vorlage vom 18. December niedergesetzten Ausschuß der Nationalversammlung gibt Rechenschaft über die durch das unterm 28. December erlassene Schreiben des k. k. Herrn Ministerpräsidenten an den Herrn Bevollmächtigten für Oesterreich erforderlich gewordene Modification dieser Vorlage. Dieselbe ist von dem Unterzeichneten, nach eingeholtem Beschlusse des Ministerrathes, in der Berathung noch näher dahin bestimmt worden:

> „daß die Mittheilung vom 5ten d. M. an den Ausschuß auf dem Vorbehalte der Erklärung Oesterreich's beruht, ob und wie es in den Bundesstaat oder überhaupt die Staatsform, die hier gefunden werden soll, eintreten könne und wolle; — daß diese Erklärung nicht mehr, wie in der Vorlage vom 18. December, als ertheilt vorausgesetzt wird."

Damit trat die Frage der Ausdehnung der von der deutschen Nationalversammlung ausgehenden Verfassungsbeschlüsse und Gesetze auf das Bundesgebiet Oesterreich's wieder an die vorderste Stelle, und eine Folgerung hieraus war, daß das Reichsministerium den früher in Voraussetzung des Unionsverhältnisses auf die gesandtschaftliche Form der Verhandlung beschränkten Antrag nunmehr erweiterte, um für die Entscheidung der Vorfrage Raum zu lassen.

Die Nationalversammlung hat durch Beschluß vom 13ten dieses Monats dem Reichsministerium die verlangte allgemeine Ermächtigung ertheilt:

„Zu geeigneter Zeit und in geeigneter Weise mit der k. k. Regierung Namens der provisorischen Centralgewalt für Deutschland über das Verhältniß Oesterreich's zu Deutschland in Verhandlung zu treten,"

und das Reichsministerium hat in Betracht der sich nähernden Entscheidung nicht gesäumt, bei Seiner kaiserlichen Hoheit dem Reichsverweser den Antrag zu stellen, daß von jener Ermächtigung sofort Gebrauch gemacht werde.

Was die Verhandlung derjenigen Punkte betrifft, in welchen das Verhältniß der provisorischen Centralgewalt zu Oesterreich bisher nicht geregelt, und die ihr übertragenen Vollziehungsbefugnisse nicht ausgeübt werden konnten, so werden die einzelnen Reichsministerien wegen der in ihren Bereich gehörenden Gegenstände mit dem k. k. Herrn Bevollmächtigten sich zu benehmen die Ehre haben. — Der Unterzeichnete hält jedoch diesen Weg nicht für ausreichend, um die Erfüllung einer der wichtigsten Pflichten der Centralgewalt, die Leitung der auswärtigen Angelegenheiten Deutschland's ermöglicht zu sehen. Die Stellung Oesterreich's als europäische Großmacht, und die Natur der gegenwärtigen politischen Fragen, deren Fäden fast alle in Wien zusammenlaufen, bringt es mit sich, daß die Centralgewalt eines am Sitze der österreichischen Regierung verweilenden Vertreters nicht entbehren kann. Es ist für sie unerläßlich, von den dortigen Verhandlungen und Entschlüssen schleunige und umfassende Kenntniß zu erhalten, und sie wird nur unter dieser Bedingung im Stande sein, den von ihr, wie von Oesterreich ausgesprochenen Wunsch und Willen, in den Fragen der äußern Politik Hand in Hand zu gehen, wirksam in Ausübung zu bringen. — Sie bedarf eines Organs, welches ihr gleich, wie dieß für die k. k. Regierung durch Anwesenheit des Herrn Bevollmächtigten dahier der Fall ist, die Möglichkeit bietet, auch ihrerseits am Hofe Sr. Majestät des Kaisers und dem österreichischen Ministerium gegenüber durch mündliche von Person zu Person gehende Erörterungen dem Verkehr diejenige Vollständigkeit und Lebendigkeit zu verleihen, welche nur durch wechselseitige Sendung vertrauter und erprobter Männer zu erreichen ist. — Es wird sich das Bedürfniß, Bevollmächtigte der Centralgewalt auch in anderen deutschen Regierungssitzen verweilen zu lassen, wahrscheinlich, wenn auch aus minder dringenden und entscheidenden Ursachen, ergeben. — Auch hinsichtlich des Hauptzweckes der dem Ministerium ertheilten Ermächtigung, der baldigen Klarstellung des gesammten Verhältnisses Oesterreichs zu Deutschland, hält der Unterzeichnete einen Agenten der Centralgewalt in Wien nicht für entbehrlich. — Wenn auch nach der von dem kaiserlichen Ministerium früher geäußerten und von dem Herrn Bevollmächtigten mündlich als fortbestehend bestätigten Ansicht der Zeitpunkt noch nicht gekommen sein sollte, die gegenseitigen Beziehungen Oesterreichs zu Deutschland staatlich zu bestimmen, so muß doch der Unterzeichnete den größten Werth darauf legen, über den Entwickelungsgang der dortigen Verfassungsfragen aus unmittelbarer Auffassung unterrichtet zu werden, das Verständniß der hiesigen durch unmittelbare Erklärungen fördern zu können, und die Gegenseitigkeit der Einwirkung auch in Betreff des Verfassungswerkes herzustellen. — Dieß sind die auch bei öffentlichen Anlässen ausgesprochenen Gründe, welche der kaiserl. königl. Herr Bevollmächtigte und das kaiserliche Ministerium würdigen werden, welche das Reichsministerium veranlassen, sich ohne Verzug mit der Aufgabe einer Sendung an den kaiserl. königl. Hof zu beschäftigen. Zu diesem Zwecke muß dasselbe zunächst wünschen, durch geneigte Verwendung des Herrn Bevollmächtigten mit möglichster Beschleunigung zu erfahren, ob hinsichtlich einer solchen Sendung und ihrer Modalitäten die kaiserliche Regierung sich zur Aeußerung bestimmter Wünsche oder Vorschläge veranlaßt finde. — Das Reichsministerium hofft auf deren Zustimmung, indem es sowohl den Charakter eines diplomatischen, als den eines aus der Executivgewalt abgeleiteten Auftrags ausschließt, und für den Bevollmächtigten der Centralgewalt, ähnlich wie für die Bevollmächtigten bei derselben, nur die äußere Rangstellung eines Gesandten als ihr angemessen erscheinend bezeichnet. — Mit dem vorstehenden, die Form der Verhandlung betreffenden Ersuchen verbindet der Unterzeichnete die vorbereitende Anknüpfung der Unterhandlung selbst, für welche der Ausgangspunkt nur in den bis jetzt in erster Lesung vorliegenden Verfassungsbeschlüssen der deutschen Nationalversammlung gefunden werden kann. Er glaubt daher, die kaiserliche Regierung, wie hiermit geschieht, ersuchen zu müssen, die hier in beweisender Form beigefügten, vorläufig angenommenen Theile der Verfassung — vom Reiche, von der Reichsgewalt, vom Reichsgerichte, vom Reichstage — amtlich zur Kenntniß zu nehmen. Das bereits früher mitgetheilte Capitel von den Grundrechten hat jetzt, nach gehöriger Publication, Gesetzeskraft. Zu welchen Erwägungen die Regierung des Kaiserstaates in diesen Mittheilungen Anlaß findet, in welcher Weise sie die Feststellung des Verhältnisses der österreichischen Gesammtmonarchie und ihrer Bestandtheile zu dem in der Gestaltung begriffenen deutschen Bundesstaate auf dem Grunde jener Beschlüsse, oder auf welcher andern Grundlage herbeizuführen gedenkt: darüber darf der Unterzeichnete im beiderseitigen höchsten Interesse einer baldgefälligen Rückäußerung entgegensehen.

Frankfurt a. M. den 22. Januar 1849.

(gez.) H. Gagern.

An den kaiserl. königl. österreichischen
Bevollmächtigten, Herrn Ritter
v. Schmerling.)

Präsident: Herr Pfeiffer verlangt das Wort in Bezug auf den Antrag, das ganze Material dem Verfassungs-Ausschusse zur Prüfung zu überweisen.

Pfeiffer von Adamsdorf: Meine Herren! Ich stimme zwar dem eben vernommenen Antrage des Reichsministeriums bei, das allerdings wohl sehr reiche Material der verschiedenen Erklärungen der deutschen Regierungen dem Verfassungs-Ausschusse zu überweisen; aber ich möchte doch der Ansicht sein, daß es die Lage des Vaterlandes, sowie die Würde dieser hohen Versammlung erheischt, ganz entschieden die Richtung und Absicht zu bezeichnen, in der diese Ueberweisung geschehen soll. Sie kann nach meiner Ansicht nicht so zu verstehen sein, daß etwa durch längere diplomatische Unterhandlungen, oder durch Abwarten noch nicht eingegangener Noten und Erklärungen die Beendigung unseres Verfassungswerkes noch weiter hinaus verzögert wird (Stimmen im Centrum: Sehr gut!), nachdem wir schon in eine Lage hineingekommen sind, wo in der Beschleunigung unseres Verfassungswerkes allein noch die Hoffnung, die letzte für uns, ruht, es zu Stande zu bringen. (Bravo auf der Linken und im Centrum.) Täuschen wir uns nicht, meine Herren, es handelt sich im gegenwärtigen Augenblicke um unsere Existenz, es handelt sich um die Frage: Ob **wir selbst** unsere Aufgabe zu lösen im Stande sind, oder ob wir sie Anderen übertragen müssen? (Bravo auf der Linken und im Centrum.) Von Tag zu Tag drückt man an unserer Berechtigung mehr herunter, an unserer Berechtigung, die wir mit unserem Mandate zugleich als Verpflichtung übernommen haben, nämlich das Verfassungswerk für Deutschland herzustellen. Daß zur Lösung unserer Aufgabe, und namentlich um unser Verfassungswerk zuletzt in den Einzelstaaten ins Leben einzuführen, eine Verständigung mit den Einzelregierungen nothwendig sein würde, darüber bin ich nie im Zweifel gewesen, und weise sie auch jetzt nicht zurück, so lange sie eine Verständigung mit uns ist. Aber es scheint aus manchen Erklärungen hervorzugehen, daß unter diesem Titel vielmehr eine Verständigung der Fürsten untereinander gegen uns ausgeführt werden soll... (Bravo auf der Linken und im Centrum), das heißt eine Octroyirung, daß uns wenigstens die Vereinbarung aufgedrängt werden soll, die von Anfang an die Versammlung in ihrer großen Majorität zurückgewiesen hat, und zwar nicht etwa in zu hoch gespannter Ansicht ihrer Machtvollkommenheit, sondern aus der Ueberzeugung, daß eine Vereinbarung uns nimmermehr zum Ziele führen kann. Lesen Sie diese Erklärungen so werden Sie finden, daß eine jede Einzelregierung viel mehr am Sonderinteresse festhält, als an der Einigung unseres Vaterlandes (Bravo auf der Linken und im Centrum), und dann können wir unsere unbesonnenste Handlung von dem Tage her datiren, wo wir den alten Bundestag mit so großem Jubel begraben haben, weil dann die Zerrissenheit und der Zwiespalt unseres Vaterlandes viel größer sein wird, als je zuvor. Um aber nicht mit einem so traurigen Resultate nach fast jahreslanger Arbeit nach Hause zurückzukommen, scheint es mir erforderlich, daß die Versammlung ausspreche, es sollen zwar jene Erklärungen dem Verfassungs-Ausschuß überwiesen werden zur geeigneten Berücksichtigung, und auch im Drucke der hohen Versammlung vorgelegt werden zur Erwägung, daß aber sich die Versammlung das letzte Wort bewahre, sowie den letzten endgiltigen Beschluß. (Bravo auf mehreren Seiten.) Meine Herren! Wenn Sie nicht eine dritte Lesung herbeiführen wollen, wozu Ihnen vielleicht andere Hände den Text schreiben werden, so sprechen Sie es aus, daß mit der zweiten Lesung die Verfassung für Deutschland endgiltig festgestellt ist. (Bravo auf mehreren Seiten.) Meine Herren! Es kann Zeiten und Lagen im Staate geben, wo Zaudern und Zögern nützlicher ist, als Beschleunigen, aber ich meine, unsere Lage im Inneren und nach Außen ist nicht die, daß uns die Cunctatoren nützen können. (Bassermann und Andere im Centrum: Sehr richtig!) Ich weise Sie hier auf die Auflösung verfassungsmäßiger Gerechtsame in den Einzelstaaten, wie auch auf die Nichtanerkennung der Grundrechte hin. Sie allein haben das Heilmittel für unser tiefgeschlagenes Vaterland in den Händen; es besteht allein darin, daß Sie schleunig die Verfassung zu Ende bringen. Ich erinnere Sie daran, daß in kurzer Zeit jener Waffenstillstand mit Dänemark zu Ende geht. Sollen uns unsere Feinde wieder zerrissen und in Zwiespalt, ohnmächtig und schwach finden, um, selbst ohnmächtig, unter dem Schutze einer anderen Macht uns die Friedensbedingungen dictiren zu können? Nein, meine Herren, ich meine, eine solche Schmach laden wir nicht auf uns. Deßhalb stelle ich den Antrag:

„Die Nationalversammlung, indem sie die von dem Reichsministerio zur Anzeige gebrachten Bemerkungen der meisten deutschen Regierungen zu dem in erster Lesung angenommenen Verfassungsentwurf, sowie die etwa rechtzeitig noch eingehenden Mittheilungen ähnlicher Art an den Verfassungs-Ausschuß überweist, und deren Druck und Vertheilung an die Mitglieder der Versammlung anordnet:

gibt dem Ausschusse auf, nunmehr seine Revision ohne Zögerung zu vollenden, und setzt fest, daß am Montag den 5. März mit der zweiten Lesung begonnen, und damit endgiltig die Verfassung festgestellt wird.“ (Bravo im Centrum.)

Unterstützt von: Liebmann; [illegible]; [illegible]; Schmidt von Berlin; [illegible]; [illegible]; [illegible]; Backhaus; Böcking; Zell; [illegible]; Hirschberg; Minkus; A. Grumbrecht; [illegible]kind; Bresgen; Schorn; [illegible]; [illegible]; Fritzsche; Cramer; Johannes; Emmerling; Mittermaier; Binckert.

Meine Herren! Ich lege auf die letzte Bestimmung ein besonderes Gewicht; es ist mir von verschiedenen Seiten her gesagt worden, daß vielleicht der Verfassungs-Ausschuß selbst nicht im Stande sein möchte, das reiche Material in dieser Zeit zu bewältigen, und die zweite Lesung vorzubereiten. Ich will mich gern jeder Modificirung dieses Termins fügen, aber darum bitte ich Sie, daß Sie die endgiltige Festsetzung der Verfassung in Händen behalten; bedenken Sie, daß Sie die erste deutsche Nationalversammlung sind, die erste, daß Sie also eine Verpflichtung gegen ihre Nachfolgerinnen haben, und glauben Sie ja nicht, daß irgend ein Volkshaus, und wäre es durch das freieste Wahlrecht berufen, eine Macht und eine Kraft den Regierungen gegenüber haben wird, wenn Sie sich unmächtig und kraftlos ihnen gegenüber gezeigt haben. Zeigen Sie, meine Herren, daß Sie hier als Männer tagen, die stets in ihren Beschlüssen von dem Bewußtsein geleitet werden, daß sie vor Allem Deutsche sind. Stellen Sie dem Nebel, der aus den diplomatischen Phrasen und Wendungen aller dieser Erklärungen uns entgegensteigt, und mehr die Wahrheit verbirgt, als er sie durchscheinen läßt, stellen Sie ihm die einfache Thatsache entschieden gegenüber, daß es noch eine deutsche Nationalversammlung gibt. (Lebhaftes Bravo in der Versammlung.)

Venedey von Köln: Meine Herren! Der Beifall, den die letzte Rede gehabt hat, war, wie ich glaube, ein allgemeiner; er sollte wenigstens ein allgemeiner sein. Auch wir wünschen, daß Sie endlich wieder zu der Stimmung kommen, daß Sie sagen: „In der Nationalversammlung vor Allem ist Deutschland vereinigt;“ aber gerade, meine Herren, weil wir Das wünschen, und weil wir die Einheit Deutschland's vorerst und vor Allem in dieser und in allen künftigen Reichsversammlungen sehen, deßwegen wünschen wir, daß, bevor die zweite Lesung des Verfassungswerkes beginne, das zukünftige Wahlgesetz, auf dem alle künftigen Versammlungen beruhen, festgestellt sein werde. Nicht auf die Spitze, sondern auf die Grundlage kommt es an. Ein tüchtiges Wahlgesetz, meine Herren, wird ganz anders die Einheit Deutschland's begründen, als was Sie sonst noch hier thun und beschließen mögen. Vorerst müssen wir unserer Ansicht nach feststellen, wie es mit der Nationalversammlung in Zukunft stehen solle, ob sie aus dem ganzen Volke, oder nur einem Theil des Volkes hervorgehen soll. Deßwegen tragen wir darauf an, daß das Wahlgesetz vorher zur zweiten Lesung komme, und unmittelbar nach der zweiten Lesung desselben die der Verfassung. Der Antrag ist hinlänglich unterstützt, er lautet:

„Die Reichsversammlung beschließt, die zweite Lesung der Verfassung unmittelbar nach der zweiten Lesung des Wahlgesetzes vorzunehmen.“

Unterstützt von: H. Simon; Schoder; Riehl; Rappard; Claussen; Hehner; Haggenmüller; Blumröder; Vogel von Guben; Reitter von Prag; Schulz von Darmstadt; [illegible] von

Reiffe; Wähler von Schwerin; Neugebauer; Sieſra; Ahrens; Schatt; Rödinger; M. Simon; Mello.

Präſident: Ehe ich den ferneren Rednern, die ich unter die beiden Rubriken für und gegen eingeſchrieben habe, das Wort gebe, verleſe ich einen Antrag von den Herren Ludwig Simon von Trier, Schütz, Moritz Hartmann und Mareck:

„In Erwägung, daß durch den Druck und die Vertheilung der von dem Herrn Miniſterpräſidenten angezeigten Actenſtücke ſowohl der Verfaſſungs-Ausſchuß, als auch alle Mitglieder der Verſammlung in die Lage kommen, denſelben diejenige Beachtung zu ſchenken, welche ſie ihnen ſchenken mögen; in Erwägung, daß eine Beſtimmung des Beginnes der zweiten Leſung der Verfaſſung füglich bis zur Vorlage der desfallſigen Arbeiten des Verfaſſungs-Ausſchuſſes unterbleiben kann: aus dieſen Gründen geht die Nationalverſammlung zur Tagesordnung über.“

Herr Grumbrecht hat das Wort.

Grumbrecht von Lüneburg: Meine Herren! Ich muß mich gegen beide Verbeſſerungs-Anträge erklären, und ich habe mir namentlich das Wort erbeten, weil ich in Rückſicht auf meine ſpecielle Heimath Hannover Gründe geltend zu machen habe, die Sie veranlaſſen dürften, dem Antrage beizuſtimmen, den mein politiſcher Freund Herr Pfeiffer Ihnen vorgelegt hat. Meine Herren! Die hannöver'ſche Regierung hat freilich jetzt, wie ich gehört habe, nachträglich noch eine Note überreicht, aber wenn ſie dieß auch nicht gethan hätte, wir, — und ich darf ſagen „wir,“ da ich der Geſinnung der großen Mehrzahl meiner Heimathgenoſſen gewiß bin, — würden nicht darauf antragen, daß Sie darauf warten ſollen. (Bravo auf der Linken und im Centrum.) Wir glauben nicht, daß Sie die Intereſſen der Regierungen zu wahren haben, und was die Intereſſen des Volkes betrifft, ſo ſind wir ſelbſt Manns genug, ſie zu wahren. (Bravo auf der Linken und im Centrum.) Aber wenn Sie den Antrag des Herrn Pfeiffer verwerfen, ſo werden Sie damit auch nicht auf Hannover Rückſicht nehmen wollen; ich bin überzeugt, gegen die hannöver'ſche Regierung würde man donnern, wie damals, ich geſtehe es zu meiner Freude. Aber freilich auf die öſterreichiſche Regierung will man warten. (Stimmen: Nein!) Ich muß jedoch ſagen, daß ich wahrlich keine Veranlaſſung finde, auf die Noten der öſterreichiſchen Regierung zu warten, noch weniger als auf die der hannöver'ſchen. Die hannöver'ſche Regierung hat ſich freilich der hieſigen Centralgewalt widerſetzt, und erklärt, daß die Grundrechte in Hannover keine Geltung haben ſollen, ſie hat aber keinen Abgeordneten der Nationalverſammlung ermorden laſſen. (Große Unruhe. Lebhafter Beifall auf der Linken.)

Mühlfeld (vom Platze): Zur Ordnung!

Grumbrecht: Sie hat nicht im Ausland anzeigen laſſen, daß ſie gegen die Verfaſſung proteſtire. (Lebhaftes Bravo auf der Linken. Große Unruhe auf der Rechten und im Centrum.)

Präſident: Meine Herren! Der Redner will ſich über den Ausdruck erklären, der wiederholt ſchon in dieſer Verſammlung gebraucht worden iſt.

Mühlfeld (vom Platze): Zur Ordnung!

Grumbrecht: Erlauben Sie, daß ich mich erkläre, ſonſt kann ich nicht zu Ende kommen. Ich ſpreche hier als Juriſt von einem Juſtizmorde, und den finde ich in der widerrechtlichen Tödtung des Abgeordneten Robert Blum. (Bravo auf der Linken.)

Mühlfeld (vom Platze): Zur Ordnung! (Große Unruhe.)

Grumbrecht: Ich glaube nicht, daß irgend ein Mitglied der Verſammlung mich zur Ordnung zu rufen hat, und der Herr Präſident hat es nicht gethan; alſo ich ſage: Die hannöver'ſche Regierung hat weder dieß gethan, noch hat ſie im Auslande gegen die Verfaſſung proteſtirt, noch hat ſie ſo liebenswürdige Bundesgenoſſen ſich geſucht, als die Ruſſen ſein ſollen, wie man ſagt. (Lebhaftes Bravo auf der Linken, im linken Centrum und auf der Gallerie.)

Präſident: Wenn die Gallerie noch ein Zeichen von Beifall oder Mißfallen gibt, ſo werde ich zuerſt verſuchen, die einzelnen Ruheſtörer zu entfernen, demnächſt aber die Gallerie räumen laſſen! — Herr Grumbrecht, fahren Sie fort!

Grumbrecht: Dagegen hat ſie ſich, ich geſtehe und beklage es, gegen die Geltung der Grundrechte, ſowie überhaupt gegen die endgiltige Entſcheidung der hieſigen Verſammlung offen erklärt, ſie hat die Omnipotenz derſelben beſtritten. Und, meine Herren, was hat dagegen die öſterreichiſche Regierung gethan? Sie hat uns zuerſt in dem Programm von Kremſier eine Mittheilung gemacht, die der Herr Miniſterpräſident verſtanden hat, wie ich ſie mit Vielen von Ihnen auch verſtanden habe; darauf hat ſie in der Note vom 28. December v. J. erklärt, der Herr Miniſterpräſident und wir mit ihm hätten die Note ganz mißverſtanden. Nun, meine Herren, ich würde Das vielleicht für möglich halten, wenn nicht der Herr Bevollmächtigte für Oeſterreich von dieſer Tribüne herab erklärt hätte, daß er die frühere irrige Anſicht ſeiner Regierung berichtigt habe. Darauf haben wir eine Note vom 4. Februar erhalten, die gerade auch nicht den Wunſch beſonders rege machen kann, noch weitere ſolcher Noten zu erhalten. Ich will damit nicht ſagen, daß andere Regierungen darum mehr Lob verdienen. Sie kommen nicht, wie die öſterreichiſche, in Widerſpruch mit ihren eigenen Erklärungen, weil man hinein- und herausleſen kann, was man Luſt hat. Allein, meine Herren, von ſolchen Noten werden wir erdrückt, wir müſſen uns wieder Luſt machen durch eine Erklärung dagegen. Wir dürfen nicht einen Antrag verwerfen, der eine ſolche Erklärung enthält, noch einen Antrag annehmen auf zweite Leſung des Wahlgeſetzes, das jedenfalls nicht feſtgeſtellt werden kann, bevor die Verfaſſung ſelbſt feſtſteht. Nun, meine Herren, was meine ſpecielle Heimath betrifft, ſo würden wir durch die Verwerfung des Antrages meines politiſchen Freundes Pfeiffer und durch die daraus ſich ergebenden Conſequenzen in eine üble Lage kommen. Verhehlen Sie ſich nicht, daß Sie mit der Verwerfung des Antrages das Vereinbarungsprincip ausſprechen. (Widerſpruch auf der Linken.) So werden die Regierungen und manche Außenſtehende wenigſtens Ihren Beſchluß auslegen, und ich frage nun: Was wird dieß für einen Eindruck in Hannover machen? Sie wiſſen, daß bei uns das Miniſterium durch die Majorität der Kammer geſtürzt iſt; Sie wiſſen, daß ſich dieſe dafür ausgeſprochen hat, daß unſere Beſchlüſſe durch Verkündigung im Reichsgeſetzblatt eo ipso rechtsgiltig ſeien. In welche Lage würden Sie nun dieſe Majorität bringen, jene hochherzigen Männer, welche trotz vieler Gegengründe, die ſie im Intereſſe ihres ſpeciellen Vaterlandes Hannover wohl hätten bewegen können, behauptet haben, daß hier die Nationalverſammlung omnipotent ſei. Verwerfen Sie nun dagegen den Antrag meines Freundes Pfeiffer, und beſchließen

Sie, daß wir auf die Regierungen warten sollen, so steht das im Widerspruche mit jenem Beschlusse. Wird die hannöver'sche Regierung nicht darin eine Bestärkung **ihrer** Ansichten finden? Meine Herren! Wenn Sie den Antrag von Herrn Pfeiffer verwerfen, dann möchte ich Ihnen den Rath geben, der von dieser Seite (der Linken) des Hauses Ihnen häufig gegeben worden ist, — ich glaube zwar, ungerechterweise und nicht im Ernste, — den Rath: Gehen Sie nach Hause! Denn Sie haben damit das Vereinbarungsprincip anerkannt. (Unruhe und Widerspruch auf der Linken; Stimmen daselbst: Oh! Oh!) Ich wenigstens würde mich in diesem Falle mit meinen Landsleuten benehmen, ob wir nicht verpflichtet seien, nach Hause zu gehen. (Unruhe auf der Linken und im Centrum.) Ich würde denken: Sie wollen nicht mit **uns**, den Abgeordneten des Volkes, sondern mit unserer Regierung die Verfassung vereinbaren. Daher bitte ich Sie dringend, den Antrag des Herrn Pfeiffer anzunehmen. (Bravo in den Centren.)

Präsident: Herr **Schorn** hat zu dem Antrag von Herrn Pfeiffer das Amendement gestellt, daß es heißen soll:

„Am 5. März, eventuell sobald der Ausschuß-Bericht sich in den Händen der Mitglieder der Versammlung befinden wird" &c.

Herr Reichensperger hat das Wort.

Reichensperger von Köln: Meine Herren! Mit dem ersten Redner, Herrn Pfeiffer, stimme ich vollkommen überein in Beziehung auf Dasjenige, was er zur Begründung seines Antrages vorausgeschickt hat, nicht aber mit dem Antrage selbst. Auch ich bin der Ansicht, daß eine Verständigung und keine Vereinbarung mit den einzelnen Regierungen stattfinden müsse. Ich bin weiter der Ansicht, daß es, wo möglich, eine **freundliche** Verständigung sein muß. Wenn man aber den Redner, der soeben die Tribüne verlassen hat, gehört hat, so muß man auf den Glauben kommen, es handle sich nicht um eine Verständigung, am Wenigsten um eine freundliche Verständigung, sondern vielmehr um die Eröffnung eines Feldzugs gegen Oesterreich. (Unruhe in der Versammlung; Bravo im rechten Centrum.) Ja, wenn wir, meine Herren, im Begriffe ständen, den Krieg an Oesterreich zu erklären, so könnten feindseligere Ausfälle gegen diese große stammverwandte Nation nicht gefallen sein. (Stürmisches Bravo auf der Rechten und im rechten Centrum.) In meiner Eigenschaft als Deutscher weise ich dergleichen Invectiven entrüstet zurück. (Stürmisches Bravo auf der Rechten und im rechten Centrum.) Wenn wir also vor der Hand keinen Krieg mit Oesterreich wollen, — Hannover will ich gerne mit dem Redner bei Seite lassen, — sondern eine freundliche Verständigung, so müssen wir auch solche Mittel ergreifen, welche sie herbeizuführen geeignet sind. Ich kann als solche aber Das nicht anerkennen, was der erste Antragsteller beantragt hat. Das reiche Material, welches das Ministerium uns vorgelegt hat, muß jedem Unbefangenen zeigen, daß es unmöglich ist, auch wenn man auf weitere Mittheilungen nicht warten wollte, dieses Material bis zum 5. März zu bewältigen; es ist geradezu unmöglich, das ist meine Ueberzeugung. Nach dem Urtheile, welches das Ministerium über den Inhalt der bis jetzt uns noch nicht bekannten Noten gefällt hat, ist soviel klar, daß Forderungen der verschiedensten Art an die Nationalversammlung gestellt werden. Es werden dieselben doch jedenfalls berücksichtigt werden müssen. Dürfen wir hier uns aber für irgend einen Antrag entscheiden, ohne die betreffenden Acten zuvor gelesen zu haben? Das wäre, wenn Sie mir den Ausdruck erlauben, wahrhaftig leichtsinnig. (Unterbrechung und Unruhe.) Ich bin wenigstens von jeher gewöhnt gewesen, und ich meine, es liegt Das so ziemlich in der Natur der Sache; daß man nicht eher den Termin zum Spruche ansetzt, bevor man die Acten des Processes gelesen hat. Wer Das paradox finden kann, der mag es immerhin so nennen! Also fürs Erste scheint es mir nicht angemessen, irgend einen Termin, geschweige einen nahen zu bestimmen, um in der wichtigsten Frage, die uns je vorgelegen hat, und uns noch vorgelegt werden wird, ein Urtheil zu sprechen. — Sodann glaube ich, ist es eben wenig angemessen, schon jetzt zu sagen, daß wir mit der zweiten Lesung ein **endgiltiges** Urtheil fällen wollen. (Große Unruhe und Unterbrechung auf der Linken.)

Präsident: Wird denn, meine Herren, die Discussion dadurch irgendwie gefördert, wenn Sie den Redner nicht zu Ende sprechen lassen? Diese Unterbrechungen dürfen nicht stattfinden. Jede Ansicht muß ungehindert ausgesprochen werden dürfen und ungestört angehört werden.

Reichensperger: Auch ich, meine Herren, wünsche von Herzen, ja ich hoffe und glaube es, daß die zweite Lesung zugleich die letzte sein werde; aber ich denke, es ist nicht einmal der Würde der Versammlung angemessen, dieß jetzt schon auszusprechen. Meinem Gefühle, meiner Ueberzeugung nach ist es immer ein Symptom der Schwäche, wenn Jemand im Voraus sich selbst präjudizirt, wenn man sein freies Urtheil ohne Kenntniß der Thatsachen und der Verhältnisse, auf welche es basirt werden soll, im Voraus fesselt. Derjenige, der sich seines festen Entschlusses, seines guten Rechtes und seines Standpunktes wahrhaft bewußt ist, wird nicht im Voraus sagen: Das, was ich jetzt thue, werde ich nun und nimmermehr zurücknehmen. Es erinnert mich das an die Einleitungs-Floskel der justinianeischen Gesetze: „Durch dieses Gesetz, welches **in alle Ewigkeit** gelten soll." Nach vierzehn Tagen wurde nicht selten ein solches ewiges Gesetz zurückgenommen. Lassen Sie uns auf diese Floskel alten Styls nicht zurückkommen; sondern nur den Vorsatz fassen, so schnell wie möglich die Verfassung, und zwar wo möglich mit der zweiten Lesung zu beendigen; lassen Sie uns nicht im Voraus uns die Hände binden, sondern die Freiheit uns bewahren; vor allen Dingen aber jeden Schritt vermeiden, der den Anschein auf uns werfen könnte, als wollten wir mit einer oder der anderen Regierung einen Bruch oder Collisionen herbeiführen. Ich glaube, daß wir unser Werk nur auf diesem Wege fördern, und den Dank der Nation uns verdienen können. — Meine Herren! Wir wollen Alle die Freiheit und die Einheit Deutschland's; wir wollen Alle die Integrität Deutschland's, ich hoffe wenigstens, wir unterscheiden uns wesentlich nur darin, daß die Einen mehr Gewicht auf die Einheit, die Anderen mehr Gewicht auf die Integrität Deutschland's legen. Unterstützen wir uns gegenseitig in Allem, was wir Alle wollen, helfen wir uns einander die Einheit **und** die Integrität Deutschland's aufrecht erhalten! Wenn wir aber das Letztere wollen, so fassen wir keine solche Beschlüsse, die leicht so gedeutet werden könnten, als wollten wir auf Kosten der Integrität eine Einheit um jeden Preis gründen, als wollten wir sogar Schritte thun, die dahin führen, es dem mächtigsten deutschen Staate unmöglich zu machen, fernerhin ein Theil von Deutschland zu sein. Ich erkläre mich gegen eine jede der beiden Propositionen des Herrn Pfeiffer, sowohl gegen die Fixirung eines bestimmten Datums für den Beginn der zweiten Lesung der Verfassung, als auch gegen den Antrag, die zweite Lesung schon im Voraus für endgiltig zu erklären. (Bravo im Centrum und Stimmen daselbst: Sehr gut!)

Präsident: Herr **Wesendonck** hat folgenden Antrag übergeben:

„Die Nationalversammlung wolle unter Anerkennung des Princips, daß die Verfassung einzig und allein von der Nationalversammlung festzustellen ist, die von dem Reichsministerium angezeigten Actenstücke dem Verfassungs-Ausschusse überweisen, und sich die Entscheidung über den Zeitpunkt der zweiten Lesung der Verfassung bis nach erfolgter Vorlage des Verfassungs-Ausschusses vorbehalten.“

Riesser von Hamburg: Meine Herren! Ich will nicht so tief, wie unsere Vorredner in das Innere der wichtigen Frage eingehen, die uns später beschäftigen wird; ich will mir bloß einige Worte über die geschäftliche Lage der Sache und die Stellung des Verfassungs-Ausschusses zu derselben erlauben. Es kann natürlich ein Beschluß des Verfassungs-Ausschusses, der über die gegenwärtige Sachlage noch nicht gemeinschaftlich hat berathen können, darüber noch nicht vorliegen. Was ich darüber Ihnen sagen kann, ist das Resultat eigener Anschauung und der Ansicht mehrerer Mitglieder, mit denen ich Rücksprache genommen habe. Es versteht sich, daß es jedem Mitgliede, welches eine andere Ansicht hat, freisteht, zu widersprechen. Aber nach meiner und mehrerer anderer Mitglieder Ansicht kann der Verfassungs-Ausschuß, wenn er alle seine Kräfte anstrengt, und wenn die Versammlung das Möglichste thut, um ihm zu seiner Arbeit Zeit zu lassen, die zweite Lesung bis nächsten Montag genügend vorbereiten.

Wigard (vom Platze): Das bestreite ich!

Riesser: Wir gehen davon aus, daß die Fragen, welche durch die Bemerkungen der Regierungen angeregt werden, keineswegs ganz neu oder überraschend sein werden. Die Beziehungen der Einzelstaaten zu dem Gesammtstaate, die Punkte, auf welchen sich dieselben am Meisten in ihrer Sonderstellung verletzt fühlen möchten, sind schon bei den früheren Berathungen hervorgehoben, und sorgfältig geprüft worden. Der Verfassungs-Ausschuß ist, abgesehen von den Bemerkungen der Regierungen, mit seiner Vorlage bereits fertig. Es wird also eine nicht so gar lange Zeit, es werden nicht so ganz neue, eingreifende Untersuchungen, wie über etwas ganz Unerwartetes, erforderlich sein, um die Frage zu beantworten, auf welchen Punkten etwa in Berücksichtigung übereinstimmender Wünsche der Regierungen eine Abänderung des Beschlossenen zulässig sein könnte, und auf welchen Punkten, wenn nicht der Bundesstaat preisgegeben werden soll, fest beharrt werden muß. Ich glaube daher mit mehreren Mitgliedern, daß die Möglichkeit vorhanden sein wird. Freilich müßte dann der Ausschuß nicht in der Lage sein, inzwischen sich auch mit der Vorbereitung der zweiten Lesung des Wahlgesetzes beschäftigen zu müssen. Was diese zweite Lesung, was die Frage betrifft, ob es zweckmäßig sei, sie vor der zweiten Lesung der Verfassung vorzunehmen, so erlauben Sie mir darüber noch ein Wort. Meine Herren! Wollen Sie, ehe Sie des Grundes des Gebäudes sicher sind, ein Gesetz, das nur ein Theil des Gebäudes ist, definitiv festsetzen? Glauben Sie, daß wahre Vaterlandsfreunde, die in dem Wahlrecht nicht die Befriedigung eines persönlichen Wunsches, die vielmehr darin einen ernsten Beruf zum Heile des Vaterlandes erblicken, — glauben Sie, daß diese sich des Besitzes eines Wahlrechtes erfreuen können, ehe das Vaterland selbst, ehe der Bundesstaat, zu dessen Frommen das Wahlrecht geübt werden soll, gegründet ist? (Beifall.) Glauben Sie, ehe es klar geworden, ob der Körper, der aus den Wahlen hervorgehen soll, eine ernste und wirkliche Macht haben wird, um die Geschicke Deutschland's zu lenken, oder ob nach wie vor der Schwerpunkt für die Bestimmung der Zukunft des Vaterlandes in den Einzelstaaten bleiben wird, — glauben Sie, daß vorher ein echter Patriot auf ein Wahlrecht, dessen Ziel und dessen Wirksamkeit noch völlig im Dunkeln schwebt, den mindesten Werth legen wird? (Beifall.)

Präsident: Herr **Mareck** hat eventuell den Antrag gestellt:

„Die Vorlagen des Reichsministeriums einem neu zu wählenden Ausschusse zu überweisen.“

Rösler von Oels: Meine Herren! Ich habe mit größter Verwunderung gehört, daß Deutschland verloren sei, daß das Vereinbarungs-Princip anerkannt sei, wenn wir nicht gerade am 5. März, wie die Oberpostamts-Zeitung und Herr Pfeiffer wollen, die zweite Lesung beginnen. Ich kann diese Logik nicht vollständig einsehen. Was nun den vorliegenden Punkt betrifft, so scheint es mir allerdings ganz zweckmäßig, daß, sowie die Petitionen und Denkschriften aller Art an den Verfassungs-Ausschuß abgegeben worden ist, so vorzüglich auch die Denkschriften der einzelnen Regierungen an denselben abgegeben werden. Ich hätte freilich gewünscht, das Reichs-Ministerium hätte sich die Mühe gegeben, auch einige kleine Denkschriften, die nicht an das Reichsministerium gerichtet worden sind, sondern da und dort hin, beizufügen. Es wäre interessant, eine gewisse preußische Note, wornach an Hannover erklärt worden sein soll, Preußen werde die Grundrechte nicht anerkennen, daß diese Note durch die Sorgfalt des Reichsministeriums auch hätte herbeigeschafft, und an den Verfassungs-Ausschuß überwiesen werden können. Mir scheint, sie haben Oesterreich und Preußen mit einem anderen Maßstabe zu messen. Ich habe keine Sympathieen für Oesterreich, für die österreichische Regierung nämlich; denn ich weiß Regierung und Volk zu trennen. Ich habe mich gefreut über das schöne divide et impera, womit Herr Grumbrecht seine Antipathie gegen Oesterreich aussprach, in der Hoffnung, auch andere Antipathieen in dieser Sache zu erwecken; allein was diese Antipathieen betrifft, wenn man so eifrig ist, die Sünden einer Regierung aufzudecken, so wäre es wünschenswerth, auch die anderer Regierungen anzuführen. Man könnte auch von zwei bayer'schen Noten in London sprechen (Eine Stimme im rechten Centrum: Man hat es gethan), die auch dem Verfassungs-Ausschuß überwiesen werden könnten. (Zuruf: Zur Sache!) Ich bin vollständig bei der Sache. Wenn nun der Vorschlag, die zweite Lesung des Wahlgesetzes vor der zweiten Lesung der Verfassung zu beginnen, eine so ungeheure Entrüstung und eine so tugendhafte Erbitterung erzeugte, so möchte ich darauf aufmerksam machen, daß beide zusammen proclamirt werden müssen, daß Sie weder die Verfassung proclamiren können ohne das Wahlgesetz, noch umgekehrt das Wahlgesetz ohne die Verfassung, beides muß zusammen ausgegeben werden. In der Hauptsache ist es gleichgiltig, ob Sie mit der zweiten Lesung der Verfassung, oder mit der zweiten Lesung des Wahlgesetzes beginnen, und was zuerst zu Stande kommt. Es handelt sich nur darum, welche Berathung zuerst angefangen werde, und daß die Berathung der Verfassung nur deßhalb sogleich angesetzt werden soll, weil die österreichische Regierung durch ihren Bevollmächtigten noch um Aufschub gebeten hat. Bloß deßhalb die Lesung der Verfassung beschleunigen, das heißt nicht eilen, um Deutschland's Verfassung zu Stande zu bringen, sondern eilen, um Deutschland geradezu bald zu zerreißen, damit man dem Verstümmelten eine solche Verfassungs-Jacke bald über den Leib ziehen kann. (Bravo auf der Linken und Stimmen daselbst: Sehr wahr!)

Grävell von Frankfurt an der Oder: Ich danke von ganzem Herzen Herrn Pfeiffer für seinen Antrag. (Unruhe.) Ich bin fest davon durchdrungen, daß es unsere erste und heiligste Pflicht ist, mit dem Verfassungswerke so rasch vorzuschreiten, wie es irgend möglich ist, ohne eine andere Pflicht zu verletzen, namentlich auch Das gründlich zu erwägen, was dabei zu bedenken ist. Ich stimme auch darin überein, daß ein Termin dazu bestimmt werden muß. Wenn eingewendet worden ist, es wird nicht möglich sein, so läßt sich darüber nichts bestimmen, am Wenigsten, da Mitglieder des Ausschusses die Möglichkeit eingeräumt haben. Ich sage, es wird möglich sein; sollte es nicht sein, so werden wir über die deßfallsigen Anträge, wie sie vorgelegt werden, Beschluß fassen. Vor der Hand ist die Unmöglichkeit nicht erwiesen; ich kann also nur dafür stimmen, daß es bei dem Antrage bleibt. Zunächst steht dem ganzen Antrage nichts entgegen, wenn er so verstanden wird, wie er meiner Meinung nach verstanden werden muß; nämlich am Ende das Wort: „endgiltig." Wird die Auslegung so gemacht, wie sie Herr Pfeiffer hineingelegt haben mag, nämlich daß, nachdem auf redliche und aufrichtige Weise der Weg der Verständigung eingeschlagen und verfolgt worden ist, dann am Ende, wenn Differenzen übrig bleiben, die National-Versammlung das letzte Wort sprechen müsse, und darüber sich zu erklären habe, was sie im Namen des Volkes eingehen will, oder nicht eingehen kann; so, glaube ich, kann unter Ihnen darüber nur eine Einstimmigkeit sein. Jeder von uns, der seinen Beruf kennt, und brav und ehrlich denselben erfüllen will, kann hierüber nicht zweifelhaft sein. (Bravo!) Aber in der Stellung, wie der Antrag gefaßt worden ist, hat er einen anderen Sinn; da heißt es, und so verstehe ich es: Es soll die zweite Lesung schon ein endgiltiges Resultat herbeiführen. — Meine Herren! Das können wir nicht voraussagen, weil wir es nicht wissen. Wenn wir ehrliche und wackere Leute sind, so dürfen wir keine zweideutigen Worte machen. Eine Verständigung mit der Regierung ist unmöglich, wenn wir heute schon sagen: Das nehmen wir an, und Das nicht. Sie geben uns die Gründe, und wenn diese Gründe nicht einleuchten, so müssen wir die Sache, die wir beanstanden, besprechen. Das ist Verständigung, das Andere heißt Absprechen, und das ist nicht Verständigung. Wie die Sache auch kommen wird, so können wir über die Gründe, die uns mitgetheilt worden sind, uns heute noch nicht erklären, denn wir kennen sie nicht. Sollte es der Fall sein, und sich ergeben, daß wir bei der zweiten Lesung entschieden sagen müßten, darauf ist nimmermehr einzugehen, so würde eine solche Erklärung an sich endgiltig sein; aber es ist eine Uebereilung, die von der Vernunft nicht gebilligt werden kann, über eine unbekannte Sache Beschlüsse zu fassen. Ich werde unbedingt für den Antrag sprechen, wenn dieß Wort, das so zweideutig gestellt ist, die Stellung erhält, welche ich hier ausgesprochen habe. Ich muß aber gegen den Antrag stimmen, wenn es damit bedingt sein soll, mich im Voraus zu verpflichten.

Präsident: Ehe ich Herrn Simon von Trier das Wort gebe, verlese ich noch einen Antrag von dem Herrn Cropp und Genossen:

„Obgleich wir mit dem Antrage des Abgeordneten Pfeiffer darin übereinstimmen, daß die zweite Lesung des Verfassungs-Entwurfs, und damit die endgiltige Feststellung der Verfassung Deutschland's durch die constituirende Reichsversammlung nicht länger, als den Umständen nach nothwendig, verzögert werden darf, so halten wir doch den in dem Pfeiffer'schen Antrage für den Beginn der zweiten Lesung vorgeschlagenen Termin vom 5. März um deßwillen für zu nahe, weil wir Oesterreich die Möglichkeit nicht abschneiden wollen, sich vor dem Beginne der zweiten Lesung, unter Berücksichtigung der von einer großen Fraction der Reichsversammlung zu dem in erster Lesung angenommenen Entwurfe der deutschen Reichsverfassung gestellten Verbesserungs-Vorschläge, über seinen Eintritt in den deutschen Bundesstaat auszusprechen. Da wir diese Möglichkeit für gegeben erachten, wenn der Anfang der zweiten Lesung auf den 15. März gesetzt wird, da ferner bis dahin auch der Verfassungs-Ausschuß mit seinem Berichte über die von mehreren deutschen Einzelstaaten eingekommenen, das deutsche Verfassungswerk betreffenden Erklärungen, und mit seinem Entwurfe für die zweite Lesung, ohne sich übereilen zu brauchen, fertig sein kann; so schlagen wir vor, statt der Worte des Pfeiffer'schen Antrags: „am Montage den 5. März d. J." zu setzen: am 15. März dieses Jahres."

Unterstützt von: Dham; Hoffmann von Ludwigsburg; Ignaz v. Kürsinger; Huck von Salzburg; Möller; Makowiczka.

Simon von Trier: Meine Herren! Der Antrag des Herrn Ministerpräsidenten geht dahin, daß die uns vorgelegten Actenstücke dem Verfassungs-Ausschusse „zur Prüfung" und der Versammlung zur „verdienten Beachtung" mitgetheilt werden sollen. Nachdem der Herr Präsident der Nationalversammlung Ihnen mitgetheilt hat, daß diese Actenstücke gedruckt an alle Mitglieder der Versammlung vertheilt werden sollen, so werden sämmtliche Mitglieder des Verfassungs-Ausschusses in den Besitz dieser Actenstücke gelangen, und in die Lage versetzt werden, auf dieselben diejenige Rücksicht zu nehmen, welche sie darauf nehmen mögen. Wenn wir überdieß die Verweisung an den Verfassungs-Ausschuß von Versammlungswegen officiell aussprechen, so beweisen wir damit einen höheren Grad von Nachgiebigkeit, und treten der Idee der Vereinbarung viel näher, als wenn wir diese Actenstücke einfach auf dem zuerst bezeichneten Wege in die Hände aller Mitglieder der Versammlung gelangen lassen. Ich muß mich daher gegen den Antrag meines Freundes Wesendonck aussprechen, daß diese Actenstücke dem Verfassungs-Ausschusse von Versammlungswegen überwiesen werden sollen.

Wesendonck (vom Platze): Unter Anerkennung!

Simon: Wenn Sie aber der Meinung wären, daß diese Actenstücke von einem Ausschusse geprüft werden müssen, so würde ich dem Antrage meines Freundes Mareck beistimmen, daß dazu ein neuer Ausschuß bestimmt werde. Sie wissen daß der Verfassungs-Ausschuß für seinen Antrag über das Wahlgesetz bloß 21 Stimmen gehabt hat, obgleich er selbst 30 Mitglieder zählt, und ich glaube, daß wir einem Ausschusse, der bei einer so wichtigen Angelegenheit bloß 21 Stimmen erlangt hat, eine gleichwichtige Arbeit nicht überweisen können. (Bravo auf der Linken. Stimmen daselbst: Sehr wahr!) — Was die Versammlung selbst betrifft, so möchte ich, nachdem einmal feststeht, daß wir alle die Actenstücke gedruckt erhalten werden, nicht hinzufügen, daß wir denselben die „verdiente Beachtung" angedeihen zu lassen hätten; — ich sehe gar nicht ein, wozu wir uns schon im Voraus zu einer „verdienten Beachtung" verpflichten sollen. Wenn wir die Actenstücke besitzen, werden wir sie ohnehin so viel beachten, als wir es für angemessen finden, und es ist durchaus nicht nöthig, sich von vornherein zu einem gewissen Grade von „Beachtung" zu verpflichten.

Bassermann (vom Platze): So viel sie verdienen!

Simon: Das werden wir so wie so thun...

Bassermann: Darum ist der Ausdruck ganz richtig!

Simon: Jedenfalls überflüssig! Der Verfassungs-Ausschuß soll nach dem Antrage des Herrn Pfeiffer seine Arbeit schleunigst beendigen; ich glaube, daß der Verfassungs-Ausschuß mit der politischen Richtung, die diesem Antrage des Herrn Pfeiffer zu Grunde liegt, so ziemlich einverstanden ist, daß er seine Arbeit so sehr beschleunigen wird, als es ihm möglich ist. Wäre aber auch die Arbeit des Verfassungs-Ausschusses gegenwärtig schon fertig, so würde ich mich immerhin der Ansicht anschließen, wonach die zweite Lesung des Wahlgesetzes der zweiten Lesung der Oberhauptsfrage vorhergehen soll. Man hat gegen Oesterreich angeführt, daß die Russen in Siebenbürgen eingerückt seien, und allerdings scheint es, daß nicht sowohl Oesterreich die Cultur nach dem Osten, als vielmehr Rußland seine Cultur nach dem Westen verbreiten werde. (Heiterkeit und Bravo auf der Linken.) Daraus folgere ich aber noch keineswegs, daß die preußische Regierung so russenfeindlich sei, als man hier nach einigen Aeußerungen gegen Oesterreich anzunehmen verführt werden könnte. Die preußische constituirende Versammlung hat durch den Beschluß, daß der bedrohten Stadt Wien Hilfe gebracht werde, sich einem möglichen Conflicte mit den Russen muthig ausgesetzt. Aber die preußische Regierung wird in zweiter Linie, — freilich steht Oesterreich jetzt in erster Linie, — ebensowenig russenfeindlich befunden werden, als die österreichische. (Bewegung; Stimmen auf der Linken: Sehr wahr!) Allerdings hat die österreichische Regierung an einem unserer Freunde einen Justizmord begangen; aber, meine Herren, Robert Blum hat uns angehört, wir haben Wien und ihn zu retten versucht, als es noch Zeit war. Die schwarz-weißen Thränen um ihn kommen uns zu spät! (Lebhaftes Bravo und Beifallklatschen auf der Linken.) Meine Herren! Seien Sie überzeugt, daß die Gefühle, welche gegen die österreichische Regierung sich hier Luft gemacht haben, uns ebensowohl beleben, als Sie, aber nicht das deutsche Volk in Oesterreich hat Robert Blum gemordet, sondern die österreichische Regierung. (Lebhaftes Bravo und Beifallklatschen auf der Linken.) Und was die österreichische Regierung verbrochen hat, das wollen wir das deutsche Volk in Oesterreich nicht entgelten lassen! (Beifall auf der Linken.) Wenn man glaubt, daß durch eine Verzögerung der zweiten Lesung der Verfassung und durch ein Zwischenschieben des Wahlgesetzes wir an Kraft verlieren, so muß ich Dem geradezu widersprechen. Wenn Sie eine Verfassung machen, worauf stützen Sie sich dabei? Sie rechnen mit den Ihnen vorliegenden Noten und dem Vertrauen, das die Regierungen Ihnen schenken. Wenn die Regierungen aber das gewünschte Vertrauen nicht haben, die gewünschte Nachgiebigkeit nicht beweisen, was haben Sie denselben alsdann entgegenzustellen? Nehmen Sie erst in das Wahlgesetz Dasjenige hinein, was Sie den Regierungen entgegenstellen können, d. h. das ganze Volk! Es freut mich, daß noch einmal aus Herzen die Flamme der Begeisterung hervorschlägt, welche bisher mit einer gewissen Wohlgefälligkeit sich der Leidenschaftslosigkeit rühmten! — Meine Herren! Sie können wieder Macht haben, wenn Sie dieselbe muthig wollen. Glauben Sie es mir, wenn Sie den rechten Weg gehen, so wird die linke Seite des Hauses, Manches vergessend, mit Ihnen gehen, um mit Ihnen jede Hand breit deutscher Volksfreiheit Schritt für Schritt gegen die Uebergriffe der Fürsten zu vertheidigen! (Lebhaftes Bravo und Beifallklatschen auf der Linken und im linken Centrum.)

Neh von Darmstadt: Meine Herren! Es scheinen mir zwei Fragen hier die entscheidenden zu sein, die erste, ob wir Veranlassung haben, rasch die Vollendung der Verfassung anzugreifen, und die zweite, ob die Möglichkeit vorliegt, dem Antrage des Herrn Pfeiffer, daß die zweite Lesung schon am 5. März beginne, zu entsprechen. Ueber beide Fragen werde ich mich kurz aussprechen. Daß wir mit der Vollendung der Verfassung so rasch als möglich vortreten müssen, darüber, glaube ich, sollte in diesem Hause kein Zweifel bestehen. Was ist es, was unserer Verhältnisse in Deutschland in einen Zustand fast völliger Zerrüttung gebracht hat? Es ist der Mangel einer Verfassung, es ist die fortwährende Ungewißheit darüber, was von hier aus geschaffen wird. Daher ist es unbedingte, dringende Pflicht, diesem Zustande des Vaterland's ein Ziel zu setzen, und wir werden dieses Ziel nur gewinnen, wenn wir rasch zur Vollendung der Verfassung schreiten. Darauf sind alle Stimmen der vernünftigen Vaterlandsfreunde gerichtet; lesen Sie alle Blätter, die sich als Stimmen der öffentlichen Meinung geltend machen Ihnen, alle stimmen in dem Rufe überein: Greift an das Werk, schließt Euer Werk! M. H.! Sind wir erst heute zusammengetreten? Sind wir am Beginne unserer Thätigkeit? Nein! Wir sind dem Schlusse sehr nahe, und es könnte der Boden uns unter den Füßen hinweggezogen werden, und daher gilt es, daß wir rasch unser Werk vollenden. Es ist gefragt worden, ob der Verfassungs-Ausschuß die Möglichkeit habe, in der kurzen Zeit die Arbeit zu vollenden, die Sie ihm auferlegen; ich, meine Herren, ich zweifle daran nicht. Es ist bereits sehr richtig bemerkt worden, daß wir nicht etwas ganz Neues in die Hand nehmen, sondern einen bereits zweimal geprüften Verfassungsentwurf vor uns liegen haben, und daß wir den Bestimmungen, die er enthält, nur Das entgegenzustellen haben, was in diesen Noten enthalten sein wird. Diese Arbeit ist keine sehr schwierige, wenn sie auch eine wichtige ist; geben Sie indeß dem Ausschusse die Möglichkeit, daß er die nächsten Tage ausschließlich dieser Arbeit widmet. Ich glaube, die hohe Versammlung sollte diese Rücksicht der Sache, und sollte diese Rücksicht den Personen schenken. Das Wahlgesetz, meine Herren, steht in erster Lesung seinem Schlusse nahe; ich glaube, daß wir dafür, weit gerechnet, wohl nur noch eine zweitägige Berathung nöthig haben. Wir werden zwischen dem Schlusse dieser Berathung und zwischen der zweiten Lesung der Verfassung eine weitere Berathung nicht einschieben können. Ich glaube deßhalb, Sie sollten die nächsten Tage: Dienstag, Mittwoch und wo möglich auch Donnerstag ausnahmsweise die Sitzungen in der Paulskirche aussetzen, Sie sollten diese drei Tage dem Verfassungs-Ausschusse gönnen, damit er sich ausschließlich der ihm obliegenden Arbeit widme. In diesem Falle, meine Herren, glaube ich, wird kein Grund vorliegen, zu besorgen, daß nicht in den nächsten zwei oder drei Tagen der Ausschuß seine Arbeit vollende, und es wird auch noch zeitig genug seine Arbeit gedruckt sich in Ihren Händen befinden können, so daß am nächsten Montag die zweite Lesung der Verfassung beginnen kann. Allein, meine Herren, selbst im schlimmsten Falle, wenn trotz des Beschlusses, den Sie heute gefaßt hätten, daß die Lesung am nächsten Montag beginnen solle, sich die Lesung etwa um einen oder zwei Tage verzögern sollte, meine Herren, würde ich dieß für kein so großes Unglück halten. Wir würden Das gewonnen haben, was zunächst gewonnen werden muß, nämlich, daß wir dem deutschen Volke unseren entschiedenen, festen Willen zeigen, endlich unser Werk zum Schlusse zu bringen. (Beifall im rechten Centrum.)

Präsident: Es liegt ein Antrag auf Schluß der Debatte vor, unterschrieben von den Herren Drechsler, Bresgen, überhaupt zwanzig Mitgliedern; ich bringe ihn zur Abstimmung. Diejenigen Herren, welche die uns gegenwärtig beschäftigende Discussion über die den Vorlagen des Reichsministeriums zu gebende Geschäftsbehandlung geschlossen wissen wollen, bitte ich, aufzustehen. (Mitglieder auf der Rechten und im Centrum erheben sich.) Wir müssen die Gegenprobe machen. Ich ersuche diejenigen Herren, welche den Schluß dieser Discussion nicht wollen, sich zu erheben. (Mitglieder auf der Linken und im Centrum erheben sich.) Das Büreau ist zweifelhaft; und da es sich um den Schluß der Discussion handelt, so gebe ich dem zunächst eingeschriebenen Redner, Herrn Buß, das Wort.

Buß von Freiburg i. Br.: Erwarten Sie nicht, daß ich in den brennenden Ton einstimme, der von einigen Rednern hier in diese Frage hineingeworfen worden ist; aber die Frage ist so ernst, daß wir ohne Leidenschaft, aber mit der größten Entschiedenheit dieselbe vornehmen müssen, und ich glaube, daß von der heutigen Entscheidung dieser bloß formellen Frage sich schon einigermaßen ein Schluß machen läßt auf die künftige Entscheidung der materiellen Frage. Meine Herren! Wir gehen endlich derjenigen Zeit entgegen, welche über das Verdienst dieser Versammlung entscheiden wird. Diese Versammlung ist zusammengetreten, um die Freiheit und Einheit, und dadurch die Größe der Nation zu begründen, und sie ist auf dem geraden Wege, die Einigung zu zerstören, und mit ihr die Freiheit und die Größe zu gefährden. Glauben Sie mir, in der Art der Entscheidung dieser Frage liegt die Hauptaufgabe der Versammlung. Verschieden sind die Interessen, die Meinungen, die Richtungen im Hause, außer dem Hause. Sie bedürfen der Ausgleichung, der Versöhnung. Die Aufgabe ist groß und schwer. Denn stellen Sie sich vor eine Unterhandlung, welche den ganzen Bau der Verfassung betrifft, den umfassendsten Gegenstand der Verhandlung unter uns und der Verständigung, wie die Meisten von Ihnen es annehmen, oder, wie Andere mit mir es nennen: der Vereinbarung der einzelnen Regierungen unter sich und mit uns. Wenn nun Unterhandlungen stattfinden zwischen selbstständigen Staaten über ganz einfache Vertragsverhältnisse, so dauern sie Monate lang, und hier, wo sämmtliche höchste und wichtigste politische Verhältnisse des deutschen Vaterlandes als Unterhandlungsgegenstand vorliegen, da soll die Sache vom Zaune gebrochen werden in einigen Tagen? Sie wollen jetzt schon die Verfassung vom 5. März benennen. — So viele Verfassungen aus dem letzten halben Jahrhundert, die nach Monatstagen benannt worden sind, sind schnell zu Grabe gegangen, eben deßwegen, weil sie nicht mit Reife und Umsicht, nicht mit ruhiger Erwägung aller Verhältnisse, nicht mit der gerechten Abwägung aller berechtigten Interessen geschaffen worden sind.

Bassermann (vom Platze): Neun Monate!

Buß: Neun Monate, sagt man; nein, die Frage, die gegenwärtig vorliegt, ist in ihrem eigentlichen Kern und in ihrer praktischen Anwendung, d. h. in Betreff der Vereinbarung mit den Regierungen, erst seit einigen Wochen im Gange; Sie haben vorher, meine Herren, in dem überschwänglichen Gefühl Ihrer Allmacht gebaut, und haben nicht gedacht an die Zustimmung der Regierungen; Sie haben geglaubt, Sie allein seien in Deutschland; aber nicht nur die Regierungen werden Einwendungen gegen Ihr Verfassungswerk erheben, auch das Volk erhebt sich, und es will gehört werden; aber erst in neuester Zeit ist es die Nation, die in ihren Eingaben und Petitionen die Beachtung ihrer Ansprüche verlangt. Wenn je, so ist heute die ganze Absicht der Ueberweisung der Sache [illegible] dargelegt worden. Es handelt sich also um die Beibehaltung von Oesterreich im deutschen Reich, oder um dessen Ausschließung; allein glauben Sie ja nicht, meine Herren, daß es sich bloß um Oesterreich handelt, eine ganze Reihe von Staaten geht mit; wir in Süddeutschland sind sowohl in materieller Beziehung, als auch in Beziehung auf die Vertheidigung unseres Landes ebenso tief dabei betheiligt, und deßwegen verlange ich . . . (Unruhe auf der Rechten; eine Stimme: Zur Sache!)

Präsident: Ueberlassen Sie das mir, meine Herren, zu beurtheilen, ob der Redner bei der Sache ist.

Buß: Ich bin mitten in der Sache. Es ist heute schon mehr Anlaß zu Unterbrechungen gegeben, da man die österreichische Regierung [illegible]. Ich fahre fort: deßwegen verlange ich Ernst und Zeit für die Behandlung der Sache. Gerade weil der eigentliche Gegenstand der Verhandlungen erst seit einigen Wochen in lebhafter Bewegung und in praktischer Erörterung ist; erst seit einigen Wochen, ich wiederhole es, so darf man doch annehmen, daß selbst die Regierungen, die ihre Erklärungen schon eingegeben, damit noch nicht das letzte Wort ausgesprochen haben. Bei allen Angelegenheiten, wo die Interessen mehrerer Theile sich entgegenstehen, müssen die Unterhandelnden gegenseitig nachgeben und zugeben, und glauben Sie mir, das wird auch in diesem Fall ebenso, wie bei allen Verhandlungen, eintreten. Schon aus dem Grunde also, weil nicht zu erwarten ist, daß die deutschen Regierungen schon ihr letztes Wort ausgesprochen, selbst diejenigen nicht, welche die ausführlichsten Erklärungen abgegeben haben, und aus dem weiteren Grunde, weil die Nation eigentlich jetzt erst aufgerufen ist, ihre Stimme in dieser Sache abzugeben, bei welcher es sich um ihre Zukunft handelt, um die Zukunft der Größe oder um die Zukunft der Getheiltheit und Schwäche: aus diesen Gründen darf man so schroff nicht abbrechen, wie dieses von Vielen unter Ihnen, meine Herren, beliebt wird. Ich glaube gern, daß sehr Viele unter uns schon jetzt gerüstet sind, ihre Stimme abzugeben, und daß man nicht zu warten braucht bis zum 5. März; ich glaube, bei sehr Vielen könnte man schon morgen abstimmen lassen, und es würde bei diesen der Erfolg unserer Verhandlung ganz derselbe sein; aber das ist nicht die Pflicht einer öffentlichen Versammlung; das ist ihrer nicht würdig, schon abzuschließen, wenn noch eine Menge thatsächlicher Angaben erst beigebracht werden müssen, welchen man in kürzester Zeit entgegensehen darf. In solcher Lage muß sie warten, zwar nicht bis ins Unbestimmte, man muß die Würde der Versammlung in dieser Beziehung nach allen Seiten hin zu schützen wissen; aber doch solange muß man zusehen, als man mit der Würde die Interessen der Nation besorgt. Meine Herren! Daß die kleinen Staaten, daß ein Lichtenstein, die Hohenzollern und alle die vielen Kleinstaaten des Nordens schon fertig sind mit ihren Kleinigkeiten und Erklärungen, das ist leicht zu begreifen; aber wenn ein Staat von dem Umfange, von der Macht, von der Stammesmischung, von der gemachten Stellung unter den entscheidenden Mächten des Welttheils, von den verwickelten Verhältnissen, wie Oesterreich, wenn ein Staat, der uns soviel zu bieten hat und der wahrhaft in diesem Hause nicht immer eine günstige Stimmung, sondern fast immer, wie heute, Unbill erfahren hat, wenn ein solcher Staat vorsichtig ist, wenn er die Sache an sich heran kommen läßt, und in dem Ernste der Ueberlegung seine Vorschläge vorbereitet, das müssen, das können wir nur billigen. Meine Herren! Das ist die erste Pflicht großer berathender Versammlungen, wie die unsrige ist, von Zeit zu Zeit ihr Gewissen zu erforschen, um zu wissen, wie sie eigentlich steht. Legen Sie um Gottes willen den Glauben an Ihre Allmächtigkeit ab. Machen Sie die Verfassung bis zum 5ten oder 15. März fertig, so sage ich Ihnen, die Verfassung ist doch nicht fertig, und wenn die höchsten, wie die materiellsten Interessen des größten Theils des deutschen Vaterlandes durch Ihre Verfassung verletzt sind, so wird das Volk die Verfassung revidiren, wenn sie auch von der größten Mehrheit des Hauses angenommen worden ist. Die Nation wird über uns zu Gericht sitzen und uns verurtheilen; deßwegen stimme ich gegen den Antrag des Herrn Pfeiffer und gegen alle Anträge, welche auf eine Uebereilung in der Sache abzielen. (Beifall auf der Linken und auf der äußersten Rechten.)

Reichsminister v. Gagern: Das Ministerium hat, wie in dem verlesenen Schreiben erklärt, ein reiches Material zur Prüfung für den Ausschuß, zur Beachtung für alle Theile des Hauses mitgetheilt. Es [illegible] diesem Material noch Manches nachfolgen, und ich halte es allerdings für wünschenswerth, daß dieses Material gründlich geprüft und nach Verdienst beachtet werde. Ich glaube, die Nationalversammlung hat aus der heutigen Discussion Gründe, hinlängliche Gründe schöpfen können, um einfach dem Antrage beizustimmen, den das Ministerium gestellt hat. Der Ausführung des Herrn Pfeiffer bin ich principiell durchaus nicht entgegen, vielmehr ist sie in Uebereinstimmung mit Dem, was das Ministerium heute ausgesprochen hat. Ich würde es aber selbst der Geschäftsordnung nicht ganz gemäß halten, wenn man jetzt schon eine Tagesordnung festsetzen wollte für einen Gegenstand der Berathung, worüber der Bericht des Ausschusses noch nicht vorliegt. (Einige Stimmen: Sehr richtig!) Lassen Sie also dem Ausschusse die Freiheit der Berathung, und die erforderliche Zeit. Ich wünsche daher, daß Sie dem Antrage beistimmen möchten, den das Ministerium gestellt hat. Dabei will ich bemerken, daß ich die Erwartung nicht theile, die der Redner vor mir so eben angedeutet hat, als ob vor einem nahen Termine der Berathung in zweiter Lesung des Verfassungs-Entwurfs, eine speciellere Erklärung Oesterreich's zu erwarten stehe. Wenn Das zu erwarten stände, seien Sie versichert, meine Herren, daß ich dann die Bitte an Sie stellen würde, Sie möchten warten; Oesterreich hat aber in der Note vom 4. Februar erklärt, daß es seine Erklärung vorbehalte, und sie dann erst abgeben werde, wenn die Nationalversammlung ihr Werk vollendet habe. (Zuruf: Hört! Hört!) Diese Erklärung ist bis jetzt weder zurückgenommen, noch modificirt worden. Sollte sie in der nächsten Zeit modificirt werden, ich würde dann mich für verbunden erachten, an die Versammlung den Antrag zu stellen, daß man weiter warten solle. Es sind dem Ministerium von Rednern vorhin mehrere Vorwürfe gemacht worden; unter Andern von Herrn Rösler von Oels dahin: daß das Ministerium bloß diejenigen Regierungserklärungen ausgesucht und mitgetheilt habe, die es für den vorliegenden Zweck für nützlich erachtet, Manches aber nicht mitgetheilt habe, was für die hohe Versammlung von gleich großen Interessen sei, und er hat namentlich auf eine preußische Note hingewießen, die bezüglich der Publication der Grundrechte an Hannover erlassen worden sei. Die Aufgabe des Ministeriums war, die Erklärungen, zu welchen es die Regierungen eingeladen hatte, für die zweite Lesung der Abschnitte des Verfassungs-Entwurfs der Nationalversammlung mitzutheilen. Die Grundrechte sind hier außer Frage; das Ministerium würde, wenn es Veranlassung gehabt hätte, sich über die Nichtvollziehung der Grundrechte auszusprechen, es in derselben Weise gethan haben in Bezug auf Preußen, wie es dieß heute Bayern, und früher Hannover gegenüber gethan hat. (Bravo in den Centren.) Das Ministerium hat keine Vorlage in dem versöhnlichen Sinne der Verständigung übergeben, und ich muß bedauern, daß ein Geist der Recrimination und des Unfriedens in die Verhandlungen sich eingeschlichen hat. (Stimmen: Hört!) Wer fühlt nicht das Bedürfniß, daß diese Versammlung noch einmal den Einklang über so wichtige, ihr vorliegende Fragen finden möge, der bei verschiedenen Veranlassungen in diesem Saale widergehallt hat? Das Nächste ist, daß keine Stammesanimosität sich geltend mache, keine Recriminationen stattfinden, die mit dem vorliegenden Gegenstand in keiner Beziehung stehen. (Bravo in den Centren.) Lassen Sie uns den festen Vorsatz fassen, bei der bevorstehenden zweiten Lesung des Verfassungswerkes Das zu unterlassen, und solchen Vorwurf nicht mehr auf uns zu laden. (Bravo in den Centren.) Ich trage darauf an, daß Sie, absehend von allen Anträgen, die weiter gestellt worden sind, denjenigen des Ministeriums Ihre Beistimmung geben möchte. (Bravo in den Centren.)

Präsident: Ehe ich einen abermals vorgelegten Antrag auf Schluß, — von Herrn Reh, v. Reden, Ziegert und Anderen, — zur Abstimmung bringe, verlese ich noch zwei Anträge. — Antrag des Abgeordneten **Arneth**:

„Der Zeitpunkt des Beginnens der zweiten Lesung der Verfassung möge auf Montag den 12. März festgesetzt werden."

Dann Antrag des Herrn **Künßberg**:

„In Erwägung, daß

1) nach der Natur der Sache kein Theil der Verfassung eher zur zweiten Lesung gebracht werden kann, bevor das Ganze der Verfassung die erste Lesung bestanden hat;
2) daß der bisher berathene Abschnitt über „das Reichsgericht" diesem Titel nicht entspricht, indem es bloß Competenzbestimmungen enthält, den Organismus und das Verfahren dieses Gerichts aber gar nicht berührt;
3) daß es unmöglich ist, ein Reichsgericht ins Leben zu rufen, solange keine Bestimmungen über diese Punkte getroffen sind, die für das Reichsgericht eine nicht minder große Bedeutung haben, wie das Wahlgesetz für das Volkshaus:

stelle ich den Antrag, zu beschließen, daß vor Vervollständigung des Entwurfs über das Reichsgericht, und vor erstmaliger Berathung über die, den Organismus und das Verfahren dieses Gerichts bebetreffenden gesetzlichen Bestimmungen von einer Festsetzung des Zeitpunkts, wo die zweite Lesung der Verfassung zu beginnen hat, zu abstrahiren sei."

Ich bringe nun den Antrag auf Schluß zur Abstimmung, nachdem ich vorher noch bemerkt habe, daß die Herren Riehl einer- und Drechsler andererseits die namentliche Abstimmung beantragt haben. Diejenigen Herren, die die uns gegenwärtig beschäftigende Discussion geschlossen wissen wollen, ersuche ich, sich zu erheben (Die Mehrzahl erhebt sich.) Der Schluß ist angenommen.

Pfeiffer von Adamsdorf: Meine Herren! Ich habe schon vorher erklärt, daß ich in eine Modificirung des Termins eingehen würde, und nehme deßhalb das Amendement, was von Herrn Schorn gestellt worden ist, welches so lautet: „Am 5. März, eventuell nach der Berichterstattung," in meinen Antrag auf. Ich erlaube mir nur noch eine Aufstellung zurückzuweisen (Stimmen: Schluß! Zur Sache!), die ich als durchaus irrig bezeichnen muß. (Unruhe und Stimmen: Die Verhandlung ist geschlossen! Er darf nicht mehr reden!)

Präsident: Meine Herren! Es ist der Antragsteller; nach dem Schlusse hat nicht Jeder, der ein Amendement einbringt, sondern Der, welcher einen selbstständigen Antrag gestellt hat, das Schlußwort. Ich bitte, fortzufahren.

Pfeiffer: Es ist gesagt worden, es handle sich bei meinem Antrage um eine Ausschließung Oesterreich's. Dem muß ich, für meine Person, entschieden widersprechen. Nachdem Oesterreich erklärt hat, daß es erst, nachdem das Verfassungswerk vollendet, seine Erklärung abgeben werde, so glaube ich, daß wir ihm und uns selbst eine Beschleunigung der Sache schulden, damit wir wissen, wie wir mit ihm daran sind.

Präsident: Der Herr Präsident des Ministerraths verlangt als solcher das Wort.

Reichsminister v. Gagern: Meine Absicht war die, daß dem Ausschuß die erforderliche Zeit zur Prüfung gelassen werde. Der Modification des Schorn'schen Antrages, daß nach der Prüfung, nach der Berichterstattung des Ausschusses, der aber bis dahin mit nichts Anderem sich beschäftigen dürfte, zunächst die zweite Berathung des Verfassungs-Entwurfs auf die Tagesordnung gesetzt werden möge, diesem Antrage schließe ich mich Namens des Ministeriums an.

Präsident: Die Reihenfolge der Abstimmung scheint mir folgende zu sein. Voran geht der Antrag des Herrn Simon von Trier „auf Tagesordnung"; ihm folgt der Antrag des Herrn Wesendonck, „die Entscheidung über den Zeitpunkt der zweiten Lesung noch vorzubehalten"; dann der des Herrn Künßberg, insofern in gleicher Richtung, „daß von der Bestimmung eines Zeitpunkts, an welchem die zweite Lesung zu beginnen hat, jetzt abstrahirt werde". Demnächst der Antrag von Herrn Pfeiffer, von dem ich noch nicht weiß, ob bloß er oder auch die anderen Herren Unterzeichner, sich mit dem Schorn'schen Amendement einverstanden erklären?... Es ist kein Widerspruch von den Herren, die den Antrag mit Herrn Pfeiffer erhoben haben. Dann der Antrag des Herrn Arneth, der „statt den 5. den 12. März" will; dann der des Herrn Kropp, der den „15. März" will; falls diese Anträge verworfen würden, der des Herrn Grävell, der das Wort „endgültig" am Schlusse gestrichen wissen will. Dann der Antrag des Herrn Venedey, welcher „die zweite Lesung der Verfassung bis nach der zweiten Lesung des Wahlgesetzes aussetzen" will; und eventuell der Antrag des Herrn Mareck, wonach nicht der Verfassungsausschuß, sondern „ein anderer, neu zu wählender mit der in Rede stehenden Arbeit betraut werden soll". — Ich habe jetzt noch die Unterstützungsfrage zu stellen. Der Antrag des Herrn Simon von Trier auf Tagesordnung, findet er Unterstützung? (Es erhebt sich die hinreichende Anzahl Mitglieder.) Er ist hinreichend unterstützt. Der Antrag des Herrn Wesendonck, wird er unterstützt? (Viele Mitglieder erheben sich.) Er ist hinreichend unterstützt. Der Antrag des Herrn Künßberg, wird er unterstützt? (Mehr als 20 Mitglieder erheben sich.) Er ist hinreichend unterstützt. Der Antrag des Herrn Pfeiffer ist schon schriftlich unterstützt. Der Antrag des Herrn Arneth, wird er unterstützt? (Viele Mitglieder erheben sich.) Er ist hinreichend unterstützt. Der Antrag des Herrn Kropp und Genossen: „statt den 5. den 15. März zu setzen". Wird dieser Antrag unterstützt? (Viele Mitglieder erheben sich.) Er ist hinreichend unterstützt. Das Amendement des Herrn Grävell: das Wort „endgültig" am Schlusse des Pfeiffer'schen Antrags zu streichen und die Abstimmung über diesen Antrag ohne das Wort „endgültig" vorzunehmen. Wird dieser Antrag unterstützt? (Es erhebt sich die hinreichende Anzahl Mitglieder.) Auch er ist unterstützt. Der Antrag des Herrn Venedey hat schon die hinreichende Unterstützung. Der Antrag der Herren Mareck aus Grätz, die Vorlage des Reichsministeriums an einen neu zu erwählenden Ausschuß zu verweisen. Findet der Antrag Unterstützung? (Viele Mitglieder erheben sich.) Er ist hinreichend unterstützt. Für welche Anträge behält sich Herr Riehl die namentliche Abstimmung vor?... (Herr Venedey bittet ums Wort über die Fragestellung.)

Venedey von Cöln: Meine Herren! Ich glaube, daß die Anträge, die eine gewisse Frist festsetzen, die letzten sein müssen; die Anträge, die keine bestimmte Frist feststellen, müssen vorangehen. (Zuruf: Oh!) Es ist präjudicirend, und deßhalb wird mein Amendement, das die zweite Lesung des Wahlgesetzes beantragt, vorhergehen müssen. Ein bestimmter Antrag auf eine bestimmte Tagesordnung kann nur zuletzt kommen.

Präsident: Meine Herren! Der Antrag des Herrn Pfeiffer und Schorn, wie ich ihn jetzt nennen will, enthält ja beides, eine Frist- und eine eventuelle sachliche Bestimmung; das muß doch augenscheinlich den Amendements vorangehen, die eine solche Frist nicht haben. Ich glaube also, daß ich mit meiner Fragestellung Recht habe. (Kein weiterer Widerspruch.) Herr Riehl beantragt die namentliche Abstimmung für den Venedey'schen Antrag. (Zuruf: Namentliche Abstimmung geht nicht!) Ja, meine Herren, ich glaube doch, das geht; erlauben Sie mir, daß ich mich hernach darüber aussprechen darf. Herr Drechsler verlangt die namentliche Abstimmung, über deren Zuläßigkeit ich später das Wort nehmen werde, für alle Anträge, die dem Pfeiffer'schen vorangehen, und für den Pfeiffer'schen selbst. Die Geschäftsordnung sagt § 42: „Bei den im § 32 bezeichneten Anträgen kann weder die namentliche Abstimmung, noch die Abstimmung durch Stimmzettel beantragt werden; die letztere findet nur statt, wenn die Abstimmung durch Aufstehen und Sitzenbleiben kein sicheres Ergebniß liefert", und das ist ohne Zweifel der Paragraph, an den die Herren denken, die im vorliegenden Falle die namentliche Abstimmung für unzuläßig erklären. Der § 32 aber sagt: „Von dieser Regel kann durch Beschluß der Versammlung in folgenden Fällen eine Ausnahme eintreten: a) bei Anträgen, welche nur die formelle Geschäftsbehandlung betreffen; b) wenn die Versammlung einen Antrag für sehr dringend; oder c) für nicht hinreichend bedeutend erklärt." Die beiden letzten Buchstaben kommen hier nicht in Betracht. Die Frage ist also nun, ob die vorliegenden Anträge solche sind, welche „nur die formelle Geschäftsbehandlung" betreffen, und das kann ich keineswegs einräumen. Der Antrag des Herrn Pfeiffer besagt, daß im Monat März mit der zweiten Lesung begonnen und damit endgültig die Verfassung festgestellt werde, und von diesem Satze wird wohl Niemand behaupten, daß er bloß die formelle Geschäftsbehandlung betreffe, zumal das Wort „endgültig" selbst principiell von einer Fraction des Hauses beanstandet und Gegenstand der Debatte geworden ist. Also die Zuläßigkeit der namentlichen Abstimmung kann meines Erachtens keinem Zweifel unterliegen. (Es erfolgt kein Widerspruch.) Ich frage, ob der Antrag des Herrn Riehl auf namentliche Abstimmung über das Amendement des Herrn Venedey Unterstützung findet? (Die hinreichende Anzahl erhebt sich.) Die Unterstützung ist hinreichend erfolgt. Wird der Antrag des Herrn Drechsler auf namenliche Abstimmung über alle dem Pfeiffer'schen vorausgehenden Anträge, also die der Herren Simon von Trier, Wesendonck und Künßberg, sowie über den Pfeiffer'schen Antrag selbst, unterstützt? (Zuruf: Einzeln fragen!) Ich soll die Unterstützungsfrage einzeln stellen? (Zuruf: Ja!) Wird der Antrag ....

Vogt von Gießen (vom Platze): Nach der bisherigen Geschäftsbehandlung wurde immer über diese Anträge im Ganzen abgestimmt.

Präsident: Es wird dagegen protestirt, nachdem ich den Antrag des Herrn Drechsler bereits zur Unterstützung gebracht habe und er sie nicht gefunden hat. (Stimmen: O!) Herr Vogt hat ganz recht, daß es mit der Geschäftsbehandlung meines Wissens bisher immer so gehalten worden ist, daß ein solcher Antrag auf namentliche Abstimmung, auf wie viele Anträge er sich auch bezogen haben möge, im Ganzen zur Abstimmung gebracht wurde. Herr Vogt meint nun, daß ich auch die gegenwärtige Abstimmung in diesem Sinne zu Ende bringen soll.

Drechsler von Rostock: Ich bestreite, was der Herr Herr Präsident sagt, daß nämlich, wenn namentliche Abstimmung im Allgemeinen beantragt wurde, auch die Unterstützungsfrage im Allgemeinen gestellt worden ist, und erinnere an die Erfahrungen der letzten Tage, während welcher wir fortwährend Anträge auf namentliche Abstimmung hatten und der Herr Präsident ausdrücklich erklärte, er wolle bei jedem einzelnen Antrage die Unterstützungsfrage über jene stellen. Nun will ich weiter nichts, als für jeden der vorhin genannten Anträge von Simon, Wesendonck, Künßberg und Pfeiffer die namentliche Abstimmung beantragen. Ich bitte also, jedesmal, erst wenn ein Antrag zur Abstimmung gebracht wird — denn der eine schließt den andern aus — die Frage auf die Unterstützung zu stellen. Meiner Meinung nach ist das der ausdrücklichen und buchstäblichen Bestimmung der Geschäftsordnung gemäß.

Präsident: Ich glaube, wir sollten darüber nicht streiten; es ist eins so zulässig wie das andere, und wenn Sie mit mir einverstanden sind, so gehen wir in der Sache selbst vor, und ich stelle die Unterstützungsfrage, wenn wir an die einzelnen Anträge kommen. — Der erste Antrag ist der des Herrn **Simon** von Trier. Ist die namentliche Abstimmung über denselben unterstützt? (Die hinreichende Anzahl erhebt sich.) **Sie ist unterstützt.** Der Antrag selbst lautet:

„In Erwägung, daß durch den Druck und die Vertheilung der von dem Herrn Ministerpräsidenten angezeigten Actenstücke sowohl der Verfassungsausschuß, als auch alle Mitglieder der Versammlung in die Lage kommen, denselben diejenige Beachtung zu schenken, welche sie ihnen schenken mögen;

in Erwägung, daß eine Bestimmung des Beginnes der zweiten Lesung der Verfassung füglich bis zur Vorlage der deßfallsigen Arbeiten des Verfassungsausschusses unterbleiben kann:

Aus diesen Gründen geht die Nationalversammlung zur Tagesordnung über."

Diejenigen, welche mit diesem **Antrage** einverstanden sind, werden bei dem Namensaufruf mit **Ja**, die ihn verwerfen wollen, mit **Nein** antworten.

Bei dem nunmehr erfolgenden Namensaufruf antworteten mit Ja:

Achleitner aus Ried, Ahrens aus Salzgitter, von Aichelburg aus Villach, Archer aus Rein, Bauer aus Wien, Beidtel aus Brünn, Benedict aus Wien, Berger aus Wien, Blumröder (Gustav) aus Kirchenlamitz, Boczek aus Mähren, Bogen aus Michelstadt, Brentano aus Bruchsal, Buß aus Freiburg, Christmann aus Dürkheim, Claussen aus Kiel, Clemens aus Bonn, Coronini Cronberg (Graf) aus Görz, Cropp aus Oldenburg, Damm aus Tauberbischoffsheim, Demel aus Teschen, Dham aus Schmalenberg, v. Dieskau aus Plauen, Dietsch aus Annaberg, Edlauer aus Gratz, Eisenstuck aus Chemnitz, Engel aus Pinneberg, Englmayr aus Enns (Oberösterreich), Esterle aus Cavalese, Fehrenbach aus Säckingen, Fetzer aus Stuttgart, Förster aus Hünfeld, Freese aus Stargard, Frisch aus Stuttgart, Fritsch aus Ried, Fröbel aus Reuß, Fügerl aus Korneuburg, Geigel aus München, Gerlach aus Tilsit, Göbel aus Jägerndorf, Goltz aus Brieg, Grubert aus Breslau, Gspan aus Innsbruck, Günther aus Leipzig, Hagen (K.) aus Heidelberg, Haggenmüller aus Kempten, Hartmann aus Leitmeritz, Hayden aus Dorff bei Schlierbach, Hedrich aus Prag, Hehner aus Wiesbaden, Heldmann aus Selters, Hensel aus Camenz, Heubner aus Zwickau, Hönniger aus Rudolstadt, Hofer aus Pfarrkirchen, Hoffbauer aus Nordhausen, Huber aus Linz, Huck aus Ulm, Jopp aus Enzersdorf, v. Itzstein aus Mannheim, Junghanns aus Mosbach, Junkmann aus Münster, Kagerbauer aus Linz, v. Kaiserofeld aus Birkfeld, Kanitsch aus Karlsberg, Klett aus Heilbronn, Köhler aus Seehausen, Kohlparzer aus Neuhaus, Kollaczek aus österr. Schlesien, Koschy aus Ustron in mähr. Schlesien, Kudlich aus Schloß Dietach, Kuenzer aus Constanz, Künßberg aus Ansbach, v. Kürsinger (Ignatz) aus Salzburg, v. Kürsinger (Karl) aus Tamsweg, Langbein aus Wurzen, Laschan aus Villach, v. Lassaulx aus München, Lausch aus Troppau, Levysohn aus Grünberg, Lienbacher aus Goldegg, Lindner aus Seifenegg, Löschnigg aus Klagenfurt, Mally aus Steyermark, Maly aus Wien, Mammen aus Plauen, Mareck aus Gratz (Steyermark), Marsilli aus Roveredo, Martiny aus Friedland, Mayer aus Ottobeuern, Melly aus Wien, Meyer aus Liegnitz, Metz aus Freiburg, Minkus aus Marienfeld, Möller aus Reichenberg, v. Möring aus Wien, Mohl (Moriz) aus Stuttgart, v. Mühlfeld aus Wien, Müller aus Würzburg, Mulley aus Weitenstein, Nagel aus Balingen, Nägele aus Murrhardt, Nauwerck aus Berlin, Neugebauer aus Luditz, v. Neuwall aus Brünn, Pfahler aus Tettnang, v. Pretis aus Hamburg, Prinzinger aus St. Pölten, Quesar aus Prag, Rank aus Wien, Rapp aus Wien, Raßl aus Neustadtl in Böhmen, Raus aus Wolframitz, Reichard aus Speyer, Reichenbach (Graf) aus Dometzko, Reindl aus Orth, Reinhard aus Boytzenburg, Reinstein aus Naumburg, Reisinger aus Freistadt, Rheinwald aus Bern, Riedl aus Gratz, Riegler aus mährisch Budwitz, Riehl aus Zwettl, Rödinger aus Stuttgart, Rösler aus Oels, Roßmäßler aus Tharand, Rühl aus Hanau, Sachs aus Mannheim, Schädler aus Vaduz, Scharre aus Strehla, Schlöffel aus Halbendorf, Schlutter aus Poris, v. Schmerling aus Wien, Schmidt (Joseph) aus Linz,

Schmitt aus Kaiserslautern, Scholz aus Stuttgart, Schreiner aus Graz (Steyermark), Schüler aus Jena, Schüler aus Innsbruck, Schulz (Friedrich) aus Weilburg, Schulz aus Darmstadt, Schütz aus Mainz, Schwarzenberg aus Cassel, Sepp aus München, Simon (Max) aus Breslau, Simon (Ludwig) aus Trier, Spatz aus Frankenthal, Stark aus Krumau, Strache aus Rumburg, Streffleur aus Wien, v. Stremayr aus Graz, Tafel aus Stuttgart, Tafel (Franz) aus Zweibrücken, Thüsing aus Warendorf, Trabert aus Rausche, Trampusch aus Wien, v. Trützschler aus Dresden, Uhland aus Tübingen, Umbscheiden aus Dahn, Venedey aus Cöln, Vogel aus Guben, Vogt aus Gießen, Vonbun aus Feldkirch, Wagner aus Steyr, Waldburg-Zeil-Trauchburg (Fürst) aus Stuttgart, Weber aus Meran, Weiß aus Salzburg, Welcker aus Aachen, Welter aus Tünsdorf, Werner aus Oberkirch, Werner aus St. Pölten, Wesendonck aus Düsseldorf, Wiesner aus Wien, Wigard aus Dresden, Wöhler aus Schwerin, Würth aus Sigmaringen, Zimmermann (Professor) aus Stuttgart, Zimmermann aus Spandow, Zitz aus Mainz.

Mit Nein antworteten:

Ambrosch aus Breslau, Anders aus Goldberg, Anderson aus Frankfurt a. d. O., Anz aus Marienwerder, Arndt aus Bonn, Arndts aus München, Arneth aus Wien, Backhaus aus Jena, v. Bally aus Beuthen, Bassermann aus Mannheim, Bauer aus Bamberg, Becker aus Gotha, Becker aus Trier, v. Beckerath aus Crefeld, Behnke aus Hannover, Beseler aus Greifswald, Beseler (H. W.) aus Schleswig, Biedermann aus Leipzig, Bock aus preuß. Minden, Böcking aus Trarbach, Böcler aus Schwerin, v. Boddien aus Pleß, Bonardy aus Greiz, Braun aus Bonn, Braun aus Cöslin, Brescius aus Züllichau, Bresgen aus Ahrweiler, Breusing aus Osnabrück, Briegleb aus Coburg, Bürgers aus Cöln, v. Buttel aus Oldenburg, Cetto aus Trier, Cnyrim aus Frankfurt a. M., Cornelius aus Braunsberg, Cramer aus Cöthen, Cucumus aus München, Dahlmann aus Bonn, Daxenberger aus München, Deeke aus Lübeck, Deetz aus Wittenberg, Degenkolb aus Eilenburg, Deiters aus Bonn, Deymann aus Meppen, Dinstl aus Krems, Döllinger aus München, Drechsler aus Rostock, Dröge aus Bremen, Droysen aus Kiel, Dunker aus Halle, Ebmeier aus Paderborn, Eckart aus Lohr, Eckert aus Bromberg, Edel aus Würzburg, Egger aus Wien, Ehrlich aus Murzynek, Eisenmann aus Nürnberg, Emmerling aus Darmstadt, v. Ende aus Waldenburg, Engel aus Culm, Esmarch aus Schleswig, Evertsbusch aus Altena, Falk aus Ottolangendorf, Fallati aus Tübingen, Federer aus Stuttgart, Fischer (Gustav) aus Jena, Francke (Karl) aus Rendsburg, Friederich aus Bamberg, Fritsche aus Roda, Fuchs aus Breslau, Gebhard aus Würzburg, Gevekoht aus Bremen, Gfrörer aus Freiburg, v. Giech (Graf) aus Thurnau, Giesebrecht aus Stettin, v. Gladis aus Wohlau, Godeffroy aus Hamburg, Göden aus Krotoszyn, Götz aus Neuwied, von der Goltz (Graf) aus Czarnikau, Gombart aus München, Graf aus München, Gravell aus Frankfurt a. d. O., Grävenhorst aus Lüneburg, Groß aus Leer, Groß aus Prag, Grüel aus Burg, Grumbrecht aus Lüneburg, v. Grundner aus Ingolstadt, Gülich aus Schleswig, Gysae (Wilhelm) aus Strehlow, Hahn aus Guttstatt, Hallbauer aus Meißen, v. Hartmann aus Münster, Haßler aus Ulm, Haubenschmied aus Passau, Haym aus Halle, Heimbrod aus Sorau, v. Hennig aus Dempowalonka, Hergenhahn aus Wiesbaden, Herzog aus Ebermannstadt, Heubner aus Saarlouis, Hildebrand aus Marburg, Hirschberg aus Sondershausen, Höften aus Hattingen, Hoffmann aus Ludwigsburg, Hofmann aus Friedberg, Hollandt aus Braunschweig, von der Horst aus Rotenburg, Hugo aus Göttingen, Jacobi aus Hersfeld, Jahn aus Freiburg a. der Unstrutt, Johannes aus Meiningen, Jordan aus Berlin, Jordan aus Gollnow, Jordan aus Frankfurt am Main, Jucho aus Frankfurt am Main, Käfferlein aus Baireuth, Kahlert aus Leobschütz, v. Keller (Graf) aus Erfurt, Kerer aus Innsbruck, Kerst aus Birnbaum, v. Keudell aus Berlin, Kierulff aus Rostock, Kirchgeßner aus Würzburg, Knarr aus Steyermark, Kosmann aus Stettin, v. Kösteritz aus Elberfeld, Krafft aus Nürnberg, Kratz aus Wintershagen, Küntzel aus Wolka, Kuhnt aus Bunzlau, Kutzen aus Breslau, Lammers aus Erlangen, Langerfeldt aus Wolfenbüttel, Laube aus Leipzig, Laudien aus Königsberg, Lette aus Berlin, Leverkus aus Lennep, Liebmann aus Perleberg, von Linde aus Mainz, Lodemann aus Lüneburg, Löw aus Magdeburg, Löw aus Posen, Markowiczka aus Krakau, von Maltzahn aus Küstrin, Mann aus Rostock, Marcks aus Duisburg, Marcus aus Bartenstein, v. Massow aus Carlsberg, Mathy aus Carlsruhe, Matthies aus Greifswald, Merck aus Hamburg, Mertel aus Kronach, [illegible] aus Sagan, Michelsen aus Jena, Mittermaier aus Heidelberg, Mölling aus Oldenburg, Mohl (Robert) aus Heidelberg, Münch aus Wetzlar, v. Nagel aus Oberviechtach, Naumann aus Frankfurt an der Oder, v. Neitschütz aus Königsberg, Nerreter aus Fraustadt, Neubauer aus Wien, Neumayr aus München, Nicol aus Hannover, Nizze aus Stralsund, Nöthig aus Weißholz, Obermüller aus Passau, Oertel aus Mittelwalde, Ostendorf aus Soest, Ottow aus Labiau, Pannier aus Zerbst, Paur aus Augsburg, Paur aus Neiße, Pfeiffer aus Adamsdorf, Pfeufer aus Landshut, Philipps aus München, Pinckert aus Zeitz, Pinder aus Woinowitz, Plaß aus Stade, Plathner aus Halberstadt, Plehn aus Marienburg, Pözl aus München, Polatzek aus Weißkirch, v. Quintus-Icilius aus Fallingbostel, v. Radowitz aus Rüthen, Rahm aus Stettin, Rättig aus Potsdam, v. Raumer aus Berlin, v. Raumer aus Dinkelsbühl, v. Reden aus Berlin, Reh aus Darmstadt, Reichensperger aus Trier, Reitmayr aus Regensburg, Richter aus Danzig, Riesser aus Hamburg, Röben aus Dornum, Röder aus Neustettin, Röß [illegible] aus Wien, [illegible] aus Berlin, v. Rotenhan aus München, Rüder aus Oldenburg, Rümelin aus Nürtingen, v. Sänger aus Grabow, Schauß aus München, Scheller aus Frankfurt an der Oder, Schenk aus Dillenburg, Schepp aus Wiesbaden, Schick aus Weißensee, Schierenberg aus Detmold, Schirmeister aus Insterburg, v. Schleussing aus Rastenburg, Schlüter aus Paderborn, Schmidt (Adolph) aus Berlin, Schneer aus Breslau, Scholten aus Ward, Scholz aus Neisse, Schorn aus Essen, Schrader aus Brandenburg, Schreiber aus Bielefeld, v. Schrenk aus München, Schrott aus Wien, v. Schrötter aus Preuß. Holland, Schubert (Friedrich Wilhelm) aus Königsberg, Schubert aus Würzburg, Schultze aus Potsdam, Schultze aus Liebau, Schwarz aus Halle, Schwetschke aus Halle, v. Selasinsky aus Berlin, v. Selchow aus Rettkewitz, Sellmer aus Landsberg a. d. W., Siehr aus Gumbinnen, Siemens aus Hannover, Simson aus Stargard, v. Soiron aus Mannheim, Sprengel aus Waren, Stavenhagen aus Berlin, Stenzel aus Breslau, Stieber aus Budissin, Stülz aus St. Florian, Sturm aus Sorau, Tannen aus Zilenzig, Tappehorn aus Oldenburg, Teichert aus Berlin, Tellkampf aus Breslau, Thöl aus Rostock, v. Unterrichter aus Klagenfurt, Veit aus Berlin, Versen aus Nieheim, Viebig aus Posen, Vischer aus Tübingen, Vogel aus Dillingen, Waitz aus Göttingen, Waldmann aus Heiligenstadt, Walter aus Neustadt, Weber aus Neuburg, Wedekind aus Bruchhausen, v. Wedemeyer aus Schönrade, v. Wegnern aus Lyk, Weißenborn aus Eisenach, Welcker aus Frankfurt, Wernher aus Nierstein, Werthmüller aus Fulda, Wichmann aus Stendal, Wiebker aus Uckermünde, Widenmann aus Düsseldorf, Wiest aus Tübingen, Winter aus Liebenburg, v. Wulffen aus Passau, Wurm aus Hamburg, Wuttke aus Leipzig, v. Würth aus Wien, v. Wydenbrugk aus Weimar, Zachariä aus Bernburg, Zachariä aus Göttingen, Zell aus Trier, Zeltner aus Nürnberg, v. Zerzog aus Regensburg, Ziegert aus Preuß. Minden, Zöllner aus Chemnitz, Zum Sande aus Lingen.

Abwesend waren:

A. mit Entschuldigung:

v. Andrian aus Wien, Barth aus Kaufbeuern, Bauernschmid aus Wien, v. Beisler aus München, Bergmüller aus Mauerkirchen, Bernhardi aus Cassel, Blömer aus Aachen, v. Borries aus Carthaus, Bouvier (Cajetan) aus Steyermark, Brons aus Emden, Burkart aus Bamberg, Caspers aus Coblenz, Christ aus Bruchsal, Culmann aus Zweibrücken, Czoernig aus Wien, v. Flottwell aus Münster, Freudentheil aus Stade, v. Gagern aus Darmstadt, v. Gagern aus Wiesbaden, v. Gersdorf aus Tuetz, Gottschalk aus Schopfheim, Gritzner aus Wien, Heckscher aus Hamburg, Heisterbergk aus Rochlitz, Helbing aus Emmendingen, Herzig aus Wien, Hillebrand aus Pöls, Höchsmann aus Wien, Kaiser (Ignatz) aus Wien, v. Kalkstein aus Wogau, Kleinschrod aus München, Koch aus Leipzig, Kolb aus Speyer, Leue aus Cöln, Löwe (W.) aus Calbe, Künzel aus Hildesheim, Martens aus Danzig, v. Mayfeld aus Wien, Mevissen aus Cöln, Mohr aus Oberingelheim, Müller aus Damm, Müller aus Sonnenberg, Neumann aus Wien, Osterrath aus Danzig, Pattai aus Steyermark, Peter aus Constanz, Petzer aus Bruneck, Presting aus Memel, Richter aus Achern, Römer aus Stuttgart, v. Saltzwedell aus Gumbinnen, v. Saucken-Tarputschen aus Angerburg, Schaffrath aus Neustadt, Schiedermayer aus Vöcklabruck, Schlörr aus der Oberpfalz, Schoder aus Stuttgart, Schönmäckers aus Beck, Schüler (Friedr.) aus Zweibrücken, Schwerin (Graf) aus Pommern, Stahl aus Erlangen, Stedmann aus Besselich, Stein aus Görz, Stockinger aus Frankenthal, Temme aus Münster, Thinnes aus Eichstätt, Tomaschek aus Iglau, v. Vincke aus Hagen. Wernich aus Elbing, Wiethaus (J.) aus Gummersbach, Wippermann aus Cassel, Zittel aus Bahlingen.

B. ohne Entschuldigung:

v. Amstetter aus Breslau, Bermbach aus Siegburg, Boch-Buschmann aus Siebenbrunnen, von Bothmer aus Carow, v. Breuning aus Aachen, Detmold aus Hannover, Deym (Graf) aus Prag, Fallmerayer aus München, Giskra aus Wien, Glar aus Gumpendorf, Gulden aus Zweibrücken, v. Hermann aus München, Houben aus Meurs, Jürgens aus Stadtoldendorf, Mammen aus Plauen? aus Dippoldiswalde, v. Mayern aus Wien, München aus Luxemburg, Overweg aus Haus Ruhr, Pieringer aus Kremsmünster, v. Rappard aus Glambek, Raveaux aus Cöln, Reitter aus Prag, Renger aus böhmisch Kamnitz, v. Scherpenzeel aus Baarlo, Schmidt (Ernst Friedrich Franz) aus Löwenberg, Schneider aus Wien, Servais aus Luxemburg, Simon (Heinrich) aus Breslau, v. Somaruga aus Wien, v. Thielau aus Braunschweig, Titus aus Bamberg, v. Treskow aus Grocholin.

Präsident: Der Antrag des Herrn Simon und Genossen ist mit 283 gegen 177 Stimmen verworfen. — Wir kommen zu dem Wesendonck'schen Antrag:

> „Die Nationalversammlung wolle unter Anerkennung des Prinzips, daß die Verfassung einzig und allein von der Nationalversammlung festzustellen ist, die von dem Reichsministerium angezeigten Actenstücke dem Verfassungsausschusse überweisen, und sich die Entscheidung über den Zeitpunkt der zweiten Lesung der Verfassung bis nach erfolgter Vorlage des Verfassungsausschusses vorbehalten."

Auch für diesen Antrag ist die namentliche Abstimmung vorbehalten.

Drechsler von Rostock (vom Platze): Ich nehme meinen Antrag auf namentliche Abstimmung zurück.

Präsident: Ich lasse also durch Aufstehen und Sitzenbleiben abstimmen. (Unruhe auf der Linken.)

Vogt (vom Platze): Wir nehmen ihn wieder auf, Jeder hat das Recht, ihn wieder aufzunehmen!

Schneer (vom Platze): Ich nehme ebenfalls die namentliche Abstimmung wieder auf!

Präsident: Meine Herren! So weit meine Erinnerung über die Praxis des Hauses geht, kann ein Antrag auf namentliche Abstimmung nicht ex post wieder aufgenommen werden. (Schneer vom Platze: Allerdings!), sondern wenn von beiden Seiten, wie das die Regel war, die Anträge auf die namentliche Abstimmung vorbehalten sind, so hat jeder der ursprünglichen Antragsteller für sich allein das Recht, die Anträge auf namentliche Abstimmung aufrecht zu erhalten; aber daß ein jedes Mitglied nach beendigter Discussion, ehe von der andern Seite Einspruch erhoben war, die Anträge auf namentliche Abstimmung wieder sollte aufnehmen dürfen, das scheint mir nicht in der Ordnung zu sein. (Unruhe auf der Linken.)

Zell von Trier: Meine Herren! Ich bin zwar kein Freund von namentlichen Abstimmungen und besonders nicht, wenn vier nach einander folgen sollen. Ich muß aber im Interesse der Sache selbst dem Principe des Herrn Präsidenten mich widersetzen. Was soll daraus werden, wenn nicht das Entgegengesetzte angenommen wird? dann müßte alle Male von sämmtlichen 600 Mitgliedern jeder Einzelne sich die namentliche Abstimmung vorbehalten, denn sonst würde Jeder später präcludirt werden können. Dadurch aber, daß Jemand einen Antrag gestellt, oder die namentliche Abstimmung sich vorbehalten hat, wird auch jedes Mitglied Eigenthümer des Antrages oder Vorbehaltes, und ist zur Festhaltung des Antrages oder Vorbehaltes berechtigt.

Präsident: Ich muß mich gegen diesen Satz des Herrn Zell erklären. Ich bin ein Anhänger der namentlichen Abstimmung, weil es die einzige ist, wodurch die Ansicht der Abstimmenden überhaupt klar und deutlich an den Tag kommt, aber daß die von den Herren Vogt und Zell hier angeregte Theorie nicht die des Hauses gewesen ist, darüber kann kein Zweifel sein. (Unruhe.) Ich möchte aber den Herrn Drechsler, — zur Vermeidung weiteren Streites — auffordern, seinen Antrag auf namentliche Abstimmung wieder selbst aufzunehmen.

Drechsler (vom Platze): Ja, ich nehme ihn wieder auf.

Präsident: Also Herr Drechsler beharrt bei seinem Antrage; der Antrag findet auch wohl hinreichende Unterstützung? (Die erforderliche Anzahl erhebt sich.) Er ist hinreichend unterstützt, und wir werden somit namentlich abstimmen. Diejenigen Herren, die dem Antrage des Herrn Wesendonck zustimmen wollen, werden bei dem Namensaufrufe mit **Ja**, diejenigen, welche ihn ablehnen wollen, mit **Nein** antworten.

Bei dem hierauf erfolgenden Namensaufruf antworteten mit **Ja**:

Ahrens aus Salzgitter, Archer aus Rein, Beidtel aus Brünn, Berger aus Wien, Blumröder (Gustav) aus Kirchenlamitz, Boczek aus Mähren, Bogen aus Michelstadt, Christmann aus Dürkheim, Claussen aus Kiel, Cropp aus Oldenburg, Damm aus Tauberbischoffsheim, Demel aus Teschen, Dham aus Schmalenberg, v. Dieskau aus Plauen, Dietsch aus Annaberg, Edel aus Würzburg, Eisenmann aus Nürnberg, Eisenstuck aus Chemnitz, Engel aus Pinneberg, Englmayr aus Enns (Oberösterreich), Esterle aus Cavalese, Fehrenbach aus Säckingen, Fetzer aus Stuttgart, Förster aus Hünfeld, Freese aus Stargard, Fritsch aus Stuttgart, Fröbel aus Reuß, Geigel aus München, Gerlach aus Tilsit, Giskra aus Wien, Golz aus Brieg, Groß aus Prag, Grubert aus Breslau, Günther aus Leipzig, Hagen (K.) aus Heidelberg, Haggenmüller aus Kempten, Hartmann aus Leitmeritz, Hedrich aus Prag, Hehner aus Wiesbaden, Heldmann aus Selters, Hensel aus Camenz, Heubner aus Zwickau, Hildebrand aus Marburg, Hönniger aus Rudolstadt, Hoffbauer aus Nordhausen, Hoffmann aus Ludwigsburg, Huber aus Linz, Jopp aus Enzersdorf, v. Itzstein aus Mannheim, v. Kaiserfeld aus Birkfeld, Kavitsch aus Karlsberg, Kirchgeßner aus Würzburg, Klett aus Heilbronn, Köhler aus Seehausen, Kollaczek aus österr. Schlesien, Kotschy aus Ustron in Mährisch-Schlesien, Kudlich aus Schloß Dietach, Kuenzer aus Constanz, Künsberg aus Ansbach, v. Kürsinger (Ignaz) aus Salzburg, Langbein aus Wurzen, Laschan aus Villach, Lausch aus Troppau, Levysohn aus Grünberg, Li bner aus Seisenegg, Löschnigg aus Klagenfurt, Makowiczka aus Krakau, Mareck aus Gratz (Steyermark), Marsilli aus Roveredo, Martiny aus Friedland, Mayer aus Ottobeuern, Melly aus Wien, Meyer aus Liegnitz, Metz aus Freiburg, Minkus aus Marienfeld, Möller aus Reichenberg, v. Möring aus Wien, Mohl (Moritz) aus Stuttgart, Nagel aus Bablingen, Nägele aus Murrhardt, Nauwerck aus Berlin, Neugebauer aus Luditz, v. Neuwall aus Brünn, Paur aus Neiße, Pfahler aus Tettnang, Prinzinger aus St. Pölten, Rank aus Wien, Rapp aus Wien, v. Rappard aus Glambek, Raus aus Wolframitz, Raveaux aus Cöln, Reichard aus Speyer, Reichenbach (Graf) aus Domezko, Reinhard aus Boytzenburg, Reinstein aus Naumburg, Reisinger aus Freistadt, Reitter aus Prag, Rheinwald aus Bern, Riehl aus Zwettl, Rödinger aus Stuttgart, Rösler aus Oels, Roßmäßler aus Tharand, Rühl aus Hanau, Sachs aus Mannheim, Schädler aus Vaduz, Scharre aus Strehla, Schlöffel aus Halbendorf, Schlutter aus Poris, Schmitt aus Kaiserslautern, Schneider aus Wien, Schoder aus Stuttgart, Schott aus Stuttgart, Schüler aus Jena, Schuler aus Innsbruck, Schulz (Friedrich) aus Weilburg, Schulz aus Darmstadt, Schütz aus Mainz, Schwarzenberg aus Cassel, Simon (Max) aus Breslau, Simon (Heinrich) aus Breslau, Simon (Ludwig) aus Trier, Spatz aus Frankenthal, Stark aus Krumau, Strache aus Rumburg, v. Stremayr aus Gratz, Tafel aus Stuttgart, Tafel (Franz) aus Zweibrücken, Thüßing aus Warendorf, Trabert aus Rausche, Trampusch aus Wien, v. Trützschler aus Dresden, Uhland aus Tübingen, Umbscheiden aus Dahn, Venedey aus Cöln, Vischer aus Tübingen, Vogel aus Guben, Vogt aus Gießen, Vonbun aus Feldkirch, Wagner aus Steyr, Waldburg Zeil-Trauchburg (Fürst) aus Stuttgart, Walter aus Neustadt, Weißbecker aus Aachen, Welter aus Tünsdorf, Werthmüller aus Fulda, Wesendonk aus Düsseldorf, Wiesner aus Wien, Wigard aus Dresden, Wöhler aus Schwerin, Wuttke aus Leipzig, Würth aus Sigmaringen

gen, Zimmermann (Professor) aus Stuttgart, Zimmermann aus Spandow, Zitz aus Mainz.

Mit Nein antworteten:

Achleitner aus Ried, Ambrosch aus Breslau, v. Amstetter aus Breslau. Anders aus Goldberg, Anderson aus Frankfurt a. d. O, Anz aus Marienwerder, Arndt aus Bonn, Arndts aus München, Arneth aus Wien, Backhaus aus Jena, v. Bally aus Beuthen, Bassermann aus Mannheim, Bauer aus Bamberg, Becker aus Gotha, Becker aus Trier, v. Beckerath aus Crefeld, Behnke aus Hannover, Beseler aus Greifswald, Beseler (H. W.) aus Schleswig, Biedermann aus Leipzig, Bock aus Preußisch-Minden, Böcking aus Trarbach, Böcler aus Schwerin, v. Bothmer aus Carow, Braun aus Bonn, Braun aus Cöslin, Brescius aus Züllichau, Breusing aus Osnabrück, Briegleb aus Coburg, v. Buttel aus Oldenburg, Cetto aus Trier, Clemens aus Bonn, Cornelius aus Braunsberg, Coronini-Cronberg (Graf) aus Görz, Cramer aus Cöthen, Cucumus aus München, Dahlmann aus Bonn, Darenberger aus München, Deeke aus Lübeck, Deetz aus Wittenberg, Degenkolb aus Eilenburg, Deiters aus Bonn, Detmold aus Hannover, Deymann aus Meppen, Dinstl aus Krems, Döllinger aus München, Drechsler aus Rostock, Dröge aus Bremen, Droysen aus Kiel, Dunker aus Halle, Ebmeier aus Paderborn, Eckart aus Lohr, Eckert aus Bromberg, Edlauer aus Gratz, Egger aus Wien, Ehrlich aus Murzynek, Emmerling aus Darmstadt, v. Ende aus Waldenburg, Engel aus Culm, Esmarch aus Schleswig, Evertsbusch aus Altena, Falk aus Ottolangendorf, Fallati aus Tübingen, Federer aus Stuttgart, Fischer (Gustav) aus Jena, Francke (Karl) aus Rendsburg, Friederich aus Bamberg, Fritsch aus Ried, Fritzsche aus Roda, Fuchs aus Breslau, Fügerl aus Korneuburg, Gebhard aus Würzburg, Gevekoht aus Bremen, Gfrörer aus Freiburg, v. Giech (Graf) aus Thurnau, Giesebrecht aus Stettin, v. Gladis aus Wohlau, Glax aus Gumpendorf, Godeffroy aus Hamburg, Göden aus Krotoszyn, Götz aus Neuwied, von der Goltz (Graf) aus Czarnikau, Gombart aus München, Graf aus München, Grävell aus Frankfurt a. d. O., Gravenhorst aus Lüneburg, Groß aus Leer, Grüel aus Burg, Grumbrecht aus Lüneburg, v. Grundner aus Ingolstadt, Gspan aus Innsbruck, Gülich aus Schleswig, Gysae (Wilhelm) aus Strehlow, Hahn aus Guttstatt, Hallbauer aus Meißen, v. Hartmann aus Münster, Haßler aus Ulm, Hayden aus Dorff bei Schlierbach, Haym aus Halle, Heimbrod aus Sorau, v. Hennig aus Dempowalonka, Hergenhahn aus Wiesbaden, Herzog aus Ebermannstadt, Heusner aus Saarlouis, Hirschberg aus Sondershausen, Hofer aus Pfarrkirchen, Hofmann aus Friedberg, Hollandt aus Braunschweig, v. d. Horst aus Rotenburg, Huck aus Ulm, Hugo aus Göttingen, Jacobi aus Hersfeld, Jahn aus Freiburg an der Unstrutt, Johannes a. Meiningen, Jordan aus Berlin, Jordan aus Gollnow, Jordan aus Frankfurt a. M., Jucho aus Frankfurt a. M., Käfferlein aus Bayreuth, Kagerbauer aus Linz, Kahlert aus Leobschütz, von Keller (Graf) aus Erfurt, Kerer aus Innsbruck, Kerst aus Birnbaum, von Keudell aus Berlin, Kierulff aus Rostock, Knarr aus Steyermark, Kohlparzer aus Neuhaus, Kosmann aus Stettin, v. Kösteritz aus Elberfeld, Krafft aus Nürnberg, Kratz aus Wintershagen, Küntzel aus Wolka, v. Kürsinger (Karl) aus Tamsweg, Kuhnt aus Bunzlau, Kutzen aus Breslau, Lammers aus Erlangen, Langerfeldt aus Wolfenbüttel, von Lassaulx aus München, Laube aus Leipzig, Laudien aus Königsberg, Lette aus Berlin, Leverkus aus Lennep, Liebmann aus Perleberg, Lienbacher aus Goldegg, v. Linde aus Mainz, Lodemann aus Lüneburg, Löw aus Magdeburg, Löw aus Posen, Mally aus Steyermark, v. Maltzahn aus Küstrin, Mann aus Rostock, Marcks aus Duisburg, Marcus aus Bartenstein, v. Massow aus Carlsberg, Mathy aus Carlsruhe, Matthies aus Greifswald, Merck aus Hamburg, Mertel aus Kronach, Metzke aus Sagan, Michelsen aus Jena, Mohl (Robert) aus Heidelberg, v. Mühlfeld aus Wien, Müller aus Würzburg, Münch aus Wetzlar, Mulley aus Weitenstein, v. Nagel aus Oberviechtach, Naumann aus Frankfurt a. d. O., v. Neitschütz aus Königsberg, Nerreter aus Fraustadt, Neubauer aus Wien, Neumayr aus München, Nicol aus Hannover, Nizze aus Stralsund, Nöthig aus Weißholz, Obermüller aus Passau, Oertel aus Mittelwalde, Ostendorf aus Soest, Ottow aus Labiau, Pannier aus Zerbst, Paur aus Augsburg, Pfeiffer aus Adamsdorf, Pfeufer aus Landshut, Phillips aus München, Pinckert aus Zeitz, Pinder aus Woinowitz, Plaß aus Stade, Plathner aus Halberstadt, Plehn aus Marienburg, Pözl aus München, Polatzek aus Weißkirch, Quesar aus Prag, v. Quintus-Icilius aus Fallingbostel, v. Radowitz aus Rüthen, Rahm aus Stettin, Rättig aus Potsdam, Raffl aus Neustadtl in Böhmen, v. Raumer aus Berlin, v. Raumer aus Dünkelsbühl, v. Reden aus Berlin, Reh aus Darmstadt, Reindl aus Orth, Reitmayr aus Regensburg, Richter aus Danzig, Riedl aus Gratz, Riegler aus mährisch Budwitz, Rießer aus Hamburg. Röben aus Dornum, Röder aus Neustettin, Rößler aus Wien, Rothe aus Berlin, v. Rotenhan aus München, Rüder aus Oldenburg, Rümelin aus Nürtingen, v. Sänger aus Grabow, Schauß aus München, Scheller aus Frankfurt a. d. O., Schenk aus Dillenburg, Schepp aus Wiesbaden, Schick aus Weißensee, Schierenberg aus Detmold, Schirmeister aus Insterburg, v. Schleussing aus Rastenburg, Schlüter aus Paderborn, Schmidt (Adolph) aus Berlin, Schmidt (Joseph) aus Linz, Schreer aus Breslau, Scholten aus Ward, Scholz aus Neisse, Schorn aus Essen, Schrader aus Brandenburg, Schreiber aus Bielefeld, Schreiner aus Gratz (Steyermark), v. Schrenk aus München, v. Schrötter aus Preuß. Holland, Schubert (Friedrich Wilhelm) aus Königsberg, Schubert aus Würzburg, Schultze aus Potsdam, Schultze aus Liebau, Schwarz aus Halle,

Schwetschke aus Halle, v. Selchow aus Rettkewitz, v. Selasinsky aus Berlin, Sellmer aus Landsberg a. d. W., Sepp aus München, Siehr aus Gumbinnen, Siemens aus Hannover, Simson aus Stargard, v. Soiron aus Mannheim, Sprengel aus Waren, Stavenhagen aus Berlin, Stein aus Görz, Stenzel aus Breslau, Stieber aus Budissin, Stülz aus St. Florian, Sturm aus Sorau, Tannen aus Zilenzig, Tappehorn aus Oldenburg, Teichert aus Berlin, Tellkampf aus Breslau, Thöl aus Rostock, v. Unterrichter aus Klagenfurt, Veit aus Berlin, Versen aus Nieheim, Viebig aus Posen, Vogel aus Dillingen, Waitz aus Göttingen, Waldmann aus Heiligenstadt, Weber aus Neuburg, Wedekind aus Bruchhausen, v. Wedemeyer aus Schönrade, v. Wegnern aus Lyk, Weiß aus Salzburg, Weißenborn aus Eisenach, Welcker aus Frankfurt, Wernher aus Nierstein, Wichmann aus Stendal, Widenmann aus Düsseldorf, Wiebker aus Uckermünde, Wiest aus Tübingen, Winter aus Liebenburg, v. Wulffen aus Passau, Wurm aus Hamburg, Zachariä aus Bernburg, Zachariä aus Göttingen, Zell aus Trier, Zeltner aus Nürnberg, v. Herzog aus Regensburg, Ziegert aus Preuß. Minden, Zöllner aus Chemnitz, Zum Sande aus Lingen.

Abwesend waren:

A. mit Entschuldigung:

v. Andrian aus Wien, Barth aus Kaufbeuren, Bauernschmid aus Wien, v. Beisler aus München, Bergmüller aus Mauerkirchen, Bernhardi aus Cassel, Blömer aus Aachen, Bonardy aus Greiz, v. Borries aus Carthaus, Bouvier (Cajetan) aus Steyermark, Brentano aus Bruchsal, Brons aus Emden, Burkart aus Bamberg, Caspers aus Coblenz, Christ aus Bruchsal, Culmann aus Zweibrücken, Czoernig aus Wien, v. Flottwell aus Münster, Freudentheil aus Stade, v. Gagern aus Darmstadt, v. Gagern aus Wiesbaden, v. Gersdorf aus Tuetz, Gottschalk aus Schopfheim, Gritzner aus Wien, Heckscher aus Hamburg, Heisterbergk aus Rochlitz, Helbing aus Emmendingen, Herzig aus Wien, Hillebrand aus Pöls, Höchsmann aus Wien, Junghanns aus Mosbach, Junkmann aus Münster, Kaiser (Ignatz) aus Wien, v. Kalkstein aus Wegau, Kleinschrod aus München, Koch aus Leipzig, Kolb aus Speyer, Leue aus Cöln, Löwe (Wilhelm) aus Calbe, Lüntzel aus Hildesheim, Martens aus Danzig, v. Mayfeld aus Wien, Mevissen aus Cöln, Mohr aus Oberingelheim, Müller aus Damm, Müller aus Sonnenberg, Neumann aus Wien, Osterrath aus Danzig, Pattai aus Steyermark, Peter aus Constanz, Petzer aus Bruneck, Presting aus Memel, Richter aus Achern, Römer aus Stuttgart, v. Saltzwedell aus Gumbinnen, v. Saucken-Tarputschen aus Angerburg, Schaffrath aus Neustadt, Schiedermayer aus Vöcklabruck, Schlörr aus der Oberpfalz, v. Schmerling aus Wien, Schoenmackers aus Beck, Schrott aus Wien, Schüler (Friedrich) aus Zweibrücken, Schwerin (Graf) aus Pommern, Stahl aus Erlangen, Stedmann aus Besselich, [illegible] aus Frankenthal, Tremme aus Münster, [illegible] aus Eichstätt, Tomaschek aus Iglau, v. [illegible] aus Hagen, Werzig aus Elbing, Wiethaus (J.) aus Gummersbach, Wippermann aus Cassel, Zittel aus Bahlingen.

B. ohne Entschuldigung:

v. Aichelburg aus Villach, Bauer aus Wien, Benedict aus Wien, Bernbach aus Siegburg, Bock[illegible] Buschmann aus Siebenbrunnen, v. Boddien aus Pleß, Bresgen aus Ahrweiler, v. Breuning aus Aachen, Bürgers aus Cöln, Buß aus Freiburg, Cnyrim aus Frankfurt a. M., Deym (Graf) aus Prag, Fallmerayer aus München, Göbel aus Jägerndorf, Gulden aus Zweibrücken, Haubenschmied a. Passau, v. Hermann a. München, Höften a. Hattingen, Houben a. Meurs, Jürgens a. Stadtoldendorf, Maly aus Wien, Mammen aus Plauen, Mandrella aus Ujest, v. Mayern aus Wien, Mittermaier aus Heidelberg, Mölling aus Oldenburg, Munchen aus Luxemburg, Overweg aus Haus Ruhr, Pieringer aus Kremsmünster, v. Pretis aus Hamburg, Reichensperger aus Trier, Renger aus böhmisch Kamnitz, v. Scherpenzeel aus Baarlo, Schmidt (Ernst Friedrich Franz) aus Löwenberg, Servais aus Luxemburg, v. Somaruga aus Wien, Streffleur aus Wien, v. Thielau aus Braunschweig, Titus aus Bamberg, Weber aus Meran, Werner aus Oberkirch, Werner aus St. Pölten, v. Würth aus Wien, v. Wydenbrugk aus Weimar.

Präsident: Der Antrag des Herrn Beisedonck ist mit 292 gegen 153 Stimmen abgelehnt. — Wir kommen jetzt zu dem Antrage des Abgeordneten Künßberg, den ich nochmals verlese:

„In Erwägung, daß
1) nach der Natur der Sache kein Theil der Verfassung eher zur zweiten Lesung gebracht werden kann, bevor das Ganze der Verfassung die erste Lesung bestanden hat,
2) daß der bisher berathene Abschnitt über das „Reichsgericht" diesem Titel nicht entspricht, indem er bloß Competenzbestimmungen enthält, den Organismus und das Verfahren dieses Gerichts aber gar nicht berührt,
3) daß es unmöglich ist, ein Reichsgericht ins Leben zu rufen, so lange keine Bestimmungen über diesen Punkt getroffen sind, die für das Reichsgericht eine nicht minder große Bedeutung haben, wie das Wahlgesetz für das Volkshaus,

stelle ich den Antrag:

zu beschließen, daß vor Vervollständigung des Entwurfs über das Reichsgericht und vor erstmaliger Berathung über die den Organismus und das Verfahren dieses Gerichts betreffenden gesetzlichen Bestimmungen von einer Festsetzung des Zeitpunkts, wo die zweite Lesung der Verfassung zu beginnen hat, zu abstrahiren sei."

Auch für diesen Antrag besteht der Vorschlag, namentlich abzustimmen. (Viele Stimmen: Zurückziehen!)

Drechsler (vom Platze): Ich ziehe den Antrag auf namentliche Abstimmung zurück.

Präsident: Nimmt irgend Jemand den Antrag auf, den Herr Drechsler hat fallen lassen? (Niemand meldet sich.) Dann bringe ich den Antrag des Herrn Künßberg durch Aufstehen und Sitzenbleiben zur Abstimmung. Diejenigen, welche den eben verlesenen Antrag des Herrn Künßberg annehmen wollen, ersuche ich, sich zu erheben. (Nur wenige Mitglieder erheben sich.) Der Antrag ist abgelehnt. — Wir kommen jetzt zu dem vereinigten Antrag des Herrn Pfeiffer und Schorn, der also lautet:

„Die Nationalversammlung,

indem sie die von dem Reichsministerium zur gebrachten Bemerkungen der meisten deutschen Regierungen zu dem in erster Lesung angenommenen Verfassungs-Entwurf, so wie die etwa rechtzeitig noch eingehenden Mittheilungen ähnlicher Art an den Verfassungs-Ausschuß überweist und deren Druck und Vertheilung an die Mitglieder der Versammlung verordnet, —

gibt dem Ausschusse auf, nunmehr seine Revision ohne Zögerung zu vollenden, und setzt fest, daß am Montag den 5. März, eventuell, sobald der Ausschußbericht sich in den Händen der Mitglieder der Versammlung befinden wird, mit der zweiten Lesung begonnen und damit endgültig die Verfassung festgestellt wird."

Herr Naumann hat noch das Wort verlangt wegen der Fragestellung.

Naumann von Frankfurt a. d. O.: Meine Herren! Wenn wir den Schwerpunkt des Antrags in den jetzt schon festzustellenden Anfangstermin der zweiten Lesung setzen könnten, so würde ich und, wie ich glaube, meine Freunde, durchaus kein Bedenken haben, dafür zu stimmen. In diesem Falle aber meine ich, daß der Schlußsatz dieses Antrags nicht in nothwendiger Verbindung mit dem Hauptsatze steht. Ich würde daher darauf angetragen haben, daß dieser Schlußsatz wegbliebe, indessen, da der Herr Antragsteller, wie er sich ausgedrückt hat, ein großes Gewicht auf diesen Satz legt, so will ich den Antrag stellen, daß dieser angehängte Satz von dem Hauptsatze getrennt werde, (Viele Stimmen: Nein.) damit nicht, wie es doch wohl möglich wäre, wenn der ganze Antrag zur Abstimmung käme, ein Theil des Hauses sich gegen das Ganze erklärt, allein und lediglich deßhalb, weil in dem Schlußsatz ein Princip ausgesprochen ist, dem ein Theil des Hauses seinen Grundsätzen gemäß nicht zustimmen wird.

Präsident: Ich darf darauf nicht eingehen; ich hatte ausführlich den Plan vorgelegt, nach welchem ich abstimmen lassen wollte, ich habe aufgefordert, Einwendungen dagegen zu erheben; sie sind nicht erfolgt; wir müssen jetzt bei unserem Projecte beharren.

Naumann: Ich will nur noch bemerken, daß es unmöglich ist, über eine Fragestellung zu sprechen, wenn der betreffende Antrag selbst zur Abstimmung noch nicht gestellt ist.

Präsident: Ich wiederhole, ich habe ausführlich den Abstimmungsplan vorgelegt; es wurde keine Erinnerung dagegen gemacht; ich gehe also mit der namentlichen Abstimmung vor. Diejenigen Herren, die dem eben verlesenen Antrage der Herren Pfeiffer und Genossen und des Herrn Schorn zustimmen wollen, ersuche ich, bei dem Aufrufe ihres Namens mit **Ja**, diejenigen, die ihn ablehnen wollen, mit **Nein** zu antworten.

Bei dem hierauf erfolgenden Namensaufruf antworteten mit Ja:

Ambrosch aus Breslau, Anders aus Goldberg, Anderson aus Frankfurt a. d. O., Anz aus Marienwerder, Arndt aus Bonn, Backhaus aus Jena, Bassermann aus Mannheim, Bauer aus Bamberg, Becker aus Gotha, Becker aus Trier, v. Beckerath aus Crefeld, Behnke aus Hannover, Beseler aus Greifswald, Beseler (H. W.) aus Schleswig, Biedermann aus Leipzig, Bock aus Preußisch-Minden, Böcking aus Trarbach, Böcler aus Schwerin, Bonardy aus Greiz, Braun aus Cöslin, Brescius aus Züllichau, Breusing aus Osnabrück, Briegleb aus Coburg, Bürgers aus Cöln, v. Buttel aus Oldenburg, Cetto aus Trier, Cnyrim aus Frankfurt am Main, Cramer aus Cöthen, Dahlmann aus Bonn, Deeke aus Lübeck, Degenkolb aus Eilenburg, Detters aus Bonn, Drechsler aus Rostock, Dröge aus Bremen, Droysen aus Kiel, Dunker aus Halle, Edmeier aus Paderborn, Eckert aus Bromberg, Ehrlich aus Murzynek, Emmerling aus Darmstadt, v. Ende aus Waldenburg, Engel aus Culm, Esmarch aus Schleswig, Evertsbusch aus Altena, Falk aus Ottolangendorf, Fallati aus Tübingen, Federer aus Stuttgart, Fischer (Gustav) aus Jena, Francke (Karl) aus Rendsburg, Fritzsche aus Roda, Fuchs aus Breslau, v. Gagern aus Darmstadt, Gebhard aus Würzburg, v. Gersdorf aus Tuetz, Gevekoht aus Bremen, v. Giech (Graf) aus Thurnau, Giesebrecht aus Stettin, v. Gladis aus Wohlau, Godeffroy aus Hamburg, Göden aus Krotoszyn, Götz aus Neuwied, von der Goltz (Graf) aus Czarnikau, Gravenhorst aus Lüneburg, Groß aus Leer, Grüel aus Burg, Grumbrecht aus Lüneburg, Gülich aus Schleswig, Gysae (Wilhelm) aus Strehlow, Hahn aus Guttstatt, Hallbauer aus Meißen, v. Hartmann aus Münster, Haßler aus Ulm, Haubenschmied aus Passau, Haym aus Halle, Heimbrod aus Sorau, v. Hennig aus Dempowalonka, Hergenhahn aus Wiesbaden, Herzog aus Ebermannstatt, Heusner aus Saarlouis, Hirschberg aus Sondershausen, Höfken aus Hattingen, Hofmann aus Friedberg, Hollandt aus Braunschweig, von der Horst aus Ratenburg, Jacobi aus Hersfeld, Jahn aus Freiburg an der Unstrutt, Johannes aus Meiningen, Jordan aus Berlin, Jordan aus Gollnow, Jordan aus Frankfurt am Main, Jucho aus Frankfurt am Main, von Keller (Graf) aus Erfurt, Kerst aus Birnbaum, v. Keudell aus Berlin, Kierulff aus Rostock, Kosmann aus Stettin, v. Kösteritz aus Eberfeld, Krafft aus Nürnberg, Kratz aus Wintershagen, Küntzel aus Wolka, Kuhnt aus Bunzlau, Lammers aus Erlangen, Langerfeldt aus Wolfenbüttel, Laube aus Leipzig, Laudien aus Königsberg, Lette aus Berlin, Leverkus aus Lennep, Liebmann aus Perleberg, Lodemann aus Lüneburg, Löw aus Magdeburg, Löw aus Posen, v. Maltzahn aus Küstrin, Mann aus Rostock, Marcks aus Duisburg, Marcus aus Bartenstein, v. Massow aus Carlsberg, Mathy aus Carlsruhe, Matthies aus Greifswald, Mertel aus Kronach, Metzke aus Sagan, Michelsen aus Jena, Mittermayr aus Friedberg, Mohl (Robert) aus Heidelberg, Münch aus Wetzlar, Naumann aus Frankfurt a. d. O., v. Neitschütz aus Königsberg, Nerreter aus Fraustadt, Nicol aus Hannover, Nizze aus Stralsund, Nöthig aus Weißholz, Oertel aus Mittelwalde, Ostendorf aus Soest, Ottow aus Labiau, Pannier aus Zerbst, Paur aus Augsburg, Pfeiffer aus Adamsdorf, Pfeufer aus Landshut, Pinckert aus Zeitz, Pinder aus Woinowitz, Plaß aus Stade, Plathner aus Halberstadt, Plehn aus Marienburg, Pözl aus München, v. Quintus-Icilius aus Fallingbostel, Rahm aus Stettin, Rättig aus Potsdam, v. Raumer aus Berlin, v. Raumer aus Dinkelsbühl, v. Reden aus Berlin, Reh aus Darmstadt, Reitmayr aus Regensburg, Richter aus Danzig, Riesser aus Hamburg, Röben aus Dornum, Röder aus Neustettin, Rößler aus Wien, Rothe aus Berlin, Rüder aus Oldenburg, Rümelin aus Nürtingen, v. Sänger aus Grabow, Scheller aus Frankfurt a. d. O., Schenk aus Dillenburg, Schepp aus Wiesbaden, Schick aus Weißensee, Schierenberg aus Detmold, Schirmeister aus Insterburg, v. Schleussing aus Rastenburg, Schmidt (Adolph) aus Berlin, Schneer aus Breslau, Scholten aus Ward, Scholz aus Neisse, Schorn aus Essen, Schrader aus Brandenburg, Schreiber aus Bielefeld, v. Schrötter aus preuß. Holland, Schubert (Friedrich Wilhelm) aus Königsberg, Schubert aus Würzburg, Schultze aus Potsdam, Schultze aus Liebau, Schwarz aus Halle, Schwetschke aus Halle, v. Selasinsky aus Berlin, v. Selchow aus Rettkewitz, Sellmer aus Landsberg a. d. W., Siehr aus Gumbinnen, Siemens aus Hannover, Simson aus Stargard, v. Soiron aus Mannheim, Sprengel aus Waren, Stavenhagen aus Berlin, Stenzel aus Breslau, Stieber aus Budissin, Sturm aus Sorau, Tannen aus Zilenzig, Teichert aus Berlin, Tellkampf aus Breslau, Thöl aus Rostock, Veit aus Berlin, Versen aus Nieheim Viebig aus Posen, Waitz aus Göttingen, Waldmann aus Heiligenstadt, Walter aus Neustadt, Wedekind aus Bruchhausen, v. Wegnern aus Lyk, Weißenborn aus Eisenach, Wernher aus Nierstein, Werthmüller aus Fulda, Wichmann aus Stendal, Widenmann aus Düsseldorf, Wiebker aus Uckermünde, Wiest aus Tübingen, Wurm aus Hamburg, Zachariä aus Bernburg, Zachariä aus Göttingen, Zell aus Trier, Zeltner aus Nürnberg, v. Zerzog aus Regensburg, Ziegert aus preuß. Minden, Zöllner aus Chemnitz.

Mit Nein antworteten:

Achleitner aus Ried, Ahrens aus Salzgitter, v. Aichelburg aus Villach, v. Andrian aus Wien, Archer aus Rein, Arndts aus München, Arneth aus Wien, v. Bally aus Beuthen, Bauer aus Wien, Beidtel aus Brünn, Benedict aus Wien, Berger aus Wien, Blumröder (Gustav) aus Kirchenlamitz, Boczek aus Mähren, v. Boddien aus Pleß, Bogen aus Michelstadt, v. Bothmer aus Carow, Braun aus Bonn, Brentano aus Bruchsal, Buß aus Freiburg, Christmann aus Dürkheim, Claussen aus Kiel, Clemens aus Bonn, Cornelius aus Braunsberg, Coronini-Cronberg (Graf) aus Görz, Cropp aus Oldenburg, Cucumus aus München, Damm aus Tauberbischoffsheim, Dammberger aus München, Demel aus Teschen, Detmold aus Hannover, Deym (Graf) aus Prag, Deymann aus Meppen, Dham aus Schmalenberg, v. Dieskau aus Plauen, Dietsch aus Annaberg, Dinstl aus Krems, Döllinger aus München, Eckart aus Lohr, Edel aus Würzburg, Edlauer aus Graz, Egger aus Wien, Eisenmann aus Nürnberg, Eisenstuck aus Chemnitz, Engel aus Pinneberg, Englmayr aus Enns (Oberösterreich), Esterle aus Cavalese, Fehrenbach aus Säckingen, Fetzer aus Stuttgart, Förster aus Hünfeld, Freese aus Stargard, Friederich aus Bamberg, Frisch aus Stuttgart, Fritsch aus Ried, Fröbel aus Reuß, Fügerl aus Korneuburg, Geigel aus München, Gerlach aus Tilsit, Gfrörer aus Freiburg, Giskra aus Wien, Glax aus Gumpendorf, Göbel aus Jägerndorf, Goltz aus Brieg, Gombart aus München, Graf aus München, Grävell aus Frankfurt a. d. O., Groß aus Prag, Grubert aus Breslau, v. Grundner aus Ingolstadt, Gspan aus Innsbruck, Günther aus Leipzig, Hagen (K.) aus Heidelberg, Haggenmüller aus Kempten, Hartmann aus Leitmeritz, Hayden aus Dorff bei Schlierbach, Hedrich aus Prag, Hehner aus Wiesbaden, Heldmann aus Selters, Hensel aus Camenz, Heubner aus Zwickau, Hildebrand aus Marburg, Hönniger aus Rudolstadt, Hofer aus Pfarrkirchen, Hoffbauer aus Nordhausen, Hoffmann aus Ludwigsburg, Huber aus Linz, Huck aus Ulm, Hugo aus Göttingen, Jopp aus Enzersdorf, v. Itzstein aus Mannheim, Junghanns aus Mosbach, Junkmann aus Münster, Kagerbauer aus Linz, Kahlert aus Leobschütz, v. Kaisersfeld aus Birkfeld, Kerer aus Innsbruck, Kirchgeßner aus Würzburg, Kleinschrod aus München, Kleit aus Heilbronn, Knarr aus Steyermark, Köhler aus Seehausen, Kohlparzer aus Neuhaus, Kollaczek aus österr. Schlesien, Kotschy aus Ustron in mährisch Schlesien, Kudlich aus Schloß Dietach, Kuenzer aus Constanz, Künsberg aus Ansbach, v. Kürsinger (Ignatz) aus Salzburg, v. Kürsinger (Karl) aus Tamsweg, Langbein aus Wurzen, Laschan aus Villach, v. Lassaulx aus München, Lausch aus Troppau, Levysohn aus Grünberg, Lienbacher aus Goldegg, v. Linde aus Mainz, Lindner aus Seisenegg, Löschnigg aus Klagenfurt, Makowiczka aus Krakau, Mally aus Steyermark, Maly aus Wien, Mammen aus Plauen, Mareck aus Gratz (Steyermark), Marsilli aus Roveredo, Martiny aus Friedland, Mayer aus Ottobeuern, Melly aus Wien, Merck aus Hamburg, Meyer aus Liegnitz, Metz aus Freiburg, Minkus aus Marienfeld, Möller aus Reichenberg, Mölling aus Oldenburg, v. Möring aus Wien, Mohl (Moriz) aus Stuttgart, von Mühlfeld aus Wien, Müller aus Würzburg, von Nagel aus Oberviechtach, Nagel aus Bahlingen, Nägele aus Murrhardt, Nauwerck aus Berlin, Neubauer aus Wien, Neugebauer aus Ludiz, Neumayr aus München, v. Neuwall aus Brünn,

Obermüller aus Passau, Paur aus Neisse, Pfahler aus Tettnang, Philipps aus München, Pieringer aus Kremsmünster, Polatschek aus Weißkirch, v. Pretis aus Hamburg, Prinzinger aus St. Pölten, Quesar aus Prag, v. Radowitz aus Rüthen, Rank aus Wien, Rapp aus Wien, v. Rappard aus Glambek, Raßl aus Neustadtl in Böhmen, Raus aus Wolframitz, Raveaux aus Cöln, Reichard aus Speyer, Reichenbach (Graf) aus Domeßko, Reichensperger aus Trier, Reindl aus Orth, Reinhard aus Boyzenburg, Reinstein aus Naumburg, Reisinger aus Freistadt, Reitter aus Prag, Renger aus böhmisch Kamnitz, Rheinwald aus Bern, Riehl aus Gratz, Riegler aus mährisch Budwitz, Rieß aus Zwettl, Rödinger aus Stuttgart, Rösler aus Oels, Roßmäßler aus Tharand, Rühl aus Hanau, Sachs aus Mannheim, Schädler aus Vaduz, Scharre aus Strehla, Schauß aus München, Schlöffel aus Halbendorf, Schlutter aus Poris, Schlüter aus Paderborn, v. Schmerling aus Wien, Schmidt (Joseph) aus Linz, Schmitt aus Kaiserslautern, Schneider aus Wien, Schober aus Stuttgart, Schott aus Stuttgart, Schreiner aus Gratz (Steyermark), v. Schrenk aus München, Schüler aus Jena, Schuler aus Innsbruck, Schulz (Friedrich) aus Weilburg, Schulz aus Darmstadt, Schütz aus Mainz, Schwarzenberg aus Cassel, Sepp aus München, Simon (Max) aus Breslau, Simon (Heinrich) aus Breslau, Simon (Ludwig) aus Trier, Spatz aus Frankenthal, Stark aus Krumau, Stein aus Görz, Strache aus Rumburg, Streffleur aus Wien, v. Stremayr aus Gratz, Stülz aus St. Florian, Tafel aus Stuttgart, Tafel (Franz) aus Zweibrücken, Tappehorn aus Oldenburg, Thüssing aus Warendorf, Trabert aus Rausche, Trampusch aus Wien, v. Trützschler aus Dresden, Uhland aus Tübingen, Umbscheiden aus Dahn, v. Unterrichter aus Klagenfurt, Venedey aus Cöln, Vischer aus Tübingen, Vogel aus Guben, Vogel aus Dillingen, Vogt aus Gießen, Vonbun aus Feldkirch, Wagner aus Steyr, Waldburg-Zeil-Trauchburg (Fürst) aus Stuttgart, Weber aus Neuburg, Weber aus Meran, Weiß aus Salzburg, Welbeker aus Aachen, Welcker aus Frankfurt, Welter aus Tünsdorf, Werner aus Oberkirch, Werner aus St. Pölten, Wesendonck aus Düsseldorf, Wiesner aus Wien, Wigard aus Dresden, Winter aus Liebenburg, Wöhler aus Schwerin, v. Wulffen aus Passau, Wuttke aus Leipzig, Würth aus Sigmaringen, v. Würth aus Wien, v. Wydenbrugk aus Weimar, Zimmermann (Professor) aus Stuttgart, Zimmermann aus Spandow, Zitz aus Mainz, Zum Sande aus Lingen.

Der Abstimmung enthielt sich:

v. Wedemeyer aus Schönrade.

Abwesend waren:

A. mit Entschuldigung:

Barth aus Kaufbeuren, Bauernschmid aus Wien, v. Beisler aus München, Bergmüller aus Mauerkirchen, Bernhardi aus Cassel, Blömer aus Aachen, v. Borries aus Carthaus, Bouvier (Cajetan) aus Steyermark, Brons aus Emden, Burkart aus Bamberg, Caspers aus Coblenz, Christ aus Bruchsal, Culmann aus Zweibrücken, Czoernig aus Wien, Deetz aus Wittenberg, v. Flottwell aus Münster, Freudentheil aus Stade, v. Gagern aus Wiesbaden, Gottschalk aus Schopfheim, Gritzner aus Wien, Heckscher aus Hamburg, Heisterbergk aus Rochlitz, Helbing aus Emmendingen, Herzig aus Wien, Hillebrand aus Pöls, Höchsmann aus Wien, Kaiser (Ignatz) aus Wien, v. Kalkstein aus Wogau, Koch aus Leipzig, Kolb aus Speyer, Kutzen aus Breslau, Leue aus Cöln, Löwe (Wilhelm) aus Calbe, Lünzel aus Hildesheim, Martens aus Danzig, v. Mayfeld aus Wien, Mevissen aus Cöln, Mohr aus Oberingelheim, Müller aus Damm, Müller aus Sonnenberg, Neumann aus Wien, Osterrath aus Danzig, Pattai aus Steyermark, Peter aus Constanz, Petzer aus Bruneck, Presting aus Memel, Richter aus Achern, Römer aus Stuttgart, v. Saltzwedell aus Gumbinnen, v. Saucken-Tarputschen aus Angerburg, Schaffrath aus Neustadt, Schiedermayer aus Vöcklabruck, Schlör aus der Oberpfalz, Schoenmackers aus Beck, Schrott aus Wien, Schüler (Friedrich) aus Zweibrücken, Schwerin (Graf) aus Pommern, Stahl aus Erlangen, Stedmann aus Besselich, Stockinger aus Frankenthal, Temme aus Münster, Thinnes aus Eichstädt, Tomaschek aus Iglau, v. Vincke aus Hagen, Wernich aus Elbing, Wiethaus (J.) aus Gummersbach, Wippermann aus Cassel, Zittel aus Bahlingen.

B. ohne Entschuldigung:

v. Amstetter aus Breslau, Bernbach aus Siegburg, Boch-Buschmann aus Siebenbrunnen, Bresgen aus Ahrweiler, v. Breuning aus Aachen, Fallmerayer aus München, Gulden aus Zweibrücken, v. Hermann aus München, Houben aus Meurs, Jürgens aus Stadtoldendorf, Kanitsch aus Karlsberg, Käfferlein aus Baireuth, Mauckisch aus Hippoldiswalde, Munchen aus Luxemburg, Mulley aus Weitenstein, Overweg aus Haus Ruhr, v. Rotenhan aus München, v. Scherpenzeel aus Baarlo, Schmidt (Ernst Friedrich Franz) aus Löwenberg, Servais aus Luxemburg, v. Somaruga aus Wien, v. Thielau aus Braunschweig, Titus aus Bamberg, v. Treskow aus Grocholin.

Präsident: Der Antrag der Herren Pfeiffer und Schorn ist mit 352 gegen 221 Stimmen abgelehnt.

Präsident: Ueber diese Abstimmung liegen zwei protocollarische Erklärungen vor. Die erste lautet:

„Unterzeichnete haben mit Nein gestimmt, weil sie einer Erklärung nicht beizutreten vermögen, welche der Nationalversammlung das alleinige Recht beilegt, über das Verfassungswerk endgültig zu entscheiden. — v. Radowitz. Detmold, Gombart. Grävell. v. Schrenck. v. Bally. Merck." (Unruhe und Gelächter auf der Linken.)

Ferner folgende Erklärung:

„Die Unterzeichneten erklären, daß sie, indem sie für den-

Pfeiffer-Schorn'schen Antrag gestimmt, den in der Motivirung des Antrages gebrauchten Ausdruck: „die endgültige Feststellung" nur in dem von Herrn Grävell entwickelten Sinne verstanden haben, wonach derselbe eine fernerweite Verständigung mit den Regierungen der Einzelstaaten nicht ausschließt." — v. Selchow. v. Wegnern. Tannen. Oertel. Schrott. Naumann. Gersdorf. Schultze von Potsdam. v. Selasinsky."

Jetzt käme zunächst der Antrag des Herrn v. Arneth: „Der Zeitpunkt des Beginnes .... Herr v. Arneth hat seinen Antrag zurückgenommen, um sich mit dem Antrage der Herren Dham, Cropp, Hoffmann von Ludwigsburg, Ignatz v. Kürsinger, Huck, Möller und Makowiczka zu vereinigen, welche statt der Worte des Pfeiffer'schen Antrages:

> „Montag den 5. März" gesetzt wissen wollen: „Den 15. März."

(Zuruf: Sitzen! Wiederholte Unruhe.) Ich spreche die Bitte nun zum dritten Male aus, daß Sie Ihre Plätze einnehmen, damit wir endlich abstimmen können. (Wiederholter Zuruf: Sitzen!) **Diejenigen unter Ihnen, die den so eben verlesenen Pfeiffer-Schorn'schen Antrag mit der Abänderung annehmen wollen, daß darin statt Montag den 5. März „den 15. März" gesetzt werde, bitte ich, aufzustehen.** (Mitglieder auf der Rechten und im Centrum erheben sich.) **Der Antrag ist abgelehnt.** — Meine Herren, es folgt jetzt der Antrag der Herren Pfeiffer und Schorn unter Weglassung des Wortes: „**endgültig.**" (Zuruf von der Linken: Bereits abgestimmt!) Das ist ja die von Ihnen angenommene Ordnung der Abstimmung, wie Sie sich aus dem stenographischen Bericht überzeugen werden, daß, nachdem der Pfeiffer-Schorn'sche Antrag in seiner eigentlichen Fassung abgelehnt wäre, die Anträge von Herrn v. Arneth und Cropp zur Abstimmung kommen und dann der Pfeiffer-Schorn'sche Antrag mit dem Amendement des Herrn Grävell, welches dahin geht, in der Schlußzeile das Wort „endgültig" wegzulassen, zur Abstimmung gebracht werde.

Vogt (vom Platze): Das ist also das Grävell'sche Amendement?

Präsident: Ja, das Grävell'sche Amendement, oder vielmehr der Pfeiffer-Schorn'sche Antrag mit dem Grävell'schen Amendement. **Diejenigen unter Ihnen, die den Pfeiffer-Schorn'schen Antrag mit dem Amendement des Herrn Grävell annehmen wollen, ersuche ich, sich zu erheben.** (Mitglieder auf der Rechten und im Centrum erheben sich.) **Der Antrag ist abgelehnt.** — Ich komme jetzt zu dem Antrag des Herrn Venedey, Heinrich Simon u. s. w.:

> „Die Reichsversammlung beschließt, die zweite Lesung der Verfassung unmittelbar nach der zweiten Lesung des Wahlgesetzes vorzunehmen."

Diejenigen Herren, welche dem Antrage der Herren Venedey, Heinrich Simon, Schoder und Genossen zustimmen wollen, ersuche ich, sich zu erheben. (Zuruf von der Linken: Namentliche Abstimmung.) Ich bitte um Entschuldigung; für diesen Antrag war die namentliche Abstimmung verlangt und unterstützt. Wir werden also darüber namentlich abstimmen. **Diejenigen Herren, welche den Antrag des Herrn Venedey und Genossen annehmen wollen, werden beim Aufruf ihres Namens mit Ja, die ihn ablehnen wollen, mit Nein antworten.**

Bei dem hierauf erfolgten Namensaufruf stimmten mit Ja:

Achleitner aus Ried, Ahrens aus Salzgitter, von Aichelburg aus Villach, Arndt aus Bonn, Arndts aus München, Beidtel aus Brünn, Benedict aus Wien, Berger aus Wien, Blumröder (Gustav) aus Kirchenlamitz, Boczek aus Mähren, Bogen aus Michelstadt, Braun aus Bonn, Brentano aus Bruchsal, Bresgen aus Ahrweiler, Christmann aus Dürkheim, Claussen aus Kiel, Cropp aus Oldenburg, Damm aus Tauberbischofsheim, Demel aus Teschen, Deymann aus Meppen, Dham aus Schmalenberg, v. Dieskau aus Plauen, Dietsch aus Annaberg, Dinstl aus Krems, Eckert aus Würzburg, Eisenmann aus Nürnberg, Eisenstuck aus Chemnitz, Engel aus Pinneberg, Englmayr aus Enns (Oberösterreich), Esterle aus Cavalese, Fehrenbach aus Säckingen, Fetzer aus Stuttgart, Freese aus Stargard, Frisch aus Stuttgart, Fritsch aus Ried, Fröbel aus Reuß, Geigel aus München, Gerlach aus Tilsit, Giskra aus Wien, Glax aus Gumpendorf, Göbel aus Jägerndorf, Golz aus Brieg, Groß aus Prag, Grubert aus Breslau, v. Grundner aus Ingolstadt, Gspan aus Innsbruck, Günther aus Leipzig, Hagen (K.) aus Heidelberg, Haggenmüller aus Kempten, Hartmann aus Leitmeritz, Hedrich aus Prag, Hehner aus Wiesbaden, Heldmann aus Selters, Hensel aus Camenz, Heubner aus Zwickau, Hildebrand aus Marburg, Hönniger aus Rudolstadt, Hoffbauer aus Nordhausen, Huber aus Linz, Huck aus Ulm, Jopp aus Enzersdorf, v. Itzstein aus Mannheim, Junghanns aus Mosbach, Kagerbauer aus Linz, v. Kaiserfeld aus Birkfeld, Kanitsch aus Carlsberg, Kerer aus Innsbruck, Kirchgeßner aus Würzburg, Klett aus Heilbronn, Knarr aus Steyermark, Köhler aus Seehausen, Kollaczek aus österreichisch Schlesien, Kotschy aus Ustron in mährisch Schlesien, Kudlich aus Schloß Dietach, Kuenzer aus Constanz, v. Kürsinger (Ignaz) aus Salzburg, v. Kürsinger (Carl) aus Tamsweg, Langbein aus Wurzen, Laschan aus Villach, v. Lassaulx aus München, Lausch aus Troppau, Levysohn aus Grünberg, Lienbacher aus Goldegg, Löschnigg aus Klagenfurt, Makowiczka aus Krakau, Mally aus Steyermark, Maly aus Wien, Mammen aus Plauen, Marck aus Gratz (Steyermark), Martiny aus Friedland, Mayer aus Ottobeuern, Melly aus Horn, Meyer aus Liegnitz, Metz aus Freiburg, Minkus aus Marienfeld, Möller aus Reichenberg, Mölling aus Oldenburg, Mohl (Moriz) aus Stuttgart, Mulley aus Weitenstein, v. Nagel aus Oberviechtach, Nagel aus Balingen, Nägele aus Murrhardt, Nauwerck aus Berlin, Neugebauer aus Luditz, v. Neuwall aus Brünn, Paur aus Neisse, Pfahler aus Tettnang, Peringer aus Kremsmünster, Polatzek aus Weißkirch, v. Pretis aus Hamburg, Prinzinger aus St. Pölten, Quesar aus Prag, Rank aus Wien, Rapp aus Wien, v. Rappard aus Glambek, Raßl aus Neustadtl in Böhmen, Raus aus Wolframitz, Raveaux aus Cöln, Reichard aus Speyer, Reichenbach (Graf) aus Do-

[illegible], Reichensperger aus Trier, Reinhard aus Boytzenburg, Reinstein aus Naumburg, Reisinger aus Freistadt, Reitter aus Prag, Renger aus böhmisch Kamnitz, Rheinwald aus Bern, Riedl aus Gratz, Riegler aus mährisch Budwitz, Riehl aus Zwettl, Rödinger aus Stuttgart, Rösler aus Oels, Roßmäßler aus Tharand, Sachs aus Mannheim, Schädler aus Vaduz, Scharre aus Strehla, Schlöffel aus Halbendorf, Schlutter aus Poris, Schmitt aus Kaiserslautern, Schneider aus Wien, Schoder aus Stuttgart, Schorn aus Essen, Schott aus Stuttgart, Schreiner aus Gratz (Steyermark), Schüler aus Jena, Schuler aus Innsbruck, Schulz (Friedrich) aus Weilburg, Schulz aus Darmstadt, Schütz aus Mainz, v. Schwarzenberg aus Cassel, Sepp aus München, Simon (Max) aus Breslau, Simon (Heinrich) aus Breslau, Simon (Ludwig) aus Trier, Spatz aus Frankenthal, Stark aus Krumau, Stein aus Görz, Strache aus Rumburg, Streffleur aus Wien, v. Stremayr aus Gratz, Stülz aus St. Florian, Tafel aus Stuttgart, Tafel (Franz) aus Zweibrücken, Tappehorn aus Oldenburg, Thüssing aus Warendorf, Trabert aus Rausche, Trampusch aus Wien, v. Trützschler aus Dresden, Uhland aus Tübingen, Umbscheiden aus Dahn, Venedey aus Cöln, Vischer aus Tübingen, Vogel aus Guben, Vogel aus Dillingen, Vogt aus Gießen, Vonbun aus Feldkirch, Wagner aus Steyr, Waldburg-Zeil-Trauchburg (Fürst) aus Stuttgart, Weber aus Neuburg, Weber aus Meran, Welter aus Tünsdorf, Werner aus Oberkirch, Werner aus St. Pölten, Wesendonck aus Düsseldorf, Wiesner aus Wien, Wigard aus Dresden, Wöhler aus Schwerin, Wuttke aus Leipzig, Würth aus Sigmaringen, v. Wydenbrugk aus Weimar, Ziegert aus Preuß. Minden, Zimmermann (Professor) aus Stuttgart, Zimmermann aus Spandow, Zitz aus Mainz, Zum Sande aus Lingen.

Mit **Nein** antworteten:

Ambrosch aus Breslau, v. Amstetter aus Breslau, Anders aus Goldberg, Anderson aus Frankfurt a. d. O., v. Andrian aus Wien, Anz aus Marienwerder, Arndt aus Bonn, Arneth aus Wien, Backhaus aus Jena, Bassermann aus Mannheim, Bauer aus Bamberg, Becker aus Gotha, v. Beckerath aus Crefeld, Behnke aus Hannover, Beseler aus Greifswald, Beseler (H. W.) aus Schleswig, Biedermann aus Leipzig, Bock aus preußisch Minden, Böcking aus Trarbach, Böcler aus Schwerin, v. Bothmer aus Carow, Braun aus Cöslin, Brescius aus Züllichau, Breusing aus Osnabrück, Briegleb aus Coburg, Bürgers aus Cöln, Buß aus Freiburg, v. Buttel aus Oldenburg, Cetto aus Trier, Cnyrim aus Frankfurt a. M., Cornelius aus Braunsberg, Coronini-Cronberg (Graf) aus Görz, Cramer aus Cöthen, Cucumus aus München, Dahlmann aus Bonn, Danzenberger aus München, Deeke aus Lübeck, Deetz aus Wittenberg, Degenkolb aus Eilenburg, Deiters aus Bonn, Detmold aus Hannover, Deym (Graf) aus Prag, Döllinger aus München, Drechsler aus Rostock, Dröge aus Bremen, Droysen aus Kiel, Dunker aus Halle, Ebmeier aus Paderborn, Eckart aus Lohr, Eckert aus Bromberg, Edlauer aus Gratz, Egger aus Wien, Ehrlich aus Murzynek, Emmerling aus Darmstadt, v. Ende aus Waldenburg, Engel aus Culm, Esmarch aus Schleswig, Evertsbusch aus Altena, Falk a. Ottolangendorf, Fallati aus Tübingen, Federer aus Stuttgart, Fischer (Gustav) aus Jena, Francke (Carl) aus Rendsburg, Friederich aus Bamberg, Fritzsche aus Roda, Fuchs aus Breslau, Fügerl aus Korneuburg, v. Gagern aus Darmstadt, Gebhard aus Würzburg, v. Gersdorf aus Tuetz, Gevekoht aus Bremen, v. Giech (Graf) aus Thurnau, Giesebrecht aus Stettin, von Gladis aus Wohlau, Godeffroy aus Hamburg, Göden aus Krotoszyn, Götz aus Neuwied, von der Goltz (Graf) aus Czarnikau, Grävell aus Frankfurt a. d. O., Gravenhorst aus Lüneburg, Groß aus Leer, Grüel aus Burg, Gumbrecht aus Lüneburg, Gülich aus Schleswig, Gysae (Wilhelm) aus Strehlow, Hahn aus Guttstat, Hallbauer aus Meißen, v. Hartmann aus Münster, Haßler aus Ulm, Haubenschmied aus Passau, Hayn aus Halle, Heimbrod aus Sorau, v. Hennig aus Dempowalonka, Hergenhahn aus Wiesbaden, Herzog aus Ebermannsstadt, Heusner aus Saarlouis, Hirschberg aus Sondershausen, Höften aus Hattingen, Hofer aus Pfarrkirchen, Hofmann aus Friedberg, Hollandt aus Braunschweig, von der Horst aus Rotenburg, Hugo aus Göttingen, Jacobi aus Hersfeld, Jahn aus Freiburg an der Unstrutt, Johannes aus Meiningen, Jordan aus Berlin, Jordan aus Gollnow, Jordan aus Frankfurt a. M., Jucho aus Frankfurt am Main, Junkmann aus Münster, Käfferlein aus Baireuth, Kahlert aus Leobschütz, v. Keller (Graf) aus Erfurt, v. Kendell aus Berlin, Kierulff aus Rostock, Kleinschrod aus München, Kosmann aus Stettin, v. Köstritz aus Elberfeld, Krafft aus Nürnberg, Kratz aus Wintershagen, Künßberg aus Ansbach, Küntzel aus Wolka, Kuhnt aus Bunzlau, Kutzen aus Breslau, Lammers aus Erlangen, Langerfeldt aus Wolfenbüttel, Laube aus Leipzig, Laudien aus Königsberg, Lette aus Berlin, Leverkus aus Lennep, Liebmann aus Perleberg, von Linde aus Mainz, Lindner aus Seisenegg, Lodemann aus Lüneburg, Löw aus Magdeburg, Löw aus Posen, v. Maltzahn aus Küstrin, Mann aus Rostock, Marcks aus Duisburg, Marcus aus Bartenstein, v. Massow aus Carlsberg, Mathy aus Carlsruhe, Matthies aus Greifswald, Merck aus Hamburg, Mertel aus Kronach, Metzke aus Sagan, Michelsen aus Jena, Mohl (Robert) aus Heidelberg, von Mühlfeld aus Wien, Müller aus Würzburg, Münch aus Wetzlar, Naumann aus Frankfurt a. d. O., v. Neitschütz aus Königsberg, Nerreter aus Fraustadt, Neubauer aus Wien, Nicol aus Hannover, Nizze aus Stralsund, Nöthig aus Weißholz, Obermüller aus Passau, Oertel aus Mittelwalde, Ostendorf aus Soest, Ottow aus Labiau, Pannier aus Zerbst, Paur aus Augsburg, Pfeiffer aus Adamsdorf, Pfeufer aus Landshut, Phillips aus München, Pinckert aus Zeitz, Pinder aus Weinowitz, Plaß aus Stade, Plathner aus Halberstadt, Plehn aus Marienburg, Pöhl aus München,

Quintus-Icilius aus Fallingbostel, v. Radowitz aus Rüthen, Rahm aus Stettin, v. Raumer aus Berlin, v. Raumer aus Dinkelsbühl, v. Reden aus Berlin, Reh aus Darmstadt, Reindl aus Orth, Reitmayr aus Regensburg, Richter aus Danzig, Riesser aus Hamburg, Röben aus Dornum, Röder aus Neustettin, Rößler aus Wien, Rothe aus Berlin, v. Rotenhan aus München, Rüder aus Oldenburg, Rümelin aus Nürtingen, Schauß aus München, Scheller aus Frankfurt a. d. O., Schenk aus Dillenburg, Schepp aus Wiesbaden, Schick aus Weißensee, Schierenberg aus Detmold, Schirmeister aus Insterburg, v. Schleussing aus Rastenburg, Schlüter aus Paderborn, Schmidt (Adolph) aus Berlin, Schneer aus Breslau, Scholten aus Ward, Scholz aus Neisse, Schrader aus Brandenburg, Schreiber aus Bielefeld, v. Schrenk aus München, v. Schrötter aus Preuß. Holland, Schubert (Friedrich Wilhelm) aus Königsberg, Schubert aus Würzburg, Schultze aus Potsdam, Schultze aus Liebau, Schwarz aus Halle, Schwetschke aus Halle, v. Selasinsky aus Berlin, v. Selchow aus Rettkewitz, Sellmer aus Landsberg a. d. W., Siehr aus Gumbinnen, Siemens aus Hannover, Simson aus Stargard, v. Soiron aus Mannheim, Sprengel aus Waren, Stavenhagen aus Berlin, Stengel aus Breslau, Stieber aus Budissin, Sturm aus Sorau, Tannen aus Zilenzig, Teichert aus Berlin, Tellkampf aus Breslau, Thöl aus Rostock, v. Unterrichter aus Klagenfurt, Veit aus Berlin, Versen aus Nieheim, Viebig aus Posen, Waitz aus Göttingen, Waldmann aus Heiligenstadt, Walter aus Neustadt, Wedekind aus Bruchhausen, v. Wedemeyer aus Schönrade, v. Wegnern aus Lyk, Weißenborn aus Eisenach, Wernher aus Nierstein, Werthmüller aus Fulda, Wichmann aus Stendal, Wiebker aus Uckermünde, Widenmann aus Düsseldorf, Wiest aus Tübingen, Winter aus Liebenburg, v. Wulffen aus Passau, Wurm aus Hamburg, Zachariä aus Bernburg, Zachariä aus Göttingen, Zell aus Trier, Zeltner aus Nürnberg, v. Zerzog aus Regensburg, Zöllner aus Chemnitz.

Abwesend waren:

A. mit Entschuldigung:

Barth aus Kaufbeuren, Bauernschild aus Wien, v. Beisler aus München, Bergmüller aus Mauerkirchen, Bernhardi aus Cassel, Blömer aus Aachen, Bonardy aus Greiz, v. Borries aus Carthaus, Bouvier (Cajetan) aus Steyermark, Brons aus Emden, Burkart aus Bamberg, Caspers aus Coblenz, Christ aus Bruchsal, Culmann aus Zweibrücken, Czoernig aus Wien, von Flottwell aus Münster, Freudentheil aus Stade, v. Gagern aus Wiesbaden, Gottschalk aus Schopfheim, Gritzner aus Wien, Heckscher aus Hamburg, Heisterbergk aus Rochlitz, Helbing aus Emmendingen, Herzig aus Wien, Hillebrand aus Pöls, Höchsmann aus Wien, Kaiser (Ignaz) aus Wien, v. Kalkstein aus Wegau, Kerst aus Birnbaum, Koch aus Leipzig, Kolb aus Speyer, Leue aus Cöln, Löwe (Wilhelm) aus Calbe, Lüntzel aus Hildesheim, Martens aus Danzig, v. Mayfeld aus Wien, Mevissen aus Cöln, Mohr aus Oberingelheim, Müller aus Damm, Müller aus Sonnenberg, Neumann aus Wien, Neumayr aus München, Osterrath aus Danzig, Pattai aus Steyermark, Peter aus Constanz, Petzer aus Bruneck, Pressing aus Memel, Richter aus Achern, Römer aus Stuttgart, v. Saltzwedell aus Gumbinnen, von Saucken-Tarputschen aus Angerburg, Schaffrath aus Neustadt, Schiedermayer aus Vöcklabruck, Schlörr aus der Oberpfalz, v. Schmerling aus Wien, Schoenmaekers aus Beck, Schrott aus Wien, Schüler (Friedrich) aus Zweibrücken, Schwerin (Graf) aus Pommern, Stahl aus Erlangen, Stedmann aus Besselich, Stockinger aus Frankenthal, Temme aus Münster, Thinnes aus Eichstätt, Tomaschek aus Iglau, v. Vincke aus Hagen, Welcker aus Frankfurt, Wernich aus Elbing, Wiethaus (J.) aus Gummersbach, Wippermann aus Cassel, Züttel aus Balingen.

B. ohne Entschuldigung:

v. Bally aus Beuthen, Bauer aus Wien, Becker aus Trier, Bermbach aus Siegburg, Boch-Buschmann aus Siebenbrunnen, v. Bobbien aus Pleß, v. Breuning aus Aachen, Clemens aus Bonn, Fallmerayer aus München, Förster aus Hünfeld, Gfrörer aus Freiburg, Gombart aus München, Graf aus München, Gulden aus Zweibrücken, Hayden aus Dorff bei Schlierbach, von Hermann aus München, Hoffmann aus Ludwigsburg, Houben aus Meurs, Jürgens aus Stadtoldendorf, Kohlparzer aus Neuhaus, Marsilli aus Roveredo, Mauckisch aus Hipoldiswalde, v. Mayern aus Wien, Mittermaier aus Heidelberg, v. Möring aus Wien, München aus Luxemburg, Overweg aus Haus Ruhr, Rättig aus Potsdam, Rühl aus Hanau, v. Sänger aus Grabow, v. Scherpenzeel aus Baarlo, Schmidt (Ernst Friedrich Franz) aus Löwenberg, Schmidt (Joseph) aus Linz, Servais aus Luxemburg, v. Sommaruga aus Wien, v. Thielau aus Braunschweig, Titus aus Bamberg, v. Treskow aus Grocholin, Weiß aus Salzburg, Wekbeker aus Aachen, v. Würth aus Wien.

Präsident: Der Antrag des Herrn Venedey und Genossen: Die zweite Lesung der Verfassung unmittelbar nach der zweiten Lesung des Wahlgesetzes vorzunehmen, ist mit 257 gegen 195 Stimmen verworfen. Es bleibt noch der letzte eventuelle Antrag von Herrn Mareck ... (Zuruf: wird zurückgenommen!) Ohne einen weiteren Beschluß über das Datum der vorzunehmenden zweiten Lesung gehen also die betreffenden Papiere, die durch den Druck den Mitgliedern des Hauses bekannt gemacht werden, an den Verfassungsausschuß — Ich habe noch eine Erklärung über die letzte Abstimmung zu verlesen.

Simon von Trier: Meine Herren! Es ist soeben durch den Herrn Präsidenten verkündigt worden, daß die Vorlage an den Verfassungsausschuß verwiesen werden solle, — ich glaube aber, daß die Ansichten und Wünsche der Fürsten eben sowohl wie die des Volkes zunächst an den Prioritäts- und Petitionsausschuß gehören. (Heiterkeit in der Versammlung.)

Präsident: Ich habe als sich von selbst verstehend angenommen, daß wenn es heute zu keiner Discussion über die vorliegende Frage gekommen wäre, diese Actenstücke in derselben Weise, wie die österreichische Note durch Beschluß der Versammlung, an den Verfassungs-Ausschuß hätte gelangen müssen. Ich weiß nicht, ob dagegen Widerspruch sein kann, dann werde ich darüber abstimmen. (Stimmen auf der Linken: Ja!) Diejenigen Herren, die wollen, daß die Vorlagen, die den Gegenstand der jetzt geendigten Discussion gebildet haben, dem Verfassungs-Ausschuß überwiesen werden, bitte ich, sich zu erheben. (Mitglieder auf der Rechten und im Centrum erheben sich.) Die Ueberweisung an den Verfassungs-Ausschuß ist angenommen. — Ich habe eine Erklärung zu verlesen, die sich auf einen Zwischenfall in der Discussion bezieht:

„In Erwägung, daß der Herr Präsident der Nationalversammlung den Herrn Abgeordneten Grumbrecht, wegen der in seiner heutigen Rede gegen die österreichische Regierung gethaenen, die Volksstämme Oesterreichs beleidigenden (Viele Stimmen auf der Linken und im Centrum: Oho! Unruhe) Aeußerungen nicht zur Ordnung gerufen hat, beantragen die Unterfertigten: „Die Nationalversammlung beschließe über diese Aeußerungen des genannten Herrn Abgeordneten, ihre Mißbilligung zu erklären (Gelächter auf der Linken und im Centrum; Zuruf: Oho, oho!) und vorläufig nach Maßgabe vorangegangener ähnlicher Fälle diesen Antrag an einen Ausschuß zu verweisen." (Große Unruhe.) v. Mühlfeld. Deym. Fügerl. v. Arneth. Glax. Beda Weber. Reichensperger. v. Lassaulx. Lenbacher. Mally. Bauer von Wien. v. Pretis. Fritsch. v. KaiserSfeld. v. Heyden. Polatzek. Dr. Neubauer. Gspan. Andrian. Schuler. Pieringer. Achleitner. Riegler. Karl v. Kürsinger. Keuchert. Ignatz v. Kürsinger. Schreiner. Quesar. Stein. Egger. v. Würth. v. Coronini-Cronberg. Benedict. Clemens. Herm. Müller. Edlauer. Lindner. Dinstl Schmidt. Graf. Kagerbauer. Reindl von Grätz. Maly. Edel."

Meine Herren! es ist klar, daß diese Erklärung in der zugleich Beschwerde über das Präsidium liegt, nach dem Verlangen der Herren Antragsteller an den Ausschuß für Geschäfts-Ordnung gehen muß; ich hoffe, vor diesem Ausschuß vertreten zu können, daß ich den vermißten Ordnungsruf nicht erlassen habe. — (Beifall und Stimmen auf der Linken und im Centrum: Ja, Ja!) Herr Reh hat das Wort wegen der nächsten Tagesordnung.

Reh von Darmstadt: Meine Herren! es ist, ich darf es wenigstens voraussetzen, Ihr Aller Wunsch, daß wir möglichst bald die zweite Lesung der Verfassung beginnen können; ich setze deshalb eben so voraus, daß Sie jedes Mittel, welches diesen Zweck fördert, gerne ergreifen werden, und so schlage ich Ihnen denn vor, daß Sie in den nächsten drei Tagen keine Sitzung halten, damit der Verfassungs-Ausschuß sich in diesen drei Tagen ausschließlich mit der vorliegenden Arbeit beschäftige; er hat diese Zeit sehr dringend nothwendig. (Große Unruhe und Unterbrechung.)

Präsident: Wer etwas hiergegen zu erwidern hat, wird hernach das Wort nehmen, aber nicht den Redner durch Zuruf unterbrechen!

Reh: Meine Herren! Sie stehen mit der Berathung des Wahlgesetzes fast am Ende; es sind nur noch zwei oder drei Paragraphen rückständig, und wenn Sie noch Freitag und Samstag auf die Berathung verwenden, so wird dieselbe so ausführlich sein können, daß das Wahlgesetz zum Schluß gebracht werden kann. Ich erlaube mir daher, Ihnen meinen Antrag, der gänzlich der Lage der Sache entspricht, zu empfehlen, und habe ich denselben bereits schriftlich eingereicht. (Unruhe und Zuruf: Die Dringlichkeitsfrage!)

Präsident: Meine Herren! Darauf paßt ja der Dringlichkeitsbegriff gar nicht; daß die vorliegende Tagesordnung festgesetzt werden muß, versteht sich ja von selbst.

Simon von Trier: Ich gehe von der Voraussetzung aus, daß Sie damit einverstanden sind, das Wahlgesetz in erster und zweiter Lesung zu beendigen... (Zuruf: Es ist schon anders beschlossen!), um dadurch die Sympathien des Volkes zu gewinnen und zu sichern, mit welchen allein Sie ein Gegengewicht gegen anderweitige Hindernisse, die Sie nicht besiegen können, zu erlangen vermögen. Ich trage daher darauf an, daß wir in dieser Woche die erste Lesung fortsetzen und dann die zweite Lesung daran knüpfen. (Bravo auf der Linken.)

Rösler von Oels: Der Antrag des Herrn Reh ist formell ganz unzulässig, denn ein einmal gefaßter Beschluß der Versammlung geht dahin, daß das Wahlgesetz fortlaufend berathen werden solle; dieser Beschluß kann daher nicht umgestoßen werden, und zwar um so weniger, als eine Reihe von Anträgen, die in ähnlicher Weise ergingen, abgeworfen wurde; ich stimme dafür, daß der Reh'sche Antrag nicht zur Abstimmung gebracht werden darf, weil er unzulässig ist.

Präsident: Ich frage, meine Herren, ob der Antrag des Herrn Reh, der hier nur neun Unterschriften hat, unterstützt wird? (Die genügende Anzahl erhebt sich.) Er wird unterstützt. Ich werde ihn zur Abstimmung bringen. Diejenigen Herren, welche nach dem Antrage des Herrn Reh beschließen wollen, die Sitzungen der Nationalversammlung für Dienstag, Mittwoch und Donnerstag auszusetzen, ersuche ich, sich zu erheben. (Mitglieder auf der Rechten und im Centrum erheben sich.) Ich werde die Gegenprobe machen. Diejenigen Herren, die dem Antrage des Herrn Reh, die Sitzungen für Dienstag, Mittwoch und Donnerstag auszusetzen, nicht beitreten wollen, ersuche ich, aufzustehen. (Mitglieder auf der Linken und im Centrum erheben sich.) Wir müssen durch Zettel abstimmen. Diejenigen Herren, welche dem Antrag des Herrn Reh auf Aussetzung der Sitzungen bis zum Freitag zustimmen wollen, ersuche ich, die weißen Zettel, diejenigen, welche den Antrag ablehnen wollen, die farbigen mit ihrem Namen zu unterzeichnen. (Die Zettel werden eingesammelt.)

Die Abstimmung ergab folgendes Resultat:

Mit Ja stimmten:

Ambrosch aus Breslau, v. Amstetter aus Breslau, Anders aus Goldberg, Anderson aus Frankfurt a. d. O., Anz aus Marienwerder, Arndt aus Bonn, Backhaus aus Jena, Bassermann aus Mannheim, Bauer aus Bamberg, Becker aus Gotha, Becker aus Trier, v. Beckerath aus Crefeld, Behnke aus Hannover, Beseler aus Greifswald, Beseler (H. W.) aus Schleswig, Biedermann aus Leipzig, Bock aus Preußisch-Minden, Böcking aus Trarbach, Böcler aus Schwerin, Braun aus Cöslin, Brescius aus Züllichau, Breusing aus Osnabrück, Briegleb aus Coburg, Bürgers aus Cöln, v. Buttel aus Oldenburg, Cetto aus Trier, Cnyrim aus Frankfurt am Main, Cramer aus Cöthen, Dahlmann aus Bonn, Deete aus Lübeck, Deetz aus Wittenberg, Degenkolb aus

Wirnburg, Deiters aus Bonn, Dröge aus Bremen, Droysen aus Kiel, Dunker aus Halle, Edmeier aus Paderborn, Eckert aus Bromberg, Ehrlich aus Murzynek, Emmerling aus Darmstadt, v. Ende aus Waldenburg, Engel aus Culm, Esmarch aus Schleswig, Evertsbusch aus Altena, Falk aus Ottolangendorf, Fallati aus Tübingen, Federer aus Stuttgart, Fischer (Gustav) aus Jena, Francke (Karl) aus Rendsburg, Fritzsche aus Roda, Fuchs aus Breslau, v. Gagern aus Darmstadt, Gebhard aus Würzburg, v. Gersdorf aus Tuez, Gevekoht aus Bremen, v. Giech (Graf) aus Thurnau, Giesebrecht aus Stettin, v. Gladis aus Wohlau, Godeffroy aus Hamburg, Göden aus Krotoszyn, Götz aus Neuwied, von der Goltz (Graf) aus Czarnikau, Grävell aus Frankfurt a. d. O., Gravenhorst aus Lüneburg, Groß aus Leer, Grüel aus Burg, Grumbrecht aus Lüneburg, Gülich aus Schleswig, Gysae (Wilhelm) aus Strehlow, Hahn aus Guttstadt, Haßler aus Ulm, Haubenschmied aus Passau, Haym aus Halle, Heimbrod aus Sorau, v. Hennig aus Dempowalonka, Hergenhahn aus Wiesbaden, Herzog aus Ebermannstadt, Heusner aus Saarlouis, Hirschberg aus Sondershausen, Höfken aus Hattingen, Hofmann aus Friedberg, Hollandt aus Braunschweig, von der Horst aus Ratenburg, Jacobi aus Hersfeld, Jahn aus Freiburg an der Unstrutt, Johannes aus Meiningen, Jordan aus Gollnow, Jordan aus Frankfurt a. M., Jucho aus Frankfurt am Main, v. Keller (Graf) aus Erfurt, v. Keudell aus Berlin, Kierulff aus Rostock, Kosmann aus Stettin, v. Köstritz aus Elberfeld, Krafft aus Nürnberg, Kratz aus Wintershagen, Künzel aus Wolka, Kuhnt aus Bunzlau, Kutzen aus Breslau, Lammers aus Erlangen, Langerfeldt aus Wolfenbüttel, Laube aus Leipzig, Laudien aus Königsberg, Lette aus Berlin, Leverkus aus Lennep, Liebmann aus Perleberg, Lodemann aus Lüneburg, Löw aus Magdeburg, Löw aus Posen, v. Maltzahn aus Küstrin, Mann aus Rostock, Marcks aus Duisburg, Marcus aus Bartenstein, v. Massow aus Carlsberg, Mathy aus Carlsruhe, Matthies aus Greifswald, Merck aus Hamburg, Metzke aus Sagan, Michelsen aus Jena, Mohl (Robert) aus Heidelberg, Münch aus Wetzlar, Naumann aus Frankfurt a. d. O., v. Neitschütz aus Königsberg, Nerreter aus Fraustadt, Nicol aus Hannover, Nizze aus Stralsund, Röthig aus Weißholz, Oertel aus Mittelwalde, Ostendorf aus Soest, Ottow aus Labiau, Pannier aus Zerbst, Pinckert aus Zeitz, Pinder aus Woinowitz, Plaß aus Stade, Plathner aus Halberstadt, Plehn aus Marienburg, v. Quintus-Icilius aus Fallingbostel, v. Radowitz aus Rüthen, Rahm aus Stettin, v. Raumer aus Berlin, v. Raumer aus Dinkelsbühl, Reh aus Darmstadt, Richter aus Danzig, Riesser aus Hamburg, Röben aus Dornum, Rößler aus Wien, Rothe aus Berlin, v. Rotenhan aus München, Rüder aus Oldenburg, Rümelin aus Nürtingen, Scheller aus Frankfurt a. d. O., Schepp aus Wiesbaden, Schick aus Weißensee, Schierenberg aus Detmold, Schirmeister aus Insterburg, v. Schleussing aus Rastenburg, Schlüter aus Paderborn, Schneer aus Breslau, Scholten aus Ward, Scholz aus Neisse, Schorn aus Essen, Schrader aus Brandenburg, Schreiber aus Bielefeld, v. Schrötter aus Preuß. Holland, Schubert (Friedrich Wilhelm) aus Königsberg, Schultze aus Potsdam, Schultze aus Liebau, Schwarz aus Halle, Schwetschke aus Halle, v. Selasinsky aus Berlin, v. Selchow aus Rettkewitz, Sellmer aus Landsberg a. d. W., Siehr aus Gumbinnen, Siemens aus Hannover, Simson aus Stargard, v. Soiron aus Mannheim, Sprengel aus Waren, Stavenhagen aus Berlin, Stenzel aus Breslau, Stieber aus Budissin, Sturm aus Sorau, Tannen aus Zilenzig, Teichert aus Berlin, Tellkampf aus Breslau, v. Thielau aus Braunschweig, Thöl aus Rostock, Veit aus Berlin, Versen aus Nieheim, Viebig aus Posen, Waitz aus Göttingen, Waldmann aus Heiligenstadt, Walter aus Neustadt, v. Wedemeyer aus Schönrade, v. Wegnern aus Lyk, Weißenborn aus Eisenach, Wernher aus Nierstein, Werthmüller aus Fulda, Wichmann aus Stendal, Wiebker aus Uckermünde, Widenmann aus Düsseldorf, Winter aus Liebenburg, Wurm aus Hamburg, Zachariä aus Bernburg, Zachariä aus Göttingen, Zell aus Trier, Zeltner aus Nürnberg, v. Herzog aus Regensburg, Zöllner aus Chemnitz.

Mit **Nein** stimmten:

Achleitner aus Ried, Ahrens aus Salzgitter, v. Aichelburg aus Villach, Archer aus Rein, Arndts aus München, Bauer aus Wien, Beidtel aus Brünn, Benedict aus Wien, Berger aus Wien, Blumröder (Gustav) aus Kirchenlamitz, Boczek aus Mähren, Bogen aus Michelstadt, Braun aus Bonn Brentano aus Bruchsal, Bresgen aus Ahrweiler, Buß aus Freiburg, Christ aus Bruchsal, Christmann aus Dürkheim, Claussen aus Kiel, Clemens aus Bonn, Cornelius aus Braunsberg, Coronini-Cronberg (Graf) aus Görz, Cropp aus Oldenburg, Cucumus aus München, Damm aus Tauberbischoffsheim, Darenberger aus München, Demel aus Teschen, Deymann aus Meppen, Dham aus Schmalenberg, v. Dieskau aus Plauen, Dietsch aus Annaberg, Dinstl aus Krems, Döllinger aus München, Drechsler aus Rostock, Eckart aus Lohr, Edel aus Würzburg, Edlauer aus Gratz, Egger aus Wien, Eisenmann aus Nürnberg, Eisenstuck aus Chemnitz, Engel aus Pinneberg, Englmayr aus Enns (Oberösterreich), Esterle aus Cavalese, Fehrenbach aus Säckingen, Fetzer aus Stuttgart, Förster aus Hünfeld, Freese aus Stargard, Friederich aus Bamberg, Frisch aus Stuttgart, Fritsch aus Ried, Fröbel aus Reuß, Fügerl aus Korneuburg, Geigel aus München, Gerlach aus Tilsit, Gfrörer aus Freiburg, Giskra aus Wien, Glax aus Gumpendorf, Göbel aus Jägerndorf, Goltz aus Brieg, Groß aus Prag, Grubert aus Breslau, v. Grundner aus Ingolstadt, Gspan aus Innsbruck, Günther aus Leipzig, Gulden aus Zweibrücken, Hagen (K) aus Heidelberg, Haggenmüller aus Kempten, Hallbauer aus Meissen, Hartmann aus Leitmeritz, v. Hartmann aus Münster, Hedrich aus Prag, Hehner aus Wiesbaden,

Heldmann aus Selters, Henjel aus Kamenz, Heubner aus Zwickau, Hildebrand aus Marburg, Hönniger aus Rudolstadt, Hofer aus Pfarrkirchen, Hoffbauer aus Nordhausen, Hoffmann aus Ludwigsburg, Huber aus Linz, Huck aus Ulm, Hugo aus Göttingen, Jopp aus Enzersdorf, v. Itzstein aus Mannheim, Junghanns aus Mosbach, Junkmann aus Münster, Käfferlein aus Baireuth, Kagerbauer aus Linz, Kanitsch aus Karlsberg, Kerer aus Innsbruck, Kirchgeßner aus Würzburg, Kleinschrod aus München, Knarr aus Steyermark, Köhler aus Seehausen, Kollaczek aus österr. Schlesien, Kolschy aus Ustron in Mährisch-Schlesien, Kudlich aus Schloß Dietach, Kuenzer aus Constanz, Künßberg aus Ansbach, v. Kürsinger (Ignatz) aus Salzburg, v. Kürsinger (Karl) aus Tamsweg, Langbein aus Wurzen, Laschan aus Villach, v. Lassaulx aus München, Lausch aus Troppau, Levysohn aus Grünberg, Lienbacher aus Golbegg, v. Linde aus Mainz, Lindner aus Seisenegg, Löschnigg aus Klagenfurt, Makowiczka aus Krakau, Mally aus Steyermark, Maly aus Wien, Mammen aus Plauen, Mareck aus Gratz (Steyermark), Marsilli aus Roveredo, Martiny aus Friedland, Mayer aus Ottobeuern, Melly aus Wien, Mertel aus Kronach, Meyer aus Liegnitz, Metz aus Freiburg, Minkus aus Marienfeld, Mittermaier aus Heidelberg, Möller aus Reichenberg, Mölling aus Oldenburg, Mohl (Moriz) aus Stuttgart, v. Mühlfeld aus Wien, Müller aus Würzburg, Mulley aus Weitenstein, v. Nagel aus Oberviechtach, Nagel aus Balingen, Nägele aus Murrhardt, Nauwerk aus Berlin, Neubauer aus Wien, Neugebauer aus Luditz, Neumayr aus München, v. Neuwall aus Brünn, Obermüller aus Passau, Paur aus Neisse, Pfahler aus Tettnang, Phillips aus München, Pieringer aus Kremsmünster, Polatzek aus Weißkirch, v. Pretis aus Hamburg, Prinzinger aus St. Pölten, Quesar aus Prag, Rank aus Wien, Rapp aus Wien, v. Rappard aus Glambek, Rassl aus Neustadtl in Böhmen, Raveaux aus Cöln, Reichard aus Speyer, Reichenbach (Graf) aus Domeßko, Reichensperger aus Trier, Reindl aus Orth, Reinhard aus Boytzenburg, Reinstein aus Naumburg, Reitter aus Prag, Renger aus böhmisch Kamnitz, Rheinwald aus Bern, Riedl aus Gratz, Riegler aus mährisch Budwitz, Riehl aus Zwettl, Rödinger aus Stuttgart, Rösler aus Oels, Roßmäßler aus Tharand, Sachs aus Mannheim, Schädler aus Vaduz, Scharre aus Strehla, Schauß aus München, Schenk aus Dillenburg, Schlöffel aus Halbendorf, Schlutter aus Poris, Schmidt (Adolph) aus Berlin, Schmidt (Joseph) aus Linz, Schmitt aus Kaiserslautern, Schneider aus Wien, Schoder aus Stuttgart, Schott aus Stuttgart, Schreiner aus Gratz (Steyermark), v. Schrenk aus München, Schubert aus Würzburg, Schüler aus Jena, Schuler aus Innsbruck, Schulz (Friedrich) aus Weilburg, Schulz aus Darmstadt, Schütz aus Mainz, Schwarzenberg aus Kassel, Sepp aus München, Simon (Max) aus Breslau, Simon (Heinrich) aus Breslau, Simon (Ludwig) aus Trier, Spatz aus Frankenthal, Stark aus Krumau, Stein aus Görz, Strache aus Rumburg, Streffleur aus Wien, v. Stremayr aus Gratz, Stülz aus St. Florian, Tafel aus Stuttgart, Tafel (Franz) aus Zweibrücken, Tappehorn aus Oldenburg, Thüssing aus Warendorf, Trabert aus Rausche, Trampusch aus Wien, v. Trützschler aus Dresden, Uhland aus Tübingen, Umbscheiden aus Dahn, Venedey aus Cöln, Vischer aus Tübingen, Vogel aus Guben, Vogel aus Dillingen, Vogt aus Gießen, Vonbun aus Feldkirch, Wagner aus Steyr, Waldburg-Zeil-Trauchburg (Fürst) aus Stuttgart, Weber aus Neuburg, Weber aus Meran, Wedekind aus Bruchhausen, Weiß aus Salzburg, Welcker aus Aachen, Welter aus Tünsdorf, Werner aus Oberkirch, Werner aus St. Pölten, Wesendonck aus Düsseldorf, Wiesner aus Wien, Wigard aus Dresden, Wöhler aus Schwerin, v. Wulffen aus Passau, Wuttke aus Leipzig, Würth aus Sigmaringen, v. Würth aus Wien, Ziegert aus Preuß. Minden, Zimmermann (Professor) aus Stuttgart, Zimmermann aus Spandow, Zitz aus Mainz, Zum Sande aus Lingen.

Präsident: Der Antrag des Herrn Reh ist mit 242 gegen 208 Stimmen abgelehnt! — Ich setze also die nächste Sitzung auf morgen 9 Uhr an; Tagesordnung ist die Fortsetzung der Discussion über den vorliegenden Entwurf des Wahlgesetzes. — Ich erwähne zum Schlusse noch einer Erklärung der Herren Hartmann, Titus, Mareck, Franz Stark, Reitter von Prag, Joseph Ranck und Berger, welche „gegen die Ansicht protestiren, als enthalte der Ausdruck des Herrn Grumbrecht eine Beleidigung des österreichischen Volksstammes," und schließe die heutige Sitzung.

(Schluß der Sitzung $4^1/_4$ Uhr.)

Die Redactions-Commission und in deren Auftrag Abgeordneter Professor Wigard.

Druck von Joh. David Sauerländer in Frankfurt a. M.

Stenographischer Bericht

über die

Verhandlungen der deutschen constituirenden National-Versammlung zu Frankfurt a. M.

Nro. 179. Donnerstag den 1. März 1849. VII. 24.

Hundert acht und siebenzigste Sitzung.

(Sitzungslocal: Paulskirche.)

Dienstag den 27. Februar 1849. (Vormittags 9 Uhr.)

Vorsitzender: theils Eduard **Simson**; theils Vicepräsident **Kirchgeßner**.

Inhalt: Verlesung des Protocolls. — Verweisung neu eingetretener Mitglieder in die Abtheilungen. — Marinebeiträge. — Bericht des Prioritäts- und Petitions-Ausschusses über die erfolgte Abgabe von Eingängen. — Berichts-Anzeige des Gesetzgebungs-Ausschusses über die Anträge und Petitionen auf Einführung allgemeiner Gesetze für Deutschland. — Fortsetzung der Berathung des vom Verfassungs-Ausschusse vorgelegten Entwurfs: „Reichsgesetz über die Wahlen der Abgeordneten zum Volkshause“ (§§ 13 und 14). — Austritts-Anzeige des Abgeordneten Herzig.

Präsident: Die Sitzung ist eröffnet. Ich ersuche den Herrn Schriftführer, das Protocoll der vorigen Sitzung zu verlesen. (Geschieht durch Secretär Biedermann) Ich frage, ob Reclamation gegen das Protocoll ist? (Es reclamirt Niemand.) Es ist keine Reclamation, das Protocoll ist genehmigt. — Von den seit gestern neu eingetretenen drei Mitgliedern, dem Herrn v. Selasinsky von Berlin, an die Stelle des Herrn Carl von ebenda getreten, Herrn Bernbach von Siegburg, an die Stelle des Herrn Compes von Köln getreten, und Herrn Maukisch von Dippoldiswalda, an die Stelle des Herrn Heubner von Freiberg getreten, habe ich den Ersten in die zweite, den Zweiten in die vierte, den Dritten in die siebente Abtheilung verwiesen. — Ich habe drei Flottenbeiträge zur Kenntniß der Versammlung zu bringen: Der Abgeordnete Eisenstuck überreicht von dem Flottenverein zu Chemnitz aus ein und zwanzig sächsischen Fabrikorten, zum Theil von Fabrikarbeitern gesammelt, 2352 fl. 9 kr. in Cassa und Wechseln, zwei goldene Ringe, vier silberne Denkmünzen; (Bravo!) 26½ Rthl. Crt. Beiträge von Derel, Amts Bremervörde im Königreich Hannover, eingeschickt von dem Organisten und Schullehrer Dieckmann zu Derel; 8 Thlr. 5 Sgr. Ertrag einer Sammlung von dem constitutionellen Verein des Rothenburger Kreises, übergeben vom Abgeordneten Grävell. Wir sprechen unseren Dank für diese Beiträge aus, und überweisen sie an das Reichsministerium der Finanzen. — Der Prioritäts- und Petitions-Ausschuß hat eine Reihe ihm überwiesener Anträge und Petitionen resp. an andere bestehende Ausschüsse, an das Reichsministerium und an das Präsidium der Reichsversammlung verwiesen. Ich lasse das Verzeichniß derselben als Beilage zu dem heutigen Protocoll drucken.

(Die Redaction läßt dasselbe hier folgen:

„An das Präsidium der verfassunggebenden Reichsversammlung. — Der Prioritäts- und Petitions-Ausschuß hat in seiner Sitzung vom 22. Februar folgende Beschlüsse gefaßt:

I. An den Verfassungs-Ausschuß zu verweisen die Nummern 5788 und 6014.

II. An den völkerrechtlichen Ausschuß die Nummer 6008.

III. An den volkswirthschaftlichen Ausschuß die Nummern 5881, 5325, 5791, 5792, 5793, 5877, 6068, 6069, 6070, 6071.

IV. An den Wehr-Ausschuß die Nummer 5790.

V. An das Reichsministerium die Nummer 6015 zur geeigneten Berücksichtigung zu verweisen.

VI. An das Präsidium der verfassunggebenden Reichs-Versammlung folgende Anträge zurückzugeben, und dabei die Priorität wie folgt, zu begutachten:

1) Nr. 670, — Antrag des Abgeordneten Fehrenbach, — wurde seinem Gegenstande nach als dringlich erkannt, um ihn zur Priorität für die künftigen Tagesordnungen zu empfehlen.

Dazu gehören die connexen Petitionen Nr. 6005 und 6061.

2) Nr. 529, Antrag des Abgeordneten Rösler von Oels, wurde in ganz gleicher Weise als dringlich erkannt, und ist zur Priorität empfohlen.

3) Die Nrn. 5882, 480 und 445, Anträge der Abgeordneten Carl, Mareck und Nauwerck, wurden dagegen nicht als dringlich erkannt, und sind daher auch nicht zur Priorität empfohlen.

Das Präsidium der Reichsversammlung wird ersucht, mit den anbei folgenden erwähnten Eingaben und Anträgen gefälligst im Sinne der Beschlüsse des Prioritäts- und Petitions-Ausschusses zu verfahren.

Frankfurt a. M. den 22. Februar 1849.

Der Prioritäts- und Petitions-Ausschuß.

Rödinger. G. Gulden, Schriftführer.")

Präsident: Herr Mittermaier hat das Wort, um einen Bericht des Gesetzgebungs-Ausschusses anzuzeigen.

Mittermaier von Heidelberg: Meine Herren! Ich habe der Versammlung den Bericht des Ausschusses für Gesetzgebung vorzulegen in Bezug auf die Anträge und Petitionen, die die Bearbeitung allgemeiner Gesetzbücher und anderer damit zusammenhängender Gesetze betreffen. Der Abgeordnete Herr Scheller, der vor einigen Tagen an den Ausschuß interpellirte, wird sich durch die Lesung des Berichts überzeugen, daß der Ausschuß seine Aufgabe gehörig erfaßt und erfüllt hat. Wenn der Herr Abgeordnete sich auf den § 59 des Beschlusses der Versammlung über die Reichsgewalt bezog, so wird er selbst wohl beachten, daß dieser Paragraph sich auf die Pflichten der künftigen Reichsgewalt bezieht, nicht aber auf den Gesetzgebungs-Ausschuß und den Umfang seiner Pflichten bezogen werden kann.

Präsident: Ich lasse den Bericht drucken, und auf eine künftige Tagesordnung setzen. — Wir gehen zur Tagesordnung über, zur Berathung des von dem Verfassungs-Ausschusse vorgelegten Entwurfs: „Reichsgesetz über die Wahlen der Abgeordneten zum Volkshause," und zwar über Art. V. § 13 und folgende. Zu § 13:

„Die Wahlhandlung ist öffentlich. Bei derselben sind Gemeindemitglieder zuzuziehen, welche kein Staats- oder Gemeinderecht bekleiden.

Das Wahlrecht muß in Person ausgeübt, die Stimme mündlich zu Protocoll abgegeben werden."

nebst dem Minoritäts-Erachten:

„Der zweite Satz dieses Paragraphen möge so lauten: Das Wahlrecht wird in Person durch Stimmzettel ohne Unterschrift ausgeübt." (Ahrens; H. Simon; Reh; F. Wigard; Schreiner; Tellkampf; Mittermaier.)

und dem § 14:

„Die Wahl ist direct. Sie erfolgt durch absolute Stimmenmehrheit aller in einem Wahlkreis abgegebenen Stimmen.

Stellt bei einer Wahl eine absolute Stimmenmehrheit sich nicht heraus, so ist eine zweite Wahlhandlung vorzunehmen. Wird auch bei dieser eine absolute Stimmenmehrheit nicht erreicht, so ist zum dritten Mal nur unter den zwei Candidaten zu wählen, welche in der zweiten Wahlhandlung die meisten Stimmen erhalten haben.

Bei Stimmengleichheit entscheidet das Loos."

liegt ein auf die Geschäftsbehandlung bezüglicher Antrag, einerseits von Herrn Gravenhorst, andererseits von Herrn Grävell vor. Der von Herrn Gravenhorst ist bereits unter Nr. 80 abgedruckt, und geht dahin:

„Die Discussion und Abstimmung über § 14 möge der über § 13 vorausgehen."

Herr Grävell beantragt:

„Die §§ 13 und 14 in der Discussion und Abstimmung heute in der Art zu verbinden, daß bei der letzteren die Reihenfolge dieser Paragraphen umgekehrt werde."

Wir werden uns darüber einigen müssen, bevor wir zu den Paragraphen übergehen können. Verlangt über diese Anträge des Herrn Gravenhorst und Grävell Jemand das Wort?

Gravenhorst von Lüneburg: Meine Herren! Es findet allerdings eine Wechselbeziehung zwischen diesen beiden Punkten statt, die allerdings auch diese Ordnung rechtfertigen könnte, wie sie der Verfassungs-Ausschuß vorgelegt hat, und gerade aus dem Grunde ist wohl mit eine zweite Lesung bei diesen wie bei anderen zusammenhängenden Gesetzen beliebt worden, weil, nachdem man das Ganze übersieht, diese Wechselbeziehungen leicht ausgeglichen werden können. Ein anderer Grund zu einer zweiten Lesung, der darin liegt, daß man die öffentliche Meinung erst noch hören könne, scheint mir von denjenigen Herren nicht berücksichtigt zu werden, die eine zweite Lesung unmittelbar hintendrein wollen. Indessen, weil hier Wechselbeziehungen stattfinden, so kommt es natürlich nur darauf an, welcher von beiden Paragraphen zu dem andern in einer großen Abhängigkeit steht. Es scheint nun, daß der § 13, welcher das öffentliche und mündliche Verfahren bei der Wahlhandlung vorschreibt, vom directen Verfahren sehr abhängig ist. Diejenigen, die mit mir derselben Meinung sind, werden nicht bei directem Verfahren für das öffentliche und mündliche Abgeben der Stimmen sich erklären können, weil sie darin eine Gefahr für die Freiheit sehen. Andere mögen vielleicht anders denken, und das muß die Abstimmung über meinen Antrag ergeben. Deßwegen habe ich wenigstens meinen Antrag eingebracht.

Präsident: Verlangt noch Jemand über diesen vorläufigen Vorschlag das Wort?

Moriz Mohl von Stuttgart: Meine Herren! Es scheint mir kein Grund zu sein, die Berathungsordnung zu ändern; denn was der § 13 festsetzen will, scheint mir ganz und gar von der Frage, ob directe oder indirecte Wahl, unabhängig zu sein. Es hat immer seine Inconvenienzen, wenn man zwei Paragraphen zusammenfaßt, und die Rednerlisten zusammenwirft.

Riesser von Hamburg: Ich stimme dem letzten Redner darin bei, daß es auch mir nicht angemessen scheint, die Debatte über beide Paragraphen zu verbinden. Ich wünsche, daß sie getrennt bleibe; ich sehe auch keinen genügenden Grund, um die Reihenfolge, was die Debatte betrifft, umzukehren. Den Bedenken Derjenigen, die einen innern Zusammenhang zwischen beiden Paragraphen erblicken, könnte man ja so weit nachgeben, daß man die Abstimmung über beide Paragraphen aussetzte, bis beide debattirt sind. Ob man dann die Abstimmung über § 13 oder 14 vorangehen läßt, das scheint mir gleichgiltig. Ich beantrage, daß beide getrennt, aber hintereinander berathen werden, und daß dann abgestimmt werde.

Grävell von Frankfurt a. d. O.: Es scheint mir in der Natur der Sache zu liegen, daß man vor allen Dingen darüber mit sich einig sein muß, was man will, ehe man auf die Frage kommt, wie man es will. Der § 14 führt zum Ersten, der § 13 zum Letzten, und daher scheint es mir in der Ordnung zu sein, daß wir die Ordnung umkehren.

Präsident: Wenn Niemand das Wort verlangt, werde ich die erste Frage auf den weitest gehenden Antrag stellen, und das scheint mir der Gravenhorst'sche zu sein.

Gravenhorst (vom Platze): Ich schließe mich den andern Anträgen an.

Präsident: Herr Gravenhorst nimmt seinen Antrag zurück, und schließt sich dem der Herren Grävell und Riesser an, davon ist die eine Hälfte, in der beide Herren übereinstimmen, negativ, daß nicht früher über den einen Paragraphen abgestimmt werde, als über den andern, also daß die Abstimmungen über die §§ 13 und 14, vorbehaltlich eines weiteren Beschlusses über die Reihenfolge derselben verbunden werden. Ist gegen diesen Vorschlag Widerspruch? (Niemand widerspricht.) Dann nehme ich als Beschluß der Versammlung an, daß über die §§ 13 und 14 in separato aber hintereinander, d. h. durch keine Abstimmung unterbrochen, debattirt, und demnächst über beide Paragraphen abgestimmt werde; in welcher Reihenfolge, das wird die Versammlung am Schlusse der Discussion bestimmen. — Zu § 13 liegt der gedruckte Antrag des Herrn Grävell, Nr. 40 Ziffer 7, vor:

„Die sämmtlichen Wähler eines jeden Wahlbezirks (§ 1 — 4) werden, nach der Höhe ihres jährlichen Einkommens, ohne Abzug ihres eigenen und ihrer Familie Unterhalts, in sechs Klassen eingeschätzt. Diese Einschätzung erfolgt durch eine im Bezirke gebildete Commission nach Vorschrift der Wahlordnung:

Zur 1.	Klasse gehören die mit einem Einkommen	über	36,000 fl.
2.	" " " " " "	"	12,000 "
3.	" " " " " "	"	3,000 "
4.	" " " " " "	"	800 "
5.	" " " " " "	"	200 "
6.	" " " " " "	von	200 "

oder darunter.

Die Einschätzung erfolgt jedes Jahr, bis eine allgemeine Einkommsteuer eingeführt sein wird, die zum Maßstabe dient, und es werden darnach die Wahllisten für das Jahr gefertigt. (§ 12.)

Die Wahl der Deputirten erfolgt mittelbar durch Wahlmänner, deren in jedem Wahlkreise (§ 7)

die 1. Klasse zwei,
die 2. Klasse vier,
die 3. Klasse sechs,
die 4. Klasse neun,
die 5. Klasse sieben,
die 6. Klasse fünf
} zusammen 33,

zu ernennen hat.

Diese Wahlmänner treten sofort im Hauptorte des Wahlkreises zusammen, und erwählen den Deputirten für denselben.

Jeder Ausbleibende geht seines Stimmrechtes verlustig. Eine nicht im Wahlkreise vorhandene Klasse bleibt unvertreten.

Alle diese Wahlen geschehen vermöge relativer Stimmenmehrheit. Bei Stimmengleichheit entscheidet das Loos.

Bestimmungen der Wahlordnung, die dazu nothwendig sind:

1) Die Einschätzungscommission in jedem Wahlbezirke wird gebildet: durch ein aus jeder Klasse nach der letzten Liste von den Wählern in derselben zu erwählendes Mitglied, unter dem Vorsitz eines von der Landesbehörde zu ernennenden Staatsbeamten. Für das erste Mal werden die Mitglieder von den im Wahlkreise befindlichen Mitgliedern derjenigen ständischen Versammlung erwählt, zu welcher der Wahlkreis gehört.

2) Reclamationen gegen die Nichtaufnahme in die Wahl-Liste, oder wegen zu niedriger Einschätzung finden nur statt, wenn zugleich der Nachweis der Richtigkeit der Beschwerde beigefügt wird. Eben dieß gilt von allen Beschwerden über das Verfahren bei der Wahlhandlung selbst, so materiellen Inhaltes sind. Zu deren Prüfung und Entscheidung wird im Hauptorte des Kreises eine Wahlcommission in derselben Weise eingesetzt, wie die Bezirks-Einschätzungs-Commissionen, nur mit verdoppelter Anzahl der Mitglieder.

3) Die drei ersten Klassen wählen schriftlich durch Wahlzettel unter ihrer vollständigen Unterschrift, die sie an die eben erwähnte Kreiscommission einzuschicken haben.

Die drei letzten Klassen wählen bezirksweis (§ 10) mündlich zu Protocoll, welches von dem Vorsitzenden der Einschätzungscommission und zweien durch sie selbst zu bestimmenden Mitgliedern derselben doppelt geführt, und an die Kreiswahlcommission eingeschickt wird.

4) Diese Letztere zieht aus den Wahlzetteln und Protocollen durch ihren Vorsitzenden und zwei von ihr selbst dazu abgeordneten Mitgliedern die Namen der Erwählten und deren Wiederholung aus, und stellt dadurch fest, welche durch Stimmenmehrheit in jeder Klasse nach Maßgabe der derselben zugewiesenen Zahl zu Wahlmänner erkoren worden sind.

5) Derselbe Beamte mit seinen beiden Zugeordneten beruft unverzüglich die Wahlmänner zur Wahl des Deputirten zusammen, führt darüber ebenfalls ein doppeltes Protocoll, und fertigt das eine Exemplar dem ernannten Deputirten zu, als seine Vollmacht."

und zwei handschriftliche, die Sie im Laufe der Sitzung noch gedruckt erhalten werden. Von Herrn Günther:

„Ich beantrage für Artikel V. § 13 a folgende Fassung:

„Die Wahlhandlung ist öffentlich und wird von Gemeindemitgliedern geleitet, welche kein Staatsamt bekleiden."

Unterstützt von: Reichard; Wiesner; Mareck; Kudlich; Scharre; Minkus; Fehrenbach; Zimmermann; Roßmäßler; Schmitt; Würth; Schlöffel; Damm; Kollaczek; Nauwerck; Fröbel; Zimmermann von Stuttgart; Dietsch; Mammen; v. Dieskau; Stark; Kuenzer; Schütz; Bogen; Werner von Oberkirch; Esterle; Rödinger.

Und von Herrn Arndts von München. —

„Anstatt der §§ 13 und 14 bringe ich folgende Paragraphen in Vorschlag:

§ 13. Die Wahl der Abgeordneten geschieht mittelbar durch Wahlmänner, welche von den Wahlberechtigten (§ 1 — 4) aus ihrer Mitte gewählt werden.

§ 14. Auf eine Bevölkerung von je 250 Seelen ist ein Wahlmann zu wählen.

§ 14 a. Die Wahl der Wahlmänner wird nach Bezirken vorgenommen, deren Bevölkerung die Seelenzahl von 2000 nicht übersteigen soll. Zur Wahl des Abgeordneten werden sämmtliche Wahlmänner des Wahlkreises (§ 7 — 9) zu einer Wahlhandlung versammelt.

§ 14 b. Die Wahlhandlung ist in jedem Falle öffentlich. Bei der Urwahl sind Gemeindemitglieder zuzuziehen, welche kein Staats- oder Gemeindeamt bekleiden. Bei der Wahl des Abgeordneten ist aus den Wahlmännern ein Wahl-Ausschuß zu bilden.

Das Wahlrecht wird in Person durch Stimmzettel ohne Unterschrift ausgeübt.

§ 14 c. Die Wahl erfolgt in jedem Falle durch absolute Stimmenmehrheit aller an der Wahl theilnehmender Wahlberechtigten. Stellt bei einer Wahl eine absolute Stimmenmehrheit sich nicht heraus, so ist eine zweite Wahlhandlung vorzunehmen. Wird auch bei dieser eine absolute Stimmenmehrheit nicht erreicht, so ist zum dritten Male nur unter den drei Candidaten zu wählen, welche in der zweiten Wahlhandlung die meisten Stimmen erhalten haben, und wenn auch alsdann noch die Wahl nicht zum Ziele führt, so ist zuletzt nur unter den zwei Candidaten zu wählen, welche in der dritten Wahlhandlung die meisten Stimmen erhalten haben."

Unterstützt von: Kerer; Stülz; v. Grundner; Achleitner; Hofer; Obermüller; Lienbacher; Graf; Eckart; Fügerl; Riegler; Schuler; Hermann Müller; v. Wulffen; v. Nagel; Zum Sande; Darenberger; Lassaulx; Phillips; Tappehorn; Wekbeker.

Eingeschrieben sind: gegen die Anträge des Ausschusses die Herren Grävell, Simon von Trier, Arndis, Nauwerck, Roßmäßler und Wichmann. Für die Anträge des Ausschusses: die Herren Waitz, Beseler von Greifswald, v. Raumer von Berlin, Zachariä von Göttingen, und für die Minorität des Ausschusses Herr Mittermaier als Berichterstatter. — Ich muß fragen, ob auf die Discussion über die §§ 13 und 14 überhaupt eingegangen werden soll? Diejenigen, welche auf die Discussion nicht verzichten wollen, ersuche ich, aufzustehen. (Es erheben sich mehr als hundert Mitglieder.) Die Discussion ist zugelassen. Herr Grävell hat das Wort.

Grävell von Frankfurt a. d. O.: Zwischen einem Politiker und einem Politicus mache ich den Unterschied, daß Letzterer seine Zwecke aus seiner Eigensucht entnimmt, und um die Mittel nicht verlegen ist, wenn sie ihn nur zum Ziele führen, wogegen der Politiker, der ächte Politiker, nur solche Zwecke im Auge hat, welche die Vernunft gebietet, und natürlich auch nur solche Mittel, welche in ihr geheiligt sind. Man wird daher zwischen einem Politiker und einem Politicus schon den im Aeußeren bemerkbaren Unterschied erhalten, daß Letzterer seinen Zweck dadurch zu erreichen sucht, daß er die Leidenschaften und Affecte aufregt, wogegen der wahre Politiker dieß vermeiden wird, weil er dadurch von der richtigen Beurtheilung der Sache ablenken würde. Ich habe dieß vorausschicken müssen, weil ich nicht in den Fehler verfallen will, welchen ich für den größten halte, nämlich den, zu Affecten und Leidenschaften zu sprechen. Ich spreche zu Ihrer Vernunft und politischen Einsicht, die allerdings ihren Weg für sich geht, und muß daher bitten, nicht ungehalten zu werden, wenn ich im Laufe meiner Untersuchung auf sehr bekannte Sätze komme. Die ganze Politik ist nichts weiter, als eine angewandte Rechnenkunst, freilich nicht immer mit bestimmten, sondern größtentheils mit Wahrscheinlichkeitsgrößen; und sowie jeder Rechner, so oft die Zahlen 2 und 3 vorkommen, wenn er sie zusammenziehen soll, den bekannten Satz anwenden muß, daß sie 5 machen, so muß es wohl auch hier vorkommen, daß sich bekannte Sätze mit einflechten. Dieß zu meiner Entschuldigung! Die Frage, ob directe oder indirecte Wahlen den Vorzug verdienen, läßt sich in abstracto gar nicht beantworten. Es kommt Alles darauf an, unter welchen Umständen die eine, oder die andere stattfindet. Wo es darauf ankommt, zu vermeiden, daß Unbequemlichkeiten und Versäumnisse bei den Wahlen nicht Veranlassung geben, daß die Wähler nach und nach sich selbst von den Wahlen dispensiren, wo es darauf ankommt, das mannigfache Interesse und die Verschiedenheit der Wähler wahrzunehmen; wo es endlich darauf ankommt, zu vermeiden, daß die Wahlen nicht ebenso viel Gelegenheit zur Aufregung des Volkes geben; da muß unbedingt die indirecte Wahlart den Vorzug haben. Es hat sich aus der Erfahrung erwiesen, daß die Wahlart, welche vom Vorparlamente beantragt und dann zur Ausführung gebracht wurde, später nicht die allerbeste gewesen ist. (Heiterkeit auf der Linken.) Es ist diese Erfahrung weniger noch von hier zu entnehmen, als von den anderen Orten, wo man jenem Beispiele folgte. Ich suche dieß hauptsächlich darin, daß das Vorparlament den Grundsatz der Gleichheit in einer Weise aufgefaßt hat, wie dieß nicht hätte geschehen sollen. Denn es gibt gar nicht eine solche Gleichheit, welche eine Wahl nach Köpfen rechtfertigen könnte. Es ist an und für sich eine bekannte Sache, daß nur für die Idee und die Begriffe der Vernunft und für die Quantität Gleichheit existirt. Im Gebiete der Erscheinung gibt es nirgends vollkommene Gleichheit, also auch nicht zwischen den Menschen und ihren Verhältnissen. Dieß ist allgemeines Naturgesetz; gegen dieses aber kämpfen zu wollen, ist offenbare Thorheit. Es ist also auch thöricht, nach Köpfen zählen zu wollen, wo die Menschen nach ihren Verhältnissen in der größten Verschiedenheit sich befinden. Nehmen wir nun den Inbegriff alles Dessen, worüber der Mensch frei verfügen kann, zusammenehmen, also nicht bloß Geld und Gut, sondern auch seine geistigen Kräfte und seinen Credit, so ergibt sich darvus, daß der Vermögenszustand derjenige ist, welcher unter den Verhältnissen der Menschen die größte Verschiedenheit bedingt. Je größer aber das Vermögen, desto mehr ist der Schutz des Staats eine Nothdurft; je geringer das Vermögen, desto weniger wird es Schutz bedürfen. Ebenso, nur umgekehrt, verhält es sich mit den Leistungen. Es wird sich demnach die allgemeine Regel des Staates so herausstellen: daß nach dem Verhältnisse des Vermögens auch die politische Stellung der Bürger eingerichtet sein soll. Die distributive Gerechtigkeit bringt es also mit sich, daß dieser Satz auf die Leistungen ebenso, als auf die bürgerlichen Gerechtsame, gleichmäßig angewendet werde. Und daher kommt es, daß man schon längst den Grundsatz aufgestellt und angewendet hat, daß Jeder nach seinen Vermögensverhältnissen steuern soll. Wären die Steuern so eingerichtet, daß sie einen sicheren Maßstab des Vermögens abgeben könnten, so würde die Einkommensteuer der richtigste Maßstab sein; sie würde es am Sichersten an die Hand geben, wie die politische Stellung eines Jeden im Staate zu bemessen und zu bestimmen sei. Dieß ist aber nicht der Fall; die Steuern sind in Deutschland von solcher Mannigfaltigkeit, daß es eine Unmöglichkeit ist, einen allgemeinen Maßstab dafür zu finden, selbst wenn man nur die directen Steuern annehmen, und die indirecten aus dem Spiele lassen will, obschon diese letzteren einen erheblichen Unterschied machen. Unter den directen Steuern gibt es selbst sehr viele, welche in anderer Beziehung nicht directe zu nennen sind, weil sie nicht von dem Einkommen oder Vermögen, sondern bloß vom Besitze erhoben werden. Namentlich ist dieß bei den Grundsteuern der Fall. Der Besitzer muß die Grundsteuern bezahlen, wenn ihm auch nicht das Geringste von dem Grundstücke gehört, und er nichts Anderes davon hat, als den Namen des Eigenthümers; er muß die Steuern entrichten für Diejenigen, welchen er den Werth des Grundstückes schuldet. So ist es auch mit vielen anderen Steuerarten. Wäre es möglich, die einzelnen Interessen der schiedenen Einwohner zu vertreten, was doch die Hauptsache aller Vertretung wäre; so müßte gar nicht auf die einzelnen Personen oder Individuen Rücksicht genommen werden, sondern eben lediglich nur auf ihr Interesse und dessen Bedeutendheit. Wohl ist es zu beklagen, daß so manche Interessen hier so wenig vertreten werden, z. B. die der Landbauer, Bergbauer, Schiffbauer u. s. w. Nachdem sich aber die Verhältnisse so mannigfach gestaltet haben, wird es wahrscheinlich bei der Bildung des neuen Wahlmodus eine Unmöglichkeit sein, alle Interessen zur Vertretung zu bringen. Es wird also diese sich immer nur so gestalten können, daß man die Interessen klassenweise scheidet; und es bestimmt sich eben nach dem Vermögen des Menschen, über wie viele Kräfte er zu verfügen hat, und in welchem Zustande er sich im Ganzen befindet. Darum ist es nicht eine neue Entdeckung, sondern einer der ältesten Beweise menschlicher Weisheit, daß diejenigen Gesetzgeber, welche sich den größten Ruhm in der Welt erworben haben, den Gedanken faßten, das Stimmrecht der Staatsbürger nach dem Verhältnisse ihres Vermögens zu ordnen. Es ist bekannt, und schon oft angeführt worden, daß Solon und Servius Tullius von diesem Grundsatze ausgegangen sind; ich will das nicht weiter ausführen, sondern nur darauf aufmerksam machen, daß die römischen Geschichtsschreiber diese Einrichtung des Tullius als die vorzüglichste unter allen von demselben getroffenen Maßregeln anerkennen, daß sie der Einrichtung des Census und der Klasseneintheilung die Größe der Republik zuschreiben. Ich setze hinzu, daß er sie traf, nachdem der erbitterte Kampf zwischen den Patriciern und Plebejern bereits ausgebrochen war, welcher Rom mehr als einmal an den Rand des Verderbens zu führen drohte, daß aber er durch jene Einrichtung hauptsächlich verhinderte, daß der Untergang nicht früher kam. Rom wurde dadurch 600 Jahre erhalten. Das Hauptverdienst des Servius Tullius liegt nun darin, daß er durch jene Maßregel verhinderte, daß sich beide Parteien nicht schroff und aufreibend gegenüber traten. Offenbar ist es der größte Fehler in allen Gesetzgebungen, wenn man zwei Parteien bildet, die sich im entgegengesetzten Interesse einander anfeinden. Richtet man es dagegen so ein, daß diese Klassen sich vermitteln, so wird die Feindschaft in demselben Grade geringer und gebrochen, und sie werden dahin gebracht werden, daß sich eine jede mit der nächststehenden zunächst verbindet, und dieß zur nächstfolgenden fortschreitet, solchergestalt aber eine Wahrnehmung und Verschmelzung aller Interessen erwächst, die in keinem contradictorischen Gegensatze stehen, wenn sie auch conträr sein können. Dieß ist der Beweggrund und Antrieb gewesen, der mich bewogen hat, den Grundsatz des Servius Tullius zu adoptiren. Auch einige Gesetzgebungen sind in der neuesten Zeit bereits auf diesen Gedanken gekommen. Ich erwähne nur die kurhessische Einrichtung; auch in Holstein ist darauf zurückgegangen worden, obgleich man dort eine verschiedene Anwendung davon gemacht hat. Es ist sehr leicht möglich, daß in den Zahlen, die ich angegeben habe und die nothwendig waren, um die Idee klar zu machen, Abänderungen vorgenommen und andere Verhältnisse festgesetzt werden können. Es ist nicht nothwendig, bei meinen angegebenen Zahlen zu bleiben, wohl aber wird es gut sein, den Grundsatz, den ich aufgestellt habe, festzuhalten. Jenes wird sich bei der weiteren Bearbeitung finden. Aber ich glaube, daß ich für das Heil Deutschland's nichts Besseres empfehlen kann, als wenn ich Sie bitte, darauf einzugehen. Es möchte vielleicht der Einwand gemacht werden, daß etwas sehr Gehässiges darin liege, nach dem Einkommen zu fragen oder gar solches zu ermitteln. Das ist aber durchaus nicht nothwendig, sobald die Einschätzung in Klassen geschieht. Als im Königreiche Sachsen die Last des Krieges so drückend war, daß kein Steuerfuß zur Erschwingung dieser Bürden tauglich sich zeigte, da wurde die Idee gefaßt, das Einkommen klassenweise zu besteuern. Das Land wurde in Bezirke getheilt; es wurden Commissionen durch freiwillige Wahlen in den Bezirken gebildet, und diese Commissionen schätzten alle Leute in die angeordneten Klassen ein; dieses Experiment fiel so glücklich aus, daß nur eine Stimme im Lande war, diese Steueraufbringung sei die beste, welche es bis dahin gegeben habe. Sie wurde die Centralsteuer benannt. Ich habe in meinem Vorschlage unter Nr. II zugleich die Art und Weise, wie diese Wahlen vorzunehmen wären, mitgeschildert, nicht um darüber jetzt schon eine Abstimmung zu veranlassen, weil das nicht hierher gehört, sondern in die Wahlordnung; aber es schien nothwendig, um dem Einwande der zu großen Schwierigkeit der Ausführung zu begegnen. Ist Ihnen daran gelegen, daß nicht unter dem Vorwande einer Gleichheit, die nicht existirt, die größte Ungleichheit der Rechtswahrnehmung eingeführt werde, so glaube ich, daß Sie dem alten Grundsatze folgen müssen, den ich wieder aufgenommen habe. (Bravo in den Centren.)

Waitz von Göttingen: Meine Herren! Nicht ohne einiges Erstaunen, meine ich, haben viele Mitglieder dieses Hauses ein Minoritäts-Erachten zu § 13 gesehen, unterschrieben von Männern, welche vorzugsweise als Freunde der Oeffentlichkeit und Männer der Freiheit gelten (auf der Rechten: Hört!), der Freiheit und Oeffentlichkeit auf allen Gebieten, welche einen besonderen Werth darauf legen, daß sie diesen Grundsätzen Raum verschafft haben im deutschen Vaterlande. (Gelächter auf der Linken.) Meine Herren! Es fehlt bei dem Minoritäts-Erachten ein Name, welcher auf dieser Seite (der Linken) des Hauses sitzt, und ich darf es aussprechen, daß dieses Mitglied mit Absicht und bewußt sich der Majorität angeschlossen hat, weil er seinen allgemeinen Grundsätzen treu bleiben wollte. (Bravo!) Ich habe nach den Gründen gefragt, welche zu jener Erscheinung führen konnten. Ich habe da von Einigen gehört, und zwar von Solchen, welche sonst gar viel von Selbstständigkeit, Freiheit und gesundem Urtheil der niederen Klassen gesprochen, ich habe von ihnen gehört: Das könne man denselben doch nicht zumuthen, daß sie öffentlich vor aller Welt ihre Stimme in einer so wichtigen Beziehung abgeben sollten; Das dürfe man nicht erwarten, daß ihre Freiheit so weit gehe, daß sie, gegen jeden Einfluß von Oben oder Unten sicher, sich öffentlich hinstellten, um Denjenigen zu bezeichnen, den ihr Vertrauen in die Volksvertretung Deutschland's berufen soll. — Meine Herren! Herr Eisenstuck hat bei einer früheren Gelegenheit schon auf diesen Paragraphen Rücksicht genommen. Er hat gesagt: Die linke Seite sei gegen den Antrag der Majorität, denn sie denke: daß gerade zunächst dadurch die Unfreiheit der Wahl constatirt werde. Meine Herren! Ich acceptire das Wort, wenn auch vielleicht in einem anderen Sinne, als Herr Eisenstuck es gebraucht hat. Wenn und wo sich Unfreiheit befindet, da wollen wir, daß sie constire, da wollen wir, daß sie öffentlich kund werde, daß sie sich nicht ins Dunkle hülle. (Im Centrum: Hört!) Wenn aber Herr Eisenstuck hinzugefügt hat: es sei wohl die Meinung des Ausschusses oder einzelner Mitglieder desselben, daß durch dieses Verfahren der Wählern noch ein gutes Theil ihrer Selbstständigkeit genommen werde, dann, meine Herren, muß ich den Vorwurf mit Entschiedenheit zurückweisen: wir wollen, daß Derjenige selbstständig sei, der es wirklich ist. (Im Centrum und auf der Rechten: Sehr gut!) Wir wollen aber nicht, daß sich Jemand in den Mantel der Selbstständigkeit hätte, dem sie vollständig abgeht, wir wollen nicht, daß Jemand unter dem Schutz des Geheimnisses als selbstständig auftrete, der nicht wagt, öffentlich seine Selbstständigkeit an den Tag zu legen. (Auf der Rechten und im Centrum: Sehr gut!) Meine Herren! Das sind keine pseudo-liberalen Grundsätze.

Eisenstuck (vom Platze): Ja, ja, das sind pseudo-liberale! (Unruhe.)

Präsident: Meine Herren! Lassen Sie doch die Unterbrechung!

Waitz: Ich sage: Das sind keine pseudo-liberalen Grundsätze; im Gegentheil, ich überlasse es dem Urtheile der Versammlung, wo die falsche Freiheit wohne? (Auf der Rechten: Sehr brav!) Meine Herren! Es wird auch mir vergönnt sein, zu sagen, was ich für die Wahrheit halte, wenn diese Wahrheit auch bitter sein sollte: es wollen Viele die Freiheit und Oeffentlichkeit, wenn sie ihren Interessen und Absichten dient, sie wollen sie aber nicht, wenn sie mit ihren Interessen und Parteizwecken in Widerspruch kommt. (Auf der Rechten und im Centrum: Bravo! Stimme auf der Linken: Ihr seid im Widerspruch!) Meine Herren! Ich glaube aber, wir sind solche Inconsiquenzen mannigfach gewohnt geworden, Inconsequenzen der größten Art, wie Collegen von uns hier und in Dresden ein anderes Verfahren inne halten, wie Mitglieder derselben Seite und Partei in Dresden und in München verschiedene Wege gehen. (Auf der Rechten und im Centrum: Sehr gut!) — Meine Herren! Herr Eisenstuck hat sich auf die Wahlen in meinem engeren Vaterlande berufen, und hat erzählt, wie man da in directen Wahlen districtsweise die Wahlen vornehme, und wie dieses Verfahren die günstigsten Resultate erzielt habe. Meine Herren! Herr Eisenstuck hätte hinzufügen sollen, daß man in Schleswig-Holstein jederzeit öffentlich und mündlich gewählt hat, und nicht bloß in der letzten Zeit, sondern seit langen Jahren, bereits unter dem Einflusse dänischer Herrschaft, und man hat gleichwohl Mann für Mann in vollem Sinne der Unabhängigkeit gewählt; Bürger und Bauern, Beamten und Professoren. Meine Herren! Gerade dadurch glaube ich, hat sich jener Sinn der Selbstständigkeit und Unabhängigkeit in meinem engeren Vaterlande ausgebildet, der ihm zur Ehre gereicht. (Auf der Rechten und im Centrum: Sehr gut!) Es ist dieß eine Selbstständigkeit, welche sich nicht bloß nach einer Seite wendet, sondern, wenn es noth thut, auch nach der anderen hin; eine Unabhängigkeit, welche allerdings jetzt nach anderen Richtungen hin Widerstand leistet als früher, eine Unabhängigkeit, welche meinem Vaterlande auf dieser (linken) Seite einen Theil der Sympathieen entzogen hat. — Meine Herren! Ich liebe es nicht, in persönlichen Bemerkungen auf persönliche Angriffe zu antworten, welche von dieser Stelle aus gegen mich wiederholt vorgebracht worden sind. Wenn aber ein Redner neuerdings in seiner Philippica gegen das Wahl-Gesetz bei der Erörterung über die Selbstständigkeit auch mich auf diese Tribüne gezogen hat, so will ich Ihnen doch sagen, wen ich für selbstständig halte. Denjenigen, meine Herren, welcher unbeirrt von dem Geschrei des Marktes und von dem Verlangen des großen blinden Haufens (auf der Linken: Ah!) seine Entscheidung trifft; Denjenigen nicht, der seine Meinung, sein Gutdünken, der das Interesse seiner Partei oder seines speciellen Vaterlandes höher schätzt, als das Wohl, die Rettung des Vaterlandes; aber wohl Denjenigen, meine Herren, der niemals seine politischen Ansichten aufgibt, um durch Verbindung mit anderen Parteien und Männern anderer Gesinnung einen Vortheil zu erzielen. (Lebhaftes Bravo und Klatschen in den Centren und auf der Rechten.) Meine Herren! Was ich von der öffentlichen Abstimmung erwarte, das ist wesentlich Folgendes: Ich erwarte von ihr eine Erziehung des Volkes; eine Kräftigung der politischen Gesinnung, eine Begründung von Wahrheit und Treue im politischen Leben, gegenüber dem Truge und der Intrigue, welche sich bis dahin nur zu sehr geltend gemacht haben. Meine Herren! Was soll ich von einem Rechte halten, dessen Inhaber sich nicht öffentlich zu der Meinung bekennen darf, welche er nach demselben kundgeben soll? Meine Herren! Was kann mir eine Freiheit gelten, welche sich in das Dunkel verhüllt, und nicht offen hervorzutreten wagt? Sie fürchten den Einfluß von Oben, den Einfluß der Gutsherren, der Fabrikherren, der Beamten, der Geistlichen. Meine Herren! Ich fürchte ihn auch, und ich habe eben darum Diejenigen von der Wahl ausschließen wollen, welche nach meiner Meinung am Meisten solchen Einflüssen unterworfen waren. (Auf der Rechten: Hört! Bravo!) Meine Herren! Ich fürchte aber diesen Einfluß nicht mehr, als den Einfluß der Volksagitatoren und Volks-Schmeichler. (Bravo auf der Rechten und im Centrum.) Und wenn Sie nun einmal wollen, daß das deutsche Volk und der deutsche Staat dem wechselnden Einflusse der einen und der anderen Seite ausgesetzt sein soll, so lassen Sie den Kampf wenigstens öffentlich auskämpfen, und nicht unter dem Schutze und Mantel heimlicher Intrigue. Meine Herren! So viel Gewicht werden Sie, glaube ich, der öffentlichen Meinung, der von Ihnen so hoch geachteten öffentlichen Meinung, doch beilegen, daß Sie glauben, sie könne das Gegengewicht halten gegen die Einflüsse, welche von anderen Seiten geübt werden mögen. — Geben Sie das geheime Stimmrecht, es werden auch dann die Mittel und Wege nicht fehlen, um zu erfahren, wie der Einzelne gestimmt hat. Es wird nur Alles nicht offen und ehrlich vorliegen, sondern durch Hinterthüren erreicht werden. (Auf der Linken: Ah!) Meine Herren! Es ist bekannt, wie die Stimmzettel den Votirenden zugetragen worden sind, wie sie im Voraus manchmal sogar mit Zeichen versehen waren, damit man sicher sei, daß Der, welcher den Stimmzettel empfängt, denselben auch wirklich da und so abgebe, wie man es will. An manchen Orten sind gedruckte Stimmzettel allerdings verboten, aber häufig ist selbst das nicht der Fall, und da ist vorgekommen, daß man sie in Masse vertheilt, und so in die Urnen hat werfen lassen. Meine Herren! Es ist doch eine ganz andere Sache, wenn der Wähler selbst zum Protocolle hintritt, und hier mit eigener Stimme den Mann bezeichnet, den er mit seinem Vertrauen in die Volksvertretung senden will. Es muß ihm hier doch, soweit es ihm möglich ist, klar werden, wen er wählt; er muß sich Alles vergegenwärtigen, was er von dem Mann weiß; die Handlung erlangt so eine höhere, eine unmittelbare Bedeutung; — er handelt nicht bloß als Maschine. Meine Herren! Wenn dem Wähler auch bei mündlicher Abstimmung die Richtung bezeichnet wird, in der er stimmt, so ist es doch ein ganz anderes Verfahren, als wenn er nichts weiter als ein Zettelträger ist. Nimmermehr glaube ich, daß wir ein wahrhaftes politisches Leben in Deutschland erhalten werden, wenn wir ein solches Verfahren in Deutschland einführen wollen. Ich will keine Geschichten wiederholen, wie sie aus verschiedenen Gegenden bekannt geworden sind, welcher ungeheure Mißbrauch mit den Stimmzetteln getrieben worden ist. Ich glaube, wer seine Ohren nicht dagegen verschließt, dem kann es nicht verborgen geblieben sein. Wenn aber von der anderen Seite gefürchtet wird, daß der Einschüchterung mit der mündlichen Abstimmung Thor und Thür geöffnet werde, so sage ich dagegen, das deutsche Volk muß sich auch gewöhnen, der Einschüchterung zu widerstehen, möge diese Einschüchterung von Unten oder von Oben kommen. Ich glaube auch, daß wir zu dem Ende bereits eine Maßregel ergriffen haben, soviel ich gesehen habe, auch nicht in Uebereinstimmung mit dieser Seite (zur Linken) des Hauses, welche hier von Bedeutung ist. Es ist das Stimmenabgeben in kleinen Bezirken, die Eintheilung größerer Wahlbezirke in möglichst viele kleine Abtheilungen zum Behufe des Abstimmens. Es ist von einem bedeutenden Redner darauf hingewiesen worden, daß dieß die Verständigung der Wähler über die Candidaten hindere. Ich bin nicht der Ansicht, daß dasselbe erst am Tage der Wahl geschehen soll; ich will aber auf den Gegenstand nicht mehr eingehen, da er bereits erledigt ist. Ich will nur darauf hinweisen, daß das ein hauptsächliches Mittel ist, um der Einschüchterung von Unten, zum Theil auch von Oben entgegenzutreten, und darauf erwiedern, daß die Entscheidung hiermit in die Hände der seßhaften Klassen des Landes gelegt wird, und daß der Kern der ländlichen Bevölkerung hier den Ausschlag gibt, und nicht das Proletariat der Städte. Ein Redner hat gesagt, er könne nicht für die Oeffentlichkeit stimmen, wenn die directe Wahl angenommen werde. Nach meiner Meinung steht gerade umgekehrt die Oeffentlichkeit der Abstimmung mit der directen Wahl in nothwendigem Zusammenhange; ich möchte sagen, daß es correlate Begriffe sind, die sich nicht von einander scheiden und trennen lassen. Gerade wenn indirecte Wahl beliebt würde, könnten Gründe vorhanden sein, um geheime Abstimmung zuzulassen. Trotzdem aber, daß Sie jede Einschränkung des Wahlrechtes verworfen haben, würde ich für die directe Wahl stimmen, weil ich auf den gesunden Sinn des deutschen Volkes rechne, daß es doch diejenigen Männer erkiesen werde, deren das deutsche Vaterland bedarf. — Mögen Sie, meine Herren, das Wahlgesetz machen, gestalten, wie Sie wollen, ich habe nicht die Furcht, daß der Radicalismus dauernd in Deutschland herrschen; ich habe nicht die Furcht, daß der Absolutismus auf die Dauer wieder bei uns einziehen werde. Nur eine Furcht habe ich, daß wir ein System des Wechsels, des Schwankens in Deutschland's politischen Verhältnissen begründen; daß wir bei dem Wahlsystem, welches wir zu adoptiren im Begriffe stehen, es dahin bringen, daß immer diejenige Partei, die einmal unterlegen ist, alle Mittel anwendet, und mit Erfolg anwenden kann, um das nächste Mal obzusiegen. Das ist meine Besorgniß, und das betrachte ich als das größte Unheil für das neue Reich, welches wir begründen. Das absolute Rußland und das freie England haben den Vortheil iner constanten, stätigen Politik; auch Frankreich hat sie rüher gehabt, aber es hat sie verloren, seitdem es mit dem allgemeinen Stimmrecht seine Experimente machte. Nichts aber thut dem deutschen Reiche mehr Noth, als eine stätige Politik. Wir haben sie gehabt, wir sollen sie erwerben, und wesentlich das Volkshaus soll sie uns geben, und deßhalb, meine Herren, wünsche ich, daß wir ein Wahlgesetz begründen, welches dazu die Möglichkeit gibt, daß Bestimmungen angenommen werden, welche dahin führen, daß die besseren und edleren Seiten in dem Charakter des deutschen Volkes in der Volkskammer zur Herrschaft kommen. (Lebhaftes Bravo auf der Rechten.)

Nauwerck von Berlin: Meine Herren! Wir stehen also wieder bewundernd vor einer jener glücklichen Ideen, deren Heimath Schleswig-Holstein ist. Wenn wir nun fragen, meine Herren, warum das übrige Deutschland auch mit dieser Errungenschaft, mit dieser „Jahrhunderte" alten Errungenschaft der Schleswig-Holsteiner beglückt werden soll, so begegnen wir im Berichte des Ausschusses verschiedenen Gründen, welche meiner Ansicht nach gerade das Gegentheil beweisen. Es wird da zuerst gesagt, es sei nützlich, daß die Deutschen an ein öffentliches Leben gewöhnt würden. Ich frage aber, meine Herren, was macht dazu die Form der Abstimmung? Ob ich mündlich oder schriftlich meine Stimme abgebe, davon hängt nicht die Stärke und Energie des öffentlichen Lebens ab, sondern vom allgemeinen Stimmrecht selbst. Das ist die Hauptsache, meine Herren! Wer hat uns vorgeschlagen, Millionen unserer Brüder vom Stimmrechte auszuschließen? Dieselben Männer, welche jetzt davon sprechen, es sei schön, wenn das Volk ein recht starkes öffentliches Leben habe. (Bravo auf der Linken.) Ich erkenne jeden Eifer für die Oeffentlichkeit an, wo er sich auch finde, allein er muß nur nicht für die unrechte Stelle sich in Bewegung setzen; man muß nicht die öffentlichen Angelegenheiten geheim machen, und die geheimen, ihrer Natur nach geheimen, — öffentlich. (Bravo auf der Linken. Gelächter auf der Rechten.) Wenn von dieser Seite (zur Linken gewendet) verlangt wird, es sollen die Steuerlisten öffentlich ausgelegt werden, wer stimmt dagegen? (Mehrere Stimmen auf der Rechten: Niemand!) Sie, meine Herren! (zur Rechten gewendet) Sie haben dagegen gestimmt! Weiter, meine Herren! Wenn verlangt wird, daß die diplomatischen Geheimnisse, welche so manches Land schon ins Verderben gestürzt haben, öffentlich dargelegt werden sollen, dann stimmen Sie (zur Rechten gewendet) dagegen. (Auf der Rechten: Nein! nach Umständen!) Ein zweiter Grund, welchen der Ausschuß hervorhebt, und welchen Herr Waitz gleichfalls sehr interessant behandelt hat, ist das Kapitel von der Selbstständigkeit. Die Schleswig-Holsteiner werden uns hier als Muster aufgestellt. Aber, meine Herren, betrachten Sie doch den Zustand von Schleswig-Holstein; was ist Schleswig-Holstein? Es ist ein Unding, welches in der Luft hängt. Es ist nicht Republik, es ist nicht Monarchie, es ist gar nichts (Heiterkeit in der Versammlung), und wer, meine Herren, hat es in diesen Zustand gebracht, daß man nicht weiß, wo ein noch aus damit? Das haben die „selbstständigen" Einwohner von Schleswig-Holstein gethan, welche wohl einsahen, daß es so nicht weiter ginge, doch aber den Muth nicht hatten, die Quelle ihres Unglücks zu verstopfen. Und wer hat es noch weiter gethan? Die „selbstständigen" Vertreter von Schleswig-Holstein, sowohl dort zu Hause, weil sie keinen Muth hatten zu einem entscheidenden Schritte, zur Zerreißung der Personalunion, als auch hier bei uns, indem dieselben Männer uns sogar bis in die Paulskirche die „Selbstständigkeit" des schleswig-holsteinischen Charakters verpflanzen. Im September war es Zeit, diese Frage zu lösen; ich frage Sie, wer hat sie verdorben? Die „selbstständigen" Männer, welche gegen den Waffenstillstand sprechen und dafür stimmen. (Bravo auf der Linken und im linken Centrum.) Meine Herren! Man hat diese (linke) Seite des Hauses hier darauf angesehen, als wenn sie ihre Principien verläugnete durch gewisse Vereinbarungen. Nun, meine Herren, noch ist kein Beweis dafür da, daß irgend ein Princip von uns wäre aufgegeben worden. Wenn Sie vom Verrath an Principien sprechen, da suchen Sie in Ihren eigenen Reihen! (Auf der Linken: Sehr wahr!) Meine Herren! Der Ausschuß behauptet, wer einmal das Ehrenrecht der Wahl besitze, zu dem müsse man auch sich versehen, daß er nach bester Ueberzeugung ohne Rücksichten stimme. Ohne Rücksichten!? Meine Herren! Welche Nation gibt es denn auf der Erde, die so viel Rücksicht nähme, und von jeher genommen hätte, als die deutsche; und gerade, je mehr die Einsicht wächst, desto mehr Rücksichten werden genommen. Die Männer der Gelehrsamkeit, der Wissenschaft, die recht viele große Einsicht haben, sie haben in Deutschland von jeher am meisten Rücksichten genommen. (Bravo auf der Linken.) Warum wollen Sie also verlangen, daß Männer, die keine Gelehrsamkeit besitzen, mit einem Male gar keine Rücksichten nehmen? Meine Herren! Die Nationalversammlung ist vermuthlich jetzt derjenige Körper von Deutschland, wo am meisten Bildung und Einsicht sitzt, und wo ist mehr Rücksicht genommen worden, wo ist mehr acht und dreißigfache Rücksicht genommen worden, als in der Nationalversammlung? (Bravo auf der Linken.) Meine Herren! Wenn Sie verlangen, der erste beste Mann des Volkes, der sogenannte gemeine Mann solle ohne alle Rücksicht frei und öffentlich seine Stimme abgeben, dann verlangen Sie, der Mensch solle seine Seele aus der Brust reißen, er solle keine menschliche Empfindung haben; dann spannen Sie den kleinen Mann auf die Folter, ihn, der für Weib und Kind zu Hause sorgen muß. Glücklich, die es nicht nöthig haben, Rücksichten zu nehmen; aber gerade Die, welche es nicht nöthig haben, sie nehmen diese elenden Rücksichten. (Auf der Linken: Sehr wahr!) Der Ausschuß muthet uns wirklich die seltsamsten Widersprüche an. Vor einiger Zeit verlangte er, wir sollten drei Viertheile der männlichen Bevölkerung zu politischen Sclaven erklären, heute verlangt er, die Arbeiter und Handwerker sollen lauter Brutuse, Catonen und Aristiden sein. (Bravo auf der Linken.) Meine Herren! Wir wollen sehr gern auch einmal für die öffentliche Stimmabgabe uns erklären, allein nicht eher, als bis wir sehen, daß die sogenannten gebildeten Klassen, die sich einer gewissen Unabhängigkeit erfreuen, auch unabhängig stimmen, wir wollen solange damit warten, als die Professoren und die Beamten sich durch Unabhängigkeit des Charakters vor ihren Mitbürgern auszeichnen (Bravo auf der Linken); wir wollen warten, bis es in Deutschland keine Akademieen mehr gibt, welche Adressen erlassen, über die sich die Hunde in den Straßen von Berlin geschämt haben! (Lebhaftes Bravo auf der Linken und im linken Centrum.) Meine Herren! Man muß sich wohl mit Recht wundern, daß bei dem vorliegenden Gegenstande England gar nicht zur Sprache gebracht worden ist; Sie haben doch sonst immer beim dritten Wort England bei der Hand, warum ist denn England heute abwesend? (Bravo auf der Linken.) Meine Herren! Wenn es keine anderen Gründe gäbe gegen die öffentliche Abstimmung, so würde dieser einzige Grund schon alle anderen erledigen. In England, können Sie behaupten, ist die öffentliche Stimmabgabe die organisirte Corruption. Dennoch drückt sich der Ausschuß darüber so aus: „Wenn in England von manchen Seiten geheime Abstimmung verlangt worden ist, so halten dagegen die bedeutendsten Staatsmänner entschieden an dem öffentlichen Votum fest.“ Nun, meine Herren, wer sind denn diese bedeutendsten Staatsmänner? Doch nur dieselbigen Staatsmänner, welche ihr Lebenlang auch gegen allgemeines Stimmrecht waren, dieselbigen Staatsmänner, welche für Thron und Altar zu kämpfen gewohnt sind, dieselbigen Staatsmänner, welche sich jeder Reform widersetzen! Und wer verlangt in England die geheime Abstimmung, das Ballot? Doch nur Die, welche da wollen, daß England auch die Bahn einer humanen Reform betrete, dieselbigen Menschen, welche verlangen, daß England auch endlich soweit gehe, als Deutschland, d. h. ein allgemeines Stimmrecht erhalte! Der Ausschuß behauptet: daß die geheime Wahl allerlei Intriguen und Mißbräuche hervorrufe, Bestechung und Betrug können im Dunkel ungescheut ihr Spiel treiben. Aber, meine Herren, ich dächte, daß gerade das Gegentheil hiervon wahr wäre. Ist es nicht gerade so, als wenn man sagte: im Dunkeln kann man besser sehen, wer die Augen rechts oder links wendet; oder, als wenn ich sagte: um das Briefgeheimniß recht zu schützen, muß man die Briefe offen auf die Post geben. (Stimmen auf der Linken: Sehr gut!) Meine Herren! Es ist doch eine ganz einfache, auf der Hand liegende Thatsache, daß man eben bei der geheimen Abstimmung vergebens intriguirt; denn man kann gar nicht controliren, ob der Preis auch für die Waare, oder die Waare für den Preis bezahlt wird. Allerdings ist es richtig, wie auch Herr Waitz hervorgehoben hat, daß bei der geheimen Abstimmung auch Intriguen vorkommen. Namentlich hat jetzt in Preußen die Partei der Vaterlandsretter, die Männer der rettenden Thaten, sich jetzt auf eine Weise hervorgethan, für die man in der Geschichte nach Beispielen suchen muß. — Man hat in Preußen bei einigen Wahl-Collegien nicht geduldet, daß die Leute selbst ihre Stimmzettel schrieben, sondern sie mußten sie am Büreautische schreiben, um ihnen recht auf die Finger sehen zu können. Man hat ferner an einigen Orten die Einrichtung getroffen, daß numerirte Stimmzettel abgegeben wurden, damit man die Zettel hintennach hübsch vergleichen konnte. Man hat häufig Vertrauensmänner ernannt, Einen für Fünf, sowie man das Vieh zur Schwemme treibt, um bis auf den letzten Augenblick die Abstimmung zu verfälschen. Aber, meine Herren, wer hat Solches gethan? Die Männer der rettenden Thaten! Dergleichen Mißbräuche werden wegfallen, wenn man keine Junker mehr zu Beamten macht, und keine Kammerdiener zu Bürgermeistern. Wenn die Wahlen von unabhängigen Männern geleitet werden, brauchen Sie keinen Mißbrauch der geheimen Abstimmung zu beklagen. Und ungeachtet jener Mißbräuche, wie sie bei den preußischen Wahlen vorgekommen, sind die Wirkungen davon unerheblich gewesen, besonders da, wo das öffentliche Leben in höherem Maaße erwacht war, wie z. B. in Berlin. Man hat dort manche Urwähler Tags zuvor eingeladen, man hat ihnen conservative Weine vorgesetzt, man hat sie reactionäre Cigarren rauchen lassen, und hat ihnen octroyirte Soupers zum Besten gegeben, und am anderen Tage waren die Leute so maßlos dumm, daß sie für ihren eigenen Candidaten stimmten! (Auf der Linken: Sehr gut!) Meine Herren! Es versteht sich von selbst, schlechter Einfluß und Terrorismus wird immer geübt, von Oben, wie von Unten. Das liegt in der menschlichen Natur. Allein wenn Herr Waitz hier seine Furcht ausgesprochen hat vor den Agitatoren, so frage ich, wer übt einen verderblicheren Einfluß aus, die vornehmen, oder die Volks-Agitatoren? Wer hat Stellen zu vertheilen, wer verschenkt Orden, wer hat diese oder jene Gunst zu erweisen? Die Volks-Agitatoren haben keine Orden zu verleihen, keine Aemter und dergleichen .... (Beseler vom Platze: Aber Versprechungen. — Ein Abgeordneter: Diese sind nicht wirksam!) Ich begreife, daß Herr Waitz und seine Gesinnungsgenossen hauptsächlich den Terrorismus von Unten erblicken. Geht es ihnen doch gerade so, wie mit der Anarchie. Die Herren sehen nur die Anarchie von Unten. Vielleicht kommt es daher, daß sie immer höflich vor der Anarchie von Oben gebückt dastehen. (Lebhaftes Bravo auf der Linken.) — Meine Herren! Bei der geheimen Abstimmung kommen auch Versuche zur Bestechung und Verunreinigung des Volkswillens vor; aber bei der öffentlichen Abstimmung ist die Bestechung selbst mit voller Wirkung vorhanden. Das ist der Unterschied, auf der einen Seite die Wahrheit der öffentlichen Meinung, und auf der anderen Seite die Lüge, die Verfälschung des Volkswillens. Herr Waitz spricht von der Unfreiheit. In gewissem Sinne will er es gelten lassen, daß bei der öffentlichen Abstimmung eine Art Unfreiheit obwalte, ein gewisser moralischer Zwang zu Gunsten der Wahrheit und Ueberzeugungstreue. Aber wenn Sie diesen Grund gelten lassen wollen, so müssen Sie auch sagen, die Folter sei das beste Mittel, um die Wahrheit herauszubringen. — Ich will jetzt nur noch an die geschichtlichen Beispiele erinnern. Fast in der ganzen Welt ist der Gebrauch der geheimen Abstimmung herrschend, in freien, wie in unfreien Ländern. Wir haben schon vor dem März geheime Abstimmungen gehabt, wenigstens in Casino's und Bürgerressourcen, denn weiter war das „öffentliche" Leben noch nicht gediehen; außerdem auch in Gemeindeversammlungen. Ueberall aber hat man über Personen geheim abgestimmt, durch Stimmzettel oder Kugeln. Im Alterthum, und die Herren auf dieser Seite (nach dem Centrum und der Rechten sich wendend) sind mit dem „Alterthum" und „Mittelalter" gewiß vertrauter, als wir.

Beseler (vom Platze): Ja wohl!

Nauwerck: Im Alterthum also hatte man in früherer Zeit auch öffentliche Wahlen, aber Sie wissen, daß in Folge warnender Erfahrungen zu Rom und zu Athen (durch Solon) die geheimen Abstimmungen eingeführt wurden (eine Stimme auf der Rechten: Die Gerichte!); die Ausnahme mit den Gerichten kann hier nichts beweisen. Es ist eine merkwürdige Thatsache, daß man nirgends, wo geheime Abstimmung ist, verlangt, daß öffentlich gestimmt werden soll. Ueberall aber, wo öffentlich abgestimmt wird, hat man verlangt, es solle das geheime Stimmrecht eingeführt werden. Dabei muß ich noch einmal auf England zurückkommen. England ist das Land der weltkundigen Bestechung. Ich fordere Sie auf, mir einen wahren Reformer zu nennen, der für die öffentliche Abstimmung wäre. Meine Herren! Wäre wohl denkbar, daß namentlich Irland noch jetzt unter Druck und Knechtschaft seufzte, wenn es geheime Abstimmung besessen hätte? Gerade dieser Zwang, diese Folter der öffentlichen Abstimmung ist die Ursache, daß Irland und andere Theile von Großbritannien sich noch in einer, die Humanität schändenden Lage befinden. Meine Herren! Nehmen Sie sich darum ein Beispiel an England. Wie haben doch sonst Männer, die so geschickt im Gespenster-Sehen sind. Warum können Sie in England nicht „Gestalten" sehen, die tausend Gestalten, welche die Zukunft vorzeichnen? England ist gerade das Land, wo von allen Wänden schon das mene Tekel flammt, und eine der Ursachen davon ist: die Corruption durch die öffentliche Abstimmung. Meine Herren! Wenn Sie Das nicht von selbst einsehen, dann lesen Sie doch Ihr Staatslexikon, fünfzehn Bände stark; da können Sie auf vielen Seiten lesen, was die öffentliche Abstimmung in England für Wirkungen gehabt hat, und dergleichen will man zu uns verpflanzen? Meine Herren! Ich warne Sie vor der öffentlichen Abstimmung. Verfälschen Sie nicht die Volksstimme! Sie haben schon eine Genialität des Verfassungs-Ausschusses gerichtet, richten Sie nun auch diese noch! (Lebhafter Beifall auf der Linken.)

v. Raumer von Berlin: Meine Herren! Keine politische Frage ist wohl öfter, umständlicher und erschöpfender behandelt worden, als im englischen Parlamente die Frage über das öffentliche und geheime Abstimmen. Es würde sehr leicht sein, eine kurze Uebersicht der Gründe und Gegengründe zu geben, wenn ich nicht an die Erinnerung dächte, daß diese Stelle nicht geeignet sei, Vorlesungen zu halten, und das zu wiederholen, was in allen Compendien stehe. Ich freue mich, meine Herren, wenn Jeder weiß, was in geschichtlichen Compendien steht; allein ich habe von der Rednerbühne herab Thatsachen und Aussprüche berühmter Männer anführen gehört, die ich bis jetzt in keinem Geschichtsbuche gefunden. Ich habe vermuthen müssen, sie wären durch die Kraft der Begeisterung und Phantasie aus den Wolken geholt, um hier eine schöne Wirkung hervorzubringen. — Es sind äußerst wohlwollende und treffliche Männer im englischen Parlamente aufgetreten für die geheime Abstimmung; sie haben die Schattenseiten der öffentlichen Abstimmung lebhaft und tüchtig hervorgehoben; allein in einer langen Reihe von Parlamenten hat sich die Mehrheit der Stimmen immerdar für die öffentliche Abstimmung ausgesprochen. (Zuruf von der Linken: Aristokratie!) Keineswegs sind bloß unfreisinnige Männer in ihrer Meinung für öffentliche Abstimmung festgeblieben, sondern Männer, welche an der Spitze standen, um die große Parlamentsreform durchzubringen, haben sich beharrlich dafür erklärt. Erlauben Sie, daß ich nun auch ein Beispiel anführe von der Ansicht niedrig gestellter Personen. Als ich mich einst in London aufhielt, und diese Frage an der Tagesordnung war, sagte ich einem Schneider: „Sind Sie nicht für geheime Abstimmung? Denn im Fall Sie nicht stimmen, wie Ihre Kunden verlangen, werden Sie sich der Gefahr aussetzen, diese Kunden zu verlieren, und Ihre Familie ins Elend zu stürzen." „Herr," sagte mir der Schneider, „wenn Sie nicht bei mir arbeiten lassen wollen, und ich verliere Sie, so bekomme ich, als muthiger, ehrlicher Mann, für Sie zehn andere Kunden." — Der Kern der Frage ist der: daß man die Freiheit schützen will durch die geheime Abstimmung. Ohne Zweifel ist dieses ein wohlgemeinter Zweck; ich kann mich aber nicht überzeugen, daß man diesen Zweck durch jenes Mittel erreicht. Denn sobald wir an die Stelle des „Vorsagens" das „Schreiben" setzen, so bleibt die Abhängigkeit dieselbe. Man sagt z. B., der katholische Geistliche wird seinen Pfarrkindern sagen, wie sie stimmen sollen. Ich weiß nicht, inwiefern dieses geschieht, und inwiefern es nützlich ist; denn bisweilen mag der Geistliche mehr von der Sache verstehen, als der Fragende. Jedenfalls kann der Geistliche besser schreiben, als viele Gemeindeglieder, und so kommt das Stimmzettelschreiben sehr leicht in seine Hände. Weil überhaupt in einigen Gegenden Deutschland's viele Leute gar nicht schreiben können, haben sie sich von den Wahlen ausgeschlossen, weil sie ihre Unwissenheit nicht gestehen wollten. Meine Herren! Wenn hier unter uns Keiner einen Zweifel hegt, daß bei namentlichen Abstimmungen Jeder sich so ausspricht, wie seine Ueberzeugung es gebietet, so sollen wir dieses von Andern ebenso voraussetzen. Ueberhaupt sind jene Gefahren der Oeffentlichkeit keineswegs so übergroß; vielmehr wird die Abhängigkeit gefährlicher, sobald man sich insgeheim bestechen lassen kann, und zu bestechen geneigt ist. Will man jedoch ferner wissen, wie Jemand gestimmt hat, so ist dieses keineswegs sehr schwer herauszubringen; denn daß ganz entgegengesetzte Parteien gleichartig stimmen, ist nicht die Regel, sondern nur die, bisweilen unbegreifliche, Ausnahme. — Sie haben gesprochen und Beschlüsse gefaßt für öffentliches Gerichtsverfahren, für Preßfreiheit u. s. w.; Sie sind der Meinung gewesen, erwachsene Männer seien fähig und würdig zu wählen; auch habe ich mich früher selbst von dieser Stelle dagegen ausgesprochen, große Klassen von Menschen auszuschließen vom Wahlrechte. Bleiben wir nun aber auch jetzt auf demselben Boden und in derselben Richtung. Wir haben Zutrauen zum Volke gehabt, und nicht knechtische Abhängigkeit, nicht Schwäche des Geistes und Charakters vorausgesetzt, die man verdecken, der man zu Hilfe kommen müsse. Meine Herren! Wir sind hier, um das Volk zu erheben, und es wird sich erheben, wenn wir seiner Erziehung nicht selbst in den Weg treten. Die Gefahr, welche Herrschaften, Fabrikherren u. s. w. ausüben wollen, wird sich alsdann brechen an der Kraft der öffentlichen Meinung, oder berichtigen durch dieselbe. — Meine Herren! Wenn eine öffentliche Abstimmung nothwendig ist bei einer directen Wahl, so ist sie noch nothwendiger bei indirecten Wahlen. Denn der Urwähler, welcher eine Stimme einem Wahlmanne gibt, will erfahren, wie dieser gestimmt hat; der Wahlmann muß öffentlich stimmen, sonst ist aller Zusammenhang zwischen Urwähler und Wahlmann abgeschnitten. (Zuruf aus dem Centrum: Hört! Hört!) Ich halte weder das System der unmittelbaren, noch der mittelbaren Wahlen für vollkommen; aber Besorgnisse, daß die Massen falsch wählen werden, halte ich für die geringeren. Es geht die Gefahr weit mehr von Denen aus, die nicht bloß, wie das Volk, einen gesunden Menschenverstand besitzen, sondern in einer halben, falschen Bildung befangen sind. Ich fürchte mich mehr vor den Irrthümern, Nebenrücksichten und Einseitigkeiten der Wahlmänner, als vor denen der Massen. Meine Herren! Es ist hier von dieser Stelle vor einigen Tagen von einem verehrten Abgeordneten ein Wort angeführt worden, welches man mit Beifall aufnahm. „Geben Sie," hieß es, „kein Gesetz, das Pöbel schafft, und Sie werden keinen Pöbel haben." Meine Herren! Ich erlaube mir, mit einer geringen Veränderung dieses meines Wortes zu schließen: „Geben Sie keine Gesetze für die Schwachen, Feigen, Charakterlosen, und Sie werden diese Mängel und Uebel ausrotten." (Bravo im Centrum.)

Roßmäßler von Tharand: Meine Herren! Der erste Redner, der für den Antrag des Ausschusses gesprochen hat, berief sich mit einer gewissen Ausdrücklichkeit auf die Ansicht eines meiner politischen Freunde, des Herrn Schüler. Er hob es mit vieler Anerkennung hervor, daß im Ausschusse auch Herr Schüler für die öffentliche und mündliche Abstimmung sich erklärt hat. Ich weiß, daß Herr Schüler diese Ansicht hat, und daß er sich in diesem einen Punkte in diesem Augenblick von der Mehrheit seiner politischen Freunde trennen wird; wenn aber Herr Waitz hierauf durchaus einen so besonderen Werth setzt, so versichere ich Herrn Waitz, daß Herr Schüler so, wie er gesprochen hat, auch abstimmen wird. Es ist uns von demselben Redner vorgeworfen worden, wir wären jetzt einmal *gegen* die Oeffentlichkeit, weil sie uns nicht paßte; wo sie uns passend sei, seien wir *für* dieselbe. Meine Herren! Es ist kein Vorwurf unbegründeter ausgesprochen worden, als dieser, und ich bleibe jetzt dabei nur deßhalb nicht stehen, weil er von Herrn Nauwerck schon vollkommen zurückgegeben worden ist; allein darauf möchte ich doch aufmerksam machen, daß Herr Waitz so sehr von dem Geschrei des Marktes und der blinden Menge gesprochen, und dabei eine Nichtachtung des Volkes zu erkennen gegeben hat, die ich nicht in Uebereinstimmung bringen kann mit den Worten seiner Rede, wo er sagt: „Der gesunde Sinn des Volkes wird das Rechte schon treffen." Meine Herren! Die Menge kann nicht so blind sein, wenn man zugleich gesunden Sinn von ihr rühmt. Es ist von Herrn Waitz ferner gesagt, und uns nicht zum ersten Mal zum Vorwurfe gemacht worden, wir auf der linken Seite hätten uns mit anderen Parteien verbunden. Es ist darin, wie nicht geleugnet werden will und geleugnet werden kann, insofern etwas Wahres, als wir versuchen, durch ein solches Bündniß möglichst viele Freiheit für das Volk zu erringen, ohne jedoch dabei unser Princip auf das Spiel zu setzen. Uebrigens, meine Herren, seien Sie versichert, wenn uns eine derartige Verbindung im Interesse des Volkes glücken wird, so werden wir dafür unsern Lohn *in* der Brust und nicht *auf* der Brust tragen. — Betrachten wir nun einen Augenblick den Vorschlag des Ausschusses, so fällt mir eine Vergleichung ein. Das Wahlrecht erscheint mir im Entwurfe der Majorität ungefähr wie die Citadelle einer Festung; ehe ein Belagerungsheer in das Innere der Festung dringen kann, muß es eine Menge Außenwerke, Festungsgräben und Wälle einnehmen; diese Außenwerke erblicke ich namentlich in den §§ 1, 2, 3 und 4. Dieselben sind von der Mehrheit dieses Hauses, welche dießmal eine etwas andere gewesen ist, als sonst, ohne großen Verlust eingenommen worden. Namentlich war im § 2 ein breiter und tiefer Graben, welchen wir eben gottlob ohne großen Verlust überschritten haben, aber wir sind deßwegen noch nicht im Mittelpunkte der Festung, oder vielmehr Diejenigen sind noch nicht darin, für welche wir das Wahlrecht feststellen wollen; sie gerathen jetzt in die Kreuzfeuer des § 13, wo gegen Polizei und Völkerrecht Selbstschüsse angelegt worden sind; denn, meine Herren, die öffentliche, mündliche Abstimmung glaube ich nicht unpassend mit solchen Selbstschüssen vergleichen zu können. Die Mehrheit weiß recht gut, was im § 13 von ihr verlangt worden ist; sie blickt mit ziemlicher Beruhigung über ihre Niederlage bei § 2 hinweg und denkt, was wir dort verloren haben, werden wir bei § 13, bei der öffentlichen und mündlichen Stimmen-Abgabe wieder gewinnen. Es heißt im Entwurfe: „Bei der Wahlhandlung sind Gemeindemitglieder zuzuziehen, welche kein Staats- oder Gemeindeamt bekleiden." Daraus geht hervor, daß also auch noch, wie es sich von selbst versteht, öffentliche Beamte dabei als Wahlcommissäre zugegen sein werden. Es wird also an solchen Personen nicht fehlen, welche großen Einfluß auf die Abstimmenden auszuüben im Stande sind. Wir werden Regierungsbeamte haben, wir werden Gemeindemitglieder haben; diese dürfen aber keine Staats- und keine Gemeindeämter bekleiden. Nun was werden das für welche sein? Das werden recht vornehme Leute sein, welche nicht unerheblichen Einfluß auszuüben im Stande sind auf Die, welche ihre Stimmen abgeben. Es werden auch dabei im eintreffenden Fall Officiere zugezogen werden, damit die Mannschaften nicht ganz ohne Aufsicht bleiben bei dem Abgeben ihrer Stimmen; mit einem Worte, es wird dabei ungefähr so werden, wie es jetzt anderswo sehr häufig gewesen ist, es wird, wie ich mir aus glaubhafter Quelle habe mittheilen lassen, ein wahres Aushungerungssystem befolgt werden. Es ist mir aus einem Städtchen in Preußen, in der Mark Brandenburg, geschrieben worden, daß es dort gelungen sei, durchaus demokratische Wahlmänner zu wählen; diese demokratischen Wahlmänner waren aber nicht im Stande, ihre Selbstständigkeit aufrecht zu erhalten, den Behinderungen gegenüber, welchen sie bei dem Wahlacte und vor demselben ausgesetzt gewesen sind, sie sind drei Tage vorher und bei der Wahlhandlung von einflußreichen Personen nach dem politischen Glaubensbekenntnisse gefragt worden, und wenn sie ehrenhaft genug waren, es offen zu sagen und zu bekennen, so hat man ihnen gedroht mit Kündigung der Kundschaft und anderen Nachtheilen; kurz, es sind die Männer zu anderen Wahlcandidaten gezwungen worden, als sie früher im Sinne hatten. Wenn ich dieß ein vollkommenes Aushungerungssystem nannte, so werde ich mich nicht geirrt haben. Dahin wird es kommen, es wird aber dabei die Niederlage der Wähler eine doppelte sein, denn, nun im Augenblick zu meinem Bilde zurück, es wird dabei Ueberläufer, Verwundete und Gefallene geben. Die Ueberläufer werden Diejenigen sein, welche eben ihre Selbstständigkeit sich leider nicht zu wahren wissen, und so wählen, wie es durch Einflüsterung und Einschüchterungen ihnen abgenöthigt worden ist. Meine Herren! Wenn Sie bei dieser Consequenz der unbedingten Oeffentlichkeit beharren wollen, und ich achte und ehre jede Consequenz, so haben Sie doch wenigstens die Güte, diese Consequenz auch auf andere Dinge anzuwenden; dann müßten Sie zunächst den Adel nicht bloß als Stand abschaffen, sondern Sie müßten ihn als Widersinnlichkeit öffentlich und feierlich proclamiren, Sie müßten die Erblichkeit der Fürsten als Widersinnigkeit proclamiren, und dann würden Sie Conseqenz zeigen. Ich bitte Sie, auf Ihre Consequenz da nicht zu pochen, wo sie Ihnen einmal passend vorkommt. Es ist einmal auf dieser Rednerbühne unter durchaus nichts weniger als beneidenswerthen Verhältnissen auf das Sprichwort hingewiesen worden: „Wer sich in die Gefahr begibt, kommt darin um.“ Meine Herren! Ich schließe mit einer Hinweisung auf dasselbe Sprichwort: Sie wollen jetzt, daß viele Tausende, viele Millionen Deutscher sich in eine Gefahr begeben, in welcher Sie gewiß wissen, daß Viele darin umkommen werden, darin umkommen müssen. Darum schaffen Sie das öffentliche und mündliche Wahlverfahren weg, denn ich sehe wahrhaftig auch nicht ein, wie es sich nur irgendwie rechtfertigen ließe. Es handelt sich ja bei den Wahlen durchaus nicht um Sachen, sondern rein um Personen. Wenn also unser Verlangen des schriftlichen und geheimen Abstimmens an Persönlichkeit zu leiden scheint, so ist das eben nicht ein Leiden, sondern etwas ganz Naturnothwendiges. Es handelt sich hier rein um Persönlichkeiten, um Personen und nicht um Dinge, und wo es sich um Personen handelt, muß das Recht der Person auch durchaus uneingeschränkt, unangetastet und ungeschmälert gelassen werden. Darum, meine Herren, lassen Sie den § 13 in der Fassung, wie er Ihnen von der Majorität des Ausschusses vorgeschlagen ist, nicht durchgehen, sondern bedenken Sie, daß jeder Persönlichkeit ihr Recht gewährleistet werden muß, und das kann nur unter der Form geschehen, welche das Minoritäts-Erachten Ihnen vorschlägt.

Vicepräsident Kirchgeßner: Ich muß der Versammlung einen Schlußantrag zur Abstimmung vorlegen, unterzeichnet von Herrn Tafel und Anderen, im Ganzen 20 Mitgliedern. Dabei erlaube ich mir zu bemerken, daß Herr Mittermaier, der unter den Rednern für das Minoritäts-Erachten genannt wurde, durch Geschäfte gehindert ist, und daß Herr Wigard statt seiner für das Minoritäts-Erachten das Wort ergreifen wird. Es ist ferner die namentliche Abstimmung von drei Seiten beantragt. Ich ersuche diejenigen Herren, welche die Discussion über § 13, vorbehaltlich der Schlußäußerung des Herrn Referenten der Minorität und der Majorität geschlossen wissen wollen, sich zu erheben. (Die Minderzahl erhebt sich.) Der Schluß ist abgelehnt. Herr Beseler von Greifswald hat das Wort.

Beseler von Greifswald: Meine Herren! Der Redner, welcher vor mir an dieser Stelle stand, hat seinen Vortrag geschlossen mit den Worten: Es handle sich bei Ausübung des Wahlrechts nicht um Sachen, sondern um Personen. Wohl, meine Herren, um Sachen handelt es sich freilich nicht, es handelt sich aber dabei um eine Sache, um die Sache des Vaterlands (Gelächter auf der Linken), der vaterländischen Freiheit. (Auf der Rechten: Sehr gut!) Meine Herren, es handelt sich um eine Sache, der die Person dient, die aber nicht den Personen dient. (Unruhe auf der Linken.)

Vicepräsident Kirchgeßner: Ich bitte Sie um Ruhe und ersuche, die Unterbrechungen zu lassen.

Beseler: In diesem Sinne fasse ich diese Frage auf, sowie ich in diesem Sinne das ganze Wahlgesetz aufgefaßt habe, daß das Wahlrecht nicht ein Ausfluß der individuellen Ehrgeizes sei, sondern ein Beruf, ein trust, wie es die Engländer nennen, eine hohe Aufgabe, welche im Dienste des Vaterlandes zu erfüllen ist. Darum, meine Herren, frage ich auch nicht: Was ist dem Einen oder Andern bequemer oder angenehmer, was erspart ihm vielleicht Opfer? sondern ich frage: Was ist dem Vaterlande nützlich? und darnach fasse ich meine Entscheidung. (Auf der Rechten: Sehr gut! Sehr richtig!) Meine Herren, ich glaube aber, daß es im Interesse des Vaterlandes ist, die großen Principien zu erkennen und festzuhalten, welche die deutsche Nation begleitet haben, so lange sie noch eine freie, eine gewaltige war. Ich glaube, daß die Principien der germanischen Freiheit von uns zu erforschen sind, und wenn wir sie richtig erkannt haben, von uns in allen Consequenzen zur Anwendung zu bringen sind. Und, meine Herren, die germanische Freiheit hat als ihr wichtigstes Organ die Oeffentlichkeit gehabt. Das ist es, was insbesondere das deutsche Wesen getragen und gehoben hat, so lange es sich groß und frei entwickeln konnte. Das ist es, was den romanischen Völkern gegenüber gerade das deutsche Wesen bezeichnet hat. Dieser göttliche Funke germanischer Freiheit, meine Herren (große Heiterkeit auf der Linken), dieser göttliche Funke germanischer Freiheit muß wieder in unserer Nation angefacht werden, wenn sie überhaupt ihre selbstständige, ihre nationale Bedeutung wieder gewinnen soll. Ich muß gestehen, meine Herren, mit Bekümmerniß, mit Scham höre ich Ihr Gelächter, wenn von germanischer Freiheit die Rede ist (Bravo auf der Rechten und in den Centren. Wiederholtes Gelächter und Stimmen auf der Linken: Aus Ihrem Munde!), wenn von germanischer Freiheit die Rede ist, wovon ich das Recht habe zu sprechen. Denn ich habe zur Zeit der Reaction für sie gekämpft (Gelächter auf der Linken), als Manche, die hier sitzen und jetzt das große Wort führen (Bravo auf der Rechten und im Centrum), wenig geneigt waren, für sie etwas zu opfern. (Auf der Rechten und im Centrum: Sehr gut! sehr richtig!) Meine Herren! Mir ist nicht vergönnt gewesen zu kämpfen für die Freiheit auf dem Markte und in Stände-Versammlungen; aber ich habe gekämpft für sie in der Wissenschaft, und nicht fruchtlos, und wenn diese Frage doch einmal zur Sprache kommen soll: ja ich gestehe es, ich bin Einer von Denjenigen, die gesucht haben, in der deutschen Wissenschaft etwas zu wirken, nicht bloß für die Wissenschaft, obgleich auch sie ihre selbstständige Würde und Bedeutung hat, sondern durch die Wissenschaft für die Nation. Meine Herren! Ich bin Einer von den Professoren, die auf dieser Seite sitzen (großer Beifall auf der Rechten), und welche, das sage ich Ihnen, länger leben werden im Munde des deutschen Volkes, als Viele von Ihnen (der Linken). (Lauter Beifall auf der Rechten und im Centrum.) Wenn die Wissenschaft etwas Großes in sich trägt, so ist es Das, daß sie Diejenigen, welche sie bekennen, daß sie ihre Jünger erhebt über den Augenblick, über die nächsten Gegenstände, daß sie dieselben einführt in das Innere der Thatsachen, es ihnen möglich macht, Principien zu haben, und zur Anwendung zu bringen. (Bravo auf der Rechten. Unruhe auf der Linken.) Meine Herren! Die Principien sind es, auf die es ankommt; um Principien müssen sich die Parteien schaaren, aber nicht um Motive (Gelächter auf der Linken); nicht um Motive, sage ich, und daran knüpfe ich hier wieder an. Meine Herren! Sie haben immer das große Wort von Freiheit, und was Alles daran hängt, im Munde; wohlan, meine Herren, nehmen Sie die Freiheit in ihrer vollen Wahrheit; nehmen Sie die deutsche Freiheit, und beschließen Sie hier die Oeffentlichkeit. Das Princip der Oeffentlichkeit, meine Herren, ist so groß, daß Sie nicht nach Gründen zufälliger Zweckmäßigkeit, aus Nützlichkeitsrücksichten dasselbe anfechten und bekämpfen dürfen. Meine Herren! Ich sage Ihnen, dieses Princip der Oeffentlichkeit können Sie, wenn Sie es hier bekritteln wollen, mit Nützlichkeitsrücksichten auch in anderen Fällen bekämpfen, und es ist mit denselben Gründen in der Verwaltung und in der Rechtspflege bekämpft worden. Diese Gründe sind zum Theil nicht ohne Bedeutung, z. B. in Beziehung auf die Gemeindeverhältnisse hat die Oeffentlichkeit in kleinen Gemeinden, wo es sich um persönliche Verhältnisse handelt, große Bedenken, nichts destoweniger aber wird Jeder, welcher die Oeffentlichkeit aufrichtig will, sie auch in den Gemeindeverhältnissen wollen; aber dann kommen Sie nicht mit solchen Einwendungen, die Sie vorgebracht haben gegen die Oeffentlichkeit des Stimmabgebens. Ich verkenne nicht, daß die Oeffentlichkeit des Stimmabgebens manche Bedenken und manche Gefahren hat. Aber, meine Herren, ich weiß, daß sie auch diese Gefahren besiegen wird, daß das große Gut, welches unsere Nation in voller Frische erhält, auch weit überstrahlen wird alle Nachtheile, die sich etwa daran knüpfen mögen. Meine Herren! (Zur Linken.) Es ist doch eine eigene Logik, die Sie bei Verhandlung des Reichswahlgesetzes treiben. Gegen die Bestimmung, — ich kann unbefangen davon sprechen, da ich das Princip des Entwurfs verlassen, und ein anderes vorgeschlagen habe, — gegen die Bestimmung, daß man gewisse Klassen für unselbstständig halten, und daß diese zur deutschen Reichsversammlung nicht wählen sollen, dagegen wußten Sie (die Linke) nicht laut genug zu sagen, wie selbstständig, wie mündig dieser Theil des Volks sei, und jetzt, da Sie die Consequenzen ziehen sollen, nachdem der § 2 zum Falle gebracht ist und das allgemeine Wahlrecht beschlossen ist, jetzt kommen Sie bittend, man möge die armen Leute nicht von Haus und Hof und Verdienst bringen, weil man sie in Versuchung führe, daß sie nach ihrer Ueberzeugung wählen, und ihrem harten Herrn mißfallen können! So schlimm steht es doch nicht mit dem Volke, und gerade nicht mit denen Klassen, als deren Wortführer Sie (die Linke) sich so gerne hervorthun wollen; es liegt in unserem Volke noch eine tiefe Moralität, und diese wird dem Volke über viele Anfechtungen hinweghelfen, die aus dem öffentlichen Stimmabgeben hervorgehen können; es wird auch, meine Herren, nicht lauter solche Schurken geben unter Denen, die angesehen sind, und reich und mächtig, und die ihren Einfluß dahin wenden, daß sie abhängige Leute zwingen wollen, gegen bessere Ueberzeugung nach ihrem Willen und ihren Interessen zu stimmen; es gibt in allen Ständen noch Ehrenmänner, die den freien und unabhängigen Mann in jeder Schichte der Gesellschaft anerkennen und ehren, und wenn Sie sagen, es gibt Viele, die bestechen, so werden diese in der öffentlichen Meinung ebenso wenig entschuldigt werden, als Die, welche sich bestechen lassen. Sie sagen, England sei es, das uns warne. Meine Herren! In England sind Diejenigen, die als die eigentlichen Träger der englischen Staatseinsicht angesehen werden können, noch nicht dahin gelangt, Ihrem guten Rathe folgen zu können, denn, wenn Herr Nauwerck sagt, das wären die Kirchen- und Königsmänner, so sage ich, nein, sondern Lord John Russell, und wenn ich nicht irre, fast alle namhaften politischen Charaktere . . .

Nauwerck (vom Platz aus): Aristokraten!

Beseler: Glauben Sie, daß in England in dieser Weise eine Unterscheidung gemacht wird? Wenn Sie England zum Beispiele nehmen, so fassen Sie es in dem englischen Geiste auf, und lernen Sie englische Zustände genauer untersuchen und kennen, ehe Sie sich darauf berufen! (Auf der Rechten: Sehr gut!) Meine Herren! Es ist ein eigenes Ding um eine freie, selbstständige Volksgemeinde, die in öffentlicher Handlung Das thut und bethätigt, wozu sie von Staatswegen aufgefordert ist, und wir haben Beispiele davon, daß diese freie, öffentliche germanische Weise auch für die Gegenwart große Früchte tragen kann; es ist freilich bezweifelt worden, daß in Schleswig-Holstein dieses der Fall gewesen; dieses Land aber hat das merkwürdige Glück gehabt, von sehr Vielem verschont zu werden, womit seit dreihundert Jahren das übrige Deutschland heimgesucht wurde; in den dortigen Gerichten z. B. hat die alte freie Oeffentlichkeit sich erhalten, und in kleinlicher Zeit ihre Tüchtigkeit bewährt; daß Schleswig-Holstein sich so hat benehmen können, wie es in letzter Zeit gethan hat, verdankt es vorzugsweise diesem Erbgute seiner Väter, und wenn gesagt wurde, die Schleswig-Holsteiner hätten sich nicht würdig benommen, wohlan, dann trete Jeder auf, der denselben Prüfungen unterworfen sein wird, wie diese schleswig-holstein'schen Männer, und sage: „Ich würde mich besser, tapferer und weiser benommen haben," und ich will ihn ehren und preisen, wenn er dieß mit gutem Gewissen sagen kann. (Beifall auf der Rechten.) Meine Herren! Die Frage über das öffentliche Stimmabgeben kann, wie ich überzeugt bin, nur im Zusammenhange politischer Ueberzeugung und Anschauung aufgefaßt werden; sie ist kein Axiom, welches man beliebig hinstellen kann, es ist keine Regel, die man abmessen kann nach Zweckmäßigkeits-Rücksichten; es ist die Folgerung aus einem großen Princip; wollen Sie das Eine, so müssen Sie auch das Andere wollen; wollen Sie ohne Nebenabsichten, ohne vorübergehende Zwecke das deutsche Volk zu einem großen Volke heranziehen, so müssen Sie ihm Vertrauen zeigen und Vertrauen erwecken; wenn Sie die großen Institutionen, die wir für unser Volk beabsichtigen, auf breiter Grundlage errichten, dann, meine Herren, dürfen Sie nicht kleinlich fragen: „Ist diese Vorlage so oder so besser, ist dieß angenehm oder verhaßt, nützt oder schadet es unserer Partei?" sondern Sie müssen sich einfach und klar die Frage vorlegen: „Entspricht Das der großen Sache der Freiheit, entspricht es dem Geiste der Nation?" — und wenn dann ein Princip sich zur Anwendung darbietet, folgen Sie getrost demselben! (Lebhafter Beifall auf der Rechten und im Centrum.)

Vogt von Gießen: Meine Herren! Fürchten Sie nicht, daß ich eine von Selbstlob geschwängerte Rede über Professoren halten werde. (Bravo links.) Fürchten Sie nicht, daß ich, wie Andere, hier große Worte machen werde von Dingen, die ich zu kennen vorgebe, aber in meinen Handlungen und Abstimmungen nicht erkennen lasse (Sehr gut! auf der Linken), wie z. B., wenn man von Freiheit, von großen Principien, die durchgeführt werden müßten, spricht, und in den Abstimmungen für die Unfreiheit und für keine Principien, wohl aber kleine Nebenrücksichten sich erklärt. (Sehr gut!) Meine Herren! Wenn Sie die Oeffentlichkeit ganz wollen, in allen Beziehungen, in jedem Dinge ohne Ausnahme, dann gebe ich Ihnen auch die Oeffentlichkeit in der Abstimmung zu. Geben Sie uns die Oeffentlichkeit in den Regierungen, geben Sie uns zu, daß die Ministerien, daß die Bevollmächtigten der einzelnen Staaten Alle öffentlich sitzen und sprechen vor dem gesammten Volke, geben Sie uns Alles, was auf das öffentliche Leben einen ungeheuren Einfluß übt, geben Sie uns alle Handlungen und Ansichten, alle Pläne der Regierungen öffentlich auf dem großen Markte, und wir werden öffentlich stimmen. (Heiterkeit auf der Rechten.) Sie lächeln darüber, meine Herren! (Heiterkeit auf der Rechten.) Sie sagen, es wäre unmöglich, die Regierungen u. s. w. öffentlich hinzusehen und öffentlich berathen zu lassen. Ei, warum verleugnen Sie denn dieses Princip der Oeffentlichkeit, das überall durchgeführt werden soll nach Herrn Beseler? (Heiterkeit.) Warum verleugnen Sie dieses Princip der Oeffentlichkeit, das Sie also nur in einem bestimmten Punkte wollen, während Sie es in [illegible] wollen? — Meine Herren! Man hat vorhin gesagt, es sei von der linken Seite des Hauses dagegen gesprochen worden, oder es hätten sich Stimmen daraus erhoben gegen die Abgrenzung in kleine Wahlbezirke, die bei directer Stimmabgabe nöthig seien. Ich wüßte nicht, meine Herren, daß dieß irgendwie von unserer Seite geschehen sei, und ich würde, wenn es geschehen wäre, mich dagegen erheben; denn gerade der Umstand, daß man in gewissen Ländern große, viel größere Wahlbezirke gemacht hat, als sogar für einen einzelnen Deputirten gehörten, dieser Umstand ist mit die Ursache gewesen, daß auch bei allgemeinem Stimmrecht und bei directer Wahl der Hauptort wesentlichen Einfluß hatte. Sehen Sie hinüber nach unserem Nachbarlande, von dem ich neulich sagte, die Parteien hätten stets nur gesucht, zu dominiren und zu herrschen über die öffentliche Meinung, niemals aber, von welcher Seite es auch sein mochte, dieselbe aufzuklären. Dort hat das System der Centralisation der größeren Wahlbezirke, wo man in einem Wahlbezirke vier bis fünf Deputirte gewählt, schlimme Früchte getragen, und es ist anzuerkennen, daß bei Abgrenzung unserer Wahlbezirke man an ein solches Mittel nicht gedacht hat. Man hat wohl auch daran gedacht in einzelnen Staaten, ich erinnere Sie an die Abgrenzung der Wahl-Bezirke, wie sie in Preußen gemacht worden ist, um die Wahlbezirke in die Hände der Regierung zu bekommen. Auch der Ausschuß hat mittelbar daran gedacht, denn wenn ich nicht irre, so kommt später ein Paragraph, der die Abgrenzung der Wahlbezirke recht niedlich in die Hände der einzelnen Regierung legt, damit diese Gewalt darüber haben, nach ihrem Willen die Wahlbezirke zu machen. Wenn also irgend Jemand den Vorwurf verdient, größere Wahlbezirke und die daraus entstehenden Inconvenienzen zu wollen, so ist es gerade diese Mehrheit des Verfassungs-Ausschusses, die in die Hände der einzelnen Staaten und Regierungen die Abgrenzung der Wahlbezirke gibt. Meine Herren! Herr Waitz hat als eine wesentliche Bedingung eines guten Wahlgesetzes hervorgehoben, daß es kein System des Wechsels begünstigen könne, daß durch die Wahl nicht das Resultat sich herausstellen solle, daß heute einmal eine Kammer in diesem Sinne, und dann wieder ein Reichstag in einem anderen Sinne vorkommen solle. Herr Waitz wünscht ein Wahlgesetz, das einen solchen Wechsel ausschließt, und empfiehlt Ihnen zu diesem Zwecke die öffentliche Abstimmung. Das heißt, meine Herren, in reines Deutsch übersetzt: Herr Waitz will ein System von Wahlen einführen, welches der gerade herrschenden Meinung, oder der bestehenden Gewalt die Macht in die Hände gebe, sich stetig fort zu erhalten, und keine Opposition aufkommen zu lassen. Ein Wechsel der Ansichten, meine Herren, ein Wechsel der Meinungen, ein Hervorkommen der einen Partei gegenüber der anderen, das werden Sie in einem jeden wahrhaften Staatsleben finden, welches nicht unterdrückt ist durch reinen Absolutismus. Wenn man ein Wahlsystem erfinden will, um dadurch diesen Wechsel abzutödten, dann geht man auf der breiten Straße nach dem Absolutismus zu, dann will man nur den Einfluß der Regierenden. Indem also Herr Waitz diesen steten Wechsel zerstört haben will, indem er sagt: „Durch eine entgegengesetzte Wahl-Methode wird der Wechsel des Systems begünstigt; durch das System des Verfassungs-Ausschusses dagegen wird dieser Systemwechsel aufgehoben;" indem Herr Waitz dieses sagt, hat er sehr schön das Räthsel gelöst; er will ein Wahlsystem, welches die Wahlen in die Hände der Regierungen und der bestehenden Gewalt gibt, und dieser auch die Garantie gibt, daß sie bei neuen Wahlen in derselben Hand bleiben. (Bravo!) Meine Herren! „Das Wahlrecht," sagt Herr Beseler, „ist eine hohe Aufgabe im Dienste des Vaterlandes," und diese Aufgabe muß auch mit der nöthigen Rücksicht auf den Nutzen des Vaterlandes ausgeübt werden." Allerdings, meine Herren, diese Wahrheit erkennen wir auch an; allein wir suchen die Richter über den Nutzen des Vaterlandes, die Bestimmer Desjenigen, was dem Vaterland von Nutzen sei, oder nicht, nicht in Verfassern von langen Lehrbüchern über Erbverträge u. s. w., sondern wir suchen die Richter darüber in dem gesammten Volke. Das Volk soll Richter sein über Das, was dem Vaterland von Nutzen sei. Denn worans besteht dieser Nutzen des Vaterlandes, und wer zieht diesen Nutzen? Sollen nur Diejenigen aus den Wahlhandlungen und aus ihren Resultaten Nutzen ziehen, die schon im Nießbrauche sind, oder sollen Diejenigen die Nützlichkeit zu bestimmen haben, die bis jetzt keinen Nutzen vom Vaterlande gezogen haben, und doch auch ein wenig Nutzen davon haben wollen? Wir, meine Herren, suchen den Nutzen des Vaterlandes und die Bestimmung darüber nicht in einzelnen, wenn auch gelehrten Köpfen, sondern in dem Willen der gesammten Menge, und damit dieselbe ihren Willen frei darthun könne, deßhalb wollen wir die geheime Abstimmung. (Heiterkeit auf der Rechten. Einzelne Stimmen auf der Linken: Sehr gut!) Meine Herren! Man hat Sie hingewiesen auf das System England's und auf die germanische Freiheit, die dort zum Durchbruch gekommen sei; man hat vergessen, daß Nord-Amerika soviel als möglich von der englischen Freiheit hinübergenommen hat. Allein gerade weil es freier sein wollte, als England, und weil es dem einzelnen Bürger mehr Freiheiten und Rechte geben wollte, deßhalb hat Nord-Amerika die öffentliche Abstimmung in die geheime verwandelt. Es ist eine allgemein anerkannte Thatsache, meine Herren, daß in England, in dem gepriesenen freien England, kein Parlamentssitz existirt, der bei der Wahl nicht einige 1000 Pfund gekostet hätte. Es ist eine allgemein anerkannte Thatsache, daß in England, dem einzigen Lande außer Schleswig-Holstein, welches öffentliche Abstimmung hat, stets eine Wahlhandlung eine Handlung des öffentlichen Scandals ist. (Bravo.) Es ist eine allgemein anerkannte Thatsache, daß die Bestechung in England durch die sogenannte Selbstständigkeit, zu der man den sogenannten Pöbel hat erheben wollen, gerade eingeführt worden ist, und daß die Controle über diese Bestechlichkeit gerade deßhalb möglich ist, weil öffentliches Abgeben der Stimmen existirt. Meine Herren! Warum hat man sich an einigen Orten gegen das geheime Stimmabgeben erklärt, und warum, sage ich geradezu, erklärt der Verfassungs-Ausschuß in seiner Mehrheit sich dagegen, dieser Ausschuß, der in allen seinen Vorschlägen, wo sie nur immer vorkommen mögen, soviel als möglich den Regierungen, und so wenig als möglich dem Volke gibt? Gerade aus dem Grunde, weil bei der geheimen Abstimmung die Controle über die Abstimmung und Durchführung der Bestechung den Bestechenden entgeht! Man ist allmählich durch die Erfahrung, namentlich in Nord-Amerika, dazu gekommen, einzusehen, daß es sehr viele Leute gibt, die sich bestechen lassen von der einen Partei, und sich bestechen lassen von der anderen Partei, und hernach stimmen, wie sie wollen. Solche Individuen bewahren also ihre Selbstständigkeit bei der geheimen Abstimmung, während sie bei der Oeffentlichkeit gezwungen sind, die Bestechung auch wirklich auszuführen. (Gelächter.) Meine Herren! Wer sich bestechen läßt, das ist schon längst gesagt, ist schlecht, und wer besticht, ist noch schlechter; aber wer das System der Bestechung einführt dadurch, daß er der Bestechung eine Controle in die Hand gibt, der ist der Allerschlechteste. (Anhaltendes Bravo auf der Linken.) Meine Herren! Es ist ein Unterschied dazwischen, selbstständig zu sein und eine selbstständige Meinung zu haben, und dazwischen, diese Selbstständigkeit auch durch Thaten zu beurkunden; in dem Falle, wo diese Thaten Schaden bringen können. Wenn Sie wahrhaft wollen, daß das ganze Volk sich an den Wahlen betheilige, so werden Sie mit Ihrem System der Oeffentlichkeit eine solche Betheiligung nicht erreichen; Sie werden diejenigen Männer, welche selbstständig sind in ihrer Meinung, die aber durch ihre pecuniäre Lage abhängig sind von Einflußreichen, die werden Sie von der Wahl zurückhalten, Sie werden sie dadurch mittelbar vom activen Wahlrecht ausschließen. Ich bin indessen, wie Herr Beseler, der Meinung, daß es so schlimm mit unserem Volke nicht steht, ich glaube nicht, daß die Bestechlichkeit einen großen, überwiegenden Einfluß bei uns ausüben könnte; allein ich bin auch der Meinung, daß durch die lange Beknechtung von Seiten der Regierungsgewalt es schlimm genug steht in unserem Volke mit dem politischen Muthe, daß Viele es nicht wagen, öffentlich ihre Meinung zu bethätigen. Sie werden es durch die öffentliche Abstimmung vielleicht nicht dahin bringen, daß die Regierungsgewalt, oder reiche Leute durch Bestechungen die Stimmen vollständig zu ihren Gunsten lenken; aber Sie werden es dahin bringen, daß Diejenigen, die durch ihre pekuniäre Lage an gewisse Bedingungen ihrer Existenz gebunden sind, gezwungen werden, sich freiwillig vom Wahlrecht auszuschließen. Gar viele Handwerker, Meister, Lohnarbeiter werden sich ausschließen und der Wahl enthalten müssen, um durch die öffentliche Bethätigung ihrer selbstständigen Meinung nicht ihren eigenen Ruin und den ihrer Familie herbeizuführen. Das ist die hauptsächlichste Gefahr bei der öffentlichen Abstimmung. Ueberschauen Sie doch einmal Ihr ganzes System, wie es aufgeführt ist von Oben bis Unten; überschauen Sie nur, wie das demokratische Element seit dreißig Jahren unterdrückt war nach allen Richtungen hin, und wie es jetzt bestrebt ist, sich in den Fesseln, die man ihm anlegte, Geltung zu verschaffen; überschauen Sie diesem gegenüber die organisirte Gewalt, und sehen Sie, wie diese durch das ganze Staatsleben verzweigt und verbreitet ist. — Meine Herren! Die drei Hessen zusammengenommen haben so viele Staatsdiener, als die drei vereinigten Königreiche Großbritannien und Irland. (Heiterkeit.) Geben Sie uns nur solche Verhältnisse hinsichtlich der Staatsgewalt, wie in England, machen Sie, daß die Staatsgewalt in ihren Werkzeugen, den Beamten, so reducirt ist, wie sie es in England ist; nehmen Sie bei uns der Staatsgewalt den Einfluß auf das öffentliche und private Leben im Innern, den sie durch so viele von sich abhängige Werkzeuge besitzt, und wir wollen Ihnen das öffentliche Stimmrecht zugeben; allein solange Sie nicht die übrigen englischen Institutionen neben dem öffentlichen Stimmrecht haben, solange Sie nicht die Institutionen besitzen, wie in England, wo das Meiste im Innern der Gemeinde, der freien Association, oder dem Individuum überlassen ist, ohne daß die Staatsgewalt einen Einfluß darauf üben kann; solange bei uns der Einfluß der Regierungsgewalt bis auf die kleinsten Dinge hingeht; solange auf fünf Menschen ein Beamter kommt, und jeder deutsche Bürger dreizehn oder fünfzehn Instanzen über sich haben muß, die ihn regieren, damit er nur ruhig bleibe (Heiterkeit); solange Sie nicht diese Institutionen neben dem öffentlichen Stimmrecht geben; solange müssen Sie ein Gegenmittel anbringen, und dieß können Sie nur dadurch, daß Sie das geheime Stimmabgeben einführen. (Bravo auf der Linken!) Es hat keine Seite so feurig dafür gewirkt, wie die linke, daß man Deutschland zu einem großen und mächtigen Volke mache, wenn wir ihm auch gerade nicht diejenigen großen Institutionen für Kleindeutschland geben wollten, die Herr Beseler und seine schleswig-holstein'schen Meinungsgenossen ihm zu geben beabsichtigen. — M. H.! Wir glauben allerdings, daß man Deutschland groß, frei und mächtig machen kann; allein wir glauben es auch nur dann, wenn man der Volksmeinung ihre ungeschmälerte Geltung verschafft. Verschaffen Sie ihr Geltung auf die eine oder die andere Weise, machen Sie Oeffentlichkeit in allen Dingen, worin ich sie Ihnen angedeutet habe, und dann sind auch wir dafür, daß öffentlich abgestimmt werde. Solange Sie aber die Heimlichkeit für alle Intriguen der Regierungen, für die organisirte Gewalt und deren Werkzeuge haben, solange Ihr ganzes Regierungssystem im Finstern schleicht: solange wollen wir auch der Demokratie wenigstens die Gewalt in die Hand geben, Ihre geheimen Spinnweben mit geheimen Schwertern zu zerreißen. (Anhaltendes Bravo auf der Linken.)

Vicepräsident Kirchgeßner: Es liegt wiederum ein Antrag auf Schluß der Discussion über § 13 vor, unterstützt von dem Herrn Eisenstuck, im Ganzen mehr als zwanzig Unterschriften. Ich ersuche Diejenigen, welche den Schluß der Discussion wollen, sich zu erheben. (Geschieht von der Mehrheit.) Der Schluß ist angenommen. Herr Wigard hat für die Minorität das Schlußwort.

Wigard von Dresden: Meine Herren! Wenn ich nicht ohne Grund mit dem beginnen könnte, was ich wesentlich seit den letzten drei Jahren für des Volkes Freiheit und geistige Erhebung gewirkt habe, so werde ich doch mit einem Gefühle beginnen, welches dem entgegengesetzt ist, was ein Vorredner auf dieser Tribüne dargelegt hat. Ich muß, meine Herren, vor Ihnen das Bekenntniß ablegen, daß es in derjenigen Ausschußsitzung, in welcher dieser Paragraph berathen wurde, eine Stunde der Versuchung für mich gab, welche mich in dem schwankend sah, wofür ich in Gemäßheit meiner Grundsätze zu stimmen hätte. Es war dieß für mich eine Stunde der Schwäche, in welcher ich beinahe in den Köder, welchen man in den Worten: „Oeffentlichkeit und Freiheit", uns vorgehalten hatte, gebissen hätte. (Auf der Rechten und im Centrum große Heiterkeit.) Ja, meine Herren, ich bekenne dieß offen. Die Sache verhielt sich so: Als die Frage, welche gegenwärtig Ihrer Entscheidung vorliegt, im Ausschusse zur Verhandlung kam, war ich dasjenige Mitglied, welches den Antrag auf geheime Stimmabgabe zuerst stellte. Man schleuderte mir damals dieselben Worte entgegen, welche wir heute von einem der ersten Redner vernommen haben; auch im Ausschusse entgegnete [illegible] mir, wie es ihn ungemein wundere, daß Männer, welche bisher fortwährend die Oeffentlichkeit und Freiheit vertheidigt hätten, sich jetzt auf einmal für das geheime Stimmabgeben erklärten. Mein Freund und politischer Kampfgenosse [illegible] erklärte sich gleichfalls für das öffentliche Stimmabgeben und — jene Verwunderung und diese Erklärung, ich leugne es nicht, machte mich stutzig und gleichsam verdutzt. Ich zog meinen Antrag für den Augenblick zurück, überlegte während des Laufes der Debatte und beim Nachhausegehen, ob ich denn wirklich von den Grundsätzen, zu denen ich mich stets bekannt hatte, abgefallen oder inconsequent geworden sei, (große Heiterkeit auf der Rechten) und da ich der Sache näher auf den Grund sah, kam ich zu der Ueberzeugung, daß ich [illegible] sein würde (Heiterkeit und Beifall), wenn ich die gegen meinen Antrag vorgebrachten Scheingründe gelten ließe. Deshalb, meine Herren, bin ich dem von anderen Mitgliedern des Ausschusses in gleicher Richtung gestellten Antrage wieder beigetreten, und zwar nach reiflicher Ueberlegung mit der festen Ueberzeugung, daß ich dadurch meinen Grundsätzen auch nicht um ein Haar breit zu nahe trete, und ich vertheidige dieses Minoritätsgutachten mit der vollsten Ueberzeugung. Allerdings meine Herren, hat die Minorität stets das Princip der Oeffentlichkeit und das der Freiheit und Selbstständigkeit der Staatsbürger im ganzen Umfange verfochten, aber diese Grundsätze führen uns zu einer anderen Schlußfolgerung, als zu derjenigen, welche man daraus zu ziehen vorhin sich bemühte, indem man mit großer Geschicklichkeit die Oeffentlichkeit der Sache mit der Oeffentlichkeit der Person, die Selbstständigkeit des Urtheils mit der Selbstständigkeit der persönlichen Stellung von äußeren Einwirkungen vermengte, und gerade hier eine absolute Freiheit mit Außerachtlassung aller positiven Lebensverhältnisse hinstellte. Die Minorität, meine Herren, will die Freiheit des Staatbürgers in vollem Maße gewahrt wissen, das ist eines unserer Principien, aber indem wir mit Herrn Waitz die Freiheit des Staatsbürgers und sein selbstständiges Urtheil unbeirrt von dem Geschrei des Marktes, bei seiner Stimmabgabe gewahrt wissen wollen, müssen wir, müssen auch Sie, wenn Sie dieß aufrichtig wollen, für die geheime Stimmabgabe sich erklären. Herr Waitz sagt mit Recht, daß er dem gesunden Urtheile des Volkes soviel zugestehe, daß es das Rechte zu finden wissen werde. Ja, meine Herren, an dem gesunden Urtheile des Volkes habe ich nie gezweifelt, es wird sie's sich da zeigen, wo man es eben unbeirrt von äußeren Einwirkungen zur Geltung kommen läßt, und wo man den schlichten Werkmann nicht der Gefahr aussetzt, für sein gesundes Urtheil den Unterhalt für die Seinigen auf das Spiel zu setzen. Es ist ein eigenthümlicher Widerspruch, zuerst ganze Classen von Staatsbürgern von der Wahlberechtigung deßhalb ausschließen zu wollen, weil sie angeblich nicht selbstständig seien, ohne dabei leugnen zu können, daß auch andere Classen der Staatsbürger unselbstständige Charactere genug unter sich zählen, und jetzt, nachdem die Versammlung diese Classen für wahlberechtigt erklärt hat, dessenungeachtet noch beharrlich die öffentliche Stimmabgabe zu verlangen. Meines Bedünkens müßten diese Herren von ihrem Standpunkte aus sagen: Da Ihr die Stände wahlberechtigt erklärt habt, die wir nicht für selbstständig ansehen, so müßt Ihr nun auch von der, von uns vorgeschlagenen Oeffentlichkeit des Stimmabgebens absehen und die geheime Stimmabgabe annehmen. Das schien mir die richtige Folgerung aus jenem Vordersatze zu sein. Herr Waitz hat uns ferner den Vorwurf gemacht, daß wir gleichsam den Mantel nach dem Winde hingen, daher für die Freiheit und Oeffentlichkeit nur da stimmten, wo sie in unserem Sinne und zu unserem Nutzen wäre. Auch dieser Vorwurf ist eben so unbegründet wie der erste und rührt aus derselben Verwechslung her, die ich vorhin erwähnt habe. Wir verlangten die Oeffentlichkeit der Gesetzgebung und der Verwaltung, wir verlangen die Oeffentlichkeit für alle Gegenstände des Staatslebens, für die Sache verlangen wir die Oeffentlichkeit, und da mag uns der geehrte Abgeordnete nachweisen, wo wir den Mantel nach dem Winde gehängt und für die Heimlichkeit gestimmt hätten; aber ist es uns je eingefallen, eine öffentliche Abstimmung bei der Wahl der Präsidenten, bei der Wahl der Ausschußmitglieder u. s. w., also für die Person zu verlangen? Ist es nicht eine Inconsequenz, bei allen diesen Wahlen, an welchen doch, wie vorausgesetzt werden muß, die allerselbstständigsten Charaktere sich nur betheiligen, geheime Abstimmung zu gestatten, während man dem Wähler öffentliche Abstimmung aufdringen will? Meine Herren! Jeder Geschäftsmann ist mehr oder minder abhängig von Anderen, und Niemand ist so unabhängig, daß er bei Abstimmungen, welche die Person betreffen, aller und jeder Rücksicht ledig wäre. Zwar hat man auch heute Schleswig-Holstein als dasjenige Musterland vorgeführt, wo die öffentliche Stimmabgabe die Selbstständigkeit des Charakters ausgebildet hätte. Indessen muß ich gegen diese Behauptung, daß die Selbstständigkeit des Charakters sich durch die Oeffentlichkeit der Stimmabgabe in Schleswig-Holstein so außerordentlich herausgebildet habe, noch so lange erhebliche Zweifel haben, als uns Mittheilungen sowohl in den Zeitungen — freilich nicht in der Oberpostamtszeitung — als privatim von dort zukommen, welche dahin lauten, daß in Schleswig-Holstein nicht das Volk seinen Willen zur Geltung bringen kann, sondern nur eine gewisse Partei, ein Bruchtheil des Volkes, die Aristokratie nämlich und ein Theil der Bourgeoisie; diese Bruchtheile des Volkes sollen es sein, welche dort das Regiment führen, und deren Wille maßgebend auch für die Wahlen sein soll. Darin unterscheidet sich aber eben das Streben der linken Seite dieses Hauses von der anderen Seite, daß jene in der Volksstimme, in dem Volkswillen nicht den Willen eines Bruchtheiles des Volkes, sondern des ganzen Volkes anerkennt, daß sie diesen Volkswillen nicht durch die zahllosen Kanäle der Influenzirung getrübt sehen will. Sie können, meine Herren, mit einer Phrase der Moral, daß die Wähler lauter selbstständige Charaktere sein sollen, die Thatsache nicht wegleugnen, daß dieß eben nicht immer der Fall ist, und daß daher der Praktiker darauf zu sehen habe, den äußeren Einfluß möglichst zu verringern. Bei der Berathung über das allgemeine Stimmrecht ist meines Erachtens schlagend genug nachgewiesen worden, daß es sich bei der Selbstständigkeitsfrage nicht etwa bloß um Dienstboten, Taglöhner, Fabrikarbeiter oder Handwerksgesellen handle, nein, wir haben die Sache nicht so einseitig aufgefaßt, wie dieß von der Majorität des Ausschusses geschehen ist. Die Mitglieder des Ausschusses werden sich erinnern, daß wir niemals diese Stände allein ins Auge gefaßt, sondern vielmehr darzulegen versucht haben, wie eigentlich Niemand in dem Sinne selbstständig zu nennen sei, in welchem der Ausschuß das Wahlrecht aufgefaßt wissen wolle. Ich habe damals im Ausschusse ausdrücklich erklärt, wenn man die Dienstboten, Taglöhner, Handwerksgesellen und Fabrikarbeiter deßhalb, weil sie nach der Ansicht mehrerer Mitglieder des Ausschusses unselbstständig seien, vom allgemeinen Wahlrechte ausschließen wolle, so müsse man consequenterweise auch weiter gehen und ebenso die Beamten ausschließen; aber auch das reiche nicht aus, man müsse auch noch einen großen Theil der Geschäftsleute, namentlich des kleineren Gewerbstandes ausschließen, man müsse die Hofdiener, das Militär u. s. w. ausschließen, und wenn man dieß nicht könne, so müsse man diese Ausschließung nicht auf Stände ausdehnen, sondern überhaupt auf die Unselbstständigkeit des Charakters, man müsse dann von Jedem die Beweise fordern, daß er ein selbstständiger Charakter sei, und wenn er den Beweis nicht liefern könne, so müsse er ein Examen darüber bestehen, ob er einen selbstständigen Charakter besitze. Meine Herren! Ich kann bei meiner Beweisführung von denjenigen Classen der Bevölkerung ganz absehen, welche die Majorität des Ausschusses vom Wahlrecht ausgeschlossen haben wollte, und beschränke mich nur auf die, welche er für wahlberechtigt erklärte, von denen er also das öffentliche Stimmabgeben verlangt. Wie steht es denn da mit der gepriesenen Selbstständigkeit des Charakters, welche Garantien sind Ihnen da geboten für die Hoffnung, sie werden unbeirrt abstimmen, sie werden sich nicht influenziren, nicht auf sich einwirken lassen? Erst in jüngster Zeit sahen wir in einem großen Staate Deutschlands, wie weit die Unselbstständigkeit auch dieser Classen sich erstrecken kann; haben wir doch leider wahrnehmen müssen, daß sie selbst den Richterstand ergriff! So wenig darum die größere oder geringere Abhängigkeit einer Classe der Bevölkerung zum Verluste des Wahlrechtes eine gerechte Veranlassung bietet, ebenso wenig bietet eine größere Selbstständigkeit der anderen Klassen keinen Grund dar für die öffentliche Stimmabgabe, weil diese größere Selbstständigkeit ebenso illusorisch ist, wie jene größere Abhängigkeit. Ist nicht der Beamte oft nur zu sehr von seinem Vorgesetzten abhängig, der Kaufmann, der Gewerbsmann von seinen Kunden, der Soldat von seinem Officier abhängig? Es ist übrigens bewundernswerth, daß man nicht nur hier in der Nationalversammlung, sondern auch in den Parlamenten anderer Staaten die Beobachtung machen kann, daß gerade diejenige Partei, welche für das öffentliche Stimmrecht bei den Wahlen sich so entschieden ausspricht, öffentlichen Abstimmungen in der Versammlung sich lebhaft widersetzt, oder daß Abgeordnete, welche dieser Partei angehören, sich aus dem Hause entfernen, sobald die öffentliche Abstimmung beginnt, ein Fall, der auch in unserer Nationalversammlung bisweilen vorkommt. Man hat nun die Nachtheile hervorgehoben, die auch mit der geheimen Stimmabgabe verbunden sind, und gesagt, daß da dem Wähler der Wahlzettel in die Hand gedrückt und daß dadurch ebenso gut Einfluß auf das Wahlrecht ausgeübt werde. Dieß zugegeben, frage ich, ob der Wähler in diesem Fall sein gesundes Urtheil nicht sich bewahren, ob er sich nicht die Freiheit erhalten könne, trotzdem seinen eigenen Stimmzettel einzulegen, wenn ihm jener nicht zusagt, und ob man bei einem Verfahren die Mittel der Bestechung anwenden wird, das keine Garantie bietet für die aufgewendeten Kosten der Bestechung? Etwas anderes ist es aber mit der öffentlichen Stimmabgabe, welche von dem Bestechenden, von dem, der auf den Wähler Einfluß übt, controlirt werden kann. Die öffentliche Stimmabgabe existirt aber auch nirgends, als in England und Schweden, und kein anderes Land hat sie adoptirt, obgleich sie in England schon so lange besteht, und seit dieses Bestehens viele Verfassungen ins Leben getreten sind. Es wird uns häufig England zum Muster aufgestellt; aber, meine Herren, die englischen Zustände möchte ich nun und nimmermehr nach Deutschland verpflanzen. Es ist eine eigenthümliche Geschicklichkeit, uns gerade solche Einrichtungen Englands anzuempfehlen, die schlecht sind, und welche dort nur noch deßhalb sich erhalten haben, weil der Engländer an seiner historischen Staatsverfassung nur mit großer Bedächtigkeit ändert, um nicht die auf sie basirte Freiheit zu gefährden; aber verhehlen wir es uns nicht, auch die englischen Zustände sind faul geworden durch und durch; auch sie bedürfen einer gründlichen Regeneration, und das öffentliche Stimmabgeben trägt nicht den geringsten Theil an den traurigen socialen Zuständen, welche dort im Lande der gerühmten Freiheit den Staat an den Rand des Verderbens führen, wenn nicht bald wirksame Mittel ergriffen werden. Es ist genugsam bekannt und vorhin daran erinnert worden, daß man dort sehr wohl den Grund des Verderbens in der öffentlichen Stimmabgabe erkannt, und darum seit geraumer Zeit schon für die geheime agitirt; und wenn Herr v. Raumer darauf erwidert hat, daß sich dennoch eine ganze Reihe von Parlamenten gegen die geheime Stimmabgabe erklärt haben, so ist das nicht Wunder zu nehmen, und liefert nicht den geringsten Beweis für die Zweckmäßigkeit der öffentlichen Stimmabgabe; denn der Sitz im Parlamente ist ja mit großen Geldopfern erkauft worden, die nur die Besitzenden zu bringen vermögen, und welche sie bringen, um den Besitz und das Capital gesichert zu wissen, und es ist begreiflich, daß man einen solchen Sitz nicht aufgeben will. Fragen wir aber doch auch näher, wer es denn eigentlich ist, der das öffentliche Stimmrecht in England aufrecht erhält? Die Aristokratie ist es, welche dort das öffentliche Stimmrecht aufrecht zu erhalten sucht; denn sie weiß, daß das öffentliche Stimmrecht allein auch sie wieder hält. Darum hält sie so fest daran; um ihrer Existenz willen kämpft sie gegen die geheime Stimmabgabe, welche ihr das Mittel der Bestechung entzieht. Wie wenig ferner mit solchen Beispielen bewiesen sei, wie sie Herr v. Raumer anführt, ergibt sich aus Folgendem. Er sagte, daß ein Arbeitsmann in London geäußert hätte, es sei ihm ganz gleich, ob der oder jener bei ihm arbeiten lasse; denn, wenn der es nicht sei, so seien es zehn Andere. Ja, ein Schneidermeister oder Schuhmachermeister in London mag das mit voller Ueberzeugung sagen können, das ist vollkommen richtig für große Städte. In London finden sich allerdings zwanzig neue Kunden für den einen abgegangenen, aber zufällig haben wir nicht bloß Städte wie London, wir haben überhaupt in Deutschland kein London. Haben wir aber auch Städte von solcher Größe, daß ein gleiches Verhältniß eintritt, so haben wir doch dagegen eine weit größere Anzahl kleiner Orte und da möchte sich die Sache anders stellen, als Herr v. Raumer angeführt hat. Für den kleinen Gewerbsmann in Deutschland, der sich ohne oder höchstens mit einem Gehülfen gar kümmerlich und nothdürftig durch das Leben helfen muß, ist noch nicht die goldene Zeit angebrochen, daß ihm der Verlust auch nur eines Kunden gleichgültig sein könnte. Es ist, meine Herren, gut reden von der Selbstständigkeit und Festigkeit des Charakters, wenn man weiß, daß die Zinsen des Vermögens dennoch eingehen, daß der Gehalt nicht verkümmert oder höchstens um ein Geringes vermindert werden kann für den Fall, daß man seiner eigenen Ueberzeugung folgt; aber es ist ein gar ander Ding, wenn der, welcher nur von der Hände Arbeit lebt, befürchten muß, durch Abgabe einer mißliebigen Stimme seine Kundschaft, seinen Erwerb zu verlieren und dadurch sich und seine Familie ins Elend zu stürzen. Oder hätten wir nicht in der neuesten Zeit derartige Vorgänge? Hat man nicht Gewerbsleute deßhalb, weil sie für gewisse Regierungspläne nicht zugänglich waren, die Kundschaft zu entziehen gesucht? Können Sie im Angesichte von Thatsachen behaupten, das werde nicht vorkommen, man werde nicht solchen Einfluß ausüben? Es wird uns ferner entgegen gehalten, wir wollten ja die Oeffentlichkeit in allen Verhältnissen des Staates, und so auch in der Rechtspflege. Auch das ist eine verunglückte Beweisführung. Ich frage Sie, meine Herren, in welchem Lande, wo die öffentliche Rechtspflege bereits besteht, werden die Geschworenen durch öffentliche Stimmabgabe gewählt, und wo stimmen die Geschworenen über „schuldig" oder „nichtschuldig" öffentlich ab? Werden Sie, meine Herren, etwa dafür stimmen, daß die Geschworenen öffentlich gewählt, daß sie öffentlich abstimmen sollen? Gewiß nicht; und so frage ich wieder, wo bleibt denn die Richtigkeit dieses Beweises, wo die Consequenz Ihrer Behauptung, und sind nicht vielmehr wir die Consequenten, die wir bei allen Angelegenheiten des Staates Oeffentlichkeit für die Sache, Nichtöffentlichkeit für die Person verlangen? Es hat der Abgeordnete Beseler gesagt, es sei dieses Wahlrecht als ein Beruf zu betrachten, wobei man nicht darauf sehen könne, ob die Ausübung dieses Berufes dem Einzelnen bequem sei oder nicht, sondern man müsse auf die Sache, man müsse darauf sehen, was dem Vaterlande nütze. Meine Herren! Das Wahlrecht ist kein Beruf, sondern ein Recht; Beruf und Recht sind zwei verschiedene Begriffe. Wäre das Wahlrecht ein Beruf, so müßte ich ihn erfüllen und müßte abstimmen, während ich mich meines Wahlrechtes enthalten kann, weil es eben kein Beruf ist. Aber das ist allerdings richtig, daß man bei Ausübung des Wahlrechtes darauf zu sehen habe, was dem Vaterlande Nutzen verschaffe. Welcher Nutzen soll denn nun für das Vaterland aus dem Wahlrecht hervorgehen? Ich weiß keinen anderen Zweck, keine andere Absicht den Wahlen beizulegen, als daß bei denselben der Wille des ganzen

Volkes sich kund gebe, und daß [illegible] der Wahlurne [illegible] hervorgehe, von dem man behaupten kann, daß er den Willen der Mehrheit des Volkes wirklich repräsentire. Unterliegt nun, wie ich früher dargelegt, die öffentliche Stimmabgabe den Einflüssen verschiedenster Art, der Bestechung, der Rücksichtnahme, der Bedrohung u. s. w., so daß nimmermehr behauptet werden kann, daß auf diesem Wege das wahre Urtheil zu Tage kommt, und der Wille der Mehrheit des Volkes sich geltend machen kann, soll aber in Zukunft die Regierung des Vaterlandes nicht mehr, wie bisher nur auf die Minorität des Volkes, sondern wahrhaft auf die Majorität desselben sich stützen, so erheischt auch der wahre Vortheil des Vaterlandes die geheime Stimmabgabe. Wie stand es aber bisher in Deutschland, meine Herren, wo man zwar mit Ausnahme des glücklichen Schleswig-Holstein in keinem deutschen Lande öffentliche Stimmabgabe, aber dafür hohen Census hatte? Regierten bisher in Deutschland nicht überall Minoritätsministerien? Und nachdem jetzt in allen den deutschen Ländern, welche ein Wahlgesetz nach dem März vorigen Jahres erlangt haben, das allgemeine Stimmrecht, wenn auch mit Modificationen, mehr oder weniger zum Gesetz erhoben worden ist, und die Kammern darum ein wahrer Ausdruck der Majorität des Volkes sind, wie können sich diese Minoritätsministerien nur noch erhalten? Weil sie Minoritätsministerien sind, worauf stützen sie sich? etwa auf das Volk? Nein, meine Herren, auf die Bajonette müssen sie sich stützen und auf den materiellen Einfluß. Das sind die Stützen der Minoritätsministerien gegen die Mehrheit der Kammern und gegen die Mehrheit des Volkes. Wollen Sie dieser bewaffneten Minorität durch öffentliche Abstimmung noch eine fernere, wieder eine neue Waffe in die Hände geben, etwa zum Ersatz dafür, daß sie den hohen Census verloren hat? Wollen Sie diesem materiellen Einflusse der Minorität auch künftig das Uebergewicht einräumen, und die Majorität des Volkes der Minorität unterwürfig machen? Wenn Sie das wollen, dann mögen Sie diese öffentlichen Stimmabgaben annehmen. Herr Beseler hat in seiner Begeisterung auch den göttlichen Funken der germanischen Freiheit wieder entzündet. Meine Herren! Nicht der göttliche Funke altgermanischer Freiheit, sondern der göttliche Funke der neugermanischen Freiheit ist es, den wir bedürfen. Jener Funke ist verloschen für immer in dem Strome der deutschen Geschichte. Wollen Sie aber auch versuchen, ihn aufs Neue zu entzünden, dann, meine Herren, müssen Sie einen ganz andern Weg einschlagen, dann beginnen Sie zunächst mit der Umgestaltung der socialen Verhältnisse, dann schaffen Sie zunächst das Uebergewicht des Besitzes und des Capitals weg. Dann müssen Sie zuerst das Uebergewicht des fürstlichen Einflusses, das Uebergewicht des Einflusses der stehenden Heere von Beamten wegschaffen, und dann erst mögen Sie sprechen von diesem göttlichen Funken germanischer Freiheit. Unsere Zustände sind jenen nicht vergleichbar, die Gegenwart hat ihre eigene Anforderung, ihr eigenes Recht, und nicht zurück wollen wir, sondern vorwärts; den göttlichen Funken der Freiheit wollen wir entzünden, der unseren Zuständen der Civilisation, der unseren Zeiten willkommen ist. Wenn Sie aber des göttlichen Funkens germanischer Freiheit gedenken, dann erinnern Sie sich doch auch, daß damals auch die Regierung öffentlich war, und daß alle Angelegenheiten des Staatslebens öffentlich vor dem Volke verhandelt wurden. Geben Sie das alles, was der Abgeordnete Vogt in dieser Beziehung Ihnen vorgehalten hat, dann ist es ein anderes Verhältniß, dann kommt Einklang in Ihre Behauptung; aber das wollen Sie nicht, Sie wollen von jenen untergegangenen Institutionen nur die eine wieder heraufbeschwören, weil sie Ihnen zusagt, und die anderen nicht, weil sie Ihnen nicht bequem sind. Ich gebe Ihnen darum den Vorwurf, den Herr [illegible] uns machen wollte, zurück, und wie ich glaube, mit größerem Recht. Sie wollen die Oeffentlichkeit nur da, wo sie Ihnen paßt, und sehen dabei von dem Unterschiede ab, welcher zwischen der Oeffentlichkeit in der Sache und der in persönlichen Angelegenheiten besteht. Sehen Sie, daß in keinem freien Lande der Erde die öffentliche Stimmabgabenfreiheit besteht als in England; ....

Arndt (vom Platze): Schweden!

Wigard: Ja, und in Schweden; — daß man in England, und irre ich nicht, in neuester Zeit auch in Schweden ebenfalls dahin strebt und wirkt, diese öffentliche Stimmabgabe zu beseitigen. Hören wir die ungeheueren Nachtheile und Schadenseiten einer solchen Einrichtung schildern, so glaube ich, kann man keinen Augenblick zweifelhaft sein, wofür man sich zu entscheiden hat im Sinn der Selbstständigkeit und der Freiheit unseres Volkes. Darum schließe ich auch mit denselben Worten, wie Herr v. Raumer geschlossen hat, aber in einem anderen Sinne: lassen Sie hier keine Charakterlosigkeiten, keine Schwäche eintreten, schaffen Sie kein Mittel, charakterlos oder schwach zu machen, schaffen Sie darum keine Corruption! (Bravo auf der Linken.)

Vicepräsident Kirchgeßner: Der Herr Berichterstatter der Majorität hat das Wort.

Riesser von Hamburg: Meine Herren! Nach den glänzenden Vertheidigungen, welche der Grundsatz der Oeffentlichkeit bereits in der Debatte gefunden hat, wird mir nur eine schwache Nachlese übrig bleiben. Auch ich kann nicht umhin, mit dem schon mehrfach ausgesprochenen Gedanken zu beginnen, daß es seltsam sei, wenn man in der Oeffentlichkeit das Heil für das gesammte Staatsleben, für die Rechtspflege, für die Regierung und Verwaltung finde, daneben aber den wichtigsten Act des politischen Lebens, in welchem das gesammte Volk seine Macht übt und die Geschicke des Vaterlandes durch seine Wahl bestimmt, in eine Wolke hüllen wolle, um diesen Act von Einflüssen, die man fürchten zu müssen glaubt, zu schützen. Man hat uns freilich gesagt, wir wollten ja diese volle Oeffentlichkeit auch in anderen Acten des Staatslebens nicht. Ich habe vergeblich gesucht, mir klar zu machen, was man denn dabei für eine Oeffentlichkeit im Auge haben mag, die wir, die überhaupt die allgemeine Richtung unserer Zeit noch nicht wollen. (Auf der Rechten und im Centrum: Sehr gut!) Ehe ein Gesetz wirksam werden soll, muß es nach unser Aller Ueberzeugung öffentlich vor dem Angesichte des Volkes berathen werden; es soll Niemand einer Regel im Staate unterworfen sein, die nicht durch die Vertreter des Volkes vor Aller Augen öffentlich berathen worden ist; jede politische Handlung soll in dem Augenblick, wo sie zur That wird, nach den Regierungsgrundsätzen, zu denen wir uns Alle einstimmig bekennen, vor das Licht der Oeffentlichkeit, vor den Richterstuhl der öffentlichen Meinung treten. Was ist es also, meine Herren, das man uns vorwirft, noch der Oeffentlichkeit zu entziehen? Will man etwa im Ernste den erst werdenden Gedanken, will man die noch ungeborne That, will man die Berathung, welcher der Entschluß entkeimen und zum politischen Handeln heranreifen soll — will man auch diese vor die Oeffentlichkeit ziehen? Was das Wahlrecht betrifft, meine Herren, so wird Keiner von uns es den Wählern verwehren wollen, sich vor der Wahl so geheim, wie sie wollen, über die Wahl zu besprechen; es wird Niemand verlangen, daß jedes Wort der Verabredung unter den Parteien über Zweck und Mittel der Wahl gesprochen werde, eben so wenig wie Jemand vernünftigerweise verlangen kann, daß die Männer, denen die Pflicht der Regierung des Staates obliegt, die Berathungen, durch welche sie sich zu gemeinsamen Wirkungen einigen, der Oeffentlichkeit übergeben sollen. (Bravo auf der Rechten und im Centrum.) Aber ebenso wie jede politische That, die gelten will, ebenso wie das Gesetz, das herrschen soll, ebenso wie jede Handlung, die auf das Schicksal der Nation nur den geringsten Einfluß anspricht in dem Augenblicke, wo sie ins Leben treten will, auch vor die Oeffentlichkeit treten soll, so verlangen wir auch, daß der Act selbst, durch welchen die Volksvertretung gewählt wird, daß dieser Act ein öffentlicher sei! (Auf der Rechten und im Centrum: Sehr gut! Sehr brav!) Ich glaube, es ist eine irrige Auffassung der Sachlage, wenn man die Frage, wie es in der Debatte geschehen, lediglich als eine Parteifrage zwischen der mehr erhaltenden und der mehr fortschreitenden politischen Meinung ansieht. Ich weiß gar manche unter meinen Freunden, die sich zu sehr erhaltenden Grundsätzen bekennen, und die in vertrauten Berathungen das öffentliche Wahlrecht sehr lebhaft bekämpft haben, weil sie gewaltsame Einflüsse auf furchtsame Wähler von der sogenannten demokratischen Seite her fürchten. Es liegt demnach dieser Meinungsverschiedenheit keineswegs ein bloßer Gegensatz der politischen Parteiansicht, sondern es liegt ihr eine Verschiedenheit der Grundanschauung, ich möchte fast sagen, des Charakters, zu Grunde. (Auf der Rechten und im Centrum: Sehr gut!) Es kommt hier nicht darauf an, ob sich der Eine mehr zu der erhaltenden, der Andere mehr zu der fortschreitenden Politik bekennt, sondern darauf kommt es an, ob der Eine wie der Andere den Muth hat, den Sieg der Ueberzeugung, die er für die rechte hält, dem Muthe der Offenheit, dem Charakter des Volkes anzuvertrauen. (Auf der Rechten und im Centrum: Sehr gut!) Es kommt darauf an, ob Einer trotz der Gefahren, die er in freien Institutionen erkennen mag, doch die wahre Freiheit so von ganzer Seele schätzt und liebt, daß er den Schutz wider jene Gefahren in der Freiheit selbst, in ihrer ehrlichen, vollen Entwickelung, nicht in äußeren, untergeordneten, mechanischen Mitteln sucht. (Auf der Rechten und im Centrum: Sehr gut!) Wir, meine Herren, die wir für die Oeffentlichkeit sind, wir suchen in ihr, wir suchen in der Freiheit selbst auch hier die Mittel gegen die Auswüchse und Uebel der Freiheit. Darum sind wir für die Oeffentlichkeit des Wahlverfahrens, nicht weil wir es verkennen, daß auch der Sache der gemäßigten Politik, zu der wir uns bekennen, unter Umständen aus der öffentlichen Abstimmung Gefahr erwachsen wird. — Einer der vorigen Redner, Herr Nauwerck, hat freilich gesagt: „wir wollten die Oeffentlichkeit hier auf etwas übertragen, was seiner Natur nach geheim sei." Ja, meine Herren, wenn Herr Nauwerck darin Recht hätte, daß das Wahlgeschäft etwas seiner Natur nach Geheimes wäre, so würde es allerdings ein wunderliches Beginnen sein, es vor die Oeffentlichkeit ziehen zu wollen; aber ich frage: ist denn wirklich das Wahlgeschäft, ist die Uebung des Wahlrechtes etwas seiner Natur, seinem Wesen nach Geheimes? Ist etwa das der natürliche, der normale Zustand, daß der Wähler, der seinen Stimmzettel in die Urne wirft, dessen Inhalt als ein tiefes Geheimniß in seiner Brust bewahrt, und es als eine Verletzung seines persönlichen Rechts ansieht, wenn man ihn fragt, wen er gewählt habe? — Nein, meine Herren, ich behaupte gerade das Gegentheil ist der Fall, das ganze Wahlverfahren ist seiner innersten Natur nach ein öffentlicher Act. Wir Alle ohne Unterschied der Meinung würden eine Wahl für werthlos und bedeutungslos, für unnatürlich und beklagenswerth halten, die wirklich ohne Verabredung, ohne vorgängige Uebereinstimmung, die ohne laute, öffentliche Sympathie für den Gewählten und für die Sache, die er vertritt, geschehen wäre. Aber die nothwendige Lebenskraft jener Verabredungen, jener Uebereinstimmung, jener Sympathie ist eben die Oeffentlichkeit. (Bravo im Centrum.) Darum, ich wiederhole es, ist das Wahlverfahren seiner Natur nach ein öffentliches. Jeder Wähler wird in der Regel ohne Scheu den andern fragen, wen er gewählt hat, und jeder ehrliche Mann wird darauf eine ehrliche Antwort geben, auch wenn Sie das Wahlverfahren mit dem äußeren Scheine der Heimlichkeit umgeben; die wirkliche Verheimlichung der Abstimmung wird immer eine seltene, abnorme und beklagenswerthe Ausnahme sein und bleiben. Aber, sagt man, es wird durch die Heimlichkeit doch die Bestechung und es wird der unzulässige Einfluß beseitigt, vor welchem man die Wähler schützen müsse. Ich kann das in solchem Umfange nicht zugeben, meine Herren. Von grober Bestechung wird doch gewiß nur in den wenigsten Fällen die Rede sein; der lästige Einfluß aber, der gefürchtet wird, der Einfluß des Brodherrn auf denjenigen, dem er Arbeit gibt, der Einfluß des Reichen auf den minder Begüterten, der in irgend einer Weise von ihm abhängt, — dieser Einfluß wird in den meisten Fällen auf einem wechselseitigen Vertrauen beruhen, und Sie werden ihn daher durch Ihr geheimes Wahlverfahren nicht ausschließen können. Selbst für den Fall der wirklichen, verbrecherischen Bestechung kann ich kein sonderliches Heil darin erblicken, daß dem, der durch den Verkauf seiner Stimme sein Vaterland betrügt, nun noch das weitere Recht zuerkannt werde, vermittelst der heimlichen Abstimmung auch den Käufer zu betrügen (Lebhaftes Bravo.) Aber vollends in den Fällen der anderen Art, wo es sich nicht um grobe Bestechung, nicht um Käuflichkeit handelt, sondern um den vorhin erwähnten natürlichen Einfluß, da mag ein solcher Einfluß, wenn er in schlimmem Sinne geübt wird, sehr zu beklagen sein; aber das Gegenmittel, das Sie in der Heimlichkeit suchen möchten, würde in den meisten Fällen durch die Ehrlichkeit der unter solchem Einfluß Stehenden zu nichte werden. Wenn z. B. eine Anzahl von Fabrikarbeitern, welche die Selbstständigkeit ihres Wahlrechts noch nicht gehörig zu schätzen wüßten, zu ihren Brodherren sagten: „wir werden in Eurem Sinne stimmen, weil wir glauben, daß Euch das Wohl der Arbeiter am Herzen liegt", so meine ich, daß die große Mehrzahl jener Arbeiter auch bei geheimer Abstimmung Wort halten würde, und ich zweifle sehr, daß wir wohl daran thäten, im Geiste der etwaigen wenigen Ausnahmen unser Gesetz zu machen. — Man hat in der Debatte vielfach auf englische Verhältnisse hingewiesen. Es wird solchen Analogien immer nur ein untergeordneter Werth beigelegt werden können. Ich glaube, wir werden sämmtlich unsere Ueberzeugung mehr aus unseren eignen Grundgedanken, als aus Beispielen fremder Länder schöpfen. Aber erlauben Sie mir doch ein paar Worte der Berichtigung zu sagen. Es hat allerdings in England eine Partei — mehr als eine Partei ist es nicht — seit längerer Zeit auf geheime Abstimmung gedrungen. Aber lassen Sie dabei den ungeheuren Unterschied nicht aus den Augen, der zwischen dem englischen Wahlsysteme, nicht allein wie es vor der Reformbill war, sondern auch wie es nach der Reformbill noch ist, und zwischen dem Wahlsysteme, das wir zu schaffen im Begriff sind, obwaltet. Es wird Niemand von Ihnen aus England gehört haben, daß die öffentliche Meinung das Resultat der Wahlen in den großen volkreichen Städten, in Birmingham, Manchester, in den Kirchspielen oder in der City von London auf Rechnung von Bestechungen und unlauteren Einflüssen schreibt. Für diese großen Wahlkörper ist es gleichgültig, wie gewählt wird. Es hat aber bekanntlich vor der Reformbill Wahlkörperschaften gegeben, die aus einer geringen Zahl Wahlberechtigter bestand, welche notorisch dem ausschließlichen Einfluß eines oder weniger Einzelnen

liegt. Auch jetzt ist England für das Wahlverfahren bis jetzt noch nicht so abgetheilt, daß jeder Wahlbezirk eine gewisse Größe hätte. Es gibt dort noch immer viele verhältnißmäßig sehr kleine Wahlbezirke, in denen persönlichen Einfluß sehr leicht zu üben ist. Lassen Sie England in Wahlbezirke getheilt sein in der Weise, wie wir es vorhaben, lassen Sie das Wahlrecht ein ausgedehnteres werden — denn das allgemeine Wahlrecht entspricht der öffentlichen Meinung Englands nicht — so bin ich überzeugt, daß es keinem Engländer mehr einfallen wird, die Freiheit seines Volks durch heimliche Wahlen schützen zu wollen. Uebrigens behaupte ich, daß die Mehrheit und der Kern der englischen Bevölkerung auch jetzt für das öffentliche Wahlrecht ist, und daß dort nur sehr Wenige an die sogar üblen Folgen glauben, die manche Redner ihm Schuld gegeben haben. Daß England trotz seiner durchschnittlichen und in den meisten Theilen des Landes auch auf die arbeitenden Classen sich erstreckenden Wohlhabenheit noch an manchen socialen Uebeln leidet, wird Keiner in Abrede stellen wollen; auch wird Keiner behaupten, daß die Freiheit wie durch magische Kraft mit einem Schlage alle Leiden der Gesellschaft heben, daß z. B. allgemeines, geheimes Stimmrecht die Kartoffelkrankheit, die das unglückliche Irland an den Rand des Abgrunds bringt, heilen könne. Aber darin liegt die Kraft und das Heil Englands, daß es auf dem Boden seiner Verfassung ohne gewaltsame Umwälzung die Reformen, deren es bedarf, und die sich allmälig in der öffentlichen Meinung Bahn brechen, erhalten kann. So wie man dort der Aristokratie nicht zutraut, daß sie die Freiheit des Landes antasten wolle, so geht wiederum bis in die untersten Schichten der Demokratie eine tiefe, patriotische Anhänglichkeit an die Grundzüge der Verfassung, welche die Macht und die Größe, den Reichthum und den Ruhm des Landes gegründet hat, und der Chartismus ist wahrlich nicht die herrschende Meinung in England. — In Nordamerika hört man von allen Seiten laute Klagen über die Mängel und Täuschungen der geheimen Abstimmung; mehrere Staaten haben die öffentliche an ihre Stelle gesetzt, und wenn die meisten noch bei der geheimen beharren, so geschieht es nicht aus Liebe zu dem System, sondern aus örtlichen Gründen, weil das entgegengesetzte System bei der dünnen, getrennten Bevölkerung schwer zu organisiren sein würde. — Meine Herren, Sie haben in Ihren bisherigen Beschlüssen ein allgemeines Wahlrecht eingeführt, wie es vor dem Februar vorigen Jahrs kein großer Staat je gehabt hat. Die Majorität dieses Hauses hat jene Beschlüsse gefaßt, und wenn Sie dieselben bei der zweiten Lesung aufrecht erhalten, so werden wir Alle uns in dem heißen Wunsche vereinen, daß das Beschlossene sich zum Heile des Vaterlandes wenden möge, dazu ist es aber unerläßlich, daß alle Elemente der Sittlichkeit, der Vaterlandsliebe, des Muthes, die im Herzen des Volkes leben, mit aller ihnen inwohnenden Kraft in den offenen Kampf treten, und über die feindlichen, die zerstörenden sowohl, wie die unterdrückenden Elemente den dauernden Sieg zu gewinnen. Darum fordere ich Sie auf, geben Sie den edelsten, den sittlichsten Kräften der Gesellschaft den sichersten, den unentbehrlichsten Haltpunkt, indem Sie die öffentliche Ausübung des Wahlrechts annehmen. (Lebhaftes Bravo auf der Rechten und in den Centren.)

Präsident: Die Discussion über § 13 ist geschlossen. — Wir gehen zu § 14 über. Zu § 14 liegt vor: das Amendement von Herrn Eisenmann (Nr. 5 der gedruckten Anträge), das Amendement von Herrn Kohlparzer (Nr. 36), das Amendement von Herrn Gottschalk (Nr. 42), das Amendement von Herrn v. Linde (Nr. 69).

(Die Redaction läßt diese Anträge hier folgen.)

Antrag des Abgeordneten Eisenmann.

„Um den Anforderungen der Freiheit und jenen der Ordnung gleichmäßig zu genügen, wolle die Reichsversammlung beschließen:

„Die Vertretung im Volkshause scheidet sich in eine Vertretung des Besitzes und in eine Vertretung der Gesinnung.

Zu diesem Ende werden in jedem Wahlbezirke zwei Abgeordnete in zwei getrennten Wahlhandlungen gewählt. Der erste wird aus den 500 Höchstbesteuerten gewählt, der zweite wird unbedingt nach Vertrauen gewählt.

Der Wahlkörper ist für beide Wahlen derselbe und Wähler sind alle unbescholtene Deutsche, welche das fünfundzwanzigste Lebensjahr zurückgelegt haben. Die Wahlen geschehen direct."

Wenn die Massen vorherrschend der Freiheit, die Besitzenden vorherrschend der Ordnung huldigen, so muß aus einer nach obigem Vorschlage angenommenen Wahl ein Volkshaus hervorgehen, in welchem weder die Ordnung der Freiheit, noch die Freiheit der Ordnung geopfert wird. Bei der Wahl selbst herrscht in Bezug auf die Wahlfähigkeit gleiche Berechtigung für Alle, die Kluft zwischen Bourgeoisie und Volk ist beseitigt; die Scheidung der Vertretung aber in jene des Besitzes und in jene der Gesinnung kann nicht mit einer Vertretung nach Ständen zusammengeworfen werden, denn sie ist nur eine Scheidung in Kathegorien und schließt Niemand von der passiven Wahlfähigkeit aus, wie sie Niemand von der activen ausgeschlossen hat."

Antrag des Abgeordneten Kohlparzer.

§ 14.

„Die Wahl ist indirect. Auf 500 Seelen fällt ein Wahlmann und auf 100 Wahlmänner ein Abgeordneter. Die Wahl erfolgt durch absolute Stimmenmehrheit aller in einem Wahlkreise abgegebenen Stimmen."

Antrag des Abgeordneten Gottschalk.

„In Erwägung, daß Auserwählte des Volkes sich besser zu verständigen und zu überzeugen wissen, wenn man im allgemeinen Interesse des Vaterlandes in das Volkshaus wählen soll; daß man — wenigstens zur Zeit noch — bei Wahlbezirken von 100,000 Seelen nicht erwarten kann, daß sich die Mehrheit leicht für das Bessere verständigen und vereinigen könnte; sondern oft mehr der Zufall, d. h. weniger die Capacität, das Leben, die Reinheit und Erfahrungen eines Mannes, als vielleicht oft der Eindruck einer einzigen, die Gemüther aufregenden Rede den Ausschlag geben dürften,

beschließt die Nationalversammlung:

„Die Männer für das Volkshaus durch indirecte Wahlen zu bestimmen, und gibt daher den Entwurf zur Bearbeitung in dieser Richtung dem Verfassungsausschuß zurück;"

diesem wird es dann möglich werden, weniger Ausschließungen in dem ersten politischen Recht zu beantragen, welche die bürgerliche Einigkeit der Deutschen nur stören, folglich Macht und Größe des Gesammtvaterlandes lähmen würden."

Antrag des Abgeordneten v. Linde.

„Die Wahl ist indirect."

Begründung.

Es ist nur eine, und sogar äußerst selten auf Wahrheit begründete Fiction, daß die Wahl eines Abgeordneten das Ergebniß des freien selbstständigen allgemeinen Willens des Volkes sei; sowie es auch bloße Fiction ist, daß die Volksvertretung den allgemeinen Volkswillen durch ihre Beschlüsse stets ausdrücke; der Abgeordnete handelt vielmehr, nur in Folge eines Vertrauensmandats, innerhalb der verfassungemäßigen Befugnisse, als Stellvertreter, nicht als Stimmführer, und zwar nicht so sehr als Stellvertreter des Wahlbezirks, als vielmehr der Gesammtheit des Volkes. Deßhalb ist die Gesammtheit weniger dabei interessirt, wer an der, das Vertrauen des einzelnen Wahlbezirkes aussprechenden Wahl sich betheiligt, als dabei, wem das Vertrauen geschenkt wird. Bei dieser Bürgschaft, daß die einzelnen Wahlversammlungen nicht Abgeordnete wählen, die dem wichtigen Berufe weder gewachsen, noch des Vertrauens der Gesammtheit würdig sind, dabei ist das ganze Volk als Gesammtheit und die vertretende Versammlung selbst wesentlich betheiligt. Aus diesem Gesichtspunkte der im allgemeinen Interesse nothwendigen Garantie gegen Mißgriffe einzelner Wahlbezirke, wodurch Störungen in die Wirksamkeit der Gesammtvertretung gebracht werden könnten, dürfen allein die Bestimmungen der hier zur Sprache kommenden Paragraphen betrachtet werden. Im Interesse der Gesammtheit des Volkes müssen deßhalb zureichende Voraussetzungen der Wählbarkeit zum Abgeordneten ermittelt und ausgesprochen, aber deßhalb muß auch zwischen den Bedingungen der Befähigung zur activen und passiven Wahlberechtigung unterschieden werden. Die erstere kann um so unbedenklicher rein demokratisch, im liberalsten Sinne, ausgebildet werden, je mehr im Interesse der Gesammtheit die passive Wahlberechtigung vor Mißgriffen gesichert ist. Auf diesem Grundgedanken beruhen die gemachten Verbesserungeanträge, welche vielleicht geeignet sind, Meinungsverschiedenheiten auszugleichen.)

Präsident: Dagegen ist der Antrag der Herren Plathner und Genossen, der ursprünglich unter Nr. 15 gedruckt war, zurückgenommen worden, ebenso hat Herr Dinstl von Krems sein unter Nr. 70 gedrucktes Amendement zurückgezogen, und statt dessen folgende Fassung des § 14 vorgeschlagen, die auch bereits gedruckt wird:

> „Die Wahl ist direct. Sie erfolgt durch relative Stimmenmehrheit aller in dem Wahlkreise abgegebenen Stimmen mit der Beschränkung, daß der Gewählte mindestens den vierten Theil der Stimmen von jenen, die im Wahlkreise wirklich gewählt haben, erlangt haben muß, damit die Wahl von Wirkung sei. Im entgegengesetzten Falle muß eine neue Wahl vorgenommen werden, bei welcher die relative Stimmenmehrheit unbedingt den Ausschlag gibt. Bei Stimmengleichheit entscheidet das Loos."

Außerdem sind noch drei neue Verbesserungsanträge eingereicht, die Sie wohl auch noch im Laufe der Sitzung gedruckt erhalten werden, von dem Herrn Schubert von Königsberg:

Statt des ersten Satzes des § 14 schlagen wir vor:

> „Die Wahl ist indirect. Auf je 250 Seelen nach der letzten Volkszählung des einzelnen Staates wird ein Wahlmann gewählt. Die auf solche Weise ernannten Wahlmänner jedes einzelnen in § 7 — 10 bezeichneten Wahlkreises wählen einen Abgeordneten. Beide Arten von Wahlen erfolgen durch absolute Stimmenmehrheit."

Unterstützt von: Langerfeldt, v. Kösteritz, Richter von Danzig, Heimbrod, Scheller, Gysae, Kratz, Marcks, Schreiber, Schleußing, v. Thielau, Friederich, Haym, Schrader ev., Zachariä von Göttingen, Tellkampf, v. Amstetter, Rothe, Sellmer, Becker von Gotha, v. Sänger, Deiters (23.)

Der Antrag des Herrn Nagel, der jetzt vielleicht eine Abänderung dadurch erfährt, daß Herr Dinstl seinen Verbesserungsantrag zurückgezogen hat:

> „Im [illegible] mit dem Amendement des Abgeordneten Dinstl aus Krems einverstanden, jedoch in Erwägung, daß in der Vereinigung von nur einem Viertel der abgegebenen Stimmen der Ausdruck eines zureichenden Vertrauens des Wahlkreises nicht zu finden sein dürfte, beantrage ich:
>
> „Das Minimum der zur Gültigkeit einer Wahl erforderlichen Stimmenzahl auf ein Drittel der abgegebenen Stimmen festzusetzen."

Ich weiß nicht, ob Herr Nagel diesen Antrag festhält. (Zuruf: Ist nicht anwesend.) Ein Antrag des Herrn Günther:

> „Ich beantrage für Art. V, § 14 folgende Fassung:
>
> „Die Wahl ist direct. Sie wird durch relative Stimmenmehrheit aller in einem Wahlkreise abgegebenen Stimmen vollzogen."

Unterstützt von: Kuenzer, Reichard, Schütz, Titus, Marek, Bogen, Eisenstuck, Reichenbach, Heubner von Zwickau, Rödinger, Kudlich, Scharre, Esterle, Schlöffel, Fehrenbach, Minkus, Roßmäßler, Schmitt von Kaiserslautern, Wiesner, Würth von Sigmaringen, Zimmermann von Stuttgart, Damm, Kolaczek, Tafel von Zweibrücken, Fröbel, Berger, Dietsch, Umbscheiden v., Mammen, v. Dieskau, Stark (31.)

Es versteht sich von selbst, daß diejenigen bei § 13 verlesenen Amendements, die den § 14 mit im Auge gehabt haben, auch hier gelten, z. B. das des Herrn Grävell, Arndts u. A. — Zum Worte haben sich gemeldet: gegen die Anträge des Ausschusses die Herren Fuchs, Reichensperger; für die Anträge: die Herren Schubert von Königsberg, Simon von Trier, Nauwerck, Veit, Buß, Hoffmann von Ludwigsburg, Schwarzenberg und v. Raumer von Berlin. Ich frage, ob über § 14 in Discussion eingetreten werden soll. Diejenigen Herren, die das wollen, bitte ich, aufzustehen. (Die genügende Anzahl erhebt sich.) Die Discussion ist zugelassen. Das Wort hat Herr Fuchs.

Fuchs von Breslau: Meine Herren! Indem ich diesen Rednerstuhl besteige, um den Antrag des Verfassungsausschusses, nach welchem die Abgeordneten zum deutschen Volkshause in Wahlbezirken von 100,000 Seelen durch unmittelbare Wahl ernannt werden sollen, zu bekämpfen, muß ich mich zuvörderst über mein Verhältniß zu den bisherigen Abstimmungen erklären. Ich habe für alle vorgeschlagene Beschränkungen gestimmt, weil ich von der Grundlage, die der Ausschuß aufgestellt, ausgehend meine Stimme nur in der Voraussetzung abgeben konnte, daß unmittelbare Wahlen beliebt werden würden. Andere sind von andern Voraussetzungen ausgegangen. Sie haben angenommen, daß die Ansicht des Ausschusses nicht durchgehen werde, und haben deßwegen für eine größere Ausdehnung des Wahlrechts gestimmt, ausgehend von der Ueberzeugung, daß man, wenn mittelbare Wahlen stattfinden, eine größere Zahl zu Wählern von Wahlmännern zulassen könne, als man für die Wahlen von Abgeordneten geeignet finden werde. — Bei der Erörterung der Frage über die Art und Weise der Ausübung des Wahlrechts handelt es sich theilweise um innere, theilweise um äußere Gründe, um Gründe des Rechts und der Politik einerseits und um Gründe der Zweckmäßigkeit und Ausführbarkeit andererseits. Die Wahlen sind nur Mittel zum Zwecke; der Zweck, der dadurch erreicht werden soll, ist das Staatswohl und das Heil des Vaterlandes. Der Staat aber ist ja doch nichts anderes, als die Vereinigung von Einzel-

Personen, Familien und Genossenschaften zu einem wirklich gegliederten Ganzen. Der Staatszweck kann kein anderer sein, als die größtmögliche Ausbildung und Vervollkommnung des menschlichen Geistes und Herzens, die größtmögliche Förderung des äußeren Wohlseins und der größtmögliche Schutz der Freiheit und des Rechts Aller. Zur Erreichung dieses Zwecks mitzuwirken, sind alle einzelnen Mitglieder des Staates gleich berufen und gleich berechtigt. Es fragt sich aber, ob dieser Beruf und diese Berechtigung von Allen in gleicher Weise ausgeübt werden soll. Dem Grundsatze der gleichen Berechtigung tritt die Thatsache der mangelnden gleichen Befähigung schroff gegenüber. Wir können nicht alle auf gleiche Weise für das Vaterland wirken; nicht Alle sind zu Staatsmännern geboren und erzogen; es kommt darauf an, diejenigen herauszusuchen, welche die Fähigkeit haben, das Heil des Vaterlandes im großen Rathe desselben herbeizuführen. Jedermann gibt zu, daß im freien Staate der Wille der Mehrheit des Volks für den allgemeinen Willen gelten muß. Daß der Wille der Gesammtheit aller Bürger eines großen Staats nicht durch unmittelbare Vernehmung ermittelt werden kann, ist gleichfalls unbestritten. Wie aber dieser Wille der Gesammtheit auf die für den Staat ersprießlichste Weise erforscht werden soll, darüber sind die Ansichten sehr verschieden. Die Männer der alten Regierungen, welche noch die Ueberzeugung festhalten, daß die unbeschränkte Regierungsform die beste sei, sagen allerdings: „Wir, die Regierenden, allein stehen auf den Zinnen des Staatsbaues, wir allein befinden uns auf der Höhe der Zeit, wir haben allein die Warte des Volksglücks inne, in unsern Händen vereinigen sich alle Fäden der Volksbedürfnisse, wir allein besitzen die Mittel ihrer Befriedigung, wir allein haben ein Urtheil darüber, was dem Volke wahrhaft frommt, wir sind also seine natürlichen Vertreter.“ Die Folgerichtigkeit solcher Aeußerungen führt aber zu der Lehre von dem beschränkten Unterthanenverstande, die Regierung ist darnach der natürliche Vormund der unmündigen Regierten, und das Volk braucht sich nicht die Mühe zu geben, andere Vertreter zu wählen. Im freien Staate aber sollen die Mittelspersonen, welche das Volk vertreten, durch freie Wahl ernannt werden. Ja, meine Herren, wenn das wahr wäre, dann kämen wir ganz gewiß zu dem alten Grundsatze von dem beschränkten Unterthanen-Verstande, dann brauchen wir gar keine Abgeordneten. Damit aber das Volk wirklich diejenigen wählen könne, durch welche es sich vertreten lassen will, und damit eine Bürgschaft da wäre, daß das gesammte Volk den Gewählten sein Vertrauen geschenkt, mußte dasselbe entweder auf einem Platze zur Wahl versammelt, oder es mußten die Stimmen für jeden einzelnen Abgeordneten von jedem einzelnen Wahlberechtigten eingefordert und zusammengezählt werden. Man hat dieß für die Wahl Einzelner, z. B. der republikanischen Staatsoberhäupter, der Präsidenten in Nordamerika und neuerlich in Frankreich versucht. Man hat aber gefunden, daß dieses unmöglich ist; man hat sich entweder mit Minderheitswahlen begnügen müssen, oder wenn die absolute Mehrheit nicht herauskam, es noch in die Hand eines andern kleineren Collegiums legen müssen, zu bestimmen, welches der erwählte sein solle. Wenn nun diese Art der Wahl schon in Beziehung auf einen Einzelnen so schwer auszuführen ist, so stellt es sich vollends als ganz unmöglich dar, daß man für 45 Millionen über 400 Vertreter in dieser Weise wählt. Deßwegen hat man seine Zuflucht zu der Vertheilung der Wahlen in einzelne Bezirke nehmen müssen, in deren jedem nur einzelne Abgeordnete gewählt werden. Dabei ist es aber leicht möglich, daß diejenigen, die im einzelnen Bezirke gewählt sind, die Stimmen aller übrigen gegen sich gehabt haben würden, wenn man sie dort [illegible] Wahl getroffen hätte. Ich will damit nur beweisen, daß, wenn man voraussetzt, bei den direkten Wahlen wähle das Volk seine Abgeordneten selbst, man sich in einer Täuschung befindet, indem nur jeder Wahlkreis einen Vertreter ernennt. Wenn man nun dabei die Bezirke so klein machte, daß jeder einzelne Stimmberechtigte eine genaue Kenntniß von den Persönlichkeiten haben könnte, die im Bezirke wohnen, und wenn man ihm zugleich zur Pflicht machte, nur aus diesen ihm bekannten Persönlichkeiten zu wählen, dann würde man es wenigstens Jedem möglich gemacht haben, nach seiner eigenen Ueberzeugung zu wählen. Solche Beschränkung auf einen bestimmten Kreis kann man aber im Interesse des Staats nicht wollen, denn es genügt nicht, daß der Einzelne einen Vertrauensmann herausfindet, der in seinem Bezirke wohnt; der Zweck der Wahl ist, die Tüchtigsten im Lande herauszufinden. Wenn sich in den Abgeordneten bei der Volksvertretung eines großen deutschen Staats Fähigkeit, Kenntnisse, Biedersinn, Charakterstärke und vor Allem Erfahrung im Staatsleben vereinigen müssen, und wenn derjenige, welcher zur Wahl eines solchen berufen ist, gesundes Urtheil, ungetrübten Blick, redlichen Willen, Selbstständigkeit des Charakters und Kenntniß der geeigneten Persönlichkeiten besitzen soll, so wird man sich darüber nicht täuschen, daß diese Eigenschaften nur Wenigen in vollem Maße eigen sind. Den Meisten wird es leicht werden, in ihrem nächsten Kreise einen Mann zu finden, dem sie das Vertrauen schenken, daß er eine gute Wahl treffen werde. Es würde ihnen aber sehr schwer und für sich allein unmöglich werden, Männer zu nennen, denen sie das Wohl des Vaterlandes anvertrauen möchten, da ihr eigener Blick und ihre eigene Personenkenntniß nicht über ihre nächsten Umgebungen hinausreicht. Sie müssen sich an Andere wenden, sich Anderen auf Treue und Glauben hingeben, von diesen die Bezeichnung der Männer, deren das Vaterland bedarf, annehmen, und es ist bei ihnen von einer aus freier Selbstbestimmung getroffenen Wahl keine Rede. Darum ist es angemessen, die politische Betheiligung dieser Personen auf die Wahl der Wahlmänner zu beschränken. Nicht jeder Staatsbürger braucht in demselben Kreise thätig zu sein. Der Staat besteht aus verschiedenen weiteren und engeren Kreisen. In jedem gibt es ein Feld weiter, fruchtbringender Wirksamkeit. Wir haben Gemeinden, Bezirke, Provinzen, den Staat und im Bundesstaate über allen diesen noch das Reich. In der Gemeinde soll Jeder thätig sein, der Gemeindemitglied ist. Es ist das Recht und die Pflicht eines Jeden, sich dabei zu betheiligen. Die Angelegenheiten der Gemeinden liegen einem Jeden nahe, Jeder ist damit bekannt, Jeder wird davon berührt, Jeder hat ein Interesse dafür, Jeder kennt die Personen, welche in der Gemeinde thätig sind. Hier ist für Jeden der Bereich, seine Kräfte zu üben und zu stärken für eine höhere Wirksamkeit. Die Tüchtigsten der Gemeinde mögen ausgesondert werden für den Bezirk, und die sich in ihrem kleinen Kreise bewährt, dort Kraft und Muth gestählt und die nöthige Kenntniß und Erfahrung gewonnen haben, die mögen dann in den höheren Kreisen zu erweiterter Wirksamkeit fortschreiten. Das Angemessenste wäre es hiernach, wenn die Wahlen für die Gemeindevertretung allein durch sämmtliche Mitglieder der Gemeinde, die zur Bezirksvertretung durch die Gemeindevertreter und so weiter hinauf, die für den höheren Kreis immer von den zunächststehenden Niederen bewirkt würden. Da wir aber in den einzelnen Kreisen des Staatslebens noch lange nicht überall eine geordnete Vertretung haben, so bleibt nichts übrig, als um einerseits Jedem die Betheiligung an den Wahlen zu wahren, andererseits die Folgen der Unfähigkeit, des Mangels an Kenntniß und Erfahrung und die mancherlei Uebelstände der Unselbstständigkeit und Unbehilflichkeit zu beseitigen, der Gewaltthätigkeit, der Intrigue, der Ueberredung, den eitlen Vorspiegelungen und der schändlichen Bestechung entgegenzuwirken, die mittelbaren Wahlen der Abgeordneten durch Wahlmänner anzunehmen. Es kommt aber auch bei den unmittelbaren Wahlen in großen Wahlbezirken die Schwierigkeit der Ausführung hinzu. Es ist in großen Wahlbezirken nicht möglich, daß diejenigen, die sich um Abgeordnetenstellen bewerben wollen, sich Allen bekannt machen können. Gerade dem niederen Theil der Bevölkerung wird aber daran liegen, diejenigen kennen zu lernen, denen er die Geschicke des Vaterlandes anvertrauen soll. Soll nun der Bewerber in den einzelnen Gemeinden umherreisen und sich den Wählern vorstellen, oder soll er sich vor der Wahl hinstellen und vor Tausenden seine Grundsätze und Bestrebungen auseinandersetzen? — Durch solche Einrichtungen öffnen wir den gefährlichsten Nachtheilen Thür und Thor, und ich fürchte, wir könnten dadurch dahin kommen, was wir in anderen Staaten auch wahrgenommen haben, daß nämlich gar häufig nicht die Macht der Gründe, sondern die Macht der Fäuste den Ausschlag gibt. Wenn aber auch dieses Aeußerste nicht eintritt, so läßt sich auf eine große gemischte Versammlung weit leichter ein ungehöriger Einfluß gewinnen, als auf eine auserlesene Zahl von Vertrauensmännern. Diese hören nicht, wie die große, ungebildete, leicht erregbare Menge auf hohle Phrasen, eitle Versprechungen und leere Declamationen. Sie wählen nicht nach dem augenblicklichen Eindrucke, sie ziehen das ganze bisherige Leben des Bewerbers in den Kreis ihrer Betrachtung, sie können sich mit einander leichter besprechen und berathen, sie entschließen sich nur nach reiflicher Ueberlegung. Und so finde ich in den unmittelbaren Wahlen eine sichere Bürgschaft für die Beförderung der Herrschaft der Vernunft und der Wahrheit, des Rechts und der Freiheit, der Ordnung und der Gesetzlichkeit. Ich erkläre mich darum für indirecte Wahlen.

Schubert von Königsberg: Meine Herren! Der § 14 verlangt nach dem Antrag des Verfassungsausschusses directe Wahl. Der begleitende Bericht des Verfassungsausschusses gibt uns darüber Kunde, daß die directen Wahlen nur in der Voraussetzung vorgeschlagen worden sind, daß die Beschränkungen durch Selbstständigkeit und Unbescholtenheit, wie sie im § 2 und 3 vorgelegt sind, Annahme finden werden. Der Gang der Discussion, die Abstimmungen der hohen Versammlung, haben aber die Beschränkungen der Selbstständigkeit im § 2 sub 3—5 fallen lassen. Ich bin nun zwar im Allgemeinen durchaus für das Princip der directen Wahlen, wenn ich für mich die unmittelbare Sicherheit habe, daß der, welcher wählt, auch das selbstständige Urtheil sich aneignen kann über die Befähigung des Candidaten, den er wählen will, nicht aber der ihm aufgedrängt wird, den er wählen soll. Ich würde also unfehlbar für die Annahme des ersten Satzes in dem § 14 gestimmt haben, d. h. für directe Wahlen, wenn schon vorher im § 2 durch irgend ein Amendement eine Garantie gegeben wäre, daß die zur Wahl Berechtigten in den deutschen Volksstämmen auch volles selbstständiges Urtheil über den Candidaten, dem sie ihre Stimme geben wollen, besitzen können. Diese Garantie ist mir inzwischen genommen. Ich war zwar keineswegs einverstanden mit allen Beschränkungen der Selbstständigkeit, die der Verfassungsausschuß uns selbst vorgeschlagen hat. Ich konnte es nicht über mich gewinnen, den gesammten Stand der Fabrikarbeiter, der Handwerksgehülfen, der Taglöhner ohne Weiteres von dem großen Rechte der Wahl auszuschließen. Das von mir zuerst eingebrachte Amendement, das ich nachmals nach der Vereinigung mit dem Antrag des Herrn Beseler zurückzog, hatte jedoch einen so mäßigen Census als den allgemeinsten Maßstab der Selbstständigkeit und Wahlfreiheit vorzuschlagen, [illegible] würde von der Majorität angenommen werden. In diesem Maßstabe war außerdem sehr leicht das Mittel in die Hand gegeben, wenn Erfahrungen es ergeben, einen Theil des deutschen Landes einen geringeren Census [illegible] ten, diesen allgemein oder auch theilweise auf das angemessene geringere Maaß zurückzuführen. Da man aber allgemeine Wahlfreiheit mit alleiniger Ausnahme der unter Curatel stehenden, der Bankerottirer und der nach § 3 bestimmten Kategorien der Bescholtenen von der Versammlung beliebt worden ist, so sehe ich mich jetzt gedrängt, wenn auch nur als ein vorübergehendes Hülfsmittel, die indirecte Wahl der directen vorzuziehen. Ich wünsche sie [illegible] als eine vorübergehende Maßregel vorzuschlagen, weil ich mich jetzt noch nicht für vollständig überzeugt halten kann, daß nicht bei der zweiten Lesung dieses Wahlgesetzes noch irgend ein Vorschlag angenommen werden könnte, welcher einen angemessenen und den verschiedenartigen Verhältnissen in Deutschland mehr entsprechenden Ausdruck für die Selbstständigkeit gewähren und dadurch zugleich einen größeren Umfang für die zur Wahl berechtigten Deutschen festsetzen würde. Sollte es uns aber nicht gelingen, einen Maßstab vorschlagen zu können, der die Majorität dieses Hauses findet, so dürfte wenigstens in der indirecten Wahl immer ein Mittel gegeben sein, um die Erfahrungen der nächsten Jahre zu hören, und auf einem der nächstfolgenden Reichstage die indirecten Wahlen mit den directen zu vertauschen. Denn von dem allgemeinen Grundsatze will ich nicht abgehen, daß dem selbstständigen, urtheilsfähigen Mann in jedem deutschen Volksstamm das Recht erhalten werden müsse, denjenigen Mann unmittelbar zu wählen, der im Volkshause seine Rechte vertreten soll. Außerdem befinde ich mich in dem Augenblick noch in der Lage, daß ich mich um so mehr für die indirecte Wahl entscheiden muß, weil ich nicht einmal die Garantie habe, daß der § 13, der zwar schon discutirt ist, aber über den die Abstimmung noch nicht erfolgt ist, angenommen werden wird. Ich lege einen sehr hohen Werth auf das öffentliche Abgeben der Stimmen, und ich würde in der Annahme des § 13 nach den Vorschlägen der Majorität des Ausschusses eine sehr bedeutsame Garantie für die Sicherheit der Wahlen finden. Da ich nun auch hierüber noch nicht völlig sicher gestellt bin, so muß ich um so mehr darauf beharren, das Amendement, welches ich mit einigen meiner politischen Gesinnungsgenossen Ihnen vorgelegt habe, und welches die indirecten Wahlen den directen vorzieht, Ihnen zur Annahme anzuempfehlen. Meine Herren, man hat uns in diesen Tagen häufig den Vorwurf gemacht und man hat ihn heute auf der Tribüne wiederholt, wir hätten das deutsche Volk um drei Viertel ihrer Stimmberechtigten durch die früheren Vorschläge im § 2 dieses Gesetzentwurfes bringen wollen. Was zuförderst das Zahlenverhältniß anbelangt, so war es so arg doch nicht damit gemeint. Wäre z. B. der von Beseler und mir vorgeschlagene Census angenommen, mit 3 Thlr Grundsteuer oder einer andern directen Steuer, oder irgend einer auf gleichen Höhenbetrag festzustellenden Steuer, oder mit dem Grundbesitz von 350 fl. (200 Thlr.) Werth, oder mit einem jährlichen Einkommen von 350 fl., so würden wir damit in den meisten Staaten fast genau die Hälfte der vollen über das 25. Jahr hinausgetretenen männlichen Bevölkerung getroffen haben. Im preußischen Staat würden 1,800,000 zur Wahl berechtigte Wähler für die directen Wahlen geblieben sein. Doch wollte ich dieses nur gelegentlich hinzufügen, nur um dem Angriffe zu begegnen, daß wir volle drei Viertel aller Männer über das 25. Jahr durch diese Vorschläge um ihr Wahlrecht gebracht hätten und daß wir demgemäß nur ein [illegible] aber durch [illegible] zur Wahl berechtigten Deutschen an diesem höchsten Ehrenrechte hätten Theil nehmen lassen wollen. Bevor ich jetzt weiter auf den ferner vorgelegten Verbesserungsantrag eingehe, so bemerke ich, daß er im Allgemeinen ganz derselbe ist, der nach den Bestimmungen des Vorparlaments vorgeschlagen wurde, nur mit dem großen Unterschiede, daß der gegenwärtige die Zahl der Wahlmänner gegen die im Mai 1848 geradezu verdoppelt. Das Vorparlament überließ es nämlich den einzelnen Staaten, wie die Wahlen zu dieser verfassunggebenden Reichsversammlung eingerichtet werden sollten, ob jene Regierungen die directen oder indirecten Wahlen feststellen wollten. Sie wissen, meine Herren, daß die Mehrzahl der deutschen Staaten, — denn von acht und dreißig haben nur vier einen anderen Weg eingeschlagen, — und zwar nur Würtemberg, Kurhessen, Hamburg, Schleswig-Holstein, die indirecten Wahlen den directen Wahlen vorgezogen haben und zwar dergestalt, daß auf 500 Seelen Bevölkerung ein Wahlmann beliebt wurde. So geschah es z. B. im preußischen Staate. Nun waren zwar allerdings die Wahlkreise nur für 50,000 Seelen bestimmt, während wir jetzt auf 100,000 Seelen einen Abgeordneten festsetzen; aber ich erinnere Sie, meine Herren, daß diese 50,000 Seelen nicht nach der letzten Volkszählung veranschlagt wurden, sondern nach der Bundesmatrikel, die dreißig Jahre vorher festgesetzt war. Dadurch hatte sich in den meisten Staaten die Bevölkerung so verstärkt, daß sie im preußischen Staate um 5—6 Millionen gewachsen war. Im Allgemeinen ist in Deutschland gegenwärtig die Bevölkerung gegen 1817 um 55 Procent gestiegen. Während z. B. im preußischen Staate nach der alten Matrikel 50,000 Seelen für einen Wahlkreis abgegrenzt werden, so waren es durchschnittlich 78—80,000 Seelen, die einen Abgeordneten zu stellen hatten. Von diesen mußten auf je 500 Seelen ein Wahlmann ernannt werden. Es war mithin die Zahl der Wahlmänner 130, 140 bis 150 für jeden zu wählenden Abgeordneten. Man konnte damals nicht ohne allen Grund entgegnen, daß durch die Zahl dieser 130, 140 oder 150 Wahlmänner noch keineswegs genügend die Interessen der in den verschiedenen Gewerben und Industriezweigen beschäftigten Urwähler der einzelnen Stände im Volke vertreten worden wären. Es erscheint daher als ein Bedürfniß, bei neuen Einrichtungen von Wahlen vor Allem diesem Mangel abzuhelfen. Man muß also vornehmlich darauf ausgehen, diesem Verlangen, diesem Bedürfnisse einer vielseitigeren Vertretung der Volksinteressen entgegen zu kommen. Dieß dürfte aber auf eine angemessene Weise dadurch bewerstelligt werden, daß man statt auf 500 Seelen Bevölkerung, bereits auf 250 Seelen einen Wahlmann nimmt, wodurch also etwa 50 Urwähler einen Wahlmann wählen dürfen, weil etwa 22 Procent der gesammten Bevölkerung auf die Männer gerechnet werden, die das 25ste Jahr überschritten haben. Keineswegs aber halte ich es für angemessen, daß nur so kleine Bezirke gebildet werden sollen, um immer nur durch 50 Urwähler einen Wahlmann ernennen zu lassen, sondern ich meine, daß dieses, wie im § 17 bereits angedeutet ist, den Bestimmungen der einzelnen Regierungen überlassen bleiben müsse, Wahlkreise von 500, 1000, 2000, 3000 Seelen der Bevölkerung zu bilden, so daß eine größere Zahl von Wahlmännern aus jedem einzelnen Kreise hervorgehen kann. Wenn ich nun, meine Herren, mich erinnere, und mir gleichzeitig die Erlaubniß nehme, Sie daran zu erinnern, daß wenn wir eine allgemeine Wahlfreiheit für alle Männer, die das 25ste Jahr überschritten haben, zugestehen wollen, wir dadurch ein Wahlrecht ausüben, welches weder von irgend einem Staate in Europa mit Ausnahme des augenblicklichen Verhältnisses von Frankreich noch in irgend einem Staate des nordamerikanischen Freistaates stattfindet, so muß ich zuförderst die Erfahrungen befragen, welche wir bei diesen Wahlen der Wahlmänner gemacht haben, um auf der Grundlage derselben die weit wichtigeren selbst der Abgeordneten des Volkshauses anzuordnen. Leider tritt mir da manche widerwärtige Erfahrung entgegen, ich werde zu der Erinnerung getrieben, daß, als wir im Mai vorigen Jahres die Wahl zu diesem Hause veranstalteten und zuerst Wahlmänner und dann Abgeordnete wählten, die Mehrzahl der Urwähler in den deutschen Staaten sehr wenig oder gar nicht befähigt sich zeigte, das Wesen, die Bedeutung und die Aufgabe eines deutschen Parlamentsmitgliedes aufzufassen, und demgemäß auch nicht die Wahlmänner und die dadurch zu erzielenden Candidaten für die Abgeordneten selbst zu bestimmen. In mehreren Provinzen eines großen deutschen Staates mußte man die widerwärtige Erfahrung machen, wie Hunderte, Tausende, Zehntausende von Urwählern sich verleiten ließen, statt eine Verfassung und Gesetze für das neu zu gestaltende deutsche Reich von Frankfurt zu erwarten, auf Geschenke von 10, 20, 30 Thalern für jeden Einzelnen, auf die bereitwillige Spende einer Kuh oder einiger Morgen Landes zu hoffen. Solchen Illusionen gaben sich die Wähler hin, wählten denjenigen, der ihnen diese Versprechungen zu machen sich erfrechte. Nach solchen Erfahrungen liegt es klar auf der Hand, daß wir, so viel es möglich ist, solchen Mißständen für die Zukunft ausweichen müssen; und dieses, meine Herren, können Sie auf keine andere Weise, wenn sie die allgemeine Wahlfreiheit feststellen wollen, als daß Sie zwischen den Urwählern zu den zu wählenden Abgeordneten Mittelspersonen aufsuchen. Denn in den nächsten Umgebungen der Urwähler befindet sich immer ein Mann, der das Vertrauen solcher Ungebildeten, und daß ich es mit dem rechten Namen benenne, solcher jedes politischen Urtheils Unfähigen besitzt. Dann wird es in den meisten Fällen geschehen, daß die Urwähler diesen Mann als den Mann ihres Vertrauens wählen, um durch solche Mittelperson zum geeigneten Wahlcandidaten zu kommen, der dann als Volksvertreter im nächsten deutschen Parlament, im Volkshause auf würdige Weise die Volksinteressen seines Landes und des gemeinsamen deutschen Vaterlandes zu vertreten vermag. Ich empfehle Ihnen, meine Herren, und zwar unter Maßgabe des in seiner jetzigen Fassung angenommenen § 2, daß Sie die indirecte Wahl der directen vorziehen, und zwar nach dem Vorschlage, den ich Ihnen vorzulegen mir erlaubt habe. Nach denselben sollen auf je 250 Seelen der Bevölkerung ein Wahlmann gewählt, und von den auf solche Weise gewählten Wahlmännern der in § 7 — 10 bezeichneten Wahlkreisen ein Abgeordneter ernannt werden: beides durch absolute Stimmenmehrheit. Ich bemerke aber dabei zugleich, daß Sie überhaupt bis jetzt in den angenommenen §§ 7 — 10 Ihres Wahlgesetzes noch keine Bestimmung besitzen, ob einer oder mehrere Abgeordnete in den normirten Wahlkreisen gewählt werden sollen. Denn, meine Herren, Sie haben in dem angenommenen § 7, da der Satz der Majorität angenommen ist, nur überhaupt bestimmt: „In jedem Einzelstaate sind Wahlkreise von je 100,000 Seelen der nach der letzten Volkszählung vorhandenen Bevölkerung zu bilden.“ Aber sie haben nicht ausdrücklich hinzugefügt, daß solche Wahlkreise nur einen Abgeordneten zu wählen haben. Allerdings war dieser Vorschlag ausdrücklich im Minoritätserachten gemacht, welches aber, wie Sie sich erinnern, verworfen ist. Es versteht sich zwar von selbst, daß der Verfassungsausschuß die Wahl jedes einzelnen Abgeordneten auf diese Weise herbeizuführen im Sinne gehabt hat, es scheint mir indeß hier noch im § 13 an dieser Stelle der geeignete Ort zu sein, um ausdrücklich zu bestimmen, daß auf je 100,000 Seelen ein Abgeordneter für das Volkshaus zu wählen ist.

Reichensperger von [illegible]: Meine Herren! Wie sehr auch unsere politischen Ansichten und Tendenzen auseinander gehen mögen, darin, glaube ich, sind wir Alle einverstanden, daß die Staatsregierung stets möglichst der Ausdruck des Volkswillens, der öffentlichen Stimme sein muß, und zwar schon um deßwillen, weil dieß allein ihr Kraft und Dauer sichert. Die Schwierigkeit liegt nur darin, diesen Volkswillen zu constatiren, wie sich solches namentlich beim Wahlgesetze zeigt. Was ist die Volksmeinung, was ist der Volkswille? Die vorübergehenden Leidenschaften, die Bethörungen aller Art, denen die Masse eben sowohl ausgesetzt ist, wie jeder Einzelne, sie werden wir alle als ungesunde Elemente des Volkslebens ausgeschieden wissen wollen. Auf welche Art aber werden sie am sichersten ausgeschieden? welcher Wahlmodus gewährt einerseits dem Zufalle und andererseits der Verkehrtheit den geringsten Spielraum? Ich betrachte diese Frage, sowie die, welche aus Veranlassung des vorhergehenden § 13 debattirt worden ist, vorzugsweise als Zweckmäßigkeitsfragen, als Fragen, auf deren Beurtheilung die politischen Richtungen nur mittelbar höchstens einen Einfluß äußern. Daß die vorliegende wirklich eine solche Zweckmäßigkeitsfrage ist, geht schon daraus hervor, daß Manche, welche sich zur conservativen Seite dieses Hauses bekennen, gegen den Vorschlag des Verfassungs-Ausschusses sprechen, der, wie mich dünkt, noch niemals des Radicalismus sich verdächtig gemacht hat. Auch ich habe das Wort ergriffen, um gegen den Verfassungsausschuß zu sprechen. Ich bin der Ansicht, daß der Zweck, den wir wollen, den Volkswillen nämlich in möglichster Reinheit darzustellen, nicht auf dem Wege erreicht wird, welchen uns der Verfassungs-Ausschuß vorgezeichnet hat. Für's Erste glaube ich, daß der Mechanismus, wie ihn der § 14 aufstellt, unmöglich zum rechten Ziele führen kann. Es heißt im zweiten Absatze des angeführten Paragraphen: „Stellt bei einer Wahl eine absolute Stimmenmehrheit sich nicht heraus, so ist eine zweite Wahlhandlung vorzunehmen. Wird auch bei dieser eine absolute Stimmenmehrheit nicht erreicht, so ist zum Drittenmal nur unter den zwei Candidaten zu wählen, welche in der zweiten Wahlhandlung die meisten Stimmen erhalten haben." Sie sehen hier, meine Herren, schon eine sehr complicirte, möglicher-, ja wahrscheinlicherweise außerordentlich weitläufige Operation. Es versteht sich, wie mir scheint, von selbst, daß alle Wähler nicht an einen Ort zusammengerufen werden können, indem sonst das Wahlrecht Vieler offenbar gefährdet wäre; namentlich würde die Landbevölkerung zu kurz kommen und die Wahl gewissermaßen ein Monopol der Städte sein. Das Landvolk will aber gewiß Niemand von Ihnen beeinträchtigt wissen; meiner Ansicht nach liegt gerade in ihm der gesundeste Kern des Volkes. Sie werden also verschiedene Wahlorte und, wie ich hoffe, möglichst kleine Wahlbezirke anordnen müssen. In diesen Bezirken werden die Stimmen natürlich auseinander gehen, es werden sich verschiedene Candidaten präsentiren, ein jeder Bezirk aber wird möglichst bei seinem Candidaten beharren, so daß die Gesammtzählung, die erst nach geraumer Zeit erfolgen kann, der Regel nach nur Minoritäten ergibt. Es muß dann wieder gewählt werden und meist gewiß auch noch zum Drittenmale. Diese Operationen ermüden aber, ganz abgesehen von dem sonstigen Aufwande, die große Mehrzahl der Wähler, und am Ende ergibt sich doch nur eine relative Stimmenmehrheit, so daß bei 10 000 Wählern vielleicht ein Candidat von 1000 bis 1200 Wählern durchgeht. Ich frage nun, ob ein so Gewählter der Ausdruck der wahren Mehrheit ist. Diese Schwierigkeit, bei directen Wahlen eine absolute Majorität zu erhalten, hat denn auch in Frankreich es veranlaßt, daß das neueste Wahlgesetz sich gleich beim ersten Scrutinium mit einer relativen Mehrheit begnügt, sobald nur ein Achtel der Gesammtheit der Stimmen für den Gewählten sich entschieden habe; wo nicht, so erfolgt eine zweite Wahl, und dann entscheidet schlechthin die relative Majorität. Meine Herren! Sie sehen hier, wohin man kommt, wenn man, wie in Frankreich, das Ihnen vorgeschlagene System der directen Wahl adoptirt. Aber, meine Herren, ich glaube, außer dieser Schwierigkeit und der Ungefügigkeit des Mechanismus spricht auch noch ein höheres Moment für die indirecte Wahl. Ich habe mich bereits bei der allgemeinen Discussion dahin ausgesprochen, daß ich das Princip der bloßen Kopf- und Zahlenvertretung als sehr mangelhaft, als einen bloßen Nothbehelf, nicht als eine dem wahren Staatswohle entsprechende Einrichtung ansehen könne. Ich glaube, daß jeder Bürger möglichst nach Verhältniß seiner materiellen und geistigen Betheiligung am öffentlichen Interesse politisch berechtigt sein sollte. Ich weiß nun zwar sehr wohl die Schwierigkeiten zu würdigen, welche der Verwirklichung dieses Princips entgegenstehen; allein diese Schwierigkeiten sollten uns doch von dem Versuche nicht abhalten, dem Rechte wenigstens so nahe wie möglich zu kommen; wir kommen ihm aber offenbar durch das indirecte Wahlsystem näher, als durch das directe. In Betreff Amerikas sowohl als Englands – Länder, welche auf beiden Seiten des Hauses so vielfach als Musterbilder uns vorgeführt werden — gilt es, wie sehr man übrigens über die Grundlage ihrer Institutionen streiten mag, für eine ausgemachte Sache, daß der kräftige Communalgeist überhaupt das rege Leben in den kleinsten Kreisen des Staates die beste, wenn nicht die einzige Vorschule für die höhere Politik und zugleich die sicherste Garantie für die öffentlichen Freiheiten bilden. Wir, meine Herren, befinden uns zur Zeit noch in den ersten Entwickelungsstadien des politischen Lebens, und es wäre auch wahrlich ein Wunder, wenn wir darüber bereits hinaus wären, wenn wir das gleichsam im Sprunge erlangt hätten, was bei anderen Nationen nur das Resultat des Strebens von ganzen Generationen ist. Alles, was den Bürgersinn den Gemeingeist beleben und stärken kann, müssen wir ergreifen, pflegen und in das Leben zu führen suchen. Ich rechne dazu aber namentlich das System der indirecten Wahlen. Durch die indirecten Wahlen wird allmählig eine politische Notabilität — erlauben Sie mir den Ausdruck — auch in den untergeordneten Sphären des Staatslebens herangebildet: diejenigen, welche sich durch Opferwilligkeit, durch bessere Einsicht, durch Thatkraft in ihrer Gemeinde ausgezeichnet haben, sind die natürlichen Candidaten zu den Wahlmännerstellen, und in ihren Händen ist auch gewiß eines der bedeutendsten politischen Rechte am besten gewahrt. Weniger die geschriebenen Institutionen Englands sind es, wodurch England so groß und mächtig ist, als eben dieser praktische Bürgersinn, der auch für die untergeordnetsten „Kirchthurminteressen" — von welchen der verehrte Abgeordnete von Calbe bei der allgemeinen Discussion so geringschätzig gesprochen hat — thätig ist, jene Hingebung, die von Tag zu Tag für die kleinsten Bedürfnisse der Mitbürger sorgt, das muß die Grundlage des politischen Organismus abgeben, wenn er gesund und dauerhaft sein soll. Derselbe geehrte Abgeordnete hat, indem er die indirecte Wahlart bekämpfte, gesagt, es sei dieses System bloß eine Bequemlichkeitskrücke, „das große vaterländische Interesse, die gemeinsame Erhebung zu einer Idee," finde bei einem Collegium von Wahlmännern weit weniger Anklang, als in der Masse, der Instanzenzug bei einer Wahl verdünne und verflüchtige gleichsam jenes Interesse. — Meine Herren! Ich mache für mein Theil kein Hehl daraus, daß ich diesen „großen Ideen" stets mit einer gewissen Bedenklichkeit, mit einem gewissen Mißtrauen nahe, denn in der Regel reduciren sich, wenn man etwas näher hineintreten, diese sogenannten großen Ideen, hochtönende Phrasen. Derjenige, welcher durch sein tägliches Leben und Wirken gezeigt hat, daß er den Kirchthurminteressen seine Thätigkeit, sein Vermögen und seine Intelligenz zu opfern vermag, der ist in der Regel auch am meisten befähigt, fruchtbare „Ideen“ in die Wirklichkeit hinüberzuführen; derjenige, meine Herren, welcher aus seiner Tasche einen Groschen gibt, ist mir, offen gestanden, lieber, als der, welcher stets eine Lösung „der großen socialen Frage“ in der Tasche mit sich herumträgt. Deßwegen bin ich denn auch der Ansicht, daß wir gut daran thun, wenn wir jenem kleinlichen Wirken in engeren Kreisen, jener Opferwilligkeit für die Interessen der Mitbürger eine Bahn brechen zu einer höheren politischen Wirksamkeit. Sollte aber auch etwa sofort sich das Resultat nicht ergeben, welches ich erwarte, so erscheint mir doch der indirecte Wahlmodus jedenfalls als ein Probirstein von unschätzbarem Werthe. Wenn es sich zeigen sollte, meine Herren, daß bei den Wahlen zu den Wahlmännercollegien diejenigen bevorzugt werden, welche bis dahin höchstens vielleicht mit Rath, nie aber mit der That zur Hand waren; daß diejenigen, welche, wo es gilt, die allgemeinen Lasten tragen zu helfen, und dem Gemeinwohle Opfer zu bringen, niemals zufrieden sind, denen vorgezogen werden, die sonst als die besten und edelsten gelten, daß das Wahlcollegium, welches die Gesetzgeber des Landes zu wählen hat, aus Männern gebildet wird, denen man vielleicht die geringfügigste Gemeindeangelegenheit nicht anvertrauen möchte, — sollte, meine Herren, ein derartiges Resultat sich ergeben — und es mag sich wohl schon öfter ergeben haben — dann ist es ein untrüglicher Beweis, daß etwas krankes, etwas faules in dem Organismus des öffentlichen Lebens liegt, was der Heilung bedarf, und es ist damit namentlich die Aufforderung an die, welche der Indifferentismus, der gefährlichste Krebsschaden im politischen Leben, von der Wahlhandlung zurückhält, ergangen, sich hervorzudrängen und ihr Gewicht in die Wagschaale zu legen. Es wird so die Wahl der Wahlmänner ein wahrhaft belebendes Element im Organismus der Gemeinden. Dann aber scheint mir auch, daß der indirecte Wahlmodus den wechselseitigen Verkehr zwischen dem Gewählten und den Wählern weit besser vermittelt, als der directe Wahlmodus. Es ist gewiß unbestreitbar, daß, wenn hunderttausend einen Deputirten direct wählen, es den Wählern nicht leicht ist, über sein bisheriges Wirken, seine Persönlichkeit und die Garantien, die er ihnen bietet, sich zu vergewissern, wohl aber kann dieß ein Collegium von Wahlmännern, die das Vertrauen ihrer Mitbürger gleichsam repräsentiren. Auch ein fernerer Wechselverkehr nach der Wahl ist mit den Wahlmännern wohl möglich, nicht aber mit der Masse der Urwähler. Diese Masse tritt zusammen zu dem Einen Akte. Derselbe Wind, welcher sie zusammenweht, weht ihnen in der Regel auch die Tagesmeinung zu, und unter dem Einfluß derselben wird gewählt; die Rücksicht auf die dauernden, höher liegenden Interessen des Staates kommt dabei selten in Betracht. Es ist unmöglich, sich in den Clubs oder von den Hustings herab über das, was Noth thut und im Parlament zur Beschlußnahme kommen soll, zu verständigen; zwischen den Deputirten und dem Collegium der Wahlmänner dagegen ist eine solche Verständigung leicht zu erreichen. Von welcher Seite, meine Herren, wir demnach auch immer die Sache betrachten mögen, immer sehen wir, daß die indirecte Wahl eine größere Sicherheit gewährt, als das directe Wahlrecht. Das letztgedachte System faßt in der Regel die öffentliche Meinung nur an ihrer Oberfläche: wie wäre es sonst möglich, meine Herren, daß in Frankreich im Verlauf von wenigen Jahren etwa ein halbes Dutzend Constitutionen mit immensen Majoritäten in Urwahlen proclamirt und adoptirt worden sind? — Auch die Geschichte des Tages spricht laut in dieser Beziehung; diejenigen, welche vor etwa Dreivierteljahren so zu sagen auf den Schultern der Urwähler unter Ovationen in die Deputirtenkammer getragen worden sind, sie müssen sich jetzt krampfhaft an ihren Stühlen festhalten, um von den Fluthen der öffentlichen Meinung nicht hinweggespült zu werden, und ich fürchte, daß, wenn jetzt unter entgegengesetzten Impulsen vielleicht eine neue Deputirtenkammer zusammentritt, im entgegengesetzten Sinne wieder eine Fluth die monarchische Deputirtenkammer — denn monarchisch scheint sie jedenfalls werden zu sollen — bedroht, daß aber dann endlich, wenn man dieses stete Hin- und Herfluthen der öffentlichen Meinung, die heute nach dieser, morgen nach jener Seite sich wirft, müde ist, der Ruf: „Ordnung um jeden Preis!“, den wir jetzt schon vielfach erschallen hören, von einem Ende des Continents zum andern ertönt, daß aber dann vielleicht gar, was Gott verhüten wolle, der Säbel nicht bloß dem allgemeinen, sondern allem Stimmrecht überhaupt ein Ende macht. Wollen wir unser Vaterland vor derartigen Eventualitäten bewahren, wollen wir der Freiheit eine möglichst dauernde Unterlage, wollen wir dem Zufall einen möglichst geringen Einfluß schaffen, so decretiren wir ja nicht die directen Wahlen; namentlich aber schaffen wir sehr kleine Wahlbezirke, damit möglichst der wahre Ausdruck des Landes in der Abstimmung sich offenbaren könne; denn nur auf die Wahrheit kann der Staat dauernd begründet werden. Meine Herren! Wir haben gewiß mit vollem Rechte, wenn auch vielleicht für mein juristisches Gewissen etwas zu tumultuarisch, die grünen Spieltische umgestoßen; hüten wir uns, daß wir nicht in dem directen Wahlrechte ein anderes Hazardspiel viel gefährlicherer Art eröffnen, hüten wir uns, daß dem Würfel nicht die entscheidende Stimme über die Freiheit, das Wohl und das Wehe Deutschlands zufällt. —

Präsident: Herr Hildebrand hat das Wort. (Mehrere Stimmen: Vertagen!) Meine Herren! Nachdem ich einmal dem Redner das Wort gegeben habe, müssen wir ihn noch hören. Dann werde ich die Frage auf Vertagung stellen.

Hildebrand von Marburg: Der Bericht des Verfassungsausschusses hat sowohl die theoretischen als die praktischen Gründe für das directe Wahlverfahren so klar entwickelt, daß ich sie hier nicht wiederholen, sondern nur ergänzen und gegen die gemachten Einwürfe vertheidigen will. Zunächst weise ich auf die historischen Erfahrungen hin, wie sie sämmtliche moderne Staaten bieten. Wo sind die indirecten Wahlen eingeführt worden und Gebrauch gewesen? In den Ländern, in welchen man gerade den Mangel an politischer Bildung zu beklagen hat, wenigstens den Mangel an politischer Bildung in der Masse des Volkes. Die erste Verfassung der französischen Revolution führte sie in Frankreich ein. Alle späteren Verfassungen Frankreichs, welche wirklich ins Leben getreten, sind die aus den Jahren 1795, 1799, 1802 u. s. f.; ferner alle Verfassungen, welche von der französischen Republik und von Napoleon außerhalb Frankreichs gegründet wurden, endlich alle neueren Verfassungen Deutschlands hielten an den indirecten Wahlen fest. Und wo sind die indirecten Wahlen unbekannt? wo hat von jeher das directe Wahlverfahren geherrscht? In den Ländern, welche hier so oft als Muster angeführt werden: in Brittanien, in Amerika und seit 1830 in Belgien, also gerade bei den Völkern, welche wir wegen der großen Verbreitung politischer Einsicht beneiden. Schon diese einfache Thatsache muß die Ansicht bestärken, daß die indirecten Wahlen nur eine künstliche und verfehlte politische Institution sind, die niemals als gesunde Stütze eines Staatsgebäudes dienen können. Man hat Ihnen gesagt, daß man zwar im Princip für directe Wahlen sei, aber nur dann, wenn das

Wahlrecht beschränkt werde, wenn nicht jeder unbescholtene Deutsche das Recht habe, an der Wahl Theil zu nehmen, jetzt aber, nachdem ein unbeschränktes Wahlrecht gewährt sei, müßten indirecte Wahlen eingeführt werden. Meine Herren! Ich sage: gerade umgekehrt, aber weil das Wahlrecht unbeschränkt ist, gerade deßhalb müssen umsomehr directe Wahlen eingeführt werden. Ich werde diesen Satz beweisen. Zunächst ist ganz klar: je ausgedehnter das Wahlrecht ist, desto mehr ist es nothwendig, politische Bildung in der Masse des Volkes zu verbreiten, desto mehr ist es nothwendig, in Jedem die Liebe zum Gemeinwesen zu wecken und groß zu ziehen. Nun sind aber gerade, wie alle Erfahrungen lehren, die directen Wahlen die mächtigsten politischen Erziehungsmittel des Volkes. Während indirecte Wahlen das Interesse am Staate abstumpften, weil sie Jedem nur eine entferntere und vermittelte Theilnahme gestatten, kettet das directe Wahlverfahren die Herzen der Bürger immermehr an den Staat und vermindert die selbstsüchtige Gleichgültigkeit gegen das Gesammtwohl. Diejenigen, meine Herren, welche in England die directen Wahlen aus Erfahrung kennen, werden wohl wissen, welche unendliche politische Bildungskraft in dem directen Verfahren liegt. Dort treten die größten Staatsmänner des Landes, die Minister, mitten in der Straße auf die Tribüne, in Parteien gespalten, vor das Volk, machen die Gegensätze ihrer politischen Ueberzeugungen dem Volke klar, legen ihre Ansichten, ihre Charaktere der öffentlichen Meinung zur Prüfung vor, unterwerfen sich dem Beifall und dem Mißfallen der Menge, und das Volk bildet gleichsam eine politische Jury und hält Gericht über die Helden des Vaterlandes. Meine Herren, da wird Meinung und Gegenmeinung im Volke erwogen; da wird in Jedem, auch dem Niedrigsten, politischer Zweifel und politisches Nachdenken geweckt; da erlangt ein Jeder Einsicht in die großen Fragen des Tages, da lernt er über seinen Staat denken und seinen Staat lieben. Aber, meine Herren, das ist nicht der einzige Grund, warum gerade bei der allgemeinen Betheiligung an der Wahl directe Wahlen nothwendiger sind. Ein anderer folgt aus dem Satze: je ausgedehnter das Wahlrecht, desto mehr muß man die Wahl gegen Bestechung sichern. Denn wo ist Bestechung möglicher und leichter, als bei indirecten Wahlen? Es ist leicht, einen Wahlmann zu bestechen; es ist leicht, zehn und mehr Wähler

können niemals bestochen werden, namentlich wenn die Stimmabgabe eine geheime ist. Sie haben Wahlbezirke von 100,000 Seelen festgesetzt; hiernach sind in jedem Wahlbezirke gegen 20,000 Wähler. Um sich eine Majorität bei den Wahlen zu sichern, müßten also über 10,000 Wähler bestochen werden, das geht über die menschlichen Kräfte. Man hat ferner gesagt, und wenn ich nicht irre, hat der Herr Präsident des Reichsministeriums namentlich diesen Grund hervorgehoben, daß bei directen Wahlen und unbeschränktem Wahlrecht keine persönliche Berührung, kein unmittelbares persönliches Verhältniß zwischen Wählern und Abgeordneten stattfinden könne. Aber zunächst halte ich dieses persönliche Verhältniß durchaus nicht für nothwendig. Es ist nur ein Verhältniß zur Gesinnung des Gewählten, zum Charakter desselben nothwendig. es muß eine geistige Verbindung zwischen Wähler und Gewähltem stattfinden, und, meine Herren, seitdem wir eine freie Presse und ein öffentliches Leben haben, wird diese Verbindung auch ohne persönliche Berührung leicht hergestellt. Ein jeder irgendwie hervorragender Mensch wird jetzt bald ein öffentlicher Charakter werden, dessen Gesinnungen und Handlungen allgemein bekannt sind, und es wird der öffentlichen Meinung nicht schwer werden, über vorgeschlagene Candidaten ein richtiges Urtheil zu fällen und eine richtige Entscheidung zu treffen, auch wenn sie nicht persönlich von Angesicht zu Angesicht gekannt sind. Aber ich leugne auch, daß eine solche persönliche Berührung unmöglich gemacht sei. Wir haben in Kurhessen directe Wahlen zu diesem Parlamente gehabt, und trotzdem, daß sie bisher bei uns ganz unbekannt waren, haben wir doch erlebt, daß ein persönliches Verhältniß zwischen Wählern und Gewählten stattfand, und daß zwischen beiden Theilen ein Verkehr entstand, der noch fortbesteht. Wir haben die einfache Thatsache erlebt, daß sich in dem Wahlbezirke Wahlcomités bildeten, welche Candidaten vorschlugen, und daß diese Candidaten in drei, vier Volksversammlungen an verschiedenen Orten des Bezirks ihre Ansichten darlegen mußten. Trotzdem, daß unser Land eine sehr dünne Bevölkerung hat, und die Wahlbezirke daher sehr groß sind, oft neun Meilen im Durchmesser haben, trotzdem ist die Sache vortrefflich gegangen und eine persönliche Berührung war, wie ich aus meiner eigenen Erfahrung mittheilen kann, durchaus nicht behindert. Ferner hat Herr Reichensperger geltend gemacht: „die directen Wahlen brächten nothwendig Minoritätswahlen hervor, denn es müsse entweder zwei-, dreimal gewählt werden, oder es werde die öffentliche Meinung nicht sichtbar." Meine Herren! Dieser Einwand ist ein fingirter und eingebildeter, er ist nicht aus der Praxis genommen; es kommen diese Minoritätswahlen weder in England vor, noch haben wir sie in Kurhessen erlebt. Wir haben, so viel ich mich erinnere, lauter Majoritätswahlen gehabt, nicht ein einzigesmal mußte die Wahl wiederholt werden, außer in den Fällen, wo Candidaten in zwei Wahlbezirken gewählt worden waren. Das ist die Erfahrung, und es liegt auch auf der Hand, daß wenn sich Parteien und Wahlcomités bilden, sich die Wähler des ganzen Bezirkes sehr leicht verständigen. Endlich, meine Herren, noch eine Erwägung. Die Länder, die ich vorhin angeführt habe, England und Amerika, sie sind auch die Länder, in welchen das Wahlrecht am weitesten ausgedehnt und am wenigsten beschränkt war; denn in England ist seit der Reformbill das Wahlrecht bekanntlich weder an Besitz noch an Steuern gebunden, sondern es ist Jeder wahlberechtigt, der eine Pachtung von zehn Pfund Rente inne hat. Wenn Sie das Verhältniß des Geldwerthes in England und Deutschland in Anschlag bringen, wenn Sie bedenken, daß zehn Pfund nur etwa 45 Thaler sind, so werden Sie sich denken können, daß in England sehr viele Leute mitwählen, die nach dem hier gemachten Vorschlage des Verfassungsausschusses ausgeschlossen würden, und ich kann wenigstens aus meiner Erfahrung in England mittheilen, daß ich dort einen [illegible]gesellen gekannt habe, der Wähler war, weil er eine solche Pachtung hatte. — Vor der Reformbill war das Wahlrecht zum Theil noch ausgedehnter, nämlich da, wo ein Wahlrecht wirklich existirte — denn bekanntlich waren vorher viele Städte vom Wahlrecht ganz ausgeschlossen und die Reformbill hat erst diese großen Ungleichheiten ausgeglichen, — vor der Reformbill brauchte man nur eine Pachtung zu haben, die 40 Schilling Rente brachte. Wenn Sie nun diese Erfahrungen in England mit den amerikanischen zusammenhalten und beide mit den Erfahrungen auf dem Continent vergleichen, wo bisher ein beschränkteres Wahlrecht existirte, und Sie sehen als Resultat: in jenen Ländern, wo directe Wahl und ein ausgedehntes Wahlrecht herrschte, da ist die politische Bildung am weitesten fortgeschritten, und hier, wo indirecte und beschränktere Wahlen herrschten, da ist sie am meisten zurückgeblieben; nun dann, denke ich, kann kein Zweifel sein, wofür man sich zu entscheiden hat. Meine Herren, stimmen Sie für directe

Wahlen, nicht bloß, obgleich Sie ein ausgedehntes Wahlrecht gewährt haben, sondern auch, weil Sie es gewährt haben. (Bravo auf der Linken.)

Präsident: Es liegt ein schriftlicher Antrag auf Vertagung vor. Wenn kein Widerspruch gegen die Vertagung erhoben wird, sehe ich die Sitzung als geschlossen an. (Einige Stimmen: Nein! — Andere: Ja!) Es wird Widerspruch erhoben. Diejenigen Herren, die die Fortsetzung der Discussion auf die nächste Sitzung vertagt wissen wollen, ersuche ich, sich zu erheben. (Die Mehrheit erhebt sich.) Die Vertagung ist angenommen. — Im Laufe der Sitzung ist mir noch eine Austrittserklärung zugekommen, die ich anzeige, damit sie ohne Verzug an das Ministerium gelangen kann. Herr Herzig, Abgeordneter für Gablonz in Böhmen, hat sein Mandat niedergelegt. Ich nehme an, daß die nächste Sitzung nächsten Donnerstag stattfinden soll (Allseitige Zustimmung), rufe die Mitglieder des Ausschusses für Gesetzgebung auf morgen um 4 Uhr, den volkswirthschaftlichen Ausschuß auf morgen um halb 10 Uhr, den Verfassungs-Ausschuß auf morgen früh 9 Uhr zusammen; die vierzehnte Abtheilung wird sich unmittelbar nach der Sitzung an der Rednerbühne versammeln. — Das Büreau hat morgen um 11 Uhr Sitzung. — Die nächste Sitzung hat Donnerstag um 9 Uhr statt. — Die Tagesordnung ist Fortsetzung der heutigen Discussion. — Die heutige Sitzung ist geschlossen.

(Schluß der Sitzung 1¾ Uhr.)

Die Redactions-Commission und in deren Auftrag Abgeordneter Professor Wigard.

Druck von Joh. David Sauerländer in Frankfurt a. M.

Stenographischer Bericht

über die

Verhandlungen der deutschen constituirenden National-Versammlung zu Frankfurt a. M.

Nro. 180. | Freitag den 2. März 1849. | VII. 25.

Hundert neun und siebenzigste Sitzung.

(Sitzungslocal: Paulskirche.)

Donnerstag den 1. März. (Vormittags 9 Uhr.)

Vorsitzender: theils Eduard **Simson** von Königsberg; theils Vicepräsident **Kirchgeßner**.

Inhalt: Verlesung des Protocolls. — Austrittsanzeige der Abgeordneten Zitz und v. Mayern. — Marinebeitrag. — Erklärungen der Bevollmächtigten des Königreichs Hannover und des Herzogthums Sachsen-Altenburg über die in erster Lesung angenommenen Theile des Entwurfs der Reichs-Verfassung. — Interpellation des Abgeordneten Vischer, den Einmarsch russischer Truppen in Siebenbürgen betreffend. — Erinnerung des Abgeordneten Schulz von Weilburg an eine vor längerer Zeit von ihm an das Reichsministerium gerichtete Petition, den Schutz der östlichen Grenzen Deutschland's betreffend. — Antwort des Reichsministers R. v. Mohl auf die Interpellation des Abgeordneten Eisenstuck, den Schutz der Deutschen, welche Erbansprüche in Holland und in den holländischen Colonieen haben, betreffend. — Interpellation des Abgeordneten Reichensperger an den Verfassungs-Ausschuß, die Vorbereitung des noch rückständigen, in erster Lesung angenommenen Theils der Grundrechte zur zweiten Lesung betreffend. — Fortsetzung der Berathung des vom Verfassungs-Ausschuß vorgelegten Entwurfs: „Reichsgesetz über die Wahlen der Abgeordneten zum Volkshause" (§§ 13 und 14). — Eingänge.

Präsident: Die Sitzung ist eröffnet. Ich ersuche den Herrn Schriftführer, das **Protocoll** der vorigen Sitzung zu verlesen. (Schriftführer Riehl verliest dasselbe.) Ich frage, ob Reclamation gegen das Protocoll ist? (Es erfolgt keine Reclamation.) Das **Protocoll ist genehmigt.** — Ich habe eine **Austrittserklärung** zur Kenntniß der Versammlung zu bringen; der Abgeordnete von Mainz, Herr **Zitz**, hat sein Mandat niedergelegt. Ich lasse diese Erklärung an das Reichsministerium des Innern zu weiterer Verfügung gelangen. — Der Pastor Moritz Tauenstein zu Fallersleben in Hannover hat im Auftrage des dortigen Volksvereins einen **Flottenbeitrag** von 13 Thlr. 5 Sgr. als Erlös einer Pfennigsammlung an das Reichsministerium der Finanzen eingesendet. Ich bringe dieß nach dem Verlangen des Herrn Finanzministers zur Kenntniß der Versammlung, und spreche den Dank derselben dafür aus. — Zu jenen **Erklärungen deutscher Regierungen**, mit welchen sich die Versammlung am verwichenen Montage beschäftigt hat, sind inzwischen zwei neue gekommen, die eine von dem königlich hannöver'schen Bevollmächtigten, die andere von dem herzoglich sachsen-altenburgischen Bevollmächtigten. Ich habe beide an den Verfassungs-Ausschuß gelangen lassen, und sie werden durch den Druck auch Ihnen bekannt gemacht werden.

(Die Redaction läßt diese Erklärungen hier folgen:

Schreiben des königlich hannöver'schen Bevollmächtigten an den Präsidenten des Reichs-Ministeriums.

Herr Präsident!

Wenn in den durch die Extrabeilage zu Nr. 48 der Oberpostamts-Zeitung veröffentlichten Verhandlungen vom 24sten d. Mts. einer vertraulichen Mittheilung, oder wie es später heißt, vertraulichen Zuschrift der hannöver'schen Regierung erwähnt wird, so erlaube ich mir, zur Vermeidung eines Mißverständnisses, die nachstehende Bemerkung:

Es kann damit wohl nur eine bei der Anwesenheit des Herrn v. Brenner in Hannover unter dem 13ten d. Mts. an diesen erlassene Note gemeint sein. Von dieser Note war mir ohne alle fernere Anweisung nur eine Abschrift zugegangen, welche ich am 22sten d. Mts. durch Verlesung zu Ihrer Kenntniß brachte, und Ihrem Wunsche gemäß, folgenden Tages Ihnen eine Abschrift mit der Bitte zustellte, die Mittheilung vorerst als eine nur vertraulich geschehene betrachten zu wollen.

Auch bis zum 24sten war mir etwas Weiteres nicht zugekommen, und erlaubte ich mir deßhalb die Bitte, dieses Actenstückes in den Verhandlungen nicht erwähnen zu lassen.

Wenn jedoch mittlerweile durch die hannöver'sche Zeitung die erwähnte Note zur öffentlichen Kenntniß gebracht wird, so kann die Einreihung derselben in die der deutschen Nationalversammlung zu übergebende Actenstücke mir jetzt nur erwünscht sein, und beehre ich mich, einen Abdruck hier anzuschließen.

Frankfurt a. M., den 26. Februar 1849.

Der königlich hannöver'sche Bevollmächtigte bei der provisorischen Centralgewalt für Deutschland.

(gez.) v. Bothmer.

An den Präsidenten des Reichsministerrathes Herrn Freiherrn v. Gagern hier.

Die hannöver'sche Note.

Bekanntlich hat die kaiserlich österreichische Regierung

ihre Depesche an Herrn v. Schmerling vom 4. Februar, welche die dortigen Ansichten über die Verfassungsangelegenheit entwickelt, den größeren deutschen Regierungen mittheilen lassen, um deren Ansichten darüber in Erfahrung zu bringen.

Wir finden uns in den Stand gesetzt, die Erklärung, welche dem kaiserlich österreichischen Gesandten, Freiherrn v. Brenner, von Seiten Hannovers zu Theil geworden, nachstehend unseren Lesern mitzutheilen.

Sicherem Vernehmen nach hat Preußen diese Erklärung Hannovers durchaus beifällig aufgenommen.

Hannover, den 13. Februar 1849.

Se. Majestät der König von Hannover und Allerhöchst Dero Regierung haben in der durch den königlich kaiserlich österreichischen außerordentlichen Abgesandten, Herrn Freiherrn v. Brenner, erfolgten Mittheilung der in Betracht der deutschen Verfassungsangelegenheit an den kaiserlich königlichen Bevollmächtigten, Freiherrn v. Schmerling, gerichteten Depesche des Herrn Fürsten v. Schwarzenberg, d. d. Wien, den 4. Februar 1849, mit dem aufrichtigsten Danke einen neuen schätzenswerthen Beweis des von dem kaiserlich königlichen Hofe der königlichen Regierung geschenkten Vertrauens entgegen genommen.

Mit lebhafter Befriedigung haben des Königs Majestät in diesem wichtigen Actenstücke das tiefgefühlte Bedürfniß der Wiedergeburt Deutschland's und die Ansicht ausgesprochen gefunden, daß Deutschland nach Außen fest und mächtig, im Innern stark und frei, organisch gegliedert, und doch in sich einig sein müsse.

In diesen, der Zukunft des Vaterlandes gewidmeten Wünschen, erkennt Hannover die seinigen wieder, und theilt die Ueberzeugung des kaiserlich königlichen Hofes, daß ein wirklich einiges Deutschland nur geschaffen werden könne, wenn Deutschland's Großmächte, — Oesterreich und Preußen, — bei dem Baue des neuen Verfassungswerkes Hand in Hand gehen.

Gleichwie Hannover den Fortbestand Oesterreich's in staatlicher Einheit als ein deutsches, als ein europäisches Bedürfniß, und gleichwie Hannover es als eine Nothwendigkeit betrachtet, daß Oesterreich's Beistand und seine dargebotene Mitwirkung den Angelegenheiten des gemeinsamen Vaterlandes erhalten bleiben, daß sie in einer thätigen Theilnahme an ihrer Leitung sich bewahrheiten; ebenso hat Hannover freudig die Hingebung willkommen geheißen, mit welcher jüngst von Preußen die Bereitwilligkeit erklärt ist, Deutschland diejenigen Dienste zu leisten, welche dieses im Interesse der Gesammtheit von ihm verlangen sollte, selbst wenn dieß nicht ohne Opfer von seiner Seite geschehen könnte.

Ein einhelliges, ungeschmälertes Zusammenwirken beider großen Höfe für die Lösung der großen Fragen des Augenblickes ist Das, was Hannover zum Wohle von Deutschland aufrichtig wünscht, und als Deutschland unverjährbares Recht betrachtet.

Die königliche Regierung glaubt in der That glücklich genug zu sein, in dieser Auffassung der Verhältnisse mit den Ansichten beider Höfe im Einklang zu stehen.

Unter ausdrücklicher Anerkennung des hohen Berufs von Oesterreich, als mächtigsten Bundesgliedes, begehrt Preußen für sich keinen anderen Theil an der obersten Leitung der Bundesgewalt, als denjenigen, welchen seine Stellung in Deutschland und die Bedeutung der geistigen und materiellen Kräfte, die es dem gemeinsamen Vaterlande zur Verfügung stellen kann, der Natur der Dinge nach ihm zuweisen.

Auch Preußen ist nicht der Ansicht, daß die Aufrichtung einer neuen deutschen Kaiserwürde zu der Erlangung einer wirklichen und umfassenden deutschen Einigung nothwendig sei.

Hannover theilt die Befürchtung Preußens, daß das ausschließliche Anstreben gerade dieser Form des an und für sich nothwendigen Einheitspunktes der wirklichen Erreichung des Ziels und der Einigung wesentliche und schwer zu überwindende Hindernisse in den Weg legen würde. Die hannoversche Regierung findet jedoch zu ihrer Beruhigung diese Gefahr sowohl durch die eigene Willensmeinung Preußens in Betreff der Annahme einer ihm anzubietenden veränderten Stellung, als auch durch die in der Depesche vom 4ten d. M. ausgesprochene Erklärung beseitigt, mittelst welcher Se. Majestät der Kaiser von Oesterreich und Allerhöchst Dessen Regierung gegen eine Unterordnung unter die von einem andern deutschen Fürsten gehandhabte Centralgewalt Verwahrung eingelegt haben.

Nach der durch diese Erklärungen der deutschen Großmächte gegebenen Sachlage kann das übereinstimmende Verhalten Hannovers einem Zweifel nicht unterliegen.

Ein innig deutsches Zusammenwirken der beiden großen Höfe zählt die königliche Regierung namentlich zu den Bedingungen, welche erfüllt werden müssen, wenn die übereinstimmend für nothwendig erkannte Verständigung über die Verfassungsfrage gelingen soll.

Als Aufgabe dieser Verständigung betrachtet Hannover die Bildung einer kräftigen Centralgewalt für Deutschland, neben der Erhaltung der den einzelnen deutschen Staaten zur Pflege ihrer mannigfaltigen Bedürfnisse und Interessen unentbehrlichen Selbstständigkeit in dem ihnen zu belassenden Kreise der Wirksamkeit ihrer Regierungen.

Um beide Aufgaben nebeneinander lösen zu können, wird als Haupterforderniß eine genaue Regelung des Umfangs der Centralgewalt nach bestimmten Gegenständen ihrer Thätigkeit angesehen. Es gereicht der königlichen Regierung zur besondern Genugthuung, in der Depesche vom 4ten d. M. die mit der ihrigen genau harmonirende Ansicht anzutreffen, daß, je schärfer die Scheidelinie gezogen wird zwischen den dem gesammten Deutschland gemeinsamen Interessen, und denen der einzelnen Theile, um desto sicherer einem Vorwalten der Sonderinteressen wird vorgebeugt werden.

Wie aber auch die Verfassung Deutschland's, berathen von den hierzu gesetzlich berufenen Vertretern des Volks sich gestalten möge auf der Grundlage der zu Frankfurt gefaßten Beschlüsse: — sie wird, nach der von der königlichen Regierung unabänderlich festzuhaltenden und zu diesseitiger Befriedigung mit der des kaiserlich königlichen Hofes übereinstimmenden Ansicht rechtsgiltig und heilbringend nur vollendet werden können, wenn sie ihre Begründung findet im Wege einer freien Vereinbarung mit der zu Frankfurt a. M. tagenden Nationalversammlung, im Sinne der Bundesbeschlüsse vom 30. März und 7. April 1848, auf deren Grund die deutsche Nationalversammlung zusammengetreten ist, um das deutsche Verfassungswerk zwischen dem deutschen Volke und den deutschen Regierungen zu Stande zu bringen.

Die gegenwärtige Mittheilung wird dem königlich hannover'schen Bevollmächtigten bei der provisorischen Centralgewalt für die über die Verfassungsangelegenheit von ihm abzugebende Erklärung als Richtschnur dienen.

Indem der Unterzeichnete Sr. Hochwohlgeboren den

Herrn Freiherrn v. Drewer ersucht, selbige zu der Kenntniß seines Allerhöchsten Hofes zu bringen, ergreift er mit wahrem Vergnügen ꝛc.

Hannover, den 13. Februar 1849.

(gez.) Graf v. Bennigsen.

Sachsen-Altenburgische Note. An das Präsidium des Reichsministeriums, Herrn Heinrich v. Gagern hier.

Herr Ministerpräsident!

Indem ich mich beehre, bezüglich der unter dem 23/24sten d. Mts. von sechs und zwanzig Einzelstaaten gemeinschaftlich übergebenen Bemerkungen zu den von der verfassunggebenden Nationalversammlung in erster Lesung gefaßten Verfassungs-Beschlüssen noch nachträglich die vorbehaltene Erklärung abzustellen, wie die herzoglich sachsen-altenburgische Regierung sich der Hoffnung hingibt, es werde der zu schaffende deutsche Bundesstaat einen solchen territorialen Umfang und eine solche innere Gestaltung erhalten, daß die Bezeichnungen „Reich“ und „Reichsgewalt“ für denselben vollkommen passend erscheinen werden, und somit dieselbe keinen Anstand findet, diese Bezeichnungen, wie in der ersten jener Bemerkungen geschehen, zu beanstanden, erlaube ich mir zugleich, noch Folgendes ergebenst beizufügen.

Die herzoglich sachsen-altenburgische Regierung erkennt an, daß das große Werk bundesstaatlicher Einigung Deutschland's nicht wohl anders zu Stande kommen kann, als wenn die einzelnen deutschen Staatsregierungen sich entschließen, die Verfassung, wie solche definitiv durch die Reichsversammlung festgestellt sein wird, unter Aufgebung individueller Meinungs-Verschiedenheiten, wo möglich, ohne alle weitere Beanstandung in Wirksamkeit treten zu lassen; auch hegt sie zu der bisher bethätigten Gesinnung und der praktischen Einsicht der Reichs-Versammlung das Vertrauen, es werde dieselbe durch ihre Beschlüsse eine rasche, allseitige Verständigung ermöglichen, indem sie namentlich das erforderliche Ansehen der Regierungen und das selbstständige Leben der Einzelstaaten gebührend zu sichern wissen werde, ohne einer kräftigen bundesstaatlichen Entwickelung der Gesammtheit Eintrag zu thun. Wie Seine Hoheit, der Herzog Georg zu Sachsen-Altenburg, in letzterer Beziehung denken, ist dem Reichs-Ministerium bereits durch die Adresse an des Königs von Preußen Majestät bekannt geworden, welche ich unter dem 25sten vorigen Monats abschriftlich zu überreichen die Ehre hatte. Die herzogliche Regierung, so dringend sie wünschen muß, die deutschen Provinzen Oesterreich's und das übrige Deutschland von einem unauflöslichen Bande fester Einigung umschlungen zu sehen, hält doch auch jetzt die Voraussetzung noch nicht für beseitigt, daß es Oesterreich unmöglich sein werde, mit dem übrigen Deutschland in ein bundesstaatliches Verhältniß, wie es von der deutschen Nation verlangt wird, einzutreten, und unter dieser Voraussetzung ist dieselbe auch jetzt noch der Ueberzeugung, daß die zuverlässigste Bürgschaft einer fest zu begründenden neuen Ordnung der Dinge in der mit der Krone Preußen als dem mächtigsten und intelligentesten reindeutschen Staate zu verbindenden erblichen Kaiserwürde zu erreichen sei.

Unter Vorbehalt etwaiger weiterer Erklärungen bitte ich den Herrn Ministerpräsidenten, mit den Erklärungen der übrigen deutschen Regierungen über das Verfassungswerk auch Vorstehendes zur Kenntniß der constituirenden National-Versammlung zu bringen.

Frankfurt a. M., den 26. Februar 1849.

Der Bevollmächtigte für Sachsen-Altenburg
(gez.) Cruciger.)

Präsident: Eine Interpellation des Herrn Vischer von Tübingen kommt zur Verlesung.

Vischer von Tübingen:

„Interpellation an das Reichsministerium des Auswärtigen.

In Erwägung, daß das Einrücken russischer Truppen in Siebenbürgen eine Quelle schwerer Verwickelungen werden kann, welcher das im Aufbau seiner politischen Einheit begriffene Deutschland nicht gleichgiltig zusehen darf;

in Erwägung, daß dieses Ereigniß, zusammengenommen mit der Anhäufung russischer Truppen an der österreichischen Grenze, ein Verhältniß Oesterreich's zu einem despotischen Staate aufdeckt, wodurch das deutsche Volksgefühl mit tiefem Unwillen und Sorge für seine junge Freiheit erfüllt werden muß;

in Erwägung, daß der Unwille gegen eine deutsche Regierung wegen eines solchen Schritts, vermöge einer jener unbegründeten, aber doch zu befürchtenden Verwechselung der Subjecte, leicht die Sympathie für einen edeln deutschen Volksstamm schwächen, und dadurch die Schwierigkeiten in der Errichtung eines, alle deutschen Stämme umfassenden, Bundesstaats verdoppeln könnte;

in Erwägung, daß die Befürchtung sehr nahe liegt, es möchten mit jener Erscheinung Concessionen in Betreff der für die Zukunft Deutschland's so wichtigen Donauländer im Zusammenhang stehen:

aus diesen Gründen stelle ich an das Reichsministerium des Aeußern die Frage:

„Ob es in dieser Sache diejenigen Schritte zu thun gedenkt, welche geeignet sind, die verfassunggebende deutsche Reichsversammlung und die deutsche Nation zu beruhigen.“

Präsident: Ich setze voraus, daß noch im Verlaufe dieser Sitzung angezeigt werden wird, wann diese Interpellation beantwortet werden soll.

Schulz von Weilburg: Ich erlaube mir bei dieser Gelegenheit, das Reichsministerium an meine Interpellation über den Schutz unserer östlichen Grenzen zu erinnern, eine Interpellation, die ich bereits vor länger als einem Vierteljahre gestellt habe, und auf welche meine Freunde Venedey und Vischer unterdessen zurückgekommen sind. Die russischen Truppenmassen wälzen sich unseren Grenzen zu, und haben zum Theil schon den österreichischen Boden betreten, wo uns allein das Vermittleramt zusteht. Ich theile nicht die Ansicht des Reichsministeriums, daß wir uns erst dann mit dieser Angelegenheit befassen sollen, wann das Verhältniß Oesterreich's zu Deutschland principiell festgestellt sein wird. Wir müssen schnell und entschieden handeln, damit es nicht zu spät werde. Ich bitte daher das Reichsministerium, zur Beruhigung des Vaterlandes auszusprechen, was es in dieser Sache zu thun gedenkt.

Präsident: Die anwesenden Mitglieder des Reichs-Ministeriums werden dasselbe von dieser Erinnerung an eine ältere Interpellation in Kenntniß setzen und veranlassen, daß demnächst eine Aeußerung darüber erfolge. — Der Herr

Reichsminister der Justiz will eine anderweite Interpellation beantworten.

Reichsminister Robert v. Mohl: Der Abgeordnete Eisenstuck hat in einer der letzten Sitzungen folgende Interpellation gestellt:

„Interpellation an den Herrn Reichsminister des Aeußern. In der Sitzung der Nationalversammlung vom 10. September 1848 übergab ich ein Gesuch einer großen Anzahl deutscher Reichsbürger, welche Erbansprüche in Holland und den holländischen Colonieen haben, sich darüber beschweren, daß sie bei den holländischen Staatsbehörden nicht zu ihrem Rechte gelangen können, und deßhalb den Schutz der Nationalversammlnng in Anspruch nehmen. Auf Grund eines hierüber erstatteten Berichtes des Petitions-Ausschusses hat die Nationalversammlung in ihrer Sitzung vom 10. October 1848 beschlossen:

„Die fragliche Petition an das Ministerium des Auswärtigen zu verweisen, damit sich dasselbe in geeigneter Weise für die Petenten verwende."

„Ich erlaube mir, die Frage an den Herrn Reichsminister des Auswärtigen zu richten:

„Welche Maßregeln er ergriffen hat, um diesem Auftrage Folge zu geben?"

Die von dem Herrn Interpellanten zur Sprache gebrachte Petition ist dem Reichsministerium von der Kanzlei der Reichs-Versammlung erst am 26. Januar d. J. mitgetheilt worden. Es hat jedoch diese Verzögerung keinen Nachtheil für die Bittsteller gehabt, weil deren Eingabe nicht etwa eine Unterstützung in einer bestimmten einzelnen Erbschafts-Angelegenheit zum Gegenstand hat, sondern nur allgemeine Klagen und einige ebenso allgemeine Vorschläge enthält. Letzteren aber war das Reichsministerium, soweit es dieselben für ausführbar erachtete, durch eigene Thätigkeit bereits zuvorgekommen. Es hat nämlich das Ministerium hinsichtlich der zahlreichen Bitten und Beschwerden in Betreff des Bezuges von Erbschaften aus Holland und dessen Colonieen Doppeltes gethan. Einmal hat es sich in jedem einzelnen Falle actenmäßige Kenntniß von der Sachlage zu verschaffen gesucht, und nach Befund derselben entweder die entsprechende Verwendung wirklich eintreten lassen, oder die Betheiligten über den Stand ihrer Angelegenheit und über die, seiner Meinung nach, zweckmäßigen Schritte zu belehren gesucht. Wenn Letzteres nicht immer mit Erfolg, so ist dieß nicht seine Schuld. — Zweitens aber hat es einige allgemeine Maßregeln angebahnt, welche deutschen Bürgern den Bezug wirklich von ihnen zu beanspruchender Erbschaften wesentlich erleichtern werden. Es ist nämlich einerseits die königlich niederländische Regierung um möglichste Vollständigkeit der von ihr zu erlassenden Todesanzeigen und Erbenaufrufe angegangen worden. Andererseits ist eine Unterhandlung mit einem tüchtigen holländischen Geschäftsmann im Gange, welcher dem Ministerium nach genommener örtlicher Kenntnißnahme mit Gutachten über die wirkliche Sachlage der zur Unterstützung der Reichsbehörden empfohlenen Erbschaftsangelegenheiten in Holland und in dessen Colonieen an die Hand gehen wird.

Präsident: Herr Reichensperger hat das Wort verlangt, um an den Verfassungs-Ausschuß eine kurze Interpellation zu richten. Ich gebe ihm das Wort.

Reichensperger von Köln: Ich wollte den Verfassungs-Ausschuß ersuchen, Auskunft darüber zu ertheilen, ob derjenige Theil der Grundrechte, dessen zweite Lesung noch zurück ist, nunmehr dazu vorbereitet ist, so daß demnächst mit derselben begonnen werden könnte.

Präsident: Ich weiß nicht, ob ein Mitglied de[s] Ausschusses anwesend ist, um auf diese Interpellation zu an[t]worten; widrigenfalls ich dieselbe in der nächsten Sitzung wieder zur Sprache bringen werde. — Ich werde darauf aufmerksam gemacht, daß sich in dem stenographischen Berichte über die 177ste Sitzung in Betreff einer Zahl ein bedeutender Druckfehler eingeschlichen hat. Es heißt nämlich in Nr. 178, S. 5471, Sp. 2: „Der Antrag der Herren Pfeiffer und Schoder ist mi[t] 352 gegen 221 Stimmen abgelehnt," während es natürlich heißen muß: „mit 252 gegen 221;" ich corrigire dieß hiermi[t] öffentlich. — Wir gehen zur Tagesordnung über, zu[r] Abstimmung über § 13 nach vorgängiger Berathung über § 14 des vom Verfassungs-Ausschu[ß] vorgelegten Entwurfs eines Reichsgesetzes über die Wahlen der Abgeordneten zum Volkshause. Ich habe zuvörderst einen von Herrn Tafel von Stuttgar[t] gestellten Zusatz-Antrag zu Ihrer Kenntniß zu bringen.

Zusatz-Antrag des Abgeordneten Tafel von Stuttgart zu § 14.

„Die zur Vornahme und Beurkundung der Wahl[-] handlung bestellten Personen können an dem Or[t,] wo sie die Wahl leiten, nicht gewählt werden."

Unterstützt durch: M. Hartmann; Christmann; Frisch; Hehner; Roßmäßler; Vischer; Zimmermann von Stuttgart; Raus; Rösler von Oels; Vogt; Spatz; v. Itzstein; Nauwerck; Eisenstuck; Reinhard; Tafel von Zweibrücken; Kat[z]; Fetzer; Fehrenbach; Rödinger; Kudlich; Rheinwald; Welter.

In der heutigen Discussion hat zuerst Herr M. Mohl das Wort; ich muß aber, ehe ich es ihm ertheile, eine Bemerkung voranschicken. Herr Münch von Wetzlar beschwert sich in einer Eingabe an das Präsidium über die neulich verlesene Reihenfolge der Redner. Er sagt:

„Von den heute zum § 14 des Reichswahlgesetzes vo[n] mir verlesenen Rednern gegen den Antrag des Verfassungs-Ausschusses waren Alle, außer dem Herrn Lienbacher, wie ich erfuhr, schon in der vorigen Woche eingeschrieben worde[n.] Bekanntlich erschienen der Art. IV. § 11 und folgende, sowi[e] der Art. V. § 13 und flg. erst gestern und heute auf der Tages[-] Ordnung. Jene frühere Einschreibung war also mit de[m] § 36 der Geschäftsordnung nicht wohl vereinbarlich; und d[a] es sich hierbei um Rechte einzelner Mitglieder handelt, welch[e] zugleich Pflichten gegen ihre Mandanten enthalten, so kan[n] ich nicht umhin, mich gegen die Zurückstellung in der Reihe[n-] folge der Redner zu dem wichtigen § 14 im Art. V des fra[g-] lichen Gesetzes zu verwahren, und jedenfalls zu bitten, di[e] Verwahrung zum Protocoll oder zu den Acten zu nehm[en,] wenn derselben keine sonstige gerechte Folge mehr gegeben werden kann. Münch, Abgeordneter."

Es wird Ihnen nicht entgehen, meine Herren, daß die Beschwerde des Herrn Münch auf einem factischen Irrthum beruht. Die Artikel IV und V sind keineswegs, wie er mein[t,] in der Montagsitzung zum ersten Male auf die Tagesordnung gekommen, sondern schon zehn Tage früher, und es ist nic[ht] meine Schuld, daß Herr Münch nicht an dem Tage, [an] welchem das Wahlgesetz zuerst auf der Tagesordnung stan[d,] seinen Namen hat einschreiben lassen. Wenn ich seiner Recla[-] mation jetzt Folge geben wollte, so würde dieß ein Zurück[-] stellen der früher eingeschriebenen Redner enthalten, welch[es] mir nicht zusteht.

Moriz Mohl von Stuttgart: Ich bin gegen § [14] eingeschrieben; ich bin aber im Grundsatze keineswegs ge[-]

bin; gegen directe Wahl, sondern ich bin nur für eines der Amendements, welche nicht absolute, sondern relative Stimmen-Mehrheit verlangen; wenn ich auch glaube, daß diese Frage in der Regel nicht praktisch werden, sondern in den meisten Fällen eine absolute Stimmenmehrheit sich ergeben werde, wie denn z. B. in Würtemberg bei den dortigen directen Wahlen für die Nationalversammlung in der Regel eine große absolute Stimmenmehrheit sich ergeben hat. Was aber den Grundsatz der directen Wahl selbst betrifft, so glaube ich, meine Herren, daß die Vorurtheile, welche gegen diesen Grundsatz in einem Theile der Versammlung bestehen, daß diese Vorurtheile gewiß verschwinden würden, wenn die Herren, welche gegen die directen Wahlen sind, Gelegenheit gehabt hätten, Erfahrungen darüber zu machen. Ich gestehe ganz offen, daß, als im Vorparlament beschlossen wurde, es den einzelnen Regierungen zu überlassen, ob sie direct oder indirect wählen lassen wollten, daß ich selbst einige Besorgnisse hatte, ob sich nicht Inconvenienzen aus den directen Wahlen ergeben könnten. Ich dachte mir namentlich, daß bei so großen Wahlbezirken, wie sie bei der Wahl zur Nationalversammlung stattfanden, und jetzt noch in erhöhtem Maaße stattfinden werden, eine Verständigung der Wahlmänner kaum denkbar sei; daß große tumultuarische Versammlungen zusammenkommen könnten, bei welchen ein richtiges und vernünftiges Ergebniß in manchen Fällen nicht zu erzielen sein könnte. Meine Herren! Ich glaube, mich auf die Erfahrungen der Abgeordneten, welche in directer Wahl gewählt worden sind, berufen zu können, daß die Besorgnisse, welche der Eine oder der Andere haben konnte, durch diese Erfahrungen vollkommen zerstreut worden sind. Erlauben Sie mir, darzulegen, wie die Sache in ihrer Anwendung sich macht. Es bilden sich für directe wie für indirecte Wahlen Wahlcomité's. Diese Wahlcomité's fordern einzelne Männer im Lande auf, sich als Candidaten in ihrem Wahlbezirke vorzustellen. In letzteren bemühen sich die Comité's, für ihren Wahlcandidaten zu wirken, und dann werden Volksversammlungen in den verschiedenen Orten des Wahlbezirkes ausgeschrieben, vor welche die Wahlcandidaten treten, und in Folge der von den Wahlcandidaten gehaltenen Reden spricht sich alsdann die öffentliche Stimme aus. Meine Herren! Ich berufe mich auf alle Diejenigen, welche in solchen Volksversammlungen gesprochen haben, ob sie nicht von dem schönen vaterländischen Sinn, von dem würdigen Ernste ergriffen waren, mit welchem das ganze hier versammelte Volk die Sache auffaßte; ob sie nicht im höchsten Grade erfreut, und ich darf wohl sagen, gerührt waren von der Unbefangenheit und dem Anstande, welche diese großen Wahlversammlungen selbst in den Augenblicken großer politischer Aufregung gezeigt haben. Es haben sich, wie dieß bei den Wahlen so leicht geschieht, natürlich auch Fälle ergeben, wo Wahl-Candidaten gegen andere Wahlcandidaten persönlich gehässig aufgetreten sind. Meine Herren! Zahlreiche Stimmen aus allen Schichten der Gesellschaft sind bei solchen Gelegenheiten mit Unwillen den Angriffen entgegengetreten. „Keine Persönlichkeiten!“ rief die große versammelte Menge, welche sich mit solcher Würde und solcher Unbefangenheit benahm, daß z. B. Ungarn, welche zufällig zugegen waren, darüber erstaunt äußerten: „Wenn bei uns solche Auftritte zwischen Wahlcandidaten vorkommen, so zieht man den Säbel und haut damit über die Köpfe, während das deutsche Volk solchen Anstand und Sinn für Ordnung bewährt.“ — Meine Herren! Erlauben Sie mir, auf Verhältnisse aufmerksam zu machen, welche in der That, — man mag sich auf einen Standpunkt stellen, auf welchen man will, auf den conservativen oder den entgegengesetzten, — welche in der That ein hochwichtiges Moment für die directen Wahlen sein dürften: die sociale Frage in Deutschland hat sich auf einen überaus wichtigen Gegenstand geworfen, es ist dieß die Frage von der Gewerbefreiheit, oder von der Gewerbeschränkung. Es hat sich namentlich unter dem Handwerkerstande eine große Partei, — keineswegs der ganze Stand, aber es hat sich unter den Meistern eine große Partei für die Gewerbebeschränkung ausgesprochen, während die Arbeiter, sowohl die Handwerksgesellen, als die Fabrikarbeiter, mehr und mehr in Deutschland auf die großen Gefahren aufmerksam werden, die ihrer Selbstständigkeit und ihren Interessen daraus erwachsen. Sie wissen, meine Herren, daß die Handwerksmeister in Preußen jüngst es dahin gebracht haben, daß eine Verordnung erlassen wurde, wodurch die Fortschritte Preußens von den letzten dreißig Jahren wieder zurückgenommen, wodurch wieder das Zunftwesen, wodurch Gewerbeschränkungen, die man längst für bleibend beseitigt halten durfte, wieder eingeführt worden sind. Sie wissen Alle, meine Herren, welchen politischen Verhältnissen es zuzuschreiben ist, daß diese Verordnung erging. Meine Herren! Ich habe die Verhandlungen gelesen, welche vor dem preußischen Handelsministerium über diesen Gegenstand stattgefunden, und in welchen die Meister ihre Ansprüche erhoben, die Arbeiter und Gesellen aber durch ihre Vertreter dagegen protestirt haben. (Stimmen auf der Rechten: Zur Sache!) Meine Herren: Ich bin bei der Sache, ich werde sogleich entwickeln, warum es zur Sache gehört.

Präsident: Meine Herren! Ich bitte Sie, unterlassen Sie die Unterbrechung!

Moriz Mohl: Nun, meine Herren, es hat sich in Hamburg bereits eine Versammlung von 3000 Arbeitern gegen diese Verordnung, und gegen die Tendenzen zu Gewerbebeschränkungen erhoben; eine zweite größere Arbeiterversammlung ist nach Leipzig ausgeschrieben, und 150,000 Committenten stehen hinter dieser Versammlung. Meine Herren! Diese sociale Frage wird und muß auch bei den Wahlen zur Sprache kommen. Nun ist es aber klar, daß bei indirecten Wahlen nicht eine gleichmäßige Vertretung aller in diesen Gewerbs- und Arbeitsfragen betheiligten Interessen stattfinden wird; denn bei indirecten Wahlen werden die Arbeiterklassen in den Wahl-Collegien wenig oder nicht vertreten; sie werden also nicht in der Lage sein, ihre Rechte den auf Gewerbeschränkungen hinarbeitenden Tendenzen gegenüber geltend zu machen. Aber, meine Herren, wenn diese Klassen, welche bei Erlangung und Erhaltung der Gewerbefreiheit so wesentlich betheiligt sind, bei den Wahlen nicht vertreten sind, und ihre Interessen nicht geltend machen können, so wirft man einen Zunder schwerer Erbitterung in das Volk. Nein, meine Herren, es ist eine Forderung der Gerechtigkeit: es müssen alle Interessen bei den Wahlen sich geltend machen können. Gilt dieß von der gewerblichen Bevölkerung der Städte, so gilt es nicht minder von der ackerbauenden des Landes. Meine Herren! Wenn man indirecte Wahlen anordnet, so werden der Erfahrung nach auf dem Lande vorzugsweise die Geistlichen zu Wahlmännern gewählt werden. Wir wissen ja, bei wie vielen indirecten Wahlen ein großer Theil der Wahlmänner aus Geistlichen bestand. Es ist dieß auch natürlich, da die Geistlichen mit der Landbevölkerung in nächster Berührung stehen, und ihres Vertrauens genießen. Es ist aber, meine Herren, doch nicht im Interesse der allgemeinen Entwickelung von Deutschland, daß die Wahlen in die Hände von einzelnen Ständen kommen. Meine Herren! Bei den directen Wahlen sind alle Interessen verhältnißmäßig vertreten, und deßhalb glaube ich, daß es ebenso politisch als gerecht ist, die directe Wahl der indirecten vorzuziehen. Meine Herren! Man hat die Befürchtung, daß die directen Wahlen hauptsächlich den Wühlern in die

Hände arbeiten, und hauptsächlich republikanische Wahlen ergeben werden. Ich erlaube mir, auch hiergegen mich auf die Erfahrung zu berufen. Gestatten Sie mir, Ihnen von Ländern, welche directe Wahlen hatten, das Verzeichniß von Abgeordneten vorzulesen: Aus Schleswig-Holstein und Lauenburg: Beseler; Clauffen; Dahlmann; Droysen; Engel; Esmarch: Francke; Gülich; Michelsen; Rieffer; Waitz; Aus Würtemberg: Fallati; Federer; Fetzer; Frisch; Gfrörer; Haßler; Hoffmann; Huck; Mathy, Robert Mohl; Moritz Mohl (Heiterkeit); Nägele; Pfahler; Rheinwald; Rödinger; Römer; Rümelin; Schoder; Schott; Tafel; Uhland; Vischer; Waldburg-Zeil-Trauchburg; Wiest; Wurm; Zimmermann. Meine Herren! Ich glaube, wenn Sie die Wahlen durchgehen, diejenigen, wo direct gewählt, und diejenigen, wo indirect gewählt worden ist, so werden Sie sich überzeugen, daß bei den directen wie bei den indirecten Wahlen Männer jeder politischen Farbe gewählt werden. Bei der einen und der andern Wahlart machen sich dieselben Einflüsse geltend; überall sind es die Wahl-Comité's, welche den Einfluß üben; aber, meine Herren, dort, wo directe Wahlen sind, da bleibt es nicht den Wahl-Comité's überlassen, den Urwählern zu sagen: dieser oder jener Abgeordnete hat diese oder jene Ansichten, — nein, der Abgeordnete muß offen vor alle Welt treten, und dem ganzen Volke selbst seine Ansichten und Ueberzeugungen darlegen. Erlauben Sie mir, noch einige Bedenken zu widerlegen, welche hier geäußert worden sind. Der Herr Minister-Präsident hat gesagt, es werde kaum möglich sein, daß ein persönlicher Verkehr bei directen Wahlen zwischen den Wahlcandidaten und den Wählern stattfinde. Meine Herren! Die Erfahrung hat auch dieß widerlegt. Allerdings ist es weniger bequem bei directen Wahlen für die Wahlcandidaten; sie haben hier vielleicht vor zehn oder zwölf Volks-Versammlungen zu sprechen; aber dadurch werden sie im ganzen Bezirke bekannt, während bei indirecten Wahlen es ganz in der Hand des Wahlcomité's ist, wen sie durchsetzen wollen. Erlauben Sie mir, da hierüber noch nicht abgestimmt ist, noch ein paar Worte über diese geheime Wahl und über die öffentliche beizufügen, über welche beide Wahlarten wir in Würtemberg Erfahrungen haben. Für das Parlament wurde geheim, nämlich mit Stimmzetteln gewählt; früher aber, zwanzig Jahre lang, wurden für die würtembergische Ständeversammlungen die Wahlen in der Art bewirkt, daß der einzelne Wähler seine Stimme zu Protocoll geben mußte. Nun, meine Herren, die Wahlart, bei welcher die einzelnen Wähler ihre Stimmen zu Protocoll geben mußten hatten, die größten Nachtheile zur Folge; denn es haben einzelne Beamten den schamlosesten Einfluß geübt; sie haben auf jede Art und Weise die Wähler einzuschüchtern gesucht. Es sind auf diese Weise Wahlen, in Fällen, wo ohne diese Einflüsse die Wähler notorisch einen andern Candidaten gewählt haben würden, ganz im Sinne der Beamten ausgefallen, weil die Wähler genöthigt waren, vor den Augen der Beamten und zu Protocoll ihre Stimmen abzugeben. Wollen Sie also freie Wahlen, so ordnen Sie nicht ein Wahlverfahren an, wo man seine Stimme zu Protocoll abgeben muß. Ich empfehle Ihnen die directen Wahlen, und ich empfehle Ihnen die geheime Stimmgebung. (Bravo von der Linken.)

Nauwerck von Berlin: Meine Herren! Die Frage, ob directe oder indirecte Wahl, ist gewiß eine Frage der Freiheit und der Wahrheit; je nachdem man direct oder indirect wählt, wird die Wahl frei, treu und wahr. Diese Frage der Freiheit kann man auch eine Frage der „germanischen" Freiheit nennen, weil bekanntlich die Germanen nichts von indirectem Wahlrecht wußten. Ich sage ferner, meine Herren, diese Frage ist zugleich eine Frage der Liebe zum Volke, und eine Frage der Popularität. Wenn wir volksthümlich werden wollen, meine Herren, und niemals mehr ist es nöthig, als in diesem Augenblicke, dann beschließen Sie das directe Wahlrecht. Kürzlich hat ein Redner auf dieser Stelle ausgesprochen: „Ich liebe mein Volk," und als ersten Beweis davon trug er auf die Ausschließung von drei Viertel Theil der Bevölkerung an; das war wirklich eine verzehrende Liebe! Nicht auf diese Weise, meine Herren, lieben Sie das Volk. — Die indirecte Wahlart ist nichts weiter, als eine Bevormundung; man stellt den Wähler unter Vormundschaft. Man kann das Verhältniß auch so ausdrücken: wenn ich indirect wählen muß, so bin ich genöthigt, um satt zu werden, einen Anderen für mich essen zu lassen. — Man hat zwar gegen die directe Wahl mehrere Einwände vorgebracht. So hat neulich unser Herr Ministerpräsident für die indirecten Wahlen angeführt, daß die directen Wahlen einen zu großen Kreis von Wählern nothwendig machten, so daß die persönliche Vermittelung zwischen dem Vertreter und seinen Committenten gestört, oder unmöglich gemacht werde. Meine Herren! Ich glaube nicht, daß dieser Grund durchschlägt. Man hat ja viele Mittel, um auch ohne persönliche Anwesenheit sich bekannt zu machen. Man kann sein Glaubensbekenntniß drucken lassen. Aber sogar persönlich kann man meistens erscheinen, da man jetzt schon fast überall mit Dampf reist. Endlich aber, meine Herren, was die Hauptsache ist, ein Mann, der einigermaßen bekannt ist, wird überall eine richtige Beurtheilung erfahren. Der Ruf entscheidet, wie Sie wissen, das Meiste bei den Wahlen. Es gibt gewisse Personen, welche so bekannt, so berüchtigt sind, daß sie in Breslau und Berlin gewiß nicht gewählt werden, sie dagegen in Teltow und Treuenbritzen sehr viele Aussicht haben würden. Man hat ferner gegen die indirecten Wahlen angeführt, daß sie große technische Schwierigkeiten mit sich brächten. Ich gehe darauf nicht weiter ein, und verweise nur auf die Erfahrungen in der Schweiz, Nord-Amerika und jetzt auch in Frankreich, wo man jene Schwierigkeiten sehr wohl überwunden hat. Entscheidend im Allgemeinen ist gewiß die Thatsache, daß überall, wo indirecte Wahlen bestehen, ein allgemeines Streben dahin geht, directe daraus zu machen. Umgekehrt aber, wo directe Wahlen sind, hat man niemals von einem Verlangen gehört, indirect zu wählen. In Deutschland ist auch schon direct gewählt worden in Würtemberg, Kurhessen, Hamburg, Schleswig-Holstein, aber nirgends ist petitionirt worden, es möchte künftig indirect gewählt werden. — Unser Verfassungs-Ausschuß hat übrigens für die directen Wahlen schon eine gründliche Auseinandersetzung geliefert, seine Gründe sind schlagend, und zwar um so schlagender bei allgemeinem Stimmrecht, und ohne Census. Meine Herren! Bei den indirecten Wahlen kann man nicht sagen, daß der Abgeordnete Urwähler vertrete, sondern er vertritt eigentlich nur die Wahlmänner. Bei den indirecten Wahlen ist die größte Gefahr vorhanden, daß die Wahrheit, die wahre Volksstimme verfälscht werde, daß eine künstliche Majorität herauskomme, und zwar namentlich aus folgenden Gründen: Erstens ist es allgemein bekannt, daß bei indirecten Wahlen die Theilnahme niemals so groß ist, wie bei directen Wahlen. Zweitens ist es ein einfaches Rechenexempel, wie bei den indirecten Wahlen sehr leicht die Minorität vertreten wird, denn der Abgeordnete kann von einer Majorität der Wahlmänner gewählt sein, die selbst nur mit geringer Majorität gewählt worden sind, und nur die Minderheit aller Urwähler vertreten. Drittens hat schon der Ausschuß darauf aufmerksam gemacht, daß bei indirecten Wahlen leicht untergeordnete Persönlichkeiten auf die öffentliche Bühne kommen, besonders die sogenannten Kirchspielsberühmtheiten, während bei directen Wahlen schon eine größere politische Bedeutung des Candidaten gefordert wird. Endlich viertens, meine Herren, ist es ebenso allgemein bekannt, daß bei indirecten Wahlen der Intrigue, der Bestechung ein viel größeres Feld geöffnet ist, als bei directen Wahlen, wo man große Massen vor sich hat. Man hat nun allerdings behauptet, daß ein allgemeines directes Wahlrecht etwas Erschreckendes in sich habe; man hat befürchtet, daß allzu demokratische Wahlen daraus hervorgehen. Aber auch diese Befürchtung scheint mir leer zu sein. Sie ist selbst bei uns in Deutschland durch die Erfahrung widerlegt. In dem Bericht des Ausschusses wird gleichfalls gesagt, daß die allgemeinen directen Wahlen leicht unfähige Männer zu Abgeordneten beförderten; aber, meine Herren, in Schleswig-Holstein sind Männer direct gewählt worden, welche keineswegs im Verdachte des Republikanismus oder auch nur der Democratie stehen. Sie würden gewiß übel thun, wenn Sie in den directen Wahlen eine Quelle verstopften, aus welcher uns Männer von so glänzendem Verdienste um Deutschland und namentlich um das Verfassungs-Werk geliefert worden sind. — Meine Herren! Die Statistik ist eine Lieblingswissenschaft mancher Männer, namentlich auf dieser Seite (der Rechten) des Hauses, vielleicht deßhalb, weil nach Schlözer's Erklärung die Statistik die stillstehende Geschichte ist. Meine Herren! Ich will Ihnen nun eine statistische Thatsache vorhalten, die Thatsache, daß überall, wo Census war, und überall, wo indirect gewählt wurde, Unruhe, ja sogar Revolution erzeugt wurde. Es ist aber noch zu beweisen, daß in einem Lande, wo allgemeines directes Wahlrecht war, Revolution daraus hervorgegangen wäre. Wo das allgemeine directe Wahlrecht bestand, blieb Alles gut. Ein Mann aus Ihrer Mitte hier kann es bezeugen. Herr v. Raumer spricht in seinem Buche von Nord-Amerika mit großer Wärme für das allgemeine Wahlrecht, und zugleich für das directe Wahlrecht. — Sie wissen, meine Herren, daß im Berichte des Ausschusses eine Art von Drohung enthalten ist. Es ist dort gesagt, wenn man eine gute Einrichtung, nämlich die Ausschließung gewisser Kategorieen, nicht durchbringe, so wolle man eine schlechte Einrichtung beantragen, nämlich die indirecten Wahlen; der Ausschuß ist nämlich für die Ausschließung der Kategorieen gewesen und gegen die indirecte Wahlart. Meine Herren! Achten Sie nicht auf jene Andeutung. Indem Sie das allgemeine Wahlrecht beschlossen, haben Sie die Volks-Souveränität gewahrt, wenigstens drei Viertel der Volkssouveränität. Wenn Sie das directe Wahlrecht hinzufügen, werden Sie das letzte Viertel der Volkssouveränität hinzusetzen. Mit der Beschließung des allgemeinen Wahlrechts haben wir endlich einen Sieg der Conservativen über die Zerstörer gefeiert. Zu diesen Zerstörern haben sich leider auch die Alt-Liberalen der alten Kammeropposition gesellt. Dieselben waren übrigens früher schon Zerstörer; denn damals haben sie das Bestehende untergraben, und jetzt untergraben sie wieder das Bestehende, nämlich die Errungenschaften des März. Meine Herren, beschließen Sie das directe Wahlrecht, so erkämpfen Sie einen neuen Sieg der Ordnung über die Anarchie! (Bravo auf der Linken.)

Vicepräsident Kirchgeßner: Ich muß der hohen Versammlung Kunde geben, daß Herr Kohlparzer, der einen Antrag eingebracht hat, dahin lautend:

„Die Wahl ist indirect. Auf 500 Seelen fällt ein Wahlmann, und auf 100 Wahlmänner ein Abgeordneter. Die Wahl erfolgt durch absolute Stimmenmehrheit aller in einem Wahlkreise abgegebenen Stimmen;"

folgende Abänderung desselben beantragt:

„Da beschlossen worden ist, daß Wahlkreise von je 100,000 Seelen gebildet werden sollen, so ist mein zu § 14 gestellter Antrag dahin abzuändern, daß es heißen soll:

„Die Wahl ist indirect. Auf 500 Seelen fällt ein Wahlmann, und auf 200 Wahlmänner ein Abgeordneter."

Herr Bernhardi hat das Wort. (Eine Stimme vom Platze: Er ist abwesend.) Dann gebe ich Herrn Dinstl das Wort. Ich habe aber vorher einen so eben eingekommenen Antrag des Herrn Stein zu §§ 13 und 14 des Wahlgesetzes der Nationalversammlung zur Kenntniß zu bringen. Der Antrag lautet:

„Ich beantrage zuerst den Satz des § 14: „Die Wahl ist direct," und dann den zweiten Satz des § 13 nach erfolgter Entscheidung, ob die Wahlen direct oder indirect zu geschehen haben, in folgender Fassung zur Abstimmung zu bringen, und zwar:

a) Bei Annahme directer Wahlen:

„Das Wahlrecht muß in Person ausgeübt werden, und die durch Kugelung zu ermittelnde absolute Stimmenmehrheit der Wähler jedes einzelnen Wahlbezirkes entscheidet, ob in demselben die Abstimmung mündlich zu Protocoll, oder durch Stimmzettel ohne Unterschrift zu erfolgen habe. Bei Stimmengleichheit geschieht die Abstimmung mündlich zu Protocoll."

b) bei Annahme indirecter Wahlen:

„Das Wahlrecht muß in Person ausgeübt werden. In jedem Wahlbezirke stimmen durch Kugelung die Urwähler zunächst darüber ab, ob die Wahl der Wahlmänner, und dann, ob die Wahl der Abgeordneten mündlich zu Protocoll, oder durch Stimmzettel ohne Unterschrift zu erfolgen habe. Welche dieser Abstimmungsweisen eintreten solle, entscheidet für den Wahlbezirk, die absolute Stimmenmehrheit der Urwähler desselben, für den Wahlkreis die absolute Stimmen-Mehrheit der Urwähler aller dazu gehörigen Wahlbezirke. Wo sich hierbei eine Stimmengleichheit ergibt, geschieht die Wahl der Wahlmänner oder der Abgeordneten mündlich zu Protocoll."

NB. Die Anreihung einer oder der anderen dieser Bestimmungen erfolgt zu § 13 oder auf passende Weise zu sonst andern angenommenen Bestimmungen."

Insofern heute nicht zum Schluß geschritten werden sollte, wird der Antrag gedruckt in Ihre Hände gelangen. Herr Dinstl hat das Wort.

Dinstl von Krems: Meine Herren! Der von mir eingebrachte Verbesserungs-Antrag geht dahin, daß bei directen Wahlen statt der vom Verfassungs-Ausschuß geforderten absoluten Stimmenmehrheit die relative Stimmenmehrheit gelten solle. Von der Nothwendigkeit ausgehend, daß die Wahlen so eingerichtet werden sollen, daß doch wenigstens in den meisten Fällen gleich bei der ersten Wahl ein Endresultat erzielt werde, habe ich in meinem ersten Verbesserungs-Antrag nur den Beisatz gemacht, daß der Gewählte doch wenigstens ein Siebentel der Stimmen von Allen, welche im Kreise gewählt haben, erlangt haben muß, damit die Wahl von Wirkung sei. Auf die von meinen Collegen gemachte Bemerkung, daß dadurch der relativen Stimmenmehrheit zu großer Spielraum gegeben werde, habe ich meinen Antrag so modificirt, daß der Gewählte ein Viertel der Stimmen von Allen, welche im Kreise gewählt, haben müsse, damit die Wahl von Wirkung sei; im entgegengesetzten Falle müßte eine neue Wahl vorgenommen werden, wo jedoch unbedingt die relative Stimmenmehrheit entscheidet. Meine Herren! Sie 14 des Verfassungs-Ausschusses unmöglich in annehmen, ohne wenigstens für die großen Staaten etwas Unpraktisches, etwas Unausführbares zu beschließen. Durch die Annahme des § 14 wird in vielen Fällen nicht nur eine dreifache Wahl nothwendig sein, es würde nicht nur die Wahlhandlung sehr weitwendig werden und vierzehn und mehr Tage erfordern, sondern es würde häufig im Endresultate gerade das Gegentheil von Dem herbeigeführt, was von dem Verfassungs-Ausschuß bezweckt werden will. Die Tendenz des Paragraphen ist offenbar, daß der Abgeordnete aus der absoluten Stimmenmehrheit hervorgehen soll; aber bei Durchführung dieses Paragraphen würde nicht die absolute Stimmenmehrheit, sondern eine kleine Zahl die Entscheidung über die Frage geben, wer Abgeordneter im Volkshause sein soll. Erlauben Sie mir, dieses, was vorgestern einige Redner und namentlich der Abgeordnete Reichensperger angedeutet haben, etwas näher anschaulich zu machen. Nach dem von der hohen Versammlung in der ersten Lesung votirten Wahlgesetz haben 100,000 Einwohner das Recht, durch ihre Wahlmänner einen Abgeordneten zu wählen. Nach der festgesetzten breiten Basis des activen Wahlrechts werden muthmaßlich auf einen Wahlkreis 10,000 oder mehr Wähler kommen. Es ist nicht möglich, daß eine so große Masse Wähler auf einem Orte zusammenkomme, um zu wählen; deßwegen ist in jenem Gesetze Vorsorge getroffen, daß die Wähler in Bezirke eingetheilt werden. Auch ist es natürlich, daß an dem Tage der Wahl die Wahlcandidaten vor den Wählern nicht erscheinen können, um Anreden zu halten und ihr Glaubensbekenntniß abzulegen. Das ist aber auch nicht nöthig, da sie vor der Wahl durch Reden, öffentliche Programme und Glaubensbekenntnisse sich als Candidaten ankündigen können. Damit aber die Ausübung der Wahl dem Landvolke nicht zu schwer werde, so müssen die Bezirke so eingetheilt sein, daß die Wähler in einem Tage hin- und herkommen können, so daß die Eintheilung der Kreise in sechs bis acht Bezirke geschehen muß. Wie ist es aber bei einer so großen in Bezirke eingetheilten Wählerschaft und bei einem Wahlgesetze, welches zur passiven Wahlfähigkeit außer dem Alter von fünf und zwanzig Jahren und einem guten Leumund nichts fordert, und welches Diäten zusichert, welches daher eine große Concurrenz von Candidaten in Aussicht stellt, wie ist es da möglich, die absolute Stimmen-Mehrheit zu bekommen? Um zu ermitteln, welcher Candidat die meisten Stimmen hat, müssen die Wahlprotocolle, oder die Stimmzettel, oder die aus dem Protocoll und Stimmzetteln durch die Scrutinien gemachten Wahllisten in den Hauptort des Wahlkreises eingeschickt werden, damit die Zusammenstellung geschehe. Diese Operation erfordert offenbar einige Tage, es werden daher die Wahlmänner nicht beisammen bleiben, sondern nach Hause gehen. Nun wird das Resultat der ersten Wahl verkündet, welches natürlich dahin lauten wird, daß die absolute Stimmenmehrheit nicht zu Stande gekommen ist, und daß zur zweiten Wahl geschritten werden müsse. Glauben Sie, meine Herren, daß alle Wähler, besonders vom Landvolke, die bei der ersten Wahl Theil genommen haben, auch bei der zweiten Wahl sich betheiligen werden? Zeiten politischer Aufregung abgerechnet, glaube ich wenigstens nach meiner Erfahrung in meiner Heimath, daß ein großer Theil der Wähler zu Hause bleiben [illegible] noch weniger [illegible]. Aber auch hier muß die [illegible] Operation vorgenommen werden, die nämliche Zusammenstellung muß geschehen, und da die Wähler das Resultat nicht abwarten können, gehen sie wieder nach Hause. [illegible] kommt es zur dritten Wahl; da ist es natürlich, daß [illegible] der Textirung des § 14 eine Wahl zu Stande kommen [illegible] aber welche Stimmen entscheiden nun, und wer wird wählen? Die Stimmen Jener, welche für diese zwei Candidaten gestimmt haben, entscheiden. Diese relative Mehrheit kann nur einen sehr kleinen Theil der Stimmen aller Wähler [illegible] etwa den zwanzigsten Theil, und wer wird wählen? [illegible] bar Diejenigen, welche für die zwei Candidaten gestimmt haben; die übrigen Wähler werden zu Hause bleiben, [illegible] sie kein Interesse mehr haben. Wohl hat der Verfassungs-Ausschuß im Bericht angegeben: „Es steht zu erwarten, daß es in jedem Districte einzeln hervorragende Candidaten sein werden, zwischen denen die Entscheidung schwankt, [illegible] daß man in einiger Zeit wenigstens aller Orten lernen [illegible] eine unnütze Zersplitterung der Stimmen zu vermeiden.“ Meine Herren! Das [illegible] Anwendung finden auf das [illegible] citirte England, wo zur Wahlfähigkeit ein Einkommen [illegible] 300 bis 600 Pfund Sterlinge gefordert wird, wo die Abgeordneten keine Diäten beziehen, wo ein aristokratisches [illegible] vorwaltet, wo die Wahl zwischen den Notabilitäten einiger Familien schwankt; das kann vielleicht Anwendung finden [illegible] die kleineren deutschen Staaten, wo die Personen sich näher gerückt, und dadurch besser bekannt sind; aber auf große Staaten mit Hauptstädten von 3 bis 400,000 Einwohnern [illegible] diese Bemerkung nicht, da werden bei den Wahlen Candidaten aus der Hauptstadt, aus anderen Provinzen und Kreisen erscheinen, welche früher gar nicht bekannt waren. Meine Herren! Das französische Wahlgesetz stimmt im theoretischen Theil mit dem von der hohen Versammlung in der ersten Lesung votirten Gesetze im Wesentlichen vollkommen überein. Ich glaube, daß auch der praktische Theil des französischen Wahlgesetzes um so mehr zu berücksichtigen sei, da Frankreich [illegible] Erfahrung für sich hat. Nun enthalten die Zeitungen vom 20. bis zum 24. Februar Nachrichten über das angenommene französische Wahlgesetz in Betreff der Stimmgebung. [illegible] ist die relative Stimmenmehrheit angenommen mit der Beschränkung, daß, wenn die Stimmen für den Gewählten nicht ein Achtel der Zahl der in den Listen eingeschriebenen Wahlberechtigten beträgt, diese Wahl nicht gelte, sondern daß am nächsten Sonntage neue Wahlen stattfinden müssen, und daß dort die relative Stimmenmehrheit unbedingt entscheide. Meine Herren! Ich glaube, was in Worten des Wahlgesetzes ausgedrückt ist, das soll auch bei der Ausführung zugänglich gemacht werden, damit das Wahlgesetz eine Wahrheit sei. Mag sich, meine Herren, sich die hohe Versammlung für die indirecten Wahlen entscheiden, und dann ist das Erforderniß der absoluten Stimmenmehrheit am rechten Orte, und ich glaube, [illegible] gegenwärtig in dieser Uebergangsperiode der politischen Bildung vieler deutscher Stämme die indirecten Wahlen [illegible] werden; wenn aber die hohe Versammlung sich für directe Wahlen ausspricht, so betrachte ich es als unerläßliche nothwendige Folge, daß im Princip die relative Stimmenmehrheit anerkannt werde, damit das Wahlgesetz praktisch und [illegible] ausführbar sei!

Buß von Freiburg im Breisgau: Meine Herren! Ich werde für unmittelbare Wahlen sprechen und stimmen, [illegible] die öffentliche Abstimmung. Es ist eine vielfache Erfahrung, daß, wenn in öffentlichen Versammlungen die Besprechung [illegible] Rechte oder Verhältnisse kommt, welche nicht bloß [illegible] oder seinem Jahrhundert zur Ausübung oder Geltung gekommen sind, sondern welche über ein Jahrtausend hindurch bald in dieser, bald in jener Form ausgeübt worden sind, oder gegolten haben, dann eine Masse von Meinungen und Ansichten, und wohl auch eine Masse von Vorurtheilen sich in die Lehre und in die öffentliche Beurtheilung von diesen Rechten einnistet. Nun, dieses zeigt sich auch bei der gegenwärtigen Discussion. Es ist natürlich, daß bei dem ungeheuren Umschwung in unseren öffentlichen Zuständen der Länder mit den verschiedensten Verhältnissen, und in den abweichendsten Lagen ergriffen, sich die verschiedensten Meinungen gebildet haben über die in Folge dieser tief greifenden Veränderungen zu ergreifenden Maßnahmen, und daß eben im Hinblicke auf die nächste Umgebung und die jüngste Zeit, welche bei gar zu Vielen vorweg bestimmend ist, sich dann eine feste, und doch nur einseitige Meinung gebildet hat, abgesehen von den sich widersprechenden Zeugnissen der Geschichte, abgesehen von den unter sich ganz abweichenden Zeugnissen der Staatswissenschaft. In solchen Fällen bleibt gar nichts Anderes übrig, als auf die Principien zurückzugreifen, aber zu gleicher Zeit die weiteste Erfahrung der Gegenwart damit zu vergleichen. Wenn dann die Ergebnisse der leitenden, höchsten Grundsätze, und der Erfolg der weitesten, treuesten Erfahrung sich decken, dann darf man die Folgerung aus diesen Vordersätzen mit einiger Sicherheit annehmen. Diesen doppelten Weg, den will auch ich gehen; in dieser Erörterung gehen, welche, verhehlen wir uns es nicht, eine der wichtigsten Berathungen dieses Hauses bildet. Ich will zuerst von den Grundsätzen reden, die für die unmittelbaren Wahlen als lediglich gerechte, und nach unseren gegenwärtigen Zuständen allein zu rechtfertigende sprechen, und von der Erfahrung nicht bloß der letzten Zeit, sondern von den constitutionellen Erfahrungen, die wir in Süddeutschland seit mehr als einem Vierteljahrhundert gemacht haben. Meine Herren! Es ist vielleicht das großartigste Erwerbniß der Geschichte, und ein Erwerbniß, welches uns durch das Christenthum gegeben wurde, daß der Mensch mehr gilt, als der Bürger. Umgekehrt war es im heidnischen Alterthum, wo der Mensch im Menschen dem Bürger rücksichtslos aufgeopfert wurde. Die Folge von diesem Geschichte, Staat und Recht beherrschenden Grundsatz ist: Wenn irgend ein Widerstreit sich zwischen den Ansprüchen des Menschen darstellt, und zwischen den Ansprüchen des Bürgers, der Anspruch vorwiegen muß, der vom Menschen für den Menschen ausgeht: denn der Mensch ist der allgemeine Bürger, der Bürger ist es nur im einzelnen Staat, oder in der Gemeinde. Meine Herren! Wenn dieser Satz richtig ist, und wenn bei uns, wo keine Sclaverei mehr gilt, jeder Mensch sich am gemeinen Wesen betheiligen muß, so gilt auch die weitere Regel, daß, wenn über bürgerliche politische Beziehungen eine Beschränkung in den Ansprüchen des Menschen eintreten soll, so muß sie aufs Mindeste zurückgebracht werden, d. h. es muß stets in der Gesetzgebung für die Ansprüche des Menschen gewirkt, und wenn die Gesetze gegeben worden, und zur Anwendung und Auslegung kommen sollen, so muß vermuthet werden für die Ansprüche des Menschen. Wenn dieses der Fall ist, so müssen wir rein politische Rücksichten, die das Wahlrecht bestimmen, möglichst bei Seite lassen, und zwar müssen wir dieses thun gegen die Vorgänge, die von England und Amerika aus hier angegeben werden, welche, unendlich der innerlichen Ausbildung Deutschland's entbehrend, nur gar zu oft den Menschen im Bürger untergehen lassen. Wenn Sie die Schriften der größten Politiker von England und Amerika lesen, so sprechen sie nicht von den Ansprüchen der Menschen als solcher auf das Wahlrecht, sie sagen vielmehr: „Das Wahlrecht ist eine Sache rein bürgerlicher, rein politischer Zukömmlichkeit;" das ist aber ganz falsch: dieser Satz muß von vorn herein bekämpft und auf die Seite geräumt werden; wir können höchstens zugeben, daß das Wahlrecht ein instrumentales Recht ist, d. h. ein solches, durch welches wesentliche politische Rechte ausschließlich zur Ausübung kommen können, wodurch aber das Wahlrecht selbst ein **wesentliches** wird. Daraus folgt, daß unter gegebenen Verhältnissen die Rechte, die der Mensch anzusprechen hat, beschränkt werden dürfen, aber nur im geringsten Maaße und lediglich zum Vortheile des Ganzen. Wenn Sie nun diesen Satz annehmen, — und Sie müssen ihn annehmen, — (eine Stimme im Centrum: Es kommt darauf an!) Sie sagen: „Es kommt darauf an;" ich aber sage: Es kommt nicht darauf an. Sie müssen, Sie werden meinen Satz annehmen, wenn Sie sich nicht gegen die strengsten Gebote der neueren Gesittung auflehnen, und wenn Sie anders Grundsätze, wenn Sie Folgerichtigkeit in Ihrem Urtheil haben. Liegt doch Ihr Zugeständniß zu meinem Satz, meine Herren, in den von Ihnen angenommenen Gesetzen, es liegt in den von Ihnen angenommenen Grundrechten; es liegt in der von Ihnen beschlossenen Verfassung: da müßten Sie an Ihrer ganzen eigenen Abstimmung zweifeln, an Ihrer nächsten Vergangenheit ungetreu werden, Sie müßten Ihr ganzes Werk verleugnen, und das werden Sie doch nicht wollen. Wenn Das aber so ist, so müssen Sie auch das unvermeidliche Ergebniß Ihrer eigenen Grundsätze zugeben. Ich frage Sie, meine Herren, haben Sie denn nicht in Ihrer ganzen grundrechtlichen Gesetzgebung dem Menschen und Bürger die Freiheit von Gott und Offenbarung, von Geschichte und Sitte selbst über die Möglichkeit verliehen, dem Menschen und Bürgnr die äußerste Selbstständigkeit, der Gemeinde und Landschaft die möglichste Selbstverwaltung, der Kirche und Schule einige Selbstbewegung, den einzelnen Staaten des Reiches die Selbstmächtigkeit nur vorbehaltlich der Reichseinheit zugeschieden; haben Sie nicht in allen Ihren verfassungsmäßigen Anordnungen ein **gemeines** Recht verkündet, haben Sie nicht alle Vorrechte, alle Standesunterschiede, sogar die Sonderansprüche berechtigter Interessen, z. B. der Landwirthschaft, aufgehoben? Meine Herren! Ich gebe für Ihre Aufhebung der Unterschiede natürlicher Stände und Interessen sehr wenig, die Natur wird sie gegen Ihre Beschlüsse festhalten, wenn sie naturgemäß sind; und sind sie dieses nicht, so fallen sie ohne Ihre Bemühung; allein Sie haben den Grundsatz der bürgerlichen und staatlichen Gleichheit ausgesprochen, und deßwegen müssen Sie diesen Grundsatz auch für die Wahlen anerkennen. Wenn Sie nun das gemeine Recht festgestellt haben, wenn Sie die Privilegien und Stände, und die Unterschiede der Interessen aufgehoben haben, so müssen Sie die Folgen dieses Grundsatzes auch hier gelten lassen. (Stimmen auf der Linken: Sehr gut!) Und wenn nun die Vertretung des Reiches, zumal im Volkshaus, ein treuer Spiegel aller Stände und Interessen der reich gegliederten Nation sein soll, und wenn dieses Volkshaus beschließen soll, was die ganze Nation als höchste Satzung des Reiches beschlossen haben will, so müssen Sie das Volkshaus auch durch die Wahl der ganzen Nation besenden lassen. Mit dieser Wahrheit müssen Sie um so mehr übereinstimmen, als Sie links und rechts und in der Mitte wiederholt die Volkssouveränität als den höchsten Leitstern aller Ihrer Beschließungen erklärt haben. Auch ich behaupte, jede Regierung ist des Volkes wegen da, und doch verwerfe ich Ihren Lehrsatz von der Volkssouveränität, weil ich das Volk nicht täuschen will.

Wodurch aber soll das Volk die von Ihnen ihm zugedachte Souveränität ausüben, wenn nicht durch die Wahlen, und dieß geschieht nur durch unmittelbare Wahlen. Aber auch von meinem Standpunkt rechtfertigen sich die unmittelbaren Wahlen allein. Die Reichsvertretung im Reichstag soll doch gewiß noch außer der Uebung der Reichsgesetzgebung wesentlich die Führung der Reichsregierung bestimmen. Diese letztere soll aber im Geist und Sinn der ganzen Nation geführt werden: folglich muß das darauf einzuwirken verpflichtete Volkshaus auch möglichst von der ganzen Nation, also allen Ständen und Trägern nationaler Interessen gewählt werden. Als Eigenschaften eines Wählers darf aber nur Zweierlei gefordert werden: einmal die Intelligenz, den Staatszweck zu erfassen, zweitens bürgerliche Tugend, reiner Wille, reine Gesinnung; das ist das zweite Element; also in dem Maaße, wie die Erkenntniß sich darstellt, und zweitens in dem Maaße, wie sich die bürgerliche Gesinnung, die Gesinnung für Freiheit, verbunden mit der Ordnung, vorfindet, in dem Maaße müssen Sie auch an die mit diesen beiderlei Gaben Ausgestatteten Ihr Wahlrecht vergeben. In dem Entwurfe des Verfassungs-Ausschusses war auch im Allgemeinen auf diese Grundlage die Wahlberechtigung gebaut; nur waren einzelne Kategorieen von Einwohnern ausgeschlossen, bei welchen die Erfordernisse doch nicht als bei Allen mangelnd anzunehmen sind. Die Versammlung hat daher die von dem Verfassungs-Ausschuß als wahlunfähig erklärten Kategorieen gestrichen, und gewiß mit Recht. Sie mußten gestrichen werden, weil die nöthige Unterscheidung der Mitglieder in den ausgeschlossenen Klassen nicht zu Grund gelegt worden ist, welche man bei der Ertheilung des Wahlrechtes annehmen muß; der Ausschuß hatte in § 2 unterschiedslos die Klassen der Dienstboten, Handwerksgehilfen und der Fabrikarbeiter und der Taglöhner als vom Wahlrecht ausgeschlossen erklärt wissen wollen. — Meine Herren! Sie müssen nun doch bei dem Ausspruch der Wahlfähigkeit dieser Kategorieen davon ausgegangen sein, daß Sie nicht bei allen Mitgliedern dieser Klassen die Selbstständigkeit vermißten, welche der Ausschuß als Grund der Verleihung des Wahlrechts angenommen hatte. Sie haben erkannt, daß man ein Unrecht begangen hätte, wenn man sie vom Wahlrecht ausgeschlossen hätte. Und Sie haben recht gethan. Denn es gibt Dienstboten, die schon ein ganzes angefallenes Anwesen besitzen, aber bis zu dessen Antretung freiwillig dienen; es gibt Handwerksgehilfen, welche zum Zweck ihrer weiteren Ausbildung bei einem tüchtigen Meister arbeiten, aber ein genügendes Vermögen besitzen; es gibt Fabrikarbeiter, welche, in hohem Lohn stehend, Haus und Felder haben, und es gibt Taglöhner, denen ein volles Auskommen gewährendes Gut eignet, welche aber als Zugabe den sich in der Zwischenzeit des Feldbaues günstig darbietenden Lohn froh mitnehmen. Das sind lauter selbstständige Leute im Sinn des Verfassungs-Ausschusses, und daher von der Wahl nicht auszuschließen. (Mehrfacher Zuruf: Zur Sache!) Das gehört zur Sache, und ich werde Ihnen gleich zeigen, daß es mit den unmittelbaren Wahlen genau zusammenhängt. Ueberhaupt schreckt mich, meine Herren, Ihr Ruf: „Zur Sache!" nicht ab; so viel habe ich in der kurzen Zeit meines Aufenthaltes in der Paulskirche gelernt, daß man „zur Sache" ruft, wenn man die Sache nicht gern hört. (Gelächter auf der Rechten; Zustimmung auf der Linken.)

Präsident: Ich bitte um Ruhe!

Buß: Ich habe für die Streichung der Wahlunfähigkeit dieser Kategorieen gestimmt, obwohl ich gewünscht habe, daß eine Bestimmung ausgesprochen hätte, daß nur die Selbstständigkeit sie wahlfähig mache. Die Grundlage der Selbstständigkeit erkenne ich aber nicht bloß im Vermögen: die sittlichen Gewähren gelten mir mehr, als die des Vermögens. Denn ist der Census hoch gegriffen, so führt er zu betrüglichen Umgehung; ist er nieder gefaßt, so nützt er nicht. Haben Sie nun, meine Herren, dem Umfang nach mit Recht das Wahlrecht möglichst erweitert, so dürfen Sie, wollen Sie folgerichtig verfahren, es nicht intensiv schmälern. Damit komme ich nun eigentlich zur nächsten Sache; die Herren mögen sich daher beruhigen, nämlich auf den Unterschied zwischen den directen und indirecten Wahlen. Sie können diesen Unterschied auf eine doppelte Weise auffassen: so daß die Urwähler ohne materielle Schranken Diejenigen zu den mittelbaren Wählern ernennen, denen ihr Vertrauen sich zuwendet, oder aber es werden gewisse Eigenschaften für die mittelbaren Wähler als erforderlich bestimmt, z. B. ein Census x. Was wird aber die Folge sein, wenn Sie nun eine indirecte Wahl einführen? Die Folge wird sein, ob Sie einen Census einführen, oder nicht, ob Sie bestimmte Schranken setzen, oder nicht, daß Sie unter den Wahlberechtigten allen Jenen, welche nicht mittelbare Wähler werden, die eigentliche Einwirkung auf die Ernennung des Vertreters im Volkshaus, welche doch streng genommen allein die eigentliche Wahl genannt werden kann, entziehen. Eine weitere Folge ist, daß fast bei allen Wahlen nur Mitglieder aus einer bestimmten Klasse von den Urwählern gewählt werden, ein Hauptfehler dieser indirecten Wahl; wie eine mehr als 25jährige Erfahrung in den constitutionellen Staaten Süddeutschland's zeigt, werden nicht Leute ganz verschiedener Stände, sondern meistens nur Wähler bestimmter Stände, namentlich bestimmter Vermögensklassen gewählt; in den Dörfern z. B. wird in der Regel der Bürgermeister gewählt; denn es versteht sich von selbst, man darf den mächtigen Mann nicht erzürnen, — es werden die Dorfmagnaten gewählt, weil ihr Einfluß den meisten Urwählern schaden kann; Solche, die Capitalien ausleihen u. s. w. Ueberall, wo das System der indirecten Wahlen bestand, ist das das Ergebniß, daß nicht aus der ganzen Masse der Bevölkerung, aus den verschiedenen Interessen und aus den verschiedenen Ständen die mittelbaren Wähler genommen werden; das aber ist schon ein Verstoß gegen das allgemeine Princip, die Wähler müssen das ganze Volk vertreten, also auch alle verschiedenen Interessen, alle verschiedenen Stände; sonst werden auch die Abgeordneten einseitig gewählt, z. B. es werden vorherrschend Advocaten und dergleichen gewählt, und dann sind die wirthschaftlichen Interessen gefährdet. Nun, wer waren dann meistens diese Wahlmänner? Meine Herren! In den Städten waren es die Vertreter der eigentlichen hier so oft gepriesenen Bourgeoisie, auf den Dörfern waren es diese Dorfmagnaten; sind nun aber diese Blumenstände, um sie so zu nennen, diese Blumen der Bourgeoisie und die Dorfmagnaten Diejenigen, welche das öffentliche Wohl am Besten vertreten? Meine Herren! Da rufe ich die neueste Erfahrung in Deutschland seit der Zeit der Aufstände in verschiedenen Theilen des Vaterlandes auf. Ich spreche gern aus der Erfahrung. Ich lebe in einer Stadt, die eine traurige Berühmtheit in neuester Zeit erlangt hat; eine Berühmtheit, welche die Ansprüche, die sie von der großartigen und zugleich lieblichen Natur und aus einer ehrwürdigen Vergangenheit hat, beinahe verdunkelt hätte. Bekanntlich haben dort die Vorsteher und die eigentlichen Leute der Bourgeoisie an dem Tage vor Ostern, wo Freiburg mit Sturm eingenommen werden mußte, in einer amtlichen Versammlung ausgesprochen, es sei ihnen gleichgültig, ob die Republik siege, oder der rechtmäßige Fürst, der Großherzog, bleibe; der Erfolg würde über ihre Haltung [illegible]. Meine Herren! Das haben diese Herren Bourgeois beschlossen. Und doch hat diese Stadt viele brave Bürger. In anderen Städten waren nicht die Herren Bürger so naiv, eine solche Gesinnungslosigkeit zum Beschluß zu erheben; aber sie haben ebenso gedacht. Ueberall sind die Städte, zumal die größeren, verweichlicht im Laufe der Zeit; es ist ihnen zu wohl geworden; sie haben nur Interesse für ihre Ueppigkeit und für Das, was sie nährt; sie leben in der Mitte und Mittelmäßigkeit einer Halbbildung; sie haben die angestammte, strenge Sitte verloren, und erreichen die höhere Bildung. Sie haben keinen Glauben; und was sie gern schützen möchten, sie haben nicht einmal den Muth, es zu schützen, wo es einen Tropfen Blut kostet, wo es Muth bedarf. (Zuruf: Sehr wahr!) Wenn Sie solchen Leuten die Wahl ausschließlich in die Hand geben, was wird die Folge sein? Sie werden Leute wählen, die ihnen gleich sehen; und für das Wohl des Vaterlandes wird nicht gesorgt sein. (Zuruf: Sehr wahr!) Ich sage Ihnen ganz offen, in unserem Bauernstande ruht noch die Wurzel unserer Kraft und die Wurzel unserer Zukunft, nicht in diesen verkommenen Städten; ich klage keinen Stand an, ich weiß, daß es auch unter diesen Bürgern Männer gibt, die entschieden sind und sich einstellen für ihre Ueberzeugung; aber sie sind in der Minderzahl. Beschließen Sie, meine Herren, mittelbare Wahlen, so lassen Sie diese Leute wählen; denn sie sind es, die durch Stellung und Vermögen die Wahlen in der Hand haben. Allein, meine Herren, vertrauen Sie ihnen dieses Wahlamt nicht ausschließlich an, vertrauen Sie dem ganzen Volke; die Gesammtheit der Wahlberechtigten wird sicher diejenigen Männer wählen, denen sie den Muth der Ueberzeugung und eine freie, ehrenhafte, treue Ansicht zutraut. — Ein fernerer, schon von anderen Rednern hervorgehobener Einwand gegen die mittelbaren Wahlen ist der, daß gar kein Zusammenhang zwischen der Meinung und der Gesinnung der Urwähler mit dem von den Wahlmännern gewählten Abgeordneten besteht. Man kann durch ein Rechnungsbeispiel nachweisen, daß bei dem System mittelbarer Wahlen eine sehr beträchtliche Mehrheit künstlich zur Minderheit wird, ein nicht seltener Fall, der dann das Repräsentativsystem zur Lüge macht. Das hat die Folge, daß das Volk zuletzt die Urwahlen als gleichgiltig versäumt. Hier gilt der Satz: Causa proxima non remota spectatur: Das nächste Anliegen, nicht das entfernte wird beachtet. Nun entgegnet man aber: Es ist nicht möglich, daß bei diesen großen Bezirken von 100,000 Seelen, bei diesen ausgedehnten Lagen eine genaue Bekanntschaft zwischen den Urwählern und dem zu wählenden Abgeordneten vermittelt werden kann. Namentlich hat der Herr Abgeordnete Heinrich v. Gagern dieses Bedenken ausgesprochen. Man sieht, daß er im Großen Politik getrieben hat, aber nicht im Kleinen. (Auf der Linken: Sehr gut!) Die hier sachverständigeren Herren von der Linken werden mir Recht geben. (Große Heiterkeit und lebhafter Beifall auf der Linken.) Es ist dieses einer der nicht seltenen Punkte, in welchen ich mit Ihnen (der Linken) übereinstimme, obwohl ich dort drüben (nach der Rechten deutend) sitze. Meine Herren! Ich gehöre auch zu den Wühlern (Heiterkeit und Bravo auf der Rechten), aber für die entgegengesetzten Zwecke, die diese Herren von der Linken verfolgen. (Gelächter auf der Rechten.) Und ohne die Bescheidenheit zu verletzen, darf ich sagen, ich verstehe das Geschäft des Wühlens. Ich versichere Sie, geben Sie mir drei Tage Zeit, und einen Bezirk von meinetwegen 150,000 Wählern, ich werde zu diesen Allen reden; neun bis zehn Volksversammlungen werde ich in drei Tagen halten; denn will man zu solchen Ehren, da muß man etwas leisten können. (Große Heiterkeit und Bravo auf der Linken.) Allein, meine Herren, diese Anstrengung wird gar nicht nothwendig sein; ich habe die Ueberzeugung, wenn Sie die Urwahlen zu Ihrem System erheben, so werden meistens in großer Masse die Wahlen Solchen zufallen, welche nicht einmal in der Nähe des Bezirkes wohnen. Es werden sich in Deutschland öffentliche Charaktere bilden, — in so schwülen Zeiten, wie in der gegenwärtigen, bilden sie sich am Liebsten und Sehnigsten. — Es werden sich öffentliche Charaktere erheben, welche weither den Blick und die Verehrung deutscher Nation an sich ziehen, diese wird man von den entgegengesetztesten Grenzen holen. Und das ist, meine Herren, ein weiterer Grund, warum ich wünsche, daß die unmittelbaren Wahlen im deutschen Vaterland eingeführt werden. Wenn so große Interessen, so große Fragen, wie die Gegenwart sie uns Deutschen, hoffentlich einer Nation von 60 — 70 Millionen aufstellt (auf der Rechten und im Centrum: Aha!), zur Verhandlung kommen, da muß man die Sache nicht den Kirchthurmsnotabilitäten anheim geben, sondern den größten Geistern der Nation überliefern, die mit ihrem hohen Geiste, mit tiefem Ernst, mit geprüftem Charakter und unerschütterlicher Gesinnung sie zu lösen verstehen. Glauben Sie mir. Man hat auch schon geäußert: ja bringt nur Urwahlen, da säet ihr eine ungeheure Aufregung! — Dagegen gibt es aber ein ganz einfaches Mittel. Diese Aufregung wird vermieden durch das einfache Mittel, in den einzelnen Gemeinden die unmittelbar den Abgeordneten ins Volkshaus Wählenden wählen zu lassen, aber so, daß gleichwohl die unbedingte Mehrheit des ganzen Wahlbezirks den Abgeordneten macht, und nicht die Mehrheiten, gezählt in den einzelnen Gemeinden; führen Sie aber mittelbare Wahlen ein, so werden in den einzelnen Gemeinden diese mittelbaren Wahlen eine ungeheure Aufregung hervorbringen, gerade deßhalb, weil hier die Vetterschaften, die hergebrachten Patronate, die bisher getragenen Fesseln, vielartige Abhängigkeit gebieterisch die Befriedigung des kleinstädtischen oder ländlichen Ehrgeizes begehren. Jeder der kleinen Herren möchte Wahlmann werden. Bei gemeindeweisen unmittelbaren Wahlen aber werden Sie gar keine Aufregung erregt sehen, oder doch wenigstens eine verhältnißmäßig unendlich geringere; weil in der Regel die Abgeordnetenstelle fürs Volkshaus über diese kleinen Begierlichkeiten unerreichbar hinausragt. Stimmen die Leute in ihrer eigenen Gemeinde, und werden sie nicht nach einem fremden Hauptort zur Wahl berufen, so fühlen sie sich selbstständiger; denn da ist Jeder zu Hause und in seinem eigenen Hause, — merken Sie sich das, — läßt man sich unendlich weniger Grobheiten sagen, und Gewalt anthun, als an fremden Orten. (Große Heiterkeit.) Da ist Jeder bereit, einen solchen Wahlstöberer sich rasch von der Haut schaffen. (Unterbrechung auf der Rechten: Ja zu Hause! — Auf dem linken Centrum: Das wäre ein schwacher Kerl, der sich so was nur zu Hause nicht gefallen ließe!) Allerdings wird auch außerhalb seines Hauses sich ein ordentlicher Kerl nie entehrende Vergewaltigung gefallen lassen; aber die Frechheit ist oft größer, als der Widerstand; auch das ist eine Erfahrung des Lebens (Große Heiterkeit); hat man doch gestern in diesem Hause soviel von der Schwäche der Leute gesprochen, daß man sich versucht finden muß, gegen dieses Uebel Bedacht zu nehmen, und da sage ich Ihnen, lassen Sie die Leute in ihren Heimathgemeinden wählen; denn aus ihrem eigenen Hause wagen die Leute zudringliche Versucher hinauszuwerfen. Allein auch noch aus einem weitern Grund sollen Sie in fremde Bezirke das Volk zum Wahlgeschäft nicht vertheilen, weil es eine große Unbilligkeit wäre, das gute und oft arme Landvolk zu beschwerlichen Reisen in die reicheren Wahlstädte zu zwingen. Das wäre eine dreifache Besteuerung an Mühe, Zeit und Geld, drei Dinge, die dem Aermeren vorzugsweise kostbar sind. Ueberhaupt müssen wir auch bei den Wahlen dahin streben, daß wir diese Sondergelüste örtlicher und landschaftlicher Engherzigkeit, die uns in Mark und Blut hineinwachsen in der langen Zeit der Versäumung des großen Vaterlandes, diese Provinzial-, diese Stadt- und Dorfeifersüchteleien gründlich beseitigen; wir müssen hinaufathmen in den Luftkreis einer großen Nation. Das ist unsere Aufgabe, und wir müssen nur verlangen, daß alle rechtmäßigen Interessen dabei vertreten sind und...

Vogt (vom Platz): Die Piusvereine!

Buß: Die Piusvereine, die werden von dem gesetzlichen Mittel der Gesellschaftung Gebrauch machen fürs Gute, wo Sie Gebrauch machen für andere Zwecke, Herr Vogt! (Große Heiterkeit und Bravo auf der Rechten!) — Allein meine Gründe für die Annahme unmittelbarer Wahlen sind noch nicht erschöpft. Es ist der höchste, den ganzen Verfassungsstaat durchgreifende Grundsatz die Aufrichtung einer allseitigen, stets wachen, gegenseitigen Verantwortlichkeit. Ohne Zweifel wird aber die Abhängigkeit der Volksvertreter vom Volk, und ihre Verantwortlichkeit gegen dasselbe bei der Einrichtung mittelbarer Wahlen viel weniger gefühlt, und weit mehr abgesperrt. Das ist aber ein öffentliches Unglück. Auch muß ich einen Grundsatz noch geltend machen, welchen gestern Herr Beseler für die Unterstützung der öffentlichen Wahlabstimmung mit großer Beredsamkeit hervorgehoben hat. Die Urwahlen kommen aus unserer Nationalität, sie sind urgermanisch und echtdeutsch, gerade deßhalb, weil sie es sind, greifen sie mächtig erweckend in das Volk; jeder Griff, der kühnste aber am Allermeisten, ist fruchtbar, wenn er in den warmen Lebensgrund des Volksthums hinablangt. Wollen wir aber die kerndeutschen unmittelbaren Wahlen, so müssen wir auch die ebenso kerndeutsche Oeffentlichkeit wollen. Das öffentliche Leben in der Gegenwart ist wie immer ein öffentlicher Kampf, darum sei er offen. Bei jedem ordentlichen mannhaften Kampf wird Wind und Sonne gleich getheilt Das ist das biedere Gesetz des ritterlichen Kampfes; wenn also Parteien sind, — und überall müssen große Parteien sein, wo ein öffentliches Leben wallt und glüht, — so sollen sie sich auf offenem Felde begegnen. Vertheidigen sie eine gute Sache, so werden sie siegen, wenn sie auch Anfangs in der Minderheit stehen; vertheidigen sie aber eine schlechte Sache, so mögen sie untergehen, daran geschieht ihnen nur ihr Recht. — Endlich ist das Wahlgeschäft auch ein mächtiges Mittel der öffentlichen Erziehung der Nation. Edle Völker lieben die Erziehung durch die Staatsgewalt nicht, wohl aber die durch ihren nationalen Geist. Das hohe Vertrauensamt des Wählers verleiht bei unmittelbaren Wahlen dem ganzen Volke, und vorweg der der Bildung bedürftigsten Masse des Volkes ein höheres Gefühl persönlicher Würde, und ich setze hinzu der Pflicht. Es gibt der Erziehung, den Gefühlen, Neigungen und Bestrebungen der ganzen Gemeinschaft eine feste Richtung, erweitert den sonst so schmalen Wirkungskreis, pflegt froh und fest öffentliche Sitte und gehaltenes Nationalgepräge, ergießt ein verschmelzendes, gemeinsames Vertrauen und gemeinsame Theilnahme durch alle Gliederungen der Gesellschaft. Das Alles lernt und übt sich stufenweise, aber immer gediegener. Wenn sich die befugten Wähler des ganzen Volkes auf den Wahlkampfplatz stellen, da müssen sie ihren Glauben, sie müssen Farbe bekennen (mehrere Stimmen: Sehr gut! Sehr richtig!), und haben sie diesen Glauben bekannt, und haben sie ihn das erste Mal auch verlegen bekannt, so werden sie ihn das zweite Mal schon zuversichtlicher bekennen, und das dritte Mal wird ihn die Bevölkerung klar und offen, und nicht mehr bloß in Wahlen aussprechen, unbekümmert um die Folgen. (Stimmen aus dem Centrum: Sehr gut!) Denn die in der Wahl erprobten werden den Muth ihrer Gesinnung auch über die Wahlen hinaus tragen. Die Verhandlungen und Erinnerungen des Volkshauses, welches sie durch ihr unmittelbares Vertrauen besetzen, die Haltung der Staatsbeamten vom höchsten bis zum niedersten, die Haltung der Regierung des Reichs und der Gliederstaaten, die Kämpfe, Wandlungen und Ränke der Parteien, die Erörterung der großen öffentlichen Maßnahmen und Fragen, welche die Gemeinschaft erregen und theilen, rufen das Volk zur freien Prüfung, sie geben seiner Unterhaltung Adel und Schwung, geben ihm sichere Maaße und Stützen für sein Urtheil in allen öffentlichen Anliegen: sie dämpfen jenes Ungestüm und jene stürmische Leidenschaftlichkeit, welche freche Verführung leichtsinniger Volksführer so gern und leicht ausbeutet. Kurz, es entsteht im Volk ein Hang, die öffentlichen Verhandlungen zu prüfen, nachzuverhandeln, ein Durst nach patriotischer Kenntniß und Uebung. Allein die Oeffentlichkeit der Wahlen ist nicht nur ein Mittel der Erziehung für das ganze Volk; sie ist auch ein Mittel für die Erziehung gewisser Stände. Und wahrlich gewisse Stände in Deutschland bedürfen der Erziehung in hohem Maaße: z. B. der Stand der Beamten bedarf noch einer ergiebigen constitutionellen Erziehung. (Große Heiterkeit und lebhafter Beifall auf der Linken.) Auch da spreche ich aus Erfahrung, im sehnsüchtigen Blick auf mein Heimathland Baden. Allemal, wenn bei uns die Badischen Wahlen nothwendig wurden, sind die Beamten freundlich geworden gegen die Wahlmänner; unsere Verfassung verordnet mittelbare Wahlen zum großen Schaden einer getreuen Landesvertretung. Kam die Wahlzeit, da haben die Beamten den Wahlmännern die Hände gedrückt, sie waren so katzenfreundlich. (Heiterkeit.) Ueberhaupt wurden die Wahlmänner mit einer überraschenden Zuvorkommenheit, mit einer fast unziemlichen Vertraulichkeit behandelt, was diese oft hochnäsig gemacht. Wenn nun aber das ganze Volk wählt, da hört das Vorrecht der freundlichen Behandlung für die Wähler auf, es geht, wie es soll, auf das ganze Volk über. So ist das System der unmittelbaren Wahl für unsere Zeit das einzig rechtmäßige. Die Regierung muß sich auf geradem Wege unmittelbar mit dem Volke verschmelzen. Gleiche Ueberzeugung, gleiche Gesinnung, gleiche Bestrebungen müssen die einzelnen Stämme, das Volk, die einzelnen Regierungen und die große Regierung des Reichs tragen und einigen. Die Regierung muß zum Volke sagen: Du und ich — wir sind Eins: Niemand im Vaterland soll ganz außerhalb der Regierung sein. Wir sind beide gegeneinander verantwortlich: regiere ich gut, es ist dein Ruhm, dein Glück, weil dein Werk; regieren wir schlecht, es ist deine Schuld, wir tragen Verdienst und Schuld gemeinhaftbar. Diese Verschmelzung, diese veredelte und einzig rechtmäßige Demokratie, diese volksthümliche und einzig rechtmäßige Monarchie, sie wird bloß gebaut, wenn das ganze Volk aus seinem vollen weiten Busen seine Gesinnung ausspricht, und sie zum Richtmaß der Regierung macht; der Bauer und Bürger, sie wirken auf die Regierung nur durch die Wahlen ein; sie können die Presse nicht nützen; nur durch Wahlen können sie ihre Gesinnung aussprechen, wirksam aussprechen. Wir wollen aber, daß dieses Volk die Regierung bestimme, aber nicht, als sollte von Unten nach Oben regiert werden. (Hört!) Die Obrigkeit soll von Oben herunter, aber im Sinn und Geist des Volkes regieren. Das Volk läßt sich gern belehren, es läßt sich für große Entwürfe gewinnen. (Hört!) Sie meine Herren, erfinden sie nicht; große Staatsmänner erfinnen sie nicht; sie heben sie nur aus dem schlummernden Gefühl und Gedanken des Volks. Das Volk erkennt die ausgeführten staatlichen Werke als sein innerstes Eigen. Glauben Sie mir, alles Große ist auch in der Regel das Einfachste, und für diese einfache Wahrheit, für diese einfache Art der Regierung hat das deutsche Volk eine unermeßliche Anlage. Es will sie. Drum geben Sie ihm den freien Weg, der zu diesem Ergebniß führt. — Meine Herren von der Linken! Sie können nicht anders, Sie müssen für unmittelbare öffentliche Wahl stimmen, sonst begehen Sie einen Selbstmord. (Von der Linken: Jawohl!) Ueberhaupt, lassen Sie sich vom Volke belehren. (Zuruf: Ja!) Das Volk ist gescheidter, es ist besser, es ist opferwilliger, als wir. (Stürmisches Bravo. Andauernde große Unruhe.) Meine Herren von der Rechten! Auch Sie müssen für directe Wahlen stimmen. In dem Volk liegt ein unendlich tieferer, wärmerer Sinn für die Erhaltung, als man gewöhnlich weiß. In der niedern Hütte wohnt die feste und festende Sitte. Wenn Sie vertrauend das Volk zur unmittelbaren Wahl berufen, glauben Sie sicher . . . (Stimmen: Geradeaus!) Ich habe hier und da Ursache, mich bald an die Rechte, bald an die Linke, und bald an die Mitte zu wenden. Und Sie werden mir so viele Erziehung zutrauen, daß, wenn ich mich an Sie, meine Herren von der Rechten, wende, — und mit Ihnen habe ich es jetzt zu thun, — daß ich Ihnen in die Augen blicke, und Ihnen nicht den Rücken kehre.

Vicepräsident Kirchgeßner: Ich glaube nicht, daß es einer Seite des Hauses zusteht, dem Redner zu bestimmen, wohin er sich wenden solle, solange er für alle Seiten verständlich ist, was Sie ihm durch Ruhe erleichtern sollten.

Buß: Wenn Sie vertrauend das Volk zu unmittelbaren Wahlen berufen, so wird es Ihnen Vertrauen mit Vertrauen lohnen. Wenn Sie, meine Herren von der Rechten, für die wirklichen Interessen des Volkes sind, und wenn auf dem Weg der Erhaltung dem sittlichen Element im Volksleben Ihre Gesinnung verwandt und entsprechend begegnet, — und Das muß ich nach Ihren Erklärungen ja annehmen, — so einigen Sie sich mit dem Volke in einem Höhern, das uns Alle binden soll, in der Hingebung für das Vaterland an dem Bande eines uns Alle umschlingenden Vertrauens. Ich werde die Wege gehen, überall dem Volke vertrauen, und glauben Sie, dann vertraut es auch uns. Es gibt eine Höhe und Tiefe, in welcher alle Glieder der Gesellschaft, seien sie durch ihres Lebens Stellung auch noch so getrennt, zusammentreffen. Entweder anerkennen Alle eine höhere sittliche Macht in festgefügten, geheiligten Ordnungen, — und dann sind wir glücklich; oder aber Jeder kreist um seinen schmalen Willen, — dann werden wir unglücklich. Halten wir, huldigend dem Höheren, an diesem großen edlen Volke durch alle Schichten hindurch, dann werden wir die Gefahren der schweren Zeit bewältigen; nicht aber, wenn wir uns von ihm ablösen, und in schwächliche Trümmer auseinandergehen; laßt uns nie die große, allein Großes zu schaffen mächtige Einheit des Volkes vergessen! (Bravo!)

Vicepräsident Kirchgeßner: Bevor ich dem nächsten Redner, Herrn Gysae, das Wort gebe, bringe ich einen Antrag auf Schluß der Debatte über § 14 von im Ganzen zwanzig Mitgliedern zur Abstimmung; bemerke jedoch zuvor, daß von Herrn Rösler von Oels namentliche Abstimmung beantragt ist. Ich ersuche diejenigen Herren, welche den Schluß der Discussion über § 14 wollen, sich zu erheben. (Die Mehrzahl erhebt sich.) Der Schluß ist angenommen. Es versteht sich von selbst, daß der Herr Berichterstatter noch das Wort hat.

Riesser von Hamburg: Meine Herren! Wenn der Vorschlag des Verfassungs-Ausschusses in diesem Falle die Zustimmung solcher Mitglieder des Hauses gefunden hat, von welchen die früheren Vorschläge des Ausschusses fast ohne Ausnahme bekämpft worden sind, so möge Ihnen dieses zum Beweise dienen, daß der Ausschuß bei seinem Entwurfe nicht darauf Rücksicht genommen hat, was etwa einer oder der andern Tagesmeinung, einer oder der andern Partei vorübergehend frommen möge; sondern daß er sich lediglich gefragt hat, was der Natur der Sache, was dem dauernden Wohl des Vaterlandes zu entsprechen scheine. Der Ausschuß hat sich für die directe Wahl zunächst und hauptsächlich darum erklärt, weil er dieselbe für der Natur der Sache, dem Wesen des politischen Rechts entsprechend hielt. Demnächst hat er freilich die untergeordnete Rücksicht im Auge gehabt, daß manche Einwendungen, die gegen die directe Wahl vorgebracht werden, durch eine gewisse Beschränkung des Wahlrechts, sei es in der Weise, wie sie der Verfassungs-Ausschuß Ihnen vorgeschlagen hat, sei es in anderer Weise, wie deren Formulirung von anderer Seite versucht worden ist, beseitigt würden. Diese letztere Rücksicht ist nun weggefallen, indem Sie alle und jede Beschränkung des activen Wahlrechts verworfen haben. Aber die Hauptrücksicht, die den Ausschuß bestimmt hat, die Richtigkeit, die innere Wahrheit des Grundsatzes der directen Wahl, bleibt bei voller Kraft, und der Ausschuß ist nach wie vor, ungeachtet alle und jede Beschränkung verworfen worden ist, für die directe Wahl. Der Ausschuß kann kein Heil in etwas Erkünsteltem, in einem kleinlichen Mechanismus künstlicher Art erblicken, und ebenso, wie er den Gedanken der Oeffentlichkeit in der Uebung des Wahlrechts festhält, ungeachtet der untergeordneten Gefahren, die die Ausführung des Gedankens für vereinzelte Fälle von der einen oder der anderen Seite mit sich führen mag; ebenso hält er den Grundsatz der directen Wahl fest, weil er richtig ist, wenn auch bei der Ausführung einige geringe Bedenken obwalten mögen. Der Hauptgrund gegen alle die Erwägungen, die für die indirecte Wahl geltend gemacht werden können, scheint mir der zu sein, daß Unterschiede im Resultate zwischen directer und indirecter Wahl nur da vorhanden sein werden, wo die allgemeine Theilnahme an dem Wahlgeschäfte gering, unbedeutend, abgestumpft ist; daß dagegen in einer Zeit, wo das Volk das Bewußtsein hat, daß von der Uebung des Wahlrechts das eigene Wohl, das Wohl des Vaterlands abhängt, auch bei indirecter Wahl die Blicke der Urwähler auf einen bestimmten Candidaten gerichtet sein, und die Wahlmänner mit bestimmter Rücksicht auf den Candidaten, den die Volksmeinung will, werden bezeichnet werden. Nur wo bei einer gleichgiltigen Stimmung der Mehrheit das Resultat dem Zufalle überlassen ist, wird man die Wahlmänner wählen, ohne dabei die Wahl, die man von ihnen verlangt, im Auge zu haben. Meine Herren! In der Abstumpfung des öffentlichen Bewußtseins, in der Abschwächung des Interesses am Wahlrechte wollen wir das Rettungsmittel wider die Gefahren, die das allgemeine Wahlrecht mit sich führen mag, nicht suchen, sondern vielmehr in der möglichsten Belebung jenes Bewußtseins, in der regsten und allgemeinsten Theilnahme des Volkes am Wahlgeschäfte; und wo diese vorhanden ist, da wird, behaupte ich, ein wesentlicher Unterschied des Resultates zwischen directer und indirecter Wahl nicht stattfinden. Man hat als eine Einwendung gegen die directe Wahl die größere Entfernung geltend gemacht, die zwischen dem Urwähler und Gewählten stattfinde, und für die in der Thätigkeit der Wahlmänner eine Vermittelung gegeben sei.

Ich glaube zunächst, daß Das nur in sehr beschränkter Weise wahr ist, wie bereits zur Genüge von früheren Rednern dargethan worden; dann aber, meine Herren, sowie die größere räumliche Entfernung die Folge hat, daß die niedrigeren Gegenstände aus dem Gesichtskreise verschwinden, und nur die Höhen der Berge und die Spitzen der Thürme am Horizonte sichtbar bleiben, so wird auch hier die größere Entfernung das Auge der Wähler um so sicherer auf geistig und sittlich hervorragende Persönlichkeiten richten, und ich gebe mich der zuversichtlichen Hoffnung hin, daß die Stimmen von 20,000 Wählern, welche direct wählen, selten auf einen unbedeutenden, daß sie vor allen Dingen niemals auf einen unwürdigen Candidaten fallen werden. Die kleinlichen Combinationen, welche die indirecte Wahlart zuläßt, und zu denen sie Anlaß gibt, werden bei dem directen Wahlrecht schwinden. Aber im nothwendigen Zusammenhange mit dieser Folge, um derentwillen wir das directe Wahlrecht wollen, steht die Bedingung, daß eine absolute Majorität erfordert werde, und daran bittet der Ausschuß Sie festzuhalten. Wenn Sie eine relative Majorität genügen lassen, dann geben Sie den kleinlichen Combinationen wieder Raum, um derentwillen wir Ihnen das indirecte Wahlrecht widerrathen. Wenn es möglich wäre, vielleicht durch eine sehr geringe Stimmenzahl mit relativer Majorität einen Candidaten durchzusetzen, dann werden nothwendig alle jene untergeordneten Einflüsse, jene localen, jene persönlichen Rücksichten, denen dadurch die Möglichkeit des Sieges in Aussicht gestellt wird, sich wieder Geltung verschaffen; wenn Sie aber von vornherein die Möglichkeit, einen Candidaten durch bloße Zersplitterung der Stimmen durchzusetzen, abschneiden, dann wird sich die öffentliche Meinung nur auf solche Candidaten richten, von denen anzunehmen ist, daß sie eine absolute Majorität im Wahlkreis finden können; und Sie werden dann weit mehr Abgeordnete erhalten, die einer wahrhaften öffentlichen Meinung genügen, und die dem hohen Amte gewachsen sind. Man hat von einigen Seiten, namentlich in den Motiven zu solchen Anträgen, die eine Wahl nach relativer Majorität zulassen wollen, die große Schwierigkeit, eine absolute Majorität zu gewinnen, hervorgehoben. Wenn aber bei irgend einer Frage, so muß bei dieser die Erfahrung entscheiden; und diese hat gezeigt, daß in allen Fällen, in denen eine directe Wahl zu dieser Versammlung stattgefunden hat, vielleicht nur mit zwei oder drei Ausnahmen, große absolute Majoritäten erzielt worden sind; wenn also schon beim Beginn unseres politischen Lebens das öffentliche Bewußtsein so klar und einig gewesen ist, daß es sich mit großer Majorität bestimmten Personen zugewendet und eine Zersplitterung der Stimmen fast nie stattgefunden hat: so dürfen wir von den Fortschritten des öffentlichen Geistes eine größere Concentrirung der Meinungen erwarten, so daß gewiß nur in seltenen Fällen die absolute Majorität eine Schwierigkeit finden wird. — Wenn die Majorität des Ausschusses die Möglichkeit einer dreimaligen Wahl zuläßt, so daß erst die dritte Wahl eine gebundene ist, so hat auch das einen inneren Grund. Meine Herren! Wenn gleich die zweite Wahl auf Diejenigen beschränkt würde, die bei der ersten Wahl die größte relative Majorität hatten, so würde wieder dem Zufall zuviel überlassen sein; es könnten ja verschiedene Einflüsse, z. B. der Einfluß einer guten Lunge, verbunden mit einer gewissen Dienstfertigkeit im Zustandebringen und Behandeln von Wählerversammlungen, leicht relative Majoritäten erzielen. Wenn sich aber die traurige Folge der Stimmenzersplitterung bei der ersten Wahl gezeigt hat, daß die beiden Candidaten, die die größte relative Majorität hatten, die wahre Majorität im Wahlbezirk nicht haben; dann wird sich eine kräftige Opposition dagegen erheben; man wird sich vor der zweiten Wahl zusammenschaaren, ohnmächtige Ansprüche werden zurücktreten, es wird eine Einigung stattfinden, und es werden bei der zweiten Wahl nur solche Candidaten die relative Majorität erhalten, die wirklich eine bedeutende Partei im Wahlkreise für sich haben, so daß für die dritte Wahl, falls auch die zweite keine absolute Majorität ergäbe, doch eine weit bessere Aussicht vorhanden sein wird. Meine Herren! Welche Ansicht Sie auch über die angemessene Zuerkennung des Wahlrechts, über Nothwendigkeit oder über Unzulässigkeit gewisser Beschränkungen haben mögen, das dürfte nicht bestritten werden können, daß directe Wahlen mit erforderter absoluter Majorität die aufrichtigsten, echtesten, volksthümlichsten, dem wahren politischen Bewußtsein entsprechendsten Wahlen sind.

Präsident: Wir gehen zur Abstimmung über. Sie erinnern sich, daß darüber ein Beschluß vorbehalten ist, welcher von den beiden §§. 13 und 14 vor dem andern zur Abstimmung gebracht werden solle. Es sind zwei Anträge darauf gerichtet, § 14 vor § 13 zur Abstimmung zu bringen. Ich frage, ob Jemand über diesen Vorschlag das Wort verlangt? (Niemand meldet sich.) Ich frage, ob der Vorschlag, den § 14 vor 13 zur Abstimmung zu bringen, unterstützt wird? Diejenigen, welche diesen Vorschlag unterstützen wollen, bitte ich, aufzustehen. (Die hinreichende Anzahl erhebt sich. Zuruf: Er ist schon unterstützt!) Er ist unterstützt. Ich werde ihn zur Abstimmung bringen. Diejenigen Herren, die wollen, daß ich den Inhalt des § 14 und der dazu gestellten Verbesserungs-Anträge vor dem Inhalte des § 13 und der dazu gestellten Verbesserungs-Anträge zur Abstimmung bringe, ersuche ich, sich zu erheben. (Die Minderheit erhebt sich.) Der Antrag ist abgelehnt. — Die Reihenfolge der beiden Paragraphen steht somit fest. Ich werde nun die Unterstützungsfragen stellen, soweit das nöthig ist, und dann meine Abstimmungsprojecte vorlegen. Der Unterstützung bedarf zuerst der heute eingereichte Antrag des Herrn Stein von Görz. Herr Stein wird sich darüber erklären müssen, ob er auch nach der bereits erfolgten Abstimmung bei seinem Verbesserungs-Antrage beharrt. (Zuruf: Zurückgezogen!) Er ist zurückgezogen. — Wird der Antrag des Herrn Gravell, welcher unter Nr. 40 Ziffer 7 gestellt ist, unterstützt? Ich ersuche diejenigen Herren, aufzustehen, die ihn unterstützen wollen. (Wenige Mitglieder erheben sich.) Es sind nicht Zwanzig, die den Antrag unterstützt haben. Bei § 14 bedürfen der Unterstützung folgende Anträge:

1) Nr. 88. Der vom Abgeordnete Dinstl von Krems gestellte:

> „Die Wahl ist direct. Sie erfolgt durch relative Stimmenmehrheit aller in dem Wahlkreise abgegebenen Stimmen mit der Beschränkung, daß der Gewählte mindestens den vierten Theil der Stimmen von jenen, die im Wahlkreise wirklich gewählt haben, erlangt haben muß, damit die Wahl von Wirkung sei. Im entgegengesetzten Falle muß eine Wahl vorgenommen werden, bei welcher die relative Stimmenmehrheit unbedingt den Ausschlag gibt. Bei Stimmengleichheit entscheidet das Loos."

Ich ersuche diejenigen Herren, welche diesen Antrag unterstützen wollen, sich zu erheben. (Wenige Mitglieder erheben sich.) Er hat nicht die hinreichende Unterstützung gefunden, und hiermit würde das Amendement des Herrn Nagel von Bahlingen, Nr. 86, auch erledigt sein. Ist Herr Nagel anwesend? (Zuruf: Er ist nicht da!) Er ist abwesend; aber die Herren werden mit mir darin übereinstimmen, daß das Sousamendement mit dem Amendement fällt. (Beistimmung.)

2) Wird der Antrag des Herrn v. Linde, welcher in den vier Worten besteht: „Die Wahl ist indirect," unterstützt? (Die erforderliche Anzahl erhebt sich.) Die Unterstützung ist hinreichend.

3) Der unter Nr. 42 von Herrn Gottschalk gemachte Vorschlag ist eigentlich kein Amendement für den gegenwärtigen Paragraphen; falls die Versammlung sich für indirecte Wahlen aussprechen sollte, könnte sie sich vielleicht auch entschließen, auf jenen Vorschlag einzugehen; jetzt kann ich ihn nicht zur Abstimmung bringen.

4) Findet der Antrag des Herrn Kohlparzer (Nr. 36):

„Die Wahl ist indirect. Auf 500 Seelen fällt ein Wahlmann und auf 200 Wahlmänner ein Abgeordneter. Die Wahl erfolgt durch absolute Stimmenmehrheit aller in einem Wahlkreise abgegebenen Stimmen,"

Unterstützung? (Es erhebt sich nicht die erforderliche Anzahl.) Er hat sie nicht gefunden. — Endlich folgt fünftens der Antrag des Herrn Eisenmann unter Nr. 5.

Eisenmann von Nürnberg (vom Platze): Ich ziehe meinen Antrag zurück, weil ich nicht Gelegenheit gehabt habe, ihn zu motiviren.

Präsident: Herr Eisenmann zieht seinen Antrag zurück, weil er nicht Gelegenheit gehabt hat, ihn zu motiviren. — Ich schlage nunmehr vor, in folgender Weise abstimmen zu lassen. Zuerst kämen die Eingangsworte des § 13: „Die Wahlhandlung ist öffentlich," wie sie vom Verfassungs-Ausschuß vorgeschlagen sind, und auch Herr Günther (Nr. 84) sie beantragt hat. — Herr Arndts hat vorgeschlagen:

„Die Wahlhandlung ist in jedem Falle öffentlich."

Das wird nicht als ein materieller Unterschied angesehen werden können. — Demnächst würde ich zu den Worten des Ausschusses übergehen:

„Bei derselben sind Gemeindemitglieder zuzuziehen, welche kein Staats- oder Gemeindeamt bekleiden."

Würde diese Verfassung verworfen, so käme die des Herrn Günther, welcher an die Worte: „Die Wahlhandlung ist öffentlich," anschließen will:

„und wird von Gemeindemitgliedern geleitet, welche kein Staatsamt bekleiden."

Hierzu gehört auch noch der von Herrn Tafel beantragte Zusatz:

„Die zur Vornahme und Beurkundung der Wahlhandlung bestellten Personen können an dem Orte, wo sie die Wahl leiten, nicht gewählt werden."

Das ist die erste Hälfte des § 13; die zweite bezieht sich auf die geheime oder öffentliche Stimmabgabe, und da bringe ich zuerst den Antrag des Ausschusses:

„Das Wahlrecht muß in Person ausgeübt, die Stimme mündlich zu Protocoll abgegeben werden;"

falls dieser verworfen würde, das Minoritäts-Erachten:

„Das Wahlrecht wird in Person durch Stimmzettel ohne Unterschrift ausgeübt,"

womit Herr Arndts in § 14b übereinstimmt, zur Abstimmung. — Wir können erst diese Abstimmung über § 13 vornehmen, und dann zu § 14 übergehen. Bei § 13 war namentliche Abstimmung von Herrn Zachariä und einigen Anderen vorbehalten. Will nun Einer oder der Andere von diesen Herren präcisiren, über welche Anträge er die namentliche Abstimmung verlangt?

Tafel von Zweibrücken: Ich beantrage die namentliche Abstimmung über den zweiten Theil des § 13 und über das Minoritäts-Erachten zu diesem Paragraphen.

Präsident: Also würde wegen der zwei Anträge auf namentliche Abstimmung über den Antrag des Ausschusses:

„Das Wahlrecht muß in Person ausgeübt, die Stimme mündlich zu Protokoll abgegeben werden,"

und über das Minoritätserachten die Unterstützungsfrage zu stellen sein. Wird dieser Antrag auf namentliche Abstimmung unterstützt? (Die hinreichende Zahl erhebt sich.) Er ist hinreichend unterstützt. Ich ersuche die Herren, Ihre Plätze einzunehmen, damit wir zur Abstimmung, und zwar durch Aufstehen und Sitzenbleiben, schreiten können. — Also § 13, erster Satz:

„Die Wahlhandlung ist öffentlich." —

Diejenigen Herren, die diesen Theil der Anträge des Ausschusses annehmen wollen, ersuche ich, sich zu erheben. (Die Mehrheit erhebt sich.) Der Satz ist angenommen. Diejenigen Herren, die demnächst — nach dem Antrage des Verfassungsausschusses — also fortfahren wollen:

„bei derselben sind Gemeindemitglieder zuzuziehen, welche kein Staats- oder Gemeindeamt bekleiden,"

ersuche ich, sich zu erheben. (Die Mehrheit erhebt sich.) Auch dieser Satz ist angenommen, und damit das Amendement des Herrn Günther erledigt. Diejenigen Herren, die zu den bereits angenommenen Sätzen des § 13, nach dem Antrage des Herrn Tafel von Stuttgart, hinzufügen wollen:

„Die zur Vornahme und Beurkundung der Wahlhandlung bestellten Personen können an dem Orte, wo sie die Wahl leiten, nicht gewählt werden."

ersuche ich, aufzustehen. (Die Minderheit erhebt sich.) Der Satz ist nicht angenommen. Wir gehen zur zweiten Hälfte des Paragraphen, zur namentlichen Abstimmung über denselben über. Es kommt zuerst zur Abstimmung der Antrag des Ausschusses in dem zweiten alinea:

„Das Wahlrecht muß in Person ausgeübt, die Stimme mündlich zu Protokoll abgegeben werden."

Diejenigen Herren, die diesen Antrag des Ausschusses annehmen wollen, werden bei dem Aufrufe Ihres Namens mit **Ja**, die ihn ablehnen wollen, mit **Nein** antworten:

Bei dem hierauf erfolgenden Namensaufruf antworteten mit **Ja**:

Ambrosch aus Breslau, v. Amstetter aus Breslau, Anders aus Goldberg, v. Andrian aus Wien, Anz aus Marienwerder, Arndt aus Bonn, Arneth aus Wien, v. Bally aus Beuthen, Barth aus Kaufbeuren, Bassermann aus Mannheim, Bauer aus Bamberg, Becker aus Gotha, Becker aus Trier, v. Beckerath aus Crefeld, Behnke aus Hannover, Beseler aus Greifswald, Beseler (H. W.) aus Schleswig, Biedermann aus Leipzig, Bock aus preuß. Minden, Böcking aus Trarbach, Böcler aus Schwerin, v. Boddien aus Pleß, von Borries aus Carthaus, v. Bothmer aus Carow,

Braun aus Cöslin, Bresgius aus Züllichau, Bresgen aus Ahrweiler, von Breuning aus Aachen, Brensing aus Osnabrück, Briegleb aus Coburg, Bürgers aus Cöln, Buß aus Freiburg, v. Buttel aus Oldenburg, Cetto aus Trier, Cornelius aus Braunsberg, Coronini-Cronberg (Graf) aus Görz, Cramer aus Cöthen, Cucumus aus München, Dahlmann aus Bonn, Deete aus Lübeck, Deetz aus Wittenberg, Degenkolb aus Eilenburg, Deiters aus Bonn, Detmold aus Hannover, Deym (Graf) aus Prag, Dröge aus Bremen, Droysen aus Kiel, Duncker aus Halle, Ebmeier aus Paderborn, Edlauer aus Gratz, Ehrlich aus Murzynek, Eisenmann aus Nürnberg, Emmerling aus Darmstadt, v. Ende aus Waldenburg, Engel aus Culm, Esmarch aus Schleswig, Evertsbusch aus Altena, Falk aus Ottolangendorf, Fischer (Gustav) aus Jena, Francke (Carl) aus Rendsburg, Fügerl aus Korneuburg, Gebhard aus Würzburg, v. Gersdorf aus Tuetz, Gevekoht aus Bremen, Gfrörer aus Freiburg, von Giech (Graf) aus Thurnau, Giesebrecht aus Stettin, Godeffroy aus Hamburg, Göden aus Krotoszyn, Götz aus Neuwied, von der Goltz (Graf) aus Czarnikau, Graf aus München, Grävell aus Frankfurt a. d. O., Groß aus Leer, Grüel aus Burg, Grumbrecht aus Lüneburg, Gülich aus Schleswig, Gysae (Wilhelm) aus Strehlow, Hahn aus Guttstatt, von Hartmann aus Münster, Haubenschmied aus Passau, Hayden aus Dorff bei Schlierbach, Haym aus Halle, Heimbrod aus Sorau, v. Hennig aus Dempowalonka, Hergenhahn aus Wiesbaden, Herzog aus Ebermannstadt, Hofmann aus Friedberg, Hollandt aus Braunschweig, Hugo aus Göttingen, Jacobi aus Hersfeld, Jahn aus Freiburg a. d. Unstrutt, Johannes aus Meiningen, Jordan aus Berlin, Jordan aus Gollnow, Jordan aus Frankfurt a. M., Jucho aus Frankfurt a. M., Jürgens aus Stadtoldendorf, v. Keller (Graf) aus Erfurt, Kerst aus Birnbaum, von Keudell aus Berlin, Kohlparzer aus Neuhaus, Kosmann aus Stettin, v. Kösteritz aus Elberfeld, Krafft aus Nürnberg, Kratz a. Wintershagen, Künßberg aus Ansbach, Küntzel aus Wolka, Kutzen aus Breslau, Lammers aus Erlangen, Langerfeldt aus Wolfenbüttel, Laube aus Leipzig, Laudien aus Königsberg, Lette aus Berlin, Leverkus aus Lennep, v. Linde aus Mainz, Lodemann aus Lüneburg, Löw aus Magdeburg, Löw aus Posen, v. Maltzahn aus Küstrin, Mann aus Rostock, Marcks aus Duisburg, Marcus aus Bartenstein, v. Massow aus Carlsberg, Matthies aus Greifswald, Mauckisch aus Hippoldiswalde, Merck aus Hamburg, Metzke aus Sagan, Michelsen aus Jena, Mohl (Robert) aus Heidelberg, Münch aus Wetzlar, Naumann aus Frankfurt a. d. O., von Nelschütz aus Königsberg, Nerreter aus Fraustadt, Neubauer aus Wien, Neumayr aus München, Nizze aus Stralsund, Nöthig aus Weißholz, Obermüller aus Passau, Oertel aus Mittelwalde, Ostendorf aus Soest, Ottow aus Labiau, Pannier aus Zerbst, Paur aus Augsburg, Pfeufer aus Landshut, Pinder aus Woinowitz, Plaß aus Stade, Plathner aus Halberstadt, Plehn aus Marienburg, Pötzl aus München, v. Pretis aus Hamburg, v. Quintus-Icilius aus Fallingbostel, v. Radowitz aus Rüthen, Rahm aus Stettin, v. Raumer aus Berlin, v. Raumer aus Dinkelsbühl, Reitmayr aus Regensburg, Richter aus Danzig, Riesser aus Hamburg, Röben aus Dornum, Röder aus Neustettin, Rößler aus Wien, Rothe aus Berlin, v. Rotenhan aus München, Rüder aus Oldenburg, Rümelin aus Nürtingen, v. Sänger aus Grabow, Schauß aus München, Schepp aus Wiesbaden, Schick aus Weißensee, Schierenberg aus Detmold, Schirmeister aus Insterburg, v. Schleussing aus Rastenburg, Schlüter aus Paderborn, Schneer aus Breslau, Scholten aus Ward, Scholz aus Neisse, Schrader aus Brandenburg, Schreiber aus Bielefeld, v. Schrenk aus München, v. Schrötter aus Preuß. Holland, Schubert (Friedrich Wilhelm) aus Königsberg, Schubert aus Würzburg, Schüler aus Jena, Schultze aus Potsdam, Schultze aus Liebau, Schwarz aus Halle, Schwetschke aus Halle, von Selasinsky aus Berlin, v. Selchow aus Rettkewitz, Sellmer aus Landsberg a. d. W., Sepp aus München, Siehr aus Gumbinnen, Siemens aus Hannover, Simson aus Stargard, v. Soiron aus Mannheim, Sprengel aus Waren, Stavenhagen aus Berlin, Stein aus Görz, Stenzel aus Breslau, Stieber aus Budissin, v. Stremayr aus Grätz, Sturm aus Sorau, Tannen aus Zilenzig, Teichert aus Berlin, v. Thielau aus Braunschweig, Thöl aus Rostock, Uhland aus Tübingen, Veit aus Berlin, Versen aus Nieheim, Viebig aus Posen, Waitz aus Göttingen, Waldmann aus Heiligenstadt, Walter aus Neustadt, Wedekind aus Bruchhausen, v. Wedemeyer aus Schönrade, von Wegnern aus Lyk, Weißenborn aus Eisenach, Wernher aus Nierstein, Widenmann aus Düsseldorf, Wiebker aus Uckermünde, Wiest aus Tübingen, Winter aus Liebenburg, v. Wulffen aus Passau, Wurm aus Hamburg, Zachariä aus Bernburg, Zachariä aus Göttingen, Zeltner aus Nürnberg, v. Zerzog aus Regensburg, Zöllner aus Chemnitz.

Mit **Nein** antworteten:

Achleitner aus Ried, Ahrens aus Salzgitter, v. Aichelburg aus Villach, Anderson aus Frankfurt a. d. Oder, Archer aus Rein, Backhaus aus Jena, Bauer aus Wien, Beidtel aus Brünn, Benedict aus Wien, Berger aus Wien, Bermbach aus Siegburg, Blumröder (Gustav) aus Kirchenlamitz, Boczek aus Mähren, Bogen aus Michelstadt, Braun aus Bonn, Brentano aus Bruchsal, Christmann aus Dürkheim, Claussen aus Kiel, Clemens aus Bonn, Cnyrim aus Frankfurt am Main, Cropp aus Oldenburg, Culmann aus Zweibrücken, Damm aus Tauberbischoffsheim, Darenberger aus München, Demel aus Teschen, Deymann aus Meppen, Dham aus Schmalenberg, v. Dieskau aus Plauen, Dietsch aus Annaberg, Dinstl aus Krems, Döllinger aus München, Drechsler aus Rostock, Eckart aus Lohr, Eckert aus Bromberg, Edel aus Würzburg, Egger aus Wien, Eisenstuck aus Chemnitz, Engel aus Pinneberg, Englmayr aus Enns (Ober österreich), Esterle aus Cavalese, Federer aus Stuttgart, Fehrenbach aus Säckingen, Fetzer aus Stuttgart, Förster aus Hünfeld, Freese aus Stargard, Friederich aus Bamberg, Frisch aus Stuttgart, Fritsch aus Ried, Fritzsche aus Roda, Fröbel aus Reuß, Geigel aus München, Gerlach aus Tilsit, v. Gladis aus Wohlau, Glax aus Gumpendorf, Göbel aus Jägerndorf, Goltz aus Brieg, Gravenhorst aus Lüneburg, Groß aus Prag, Grubert aus Breslau, v. Grundner aus Ingolstadt, Gspan aus Innsbruck, Günther aus Leipzig, Gulden aus Zweibrücken, Hagen (K.) aus Heidelberg, Haggenmüller aus Kempten, Hallbauer aus Meißen, Hartmann aus Leitmeritz, Haßler aus Ulm, Hedrich aus Prag, Hehner aus Wiesbaden, Heldmann aus Selters, Hensel aus Camenz, Heubner aus Zwickau, Hildebrand aus Marburg, Hirschberg aus Sondershausen, Höfken aus Hattingen, Hönniger aus Rudolstadt, Hofer aus Pfarrkirchen, Hoffmann aus Ludwigsburg, von der Horst aus Ratenburg, Huber aus Linz, Huck aus Ulm, Jopp aus Enzersdorf, v. Itzstein aus Mannheim, Jungbanns aus Mosbach, Junkmann aus Münster, Käfferlein aus Baireuth, Kagerbauer aus Linz, Kahlert aus Leobschütz, v. Kaisersfeld aus Birkfeld, Kanitsch aus Carlsberg, Kerer aus Innsbruck, Kirchgeßner aus Würzburg, Klett aus Heilbronn, Knarr aus Steyermark, Köhler aus Seehausen, Kollaczek aus österr. Schlesien, Kotschy aus Ustron in Mährisch-Schlesien, Kudlich aus Schloß Dietach, Kuenzer aus Constanz, v. Kürsinger (Ignatz) aus Salzburg, v. Kürsinger (Carl) aus Tamsweg, Kuhnt aus Bunzlau, Langbein aus Wurzen, Laschan aus Villach, von Lassaulx aus München, Lauk aus München, Lausch aus Troppau, Levysohn aus Grünberg, Liebmann aus Perleberg, Lienbacher aus Goldegg, Lindner aus Seisenegg, Löschnigg aus Klagenfurt, Mackowiczka aus Krakau, Mally aus Steyermark, Maly aus Wien, Mammen aus Plauen, Marsilli aus Roveredo, Martiny aus Friedland, Mayer aus Ottobeuern, Melly aus Horn, Mertel aus Kronach, Meyer aus Liegnitz, Metz aus Freiburg, Minkus aus Marienfeld, Mittermaier aus Heidelberg, Möller aus Reichenberg, Mölling aus Oldenburg, v. Möring aus Wien, Mohl (Moriz) aus Stuttgart, Mohr aus Oberingelheim, von Mühlfeld aus Wien, Müller aus Würzburg, Mulley aus Weitenstein, v. Nagel aus Oberviechtach, Nägele aus Murrhardt, Nauwerck aus Berlin, Neugebauer aus Luditz, v. Neuwall aus Brünn, Nicol aus Hannover, Paur aus Neisse, Pfahler aus Tettnang, Phillips aus München, Pieringer aus Kremsmünster, Pinckert aus Zeitz, Polatzek aus Weißkirch, Prinzinger aus St. Pölten, Quesar aus Prag, Rärtig aus Potsdam, Rank aus Wien, Rapp aus Wien, Raffl aus Neustadtl in Böhmen, Raus aus Wolframitz, Raveaux aus Cöln, v. Reden aus Berlin, Reh aus Darmstadt, Reichenbach (Graf) aus Dometzko, Reichensperger aus Trier, Reindl aus Orth, Reinhard aus Boytzenburg, Reinstein aus Naumburg, Reisinger aus Freistadt, Reitter aus Prag, Renger aus böhmisch Kamnitz, Rheinwald aus Bern, Riedl aus Grätz, Riegler aus mährisch Budwitz, Riehl aus Zwettl, Rödinger aus Stuttgart, Rösler aus Oels, Roßmäßler aus Tharand, Rühl aus Hanau, Sachs aus Mannheim, Schädler aus Vaduz, Scharre aus Strehla, Schenk aus Dillenburg, Schiedermayer aus Vöcklabruck, Schlöffel aus Halbendorf, Schlutter aus Poris, Schmidt (Ernst Friedrich Franz) aus Löwenberg, Schmidt (Joseph) aus Linz, Schmitt aus Kaiserslautern, Schneider aus Wien, Schoder aus Stuttgart, Schorn aus Essen, Schreiner aus Gratz (Steyermark), Schuler aus Innsbruck, Schulz (Friedrich) aus Weilburg, Schulz aus Darmstadt, Schütz aus Mainz, Schwarzenberg aus Cassel, Simon (Max) aus Breslau, Simon (Heinrich) aus Breslau, Simon (Ludwig) aus Trier, Spatz aus Frankenthal, Stark aus Krumau, Strache aus Rumburg, Streffleur aus Wien, Stülz aus St. Florian, Tafel aus Stuttgart, Tafel (Franz) aus Zweibrücken, Tappehorn aus Oldenburg, Thüssing aus Warendorf, Tomaschek aus Iglau, Trabert aus Rausche, Trampusch aus Wien, v. Trützschler aus Dresden, Umbscheiden aus Dahn, v. Unterrichter aus Klagenfurt, Vischer aus Tübingen, Vogel aus Guben, Vogel aus Dillingen, Vogt aus Gießen, Vonbun aus Feldkirch, Wagner aus Steyr, Waldburg-Zeil-Trauchburg (Fürst) aus Stuttgart, Weber aus Neuburg, Weber aus Meran, Weiß aus Salzburg, Wesbeker aus Aachen, Welcker aus Frankfurt, Welter aus Tünsdorf, Werner aus Oberkirch, Werner aus St. Pölten, Werthmüller aus Fulda, Wesendonck aus Düsseldorf, Wichmann aus Stendal, Wiesner aus Wien, Wigard aus Dresden, Wöhler aus Schwerin, Wuttke aus Leipzig, Würth aus Sigmaringen, v. Würth aus Wien, Zell aus Trier, Ziegert aus Preuß. Minden, Zimmermann (Professor) aus Stuttgart, Zimmermann aus Spandow, Zum Sande aus Lingen.

Abwesend waren:

A. mit Entschuldigung:

Bauernschmid aus Wien, v. Beisler aus München, Bergmüller aus Mauerkirchen, Bernhardi aus Cassel, Blömer aus Aachen, Bouvier (Cajetan) aus Steyermark, Brons aus Emden, Burkart aus Bamberg, Caspers aus Coblenz, Christ aus Bruchsal, Czoernig aus Wien, Fallati aus Tübingen, v. Flottwell aus Münster, Freudentheil aus Stade, v. Gagern aus Darmstadt, v. Gagern aus Wiesbaden, Gombart aus München Gottschalk aus Schopfheim, Gritzner aus Wien, Heisterbergk aus Rochlitz, Helbing aus Emmendingen, Hillebrand aus Pöls, Höchsmann aus Wien, Kaiser (Ignatz) aus Wien, v. Kalkstein aus Wogau, Kleinschrod aus München, Koch aus Leipzig, Kolb aus Speyer, Leue aus Cöln, Löwe (Wilh.) aus Calbe, Lüntzel aus Hildesheim, Martens aus Danzig, Mathy aus Carlsruhe, v. Mayfeld aus Wien, Mevissen aus Cöln, Müller aus Damm, Müller aus Sonnenberg, Nagel aus Balingen, Neumann aus Wien, Osterrath aus Danzig, Paital aus Steyermark, Peter aus Constanz, Peter aus Bruneck, Presting aus Memel, Richter aus Achern, Römer aus Stuttgart, v. Salzwedell aus Gumbinnen, v. Saucken-Tarputschen aus Angerburg, Schaffrath aus Neustadt, Schlör aus der Oberpfalz, v. Schmerling aus Wien, Schoenmackers aus Beck, Scholl aus Stuttgart, Schrott aus Wien, Schüler (Friedr.) aus Zweibrücken, Schwerin (Graf) aus Pommern, Stahl aus Erlangen, Stedmann aus Besselich, Stockinger aus Frankenthal, Temme aus Münster, Thinnes aus Eichstätt, v. Vincke aus Hagen, Wernich aus Elbing, Wiethaus (J.) aus Gummersbach, Wippermann aus Cassel, Zittel aus Bahlingen.

B. ohne Entschuldigung:

Arndts aus München, Boch-Buschmann a. Siebenbrunnen, Bonardy a. Greiz, Fallmerayer a. München, Fuchs a. Breslau, Giskra aus Wien, Heckscher aus Hamburg, v. Hermann aus München, Hoffbauer aus Nordhausen, Houben a. Meurs, Kieralff aus Rostock, Mareck aus Gratz (Steyermark), Munchen aus Luxemburg, Overweg aus Haus Ruhr, Pfeiffer aus Adamsdorf, v. Rappard aus Glambek, Reichard aus Speyer, Scheller aus Frankfurt a. d. O., v. Scherpenzeel aus Baarlo, Servais aus Luxemburg, v. Somaruga aus Wien, Tellkampf aus Breslau, Titus aus Bamberg, v. Treskow aus Grocholin, Venedey aus Cöln, v. Wydenbrugk aus Weimar.

Präsident: Der Antrag des Ausschusses: „Das Wahlrecht muß in Person ausgeübt, die Stimme mündlich zu Protokoll abgegeben werden," ist mit 239 gegen 230 Stimmen abgelehnt. (Große Unruhe.) Ich bringe also den Vorschlag der Minorität des Ausschusses: „Das Wahlrecht wird in Person durch Stimmzettel ohne Unterschrift ausgeübt" zur Abstimmung und zwar auch zur namentlichen. (Stimmen: Ja! Andere Stimmen: Nein!) Der Antrag auf namentliche Abstimmung ist — zur Linken gewandt — nicht zurückgenommen? (Stimmen auf der Linken: Nein!) Diejenigen, die den Antrag der Minorität des Ausschusses: „Das Wahlrecht wird in Person durch Stimmzettel ohne Unterschrift ausgeübt," annehmen wollen, werden beim Aufrufe ihres Namens mit **Ja**, die den Antrag ablehnen wollen, mit **Nein** antworten. (Stimmen auf der Rechten: Nochmals verlesen!) Das Minoritätserachten kommt zur Abstimmung, Sie haben es ja in Händen. (Unruhe.)

Bei dem hierauf erfolgenden Namensaufruf antworteten mit **Ja**:

Achleitner aus Ried, Ahrens aus Salzgitter, v. Aichelburg aus Villach, Anderson aus Frankfurt a. d. O., Archer aus Rein, Backhaus aus Jena, Bauer aus Wien, Bermbach aus Siegburg, Beidtel aus Brünn, Benedict aus Wien, Blumröder (Gustav) aus Kirchenlamitz, Böcking aus Trarbach, Boczek aus Mähren, Bogen aus Michelstadt, Braun aus Bonn, Brentano aus Bruchsal, [illegible] Cetto aus Trier, Christmann aus Dürkheim, Claussen aus Kiel, Clemens aus Bonn, Cnyrim aus Frankfurt a. M., Cropp aus Oldenburg, Culmann aus Zweibrücken, Damm aus Tauberbischofsheim, Dannenberger aus München, Demel aus Teschen, Deymann aus Meppen, Dham aus Schmalenberg, v. Dieskau aus Plauen, Dietsch aus Annaberg, Dinkl aus Krems, Döllinger aus München, Drechsler aus Rostock, Eckart aus Lohr, Eckert aus Bromberg, Edel aus Würzburg, Egger aus Wien, Eisenmann aus Nürnberg, Eisenstuck aus Chemnitz, Engel aus Pinneberg, Engmayr aus Enns (Oberösterreich), Esterle aus Cavalese, Federer aus Stuttgart, Fehrenbach aus Säckingen, Fetzer aus Stuttgart, Förster aus Hünfeld, Freese aus Stargard, Friederich aus Bamberg, Frisch aus Stuttgart, Fritsch aus Ried, Fritzsche aus Roda, Fröbel aus Reuß, Geigel aus München, Gerlach aus Tilsit, Giskra aus Wien, v. Gladis aus Wohlau, Glax aus Gumpendorf, Göbel aus Jägerndorf, Götz aus Neuwied, Goltz aus Brieg, Gravenhorst aus Lüneburg, Gr[illegible] aus Prag, Grubert aus Breslau, v. Grundner aus Ingolstadt, Gspan aus Innsbruck, Günther aus Leipzig, Gulden aus Zweibrücken, Hagen (K.) aus Heidelberg, Haggenmüller aus Kempten, Hallbauer aus Meißen, Hartmann aus Leitmeritz, Haßler aus Ulm, Hedrich aus Prag, Hehner aus Wiesbaden, Heldmann aus Selters, Hensel aus Camenz, Heubner aus Zwickau, Hildebrand aus Marburg, Hirschberg aus Sondershausen, Höfken aus Hattingen, Hönniger aus Rudolstadt, Hofer aus Pfarrkirchen, Hoffbauer aus Nordhausen, Hoffmann aus Ludwigsburg, von der Horst aus Ratenburg, Huber aus Linz, Huck aus Ulm, Johannes aus Meiningen, Jopp aus Enzersdorf, v. Itzstein aus Mannheim, Junghanns aus Mosbach, Junkmann aus Münster, Käfferlein aus Baireuth, Kagerbauer aus Linz, Kahlert aus Leobschütz, v. Kaisersfeld aus Birkfeld, Kanitsch aus Karlsberg, Kerer aus Innsbruck, Kirchgeßner aus Würzburg, Klett aus Heilbronn, Knarr aus Steyermark, Köhler aus Seehausen, Kollaczek aus österreichisch Schlesien, Kotschy aus Ustron in Mährisch-Schlesien, Kudlich aus Schloß Dietach, Kuenzer aus Constanz, v. Kürsinger (Ignaz) aus Salzburg, v. Kürsinger (Carl) aus Tamsweg, Kuhnt aus Bunzlau, Langbein aus Wurzen, Laschan aus Villach, v. Lasaulx aus München, Lauk aus München, Lausch aus Troppau, Levysohn aus Grünberg, Liebmann aus Perleberg, Lienbacher aus Goldegg, Lindner aus Seifenegg, Löschnigg aus Klagenfurt, Makowiczka aus Krakau, Mally aus Steyermark, Maly aus Wien, Mammen aus Plauen, Marsilli aus Roveredo, Martiny aus Friedland, Mayer aus Ottobeuern, Melly aus Horn, Merkel aus Kronach, Meyer aus Liegnitz, Metz aus Freiburg, Minkus aus Marienfeld, Mittermaier aus Heidelberg, Möller aus Reichenberg, Mölling aus Oldenburg, v. Möring aus Wien, Mohl (Moritz) aus Stuttgart, Mohr aus Oberingelheim, Müller aus Würzburg, Mulley aus Weitenstein, v. Na-

[illegible] Nägele aus Murrhardt, Nauwerck aus Berlin, Neugebauer aus Ludit, Neuwall aus Brünn, Nicol aus Hannover, Paur aus Neiße, Pfahler aus Tettnang, Phillips aus München, Pierringer aus Kremsmünster, Pinckert aus Zeitz, Plaß aus Stade, Polatzek aus Weißkirch, Prinzinger aus St. Pölten, Quesar aus Prag, Rättig aus Potsdam, Rank aus Wien, Rapp aus Wien, Raßl aus Neustadtl in Böhmen, Raus aus Wolframitz, Raveaux aus Cöln, v. Reden aus Berlin, Reh aus Darmstadt, Reichenbach (Graf) aus Domeßko, Reichensperger aus Trier, Reindl aus Orth, Reinhard aus Boytzenburg, Reinstein aus Naumburg, Reisinger aus Freistadt, Reitter aus Prag, Renger aus böhmisch Kamnitz, Rheinwald aus Bern, Rieß aus Graz, Riegler aus mährisch Budwitz, Riehl aus Zwettl, Rödinger aus Stuttgart, Rösler aus Oels, Roßmäßler aus Tharand, Rühl aus Hanau, Sachs aus Mannheim, Schädler aus Vaduz, Scharre aus Strehla, Schenk aus Dillenburg, Schiedermayer aus Vöcklabruck, Schlöffel aus Halbendorf, Schlutter aus Poris, v. Schmerling aus Wien, Schmidt (Ernst Friedrich Franz) aus Löwenberg, Schmidt (Adolph) aus Berlin, Schmidt (Joseph) aus Linz, Schmitt aus Kaiserslautern, Schneider aus Wien, Schoder aus Stuttgart, Schorn aus Essen, Schreiner aus Gratz (Steyermark), Schuler aus Innsbruck, Schulz (Friedrich) aus Weilburg, Schulz aus Darmstadt, Schütz aus Mainz, Schwarzenberg aus Cassel, Sepp aus München, Simon (Max) aus Breslau, Simon (Heinrich) aus Breslau, Simon (Ludwig) aus Trier, Spatz aus Frankenthal, Stark aus Krumau, Strache aus Rumburg, Streffleur aus Wien, Stülz aus St. Florian, Tafel aus Stuttgart, Tafel (Franz) aus Zweibrücken, Tappehorn aus Oldenburg, Thüssing aus Warendorf, Tomaschek aus Iglau, Trabert aus Rausche, Trampusch aus Wien, v. Trützschler aus Dresden, Umbscheiden aus Dahn, v. Unterrichter aus Klagenfurt, Vischer aus Tübingen, Vogel aus Guben, Vogel aus Dillingen, Vogt aus Gießen, Vonbun aus Feldkirch, Wagner aus Steyr, Waldburg-Zeil-Trauchburg (Fürst) aus Stuttgart, Weber aus Neuburg, Weber aus Meran, Weiß aus Salzburg, Welcker aus Aachen, Welcker aus Frankfurt, Welter aus Tünsdorf, Werner aus Oberkirch, Werner aus St. Pölten, Werthmüller aus Fulda, Wesendonck aus Düsseldorf, Wiesner aus Wien, Wigard aus Dresden, Wöhler aus Schwerin, Wutke aus Leipzig, Würth aus Sigmaringen, v. Würth aus Wien, v. Wydenbrugk aus Weimar, Zell aus Trier, Ziegert aus Preuß. Minden, Zimmermann (Professor) aus Stuttgart, Zimmermann aus Spandow, Zum Sande aus Lingen.

Mit Nein antworteten:

Ambrosch aus Breslau, v. Amstetter aus Breslau, Anders aus Goldberg, v. Andrian aus Wien, Anz aus Marienwerder, Arndt aus Bonn, Arneth aus Wien, v. Bally aus Beuthen, Barth aus Kaufbeuren, Bassermann aus Mannheim, Bauer aus Bamberg, Becker aus Gotha, v. Beckerath aus Crefeld, Behnke aus Hannover, Beseler aus Greifswald, Beseler (H. W.) aus Schleswig, Biedermann aus Leipzig, Bock aus Preußisch-Minden, Böcler aus Schwerin, v. Boddien aus Pleß, v. Borries aus Carthaus, v. Bothmer aus Carow, Braun aus Cöslin, Bresgius aus Züllichau, v. Breuning aus Aachen, Breusing aus Osnabrück, Briegleb aus Coburg, Bürgers aus Cöln, Buß aus Freiburg, v. Buttel aus Oldenburg, Cornelius aus Braunsberg, Coronini-Cronberg (Graf) aus Görz, Cramer aus Cöthen, Cucumus aus München, Dahlmann aus Bonn, Deeke aus Lübeck, Deetz aus Wittenberg, Degenkolb aus Eilenburg, Deiters aus Bonn, Detmold aus Hannover, Duckwitz aus Bremen, Droysen aus Kiel, Dunker aus Halle, Edmeier aus Paderborn, Edlauer aus Gratz, Ehrlich aus Murzynek, Emmerling aus Darmstadt, v. Ende aus Waldenburg, Engel aus Culm, Esmarch aus Schleswig, Evertsbusch aus Altena, Falk aus Ottolangendorf, Fischer (Gustav) aus Jena, Francke (Carl) aus Rendsburg, Fügerl aus Korneuburg, Gebhard aus Würzburg, v. Gersdorf aus Tuetz, Gevekoht aus Bremen, Gfrörer aus Freiburg, v. Giech (Graf) aus Thurnau, Giesebrecht aus Stettin, Godeffroy aus Hamburg, Göden aus Krotoszyn, von der Goltz (Graf) aus Czarnikau, Götz aus Neuwied, Graf aus München, Grävell aus Frankfurt a. d. O., Groß aus Leer, Grüel aus Burg, Grumbrecht aus Lüneburg, Gülich aus Schleswig, Gysae (Wilhelm) aus Strehlow, Hahn aus Guttstatt, v. Hartmann aus Münster, Haubenschmied aus Passau, Hayden aus Dorff bei Schlierbach, Haym aus Halle, Heimbrod aus Sorau, v. Hennig aus Dempowalonka, Hergenhahn aus Wiesbaden, Herzog aus Ebermannstadt, Hofmann aus Friedberg, Hollandt aus Braunschweig, Hugo aus Göttingen, Jacobi aus Hersfeld, Jahn aus Freiburg an der Unstrutt, Jordan aus Berlin, Jordan aus Gollnow, Jordan aus Frankfurt a. M., Jucho aus Frankfurt a. M., v. Keller (Graf) aus Erfurt, Kerst aus Birnbaum, v. Keudell aus Berlin, Kleinschrod aus München, Kohlparzer aus Neuhaus, Kosmann aus Stettin, v Kösteritz aus Elberfeld, Krafft aus Nürnberg, Kratz aus Wintershagen, Künßberg aus Ansbach, Küntzel aus Wolka, Kutzen aus Breslau, Lammers aus Erlangen, Langerfeldt aus Wolfenbüttel, Laube aus Leipzig, Laudien aus Königsberg, Lette aus Berlin, Leverkus aus Lennep, v. Linde aus Mainz, Lodemann aus Lüneburg, Löw aus Magdeburg, Löw aus Posen, Lüntzel aus Hildesheim, v. Maltzahn aus Küstrin, Mann aus Rostock, Marcks aus Duisburg, Marcus aus Bartenstein, v. Massow aus Carlsberg, Mathy aus Carlsruhe, Matthies aus Greifswald, Mauckisch aus Dippoldiswalde, Metzke aus Sagan, Michelsen aus Jena, Mohl (Robert) aus Heidelberg, Münch aus Wetzlar, Naumann aus Frankfurt a. d. O., v. Nelschütz aus Königsberg, Nerreter aus Fraustadt, Neubauer aus Wien, Neumayr aus München, Nizze aus Stralsund, Nöthig aus Weißholz, Obermüller aus Passau, Oertel aus Mittelwalde, Ostendorf aus Soest, Ottow aus Labiau, Pannier aus Zerbst, Paur aus Augsburg, Pfeufer aus Landshut, Pinder aus Woinowitz, Plathner aus Halberstadt, Plehn aus Marienburg, Pöhl aus München, v. Pretis aus Hamburg, v. Quintus-Icilius aus Fallingbostel, v. Radowitz aus Rüthen, Rahm aus Stettin, v. Raumer aus Berlin, v. Raumer aus Dinkelsbühl, Richter aus Danzig, Riesser aus Hamburg, Röben aus Dornum, Röder aus Neustettin, Rößler aus Wien, Rothe aus Berlin, v. Rotenhan aus München, Rüder aus Oldenburg, Rümelin aus Nürtingen, v. Sänger aus Grabow, Schauß aus München, Scherpp aus Wiesbaden, Schick aus Weißensee, Schierenberg aus Detmold, Schirmeister aus Insterburg, v. Schleussing aus Rastenburg, Schlüter aus Paderborn, Schnerr aus Breslau, Scholten aus Ward, Scholz aus Neisse, Schrader aus Brandenburg, Schreiber aus Bielefeld, v. Schrenk aus München, v. Schrötter aus Preuß. Holland, Schubert (Friedrich Wilhelm) aus Königsberg, Schubert aus Würzburg, Schultze aus Potsdam, Schultze aus Liebau, Schwarz aus Halle, Schwetschke aus Halle, v. Selasinsky aus Berlin, v. Selchow aus Rettkewitz, Sellmer aus Landsberg a. d. W., Siehr aus Gumbinnen, Siemens aus Hannover, Simson aus Stargard, v. Soiron aus Mannheim, Sprengel aus Waren, Stavenhagen aus Berlin, Stenzel aus Breslau, Stieber aus Budissin, Sturm aus Sorau, Tannen aus Zilenzig, Teichert aus Berlin, v. Thielau aus Braunschweig, Thöl aus Rostock, Uhland aus Tübingen, Veit aus Berlin, Versen aus Niehheim, Viebig aus Posen, Waitz aus Göttingen, Waldmann aus Heiligenstadt, Walter aus Neustadt, Wedekind aus Bruchhausen, v. Wedemeyer aus Schönrade, v. Wegnern aus Lyk, Weißenborn aus Eisenach, Wernher aus Nierstein, Wichmann aus Stendal, Widenmann aus Düsseldorf, Wiest aus Tübingen, Winter aus Liebenburg, v. Wulffen aus Passau, Zachariä aus Bernburg, Zachariä aus Göttingen, Zeltner aus Nürnberg, v. Zerzog aus Regensburg, Zöllner aus Chemnitz.

Abwesend waren:

A. mit Entschuldigung:

Bauernschmid aus Wien, v. Beisler aus München, Bergmüller aus Mauerkirchen, Bernhardi aus Cassel, Blömer aus Aachen, Bouvier (Cajetan) aus Steyermark, Brons aus Emden, Burkart aus Bamberg, Caspers aus Coblenz, Christ aus Bruchsal, Czoernig aus Wien, Fallati aus Tübingen, v. Flottwell aus Münster, Freudentheil aus Stade, v. Gagern aus Darmstadt, v. Gagern aus Wiesbaden, Gombart aus München, Gottschalk aus Schopfheim, Gritzner aus Wien, Heisterbergk aus Rochlitz, Helbing aus Emmendingen, Hillebrand aus Pöls, Höcksmann aus Wien, Kaiser (Ignaz) aus Wien, v. Kalkstein aus Wegau, Koch aus Leipzig, Kolb aus Speyer, Leue aus Cöln, Löwe (Wilhelm) aus Calbe, [illegible] aus [illegible], [illegible] aus [illegible], [illegible], Müller aus Sonnenberg, Nagel aus Balingen, Neumann aus Wien, Osterrath aus Danzig, Pattai aus Steyermark, Peter aus Constanz, Peyer aus Bruneck, [illegible] aus [illegible], Richter aus Achern, Römer aus Stuttgart, v. Salzwedell aus Gumbinnen, von Saucken-Tarputschen aus Angerburg, [illegible] aus Neustadt, Schlör aus der Oberpfalz, Schönmäckers aus Beck, Schott aus Stuttgart, [illegible] aus Wien, Schüler (Friedr.) aus Zweibrücken, Schwerin (Graf) aus Pommern, Stahl aus Erlangen, Stedmann aus Besselich, Stein aus Görz, Stockinger aus Frankenthal, Temme aus Münster, Thinnes aus Eichstätt, v. Vincke aus Hagen, Wernich aus Elbing, Wiethaus (J.) aus Gummersbach, Wippermann aus Cassel, Zittel aus Bahlingen.

B. ohne Entschuldigung:

Arndts aus München, Becker aus Trier, Boch-Buschmann aus Siebenbrunnen, Bonardy aus Greiz, Deym (Graf) aus Prag, Fallmerayer aus München, Fuchs aus Breslau, Heckscher aus Hamburg, v. Hermann aus München, Houben aus Meurs, Jürgens aus Stadtoldendorf, Kierulff aus Rostock, Mareck aus Gratz (Steyermark), Merck aus Hamburg, v. Mühlfeld aus Wien, Munchen aus Luxemburg, Overweg aus Haus Ruhr, Pfeiffer aus Adamsdorf, v. Rappard aus Glambek, Reichard aus Speyer, Reitmayr aus Regensburg, Scheller aus Frankfurt a. d. O., v. Scherpenzeel aus Baarlo, Schüler aus Jena, Servais aus Luxemburg, v. Somaruga aus Wien, v. Stremayr aus Gratz, Titus aus Bamberg, v. Trestow aus Grocholin, Venedey aus Cöln, Wurm aus Hamburg.

Präsident: Das Minoritätserachten zu § 13: „Das Wahlrecht wird in Person durch Stimmzettel ohne Unterschrift ausgeübt," ist mit 249 gegen 218 Stimmen angenommen. (Auf mehreren Seiten: Bravo.) Ich habe zwei Erklärungen über diese Abstimmung zu verlesen. Herr v. Linde erklärt zu Protokoll:

„Da mir die Gelegenheit, die Gründe meiner Abstimmung von der Rednerbühne anzugeben, durch den Schluß der Berathung entzogen worden ist, so erkläre ich zu Protokoll: daß ich mit Ja gestimmt habe, weil ich die persönliche, mündliche Abstimmung als die wesentliche Form der öffentlichen betrachte; die öffentliche und geheime Abstimmung sich aber nur dadurch in ihrem Werthe unterscheiden, daß bei letzterer mehr dem Intriguenspiele, bei ersterer mehr der Menschenfurcht Einfluß gestattet ist; ich aber die letztere, so lange sie nicht die Folge eines unbedingten Terrorismus ist, was ich auf die Dauer nicht befürchte, als das minder gefährliche und nachtheilige ansehe."

Die zweite Erklärung von den Herren Bresgen, Böcking und Johannes lautet:

„Wir sind im Princip für das öffentliche Stimmabgeben und haben die desfallsige Frage mit „Ja" beantwortet. Die Mehrheit hat sich dagegen ausgesprochen. Wir verkennen nicht, daß wichtige Gründe für die Heimlichkeit der Wahlen sprechen [illegible] für das nicht öffentliche Stimmabgeben [illegible], dennoch jener Mehrheit unterwerfen, um das Nichtzustandekommen eines Beschlusses verhüten zu helfen.“ (Bravo.)

Wir gehen zu der Abstimmung über § 14 über. Mein Vorschlag für diese Abstimmung ist folgender: ich würde anfangen mit den Worten des § 14: „die Wahl ist direct.“ Wenn dieser Satz angenommen wird, so werde ich die ferneren Modificationen zur Abstimmung bringen, die der Ausschuß für die directe Wahl selber vorgeschlagen hat, also:

„sie erfolgt durch absolute Stimmenmehrheit aller in einem Wahlkreis abgegebenen Stimmen.

Stellt bei einer Wahl eine absolute Stimmenmehrheit sich nicht heraus, so ist eine zweite Wahlhandlung vorzunehmen. Wird auch bei dieser eine absolute Stimmenmehrheit nicht erreicht, so ist zum dritten Male nur unter den zwei Candidaten zu wählen, welche in der zweiten Wahlhandlung die meisten Stimmen erhalten haben.

Bei Stimmengleichheit entscheidet das Loos.“

Würde der erste Satz: „die Wahl ist direct“ angenommen, die ferneren Modificationen des Ausschusses aber etwa abgelehnt, so hätte ich überzugehen zu dem Amendement des Herrn Günther, Nr. 87:

„Sie wird durch relative Stimmenmehrheit aller in einem Wahlkreis abgegebenen Stimmen vollzogen.“

Würde dagegen der Satz: „die Wahl ist direct“ abgelehnt, so würde ich zu dem Antrage des Herrn v. Linde übergehen: „die Wahl ist indirect,“ und falls der angenommen würde, zu der Fortsetzung, die das Amendement des Herrn **Schubert** von Königsberg unter Nr. 89 enthält:

„Auf je 250 Seelen nach der letzten Volkszählung des einzelnen Staates wird Ein Wahlmann gewählt. Die auf solche Weise ernannten Wahlmänner jedes einzelnen im § 7—10 bezeichneten Wahlkreises wählen **Einen** Abgeordneten. Beide Arten von Wahlen erfolgen durch absolute Stimmenmehrheit.“

Falls dieß Amendement verworfen würde, endlich zu dem Amendement des Herrn Arndts, Nr. 85, und zwar § 14 a, 14 c und 14 d, denn 14 b hat bei § 13 schon seine Erledigung gefunden. Wenn gegen diesen Abstimmungsvorschlag keine Einwendung erhoben wird, so frage ich, für welche von diesen Sätzen Herr Rösler von Oels die namentliche Abstimmung vorbehalten wissen will.

Rösler von Oels (vom Platze): Für den ersten Satz des Verfassungsausschusses: „die Wahl ist direct.“

Präsident: Findet der Vorschlag, über den Antrag des Ausschusses: „die Wahl ist direct,“ namentlich abzustimmen, Unterstützung? (Viele Mitglieder erheben sich.) Die Unterstützung ist reichlich. Zur Abstimmung kommen also die Worte: „die Wahl ist direct.“ Wer diesen Antrag des Verfassungsausschusses annehmen will, wird bei dem Namensaufruf mit **Ja**, wer ihn ablehnen will, mit **Nein** antworten.

Bei dem hierauf erfolgenden Namensaufruf antworteten mit **Ja**:

Ahrens aus Salzgitter, v. Aichelburg aus Villach, Anders aus Goldberg, Anderson aus Frankfurt a. d. Oder, Anz aus Marienwerder, Archer aus Rein, Backhaus aus Jena, Becker aus Trier, Beidtel aus Brünn, Berger aus Wien, Bermbach aus Siegburg, Beseler aus Greifswald, Beseler (H. W.) aus Schleswig, Biedermann aus Leipzig, Blumröder (Gustav) aus Kirchenlamitz, Böcking aus Trarbach, Böcler aus Schwerin, Boczek aus Mähren, Bogen aus Michelstadt, Brentano aus Bruchsal, Bresgen aus Ahrweiler, v. Breuning aus Aachen, Briegleb aus Coburg, Buß aus Freiburg, v. Buttel aus Oldenburg, Cetto aus Trier, Christmann aus Dürkheim, Claussen aus Kiel, Cnyrim aus Frankfurt am Main, Cramer aus Cöthen, Cropp aus Oldenburg, Culmann aus Zweibrücken, Dahlmann aus Bonn, Damm aus Tauberbischoffsheim, Demel aus Teschen, Dham aus Schmalenberg, v. Dieskau aus Plauen, Dietsch aus Annaberg, Drechsler aus Rostock, Droysen aus Kiel, Eckert aus Bromberg, Ehrlich aus Murzynek, Eisenstuck aus Chemnitz, Emmerling aus Darmstadt, Engel aus Pinneberg, Esmarch aus Schleswig, Esterle aus Cavalese, Federer aus Stuttgart, Fehrenbach aus Säckingen, Fetzer aus Stuttgart, Francke (Carl) aus Rendsburg, Freese aus Stargard, Frisch aus Stuttgart, Fritzsche aus Roda, Fröbel aus Reuß, Gebhard aus Würzburg, Geigel aus München, Gerlach aus Tilsit, Gfrörer aus Freiburg, Giskra aus Wien, v. Gladis aus Wohlau, Golz aus Brieg, Groß aus Leer, Groß aus Prag, Grubert aus Breslau, Gülich aus Schleswig, Günther aus Leipzig, Gulden aus Zweibrücken, Hagen (K.) aus Heidelberg, Haggenmüller aus Kempten, Hallbauer aus Meißen, Hartmann aus Leitmeritz, Haßler aus Ulm, Hedrich aus Prag, Hehner aus Wiesbaden, Heldmann aus Selters, Hensel aus Camenz, Herzog aus Ebermannstadt, Heubner aus Zwickau, Hildebrand aus Marburg, Hirschberg aus Sondershausen, Höfken aus Hattingen, Hönniger aus Rudolstadt, Hoffbauer aus Nordhausen, Hoffmann aus Ludwigsburg, Hofmann aus Friedberg, Hollandt aus Braunschweig, Huber aus Linz, Huck aus Ulm, Jacobi aus Hersfeld, Jahn aus Freiburg an der Unstrutt, Johannes aus Meiningen, Jopp aus Enzersdorf, Jordan aus Gollnow, Jordan aus Frankfurt a. M., v. Itzstein aus Mannheim, Jucho aus Frankfurt a. M., Junghanns aus Mosbach, Käfferlein aus Baireuth, Kanitsch aus Karlsberg, v. Keudell aus Berlin, Kirchgeßner aus Würzburg, Klett aus Heilbronn, Köhler aus Seehausen, Kollaczek aus österr. Schlesien, Kotschy aus Ustron in Mährisch-Schlesien, Kudlich aus Schloß Dietach, Kuenzer aus Constanz, Kuhnt aus Bunzlau, Langbein aus Wurzen, Laschan aus Villach, Laube aus Leipzig, Laudien aus Königsberg, Lauk aus München, Lausch aus Troppau, Levysohn aus Grünberg, Liebmann aus Perleberg, Löschnigg aus Klagenfurt, Makowiczka aus Krakau, Mammen aus Plauen, Mann aus Rostock, Marcus aus Bartenstein, Mareck aus Gratz (Steyermark), Marsilli aus Roveredo, Martiny aus Friedland, v. Massow aus Carlsberg, Matthies aus Greifswald, Mayer aus Ottobeuern, Mauckisch aus Hippoldiswalde, Melly aus Horn, Mertel aus Kronach, Meyer aus Liegnitz, Metz aus Freiburg, Michelsen aus Jena, Minkus aus Marienfeld, Mittermaier aus Heidelberg, Mösler aus Reichenberg, Mölling aus Oldenburg, Mohl (Moriz) aus Stuttgart, Mohl (Robert) aus Heidelberg, Mohr aus Oberingelheim, Mulley aus Weitenstein, Nägele aus Murrhardt, Nauwerck aus Berlin, v. Neischütz aus Königsberg, Nerreter aus Fraustadt, Neugebauer aus Ludiß, v. Neuwall aus Brünn, Nicol aus Hannover, Ostendorf aus Soest, Ottow aus Labiau, Pannier aus Zerbst, Paur aus Augsburg, Paur aus Neisse, Pfahler aus Tettnang, Pfeufer aus Landshut, Pinckert aus Zeitz, Pinder aus Weinowitz, Plathner aus Halberstadt, Pözl aus München, v. Quintus-Icilius aus Fallingbostel, Rahm aus Stettin, Rank aus Wien, Rapp aus Wien, v. Raumer aus Berlin, v. Raumer aus Dinkelsbühl, Raus aus Wolframitz, Raveaux aus Cöln, v. Reden aus Berlin, Reh aus Darmstadt, Reinhard aus Boytzenburg, Reinstein aus Naumburg, Reisinger aus Freistadt, Reitmayr aus Regensburg, Reitter aus Prag, Renger aus böhmisch Kamnitz, Rheinwald aus Bern, Riehl aus Zwettl, Riesser aus Hamburg, Röder aus Neustettin, Rödinger aus Stuttgart, Roßmäßler aus Tharand, Rüder aus Oldenburg, Rühl aus Hanau, Sachs aus Mannheim, Scharre aus Strehla, Schenk aus Dillenburg, Schepp aus Wiesbaden, Schiedermayer aus Vöcklabruck, Schierenberg aus Detmold, Schirmeister aus Insterburg, Schlöffel aus Halbendorf, Schlutter aus Poris, Schmidt (Ernst Friedrich Franz) aus Löwenberg, Schmidt (Adolph) aus Berlin, Schmitt aus Kaiserslautern, Schneider aus Wien, Schoder aus Stuttgart, Schorn aus Essen, Schrader aus Brandenburg, Schreiner aus Graz (Steyermark), Schubert aus Würzburg, Schüler aus Jena, Schulz (Friedrich) aus Weilburg, Schulz aus Darmstadt, Schütz aus Mainz, Schwarzenberg aus Cassel, Siehr aus Gumbinnen, Siemens aus Hannover, Simon (Max) aus Breslau, Simon (Heinrich) aus Breslau, Simon (Ludwig) aus Trier, Simson aus Stargard, v. Soiron aus Mannheim, Spatz aus Frankenthal, Sprengel aus Waren, Stark aus Krumau, Stenzel aus Breslau, Stieber aus Budissin, Strache aus Rumburg, Tafel aus Stuttgart, Tafel (Franz) aus Zweibrücken, Teichert aus Berlin, Thöl aus Rostock, Thüssing aus Warendorf, Tomaschek aus Iglau, Trabert aus Rausche, Trampusch aus Wien, v. Trützschler aus Dresden, Uhland aus Tübingen, Umbscheiden aus Dahn, v. Unterrichter aus Klagenfurt, Venedey aus Cöln, Viebig aus Posen, Vischer aus Tübingen, Vogel aus Guben, Vogt aus Gießen, Vonbun aus Feldkirch, Wagner aus Steyr, Waitz aus Göttingen, Waldburg-Zeil-Trauchburg (Fürst) aus Stuttgart, Walter aus Neustadt, Wedekind aus Bruchhausen, Weißenborn aus Eisenach, Welter aus Tünsdorf, Werner aus Oberkirch, Wernher aus Nierstein, Werthmüller aus Fulda, Wesendonck aus Düsseldorf, Widenmann aus Düsseldorf, Wiesner aus Wien, Wiest aus Tübingen, Wigard aus Dresden, Wöhler aus Schwerin, Wurm aus Hamburg, Wuttke aus Leipzig, Würth aus Sigmaringen, v. Wydenbrugk aus Weimar, Zachariä aus Bernburg, Zell aus Trier, Ziegert aus preußisch Minden, Zimmermann [illegible] aus Stuttgart, Zimmermann aus Spandau, Zöllner aus Chemnitz.

Mit Nein antworteten:

Achleitner aus Ried, Ambrosch aus Breslau, v. Amstetter aus Breslau, Arndt aus Bonn, Arneth aus Wien, v. Bally aus Beuthen, Barth aus Kaufbeuren, Bassermann aus Mannheim, Bauer aus Bamberg, Bauer aus Wien, Becker aus Gotha, v. Beckerath aus Crefeld, Behnke aus Hannover, Benedict aus Wien, Bock aus Preußisch-Minden, v. Boddien aus Pleß, v. Borries aus Carthaus, v. Bothmer aus Carow, Braun aus Bonn, Braun aus Cöslin, Brescius aus Züllichau, Breusing aus Osnabrück, Bürgers aus Cöln, Clemens aus Bonn, Cornelius aus Braunsberg, Coronini-Cronberg (Graf) aus Görz, Cucumus aus München, Dazenberger aus München, Deeke aus Lübeck, Deetz aus Wittenberg, Degenkolb aus Eilenburg, Deiters aus Bonn, Detmold aus Hannover, Deymann aus Meppen, Dinstl aus Krems, Döllinger aus München, Dröge aus Bremen, Edmeier aus Paderborn, Eckart aus Lohr, Edel aus Würzburg, Edlauer aus Graz, Egger aus Wien, Eisenmann aus Nürnberg, v. Ende aus Waldenburg, Engel aus Culm, Englmayr aus Enns (Oberösterreich), Evertsbusch aus Altena, Falk aus Ottolangendorf, Fischer (Gustav) aus Jena, Friederich aus Bamberg, Fritsch aus Ried, Fuchs aus Breslau, Fügerl aus Korneuburg, v. Gersdorf aus Tusz, Gevekoht aus Bremen, v. Giech (Graf) aus Thurnau, Giesebrecht aus Stettin, Glax aus Gumpendorf, Göbel aus Jägerndorf, Göden aus Krotoszyn, Götz aus Neuwied, von der Goltz (Graf) aus Czarnikau, Graf aus München, Grävell aus Frankfurt a. d. Oder, Gravenhorst aus Lüneburg, Grumbrecht aus Lüneburg, von Grundner aus Ingolstadt, Gspan aus Innsbruck, Gysae (Wilhelm) aus Strehlow, Hahn aus Guttstatt, v. Hartmann aus Münster, Haubenschmied aus Passau, Hayden aus Dorff bei Schlierbach, Haym aus Halle, Heimbrod aus Sorau, v. Hennig aus Dempowalonka, Hofer aus Pfarrkirchen, von der Horst aus Ratenburg, Hugo aus Göttingen, Junkmann aus Münster, Jürgens aus Stadtoldendorf, Kagerbauer aus Linz, Kahlert aus Leobschütz, v. Kaisersfeld aus Birkfeld, v. Keller (Graf) aus Erfurt, Kerer aus Innsbruck, Kerst aus Birnbaum, Kleinschrod aus München, Knarr aus Steyermark, Kohlparzer aus Neuhaus, Kosmann aus Stettin, v. Kösteritz aus Elberfeld, Krafft aus Nürnberg, Kratz aus Wintershagen, Künßberg aus Ansbach, v. Kürsinger (Ignatz) aus Salzburg, v. Kürsinger (Carl) aus Tamsweg, Kutzen aus Breslau, Lammers aus Erlangen, Langerfeldt aus Wolfenbüttel, v. Lassaulx aus München, Lette aus Berlin, Leverkus aus Lennep, Lienbacher aus Golbegg, von Linde aus Mainz, Lindner aus Seisenegg, Lodemann aus Lüneburg, Löw aus Magdeburg, Löw aus Posen, Lüntzel aus Hildesheim, Mally aus Steyermark, v. Maltzahn aus Küstrin, Marcks aus Duisburg, Mathy aus Carlsruhe, Metzke aus Sagan, v. Möring aus Wien, Müller aus [illegible], [illegible] aus [illegible], v. Nagel aus Oberviechtach, Naumann aus Frankfurt a. d. O., Neubauer aus Wien, Neumayr aus München, Nizze aus Stralsund, Nöthig aus Weißholz, Obermüller aus Passau, Oertel aus Mittelwalde, Phillips aus München, Pieringer aus Kremsmünster, Plaß aus Stade, Plehn aus Marienburg, Polatzek aus Weißkirch, v. Pretis aus Hamburg, Prinzinger aus St. Pölten, Quesar aus Prag, v. Radowitz aus Rüthen, Rättig aus Potsdam, Rassl aus Neustadtl in Böhmen, Reichensperger aus Trier, Reindl aus Orth, Richter aus Danzig, Riedl aus Gratz, Riegler aus mährisch Budwitz, Röben aus Dornum, Rößler aus Wien, Rothe aus Berlin, v. Rotenhan aus München, Rümelin aus Nürtingen, v. Sänger aus Grabow, Schädler aus Vaduz, Schauß aus München, Schick aus Weißensee, v. Schleussing aus Rastenburg, Schlüter aus Paderborn, v. Schmerling aus Wien, Schmidt (Joseph) aus Linz, Schneer aus Breslau, Scholten aus Ward, Scholz aus Neisse, Schreiber aus Bielefeld, von Schrenk aus München, von Schrötter aus preußisch Holland, Schubert (Friedrich Wilhelm) aus Königsberg, Schuler aus Innsbruck, Schultze aus Potsdam, Schultze aus Liebau, Schwarz aus Halle, Schwetschke aus Halle, v. Selchow aus Rettkewitz, v. Selasinsky aus Berlin, Sellmer aus Landsberg a. d. W., Sepp aus München, Stavenhagen aus Berlin, Stein aus Görz, Streffleur aus Wien, v. Stremayr aus Gratz, Stülz aus St. Florian, Sturm aus Sorau, Tannen aus Zilenzig, Tappehorn aus Oldenburg, Tellkampf aus Breslau, v. Thielau aus Braunschweig, Veit aus Berlin, Versen aus Nieheim, Vogel aus Dillingen, Waldmann aus Heiligenstadt, Weber aus Neuburg, Weber aus Meran, v. Wedemeyer aus Schönrade, v. Wegnern aus Lyk, Weiß aus Salzburg, Wekbeker aus Aachen, Welcker aus Frankfurt, Werner aus St. Pölten, Wichmann aus Stendal, Wiebker aus Uckermünde, Winter aus Liebenburg, v. Wulffen aus Passau, v. Würth aus Wien, Zachariä aus Göttingen, Zeltner aus Nürnberg, von Zerzog aus Regensburg, Zum Sande aus Lingen.

Abwesend waren:

A. mit Entschuldigung:

v. Andrian aus Wien, Bauernschmid aus Wien, v. Beisler aus München, Bergmüller aus Mauerkirchen, Bernhardi aus Cassel, Blömer aus Aachen, Bouvier (Cajetan) aus Steyermark, Brons aus Emden, Burkart aus Bamberg, Caspers aus Coblenz, Christ aus Bruchsal, Czoernig aus Wien, Fallati aus Tübingen, v. Flottwell aus Münster, Freudentheil aus Stade, v. Gagern aus Darmstadt, v. Gagern aus Wiesbaden, Gombart aus München, Gottschalk aus Schopfheim, Gritzner aus Wien, Heisterbergk aus Rochlitz, Helbing aus Emmendingen, Hergenhahn aus Wiesbaden, Hillebrand aus Pöls, Höchsmann aus Wien, Jordan aus Berlin, Kaiser (Ignatz) aus Wien, v. Kalkstein aus Wegau, Koch aus Leipzig, Koß aus Speyer, Leue aus Cöln, Löwe (Wilh.) aus Calbe, Martens aus Danzig, von Mayfeld aus Wien, Mevissen aus Cöln, Müffer aus Damm, Müller aus Sonnenberg, Nagel aus Balingen, Neumann aus Wien, Osterrath aus Danzig, Pattai aus Steyermark, Peter aus Constanz, Petzer aus Bruneck, Presting aus Memel, Richter aus Achern, Römer aus Stuttgart, v. Saltzwedell aus Gumbinnen, v. Saucken-Tarputschen aus Angerburg, Schaffrath aus Neustadt, Schlörr aus der Oberpfalz, Schoenmackers aus Beck, Schott aus Stuttgart, Schrott aus Wien, Schüler (Friedrich) aus Zweibrücken, Schwerin (Graf) aus Pommern, Stahl aus Erlangen, Stedmann aus Besselich, Stockinger aus Frankenthal, Temme aus Münster, Thinnes aus Eichstätt, von Vincke aus Hagen, Wernich aus Elbing, Wiethaus (J.) aus Gummersbach, Wippermann aus Cassel, Zittel aus Bahlingen.

B. ohne Entschuldigung:

Arndts aus München, Bach-Buschmann aus Siebenbrunnen, Bonardy aus Greiz, Deym (Graf) aus Prag, Dunker aus Halle, Fallmerayer aus München, Förster aus Hünfeld, Godeffroy aus Hamburg, Grüel aus Burg, Heckscher aus Hamburg, v. Hermann aus München, Houben aus Meurs, Kierulff aus Rostock, Küntzel aus Wolka, Maly aus Wien, Merck aus Hamburg, v. Mühlfeld aus Wien, München aus Luxemburg, Overweg aus Haus Ruhr, Pfeiffer aus Adamsdorf, v. Rappard aus Glambek, Richard aus Speyer, Reichenbach (Graf) aus Domeßko, Rösler aus Oels, Scheller aus Frankfurt a. d. O., v. Scherpenzeel aus Baarlo, Servais aus Luxemburg, v. Somaruga aus Wien, Titus aus Bamberg, v. Treskow aus Grocholin.

Präsident: Der Antrag des Ausschusses: „Die Wahl ist direct," ist mit 264 gegen 202 Stimmen angenommen (Bravo auf der Linken), und damit sind die Anträge der Herren v. Linde, Schubert und Genossen und Arndts und Genossen erledigt. Ich bringe also die Fortsetzung des Paragraphen, wie er von dem Verfassungs-Ausschuß vorgeschlagen wird, zur Abstimmung. Diejenigen Herren, die zu den angenommenen Worten: „Die Wahl ist direct", nach dem Antrage des Verfassungs-Ausschusses hinzufügen wollen:

„Sie erfolgt durch absolute Stimmenmehrheit aller in einem Wahlkreis abgegebenen Stimmen,"

ersuche ich, sich zu erheben. (Die Mehrheit erhebt sich.) Der Satz ist angenommen und damit das Amendement des Herrn Günther erledigt. — Ich gehe zu dem nächsten Satze des Verfassungs-Ausschusses über. Diejenigen Herren, die den Antrag des Verfassungs-Ausschusses:

„Stellt bei einer Wahl eine absolute Stimmenmehrheit sich nicht heraus, so ist eine zweite Wahlhandlung vorzunehmen. Wird auch bei dieser eine absolute Stimmenmehrheit nicht erreicht, so ist zum Drittenmal nur unter den zwei Candidaten zu wählen, welche in der zweiten Wahlhandlung die meisten Stimmen erhalten haben. Bei Stimmengleichheit entscheidet das Loos."

annehmen wollen, bitte ich, aufzustehen. (Die Mehrheit erhebt sich.) Auch dieser Satz ist angenommen, und damit die Abstimmung über § 14 beendigt. — (Verschiedene Zurufe: Vertagen! fortsetzen!) Meine Herren! Ich bitte, die Plätze einzunehmen, dann werde ich die Vertagungsfrage stellen. Diejenigen Herren, welche die Fortsetzung der Berathung über den vorliegenden Entwurf auf die nächste Sitzung vertagt wissen wollen, ersuche ich, sich zu erheben. (Die Mehrheit erhebt sich.) Die Vertagung ist angenommen. — Ich habe noch einige Anzeigen zu machen. Im Laufe der Sitzung ist mir eine vom 1. Februar datirte Austrittsanzeige des Herrn v. Mayern durch seinen bereits eingetretenen Stellvertreter, Herrn Dr. Perthaler, übergeben worden. Ich setze das Haus davon in Kenntniß und werde die Erklärung auch dem Ministerium des Innern mittheilen. — Die Mitglieder der zweiten, sechsten, siebenten, neunten und zwölften Abtheilung werden von ihren respectiven Vorständen gebeten, nach dem Schlusse der Sitzung hier im Saale zurückzubleiben. — Der Verfassungsausschuß ist auf 5 Uhr einberufen. — Die nächste Sitzung hat morgen, Freitag 9 Uhr, statt. — Tagesordnung ist die Fortsetzung, eventuell der Beschluß der Berathung über den vorliegenden Entwurf. — Die heutige Sitzung ist geschlossen. —

(Schluß der Sitzung 1½ Uhr.)

Verzeichniß der Eingänge.

Nachtrag zu den Eingängen vom 16. bis 19. Februar.

Petitionen.

1. (6904) Zweite Reihenfolge von Bittschriften gegen ein preußisches Kaiserthum und für Erhebung Oesterreichs aus nachfolgenden Gemeinden Ober- und Niederschwabens, überreicht durch den Abgeordneten Gfrörer:

von der Gemeinde Aepfingen, Oberamts Biberach;
" " " Asmannshort;
" der Stadtgemeinde Biberach, angehängt die [illegible] Adresse der Gemeinde Wathausen;
" Emerkingen, Oberamts Ehingen;
" Gößlingen, " Rottweil;
" Ingelfingen, Oberamts Waldsee, angehängt [illegible] Adresse von der Gemeinde [illegible];
" Maselheim, Oberamts Biberach;
" Mettenberg, [illegible]
" Mettelbiberach " "
" Rechtenstein " "
" der Gemeinde Saulier, Oberamts Ravensburg;
" Schemmerberg, Oberamts Biberach;
" Klein-Siessen, Oberamts Geißlingen;
" Steinhausen, " Waldsee;
" Straßdorf, " "
" Sulmingen " "
" Wäschenbeuren, " Welzheim;
" der Stadtgemeinde Wiesensteig;
" Wuchzenhofen, Oberamts Leutkirch;
" Wurmlingen, " Tutlingen;

ferner:

von Baisingen, Oberamts Horb;
" Bolstern, " Saulgau;
" Dormettingen, " Rottweil;
" Dotternhausen, " "
" Erlenbach, " Neckarsulm;
" Groß-Gislingen, " "
" Hailtingen, " "
" Laufen, " "
" Rechberghausen, " "
" Rengnishausen, " Tuttlingen;
vereinigte Bittschriften von den Gemeinden Schönthal, [illegible]lichingen, Oberkessingen, Bieringen, Westernhausen [illegible] Mühlhof;
von Seibranz, Oberamts Leutkirch;
" Temerdingen, " Blaubeuren;
" Weilheim, " Tuttlingen;
" Wundelsheim, " Rotenburg. (An den Verfassungs-Ausschuß.)

2. (6905) Adresse der Gemeinde Reichenhofen, Oberamt Leutkirch, in gleichem Betreff, übergeben durch den Abgeordneten Gfrörer, im Auftrage des Fürsten Waldburg-Zeil. (An den Verfassungs-Ausschuß)

Die Redactions-Commission und in deren Auftrag Abgeordneter Professor Wigard.

Druck von Joh. David Sauerländer in Frankfurt a. M.

Schluß des VII. Bandes.

Das Abonnement für 100 Bogen beträgt fl. 1. 12 kr. oder 20 Ngr. Alle Postämter nehmen Bestellungen an.

Stenographischer Bericht über die Verhandlungen der deutschen constituirenden National-Versammlung zu Frankfurt a. M.

Nro. 181. Sonnabend den 3. März 1849. VII. 26.

Hundert und achtzigste Sitzung.

(Sitzungslocal: Paulskirche.)

Freitag den 2. März 1849. (Vormittags 9 Uhr.)

Präsident: Eduard Simson von Königsberg.

Inhalt: Verlesung des Protocolls. — Marinebeiträge. — Erklärungen der Bevollmächtigten 1) für Bayern; 2) für Preußen, Baden, Großherzogthum Hessen, Oldenburg, Luxemburg, Schwarzburg-Sondershausen, Lübeck, und 3) für Schaumburg-Lippe über die in erster Lesung angenommenen Theile des Entwurfs der Reichsverfassung. — Antwort des Reichsministers v. Beckerath auf die Interpellation des Abgeordneten Schober, die Entschädigung für die in Bockenheim seit dem 23. September v. J. einquartirten Reichstruppen betreffend. — Fortsetzung der Berathung über Art. V. §§ 15, 16 und 17 des vom Verfassungs-Ausschusse vorgelegten Entwurfs: „Reichsgesetz über die Wahlen der Abgeordneten zum Volkshause," über Anlage A: „Reichswahlmatrikel" und über das „Reichsgesetz über die Tagegelder und Reisegelder der Abgeordneten zum Reichstag;" — und Abstimmung über das ganze Reichsgesetz. — Dringlicher Antrag 1) des Abgeordneten Edel, die Beschleunigung der Berichterstattung über den noch nicht publicirten Theil der Grundrechte betreffend; 2) des Abgeordneten v. Trützschler, 3) der Abgeordneten Vogt und Eisenstuck und 4) des Abgeordneten Schober und Genossen, die zweite Lesung des Wahlgesetzes betreffend. — Interpellation des Abgeordneten Wesendonck an das Reichsministerium, die Kündigung des Malmöer Waffenstillstands betreffend. — Interpellation des Abgeordneten Venedey an den volkswirthschaftlichen Ausschuß, eine Petition der Einwohner von Homburg bezüglich des Beschlusses über die Aufhebung der Spielbanken betreffend. — Eingänge.

Präsident: Die Sitzung ist eröffnet. Ich ersuche den Herrn Schriftführer, das Protocoll der gestrigen Sitzung zu verlesen. (Schriftführer Fetzer verliest dasselbe.) Ich frage, ob Reclamation gegen das Protocoll ist? (Niemand reclamirt.) Es ist keine Reclamation; das Protocoll ist genehmigt. — Ich habe vier Flottenbeiträge zur Kenntniß der Versammlung zu bringen: 100 fl. Beitrag von Herrn Rudolph Kugler in Venedig, überreicht vom Abgeordneten Dr. Jucho; 162 fl. 40 kr. C. M., oder 195 fl. 12 kr. rhein. weiterer Ertrag der von den Ständen in Oberösterreich veranstalteten Sammlung, nachträglich zu den bereits eingesendeten 1459 fl. C. M., übergeben vom Abgeordneten Kagerbauer. (Bravo!) Die großherzoglich oldenburgische Regierung in Oldenburg hat an das Reichsministerium der Finanzen direct eingesendet: 195 Thlr. Louisd'or und 81 Thlr. 45 Grot. Crt., ferner aus Zwischenahn 25 Thlr. Louisd'or; 10 Thlr. 21 ggr. Sammlung in Knesenbeck und Umgegend, eingesandt durch das dortige Comité, und übergeben vom Abgeordneten Winter. Wir sprechen unseren Dank für diese Beiträge aus, und verweisen sie, insofern dieß nicht schon geschehen ist, an das Reichsministerium der Finanzen. — Zu den bisher eingegangenen Erklärungen deutscher Regierungen zu dem Verfassungs-Entwurf sind inzwischen noch folgende hinzugekommen: „Note der beiden Herren Bevollmächtigten für Bayern, Collectiv-Note der Herren Bevollmächtigten für Preußen, Baden, Hessen, Schwarzburg, Luxemburg, Oldenburg und Lübeck; sodann Erklärung des Herrn Bevollmächtigten für Schaumburg-Lippe. Diese nun eingegangenen Erklärungen hat der Herr Präsident des Reichsministerrathes an den Präsidenten der verfassunggebenden Reichsversammlung übersendet; ich lasse sie sofort an den Verfassungs-Ausschuß, und sodann durch den Druck in Ihre Hände gelangen.

(Die Redaction läßt die Erklärungen nebst Begleitungsschreiben des Präsidenten des Reichsministerums hier folgen:

Der Präsident des Reichsministerraths an den Herrn Präsidenten der verfassunggebenden Reichsversammlung hier.

Mit Bezugnahme auf die Zuschriften vom 26sten und 27sten v. M. (zu Reichsministerium des Innern Nr. 334, 335 und 349) beehre ich mich, anliegend die mir weiter nachträglich zugekommenen Erklärungen von Regierungs-Bevollmächtigten dem Herrn Präsidenten der verfassunggebenden Reichsversammlung mit der Bitte um Ueberweisung an den Verfassungs-Ausschuß zu übersenden:

1) Die Note der beiden Herren Bevollmächtigten für Bayern, nebst einer Anlage, die Bemerkungen der königlich bayerischen Regierung zu den Beschlüssen der Nationalversammlung erster Lesung über die Verfassung betreffend, vom 28. Februar.

2) Die Collectivnote der Herren Bevollmächtigten für Preußen, Baden, Hessen rc. mit anliegenden Bemerkungen und Abänderungs-Vorschlägen zu den Beschlüssen der National-Versammlung, die Abschnitte der Verfassung betreffend, welche die Titel: „Der Reichstag," „das Reichsgericht," „der Reichsrath" führen vom Heutigen.

Dieser Collectivnote liegen ferner bei:

a) Separatbemerkung des fürstlich schwarzburgischen Herrn Bevollmächtigten zu Art. II. § 3 des Abschnittes: „Vom Reichstag."

b) Besondere Bemerkung des großherzoglich luxemburgischen Herrn Bevollmächtigten, denselben Gegenstand betreffend.

3) Eine besondere Erklärung des großherzoglich hessischen Herrn Bevollmächtigten;

4) deßgleichen des großherzoglich Oldenburgischen, und

5) des Herrn Bevollmächtigten für die freie Stadt Lübeck.

Heinrich v. Gagern.

Schreiben der königl. bayer. Bevollmächtigten.

Die Unterzeichneten beehren sich, in Folge der in der Sitzung vom 24sten d. M. gegebenen Zusicherung dem Herrn Präsidenten des Reichsministerrathes, Freiherrn v. Gagern, die Erklärung der königlich bayerischen Regierung, nach den Allerhöchst ertheilten Instructionen verfaßt, mit dem ganz ergebensten Ansuchen mitzutheilen, dieselbe baldigst an den Verfassungs-Ausschuß der Nationalversammlung gelangen zu lassen.

Die seitdem den Unterzeichneten zugekommenen Erklärungen anderer Regierungen haben denselben die befriedigende Ueberzeugung gewährt, daß die Bemerkungen der königlich bayerischen Regierung mit den meisten der übrigen bisher eingebrachten Anträgen über die einzelnen Theile des Verfassungswerkes übereinstimmen, daß insbesondere die von der königlich preußischen und anderen deutschen Regierungen gemeinschaftlich verfaßten Bemerkungen sehr berücksichtigungswerthe Vorschläge über die Abschnitte vom Reich und der Reichsgewalt enthalten, mit welchen die königlich bayerische Regierung sich in den meisten Punkten einverstanden erklären dürfte, und auch durch ein Zusammentreffen in ihren Anträgen einverstanden erklärt hat.

Die Unterzeichneten können es sich zum Schlusse nicht versagen, die weitere Bemerkung anzufügen, daß sie mit lebhaftem Interesse in dem Eingange zu den Bemerkungen des königlich sächsischen Bevollmächtigten vom 23. Februar jene Grundsätze über das Zustandekommen der deutschen Reichsverfassung kundgegeben finden, welche der bayerischen Regierung seit dem Beginne der Verhandlungen eigen gewesen, und welche sie auch jetzt als die Ihrigen unbedingt erklären muß.

Frankfurt a. M. den 28. Februar 1849.

(gez.) Graf v. Lerchenfeld. v. Xylander.

An den Herrn Präsidenten des Reichsministerraths, Freiherrn H. v. Gagern.

Erklärung der königlich bayerischen Regierung zu den von der deutschen Nationalversammlung in erster Lesung angenommenen Abschnitten des Verfassungs-Entwurfes.

Die königlich bayerische Regierung hat in der unter dem 16ten dieses übergebenen Note ihre Bereitwilligkeit, ja noch mehr, ihre volle Zustimmung zu dem angebahnten Wege der Verständigung über die zeitgemäße Umbildung der deutschen Verfassung ausgesprochen, und in der Lösung dieser Aufgabe nicht nur diejenige erkannt, deren Wichtigkeit keine andere gleichkomme, sondern von welcher die Stärke und Wohlfahrt des gesammten deutschen Vaterlandes und aller seiner einzelnen Theile, sowie auch die Zukunft und der Friede Europa's wesentlich bedingt sei. — Sie hat sich damals unter Anführung einiger allgemeiner Hauptansichten, an welchen sie unverändert festhält, vorbehalten, ihre Erinnerungen zu diesem Zwecke schleunigst nach Frankfurt gelangen zu lassen, und entspricht der eingegangenen Verbindlichkeit durch gegenwärtige Erklärung.

I.
Allgemeine Bemerkungen.

Um die Ansichten der einzelnen Bestimmungen des Verfassungsentwurfes zu begründen, ist wohl vor Allem die Feststellung der Grundlagen unerläßlich, auf welchen der neue Verfassungsbau sich erheben soll.

Diese Grundlagen aber sind nach der Ueberzeugung der königlich bayerischen Regierung nur in folgenden Punkten zu finden.

I. Das neue Verfassungsband muß alle Theile Deutschland's in gleichmäßiger Weise umschlingen. Die Lostrennung einzelner Theile aus dem bisherigen Gesammtverbande, oder die Versetzung derselben in eine Sonderstellung würde mit dem vorgesetzten Zwecke der festeren Einigung und größern Kräftigung Deutschland's in unausgleichbarem Widerspruche stehen.

II. Es muß eine Reichsgewalt gebildet werden, ausgerüstet mit der nöthigen Macht, um Deutschland nach Außen mit Würde zu vertreten, und seine allgemeinen Interessen nach Innen mit Nachdruck zu wahren und zu fördern.

Aber in einem Gesammtstaate, unter dessen Mitgliedern zwei europäische Großmächte und vier andere Königreiche sich befinden, stellt sich die Uebertragung der obersten Reichs-Gewalt an ein einheitliches Oberhaupt als eine politische Unmöglichkeit dar, und es ist hier nur die Bildung eines Collectiv-Oberhauptes, oder mit anderen Worten, eines Reichs-Directoriums, in welchem Oesterreich ebenso seine Stelle einnehmen würde, als die übrigen Glieder des Bundes nach Maßgabe ihres Belanges darin Antheil zu finden hätten.

In dem Directorium wären alle Beschlüsse nach Stimmenmehrheit zu fassen, und daneben Vorsorge zu treffen, damit nicht die Thatkraft desselben durch die an Instructions-Erholungen gewöhnlich sich knüpfenden Zögerungen gelähmt werden.

III. Dem deutschen Volke muß durch eine, aus gesetzlich festgestellten Wahlen hervorgehende Volksvertretung, durch ein Volkshaus, und daneben durch die Bildung eines, die staatlichen Verhältnisse wahrenden Staatenhauses, Theilnahme an der Besorgung der gemeinsamen Angelegenheiten des gesammten deutschen Vaterlandes gesichert werden.

IV. Während auf der einen Seite in dem Machtkreis der Reichsgewalt alle jene Zuständigkeiten zu legen sind, welche zur Erfüllung der unter Ziffer II bezeichneten Aufgaben erforderlich erscheinen, sollen auf der anderen Seite die Zuständigkeiten der einzelnen Staaten nicht weiter beschränkt werden, als der oben erwähnte Zweck solches gebietet, denn nicht die Bildung eines Einheitstaates, in welchem die Unabhängigkeit und Selbstständigkeit der einzelnen Staaten aufzugehen hätte, sondern die Einigung dieser Staaten zu einem lebenskräftigen organischen Ganzen, in welchem den einzelnen Gliedern die zur Ordnung ihrer eigenen besonderen Angelegenheiten erforderliche freie Bewegung und das Recht der Selbstregierung erhalten und gesichert werde, insoweit nicht der Gesammtzweck dessen Beschränkung erheischt, — soll durch die neue Verfassung angestrebt werden.

V. Endlich werden in der deutschen Verfassung auch jene Freiheiten und Rechte zu bezeichnen sein, welche allen

Deutschen gewährt werden sollen, ohne jedoch diesen Rechten und Freiheiten eine Ausdehnung zu geben, welche von einzelnen deutschen Volksstämmen das Opfer von Interessen und Einrichtungen forderte, deren Fortbestand mit der Macht und Wohlfahrt des Gesammtvaterlandes nicht unvereinbar ist.

Denn die Verletzung solcher Interessen und die Vernichtung derartiger Einrichtungen würde die Macht und Wohlfahrt des Ganzen nicht fördern, vielmehr schwächen und beeinträchtigen.

II.

Specielle Bemerkungen.

Geht man von den eben bezeichneten Grundlagen zur näheren Prüfung des aus der ersten Lesung hervorgegangenen Verfassungs-Entwurfs über, so ergeben sich nachstehende Bedenken.

I. Theil.

Das Reich und die Reichsgewalt.

1) Die §§ 2 und 3 würden Oesterreich zum Austritt aus dem engeren deutschen Verbande nöthigen, und anderweitige Verwickelungen herbeiführen, daher ist ihre angemessene Beseitigung im Interesse des Gesammtvaterlandes unerläßlich.

2) Bezüglich der §§ 7 und 8 wäre umsomehr eine Verständigung und Abänderung nothwendig, als es sich in denselben nur um Feststellung des Princips handeln dürfte, nach welchem der Reichsgewalt die Vertretung des Gesammtstaates mit dem Auslande, unbeschadet der damit nicht in Widerspruch tretenden Ausnahmsberechtigungen, da wo solche nothwendig erscheinen sollen, zusteht.

3) Der zweite Absatz des § 9 wäre in nachstehender Weise zu fassen: „Ihre Befugniß zu Verträgen mit nichtdeutschen Regierungen beschränkt sich auf Gegenstände, welche nicht der Zuständigkeit der Reichsgewalt zugewiesen sind."

4) Die Bestimmuog des § 15 über die Verpflichtung der deutschen Truppen dürfte specieller Vereinbarung vorbehalten bleiben.

5) Der § 18 wäre zu streichen. Die Bestimmungen der noch in Kraft bestehenden deutschen Kriegsverfassung haben sich in der Erfahrung als vollkommen ausreichend erwiesen.

6) Der Reichsgewalt soll die Oberaufsicht über alle dem allgemeinen deutschen Verkehr dienenden Anstalten, die Sorge für die Förderung dieses allgemeinen Verkehrs, und für die Entfernung seiner Hemmnisse, dann die Erlassung der dafür erforderlichen Gesetze und Anordnungen übertragen werden.

Aber die Bestimmungen der §§ 25, 27, 29, 30 und 32 geben den deßfallsigen Zuständigkeiten der Reichsgewalt eine durch den Zweck keineswegs geforderte, und zum Einheitsstaate führende Ausdehnung. Es wird demnach der Verständigung vorbehalten, dieselben entweder ganz zu beseitigen, oder auf einen richtigeren Standpunkt zurückzuführen.

7) Daß das deutsche Reich ein Zoll- und Handelsgebiet bilde, und daß auch für außerdeutsche Theile und Landestheile der Anschluß an das deutsche Zollgebiet mittelst besonderer Verträge vorbehalten bleibe, ist eine Grundbedingung des Aufblühens deutschen Gewerbfleißes und Handels.

Daher muß auch der Reichsgewalt die Gesetzgebung und Oberaufsicht über Alles, was zur Ordnung des gesammten deutschen Zollwesens erforderlich ist, zustehen.

Aber daß der Reichsgewalt auch die Anordnung gemeinschaftlicher Productions- und Verbrauchssteuern, die Bestimmung solcher Steuern, welche gemeinschaftlich sein sollen, ja sogar die Festsetzung der Gegenstände, auf welche die einzelnen Staaten Productions- und Verbrauchssteuern für Rechnung des Staats oder einzelner Gemeinden legen dürfen, zustehen soll, dieß greift wohl zu tief in die Rechte und den finanziellen Haushalt der Einzelstaaten ein. Unstreitig muß bezüglich der in den einzelnen Staaten zur Erhebung kommenden Productions- und Verbrauchssteuern den allgemeinen Interessen und Anforderungen des deutschen Gewerbfleißes und Handels Rechnung getragen werden, wie solches auch in dem bestehenden Zollvereine längst anerkannt und zur Geltung gebracht worden ist.

Im § 33 im ersten Absatz hätten die Worte: „mit Wegfall aller Binnenzölle," wegzubleiben, insofern hierunter auch die im Zollvereine bestehenden Uebergangsabgaben verstanden werden, da dieselben zur Aufrechthaltung der den Einzelstaaten zustehenden Gesetzgebung über innere Productions- und Verbrauchssteuern und der Einnahmsquellen hieraus nicht zu entbehren sind.

Auch die §§ 34 und 37 gehen weiter, als der bezeichnete Zweck erfordert, denn entweder soll dadurch der Reichs-Gewalt das Recht eingeräumt werden, neben den an den Einzelstaaten zur Erhebung kommenden Productions- und Verbrauchssteuern neue für Rechnung deutschen Reichs einzuführen, und dann wäre dadurch die gänzliche Zerrüttung des Finanzwesens der Einzelstaaten angebahnt, weil unmöglich in einem und demselben Staate zwei verschiedene Finanzwesen und Finanzgewalten nebeneinander bestehen können; oder es soll der Reichsgewalt die Befugniß beigelegt werden, einzelne von den in den verschiedenen Einzelstaaten bereits bestehenden Productions- und Verbrauchssteuern für die Deckung der Reichsausgaben an sich zu ziehen und zu gemeinschaftlichen zu erklären, — und dann ist nicht nur die nothwendige Gleichheit der Belastung aller deutschen Volksstämme für die Gesammtausgaben aufs Höchste gefährdet, sondern auch der Sonderhaushalt der Einzelstaaten durch den entstehenden Ausfall mit den schwersten Verwickelungen bedroht.

Auch die Bestimmung des § 35, welcher die Reichsgewalt ermächtigt, aus dem Ertrage der Zölle einen bestimmten Theil nach Maßgabe des Budgets für die Ausgaben des Reiches hinwegzunehmen, und den Ueberrest an die einzelnen Staaten zu vertheilen, geht zu weit.

Es genügt, daß die Reichsausgaben nach einer gleichheitlichen, fest zu bestimmenden Maßgabe auf die Einzelstaaten vertheilt, und für die rechtzeitige Einzahlung der Matricular-Beiträge Vorsorge getroffen werde. Die Erhebung und Ablieferung dieser Beiträge ist sodann Sache der Einzelstaaten.

8) Die Bestimmung des § 38 wird auf die allgemeine deutsche Schiffahrt und den allgemeinen deutschen Handel zu beschränken, im § 39 aber der Reichsgewalt die Befugniß zur Ertheilung von Erfindungspatenten wenigstens nicht ausschließlich beizulegen sein.

Weit zweckmäßiger dürfte es sein, wenn die Grundsätze, nach welchen bei der Ertheilung der Erfindungs- oder Einführungspatente zu verfahren, für ganz Deutschland gleichförmig festgesetzt, hiernach aber die Ertheilung der Patente den Einzelstaaten überlassen, und diesen Patenten bei Erfüllung bestimmter Formen allgemeine Giltigkeit zugestanden würde.

9) Auch die in den §§ 40, 41 und 42 enthaltenen Bestimmungen scheinen zu weit zu gehen. — Wenn der deutschen Reichsgewalt die Befugniß übertragen wird:

a) die Gesetzgebung und Oberaufsicht über die Einheit

und das Ineinandergreifen des Postwesens im deutschen Reiche zu üben,

b) allgemeine Postverträge mit auswärtigen Postverwaltungen zu schließen,

so dürfte hierin schon das Genügende zur Erzielung einer gleichheitlichen Ueberwachung des Postwesens liegen.

10) Die Einführung eines gleichen Münzsystems für ganz Deutschland ist gewiß eine der wichtigsten Aufgaben der Reichsgewalt.

Wenn aber im § 44 unter der Gleichheit des Münz-Systems auch die Gleichheit der Münzeinheiten und ihrer Unterabtheilungen verstanden werden wollte, so wären hierdurch die Interessen der Einzelstaaten aufs Aeußerste und ohne zureichenden Grund gefährdet.

Ebenso wenig möchte zu rechtfertigen sein, wenn durch das einzuführende gleiche Maß- und Gewichtsystem der Fortgebrauch des in Einzelstaaten hergebrachten Maß- und Gewichtsystems gänzlich und zwangsweise ausgeschlossen werden wollte.

Daß die Bedürfnisse des Verkehrs weder in Ansehung des Münzsystems, noch in Bezug auf Maaß und Gewicht Anordnungen der soeben als höchst bedenklich bezeichneten Art erheischen, dafür geben die im Zollvereine darüber geschlossenen Conventionen genugsame Belege.

In § 46 würde die Feststellung genügen, daß der Reichs-Gewalt das Recht zustehe, über das Bankwesen und das Ausgeben von Papiergeld die Oberaufsicht zu führen, und allgemeine Gesetze deßhalb zu erlassen.

Ebenso wäre in § 47 der ganz unbestimmt gefaßte Ausdruck: „von Reichswegen" zu entfernen, und eine andere Fassung dafür anzunehmen.

11) Ueber die gegen die Auflegung und Erhebung von Reichssteuern sich darbietenden Bedenken ist schon unter Ziffer 7 das Erforderliche bemerkt, hiernach dürfte § 49 abzuändern sein.

12) Die Ertheilung der gesetzlichen Normen für den Erwerb und Verlust des Staatsbürgerrechts in den Einzelstaaten muß diesen vorbehalten bleiben, weil hieran der Genuß von Sonderrechten geknüpft ist. Aus diesem Gesichtspunkte wird eine Modification des § 52 nicht zu umgehen sein.

Auch § 56 scheint nicht hinreichend motivirt zu sein, da nach seiner allgemeinen Fassung die gesammte Gesundheits-Polizei der Einzelstaaten in das Bereich der Reichsgewalt gezogen werden könnte. Es wird genügen, wenn der Reichsgewalt vorbehalten wird, im Interesse des Gesammtwohles allgemeine Maßregeln zur Abhaltung von Krankheiten von den Grenzen Deutschland's anzuordnen.

13) § 58 in dem Schlußsatze gibt der Reichsgesetzgebung eine Ausdehnung, welche das Recht der Selbstgesetzgebung der Einzelstaaten mit Vernichtung droht. Denn wenn die Reichs-Gewalt befugt ist, in allen Fällen; wo sie für das Gesammt-Interesse Deutschlane's die Begründung gemeinsamer Einrichtungen und Maßregeln für nothwendig erachtet, das Recht der Gesetzgebung auszudehnen, so kann von Unabhängigkeit und Selbstständigkeit nicht mehr die Sprache sein. Diese Unabhängigkeit und Selbstständigkeit kann nur durch die Anerkennung des Grundsatzes gewahrt werden, daß den Einzelstaaten die gesetzgebende Gewalt über alle Gegenstände zustehe, welche nicht ausdrücklich der Reichsgesetzgebung vorbehalten sind, weßhalb auf Wegfall des Schlußsatzes angetragen wird.

II. Theil.

Der Reichstag.

a) Bei der Vertheilung der Mitglieder, aus welchen das Staatenhaus gebildet werden soll, sind die süddeutschen Staaten gegenüber den norddeutschen auffallend benachtheiligt. Denn es würden dieselben nach § 3 selbst mit Einschluß von Hessen-Darmstadt und Nassau von 176 Stimmen nur 80 erhalten, während 96 auf Norddeutschland fielen.

Dieses Mißverhältniß wird entweder durch Vermehrung der von Süddeutschland zu stellenden, oder durch Verminderung der Norddeutschland zugetheilten Mitgliederzahl ausgeglichen werden müssen.

b) Im § 9 wird beizusetzen sein, daß die austretenden Mitglieder wieder erwählt werden dürfen.

c) Der § 19. Ziffer 2 und 4 dürfte nach den oben unter I. 7 und 11 gemachten Erinnerungen zu modificiren sein.

d) Nicht minder wird die Bestimmung des § 19 a. Ziff. 6 noch in nähere Erwägung zu nehmen sein, nach welcher das Staatenhaus nur Erinnerungen und Ausstellungen bezüglich des Budgets zu machen befugt sein soll, und zwar um so mehr, als das Staatenhaus gemäß § 4 zur Hälfte durch die Volksvertretung der Einzelstaaten gebildet werden soll.

III. Theil.

Das Reichsoberhaupt und der Reichsrath.

Was hierüber in den §§ 1—16 des Entwurfes bestimmt wird, bedarf nach den im Eingange der gegenwärtigen Erklärung in Anspruch genommenen Grundlagen der künftigen Reichsverfassung gänzlicher Umarbeitung; und es würde insbesondere der von dem Reichsrathe handelnde Abschnitt im Falle der Bildung einer collectiven Reichsgewalt hinwegzufallen haben.

Collectivnote nebst Schreiben der resp. Herrn Bevollmächtigten an das Reichsministerium.

Herr Minister!

Die Unterzeichneten beehren sich, Ihnen in Ergänzung des Schreibens vom 23. Februar Namens ihrer Regierungen die weiteren Bemerkungen und Abänderungsvorschläge zu den in erster Lesung bezüglich der Verfassung von der deutschen Nationalversammlung gefaßten Beschlüssen über die Abschnitte, welche den Titel: „Der Reichstag, das Reichsgericht, der Reichsrath" führen, zu überreichen. Dieselben sind gemeinschaftlich vollzogen, und erlauben wir uns hinsichtlich derjenigen Punkte, welche nicht gemeinschaftliche Zusätze, Erläuterungen oder Anträge veranlaßten, auf die an den betreffenden Orten vorbehaltenen besonderen Erklärungen ergebenst zu verweisen.

Wir ersuchen Sie, Herr Minister, auch diese Mittheilung auf geeignetem Wege zur Kenntniß der deutschen Nationalversammlung zu bringen.

Frankfurt a. M., den 1. März 1849.

Camphausen für Preußen.
Welcker für Baden.
Jordan für Kurhessen.
Francke für Schleswig-Holstein.
Karsten für beide Mecklenburg.
Mosle für Oldenburg.
v. Scherff für Luxemburg.
Liebe für Braunschweig.
v. Wydenbrugk für Sachsen-Weimar.
Stein für Koburg-Gotha.

Petri für Waldeck und Lippe.
Karlowa für Schaumburg-Lippe.
Brehmer für Lübeck.
Cruciger für Sachsen-Altenburg.
Seebach für Sachsen-Meiningen.
Freiherr v. Holzhausen für Hohenzollern, Reuß und Hessen-Homburg.
Smidt für Bremen.
Kirchenpauer für Hamburg.
Kohlschütter für beide Schwarzburg.
Eigenbrodt für Großherzogthum Hessen.
Hergenhahn für Nassau.

An den Herrn Präsidenten des Reichsministeriums Freiherrn v. Gagern.

Bemerkungen und Abänderungsvorschläge zu Beschlüssen der Nationalversammlung bezüglich der Verfassung.

Der Reichstag.

§ 3. Jedem Staate wäre, ohne Zusammenlegung, das Recht einzuräumen, mindestens einen Vertreter in das Staatenhaus zu senden, und kann auch in dieser Aenderung das Motiv zu einer Revision der Stimmenvertheilung im Staatenhause gefunden werden. *)

§ 4. Der zweite Satz des Paragraphen steht im Zusammenhang mit dem Reichswahlgesetze. Es wird nützlich erachtet, der schließlichen Feststellung durch dasselbe nicht vorzugreifen, jedenfalls aber eine etwaige Modification durch das Reichswahlgesetz vorzubehalten.

§ 6. Die zu § 3 beantragte Aenderung würde die Streichung des § 6 zur Folge haben.

§ 9. Es wird festzusetzen sein, in welcher Art die Erneuerung stattfinden soll.

§ 16. In Folge der zu § 58 beantragten Aenderung würde § 16 wegfallen.

§ 17. Auf das Recht der Untersuchungen wird verzichtet werden können. In der vorgeschlagenen Allgemeinheit verliehen, würde es in einem Bundesstaate noch viel größere Anstände mit sich führen, als in einem Einzelstaate, indem daraus die Befugniß einer Einmischung in die inneren Angelegenheiten der Staaten abgeleitet werden könnte.

§ 18. Es muß darauf bestanden werden, daß das Bundesoberhaupt das Recht des absoluten Veto habe. Demgemäß würde § 18 etwa, wie folgt, zu fassen sein:

> „Zur Erlassung, Auslegung, Aufhebung oder Abänderung von Bundesgesetzen ist die Uebereinstimmung des Bundesoberhauptes, des Staaten- und des Volkshauses erforderlich." **)

§ 19. In § 19 fiele nach Vorstehendem der zweite Satz und der Punkt Nr. 1 weg, und insofern es darnach noch erforderlich scheint, einzelne Fälle anzuführen, welche nur durch ein Bundesgesetz, nicht durch Verordnungen erledigt werden können, würden in Nr. 2 die Worte: „Steuer oder" gemäß der Bemerkung zu § 49, sodann Nr. 3 in Folge der Bemerkung zu § 46 ganz wegfallen.

§ 19 a. Es ist wünschenswerth, die Dauer der Finanzperiode auf drei Jahre, statt auf ein Jahr festzusetzen, da das Budget des Bundesstaates nicht vielen Veränderungen unterliegen wird, und auch keinen zu großen Schwankungen ausgesetzt werden darf, damit den Einzelstaaten die erforderliche Bürgschaft für die Stetigkeit ihres eigenen Haushaltes gegeben werde. *)

Art. VIII. § 34. Die Worte „gethanen Aeußerungen" wären durch die Worte „ausgesprochenen Meinungen" zu ersetzen, um nicht Straflosigkeit für Injurien und Verleumdungen einzuführen. **)

§ 35. Es wird vorgeschlagen, zwischen die Worte: „Denselben gehört," das Wort „jederzeit" einzuschalten.

§ 36. Die Fassung wird der Deutung vorbeugen müssen, daß die Minister verpflichtet seien, auf jede Interpellation, auch wenn das öffentliche Interesse dadurch gefährdet wäre, die verlangte Auskunft zu ertheilen.

Das Reichsgericht.

§ 4 und 2 c. Auf die dem Reichsgerichte zuzustehende Competenz ist dessen einem besonderen Gesetze überwiesene Organisation von wesentlichem Einflusse, namentlich mit Rücksicht darauf, daß (§ 2 c) Streitigkeiten über Thronfolge, Regierungsfähigkeit und Regentschaft in den einzelnen Staaten zur Competenz des Reichsgerichts gehören sollen, bei welchen Streitigkeiten eine Mitwirkung des Reichsrathes oder die Zuziehung von regierenden Fürsten zur Begründung einer Austrägalinstanz zu verlangen sein würde. Es dürfte angemessen sein, das künftige Gesetz über Organisation des Reichsgerichts an die Zustimmung des Reichsrathes zu binden, und dem letzteren ebenfalls einen Einfluß auf die Besetzung des Gerichtes vorzubehalten.

§ 2 c. Gegen die Klagen der Angehörigen eines Einzel-Staates wegen Verletzung der Verfassung ist zu erinnern, daß dadurch das Reichsgericht mit einer Unzahl Beschwerden überhäuft werden würde, und daß diese Klagen hier um so eher wegfallen könnten, als es zunächst den Volksvertretern in den Einzelstaaten obliegt, derartige Beschwerden aufzunehmen, und als dieselben, im Falle sie damit bei der Landesregierung nicht durchdringen, nach § 2 d die Befugniß haben, auf eine Entscheidung des Reichsgerichts anzutragen. Der Ausübung dieser Befugniß kann ein nachhaltiges Hinderniß nicht entgegentreten, weil in jedem Jahre eine Versammlung des Volks- und des Staatenhauses stattfinden soll, und weil auch in der Zwischenzeit die Bundesgewalt nach § 53. Nr. 3 die Pflicht haben würde, einzuschreiten. ***)

§ 2 h. Es könnte hinzugefügt werden, daß die Bundes-Regierung auf Anrufen der Betheiligten zuvörderst eine Ausgleichung auf gütlichem Wege zu versuchen habe.

Der Reichsrath. †)

Zu den nicht vollständigen Beschlüssen über den Reichs-Rath ist aus den vorangegangenen Bemerkungen zusammenzutragen, daß demselben mindestens das Zustimmungsrecht zu Verfassungsänderungen und zu dem Gesetze über die Organisation des Reichsgerichts, sowie ein Einfluß auf die Besetzung des letzteren einzuräumen wäre, woraus sich die Nothwendigkeit ergibt, für entscheidende Beschlüsse wie in dem Staaten-Hause eine Vertheilung des Stimmenrechts nach Maßgabe der Größe und des Gewichts der einzelnen Staaten anzuordnen.

Frankfurt am Main, den 1. März 1849.

Camphausen, für Preußen.
Welcker für Baden, mit besonderer Beziehung auf

---

*) Zu berücksichtigen die besondere Bemerkung zu § 3.
**) Zu berücksichtigen die besondere Bemerkung zu § 18.

*) Zu berücksichtigen die besondere Bemerkung zu § 19 a.
**) Zu berücksichtigen die besondere Bemerkung zu § 34.
***) Zu berücksichtigen die besondere Bemerkung zu § 2 c.
†) Zu berücksichtigen die Bemerkungen zu diesem Abschnitte und zu § 1 insbesondere.

die früher übergebenen badischen Bemerkungen und Wünsche, Beilage XVI des Protocolls vom 24. Februar d. J.

Jordan für Kurhessen.
v. Scherff für Luxemburg.
Eigenbrodt für Großherzogthum Hessen.
Francke für Schleswig-Holstein.
Karsten für beide Mecklenburg.
Mosle für Oldenburg.
v. Stein für Koburg-Gotha.
Liebe für Braunschweig.
v. Wydenbrugk für Sachsen-Weimar, unter dem Vorbehalt, über den einen oder den anderen Punkt nach eingeholter specieller Inspection eine ergänzende oder abweichende Erklärung abzugeben.
Hergenhahn für Nassau.
Petri für Waldeck und Lippe.
Seebeck für Sachsen-Meiningen.
Freiherr v. Holzhausen für Hohenzollern, Reuß und Hessen-Homburg.
Cruciger für Sachsen-Altenburg.
Smidt für Bremen.
Karlowa für Schaumburg-Lippe.
Brehmer für Lübeck.
Kohlschütter für Schwarzburg-Sondershausen und Rudolstadt.
Kirchenpauer für Hamburg.

Auch in dem weiteren Schreiben des königl. preußischen Bevollmächtigten und einer Anzahl von Bevollmächtigten anderer deutscher Regierungen an den Herrn Präsidenten des Reichsministeriums vom heutigen, mit welchem dieselben ihre gemeinschaftlichen Bemerkungen zu den durch die Collectiv-Erklärung vom 23sten v. Mts. nicht berührten Theilen des von der Nationalversammlung in erster Lesung angenommenen Verfassungsentwurfs überreicht haben, sind besondere Bemerkungen einzelner Regierungen über mehrere Punkte vorbehalten.

An den Präsidenten des Reichsministeriums
Freiherrn v. Gagern.

Separatbemerkung des Großherzogl. Hessischen Bevollmächtigten.

Der unterzeichnete großherzoglich hessische Bevollmächtigte hat in Folge hiervon Seitens seiner Regierung zu bemerken:

1) Daß sich dieselbe die zu § 34 des Abschnittes „das Reichsgericht" gemachten Aenderungsvorschläge nicht anzueignen vermag;

2) daß, wenn Hessen-Homburg nach dem zu § 3 des Abschnittes „der Reichstag" gemachten Vorschlage das Recht erhält, ein Mitglied in das Staatenhaus zu senden, dem Großherzogthum Hessen jedenfalls das Recht, sechs Mitglieder des letzteren zu stellen, verbleiben müßte, da die Zahl ja auch für Kurhessen angenommen ist;

3) daß in Betreff des Abschnittes, das Reichsoberhaupt" auf die Erklärung Bezug genommen wird, welche der Unterzeichnete am 11. Januar dieses Jahres, Namens seiner Regierung übergeben hat.

Frankfurt a. M., den 1. März 1849.

Der Bevollmächtigte für das Großherzogthum Hessen.
(gez.) Eigenbrod.

Separatbemerkung des Großherzogl. Oldenburgischen Bevollmächtigten.

Zu der am heutigen Tage übergebenen gemeinschaftlichen, von ihm mitvollzogenen Erklärung vieler deutschen Regierungen, über die letzteren Abschnitte der in erster Lesung von der deutschen Nationalversammlung angenommenen Verfassung, ist der Unterzeichnete noch veranlaßt, Namens seiner Regierung die Ueberzeugung auszusprechen, daß nur ein einheitliches und erbliches Oberhaupt an der Spitze des zu gründenden bundesstaatlichen Reiches sowohl der innern Anlage und Natur desselben, als den dringenden Bedürfnissen Deutschland's entsprechen werde.

Frankfurt a. M., den 1. März 1849.

Der großherzoglich Oldenburgische Bevollmächtigte bei der Centralgewalt.
(gez.) Mosle.

An den Präsidenten des Reichsministeriums
Herrn v. Gagern.

Besondere Bemerkung des großherzoglich luxemburgischen Bevollmächtigten zum V. Abschnitt: der „Reichstag" Art. II. § 3.

Der unterzeichnete Bevollmächtigte hat den Antrag zu stellen, daß bei Aufzählung der Mitglieder des Staatenhauses hinter Luxemburg die Worte: „mit Limburg" wegfallen, die Ziffer 2 (Mitglieder) aber beibehalten werden möge, und zwar weil:

1) für Limburg bereits erklärt worden ist, daß für solches dem engeren Bundesstaate nicht beigetreten werden könne, und weil

2) Luxemburg, in Betracht seiner Bevölkerung und früheren Stellung im Bunde, für sich allein die Sendung von zwei Mitgliedern in das Staatenhaus in Anspruch nehmen zu können glaubt. — Frankfurt a. M., den 1. März 1849.

v. Scherff,
Bevollmächtigter für Luxemburg.

Separat-Bemerkung des fürstlich schwarzburgischen Bevollmächtigten zu Art. II. § 3 des Abschnitts „der Reichstag."

Der in der Collectiv-Erklärung vom heutigen Tage zu dem Verfassungsabschnitt „der Reichstag" Art. II. § 3 gestellte Antrag, nach welchem jedem deutschen Staate ohne Rücksicht auf seine Größe mindestens eine selbstständige Stimme im Staatenhause einzuräumen sein würde, ist vom Standpunkte der fürstlich schwarzburgischen Regierungen aus noch durch folgende Bemerkungen näher zu begründen und zu unterstützen.

Die im Verfassungs-Entwurfe erster Lesung beschlossene gruppenweise Verbindung mehrerer Staaten zu Collectiv-Stimmen im Staatenhause hat schon an und für sich wesentliche Bedenken gegen sich. Man wird es zwar nur billig und gerecht finden können, wenn die größeren Staaten, im Verhältniß ihres Umfangs und ihres politischen Einflusses, eine stärkere Zahl von Stimmen eingeräumt wird, als den kleineren; allein soll den letzteren, wie es die Absicht ist, ihre Selbstständigkeit erhalten werden, so muß es ihnen auch möglich gemacht werden, dieselbe, oder was gleich gilt, ihre Eigenthümlichkeit zur Geltung zu bringen, ihre Ansicht und ihren Willen wenigstens der Wahrheit getreu auszusprechen, und so das Dasein und das Recht ihrer Individualität nicht bloß mittelst einer Fiction zu wahren. Auf eine solche, und noch dazu auf eine, den Geschäftsgang wesentlich erschwerende läuft es aber hinaus, wenn mehrere Staaten, deren Interesse schon, weil sie mehrere sind, nicht immer zusammenfallen wird, gleichwohl zusammenfallen muß, gezwungen sein sollen, sich zu einer

Stimme zu vereinigen. Schon die frühere Bundesverfassung lehrt, daß die Nothwendigkeit anerkannt wurde, in gewissen, vor das Plenum verwiesenen Fällen jedem Staate eine besondere Stimme zu gewähren.

Unter allen Umständen aber müßte die aufzustellende Gruppirung wenigstens eine solche sein, welche von einer inneren Verwandtschaft der zu einer Collectivstimme vereinigten Staaten getragen würde. Es mag nun zwar, was die unter dem Namen des thüringischen Zollvereins zusammengefaßten Staaten insonderheit anlangt, nicht verkannt werden, daß zwischen einem großen Theile derselben eine Stammes-Genossenschaft, und bis zu einem gewissen Grade auch Aehnlichkeit, ja Gleichheit der Sitte, des Lebens, des Rechts, der Gerichtsverfassung und der Verkehrverhältnisse stattfindet. Allein dadurch scheint es nicht hinlänglich gerechtfertigt, sie als eine Gesammtheit zu behandeln, und ihr als solcher eine beliebige Zahl von Stimmen einzuräumen. Denn neben jenen Vereinigungspunkten bestehen mächtige, vorzüglich staatsrechtliche Verschiedenheiten und Sonderinteressen, deren angemessene Vertretung gesichert werden muß. Dieß ist namentlich in Bezug auf die beiden fürstlichen Häuser Schwarzburg der Fall, insofern jedes ihrer Gebiete in zwei von einander und beziehentlich von den übrigen thüringischen Staaten räumlich und sachlich getrennte Theile zerfällt, wodurch eine Verschiedenartigkeit der Bedürfnisse und Interessen in gewissen Beziehungen von selbst bedingt wird. Es scheint sonach gerecht und billig, den beiden genannten Fürstenthümern im Staatenhause eine andere, jener Eigenthümlichkeit ihrer Lage entsprechende und dieselbe schützende Stellung einzuräumen. Durch die Annahme des in der Collectiverklärung vorgeschlagenen Grundsatzes würde dieser Zweck von selbst erreicht werden. Sollte derselbe aber wider Verhoffen nicht zur Geltung gelangen, so würden die beiden Fürstenthümer Schwarzburg wenigstens auf eine ihnen einzuräumende Gesammtstimme mit gleichem Rechte, wie die in ähnlicher Lage befindlichen herzoglich anhaltischen und fürstlich lippe'schen Lande gerechten Anspruch haben.

Frankfurt a. M., am 1. März 1849.

Der fürstlich schwarzburgische Bevollmächtigte bei der provisorischen Centralgewalt für Deuschland.

Kohlschütter.

Separatbemerkung des Bevollmächtigten für Lübeck.

Herr Ministerpräsident!

Der unterzeichnete Bevollmächtigte der freien Stadt Lübeck hat, in Folge der von Ihnen unterm 28. Januar d. J. erlassenen Aufforderung, die Ansichten der von ihm vertretenen Regierung über den von der Nationalversammlung in erster Lesung angenommenen Entwurf einer Verfassung Deutschland's in zwei gemeinschaftlichen Erklärungen mehrerer Bevollmächtigten dargelegt. Da aber diese Erklärungen auf den Abschnitt des Entwurfs, „das Reichsoberhaupt," nicht erstreckt worden sind, so findet sich der Unterzeichnete noch zu der hiermittelst abgegebenen besonderen Erklärung veranlaßt, daß nach der Ansicht des Senates der freien Stadt Lübeck bei Ergänzung der im § 1 jenes Abschnittes enthaltenen Lücke, die Feststellung der Erblichkeit der Würde des Reichsoberhauptes den Bedürfnissen des als Bundesstaat zu gründenden deutschen Reiches am Meisten entsprechen werde.

Frankfurt a. M, den 1. März 1849. Brehmer.

An den Ministerpräsidenten des Reichsministeriums Herrn Freiherrn v. Gagern.

Separatbemerkung des Bevollmächtigten für Lippe-Schaumburg nebst Begleitungsschreiben des Präsidenten des Reichsministeriums.

Der Präsident des Reichsministerraths an den Herrn Präsidenten der verfassunggebenden Reichsversammlung dahier.

Die heute angelangte Zuschrift des Bevollmächtigten für Schaumburg-Lippe, worin derselbe die Erklärung seiner Regierung in Betreff des von der Reichsversammlung in erster Lesung angenommenen Titels der Verfassung: „das Reichsoberhaupt," mittheilt, beehre ich mich, Ihnen, Herr Präsident, unter Bezugnahme auf meine Schreiben vom 26ten v. M. und vom gestrigen abschriftlich hierbei zu übersenden.

Frankfurt a. M, den 2. März 1849. (gez.) H. Gagern.

Herr Ministerpräsident!

Gemäß der Aufforderung in Ihrem verehrlichen Schreiben vom 28. Januar d. J. sind durch die von mir mit vollzogenen Collectiv-Erklärungen vom 23. Februar und 1. März d. J. die Bemerkungen und Abänderungs-Vorschläge zu Ihrer Kenntniß gebracht worden, welche zu befürworten ich von meiner Regierung angewiesen worden bin. Es liegt mir in Folge ausdrücklichen Auftrags ob, denselben in Beziehung auf den vom Reichsoberhaupte handelnden Titel des Verfassungs-Entwurfes hinzuzufügen, daß Seine Durchlaucht, der regierende Fürst zu Schaumburg-Lippe, die Dauer, Größe und Macht des deutschen Bundesstaates, sowie die Ordnung, den Frieden und die Freiheit im Innern nur dann gesichert erachtet, wenn durch die Reichsverfassung die Erblichkeit der Würde des Oberhauptes in einem deutschen Fürstenhause festgestellt wird.

Frankfurt a. M., den 1. März 1849.

(gez.) Karlowa.

Für die Richtigkeit der Abschrift:

(gez.) Dr. Rademacher.

An den Präsidenten des Reichsministerraths Herrn Freiherrn v. Gagern.)

Präsident: Eine Interpellation des Herrn Wesendonck an den Herrn Minister der auswärtigen Angelegenheiten kommt zur Verlesung. Ist Herr Wesendonck nicht anwesend? (Zuruf: Nein!) Dann lege ich diese Interpellation auf die nächste Sitzung zurück. — Der Herr Reichsminister der Finanzen hat das Wort zur Beantwortung einer Interpellation.

Reichsminister v. Beckerath: Meine Herren! Herr Schoder, in Verbindung mit mehreren anderen Abgeordneten, hat nachstehende Interpellation an die Ministerien des Kriegs und der Finanzen gerichtet:

> „Glaubhafter Mittheilung zufolge ist für die Verpflegung der seit dem 23. September vorigen Jahres in Bockenheim untergebrachten Reichstruppen — anfangs 1200, dermalen 200 bis 300 Mann, — noch kein Kreuzer bezahlt, wodurch die unbemittelten Bürger, deren Vorräthe allmählich aufgezehrt sind, in eine sehr bedrängte Lage versetzt, und den Wucherern preisgegeben werden. Von einem Betheiligten aufgefordert, stellen wir an die Ministerien des Kriegs und der Finanzen die Frage:
>
> Ist es richtig, daß für die Verpflegung der in Bockenheim untergebrachten Reichstruppen seit dem 23. September vorigen Jahres noch nichts bezahlt ist?

Wird diese Frage bejaht, so stellen wir die weitere Frage:

Sind die Ministerien des Kriegs und der Finanzen gesonnen, ohne Verzug dafür zu sorgen, daß die den Einwohnern von Bockenheim gebührenden Verpflegungsgelder denselben ausbezahlt, dadurch den Forderungen des Rechts und der Humanität entsprochen, und eine Quelle gerechter Unzufriedenheit und Mißstimmung verschlossen werde? — Frankfurt am Main, den 23. Februar 1849."

Unterschrieben von: Geigel; Ph. Schwarzenberg; Venedey; v. Rappard; Tafel von Stuttgart; v. Itzstein; Tafel von Zweibrücken; Langbein; Rank; Rheinwald; Hensel; Heubner; Heisterbergk; Hagen; Fröbel; Zimmermann von Spandow; Esterle; Wesendonck; Spatz; Simon von Trier; Dietsch; Fehrenbach; Kudlich; Fetzer.

Ich habe Namens des Kriegs- und Finanzministeriums hierauf nachfolgende Erklärung zu geben:

„Die Centralgewalt hat, wie der hohen Versammlung bekannt ist, behufs der baaren Vergütung für die Verpflegung der Reichstruppen unterm 27. November v. J. auf Grund des Beschlusses der Reichsversammlung von demselben Tage eine Umlage von 1,000,000 Thlr. ausgeschrieben. Hierbei wurde Seitens des Finanzministeriums die Anordnung getroffen, daß diejenigen Regierungen, in deren Staatsgebiet Reichstruppen aufgestellt waren, zunächst ihren betreffenden Matricularbeitrag zur Vergütung der Verpflegungsgelder an die Quartierträger zu verwenden hätten. Der Beitrag der kurhessischen Regierung zu jener Umlage beläuft sich auf 31,264 fl. 8 kr., und diese Summe reicht nach einer diesseits aufgestellten Berechnung hin, sämmtliche an kurhessische Staats-Angehörige bis zum Januar d. J. zu entrichtende Einquartierungsgelder zu decken. — Das Finanzministerium, dem es hiernach unerwartet war, daß in Bockenheim noch keine Vergütung für Einquartierungsgelder erfolgt sein solle, hat sich darüber mit dem Herrn Bevollmächtigten der kurhessischen Regierung ins Benehmen gesetzt, und die von diesem angestellten Erhebungen haben dargethan, daß allerdings, mit Ausnahme einer im vorigen Monat aus der kurhessischen Staats-Kasse vorschußweise geleisteten Zahlung im Betrage von 1928 fl. 46 kr. für im Monat October 1848 an die in Bockenheim einquartiert gewesenen Reichstruppen gelieferte Fourage, weitere Zahlungen für die Verpflegung der Reichstruppen in Bockenheim noch nicht geleistet worden seien. Die Schuld hiervon trage indeß lediglich die städtische Behörde zu Bockenheim, indem dieselbe ungeachtet vielfältiger, deßfalls an sie ergangener Aufforderungen, erst am 19ten v. M. die Nachweisungen zu der Liquidation über die Verpflegungskosten der vom 23. September bis zum Monat December v. J. daselbst einquartierten Reichstruppen an das Verwaltungsamt in Hanau eingeliefert habe, von welchem sie, nach vorgängiger Prüfung und Berichtigung am 25sten v. Mts. an den kurfürstlichen Bezirksvorstand des Verwaltungsbezirks Hanau abgegeben, und sodann von diesem am 27sten v. Mts. an das kurfürstliche Ministerium des Innern abgesandt worden seien. Es sei deßhalb zu erwarten, daß nunmehr in aller Kürze die fragliche Zahlung geleistet werden wird."

Präsident: Wir gehen zur Tagesordnung über.

Zimmermann von Spandow: Ich bitte ums Wort.

Präsident: Worüber?

Zimmermann: Ueber diesen Gegenstand.

Präsident: Ich gebe Ihnen das Wort.

Zimmermann: Ich habe an den Herrn Minister noch die Frage zu stellen, nach welchem Reglement und nach welchen Vorschriften dieser Gegenstand beurtheilt wird. Bisher haben wir von einer solchen Belegung mit Reichstruppen kein Beispiel gehabt, und es ist vorauszusetzen, daß dieser Gegenstand von den dabei betheiligten Behörden nur auf Grund eines ordnungsmäßigen Reglements gehandhabt worden ist, worin zugleich klar ausgesprochen ist, welche Verpflichtungen dabei die Militärbehörden, und welche Verpflichtungen die Magistrâte, eventuell die städtische Behörde zu Bockenheim... (Unterbrechung und Unruhe.)

Präsident: Ich mache bemerklich, daß dieß kein Antrag, sondern eine neue Interpellation ist.

Zimmermann: Meine Herren! (Unterbrechung und Unruhe.) Der Herr Präsident wird mir es schon sagen, ich muß bitten, daß Sie mich nicht unterbrechen. (Unruhe.)

Präsident: Herr Zimmermann! Sie werden sich selbst überzeugen, daß das, was Sie eben vorbringen, kein Antrag, veranlaßt durch die Beantwortung der Interpellation, sondern eine neue Anfrage an das Ministerium ist, die ich Sie bitten muß, schriftlich einzubringen, und die ich dann nach der Interpellationsordnung an das Ministerium gelangen lassen werde. Sie haben dann zu erwarten, was das Ministerium darauf antworten wird; weiter kann ich Ihnen jetzt das Wort in der Sache nicht geben. Dieß ist meine Entscheidung, und wenn Ihnen diese nicht zusagt, müssen Sie sich in Form einer Beschwerde über mich beklagen.

Zimmermann: Diese Beschwerde könnte ich nur auf der Tribüne anbringen.

Präsident: Diese Angelegenheit ist für die gegenwärtige Sitzung erledigt. Ich habe eine Entscheidung, die ich für geschäftsordnungsgemäß halte, getroffen, von der kann und werde ich nicht abgehen. Halten Sie, Herr Zimmermann, dieselbe für unrichtig, so wiederhole ich die Bitte, eine schriftliche Beschwerde darüber einzubringen, die ich dann den verfassungsmäßigen Weg gehen lasse. (Unruhe.)

Zimmermann: Sie haben mich mißverstanden. (Unruhe.)

Präsident: Ich glaube, Sie vollkommen verstanden zu haben. Der Antrag des Herrn Zimmermann geht dahin, daß das Ministerium die von ihm angedeuteten Reglements über Belegung von Orten mit Reichstruppen und die dadurch hervorgerufenen Maßregeln vorlege.

Zimmermann: Allerdings ist das der Antrag, den ich zu stellen beabsichtigte.

Präsident: Wir gehen hiermit zur Tagesordnung über, und zwar **zur Berathung über Art. I §§ 15, 16 und 17 des vom Verfassungs-Ausschuß vorgelegten Entwurfs, Reichsgesetz über die Wahlen der Abgeordneten zum Volkshause, über Anlage A, Reichswahlmatrikel, und über das Reichsgesetz über die Tagegelder und Reisegelder der Abgeordneten zum Reichstage, eventuell zur Abstimmung über das ganze Wahlgesetz.**

Der § 15 lautet:

„Stellvertreter der Abgeordneten sind nicht zu wählen."

Dazu liegt nur das unter 63 abgedruckte Amendement des Abgeordneten Nagel von Oberviechtach vor. Dasselbe lautet:

„Für jeden Abgeordneten ist gleichzeitig ein Ersatzmann zu wählen, welcher aber erst dann einzutreten hat, wenn der Abgeordnete selbst sein Mandat nicht annimmt, oder definitiv niederlegt."

Redner haben sich zu diesem Paragraphen nicht einschreiben lassen. Ich muß wohl fragen, ob die Versammlung in die Discussion über den Paragraphen eingehen will? Diejenigen Herren, die auf die Dicussion über § 15 des vorliegenden Entwurfs nicht verzichten wollen, ersuche ich, sich zu erheben. (Niemand erhebt sich.) Die Discussion ist abgelehnt, und damit auch das Amendement des Herrn Nagel, weil ihm die Unterstützung von 20 Mitgliedern fehlt. — Ich bringe also den § 15 zur Abstimmung, er lautet:

„Stellvertreter der Abgeordneten sind nicht zu wählen."

Diejenigen Herren, die diesen Antrag des Verfassungs-Ausschusses annehmen wollen, bitte ich, aufzustehen. (Mitglieder auf allen Seiten erheben sich.) Der Antrag ist angenommen. —

Der § 16 lautet:

„Die Wahlen sind im Umfang des ganzen Reichs an einem und demselben Tage vorzunehmen, den die Reichsregierung bestimmt.

Die Wahlen, welche später erforderlich werden, sind von den Regierungen der Einzelstaaten auszuschreiben."

Dazu liegen vor das Amendement des Herrn Reinstein unter Nr. 37:

„Mit Rücksicht auf das Minoritäts-Erachten zu § 17, und in Erwägung, daß es um so nothwendiger erscheint, alle Anordnungen in Betreff der Wahlen zur Reichsversammlung der Reichsregierung zu überweisen, als die Wahlkreise zum Theil sich über verschiedene Einzelstaaten erstrecken, beantragen die Unterzeichneten folgende Fassung des § 16:

Sowohl die Gesammtwahlen, als auch die später etwa erforderlichen Ergänzungs-Wahlen werden von der Reichsregierung ausgeschrieben, und zwar die ersteren für den ganzen Umfang des Reichs auf einen und denselben Tag."

Unterstützt von: Schütz; Dietsch; Hoffbauer; Werner von Oberkirch; Pfahler; Titus; Culmann; Gritzner; Mareck; Hönninger; Dr. Mohl; Zimmermann von Stuttgart; Spatz; Tafel von Zweibrücken; Gulden; Umbscheiden; Roßmäßler; Mayer von Liegnitz; Freese.

Das des Herrn Goltz unter 38:

„Nachwahlen müssen natürlich auf dieselbe Weise wie die ersten Wahlen veranlaßt werden.

Veranlassen die Einzelstaaten die Eintheilung der Bezirke und die Wahlen, so ist der Satz des § 16:

„Die Wahlen, welche später erforderlich werden, sind von den Regierungen der Einzelstaaten auszuschreiben" überflüssig.

Für den Fall, daß das Minoritäts-Erachten zu § 7 und § 17 angenommen wird, ist gedachter Satz ein Widerspruch mit dem ersten Wahlverfahren.

Es wird daher beantragt, diesen zweiten Satz des § 16 ganz wegzulassen."

Und das des Herrn Dinstl unter 90:

„Ich beantrage folgende Fassung des § 16:

Die Wahlen haben im Umfang des ganzen Reichs an einem und demselben Tage zu beginnen, den die Reichsregierung bestimmt. Die Wahlen, welche später erforderlich werden, sind von den Regierungen der Einzelstaaten auszuschreiben."

Auch zu diesem Paragraphen haben sich keine Redner einschreiben lassen; ich frage, ob die Versammlung in Discussion über den Paragraphen eintreten will? Diejenigen Herren, die auf die Discussion über § 16 nicht verzichten wollen, ersuche ich, sich zu erheben. (Niemand erhebt sich.) Die Discussion ist abgelehnt, und damit fällt das Amendement des Herrn Dinstl weg, weil es keine zwanzig Unterschriften hat. — Ich bringe § 16 in den beiden Absätzen nach dem Antrage des Ausschusses zur Abstimmung. Es ist nämlich von Herrn Goltz beantragt, das zweite Alinea wegfallen zu lassen. Dieser Antrag wird auf eine oder die andere Weise, wenn ich das zweite Alinea für sich zur Abstimmung bringe, berücksichtigt. Würde der Antrag des Ausschusses nicht angenommen, so würde ich den des Herrn Reinstein zur Abstimmung bringen. — Erster Satz des § 16:

„Die Wahlen sind im Umfang des ganzen Reichs an einem und demselben Tage vorzunehmen, den die Reichsregierung bestimmt."

Diejenigen Herren, die das erste Alinea der Anträge des Verfassungs-Ausschusses unter § 16 annehmen wollen, bitte ich, sich zu erheben. (Mitglieder auf allen Seiten erheben sich.) Der Antrag ist angenommen.

Das zweite Alinea:

„Die Wahlen welche später erforderlich werden, sind von den Regierungen der Einzelstaaten auszuschreiben."

Diejenigen Herren, die auch diesen zweiten Satz des § 16 annehmen wollen, ersuche ich, sich zu erheben. (Mitglieder auf der Rechten und im Centrum erheben sich.) Auch dieser Satz ist angenommen, und damit das Amendement der Herren Goltz und Reinstein beseitigt. — Der § 17 lautet:

„Die Wahlkreise und Wahlbezirke, die Wahl-Directoren und das Wahlverfahren, insoweit dieses nicht durch das gegenwärtige Gesetz festgesetzt worden ist, werden von den Regierungen der Einzelstaaten bestimmt."

Minoritäts-Erachten: Statt: „werden von den Regierungen der Einzelstaaten bestimmt," möge gesagt werden: „werden von der Reichsregierung angeordnet." (G. C. Schüler; H. Simon; Fr. Wigard; Reh.)

Dazu liegt unter Nr. 91 der Antrag des Herrn Günther vor:

Artikel V. § 17 beantrage ich in folgender Weise zu fassen:

„Die Wahlkreise und Wahlbezirke, die Zusammensetzung der Wahl-Ausschüsse und des Wahl-Verfahrens, insoweit solches nicht durch das gegenwärtige Gesetz festgestellt worden ist, werden durch ein Einführungsgesetz bestimmt, dessen Entwurf der Verfassungs-Ausschuß der constituirenden Nationalversammlung vorlegen wird."

Unterstützt von: Mammen; v. Dieskau; Stark; Kuenzer; Schütz; Bogen; Reichenbach; Werner von Oberkirch; Esterle; Damm; Rödinger; Reichard; Mareck; Eisenstuck; Minkus; Scharre; Wiesner; Fehrenbach; Reinstein; Schmitt; Zimmermann von Spandow; Zimmermann von Stuttgart; Würth von Sigmaringen; Schlöffel; Roßmäßler; Polatzek; Tafel von Zweibrücken; Rauwerck; Fröbel; Berger; Dietsch; Umbscheiden.

Soeben erhalte ich noch einen handschriftlichen Antrag von Herrn Zell und Genossen:

„In Erwägung, daß es zwar zweckmäßig erscheint, sich der in den Einzelstaaten vorfindlichen administrativen Organe für die Wahlen des Volkshauses zu bedienen;

daß es aber dem Wesen des Bundesstaates nicht entspricht, und für die Institution des Volkshauses von den verderblichsten Folgen sein kann, wenn man der Reichsgewalt außerhalb der jetzt beliebten allgemeinen gesetzlichen Bestimmungen für die Zukunft jede verfassungsmäßige Einwirkung benimmt, und so die näheren Anordnungen der Wahlen, — welche sich noch in der allerneuesten Zeit als von dem wesentlichsten Einflusse auf die Resultate desselben gezeigt haben, — lediglich dem guten Willen und der jeweiligen politischen Richtung der Einzelstaaten überläßt,

beantragen wir den Zusatz:

...„festgestellt worden ist, oder durch Anordnungen der Reichsgewalt noch festgestellt werden wird, werden von der Regierung rc."

Unterstützt von: Schorn; Weißenborn; Mittermaier; Böcking; Ahrens; Bresgen; Groß; Käfferlein; Drechsler; v. Stremayr; Pinckert; Höfken; Backhaus; Plaß; Becker; Hirschberg; Kirchgeßner.

Auch zu § 17 haben sich keine Redner gemeldet. Ich frage, ob die Versammlung in die Discussion über § 17 eingehen will? Diejenigen Herren, welche auf diese Discussion nicht verzichten wollen, bitte ich, aufzustehen. (Niemand erhebt sich.) Die Discussion ist abgelehnt. Die Anordnung der Abstimmung würde folgende sein müssen: Das Amendement des Herrn Günther stellt die Abgrenzung der Wahlkreise, der Wahlbezirke, die Zusammensetzung der Wahl-Ausschüsse und des Wahlverfahrens in gewissem Sinne der Zukunft anheim, indem es ein darüber zu erlassendes Gesetz verlangt; es ist ein aufschiebender Antrag, den ich vornweg zur Abstimmung bringe. Würde er abgelehnt, so würde ich den Antrag der Majorität zur Abstimmung bringen, vorbehaltlich der Abstimmung über den Zusatz-Antrag des Herrn Zell und Genossen, und würde auch der verworfen, endlich den Minoritäts-Antrag. — Ich beginne also mit dem Antrag des Herrn Günther unter Nr. 91:

„Die Wahlkreise und Wahlbezirke, die Zusammensetzung der Wahl-Ausschüsse und des Wahl-Verfahrens, insoweit solches nicht durch das gegenwärtige Gesetz festgestellt worden ist, werden durch ein Einführungsgesetz bestimmt, dessen Entwurf der Verfassungs-Ausschuß der constituirenden Nationalversammlung vorlegen wird."

Diejenigen Herren, welche den Antrag des Herrn Günther und Genossen annehmen wollen, ersuche ich, sich zu erheben. (Mitglieder auf der Linken erheben sich.) Der Antrag ist abgelehnt. Ich bringe also den § 17 in der Fassung, die ihm die Majorität des Ausschusses gegeben hat, vorbehaltlich einer Abstimmung über den Zusatz des Herrn Zell zu Frage:

„Die Wahlkreise und Wahlbezirke, die Wahldirectoren und das Wahlverfahren, insoweit dieses nicht durch das gegenwärtige Gesetz festgestellt worden ist, werden von den Regierungen der Einzelstaaten bestimmt."

Diejenigen Herren, welche diesen Antrag, vorbehaltlich einer Abstimmung über das Amendement des Herrn Zell und Genossen annehmen wollen, ersuche ich, sich zu erheben. (Mitglieder auf der Rechten und im Centrum erheben sich.) Der Antrag ist mit diesem Vorbehalte angenommen. — Diejenigen Herren, welche in diesen angenommenen Antrag, hinter den Worten „festgestellt worden ist" (in der dritten Zeile) nach dem Antrage des Herrn Zell und Genossen inseriren wollen:

„oder durch Anordnungen der Reichsgewalt noch festgestellt werden wird,"

bitte ich, aufzustehen. (Mitglieder auf der Linken und im Centrum erheben sich.) Der Zusatz des Herrn Zell und Genossen ist angenommen. Der Paragraph lautet jetzt also:

„Die Wahlkreise und Wahlbezirke, die Wahldirectoren und das Wahlverfahren, insoweit dieses nicht durch das gegenwärtige Gesetz festgestellt worden ist, oder durch Anordnungen der Reichsgewalt noch festgestellt werden wird, werden von den Regierungen der Einzelstaaten bestimmt."

Wir gehen zur Anlage A „Reichsmatrikel" über. Dieselbe lautet:

„Zum Zweck der Wahlen der Abgeordneten zum Volkshaus werden zusammengelegt:

1) Lichtenstein mit Oesterreich.
2) Hessen-Homburg mit Großherzogthum Hessen.
3) Schaumburg-Lippe mit Hessen-Kassel.
4) Hohenzollern-Hechingen mit Hohenzollern-Sigmaringen.
5) Reuß älterer Linie mit Reuß jüngerer Linie.
6) Anhalt-Köthen mit Anhalt-Bernburg.
7) Lauenburg mit Schleswig-Holstein.
8) Lübeck mit Mecklenburg-Schwerin."

Minoritäts-Erachten I. s. zu § 7.
Minoritäts-Erachten II. s. zu § 9.

Dazu liegen vor: Der Antrag des Herrn Venedey unter Nr. 83:

2) „Hessen-Homburg v. d. H. mit dem Großherzogthum Hessen; — das hessen-homburgische Oberamt Meisenheim auf dem linken Rheinufer mit Rheinbayern."

Des Herrn Culmann unter Nr. 39:

„Zu Anlage A. Reichsmatrikel beantrage ich als Nr. 9 noch folgenden Zusatz:

Der auf der linken Rheinseite gelegene Theil des Großherzogthums Oldenburg mit Rheinpreußen."

Unterstützt von: Umbscheiden; Gulden; Tafel von Zweibrücken; Zimmermann von Stuttgart; Rödinger; Damm; Reinstein; Dr. Mohr; Schütz; Titus; Werner von Oberkirch; Grubner; Günther; Fröbel; Meyer von Liegnitz; Heubner; Fallmerayer; Frisch; Vogel von Guben; Venedey.

Der Herren Cropp, v. Buttel und Möllin; unter 81:

„Damit nicht die Herrschaft Kniphausen, wie früher auf dem Wiener Congresse, so auch jetzt wieder vergessen werde, beantragen wir zu der Reichs-

Wahlmatrikel" in Anlage A des Wahlgesetzes den Zusatz:

9) „Kniphausen mit Oldenburg."

Gerechtfertigt erscheint dieser Antrag dadurch, daß die Herrschaft Kniphausen nicht etwa einen Theil des Großherzogthums Oldenburg, sondern vielmehr ein besonderes von Oldenburg durchaus unabhängiges Territorium bildet, dessen Landesherr zu dem Großherzoge von Oldenburg in dem nämlichen Verhältnisse steht, wie früher die deutschen Landesherren zu Kaiser und Reich."

Der Antrag des Herrn Schubert (von Königsberg) und Genossen unter Nr. 92 wird zurückgezogen, und der Antrag des Herrn Schädler unter Nr. 93:

„Abänderungsvorschlag zur Anlage A. Reichs-Wahlmatrikel.

„In Erwägung, daß das Fürstenthum Lichtenstein die Pflichten eines Einzelstaates Deutschland's zu dessen Centralgewalt zu erfüllen hat;

„in Erwägung, daß, wenn Lichtenstein mit einem anderen Wahlkreise bis zur Zahl von 100,000 Seelen zusammengelegt wird, sein Wahleinfluß wie 0,07 zu 0,93 steht, und damit außer Stand ist, wirksamen Einfluß auf eine Vertretung seiner besonderen Angelegenheiten beim deutschen Parlamente zu üben;

„in fernerer Erwägung, daß dieß Fürstenthum vermöge Beschluß der Nationalversammlung im Staatenhause, und damit durch Oesterreich vertreten wird, und somit Lichtenstein weder im Staaten-, noch im Volkshause factisch eine Vertretung haben würde, mache ich den Antrag: Die hohe Versammlung wolle aus Gründen der Gerechtigkeit und Consequenz beschließen:

„Das Fürstenthum Lichtenstein bildet für sich einen Wahlkreis zur Wahl ins Volkshaus."

Herr Schädler hat zu diesem Antrage folgende Berichtigung eingegeben: „In Absatz 4 der Motive ist nach den Worten: „im Staatenhause" einzuschalten: „im Vereine."

Ich erhalte soeben noch einen Antrag von den Herren Backhaus, Mertel, Weißenborn, Cetto, Kierulff:

„Zu Anlage A. Reichsmatrikel: „Zum Zwecke der Wahlen zum Volkshause werden zusammengelegt ꝛc." beantragen die Unterzeichneten den Zusatz:

„Pyrmont mit Preußen."

Unterstützt von: Groß von Prag; Liebmann; Mertel; Höfken; Weißenborn; Cetto; Kierulff; Kunth; Hirschberg; Bresgen; Ad. Schmidt; A. Grumbrecht; Makowiczka; Schorn; Fritzsche; Käfferlein.

Zum Worte haben sich gemeldet: die Herren Venedey, Schubert und Rüder. Die Anmeldung des Herrn Schubert fällt jetzt fort. Ich frage, ob die Versammlung in Discussion über diese Anlage eintreten will? Diejenigen Herren, welche auf die Discussion nicht verzichten wollen, ersuche ich, sich zu erheben. (Viele Mitglieder erheben sich.) Die Discussion ist zugelassen. — Herr Venedey hat das Wort.

Venedey von Köln: Meine Herren! Ich will nur in ganz kurzen Worten die Thatsachen anführen, die für meinen Antrag sprechen. Hessen-Homburg ist hier in zwei Theile getheilt, von denen der eine, wie Sie wissen, in der Nähe von Frankfurt, der andere 14 bis 15 Stunden von Homburg wegliegt. Das Oberamt Meisenheim ist von allen hessen-darmstädtischen Ländern wenigstens 5 bis 6 Stunden getrennt, und zwar durch Rheinbayern; die Wähler müßten also jedenfalls eine Reise machen, um mit Hessen-Darmstädtern wählen zu können. Sie liegen in der nächsten Nähe und sind in alltäglicher Berührung mit Rheinbayern, und das hessische Oberamt Meisenheim wünscht selbst, dorthin geschlagen zu werden, statt nach Hessen-Homburg oder Hessen-Darmstadt zur Wahl des Abgeordneten zu gehen.

Rüder von Oldenburg: Meine Herren! Ich will einige Worte sprechen für die von dem Verfassungs-Ausschuß aufgestellte Matrikel; ich kann es thun, ohne den Anträgen entgegenzutreten, die Einige von meinen Heimathgenossen gestellt haben, und die ich nur deßhalb nicht mitunterschrieb, weil ich sie für überflüssig halte. Der Verfassungs-Ausschuß selbst hat in seiner Bevorwortung der Matrikel dieses Punktes als eines solchen Erwähnung gethan, der keiner besonderen Hervorhebung bedürfe. — Das Amendement, welches in Beziehung auf Lichtenstein gestellt ist, scheint mir dagegen nicht begründet. Der Herr Antragsteller selbst macht darauf aufmerksam, daß Lichtenstein nur ungefähr 7000 Einwohner hat. Wäre hier die Rede vom Staatenhause, so möchte sich etwas, ja viel dafür sagen lassen, weil Lichtenstein einmal ein selbstständiger Staat bleibt. Ich kann, da hier vom Volkshause die Rede ist, nur darauf aufmerksam machen, daß es mir doch ein Mißverhältniß scheint, eine Anzahl von Einwohnern, die sich wie 7 zu 100 verhalten zu Denen, die eigentlich in einen Wahlkreis gehören; ein Mißverhältniß, das ganz klar in die Augen springen sollte. Minder particularistisch als der von Vaduz, ja ganz entgegengesetzt ist der Abgeordnete von Meisenheim und Homburg aufgetreten; denn wenn nach dem Antrage des Verfassungs-Ausschusses doch noch die Möglichkeit bleibt, daß die circa 24,000 Einwohner von Hessen-Homburg zusammenwählen, indem sie mit Hessen-Darmstadt wählen, also in dem combinirten Wahlkreise doch noch einigen Einfluß haben, so will ihr Abgeordneter diesen Einfluß, indem er das Gebiet getheilt wissen, und den einen Theil mit Rheinbayern und den anderen mit Hessen-Darmstadt wählen lassen will, seinen Wählern nehmen. Es liegt doch wohl auf der Hand, daß hier der Einfluß ganz verschwinden würde, und es ist dazu kein Grund, da ohnehin Hessen-Homburg und Hessen-Darmstadt in nicht zu ferner Zeit zu einem Territorium vereint werden dürften. — Es ist noch ein Verbesserungs-Antrag vom Abgeordneten Culmann gestellt, bezüglich auf Birkenfeld mit reichlich 30,000 Einwohnern, welches auf dem linken Rheinufer und allerdings zu entfernt von Oldenburg liegt, um die Einwohner bequem mit diesem zusammenwählen zu lassen; und es läßt sich nicht verkennen, daß das ein großer Mißstand für Birkenfeld's Einwohner ist. Indeß finde ich in dem Amendement kein Princip durchgeführt, weil es nur auf das eine Fürstenthum bezogen ist. Wollten die Herren Antragsteller die Landkarte von Deutschland ansehen, so würden Sie finden, daß noch eine Menge solcher Enclaven dasind, und wenn Sie hätten ein Princip aufstellen wollen, so hätten Sie beantragen sollen, daß allenthalben da, wo die Wahl ohne Belästigung von den Zusammengehörigen nicht ausgeübt werden könnte, sie mit denjenigen Staaten zusammenwählen sollen, von denen sie enclavirt sind, oder die ihnen die ausgedehntesten Grenzen bieten. Da wäre dann z. B. das Amt Ritzebüttel, das zu Hamburg; dann ferner das Fürstenthum Lübeck, das zu Oldenburg gehört; dann das preußische Gesell, das größtentheils von Bayern und Reuß begrenzt wird; Bergedorf, das bei Hamburg liegt, und doch theilweise zu Lübeck gehört; das bei Bremen belegene braunschweigische Amt Thedinghausen; der Kreis Wetzlar und so manche andere zu nennen, welche ich nicht angeführt habe, da es hier nur darauf ankommt, Beispiele aufzusuchen. Da aber nicht vorgeschlagen ist, in solcher Art ein Princip zum Gesetz zu erheben, so kann ich nicht zugeben, daß es zweckmäßig wäre, Birkenfeld allein einem anderen Staate zuzutheilen. Ich spreche hier nicht als Oldenburger, also im particularistischen Sinne; denn es bekommt Oldenburg nach dem Vorschlag des Ausschusses drei Stimmen, und wenn die Wahlberechtigten von Birkenfeld auch abgezogen werden, so behält es doch immer noch drei Stimmen; ich bin also ganz unbefangen und unparteilich bei der Sache. Weitere Bemerkungen habe ich nicht zu machen.

Jahn von Freiburg an der Unstrut: Geehrte Versammlung! Die Anlage A: „Reichsmatrikel," hat viel Ungehöriges zusammengeworfen. Ich begreife gar nicht, wie man Grundsätze dieser Art aufgestellt, und wie die Fabel gesagt hat: „Ich bin groß und du bist klein." Es scheint, als wenn man die Kleinen und den Satz gar nicht beachten wollte: „Was da ist, muß da bleiben." Warum man Lichtenstein mit Oesterreich zusammenlegen will, bei dessen Seelenzahl die Zusammenlegung gar nichts bedeutet, sehe ich gar nicht ein, da könnte man es doch viel zweckmäßiger mit Hohenzollern-Hechingen und Hohenzollern-Sigmaringen verbinden. Das Allerschlimmste ist aber, daß Lübeck, die frühere Hauptstadt der Hansa, mit Mecklenburg-Schwerin, mit dem es gar nichts zu thun hat, zusammengeworfen werden soll. (Stimmen: Das gehört nicht mehr hierher!)

Präsident: Das ist ja durch die Abstimmung zu § 9 erledigt, Herr Jahn!

Jahn: Da habe ich nichts mehr zu sagen. (Heiterkeit auf der Linken.) Meine Herren! Irren ist menschlich, und ich wünsche, daß Sie (zur Linken) sich immer nur in solchen Kleinigkeiten irren und nicht in großen Dingen, worin Deutschland zu Grunde geht. (Große Heiterkeit auf der Linken; Beifall auf der Rechten.)

Moriz Mohl von Stuttgart: Meine Herren! Ich bitte Sie, Deutschland nicht noch mit einer neun und dreißigsten Nation zu beschenken. Diese wäre Kniphausen. Kniphausen hat zwar gegenwärtig hier seinen eigenen Vertreter. Diese besondere Vertretung fällt aber von selbst weg, wenn der Antrag des Verfassungs-Ausschusses angenommen wird, und es bedarf nicht der beantragten besonderen Bestimmung, daß Kniphausen mit Oldenburg zusammen wählen soll. Letzteres versteht sich von selbst; denn Kniphausen ist Oldenburg zugetheilt, wie es früher unter Kaiser und Reich stand. Es ist kein eigener Staat, sondern ein Theil von Oldenburg. Kniphausen hat zwar dagegen bekanntlich beim Bundestage vielfach reclamirt. Wir wollen aber diesen Streit, der solange geführt wurde, nicht wieder aufnehmen, oder noch weiter führen. Wir wollen nur nicht durch Nennung Kniphausens unter den für die Wahlen anderen zugetheilten Staaten gewissermaßen anerkennen, daß Kniphausen ein Staat sei, während es doch ein solcher nicht ist.

Präsident: Ich frage, ob der Herr Berichterstatter das Wort verlangt?

Riesser von Hamburg: In Bezug auf einige der gestellten Anträge, namentlich auf den hinsichtlich Lichtensteins eingebrachten, muß ich darauf aufmerksam machen, daß Sie den Grundsatz, daß ein Staat, welcher unter 50,000 Einwohner hat, mit anderen zusammengelegt werden soll, bereits angenommen haben, daß Sie also durch Berücksichtigung jener Anträge mit Ihrem eigenen Beschlusse in Widerspruch gerathen würden. Anders verhält es sich mit den Anträgen, welche gewisse Enclaven betreffen. Gegen dieselben hat Herr Rüder freilich mit Recht bemerkt, daß dasselbe Princip dann noch auf viele andere Fälle Anwendung finden könnte. Daß sich für einzelne Fälle, wie dieß z. B. Herr Venedey in Bezug auf Meisenheim entwickelt hat, Manches für die Änderung anführen läßt, ist gewiß nicht zu leugnen; doch muß ich bemerken, daß die Unbequemlichkeit, welche z. B. die Bewohner des Amtes Meisenheim bei der Wahl für diese Versammlung zu erleiden hatten, entfernt ist; denn diese lag in den indirecten Wahlen, welche die Wähler nöthigten, ihre Wahlmänner nach dem entfernten Wahlorte zu schicken; dieses hört aber durch die directen Wahlen, welche von Ihnen zum Beschluß erhoben sind, auf, und es ist somit ein erheblicher Grund, über diese Enclaven anderweitig zu bestimmen, wie mir scheint, nicht mehr vorhanden. In Betreff Kniphausens ist der Ausschuß von derselben Ansicht ausgegangen, welche Herr Moriz Mohl hier entwickelt hat, und die auch mir die richtige zu sein scheint. Indeß ist nicht zu leugnen, daß dadurch, daß die Nationalversammlung den Abgeordneten für Kniphausen zugelassen hat, die Meinung entstehen könnte, man habe einer anderen Ansicht gehuldigt, und ich stelle es Ihnen anheim, welchen Werth Sie auf diesen Umstand legen wollen. Es ist diese Zulassung freilich durch den Centrallegitimations-Ausschuß erfolgt, und es liegt daher in dieser Beziehung nur ein Beschluß dieses Ausschusses, nicht aber der Nationalversammlung selbst vor.

Präsident: Die Discussion über die Anlage A ist geschlossen. Ich bringe die Anträge der Herren Schädler, Venedey und Cropp zur Unterstützung. Diejenigen, welche den Antrag des Herrn Schädler, Nr. [illegible], unterstützen wollen, ersuche ich, sich zu erheben. (Sehr wenige Mitglieder erheben sich.) Er hat keine Unterstützung gefunden. — Ich bitte diejenigen Herren, welche den Antrag des Herrn Venedey unterstützen wollen, sich zu erheben. (Die genügende Anzahl erhebt sich.) Er ist unterstützt. — Es folgt der Antrag des Herrn Cropp und Genossen, Nr. 81; wird derselbe unterstützt? (Nur wenige Mitglieder erheben sich.) Es ist nicht ausreichend geschehen. Ich bringe den Eingang der Anlage A und Nr. 1, dann Nr. 2 besonders, demnächst die übrigen Nummern, dann den Zusatz des Herrn Culmann zur Abstimmung. Diejenigen Herren also, welche den Eingang in folgenden Worten annehmen wollen:

> „Zum Zwecke der Wahlen der Abgeordneten zum Volkshause werden zusammengelegt: 1) Lichtenstein mit Oesterreich,"

bitte ich, sich zu erheben. (Mitglieder auf allen Seiten erheben sich.) Er ist angenommen. — Vor Nr. 2 bringe ich den Antrag des Herrn Venedey zur Abstimmung, wornach Nr. 2 heißen soll:

> „2) Hessen-Homburg v. d. H. mit dem Großherzogthum Hessen; — das hessen-homburgische Oberamt Meisenheim auf dem linken Rheinufer mit Rhein-Bayern."

Ich ersuche diejenigen Herren, welche diese Fassung annehmen wollen, sich zu erheben. (Mitglieder auf der Linken und im Centrum erheben sich.) Der Antrag des Herrn Venedey ist angenommen. — Es folgen die Sätze;

3) Schaumburg-Lippe mit Hessen-Kassel.
4) Hohenzollern-Hechingen mit Hohenzollern-Sigmaringen.
5) Reuß älterer Linie mit Reuß jüngerer Linie.
6) Anhalt-Köthen mit Anhalt-Bernburg.
7) Lauenburg mit Schleswig-Holstein."

Diejenigen Herren, welche diese Sätze von Nr. 3—7 einschließlich annehmen wollen, bitte ich, sich zu erheben. (Mitglieder auf allen Seiten erheben sich.) Sie sind nach dem Vorschlage des Verfassungs-Ausschuß angenommen. — Diejenigen, welche zu dem angenommenen Satz 7 nach dem Antrage des Herrn Culmann und Genossen als Nr. 8 hinzufügen wollen:

„Der auf der linken Rheinseite gelegene Theil des Großherzogthums Oldenburg mit Rheinpreußen,"

ersuche ich, sich zu erheben. (Mitglieder auf der Linken im Centrum erheben sich.) Auch dieser Antrag ist zum Beschluß erhoben. — Diejenigen Herren, die den angenommenen acht Nummern als Nr. 9 nach dem Antrage des Herrn Backhaus u. s. w. hinzufügen wollen:

„Pyrmont mit Preußen,"

bitte ich, sich zu erheben. (Mitglieder auf verschiedenen Seiten erheben sich.) Auch dieser Zusatz ist angenommen. — Wir gehen zu dem Reichsgesetz über die Tage- und Reisegelder der Abgeordneten zum Reichstag über. Dasselbe lautet:

„Die Mitglieder des Staatenhauses und des Volkshauses erhalten ein Tagegeld von 7 Gulden rheinisch, und eine Reisekosten-Entschädigung von 1 Gulden für die Meile, sowohl der Hinreise als der Rückreise."

Zu demselben liegen gedruckt vor: der Antrag des Abgeordneten Schulz von Darmstadt unter Nr. 53:

„In Betracht, daß in allen Zweigen des öffentlichen Dienstes die äußerste Sparsamkeit nothwendig ist, damit es den Reichsbehörden nicht an den Mitteln fehle zur Verbesserung der Lage der ärmeren Klassen des deutschen Volks, sowie zu der dringend gebotenen Solderhöhung der Unterofficiere und Soldaten des deutschen Heers, deren „Tagegelder" nur wenige Batzen betragen — möge eine hohe National-Versammlung:

„die für die Mitglieder des Volkshauses und Staatenhauses zu 7 Gulden rhein. beantragten Tagegelder auf höchstens 5 Gulden herabsetzen."

Der Antrag des Abgeordneten Wiesner unter Nr. 93:

„In Erwägung, daß die Beziehungen zwischen den Abgeordneten zum Reichstage und dem Volke so sehr als möglich erleichtert werden müssen, daß dieß jedoch ohne Portofreiheit für alle an die Abgeordneten gelangenden, oder von ihnen ausgehenden Mittheilungen nicht möglich wäre, — beantrage ich zu dem Reichsgesetze über die Tage- und Reisegelder der Abgeordneten zum Reichstage nach dem Worte „Rückreise" den Zusatz:

„und genießen Portofreiheit für alle an sie gelangenden, oder von ihnen ausgehenden Correspondenzen und Drucksachen."

Unterstützt von: Schmitt von Kaiserslautern; Rank; Reinstein; Meyer von Liegnitz; Levysohn; Reinhard; Wöhler; Kuenzer; Hartmann; Damm; Schlutter; Werner von Oberkirch; Berger; Schütz; Mareck; Günther; Fehrenbach; Zimmermann von Spandow; Schlöffel; Reichard; Zimmermann von Stuttgart; Würth von Sigmaringen; Grubert; Köhler.

Der Antrag des Abgeordneten Schlöffel unter Nr. 94:

„In Erwägung, daß der Beruf eines Volksvertreters ein Ehrenamt ist;

daß er demnach nicht als Gegenstand der Speculation ausgebeutet werden dürfe;

daß dieß aber geschehen würde, wenn auch ferner hochgestellte und hochbesoldete Staatsbeamte neben den Diäten als Abgeordnete noch den unverkürzten hohen Gehalt als Staatsbeamte für die Zeit in Empfang nehmen, in welcher dieselben nicht amtlich fungiren;

daß es Angesichts der überall herrschenden Noth ein schweres Unrecht sei, unverdienten Sold aus der Staatskasse zu beziehen, in welche die mit Anstrengung gezahlten und abgepfändeten Steuern fließen;

daß Diejenigen, welche im Weinberge des Herrn essen, ohne zu arbeiten, unnütze Knechte sind;

daß Cumulirung von Gehalten längst als das schreiendste Unrecht erkannt worden ist, bei dessen Abstellung vorzugsweise von den Volksvertretern mit gutem Beispiele vorangegangen werden müsse;

in fernerer Erwägung, daß diese Maßregel durch die in allen deutschen Staaten herrschende Finanznoth dringend geboten ist: beantrage ich bei dem „Reichsgesetz über die Tagegelder und Reisegelder der Abgeordneten zum Reichstag" folgenden Zusatz:

Staatsbeamte haben bei Annahme der auf sie gefallenen Abgeordnetenwahl, während der Dauer der Sitzungsperiode, keinen Anspruch auf Amts-Gehalt."

Unterstützt von: Würth von Sigmaringen; Werner von Oberkirch; Schmitt von Kaiserslautern; Simon von Trier; Schütz; Damm; Grubert; Wiesner; Fehrenbach; Demel; Berger; Wesendonck; Reichard; Reinhard; Reichenbach; Kuenzer; Meyer von Liegnitz; Fröbel; Hartmann; Köhler; Zimmermann.

Der Antrag des Abgeordneten Evertsbusch unter Nr. 95:

„Die Mitglieder des Staatenhauses und des Volkshauses erhalten ein Tagegeld von 3 Thalern oder 5 Gulden 15 Kreuzer rheinisch u. s. w., wie im Entwurf."

Unterstützt von: Lette; Zachariä von Göttingen; Stieber; Duncker; Becker von Gotha; Keller; Gysae; Rüder; Massow; Kratz; Richter von Danzig; Veit; Sänger; v. Köstcritz; Mann; Emmerling; v. Stavenhagen; v. Keudell; Pinder; v. Raumer von Berlin; Kosmann; Schleusing; Ambrosch; Schwetschke; Plehn; (unleserlicher Name).

Dann ein heute handschriftlich eingegangener Verbesserungs-Antrag des Herrn v. Linde zu dem Antrage von Herrn Schlöffel, welcher lautet:

„In Erwägung:

1) daß die von dem Herrn Abgeordneten Schlöffel für den beantragten Zusatz:

„Staatsbeamte haben bei Annahme der auf sie gefallenen Abgeordnetenwahl, während der Dauer der Sitzungsperiode, keinen Anspruch an Amtsgehalt,"

angeführten Gründe, nach dem reichsgrundgesetzlich angenommenen, und sich ohnehin von selbst verstehenden Rechtsgrundsatz der Gleichheit vor dem Gesetze folgerichtig nicht bloß auf Staatsbeamte, sondern auf alle Diener des Staates und alle Bedienstete mit Nothwendigkeit Anwendung finden müßten, welche während der Dauer der Sitzungsperiode neben den Tagegeldern, welche sie als Abgeordnete zu beziehen haben, noch Einnahmen aus öffentlichen Kassen zu fordern berechtigt sind; in Erwägung aber

2) daß die Remuneration für solche Dienste, besonders Staatsdienste, als Retribution für Zeit, Kosten und Anstrengung erscheint, die der Staatsbeamte auf Vorbereitung zum Staatsdienste verwendete, er deßhalb auf die betreffende, auf einem Vertragsverhältnisse beruhende Einnahme einen dauernden unbedingten Rechtsschutz zu fordern hat, eben sowie jeder andere Bürger zum Schutze für die freiwillig eröffneten rechtlichen Nahrungsquellen und erworbenen Vermögens;

3) daß insbesondere, auch solange man für den Staatsbeamtenstand nicht den Cölibat einführt, man auch anerkennen muß, daß die Besoldung der Staatsdiener zugleich das Mittel zur Erhaltung der Familie des Beamten ist; die Tagegelder als Abgeordneter aber nur den Ersatz für einen durch die Sitzungsperiode gebotenen außerordentlichen Aufwand darbieten sollen; der gewählte Beamte aber nicht mit einstweiliger Dispensation von seinen Amtsgeschäften sich auch von der Pflicht, seine Familie zu unterhalten, und von Verbindlichkeiten, die er mit Voraussetzung auf seine Besoldung contrahirte, dispensiren kann und darf, daß

4) aus diesen Gründen in dem vorliegenden zur Sprache gebrachten Verhältnisse von einer Cumulirung von Gehalten keine Rede ist;

5) in Erwägung endlich, daß die von dem Abgeordneten Herrn Schlöffel beantragte Bestimmung nur zu dem Ergebniß führen dürfte, denjenigen Staatsbeamten, die nicht in der Lage sind, auf ihren Gehalt während der Sitzungsperiode zu verzichten, — und in der mag die große Mehrzahl sein, — die Annahme der Abgeordnetenwahl sittlich unmöglich zu machen; ein solches Ergebniß aber im Erfolge gleich sein würde dem Grundsatze der Ausschließung der Regierungsbeamten, der Geistlichen, und anderer Beamten von der Wählbarkeit; dieser Grundsatz aber dem Geiste des Wahlgesetzes geradezu widerspricht; und

6) in Anbetracht, daß, wenn man einen bedeutenden Census auf diese Weise in das Wahlgesetz indirect hineinbringen wollte, es jedenfalls nothwendig ist, die Maßregel, nach dem Grundsatze der Rechtsgleichheit zu generalisiren, damit alsdann überhaupt nur die Vermögenden als wählbar auch wirklich erscheinen;

aus diesen Gründen beantrage ich, für den Fall, daß die Betrachtungsweise des Herrn Schlöffel eine principielle Zuneigung finden sollte, die hohe Versammlung möge allgemein beschließen:

„Die Mitglieder des Staatenhauses und des Volkshauses erhalten keine Tagegelder.“ (Heiterkeit.)

Unterstützt von: v. Bally; Dr. Arnold; v. Selasinsky; Rerreter; Mertel; Naumann; v. Selchow; Grävell; v. Wegnern; Schnotte; Tannen; v. Boddien; Schulze von Potsdam; Kutzen; v. Wulffen eventuell; G. Wedemeyer; Herm. Müller; Metzke; Hahn; Georg Simson; Hayden.

Zum Worte haben sich gemeldet, gegen die Anträge des Ausschusses: Herr Schulz von Darmstadt; für die Anträge, die Herren v. Raumer von Berlin und Venedey. — Ich habe zu fragen, ob die Versammlung überhaupt die Discussion über die Anlage A des Wahlgesetzes eintreten lassen will? *Diejenigen Herren, die auf die Discussion über den vorliegenden Entwurf der Reichswahlmatrikel nicht verzichten wollen, ersuche ich aufzustehen.* (Mehr als hundert Mitglieder erheben sich.) *Die Discussion ist zugelassen.* Herr Schulz von Darmstadt hat das Wort!

Schulz von Darmstadt: Meine Herren! In der Begründung meines Antrags auf Herabsetzung der Taggelder für die Mitglieder des Reichstages, den ich dem Vorschlage des Verfassungs-Ausschusses entgegengestellt, werde ich mich ziemlich kurz fassen. Sie erinnern sich vielleicht, daß ich bei der Verhandlung über das viermonatliche Reichsbudget für die viel zu hoch gegriffenen Ministerbesoldungen größere Beschränkungen in Antrag brachte, als von anderen Mitgliedern dieses Hauses geschehen ist. Diesem Antrage, den ich zur geeigneten Zeit wiederholen werde, lag das in der Schweiz und anderen freien Ländern bereits praktisch durchgeführte Princip zum Grunde, daß der Staat, selbst in den höchsten Zweigen des Staatsdienstes, keine höhere Besoldung zu verwilligen habe, als dem Einkommen aus einem mäßig hohen Vermögen entspricht; und daß, wenn nicht der Staat selbst mit gutem Beispiele vorausgeht, wenn er nicht in seinem Organismus der allverderblichen Aristokratie des Reichthums die Axt an die Wurzel legt; wenn er nicht durch Ermäßigung der unverhältnißmäßig hohen, durch Erhöhung der unverhältnißmäßig niedrigen Besoldungen von sich aus darauf hinwirkt, daß die grelle Ungleichheit des Besitzes und des Einkommens im ganzen Bereiche der Gesellschaft verschwinde, — daß dann alles Gerede von Hebung des Volkswohlstandes und von Sorge für die arbeitenden Klassen eitle Phrasenmacherei ist und blauer Dunst, den man dem Volke vormacht, mit dem man aber die Hungrigen nie und nimmermehr satt machen wird. (Bravo auf der Linken und dem linken Centrum.) Die Größe der zu bewilligenden Taggelder ist nun allerdings noch nach einem anderen Maßstabe zu bemessen: nach dem der Entschädigung für anderwärts versäumte Arbeitszeit, und versäumten Arbeitsverdienst. Nun weiß ich sehr wohl, daß manche Mitglieder des Reichstags, mag man nun die Diäten auf 7 oder 5 fl. festsetzen, in der Lage sein werden, der Ehre der Vertretung der deutschen Nation ökonomische Opfer bringen zu müssen. Allein wir sind überhaupt noch nicht über die Zeit der Opfer hinaus. Und ist nicht das Leben von vielen Millionen unserer ärmeren Mitbürger ein fortdauerndes Opfer?! Ohnehin werden Die, welche durch die Berufung zum Reichstage an ihrem gewöhnlichen Einkommen Einbuße erleiden, regelmäßig zu der Klasse Derjenigen gehören, die solche vorübergehende Verluste unschwer ertragen können; während den minder bemittelten Mitgliedern des Reichstages, die für sich und ihre Familien an einfacheren Bedürfnissen gewöhnt sind, auch wohl ein Tagegeld von 5 fl. als genügend erscheinen wird. Und wir wollen ja hoffen, daß schon auf dem nächsten Reichstage jene unbillige Menge von Professoren verschwinden (Heiterkeit), und daß dagegen die Zahl der in jeder Beziehung weniger anspruchsvollen Handwerker, Arbeiter und Bauern mit gesundem Menschenverstand um so größer sein wird! (Bravo und Heiterkeit.) Seien Sie übrigens versichert, daß auch ich die

Arbeit der Vertreter der Nation nicht allzu gering anschlage; daß auch ich dem Grundsatze huldige: „Jedem Arbeiter sein Lohn, wo möglich nach dem Maaße seiner Arbeit für das Wohl des Volkes und des Vaterlandes.“ Hätten wir nun bereits eine die Einheit und Freiheit Deutschland's sichernde Verfassung gegründet; hätten wir bereits für die Mittel gesorgt, um trotz aller Vereinbarungsgelüste der Regierungen eine solche Verfassung durchsetzen zu können; hätten wir bereits die Maßregeln getroffen, die ein Aufblühen des Wohlstandes in allen Klassen der Gesellschaft verbürgen könnten: nun dann, meine Herren, würde auch ich kein Bedenken tragen, vielleicht selbst für höhere Tagegelder zu stimmen, als sie der Ausschuß beantragt hat. Aber hüten Sie sich doch ja, meine Herren, die nicht geleisteten Dienste, oder die noch nicht geleisteten Dienste höher anzuschlagen, als sie allem Vermuthen nach die Mehrheit des deutschen Volkes anschlagen wird! (Stimmen im Centrum: Es ist ja nicht für uns, sondern für die Zukunft!) In dem Erwägungsgrunde zu meinem Antrage habe ich auf die Nothwendigkeit durchgreifender Ersparnisse in allen Zweigen des öffentlichen Dienstes hingewiesen, damit es den Reichsbehörden nicht an Mitteln fehle, für die ärmeren Klassen des deutschen Volkes zu sorgen, sowie für die so dringend gebotene Solderhöhung der Unterofficiere und Soldaten des deutschen Heeres. Man wird mir vielleicht den Vorwurf machen, daß man auf solche Weise bei den ärmeren Klassen, und zumal bei dem Heere, welches seiner großen Mehrheit nach diesen Klassen angehört, Unzufriedenheit erwecke. Meinethalben! Der Herr Ministerpräsident und manche andere Mitglieder, wozu auch ich gehöre, wir sind schon seit Jahrzehnten, wir sind schon seit den ersten sogenannten Demagogenzeiten her gewöhnt, daß uns die Unterdrücker des Volkes den Vorwurf der Aufregung des Volkes gemacht haben, wenn wir auf das am Volke begangene Unrecht und auf die Mittel der Abhilfe hingewiesen haben. Wir kümmern uns um solche Vorwürfe nicht. Allerdings würde ich aber auf den ziemlich grellen Unterschied zwischen den Tagegeldern der Unterofficiere und Soldaten, und denen der Reichstagsabgeordneten nicht hingewiesen haben, wenn ich nicht die festeste Ueberzeugung hätte, daß ohne alle Säumniß auch der Ungerechtigkeit ein Ende gemacht werden muß, daß noch Millionen an Fürsten, Prinzen, Minister, Generale verschleudert werden dürfen, während man dem Volk im Heere, den Unterofficieren und Soldaten, zumuthet, für den armseligsten Tagelohn Gut und Leben in die Schanze zu schlagen (Stimmen auf der Rechten: Oh! Oh!); wenn ich nicht überzeugt wäre, daß Sie durch eine einzige große Maßregel der Gerechtigkeit gegen das deutsche Heer für die Sache der deutschen Freiheit und Einheit mehr thun können, als mit hundert und abermals hundert papiernen Verfassungsparagraphen; wenn ich nicht überzeugt wäre, daß Sie nur durch eine solche Maßregel sich selbst in den Stand setzen können, den überall auftauchenden Vereinbarungs- und Octroyirungsgelüsten der Regierungen Trotz zu bieten; wenn ich nicht überzeugt wäre, daß ohne eine solche Maßregel Sie doch nur eine Spottgeburt von Verfassung auf die Welt setzen können, die dem Volke zum Aergerniß, den Regierungen zum Gelächter dienen würde. Von dieser Ueberzeugung durchdrungen, habe ich in dem Erwägungsgrunde zu meinem Antrage der hohen Versammlung einen weiteren Antrag in Aussicht gestellt — auf Solderhöhung des deutschen Heeres aus der deutschen Reichskasse, versteht sich, ohne daß dadurch die geringste weitere Last auf die Masse des Volks gewälzt würde. (Heiterkeit.) Sie rufen mir vielleicht zu, daß damit unerfüllbare Erwartungen bei dem deutschen Heere erweckt werden. Aber, meine Herren, nichts ist leichter, als die Ausführung eines solchen Aufschlags. (Stimmen auf der Rechten: Zur Sache!) Es gehört zur Sache. Denken Sie sich z. B., daß zur Ausstattung der leeren Reichskasse eine Reichs-Steuer auf Civillisten, Apanagen und dergleichen ausgeschrieben würde, so würden Sie doch nicht an der Einbringlichkeit einer Steuer zweifeln, deren Ertrag hauptsächlich dem Heere zu gut käme? Seien Sie vielmehr versichert, daß auch in Deutschland die Bajonnette bereits so intelligent geworden sind, um sich auf ihr eigenes gutes Recht und auf ihren eigenen Vortheil zu verstehen. (Stimmen auf der Rechten: Zur Sache!) Diese wenigen, und nur vorläufig andeutenden Worte werden wenigstens genügen, um meinen Antrag und seine Erwägungsgründe vor etwaigen Mißdeutungen zu schützen. Stimmen Sie nun für meinen Vorschlag, indem Sie sich für das möglichst geringe Maaß von Tagegeldern erklären, so geben Sie wenigstens dem deutschen Volke die Bürgschaft, daß sich unter seinen National-Repräsentanten so leicht Keiner finden wird, der nicht lieber selbst Opfer bringt, als auf seinen eigenen Vortheil ausgeht. Wollen Sie aber meinen Antrag nicht unterstützen, wollen Sie lieber für den Vorschlag des Ausschusses stimmen, nun, so werde ich mich bemühen, auch diesen Beschluß zum Guten auszulegen. Sie haben dann wohl ohne Zweifel die gute und feste Absicht, noch in der letzten, Alles entscheidenden Zeit unseres Beisammenseins der deutschen Nation solche Dienste zu leisten, die ihr jeden Aufwand für ihre Nationalvertretung als geringfügig erscheinen lassen. Sie haben wohl die gute Absicht, diese Versammlung nicht eher aufzulösen, oder auflösen zu lassen, bis Sie eine freie und freieste Verfassung für das gesammte Deutschland, Deutsch-Oesterreich ja nicht zu vergessen, nicht bloß beschlossen, sondern trotz alles Mischmaschs der Sondergelüste von etlichen dreißig Regierungen auch durchgesetzt haben; bis Sie ein Wahlgesetz zu Stande gebracht haben, welches den Theil des Volkes und Heeres, das zu jeder Stunde bereit sein muß, sein Blut für das Vaterland zu vergießen, von dem wichtigsten staatsbürgerlichen Rechte der Wahlfähigkeit und Wählbarkeit nicht ausschließt; bis Sie wenigstens die Maßregeln getroffen haben, wodurch eine Befriedigung des deutschen Volkes und des deutschen Heeres in seinen nächsten, dringendsten und gerechtesten Forderungen verbürgt wird. Setzen Sie dieß nicht durch, setzen Sie es jetzt nicht durch, nun, so mögen Sie nur lieber gleich die ganze deutsche Nationalvertretung an die Wenigstnehmenden versteigern! Sie wäre ja mit jedem Preise doch noch zu theuer bezahlt. (Lebhaftes Bravo auf der Linken.)

v. Raumer von Berlin: Meine Herren! Es sind über die Diäten zwei äußerste Ansichten ausgesprochen worden: einmal sie zu erhöhen, und zweitens, gar keine Diäten zu zahlen. Ich glaube, diese beiden Auswege sind irrig. Wenn man nämlich gar keine Diäten zahlt, so begründet man ein falsches Monopol des Reichthums (wogegen hier schon oft geeifert worden ist); und wenn man sie erhöht, so veranlaßt man unangenehme Berechnungen, ob nicht Jemand bedeutenden Vortheil dabei habe. Jedenfalls wird man mehr Zufriedenheit erwecken und davon tragen, wenn man sich das Zeugniß geben kann, daß man nicht zu viel erhält. Meine Absicht geht nicht dahin, mich hierüber umständlicher zu verbreiten, weil, wie es scheint, in der Mehrheit kein großer Gegensatz der Ansichten hervortritt, der so oder anders zu bekämpfen wäre. — Es ist jedoch ein anderer Antrag gestellt worden, in welchem es heißt: daß eine zahlreiche Classe von Personen, nämlich die

Beamten, ihren Sold *unverdient* bezögen und daß sie *unnütze Knechte* wären. Meine Herren! Es gibt gewisse stereotype Ausdrücke und Gegenstände, bei denen es sehr leicht ist, rhetorische Declamationen anzubringen. Zu diesen Gegenständen gehört die Bureaukratie. Wäre es denn aber so schwer, entgegengesetzte Einrichtungen aufzufinden und dann Paroli zu bieten? Zeigt denn nicht die Geschichte, daß Parlamente, Kammern, gesetzgebende Versammlungen, Convente und wie sie heißen mögen, ebenfalls in einzelne Verkehrtheiten gerathen sind, daß sie Schädliches vertheidigt und erzeugt haben? Will man sich einbilden, durch diese Einzelheiten, durch dieses Sammeln bloß des Verkehrten nach der einen oder andern Seite hin komme man zur Wahrheit? Ich finde es natürlich, daß Männer, die durch den Mißbrauch der Beamtenmacht gelitten haben, darauf zornig sind. Ich bin selbst auch nicht ganz frei in meiner Lebensbahn von dergleichen Angriffen, aber ich glaube, je mehr Jemand gelitten hat, desto größer ist seine Verpflichtung, mit unpartheiischen Augen die Sache zu betrachten und nicht zu meinen, die Ausnahme sei die Regel. — Wir bestreben uns so sehr, eine neue Verfassung, ein neues Staatsrecht zu bilden. Ich bin überzeugt, daß diese neuen Einrichtungen auch dazu dienen werden, die Beamtenwelt zu verbessern. Daher halte ich es für einen Irrthum, bloß mit Rücksicht auf *vergangene* Zustände in der Beamtenwelt, Gesetze für die *Zukunft* zu geben und z. B. die Oeffentlichkeit bei den Wahlen darum zu verwerfen, weil man glaubt, daß man auch künftig, nach Begründung freier Institutionen, sich vor einem Protokollführer zu fürchten habe! Meine Herren, ich bin 48 Jahre im Dienste. Manche von den Herren, die hier sitzen, waren noch nicht geboren, als ich in den Dienst trat. Daher ist es keine Anmaßung, wenn ich behaupte, die Licht- und Schattenseite unserer, namentlich der preußischen, Bureaukratie zu kennen. Vieles, was in dieser Beziehung gesagt worden ist, halte ich nicht für richtig. So hat im Ganzen der Wunsch nach Geld, die einzelnen Personen nicht getrieben, in die Laufbahn des Staatsdienstes zu treten. Es sind allerdings, das ist nicht zu leugnen, einzelne hochgestellte Beamte zu gut bezahlt worden; allein man hat bereits angefangen, diesen Mißbrauch abzustellen, und Sie werden mir für die letzten fünfzig Jahre nicht fünfzig Beamte nennen können, welche in ihrem Dienste Geld erworben und Schätze gesammelt hätten. In der Regel ist nichts übrig geblieben, wenn der Betreffende nicht selbst Privatvermögen hatte. (Mehrere Stimmen im Centrum: Ganz richtig!) Es gibt kaum ein Gewerbe, das für einen geschickten und thätigen Mann nicht einen größeren Erwerb in Aussicht stellt, als der Beruf des Beamten. Was blieb also dem Beamten, was befeuerte ihn? Nichts als die *Ehre*, und darum sind auch Alles zu Allem gerechnet, die deutschen Beamten ehrenwerther, als die vieler anderen europäischen Staaten. (Eine Stimme auf der Linken: der Russen!) Aber kein zweckmäßigeres Mittel gibt es, die Beamten zu *verschlechtern*, als immer auf sie zu schmähen; ja Mancher glaubt darin vielleicht eine Entschuldigung seines tadelnswerthen Benehmens zu finden. Wenn ein einzelner Minister durch Häufung von Stellen zu viel Gehalt mag bezogen haben, so wird doch darum Niemand wollen, daß etwa alle übrigen Beamten so wenig erhalten sollen, daß sie unverehelicht bleiben müssen? Bedenken Sie, daß z. B. ein künftiger Rath viele Jahre auf dem Gymnasium und der Universität verweilen, daß er sieben Jahre lang umsonst dienen muß, ehe er nur einen Groschen Gehalt bekommt, und also schon die Zinsen des Anlagecapitals hoch ansteigen. Was ist das letzte Ergebniß all der Sorgen und Entbehrungen? daß er vielleicht zuletzt jährlich 6—900 Thaler bekommt. — Ich [illegible] noch etwas Kühneres behaupten! [illegible] die Beamten haben zu den Zeiten, wo es noch an aller Verfassung fehlte, die constitutionellen Formen gewissermaßen ersetzt. Meine Herren, wollen Sie es vergessen, oder haben Sie es vergessen, wie viel Gutes von Seiten der Beamten ausgegangen ist? Die Aufhebung der Leibeigenschaft, der Hörigkeit, Einführung der Städteordnung, Aufhebung des Vorspanns, der Cavallerieverpflegung, der Thoraccise, der Binnenzölle, der monopolistischen Zünfte, die Einführung des Zollvereins, der allgemeinen Kriegsverpflichtung rc. rc. Also Jedem das Seine, und wenn wir jetzt wirklich mehr zu Stande bringen sollten; — nun desto besser! — In welcher neuesten Weise hat man denn aber das Beamtenwesen verbessern wollen? Man hat Vorschläge gemacht, die an die ausgeartete Zeit des römischen Kaiserreichs erinnern, an die französische Kaisertyrannei, ja an das türkische Sultanat! Präfecten und Paschas wollte man einführen, welche von Oben tyrannisirt werden und dafür die Befugniß erhalten, nach Unten zu tyrannisiren. Diese Formen vertilgen das republikanische, demokratische Element, das nutzbar in unseren Behörden vorhanden war und setzen an dessen Stelle die Allmacht einzelner Minister. Folgerecht durchgeführt verjagt alsdann ein Herrscher mit Recht die Parlamente, das Parlament die Minister, der Minister die Präfecten, diese die Stadtverordneten rc. rc. Darum lassen Sie uns die Lichtseiten der deutschen Verwaltungsweise anerkennen und die Mängel verbessern. — Warum ist in dem Verbesserungsantrag des Herrn Schlöffel nicht die Sache deutlich ausgesprochen, warum geht man, — erlauben Sie mir ein gemeines Sprichwort anzuführen, — warum geht man um den heißen Brei herum? Der Antrag schließt in Wahrheit alle Beamten von Reichsversammlungen aus. Wenn ich überzeugt wäre von der Güte des Zweckes, so würde ich mich bestimmt dafür aussprechen, ihn aber nicht, wie man sagt, durch eine Hinterthür einführen. Man hat sich gegen jeden Census ausgesprochen, man hat für Unrecht gehalten, nur zu fragen, ob Einer 100 Thaler Vermögen habe; und jetzt will man alle Beamten ihres politischen Rechtes berauben! Ich wundere mich, daß Anträge dieser Art, welche einzelne Classen herausgreifen und sie nicht bloß des Wahlrechts berauben wollen, sondern ihnen sogar, eine levis notae macula anhängen, von der Seite eingebracht werden, welche vorzugsweise Freiheit und Gleichheit vertreten will! Meine Herren! Es ist ferner ein großer Irrthum, daß man in gesetzgebenden Versammlungen, oder auch hier in dieser Versammlung, die Beamten entbehren könne. Es gibt allerdings gewisse Dinge, zu deren Beurtheilung eigentliche Sachverständige nothwendig sind; es gibt aber auch Gegenstände der allgemeinen Gesetzgebung und Verwaltung, für welche der bloße Techniker nicht ausreicht. Nur wenn Beamte und Nichtbeamte ihre Kenntnisse und Thätigkeit miteinander verbinden und austauschen, wird man das erreichen, was man erreichen will und soll. Ich bin allerdings der Meinung, daß ein zu großes Uebergewicht der Beamten in gesetzgebenden Versammlungen schädlich wirkt, aber das vorgeschlagene Gegenmittel ist gewiß nicht das richtige. In England bestehen Beschränkungen für den Eintritt gewisser Beamten in das Parlament, und ein noch eigenthümlicher Fall ist in Norwegen vorgekommen; die Regierung schlug nämlich vor, daß kein Beamter mehr im Storthing sitzen dürfe; und der Storthing erklärte sich dagegen, weil er diese Ausschließung für nachtheilig hielt, weil er meinte, daß viele Kenntnisse, die man nicht entbehren könne, hierdurch außer Thätigkeit gesetzt würden. Ich trage daher darauf an, den Verbesserungsvorschlag, den ich für einen Verschlechterungsvorschlag halte, zu verwerfen. Ueben Sie vor Allem und nach allen Seiten hin Gerechtigkeit; auf diesem ehrenwerthen

Wege werden [illegible] (Beifall.)

Venedey von Cöln: Fürchten Sie nicht, daß ich über eine einfache Sache eine lange Rede halten werde. Es handelt sich darum, ob wir sieben Gulden oder fünf Gulden Diäten ansetzen sollen; denn daß wir gar keine ansetzen sollten, dafür werden sich, glaube ich, nur wenige finden. Als man 1815 in den französischen Kammern das Gesetz angenommen hatte, daß die Deputirten gar keine Schadloshaltung bekommen sollten, frug König Ludwig XVIII Talleyrand: „Wieviel bekommen die Deputirten?" und als Talleyrand antwortete: „Gar nichts", erwiderte Ludwig XVIII: „das wird uns theuer zu stehen kommen, das wird viel kosten," — — und so würde es auch hier sein. Ich möchte weiter dafür sprechen, daß Sie sieben Gulden Tagegelder feststellen sollen. Wenn es ein gewisses Odium hat, ein Paar Gulden mehr als Diäten sich selbst zuzusprechen, so übernehme ich dieses Odium gerne, weil ich mir bewußt bin, daß ich für Geld nie etwas thun oder lassen werde. (Bravo.) Alle, die wir hier in Frankfurt gelebt haben und nicht etwa überdieß als Regierungsräthe, Präsidenten, Professoren Gehalt gehabt haben, werden wissen, daß mit fünf Gulden nicht wohl auszukommen ist. Leben müssen die Abgeordneten hier, und die hohe Stellung eines Vertreters der Nation, die erste, die es bei einem freien Volke gibt, gleichsam den wenigst Bietenden zuzuschlagen, ist unwürdig. Geben wir den Abgeordneten einen Gehalt, womit sie leben können, mit dem Vorgeschlagenen werden sie wahrhaftig keine Schätze aufspeichern.

Zimmermann von Stuttgart: Ich werde noch kürzer sein als Herr Venedey. Herr v. Raumer hat auf dieser Tribüne gesagt, das hätte er am wenigsten von dieser Seite (der linken) erwartet, daß Vorschläge zur Herabsetzung der Diäten kommen sollen, ich gehöre nicht zu Solchen, welche eine Herabsetzung wollen. (Eine Stimme aus dem Centrum: „Das hat er nicht gesagt! Ausschließung der Beamten.") Ich gehöre auch nicht zu denen, welche Beamte ausschließen wollen. Ich komme hierher namentlich, um von dieser Seite (der linken) zu erklären, daß wir und das ganze deutsche Volk anerkennen diejenigen Männer, die dem Volke und der Freiheit dienen, sie mögen eine Stellung haben, welche sie wollen. (Bravo.) Ich komme auch hierher zu erklären, daß das Volk nicht der Ansicht ist, daß diejenigen, welche ihm und der Freiheit dienen, nicht anständig auch leben und darnach Bezüge haben sollen. In Würtemberg wurde auch davon gesprochen, noch nicht lange, die Diäten herunterzusetzen, namentlich vielleicht auch um die Beamten etwas zu entfernen. Der Vorschlag ging von den Reactionären aus, und derjenige, der auf seine Diäten ganz verzichtete, hat ein Mißtrauensvotum erhalten von fast allen seinen Wählern. Wenn Sie den Dienst der Freiheit untergraben wollen, so setzen Sie die Diäten so niedrig als möglich; wenn Sie der Freiheit dienen wollen, so erhöhen Sie dieselben. (Heiterkeit und Bravo. — Eine Stimme im Centrum: Das ist ganz richtig!)

Präsident: Meine Herren! Die Rednerliste ist erschöpft; ich verlese noch einen Verbesserungsantrag, den Herr von Wulffen mir eben übergibt, und welcher lautet:

> „Es sei der Paragraph über die Tagegelder und Reisekosten in folgender Weise zu fassen: und eine Reisekosten-Entschädigung von einem Gulden für die Meile für Hin- und Rückreise, sohin pr. dreißig Kreuzer für jede Meile des Wegs.
>
> Motiv:
>
> Bei dermaliger Einrichtung der Postenanstalten fährt man auf die bequemste Weise im Durchschnitt die Meile für [illegible] Kreuzer. Wozu also bei den großen Lasten, welche die deutsche Nation ohnehin ihrer politischen Umgestaltung zum Opfer bringen muß, auch diese ohne dringende Noth vermehren? — Nimmt man an, daß der Abgeordnete berechtigt sein dürfte, seine Taggelder auch für die Zeit seiner Reise — versteht sich in kürzester Zeit und auf dem kürzesten Wege — zu beziehen, so liegt kein Grund vor, die Reisekosten auf das Doppelte zu erhöhen, und den Männern des öffentlichen Vertrauens liegt es wohl vor Allem ob, die Vermehrung der Lasten des Volkes, im eigenen Interesse, auf jede Weise zu vermeiden."

Ich bringe den Antrag des Herrn Schulz von Darmstadt zur Unterstützung. Findet er Unterstützung? (Es erhebt sich nicht die erforderliche Anzahl.) Es sind nicht zwanzig Mitglieder, die ihn unterstützen. Der Antrag des Herrn von Linde, den ich freilich kaum in die Reihe der übrigen Anträge zu inseriren verstehe, heißt: „Für den Fall, daß die Betrachtungsweise des Herrn Schlöffel eine principielle Zuneigung (Heiterkeit) finden sollte, möge die hohe Versammlung allgemein beschließen: Die Mitglieder des Staatenhauses und des Volkshauses erhalten keine Tagegelder." Soll die „principielle Zuneigung" schon darin liegen, daß er unterstützt wird?

v. Linde von Mainz: Ich glaube, daß mein Antrag vor dem des Herrn Schlöffel zur Abstimmung kommen muß, weil er von demselben Grundsatze ausgeht, und diesen nur in seinen Folgesätzen entwickelt, um diesen, und damit dem Grundsatze selbst, allgemeinere und durchgreifendere Anerkennung zu vermitteln. Die principielle Zuneigung bezieht sich bloß darauf, ob das Princip des Herrn Schlöffel Anerkennung findet, und wenn es Anerkennung findet, daß es mit der von mir hervorgehobenen Consequenz durchgeführt wird.

Präsident: Unterstützt ist der Antrag des Herrn von Linde hinreichend durch Unterschriften. Von dem Antrag des Herrn von Wulffen fällt die erste Hälfte wegen der fünf Gulden als unnunterstützt weg. Es bleibt also nur noch die andere Hälfte desselben stehen. Wird dieser Theil des Antrages des Herrn von Wulffen unterstützt? (Die erforderliche Anzahl erhebt sich nicht.) Er ist ohne Unterstützung. — Die Reihenfolge der Abstimmung würde folgende sein. Ich beginne mit dem Ausschußantrag, der „sieben Gulden und resp. einen Gulden" festsetzt; für den Fall, daß dieser Antrag verworfen würde, gehe ich zu dem Antrag des Herrn Lette und Genossen, wonach die Taggelder auf „fünf Gulden fünfzehn Kreuzer" gestellt werden sollen, über; falls auch dieses verworfen werden sollte, zu dem Antrag des Herrn von Linde und Genossen, wie ich ihn jetzt verstehe, und bringe endlich den Zusatz des Herrn Wiesner und des Herrn Schlöffel, wonach „die Staatsbeamten bei Annahme der auf sie gefallenen Abgeordnetenwahl während der Dauer der Sitzungsperiode keinen Anspruch auf Amtsgehalt haben", zur Abstimmung. — Ich beginne mit dem Ausschußantrag:

> „Die Mitglieder des Staatenhauses und des Volkshauses erhalten ein Tagegeld von sieben Gulden rheinisch und eine Reisekostenentschädigung von einem Gulden für die Meile sowohl der Hinreise als der Rückreise."

Diejenigen Herren, welche diesem Antrag, vorbehaltlich der ferneren Abstimmung über die von den Herren Wiesner und Schlöffel dazu projectirten Zusätze beitreten wollen, ersuche ich, sich zu erheben. (Mitglieder auf allen Seiten erheben sich.) Der Antrag ist angenommen und damit das Amendement des Herrn Lette und Genossen, sowie der Antrag des Herrn von Linde beseitigt. Diejenigen Herren, die zu dem angenommenen Reichsgesetz über die Tagegelder und Reisegelder der Abgeordneten zum Reichstag, nach dem Antrage des Herrn Wiesner und Genossen hinzufügen wollen:

„und genießen Portofreiheit für alle an sie gelangenden, oder von ihnen ausgehenden Correspondenzen und Drucksachen."

bitte ich aufzustehen. (Mitglieder auf allen Seiten erheben sich.) Der Zusatz ist angenommen. — Der Antrag des Herrn Schlöffel:

„Staatsbeamte haben bei Annahme der auf sie gefallenen Abgeordnetenwahl, während der Dauer der Sitzungsperiode, keinen Anspruch auf Amtsgehalt."

Diejenigen Herren, welche zu dem angenommenen Reichsgesetze diesen Zusatz des Herrn Schlöffel annehmen wollen, ersuche ich, aufzustehen. (Wenige Mitglieder erheben sich.) Der Zusatz ist abgelehnt. Hiermit ist die Abstimmung über das Reichsgesetz über die Tagegelder und Reisegelder der Abgeordneten zum Reichstage beendet. — Wir gehen nun zu der beschlossenen Abstimmung über das gesammte Gesetz über, so wie es aus der Reihe der Abstimmungen der Reichsversammlung hervorgegangen ist. Daß diese Abstimmung namentlich erfolge, ist einerseits von Herrn Waitz, andererseits von Herrn Goltz und Moriz Hartmann beantragt. Ich frage nach der Unterstützung dieses Antrages. (Viele Mitglieder erheben sich.) Sie ist allseitig erfolgt. Diejenigen Herren, die das Reichsgesetz über die Wahlen der Abgeordneten zum Volkshause und das Reichsgesetz über die Tagegelder und Reisegelder der Abgeordneten zum Reichstage in derjenigen Fassung, in welcher es aus der Reihe der vorgekommenen Abstimmungen hervorgegangen ist, annehmen wollen, werden bei Aufruf ihres Namens mit Ja... (Stimmen: Vorbehaltlich der zweiten Lesung! — Andere Stimmen: Versteht sich von selbst!) Herr Riesser macht mich darauf aufmerksam, daß es nicht wünschenswerth wäre, daß über beide Reichsgesetze, das über die Wahlen der Abgeordneten zum Volkshause und das über die Tagegelder und Reisegelder der Abgeordneten zum Reichstag, in Einer Abstimmung abgestimmt werde. Das ist ein Bedenken, das ich vollkommen theile. Wir wollen also die Abstimmung auf das erste Gesetz beschränken. Ich wiederhole also die Frage. Diejenigen Herren, welche das Reichsgesetz über die Wahlen der Abgeordneten zum Volkshause in derjenigen Fassung, in welcher es aus der Reihe der Abstimmungen hervorgegangen ist, vorbehaltlich der zweiten Lesung, annehmen wollen, werden beim Namensaufruf mit Ja, die das Gesetz ablehnen wollen, mit Nein antworten.

Beseler von Greifswald: Meine Herren! Ich möchte glauben, daß es in der Ordnung wäre, daß das ganze Gesetz erst verlesen und dann darüber abgestimmt würde.

Präsident: Ich werde den Antrag des Herrn Beseler, das Gesetz vor der Abstimmung zu verlesen, zur Unterstützung bringen. (Die Unterstützung erfolgt.) Er ist unterstützt. Ich werde ihn zur Abstimmung bringen. Diejenigen Herren, welche vor der Abstimmung das ganze Reichsgesetz über die Wahlen der Abgeordneten zum Volkshause in der Reichsversammlung verlesen wissen wollen, wie es aus der Reihe der vorgekommenen Abstimmung hervorgegangen ist, ersuche ich, sich zu erheben. (Die Minderzahl erhebt sich.) Das ist die Minderheit. (Zuruf: Das Gesetz zu verlesen, kann Jeder verlangen!) Meine Herren! Verlangen kann das nicht jedes einzelne Mitglied, sondern ob es geschehen soll, darüber entscheidet die Versammlung. Die Versammlung hat sich dagegen entschieden; ich kann das Gesetz nicht verlesen lassen. Ich bringe es zur Abstimmung. Diejenigen Herren, welche das Reichsgesetz über die Wahlen der Abgeordneten zum Volkshause in derjenigen Fassung, in der es aus den erfolgten Abstimmungen hervorgegangen ist, vorbehaltlich der zweiten Lesung, annehmen wollen, werden bei dem Namensaufruf mit Ja, die es ablehnen wollen, mit Nein antworten.

Bei dem hierauf erfolgenden Namensaufruf antworteten mit Ja:

Achleitner aus Ried, Ahrens aus Salzgitter, v. Aichelburg aus Villach, Anders aus Goldberg, Anderson aus Frankfurt an der Oder, Archer aus Rein, Backhaus aus Jena, Becker aus Trier, Beidtel aus Brünn, Benedict aus Wien, Berger aus Wien, Bermbach aus Siegburg, Blumröder (Gustav) aus Kirchenlamitz, Böcking aus Trarbach, Boczek aus Mähren, Bogen aus Michelstadt, Brentano aus Bruchsal, Bresgen aus Ahrweiler, Breusing aus Osnabrück, Buß aus Freiburg, Cetto aus Trier, Christmann aus Dürkheim, Claussen aus Kiel, Cnyrim aus Frankfurt am Main, Cramer aus Cöthen, Cropp aus Oldenburg, Culmann aus Zweibrücken, Damm aus Tauberbischoffsheim, Demel aus Teschen, Dham aus Schmalenberg, v. Dieskau aus Plauen, Dietsch aus Annaberg, Drechsler aus Rostock, Eckert aus Bromberg, Edel aus Würzburg, Ehrlich aus Murzynek, Eisenmann aus Nürnberg, Eisenstuck aus Chemnitz, Engel aus Pinneberg, Englmayr aus Enns (Oberösterreich), Esterle aus Cavalese, Fallmerayer aus München, Federer aus Stuttgart, Fehrenbach aus Säckingen, Fetzer aus Stuttgart, Förster aus Hünfeld, Freese aus Stargard, Frisch aus Stuttgart, Fritsch aus Ried, Fritzsche aus Roda, Fröbel aus Reuß, Geigel aus München, Gerlach aus Tilsit, Gfrörer aus Freiburg, Giskra aus Wien, v. Gladis aus Wohlau, Göbel aus Jägerndorf, Goltz aus Brieg, Gravenhorst aus Lüneburg, Groß aus Prag, Grubert aus Breslau, Grüel aus Burg, Grumbrecht aus Lüneburg, Gspan aus Innsbruck, Gülich aus Schleswig, Günther aus Leipzig, Gulden aus Zweibrücken, Hagen (K.) aus Heidelberg, Haggenmüller aus Kempten, Hallbauer aus Meißen, Hartmann aus Leitmeritz, Haßler aus Ulm, Hedrich aus Prag, Hehner aus Wiesbaden, Heldmann aus Selters, Hensel aus Camenz, Heubner aus Zwickau, Hildebrand aus Marburg, Hirschberg aus Sondershausen, Höfken aus Hattingen, Hönniger aus Rudolstadt, Hoffbauer aus Nordhausen, Hoffmann aus Ludwigsburg, Hollandt aus Braunschweig, von der Horst aus Rotenburg, Huber aus Linz, Huck aus Ulm, Jahn aus Freiburg an der Unstrutt, Johannes aus Meiningen, Jopp aus Enzersdorf, v. Itzstein aus Mannheim, Jucho aus Frankfurt am Main, Junghanns aus Mosbach, Junkmann aus Münster, Käfferlein aus Baireuth, Kagerbauer aus Linz, Kanitsch aus

Karlsberg, Kerer aus Innsbruck, Kirchgeßner aus Würzburg, Knarr aus Steyermark, Köhler aus Seehausen, Kolaczek aus österreichisch Schlesien, Kotschy aus Ustron in Mährisch-Schlesien, Kudlich aus Schloß Dietach, Kuenzer aus Constanz, Künßberg aus Ansbach, v. Kürsinger (Ignatz) aus Salzburg, v. Kürsinger (Karl) aus Tamsweg, Kuhnt aus Bunzlau, Langbein aus Wurzen, Laschan aus Villach, Laudien aus Königsberg, Lauk aus München, Lausch aus Troppau, Levysohn aus Grünberg, Liebmann aus Perleberg, Lienbacher aus Goldegg, Lindner aus Seisenegg, Löschnigg aus Klagenfurt, Makowiczka aus Krakau, Mally aus Steyermark, Mammen aus Plauen, Mareck aus Gratz (Steyermark), Marsilli aus Roveredo, Martiny aus Friedland, Maukisch aus Dippoldiswalde, Mayer aus Ottobeuern, Melly aus Wien, Merkel aus Kronach, Meyer aus Liegnitz, Minkus aus Marienfeld, Mittermaier aus Heidelberg, Möller aus Reichenberg, Mölling aus Oldenburg, v. Möring aus Wien, Mohl (Moriz) aus Stuttgart, Mohr aus Oberingelheim, Mulley aus Weitenstein, Nägele aus Murrhardt, Nauwerck aus Berlin, v. Neitschütz aus Königsberg, Nerreter aus Fraustadt, Neugebauer aus Luditz, v. Neuwall aus Brünn, Nicol aus Hannover, Nöthig aus Weißholz, Ostendorf aus Soest, Ottow aus Labiau, Paur aus Augsburg, Paur aus Neisse, Pfahler aus Tettnang, Pfeufer aus Landshut, Pieringer aus Kremsmünster, Pinckert aus Zeitz, Plaß aus Stade, Pözl aus München, Polatzek aus Weißkirch, Quesar aus Prag, v. Quintus-Icilius aus Fallingbostel, Rättig aus Potsdam, Rank aus Wien, Rapp aus Wien, Raßl aus Neustadtl in Böhmen, Raus aus Wolframitz, Raveaux aus Cöln, v. Reden aus Berlin, Reh aus Darmstadt, Reichenbach (Graf) aus Domeßko, Reichensperger aus Trier, Reindl aus Orth, Reinhard aus Boyzenburg, Reinstein aus Naumburg, Reisinger aus Freistadt, Reitter aus Prag, Renger aus böhmisch Kamnitz, Rheinwald aus Bern, Riedl aus Gratz, Riegler aus mährisch Budwitz, Riehl aus Zwettl, Röben aus Dornum, Rödinger aus Stuttgart, Rösler aus Oels, Roßmäßler aus Tharand, Rühl aus Hanau, Sachs aus Mannheim, Scharre aus Strehla, Schauß aus München, Schenk aus Dillenburg, Schiedermayer aus Vöcklabruck, Schlöffel aus Halbendorf, Schlutter aus Poris, Schmidt (Ernst Friedrich Franz) aus Löwenberg, Schmidt (Adolph) aus Berlin, Schmitt aus Kaiserslautern, Schneider aus Wien, Schoder aus Stuttgart, Schorn aus Essen, Schreiner aus Gratz (Steyermark), Schubert aus Würzburg, Schüler aus Jena, Schulz (Friedrich) aus Weilburg, Schulz aus Darmstadt, Schütz aus Mainz, Schwarzenberg aus Cassel, Siemens aus Hannover, Simon (Max) aus Breslau, Simon (Heinrich) aus Breslau, Simon (Ludwig) aus Trier, Spatz aus Frankenthal, Stark aus Krumau, Strache aus Rumburg, Streffleur aus Wien, v. Stremayr aus Gratz, Tafel aus Stuttgart, Tafel (Franz) aus Zweibrücken, Tappehorn aus Oldenburg, Thüssing aus Warendorf, Tomaschek aus Iglau, Trabert aus Rausche, Trampusch aus Wien, v. Trützschler aus Dresden, Uhland aus Tübingen, Umbscheiden aus Dahn, v. Unterrichter aus Klagenfurt, Venedey aus Cöln, Viebig aus Posen, Vischer aus Tübingen, Vogel aus Guben, Vogel aus Dillingen, Vogt aus Gießen, Vonbun aus Feldkirch, Wagner aus Steyr, Waldburg-Zeil-Trauchburg (Fürst) aus Stuttgart, Weber aus Meran, Wedekind aus Bruchhausen, Weiß aus Salzburg, Weißenborn aus Eisenach, Welter aus Tünsdorf, Werner aus Oberkirch, Werner aus St. Pölten, Werthmüller aus Fulda, Wesendonck aus Düsseldorf, Wichmann aus Stendal, Wiesner aus Wien, Wiest aus Tübingen, Wigard aus Dresden, Wöhler aus Schwerin, Wuttke aus Leipzig, Würth aus Sigmaringen, v. Wydenbrugk aus Weimar, Zachariä aus Bernburg, Zell aus Trier, Ziegert aus Preuß. Minden, Zimmermann (Professor) aus Stuttgart, Zimmermann aus Spandow, Zöllner aus Chemnitz.

Mit Nein antworteten:

Ambrosch aus Breslau, v. Amstetter aus Breslau, Anz aus Marienwerder, Arndt aus Bonn, Arneth aus Wien, v. Bally aus Beuthen, Barth aus Kaufbeuren, Bassermann aus Mannheim, Bauer aus Bamberg, Bauer aus Wien, Becker aus Gotha, v. Beckerath aus Crefeld, Behnke aus Hannover, Beseler aus Greifswald, Beseler (H. W.) aus Schleswig, Biedermann aus Leipzig, Bock aus Preußisch-Minden, Böcler aus Schwerin, v. Boddien aus Pleß, v. Borries aus Carthaus, Braun aus Cöslin, Brescius aus Züllichau, v. Breuning aus Aachen, Briegleb aus Coburg, Bürgers aus Cöln, v. Buttel aus Oldenburg, Cornelius aus Braunsberg, Coronini-Cronberg (Graf) aus Görz, Cucumus aus München, Dahlmann aus Bonn, Daxenberger aus München, Deeke aus Lübeck, Degenkolb aus Eilenburg, Deiters aus Bonn, Detmold aus Hannover, Döllinger aus München, Dröge aus Bremen, Droysen aus Kiel, Dunker aus Halle, Ebmeier aus Paderborn, Eckart aus Lohr, Edlauer aus Gratz, Egger aus Wien, Emmerling aus Darmstadt, v. Ende aus Waldenburg, Engel aus Culm, Esmarch aus Schleswig, Evertsbusch aus Altena, Falk aus Ottolangendorf, Fallati aus Tübingen, Fischer (Gustav) aus Jena, Friedrich aus Bamberg, Fuchs aus Breslau, Fügerl aus Korneuburg, Gebhard aus Würzburg, v. Gersdorf aus Tuetz, Gevekoht aus Bremer, v. Giech (Graf) aus Thurnau, Giesebrecht aus Stettin, Godeffroy aus Hamburg, Göden aus Krotoszyn, von der Goltz (Graf) aus Czarnikau, Graf aus München, Grävell aus Frankfurt an der Oder, Groß aus Leer, v. Grundner aus Ingolstadt, Gysae (Wilhelm) aus Strehlow, Hahn aus Guttstadt, v. Hartmann aus Münster, Haubenschmied aus Passau, Hayden aus Dorff bei Schlierbach, Haym aus Halle, Heimbrod aus Sorau, v. Hennig aus Dempowalonka, Hergenhahn aus Wiesbaden, Herzog aus Ebermannstadt, Hofer aus Pfarrkirchen,

Hofmann aus Friedberg, Hugo aus Göttingen, Jacobi aus Hersfeld, Jordan aus Berlin, Jordan aus Gollnow, Jordan aus Frankfurt am Main, Jürgens aus Stadtoldendorf, Kahlert aus Leobschütz, v. Keller (Graf) aus Erfurt, Kerst aus Birnbaum, v. Keudell aus Berlin, Kleinschrod aus München, Kohlparzer aus Neuhaus, Kosmann aus Stettin, v. Kösteritz aus Elberfeld, Krafft aus Nürnberg, Kratz aus Wintershagen, Küntzel aus Wolka, Kutzen aus Breslau, Lammers aus Erlangen, Langerfeldt aus Wolfenbüttel, v. Lassaulx aus München, Laube aus Leipzig, Lette aus Berlin, Leverkus aus Lennep, v. Linde aus Mainz, Lodemann aus Lüneburg, Löw aus Posen, v. Maltzahn aus Küstrin, Mann aus Rostock, Marcks aus Duisburg, Marcus aus Bartenstein, v. Massow aus Carlsberg, Mathy aus Carlsruhe, Matthies aus Greifswald, Metzke aus Sagan, Michelsen aus Jena, Mohl (Robert) aus Heidelberg, v. Mühlfeld aus Wien, Müller aus Würzburg, Münch aus Wetzlar, v. Nagel aus Oberviechtach, Naumann aus Frankfurt a. d. O., Neubauer aus Wien, Neumayr aus München, Nizze aus Stralsund, Obermüller aus Passau, Oertel aus Mittelwalde, Pertzhaler aus Wien, Phillips aus München, Pinder aus Woinowitz, Plathner aus Halberstadt, Plehn aus Marienburg, v. Radowitz aus Rüthen, Rahm aus Stettin, v. Raumer aus Berlin, v. Raumer aus Dinkelsbühl, Reitmayr aus Regensburg, Richter aus Danzig, Riesser aus Hamburg, Rößler aus Wien, Rothe aus Berlin, v. Rotenhan aus München, Rüder aus Oldenburg, v. Sänger aus Grabow, Schepp aus Wiesbaden, Schick aus Weißensee, Schirmeister aus Insterburg, v. Schleussing aus Rastenburg, Schlüter aus Paderborn, Schneer aus Breslau, Scholten aus Ward, Scholz aus Neisse, Schrader aus Brandenburg, Schreiber aus Bielefeld, v. Schrenk aus München, v. Schrötter aus Preuß. Holland, Schubert (Friedrich Wilhelm) aus Königsberg, Schultze aus Potsdam, Schultze aus Liebau, Schwarz aus Halle, Schwetschke aus Halle, v. Selasinsky aus Berlin, v. Selchow aus Rettkewitz, Sellmer aus Landsberg a. d. W., Sepp aus München, Siehr aus Gumbinnen, Simson aus Stargard, v. Soiron aus Mannheim, Sprengel aus Waren, Stahl aus Erlangen, Stavenhagen aus Berlin, Stenzel aus Breslau, Stieber aus Budissin, Stülz aus St. Florian, Sturm aus Sorau, Tannen aus Zilenzig, Teichert aus Berlin, Tellkampf aus Breslau, v. Thielau aus Braunschweig, Thöl aus Rostock, v. Treskow aus Grocholin, Veit aus Berlin, Versen aus Nieheim, Waitz aus Göttingen, Waldmann aus Heiligenstadt, Walter aus Neustadt, Weber aus Neuburg, v. Wedemeyer aus Schönrade, v. Wegnern aus Lyk, Welbeker aus Aachen, Wernher aus Nierstein, Widenmann aus Düsseldorf, Winter aus Liebenburg, v. Wulffen aus Passau, Zeltner aus Nürnberg, v. Zerzog aus Regensburg.

Der Abstimmung enthielten sich:

Kunst aus Krems, [illegible] aus Hamburg, Prinzinger aus St. Pölten, Schmidt (Joseph) aus Linz.

Abwesend waren:

A. mit Entschuldigung:

v. Andrian aus Wien, Bauernschmid aus Wien, von Beisler aus München, Bergmüller aus Mauerkirchen, Bernhardi aus Cassel, Blömer aus Aachen, Bouvier (Cajetan) aus Steyermark, Brons aus Emden, Burkart aus Bamberg, Caspers aus Coblenz, Christ aus Bruchsal, Czoernig aus Wien, Deetz aus Wittenberg, von Flottwell aus Münster, Freudentheil aus Stade, v. Gagern aus Darmstadt, v. Gagern aus Wiesbaden, Gombart aus München, Gottschalk aus Schopfheim, Gritzner aus Wien, Helfferbergk? aus Rochlitz, Helbing aus Emmendingen, Hillebrand aus Pöls, Höchsmann aus Wien, Kaiser (Ignatz) aus Wien, v. Kalkstein aus Wegau, Koch aus Leipzig, Kolb aus Speyer, Leue aus Cöln, Löwe (Wilhelm) aus Calbe, Lüntzel aus Hildesheim, Martens aus Danzig, v. Mayfeld aus Wien, Mevissen aus Cöln, Metz aus Freiburg, Müller aus Damm, Müller aus Sonnenberg, Nagel aus Bahlingen, Neumann aus Wien, Osterrath aus Danzig, Pannier aus Zerbst, Pattai aus Steyermark, Peter aus Constanz, Petzer aus Bruneck, Presting aus Memel, Richter aus Achern, Römer aus Stuttgart, v. Saltzwedell aus Gumbinnen, v. Saucken-Tarputschen aus Angerburg, Schaffrath aus Neustadt, Schlörr aus der Oberpfalz, v. Schmerling aus Wien, Schoenmaeckers aus Beck, Schott aus Stuttgart, Schrott aus Wien, Schüler (Friedrich) aus Zweibrücken, Schwerin (Graf) aus Pommern, Stedmann aus Besselich, Stein aus Görz, Stockinger aus Frankenthal, Temme aus Münster, Thinnes aus Eichstätt, v. Vincke aus Hagen, Wernich aus Elbing, Wiethaus (J.) aus Gummersbach, Wippermann aus Cassel, Wurm aus Hamburg, Zittel aus Bahlingen.

B. ohne Entschuldigung:

Arndts aus München, Boch-Buschmann aus Siebenbrunnen, Bonardy aus Greiz, v. Bothmer aus Carow, Braun aus Bonn, Clemens aus Bonn, Deym (Graf) aus Prag, Deymann aus Meppen, Francke (Karl) aus Rendsburg, Glax aus Gumpendorf, Gösch? aus Neuwied, Heckscher aus Hamburg, v. Hermann aus München, Houben aus Meurs, v. Kaisersfeld aus Birkfeld, Kierulff aus Rostock, Klett aus Heilbronn, Löw aus Magdeburg, Maly aus Wien, Merck aus Hamburg, Munchen aus Luxemburg, Overweg aus Haus Ruhr, Pfeiffer aus Adamsdorf, v. Rappard aus Glambek, Reichard aus Speyer, Rümelin aus Nürtingen, Schädler aus Vaduz, Scheller aus Frankfurt a. d. O., v. Scherpenzeel aus Baarlo, Schierenberg aus Detmold, Schuler aus Innsbruck, Servais aus Luxemburg, v. Somaruga aus Wien, Titus aus Bamberg, Welcker aus Frankfurt, Wiebker aus Uckermünde, v. Würth aus Wien, Zachariä aus Göttingen, Zum Sande aus Lingen.

Präsident: Der Entwurf des Reichsgesetzes über die Wahlen der Abgeordneten zum Volkshause ist in der Fassung, in der es aus den vorgekommenen Abstimmungen hervorgegangen, ist in erster Lesung mit 256 gegen 194 Stimmen angenommen. (Beifall.) — Meine Herren! Ueber diese Abstimmung ist eine protokollarische Erklärung eingekommen von den Herren Reichensperger u. A. (Unruhe in der Versammlung; Stimmen: Hört! hört!)

„Die Unterzeichneten, welche für den Wahlgesetzentwurf als Ganzes gestimmt haben, verwahren sich hierdurch gegen die Annahme, als ob sie mit allen Bestimmungen dieses Entwurfes (Gelächter) sich hätten einverstanden erklären wollen; vielmehr erachten sie denselben mit wesentlichen Mängeln behaftet (wiederholtes Gelächter), deren Beseitigung sie von der zweiten Lesung erwarten. — Reichensperger. Lindner. Kerer. Streffleur. Polatzek. Lienbacher. (Gelächter und Stimmen: Ah! ah!)“

Die zweite Lesung des Wahlgesetzes betreffend, liegt ein Antrag von Herrn v. Trützschler vor:

„In Erwägung, daß das von dem Verfassungsausschusse dem Wahlgesetze zu Grunde gelegte System in der Versammlung nur 21 Stimmen für sich erhalten hat, nach diesem Resultate aber der Verfassungsausschuß nicht für geeignet angesehen werden kann, die Revision des Wahlgesetzes im Sinne der Majorität der Nationalversammlung vorzunehmen;

in weiterer Erwägung, daß bei der Länge der Zeit, welche der Verfassungsausschuß auf die Revision der Grundrechte nach der ersten Lesung derselben verwendet hat, die Befürchtung entstehen muß, es werde auch die zweite Lesung des Wahlgesetzes, wenn dessen Revision dem Verfassungsausschusse übertragen wird, in allzu weite Ferne hinausgerückt werden, stelle ich den Antrag:

„die Nationalversammlung beschließt, sofort nach der Beendigung der ersten Lesung des Wahlgesetzes einen besonderen Ausschuß von 15 Personen durch die Abtheilungen zu erwählen und demselben die sofortige Vornahme der Revision des Wahlgesetzes aufzutragen.“

Unterstützt durch: A. Rühl, Schlöffel, Schmitt von Kaiserslautern, Raus, A. Wiesner, Grubert, Moriz Hartmann, Köhler, Berger, Schlutter, L. Brentano, Boczek, Werner von Oberkirch, Meyer von Liegnitz, Jopp, Dietsch, Günther, Reinstein, Waldburg-Zeil, Polatzek, Hoffbauer, Bogen.

Verlangt Jemand über diesen Antrag das Wort? (Niemand meldet sich zum Wort.) Dann bringe ich ihn zur Abstimmung. Diejenigen Herren, die nach dem Antrage der Herren von Trützschler und Genossen beschließen wollen,

„sofort nach Beendigung der ersten Lesung des Wahlgesetzes einen besonderen Ausschuß von fünfzehn Personen durch die Abtheilungen zu erwählen, und demselben die sofortige Vornahme der Revision des Wahlgesetzes aufzutragen,“

ersuche ich, sich zu erheben. (Mitglieder auf der Linken und im Centrum erheben sich.) Ich werde die Gegenprobe machen. Diejenigen Herren, welche dem eben verlesenen Antrage der Herren v. Trützschler und Genossen nicht zustimmen wollen, ersuche ich, sich zu erheben. (Mitglieder auf der Rechten und im rechten Centrum erheben sich.) Der Antrag ist abgelehnt. — Ferner ist von Herrn Edel ein dringlicher Antrag eingebracht, zu dessen Begründung er um das Wort bittet:

„Die hohe Nationalversammlung wolle dem Verfassungsausschuß den Auftrag ertheilen, die Berichterstattung über den noch nicht publicirten Theil der Grundrechte in der Art zu beschleunigen, daß die zweite Lesung derselben möglichst bald vorgenommen werden kann.“

Da die heutige Tagesordnung erschöpft ist, so möchte ich Herrn Edel das Wort zur Begründung seines Antrags geben. (Zuruf: Die Unterstützungsfrage wegen der Dringlichkeit!) Diejenigen Herren, welche den Antrag des Herrn Edel als dringlich behandelt wissen wollen, ersuche ich, sich zu erheben. (Die hinreichende Anzahl erhebt sich.) Die Dringlichkeit ist anerkannt. Herr Edel hat das Wort.

Edel von Würzburg: Meine Herren! Nach so eben beendigter Berathung über das Wahlgesetz haben wir unsere Aufmerksamkeit wohl zunächst darauf zu richten, welche Gegenstände die Berathung der Nationalversammlung nunmehr am füglichsten beschäftigen dürfen. Ich habe mir erlaubt, die hohe Versammlung auf den noch nicht in zweiter Lesung erledigten Theil der Grundrechte hinzuweisen; die Rechte des deutschen Volkes bilden einen Bestandtheil der Verfassung, der größere Theil der Grundrechte ist von der Verfassung selbst berathen und bereits abgesondert publicirt worden; das deutsche Volk hat diese Grundrechte in seinem größten Bestandtheile mit Freuden aufgenommen, und es dürfte an der Zeit sein, den noch übrigen Theil zu dem bereits verkündigten baldigst hinzuzufügen. Indeß, meine Herren, es ist nicht allein die Begeisterung für den Ueberrest der Grundrechte (Heiterkeit in der Versammlung), was mich zu diesem Antrag bestimmt hat, sondern ich sage es Ihnen mit voller Offenheit, daß höhere Rücksichten für die Einigung und den Frieden Deutschlands und der Nationalversammlung mir die nächste Veranlassung dazu gegeben haben. (Mehrfacher Zuruf: Sehr gut!) So viel ich die Programme der meisten Fractionen innerhalb der Nationalversammlung kenne, so haben sich die politischen Glaubensbekenntnisse der meisten Mitglieder der Versammlung in dem Grundsatze vereinigt, daß der Nationalversammlung über das ganze Verfassungswerk die endgültige Entscheidung zu vindiciren sei, allein die meisten dieser Glaubensbekenntnisse haben eine gewisse Verständigung nicht ausgeschlossen, sie haben gesagt, daß man gute Gründe, sie mögen kommen, woher immer, hören müsse, und wenn die Regierungen im Stande sind, etwas uns mitzutheilen, was unser Werk verbessern kann, so wollen wir es von ihnen annehmen. In diesem Sinne hat sich auch die Circularnote des Reichsministeriums vom 28. Januar ausgesprochen, sie hat die einzelnen Regierungen zur Mittheilung ihrer Bedenken aufgefordert, in der sicher ausgesprochenen Erwartung, daß gegründete Bedenken, die auf die besonderen Verhältnisse einzelner Staaten basirt sind, die gerechte Würdigung von Seite der Nationalversammlung erhalten werden. Ohne Widerspruch der Nationalversammlung ist auf diese Weise der Weg der Verständigung angebahnt; der größte Theil der deutschen Regierungen hat bereits seine Erklärungen durch Vermittelung des Reichsministeriums in unsere Hände gelangen lassen; soviel ich bis jetzt diese Erklärungen überblickt habe, so sind sie in einem bescheidenen Tone gehalten, und sie stellen in der Hauptsache nur solche Forderungen, die nicht gerade übertrieben sind, und die Haltung, die Sprache gegen die Nationalversammlung ist von der Art, daß wir uns nicht darüber zu beklagen haben. Meine Herren! Der Standpunkt, auf dem die Nationalversammlung in dem gegenwärtigen Augenblicke diesen Erklärungen gegenüber steht, ist ein erhabener. Dieselben Regierungen, die sich in gemeinschaftlichen Angelegenheiten Deutschlands früher hermetisch hinter den Wällen undurchdringlicher geheimer Protokolle verschlossen haben, erscheinen jetzt mit bescheidenem Bedenken vor den aus der Wahl des Volkes hervorgegangenen Vertretern. Lassen Sie die Behandlung dieser Sache von Seiten der Nationalversammlung des ganzen Ernstes, der ganzen Bedeutung der Angelegenheit würdig sein; lassen Sie uns sowohl in der Mitte des Ausschusses als auch in der Mitte der Versammlung gründlich und reiflich auf Dasjenige eingehen, was uns von den einzelnen Staaten gesagt worden ist, die ich hier nicht bloß als Vertreter dynastischer Interessen erkenne, sondern als Vertreter der einzelnen Stämme. Deßhalb, meine Herren, scheint es mir im Interesse der Sache, im Interesse der Nationalversammlung zu liegen, daß die Behandlung dieser Angelegenheit nicht in der Art überschnellt werde, daß wir uns auch nicht einmal den Schein des Ernstes der Verständigung, den Schein einer gründlichen Beurtheilung und Berathung erhalten könnten. Dieser Schein würde aber nicht gerettet werden, wollte man dieses reiche Material, welches auch durch einzelne gründliche Denkschriften unterstützt ist, in wenigen Tagen abthun, es gewissermaßen so leicht hin ad acta legen oder angebrachtermaßen abweisen. Dasjenige, meine Herren, was aber für mich die Hauptsache ist, ist das Verhältniß zu Oesterreich. Ich habe mit vielen meiner Gesinnungsgenossen bisher offen und redlich dafür gekämpft, Deutschland ganz und Oesterreich bei Deutschland zu erhalten; in diesem Sinne werden wir ausharren, so lange noch eine Hoffnung des Erfolges möglich ist; allein, meine Herren, wir wollen nicht Oesterreich um jeden Preis; sondern wir wollen Oesterreich um den Preis, daß es sich dem deutschen Bundesstaat einordne und sich jene Bestimmungen gefallen läßt, die für das Wesen eines Bundesstaates unerläßlich sind. (Vielseitiges Bravo. Stimmen: Hört! Hört!) Sollte in den Geschicken Deutschlands etwas Anderes vorhergesehen sein; sollte Oesterreich sich von Deutschland trennen, dann soll die Schuld nicht die Schuld der Nationalversammlung sein; die Schuld soll auswärts stehen. (Viele Stimmen: Sehr gut! Sehr richtig!) Die erste deutsche Nationalversammlung soll vor dem Richterstuhle der Zukunft nicht der Vorwurf treffen, daß sie die Lostrennung Oesterreichs verschuldet, begünstigt, direct oder indirect herbeigeführt habe. (Viele Stimmen: Sehr gut!) Ist das äußerste Maaß von Nachsicht, das äußerste Maaß von billigem Entgegenkommen gegen Oesterreich erschöpft, und hat Oesterreich seine Schuldigkeit nicht gethan, dann werden wir dieselbe Entschiedenheit auf das kleine Deutschland concentriren. (Viele Stimmen im Centrum: Sehr gut!) Denn wir wollen lieber ein kleines Deutschland, als keines. (Lebhafte Zustimmung von vielen Seiten.) Meine Herren, es ist neulich die Ansicht ausgesprochen worden, daß vor der zweiten Lesung der Hauptbestandtheile der Verfassung eine einlassende Erklärung Oesterreichs oder überhaupt eine bestimmte Erklärung Oesterreichs in Bezug auf seine Stellung zu Deutschland nicht zu erwarten sei. — Ich hege zur Zeit noch entschieden die entgegengesetzte Hoffnung. Ich hoffe, Oesterreich wird, Oesterreich muß sich erklären. Es sind in dieser Beziehung Schritte von so vielen Seiten geschehen, so daß ich nicht einsehen kann, wie sich Oesterreich in diesem Moment der dringenden Nöthigung noch ferner entziehen kann. Es sind namentlich Schritte geschehen, um Oesterreich über die wahre Stimmung in Süddeutschland aufzuklären, damit es die zu seinen Gunsten geäußerten Sympathieen nicht mißverstehe, denn diese beruhen nur auf der festen Voraussetzung des guten Willens von Seiten Oesterreichs, dem aber die entsprechende That folgen muß. (Viele Stimmen im Centrum: Sehr gut! Hört!) Was mir in dieser Beziehung noch Hoffnung gibt, daß Oesterreich sich erklären werde, das sind die in neuerer Zeit laut gewordenen Befürchtungen der czechischen Partei, und bekanntlich ist das österreichische Ministerium jetzt durch Interpellationen von zwei Seiten so gedrängt, daß es nothwendig eine Entscheidung geben muß, wenn es nicht mit zwei Theilen es verderben will. (Eine Stimme im Centrum: Die Russen!) Meine Herren! Kein Richter verhängt einen Nachtheil, ohne ihn vorher bestimmt angedroht zu haben und ohne einen bestimmten, festen Termin vorgesetzt zu haben. Der Termin, welchen wir den deutschen Regierungen gegeben haben, ihre Erklärungen bis vor der zweiten Lesung des Verfassungswerkes einzureichen, ist kein bestimmter, ist kein leicht berechenbarer Termin. Hätte die Nationalversammlung erklärt, sie würde alle Erklärungen nicht mehr berücksichtigen, die nicht bis zu einem bestimmten Tage eingelaufen wären, so hätte jede Regierung sich darnach richten können; aber den Beginn der zweiten Lesung der Verfassung konnten weder wir in der Paulskirche berechnen, noch weniger aber kann man ihn in Kremsier mit einiger Sicherheit ermitteln. Bei Ertheilung von Terminen pflegt man auch die Entfernung Desjenigen, der einen Auftrag erfüllen soll, und seine sonstigen Hindernisse in Anschlag zu bringen. In Bezug auf die Entfernung dürfen wir Oesterreich noch etwas zu Gute rechnen und was die Hindernisse betrifft, so hat Oesterreich notorisch die größten; denn, wenn eine deutsche Macht ein Hinderniß hat, so hat Oesterreich zehn solcher. — Uebrigens, meine Herren, wünsche ich durchaus nicht, daß wir Oesterreich eine ungemessene Frist geben sollen und daß wir uns durch die österreichische Politik der Art in's Schlepptau nehmen lassen, um die Lesung unseres Verfassungswerkes in's Unerhörte hinaus zu vertagen. Ich verlange nichts weiter, als eine gerechte, eine mäßige, eine billige Frist. Lassen Sie unsere Verhandlung von Montag als die Glocke der letzten Stunde an das Ohr der österreichischen Staatsmänner ertönen und wenn sie jetzt nicht zur Besinnung kommen, nach Erfahrung dieser Verhandlungen sich nicht zu einer schnellen Antwort entschließen, dann haben Sie das Unglück Deutschlands und Oesterreichs zu verantworten. (Lebhafte Zustimmung auf vielen Seiten.) Meine Meinung geht dahin, daß die Nationalversammlung sich mit andern Berathungsgegenständen auf so lange beschäftigen möge, daß die zweite Berathung des Verfassungswerkes erst acht oder zehn Tage später beginnen wird, als es neulich in dem Antrage des Herrn Pfeiffer gewünscht worden war. Gönnen Sie, meine Herren, diese kurze Frist dem österreichischen Volke. Mag die österreichische Regierung aller Sünden schuldig sein; das österreichische Volk verdient es, daß Sie so lange noch zuwarten. Es ist ebenso kräftig, ebenso deutsch, wie jeder andere Stamm, und hat so viel für Deutschland geblutet. Sie haben von der russischen Allianz gesprochen. Meine Herren, führen Sie Oesterreich auf seinen natürlichen Zustand zurück; geben Sie ihm in Deutschland die Stellung, die es verdient, und Sie werden es aus den Umarmungen der verhaßten russischen Allianz befreien. (Stürmisches Bravo.)

Riesser von Hamburg: Meine Herren! Wenn auch nicht im Namen des Ausschusses, so doch als Mitglied desselben und nach Rücksprache mit mehreren andern Mitgliedern kann ich mich nur mit dem Antrage des Vorredners einverstanden erklären. Die Sachlage ist folgende. Ein Unterausschuß, aus drei Mitgliedern bestehend, den der Verfassungsausschuß zur Vorbereitung der Revision der noch übrigen Paragraphen der Grundrechte niedergesetzt hat, ist nach kurzer Berathung mit seiner Vorarbeit fertig. Die Aenderungen, die derselbe beantragt, sind so gering, daß nicht anzunehmen ist, daß die Berathung im Verfassungsausschusse viel Zeit kosten wird, und ich glaube, daß, ohne den Verfassungsausschuß in seinen andern Arbeiten irgend wesentlich aufzuhalten, der Bericht in den ersten Tagen der nächsten Woche wird abgestattet werden können. Auch die Verhandlung in der Versammlung selbst wird schwerlich so umfangreich werden, daß die dazu erforderliche Zeit besonders in Betracht kommen könnte. Es scheint mir demnach in der That gar kein Grund vorhanden, um die zweite Berathung des Restes der Grundrechte nicht demnächst vorzunehmen. Ueberhaupt, meine Herren, wenn es sich nur um eine leicht zu übersehende Frist handelt, nicht um eine Hinausschiebung, welche wirklich unser Verfassungswerk gefährden könnte, so glaube ich in der That nicht, daß Viele, ich glaube kaum, daß irgend Einer in der Versammlung ist, der, um eine solche Frist von wenigen Tagen, allenfalls von einer Woche, um eine Frist, die keinerlei Gefahr für die Vollendung unseres Werkes der Einheit mit sich führte, (Stimmen: Bravo! Sehr gut!) sich ereifern und darum eine Lanze brechen wird. (Bravo!) Wenn der Vorredner sich so lebhaft für Vollendung der Grundrechte verwendet, so schöpfe ich noch daraus die mir sehr erfreuliche Hoffnung, daß jene gehässigen, böswilligen Aufreizungen, durch welche man in Bayern das Volk gegen die Grundrechte aufzuregen sucht, (Stimmen: Sehr gut!) Aufreizungen, die von einer Partei, von Männern herrühren, welche, wenn auch gewiß mit Unrecht, sich rühmen, die Gesinnungsgenossen des Vorredners zu sein, — daß diese Aufreizungen aufhören werden und daß es der freisinnigen, deutsch gesinnten Mehrheit der bayerischen Volkskammer von jener Seite nicht länger erschwert werden wird, ihr Werk, dem bayrischen Volke die Grundrechte unverkümmert zu verschaffen und zu verbürgen, trotz alles Widerstandes siegreich durchzusetzen. (Stürmisches Bravo!)

Präsident: Es ist der Schluß der Debatte über den Edel'schen Vorschlag beantragt von den Herren Kotschy, Dietsch, Schlutter und mehr als zwanzig Andern; ich bringe, da noch mehrere Redner eingeschrieben waren, den Schlußantrag zur Abstimmung. Diejenigen Herren, welche die Discussion über den uns vorliegenden Antrag des Herrn Edel geschlossen wissen wollen, ersuche ich, aufzustehen. (Die Mehrheit erhebt sich.) Der Schluß ist angenommen. Ich bringe den Antrag des Herrn Edel zur Abstimmung. Diejenigen Herren, welche nach dem Antrage des Herrn Edel beschließen wollen, dem Verfassungsausschuß den Auftrag zu ertheilen:

„die Berichterstattung über den noch nicht publicirten Theil der Grundrechte in der Art zu beschleunigen, daß die zweite Lesung derselben möglichst bald vorgenommen werden kann"

ersuche ich, aufzustehen. (Mitglieder auf allen Seiten erheben sich.) Der Antrag ist angenommen. — Es liegt noch ein dringlicher Antrag der Herren Vogt und Eisenstuck vor:

„Dem Verfassungsausschusse aufzutragen, die zweite Lesung des Wahlgesetzes als Grundlage der Verfassung so vorzubereiten, daß die zweite Lesung in dem Beginne der nächsten Woche stattfinden könne."

Ich frage, ob die Versammlung den Antrag der Herren Vogt und Eisenstuck als dringlich erkennen will? (Zuruf: Ist schon dagewesen.) Ich verstehe den Zuruf nicht! (Der Zuruf wird wiederholt.) Meine Herren, es ist neulich auf den Antrag des Herrn Venedey das Gegentheil von dem, was der vorliegende Antrag will, beschlossen worden; aber das hindert nicht, daß heute der Antrag wieder erhoben wird. Diejenigen Herren, welche den eben verlesenen Antrag der Herren Vogt und Eisenstuck als dringlich behandelt wissen wollen, ersuche ich, sich zu erheben. (Mitglieder auf der Linken und im Centrum erheben sich.) Ich werde die Gegenprobe machen lassen. Diejenigen Herren, welche den Antrag der Herren Vogt und Eisenstuck nicht als dringlich anerkennen wollen, ersuche ich, sich zu erheben. (Mitglieder auf der Rechten und im Centrum erheben sich.) Das Resultat ist zweifelhaft, wir werden mit Zetteln abstimmen. Diejenigen Herren, welche den Antrag der Herren Vogt und Eisenstuck als dringlich anerkennen wollen, werden den weißen Zettel, Diejenigen, die ihn nicht als dringlich anerkennen wollen, den farbigen Zettel mit ihrem Namen beschreiben. (Die Einsammlung der Stimmzettel erfolgt.)

Die Abstimmung ergab folgendes Resultat:

Mit Ja stimmten:

Achleitner aus Ried, Ahrens aus Salzgitter, v. Aichelburg aus Villach, Archer aus Rein, Arndts aus München, Becker aus Trier, Beidtel aus Brünn, Benedict aus Wien, Berger aus Wien, Bermbach aus Siegburg, Blumröder (Gustav) aus Kirchenlamitz, Boczek aus Mähren, Bogen aus Michelstadt, Brentano aus Bruchsal, Bresgen aus Ahrweile, Christmann aus Dürkheim, Claussen aus Kiel, Cropp aus Oldenburg, Culmann aus Zweibrücken, Damm aus Tauberbischoffsheim, Darenberger aus München, Demel aus Teschen, Dham aus Schmalenberg, v. Dieskau aus Plauen, Dietsch aus Annaberg, Dinstl aus Krems, Drechsler aus Rostock, Edel aus Würzburg, Eisenmann aus Nürnberg, Eisenstuck aus Chemnitz, Engel aus Pinneberg, Englmayr aus Enns (Oberösterreich), Esterle aus Cavalese, Fallmerayer aus München, Fehrenbach aus Säckingen, Feyer aus Stuttgart, Förster aus Hünfeld, Freese aus Stargard, Frisch aus Stuttgart, Fritsch aus Ried, Fröbel aus Reuß, Fügerl aus Korneuburg, Gebhard aus Würzburg, Geigel aus München, Gerlach aus Tilsit, Giskra aus Wien, v. Gladis aus Wohlau, Glax aus Gumpendorf, Göbel aus Jägerndorf, Goltz aus Brieg, Groß aus Prag, Grubert aus Breslau, v. Grundner aus Ingolstadt, Gspan aus Innsbruck, Günther aus Leipzig, Gulden aus Zweibrücken, Hagen (K.) aus Heidelberg, Haggenmüller aus Kempten, Hallbauer aus Meißen, Hartmann aus Leitmeritz, Hedrich aus Prag, Hehner aus Wiesbaden, Heldmann aus Selters, Hensel aus Camenz, Heubner aus Zwickau, Hildebrand aus Marburg, Hönniger aus Rudolstadt, Hoffbauer aus Nordhausen, Hoffmann aus Ludwigsburg, Hofmann aus Friedberg, Huber aus Linz, Huck aus Ulm, Jop aus Enzersdorf, v. Itzstein aus Mannheim, Junghanns aus Mosbach, Käfferlein aus Baireuth, Kagerbauer aus

Linz, Kablert aus Leobschütz, Kanitsch aus Karlsberg, Kerer aus Innsbruck, Kirchgeßner aus Würzburg, Kleinschrod aus München, Kleit aus Heilbronn, Knarr aus Steyermark, Köhler aus Seehausen, Kohlparzer aus Neuhaus, Kollaczek aus österr. Schlesien, Kotschy aus Ustron in Mährisch-Schlesien, Kudlich aus Schloß Dietach, Kuenzer aus Constanz, v. Kürsinger (Ignatz) aus Salzburg, v. Kürsinger (Karl) aus Tamsweg, Langbein aus Wurzen, Laschan aus Villach, v Lasaulx aus München, Lausch aus Troppau, Levysohn aus Grünberg, Liebmann aus Perleberg, Lienbacher aus Goldegg, Löschnigg aus Klagenfurt, Makowiczka aus Krakau, Mally aus Steyermark, Maly aus Wien, Mammen aus Plauen, Mareck aus Gratz (Steyermark), Martiny aus Friedland, Mayer aus Ottobeuern, Melly aus Wien, Meyer aus Liegnitz, Metz aus Freiburg, Mukus aus Marienfeld, Möller aus Reichenberg, Mölling aus Oldenburg, v. Möring aus Wien, Mohl (Moriz) aus Stuttgart Mohr aus Oberingelheim, v. Mühlfeld aus Wien, Mulley aus Weitenstein, Nägele aus Murrhardt, Nauwerck aus Berlin, Neugebauer aus Luditz, v. Neuwall aus Brünn, Paur aus Neisse, Pfahler aus Tettnang, Pieringer aus Kremsmünster, Polatzek aus Weißkirch, v. Preiss aus Hamburg, Prinzinger aus St. Pölten, Quesar aus Prag, Rank aus Wien, Rapp aus Wien, Raßl aus Neustadtl in Böhmen, Raus aus Wolframitz, Raveaux aus Cöln, v. Reden aus Berlin, Reichenbach (Graf) aus Domeßko, Reindl aus Orth, Reinhard aus aus Boytzenburg, Reinstein aus Naumburg, Reitter aus Prag, Reyger aus böhmisch Chamnitz, Rheinwald aus Bern, Riedl aus Gratz, Riegler aus mährisch Budwitz, Riehl aus Zwettl, Rödinger aus Stuttgart, Rösler aus Oels, Roßmäßler aus Tharand, Rümelin aus Nürtingen, Sachs aus Mannheim, Scharre aus Strehla, Schenk aus Dillenburg, Schiedermayer aus Vöcklabruck, Schlöffel aus Halbendorf, Schlutter aus Poris, Schmidt (Ernst Friedrich Franz) aus Löwenberg, Schmidt (Joseph) aus Linz, Schmitt aus Kaiserslautern, Schneider aus Wien, Schoder aus Stuttgart, Schorn aus Essen, Schreiner aus Gratz (Steyermark), Schüler aus Jena, Schuler aus Innsbruck, Schulz (Friedrich) aus Weilburg, Schulz aus Darmstadt, Schütz aus Mainz, Schwarzenberg aus Cassel, Sepp aus München, Simon (Max) aus Breslau, Simon (Heinrich) aus Breslau, Simon (Ludwig) aus Trier, Spatz aus Frankenthal, Stark aus Krumau, Stein aus Görz, Strache aus Rumburg, v. Stremayr aus Gratz, Stülz aus St. Florian, Tafel aus Stuttgart, Tafel (Franz) aus Zweibrücken, Tappehorn aus Olderburg, Thüssing aus Warendorf, Tomaschek aus Iglau, Trabert aus Rausche, Trampusch aus Wien, v. Trützschler aus Dresden, Uhland aus Tübingen, Umbscheiden aus Dahn, Venedey aus Cöln, Vischer aus Tübingen, Vogel aus Guben, Vogt aus Gießen, Waldburg-Zeil-Trauchburg (Fürst) aus Stuttgart, Weber aus Meran, Wedekind aus Bruchhausen, Weiß aus Salzburg, Wekbeker aus Aachen, Welter aus Tünsdorf, Werner aus St. Pölten, Werthmüller aus Fulda, Wesendonck aus Düsseldorf, Wiesner aus Wien, Wigard aus Dresden, Wöhler aus Schwerin, Wuttke aus Leipzig, Würth aus Sigmaringen, v. Wydenbrugk aus Weimar, Zell aus Trier, Ziegert aus Preußisch-Minden, Zimmermann (Professor) aus Stuttgart, Zimmermann aus Spandow.

Mit Nein stimmten:

Ambrosch aus Breslau, v. Amstetter aus Breslau, Anders aus Goldberg, Anderson aus Frankfurt a. d. O., Anz aus Marienwerder, Arndt aus Bonn, Arneth aus Wien, Backhaus aus Jena, v. Bally aus Beuthen, Barth aus Kaufbeuren, Bassermann aus Mannheim, Bauer aus Bamberg, Bauer aus Wien, Becker aus Gotha, v. Beckerath aus Crefeld, Behnke aus Hannover, Beseler aus Greifswald, Beseler (H. W.) aus Schleswig, Biedermann aus Leipzig, Bock aus Preußisch-Minden, Böcking aus Trarbach, Böcler aus Schwerin, v. Borries aus Carthaus, Braun aus Bonn, Braun aus Cöslin, Brescius aus Züllichau, v. Breuning aus Aachen, Breusing aus Osnabrück, Briegleb aus Coburg, Bürgers aus Cöln, Buß aus Freiburg, v. Buttel aus Oldenburg, Christ aus Bruchsal, Cornelius aus Braunsberg, Coronini-Cronberg (Graf) aus Görz, Cramer aus Cöthen, Dahlmann aus Bonn Deeke aus Lübeck, Degenkolb aus Eilenburg, Deiters aus Bonn, Detmold aus Hannover, Deymann aus Meppen, Döllinger aus München, Dröge aus Bremen, Droysen aus Kiel, Dunker aus Halle, Ebmeier aus Paderborn, Eckart aus Lohr, Eckert aus Bromberg, Edlauer aus Gratz, Ehrlich aus Murzynek, Emmerling aus Darmstadt, v. Ende aus Waldenburg, Engel aus Culm, Esmarch aus Schleswig, Evertsbusch aus Altena, Falk aus Ottolangendorf, Fallati aus Tübingen, Federer aus Stuttgart, Fischer (Gustav) aus Jena, Francke (Karl) aus Rendsburg, Friederich aus Bamberg, Fritzsche aus Rora, Fuchs aus Breslau, v. Gersdorf aus Tuetz, Gevekoht aus Bremen, Gfrörer aus Freiburg, v. Giech (Graf) aus Thurnau, Giesebrecht aus Stettin, Godeffroy aus Hamburg, Göden aus Krotoszyn, Götz aus Neuwied, von der Goltz (Graf) aus Czarnikau, Graf aus München, Grävell aus Frankfurt a. d. O., Gravenhorst aus Lüneburg, Groß aus Leer, Grüel aus Burg, Grumbrecht aus Lüneburg, Gülich aus Schleswig, Gysae (Wilhelm) aus Strehlow, Hahn aus Guttstadt, v. Hartmann aus Münster, Haubenschmied aus Passau, Hayden aus Dorff bei Schlierbach, Heimbrod aus Sorau, v. Hennig aus Dempowalonka, Herzog aus Ebermannstadt, Hirschberg aus Sondershausen, Höfken aus Hattingen, Hofer aus Pfarrkirchen, Hollandt aus Braunschweig, von der Horst aus Rotenburg, Hugo aus Göttingen, Jacobi aus Hersfeld, Jahn aus Freiburg an der Unstrutt, Johannes aus Meiningen, Jordan aus Berlin, Jordan aus Gollnow, Jucho aus Frankfurt am Main, Junkmann aus Münster, v. Keller (Graf) aus Erfurt, Kerst aus Birn-

[illegible] Kerbeck aus Berlin, Kösmann aus Stettin, v. Köstritz aus Elberfeld, Krafft aus Nürnberg, Kratz aus Wintershagen, Künßberg aus Ansbach, Künzel aus Wolka, Kuhnt aus Bunzlau, Kutzen aus Breslau, Lammers aus Erlangen, Langerfeldt aus Wolfenbüttel, Laube aus Leipzig, Laudien aus Königsberg, Lauk aus München, Lette aus Berlin, Leverkus aus Lennep, v. Linde aus Mainz, Lodemann aus Lüneburg, Löw aus Posen, v. Maltzahn aus Küstrin, Mann aus Rostock, Marcks aus Duisburg, Marcus aus Bartenstein, v. Massow aus Carlsberg, Mathy aus Carlsruhe, Matthies aus Greifswald, Mauckisch aus Dippoldiswalde, Merck aus Hamburg, Mertel aus Kronach, Metzke aus Sagan, Michelsen aus Jena, Mohl (Robert) aus Heidelberg, Müller aus Würzburg, Münch aus Wetzlar, v. Nagel aus Oberviechtach, Naumann aus Frankfurt a. d. O. v. Neitschütz aus Königsberg, Nerreter aus Fraustadt, Nicol aus Hannover, Nizze aus Stralsund, Nöthig aus Weißholz, Obermüller aus Passau, Oertel aus Mittelwalde, Ostendorf aus Soest, Ottow aus Labiau, Paur aus Augsburg, Perthaler aus Wien, Pfeufer aus Landshut, Pinder aus Woinowitz, Plaß aus Stade, Plathner aus Halberstadt, Plehn aus Marienburg, Pözl aus München, v. Quintus-Icilius aus Fallingbostel, v. Radowitz aus Rüthen, Rahm aus Stettin, v. Raumer aus Berlin, v. Raumer aus Dinkelsbühl, Richter aus Danzig, Riesser aus Hamburg, Röben aus Dornum, Rößler aus Wien, Rothe aus Berlin, v. Rotenhan aus München, Rüder aus Oldenburg, v. Sänger aus Grabow, Schauß aus München, Schepp aus Wiesbaden, Schick aus Weißensee, Schierenberg aus Detmold, Schirmeister aus Insterburg, v. Schleussing aus Rastenburg, Schlüter aus Paderborn, Schmidt (Adolph) aus Berlin, Schneer aus Breslau, Scholten aus Ward, Scholz aus Neisse, Schrader aus Brandenburg, Schreiber aus Bielefeld, v. Schrenk aus München, v. Schrötter aus Preuß. Holland, Schubert (Friedrich Wilhelm) aus Königsberg, Schubert aus Würzburg, Schultze aus Potsdam, Schultze aus Liebau, Schwarz aus Halle, Schwetschke aus Halle, v. Selchow aus Rettkewitz, Sellmer aus Landsberg a. d. W., Siehr aus Gumbinnen, Siemens aus Hannover, Simson aus Stargard, v. Soiron aus Mannheim, Sprengel aus Waren, Stahl aus Erlangen, Stavenhagen aus Berlin, Stenzel aus Breslau, Stieber aus Budissin, Sturm aus Sorau, Tannen aus Zilenzig, Teichert aus Berlin, Tellkampf aus Breslau, v. Thielau aus Braunschweig, Thöl aus Rostock, v. Treskow aus Grocholin, v. Unterrichter aus Klagenfurt, Veit aus Berlin, Versen aus Nieheim, Viebig aus Posen, Waitz aus Göttingen, Waldmann aus Heiligenstadt, Walter aus Neustadt, Weber aus Neuburg, v. Wegnern aus Lyk, Weißenborn aus Eisenach, Wernher aus Nierstein, Wichmann aus Stendal, Widenmann aus Düsseldorf, Wiest aus Tübingen, Winter aus Liebenburg, v. Wulffen aus Passau, Zachariä aus Bernburg, Zeltner aus Nürnberg, Zöllner aus Chemnitz.

Präsident: Die Dringlichkeit des Antrages des Herrn Vogt und Eisenstuck ist mit 228 gegen 211 Stimmen abgelehnt. — Es folgt ein fernerer Antrag von dem Herrn Schoder und Genossen:

„Die Unterzeichneten stellen den dringlichen Antrag:

„den Verfassungsausschuß mit ungesäumter Zusammenstellung der Beschlüsse über das Wahlgesetz zu beauftragen, damit die zweite Lesung desselben im Laufe der nächsten Woche — nach erfolgter zweiten Berathung des rückständigen Theils der Grundrechte — begonnen werden könne."

Unterstützt von: Rödinger, Fr. Wigard, Junghanns, Christmann, Meyer von Ottobeuern, Scharre, Kolaczek, Spatz, Tafel von Zweibrücken, Nauwerck, Hensel, v. Itzstein, Dietsch, Kuenzer, Culmann, Claussen, Rank, Tafel von Stuttgart, Zimmermann von Spandau, Würth von Sigmaringen. (Stimmen: Darüber ist ja abgestimmt!)

Das ist nicht der Fall; denn es enthält dieser Antrag eine Beschränkung, welche der Vogt-Eisenstuck'sche nicht enthielt und wodurch er sich allerdings allein von jenem unterscheidet. Diejenigen Herren, welche den eben verlesenen Antrag für dringlich anerkennen wollen, ersuche ich, sich zu erheben. (Mitglieder auf der Linken und im Centrum erheben sich.) Ich werde die Gegenprobe machen. Diejenigen, welche den Antrag nicht für dringlich erkennen wollen, ersuche ich, sich zu erheben. (Mitglieder auf der Rechten und im Centrum erheben sich.) Die Dringlichkeit ist abgelehnt. — Wir werden uns jetzt über die nächste Sitzung und die für dieselbe anzunehmende Tagesordnung einigen. Ich schlage für die nächste Sitzung den Montag vor; dagegen wird kein Widerspruch sein. (Es erfolgt keiner.) Auf die Tagesordnung muß die Wahl der drei Präsidenten der Versammlung gesetzt werden; außerdem, meine Herren, sind vom Prioritäts- und Petitionsausschusse zwei Anträge als dringlich empfohlen worden; von diesen ist aber der eine von dem Antragsteller, Herrn Rösler von Oels, inzwischen zurückgenommen. Es bleibt daher nur der andere Antrag übrig, welchen Herr Fehrenbach gestellt hat: „Die Acten wegen Verlegung der Reichstruppen in das Großherzogthum Baden auf den Tisch des Hauses niederzulegen." Dieser Antrag muß nach der bisherigen Praxis des Hauses mit auf die Tagesordnung gestellt werden. Was die anderen Vorlagen betrifft, so bin ich in einiger Verlegenheit, Ihnen diese oder jene zu empfehlen. Ich mache den Vorschlag, die Berathung des von Herrn Fischer Namens des Ausschusses für Geschäftsordnung erstatteten Berichts über den Antrag des Herrn Wesendonck, welcher die Ergänzungswahl in die Ausschüsse betrifft, auf die Tagesordnung zu setzen. Demnächst würde der von dem Abgeordneten v. Buttel Namens des Prioritäts- und Petitions-Ausschusses über verschiedene an die Versammlung gelangte Eingaben erstattete Bericht folgen, und, wenn ich annehmen dürfte, daß der von Herrn Mittermaier neulich angezeigte auf mehrere die Bearbeitung allgemeiner Gesetzbücher betreffenden Petitionen und Anträge erstattete Bericht bis Sonntag früh gedruckt in Ihren Händen wäre, so würde ich denselben ebenfalls auf die Tagesordnung setzen. — Es wird eben noch gewünscht, daß der Namens des zur Begutachtung der Wahl für Thiengen niedergesetzten Ausschusses von dem Abgeordneten Reichensperger erstattete Bericht mit auf die Tagesordnung gebracht werde; ich glaube, Sie haben nichts dagegen? (Es erfolgt keine Einsprache.) So wäre es also die Wahl der Präsidenten, der Antrag des Herrn Fehrenbach und die eben von mir näher angegebenen vier Berichte, auf welche sich die

Tagesordnung für Montag erstreckt. — Die Interpellation des Herrn Wesendonck, welche ich heute früh schon zur Verlesung bringen wollte, aber deßhalb nicht zum Vortrage bringen konnte, weil der Herr Interpellant abwesend war, wird Herr Wesendonck jetzt selbst in wenigen Worten mündlich zur Anzeige bringen.

Wesendonck von Düsseldorf: Ich wollte nur ganz einfach die Frage stellen an das Reichsministerium, ob es wahr sei, daß der Waffenstillstand von Malmö von dänischer Seite aufgekündigt worden ist?

Präsident: Herr Venedey will noch einen Ausschuß interpelliren.

Venedey von Cöln: Ich bin der einzige Abgeordnete für Hessen-Homburg (Heiterkeit), demnach Monarch in meinem Lande, und deßwegen heute veranlaßt, eine Interpellation vorzubringen, die ich unter andern Verhältnissen Andern überlassen haben würde. Die Homburger haben in Folge des Beschlusses über die Aufhebung der Spielbanken eine Petition hier eingereicht, durch die sie die legitimen Interessen, die durch die Aufhebung der Spielbanken verletzt wurden, gewahrt wissen wollen. Ich frage daher den Vorstand des volkswirthschaftlichen Ausschusses, wie es mit dieser Petition steht?

Eisenstuck von Annaberg: Ich weiß im Augenblicke nicht, daß eine derartige Petition bei uns eingegangen ist, werde aber sogleich nachsehen. Falls es geschehen wäre, so wird sie an den Referenten gegangen sein; so weit sie auf den Beschluß Bezug hat, wird es dann nicht nothwendig erscheinen, weiter darauf einzugehen.

Präsident: Ich glaube mich allerdings zu erinnern, daß ich eine solche Petition dem volkswirthschaftlichen Ausschusse überwiesen habe. Herr Eisenstuck wird eventuell Montag Antwort darüber geben. — Ich habe nur noch den Verfassungs-Ausschuß auf 5 Uhr, den Ausschuß für Wehrangelegenheiten auf morgen 12 Uhr, den Ausschuß für Schul- und Erziehungswesen auf heute 5 Uhr und das Bureau der Reichsversammlung auf morgen 11 Uhr einzuberufen, und schließe die heutige Sitzung.

(Schluß der Sitzung $12\frac{1}{2}$ Uhr.)

Verzeichniß der Eingänge

vom 19. bis 22. Februar.

Petitionen.

1. (6906) Adresse des constitutionellen Vereins zu Neuwied für ein erbliches Oberhaupt. (An den Verfassungs-Ausschuß.)

2. (6907) Adresse gleichen Inhalts aus den Kirchspielen Lehnsahr und Altenkrempe in Holstein und für Uebertragung der Oberhauptswürde an Preußen. (An den Verfassungs-Ausschuß.)

3. (6908) Adresse vieler Einwohner aus Bielefeld, gleichen Inhalts, übergeben vom Abgeordneten Schreiber. (An den Verfassungs-Ausschuß.)

4. (6909) Adresse gleichen Inhalts von den Wahlmännern für die erste Kammer aus den Kreisen Bochum, Dortmund, Hagen, Altena, Iserlohn und Hamm, übergeben vom Abgeordneten Evertsbusch. (An den Verfassungs-Ausschuß.)

5. (6910) Adresse gleichen Inhalts von dem constitutionellen Verein in Lüdenscheid (357 Mitglieder), übergeben von demselben. (An den Verfassungs-Ausschuß.)

6. (6911) Adresse gleichen Inhalts von dem constitutionellen Verein zu Wesel. (An den Verfassungs-Ausschuß.)

7. (6912) Adresse des vaterländischen Vereins zu [illegible]berg in Braunschweig, um Ausschluß der österreichischen Abgeordneten von der weiteren Berathung des Verfassungswerks. (An den Verfassungs-Ausschuß.)

8. (6913) Petition des constitutionellen Vereins zu Hörde, in der Grafschaft Ma k, für die Erblichkeit der Oberhauptswürde. (An den Verfassungs-Ausschuß.)

9. (6914) Deßgleichen des Vorstandes des constitutionellen Bürgervereins zu Saarbrücken, gleichen Inhalts. (An den Verfassungs-Ausschuß.)

10. (6915) Deßgleichen des vaterländischen Vereins zu Seesen, gleichen Inhalts. (An den Verfassungs-Ausschuß.)

11. (6916) Adresse des Bürgervereins für Freiheit und Ordnung in Nürnberg, betreffend die Uebertragung der Kaiserwürde an den König von Preußen, übergeben vom Abgeordneten Dr. Krafft aus Nürnberg. (An den Verfassungs-Ausschuß.)

12. (6917) Petition aus Varel an der Jahde, für Erblichkeit der Würde des Reichsoberhauptes und Uebertragung desselben an die Krone Preußens, übergeben vom Abgeordneten Röder. (An den Verfassungs-Ausschuß.)

13. (6918) Adresse des Bürgervereins zu Braunschweig gegen den Inhalt der österreichischen Note vom 4. Februar, für die Erblichkeit und Uebertragung der Oberhauptswürde an Preußen und um Ausschluß der österreichischen Abgeordneten von der weiteren Berathung der Verfassung. (An den Verfassungs-Ausschuß.)

14. (6919) Adresse gleichen Inhalts vom vaterländischen Verein zu Hessen in Braunschweig. (An den Verfassungs-Ausschuß.)

15. (6920) Deßgleichen vom Bürgerverein zu Calvörde. (An den Verfassungs-Ausschuß.)

16. (6921) Deßgleichen vom vaterländischen Vereine zu Königslutter. (An den Verfassungs-Ausschuß.)

17. (6922) Petition einer größeren Anzahl Einwohner zu Langenberg für Erblichkeit und Uebertragung der Oberhauptswürde an die Krone Preußens. (An den Verfassungs-Ausschuß.)

18. (6923) Petition gleichen Inhalts aus den Gemeinden Praunheim, Bonames, Niedereschbach und Preungesheim, Frankfurter Gebiets, übergeben von dem Pfarrer Richter in Praunheim. (An den Verfassungs-Ausschuß.)

19. (6924) Adresse des deutsch-constitutionellen Vereins zu Jena gegen den Inhalt der österreichischen Note vom 4. Februar. (An den Verfassungs-Ausschuß.)

20. (6925) Adresse des constitutionellen Preußen-Vereins zu Wechsel für Erblichkeit der Oberhauptswürde. (An den Verfassungs-Ausschuß.)

21. (6926) Adresse des Coblenzer Bürgervereins für gesetzliche Freiheit und Volkswohl gegen den Inhalt der österreichischen Note und für unbeirrte Vollendung der Verfassung. (An den Verfassungs-Ausschuß.)

22. (6927) Petition des Central-Volksvereins zu Hersfeld, um Entscheidung der Oberhauptsfrage im Sinne der Demokratie. (An den Verfassungs-Ausschuß.)

23. (6928) Adresse des vaterländischen Vereins zu Braunschweig gegen den Inhalt der österreichischen Note vom 4. Februar und Beendigung des Verfassungswerkes ohne Rücksicht auf dieselbe. (An den Verfassungs-Ausschuß.)

24. (6929) Adresse vieler Einwohner von Roosdorf für ein erbliches Kaiserthum, übergeben vom Abgeordneten v. Kösteritz. (An den Verfassungs-Ausschuß.)

25. (6930) Protest von 537 Familienvätern in Wolbegk in Mecklenburg-Strelitz und Umgegend, gegen die Uebertragung der deutschen Kaiserkrone an Preußen, übergeben vom Abgeordneten Reinhard. (An den Verfassungs-Ausschuß.)

26. (6931) Eingabe des Kaufmanns Schülte aus Münster, in Westphalen, gegen norddeutsche Hegemonie für „Großdeutschland" sich aussprechend. (An den Verfassungs-Ausschuß.)

27. (6932) Vierzehn Petitionen, dem Beschluß der sächsischen Kammer, bezüglich der Oberhauptsfragen beistimmend, übergeben vom Abgeordneten Günther. (An den Verfassungs-Ausschuß.)

28. (6933) Deßgleichen Eingabe aus Lobau in Sachsen. (An den Verfassungs-Ausschuß.)

29. (6934) Deßgleichen von 148 Einwohnern der Landgemeinde Ober-Reichenbach im sächsischen Voigtlande. (An den Verfassungs-Ausschuß.)

30. (6935) Deßgleichen von Adorf ebendaselbst. (An den Verfassungs-Ausschuß.)

31. (6936) Desgleichen von Schandau, übergeben durch den Abgeordneten Roßmäßler. (An den Verfassungs-Ausschuß.)

32. (6937) Adresse des Volksvereins zu Kaiserslautern wegen zu veranstaltender Neuwahlen vor Beginn der zweiten Lesung der Verfassung; übergeben vom Abgeordneten Schmitt aus Kaiserslautern. (An den Verfassungs-Ausschuß.)

33. (6938) 18 Adressen aus nachfolgenden Gemeinden des Landcommissariats Kirchheimbolanden in der Pfalz, als: a) Kirchheimbolanden, b) Stetten, c) Albisheim, d) Munchenheim, e) Mörsfeld, f) Kriegsfeld, g) Murrheim, h) Fieselthum, i) Dannenfels, k) Oberwiesen, l) Gauersheim, m) Ilbersheim, n) Morschheim, o) Bolanden, p) Orbis, q) Bischheim, r) Inbolsweiler und Bernhausen, s) Rittersheim: Protest gegen die Gesetzentwürfe „das Reich und die Wahlen zum Volkshause betreffend; übergeben von dem Abgeordneten Schmitt aus Kaiserslautern. (An den Verfassungs-Ausschuß.)

34. (6939) Petition aus Weimar und vielen Ortschaften der Umgegend, die beschlossene Verfassung bei der zweiten Lesung im Sinne der Volkssouveränetät und Volkseinheit zu verbessern; übergeben durch den Abgeordneten Schüler von Jena. (An den Verfassungs-Ausschuß.)

35. (6940) Adresse, beschlossen in einer Volksversammlung zu Würzburg und viele Beitrittserklärungen zu derselben, die Verbesserung mehrerer Bestimmungen der Reichsverfassung bei der zweiten Berathung derselben betreffend. (An den Verfassungs-Ausschuß.)

36. (6941) Adresse gleichen Inhalts mit 3618 Unterschriften; übergeben vom Abgeordneten Geigel vorbehaltlich weiterer Nachträge. (An den Verfassungs-Ausschuß.)

37. (6942) Adresse gleichen Inhalts, im Namen der in Schleitz am 14. Februar abgehaltenen Volksversammlung unterschrieben von mehreren Gemeinden und Volksvereinen; übergeben vom Abgeordneten Fröbel. (An den Verfassungs-Ausschuß.)

38. (6943) Petition gleichen Inhalts vom Vaterlands- und Märzverein zu Stadtilm. (An den Verfassungs-Ausschuß)

39. (6944) Adresse der Vaterlandsvereine und Märzvereine zu Rudolstadt, Blankenburg und vielen anderen Orten, die Abänderung mehrerer Punkte der Reichsverfassung betreffend. (An den Verfassungs-Ausschuß.)

40. (6945) Adresse des Märzvereins und vaterländischen Vereins zu Oberweisbach, Lichte und Wallendorf und des demokratischen Vereins zu Großbreitenbach in gleichem Betreff; übergeben vom Abgeordneten Hönniger. (An den Verfassungs-Ausschuß.)

41. (6946) Deßgleichen vom Bürgerverein zu Schlotheim in Thüringen, in Betreff von mehreren Verfassungsfragen. (An den Verfassungs-Ausschuß.)

42. (6947) Adresse von 145 Bürgern der Stadt Sindelfingen im Königreich Würtemberg gegen die Beschlüsse der Reichsversammlung in Beziehung auf die Reichsgewalt, das Reichsoberhaupt und die Gewähr der Verfassung, d. d. 14. Febr., übergeben vom Abgeordneten Schott. (An den Verfassungs-Ausschuß.

43. (6948) Petition des Vereins zur Wahrung der Volksrechte in Watsdorf um Abänderung mehrerer Verfassungsbestimmungen. (An den Verfassungs-Ausschuß.)

44. (6949) Petition der Bürger von Heuchelheim, die Reichsverfassung betreffend, übergeben vom Abgeordneten Spatz. (An den Verfassungs-Ausschuß.)

45. (6950) Deßgleichen aus Bergzabern, Gleiszellen und Gleishorbach gleichen Inhalts, übergeben von demselben. (An den Verfassungs-Ausschuß.)

46. (6951) Zuschrift vieler Einwohner aus dem Oberamtsbezirk Künzelsau (Würtemberg), enthaltend mehrfache dringende Wünsche, deren Gewährung von der zweiten Lesung der Verfassung im Interesse der Begründung dauernder Liebe zum Vaterland erwartet wird, übergeben vom Abgeordneten Rödinger. (An den Verfassungs-Ausschuß.)

47. (6952) Petition vieler Bürger und Einwohner von Gelnhausen, die Reichsverfassung betreffend, übergeben vom Abgeordneten Förster. (An den Verfassungs-Ausschuß.)

48. (6953) Wünsche des Volksvereins zu Wertheim (Baden), die Reichsverfassung betreffend, insbesondere gegen die ständigen Gesandtschaften der Einzelregierungen, gegen das Staatenhaus, gegen die Lostrennung Oesterreichs, gegen einen Erbkaiser, gegen ein absolutes Veto und gegen den Reichsrath ꝛc., übergeben vom Abgeordneten Damm aus Tauberbischoffsheim. (An den Verfassungs-Ausschuß.)

49. (6954) Petition des Vaterlandsvereins zu Dahlen in Sachsen gegen mehrere Verfassungsbestimmungen, gegen Losreißung Oesterreichs ꝛc., übergeben vom Abgeordneten Scharre. (An den Verfassungs-Ausschuß.)

50. (6955) Eingabe des Comites für Volksversammlungen in Nürnberg in gleichem Betreff, übergeben vom Abgeordneten Hagen. (An den Verfassungs-Ausschuß.)

51. (5956) Eingabe einer Anzahl Einwohner von Stockach in Baden, die Wahl eines deutschen Kaisers betreffend, übergeben vom Abgeordneten Raveaux. (An den Verfassungs-Ausschuß.)

52. (6957) Eingabe des Volksvereins zu Fallersleben, das Wahlgesetz betreffend, übergeben von demselben. (An den Verfassungs-Ausschuß.)

53. (6958) Deßgleichen des Bürgervereins zu Göttingen in demselben Betreff, übergeben vom Abgeordneten Zachariä. (An den Verfassungs-Ausschuß.)

54. (6959) Eingabe des Obergerichtsanwalts Dr. C. Sternberg zu Marburg in gleichem Betreff. (An den Verfassungs-Ausschuß.)

55. (6960) Protest des Volksvereins zu Halle wider die Verkümmerung des allgemeinen Wahlrechts, eingereicht vom Abgeordneten Schmidt von Löwenberg. (An den Verfassungs-Ausschuß.)

56. (6961) Eingabe des Abgeordneten Trabert, die Fassung des § 11 des Wahlgesetzes betreffend. (An den Verfassungs-Ausschuß.)

57. (6962) Eingabe des Arbeiterbildungsvereins zu Frank-

furt, das Wahlgesetz betreffend, übergeben vom Abgeordneten Ziegert. (An den Verfassungs-Ausschuß.)

58. (6963) Zuschrift aus Stötteritz vom 10. Februar mit 177 Unterschriften, enthaltend die Beistimmung zu dem Beschlusse der sächsischen Ständeversammlung gegen die Uebertragung der Regierung des deutschen Bundesstaates an ein unverantwortliches erbliches Oberhaupt, übergeben vom Abgeordneten Wuttke. (An den Verfassungs-Ausschuß.)

59. (6964) Zuschrift der Bürger und Einwohner der Stadt Celle und deren Vorstädte bezüglich einer Erklärung des königlich hannoverschen Gesammtministeriums vom 10. d. M. über das deutsche Verfassungswerk und die Grundrechte. (An den Verfassungs-Ausschuß.)

60. (6965) Adresse des Bürgervereins zu Cassel, das deutsche Verfassungswerk betreffend. (An den Verfassungs-Ausschuß.)

Berichtigungen.

Nr. 176. S. 5368. Sp. 1. Z. 36 v. o. lies: als bescholten statt: als unbescholten.

„ 178. „ 5437. „ 2. „ 19 v. u. „ Werk statt: Wort.

„ „ „ „ „ „ „ 16 v. u. „ ernstlichen statt: rechtlichen.

„ „ „ 5439. „ 1. „ 31 v. o. „ Gegensatz noch jetzt auf die Spitze statt: Gegensetz auf die Spitze.

„ „ „ 5441 ist am Schlusse des Schreibens aus Haag der Schlüssel zu setzen:
„An den Herrn Baron Schimmelpenninck van der Oyn, außerordentlichen Gesandten und bevollmächtigten Minister Sr. Majestät des Königs der Niederlande zu Berlin."

„ „ „ 5443. Sp. 1. Z. 25 v. u. lies: vergilt statt: erzielt.

„ „ „ 5447. „ 2. „ 3 v. o. setze nach 33 †) und in der Note: deßgl. zu § 33.

„ „ „ 5448. „ 1. „ 13 v. o. lies: derselben statt: dieselbe.

„ „ „ „ „ „ „ 22 v. u. „ erfordere statt erfordern.

„ „ „ 5449. „ 2. „ 7 v. u. „ den statt: der.

„ „ „ 5450. „ 1. „ 16 v. u. „ C. Welcker statt: L. Welcker.

„ „ „ 5452. „ 2. „ 1 v. u. „ Harbou statt: Barbou.

„ „ „ 5454. „ 1. „ 8 v. u. „ 58 statt: 59.

„ „ „ „ „ „ „ 10 v. u. „ 49 statt: 48.

„ „ „ 5455. „ „ „ 28 v. o. „ zu § 29 bis 32.

„ „ „ „ „ „ „ 44 v. o. „ jene statt: seine.

„ „ „ 5459. „ „ „ 10 v. o. „ daß nach der bisherigen statt: daß der bisherigen.

„ „ „ „ „ „ „ 12 v. o. „ Stelle so zu regeln statt: Stelle zu regeln.

Bei der Abstimmung über den Antrag Nr. 175. S. 5340. Sp. 1. Z. 4 v. o. stimmte Schüler von Jena mit Nein.

„ „ „ „ „ „ „ 178. „ 5477. „ „ „ 6 v. u. enthielt sich v. Amstetter aus Breslau der Abstimmung.

In den Sitzungen vom 23. Februar bis 2. März war Fallmerayer aus München mit Entschuldigung abwesend.

Die Redactions-Commission und in deren Auftrag Abgeordneter Professor Wigard.

Druck von Joh. David Sauerländer in Frankfurt a. M.

WS - #0132 - 191124 - C0 - 229/152/43 - PB - 9780267363445 - Gloss Lamination